Palandt

Gesetz zur Modernisierung des Schuldrechts

Beck'sche Kurz-Kommentare

Palandt

Gesetz zur Modernisierung des Schuldrechts

Ergänzungsband zu Palandt, Bürgerliches Gesetzbuch,
61. Auflage
mit Unterlassungsklagengesetz, Gewaltschutzgesetz (Auszug)

bearbeitet von

Dr. Peter Bassenge
Vorsitzender Richter
am Landgericht Lübeck a. D.

Dr. Gerd Brudermüller
Richter am Oberlandesgericht Karlsruhe

Prof. Dr. Uwe Diederichsen
Universität Göttingen

Wolfgang Edenhofer
Präsident des Amtsgerichts München

Prof. Dr. Helmut Heinrichs
Präsident des Oberlandesgerichts
Bremen a. D.

Prof. Dr. Andreas Heldrich
Universität München

Prof. Dr. Hans Putzo
Vizepräsident
des Bayerischen Obersten Landesgerichts a. D.

Hartwig Sprau
Vorsitzender Richter am Bayerischen
Obersten Landesgericht

Prof. Dr. Heinz Thomas
Vorsitzender Richter
am Oberlandesgericht München a. D.

Walter Weidenkaff
Vorsitzender Richter
am Oberlandesgericht München

Verlag C. H. Beck München 2002

ISBN 3 406 48560 X

Wilhelmstraße 9, 80801 München
Druck: Druckerei C. H. Beck, Nördlingen
(Adresse wie Verlag)

Gedruckt auf säurefreiem, alterungsbeständigem Papier
(hergestellt aus chlorfrei gebleichtem Zellstoff)

Vorwort zum Ergänzungsband

Das Gesetz zur Modernisierung des Schuldrechts vom 26. 11. 2001 (BGBl. I S 3138) ist, wie im Palandt-Hauptband vorausgesagt, am 1. 1. 2002 in Kraft getreten. Es hat in den fünf Büchern des BGB, vor allem im Schuldrecht, mehr als 200 Vorschriften abgeändert, neu eingefügt oder aufgehoben. Seit dem Jahreswechsel müssen Notare, Rechtsanwälte, Wirtschaft und Verbände mit dem neuen, in vielen Bereichen grundlegend veränderten Recht arbeiten, und in Kürze werden auch den Gerichten die ersten Fälle vorliegen, die nach neuem Recht zu beurteilen und zu entscheiden sind. Um der Praxis in dieser besonders schwierigen Übergangsphase eine zuverlässige Arbeitshilfe zur Verfügung zu stellen, erscheint zum Palandt erstmals in seiner mehr als 60-jährigen Geschichte ein Ergänzungsband.

Kommentiert werden in ihm entsprechend der bei Änderungsgesetzen allgemein üblichen Praxis die durch das Schuldrechtsmodernisierungsgesetz, geänderten oder neu eingefügten Vorschriften und damit das neue Verjährungs- und Schuldrecht, nicht aber die einzelnen Vorschriften des Reformgesetzes. Die Erläuterungen versuchen im Palandt-Stil knapp aber präzise auf alle Fragen eine Antwort zu geben, die in der ersten Zeit bei der Arbeit mit dem neuen Recht auftreten werden. Aus Gründen des Sachzusammenhangs und um dem Benutzer die Arbeit mit dem neuen Recht zu erleichtern, sind auch einige unverändert gebliebene Vorschriften und ihre Kommentierung in den Ergänzungsband aufgenommen worden, so die §§ 277 und 278, die §§ 320 und 322 und die nicht geänderten Vorschriften des Werkvertragsrechts. Rechtsprechung zum bisherigen Recht, die nach Ansicht des Autors weiter herangezogen werden kann, wird ohne einen besonderen Hinweis zitiert; bestehen Zweifel, werden diese kenntlich gemacht. Vorschriften des bisherigen Rechts werden mit dem Zusatz „aF" zitiert. Dadurch wird auf die Kommentierung im Hauptband Bezug genommen. Wenn Mißverständnisse aus besonderen Gründen nahe liegen, wird der Bezugnahme der Zusatz „im HptBd" hinzugefügt. Wird in einer Vorschrift, die im Kern unverändert geblieben ist, nur eine Formulierung oder ein Nebenpunkt geändert, beschränkt sich die Erläuterung hierauf.

Seit Redaktionsschluß für den Hauptband sind außer dem Schuldrechtsmodernisierungsgesetz folgende Gesetze verkündet worden, die im Palandt kommentierte Vorschriften ändern oder ergänzen:

- Gesetz zur Regelung von Rechtsfragen auf dem Gebiet der internationalen Adoption und zur Weiterentwicklung des Adoptionsvermittlungsrechts vom 5. 11. 01 (BGBl I S 2950 ff),
- Gesetz über elektronische Register und Justizkosten für Telekommunikation (ERJuKoG) vom 10. 12. 01 (BGBl I S 3422),
- Gesetz zur Verbesserung des zivilgerichtlichen Schutzes bei Gewalttaten und Nachstellungen sowie zu Erleichterungen der Überlassung der Ehewohnung bei Trennung vom 11. 12. 01 (BGBl I S 3513),
- Bundeswertpapierverwaltungsgesetz (BWpVerwG) vom 11. 12. 01 (BGBl I S 3519),
- Gesetz zur Einführung des Euro in Rechtspflegegesetzen usw vom 13. 12. 01 (BGBl I S 3574),
- Gesetz zur Regelung der Rechtsverhältnisse der Prostituierten (ProstG) vom 20. 12. 01 (BGBl I S 3983)

Diese Gesetze, die vor dem oder am 1. 1. 02 in Kraft getreten sind, sind, soweit sie Vorschriften des BGB ändern oder Regelungen privatrechtlichen Inhalts enthalten, im Ergänzungsband abgedruckt und kommentiert.

Der **Redaktionsschluß für den Allgemeinen Teil und das Allgemeine Schuldrecht Mitte Januar, für alle anderen Vorschriften Ende Januar** hat es ermöglicht, die bis dahin erschienenen Bücher und Aufsätze zum neuen Gesetzesstand zu berücksichtigen. Auf Hinweise und Wiedergabe von Ausführungen de lege ferenda wurde bewußt verzichtet.

Im **Allgemeinen Teil** wird das neue Verjährungsrecht sorgfältig kommentiert. Es wird deutlich, dass trotz der neuen Strukturen des Verjährungsrechts bei der Lösung der meisten Zweifelsfragen auf bewährte Grundsätze der Rechtsprechung zurückgegriffen werden kann. Erläutert werden auch die Änderungen der §§ 64, 76, 79, 121, 124, 232 und 236 und die §§ 1 und 2 des ProstG.

Im **Allgemeinen Schuldrecht,** dem am stärksten durch die Reform veränderten Teil des BGB, wird das neue Leistungsstörungsrecht eingehend dargestellt. Die Eingliederung der materiell-rechtlichen Vorschriften des AGB-Gesetzes, des HausTWG und des Fernabsatzgesetzes in das BGB ist zum Anlaß genommen worden, die bisherige Kommentierung dieser Vorschriften zu überprüfen und einige Anmerkungen zu präzisieren. Dass der Basiszinssatz nicht mehr 3,62%, sondern 2,57% beträgt, wird im Palandt – anders als in der im BGBl neu bekannt gemachten Fassung des BGB – schon registriert. Auch im Allgemeinen Schuldrecht zeigt sich überall, dass für die Probleme, die bei Anwendung des neuen Rechts auftreten, in der Regel Lösungen entwickelt werden können, die an Grundsätze der Rechtsprechung zum bisherigen Recht anknüpfen. Wenig ergiebig ist dagegen fast immer ein Rekurs auf die Veröffentlichungen, die sich vor der Verabschiedung des Schuldrechtsmodernisierungsgesetzes kritisch mit der Reform auseinander gesetzt haben.

Im **Besonderen Schuldrecht** ist in erster Linie das Kaufrecht in einer grundlegend neuen Fassung dargestellt worden. Die allgemeinen Vorschriften (§§ 433–453) weisen einen engen Zusammenhang mit dem neuen Allgemeinen Schuldrecht auf und sind von Grund auf mit dem Ziel kommentiert worden, dem Benutzer die praktische Arbeit zu erleichtern. Dies gilt primär für die Mängelhaftung (§§ 434–444), dem Kernstück des modernisierten Kaufrechts. Die Erläuterungen enthalten daher auch eine umfangreiche Kasuistik typischer Sach- und Rechtsmängel. Ausführlich ist der Verbrauchsgüterkauf (§§ 474–479) erläutert worden. Im Zuge der Neubearbeitung sind auch die Anmerkungen zu den besonderen Arten des Kaufs (§§ 454–473) gründlich durchgesehen und angepaßt worden. Das Teilzeit-Wohnrechtegesetz ist als §§ 481 ff in das BGB integriert worden. Um die Änderungen besser überblicken zu können, sind in der Einführung vor § 433 die neuen und alten Paragraphen mit Inhaltsangabe gemäß den Überschriften gegenübergestellt. Das ist auch in der Einführung vor § 488 geschehen, dort mit dem Verbraucherkreditgesetz, das mit systembedingten Änderungen in das BGB (§§ 491–507) aufgenommen worden ist. Die darin enthaltene Umgestaltung des Darlehensrechts hat eine umfangreiche Neukommentierung erfordert, die auf die Bedürfnisse des Praktikers zugeschnitten ist. Der neue Titel „Sachdarlehen" (§§ 607–609) ist, der geringen praktischen Bedeutung entsprechend, nur knapp in den wesentlichen Punkten behandelt. Die beiden arbeitsrechtlichen Neuerungen (§ 615 Satz 3, § 619 a) sind in ihrem Bezug auf die Anmerkungen im Hauptband erläutert. Das Werkvertragsrecht ist vollständig, also auch hinsichtlich der nicht geänderten Vorschriften, kommentiert, um dem Praktiker eine umfassende, aktuelle Darstellung dieses wichtigen Gebietes nach dem neuen Rechtsstand an die Hand zu geben. Die Erläuterungen zur Mängelhaftung (§§ 633 bis 639), die durch das SMG neu gestaltet ist, sind vollständig neu konzipiert, ebenso die Erläuterungen der für die Abgrenzung zum Kaufrecht wichtigen Bestimmung des § 651 zum Lieferungskauf (bisher Werklieferungsvertrag). Dabei ist den Querverbindungen zum Verjährungs-, allgemeinen Leistungsstörungs- und Kaufrecht besondere Beachtung geschenkt. Die Anmerkungen zu den übrigen Vorschriften wurden unter Berücksichtigung der tiefgreifenden Änderungen des allgemeinen Schuldrechts überarbeitet, wo erforderlich ergänzt und zum Teil völlig neu gefaßt. Das gilt vor allem für die Kernvorschriften des § 631 mit Darstellung des Pflichtenkanon der Vertragsparteien, des § 632 mit der neuen Vergütungsregelung zum Kostenanschlag und des § 649 mit Darstellung der Problematik der Kündigung aus wichtigem Grund. Im Maklerrecht sind die neu eingefügten Vorschriften zur Vermittlung von Verbraucherdarlehen eingehend kommentiert worden. Auch hier ist das Aufzeigen von Querverbindungen zum allgemeinen Maklerrecht ein besonderes Anliegen. Im Reisevertragsrecht, Verwahrungsrecht sowie den weiteren Titeln des besonderen Schuldrechts sind die Anpassungen im Rahmen des SMG jeweils kurz erläutert worden.

Im **Sachenrecht** sind nur einige Vorschriften durch Anpassung an die Neuregelung des Verjährungsrechts geändert worden, im übrigen handelt es sich um Anpassungen des Gesetzeswortlauts und an die Neugliederung des Schuldrechts ohne sachliche Änderungen.

Im **Familienrecht** sind nur wenige Bestimmungen von der Schuldrechtsmodernisierung unmittelbar betroffen, wobei einige Absätze der jeweiligen Vorschriften geändert worden sind. Die Änderungen wurden soweit erforderlich kommentiert.

Im **Erbrecht** sind im wesentlichen nur Folgeänderungen zur Anpassung erbrechtlicher Vorschriften an die neuen Regeln des Verjährungs- und Schuldrechts eingetreten, einmal auch zum Ersatz einer dort weggefallenen Vorschrift. Soweit das Gesetz beim Vermächtnis und beim Erbschaftskauf wie schon bisher auf Kaufrecht verweist, wirkt sich dessen Neuregelung auch auf die entsprechenden erbrechtlichen Vorschriften aus. Im Verjährungsrecht ist auf die neu geschaffene Vorschrift für erbrechtliche Ansprüche in § 197 hinzuweisen.

Vorwort

Im Internationalen Privatrecht des **EGBGB** sind wesentliche Neuerungen am 1. 1. 2002 in Kraft getreten. So wurde durch das Schuldrechtsmodernisierungsgesetz der Artikel 29a geändert. Das Gewaltschutzgesetz hat einen neuen Artikel 17a eingefügt und damit eine kollisionsrechtliche Regelung der Zuweisung von Hausrat und Ehewohnung geschaffen. Die neue Vorschrift verdrängt den bisherigen Artikel 17a, der durch das Gesetz zur Beendigung der Diskriminierung gleichgeschlechtlicher Gemeinschaften vom 16. 2. 2001 eingefügt worden war und jetzt mit einer geringfügigen Modifikation Artikel 17b geworden ist. Auf dem Gebiet des internationalen Adoptionsrechts hat das Adoptionswirkungsgesetz vom 5. 11. 2001 (BGBl I S 2953) das Verfahren für die Anerkennung im Ausland vorgenommener Adoptionen und für den Inhalt eines Annahmebeschlusses eines deutschen Vormundschaftsgerichts auf der Grundlage ausländischen Sachrechts neu geregelt. Im Fünften Teil des EGBGB sind die für die Praxis besonders wichtigen Übergangsvorschriften zum Schuldrechtsmodernisierungsgesetz (Art. 229 §§ 5–7) eingehend kommentiert. Berücksichtigt sind aber auch im Siebten Teil die Verordnungsermächtigungen zur Durchführung des neuen Rechts (Art. 239–245).

Das **Unterlassungsklagengesetz** knüpft an die §§ 13ff. des AGBGB an. Der Katalog der Verbraucherschutzvorschriften, die im Falle der Zuwiderhandlung einen Unterlassungsanspruch begründen, ist an das neue Schuldrecht angepaßt und um die Vorgaben der Richtlinie 2000/31/EG (e-commerce-Richtlinie) erweitert worden. Außerdem ist ein Auskunftsanspruch gegen die Erbringer von Post-, Telekommunikations-, Tele- und Mediendiensten eingeführt worden.

Die **Neufassung des § 1361b BGB** durch das Gewaltschutzgesetz ist wegen des Sachzusammenhangs mit dem neuen Gesetz in einem eigenen Teil in den Band aufgenommen worden.

Göttingen, Karlsruhe, Kellenhusen, Lübeck, München, im Februar 2002 — Die Verfasser

Inhaltsverzeichnis

Bürgerliches Gesetzbuch

– Auszug –

Buch 1. Allgemeiner Teil

Buch 2. Recht der Schuldverhältnisse

Buch 3. Sachenrecht

Buch 4. Familienrecht

Buch 5. Erbrecht

Einführungsgesetz zum Bürgerlichen Gesetzbuch

– Auszug –

Abkürzungsverzeichnis

Bearbeiter: Dr. Bassenge, Vorsitzender Richter am Landgericht a. D.

I. Gesetze und Verordnungen,[1] Amtsblätter, Zeitschriften,[2] Entscheidungssammlungen,[2] Behörden, Orts- und Landesnamen[3] „einzelne juristische Werke"[4]

AbgG	Abgeordnetengesetz idF v 21. 2. 1996 BGBl I 327
ABl	Amtsblatt
ABl EG	Amtsblatt der Europäischen Gemeinschaften
AbschlBer	Abschlussbericht der Schuldrechtskommission
AcP	Archiv für die civilistische Praxis (Band u Seite)
ADSp	Allgemeine Deutsche Spediteurbedingungen idF v 1. 10. 1978; BAnz Nr 211
AEntG	Arbeitnehmer-Entsendegesetz v 26. 2. 1996, BGBl I 227
AFG	jetzt SGB 3. Buch
AfP	Archiv für Presserecht
AFWoG	Gesetz über den Abbau der Fehlsubventionierung im Wohnungswesen idF v 13. 9. 2001, BGBl I 2414
AG	Amtsgericht, Ausführungsgesetz (ohne Zusatz: zum BGB)
AGBE	Bunte, Entscheidungssammlung AGB-Gesetz, Bd. I–V
AGBG	Gesetz zur Regelung des Rechts der Allgemeinen Geschäftsbedingungen idF v 29. 6. 2000, BGBl I 946 – aufgehoben durch Art 6 Nr 4 SMG
AgrarR	Zeitschrift für das Recht der Landwirtschaft, der Agrarmärkte und des ländlichen Raumes
AIZ	Allgemeine Immobilienzeitung
AK (+Bearbeiter)	Kommentar zum Bürgerlichen Gesetzbuch (Reihe Alternativkommentare), 1. Aufl 1979 ff
AKB	Allgemeine Bedingungen für die Kraftfahrtversicherung idF v 26. 7. 1988 (BAnz Nr 152)
AktG	Aktiengesetz v 6. 9. 1965, BGBl I 1089
AkZ	Zeitschrift der Akademie für Deutsches Recht
ALG	Gesetz über die Alterssicherung der Landwirte v 29. 7. 1994, BGBl I 1890
ALR	Allgemeines Landrecht für die Preußischen Staaten von 1794
AMG	Arzneimittelgesetz idF v 11. 12. 1998, BGBl 3586
AnfG	Gesetz betr die Anfechtung von Rechtshandlungen außerhalb des Insolvenzverfahrens v 5. 10. 1994 (Art 1 EGInsO) BGBl I 2911
AnpV	Verordnung zur Anpassung der Unterhaltsrenten für Minderjährige v 19. 3. 1992, BGBl I 535
Ans	Ansbach
AnwK (+ Bearbeiter)	Anwaltkommentar Schuldrecht, 2002
AnwBl	Anwaltsblatt
AO 1977	Abgabenordnung (AO 1977) v 16. 3. 1976, BGBl I 613
AP	Nachschlagewerk des Bundesarbeitsgerichts (Gesetzesstelle u Entscheidungsnummer)
ApG	Gesetz über das Apothekenwesen idF v 15. 10. 80, BGBl I 1994
ArbG	Arbeitsgericht
ArbGB	Arbeitsgesetzbuch der DDR v 16. 6. 1977, GBl I 371
ArbGG	Arbeitsgerichtsgesetz idF v 2. 7. 1979, BGBl I 853
ArbPlSchG	Arbeitsplatzschutzgesetz idF der Bek v 21. 2. 2001, BGBl I 253
1. ArbRBerG	Erstes Arbeitsrechtsbereinigungsgesetz v 14. 8. 1969, BGBl I 1106
ArbSichG	Arbeitssicherstellungsgesetz v 9. 7. 1968, BGBl I 787
ArbZRG	Gesetz zur Vereinheitlichung und Flexibilisierung des Arbeitszeitrechts v 6. 6. 1994, BGBl I 1170
ArchBürgR	Archiv für bürgerliches Recht (Band u Seite)
ArchÖffR	Archiv für öffentliches Recht
ArchVR	Archiv für Völkerrecht
AsylVfG	Asylverfahrensgesetz idF v 27. 7. 1993, BGBl I 1361
AtomG	Atomgesetz idF v 15. 7. 1985, BGBl I 1566
AÜG	Arbeitnehmerüberlassungsgesetz idF v 3. 2. 1995, BGBl I 159
AuA	Arbeit und Arbeitsrecht
Aur	Aurich
AVB	Allgemeine Versicherungsbedingungen
AVBEltV	Verordnung über allgemeine Bedingungen für die Elektrizitätsversorgung von Tarifkunden v 21. 6. 1979, BGBl I 684
AVBFernwärmeV	Verordnung über allgemeine Bedingungen für die Versorgung mit Fernwärme v 20. 6. 1980, BGBl I 742
AVBGas	Verordnung über allgemeine Bedingungen für die Gasversorgung von

[1] Vgl. auch das Verzeichnis der Abkürzungen von Gesetzen, Rechtsverordnungen u allgemeinen VerwaltgsVorschriften des Bundes, 1974, GMBl 75, 230, 459. – Bei Rechtsvorschriften mit amtlichen Kurzbezeichnungen sind nur diese anzugeben.
[2] Soweit nicht anders angegeben: zitiert Jahr und Seite.
[3] Der Ortsname ohne Zusatz bedeutet das Oberlandesgericht des betreffenden Ortes.
[4] Soweit Abkürzungen verwendet oder nicht am Beginn des 1.–5. Buches des BGB oder der übrigen Gesetze angeführt.

	Tarifkunden v 21. 6. 1979, BGBl I 676
AVBWasser	Verordnung über allgemeine Bedingungen für die Versorgung mit Wasser v 20. 6. 1980, BGBl I 750, 1067
AvmG	Altersvermögensgesetz v 26. 6. 2001, BGBl I 1310
AVO-PStG	Verordnung zur Ausführung des PStG idF v 25. 2. 1977, BGBl I 377
AWD	s. RIW
AWG	Außenwirtschaftsgesetz v 28. 4. 1961, BGBl I 481, BGBl III 7 Nr 7400–1
AWV	Außenwirtschaftsverordnung idF v 22. 11. 1993, BGBl I 1937
Ba	Baden
Ba-Ba	Baden-Baden
BABl	Bundesarbeitsblatt
BÄrztO	Bundesärzteordnung idF v 16. 4. 1987, BGBl I 1218
BAföG	Bundesausbildungsförderungsgesetz idF v 6. 6. 1983 (BGBl I 646)
BAG	Bundesarbeitsgericht, auch Entscheidungen des Bundesarbeitsgerichts
BAnz	Bundesanzeiger
BarwertVO	Verordnung zur Ermittlung des Barwerts einer auszugleichenden Versorgung nach § 1587 a Abs 3 Nr 2 und Abs 4 des Bürgerlichen Gesetzbuchs v 24. 6. 1977, BGBl I 1014
Barw-ÄndVO	Verordnung zur Änderung der BarwertVO v 22. 5. 1984, BGBl I 692
Bassenge/Herbst/Roth	Gesetz über die Angelegenheiten der freiwilligen Gerichtsbarkeit/Rechtspflegergesetz, 9. Aufl 2002
BauFdgG	Gesetz über die Sicherung der Bauforderungen v 1. 6. 1909, RGBl 449, BGBl III 2 Nr 213–2
BauGB	Baugesetzbuch idF der Bek v 27. 8. 1997, BGBl I 2141
Baumbach/Hefermehl	Wettbewerbsrecht, 22. Aufl 2001
Baumbach/Hopt	Handelsgesetzbuch mit Nebengesetzen, 30. Aufl 2000
Baumbach/Hueck GmbHG	Kurzkommentar zum GmbHGesetz, 17. Aufl 2000
Baumgärtel/Laumen (+Bearbeiter)	Handbuch der Beweislast im Privatrecht, Bd 1 (AT, SchuldR) 2. Aufl 1991, Bd 2 (SachenR, FamR, ErbR) 2. Aufl 1999
BauNVO	Verordnung über die bauliche Nutzung der Grundstücke idF v 23. 1. 1990, BGBl I 132
BauR	Zeitschrift für das gesamte öffentliche und private Baurecht (Jahr u Seite)
BaWü	Baden-Württemberg
Bay	Bayern
BayNotV	s MittBayNot
BayObLG	Bayerisches Oberstes Landesgericht, auch Entscheidungssammlung in Zivilsachen
Bayr	Bayreuth
BayRS	Bayerische Rechtssammlung
BayVBl	Bayerische Verwaltungsblätter
BayVGH	Bayerischer Verwaltungsgerichtshof; auch Sammlung von Entscheidungen des bayerischen Verwaltungsgerichtshofes (Band u Seite)
BayZ	Zeitschrift für Rechtspflege in Bayern (1905–1934)
BB	Der Betriebs-Berater
BBergG	Bundesberggesetz v 13. 8. 1980, BGBl I 1310
BBesG	Bundesbesoldungsgesetz idF v 3. 12. 1998, BGBl I 3434
BBG	Bundesbeamtengesetz idF v 31. 3. 1999, BGBl I 675
BBodSchG	Bundes-Bodenschutzgesetz v 17. 3. 1998, BGBl I 502
BDSG	Bundesdatenschutzgesetz v 27. 11. 977, BGBl I 201
BeamtVG	Beamtenversorgungsgesetz idF v 16. 3. 1999, BGBl I 322
BeamtVG-ÄndG	Gesetz zur Änderung des BeamtVG v. 18. 12. 1989, BGBl I 2818
BerBG	Berufsbildungsgesetz v 14. 8. 1969, BGBl I 1112
BerGesVR	Berichte der Deutschen Gesellschaft für Völkerrecht
BErzGG	Bundeserziehungsgeldgesetz idF v 7. 12. 2001, BGBl I 3358
BeschFG	Beschäftigungsförderungsgesetz 1985 v 26. 4. 1985, BGBl I 710
BetrAVG	Gesetz zur Verbesserung der betrieblichen Altersversorgung v 19. 12. 1974, BGBl I 3610
BetrVG	Betriebsverfassungsgesetz idF v 25. 9. 2001, BGBl I 2518
BeurkG	Beurkundungsgesetz v 28. 8. 1969, BGBl I 1513
BewG	Bewertungsgesetz idF v 1. 2. 1991, BGBl I 230
BezG	Bezirksgericht
BezG/BSfZ	Bezirksgericht/Besonderer Senat für Zivilsachen
BFH	Bundesfinanzhof, auch Sammlung der Entscheidungen und Gutachten des BFH (Band u Seite)
BGB	Bürgerliches Gesetzbuch idF der Bek v 2. 1. 2002, BGBl I 42
BGB-InfoV	Verordnung über Informationspflichten nach bürgerlichem Recht v 2. 1. 2002, BGBl I 342
BGBl I, II, III	Bundesgesetzblatt, mit I oder ohne Ziffer = Teil I; mit II = Teil II; mit III = Teil III
BGH	Bundesgerichtshof, auch Entscheidungen in Zivilsachen (Band u Seite)
BGHR	Rechtsprechung des Bundesgerichtshofs (Band u Seite)
BGHSt	Bundesgerichtshof, Entscheidungen in Strafsachen (Band u Seite)
BGH VGrS	Bundesgerichtshof, Vereinigter Großer Senat
BGHWarn	Rechtsprechung des Bundesgerichtshofs in Zivilsachen (Jahr u Nummer)
BHO	Bundeshaushaltsordnung v 19. 8. 1969, BGBl I 1284
Bielef	Bielefeld
BImSchG	Bundesimmissionsschutzgesetz idF v 14. 5. 1990, BGBl I 881

BinnSchG	Binnenschiffahrtsgesetz v 15. 6. 1895, RGBl 301, idF v 15. 6. 1898, RGBl 868, BGBl III 4 Nr 4103–1
BiRiLiG	Bilanzrichtlinie-Gesetz v 19. 12. 1985, BGBl I 2355
BJagdG	Bundesjagdgesetz idF v 29. 9. 1976, BGBl I 2849
BKleingG	Bundeskleingartengesetz v 28. 2. 1983, BGBl I 210
BKGG	Bundeskindergeldgesetz idF v 22. 4. 1999, BGBl I 771
BLAH	Baumbach/Lauterbach/Albers/Hartmann, Zivilprozeßordnung, 59. Aufl 2001
BLG	Bundesleistungsgesetz idF v 27. 9. 1961, BGBl I 1769
BlGBW	Blätter für Grundstücks-, Bau- und Wohnungsrecht
Bln	Berlin
Bln-Sammlg, BerLR	Sammlung des bereinigten Berliner Landesrechts 1945–1967, GVBl Sonderband II, 1970
Bln-Sammlg, PreußR;	Sammlung des in Berlin geltenden preußischen Rechts 1806–1945, GVBl Sonderband I, 1966
BMA	Bundesminister(ium) für Arbeit
BMF	Bundesminister(ium) der Finanzen
BMI	Bundesminister(ium) des Innern
BMJ	Bundesminister(ium) der Justiz
BML	Bundesminister(ium) für Ernährung, Landwirtschaft und Forsten
BNatSchG	Bundesnaturschutzgesetz idF v 21. 9. 1998, BGBl I 2995
BNotO	Bundesnotarordnung v 24. 2. 1961, BGBl I 98, BGBl III 3 Nr 303–1
Böhmer/Siehr	Das gesamte Familienrecht, 3. Aufl., Loseblattausgabe
BoSoG	Bodensonderungsgesetz (Art 14 RegVBG) v 20. 12. 1993, BGBl I 2215
BPersVG	Bundespersonalvertretungsgesetz v 15. 3. 1974, BGBl I 693
BPflVO	Bundespflegesatzverordnung v 21. 8. 1985, BGBl I 1666
BPM (+Bearbeiter)	Bärmann/Pick/Merle, Wohnungseigentumsgesetz, 6. Aufl 1987
BR	Bundesrat
Brem	Bremen
BRAGO	Bundesgebührenordnung für Rechtsanwälte v 26. 7. 1957, BGBl I 907, BGBl III 3 Nr 368–1
BRAO	Bundesrechtsanwaltsordnung v 1. 8. 1959, BGBl I 565, BGBl III 3 Nr 308–8
Brdbg	Brandenburg
BRep	Bundesrepublik Deutschland
BRRG	Beamtenrechtsrahmengesetz idF v 31. 3. 1999, BGBl I 654
Brschw	Braunschweig
BSeuchG	Gesetz zur Verhütung u Bekämpfung übertragbarer Krankheiten idF v 18. 12. 1979, BGBl I 2262 (Berichtigung BGBl I 80, 151)
BSHG	Bundessozialhilfegesetz idF v 23. 3. 1994, BGBl I 646
BSozG (BSG)	Bundessozialgericht
BSpKG	Gesetz über Bausparkassen v 15. 2. 1991; BGBl I 454
BS-RhPf	Sammlung des bereinigten Landesrechts von Rheinland-Pfalz, 9. 5. 1945 bis 31. 5. 1968
BS-Saar	Sammlung des bereinigten Saarländischen Landesrechts, 5. 6. 1945 bis 30. 6. 1970, 2 Bände, 1971
BStBl	Bundessteuerblatt
BT (+ Bearbeiter)	Bub/Treier, Handbuch der Geschäfts- und Wohnraummiete, 3. Aufl, 1999
BT-Drucks	Bundestagsdrucksache
BtÄndG	Betreuungsrechtsänderungsgesetz v 25. 6. 1998, BGBl I 1580
BtBG	Betreuungsbehördengesetz v 12. 9. 1990, Art 8 BtG
BtG	Betreuungsgesetz v 12. 9. 1990, BGBl I 2002
BtMG	Betäubungsmittelgesetz v 1. 3. 1994, BGBl I 359
BtPrax	Betreuungsrechtliche Praxis
BUrlG	Bundesurlaubsgesetz v 8. 1. 1963, BGBl I 2
Bülow	Recht der Kreditsicherheiten, 4. Aufl, 1997
II. BV	VO über wohnungswirtschaftliche Berechnungen idF vom 12. 10. 1990, BGBl I 2178
BVerfG	Bundesverfassungsgericht, auch Entscheidungen des Bundesverfassungsgerichts (Band u Seite)
BVerfGG	Gesetz über das Bundesverfassungsgericht idF v 11. 8. 1993, BGBl I 1474
BVerfG-Ka	Kammer des Bundesverfassungsgerichts
BVG	Bundesversorgungsgesetz idF v 22. 1. 1982, BGBl I 21
BVerwG	Bundesverwaltungsgericht, auch Entscheidungen des Bundesverwaltungsgerichts (Band u Seite)
BVFG	Bundesvertriebenengesetz idF v 2. 6. 1993, BGBl I 829
BWNotZ	Zeitschrift für das Notariat in Baden-Württemberg
BwpVerwG	Bundeswertpapierverwaltungsgesetz v 11. 12. 2001, BGBl I 3519
BZRG	Bundeszentralregistergesetz idF v 12. 9. 1984, BGBl I 1230
CC	Code civil
Charl	Berlin-Charlottenburg
Chem	Chemnitz
CMR	Übereinkommen über den Beförderungsvertrag im internationalen Straßengüterverkehr v 19. 5. 1956/16. 8. 1961 (BGBl II 1119, 62 II 12)
CISG	Convention on Contracts for the International Sale of Goods v 11. 4. 1980, BGBl II 89, 588
CR	Computer und Recht
Cttb	Cottbus
DA	Dienstanweisung für die Standesbeamten und ihre Aufsichtsbehörden idF v 23. 11. 1987, BAnz Nr 227 a
DAngVers	Die Angestelltenversicherung
DAR	Deutsches Autorecht, Deutsche Außenwirtschafts-Rundschau
Darmst	Darmstadt
DAV(orm)	Der Amtsvormund, Rundbrief des Deutschen Instituts für Vormundschaftswesen
DB	Der Betrieb

DBB .... Deutsche Bundesbank
DDR .... Deutsche Demokratische Republik
Degdf .... Deggendorf
Demharter ... Grundbuchordnung, 24. Aufl 2002
DepG .... Depotgesetz idF v 11. 1. 1995, BGBl I 34
Detm .... Detmold
DEuFamR ... Deutsches und Europäisches Familienrecht
DFG .... Deutsche Freiwillige Gerichtsbarkeit
DGVZ .... Deutsche Gerichtsvollzieher-Zeitung
Die SozVers ... Die Sozialversicherung
DIJuF .... Deutsches Institut für Jugendhilfe und Familienrecht
DJ .... Deutsche Justiz
DJT .... Deutscher Juristentag
DJZ .... Deutsche Juristen-Zeitung
DNotZ .... Deutsche Notar-Zeitschrift
DNotV .... Zeitschrift des Deutschen Notarvereins
DÖD .... Der öffentliche Dienst
DÖV .... Die Öffentliche Verwaltung
DONot ...... Dienstordnung für Notare
Dortm .... Dortmund
DR (DRW) .. Deutsches Recht, ab 1. 4. 1939 Wochenausgabe
Dresd .... Dresden
DRiG .... Deutsches Richtergesetz idF v 19. 4. 1972, BGBl I 713
DRiZ .... Deutsche Richterzeitung
DRV (DtRentVers) Deutsche Rentenversicherung
DRZ .... bis 1935: Deutsche Richterzeitung (Jahr u Seite. Nr des Rechtsprechungsteils); ab 1946: Deutsche Rechtszeitschrift
DStR .... Deutsches Steuerrecht
DtZ .... Deutsch-Deutsche Rechts-Zeitschrift
Düss .... Düsseldorf
DVBl .... Deutsches Verwaltungsblatt
DWE .... Der Wohnungseigentümer
DWW .... Deutsche Wohnungswirtschaft
DZWiR ...... Deutsche Zeitschrift für Wirtschaftsrecht
ECU .... European Currency Unit
EFG .... Eigentumsfristengesetz v 20. 12. 1996, BGBl I 2028
EFZG .... Entgeltfortzahlungsgesetz (Art 56 SGB XI)
EG .... Einführungsgesetz (ohne Zusatz: zum BGB), auch Europäische Gemeinschaft
EGAO 1977 Einführungsgesetz zur Abgabenordnung v 14. 12. 1976, BGBl I 3341
EGBGB (EG) Einführungsgesetz zum Bürgerlichen Gesetzbuch idF v 21. 9. 1994, BGBl I 2494
EGFamGB ... Einführungsgesetz zum Familiengesetzbuch der DDR v 19. 6. 1975, GBl I 1966, 19
EGGVG ...... Einführungsgesetz zum Gerichtsverfassungsgesetz v 27. 1. 1877, RGBl 77, BGBl III 3 Nr 300–1
EGInsO ...... Einführungsgesetz zur Insolvenzordnung v 5. 10. 1994, BGBl I 2911
EGMR .... Europäischer Gerichtshof für Menschenrechte
EGStGB ..... Einführungsgesetz zum Strafgesetzbuch v 2. 3. 1974, BGBl I 469
EG-Übk ..... Übereinkommen über das auf vertragliche Schuldverhältnisse anzuwendende Recht v 19. 6. 1980, BGBl 86 II 810
EGV .... Vertrag zur Gründung der Europäischen Gemeinschaft v 25. 3. 1957, BGBl II 766
EGZGB ..... Einführungsgesetz zum Zivilgesetzbuch der DDR v 19. 6. 1975, GBl I 517
1. EheRG ... Erstes Gesetz zur Reform des Ehe- und Familienrechts v 14. 6. 1976, BGBl I 1421
EheschlAbk .. Haager Abkommen zur Regelung des Geltungsbereichs der Gesetze auf dem Gebiete der Eheschließung v 12. 6. 1902, RGBl 1904, 221
EheschlRG .. Eheschließungsrechtsgesetz v 4. 5. 1998, BGBl I 833
EigenhVO ... Verordnung über die Bereitstellung genossenschaftlich genutzter Bodenflächen zur Errichtung von Eigenheimen auf dem Lande v 9. 6. 1976 (DDR), GBl I 426, 500
EinigsV ...... Einigungsvertrag v 31. 8. 1990, BGBl II 889 = GBl DDR I 1629
EJF .... Entscheidungen aus dem Jugend- und Familienrecht (Abschnitt u Nummer)
Ellw .... Ellwangen
Emmerich/ Sonnenschein Miete, Handkommentar, 7. Aufl 1999
EMRK ...... Europäische Konvention zum Schutz der Menschenrechte und Grundfreiheiten
EMVG .... Gesetz über die elektromagnetische Verträglichkeit von Geräten v 9. 11. 1992, BGBl I 1864
ErbbRVO .... Verordnung über das Erbbaurecht v 15. 1. 19, RGBl 72, BGBl III 4 Nr 403–6
ErbGleichG Erbrechtsgleichstellungsgesetz v 16. 12. 1997, BGBl I 2968
ErbStDVO ... Erbschaftsteuer-Durchführungsverordnung idF v 19. 1. 1962, BGBl I 22
ErbStG .... Erbschaftsteuer- und Schenkungsteuergesetz idF v 27. 2. 1997, BGBl I 378
ErholNutzG Erholungsnutzungsrechtegesetz (Art 2 SchuldRÄndG)
Erf .... Erfurt
ErfK (+ Bearbeiter) Erfurter Kommentar zum Arbeitsrecht
ErgG .... Ergänzungsgesetz
Erm (+Bearbeiter) Erman, Handkommentar zum Bürgerlichen Gesetzbuch, 10. Aufl 2000
ES .... Entscheidungssammlung
ESchG .... Gesetz zum Schutz von Embryonen (Embryonenschutzgesetz – ESchG) v 13. 12. 1990, BGBl I 2746
EStG 1990 ... Einkommensteuergesetz 1990 v 7. 9. 1990, BGBl I 1898
EU .... Europäische Union
EuGH .... Gerichtshof der Europäischen Gemeinschaften
EuGRZ ..... Europäische Grundrechte

EuGVÜ ...... Übereinkommen der Europäischen Gemeinschaft über die gerichtliche Zuständigkeit und die Vollstreckung gerichtlicher Entscheidungen in Zivil- und Handelssachen v 27. 9. 1968, BGBl 72 II 774
EuR .... Europarecht
EuroEG ...... Euro-Einführungsgesetz v 9. 6. 1998, BGBl I 1242
EuropGMR Europäischer Gerichtshof für Menschenrechte
EVO .... Eisenbahn-Verkehrsordnung v 8. 8. 1938, RGBl II 663, BGBl III 9 Nr 934–1
EWiR .... Entscheidungen zum Wirtschaftsrecht
EWIV .... Europäische Wirtschaftliche Interessenvereinigung
EWS .... Europäisches Wirtschafts- und Steuerrecht (Jahr u Seite)
FamG .... Familiengericht
FamNamRG Gesetz zur Neuordnung des Familiennamensrechts v 16. 12. 1993, BGBl I 2054
FamRÄndG Familienrechtsänderungsgesetz v 11. 8. 1961, BGBl I 1221, BGBl III 4 Nr 400–4; auch 1. Gesetz zur Änderung des Familiengesetzbuchs der DDR vom 20. 7. 1990, GBl I 1038
FamRZ ...... Ehe und Familie im privaten und öffentlichen Recht. Zeitschrift für das gesamte Familienrecht
Fbg .... Freiburg
FernAbsG .... Fernabsatzgesetz v 27. 6. 2000, BGBl I 897 – aufgehoben durch Art 6 Nr 7 SMG
FernAbsRL .. Richtlinie 97/7/EG des Europäischen Parlaments und des Rates v 20. 5. 1997 über den Verbraucherschutz bei Vertragabschlüssen im Fernabsatz, ABl EG Nr L 144 S 19
FernUSG .... Fernunterrichtsschutzgesetz idF v 4. 12. 2000, BGBl I 1670
FF .... Forum Familien- und Erbrecht
Ffm .... Frankfurt am Main
Ffo .... Frankfurt an der Oder
FGB .... Familiengesetzbuch der DDR vom 20. 12. 1965, GBl I 1966, 1
FGG .... Gesetz über die Angelegenheiten der freiwilligen Gerichtsbarkeit v 17. 5. 1898, RGBl 189, BGBl III 3 Nr 315–1
FGPrax .... Praxis der Freiwilligen Gerichtsbarkeit
FinA .... Finanzamt
FinG .... Finanzgericht
FluglärmG ... Gesetz zum Schutz gegen Fluglärm v 30. 3. 1971, BGBl I 282
FlurbG .... Flurbereinigungsgesetz idF v 16. 3. 1976, BGBl I 546
FPR .... Familie, Partnerschaft, Recht
Frankth .... Frankenthal
FRES .... Entscheidungssammlung zum gesamten Bereich von Ehe und Familie (Band u Seite)
FStrG .... Bundesfernstraßengesetz idF v 19. 4. 1994, BGBl I 855
FuR .... Familie und Recht
FVE .... Sammlung fremdenverkehrsrechtlicher Entscheidungen
GAL .... Gesetz über eine Altershilfe für Landwirte idF v 14. 9. 1965, BGBl I 1448
GaststG ...... Gaststättengesetz v 5. 5. 1970, BGBl I 465
GBBerG ..... Grundbuchbereinigungsgesetz (Art 2 RegVBG) v 20. 12. 1993, BGBl I 2192
GBl .... Gesetzblatt
GBO .... Grundbuchordnung idF v 26. 5. 1994, BGBl I 1114
GBV .... Grundbuchverfügung idF v 24. 1. 1995, BGBl I 114
GDO .... Grundstücksdokumentationsordnung v 6. 11. 1975 (DDR), GBl I 697
GebrMG ..... Gebrauchsmustergesetz idF v 28. 8. 1986, BGBl I 1456
GenTG ...... Gentechnikgesetz v 20. 6. 1990, BGBl I 1080
GGV .... Gebäudegrundbuchverfügung v 23. 7. 1994, BGBl I 1606
GemO .... Gemeindeordnung
GenG .... Gesetz betr die Erwerbs- und Wirtschaftsgenossenschaften idF v 19. 8. 1994, BGBl I 2202
GeschmMG Gesetz über das Urheberrecht an Mustern und Modellen v 11. 1. 1876, RGBl 11, BGBl III 4 Nr 442–1
GewA .... Gewerbearchiv
GewO .... Gewerbeordnung idF v 22. 2. 1999, BGBl I 202
GewSchG ... Gewaltschutzgesetz v 11. 12. 2001, BGBl I 3515
GG .... Grundgesetz für die Bundesrepublik Deutschland v 23. 5. 49, BGBl 1, BGBl III 1 Nr 100–1
GKG .... Gerichtskostengesetz idF v 15. 12. 1975, BGBl I 3047
2. GleiBG ... Gesetz zur Durchsetzung der Gleichberechtigung von Frauen und Männern v 24. 6. 1994, BGBl I 1406
GleichberG .. Gesetz über die Gleichberechtigung von Mann und Frau auf dem Gebiet des bürgerlichen Rechts v 18. 6. 1957, BGBl I 609, BGBl III 4 Nr 400–3
GmbHG ..... Gesetz betr die Gesellschaften mit beschränkter Haftung v 20. 4. 1992, RGBl 477, BGBl III 4 Nr 4123–1
GmS-OGB .. Gemeinsamer Senat der obersten Gerichtshöfe des Bundes
Göhring-Posch .... Zivilrecht (DDR), 2 Bände
Görl .... Görlitz
Gött (Gö) .... Göttingen
GOÄ .... Gebührenordnung für Ärzte idF v 10. 6. 1988, BGBl I 818, 1590
GrdstVG ..... Grundstückverkehrsgesetz v 28. 7. 1961, BGBl I 1091, BGBl III 7 Nr 7810–1
Grdst-VollstrVO .... Grundstücksvollstreckungsverordnung v 6. 6. 1990 (DDR), GBl I 288
GrStS .... Großer Senat in Strafsachen
Gruch .... Gruchot Beiträge zur Erläuterung des Deutschen Rechts (Band u Seite)
GRUR ...... Gewerblicher Rechtsschutz und Urheberrecht

GrZS .... Großer Senat in Zivilsachen
GS .... Großer Senat, auch Preußische Gesetzsammlung
GSB .... s BauFdgG
GSNW .... Sammlung des bereinigten Landesrechts Nordrhein-Westfalen 1945 bis 1956
GSSchlH II .. Sammlung des schleswig-holsteinischen Landesrechts II
GüKG .... Güterkraftverkehrsgesetz idF v 10. 3. 1983, BGBl I 257
GVBl .... Gesetz- und Verordnungsblatt
GVG .... Gerichtsverfassungsgesetz idF v 9. 5. 1975, BGBl I 1077
GVNW ...... Gesetz und Verordnungsblatt des Landes Nordrhein-Westfalen
GVO .... Grundstücksverkehrsordnung idF v 20. 12. 1993, BGBl I 2221
GW .... Gesetz über Wirtschaftsverträge v 5. 2. 1976 (DDR), GBl I 61
GWB .... Gesetz gegen Wettbewerbsbeschränkungen idF v 26. 8. 1998, BGBl I 2546
Haag-EheschlAbk. (Haager) Abkommen zur Regelung des Geltungsbereichs der Gesetze auf dem Gebiete der Eheschließung v 12. 6. 1902, RGBl 1904, 221
Haag-UnterhÜbk. .. Haager Unterhaltsübereinkommen v 24. 10. 1956, BGBl 1961 II, 1013
Haag-VormAbk .... (Haager) Abkommen zur Regelung der Vormundschaft über Minderjährige v 12. 6. 1902, RGBl 1904, 240
Haas NSchuR Haas/Medicus/Rolland/Wendland, Das neue Schuldrecht, 2002
HaftpflG ...... Haftpflichtgesetz idF v 4. 1. 1978, BGBl I 145
HambSLR ... Sammlung des bereinigten hamburgischen Landesrechts
Hann .... Hannover
Hans(R)GZ .. Hanseatische Gerichtszeitung (1. 1880–48. 1927; dann Hanseat. Rechts- u Gerichtszeitschrift
HausTWG ... Gesetz über den Widerruf von Haustürgeschäften und ähnlichen Geschäften idF v 29. 6. 2000, BGBl I 955 – aufgehoben durch Art 6 Nr 5 SMG
Hbg .... Hamburg
HdwO .... Handwerksordnung idF v 24. 9. 1998, BGBl I 3075
Hdlbg .... Heidelberg
Heilbr .... Heilbronn
HeimarbG ... Heimarbeitsgesetz v 14. 3. 1951, BGBl I 191
HeimG .... Heimgesetz idF v 5. 11. 2001, BGBl I 2970
HeizkostenV Verordnung über die verbrauchsabhängige Abrechnung der Heiz- und Warmwasserkosten idF v 20. 1. 1989, BGBl I 116
Hess .... Hessen
HessGVBl II .. Gesetz- u VOBlatt für das Land Hessen, Teil II, Sammlung des bereinigten hessischen Landesrechts
HEZ .... Höchstrichterliche Entscheidungen, Sammlung von Entscheidungen der Oberlandesgerichte und der obersten Gerichte in Zivilsachen (Band u Seite)
HGB .... Handelsgesetzbuch v 10. 5. 1897, RGBl 219, BGBl III 4 Nr 4100–1
HintO .... Hinterlegungsordnung v 10. 3. 1937, RGBl I 285, BGBl III 3 Nr 300–15
Hildesh ...... Hildesheim
Hk – BGB (+ Bearbeiter) BGB – Handkommentar, 2. Aufl. 2002
HOAI .... Honorarordnung für Architekten und Ingenieure idF v 4. 3. 1991, BGBl I 533
HöfeO .... Höfeordnung idF v 26. 7. 1976, BGBl I 1933
HöfeVfO .... Verfahrensordnung für Höfesachen v 29. 3. 1976, BGBl I 881/885
HRefG ...... Handelsrechtsreformgesetz v 22. 6. 1998, BGBl I 1474
HRR .... Höchstrichterliche Rechtsprechung (Jahr u Nr)
Hueck-Canaris ...... Recht der Wertpapiere, 12. Aufl 1986
HuW .... Haus und Wohnung
HVO .... Verordnung über die Behandlung der Ehewohnung und des Hausrats v 21. 10. 1944, RGBl I 256
HypBkG ..... Hypothekenbankgesetz idF v 9. 9. 1998, BGBl I 2674
InfAuslR ..... Informationsbrief Ausländerrecht
InkrG .... Gesetz über die Inkraftsetzung von Rechtsvorschriften der Bundesrepublik Deutschland in der DDR v 21. 6. 1990 (DDR), GBl I 357
InsO .... Insolvenzordnung v. 5. 10. 1994, BGBl I 2866
IPG .... Gutachten zum internationalen und ausländischen Privatrecht v Ferid-Kegel-Zweigert, 1965 ff (Jahr u Nr)
IPRax .... Praxis des Internationalen Privat- und Verfahrensrechts
IPRG .... Gesetz zur Neuregelung des Internationalen Privatrechts v 25. 7. 1986, BGBl I 1142
IPRspr .... Makarov, Gamillscheg, Müller, Dierk, Kropholler, Die deutsche Rechtsprechung auf dem Gebiete des internationalen Privatrechts, 1952 ff
IRO .... International Refugee Organization
JA .... Jugendamt, auch Juristische Arbeitsblätter
JAmt .... Das Jugendamt (bis 2000: DAV)
JArbSchG .... Jugendarbeitsschutzgesetz idF v 12. 4. 1976, BGBl I 965
Jansen .... Freiwillige Gerichtsbarkeit, 2. Aufl 1969–1971, Bd 1–3
Jauernig (+Bearbeiter) Bürgerliches Gesetzbuch, 9. Aufl 1999
JBeitrO ...... Justizbeitreibungsordnung v 11. 3. 1937, RGBl I 298
JbIntR .... Jahrbuch für internationales Recht
JbItalR .... Jahrbuch für italienisches Recht
JBlSaar .... Justizblatt des Saarlandes
JbOstR ...... Jahrbuch für Ostrecht
JFG .... Jahrbuch für Entscheidungen in Angelegenheiten der Freiwilligen Gerichtsbarkeit und des Grundbuchrechts (Band u Seite)

JGG .... Jugendgerichtsgesetz idF v 11. 12. 1974, BGBl I 3427
JH (+ Bearbeiter) Johannsen/Henrich, Eherecht, 3. Aufl 1998
JhJ .... Jherings Jahrbücher der Dogmatik des bürgerlichen Rechts (Band u Seite)
JMBl .... Justizministerialblatt
JO .... Journal officiel
JR .... Juristische Rundschau, Rechtsprechungsbeilage dazu (1925–1936) nach Nr
JSchÖG ...... Jugendschutzgesetz v 25. 2. 1985, BGBl I 425
Jura .... Jura/Juristische Ausbildung
JurBüro ...... Das juristische Büro
JuS .... Juristische Schulung
Just .... Die Justiz, Amtsblatt des Justizministeriums Baden-Württemberg
JVBl .... Justizverwaltungsblatt
JW .... Juristische Wochenschrift
JZ .... Juristen-Zeitung
KAGG .... Gesetz über Kapitalanlagegesellschaften idF v 9. 9. 1998, BGBl I 2726
Karlsr .... Karlsruhe
Kblz .... Koblenz
KEHE (+Bearbeiter) Kuntze-Ertl-Herrmann-Eickmann, Grundbuchrecht, 5. Aufl 1999
KG .... Kammergericht
KGJ .... Jahrbuch für Entscheidungen des Kammergerichts (Band u Seite); soweit nichts anderes angegeben Abteilung A
KindPrax ..... Kindschaftsrechtliche Praxis
KindRG ..... Kindschaftsrechtsreformgesetz v 16. 12. 1997, BGBl I 2942
KiUG .... Kindesunterhaltsgesetz v 6. 4. 1998, BGBl I 666
KJ .... Kritische Justiz (Jahr u Seite)
KJHG .... Kinder- und Jugendhilfegesetz idF v 8. 12. 1998, BGBl I 3546
KKW (+ Bearbeiter) Keidel-Kuntze-Winkler, Freiwillige Gerichtsbarkeit, 14. Aufl 1999
Klautern ...... Kaiserslautern
KO .... Konkursordnung idF v 20. 5. 1898, RGBl 612, BGBl III 3 Nr 311–4
KommZGB .. Kommentar zum ZGB der DDR, herausgegeben vom Ministerium der Justiz, 2. Aufl 1985
KonsG .... Konsulargesetz vom 11. 9. 1974, BGBl I 2317
KostO .... Kostenordnung idF v 26. 7. 1957, BGBl I 960, BGBl III 3 Nr 361–1
Kreuzn .... Bad Kreuznach
Krfld .... Krefeld
KrG .... Kreisgericht
KSchG .... Kündigungsschutzgesetz v 25. 8. 1969, BGBl I 1317, BGBl III 8 Nr 800–2
Kstz .... Konstanz
KTS .... Zeitschrift für Konkurs-, Treuhand- und Schiedsgerichtswesen
KUG .... Kunsturhebergesetz v 9. 1. 1907, RGBl 7, BGBl III 4 Nr 440–3
KVG .... Kommunalvermögensgesetz v 6. 7. 1990, GBl-DDR I 660
KVO .... Kraftverkehrsordnung für den Güterfernverkehr mit Kraftfahrzeugen idF v 23. 12. 58, BAnz 31. 12. 1958 Nr 249
KWG .... Gesetz über das Kreditwesen idF der Bek v 9. 9. 1998, BGBl I 2773
LAG .... Lastenausgleichsgesetz idF v 2. 6. 1993, BGBl I 845; auch Landesarbeitsgericht
LBG .... Landbeschaffungsgesetz v 23. 2. 1957, BGBl I 134
LFZG .... Lohnfortzahlungsgesetz v 27. 7. 1969, BGBl I 946
LG .... Landgericht
LJA .... Landesjugendamt
LM .... Das Nachschlagewerk des Bundesgerichtshofs in Zivilsachen, herausgegeben von Lindenmaier und Möhring; Nr ohne Gesetzesstelle bezieht sich auf den kommentierten Paragraphen)
Lö-vW-Tr ... Löwe, Graf von Westphalen, Trinkner, Kommentar zum Gesetz zur Regelung des Rechts der Allgemeinen Geschäftsbedingungen, 2. Aufl 1982/86
LPachtG ..... Landpachtgesetz v 25. 6. 1952, BGBl I 343, BGBl III 7 Nr 7813–2
LPG .... Landwirtschaftliche Produktionsgenossenschaft
LPartG .... Lebenspartnerschaftsgesetz v 16. 2. 2001, BGBl I 266
Lpzg .... Leipzig
LSozG .... Landessozialgericht
Lüb .... Lübeck
LuftfzRG .... Gesetz über Rechte an Luftfahrzeugen v 26. 2. 1959, BGBl I 57, BGBl III 4 Nr 403–9
LuftVG ...... Luftverkehrsgesetz idF v 27. 3. 1999, BGBl I 550
LuftVO ...... Luftverkehrs-Ordnung idF v 27. 3. 1999, BGBl I 580
LwG .... Landwirtschaftsgericht
LwVG .... Gesetz über das gerichtliche Verfahren in Landwirtschaftssachen v 21. 7. 1953, BGBl I 667, BGBl III 3 Nr 317–1
LZ .... Leipziger Zeitschrift für Deutsches Recht
MaBV .... Makler- und Bauträgerverordnung idF v 7. 11. 1990, BGBl I 2479
Mannh .... Mannheim
MarkenG .... Markengesetz v 25. 10. 1994; BGBl I 3082
MaschSchG .. Gesetz über technische Arbeitsmittel (Gerätesicherheitsgesetz) v 24. 6. 1968, BGBl I 717
MDR .... Monatsschrift für Deutsches Recht (Jahr u Seite)
MecklVP .... Mecklenburg-Vorpommern
Medicus ..... Bürgerliches Recht, 18. Aufl 1999
MedR .... Medizinrecht
Meing .... Meiningen
Memmg ..... Memmingen
Mgdbg .... Magdeburg
MHbeG ..... Minderjährigenhaftungsbeschränkungsgesetz v 25. 8. 1998, BGBl I 2487
MHG .... Gesetz zur Regelung der Miethöhe v 18. 12. 1974, BGBl I 3603 – aufgehoben durch MietRRG
MietRÄndG Gesetz zur Änderung mietrechtlicher Vorschriften, Erstes: v 29. 7. 1963, BGBl I 505, Zweites: v 14. 7. 1964, BGBl I 457, Drittes: v

21. 12. 1967, BGBl I 1248, Viertes: v 21. 7. 1993, BGBl I 1257
MietRRG … Mietrechtsreformgesetz v 19. 6. 2001, BGBl I 1149
MitBestG … Gesetz über die Mitbestimmung der Arbeitnehmer v 4. 5. 1976, BGBl I 1153
MittBayNot Mitteilungen des Bayerischen Notarvereins
MMR … Multi Media & 38; Recht
ModEnG … Modernisierungs- und Energieeinsparungsgesetz v 12. 7. 1978, BGBl I 993 – aufgehoben dch Art 4 G v 13. 9. 2001, BGBl I 2376
MöGladb … Mönchengladbach
Mosb … Mosbach
Mot … Motive zum BGB
MRVerbG … Gesetz zur Verbesserung des Mietrechts und zur Begrenzung des Mietanstiegs sowie zur Regelung von Ingenieur- und Architektenleistungen v 4. 11. 1971, BGBl I 1745
MSA … Übereinkommen über die Zuständigkeit und das anzuwendende Recht auf dem Gebiet des Schutzes von Minderjährigen v 5. 10. 1961, BGBl 71 II 217
Mü … München
MÜG … Mietenüberleitungsgesetz v 6. 6. 1995, BGBl I 748
Mühlh … Mühlhausen
MüKo … (+Bearbeiter) Münchener Kommentar zum Bürgerlichen Gesetzbuch, 3. Aufl 1992 ff; 4. Aufl 2000 ff
MuSchG … Gesetz zum Schutz der erwerbstätigen Mutter idF v 17. 1. 1997, BGBl 22
NachlG … Nachlaßgericht
NÄG … Namensänderungsgesetz v 5. 1. 1938, RGBl I 9, BGBl III 4 Nr 401–1
NBrdbg … Neubrandenburg
Nds … Niedersachsen
NdsFGG … Niedersächsisches Gesetz über die freiwillige Gerichtsbarkeit idF v 24. 2. 1971, GVBl 43
NdsRpfl … Niedersächsische Rechtspflege
NdsGVBlSb I–III … Sammlung des bereinigten niedersächsischen Rechts I (9. 5. 1945–31. 12. 1958), II (1. 1. 1919–8. 5. 1945), III (1. 1. 1806–31. 12. 1918)
NEhelG … Gesetz über die rechtliche Stellung der nichtehelichen Kinder v 19. 8. 1969, BGBl I 1243
Neust … Neustadt
NJ … Neue Justiz
NJW … Neue Juristische Wochenschrift
NJWE-FER .. NJW Entscheidungsdienst Familien- und Erbrecht
NJWE-MietR NJW Entscheidungsdienst Miet- und Wohnungsrecht
NJW-RR … NJW-Rechtsprechungs-Report Zivilrecht
NMV 1970 .. Neubaumietenverordnung 1970 idF v 12. 10. 1990, BGBl I 2203
NRupp … Neuruppin
NRW … Nordrhein-Westfalen
NSch (+ Bearbeiter) Niedenführ/Schulze, WEG 5. Aufl 2000
NStZ … Neue Zeitschrift für Strafrecht
NTS … NATO-Truppenstatut v 19. 6. 1951, BGBl 1961 II 1183
NuR … Natur und Recht
NutzgsG … Gesetz über die Verleihung von Nutzungrechten an volkseigenen Grundstücken v 14. 12. 1970 (DDR), GBl I 372
NVwZ … Neue Zeitschrift für Verwaltungsrecht
NZA … Neue Zeitschrift für Arbeitsrecht
NZA-RR … NZA-Rechtsprechungs-Report Arbeitsrecht
NZG … Neue Zeitschrift für Gesellschaftsrecht
NZM … Neue Zeitschrift für Mietrecht
NZV … Neue Zeitschrift für Verkehrsrecht
OEG … Gesetz über die Entschädigung für Opfer von Gewalttaten v 11. 5. 1976, BGBl I 1181
Offbg … Offenburg
OG … Oberstes Gericht der DDR
OGH … Oberster Gerichtshof für die Britische Zone, auch Sammlung der Entscheidungen (Band u Seite); Oberster Gerichtshof der Republik Österreich
Oldbg … Oldenburg
OLG … Oberlandesgericht, auch Die Rechtsprechung der Oberlandesgerichte (Band u Seite)
OLG-NL … OLG-Rechtsprechung Neue Länder
OLGPräs … Oberlandesgerichtspräsident
OLGR … OLG-Report (getrennt für jedes OLG)
OLGZ … Entscheidungen der Oberlandesgerichte in Zivilsachen (Jahr und Seite), ab 1995 vereinigt mit FGPrax
OLSchVO … Verordnung über Orderlagerscheine v 16. 12. 1931, RGBl I 763, BGBl III 4 Nr 4102–1
Osnabr … Osnabrück
OVG … Oberverwaltungsgericht, auch amtliche Sammlung PrOVG
OWiG … Gesetz über Ordnungswidrigkeiten idF v 19. 2. 1987, BGBl I 603
PachtKrG … Pachtkreditgesetz idF v 5. 8. 1951, BGBl I 494, BGBl III 7 Nr 7813–1
Paderb … Paderborn
PaPkG … Preisangaben- und Preisklauselgesetz v 3. 12. 1984, BGBl I 1429
PartG … Parteiengesetz idF v 31. 1. 1994, BGBl 150
PartGG … Partnerschaftsgesellschaftsgesetz v 25. 7. 1994, BGBl I 1744
PatG … Patentgesetz v 16. 12. 1980, BGBl 1981 I 2
PatAO … Patentanwaltsordnung v 7. 9. 1966, BGBl I 557
PersBefG … Personenbeförderungsgesetz idF v 8. 8. 1990, BGBl I 1690
PflegeVG … Pflege-Versicherungsgesetz v 26. 5. 1994, BGBl I 1014
PflVersG … Pflichtversicherungsgesetz v 5. 4. 1965 (BGBl I 213), BGBl III 9 Nr 925–1
Pforzh … Pforzheim

Planck (+Bearbeiter)	Planck, Kommentar zum BGB nebst EinführungsG, Bd 4/2, 6, 3. Aufl 1905/06; Bd 1, 2, 4/1, 5, 4. Aufl 1913–30; Bd 3, 5. Aufl 1933–38
PostG	Postgesetz v 22. 12. 1997, BGBl I 3294
PostO	Postordnung v 16. 5. 1963, BGBl I 341, BGBl III 9 Nr 901–1–1
Pr, pr	Preußen, preußisch
PrGS NW	Sammlung des in Nordrhein-Westfalen geltenden preußischen Rechts (1806–1945)
PrKV	Preisklauselverordnung v 23. 9. 1998, BGBl I 3043
ProdHaftG	Produkthaftungsgesetz v 15. 12. 1989, BGBl I 2198
ProdSG	Produktsicherheitsgesetz v 22. 4. 1997, BGBl I 934
ProstG	Prostitutionsgesetz v. 20. 12. 2001, BGBl I 3983
Prot	Protokolle der Kommission für die II. Lesung des Entwurfs des BGB
PStG	Personenstandsgesetz v 8. 8. 1957, BGBl I 1125, BGBl III 2 Nr 211–1
Ptsd	Potsdam
RabelsZ	Zeitschrift für ausländisches und internationales Privatrecht, begründet v Ernst Rabel [bis 1961: ZAIP]
RAG	Reichsarbeitsgericht, zugleich amtliche Sammlung der Entscheidungen (Band u Seite)
RAnwendgsG	Rechtsanwendungsgesetz v 5. 12. 1975 (DDR), GBl I 748
RAV 2001	Rentenanpassungsverordnung 2001 v 14. 6. 2001, BGBl I 1040
Ravbg	Ravensburg
RBerG	Rechtsberatungsgesetz v 13. 12. 1935, RGBl I 1478, BGBl III 3 Nr 303–12
RdA	Recht der Arbeit
RdJB	Recht der Jugend und des Bildungswesens
RdK	Das Recht des Kraftfahrers
RdL	Recht der Landwirtschaft
RdSchGmbH	Rundschau für GmbH
RDV	Recht der Datenverarbeitung
Recht	Zeitschrift „Das Recht" (Jahr u Nr der Entscheidung [bei Aufsätzen Jahr u Seite], 1908 bis 1924 in Beilage hierzu), seit 1935 als Beilage zur Deutschen Justiz
REG	Rückerstattungsgesetz
RegBedVO	Regelbedarf-Verordnung 1976 v 30. 7. 1976, BGBl I 2042
Regbg	Regensburg
RegBl	Regierungsblatt
RegUnterh-VO	Regelunterhalt-Verordnung v 27. 6. 1970, BGBl I 1010
RegVBG	Registerverfahrenbeschleunigungsgesetz v 20. 12. 1993, BGBl I 2182
RepG	Reparationsschädengesetz v 12. 2. 1969, BGBl I 105
RFH	Reichsfinanzhof, zugleich amtliche Sammlung der Entscheidungen (Band u Seite)
RG	Reichsgericht, auch amtliche Sammlung der RGRechtsprechung in Zivilsachen (Band u Seite)
RGBl	Reichsgesetzblatt ohne Ziffer = Teil I; mit II = Teil II
RGRK (+Bearbeiter)	Das Bürgerliche Gesetzbuch mit besonderer Berücksichtigung der Rechtsprechung, des Reichsgerichts und des Bundesgerichtshofes, Kommentar, 12. Aufl 1974 ff
RGSt	Reichsgericht-Rechtsprechung in Strafsachen (Band u Seite)
RGVZ	Reichsgericht Vereinigte Zivilsenate
RHeimstG	Reichsheimstättengesetz v 25. 11. 1937, BGBl III 2 Nr 2332–1; Aufhebungsgesetz v 17. 6. 1993, BGBl I912
RhNK	Mitteilungen der Rheinischen Notarkammer (ab 2001: RNotZ)
RhPf	Rheinland-Pfalz
RIW	Recht der internationalen Wirtschaft
RJA	Reichsjustizamt, Entscheidungen in Angelegenheiten der freiwilligen Gerichtsbarkeit und des Grundbuchrechts (Band u Seite)
RKEG	Gesetz über die religiöse Kindererziehung v 15. 7. 1921, RGBl 939, BGBl III 4 Nr 404–9
RL	Richtlinie des Europäischen Parlaments und des Rates
RNotZ (RhNZ)	Rheinische Notar-Zeitschrift
Rosenberg-Schwab/Gottwald	Zivilprozeßrecht, 15. Aufl 1993
Rottw	Rottweil
ROW	Recht in Ost und West
RpflAnpG	Rechtspflegeanpassungsgesetz v 26. 6. 1992, BGBl I 1147
Rpfleger	Der Deutsche Rechtspfleger
RPflG	Rechtspflegergesetz v 5. 11. 1969, BGBl I 2065
RRG	Rentenreformgesetz v 18. 12. 1989, BGBl I 2226
RRa	Reiserecht aktuell
r + s	Recht u Schaden (Jahrgang u Seite)
RSiedlG	Reichssiedlungsgesetz v 11. 8. 1919, RGBl 1429, BGBl III Nr 2331–1
RsprBau	Schäfer/Finnern/Hochstein, Rechtsprechung zum privaten Baurecht
Rstk	Rostock
RuStAG	Reichs- und Staatsangehörigkeitsgesetz v 22. 7. 1913, RGBl 583, BGBl III 1 Nr 102–1
RV	Die Rentenversicherung
RVO	Reichsversicherungsordnung idF v 15. 12. 1924, RGBl I 779, BGBl III 8 Nr 820–1
RzW	Rechtsprechung zum Wiedergutmachungsrecht
Saarbr	Saarbrücken
Saarl	Saarland
SaarlAGJuG	Saarländisches Ausführungsgesetz zu den Justizgesetzen v 5. 2. 1997, ABl 258
SaBl	Sammelblatt für Rechtsvorschriften des Bundes und der Länder
SachenR-ÄndG	Sachenrechtsänderungsgesetz v 21. 9. 1994, BGBl I 2457
SachenR-BerG	Sachenrechtsbereinigungsgesetz (Art 1 SachenRÄndG)
Sachs	Sachsen

SächsJG	Sächsisches Justizgesetz v 24. 11. 2000, GVBl 482
SAE	Sammlung arbeitsrechtlicher Entscheidungen der Vereinigung der Arbeitgeberverbände
Sammlg-BremR	Sammlung des bremischen Rechts
SAnh	Sachsen-Anhalt
SchBL	Schimansky/Bunte/Lwowski, Bankrechtshandbuch, Bd I–III, 1997
Sch-F (+ Bearbeiter)	Schmidt-Futterer, Mietrecht, 7. Aufl 1999
SchiffsRG	Gesetz über Rechte an eingetragenen Schiffen und Schiffsbauwerken v 15. 11. 1940, RGBl I 1499, BGBl III Nr 403–4
Schlesw	Schleswig
SchlH	Schleswig-Holstein
SchlHA	Schleswig-Holsteinische Anzeigen
Schönfelder	Deutsche Gesetze
SchuldR-ÄndG	Schuldrechtsänderungsgesetz v 21. 9. 1994, BGBl I 2538
SchuldR-AnpG	Schuldrechtsanpassungsgesetz (Art 1 SchuldRÄndG)
SchuldRK	Schuldrechtskommission
SchwbG	Schwerbehindertengesetz idF v 26. 8. 1986, BGBl I 1422
Schweinf	Schweinfurt
SchwZGB	Schweizerisches Zivilgesetzbuch v 10. 12. 1907
SeuffA	Seufferts Archiv für Entscheidungen der obersten Gerichte in den deutschen Staaten (Band u Nr)
SeuffBl	Seufferts Blätter für Rechtsanwendung (Band u Seite)
SGB	Sozialgesetzbuch: 1. Buch v 11. 12. 1975, BGBl I 3015–3. Buch v 24. 3. 1997, BGBl I 549–4. Buch v 23. 12. 1976, BGBl I 3845–5. Buch v 20. 12. 1988, BGBl I 2477, 2482–6. Buch v 18. 12. 1989, BGBl I 2261; 90, 1337–8. Buch = KJHG – 9. Buch v 19. 6. 2001, BGBl 1046–10. Buch idF der Bek v 18. 1. 2001, BGBl I 130–11. Buch = PflegeVG
SGb	Die Sozialgerichtsbarkeit
SGG	Sozialgerichtsgesetz idF v 23. 9. 1975, BGBl I 2535
SigG	Gesetz zur digitalen Signatur v 22. 7. 1997, BGBl I 1872
SJZ	Süddeutsche Juristenzeitung
SMBl. NW	Sammlung des bereinigten Ministerialblattes für das Land Nordrhein-Westfalen
SMG	Gesetz zur Modernisierung des Schuldrechts v 26. 11. 2001, BGBl I 3138
Soergel (+Bearbeiter)	Soergel, Bürgerliches Gesetzbuch mit Einführungsgesetz und Nebengesetzen, 12. Aufl 1987 ff; 13. Aufl 2000 ff
SoldatenG	Gesetz über die Rechtsstellung der Soldaten idF der Bek v 14. 2. 2001, BGBl I 252
SorgeRG	Gesetz zur Neuregelung des Rechts der elterlichen Sorge v 18. 7. 1979, BGBl I 1061
SozG	Sozialgericht
SprAuG	Sprecherausschußgesetz v 20. 12. 1988, BGBl I 2316
SpTrUG	Gesetz über die Spaltung der von der Treuhand verwalteten Unternehmen v 5. 4. 1991, BGBl I 854
SpuRt	Zeitschrift für Sport und Recht
SRW	Sammlung der Rechtsentscheide in Wohnungsmietsachen (Band u Seite)
StaatsGH	Staatsgerichtshof
StAnz	Staatsanzeiger
Staud (+Bearbeiter)	Staudinger, Kommentar zum Bürgerlichen Gesetzbuch, 12. Aufl 1978 ff, 13. Aufl 1993 ff, danach in bandweiser Neubearbeitung
StAZ	Das Standesamt (früher: Zeitschrift für Standesamtswesen)
StBerG	Steuerberatungsgesetz v 4. 11. 1975, BGBl I 2735
Sternel	Mietrecht, 3. Aufl 1988
StGB	Strafgesetzbuch idF v 13. 11. 1998, BGBl I 3322
Stgt	Stuttgart
StJ (+Bearbeiter)	Stein-Jonas, Kommentar zur Zivilprozeßordnung, 21. Aufl 1993 ff
Stöber	Forderungspfändung, 10. Aufl 1993
StPO	Strafprozeßordnung idF v 7. 4. 1987, BGBl I 1075
Strals	Stralsund
StrEG	Strafrechtsreform-Ergänzungsgesetz v 28. 8. 1975, BGBl I 2289
StVG	Straßenverkehrsgesetz v 19. 12. 1952, BGBl I 837, BGBl III 9 Nr 9233–1
StVO	Straßenverkehrs-Ordnung v 16. 11. 1970, BGBl I 1565
StVollzG	Strafvollzugsgesetz v 16. 3. 1976, BGBl I 581
StVZO	Straßenverkehrs-Zulassungs-Ordnung idF v 28. 9. 1988, BGBl I 1793
SVG	Soldatenversorgungsgesetz idF v 6. 5. 1999, BGBl I 882
TALärm	Technische Anleitung zum Schutz gegen Lärm v 16. 7. 1968, BAnz Nr 137 (Beil)
TALuft	Technische Anleitung zur Reinhaltung der Luft v 27. 2. 1986, Beilage zu BAnz Nr 58/1986
TestG	Testamentsgesetz v 31. 7. 1938, RGBl I 973
ThP	Thomas-Putzo, Zivilprozeßordnung mit GVG und EG, 23. Aufl 2001
Thür	Thüringen
TKG	Telekommunikationsgesetz v 25. 7. 1996, BGBl I 1120
TKV	Telekommunikations-Kundenschutzverordnung v 11. 12. 1997, BGBl I 2910
TPG	Transplantationsgesetz v 5. 11. 1997, BGBl I 2631
Traunst	Traunstein
TSG	Transsexuellengesetz v 10. 9. 1980, BGBl I 1654
Tüb	Tübingen

TVG .... Tarifvertragsgesetz idF v 25. 8. 1969, BGBl I 1323, BGBl III 8 Nr 802–1
TzBfG .... Teilzeit- und Befristungsgesetz v 21. 12. 2000, BGBl I 1966
TzWrG ...... Teilzeit-Wohnrechtegesetz idF v 29. 6. 2000, BGBl I 957 – aufgehoben durch Art 6 Nr 6 SMG
UÄndG ...... Gesetz zur Änderung unterhaltsrechtlicher, verfahrensrechtlicher und anderer Vorschriften v 20. 2. 1986, BGBl I 301
Ufita .... Archiv für Urheber-, Film-, Funk- und Theaterrecht
ÜG .... Überweisungsgesetz v 21. 7. 1999, BGBl I 1642
UKlaG .... Unterlassungsklagengesetz v 26. 11. 2001, BGBl I 3138, 3173 (Art 3 SMG)
Ul-Br-He .... Ulmer-Brandner-Hensen, AGB-Gesetz: Kommentar zum Gesetz zur Regelung des Rechts der Allgemeinen Geschäftsbedingungen, 9. Aufl 2001
UmweltHG... Gesetz über die Umwelthaftung v 10. 12. 1990, BGBl I 2634
UmwG .... Umwandlungsgesetz v 28. 10. 1994, BGBl I 3210
UnterhÜbk .. Haager Unterhaltsübereinkommen v 24. 10. 1956, BGBl 1961 II 1013
UPR .... Umwelt- und Planungsrecht
UrhG .... Urheberrechtsgesetz v 9. 9. 1965, BGBl I 1273
UStG .... Umsatzsteuergesetz idF v 9. 6. 1997, BGBl I 1270
UVG .... Unterhaltsvorschußgesetz idF v 19. 1. 1994, BGBl I 166
UVNG .... Unfallversicherungs-Neuregelungsgesetz v 30. 4. 1963, BGBl I 241
UWG .... Gesetz gegen den unlauteren Wettbewerb v 7. 6. 1909, RGBl 499, BGBl III 4 Nr 43–1
VAErgRglg .. vgl. Anh III zu EG 234 § 6
VAG .... Versicherungsaufsichtsgesetz idF v 17. 12. 1992, BGBl I 93, 3
VAHRG ..... Gesetz zur Regelung von Härten im Versorgungsausgleich v 21. 2. 1983, BGBl I 105
VAwMG ..... Gesetz über weitere Maßnahmen auf dem Gebiete des Versorgungsausgleichs v 8. 12. 1986, BGBl I 2317
VBL(-S) ...... Versorgungsanstalt des Bundes und der Länder(-Satzung)
VEB .... Volkseigener Betrieb
VerbrGüKRL Richtlinie 1999/44/EG des Europäischen Parlaments und des Rates vom 25. 5. 1999 zu bestimmten Aspekten des Verbrauchsgüterkaufs und der Garantien für Verbrauchsgüter, ABl EG Nr L 171 S 12
VerbrKrG .... Verbraucherkreditgesetz idF v 29. 6. 2000, BGBl I 940 – aufgehoben dch Art 6 Nr 3 SMG
VereinG ...... Gesetz über Vereinigungen v 21. 2. 1990 (DDR), GBl I 75
VereinsG ..... Vereinsgesetz v 5. 8. 1964, BGBl I 593
VerfGH .... Verfassungsgerichtshof
VerglO .... Vergleichsordnung v 26. 2. 1935, RGBl I 321, BGBl III 3 Nr 311–1
VerkaufsG ... Gesetz über den Verkauf von volkseigenen Gebäuden v 7. 3. 1990 (DDR), GBl I 157
VerkBl .... Verkehrsblatt
VerkMitt ..... Verkehrsrechtliche Mitteilungen
VerlG .... Gesetz über das Verlagsrecht v 19. 6. 1901, RGBl 217, BGBl III 4 Nr 441–1
4. VermBG .. Viertes Vermögensbildungsgesetz idF v 6. 2. 1984, BGBl I 201
VermG .... Vermögensgesetz idF v 21. 12. 1998, BGBl I 4027
Versch-ÄndG .... Gesetz zur Änderung von Vorschriften des Verschollenheitsrechtes v 15. 1. 1951, BGBl I 59, BGBl III 4 Nr 401–7
VerschG ..... Verschollenheitsgesetz v 15. 1. 1951, BGBl I 63, BGBl III 4 Nr 401–6
VersR .... Versicherungsrecht
VerstV .... Versteigerungsvorschriften v 1. 6. 1976, BGBl I 1346
VerwRspr .... Verwaltungsrechtsprechung in Deutschland (Band u Nr)
VG .... Verwaltungsgericht
VGH .... Verwaltungsgerichtshof
VGrS .... Vereinigter Großer Senat
VIZ .... Zeitschrift für Vermögens- und Immobilienrecht
VOB .... Verdingungsordnung für Bauleistungen. Fassg 1979, BAnz 1979 Nr 208
VOBl .... Verordnungsblatt
VOL .... Verdingungsordnung für Leistungen, ausgenommen Bauleistungen, Teil A, Ausgabe 1984, BAnz Nr 190; Teil B, Ausgabe 1960, Beil BAnz Nr 105
VormschAbk Haager Abkommen zur Regelung der Vormundschaft über Minderjährige v 12. 6. 1902, RGBl 1904, 240
VormschG ... Vormundschaftsgericht
VP .... Die Versicherungspraxis
VRS .... Verkehrsrechts-Sammlung (Band u Seite)
VRV .... Vereinsregisterverordnung v 10. 2. 1999, BGBl I 147
VStG .... Vermögensteuergesetz idF v 14. 11. 1990, BGBl I 2468
VuR .... Verbraucher und Recht
VVG .... Gesetz über den Versicherungsvertrag v 30. 5. 1908, RGBl 263
VwGO ...... Verwaltungsgerichtsordnung idF v 19. 3. 1991, BGBl I 686
VwVfG ...... Verwaltungsverfahrensgesetz idF v 21. 9. 1998, BGBl I 3050
VwZG .... Verwaltungszustellungsgesetz v 3. 7. 1952, BGBl I 379
VZOG .... Vermögenszuordnungsgesetz idF der Bek v 29. 3. 1994, BGBl I 709
WährG ...... Währungsgesetz v 20. 6. 1948, BGBl III Nr 7600–1–a
Warn .... Warneyer, Die Rechtsprechung des Reichsgerichts (Jahr u Nr)
WaStrG ...... Bundeswasserstraßengesetz idF v 4. 11. 1998, BGBl I 3295
WE .... Wohnungseigentum
WEG .... Wohnungseigentumsgesetz v 15. 3. 1951, BGBl I 175, BGBl III 4 Nr 403

WEG-Wohnbes-FördergsG .... Gesetz zur Förderung von Wohnungseigentum und Wohnbesitz im sozialen Wohnungsbau v 23. 3. 1976, BGBl I 737
WehrPflG .... Wehrpflichtgesetz idF v 21. 12. 1995, BGBl I 1756
WehrsG ...... s WSG
WeimRV ..... Weimarer Verfassung v 11. 8. 1919, RGBl 1383
WeinG .... Weingesetz v 8. 7. 1994, BGBl I 1467
WertV .... Wertermittlungsverordnung v 6. 12. 1988, BGBl I 2209
WEZ .... Zeitschrift für Wohnungseigentumsrecht
WG .... Wechselgesetz v 21. 6. 1933, RGBl I 399
WHG .... Wasserhaushaltsgesetz idF v 12. 11. 1996, BGBl I 1696
WiB .... Wirtschaftsrechtliche Beratung
Wiesb .... Wiesbaden
1. WiKG ..... Erstes Gesetz zur Bekämpfung der Wirtschaftskriminalität v 29. 7. 1976, BGBl I 2034
WiStG .... Wirtschaftsstrafgesetz idF v 3. 6. 1975, BGBl I 1313
2. WKSchG Zweites Wohnraumkündigungsschutzgesetz v 18. 12. 1974, BGBl I 3603
WM .... Zeitschrift für Wirtschafts- und Bankrecht, Wertpapiermitteilungen Teil IV
II. WoBauG 2. Wohnungsbaugesetz idF v. 19. 8. 1994, BGBl I 2137 – aufgehoben dch Art 2 G v 13. 9. 2001, BGBl I 2376
WoBindG .... Wohnungsbindungsgesetz idF v 13. 9. 2001, BGBl I 2404
WoFG .... Wohnraumförderungsgesetz v 13. 9. 2001, BGBl I 2376
WoGen-VermG .... Wohnungsgenossenschafts-Vermögensgesetz idF der Bek v 26. 6. 1994, BGBl I 1938
WoGG .... Wohngeldgesetz idF der Bek v 2. 1. 2001, BGBl I 2
WoGV .... Wohngeldverordnung idF v 6. 2. 2001, BGBl I 192
Wo-Ho-Li ... Wolf-Horn-Lindacher, Gesetz zur Regelung des Rechts der Allgemeinen Geschäftsbedingungen, 4. Aufl 1999
Wolff I–III ... Wolff/Bachof/Stober, Verwaltungsrecht, Bd I, 11. Aufl 2000, Bd II, 6. Aufl 2000, Bd III, 4. Aufl 1978
WoM .... s WuM
WOMitBestG Wahlordnung zum Mitbestimmungsgesetz; Erste: v 23. 6. 1977, BGBl I 861; Zweite: v 23. 6. 1977, BGBl I 893; Dritte: v 23. 6. 1977, BGBl I 934
WoModSiG .. Wohnraummodernisierungssicherungsgesetz v 17. 7. 1997, BGBl I 1823
WoPG .... Wohnungsbau-Prämiengesetz idF der Bek v 14. 11. 1997, BGBl I 2679
WoVermG ... Gesetz zur Regelung der Wohnungsvermittlung v 4. 11. 1971, BGBl I 1745
WpHG ...... Wertpapierhandelsgesetz v 26. 7. 1994, BGBl I 1749
WPO .... Wirtschaftsprüferordnung idF v 5. 11. 1975, BGBl I 2803
WR .... Wirtschaftsrecht
WRP .... Wettbewerb in Recht und Praxis
WSG .... Wehrsoldgesetz idF v 10. 5. 2000, BGBl I 695
Wstm (+ Bearbeiter) Westermann, Sachenrecht 7. Aufl 1998
Wtn (+ Bearbeiter) Weitnauer, Wohnungseigentumsgesetz, 8. Aufl, 1995
WuB .... Wirtschafts- u Bankrecht
WuM .... Wohnungswirtschaft und Mietrecht
Wuppt .... Wuppertal
Wü .... Württemberg
ZAIP .... s RabelsZ
ZAkDR ..... Zeitschrift der Akademie für Deutsches Recht
ZaöR .... Zeitschrift für ausländisches öffentliches Recht und Völkerrecht
ZAR .... Zeitschrift für Ausländerrecht und Ausländerpolitik
ZBB .... Zeitschrift für Bankrecht und Bankwirtschaft
ZBlFG .... Zentralblatt für die Freiwillige Gerichtsbarkeit und Notariat
ZBR .... Zeitschrift für Beamtenrecht
ZDG .... Zivildienstgesetz idF v 28. 9. 1996, BGBl I 2811
ZEuP .... Zeitschrift für Europäisches Privatrecht (Jahr u Seite)
ZEV .... Zeitschrift für Erbrecht und Vermögensnachfolge
ZfA .... Zeitschrift für Arbeitsrecht
ZfBR .... Zeitschrift für deutsches und internationales Baurecht
ZfF .... Zeitschrift für das Fürsorgewesen
ZfHK .... Zeitschrift für das gesamte Handelsrecht und Konkursrecht (Band u Seite)
ZfIR .... Zeitschrift für Immobilienrecht
ZfJ .... Zentralblatt für Jugendrecht
ZfRV .... Zeitschrift für Rechtsvergleichung
ZfSH .... Zeitschrift für Sozialhilfe und Sozialgesetzbuch
ZfS .... Zeitschrift für Schadensrecht
ZGB .... Zivilgesetzbuch der DDR v 19. 6. 1975, GBl I 465
ZgGenW .... Zeitschrift für das gesamte Genossenschaftswesen
ZGR.......... Zeitschrift für Unternehmens- u Gesellschaftsrecht
ZHR .... Zeitschrift für das gesamte Handels- und Wirtschaftsrecht; bis 1933: Zentralblatt für Handelsrecht
ZHW .... Zeitschrift für das gesamte Handels- und Wirtschaftsrecht
ZIP .... Zeitschrift für Wirtschaftsrecht; bis 1982: Zeitschrift für Wirtschaftsrecht u Insolvenzpraxis
1. ZivRÄndG Zivilrechtsänderungsgesetz v 28. 6. 1990 (DDR), GBl I 524
ZMR .... Zeitschrift für Miet- und Raumrecht
Zöller (+Bearbeiter) Zivilprozeßordnung mit Gerichtsverfassungsgesetz und Nebengesetzen, Kommentar, 21. Aufl 1999
Zöllner ...... Wertpapierrecht, 14. Aufl 1987

ZollG	Zollgesetz idF v 18. 5. 70, BGBl I 529
ZPO	Zivilprozeßordnung idF v 12. 9. 1950, BGBl 535, BGBl III 3 Nr 310–4
ZPO-DDR	Gesetz über das gerichtliche Verfahren in Zivil-, Familien- und Arbeitsrechtssachen v 19. 6. 1975 (DDR), GBl I 533
ZPO-RG	Zivilprozessreformgesetz v 27. 7. 2001, BGBl I 1887
ZRP	Zeitschrift für Rechtspolitik
ZS	Zivilsenat
ZUM	Zeitschrift für Urheber- und Medienrecht/Film und Recht
ZuSEG	Gesetz über die Entschädigung von Zeugen und Sachverständigen idF v 1. 10. 1969, BGBl I 1756
ZuständErgG	Zuständigkeitsergänzungsgesetz v 7. 8. 1952, BGBl I 407, BGBl III 3 Nr 310–1
ZVersWiss	Zeitschrift für die gesamte Versicherungswissenschaft
ZVglRWiss	Zeitschrift für Vergleichende Rechtswissenschaft
ZVG	Zwangsversteigerungsgesetz v 24. 3. 1897, RGBl 97, BGBl III 3 Nr 310–14
ZWE	Zeitschrift für Wohnungseigentum
Zweibr	Zweibrücken
ZZP	Zeitschrift für Zivilprozeß (Band u Seite)

II. Juristische Fachausdrücke,[1] allgemeine Wortabkürzungen[2]

aA	andere Ansicht
aaO	am angegebenen Ort
Abg	Abgabe
abgedr	abgedruckt
Abhdlg	Abhandlung
abhgek	abhandengekommen
Abk	Abkommen
Abkömml	Abkömmling
Abl	Ablehnung
abl	ablehnen(d)
Abn	Abnahme
abs	absolut
Abs	Absatz, Absicht
Abschl	Abschluß
Abschn	Abschnitt
Abschr	Abschrift
abstr	abstrakt
Abtr	Abtretung
Abw, abw	Abweichung, abweichend
aE	am Ende
ÄndG	Änderungsgesetz
aF	alte Fassung
AG	Aktiengesellschaft
AGB	Allgemeine Geschäftsbedingungen
aGrd, aGrdv	auf Grund, auf Grund von
Akk	Akkord
allerd	allerdings
allg	allgemein
allgM	allgemeine Meinung
AllgT	Allgemeiner Teil
aM	anderer Meinung
and	anders, andere, r, s
andernf	andernfalls
anderw	anderweitig
ands	andererseits
Anerk	Anerkenntnis
Anf	Anfechtung
Anfdg	Anforderung
Angeb	Angebot
Angeh	Angehöriger
angem	angemessen
Angest	Angestellter
Angew	Angewiesener
Anh	Anhang
Anl	Anlage
Anm	Anmerkung
Ann	Annahme
Ans	Ansicht
AnschBew	Anscheinsbeweis
Anschl	Anschluß
Anspr	Anspruch
Anst	Anstalt
Antl	Anteil
Antr	Antrag
AntrSt	Antragsteller
Anw	Anwalt, Anwartschaft, Anweisung
Anweis	Anweisender
Anz	Anzeige
AO	Anordnung
ao	außerordentlich
Arb	Arbeit, Arbeiter
Arch	Architekt
arg	argumentum aus
Argl, argl	Arglist, arglistig
Art	Artikel
aS	auf Seiten
ASt	Antragsteller
aStv	an Stelle von
Aufenth	Aufenthalt
Auffdg	Aufforderung
Aufgeb	Aufgebot
aufgeh	aufgehoben
Aufl	Auflage, Auflassung
Aufn	Aufnahme
AufOAnspr	Aufopferungsanspruch
Aufr	Aufrechnung
Aufs	Aufsicht
Auftr	Auftrag
Ausdr, ausdr	Ausdruck, ausdrücklich
AuseinandS	Auseinandersetzung
ausf	ausführlich
AusfVorschr	Ausführungsvorschrift
ausgeschl	ausgeschlossen
Ausgl	Ausgleich, Ausgleichung
Ausk	Auskunft
Ausl	Auslobung, Ausländer, Ausland
ausl	ausländisch
Ausn	Ausnahme
ausr	ausreichend
Auss	Aussage, Aussicht
ausschl	ausschließlich
Ausschl	Ausschlagung, Ausschluß
außerh	außerhalb
AusSt	Aussteller
AV	Allgemeine Verfügung
AVB	Allgemeine Versicherungsbedingungen
AVN	Angehöriger der Vereinten Nationen
AVO	Ausführungsverordnung
Azubi	Auszubildende(r)
B-	Bundes-
–b	–bar
BauBetr	Baubetreuer, Baubetreuung

[1] Bei Zusammensetzungen sind nur die Abkürzungen der einzelnen Bestandteile angeführt: Hyp = Hypothek (nicht angeführt: HypBrief = Hypothekenbrief); Erf = Erfüllung, Geh = Gehilfe (nicht angeführt: ErfGeh = Erfüllungsgehilfe)

[2] Soweit nicht allgemein gebräuchlich (zB, usw) oder nicht ohne weiteres aus sich verständlich.

BaukZusch	Baukostenzuschuß
Bd	Band
Bdgg	Bedingung
bdgt	bedingt
Beauftr	Beauftragter
Bed	Bedarf
befr	befristet
begl	beglaubigt
Begr	Begriff, Begründung
Begünst	Begünstigter
Beh	Behörde
Behdlg	Behandlung
Beil	Beilage
Beitr	Beitrag
bej	bejahend
Bek	Bekanntmachung
Bekl, bekl	Beklagter, beklagt
Bem	Bemerkung
benachb	benachbart
Benachteil	Benachteiligter
benachteil	benachteiligt
Ber	Bereich, Bereicherung
Berecht	Berechtigter
berecht	berechtigt
Berücks	Berücksichtigung
berücks	berücksichtigen
Bes	Besitz
bes	besonders, besondere, r, s
Beschäft	Beschäftigte(r), Beschäftigung
Beschl	Beschluß
beschr	beschränkt, beschränken
Beschrkg	Beschränkung
Beschw	Beschwerde
beschw	beschwert
Best	Besteller, Bestimmung
best	bestellt, bestimmt
Bestandt	Bestandteil
BestätSchr	Bestätigungsschreiben
bestr	bestritten
Beteil	Beteiligter, Beteiligte
Betr	Betracht, Betrag, Betreuer, Betrieb
betr	betreffend
BetrUnf	Betriebsunfall
Beurk	Beurkundung
beurk	beurkunden
Bevollm	Bevollmächtigter
bevollm	bevollmächtigt
Bew	Beweis, Bewerber
BewL	Beweislast
Bez	Beziehung, Bezirk
bish	bisher, bisherig
bisw	bisweilen
Bl	Blatt
bl	bloß
bösgl	bösgläubig
bpDbk	beschränkte persönliche Dienstbarkeit
Brucht	Bruchteil
Bsp	Beispiel
Bt	Betreuung
Bter	Betreuer
BU-Rente	Berufsunfähigkeitsrente
Bü	Bürge
bzgl	bezüglich
cc	Code civil
c. i. c.	culpa in contrahendo
–d	–end
D	Dienst
dagg	dagegen
DAO	Durchführungsanordnung
Darl	Darlehen
darü	darüber
DBer	Dienstberechtigter
Dbk	Dienstbarkeit
dch	durch
ders	derselbe
derj	derjenige
desh	deshalb
DG	Durchführungsgesetz
dgl	dergleichen
dh	das heißt
DienstSt	Dienststelle
Diss	Dissertation
Dolm	Dolmetscher
Dr	Dritter
Drucks	Drucksache
dtsch (dt)	deutsch
Durchf	Durchführung
durchf	durchführen
Durchgr	Durchgriff
Durchschn	Durchschnitt
DVO	Durchführungsverordnung
DWR	Dauerwohnrecht
E	Erbe (in Zusammensetzungen)
ebda	ebenda
ebenf	ebenfalls
ebso	ebenso
ec-Scheck	Euroscheck
eGen	eingetragene Genossenschaft
Ehefr	Ehefrau
Eheg	Ehegatte, –n
Ehel	Eheleute
Ehem	Ehemann
ehem	ehemalig
Eheschl	Eheschließung
eidesst	eidesstattlich
eig	eigen, eigener
Eigenm	Eigenmacht
eighdg	eigenhändig
Eigt	Eigentum
eigtl	eigentlich
Eigtümer	Eigentümer
Einbez	Einbeziehung
Einf	Einführung
einf	einfach
Einfl	Einfluß
eingef	eingefügt, eingeführt
eingeschr	eingeschrieben
eingetr	eingetragen
Eingr	Eingriff
Eink	Einkommen, Einkünfte
Einl	Einleitung
Einr	Einrede
einschl	einschließlich
Einschrkg	Einschränkung
einstw Vfg	einstweilige Verfügung
Eintr, eintr.	Eintragung, eintragen
EintrBew	Eintragungsbewilligung
einverst	einverstanden
einz	einzeln
elektron	elektronisch
EltT	Elternteil
eLV	eheliche Lebensverhältnisse
Empf	Empfang, Empfänger
entgg	entgegen
enth	enthält, enthalten
Entl	Entleiher
Entm	Entmündigung
Entsch	Entschädigung, Entscheidung, Entschuldung
entsch	entscheiden, entscheidend
Entschl	Entschluß
entspr	entsprechend, entspricht
Entw	Entwurf
Erbb-	Erbbau-
Erbf	Erbfall, Erbfolge
Erbl	Erblasser
ErbSch	Erbschein
Erbsch	Erbschaft
Erf, erf	Erfüllung, erfüllen, erfüllt
erfdl	erforderlich
erfh	erfüllungshalber
ErfStatt	Erfüllungs Statt
Erg	Ergänzung, Ergebnis
ErgB	Ergänzungsband
erh	erhalten, erhält
Erkl, erkl	Erklärung, erklären, erklärt
Erl, erl	Erlaß, erlassen
Erläut	Erläuterung
erläut	erläutert
Erm	Ermessen
Err–	Errungenschafts–
Ers	Ersatz
Erz	Erziehung
ES	Entscheidungssammlung
etw	etwaig
EU-Rente	Erwerbsunfähigkeitsrente
europ	europäisch
EV	Eigentumsvorbehalt, Einwilligungsvorbehalt im Betreuungsrecht
eV	eingetragener Verein

ev	eventuell
evang	evangelisch
exc	exceptio
f	für
–f	-fach, -falls, -fertigt
Fahrlk, fahrl	Fahrlässigkeit, fahrlässig
Fahrz	Fahrzeug
Fam	Familie
Fdg	Forderung
FEH	Freiwillige Erziehungshilfe
Festg	Festgabe
festges	festgesetzt
ff	folgende
FG	Freiwillige Gerichtsbarkeit
Fgk	Fähigkeit
finanz	finanziert
FinInstitut	Finanzierungsinstitut
FlSt	Flurstück
Fn	Fußnote
Forml	Formular
fortges	fortgesetzt
Fr	Frist
Franch	Franchise
freiw	freiwillig
früh (fr)	früher
frz	französisch
FS	Festschrift
Fürs	Fürsorge
Fußn	Fußnote
G	Gesellschaft, Gesetz
–G	–Geber
–g	–ung
GA	Gutachten
Gastw	Gastwirt
GB	Grundbuch
GBA	Grundbuchamt
Gbde	Gebäude
Gbg	Gleichbehandlungsgrundsatz
GbR	Gesellschaft bürgerlichen Rechts
Gebr	Gebrauch
Gef	Gefahr
Geh	Gehilfe
geh	gehörig
gek	gekommen
Gem	Gemein-, Gemeinde
gem	gemäß
Gemsch	Gemeinschaft
gemschaftl	gemeinschaftlich
GemschE	gemeinschaftliches Eigentum
Gen	Genehmigung
gen	genehmigt, genommen
Ger	Gericht
Ges-, ges	Gesamt-, Gesetz-, gesamt, gesetzlich
gesch	geschieden
Gesch	Geschäft
geschbeschr	geschäftsbeschränkt
GeschBes	Geschäftsbesorgung
GeschF	Geschäftsführer
GeschFg	Geschäftsführung
geschl	geschlossen
Geschw	Geschwister
GetrLeben	Getrenntleben
gew	geworden
Gew	Gewalt
Gewahrs	Gewahrsam
gewerbsm	gewerbsmäßig
GewFr	Gewährfrist
Gewl	Gewährleistung
Gg- gg	Gegen-, gegen
ggf	gegebenenfalls
Ggs	Gegensatz
ggs	gegenseitig
Ggst	Gegenstand
ggsV	gegenseitiger Vertrag
ggt	gegenteilig
ggü	gegenüber
Gl	Glaube, Gläubiger
Gläub	Gläubiger
GoA	Geschäftsführung ohne Auftrag
Gr	Gruppe
Grd	Grund
Grdl	Grundlage
Grds	Grundsatz, -sätze
grdsätzl (grdsl)	grundsätzlich
GrdSch	Grundschuld
GrdsE	Grundsatzentscheidung
Grdst	Grundstück
Grdz	Grundzüge
GS	Gedächtnisschrift
Gter	Gesellschafter
Güterstd	Güterstand
GütGemsch	Gütergemeinschaft
gutgl	gutgläubig
Guth	Guthaben
Gutschr	Gutschrift
GVz	Gerichtsvollzieher
h	haben, hat
–h	–haft, –heit
Halbs	Halbsatz
Handw	Handwerk
Haupts	Hauptsache
Haush	Haushalt
Hdb	Handbuch
Hdlg	Handlung
Herausg	Herausgabe
Herst	Hersteller
Hinbl	Hinblick
Hins, hins	Hinsicht, hinsichtlich
Hinterbl	Hinterbliebene, –r
Hinw	Hinweis
hL	herrschende Lehre
hM	herrschende Meinung
höh	höher
HptB	Hauptband
HReg	Handelsregister
Hyp	Hypothek
idF	in der Fassung
idR	in der Regel
ie	im einzelnen
iErg	im Ergebnis
ieS	im engeren Sinne
iF, iFv	im Falle, im Falle von
iGgs	im Gegensatz
IHK	Industrie- und Handelskammer
iHv	in Höhe von
iJ	im Jahre
ijF	in jedem Fall
IKR	innerdeutsches Kollisionsrecht
iL	in Liquidation
ILP	interlokales Privatrecht
immat	immateriell
Immob	Immobilien
ImSch	Immissionsschutz
ind	individuell
inf	infolge
Inh	Inhaber
Inkrafttr	Inkrafttreten
Inl	Inland
inl	inländisch
innerh	innerhalb
Ins	Insolvenz
insb	insbesondere
insges	insgesamt
insof	insofern
insow	insoweit
Inst	Institut, Instanz
internat (int)	international
Inv	Inventar
inzw	inzwischen
IPR	Internationales Privatrecht
Irrt	Irrtum
iR, iRv	im Rahmen, im Rahmen von
iS	im Sinne
iü	im übrigen
iVm	in Verbindung mit
iW	im Wege
iwS	im weiteren Sinne
IzPr	interzonales Privatrecht
iZshg	im Zusammenhang
iZw	im Zweifel
J	Jahr
JAbr	Jahresabrechnung
jens	jenseitig
jew	jeweilig
Jg	Jahrgang
Jhdt	Jahrhundert
jmd	jemand
JP	Juristische Person
Jug	Jugend
JugH	Jugendhilfe
jur	juristisch
k	können, kann
–k	–keit
KalJ	Kalenderjahr
Kap	Kapital, Kapitel
kath	katholisch

kaufm	kaufmännisch
Kaufpr	Kaufpreis
KfH	Kammer für Handelssachen
Kfz	Kraftfahrzeug
KG	Kommanditgesellschaft
KGaA	Kommanditgesellschaft auf Aktien
Ki	Kind(er)
KiG	Kindergeld
Kl	Kläger, Klage, Klausel
Koll	Kollisions-
kollr	kollisionsrechtlich
Komm	Kommentar, Kommission
konkr	konkret
konkurr	konkurrieren
Konv	Konvention
Kr	Kredit
kr	kraft
krit	kritisch
Kto	Konto
Künd	Kündigung
KündSch	Kündigungsschutz
L-	Landes-
–l	–lich, –los
Landw	Landwirtschaft
landw	landwirtschaftlich
LPart	Lebenspartner
LPartnersch	Lebenspartnerschaft
Lastschr	Lastschrift
LbRente	Leibrente
Leas	Leasing
Leb	Leben
Lebensm	Lebensmittel
Lehrb	Lehrbuch
Lehrl	Lehrling
LeistgVR	Leistungsverweigerungsrecht
letztw	letztwillig
lfd	laufend
Liqui	Liquidation
LS	Leitsatz
LStörg	Leistungsstörung
ltd	leitend
lwVfg	letztwillige Verfügung
M	Makler, Mittel
–m	–mäßig, –maßen, –misch
mA (Anm)	mit Anmerkung
mAusn	mit Ausnahme
Maßg, maßg	Maßgabe, maßgebend
Maßst	Maßstab
mat	materiell
MdE	Minderung der Erwerbsfähigkeit
Mdl	Mündel
mdl	mündlich
MErl	Ministerialerlaß
mHv	mit Hilfe von
MietZ	Mietzins
mind	mindestens
MindArbBed	Mindestarbeitsbedingungen
Mißbr	Mißbrauch
MitE	Miteigentum, Miterbe
Mitgl	Mitglied
Mitt	Mitteilung
mitw	mitwirkend
Mj, mj	Minderjähriger, minderjährig
MMV	Mustermietvertrag
Mo	Monat
Mob	Mobiliar–
Mot	Motive
mRücks	mit Rücksicht
mtl	monatlich
Mu	Mutter
mwN	mit weiteren Nachweisen
MWSt	Mehrwertsteuer
–N	–Nehmer
–n	–nahme, –nis
Na	Name
Nachb	Nachbar
NachE	Nacherbe
Nachf, nachf	Nachfolge, –r, nachfolgend
Nachfdg	Nachforderung
Nachl	Nachlaß
Nachw	Nachweis
ne (nehel)	nichtehelich
neLebG	nichteheliche Lebensgemeinschaft
NE	Nacherbe, Nacherb– (in §§ 2100 ff)
negat	negativ
nF	neue Fassung, neue Folge
Niederschr	Niederschrift
Nießbr	Nießbrauch
Not, not	Notar, notariell, notarisch
notw	notwendig
Nov	Novelle
nunm	nunmehr
oa	oben angegeben(en)
oA	ohne Auftrag
oä	oder ähnliches
obj	objektiv
obl	obliegend
od	oder
öff	öffentlich
öffR	öffentliches Recht
ör	öffentlichrechtlich
österr	österreichisch
OHG	Offene Handelsgesellschaft
ord	ordentlich
Ordin	Ordinance
oRücks	ohne Rücksicht
ow	ohne weiteres
P	Pacht
–P	–Papier
Part	Partei, –en, Partner
parteif	parteifähig
Pers, pers	Person, persönlich
PersSt	Personenstand
PersStReg	Personenstandsregister
Pfdg	Pfändung
PfdR	Pfandrecht
Pfl, pfl	Pflege, Pfleger, Pflicht, pflichtig
Pflichtt	Pflichtteil
pFV	positive Forderungsverletzung
PKH	Prozeßkostenhilfe
PKV	Prozeßkostenvorschuß
pol	politisch
poliz	polizeilich
pos	positiv
Pr	Preis, Preußen
PrBindg	Preisbindung
Präs	Präsident
priv	privat
Prod	Produkt, Produzent
Progr	Programm
Prokl	Proklamation
Prot	Protokoll
Prov	Provision
Proz	Prozeß
pVV	positive Vertragsverletzung
qualif	qualifiziert
R, –r	Rat, Recht,-rechtlich
RA	Rechtsanwalt
RdErl	Runderlaß
Rdn	Randnummer
RdSchr	Rundschreiben
RdVfg	Rundverfügung
Rdz (Rz)	Randziffer
RechnJ	Rechnungsjahr
rechtf	rechtfertigen
Ref	Referat, Referent
Reg	Regierung, Register, Regel
regelm	regelmäßig
RegEntw	Regierungsentwurf
Rel, rel	Religion, religiös
RentenSch	Rentenschuld
Rep	Reparatur
Rev	Revision
rfäh	rechtsfähig
RGesch	Rechtsgeschäft
rgesch	rechtsgeschäftlich
rkräft	rechtskräftig
Ri	Richter
Richtl	Richtlinien
Rn	Randnummer
Rspr	Rechtsprechung
Rückg	Rückgabe
Rückgr	Rückgriff
Rücks	Rücksicht
Rücktr	Rücktritt
rückw	rückwirkend
RV	Rentenversicherung
S	Satz, Satzung Seite

s	siehe
–s	–sam, –seitig, –seits
sa	siehe auch
Sachm	Sachmangel
Sachverst	Sachverständiger
Sbd	Sonnabend
Sch	Schenkung (in §§ 516 ff)
–sch	schaft, –schaften
Schad	–schaden
SchadErs	Schadensersatz
–schl	–schluß, –schließen
SchmerzG	Schmerzensgeld
Schriftf	Schriftform
Schriftt	Schrifttum
Schu, Schuldn	Schuldner
schuldbefr	schuldbefreiend
SchuldÜbn	Schuldübernahme
SchVerschr	Schuldverschreibung
schutzw	schutzwürdig
Schwerbeh	Schwerbehinderter
schwerbeh	schwerbehindert
Schwerbesch	Schwerbeschädigter
schwerbesch	schwerbeschädigt
SE	Sondereigentum
SelbstBeh	Selbstbehalt
selbstd	selbständig
SG	Sicherungsgeber
Sichg	Sicherung
Slg	Sammlung
SN	Sicherungsnehmer
SNR	Sondernutzungsrecht
So	Sonder-
sof	sofortig
sog	sogenannt
sol	solange
sond	sondern
SorgfPfl	Sorgfaltspflicht
soz	sozial
SozVers	Sozialversicherung
Spark	Sparkasse
StA	Standesamt
StatSchäden	Stationierungsschäden
StBeamter	Standesbeamter
StellgN	Stellungnahme
StellVertr	Stellvertreter
stillschw	stillschweigend
StVertr	Staatsvertrag
Str	Straße
str	streitig
Streitkr	Streitkräfte
stRspr	ständige Rechtsprechung
su	siehe unten
subj	subjektiv
SÜ	Sicherungsübereignung
sZt	seinerzeit
T	Teil
Tab	Tabelle
Tar	Tarif
Tatbestd	Tatbestand
Tats, tats	Tatsache, tatsächlich
Teilh	Teilhaber
Teiln	Teilnahme, Teilnehmer
TErkl	Teilungserklärung
Test	Testament
TestVollstr	Testamentsvollstrecker
TestVollstrg	Testamentsvollstreckung
Tit	Titel
Tl	Teil
TO	Tarifordnung
TradP	Traditionspapier
Tr–	Treu–
TrHd, trhd	Treuhand, treuhänderisch
Trunks	Trunksucht
TÜV	Technischer Überwachungsverein
TV	Tarifvertrag
Tz	Textziffer
TzWoR	Teilzeitwohnrecht
u	und
ua	unter anderem
uä	und ähnliche
uam	und anderes mehr
Übbl	Überblick
Überg	Übergabe, Übergangs-
überh	überhaupt
übern	übernommen
Übertr	Übertragung
übertr	übertragen
Überw	Überweisung
überw	überwiegend
Übk	Übereinkommen
übr	übrig
uH	unerlaubte Handlung
Umst	Umstände, Umstellung
umstr	umstritten
UmwSch	Umweltschutz
unbest	unbestimmt
unbdgt	unbedingt
unerl	unerlaubt
Unfgk	Unfähigkeit
Univ	Universität
unstr	unstreitig
Unterh	Unterhalt
Unterl	Unterlassung
unterl	unterlassen
Unterm	Untermieter
Untern	Unternehmer
Unterschr	Unterschrift
unvollk	unvollkommen
unzul	unzulässig
uö	und öfters
Urh	Urheber
Urk	Urkunde
UrkBdG	Urkundsbeamter der Geschäftsstelle
Url	Urlaub
Urschr	Urschrift
urspr	ursprünglich
Urt	Urteil
USt	Umsatzsteuer
uU	unter Umständen
v	von, vor
Va	Vater
VA	Versorgungsausgleich, Verwaltungsakt
vAw	von Amts wegen
Vbdg	Verbindung
Vbg	Vereinbarung (im WEG)
VE	Vorerbe, Vorerb–
Verbr	Verbraucher
VerbrG	Verbrauchsgüter
Vereinbg	Vereinbarung
vereinb	vereinbart
Vereinf	Vereinfachung
Vereinh	Vereinheitlichung
Verf	Verfahren, Verfassung
Vergl	Vergleich
verh	verheiratet
Verh	Verhältnis
Verhdlg	Verhandlung
Verj, verj	Verjährung, verjähren
Verk	Verkauf, Verkäufer, Verkehr
verk	verkauft
VerkSichgPfl	Verkehrssicherungspflicht
Verl	Verlangen, Verleiher, Verletzter, Verletzung, Verlobter
verl	verlangen, verletzt
Verm	Vermächtnis, Vermieter, Vermögen
Veröff	Veröffentlichung
Verp, verp	Verpächter, verpachten
Verpfl	Verpflichteter, Verpflichtung
verpfl	verpflichtet
Vers	Versicherung, Versorgung, Versammlung
Versch	Verschulden, Verschollenheit
versch	verschieden, verschuldet
verschw	verschweigen
VersN	Versicherungsnehmer
Verspr	Versprechen
Verst	Versteigerung, Verstorbener
verst	verstorben
Vertr	Vertrag, Vertreter
Verurs	Verursachung
verurs	verursachen
Verw	Verwalter, Verwaltung, Verwahrung
verw	verwaltet
Verwder	Verwender

Abkürzungsverzeichnis II Juristische Fachausdrücke, allgemeine Wortabkürzungen

Verz	Verzeichnis, Verzug, Verzicht
Vfg	Verfügung
vgl	vergleiche
vGw	von Gesetzes wegen
Vhlg	Verhandlung
vielm	vielmehr
Vj	Versicherungsjahre
VO	Verordnung
vollj	volljährig
vollk	vollkommen
Vollm	Vollmacht
vollst	vollständig
Vollstr	Vollstreckung
vollstrb	vollstreckbar
vollw	vollwertig
Vollz	Vollziehung, Vollzug
vollz	vollziehen, vollzogen
VollzBest	Vollzugsbestimmung
Vorauss	Voraussetzung
Vorbeh	Vorbehalt
Vorbem	Vorbemerkung
vorgeschr	vorgeschrieben
vorh	vorhanden
Vork	Vorkauf
vorl	vorläufig
Vormd	Vormund
Vormkg	Vormerkung
Vormsch	Vormundschaft
Vors	Vorsatz
Vorschr	Vorschrift
Vorstd	Vorstand
VortAusgl	Vorteilsausgleichung
vS	von Seiten
vTw	von Todes wegen
VzGDr	Vertrag zu Gunsten Dritter
–w	–weise, –widrig
WaStr	Wasserstraße
Wdk	Wiederkauf
WE (WEigt)	Wohnungseigentum, Werteinheit
Wettbew	Wettbewerb
wg	wegen
Widerspr	Widerspruch
Wiederh	Wiederholung
WillErkl	Willenserklärung
wirtsch	wirtschaftlich
wiss	wissenschaftlich
Wk	Werk
Wo	Woche
Wo (Wohn)	Wohnung(s)- (im Mietrecht)
WoRaum	Wohnraum
Wohns	Wohnsitz
WoZuw	Wohnungszuweisung
WiPl	Wirtschaftsplan
Wwe	Witwe
Wz	Warenzeichen
z	zu, zur, zum
Z	Ziffer, Zins(en)
zahlr	zahlreich
ZbR	Zurückbehaltungsrecht
Zentr	Zentrale
ZentrGenKasse	Zentralgenossenschaftskasse
zG	zu Gunsten
zGDr	zu Gunsten Dritter
ziv	zivil
ZivProz	Zivilprozeß
zL	zu Lasten
zT	zum Teil
Ztpkt	Zeitpunkt
Zubeh	Zubehör
zugeh	zugehörig
zugel	zugelassen
zuges	zugesichert
Zugew	Zugewinn
zul	zulässig
zus	zusammen
Zusichg	Zusicherung
Zust	Zustand, Zustimmung
zust	zuständig, zustimmen
Zustdgk	Zuständigkeit
zutr	zutreffend
Zw	Zwangs-, Zweck, Zweifel
zw	zwischen
zZ	zur Zeit
zZw	zum Zweck

Bürgerliches Gesetzbuch

Vom 18. August 1896 (RGBl S 195), idF der Bekanntmachung vom 2. Januar 2002 (BGBl I S 42)

– Auszug –

Einleitung zum Ergänzungsband

Bearbeiter: Prof. Dr. Heinrichs, Präsident des Oberlandesgerichts Bremen a. D.

Materialien und Schrifttum zum Gesetz zur Modernisierung des Schuldrechts

Materialien: BT-Drucks 14/6040 (Entw der Koalitionsfraktionen); BR-Drucks 338/01 = BT-Drucks 14/6857 (inhgleicher Entw der BReg mit StellgN des BRats v 13. 7. 01– Anlage 2 – u GgÄußerg der BReg v 31. 8. 01 – Anlage 3); BT-Drucks 14/7052 (Bericht des RAusschusses); Abschlußbericht der Kommission zur Überarbeitg des SchuldR, 1992 (AbschlBer) mit Entw (KE); vgl auch Canaris, SchuldRModernisierg 2002, Einf u alle Materialien einschließl DiskE, aber ohne AbschlBer. **– Literatur: a)** ***De lege ferenda*:** Gutachten u Vorschläge zur Überarbeitg des SchuldR, 3 Bde, hersg v BMJ, 1981–83; Ernst/Zimmermann, ZivilR-Wissensch u SchuldRReform, 2001 (Ernst/Z); Schulze/Schulte-Nölke, Die SchuldRReform vor dem HinterGrd des GemeinschR, 2001 (Schulze/S); JZ **01**, Heft 10 (7 Beiträge); Däubler-Gmelin NJW **01**, 2281. Vollst LitVerzeichn (mehr als 100 Nachw) im Internet unter http://www. lrz-muenchen.de/~Lorenz/Schumod. – **b)** ***De lege lata:*** – **aa) Kommentare**: Dauner-Lieb ua, Anwaltskommentar, 2002 (AnwK/Bearbeiter). – **bb) Lehrbücher**: Dauner-Lieb ua, Das neue SchuldR, 2002 (Dauner-Lieb/Bearbeiter); Däubler, BGB Kompakt, 2002. – **cc) Aufsätze:** Ayad DB **01**, 2697; Däubler NJW **01**, 3729; Haas DRiZ **01**, 489; Schmidt-Räntsch DRiZ **01**, 501; Schwab JuS **01**, 1. Veröffentlichgen zu TBereichen u Einzelfragen der Reform s bei den einschlägigen Vorschr.

1) Anlass und Ziele der Reform. Das **Gesetz zur Modernisierung des Schuldrechts** vom 26. 11. 1
2001 (BGBl I S 3138), das am 1. 1. 02 in Kraft getreten ist, hat das Schuld- u VerjR des BGB umfassd reformiert. – **a) Umsetzung von EG-Richtlinien.** Anlaß des ReformG war die Umsetzg von drei EG-RL: **(1)** Die RL 1999/44/EG v 25. 5. 99 über den Verbrauchsgüterkauf (ABlEG Nr L 171 S 12 = NJW **99**, 2421), die bis zum 31. 12. 01 umgesetzt werden mußte. **(2)** Die RL 2000/35/EG v 29. 6. 00 zur Bekämpfg von Zahlgsverzug im GeschVerk (ABlEG Nr L 200 S 35 = NJW **01**, 132), für die die UmsetzgsFr am 7. 8. 02 endet. **(3)** Die RL 2000/31/EG v 8. 6. 00 über den elektron GeschVerk (ABlEG Nr L 178 S 1 = EuZW **00**, 527), die bis zum 16. 1. 02 umzusetzen war. Für die ZahlgsVerzugsRL hatte der GesGeber im Ges zur Beschleunigg fäll Zahlgen v 30. 3. 00 bereits einen ersten mißlungenen Umsetzgsversuch unternommen (§ 284 aF Rn 24 ff im HptBd). Diese Fehlregelg wird korrigiert (§ 286 III nF) u die Umsetzg dch eine nochmalige nF des § 288 abgeschlossen. Die Umsetzg der sog E-Commerce-RL konnte sich im SchuldR auf die Einfügg des § 312 e beschränken. Erhebl umfangreicher waren die Ändergen, zu denen die VerbrGüter-Kauf-RL verpfl. Bei ihrer Umsetzg entscheidet sich das SMG für eine integrierte Lösg. Um zu vermeiden, dass für den VerbrGüterKauf u and KaufVertr unterschiedl Regelgssysteme gelten, übernimmt das SMG die Neuregelg, soweit mögl, in das allg KaufR u ordnet in den Untertitel über den VerbrGüterkauf (§§ 474 ff) nur die Vorschr ein, die nicht verallgemeinergsfäh sind. Der Grds, dass die Lieferg einer mangelfreien Sache HptPfl des Verkäufers ist, die Neuergen beim Begriff des Sachmangels (and Regelgstechnik, Berücksichtigg weiterer Kriterien), die Neuordng der RBehelfe des Käufers bei R- u Sachmängeln u die Verlängerg der VerjFr auf grdsl 2 Jahre werden in die §§ 433 ff integriert. Der Untertitel über den VerbrGüterkauf kann sich daher auf wenige Vorschr beschränken, vor allem auf den Grds, dass alle den Käufer schützden Vorschr halbzwingd sind (§ 475), die BewLUmkehr für Sachmängel, die innerh von 6 Mo nach Gefahrübergang auftreten (§ 476), u die Regelg des Rückgriffs des Letztverkäufers (§§ 478 ff).

b) Übernahme von Vorschlägen der Schuldrechtskommission. Das SMG übernimmt neben den 2
Vorgaben des GemschR zugl Vorschläge, die die SchuldRK in ihrem 1991 vorgelegten AbschlBer unterbreitet hat. Seit den siebziger Jahren gab es eine verbreitete Einschätzg, dass das Verj- u SchuldR des BGB dringd einer gründl Reform bedürfe. Offensichtl u nicht ernstl zweifelh waren die zahlreichen Mängel des VerjR. Die regelmäß VerjFr von 30 Jahren war zu lang, der kasuistisch gefasste § 196 aF stand mit dem Entwicklgsstand von Wirtsch u Technik seit langem nicht mehr im Einklang, die Vielzahl von unterschiedl, sich zum Teil überschneiddenVerjFr erschwerte die RAnwendg, die Einordng der auf RichterR beruhden Anspr in das System des VerjR bereitete unverändert Schwierigk u führte zu manchmal schon abweg Ergebn. Im LStörgR war ein Hauptkritikpunkt, dass „das, was über das LStörgR im BGB steht, in vielen Punkten nicht gilt, u das, was wirkl gilt, nicht im BGB steht" (Wolf AcP **182**, 86) Mit Recht kritisiert wurde aber auch, dass das BGB die in der Praxis kaum vorkommde Unmöglichk mit ihren 32 Unterarten zur Zentralkategorie des LStörgsR gemacht hatte. Im KaufR wurde immer deutlicher, dass das auf die kurulischen Aedilen zurückgehde BGB-GewLR veraltet war u der von Rabel entwickelten, von den einheitl KaufR u vielen ausl Rechten übernommenen Neukonzeption die Zukunft gehörte. Nachdem 20 Gutachten von angesehenen ZivilRLehrern u Praktikern eingeholt worden waren, wurde der 1984 eingesetzten SchuldRK ein Auftr erteilt, der sich ausdr auf die vor allem reformbedürft Materien beschränkte. Sie sollte „Vorschläge erarbeiten, die es dem GesGeber erlauben, das allg LStörgsR, das GewLR des Kauf- u WkVertr sowie das VerjR unter Berücksichtigg insbes der Ergebn der Rspr u der VertrPraxis übersichtlicher u zeitgemäßer zu gestalten." Die aus 16 Mitgl (4 Hochschullehrer, 6 Ri, 4 Ministerialbeamte, je einem RA u Notar) bestehde Komm hat in 7-jähr Arb versucht, diesen Auftr zu erfüllen. Der von ihr vorgelegte AbschlBer enthielt einen Vorschlag für

eine umfassde Neuregelg des VerjR, LStörgsR sowie des Kauf- u WkVertr. Der KommEntw (KE) wurde 1994 auf dem 60. DJT in Münster von der Abteilg ZivilR eingehd diskutiert. Seiner GrdKonzeption stimmte der DJT mit einer Mehrh von rund 90% (101 : 10 : 3) zu (NJW **94**, 3069). Gleichwohl kam das Reformprojekt zunächst zum Stillstand, weil inzw auf europäischer Ebene die VerbrGüterKauf-RL vorbereitet wurde. Zw dem RL-Entw u dem KE, die beide vom Konzept der Einheitl KaufR ausgingen, gab es zahlreiche Übereinstimmgen, zugl aber auch sachl u redaktionelle Unterschiede. Es war nicht zweifelh, dass die unbedingt notw Abstimmg der beiden Texte erst nach Erlaß der RL vorgenommen werden konnte u die SchuldRReform daher zunächst zurückgestellt werden mußte.

3 **2) Entstehung des Gesetzes. – a) Diskussionsentwurf.** Nachdem das Europäische Parlament u der Rat der Europäischen Kommission die VerbrGüterKauf-RL im Mai 1999 beschlossen hatten, begannen im BMJ intensive Arbeiten an einem DiskE. Dieser übernahm weitgehd die Vorschläge des KE u arbeitete die dch die RL notw Ändergen u Ergänzgen ein. Nachdem der DiskE, ein Text von 628 S, im August 2000 vorgelegt worden war, wurde er Ggst vielfältiger u heftiger Kritik. Anfang 2001 bildete das BMJ eine „Komission LStörgR", der neben ehemaligen Mitgl der SchuldRK auch Kritiker des Entw angehörten (zur Zussetzg s Canaris JZ **01**, 499, Fn 1). Sie änderte die Vorschläge des DiskE zwar nicht in den GrdLinien, aber in vielen Einzelh. Der von ihr erarbeitete sog „konsolidierte" Entw korrigierte mit Recht die Entsch der SchuldRK, auf SonderVorschr für die Störgsursache Unmöglichk ganz zu verzichten u zeigt auch iü eine gewisse Rückwendg zum BGB; er hält aber an der Zentralkategorie des KE, der PflVerletzg, u der Integration des KaufGewLR in das LStörgsR fest. Etwa gleichzeit mit der Kommission LStörgR bildete das BMJ eine Bund-Länder-ArbGruppe, in der auch Ri des BGH, weitere Praktiker u ZivilRLehrer mitarbeiteten. BeratgsGgst der ArbGruppe war der gesamte EntwText, vor allem auch das VerjR. Sie entschied sich abw vom KE u DiskE, die grdsl an dem auf obj Kriterien abstelldden VerjBeginn festhalten wollten, bei der regelmäß Verj für die Kombination einer kurzen subj mit einer längeren obj VerjFr.

4 **b) Gesetzgebungsverfahren**. Der Entw des SMG übernahm alle Ergebn der Komm LStörgR u der Bund-Länder ArbGruppe. Er wurde im Mai 2001 von der BReg u den Koalitionsfraktionen in das GesGebgsVerf eingebracht. Der BRat, der den Entw am 13. 7. 01 im Plenum behandelte, empfahl in seiner StellgN 150 Ändergen od Überprüfgen. Etwa 100 dieser Vorschläge, die alle die Grdstrukturen des Entw nicht veränderten, wurden von der BReg u im weiteren GesGebgsVerf auch vom BTag übernommen. Als der RegE noch vom BRat beraten wurde, führte der RAusschuß des BTags am 2. u 4. 7. 01 zum inhgleichen Entw der Koalitionsfraktionen eine Anhörg von Sachverst u Interessenvertretern dch; sie sprachen sich mit deutl Mehrh für die auf eine umfassde Reform ausgerichtete Konzeption des Entw aus. Am 25. 9. 01 beendete der RAusschuß des BTags seine Beratgen u legte seine Beschlußempfehlg nebst Bericht vor. Am 11. 10. 01 beschloß der BTag den Entw in 2. u. 3. Lesg in der vom RAusschuß empfohlenen Fassg. Die abschließde Beratg im BRat fand am 9. 11. 01 statt. Der BRat stellte keinen Antrag auf Anrufg des Vermittlgsausschusses. Das Ges konnte daher am 26. 11. 2001 ausgefertigt u am 29. 11. 2001 in der Nr 61 des BGBl verkündet worden.

5 **c) Weitere Diskussionen.** Parallel zu den Beratgen im BTag u BRat ging die Diskussion um das Für und Wider der Reform weiter. Währd die Praxis (BRAKammer, DAV, RiBund, InstanzGer) dem Entw trotz Kritik in Einzelpunkten grdsl zustimmte, hatte sich ein Teil der ZivilRLehrer auf einer Tagg in Regensbg (Ernst/Z) auf Ablehng festgelegt. Ihre Beiträge leugnen die zahlreichen, im AbschlBericht der SchuldRKommission aufgelisteten, fr überwiegd unstr Mängel des geltden LStörg-, Kauf- u VerjR u verneinen einen über die Umsetzg der EG-RL hinausgehden Reformbedarf od plädieren dafür, die vorgeschlagenen Ändergen weiter *eingehd* zu prüfen u die Reform damit im Ergebn *ad calendas graecas* zu vertagen. Auf zwei weiteren Konferenzen in Münster (Schulze/S) u Bln (JZ **01** Heft 10) kamen neben den Kritikern auch die Befürworter einer umfassden Modernisierg des SchuldR zu Wort. Eine den Entw ablehnde Resolution der ZivilRLehrer (einschließl Emeritii u HonorarProf) erhielt – bei einem mögl Adressatenkreis von rund 600–256 Unterschr. Mit dem Inkrafttr des SMG am 1. 1. 02 ist die Diskussion um das *pro* u *contra* der SchuldRModernisierg zu Ende gegangen. Es interessiert kaum noch, *wer welche Fassg* des Entw mit *welcher Begründg* kritisiert *u welche Änderg* vorgeschlagen hat. Die Vorschr des SMG sind nicht mehr *de lege ferenda* mit dem Blick auf alternative Regelgsmöglichk zu erörtern, sond als *lex lata* nach den allg anerkannten Grds der GesInterpretation auszulegen. Zweck, Inh u RFolgen der neuen Normen müssen herausgearbeitet u den RA u Ger ihre Anwendg in der Praxis erläutert werden. Dabei wird sich herausstellen, dass sich vieles im Ergebn nicht geändert hat, dass manches einfacher u besser geworden ist u dass Verschlechtergen für den RAnwender nirgendwo auszumachen sind. Leider sind fast alle Veröffentlichgen, die sich engagiert gg die Reform ausgesprochen haben, so angelegt, dass sie zur Lösg der bei Anwendg des neuen Rechts entstehden Probleme nichts beitragen. Sie werden hier, abgesehen von den drei Sammelveröffentlichgen, nicht im einz nachgewiesen (vgl aber das Internet-Verzeichn oben v Rn 1).

6 **3) Die wesentlichen Neuerungen**. Sie werden in den Einf, Übbl od Vorbem zu den neugeregelten Materien vorgestellt. Die folgden Ausführgen beschränken sich darauf, in Stichworten einen ersten Hinw auf bes wichtige Ändergen zu geben. Vgl zu den Themen, die in den Rn 7 ff nicht angesprochen werden: Vertretenmüssen s § 276 nF Rn 27 ff; AGB-Recht Übbl 1 ff v § 305; ggs Vertr Einf 1 v § 320 f; RücktrR Einf 1 ff v § 346; DarlVertr Einf 1 v § 488, VerbrDarl Vorbem 1 v § 490; WkVertr Einf 2 v § 631, UnterlKlG Einf 2 f v § 1.

7 **a) Verjährungsrecht** (Übbl 1 ff v § 194). Die RegelVerj beträgt nach dem SMG 3 Jahre (§ 194). Sie beginnt mit dem Ende des Jahres, in dem der Anspr entstanden ist u der Gläub von den ansprbegründden Umst u der Pers des Schu Kenntn erlangt hat; grob fahrl Unkenntn steht der Kenntn gleich (§ 199 I). Ohne Rücks auf diese subj Voraussetzg endet die Verj spätestens nach Ablauf einer absoluten Fr von 10 od 30 Jahren (§ 199 II–IV). Bei MängelAnspr des Kauf-, WkVertr- u ReiseR (§§ 438, 634 a, 651 g II) gilt für den VerjBeginn wie bisher eine grdsl obj Anknüpfg. Die VerjFr beträgt 2 u bei Bauwerken od mangelh Baumaterialien 5 Jahre; in best Fällen (Argl, BeratgsVertr) gilt die RegelVerj. Für Anspr wg Rechte an einem Grdst beträgt die VerjFr 10 Jahre (§ 196), für HerausgAnspr aus dingl Rechten, rechtskr festgestellte u ähnl Anspr

30 Jahre (§ 197). Die UnterbrechgsTatbestd des bish Rechts sind, ausgenommen das Anerkenntn u die Vornahme od Beantragg einer VollstrHdlg, jetzt Hemmgstatbestd (§§ 204, 212). Weitere HemmgsTatbestd sind hinzugekommen (vgl vor allem § 203). Auch im VerjR gilt jetzt unter Wegfall des § 225 S 1 aF der Grds der VertrFreih (s § 202).

b) Leistungsstörungsrecht (Vorbem 1 ff v § 275). ZentralNorm des neuen LStörgR ist § 280, Zentralbegriff die PflVerletzg (§ 280 Rn 2). Die RBehelfe des Gläub sind der SchadErsAnspr aus dem GrdTatbestd des § 280 I, der SchadErsAnspr wg Verzugs (§ 280 II iVm § 286), der SchadErsAnspr statt der Leistg (§ 280 III iVm §§ 281 ff) od wg frustrierter Aufwendgen (§ 284), der SchadErsAnspr wg anfängl Leistgshindern (§ 311 a II) u das RücktrR (§ 323 f). Die SchadErsAnspr aus den SonderVorschr verdrängen iR ihres Anwendgsbereichs den Anspr aus § 280 I. Die prakt wahrscheinl wichtigsten Ändergen sind, dass es SchadErs statt der Leistg jetzt nach FrSetzg für alle Anspr auf eine PrimärLeistg gibt, die Beschränkg auf synallagmat Anspr aus einem ggs Vertr also entfallen ist, u dass eine AblehngsAndrohg nicht meht erforderl ist. Zum Rücktr genügt eine obj PflVerletzg. Die Regelg der Störgsursache Unmöglichk, jetzt enthalten in §§ 275, 283, 311 a u 326, ist einfacher geworden; sie wird aber auch in Zukunft in der Praxis der RA u der Ger eine nur marginale Rolle spielen. Die von der Rspr zur c. i. c., Störg der GeschGrdl u zum KündR aus wicht Grd entwickelten RGrds hat das SMG in den §§ 311 II u III, 313 u 314 kodifiziert. 8

c) Kaufrecht (Übbl 5 v § 433). Im KaufR wird entspr den Vorgaben der VerbrGüterkauf-RL u den Vorschlägen der SchuldRK für die Mängelhaftg das Modell des CISG übernommen (vgl bereits oben Rn 1). Die Verpfl zur Lieferg einer mangelfreien Sache ist jetzt eine HptLeistgsPfl des Verkäufers (§ 433 I 2). Das antiquierte GewLR des KaufVertr wird aufgegeben u dch eine Integration der Mängelhaftg in das LStörgR ersetzt. Sachmängel, RMängel u die Lieferg eines aliuds werden grdsl gleich behandelt (§§ 434, 435, 437). Es gilt weiter der subj Mangelbegriff. § 434 übernimmt aber die – nicht auf den Mangel, sond die Mängelfreih abstellde – Regelgstechnik der EG-RL, u legt fest, dass bei der Abgrenzg auch die dch Werbg hervorgerufenen Erwartgen berücksichtigt werden können. Der Käufer hat in erster Linie einen Anspr auf NachErf (§ 439), dh auf Behebg des Mangels dch Nachbeserg od ErsLieferg ähnl wie bisher schon im WkVertrR u in der vom geschriebenen Recht abw KaufRPraxis. Erst wenn die NachErf an der Weigerg des Verkäufers scheitert od wenn sie fehlgeschlagen od unzumutb ist, kann der Käufer vom Vertr zurücktreten (§ 440) od den KaufPr mindern (§ 441). Die SchadErsPfl des Verkäufers richtet sich nach allg LStörgsR (§ 437 Nr 3 iVm §§ 440, 280 ff); der Verkäufer haftet jetzt wie jeder and Schu auch für Fahrlk u nicht nur für Argl (§ 463 aF), erstaunlicherw, soweit es um den Mangelschaden geht, eine Neuerg. Zur grdsl 2-jähr VerjFr für MängelAnspr u zu den SonderVorschr für den VerbrGüterkauf s zur ersten Information oben Rn 1. 9

d) Eingliederung der Verbraucherschutzgesetze in das BGB. Das SMG hat mit Ausn des ProdHaftG u des FernUSG alle VerbrSchutzG in das BGB übernommen. Die bislang auf fünf SonderG verstreuten Vorschr hat es wie folgt eingeordnet: die mat-rechtl Vorschr des AGBG, für die die Einordng als VerbrSchutzG nur *cum grano salis,* zutrifft (Einf 9 v § 305) als §§ 305–310, das HausTWG als §§ 312 u 312 a, das FernAbsG als §§ 312 b–312 d, das TzWrG als §§ 481–487, das VerbrKrG als §§ 491–505. Aus den verfahrensrechtl Vorschr des AGBG ist das UKlaG geworden (hinten unter NebenG). Das SMG hat damit den im Ges über FernAbsVertr u and Fragen des VerbrR v 27. 6. 00 (§ 361 a aF Rn 1) begonnenen Weg konsequent fortgesetzt. Es geht mit Recht davon aus, dass der Vertr zw einem Untern (§ 14) u einem Verbr (§ 13) der typ schuldrechtl Vertr ist (Einl 1 vor § 1 im HptBd). Die sich auf Vertr zw diesen Part beziehden Regelgen gehören weder in SonderG noch in ein VerbrSchutzG, sond in das BGB. VerbrR ist Teil des allg PrivatR. Eine Qualifikation als SonderprivatR ist für das VerbrR ebsowenig sachgerecht wie für die SchutzVorschr zG von GeschUnfähigen, Mj, WoMietern od Reisden. Dch die Integration des VerbrR, inbes des AGB-Rechts, erlangt das BGB wieder den Rang einer **zivilrechtlichen Gesamtkodifikation.** Wie sich in den Diskussionen um das SMG gezeigt hat, wird diese Entwicklg von der Anwaltsch u den Ri der InstanzGer u damit der Mehrh der RAnwender nachdrückl begrüßt. Systemat unbefriedigd ist allerdings die Einordng des AGBG in das Allg SchuldR. Der richtige Standort wäre der Allg Teil gewesen, da das AGB-Recht auch für Vertr des SachenR gilt u seine Vorschr an Regelgen u Schutzprinzipien des Allg Teils anküpfen. Die systemw Einordng ändert aber nichts daran, dass die §§ 305 ff ebso wie § 242 u bisher die Vorschr des AGBG auch für Vertr des SachenR gelten. 10

e) Amtliche Überschriften, neue Gliederung. Entspr moderner GesGebgsTechnik haben alle Paragraphen des BGB amtl Überschr erhalten. Diese sind Teil des Ges u können bei der Auslegg herangezogen werden. Zu berücksichtigen ist aber, dass der GesGeber, soweit er alten Normen Überschr gegeben hat, nicht deren Auslegg verändern, sond nur die Transparenz des Ges verbessern wollte. Auch die Gliederg des BGB hat das SMG verändert. Zu den drei Gliedergsebenen Bücher, Abschnitt u Titel sind drei weitere hinzugekommen: Untertitel, Kapitel u Unterkapitel. Sie ermöglichen vor allem, den umfangreichen Normenbestand des Schuld- u FamilienR übersichtlicher zu gliedern. Die neue Gliederg ist dieser Einl als Anhang beigefügt. 11

f) Die **Übergangsvorschriften zum SMG** enthalten die EG 229 §§ 5 u 6. Nach EG 229 § 5 sind die neuen Vorschr auf die nach dem 31. 12. 01 entstehden SchuldVerh anzuwenden; für die vorher entstandenen bleibt das bisher Recht maßgebd; vor dem 1. 1. 02 begründete DauerSchuldV unterstehen erst ab dem 1. 1. 03 dem neuen Recht. Auf die am 1. 1. 02 bestehden u noch nicht verj Anspr findet ab 1. 1. 2002 grdsl neues VerjR Anwendg. Die ÜberleitgsVorschr des Art 229 § 6 stellt aber sicher, dass Gläub u Schu keine Nachteile erleiden. Verlängergen der VerjFr gelten nicht für Anspr, die vor dem 1. 1. 2002 entstanden sind. Abgekürzte VerjFr beginnen am 1. 1. 2002 neu zu laufen; die 3-Jahres-Fr des § 195, die an die Stelle der 30-Jahres-Fr des § 195 aF tritt, kann daher nicht vor dem 31. 12. 2004 enden. Zu Einzelh s die Kommentierg des EG 229 §§ 5 u 6. 12

4) Behandlung des Gesetzes zur Schuldrechtsmodernisierung im Ergänzungsband. – a) Das Gesetz zur Modernisierg des SchuldR vom 26. 11. 2001 (BGBl I S 3138) besteht aus **9 Artikeln**. Art 1 ändert das BGB (83 Nr), Art 2 das EGBGB (3 Nr), Art 3 enthält das UKlaG u Art 4 erweitert die VO über InformationsPflten von Reiseveranstaltern zu einer VO über InformationsPflten nach Bürgerl Recht; Art 5 regelt die Änderg and Vorschr (35 Nr), Art 6 ist eine AufhebgsVorschr, Art 7 stellt klar, dass die vom 13

GesGeber erlassene VO über InformationsPflten nach Bürgerl Recht dch RechtsVO abgeändert werden kann, Art 8 ermächtigt das BMJ, das BGB u die VO über InformationsPflten nach Bürgerl Recht in der ab
14 1. 1. 02 geltden Fassg im BGBl bekannt zu machen, u Art 9 regelt das Inkrafttr des Ges. – **b) Kommentiert** werden im ErgBd entspr der bei ÄndergsG allg übl Praxis die dch das SMG geänderten od neu eingefügten Vorschr u damit das neue Schuld- u VerjR, nicht aber die einz ÄndergsVorschr des SMG. Wird eine Vorschr, die im Kern unverändert bleibt, nur in einem Nebenpkt abgeändert, beschränkt sich die Erläuterg hierauf. Aus Grden des SachZushangs u um dem Benutzer die Arbeit mit dem neuen Recht zu erleichtern, sind auch einige unverändert gebliebene Vorschr u ihre Kommentierg in den ErgBd aufgenommen worden, so die §§ 277 u 278 u die §§ 320 u 322. Aus den gleichen Grden enthält der ErgBd eine Kommentierg des gesamten WkVertrR unter Einschluß der nicht geänderten Vorschr. Die Art 6 ff SMG enthalten keine Regelgen, die im Palandt abgedruckt u kommentiert werden müssen; sie sind aber, soweit sie für das BGB u die im Palandt
15 behandelten Materien von Bedeutg sind, bei den einschläg Vorschr berücksichtigt. – **c) Sonstiges.** Rspr zum bisher Recht, die nach Ansicht des zuständ Autors weiter herangezogen werden kann, wird ohne einen bes Hinw zitiert; bestehen Zw, werden diese kenntl gemacht. Vorschr des bish Rechts werden mit dem Zusatz „aF" zitiert. Dadch wird zugl auf die Kommentierg im HptBd Bezug genommen. Wenn Mißverständn aus bes Grden nahe liegen, wird der Bezugn der Zusatz „im HptBd" hinzugefügt.

16 **5) Weitere Änderungen.** Seit Redaktionsschluß für den HptBd der 61. Aufl sind außer dem SMG folgde Ges verkündet worden, die im Palandt kommentierte Vorschr ändern od ergänzen:
- Gesetz zur Regelg von RFragen auf dem Gebiet der internationalen Adoption u zur Weiterentwicklg des AdopotionsvermittlgsR v 5. 11. 01 (BGBl I S 2950 ff),
- Gesetz über elektronische Register u Justizkosten für Telekommunikation (ERJuKoG) v 10. 12. 01 (BGBl I S 34 22),
- Gesetz zur Verbesserg des zivilgerichtl Schutzes bei Gewalttaten u Nachstellgen sowie zu Erleichtergen der Überlassg der EheWo bei Trenng v 11. 12. 01 (BGBl I S 3513),
- Bundeswertpapierverwaltungsgesetz (BWpVerwG) v 11. 12. 01 (BGBl I S 3519),
- Gesetz zur Einführung des Euro in Rechtspflegegesetzen usw vom 13. 12. 01 (BGBl I S 3574),
- Gesetz zur Regelg der RVerhältnisse den Prostituierten (ProstG) v 20. 12. 01 (BGBl I S 3983).

Diese Ges, die vor dem od am 1. 1. 02 in Kraft getreten sind, sind, soweit sie Vorschr des BGB ändern od Regelgen privrechtl Inh enthalten, im ErgBd abgedruckt u kommentiert, das ERJuKoG u das ProstG im Allg Teil, das Ges v 5. 11. 01 im EGBGB, die Ges v 11. u 13. 12. 01 im FamR, das BWpVerwG, das ohne sachl Änderg ledigl Bezeichngen ändert, bei den einschläg Vorschr.

Buch 1. Allgemeiner Teil

Bearbeiter: Prof. Dr. Heinrichs, Präsident des Oberlandesgerichts Bremen a. D.

Übersicht

1 Im Allg Teil sind abgedruckt u kommentiert:
- §§ 64, 76 u 79, geändert dch das ERJuKoG (s Einl 15),
- §§ 121 u 124, geändert dch das SMG,
- §§ 1 u 2 des ProstG im Anhang zu § 138,
- der Abschnitt 5 Verj (§§ 194–218), neugefaßt dch das SMG,
- §§ 232, 236, geändert dch das BWpVerwG.

Bei den im Kern unverändert gebliebenen §§ 121, 124, 232, 236 u den ausschließl VerfFragen regelnden §§ 64, 76 u 79 werden nur die Ändergen kommentiert.

Abschnitt 1. Personen

Titel 2. Juristische Personen

Untertitel 1. Vereine

Kapitel 2. Eingetragene Vereine

64 ***Inhalt der Vereinsregistereintragung.*** **Bei der Eintragung sind der Name und der Sitz des Vereins, der Tag der Errichtung der Satzung, die Mitglieder des Vorstands und ihre Vertretungsmacht anzugeben.**

1 Das ERJuKoG hat den bish S 2: „Bestimmgen, die den Umfang der Vertretgsmacht des Vorstd beschränken od die BeschlFassg des Vorstd abw von der Vorschr des § 28 I regeln, sind gleichf einzutragen" gestrichen u dafür in S 1 bestimmt, dass auch die Vertretgsmacht des Vorstd einzutragen ist. Nach der nF besteht eine EintraggsPfl auch, wenn die Vertretgsmacht des Vorstd der gesetzl Regel (§ 26 Rn 5 u 6) entspr, sie also dch die Satzg weder beschränkt noch erweitert ist. Eintraggspflicht sind daneben wie bisher alle Beschränkgen (§ 26 Rn 5) u Erweitergen der Vertretgsmacht, zB dch Einräumg von EinzelVertretgsmacht bei einem mehrgliedr Vorstd od dch Befreig vom Verbot des Selbstkontrahierens (§ 181 Rn 21). Die Regelg ist wie bisher bloße OrdngsVorschr. Für den Vertrauensschutz gelten weiter §§ 68 u 70 (s dort).

76 *Eintragung der Liquidatoren.* **[I] Die Liquidatoren sind in das Vereinsregister einzutragen. Das Gleiche gilt von Bestimmungen, welche die Beschlussfassung der Liquidatoren abweichend von der Vorschrift des § 48 Abs. 3 regeln.**

[II] Die Anmeldung hat durch den Vorstand, bei späteren Änderungen durch die Liquidatoren zu erfolgen. Bei der Anmeldung ist der Umfang der Vertretungsmacht der Liquidatoren anzugeben. Der Anmeldung der durch Beschluss der Mitgliederversammlung bestellten Liquidatoren ist eine Abschrift des Beschlusses, der Anmeldung einer Bestimmung über die Beschlussfassung der Liquidatoren eine Abschrift der die Bestimmung enthaltenden Urkunde beizufügen.

[III] Die Eintragung gerichtlich bestellter Liquidatoren geschieht von Amts wegen.

Das ERJuKoG hat in II den S 2 eingefügt. Die hM hat bisher auf die Eintragg des Liquidators § 64 S 2 entspr angewandt. Nach Streichg dieser Vorschr stellt II 2 klar, dass die Vertretgsmacht des Liquidators auch dann einzutragen ist, wenn sie der gesetzl Regel entspr. Vgl § 64 Rn 1. 1

79 *Einsicht in das Vereinsregister.* **[I] Die Einsicht des Vereinsregisters sowie der von dem Verein bei dem Amtsgericht eingereichten Schriftstücke ist jedem gestattet. Von den Eintragungen kann eine Abschrift gefordert werden; die Abschrift ist auf Verlangen zu beglaubigen. Werden die Schriftstücke nach § 55 a Abs. 5 aufbewahrt, so kann eine Abschrift nur von der Wiedergabe gefordert werden. Die Abschrift ist auf Verlangen zu beglaubigen. Eine Einsicht in das Original ist nur gestattet, wenn ein berechtigtes Interesse an der Einsicht darin dargelegt wird.**

[II] Die Einrichtung eines automatisierten Verfahrens, das die Übermittlung der Daten aus dem maschinell geführten Vereinsregister durch Abruf ermöglicht, ist zulässig, sofern sichergestellt ist, dass

1. der Abruf von Daten die nach Absatz 1 zulässige Einsicht nicht überschreitet und
2. die Zulässigkeit der Abrufe auf der Grundlage einer Protokollierung kontrolliert werden kann.

[III] Der Nutzer ist darauf hinzuweisen, dass er die übermittelten Daten nur zu Informationszwekken verwenden darf. Die zuständige Stelle hat (z. B. durch Stichproben) zu prüfen, ob sich Anhaltspunkte dafür ergeben, dass die nach Satz 1 zulässige Einsicht überschritten oder übermittelte Daten missbraucht werden.

[IV] Die zuständige Stelle kann einen Nutzer, der die Funktionsfähigkeit der Abrufeinrichtung gefährdet, die nach Absatz 3 Satz 1 zulässige Einsicht überschreitet oder übermittelte Daten missbraucht, von der Teilnahme am automatisierten Abrufverfahren ausschließen; dasselbe gilt bei drohender Überschreitung oder drohendem Missbrauch.

[V] Zuständige Stelle ist die Landesjustizverwaltung. Örtlich zuständig ist die Behörde, in deren Bezirk das betreffende Amtsgericht liegt. Die Zuständigkeit kann durch Rechtsverordnung der Landesregierung abweichend geregelt werden. Sie kann diese Ermächtigung durch Rechtsverordnung auf die Landesjustizverwaltung übertragen.

Der automatisierte Abruf von Daten aus dem VereinsReg bedurfte bislang einer Gen, deren Erteilg u Widerr in III–X geregelt war. Das ERJuKoG hat dieses GenVerf abgeschafft; jeder Nutzer, der eine den Anfordergen des II entspr Anlage besitzt, kann jetzt im automatisierten Verf RegDaten abrufen. Nach den neuen III–V, die die III–X aF ersetzen, kann die zuständ Stelle (V) einen Nutzer von der Teilnahme ausschließen (IV), wenn er die zul Einsicht überschreitet, übermittelte Daten mißbräuchl verwendet, od die Funktionsfähigk der Abrufeinrichtg gefährdet. Der Nutzer ist darauf hinzuweisen, dass er die übermittelten Daten nur zu Informationszwecken verwenden darf (III 1); III 2 verpfl die zuständ Stelle zu einer MißbrKontrolle. Entsch nach II 2 u III sind JustizVerwAkte, die nach EGGVG 23 vor dem OLG angefochten w können. 1

Abschnitt 3. Rechtsgeschäfte

Titel 2. Willenserklärungen

121 *Anfechtungsfrist.* **[I] Die Anfechtung muß in den Fällen der §§ 119, 120 ohne schuldhaftes Zögern (unverzüglich) erfolgen, nachdem der Anfechtungsberechtigte von dem Anfechtungsgrunde Kenntnis erlangt hat. Die einem Abwesenden gegenüber erfolgte Anfechtung gilt als rechtzeitig erfolgt, wenn die Anfechtungserklärung unverzüglich abgesendet worden ist.**

[II] Die Anfechtung ist ausgeschlossen, wenn seit der Abgabe der Willenserklärung zehn Jahre verstrichen sind.

Die Vorschr gilt mit ihrem wesentl Inh unverändert weiter. Das SMG hat ledigl die AusschlußFr des II (§ 121 Rn 5 im HptBd) von 30 auf 10 Jahre verkürzt u damit an die HöchstFr der regelmäß Verj (§ 199 IV) angepaßt. Für die Überleitg gilt EG 229 § 6 V iVm III. 1

124 *Anfechtungsfrist.* **[I] Die Anfechtung einer nach § 123 anfechtbaren Willenserklärung kann nur binnen Jahresfrist erfolgen.**

[II] Die Frist beginnt im Falle der arglistigen Täuschung mit dem Zeitpunkt, in welchem der Anfechtungsberechtigte die Täuschung entdeckt, im Falle der Drohung mit dem Zeitpunkt, in

welchem die Zwangslage aufhört. Auf den Lauf der Frist finden die für die Verjährung geltenden Vorschriften der §§ 206, 210 und 211 entsprechende Anwendung.

III Die Anfechtung ist ausgeschlossen, wenn seit der Abgabe der Willenserklärung zehn Jahre verstrichen sind.

1 Die Vorschr gilt mit ihrem wesentl Inh unverändert weiter. Der dch das SMG neugefaßte II 2 verweist jetzt auf die HemmgsVorschr der §§ 206, 210 u 211, die die §§ 203 II, 206 u 207 aF ersetzt haben. In III ist die AusschlußFr (§ 124 Rn 4 im HptBd) von 30 auf 10 Jahre verkürzt u damit an die HöchstFr der regelmäß Verj (§ 199 IV) angepaßt worden. Für die Überleitg gilt EG 229 § 6 V iVm III.

Anhang zu § 138

Gesetz zur Regelung der Rechtsverhältnisse der Prostituierten (Prostitutionsgesetz – ProstG)

vom 20. 12. 2001 (BGBl I S 3983)

ProstG 1 **Sind sexuelle Handlungen gegen ein vorher vereinbartes Entgelt vorgenommen worden, so begründet diese Vereinbarung eine rechtswirksame Forderung. Das Gleiche gilt, wenn sich eine Person, insbesondere im Rahmen eines Beschäftigungsverhältnisses, für die Erbringung derartiger Handlungen gegen ein vorher vereinbartes Entgelt für eine bestimmte Zeitdauer bereithält.**

1 **1) Allgemeines.** Das Ges ist ein wenig aussichtsreicher Versuch, die rechtl u soziale Stellg der 400 000 Prostituierten in der BRep zu verbessern. Die Anspr gg Freier werden auch in Zukunft ohne gerichtl Hilfe dchgesetzt w. Dass das Ges den Prostituierten od Bordellbetreibern jetzt einen klagb Anspr einräumt, ändert an den Realitäten der Prost nichts. Es ist auch wenig wahrscheinl, dass die Prostituierten von der schon jetzt bestehden Möglichk, der SozVers beizutreten (BT-Drs 14/5958 S 5), in Zukunft verstärkt Gebr machen werden. Die Prostituierte, die dch Fremdverschulden arbeitsunfäh geworden ist, kann aber nach den Wertgen des ProstG künft vollen Ersatz des entgangenen Verdienstes verlangen; eine Beschränkg auf den zu einer einf Lebensführg notw Betrag (BGH **67**, 119) ist nicht mehr zul.

2 **2) Wirksamkeit des Vertrages**. Der abgeschl Vertr ist zunächst wg Sittenwidrigk (§ 138) nichtig. Die ggteil Auslassgen in der GesBegründg u im Bericht des 13. Ausschusses (BT-Drs 14/5958 u 14/7174) gehen fehl. Die Abrede, sich gg ein Entgelt geschlechtl hinzugeben, verstößt gg die Menschenwürde (GG 1 III) u gg die guten Sitten u begründet keine rechtl bindde Verpfl. Davon geht auch das Ges aus, das dem Freier einen RAnspr auf die versprochene sexuelle Hdlg versagt. Ist die Hdlg vorgenommen od die in S 2 umschriebene Leistg erbracht worden, entsteht aus dem Vertr mit Wirkg *ex nunc* ein EntgeltsAnspr, auch wenn nicht alle zur Wirksamk eines Vertr erforderl Voraussetzgen vorliegen (§ 2 Rn 2). Es handelt sich daher um einen **nachträglich** zum Teil wirks werdden Vertr, nicht aber, wie die GesBegründg meint, um einen einseit verpfl Vertr (s dazu Einf 4 v § 320). Zu Einwendgen des Freiers s § 2.

ProstG 2 **Die Forderung kann nicht abgetreten und nur im eigenen Namen geltend gemacht werden. Gegen eine Forderung gemäß § 1 Satz 1 kann nur die vollständige, gegen eine Forderung nach § 1 Satz 2 auch die teilweise Nichterfüllung, soweit sie die vereinbarte Zeitdauer betrifft, eingewendet werden. Mit Ausnahme des Erfüllungseinwandes gemäß des § 362 des Bürgerlichen Gesetzbuchs und der Einrede der Verjährung sind weitere Einwendungen und Einreden ausgeschlossen.**

1 **1) Einwendungen. – a) Nicht ausgeschlossene.** Die Regelg in S 2 u 3 bedarf einer teleolog Reduktion. Die Regelg soll nach der GesBegründg (BT-Drs 14/5958 S 6) den Einwand ausschließen, die Leistg sei „nicht gut" gewesen u eine Aufr mit vielleicht zweifelh GgFdgen verhindern. Auf mangelnde GeschFgk, beschränkte GeschFähigk, widerrechtl Drohg kann sich der Freier trotz des scheinb entggstehden Wortlauts der S 2 u 3 berufen. Ein Ausschl dieser Einwendgen wäre auch verfassgsw. Wie vollständ NichtErf u TErf ggeinander abzugrenzen sind, hängt von der versprochenen Hdlg ab. Zur Erf s § 362, zur Verj §§ 195, 199. –
2 **b) Ausgeschlossen** ist der Einwand der SchlechtErf u iR von S 2 Halbs 1 auch der Einwand der nur teilw Erf. Der Freier kann nach dem Schutzzweck der Norm auch keine Rechte daraus herleiten, dass die WillErkl der Prostituierten wg GeschUnFgk od beschr GeschFgk unwirks war.

3 **2) Abtretungsverbot.** Der Anspr steht nach den getroffenen Abreden entweder der Prostituierten od dem Bordellbetreiber zu (BT-Drs 14/5958 S 6). Nicht nur die Abtr, auch die Erteilg von Einziehgsermächtigg ist unwirks.

Abschnitt 5. Verjährung

Überblick

Materialien und Literatur zum SMG: Vgl Einl zum ErgBd. – **Literatur zum Verjährungsrecht: – a) Zur Reformdiskussion:** Peters/Zimmermann, Gutachten zur Überarbeitg des SchuldR, 1981, hrsg vom BMJ, Bd I S 77–373; Heinrichs Karlsr Forum 1991, 3 ff; Leenen JZ **01**, 552; Mansel in Ernst/Z S 333; Zimmermann JZ **00**, 853, ZEuP **01**, 217; Zimmermann/Leenen ua JZ **01**, 684. **– b) Zum neuen Recht:** Heinrichs BB **01**, 1417; Mansel NJW **02**, 89.

1) Reform des Verjährungsrechts. – a) Reformbedarf. Seit dem Gutachten von Peters u Zimmermann bestand ein fast allg Einverständn darüber, dass das VerjR des BGB dringd einer Reform bedürfe. Seine Mängel waren so offensichtl, dass sich auch unter den engagiertesten Kritikern der Reform niemand fand, der das VerjR des BGB verteidigte. Zu diskutieren war nicht das *ob,* sond nur das *wie* der Reform. Das ungeordnete Neben- u Dcheinand einer Vielzahl von unterschiedl VerjFr von 6 Wo bis zu 30 Jahren war seit langem ein Ärgern. Unbefriedigd war auch, dass geringfüg Unterschiede im Sachverhalt od in der rechtl Bewertg zu völlig unterschiedl Fr führten. Aus der 6-Mo-Fr des § 477 wurde eine Fr von 30 Jahren, wenn die nicht dem Vertr entspr Leistg nicht als Sachmangel, sond als aliud od RMangel gewertet od eine c. i. c. od eine nicht von § 477 erfaßte pVV konstruiert wurde. Die Fr der §§ 477 u 638 waren, abgesehen von der 5-Jahres-Fr des § 638, offensichtl zu kurz. Sie führten dazu, dass der Gläub in einer Vielzahl von Fällen seinen berecht Anspr bereits eingebüßt hatte, bevor dieser für ihn erkennb geworden war. Aus dem gleichen Grd dringd reformbedürft waren (u sind) die BRAO 51 b, StBG 68, nach denen SchadErsAnspr gg den RA u StBerater ohne Rücks auf die Kenntn des Mandanten nach 3 Jahren verjähren (vgl Rn 4). Zu den weiteren Mängeln des fr Rechts vgl das Gutachten Peters/Zimmermann u Heinrichs Karlsr Forum. 1

b) Konzeption. Abw vom KE u DiskE (Einl zum ErgBd Rn 2 ff), die bei der Reform grdsl an einem auf obj Kriterien abstellden VerjBeginn festhalten wollten, hat sich das SMG in Übereinstimmg mit dem Gutachten von Peters/Zimmermann u den Principles of European Contract Law (ZEuP **01**, 400) bei der **regelmäßigen Verjährung** für die Kombination einer kurzen subj mit einer längeren obj Fr entschieden. Die neue regelmäß VerjFr von 3 Jahren beginnt nur, wenn der Gläub von den den Anspr begründden Umst u der Pers des Schu Kenntn erlangt hat od ohne grobe Fahrlässigk hätte erlangen müssen (§ 199). Diese subj Anknüpfg verschafft dem Gläub die faire Chance, seinen Anspr rechtzeit vor Vollendg der Verj gerichtl geltd zu machen (Rn 10). Die Verj endet aber im Interesse des SchuSchutzes u des RFriedens (Rn 8 f) unabhäng von der Erkennbark der AnsprVoraussetzgen nach Ablauf einer absoluten Fr von 10 od 30 Jahren (§ 199 II–IV). Für Anspr, die nicht unter die RegelVerj fallen, insbes für **Mängelansprüche,** hält das SMG dagg grdsl an der ausschließl obj Anknüpfg des VerjBeginns fest, verbessert die RStellg des Gläub aber dch eine Verlängerg der VerjFr, beim Kauf von 6 Mo auf 2 Jahre (§§ 438, 634 a). Weitere grundlegde Neuergen sind: Das Verbot des § 225 Satz 2 aF, die Verj dch Vereinbg zu verlängern, wird aufgehoben; auch im VerjR besteht jetzt grdsl VertrFreih (*arg* § 202). Nur noch das Anerkenntn u die Vornahme od Beantragg einer gerichtl od behördl VollstrMaßn führt zum „Neubeginn der Verj" (§ 212), dieser Terminus ersetzt die mißverständl „Unterbrechg" des bish Rechts. Dch RVerfolgg wird die Verj nur noch gehemmt, nicht mehr unterbrochen (§ 204). Vhdlgen über den Anspr od die Anspr begründden Umst führen in Zukunft nach § 203 allg u nicht nur bei delikt Anspr (so § 852 II aF) zu einer Hemmg der Verj. 2

c) Defizite. Das SMG hat eine Vielzahl von Vorschr innerh u außerh des BGB, die Sonderregelgen für die Dauer od den Beginn der Verj enthalten, nicht in seine Neuregelg einbezogen. Beispiele sind etwa im BGB §§ 548 (fr 558), 606, 651 g, 1057, 1226, 1378 IV, u 2332 u in and Ges HGB 439, 463, 475, BRAO 51 b, StBerG 68, WirtschPrO 51 a. Diese u viele weiteren Vorschr sollen in einem zweiten Reformschritt, den die BReg in ihrer GgÄußerg zu den Vorschlägen des BRats zugesagt hat (BT-Drs 14/6857 S 42), überprüft u, soweit erforderl, abgeändert werden. Bes dringd ist eine Reform der BRAO 51 b u StBerG 68. Es ist unerträgl, dass HaftgsAnspr gg RA u StBerater ohne Rücks auf den KenntnStand des Mandanten nach drei Jahren verjähren. Zwar hilft die Rspr dem Geschädigten dch die Konstruktion eines sekundären SchadErs-Anspr (Rn 21). Den Vorzug vor dieser dogmat fragwürdigen, eine Fülle von Abgrenzgsfragen aufwerfde Konstruktion verdient eine Entscheidg des GesGebers, die die Anspr aus BRAO 51 b u StBerG 68 der RegelVerj unterstellt. Dagg sind die Abw von den Principles of European Contract Law (Rn 2) in der Bund-Länder-ArbGruppe (Einl zum ErgBd Rn 3) eingehd diskutiert worden. Sie beruhen überwiegd auf berecht Wünschen der Praxis, zT aber auch auf Fdgen der Wirtsch (Verj von MängelAnspr). Ändergen sind insoweit nicht veranlaßt (and offenb Mansel NJW **02**, 89). 3

2) Begriff. Er hat sich dch die Reform des VerjR nicht verändert. Zeitablauf kann unabhäng vom Willen der Part kr Ges die RLage verändern; er kann Rechte entkräften od begründen. Im gemeinen Recht bezeichnete man beide mögl Einwirkgen des Zeitablaufs als Verj u unterschied daher zw erlöschder u erwerbder Verj. Diesen weiten VerjBegriff hat das BGB nicht übernommen. – **a) Verjährung** iSd §§ 194 ff 4
ist der Zeitablauf, der für den Schu das Recht begründet, die Leistg zu verweigern. Sie greift nur ggü Anspr dch (§ 194) u führt nicht zum Erlöschen des Anspr, sond zur Begründg eines dauernden LeistgsVR (§ 214 I). Ausnw kann die Verj aGrd von sondergesetzl Regelgen aber auch den Anspr erlöschen lassen (§ 214 Rn 7); sie steht dann in ihrer Wirkg einer AusschlußFr gleich (Rn 7). – **b)** Den **Rechtserwerb durch Zeitablauf** nennt das BGB Ersitzg. Sie betrifft nur dingl Recht u ist für bewegl Sachen in §§ 937 ff, 1033, für Grdst u Schiffe in § 900 u SchiffsRG 5 geregelt. – **c) Unvordenkliche Verjährung.** Sie ist nicht in das BGB 5
übernommen worden, ist aber in den dem LandesR vorbehaltenen RGebieten wirks geblieben (BayObLGZ **82**, 406). Sie setzt voraus, dass der als Recht beanspruchte Zustand 40 Jahre als Recht besessen worden ist u dass weitere 40 Jahre vorher keine Erinnerung an einen and Zustand seit Menschengedenken bestanden hat (BGH **16**, 238, BayObLG **94**, 139). 6

7 **3) Zweck.** Obwohl nach den §§ 194 ff scheinb nur ein wirkl bestehder Anspr verjähren kann, hat die Verj vor allem den Zweck, dem Schu die Abwehr unbegründeter Anspr zu erleichtern (Mot I 291, BGH BB **93**, 1395). Soweit die Verj begründete Anspr betrifft, ist sie dch den Gedanken des SchuSchutzes u des RFriedens
8 gerechtfertigt (BGH **128**, 82, Heinrichs, Karlsr Forum **91**, 3 ff). – **a) Schuldnerschutz.** Die Verj ist ein zur Wahrg der Interessen des Schu unverzichtb RInstitut. Die „verdunkelnde Macht der Zeit" (Mot I 512) kann die BewPosition des Schu verschlechtern, der Zeitablauf kann ihn zugl um Regreßmöglichk bringen. Schutzbedürft ist auch die DispositionsFreih des Schu. Er kann nicht unbegrenzt Rücklagen für Risiken aus fr Gesch bilden u muß daher irgendwann allein aGrd von Zeitablauf berecht sein, den Anspr ohne ein Eingehen auf die
9 Sache zurückzuweisen. – **b) Rechtsfrieden.** Als Rechtfertigg der Verj noch wichtiger ist der Gedanke des RFriedens u der RSicherh (BGH **59**, 74). Aus ihm ergibt sich, dass die Verj zugl auch dem Schutz öff Interessen dient. Tatsächl Zustände, die längere Zeit unangefochten bestanden haben, müssen im Interesse des
10 RFriedens u der RSicherh als zu Recht bestehd anerkannt w (BGH NJW-RR **93**, 1060). – **c) Chance zur Geltendmachung des Anspruchs.** Der dch die Verj eintretde RVerlust ist idR auch deshalb gerechtfertigt, weil der Gläub ihn dch rechtzeit Geltdmachg des Anspr hätte verhindern können. Diese Möglichk ist aber keine notw Voraussetzg der Verj. Sie kann auch eintreten, wenn der Gläub von der Existenz des Anspr nichts wußte u auch nichts wissen konnte, so vor allem in den Fällen der §§ 438 u 634 a u der BRAO 51 b, StBerG 68 (BGH **83**, 19). Das ist im Grds sachgerecht; im Konflikt zw GläubSchutz einerseits u SchuSchutz u RFrieden andseits, verdienen letztere den Vorrang. VerjFr sollten aber so bemessen sein, dass der Gläub typw die faire Chance hat, seinen Anspr dchzusetzen. Das trifft auf die Fr der BRAO 51 b, StBerG 68 nicht zu; ihre
11 Verlängerg in einem zweiten Reformschritt (Rn 3) ist daher dringd erwünscht. – **d) Nebenzwecke.** Die Verj dient zugl dem Bedürfn des WirtschVerk nach einer beschleunigten Abwicklg von RVerhältn (BGH NJW **83**, 390) u entlastet die Ger von Streitigk über veraltete Anspr. Dabei handelt es sich aber nur um Nebenzwecke, nicht um Gesichtspkte, die die Verj im Hinblick auf GG 14 rechtfertigen.

12 **4)** Für die **Auslegung der Verjährungsvorschriften** gelten die allg Grds der GesAuslegg (Einl 34 ff v § 1 im HptBd). Die Rspr geht in einigen Entsch davon aus, dass das VerjR eine formale Regelg darstelle u daher im Interesse der RSicherh in enger Anlehng an den Wortlaut des Ges ausgelegt w müsse (BGH **53**, 47, **59**, 326). Dabei handelt es sich aber um einen Grds, der nur iZw gilt u Ausn nicht ausschließt. Auch im VerjR hat die Rspr die Aufg, das Recht an die sich ändernden Verhältn anzupassen (s BGH **80**, 281). Bei seiner Auslegg muß letztl dem GesZweck der Vorrang vor dem GesWortlaut eingeräumt w (s BGH **54**, 268, **59**, 165); auch eine analoge Anwendg von Vorschr des VerjR ist nicht ausgeschl (s BGH **58**, 122, **117**, 174, **119**, 35, NJW **93**, 1848, NJW-RR **93**, 1060).

13 **5) Sonstige Einwirkungen des Zeitablaufs auf Rechte. – a) Ausschlußfrist.** – **aa)** Sie **unterscheidet** sich von der Verj dch ihre Wirkg. Bei der AusschlußFr endet das Recht mit FrAblauf (RG **128**, 47), die Verj begründet dagg nur ein LeistgsVR (§ 214). Der Ablauf der AusschlußFr ist im RStreit vAw zu beachten, der der VerjFr nur auf Einr. Währd die Verj nur Anspr erfaßt (§ 194), betrifft die AusschlußFr auch and Rechte, vor allem GestaltgsR (zB §§ 121, 124, 148, 532, 626 II, 1944, 1949), ausnw aber auch Anspr (zB §§ 562 b II, 611 a IV, 651 g I, 801 I 1, 864, ProdHaftG 13, 12), so vor allem iF der Begrenzg der Nachhaftg dch HGB 160, 26 u BGB 736 II. Wo es sich um Verj handelt, spricht das BGB von „verjährt"; bei AusschlFr gebraucht es Wendgen wie „kann nur . . . erfolgen", „das Recht erlischt", „ist ausgeschlossen." Bei den Fr and
14 Ges u vereinb Fr ist es Ausleggsfrage, ob sie als Ausschl- od VerjFr aufzufassen sind. – **bb)** Die Frage der **Anwendbarkeit von Verjährungsvorschriften** auf AusschlFr läßt sich nicht allg, sond nur von Fall zu Fall nach Sinn u Zweck der jeweil EinzelVorschr entscheiden (BGH **43**, 237, **73**, 102, WM **82**, 1172). Für einz AusschlußFr bestehen TVerweisgen auf das VerjR (§§ 124 II, 204 III, 802, 1002, 1600 b VI, 1944, 1954, 2082, 2283, HGB 160 I 3, ua; sog geschwächte AusschlußFr). Auch bei Fehlen derart Verweisgen (sog „strenge" AusschlußFr) ist uU eine entspr Anwendg von Vorschr des VerjR geboten. Das gilt vor allem für die Best über die AblaufHemmg (§ 210 Rn 2), kann aber auch für and Vorschr zutreffen (BGH **53**, 272 zu § 204 Nr 12 = § 210 aF; BGH **83**, 270 zu § 204 Nr 5 = § 209 II Nr 3 aF), vor allem für den neuen § 203, der als eine Konkretisierung des § 242 zu verstehen ist. Unanwendb auf AusschlußFr sind dagg § 212 I Nr 1 = § 208 aF (BGH **112**, 101, RG **128**, 47, **151**, 347, str), § 204 Nr 3 = § 209 II Nr 1 aF (BGH NJW **93**, 1585, aA LG Ffm NJW-RR **95**, 866), § 204 Nr 4 = 209 II Nr 1 a aF (Hbg MDR **93**, 328), § 204 II 2 = 211 II aF (Köln FamRZ **92**, 1220). Zur Anwendg der HemmgsVorschr auf die erbrechtl AusschlußFr der §§ 1944 I, 1954 IV, 2082 II s dort. Bei tarifl AusschlFr bleibt die fristwahrde Wirkg der Klage auch dann erhalten, wenn die Klage zurückgenommen od das Verf nicht betrieben wird (BAG DB **92**, 1147). Die Grds über die unzul RAusübg gelten auch für AusschlußFr (§ 242 Rn 62); dagg ist eine Wiedereinsetzg in den vorigen Stand
15 ausgeschlossen (KG NJW-RR **97**, 643). – **b)** Die **Verwirkung** unterscheidet sich nach Voraussetzgen u Wirkg grdlegd von der Verj. Vgl § 242 Rn 87 ff.

16 **6) Unzulässige Rechtsausübung. – a)** Die **Reform** hat den Anwendgsbereich des § 242 im VerjR erhebl eingeengt. – **aa) Verhandeln** die Part über den Anspr od die den Anspr begründden Umst, ist die Verj nach § 203 gehemmt (s dort). Der nach altem Recht in diesen Fällen bei nicht delikt Anspr notw Rekurs auf § 242 (vgl dazu Rn 12 ff im HptBd) ist weder erforderl noch statth. – **bb) Verlängern** die Part die VerjFr, ist die Vereinbg wirks (*arg* § 202, s dort). Das Verbot des § 225 S 2 aF ist entfallen; es besteht kein Anlaß mehr, die unwirks Vereinbg als einen dch § 242 geschützten VertrauensTatbestd (vgl dazu Rn 12 im HptBd) aufzufassen u mit eingeschränkter Wirkg aufrecht zu erhalten.

17 **b) Voraussetzungen.** Die VerjEinr ist unbeachtl, wenn sie gg das Verbot unzul RAusübg (§ 242 Rn 38 ff) verstößt. Auch im VerjR ist bei Anwendg des § 242 ein strenger Maßstab anzulegen (BGH NJW **88**, 2247). Die Einr ist nicht schon deshalb mißbräuchl, weil der Schu weiß, dass der Anspr zu Recht besteht (Mot I 296) od weil der Gläub wg des Ansehens od der Stellg des Schu nicht mit der VerjEinr gerechnet hat; auch öffr Körpersch können sich ggü ihren Bediensteten grdsl auf Verj berufen (BAG NJW **67**, 174, s aber Rn 19). Die Unzulässigk der VerjEinr kann sich aus dem Grds ergeben, dass niemand aus einem unredlVerhalten Vorteile ziehen darf, so etwa, wenn der Schu dch falsche Anmeldg od häuf WoWechsel die rechtzeit Hemmg der Verj verhindert (Königsbg HRR **41**, 111).

c) Einzelfälle. – aa) Verhalten im Prozeß. Der Schu kann grdsl frei darüber entscheiden, ob u ggf wann er die VerjEinr erheben will (Brschw NJW-RR **89**, 800). Ist der Kläger erst nach ProzBeginn AnsprInh geworden, kann sich der Bekl auch dann auf Verj berufen, wenn er sich zunächst sachl auf die Klage eingelassen hat (BGH **LM** § 242 (Cb) Nr 4). Es verstößt auch nicht gg § 242, wenn die VerjEinr erst in der Berufgsinstanz od im NachVerf erhoben wird (Ffm MDR **81**, 228, Celle WM **93**, 1957) od wenn der Bekl sich zunächst auf eine KlErweiterg einläßt u später ggü der MehrFdg die VerjEinr erhebt (BGH NJW-RR **88**, 1195). Ggü dem RückgriffsAnspr des Versicherers ist die VerjEinr nicht desh ausgeschl, weil dieser die Erledigg des DeckgsProz abgewartet hat (BGH NJW **72**, 158). Es ist auch kein RMißbrauch, wenn der Schu in WettbewSachen auf das Abschlußschreiben nicht reagiert u nach Ablauf der VerjFr den Antr aus ZPO 926 stellt (BGH NJW **81**, 1955). 18
– **bb) Unkenntnis, Irrtum.** Unkenntn von Beginn u Dauer der Verj gehen grdsl zu Lasten des Gläub (Stgt NJW **00**, 2680), es sei denn, dass der Schu eine ihm insoweit obliegde AufklPfl verletzt hat (Rn 21 f). Haben sich beide Part über die VerjDauer geirrt, kann der Schu nach Aufkl des Irrt ohne Verstoß gg § 242 die VerjEinr erheben (Celle NJW **75**, 1603, AnwBl **79**, 20). Es ist auch kein RMißbrauch, wenn sich der Schu nach einer Änd der Rspr auf die maßgebde kürzere VerjFr beruft (BGH NJW **64**, 1022, BSG MDR **77**, 170). Dagg kann § 242 der VerjEinr entggstehen, wenn der Schu Anlaß zu der Annahme gegeben hat, es gelte eine längere VerjFr (BGH NJW-RR **89**, 1271), wenn zB die Sparkasse in ihren AGB von einer 35-jähr VerjFr für Anspr aus Sparguthaben spricht (Ffm NJW **98**, 997), wenn die zust Behörde den Berecht dch ihr Verhalten an der rechtzeit Geltdmachg seines Anspr hindert (BVerwG **23**, 172, NVwZ **83**, 740), wenn eine öffr Körpersch ihre ArbN nicht über die Einräumg zusätzl Anspr unterrichtet (BAG NJW **57**, 558) od wenn der ArbG der ihm bekannten unricht Ans des ArbN nicht entggtritt, wg eines anhäng MusterProz sei eine gerichtl Geltdmachg des Anspr nicht erforderl (BAG **AP** § 242 Unzul RAusübg Nr 6). 19

cc) Nach **Wegfall** der die Unzulässigk der RAusübg begründden Umst beginnt keine neue VerjFrist, auch § 204 II 1 (Hemmg) ist nicht anzuwenden; vielm bestimmt sich die Fr für die Geltdmachg des Anspr nach den Anfordergen des redl GeschVerkehrs u den Umst des Falles (RG **115**, 139). Die Höchstgrenze liegt idR bei 4 Wochen (Hbg VersR **78**, 45, Düss NJW **83**, 1435), 6 od 5 1/2 Wochen sind idR zu lang (BGH NJW **91**, 975). Die Rückwirkg der Klagezustellg gem ZPO 270 III gilt auch hier (BGH NJW **74**, 1285), vorausgesetzt, dass der Gläub das weitere Verf zügig betreibt (BGH NJW **86**, 1861). 20

d) Keine Verjährung wegen Pflichtverletzung des Schuldners. Hat der Schu die Verj dch eine zum SchadErs verpfl Hdlg mitverursacht, muß er die Fdg als unverjährt gelten lassen. Das gilt für den Untern, der den Handelsvertreter argl über die Entstehg von ProvAnspr getäuscht hat (BGH DB **77**, 2443, Stötter NJW **78**, 799), kann aber auch auf den Maklerkunden zutreffen (Kblz NJW-RR **91**, 881). Da das SMG die notw Reform der BRAO 51 b u StBerG 68 zurückgestellt hat (Rn 3), gilt für **Rechtsanwälte und Steuerberater** weiter der von der Rspr entwickelte RGrds, dass sie verpfl sind, den Mandanten – auch den jur vorgebildeten (BGH VersR **00**, 848) – rechtzeit vor FrAblauf auf mögl RegreßAnspr gg sich selbst u auf die VerjFr der BRAO 51 b u StBerG 68 hinzuweisen (BGH **83**, 22, **96**, 298, NJW **95**, 2107, **00**, 1267). Geschieht das nicht, ist der Mandant gem §§ 280, 249 S 1 so zu behandeln, als wäre der Anspr unverjährt (BGH **94**, 380, NJW **93**, 2751, **96**, 50, stRspr). Entspr gilt, wenn er nach dem geschlossenen Vertr BetreuungsAufg übernommen hat, auch für den **Architekten** (BGH **71**, 149, **92**, 258, NJW **96**, 1278, WM **01**, 2349/52), nicht aber für den Versicherer (Hamm VersR **87**, 1081). Die SchadErsPfl setzt eine neue schuldh PflVerletzg voraus (BGH **94**, 380, **114**, 157, 354, NJW **94**, 2824, Zugehör NJW **95** Beil zu Heft 21 S 17); sie liegt beim RA od StBerater vor, wenn er keinen Hinw gegeben hat, obwohl er begründeten Anlaß zur Überprüfg seines fr Verhaltens hatte (BGH aaO, NJW **96**, 50); bei Mandatsende besteht keine Pfl, das gesamte Verhalten nochmals zu überprüfen (BGH BB **96**, 1858). Ein Anlaß zur Aufkl kann bei einer nochmal Konsultation iR des ursprüngl Auftr bestehen (BGH VersR **84**, 162), ebso iR eines neuen Mandats (BGH NJW **86**, 583); wird der RA hierbei als Angestellter eines and RA tät, trifft die HinwPfl aber diesen (BGH NJW-RR **90**, 460). Für die **Verjährung des Sekundäranspruchs** gelten BRAO 51 b, StBerG 68. Er verjährt 3 Jahre nach der Verletzg der AufklPfl, spätestens 3 Jahre nach Beendigg des Mandats (BGH **94**, 389, NJW **88**, 266); seine Verj kann beginnen, bevor die Verj des PrimärAnspr vollendet ist (BGH aaO). Die BelehrgsPfl erstreckt sich nicht auf die VerjFr für den SekundärAnspr (BGH **94**, 391, RA; NJW **95**, 2107, StBerater). Die HinwPfl, auch die des StBeraters (BGH NJW-RR **96**, 313), – od die Kausalität der PflVerletzg – entfällt, wenn der Mandant von einem and RA über die Regreßfrage beraten w (BGH NJW **85**, 1152, **94**, 1407, 2822, **01**, 826, Fischer NJW **99**, 2997), od wenn der vom Mandanten beauftragte ZweitAnw ohne Zeitdruck die Möglichk hatte, für die Hemmg der Verj zu sorgen (Hamm NJW-RR **99**, 935). Entspr gilt, wenn der Mandant in sonst Weise vom ErsAnspr u dessen Verj sichere Kenntn erhält (BGH NJW **87**, 326). Kenntn nur vom ErsAnspr genügt nicht (BGH NJW **85**, 2941). Auch die Bitte des Mandanten an den RA, auf die Einr der Verj zu verzichten, entbindet nicht von der HinwPfl (BGH VersR **01**, 716). Der RA trägt die BewLast dafür, dass der Mandant nicht belehrgsbedürft ist (BGH NJW **00**, 1263). 21 22

7) Beweislast. Der Schu hat Beginn u Ablauf der VerjFr zu beweisen (BGH WM **80**, 534), iF der RegelVerj (§ 199) daher auch Kenntn (grob fahrl Unkenntn) des Gläub. Der Gläub trägt die BewL für Voraussetzgen von Hemmg u Neubeginn (Baumgärtel/Laumen § 194 Rn 2). Das gilt entspr für die AusschlußFr (Kblz OLGZ **76**, 459, Baumgärtel/Laumen § 186 Rn 1, hM), jedoch muß der Berecht die Vorn der fristwahrden Hdlg beweisen (BayObLG NJW **67**, 57). 23

8) Intertemporales Recht. Den Übergang zum neuen VerjR regelt EG 229 § 6 (s dort). Er knüpft an die Regelg an, die EG 169 für das Inkrafttr des BGB u EG 231 § 6 für die Einf des Rechts der BRep in die neuen BLänder getroffen hat, differenziert aber stärker. Die drei Vorschr des EG sind als Ausdr eines allg RGedanken entspr anzuwenden, wenn ein Ges ohne ÜberleitgsVorschr die VerjFr verändert, insbes abkürzt (s BGH **73**, 365, NJW **61**, 25) od unverjährb Anspr der Verj unterstellt (s BGH NJW **82**, 2385). Bei Abkürzgen wird die kürzere Fr vom Tag des Inkrafttr des ÄndG an berechnet. Ersetzt das Ges den fr RZustand dch eine grdlegde Neuregelg, verjährt der fr entstandene Anspr nach altem Recht (BGH NJW **74**, 237). Unterwirft die Rspr einen Anspr in Änderg ihrer stPraxis einer kürzeren Verj, sind die SchutzVorschr des ÜbergangsR nicht entspr anwendb (BGH NJW **64**, 1023, Einl 30 v § 241). Sie gelten aber angesichts der Regelg in den – ggü EG 169 neueren – EG 229 § 6 V u 231 § 6 II jetzt auch für die Abkürzg von AusschlFr (aA Saarbr, Dresd Rpfleger **00**, 159/160). 24

Titel 1. Gegenstand und Dauer der Verjährung

194 *Gegenstand der Verjährung.* **I Das Recht, von einem anderen ein Tun oder Unterlassen zu verlangen (Anspruch), unterliegt der Verjährung.**

II Ansprüche aus einem familienrechtlichen Verhältnis unterliegen der Verjährung nicht, soweit sie auf die Herstellung des dem Verhältnis entsprechenden Zustands für die Zukunft gerichtet sind.

1 **1) Allgemeines. – a) Fassung** Das SMG hat § 194 nicht geändert; II verwendet den Terminus Anspr jetzt allerdings im Plural. – **b)** I enthält eine **Legaldefinition** des Anspr: Er ist das Recht, von einem and ein Tun od Unterl zu verlangen. Tun ist jede denkb Hdlg, zB Zahlg, Abgabe einer WillErkl, Herausg einer Sache, Herstellg eines Werkes. Unterl ist jedes denkb Nichthandeln (Unterl von Wettbew, der FirmenFührg), insb auch das Dulden. Der Anspr richtet sich gg einen od mehrere best Dr. Seine Grdl kann ein RVerh des SchuldR, des SachenR, des FamR od ErbR sein.

2 **2) Anwendungsbereich.** Der Verj unterworfen ist nach I allein der materiellrechtl Anspr, nicht das prozessuale KlageR, so nicht das Recht, Feststellgs- od Gestaltgsklage zu erheben Auch dingl, familien- u erbrechtl Anspr unterliegen grdsl der Verj (s aber Rn 8). Gg unklagb Anspr kann die Einr der Verj zur Abkürzg der AuseinandSetzg erhoben w, wenn (etwa iF des § 762 II) Streit über die Unklagbark besteht (Staud/Peters Rn 15). Für die Verj von **öffentlich-rechtlichen Ansprüchen** gelten in erster Linie die Vorschr des öffR, so vor allem SGB I 25 II, 27, 45, AO 169, 170, 228, u Vorschr des LandesR, zB OBG*NRW* 41, 43 (BGH **72**, 273), *Bay*AGBGB 71. Soweit die öffr Vorschr weder direkt noch analog anwendb sind, sind die Vorschr des BGB entspr anzuwenden (§ 195 Rn 21).

3 **3) Abgrenzung.** Rechte u RStellgen, die keine Anspr sind, können **nicht verjähren**: – **a) Gestaltungsrechte** geben die Befugn, dch einseit RGesch ein Recht zu begründen, aufzuheben od zu ändern (Übbl 17 v § 104). Bsp sind Künd, Anf, Rücktr, Widerruf u Aufr. Die Ausübg eines GestaltgsR kann Rückabwicklgs-Anspr begründen, die der Verj unterliegen. Das GestaltgsR selbst ist unverjährb, es bestehen aber vielfach AusschlFr (zB §§ 121, 124, 532 1944). Beim gesetzl Rücktr begründet die Verj des verletzten Anspr nach § 218 auch ggü dem RücktrR eine Einr: Der Rücktr wg nicht od nicht vertrgem Leistg ist unwirks, wenn
4 der Anspr auf die Leistg od NachErf verjährt ist u der Schu sich hierauf beruft. – **b) Absolute Rechte,** wie Eigtum, PersönlichkR u UrheberR, wirken gg jedermann (Einl 3 v § 854). Sie sind daher keine Anspr u können nicht verjähren. Wird das absolute Recht verletzt, entsteht aus ihm aber ein Anspr, etwa auf Herausg (§ 985), Unterl (§§ 1004, 12) od SchadErs (§ 823). Dieser Anspr unterliegt (vorbehaltl § 902) der Verj (Mager AcP **193**, 68), die jedoch das absolute Recht unberührt läßt. Auch wenn der HerausgAnspr des Eigtümers gg den Besitzer (§ 985) verjährt ist, bleibt ihm das Eigtum (s RG **138**, 296/300). Dieses ist prakt leerlaufd; es kann aber wieder von Bedeutg werden, wenn die Sache an einen Dr gelangt, der sich nicht auf die Verj berufen kann. Den Vorschlag eines Teils der Literatur (Siehr ZRP **01**, 346, Zimmermann ua JZ **01**, 684/693), den Anspr aus § 985 für unverjährb zu erklären, ist der BTag mit Recht nicht gefolgt. Bei einer solchen Regelg würde hins der Anspr aus § 985 niemals RFrieden eintreten (Plambeck, Die Verj der Vindikation, 1997, S 233). Der gutgl Besitzer wäre trotz des § 937 der Gefahr ausgesetzt, dass ihm böser Glaube
5 vorgehalten u sein wirks EigtErwerb streitig gemacht wird (BT-Drs 14/7052 S 179). – **c)** Das **Recht zum Besitz** (§ 986) ist eine dauernde Befugn u kein Anspr. Der Verkäufer kann daher das verkaufte u übergebene Grdst auch dann nicht vom Käufer zurückverlangen, wenn dessen AuflAnspr verjährt ist (BGH **90**, 269). –
6 **d) Einreden**. Selbstd Einr, die nicht auf einem GgAnspr beruhen, sind unverjährb (allgM). Zu ihnen gehört nach hM auch die Einr des nicht erf Vertr (s RG **149**, 328, Mot I 291, Roth, Einrede des Bürgerl R, 1988, 56, aA – für Anwendg des § 215 – fr § 390 aF – BGH **53**, 125). And liegt es bei unselbstd Einr; sie verjähren mit dem Anspr, von dem sie abgeleitet sind. Ausn: §§ 438 IV 2, 634 IV 2, 821, 853. Das ZbR des § 273 bleibt gem § 215 trotz Verj des GgAnspr bestehen, wenn die Verj bei Entstehg des Anspr des Gläub noch nicht
7 vollendet war. – **e) Dauerschuldverhältnisse** (§ 314) sind als solche unverjährb; nur die einz aus ihnen erwachsenen Anspr unterliegen der Verj (BGH **LM** § 138 (Bb) Nr 51 Bl 3). Für die Leibrente u ähnl Verpfl zu wiederkehrden Leistgen ist aber anerkannt, dass auch das **Stammrecht** (der GesAnspr) der Verj unterworfen ist (RG **136**, 432, BGH NJW **73**, 1684, aA Staud/Peters Rn 16). Mit ihm verjähren zugl die EinzelAnspr (RG u BGH aaO). Vgl zur betriebl Altersversorgg jetzt BetrAVG 18 a.

8 **4) Unverjährbare Ansprüche, II.** Anspr aus einem famrechtl Verh verjähren nicht, soweit sie auf Herstellg des dem Verh entspr Zustandes für die Zukunft gerichtet sind. Das gilt auch für die im famrechtl Verh wurzelnden Anspr gg Dr, zB den auf Kindesherausg (§ 1632). Die Unverjährbark betrifft §§ 1353, 1356, 1360, 1361, 1619, 1632. And famrechtl Anspr, insbes UnterhAnspr, unterliegen dagg der Verj (§ 197 I Nr 2, II). Auch §§ 758, 898, 902 (vgl aber § 1028), 924, 1138, 2042 II schließen für best Anspr die Verj aus. Anspr, die erst nach Künd od Zugang einer Rechng fällig werden, sind, wenn nicht gekündigt od die Rechng nicht erteilt wird, im Ergebn gleichf unverjährb (§ 199 Rn 4 u 5). Der Anspr aus § 985 unterliegt dagg der Verj (*arg* § 197 I Nr 1).

195 *Regelmäßige Verjährungsfrist.* **Die regelmäßige Verjährungsfrist beträgt drei Jahre.**

1 **1) Allgemeines.** Das SMG hat die Strukturen der regelmäß Verj grdlegd verändert. Es kombiniert eine relative VerjFr von drei Jahren (§ 195), die nach 199 I erst mit Kenntn (grob fahrl Unkenntn) der AnsprVoraussetzgen beginnt, mit einer kenntnisunabhäng absoluten Fr von 10 od 30 Jahren (§ 199 II u III). Die

Abkürzg der RegelFr von 30 auf 3 Jahre ist daher weniger dramat als es auf den ersten Blick scheint. Die Zeit, die der Gläub zur Klärg der Voraussetzgen seines Anspr braucht, wird von der Fr des § 195 nicht erfaßt. Für die notw weiteren Hdlgen – Einholg von RRat, Willensbildg, gerichtl Geltdmachg – sind 3 Jahre ausr. Die Neuregelg führt zu einer Vereinfachg, zugl aber auch zu einer deutl Verkürzg der zu langen 30-Jahres-Fr des § 195 aF. Anspr wg Verletzg vertragl od vorvertragl Pfl (§§ 280, 311 II), aus Ber, GoA od einem Schuld-Anerkenntn verjähren nicht mehr in 30 Jahren, für sie gilt eine relative Fr von 3 u eine absolute von 10 Jahren, die sich ausnw gem § 199 II auf 30 Jahre verlängern kann.

2) Regelverjährung und Sondervorschriften. Die RegelVerj (§§ 195, 199) erfaßt, wie nach bish Recht, alle privatrechtl Anspr, sofern dch Ges od RGesch (§ 202) keine kürzere od längere Fr bestimmt ist. Der Anwendgsbereich der RegelVerj ist dch das SMG erhebl erweitert worden, vor allem dch Aufhebg der §§ 196, 197 u 852 aF. Nach Aufhebg des AGBG 13 IV gilt die RegelVerj jetzt auch für die UnterlAnspr aus UKlaG 1 u 2 (BT-Drs 14/6040 S 275). Es gibt aber noch immer eine Vielzahl von SonderVorschr, die §§ 195, 199 in ihrem Anwendgsbereich verdrängen. Auch wenn Normen eine 3-Jahres-Fr festlegen, handelt es sich um SonderVorschr, sofern sie den VerjBeginn, wie in §§ 1378 u 2332, abw von § 199 regeln. – 2
a) Sonderregelungen im BGB. Das BGB enthält folgde, den §§ 195, 199 vorgehde SonderVorschr: § 196 (Rechte an einem Grdst), § 197 (30-jähr VerjFr), §§ 438, 634 a, 651 g (MängelAnspr), § 479 (Rückgriffs-Anspr beim VerbrGüterKauf), §§ 548, 591 b, 606, 1057, 1226 (ErsAnspr), § 852 (delikt BerAnspr), §§ 801, 804 (InhSchuldverschreibgen), § 1378 (ZugewinnAusgl) u § 2332 (Pflichtteil). – **b) Regelungen außerhalb des BGB. – aa) Anwendung der Regelverjährung.** Auf die RegelVerj verweisen erst wenige dch Art 5 SMG neugefaßte Vorschr: PatG 33 III, 141, MarkenG 20, GebrauchsmusterG 24 c, HalbleiterschutzG 9 III, UrhG 102, GeschmacksmusterG 14 a, SortenSchutzG 37 c u BundesbergG 117 II. Da § 852 aF in §§ 195, 199 aufgegangen ist, führen jetzt auch folgde dch das SMG nicht geänderte Bezugn auf die delikt Verj zur Anwendg der §§ 195, 199: StVG 14, HPflG 11, UmweltHG 17, GenTG 32, LuftVG 39 u BDSG 8 V. Das gilt ebso für Anspr, auf die die Rspr § 852 aF ohne ausdr gesetzl Ermächtigg angewandt hat, insbes für Anspr aus ZPO 302 IV, 600 II, 717 II, 945 (BGH NJW **80**, 189, NJW **92**, 2297), aus GWB 35, 26 II (BGH **133**, 177), aus Art 5 V der MenschenRKonvention (BGH **45**, 58; Einf 11 vor § 823), aus WassHaushG 22 (BGH **57**, 170, **98**, 235), aus AFG 145 (BSG MDR **84**, 523), aus InsO 60 (BGH **93**, 278 für früh KO 82). Auch soweit die Rspr bisher § 195 aF herangezogen hat, gilt jetzt, wenn sich nicht die anloge Anwendg einer and Norm aufdrängt, § 195 nF, so für den Anspr aus AktG 302 (s BGH ZIP **02**, 35). – **bb) Sondervorschriften.** Sie sollen aber im 2. Reformschritt überprüft werden (Übbl 3 v § 194). Die wichtigsten sind: HGB 61 II, 88, 113 III, 159 I, 439, 463, 475 a, BRAO 51 b, StBerG 68, WirtschPrüfOrd 51 a, WpHG 37 a, InsO 62, UWG 13 a I 1, BSchG 117, PostG 24 I, CMR 32, VVG 12, ProdHaftG 12, AMG 90, AtG 32. 3 4 5

3) Zusammentreffen von Verjährungsfristen. Auch nach der Reform kann es zu Überschneidgen von VerjFr kommen. Wg der Aufhebg der zwei- u vierjähr Verj der §§ 196 u 197 aF u der jetzt grdsl übereinstimmden VerjRegelg für alle SchadErsAnspr treten Konkurrenzen aber seltener auf als nach fr Recht. – 6
a) Maßgeblichkeit des Entstehungstatbestands. Welche VerjFr maßgebd ist, bestimmt der Sachverhalt zZ der Entstehg des Anspr (Staud/Peters Rn 6). Nachträgl Ändergen sind unerhebl, so ein Wechsel in der Pers des Gläub (BGH **60**, 240, NJW **88**, 2606, BAG DB **84**, 139) od des Schu (Mot I 340). Ein außergericht Vergl u ein deklarator od abstraktes SchuldAnerkenntn führen zu einem Neubeginn der Verj. Das ergibt sich aus §§ 195, 199, wenn das alte SchuldVerh iW der Schuldumschaffg dch ein neues ersetzt wird, andf aus § 212 I Nr 1. Soll das vom Schu abgegebene Anerkenntn ein FeststellgsUrt ersetzen, wird man mit der bisher Rspr (BGH NJW **85**, 792, DAR **98**, 447, Karlsr DAR **00**, 267) annehmen können, dass das Anerkenntn die VerjFr konkludent auf 30 Jahre verlängert. Da das SMG § 225 S 1 aF (Verbot von Vereinbgen, die die Verj erschweren) aufgehoben hat (§ 202 Rn 1), ist eine entspr ausdr Klarstellg aber dringd zu empfehlen. 7

b) Zu **Ersatz- und Nebenansprüchen,** die an die Stelle des ursprüngl Anspr treten od ihn ergänzen, hat die Rspr zum fr Recht den Grds entwickelt, für sie gelte grdsl die für den PrimärAnspr maßgebde VerjFr (Staud/Peters Rn 10). Dch diesen Grds wurde erreicht, dass kürzere vertragl VerjFr (zB § 196 aF) auf Anspr aus § 812, GoA, § 179 u vertragl SchadErsAnspr ausgedehnt werden konnte. Nach neuem Recht ergibt sich die Problemlösg schon daraus, dass sowohl für den Haupt- als auch für den ErsAnspr die RegelVerj gilt. Jetzt muß bei jeder von der RegelVerj abw Fr nach ihrem Normzweck geprüft werden, ob sie auch Ers- u NebenAnspr erfassen will (zB § 196 Rn 5, § 197 Rn 13). Zur Frage, ob die Verj des Haupt- u ErsAnspr einheitl beginnt, s § 199 Rn 15, zur Regel, dass Nebenleistgen spätestens mit dem HauptAnspr verjähren, s § 217. HilfsAnspr, wie der AuskAnspr, unterliegen der RegelVerj, können aber nicht mehr geltd gemacht w, wenn das Informationsbedürfn wg Verj des HauptAnspr entfallen ist (BGH **33**, 379, NJW **85**, 384). 8

c) Sind **mehrere Verjährungsfristen** auf *einen* Anspr anwendb, entscheidet der Normzweck, welche Vorschr den Vorrang hat. Kollidieren berufsbezogene mit sachbezogenen Fr, haben iZw erstere den Vorrang. Der StBerater u der RA haftet daher nach StBerG 68 u BRAO 51 b u nicht nach § 634 a, wenn er aGrd eines WkVertr tät geworden ist (s BGH NJW **82**, 2256, **96**, 662, str). Bei einem **Mehrfachberufler** (RA/StBerater/WirtschPrüfer) ist entscheidd, in welcher Eigensch er beauftragt worden ist (BGH **83**, 328/32, **102**, 220/23); läßt sich ein entspr PartWille nicht feststellen, entscheidet der Schwerpkt der übernommenen Tätigk (BGH aaO). Er führt bei Übernahme der Funktionen des TrHänder in einem Bauherrnmodell iZw zur Anwendg von WiPrO 51 a (BGH **102**, 220/22). Haften die Mitgl einer gemischten Sozietät als GesSchu, gilt für jeden seine berufsspezif VerjFr (BGH **83**, 328/32). 9

d) Anspruchskonkurrenz. – aa) Grundsatz. Begründet ein u ders Sachverhalt *mehrere* nebeneinand bestehde Anspr, so verjährt grdsl jeder selbstd in der für ihn maßgebden Fr (BGH **9**, 303, **116**, 300). Der Grds galt bisher vor allem für die Konkurrenz von vertragl u delikt SchadErsAnspr. Er ist insoweit bedeutgslos geworden, da jetzt für beide grdsl einheitl die RegelVerj gilt. Er ist aber weiter anzuwenden, wenn mit der RegelVerj eine kürzere od eine längere Fr konkurrieren, so zB beim RückgAnspr aus Vertr u Eigt die RegelVerj u die 30-jähr Verj des § 197 I Nr 1 (BGH **LM** § 989 Nr 2). Zur Konkurrenz von SchadErsAnspr u der SonderVerj von MängelAnspr s Rn 15. 10

11 **bb)** Ein **Vorrang** der **kurzen Verjährung** besteht abw von Rn 10, wenn sie nach ihrem Schutzzweck auch die konkurrierden Anspr erfassen will. Das ist insb anzunehmen, wenn das Recht des Gläub, nach Verj des VertrAnspr weiterhin Anspr aus Delikt od and RGrden geltd zu machen, die kurze Verj aushöhlen würde (BGH **66**, 317). Die kurzen VerjFr der §§ 548, 591 b, 606, 1057 gelten daher auch dann, wenn der ErsAnspr des Vermieters (Verleihers usw) wg Verschlechterg der Sache auf unerl Hdlg, GefährdgsHaftg od Eigt gestützt wird (§ 548 Rn 7). Sie sind auch dann anzuwenden, wenn Vermieter u Eigtümer nicht ident sind, zw ihnen aber eine enge wirtschaftl Verflechtg besteht (BGH **116**, 293: 2 GmbH, derselbe GeschFü u GeschSitz). Das gilt ebso umgekehrt für den Anspr des Mieters auf VerwendgsErs (BGH NJW **74**, 744). Der SchadErsAnspr des ArbG gg den HandlgsGeh wg Verstoß gg das gesetzl WettbewVerbot verjährt in der Fr des HGB 61 II, auch soweit er auf § 823 od § 826 gestützt wird (BAG NJW **86**, 2527, **01**, 172). Die VerjFr des BinnSchG 117 gilt für Anspr aus jedem RGrd (BGH **76**, 312, NJW **81**, 2576). Auch CMR 32 Nr 1 erfaßt Anspr jeder Art, soweit sie mit der Güterbeförderg zushängen (BGH NJW **72**, 1003, **76**, 1549, **79**, 2474, stRspr). Entspr gilt nach HGB 439 für die Verj von Anspr gg den FrachtFü u Spediteur (and nach fr Recht BGH **9**, 304, **116**, 299). **UWG 21** erfaßt auch Unterl- u SchadErsAnspr, die auf Verletzg einer dch Unterwerfg entstandenen vertragl UnterlPfl beruhen (BGH **130**, 289, Bär-Boyssiére NJW **96**, 1657), nicht aber VertrStrafAnspr (BGH aaO). Er gilt nicht für SchadErsAnspr wg FirmenRVerl (BGH NJW **85**, 1032), wohl aber für Unterl- od WiderrufsAnspr, die ihre Grdl in UWG 1 u unter dem Gesichtspkt des Eingr in den eingerichteten u ausgeübten GewBetr auch in § 823 I haben, weil § 823 I insow nur lückenfüllde Bedeutg hat (BGH NJW **95**, 2788). Ebso unterliegen SchadErsAnspr u Anspr auf Ers wettbewrechtl Abmahnkosten (§ 683 Rn 4) der VerjFr des UWG 21 (BGH NJW **92**, 429). GmbHG 43 IV gilt nicht, wenn die PflVerletzg des GeschFü zugl gg §§ 266 od 263 verstößt (BGH **100**, 199, Stgt NJW-RR **01**, 174) od einen Verstoß gg seine gesellschrechtl TreuePfl enthält (BGH NJW **82**, 2869, **99**, 781).

12 **e)** Bei **gemischten Verträgen** gelten für die Verj die Grds, die allg für die rechtl Behandlg dieser Vertr maßgebd sind (Einf 24 ff v § 305). Bei jedem Anspr ist die für ihn maßgebde VerjRegelg heranzuziehen (BGH **70**, 361). Wird ein Untern mit dem BetrGrdst verkauft, gilt daher für die Übertragg des Grdst § 196 u iü die RegelVerj; der KaufPr ist entspr aufzuteilen.

13 **4) Regelverjährung, Abgrenzung zu anderen Fristen.** Die RegelVerj gilt grdsl für alle vertragl u außervertragl Anspr. Sie erfaßt in gleicher Weise PrimärleistgsAnspr (Sachleistgs- u EntgeltsAnspr), SekundärleistgsAnspr (SchadErsAnspr) u Anspr auf Rückabwicklg, gleichgült, ob sie auf § 812, Rücktr od Widerr
14 gestützt werden. – **a)** Von den **vertraglichen Erfüllungsansprüchen** unterliegen vor allem folgde der RegelVerj: SachleistgsAnspr des Käufers u der EntgeltsAnspr des Verkäufers, es sei denn, dass § 196 anwendb ist. Anspr des Bestellers u des Untern aus dem WkVertr. AnkaufsR, wenn es auf einem KaufVorvertr beruht (s BGH **47**, 392). Anspr auf Erteilg einer Rechng mit gesondert ausgewiesener MWSt (s BGH **120**, 315). Anspr auf VertrSchl aus einem Vor- od RahmenVertr (s BGH NJW **83**, 1494). DarlAnspr (s BGH **71**, 325). Anspr des Sparers auf Auszahlg seines Guthabens (s LG Bonn NJW-RR **96**, 557). Anspr des Vermieters (Verpächters) auf Zahlg der Miete (Pacht) u auf Rückg der Mietsache (Pachtsache) einschließl des Zubeh (s BGH **65**, 88). Anspr gg den Bürgen, auch wenn die Hauptschuld vorher verjährt (Düss MDR **75**, 1019, aA Bydlinski ZIP **89**, 954), zG des Bürgen kann aber § 768 anwendb sein. Der gesellschaftsvertragl GewinnAnspr (s BGH **80**, 357). Anspr aus einem selbstd GarantieVerspr (s BGH NJW **82**, 1809). Anspr aus einer Beschaffenh- od Haltbarkeitsgarantie (§ 443). Anspr aus einem abstrakten Schuldanerkenntn, einem anerkannten Kontokorrentsaldo (s BGH **49**, 27, **51**, 349) od der SaldoFdg aus einem KreditkartenVertr (s Oldbg DB **94**, 526). Anspr des Kommittenten gg den Kommissionär auf Herausg des Erlangten (s BGH **79**, 92). Anspr aus einem Teilgsabkommen (s BGH NJW **74**, 698, Ffm VersR **82**, 66). Anspr wg Störg der GeschGrdl, so der Anspr auf Ausgl einer ehebedingten Zuwendg (s BGH NJW-RR **94**, 258).

15 **b)** Für **Mängelansprüche** gelten die SonderVorschr der §§ 438, 634 a, 651 g II u 548. Sie sind aber erst ab Gefahrübergang anwendb (*arg* § 434 I 1, 634 a II). Bis zu diesem Ztpkt gilt das allg LStörgR u damit die RegelVerj. Steht dem Gläub wg des Mangels zugl ein SchadErsAnspr wg Verletzg einer vertragl od vertragsähnl Pfl od ein delikt SchadErsAnspr zu, richtet sich dessen Verj nach §§ 195, 199 u nicht nach den VerjVorschr für MängelAnspr. Den Vorschlag, auch alle konkurrierden Anspr der kaufvertragl Verj zu unterstellen, konnte das SMG schon mit Rücks auf ProdHaftG 12 u den ihm zGrd liegden Vorgaben des GemschR nicht verwirklichen (Heinrichs BB **01**, 1420). Ein Vorrang der VerjVorschr für MängelAnspr besteht nur, wenn das dch § 823 geschützte Integritätsinteresse mit dem dch die Mängelhaftg geschützten Äquivalenzinteresse völl deckgsgleich ist, nicht aber bei sog weiterfressden Mängeln (§ 823 Rn 212). Widersprüchl der AnwK: Wie hier § 437 Rn 26, § 634 a Rn 26, aA § 195 Rn 50 ff. Zur Konkurrenz mit Anspr wg Verletzg vertragl Pflten s § 280 Rn 18 ff, wg c.i.c. § 311 Rn 17 ff.

16 **c) Schadensersatzansprüche. – aa) Regelverjährung.** Für SchadErsAnspr gilt, gleichgült, ob sie auf Vertr, c. i. c. od Delikt beruhen, grdsl die RegelVerj. §§ 195, 199 sind vor allem auf folgde Anspr anwendb: Anspr auf SchadErs wg PflVerletzg (§ 280 I), so auch bei Verletzg der Pfl aus einem DienstVertr (s Hamm NJW-RR **95**, 400), einem AutomatenaufstellVertr (s BGH **71**, 82) od einem BeratgsVertr, wenn § 634 a u WpHG 37 a unanwendb sind (BGH NJW **99**, 1540). Anspr auf SchadErs statt der Leistg (§§ 281 ff). Anspr auf Ers vergebl Aufwendgen (§ 284). Anspr auf Ers von VerzugsSchaden od Verzugszinsen (§ 280 II iVm §§ 286) iVm § 217. Anspr aus c. i. c. (§ 311 II u III). Anspr aus § 311 a II.

17 **bb) Berufsbezogene Sonderregelungen.** SchadErsAnspr gg RA u StBerater unterliegen einer 3-jähr Verj (BRAO 51 b, StBerG 68), Anspr gg WirtschPrüfer einer 5-jähr (WiPrO 51 a). Auch für Anspr gg WertPDienstleistgsUntern wg fehlerh Anlageberatg gilt nach WpHG 37 a seit dem 1. 4. 98 statt der RegelVerj eine 3-jähr VerjFr (Meixner NJW **98**, 1899). Gleichgült ist, ob der Anspr auf Verletzg einer vertragl Pfl (s auch Rn 9) od c. i. c. gestützt wird (BGH **100**, 132/36). Auf eine Beratg ausschließl über wirtschaftl Risiken ist aber die RegelVerj anzuwenden (s BGH NJW **80**, 1856, WM **95**, 347), ebso auf Anspr, die gg einen StBerater od WirtschPrüfer als Prospektverantwortl eines Bauherrnmodells geltd gemacht w (s BGH **115**, 213/26, **126**, 166/73).

cc) SchadErsAnspr aus **Prospekthaftung** gg die Gründer u Initiatoren einer PublikumsKG (§ 280 Rn 54) verjährt analog KAGG 20 V, BörsG 45 AuslInvestmentG 12 V in 6 Mo ab Kenntn, spätestens aber in 3 Jahren (BGH **83**, 222). Diese kurze VerjFr gilt auch für den Erwerb einer gesellschaftsrechtl Beteiligg an einem Immobilienfond (BGH NJW **01**, 1203, Mü NZG **00**, 305). ProspekthaftgAnspr beim Bauherrnmodell verjähren dagg in der RegelVerjFr (s BGH **111**, 321, **115**, 217, **126**, 172). Die RegelVerj ist auch dann maßgebd, wenn der Anspr auf ein konkretes VhdlgsVersch gestützt w (sog uneigentl Prospekthaftg, s BGH **83**, 227, NJW **84**, 2523, **85**, 380, **95**, 1309) od auf die Verletzg einer vertragl BeratgsPfl (s BGH NJW **84**, 2524), etwa beim Erwerb von Optionsscheinen (s Ffm NJW-RR **93**, 1134). Für StBerater, RA, WirtschPrüfer u WertPDienstleistgsUntern, die iR ihres berufl TätigkKreises tätig geworden sind, gelten StBerG 68, BRAO 51 b, WiPrO 51 a od WpHG 37 a (BGH **100**, 132, **120**, 157, Rn 17). 18

d) Weitere schuldrechtliche Ansprüche. Anspr aus **Bereicherung** u **Geschäftsführung ohne Auftrag** unterliegen grdsl der RegelVerj, ebso der RückFdgsAnspr des Schenkers aus § 528 (BGH NJW **01**, 1063). Die RegelVerj gilt für den Anspr aus GoA auch in dem seit der Reform des VerjR seltenen Fall, dass die GoA in der Tilgg einer kürzer verjährden Schuld bestand (BGH **32**, 13/16, **47**, 370, Jena OLG-NL **98**, 2, aA Köln VersR **97**, 225, Dresd VIZ **99**, 303). Für den Anspr aus § 812 gilt dagg die VerjFr des getilgten Anspr (BGH **70**, 389/98, **89**, 82/87, NJW **00**, 3492, str), jetzt also uU die 10-Jahres-Fr des § 196. Für den Anspr auf Ers von Abmahnkosten, den die Rspr aus GoA herleitet, gilt die kurze Verj des UWG 21 (BGH **115**, 210), für den Anspr auf Rückgewähr preisrechtsw gezahlter Miete die Fr des WoBindG 8 II 2 (Sonnenschein/Weitemeyer NJW **93**, 2204). Der Anspr auf Rückzahlg von überzahlten Zinsen, Kreditgebühren, Heizkosten, Mieten usw unterliegt wg Aufhebg von § 197 aF jetzt der RegelVerj. Das gilt ebso für Anspr wg überzahlten Gehalts/Lohns (s BVerwG **66**, 251, BAG NJW **00**, 2372), Ruhegehalts (s BAG DB **90**, 2123) od überzahlter VersPrämien (s Düss NJW-RR **91**, 1184), für den Anspr auf Rückerstattg des Disagios (s BGH NJW **93**, 3257), für den RückfordergsAnspr wg der nach dem Tod des Versicherten geleisteten Zahlgen (s Karlsr NJW **88**, 1920). Der RegelVerj unterliegen auch BerAnspr wg Verletzg eines UrhR (s BGH **56**, 317), RückgewährAnspr aus § 346 (BGH NJW **89**, 219), AusglAnspr unter GesSchu (s BGH **58**, 218) u KostenerstattgsAnspr (Mü NJW **71**, 1755, Ffm JZ **77**, 353). Anspr wg **Zwangsarbeiten** im 2. Weltkrieg sind seit langem verjährt (vgl mit unterschiedl Begründgen Stgt NJW **00**, 2680, LG Hbg NJW **99**, 2825, LG Bln NJW **00**, 1858). 19

e) Sachenrecht. Der HerausgAnspr aus Eigt u and dingl Rechten verjährt gem § 197 in 30 Jahren. Dagg gilt die RegelVerj für den Anspr aus § 989 (BGH **LM** § 989 Nr 2), aus § 906 II 2 (BGH NJW **96**, 714), aus § 1004 (dort Rn 40), aus § 951, aus §§ 970, 971 u aus § 1006, nicht aber für den Anspr aus § 992 (dort Rn 5). Zu unverjährb Anspr s § 194 Rn 8. 20

f) Familien- und Erbrecht. Fam- u erbrechtl Anspr unterliegen nicht der RegelVerj. Für sie gilt § 197 II.

5) Öffentlich-rechtliche Ansprüche. Soweit die VerjVorschr des öff R weder direkt noch entspr anwendb sind, zieht die Rspr die Vorschr des BGB analog heran (§ 194 Rn 2). § 195 aF ist daher angewandt worden auf Anspr aus Enteigng (BGH **13**, 98, NJW **82**, 1273), Aufopferg (BGH **9**, 209, **36**, 387, Düss NJW **57**, 912) u enteigngsgleichem Eingriff (BGH **13**, 89, **117**, 294), auf öffr HerausgAnspr (Manssen JuS **92**, 745), FolgenbeseitiggsAnspr (VGH Mü NJW **99**, 666), Anspr wg Verletzg der beamtenrechtl FürsorgePfl (BGH **14**, 137), Anspr wg Verletzg der Pflten aus einer sonst öffr Sonderverbindg (s RG DR **43**, 855, BGH WM **77**, 1459), Anspr des Dienstherrn auf Rückzahlg zuviel gezahlter Beträge (BVerwG DVBl **83**, 504), Anspr aus BAFöG 20 (VerwG Düss FamRZ **82**, 546) u aus einer KreuzgsVereinbg (VerwG Augsburg NVwZ **83**, 307). Für diese Anspr gelten jetzt §§ 195, 199 nF (Dötsch NWVBl **01**, 385/89, Piekenbrock JahrB Junger ZivilR-Wissenschaftler **01**, 309/32, Lenkeit BauR **02**, 228, aA Mansel NJW **01**, 90), ausgenommen den öffr HerausgAnspr, auf den § 197 I Nr 1 entspr anzuwenden ist. Die Streichg des § 194 III DiskE (Einl 3 zum ErgBd), der das BGB-VerjR in unklarer Abgrenzg für allg anwendb erklären wollte, ist kein Grd, bei der von der Rspr für das öffR entwickelten analogen Anwendg der BGB-RegelVerj weiter auf § 195 aF abzustellen. Die für die Abkürzg der RegelVerj maßgebden Grde überzeugen im öffR in gleicher Weise wie im PrivR. 21

196 *Verjährungsfrist bei Rechten an einem Grundstück.* **Ansprüche auf Übertragung des Eigentums an einem Grundstück sowie auf Begründung, Übertragung oder Aufhebung eines Rechts an einem Grundstück oder auf Änderung des Inhalts eines solchen Rechts sowie die Ansprüche auf die Gegenleistung verjähren in zehn Jahren.**

1) Allgemeines. § 196 erfaßt Anspr, die bisher nach § 195 aF in 30 Jahren verjährten. Sie der neuen RegelVerj zu unterstellen (so die Principles of European Contract Law, Übbl 2 v § 194), hat der GesGeber mit Recht abgelehnt. Bei der Abwicklg von Vertr über Rechte an Grdst können wg der oft notw Vermessg u der steuerl UnbedenklkBescheinigg erhebl, von den Part nicht zu beherrschde Zeitverzögergen auftreten. Es entspr auch dem normalen u zu billigden Ablauf, eine GrdSchuld nicht sofort zu löschen, sond wg eines mögl weiteren Kreditbedarfs auch längere Zeit bestehen zu lassen. Der GesGeber hat diesen Besonderh dch eine obj anknüpfde (§ 200) Fr von 10 Jahren Rechng getragen (BT-Drs 14/6040 S 105). Die Fdg der BNotKammer, es bei der 30-Jahres-Fr des bish Rechts zu belassen, hat sich nicht dchgesetzt. Wolfsteiner (DNotZ **01**, 902) empfiehlt daher, die Fr des § 196 bei jeder Bestellg eines GrdPfandR vertragl (§ 202) auf 30 Jahre zu verlängern. Entscheidd sind aber wohl die Umst des Einzelfalls. 1

2) Voraussetzungen. – a) Inhalt des Anspruchs. Die Vorschr erfaßt folgde Anspr: – **aa) Übertragung des Eigentums an einem Grundstück.** Dem Grdst stehen, ebso wie bei § 311 b (dort Rn 3), gleich: MitEigtAnteile, WoEigt u das ErbbR. Der Anspr muß sich auf EigtÜbertragg dch Auflassg u Eintragg (§§ 925, 873) richten. Für Anspr auf EigtErwerb dch Anwachsg (§ 311 b Rn 9) gilt die RegelFr. – **bb) Begründung, Übertragung, Aufhebung oder Änderung eines Rechts an einem Grundstück.** Rechte an einem Grdst sind alle beschränkten dingl Rechte (vgl §§ 1018–1203), vor allem Nießbr, GrdDbk, persönl 2 3

Dbk, VorkaufsR, Reallasten, GrdPfandR, aber auch ErbbR, DWR/DNR (WEG 31) u landesrechtl Rechte, zB das Altenteil (EG 96). Die Vorschr gilt auch, wenn Ggst des Anspr eine rasch zu vollziehde unwesentl InhÄnderg ist. Sie ist aber nach dem Normzweck (Rn 1) unanwendb, wenn ein GrdPfandR gem § 1154 I dch schriftl Abtretg u BriefÜbergabe, also ohne Eintragg im GrdB, übertragen werden soll (teleolog Reduk-
4 tion). – **cc) Anspruch auf die Gegenleistung.** GgLeistg ist idR der KaufPr, kann aber auch ein and Entgelt, zB eine Rente od eine SchuldÜbern sein. Erfaßt wird auch der VergütgsAnspr des Bauträgers (Brambring DNotZ **01**, 904). Die 10-Jahres-Fr gilt für den Anspr auf die GgLeistg auch dann, wenn die dingl RÄnderg innerh weniger Wo vollzogen worden ist.

5 **b) Grund des Anspruchs.** Er ist gleichgültig. Die Vorschr erfaßt neben vertragl Anspr auch solche aus §§ 812 od 346; sie ist auch anzuwenden, wenn eine dingl RÄnderg wg c. i. c. od Delikts gem § 249 rückgängig zu machen ist. Ist ein unter § 196 fallder Anspr Ggst eines Vermächtn, geht die erbrechtl VerjFr von 30 Jahren (§ 197 I Nr 2) vor. Es kann nicht ernsth angenommen werden, dass das Vermächtn eines Grdst rascher verjähren soll als das einer bewegl Sache.

6 **3) Keine analoge Anwendung.** Die beim Vollzug von dingl RÄndergen an Grdst vielfach auftretden Schwierigk bestehen bei der Dchsetzg von Anspr auf Besitzübertragg nicht. Besitzübertragg u Eintragg im GrdB werden auch typw nicht im zeitl Verbund vollzogen. Für den Anspr auf BesitzÜbertragg gilt daher nach dem Normzweck (Rn 1) nicht § 196 sond die RegelVerj (aA AnwK/Mansel Rn 22). Zum Schutz gg den EntgeltsAnspr des and Teils vgl § 215. Die RegelVerj gilt auch für Neben- u ErsAnspr (§ 195 Rn 8), insb wenn der Gläub des dch § 196 geschützten Anspr nach FrSetzg gem § 281 SchadErs statt der Leistg verlangt.

197 ***Dreißigjährige Verjährungsfrist.*** **I In 30 Jahren verjähren, soweit nicht ein anderes bestimmt ist,**

1. Herausgabeansprüche aus Eigentum und anderen dinglichen Rechten,
2. familien- und erbrechtliche Ansprüche,
3. rechtskräftig festgestellte Ansprüche,
4. Ansprüche aus vollstreckbaren Vergleichen oder vollstreckbaren Urkunden und
5. Ansprüche, die durch die im Insolvenzverfahren erfolgte Feststellung vollstreckbar geworden sind.

II Soweit Ansprüche nach Absatz 1 Nr. 2 regelmäßig wiederkehrende Leistungen oder Unterhaltsleistungen und Ansprüche nach Absatz 1 Nr. 3 bis 5 künftig fällig werdende regelmäßig wiederkehrende Leistungen zum Inhalt haben, tritt an die Stelle der Verjährungsfrist von 30 Jahren die regelmäßige Verjährungsfrist.

1 **1) Allgemeines.** Die Regelg für titulierte Anspr (I Nr 3–5 iVm II) entspr § 218 aF. Die Regelg in I Nr 1 u 2 erfaßt Anspr, die auch bisher in 30 Jahren verjährten, für die aber nach Aufhebg des § 195 aF eine SonderVorschr erforderl war. Die im GesGebgsVerf vor allem zu I Nr 1 in beträchtl Zahl gestellten ÄndAntr (Unverjährbark des Anspr aus § 985 [§ 194 Rn 4], Ausdehng des I Nr 1 auf Beseitiggs- u UnterlAnspr, Abkürzg der Fr auf 10 Jahre usw) sind nach gründl Beratg von BTag u BRat abgelehnt worden. Diese Entsch des GesGebers darf nicht iW der Auslegg korrigiert werden. II, der die 30-jähr Verj einschränkt, enthält überraschder Weise eine Neuregelg der Verj von UnterhAnspr (Rn 5). Die Kombination einer 30-Jahres-Fr mit der RegelVerj für regelmäß wiederkehrde Leistgen gilt nach § 18 a des Ges zur Verbesserg der betriebl Altersversorgg idF des SMG auch für Anspr aus der betriebl Altersversorgg.

2 **2) Herausgabeansprüche aus dinglichen Rechten, I Nr 1. – a)** Es muß sich um HerausgAnspr aus einem **dinglichen Recht** handeln. Erfaßt sind daher neben dem Anspr aus § 985 die HerausgAnspr aus §§ 1036 I (Nießbr), 1227, 1231, 1251 (PfandR), 562 b II 1 (VermieterPfandR, s AnwK/Mansel Rn 23), ErbbRVO 11 I, WEG 30, 31, 34 (WoErbbR, DWR/DNR), BBergG 9 (BergWerksEigt). Die HerausgAnspr des Besitzers u des fr Besitzers (§§ 861, 1007) sind keine Anspr aus einem dingl Recht u fallen daher nicht unter I Nr 1. Auch auf schuldrechtl HerausgAnspr, zB aus §§ 546, 346, 812, ist I Nr 1 nicht anzuwenden, ebsowenig auf HerausgAnspr wg Verletzg and (nicht dingl) absoluter Rechte, zB des allg PersönlichkeitsR. –
3 **b)** Es muß sich um einen **Herausgabeanspruch** handeln. Für Beseitiggs- u UnterlAnspr (§ 1004 I) gilt die RegelVerj. Ob der Anspr gem §§ 195, 199 od in der Fr des § 197 I Nr 1 verjährt, kann somit davon abhängen, ob eine Beeinträchtigg des Eigt als bloße Störg od als Entziehg des Besitzes gewertet wird. Auch SchadErsAnspr statt der Leistg (§ 280 III iVm § 281) od wg verspäteter Herausg (§ 280 II iVm § 286) unterliegen der RegelVerj. Das gilt ebso für Anspr aus §§ 987, 988, 990, da deren Grdl ein gesetzl SchuldVerh ist (Vorbem 1 v § 987). Bes liegt es, wenn der Eigtümer gem § 953 Eigt an einer Sachfrucht (§ 99 I) erworben hat. Für den mit dem Anspr aus § 990 konkurrierden Anspr aus § 985 gilt nach § 195 Rn 10 die VerjFr des I Nr 1 (str). – **c)** Die Verj **beginnt** nach § 200 mit der Entstehg des Anspr.

4 **3) Familienrechtliche Ansprüche, I Nr 2 und II. – a)** Es muß sich um Anspr mit **familienrechtlicher Grundlage** handeln. Erfaßt werden vor allem Anspr aus der Verletzg von Pflten, die sich aus dem ehel Verh ergeben (Bsp bei § 1359), Anspr des Kindes aus § 1664 u der Anspr auf VersorggsAusgl (§ 1587 a). Ehebedingte Zuwendgen beruhen auf einer im geschriebenen Recht nicht geregelten famrechtl Vereinbg (BGH **116**, 167/69, **127**, 48). Grdl für AusglAnspr ist zwar § 313 u damit eine Norm des SchuldR (§ 313 Rn 54 ff). Das ändert aber nichts daran, dass der AusglAnspr famrechtl zu qualifizieren u I Nr 2 anzuwenden ist (AnwK/Mansel Rn 43). Nicht unter I Nr 2 fallen dagg Anspr aus InnenGesellsch od SchenkgsVertr zw Eheg. Auch auf BerAnspr zw Eheg u auf AusglAnspr wg Zuwendgen der Schwiegereltern findet I Nr 2 keine Anwendg (letzteres str). Keine famrechtl Anspr sind auch Anspr zw Part einer nichtehel LebensGemeinsch (Einl 10 ff v § 1297) u betreuungsrechtl Anspr (§§ 1896 ff). Dagg begründet das LPartG eine famrechtl Beziehg (Einl 3 v
5 LPartG 1); es gilt daher grdsl I Nr 2. – **b) Unterhaltsansprüche, II.** Für UnterhAnspr (§§ 1361, 1569 ff, 1601 ff, 1615 l, LPartG 12, 16) gilt jetzt anstelle der 4-jähr Verj (§ 197 aF) die RegelVerj (§§ 195, 199). Die allg VerjRegel für UnterhAnspr gilt and als nach bish Recht (BGH **103**, 167) auch für Anspr auf Sonderbedarf

(§ 1613 II). – **c) Regelmäßig wiederkehrende Leistungen.** Der Anspr muß sich seiner Natur nach auf Leistgen richten, die in zeitl Wiederkehr zu erbringen sind (BGH NJW **01**, 1063). Die regelmäß Wiederkehr bezieht sich auf die Zeit, nicht auf die Gleichmäßigk des Betrages (BGH **28**, 147). Gleichgült ist, ob die Verpfl zur Leistg auf Ges od RGesch beruht. Im FamR kommen gesetzl Verpfl zu wiederkehrden Leistgen, abgesehen von den bes angesprochenen UnterhAnspr, nur in §§ 1587 u 1834 vor. Auch entspr vertragl Anspr sind selten. Gestattet der Gläub eines famrechtl Anspr dem Schu TeilZahlgen, ist II nicht anwendb (s BGH WM **75**, 1280). – **d)** Die Verj **beginnt** nach § 200 mit der Entstehg des Anspr. – **e) Sonderregelungen** gehen I vor. Unverjährb sind die von § 194 II erfaßten Anspr. Für Anspr nach Auflösg des Verlöbn gilt § 1302, für den Anspr auf ZugewinnAusgl §§ 1378 IV, 1390 III, für titulierte Anspr I Nr 3 – 5. Zu einer Verlängerg der Verj kann der HemmgsTatbestd des § 207 führen. 6 7

4) Erbrechtliche Ansprüche, I Nr 2 und II. – a) Es muß sich um Anspr mit **erbrechtlicher Grundlage** handeln. Erfaßt werden alle erbrechtl HerausgAnspr, insbes §§ 2018, 2029, 1959 iVm §§ 681 ff, der VermächtnAnspr (§ 2174) u wohl auch der Anspr gg den TestVollstr wg PflVerletzg (§ 2219) u dessen VergütgsAnspr (§ 2221). Auch für die Anspr aus dem RVerh der Erben untereinand (§§ 2032 ff) gilt I Nr 2, so insbes für Anspr aus § 2047 u §§ 2050 ff. Der AuseinandSVertr zw den Erben ersetzt die gesetzl AuseinandS über den Nachl u begründet daher einen unter I Nr 2 fallden erbrechtl Anspr. Nicht unter I Nr 2 fällt dagg die Erbenhaftg für NachlVerbindlichk (§§ 1967 ff). – **b) Unterhalt, regelmäßig wiederkehrende Leistungen, II.** Die RegelVerj gilt für den UnterhAnspr der werdden Mu (§ 1963), aber auch für den Anspr auf das Dreißigste (§ 1969). Regelmäß wiederkehrde Leistgen (Rn 6) können dch Vermächtn od dch ErbAuseinandSVertr begründet werden. – **c)** Die Verj **beginnt** nach § 200 mit der Entstehg des Anspr. – **d) Sondervorschriften,** die II Nr 2 vorgehen, enthalten §§ 2287 II (Beeinträchtigg des VertrErben dch Schenkgen) u 2332 (Pflichtteil). 8 9 10

5) Titulierte Ansprüche, I Nr 3–5. – a) Die **rechtskräftige Feststellung** (I Nr 3) kann dch LeistgsUrt, FeststellgsUrt, VorbehUrt, Schiedsspruch (ZPO 1055), VollstrBescheid od KostenfestsetzgsBeschl geschehen. Auch ein die ErsPfl nur ganz allg feststelldes Urt ist ausr (BGH NJW-RR **89**, 215). Wird eine negative FeststellgsKl, die sich auf einen konkret umrissenen Anspr bezieht, als unbegründet abgewiesen, wird dadch der Anspr des Bekl positiv festgestellt (BGH NJW **72**, 1043, **75**, 1320, krit Gürich MDR **80**, 359). Umfang u Tragweite der positiven Feststellg sind erfdlf den UrtGrden dch Auslegg zu entnehmen. Ausl Urt fallen unter I Nr 3, wenn sie im Inland anerkannt w (Frank IPRax **83**, 111, Loschelders IPRax **98**, 296/301). Eine teilw Feststellg wirkt für den festgestellten Betrag (RG **66**, 271). Ein GrdUrt nach ZPO 304 genügt nicht, weil es keine mat RKraft schafft (BGH NJW **85**, 792), wohl aber ein Schiedsspruch über den Grd, wenn das SchiedsGer nur über ihn zu entscheiden hat (RG **100**, 122). 11

b) Gleichgestellte Titel, I Nr 4, 5. Der rechtskr Feststellg stehen gleich der vollstreckb **Vergleich** (ZPO 794 I Nr 1), die **vollstreckbare Urkunde** (ZPO 794 I Nr 5), vorausgesetzt, die Unterwerfg unter die ZwVollstr ist wirks (BGH NJW **99**, 51, Zweibr BauR **00**, 1209, krit Wolfsteiner DNotZ **99**, 99), die vollstreckb Feststellg zur **Insolvenztabelle** (InsO 201, 215 II 2), der schiedsgerichtl Vergl, wenn ein entspr Schiedsspruch mit vereinbartem Inh erlassen worden ist (ZPO 1053), u der AnwVergl, wenn er gem §§ 796 a ff für vollstreckbar erklärt worden ist. Eine vollstreckb Ausfertigg der Kostenrechng des Notars fällt nicht unter I Nr 4; es bleibt bei der RegelVerj (s KG Rpfleger **91**, 83, Hamm MDR **92**, 715, Celle NdsRpfl **97**, 157, sehr str, aA Schlesw DNotZ **83**, 580, Oldbg DNotZ **90**, 330, Mü DNotZ **92**, 114). – **c)** Den **Beginn** der Verj regelt § 201. 12

d) Erfaßte Ansprüche. Die Fr von 30 Jahren ersetzt die bisher maßgebde VerjFr. Sie gilt auch für den aus dem festgestellten FreistellgsAnspr entstandenen ZahlgsAnspr (BGH NJW **91**, 2014), den Anspr gg den OHG-Gter (BGH **95**, 330/332) u den ausgeschiedenen Gter (RG JW **38**, 1174) sowie für Anspr, die erst nach Erlaß des Urt gesetzl eröffnet werden od entstehen (BGH NJW **67**, 563, Düss MDR **95**, 160). Die 30-Jahres-Fr ist auch dann maßgebd, wenn eine kürzere Verj vertragl vereinb war (RG **109**, 234, Nürnbg OLGZ **66**, 388). Sie gilt auch ggü dem **Rechtsnachfolger** u dem nachträgl beigetretenen Schuldmitübernehmer (BGH NJW **87**, 2863), nicht aber ggü and GesSchu od Bürgen (BGH NJW **80**, 1461, **84**, 794). Sie erstreckt sich auch nicht auf Anspr, die gg den fr GeschInh rkräft festgestellt worden sind u die gem HGB 26 gg den neuen Inhaber geltd gemacht w (Erm/Hefermehl Rn 5, aA Staud/Peters Rn 3). Auch Ers- u NebenAnspr (§ 195 Rn 8) werden nicht erfaßt. 13

e) Für regelmäß **wiederkehrende Leistungen** gilt gem II die 4-jährige Verj, jedoch mit einer Sonderregel in § 497 III 4. Der Begriff ist hier ebso zu verstehen wie in Rn 6. Zinsen, die in einer Summe zu zahlen sind, fallen nicht unter II (s Ricken NJW **99**, 1146). II ist auch dann anzuwenden, wenn der RentenAnspr aus einem rkräft festgestellten GesAnspr hervorgeht (BGH NJW-RR **89**, 215, **90**, 665). Die bis zur RKraft des Urt aufgelaufenen Leistgen (Zinsen, UnterhRaten) verjähren gem I in 30 Jahren, die nach RKraft fäll werdden gem II in 4 Jahren, wobei für den VerjBeginn § 199 I gilt (BGH NJW-RR **89**, 215, NJW **90**, 2754, LG Duisbg NJW **66**, 1664). 14

f) Den **Beginn** der Verj für die unter I fallden Anspr regelt § 201.

198 *Verjährung bei Rechtsnachfolge.*

I Gelangt eine Sache, hinsichtlich derer ein dinglicher Anspruch besteht, durch Rechtsnachfolge in den Besitz eines Dritten, so kommt die während des Besitzes des Rechtsvorgängers verstrichene Verjährungszeit dem Rechtsnachfolger zugute.

1) Allgemeines. Das SMG hat § 221 aF wg des Sachzusammenhangs mit § 197 I Nr 1 inhaltl unverändert als § 198 eingeordnet. 1

2) Verjährung und Rechtsnachfolge. Bei einem persönl Anspr hat der Wechsel in der Pers des Gläub od Schu keinen Einfluß auf den Lauf der Verj, da der Anspr ders bleibt (BGH **60**, 240). Wenn der VerjBeginn 2

Kenntn (grob fahrl Unkenntn) voraussetzt, muß sich der neue Gläub die Kenntn seines RVorgängers anrechnen lassen (§ 199 Rn 25). Das gilt grdsl ebso für dingl Anspr (Einl 10 v § 854). Dingl Anspr gg den *Besitzer* gehen aber mit der Beendigg des Besitzes unter, u gg den neuen Besitzer entsteht aus dem dingl Recht ein neuer Anspr, für den an sich eine neue VerjFr beginnen müßte. Um dieses prakt Bedürfn widersprechde Ergebn zu vermeiden, bestimmt § 198 für den Fall **abgeleiteten Besitzerwerbes,** dass die unter dem Vorgänger abgelaufene Zeit auch dem Nachf angerechnet w. Bei mehrfacher Besitzübertragg kommt dem letzten Besitzer die Zeit aller Vorgänger zugute (hM). Die RNachfolge kann Ges- od Einzelnachfolge sein; letztere erfordert eine Willenseinigg zw neuem u fr Besitzer. Hat sich der neue Besitzer die Sache gg od ohne den Willen des fr verschafft, ist § 198 unanwendb (Staud/Peters § 221 Rn 6). Dagg steht der Anrechng nicht entgg, dass der Besitzer die mit Willen des Vorgängers erlangte Sache unterschlagen hat (Finkenauer JZ **00,** 241, str).

199 *Beginn der regelmäßigen Verjährungsfrist und Höchstfristen.*

I Die regelmäßige Verjährungsfrist beginnt mit dem Schluss des Jahres, in dem

1. der Anspruch entstanden ist und

2. der Gläubiger von den den Anspruch begründenden Umständen und der Person des Schuldners Kenntnis erlangt oder ohne grobe Fahrlässigkeit erlangen müsste.

II Schadensersatzansprüche, die auf der Verletzung des Lebens, des Körpers, der Gesundheit oder der Freiheit beruhen, verjähren ohne Rücksicht auf ihre Entstehung und die Kenntnis oder grob fahrlässige Unkenntnis in 30 Jahren von der Begehung der Handlung, der Pflichtverletzung oder dem sonstigen, den Schaden auslösenden Ereignis an.

III Sonstige Schadensersatzansprüche verjähren

1. ohne Rücksicht auf die Kenntnis oder grob fahrlässige Unkenntnis in zehn Jahren von ihrer Entstehung an und

2. ohne Rücksicht auf ihre Entstehung und die Kenntnis oder grob fahrlässige Unkenntnis in 30 Jahren von der Begehung der Handlung, der Pflichtverletzung oder dem sonstigen, den Schaden auslösenden Ereignis an.

Maßgeblich ist die früher endende Frist.

IV Andere Ansprüche als Schadensersatzansprüche verjähren ohne Rücksicht auf die Kenntnis oder grob fahrlässige Unkenntnis in zehn Jahren von ihrer Entstehung an.

V Geht der Anspruch auf ein Unterlassen, so tritt an die Stelle der Entstehung die Zuwiderhandlung.

1 **1) Allgemeines.** § 199 ergänzt § 195. Die RegelVerj kombiniert in den beiden Vorschr eine kenntnisabhäng (relative) VerjFr von 3 Jahren mit einer kenntnisunabhäng (absoluten) Fr von 10 od 30 Jahren. § 195 bestimmt die Dauer der relativen Fr, RegelgsGgst des § 199 sind der Beginn der relativen VerjFr (I, V) sowie Beginn u Dauer der absoluten Fr (II–IV). Der **Anwendungsbereich** des § 199 deckt sich mit dem des § 195 (s dort Rn 2 ff). § 199 ist auch anzuwenden, wenn eine and Vorschr, wie zB §§ 197 II od 634 a I Nr 3 u III, die RegelVerj anordnet. In §§ 604 V, 695 S 2 u 696 S 3 sieht das Ges für den Beginn der RegelVerj ausnw eine ausschließl obj Anknüpfg vor.

2 **2) Beginn der regelmäßigen Verjährungsfrist, I** (Übersicht). Nach I Nr 1 u 2 beginnt die Verj, wenn der Anspr entstanden ist u der Gläub von den den Anspr begründden Umst u der Pers des Schu Kenntn erlangt hat od ohne grobe Fahrlk hätte erlangen müssen; I 1 Halbs 1 verschiebt den VerjBeginn auf den Schluß des Jahres, in dem diese Ereign eingetreten sind. Nr 1 entspr § 198 aF; Nr 2 knüpft an die Regelg des § 852 aF an, stellt der Kenntn aber grob fahrl Unkenntn gleich; Satz 1 Halbs 1 dehnt die Ultimo-Regel des § 201 aF auf alle Anspr aus, für die die RegelVerj gilt.

3) Entstehung des Anspruchs, I Nr 1. – a) Fälligkeit. Entstanden ist der Anspr, sobald er iW der Klage geltd gemacht w kann (BGH **55**, 340, **73**, 365, **79**, 178). Voraussetzg dafür ist grdsl, dass der Anspr fällig (§ 271) ist (BGH **53**, 222/25, **55**, 340, **113**, 193, ZIP **01**, 611/13). Anfängl gestundete Fdgen werden erst nach Ablauf der StundgsFr fällig. Hat der ArbG dem ArbN („Haussohn") versprochen, er werde für die geleisteten Dienste letztwill bedacht, entsteht der VergütgsAnspr erst mit Widerr des Verspr od TestEröffng (BAG NJW **63**, 2188, **78**, 444, BGH NJW **65**, 1224). Dagg ändert die einseit Erwartg des Dienstleistden, er werde in einer Vfg vTw bedacht w, an dem Beginn der Verj nichts (BAG NJW **70**, 1701). Aufschiebd bedingte Anspr sind erst mit dem Eintritt der Bdgg entstanden (BGH **47**, 391, NJW **87**, 2745). Das gilt auch iF einer PotestativBdgg (BGH aaO, Hamm NJW-RR **97**, 1467) u eines Anfangstermins. Bei Anspr aus genehmiggsbedürft RGesch beginnt die Verj nicht vor Erteilg der Gen, der insow keine rückwirkde Kraft zukommt (RG **65**, 245/48). Anspr auf **wiederkehrende** Leistgen (§ 197 II) entstehen mit der Fälligk der einz Leistg. I Nr 1 erfordert nicht, dass der Berecht den Anspr beziffern kann (BGH **79**, 178, BauR **79**, 62); es genügt die Möglichk, Stufen- od Feststellgsklage zu erheben (BGH **73**, 365, **96**, 294, BVerwG NVwZ **83**, 740, stRspr). 3

b) Kündigung, Anfechtung. Anspr, deren Fälligk eine Künd od Anf voraussetzt, sind erst entstanden, wenn die Künd od Anf erklärt u wirks geworden ist. Die Regelg der §§ 199, 200 aF, nach der der Ztpkt maßgebd war, in der Künd od Anf zul werden, hat das SMG aufgehoben. Auch bei **Sparguthaben** beginnt die Verj daher mit der sich aus I Halbs 1 ergebden Maßgabe 3 Jahre nach Wirksamwerden der Künd (ebso, aber auf § 195 aF abstelld Schlesw WM **98**, 1578, Mü WM **01**, 1761). Das Kreditinstitut, das die Rückzahlg nicht beweisen kann, ist daher auch dann zur Zahlg verpfl, wenn ein Uralt-Sparbuch mehr als 50 Jahre nach der letzten Kontenbewegg vorgelegt wird. Dem Vorschlag des BRats, für nicht fäll u damit im Ergebn unverjährb ErfAnspr eine allg AusschlFr zu schaffen, ist der BTag nicht gefolgt (BT-Drs 14/6087, 6 f u 42 f). 4

c) Bei **Rechnungen** ist zu unterscheiden: – **aa)** Ihre Erteilg ist idR **keine Fälligkeitsvoraussetzung,** auch dann nicht, wenn der Schu gem UStG 14 od nach der VerkSitte einen Anspr auf eine Rechng hat u erst die Rechng den Anspr betragsmäß festlegt (BGH **79**, 178, Düss BauR **80**, 367). Der Anspr ist fällig u entstanden, wenn der Gläub die Rechng hätte erteilen können. (BGH **102**, 171). – **bb)** Ausnw ist der Zugang einer Rechng **Fälligkeitsvoraussetzung,** soweit SonderVorschr dies bestimmen. Fälle: WkLohnFdgen, wenn VOB/B 16 Nr 3 anwendb ist (BGH **53**, 225, **105**, 293), Architektenhonorar (HOAI 8), Arzthonorar (GOÄ 12 II), Fdgen der Telekom (TKV 13), NachFdgsAnspr von VersorggsUntern (BGH NJW **82**, 931, NJW-RR **87**, 238), Anspr des Vermieters auf Ers von Heizkosten (BGH **113**, 118) u sonst Nebenkosten (Ffm MDR **83**, 757). Wird keine Rechng od keine den gesetzl Anfordergen entspr Rechng erteilt, sind die unter diese Regelgen fallden Fdgen unverjährb. Die fr diskutierte analoge Anwendg der §§ 199, 200 aF scheidet aus, da beide Vorschr ersatzlos aufgehoben worden sind (Rn 4). UU bestehen aber AusschlFr (§ 556 III 2). Wenn seit dem Ztpkt, in dem die Rechng hätte erteilt werden können, 3 Jahre (Fr des § 195) vergangen sind, kommt möglw auch Verwirkg in Betracht (§ 242 Rn 87 ff). – **cc) Vereinbarungen.** Die Part können rechtsgeschäftl bestimmen, dass die Rechngserteilg FälligkVoraussetzg sein soll. Eine entspr Vereinbg kann auch stillschw getroffen w (BGH NJW-RR **89**, 148, Düss NJW-RR **99**, 527). Eine formularmäß Klausel für einen nicht unter die VOB fallden WkVertr ist aber unwirks (Stgt NJW-RR **94**, 17). 5 6 7

d) Verhaltene Ansprüche (§ 271 Rn 1), die jederzeit, aber nur auf Verlangen des Berecht zu erfüllen sind, sind – abw von der Beurteilg nach fr Recht (BGH NJW-RR **88**, 904, **00**, 647) – erst entstanden, wenn der Gläub die Erf des Anspr verlangt hat. Nach Absenkg der RegelVerjFr von 30 auf 3 Jahre reicht die bloße *Möglichk* des ErfVerlangens zur Entstehg des Anspr nicht mehr aus. Das zeigt die Aufhebg der §§ 199, 200 aF (Rn 4). Beim RückgabeAnspr des Hinterlegers, dem Hauptanwendgsfall des verhaltenen Anspr, hat der GesGeber ausdr klargestellt, dass die Verj erst mit dem Rückgabeverlangen beginnt (§§ 695 S 2, 696 S 3, zur Leihe im Ergebn übereinstimmd § 604 V). Diese Regelg kann analog auf alle verhaltenen Anspr angewandt werden (AnwK/Mansel Rn 24). 8

e) Behördliche Entscheidung. Hängt die Entstehg des Anspr gem § 315 III von einem Urt ab, entsteht der Anspr mit der RKraft des Urt (BGH NJW **96**, 1054). Ist eine betragsmäß Festlegg dch eine VerwBeh (gerichtl Kostenbeamten) erforderl, entsteht der Anspr erst mit der behördl (gerichtl) Entsch (and zum fr Recht: BayObLGZ **00**, 197, Vergütg des Betreuers: Ztpkt, in dem die AntrStellg mögl u zumutb ist; Schlesw SchlHA **86**, 35, ZSEG 15 I: tatsl AntrStellg). 9

f) Vertragliche Erfüllungsansprüche. – aa) Kaufvertrag. Der KaufPrAnspr entsteht nicht erst im Ztpkt der Lieferg, sond bereits mit VertrSchl (RG **62**, 178). Die Klausel „Zahlg gg Dokumente" verschiebt die Fälligk u damit die Entstehg des Anspr auf den Ztpkt der Vorlage der Dokumente (BGH **55**, 342). – **bb) Dienstverträge.** Bei **Anwaltsgebühren** ist entscheidd, wann der erste FälligkTatbestd des BRAGO 16 verwirklicht worden ist (BGH NJW **98**, 2670). Die Gebühren aus einem ScheidgsVerf können daher verjährt sein, bevor die abgetrennte Folgesache beendet ist (Brschw NdsRpfl **85**, 15). Der VerjBeginn ist von der Festsetzg des Streitwertes unabhäng (BGH NJW **98**, 2670). Wird der Streitwert zu niedrig festgesetzt, entsteht der Anspr auf die MehrFdg erst nach der Heraufsetzg des Werts. Die vom BGH (aaO) nach fr Recht befürwortete Hemmgslösg kommt nicht mehr in Betracht, da das SMG § 202 aF dch den wesentl engeren § 205 ersetzt hat. Hat der RA den Auftr, einen Vertr zu überprüfen, beginnt die Verj nach Ablauf der hierfür erforderl Zeit, auch wenn die Überprüfg tatsächl nicht dchgeführt worden ist (BGH AnwBl **85**, 257). **Steuerberater:** Der Anspr ist entstanden, wenn die Vergütg nach StBGebV 7 fäll geworden ist, unabhäng davon, ob der StBerater eine Rechng erteilt hat (BGH NJW **97**, 516). **Arzt:** Voraussetzg für die Fälligk u Entstehg des Anspr ist die Erteilg einer Rechng, GOÄ 12 (Rn 6). – **cc) Werklohnforderungen.** Ihre Fälligk u Entstehg regelt § 641. Ist die VOB/B od HOAI anwendb, entsteht der Anspr erst mit Erteilg der Rechng (Rn 6). – **dd) Miete, Pacht.** Der Anspr entsteht spätestens am 3. WkTag des Zeitabschnitts, für den die Miete zu entrichten ist (§ 556 b I), der Anspr auf Zahlg von Mietnebenkosten mit dem Zugang einer nachprüfb Rechng (BGH **113**, 188). Das vertragl Recht des Pächters, die Eintragg einer GrdDbk zu verlangen, ist ein verhaltener Anspr (BGH NJW-RR **00**, 647**)**, für den jetzt Rn 8 gilt. 10 11 12

13 **ee) Verschiedene Ansprüche.** GewinnAnspr entstehen idR erst mit der Feststellg der Bilanz (s BGH **80**, 358, Hbg OLG **35**, 319), jedoch sind abw Abreden der Part mögl (RAG JW **34**, 218). Beim Ruhegehalt (§ 197 Rn 1) beginnt die Verj mit Fälligk auch für den inf unricht Anpassg noch nicht festgesetzten FdgsTeil (LAG Hamm DB **91**, 1121).

14 **4) Schadensersatzansprüche. – a) Grundsatz der Schadenseinheit.** Der SchadErsAnspr, auch der mit vertragl Grdl, ensteht **einheitlich** auch für die erst in Zukunft fällig werdden Beträge, sobald ein erster Teilbetrag iW der LeistgsKl geltd gemacht werden kann (BGH **50**, 24, **119**, 71, NJW **98**, 1488, BAG **AP** Nr 8). An diesem Grds hat das SMG nichts geändert (BT-Drs 14/7052 S 180). Um das unzweideut klar zu stellen, ist im Laufe des GesGebgsVerf in I Nr 1 der Terminus „fällig" werden dch „entstanden" sein ersetzt worden (aaO). Der Grds der SchadensEinh gilt aber nicht für Schäden, die **nicht vorherzusehen** waren. Bei derart Schäden fehlt auch die zum VerjBeginn erforderl Kenntn (grob fahrl Unkenntn) vom Schaden. Vgl daher zu Einzelh Rn 31.

15 **b) Schadensersatzansprüche wegen Pflichtverletzung (§ 280).** Beim SchadErsAnspr aus § 280 I (fr pVV) u wg c. i. c. beginnt die Verj (vorbehaltl Nr 2 u Halbs 1) mit der Entstehg von Schaden (BGH **73**, 365, NJW **86**, 2567). Das gilt ebso für den SchadErsAnspr wg Verzugs (BGH **LM** § 286 Nr 3, VersR **69**, 61); er verjährt aber gem § 217 spätestens mit der HauptFdg. Beim SchadErsAnspr **statt der Leistung** (§§ 281 ff) beginnt die Verj nach der Rspr erst mit Ablauf der für die Erf (NachErf) des PrimärAnspr gesetzten Fr od dem Ereign, das dem FrAblauf gleichsteht (s RG **128**, 79, BGH **107**, 184, **142**, 36). Danach kann der Gläub, wenn die Verj seines Anspr auf die PrimärLeistg droht, dch die Setzg einer Fr, die 24 Stunden vor VerjEintritt endet, im Ergebn eine FrVerlängerg um 3 Jahre erreichen. Das überzeugt nicht. Mit dem Anspr auf die Primärleistg muß „als ErsWert des ursprüngl Bedungenen" (BGH **73**, 269, NJW **84**, 795) auch der SchadErsAnspr verjähren, der an seine Stelle tritt (Reinicke/Tiedke ZIP **99**, 1905, Staud/Peters § 198 Rn 13). Das muß vor allem für SchadErsAnspr statt der Leistg wg eines Sach- od WkMangels gelten. Ihre Verj beginnt ebso wie die der and in §§ 437, 634 aufgelisteten Anspr in dem in §§ 438 II, 634 a II für alle Anspr einheitl festgelegten Ztpkt.

16 **c) Deliktische Schadensersatzansprüche.** Währd § 852 aF bei der 3 Jahres-Fr eine ausschließl subj Anknüpfg vorsah, gilt das obj Erfordern des I Nr 1 jetzt auch für delikt Anspr. Es ist nach dem Grds der SchadEinh idR hins des GesAnspr erfüllt, wenn aus der unerl Hdlg ein Teilschaden entstanden ist (Rn 14). Dagg genügt das Setzen einer SchadUrs nicht. Waren RentenAnspr nach § 844 dch Wiederheirat entfallen u wird die 2. Ehe aufgelöst, so beginnt die VerjFr neu zu laufen (BGH NJW **79**, 268). Die für den VerjBeginn *entscheidde* Voraussetzg ist bei delikt Anspr idR die Kenntn od die jetzt gleichstehde grob fahrl Unkenntn von den den Anspr begründden Umst u der Pers des Schädigers (s daher Rn 23 ff).

17 **d) Sonstige Schadensersatzansprüche.** Die RegelVerj gilt auch für die Anspr aus § 179 u ZPO 717 II, 945. Der Anspr aus § 179 entsteht mit Verweigerg der Gen (BGH **73**, 271), der aus ZPO 717 II mit der Aufhebg des Urt (Karlsr OLGZ **79**, 374) u der aus ZPO 945 mit rkräft Abweisg des Arrest/VfgsAntr (BGH NJW **92**, 2297) od mit rkräft Abschluß des HauptsacheVerf (BGH NJW **93**, 863). Haftet der Verpflichtete **in zweiter Linie,** ist der Anspr erst entstanden, wenn feststeht, dass vom ersten Schu nichts zu erlangen ist (BGH NJW **81**, 2343, **87**, 2743).

18 **e) Rechtsanwälte, Steuerberater (Exkurs).** Die Verj von SchadErsAnspr gg RA u StBerater unterliegt noch nicht der RegelVerj; vor allem ist I Nr 2 noch nicht anwendb (s BGH **119**, 71, Übbl 3 v § 194). Die Verj beginnt mit der Entstehg des Anspr, spätestens aber mit Beendigg des Auftr (BRAO 51 b, StBerG 68). Entstanden ist der Anspr, wenn die pflw Hdlg einen Schaden verursacht hat; das Bestehen einer risikobehafteten Situation genügt nicht (BGH **100**, 228, **124**, 30, NJW **00**, 1263). Es reicht aus, dass obj die Erhebg einer unbezifferten Feststellgsklage mögl ist (BGH **100**, 231, Rn 2). Währd die Rspr fr (bis BGH **73**, 363) idR die Entstehg des Schadens mit der Vorn der pflw Hdlg gleichgesetzt hatte, differenziert sie jetzt wie folgt: –
19 **aa) Rechtsanwälte.** Ist der Mandant wg Fehler eines vom RA entworfenen Vertr SchadErsAnspr eines Dr ausgesetzt, beginnt die Verj erst mit der Geltdmachg dieses Anspr (BGH NJW **96**, 2930). Bei fehlerh ProzVerhalten ist der Schaden entstanden, wenn die nachteil Entscheidg erlassen ist (BGH NJW-RR **98**, 742, NJW **00**, 1263, 1267). Bei Versäumg einer RMittelFr ist bereits der Ablauf der Fr maßgebd (BGH NJW **96**, 50, in der Tendenz auch BGH NJW **00**, 1263), bei fehlerh vorprozessualem Verhalten (unbegründete Klage), die Erhebg der Klage (BGH VersR **95**, 962), bei falscher Anlageberatg der Ztpkt, in dem der nachteil Vertr bindd geworden ist (BGH NJW **94**, 1407). Hat der RA einen Anspr gg einen Dr verjähren lassen, entsteht der
20 Schaden mit Vollendg der Verj, nicht erst mit der Erhebg der VerjEinr (BGH NJW **94**, 2822). – **bb) Steuerberater.** Hat der StBerater steuerl Nachteile verschuldet, beginnt die Verj mit dem Zugang des StBescheids (BGH **119**, 73, NJW **93**, 2046, 2181, NJW **98**, 1489, stRspr), nicht erst mit dessen Unanfechtbark (BGH **129**, 389). Die Einlegg von RMitteln hindert den VerjBeginn nicht (BGH NJW **96**, 1895, WM **98**, 787). Auf den Zugang des StBescheids kommt es auch an, wenn die Steuer zu hoch festgesetzt worden ist (BGH **114**, 153), wenn der Mandant für die StSchuld eines Dr einstehen muß (BGH NJW **93**, 1141) od wenn eine **Außenprüfung** zu einer NachFdg führt (BGH **119**, 73; überholt BGH **73**, 363, der auf die Schlußbesprechg abstellt). Wird ein außerh des Prüfgszeitraums begangener Fehler festgestellt, bleibt es bei der eingetretenen Verj (BGH **91**, 2831). Hat der StBerater pflw keinen Einspr eingelegt, beginnt die Verj mit dem Ende der EinsprFr, hat er den Einspr u/od die AnfKlage nicht ordngsgem begründet, beginnt die Verj mit der Bekanntgabe des EinsprBescheids (BGH NJW-RR **97**, 50, **98**, 742). Führt der Fehler des StBeraters zu zusätzl Nachteilen (zB Notwendigk einer KreditAufn, Verpfl zur SicherhLeistg), beginnt mit deren Entstehg auch die Verj hinsichtl der steuerl Nachteile (BGH NJW **91**, 2833, **93**, 1141,VersR **98**, 1158, Rn 14). RA u StBerater müssen ihre Arbeit aus gegebenem Anlaß überprüfen u den Mandanten auf eig Fehler u die Möglichk eines Regresses hinweisen. Verletzen sie diese Pfl, haften sie auf SchadErs. Vgl zu diesem **sekundären Ersatzanspruch** Übbl 21 v § 194.

21 **5) Dauerhandlungen.** Bei ihnen kann die Verj nicht beginnen, solange der Eingriff andauert (BGH NJW **73**, 2285). Bei **wiederholten** Hdlgen setzt jede Hdlg eine neue VerjFr in Lauf (BGH NJW **85**, 1023); der strafrechtl Begriff der fortgesetzten Hdlg ist auf das bürgerl Recht nicht übertragb (BGH **71**, 94). Verursacht

eine Hdlg eine **dauernde Beeinträchtigung,** verjährt der Anspr auf SchadErs od Beseitigg ab der Entstehg der Beeinträchtigg (BGH **60**, 240); verstärkt sich die Beeinträchtigg inf einer Änderg der Verhältn, beginnt eine neue Verj (BGH aaO).

22 **6) Unterlassen, V.** Bei Anspr auf Unterl beginnt die Verj erst mit der ZuwiderHdlg, da der Berecht vorher weder einen Anlaß noch eine Möglichk hat, gg den Verpflichteten vorzugehen (BGH **59**, 74). Bei einem Anspr auf einmal Unterl kommt Verj nicht in Betracht, da die Leistg mit der ZuwiderHdlg unmögl wird, also nur noch gem § 280 III iVm § 283 SchadErs verlangt w kann. UnterlAnspr aus §§ 12, 861, 1004 verjähren (vorbehaltl I Nr 2 u I Halbs 1) ab der ZuwiderHdlg. Bei Anspr auf dauernde**s** Unterl beginnt mit jeder ZuwiderHdlg eine neue Verj (RG **80**, 438). Entspr anwendb ist V auf den auf eine dauernde Leistg (zB Nutzgsüberlassg) gerichteten Anspr (BGH NJW **95**, 2549).

23 7) **Kenntnis, I Nr 2 (Allgemeines). – a)** Sie muß in der Person des **Gläubigers** vorliegen. Bei Anspr aus §§ 328, 844, 845 kommt es daher auf die Kenntn (grob fahrl Unkenntn) des ansprberecht Dr an, iF der DrSchadL (Einf 112 vor § 249) auf die des AnsprInh u nicht auf die des Dr, dessen Schaden liquidiert werden soll (BGH NJW **67**, 931). Bei GeschUnfähigen od GeschBeschränkten – BewL dafür trägt der Gläub (BayObLG **67**, 319) – ist Kenntn des gesetzl Vertreters maßgebd (BGH NJW **89**, 2323). Kenntn des Wissensvertreters (§ 166 Rn 6) steht der des Gläub gleich. Wissensvertreter ist aber nur, wem die TatsErmittlg zur Aufkl od Dchsetzg eines Anspr übertragen worden ist (BGH NJW **89**, 2323, **94**, 1150). Das kann, wenn beide Eltern gesetzl Vertreter sind, auch ein Elternteil sein (BGH NJW **76**, 2344). – **b)** Bei **Unternehmen und öffentlichen Körperschaften** kommt es auf die Kenntn des nach der innerbetriebl Organisation zuständ Bediensteten an (s BGH **134**, 343). Das können auch mehrere Bedienstete versch Abteilgen sein, die als Wissensvertreter mit der Vorbereitg u Verfolgg von Anspr betraut sind (BGH NJW **94**, 1150, Jena OLG-NL **99**, 155). Bei der Verfolgg von RegressAnspr kommt es grdsl auf die Kenntn der Bediensteten der Regressabteilg an (BGH NJW **00**, 1411). Eine Wissenszusammenrechng nach den Grds von § 166 Rn 8 hat die Rspr im VerjR bislang abgelehnt (BGH **133**, 129/39). Daran kann nicht uneingeschränkt festgehalten werden. Innerh arbeitsteiliger Untern u Behörden muß für verjrelevante Tats ein Informationsaustausch u eine aktenmäß Erfassg organisiert werden. Geschieht das nicht, kann I Nr 2 wg grober Fahrlk anwendb sein (AnwK/Mansel Rn 61). – **c) Rechtsnachfolge.** Der neue Gläub muß sich die Kenntn des RVorgängers anrechnen lassen. Das gilt sowohl iF der Abtr (BGH NJW **96**, 117) als auch im Erbfall. Hatte der Erblasser keine Kenntn, so ist Kenntn jedes einz Miterben erforderl, solange der Anspr den Erben als GesHand zusteht, auch wenn ein Miterbe Leistg an die GesHand verlangt (Celle NJW **64**, 869, § 2039 S 1). Geht der Anspr iW des gesetzl Fdgsübergangs, zB nach SGB X 116, BVG 81 a, OpferentschädiggsG 5 sofort mit Entstehg auf den Vers- bzw LeistgsTräger über, kommt es nur auf dessen Kenntn an (BGH **48**, 181, **133**, 129, Kblz NJW **99**, 224). Geht der Anspr erst später über, muß sich der SozVersTräger, Versicherer (VVG 67) od Dienstherr die bis zum FdgsÜbergang erworbene Kenntn des RVorgängers anrechnen lassen (BGH NJW **83**, 1912, SozVersTräger; **LM** RVO 1542 Nr 23, Versicherer; NJW **65**, 909, Dienstherr). Bei öffrechtl LeistgsTrägern ist auf die Kenntn des für den Regreß zuständ Bediensteten der vfgsberecht Behörde abzustellen (BGH NJW **92**, 1755, **133**, 129), bei Übertr der LeistgsAufg auf eine and Körpersch des öffR auf deren Kenntn (BGH NJW **74**, 319); das den RentenAntr aufnehmde VersAmt gehört nicht zu diesen and Körpersch (BGH VersR **77**, 739).

24

25

26 **8) Kenntnis der anspruchsbegründenden Umstände. – a) Tatsachenkenntnis.** Erforderl ist Kenntn (grob fahrl Unkenntn) der ansprbegründden Tats. Ein RIrrt hindert den grdsl VerjBeginn nicht (BGH NJW **96**, 117, **99**, 2041). Bei bes unübersichtl u verwickelter RLage können aber ausnw auch erhebl rechtl Zw den VerjBeginn bis zur Klärg ausschließen (BGH NJW **99**, 2041). – **b) Anspruchsbegründende Umstände.** Der Gläub muß die Tats kennen (od inf grober Fahrlk nicht kennen), die die Voraussetzgen der ansprbegründden Norm erfüllen. Dazu gehört bei SchadErsAnspr auch die PflVerletzg od die gleichstehde Hdlg, der Eintritt eines Schadens u die Kenntn von der eig SchadBetroffenh (BGH NJW **93**, 648, **96**, 117). Hat der Gläub das Verschulden des Schu zu beweisen, ist auch insow Kenntn (grob fahrl Unkenntn) erforderl (BGH NJW **73**, 316). Bei ärztl **Behandlungsfehlern** beginnt die Verj für den Anspr aus § 823 daher erst, wenn der Patient Kenntn von solchen Tats erlangt, aus denen sich für ihn als medizin Laien ergibt, dass der Arzt von dem übl medizin Vorgehen abgewichen ist od Maßn nicht getroffen hat, die nach ärztl Standard erforderl waren (BGH NJW **88**, 1516, **91**, 2350, **01**, 885, Rn 28). Soweit der Schu die BewL trägt, zB nach § 280 I 2 für das Nichtvertretenmüssen od nach allg Grds für das Vorliegen von RFertiggsGrden, ist Unkenntn des Gläub von den insow relevanten Tats grdsl unerhebl. And ist es, wenn bei einer Körperverletzg konkr Anhaltspunkte für eine Notwehr- od Nothilfehandlg des Schu bestehen u der Gläub wg der Verletzgsfolgen keine Erinnerg an den Ablauf des Geschehens hat (BGH NJW **93**, 2614). Kenntn aller Einzelh ist, insbes bei SchadErs- u BerAnspr, nicht erforderl. Es genügt, dass der Gläub aGrd der ihm bekannten od erkennb Tats eine hinreichd aussichtsreiche, wenn auch nicht risikolose Klage – zumindest eine FeststellgsKl – erheben kann (BGH **102**, 246/48, **122**, 317/25, NJW **00**, 1499, **01**, 1721, stRspr). Dem VerjBeginn steht nicht entgg, dass der Schu seine Verantwortlichk bestreitet (Düss VersR **97**, 1241) od dass der Gläub die ihm bekannten AnsprVoraussetzgen wg fehlder BewMittel nicht beweisen kann (§ 206 Rn 8).

27

28 **c) Einzelfälle.** Bei SchadErsAnspr ist uU zweifelh, wie der Sachverhalt abzugrenzen ist, der dem Gläub bekannt sein muß. – **aa) § 823.** Bei ärztl BehandlgsFehler muß der Patient den wesentl Verlauf der Behandlg kennen (BGH NJW **84**, 661). Bei unzureichder EingriffsAufkl muß der Patient wissen, dass die eingetretene Komplikation ein dem Eingriff eigentüml Risiko u nicht ein unvorhersehb unglückl Zufall war (Oldbg NJW-RR **98**, 1245). Bei der Haftg des ArzneimittelHerst beginnt die VerjFr erst, wenn der Patient aus den ihm bekannten Umst entnehmen kann, dass die schädl Wirkgen im Verh zum Nutzen des Medikaments nach den Erkenntn der medizin Wissensch unvertretb sind (BGH NJW **91**, 2351). Setzt der Anspr das Vorliegen best innerer Tats voraus, kommt es auf die Kenntn der äußeren Umst an, aus denen auf die inneren Tats geschlossen werden kann (BGH NJW **64**, 494). Besteht die SchädiggsHdlg im Unterl einer Aufkl, hat der Geschädigte Kenntn erst dann, wenn er die Umst kennt, aus denen sich die OffenbargsPfl ergibt (BGH NJW **90**, 2808). –
29 **bb) § 839.** Der Geschädigte muß wissen, dass die in Rede stehde Amtshdlg widerrechtl u schuldh war. Das

setzt bei Maßn des Staatsanw uU ihre Unvertretbark voraus (§ 839 Rn 153). Unvertretbark der Anklageerhebg steht idR erst nach rkräft Ablehng der Eröffng des HauptVerf fest (BGH **138**, 247). Grdsl genügt, dass der Geschädigte die Amtshdlg in ihren Grdzügen kennt u gewicht AnhPkte für ein Versch des Verantwortl vorliegen (BGH WM **76**, 643, **89**, 1822). Besteht die aussichtsreiche Möglichk, dass der Gläub dch Vhdlgen mit der Behörde od dch Einlegg von RMitteln gg den belastden VerwAkt einen anderweit Ausgl der VermEinbuße erreicht, wird der VerjBeginn von der Rspr unter Hinw auf die Unzumutbark der KlErhebg
30 weiter hinausgeschoben (BGH NJW **90**, 245, **93**, 2303, WM **01**, 145). – **cc) Weitere Fälle.** Verj des SchadErsAnspr bei laufder Einl von Abwasser in einen Fluß s BGH DB **72**, 2056. Beginn der VerjFr mit Entziehg einer Sache, nicht erst mit ihrer folgden Zerstörg s BGH WM **78**, 331. Beginn bei Vorenthaltg von BeitragsAnteilen zur SozVers mit nicht fristgerechter Abführg s BGH VersR **90**, 166. Bei „Churning" (§ 826 Rn 55) beginnt die VerjFr erst, wenn der Geschädigte den VermVerlust, die große Anzahl der Gesch u die deswg belasteten Provisionen kennt u außerdem weiß, dass die Häufg der Kontrakte nicht seine Interessen, sond ausschl dem Provisionsinteresse des and Teils diente (BGH VersR **00**, 1375).

31 **9) Künftige Schäden.** Nach dem Grds der Schadenseinh verjährt der SchadErsAnspr einheitl auch für die erst in Zukunft entstehden Schäden, sobald ein erster SchadBetrag iW der LeistgsKl geltd gemacht werden kann (Rn 14). Das gilt für nachträgl auftretde SchadFolgen (Verschlimmergen) aber nur, wenn sie im Ztpkt der Kenntn vom Erstschaden als mögl voraussehb waren (BGH NJW **00**, 861). SchadFolgen, die auch auch ein Fachmann nicht voraussehen konnte, sind von der allg SchadKenntn nicht erfaßt (v Gerlach VersR **00**, 525/29). Für sie beginnt die Verj erst, wenn der Geschädigte von dem neu aufgetretenen Schaden u dessen ursächl Zushang mit der zum SchadErs verpflichtden Hdlg Kenntn erlangt hat (BGH NJW **97**, 2448, **00**, 861). Dagg verjähren fortdauernd wiederkehrde Nachteile ab dem ersten SchadEintritt, wenn eine gewisse Dauer der SchadFolgen als mögl zu erwarten war. Das gilt auch für negator Anspr wg Verletzg des PersönlkR (BGH NJW **69**, 463). Dauert die schädigde Hdlg an od wiederholt sie sich (zB laufde od wiederholte Einl von Abwasser in einen Fluß; wiederholter Gebr einer fremden Firma) od haben mehrere selbständ Hdlgen jeweils Schaden verurs, so beginnt die VerjFr entweder nach Ablauf best ZeitAbschn für die währd dieser ZeitAbschn eingetretenen Schäden od, wenn sich eine solche zeitl Zäsur nicht machen läßt, mit Ende der schädigden Hdlg, bei mehreren selbständ Hdlgen jeweils mit der Kenntn von ihnen (BGH NJW **85**, 1023, **93**, 648). Dabei hat der Schädiger darzulegen, welche SchadErsAnspr aus den einz Hdlgen verjährt sind u wann der Geschädigte Kenntn von den Folgen der einz Hdlgen erlangt hat (BGH WM **77**, 788: Schaden aus wiederholten Immissionen währd eines längeren Zeitraumes; BGH NJW **81**, 573: Vertiefg eines Grdst). Unterläßt es der PatentInh pflw, eine unberecht ausgesprochene Verwarng zu widerrufen, so beginnt der Lauf der VerjFr für jeden inf der Nichtbeseitigg eintretden Schaden (Abnehmer kaufen bei der Konkurrenz) in dem Ztpkt, in dem der Geschäd von diesem Kenntn erlangt (BGH NJW **78**, 1377). Soweit der Gläub Anpassg einer SchadRente an die veränderten Lohn- u Preisverhältn verlangt, handelt es sich nicht um Ersatz eines weiteren Schadens, sond allein um die Neubewertg des alten, rechtskr festgestellten SchadErsAnspr; dem Geschädigten kann daher nicht entgggehalten werden, er hätte diesen „erweiterten" Anspr rechtzeit iW der FeststellgsKl geltd machen müssen (BGH **33**, 112; **34**, 119; s auch § 843 Rn 17). Waren RentenAnspr wg Wiederverheiratg entfallen, beginnt die VerjFr mit Auflösg der zweiten Ehe neu zu laufen (BGH NJW **79**, 268, VersR **81**, 1080).

32 **10) Kenntnis von der Person des Schuldners. – a) Erforderlich** ist Kenntn des Namens u der Anschrift des Schu (BGH NJW **98**, 988, **01**, 1721). Geht es um einen Anspr aus Arzthaftg genügt es, wenn dem Geschädigten Name u ärztl Funktion der Krankenhausärzte bekannt sind, zumal jetzt auch grob fahrl Unkenntn ausr (BGH NJW **01**, 885). Bei **Gesamtschuldnern** ist die erforderl Kenntn hinsichtl jeden GesSchu getrennt zu ermitteln (BGH NJW **01**, 964). Kennt der gesetzl Vertreter des Geschädigten den Hersteller des schädl Produkts (Kindertee), beginnt aber – abw vom bisher Recht (s BGH aaO) – zugl die Verj der Anspr gg die Organe u Mitarbeiter des Herstellers, da deren Namen u Anschrift ow ermittelt werden konnten u der Verzicht auf diese Ermittlg grob fahrl war. Entscheidd ist auch hier die Kenntn der erforderl
33 Tats, ein RIrrt hindert den FrBeginn grdsl nicht (BGH VersR **72**, 394). – **b)** Bei **Schadensersatzansprüchen** sind die Kenntn der ansprbegründden Umst (Rn 27) u die Kenntn der Pers des Schu uU schwer ggeinand abzugrenzen. Letztere liegt vor, wenn die Verantwortlichk des Schu soweit geklärt ist, dass der Gläub aGrd der ihm bekannten od erkennb Tats gg ihn eine hinreichd aussichtsreiche, wenn auch nicht risikolose Klage erheben kann (s BGH **102**, 246/48, **122**, 317/25, NJW **00**, 1499, BAG DB **02**, 219). Zustellg der Anklage in einem StrafVerf gg die Schädiger kann genügen (BGH VersR **83**, 273). Bis zur RKraft des StrafUrt sollte der VerjBeginn nicht hinausgeschoben werden (Mü VersR **00**, 505; aA Hamm NJW-RR **94**, 866). Mehrere Beteil an einem KfzUnfall beantworten erfahrgsgem die Schuldfrage verschieden; Sache des Geschädigten ist es, alsbald eine gerichtl Klärg herbeizuführen; tut er das nicht, so beginnt die VerjFrist zu laufen (BGH NJW **63**, 1104). Bei Anspr aus **§ 829** ist Kenntn, dass von einem aufsichtspfl Dr Ers nicht zu erlangen ist, sowie Kenntn von der Nichtverantwortlichk des Täters erforderl. In den Fällen der **§§ 831** bis **834**, **836** bis **838** kommt es auf die Kenntn der Pers des GeschHerrn usw an (BGH NJW **99**, 423), es bedarf nicht der Kenntn, dass diesem keine entlastden Umst zur Seite stehen. In den Fällen der **§§ 831**, **832** bedarf es auch nicht der Kenntn von der Pers, die zur Verrichtg bestellt worden ist. Werden Anspr aus demselben Ereign gg dieselbe Pers sowohl aus § 823 als auch aus § 831 hergeleitet, beginnt die Verj einheitl (BGH VersR **71**,
34 1148). – **c)** Bei der **Amtshaftung** gehört das Wissen, dass an Stelle des Beamten der Staat haftet, nicht zur Kenntn von der Pers des ErsPflichtigen. Wg der Subsidiarität der Amtshaftg (§ 839 I 2) beginnt die Verj aber erst, wenn der Geschädigte weiß, dass der Beamte vorsätzl gehandelt hat od dass keine anderweit ErsMöglichk besteht (BGH **121**, 65/71). Dazu ist die Kenntn erforderl, dass die anderweit ErsMöglk den Schad zumind teilw nicht deckt u desh die Erhebg einer FeststellgsKl zumutb ist (BGH **102**, 246, NJW **86**, 1866, Ffm NJW-RR **87**, 1056). Hat der Geschädigte die KlErhebg gg den vorrangig ErsPflichtigen unterlassen, so beginnt Verj in dem Ztpkt, in dem er sich im Proz od in and Weise hinreichde Klarh hätte verschaffen können, ob u in welcher Höhe ihm ein and ErsAnspr zustand; dabei kann er sich nicht auf Umst berufen, die ihn an der
35 Erhebg der AmtsHaftgsKl tatsl in keiner Weise gehindert haben (BGH **121**, 65/73). – **d)** Für die **Notarhaftung** gelten die gleichen Grds (BGH NJW **93**, 2741, **00**, 1498). Der Geschädigte muß auch wissen, ob es sich

bei der Tätigk des Notars um eine Amtshdlg (subsidiäre Haftg) od um einen Auftr (§ 839 Rn 123, uneingeschränkte Haftg) gehandelt hat (BGH NJW **00**, 1498).

11) Grob fahrlässige Unkenntnis steht der positiven Kenntn (and als nach fr Recht) gleich. – **a) Grob fahrlässig** handelt der Gläub, wenn seine Unkenntn auf einer bes schweren Vernachlässigg der im Verk erforderl Sorgf beruht (§ 277 Rn 5). Dem Gläub muß auch subj ein schwerer Verstoß zur Last fallen. An den Verbr (§ 13) sind insoweit geringere Anfordergen zu stellen als an den Untern (§ 14). – **b) Einzelfälle.** Der BGH hat in seiner Rspr zu § 852 aF einen VerjBeginn trotz fehlder Kenntn bejaht, wenn sich der Geschädigte die Kenntn in zumutb Weise ohne nennenswerte Mühe u Kosten beschaffen kann, sich vor einer sich aufdrängden Kenntn mißbräuchl verschließt od auf der Hand liegde ErkenntnMöglichk nicht ausnützt (s BGH NJW **90**, 2808, **99**, 423, **00**, 953, **01**, 1721). In diesen Fällen ist jetzt grobe Fahrlk anzunehmen; einer auf §§ 242 od 162 gestützten Gleichstellg mit Kenntn bedarf es nicht mehr. Grobe fahrl Unkenntn kann aber auch in Fällen zu bejahen sein, in denen die Rspr zu § 852 aF einen VerjBeginn abgelehnt hat. Sie kann vorliegen, wenn die zur Geltdmachg des Anspr zuständ Behörde die bestehde Wissenslücke nicht dch Beiziehg der ihr zugängl Akten od eine ow mögl Erkundigg schließt (s BGH **133**, 192); wenn der dch die Verstopfg eines Abflußrohrs erhebl Geschädigte nichts unternimmt, um den Verursacher der Verstopfg ausfindig zu machen (s BGH NJW **00**, 953); wenn der Geschädigte darauf verzichtet, das gg den Schädiger anhäng StrafVerf u dessen Ausgang zu verfolgen (s BGH WM **90**, 642, **91**, 2135). Grobe Fahrlk kann auch zu bejahen sein, wenn der Geschädigte bei einem sich aufdrängden Verdacht eines ärztl Kunstfehlers von der Möglichk keinen Gebr macht, die Krankenhausunterlagen einzusehen. Voraussetzg ist aber, dass der Geschädigte längere Zeit zugewartet hat u die Einsicht die notw Aufkl erbracht hätte (s BGH NJW **89**, 2323). Dagg scheidet grobe Fahrlk idR aus, wenn die wirtsch Abläufe u Zushänge schwer dchschaub sind (s BGH NJW **94**, 3092: WarenterminoptionsGesch). 36 37

12) Ultimo-Regel. I Halbs 1 übernimmt die Regel des § 201 aF u erweitert ihren Anwendgsbereich auf alle Anspr, für die die RegelVerj gilt. Der einheitl Beginn mit Ende des Jahres erspart eine dauernde Kontrolle des FrAblaufs. Er ist auf nachdrückl Drängen der Wirtsch u RA erst währd des GesGebgsVerf zur Vereinfachg des RVerk in das Ges eingefügt worden (BT-Drs 14/7052 S 6, 180). Für eine am 15. 3. 02 entstandene KaufPrFdg beginnt die Verj danach am 31. 12. 2002 24 Uhr u endet am 31. 12. 05 24 Uhr. War die Verj gehemmt od unterbrochen, läuft die Fr nach Beendigg der Hemmg od Unterbrechg sofort weiter u nicht erst mit Schluß des Jahres (BGH **86**, 103, **93**, 294, NJW-RR **90**, 665, BAG NJW **97**, 3461). Endet die Hemmg od Unterbrechg vor Schluß des Jahres, in dem der Anspr entstanden ist, bleibt es beim VerjBeginn zum Jahresende (BGH NJW **95**, 3380). 38

13) Höchstfristen, II–IV. – a) Allgemeines. Der Terminus HöchstFr ist nur *cum grano salis* richtig. Dch die auch für die Fr gem II – IV geltden Vorschr über Hemmg, Ablaufhemmg u Neubeginn der Verj kann bis zur Vollendg der Verj eine erhebl längere Zeit als 10 od 30 Jahre vergehen. Die **Ultimo-Regel** des I 1 Halbs 1 gilt für die HöchstFr nicht. Sie beginnen tagegenau u sind gem §§ 187 f zu berechnen. Bei einem am 10. 4. 02 entstandenen BerAnspr läuft die Fr des IV am 10. 4. 12 ab. Das gilt auch dann, wenn der Gläub erst kurz vor od nach dem 10. 4. 12 von der Existenz des Anspr od der Person des Schu Kenntn erlangt. Die HöchstFr gelten **einheitlich** für alle unter die RegelVerj fallden Anspr, so dass Probleme der AnsprKonkurrenz nicht auftreten können. 39

b) 10-Jahres-Frist, IV. Nach IV verjähren grdsl alle Anspr ohne Rücks auf Kenntn (grob fahrl Unkenntn) 10 Jahre nach Entstehg des Anspr. Ausgenommen sind allein SchadErsAnspr, für die die Sonderregeln der II u III gelten. Anspr auf VertrStrafen, der Anspr auf WertErs aus § 346 II u der Anspr aus § 819 sind keine SchadErsAnspr u fallen daher unter IV. Richtet sich ein Anspr, wie der aus § 990, auf Herausg von Nutzgen u gleichzeit auf SchadErs, gilt für die Nutzgen IV u für den SchadErs III. Zur Entstehg des Anspr s Rn 3 –17. 40

c) 30-Jahres-Frist, II. – aa) Erfasste Ansprüche. II gilt für alle gesetzl od vertragl SchadErsAnspr, die auf Verletzg des Lebens, des Körpers, der Gesundh od der Freih beruhen. Für die Abgrenzg der geschützten RGüter gelten § 823 Rn 3–6. Erfaßt ist sowohl der Anspr auf Ers von materiellem Schaden als auch der SchmerzGAnspr. Eine analoge Anwendg auf and Anspr, etwa wg Verletzg des allg PerslkR, kommt nicht in Betracht. – **bb) Beginn.** Die Fr beginnt mit der Vornahme der Hdlg, die den SchadErsAnspr begründet. Bei delikt Anspr kommt es daher auf die Begehg der Hdlg an, die den DeliktsTatbestd erfüllt, bei vertragl Anspr u Anspr aus c. i. c. auf die Begehg der PflVerletzg, bei Anspr aus Gefährdgshaftg u and Anspr auf das den Schaden auslösde Ereign. Zum VerjBeginn genügt das Setzen einer SchadUrs, der Schaden braucht noch nicht entstanden zu sein (s BGH **117**, 287). Der Anspr aus einer 2002 nicht *lege artis* vorgenommenen Röntgen-Bestrahlg verjährt daher auch dann 2032, wenn der Schaden erst 2033 entsteht. Bei einem pflw Unterl ist entscheidd, wann die unterl Hdlg spätestens hätte vorgenommen werden müssen, bei wiederholten Hdlgen ist auf die abzustellen, die den Schaden verursacht hat. 41 42

d) 10- und 30-Jahres-Frist, III. III gilt für alle nicht unter II fallde SchadErsAnspr, vor allem wg Verletzg des Eigt, des Vermögens u des Rechts am eingerichteten u ausgeübten GewBetr. Er kombiniert für diese Anspr zwei Fr: – **aa) 10-Jahres-Frist, III Nr 1.** Sie beginnt mit der Entstehg des Anspr (Rn 3–17) u daher erst mit dem Eintritt eines Schadens. – **bb) 30-Jahres-Frist, III Nr 2.** Sie beginnt mit der Vornahme der Hdlg, die den SchadErsAnspr begründet. Vgl dazu Rn 42. – **cc) Maßgeblich** ist nach III S 2 die fr endde Fr. Beispiele: **(1)** Dch eine 2002 begangene notarielle PflVerletzg (falsche Beratg bei Abschl eines GesellschVertr) entsteht erst 2033 ein Schaden. Der Anspr ist verjährt; zwar endet die Fr der Nr 1 erst 2043, die Fr der Nr 2 ist aber 2032 abgelaufen. **(2)** Der Landwirt erfährt erst 2015, dass die 2003 entstandene Verseuchg seiner Grdst auf rechtsw Immissionen des Betr der A-GmbH zurückzuführen ist. Der 2015 iW der Kl geltd gemachte Anspr ist verjährt; zwar endet die Fr der Nr 2 erst 2033; die Fr der Nr 1 ist aber 2013 abgelaufen. 43 44

e) Verletzung mehrerer Rechtsgüter. Verletzt ein u dieselbe Hdlg neben RGütern, die dch II geschützt sind, auch solche, auf die III anzuwenden ist, gelten II u III jeweils iR ihres Anwendgsbereichs. Auch wenn ein Unfall geringen Pers- aber erhebl Sachschaden verursacht hat, verjährt der Sach- vor dem PersSchaden. 45

46 **14) Beweislast** s Übbl 23 v § 194. Der Schu muß die Kenntn (grob fahrl Unkenntn) des Gläub beweisen. Der Gläub muß aber, da es um Umst aus seiner Sphäre geht, an der SachAufkl mitwirken; er muß erfdl darlegen, was er zur Ermittlg der Voraussetzgen seines Anspr u der Pers des Schu getan hat (s BGH **91**, 260).

200 *Beginn anderer Verjährungsfristen.* **Die Verjährungsfrist von Ansprüchen, die nicht der regelmäßigen Verjährungsfrist unterliegen, beginnt mit der Entstehung des Anspruchs, soweit nicht ein anderer Verjährungsbeginn bestimmt ist. § 199 Abs. 5 findet entsprechende Anwendung.**

1 **1) Allgemeines.** Die Vorschr entspr tatbestandl § 198 aF. Sie ist aber nur noch eine subsidiäre Auffangnorm ohne große prakt Bedeutg. Ihr gehen der für die RegelVerj geltde § 199 u zahlreiche SonderVorschr vor. Beispiele: §§ 201, 438 II u III, 479 I, 548, 591 b, 604, 634 a II u III, 651 g II, 695, 696, 801, 1057, 1226, 1302, 1378 IV, 2287, 2332, ferner die in § 195 Rn 5 angeführten SonderVorschr. Erfaßt werden die Anspr aus § 196 u § 197 I Nr 1 u 2.

2 **2) Entstehung des Anspruchs** s § 199 Rn 3–17, **Zuwiderhandlung** gg eine UnterlPfl s § 199 Rn 22.

201 *Beginn der Verjährungsfrist von festgestellten Ansprüchen.* **Die Verjährung von Ansprüchen der in § 197 Abs. 1 Nr. 3 bis 5 bezeichneten Art beginnt mit der Rechtskraft der Entscheidung, der Errichtung des vollstreckbaren Titels oder der Feststellung im Insolvenzverfahren, nicht jedoch vor der Entstehung des Anspruchs. § 199 Abs. 5 findet entsprechende Anwendung.**

1 **1) Allgemeines.** § 201 regelt den Beginn der in § 197 I Nr 3–5 iVm II für titulierte Anspr bestimmten 30-jähr, od bei wiederkehrden Leistgen, 3-jähr VerjFr. Er bringt ggü dem fr Recht keine Änderg.

2 **2)** Der **Lauf** der VerjFr beginnt iF des § 197 I Nr 3 mit der formellen RKraft des Urt, iF des § 197 I Nr 4 mit der Errichtg der vollstrb Urk, iF des § 197 I Nr 5 mit der vollstrb Feststellg im InsolvenzVerf (InsO 201 II, 215 II). War der Anspr noch nicht fäll, beginnt die Verj, wie § 201 jetzt ausdr feststellt, erst mit Fälligk (§ 199 Rn 3). Geht der Anspr auf Unterl, wird die Verj gem § 199 V erst dch eine ZuwiderHdlg in Lauf gesetzt. Droht Ablauf der VerjFr, ist zur Hemmg der Verj eine FeststellgKl zul, wenn, wie iF eines flücht UnterhPflichtigen, and Möglichk zur Verlängerg der Verj, insbes die des § 212 I Nr 2, fehlen (s BGH **93**, 287, Hbg FamRZ **82**, 526).

202 *Unzulässigkeit von Vereinbarungen über die Verjährung.* **I Die Verjährung kann bei Haftung wegen Vorsatzes nicht im Voraus durch Rechtsgeschäft erleichtert werden.**

II Die Verjährung kann durch Rechtsgeschäft nicht über eine Verjährungsfrist von 30 Jahren ab dem gesetzlichen Verjährungsbeginn hinaus erschwert werden.

1 **1) Allgemeines.** Währd § 225 aF nur Vereinbgen zur Erleichterg der Verj zuließ, Erschwergen aber grdsl verbot, gilt der Grds der VertrFreih im VerjR jetzt ohne diese Einschränkg. Diese Änderg findet im Text des § 202 leider nur unvollkommen Ausdr. Seine Überschr hätte entspr dem Vorschlag des BRat (BT-Drs 14/6487 S 7, 43) besser „Vereinbgen über die Verj" lauten sollen. Die Erweiterg der VertrFreih kommt den Bedürfn der Praxis entgg. Sie braucht, wenn die Verj verlängert werden soll, nicht mehr auf zweifelh Konstruktionen zu rekurrieren, wie dem *„pactum de non petendo"* od einer auf dem Grds des Vertrauensschutzes beruhden eingeschränkten Anerkenng der Abrede (s § 202 aF Rn 8 u § 225 aF Rn 2 im HptBd).

2 **2)** Die **Vereinbarung** über die Verj bedarf keiner Form. Das gilt auch für Fdgen aus einem formbedürft Vertr. And ist es aber, wenn die Voraussetzgen von § 311 b Rn 25 vorliegen. Mögl sind Verlängergen od Verkürzgen der Fr, die Festsetzg eines fr od späteren VerjBeginns, die Erweiterg od Einschränkg von HemmgsGrden od Tatbestden des Neubeginns. Die Vereinbg kann vor od nach Beginn der Verj getroffen werden. Auch eine bereits abgelaufene VerjFr kann wirks verlängert werden. Zul ist auch, dass der Schu nach Vollendg der Verj auf sein EinrR dch einseit Erkl **verzichtet** (BGH NJW **73**, 1690, Mü NJW-RR **94**, 356). Ein nicht in der Form des § 781 abgegebenes Anerkenntn einer verj Fdg kann daher uU als Verzicht aufgefaßt w (BGH DB **74**, 2005). Bei einer ausdr VerzErkl ist es wg Maßgeblichk der obj ErklBedeutg (§ 133 Rn 9) gleichgült, ob der Schu vom VerjEintritt Kenntn hatte. Die ggteilige Rspr (BGH **83**, 389 uö, richtig aber BGH NJW **96**, 663, **97**, 518) kann nicht überzeugen; sie läßt die Wirksamk des Verzichts an einem (obj nicht erkennb) Irrt des Erklärden scheitern, der nicht einmal die Erkl, sond die Willensbildg betrifft, ein mit §§ 119 ff, 133, 157 offensichtl unvereinb Ergebn. Schlüss Handlgen dürfen aber idR nur dann als Verzicht gedeutet werden, wenn der Schu vom Eintritt der Verj weiß od mit ihr rechnet (Düss NJW-RR **00**, 836, § 133 Rn 11). Ein Fallenlassen der Einr im Proz ist nicht immer Verzicht (BGH **22**, 267), erst recht nicht die Zahlg von TBeträgen hins des Restes (BGH VersR **67**, 1092). Dch den Verzicht wird die Fdg nicht unverjährb; es beginnt vielmehr, wie iF des Anerkenntn (§ 212 I Nr 1), eine neue VerjFr zu laufen (s Karlsr NJW **64**, 1135, Staud/Peters § 225 Rn 33, jetzt auch *arg* § 202 II).

3 **3)** Bei **Individualverträgen** bestehen für die Erschwerg oder Erleichterg der Verj ledigl folgde **Schranken:** – **a)** Die **Haftung wegen Vorsatzes** kann nicht im Voraus dch RGesch erleichtert werden, I. Das Verbot – ggü dem fr Recht eine Neuerg (BGH **9**, 5) – gilt für alle SchadErsAnspr aus Delikt u Vertr, erfaßt aber nicht Vereinbgen, die nach Entstehg des SchadErsAnspr getroffen werden. Zum Begriff des Vorsatzes s
4 § 276 Rn 10 f. – **b)** Die Verj kann nicht dch RGesch über eine **Frist von 30 Jahren** ab dem gesetzl VerjBeginn ausgedehnt werden, **II.** Das Verbot erfaßt grdsl alle Abreden, die zu einer längeren Fr als 30 Jahre führen können, auch Vereinbgen über eine Erweiterg der Grde für eine Hemmg od einen Neubeginn der

Verj. MusterProßVereinbgen sind aber wirks, wenn die Part bei ihrem Abschluß davon ausgehen können, dass die Obergrenze von 30 Jahren nicht überschritten wird. – **c) Weitere Verbote.** Ein unverjährb Anspr 5 (§ 194 II, weitere Fälle s § 194 Rn 8) kann, wie bisher, nicht der Verj unterworfen werden (BT-Drs 14/6040 S 111). Die VerjRegelg beim VerbrGüterkauf ist in den Grenzen von § 475 II halbzwingd. Die Vereinbg von VerjErleichtergen für tarifl Anspr verstößt gg TVG 4 IV 3. Die Bestimmg im GesellschVertr einer PublikumsKG, die die VerjFr für SchadErsAnspr gg den AufsR unangem verkürzt, ist unwirks (BGH **64**, 244). – **d) Rechtsfolgen.** Unwirks ist nur die verbotsw Abrede über die Verj. An ihre Stelle tritt die gesetzl Regelg. 6 Der Vertr iü bleibt wirks (§ 139 Rn 18).

4) Allgemeine Geschäftsbedingungen. VerjRegelgen in AGB (§ 305 I) u in VerbrVertr (§ 310 III) sind 7 nur wirks, wenn sie den Anfordergen des § 307 entspr. Für die Erleichterg der Verj von MangelAnspr (§§ 438, 634 a) enthält § 309 Nr 8 ff ein Klauselverbot ohne Wertgsmöglichk. Dessen Anwendgsbereich wird aber, sieht man von der Regel für Baumängel ab, dch § 475 erhebl eingeschränkt (§ 307 Rn 74 ff).

a) Leitbildfunktion. Die vom GesGeber sorgf abgewogene neue VerjRegelg hat bei der InhKontrolle 8 Leitbildfunktion iSd § 307 II Nr 1 (dort Rn 25). Zu berücksichtigen ist aber auch, dass die Neuregelg die VertrFreih im VerjR stärken soll (BT-Drs 14/6040 110 f) u dass der Untern von der VertrFreih, vor allem bei VerbrGesch, nur dch die Verwendg von standardisierten Regelgen Gebr machen kann. Von den Strukturen u Regelgen des neuen VerjR darf daher iR des Angem abgewichen werden. Das gilt vor allem für Regelgen, die die **Grundentscheidung** der §§ 195 ff unberührt lassen. Das neue VerjR will erreichen, dass der Gläub die faire Chance erhält, seinen Anspr dchzusetzen, stellt aber zugl sicher, dass im Interesse des SchuSchutzes u der RSicherh nach längerer Zeit kenntnisunabhäng Verj eintritt. Dieses Ziel kann dch eine Kombination einer kürzeren relativen und einer längeren absoluten Fr (§§ 195, 199), aber auch dch eine ausr lange obj anknüpfde Fr (§§ 196, 197) erreicht werden. Der KlauselVerwder kann sich daher aGrd der PartAutonomie auch bei der RegelVerj für eine mit Entstehg des Anspr beginnde obj, in ihrer Dauer aber angem Fr entscheiden. Welche Fr angem ist, hängt von der Eigenart des Vertr u der erfaßten Anspr ab. Sie kann bei vertragl ErfAnspr, deren Voraussetzgen der Gläub typw sofort kennt, deutl kürzer sein als bei SchadErAnspr.

b) Die **Rechtsprechung** zum fr Recht kann, soweit die Regelgen u Strukturen des neuen VerjR nicht 9 entggstehen, bei der InhKontrolle weiter herangezogen werden. – **aa) Erschwerungen** der Verj. **(1)** Klauseln die die Fr des **§ 548**, insbes bei der Vermietg von Kfz, verlängern, sind nur wirks, wenn sie auf die berecht Belange des Mieters Rücks nehmen. Unwirks sind: Klauseln, die den VerjBeginn vom Erm des Vermieters abhäng machen u nicht gewährleisten, dass der Mieter Kenntn vom Beginn der Verj u deren Ablauf erlangt (BGH NJW **86**, 1609); Hinausschieben der Fälligk ohne zeitl Begrenzg bis der Vermieter Gelegenh hatte, die Ermittlgsakten einzusehen (BGH NJW **94**, 1788, Karlsr NJW-RR **92**, 244). **(2)** Die Verlängerg der **Mängelhaftung** für Flachdächer auf 10 Jahre ist wirks (BGH NJW **96**, 2155). Unwirks ist die Regelg, dass jede Mängelrüge die Verj neu in Lauf setzt (Düss NJW-RR **98**, 1028) u wohl auch die Klausel, die die Fr des § 438 I Nr 3 auf 3 Jahre verlängert (s BGH **110**, 92, zweifelh, damals Verlängerg um 2½ Jahre, jetzt nur um 1 Jahr). – **bb) Abkürzungen** der VerjFr. Der zum fr Recht entwickelte Grds, die Abkürzg der Fr der §§ 477, 10 638 aF sei auch im kaufm Verk unwirks (BGH **90**, 273), kann nicht auf die längeren Fr der §§ 438 u 634 a übertragen werden. Wie § 309 Nr 8 b ff zeigt, sind, wenn § 475 II nicht entggsteht, Abkürzgen bis auf ein Jahr grdsl wirks. Die VerjFr für den tarifl NachFdgsAnspr des GüterVerkUntern kann auf 6, nicht aber auf 3 Mo abgekürzt w (BGH **104**, 294), die für Anspr aus dem GiroVertr auf 2 Jahre (BGH NJW-RR **88**, 561), die Fr des HGB 88 auf 6 Mo, wenn beide Part gleichbehandelt werden u der VerjBeginn kenntnisabhäng ausgestaltet wird (BGH NJW-RR **91**, 35). Ist der VerjBeginn kenntnisunabhäng, ist dagg auch eine Fr von einem Jahr zu kurz (BGH NJW **96**, 2099, Mü NJW-RR **96**, 991). Bei **Schadensersatzansprüchen** kann 11 eine kenntnisunabhäng beginnde Verj die 10-Jahres-Fr des § 199 IV zwar abkürzen, darf sie aber wohl höchstens halbieren. Bei ausschließl obj Anknüpfg sind daher weiter unwirks: VerjFr von weniger als 5 Jahren für SchadErsAnspr der Gesellschter einer PublikumsKG (BGH **64**, 244), von 2 od 3 Jahren für SchadErsAnspr gg den Mobilfunkbetreiber (Schlesw NJW-RR **98**, 54, Düss NJW-RR **97**, 374), von weniger als 3 Jahren für Anspr gg den TrHänder einer BauherrnGemsch (BGH NJW-RR **91**, 1123, **92**, 532). Unwirks sind auch die Abkürzg der VerjFr des BRAO 51 b od des StBerG 68 (BGH **97**, 25, NJW **90**, 2465, NJW-RR **91**, 599). Die VerjFr für Anspr gg den Frachtführer kann seit der Reform des TransportR nur noch dch IndVereinbg abgekürzt od verlängert w (HGB 439 IV).

Titel 2. Hemmung, Ablaufhemmung und Neubeginn der Verjährung

Einführung

1) Die **Neuregelung** des VerjR hat in den §§ 203 ff vor allem folgde Ändergen gebracht: – **a) Hem-** 1 **mung.** Vhdlgen zw dem Gläub u Schu führen jetzt bei allen Anspr zur Hemmg der Verj. Das SMG hat den bislang nur für delikt Anspr geltden § 852 II aF in § 203 zu einem für alle Anspr geltden Grds erweitert. RVerfolgg dch Kl u gleichgestellte Maßn (§§ 209, 210, 219, 220 aF) führen nicht mehr zum Neubeginn, sond nur noch zur Hemmg der Verj. Die insoweit maßgebden Grde faßt § 204 zus, erweitert sie u regelt zugl Dauer u Ende der Hemmg. Die Hemmg aus tatsächl, rechtl u familiären Grden (§§ 202, 203 u 204 aF) u die AblaufHemmg (§§ 206, 207 aF) behält das SMG, teils in engerer, teils in erweiterter Fassg, bei (§§ 205 ff). Neu hinzugekommen ist die Hemmg der Verj bei Anspr wg Verletzg der sexuellen SelbstBestimmg (§ 208). – **b) Neubeginn.** Das SMG ersetzt den irreführden Terminus „Unterbrechg" dch „Neubeginn" der Verj. 2 Grde, die zu einem Neubeginn der Verj führen, sind nach § 212 jetzt nur noch das Anerkenntn u die Vorn od Beantragg einer behördl od gerichtl VollstrHdlg.

2) Der Titel enthält keine **abschließende Regelung.** Zu weiteren HemmgsTatbestden s § 204 Rn 53. 3

3) Die **Übergangsregel** zu §§ 203 ff enthält Art 229 § 6 I u II.

203 ***Hemmung der Verjährung bei Verhandlungen.*** **Schweben zwischen dem Schuldner und dem Gläubiger Verhandlungen über den Anspruch oder die den Anspruch begründenden Umstände, so ist die Verjährung gehemmt, bis der eine oder der andere Teil die Fortsetzung der Verhandlungen verweigert. Die Verjährung tritt frühestens drei Monate nach dem Ende der Hemmung ein.**

1 **1) Allgemeines.** § 203 erweitert § 852 II aF zu einem allgem HemmgsTatbestd u ersetzt zugl §§ 639 II 651 g II 3 aF. § 203 gilt für alle Anspr, deren Verj sich nach BGB richtet, gleichgült, ob die RegelVerj od SonderVorschr anzuwenden sind. Erfaßt sind auch Anspr aus SonderGes, soweit deren VerjRegelg nicht abschließd ist, sond ausdr od stillschw auf das VerjR des BGB Bezug nimmt (§ 195 Rn 4); iR des § 195 Rn 21 gilt § 203 auch für öffr Anspr. Zur Anwendg des § 242 im VerjR s Übbl 17 ff v § 194.

2 **2) Voraussetzungen. – a) Verhandlung.** Der Begr ist weit auszulegen (BGH NJW **83**, 2075). Es genügt jeder Meingsaustausch über den Anspr od seine tatsächl Grdl zw dem Gläub u dem Schu, wenn nicht sofort erkennb die Vhdlg abgelehnt wird (BGH **93**, 64, NJW-RR **01**, 1168). Nicht erforderl ist, dass der Schu VerglBereitsch erklärt od in Aussicht stellt. Es genügen Erkl, die den Gläub zu der Ann berecht, der Schu lasse sich auf Erörtergen über die Berechtigg des Anspr ein. Das kann zB geschehen dch Anfrage des Schu, ob u ggf welche Anspr geltd gemacht werden sollen (BGH NJW **01**, 1723), dch Erkl der Bereitsch, zur Aufkl des dem Anspr zugrde liegden Sachverhalts beizutragen, falls der Gläub ihn im Detail schildere u belege (BGH NJW-RR **01**, 1168), dch Erkl des Schu, er wolle dem Gläub seinen Standpkt, der Anspr sei verj, in einer Besprechg erläutern (BGH NJW **97**, 3447), dch Mitteilg des Versicherers, er werde nach Abschl des StrafVerf unaufgefordert auf die Sache zurückkommen (BGH VersR **75**, 440). Hemmg wirkt auf den Ztpkt der ersten GeltdMachg der Anspr zurück (Hamm NJW-RR **98**, 101). Überprüft der Verkäufer (Untern) im Einverständn mit dem Käufer (Besteller), ob der gerügte Mangel vorhanden (beseitigt) ist, gilt § 203 (fr § 639 II). Keine Hemmg hins des Anspr gg den Architekten (Tragewerksplaner), wenn dieser an einer Besichtigg zur Feststellg von Mängeln der HandwLeistg teilnimmt (BGH NJW **02**, 288). Keine Vhdlg ist formularmäß EingangsBestätigg einer nicht spezifizierten RegreßAnz (Stgt VersR **71**, 1178). Nach Abbruch der Vhdlgen wird die Verj dch WiederAufn der Vhdlg erneut gehemmt. Eine erneute Hemmg soll angebl auch dann eintreten, wenn der Schu nach Ablehng einer Regulierg aGrd einer GgVorstellg des Gläub erneut in eine Überprüfg eintritt, ohne dies dem Gläub mitzuteilen (Hamm NJW-RR **98**, 101).

3 **b) Gegenstand der Verhandlung.** Er ist dch Auslegg zu ermitteln. Auszugehen ist von dem Lebenssachverhalt, aus dem der Gläub seinen Anspr herleitet (BT-Drs 14/6040 S 112); iZw ist anzunehmen, dass sich die Vhdlg auf alle Anspr erstreckt, die sich aus diesem Sachverhalt für den Gläub ergeben können. Hat der Gläub den GesSchad angemeldet, so umfassen die Vhdlgen idR diesen u beschränken sich nicht auf EinzAnspr (BGH VersR **85**, 1141). Ausnw wirkt die Hemmg für einen abgrenzb Teil der gesamten Anspr dann nicht, wenn die Part nur über einen und Teil verhandeln (BGH NJW **98**, 1142). Vhdlgen mit dem Halter zur SchadRegulierg beziehen sich auch auf Anspr gg den berecht Fahrer (BGH MDR **65**, 198), Vhdlgen mit der HaftPflVers des Krankenhausträgers hemmen die VerjFr auch im Verh zu dem Angest der Stadt, der den Schad verurs hat (Rstk OLG-NL **01**, 172).

4 **c)** Die **Hemmung endet** dch Verweigerg der Fortsetzg von Vhdlgen. Dies muß grdsätzl dch ein klares u eindeut Verhalten einer der Part zum Ausdr kommen (BGH NJW **98**, 2819). Läßt der Gläub die Vhdlgen einschlafen, zB dch Schweigen auf das Anerbieten, die Vhdlgen abzuschließen (BGH FamRZ **90**, 599) so sind sie in dem ZtPkt beendet, in dem der nächste Schritt nach Treu u Glauben zu erwarten gewesen wäre (BGH NJW **86**, 1337, Düss VersR **99**, 68). Haben die Beteil eine VhdlgsPause vereinb, um die Schadens- Entwicklg abzuwarten, ist es grdsl Sache des Schu, die Initiative zur WiederAufn der Vhdlgen zu ergreifen, wenn er ein Ende der Hemmg ereichen will (BGH NJW **86**, 1337). Die Hemmg wg etwaiger Spätfolgen wird beendet dch Abschl einer AbfindgsVereinbg u Ann des AbfindgsBetr (Karlsr NJW-RR **97**, 1318, Hamm MDR **99**, 38).

5 **3) Anmeldung nach PflVersG.** Nimmt bei KfzUnfällen der Geschädigte die HaftPflVers direkt in Anspr, so gilt auch für den delikt Anspr PflVersG 3 Nr 3 S 3, wonach die Verj von der Anmeldg bis zum Eingang seiner schriftl Entsch, dh bis zur endgült Ablehng des ErsAnspr nach Grd u ggf Höhe (Köln VersR **83**, 959), gehemmt ist (BGH NJW **77**, 532). Das gilt für den ganzen Anspr, nicht nur für den Teil, für den der Versicherer iR der vereinb DeckgsSumme einzustehen hat (BGH VersR **84**, 441). An die Anmeldg des SchadErsAnspr sind dabei inhaltl nur geringe Anfdgen zu stellen (BGH NJW-RR **87**, 916).

204 ***Hemmung der Verjährung durch Rechtsverfolgung.*** **I Die Verjährung wird gehemmt durch**

1. **die Erhebung der Klage auf Leistung oder auf Feststellung des Anspruchs, auf Erteilung der Vollstreckungsklausel oder auf Erlass des Vollstreckungsurteils,**
2. **die Zustellung des Antrags im vereinfachten Verfahren über den Unterhalt Minderjähriger,**
3. **die Zustellung des Mahnbescheids im Mahnverfahren,**
4. **die Veranlassung der Bekanntgabe des Güteantrags, der bei einer durch die Landesjustizverwaltung eingerichteten oder anerkannten Gütestelle oder, wenn die Parteien den Einigungsversuch einvernehmlich unternehmen, bei einer sonstigen Gütestelle, die Streitbeilegungen betreibt, eingereicht ist; wird die Bekanntgabe demnächst nach der Einreichung des Antrags veranlasst, so tritt die Hemmung der Verjährung bereits mit der Einreichung ein,**
5. **die Geltendmachung der Aufrechnung des Anspruchs im Prozess,**
6. **die Zustellung der Streitverkündung,**
7. **die Zustellung des Antrags auf Durchführung eines selbständigen Beweisverfahrens,**
8. **den Beginn eines vereinbarten Begutachtungsverfahrens oder die Beauftragung des Gutachters in dem Verfahren nach § 641 a,**

9. die Zustellung des Antrags auf Erlass eines Arrests, einer einstweiligen Verfügung oder einer einstweiligen Anordnung, oder, wenn der Antrag nicht zugestellt wird, dessen Einreichung, wenn der Arrestbefehl, die einstweilige Verfügung oder die einstweilige Anordnung innerhalb eines Monats seit Verkündung oder Zustellung an den Gläubiger dem Schuldner zugestellt wird,
10. die Anmeldung des Anspruchs im Insolvenzverfahren oder im Schifffahrtsrechtlichen Verteilungsverfahren,
11. den Beginn des schiedsrichterlichen Verfahrens,
12. die Einreichung des Antrags bei einer Behörde, wenn die Zulässigkeit der Klage von der Vorentscheidung dieser Behörde abhängt und innerhalb von drei Monaten nach Erledigung des Gesuchs die Klage erhoben wird; dies gilt entsprechend für bei einem Gericht oder bei einer in Nummer 4 bezeichneten Gütestelle zu stellende Anträge, deren Zulässigkeit von der Vorentscheidung einer Behörde abhängt,
13. die Einreichung des Antrags bei dem höheren Gericht, wenn dieses das zuständige Gericht zu bestimmen hat und innerhalb von drei Monaten nach Erledigung des Gesuchs die Klage erhoben oder der Antrag, für den die Gerichtsstandsbestimmung zu erfolgen hat, gestellt wird, und
14. die Veranlassung der Bekanntgabe des erstmaligen Antrags auf Gewährung von Prozesskostenhilfe; wird die Bekanntgabe demnächst nach der Einreichung des Antrags veranlasst, so tritt die Hemmung der Verjährung bereits mit der Einreichung ein.

II Die Hemmung nach Absatz 1 endet sechs Monate nach der rechtskräftigen Entscheidung oder anderweitigen Beendigung des eingeleiteten Verfahrens. Gerät das Verfahren dadurch in Stillstand, dass die Parteien es nicht betreiben, so tritt an die Stelle der Beendigung des Verfahrens die letzte Verfahrenshandlung der Parteien, des Gerichts oder der sonst mit dem Verfahren befassten Stelle. Die Hemmung beginnt erneut, wenn eine der Parteien das Verfahren weiter betreibt.

III Auf die Frist nach Absatz 1 Nr. 9, 12 und 13 finden die §§ 206, 210 und 211 entsprechende Anwendung.

1) Allgemeines. Nach dem Sinn u Zweck der Verj (Übbl 10 v § 194) muß der Gläub die Möglichk haben, die Verj dch Geltdmachg des Anspr zu verhindern. Welche Schritte dazu nöt sind, bestimmt § 204. Er faßt die Regelgen der §§ 209, 210, 219 u 220 aF zus, erweitert sie u regelt zugl Dauer u Ablauf der Hemmg. Die in § 204 aufgelisteten Maßn führen abw vom bish Recht nicht mehr zur Unterbrechg, sondern nur noch zur Hemmg der Verj. Die gleiche Wirkg kann aGrd von SonderVorschr bei best Anspr auch dch ähnl Maßn erreicht werden (Rn 53). 1

2) Erhebung einer Klage, I Nr 1. Die Vorschr übernimmt sachl unverändert § 209 I aF. – **a) Klage.** 2
Auch die als **Stufenklage** erhobene LeistgsKl hemmt die Verj, auch wenn zunächst nur der AuskAntr gestellt (BGH NJW **75**, 1409, **99**, 1101) u Ausk zu einem falschen Stichtag verlangt wird (Zweibr NJW-RR **01**, 865), allerdings nur bis zur Höhe des anschließd bezifferten Betrages (BGH NJW **92**, 2563). Die Hemmg erstreckt sich auch auf einen zunächst nicht einbezogenen Zeitraum, wenn die zeitl Beschränkg erkennb auf einem Irrt beruht (BGH NJW **78**, 1157). Dagg bewirkt die AuskKl für den LeistgsAnspr keine Hemmg, auch wenn in ihr die Erhebg der LeistgsKl angekündigt w (Rn 13). Die Kl auf zukünft Leistg (ZPO 257 ff) u auf **Feststellung,** ZPO 256, 280, 281 (BGH NJW **98**, 2274) hemmt die Verj des Anspr, auch wenn sie unzul ist (Rn 5). Das gilt ebso für die Kl auf Erteilg der VollstrKlausel (ZPO 731, 796, 797) u auf Erlaß des VollstrUrt (ZPO 722, 1060). Wird die Kl vor Beginn der VerjFr erhoben, tritt Hemmg sofort mit deren Beginn ein (BGH **52**, 49). Die Hemmg erstreckt sich auch auf den **hilfsweise** geltd gemachten Anspr (BGH NJW **59**, 3
1819, BB **97**, 1383). Die Kl vor einem **ausländischen Gericht** hemmt die Verj grdsl nur, wenn die Voraussetzgen für eine Anerkenng des Urt (ZPO 328) vorliegen (RG **129**, 389). Die Kl vor dem Ger eines

VertrStaates des EuGVÜ hemmt dagg auch dann, wenn das Ger nicht zust ist (Düss NJW **78**, 1752). Die Verteidigg ggü einer **negativen Feststellungsklage** hemmt die Verj nicht (BGH **72**, 28, NJW **72**, 159, 1043, aA Schlesw NJW **76**, 970).

4 **b)** Nur eine **wirksame** Kl od WiderKl begründet Hemmg (BGH NJW **59**, 1819). Die KlSchrift muß den wesentl Erfordern des ZPO 253 entspr (BGH NJW-RR **89**, 508) u im AnwProz von einem beim ProzGer zugelassenen RA unterzeichnet sein (Brschw MDR **57**, 425). Sie muß das KlBegehren – unterhalb der Stufe der Substantiierg – individualisieren u den StreitGgst bestimmen (BGH **22**, 254/55, NJW **01**, 305). Ein mit einem PKH-Antr vorgelegter u mit diesem zugestellter KlEntw ist noch keine wirks Klage (Köln NJW **94**, 3360). Bezeichng mit falschem Namen od mit einer unzul Sammelbezeichng (WoEigtümerGemsch) ist unschädl, wenn ow festgestellt w kann, gg wen sich die Kl richtet (BGH NJW **77**, 1686). Das gilt entspr für sonst Mängel der PartBezeichng (BGH DB **78**, 2409). Ein Antr auf Terminsanberaumg kann uU eine wirks
5 Kl darstellen (BGH NJW-RR **89**, 508). Auch die **unsubstantiierte** u unschlüss Klage hemmt die Verj (BGH NJW **59**, 1819, **67**, 2210, **83**, 2813, NJW-RR **96**, 1409). Unschädl ist bei einer anwaltl GebührenFdg auch das Fehlen einer Rechng gem BRAGO 18 (BGH NJW **98**, 3486) u bei einer SchadErsFdg gg einen GmbHGesch-Fü das Fehlen eines GterBeschl (BGH ZIP **99**, 1001). Bestehen unverzichtb Mängel, tritt die Hemmg ohne Rückwirkg mit deren Heilg ein (BGH **LM** ZPO 253 Nr 16). Von der unwirks Kl ist die (bloß) **unzulässige Klage** zu unterscheiden. Sie hemmt die Verj, wenn auch zur Begründg nicht mehr auf den aufgehobenen § 212 aF verwiesen werden kann (BGH **78**, 5, Naumbg FamRZ **01**, 831). Das gilt etwa beim Fehlen der ProzFgk (BGH MDR **74**, 388), bei örtl od sachl Unzuständigk (BGH NJW **78**, 1058), Fehlen des FeststellgsInteresses (BGH **39**, 291, **103**, 302) od Nichteinhalten eines vorgeschriebenen VorVerf (BGH MDR **74**, 388).

6 **c) Erhebung der Klage. – aa)** Die Kl wird dch **Zustellung** der KlSchrift erhoben (ZPO 253). Die Zustellg an einen nicht bevollmächtigten Vertreter wird rückwirkd wirks, wenn der Bekl die ProzFührg genehmigt, selbst wenn dies erst nach Ablauf der VerjFr geschieht (RG **86**, 246). Entspr gilt für sonst Zustellgsmängel, sobald der Bekl gem ZPO 295 I sein RügeR verloren hat (BGH VersR **67**, 398). Der rückwirkden Heilg steht nicht entgg, dass der Bekl bereits vorher die Einr der Verj erhoben hat (Brem GmbHRdsch **64**, 10). Die Zustellg dch Niederlegg bei der Post ist wirkgslos, wenn die Kl dem Bekl wg falscher Parteibezeichng nicht ausgehändigt wird (LG Paderborn NJW **77**, 2077). KlErweiterg u WiderKl können auch dch Geltdmachg in der mdl Vhdlg erhoben w (ZPO 261 II). Auch insow gilt ZPO 295, iF eines Rügeverzichts tritt Hemmg bereits mit formloser Übermittlg des Schriftsatzes ein, auch wenn der Antr in der
7 nächsten mdl Vhdlg noch nicht gestellt wird (BGH NJW **60**, 1947). – **bb) Rückwirkung der Zustellung.** Die Zustellg wirkt auf den Ztpkt der KlEinreichg zurück, sofern sie demnächst erfolgt (ZPO 270 III, 207). Entscheidd ist der Eingang bei dem Ger, an das die Kl adressiert ist (Köln NJW-RR **89**, 572). Abw zw der eingereichten u der zugestellten Kl sind unschädl, sofern beide im wesentl ident sind (BGH NJW **78**, 1058). Bei der Beurteilg wird auf die seit Ende der VerjFr verstrichene Zeit abgestellt, nicht auf die seit Einreichg der Kl (BGH NJW **95**, 2230, 3380). Die Dauer der Verzögerg ist gleichgült, wenn sie nicht vom Kläger zu vertreten ist, sond auf dem GeschAblauf des Ger beruht (BGH **103**, 28, NJW **95**, 2231, **99**, 1022/24). Hat das Verhalten des Klägers zur Verzögerg der Zustellg beigetragen, so ist zu unterscheiden: Hat das dem Kläger zuzurechnde Verhalten die Zustellg nur um 14 Tage od weniger verzögert, wirkt die Zustellg zurück. Die Nachlässigk des Klägers ist unschädl, da sich sein Verhalten im Ergebn nicht nachteilig ausgewirkt hat (BGH NJW **71**, 891, **99**, 3125, **00**, 2282). Hätte er die Kl am letzten FrTag ordngsgem eingereicht, wäre die Zustellg auch nicht fr erfolgt. Ist ihm eine längere Verzögerg zuzurechnen, wirkt die Zustellg nicht zurück (BGH aaO). Voraussetzg ist, dass den Kläger od seinen ProzBevollmächtigten ein Verschulden trifft (BGH NJW **88**, 1082, **91**, 1746). Einf Fahrlk genügt (BGH aaO), so etwa die Angabe eines falschen Namens (BGH NJW **92**, 1821) od eines falschen Aktenzeichens (BGH NJW-RR **95**, 254). Der Kläger darf grdsl die Aufforderg zur Einzahlg des Kostenvorschusses abwarten (BGH NJW **93**, 2811), muß aber von sich aus initiativ werden, wenn das Ger längere Zeit untät bleibt (BGH **69**, 364, LG Hann NJW-RR **98**, 1162). Für die Zahlg steht
8 ihm eine Fr von 2 Wo zu (BGH NJW-RR **92**, 471). – **cc)** KlEinreichg **am letzten Fristtag** ist rechtzeit. Der Gläub darf die VerjFr voll ausnutzen. Fällt der letzte FrTag auf ein WoEnde od einen Feiertag, verlängert sich die Fr gem § 193 bis zum nächsten Werktag (§ 193 Rn 2).

9 **d) Klage des Berechtigten. – aa)** Der **Berechtigte** muß klagen; die Kl eines NichtBerecht hemmt die Verj nicht (Düss NJW **94**, 2423). Es genügt, wenn der Kläger im Ztpkt der KlZustellg Berecht war (ZPO 265). Spätere Änd sind unschädl, auch wenn die Kl nicht auf Leistg an den neuen RInhaber umgestellt w (BGH NJW **84**, 2102). Der Begriff des Berecht ähnelt dem des § 185 (s dort Rn 6). Entscheidd ist nicht die RInhabersch, sond die Befugn zur klagw Geltdmachg des Anspr. NichtBerecht kann auch der FdgsInh sein, so der Gläub nach Eröffng des InsVerf (BGH **LM** § 209 Nr 13), der Erbe iF der NachlVerw (BGH **46**, 229). Die gem § 744 II erhobene Kl hemmt die Verj auch für die Mitberecht (BGH **94**, 120). Bei einer gepfändeten u zur Einziehg überwiesenen Fdg sind sowohl der PfändgsGläub als auch der Gläub zur Kl legitimiert (BGH NJW **78**, 1914; **86**, 423). Berecht ist auch der zur Einziehg einer Fdg Ermächtigte (§ 398 Rn 29 ff). Seine Kl genügt den Anfordergen von I Nr 1 auch dann, wenn sie wg Fehlens eines eig rechtl Interesses unzul ist (BGH **78**, 5). Voraussetzg ist jedoch, dass er die Ermächtigg offenlegt (BGH **78**, 6, NJW **72**, 1580, NJW-RR **02**, 20) od sie allen Beteiligten bekannt ist (BGH NJW **85**, 1826). Nach einem gesetzl FdgÜbergang kann nur noch der NeuGläub die Hemmg der Verj herbeiführen (RG **85**, 429, BGH VersR **65**, 611, Karlsr NJW **61**, 1866).

10 **bb)** Nach **Abtretung** ist der Zessionar der Berecht. Im Fall einer SichgAbtr bleibt dem Zedenten jedoch idR eine Einziehgsbefugn (§ 398 Rn 21), iF der stillen SichgAbtr sogar das Recht, Leistg an sich zu verlangen. In diesem Fall hemmt seine Kl die Verj auch, wenn er die Abtr nicht offenlegt (BGH NJW **78**, 698, **99**, 2110). Vom Ztpkt der RückAbtr ab kann der Zedent Hemmg der Verj herbeiführen, auch wenn ihm keine Einziehgsbefugn zustand (BGH NJW **95**, 1675). Bestehen bei mehrf SichgAbtr Zw, wer Berecht ist, kann der Zedent dch FeststellgsKl die Verj hemmen (BGH NJW **81**, 678). Ist die Abtr unwirks, ist der Zedent auch dann aktivlegitimiert, wenn er die Abtr gem § 409 angezeigt hat (BGH **64**, 120).

cc) Genehmigt der Berechtigte die Kl des NichtBerecht, od tritt er iW des PartWechsels für diesen in den RStreit ein, wird die Verj mit Wirkg *ex nunc* gehemmt (BGH **46**, 229, NJW-RR **89**, 1269); eine Rückwirkg kommt nicht in Betracht, da § 185 auf die ProzFührg nicht entspr anwendb ist. Hat ein Vertreter ohne Vertretgsmacht die Kl erhoben, wirkt die Gen der ProzFührg dagg auf den Ztpkt der KlErhebg zurück (BGH **LM** § 209 Nr 10). 11

dd) Nur die Kl **gegen den Schuldner** hemmt die Verj, nicht die gg einen falschen Schu (BGH **80**, 226). Für einen Anspr gg einen Gesellschafter tritt aber auch dann Hemmg der Verj ein, wenn die Kl gg die Gesellsch erhoben w (s BGH **80**, 227 in spiegelbildl Anwendg). Hat der Schu die Kl gg den NichtSchu dch falsche Informationen veranlaßt, gilt § 242 (BGH NJW-RR **91**, 1034). 12

e) Umfang der Hemmung. – aa) Er wird grdsl dch den **Streitgegenstand** der erhobenen Kl bestimmt (BGH **132**, 240, NJW **99**, 2110, Köln ZIP **01**, 563). Die wg der PflVerletzg *a* erhobene Kl hemmt die Verj nicht hins der PflVerletzg *b* (BGH NJW **00**, 2678). Die KündSchutzKl hemmt nicht die Verj des LohnAnspr (BAG NJW **60**, 838, Rewolle DB **80**, 1696); die Kl auf DchFührg des SachverstVerf nach AVB nicht die des EntschAnspr (BGH VersR **71**, 433); die Kl wg Verletzg des Eigtums an der Pachtsache nicht die des Anspr wg Verletzg des Eigtums an Erzeugn der Pachtsache (BGH NJW **96**, 118); die Kl auf SchadErs wg NichtErf nicht die des Anspr aus § 649 (BGH NJW **92**, 1111); die Kl aus § 812 nicht die des SchadErsAnspr aus UWG 1 (BGH ZIP **89**, 735); die Kl auf Unterl von geschäftsschädigden Äußergen nicht die des Anspr auf Widerr (BGH NJW **73**, 2286); die Kl aus einem zur Sichg übertragenen Recht nicht die des gesicherten Anspr; die Kl auf Zahlg des PflTeils nicht die des Anspr auf PflTeilsErgänzg (BGH **132**, 240); die Kl auf Zahlg des großen PflTeils od auf Zustimmg zu einem Teilgs- u AuseinandSPlan nicht die des Anspr auf ZugewinnAusgl (BGH NJW **83**, 388, **93**, 2438); die Kl auf Auskunft od Rechngslegg nicht die des HauptAnspr (BAG NJW **96**, 1693, BayObLG NJW-RR **91**, 395, Celle NJW-RR **95**, 1411). Unschädl ist eine unricht Fassg des KlAntr, wenn der StreitGgst dch Auslegg ermittelt werden kann (BGH NJW-RR **97**, 1217). Auch AntrÄnd, die die Identität des Anspr unberührt lassen, beenden die Hemmg nicht (BGH **104**, 271: Valuta statt DM; BGH NJW-RR **90**, 183: DM statt Valuta; BGH NJW **95**, 1676: Freistellg statt Zahlg; BGH NJW **99**, 2110: Zahlg an SichgZedenten statt an Zessionar). 13

bb) Die Hemmg erstreckt sich auf alle in Betr kommden **Anspruchsgrundlagen** (BGH NJW **83**, 2813), auch wenn die Klage im GerStand des ZPO 32 erhoben w (Köln VersR **93**, 1367). Sie erfaßt, wie **§ 213** jetzt ausdr klarstellt, auch Anspr, die wahlw neben dem Anspr od an seiner Stelle gegeben sind (s bei § 213). Bei Anspr wg Sachmängel betrifft die Hemmg die MangelUrs, nicht nur die erkennb gewordenen Mangelerscheingen (BGH NJW-RR **89**, 208, Weise BauR **91**, 27). 14

cc) Bei **Schadensersatzansprüchen** erstreckt sich die Hemmg nicht auf and, nicht eingeklagte SchadFolgen (BGH NJW **98**, 1303). Sie beschränkt sich aber nicht auf die konkrete Ausgestaltg der ErsPfl, sond betrifft diese schlechthin (BGH NJW **85**, 1152), die auf Zahlg gerichtete Klage hemmt die Verj daher auch für die gem § 249 S 1 geschuldete Freihaltg (BGH aaO). Die RegreßKl gg den RA hemmt auch die Verj des SekundärAnspr, der auf NichtAufkl über die RegreßPfl beruht (BGH NJW **96**, 2797). Auch für SchadErsAnspr gilt § 213, der die Hemmg auch auf Anspr erstreckt, die wahlw neben dem Anspr od an seine Stelle gegeben sind. 15

dd) Eine **Teilklage** hemmt die Verj nur in Höhe des eingeklagten Betrages (BGH **66**, 147, NJW **78**, 1058, VersR **84**, 391). Das gilt auch dann, wenn der Anspr seinem ganzen Umfang nach dargelegt u die Geltdmachg des Restes ausdr vorbehalten w (RG **77**, 213). And ist es zu beurteilen, wenn der Gläub den **Anspruch im ganzen** geltd macht, der zunächst eingeklagte Betrag sich aber als zu niedr erweist. Die unbezifferte SchmerzG- od FeststellgsKl führt zur Hemmg der Verj im ganzen (BGH NJW **74**, 1551), auch hins nicht bes erwähnter Positionen (BGH **103**, 301). Die SchadErsKl hemmt die Verj auch hins des Mehrbetrages, um den sich der Schaden inf der Änd der PrVerh erhöht (BGH NJW **70**, 1682, **82**, 1809, VersR **84**, 868). Das gilt ebso für die Kl auf Vorschuß zur Behebg von Baumängeln (BGH **66**, 139), nicht aber für die Kl auf Ers der Kosten für eine bereits dchgeführte Mängelbeseitigg (BGH **66**, 147). Eine Kl, mit der **Teilbeträge verschiedener Ansprüche** ohne nähere Aufgliederg geltd gemacht w, hemmt die Verj für jeden Anspr in Höhe der gesamten KlSumme (BGH NJW **59**, 1819, **67**, 2210, **96**, 2152, NJW-RR **96**, 885); die Hemmg entfällt aber rückwirkd, wenn der Kläger die Aufgliederg bis zum Ende des Proz nicht nachholt (BGH NJW **84**, 2346). 16

3) Antrag im vereinfachten Unterhaltsverfahren, I Nr 2. Die Vorschr entspr dem bish § 209 II Nr 1 b aF. Sie betrifft das in ZPO 645 ff geregelte vereinfachte Verf über den Unterh Mdj. Der Antr muß den geltd gemachten Anspr individualisieren (Rn 18). Unzuständigk des Ger u Nichteinhaltg von Anfordergen des ZPO 646 hindert die Hemmg der Verj nicht (Rn 4). Erfolgt die Zustellg „demnächst" (Rn 7), wirkt sie auf die Einreichg des Antr zurück (ZPO 647 II). 17

4) Mahnbescheid, I Nr 3. Die Vorschr entspr dem bish § 209 II Nr 1 aF. Der Bescheid muß den geltd gemachten Anspr bezeichnen (ZPO 690 I Nr 3); eine Substantiierg ist nicht erforderl, eine Individualisierg reicht aus (BGH NJW **96**, 2152, stRspr). Der Schu muß erkennen können, welcher Anspr gg ihn geltd gemacht w (BGH NJW **92**, 1111, **00**, 1420, **01**, 305). Es genügt die typisierte Bezeichng des RVerhältn iVm Individualisiergsmerkmalen, zB Kaufpreis gem Vertr v 1. 6. 01 od Rechng v 5. 6 01; SchadErs wg NichtErf des Vertr v 1. 7. 01; Unfall/Vorfall v 1. 3. 01 (BGH NJW **00**, 1420). Wird eine Mehrh von Fdgen geltd gemacht, müssen alle Fdgen individualisiert w (BGH NJW **93**, 862, **01**, 305, LG Bln ZMR **01**, 970, Schauder JuS **01**, 1054). Maßgebder Ztpkt für die Individualisierg ist die Zustellg des Bescheids; die Nachholg im StreitVerf wirkt nur *ex nunc* (BGH NJW **93**, 862, **95**, 2230, **01**, 305). Beansprucht der Gläub einen GesBetrag aus einer Mehrh von individualisierten Fdgen, wird die Verj jeder Fdg in Höhe des geltd gemachten Betrages gehemmt, sofern der Gläub die fehlde Aufgliederg im Proz nachholt (BGH NJW-RR **96**, 885, Rn 16). Für den Umfang der Hemmg gilt Rn 13 f entspr (s BGH NJW **92**, 1111). Hemmg tritt auch ein, wenn das Ger unzuständ od der Antr unzul war (BGH **86**, 322, Hamm NJW **84**, 375, Rn 5); das gilt bei einem geringen Verschulden des Gläub auch dann, wenn die Zustellg dch die Abgabe des Antr an das zust Ger verzögert w (BGH NJW **90**, 1368). Auch das Fehlen einer Unterschr unter dem Antrag ist unschädl, sofern der Bescheid 18 erlassen u zugestellt w (BGH **86**, 321). Der Gläub kann den auf Antr eines vollmachtlosen Vertreters erlassenen Mahnbescheid mit Wirkg *ex tunc* genehmigen (BGH **LM** § 209 Nr 10). Wird der Anspr in ProzStandsch geltd gemacht, muß diese offengelegt werden, zumindest aber erkennb sein (BGH NJW **72**, 1580, **99**, 3707). Ein erst nach Eröffng des InsVerf zugestellter Mahnbescheid hemmt die Verj nicht (RG **129**, 344). Erfolgt die Zustellg **„demnächst"** (Rn 7), wirkt sie auf den Ztpkt der Einreichg des Antr zurück (ZPO 693 II). Rückwirkg tritt auch ein, wenn die Zustellg erst nach Beseitigg eines dch ZwVfg beanstandeten Mangels erfolgt (BGH NJW **99**, 3717). Sie erfaßt auch Erweitergen des MahnAntr (BGH **103**, 26). Die Hemmg wird nicht dadch berührt, dass die „alsbaldige" Abgabe der Streitsache (ZPO 696 III) unterbleibt (BGH NJW **96**, 2152).

19 **5) Güteantrag, I Nr 4.** Die Vorschr knüpft an den bish § 209 II Nr 1 a aF an, erweitert aber dessen AnwendgsBereich u verbessert dessen Fassg. Sie gilt, wie schon bisher, für Antr an eine von der LJVerw eingerichtete od anerkannte Gütestelle. Grdl dieser Einrichtgen sind ZPO 794 I Nr 1 sowie EGZPO 15 a u die einschläg LandesGes (GesTexte u Übersicht s Zietsch/Roschmann in NJW **01**, Beil zu Heft 51). Gleichgestellt sind Antr an eine and Gütstelle (EGZPO 15 a III), wenn die Part vor ihr einvernehml einen Einiggsversuch unternehmen wollen. Der Antr muß die notw Formalien wahren (Rn 4) u vom Berecht gestellt werden (Rn 9). Ist der Schu AntrSt, tritt keine Hemmg ein (Parallele zur negativen FeststellgsKl, Rn 3). And ist es aber, wenn der GüteAntr von beiden Part gestellt wird. Wie das Ges jetzt ausdr klarstellt, wird die Verj erst mit Bekanntgabe an den Schu gehemmt. Zustellg ist nicht erforderl. Die Bekanntgabe wirkt auf die Einreichg zurück, wenn sie demnächst (Rn 7) erfolgt. Hemmg tritt auch ein, wenn die Gütestelle örtl unzuständ ist (BGH **123**, 337). Entspr gilt bei sachl Unzuständigk, es sei denn, der Gläub handelt wider besseres Wissen. Auf Antr an die Internationale Handelskammer zur Dchführg eines SchlichtgsVerf ist I Nr 4 weder direkt noch analog anwendb (BGH NJW-RR **93**, 1059).

20 **6) Aufrechnung, I Nr 5.** Die Vorschr entspr § 209 II Nr 3 aF. Die Aufr wird im Proz geltd gemacht, wenn eine Part die Aufr erklärt od vorträgt, dass sie bereits außerh des Proz aufgerechnet habe. Die Vorschr betrifft ausschließl die Aufr, die nicht dchgreift. Hat die Aufr Erfolg, erlischt die Fdg u die VerjFrage ist ggstlos. Anwendgsfälle des I Nr 5 sind die nicht berücksichtigte EventualAufr (BGH NJW **90**, 2681, allgM), die prozessual unzul Aufr (BGH **83**, 270) u die Aufr, die aus mat Grden, etwa wg eines AufrVerbots, nicht dchgreift (s BGH **80**, 225, **83**, 270). Bei fehlder Ggseitigk ist jedoch Voraussetzg, dass die Aufr auch ggü dem richt Schu geltd gemacht worden ist (BGH **80**, 225). Unanwendb ist I Nr 5, wenn der Bekl mit einer bereits dch Aufr des Klägers erloschenen Fdg aufrechnet (Köln MDR **89**, 636). Hemmg tritt nur hins des zur Aufr verwendeten Teils des Anspr ein. Sie ist daher der Höhe nach dch den Betrag der KlFdg begrenzt (RG **57**, 375, BGH NJW-RR **86**, 1079, NJW **90**, 2680). Werden mehrere Fdgen zur Aufr gestellt, wirkt die Hemmg für alle in Höhe der KlFdg (BayObLG **66**, 361). Ende der Hemmg s II. Auf **Ausschlußfristen,** die in AGB vorgesehen sind, kann I Nr 5 uU entspr angewandt w (BGH **83**, 270).

21 **7) Streitverkündung, I Nr 6.** Die Vorschr entspr § 209 II Nr 4 aF. Die Hemmg tritt gem ZPO 270 III bereits mit Einreichg des Schriftsatzes ein, wenn die Zustellg „demnächst" (Rn 7) erfolgt. Auch die Streitverkündg im selbstd BeweisVerf begründet Hemmg (BGH **134**, 190), ebso die im PKH-Verf (Hamm NJW **94**, 203). Die Hemmg setzt voraus, dass die Streitverkündg vom Berecht ausgeht (BGH BB **93**, 1687, entspr Rn 9) u dass sie den ZulässigkErfordern des ZPO 72 genügt (BGH **36**, 214, **65**, 131, **70**, 189, KG OLGZ **89**, 74). Diese sind auch erfüllt, wenn der Streitverkünder alternativ zum StreitverkündgsEmpf als Schu in Betracht kommt (BGH **8**, 80). Sie können ausnw auch dann vorliegen, wenn Streitverkünder u der StreitverkündgsEmpf als GesSchu haften (LG Landau NJW-RR **01**, 1026: Bauuntern u Architekt). Die ZulässigkFrage ist erst im FolgeProz zu prüfen (BGH **70**, 189, Saarbr NJW-RR **89**, 1216). Hemmg tritt auch ein, wenn der Streitverkündde im Vorprozeß obsiegt (BGH **36**, 214). Sie entfällt aber, wenn die Kl nach der Streitverkündg zurückgenommen w (BGH **65**, 134). Auch eine Streitverkündg erst im BetrVerf unterbricht die Verj (BGH NJW **79**, 264). Streitverkündg im AuslProz unterbricht, sofern sie den wesentl Voraussetzgen des dtschen Rechts entspr (RG **61**, 393) u eine Anerkenng der ausl Entsch zu erwarten ist (Taupitz ZZP **102**, 288). Ende der Hemmg s II.

22 **8) Selbständiges Beweisverfahren, I Nr 7.** Die Vorschr erweitert §§ 477 I, 639 I aF zu einem allg HemmgsTatbestd. Hemmg tritt gem ZPO 270 III bereits mit Einreichg des Antr ein, wenn die Zustellg „demnächst" (Rn 7) erfolgt. Der AntrSteller (ZPO 485) muß ansprberecht sein (BGH NJW **93**, 1916) od im Laufe des Verf werden (BGH aaO), insb dch Abtr, dann ist die Verj von da an gehemmt (BGH aa0). Ein vom Schu gestellter Antr hemmt die Verj nicht (Lenkeit BauR **02**, 196/216; Parallele zur negativen FeststellgKl s Rn 2). Unzulässigk des Verf steht nicht entgg, solange der Antr nicht als unzul zurückgewiesen ist (BGH NJW **98**, 1305). Das Verf muß sich gg den Schu richten (BGH NJW **80**, 1485). Obwohl das Ger des selbstd BewVerf die Erheblichk des BewThemas nicht zu prüfen hat (BGH NJW **00**, 960), wird die Verj nur gehemmt, falls die zum Ggst des Verf gemachte TatsBehauptg, wenn auch vielleicht nur als Indiz, für die Entscheidg über den Anspr von Bedeutg sein kann. Hemmg tritt aber auch ein, wenn das BewMittel den Vortrag des Gläub nicht bestätigt (s BGH NJW-RR **98**, 1475). Haben beide Part das Verf beantragt, kommt es auf das Ende des vom Gläub beantragten Verf an. Ende der Hemmg s II.

23 **9) Begutachtungsverfahren, I Nr 8**. Die ggü dem bish Recht neue Vorschr stellt auf den Beginn des Verf od die Beauftragg des GAters ab, nicht auf die Zustellg od Bekanngabe des Antr. Gehemmt wird die Verj der Anspr, deren Voraussetzgen dch die Begutachtg geklärt werden sollen. I Nr 8 betrifft: **(1)** Vereinbg einer Begutachtg. Gleichgült ist, ob das GA von einer ständ Schiedsstelle od einem für den Einzelfall bestellten SchiedsGAter (§ 317 Rn 4) erstattet werden soll. Das Verf beginnt, soweit die Part nicht and vereinbart haben, mit der Beauftragg des GAters. Hemmg tritt auch ein, wenn der Schu den einvernehml ausgewählten GAter beauftragt. **(2)** Verf nach § 641 a. Hemmg tritt ein, wenn der Gläub (Untern) den GAter beauftragt (§ 641 a II 2). Die Unterrichtg des Schu wird dch seine Ladg zum Besichtiggstermin (§ 641 a III 1) sichergestellt (BT-Drs 14/6040 S 115). Ende der Hemmg s II.

10) Einstweiliger Rechtsschutz, I Nr 9. Nach dieser ggü dem bish Recht neuen Vorschr begründen auch der Antr auf Erlaß eines Arrests, einer einstw Vfg u einer einstw Anordng eine Hemmg der Verj. Die Hemmg erfaßt den Anspr, der dch den Antr auf einstw RSchutz gesichert od auf der Grdl einer LeistgsVfg (ThP/Reichold ZPO 940 Rn 6) erfüllt werden soll. Hemmg tritt auch ein, wenn der Antr unbegründet od unzul ist (Rn 4). And ist es, wenn der Antr schon den wesentl Erfordernissen der ZPO 945 ff nicht entspr od mißbräuchl gestellt wird, um eine Hemmg der Verj zu erreichen. Die Hemmg beginnt, auch hier möglicherw mit der Rückwirkg des ZPO 270 III, mit Zustellg des Antr. Wird der Antr nicht zugestellt, tritt Hemmg ab Einreichg ein, wenn der Arrestbefehl od die einstw Vfg (Anordng) dem Schu zugestellt wird u zwar innerh eines Mo ab Verkündg od Zustellg an den Gläub. Auf diese Fr finden nach III die Vorschr über die Hemmg bei höherer Gewalt (§ 206) u die Ablaufhemmg (§§ 210, 211) entspr Anwendg. Der nicht zugestellte u vom Ger zurückgewiesene Antr führt nicht zu einer Hemmg. Soweit aGrd der einstw Maßn des Ger vollstreckt wird, kommt es nach § 212 I Nr 2 zu einem Neubeginn der Verj. Ende der Hemmg s II. 24

11) Anmeldung im Insolvenzverfahren, I Nr 10. Die Vorschr entspr § 209 II Nr 2 aF. Die Verj wird nur für InsFdgen u nur in Höhe des angemeldeten Betrags gehemmt (RG **170**, 278); der Gläub kann aber nachträgl geltd machen, der Schaden sei höher, so dass der angemeldete Betrag trotz MitVersch berecht sei (RG aaO). Die Hemmg fällt nicht rückwirkd fort, wenn die Eröffng des InsVerf auf Beschw aufgehoben w (Celle NJW **59**, 941). Die Anmeldg als Masseschuld hemmt die Verj nicht (LAG Hbg ZIP **88**, 1271), wohl aber die Anmeldg in einem niederländ InsVerf (Düss NJW **90**, 640). Der Anmeldg im InsVerf steht die Anmeldg im Schiffahrtsrechtl VerteilgsVerf (SVertO, BGBl I **99** S 531) gleich. Ende der Hemmg s II. 25

12) Schiedsrichterliches Verfahren, I Nr 11. Die Vorschr ersetzt § 220 II aF. Vor dem SchiedsGer kann Kl erst nach dessen Konstituierg eingereicht u dem Bekl übermittelt werden. I Nr 11 stellt daher nicht auf die Einreichg der Kl, sond auf den Beginn des schiedsrichterl Verf ab. Diesen Begriff definiert ZPO 1044. Danach beginnt das SchiedsVerf unabhäng von der Konstituierg des SchiedsGer mit dem Tag, an dem der Bekl den Antr empfangen hat, die Streitigk einem SchiedsGer vorzulegen. Der Antr muß die Bezeichng der Part, die Angabe des StreitGgst u einen Hinw auf die SchiedsVereinbg enthalten. Genügt der Antr diesen Anfordergen, tritt Hemmg ein, auch wenn das SchiedsGer seine Zuständigk verneint. Fehlen Angaben, tritt Hemmg *ex nunc* ein, wenn der Gläub sie nachholt. I Nr 11 gilt auch für SchiedsVerf im Ausl (Junker KTS **87**, 45, BT-Drs 14/7052 S 181). 26

13) Vorverfahren vor einer Verwaltungsbehörde, I Nr 12. Das SMG hat § 210 aF sachl unverändert auf I Nr 12 u 13 aufgeteilt. I Nr 12 ist anwendb, wenn ein behördl VorVerf ProzVoraussetzg für die KlErhebg ist. Bsp sind StrEG 10 ff, Nato-Truppenstatut 6 ff, FinanzVertr 8 X. Auch wenn die behördl Entsch nur für einen KlGrd ProzVoraussetzg ist, hemmt der Antr die Verj für alle KlGrde (BayObLG **56**, 65). Untätigk des Gläub führt nicht zur Beendigg der Hemmg, wenn die Beh vAw für den Fortgang des Verf zu sorgen hat (BGH VersR **77**, 647). Hemmg tritt nur ein, wenn die Beh eine SachEntsch trifft (aA Staud/Peters § 210 Rn 2). Die Fr von 3 Mo beginnt, wenn die Entsch dem Gläub zugeht. Auf sie finden nach III die Vorschr über die Hemmg bei höherer Gewalt (§ 206) u die Ablaufhemmg (§§ 210, 211) entspr Anwendg. Betrifft die behördl Entsch nicht die Zulässigk, sond die Begründeth der Kl, findet I Nr 12 keine Anwendg (BGH **LM** § 210 Nr 5). 27

14) Zuständigkeitsbestimmung durch das höhere Gericht, I Nr 13. Die Vorschr ist anwendb, wenn das zuständ Ger gem ZPO 36 für die Kl, den MahnAntr od einen and Antr dch das im RZug zunächst höhere Ger bestimmt werden muß. Sie gilt auch iF des ZPO 36 Nr 3, in dem Kl auch ohne ZuständigkBest erhoben werden könnte (Staud/Peters § 210 Rn 4). Hemmg tritt auch hier nur ein, wenn das Ger über das Gesuch eine SachEntsch trifft (str). Die Fr von 3 Mo beginnt, wenn die Entsch dem Gläub zugeht. Auf sie finden nach III die Vorschr über die Hemmg bei höherer Gewalt (§ 206) u die Ablaufhemmg (§§ 210, 211) entspr Anwendg. 28

15) Antrag auf Prozeßkostenhilfe, I Nr 14. Währd der PKH-Antr die Verj nach bish Recht nur auf der Grdl des § 203 II aF u nur bei Beachtg einschränkder Kriterien hemmte (s § 203 aF Rn 9 im HptBd), stellt I Nr 14 den erstmaligen PKH-Antr jetzt ausdr den and in I aufgelisteten Antr u damit auch der Kl gleich. Die von der bisher Rspr zu § 203 II aF entwickelten Grds sind daher überholt (BT-Drs 14/6040 S 116). – 29
a) Voraussetzungen. Der Antr muß den wesentl Erfordern des ZPO 117 entspr. Die Erkl nach ZPO 117 II kann nachgereicht werden (s BGH NJW **98**, 3486, ZIP **99**, 1001 zur Kl). Auch der unzul, unschlüss u unbegründete Antr begründet Hemmg (Rn 5). Es genügt, wenn der geltd gemachte Anspr – unterhalb der Stufe der Substantierg – individualisiert u der StreitGgst bestimmt wird (Rn 4). Der Antr muß vom Berecht gestellt w u sich gg den Schu richten (Rn 9, 12). Für den Umfang der Hemmg gilt Rn 13 ff entspr. Macht der Gläub einen TAnspr geltd, tritt nur insoweit Hemmg ein (Rn 16). Fördert der Gläub das Verf nicht in dem erforderl Umfang, gilt II 2. Ein mißbräuchl Antr, zB der eines offensichtl nicht bedürft Gläub, hemmt die Verj 30
nicht. – **b) Erster Antrag.** Nur der erstmalige Antr hemmt die Verj, seine Wiederholg auch dann nicht, wenn der erste Antr zu Unrecht od wg Nichteinhaltg einer Anforderg zurückgewiesen worden ist, denen der zweite genügt. Ist der am 1.3. eingelegte Antr am 1. 4. zu Unrecht od wg Fehlens der Erkl gem ZPO 117 II abgelehnt worden u wird dem AntrSt aGrd eines neuen Antr am 1. 7. PKH bewilligt, war die Verj nur vom 31
1. 3. bis 1. 4. gehemmt. – **c) Bekanntgabe**. Die Verj wird nur gehemmt, wenn der Antr dem Schu bekannt gegeben wird. Auf Zustellg kann I 14 nicht abstellen, da sie zivilprozessual nicht vorgeschrieben ist. In entspr Anwendg von ZPO 270 III wirkt die Hemmg auf die Einreichg zurück, wenn die Bekanntgabe demnächst erfolgt (Rn 7). Antr, die das Ger – etwa wg offensichtl Aussichtslosigk – dem Schu nicht bekannt gibt, begründen keine Hemmg. In diesem Fall ist der bekanntgegebene zweite Antr ein erstmaliger iSd Rn 31. 32

16) Ende der Hemmung, II. II entspr §§ 211, 212 a, u 215–217 aF. Er sieht für alle Verf eine einheitl Regelg vor u vereinfacht dadch die RAnwendg. Die jetzt für alle Verf vorgesehene Fr von 6 Mo ab Beendigg gilt, bei einigen Verf abw vom bish Recht, auch, wenn das Verf dch Rückn des Antr endet. Diese Regel, die § 212 aF überflüsig macht, ist sachgerecht, zumal die in I aufgelisteten Verf nicht mehr zum Neubeginn, sond nur noch zur Hemmg der Verj führen. Berechng der Fr s §§ 187 f. 33

34 **17) Ende der Hemmung durch Beendigung des Verfahrens, II 1.** Die Bendigg des Verf, die die 6-Mo-Fr in Lauf setzt, knüpft in den einz Verf an unterschiedl Tatbestde an: – **a) Klage, I Nr 1.** Rechtskr Entsch sind das EndUrt (ZPO 300), das VorbehUrt (ZPO 302, 599), das TeilUrt hins des entschiedenen AnsprTeils (BGH **65**, 136), nach Aufhebg des § 212 aF auch das ProzUrt, nicht aber das GrdUrt (BGH **65**, 135). Die 6-Mo-Fr beginnt mit formeller RKraft der Entsch. Zur anderweit Erledigg führt der gerichtl oder außergerichtl Vergl, die übereinstimmde Erkl der Erledigg der Hauptsache (Staud/Peters § 209 Rn 5) u jetzt
35 auch die KlRückn (Rn 33). – **b) Antrag im vereinfachten Unterhaltsverfahren, I Nr 2.** Das Verf ist beendigt, wenn der FestsetzgsBeschl (ZPO 649) erlassen od der Antr zurückgewiesen worden ist u die BeschwFr abgelaufen ist. Weitere BeendiggsGrde sind Rückn des Antr, Vergl u Erledigg der Hauptsache.
36 Schließt sich das str Verf innerhalb der 6-Mo-Fr an, besteht die Hemmg fort. – **c) Mahnbescheid, I Nr 3.** Das MahnVerf ist beendigt, wenn die Sache gem ZPO 696 I an das StreitGer abgegeben (BGH **103**, 27, NJW-RR **92**, 1022), der Antrag rechtskr zurückgewiesen od der VollstrBescheid rechtskr geworden ist (ZPO 700). And als nach bisher Recht ist die Rückn des Antr ein normaler, die 6-Mo-Fr auslösder BeendiggsTatbestd (Rn 33) u die Hemmg entfällt auch dann nicht *ex tunc*, wenn der Mahnbescheid gem ZPO 701 seine Kraft verliert. Wenn das AmtsGer den RStreit nach Einlegg von Widerspr od Einspr innerhalb der 6-Mo-Fr an das zuständ Ger abgibt (ZPO 696 I, 700 III) besteht die Hemmg fort; auf die Anberaumg eines
37 VhdlgsTermins vor dem StreitGer kommt es nicht an (s BGH **55**, 214 zum fr Recht). – **d) Güteantrag, II Nr 4.** Das GüteVerf endet mit der gütl Einigg od dem Scheitern des Güteversuchs (s BGH **123**, 346). Auch
38 die Beendigg dch Rückn setzt die 6-Mo-Fr in Lauf. – **e) Aufrechnung, Streitverkündung, I Nr 5, 6.** Rn 34gilt entspr. Ein GrdUrt setzt auch hier die 6-Mo-Fr nicht in Lauf (BGH **65**, 135, NJW **80**, 2303), ein
39 TUrt nur, soweit es den vorgreifl ProzStoff erledigt (BGH **65**, 135). KLRückn s Rn 33. – **f) Selbständiges Beweisverfahren, I Nr 7.** Das Verf ist beendigt mit dem Schluß des BewTermins, in dem die angeordnete BewAufn dchgeführt worden ist. Die Übermittlg des Protokolls an die Part liegt außerh der BewAufn u gehört nicht mehr zum BewVerf (BGH **60**, 212). Findet kein Termin zur Erläuterg des GA statt, endet das Verf mit der Übermittlg der GA an die Part (BGH NJW **93**, 951). Weitere BeendiggsGrde sind Rückn des
40 Antr (Rn 33) u nach Ablauf der BeschwFr (ZPO 567) der den Antr zurückweisde Beschl. – **g) Begutachtungsverfahren, I Nr 8.** Das Verf ist beendigt, wenn der GAter die Fertigstellgsbescheinigg (§ 641 a) erteilt od das GA erstattet, wenn er die Begutachtg od seine weitere Tätigk ablehnt od wenn der Antr zurück-
41 genommen wird. – **h) Einstweiliger Rechtsschutz, I Nr 9.** Wird keinWiderspr (ZPO 924) eingelegt, endet das Verf mit dem Erlaß des Arrests od der einstw Vfg (Anordng). Anschließde VollstrMaßn gehören nicht mehr zum Arrest/VfgVerf, führen aber gem § 212 I Nr 2 zum Neubeginn der Verj. Wird innerh der 6-Mo-Fr Widerspr eingelegt, dauert die Hemmg bis zum rechtskr Abschluß dieses Verf. Weitere EndiggsGrde sind Rückn des Antr, Vergl u Erledigg der Hauptsache. Wird auch Kl zur Hauptsache erhoben, endet die
42 Hemmg erst, wenn beide Verf beendigt sind. – **i) Anmeldung im Insolvenzverfahren, I Nr 10.** Das InsVerf endet dch Aufhebg (InsO 200, 258) od Einstellg (InsO 207 ff), aber nicht schon mit BeschlFassg, sond erst mit öff Bekanntmachg (BGH **64**, 3). Auch die Rückn der Anmeldg, die Rückn des InsolvenzAntr u die
43 Aufhebg des EröffngsBeschl dch das BeschwGer beendigen das Verf *ex nunc.* – **j) Schiedsrichterliches Verfahren, I Nr 11**. Es endigt gem ZPO 1056 mit der Übersendg des Schiedsspruchs an die Part (ZPO 1054 IV) od mit dem Erlaß eines Beschlusses gem ZPO 1056 II. Die Beendigung verschiebt sich entspr, wenn gem ZPO 1057 II noch ein ergänzder Schiedsspruch über die Kosten erlassen wird od innerh der 6-Mo-Fr ein Verf gem ZPO 1058 eingeleitet wird. Weitere EndiggsGrde sind Vergl (s aber ZPO 1053 II) u
44 Rückn der Kl. – **k) Vorverfahren vor einer Verwaltungsbehörde, Zuständigkeitsbestimmung, I Nr 12, 13**. Das Verf ist beendigt, wenn den Part die Entsch der VerwBeh od des Ger zugeht. Es beginnt aber
45 nicht die 6-Mo-Fr des II, sond die in I Nr 11 u 12 festgelegte 3-Mo-Fr. – **l) Antrag auf Prozeßkostenhilfe.** Das Verf endet mit Bewilligg von PKH od der Ablehng des Antr, aber erst wenn die Fr des ZPO 567 abgelaufen ist (s zur Bewilligg ZPO 127 III). Weitere BeendiggsGrde sind Vergl u Rückn des Antr.

46 **18) Ende der Hemmung durch Nichtbetrieb, II Satz 2.** Die Vorschr übernimmt redaktionell verbessert § 211 II aF, sie gilt aber jetzt für alle in I aufgelisteten Verf. IdR betrifft sie die unter I Nr 1 fallden
47 Verf, s Rn 47–50. Zu den übrigen Verf s Rn 51. – **a) Stillstand** dch Nichtbetreiben liegt vor, wenn die Part die zur Förderg des Verf notw Hdlgen nicht vornehmen u das Verf dadch fakt in Stillstand gerät (BGH NJW **68**, 694, BAG NJW **72**, 1247), so wenn der Kläger den Anspr nicht begründet (Düss NJW-RR **88**, 703, Hamm OLGZ **94**, 358), wenn der Kläger iF des ZPO 254 den Anspr nach Erledigg der 1. Stufe nicht weiterverfolgt (BAG NJW **86**, 2527, Nürnbg NJW-RR **95**, 1091), wenn die Part untät sind, um den Ausgang eines MusterProz abzuwarten (BGH NJW **83**, 2496, **98**, 2274). Tritt der Stillstand nur hins eines Teils des Anspr ein, so endet die Hemmg nur für diesen (BAG NJW **61**, 2371). So kann es liegen, wenn ein TeilAntr nicht mehr gestellt w (BAG aaO, BGH VersR **70**, 817). Besteht für das Untätigbleiben des Berecht ein **triftiger** u für den and Teil erkennb **Grund,** endet die Hemmg nicht (BGH NJW **99**, 1101, 3774, **01**, 218). Ein rechtl zwingder Grd ist nicht erforderl, es genügt ein prozeßwirtschaftl vernünft Grd für das Zuwarten (BGH NJW **00**, 132), so wenn die Part zunächst den Ausgang eines StrafVerf abwarten (BGH aaO), wenn der Kläger die angekündigte AnschlBerufg erst in der mdl Vhdlg einlegt (BGH NJW **99**, 3774). wenn das Verf ruht, um einer Part die Beschaffg von Bew zu ermöglichen (BGH VersR **77**, 648), od wenn der richtige KlAntr wg einer vom Ger angeregten KlÄnd (Parteiwechsel) nicht gestellt w (BGH NJW **88**, 128). Das Abwarten der Entsch des BerufgsGer ist nur dann ein triftiger Grd, wenn die Entscheidg für den in erster Instanz verbliebenen Teil des RStreits vorgreifl ist (BGH NJW **01**, 218). Auch wenn die Part ohne triftige Grde untät sind, ist II 2 unanwendb, sow die Förderg des Verf **Sache des Gerichts** ist, das Ger also vAw tät w muß (BGH NJW **00**, 132). Das gilt etwa, wenn über einem PKH-Antr zu entscheiden ist (BGH NJW-RR **95**, 771), eine Part die Anschrift eines Zeugen nicht mitteilt (Köln VersR **70**, 1024), gerichtl Auflagen nicht erfüllt (BGH NJW-RR **94**, 889, Hamm NJW-RR **99**, 575), od das Ger nach RKraft des GrdUrt den vAw anzusetzden Termin nicht anberaumt (BGH NJW **79**, 2307). Dagg endet die Unterbrechg, wenn die Terminsansetzg auf Wunsch des Gläub unterbleibt (BGH NJW **83**, 2496) od wenn der Kläger nach Ende des MahnVerf der gerichtl Aufforderg gem ZPO 697 I nicht nachkommt (BGH NJW-RR **98**, 954, Düss OLGZ **94**, 219).

b) Unterbrechungen gem ProzR (ZPO 239–245) u **Aussetzungen** (ZPO 246 ff, 148 f) beenden die Hemmg der Verj nicht (BGH **15**, 80, **106**, 297, NJW-RR **93**, 742, BAG NJW **90**, 2578). Die Hemmg endet erst, wenn der Grd der Unterbrechg od Aussetzg wegfällt u die Part gleichwohl nichts unternehmen. Ordnet das Ger gem ZPO 251 I, 251 a III das **Ruhen** des Verf an, handelt es sich dagg um einen den Part zuzurechnden Stillstand des Verf (BGH NJW-RR **88**, 279, NJW **01**, 218). Daran ändert sich nichts, wenn das bereits ruhde Verf unterbrochen od ausgesetzt wird (BGH NJW **63**, 2019). 48

c) Die Hemmg **endet** mit der **letzten Verfahrenshandlung.** Darunter fallen alle Hdlgen der Part od des Ger, die der Förderg od Erledigg des RStreits dienen (RG **77**, 324), wie die Zustellg, Ladg, Vertagg, Aufforderg des Ger, den Anspr zu begründen (BGH NJW-RR **95**, 1336), Einreichg eines Schriftsatzes (BGH VersR **76**, 37), nicht aber die Einholg eines NotFrAttestes (Nürnbg OLGZ **66**, 390). Entscheidder Ztpkt ist das WirksWerden der letzten ProzHdlg (BGH **134**, 387). Handelt es sich um eine gerichtl Vfg, kommt es auf deren **Zugang** an (BGH aaO, NJW-RR **98**, 954). 49

d) Das **Weiterbetreiben des Verfahrens,** begründet nach **II 3** erneut die Hemmg der Verj. Es genügt jede ProzHdlg einer Part, die best u geeignet ist, den Proz wieder in Gang zu setzen, auch wenn die Hdlg im Ergebn erfolglos bleibt (BGH **73**, 8/11, NJW-RR **94**, 514). Nicht erforderl ist, dass der Schu von der Hdlg Kenntn erlangt (BGH NJW **84**, 2104). Ausr daher ein PKH-Antr (BGH aaO), TerminsAntr (BGH **55**, 216), VerweisgsAntr, auch wenn die ohne mdl Vhdlg beantragte Verweisg unzul ist (BGH VersR **76**, 37), Einlegen einer Anschlußberufg (BGH ZZP **89**, 204), Auftr zur Zustellg eines VollstrTitels, auch wenn sich diese als undchführb erweist (BGH **73**, 8/10); Zahlg der ProzGebühr (BGH **52**, 51, NJW **82**, 2662); hier soll es für die erneute Hemmg auf den Tag des Zahlgseingangs bei dem für das Ger zust PostGiroAmt ankommen (Karlsr NJW-RR **92**, 63). Genügd ist auch der Antr, das ruhde Verf auszusetzen (BGH NJW-RR **88**, 279), die Mitteilg über den Stand des StrafVerf, dessen Akten erfolglos angefordert worden sind (BGH NJW **00**, 132), nicht aber die Ankündigg, der RStreit solle fortgeführt w (Nürnbg NJW-RR **95**, 1091). Die Einleitg eines selbstd BeweisVerf ist zwar kein Weiterbetreiben iSd II 3 (BGH NJW **01**, 218), führt aber jetzt zur Anwendg von I Nr 7. Auch wenn der Kläger den Anspr inzw abgetreten hat, führt das Weiterbetreiben zur erneuten Hemmg (BGH NJW **84**, 2102, Düss NJW-RR **93**, 1327). 50

e) Für den **Stillstand und das Weiterbetreiben anderer Verfahren** gelten die Rn 41 ff entspr. Die Hemmg endet, wenn das Verf zum Stillstand kommt, weil die Part die zur Förderg des Verf erforderl Hdlgen nicht vornehmen. Das gilt nicht, wenn für das Zuwarten triftige Grde vorliegen od das Ger od die sonst zuständ Stelle vAw das Erforderl zu veranlassen hat. Zum Weiterbetreiben genügt jede Hdlg, die dem Fortgang des Verf dient. Im MahnVerf tritt Stillstand ein, wenn der Antr auf DchFührg des str Verf nicht gestellt (ZPO 696 I), der weitere Kostenvorschuß (GKG 65 I 2) nicht gezahlt (LG Ffm JurBüro **99**, 90) od der Vollstr-Bescheid im PartBetr zugestellt w soll (ZPO 699 IV), die Zustellg aber nicht erfolgt (s BGH **73**, 10, Mü OLGZ **76**, 189). 51

19) III betrifft die Fr der Nr 9 (1 Mo) sowie Nr 12 u 13 (3 Mo). Vgl Rn 24, 27, 28. 52

20) Weitere Hemmungsgründe. Der lange Katalog in I ist nicht abschließd. Weitere HemmgsGrde ergeben sich aus §§ 497 II, 771 S 2, HGB 439 III, PflVG 12 III, CMR 32 Nr 2. Hinzukommen UnterbrechgsTatbestd des bisher Rechts, die dch die Neuregelg zu HemmgsGrden geworden sind. – **a) Ausdrücklich** zu HemmgsTatbestden umgestellt hat das SMG: den Antr auf **Festsetzung von Anwaltsgebühren** (BRAGO 19 VII) u zwar unabhäng davon, ob der Antr demnächst zugestellt w (BGH NJW **81**, 825); die Übersendg der **Kostenrechnung des Notars** gem KostO 17 III 2 (BayObLG **90**, 279); die **Zahlungsaufforderung** gem KostO 17 III 2, 143, aber nur einmal (Celle DNotZ **76**, 759, Ffm JurBüro **83**, 1245). – 53
b) In **entsprechender Anwendung von I Nr 1** sind HemmgsGrde (fr UnterbrechgsGrde): das Adhäsions-Verf gem StPO 404 II (s Karlsr MDR **97**, 245); das Verf gem KostO 156 (BayObLG **92**, 75, KG u Schlesw DNotZ **95**, 788, 793, str, aA Schlesw DNotZ **96**, 474); der **Widerspruch** u die verwaltgsgerichtl od finanzgerichtl **Klage** hins des AmtshaftgsAnspr, der aus der angefochtenen Maßn abgeleitet w (BGH **95**, 238, NJW **95**, 2778, Saarbr NJW-RR **01**, 813/16); die Einleitg eines Verf gem WHG 10 II (BGH **97**, 97/112) u die Geltdmachg des öffr HerstellgsAnspr (BGH **103**, 246) hins des AmtshaftgsAnspr. Die Verj des Amts-HaftgsAnspr wird aber nicht gehemmt, wenn sich der Gläub gg die rechtsw Anklage mit einer Schutzschrift wendet (BGH NJW **98**, 2051) od wenn er den PrimärAnspr gg den Schu weiterverfolgt (BGH NJW **90**, 176). 54

20) Beweislast. Wer sich auf eine Hemmg der Verj beruft, hat die Tats zu beweisen, aus denen sich die Hemmg ergibt (allgM). Wer aus der Beendigg der Hemmg Rechte herleiten will, trägt insow die BewL. 55

205 *Hemmung der Verjährung bei Leistungsverweigerungsrecht.* **Die Verjährung ist gehemmt, solange der Schuldner auf Grund einer Vereinbarung mit dem Gläubiger vorübergehend zur Verweigerung der Leistung berechtigt ist.**

1) Allgemeines. § 205 knüpft an die Vorschr des § 202 aF an, hält sie aber nur mit erhebl reduziertem Inh aufrecht. Der GesGeber hat sich die Auffassg von Peters/Zimmermann zueigen gemacht, dass § 202 aF mehr Verwirrg als Nutzen erzeugt habe (BT-Drs 14/6040 S 118). Bei der anfängl Stundg od Einstellg der Fdg in ein Kontokorent habe § 202 aF neben § 199 I Nr 1 keine eigenständ Bedeutg. Die nachträgl Stdg enthalte immer ein Anerkenntn, auf das § 212 I Nr 1 anzuwenden sei. HemmgsTatbestd nach § § 205 ist daher entspr dem Vorschlag der SchuldRK (AbschlBer S 88) jetzt nur noch eine Vereinbg, die für den Schu vorübergehd ein LeistgVR begründet. Sie kann zugl ein Anerkenntn enthalten, auf das § 212 I Nr 2 anzuwenden ist, muß das aber nicht. 1

2) Voraussetzungen. – a) Das **Stillhalteabkommen** *(pactum de non petendo),* dh die Absprache zw Gläub u Schu, dass der Anspr einstweilen nicht geltd gemacht w soll, war bisher der Hauptanwendgsfall des § 202 aF. Entspr Abreden sind auch nach § 205 ein HemmgsTatbestd. Sie sind aber entbehrl, wenn Hemmg schon nach 2

§ 203 eintritt; auch wenn § 203 nicht anwendb ist, ist idR eine Abrede vorzugswürdig, in der ausdr eine Hemmg vereinbart wird. Wird dieser Weg nicht gewählt, gelten die bisher Grds weiter: Das Stillhalteabkommen kann stillschw zustandekommen. Der Wille der Part muß aber darauf gerichtet sein, für den Schu ein LeistgVR zu begründen (BGH NJW **83**, 2497, **98**, 2274, **99**, 1101, **00**, 2661) od die Klagbark der Fdg vorübergehd auszuschließen (BGH NJW-RR **89**, 1049, Kblz NJW-RR **91**, 375). Die Abrede, einen Proz vorläuf nicht weiter zu betreiben, genügt nicht (BGH NJW **83**, 2497). Ein Stillhalteabkommen kann vorliegen, wenn die Entsch einer VerwBeh, eines VorProz, der Ausgang von Ermittlgen od die weitere Schadensentwicklg abgewartet w soll (BGH **LM** NJW **73**, 316, **86**, 1338, **93**, 1323), wenn bei Anspr Dr zunächst deren Abwehr versucht werden soll (BGH NJW **99**, 1022), wenn der Gläub seine Befriedigg zunächst aus einer erfhalber abgetretenen Fdg suchen soll (s RG **70**, 37), wenn ein Dr auf Ers in Anspr genommen werden soll (BGH **LM** § 202 Nr 5, Hamm NJW-RR **93**, 215). Das TeilgsAbk zw SozVersTräger u HaftPflVers ist ein Stillhalteabkommen zG des Schädigers (§ 328) u hemmt die Verj (BGH **LM** § 202 Nr 12), bis die Leistgen des Vers die vertragl vorgesehene Höchstgrenze erreicht haben (BGH NJW **74**, 698, **78**, 2506). Die Hemmg endet, wenn ein nicht am TeilgsAbk beteil SozVersTräger zuständ w (Brschw VersR **77**, 450). Bei einer SichgGrdSch ist die Verj der Zinsen nicht bis zum Eintritt des SichgFalls gehemmt (BGH
3 NJW **99**, 3705 gg BGH NJW **96**, 256). – **b) Andere rechtliche Hindernisse**, die der Geltdmachg des Anspr vorübergehd entggstehen, begründen – and als nach bish Recht (BGH **10**, 310, NJW **69**, 1662) – grdsl keine Hemmg mehr. Wenn das Hindern in seiner Wirkg einem vereinbarten LeistgsVR gleichsteht, ist aber eine analoge Anwendg des § 205 nicht ausgeschlossen, so wenn der Schu einer nicht wirks abgetretenen Fdg wg einer unricht AbtrAnzeige (§ 409 I) berecht ist, die Leistg ggü dem wirkl Gläub zu verweigern (s BGH **64**, 117/21).

206 ***Hemmung der Verjährung bei höherer Gewalt.*** **Die Verjährung ist gehemmt, solange der Gläubiger innerhalb der letzten sechs Monate der Verjährungsfrist durch höhere Gewalt an der Rechtsverfolgung gehindert ist.**

1 **1) Allgemeines. – a) Fassung.** § 206 übernimmt sachl unverändert § 203 aF, verzichtet aber darauf, den Stillstand der RPflege als Unterfall der höheren Gewalt besonders zu erwähnen. In Übereinstimmg mit dem AbschlBer der SchuldRK (S 89) billigt die amtl Begründg (BT-Drs 14/6040 S 119) ausdr die bisher Rspr, dass zu spät behobene BewSchwierigk (Rn 8), verfassgsw Ges (Rn 8) u geänderte Rspr (Rn 7) keine
2 HemmgsGrde sind. – **b) Bedeutung.** Steht der Geltdmachg des Anspr ein tatsl Hindern entgg, so tritt grdsl keine Hemmg der Verj ein. Ausn gelten nur bei höherer Gewalt. Die HemmgsGrde des § 206 müssen **innerhalb der letzten 6 Monate** der VerjFr vorgelegen haben; auch wenn sie schon fr eingetreten sind, beginnt die Hemmg erst 6 Mo vor FrAblauf (BGH NJW-RR **91**, 574). Es genügt aber, dass das Hindern während eines Teils des Zeitraums gegeben war (allgM). Die Hemmgszeit wird gem § 209 nicht in die VerjFr
3 eingerechnet, s „solange" (BGH NJW **94**, 2753). – **c)** Auf **Ausschlußfristen** findet § 206 in einer Anzahl von Fällen kr ausdr Verweisg Anwendg (Übbl 14 v § 194). Fehlt eine solche Bezugn, kann § 206 idR nicht angewandt w (s BGH **19**, 20, Fr des ZPO 586; BGH DtZ **94**, 214, Fr des ZPO 958 II; BGH **33**, 363, Fr gem FinanzVertr Art 8).

4 **2) Höhere Gewalt** (s auch § 651 j). – **a) Begriff.** Höhere Gewalt liegt vor, wenn die Verhinderg auf Ereign beruht, die auch dch die äußerste, billigerweise zu erwartde Sorgf nicht vorausgesehen u verhütet w konnten; schon das geringste Verschulden des Gläub schließt höhere Gewalt aus (BGH **81**, 355, NJW **97**, 3164). Das Verschulden seines **Prozeßbevollmächtigten** muß sich der Gläub anrechnen lassen; es begründet also keine höhere Gewalt (BGH **17**, 203, **81**, 356, NJW **73**, 699, **97**, 3164). Entspr gilt für das Verschulden des ges Vertreters (BGH **LM** § 254 (E) Nr 2). Verschulden des Notars als AmtsPers ist dem Gläub dagg nicht zuzurechnen (KG NJW **59**, 296, Hamm NJW-RR **94**, 523). **Stillstand der Rechtspflege** ist ein Unterfall der höheren Gewalt. Sie setzt voraus, dass die Ger ihre Tätigk (etwa wg Kriegs od einer Naturkatastrophe) eingestellt haben. Es genügt nicht, dass der Gläub nur persönl an der RVerfolgg gehindert war (RG **128**, 47).

5 **b) Einzelfälle. – aa) Beispiele höherer Gewalt:** So plötzl auftretde Krankh, dass Vorsorge nicht mehr mögl ist (BGH VersR **63**, 94); verzögerl od falsche Sachbehandlg dch das Ger (BGH NJW **95**, 1419, Hamm FamRZ **77**, 552), etwa die für den Gläub unerkennb unwirks Zustellg eines VollstrTitels (BGH NJW **90**, 176), die unricht Belehrg über ein TestAnfR (BayObLG **60**, 497) od ein unricht Erbschein (BayObLG NJW-RR **89**, 1091); Löschg des Schu (GmbH) im Handelsregister (BAG **AP** Nr 2, Hamm NJW-RR **90**, 478, krit Schmidt DB **90**, 1703), Abweisg der KündSchutzKl für den LohnAnspr (LAG Düss MDR **98**, 784); Unmöglichk der Dchsetzg eines HerausgAnspr (Beutekunst), weil sich die Sache im Ausl befindet (Schoen NJW **01**, 537/43). **Keine** höhere Gewalt sind: Strafhaft (Schlesw SchlHA **49**, 367); Eröffng des InsVerf über das Vermögen des Gläub (BGH NJW **63**, 2019); die iF einer Klage in der fr DDR drohde VermNachteile (BGH ZIP **96**, 689).

6 **bb) Unkenntnis** vom Bestehen des Anspr ist keine höhere Gewalt (BGH NJW **68**, 1381, **97**, 3164), auch nicht eine falsche RAuffassg (BGH **24**, 134, Stgt NJW **00**, 2680). Bei Anspr, die unter die RegelVerj fallen, führt schon § 199 I Nr 2 dazu, dass die VerjFr erst bei Kenntn (grob fahrl Unkenntn) von den AnsprVoraussetzgen beginnt. Bei den nicht unter die RegelVerj fallden Anspr hat sich der GesGeber nach sorgf Prüfg u gründl Diskussion für einen kenntnisunabhäng Beginn u Ablauf der Verj entschieden. Das darf nicht dch Anwendg des § 206 korrigiert werden. Nicht ausgeschlossen ist aber, in bes liegden Fällen § 206 anzuwenden, so wenn der Gläub auf die unricht RBelehrg eines RKundigen vertraut hat u er sich dessen Verschulden nicht anzurechnen lassen braucht (RG JW **27**, 1195, Hamm FamRZ **75**, 589), wenn er von der zust AmtsPers eine unricht Ausk erhalten hat (BayObLG NJW-RR **93**, 782), wenn dch eine amtl Äußerg (Tatbestd des ScheidgsUrt) der Schein erweckt worden ist, das Kind seiner Frau sei auch ohne Anf nichtehel (Ffm u Schlesw DAVorm **84**, 405, 704) od wenn das JA die Zusage nicht einhält, seinerseits AnfKlage zu erheben (BGH NJW **94**, 2752). Auch die Rspr, die für ErsAnspr der Kreispachtgeschädigten wg Undchschaubark der RLage eine

Hemmg bis zum 31. 1. 95 bejaht hat (BGH **129**, 282, VIZ **00**, 168), betraf nicht verallgemeinergsfäh Sonderfälle.

cc) Verneint eine **„anspruchsfeindliche" ständige Rechtsprechung** den Anspr, so begründet das grdsl keine Hemmg (BAG NJW **62**, 1077, aA BGH DB **61**, 1257), da andf jede Änd einer ständ Rspr auf längst abgeschlossene Sachverhalte zurückwirken würde u Anspr, denen eine unricht stRspr entggsteht, prakt unverjährb wären, ein Ergebn, das unter Ordngsgesichtspkten nicht zu überzeugen vermag (vgl die Überleggen in BGH **37**, 117). Etwas and kann vielleicht dann angenommen w, wenn die Rspr iW richterl RFortbildg neue Anspr schafft, wie iF der Aufwertg nach dem 1. Weltkrieg (RG **120**, 357), od iF der Entschädigg von Impfschäden (BGH NJW **57**, 1595, 1597), doch bleibt die Anwendg des § 206 auch in diesen Fällen problemat (s Karlsr NJW **59**, 48 mAnm v Larenz). 7

dd) Es ist **keine höhere Gewalt**, wenn dem Anspr ein vom BVerfG noch nicht für unwirks erklärtes **verfassungswidriges** Ges entggsteht (Hamm u KG NJW **80**, 244, 246, str) od wenn der Gläub wg einer unwirks AGB-Klausel (MusterProzKlausel) scheinb nicht klagbefugt ist (BGH NJW **88**, 197). Eine ständ Rspr, die eine längere VerjFr bejaht, ist kein HemmgsGrd (BGH **60**, 101, NJW **77**, 375, **79**, 1162). Das gilt sicher dann, wenn die Dauer der Verj schon immer str war (BGH aaO); aber auch, wenn diese Voraussetzg nicht zutrifft, wird die Verj (entgg BGH NJW **60**, 283) nicht gehemmt, da die angebl längere VerjFr den Gläub nicht hinderte, den Anspr beizeiten geltd zu machen. Keine höhere Gewalt ist es auch, wenn der Gläub wg **Beweisschwierigkeiten** von einer KlErhebg abgesehen hat (BGH NJW **75**, 1466). 8

207 ***Hemmung der Verjährung aus familiären und ähnlichen Gründen.*** **I Die Verjährung von Ansprüchen zwischen Ehegatten ist gehemmt, solange die Ehe besteht. Das Gleiche gilt für Ansprüche zwischen**

1. Lebenspartnern, solange die Lebenspartnerschaft besteht,
2. Eltern und Kindern und dem Ehegatten eines Elternteils und dessen Kindern während der Minderjährigkeit der Kinder,
3. dem Vormund und dem Mündel während der Dauer des Vormundschaftsverhältnisses,
4. dem Betreuten und dem Betreuer während der Dauer des Betreuungsverhältnisses und
5. dem Pflegling und dem Pfleger während der Dauer der Pflegschaft.

Die Verjährung von Ansprüchen des Kindes gegen den Beistand ist während der Dauer der Beistandschaft gehemmt.

II § 208 bleibt unberührt.

1) Allgemeines. – a) Fassung. Die Vorschr übernimmt § 204 aF, erweitert sie aber dch Einbez der Anspr zw Stiefeltern u Stiefkindern. – **b) Bedeutung.** § 207 soll den FamFrieden vor Störgen dch die klagw Geltdmachg von Anspr schützen (BGH **76**, 295). Er ist vAw zu berücksichtigen (RG JW **08**, 192) u gilt für Anspr jeder Art, gleichgült, ob sie auf RGesch od Ges beruhen. Erfaßt werden auch Anspr aus VerkUnfällen (BGH NJW **88**, 1209), u zwar auch dann, wenn dem Gläub zugl ein DirektAnspr gg den HaftPflVers zusteht (Hamm VersR **98**, 1392). Die Hemmg endet, wenn der Anspr an einen Dr **abgetreten** wird od kr Ges auf ihn übergeht (Düss FamRZ **81**, 308). Sie beginnt von neuem, wenn der Anspr auf das FamMitgl zurückübertragen w (AG Hbg DAVorm **73**, 622). 1

2) Die einzelnen Fälle. – a) Ansprüche zwischen Ehegatten. Die Hemmg gilt auch für Anspr, die vor der Ehe entstanden sind (Nürnbg MDR **80**, 668). Sie beginnt mit dem Tag der Eheschließg u endet mit der Auflösg der Ehe. Die Scheidg dch ein ausl Ger beendigt die Hemmg auch dann, wenn sie im Inland nicht anerkannt w, vorausgesetzt, der Gläub hält sich dauernd im Ausl auf (Celle NJW **67**, 783). Auch die aufhebb Ehe fällt unter § 207 (Staud/Peters § 204 Rn 9). Dagg ist die Vorschr auf Nichtehen u eheähnl LebensGemsch unanwendb (Köln NJW-RR **00**, 558). – **b) Ansprüche zwischen Lebenspartnern.** Rn 2 gilt 2
entspr. Die Gleichstellg ist bereits dch das LPartG erfolgt. – **c) Ansprüche zwischen Eltern und Kindern** 3
und dem Ehegatten eines Elternteils und dessen Kinder. Die Hemmg erfaßt Anspr des Kindes gg die Eltern, aber auch umgekehrt Anspr der Eltern gg das Kind. Gleichgült ist, ob die Eltern die elterl Sorge haben u ob sie verheiratet sind (s bereits BGH **76**, 295). Erfaßt sind auch Anspr zw Adoptiveltern u Kind (§ 1754) u seit dem 1. 1. 02 auch Anspr zw dem Kind u dem Eheg seines Vaters od seiner Mu. Die Hemmg endet, wenn das Kind 18 Jahre alt (§ 2) od adoptiert w (§ 1755). Für Anspr zw dem Kind u dem Stiefvater (der StiefMu) endet die Hemmg auch mit Auflösg der Ehe, die das StiefkindVerh begründet. – **d) Ansprüche zwischen** 4
Vormund und Mündel, Betreutem und Betreuer, dem Pflegling und dem Pfleger. Der HemmgsTatbestd ist auch hier beidseit ausgestaltet. Auf die jetzt ausdr einbezogenen Anspr zw Betreutem u Betreuer u Pflegling u Pfleger hat die Rspr bisher § 204 aF entspr angewandt (BayObLG NJW-RR **99**, 518). Von Nr 4 nicht erfaßt wird der Anspr des Betreuers gg die Staatskasse (LG Mü FamRZ **98**, 323). 5

208 ***Hemmung der Verjährung bei Ansprüchen wegen Verletzung der sexuellen Selbstbestimmung.*** **Die Verjährung von Ansprüchen wegen Verletzung der sexuellen Selbstbestimmung ist bis zur Vollendung des 21. Lebensjahrs des Gläubigers gehemmt. Lebt der Gläubiger von Ansprüchen wegen Verletzung der sexuellen Selbstbestimmung bei Beginn der Verjährung mit dem Schuldner in häuslicher Gemeinschaft, so ist die Verjährung auch bis zur Beendigung der häuslichen Gemeinschaft gehemmt.**

1) Allgemeines. § 208 ist ein vom SMG neu geschaffener HemmgsTatbestd. Bei sexuellem Mißbr von Kindern begann die Verj bisher, soweit nicht § 204 aF eingriff, sobald der sorgeberecht Elternteil von der Verfehlg Kenntn erlangt hatte. Dieser ließ die 3-Jahres-Fr (fr § 852 aF, jetzt § 195) häufig verstreichen, etwa aus Rücksichtn auf den Täter od aus Angst vor einem Skandal. § 208 ändert diesen unbefriedigden RZustand. 1

Die Verj beginnt jetzt erst, wenn das Opfer selbst entscheiden kann, ob es seinen Anspr verfolgen will od nicht. Leben Täter u Opfer bei Beginn der Verj in häusl Gemsch, erfaßt § 208 mit seinem vom BTag angefügten S 2 (BT-Drs 14/7052 S 181) auch Anspr aus Taten, die an einem vollj Opfer begangen worden sind.

2 **2) Anwendungsbereich. – a) Sachlich.** Erfaßt werden alle Anspr aus Taten, die im 13. Abschn des StGB mit Strafe bedroht sind, nicht nur Anspr aus den in StGB 78 b I Nr 1 genannten StGB 176–179. Gehemmt ist
3 auch die Verj von Anspr gg den Anstifter u Gehilfen u von Anspr aus Versuch. – **b) Persönlich. – aa)** Hatte das Opfer zZ der Begehg der Tat das **21. Lebensjahr** noch **nicht** vollendet, ist die Verj bis zur Vollendg des 21. Lebensjahrs gehemmt. Für diese Altersgrenze hat sich der BTag im Interesse des Opferschutzes unter Hinw auf JGG 105 entschieden (BT-Drs 14/7052 S 181). Zw dem Opfer u dem Täter braucht niemals eine häusl Gemsch bestanden zu haben. Ihr Bestehen kann aber das Ende der Hemmg hinausschieben. (Rn 5). –
4 **bb)** Bei **erwachsenen** Opfern begründet S 2 eine Hemmg, wenn Opfer u Täter in häusl Gemsch gelebt haben. Die häusl Gemsch muß bei Beginn der Verj bestanden haben, dh am Ende des Jahres, in dem die Tat begangen worden ist (§ 199 I). Nicht erforderl ist ein ZusLeben im Ztpkt der Tat; wird nach Beginn der Verj eine häusl Gemsch begründet, ändert das am Lauf der Verj nichts. Häusl Gemsch: s §§ 617 I 1, 1567 I, 2028, 1969. Für S 2 ist das gemeins Wohnen in einer Wo entscheidd; zur häusl Gemsch können weitere Pers gehören.

5 **3) Ende der Hemmung.** Die Hemmg endet in den Fällen der Rn 3, wenn das Opfer das 21. Lebensjahr vollendet hat, in den Fällen der Rn 4 mit Beendigg der häusl Gemsch. Dieser Ztpkt ist auch in den Fällen der Rn 3 entscheidd, wenn Opfer u Täter bei Beginn der Verj, also am 21. Geburtstag des Opfers, in häusl Gemsch leben.

209 ***Wirkung der Hemmung.*** **Der Zeitraum, während dessen die Verjährung gehemmt ist, wird in die Verjährungsfrist nicht eingerechnet.**

1 Die VerjFr ist in konkreter Berechng um die Hemmgszeit zu verlängern. Höchstgrenzen für deren Berücksichtigg gibt es nicht (BGH **37**, 113, NJW **90**, 178). Der Tag, in dessen Verlauf der HemmgsGrd entsteht od wegfällt, gehört zur Hemmgszeit. (RG **161**, 127, BGH NJW **98**, 1058). Die Verj läuft nach Ende der Hemmg auch für die unter § 199 I fallden Anspr vom Beginn des nächsten Tages an (0 Uhr) weiter (s BGH **86**, 103). Die Wirkg der Hemmg beschränkt sich auf die Pers, zw denen der HemmgsGrd besteht (§§ 425 II, 429 II), die Verlängerg der VerjFr wirkt jedoch über § 768 zu Lasten des Bürgen.

210 ***Ablaufhemmung bei nicht voll Geschäftsfähigen.*** **I Ist eine geschäftsunfähige oder in der Geschäftsfähigkeit beschränkte Person ohne gesetzlichen Vertreter, so tritt eine für oder gegen sie laufende Verjährung nicht vor dem Ablauf von sechs Monaten nach dem Zeitpunkt ein, in dem die Person unbeschränkt geschäftsfähig oder der Mangel der Vertretung behoben wird. Ist die Verjährungsfrist kürzer als sechs Monate, so tritt der für die Verjährung bestimmte Zeitraum an die Stelle der sechs Monate.**

II Absatz 1 findet keine Anwendung, soweit eine in der Geschäftsfähigkeit beschränkte Person prozessfähig ist.

1 **1) Allgemeines. – a) Bedeutung.** Die Vorschr übernimmt § 206 aF, erweitert ihn aber. Währd § 206 aF nur anwendb war, wenn der Gläub nicht voll geschäftsfäh ist u keinen gesetzl Vertreter hat, gilt § 210 jetz auch umgekehrt für Anspr gg einen nicht voll geschfäh Schu ohne gesetzl Vertreter. Die Vorschr will, wie bisher, sicherstellen, dass der Gläub seinen Anspr nicht allein deshalb verliert, weil niemand für eine rechtzeit Unterbrechg der Verj sorgen kann. Sie soll ands auch den Gläub, der wg GeschUnFgk des Schu keine Kl erheben kann, vor einer Verj seiner Anspr schützen. Der Gläub, der sich auf den Schutz des § 210 verläßt, läuft aber das Risiko, dass er in einem späteren Proz die GeschUnFgk des Schu nicht beweisen kann. Vorzuziehen ist daher der Weg des ZPO 57 (s BGH NJW **79**, 1983). Auf den Betreuten, für den ein EinwilliggsVorbeh angeordnet worden ist, ist § 210 entspr anwendb (§ 1903 I 2). Dagg kann § 210 auf jur Pers nicht entspr angewandt w (BGH NJW **68**, 693); für sie muß erfdlf ein NotVorstd (§ 29) bestellt w. –
2 **b) Ausschlußfristen.** § 210 – u ebso § 211 – sind Ausdr eines allg RGedankens; sie sind daher auf AuschlFr grdsl entspr anwendb (Haueisen NJW **67**, 235); das ist insbes anerkannt für die Fr gem HGB 89 b IV 2 (BGH **73**, 101, WM **87**, 22) u StrEG 12 (BGH **79**, 2).

3 **2) Voraussetzungen.** § 210 erfaßt nur den Fall, dass der gesetzl Vertreter wirkl fehlt. Eine tatsl Behinderg des gesetzl Vertreters, etwa dch Krankh od Unkenntn der Angelegenh, fällt nicht unter § 210 (BGH NJW **75**, 260), doch kann uU § 203 eingreifen. Anwendb ist § 210 dagg, wenn der gesetzl Vertreter wg GeschUnfgk od Interessenkollision (§§ 181, 1629, 1795) rechtl verhindert ist (RG **143**, 350, BGH **55**, 271). § 210 gilt auch für den partiell GeschUnfähigen (BGH VersR **69**, 907, 1021, § 104 Rn 5), nicht aber für den gem §§ 112, 113 partiell Gesch- u ProzFähigen (II u ZPO 52). Das Fehlen des gesetzl Vertreters muß in die letzten 6 Mo der VerjFr fallen, braucht aber nicht währd der ganzen Zeit bestanden zu haben. Der amtl bestellte Vertreter eines RAnw ist nicht dessen gesetzl Vertreter (BGH **57**, 204).

4 **3) Wirkung.** Die VerjFr verlängert sich um 6 Mo, bei kürzerer VerjFr um die Dauer der Fr. Das gilt auch dann, wenn der Berecht währd der letzten 6 Mo nur kurze Zeit ohne ges Vertreter war (allgM).

211 ***Ablaufhemmung in Nachlassfällen.*** **Die Verjährung eines Anspruchs, der zu einem Nachlass gehört oder sich gegen einen Nachlass richtet, tritt nicht vor dem Ablauf von sechs Monaten nach dem Zeitpunkt ein, in dem die Erbschaft von dem Erben angenommen oder**

das Insolvenzverfahren über den Nachlass eröffnet wird oder von dem an der Anspruch von einem oder gegen einen Vertreter geltend gemacht werden kann. Ist die Verjährungsfrist kürzer als sechs Monate, so tritt der für die Verjährung bestimmte Zeitraum an die Stelle der sechs Monate.

§ 211 entspr inhaltl unverändert § 207 aF. Er beruht auf demselb RGedanken wie § 210; er schützt nicht nur den Erben, sond auch den NachlGläub (s auch § 2031). Die 6-Mo-Fr (od die kürzere VerjFr) beginnt: – **a)** mit der Ann der Erbsch (§ 1943), bei mehreren Miterben, wenn sämtl Erben angenommen haben; – **b)** mit Eröffng des NachlInsVerf (InsO 315 ff); – **c)** mit Einsetzg eines NachlVertreters, dh eines NachlVerw (§ 1975), NachlPflegers (§ 1960), AbwesenhPflegers (§ 1911) od TestVollstr (§§ 2197 ff), u zwar bei diesem mit der Ann des Amtes (RG **100**, 281), bei den and mit der gerichtl Bestellg. 1

212 ***Neubeginn der Verjährung.*** **I Die Verjährung beginnt erneut, wenn**

1. der Schuldner dem Gläubiger gegenüber den Anspruch durch Abschlagszahlung, Zinszahlung, Sicherheitsleistung oder in anderer Weise anerkennt oder

2. eine gerichtliche oder behördliche Vollstreckungshandlung vorgenommen oder beantragt wird.

II Der erneute Beginn der Verjährung infolge einer Vollstreckungshandlung gilt als nicht eingetreten, wenn die Vollstreckungshandlung auf Antrag des Gläubigers oder wegen Mangels der gesetzlichen Voraussetzungen aufgehoben wird.

III Der erneute Beginn der Verjährung durch den Antrag auf Vornahme einer Vollstreckungshandlung gilt als nicht eingetreten, wenn dem Antrag nicht stattgegeben oder der Antrag vor der Vollstreckungshandlung zurückgenommen oder die erwirkte Vollstreckungshandlung nach Absatz 2 aufgehoben wird.

1) Allgemeines. Das SMG hat den mißverständl Terminus „Unterbrechg" dch „Neubeginn" der Verj ersetzt u die Fälle eines Neubeginns auf das Anerkenntn u die Vorn od Beantragg einer VollstrHdlg beschränkt. § 212 faßt ohne inhaltl Änderg die §§ 208, 209 II Nr 5 u 216 aF zus. Auf **Ausschlußfristen** können die Vorschr über den Neubeginn der Verj idR nur angewandt w, wenn dies gesetzl vorgesehen ist (Übbl 14 v § 194). Bei rgeschäftl AusschlFr kann eine analoge Anwendg aber dem Partwillen entspr (s BGH **83**, 270). 1

2) Anerkenntnis, I Nr 1. – a) Rechtsnatur. Anerkenntn iSd § 212 ist das rein **tatsächliche Verhalten** des Schu ggü dem Gläub, aus dem sich das Bewußtsein vom Bestehen des Anspr unzweideut ergibt (BGH **58**, 104, NJW-RR **94**, 373, stRspr). Einer rgeschäftl WillErkl bedarf es nicht (RG **113**, 238). Das Anerkenntn ist eine geschäftsähnl Hdlg (Übbl 6 v § 104), deren RFolgen unabhäng vom Willen des Schu eintreten. Ein wirks Anerkenntn setzt GeschFgk voraus; die §§ 133, 157 sind entspr anzuwenden, ebso die §§ 164 ff (Rn 6), nicht aber die Vorschr über Willensmängel (RG HRR **30**, 96). Aus einem argl herbeigeführten Anerkenntn können aber wg § 242 keine Rechte hergeleitet w (§ 242 Rn 43). Das Anerkenntn kann in einem nichtigen RGesch, etwa einer unwirks Abtr, liegen (Karlsr HRR **39**, 549), es kann sich aber auch aus einem gült RGesch ergeben. Das abstrakte Schuldanerkenntn (§ 781) u das bestätigde (§ 781 Rn 3 ff) enthalten zugl auch ein Anerkenntn iSd § 208 (s Brem OLGZ **71**, 53). Auch währd einer HemmgsZeit kann die Verj neu beginnen (BGH NJW-RR **88**, 731). Ausgeschl ist der Neubeginn dagg nach Vollendg der Verj. Das nach Ablauf der VerjFr abgegebene Anerkenntn beseitigt die Verj nicht (BGH NJW-RR **87**, 289, NJW **97**, 517), kann aber uU als Verzicht auf die VerjEinr aufzufassen sein (§ 202 Rn 2). 2

b) Einzelfälle. Das Anerkenntn kann auch in einem schlüss Verhalten liegen; ausnw sogar in einem bloßen Stillschw (BGH NJW **65**, 1430). Erforderl ist aber, dass das Verhalten des Schu das **Bewußtsein vom Bestehen der Schuld** unzweideut zum Ausdr bringt (BGH **58**, 103, NJW **97**, 517). **Nicht** als Anerkenntn aufzufassen sind daher: die Zahlg in Erf einer BewährgsAufl gem StGB 56 b (Düss NJW-RR **94**, 614, aA Düss NJW-RR **92**, 99: Frage des Einzelfalls); die SicherhLeistg zur Abwendg der ZwVollstr (BGH NJW **93**, 1848); die Bezahlg der Kosten des einstw VfgsVerf bezügl des HauptAnspr (BGH NJW **81**, 1955); die Zahlg von Gutachterkosten bezügl des SchadErsAnspr (Naumbg OLG-NL **95**, 275); die Ankündigg einer Kulanzzahlg (Mü DAR **81**, 13); die Erkl des Schu, ihm sei ein Fehler unterlaufen (Hamm MDR **90**, 547); seine Erkl, er werde sich um die Angelegenh kümmern (Kblz MDR **90**, 50); die Ankündigg, leisten zu wollen, wenn ein GgAnspr auf Mängelbeseitigg erfüllt ist (BGH NJW **69**, 1108). Als **Anerkennungshandlungen** kommen dagg neben den im Ges ausdr genannten (Abschlagszahlg usw) in Betracht: Stundgsgesuch (BGH NJW **78**, 1914); Saldenbestätigg (Düss NJW-RR **99**, 858); Bitte um wohlwollde Prüfg der wirtschaftl Lage; Hergabe eines Wechsels od Schecks; Erkl, zur Abgabe eines Anerkenntn grdsl bereit zu sein (Köln Vers **93**, 331); Abgabe einer wettbewrechtl UnterwerfgsErkl (KG NJW-RR **90**, 1403); Angebot anderw Verrechng; die Aufr ggü einer unbestrittenen Fdg (BGH **107**, 397, v Beater MDR **91**, 928, Frage des Einzelfalls, and BGH **58**, 103); die Vornahme od Zusage von Nachbessergsarbeiten in dem Bewußtsein, hierzu verpfl zu sein (BGH NJW **88**, 254, **99**, 2961, Waas BB **99**, 2472); ErsLieferg für eine als mangelh beanstandete Sache (Kln NJW-RR **93**, 1140); Ausk über den Nachl auf Verlangen eines PflichteilsBerecht (BGH **95**, 76, NJW **75**, 1409, NJW-RR **87**, 1411, FamRZ **90**, 1107), idR aber nicht Ausk über den (mit dem Zugewinn des and Eheg zu verrechnden) eig Zugewinn (BGH NJW **99**, 1101, Hamm NJW-RR **99**, 1678). Ein VerglAngebot kann ein Anerkenntn darstellen, wenn sich aus ihm ergibt, dass der AnsprGrd nicht bestritten w soll (BGH VersR **65**, 959, 1150); idR ist aber davon auszugehen, dass VerglVhdlgen unter Aufrechterhaltg der beiderseit RStandpunkte geführt w; die dabei abgegebenen Erkl haben nach dem Scheitern der Vhdlgen keine Wirkg mehr (BGH WM **70**, 549, Hamm NJW-RR **99**, 1678, LG Brschw NJW-RR **96**, 842). 3 4

c) Anerkenntnis dem Grunde nach, Teilanerkenntnis. Es genügt, dass der Schu den Anspr dem Grde nach anerkennt (BGH VersR **74**, 571, **84**, 442). Leistet der Schu entspr den Anfordergen des Gläub nur auf best Schadensgruppen, so erstreckt sich die Unterbrechg iZw auf die GesamtFdg (BGH NJW-RR **86**, 324, 5

Kblz NJW-RR **94**, 1049). Das gilt auch dann, wenn sich der Schu wg der Höhe Einwendgen vorbehalten hat (BGH VersR **63**, 187) od er sich über den Umfang des Anspr nicht im Klaren war (RG **135**, 9). Dagg unterbricht das auf einen **Teil** des Anspr, etwa eine best Haftgsquote, beschr Anerkenntn nur hins dieses Teils (BGH VersR **60**, 831, Nürnbg VersR **70**, 552). Auch das in einer **Abschlagszahlung** liegde Anerkenntn kann sich den Umst nach auf einen Teil des Anspr beschränken (Oldbg NJW-RR **98**, 1283). Eine Zahlg mit dem Hinw, die Haftg werde nicht anerkannt, unterbricht nicht über den gezahlten Betrag hinaus (Köln VersR **67**, 463). Bei mehreren Fdgen gg denselben Schu wirkt Anerkenntn nur für diej, für die es erklärt ist (BGH VersR **69**, 922). Bei **Mängelansprüchen** betrifft die Unterbrechg die MängelUrs, nicht nur die erkennb gewordenen Mangelerscheingen (BGH **110**, 99, Köln NJW-RR **95**, 1457) u erfaßt zugl die konkurrierden Anspr (§§ 437, 634), auch soweit diese auf SchadErs gerichtet sind (BGH **39**, 190, NJW **78**, 262). Bei **wiederkehrenden** Leistgen wird dch die Bezahlg einer einz Rate zugl auch die Verj des StammR unterbrochen (BGH VersR **60**, 949, NJW **67**, 2353, Köln MDR **84**, 755).

6 **d) Erklärung des Schuldners gegenüber dem Gläubiger. – aa)** Vom **Schuldner** od von einem legitimierten Vertreter muß das Anerkennt abgegeben worden sein (BGH NJW **70**, 1119, KG DNotZ **70**, 159). AnerkenngsHdlgen des HaftPflVersicherers wirken wg seiner ReguliergsVollm wie solche des Schu (BGH VersR **64**, 1200). Sie sind nicht auf die Deckgssumme beschränkt (BGH NJW **70**, 1119, VersR **72**, 399), wirken auch gg den berecht Fahrer (BGH VersR **72**, 373) u gelten auch dann, wenn der Versicherer ggü dem VersN leistgsfrei ist. Aus den Umst kann sich jedoch eine Beschränkg auf die Deckgssumme ergeben (BGH NJW **79**, 867, Brschw NJW-RR **89**, 800). Das Anerkenntn des **Pflichtteilsanspruchs** dch den
7 Vorerben wirkt auch ggü dem Nacherben (BGH NJW **73**, 1690). – **bb)** Ggü dem **Berechtigten** muß das Anerkenntn abgegeben w. Eine Erkl, die nicht zur Weitergabe an den Berecht best ist, wie idR eine Erkl im StrafVerf (Düss NJW-RR **90**, 1178), genügt nicht, auch nicht die Berücksichtigg der Fdg (StBeraterhonorar) in einer Rückstellg, die in der vom Schu unterzeichneten u beim FinanzA eingereichten Bilanz gebildet worden ist (BGH NJW **97**, 516). Ausreichd aber ein Anerkenntn ggü einem legitimierten Vertreter, ggü dem PfändgsGläub (BGH NJW **78**, 1914) u ggü einem Dr, wenn dieser es an den Berecht weiterleiten soll (BGH **LM** Nr 1). Leistgen an den SozVersTräger, auf den der Anspr übergegangen ist, sind kein Anerkenntn ggü dem Verletzten (Oldbg VersR **67**, 384).

8 **3) Wirkung.** Das Anerkenntn hat die Wirkg, dass die Verj mit dem auf das Anerkenntn folgden Tag (§ 187 I), im ganzen neu beginnt (BGH NJW **98**, 2972). Maßgebd ist der Ztpkt der Abgabe, nicht der des Zugangs der Erkl (BGH WM **75**, 559, aA KG NJW-RR **90**, 1402). Da auch die neue Verj wieder u zwar mehrfach neu beginnen kann, kann die GesDauer der Verj ein Vielfaches der gesetzl VerjFr betragen. Der Neubeginn wirkt auch für den RNachf (RG **163**, 396). Er betrifft nicht den Anspr gg den Bürgen, hindert diesen aber daran, sich gem § 768 auf die Verj der HptFdg zu berufen (Düss MDR **69**, 655). Bei GesSchu hat der Neubeginn idR Einzelwirkg; er kann aber ausnw auch GesWirkg haben (§ 425 Rn 6).

9 **4) Vollstreckungshandlungen und Vollstreckungsanträge, I Nr 2. – a) Voraussetzungen**. Sowohl der Antr des Gläub auf ZwVollstr als auch der hierauf ergehde Akt des VollstrOrgans lassen die Verj neu beginnen (BGH **93**, 295). Das gilt auch dann, wenn ihnen eine Entsch in einem summar Verf, wie ein Arrest (RG **128**, 80, BGH NJW **79**, 217) od eine einstw Vfg (Hamm WRP **78**, 398), zugrunde liegt. Bei VollstrAntr ist nicht erforderl, dass sie dem Schu demnächst zugehen (aA Bennert Rpfleger **96**, 311, 489). Der Neubeginn betrifft nur den unmittelb gesicherten Anspr (Bsp: Eintragg einer SichgHyp), nicht den dahinter stehden HauptsachenAnspr (ZahlgsAnspr), s Düss BauR **80**, 475. VollstrHdlgen zur Beitreibg von Kosten führen nicht zum Neubeginn der Verj der HauptFdg (Hamm GRUR **79**, 326). Wird die vom Gläub angekündigte VollstrMaßn dch eine vom Ger angeordnete Einstellg der ZwVollstr verhindert, ist I Nr 2 entspr anwendb
10 (BGH **122**, 287/93). – **b) Einzelfälle.** VollstrHdlgen sind alle das VollstrVerf fördernden Maßn, so zB die Anordng der ZwVersteigerg, die Bestimmg des Versteigergstermins, die Festsetzg des geringsten Gebots, die DchFührg des Termins u die Entscheidg über den Zuschlag (BGH **93**, 296). Eine Zahlg dch den DrSchu steht einer VollstrHdlg gleich (BGH **137**, 193). Wie II ergibt, tritt ein Neubeginn der Verj auch ein, wenn wg eines nur vermeintl titulierten Anspr vollstreckt w (BGH **122**, 296, Köln WM **95**, 600). Die Anmeldg im ZwVersteigergsVerf führt dagg nicht zum Neubeginn der Verj (KG JW **38**, 45, aA Lucas u Fraeb JW **38**, 2932, 2934). Keine VollstrHdlgen sind auch einstw Vfg, Arrestbefehle u die Antr auf ihren Erlaß (BGH NJW **79**, 217). Dagg ist aGrd einer einstw Vfg nachträgl erlassene Strafandrohg (ZPO 890 II) eine VollstrHdlg (BGH NJW **79**, 217); dann ist es aber gerechtf, auch den mit in die einstw Vfg aufgenommenen **Strafandrohungsbeschluß** als VollstrHdlg anzuerkennen (Hamm NJW **77**, 2319, Dittmar GRUR **79**, 288, aA BGH aaO,
11 Teplitzky GRUR **84**, 307). – **c) Wirkung.** Rn 8 gilt entspr. Die neue VerjFr beginnt mit dem auf die VollstrHdlg (VollstrAntr) folgenden Tag wieder zu laufen (BGH **93**, 287/95, **122**, 293). Das gilt auch bei einer Pfändg, die künft ArbEinkommen erfaßt (BGH **137**, 193).

12 **d) Aufhebung der Vollstreckungshandlung, Zurückweisung des Antrags, II, III.** Der Neubeginn der Verj fällt rückwirkd weg, wenn die VollstrMaßn auf Antr des Gläub aufgeh w (Bsp: Gläub gibt gepfändete Sache frei) od wenn die VollstrMaßn wg Fehlens der gesetzl Voraussetzgen aufgehoben wird, II. Letzteres trifft aber nur zu, wenn die Voraussetzgen für eine Vollstr schlechthin fehlen (MüKo/Grothe § 212 Rn 3), dagg nicht, wenn die VollstrMaßn wg Unpfändbark der Sache od aGrd einer DrittWidersprKl aufgehoben w. Der Antr auf Vornahme einer VollstrHdlg führt nicht zu einem Neubeginn, wenn der Antr abgelehnt od zurückgenommen od die erwirkte VollstrHdlg aufgehoben wird. Die Wirkg der Hdlg od des Antr bleibt aber wohl erhalten, wenn der Gläub in der Fr des § 204 II erneut eine auf Neubeginn der Verj gerichtetet Maßn ergreift (s BGH **122**, 287/96 zu § 212 aF, der in der Sache dch die Fr des 204 II 1 ersetzt worden ist).

213 ***Hemmung, Ablaufhemmung und erneuter Beginn der Verjährung bei anderen Ansprüchen.*** **Die Hemmung, die Ablaufhemmung und der erneute Beginn der Verjährung gelten auch für Ansprüche, die aus demselben Grunde wahlweise neben dem Anspruch oder an seiner Stelle gegeben sind.**

1) Allgemeines. Die Vorschr übernimmt die Regelg der §§ 477 III u 639 II aF u erweitert sie zu einem allg RGrds. Sie knüpft bei der Erweiterg an die Rspr an, die auch schon bisher, wenn auch vielleicht nicht immer konsequent, angenommen hatte, dass die erhobene Klage auch die Verj eines auf das gleiche Interesse gerichteten Anspr unterbrechen (jetzt: hemmen) könne. Vgl zuletzt BGH NJW **00**, 3492: WkLohnFdg u BerAnspr. § 213 gilt für alle Fälle der Hemmg, Ablaufhemmg u des Neubeginns. Prakt geht es aber fast immer um den Umfang der Hemmg gem § 204 I Nr 1. 1

2) Voraussetzungen. – a) Der Grund der beiden Anspr muß derselbe sein. Ist die gekaufte Sache od das gelieferte Wk mangelh, beruhen alle in §§ 437, 634 aufgelisteteten Rechte auf demselben Grund. Hemmg u Neubeginn erstrecken sich daher auf alle dch § 437 od § 634 geschützten Rechte, iF des § 204 I Nr 1 allerdings nur in Höhe des geltd gemachten Betrages (BGH **66**, 142), der sich aber dch Kostensteigergen erhöhen kann. Es genügt, wenn der RGrd des zunächst u des später geltd gemachten Anspr im Kern ident sind. Die auf Zahlg des WkLohns erhobene Kl hemmt die Verj auch hins des hilfsw gegebenen Anspr aus § 812 (BGH NJW **00**, 3492). Die Verj des Anspr auf ZugewinnAusgl wird auch gehemmt, wenn zunächst die Übertragg eines MitEigtAnteils verlangt (BGH NJW-RR **94**, 514) od der Anspr auf die Grds der Innen-Gesellsch gestützt w (BGH NJW-RR **96**, 1410). Die Kl aus dem GrdGesch umfaßt auch Anspr aus Scheck od Wechsel (s Düss MDR **90**, 819), u umgekehrt die Wechselklage auch den Anspr aus dem GrdGesch (Schaaff NJW **86**, 1029). Offensichtl unanwendb ist § 213, wenn der Gläub, der zunächst wg des Mangels (PflVerletzg) a Anspr geltd gemacht hat, sie jetzt auf b stützt. – **b)** Der weitere Anspr muß **wahlweise** od **an Stelle** des 3
ErstAnspr gegeben sein. Die Anspr müssen sich daher auf das gleiche Interesse richten. § 213 erfaßt alle Anspr, die, wie die in §§ 437, 634 aufgelisteten zueinand, im Verh elektiver Konkurrenz stehen (§ 262 Rn 6). Er gilt aber auch die Fälle alternativer Konkurrenz. Die Vorschr ist daher anwendb (BT-Drs 14/6040 S 121): auf den Anspr auf Kapitalabfindg im Verh zum Anspr auf Geldrente (RG **77**, 213); Anspr auf Herausg im Verh zum SchadErsAnspr wg Unmöglichk der Herausg (RG **134**, 272); Anspr auf SchadErs statt der Leistg im Verh zum ErfAnspr (aA BGH **104**, 6/12). Dagg gilt § 213 nicht für das Verh zw dem Unterl- zum WiderrAnspr (BGH NJW **73**, 2286) u das Verh zw dem Anspr auf Ers von mat Schaden zum SchmerzGAnspr. Vgl auch § 204 Rn 14.

Titel 3. Rechtsfolgen der Verjährung

Einführung

Die §§ 214–217 bringen ggü dem bish Recht keine sachl Ändergen. Neu ist ledigl § 218 u die Einordng des bish § 390 S 2 aF als § 215. § 218 stellt sicher, dass der Schu sich auch auf Verj berufen kann, wenn der Gläub das nicht der Verj unterliegde RücktrR geltd macht. 1

214 *Wirkung der Verjährung.* **I Nach Eintritt der Verjährung ist der Schuldner berechtigt, die Leistung zu verweigern.**

II Das zur Befriedigung eines verjährten Anspruchs Geleistete kann nicht zurückgefordert werden, auch wenn in Unkenntnis der Verjährung geleistet worden ist. Das gleiche gilt von einem vertragsmäßigen Anerkenntnis sowie einer Sicherheitsleistung des Schuldners.

1) Allgemeines. Die Vorschr übernimmt inhaltl unverändert § 222 aF. 1

2) Absatz I. – a) Dauerndes Leistungsverweigerungsrecht. Die Verj ist vollendet, wenn die VerjFr unter Berücksichtigg etwaiger Hemmgen u etwaiger Tatbestde eines Neubeginns abgelaufen ist. Die Verj beseitigt den Anspr nicht, gibt dem Schu aber ein dauerndes LeistgVR. Es bleibt dem Belieben des Schu überlassen, ob er von diesem LeistgVR Gebrauch machen will od nicht. Bei Streit kann nicht die Feststellg begehrt w, dem Gläub „stehe der Anspr nicht zu“, sond nur, der Schu sei zur LeistgV berecht (BGH NJW **83**, 392). – **b)** Im **Prozeß** ist die Verj nicht vAw zu berücksichtigen. Sie hindert daher den Erlaß eines 3
VersäumnUrt nicht. Die Kl ist aber dch unechtes VersäumnUrt abzuweisen, wenn der Kläger selbst vorträgt, der Bekl habe sich auf Verj berufen (Düss NJW **91**, 2091). Im Rahmen des RGesprächs (ZPO 139, 278 III) darf das Ger die Part auf die Verj des Anspr u den Bekl auf sein LeistgVR hinweisen (Köln NJW-RR **90**, 192, BayObLG NJW **99**, 1875, in der Tendenz auch BGH NJW **98**, 612, str). Beruft sich der Schu auf Verwirkg, so kann darin die Einr der Verj enthalten sein (BGH NJW **96**, 1895). Die Einr kann bis zum Schluß der mdl Vhdlg erhoben w, da sie auf tatsächl Gebiet liegt, aber nicht mehr in der RevInstanz (BGH **1**, 234); bei der Entscheidg über die bereits in der TatsInstanz erhobene Einr darf das RevGer den weiteren Zeitablauf berücksichtigen (BGH NJW **90**, 2755). Im 2. RZug ist die erstinstanzl geltd gemachte Einr auch ohne ausdr Wiederholg zu beachten (BGH NJW **90**, 326). Wird die Einr hilfsw geltd gemacht, ist diese Einschr unerhebl u die Kl alsbald abzuweisen (Köln MDR **70**, 686, Schneider JurBüro **78**, 1265). Zum Verzicht auf die Einr s § 202 Rn 2.

3) Absatz II. – a) Die verj Fdg bleibt **erfüllbar.** Der Schu kann die Leistg nicht zurückverlangen, auch wenn er in Unkenntn der Verj geleistet hat (II 1). Der Leistg steht das vertragsmäß Anerkenntn, das nach § 812 II als Leistg gilt, u eine SicherhLeistg gleich (II 2). Das Anerkenntn bedarf gem § 781 der Schriftform (RG **78**, 132, DR **42**, 727). Ausn: § 782, HGB 350. Ist wg einer verj Fdg vollstreckt worden, steht dem Schu ein RückFdgsAnspr zu (BGH NJW **93**, 3320). Entspr gilt, wenn der Schu zur Abwendg der ZwVollstr geleistet hat (BGH aaO, § 362 Rn 12) od wenn die Leistg aGrd einer Bürgsch auf erstes Anfordern erbracht worden ist (Hamm NJW-RR **94**, 1073). Die wg vorbehaltl **Annahme der Schlußzahlung** gem VOB/B 16 nicht mehr dchsetzb Fdg steht einer verj Fdg weitgehd gleich; auf sie ist II analog anwendb (BGH **62**, 15, NJW **81**, 1784), dagg nicht auf verwirkte Fdgen (KG NJW-RR **86**, 598). 4

5 **b)** Da die Fdg **weiter besteht**, ist sie noch zur Aufr geeignet, auf sie kann ein ZbR (§ 215) u die Einr des nicht erfüllten Vertr (§ 320) gestützt w (§ 216 Rn 5), die Haftg der Hyp u PfandR bleibt bestehen (§ 216), ebso das Recht, den Anspr einredew geltd zu machen (s §§ 438 IV 2, 634 IV 2, 821, 853). **Ausnahmen:** §§ 901, 1028. Dch die Verj wird der SchuVerzug beendet (§ 286 Rn 35); Rücktr- u KündR, die Verzug voraussetzen, entfallen.

6 **4)** Bei einer **Mehrheit** von Gläub u Schu hat die Verj grdsl nur **Einzelwirkung** (§§ 425, 429).

7 **5)** Im **öffentlichen Recht** führt die Verj zT aGrd von SonderVorschr zum Erlöschen des Anspr (s AO 232, 47). § 214 II ist in diesen Fällen nicht entspr anwendb; das auf die verj Fdg Geleistete kann zurückgefordert w (OVG Münst ZMR **74**, 314). Soweit Sonderregelgen fehlen, begründet die Verj aber auch im öffR nur eine Einr (BVerwG **23**, 166, **42**, 353, VerwG Stgt NVwZ **82**, 578, aA Haenicke NVwZ **95**, 348).

215 ***Aufrechnung und Zurückbehaltungsrecht nach Eintritt der Verjährung.*** **Die Verjährung schließt die Aufrechnung und die Geltendmachung eines Zurückbehaltungsrechts nicht aus, wenn der Anspruch in dem Zeitpunkt noch nicht verjährt war, in dem erstmals aufgerechnet oder die Leistung verweigert werden konnte.**

1 **1) Allgemeines.** Die Vorschr ordnet § 390 S 2 aF in das VerjR ein u erstreckt sie in Übereinstimmg mit der Rspr (BGH **48**, 116) auf das ZbR.

2 **2) Aufrechnung.** Sie kann auf eine verjährte GgFdg gestützt werden, soweit diese bei Eintritt der AufrLage noch unverjährt war. § 215 gehört zu den Vorschr, die bereits an die AufrLage RFolgen knüpfen (§ 389 Rn 4). Geschützt wird auch die Aufr mit verjährten Fdgen des Vermieters gg den Anspr des Mieters auf Rückzahlg der MietKaution (BGH **101**, 242/52, NJW **98**, 981) u die mit rechtskr wg Verj abgewiesenen Fdgen (BGH DB **71**, 1619). Ist die Fdg inf Ablaufs einer AusschlFr erloschen, ist § 215 weder direkt noch analog anwendb (BAG NJW **68**, 813, **AP** Nr 2 u 3, BGH DB **74**, 586 unter Aufg v BGH **26**, 308). Auch auf den gem § 1613 erloschenen UnterhAnspr findet § 215 keine Anwendg (BGH NJW **84**, 2160). Entspr anzuwenden ist die Vorschr dagg auf Fdgen, die wg vorbehaltloser Ann der Schlußzahlg gem VOB (B) 16 Nr 3 II 1 nicht mehr geltd gemacht w können (BGH NJW **82**, 2250, **83**, 817).

3 **3) Zurückbehaltungsrecht.** Es wird, wenn es auf einen verjährten Anspr gestützt wird, jetzt ausdr der Aufr gleich gestellt (ebso im Ergebn schon BGH **48**, 116). Das ZbR kann auch auf den verj Mängelbeseitiggs Anspr nach VOB/B gestützt werden (s BGH **53**, 122). Nicht erforderl ist, dass der Schu das ZbR vor Eintritt der Verj geltd gemacht hat (BGH aaO, Keller JuS **82**, 666, str). Dagg gibt der dch Ablauf einer AusschlußFr erloschene GgAnspr dem Schu kein ZbR (Rn 2).

216 ***Wirkung der Verjährung bei gesicherten Ansprüchen.*** **I Die Verjährung eines Anspruchs, für den eine Hypothek, eine Schiffshypothek oder ein Pfandrecht besteht, hindert den Gläubiger nicht, seine Befriedigung aus dem belasteten Gegenstand zu suchen.**

II Ist zur Sicherung eines Anspruchs ein Recht verschafft worden, so kann die Rückübertragung nicht auf Grund der Verjährung des Anspruchs gefordert werden. Ist das Eigentum vorbehalten, so kann der Rücktritt vom Vertrag auch erfolgen, wenn der gesicherte Anspruch verjährt ist.

III Die Absätze 1 und 2 finden keine Anwendung auf die Verjährung von Ansprüchen auf Zinsen und andere wiederkehrende Leistungen.

1 **1) Allgemeines.** Die Vorschr entspr § 223 aF. Neu ist II 2. Er übernimmt den von BGH **34**, 195 entwikkelten RGrds, wird in der Lit wg Abw von den European Principles (Übbl 2 v § 194) heft kritisiert (Zimmermann ua JZ **01**, 684/98), ist aber geltdes Recht u sachgerecht.

2 **2) Fortbestehen von Sicherheiten.** Da die Verj den Anspr nicht erlöschen läßt (§ 222), behält der Gläub das Recht, sich aus den ihm eingeräumten Sicherh zu befriedigen **(I, II)** u zwar auch dann, wenn diese akzess ausgestaltet sind. I gilt auch für Sicherh, die kr Ges od im Wege der ZwVollstr erworben worden sind (BGH
3 WM **85**, 548). Im einzelnen fallen unter I u II: – **a) Hypotheken** (§ 1113), SchiffsHyp (SchiffsRG 8), RegisterPfdR an Luftfz (LuftfzRG 98 II). § 216 geht § 1169 vor. Die nicht akzess **Grundschuld** (Rentenschuld) bleibt erst recht bestehen (II). – **b) Pfandrechte** (§§ 1204, 1273). I gilt auch für gesetzl PfdR, er stellt auf ein bestehdes PfdR ab, ohne hins des EntstehgsGrdes einen Unterschied zu machen (Schlesw SchlHA **58**, 82). Für SchiffsGläubR gilt dagg die Sonderregelg in HGB 759. – **c) Sicherungsabtretung** u SichgÜbereigng. – **d) Sicherungsrecht**, das auf einer vereinbarten **Hinterlegung beim Notar** beruht (BGH NJW **00**,
4 1331). – **e) Eigentumsvorbehalt** (§ 449). Wie II 2 im Anschluß an die Rspr des BGH (BGH **34**, 195, **70**, 98, NJW **79**, 2195) jetzt ausdr klarstellt, wird der EigtVorbeh dch Verj der KaufprFdg nicht wirkgslos. Der Verkäufer kann abw von § 218 trotz Verj seines Anspr vom KaufVertr zurücktreten (II 2 iVm § 218 I 3). Dieser Rücktr ist nach § 449 II Voraussetzg für den HerausgAnspr. Ergibt die Verwertg einen Überschuß, ist dieser an den Käufer auszukehren (Bodenburg WM **79**, 1202).

5 **3)** § 216 **gilt nicht** für die Vormerkg (§§ 883, 886) u die Bürgsch, § 768 (BGH NJW **89**, 221), auch dann nicht, wenn sie an die Stelle einer Mietkaution tritt (BGH **138**, 49). Beim ZbR ist zu unterscheiden: § 216 ist entspr anwendb, wenn der Anspr bei Entstehg des ZbR (§ 273) noch nicht verj war (§ 215), die Einr des nicht erf Vertr bleibt dagg auf jeden Fall wirks (§ 194 Rn 6). Kann ein Anspr wg vorbehaltl Ann der Schlußzahlg gem VOB/B 16 nicht mehr dchgesetzt w, gilt § 216 entspr (BGH NJW **81**, 1784).

6 **4) III** gilt für **wiederkehrende Leistungen** (§ 197 Rn 6) aller Art ohne Rücks auf die Regelmäßigk der Wiederkehr, auch für Verzugszinsen (BGH NJW **93**, 3320), nicht aber für Tilggs- od Amortisationsbeiträge (Staud/Peters § 216 Rn 11).

217 *Verjährung von Nebenleistungen.* **I Mit dem Hauptanspruch verjährt der Anspruch auf die von ihm abhängenden Nebenleistungen, auch wenn die für diesen Anspruch geltende besondere Verjährung noch nicht eingetreten ist.**

Die Vorschr übernimmt sachl unverändert § 224 aF. Anspr auf **Nebenleistungen** sind hins des VerjBeginns, der Dauer der Verj, der Hemmg u Unterbrechg von der Verj des HauptAnspr unabhäng. Sie verjähren aber gem § 217 spätestens mit dem HauptAnspr, u zwar auch dann, wenn der NebenleistgsAnspr erst nach Ablauf der VerjFr des HauptAnspr beziffert werden konnte (Köln NJW **94**, 2160). Unanwendb ist § 217, wenn der Anspr auf die NebenLeistg vor der Verj des HauptAnspr eingeklagt worden ist (BGH **128**, 74, Valcàrcel NJW **95**, 640). Zu den Nebenleistgen gehören Zinsen, insb Verzugszinsen (s KG NJW-RR **99**, 638), Früchte, Nutzgen, Provisionen, Kosten (RG **61**, 392, Cahn/Farrenkopf ZIP **86**, 416). Auf den Anspr auf Ers von Verzugsschaden (§ 280 II iVm 286) ist § 217 entspr anzuwenden (BGH **128**, 74), nicht aber auf sonst Anspr auf Ers von Zinsschäden (BGH NJW **87**, 3137), auch nicht auf den Anspr auf eine verfallene VertrStrafe (RG **85**, 242) u den Anspr auf Mietnebenkosten (Ffm MDR **83**, 757). Selbständ wiederkehrde Leistgen (§ 197 Rn 6) fallen nicht unter § 217. 1

218 *Unwirksamkeit des Rücktritts.* **I Der Rücktritt wegen nicht oder nicht vertragsgemäß erbrachter Leistung ist unwirksam, wenn der Anspruch auf die Leistung oder der Nacherfüllungsanspruch verjährt ist und der Schuldner sich hierauf beruft. Dies gilt auch, wenn der Schuldner nach § 275 Abs. 1 bis 3, § 439 Abs. 3 oder § 635 Abs. 3 nicht zu leisten braucht und der Anspruch auf die Leistung oder der Nacherfüllungsanspruch verjährt wäre. § 216 Abs. 2 Satz 2 bleibt unberührt.**

II § 214 Abs. 2 findet entsprechende Anwendung.

1) Allgemeines. – a) Bedeutung Das SMG hat die Wandlg – nach bisher Recht ein Anspr – zu einem 1
RücktrR u dadch zu einem – unverjährb (§ 194 Rn 3) – GestatltgsR gemacht. Der neue § 218 stellt sicher, dass der Verkäufer (Untern) sich trotz dieser Änderg in der Konstruktion wie bisher auf Verj berufen kann, wenn der Käufer (Besteller) sich nach Ablauf der VerjFr wg eines Mangels vom Vertr lösen will. Er begründet ein EinrR, das in seinen Voraussetzgen der Einr der Verj gleichsteht. – **b) Anwendungsbereich.** § 218 gilt 2
immer, wenn der Gläub wg einer nicht od nicht vertrgemäß erbrachten Leistg vom Vertr zurücktreten will, also nicht nur, wenn der Rücktr im Kauf- u WkVertr auf einen Mangel (§§ 437 Nr 2, 634 Nr 3) gestützt wird. Sein Anwendgsbereich deckt sich mit § 323 (dort Rn 3). Er erfaßt aber auch vertragl Abreden, die für Fälle der Nicht- od SchlechtErf ein RücktrR vorsehen. Auf das RücktrR des VorbehVerkäufers wg Nichtzahlg des KaufPr findet § 218 keine Anwendg (I 3 iVm § 216 II 2).

2) Voraussetzungen. – a) Rücktrittsrecht. Dem Gläub muß wg Nicht- od SchlechtErf einer Pfl aus 3
einem ggs Vertr ein RücktrR zustehen. Zu den Voraussetzgen des RücktrR s § 323. – **b) Verjährung.** Der 4
Anspr, dessen Verletzg das RücktrR begründet hat, muß verjährt sein. Ist dch die Verletzg ein Anspr auf NachErf (§§ 439, 635) entstanden, kommt es auf dessen Verj an. Besteht kein Anspr, weil der Schu gem §§ 275 I–III, 439 III od 635 III nicht zu leisten braucht, ist hypoth darauf abzustellen, ob Verj eingetreten wäre, wenn der Schu nicht nach den angeführten Vorschr leistgsfrei wäre. – **c) Erhebung der Einrede.** Der 5
Schu muß sich auf Verj berufen u dadch sein EinrR (Rn 1) geltd machen. § 214 Rn 2 u 3 gelten entspr. Das EinrR ist ebso wie die VerjEinr nicht befristet.

3) Wirkungen. – a) Rücktritt nach Eintritt der Verjährung. Der vom Gläub erklärte Rücktr ist 6
zunächst wirks. Beruft sich der Schu auf Verj, wird der Rücktr mit Wirkg *ex nunc* unwirks. Die Anspr aus §§ 346, 347 fallen weg, die vertragl Anspr leben wieder auf. Leistgen, die der Schu auf den Anspr aus § 346 schon erbracht hat, kann er nicht zurückverlangen (II iVm § 214 II). Dagg kann der Gläub seine aGrd des § 346 erbrachte Leistg zurückfordern, so zB wenn er die mangelh Sache zurückgegeben hat. – **b) Rücktritt** 7
vor Eintritt der Verjährung. Dch die Ausübg des Rücktr wird der Vertr in ein RückabwicklgsVerh umgewandelt (Einf 6 v § 346). Für den Gläub entsteht ein neuer Anspr, für den die RegelVerj gilt.

Abschnitt 7. Sicherheitsleistung

232 *Arten.* **I Wer Sicherheit zu leisten hat, kann dies bewirken durch Hinterlegung von Geld oder Wertpapieren,**
durch Verpfändung von Forderungen, die in das Bundesschuldbuch oder in das Landesschuldbuch eines Landes eingetragen sind,
durch Verpfändung beweglicher Sachen,
durch Bestellung von Schiffshypotheken an Schiffen oder Schiffsbauwerken, die in einem deutschen Schiffsregister oder Schiffsbauregister eingetragen sind,
durch Bestellung von Hypotheken an inländischen Grundstücken,
durch Verpfändung von Forderungen, für die eine Hypothek an einem inländischen Grundstück besteht, oder durch Verpfändung von Grundschulden oder Rentenschulden an inländischen Grundstücken.

II Kann die Sicherheit nicht in dieser Weise geleistet werden, so ist die Stellung eines tauglichen Bürgen zulässig.

Das BWpVerwG hat I, soweit er SchuldbuchFdgen betrifft, redaktionell geändert. Die Formulierg „Fdgen, 1
die in das Reichsschuldbuch od in das Staatsschuldbuch eines Bundesstaates eingetragen sind" ist dch die

Formulierg ersetzt worden: „Fdgen, die in das Bundesschuldbuch od das Landesschuldbuch eines Landes eingetragen sind".

236 ***Buchforderungen.*** **Mit einer Schuldbuchforderung gegen den Bund oder gegen ein Land kann Sicherheit nur in Höhe von drei Vierteln des Kurswerts der Wertpapiere geleistet werden, deren Aushändigung der Gläubiger gegen Löschung seiner Forderung verlangen kann.**

1 Das BWpVerwG hat auch § 236 ledigl redaktionell geändert. Die Formulierg „mit einer BuchFdg gg das Reich od gg einen Bundesstaat" ist dch die Formulierg ersetzt worden: „mit einer SchuldbuchFdg gg den Bund od ein Land".

Buch 2. Recht der Schuldverhältnisse

Einleitung

Das SMG hat im SchuldR insgesamt rund 180 Vorschr abgeändert, neu eingefügt od aufgehoben. Alle Ändergen sind im folgden kommentiert. Aus Grden des Sachzusammenhangs werden gelegentl auch Vorschr mitabgedruckt und erläutert, die unverändert geblieben sind, so in den §§ 275–288 die §§ 276 u 277 u im Titel ggs Vertr die §§ 320 u 322. Unter Einbeziehg der unverändert gebliebenen Vorschr im ganzen abgedruckt u kommentiert ist auch das WkVertrR. Alle Vorschr sind grdsl vollständ kommentiert, auch soweit sich im Ergebn ggü dem geltden Recht nichts geändert hat. Ausnw beschränkt sich die Kommentierg auf den geänderten Teil der Vorschr, wenn ledigl eine Verweisg angepaßt, ein Satz angefügt od eine einz Formulierg ausgetauscht worden ist, die Norm aber im Kern unverändert geblieben ist. 1

Abgedruckt u kommentiert sind:

a) *Bearbeiter: Prof. Dr. Heinrichs, Präsident des Oberlandesgerichts Bremen a. D.:*
§§ 241, 244, 247
§§ 275–288, 291, 296
§§ 305–314
§§ 320–326
§§ 346–359
§§ 390, 395, 425

b) *Bearbeiter: Prof. Dr. Putzo, Vizepräsident des Bayerischen Obersten Landesgerichts a. D.:*
§§ 433–507
§§ 607–609
§§ 615, 619 a

c) *Bearbeiter: Walter Weidenkaff, Vorsitzender Richter am Oberlandesgericht München:*
§§ 523, 536, 536 a, 543, 548, 563, 604

d) *Bearbeiter: Hartwig Sprau, Vorsitzender Richter am Bayerischen Obersten Landesgericht:*
§§ 631–651
§§ 651 a, 651 d, 651 e, 651 g, 651 m
§§ 655 a–655 e
§§ 675 a, 695, 696, 700, 771, 778, 802, 813

e) *Bearbeiter: Prof. Dr. Thomas, Vorsitzender Richter am Oberlandesgericht München a. D.:*
§ 852

Abschnitt 1. Inhalt der Schuldverhältnisse

Titel 1. Verpflichtung zur Leistung

241 ***Pflichten aus dem Schuldverhältnis.*** **I Kraft des Schuldverhältnisses ist der Gläubiger berechtigt, von dem Schuldner eine Leistung zu fordern. Die Leistung kann auch in einem Unterlassen bestehen.**

II Das Schuldverhältnis kann nach seinem Inhalt jeden Teil zur Rücksicht auf die Rechte, Rechtsgüter und Interessen des anderen Teils verpflichten.

1) Allgemeines. Das SMG hat an § 241 den Abs II angefügt. Sachl bringt II nichts Neues. Er kodifiziert nur einen seit langem allg anerkannten RGrds. Die amtl Überschr macht deutl, dass es in § 241 um Pflten aus dem SchuldVerh geht, in I um die LeistgsPflten, in II um die sog VerhaltensPflten. 1

2) Pflicht zur Leistung, I. – a) Voraussetzung ist das Bestehen eines SchuldVerh als rechtl Sonderverbindg zw zwei Pers. Gläub u Schu müssen **verschiedene Personen** sein. Es gibt keine Schuld ohne Schu, daher erlischt eine Schuld bei gänzl Wegfall der jur Persönlichk des Schu, falls weder RNachfolge noch Liquidation eintritt (Übbl 4 vor § 362). Gläub u Schu müssen **bestimmt** od doch bestimmb sein. In Verträgen zGDr kann aber ein FdgsR auch für einen noch nicht erzeugten Dr begründet werden, es genügt, dass er dch irgendwelche Ereign bestimmb ist (§ 328 Rn 2). 2

b) Auch der **Inhalt der Leistung** muß **bestimmt** od eindeutig bestimmb sein (vgl die §§ 315–319), andf ist das SchuldVerh unwirks (RG **85**, 291, BGH **55**, 250). Bsp: unbestimmter VorVertr (RG **124**, 83); WerbeVertr (LG Mainz u AG Bad Homburg NJW-RR **98**, 631, 632, LG Lübeck NJW-RR **99**, 1655); Time-Sharing-Vertr (Köln NJW **94**, 59); Vertr über „KapazitätsVermittlg" (AG Gießen NJW-RR **91**, 765); MietVertr mit Lücke hinsichtl der VertrDauer (BGH **55**, 250) od der Anrechng von Investitionen (BGH NJW-RR **90**, 271); Verpfl zur Bildg von WoEigt (KG DNotZ **87**, 103, Düss NJW-RR **95**, 718); Vertr über Btx-Nutzg (LG Dortm NJW-RR **91**, 1529, LG Freibg NJW-RR **92**, 1018). 3

c) Leistung ist die Zuwendg eines wirkl od vermeintl Vorteils, der typw, aber nicht notw einen Vermögenswert hat (Henke, Die Leistg, 1991). Der Leistg kann darin bestehen, etwas zu tun **(positive Leistung)** od etwas zu unterlassen **(negative Leistung)**. Das Tun umfaßt auch das Geben, zB das Verschaffen eines dingl Rechts, u das Einstehen (zB GewährVertr). Das **Unterlassen** kann den HauptInh der Leistg bilden (Rn 5), so zB beim Vertr über Abhalten vom Bieten u bei den UnterlVertr des WettbewR (Petersen GRUR **78**, 156). Sie kann auch eine selbstd NebenLeistgsPfl darstellen, so zB das WettbewVerbot bei Verkauf eines Unternehmens. Der UnterlAnspr ist in beiden Fällen klagb, wg ZPO 259 aber nur, wenn ZuwiderHdlgen zu besorgen 4 sind (BGH **LM** Nr 2, str, offengelassen in BGH **42**, 345, NJW-RR **89**, 264, aA Köhler AcP **190**, 511). Vollstr: ZPO 890. Von den rechtsgeschäftl begründeten selbstd UnterlPfl sind die unselbstd UnterlPfl zu unterscheiden. Jede Verpfl zur positiven Leistg enthält zugl die Pfl, alles zu unterlassen, was den Leistgserfolg beeinträchtigen könnte (§ 242 Rn 27). Zum UnterlAnspr des BetrR aus dem RVerh zum ArbG s BAG NJW **95**, 1044 (krit Dobberahn NJW **95**, 1333, Walker DB **95**, 1961), zum UnterlAnspr der Gewerksch gg tarifw BetrVereinbgen s BAG NJW **99**, 3281 (krit Trappehl/Lambrich NJW **99**, 3217). Eine Unterart der UnterlPfl ist die Pfl zur **Duldung:** Sie verpfl den Gläub zum Unterl der ihm an sich zustehden Abwehr- u GgRechte.

5 **d) Arten der Leistungspflichten.** Die **Hauptleistungspflicht** prägt die Eigenart des jeweil SchuldVerh u ist für die Einordng in die versch Typen der SchuldVerh entscheidd. Die **Nebenleistungspflichten** dienen der Vorbereitg, DchFührg u Sichg der Hauptleistg (Gernhuber SchuldVerh § 2 III 4). Sie sind auf die Herbeiführg des Leistgserfolgs bezogen u ergänzen die HauptleistgsPfl. Zu den primären LeistgsPflichten können später sekundäre hinzutreten, wie etwa SchadErsPflten wg verspäteter od schlechter Erf u AbwicklgsPflten nach Künd od Rücktr.

6 **3) Verhaltenspflichten, II. – a) Bedeutung.** Das SchuldVerh erschöpft sich nicht in der Herbeiführg des geschuldeten Leistgserfolges, sond ist eine von dem Grds von Treu u Glauben beherrschte Sonderverbindg (§ 242 Rn 23 ff). Wie II in Anlehng an einen seit langem allg anerkannten RGrds jetzt ausdr klarstellt, treten daher zu den leistgsbezogenen Pflten weitere Pflten hinzu, die die Literatur als weitere VerhaltensPflten (Larenz) od SchutzPflten (Stoll, Canaris) bezeichnet. Bei ihnen geht es nicht um die geschuldete Leistg, sond darum, die Rechte u sonst RGüter der GgPart zu schützen. Ihr SchutzGgst ist das Integritätsinteresse des and
7 Teils, dh sein personen- u vermögensrechtl *status quo*. – **b) Pflicht zur Rücksicht.** II ist ebso wie I eine Blankettnorm. Er listet die einz VerhaltensPflten nicht auf. Umfang u Inh der Pflten hängen von den jeweil VertrZweck, der VerkSitte u den Anfordergen des redl GeschVerk ab. Sie entstehen bereits mit der VertrAnbahng u sind Grdl für die Haftg aus c. i. c. (§ 311 II u III). Nach dem Zustandekommen des Vertr sind sie vertragl NebenPflten. Sie können nach Beendigg des SchuldVerh fortwirken (§ 280 Rn 7), sind idR nicht klagb (§ 242 Rn 25) u erstrecken sich beim Vertr mit Schutzwirkg zGDr auf Pers, die hinsichtl der eigentl LeistgsPfl keine GläubStellg haben (§ 328 Rn 13). Unter II fallen vor allem **Aufklärungspflichten** (§ 280 Rn 30 u § 311 Rn 34 ff) u die **Schutzpflicht**, dh die Pfl, sich bei Abwicklg des SchuldVerh so zu verhalten, dass Körper, Leben, Eigt u sonst RGüter des and Teils nicht verletzt werden (§ 280 Rn 28). II u die an II anknüpfden Normen, vor allem § 278 u § 280 I 2, sind auf die SchutzPflten auch anzuwenden, wenn sie keine weitergehden SorgfAnfordergren begründen als die delikt VerkSichgPfl (§ 823 Rn 58). Um insoweit Mißverständn auszuschließen, ist im Laufe des GesGebgsVerf aus der Pfl zur *bes* Rücks eine Pfl zur Rücks
8 geworden (BT-Drs 14/7052 S 11 u 182). – **c) Sonderfälle.** II geht davon aus, dass es SchuldVerh geben kann, die nicht zur Rücks verpfl (*arg* „kann"). Dabei handelt es sich aber um seltene Ausn, so uU bei WechselAnspr zw nicht dch vertragl Abreden verbundene Beteil. Umgekehrt gibt es SchuldVerh ohne primäre LeistgsPflten, die ledigl Pflten zur Rücks begründen, so das SchuldVerh der VertrAnbahng (§ 311 Rn 3) u bei der Einbez von Dr in den Schutzbereich eines Vertr (§ 328 Rn 13).

244 ***Fremdwährungsschuld.*** **[I] Ist eine in einer anderen Währung als Euro ausgedrückte Geldschuld im Inland zu zahlen, so kann die Zahlung in Euro erfolgen, es sei denn, dass Zahlung in der anderen Währung ausdrücklich vereinbart ist.**

[II] Die Umrechnung erfolgt nach dem Kurswert, der zur Zeit der Zahlung für den Zahlungsort maßgebend ist.

1 Die Vorschr hat anstelle der bish gebräuchl „Geldschuld" die amtl Überschr „Fremdwährgsschuld" erhalten. In I wird die Formulierg „eine in ausl Währg ausgedrückte Geldschuld" dch die Formulierg „eine in einer and Währg als Euro ausgedrückte Geldschuld" ersetzt. In der Sache bringt die Änderg nichts Neues. Schon seit dem 1. 1. 99 waren die Währgen der Länder der Eurozone Denominationen des Euro, u die in Währgen dieser Länder ausgedrückten Geldschulden daher keine Fremdwährgsschulden. Zu Einzelh vgl die Kommentierg der §§ 244, 245 im HptBd.

247 ***Basiszinssatz.**** **[I] Der Basiszinssatz beträgt *3,62* Prozent. Er verändert sich zum 1. Januar und 1. Juli eines jeden Jahres um die Prozentpunkte, um welche die Bezugsgröße seit der letzten Veränderung des Basiszinssatzes gestiegen oder gefallen ist. Bezugsgröße ist der Zinssatz für die jüngste Hauptrefinanzierungsoperation der Europäischen Zentralbank vor dem ersten Kalendertag des betreffenden Halbjahrs.**

[II] Die Deutsche Bundesbank gibt den geltenden Basiszinssatz unverzüglich nach den in Absatz 1 Satz 2 genannten Zeitpunkten im Bundesanzeiger bekannt.

1 **1) Allgemeines.** Das SMG ordnet die bislang im Diskontsatz-ÜberleitgsG v 9. 6. 98 (BGBl I S 1242) enthaltene Regelg des Basiszinssatzes als § 247 in das BGB ein. Den § 247 aF, der dem Schu bei einem höheren Zinssatz als 6% ein KündR einräumte, hatte bereits das Ges v 25. 7. 86 aufgehoben. Art 229 § 7 enthält ergänzde u ÜbergangsVorschr zu § 247. Sie sehen vor, dass der Basiszins sich bei einer Änderg der Bezugsgröße schon zum 1. 1. 02 ändern kann. Entspr dieser Regelg ist der Basiszins von 3,62%, der aGrd der letzten Festsetzg nach dem DÜG vom 1. 9.–31. 12. 01 gegolten hatte, am 1. 1. 02 eine logische Sekunde nach dem Inkrafttr des SMG von 3,62 auf 2,57% herabgesetzt worden (BAnz **02** Nr 3 S 98).

* **Amtlicher Hinweis:** Diese Vorschrift dient der Umsetzung von Artikel 3 der Richtlinie 2000/35/EG des Europäischen Parlaments und des Rates vom 29. Juni 2000 zur Bekämpfung von Zahlungsverzug im Geschäftsverkehr (ABl. EG Nr. L 200 S. 35).

2) Basiszinssatz. – a) Höhe. Der Basiszinssatz beträgt zZ 2,57% (Rn 1). Fr Werte s Anhang zu § 288 aF im HptBd. – **b) Anpassung.** Der halbjähr Anpassgsrhythmus u die Bezugsgröße (Zinssatz der EZB für HauptrefinanziergsGesch) entspr den Vorgaben der ZahlgsVerzugsRL. Infolge der Anpassgsregelg ändert sich der Inh des § 247 ohne Verkündg im BGBl idR im Halbjahresrhythmus. Die in II vorgesehene Bekanntmachg im BAnz hat nur deklarator Bedeutg. Über den Basiszins informieren fortlaufd auch die WirtschT der überörtl Zeitgen. – **c) Anwendungsbereich.** Auf den Basiszinssatz nehmen Bezug: § 288 (Verzugszins 5 od 8% über Basiszins), § 497 I 2 (Verzugszins bei grundpfandrechtl gesicherten VerbrDarl 2½% über Basiszins), ZPO 104 (5% über Basiszins), ScheckG 45, 46 u WechselG 28, 48, 49 (2% über Basiszins, mindestens aber 6%). Die Bezugnahme ist, auch bei entspr rechtsgeschäftl Regelgen dahin zu verstehen, dass auf **den jeweiligen Basiszinssatz** verwiesen wird. Vgl dazu u zur Fassg des KlAntr § 288 Rn 7. 2 3 4

Leistungsstörungen (§§ 275 ff)

Vorbemerkungen

Literatur zur Neuregelung: Canaris JZ **01**, 499, ZRP **01**, 329, DB **01**, 1815, St. Lorenz JZ **01**, 742, Teichmann BB **01**, 1485, Zimmer NJW **02**, 1.

1) Allgemeines. – a) Begriff. „Leistgsstörg" (LStörg) ist kein Begriff des Ges u auch kein *terminus technicus* der jur Dogmatik, sond eine auf Heinrich Stoll (Die Lehre von den LStörgen, 1936) zurückgehde Sammelbezeichng. Das SchuldVerh ist eine auf die Erbringg einer Leistg gerichtete RBeziehg (§ 241 I). Bei seiner Begründg od Abwicklg können Hindern auftreten, die dazu führen, dass die Leistg nicht od nicht wie geschuldet erbracht wird. Die Normen, die die Tatbestde u RFolgen dieser Störgen regeln, bilden das LStörgsR. Es gilt für bestehde SchuldVerh u die einem SchuldVerh gleichstehden Sonderverbindgen (§ 280 Rn 8). Welche StörgsTatbestde es im einzelnen umfaßt, ist str (vgl dazu eingehd Huber, LStörgsR, 1999, I § 1 I) Das SMG geht davon aus, dass auch die c. i. c. u die anfängl Unmöglichk u das anfängl Unvermögen, nicht aber der GläubVerzug zum LStörgsR gehören. 1

b) Tatbestände, Rechtsfolgen. – aa) Tatbestandlich gibt es zwei Grundtypen der LStörg, die NichtErf u SchlechtErf. Sieht man in der Verletzg von NebenPflten, insbes von VerhaltensPflten einen weitern eig StörgsTatbestand, ergibt sich eine Trias. Neben ihr haben Unmöglichk, Verzug u pVV, die bisher als Haupttypen der LStörg angeführt wurden, keine eigständ Bedeutg. Die Unmöglichk ist in all ihren Unterarten ledigl eine mögl Ursache der StörgsTatbestd Nicht- od SchlechtErf. Der Verzug ist ein vom Eintritt zusätzl Voraussetzgen abhäng Fall der NichtErf, an die das LStörgsR bes RFolgen knüpft. Und die pVV, die am 1. 1. 02 in den Begriff PflVerletzg aufgegangen ist, umfaßte in unklaren Konturen Fälle der SchlechtErf u der Verletzg von NebenPflten. 2

bb) Rechtsfolgen. Das LStörgsR muß die dem Gläub zustehden Rechte, vor allem den Anspr auf SchadErs u das RücktrR, regeln. Es muß außerdem darüber entscheiden, ob u unter welchen Voraussetzgen der Schu wg auftretder Störgen von seiner LeistgsPfl frei wird. Zum LStörgsR gehören daher neben den Vorschr, die die Voraussetzgen des SchadErsAnspr u des RücktrR des Gläub regeln, auch die Normen, die den Schu wg unerwarteter Leistgshindern od Wegfall der GeschGrdl von seiner LeistgsPfl befreien od ihm eine KündR aus wicht Grd geben. Der ErfAnspr, der dem Gläub bei Nicht- od SchlechtErf idR mit Vorrang vor dem SchadErsAnspr zusteht, ergibt sich ohne Rückgriff auf eine Norm des LStörgsR unmittelbar aus dem SchuldVerh (*arg* § 241 I). Er ist daher nach dtschem RVerständn, an dem festgehalten werden sollte, kein „RBehelf" des LStörgsR. 3

c) Allgemeines und besonderes Leistungsstörungsrecht. Das allg LStörgsR enthält Regelgen, die für alle SchuldVerh od für alle Vertr gelten. Das bes LStörgsR ergänzt die allg Regeln dch SonderVorschr für best VertrTypen, insbes für Kauf-, Miet-, Wk- u ReiseVertr. 4

2) Mängel des bisherigen Leistungsstörungsrechts. Sie sind wiederholt ausführl dargestellt worden (Abschlußbericht S 16 ff, Huber, LStörgsR Gutachten I 647 ff, Medicus in Schulze/S S 33 ff) u haben jetzt nur noch dogmengeschichtl Bedeutg. Es genügt daher, wenn aus der Vielzahl der Mängel nur einige hervorgehoben werden: – **a) Fehlende Regelungen.** Ein Krebsübel des bisher LStörgsR war, dass es für drei zentrale Kategorien dieses RGebiets, die pVV, die c. i. c. u die Störg der GeschGrdl, keine Regelgen enthielt. Zwar hatte die Rspr die Lücken dch die Ausbildg von RichterR geschlossen. Das Nebeneinander von RichterR u geschriebenem Recht hatte aber, vor allem im GewLR des KaufVertr u im VerjR, zu zahlreichen Unklarh u Ungereimth, geführt. Es überzeugte auch nicht, dass das, „was über das LStörgsR im BGB steht, in vielen Pkten nicht gilt und das, was wirkl gilt, nicht im BGB steht" (Wolf AcP **182**, 86). 5

b) Unmöglichkeit. Ihre Regelg im alten LStörgsR war unbefriedigd. Die Verfasser des BGB hatten die Unmöglichk in dreifacher Funktion verwandt: als SchuldbefreigsGrd (§§ 275, 323 aF), als HaftgsTatbestd (§§ 280, 324, 325 aF) u als NichtigkGrd (§ 306 aF). Sie hatten damit einen prakt kaum vorkommden Störgsfall zur Zentralkategorie des LStörgsR gemacht. Aber auch der Inh der Regelg überzeugte nicht. § 275 aF ließ offen, ob die Befreig von der PrimärleistgsPfl auch eintritt, wenn der Schu die Unmöglichk zu vertreten hat. Die Haftgstatbestde der §§ 280, 324, 325 aF waren neben dem (ungeschriebenen) Tatbestd der pVV überflüss. Die Regelg des § 306 aF, dass anfängl Unmöglichk der Leistg zur Nichtigk des Vertr führt, war, wie Rabel schon 1907 (FS Bekker S 171 ff) nachgewiesen hat, eine gesetzgeber Fehlleistg. Sie wurde dch einschränkde Auslegg immer weiter eingeengt u widersprach den European Principles (Art 4: 1029), den UNIDROIT Principles of International Commercial Contracts (Art 3.3) u der CISG; schon zur Anpassg an die internationale REntwicklg war eine Korrektur erforderl. 6

c) Gesetzliches Rücktrittsrecht. Auch die Vorschr über den gesetzl Rücktr (§§ 325, 326, 327, 346 ff aF) genügten den prakt Anfordergen nicht. Der Grds, dass Rücktr u SchadErs einander ausschließen, war unbefriedigd. Es widersprach auch der internationalen REntwicklg u prakt Bedürfn, dass der Gläub nur dann 7 vom Vertr zurücktreten konnte, wenn der Schu die NichtErf zu vertreten hat. Offensichtl mißlungen waren auch § 327 S 2 aF, der seinem Wortlaut nach statt des schutzbedürft RücktrBerecht den RücktrGegner begünstigte u die Regelg des § 350 aF, nach der die mit Übergabe der Sache auf den Käufer übergegangene Gefahr des zufälligen Untergangs iF des Rücktr auf den Käufer „zurückspringen" sollte.

8 **d) Gewährleistung als Gegenstand einer selbständigen Regelung.** Die Sachmängelhaftg beim Stückkauf ging auf RGrds zurück, die die kurulischen Ädilen für nicht behebb Mängel beim Kauf von Zugvieh u Sklaven entwickelt hatten. Die auf dieser römischrechtl Grdl beruhde Konzeption, die die Sachmängelhaftg vom allg LStörgsR abtrennte u als GewLR verselbständigte, war eine unerschöpfl Quelle von Unklarh u Ungereimth (Abschlußbericht S 21). Sie war seit langem dch die internationale REntwicklg (Haager KaufR, CISG, European Principles, UNIDROIT-Principles) überholt. Eine Anpassg an die auf Rabel zurückgehde Neukonzeption des KaufR, die die Sachmängelhaftg in das LStörgsR integriert, war seit langem überfällig

9 **3) Grundzüge des neuen Leistungsstörungsrecht. – a)** Bei der **Einordnung** der neuen Vorschr in das Allg Schuldr folgt es der Gliederg des BGB. Der 1. Abschnitt „Inh des SchuldVerh" enthält die für alle SchuldVerh geltden Vorschr des LStörgsR (§§ 275–288). Die nur für Vertr geltden Normen werden im 3. Abschnitt „SchuldVerh aus Vertr" auf drei Standorte verteilt: Der Titel 1 Untertitel 1 „Begründg" regelt in § 311 II u III die c. i. c. u in § 311 a die Leistgshindern bei VertrSchluß. Der Titel 1 Untertitel 3 „Anpassg u Beendigg von Vertr" enthält in §§ 313 u 314 die Vorschr über Störgen der GeschGrdl u die Künd von DauerschuldVerh aus wicht Grd. Im Titel „ggs Vertr" sind die Vorschr über das RücktrR u den Wegfall der LeistgsPfl bei Ausschluß der LeistgsPfl eingeordnet (§§ 323–326). Diese Verteilg der Vorschr des LStörgsR ist systemat korrekt, erschwert aber ihre Anwendg.

10 **b) Überblick.** GrdTatbestd des neuen LStörgsR ist § 280. Verletzt der Schu eine Pfl aus dem SchuldVerh, kann der Gläub Ers des hierdch entstandenen Schadens verlangen; er hat zugl nach § 323 ein RücktrR. PflVerletzg ist auch das Verhalten des Schu, das die Leistg unmögl macht u die verspätete Leistg. Unmöglichk u Verzug gehen aber nur scheinb im GrdTatbestd des LStörgsR auf. Das SMG enthält für sie Sonderregelgen, die den § 280 ergänzen u modifizieren. Unmöglichk ist SchuldBefreiungsGrd (§ 275 I), HaftgsTatbestd (§ 280 iVm § 283, § 311 a) u Grdl für den Wegfall der GgLeistgsPfl des Gläub (§ 326). Verzug ist ein qualifizierter vom Eintritt zusätzl Voraussetzgen abhäng Fall der NichtErf; nur wenn er vorliegt, ist Verspätgsschaden zu ersetzen (§ 280 II iVm § 286). Betrachtet man die GesRegelg u vergleicht sie mit der Trias des bisher Rechts (Unmöglichk, Verzug, pVV), ist der Gewinn an systemat Transparenz bescheiden; Zustimmg verdienen aber die vielen inhaltl Verbessergen.

11 **c) Pflichtverletzung.** Der Begriff PflVerletzg ist tatbestandl die zentrale Kategorie des neuen LStörgsR. Fast alle SchadErsAnspr des LStörgsR, auch die, für die neben § 280 ergänzde SpezialVorschr gelten (Rn 12 ff), setzen eine PflVerletzg voraus. Auch ein RücktrR steht dem Gläub nur zu, wenn dem Schu eine PflVerletzg zur Last fällt (§§ 323 ff). Der an den ungeschriebenen Tatbestd der pVV anknüpfde Begriff der PflVerletzg erfaßt Hauptleistgs-, Nebenleistgs- u SchutzPflten. Gleichgült ist, ob die Pfl auf einem Vertr, einem einseit RGesch od einem gesetzl SchuldVerh beruht. PflVerletzg ist auch das Verhalten des Schu, das ihm die Leistg unmögl macht, u nach der Neukonzeption des KaufR auch die Lieferg einer mangelh Sache. Einzelh bei § 280.

12 **d) Vertretenmüssen.** Der Schu ist nur zum SchadErs verpfl, wenn er die PflVerletzg zu vertreten hat. Welche Umst seine Verantwortlichk begründen, regeln wie bisher der neugefaßte § 276 u die sachl unverändert gebliebenen §§ 278, 277. § 276 bekräftigt den Grds, dass der Schu idR Vors u Fahrlk zu vertreten hat. Eine strengere od mildere Haftg kann sich, wie bisher, aus vertragl Abreden od dem Ges ergeben. And als § 276 aF stellt der neue § 276 ausdr klar, dass ein and Haftgsmaßstab auch aus dem *Inhalt* des SchuldVerh, insbes aus der Übernahme einer Garantie od eines Beschaffgsrisikos, entnommen werden kann. Danach bleibt es trotz des Wegfalls der §§ 279, 463 dabei, dass der Schu einer marktbezogenen Gattgsschuld u der Verkäufer, der eine Eigensch zugesichert hat, schuldunabhäng haften. Wie sich aus der Fassg des § 280 I 2 ergibt, hat der Gläub die PflVerletzg u der Schu das Nichtvertretenmüssen zu beweisen. So entscheidet, zwar nicht im dogmat Ansatz, aber im prakt Ergebn, von wenigen Ausn abgesehen, auch die herrschde Rspr zum bisher Recht. Einzelh bei §§ 276 ff u zur BewLast bei § 280.

13 **e) Spezialvorschriften zur Schadensersatzpflicht.** Die Generalnorm des § 280 wird dch SpezialVorschr ergänzt u modifiziert. Vgl bereits Rn 8. – **aa) Verzug.** Obwohl bereits die bloße Nichtleistg trotz Fälligk eine PflVerletzg ist, kann der Gläub den Ers von Verspätgsschaden nach § 280 II nur verlangen, wenn neben den Voraussetzgen des § 280 I auch die des jetzt in § 286 geregelten Verzugs erfüllt sind. § 286 entspricht inhaltl weitgehd § 284 in der bis zum 1. 5. 00 geltden Fassg. Er korrigiert die dch das Ges vom 30. 3. 00 getroffene Fehlentscheidg, nach der der Schu einer GeldFdg idR erst 30 Tage nach Zugang einer Rechng od Zahlgsaufforderg in Verzug kam. Entspr den Vorgaben der RL 2000/35/EG vom 29. 6. 00 ist der Ablauf einer 30-Tages-Fr nach Zugang einer Rechng od gleichwert Fdgsaufstellg jetzt nur noch ein weiterer den Verzug begründder Tatbestd, der neben die Mahng u die Bestimmg einer Leistgszeit tritt. Einzelh bei § 286.

14 **bb) Schadensersatz statt der Leistung.** Ein SchadErsAnspr statt der Leistg (bisher SchadErs wg NichtErf) steht dem Gläub nach § 280 III nur zu, wenn zusätzl zu den Erfordern des § 280 I auch die der §§ 281, 282 od 283 erfüllt sind. In § 282, der kaum prakt Bedeutg erlangen wird, geht es um SchadErs statt der Leistg, wenn der Schu keine LeistgsPfl, sond eine Pfl nach § 241 II (Verhaltens- od SchutzPfl) verletzt hat. § 283 gibt dem Gläub einen ErsAnspr statt der Leistg, wenn der gem § 275 von der LeistgsPfl befreite Schu, das Leistgshindern zu vertreten hat. Der für die Praxis wichtigere § 281 regelt den Fall, dass die Leistg nicht od nicht wie geschuldet erbracht wird. Er ersetzt, soweit es um SchadErs geht, § 326 aF, macht aber auch § 283 aF überflüss, der dem Gläub erst auf einem umständl, langwier u kostspiel Weg den Übergang zu einem SchadErsAnspr ermöglichte (rkräft Verurteilg des Schu zur Leistg, anschließde FrSetzg mit AblehngsAndrohg). § 281 regelt die Voraussetzgen des SchadErsAnspr statt der Leistg eigenständ u unabhäng von den Voraussetzgen des Verzugs. Er gilt für LeistgsAnspr jeder Art. Die Beschränkg auf Anspr aus ggs Vertr, die im

GgseitigkVerhältn stehen, entfällt. § 281 ist auch anwendb, wenn RückgabeAnspr aus einem Miet- od LeihVertr nicht erfüllt werden, der Mieter die von ihm geschuldete SchönhReparatur nicht dchführt od der Erbe die dem VermN geschuldete Leistg nicht erbringt. Der Anspr setzt grdsl voraus, dass der Gläub dem Schu erfolglos eine Fr gesetzt hat. Eine Ablehngsandrohg ist nicht mehr erforderl. Bei nicht vertragsgem Leistg läßt § 281 wie das bisher Recht zwei Arten der SchadBerechng zu: den „kleinen" SchadErs (Wertdifferenz) u den „großen" (Zurückweisg der vertragsgem Leistg u SchadErs wg Nichtdchführg des ganzen Vertr). Einzelh bei §§ 281 ff.

cc) Ersatz vergeblicher Aufwendungen. Nach § 284 kann der Gläub anstelle des SchadErs statt der Leistg Ers der Aufwendgen verlangen, die er im Vertrauen auf den Erhalt der Leistg gemacht hat u billigerw machen durfte, es sei denn, deren Zweck wäre auch ohne die PflVerletzg des Schu nicht erreicht worden. Nach bisher Recht war der Schu nur dann zum Ers vergeblicher Aufwendgen verpfl, wenn der Gläub sich auf die RentabilitätsVermutg berufen konnte, also anzunehmen war, dass der Gläub bei ordngsmäß Abwicklg des Vertr VermVorteile erlangt hätte, die seine Aufwendgen ausgeglichen hätten. Dem Gläub, der einen Vertr zu and als Erwerbszwecken geschl hat, stand kein ErsAnspr zu, wenn seine im Hinbl auf den Vertr gemachten Aufwendgen wg eines VertrBruchs des Schu nicht zu dem gewünschten Erfolg führten. Diese unangem Regelg korrigiert § 284. Einzelh s dort. **15**

dd) Culpa in contrahendo. Das SMG hat für das bislang ungeschriebene RInstitut der c. i. c. in § 311 II u III eine normative Grdl geschaffen. Die Vorschr übernehmen einen Teil der von der Rspr im Wege der RFortbildg entwickelten RGrds, verzichten aber darauf, einen alle Einzelh regelnden subsumtionsfäh Tatbestd zu formulieren. Entspr der Konzeption des neuen LStörgsR enthalten § 311 II u III keine eig Haftgsanordng. Dass der Schu für die währd der VertrVhdlgen begangene PflVerletzg SchadErs zu leisten hat, ergibt sich aus § 280. Einzelh bei § 311. **16**

ee) Haftung für Mängel bei Kauf- u Werkvertrag. §§ 437 Nr 3 u 634 Nr 4 verweisen wg der SchadErsAnspr für Sach- u RMängel auf §§ 280, 281, 283 u 311 a (s Rn 20). Die Verweisgen, die sowohl für Mangel- als auch für Mangelfolgeschäden gelten, machen deutl, dass die Mängelhaftg des Kauf- u WkVertrR ein (bes) Teil des LeistgsstörgsR ist u dass es kein eigenständ GewLR mehr gibt. Die §§ 437 Nr 3 u 634 Nr 4 werden erst anwendb, wenn die Gefahr gem §§ 446 bzw 640 auf den Käufer od Besteller übergegangen ist. Vorher gilt unmittelb das allg LStörgsR (*arg* §§ 434 I u 633 I). Unterschiede ergeben sich bei der Verj. Für die Anspr aus § 280 gilt die RegelVerj (§§ 195, 199: relative Fr von 3 Jahren, absolute Fr von 10 od 30 Jahren). Wird das allg LeistgsstörgsR erst aGrd der Verweisg in §§ 437 Nr 3 u 634 Nr 3 anwendb, richtet sich die Verj dagg nach den SonderVorschr der §§ 438, 634 a, dh es gilt mit vielen Ausnahmen eine absolute VerjFr von 2 Jahren. Einzelh bei §§ 437, 438, 634, 634 a. **17**

ff) Mietvertrag, Reisevertrag. Das Miet- u das ReiseVertrR regeln die Haftg des Vermieters u Reiseveranstalters für Mängel in §§ 536 a u 651 f eigenständ ohne Anknüpfg an den GrdTatbestd des § 280. § 536 a wird aber erst ab Überlassg der Mietsache anwendb; vorher gilt das allg LeistgstörgsR (nach bish Recht sehr str, s §§ 536 Rn 8 ff, 536 a Rn 3). Dagg sollen die §§ 651 c–651 g einschließl des § 651 f schon ab VertrSchl gelten; das allg LeistgsstörgsR soll nur auf PflVerletzgen anwendb sein, die nicht zu einem Reisemangel führen (Vorbem 9 v §§ 651 c–g). **18**

f) Unmöglichkeit. Für die Unmöglichk enthalten §§ 275, 283, 311 a u 326 eine im Ergebn befriedigde, aber nicht sehr übersichtl u vielleicht unnötig komplizierte Regelg (s bereits Rn 8 u 9). – **aa) Ausschluß der Leistungspflicht, Schadensersatz.** Nach § 275 I ist der Anspr auf die Leistg kr Ges ausgeschl, soweit diese für den Schu od jedermann unmögl ist. Anfängl u nachträgl Unmöglichk stehen gleich. Nach § 275 II kann der Schu die Leistg verweigern, soweit diese einen Aufwand erfordert, der unter Beachtg des Inh des SchuldVerh u der Gebote von Treu u Glauben in einem groben Mißverhältn zu dem Leistgsinteresse des Gläub steht. Hat der Schu die Leistg persönl zu erbringen, steht ihm nach § 275 III ein LeistgsVR zu, wenn ihm die Leistg unter Abwägg des der Leistg entggstehden Hindern mit dem Leistgsinteresse des Gläub nicht zuzumuten ist. Der Schu wird auch dann von seiner PrimärLeistgsPfl frei, wenn er das Leistgshindern zu vertreten hat, er ist dem Gläub aber nach §§ 280, 283, 284 zum SchadErs verpfl. Die bes Haftgsanordng, die das bisher Recht für den Fall verschuldeter Unmöglichk enthielt, ist in dem GrdTatbest der PflVerletzg aufgegangen. Einzelh bei § 275. **19**

bb) Anspruch auf die Gegenleistung. Soweit der Schu nach § 275 nicht zu leisten braucht, entfällt bei ggs Vertr nach § 326 I sein Anspr auf die GgLeistg. Den seltenen Fall der vom Gläub zu vertretden Unmöglichk (bisher § 324) regelt § 326 II. Um klare Verhältn zu schaffen, kann der Gläub nach § 326 V unter den Voraussetzgen des § 323 auch vom Vertr zurücktreten. Einzelh bei § 326. **20**

cc) Leistungshindernisse bei Vertragsschluß. Abw vom § 306 aF steht es nach § 311 a der Wirksamk eines Vertr nicht entgg, dass der Schu nach § 275 nicht zu leisten braucht u das Leistgshindern schon bei VertrSchluß vorliegt (s bereits Rn 5). Der Gläub kann nach seiner Wahl SchadErs statt der Leistg od Ers seiner fehlgeschlagenen Aufwendgen verlangen (§§ 283, 284), es sei denn, der Schu kannte das Leistgshindern nicht u hat seine Unkenntn nicht zu vertreten. § 311 a begründet eine SchadErsPfl für eine *vor* VertrSchl begangene PflVerletzg. Das SMG hat die Vorschr daher als eine selbstd, von der GrdNorm des § 280 unabhäng AnsprGrdl ausgestaltet. Einzelh bei § 311 a. **21**

g) Rücktritt. Auch hier beseitigt das SMG die Mängel des bish Rechts (Rn 6). Der Rücktr setzt, gleichgült, ob er auf die Verletzg einer LeistgsPfl od einer Pfl nach § 241 II gestützt wird, nach §§ 323, 324 nicht mehr voraus, dass der Schu die PflVerletzg zu vertreten hat. Erforderl ist bei LeistgsPflten grdsl eine FrSetzg. Einer AblehngsAndrohg bedarf es aber, ebso wie beim SchadErs statt der Leistg, nicht mehr. Die RücktrErkl hindert den Gläub nicht, SchadErs statt der Leistg zu verlangen (§ 325). Bei den für die Rückabwicklg der beiderseit Leistgen geltden SorgfAnfordergen wird iF eines gesetzl RücktrR der Berecht u nicht mehr der Gegner begünstigt (§ 346 III Nr 3). Die verfehlte Regelg des § 350 aF wird in § 346 II u III dch ein Modell der Rückabwicklg dem Werte nach ersetzt. Einzelh bei §§ 323 ff u 346. **22**

23 **h) Störung der Geschäftsgrundlage, Kündigungsrecht aus wichtigem Grund. – aa)** Das RInstitut der Störg der **Geschäftsgrundlage** hat das SMG in § 313 kodifiziert. Die Vorschr übernimmt die von der Rspr für den Wegfall u das Fehlen der GeschGrdl entwickelten tatbestandl Voraussetzgen u weicht auch bei der Regelg der RFolgen nur in einem Pkt von den Ergebn der Rspr ab. Nach § 313 tritt die Anpassg nicht mehr kr Ges ein, der benachteiligten Part steht vielmehr – ebso wie in VwVfG 60 – ein Anspr auf Anpassg zu. Kommt es zu keiner Einigg, ist aber eine Klage unmittelb auf die angepaßte Leistg mögl. Einzelh bei § 313. –
24 **bb)** Bei der Kodifikation der **Kündigung von Dauerschuldverhältnissen** aus wichtigem Grd im § 314 übernimmt das SMG unverändert die Ergebn der Rspr. Ein wicht Grd liegt vor, wenn dem kündigden Teil unter Berücksichtigg aller Umst des Einzelfalls u unter Abwägg der beiderseit Interessen die Fortsetzg des VertrVerhältn bis zur vereinbarten Beendigg od bis zum Ablauf einer KündFr nicht zugemutet werden kann. Die Regelg des § 314 ist ggü den für Dienst- u ArbVertr (§ 626) u GesellschVertr (§ 723) geltden Sonderregeln subsidiär. Einzelh bei § 314.

25 **i) Zeitlicher Anwendungsbereich.** Das neue LStörgsR gilt nach Art 229 § 5 EGBGB nur für SchuldVerh, die nach dem 31. 12. 01 begründet worden sind. Auf vorher begründete RBeziehgen wird es nur anwendb, wenn die Part ausdr od, etwa bei Abschluß eines ÄndergsVertr, stillschw die Anwendg neuen Rechts vereinbaren. Einzelh bei Art 229 § 5.

275 ***Ausschluss der Leistungspflicht.*** **I Der Anspruch auf Leistung ist ausgeschlossen, soweit diese für den Schuldner oder für jedermann unmöglich ist.**

II Der Schuldner kann die Leistung verweigern, soweit diese einen Aufwand erfordert, der unter Beachtung des Inhalts des Schuldverhältnisses und der Gebote von Treu und Glauben in einem groben Missverhältnis zu dem Leistungsinteresse des Gläubigers steht. Bei der Bestimmung der dem Schuldner zuzumutenden Anstrengungen ist auch zu berücksichtigen, ob der Schuldner das Leistungshindernis zu vertreten hat.

III Der Schuldner kann die Leistung ferner verweigern, wenn er die Leistung persönlich zu erbringen hat und sie ihm unter Abwägung des seiner Leistung entgegenstehenden Hindernisses mit dem Leistungsinteresse des Gläubigers nicht zugemutet werden kann.

IV Die Rechte des Gläubigers bestimmen sich nach den §§ 280, 283 bis 285, 311 a und 326.

1 **1) Allgemeines. – a) Fassung.** Währd § 275 aF den Schu nur bei nachträgl obj od subj Unmöglichk von der LeistgsPfl befreite, kennt die nF der Vorschr **drei Tatbestände,** die den LeistgsAnspr des Gläub ausschließen können: Der Schu wird frei, wenn die Leistg für ihn od jedermann unmögl ist, I. Er ist berecht, die Leistg zu verweigern, wenn diese einen Aufwand erfordert, der in einem groben Mißverhältn zu dem Leistgsinteresse steht, II. Handelt es sich um eine vom Schu persönl zu erbringde Leistg, steht ihm ein LeistgVR zu, wenn ihm die Leistg unter Abwägg des seiner Leistg entggstehden Hindern mit dem Gläub-
2 Interesse nicht zugemutet werden kann, III. – **b) Ergänzende Regelungen.** Die Vorschr des § 275, die den LeistgsAnspr des Gläub ausschließt, bedarf einer Ergänzg dch weitere Normen: Hat der Schu die Nichtleistg zu vertreten, ist er nach §§ 280, 283 schadensersplicht. Handelt es sich um einen ggs Vertr, verliert er nach § 326 den Anspr auf die GgLeistg. Die Regelg für anfängl Leistgshindern, die nicht mehr zur Nichtigk des Vertr führen, enthält § 311 a. Vgl auch Vorbem 18.

3 **2) Unmöglichkeit, I. – a) Anwendungsbereich.** I gilt grdsl für alle gesetzl u vertragl SchuldVerh. Er betrifft aber nur den *primären* LeistgsAnspr, gleichgült, ob es sich um eine Haupt- od Nebenleistg handelt. Wenn der Schu eine VerhaltensPfl (§ 241 II) wg eines Leistgshindern nicht eingehalten hat, ist I nicht einschläg; gem § 276 muß geprüft werden, ob der Schu die Nichteinhaltg der VerhaltensPfl zu vertreten hat od nicht. Auf SchadErsAnspr ist I schon wg des Vorrangs des § 251 nicht anzuwenden, iü aber auch deshalb nicht, weil die SchadErsPfl eine *sekundäre* LeistgsPfl ist (Einl 6 v § 241). Ggü einem **Geldanspruch** kann sich der Schu nicht auf I berufen, da er unabhäng von einem Verschulden für seine finanzielle LeistgsFähigk einzustehen hat (RG **106**, 181, BGH **63**, 139, **83**, 300, NJW **89**, 1278). Dieser unserer R- u WirtschOrdng immanente allg RGrds kommt in dem Prinzip der unbeschr Vermögenshaftg zum Ausdr u wird verfahrensrechtl dch das ZwVollstr- u InsR verwirklicht (Medicus AcP **188**, 501). Anwendb ist § 275 nur, wenn der Anspr auf die Herausg best Banknoten od Münzen gerichtet ist (§ 245 Rn 14) od wenn sich die LeistgsPfl des Schu wg AnnVerzugs des Gläub auf den erfolglos angebotenen Geldbetrag beschränkt (§ 300 Rn 6). Für die Anwendg von § 275 auf Anspr aus sachen-, fam- od erbrechtl Tatbest gilt Einl 24 v § 241: Danach können die §§ 275 ff auf LeistgsPflten aus einer Reallast u auf InstandhaltgsPflten aus einer DbK angewandt w, nicht aber auf Anspr aus §§ 985, 1004 (§ 985 Rn 17).

4 **b) Gleichstellung von: – aa) nachträglicher und anfänglicher Unmöglichkeit.** And als §§ 275, 280 aF gilt § 275 auch für die anfängl Unmöglichk (*arg* „unmögl ist" statt „unmögl wird"). Der Vertr, in dem eine unmögl Leistg versprochen worden ist, ist wirks, der Schu braucht die unmögl Leistg aber nicht zu erbringen, verliert jedoch nach § 326 den Anspr auf die GgLeistg u schuldet unter den Voraussetzgen des § 311 a
5 SchadErs. – **bb) nicht zu vertretender und zu vertretender Unmöglichkeit.** Abw vom Wortlaut der §§ 275, 280 aF aber in Übereinstimmg mit der überwiegd vertretenen Auslegg dieser Vorschr (Canaris JZ **01**, 500) gilt § 275 auch für die vom Schu zu vertretde Unmöglichk. Die nF der Vorschr geht mit Recht davon aus, dass es sinnlos ist, dem Gläub einen Anspr zu geben, den der Schu nicht erfüllen kann u der sich auch iW der ZwVollstr nicht dchsetzen läßt. Ist str, ob Unmöglichk vorliegt, muß Beweis, erfdlf dch eidl Vernehmg des Schu, erhoben werden. Die AufklMöglichk im Proz sind denen in der ZwVollstr überlegen, zumindest aber
6 gleichwert. Die ggteil Einschätzg der Kritiker (zB Stoll JZ **01**, 590) zeigt nur deren Praxisferne. – **cc) objektiver und subjektiver Unmöglichkeit.** Die Vorschr erfaßt alle Fälle der Unmöglichk. Sie stellt ebso wie § 275 aF obj u subj Unmöglichk gleich. Die Ergebn der Rspr zu § 275 aF können weiter verwandt werden. Dch § 275 II verändern sich aber die BeurteilgsKriterien für die prakt u wirtschaftl Unmöglichk (Rn 21, 22)

sowie die für die subj Unmöglichk, soweit es darum geht, ob der Schu zur Beschaffg od Wiederbeschaffg in der Lage ist (Rn 26).

c) Teilunmöglichkeit. – aa) Grundsatz. TUnmöglichk setzt voraus, dass die Leistg teilb ist (BGH **116**, 337, § 266 Rn 3). Bei ihr treten die RFolgen der Unmöglichk grdsl nur hins des unmögl Teils der Leistg ein (BGH **77**, 322). Hins des noch mögl Teils der Leistg bleibt der Schu weiter leistgspflicht (§ 275 I „soweit"). Die Verpfl zur GgLeistg wird entspr gemindert (§ 326 I 2). – **bb) Ausnahmsweise** steht TUnmöglichk vollständ Unmöglichk gleich. **(1) Qualitative Unmöglichkeit.** Auf den Stückkauf einer Sache mit einem nicht behebb Mangel findet seit der Neuregelg des Kaufrechts das allg LStörgsR Anwendg (Vorbem 16 vor § 275). Der KaufVertr ist wirks (§ 311 a), der Verkäufer wird aber nach § 275 I von seiner Verpfl zur Lieferg einer mangelfreien Sache u zur NachErf (§ 439) frei (Lorenz JZ **01**, 743); die Rechte des Käufers ergeben sich aus § 437 Nr 2 u 3. Zweifelh ist, ob *begriffl* vollständ Unmöglichk od nur TUnmöglichk vorliegt. *Wertgsmäß* ist jedenf klar: Qualitative Unmöglichk steht beim Erf- u NachErfAnspr vollständ Unmöglichk gleich. Ebso zu behandeln ist die qualitative Unmöglichk beim WkVertr. – **(2) Gläubigerinteresse.** TUnmöglichk steht auch dann vollständ Unmöglichk gleich, wenn der Gläub nach dem Inh u Zweck des Vertr nur an der vollständ Leistg ein Interesse hat, die mögl gebliebene TErf für ihn also sinnlos ist (RG **140**, 383, BGH NJW-RR **95**, 854). Vollständ Unmöglichk ist daher anzunehmen, wenn die TLeistg nicht mehr im Rahmen des konkreten SchuldVerh liegt, sond wirtschaftl etwas and bedeutet als die volle Leistg (Scherner JZ **71**, 533). Ausnw kann auch die Unmöglichk von Nebenleistgen dazu führen, dass die Leistg im ganzen als unmögl anzusehen ist (RG **88**, 37, Unmöglichk der Versendg).

7

8

9

d) Dauernde und vorübergehende Unmöglichkeit. – aa) Bedeutung der Unterscheidung. Voraussetzg für die Anwendg der §§ 275, 283, 311 a ist eine dauernde Unmöglichk (vgl zum bisher Recht BGH **LM** Nr 4 u 7, str, aA Huber FS Gaul, 1997, S 218). Vorübergehde Leistgshindern begründen Verzug, sofern sie der Schu zu vertreten hat. Ist das nicht der Fall, ist die LeistgsPfl des Schu für die Dauer der zeitweil Unmöglichk nach dem RGedanken des § 275 ausgeschlossen (Erm/Battes Rn 10). Im RStreit ist der Schu daher nicht zur sofort, sond zur künft Leistg zu verurteilen (s RG **168**, 328). 10

bb) Abgrenzung. Vorübergehde Unmöglichk steht dauernder Unmöglichk gleich, wenn sie die Erreichg des GeschZweckes in Frage stellt u dem and Teil das Festhalten am Vertr bis zum Wegfall des LeistgsHindern nicht zuzumuten ist (BGH **47**, 50, **83**, 200, Mü NJW-RR **96**, 48). Ob das zutrifft, ist unter Berücksichtigg aller Umst u der Belange beider Part nach Treu u Glauben zu entscheiden (BGH **LM** Nr 4, BAG BB **93**, 727). Bei Gesch des Warenhandels ist zu berücksichtigen, dass der Handel kurzfrist zu disponieren pflegt, dem Gläub also ein langes Warten nicht zugemutet w kann (BGH **LM** Nr 4). Dagg kann bei einem GrdstKaufVertr längeres Zuwarten uU zumutb sein (OGH **2**, 252). Wird die Erfüllg eines Vertr dch den Ausbruch eines Krieges unmögl, ist idR dauernde Unmöglichk anzunehmen (RG **94**, 49, **101**, 80). Diese kann auch zu bejahen sein, wenn Bauarbeiten wg der polit Verhältn im Lande des Bestellers (Iran) seit 3 Jahren nicht begonnen w konnten u eine Änderg nicht zu erwarten ist (BGH **83**, 200). Beim absoluten FixGesch begründen vorübergehde LStörgen dauernde Unmöglichk (§ 271 Rn 16); bei **Dauerverpflichtungen** führen sie idR zu einer teilw dauernden Unmöglichk (§ 286 Rn 5). Die Versagg der erforderl devisenrechtl Gen ist dagg iZw vorübergehde Unmöglichk (RG **151**, 38, Kühn NJW **83**, 1233). Bei der Abwägg ist auch das Verhalten der Part mitzuberücksichtigen. Hat der Schu zu erkennen gegeben, dass er ein Herstellgsverbot als ein vorübergehdes LeistgsHindern ansieht, so kann ihn der Gläub hieran festhalten (s OGH **3**, 397). Das gilt ebso umgekehrt für eine entspr Erkl des Gläub (s RG **168**, 327). Ist für den Gläub unklar, ob dauernde od vorübergehde Unmöglichk vorliegt, kann er dem Schu gem § 323 I eine Fr setzen u nach deren erfolgl Ablauf vom Vertr zurücktreten. Da es auf das Vertretenmüssen nicht mehr ankommt, ist der Rücktr, falls Unmöglichk vorliegt, nach § 326 V wirks, andf nach § 323. 11

cc) Maßgebender Zeitpunkt für die Beurteilg, ob vorübergehde od dauernde Unmöglichk vorliegt, ist grdsl der Eintritt des LeistgsHindern (BGH **LM** Nr 4, 7, KG VIZ **00**, 677). Die LeistgsPfl lebt nicht wieder auf, wenn die Leistg infolge einer unerwarteten Entwicklg wieder mögl w (RG **158**, 331, BGH **LM** Nr 4). Aus § 242 kann sich aber eine Verpfl zum Neuabschluß ergeben (RG **158**, 331). Im RStreit ist die Bedeutg des LeistgsHindern – bezogen auf den Ztpkt seines Eintritts – *ex post* nach dem Kenntnisstand der letzten mdl Vhdlg zu beurteilen (so im Ergebn BGH **83**, 201). Ist die Unmöglichk bei einer alsbald erhobenen Klage bis zur letzten mdl Vhdlg behoben, ist sie idR als vorübergehd anzusehen. Entspr gilt, wenn sie bei einem bedingten od befristeten Anspr bis zum Eintritt der Bedingg od der Fälligk wieder entfallen ist. 12

3) Objektive Unmöglichkeit. Sie liegt vor, wenn die Leistg von niemandem, weder vom Schu noch von einem Dr, erbracht werden kann. Unmöglichk ist gleichbedeutd mit genereller Unerfüllbark. Sie ist nicht gegeben, wenn nur die ursprüngl vorgesehene ErfArt undchführb geworden ist, die Leistg aber vom Schu in and Weise erbracht w kann u die Änderg beiden Part zumutb ist (BGH **38**, 149, **LM** § 242 (Ba) Nr 18). Im folgden wird auch Rspr nachgewiesen, in der nicht die Anwendg des § 275, sond im wesentl nur der **Wegfall der Gegenleistungspflicht** (§ 326) von Interesse ist. 13

a) Naturgesetzliche Unmöglichkeit. Die Leistg ist unmögl, wenn sie nach NaturGes od nach dem Stand von Wissensch u Technik nicht erbracht werden kann. Bsp: Untergang der geschuldeten Sache od Verschlechterg in einem solchen Maße, dass es sich wirtschaftl um eine and Sache handelt (Oldbg NJW **75**, 1788). Untergang der Mietsache (BGH **66**, 349/53, vgl auch Rn 28). Kauf od LizenzVertr über ein Geheim-Verf, das bei VertrSchl bereits offenkund ist (RG **163**, 7, BGH GRUR **63**, 209). Lieferg einer Sache aus einer Gattg, die nicht mehr hergestellt wird (Hamm DAR **83**, 79). Herbeiführg eines Erfolgs (Abschirmg gg Erdstrahlen), (1) der nach physikal Erkenntn nicht erreicht werden kann (aA LG Brschw NJW-RR **86**, 479), (2) dch Einsatz magischer Kräfte (LG Kassel NJW **85**, 1642, NJW-RR **88**, 1517). Vertr über eine Beratg auf astrolog Basis (Düss NJW **53**, 1553, str). Lebenshilfe auf parapsycholog Grdl (AG Grevenbroich NJW-RR **99**, 633). Unausführbark der geschuldeten Dienst- od WkLeistg: Tod des Dirigenten, auf dessen Pers das Konzert abgestellt ist (AG Mannh NJW **91**, 1490); endgült Zurückweisg des ins Ausl zu transportierden Frachtguts an der Grenze (Köln NJW-RR **95**, 671). 14

15 **b) Unmöglichkeit durch Zeitablauf.** Die Leistg kann dch bloßen Zeitablauf unmögl werden, so vor allem beim absoluten FixGesch (§ 271 Rn 16) u bei zeitgebundenen DauerSchuldVerh (§ 286 Rn 5). Auch in and Fällen kann Zeitablauf die Leistg unmögl machen: Die Verpfl zum Abschluß eines Erb- od Pflichtt-VerzVertr endet mit dem Tod des Erbl (BGH **37**, 319, **134**, 60). Die Verpfl zur Lieferg von Software wird unmögl, wenn die Software wg der Weiterentwicklg der EDV-Technik wertlos geworden ist (Ffm NJW **98**, 84). Bei **Unterlassungspflichten** tritt mit der ZuwiderHdlg Unmöglichk ein, es sei denn, dass sie rückgäng gemacht od das Unterl nachgeholt w kann (BGH **37**, 151, **52**, 398); bei einer DauerVerpfl begründet die ZuwiderHdlg Teilunmöglichk (Köhler AcP **190**, 517).

16 **c) Rechtliche Unmöglichkeit.** Die Leistg ist unmögl, wenn sie aus RGründen nicht erbracht w kann. – **aa)** Das ist der Fall, wenn der Leistg ein **dauerndes Rechtshindernis** entggsteht. Bsp: Enteigng des zu übereignden Grdst (BGH DtZ **96**, 26) od Überführg des Grdst in VolksEigt (Brdbg VIZ **97**, 360). Beschlagn der zu liefernden Sache (BGH **90**, 292). Inländ od ausländ Lieferverbot ohne Dispensmöglichk (BGH NJW **83**, 2873). Abrede, dass der Veräußerer Eigtümer eines wesentl GrdstBestandt bleiben soll (KG OLGZ **80**, 199). Bestellg eines ErbbR an einem nicht bebaub Grdst (BGH **96**, 387). Verpfl zur Bestellg eines dingl VorkaufsR am Teil eines Flurstücks (Hamm NJW-RR **96**, 849). Verpfl der GmbH-Gter, ihren „Anteil" an einem der GmbH zustehden Recht zu übertragen (Saarbr NJW-RR **00**, 845). Verzicht auf ein nicht existierdes Recht (RG **78**, 431, Mü NJW **71**, 1807). Übertragg eines solchen Rechts. Vertr über eine nicht genfäh Bauleistg (Ffm NJW-RR **89**, 982, Köln VersR **97**, 850). Vertr über die Beschaffg öff Fördermittel, die es nach den gesetzl Vorschr nicht gibt (Hamm NJW-RR **98**, 631). Einreiseverbot beim ReiseVertr (BGH **60**, 16). Entzug der GewerbeErlaubn, die der zur BetrFortführg verpfl Pächter benötigt (BGH **LM** Nr 3 u § 323 1 Nr 5). Auslaufen der ArbErlaubn eines ausl ArbN (BAG NJW **77**, 1023). Zur Versagg der für den Vertr
17 erforderl Gen s Rn 35 ff. – **bb)** Unmöglichk liegt auch vor, wenn sich der Schu zur Herbeiführg eines **bereits bestehenden Erfolgs** verpfl. Bsp: Verpfl zur Übereigng einer Sache, die dem Gläub bereits gehört (BGH VIZ **96**, 519) od die er inzw von einem Dr erworben hat (RG JW **10**, 805). Abtr des MietzinsAnspr an den Nießbraucher (RG **80**, 316). Vereinbg eines NutzgsR, das dem Gläub bereits kr GemeinGebr zusteht (RG **150**, 218).

18 **d) Unmöglichkeit und Zweckstörungen.** Unter Leistg iSd § 275 ist nicht die LeistgsHdlg, sond der Leistgserfolg zu verstehen. Unmöglichk liegt daher auch vor, wenn die LeistgsHdlg weiterhin mögl ist, sie aber den Leistgserfolg nicht mehr herbeiführen kann. Diese Ans hat sich im Anschluß an Beuthien (Zweckerreichg, 1969) u Köhler (Zweckstörgen, 1971) allg dchgesetzt (Soergel/Wiedemann Rn 33, vgl auch § 293 Rn 5). – **aa) Zweckerreichung.** Die Leistg ist unmögl, wenn der Leistgserfolg ohne Zutun des Schu eintritt. Bsp: Das freizuschleppde Schiff kommt wieder frei, der zu behandelnde Patient wird vor Eintreffen
19 des Arztes gesund. – **bb) Zweckfortfall, Leistungshindernisse in der Person des Gläubigers.** Das gleiche gilt, wenn der Leistgserfolg wg Wegfalls od Ungeeigneth des vom Gläub zu stellden Leistgssubstrats nicht mehr herbeigeführt werden kann od wenn die Leistg aus Grden unmögl wird, die in der Pers des Gläub liegen. Bsp: Das zu streichde Haus brennt ab, der aGrd eines HeimpflegeVertr zu Betreuende stirbt (LG Düss NJW-RR **91**, 184), die Reise kann nicht dchgeführt w, weil sich der Reisde nicht der notw Schutzimpfg unterziehen kann (BGH **60**, 14). Entgg der fr hM liegt in diesen Fällen kein AnnVerzug vor; dauernde Ann- od Mitwirkgshindern auf Seiten des Gläub begründen Unmöglichk (§ 293 Rn 5). Für die GgLeistg gilt § 326. Der von der SachleistgsPfl freigewordene Schu behält daher seinen VergütgsAnspr, wenn der Gläub die Zweckerreichg od den Zweckfortfall allein od weitaus überwiegd zu vertreten hat (§ 326 II). Aber auch wenn das nicht zutrifft, hat der freigewordene Schu in entspr **Anwendung des § 645** (dort Rn 9) einen Anspr auf eine Teilvergütg. § 645, der auch auf DienstVertr anzuwenden ist (Picker JZ **85**, 694), enthält den allg RGedanken, dass LStörgen, die auf dem Wegfall des Leistgssubstrats od fehlder Mitwirkg des Gläub beruhen, zur Sphäre des Gläub gehören u ihn daher zur Zahlg einer Teilvergütg verpfl (BGH **40**, 71, **60**, 14, **77**, 324,
20 **78**, 354, **83**, 302). – **cc) Störung des Verwendungszwecks.** Unanwendb ist § 275, wenn der Leistgserfolg noch herbeigeführt werden kann, der Gläub an ihm aber kein Interesse mehr hat. SchulBsp: Die Hochzeit, für die die Kapelle bestellt worden ist, findet nicht statt. Das Fußballspiel, zu dem eine Sonderfahrt dchgeführt werden soll, fällt aus. Das Verwendgsrisiko trägt der Gläub (BGH **74**, 374), ihm können aber ausnweise Rechte wg Wegfalls der GeschGrdl zustehen (§ 313 Rn 44).

21 **e) Wirtschaftliche Unmöglichkeit.** Um den dch Not u Inflation veränderten wirtschaftl Verhältn gerecht zu werden, hat das RG nach dem 1. Weltkrieg den Grds entwickelt, unter § 275 falle auch die wirtschaftl Unmöglichk (RG **94**, 47, **102**, 273). Sie sollte vorliegen, wenn die Leistg zwar an sich mögl ist, ihr aber solche Schwierigk entggstehen, dass sie dem Schu wg Überschreitg der „Opfergrenze" nicht zugemutet werden kann. Dieser Lösgsansatz ist überholt. Seit RG **103**, 332 gehen Rspr u Lehre davon aus, dass iF übermäß Leistgserschwerg nicht das UnmöglichkR, sond die Grds über den Wegfall der GeschGrdl die sach- u interessengerechte Lösg darstellen (Larenz § 21 I e, Staud/Löwisch Rn 6, Soergel/Wiedemann Rn 38). Das ist auch der Standpkt des BGH. Er hat den Grds, dass wirtschaftl Unmöglichk unter § 275 fallen kann, zwar nicht ausdr aufgegeben, wendet aber bei übermäß Leistgserschwergen u Äquivalenzstörgen in stRspr die Grds über den Wegfall der GeschGrdl an (BGH **LM** § 242 (Bb) Nr 12 u 50 Bl 2; § 313 Rn 32 ff u 37 ff). Nachdem das SMG die Störg der GeschGrdl in § 313 kodifiziert hat, ist erst recht davon auszugehen, dass wirtschaftl Unmöglichk nicht unter § 275 I fällt. Auch § 275 II ist insoweit idR nicht einschlägig (Canaris JZ **01**, 501). Nicht die in § 275 I u II vorgesehene Befreig von der LeistgsPfl, sond Anpassg an die veränderten Verhältn ist die angem RFolge (s aber Rn 29).

22 **f) „Praktische" Unmöglichkeit.** Rspr u Lehre sind bislang übereinstimmd davon ausgegangen, dass Unmöglichk auch dann vorliegt, wenn die Leistg zwar theoret erbracht, der damit verbundene Aufwand aber in einem offensichtl Mißverhältn zu ihrem Wert steht (BGH NJW **83**, 2873/74, Staud/Löwisch Rn 7). SchulBsp sind der Ring auf dem Meeresboden u die Münzsammlg unter dem Fundament eines Hochhauses. Diese Zuordng zu § 275 I ist dch die nF der Vorschr überholt. Wenn die Überwindg eines Leistgshindern Aufwendgen erfordert, die in einem groben Mißverhältn zum Leistgsinteresse des Gläub stehen, ist nicht mehr § 275 I, sond der neue § 275 II die maßgebde Norm (Canaris JZ **01**, 501).

4) Subjektive Unmöglichkeit (Unvermögen). – **a) Begriff.** Subj Unmöglichk ist gegeben, wenn der 23
Schu zur Leistg außerstande ist, sie aber von einem and od unter Mitwirkg eines and erbracht werden könnte. Den bisher synonym verwandten Terminus „Unvermögen" enthält die nF des § 275 nicht mehr, Rspr u Lehre werden ihn aber weiter verwenden. I ist nur anwendb, wenn der Schu auch zur Beschaffg od Wiederbeschaffg nicht in der Lage ist; erfordert die Beschaffg od Wiederbeschaffg unverhältnismäß Aufwendgen, ist nicht I, sond II einschlägig (Rn 25).

b) Fälle. Unvermögen kann auf tatsl od rechtl Grden beruhen. – **aa) Tatsächliche** subj Unmöglichk: 24
Dauernde Arbunfähigk bei einem DienstVerpflteten (Stgt FamRZ **85**, 285) od HandelsVertreter (LG Bln NJW **69**, 514, Nürnbg VersR **69**, 1136, offen BGH **52**, 17), and aber, wenn der Vertr dch einen Vertreter erfüllt w kann (BGH **LM** § 323 I Nr 5). Abschl eines 2. ArbVertr für dieselbe Zeit (BAG **AP** § 306 Nr 1). Doppelvermietg (BGH **85**, 271). Finanzielle Leistgsunfähigk begründet keine Unmöglichk (Rn 3). Unüberwindb Beschaffgsschwierigk fallen unter I; können sie nur mit übermäß Aufwand überwunden werden, gilt II. – **bb) Rechtliche** subj Unmöglichk: Verkauf od Vermietg einer fremden Sache ohne Zust des Eigtümers 25
(BGH **85**, 271, DNotZ **72**, 530). Veräußerg der verkauften Sache an einen Dr (BGH WM **73**, 1202). Verkauf einer eig Sache ohne die erforderl Zust des Eheg (BGH **47**, 269). Verkauf einer Sache, für die ein relatives Veräußergsverbot besteht. Nicht I, sond II ist aber anzuwenden, wenn der **Dritte bereit** ist, dem Schu die Sache zu übereignen od die erforderl Zustimmg zu erteilen (vgl BGH NJW **84**, 2031, **88**, 700, **92**, 3225, **97**, 938, 1528, Oldbg MDR **98**, 1406: kein Fall des Unvermögens). Der Schu, der sich auf Unvermögen berufen will, muß daher jeweils auch dazu Stellg nehmen, ob u ggf mit welchem Aufwand das Leistgshindern zu überwinden ist (Rn 34). Das gilt auch für den ausgezogenen Mitmieter, der als GesSchu von der RäumgsPfl (§ 546) nur frei wird, wenn er außerstande ist, seine Mitmieter zum Auszug zu veranlassen (BGH **131**, 176/83), u für den Vermieter, der beim Abschluß eines weiteren MietVertr den einem and Mieter zugesagten Konkurrenzschutz nicht berücksichtigt hat (BGH NJW **74**, 2317).

5) Grob unverhältnismäßiger Aufwand, II. – a) Bedeutung. Obwohl II im Ggs zu I als Einr aus- 26
gestaltet ist (Rn 32), ist er ebso wie I ein SchuldbefreigsGrd. Die Folgeregelgen zu § 275 (§§ 280, 283, 311 a, 326) gelten auch für II. Der Anwendgsbereich von II entspricht dem von I (Rn 3). Auch II findet auf VerhaltensPflten, SchadErsAnspr (§ 251 II) u GeldFdgen keine Anwendg. Handelt es sich um persönl zu erbringde Leistgen, geht III dem II vor. II erfaßt neben nachträgl auch anfängl Leistgshindern. Wie sich aus II 2 eindeut ergibt, gilt II auch, wenn der Schu das Leistgshindern zu vertreten hat. Tatbestdl geht es in II vor allem um die bislang I zugeordnete sog prakt Unmöglichk (Rn 22) u um die Fälle, in denen der Schu nur unter Mitwirkg eines Dr leisten kann (Rn 25). Welche Anstrenggen der Schu insoweit zu unternehmen hat, ist nach den Kriterien von II zu entscheiden (Canaris JZ **01**, 501). Die European Principles (Art 9: 102 II lit b) u die UNIDROIT Principles (Art 7.2.2. lit b) enthalten ParallelVorschr zu II, deren Präzision allerdings hinter II zurückbleibt.

b) Voraussetzungen. II ist eine eng auszulegde, nur in Extremfällen anwendb Sondernorm. Währd die 27
im Ansatz rechtsähnl §§ 439 III, 635 III, 651 c II u 251 II den Anspr des Gläub bereits bei unverhältnmäß Kosten ausschließen, fordert II ein *grobes* MißVerhältn u stellt damit deutl strengere Anforderungen (Voit BauR **02**, 159). – **aa) Leistungsinteresse des Gläubigers.** Seine Befriedigg ist BezugsPkt der VerhältnismäßigkPrüfg. II ist wg dieser ausschließl Bezugn auf das GläubInteresse auf die Fälle der wirtschaftl Unmöglichk nicht anwendb (Canaris JZ **01**, 502, Rn 21). – **bb) Grobes Mißverhältnis.** Zu berücksichtigen sind alle 28
Umst des Einzelfalls. Aus dem Inh des Vertr kann sich eine Verschärfg des Maßstabs (RisikoÜbern), aber auch eine Milderg (einschränkde Regelg einer vertragl Pfl) ergeben. Eine Anwendg von II kommt in Betracht, wenn die Wiederherstellg der beschädigten Mietsache offensichtl grob unverhältn Kosten verursachen würde (BGH NJW-RR **91**, 204: Muldenkipper, Miete DM 10 380, Reparaturkosten DM 147 000; Karlsr NJW-RR **95**, 849: teilzerstörtes 200 Jahre altes Haus; umfangreiche ReparaturMaßn, die einer Neuherstellg gleichstehen). Dagg sind die Kosten nicht unverhältnmäß u es liegt erst recht kein *grobes* MißVerh vor, wenn ein Aufwand von DM 150 000 erforderl ist, um eine Wertminderg von 80 000 DM zu beseitigen (s BGH NJW **96**, 3269). Ein Verschulden des Schu kann den ihm zuzumutden Aufwand erhöhen (II 2). Es kann aber auch entgggesetzt wirken. Würde die Anwendg von II dazu führen, dass der Gläub seinen Anspr ersatzlos verliert (zB Vermächtn), kann ein strengerer Maßstab angem sein als in den Fällen, in denen der AnsprVerlust dch den Wegfall der GgLeistgsPfl (§ 326) od einen SchadErsAnspr (§§ 280, 283) teilw kompensiert wird. – **cc) Stö-** 29
rungen des Äquivalenzverhältnisses. Begründen unerwartete Leistgserschwergen ein krasses Mißverhältn von Leistg u GgLeistg kann der Vertr nach § 313 anzupassen sein (dort Rn 32). Auch wenn als Anpassg allein ein Wegfall der beiderseit LeistgsPflten in Betracht kommt, ist nicht der allein auf das GläubInteresse abstellde II anzuwenden, sond der die Interessen beider Part einbeziehde § 313 (Canaris JZ **01**, 502); wg Identität der BeurteilgsMaßst ändert sich aber im Ergebn nichts, wenn man II in dieser Fallgruppe den Vorrang vor § 313 einräumt.

6) Persönlich zu erbringende Leistungen, III. Hat der Schu Leistgen aGrd eines Arb-, Dienst- od 30
WkVertr persönl zu erbringen, übernimmt III die Funktion von II. Abgesehen von den Unterschieden beim Anwendgsbereich gelten die in Rn 26 dargestellten Grds auch für III. III ist ggü I subsidiär. Der wg Krankh arbeitsunfäh ArbN wird gem I von seiner Verpfl zu Arb frei (Rn 24), u zwar auch dann, wenn er die Erkrankg zu vertreten hat. III gilt für Leistgshindern, die keine subj Unmöglichk begründen, wie etwa der Tod od schwere Erkrankg eines nahen Angeh, Behinderg des Wegs zur Arbeit dch widrige WetterVerhältn od Smogalarm (BAG DB **83**, 396). Bei der Abwägg sind alle Umst des Einzelfalls, insbes auch etwa vertragl od tarifl Regelgen, zu berücksichtigen. Wird der Schu gem III von seiner LeistgsPfl frei, entfällt grdsl zugl sein Anspr auf die GgLeistg (§ 326). And ist es aber, soweit der ArbG nach § 615 S 3 das Risiko des ArbAusfalls trägt.

7) Rechtsfolgen. – a) Ausschluß des Anspruchs kraft Gesetzes, I. Ist die Leistg obj od subj unmögl, 31
wird der Schu von seiner LeistgsPfl frei, gleichgült, ob es sich um anfängl od nachträgl Unmöglichk handelt (Rn 3). Der Anspr ist auch dann ausgeschl, wenn der Schu die Unmöglichk zu vertreten hat (Rn 4), in diesem Fall ist er dem Gläub jedoch gem §§ 280, 283–284 od § 311 a zum SchadErs verpfl. Die Schuldbefreiung tritt nach I kr Ges ein; sie ist ein unabhäng von einer Einr des Schu zu berücksichtigder Ein-

wendgsTatbestd. Sie betrifft aber nur die einzelne LeistgsPfl, nicht das SchuldVerh im ganzen. Der Schu ist daher unter den Voraussetzgen von § 285 zur ErsHerausg verpfl. Außerdem trifft ihn gem § 242 die Verpfl, dem Gläub die Unmöglichk anzuzeigen. Bei ggs Vertr wird § 275 dch §§ 326, 615 S 3 ergänzt. Mit der Verpfl zur Leistg erlischt idR zugl die GgLeistgsPfl.

32 **b) Leistungsverweigerungsrecht des Schuldners, II, III.** Im Ggs zu I sehen II u III ledigl ein LeistgVR des Schu vor. Er wird nicht kr Ges, sond nur dann von seiner LeistgsPfl frei, wenn er die ihm zustehde Einr erhebt. Die Regelg überläßt es der privatautonomen Entsch des Schu, ob er sich auf das bestehde LeistgsHindern berufen will od nicht. Er kann sich auch für eine überobligationsmäß Leistg entscheiden. Schon das Bestehen der Einr schließt aber den Verzug aus (§ 286 Rn 12). Im RStreit wird die Einr nur berücksichtigt, wenn sie vom Schu erhoben wird od sich ihre Geltdmachg aus dem Vorbringen des Gläub ergibt. § 322 Rn 2 gilt entspr. Die von Kritikern wg mögl unricht SäumnEntsch geltd gemachten Bedenken gehen von Schulfällen aus, die in der Praxis nicht vorkommen, u verkennen, dass das mit dem Säumn- u MahnVerf notw verbundene Risiko unricht Entsch in and Fällen (zB dch Betrug erlangte Anspr) sehr viel gewichtiger ist.

33 **c) Risikoverteilung.** §§ 275, 326 I sind zugl Gefahrtraggsregeln. Aus § 275 ergibt sich, dass der Gläub die **Leistungsgefahr** trägt. Er verliert, wenn die Voraussetzgen des § 275 vorliegen, seinen LeistgAnspr. Die GgLeistgs- od **Preisgefahr** trägt bei ggs Vertr dagg der Schu, da iF der Unmöglicht der Leistg sein Anspr auf die GgLeistg entfällt.

34 **8) Verfahrensrecht.** Der Schu trägt für die Unmöglichk u die in II u III gleichgestellten Tatbestde die BewLast (s Hamm NJW-RR **88**, 1087). Handelt es sich um eine Leistg, die der Schu bei Mitwirkg eines Dr erbringen könnte (fremde Sache, dem Schu gestohlene Sache, notw Zustimmg eines Dr), muß er auch darlegen u beweisen, dass der Dr die erforderl Mitwirkg verweigert od von grob unverhältnismäß Fdgen abhäng macht (s BGH NJW **82**, 883, **92**, 3225, Rn 25). Wird ein AuflAnspr gg einen nicht mehr im GrdB eingetragenen Schu geltd gemacht, muß ausnw der Gläub die Leistgsfähigk des Schu beweisen (BGH NJW **99**, 2034). Ist die Unmöglichk str, muß über die str Tats im RStreit Beweis erhoben werden, erfdlf dch eidl Vernehmg des Schu. Die fr von der Rspr vertreten Ansicht, der Schu könne ohne Beweiserhebg über die Unmöglichk zur Leistg verurteilt w, sofern feststehe, dass er die etwaige Unmöglichk zu vertreten habe (BGH NJW **74**, 1554), ist dch die Gleichstellg von zu vertretder u nicht zu vertretder Unmöglichk in der nF des § 275 überholt (Rn 4). Ausnw ist der Gläub beweispflicht, wenn er aus der Unmöglichk Rechte, etwa einen SchadErsAnspr herleiten will u der Schu Unmöglichk bestreitet (s § 280 Rn 34 ff).

35 **9) Genehmigungsbedürftige Rechtsgeschäfte.** Die in einer Reihe von Ges für RGesch vorgesehene behördl Gen kann für das VerpflGesch, das ErfGesch od für beide erforderl sein. UU betrifft es beide Gesch nicht, sond hindert den Schu an der Beschaffg des LeistgsGgst u der Erf der eingegangenen Verbindlichk. In diesen Fällen liegt rechtl Unmöglichk (Rn 15) od Unvermögen (Rn 25) vor, auf die § 275 u die in § 275 IV in Bezug genommenen Normen anzuwenden sind. Bezieht sich das GenErfordern auf das Verpfl- od ErfGesch u enthält das die GenPfl begründde Ges keine SonderVorschr, gelten von der Rspr entwickelte Grds. Obwohl sie nur ausnw zur Anwendg des § 275 führen (Rn 42), werden sie hier im ZusHang dargestellt.

36 **a) Genehmigungsbedürftige Verpflichtungsgeschäfte.** Bsp sind die GenErfordern nach dem GrdstVerkG (Übbl 22 ff v § 873), nach der GrdstVerkO der neuen BLänder (Böhringer DtZ **93**, 141, Heckschen DB **94**, 364), nach VO aGrd des AWG, nach PrAngaben- u PrKlauselG (§ 244 Rn 24), ferner die Gen der AufsBeh nach den GemOrdngen (§ 125 Rn 3). Die Gen ist hier RBdgg des VerpflGesch; sie ist Voraussetzg für seine Wirksamk, nicht aber Teil des rechtsgeschäftl Tatbestdes (Rstk OLG-NL **97**, 125). – **aa) Schwebende Unwirksamkeit.** Bis zur Entsch der Beh ist das VerpflGesch schwebd unwirks (BGH **23**, 344, BVerwG NJW **78**, 338, stRspr, Begriff Übbl 31 v § 104), auch wenn feststeht, dass das Gesch nicht genehmiggsfäh ist (BGH NJW **93**, 650). Die Part sind gebunden, es bestehen aber noch keine ErfAnspr (BGH NJW **93**, 651). Auch eine Klage auf Leistg für den Fall der Gen ist nicht mögl (RG **98**, 246, BGH NJW **76**, 104). Zul dagg eine Klage auf Feststellg, dass ein Vertr best Inh geschl worden ist (RG **121**, 157). Sow der Zweck des GenErfordern nicht entggsteht, können sich die Part verpfl, die VertrAbwicklg dch geeignete Maßn vorzubereiten. Bei einem dem GrdstVerkG (GrdstVerkO) unterfallden Vertr können die Part daher wirks vereinbaren, dass der KaufPr bereits vor der Erteilg der Gen beim Notar hinterlegt w soll (BGH DNotZ **79**, 306, NJW **99**, 1329, 3040, krit Armbrüster NJW **99**, 1306). Die Part sind verpfl, alles zu tun, um die Gen herbeizuführen u alles zu unterlassen, was die Gen **gefährden** od vereiteln könnte (BGH **14**, 2, **67**, 35, § 242 Rn 33). Keine schwebde Unwirksamk, sondern **Nichtigkeit** tritt ein, wenn der Vertr von beiden Seiten in UmgehgsAbs abgeschl w (§ 134 Rn 12).

37 **bb) Erteilung der Genehmigung.** Mit ihr wird der Vertr mit Wirkg *ex tunc* vollwirks (BGH **32**, 389, Einf 6 v § 182). Einen Grds, dass Gen wg ihrer privatrechtsgestaltden Wirkg nicht zurückgenommen w dürfen, gibt es nicht (BVerwG NJW **78**, 338, BGH **84**, 71, str). Die erforderl Abwägg zw den öff u priv Belangen w aber idR zum Ausschluß der Rückn (VwVfG 48) führen. Das gilt erst recht für den Widerruf (VwVfG 49). Im übrigen bestehen iF der Rückn u des Widerrufs EntschädiggsAnspr gem VwVfG 48 III u 49 V. Wird der GenBeh zum Zweck der Täuschg ein unvollständ od unricht beurkundeter Vertr vorgelegt, ist
38 die Gen grdsl unwirks, ohne dass eine Rückn erforderl ist (s BGH NJW **81**, 1958). – **cc) Wegfall des Genehmigungserfordernisses.** Er macht das Gesch gleichf vollwirks, sofern der Zustand schwebder Unwirksamk noch bestand (BGH **37**, 236, **127**, 375, stRspr). Die Wirksamk tritt aber ex nunc ein (aA BGH NJW **65**, 41, Zweibr OLGZ **85**, 362).

39 **dd) Versagung der Genehmigung.** Sie macht den Vertr nichtig, grdsl aber erst, wenn der Bescheid unanfechtb geworden ist (BGH NJW **93**, 650). Ersetzt die Beh ihren noch nicht rechtsbeständ AblehngsBescheid dch eine Gen, wird der Vertr wirks (BGH **84**, 71). Dagg hat es bei der Nichtigk sein Bewenden, wenn der unanfechtb gewordene VersaggsBescheid nachträgl aufgeh w (BGH NJW **56**, 1918, JZ **72**, 368) od die GenPfl wegfällt. Nichtigk tritt aber auch ein, wenn die oberste GenBehörde rechtsverbindl bekannt macht, dass Gen nicht mehr erteilt werden (BGH **127**, 376, krit K. Schmidt NJW **95**, 2255). **Verzögerungen** stehen der Verweigerg nur gleich, wenn sie die Erreichg des VertrZwecks gefährden od den Part, wie bei vorüber-

gehder Unmöglichk, ein längeres Zuwarten nicht zuzumuten ist (BGH NJW **78**, 1262, **93**, 651, Rn 11). Die aGrd des nichtig gewordenen Vertr erbrachten Leistgen sind nach § 812 zurückzugewähren. SchadErsAnspr können sich aus c. i. c. ergeben. § 275 findet keine Anwendg.

b) Genehmigungsbedürftige Erfüllungsgeschäfte. Bsp sind die TeilgsGen nach BauGB (Übbl 18 v § 873). – **aa)** Das **Verpflichtungsgeschäft** ist, sow es nicht selbst der Gen bedarf, von Anfang an wirks. Es bestehen beiderseits ErfAnspr. Eine Klage auf Leistg ist grdsl zul (BGH **82**, 296, NJW **78**, 1262); ob der GenVorbeh ausdr in die UrtFormel aufgen w muß, hängt von einer Auslegg des Ges ab, auf dem das GenErfordern beruht (BGH aaO). Aus ihm kann sich auch ergeben, dass eine vorzeit Leistgsklage ausgeschl sein soll (RG **143**, 328). Die Pfl der Part, auf die Erteilg der Gen hinzuwirken (Rn 35), ist echte VertrPfl (RG **151**, 39). Wird die Gen nur iF einer VertrÄnd erteilt, kann sich aus § 242 die Pfl zur VertrAnpassg u Wiederholg des ErfGesch ergeben (§ 242 Rn 33). – **bb)** Das **Erfüllungsgeschäft** (Bsp: Aufl) ist bis zur Entscheidg über die Gen **schwebend unwirksam.** Ausnw kann das Fehlen der Gen auch zivilrechtl unschädl sein, wenn die das GenErfordern begründde Norm eine bloße OrdngsVorschr ist (BGH **LM** § 134 Nr 59). Wird die Gen erteilt, od fällt das GenErfordern weg, w auch das ErfGesch wirks, u zwar grdsl mit rückwirkder Kraft. – **cc) Versagung der Genehmigung.** Wird die Gen endgült versagt u scheidet eine Anpassg aus, wird die Erf des Vertr **unmöglich.** Die RFolgen beurteilen sich nach §§ 275, 326 (BGH **37**, 240, NJW **80**, 700, **93**, 651, VersR **97**, 1415), uU kann aber auch die stillschw Vereinbg einer Bdgg angenommen w (BGH NJW-RR **92**, 558). Die Unmöglichk (Ablehng der Gen) ist idR von keiner Part zu vertreten, so dass beide Teile gem §§ 275, 326 ohne SchadErsPfl von ihrer LeistgsPfl frei werden (BGH NJW **69**, 837, DtZ **94**, 247). Es können aber auch die §§ 280, 283 anwendb sein, wenn eine Part die Ablehng der Gen verschuldet od insow das Risiko übernommen hat (BGH NJW **80**, 700, BB **97**, 1554).

40 (at "b) Genehmigungsbedürftige Erfüllungsgeschäfte") · 41 (at "bb) Das Erfüllungsgeschäft") · 42 (at "cc) Versagung der Genehmigung")

276 *Verantwortlichkeit des Schuldners.*

I Der Schuldner hat Vorsatz und Fahrlässigkeit zu vertreten, wenn eine strengere oder mildere Haftung weder bestimmt noch aus dem sonstigen Inhalt des Schuldverhältnisses, insbesondere aus der Übernahme einer Garantie oder eines Beschaffungsrisikos, zu entnehmen ist. Die Vorschriften der §§ 827 und 828 finden entsprechende Anwendung.

II Fahrlässig handelt, wer die im Verkehr erforderliche Sorgfalt außer Acht lässt.

III Die Haftung wegen Vorsatzes kann dem Schuldner nicht im Voraus erlassen werden.

1) Allgemeines. – a) Fassung, neuer Standort für Teile der Kommentierung. – aa) Das SMG hat § 276 sachl u redaktionell verbessert, im Kern aber unverändert gelassen. Sachl neu ist die ausdr Klarstellg, dass sich eine strengere oder mildere Haftg als die für Vors u Fahrlk auch aus dem Inh des SchuldVerh, insbes aus der Übern einer Garantie od eines Beschaffgsrisikos, ergeben kann. Die redaktionelle Verbesserg besteht darin, dass die Definition der Fahrlk aus dem überladenen I herausgenommen u als II eingeordnet worden ist. – **bb) Positive Vertragsverletztung** u **c. i. c.,** die bis zur SchuldRReform wg Fehlens einer gesetzl Regelg bei § 276 mitkommentiert wurden, werden jetzt bei §§ 280 u 311 II, III erläutert. Nach § 280 übernommen wurden auch die **„Einzelfälle der Fahrlässigkeit“,** in denen es idR in Wahrh nicht um Fragen des Verschuldens, sond des PflProgramms geht (§ 280 Rn 47 ff). 1

b) Bedeutung. – aa) Zurechnungsnorm. § 276 legt zus mit den §§ 278, 277 fest, was der Schu „zu vertreten“ hat. Er gilt ebso wie die ergänzden Vorschr immer, wenn es nach dem Ges darauf ankommt, ob der Schu einen Umst zu vertreten od nicht zu vertreten hat. Hauptanwendgsfall ist § 280 als GrdTatbestd des neuen LStörgsR. Auf das Vertretenmüssen stellen auch die §§ 275 II 2, 286 IV, 309 Nr 7 a u 8 a, 536 a, 538 u 651 f I ab. Im gleichen Sinne ist § 676 c zu verstehen, der allerdings in schlechter Redaktion statt von Vertretenmüssen von Verschulden spricht. § 276 regelt eine Haftgsvoraussetzg, ist aber offensichtl **keine Anspruchsgrundlage.** Die fr vom RG vertretene (RG **66**, 291, **106**, 25) u zur Ehrenrettg des BGB gelegentl wiederbelebte Ans, § 276 enthalte eine Haftgs-Anordng (so zuletzt Huber, LStörgsR § 3 II 3), war immer falsch u kann, nachdem der ungeschriebene Tatbestd der pVV im § 280 aufgegangen ist, endgültig *ad acta* gelegt werden. 2

3 **bb) Verschuldensprinzip.** Der Schu haftet für LStörgen grdsl nur, wenn er die Störg dch ein vorwerfbares Verhalten (Vors, Fahrlk) verursacht od mitverursacht hat. Dieser Grds wird aber dch zahlreiche Ausnahmen modifiziert. **(1) Schuldunabhängige Einstandspflichten** bestehen für das Verschulden von gesetzl Vertretern u ErfGeh (§ 278), für anfängl Mängel der Mietsache (§ 536 a), im ÜberweisgsVerk iR des § 676 b u in den Fällen der ErklHaftg (§§ 122, 307). Hinzukommen die in der nF § 276 jetzt ausdr angesprochenen Haftgsverschärfgen, die sich aus dem Inh des SchuldVerh, insbes aus Übernahme einer **Garantie** od eines **Beschaffungsrisikos** ergeben. Der Schu hat nach allg RGrds für seine finanzielle LeistgsPfl schuldunabhäng einzustehen. Er haftet aber grdsl auch ohne Verschulden für Zusichergen, Garantieübernahmen u Verpfl,
4 deren Erf eine Beschaffg voraussetzt (Einzelh Rn 29 ff). – **(2) Haftungsmilderungen.** Das BGB kennt Haftgsbeschränkgen auf grobe Fahrlk (§ 277 Rn 4) u Sorgf in eig Angelegenh (§ 277 Rn 2). Aus dem Inh des SchuldVerh hat die Rspr für ArbVertr bes HaftgsGrds entwickelt, die den ArbN begünstigen. Sie können in engen Grenzen auch auf and SchuldVerh angewandt werden (Einzelh Rn 41).

5 **2) Verschulden. – a) Begriff.** Er ist im BGB nicht definiert. Nach der Systematik des Ges ist er Oberbegriff der Schuldformen Vorsatz u Fahrlk u erfordert als weiteres Verschuldenselement ZurechngsFähigk. Schuldh kann nur ein obj rechtsw (pflw) Verhalten sein (Rn 8). Es ergibt sich daher folgde Begriffsbestimmg: Verschulden ist obj rechtsw (pflw) u subj vorwerfb Verhalten eines ZurechngsFäh. Verschulden ist auch außerh des LStörgsR ein ZurechngsGrd, so vor allem im **Deliktsrecht.** Vors (Rn 10) u Fahrlk (Rn 12) sind im LStörgsR u im DeliktsR ident Begriffe.

6 **b) Zurechnungsfähigkeit.** Für sie gelten gem der Verweisg in I 2 die §§ 827, 828 (s dort). Die Prüfg der ZurechngsFähigk u der Frage, ob die Part im konkreten Fall schuldh (fahrläss) gehandelt hat, sind sorgfält von einand zu trennen (BGH **LM** § 828 Nr 1). § 829 wird in I 2 nicht in Bezug genommen. Er kann aber im Bereich des LStörgsR entspr angewandt w (Staud/Löwisch Rn 61, sehr str, aA Böhmer NJW **67**, 865). Für diese Analogie spricht auch, dass § 829 nach stRspr im Rahmen des § 254 anwendb ist (§ 254 Rn 13), obwohl § 254 auch außerh des DeliktsR gilt.

7 **c) Schuldausschließungsgründe.** Das BGB enthält insoweit keine Vorschr. Die EntschuldiggsGrde des StrafR, vor allem StGB 35, haben für das bürgerl Recht keine unmittelb Bedeutg. Sie schließen das nach obj Maßstäben zu beurteilde zivilrechtl Verschulden nicht ow aus (§ 228 Rn 2). Im BGB kann aber ausnw der restriktiv zu handhabde Gesichtspunkt der **Unzumutbarkeit** den Schuldvorwurf entkräften (BGH **LM** § 828 Nr 1, MüKo/Grundmann Rn 81). Auch echte Gewissensnot kann in AusnFällen ein EntschuldiggsGrd sein (§ 242 Rn 9). Selbstmord des Schu ist im Verhältn zum Gläub kein Verschulden (BGH NJW-RR **91**, 76, BAG DB **79**, 1803).

8 **d) Rechtswidrigkeit, Pflichtwidrigkeit.** Sie ist Voraussetzg des Verschuldens. Rechtsw ist jede Verletzg eines fremden Rechts od RGuts, die nicht dch einen bes RFertiggsGrd gedeckt ist (§ 823 Rn 33). Im LStörgsR ist rechtsw gleichbedeutd mit obj pflw. Der Begriff der PflWidrigk ist – ebso wie der Begriff der RWidrigk im DeliktsR – erfolgsbezogen. Obj PflWidrigk ist gegeben, wenn der äußere Tatbestd einer LStörg vorliegt. Es genügt daher, dass die Leistg unmögl ist, der Schu trotz Mahng nicht od schlecht leistet, od der Gläub dch das Verhalten des Schu einen Schaden erleidet. Ausnw kann die PflWidrigk auch verhaltensbezogen sein (MüKo/Grundmann Rn 21), so etwa iF der Begehg dch Unterl (Vorbem 84 v § 249). Die im DeliktsR anerkannten RFertiggsGrde (§ 823 Rn 36) gelten wg der Einh der ROrdng auch im LStörgsR. Eine Sonderstellg hat der von der Rspr als Korrektiv der schuldunabhäng Haftg aus § 831 herausgebildete RFertiggsGrd des verkehrsricht Verhaltens (BGH **24**, 21). Wird die Leistg infolge eines allen Sorgfaltsanfordergen genügden Verhaltens des Schu unmögl, entfällt nicht der obj Tatbestd der LStörg, wohl aber ein Verschulden u damit eine Haftg (§ 823 Rn 40).

9 **e)** Nach der **Lehre vom Handlungsunrecht** soll ein nicht vorsätzl Verhalten dagg nur dann pflw (rechtsw) sein, wenn der Schu die im Verk erforderl Sorgf außer acht gelassen od gg eine spezielle Verhaltensnorm verstoßen hat (so ua Nipperdey NJW **57**, 1777, Esser/Schmidt § 25 IV). Diese Lehre überzeugt nicht (MüKo/Grundmann Rn 13 ff, § 823 Rn 33). Wie § 823 I u die Normen des LStörgsR, vor allem der neue § 280, zeigen, geht das BGB davon aus, dass die Haftg sowohl RWidrigk/PflWidrigk als auch Fahrlk voraussetzt. RWidrigk/PflWidrigk u Fahrlk sind nach dem Ges zwei verschiedene, von einand zu trennde Haftgs-Voraussetzgen. Eine Notwendigk, das Gesetz in diesem Pkt zu korrigieren, hat die Lehre vom HandlgsUnrecht nicht aufgezeigt.

10 **3) Vorsatz. – a) Begriff.** Vors ist das Wissen u Wollen des rechtsw Erfolges (Soergel/Wolf Rn 41); das gilt sowohl für das LStörgsR als auch für das R der unerl Hdlgen. Der Streit zw Vorstellgs- u Willenstheorie ist dch die Erkenntn überholt, dass zum Vors sowohl ein Wissens- als auch ein Willenselement gehört: Der Handelnde muß den rechtsw Erfolg vorausgesehen u in seinen Willen aufgenommen h. Nicht erforderl ist, dass der Erfolg gewünscht od beabsichtigt war (RG **57**, 241), ebso ist der BewegGrd unerhebl. Der Vors braucht sich idR nur auf die Verletzg des Vertr zu erstrecken, nicht auf den eingetretenen Schaden (BGH MDR **55**, 542). Das gilt im R der unerl Hdlgen sinngem: Bei § 823 I genügt Wissen u Wollen der Verletzg des geschützten R od RGutes, bei § 823 II Wissen u Wollen der SchutzGVerletzg, bei § 839 Wissen u Wollen der AmtsPflVerletzg, der eingetretene Schaden braucht vom Vors nicht umfaßt zu sein (BGH **34**, 381, **59**, 39, **75**, 329, VersR **72**, 492, stRspr). Beim SchmerzGAnspr muß sich der Vors dagg auch auf die Verletzg der in § 847 aufgezählten Lebensgüter beziehen (RG **142**, 122). Auch der Anspr aus § 826 setzt voraus, dass sich der Vors auf die Schadensfolgen erstreckt (§ 826 Rn 10). Wie im StrafR umfaßt der VorsBegr im ZivilR neben dem unbedingten auch den bedingten Vors. Bedingt vorsätzl handelt, wer den als mögl erkannten rechtsw Erfolg billigd in Kauf nimmt (BGH **7**, 313, NJW **84**, 801, **86**, 180, 182). Bewußte Fahrlk liegt dagg vor, wenn der Handelnde darauf vertraut, der Schaden werde nicht eintreten (BGH NJW **71**, 460, NJW-RR **98**, 34, BAG VersR **71**, 528).

11 **b) Bewußtsein der Rechtswidrigkeit.** Der Irrt über tatsächl Umst, aber auch der RIrrt schließt den Vors aus (RG **72**, 6, **84**, 194, **119**, 267). Zum Vors gehört nach hM im ZivilR das Bewußtsein der RWidrigk, sog VorsTheorie (BGH **69**, 142, **118**, 208, aA BAG **1**, 79 uö). Die zivilrechtl Lehre steht damit in Widerspr

zu der im StrafR geltden sog Schuldtheorie (StGB 16, 17, BGH GrStS **2**, 194), nach der ein vorwerfb VerbotsIrrt die Schuld nicht beseitigt. Bei Verletzg eines strafrechtl SchutzG ist Bewußtsein der RWidrigk nicht erforderl, es genügt vorsätzl Schuld iS der Schuldtheorie (BGH NJW **62**, 910, **85**, 135). Auch die ErsPfl aus § 826 setzt kein Bewußtsein der Sittenwidrigk voraus, Kenntn der Umst, die das Verhalten als sittenw erscheinen lassen, reicht aus (§ 826 Rn 11). Daraus ist allg abzuleiten, dass der Irrt über grdlegde Anfordergen des Rechts (RBlindh) den Vors nicht beseitigt (Mayer-Maly AcP **170**, 162, str). Unerhebl ist auch der RFolgenIrrt u der Irrt über Einzelh des Kausalverlaufs (Erm/Battes Rn 18). Bei vorsätzl Verstoß gg grdlegde allg RPfl ist vorsätzl VertrVerletzg auch dann gegeben, wenn Schu nicht weiß, dass sein Verhalten zugl eine VertrVerletzg darstellt (BGH NJW **70**, 1082). Wer sich auf einen den Vors ausschließden RIrrt beruft, trägt insow die BewLast (BGH **69**, 143, Düss WM **95**, 1496). Entfällt Vors inf Irrt, besteht vielf Haftg wg Fahrlk. UnzurechngsFgk schließt Vors aus, auch wenn sie auf Alkoholgenuß beruht (BGH NJW **68**, 1132), nicht aber verminderte ZurechngsFgk (BGH VersR **67**, 126).

4) Fahrlässigkeit. – **A) Allgemeines.** – **a) Begriff.** Die Begriffsbestimmg in II gilt nicht nur für das LStörgsR, sond für das gesamte PrivatR innerh u außerh des BGB (BGH **LM** (Be) Nr 2). II legt den Begriff der Fahrlk auch für das DeliktsR fest u gilt auch für das öffR (BAG **AP** 395 Nr 5), nicht aber für das Strafrecht. Fahrl handelt, wer die im Verk erforderl Sorgf außer acht läßt. Fahrlk setzt Voraussehbark (Rn 20) u Vermeidbark (Rn 21) des pflw (rechtsw) Erfolges voraus (BGH **39**, 285, **LM** § 828 Nr 1, MüKo/Grundmann Rn 53). Sie ist kein Element der PflWidrigk (RWidrigk), sond eine Schuldform (Rn 8). 12

b) Arten der Fahrlässigkeit. Bei **bewußter** Fahrlk hat der Handelnde mit dem mögl Eintritt des schädl Erfolges gerechnet, aber fahrl darauf vertraut, der Schaden werde nicht eintreten. Sie unterscheidet sich vom bedingten Vorsatz dadch, dass der Handelnde den rechtsw Erfolg nicht billigd in Kauf nimmt (Rn 10). Bei **unbewußter** Fahrlk hat der Handelnde den mögl Eintritt des schädl Erfolges nicht erkannt, hätte ihn aber bei gehöriger Sorgf voraussehen u verhindern können. 13

c) Grade der Fahrlässigkeit. Grobe Fahrlk liegt vor, wenn die im Verk erforderl Sorgf in bes schwerem Maße verletzt worden ist (§ 277 Rn 5). **Einfache** (leichte, gewöhnl) Fahrlk ist gegeben, wenn die bes Merkmale grober Fahrlk nicht erfüllt sind. Nachdem das BAG bei der ArbNHaftg nicht mehr zw einfacher u leichtester Fahrlk unterscheidet (§ 611 Rn 157), ist es dabei, eine neue Unterscheidg zw grober u **besonders grober** Fahrlk zu entwickeln (BAG VersR **98**, 895). Haftet der Schu für **eigenübliche Sorgfalt** (§ 277) wird der für ihn geltde SorgfMaßst bis zur Grenze grober Fahlässigk dadch best, wie er in eig Angelegenh verfährt (§ 277 Rn 3). 14

B) Einfache Fahrlässigkeit, II. – **a) Sorgfaltsmaßstab.** Abweichd vom StrafR gilt im BGB kein individueller, sond ein auf die allg VerkBedürfn ausgerichteter **objektiv-abstrakter** SorgfMaßstab (BGH **39**, 283, **80**, 193, **106**, 323/30, NJW **88**, 909, **00**, 2812). Der entscheidde Grd hierfür ist der Gedanke des Vertrauensschutzes. Im RVerk muß sich jeder grdsl darauf verlassen dürfen, dass der and die für die Erf seiner Pflten erforderl Fähigk u Kenntn besitzt. Der obj FahrlkBegriff gilt auch im Arzthaftgsrecht (BGH NJW **01**, 1786); er ist auch im Rahmen des § 254 u des § 823 II maßgebd u zwar selbst dann, wenn als SchutzG eine strafrechtl Norm anzuwenden ist (BGH **LM** § 823 (B b) Nr 2). Der Schu kann den FahrlkVorwurf daher nicht dadch ausräumen, dass er sich auf fehlde Fachkenntnisse, Verstandeskräfte, Geschicklichk od Körperkraft beruft. Keine EntlastgsGrde sind auch: Sehfehler eines Kfz-Fahrers (BGH JZ **68**, 103); vorhersehb alters- od krankheitsbedingte Ausfallerscheingen (BGH NJW **88**, 909); mangelnde Ausbildg od Erfahrg eines Kfz-Fahrers (BGH VersR **58**, 268, **68**, 395); seelische Erregg eines Notars (BGH **17**, 72); mangelndes Fachwissen des Bürgermeisters einer kleinen Gemeinde (RG **152**, 140); Überbeanspruchg eines Operateurs (BGH VersR **53**, 338). Da die Objektivierg dem Schutz des Verk dient, ist es nicht ausgeschlossen, die SorgfAnfordergen wg bes Kenntn u Fähigk des Schu zu erhöhen (BGH VersR **64**, 831, **67**, 777, **68**, 1059), so etwa bes Ortskenntn (BGH VersR **58**, 94, **71**, 667, Ffm VersR **75**, 381). Bei Vertr kann der SorgfMaßstab dch vertragl Abreden verstärkt od abgemildert w (RG **119**, 399). Die gelegentl Versuche, äußere u innere Sorgf von einand zu trennen, haben sich mit Recht nicht dchgesetzt (Fabarius, Äußere u innere Sorgf, 1991). 15

b) Konkretisierung. Der im Ges dch ein Blankett umschriebene SorgfMaßst bedarf der Konkretisierg. – **aa) Erforderliche Sorgfalt** (II). Sie entspr nicht notw der übl (BGH **8**, 141, NJW **65**, 1075, Düss DB **84**, 1772). Eingerissene VerkUnsitten u Nachlässigk entschuldigen nicht (BGH **5**, 319), auch nicht das Bestehen eines „verbreiteten Brauchs" (BGH **23**, 290). Eine etwaige tatsächl Übg muß aber bei der Festlegg der SorgfAnfordergen mitberücksichtigt w (BGH **65**, 308). Wenn der Schu sich so verhalten hat, wie es ihm von kompetenten Fachleuten empfohlen worden ist, kann ihm idR kein Schuldvorwurf gemacht w (BGH NJW **71**, 1882). Erforderl ist das Maß an Umsicht u Sorgf, das nach dem Urteil besonnener u gewissenhafter Angeh des in Betracht kommden VerkKreises zu beachten ist (BGH NJW **72**, 151, Köln NJW-RR **90**, 793). Wie die zur Risikovermeidg erforderl Ausstattg beschaffen sein muß, hängt von den Umst des Falles ab (s Damm NJW **89**, 737); iZw muß sie mindestens dem Normalstandard entspr. Wer eine weitgehd unerprobte Technik anwenden will, muß über deren Risiken informieren (BGH NJW-RR **93**, 26). Bei der Beurteilg kommt es auf den Erkenntnisstand zZ der Verursachg des Schadens an (BGH **80**, 193). Den Warenhersteller trifft aber nach Inverkehrbringen eine **Produktbeobachtungspflicht** auf noch unbekannt gebliebene gefährl Eigensch (§ 823 Rn 208), die auch eine Haftg aus § 280 begründen kann. Werden SichgsVorkehrgen unterlassen, die im maßgebden Ztpkt weder von der Rspr gefordert wurden, noch in deren Tendenz lagen, entfällt ein Schuldvorwurf (BGH NJW **85**, 620, **95**, 2632, krit Möllers VersR **96**, 158). 16

bb) Zu berücksichtigende Umstände. Die SorgfAnfordergen sind für die einz **Handlungstypen,** je nach der Größe der damit verbundenen Gefahr, unterschiedl (RG **147**, 356). Sie sind nach dem jeweil **Verkehrskreis** (Berufs-, Alters-, Bildgs-, Lebenskreis) zu bestimmen (BGH **39**, 283, NJW **70**, 1038). Bsp: „ordentl" Kaufm (HGB 347), Gewerbetreibder (BGH **31**, 358), Facharzt/Heilpraktiker (BGH **113**, 304), Bauherr (BGH NJW **94**, 2233), Berufsanfänger (BGH NJW **88**, 2299, **92**, 1560, **93**, 2989, Gounalakis NJW **91**, 2946), Hausfrau (Düss NJW **75**, 171), Auszubildder (BGH NJW **79**, 864), Jugendl (BGH **LM** (Be) Nr 2, VersR **67**, 159), Kind (BGH NJW **70**, 1038, NJW-RR **97**, 1110, Haberstroh VersR **00**, 806). Auch alte Menschen u **Behinderte** sind in diesem Sinne eine Gruppe, deren Besonderh sich auf den SorgfMaßstab 17 auswirken können (MüKo/Grundmann Rn 66). An untergeordnete Mitarbeiter können nicht die gleichen Anfordergen gestellt w wie an leitde (BGH NJW **88**, 48). Zu prüfen ist aber jeweils, ob ein Übernahmeverschulden vorliegt. Zu berücksichtigen ist auch die **besondere Lage,** in der der Betroffene sich befunden hat. Unsachgem Verhalten in einer unverschuldeten u nicht vorhersehb Gefahrenlage ist nicht in jedem Fall schuldh (BGH NJW **76**, 1504, Hbg VRS **84**, 173, Karlsr VersR **87**, 693).

18 **cc) Rechtsnormen, andere Regelwerke.** Zur Ausfüllg des in II verwandten Blanketts kann auch auf RVorschr, etwa die StVO, zurückgegriffen w. Der Ri kann auch and Regelwerke heranziehen, so etwa UnfallverhütgsVorschr (BGH NJW **57**, 499, VersR **62**, 358), techn Regeln (BGH **54**, 335, Hamm OLGZ **90**, 119, Marburger VersR **83**, 598), DIN-Normen (BGH **103**, 341, **139**, 17), Richtlinien des Spitzenverbandes der Banken (Köln NJW **90**, 2262) od Sportregeln (BGH **58**, 40, Scheuer DAR **90**, 121); er ist aber zur eig Prüfg u Bewertg verpfl (BGH VersR **84**, 165). Auch wenn der Handelnde die maßgebden techn Regeln eingehalten hat, kann ausnw ein Verschulden zu bejahen sein (BGH NJW **85**, 621, Hamm BauR **83**, 173). –

19 **dd) Nutzen-Kosten-Analyse.** Geht es ausschließl um Sachschäden, ist auch eine Abwägg der Nutzen u Kosten entspr der ökonomischen Analyse des Rechts (Einl 32 v § 1) ein zul Hilfsmittel, um den Umfang der erforderl Sorgf zu bestimmen: SorgfMaßn sind mindestens dann erforderl, wenn der für sie notw Aufwand geringer ist als der dch ihre Nichtanwendg möglw entstehde Schaden.

20 **c) Vorhersehbarkeit** der Gefahr ist Voraussetzg der Fahrlk (BGH **39**, 285, **LM** § 828 Nr 1, Ffm NJW-RR **00**, 976). Sie bezieht sich nur auf den HaftgsTatbestd, dagg nicht auf die weitere Schadensentwicklg. Es genügt die allg Vorhersehbark eines schädigden Erfolges, der konkrete Ablauf braucht in seinen Einzelh nicht vorhersehb gewesen zu sein (s BGH **57**, 33, **59**, 39, NJW-RR **93**, 346, Düss NJW-RR **95**, 1482). Wann Vorhersehbark zu bejahen ist, hängt von den Umst des Einzelfalles ab. Der Schu muß für mögl Störgen die notw **Vorsorge** treffen (Ehmann NJW **87**, 402). Vorkehrgen für alle abstrakt denkb Schadensrisiken können aber idR nicht verlangt w; es muß vielmehr die nicht ganz fern liegde Möglichk einer Schädigg bestehen (BGH VersR **75**, 812, **LM** § 823 (Dc) Nr 121 Bl 3 R). Die Voraussehbark kann trotz entggstehder Umst zu bejahen sein, weil den Schu nach Maßg des konkreten SchuldVerh eine PrüfgsPfl trifft.

21 **d) Vermeidbarkeit.** Der Schu handelt nur dann fahrläss, wenn er den Eintritt des schädigden Erfolges vermeiden konnte u mußte (BGH **39**, 285, **LM** § 828 Nr 1). Grdsl ist er gehalten, jede vorhersehb Verwirklichg eines HaftgsTatbestdes zu verhindern. Ein jegliche Gefahr vermeiddes Verhalten wird jedoch nicht verlangt, sond ein sachgerechter Umgang mit der Gefahr (Deutsch NJW **92**, 74). Erforderl Sichergsvorkehrgen sind auch dann zu treffen, wenn sie mit Unbequemlichk, Zeitverlust od finanziellen Opfern verbunden sind (BGH NJW **53**, 258); sind die Schäden nicht zu verhindern, besteht eine HinwPfl (LG Bln DB **83**, 652). Etwas and gilt, wenn sich das Verhalten des Schu im Rahmen der Sozialadäquanz u damit des **erlaubten Risikos** hält (Esser/Schmidt § 25 IV). In diesen Fällen ist jedoch uU schon der Zurechngszushang (Vorbem 58 ff v § 249) od die RWidrigk ausgeschl. Die Vermeidbark kann auch dann fehlen, wenn es inf **Streiks** zu einer LStörg kommt (Strohmaier BB **93**, 2031). Ein Irrt des Schu schließt Fahrlk nur aus, wenn er unvermeidb war.

22 **e) Rechtsirrtum. – aa) Grundsatz.** Die Rspr geht abw von einer fr strengeren Auffassg mit Recht einmüt davon aus, dass der Schu auch für einen RIrrt nur einstehen muß, wenn er fahrl gehandelt hat (RG **156**, 120, BGH NJW **51**, 398, 758, **72**, 1045, **LM** Nr 4). Bes liegt es bei RA u StBeratern. Sie haften bei Erledigg der ihnen übertragenen R- od SteuerRAngelegenh grd für jeden RIrrt (§ 280 Rn 78 u 87). Auch für and Schu gilt ein strenger SorgfMaßstab (BGH NJW **94**, 2755). Der Schu muß die RLage sorgf prüfen, soweit erforderl RRat einholen u die höchstrichterl Rspr sorgf beachten (BGH **89**, 296/303, NJW **94**, 2754, WM **01**, 2012). Verläßt er sich auf eine von zwei entgggesetzten RAusk, trifft ihn idR ein Verschulden (BGH VersR **68**, 148). Die unricht Ausk eines RA ist kein EntschuldiggsGrd, wenn der Schu sich das Versch des RA gem § 278 zurechnen lassen muß (LG Bln NZM **98**, 573). Sie schließt Fahrlk des Schu auch dann nicht aus, wenn ein erkennb sittenw Verhalten für rechtl unbedenkl erklärt w (BGH **74**, 281) od wenn dch eine Entsch (Äußerg) des Ger erkennb wird, dass die Ausk unricht sein könnte (Hbg FGPrax **01**, 60). Auch wenn ein KollegialGer die RAns des Schu gebilligt hat, ist dieser nicht in jedem Fall entlastet (BGH NJW **74**, 1903, VersR **90**, 153, **91**, 333). Sie scheidet vor allem dann aus, wenn der Schu bewußt das Risiko eines VerbotsIrrt eingegangen ist (BGH NJW **82**, 635), wenn das Ger sein Verhalten aus RGrden billigt, die er selbst nicht erwogen hat (BGH NJW **82**, 36) od wenn es sich um eine vorläuf Entscheidg aGrd einer summar Prüfg handelt (BGH NJW **83**, 2318). Muß der Schu mit einer abw Beurteilg dch das zuständ Ger ernsth rechnen, handelt er nach der (mit § 276 II nur schwer zu vereinbarden) Rspr grdsl auch dann auf eig **Risiko** u damit schuldh, wenn er seine eig RAnsicht sorgfält gebildet hat (BGH **89**, 303, NJW **74**, 1904, NJW-RR **90**, 161, Köln NJW-RR **98**, 1017).

23 **bb) Besondere Sachlagen.** Ist die RLage in bes Maße unklar u dem Schu eine sofort Leistg nicht zuzumuten, verneint die Rspr ein Verschulden (ohne die Abweichg von den in Rn 22 zitierten Entsch zu problematisieren), falls der Schu seine RAns sorgf gebildet hat. Hat der Verw einer WoEigtGemsch über die Erteilg einer VeräußergsGen od der ArbG über die tarifl Einstufg eines ArbN zu entscheiden, ist ihm ein RIrrt nicht anzulasten, wenn seine RAns auf einer sorgf Prüfg der RLage beruht (BGH **131**, 346, BAG DB **98**, 87). Entspr gilt, wenn es bei erbrechtl Anspr (BGH NJW **99**, 1467/74) od im gewerbl RSchutz od UrhR um die Beurteilg von schwier u in Fachkreisen str Fragen geht (BGH **17**, 295, **62**, 36). Entschuldigt ist der Schu auch, wenn beide Part längere Zeit von derselben RAnsicht ausgegangen sind (RG **96**, 316, LG Duisbg NJW-RR **96**, 719), wenn seine RAns der damals hM entsprach (BGH NJW **72**, 1045, Köln DB **85**, 2403) od wenn er bei einer zweifelh, höchstrichterl noch nicht geklärten Ausleggsfrage der GesBegründg od der tarifvertragl Regelg folgt (BAG DB **93**, 1037, **00**, 2534).

24 **5) Haftungserweiterungen.** Sie können sich aus Ges u Vertr ergeben. – **a)** Das **Gesetz** sieht Haftgsverschärfgen innerh bestehder SchuldVerh in den Fällen der Rn 3 vor. Außerh bestehder SchuldVerh beruhen sie idR auf dem Gedanken der Gefährdgshaftg. Zu den HaftgsAusschl u -Beschränkgen für den Bahn- u BusVerk s Filthaut NZV **01**, 238.

b) Vertragliche Haftgsverschärfgen sind in IndVereinbgen bis zur Grenze des § 138 wirks (BGH **115**, 38/ 25
43, **119**, 152/68), etwa dch Übernahme einer schuldunabhäng Haftg. Diese kann aber nicht bereits aus dem Angebot einer vollautomat Leistg hergeleitet w (BGH NJW **75**, 685). Haftgserweitergen dch AGB zu Lasten des Verbr sind in VerbrVertr unwirks u auch ggü einem Untern als Verwendgsgegner nur ausnw zul (§ 307 Rn 110).

c) Schadenspauschalierungen. Sie sind tendenziell auf eine Ausweitg der Haftg angelegt u daher ein 26
Sonderfall vertragl Haftgsverschärfg. AGrd der VertrFreih sind Abreden, die die Höhe des Schadens pauschalieren, zul (BGH NJW **70**, 32, 2017), in AGB aber nur, wenn die Pauschale den bei normalem Ablauf zu erwartden Schaden nicht übersteigt u dem and Teil ausdr der Nachweis gestattet wird, ein Schaden sei überhaupt nicht entstanden od geringer als die Pauschale, § 309 Nr 5 (s dort). Auch bei Pauschalen in IndVereinbgen steht dem Schu der Nachw offen, dass dem Gläub tatsächl ein geringerer Schaden entstanden ist (Schlesw DNotZ **85**, 310, RGedanke des § 309 Nr 5, fr AGBG 11 Nr 5, str, für eine analoge Anwendg des § 343 LAG Düss DB **73**, 85). Von Schadenspauschalen zu unterscheiden ist die **Vertragsstrafe.** Währd die Schadenspauschale allein den Schadensbeweis ersparen soll, hat die VertrStrafe einen *doppelten* Zweck: Sie soll die Erf der Hauptverbindlichk als Zwangsmittel sichern u iF einer LStörg den Schadensbeweis entbehrl machen (Vorbem 1 v § 339). Für die Abgrenzg ist entscheidd, ob die Abrede ausschließl der vereinfachten Dchsetzg eines SchadErsAnspr dienen soll (Schadenspauschale) od ob es auch u vor allem darum geht, „Druck“ auf den Schu zur Erf seiner Verbindlichk auszuüben (VertrStrafe), s BGH **49**, 84, NJW **83**, 1542, Schlesw DNotZ **85**, 310. Zwar kann auch der Wortlaut Hinw geben: „SchadErs“, „entgangener Gewinn“ u ähnl sprechen für eine Pauschale (BGH NJW **70**, 32). Ausschlaggebd ist aber letztl, ob es sich um den ernsth Versuch einer antizipierten Schätzg des typw zu erwartden Schadens handelt od nicht (Köln NJW **74**, 1953). Einzelfälle zur Abgrenzg von der VertrStrafe Vorbem 3 v § 339.

6) Haftungsverschärfung durch den Inhalt des Schuldverhältnisses. Nach § 276 I 1 kann eine 27
strengere Haftg aus dem Inh des SchuldVerh zu entnehmen sein. Anknüpfgspkt kann dabei die Art der Schuld, aber auch die Übern einer Garantie od eines Beschaffgsrisikos sein.

a) Geldschulden. Ggü einem GeldAnspr kann sich der Schu nicht auf § 275 berufen; alle drei Alterna- 28
tiven des § 275 finden auf Geldschulden keine Anwendg (BGH **63**,132/39, **83**, 293/300, § 275 Rn 3, dort auch zu Ausn). Kann der Schu eine Geldschuld od eine and LeistgsVerpfl wg **finanzieller Leistungsunfähigkeit** nicht erfüllen, hat er die NichtErf zugl auch unabhäng von einem Verschulden zu *vertreten* (BGH **107**, 92/102, Medicus AcP **188**, 489, Staud/Löwisch § 279 Rn 2, Esser/Schmidt I 1 § 12 II, allgM). Die Rspr hat diesen Grds fr aus dem dch das SMG aufgehobenen § 279 (Unvermögen bei Gattgsschulden) hergeleitet (BGH **63**,132/39, **83**, 293/300). Er ergibt sich aber bereits aus dem unserer Rechts- u WirtschOrdng zugrdeliegden im ZwangsVollstrR u InsR zum Ausdr kommden **Prinzip unbeschränkter Vermögenshaftung** (Medicus aaO, Staud/Löwisch aaO, im wesentl zustimmd bereits BGH **107**, 92/102).

b) Übernahme einer Garantie. § 276 I 1 stellt klar, dass sich aus einer vom Schu übernommenen Garantie 29
eine schuldunabhäng EinstandsPfl ergeben *kann*, aber nicht muß. Bei jeder GarantieÜbern muß ihr Inh dch Auslegg (§§ 157, 133) ermittelt werden. Im Kauf- u WkVertrR kann es sich um eine selbstd od unselbstd Garantie handeln (s bei § 443). Sie läßt die gesetzl Rechte des Käufers (Bestellers) unberührt (§ 443), kann aber zusätzl zu den Rechten aus der Garantie für Anspr des Käufers (Bestellers) aus § 437 Nr 3 iVm §§ 280, 281, 311 a (§ 634 Nr 4 iVm §§ 280, 281, 311 a) eine schuldunabhäng Haftg begründen. Eine Garantie idS kann ausdr od stillschw übernommen werden. Sie ist (in Anlehng an die Rspr zur kaufvertragl Zusicherg) anzunehmen, wenn der Schu dch eine Erkl, die VertrInh geworden ist, dem Gläub zu erkennen gibt, dass er für den Bestand der garantierten Eigensch u alle Folgen ihres Fehlens einstehen will (s BGH **59**, 158/60, **128**, 111/14, **132**, 55/58). Zwar hält das neue KaufR, das die §§ 459 II, 463 aF aufgehoben hat, bes kaufvertragl Regelgen über EigenschZusichergen für entbehrl, einmal, weil die Zusicherg Teil der BeschaffenhVereinbg (§ 434 I) wird, zum and, weil die Integration des KaufR in das LStörgsR eine allg VerschuldensHaftg des Verkäufers begründet. Der Verzicht auf bes kaufvertragl Regelgen ändert aber nichts daran, dass auf Sachverhalte, die bislang unter § 463 aF subsumiert worden sind, vielfach der neue § 276 I 1 angewandt werden kann. Wenn nach den Grds der bish Rspr die **Zusicherung einer Eigenschaft** zu bejahen ist, ergibt sich idR aus § 276 I 1, dass der Verkäufer für das Fehlen der Eigensch (die Abweichg von der BeschaffenhVereinbg) **schuldunabhängig** einzustehen hat (AnwK/Dauner-Lieb Rn 18). Das gilt entspr für Wk- u MietVertr. Zwar bestand für das WkVertrR, dessen nF den Begriff zugesicherte Eigensch nicht mehr enthält, u für das MietR, das diesen Terminus in § 536 II weiter verwendet, nie eine § 463 aF entspr Regelg. Auch für Wk- u MietVertr gilt aber § 276 I 1 nF mit der Konsequenz, dass dch eine Zusicherg eine schuldunabhäng Haftg begründet werden kann. Die Zusichergshaftg wird allerdings im WkVertr- u MietR auch in Zukunft prakt kaum eine Rolle spielen: Ist das Wk mangelh, liegt, von seltenen Ausn abgesehen, eigentl immer ein Vertretenmüssen des Untern vor. Im MietR hat der Vermieter schon nach §§ 536, 536 a für anfängl Mängel schuldunabhäng einzustehen, u Zusichergen, die *künft* Eigensch betreffen, werden in der Praxis kaum vorkommen. Auch im KaufR werden die Verschuldenshaftg des Verkäufers und die Vorschr über den VerbrGüterkauf (§ 475) die Zusichergshaftg zurückdrängen; sie bleibt aber, insbes beim Verkauf gebrauchter Sachen, weiter von Bedeutg.

c) Übernahme eines Beschaffungsrisikos. Die Regelg des § 276 I 1, dass die Übern eines Beschaffgs- 30
risikos eine schuldunabhäng Haftg begründen kann, knüpft an den RGedanken des aufgehobenen § 279 (Unvermögen bei Gattgsschulden) an. Sie stellt aber nicht mehr auf die Gattgsschuld, sond auf die vom Schu übrnommenen BeschaffgsPfl ab (BT-Drs 14/6040 S 132). Auch der Schu einer Stückschuld kann eine BeschaffgsPfl übernehmen. Hauptanwendgsfall bleibt aber die Gattgsschuld (§ 243). – **aa) Fälle einer** 31
Risikoübernahme. Da der Schu einer GattgsSchuld nicht ein best, sond irgendein Stück der Gattg schuldet, ergibt sich schon aus dem Inh seiner LeistgsPfl unabhäng von § 276 I 1, dass seine Schuld fortbesteht, solange die geschuldete Leistg beschafft w kann (Larenz § 21 I d). Das gilt aber nur für die sog **marktbezogene Gattungsschuld**. Soll der Schu nach dem Inh des abgeschl Vertr aus seinem Vorrat liefern (Vorratsschuld), übernimmt er kein Beschaffgsrisiko (RG **108**, 420, Karlsr JZ **72**, 120, § 243 Rn 3). Auch Gattgsschulden kr Ges enthalten keine RisikoÜbern, der Schu haftet nur für Verschulden, so beim Anspr aus § 667 (s BGH **28**,

123/28 zu § 279 aF), aus EG 233 § 16 2 (s BGH NJW **99**, 1470 ebenf zu § 279 aF) u aus §§ 812, 818 IV, 819 (s Wilhelm AcP **183**, 1, Wandt MDR **84**, 535, aA BGH **83**, 300, alle zu § 279 aF). Verpfl sich der Schu einer **Stückschuld**, den geschuldeten Ggst zu beschaffen, so liegt darin idR die Übern des BeschaffgsRisikos (s zum LeasVertr v Westphalen ZIP **01**, 2262). Bei WkVertr kann sich die BeschaffgsPfl u die damit verbundene RisikoÜbern auf die zur Herstellg des Wk notw Ggst beziehen.

32 **bb) Umfang der Risikoübernahme.** Die Risikoübernahme beschränkt sich auf das Gelingen der Beschaffg, begründet aber keine schuldunabhäng EinstandsPfl für die Qualität des zu beschaffden Ggst (AnwK/Dauner-Lieb Rn 26). Der Schu ist verantwortl, wenn die Beschaffg an fehlden finanziellen Mitteln, an mangelnder GeschErfahrg, an nicht rechtzeit Eindeckg od sonst an Grden scheitert, die seinem GeschKreis zuzurechnen sind. Dagg haftet er nur für Verschulden, wenn die NichtErf auf Grden beruht, die, wie Krankh od FreihBeschränkg, nicht mit der Eigenart der Schuld als Beschaffgsschuld zushängen (RG **99**, 1, Erm/Battes § 279 Rn 6, hM). So kann auch die Nicht- od nicht fristgerechte Leistg wg eines Streiks einzuordnen sein (Kreissl MDR **94**, 958). Sind inf nicht vorhersehb Umst so erhebl LeistgsHindern entstanden, dass dem Schu die Beschaffg nicht mehr zugemutet w kann, fällt die LStörg nicht unter das übernommene Risiko (BGH NJW **72**, 1703, **94**, 515). Das kann zu bejahen sein, wenn der Hersteller die Belieferg des Verkäufers für diesen unvorhersehb ablehnt (BGH NJW **94**, 515) Der Wegfall der schuldunabhäng Haftg ergibt sich in diesen Fällen aus einer Auslegg (§§ 157, 133) der RisikoÜbern (s zu den fr vertretenen unterschiedl Begründgsansätzen Erm/Battes Rn 7). Sobald aus der GattgsSchuld dch Konkretisierg eine Stückschuld geworden ist, haftet der Schu nur noch für Verschulden (§ 243 Rn 5 ff).

33 **cc) Vereinbarungen.** Die Part können den Umfang der RisikoÜbern, insbes die sich bei Gattgsschulden aus der Eigenart der Schuld ergebde schuldunabhäng Haftg, dch Abreden begrenzen. Die im kaufm Verk verwandte Selbstbeliefergsklausel befreit den Schu, wenn er von seinem Lieferanten, mit dem er ein kongruentes DeckgsGesch abgeschl hat, im Stich gelassen w (BGH **49**, 383, **92**, 396, NJW-RR **92**, 611, DB **95**, 1557). Enger ist die Klausel „Liefergsmöglichk vorbehalten"; hier muß sich der Schu im Rahmen des Zumutb um anderweit Deckg bemühen (BGH NJW **58**, 1628, **94**, 515).

34 **7) Haftungsmilderungen. – a) Gesetzliche** HaftgsBeschränkgen betreffen idR den Schuldgrad (s § 277 Rn 1). Sie können aber auch, so vor allem in den Fällen der Gefährdgshaftg, in der Festlegg von Haftgshöchstsummen bestehen. Für GefälligkVerh enthält das BGB keine generelle Haftgsmilderg (Rn 41).

35 **b) Vertragliche** HaftgsBeschränkgen sind grdsl zul u zwar auch für Anspr aus unerl Hdlg (RG **88**, 433/36, BGH **9**, 295/306). Sie können ausnw auch **stillschweigend** vereinbart werden (§ 254 Rn 70 ff). – **aa) Schranken.** Nicht abbedungen werden kann die Haftg des Schu für Vors, **III.** Auch summenmäß Haftgsbegrenzgen sind insoweit unwirks; Abkürzgen der VerjFr dagg zul (RG **135**, 174, BGH **9**, 1/5). Daneben bestehen zahlreiche spezialgesetzl Verbote, so insb in §§ 619, 651 h, 651 m, 676 g V, 702 a, StVG 8 a II, HaftPflG 7, LuftVG 49, ProdHaftG 14, BRAO 51 b, BerBG 5 II u HGB 449, 451 h, 466, 475 h. Das mit Abstand wichtigste Verbot enthalten jetzt § 475, der beim VerbrGüterkauf jede Beschränkg der Mängelhaftg des Verkäufers untersagt u die ParallelRegelg für WkVertr in § 651. Für Haftgsbeschränkgen in AGB gelten die Schranken der §§ 307 I, 307 II Nr 2 u 309 Nr 7 (vgl dort, vor allem § 307 Rn 36 ff). Sie sind in VerbrVertr gem § 310 III auch auf DrittBdggen u EinzelVertrKlauseln anzuwenden (s dort). Für IndVereinbgen gilt die Schranke des § 138. Sie hindert den Arzt nicht, für eine nach seiner Beurteilg nicht indizierte Fingeramputation mit dem Patienten (Veterinärmediziner) einen Haftgsausschluß zu vereinbaren (Saarbr NJW **99**, 873).

36 **bb) Auslegung.** Haftgsmildergen sind iZw **eng** u gg den auszulegen, der die Haftg abbedingen will (BGH **22**, 90/96; **40**, 65/69; **47**, 312/318; **54**, 293/305, stRspr). Das ergibt sich für formularmäß Klauseln aus § 305 c II (s dort), gilt aber auch für IndVereinbgen (s BGH NJW **78**, 261), Satzgen (BGH **54**, 293/305) u VO (Hamm NJW-RR **95**, 218 zu TKV 17). Der HaftgsAusschl für Sachmängel erfaßt nicht SchadErsAnspr aus Delikt (BGH **67**, 359/366), wg falscher Beratg (BGH **47**, 312/318), fehlerh Abliefergsinspektion (BGH NJW **69**, 1708) od Verletzg der NachErfPfl (BGH NJW **76**, 235). Vertragl Haftgsbeschränkgen erfassen uU nicht delikt Anspr, so iF des Lagerhalters (BGH VersR **71**, 617) od des Architekten (BGH WM **75**, 579). TKV 20 schließt die Haftg nur für PflVerletzgen aus, die dem betriebstyp Risikobereich (MassenVerk) zuzurechnen sind (AG Heilbronn NJW-RR **99**, 132). Die HaftgsBeschränkg des TrHänders eines Bauherrenmodells auf unmittelb Schäden schließt den Anspr auf Ersatz von Zinsmehraufwendgen nicht aus (BGH NJW **94**, 2228).

37 **c) Wirkung zugunsten Dritter. – aa)** Im **Transportrecht** wirken gesetzl u vertragl Haftgsbeschränkgen auch zG der „Leute" des FrachtFü u Spediteurs sowie des UnterFrachtFü u seiner Leute (so ausdr HGB 436,
38 437, 461 u 607 a II). Die Drittwirkg gilt auch für Abkürzgen der VerjFr (BGH **130**, 223). – **bb) Vertragliche** Haftgsmildergen erstrecken sich iZw auch ohne eine entspr ausdr Klarstellg auf die ArbN des Schu u zwar trotz der UnklarhRegel (§ 305 c II) auch iF einer formularmäß Freizeichng (BGH **130**, 223/28, NJW **62**, 388, VersR **85**, 595). Eine and Auslegg würde die Klausel im Ergebn sinnlos machen; denn wird dem ArbN der Schutz der Haftgsmilderg versagt, würde ihm ein FreihaltgsAnspr gg den ArbG zustehen (§ 611 Rn 157) u dieser im Ergebn doch belastet. UU sind auch and ErfGeh wg ihrer bes Nähe zum Vertr in die Freizeichng einzubeziehen (BGH **130**, 223). Besteht für den Mieter einer Wo od eines Kfz eine Haftgsmilderg, so gilt diese iZw auch für die Angeh des Mieters u den berecht Fahrer (Hamm NJW-RR **00**, 911, § 254 Rn 72). Der vom Mieter einer Sache mit dem Benutzer vereinbarte Haftgsauschluß begünstigt uU auch den Eigtümer (Hamm DB **75**, 1649). Haftgsbeschränkgen im Vertr mit einem Parkplatzbetreiber können aber nicht ohne Anhaltspkte im Wortlaut auf rechtl selbstd Tochterfirmen des Betreibers ausgedehnt w (LG Hbg NJW-RR
39 **94**, 1312). – **cc) Gesetzliche** Haftgsbeschränkgen sind uU auf delikt Anspr gg ArbN des Schu zu erstrecken, wenn dem ArbN andf ein FreihaltgsAnspr gg den ArbG zustehen würde (§ 611 Rn 157), eine Freizeichng ohne seine Einbeziehg also sinnlos wäre (s Taupitz VersR **82**, 315, Hübsch VersR **97**, 799, Rn 37).

40 **8) Haftungsmilderung durch den Inhalt des Schuldverhältnisses, I 1. – a)** Im **Arbeitsrecht** besteht eine richterrechtl entwickelte Haftgsmilderg, die entgg der fr Rspr nicht nur gefahrgeneigte Arbeit, sond die gesamte betriebl Tätigk erfaßt (§ 611 Rn 156). Grdl für die Beschränkg der ArbNHaftg ist das vom ArbG zu tragde BetrRisiko; das BAG will das BetrRisiko auf der Grdl des § 254 berücksichtigen (BAG NJW **95**, 212).

Seit der nF des § 276 liegt es aber sehr viel näher, gem § 276 I 1 auf den Inh des SchuldVerh abzustellen. Die Haftgsmilderg gilt nur für SchadErsAnspr des ArbG, nicht für **Ansprüche Dritter** (BGH **108**, 305, NJW **94**, 852, **95**, 1159). Sie entfällt, wenn der ArbN in den Schutzbereich einer PflVers einbezogen worden ist (BGH **116**, 207) od dch einen geschäftsplanmäß Regreßverzicht begünstigt w (BGH **117**, 151).

b) Außerhalb des Arbeitsrechts gibt es kaum Fälle, in denen die Rspr eine HaftgsMilderg auf der Grdl allg RPrinzipien anerkennt. Für unentgeltl Tätigk besteht trotz §§ 521, 529, 690, 708, 1359, 1664, 2113 keine allg Haftgsmilderg auf grobe Fahrlässigk od eigenübl Sorgf (RG **145**, 390/94, BGH **30**, 40/46, NJW **92**, 2475, § 662 Rn 11, str, aA überwiegd die Lehre). Die Rspr leitet eine Haftgsbeschränkg aber häufig (nach wenig transparenten Kriterien) aus einer stillschw Vereinbg ab (§ 254 Rn 70 ff). Die arbeitsvertragl Haftgsmilderg gilt nicht für AuftrVerh (BGH **30**, 40/49), Schwarzarbeiter (Celle JZ **73**, 246), DienstVertr mit Organen jur Pers (BGH WM **75**, 469) od mit selbstd Tätigen (BGH NJW **63**, 1100, **70**, 34). Sie ist dagg entspr anwendb auf VereinsMitgl, die ehrenamtl für den Verein tät sind (BGH **89**, 153/158, § 27 Rn 4) u auf Beamte, die im fiskalischen TätigkKreis eingesetzt sind (OVG Saarl NJW **68**, 1796). Auf hoheitl handelnde Beamte können sie nicht angewendet werden, da diese dem Dienstherrn ohnehin nur bei grober Fahrlk haften, BBG 78, BRRG 46 (BVerwG **19**, 249). 41

9) Verfahrensrecht. Der Begriff des Verschuldens u der der einz Arten des Verschuldens, wie einfache od grobe Fahrlk, sind RBegriffe (BGH **10**, 16, 74, **LM** § 277 Nr 1, BAG NJW **68**, 908, **71**, 957). Die Feststellg ihrer Voraussetzgen liegen aber im wesentl auf tatsächl Gebiet (BGH **LM** § 823 Nr 44 zur Vorhersehbark). Das RevGer kann ledigl nachprüfen, ob der Tatrichter von den richtigen rechtl BeurteilgsMaßstäben ausgegangen ist u DenkGes, ErfahrgsSätze od VerfVorschr verletzt hat (BGH **10**, 16, 74). Zur **Beweislast** s § 280 Rn 34 ff, für den den Vorsatz ausschließden Irrt s Rn 11. 42

277 *Sorgfalt in eigenen Angelegenheiten.* **Wer nur für diejenige Sorgfalt einzustehen hat, welche er in eigenen Angelegenheiten anzuwenden pflegt, ist von der Haftung wegen grober Fahrlässigkeit nicht befreit.**

1) Allgemeines. – a) Fassung. Das SMG hat § 277 weder sachll noch redaktionell geändert. Es erweitert aber den Anwendgsbereich der Vorschr (§§ 199 I Nr 2, 346 III Nr 3, 357 I) u die amtl Überschr setzt ggü der bisher gebräuchl einen neuen Akzent. Das rechfertigt es, die neu strukturierten Erläutergen in den Ergänzgsband aufzunehmen. – **b)** Das Ges unterscheidet **drei Stufen der Fahrlässigkeit:** einfache (leichte), grobe u Verletzg der Sorgf in eig Angelegenh. Für einfache Fahrlk, deren Begriff in § 276 bestimmt ist (dort Rn 12 ff), wird idR gehaftet. Eine eingeschränkte Haftg nach einem der beiden and FahrlkGrade tritt nur ein, soweit das dch Ges od PartAbrede bes bestimmt ist. 1

2) Eigenübliche Sorgfalt. – a) Anwendungsbereich: Das Ges sieht für den kr Ges zum Rücktr Berecht (§ 346 III Nr 3), den zum Widerruf des Vertr berecht Verbr (§ 357 I), den unentgeltl Verwahrer (§ 690), den Gesellschafter (§ 708), den Eheg (§ 1359), die Eltern (§ 1664), den Vorerben (§ 2131) u den LPartner (LPartG 4) eine HaftgsBeschr auf eigenübl Sorgf vor. Die gelegentl als antiquiert kritisierte HaftgsErleichterg hatte fr ihren rechtspolit Grd allein in der engen persönl Beziehg der Beteiligten. Der moderne GesGeber verwendet sie aber auch, um iF eines gesetzl Rücktr- od WiderrR die Haftg des Berecht ggü dem für die Rückabwicklg des Vertr Verantwortl zu mildern. Die HaftgsBeschränkg gilt auch für konkurrierde delikt Anspr (Soergel/Wolf Rn 3), ist aber nach ihrem Sinn u Zweck auf die gemeins Teiln am StraßenVerk unanwendb (BGH **46**, 313, **53**, 352, **63**, 57, aA Hamm NJW **93**, 543: unanwendb nur bei Führen eines Kfz). 2

b) Maßstab. Abweichd von § 276 gilt hier kein obj, sond ein subj, auf die Veranlagg u das gewohnheitsmäß Verhalten des Handelnden abgestellter Maßstab (MüKo/Grundmann Rn 3). Verfährt der Handelnde in eig Angelegenh sorgfältiger, als § 276 verlangt, so haftet er auch iF des § 277 nur für den Standard des § 276. Der subj Maßstab des § 277 soll die Haftg nicht verschärfen, sond mildern. Die Milderg findet aber ihre Grenze daran, dass der Handelnde für grobe Fahrlk (Rn 5) auf jeden Fall einstehen muß. Hat der Schu sich fahrl verhalten, muß er beweisen, dass er in eig Angelegenh nicht sorgfältiger zu verfahren pflegt als im konkreten Fall (Karlsr NJW **94**, 1966). 3

3) Grobe Fahrlässigkeit. – a) Anwendungsbereich. Das BGB sieht in §§ 300 I, 521, 599, 680 u 968 eine HaftgsBeschr auf grobe Fahrlk vor. Entspr HaftgsBeschr bestehen nach AVBEltV, AVBGasV, AVBWasserV, AVBFernwärmeV jeweils § 6 Nr 2, 3 u nach SeelotsG 21 III, der auch für Binnenlotsen gilt (BGH **107**, 32). Im VerjR steht grob fahrl Unkenntn der Kenntn gleich (§ 199 I Nr 2). Grobe Fahrlk ist Voraussetzg für den RegreßAnspr des Dienstherrn gg den Beamten (BBG 78 I 2, BRRG 46 I 2) u den Regreß des SozVersTrägers gem SGB VII 110 (s BGH NJW **88**, 1265). Sie schließt im SachenR gutgl Erwerb aus (§ 932 II) u ist eine Schranke für die **Freizeichnung** dch AGB (§ 309 Nr 7 b). Weitere Fälle: VVG 61 (LeistgsFreih des Versicherers), WG 16 II (Ausschluß gutgl Erwerbs), ausdr od stillschw vertragl HaftgsBeschr auf grobe Fahrlk (§ 254 Rn 71 u 79 f). Der in CMR 29 enthaltene Begriff eines dem Vors gleichstehden Verschuldens ist gleichbedeutd mit grober Fahrlk (BGH **88**, 157, Thume VersR **93**, 932), bewußte Fahrlk genügt nicht (BGH NJW-RR **98**, 35). Für alle AnwendgsFälle gilt der Begriff grober Fahrlk einheitl in dem in Rn 5 dargelegten Sinne (BGH VersR **59**, 223, **66**, 1150). 4

b) Begriff. Grobe Fahrlk liegt vor, wenn die verkehrserforderl Sorgf in bes schwerem Maße verletzt wird, schon einfachste, ganz naheliegende Überleggen nicht angestellt werden u das nicht beachtet wird, was im gegebenen Fall jedem einleuchten mußte (BGH **10**, 16, **89**, 161, NJW **92**, 3236, NJW-RR **94**, 1471). Währd der Maßstab der einfachen Fahrlk ein ausschließl obj ist (§ 276 Rn 15), sind bei der groben Fahrlk auch subj, in der Individualität des Handelnden begründete Umst zu berücksichtigen (BGH **10**, 17, **119**, 149, BAG DB **72**, 780, stRspr), etwa die Tats, dass er ungeübt u Nichtfachmann ist (Hamm NJW-RR **93**, 536). Den Handelnden muß auch in subj Hins ein schweres Verschulden treffen (BGH NJW **88**, 1265, **01**, 2092). Ein Augenblicksversagen ist idR aber kein ausr Grd, um grobe Fahrlk zu verneinen (BGH **119**, 147, Ffm NJW- 5

RR **95**, 1368, and für das VersR BGH NJW **89**, 1354, Haberstroh MDR **00**, 1349). Sie kann aber bei einem obj schweren Verstoß wg erhebl geminderter Einsichtsfähigk des Handelnden entfallen (BGH NJW **85**, 2648). Sie setzt idR das Bewußtsein der Gefährlichk voraus (BGH VersR **85**, 1061, NJW-RR **89**, 991), kann aber auch dann zu bejahen sein, wenn der Handelnde die Gefährlichk seines Tuns leichtfertig nicht erkennt. Sie braucht sich idR nur auf den haftgsbegründden Tatbestd, nicht auf den konkret eingetretenen Schaden zu erstrecken (BGH VersR **85**, 1061 zu CMR 29 II).

6 **c) Einzelfälle**: Überschreiten der zul Höchstgeschwindigk um mehr als 100% (Mü DAR **83**, 78), zur Nachtzeit um mehr als 50%, ja (Kblz VersR **00**, 720); Einfahren in eine Kreuzg bei Rotlicht, idR ja (BGH NJW **92**, 2418); KfzFahren nach erhebl Alkoholgenuß, ja (BGH VersR **85**, 441, Köln VersR **89**, 139: 1,3‰, Brdbg OLG-NL **00**, 221: 0,98‰); Überfahren eines Stoppschildes, idR ja (Zweibr VersR **93**, 218, aA Hamm VersR **93**, 826); „scherzhaftes" Abfeuern einer Schußwaffe, die der Handelnde ohne Nachprüfg für ungeladen hielt, in Richtg auf einen Menschen, ja (Hamm VersR **83**, 566); Fällen eines Baumes, in dessen Fallbereich sich zwei Menschen aufhalten, ja (Mü VersR **87**, 596); Verletzg von UnfallverhütgsVorschr, idR ja, wenn sie elementare SichgPflten zum Inh haben (BGH NJW **01**, 2092).

7 **d) Verfahrensrecht.** Die Abgrenzg zw einfacher u grober Fahrlk kann vom RevGer nur darauf überprüft w, ob der Tatrichter den Begriff grober Fahrlk verkannt od die Grenzen tatrichterl Ermessens überschritten hat (BGH **89**, 160, NJW **92**, 3236, **01**, 2092). Grobe Fahrlk kann wg ihrer subj Voraussetzgen nicht iW des AnschBew nachgewiesen w (BGH NJW **74**, 1377, VersR **83**, 1011, Vorbem 163 v § 249).

278 *Verantwortlichkeit des Schuldners für Dritte.* **Der Schuldner hat ein Verschulden seines gesetzlichen Vertreters und der Personen, deren er sich zur Erfüllung seiner Verbindlichkeit bedient, in gleichem Umfang zu vertreten wie eigenes Verschulden. Die Vorschrift des § 276 Abs. 3 findet keine Anwendung.**

1 **1) Allgemeines.** Das SMG hat in § 278 2 ledigl die Bezugn auf § 276 verändert (jetzt § 276 III). Wg des engen ZusHangs mit §§ 276 u 280 ff u der Vielzahl von Verweisgen auf die Erläuterg dieser Vorschr wird § 278 u seine fortgeschriebene Kommentierg aber im ganzen in den Ergänzgsband aufgenommen. – **a) Grundgedanke.** Währd außerh eines SchuldVerh für HilfsPers gem § 831 idR nur bei eig allerd vermutetem Auswahl- od ÜberwachgsVersch gehaftet wird, stellt § 278 bei bestehdem SchuldVerh das Versch von gesetzl Vertretern u ErfGeh eig Versch gleich; er begründet damit eine Art von **Erfolgshaftung,** ist aber selbst keine AnsprGrdl sond, wie § 276, eine Zurechngsnorm. § 278 beruht auf dem Gedanken, dass der Schu ggü dem Gläub für seinen Gesch- u Gefahrenkreis verantwortl ist u dass zu diesem auch die vom Schu eingesetzten HilfsPers gehören (BGH **62**, 124, NJW **96**, 465). Wer den Vorteil der ArbTeilg in Anspr nimmt, soll auch deren Nachteil tragen, nämlich das Risiko, dass der an seiner Stelle handelnde Gehilfe schuldh rechtl geschützte Interessen des Gläub verletzt (BGH **95**, 132).

2 **b) Anwendungsbereich: – aa)** § 278 gilt nur **innerhalb bestehender Schuldverhältnisse** (BGH **58**, 212). Gleichgült ist, ob es sich um ein vertragl od gesetzl SchuldVerh handelt. Es genügt, dass zw Gläub u Schu eine rechtl **Sonderverbindung** besteht, aus der sich Verbindlichk ergeben. § 278 findet daher auf die Haftg für c. i. c. Anwendg (§ 311 Rn 14, allgM). Er gilt auch für das Verhältn zw PfändgsGläub u DrittBerecht (BGH **58**, 214), die Beziehg zw InsVerw u MasseGläub (BGH **93**, 283), das Verhältn zw Notar u Mandanten (BGH **131**, 204), die dch einen WettbewVerstoß entstandene RBeziehg (s BGH NJW **90**, 1905, **95**, 715), eine ständ GeschVerbindg (§ 280 Rn 8), die Nachwirkgen eines Vertr (§ 280 Rn 7). Für unerl Hdlgen von HilfsPers wird dagg nur nach § 831 mit der Möglichk des EntlastgsBew gehaftet. Besteht ein SchuldVerh, kann die unerl Hdlg aber zugl einen Verstoß gg eine schuldr Verpfl darstellen u daher dem Schu gem § 278 zuzurechnen sein (s Rn 18). Auf die RGemsch (§§ 741 ff) ist § 278 anwendb (Schubert JR **75**, 363, aA BGH **62**, 246 u hM, s auch Rn 3), nicht aber auf bloße tatsächl GemschVerh ohne schuldr Beziehgen der Beteiligten zueinand (Erm/Battes Rn 6), so nicht auf das Verh zw mehreren Mietern eines Hauses od das Verh zw ArbN desselben Betr. Bei GefälligkVerh kann dagg ein vertragsähnl VertrauensVerh vorliegen, § 278 also anwendb sein (s Einl 10 v § 241).

3 **bb)** Auch auf **sachenrechtliche Sonderverbindungen** findet § 278 Anwendg (Einl 24 v § 241), so auf das EigtBesVerh, auf das Verh zw WoEigtümern (BGH NJW **99**, 2108, BayObLG NJW-RR **92**, 1102), das gesetzl SchuldVerh beim Nießbr u and beschr dingl R (BGH **95**, 146), die Pflten des Finders (Erm/Battes Rn 5). Auf den BesErwerb ist § 278 dagg unanwendb, da er das EigtBesVerh erst begründet, u es hier auch nicht um die Zurechng von Versch, sond von Kenntn geht (BGH **16**, 262). Auf das nachbarrechtl GemschVerh (§ 903 Rn 13) wendet die hM § 278 nicht an (BGH **42**, 377, NJW **77**, 375, Staud/Löwisch Rn 5, 903 Rn 13). Das soll auch für die halbscheid Giebelmauer gelten (BGH **42**, 379), für Verstöße gg § 909 (BGH NJW **60**, 335) u für die dch wasserrechtl Best geregelten Beziehgen (BGH VersR **65**, 689). Das ist prakt unbefriedigd u veranlaßt die Rspr zur Überspanng der Haftg aus § 831. Auch dogmat vermag die hM nicht zu überzeugen. Das dch Bundes- u LandesR geregelte RVerh zw Nachbarn erfüllt alle Merkmale einer rechtl Sonderverbindg, § 278 ist daher anwendb (Mühl NJW **60**, 1136, Westermann § 63 IV 2). Das gilt zumindest
4 für das RVerh hinsichtl einer gemeins Kommunmauer (Düss NJW **59**, 580, § 922 Rn 5). – **cc)** Auch im **öffentlichen Recht** gilt der RGedanke des § 278 ebso wie der des § 276 (§ 280 Rn 10). – **dd)** Wo **eigenes Verschulden** vom Ges ausdr od dem Sinne nach vorausgesetzt wird, genügt Versch einer HilfsPers nicht, so nicht für die PflVerletzg des Mieters iF des § 573 II Nr 1 (KG NJW-RR **00**, 1397) u den Ausschl des AusglAnspr des HandelsVertr gem HGB 89 b III (BGH **29**, 278).

5 **2) Gesetzliche Vertreter. – a) Begriff.** Er ist im weiteren Sinn des Handelns mit Wirkg für and zu verstehen (BGH NJW **58**, 670). Unter § 278 fallen daher nicht nur der Inh der elterl Sorge, der Vormd, der Betreuer, Pfleger u Beistand, sond auch sonst Pers, die aGrd gesetzl Vorschr mit Wirkg für and handeln können (BGH aaO), so der TestVollstr (RG **144**, 402, BGH **LM** § 823 (Ad) Nr 1), NachlVerw, InsVerw, ZwVerw, TrHänder (BGH NJW **58**, 670), ferner der Eheg iF des § 1357 u der Eheg, der bei Verw des GesGutes mit

Wirkg für den and handelt (Erm/Battes Rn 8). Bei GesVertretg genügt das Versch eines Vertreters (RG **110**, 146). – **b) Verfassungsmäßig berufene Vertreter.** Dagg ist § 278 nicht anwendb auf Organe (Begr § 31 6
Rn 6) einer **juristischen Person.** Ihr Versch gilt nicht nur bei unerl Hdlgen, sond auch innerh bestehder SchuldVerh nach §§ 31, 89 als eig Versch der jur Pers (Soergel/Wolf Rn 20, RG LZ **33**, 310, aA RG **152**, 132, unentschieden BGH NJW **77**, 2259). Die Haftg für Vorsatz von Organen kann daher nicht ausgeschl w, Satz 2 findet keine Anwendg. Für die OHG gilt gewohnheitsrechtl dasselbe wie für jur Pers (BGH **45**, 312, NJW **52**, 537). Dagg w für den Vorstd eines nichtrechtsf Vereins nach § 278 gehaftet (RG **143**, 214).

3) Erfüllungsgehilfe. – **a) Begriff.** ErfGeh ist, wer nach den tatsächl Gegebenh des Falles mit dem 7
Willen des Schu bei der Erf einer diesem obliegden Verbindlichk als seine HilfsPers tät w (BGH **13**, 113, **50**, 35, **62**, 124, **98**, 334). Währd § 831 idR auf selbstd Untern unanwendb ist (§ 831 Rn 6), kann ErfGeh auch derj sein, der in seinem Verhalten keinem WeisgsR des Schu unterliegt (BGH **62**, 124, NJW **96**, 451) u die Stellg eines MonopolUntern hat (BGH NJW **01**, 396/98). Die Art der zw dem Schu u der HilfsPers bestehden rechtl Beziehg ist gleichgült (BGH **13**, 113, **50**, 35). Sie kann auch öffrechtl gestaltet sein (BGH **62**, 124, NJW **84**, 1748) od in rein tatsächl ZusArbeit bestehen (BGH NJW **85**, 915). Auch wenn das RVerh zw Schu u HilfsPers nichtig ist, ist § 278 anwendb. Gleichgült ist auch, ob der Schu zu einer Kontrolle u Überwachg des ErfGeh in der Lage ist (BGH **58**, 211, RA; **62**, 124, Notar; Grunewald NJW **80**, 1926). Für das Verhalten eines GeschFü oA haftet der Schu dagg nur iF nachträgl Gen (BGH NJW **55**, 297). Unerhebl ist, ob die HilfsPers eine eig Verbindlichk erf will (BGH **13**, 114), ob sie überh weiß, dass sie dch ihre Tätigk eine Verpfl des Schu erf (BGH **13**, 114, VersR **69**, 1108), u ob der Schu imstande wäre, die Leistg in eig Pers auszuführen (RG **64**, 234, **160**, 314). Dagg braucht sich der Schu iF eines **Streiks** das Verhalten seiner ErfGeh 8
(ArbN) nicht zurechnen zu lassen (hM, s zu den unterschiedl Begründgen u Abgrenzgen Kreissl JZ **95**, 695 u Löwisch AcP **174**, 202, 251, aA für den ReiseVertr LG Ffm NJW-RR **87**, 824). And liegt es aber iF eines rechtsw Streiks (BGH NJW **77**, 1875 zu § 839, GG 34). Der ErfGeh kann dem Schu dch den Gläub gestellt w, so etwa ein Pilot, der dem Untern vom Best zur Prüfg zur Vfg gestellt w (Hamm NJW **74**, 1090), ein ArbN des Käufers, der bei der Nachbesserg hilft (BGH DB **75**, 2426), ein LkwFahrer des Anlieferers, der den Leuten des LuftfrachtFü beim Umladen hilft (BGH VersR **79**, 83). Müssen bei einer WkLeistg mehrere Untern zuswirken, so haftet jeder MitUntern für den vom and Teil best ErfGeh (BGH NJW **52**, 217).

b) Hilfspersonen des Erfüllungsgehilfen sind ErfGeh des Schu, sofern dieser mit ihrer Heranziehg 9
einverst war (BGH NJW **83**, 448, 632, **LM** Nr 76, Hamm NJW-RR **99**, 1123/25). Das Einverständn kann auch stillschw erklärt w. Der Schu braucht nicht zu erfahren, welche weiteren Geh der erste ErfGeh beauftragt (BGH NJW **52**, 217). War der Schu nicht einverst, hat er für das Verhalten der HilfsPers des ErfGeh nicht einzustehen. Er haftet aber idR gleichwohl, weil die Eigenmächtigk der ersten HilfsPers als Versch ggü dem Gläub anzusehen ist (LG Ffm NJW-RR **96**, 1425).

c) Substitution: War bei Auftr od Verwahrg dem Schu gestattet, die gesamte Ausführg einem and (dem 10
Substituten) zu übertragen, so haftet er nicht für dessen, sond nur für eig Versch bei der Übertr (nach § 276), insb bei der Auswahl des Betrauten (culpa in eligendo), §§ 664 I 2 (dort Rn 1), 691 S 2. Auf entgeltl GeschBesVertr ist der RSatz des § 664 I 2 nicht anwendb, da § 675 nicht auf § 664 verweist (RG **161**, 70, Soergel/Wolf Rn 35, unklar BGH **LM** § 664 Nr 1). Der WkUntern haftet daher auch dann gem § 278, wenn er die DchFührg der Arb mit Zust des Best einem and Untern überläßt (Hamm NJW **74**, 1090). § 278 u nicht § 664 I 2 gilt auch für den amtl best Vertreter des RA (RG **163**, 377).

d) Elektronische Hilfsmittel. Bedient sich der Schu zur Erf seiner Verpfl der EDV, haftet er für Versch 11
bei Betr u Wartg der Anlage. Das gilt auch dann, wenn es sich um einen Fehler ohne sachl od zeitl Bezug zu dem konkreten VertrVerhältn handelt (Köhler AcP **182**, 160) od wenn der Schu insow ein and Untern beauftragt (Rn 7). Bei einem unverschuldeten techn Versagen ist § 278 dagg unanwendb (Köhler aaO, MüKo/Grundmann Rn 45, aA Wolf JuS **89**, 901).

4) Erfüllung einer Verbindlichkeit des Schuldners. Die vom ErfGeh (gesetzl Vertreter) verrichtete 12
Tätigk muß im Bereich des vom Schu geschuldeten GesVerhaltens liegen (BGH **123**, 14). Die Haftg des Schu greift auch ein, wenn der von ihm eingesetzte ErfGeh untät bleibt (Kaiser/Rieble NJW **90**, 219, str). Das Verhalten der HilfsPers fällt idR in die Zeit nach Entstehg der Verpfl. § 278 ist aber auch dann anzuwenden, wenn die HilfsPers des Schu die Leistg schon vor VertrSchl hergestellt od vorbereitet haben (MüKo/Grundmann Rn 23).

a) Pflichtenkreis des Schuldners. Inwieweit dem Schu fremdes Versch zuzurechnen ist, richtet sich nach 13
seinem konkr PfltenKreis, wie er dch Art u Inhalt des jew SchuldVerh festgelegt ist. – **aa)** Beim **Kaufvertrag** ist der Hersteller (Lieferant) im Verh zum Käufer nicht ErfGeh des Verk, da sich dessen Pflten nicht auf die Herstellg der Sache erstrecken (RG **101**, 158, BGH NJW **68**, 2238, NJW-RR **89**, 1190, aA E. Schmidt, FS Heinrichs, 1998, 511, MüKo/Grundmann Rn 31). Die Neukonzeption des KaufR wollte insoweit nichts ändern u hat auch nichts geändert (Abschlußbericht S 197). Entspr gilt für die unter den neugefassten § 651 fallden WerkliefergsVertr (s BGH **48**, 121, **LM** § 463 Nr 13). Der Hersteller wird auch nicht dadch ErfGeh des Verk, dass dessen UntersuchgsPfl (§ 280 Rn 19) inf seines berecht Vertrauens auf die Zuverlässigk des Lieferwerkes entfällt (BGH **LM** § 276 (Hb) Nr 2). Ist der Verk selbst Hersteller, od tritt er als solcher auf, muß er sich dagg das Versch seiner HilfsPers anrechnen lassen (Medicus Rn 806). Liefert der Hersteller auf Weisg des Verk unmittelb an den Käufer, ist er hins der Lieferg, nicht aber iü ErfGeh des Verk (BGH WM **71**, 1122, weitergehd offenb RG **108**, 223, Rathjen MDR **79**, 446). Benutzt der Verk zur Erf der *ihm* obliegden UnterweisgsPfl eine Bediengsanleitg des HerstWerkes, so ist dieses insow sein ErfGeh (BGH **47**, 316). Dagg haftet er für Fehler der GebrAnweisg nicht, wenn er diese ohne eig Untersuchgs- od InstruktionsPfl ledigl mitliefert (BGH NJW **81**, 1269). Soweit es um Rechtzeitigk der Leistg geht, muß sich der Verk das Versch des Lieferanten anrechnen lassen (stillschw GewährÜbern, Ffm BB **77**, 13).

bb) Beim **Werkvertrag** ist der SubUntern (BGH **66**, 48) u die in die Produktion eingeschaltete Mut- 14
terGesellsch (Nürnbg NJW-RR **93**, 1304) ErfGeh, nicht aber der Zulieferer (BGH NJW **78**, 1157, LG Bln NJW-RR **97**, 1176, aA Wolf ZIP **98**, 1658). And ist es, wenn der Zulieferer in den PfltenKreis des Untern

einbezogen ist (Celle BauR **96**, 263, Karlsr ZIP **98**, 1689, krit Waas VersR **99**, 1202), so etwa wenn der Untern das betreffde Teil nach dem VertrInh (§ 157) nicht nur zu beschaffen, sond herzustellen hat (Karlsr NJW-RR **97**, 1240) od wenn es um die Rechtzeitigk der Leistg geht (BGH WM **79**, 724).

15 **cc)** Beim **Versendungskauf** sind die BefördergsPers wg § 447 keine ErfGeh des Verk (RG **115**, 164, BGH **50**, 35); der Käufer hat aber nach HGB 421 einen Anspr gg den FrachtFü. Übernimmt der Verk die Auslieferg mit eig Leuten, ist dagg § 278 anzuwenden (MüKo/Grundmann Rn 31, Hüffer JuS **88**, 129, aA Faust DB **91**, 1556), zumal die Verwendg eig Leute den Anspr des Käufers aus HGB 421 gg den Frachtführer abschneidet. ErfGeh sind auch der Fahrer od SubUntern, die für den Verk die Auslieferg u das Einfüllen von
16 Heizöl übernehmen (BGH NJW **71**, 1036/38). – **dd)** Beim **Dienstverschaffungsvertrag** hat der Verpfl die Dienste zu verschaffen, aber nicht für ihre Ordngsmäßigk einzustehen; er braucht sich daher das Versch des zur Dienstleistg Bestellten nicht anrechnen zu lassen (BGH **LM** Nr 40, VersR **70**, 934). Das gilt entspr beim LeihArbVerh (BGH NJW **71**, 1129), jedoch muß der „Verleiher" die Eigng des ArbN sorgf prüfen (BGH NJW **75**, 1695, vorbestrafter Buchhalter). Dagg ist der Fahrerbeim sog LohnfuhrVertr (Stellg eines Kfz mit Fahrer) idR ErfGeh des Untern (BGH NJW **75**, 780); ebso bei Stellg eines Krans mit Bediengspersonal (Mü BB **97**, 1918, krit Saler/Winter VersR **97**, 1191, 1459).

17 **ee) Unanwendbar** ist § 278 auf Verbindlichk, die den Schu lediglich zur Beauftragg eines Dr verpfl, sich aber nicht auf die Tätigk des Dr erstrecken (Erm/Battes Rn 21). So ist der Arzt weder ErfGeh des zur Vorlage eines ärztl Zeugnisses verpflteten ArbN (RG **101**, 154) noch des dch eine Körperverletzg Geschädigten (RG **72**, 220). Entspr gilt für die vom Geschädigten beauftragte **Reparaturwerkstatt** (BGH **63**, 184) u den von ihm hinzugezogenen Sachverst (§ 254 Rn 67).

18 **b)** § 278 erfaßt die **gesamte Verpflichtung** des Schu (BGH **95**, 179). – **aa) Verhaltenspflichten.** Der Ausdr „Verbindlichk" bezieht sich nicht nur auf die Haupt- u NebenleistgsPflten, sond auch auf die dem Schu obliegden weiteren VerhaltensPflten (§ 241 II). § 278 gilt daher auch für die Verletzg der Pfl, sich bei Abwicklg des SchuldVerh so zu verhalten, dass Pers, Eigt, RGüter u Interessen des and Teils nicht verletzt werden (§ 241 II). Welche Pers aus dem GeschKreis des Schu insoweit als ErfGeh anzusehen sind, richtet sich nach der Art des SchuldVerh u der Stellg der HilfsPers. Beim **Mietvertrag** hat der Vermieter einzustehen für den Hauswart (RG **103**, 143), den Verwalter (BGH NJW **68**, 1323), den von ihm beauftragten RepUntern (RG **102**, 234), Arb, die in seinem Auftr Arbeiten ausführen (BGH **LM** Nr 39), den Nachbarn, der mit seinem Einverständn Abrißarbeiten ausführt (Karlsr NJW-RR **88**, 528), nicht dagg für den einen Mieter im Verh zum and (RG **103**, 374, BGH VersR **69**, 754). Der Mieter haftet gem § 278 für seine FamAngeh (LG Köln NJW-RR **86**, 1087), soweit diese die Mietsache mit seinem Wissen und Wollen benutzen (AG Ffm NJW-RR **88**, 198), den Untermieter (§ 540 II), Dr, den er den Besitz der Sache überlassen hat (Hamm NJW-RR **87**, 1142), für seinen Prokuristen auch iF einer vorsätzl Brandstiftg (Düss NJW-RR **97**, 1097), sowie für Hauspersonal u Angest (RG **84**, 224). Er ist ferner für Gäste, Kunden u Lieferanten verantwortl (auch für den Spediteur, der die Wohng beim Abholen von Sachen beschädigt, RG **106**, 134), nicht dagg für Dr, die ohne sein Zutun mit der Mietsache in Berührg kommen (BGH NJW **91**, 1752, Hbg NJW-RR **91**, 1167), wie Hausierer u Bettler, auch nicht für den Hauswart, selbst wenn dieser Hdlgen im Mieterinteresse vornimmt (KG ZMR **76**, 204). Beim **Arbeitsvertrag** hat der ArbG nicht für Schäden einzustehen, die ein auf dem BetrGelände ohne Bezug zu Eigt der ArbN arbeitder WkUntern einem ArbN-Pkw zufügt (BAG NJW **00**, 3369, Kamanabrou NJW **01**, 1187).

19 **bb)** Bei **Offenbarungspflichten** hängt die Anwendg des § 278 auf HilfsPers davon ab, welche Aufgaben diesen zugewiesen sind. Vgl dazu § 634 a Rn 20. Fehlen ausr Kontrollen, muß sich der Untern so behandeln lassen, als hätte er die zu offenbarde Tats gekannt (BGH **117**, 318/20).

20 **c) Sachlicher Zusammenhang.** Die schuldh Hdlg muß in innerem sachl ZusHang mit den Aufg stehen, die der Schu dem ErfGeh im Hinbl auf die VertrErf zugewiesen hatte (BGH **114**, 270, NJW **93**, 1705, **01**, 3190); für schuldh Hdlgen des ErfGeh nur bei *Gelegenheit* der VertrErf haftet der Schu nicht (RG **63**, 343, BGH NJW **65**, 1709, VersR **66**, 1154). – **aa)** Die Hdlg des ErfGeh muß in den **allgemeinen Umkreis** des AufgBereichs gehören, zu dessen Wahrnehmg ihn der Schu best hat (BGH **31**, 366, NJW **65**, 1709, NJW-RR **89**, 725). Der Zushang mit der VertrErf w nicht dadch unterbrochen, dass der ErfGeh von den Weisgen des Schu abweicht (BGH aaO) od in die eig Tasche wirtschaften will (BGH NJW **77**, 2259). Er kann auch bei strafb u vorsätzl Hdlgen gegeben sein (BGH NJW **91**, 3210, **94**, 3345, **97**, 1360, 2237), sogar dann, wenn der ErfGeh den Schu im Zuge des geplanten VersBetruges ermorden will (BGH NJW-RR **89**, 1184).

21 **bb) Anwendungsfälle:** Bankfilialleiter nimmt unter Ausnutzg seiner Stellg betrügerische Hdlgen zum Nachteil eines Bankkunden vor (§ 31 Rn 11). ArbN mißbraucht seine BankVollm in strafb Weise zum Nachteil seines ArbG (BGH NJW **91**, 3210, aA BGH **108**, 392). Angestellter, der Überweisgsformulare auszufüllen u dem Chef vorzulegen hat, fälscht od verfälscht Auftr so, dass die Beträge nicht dem Gläub, sond ihm zugeleitet werden (BGH NJW **01**, 3190). Der mit einer Rep beauftragte ArbN beschädigt bei den Arb eine Sache (RG **63**, 343). ArbN des Schu zerstört mutwill Teile der hergestellten Leistg (Ffm BauR **96**, 394). Lager- od Transportpersonal stiehlt eingelagerte od zu befördernde Sachen (BGH VersR **81**, 732, **83**, 352, Düss TranspR **91**, 239). Fahrer des Mieters entwendet den gemieteten Pkw (Mü NJW-RR **87**, 727). Fahrer des FrachtFü gefährdet die Ladg dch einen Schmuggelversuch (BGH DB **85**, 2675). Hotelangestellter unternimmt mit einem GästePkw eine Schwarzfahrt (BGH NJW **65**, 1709); er fordert eine Reisegruppe auf, Gästeautos von Schnee zu befreien (LG Freibg NJW-RR **96**, 1425). ArbN verursacht dch einen unsachgem Gebrauch einer Lötlampe einen Brand (BGH **31**, 366). Frau des KlinikVerw verursacht bei Benutzg der klinikeigenen Bügelanlage einen Brand (BGH **23**, 323). AbschlußGeh macht bei den VertrVhdlgen falsche Angaben (BGH **LM** Nr 79) od schließt den Vertr ohne Vollm ab (§ 311 Rn 33).

22 **cc)** Dagg ist § 278 **unanwendbar,** wenn der mit Reparaturen beauftragte ArbN bei Ausführg der Arb stiehlt od den Gläub mißhandelt (Hbg MDR **77**, 752); wenn Bauführer als vollmachtloser Vertreter an Handwerker erhebl Auftr vergibt (BGH NJW **63**, 2167); wenn derj, der die Verspätg des Piloten entschuldigen soll, selbst als Pilot einspringt (BGH NJW-RR **89**, 725); wenn eine Aushilfskraft mit and AufgKreis sich vorcodierte Formulare verschafft u diese zu Überweisgen auf ihr Konto mißbraucht (BGH NJW **94**, 3344);

wenn der Filialleiter einer Vers Gelder veruntreut, die ihm der VersN zur Anlage auf ein ausl Konto übergeben hat (Hamm VersR **00**, 213). Die Abgrenzg ist vielf schwier u unsicher. § 278 sollte in Weiterentwicklg der bish Rspr immer angewandt w, wenn dem Gehilfen die Schädigg dch die übertragene Tätigk erhebl erleichtert worden ist (Schmidt AcP **170**, 505, Soergel/Wolf Rn 37, 41, Medicus SchuldR AT § 30 III 1 d).

d) Unterlassungspflichten. Auch auf sie ist § 278 anzuwenden (RG **63**, 117, **79**, 42, **160**, 313). Bei 23
primären UnterlPfl ist dch Auslegg (§ 157) zu ermitteln, ob u inwieweit der Schu für seine HilfsPers einzustehen h (so wohl Ffm NJW **74**, 2239). Bei den UnterlPflten, die sich als NebenPflten aus § 241 II ergeben, muß sich der Schu die ZuwiderHdlgen derj Pers anrechnen lassen, deren Tätigk mit der UnterlPfl in innerem sachl Zushang steht (BGH **23**, 323, WM **78**, 248, Rn 20). Hins der Pfl des Mieters, Schädiggen der Mietsache zu unterl, sind alle Pers ErfGeh, denen er die Benutzg der Mietsache gestattet (Rn 18).

e) Obliegenheiten. § 278 gilt gem § 254 II 2 für die sich aus § 254 ergebden Obliegenh (dort Rn 60 ff). 24
Auf den **Annahmeverzug** ist er gleichf entspr anzuwenden, da die RStellg des Gläub zugl eine PfltenStellg ist. Aus den gleichen Erwäggen muß der Gläub sich auch iR des § 326 II das Versch seiner HilfsPers anrechnen lassen. Für die Verletzg von sonst Obliegenh (Einl 16 vor § 241) gilt § 278 dagg nicht (RG **159**, 352). Er ist insb auf Obliegenh des VersN unanwendb, dieser muß sich aber das Verhalten seiner **Repräsentanten** anrechnen lassen (BGH **11**, 122, stRspr). Repräsentant ist, wer in dem GeschBereich, zu dem das versicherte Risiko gehört, aGrd eines Vertretgs- od ähnl Verhältn an die Stelle des VersN getreten ist (BGH **107**, 230, **122**, 250); der Repräsentant muß zum selbstd Handeln befugt sein („RisikoVerw"), jedoch ist rgeschäftl VertrMacht nicht erforderl (BGH **122**, 250). Repräsentant ist der gesetzl Vertreter des mj VersN (RG **135**, 372), in der RSchutzVersicherg der vom VersN beauftragte RA (Hamm VersR **84**, 31), nicht aber eine untergeordnete HilfsPers (BGH **11**, 123), nicht der Eheg od Partner einer nichtehel LebensGemeinsch, dem der VersN vorübergehd die Obhut od dauernd die Mitobhut über den versicherten Ggst übertragen hat (RG **117**, 329, BGH VersR **86**, 331, Hamm VersR **89**, 509, Karlsr VersR **91**, 1048); nicht der Mieter in der FeuerVers (BGH **107**, 229); nicht der Sohn, der den Hof gemeins mit seiner Mu (der VersN) verwaltet (Hamm VersR **77**, 1145); nicht der SchiffsFü für den Eigner des Binnenschiffs (Karlsr VersR **83**, 310). In der Kfz-Versicherg ist Repräsentant, wer die Verantwortg für die VerkSicherh übernommen hat (BGH NJW **70**, 43). Das trifft auf den Mieter nicht ow zu (BGH NJW **69**, 1387), auch nicht auf den abhäng Fahrer (BGH VersR **71**, 538), wohl aber auf den Fahrer, dem die Prüfg der VerkSicherh übertr worden ist (BGH VersR **75**, 229). Hat der VersN eine Pers mit der Erf seiner AufklObliegenh beauftragt, muß er für deren Versch einstehen, auch wenn diese die Voraussetzgen der RepräsentantenEigensch iü nicht erf (s BGH NJW **81**, 1952). – Für **Versicherungsagenten** gilt neben der Haftg für c. i. c. (§ 311 Rn 47) der gewohnheitsrechtl 25
Satz, dass der Versicherer den vom Agenten fehlerh beratenen u unvollst aufgeklärten VersN so stellen muß, wie er bei richtiger Beratg gestanden hätte (RG **147**, 188, BGH **2**, 87/92, **40**, 22/27, **108**, 200/06). Der Anspr kann jedoch bei erhebl MitVersch des VersN entfallen (BGH **40**, 22/24, Köln VersR **95**, 157).

f) Höchstpersönliche Schuldnerpflichten: § 278 ist unanwendb, wenn der Schu die VertrErf einem 26
and überträgt od sich zur Erf einer HilfsPers bedient, ohne hierzu berecht zu sein. Hier haftet der Schu bereits gem § 276 aus eig Versch. Einer entspr Anwendg des § 278 (so RG **152**, 128) bedarf es nicht.

5) Verschulden. Der ErfGeh (gesetzl Vertreter) muß schuldh gehandelt haben, also vorsätzl od fahrl. Für 27
die Zurechngsfähigk (§ 827) kommt es auf seine Pers an (Düss NJW-RR **95**, 1165). Gesetzl od vertragl Haftgsmildergen gelten grdsl auch für den ErfGeh (RG **65**, 20, VGH Mü NVwZ **98**, 421). Im Rahmen des § 276 richtet sich der SorgfMaßstab nach der Stellg des Schu, nicht nach der des ErfGeh (BGH **31**, 358/67). Nimmt der ErfGeh als Fachmann in bes Weise Vertrauen in Anspr, ist aber auf den für ihn maßgebden höheren Standard abzustellen (BGH **114**, 263/72); das gilt auch für den Notar, soweit sein Verhalten einer der Part gem § 278 zuzurechnen ist (BGH **123**, 1/15, Rn 37).

6) Einzelfälle (ja = ErfGeh; nein = nicht ErfGeh). – **a) Architekt:** Ggü Bauherrn die von ihm zur Erf 28
seiner VertrPflten hinzugezogenen Sonderfachleute, ja (BGH NJW **97**, 2173). Arch für Bauherrn ggü Untern, ja hins PlangsVersch (BGH NJW **84**, 1677); nein im Verhältn zum bauleitden Arch (Düss NJW-RR **98**, 741); ja hins Pfl zur Koordinierg (BGH WM **70**, 357); ja hins Fehler der Ausschreibg (BGH NJW-RR **91**, 276); dagg nein, soweit Arch Pfl zur BauAufs verletzt (BGH **95**, 131, NJW-RR **89**, 87). Das gilt entspr für and Sonderfachleute (BGH NJW-RR **91**, 276, Ffm NJW-RR **90**, 1497) u auch im Verhältn zw Haupt- u SubUntern (BGH NJW **87**, 644). – **Ärzte** u HilfsPers: Beim sog „totalen KrankenhausVertr" (Einf Rn 19 vor 29
§ 611) sind Ärzte u sämtl Klinikpersonal ErfGeh des Krankenhausträgers (BGH **23**, 321, **LM** Nr 24, Brdbg NJW-RR **00**, 24). Das gilt auch hins der Leistgen, für die ein eig LiquidationsR des Chefarztes besteht (BGH **95**, 67); bei einer ambulanten kassen- od privärztl Versorgg im Krankenhaus ist dagg der Arzt VertrPartner des Patienten (BGH **100**, 363, **105**, 194). Beim „gespaltenen Arzt-KrankenhausVertr", der prakt nur noch bei Belegärzten vorkommt, ist der Arzt hins der ärztl Betreuung nicht ErfGeh des Krankenhauses, sond selbst VertrPart (BGH **129**, 6, NJW **75**, 1463); der UrlVertreter ist sein ErfGeh (BGH NJW **00**, 2737). Bei HilfsPers kommt es darauf an, ob sie im PfltenKreis des Arztes od des Krankenhausträgers tät sind (BGH **5**, 324, NJW **62**, 1763); der Krankenhausträger haftet idR für das nichtärztl Personal u die weiter hinzugezogenen Ärzte and Fachgebiete (Düss NJW-RR **93**, 488, Franzki/Hansen NJW **90**, 740). Hat der Belegarzt eine Entbindg übernommen, ist die von ihm hinzugezogene Hebamme seine ErfGeh (BGH **129**, 15). Apotheker für Arzt im Verh zum Patienten, nein (RG **125**, 377). Zur Anwendbark von § 278 auf Verletzg der ärztl SchweigePfl s Kleinwefers u Wilts NJW **63**, 2345, **65**, 333. – **Auslobung:** PreisGer für Auslobden, ja (BGH NJW **83**, 442).

b) Banken: Kontoführde Bank für KontenInh ggü Überweisdem, ja (Hbg HEZ **2**, 84). Bezogene Bank ist 30
ErfGeh des Ausstellers, nicht des vom ScheckInh mit der Einziehg beauftragten KreditInst (Köln BB **53**, 305). Beim LastschriftVerf (§ 676 f Rn 26) sind die beteil Banken ErfGeh des Gläub (LG Bln WM **75**, 530). Vom Käufer zZw der Zahlg eingeschaltete Bank, ja (RG **105**, 34). BankAngest für Bank ggü Kunden, ja (RG **84**, 353), beim Bank-Inkasso aber nicht der von der Bank beauftragte Kurierdienst (Ffm WM **00**, 1637). Die von der beauftragten Bank im LastschriftVerf od Scheckeinzug in die Abwicklg eingeschalteten weiteren Banken, nein (BGH **4**, 248, NJW **91**, 2210, Mü WM **96**, 1038, aA Einsele AcP **199**, 145/177); im ÜberweisgsVerk sind die ZwBanken aber jetzt nach § 676 c I 3 grdsl ErfGeh der überweisden Bank (s dort). Bauträger im Verh

zw finanzierder Bank u GrdstErwerber, idR nein (BGH NJW **76**, 2213); Kreditvermittler, ja (Düss ZIP **93**, 1376), aber Frage des Einzelfalls (BGH WM **86**, 1032); Makler, der als VertrauensPers der Bank aufgetreten ist, ja (BGH WM **91**, 890); Makler, dem das von der Bausparkasse beauftragte VermittlgsUntern die Vhdlgsführg überlassen hat, ja (BGH NJW-RR **97**, 116); ArbG im Verh zw Bank u ArbN bei finanzierter UnternBeteiligg, ja, wenn Beteiligg u DarlGewährg eine wirtsch Einh bilden (BGH **72**, 97). Eheg für KontenInh, ja, soweit er vom KontenInh in die Abwicklg einbezogen w (KG NJW **92**, 1051, Schlesw NJW-RR **96**, 687). Buchhalterin für KontenInh, ja (BGH NJW **97**, 2237), and ArbN Frage des Einzelfalls (BGH NJW **94**, 3344, ZIP **01**, 1507). BankAngest, auch ausgeschiedene, hinsichtl der Pfl zur Wahrg des Bank-
31 geheimnisses, ja (Köln, OLGZ **94**, 49). – **Bauvertrag:** BauUntern, insbes VorUntern, für den Bauherrn ggü and BauUntern, nein (BGH **95**, 131, NJW **00**, 1336, Hamm NJW-RR **98**, 163, and Düss NJW-RR **99**, 1543); uU besteht aber gem § 642 eine AusglPfl (BGH NJW **00**, 1336, Kraus BauR **00**, 1105). Statiker für Bauherrn ggü Arch, ja (Düss NJW **74**, 704, Hbg NJW-RR **00**, 1617); BauFü für Bauherrn ja, wenn er im Zushang mit seinem AufgKreis unricht Ausk erteilt; nein, wenn er ohne VertrMacht Auftr größeren Umfangs erteilt (BGH **LM** Nr 37). Verschw von Baumängeln s § 634 a II. – **Bürgschaft:** HauptSchu für Gläub ggü Bü, idR nein (BGH **LM** § 765 Nr 19).

32 **c) Chartervertrag:** Vercharterter für Verfrachter (Charterer) nein (Hbg MDR **70**, 56). – **Dienst- u Arbeitsverträge:** Fügt ein ArbN dem and Schaden zu, so begründet das nicht ow eine Haftg des ArbG, da nicht jeder ArbN hins der dem ArbG obliegden FürsPfl ErfGeh ist (RG **102**, 374, **106**, 294). Anwendb ist § 278, wenn dem schädigden ArbN die Erf von ArbGFunktionen übertr ist (BAG NJW **69**, 766, LAG Ffm DB **91**, 552). – **Dienstverschaffungsvertrag:** s Rn 16.

33 **d) Gastaufnahmevertrag:** Mitwirkde einer Unterhaltgsvorführg für Gastwirt ggü Gästen, ja (RG **169**, 215). „Aufpasser" für Gastwirt ggü Gästen, ja (BGH VersR **75**, 520). Mit Pkw eines Gastes schwarzfahrder Angest für Hotelier ggü Gast, ja (BGH NJW **65**, 1709); nein, wenn Angest dem Gast aus eig Antrieb anbietet, dessen Pkw zu einer Tankstelle zu fahren (BGH NJW **64**, 718). – **Gerichtsvollzieher,** der im Auftr des Käufers verderbl Sachen versteigert, ggü Verk nein, da er hoheitl u nicht als Beauftr tät w (RG **104**, 285; vgl
34 aber BGH **62**, 119). – **Gesellschaftsrecht:** Der zur unechten GesVertr einer Gesellsch berufene Prokurist ist nicht ErfGeh des von ihm ersetzten OrganMitgl (BGH **13**, 64), and aber, wenn sich das OrganMitgl des Prokuristen zur Erf eig Pflten bedient (BGH aaO). Gter einer BGB-Gesellsch bei GesellschSchulden für ihre MitGter, ja (BGH NJW-RR **90**, 701). – **Gewerkschaftssekretär:** Für Gewerksch hins FriedensPfl, ja (BAG **3**, 284). – **Handwerker** (Heizgsinstallateur) für HausEigtümer im Verhältn zum Heizöllieferanten, nein (BGH VersR **83**, 395). – **Heimbewohner** bei Hilfen für einen Mitbewohner, ErfGeh nur bei einem konkreten Auftr des Betreibers (LG Görlitz NJW-RR **98**, 778). – Beim **Internatsvertrag** ist das untergebrachte Kind ErfGeh seiner Eltern (BGH NJW **84**, 2093; aA Picker JZ **85**, 644). – **Jagdgast:** Für Jagdherrn ggü and Jagdgästen, nein (RG **128**, 42).

35 **e) Kaufvertrag:** Keine Haftg des Verk für den Hersteller (Rn 13), wohl aber für Abrechngsmanipulationen der Mitarbeiter (BGH **90**, 302). Beim Versendgskauf grdsl keine Haftg des Verk für das Befördergspersonal s Rn 15. Verschw von Mängeln s Rn 19. Lagerhalter ist ErfGeh des Verk ggü Käufer (Hertin MDR **70**, 884); ebso sonst Pers, denen Verkäufer die Sache in der Zeit zw VertrSchl u Lieferg überläßt, ferner Steuerberater, dessen Bilanz vom Verk dem Käufer eines GmbH-Anteils vorgelegt w (BGH DB **76**, 37, 38). –
36 **Lagervertrag:** Hersteller der Lagerräume, nein (Hbg VersR **88**, 634). – **Leasingvertrag:** Einf 54 v § 535. – **Leiharbeitsverhältnis:** s Rn 16. – **Makler** als ErfGeh einer VertrPart s Einf 9 v § 652; zur Anwendg des
37 § 278 iF des § 654 s dort Rn 2. – **Mietverhältnis:** s Rn 18. – **Nachbarrecht:** s Rn 3. – **Notar:** Für Verk ggü dem Käufer hins der EigtVerschaffgsPfl, ja, wenn er mit Abwicklg beauftragt (BGH **62**, 121, krit Lüderitz NJW **75**, 1); ebso für Käufer hins der ZahlgsPfl (Kblz WM **84**, 928) u im Verh zum GBAmt, soweit es um die Anwendg des § 839 III geht (BGH **123**, 13, NJW **84**, 1748), aber nein hins der Erf von HinwPflten (BGH NJW **93**, 652). Angest eines Notars hins der Erf seiner AmtsPfl, ja, zumindest bei Übertragg von originären NotarAufg (Preuß DNotZ **96**, 506) wie der GBEinsicht (BGH **131**, 200).

38 **f) Rechtsanwalt:** Für PfändgsGläub ggü dem der Pfändg widersprechden DrittBerecht, ja (BGH **58**, 215). Bürovorsteher für RAnw ggü Mandanten, ja (RG **101**, 249); ebso amtl bestellter Vertreter (RG **163**, 377). VerkAnw für HauptBevollm od umgekehrt, nein (BGH NJW **88**, 1082, Mü NJW-RR **91**, 1460); für Part im Verh zum HauptBevollm, idR nein (RG **167**, 80); dagg HausAnw, der den ProzAnw für den Mandanten über den Sachverhalt informiert, ja (BGH NJW **97**, 2168); ZweitAnw im Verh des Mandanten zum ErstAnw, idR nein (BGH NJW **93**, 1779); and aber, wenn der ZweitAnw im Rahmen der Obliegenh des Mandanten zur Schadensabwehr tätig w (BGH NJW **94**, 1211, 2822). – **Reisevertrag:** s § 651 a Rn 6. – **Tankstellen:** Gehilfe für Inh hins NebenPfl zur sicheren Aufbewahrg des zum Waschen gegebenen Kfz, ja (BAG NJW **68**, 717). Tankwart, der vom Kunden mit Rückführg seines Kfz beauftragt ist, kein ErfGeh des TankstellenInh (BGH VersR **68**, 472). – **Transportverträge:** Haftg des FrachtFü u Spediteurs für seine „Leute" s HGB 428, 462. Seefrachtvertrag s Kronke TranspR **88**, 39. – **Versicherungsvertrag:** s Rn 24. – **Vertragsstrafe:** s § 339 Rn 3.

39 **g) Werkvertrag:** Monteur, der Gasuhr unsachgem anbringt, ist ErfGeh des Untern ggü Kunden u dessen ArbN (RG **127**, 224), ebso die Drittfirma, die für den Untern auf dessen Grdst Arbeiten ausführen läßt (BGH NJW-RR **90**, 309). TransportPers, dch die HauptUntern den zu bearbeitden Ggst zum SubUntern befördern läßt, ja (RG **101**, 152). SubUntern, ja (BGH **66**, 43); Zulieferer, idR nein (Rn 14); VorUntern für AuftrG im Verhältn zum NachUntern, nein (Rn 31); Beim **Fracht-** u **Speditionsvertrag** erweitern HGB 428, 462 die GehHaftg des FrachtFü u Spediteurs zu einer „Leutehaftg". FrachtFü im Verhältn zum Spediteur, ja (BGH NJW **95**, 2992, jetzt HGB 462); UnterfrachtFü im Verhältn zum FrachtFü, ja (Düss NJW-RR **95**, 1312, jetzt HGB 428); Zollagent im Verhältn zum TransportUntern, nein (BGH NJW-RR **98**, 102); Rennfahrer für Veranstalter ggü Zuschauern, ja (RG **127**, 314). Lehrer u AufsPers bei Vertr zw Schulträger u BusUntern, ja (BGH VersR **91**, 693). Schiffsbesatzg für Reeder hins der mit der Beförderg zushängden Pflten, ja (RG **124**, 50). Verschw von Mängeln s § 638 Rn 3. – **Wettvertrag:** Buchmacher für TotalisatorUntern, uU ja (BGH **LM** Nr 17).

40 **7) Rechtsfolgen.** Der Schu haftet nach §§ 280 ff für den ErfGeh. Der ErfGeh haftet idR nicht aus Vertr, uU aber aus unerl Hdlg. Für ein c. i. c. kann der ErfGeh ausnw auch selbst in Anspr genommen w (§ 311

Rn 52ff). Entspr gilt für den Vertr, wenn die PflVerletzg nicht in einer Schlechtleistg sond in der Verletzg von NebenPfl besteht, u der ErfGeh bei Anbahng u Abwicklg des VertrVerh für sich in bes Maße Vertrauen in Anspr genommen hat (§ 280 Rn 33).

8) Beweislast. Steht fest, dass ein Schaden von einem ErfGeh des Schu verursacht worden ist, muß der Schu nachweisen, dass den ErfGeh kein Verschulden trifft (§ 280 Rn 40). Auch wenn str ist, ob eine Pers, die Hdlgen zur Erf einer Verbindlichk des Gläub vorgenommen hat, ErfGeh war, gehen Zw zu Lasten des Schu (Fuchs-Wissemann VersR **96**, 686). 41

9) Satz 2 ermöglicht einen **Haftungsausschluß** für vorsätzl Verhalten von ErfGeh u gesetzl Vertretern. Das gilt nicht für Organe jur Pers (Rn 6) u wird für ErfGeh dch § 309 Nr 7 b begrenzt (s dort). 42

279

(Betraf das Unvermögen bei Gattungsschulden. Aufgeh zum 1. 1. 02 durch das Gesetz zur Modernisierung des Schuldrechts. Früheres Recht s 60. Aufl. Es gilt jetzt § 276 Rn 30ff.)

280 *Schadensersatz wegen Pflichtverletzung*

I Verletzt der Schuldner eine Pflicht aus dem Schuldverhältnis, so kann der Gläubiger Ersatz des hierdurch entstehenden Schadens verlangen. Dies gilt nicht, wenn der Schuldner die Pflichtverletzung nicht zu vertreten hat.

II Schadensersatz wegen Verzögerung der Leistung kann der Gläubiger nur unter der zusätzlichen Voraussetzung des § 286 verlangen.

III Schadensersatz statt der Leistung kann der Gläubiger nur unter den zusätzlichen Voraussetzungen des § 281, des § 282 oder des § 283 verlangen.

1) Allgemeines. – a) Fassung. Das SMG hat § 280 aF (Haftg bei zu vertretder Unmöglichk) dch die aus dem ungeschriebenen Tatbestd der pVV entwickelten neuen § 280 ersetzt. Die zu vertretde Unmöglichk ist jetzt ein verglw unbedeutder Unterfall der PflVerletzg; ihre RFolgen ergeben sich idR aus § 280 III iVm § 283 (Rn 14). 1

b) Bedeutung. – aa) Tatbestand. Der Begriff **„Pflichtverletzung"** ist die zentrale Kategorie des neuen LStörgsR. Fast alle SchadErsAnspr des LStörgsR auch die, bei denen § 280 dch SonderVorschr ergänzt wird (Rn 4), setzen eine PflVerletzg voraus. Auch ein RücktrR steht dem Gläub nur zu, wenn dem Schu eine PflVerletzg zur Last fällt (§§ 323ff). Die in § 280 enthaltene umfassde Haftgsregelg (Rn 5) stimmt in der Sache, wenn auch nicht in der Terminologie, mit der **internationalen Rechtsentwicklung** überein. Die von der Lando-Gruppe erarbeiteten „Principles of European contract law" und die UNIDROIT „Principles for international commercial contracts" enthalten in Art 9: 501 bzw Art 7.1.1. einen § 280 entsprechden generellen Haftgstatbestd. Die durch NichtErf (non-perfor-mance) benachteiligte Part kann vom and Teil Ers des entstandenen Schadens verlangen. 2

bb) Zur Terminologie (Exkurs). Über die Wahl des richt Terminus für den Zentralbegriff des LStörgsR ist in der SchuldRKommission u währd des GesGebgsVerf intensiv diskutiert worden. Die Diskussion soll hier – ausnw u nur für wenige Aufl – in palandtunübl Breite referiert werden: Rasch ausgeschieden wurden die Termini „VertrVerletzg", weil auch nicht vertragl SchuldVerh einbezogen u „FdgsVerletzg", weil auch VerhaltensPflten erfaßt werden sollten, denen idR kein FdgsR korrespondiert (§ 241 Rn 6). Es blieb daher die Alternative „PflVerletzg" od „NichtErf". Bei der Entscheidg für den von Diederichsen (AcP **182**, 101/17) vorgeschlagenen Begriff u gg die Principles standen folgde Überleggen im VorderGrd: 3

(1) Der dtsche Jurist ist es gewohnt, zw **Nichterfüllung** u **Schlechterfüllung** zu unterscheiden. Auch das BGB geht, wie etwa §§ 340 und 341 zeigen, von dieser Unterscheidg aus. Es erscheint wenig sachgerecht, einen dieser beiden TBegriffe in einer Grundnorm abw von der sonst Terminologie zum Oberbegriff zu machen.

(2) Der Begriff der PflVerletzg soll auch Fälle erfassen, in denen der Schu eine das **Integritätsinteresse** des Gläub schützde weitere Verhaltens- od SchutzPfl verletzt. Diese jetzt in § 241 II angesprochenen Pflten fallen nach allgM nicht in den Anwendgsbereich der §§ 362ff; sie sind nicht „zu erfüllen", sond so lange zu befolgen, wie die schuldrechtl Sonderverbindg zw den Part besteht (Vorbem 2 v § 362). Es ist wenig überzeugd, im LStörgsR an die *NichtErf* einer Pfl RFolgen zu knüpfen, obwohl sie nach der Konzeption der §§ 362 ff BGB nicht zu erfüllen, sondern zu beachten ist.

(3) Das BGB verwendet den Begriff **„Verletzung"** auch, wenn der Schu das Fehlverhalten **nicht zu vertreten** hat. Das zeigt vor allem § 823 I: Er knüpft die SchadErsPfl *obj* an eine Verletzg des Körpers, des Eigtums od and Rechte u RGüter und *subj* an ein Verschulden. Es ist unbedenkl, wenn § 280 ebso verfährt. Es mag sein, dass die Umgangssprache den Begriff „PflVerletzg" vielfach nur für ein Verhalten verwendet, das auch subj vorwerfbar ist. § 280 verdient aber Zustimmg, wenn er nicht dem SprachGebr der Umgangssprache folgt, sond dem von den Kritikern der Reform mit Recht so gelobten BGB.

(4) Im Übrigen: NichtErf braucht notw einen BezugsPkt, eine **Anforderung**, die nicht erf wird. BezugsPkt kann aber, da die Begriffe „Anspr" u „Fdg" zu eng sind, nur eine Pfl aus einem SchuldVerh sein. Auch im Terminus NichtErf klingt daher an, dass eine schuldrechtl Pfl nicht erf u damit verletzt wird.

(5) Sicher ist aber auch, dass der jurist SprachGebr die Termini „VertrVerletzg u NichtErf" als **Synonyma** für „PflVerletzg" verwenden kann, „VertrVerletzg", wenn es um Vertr geht, u „NichtErf" in allen StörgsFällen mit Ausn der SchlechtErf.

4 **cc) Rechtsfolgen.** Die SchadErsRegelgen des neuen LStörgsR bauen auf § 280 als einheitl HaftgsTatbestd auf (BT-Drs 14/6040 S 135). Er ist im LStörgsR grdsl die einzige AnsprGrdl. Auch soweit der SchadErsAnspr, wie in den Fällen der § 280 II u III von zusätzl Voraussetzgen abhängt, enthält § 280 I die zum SchadErs verpflichtde HaftgsAnordng. Nur die §§ 311 a, 536 a u 651 f enthalten für anfängl LHindern u Mängel beim Miet- u ReiseVertr eigenständ, nicht an den GrdTatbestd des § 280 anknüpfde SchadErsRegelgen. Vgl die Übersicht in Vorbem 11 ff v § 275.

5 **2) Anwendungsbereich.** § 280 ersetzt den ungeschriebenen **Tatbestand der pVV**. Die Fehlvorstellg der Verfasser des BGB, dass die Regelg der Unmöglichk u des Verz einers u die GewLVorschr bei Kauf, Miete u WerkVertr ands alle denkb Arten von LStörgen erfassen, wird korrigiert. Die von Staub (1902) entdeckte Lücke des LStörgsR wird geschlossen. Die zur Ehrenrettg des BGB immer wieder unternommenen Versuche, für die Fälle der pVV im § 276 od in den Vorschr über die Unmöglichk doch eine Regelg aufzuspüren, können endgült *ad acta* gelegt werden. § 280 hat aber in Übereinstimmg mit den ParallelRegelgen der „Principles of European contract law" u der UNIDROIT „Principles for international commercial contracts" (Rn 2) einen breiteren Anwendgsbereich als die pVV. Auch **Unmöglichkeit** u **Verzug,** für die die §§ 283 u 286 ergänzde Regelgen enthalten, fallen unter § 280 (Rn 13 f).

6 **a) Verträge.** § 280 gilt für alle Vertr, ggs u nicht ggs, entgeltl u unentgeltl. Er umfasst die gesamte Pfltenpalette beider Part. Auf Miet- u ReiseVertr ist § 280 anwendb, soweit es nicht um die in §§ 536 a u 651 f bes geregelte Haftg für Mängel geht. Bei Kauf- u WkVertr gilt § 280 iVm § 281 auch für die Mängelhaftg des Verkäufers (Bestellers), bis zum Gefahrübergang unmittelb, danach aGrd der Verweisg in §§ 437 Nr 3 u 634 Nr 4 (Rn 17).

7 **b)** Auch soweit **nachvertragliche Pflichten** bestehen u verletzt werden, gilt § 280. Verletzt werden kann vor allem die auch nach VertrErf iR des Zumutb grdsl weiterbestehde Pfl, alles zu unterlassen, was den VertrZweck gefährden könnte u nichts zu unternehmen, was dem Gläub die dch den Vertr gewährten Vorteile entziehen könnte (BGH NJW-RR **90**, 142). Diese Pfl besteht grds auch bei WarenumsatzGesch (BGH **LM** § 362 Nr 2). Sie ist aber nicht verletzt, wenn eine VertrPart vermeintl Rechte dch Klage geltd macht (BGH **20**, 169/72, Rn 25). **Einzelfälle:** Bei einem GrdstKaufVertr kann es eine PflVerletzg darstellen, wenn der Verkäufer das RestGrdst bebaut (RG **161**, 338) od es and bebaut als zugesagt (LG Hann NJW-RR **86**, 1278) od die Pfl zur Nichtbebaug nicht auf den RNachfolger überträgt (LG Hbg NJW-RR **94**, 1472). Entspr gilt, wenn er die im Verhältn zum Käufer von ihm zu tragden Erschließgskosten von der Gem zurückfordert (Karlsr NJW-RR **87**, 344). § 280 erfaßt auch folgde Fälle: Ausübg des VermPfandR an unpfändb Sachen (Ffm BB **79**, 136); Verletzg eines sich aus dem VertrZweck ergebden WettbewVerbots (RG **113**, 72, **117**, 178), von nachvertragl BenachrichtiggsPflten (BGH **61**, 178), der ObhutsPfl hins zurückgelassener Sachen des Mieters (BGH Warn **71** Nr 126) od des Taxenkunden (LG Tübingen NJW-RR **89**, 1053), der Pfl, schädigde Äußergen zu unterl (BGH NJW **62**, 2198), der Pfl, Falschbuchgen anzuzeigen (Ffm WM **72**, 436), der Pfl, bei Neuvergabe eines Girokontos auf die Belange des fr Inhabers Rücks zu nehmen (Köln NJW **90**, 2262). Keine PflVerletzg ist der Widerruf eines EchthGA wg eines nachträgl aufgekommenen Fälschgsverdachts (KG NJW **98**, 1408).

8 **c) Sonderverbindungen.** § 280 gilt auch für verträhnl Sonderverbindgen. Er ist, soweit Anspr auf c. i. c. gestützt werden, die die Haftg begründde Norm (§ 311 Rn 13). Hat sich aus **dauernder Geschäftsverbindung** ein VertrauensVerh herausgebildet, kann sich aus § 280 eine Haftg für Hdlgen ergeben, die nicht unmittelb auf Erf einer VertrPfl od Anbahng eines Vertr gehen, aber mit dem Vertr in Zushang stehen, insb für Ausk- u Raterteilg (BGH **13**, 199, **49**, 168, Müller-Graff, Auswirkgen einer laufden GeschVerbindg, 1974, S 247 ff). Der Umfang dieser Haftg, die ein Parallelfall u kein Unterfall der Haftg für c. i. c. ist, ist nach Lage des Falles verschieden (Müller-Graff aaO). Auch in GefälligkVerh kann § 280 anwendb sein (Einl 10 vor § 241). Sonderverbindgen idS können auch sein: Die RBeziehg zw dem Geschädigten u dem unzuständ HaftPflVers, bei dem er seinen Anspr angemeldet hat (BGH NJW **96**, 2724). Die dch einen WettbewVerstoß zw den Beteiligten entstandene RBeziehg (BGH NJW **90**, 1905), jedoch trifft den zu Unrecht Abgemahnten keine AufklPfl (BGH NJW **95**, 715). Weitere Fälle s § 278 Rn 2.

9 **d) Gesetzliche Schuldverhältnisse.** § 280 gilt auch für gesetzl SchuldVerh, so für die GoA (§ 677 Rn 15), die Gemsch, aber nur soweit es um die in §§ 742 ff geregelten Rechte u Pflten geht (§ 741 Rn 9) u das Vermächtn (§ 2183 Rn 1). Im Eigtümer/Besitzer-Verh u im BerR gilt § 280 dagg grdsl erst dann, wenn der Anspr rhäng geworden ist (§ 989 Rn 6, § 818 Rn 51 ff) od RHängigk fingiert w (§ 819 Rn 9 f). In die von § 280 miterfaßte, tatbestandl aber in § 286 näher geregelte Verzugshaftg ist auch das Eigtümer/Besitzer-Verh (§ 990) u der UnterhAnspr einbezogen (§ 1613).

10 **e) Öffentlich-rechtliche Sonderverbindungen. – aa) Anwendbarkeit des § 280.** § 280 u die das Vertretenmüssen regelnden §§ 276, 278 gelten auch für öffr RVerh, soweit diese schuldrechtsähnl Leistgsbeziehgen begründen u die Eigenart des öffR nicht entggsteht (BGH **17**, 142, **54**, 299, BVerwG **13**, 20). Sie

sind nicht nur auf öffr Vertr (Einf 5 v § 305), sond auch auf sonst öffr Sonderverbindgen entspr anwendb, vorausgesetzt, es besteht eine einem privatrechtl SchuldVerh vergleichb Leistgs- u Obhutsbeziehg (BGH **21**, 214, **59**, 303, **135**, 341, stRspr). Die verletzten Pflten müssen über allg AmtsPflten iSd § 839 hinausgehen; zw der öffr Körpersch u dem Betroffenen muß ein „bes enges Verhältn" bestehen (BGH **21**, 214/18, **131**, 200/04, NJW **63**, 1828). Der Anspr aus §§ 276, 278 hat ggü dem aus AmtsPflVerletzg den Vorteil der Nichtanwendbark des § 839 I 2 (BGH **63**, 167/172) u des § 839 III, der BewLastVerteilg nach § 280 I 2 u der Anwendg der Grds über die Schutzwirkg zGDr (BGH NJW **74**, 1816). Ands führt die Haftg aus § 280 dazu, dass sich der Geschädigte das MitVersch von gesetzl Vertretern u ErfGeh anrechnen lassen muß (§ 254 Rn 64) u dass die Haftg uU dch Satzg beschränkt werden kann (BGH **61, 7**, BayObLG **89**, 193). Der Anspr aus § 280 besteht auch umgekehrt, wenn in einer öffrechtl Sonderverbindg die **öffentliche Hand geschädigt** worden ist (BVerwG NJW **95**, 2303, BGH **43**, 269, **135**, 341).

bb) Einzelfälle. Keine schuldrechtsähnl Sonderverbindg besteht nach der Rspr des BGH zw Strafgefangenen u **Strafanstalt** (BGH **21**, 214/20, **25**, 231/38, **135**, 341/44) sowie zw Schüler u **Schule** (BGH NJW **63**, 1828), ein Ergebn, das mit den sonst angewandten Abgrenzgskriterien kaum zu vereinbaren ist. Bei Körperschäden von Schülern hat sich das Problem aber dch Einbeziehg in die gesetzl UnfallVers entschärft, da SGB VII 106, 104 privatrechtl SchadErsAnspr u damit auch etwaige Anspr aus § 280 ausschließen würde (BGH NJW **77**, 296, **93**, 3269/72, Dresd NJW-RR **99**, 296). **(1)** Auch in folgden Fällen hat die Rspr eine schuldrechtsähnl Sonderverbindg **verneint**: Beziehg zw Finanzbehörde u Bürger (BGH WM **96**, 1015, aA Lembke/Emde DB **97**, 1267); Beziehg zw **Gericht** u Zuhörer in einer Vhdlg (Köln NJW-RR **98**, 1144). **(2)** Dagg hat die Rspr in folgden Fällen eine entspr Anwendg des § 280 (fr der Grds der pVV) **bejaht:** Beziehg zw gemeindl **Deckstation** u Benutzer (BGH VersR **78**, 254). Inanspruchn von Leistgen der **Feuerwehr** (s BGH **63**, 167/172, zur GoA). Behandlg in Ausübg öff Gewalt in einer **Heil- und Pflegeanstalt** (BGH **21**, 214/219). Beziehg zw Gemeinde u GrdstEigtümer hins Kanalisation (BGH **54**, 299, NJW **77**, 197, BVerwG NJW **95**, 2303, Düss VersR **96**, 725). Betreuung von Kindern in einer **Kindertagesstätte** (KG VersR **74**, 368). Unentgeltl **Krankenhausbehandlung** aGrd öffR (BGH **4**, 138). Verhältn zw **Notar** u Mandanten (BGH **131**, 200/05). Verhältn zw **Schulträger** u Lehrer (Köln NVwZ **90**, 618, Maurer JuS **94**, 1015); uU Benutzg von gemeindl **Schlachthof** (BGH **61**, 7, NJW **74**, 1816; Hamm VersR **87**, 789); uU Verhältn zw **Sozialversicherungsträger** u Versichertem (BSozG NJW **70**, 1254). Beziehg zw Land einers u Universität u Studentensch ands (Karlsr NJW **74**, 1824). Öffr **Verwahrung** (BGH **3**, 164/173, NJW **90**, 1230, VGH Mü NVwZ **98**, 421), auch soweit Bürger Verwahrer (Müller JuS **77**, 232). Benutzg gemeindl **Versorgungsbetriebe** wie Wasser- u Gaswerke (BGH VersR **80**, 356). Beziehg zw Wasserverband u Mitgl hinsichtl MeliorationsMaßn (BGH VersR **87**, 768). Beziehg zw Bund u Beschäftiggsstellen des **Zivildienstes** (BGH **135**, 341). 11

3) Pflichtverletzung. Vgl bereits Rn 2 ff u Heinrichs FS Schlechtriem 2002, Anders ZIP **01**, 184. Der Begriff „Pflten aus dem SchuldVerh" umfaßt LeistgsPflten, NebenleistgsPflten u VerhaltensPflten. Das für den Schu u damit für die Anwendg des § 280 maßgebde PflProgramm legt nicht § 280 fest, sond ergibt sich aus den für das jeweil SchuldVerh maßgebden Normen (Einzelfälle Rn 47 ff). § 280 erfaßt auch die Verletzg von Pflten, deren endgült Entstehg von einer Bdgg iSd § 158 (Einf 8 v § 158 im HptBd) od vom Eintritt von RBdggen abhäng ist (§ 346 Rn 15). Nach der Art der LStörg lassen sich zwei (Vorbem 2 v § 275), od, wenn man die Verletzg einer NebenPfl als einen eig StörgsTatbestd ansieht, **drei Typen** der PflVerletzg unterscheiden: Die NichtErf einer vertragl od gesetzl LeistgsPfl, die SchlechtErf u die Verletzg von NebenPflten. 12

A) Nichterfüllung einer Leistungspflicht. Auch die bloße NichtErf ist eine PflVerletzg. Sie begründet aber allein keine SchadErsPfl, sond nur den ErfAnspr, der kein RBehelf iS des LStörgsR ist (Vorbem 2 v § 275). Nur wenn weitere Voraussetzgen hinzutreten, führt die NichtErf zu SchadErsAnspr, die den ErfAnspr ergänzen od ersetzen: – **a) Verzögerungsschaden** kann der Gläub nach § § 280 II nur ersetzt verlangen, wenn zusätzl die Voraussetzgen des § 286 erf sind. Zum Umfang der insoweit bestehden SchadErsPfl s § 286 Rn 43 ff. – **b) Schadensersatz statt der Leistung** kann der Gläub nach § 280 III nur unter den zusätzl Voraussetzgen der §§ 281, 282, 283 fordern. 13

c) Unmöglichkeit. Ist die Leistg inf eines vom Gläub zu vertretden Umst ganz od teilw unmögl geworden, tritt zur bloßen NichtErf eine weitere PflVerletzg hinzu. Auch diese weitere PflVerletzg begründet aber keinen SchadErsAnspr, der sich unmittelb u allein aus § 280 I ergibt. Die Unmöglichk führt dazu, dass der Gläub die geschuldete Leistg nicht erhält u der Schu gem § 275 von seiner LeistgsPfl frei wird. Für diesen NichtErfSchaden kann der Gläub nach § 283 SchadErs statt der Leistg verlangen. Der Anspr aus § 283 erfaßt auch Folgeschäden u verdrängt damit prakt alle allein auf § 280 I gestützten Anspr. 14

B) Schlechterfüllung. Hier müssen zwei Gruppen von Vertr unterschieden w. Für Kauf-, Wk-, Miet- u ReiseVertr bestehen SonderVorschr, die die Haftg für Mängel des SachLeistgsSchu regeln. Sie gehen als bes LStörgsR in ihrem Anwendgsbereich § 280 vor. Bei allen and Vertr fehlen derartige Vorschr. 15

a) Verträge ohne eine besondere Mängelhaftung. Bei diesen Vertr richtet sich die SchadErsPfl für eine vom Schu zu vertretde Schlechtleistg grdsl allein nach § 280 I. Nur soweit der Gläub nach einer teilw Schlechtleistg wg des noch ausstehden Leistgsteils SchadErs statt der Leistg od Ers von vergebl Aufwendgen haben will, gelten ergänzd §§ 281, 284. Werden Dienst- u GeschBesorggsVertr schlecht erf, ergibt sich der SchadErsAnspr des Geschädigten aus § 280 I. Entgg gelegentl in der Lit verwandten Formuliergen erfaßt § 280 I (fr die pVV) in dem immer wichtiger werdden **Dienstleitungsbereich** auch die Verletzg von HptPflten. Das gilt etwa für Vertr mit Anlageberatern (Rn 48), Ärzten (Rn 59), Banken (Rn 60), RA (Rn 76), StBeratern (Rn 86), WirtschPrüfern, Maklern (§ 654 Rn 1) u mit Architekten, sofern diese aGrd eines DienstVertr tät werden (Hamm NJW-RR **95**, 400). Auch PflVerletzgen in einem AuftrVerhältn (BGH VersR **93**, 1274), zw Gesellschaftern (BGH **25**, 49, NJW **83**, 1188) u in einem Dienst- od ArbVerh führen zu einer Haftg nach § 280 I, für ArbN aber mit der Haftgsmilderg gem § 611 Rn 156. 16

b) Kauf- u Werkvertrag. – aa) Anwendbarkeit der §§ 280 ff. Die Haftg für Mängel ist im Kauf- u WkVertrR Teil des LStörgsR. Bis zum Übergang der Gefahr (§§ 445, 640) sind § 280 u die weiteren Vorschr des allg LStörgsR unmittelbar anzuwenden (*arg* §§ 434 I u 633 I); danach gelten sie aGrd der Verweisgen in 17

§§ 437 Nr 3 u 634 Nr 4. Vgl zu dieser unterschiedl Anknüpfg, die sich nur im VerjR auswirkt, Vorbem 17 v § 275. Besteht die PflVerletzg darin, dass der Schu eine Sache mit einem nicht behebb Mangel verkauft od die Herstellg eines Wk versprochen hat, das nicht fehlerfrei erstellt werden kann, geht es um *vorvertragl* Verschulden. Es gilt § 311 a, der eine eigenständ SchadErsRegelg enthält.

18 **bb) §§ 280, 281, 283, Abgrenzung.** Der Unterschied zw Mangel- u Mangelfolgeschaden spielt bei der Verj keine Rolle mehr (§ 438 Rn 11, § 634 Rn 5). Er ist aber, wenn die PflVerletzg in der Lieferg einer mangelh Sache od der Herstellg eines mangelh Wk besteht, Ausgangspunkt für die Abgrenzg zw § 280 I einers u §§ 281, 283 ands (BT-Drs 14/6040 S 224 f, aA AnwK/Dauner-Lieb Rn 38 ff). Verlangt der Käufer Ers von **Mangelschäden**, geht es um einen unter §§ 281, 283 fallden SchadErsAnspr statt der Leistg, der an die Stelle des Anspr auf die Primärleistg tritt. Dagg sind **Mangelfolgeschäden** ohne vorher FrSetzg gem § 280 I zu ersetzen. Der Anspr aus § 280 I tritt *neben* den Anspr auf NachErf u erfaßt alle Schäden, die dch Nachbesserg od ErsLieferg nicht beseitigt werden können. Das entspr der Abgrenzg, die die bisher Rspr für das WkVertrR entwickelt hat (BGH **92**, 308/10, NJW **02**, 141/42). Sie gilt jetzt auch für das KaufR. Die dort bisher angewandten abw Grds gingen davon aus, dass das KaufR den Verkäufer nur unter den Voraussetzgen des § 463 aF zum Ers des „Äquivalenzinteresses" verpflichtete, u dass die auf pVV gestützte *ergänzende* ErsPfl auf Schäden an and RGüter („Integritätsinteresse") beschränkt werden müsse, unter das Äquivalenzinteresse fallde Folgeschäden, wie vor allem den Nutzgsentgang, aber nicht erfassen dürfe (s BGH **77**, 218). Jetzt ist das KaufR ebso konzipiert wie das WkVertrR. Der Verkäufer schuldet als HptPfl die Lieferg einer mangelfreien Sache u muß bei Verletzg dieser Pfl wie der Untern auch iF einf Fahrlk *vollen* SchadErs leisten. Die Anspr aus § 280 I einers u §§ 281, 283 ands sind bei beiden VertrTypen einheitl so abzugrenzen, dass sie zus zu einem vollst Ausgleich des entstandenen Schadens führen. Mangelschäden sind nur die Kosten der ErsBeschaffg od Reparatur u der nach einer Reparatur verbleibde Minderwert (BGH **77**, 218, NJW **78**, 2242). Mangelfolgeschäden sind alle and Schäden, vor allem die, die der Käufer (Besteller) an seinen RGütern außerh der Kaufsache (des Wk) erleidet, etwa an Leben, Gesundh, Eigt (BGH **77**, 215/18), od dch den Verlust von Daten (BGH **133**, 150/66). § 280 I erfaßt aber auch Nutzgsausfall inf der Reparaturbedürftigk (s BGH **92**, 308, aA BGH **77**, 215), entgangenen Gewinn (Erm/Grunewald Rn 34 v § 459), Gutachterkosten (BGH NJW **02**, 141) u die Belastg mit einer SchadErsPfl aus dem Weiterverkauf der Sache (BGH NJW-RR **96**, 951).

19 **cc) Voraussetzungen für die Ersatzpflicht des Verkäufers (Unternehmers).** Die für die Haftg aus § 280 I erforderl **Pflichtverletzung** liegt beim Kauf – auch beim Stückkauf – bereits in der Lieferg der mangelh Sache (*arg* § 433 I 2) u beim WkVertr in der Verschaffg des mangelh Wk (*arg* § 633 I). Beim Verkäufer, der nicht selbst Hersteller ist od wie ein Hersteller auftritt, wird es aber vielf am Verschulden fehlen. Dem Händler kann das Verschulden des Herstellers nicht gem § 278 zugerechnet w, da die Herstellg der Kaufsache nicht zum PfltenProgramm des Verkäufers gehört (§ 278 Rn 13). Ihm obliegt nach stRspr hins der Kaufsache auch grdsl **keine Untersuchungspflicht** (BGH NJW **68**, 2238, **81**, 1269). An diesem Grds will die SchuldRReform nichts ändern (Abschlußbericht S 196); an ihm sollte auch die Praxis festhalten. Bei besonders hochwert od fehleranfäll Produkten kann es and liegen; eine UntersuchgsPfl kann sich auch aus der bes Sachkunde des Käufers ergeben.

20 **dd) Einzelfälle** einer Haftg aus § 280 I: Nutzgsausfall/BetrAusfallSchaden (BGH **92**, 308, Rn 18). Gutachterkosten (BGH NJW **02**, 141). Schaden dch Weiterverkauf der Sache (BGH NJW-RR **96**, 951). Explosion von Propangas wg unzureichder Abdichtg der Flasche (BGH DB **72**, 1335). Tod von Tieren des Käufers wg der Lieferg von vergiftetem Viehfutter (RG **66**, 290). Erkrankg wg der Lieferg von nicht pasteurisierter Milch od vergiftetem Tee (BGH VersR **54**, 100, Karlsr VersR **89**, 805). Lieferg von verschmutztem Mörtel (BGH NJW-RR **94**, 601) od fehlerh Fertigteilschächten (BGH NJW **99**, 1541). Lieferg eines aliuds, die zu ZollNachFdgen od and Schäden führt (BGH NJW **94**, 2230, Düss MDR **00**, 1066). Verderb von Wein wg der vom Verkäufer gelieferten mangelh Korken (BGH NJW **90**, 908). Löschg von Daten wg Mängel der Software (Meier/Wehlau NJW **98**, 1586).

21 **c) Miet- u Reiseverträge.** §§ 536 a u 651 f regeln die Haftg des Vermieters u Reiseveranstalters für Mängel eigenständig u ohne Anknüpfg an den GrdTatbestd des § 280. Für PflVerletzgen, die nicht zu einem Mangel führen, gilt dagg § 280.

22 **d) Verletzung von leistungsbezogenen Nebenpflichten.** Der Schlechtleistg nahe stehen die Fälle, in denen der Schu mangelfrei leistet, der Gläub aber Schaden erleidet, weil der Schu leistgsbezogene NebenPflten zur Aufkl, Beratg, Verpackg, ordngsgem Anlieferg od Auslieferg verletzt. Die §§ 437, 438 (§§ 634, 634 a) sind nicht anwendb. Es besteht idR kein Anspr auf NachErf (Ausn s bei §§ 439, 635). Der SchadErsAnspr des Käufers (Bestellers), der nicht an die Stelle einer LeistgsPfl tritt, ergibt sich unmittelb aus § 280 I, nicht aus § 281. Er kann gem § 249 I auf Naturalrestitution gerichtet sein. Es gilt die regelmäß Verj der §§ 195, 199 (relative Fr von 3 Jahren, absolute von 10 od 30 Jahren); die SonderVorschr über die Verj von MängelAnspr sind weder direkt noch analog anwendb. Die Praxis des VIII. ZS des BGH, die VerjVorschr des KaufR (jetzt § 438) in wenig transparenter Abgrenzg entspr auf Anspr anzuwenden, die nicht vom Tatbestd der Vorschr erfaßt werden, sollte nicht fortgesetzt werden.

23 **Fälle einer Haftung aus § 280 I:** NichtAufkl über die Risiken der Verwendg eines Klebers (BGH **88**, 135). NichtAufkl eines Dauerabnehmers über eine Änd der Produktbeschaffenh (BGH **107**, 336, **132**, 175). NichtAnz eines an sich zul Chlorzusatzes zum Leitgswasser, der bei Konservenfabrik zu Schäden führt (BGH **17**, 131). Verletzg einer kaufvertragl BeratgsPfl dch falsche Angaben über SachEigensch (BGH NJW **62**, 1197). Lieferg von Maschinen mit fehlerh Bediengsanleitg (BGH **47**, 312) od ohne die geschuldete Herstellergarantie (BGH **132**, 320). Schäden inf schlechter Verpackg (BGH **87**, 92). Schaden dch Auslieferg geladener u gefüllter Batterien ohne Verpackg (BGH **66**, 208). Schaden dch Nichtentfernen des Farbsichergsetiketts (LG Siegen NJW-RR **92**, 794). Einfüllen von Normalbenzin in den Tank für Superbenzin (BGH **107**, 251). Nichtmitteilg von weiteren Schäden, die der Untern bei den Reparaturarbeiten bemerken mußte (BGH **LM** § 242 (Cd) Nr 37). NichtAufkl darüber, dass das zu reparierde Gerät nicht mehr den geltden Vorschr entspricht (Ffm NJW **80**, 2756).

C) Verletzung von Nebenpflichten. Bei den NebenPflten hat sich eine allg anerkannte inhaltl Einteilg u eine einheitl Terminologie nicht dchgesetzt. Hier wird weiter die im Palandt seit vielen Aufl angewandte Gliederg u Terminologie zugrde gelegt. Zur Abgrenzg zw Pflten, die zum LeistgsProgramm des Schu gehören, u **Pflichten nach § 241 II** vgl § 241 Rn 6. Sie ist bei Anwendg des § 280 uninteressant, da die Vorschr die Verletzg von Leistgs- u VerhaltensPflten gleichbehandelt. Angesichts der Vielfalt der in Frage kommden, vom jeweil Vertrlnh abhäng NebenPflten können u wollen die nachfolgden Nachw nicht vollständ sein. Angeführt werden typ Bspe. Vgl auch Rn 47 ff u bei den einz VertrTypen. 24

a) Verletzung der Leistungstreuepflicht, dh der Pfl, den VertrZweck nicht zu beeinträchtigen od zu gefährden (§ 242 Rn 27). – **aa) Erfüllungsverweigerung.** Die ernsth u endgült ErfVerweigerg begründet nach 281 II ohne FrSetzg einen SchadErsAnspr statt der Leistg. Sie verletzt die LeistgstreuePfl u verpfl den Schu, für nicht unter § 281 fallde Schäden (Beratgskosten) nach § 280 I SchadErs zu leisten. Schon die Ankündigg einer ErfVerweigerg ist eine zum SchadErs verpfl PflVerletzg (BGH **90**, 302/08). Die Ablehng der VertrErf dch den **Insolvenzverwalter** begründet nach InsO 103 einen insolvenzrechtl SchadErsAnspr; die Wertg der ErfAblehng als pVV ist überholt (s BGH **68**, 379). – **bb) Kündigung.** Auch die unberecht Künd ist PflVerletzg (BGH **89**, 296, NJW **88**, 1269, aA Klinkhammer NJW **97**, 221). Das gilt vor allem für die Künd eines MietVertr wg eines in Wahrh nicht bestehden Eigenbedarfs (§ 573 Rn 58), aber auch für die unberecht Künd eines HandelsvertreterVertr (Mü NJW-RR **95**, 294), eines Dienstvertr od eines WkVertr (BGH **51**, 192, **53**, 151) u wohl auch für die Androhg einer unberecht Künd (aA Hamm NJW-RR **96**, 1294). Auch wenn der Kündigde den maßgebden Sachverhalt wahrheitsgem angibt, ist die unberecht („unschlüss") Künd eine pVV (aA Hamm NJW **84**, 1045), idR wird aber § 254 anwendb sein. Fällt der Eigenbedarf nachträgl weg, bleibt die Künd wirks, der Vermieter kann aber gem § 242 verpfl sein, dem Mieter die Fortsetzg des Vertr anzubieten (§ 573 Rn 50). – **cc) Weitere Fälle.** Auch in folgden Fällen verletzt die VertrPart ihre LeistgstreuePfl: Weigerg, die vereinbarten VertrBdggen einzuhalten (BGH NJW **78**, 103). Verlangen von Barzahlg statt der vereinbarten Zahlg dch Wechsel (BGH **LM** (Hd) Nr 2). Unberecht Versagg des VersSchutzes (BGH VersR **72**, 970). Unbegründete Mängelrüge (LG Hbg NJW-RR **92**, 1301, Malotki BauR **98**, 682, aA Düss NJW-RR **99**, 746). Unbegründete Abmahng (LAG Köln MDR **98**, 1036). Täuschg des and Teils dch unricht Angaben über die VertrErf (BGH **11**, 86). Nichteinholg einer behördl Gen für eine Tarifunterschreitg (BGH MDR **98**, 914). Ausstellen einer unricht ÜbernBestätigg (Hamm BB **93**, 681). Einziehg der abgetretenen Fdg dch den Zedenten (RG **111**, 303). Gefährdg des dingl nicht gesicherten WohnR dch hohe Belastg des auf Rentenbasis gekauften Hauses (BGH **LM** (Hb) Nr 10). Vollstr aus einer vollstreckb Urk wg eines nicht bestehden Anspr (s BGH NJW **94**, 2756). Auch die Geltdmachg einer unberecht Fdg kann eine PflVerletzg sein (LG Zweibr NJW-RR **98**, 1105, AG Mü NJW-RR **94**, 1261, AG Bonn MDR **99**, 347, im Ergebn auch Friedrich JurBüro **99**, 620). Keine PflVerletzg ist aber die **gerichtliche Geltendmachung** eines vermeintlichen Anspr (BGH **20**, 169, **95**, 18) od die Stellg eines unbegründeten Antr auf Eröffng des InsVerf (BGH **36**, 18), zumal der Gläub hier dch die KostenVorschr des ProzR geschützt ist.

25 (at "a) Verletzung der Leistungstreuepflicht"); 26 (at "bb) Kündigung"); 27 (at "Fortsetzg des Vertr … cc) Weitere Fälle")

b) Verletzung der Schutzpflicht, dh der Pfl, sich bei Abwicklg des SchuldVerh so zu verhalten, dass Körper, Leben, Eigt u sonst RGüter des and Teils nicht verletzt w (§ 242 Rn 35). Die VerkSichgPfl (§ 823 Rn 58) ist innerh eines VertrVerhältn zugl eine VertrPfl (Soergel/Wiedemann Rn 484 v § 275). Die Haftg aus § 280 setzt voraus, dass die RGutVerletzg im Zushang mit der dch die Sonderverbindg begründeten erhöhten Einwirkgsmöglichk steht (Saarbr NJW-RR **95**, 23). Bei Schäden dch Gasexplosionen od dem Austritt von Wasser ist es daher Frage des Einzelfalles, ob dem AnschlußN neben dem Anspr aus Delikt od Gefährdgshaftg auch ein vertragl (od bei einem öffr Anschlußverhältn) vertragsähnl Anspr gg das VersorggsUntern zusteht (BGH **LM** (Ci) Nr 33, NJW **92**, 40, Saarbr aaO). Die SchutzPfl begründet zugl die Pfl, für den nach den Umst erforderl **Versicherungsschutz** zu sorgen (§ 242 Rn 36). 28

Einzelfälle: Verletzg von Eigt od Pers des Bestellers bei Dchführg des WerkVertr, etwa Verbrenngen beim Legen einer Wasserwelle (RG **148**, 150) od Brandschäden bei Ausführg von Arbeiten (BGH VersR **76**, 166). Verletzg der Obhuts- od VerwahrgsPfl, die hins der zu reparierden Sache besteht (BGH NJW **83**, 113). Die für den Besteller bestehden korrespondierden Pflten leitet die Rspr aus einer entspr Anwendg des § 618 her (dort Rn 1). Schädigg beim Einfüllen von Heizöl (§ 823 Rn 113). Schädigg des Mieters od Vermieters dch einen vom and Teil verschuldeten Wassereinbruch od Brand (BGH NJW **64**, 35, Hamm NJW-RR **92**, 906). Vom Mieter verschuldeter Unfall mit dem MietKfz, der für den Vermieter eine Haftg aus StVG 7 begründet (BGH **116**, 203). Unzureichde Sichg vor Tätlichk beim GastAufnVertr (Hamm VersR **79**, 191). Dem ArbG obliegt eine weitgehde in § 618 normierte SchutzPfl (s dort), aber auch der ArbN kann wg Verletzg der SchutzPfl mit den sich aus § 611 Rn 156 ff ergebden Beschränkgen schadensersatzpflichtig sein: Schwarzfahrt mit einem Pkw des ArbG od eines Kunden (BAG NJW **68**, 718). Nichtmitteilg von schädigden Hdlgen and ArbN trotz Wiederholgsgefahr (BAG DB **70**, 1598). Entspr gilt für freie Mitarbeiter, es besteht aber keine Pfl zur Selbstbezichtigg (BGH NJW-RR **89**, 614). Der RA verletzt seine SchutzPfl bereits dch ein Verhalten, das den Verdacht der Unterschlagg von Mandantengeldern begründet (BGH NJW **95**, 1955). Zu den SchutzPflten gehört auch die **Geheimhaltungspflicht** beim ChiffreAnzeigenVertr (Oldbg NJW-RR **89**, 1454), beim Vertr über Modeneuheiten (BGH **16**, 11) u beim BankVertr (BGH **27**, 246), uU auch beim KaufVertr, wenn dem and Teil dch die Offenlegg ein unverhältnmäß hoher Schaden droht (BGH NJW **62**, 2198). Hierher gehören auch die in § 311 Rn 25 referierten Fälle, wenn die Pfl erst nach Zustandekommen des Vertr verletzt w. Zur VerwahrPfl des Gastwirts, RA od Arztes für Garderobe des Kunden s § 688 Rn 6.

c) Verletzung der Mitwirkungspflicht, dh der Pfl, im ZusWirken mit dem and Teil die Voraussetzgen für die Durchführg des Vertr zu schaffen u ErfHindern zu beseitigen (§ 242 Rn 32). Bspe: Nichteinholg der erforderl AusfuhrGen (Mü BB **54**, 547). Weigerg des Bestellers, die zur Herstellg des Werkes notw MitwirkgsHandlgen vorzunehmen (BGH **11**, 89, **50**, 179). Mangelnde Mitwirkg des Mieters od Bestellers bei der vereinbarten Entwicklg neuer Software (BGH DB **88**, 2249). MitwirkgsPflten des Bestellers s § 642 Rn 1 ff. 29

d) Verletzung der Aufklärungspflicht, dh der Pfl, den and Teil unaufgefordert über entscheidgserhebl Umst zu informieren (§ 242 Rn 37). Sie betrifft vielfach die Phase der VertrVhdlgen und führt dann zu einer Haftg aus c. i. c. (§ 311 Rn 34). Für die Zeit nach Vertragschluß ergibt sich aus der fallbezogenen Rspr der 30

Grds, dass der Schu, insbes der Fachmann, zur Aufkl verpfl ist, wenn Gefahren für das Leistgs- od Integritätsinteresse des Gläub bestehen, von denen dieser keine Kenntn hat (BGH **36**, 328, **64**, 49). Die AufklPfl überschneidet sich daher mit den leistgsbezogenen NebenPflten (Leistgsinteresse) u den SchutzPflten (Integritätsinteresse). AufklPfl des Arztes s Rn 59, der Bank s Rn 60, des Maklers s § 654 Rn 3, des RA s Rn 76, des StBeraters s Rn 86, des Verkäufers s § 433 Rn 23, des Untern s § 631 Rn 14. Weitere **Einzelfälle:** Bei Vhdlgen über die VertrAufhebg muß der KreditG darüber informieren, dass die vorgesehene, das KündR ausschließde Art der Refinanzierg nicht dchgeführt worden ist (BGH NJW-RR **90**, 431). Der Untern muß den Handelsvertreter über mögl Lieferschwierigk (BGH DB **88**, 2402) u eine beabsichtigte BetrStillegg rechtzeit informieren (BGH NJW **74**, 795), der Vertreter den Untern über Bedenken gg die Kreditwürdigk des Kunden (BGH BB **69**, 1196). Der Schu muß dem Gläub zumindest auf ausdr Befragen den wirkl Grd für das Ausbleiben seiner Leistg mitteilen (BGH WM **95**, 441). Der Stromerzeuger muß seine Abnehmer über längere Abschaltgen rechtzeit informieren (BGH VersR **71**, 155). Die Werbeagentur muß auf rechtl Bedenken gg die geplante Werbeaktion hinweisen (BGH **61**, 120), der Lagerhalter auf drohde Entwertg od Entwendg des Lagerguts (OGH **1**, 383). Der Versicherer muß darü aufklären, dass der ÄndVertr erst mit der Ann wirks w (BGH NJW-RR **88**, 23), aber auch darü, dass die Verlegg des VersOrtes zum Erlöschen des FeuerVersSchutzes führt (Hamm NJW-RR **94**, 484).

31 **e) Verletzung anderer Nebenpflichten.** Unter § 280 I fallen auch folgde PflVerletzgen: Verstoß gg die gesellschaftsrechtl TreuePfl dch rechtsw Ausschl eines Mitgl aus der Genossensch (OGH **1**, 379). Erteilg eines unricht Zeugnisses dch den ArbG (§ 630 Rn 5). Verstoß gg die tarifvertragl FriedensPfl (BAG **6**, 341). Abschl eines ungünstigen Vergl dch den HaftPflVersicherer (BGH **24**, 320, **28**, 244) od den Zessionar, an den die Fdg erfhalber abgetreten worden ist (RG **160**, 1).

32 **4) Rechtsfolgen. – a) Schadensersatzpflicht.** Die vom Schu zu vertretde PflVerletzg begründet für den and Teil einen SchadErsAnspr (§§ 249 ff). Er richtet sich grdsl auf Ersatz des positiven Interesses (Vorbem 16 v § 249) u tritt and als der Anspr aus §§ 281 ff nicht an die Stelle, sond neben den ErfAnspr (Rn 18). Der Anspr erstreckt sich auf alle unmittelb u mittelb Nachteile des schädigden Verhaltens u erfaßt auch ProzKosten (Düss NJW-RR **96**, 729), ausgenommen Folgeschäden, die außerh des Schutzzwecks der verletzten VertrPfl liegen (Vorbem 62 ff v § 249). Er kann bei NichtErf einer Wiederverkaufszusage auf Freistellg u Zahlg Zug um Zug gg Rückgabe der Sache gerichtet sein (BGH NJW **94**, 1654), bei unberecht Künd auf Wiedereinräumg des Bes (Karlsr NJW **82**, 54, BayObLG NJW **82**, 2004), aber auch auf Ers der AnwKosten für die Zurückweisg der Künd (Anf) od eines unberecht geltd gemachten Anspr (BGH NJW **86**, 2244, Mü DAR **85**, 383, AG Ffm WM **95**, 194), vorausgesetzt, die Einschaltg des RA zur Schadensabwendg od Minderg vernünft u zweckmäß war (BayObLG NJW-RR **98**, 519, ähnl LG Zweibr NJW-RR **98**, 1105). Ist der Gläub dch die PflVerletzg (falsche Beratg od Aufklärg) zum Abschluß eines nachteil Vertr od zu and **nachteiligen Dispositionen** veranlaßt worden, muß der Schu gem §§ 280 I, 249 den Vertrauensschaden ersetzen (BGH NJW **82**, 1146, Hamm NJW-RR **96**, 736, Vorbem 17 v § 249). Der Anspr erfaßt auch frustrierte Aufwendgen. § 284 ist nicht einschlägig, da er nur den Fall betrifft, dass AufwendgsErs *anstelle* des SchadErsAnspr statt der Leistg verlangt wird. Zu **Verspätungsschäden,** die nach § 280 II nur zu ersetzen sind, wenn zusätzl die Voraussetzgen des § 286 vorliegen, vgl § 286 Rn 42. Der SchadErsAnspr besteht grdsätzl auch dann, wenn dem Gläub ebenf eine PflVerletzg zur Last fällt (BGH NJW **62**, 2198, **71**, 1747 mwN); die PflVerletzg des Gläub kann aber das Verschulden des Schu ausschließen od zur Anwendg des § 254 führen.

33 **b) Weitere Rechtsfolgen, Verjährung.** Solange die VerletzgsHdlg od der pflw geschaffene Zustand andauert, kann sich aus § 280 auch ein **Unterlassungsanspruch** ergeben (BGH NJW **95**, 1284). Der Schu muß nach § 278 für das Verschulden seiner ErfGeh ebso einstehen wie für eig Verschulden. Der **Erfüllungsgehilfe** selbst haftet uU aus unerl Hdlg, vertragl Anspr gg ihn bestehen grdsl nicht (BGH NJW **64**, 2009, **LM** (Ha) Nr 4). Eine eig vertragl ErsPfl des ErfGeh ist aber in entspr Anwendg der für c. i. c. geltden Grds (§ 311 52 ff) dann zu bejahen, wenn die PflVerletzg nicht in einer Schlechtleistg sond in der Verletzg von NebenPfl besteht, u der ErfGeh bei Anbahng u Abwicklg des VertrVerh in bes Maße für sich Vertrauen in Anspr genommen hat (BGH **70**, 337, 342, NJW-RR **90**, 461, Dresd NJW-RR **00**, 207, weitergehd Hohloch NJW **79**, 2369, Düss NJW **71**, 942). Der Anspr aus § 280 unterliegt grdsl gem §§ 195, 199 der regelmäß Verj (relative Fr 2 Jahre, absolute 10 od 30 Jahre). Soweit § 280 aGrd der Verweisgen in §§ 437 Nr 3, 634 Nr 4 anwendb ist (Rn 17), gilt die Sonderreglg für die Verj von MängelAnspr (§§ 438, 634 a)

34 **5) Beweislast. – a) Allgemeines.** Nach § 280 I sind die PflVerletzg, die Entstehg eines Schadens u der UrsZushang zw PflVerletzg u Schaden Voraussetzgen des SchadensErsAnspr. Für sie trägt nach der Fassg der Vorschr der Gläub in Übereinstimmg mit dem bisher Recht die BewL. Das Nichtvertretenmüssen ist dagg nach der Fassg von I 2 ein EinwendgsTatbestd. Für ihn ist der Schu bewpflicht. § 280 I 2 macht damit die nach altem Recht für die Unmöglichk (§ 282 aF) u den Verzug (§ 285 aF) geltde Regelg zu einem für alle PflVerletzgen geltden RPrinzip. Die für die BewL bei pVV entwickelten unterschiedl Ansätze sind, soweit sie sich auf das Vertretenmüssen beziehen, überholt. Im Ergebn ändert sich aber kaum etwas. Obwohl Rspr u neueres Schriftt darin übereinstimmten, dass § 282 aF auf die pVV *nicht* entspr angewandt werden könne, wurde eine ErsPfl des Schu bei Zw über das Vertretenmüssen eigentl immer bejaht. Es gab nur zwei Ausn: Die Rspr hat dem Gläub bei SchadErsAnspr gg den Arzt (BGH NJW **78**, 1681, **80**, 1333, **91**, 1540) u gg den ArbN (BAG NJW **98**, 1011, **99**, 1049, BGH WM **01**, 1566/69) die BewL für das Verschulden auferlegt. Diesen BewLVerteilg hält § 619 a für den ArbVertr ausdr aufrecht. Im ArzthaftgsR hat die Abweichg von § 282 aF nie überzeugt (Rn 42). Jetzt gilt jedenf § 280 I 2. Soweit es um den Bew der PflVerletzg geht, können die von der Rspr entwickelten Grds einer **Beweislastverteilung nach Gefahren und Verantwortungsbereichen** (BGH **8**, 241, **48**, 312, **64**, 51, **66**, 53, **126**, 124, NJW **87**, 1938, **00**, 2812 NJW) weiter herangezogen werden; auch der auf die Art der verletzten Pflicht abstellde Ansatz der Lit (Stoll AcP **176**, 145, Heinemann BewLVerteilg bei pFV, 1988) verdient insoweit weiter Beachtg.

35 **b) Beweis der Pflichtverletzung.** Der Gläub trägt die BewLast dafür, dass der Schu obj eine ihm obliegde Pfl verletzt hat (BGH **28**, 253, **48**, 312, NJW **85**, 264). Dabei ist zu unterscheiden: – **aa) Grund-**

satz. IdR muß der Gläub den **vollen Beweis** einer PflVerletzg erbringen. Das gilt auch, wenn die PflVerletzg in einem Unterl, etwa der Verletzg einer Beratgs- od AufklPfl, besteht (BGH NJW **87**, 1322, **88**, 202, **99**, 2437, Hamm, NJW-RR **99**, 217). Der zur Aufkl od Beratg Verpflte, insbes der StBerater, muß aber zunächst im einzelnen darlegen, in welcher Weise er seinen Pflten nachgekommen ist (BGH NJW **86**, 2570, **95**, 2842, **96**, 2571). And ist es, wenn für den Dienstleister ausnw eine DokumentationsPfl besteht (Rn 43). Beim Wk-, Reise- od KaufVertr genügt es, wenn eine im RSinn mangelh Leistg nachgewiesen w (BGH **48**, 312, **100**, 188, **LM** § 433 Nr 36, NJW-RR **95**, 684), wenn nachweisl eine gebotene Aufkl unterlassen worden ist (BGH **66**, 53, NJW **78**, 2197), wenn im Verantwortgsbereich des Schu ein verkehrsunsicherer Zustand bestanden hat (BGH **66**, 53, Gemüseblatt; DB **86**, 1771, gefährl Bodenbelag; BGH BB **95**, 1611, gesundheitsgefährdder ArbPlatz) od wenn beim PferdepflegeVertr verdorbenes Futter verfüttert worden ist (BGH NJW **80**, 2186). Die BewLastUmkehr rechtfertigt sich in diesen Fällen aus dem Bestehen einer ggständl VertrWidrigk.

bb) Erfolgsbezogene Pflichten. Die PflVerletzg des Schu kann sich auch daraus ergeben, dass der Gläub 36 bei Dchführg des Vertr einen Schaden erlitten hat (Hamm NJW-RR **89**, 468). Ein solcher Schluß vom Schaden auf die PflVerletzg ist zul, wenn der Schu nach dem VertrInh die erfolgsbezogene Pfl hatte, einen Schaden wie den eingetretenen zu verhindern. Beim BefördergsVertr muß der Untern dafür sorgen, dass die zu befördernde Pers „wohlbehalten" am Bestimmgsort anlangt (BGH **8**, 242). Eine Schädigg beweist daher zugl eine PflVerletzg (BGH aaO), so die Verletzg des Patienten währd eines Transports im Krankenhaus (BGH NJW **91**, 1541). Entspr gilt für den SchleppVertr (BGH **27**, 239), den VerwahrVertr (BGH **3**, 174), das Vernageln des Hufschmieds (Köln VersR **90**, 389), den LagerVertr (BGH **41**, 153), den BewachgsVertr (LG MöGladb NJW-RR **89**, 859) u den Beherberggs- u GastaufnVertr (RG **160**, 155, **169**, 97).

cc) Verantwortungsbereich des Schuldners. Der Schluß von einer Schädigg auf eine PflVerletzg ist 37 auch dann gerechtfertigt, wenn der Gläub dartut, dass die SchadensUrs allein aus dem Verantwortgsbereich des Schu herrühren kann (BGH NJW-RR **91**, 576, **93**, 795, NJW **93**, 1706, ZIP **00**, 1110). So liegt es, wenn der Schaden entweder dch das Personal od das Gerät des Schu verursacht worden ist (BGH BauR **85**, 705), wenn bei der Arbeit des Untern ein Brand entsteht (BGH VersR **60**, 345), wenn der Pkw beim Dchlaufen der Autowaschanlage beschädigt w (Hbg DAR **84**, 260, Kblz NJW-RR **95**, 1135, LG Bayr NJW **82**, 1766, Pardey DAR **89**, 337, differenzierd Bambg NJW **84**, 929), wenn ein Wasserschaden den Umst nach seine Urs in der Sphäre des Vermieters hat (BGH NJW **64**, 33, AG Wedding NJW-RR **92**, 968), wenn für Schäden an der Mietsache allein Ursachen aus dem Gefahrenkreis des Mieters in Betracht kommen (BGH **126**, 124/129, **131**, 95/103, DB **98**, 2264, § 538 Rn 4), wenn bei der Anlieferg Heizöl überläuft (BGH NJW **78**, 1576, LG Trier NJW-RR **92**, 1378), wenn der gemietete Flüssiggastank bei der Erstbefüllg explodiert (Hamm NJW-RR **99**, 707), wenn die persönl GeheimNr (PIN) mißbraucht worden ist (Zweibr NJW-RR **91**, 241). Wird die wg Eigenbedarfs gekündigte Wohng anderweit vermietet, muß der Vermieter nachweisen, dass der Eigenbedarf nicht vorgetäuscht war (LG Hbg NJW-RR **93**, 333).

c) Kausalzusammenhang zw der PflVerletzg u dem Schaden. Für ihn trägt grdsl der Gläub die BewL 38 (BGH NJW **78**, 2197, **80**, 2186, **88**, 203, **89**, 2946). Eines bes KausalitätsBew bedarf es aber nicht, wenn sich die PflVerletzg daraus ergibt, dass der Gläub bei Abwicklg des Vertr einen Schaden erlitten hat (Rn 36 u 37). Außerdem gelten von der BewL des Gläub Ausn: – **aa) Grobe Verletzung von Berufspflichten.** Hat ein **Arzt** einen groben Behandlgsfehler begangen, der geeignet war, einen Schaden wie den eingetretenen herbeizuführen, tritt hins der Ursächlichk eine Umkehr der BewLast ein (§ 823 Rn 170). Das gilt entspr für die grobe Verletzg sonst BerufsPflten, sofern sie dem Schutz von Leben u Gesundh dienen. Bsp: Krankenpflegepersonal (BGH NJW **71**, 243), Bademeister (BGH NJW **62**, 959), Kirmeskiosk (Köln OLGZ **70**, 315), Warenproduzenten (aA BGH NJW **92**, 563), auch Tierärzte (Mü NJW-RR **89**, 988), aber nicht Betreiber von Tierpensionen (Karlsr NJW-RR **00**, 614). Eine entspr BewLUmkehr ist auch bei Vermögensschäden zu bejahen, wenn eine grobe PflVerletzg eines **Rechtsanwalts** od eines Freiberuflers mit ähnl Vertrauensstellg nachgewiesen ist (s Heinemann NJW **90**, 2352, aA BGH **126**, 221, NJW **88**, 203, **97**, 1011).

bb) Aufklärungspflichten. Wer vertragl od vorvertragl Beratgs- od AufklPflten verletzt hat, ist bewpflicht 39 dafür, dass der Schaden auch bei pflichtgem Verhalten entstanden wäre, es besteht die Vermutg, dass sich der Geschädigte **„aufklärungsrichtig"** verhalten hätte (BGH **61**, 118, **72**, 106, **124**, 159). Das gilt zB für AufklFehler des Verkäufers (BGH **64**, 51, **111**, 82, NJW **98**, 302), des RAnw (BGH NJW **92**, 240, **93**, 3259, **98**, 749), des StBeraters (BGH NJW-RR **92**, 1115), des Notars (BGH NJW **96**, 3010), der Bank (BGH **72**, 106), des Arztes (BGH **89**, 103), des Versicherers (Hamm NJW-RR **01**, 239), des Terminoptionsvermittlers (BGH **124**, 159), bei den VertrVhdlgen (BGH DB **96**, 1636) u iF der Prospekthaftg (BGH NJW **92**, 3296). Dabei handelt es sich aber wohl nicht um eine Umkehr der BewLast, sond um einen Anwendgsfall des AnschBew (BGH **123**, 314, **126**, 223, NJW **94**, 1472, Stodolkowitz VersR **94**, 11, Lang WM **00**, 450; aA zu Vertr mit rechtl Beratern BGH **124**, 151/60). Die Vermutg gilt auch bei Vertr zw FamAngeh (BGH NJW **96**, 3010, **00**, 2110) u auch ggü demj, der, ohne selbst aufklärgspflicht zu sein, die Aufkl argl verhindert hat (BGH NJW **84**, 1688). Sie gilt auch für konkurrierde delikt Anspr (BGH NJW **84**, 1688, WM **86**, 735) u auch für Instruktionsfehler des Warenproduzenten (BGH **116**, 73). Die Vermutg betrifft allein die mögl Nichtbefolgg des Hinw, im übr bleibt es bei der BewLast des Geschädigten (BGH NJW **74**, 795). Sie setzt voraus, dass ein auf ein best Verhalten gerichteter Rat zu erteilen war (BGH NJW **81**, 630, **89**, 2946, Saarbr NJW **89**, 2759), gilt also nicht, wenn mehrere Verhaltensalternativen in Frage kamen (BGH, **123**, 311, NJW **94**, 2541, BB **99**, 287). Sie kann entfallen, wenn die Befolgg des Rats neben Vorteilen auch wesentl Nachteile gebracht hätte (BGH NJW-RR **89**, 153). Sie ist widerlegt, wenn der Geschädigte entspr fr Belehrgen unbeachtet gelassen hat (Stgt ZIP **95**, 641) od das schädigde Verhalten trotz Aufkl fortsetzt (Köln NJW-RR **95**, 112, Düss WM **95**, 1751).

d) Entlastungsbeweis des Schuldners. Der Schu muß dartun, dass er die PflVerletzg nicht zu vertreten 40 hat. Der EntlastgsBew muß sich auch auf das Versch von ErfGeh erstrecken (BGH NJW **87**, 1938). Besteht eine Haftgsmilderg, genügt der Bew, dass der Grad an Sorgf beobachtet worden ist, für den er einzustehen hat (BGH **46**, 267, BAG NJW **85**, 220, BVerwG **52**, 260); dagg soll es nach der ADSp Sache des AuftrGeb sein, das grobe Verschulden des Spediteurs zu beweisen (BGH NJW-RR **93**, 863, Mü NJW-RR **93**, 926, Köln

VersR **93**, 1255). An den EntlastgsBew dürfen **keine zu hohen Anforderungen** gestellt w (Mot II S 48, BGH NJW **53**, 59, NJW-RR **90**, 447: Verdacht vorsätzl Brandstiftg). Er ist erbracht, wenn der Schu die Ursache des Schadens nachweist u dartut, dass er diese nicht zu vertreten hat. Es genügt aber auch, wenn er die Ursache wahrscheinl macht u sicher ist, dass er für diese nicht einzustehen hat (BGH **116**, 334/37). Ist die Ursache unaufklärb, kann sich der Schu dch den Bew entlasten, dass er alle ihm obliegde Sorgf beobachtet hat (RG **74**, 344, BGH NJW **65**, 1585). Der Schu ist aber beweisfäll, wenn die ernsth Möglichk bleibt, dass er die PflVerletzg zu vertreten hat (BGH NJW **52**, 1170, Warn **69** Nr 41). Hat er mehrere mögl Ursachen für die Unmöglichkeit gesetzt, muß er für jede den EntlastgsBew erbringen (BGH NJW **80**, 2187). Ist str, ob ein Helfer des Schu sein ErfGeh war, gehen Zw zu Lasten des Schu (§ 278 Rn 41). Wird der Anspr erst viele Jahre nach Eintritt der Unmöglichk geltd gemacht, kann sich die BewLast umkehren (BGH WM **72**, 19).

41 **e) Sonderfälle.** – **aa)** Im **Arbeitsrecht** ist die sich aus § 280 I 2 ergebde BewLVerteilg auf die Haftg des ArbG für pVV anwendb (BAG **AP** Nr 7). Der ArbG kann dagg nach § 619a nur dann SchadErs für die Verletzg einer Pfl aus dem ArbVerh verlangen, wenn er nachweist, dass der ArbN die PflVerletzg zu vertreten
42 hat. – **bb) Arzthaftung.** Der Patient hat idR sowohl den Behandlgsfehler als auch den UrsachenZushang zw diesem u dem Schaden zu beweisen (§ 823 Rn 169). Ist eine notw Maßn nach den Behauptgen des Arztes wg Weigerg des Patienten nicht dchgeführt worden, ist eine PflVerletzg nur bewiesen, wenn der Patient diese Behauptg widerlegt (aA Schlesw SchlHA **01**, 282). Steht eine PflVerletzg (Behandlgsfehler) des Arztes (Tierarztes) fest, muß der Arzt (Tierarzt) beweisen, dass er die PflVerletzg nicht zu vertreten hat (*arg* § 280 I 2). Die zu § 282 aF vertretene ggteil Auffassg (BGH NJW **78**, 1681, **80**, 1333, **91**, 1540, Weber NJW **97**, 761, Müller NJW **97**, 3049) konnte schon nach bisher Recht nicht überzeugen. Es gibt keinen überzeugden Grd, den ArztVertr hins der BewLast für Verschulden and zu behandeln als alle and SchuldVertr (Giesen ArzthaftgsR 4. Aufl 1995, Rn 375). Bes Bedeutg hat die neue BewLVerteilg für den ArztVertr allerdings nicht. Der Fall, dass ein Ger einen Behandlgsfehler festgestellt, ein Verschulden des Arztes aber als nicht bewiesen angesehen hat, ist prakt nicht vorgekommen. Zur BewErleichterg bei **groben Behandlungsfehlern** des Arztes s § 823
43 Rn 170. – **cc) Dokumentation.** Auch eine unricht od unzulängl Dokumentation kann BewErleichtergen zG des Patienten rechtf (§ 823 Rn 169). Entspr gilt, wenn der ZwVerwalter (BGH NJW **86**, 61) od der
44 RAnw (Heinemann NJW **90**, 2353) gg seine DokumentationsPfl verstoßen hat. – **dd) Mankohaftung.** Für sie gelten im ArbR die allg Grds der ArbNHaftg (§ 611 Rn 158). Der ArbG muß ein Verschulden des ArbN nachweisen (§ 619 a). Ein Beamter od GeschFü ist für ein Manko nur haftb, wenn nachgewiesen w, dass der Fehlbestand in seinem Verantwortgsbereich entstanden ist. Dazu gehört idR der Nachw, dass er allein Zugang u Vfg über die Kasse (den Bestand) hatte; erst danach ist es gem § 280 I 2 Sache des Beamten od GeschFü, sich zu entlasten (BGH **5**, 23, NJW **86**, 54, BVerwG **37**, 199, **52**, 260).

45 **f) Öffentliches Recht.** Die sich aus § 280 I 2 ergebde BewLVerteilg ist auch auf öffr Sonderbeziehgen (Rn 10) anzuwenden, so insb auf die öffr Verwahrg (BGH **3**, 174, **4**, 195, NJW **90**, 1230), öffr Leistgsbeziehgen (BGH **59**, 309, Düss VersR **96**, 725) u öffr TrhdVerhältn (BGH NJW **52**, 659). Wird der Soldat wg des Verlustes von AusrüstgsGgst auf SchadErs in Anspr genommen, verlangt die Rspr dagg bisher einen VerschuldensNachw des Dienstherrn (BVerwG NJW **86**, 2523). Vielleicht kann zG des Soldaten der RGedanke des § 619a angewandt werden.

46 **g)** Die sich aus § 280 I ergebde BewLVerteilg ist **dispositives Recht.** Sie kann dch IndVereinbg, nicht aber dch AGB abgeändert w (§ 309 Nr 12). Wird in einem Vertr das Verschulden ausdr als AnsprVoraussetzg genannt, so enthält das iZw keine Änd der BewL (Hbg GRUR **80**, 874).

47 **6) Einzelfälle von Pflichtverletzungen.** Vgl zum PfltenProgramm des Schu bei den einzelnen SchuldVerh, zur c. i. c. bei § 311, zum Rücktr bei § 346, zu den NebenPflten aus § 242 dort Rn 28 ff. Ohne Anspr auf Vollständigk werden im folgden weitere Einzelfälle (alphabet geordnet) referiert. Aus Grden des SachZusHang sind gelegentl auch Fälle der c. i. c. u Entsch zu Verschuldensfragen einbezogen.

48 **a) Anlageberatung, Anlagevermittlung, Prospekthaftung.** Lit: Assmann/Schütze KapitalanlageR, 2. Aufl, 1997, §§ 5 u 12; Sch/B/L BankR §§ 43 ff (Siol); Ellenberger WM **01**, SoBeilage 1. – **aa) Anlageberatung.** Nimmt ein Anlageinteressent bei einer konkr AnlageEntsch die Hilfe eines Kreditinstituts in Anspr u läßt sich dieses auf eine Beratg ein, kommt auch ohne eine entspr ausdr Abrede u ohne Vereinbg eines Entgelts ein **Beratungsvertrag** zustande (BGH **123**, 126/128, **100**, 117/122, NJW **00**, 3275, § 675 Rn 29). Ein stillschw Abschluß eines BeratgsVertr ist bereits zu bejahen, wenn die Bank erkennt, daß der Kunde das Ergebn der Beratg zur Grdl einer AnlageEntsch machen will (BGH aaO, Siol § 43 Rn 6). Erteilt der Kunde gezielt einen Auftr zum Kauf best Wertpapiere, übernimmt die Bank dagg iZw keine BeratgsPfl (s BGH ZIP **98**, 1183, Düss ZIP **98**, 2144). Die Bank schuldet aGrd des BeratgsVertr eine „*anleger*gerechte" und „*anlage*gerechte" Beratg (BGH **123**, 126). Grdl für die InformationsPflten ist inzw auch WpHG 31 (Assmann/Schütze/Roth § 12 Rn 62). Die Vorschr ist SchutzG iSd § 823; sie konkretisiert zugl die vertragl u vorvertragl InformationsPfl der Bank. Auch bei einer Anlageempfehlg ggü einem unbest PersKreis muß die Bank richt u vollständ informieren (BGH NJW **79**, 1595).

49 **(1) Anlegergerecht** handelt die Bank nur, wenn sie das Anlageziel des Kunden (sichere Geldanlage/Bereitschaft zur Übernahme eines Risikos) u sein einschläg Fachwissen abklärt (BGH **123**, 126). Ggü einem konservativen Anleger ohne Fachwissen darf sie nur Anlagen empfehlen, bei denen prakt jedes Risiko ausgeschl erscheint (vgl Nürnbg ZIP **98**, 380). Wird der Kunde von einem VermBerater betreut, u hat er bereits deutl Vorstellgen über die gewünschte Anlage, reduziert sich der Umfang der geschuldeten Beratg (BGH NJW **96**, 1744). Beim Erwerb einer Immobile zur Alterssicherg kann die Bank idR davon ausgehen, dass sich der Kunde hins steuerrechtl Fragen (usw) bereits anderweit sachkund gemacht hat (Karlsr WM **01**, 245 unter Hinw auf BGH **124**, 151/56). Wendet sich die Bank ausdr nur an gut informierte u erfahrene Anleger, kann sie ihre AufklPflten ggü börsentermingeschfäh Kunden auch dch Übermittlg von standardisierten Informationen erfüllen (s BGH BB **99**, 2527). Überschreitet die Bank das vom Anleger festgelegte Limit, kann dieser nicht Rückabwicklg des GesGesch, sond nur des Teils verlangen, der das Limit überschreitet (Düss ZIP **01**, 1491)

(2) Anlagegerecht. Die Bank muß über alle Eigensch u Risiken, die für die AnlageEntsch Bedeutg haben, richt u vollständ informieren (BGH **74**, 103). Das gilt in gleicher Weise für allg u spezielle Risiken des AnlageObj. Nimmt sie ausl Papiere in ihr Programm, muß sie sich auch anhand ausl Quellen über die Güte der Papiere informieren u sie einer eig Prüfg unterziehen (BGH **123**, 126). Sie muß auf Verschlechtergen der Einstufg in den Raitings hinweisen (BGH NJW **93**, 2433, in BGH **123**, 126 nicht abgedruckt) u darf sich nicht auf die Börsenzulassg u den Inh des Zulassgsprospekts verlassen (BGH aaO). Ist die Bank zu einer eig **Bonitätsprüfung** nicht in der Lage, muß sie den Kunden hierüber unzweideut informieren (Brschw ZIP **96**, 1242). Sie genügt aber ihrer SorgfPfl, wenn sie auf ihre fehlde Sachkunde hinweist; zur Ablehng eines VertrSchl ist sie nicht verpfl (BGH NJW **98**, 2675). Verletzt die Bank ihre AufklPfl, kann der Kunde sich auf die Vermutg des aufklärgsricht Verhaltens berufen (Rn 39) u Ers des negativen Interesses verlangen (Rn 33). Die für BeratgsVertr nach §§ 195, 199 jetzt grdsl geltde regelmäß **Verjährungsfrist** (relativ 3 Jahre, absolut 10 Jahre) verkürzt WpHG 37 a für Anspr gg WertPDienstleister auf eine Fr von 3 Jahren, die unabhäng von der Kenntn des Geschädigten mit der Entstehg des Anspr beginnt. Für die vor dem 1. 4. 98 entstandenen Anspr hat WpHG 43 die 30jähr Fr des § 195 aF aufrecht erhalten. Die Fr des § 195 aF ist aber zum 1. 1. 02 dch EG 229 § 6 auf die der §§ 195, 199 übergeleitet worden. 50

(3) Einzelfälle (ja: Empfehlg pflw, nein: nicht pflw): **Aktien/Anleihen:** Ja: BondAnleihe ab März 89 (BGH **123**, 126), nein für Juni 88, wenn die Bank die Anleihe nicht in ihr Anlageprogramm aufgenommen hatte (LG Hbg ZIP **94**, 1439); ja bei fehlder Aufklärg über das eig Unvermögen zur Beurteilg der Anlage (BGH aaO). Ja: Polly-Peck-Anleihe ab September 88 (Brschw ZIP **96**, 1242, aA Düss ZIP **94**, 1256, Ffm WM **94**, 2106, **96**, 2049). Ja: Maxwell (MCC) Anleihe ab Mai 88 (Mü Urt v 19. 6. 96 u 12. 6. 97, 15 U 5528/95 u 19 U 2817/95). Ja: TerramarAktien ab April 84 (Köln ZIP **97**, 1372). Im August 93 emitierte Fokkeranleihe: August 93 nein ggü einem begrenzt risikobereiten Anleger, ja ggü einem auf Sicherh bedachten Anleger; Bezeichng der Anlage als „tragb" nicht zu beanstanden (BGH NJW-RR **00**, 1479). Nein: Fokker-Anleihe für Juni 93 (LG Bln, Hbg u Nürnbg WM **97**, 1413 ff) u wg der bes Umst des Falles auch für 1996 (Hbg WM **99**, 1875); ja für Oktober 93 (Kblz ZIP **99**, 1667, Nürnbg ZIP **98**, 380) u ggü konservativen Anlegern auch schon für April 93 (Brschw NJW-RR **98**, 626). Ja: Penny Stocks bei fehlder Aufkl über die bes Risiken dieser Geldanlage (BGH NJW **91**, 1108). – **Kommanditbeteiligungen:** Ja: fehlde Aufkl über die sich aus einer Verflechtg ergebden Risiken (BGH **100**, 117/123). Verschweigen der in den letzten Jahren erlittenen Verluste (BGH NJW **73**, 456). – **Börsentermingeschäfte** s § 764 Rn 8. – Bei **Immobilienkapitalanlagen** gehören zu den vom Berater (Vermittler) zu offenbarden Tats: die kapitalmäß u personellen Verflechtgen zw den ProjektBeteil (BGH **100**, 117/123); der geringe Wert der von einer GmbH übernommenen MietBürgsch (vgl BGH NJW **00**, 3275, Fuellmilch/Rieger ZIP **99**, 466); der wg des bescheidenen Einkommens des Anlegers gg 0 tendierde Wert der Steuervorteile (Fuellmilch aaO); die wirtschaftl Verhältn der AnlageGesellsch (s BGH NJW **82**,1095); die Belastgen der Immobilie (BGH NJW **79**, 1595). Die Bank muß auch für Mängel der Berechngen des Anbieters einstehen, wenn sie ggü einem Kunden, der ohne EigKapital eine EigtWo erwerben will, BeratgsPflten übernommen hat (BGH NJW **00**, 3275). 51

(4) Beschränkt sich die Bank auf die Rolle des **Kreditgebers,** schuldet sie keine Anlageberatg, sie kann aber vorvertragl zur Prüfg u Aufkl verpfl sein (s Rn 63 ff). 52

bb) Anlagevermittler. Er ist idR im Interesse des Kapitalsuchden mit dem Vertrieb einer best Kapitalanlage befaßt (Siol § 45 Rn 4). Auch zw ihm u dem Anlageinteressenten kommt idR stillschw ein **Beratungsvertrag** zustande (BGH **74**, 103/106, NJW **90**, 2461/2463). Der Vermittler muß den Kunden ebso wie der Berater richtig u vollständ über alle für die Anlage wicht tatsächl Umst informieren (BGH **74**, 103, NJW **82**, 1095, **83**, 1730), er schuldet aber idR keine *Bewertg* dieser Umst (v Heymann NJW **99**, 1576). Er ist verpfl, das Anlagekonzept auf wirtschaftl Plausibilität zu überprüfen (BGH NJW-RR **00**, 998). Verschweigt er, dass seine positive Beurteilg ausschließl auf nicht überprüften Informationen des betreffden Untern beruht, handelt er schuldh (BGH NJW-RR **93**, 1114, Köln BB **00**, 374). Er muß auch darauf hinweisen, dass er von dem Anbieter eine Innenprovision erhält (Gallande WM **00**, 279) Als Vermittler einer fremdfinanzierten LebensVers muß er unzweideut darüber aufklären, dass der DarlZins höher ist als der Ertrag der Vers (BGH NJW **98**, 2898). Er muß sich das Verhalten der von ihm eingesetzten Untervermittler zurechnen lassen (BGH aaO). Auch nach VertrEnde kann eine Pfl zur Richtigstellg unricht Informationen bestehen (BGH NJW **98**, 448). Die Haftg für die Verletzg der BeratgsPfl, einer KardinalPfl, kann der Vermittler nicht formularmäß abbedingen, AGBG 9 II (BGH ZIP **00**, 355). Steht der Vermittler erkennb auf der Anbieterseite, kann der Anleger zur bes Vorsicht verpfl sein (BGH NJW **82**, 1095). Vertraut der Anleger bei einer hoch spekulativen Anlage (12% Rendite per Mo) erkennb unzuverlässigen Angaben, kann ein MitVersch von 50% zu bejahen sein (Köln MDR **00**, 99); idR aber wg § 254 Rn 19 kein MitVerschulden. Auch der Herausgeber eines Börsendienstes haftet für unricht Informationen wg Verletzg einer vertragl BeratgsPfl (BGH **70**, 356). **Einzelfälle:** vgl Rn 51. 53

cc) Prospekthaftung. Lit: Assmann/Schütze, KapitalanlagenR, 2. Aufl, § 7; Sch/B/L, BankR § 45, Kiethe ZIP **00**, 216. Neben der dch SpezialG (BörsenG 45 ff, 77, VerkProspG 17, KAGG 20, AuslInvestmentG 12) geregelten ProspektHaftg (vgl dazu Sittmann NZG **98**, 490) hat die Rspr des BGH, gestützt auf den Gedanken der Vertrauenshaftg u die Grds der c. i. c. (jetzt § 311 II u III), für den „grauen", nicht organisierten Kapitalmarkt *praeter legem* eine Haftg für die **Vollständigkeit und Richtigkeit von Prospekten** entwickelt. Die Prospekthaftg besteht für die Beteiligg an PublikumsKG (BGH **71**, 284), an Bauherrenmodellen (BGH **111**, 314), den Erwerb im Bauträgermodell (BGH NJW **01**, 436), Mischformen dieser Anlagearten (BGH **115**, 213) u and Beteiliggen im ZusHang mit Immobilienanlagen, etwa beim Immobilienleasing (Seibel/v Westphalen BB **98**, 169). Sie geht davon aus, dass der Emissionsprospekt idR die einzige Informationsquelle des Anlegers ist (BGH **111**, 314). Sie knüpft nicht an persönl, sond an typisiertes Vertrauen an (BGH **123**, 106) u setzt nicht voraus, dass der Anleger die für den Prospekt Verantwortl u ihre Mitwirkg kannte (BGH **72**, 382/387, **79**, 340). Auf Prospekte des normalen GeschVerk findet die Prospekthaftg keine Anwendg (BGH NJW **81**, 2810), ebsowenig auf Prospekte des FranchiseG (Mü BB **01**, 1759, Böhner ebda 1749) od für WarenterminGesch (§ 764 Rn 11). 54

55 **(1) Richtigkeit und Vollständigkeit.** Der Prospekt muß über sämtl Umst, die für die Anlageentscheidg von Bedeutg sind, richt u vollst informieren (BGH **123**, 106/110, NJW **00**, 3346), bei Immobilienanlagen insbes über WoFlächen u deren Berechng (BGH NJW **01**, 436) u über den Umfang der Mietgarantie (Mü NZG **01**, 910). Nachträgl Ändergen verpfl zu einer entspr Richtigstellg (BGH **123**, 106). Offengelegt werden muß, dass das aufgebrachte Kapital zu einem wesentl Teil an die Initiatoren zurückfließt (BGH NJW **00**, 3346), Sondervorteile der GründgsGter (BGH NJW **95**, 130), ebso eine die Baukosten erhöhde Mietausfallgarantie (BGH aaO). Der Anleger, der die Beteiligg aGrd eines unricht od unvollst Prospekts erworben hat, kann auch dann Rückgängigmachg des Erwerbs fordern, wenn nicht die unricht dargestellten, sond and Risiken zum Wertverfall geführt haben (BGH **123**, 106, Vorbem 63 v § 249).

56 **(2) Kreis der Haftenden.** Für die Richtigk u Vollständigk des Prospekts haften: die Gründer, Initiatoren u Gestalter der Gesellsch (BGH **71**, 284, **115**, 213, NJW **95**, 1025), ebso als sog „Hintermänner" alle Pers, die hinter der Gesellsch stehen u auf ihr GeschGebaren od die Gestaltg des konkreten Modells entscheidden Einfluß ausüben (BGH **79**, 337, **115**, 213, NJW **95**, 1025, **01**, 360), uU auch diej, die im Prospekt als Referenz benannt w (BGH NJW **92**, 2149). Die Haftg erstreckt sich auch auf Garanten des Prospekts, die als WirtschPrüfer, StBerater, RA od ähnl einen Vertrauenstatbestd für die Richtigk des Prospekts geschaffen haben, vorausgesetzt ihre Mitverantwortlichk ist nach außen hervorgetreten (BGH **77**, 172, NJW-RR **92**, 879). Keine Prospektverantwortlichk begründet die Mitgliedsch im Beirat (BGH **79**, 337/348) od die Benenng als TrHänder zur Überwachg der Anlegerkonten od der Mittelverwendg (BGH NJW **95**, 1025, **01**, 360), uU gehört der TrHänder aber zu den „Hintermännern" u damit zum Kreis der Prospektverantwortl (Karlsr NJW-RR **01**, 465) od er haftet wg c. i. c. (BGH aaO). Der TrHandkommanditist muß für Prospektfehler auch dann einstehen, wenn der Text ohne sein Wissen in den Verk gebracht worden ist (BGH **84**, 141, LG Brem ZIP **00**, 1382).

57 **(3) Verjährung.** SchadErsAnspr aus Prospekthaftg gg die Gründer u Initiatoren einer PublikumsKG verj analog KAGG 20 V, BörsG 45 AuslInvestmentG 12 V in 6 Mo ab Kenntn, spätestens aber in 3 Jahren (BGH **83**, 222). Diese kurze VerjFr gilt auch für den Erwerb einer gesellschaftsrechtl Beteiligg an einem Immobilienfond (BGH NJW **01**, 1203, Mü NZG **00**, 305, aA Mü NZG **00**, 660: § 195 aF; Mü NZG **01**, 910: § 852). Für ProspekthaftgsAnspr beim Bauherrnmodell gilt dagg jetzt die RegelVerj entspr §§ 195, 199 (3 Jahre relativ, 10 Jahre absolut). Die fr maßgebde 30-Jahres-Fr des § 195 aF (BGH **111**, 321, **115**, 217, **126**, 172) ist für vor dem 1. 1. 02 entstandenen Anspr gem EG 229 § 6 übergeleitet worden. Die RegelVerj (§§ 195, 199, fr § 195 aF) ist mit der sich aus WpHG 37 a ergebden Einschränkg auch dann maßgebd, wenn der Anspr auf ein konkretes VhdlgsVersch gestützt w (BGH **83**, 227, NJW **84**, 2523, **85**, 380, **95**, 1309) od auf die Verletzg einer vertragl BeratgsPfl (BGH NJW **84**, 2524), etwa beim Erwerb von Optionsscheinen (Ffm NJW-RR **93**, 1134). Für StBerater, RA u WirtschPrüfer, die im Rahmen ihres berufl TätigkKreises, etwa als TrHandGesellschter, tätig geworden sind, gelten die dch das SMG nicht abgeänderten StBerG 68, BRAO 51 b od WiPrO 51 a (BGH **100**, 132, **120**, 157). Auf eine RABeratg ausschließl über wirtschaftl Risiken ist dagg die RegelVerj (§§ 195, 199, fr § 195 aF) anzuwenden (BGH NJW **80**, 1856, WM **95**, 347), ebso auf Anspr, die gg einen WirtschPrüfer als Prospektverantwortl eines Bauherrnmodells geltd gemacht w (BGH **126**, 173).

58 **dd) Uneigentliche Prospekthaftung.** Neben der eigentl Prospekthaftg aus typisiertem Vertrauen (Rn 54) besteht eine uneigentl Prospekthaftg. Für sie gilt jetzt § 311 II u III, ihre HaftgsGrds werden aus Grden des SachZushangs aber hier mit dargestellt. Wer bei den VertrVhdlgen mit dem Anleger als Vertreter, Sachwalter oder Garant persönl Vertrauen in Anspr genommen hat, haftet für Mängel des Prospekts od NichtErf der übernommenen Pflten (Kontrolle der Mittelverwendg) wg c. i. c. (BGH **83**, 222/227, NJW **95**, 130, **01**, 360, Stüsser NJW **99**, 1586, Möllers JZ **01**, 909). In die Haftg einbezogen ist auch ein VhdlgsGehilfe, wenn er dch Hinw auf seine Sachkunde u sein Ansehen wie ein Garant aufgetreten ist (BGH WM **86**, 1047). Unricht Informationen über das Bestehen einer AusfallBürgsch (s BGH NJW **82**, 1095), die AbnVerpfl eines Dritten (s BGH NJW **83**, 1731) od eine Wiederverkaufsmöglichk begründen auch dann eine Haftg, wenn keine Garantie übernommen worden ist (BGH BB **90**, 13). Entspr gilt für unrichtige Angaben über die Gewinnsituation (ständ wachsde Verluste statt der behaupteten Gewinne), wenn die Beteiligg als „bankgeprüft" angepriesen w (BGH NJW-RR **86**, 1102) od wenn verschwiegen wird, dass für das Bauvorhaben noch keine BauGen erteilt worden ist (KG NZG **99**, 199). Der künft VertrPartner des Anlegers, etwa der TrHandKommanditist od der Gründgskommanditist, haftet wg § 278 auch dann, wenn einem seiner VhdlgsGehilfen ein Schuldvorwurf zu machen ist (BGH NJW **85**, 380, **87**, 2677, NJW-RR **91**, 804); entspr gilt für den Kommanditisten, der die KG dch Bürgsch am Leben hält (BGH NJW **91**, 1608). Dem Gter ist das Verschulden Dritter nicht zuzurechnen, wenn der Prospekt u die BeitrittsVhdlgen typw seinem Einflußbereich entzogen sind (BGH NJW-RR **92**, 542). Zw den ProspektherausG u den Anlageinteressenten kann auch ein **Beratungsvertrag** zustande kommen (BGH ZIP **00**, 1383); vertragl Beziehgen entstehen idR zu allen Mitgl der UnternGruppe, die das Projekt initiiert; alle haften mangels abw Erkl für Fehler der von einem Beteiligten vorgelegten WirtschaftlichkeitsBerechng (BGH aaO).

59 **b) Architekt:** vgl § 631 Rn 19. – **Arzt:** Bei ihm fallen die Voraussetzgen für eine vertragl u delikt Haftg idR zus, s daher § 823 Rn 66 ff u 110. Zur BewL bei vertragl SchadErsAnspr s Rn 42. Zur AufklärgsPfl des Arztes bei Operationen u sonst gefährl BehandlgsMaßn s § 823 Rn 45. Auch zur Wahrg von VermInteressen des Patienten kann der Arzt verpfl sein (Michalski VersR **97**, 144), so bei Zw hins der EintrittsPfl des Versicherers (BGH NJW **83**, 2630) od SozVersTrägers (Köln OLGZ **88**, 212). Pflten zur Sichg der VermInteressen des Patienten bestehen aber nur, wenn sich dem Arzt die Möglichk einer wirtschaftl Schädigg aufdrängen mußte (Köln NJW **87**, 2304, Hamm NJW-RR **91**, 1141, Brem NJW **92**, 2366, Düss NJW-RR **00**, 906). Das gilt etwa dann, wenn der Arzt eine teure, medizinisch nicht anerkannte Krebstherapie empfiehlt (Hamm NJW **95**, 790). Kein HonorarAnspr des Zahnarztes, wenn er die Notwendigk der Erneuerg einer Zahnprothese nicht dokumentiert, obwohl der Versicherer vor Behandlgsbeginn insoweit Zw geäußert hat (KG NJW-RR **00**, 35). Für eine Wahlleistg kann der Arzt kein Honorar verlangen, wenn er verschweigt, dass er diese für Kassenpatienten ebso erbringt (LG Hanau NJW **89**, 2335). Haftg wg Verletzg der SchweigePfl s

BGH NJW **68**, 2288), für Diebstahl im Sprechzimmer s § 688 Rn 6, im Krankenhaus s Karlsr NJW **75**, 597. Keine Pfl des Arztes, unaufgefordert auf ihm unterlaufene Kunstfehler hinzuweisen (aA Terbille/Schmitz-Herscheidt NJW **00**, 1749).

c) Bank. Zur Haftg für **Auskünfte** § 675 Rn 29 ff, bei der **Anlageberatung** Rn 48 ff, aus c. i. c. § 311 60
Rn 42, **Girovertrag** § 676 f, **Überweisungsverkehr** § 676 f Rn 31 ff, **Lastschriftverfahren** § 676 f Rn 26 ff, ScheckVerkehr, § 676 f Rn 17 ff, Wechsel § 675 Rn 12. – **aa) Kreditgewährung. (1) Allgemeines.** 61
Wenn der Kunde es wünscht, muß die Bank ihn vollständ u richtig über die Vor- u Nachteile der in Frage kommden Finanziergsmodelle beraten (Celle WM **93**, 2085). Stellt die Bank für den Kunden Berechngen an, haftet sie für Fehler, so bei falscher Ermittlg des für die Umschuldg erforderl Betrages (Mü NJW-RR **90**, 438) od bei unricht Information über die beim Hauserwerb zu erwartde Belastg (BGH ZIP **91**, 645, NJW **00**, 3275). Bei der Beratg über eine Baufinanzierg handelt sie nicht pflichtw, wenn sie in einer Hochzinsphase eine fünfjähr Zinsfestschreibg von 55% des Kredits empfiehlt (Hamm ZIP **97**, 360). Die Bank hat ggü dem Kunden keine Verpfl, seine Kreditwürdigk od den Wert des zu beleihden Obj zu überprüfen (Ffm WM **98**, 337, Mü WM **01**, 1218, Stgt BB **01**, 1426); KWG 18 begründet nur eine öffr Pfl (Früh WM **95**, 1701). Sie handelt aber pflichtw, wenn sie den Kunden zur Aktienspekulation auf Kredit verleitet (BGH NJW **97**, 1361) od wenn sie einem hochverschuldeten Kunden den Kauf einer EigtWo finanziert, um ihm Sicherh für einen Konsumentenkredit zu verschaffen (Düss MDR **93**, 1197). Auf Bedenken gg die Zweckmäßigk der gewählten Kreditart braucht sie idR nicht unaufgefordert hinzuweisen, wohl aber auf belastde Besonderh des angebotenen Kredittyps (BGH WM **91**, 181), so etwa auf die für den Normalkunden undchschaub Nachteile der Kombination von KreditVertr u LebensVers (BGH **111**, 124, ZIP **00**, 1436, Kblz WM **00**, 2006) u auf die überdchschnittl Belastg dch ein als „Wunsch-Kredit" angepriesenes Darl (LG Darmst NJW-RR **95**, 1513). Bietet sie eine RestSchuldVers an, trifft sie gleichf eine BelehrgsPfl (Nürnbg u LG Köln NJW-RR **89**, 815). Die Fdg, die Sicherh zu verstärken, ist, auch wenn für sie keine RGrdl besteht, keine PflVerletzg (BGH NJW-RR **01**, 1555); die Bank, die den Erwerb von Fondanteilen finanziert, muß aber darauf hinweisen, dass die DarlZinsen höher sind als die zu erwartde Rendite (Karlsr ZIP **01**, 1914). Dagg braucht sie nicht darüber aufzuklären, dass DarlZinsen am Markt ständ Schwankgen unterliegen (Hamm NJW-RR **93**, 54), den Vollkaufm auch nicht darüber, dass es zweckmäß ist, das Habenkonto mit dem Sollkonto zu verrechnen (Düss NJW-RR **97**, 426). Zu einer weiteren Kreditgewährg ist sie nicht verpfl, auch wenn ein aussichtsreiches Saniergskonzept besteht (Baterreau WM **92**, 1519). Sie haftet aber wg c. i. c., wenn sie über die Aussicht, eine LandesBürgsch zu erhalten, schuldh unricht Angaben macht (BGH VersR **78**, 822). **(2) Rechtliche Risiken.** 62
Beim finanzierten Kauf muß die Bank auf die möglicherw von Lieferg u Mängelfreih unabhäng ZahlgsPfl hinweisen u vor unricht Empfangsbekenntn warnen (BGH NJW **47**, 212, 222). Eine entspr Pfl besteht beim Personalkredit, sofern ein Irrt des KreditN über die RisikoVerteilg naheliegt u der Bank die IrrtGefahr zuzurechnen ist (BGH NJW **79**, 2093, **80**, 177).

bb) Verwendung des Kredits. Lit: Assmann/Schütze, KapitalanlageR, 2. Aufl § 6; Sch/B/L, BankR 63
§ 44 Rn 22 ff (Siol). Das Risiko einer sachgerechten Verwendg des Kredits trägt der KreditN (§ 313 Rn 42 ff). Die Bank braucht den KreditN idR nicht ungefragt über Risiken der geplanten Verwendg aufzuklären (BGH **107**, 92/101, NJW-RR **92**, 879). Soll ein fr Kredit abgelöst w, braucht sie nicht nachzuforschen, ob dieser sittenw war (BGH NJW **90**, 1579, § 138 Rn 31) od ob für ihn öff Zinssubventionen bestanden haben (BGH NJW-RR **90**, 623). Sie muß aber belehren, wenn die Umschuldg zu einer Mehrbelastg führt (BGH NJW-RR **91**, 502, Singer ZBB **98**, 148). Auch hinsichtl der ordngsmäß Verwendg der abzurufden Finanziergsmittel hat die Bank keine AufsPfl (BGH WM **87**, 1417). Sie haftet aber, wenn sie das dch eine GrdSch zu sichernde Darl vorzeit auszahlt (BGH WM **70**, 710) od wenn sie dem Kunden rät, den KaufPr statt auf Notaranderkonto auf ein Konto des Verkäufers zu überweisen (BGH NJW **95**, 2218). Wird der Kredit zur Finanzierg einer **Vermögensanlage** aufgenommen, kann zw dem KreditN u der Bank ein 64
BeratgsVertr zustandekommen (Rn 48). Beschränkt sich die Bank auf die Rolle des KreditG, besteht für sie grdsl keine Pfl zur Prüfg u Aufkl; sie schuldet nicht ungefragt eine Obj- od UnternBeratg (BGH **107**, 92/101, NJW **00**, 2352, ZIP **00**, 1430, Hamm WM **99**, 1056, Stgt ZIP **01**, 692). Auch bei einem Kredit zur Beteiligg an einer AbschreibgsGesellsch trifft die Bank idR keine Aufkl- od WarnPfl (BGH **93**, 264/270, NJW-RR **92**, 879, Siol § 44 Rn 25). In best **Fallgruppen** (Rn 61 ff) kann die Bank aber nach den **Grundsätzen der c. i. c.** verpfl sein, auf Risiken der geplanten Anlage hinzuweisen. Verletzt sie diese AufklPfl, kann der Kunde sich auf die Vermutg des aufklärgsricht Verhaltens berufen (Rn 39) u Ers des negativen Interesses verlangen. Unter welchen Voraussetzgen InformationsPflten bestehen, wird im Schrifttum, vor allem im ZusHang mit Immobilienkapitalanlagen (TrHandModellen), lebh diskutiert: s Bruchner WM **99**, 825, Fuellmilch/Rieger ZIP **99**, 464, v Heymann NJW **99**, 1577, BB **00**, 1149, Rössler DB **99**, 2297, Spickhoff/Petershagen BB **99**, 165, Streit ZIP **99**, 477, Stüsser NJW **99**, 1586.

(1) Konkreter Wissensvorsprung. Eine AufklPfl besteht, wenn die Bank ggü dem Kunden einen 65
konkreten Wissensvorsprung hinsichtl Risiken der Anlage hat (BGH NJW **89**, 2881, **92**, 2146, **99**, 2032, stRspr). Erforderl ist, dass das Wissen bei der Bank *präsent* ist (BGH NJW **92**, 1820). Die Bank muß sich dabei uU auch Wissen ihres nicht an der Kreditvergabe beteiligten Personals zurechnen lassen (BGH NJW **89**, 2881, § 166 Rn 8). Das Wissen des Verkäufers der Anlage od eines selbstd Vermittlers, der neben der Anlage auch den Kredit vermittelt, ist der Bank nicht anzurechnen (BGH NJW **00**, 3558, Stgt WM **00**, 267, 2146, ZIP **01**, 1808, Köln u Zweibr ZIP **99**, 1794, 2022, Schlesw WM **00**, 1381, Ffm WM **00**, 2135, aA Nürnbg ZIP **00**, 267). Keine AufklPfl bei Mängeln, die der Kunde ow erkennen konnte (BGH NJW **88**, 1583, **00**, 2352: Zustand u Saniergsbedürftigk des Obj; Mü DB **00**, 2588: Mieteinnahmen geringer als Zinsen u Tilgg). Es begründet auch keine AufklPfl, wenn die Bank weiß, dass der KaufPr, den Kunde zahlen soll, deutl höher ist als der Wert des KaufObj (BGH NJW **00**, 2352). **Einzelfälle:** Die Bank muß aufklären, wenn ihr bekannt ist, dass der Bauträger konkursreif ist (BGH NJW **91**, 693) od dass die Initiatoren des Fonds vermögenslos sind (BGH NJW **92**, 2146); wenn sie weiß, dass die Angaben über die erzielbare Miete unricht sind (BGH NJW **89**, 2881) od der Initiator mit sonst betrügerischen Angaben operiert (Spickhoff/Petershagen aaO S 167, Fuellmilch/Rieger aaO S 468); wenn sich die Rentabilität des Fonds dch einen SichgEinbehalt verschlechtert (Karlsr NJW-RR **99**, 124, aA Früh ZIP **99**, 701); wenn ihr bekannt ist, dass von den DarlVertr, die der Kunde

kaufen will, zwei ungesichert sind (BGH NJW **99**, 2032). Keine HinwPfl, wenn für die Bank erkennb ist, dass zw dem ErwerbsPr u dem Wert der Anlage (EigtWo) ein MißVerhältn besteht (BGH NJW **00**, 2352, Mü WM **00**, 291, aA Mü ZIP **99**, 1751).

66 **(2) Überschreiten der Rolle des Kreditgebers.** Die Bank schuldet dem Kunden eine richt u vollständ Information, wenn sie sich in die Plang, Werbg od Dchführg des Projekts einschaltet u gleichsam als Partei des zu finanzierden Gesch erscheint (BGH NJW **88**, 1583, NJW-RR **92**, 879/882), so, wenn sie in ZusArbeit mit dem ArbG eine risikoreiche Beteiligg von ArbN an der Firma des ArbG finanziert (BGH **72**, 92, NJW **93**, 2107), wenn sie sich für das Projekt als Referenz benennen läßt (BGH NJW **92**, 2148) od wenn sie den Eindruck erweckt, sie habe die Anlage mit positivem Ergebn geprüft (BGH NJW **92**, 2560). Die Tats, dass die Bank auch KreditG der ProjektGesellsch ist, begründet aber nicht ow eine InformationsPfl (BGH NJW **88**, 1583, Zweibr WM **99**, 2022, Ffm WM **00**, 2135, s aber Rn 67). Auch eine interne, dem Anlageinteressenten nicht erkennb Mitwirkg der Bank an Entsch des Projektinitiators verpfl nicht zur Aufkl (BGH NJW-RR **92**, 879/882).

67 **(3) Interessenkollision, Schaffung eines besonderen Gefährdungstatbestandes** (Siol § 44 Rn 35 ff). Die Tats, dass die Bank ein notleidendes Darl dch mehrere sichere Kredite ersetzen will, begründet noch keine AufklPfl (BGH NJW **88**, 1583). Sie schuldet dem KreditN aber wg Interessenkollision Aufkl über die Risiken des Projekts, wenn sie einem *hochverschuldeten* Initiator einen *unzureichd gesicherten* Kredit zur Vorfinanzierg des Grdstkaufs gegeben hat u sie sich von der Dchführg des risikobehafteten Projekts eine Rückführg des Schuldenstandes erhofft (BGH NJW-RR **90**, 867, **92**, 373). Entspr gilt bei einem Kredit für eine Beteiligg an einer PublikumsKG, die vor dem ZusBruch steht u deren HauptGläub die Bank ist (BGH NJW **78**, 2547). Hat sich die Bank vom Initiator zur Rückführg seiner Schulden sämtl KaufpreisAnspr abtreten lassen, begründet die Interessenkollision gleichf eine AufklPfl (BGH ZIP **92**, 990).

68 **(4) Erkennbare Geschäftsunerfahrenheit** des Kunden begründet dagg ohne Hinzutreten weiterer Umst keine AufklärgsPfl (Stgt WM **00**, 292, ZIP **01**, 1808, Köln WM **00**, 2139, Edelmann BB **99**, 1727, aA LG Freibg BB **99**, 1727, Fuellmilch/Rieger aaO S 469 unter Hinw auf BGH NJW **91**, 693, der die AufklPfl jedoch aus Rn 65 herleitet). Läßt sich der geschäftl unerfahrene Kunde von der Bank beraten, kommt gem Rn 48 ein BeratgsVertr zustande. Verzichtet er auf eine Beratg, besteht kein Anlaß über die Grenzen der Rn 65 ff hinaus eine AufklPfl zu bejahen.

69 **cc) Sicherungsgut.** Bei der Verwertg von SichgGut muß die Bank auf die Interessen ihrer Kunden Rücksicht nehmen (BGH NJW **97**, 1063, **00**, 352, 3273; zur entspr Pfl des LeasG s BGH NJW **91**, 224). Hat der SichgG vorweg einer best Art der Verwertg zugestimmt, handelt die Bank idR nicht pflichtw, wenn sie diese Verwertg vornimmt u sich nicht um einen höheren Erlös bemüht (BGH NJW **97**, 1063). Auf günstigere Angebote, die der SichgG nachweist, braucht sie sich nur einzulassen, wenn der SichgG den Vertr abschlußreif vorbereitet u eine risikolose Abwicklg gesichert erscheint (BGH NJW **00**, 352, Ffm WM **91**, 931). Sie muß aber einem freihänd Verkauf zustimmen, wenn dieser ein deutl besseres Ergebn erwarten läßt als die Versteigerg (Köln ZIP **95**, 1668). Sie handelt pflw, wenn sie für die Veräußerg des SichgGutes eine Maklerprovision fordert (BGH NJW **97**, 2672). Bei der Hereinnahme einer Sicherh hat sie aber ggü dem Kunden nicht die Pfl, deren Werthaltigk zu prüfen (BGH NJW **82**, 1520, **92**, 1820). GesÄndergen, die sich steuerschädl auf Sicherh auswirken, begründen keine AufklPfl der Bank (BGH NJW **98**, 305).

70 **dd) Verschiedenes.** Die Bank haftet, wenn sie ihre VerschwiegenhPfl verletzt (BGH **27**, 241), auch für eine PflVerletzg nach Beendigg des VertrVerhältn (Köln BB **92**, 2174), wenn sie den Kunden nicht darüber informiert, dass sie seinen VermVerwalter an ihren Provisionen u Depotgebühren beteiligt (BGH NJW **01**, 962), wenn sie bei einer WertpapierVerw 70% des Depots in Standardaktien anlegt (Düss NJW-RR **91**, 308), wenn sie beim steuerbegünstigten Sparen nicht auf die Steuerschädlichk einer Vfg hinweist (BGH NJW **64**, 2059), wenn sie die Überwachg eines zu sanierden Betr übernommen hat u dieser Pfl nicht nachkommt (BGH DB **84**, 2133), wenn sie ihren Kunden nicht über den Verdacht unterrichtet, dass sein Vertreter seine Vertretgsmacht mißbraucht (BGH WM **84**, 730), wenn sie eine gem § 307 unwirks SichgAbtretg offenlegt (BGH NJW **94**, 2754). Sie handelt aber nicht pflw, wenn sie vor Erf der vereinbarten AuszahlgsBdggen Beträge an den Kunden od seinen TrHänder auszahlt (KG WM **01**, 2244). Zur Haftg, wenn **Internet-Aufträge** nicht zum zugesagten Termin dchgeführt werden, s LG Itzehoe ZIP **01**, 1000.

71 **d) Bankkunde:** § 676 f Rn 16 u § 676 h Rn 13. **Bauherrenmodell:** Prospekthaftg Rn 54. Haftg bei Angabe einer falschen WoGröße (BGH NJW-RR **91**, 217, 663). Pfl des TrHänders zu umfassder Interessenwahrg (BGH **102**, 224). Haftg des TrHänders, der den Prospekt nicht auf seinen WahrhGehalt überprüft (Stgt NJW-RR **88**, 277), der Kapitalraten des Bauherrn ohne ausr Sicherg weitergibt (BGH NJW-RR **87**, 20, 273), der gg Kostenüberschreitgen nichts unternimmt (BGH NJW-RR **88**, 916), der mögl Nutzgsbeschränkgen nicht prüft (BGH NJW **90**, 2464), der die Einhaltg der für die Gewährg von Steuervorteilen notw Voraussetzgen nicht überwacht (BGH NJW-RR **91**, 661). Pfl des „MittelverwendgsTrHänders" (BGH NJW-RR **89**, 1102, Hbg WM **01**, 299); AufklPfl der Bank, die als Kapitalsammelstelle tät w (BGH NJW-RR **86**,
72 1433), der Bank als KreditG Rn 30. – **Bausparkasse:** Pfl zum Hinw auf Untragbark der Belastg, wenn sie Grdst vermittelt od den Sparer bei der GesFinanzierg berät (Düss WM **86**, 253, Karlsr VersR **96**, 109). BeratgsPfl hins RisikolebensVers (s BGH NJW-RR **90**, 108). Haftg für eine schuldh unricht Zuteilgsprognose (BGH NJW **91**, 694); sie braucht aber nicht ungefragt darüber aufzuklären, dass sich die bisher übl ZuteilgsFr verlängern können (BGH NJW **76**, 892, 2257). UU Pfl zur Warng vor einem vorzeit VertrSchl (Karlsr WM **95**, 748). – **Bundesbank:** Keine Pfl, in Zahlgsschwierigk geratene Bank vom AbrechngsVerk auszuschließen (BGH NJW **78**, 1853). Haftg für Fehler beim Scheckeinzug (BGH **99**, 16, NJW-RR **88**, 560). – **Dauernde Geschäftsverbindung** s Rn 8.

73 **e) EDV-Unternehmer** handelt pflw, wenn er dem AuftrG obj unricht mitteilt, der verloren gegangene Datenbestand lasse sich nicht wieder herstellen (BGH NJW **00**, 2812). – **Fahrlehrer:** s BGH NJW **69**, 2197, Düss u Ffm NJW-RR **88**, 24, 26, Mü DAR **88**, 55. – **Fahrschüler:** Düss VersR **79**, 649. Haftgsausschluß s § 254 Rn 72. – **Friseur** ist auch bei Hautempfindlichk nicht unaufgefordert verpfl, vor einer Dauerwelle die
74 in Betr kommden Präparate auf ihre Verträglichk zu prüfen (Ffm VersR **81**, 579). – **Gastwirt:** Haftg für Gefahrlosigk der Räume (§ 823 Rn 94 ff); Sicherg vor randalierden Gästen (KG VersR **72**, 157); Haftg für

Garderobe, die der Wirt außerh des Sichtbereichs des Gastes aufhängt (LG Hbg NJW-RR **86**, 829, aA AG Bad Neuenahr VersR **93**, 58); keine Haftg, wenn die Garderobe im Sichtbereich des Gastes bleibt (BGH NJW **80**, 1096). – **Heilpraktiker:** BGH **113**, 302, Stgt VersR **99**, 1027, Taupitz NJW **91**, 1505. – **Heimpflegevertrag:** Schlesw SchlHA **00**, 36. – Anlieferg von **Heizöl** s § 823 Rn 113. – **Kaufvertrag:** Unter § 280 fallde PfltVerletzgen s Rn 19f. – **Kraftfahrer:** § 823 Rn 94ff. – **Kfz-Betriebe:** Nachfüllen von 75
Frostschutzmitteln (Ffm DAR **73**, 296); Schließen der Motorhaube, (Oldbg DAR **67**, 274); Nichtmitteilg des festgestellten zu geringen Getriebeölstandes (Düss DAR **77**, 322); Betanken mit falschem Kraftstoff (LG Hann ZfS **81**, 3); Versagen der Tankautomatik einer Selbstbediengstankstelle (AG Bambg DAR **82**, 330); Kontrolle des Luftdrucks (Celle VersR **83**, 877); Hinw auf nötigen Ölwechsel (LG Nürnbg NJW-RR **88**, 313); Waschanlage (BGH NJW **75**, 685, Mü OLGZ **82**, 381, LG Köln NJW-RR **88**, 801, LG Essen NJW-RR **01**, 912, LG Bochum NJW-RR **01**, 1678, § 307 Rn 76); Fremdkörper in Waschbürste (LG Dessau NJW-RR **97**, 180); Auffahrunfall in Waschanlage (AG Ffm VersR **85**, 150); Pfl zur Sicherg vor Diebstahl (BGH NJW **74**, 900, Düss NJW **75**, 1034, Nürnbg OLGZ **79**, 220, LG Hbg NJW-RR **92**, 924). – **Krankenhaus:** SichgsMaßn gg Diebstahl (Karlsr NJW **75**, 597, Hbg VersR **89**, 1268); Pfl, die Errichtg von öff Test zu ermöglichen (BGH NJW **58**, 2107). § 823 Rn 110. – **Makler:** Er muß seinen AuftrG richt u vollständ informieren u fehlerh Angaben berichtigen (BGH NJW **00**, 3642). – **Nachvertragliche Pflichten** s Rn 7. – **Nebenpflichten** s Rn 24ff. – **Öffentlich-rechtliche Sonderverbindungen** s Rn 10f.

f) Rechtsanwalt (Borgmann NJW **00**, 2953; Ganter WM **01** Beil 6, Rinsche, Haftg des RAnw u Notars, 76
6. Aufl 1998; Vollkommer, AnwHaftgsR, 1989, Zugehör, Handbuch der Anwaltshaftg, 1999). Zur Haftg von AnwSozietäten s § 425 Rn 14. – **aa)** Soweit der AuftrG nicht unzweideut zu erkennen gibt, dass er des Rates nur in einer best Richtg bedarf (BGH NJW **96**, 2931, **97**, 2169), ist der RA zu einer **umfassenden und möglichst erschöpfenden Belehrung** des AuftrG verpfl (BGH NJW **88**, 566, **91**, 2079, NJW-RR **90**, 1241, einschränkd Fischer NJW **99**, 2993). Er muß auch über konkrete wirtschaftl Gefahren des beabsichtigten Vorgehens u die erforderl VorsichtsMaßn aufklären (BGH NJW **98**, 900). Soll er für den Mandanten Anspr nach dem VermG geltd machen, muß er wg etwaiger weiterer Anspr auf die gesetzl AuschlFr hinweisen (BGH WM **98**, 2246). Die BelehrgsPfl besteht grdsl auch, wenn der Mandant rechtskund ist (BGH NJW **92**, 820) od wenn im Anschl an die Beratg ein Notar tät werden soll (BGH NJW **90**, 2884). Sie kann je nach Lage des **Einzelfalles** betreffen: Eine möglw bestehde PfltenKollision des RA (Düss NJW **97**, 529). FreihaltgsPflten, die sich aus einer Vereinbg ergeben können (BGH AnwBl **90**, 37). Möglichk, sich freiw in der gesetzl KrankenVers weiterzuversichern (Hamm NJW **88**, 2383). Bedenken, die der Dchführg eines KaufVertr über eine EigtWo entggstehen (BGH NJW **88**, 566). Bedenken gg die Wirksamk einer Klausel über die Abfindg zu Buchwerten (BGH NJW **94**, 1472). Risiko einer Haftg aus HGB 25 (BGH NJW **86**, 581), mangelnder InsFestigk der SichgVollstr (BGH NJW **01**, 673), eines UmgehgsGesch (BGH NJW **92**, 1160). Möglichk, den Anspr auf ZugewinnAusgl zu sichern (Hamm NJW-RR **92**, 1410). Klagerhebg vor Ablauf des Trenngsjahres, um den vertragl Ausschluß des VersorggsAusgl gem § 1408 II 2 unwirks zu machen (Karlsr NJW-RR **95**, 374). Regreßrisiko gem AFG 128a bei einem arbeitsgerichtl Vergl (Düss VersR **88**, 1048). Möglichk, im KündSchutzProz einen Auflösgs- u AbfindgsAntr zu stellen (Bambg NJW-RR **89**, 223). Möglichk die Fdg, für die ein Vorrecht beansprucht w, vorsorgl als einf InsFdg anzumelden (BGH NJW **94**, 3105). Möglichk, Kaug (jetzt InsGeld) zu beantragen (AG Siegburg NJW-RR **89**, 155). Der RA muß sicherstellen, dass seinem Mandanten keine RNachteile dch **Verjährung** entstehen. Er muß den VerjBeginn u die Länge der VerjFr prüfen (Düss NJW **86**, 1938), bei einer Teilklage auch hinsichtl des nicht eingeklagten Restes (Düss VersR **89**, 850). Er muß für die rechtzeit Hemmg od Unterbrechg der Verj sorgen (BGH NJW **81**, 2741, **92**, 840) u bei Zw über das Ende der VerjFr den Grds des sichersten Weges beachten (Rn 79). Er muß gewährleisten, dass der Hemmgs- od UnterbrechgsTatbestd nachgewiesen w kann (Köln OLGZ **77**, 324). Er muß darüber belehren, dass die Zustellg der Klage erforderl ist u dass diese die Einzahlg des Kostenvorschusses voraussetzt (BGH NJW-RR **95**, 252). Bei einem MusterProz hat er sicherzustellen, dass auch die Anspr gg die übrigen Beteiligten nicht verjähren (BGH NJW **93**, 1779). Übernimmt er die Vertretg in einem FinanzGerVerf, muß er auch die Verj von mögl RegreßAnspr gg den StBerater prüfen (BGH NJW **93**, 2045). Bei Mandatsende muß er auf die drohde Verj jedenf dann hinweisen, wenn er sie dch eig Untätigk mitverursacht hat (BGH NJW **97**, 1302). Der Mandant muß **beweisen,** dass ihm dch die PflVerletzg des RA (falsche Beratg) ein Schaden entstanden ist (BGH NJW **98**, 1860). Dabei hilft ihm die Vermutg aufklärgsricht Verhaltens (Rn 39). Die **Verjährung** des Anspr gg den RA richtet sich weiter nach BRAO 51b. Das SMG hat insoweit noch keine Änderg gebracht. Auf den Ablauf der Fr des BRAO 51b kann sich der RA aber grdsl nur berufen, wenn er auf seine RegreßPfl hingewiesen hat (Übbl 21 v § 194).

bb) Klärung des Sachverhalts. Der RA muß dch Befragg seines AuftrG die für die rechtl Beurteilg 77
wesentl Pkte klären (BGH NJW **61**, 602). Er darf diese Aufg nicht seinem Büropersonal überlassen (BGH NJW **81**, 2741). Er darf idR den tatsl Angaben seines Mandanten vertrauen (BGH NJW **94**, 2293), muß aber bei lückenhafter Information auf Vervollständigg drängen (BGH NJW **82**, 437) u bei Mitteilg von sog RTats die zugrde liegden tatsl Umst aufklären (BGH NJW **94**, 2293, **96**, 2931). Er muß sich die für die rechtl Beurteilg wesentl Unterl vorlegen lassen (BGH VersR **83**, 34) u diese sorgf auswerten (Düss NJW **71**, 1641). Er handelt pflw, wenn er in einer UnterhSache ohne sorgfält Auswertg der vorliegden Titel Leistgs- statt Abändergsklage erhebt (BGH NJW **98**, 2048), wenn er in einer KündSchutzsache die tats Grdl des KleinBetrEinwandes nicht überprüft (BGH NJW **00**, 730) od nicht dem Verdacht nachgeht, dass zuvor schon einmal gekündigt worden ist (BGH NJW **99**, 1391).

cc) Rechtliche Prüfung. Der RA hat grdsl jeden RIrrt zu vertreten (BGH VersR **59**, 641, Kblz NJW 78
89, 2699, krit Vollkommer Rn 122). Er muß die einschläg Ges, auch die aus neuester Zeit, kennen od sich die für die Beurteilg des Falles erforderl RKenntn verschaffen (BGH NJW **71**, 1704, **78**, 1486, **82**, 97). Über den Stand der höchstrichterl Rspr muß er sich laufd in den Fachzeitschriften informieren (BGH NJW **52**, 425, **79**, 877, **01**, 675), eine Pfl zur laufden Lektüre von Spezialzeitschriften besteht dagg grdsl nicht (BGH Vers **79**, 376, Mü NJW-RR **91**, 803). Er muß den Palandt einsehen (Rinsche I 118) u sich grdsl an den Ergebn der höchstrichterl Rspr orientieren (BGH NJW **93**, 3324), auch wenn er sie für falsch hält (BGH ZIP **00**, 2168/71) od sie in der Lit bekämpft werden u eine Änderg der Rspr nicht auszuschließen ist (BGH

NJW **93**, 2799). Wg der Verpfl, den sichersten Weg zu wählen (Rn 79), muß er uU auch eine sich abzeichnde Änderg der BGH-Rspr berücksichtigen (s BGH NJW **93**, 3325); für Schäden aus einer nicht vorhersehb Änderg der Rspr ist er aber nicht verantwortl (BGH aaO). Er braucht auch nicht damit zu rechnen, dass ein LG von der Rspr des BGH abweicht, ohne den nach fr Recht gem ZPO 541 gebotenen REntscheid einzuholen (Brschw NJW-RR **98**, 350). Bei einer höchstrichterl noch nicht entschiedenen Frage muß er sich über die OLG-Rspr informieren (BGH NJW-RR **93**, 245). Ist das LG letztinstanzl zuständ, muß er dessen Rspr auch dann berücksichtigen, wenn diese von der hM abweicht (KG AnwBl **93**, 35). Bei der rechtl Dcharbeitg des Falles muß der RA nach der allg anerkannten juristischen Methode verfahren (BGH **97**, 380) u erfdlf auch das EuropaR berücksichtigen. Übernimmt der RA ein Mandat in einem ihm weniger vertrauten RGebiet, muß er sich die erforderl Kenntn verschaffen (s BGH NJW **83**, 1665, **01**, 675, Kblz NJW **89**, 2699). Wird er in einer ArbRSache tät, muß er sich auch über etwaige tarifl AusschlFr informieren (BGH NJW **83**, 1665, aA Lang MDR **84**, 31). Bei einem entspr Mandat muß er auch Fragen des ausl Rechts sorgf prüfen (Sieg NJW **96**, 2211, Gruber MDR **98**, 1399). Ist unter Beteiligg eines ausl RA ein Vertr nach ausl Recht geschl worden, darf er aber idR auf dessen Wirksamk vertrauen (BGH NJW **72**, 1044). Wird der Mandant in einem ausl Proz von einem ausl RA vertreten, darf er sich iZw auf dessen RKenntn verlassen (Bambg MDR **89**, 542). Hat ein KollegialGer die RAnsicht des RA geteilt, entfällt idR ein Verschulden (Vollkommer Rn 299, Rinsche I 154, aA BGH **85**, 261, NJW-RR **86**, 1281, B. Schmidt NJW **93**, 1630).

79 **dd) Sicherster Weg, Weisungen.** Der RA hat im Interesse seines Mandanten den sichersten Weg zu wählen (BGH NJW **81**, 2742, **88**, 487, 566, NJW-RR **90**, 205). Ist die Länge der VerjFr zweifelh, muß er die Verj innerh der kürzesten Fr unterbrechen (BGH NJW **81**, 2741). Geschieht das nicht, ist der RA haftb, wenn der Anspr wg Verj nicht geltd gemacht wird u zwar auch dann, wenn in Wahrh eine längere Fr maßgebd war (BGH NJW **93**, 2797). Ist unklar, ob ein dch Niederlegg bei der Post zugestelltes Schriftstück ein Mahn- od ein VollstrBescheid ist, muß der RA die für den Mandanten ungünstigere Alternative zugrde legen (BGH NJW-RR **90**, 204). Soll er sicherstellen, dass die dch ErbVertr zur Alleinerbin eingesetzte Ehefrau von der Erbfolge ausgeschlossen wird u besteht für den Ehemann eine lebensbedrohde Situation, muß er veranlassen, dass neben der Einreichg der Scheidgsklage auch das im ErbVertr vorbehaltene RücktrR ausgeübt wird (BGH NJW **95**, 52, krit Bartsch FamRZ **95**, 1339). Wird ihm das Mandat in einem Ztpkt entzogen, in dem keine Nachteile dch bald FrAblauf drohen, ist er nicht verpfl, Ratschläge für die weitere Sachbehandlg zu erteilen (BGH NJW **97**, 254). Will der RA seiner von der obergerichtl Rspr oder der hM abweichden RAns folgen, muß er den Mandanten umfassd u eindringl belehren (Ernst ZIP **94**, 607), u zwar am besten schriftl. **Weisungen** des Mandanten (Köln NJW-RR **94**, 956) muß der RA grdsl befolgen (§§ 675, 664). Er muß aber über etwaige Bedenken belehren u den richtigen Weg aufzeigen (BGH NJW **85**, 42). Beharrt der Mandant trotz Belehrg auf seinem Standpunkt, handelt der RA aber nicht pflichtw, wenn er die Weisg befolgt (BGH NJW-RR **90**, 1243). Will er ein im ZusHang mit einem fr Auftr stehdes neues **Mandat ablehnen,** muß das unverzügl geschehen (BGH DB **96**, 470).

80 **ee) Prozeßführung. (1)** Der RA muß die **Erfolgsaussichten** der RVerfolgg od RVerteidigg sorgf prüfen (Rinsche I 123) u den Mandanten über das Ausmaß des ProzRisikos informieren (BGH **89**, 182), insbes auch über BewRisiken (Ffm VersR **80**, 289). Ist sicher od in hohem Maße wahrscheinl, dass der Mandant den Proz verliert, muß der RA hierauf nachdrückl hinweisen (BGH **97**, 397, NJW **84**, 791, **97**, 2168). Das gilt auch ggü dem rschutzversicherten Mandanten (Köln NJW-RR **94**, 956), zumal diesem bei aussichtslosen Maßn
81 Kostennachteile entstehen können (s Schiefer AnwBl **89**, 606). **(2)** Der RA muß alle für einen ProzErfolg **notwendigen Maßnahmen** treffen. Er muß Angriffs- u Verteidiggsmittel rechtzeit geltd machen (Hamm VersR **88**, 192, Düss NJW-RR **89**, 1197) u darf bei zweifelh RLage die RVerteidigg nicht auf ZulässigkRügen u Einwendgen zum KlagGrd beschränken (BGH NJW-RR **90**, 1242). Er muß die notw BeweisAntr stellen u soweit erforderl, Beweise sichern (BGH NJW **93**, 2676). Benennt der Mandant 2 Zeugen, braucht der RA aber idR nicht nach weiteren zu fragen (Köln NJW **86**, 725). Er muß alle prozessualen Fr wahren (Rinsche I 415) u den Mandanten auf die bei verspäteter Zahlg des Kostenvorschusses drohden RNachteile hinweisen (BGH NJW **74**, 2319). Er ist auch dann verantwortl, wenn er den Schriftsatz eines VerkAnwalts übernimmt (BGH NJW **88**, 1079). Die Erhebg der Scheidgsklage darf der RA wg der beim VersorggsAusgl etwa drohden Nachteile nicht verzögern (Hamm FamRZ **91**, 1049); er muß auch für seinen Mandanten den Vorbeh der beschränkten Erbenhaftg geltd machen (BGH NJW **92**, 2649). Nach ZPO 139 gegebene Hinw hat der RA vorsorgl auch dann zu beachten, wenn er sie für unricht hält (BGH NJW **74**, 1866). Drohen Nachteile aus einem erkennb Fehler des Ger, muß er auf eine Berichtigg des Fehlers hinwirken (BGH NJW **88**, 3016, **95**, 1420). Steht die gerichtl Empfehlg, ein **Rechtsmittel** wg Aussichtslosigk zurückzunehmen, mit der höchstrichterl Rspr im Widerspr, muß der RA hierauf nachdrückl hinweisen (BGH NJW **94**, 1213, Köln NJW-RR **95**, 1401). IdR ist die BerufgsRückn auf Anraten des Ger mit Zust des Mandanten aber nicht pflichtw (Köln NJW **89**, 1159).

82 **(3)** Bei der Entscheidg über die Annahme eines **Vergleichsvorschlages** muß der RA gründl über das Für u Wider beraten (Oldbg NJW-RR **91**, 1499, Edenfeld MDR **01**, 972). Erklärt er, der Mandant werde mit Sicherh verlieren, kann er schaderspflicht sein, wenn der Mandant bei hypothet Weiterführg des RStreits voraussichtl gewonnen hätte (BGH NJW-RR **00**, 791). Bei einem AbfindgsVergl muß er für eine Formulierg sorgen, die nur die Fdgen erfaßt, die der Mandant aufgeben will (BGH NJW **00**, 1944). Wird eine vom Mandanten für wicht gehaltene RPosition in dem Vergl nicht gewahrt, muß der RA die Zustimmg des Mandanten einholen (BGH NJW **93**, 1325 NJW-RR **96**, 567) od sich den Widerruf des Vergl vorbehalten (Hamm FamRZ **97**, 939). Einen AbfindgsVergl von nicht unerhebl Tragweite darf er idR nur abschließen, wenn sein Mandant belehrt ist u zugestimmt hat (BGH NJW **94**, 2085, **02**, 292). Die Weisg, einen unter WiderrVorbeh abgeschl Vergl zu widerrufen, hat er unverzügl auszuführen u zu gewährleisten, dass rechtzeit Eingang des Widerr bewiesen w kann (BGH NJW **95**, 521). Er handelt nicht pflw, wenn er in einer wahrscheinl aussichtslosen Sache einen Vergl schließt (Hamm FamRZ **99**, 1423). Kann der Schaden, der dch den vom RA verschuldeten Verlust eines Proz entstanden ist, dch einen weiteren RStreit beseitigt werden, muß der RA diesen Proz auf eig Kosten u Risiko führen (BGH NJW **00**, 3560).

(4) Kosten. Eine Pfl über das Kostenrisiko u dessen Höhe zu belehren, besteht zwar nicht allg, wohl aber dann, wenn sich der Mandant hierüber möglicherw falsche Vorstellgen macht (Rinsche I 421). Der RA muß in geeigneten Fällen auf die Möglk hinweisen, PKH zu beantragen (BVerfG – Ka NJW **00**, 2494, Düss AnwBl **87**, 147). Er muß den seinem Mandanten etwa zustehden VersSchutz prüfen u die insoweit zur RWahrg notw Schritte unternehmen (BGH **LM** § 675 Nr 46, Düss VersR **85**, 92). Ist der Mandant rschutzversichert, muß er die DeckgsPfl klären (Nürnbg NJW-RR **89**, 1370) u das Mandat so führen, dass der Mandant nicht mit Kosten belastet w. Der VerkAnw muß uU darauf hinweisen, dass seine Kosten nicht dch die RSchutzVers gedeckt sind (s Düss NJW **00**, 1650). Der RA muß auf die fehlde KostenerstattgsPfl im ArbGerVerf hinweisen (Mü AnwBl **81**, 68) u auf das mit dem Beitritt zu einem verwaltgsgerichtl Proz verbundene Kostenrisiko (Düss AnwBl **87**, 283). Den zur Einzahlg bei Ger best Vorschußbetrag darf er auch dann nicht mit eig Fdgen verrechnen, wenn er PKH beantragen soll (BGH NJW **89**, 1148). 83

ff) Auch bei **außergerichtlicher Rechtsbesorgung** besteht die Pfl zur umfassden Belehrg, zur Klärg des Sachverh, sorgfält rechtl Prüfg u zur Wahl des sichersten Weges (Rn 76 ff). Einzelfälle einer Haftg: Ausspruch einer unzul TeilKünd (BGH NJW **93**, 1179). Bezeichng einer Künd als Rücktr (BGH NJW **96**, 2649). Vornahme eines einseit RGesch ohne Vorlage einer Vollm, § 174 (BGH NJW **94**, 1472). Vorschlag eines mißverständl VertrTextes (Hamm NJW-RR **95**, 1267). Vorschlag einer TestFassg, die zum Verlust von GesellschAnteilen führt (BGH NJW **95**, 2551). Fehlde Aufkl über die Gefahren einer verdeckten Sacheinlage (BGH NJW **00**, 725). Unricht Beratg bei der Abwicklg eines GrdstKaufVertr (BGH NJW **98**, 900), über die Bonität eines Käufers (BGH NJW **99**, 2437). Abgabe einer AbfindgsErkl für einen erhebl verletzten 27jähr trotz des Risikos einer Verschlechterg (Köln NJW-RR **95**, 1529). PfändgsAntr gg Bank, ohne das etwaige Wertpapierdepot des Schu einzubeziehen (Düss VersR **91**, 424). Soll er bei einem UnternKauf mitwirken, muß er auf die für ihn entstehden Kosten (von rund 1/4 Mio DM) hinweisen, wenn der VertrInh bereits weitgehd feststeht (BGH NJW **98**, 2460). Wird er mit dem Entw eines Vertr betraut, der not Beurk bedarf, muß er auf die entstehden weiteren Kosten hinweisen (BGH NJW **98**, 136). Geht der Mandant im Vertrauen auf die RAusk seines RA, der einen Vertr zu Unrecht als nichtig bezeichnet hat, weitere Verpfl ein, haftet der RA auch für den insoweit entstehden Schaden (BGH NJW **97**, 2946). 84

g) Rechtsberatung dch RBeistände u berufsständ Vereiniggen: Sie sind ebso wie der RA verpfl, die Sache umfassd zu prüfen u alle geeigneten Schritte zu ergreifen, um den AuftrG vor Schaden zu bewahren (BGH NJW **81**, 1553, **85**, 44, Düss DB **87**, 1837, LG Essen NJW-RR **90**, 1180: RBeratg dch Gewerksch). Hins der RKenntn, insb bei Anwendg von neuen Ges, sollen dagg an den RBeistand geringere Anfordergen zu stellen sein als an den RA (BGH VersR **71**, 866). Sow der RBeistand Mitgl der RA-Kammer ist u wie ein RA liquidiert, müssen für ihn aber uneingeschränkt die gleichen SorgfAnfordergen gelten wie für einen RA. – **Reeder:** Haftg für körperl Unversehrth der Fahrgäste s RG **126**, 330. – **Reinigungsunternehmen** s LG Freibg NJW-RR **87**, 89. – **Reitlehrer s** Kblz NJW-RR **91**, 150. – **Sachverständiger** s § 823 Rn 117, § 328 Rn 34. – **Schiedsrichter** s § 675 Rn 6. Schiedsgutachter s § 675 Rn 20 a. – **Schornsteinfeger** s Ffm VersR **75**, 244. – **Skisport, Sport** s § 823 Rn 119 ff. – **Sprengarbeiten:** s BGH **LM** § 276 (Cd) Nr 5, VersR **70**, 139, **73**, 1069. 85

h) Steuerberater (Gräfe/Lenzen/Schmeer, StBeraterHaftg 3. Aufl, 1998, Zugehör WM **00**, Beilage zu Heft 42). – **aa)** Die Aufg des StBeraters richten sich nach Inh u Umfang des erteilten **Mandats** (BGH **128**, 361). Seine ErsPfl kann sich uU auch auf die gg seinen Mandanten verhängten Strafen u Bußgelder erstrecken (Vorbem 95 v § 249). Sind ihm die Buchhaltg u die Abgabe der StErkl übertragen, haftet er nicht für Nachteile, die sich für seinen Mandanten aus der Beteiligg an StSparmodellen ergeben (BGH aaO); bei einem Mandat nur für die Buchhaltg braucht er nicht über das InvZulagenG aufzuklären (Karlsr VersR **95**, 800). Auf **außerhalb seines Auftrags** (BetrAufspaltg) liegde steuerl FehlEntsch (GrdErwerbsSt) muß er nur hinweisen, wenn sie auf den ersten Blick ersichtl sind (BGH **128**, 362). Dagg hat er im Rahmen des erteilten Auftr die steuerl Interessen seines Mandanten umfassd wahrzunehmen (BGH NJW **98**, 1221) u muß den für seinen Mandanten **sichersten Weg** wählen (BGH NJW-RR **92**, 1112). Er muß über alle auftretden steuerl Fragen belehren u auf Möglichk von StErsparn hinweisen (Stgt NJW-RR **90**, 792). Bei einem Dauermandat muß er auch ungefragt über steuerl bedeutsame Fragen u bestehde zivilrechtl Gestaltgsmöglichk informieren (BGH NJW **98**, 1221). Berät er bei einer aus steuerl Grden vorgenommenen BetrAufspaltg, ist er ohne konkrete VerdachtsGrde nicht verpfl, die ordngsmäß Dchführg der von ihm vorgeschlagenen Maßnahmen zu überwachen (BGH NJW **95**, 2842). Ist er mit der Vorbereitg einer Stiftgsgründg beauftragt, muß er ungefragt über mögl StErsparn informieren (BGH NJW-RR **92**, 157). Er ist aber nicht verpfl, ohne ausr Anhaltspkte nach einer Änderg des Güterstands seines Mandanten zu fragen (BGH VersR **80**, 264). Wird er bei der Entsch über den Abschluß einer LebensVers hinzugezogen, muß er genau darüber aufklären, unter welchen Voraussetzgen die Prämie als BetrAusgabe anerkannt w (BGH NJW **96**, 312). 86

bb) Er hat ähnl wie der RA (Rn 78) grdsl **jede unrichtige Beurteilung** einer steuerl Frage zu vertreten (s BGH NJW-RR **95**, 621). Er muß, wenn eine obj PflVerletzg feststeht, beweisen, dass ihn kein Verschulden trifft (Rn 34). Die bislang angewandte *tatsl* Vermutg, ein obj fehlerh Verhalten spreche zunächst für ein Verschulden (BGH u Stgt NJW-RR **86**, 1348, **90**, 792), hat das SMG dch die in § 280 I 2 enthaltene *rechtl* Vermutg ersetzt. Der StBerater muß die einschläg Rspr des BFH kennen (BGH NJW-RR **93**, 212, **95**, 621). Ist sie od eine VerwÜbg seinem Mandanten günstig, muß er von ihr auch dann ausgehen, wenn sie fehlerh ist (BGH NJW **93**, 2799, **95**, 3248, Ganter NJW **96**, 1310). Andf ist ein ihm zurechenb Schaden auch bei einer späteren Änderg zu bejahen, wenn der Nachteil bei rechtzeit Befolgg der fr Grds nicht eingetreten wäre (BGH aaO). Für nicht voraussehb Ändergen der Rspr des BFH haftet er nicht (Kblz NJW-RR **93**, 714). Die nach den StGes für die Abgabe von StErkl geltden Fr sind für die VertrVerhältn zum Mandanten nur verbindl, wenn sie zum VertrInh gemacht worden sind (BGH **115**, 383); fehlt eine vertragl Regelg, haftet er für Verzögergen nach den Grds des § 280 (BGH aaO). Erforderl Unterlagen hat er rechtzeit anzufordern (BGH NJW-RR **86**, 1348). RMittelFr muß er sorgf wahren u das Zugangsdatum von Bescheiden beweiskräft festhalten (BGH NJW **92**, 1695). Er muß über die RMittelFr auch dann belehren, wenn er das RMittel für aussichtslos hält (BGH NJW **99**, 2435). Auch ggü dem StBerater gilt die Vermutg, dass sich der Mandant bei ordngsmäß Beratg aufklärgsricht verhalten hätte (Rn 39). Macht der StBerater geltd, dass der StNachteil, den 87 eine von ihm empfohlene Maßn verursacht hat, ohne diese Maßn aus and Grden ebso entstanden wäre, trifft ihn die Darleggs- u Beweislast (BGH NJW **83**, 1052). Die **Verjährung** des Anspr gg ihn richtet sich weiter nach StBerG 68. Das SMG hat insoweit noch keine Änderg gebracht. Auf den Ablauf der Fr des StBerG 68 kann sich der StBerater aber grdsl nur berufen, wenn er auf seine RegreßPfl hingewiesen hat (Einf 16 v § 194 im HptBd).

88 **cc) Einzelfälle.** Falsche Beratg über die steuerl günstigste GesellschForm (BGH NJW-RR **87**, 647), über die bei einer Ausweitg der Tätigk steuerl günstigste Gestaltg (BGH NJW **98**, 1221), bei der Verschmelzg von zwei KapitalGesellsch (BGH NJW **97**, 1001). NichtAufkl über die Nichteigng der gewählten Vertragskonstruktion zur Erreichg der erstrebten StBefreig (BGH NJW-RR **90**, 918), über die MwStPfl für Pachtnebenkosten (BGH NJW-RR **94**, 535), über die steuerl Nachteile, die bei einem umsatzsteuerfreien Verkauf eines Grdst entstehen (BGH NJW **00**, 2814), über Risiken, die sich aus der VertrGestaltg für den Vorsteuerabzug ergeben (BGH NJW **97**, 1011, NJW-RR **93**, 212), über das Risiko, dass eine nur mdl vereinbarte Erhöhg des GeschFüGehalts als verdeckte Gewinnausschüttg gewertet w kann (BGH NJW **97**, 2238, **98**, 1487, krit Schmitz/Wichmann DB **99**, 732), über die Möglichk, gewinnmindernde Rücklagen zu bilden (BGH NJW-RR **96**, 569). Nichtgeltdmachg von Abschreibgen u Umbaukosten (BGH NJW-RR **86**, 1348). Fehlder Hinw auf die Fr des UmwStG 20 VII (BGH NJW **01**, 3477). Nichtbeachtg eines Bund-Länder-Erlasses (BGH DB **01**, 2188). VertrGestaltg, die zu vermeidb Gewinnausschüttgen (BGH **83**, 262) od zur steuerl Nichtanerkenng einer Verlustübernahme dch den Organträger führt (BGH NJW **00**, 69). Empfehlg einer Regelg, die gem AO 42 als Gestaltgsmißbr verworfen w (BGH NJW-RR **95**, 621). Mangelh Überwachg der Buchführg des Mandanten (BGH DB **73**, 520, Düss DB **74**, 1616). Unricht Behandlg ausl Umsätze in der StAnmeldg (BGH NJW **99**, 3482). Fehlerh Beratg über die geplante Beteiligg an einem and Unternehmen, das keine ordngsmäß Buchhaltg u kein Eigenkapital hat (BGH DB **84**, 1138). Verschweigen negativer Umst bei der Empfehlg einer VermAnlage (BGH **83**, 333). Beratg über die bei einer VermAnlage zu erwartde Verlustzuweisg (BGH NJW-RR **91**, 1125). Führen eines aussichtlosen Proz (BGH VersR **98**, 1158). Pfl zum Hinw auf laufde Fr bei Beendigg des Mandats (BGH NJW **01**, 1644), auf Provisionen, die er für die vom ihm empfohlene VermAnlage erhält (BGH **78**, 268, NJW-RR **87**, 1381). Pflten bei Beauftragg eines Spezialisten s BGH NJW-RR **01**, 201. Prospekthaftg s Rn 54.

89 **i) Vermögensverwalter** s § 675 Rn 12. – **Warenhausunternehmer:** Keine Pfl zur ständ Überwachg der in Garage abgestellten KundenFzge, sofern übl VollkaskoVers zG der Kunden besteht (BGH NJW **72**, 151, vgl auch Güllemann NJW **72**, 889). – **Warentermingeschäfte** s § 764 Rn 11. – **Wirtschaftsprüfer:** Haftg für Richtigk des von ihm geprüften JahresAbschl ggü Kreditgeber (§ 328 Rn 32), für Empfehlg, sich an einem Untern zu beteiligen (BGH WM **75**, 763).

Schadensersatz statt der Leistung (§§ 281–284)

Vorbemerkungen

1 **1) Mängel des bisherigen Rechts.** Nach ihm gab es **vier Wege,** um aus einem Anspr auf die Primärleistg einen SchadErsAnspr wg NichtErf zu machen (Abschlußbericht S 133): **(1)** Wenn die Leistg **unmöglich** geworden ist, wurde aus dem ErfAnspr nach §§ 280 I, 325 I aF *ipso facto* ein SchadErsAnspr wg NichtErf. **(2)** Nach § 326 I aF begründete bei ggs Vertr der **Verzug** mit einer **Hauptleistungspflicht** nach Ablehngsandrohg u erfolglosem Ablauf einer NachFr einen SchadErsAnspr wg NichtErf. **(3)** Bei TUnmöglichk u TVerzug konnte **Interessenwegfall** dazu führen, dass aus dem ErfAnspr ein SchadErsAnspr wg NichtErf wurde (§§ 280 II, 325 I 2, 286 II, 326 II aF). **(4)** Daneben gab es einen bei allen PrimärleistgsAnspr offenstehden Weg: Wenn der Gläub gg den Schu ein **rechtskräftiges Urteil** erstritten hatte, wurde nach Ablehngsandrohg u erfolglosem Ablauf einer NachFr aus dem LeistgsAnspr gem § 283 aF ein SchadErsAnspr wg NichtErf. Diese Regelg war schon wg ihrer Unübersichtlichk **unbefriedigend**. Außerdem führte sie bei Fdgen, die nicht auf einem ggs Vertr beruhen od nicht von dessen Synallagma erfaßt werden, zu unpraktikablen Ergebn. Der Gläub eines RückgewährAnspr (Rückgabe eines vermieteten Kfz, eines verliehenen Buchs), konnte nur auf dem umständl, langwierig u kostspieligen Weg des § 283 aF zu einem SchadErsAnspr kommen. Auch bei NichtAusführg der vom Mieter übernommenen SchönhReparaturen hätte bei korrekter Anwendg des bish Rechts nur der Weg des § 283 aF offengestanden. Die Rspr hat sich allerdings damit beholfen, dass sie auch die vom Mieter bei Beendigg des MietVerh auszuführenden SchönhReparaturen mit zweifelh Begründg als eine vom GgseitigkVerh erfasste HauptleistgsPfl eingeordnet hat (s BGH **105**, 71/79). Um trotz der Unzulänglichk des bish Rechts zu angem Ergebn zu kommen, hat der BGH auch gelegentl SchadErs wg NichErf mit anfechtb Begründg kurzer Hand als Verspätgsschaden eingestuft (BGH **87**, 111, krit Baier NJW **84**, 2931, Benicke JuS **96**, 196)

2 **2) Neuregelung.** – **a)** Sie versucht die Mängel des geltden Rechts dch eine grundlegde **Neukonzeption** zu beseitigen. Der Gläub eines PrimärleistgsAnspr soll, gleichgült ob der Anspr auf Vertr od Ges beruht, grdsl die Möglichk haben, den Anspr dch **Fristsetzung** in einen SchadErsAnspr umzuwandeln. Eine Ablehngsandrohg soll zur Ausräumg des Vorrangs des ErfAnspr nicht mehr erforderl sein. Vorschläge, sie in abgemilderter Form aufrechtzuerhalten, haben sich nicht dchgesetzt. Hat der Schu die Leistg ernsth u endgült verweigert od ist die Leistg nicht nachholb, ist die FrSetzg entbehrl (§§ 281 II, 283). Dagg reicht sie im Anwendgsbereich der §§ 281 I 2 u 3, 282 zur Umwandlg des ErfAnspr in einen SchadErsAnspr statt der Leistg allein nicht aus.

3 **b) Auffächerung nach Störungsursachen.** – **aa) Regelungsgegenstand** der §§ 281 ff ist die Umwandlg von LeistgsAnspr in SchadErsAnspr. Soweit dch eine PflVerletzg endgült ein Schaden entstanden ist, ist § 280 die maßgebde Norm. Die §§ 281 ff sind nur auf Schäden anwendb, die dch NichtErf der LeistgsPfl verursacht worden sind. Es geht um Fälle, in denen der SchadErsAnspr an die Stelle der LeistgsPfl tritt, der primäre LeistgsAnspr also in einen SchadErsAnspr transformiert wird. Erfaßt werden **drei Fallgruppen:** Nichtleistg, quantitativ od qualitativ unvollständ (mangelh) Leistg.

bb) Die **drei Tatbestände,** in denen die §§ 281 ff den Übergang vom PrimärAnspr zum SchadErsAnspr 4
regeln, folgen nicht nicht dieser Dreiteilg. Ihre Fassg geht auf den Vorschlag einer Untergruppe der Kommission LStörg (Einl 3 zum ErgBd) zurück. Er entscheidet sich für eine Aufteilg nach **Störgungsursachen,** wählt aber für § 281 eine Formulierg, die alle Tatbestd der Nicht- od SchlechtErf umfaßt („nicht od nicht wie geschuldet erbringt"). Erst nach der Lektüre von §§ 282 u 283 wird deutl, dass der Anwendgsbereich des § 281 enger sein soll als sein Wortlaut. Die nach StörgsUrs unterteilde Neureglg hat die Konsequenz, dass jede der drei Vorschr sowohl Fälle der Nichtleistg als auch solche der quantitativen od qualitativen unvollständ Leistg erfasst. Sie ist gewöhngsbedürft, führt aber, manchmal mit umständl Begründgswegen, zu
brauchb Ergebn. – **(1) § 282** ist anwendb, wenn der Schu nicht die LeistgsPfl, die in einen SchadErsAnspr 5
statt der Leistg transformiert werden soll, sond eine VerhaltensPfl (§ 241 II) verletzt hat. Der Gläub kann nur dann SchadErsAnspr statt der Leistg verlangen, wenn ihm die Leistg dch den Schu nicht mehr zuzumuten ist. Trotz and Formulierg sind die Voraussetzgen des § 282 mit denen des § 281 weitgehd deckgsgleich. Einzelh s
§ 282. **(2) § 283.** Der Schu, der nach § 275 kr Ges od auf Einr von seiner LeistgsPfl frei wird u das 6
Leistgshindern zu vertreten hat, schuldet, ohne dass es einer FrSetzg bedarf, SchadErs statt der Leistg. Das würde sich, wenn das SMG auf den § 283 verzichtet hätte, ohnhin aus § 281 I iVm § 281 II 2. Alternative
ergeben. **(3) § 281** ist die GrdNorm. Sie ist anwendb, wenn der Schu die Leistg nicht od nicht wie geschuldet 7
erbringt; ihr Wortlaut umfaßt daher die Tatbestd der §§ 282 u 283 mit. Der Gläub, der idR nicht weiß, aus welchem Grd der Schu nicht od nicht vollständ geleistet hat, darf auch dann gem § 281 vorgehen, wenn die Voraussetzgen des § 275 vorliegen. Er kann dem Schu eine Fr setzen u abwarten, ob sich der Schu auf § 275 beruft. Geschieht das, muß der Schu neben den Voraussetzgen des § 275 beweisen, dass er die PflVerletzg nicht zu vertreten hat. Mißlingt dieser EntlastgBew, wird eine Prüfg der Voraussetzgen der §§ 283 u 275 überflüss. Der Gläub hat einen Anspr auf SchadErs statt der Leistg; ob sich der Anspr aus § 280 od § 283 ergibt, kann offen bleiben.

c) Terminologie. Den Terminus „SchadErs wg NichtErf" ersetzt das SMG dch „Schadensersatz statt der 8
Leistg". Eine sachl Änderg ist damit nicht verbunden. Da § 281 nicht nur auf Fälle der Nicht-, sond auch der *Schlecht*Erf anzuwenden ist, erschien die neue Bezeichng vorzugswürdig. Vgl aber auch die and Begründg für die terminolog Änderg in BT-Drs 14/6040 S 137.

281 ***Schadensersatz statt der Leistung wegen nicht oder nicht wie geschuldet erbrachter Leistung.*** **I Soweit der Schuldner die fällige Leistung nicht oder nicht wie geschuldet erbringt, kann der Gläubiger unter den Voraussetzungen des § 280 Abs. 1 Schadensersatz statt der Leistung verlangen, wenn er dem Schuldner erfolglos eine angemessene Frist zur Leistung oder Nacherfüllung bestimmt hat. Hat der Schuldner eine Teilleistung bewirkt, so kann der Gläubiger Schadensersatz statt der ganzen Leistung nur verlangen, wenn er an der Teilleistung kein Interesse hat. Hat der Schuldner die Leistung nicht wie geschuldet bewirkt, so kann der Gläubiger Schadensersatz statt der ganzen Leistung nicht verlangen, wenn die Pflichtverletzung unerheblich ist.**

II Die Fristsetzung ist entbehrlich, wenn der Schuldner die Leistung ernsthaft und endgültig verweigert oder wenn besondere Umstände vorliegen, die unter Abwägung der beiderseitigen Interessen die sofortige Geltendmachung des Schadensersatzanspruchs rechtfertigen.

III Kommt nach der Art der Pflichtverletzung eine Fristsetzung nicht in Betracht, so tritt an deren Stelle eine Abmahnung.

IV Der Anspruch auf die Leistung ist ausgeschlossen, sobald der Gläubiger statt der Leistung Schadensersatz verlangt hat.

V Verlangt der Gläubiger Schadensersatz statt der ganzen Leistung, so ist der Schuldner zur Rückforderung des Geleisteten nach den §§ 346 bis 348 berechtigt.

1) Allgemeines. – a) Fassung. Die Vorschr ist eine Neuschöpfung des SMG. § 281 aF (Herausgabe des 1
Ersatzes bei Unmöglichk) ist sachl unverändert § 285 geworden.

b) Bedeutung. Vgl Vorbem. § 281 umfaßt nach seinem Wortlaut („nicht od nicht wie geschuldet 2
erbringt") die Tatbestd der §§ 282 u 283 mit. Zum Verhältn zu §§ 282 u 283 s Vorbem 5 ff. Der PrimärAnspr, den § 281 dch einen SchadErsAnspr statt der Leistg ersetzt soll, kann die Gesamtleistg betreffen. Hat der Schu

eine quantitativ od qualitativ unvollst Leistg erbracht, kann sich der SchadErsAnspr auf den noch ausstehden Leistgsteil beschränken; er kann aber auch die Gesamtleistg erfassen.

3 **c) Verhältnis zu § 280. – aa) Abgrenzung.** Soweit eine PflVerletzg endgült ein Schaden verursacht hat, ist § 280 die allein maßgebde Norm. In § 281 geht es um die Umwandlg eines *Leistgs*Anspr in einen SchadErsAnspr (Vorbem 3). § 281 ist nur auf Schäden anwendb, die dch Erf des LeistgsAnspr od bei SchlechtErf dch NachErf abgewendet werden könnten (§ 280 Rn 18). – **bb) Verknüpfung.** Wie sich aus § 280 III ergibt, kann der Gläub SchadErsAnspr statt der Leistg nur verlangen, wenn neben den Voraussetzgen des § 281 auch die des § 280 vorliegen. Der Schu muß eine Pfl aus dem SchuldVerh verletzt haben. Seine ErsPfl ist nach § 280 I 2 ausgeschlossen, wenn er die PflVerletzg nicht zu vertreten hat (Rn 16). Die Haftgsanordng enthält entspr der Konzeption des neuen LStörgsR § 280 (Vorbem 9 ff v § 275); AnsprGrdl ist § 280 ist iVm § 283.

4 **2) Anwendungsbereich. – a) Grundsatz.** § 281 gilt – ähnl wie § 283 aF (Vorbem 1) – grdsl für alle SchuldVerh ohne Rücks auf ihren RGrd od ihren Inh, gleichgült, ob sie auf ein Tun od ein Unterl gerichtet sind. Die Vorschr erfaßt alle vertragl LeistgsAnspr, auch die nach Beendigg des Vertr entstehden Anspr auf Rückabwicklg, so den Anspr aus § 546 (s BGH **56**, 308/12 zu § 283 aF) u aus § 346 (s RG **66**, 61/67 zu § 283 aF). Einbezogen sind auch Anspr aus gesetzl SchuldVerh, so der Anspr aus § 2174, aus § 812 (s BGH NJW **01**, 1031 zu § 283 aF) u aus § 985 (s BGH **53**, 29 zu § 283 aF). Bei der Anwendg des § 281 auf den BerSchu u den Besitzer müssen aber die insoweit geltden bes Haftgsregelgen beachtet werden. Ein SchadErsAnspr statt der Leistg besteht nur, wenn der BerSchu (Besitzer) nach §§ 818 IV, 819, 292 I, 989 bzw § 989 für die Nicht- od Schlechtleistg einzustehen hat (BGH aaO). Bei Anspr auf Rückgabe (§§ 546, 346, 985, 812) kann der Gläub SchadErs statt der Leistg gem § 255 nur Zug um Zug gg **Übereignung** der (nicht mehr) zurückzugewährden Sache verlangen. Daraus können sich bei MietVertr über eine EigtWo od ein Haus Probleme ergeben. Wenn der Mieter auch nach einer reichl bemessenen Fr nicht räumt, können §§ 281, 255 zur Grdl für eine Art von **Zwangskauf** werden: Der Mieter muß, wenn man § 280 entspr seinem Wortlaut anwendet, den Wert der Mietsache gg deren Übereigng ersetzen. Dieses Problem u die in Betracht kommden Lösgsmöglichk sind in der SchuldRKommission lange diskutiert worden (Abschlußbereicht S 134). Schließl hat sich die Ansicht dchgesetzt, es bestehe kein Regelgsbedürfn (BT-Drs 14/6040 S 139). Der Zwangskauf der MietWo sei ein SchulBsp ohne Bezug zur Realität. Seltene MißbrFälle könne man mit § 242 bewältigen. Wenn es etwa um die Nichtrückgabe eines verliehenen Buches od Fahrrads gehe, sei ein WertErs gg Übereigng ein dchaus angem Ergebn.

5 **b) Ausnahmen. – aa) Ansprüche auf Geld.** Unanwendb ist § 281 auf Anspr auf Leistg von Geld. Der dem Gläub dch die Nichtleistg von Geld entstehde Schaden wird einschließl aller Folgeschäden dch § 280 II iVm § 286 vollständ erfaßt (§ 286 Rn 43 ff). Den PrimärleistgsAnspr auf Leistg von Geld in einen SchadErsAnspr auf Leistg von Geld umzuwandeln, macht keinen Sinn. Bes liegt es allerd bei EntgeltsAnspr aus ggs Vertr. Ist bei einem ggs Vertr § 281 wg NichtErf einer HauptleistgsPfl anzuwenden, werden in die Abwicklg die beiderseit synallagmat Anspr einbezogen; es ist SchadErs wg NichtErf des ganzen Vertr zu leisten (Rn 19 ff). Dieser bes Ansatz der SchadErmittlg gilt auch dann, wenn die LStörg in der NichtErf der
6 EntgeltsPfl besteht. – **bb) Schadensersatzansprüche** auf Naturalrestitution werden von § 281 nicht erfaßt. Bei ihnen übernimmt § 250 die Funktion von § 281. BGH **97**, 178, der eine entspr Anwendg des § 283 aF auf § 249 I bejaht hat, stellt auf prozessuale Überleggen ab, die für § 281 nicht zutreffen.

7 **3) Voraussetzungen des Anspruchs.**

a) Verhältnis zum § 286. § 281 regelt die Voraussetzgen des SchadErsAnspr statt der Leistg eigenständ u unabhäng von den Voraussetzgen des Verzugs. Die nach § 281 erforderl FrSetzg genügt aber notw zugl den Anfordergen einer Mahng (§ 286 Rn 16). Alle ungeschriebenen Voraussetzgen des Verzugs sind zugl auch solche des § 281. Der Fall, dass der Gläub SchadErs statt der Leistg verlangen kann, der Schu sich aber noch nicht im Verzug befindet, kann daher nicht auftreten. Dagg ist der umgekehrte Fall denkb: Der Schu, der nicht am kalendermäß bestimmten Ztpkt leistet, der die 30-Tages-Fr des § 286 III verstreichen läßt od eine zum sofort Verzug führde Leistgsaufforderg erhält (§ 286 Rn 17), kommt in Verzug, obwohl die Voraussetzungen des § 281 noch nicht vorliegen.

8 **b) Pflichtverletzung.** Sie ist, wie sich aus § 280 III ergibt, Voraussetzg für den SchadErsAnspr statt der Leistg (Rn 3). PflVerletzg ist bereits die NichtLeistg (§ 280 Rn 13). Das gilt aber nur dann, wenn die Fdg vollwirks u fällig ist. – **aa) Wirksamkeit.** Das Bestehen einer dauernden oder aufschiebden **Einrede** (§§ 214, 379, 771, 821, 853, 2014 f) schließt nicht nur den Verzug, sond auch die Anwendg des in den RFolgen noch weitergehden § 281 aus u zwar auch dann, wenn der Schu die Einr (zunächst) nicht erhebt (s zum Verzug RG **126**, 285, BGH **48**, 250, **104**, 11). § 281 erfordert ebso wie § 286 einen dchsetzb Anspr, der schon dch das Bestehen der Einr ausgeschl ist. Das gilt auch für die **Einrede des nicht erfüllten Vertrags,** nicht aber für das **Zurückbehaltungsrecht** (§ 273). Die Ausführgen in § 286 Rn 12 f gelten entspr. – **bb)** Zur **Fälligkeit** s § 271.

9 **c) Fristsetzung.** Der Gläub muß dem Schu erfolglos eine angem Fr zur Leistg od NachErf bestimmt haben. Eine Ablehngsandrohg ist nicht mehr erforderl. Die Erkl ist wie die Mahng (§ 286 Rn 16) eine nicht formgebundene einseit Erkl; sie ist – and als die nach bisher Recht notw NachfrSetzg u Ablehngsandrohg – kein RGesch, sond eine geschähnl Hdlg. Die FrSetzg des beschr GeschFähigen ist gült, da sie ledigl rechtl Vorteile bringt (§ 107), die des GeschUnfähigen ist dagg nichtig (§ 105).

aa) Aufforderung zur Leistung. Die FrSetzg muß eine **bestimmte** u eindeut Aufforderg zur Leistg enthalten. Eine Ablehngsandrohg ist nicht mehr erforderl (Vorbem 2). Die Erkl muß aber mehr sein als ein höfl Drängen auf VertrErf. Sie muß dem Schu erkennb machen, dass es mit FrAblauf „ernst" wird od werden kann. Die Aufforderg an den Schu, sich über seine LeistgsBereitsch zu erklären, genügt nicht. Angesichts der gläubfreundl Neuregelg besteht auch kein Anlass, sie – entspr der Rspr zum bisher Recht – in AusnFällen doch als ausr anzusehen. Für die **Zuvielforderung** gelten die Ausführgen in § 286 Rn 20 entspr. Eine ZuvielFdg erhebl Umfangs kann aber unabhäng von den für § 286 geltden Kriterien nach Treu u Glauben den Anspr aus § 281 ausschließen (s BGH **LM** § 346 Nr 6 Bl 4, Celle MDR **94**, 137).

bb) Angemessene Frist. Die Fr zur Leistg od NachErf muß angem sein; sie soll dem Schu eine letzte Gelegenh zur VertrErf eröffnen u braucht daher nicht so bemessen zu werden, dass der Schu die noch gar nicht begonnene Leistg erst anfangen u fertigstellen kann (BGH NJW **85**, 323, 857, Düss NJW-RR **92**, 951). Der Schu soll vielmehr in die Lage versetzt werden, die bereits in Angriff genommene Leistg zu vollenden (BGH NJW **82**, 1280). Einzelfälle s § 308 Rn 12. Eine Fr von 2 Tagen kann bei ganz bes Eilbedürftigk ausr sein (Köln NJW-RR **93**, 949). Bestimmt der Gläub eine zu **kurze Frist,** wird die angem Fr in Lauf gesetzt (BGH NJW **85**, 2640). Gleiches gilt, wenn der Gläub den Schu auffordert, umgehd od unverzügl zu leisten; die Aufforderg braucht keinen Endtermin anzugeben u braucht die FrDauer auch nicht nach Tagen od Wo zu bestimmen. Die Setzg einer zu kurzen Fr ist aber wirkgslos, wenn sie mißbräuchl erfolgt, insbes wenn der Gläub zu erkennen gibt, dass er die Leistg nach Ablauf der gesetzten Fr auch dann nicht annehmen werde, wenn sie innerh der obj angem Fr erbracht w (RG **91**, 207) 10

cc) Mitwirkung des Gläubigers. Ist sie zur Vornahme der Leistg notw, setzt der Anspr aus § 281 – ebso wie der Verzug (§ 286 Rn 15)– voraus, dass der Gläub die erforderl Hdlg vornimmt od od ihre Vornahme anbietet (BGH NJW **96**, 1745). Das gilt etwa bei Holschulden, beim Spezifikationskauf u bei Wahlschulden. Bei einem Anspr aus einem ggs Vertr muß der Gläub bei der FrSetzg, ebso wie iF der Mahng, die ihm obliegde **Gegenleistung anbieten,** u zwar in einer AnnVerzug begründden Weise (BGH **116**, 249, Ernst AcP **199**, 486/491); die bloße Bereitsch zur Erbringg der Leistg reicht nicht (BGH aaO, § 320 Rn 12). Das Angebot der GgLeistg kann iF des § 295 in der FrSetzg konkludent mitenthalten sein (BGH MDR **91**, 1039). Hat der Gläub die GgLeistg hinterlegt, genügt eine Verweisg auf den hinterlegten Betrag (BGH **LM** § 320 Nr 8). 11

dd) Versäumung der Frist. Die Fr ist gewahrt, wenn der Schu die LeistgsHdlg innerh der Fr vornimmt; dass der LeistgsErfolg erst nach FrEnde eintritt, ist unschädl (BGH **12**, 269). Beim Versendgskauf genügt daher rechtzeit Absendg (BGH aaO), bei Geldschulden rechtzeit Erteilg des Überweisgsauftrags (§ 270 Rn 7). Der Schu ist aber uU gehalten, seine Bank auf beschleunigte DchFührg zu drängen (BGH NJW **59**, 1176). Der Gläub kann die Fr bei Schickschulden nicht so setzen, dass der Schu vor ihrem Ablauf den LeistgsErfolg herbeizuführen hat (RG **68**, 331, BGH **12**, 269). Die Fr ist auch bei geringer Überschreitg versäumt (BGH NJW **74**, 360), doch kann in bes liegden AusnFällen § 242 anwendb sein. Der Schu muß vollständ u in der geschuldeten Qualität leisten. Erbringt er eine mangelh Leistg, kann der Gläub sie zurückweisen. Nimmt er sie an, kann er – vorbehaltl des II Alternative 2 – erst nach nochmaliger FrSetzg SchadErs statt der Leistg verlangen (aA AnwK/Dauner-Lieb Rn 15, Canaris DB **01**, 1815/16). Zu TLeistgen s Rn 36. 12

ee) Abmahnung, III. § 281 erfaßt auch UnterlPfl (Rn 4). Handelt der Schu einer UnterlPfl zuwider u ist die ZuwiderHdlg nicht nachholb, ist eine FrSetzg unpraktikabel. In diesen Fällen tritt daher nach III an die Stelle der FrSetzg die Abmahng, dh die ernsth Aufforderg an den Schu, weitere ZuwiderHdlgen zu unterlassen. Sie ist nur wirks, wenn der Schu bereits eine ZuwiderHdlg begangen hat u der Gläub diese im Streitfall nachweist. 13

d) Entbehrlichkeit der Fristsetzung, II. – aa) Erfüllungsverweigerung. Wenn der Schu die Erfüllg ernsth u endgült verweigert, ist die FrSetzg entbehrl. Diesen schon bisher allg anerkannten Grds (BGH **2**, 312, **49**, 60) hat das SMG in II ausdr kodifiziert. Dch die ErfVerweigerg werden neben der FrSetzg auch die zur Leistg erforderl MitwirkgsHdlgen des Gläub (Rn 12) entbehrl (BGH NJW-RR **90**, 444). An das Vorliegen einer endgült ErfVerweigerg sind **strenge Anforderungen** zu stellen (BGH **104**, 6/13, NJW-RR **99**, 560). Die Weigerg des Schu muß als sein letztes Wort aufzufassen sein (BGH NJW **86**, 661, ZIP **91**, 508). **Nicht ausreichend** sind daher: Äußerg rechtl Zweifel (BGH DB **71**, 1203); zweimaliges Nichteinhalten eines verbindl zugesagten Termins (Kblz MDR **92**, 344); Erkl, der Übergabetermin könne nicht eingehalten w (Hamm NJW-RR **96**, 1098); Meingsverschiedenh über den Inh des Vertr (BGH NJW **71**, 798); Einstellg der Arbeiten od Ablehng mit der Erkl, zu Verhandlgen über Streitpunkte bereit zu sein (BGH NJW-RR **99**, 560, § 326 **LM** (Dc) Nr 2); Weigerg mit der Begründg, die erbrachte Leistg sei ordngsmäß (BGH NJW **86**, 661, NJW-RR **93**, 883), od er wisse nicht, wann er die beim Vorlieferanten bestellte Sache liefern könne (BGH NJW **92**, 235); Nichtleistg trotz ständ Drängens des Gläub, wenn dieser statt Erf Rückabwicklg des Vertr verlangt (BGH NJW **96**, 1814). **Ausreichend** können dagg sein: RücktrErkl des Schu, wenn sie keinen Zw daran läßt, dass der Schu nicht mehr zur Leistg bereit ist (BGH NJW **87**, 253, **00**, 506); Stellg des KlAbweisgsAntr (BGH NJW **84**, 1460); Erkl, die Leistg könne erst zu einem Ztpkt erbracht werden, der nach Ablauf der angem Fr liegt (BGH NJW **84**, 49). Zieht der Mieter aus, ohne die ihm obliegden **Schönheitsreparaturen** auszuführen, so stellt das idR eine endgült ErfVerweigerg dar (BGH **49**, 56, NJW **91**, 2417, **98**, 1303, zT and die Praxis der LG). Die Umstände können aber eine and Beurteilg rechtfertigen, so etwa iF einer Zwangsräumg nach Beginn der Reparaturarbeiten (BGH NJW **77**, 36) od bei Streit über die Wirksamk der Künd (BGH **104**, 6/14). 14

bb) Besondere Umstände. Die FrSetzg ist auch dann entbehrl, wenn bes Umst vorliegen, die unter Abwägg der beiderseit Interessen die sofort Geltdmachg des SchadErsAnspr rechtfertigen. Diese Voraussetzgen können gegeben sein, wenn der Schu bei einem „Just-in-time-Vertr" nicht termingerecht leistet (BT-Drs 14/6040 S 140). Sie können auch in den Fällen bejaht werden, in denen nach bisher Recht ein Interessenwegfall (§ 326 II aF) angenommen worden ist, so wenn die Kunden des Gläub wg der Lieferverzögerg die Abnahme verweigern (BGH NJW-RR **98**, 1489/91) od wenn die bestellten Saisonartikel wg Zeitablaufs unverkäufl geworden sind (BGH § 326 **LM** (Ed) Nr 3). 15

e) Vertretenmüssen. Der Schu wird nach § 280 I 2, der auch für den Anspr aus § 281 gilt, von seiner ErsatzPfl frei, wenn er nachweist, dass er die PflVerletzg nicht zu vertreten hat. Fragl ist, ob es für das Vertretenmüssen auf den ZtPkt der PflVerletzg iSd § 280 I 1 (Fälligk des LeistgsAnspr s Rn 8) od den Ablauf der gesetzten Fr ankommt. Obwohl der Wortlaut des § 280 I 2 für ein Abstellen auf § 280 I 1 spricht, ist der Ztpkt des FrAblaufs entscheidd. Der Tatbestd der PflVerletzg, die den Anspr aus § 281 begründet, ist erst mit dem erfolglosen Ablauf der Fr vollendet (Heinrichs FS Schlechtriem, 2002). Ist nach § 281 II eine FrSetzg entbehrl, ist der Eintritt des Ereign maßgebd, das an die Stelle des FrAblaufs tritt Der Schu wird von seiner LeistgsPfl frei, wenn zw Fälligk u dem Ende der gesetzten Fr (u dem nach II maßgebden Ereign) ein von ihm nicht zu vertretdes Leistgshindern (Diebstahl der verkauften Sache trotz ausr Sichg) od eine and rechtl 16 relevante Änderg (Verj des LeistgsAnspr, s BGH **104**, 6) aufgetreten ist. And liegt es jedoch, wenn die Gefahr vor FrAblauf gem § 287 wg Verzugs auf den Schu übergegangen ist. Verzug kann schon vor FrAblauf eintreten, so insbes bei kalendermäß best Leistgszeit, bei Mahng ohne FrSetzg u ausnw auch, wenn die FrSetzg eine sofort wirks Mahng enthält (§ 286 Rn 17).

17 **4) Nichterfüllung der Leistungspflicht.**

A) Inhalt des Anspruchs. Der Anspr soll den dch die NichtErf entstandenen Schaden ausgleichen. Er ist auf das **positive Interesse** gerichtet, dh der Gläub ist so zu stellen, wie er stehen würde, wenn der Schu den Vertr ordngsmäß erfüllt hätte (BGH NJW **98**, 2901). Der Anspr geht idR auf Geld, kann aber ausnw auch auf die Beschaffg von gleichwert ErsSachen gerichtet sein (BGH WM **71**, 1414). Der Schaden ist grdsl in Anwendg der §§ 249 ff konkret zu berechnen. Soweit die Voraussetzgen des § 252 Rn 7 vorliegen, ist auch eine abstrakte Schadensberechng zul. Vgl dazu Rn 30. AnsprGrdl für den bis zum Ablauf der NachFr etwa entstandenen **Verspätungsschaden** bleibt § 280 II iVm § 286 (BGH **88**, 49, NJW-RR **97**, 622). Der Gläub kann den Verzögergsschaden aber auch in den NichtErfSchaden einbeziehen (BGH NJW **97**, 1231).

18 **B) Gegenseitige Verträge. – a) Bedeutung der Neuregelung.** Für den SchadErs, der bei NichtErf von ggs Vertr zu leisten ist, haben Rspr u Lehre in den 100 Jahren seit Inkrafttr des BGB bes Grds entwickelt. In der langen Reformdiskussion sind zu diesen Grds drei vom SMG übernommene ÄndVorschläge gemacht worden: **(1)** Die **Ablehnungsandrohung** u ihre Gestaltgswirkg (Erlöschen der beiderseit LeistgsPflten mit Ablauf der NachFr, vgl dazu zuletzt Kaiser NJW **01**, 2425) kennt die Neuregelg nicht mehr. Nach Ablauf der NachFr bestehen ErfAnspr u SchadErsAnspr zunächst in einem Verh elektiver Konkurrenz (§ 262 Rn 6) neben einand. Erst wenn die Voraussetzgen des § 281 IV vorliegen, endet das *jus variandi* des Gläub (Rn 48). **(2)** Den Grds, dass der **Rücktritt** wg seiner Gestaltgswirkg die Geltdmachg eines SchadErsAnspr ausschließt, hat das SMG in § 325 ausdr dch eine gegenteil Regelg ersetzt. **(3)** Damit ergibt sich auch in den Fällen, in denen der Gläub zugl SchadErs u **Rückforderung** seiner Sachleistg verlangen will, eine neue RLage. Nach bisher Recht war diese Kombination nur mögl, wenn der Gläub Eigtümer der gelieferten Sache geblieben war od eine ähnl RStellg hatte (§ 325 aF Rn 13 im HptBd). Jetzt kann der Gläub nach Rücktr vom Vertr seine Leistg gem § 346 zurückfordern u SchadErs statt der Leistg verlangen. Zu **weitergehenden Änderungen** der bisher für die SchadBerechng bei ggs Vertr angewandten RGrds gibt die Neuregelg **keinen Anlass.** An ihnen ist daher festzuhalten.

19 **b) Surrogations- und Differenztheorie.** Der SchadErsAnspr richtet sich auf den Ers des positiven Interesses (Rn 17). Für seine Ermittlg gibt es zwei unterschiedl Ansätze, die Surrogations- (Austausch-) u die Differenztheorie. Beide führen, wenn es um den Austausch von Geld- u Sachleistgen geht, auf unterschiedl Wegen prakt immer zum gleichen Ergebn. Unterschiede ergeben sich in dem seltenen Fall des Austauschs von zwei Sachleistgen. – **aa)** Die **Surrogationstheorie** stellt bei der Schadensermittlg allein auf die trotz FrSetzg nicht erfüllte Verpfl des Schu ab. Die Verpfl des Gläub zur GgLeistg bleibt bestehen. An die Stelle der Leistg des Schu tritt als „Surrogat" ihr Wert. Diesen kann der Gläub im Austausch gg seine GgLeistg verlangen. Schuldet der Gläub als GgLeistg Geld, können beide Part aufrechnen u dadch den Leistgsaustausch ganz od teilw hinfällig machen. – **bb)** Nach der **Differenztheorie** ist SchadErs wg NichtErf des ganzen Vertr zu leisten. Die Verpfl des Gläub, die GgLeistg zu erbringen, entfällt. Der Schaden besteht in der Differenz zw dem Wert der Leistg des Schu zuzügl etwaiger Folgeschäden u der ersparten GgLeistg des Gläub.

20 **c) Abgeschwächte Differenztheorie.** Sie ist ein praktikabler Weg der SchadBerechng u wird den Interessen beider Part gerecht. An ihr ist in Übereinstimmg mit der hM zum bish Recht (RG **96**, 22, BGH **20**, 343, **87**, 158, Staud/Otto Rn 40, Huber, LStörgsR § 36) festzuhalten, allerdings mit den sich aus dem SMG ergebdn Ändergen (Rn 22). Der SchadErs ist danach grdsl nach der Differenzmethode zu ermitteln Das VertrVerh wandelt sich in einen einseit Anspr des Gläub auf SchadErs um. Leistg, GgLeistg, ersparte Aufwendgen u die entstandenen Folgeschäden sinken zu bloßen Rechngsposten herab (RG **50**, 262, BGH **87**, 156/59, NJW **99**, 3625, **01**, 3535, Nürnbg NJW-RR **02**, 47). Bei der Feststellg der Differenz zG des Gläub handelt es sich um einen Fall der Anrechng (§ 387 Rn 2), nicht um Aufr (BGH NJW **58**, 1915). Der Anspr richtet sich abw von § 249 S 1 auf SchadErs in Geld (RG **127**, 248, BGH **LM** § 326 Nr 3). Ergibt sich ausnw ein Überschuß zG des Schu, kann der Schu diesen gem § 812 herausverlangen (BGH NJW **00**, 278).

21 **d) Ausnahmen.** Von der Differenztheorie gelten zwei Ausn: – **aa) Schadensersatz nach der Austauschmethode.** Der Gläub hat trotz FrAblauf das vertragl Recht, die ihm obliegde GgLeistg zu erbringen. BGH NJW **94**, 3351, **99**, 3115 (von Kaiser NJW **01**, 2425 heftig kritisiert) sind dch den Wegfall der Ablehngsandrohg u ihrer Gestaltgswirkg überholt (Rn 18). Der Gläub ist daher berecht, nicht verpfl, SchadErs nach der Surrogationsmethode zu fordern. Er kann dem Schu die GgLeistg anbieten u Ers wg der weggefallenen Verbindlichk (zuzügl etwaiger Folgeschäden) verlangen (RG **96**, 22, BGH **20**, 343, **87**, 158). –

22 **bb) Rückforderungsrecht des Gläubigers.** Abweichd vom bish Recht, kann der Gläub Rücktr u SchadErs statt der Leistg miteinander kombinieren (§ 325). Er kann daher die gelieferte Sache, auch wenn der Schu bereits Eigtümer geworden ist, nach § 346 herausverlangen u im übrigen SchadErs statt der Leistg nach der Differenzmethode fordern. Er muß sich dann allerdings den Wert der zurückerlangten Sache auf den Anspr anrechnen lassen (BGH **87**, 156/59, **126**, 124/36). Wird der SchadErs in dieser Weise berechnet, umfaßt er zugl den WertErsAnspr aus § 346 II.

23 **e) Rentabilitätsvermutung. – aa) Gleichwertigkeit von Leistung und Gegenleistung.** Zugunsten des Gläub gilt die Vermutg, dass die vom Schu nicht erbrachte Leistg der GgLeistg des Gläub gleichwert war. Der Gläub kann daher zwar nicht die GgLeistg zurückfordern, wohl aber, unabhäng von dem jetzt mögl Rücktr, einen Geldbetrag in gleicher Höhe als Mindestbetrag seines Schadens (BGH **62**, 120, NJW **82**, 1280, **98**, 2360/64). Zusätzl kann der Gläub die für den Vertr gemachten u nutzlos gewordenen Aufwendgen ersetzt verlangen, da vermutet w, dass er diese bei ordngsmäß Erfüllg des Vertr wieder eingebracht hätte (BGH **57**, 78/80, **71**, 234/38, **114**, 193/96, NJW **91**, 2708, Vorbem 32 v § 249). Die Rentabilitätsvermutg gilt vor allem für die Part, die Gläub des Anspr auf die Sachleistg u Schu der EntgeltsFdg ist, also den Käufer (BGH **57**, 78/80, **62**, 119/29), Besteller (BGH **71**, 234/38) u Mieter (BGH **123**, 96). Für **Aufwendungen** enthält § 284 jetzt eine die Rentabilitätsvermutg ergänzde Sonderregelg. Sie gibt dem Gläub, der im Vertrauen auf

den Erhalt der Leistg Aufwendgen zu einem ideellen Zweck gemacht hat, abweichd von der bisher Rspr einen ErsAnspr (s bei § 284). Der ErsAnspr aus § 284 kann vom Gläub „anstelle" des SchadErsAnspr statt der Leistg geltd gemacht werden. Wenn es um Aufwendgen geht, die zu erwerbswirtschaftl Zwecken gemacht worden sind u die nicht isoliert, sond im Rahmen eines SchadErsAnspr statt der Leistg geltd gemacht werden, ist daher die Rentabilitätsvermutg weiter der allein in Betracht kommde Lösgsweg.

bb) Umfang der Vermutung. Die Vermutg betrifft das AustauschVerhältn von Leistg u GgLeistg u erfaßt 24
Maklerkosten, Notar- u GerGebühren (BGH **123**, 96, NJW **00**, 506) u auch Aufwendgen, die zu einer Zeit gemacht worden sind, als der Vertr noch schwebd unwirks war (BGH NJW **99**, 2269). Sie bezieht sich aber nicht auf Aufwendgen für weitere Gesch, die der Gläub im Hinbl auf den ErstVertr vorgenommen hatte (BGH **114**, 196) u auch nicht auf Vorteile (Steuerersparn), die dem Gläub dch das Ausbleiben der GgLeistg entgangen sind (BGH NJW **99**, 3625). Der Mieter kann nach Auszug als SchadErs statt der Leistg nicht gleichzeit Ers der fehlgeschlagenen Aufwendgen u der Investitionen für das neue Obj verlangen (BGH NJW **00**, 2342). Erwiesene Aufwendgen, die nicht unter die Rentabilitätsvermutg fallen, sind zu ersetzen, wenn aus einem weiteren Gesch ein VermZufluss zu erwarten gewesen wäre, der sie u die weiter erforderl Aufwendgen aufgewogen hätte; dass Gewinn erzielt worden wäre, ist nicht Voraussetzg der ErsPfl (BGH NJW **00**, 506). Die Rentabilitätsvermutg ist **widerleglich** u entfällt bei einem RücktrR des and Teils (BGH **123**, 96). Der Schu kann den GgBeweis erbringen, dass der Gläub bei ordngsmäß VertrAbwicklg Verlust gemacht hätte u mit den str Kosten ganz od teilw belastet geblieben wäre (BGH aaO), so etwa, wenn es sich um einen aus Grden der WirtschLenkg geschlossenen Vertr ohne GewinnErwartg handelt (BGH NJW **86**, 659). In diesen Fällen besteht auch kein Anspr nach § 284 (s dort).

f) Konkrete Schadensberechnung. Zur konkreten Schadensberechng ist ein GesVermögensVergl dchzu- 25
führen, bei dem sämtl Vor- u Nachteile des nicht erfüllten Vertr zu saldieren sind (BGH NJW **81**, 1834, **82**, 326, **99**, 3625). Der Gläub ist so zu stellen, wie er gestanden hätte, wenn der Schu im Ztpkt der Fälligk ordngsmäß geleistet hätte (BGH **126**, 131). Den Verlust aus einem DeckgsGesch kann er auch dann ersetzt verlangen, wenn er dies vor Ablauf der NachFr abgeschlossen hat (BGH aaO u NJW **98**, 2902). – **aa)** Der 26
nicht belieferte **Käufer** (Besteller) kann konkret darlegen, dass ein geplanter Weiterverkauf nicht dchgeführt werden konnte (BGH NJW **79**, 812, **80**, 1742, Köln NJW-RR **93**, 949). Entgangener Gewinn ist auch dann zu ersetzen, wenn er das 29-Fache des EinkaufsPr ausmacht (BGH NJW **93**, 2104). Ersparte Spezialunkosten sind abzuziehen, Generalunkosten dagg grdsl nicht (BGH NJW-RR **01**, 985). Als Schaden kommt neben dem entgangenen Gewinn auch nachgewiesene Aufwendgen (Rn 23) u die Belastg mit SchadErsPflten ggü einem Abnehmer in Frage. Der Käufer (Besteller) kann seinen Schaden auf der Grdl eines konkreten **Dekkungsgeschäfts** berechnen. Soweit dies zur Schadensminderg geboten, muß er ein DeckgsGesch vornehmen (Nürnbg BB **01**, 380), darf dies nicht verzögern (s BGH NJW **97**, 1231) u muß mit der erforderl Sorgf anwenden (BGH NJW **68**, 985). Den Gewinn aus einem Weiterverkauf braucht er sich nicht anrechnen zu lassen, da dieser auch bei ordngsmäß Erfüllg erzielt worden wäre (RG **52**, 150, **90**, 161).

bb) Verkäufer (Unternehmer). – (1) Deckungsgeschäft. Der Gläub kann in konkreter Berechng den 27
dch ein DeckgsGesch entstandenen Schaden (Mindererlös, zusätzl Kosten) geltd machen (BGH NJW-RR **97**, 654). Die ErsPfl erstreckt sich auch auf den mit dem Deckgsverkauf verbundenen Kursverlust (BGH WM **76**, 352). Der Gläub muß, wenn dies zur SchadMinderg geboten ist, unverzügl ein DeckgsGesch vornehmen (BGH NJW **97**, 123, Köln OLGZ **90**, 341: gebrauchter Pkw). Er haftet gem § 254 für jede Fahrlässigk (BGH NJW **68**, 985). Gewinne aus dem DeckgsGesch sind grds nicht anzurechnen (Vorbem 127 v § 249), vor allem dann nicht, wenn er den neuen Abnehmer ohnehin hätte beliefern können (BGH **126**, 309). Der Selbsthilfeverkauf des HGB 373 unterscheidet sich dadch vom Deckgsverkauf, dass er auf Rechng des Käufers geht (RG **110**, 159). Wenn der Verkäufer den Selbsthilfeverkauf mit der erforderl Sorgf dchgeführt hat, kann er diesen aber der SchadBerechng zugrde legen (RG **61**, 281). Hat der Verkäufer die Ware selbst ersteigert, muß er sich die Differenz zw ihrem Wert u dem von ihm gezahlten Entgelt anrechnen lassen (RG **110**, 156). – **(2) Selbst-** 28
kosten. Der Verkäufer (Unternehmer) kann als Schaden die Differenz zw seinen Selbstkosten u dem VertrPreis geltd machen; Skonto ist nicht abzuziehen, da es nur iF rechtzeit Zahlg zu gewähren ist (Karlsr NJW-RR **94**, 347). Die Prov des Handelsvertreters ist mit anzusetzen, es sei denn, dass HGB 87 II, III 2 den ProvAnspr ausschließt (AG Haldensleben NJW-RR **95**, 1245). Behält er die Ware, od verkauft er sie anderweit mit Gewinn, so berührt das seinen SchadErsAnspr grdsätzl nicht; denn es ist zu vermuten, dass er bei Bedarf Waren gleicher Art u Güte zu gleichen Kosten hätte beschaffen können (BGH **126**, 309). Trifft die Vermutg, etwa bei einem Grdst od bei einem mit dem RNachfolger abgewickelten BezugsVertr (BGH NJW **00**, 1409), nicht zu, gilt für die Anrechng Vorbem 127 v § 249. Behält der Verkäufer den nicht reproduzierb KaufGgst, mindert sich sein SchadErsAnspr um die Differenz zw Anschaffgspreis u VerkWert (s RG **89**, 282).

cc) Zeitpunkt. Auszugehen ist von dem hypoth Vermögensstand, der bestehen würde, wenn der Schu 29
vertrgem geleistet hätte (s BGH NJW **99**, 3625). Wird aGrd eines konkreten DeckgsGesch abgerechnet, so ist beim Vergl mit dem tatsl Vermögensstand der Ztpkt der Vorn dieses Gesch maßgebd (Karlsr NJW **71**, 1809). Wird die Differenz zw Selbstkosten u VertrPreis geltd gemacht, ist für die Selbstkosten auf den Ztpkt der Anschaffg (Herstellg) abzustellen. Der Ztpkt der letzten mdl Vhdlg hat auch hier nur verfahrensrechtl Bedeutg (Vorbem 174 v § 249).

g) Abstrakte Schadensberechnung. – aa) Bedeutung. Grdsl ist der Schaden **konkret** zu ermitteln, dh 30
entspr den im Einzelfall wirkl erlittenen VermEinbußen (Rn 25 ff). Bei einer konkreten Schadensermittlg muß der Gläub aber GeschInterna (Kalkulation, Abnehmer, Lieferanten) offenlegen; überdies können sich trotz ZPO 287 BewSchwierigk ergeben. Die Rspr gestattet dem Gläub daher, den Schaden auf der Grdl des § 252 auch abstrakt zu berechnen. Die abstrakte Schadensberechng ist aber ledigl eine BewErleichterg (Staud/Otto Rn 62, Soergel/Wiedemann Rn 43, Larenz § 29 III). Sie beruht auf der **Vermutung,** dass der Gläub aus dem nicht dchgeführten Vertr den in seiner Branche übl Gewinn gemacht hätte. Sie gilt daher für Kaufleute u Gewerbetreibde, nicht aber für Private od den Fiskus (BGH NJW **80**, 1742, BayVerfGH NJW-RR **01**, 1645) u auch bei Kaufleuten idR nicht für Vertr über Grdst od EigtWo (BGH NJW **95**, 587). Hauptanwendgsfall ist der KaufVertr; die abstrakte Berechng ist auch bei and Vertr zul (§ 252 Rn 7). Der

Gläub kann den entgangenen Gewinn in seinen AGB pauschalieren, muß aber die Grenzen des § 309 Nr 5 beachten (s dort). Bei Vereinbg einer circa-Menge ist diese der Schadensberechng zugrde zu legen, mögl Abweichgen nach unten oder oben bleiben außer Betracht (Düss NJW-RR **91**, 679, aA Mü NJW-RR **94**, 887). Da der entgangene Gewinn nicht der MwSt unterliegt, ist bei der Differenzrechng auf die Nettopreise abzustellen (BGH NJW **87**, 1690, NJW-RR **92**, 411).

31 **bb) Wahlrecht des Gläubigers.** Zw der konkreten u der abstrakten Schadensberechng hat der Gläub die Wahl (BGH **2**, 313). Er kann – auch noch im Proz – von der einen zur and übergehen (RG Warn **20**, 153, KG OLG **40**, 210). Ein einheitl Schaden kann aber stets nur nach der einen od and Methode berechnet w (BGH **2**, 313). Nur wenn der Schaden aus mehreren selbstd Positionen besteht, dürfen beide Berechngsarten nebeneinand angewandt werden (BGH **2**, 313).

32 **cc)** Der nicht belieferte **Käufer** (Besteller) kann als Schaden die Differenz zw VertrPreis u Marktpreis (hypothet DeckgsGesch) od die zw VertrPreis u Weiterverkaufspreis (hypothet GewinnGesch) verlangen (BGH **2**, 313, NJW **98**, 2901). Bei einer marktgäng Gattgsware beschränkt sich die ErsPfl aber auf die Differenz zw dem VertrPreis u dem Markteinkaufspreis (Düss NJW-RR **88**, 1383). Hat der Käufer nachweisl für den eig Verbrauch gekauft, kann er den Schaden nicht auf der Basis eines hypothet Weiterverkaufs berechnen (Soergel/Wiedemann § 326 Rn 46, aA RG **105**, 294). Entspricht der VertrPreis dem Marktpreis, ist eine abstrakte Schadensberechng ausgeschl, sofern es sich um eine Ware handelt, die sich der Käufer anderweit beschaffen konnte. Wenn der Käufer seinen Schaden anhand eines zuverl MarktPr ermittelt, besteht keine Verpfl zu einem Deckgskauf (Huber, LStörgsR § 38 III 5). Ein DeckgsGesch kann aber im Einzelfall (schwankde Preise, bes günstige Einkaufsmöglichk) eine sachl gebotene u zumutb Maßn der Schadensminderg sein (BGH WM **65**, 102).

33 **dd)** Der **Verkäufer** (Untern) kann als Schaden die Differenz zw seinen Herstellgskosten (Anschaffgspreis) u dem VertrPreis (entgangener Gewinn) od die zw dem (niedrigeren) Marktpreis u dem VertrPreis (hypothet DeckgsGesch) geltd machen (BGH **107**, 69, NJW **70**, 32). Vorteile aus dem anderweit Verkauf der Ware braucht er sich nicht anrechnen zu lassen, da anzunehmen ist, dass er den Zweitabnehmer bei Dchführg des ErstVertr mit and Waren beliefert hätte (BGH **126**, 309, Ausn s Rn 28). Ein Abzug für allg GeschUnkosten erfolgt nicht, dagg sind ersparte spezielle Kosten (Transportkosten, Provisionen) abzuziehen (BGH **107**, 67/70, NJW-RR **01**, 985). Die BewL trägt insoweit der Schu (BGH NJW **01**, 3535).

34 **ee) Zeitpunkt** (Stichtag). Die Rspr zum bish Recht gab dem Gläub ein WahlR, je nach Art des Anspr, zw Fälligwerden des LeistgsAnspr, Verzugseintritt, Ablauf der NachFr, Unmöglichwerden der Leistg u Geltdmachg des SchadErsAnspr (RG **90**, 424, **91**, 31, **103**, 293, **149**, 137, BGH **2**, 103). Die Neuregelg sollte zum Anlaß genommen werden, das WahlR auf zwei Ztpkte zu beschränken, nämlich auf den der PflVerletzg u den der Entstehg des Anspr, dh idR auf den Ablauf der gesetzten Fr.

35 **h) Vertragstreue des Gläubigers.** Sie war nach stRspr zum bish Recht ein ungeschriebenes TatbestdMerkmal des § 326 aF. Nur der vertrtreue Gläub konnte bei ggs Vertr SchadErs wg NichtErf verlangen od vom Vertr zurücktreten (§ 326 aF Rn 10 ff). Der jetzt maßgebde § 281 gilt nicht nur für ggs Vertr, sond für alle SchuldVerh. In ihn für ggs Vertr u damit beschränkt auf einen Teil seines Anwendgsbereichs ein weiteres ungeschriebenes TatbestdMerkmal hineinzuinterpretieren, läßt sich kaum rechtfertigen. An den Ergebn der bish Rspr braucht sich aber nichts zu ändern. Die VertrUntreue des Gläub führt vielfach dazu, dass schon die Voraussetzgen des § 281 nicht erfüllt sind, so wenn er selbst nicht leistgsbereit ist (Rn 12). Liegen die Erfordern des § 281 vor, kann der Anspr an § 242 scheitern. Der Gläub, der trotz eig VertrUntreue SchadErs statt der Leistg verlangt, handelt idR rmißbräuchl. Beispiele: Der nachleistgspflicht Gläub ist zur GgLeistg nicht bereit (BGH **50**, 176) od nicht in der Lage (BGH NJW **74**, 36), der Gläub hat sich vom Vertr losgesagt (BGH ZIP **99**, 367), dch sein Verhalten den VertrZweck gefährdet (BGH **LM** § 346 Nr 6 Bl 4) od sich vorsätzl außer Stande gesetzt, die Leistg entggzunehmen (Düss MDR **01**, 206). Die PflVerletzg des Gläub ist aber uU unschädl, so wenn sie dch die VertrUntreue des Schu erst hervorgerufen worden ist (RG **109**, 56), wenn sie nach Art u Schwere nicht geeignet ist, den VertrZweck zu gefährden (BGH NJW **87**, 253), od wenn sich der Schu unabhängig vom Verhalten des Gläub vom Vertr losgesagt hat (BGH NJW **77**, 581, Ffm JZ **79**, 529). Kehrt der Gläub zu einem vertrtreuen Verhalten zurück, entfällt die Einwand des RMißbr (BGH **LM** § 326 (A) Nr 12, § 325 Nr 6, WM **72**, 1056). Sein verbales Bekenntn zur DchFührg des Vertr reicht aber nicht aus, wenn tatsächl keine ErfMöglichk mehr besteht (BGH NJW **74**, 36, WM **78**, 732).

36 **5) Teilleistung.** Der Schu hat „nicht wie geschuldet" (I 1) geleistet, wenn er ledigl eine TLeistg erbracht hat. I geht aber, wie I 2 u 3 zeigen, davon aus, dass unter die Formulierg „nicht wie geschuldet geleistet", nur die mangelh Leistg fallen soll. Die (quantitative) TLeistg wird in I 2 iVm I 1 Alternative 1 (Nichtleistg) geregelt. Sie begründet für den Gläub unter den Voraussetzgen der Rn 7 ff einen SchadErsAnspr statt der Leistg. Fragl ist allein, ob der Anspr die GesLeistg od ledigl den noch ausstehden Leistgsteil betrifft. Diese Frage tritt nur auf, wenn der Gläub die TLeistg angenommen hat. Hat er sie gem § 266 zurückgewiesen, liegt ein Fall der vollst NichtLeistg vor; der SchadErsAnspr erstreckt sich auf die GesLeistg. Entspr gilt, wenn die Leistg nach obj Kriterien od nach dem PartWillen unteilb ist (§ 275 Rn 7). Dagg ist bei Anwendg von I 2 zu unterscheiden:

37 **a) Interesse des Gläubigers.** Hat die TLeistg für den Gläub Interesse, zerfällt der Vertr in zwei selbstd Teile (BGH **36**, 318). Der Gläub hat für die bewirkte TLeistg einen entspr Teil der GgLeistg zu erbringen. Ist die GgLeistg nicht teilb, gilt das gleiche wie iF einer nicht teilb Hauptleistg; der SchadErsAnspr erstreckt sich auf die Gesamtleistg (BGH NJW **00**, 1332). Andf beschränkt sich der SchadErsAnspr des Gläub auf die ausstehde TLeistg. Mit diesem Anspr kann er ggf gg den TEntgeltsAnspr des Schu aufrechnen (BGH **36**, 318).

38 **b) Kein Interesse des Gläubigers.** Diese Voraussetzg ist gegeben, wenn der Gläub an dem eingeschränkten LeistgsAustausch nicht interessiert ist, etwa weil es für ihn günstiger ist, im ganzen neu abzuschließen (BGH NJW **90**, 2550), wenn bei Bestellg einer EDV-Anlage die auf die Zwecke des Bestellers zugeschnittene Software ausbleibt (BGH NJW **90**, 3011) od wenn der engagierte Detektiv die geschuldete Überwachg nur in einem dem Zweck des Vertr nicht entsprechden Umfang ausgeführt hat (BGH NJW **90**, 2549). Bei fehldem

Interesse kann der Gläub wg der Gesamtleistg SchadErs verlangen. Das SchulBsp von Canaris (JZ **01**, 513), dass die Lieferg von 40 Flaschen Wein bei einer Bestellg von 60 Flaschen je nach der geplanten Verwendg zu einem Fortbestand des Interesses, aber auch zu einem Interessenwegfall führen kann, fällt unter Rn 40. Die Lieferg einer zu geringen Menge ist nach § 434 III keine (quantitativ) unvollständ Leistg, sond eine mangelh Leistg.

c) Inhalt des Schadensersatzanspruchs. Die Rn 17 ff gelten entspr, gleichgült, ob sich der Anspr auf die Gesamtleistg od eine TLeistg bezieht. Erstreckt sich bei einem ggs Vertr die SchadErsPfl auf die Gesamtleistg, gilt für die SchadBemessg die abgeschwächte Differenztheorie. **39**

6) Mangelhafte Leistung. – a) Anwendungsfälle. Zu den „nicht wie geschuldet" erbrachten Leistgen gehört auch u vor allem die mangelh Leistg. Die für die mangelh Leistg geltden Grds werden erst anwendb, wenn der Schu die mangelh Leist erbracht hat. Solange das nicht geschehen ist, liegt, gleichgült um welchen VertrTyp es sich handelt, Nichtleistg vor, die nach den Grds der Rn 17 ff zu behandeln ist. Für die einzelnen Vertr gilt folgdes: **40**

aa) Kaufverträge. Weist der Käufer die mangelh Sache zurück, gilt allg LStörgsR (*arg* § 434 I). Der Käufer kann nach Rn 17 ff SchadErsAnspr wg der GesLeistg verlangen. Handelt es sich um ganz geringfügige Mängel, muß er sich aber nach Treu u Glauben mit dem sog „kleinen" SchadErs" (Rn 46) begnügen (BGH NJW **86**, 920). Nimmt er die mangelh Sache an, steht ihm zunächst der Anspr auf NachErf (§§ 437 Nr 1, 439) zu. Wird die NachErf verweigert, schlägt sie fehl, od ist sie unzumutb (§ 440), gibt das Ges dem Käufer drei RBehelfe (§§ 437 Nr 2 u 3, 440, 441): Er kann, sofern dem Verkäufer ein Verschulden trifft, SchadErs statt der Leistg verlangen. Daneben hat er schuldunabhäng eine Rücktr- od MindergsR. Die drei RBehelfe stehen zueinand im Verhältn elektiver Konkurrenz (§ 263 Rn 6). Der Käufer kann SchadErs u Rücktr miteinander kombinieren (§ 325), dagg kann die Minderg nur mit einem SchadErsAnspr aus § 280 kombiniert werden. **41**

bb) Werkverträge. Für WkVertr gelten nach §§ 634 (Anspr u Rechte des Bestellers), 635 (NachErf), 636 (Rücktr u SchadErs), 637 (SelbstVorn) u 638 (Minderg) im wesentl die gleichen Grds wie beim KaufVertr. Der Besteller hat neben den RBehelfen des KaufR auch ein Recht zur SelbstVorn. Bis zum Gefahrübergang (§ 640), gilt allg LStörgsR. § 281 ist unmittelb u nicht aGrd der Verweisg in § 634 Nr 4 anzuwenden. **42**

cc) Miet- u Reiseverträge. Nach Überlassg der Mietsache richtet sich der SchadErs Anspr des Mieters wg etwaiger Mängel ausschließl nach § 536 a (§ 536 Rn 8). Vor Überlassg der Mietsache gilt § 281. Der Mieter, der die mangelh Sache zurückgewiesen hat, kann unter den Voraussetzgen der Rn 7 ff SchadErs wg NichtErf des ganzen Vertr verlangen, es sei denn, dass es sich um ganz geringfügige Mängel handelt (Rn 48). Für ReiseVertr gilt im Ergebn das gleiche wie beim MietVertr. Die SchadErsPfl des Veranstalters richtet sich nach § 651 f, der § 281 aber erst ab Antritt der Reise verdrängt. **43**

dd) Dienst- u Arbeitsverträge. Im Fall einer SchlechtLeistg haftet der ArbN nach den in § 611 Rn 156 ff dargestellten Grds. § 281 findet keine Anwendg. Bei selbstd DienstVertr ist § 281 grdsl anwendb. IdR geht es aber um Schäden, die unter § 280 fallen. § 281 kann anwendb sein, wenn der Dienstverpflichtete, der währd eines längeren Zeitraum tät sein sollte, keine vertrggem Leistgen erbracht hat. Handelt es sich um einen wesentl Mangel, der nicht behebb ist od trotz FrSetzg nicht nachgebessert worden ist, kann der DienstBerecht nach § 281 SchadErs statt der Leistg fordern (Mehrentgelt, das an den neuen Dienstverpflichteten zu zahlen ist). **44**

b) Weitere Voraussetzungen. Der SchadErsAnspr besteht nur, wenn die in Rn 7–16 dargestellten Voraussetzgen vorliegen. IdR nicht erforderl ist eine NachFrSetzg. Bei Kauf- u WkVertr hat der Käufer (Besteller) zunächst den Anspr auf NachErf (§§ 437 Nr 1, 439; 634, 635). Wird die NachErf verweigert, schlägt sie fehl, od ist sie unzumutb, kann der Käufer (Besteller) ohne FrSetzg SchadErs statt der Leistg fordern (§§ 440, 636). Handelt es sich um einen nicht behebb Mangel, ist eine FrSetzg auch mit Rücks auf § 281 II 2. Alternative entbehrl. **45**

c) Kleiner und großer Schadensersatz. Der Schaden des Gläub kann auf zwei Arten berechnet werden: **46**
– **aa)** Der Gläub kann die mangelh Sache **behalten** u verlangen, so gestellt zu werden, als ob gehörig erfüllt worden wäre. Der Anspr richtet sich auf Ers des Wertunterschieds zw mangelfreier u mangelh Sache (BGH **108**, 156). Er kann nach dem niedrigeren Pr bemessen werden, zu dem der Vertr in Kenntn des Mangels abgeschlossen worden wäre (Kblz NJW-RR **91**, 847). Der Minderwert kann aber auch nach den erforderl Reparaturkosten berechnet werden (s BGH NJW **83**, 1424: Umrüstg eines Pkw; BGH **108**, 156: Hausreparatur). Bei Kauf einer EigtWo u Mängel am gemeinsch Eigt kann der Käufer aber nur den Bruchteil der Kosten ersetzt verlangen, der seinem SonderEigt zuzuordnen ist (BGH **108**, 156). Ist ein unechtes KunstWk als echt verkauft worden, ist bei der Schadensbemessg auf den höheren Wert des echten Wk abzustellen u zwar auch beim Verkauf zu einem bes günstigen Pr (BGH NJW **93**, 2103, zust, zT aber krit Hattenhauer JuS **98**, 684, Lorenz JZ **98**, 943). – **bb)** Der Gläub **stellt** die angenommene Sache (das Wk) **zur Verfügung** u **47**
verlangt SchadEr statt Leistg für die NichtErf des ganzen Vertr. Der große SchadErs ist nach den Rn 19 ff zu berechnen. Auch eine abstrakte SchadBerechng kommt in Betracht. Der Schu kann gem § 281 V Rückgewähr der mangelh Sache entspr den §§ 346 ff verlangen.

d) Grenzen des Gläubigerwahlrechts, I 3. And als nach bish Recht kann der Gläub zw den beiden Arten des SchadErs nicht mehr frei wählen. Zwar kann er sich immer für den kleinen SchadErs entscheiden. Dagg ist der Anspr auf großen SchadErs ausgeschlossen, wenn die **Pflichtverletzung unerheblich** ist. Die Erheblichk-Prüfg erfordert eine umfassde Interessenabwägg. Zu berücksichtigen sind vor allem der für die Mängelbeseitigg erforderl Aufwand u bei einem nicht behebb Mangel die von ihm ausgehden funktionellen u ästhetischen Beeinträchtiggen. In ZwFällen kann auch die Schwere des Verschuldens des Schu (Argl) den Ausschlag geben. Erhebl PflVerletzgen sind sicher die NichtErf der MontageVerpfl (s BGH NJW **98**, 3197) u Fehlen des Benutzerhandbuchs bei Lieferg von Hard- od Software (BGH NJW **93**, 462). Dagg ist trotz Fehlschlagens der Nachbesserg der große SchadErsAnspr ausgeschlossen, wenn im gekauften Pkw das Radio defekt ist od im gekauften Haus einige Fliesen ausgetauscht werden müssen. Für das **Rücktrittsrecht** besteht nach § 323 V 2 eine mit I 3 übereinstimmde Regelg. Die Kombination von Rücktr u SchadErs (§ 326) erweitert daher den **48**

Anwendgsbereich des großen SchadErs nicht. Auch wenn der Käufer (Besteller) die Leistg zurückgewiesen hat u I 3 daher nicht anwendb ist, kann § 242 den Anspr auf den großen SchadErs ausschließen (Rn 41).

49 **7) Anwendung der Rücktrittsvorschriften, V.** Steht dem Gläub, der eine TLeistg od eine mangelh Leistg erhalten hat, nach Rn 36 od 47 ein SchadErsAnspr wg der GesLeistg zu, ist er zur Rückgewähr des Geleisteten verpfl. Auf seine RückgewährPfl finden nach V die Vorschr über den Rücktr (§§ 346 ff) Anwendg.

50 **8) Erlöschen des Leistungsanspruchs, IV. – a) Voraussetzung.** Nach Ablauf der NachFr od Eintritt der Tatbestde, der dem FrAblauf gleichsteht (Rn 14), bestehen ErfAnspr u SchadErsAnspr zunächst in einem Verh elektiver Konkurrenz (§ 262 Rn 6) nebeneinand. Nach einer langen Diskussion über verschiedene Lösgsmodelle (BT-Drs 14/6040 S 140 f) hat sich das SMG für die Regelg des IV entschieden: Der ErfAnspr erlischt, wenn der Gläub SchadErs statt der Leistg verlangt. Das **Verlangen** des Gläub, das die Begründg des Entw (aaO) mit der RücktrErkl vergleicht, ist eine einseit empfangsbedürft Erkl. Sie ist kein RGesch, sond eine geschähnl Hdlg. Die Vorschr über RGesch u WillErkl sind aber, ebso wie auf die Mahng (§ 286 Rn 16), entspr anwendb. Die Erkl des Gläub muß eindeut den Willen erkennen lassen, sich auf den SchadErsAnspr zu beschränken (Begründg des Entw aaO). Sie kann erst wirks abgegeben werden, wenn der SchadErsAnspr entstanden ist. Mehrdeut Erkl reichen nicht aus. Das gilt etwa für die Äußerg, „Rechte bis hin zum SchadErs geltd zu machen", od „mit der Prüfg des SchadErsAnspr sei ein RA beauftragt worden".

51 **b) Rechtsfolgen.** Sobald die Erkl des Gläub, er verlange SchadErs, beim Schu eingegangen ist, erlischt der ErfAnspr des Gläub u mit ihm zugl der Anspr auf FälligkZinsen (BGH NJW **00**, 72). Bei ggs Vertr entfällt wg der Verbindg von Leistg u GgLeistg gleichzeit auch der ErfAnspr des Schu. Eine etwa eingetragene AuflVormerkg wird wirkgslos (s Muscheler BB **89**, 1440). Das Recht des Käufers zum Besitz der Sache erlischt (BGH **54**, 216, **96**, 187). Zur Wiederherstellg der beiderseit LeistgsPflten bedarf es eines neuen Vertr, der die etwa bestehden Formerfordern (zB § 311 b I) wahren muß (BGH **20**, 344, NJW **99**, 3115).

52 **9)** Die **Beweislast** für die Voraussetzgen des § 281 trägt der Gläub. Der Schu muß beweisen, dass er die Leistg erbracht hat. Hat der Gläub sie als Erf angenommen, trägt er die BewL dafür, dass sie nicht vertrgem war (§ 363). Beim VerbrGüterkauf gilt aber zG des Käufers § 476. Der Gläub ist auch bewpflicht dafür, dass er seine Leistg bereits erbracht od ordngsmäß angeboten hat (s BGH **LM** § 326 (H) Nr 8). Hat der Schu sich unberecht vom Vertr losgesagt, muß er aber beweisen, dass der Gläub bis zum Ztpkt der VertrDchFührg nicht hätte leistgsbereit werden können (BGH WM **74**, 327). Auch für das Nichtvertretenmüssen ist der Schu bewpflicht (Rn 16), ebso für etwaige Ersparn, die vom SchadErsAnspr des Gläub abgezogen werden sollen (BGH NJW **01**, 3535).

282 *Schadensersatz statt der Leistung wegen Verletzung einer Pflicht nach § 241 Abs. 2.*

Verletzt der Schuldner eine Pflicht nach § 241 Abs. 2, kann der Gläubiger unter den Voraussetzungen des § 280 Abs. 1 Schadensersatz statt der Leistung verlangen, wenn ihm die Leistung durch den Schuldner nicht mehr zuzumuten ist.

1 **1) Allgemeines. – a) Fassung.** Die Vorschr ist eine Neuschöpfg des SMG. § 282 aF (BewLast bei
2 Unmöglichk) ist im § 280 I 2 aufgegangen. – **b) Bedeutung.** Störgen des SchuldVerh ergeben sich idR daraus, dass der Schu seine *Leistgs*Pflten nicht od nicht wie geschuldet erfüllt. Sie können aber auch dadch entstehen, dass der Schu seine Pfl aus § 241 II verletzt, Rücks auf die Rechte, RGüter u Interessen des Gläub zu nehmen. Fällt dem Schu eine solche PflVerletzg zur Last, ist er dem Gläub gem § 280 zum Ersatz des entstandenen Schadens verpfl (§ 280 Rn 12 u 28). § 282 gibt dem Gläub zusätzl das Recht, SchadErs statt der Leistg zu verlangen, wenn ihm die Leistg dch den Schu nicht mehr zuzumuten ist. Da der Schu, der eine Pfl aus § 241 II verletzt, „nicht wie geschuldet" leistet, besteht für § 282 neben § 281 kaum ein Bedürfn. Die Existenz des § 282, der nur selten anwendb sein wird, wird aber die RAnwendg nicht erschweren. Er ist überflüss, aber unschädl.

3 **2) Voraussetzungen. – a) Verletzung einer Verhaltenspflicht.** Der Schu muß die Pfl verletzt haben, auf die Rechte, RGüter u Interessen des Gläub Rücks zu nehmen (§ 241 II). Bsp sind: Beschädigg von Eigt des Gläub bei Ausführg der geschuldeten Arbeiten; Versuch, ArbN des Gläub abzuwerben od ihn dch Bestechg zu einem illoyalen Verhalten ggü dem ArbG zu veranlassen (RG **149**, 189); Beleidiggen od schwere Kränkgen des Gläub od seiner Angeh (RG **140**, 378/85, BGH **LM** § 276 (Hd) Nr 1, mit einer Einschränkg für reine GüterumsatzGesch). § 282 gilt ebso wie § 281 für alle SchuldVerh. Anwendgsfälle außerh vertragl RBeziehgen sind aber kaum vorstellb.

4 **b) Unzumutbarkeit.** Die Leistg dch den Schu muß dem Gläub nicht mehr zuzumuten sein. Unzumutbark setzt idR voraus, dass der Schu abgemahnt worden ist (s BGH DB **68**, 1575, NJW **78**, 260); nur bei bes schwerwiegden Verstößen kann entspr dem RGedanken des § 282 II 2. Alternative auf sie verzichtet werden.

5 **c) Weitere Voraussetzungen.** Der SchadErsAnspr statt der Leistg besteht nur, soweit die Voraussetzgen des § 281 erfüllt sind. Vgl daher § 281 Rn 7 ff. Obwohl § 282 keine FrSetzg fordert, ergibt sich idR aus dem ZumutbarkKriterium, dass eine Abmahng erforderl ist. Sie ist nur bei bes groben PflVerletzgen entbehrl.

6 **3) Rechtsfolgen.** Der Inh des SchadErsAnspr richtet sich nach den Grds des § 281. In Betracht kommen alle drei Alternativen der SchadBerechng: § 281 Rn 17 ff sind anwendb bei einem ErsAnspr wg Nichtleistg od einer TLeistg, an der der Gläub kein Interesse hat, Rn 36 ff bei einer quantitativ unvollständ Leistg, 40 ff, wenn der Schu nicht nur VerhaltensPflten verletzt, sond auch mangelh geleistet hat, ohne dass bereits die mangelh Leistg einen SchadErsAnspr statt der Leistg begründet. Nach § 324 steht dem Gläub bei ggs Vertr auch ein RücktrR zu. Dieses besteht and als der SchadErsAnspr auch dann, wenn der Schu die PflVerletzg nicht zu vertreten hat.

7 **4) Beweislast.** Der Gläub ist für alle Voraussetzgen des § 282 bewpflicht. Der Schu muß beweisen, dass er die PflVerletzg nicht zu vertreten hat (§ 280 Rn 34).

283 ***Schadensersatz statt der Leistung bei Ausschluss der Leistungspflicht.*** **Braucht der Schuldner nach § 275 Abs. 1 bis 3 nicht zu leisten, kann der Gläubiger unter den Voraussetzungen des § 280 Abs. 1 Schadensersatz statt der Leistung verlangen. § 281 Abs. 1 Satz 2 und 3 und Abs. 5 findet entsprechende Anwendung.**

1) Allgemeines. – a) Fassung. Die Vorschr ersetzt § 280 aF (Haftg bei zu vertretder Unmöglichk) u 1
§ 325 aF (vom Schu zu vertretde Unmöglichk). § 283 aF (Fristsetzg nach Verurteilg) hat das SMG aufgehoben; er ist neben § 281 entbehrl (Vorbem 1 u 2 v § 281). – **b) Bedeutung.** Hat der Schu, der gemäß § 275 2
von seiner LeistgsPfl frei wird, das Leistgshindern zu vertreten, kann der Gläub nach § 283 SchadErs statt der Leistg verlangen. Einer FrSetzg bedarf es nicht. Es ist zweifelh, ob diese von der Kommission LStörg (Einl 3 zum ErgBd) entwickelte SonderVorschr sinnvoll ist. Wenn die Voraussetzgen des § 283 vorliegen, sind notw zugl die des § 281 erfüllt; dass eine FrSetzg entbehrl ist, ergibt sich, wenn man auf § 281 abstellt, aus § 281 II 2. Alternative. Da die Unmöglichk, soweit es um Schäden geht, die nach § 280 I zu ersetzen sind, ohne Sonderregelg ebso wie and PflVerletzgen behandelt w, erscheint es wenig konsequent, für sie beim SchadErs statt der Leistg eine SonderVorschr vorzusehen. § 283 ist aber geltdes Recht. Er verdrängt, soweit es um die StörgsUrs Unmöglichk u die gleichgestellten Tatbestd geht, § 281. Seine Existenz wird die RAnwendg kaum erschweren.

2) Voraussetzungen. – a) Befreiung von einer Leistungspflicht. Der Schu muß gem § 275 I kr Ges 3
od gem § 275 II od III aGrd Einr von einer Haupt- od NebenLeistgsPfl frei geworden sein. § 283 gilt ebso wie § 275 für alle vertragl u gesetzl SchuldVerh (§ 275 Rn 3). Er ist aber nur anwendb, wenn das zum Wegfall der LeistgsPfl führde Hindern nach Begründg des SchuldVerh entstanden ist. Bestand es schon bei Begründg des SchuldVerh, gilt § 311 a II (zur Abgrenzg u zur Anwendg des § 311 a auf gesetzl SchuldVerh s dort).

b) Vertretenmüssen. Der Anspr setzt voraus, dass der Schu das Leistgshindern nach §§ 276, 277, 278 od 4
287 zu vertreten hat. Der Schu ist für das Nichtvertretenmüssen bewpflicht (§ 280 Rn 35 ff). Hat ein Verschulden beider Teile die Unmöglichk (das Leistgshindern) herbeigeführt, gilt § 254 (BGH **40**, 326/32). Die bei ggs Vertr seit mehr als 100 Jahren ohne Aussicht auf Einigg geführte Diskussion über die von beiden Teilen zu vertretde Unmöglichk (Vorbem 3 v § 323 aF) hat sich erledigt.

c) Teilleistung, mangelhafte Leistung. Hat der Schu eine quantitativ od qualitativ unvollständ Leistg 5
erbracht, verweist § 283 Satz 2 auf § 281 I 2 u 3 u § 281 V. Darü, ob sich der SchadErsAnspr iF einer quantitativ unvollständ Leistg auf die noch ausstehde TLeistg beschränkt od die GesLeistg erfaßt, entscheidet grdsl das GläubInteresse (§ 281 Rn 36 ff). Die Frage, ob der Gläub iF einer mangelh Leistg großen od kleinen SchadErs verlangen kann, ist nach den Kriterien der § 281 Rn 46 ff zu entscheiden. Steht dem Gläub ein SchadErsAnspr wg der GesLeistg zu, muß er das Geleistete gem §§ 283 Satz 2, 281 V, 346 ff an den Schu zurückgeben.

3) Rechtsfolgen. – a) Schadensersatz. Der Inh des SchadErsAnspr richtet sich nach den bei § 281 6
dargestellten Grds. Welche der drei Alternativen der SchadBerechng zu Grde zu legen ist, hängt davon ab, ob der Gläub SchadErs wg der GesLeistg (§ 281 Rn 17 ff), nur wg der nicht erbrachten TLeistg (§ 281 Rn 36 ff) od wg der mangelh Leistg (Rn 40 ff) verlangen kann. Die SchadBemessg ist iF des § 275 I auf den Eintritt der Unmöglichk u in den Fällen des § 275 II u III auf die Erhebg der Einr abzustellen. – **b) Wegfall der** 7
Gegenleistungspflicht des Rücktrittsrechts. Wird der Schu nach § 275 von seiner Verpfl zur Leistg frei, entfällt bei ggs Vertr nach § 326 sein Anspr auf die GgLeistg; das gilt auch dann, wenn der Schu das LeistgsHindern nicht zu vertreten hat. Nach § 326 V steht dem Gläub auch unabhäng vom Verschulden des Schu ein RücktrR zu. – **c) Weitere Ansprüche.** Der Gläub kann nach § 285 das Surrogat verlangen, das im 8
Vermögen des Schu an die Stelle der nach § 275 nicht mehr zu erbringden Leistg getreten ist. Zur Anrechng auf den Anspr auf die GgLeistg s § 326 II 2. Der Anspr auf SchadErs statt der Leistg kann auch mit einem Anspr aus § 816 konkurrieren. Zw den Anspr besteht elektive Konkurrenz (§ 285 Rn 10).

4) Die **Beweislast** für die Voraussetzgen des § 283 trägt der Gläub. Der Schu muß beweisen, dass er die 9
PflVerletzg nicht zu vertreten hat.

284 ***Ersatz vergeblicher Aufwendungen.*** **Anstelle des Schadensersatzes statt der Leistung kann der Gläubiger Ersatz der Aufwendungen verlangen, die er im Vertrauen auf den Erhalt der Leistung gemacht hat und billigerweise machen durfte, es sei denn, deren Zweck wäre auch ohne die Pflichtverletzung des Schuldners nicht erreicht worden.**

Literatur: Canaris JZ **01**, 516 f.

1) Allgemeines. – a) Fassung. § 284 ist eine Neuschöpfg des SMG. § 284 aF (Verzug des Schu) ist sachl 1
u redaktionell verändert u unter Einbeziehg des § 285 aF (kein Verzug ohne Vertretenmüssen) § 286 geworden. – **b) Bedeutung.** Ersatz vergebl Aufwendgen konnte der Gläub eines SchadErsAnspr wg NichtErf 2
nach bish Recht nur verlangen, soweit zu seinen Gunsten die Rentabilitätsvermutg gilt, also anzunehmen ist, dass er bei ordngsmäß Abwicklg des Vertr Vorteile erlangt hätte, die die Aufwendgen ausgeglichen hätten (§ 281 Rn 23 f). Die Rentabilitätsvermutg ist nach stRspr auf Aufwendgen, die zu ideellen Zwecken gemacht worden sind, nicht anzuwenden (BGH **71**, 238, **99**, 198). Der Gläub, der einen Vertr zu and als Erwerbszwekken geschlossen hat, hatte daher keinen SchadErsAnspr, wenn seine im Hinbl auf den Vertr gemachten Aufwendgen wg eines VertrBruchs des Schu fehlschlagen. Dieses offensichtl unangemessene Ergebn hat das SMG dch Einfügg des § 284 korrigiert. – **c) Abgrenzung.** In § 284 geht es um die Frage, wann der Gläub 3
eines SchadErsAnspr statt der Leistg, also eines Anspr, der auf Ers des positiven Interesses gerichtet ist, Ers fehlgeschlagener Aufwendgen verlangen kann. Steht dem Gläub ein auf Ers des **negativen Interesses** gerichteter Anspr zu, gelten weiter die Grds des bisher Rechts (Vorbem 17 v § 249); § 284 findet keine

Anwendg. Der Gläub kann unabhäng von den Voraussetzgen des § 284 seine vergebl Aufwendgen ersetzt verlangen.

4 **2) Anwendungsbereich.** Die Vorschr gilt für vertragl u gesetzl SchuldVerhältn. Auch der Eigtümer, der im Vertrauen auf die Rückgabe seines Eigtums Aufwendgen gemacht hat, wird geschützt, ebso der VermN. Auf Vertr ist § 284 anzuwenden, wenn sie nicht zur Gewinnerzielg, sond zu einem ideelen od konsumptiven Zweck abgeschlossen worden sind. Bsp sind Veranstaltgen von Parteien, Gewerksch, Idealvereinen, FamFeste u Taggen, aber auch der Kauf eines EinFamHauses (natürl immer ein ZuschußGesch), eines Fernsehgeräts od einer Einbauküche. Auch auf Vertr mit spekulativer od marktstrategischer Zielsetzg wird man § 284 anwenden können (Canaris aaO). Dagg ist § 284 nach seinem Normzweck (Schließg der in Rn 2 beschriebenen Regelgslücke) auf Vertr, die zu erwerbswirtschaftl Zwecken geschlossen worden sind, nicht anwendb. Insoweit ist zum Schutz des Gläub die Rentabilitätsvermutg ausr. Für Vertr, dch die Gewinne erzielt werden sollen, begründet § 284 aber auch dann keinen über die Rentabilitätsvermutg hinausgehden Schutz, wenn man die Vorschr grdsl für anwendb hält. Greift die Rentabilitätsvermutg nicht ein od ist sie widerlegt, besteht auch nach § 284 kein ErsAnspr, weil der erwerbswirtschaftl Zweck der Aufwendgen auch ohne die PflVerletzg nicht erreicht worden wäre (Rn 8).

5 **3) Voraussetzungen. – a) Bestehen eines Schadensersatzanspruchs.** Der Gläub kann *anstelle* des SchadErs statt der Leistg Ers der vergebl Aufwendgen verlangen. Es müssen daher alle Voraussetzgen des § 281 Rn 7 ff vorliegen. IdR wird es sich um einen SchadErsAnspr wg der GesLeistg handeln. Ausnw können die Aufwendgen aber auch gerade im Vertrauen auf den ausgebleibenen Teil der Leistg gemacht worden sein. Eine Kombination des Anspr aus § 284 mit einem Anspr aus § 281 ist ausgeschlossen (*arg* „anstelle").

6 **b) Aufwendungen.** Der Gläub muß Aufwendgen gemacht haben. Aufwendgen sind vom Gläub im Hinbl auf den Vertr erbrachte VermOpfer. Sie können auch in der Eingehg von Verbindlichk bestehen. Angesichts der Zweckrichtg der Vorschr (Rn 2) begründen eig ArbLeistgen des Gläub – and als im SchadErsR (Vorbem 83 vor § 249) – keinen ErsAnspr. **Vertragskosten** (§ 467 Rn 16 im HptBd) sind bei einem ideellen od konsumptiven Zweck abgeschlossen Vertr nach § 284 u bei and Vertr auf der Grdl der Rentabilitätsvermutg (§ 281 Rn 23) zu ersetzen, vorausgesetzt, der and Teil hat das Scheitern des Vertr zu vertreten.

7 **c) Vertrauen.** Die Aufwendgen müssen im Vertrauen auf den Erhalt der Leistg gemacht worden sein. Geschützt sind daher nur Aufwendgen, die nach wirks Begründg des SchuldVerh gemacht worden sind. Die and Kriterien, die insoweit für die Rentabilitätsvermutg gelten (BGH NJW **99**, 2269), können auf den Anspr aus § 324 nicht übertragen werden. Zu ersetzen sind nur Aufwendgen, die der Gläub **billigerweise** machen durfte. Die Norm nimmt damit auf § 254 Bezug. Hat der Gläub Aufwendgen gemacht, obwohl er mit dem Nichterhalt der Leistg rechnen mußte, ist sein Anspr nach den Grds des § 254 zu beschränken od auszuschließen. Die ErsPfl entfällt wg des BilligkKriteriums aber auch dann, wenn die Aufwendgen in einem offensichtl MißVerh zur Bedeutg der nicht erbrachten Leistg stehen (aA Canaris aaO). Wenn ein Bild im Wert von 1000 DM nicht geliefert wird, kann der Käufer, der für das Bild einen Rahmen im Wert von 8000 DM hat herstellen lassen, nicht Aufwendgsersatz in Höhe von 8000 DM fordern.

8 **d) Fehlschlagen der Aufwendungen aus anderen Gründen.** Der Gläub, der zum Zweck der Gewinnerzielg gehandelt hat, hat keinen Anspr auf AufwendgsErs, wenn das Gesch ein VerlustGesch war, das nicht einmal die Aufwendgen gedeckt hat. Er kann sich nicht auf die Rentabilitätsvermutg berufen, weil sie widerlegt ist. Er kann sich auch nicht auf § 284 stützen, auch wenn man die Vorschr entgg der hier vertretenen Ansicht (Rn 2) für anwendb hält, weil der erstrebte Zweck der Gewinnerzielg auch ohne die PflVerletzg des Schu nicht erreicht worden wäre. Dieser die ErsPfl beschränkde Gedanke gilt nach § 284 auch für den Gläub, der aus ideelen od konsumptiven Grden handelt. Sein Anspr auf AufwendgsErs ist ausgeschlossen, wenn die geplante Veranstaltg wg eines Verbots, einer Grippeepidemie od eines terroristischen Anschlags ohnhin hätte abgesagt werden müssen. Entspr gilt, wenn die mit Rücks auf die Lieferg einer Einbauküche gemachten Aufwendgen dch einen Wassereinbruch unbrauchb geworden sind.

9 **4) Rechtsfolge.** Der Gläub hat einen Anspr auf AufwendgsErs, keinen Anspr auf Ersatz des negativen Interesses. Er kann nicht geltd machen, dass er einen mit dem gekauften aber nicht gelieferten Ggst gleichartigen zwischenzeitl bei einem and Anbieter billiger hätte kaufen können (Canaris aaO).

10 **5) Beweislast.** Der Gläub trägt für alle Voraussetzgen des § 284 die BewL. Der Schu muß beweisen, dass er die PflVerletzg nicht zu vertreten hat u dass die Aufwendgen des Gläub auch unabhäng von seiner PflVerletzg fehlgeschlagen wären.

285 *Herausgabe des Ersatzes.*

I Erlangt der Schuldner infolge des Umstands, auf Grund dessen er die Leistung nach § 275 Abs. 1 bis 3 nicht zu erbringen braucht, für den geschuldeten Gegenstand einen Ersatz oder einen Ersatzanspruch, so kann der Gläubiger Herausgabe des als Ersatz Empfangenen oder Abtretung des Ersatzanspruchs verlangen.

II Kann der Gläubiger statt der Leistung Schadensersatz verlangen, so mindert sich dieser, wenn er von dem im Absatz 1 bestimmten Recht Gebrauch macht, um den Wert des erlangten Ersatzes oder Ersatzanspruchs.

1 **1) Allgemeines. – a) Fassung.** Das SMG hat die bisher als § 281 eingeordnete Vorschr an die Termino-
2 logie des neuen LStörgsR angepaßt, sie aber sachl nicht verändert. – **b) Bedeutung.** § 285 zeigt, dass unter den Voraussetzgen des § 275 nur die LeistgsPfl des Schu, nicht aber das SchuldVerh im ganzen wegfällt. Die Vorschr beruht auf dem Gedanken, dass dem Gläub, der den Anspr auf die Leistg verloren hat, als Ausgl das stellvertretde *commodum* gebührt, das im Vermögen des Schu an die Stelle der nach § 275 nicht mehr zu erbringden Leistg getreten ist. Sie hat den Zweck, eine in der Sache unricht Verteilg von Vermögenswerten auszugleichen (RG **120**, 349, **157**, 44, BGH **LM** § 281 Nr 1). Konstruktiv handelt es sich um einen Fall schuldrechtl Surrogation (Esser/Schmidt § 22 IV 2, Larenz § 22 I). Die in § 285 angeordnete RFolge ent-

spricht idR dem mutmaßl PartWillen. Man kann die Vorschr daher als einen gesetzl geregelten Fall ergänzder VertrAuslegg bezeichnen (BGH **25**, 9).

2) Anwendungsbereich. – **a)** § 285 ist grdsl auf alle **schuldrechtlichen Ansprüche** anzuwenden (BGH **75**, 206). Der RGrd des Anspr ist gleichgült. Die Vorschr gilt auch für Anspr aus unerl Hdlg, GoA od Rücktr (BGH NJW **83**, 930, BayObLG **94**, 21) u für VermächtnAnspr (KG ZEV **99**, 494, Küppers VIZ **00**, 195). Als Teil des allg LStörgsR ist § 285 auch auf die Haftg des Verkäufers für Mängel der Kaufsache anzuwenden (Vorbem 16 v § 275). Wird eine verkaufte Sache, für die VersSchutz besteht, vor Gefahrübergang beschädigt, ist § 285 anwendb (BGH **129**, 103, aA Schwarze JuS **98**, 13). Hat der Verkäufer einer unter Ausschl der Mängelhaftg verkauften Sache gg den Vorverkäufer einen SchadErsAnspr, ist er gem § 285 zur Abtr dieses Anspr an seinen Käufer verpfl (Reinicke/Tiedtke ZIP **97**, 1093 zu BGH NJW **97**, 652). Für die ungerechtf Ber enthält § 818 II u III eine Sonderregelg (BGH **75**, 206). Auf den verschärft haftden BerSchu ist § 285 dagg anzuwenden, da sich die Verweisg auf die allg Vorschr (§ 818 IV, 819) auch auf § 285 bezieht (BGH **75**, 206). 3

b) Auf den **dinglichen Herausgabeanspruch** des Eigtümers gg den Besitzer (§ 985) findet § 285 keine Anwendg (RG **115**, 33, **157**, 44, Staud-Löwisch § 281 Rn 6, stRspr u hM, and fr RG **105**, 88). Die §§ 989, 990 enthalten für die schuldrechtl Folgen der Unmöglichk der Herausg eine Sonderregelg. Es wäre auch offensichtl sinnw, wenn dem Eigtümer einer abhanden gekommenen Sache neben dem HerausgAnspr gg den Erwerber gem § 285 ein Anspr auf den VerkErlös gg den Veräußerer zustehen würde. Nur wenn der Eigtümer die Veräußerg genehmigt, kann er gem §§ 816 die Herausg des Verkaufserlöses verlangen. § 285 scheidet insow auch deshalb als AnsprGrdl aus, weil er nur BesSurrogate betreffen würde, währd der VerkErlös, ebso wie die VersichergsSumme, ein Surrogat des Eigtums ist (Merle AcP **183**, 85, Rn 7). 4

3) Voraussetzungen. – **a)** Auf **Leistung eines Gegenstands** (Übbl 2 v § 90) muß der Anspr gerichtet sein. Hdlgen u Unterlassgen sind keine Ggst iSd § 285 (Staud-Löwisch § 281 Rn 9). § 285 gilt daher nicht für den WerkVertr (RG **97**, 90); eine HerausgabePfl kann sich aber aus einer ergänzden VertrAuslegg ergeben (Dresd NJW-RR **98**, 373). Ist der ArbG verpfl, das Gehalt an den verletzten ArbN weiter zu zahlen, geht der etwaige SchadErsAnspr des ArbN gem EFZG 6 auf den ArbG über (Vorbem 136 v § 249). Findet, wie beim selbstd DienstVertr, kein gesetzl FdgÜbergang statt, besteht eine Verpfl zur Abtr des SchadErsAnspr (§ 616 Rn 32), die auch auf den RGedanken des § 285 (Rn 1) gestützt w (BGH **107**, 328). § 285 gilt auch für bedingte Anspr (BGH **99**, 388). Er setzt voraus, dass ein best individueller Ggst geschuldet w (RG **108**, 187). Er ist daher **auf Gattungsschulden unanwendbar** (RG **88**, 288, **108**, 187), solange diese nicht dch Konkretisierg (§ 243 II) zu Stückschulden geworden sind. Das gilt grdsl auch für die Vorratsschuld (beschränkte Gattgsschuld, § 243 Rn 3). Auf diese kann § 285 aber angewandt w, wenn der Grd für den Ausschluß der LeistgsPfl (Beschlagn, Brandschaden) den gesamten Vorrat betrifft (RG **93**, 143, **95**, 23). 5

b) Wegfall der Leistungspflicht. Der Schu muß gem § 275 von seiner LeistgsPfl frei geworden sein. Gleichgült ist, ob die LeistgsPfl kr Ges (§ 275 I) od aGrd der vom Schu erhobenen Einr (§ 275 II u III) weggefallen ist. Abw vom bisher Recht ist § 285 auch anwendb, wenn das Leistgshindern schon bei Begründg des SchuldVerh bestand. Auch wenn die verkaufte Sache schon vor Abschluß des Vertr gestohlen od zerstört worden ist, hat der Käufer Anspr auf die VersSumme. Gleichgült ist, ob der Schu, der Gläub od ein Dr das Leistgshindern zu vertreten hat (BGH WM **87**, 988, **LM** § 281 Nr 1). Hat der Zedent die abgetretene Fdg eingezogen, ergibt sich seine Pfl, das Erlangte an den Zessionar herauszugeben, auch aus § 285 (RG **111**, 303, JW **26**, 981). 6

c) Erlangung eines Surrogats. Der Schu muß infolge des Umst, aGrd dessen er die Leistg nicht zu erbringen braucht, für den geschuldeten Ggst Ersatz (Surrogat) od einen Anspr auf Ers erlangen. Zw dem Ereign, das zum Wegfall der LeistgsPfl geführt hat, u der Erlangg des Surrogats muß ein adäquater UrsZushang bestehen (RG **102**, 205); es genügt jedoch Mitursächlichk (RG aaO, BGH **LM** § 281 Nr 1). Beispiele sind: SchadErsAnspr gg Dritte wg Zerstörg, Beschädigg od Entwendg der geschuldeten Sache; Anspr auf die VersSumme (BGH **99**, 389, **129**, 103), Versteigergserlös (BGH WM **87**, 988), Vergütg wg Aufgabe der Milchreferenzmenge (BGH **135**, 284, NJW-RR **01**, 194), EntschädiggsAnspr wg Beschlagn (RG **93**, 143, **95**, 21), RestitutionsAnspr nach dem VermG (BGH DtZ **96**, 26, KG ZEV **99**, 494). Ein herauszugebdes Surrogat ist auch das zur Befriedigg dieser Anspr an den Schu Geleistete. Auch die Befreig von einer Schuld kann ein auszugleichdes Surrogat darstellen (RG **120**, 350), nicht aber mildtät Zuwendgen Dr an den Schu. Sind das Ereign, das den Schu von der LeistgsPfl befreit (Bsp: Übereigng der Sache), u der Umst, der den ErsAnspr begründet (Bsp: Verk der Sache), nicht identisch, ist § 285 gleichwohl anwendb, sofern beide Ereign wirtschaftl eine Einh bilden. Unter § 285 fällt daher auch das dch RGesch, insb dch Verk, vom Schu erzielte Entgelt, sog **commodum ex negotiatione** (BGH **46**, 264, **75**, 206, NJW **83**, 930, prakt allgM). § 285 gilt auch, wenn das VeräußergsGesch gg ein gesetzl Verbot od gg die guten Sitten verstieß (RG **105**, 90, Haselhoff NJW **48**, 289). 7

d) Identität. Sie muß zw dem Ggst, der nicht mehr geleistet zu werden braucht, u dem Ggst, für den der Schu Ers erlangt hat, bestehen (BGH **25**, 9, MüKo/Emmerich § 285 Rn 21). Ein EigtSurrogat ist daher nur herauszugeben, wenn der Schu zur EigtVerschaffg verpfl war, nicht aber, wenn er ledigl die Übertragg des Besitzes schuldete (Jochem MDR **75**, 179). Der Mieter, der sein GebrauchsR dch Zerstörg der Sache verloren hat, hat keinen Anspr auf Einräumg eines MietR an dem vom Vermieter mit eig Mitteln geschaffenen ErsObjekt (BGH **8**, 58/64). Auch hins der für die Sache gezahlten Enteigngsentschädigg stehen dem Mieter keine Rechte aus § 285 zu (BGH **25**, 9). War an einem Grdst eine Dienstbark zu bestellen, kann der Gläub nicht den Mehrerlös herausverlangen, der dch den lastenfreien Verk des Grdst erzielt worden ist (BGH **46**, 264, aA Staud/Löwisch § 281 Rn 19). Ein AnkaufsR begründet für den Pächter nur dann einen Anspr auf das EigtSurrogat (BrandVersSumme), wenn es vor Wegfall der LeistgsPfl des Verpächters ausgeübt worden ist (BGH **LM** § 281 Nr 5). ErsLeistgen gerade für den Nutzgsausfall gebühren dem Mieter (MüKo/Emmerich § 281 Rn 21). Wird dem Mieter bei vorzeit Beendigg des Vertr eine Abfindg gezahlt, ist § 285 zG des Untermieters anwendb (BGH NJW-RR **86**, 234). Mögl ist auch, dass dem Gläub nach den Grds der ergänzden VertrAuslegg (§ 157 Rn 2 ff) weitergehde Rechte als die des § 285 zustehen (BGH **25**, 10, Dresd NJW-RR **98**, 373). 8

9 **4) Rechtsfolgen. – a) Ausgleichsanspruch.** § 285 hat keine dingl Wirkg (RG **94**, 23); er regelt vielmehr (ähnl wie §§ 667, 816) einen Fall schuldrechtl Surrogation (Rn 2). Der Gläub kann das Surrogat (Verkaufserlös, VersSumme), auch dann in voller Höhe herausverlangen, wenn es einen **höheren Wert** hat als die nicht erbrachte Leistg (RG **138**, 48, MüKo/Emmerich § 281 Rn 25). Der dch § 285 begründete Anspr ist weder ein SchadErs- noch ein BerAnspr, sond ein AusglAnspr eig Art. Er entsteht nicht kr Ges, sond nur wenn der Gläub Ausgl verlangt (sog verhaltener Anspr). Da er auf dem ursprüngl SchuldVerh beruht, haften für ihn Bürgen u Pfänder weiter. Der Anspr setzt voraus, dass der Schu den Ers od ErsAnspr wirkl erlangt hat (BGH **114**, 39); es genügt nicht, dass er etwas hätte erlangen können. Späterer Verlust befreit den Schu nur, wenn er ihn nicht zu vertreten hat. Andf gilt § 283 u nicht § 818 III (BGH ZEV **97**, 500). Für das Vertretenmüssen gilt der gleiche Maßstab wie der für die zunächst geschuldete Leistg (BGH VIZ **99**, 176). Die HerausgPfl erstreckt sich auch auf gezogene Nutzgen (BGH NJW **83**, 930). Eig Aufwendgen darf der Schu nur abziehen, soweit ihm ein Anspr aus GoA od § 812 zusteht (BGH VIZ **97**, 297); soweit er im Rahmen seines Gewerbes tät geworden ist, gebührt ihm auch ein Ausgl für den Wert seiner Dienste.

10 **b) Konkurrenzen.** Hat der Gläub neben dem Anspr aus § 285 einen SchadErsAnspr (§ 283), besteht zw beiden Anspr eine elektive Konkurrenz (§ 262 Rn 6). Der Gläub hat ein jus variandi. Auch wenn er über den einen Anspr ein rkräft Urt erstritten hat, kann er noch den weitergehden and Anspr geltd machen (BGH NJW **58**, 1041). Der Schu ist dagg nicht berecht, den Gläub auf Anspr aus § 285 zu verweisen (RG **105**, 155).

11 **c) Anrechnung.** Nach **II** ist der Wert des Ers auf den SchadErsAnspr anzurechnen. Die Vorschr beruht auf dem Gedanken der VortAusgl. Stellt sich der abgetretene ErsAnspr als nicht dchsetzb heraus, entfällt die Anrechng (Staud/Löwisch § 281 Rn 27, str). II soll einen ungerechtfert Gewinn des Gläub verhindern, ihm aber nicht das Risiko der Bonität des DrittSchu überbürden. Für die GgLeistg gilt § 326 II.

12 **d)** Die **Beweislast** dafür, dass der Schu Ers od einen ErsAnspr erlangt hat, trägt der Gläub. Ist dieser Bew gelungen, steht ihm wg der Höhe ein AuskAnspr zu (BGH NJW **83**, 930, Hamm VersR **87**, 316).

286 *Verzug des Schuldners.**

I Leistet der Schuldner auf eine Mahnung des Gläubigers nicht, die nach dem Eintritt der Fälligkeit erfolgt, so kommt er durch die Mahnung in Verzug. Der Mahnung stehen die Erhebung der Klage auf die Leistung sowie die Zustellung eines Mahnbescheids im Mahnverfahren gleich.

II Der Mahnung bedarf es nicht, wenn

1. für die Leistung eine Zeit nach dem Kalender bestimmt ist,
2. der Leistung ein Ereignis vorauszugehen hat und eine angemessene Zeit für die Leistung in der Weise bestimmt ist, dass sie sich von dem Ereignis an nach dem Kalender berechnen lässt,
3. der Schuldner die Leistung ernsthaft und endgültig verweigert,
4. aus besonderen Gründen unter Abwägung der beiderseitigen Interessen der sofortige Eintritt des Verzugs gerechtfertigt ist.

III Der Schuldner einer Entgeltforderung kommt spätestens in Verzug, wenn er nicht innerhalb von 30 Tagen nach Fälligkeit und Zugang einer Rechnung oder gleichwertigen Zahlungsaufstellung leistet; dies gilt gegenüber einem Schuldner, der Verbraucher ist, nur, wenn auf diese Folgen in der Rechnung oder Zahlungsaufstellung besonders hingewiesen worden ist. Wenn der Zeitpunkt des Zugangs der Rechnung oder Zahlungsaufstellung unsicher ist, kommt der Schuldner, der nicht Verbraucher ist, spätestens 30 Tage nach Fälligkeit und Empfang der Gegenleistung in Verzug.

IV Der Schuldner kommt nicht in Verzug, solange die Leistung infolge eines Umstandes unterbleibt, den er nicht zu vertreten hat.

* **Amtlicher Hinweis:** Diese Vorschrift dient zum Teil auch der Umsetzung der Richtlinie 2000/35/EG des Europäischen Parlaments und des Rates vom 29. Juni 2000 zur Bekämpfung von Zahlungsverzug im Geschäftsverkehr (ABl. EG Nr. L 200 S. 35).

1) Allgemeines. – a) Fassung. Die nach bish Recht in § 284 aF u jetzt in § 286 geregelten Verzugsvoraussetzgen sind in den letzten Jahren zwei Mal geändert worden. Das Ges zur Beschleunigg fäll Zahlgen v 30. 3. 00 (BGBl I S 330) hat dem GeldSchu grdsl eine ZahlgsFr von 30 Tagen eingeräumt u dadch abw vom Namen des ÄndG Zahlgen nicht beschleunigt, sond verzögert (Einzelh § 284 aF Rn 25). Diese offensichtl Fehlentscheidg hat das SMG korrigiert. Der GeldSchu, der nach Mahng od am kalendermäß best Zahlgstermin nicht leistet, gerät wieder sofort u nicht erst nach Ablauf einer 30-Tages-Fr in Verzug. Entspr den Vorgaben der RL 2000/35/EG vom 29. 6. 00 kommt der Schu nach III auch ohne Mahng in Verzug, wenn er innerhalb einer Fr von 30 Tagen nach Fälligk u Zugang einer Rechng od gleichwert FdgsAufstellg nicht leistet. 1

b) Übergangsrecht. Die Neuregelg des SMG, insbes der Grds, dass der GeldSchu unter den Voraussetzgen des § 286 I u II wieder sofort u nicht erst nach 30 Tagen in Verzug gerät, gilt nur für die ab dem 1. 1. 02 entstandenen SchuldVerh (Art 229 § 5 Rn 4). Auf vorher entstandene SchuldVerh ist weiter die Regelg des Ges zur Beschleunigg fäll Zahlgen anzuwenden; das gilt auch für GeldFdgen, die nach dem Stichtag aus einem vorher begründeten SchuldVerh entstehen. Der zeitl Anwendgsbereich des Ges zur Beschleunigg fäll Zahlgen wird im Verh zum fr Fassg des § 284 dch EG 229 § 1 abgegrenzt. Danach ist § 284 III in der Fassg des Ges zur Beschleunigg fäll Zahlgen auch auf GeldFdgen anzuwenden, die vor dem 1. 5. 00 entstanden sind. Ist in einem im März 00 geschl Vertr best, dass der KaufPr am 1. 6. 00 zu zahlen ist, ist Verzug nicht am 1. 6. 00 (II), sond 30 Tage nach Zugang einer Rechng od Zahlgsaufforderg (§ 284 III aF) eingetreten (Brambring DNotZ **00**, 253). Die in der fr Fassg best Gleichstellg von Rechng u Mahng gilt dagg nur für nach dem 30. 4. 00 zugegangene Rechngen. 2

c) Verzug. – aa) Begriff. Der Verzug des Schu ist ein Unterfall der **Leistungsstörung** (Vorbem 2 v § 275). Er liegt vor, wenn der Schu die Leistg aus einem von ihm zu vertretden Grd rechtsw verzögert. Vom SchuVerzug ist der AnnVerzug (§§ 293 ff) zu unterscheiden. Währd der SchuVerzug Verletzg einer rechtl Verpfl ist, verstößt der Gläub dch die NichtAnn der Leistg ledigl gg ein Gebot des eig Interesses; er ist zur Ann der Leistg berecht, aber nicht verpfl. Sofern die Abn der Leistg, wie in den Fällen der §§ 433 II, 640 I, ausnw eine echte RPfl ist, gerät der Gläub dch NichtAbn der Leistg zugl in Ann- u SchuVerzug (§ 293 Rn 6). 3

bb) Bedeutung. Ein Anspr auf Ersatz von Verspätgsschäden besteht nach § 280 II nur, wenn zusätzl zu den Erfordern des § 280 I auch die des § 286 erfüllt sind. Verzug ist der Tatbestd, der zum Ersatz von **Verspätungsschäden** verpfl. Die Haftgsanordng enthält aber nicht § 286 sond § 280 I als die GrdNorm des LStörgsR (Vorbem 9 vor § 275). Nach bisher Recht hatte der Verzug noch eine weitere wicht Funktion: §§ 326 u 286 II aF legten fest, unter welchen Voraussetzgen eine Leistgsverzögerg dem Gläub das Recht gab, SchadEr wg NichtErf zu verlangen. Das SMG hat sich insoweit für eine and Lösg entschieden. Die Voraussetzgen des **Anspruchs auf Schadensersatz statt der Leistung** sind in den §§ 281–283 eigenständ geregelt; sie knüpfen nicht mehr an die Voraussetzgen des Verzugs an (§ 281 Rn 7). Die nach § 281 erforderl FrSetzg genügt aber notw zugl den Anfordergen einer Mahng (Rn 16 ff). Außerdem sind alle ungeschriebenen Voraussetzgen des § 286 zugl solche des § 281. Es ist daher ausgeschlossen, dass der Gläub SchadErs statt der Leistg verlangen kann, ohne dass der Schu sich im Verzug befindet. Dagg ist der umgekehrte Fall denkb: Der Schu, der nicht am kalendermäß bestimmten Ztpkt leistet, der die 30-Tages-Fr des § 286 III verstreichen läßt od eine zum sofort Verzug führde Leistgsaufforderg erhält (Rn 17), kommt in Verzug, obwohl die Voraussetzgen des § 281 noch nicht vorliegen 4

d) Abgrenzung. – aa) Unmöglichkeit. SchuVerzug setzt voraus, dass die Leistg noch mögl, dh nachholb ist (BGH **84**, 248, BAG NJW **86**, 1832, Huber, LStörgsR § 6 I 1). Dauernde Unmöglichk schließt daher den SchuVerzug aus (RG **97**, 9); entspr gilt, wenn der Schu gem § 275 II od III die Leistg dauernd verweigern kann. Vorübergehde vom Schu zu vertretde Leistgshindern begründen dagg Verzug. Ob im Einzelfall ein dauerndes od vorübergehdes Leistgshindern anzunehmen ist, ist unter Berücksichtigg des VertrZweckes u der Belange der Part nach Treu u Glauben zu beurteilen (§ 275 Rn 10 ff). Beim absoluten **Fixgeschäft** begründet die Nichteinhaltg der Leistgszeit dauernde Unmöglichk (BGH **60**, 16, § 271 Rn 16). Auch bei **Dauerverpflichtungen** ist die Leistg idR für die zurückliegde Zeit nicht nachholb; eine Leistgsverzögerg führt daher zur Teilunmöglichk (BGH **10**, 189), so bei GebrauchsüberlassgsVertr (BGH NJW-RR **91**, 268), aber auch bei Arb- u DienstVertr (BAG NJW **01**, 1297). Ausnw kann es aber so liegen, dass ein Nachholen der Leistg mögl ist u das GläubInteresse befriedigt (MüKo/Thode § 284 Rn 28). Bsp: Nacharbeiten von Fehlstunden, Verlängerg der Mietzeit für die verspätet übergebene FerienWo. Auch bei **Unterlassungspflichten** begründet ein Verstoß idR Unmöglichk, bei DauerVerpfl Teilunmöglichk (§ 275 Rn 15). Kann die ZuwiderHdlg rückgäng gemacht od das Unterl nachgeholt w, tritt Verzug ein (Köhler AcP **190**, 522). Bsp: Pfl zur Nichtbenutzg eines Grdst, um die DchFührg von Reparaturarbeiten zu ermöglichen. Tritt Unmöglichk währd des Verzugs ein, entfallen die Verzugsfolgen mit Wirkg *ex nunc.* Dafür gelten die UnmöglichkRegeln mit der sich aus § 287 S 2 ergebden Haftgsverschärfg. Der SchadErsAnspr aus § 283 tritt grdsl neben den Anspr auf Ers des Verzugsschadens. 5

bb) § 280 I. Auch die bloße NichtErf ist PflVerletzg iSd § 280 I. Sie begründet aber allein keine SchadErsPfl, sond nur den ErfAnspr, der kein RBehelf iS des LStörgsR ist. Nur wenn die Voraussetzgen des § 286 vorliegen, ist der Schu zum Ersatz des Verspätgsschadens verpfl. Aus § 280 I kann sich eine ErsPfl des Schu ergeben, wenn er bei einem Leistgshindern seiner AnzeigePfl nicht nachkommt (RG **68**, 194). 6

e) Anwendungsbereich. – aa) Privatrecht. §§ 286 ff gelten grdsl auch für SchuldVerh, die aus sachen-, familien- u erbrechtl Tatbestden entstehen, *arg* §§ 990 II, 1613 (Einl 24 v § 241). Die Besonderh des jeweil RGebietes sind jedoch zu beachten. Bei dingl Anspr ist die Anwendbark der Verzugsvorschr für jeden Anspr bes zu prüfen (BGH **49**, 263). Auf den Anspr des Berecht aus § 888 gg den vormerkgswidr eingetragenen Eigtümer sind die VerzugsVorschr nicht anzuwenden (BGH aaO). Bei Anspr aus §§ 985 od 894 sind VerzugsVorschr nur unter den Voraussetzgen des § 990 anwendb (Saarbr OLGZ **87**, 223). Im FamR begründet Verzug mit einer AuskPfl eine SchadErsPfl gem § 286 (Karlsr FamRZ **79**, 170). 7

bb) Öffentliches Recht. Verzögert der Schu die Erfüllg einer öffrechtl LeistgsVerpfl, bestimmen sich die eintretden RFolgen grdsl nach öffR (Einl 25 v § 241). Einschlägig sind AO 233 ff, SGB I 44. Soweit das öffR 8

Lücken enthält, können die VerzugsVorschr des PrivR entspr angewandt w (BGH **36**, 344, str, s v Heinegg NVwZ **92**, 524). Die entspr Anwendg setzt aber voraus, dass zw den Part ein Verhältn der Gleichordng besteht; sie scheidet bei Über- u Unterordngsverhältn auch dann aus, wenn es sich um GeldFdgen handelt (BGH NJW **82**, 1277). § 280 II iVm § 286 sind daher unanwendb auf beamtenrechtl Anspr (BVerwG **16**, 346, **24**, 191), RegreßAnspr gg Beamte (BVerwG NVwZ **88**, 440) od seine Erben (BVerwG NVwZ **91**, 168), Anspr aus dem SozialVersR (BSG NJW **69**, 575), u zwar auch im Anwendgsbereich von SGB X § 61 (BSG VersR **87**, 944), Anspr auf Erschließgsbeiträge (BVerwG NJW **71**, 1148), Beiträge im FlurbereiniggsR (BVerwG NVwZ **89**, 878), Investitionszulagen (BFH NJW **76**, 1863), Enteigngsentschädiggen (BGH NJW **82**, 1277), Rückerstattg von rechtsgrdlos empfangenen Entschädiggen (BVerwG DVBl **78**, 609), Gebühren-
9 Anspr der Notare (BGH **108**, 268) u Schornsteinfeger (BVerwG NJW-RR **94**, 972). **Anwendbar** sind die §§ 286 ff, insb § 288, dagg auf Anspr aus öffrechtl Vertr, VwVfG 62 (BVerwG NVwZ **89**, 878, aA BVerwG NVwZ **86**, 554) u auf Rückzahlg von Studienbeihilfen (BVerwG DÖD **79**, 189). Zuständ zur Entscheidg sind gem VerwGO 40 II, GG 34 grdsl die ordentl Ger (BVerwG **14**, 4, DVBl **71**, 412). Das gilt aber nur dann, wenn der SchadErsAnspr unmittelb u ausschließl Ggst der Kl ist (BVerwG **27**, 132, NJW **71**, 1148). Vgl auch § 291 Rn 2.

10 **f) Abdingbarkeit.** Die §§ 286 ff können als disposit Recht dch IndVereinbg geändert werden. Ändergen dch AGB unterliegen den sich aus den §§ 305 ff ergebden Schranken. Einschläg sind die Klauselverbote in § 308 Nr 1 u 2, § 309 Nr 4, 5 a, 7 (s dort) u die Generalklausel des § 307. Zur InhKontr von Vereinbgen, die von der gemeinschaftsrechtl vorgegebenen III abweichen s Rn 31.

11 **2) Voraussetzungen des Verzugs (Übersicht).** Das SMG hat die Fehlentscheidg des Ges zur Beschleunigg von Zahlgen, die Verzugsvoraussetzgen bei Anspr auf Sachleistgen einerseits u auf Geldleistgen ands unterschiedl zu regeln u dem GeldSchu grdsl eine ZahlgsFr von 30 Tagen einzuräumen, korrigiert. § 286 I u II regelt den Tatbestd des Verzugs wieder einheitl für alle Anspr: Der Anspr muß vollwirks u fäll sein (Rn 12 ff). Erforderl ist grdsl eine Mahng (Rn 16 ff). Liegen die Voraussetzgen der II od III vor, bedarf es keiner Mahng (Rn 22 ff). Der Schu muß die mögl Leistg nicht od nicht rechtzeit erbringen (Rn 32) u muß die Verzögerg zu vertreten haben, IV (Rn 39 ff).

12 **3) Vollwirksamkeit des Anspruchs. – a)** Dem Gläub muß ein **durchsetzbarer** Anspr zustehen. Eine unvollkommene Verbindlichk (Einl 15 v § 241) reicht nicht aus. Bei einem schwebd unwirks Vertr ist Verzug währd des Schwebezustands grdsl ausgeschl; soweit nach § 275 Rn 36 eine wirks Verpfl zur Hinterlegg des KaufPr begründet w kann, ist aber ein Verzug des Käufers mögl (BGH NJW **99**, 1329). Das Bestehen einer dauernden oder aufschiebden **Einrede** (§§ 202 I, 222, 379, 478, 771, 821, 853, 2014 f) schließt den Verzug aus, u zwar auch dann, wenn der Schu die Einr (zunächst) nicht erhebt (RG **126**, 285, BGH **48**, 250, **104**, 11). Der Verzug erfordert einen dchsetzb Anspr, der schon dch das Bestehen der Einr ausgeschl ist (MüKo/Thode Rn 13, str, s Huber, LStörgsR § 12 II, Diederichsen JuS **85**, 829). Das gilt auch für die **Einrede des nicht erfüllten Vertrags** (BGH **84**, 44, **113**, 236, NJW **93**, 2674, **99**, 53, 2110) u die Einr, die gem § 275 II od III zur Leistgsbefreig führt. Erforderl ist aber, dass der Schu die Einr später im Proz wirkl erhebt od darauf hinweist, dass er sie vorprozessual bereits erhoben hat; geschieht das nicht, muß er sich so behandeln lassen, wie wenn er in Verzug gekommen wäre (Larenz § 23 I c mwN).

13 **b)** Das **Zurückbehaltungsrecht** (§ 273) schließt den Verzug nur aus, wenn es vor od bei Eintritt der Verzugsvoraussetzgen ausgeübt w, da der Gläub Gelegenh haben muß, von seiner Abwendgsbefugn (§ 273 III) Gebrauch zu machen (RG **77**, 438, BGH WM **71**, 1021). Eine bes Geltdmachg ist ausnw nicht erforderl, wenn der Gläub dem Bestehen des ZbR Rechng trägt u Leistg Zug-um-Zug verlangt (BGH **60**, 323).

14 **c)** Zur **Fälligkeit** s § 271. Bei Fdgen, deren Höhe dch GestaltgsUrt zu bestimmen ist, tritt Fälligk erst nach RKraft des Urt ein (BGH **122**, 45, NJW **96**, 1058, § 315 Rn 17). Die Gewährg einer richterl RäumgsFr (ZPO 721) beseitigt die Fälligk u den Verzug nicht (BGH NJW **53**, 1586, vgl aber § 557 III), ebsowenig die Abrede, aus einem Titel zeitweilig nicht zu vollstrecken (BGH NJW **68**, 700), wohl aber die Stundg der Fdg (§ 271 Rn 12).

15 **d) Mitwirkung des Gläubigers.** Ist sie zur Vornahme der Leistg notw, kommt der Schu nur in Verzug, wenn der Gläub die erforderl Hdlg vornimmt od anbietet (BGH NJW **96**, 1745). Das gilt etwa bei Holschulden, beim Spezifikationskauf u bei Wahlschulden; bei einer ErfVerweigerg des Schu ist die MitwirkgsHdlg des Gläub aber entbehrl (BGH NJW-RR **90**, 444). Bei einem Anspr aus einem ggs Vertr muß der Gläub mit der Mahng die ihm obliegde **Gegenleistung anbieten,** u zwar in einer AnnVerzug begründden Weise (BGH **116**, 249, Ernst AcP **199**, 486/491); die bloße Bereitsch zur Erbringg der Leistg reicht nicht (BGH aaO, § 320 Rn 12). Das Angebot der GgLeistg kann iF des § 295 in der Mahng konkludent mitenthalten sein (BGH MDR **91**, 1039). Hat der Gläub die GgLeistg hinterlegt, genügt eine Verweisg auf den hinterlegten Betrag (BGH **LM** § 320 Nr 8). Währd eines Streiks kann der ArbN wg seines UrlAnspr nur mahnen, wenn er erklärt, dass er iF der Ablehng seines UrlAntr seine ArbPfl wieder erfüllen werde (BAG DB **97**, 679).

16 **4) Mahnung, I. – a) Begriff.** Die Mahng ist die an den Schu gerichtete Aufforderg des Gläub, die geschuldete Leistg zu erbringen. Sie ist eine nicht formgebundene, einseit empfangsbedürft Erkl. Sie ist kein RGesch, sond eine geschäftsähnl Hdlg (BGH **47**, 357, NJW **87**, 1547, Übbl v § 104). Die Vorschr über RGesch u WillErkl sind aber entspr anwendb (BGH aaO). Die Mahng des GeschBeschränkten ist gült, da sie ledigl Vorteile bringt, § 107 (KG FamRZ **89**, 537), die des GeschUnfähigen ist dagg nichtig (§ 105). Soll ein GeschBeschränkter od ein GeschUnfähiger gemahnt w, gilt § 131. Die Mahng muß **nach Fälligkeit** erfolgen, vorher ausgesprochen, ist sie wirkgslos (BGH **77**, 64, NJW **92**, 1956). Es ist jedoch zul, die Mahng mit der die Fälligk begründden Hdlg (zB Abruf) zu verbinden (BGH WM **70**, 1141, KG DNotZ **87**, 34). Die Mahng braucht nicht am ErfOrt zu erfolgen. Bei einer Mahng am unpassden Ort kann sich aber aus § 242 ergeben, dass Verzug erst nach angem Fr eintritt (Rn 32).

b) Anforderungen. – aa) Eindeutigkeit. Die in der Mahng enthaltene Aufforderg zur Leistg muß eindeut sein. Eine FrSetzg ist nicht nötig, ebsowenig die Androhg von Folgen. Es genügt, wenn der Gläub zum Ausdr bringt, dass er die geschuldete Leistg verlangt (BGH NJW **98**, 2132). Das kann auch in höfl Form od in Versen geschehen (BGH NJW **98**, 2132, LG Ffm NJW **82**, 650). Der fr häufig zitierte Satz, die Mahng müsse erkennen lassen, dass das Ausbleiben der Leistg Folgen haben werde (BGH **LM** § 284 Nr 1), trifft nicht zu (Hamm NJW-RR **92**, 668). Die Erkl, der Leistg werde gern entgg gesehen, ist aber keine Mahng, ebsowenig die Aufforderg, sich über die Leistgsbereitsch zu erklären (BGH NJW-RR **98**, 1749), die Mitteilg, die Fdg sei nun fäll (Düss DNotZ **85**, 767) od die Äußerg des Gläub, er wäre dankb, wenn er die Leistg erwarten dürfe (RG **93**, 301). Die Mahng hins eines hilfsw geltd gemachten Anspr ist wirks (BGH NJW **81**, 1732), ebso die **befristete** Mahng. Die Fr beginnt iZw mit dem Datum der Mahng, nicht erst mit ihrem Zugang (Ziegeltrum JuS **86**, 709). Die Erkl kann aber auch so zu verstehen sein, dass Verzug *sofort* eintreten soll u FrSetzg nur im Hinbl auf den Anspr auf § 281 erfolgt (Ausleggsfrage). 17

bb) Konkludente Mahng. Die Mahng kann auch konkludent erfolgen, etwa dch Übersendg eines PKH-Antr od eines Antr auf Erlaß einer einstweil Anordng (BGH NJW **83**, 2320), eines Schreibens, das den Verzugseintritt feststellt (BGH **80**, 269/76, Düss NJW-RR **97**, 1516). Die Wechselvorlage ist Mahng hins der WechselFdg, nicht aber hins der Fdg aus dem GrdVerhältn (BGH **96**, 193). Dagg ist die Übersendg einer **Rechnung** od Zahlgsaufstellg keine Mahng (*arg* III). Die Übersendg einer quittierten Rechng od die wiederholte Übermittlg einer Rechng kann aber als Mahng aufzufassen sein. Keine konkludente Mahng ist dagg die Einleitg eines StrafVerf (BGH NJW **87**, 1149). 18

c) Bestimmtheit. Stehen dem Gläub **mehrere** Anspr zu, muß erkennb sein, worauf sich die Mahng bezieht (BGH **LM** § 346 Nr 6). Die Mahng zur Vornahme von SchönhReparaturen muß die vorzunehmden Arbeiten näher bezeichnen (LG Bln MDR **83**, 319, BGH NJW-RR **92**, 1227 läßt offen). Bei betragmäß **unbestimmten** Anspr (SchmerzG, PflTeil, Unterh), braucht die Mahng nicht in jedem Fall eine Bezifferg zu enthalten. Beim SchmerzGAnspr genügt es, wenn ausr konkrete Tats zur Höhe vorgetragen werden (s BGH VersR **63**, 726). Für den PflTeilsAnspr u den Anspr auf VersorggsAusgl ist anerkannt, dass der auskpflicht Schu dch eine unbezifferte Mahng in Verzug kommt, wenn diese einem zuläss AuskAntr in einer Stufenklage entspr (BGH **80**, 277, Bambg FamRZ **98**, 1367). Bei **Unterhaltsansprüchen** steht die Aufforderg zur AuskErteilg nach § 1613 I der Mahng ausdr gleich, **sog Stufenmahnung**, (§ 1613 Rn 7). Wird der Schu zugl wg eines best Betrags gemahnt, gilt § 1613 I aGrd des AuskVerlangens auch für einen etwaigen Mehrbetrag. Die Mahng – die seit Aufhebg des § 284 III aF wieder sofort Verzug begründet, in der Praxis aber idR dch das AuskVerlangen ersetzt wird, – muß so konkretisiert sein, dass der Schu weiß, welcher Unterh von ihm verlangt wird (BGH NJW **84**, 868). Es genügt, wenn der Gläub ggü dem Schu zum Ausdr bringt, dass er weiterhin einen best Mindestbetrag benötigt u verlangt (Celle FamRZ **80**, 914). Nicht ausr ist es dagg, dass der Schu unter Inanspruchn fachkund Beratg den geschuldeten Unterh ziffernmäß ermitteln kann (BGH NJW **84**, 868), auch die Mitteilg von UnterhRL genügt nicht (Soergel/Häberle § 1613 Rn 3, aA Karlsr FamRZ **80**, 917). Kennt der Schu Grd u Höhe des gg ihn bestehden Anspr, so tritt bei Einstellg der bisher von ihm geleisteten Zahlgen ohne Zahlgsaufforderg Verzug ein (BGH NJW **87**, 1551). Solange die Voraussetzgen fortbestehen, braucht die Aufforderg **nicht periodisch wiederholt** zu werden (BGH **103**, 62) Bei einem Wechsel der AnsprIdentität ist eine erneute Zahlgsaufforderg erforderl (BGH aaO u NJW **92**, 1956: Trenngs- u nachehel Unterh), ebso, wenn der Gläub seine Fdg dch teilw Rückn od AntrErmäßigg reduziert hat (Hamm FamRZ **89**, 1303), od wenn eine Mehrzahlg über den gezahlten Unterh hinaus beansprucht w (Oldbg FamRZ **82**, 731). Die Mahng für eine **Mehrheit von Gläubigern** ist nur wirks, wenn der für jeden Gläub geforderte Betrag konkret bezeichnet wird (Hamm NJW-RR **97**, 962). 19

d) Zuvielforderung. Sie ist eine wirks Mahng, wenn der Schu die Erkl des Gläub nach den Umst des Falls als Aufforderg zur Bewirkg der tatsl geschuldeten Leistg verstehen muß u der Gläub zur Annahme der ggü seinen Vorstellgen geringeren Leistg bereit ist (BGH **LM** § 286 Nr 3, WM **00**, 586, Ffm NJW-RR **89**, 409, Bambg NJW-RR **90**, 903, Zweibr WM **96**, 625). Entspr gilt, wenn der Gläub eine Leistg zu Bdggen verlangt, die vom Vertr abweichen (BGH WM **89**, 1898: Leistg an RA statt auf Notaranderkonto). Entgg einer älteren Rspr (RG JW **24**, 1137 uö) ist nicht entscheidd, wie sich der Schu iF richtiger Mahng verhalten hätte (Staud/Löwisch § 284 Rn 25). Es kommt vielmehr darauf an, ob die Erkl als Aufforderg zur Erbringg der geschuldeten Leistg aufzufassen ist. Der Gläub kann aber aus der Mahng keine Rechte herleiten, wenn er eine weit übersetzte Fdg geltd macht (BGH NJW **91**, 1288, ZIP **93**, 423), insbes dann nicht, wenn der Schu die wirkl geschuldete Leistg nicht zuverläss feststellen kann (BGH aaO). Die Fdg einer zu **geringen** Summe begründet nur hins des angemahnten Betrages Verzug (BGH NJW **82**, 1985). 20

e) Klage, Mahnbescheid. Sie sind dch **I 2** der Mahng gleichgestellt. Eine WiderKl genügt, ebso ein HilfsAntr (BGH NJW **81**, 1732) u eine StufenKl (BGH **80**, 269/77), vorausgesetzt der AuskAnspr besteht u ist fällig (Düss NJW **93**, 1080). Dagg reichen nicht aus: die FeststellgsKl, die Kl auf künft Leistg nach ZPO 257 ff u die Anmeldg der Fdg im InsVerf (RG **121**, 211). 21

5) Verzug ohne Mahnung, II. – a) Leistungszeit nach dem Kalender. Eine Mahng ist entbehrl, wenn für die Leistg dch Ges od RGesch eine Zeit nach dem Kalender bestimmt ist, **II Nr 1.** Erforderl ist eine vertragl Vereinbg, eine einseit Bestimmg dch den Gläub genügt nicht (LG Paderborn MDR **83**, 225, aA Fahl JZ **95**, 341). Die GenBedürftigk des Vertr schadet nicht, wenn die Gen vor dem LeistgsZtpkt erteilt wird (BGH NJW **01**, 365). Als Leistgszeit muß unmittelb od mittelb ein best Kalendertag festgelegt sein (s RG **103**, 34, BGH WM **71**, 615). Es genügt daher die Bestimmg, „im August" (BGH NJW-RR **99**, 593/595), „Mitte des Mo" (BAG WM **82**, 246), „1. Dekade des Mo" (BGH NJW **84**, 49), „8. KalenderWo" (BGH WM **96**, 1598), „binnen 20 Tagen ab Beurk" (BGH NJW **01**, 365) „3 Wo nach Ostern", od „bis Ende 1983", „14 Tage ab Bestellg" (BGH WM **92**, 823). Nach II Nr 2 genügt aber abw vom bisher Recht grdsl auch Berechenbark nach dem Kalender. Der Ablauf der WiderrFr für einen Vergl fällt schon deshalb nicht unter II Nr 1, weil die Fr nicht die Leistgszeit, sond die Ausübg des WiderrR betrifft (s Ffm NJW-RR **96**, 304). Die für den AuftrG maßgebden AbgabeFr des SteuerR gelten für den Vertr mit dem StBerater nur, wenn sie VertrInh geworden sind (BGH **115**, 382). Dass der **Unterhalt** nach § 1612 III monatl im voraus zu 22 zahlen ist, begründet keine Kalenderfälligk iSv II Nr 1 (Karlsr FamRZ **81**, 384). Dagg ist II Nr 1 anwendb, wenn die Part den Unterh vertragl geregelt haben od der Unterh ausgeurteilt ist (BGH NJW **83**, 2320, FamRZ **89**, 150). Das gilt auch, wenn die UnterhHöhe vertragl an einen Index geknüpft ist (Köln FamRZ **83**, 178).

23 **b) Anknüpfung an ein vorausgehendes Ereignis, II Nr 2.** Eine Mahng ist nicht erforderl, wenn der Leistg ein Ereign vorauszugehen hat u eine angem Zeit für die Leistg in der Weise best ist, dass sie sich von diesem Ereign an nach dem Kalender berechnen läßt. Die Regelg, die an § 284 II 2 aF anknüpft, das Wort „Künd“ aber dch das Wort „Ereign“ ersetzt, beseitigt eine Privilegierg der Künd, für die es offensichtl keine überzeugden SachGrde gab. Nach II Nr 2 können jetzt außer der Künd auch and Ereign zum Ausgangspkt einer kalendermäß Berechng gemacht werden, vorausgesetzt, die vereinbarte Fr ist angem. Ist sie zu kurz, bleibt II Nr 2 anwendb, es gilt aber anstelle der vereinbarten die angem Fr. Abw vom bisher Recht kann die Leistgszeit daher auch vom Abruf, der Lieferg, dem Beginn der BauArb, dem Zugang der notariellen Fälligk-Mitteilg (Hertel DNotZ **01**, 914), der Beendigg des VertrVerh od and Ereign abhäng gemacht werden. Auch der Ablauf der in § 676a II für Überweisgen festgelegten AusführgsFr begründet jetzt wohl unabhäng von einer Mahng Verzug. „Ereign“ ist aber nur eine Hdlg od ein and sinnl wahrnehmb Umst. Ein reiner RBegriff wie zB die Fälligk ist für II Nr 2 kein geeigneter Anknüpfgspkt. Zur Angemessenh der LeistgsFr, die dch das Ereign in Lauf gesetzt werden soll, s Hertel DNotZ **01**, 915 u Rn 31. Eine Regelg, nach der „sofort“ nach Lieferg od Weiterverkauf gezahlt werden muß, fällt nicht unter II Nr 2, da der LeistgsZtpkt hier nicht nach demKalender zu berechnen ist. Entgg einer in der Lit vertretenen Ans (Huber JZ **00**, 957/61, Gsell ZIP **00**, 1861/68) verstößt II Nr 2 insoweit nicht gg die RL 2000/35/EG (BT-Drs 14/6040 S 146, Heinrichs BB **01**, 157/58).

24 **c) Erfüllungsverweigerung, II Nr 3.** Wenn der Schu die Leistg ernsth u endgült verweigert, kommt er ohne Mahng in Verzug. II Nr 3 kodifiziert einen schon bisher geltden ungeschriebenen RGrds (s BGH **2**, 312, **65**, 377). Dch die ErfVerweigerg werden neben der FrSetzg auch die zur Leistg erforderl MitwirkgsHdlgen des Gläub (Rn 15) entbehrl (BGH NJW-RR **90**, 444). An das Vorliegen einer ernsth u endgült ErfVerweigerg sind strenge Anfordergen zu stellen. Die Weigerg muß als sein letztes Wort aufzufassen sein. Einzelh § 281 Rn 14.

25 **d) Besondere Gründe, II Nr 4.** Eine Mahng ist entbehrl, wenn aus bes Grden unter Abwägg der beiderseit Interessen der sofort Eintritt des Verzugs gerechtfertigt ist. II Nr 4 erfaßt vor allem die Fälle, in denen schon nach bisher Recht eine Mahng als entbehrl angesehen worden ist: – **aa)** Wenn der Schu die alsbald Leistg ausdr angekündigt hat, gleichwohl aber nicht leistet, sog **Selbstmahnung** (Köln NJW-RR **00**, 73, Huber, LStörgsR § 18 II 4). – **bb)** Wenn der Schu, wie er weiß, eine falsche od **fehlerhafte Leistung** erbracht hat, die geschuldete Leistg aber gleichwohl nicht bewirkt (BGH NJW **70**, 1502, **85**, 2526). – **cc)** Wenn sich die **besondere Dringlichkeit** der Leistg aus dem VertrInhalt ergibt (BGH NJW **59**, 933, **63**, 1823). Bsp sind die Reparatur eines Wasserrohrbruches od die sonst Zusage „schnellstmögl Reparatur“ in einem dringl Fall (BGH NJW **63**, 1823), die Zusage, WertPKaufAuftr per Internet innerh von Sekunden auszuführen (LG Nürnbg WM **00**, 1004). – **dd)** Wenn der Schu dch sein Verhalten den Zugang einer **Mahnung verhindert** (Köln NJW-RR **99**, 4). – **ee)** Wenn der Schu zur Herausg einer dch **unerlaubte Handlung** entzogenen Sache verpfl ist: *fur semper in mora* (Kiel SeuffA **59**, 259). Die §§ 848, 849, die ausdr einige Verzugsfolgen ohne Mahng eintreten lassen, stehen einer solchen allg Beurteilg nicht entgg (hM).

26 **6) Verzug 30 Tage nach Rechnungszugang, III.** Das SMG beseitigt die verfehlte Regelg des § 284 III, nach der der Schu einer GeldFdg grdsl erst 30 Tage nach Zugang einer Rechng in Verzug kam. Entspr den Vorgaben der RL 2000/35/EG ist der Ablauf einer 30-Tages-Fr nach Zugang der Rechng jetzt nur noch ein weiterer den Verzug begründder Tatbestd, der neben die Mahng u die in II geregelten Mahngssurrogate tritt.

27 **a) Anwendungsbereich. – aa)** III gilt abw vom REntw nur für **Entgeltforderungen.** Der RAusschuß des BTags, auf den diese Formulierg zurückgeht (BT-Drs 14/7052 S 276), verweist auf die RL 2000/35/EG (Text NJW **01**, 132) u damit auf deren Art 1 u 2 Nr 1. Danach betrifft III nur Fdgen, die auf Zahlg eines Entgelts für die Lieferg von Gütern od die Erbringg von Dienstleistgen gerichtet sind. Auf SchadErsAnspr, BerAnspr u Anspr auf GoA findet III keine Anwendg. Auch ZahlgsAnspr gg Versicherer sind, wie der 13. ErwäggsGrd hervorhebt, nicht einbezogen. Soweit BerAnspr u Anspr aus GoA ein **Äquivalent** für die erbrachte Leistg darstellen, wird man III aber ausnw anwenden können (vgl zu einer entspr Gleichstellg im fr VerjR BGH **137**, 183). Erfaßt sind auch Fremdwährgsschulden u Entgelte die an Dr od dch Hinterlegg auf ein Anderkonto zu erbringen sind. Nicht unter III fällt dagg der Anspr auf Zustimmg zu einer Mieterhöhg (s
28 LG Duisbg NJW-RR **99**, 12). – **bb)** Ist der Schu **Verbraucher** (§ 13), ist III nur anwendb, wenn in der Rechng od Zahlgsaufstellg bes auf die RFolgen hingewiesen worden ist. Ein fr od späterer Hinw genügt nicht. Der Gläub muß neben dem Zugang der Rechng auch beweisen, dass sie den notw Hinw enthielt.

29 **b) Rechnung, Zahlungsaufstellung.** *Rechng* (ein dem BGB bislang unbekannter Begr) ist eine gegliederte Aufstellg über eine EntgeltsFdg für eine Warenlieferg od eine sonst Leistg. Sie muß, da sie dem Schu eine Überprüfg ermöglichen u für den Verbr einen bes Hinw enthalten soll (Rn 28), schriftl (aA MüKo/Thode § 284 Rn 72), aber nicht in der Form des § 126 erteilt werden (Schimmel/Buhlmann MDR **00**, 737). Die Rechng ist grdsl keine FälligkVoraussetzg. Ist sie es ausnw doch (§ 271 Rn 7), wird die Fdg mit Zugang der Rechng fäll, zugl beginnt der Lauf der 30-Tages-Fr. Genügt die Rechng nicht den etwaigen gesetzl Anfordergen (UStG 14, HOAI, VOB/B usw), ist zu unterscheiden: Ist die Rechng FälligkVoraussetzg, beginnt die 30-Tages-Fr schon mangels Fälligk nicht zu laufen; ist sie es nicht, so zB iF des UStG 14, kann die Rechng als Zahlgsaufforderg die 30-Tages-Fr in Lauf setzen, jedoch nur, wenn sie hinreichd best ist u der Schu sich nicht auf sein ZbR beruft (s Mü NJW **88**, 270). Wg der Beschränkg von III auf EntgeltsFdgen (Rn 27) ist die Alternative *„Zahlgsaufstellg“* weitgehd leerlaufd. Eine ZahlgsAufstellg über eine EntgeltsFdg ist eigentl immer eine Rechng. Die ausdr Erwähng der ZahlgsAufstellg macht aber klar, dass III auch dann anwendb ist, wenn der Gläub nicht den Terminus Rechng, sond einen and, etwa FälligkMitteilg, verwendet.

30 **c) Zugang der Rechnung.** Geht die Rechng od gleichwert FdgsAufstellg bei od nach Fälligk zu, setzt sie die 30-Tages-Fr in Lauf. Geht die Rechng vor Fälligk zu, beginnt die Fr mit Fälligk (BT-Drs 14/2752 S 16).

Ist der Ztpkt des Zugangs der Rechng unsicher, kommt der Schu, der nicht Verbr (§ 13) ist, spätestens 30 Tage nach Fälligk u Empfang der Leistg in Verzug (III 2). Die Vorschr führt bei wörtl Auslegg zu abweg Ergebn (s Heinrichs BB **01**, 159). Ist die Lieferg am 2. 5. erfolgt u ist str, ob die Rechng am 10. od 15. 7. zugegangen ist, tritt Verzug am 2. 6. ein, also mehr als einen Monat vor Zugang der Rechng. III 2 wird keine prakt Bedeutg erlangen, da der Schu nach dem RGespräch mit dem Ri erklären wird, er bestreite nicht mehr, dass die Rechng am 10. 7. zugegangen sei. Die Bemühgen, der Vorschr dch Auslegg einen vernünft Inh zu geben, können zunächst zurückgestellt werden. **Fristberechnung:** Beginn: § 187 I (s dort). FrEnde: §§ 188 I, 193 (s dort). Da es eine Fr von 30 Tagen ist (nicht 1 Mo od 4 Wo), muß ausgezählt werden.

d) Inhaltskontrolle. Die RL 2000/35/EG, die die Untern, insbes die kleinen u mittleren („KMU") 31
schützen will, verpfl die MitglStaaten im Art 3 III–V sicherzustellen, dass Vereinbgen, die vom Schutzstandard abweichen u den **Gläubiger** grob benachteiligen, nicht geltd gemacht werden können od einen SchadErs-Anspr begründen. Das SMG verzichtet insoweit abw vom DiskEntw (Einl 3 zum ErgBd) auf Umsetzg dch eine Sondernorm. Soweit der GläubSchutz des III dch AGB eingeschränkt wird, ist in der Tat die Umsetzg dch § 307 ausr. Grobe Benachteiligg des Gläub verstoßen gg § 307 II Nr 2 u sind unwirks. Für den prakt kaum vorkommden Fall einer individualvertragl Abrede verweist die amtl Begründg auf § 138 I (BT-Drs 14/6040 S 82, krit Heinrichs BB **01**, 162). Umgekehrt **schützt** die Regelg des III über § 307 II Nr 1 auch **den Schuldner**. Formularmäß Abkürzgen der Fr auf 10–14 Tage sind aber wohl wirks (Ziegler/Rieder ZIP **01**, 1791). Das gilt auch, wenn die Fr an ein and Ereign, zB Lieferg, anknüpft u ihre Angemessenh nach II Nr 2 zu prüfen ist.

7) Beginn des Verzugs. Der Verzug beginnt mit dem Zugang der Mahng (I) u bei kalendermäß 32
festgelegter od berechenb Leistgszeit (II Nr 1 u 2) mit Ablauf des Tages, an dem die Leistg (spätestens) zu erbringen war. Das gilt entspr, wenn Verzug aGrd von III eintritt. Verzug nach II Nr 3 u 4 tritt mit Vornahme der verzugsbegründden Hdlg des Schu od dem Eintritt des Ereign ein, das die Mahng überflüss macht. Der Schu gerät nicht in Verzug, wenn der Gläub zZ der Mahng od an dem Termin, an dem der Schu (spätestens) leisten musste, nicht in der Lage od nicht willens ist, die Leistg anzunehmen (Gursky AcP **173**, 450; entspr Anwendg von § 297, aA Huber, LStörgsR § 19 III 1). Für den Tag des Zugangs der Mahng wären an sich anteilige Verzugszinsen (§ 288) zu zahlen. Der RGedanke des § 187 (dort Rn 1) rechtfertigt es aber, den Zinslauf erst am nächsten Tag beginnen zu lassen. Für den Schu kann sich aus § 242 ausnw eine **Prüfungsfrist** ergeben, deren Länge sich nach den Umst des Einzelfalls richtet, so beim wettbewerbsrechtl UnterlAnspr (KG NJW-RR **87**, 995), bei Aussondergs- u AbsondergsR im InsVerf (AG Bonn ZIP **94**, 1880) u bei Anspr auf Freihaltg von einer Verbindlichk (BGH NJW **83**, 1729).

8) Beendigung des Verzugs. Der Verzug endet für die Zukunft, wenn eine seiner Voraussetzgen entfällt. 33
– **a) Leistung.** Der häufigste BeendiggsTatbestd ist die nachträgl Erbringg der Leistg. Bei Schickschulden tritt Heilg entspr § 270 Rn 6 bereits mit Vornahme der LeistgsHdlg ein (Düss NJW-RR **98**, 780, Ffm MDR **99**, 667). Auch dch eine Leistg zur Abwendg der ZwVollstr endet der Verzug, obwohl das SchuldVerh noch nicht erlischt (BGH NJW **81**, 2244, aA Braun AcP **184**, 161, vermittelnd Krüger NJW **90**, 1209).

b) Leistungsangebot. Der Verzug wird auch dann geheilt, wenn der Schu die Leistg in einer AnnVerzug 34
begründden Weise anbietet (Düss NJW-RR **99**, 1396). Dazu ist notw, dass die Leistg vollständ angeboten w. Ein gleichzeit Angebot von Verzugszinsen u Schaden ist nicht erforderl, da die Anspr aus §§ 286, 288 nicht Teil der HauptFdg, sond auf einem zusätzl RGrd beruhde NebenFdgen sind (Eisenhardt JuS **70**, 489, Scherner JR **71**, 441, Huber, LStörgsR § 20 II, § 266 Rn 5, str). Auch wenn man die ursprüngl Leistg als Teilleistg ansieht, ist der Gläub uU nach Treu u Glauben zur Ann verpfl (BAG BB **75**, 1578, § 266 Rn 9).

c) Weitere Grde für eine Beendigg des Verzugs sind: – **aa) Stundung** (BGH NJW-RR **91**, 822); – 35
bb) Verjährung des Anspr (BGH **34**, 197, **104**, 11); – **cc) Untergang** des Anspr dch Anf, Rücktr od Unmöglichw der Leistg (Rn 3); – **dd)** Ausübg eines **Zurückbehaltungsrechts** (RG **120**, 197, BGH NJW **71**, 421). Der Erwerb des ZbR genügt nicht. Erforderl ist, dass der Schu das ZbR geltd macht u seine Leistg Zug um Zug anbietet (BGH aaO); zur nachträgl Berufg auf § 321 s dort Rn 5, auf § 410 s dort Rn 3; –
ee) Rücknahme der Mahng (Rechng, Zahlgsaufforderg) od der Klage (BGH NJW **83**, 2320), nicht aber ow 36
die Ablehng des Antr auf Erlaß einer einstweil AO (BGH NJW **95**, 2033). Der Verzug endet mit Wirkg *ex nunc* (BGH NJW **87**, 1546, FamRZ **88**, 479); bereits eingetretene Verzugsfolgen, zB die Verpfl zur Unterh-Zahlg für die Vergangenh (§ 1613), bleiben bestehen (BGH aaO).

d) Rechtsfolgen. Ein aGrd des Verzugs entstandenes gesetzl Rücktr- od KündR entfällt, sofern es nicht 37
vorher ausgeübt worden ist (BGH **34**, 197, WM **91**, 467). Dagg kann bei einem entspr vertragl Recht die Auslegg ergeben, dass es auch nach Beendigg des Verzugs ausgeübt werden kann (BGH WM **79**, 422).

9) Beweislast, Allgemeines. Der Gläub trägt für die tatbestandl Voraussetzgen des Verzugs die BewL 38
(Baumgärtel/Strieder § 284 Rn 1), die Leistg u ihre Rechtzeitigk hat dagg der Schu zu beweisen (BGH NJW **69**, 875). Der Schu ist außerdem für die fehlde AnnBereitsch des Gläub beweispflicht (Gursky AcP **173**, 450) u für die Beendigg des Verzugs (BGH NJW **69**, 875).

10) Entlastungsbeweis des Schuldners. – **a) Bedeutung des IV.** Der Schu kommt nicht in Verzug, 39
solange die Leistg inf eines Umst unterbleibt, den er nicht zu vertreten hat. Was der Schu zu vertreten hat, regeln die §§ 276–278. Danach hat der Schu für eig Verschulden u das seiner ErfGeh u gesetzl Vertreter einzustehen. Er ist auch dann für die Verzögerg der Leistg verantwortl, wenn sie auf mangelnder finanzieller Leistgsfähigk (§ 276 Rn 28) od Fehlern bei den geschäftl Dispositionen beruht (BGH **36**, 345, WM **82**, 400) od wenn er eine Garantie od ein Beschaffgsrisiko übernommen hat (§ 276 Rn 29 ff). Nach IV, der § 285 aF ersetzt, ist das Vertretenmüssen des Schu, wie bisher, keine Verzugsvoraussetzg, sond ihr Fehlen ein EinwendgsTatbestd. Die **Beweislast** trifft daher den Schu. IV wiederholt die Regelg des § 280 I 2, nach der der Schu beweisen muß, dass er die PflVerletzg nicht zu vertreten hat. Er konkretisiert zugl den Zeitpkt, für den der EntlastgsBew zu führen ist. Abzustellen ist nicht auf die PflVerletzg iS d § 280 I 1 (Nichtleistg bei Fälligk, s § 280 Rn 13), sond den Ztpkt, in dem alle obj Voraussetzgen des Verzugs vorliegen (§ 281 Rn 16). Der Schu ist idR nach § 242 verpfl, dem Gläub von dem Leistgshindern Mitteilg zu machen. Bei schuldh Verletzg

dieser AnzeigePfl haftet der Schu gem § 280 auf SchadErs. Fällt der EntschuldiggsGrd weg, tritt Verzug ein, ohne dass es einer erneuten Mahng bedarf (MüKo/Thode § 284 Rn 14). Ein nach Eintritt des Verzugs entstehder EntschuldiggsGrd beseitigt den Verzug nach dem RGedanken des § 287 nicht (RG **156**, 121, BGH NJW-RR **96**, 460).

40 **b) Entschuldigungsgründe,** die den Eintritt des Verzugs hindern, können sein: – **aa) Unverschuldete tatsächliche Leistungshindernisse** vorübergehder Natur. Bsp sind: eine schwere Krankh des Schu (RG JW **03**, Beil 114); Unkenntn der geänderten Anschrift des Gläub (RG SeuffA **60**, 27) od der Anschrift des Zessionars (RG SeuffA **68**, 32); Unkenntn der Erben des verstorbenen Gläub (BGH **LM** § 581 Nr 35); Änd der Grdl des Bauzeitplanes aus vom AuftrN nicht zu vertretden Grden (Hamm NJW-RR **96**, 1364); Unkenntn der genauen TatUmst bei Anspr aus unerl Hdlg od Gefährdg (BGH BB **64**, 820, Celle NJW **63**, 1205, Rn 32); Nichtzurverfüggstellg der für die Anfertigg der SteuerErkl erforderl Unterlagen (BGH VersR **83**, 61); uU Schwierigk bei der Beschaffg von ErsRaum (Brschw NJW **63**, 1110, Celle MDR **67**, 1013); BetrStörgen dch Naturereign od sonst höhere Gewalt.

41 **bb) Unverschuldete rechtliche Leistungshindernisse** vorübergehder Natur. Bsp sind: Einfuhrbeschränkgen od Beschränkgen im internationalen ZahlgsVerk (RG **161**, 105); befristetes Neubauverbot (BGH **LM** § 275 Nr 7); nicht voraussehb Verzögergen bei der Erteilg der erforderl behördl Gen; Notwendigk von Wertermittlg (BGH **80**, 269/70) od and Recherchen (Mü NJW-RR **90**, 1433). Auch ein **Rechtsirrtum** des Schu kann ausnw den Verzug ausschließen. Vgl dazu § 276 Rn 22.

42 **11) Rechtsfolgen des Verzugs** (Übersicht). Kommt der Schu in Verzug, kann der Gläub gem § 280 Ers des Verzögergsschadens (Rn 43 ff), bei Geldschulden als Mindestschaden Verzugszinsen (§ 288) verlangen. § 287 erweitert die Haftg des VerzugsSchu. Auch die §§ 290, 339, 536, 546 a II, 990 II u 1613 knüpfen RFolgen an den Verzug. Dagg sind die Voraussetzgen des **Schadensersatzanspruchs statt der Leistung** (bisher: SchadErsAnspr wg NichtErf) in §§ 281 f und des **Rücktrittsrechts** in §§ 323 f and als nach bish Recht unabhäng von den Erfordern des Verzugs geregelt.

43 **12) Ersatz des Verzögerungsschadens. – a) Rechtsgrundlage der Ersatzpflicht.** Die Pfl des Schu, den dch die Verzögerg der Leistg entstehden Schaden zu ersetzen, ergibt sich aus §§ 280 I, 280 II u 286. Die Haftgsanordng enthält § 280 I als der GrdTatbestd der LStörgsR. Auf eine bes SchadErsRegelg für den Verzug, aber auch auf den von der Schuldrechtskommission empfohlenen Hinw (AbschlBericht S 139) hat das SMG verzichtet. Die ErsPfl für Verzögergsschäden besteht bei SchuldVerh jeder Art, auch bei Anspr aus sachen-, familien- od erbrechtl Tatbestden (BGH NJW **84**, 868, Karlsr FamRZ **79**, 170, Rn 7). Er wird beim Verzug mit der Rückgabe von WoRaum dch § 571 I u II eingeschränkt.

44 **b) Verhältnis zu anderen Ansprüchen.** Der Anspr auf Ers des Verzögergsschadens tritt **neben** den bestehenbleibden LeistgsAnspr. Er bleibt auch dann bestehen, wenn dem Gläub nachträgl gem §§ 281 ff ein SchadErsAnspr statt der Leistg erwächst (BGH NJW **75**, 1740, Hamm NJW **83**, 1332). Der Gläub kann aber wahlw den Verspätgsschaden als Rechngsposten in den NichtErfSchaden einbeziehen (RG **94**, 206, **105**, 281). Macht er beide Anspr nebeneinand geltd, darf er die gleiche Schadensposition nur einmal berücksichtigen (BGH NJW **53**, 337). Die Kosten eines DeckgsGesch sind kein Verspätgsschaden, sond fallen unter §§ 281 ff (Mü NJW **95**, 2363). And kann es liegen, wenn der Gläub (Käufer) von seinem Abnehmer mit den Kosten eines DeckgsGesch belastet worden ist (BGH NJW **89**, 1215) od wenn der drohde Verspätgsschaden größer ist als die Kosten des DeckgsGesch (Peters NJW **79**, 688). Auch die Kosten einer ErsVornahme sind kein Verspätgsschaden, sond SchadErs statt der Leistg (Baier NJW **84**, 2931, Benicke JuS **96**, 196, aA BGH **87**, 111).

45 **c) Inhalt und Umfang** des Anspr richten sich nach den §§ 249 ff. Der Gläub ist so zu stellen, wie er bei rechtzeit Leistg des Schu stehen würde. Zw dem Verzug u dem Schaden muß ein UrsZusHang bestehen (Vorbem 54 v § 249). Zu ersetzen sind die entstandenen Nachteile, anzurechnen iW des VorteilsAusgl entstehde Vorteile. Gleichgült ist, ob die Entstehg des Schadens für den Schu voraussehb war. Sein Verschulden braucht sich nur auf den Eintritt des Verzugs, nicht auf die Entstehg des Schadens zu beziehen. Für den Anspr gilt der Grds der Naturalrestitution (§ 249 S 1). Diese ist aber prakt nur in AusnFällen mögl, so etwa wenn der Gläub inf des Verzugs mit einer Verbindlichk belastet worden ist (BGH BB **61**, 803). IdR ist der Verzögerungsschaden gem § 251 I in Geld zu ersetzen. Die vorbehaltl Ann der verspäteten Leistg enthält iZw keinen Verzicht auf den Anspr auf Ers des Verspätgsschadens. Für den Anspr gilt die VerjFr des HauptAnspr; die **Verjährung** beginnt mit der Entstehg des Schadens (BGH **LM** Nr 3, WM **73**, 489). Der Anspr verjährt aber gem § 217 spätestens mit dem HauptAnspr (RG **156**, 121, § 217 Rn 1).

46 **d) Einzelfälle. – aa) Wert- und Kursverluste.** Bei einer Fremdwährgsschuld ist ein währd des Verzugs entstandener Kursverlust als Verspätgsschaden zu ersetzen (RG **147**, 381, BGH **LM** § 282 Nr 25, Mü NJW **79**, 2480, LAG Hbg DB **72**, 1587); der Gläub muß aber darlegen, dass er die Valuta wertbeständ angelegt hätte (Alberts NJW **89**, 614) od dass sich der Kursverlust sonst für ihn (konkret) nachteilig ausgewirkt hat (Mü NJW-RR **88**, 1019); allerdings besteht bei einem Inländer die Vermutg, dass er Valuta alsbald in DM (jetzt) umtauscht (Düss WM **89**, 57). Eine ErsPfl besteht auch, wenn sich währd des Verzugs des Versicherers die für die Bemessg seiner Leistg maßgebden Taxwerte verschlechtert haben (Hbg VersR **75**, 660). Auch bei einer Fdg auf dtsche Währg kann inf des Verzugs ein zu ersetzder Entwertgsschaden entstehen (RG **107**, 213, Staud/Löwisch Rn 15), etwa wenn der Gläub das Geld in ausl Valuta (Wertpapieren, WirtschGütern) anlegen will u deren Kurs (Preis) angestiegen ist. Derartige SchadErsAnspr scheitern aber vielf an BewSchwierigk od wg der Möglichk der KreditAufn an § 254.

47 **bb) Kosten der Rechtsverfolgung. (1)** Zu ersetzen sind die Kosten von **Mahnschreiben,** sofern die Mahng nach Eintritt des Verzugs erfolgt ist u eine zweckentspr Maßn der RVerfolgg darstellt (BGH VersR **74**, 642). Wenn die Bank ihren Verzugsschaden abstrakt berechnet, sind aber Mahnkosten nicht anzusetzen (§ 246 Rn 11). Die ErsPfl erstreckt sich auch auf die dch die Zuziehg eines RA entstehden Kosten, da seine Beauftragg dem adäquaten Kausalverlauf entspr u im allg nicht gg § 254 verstößt (s BGH **30**, 156, § 249 Rn 21). Das gilt auch dann, wenn sich der RA selbst vertritt (BAG DB **95**, 835). Zu ersetzen sind auch die Kosten eines KündSchreibens, das wg des Verzugs notw wurde (Köln NJW-RR **87**, 593). Auch die dem

Gläub im PKHVerf entstandenen Kosten w trotz ZPO 118 I 4 von der ErsPfl umfaßt (Schlesw SchlHAnz **78**, 170). Eine ErsPfl besteht für alle sachdienl Maßn prozessualer RDchsetzg, auch wenn eine prozeßrechtl Kostenerstattg ausgeschl ist. Bsp sind Klageerhebg od VollstrMaßn in Unkenntn der inzw geleisteten Zahlg (s KG NJW-RR **92**, 1298) u der mangels Masse erfolglose Antr auf Eröffng des InsVerf (LG Essen MDR **83**, 753, s auch § 249 Rn 21), nicht aber der von Anfang an unbegründete Antr auf Erlaß einer einstweil Vfg (Dresd NJW **98**, 1872).

(2) Die Kosten der den Verzug begründden **Erstmahnung** (Künd) kann der Gläub dagg nicht ersetzt verlangen, weil sie nicht dch den Verzug verursacht worden sind u die nicht rechtzeit Leistg nach § 280 II nur unter den Voraussetzgen des Verzugs eine SchadErsPfl begründet (s BGH NJW **85**, 324, BayObLG NJW-RR **93**, 280). Setzt der Gläub dem Schu nach Verzugseintritt gem § 281 eine Fr, kommt dagg eine ErsAnspr in Betracht (s Gottwald JR **98**, 95). Der Zeitaufwand des Gläub für Mahnschreiben u Besuche beim RA (Freizeiteinbuße) ist nicht erstattgsfäh (§ 249 Rn 23). 48

(3) Kosten eines **Inkassobüros** kann auch der Kaufm ersetzt verlangen (aA AG Hombg MDR **83**, 840, LG Bln WM **90**, 62). Keine ErsPfl besteht aber, wenn ein zum Konzern gehördes ausgegliedertes Untern das Inkasso übernimmt (Michalski ZIP **94**, 1501, DB **95**, 2511). **Obergrenze** für die ErsPfl sind wg § 254 die **Sätze der BRAGO** (Köln OLGZ **72**, 411, Hamm JurBüro **84**, 1534, Bambg NJW-RR **94**, 412, MüKo/Thode Rn 22, Soergel/Wiedemann Rn 27, Huber, LStörgsR § 33 I 4, str, aA Inkasso-Handbuch/Zeitz[3] Rn 826 ff mwN), ein RGrds, der sich nun endl auch in der Rspr der InstanzGer dchzusetzen beginnt (s zB AG Peine u Celle JurBüro **96**, 648, 649, AG Würzbg MDR **02**, 32). Wer die Bereitsch der RA zum Inkasso nicht nutzt u sich für das teurere Angebot der Inkassoinstitute entscheidet, muß die entstehden Mehrkosten selbst tragen. Kommt es anschließd zum Proz, können die Inkassokosten idR nicht zusätzl zu den RAKosten beansprucht w, da der Gläub zur Schadensminderg den RA sogleich hätte beauftragen können (Düss OLGZ **87**, 494, Karlsr Rpfleger **87**, 422, Dresd NJW-RR **94**, 1139, Jena OLGNL **94**, 107, LG Rottweil NJW **94**, 266, LG Bln BB **96**, 290, Peter JurBüro **99**, 174, MüKo/Thode Rn 22, sehr str). Eine ErsPfl besteht insb dann nicht, wenn der Schu erkennb zahlgsunwill od -unfäh u daher voraussehb ist, dass später doch ein RA beauftragt w muß (Mü NJW **75**, 832, Karlsr NJW-RR **87**, 15). Sie kann ausnw gegeben sein, wenn der Gläub aus bes Grden darauf vertrauen durfte, dass der Schu ohne gerichtl Hilfe leisten w (Mü MDR **88**, 407, Düss JurBüro **88**, 1513) And die wohl überwiegde Rspr, die den Anspr nur bei erkennb Zahlgsunwillen od -unfähigk verneint, vgl zB Ffm NJW-RR **90**, 729 u die Nachw im Inkasso-Handbuch/Zeitz[3], Rn 716 ff u 846 ff. 49

cc) Aufwendungen. Zu ersetzen sind in den Grenzen des § 254 auch alle sonst dch den Verzug verursachten Aufwendgen (Vorbem 83 v § 249). Bsp sind die Miete für eine ErsWohng bei verspäteter Herstellg des Wohnhauses (BGH **66**, 281); Finanziergskosten bei verspäteter Fertigstellg eines Bauvorhabens (BGH **121**, 212, NJW-RR **90**, 980, Kapellmann BauR **97**, 48), aber nur bis zur Höhe des obj Nutzwerts (AG Stgt NJW-RR **94**, 980); Mehrkosten bei ArbErschwern od Verzögerg der Bauzeit (BGH **97**, 164); Belastg mit einer für den Fall der Verspätg versprochenen VertrStrafe (BGH NJW **98**, 1493, aA Dresd NJW-RR **97**, 83, krit v Wietersheim BauR **99**, 526); steuerl Nachteile (LG Freibg NJW-RR **95**, 1206, Solidaritätszuschlag); die währd des Verzugs weiter zu entrichtde KreditVersPrämie (LG Hbg BB **71**, 932); Kreditzinsen (§ 288 Rn 7). 50

dd) Weitere Schäden. Zu ersetzen sind, soweit nicht § 254 entggsteht, auch weitere Folgeschäden (Honsell FS Lange, 1992, S 517) u entgangener Gewinn (BGH DB **56**, 110). Bsp sind das Scheitern des gewinnbringden Weiterverkaufs der inzw unverkäufl gewordenen Sache (BGH WM **01**, 2012), der währd des ZahlgsVerzugs entgangene Anlagezins (§ 288 Rn 6), aber auch entgangener Gewinn aus einem Spekulations-Gesch (BGH NJW **83**, 758, Schimmel WM **00**, 946), sofern der Gläub diesen „wirkl hereingeholt" hätte (Ffm NJW-RR **88**, 1109). Keine ersatzfäh Schäden sind dagg die dch den Verzug entgangenen NutzgsMöglichk (Vorbem 20 ff u 25 ff v § 249) u der währd des Verzugs wegfallde Anspr auf vorzeit ErbAusgl (Mü NJW-RR **00**, 80, Aufhebg des § 1934 d). 51

287 *Verantwortlichkeit während des Verzugs.* **Der Schuldner hat während des Verzugs jede Fahrlässigkeit zu vertreten. Er haftet wegen der Leistung auch für Zufall, es sei denn, dass der Schaden auch bei rechtzeitiger Leistung eingetreten sein würde.**

1) Fassung. Das SMG hat die Vorschr, die ihre bish ParagraphenNr behalten hat, inhaltl nicht verändert. Redaktionell ist Satz 2 an die veränderten Strukturen des LStörgsR angepaßt worden. Er stellt nicht mehr auf „Unmöglichk" ab, beschränkt die schuldunabhäng Haftg des Satz 2 aber dch die Formulierg "wg der Leistg" auf die eigentl LeistgsPflten (BT-Drs 14/6040 S 148). 1

2) Erweiterung des Haftungsmaßes, Satz 1. Auch wenn für den Schu Haftgserleichtergen gelten (§ 277 Rn 2 u 4), muß er währd des Verzugs für jede Fahrlk einstehen. Da der Schu nach Satz 2 währd des Verzugs *wg der Leistg* unabhäng von einem Verschulden haftet, ist die prakt Bedeutg von Satz 1 gering. Er gilt nur für die Verletzg von NebenPflten, insbes von Pflten des § 241 II. 2

3) Haftung für Zufall, Satz 2. – a) Bedeutung. Satz 2 erweitert die Haftg des Schu auf die währd des Verzugs dch Zufall entstehden Leistgshindern, wobei Zufall hier auch höhere Gewalt umfaßt (Knütel NJW **93**, 900). Ist das Hindern eine adäquate Folge des Verzugs, ergibt sich die Haftg des Schu bereits unmittelb aus §§ 280 I u II, 286, 249. Der UrsZusHang zw Verzug u Leistgshindern gehört zum Bereich der haftgsausfüllden Kausalität, auf den sich das Verschulden nicht zu erstrecken braucht (Vorbem 56 v § 249). Satz 2 ist daher nur prakt bedeuts, wenn zw Verzug u Leistgshindern *kein* adäquater KausalZusHang besteht. Die Vorschr gilt für alle drei Tatbestd des § 275. Sie ist auch anwendb, wenn der LeistgsGgst beschädigt worden ist (BT-Drs 14/6040 S 148) od wenn das Leistgshindern nur einen Leistgsteil betrifft. Erfaßt werden auch vorübergehde Hindern, wie zB zeitweil gesetzl Zahlgsverbote (BGH **LM** § 286 Nr 3). § 287 soll auch anwendb sein, wenn der ArbN währd des Verzugs des ArbG mit der Pfl zur UrlAbgeltg stirbt (BAG DB **97**, 1472, aA Hohmeister BB **97**, 1901). Wird der Schu aGrd des Leistgshindern gem § 275 von der LeistgsPfl frei, hat der Gläub gem §§ 281, 283 einen Anspr auf SchadErs statt der Leistg. Führt das Leistgshindern nicht zu einer Befreig von der 3

LeistgsPfl, sond nur zu einer weiteren Leistgsverzögerg, muß der Schu gem §§ 280 I u II, 286 schuldunabhäng für den weiteren Verspätgsschaden einstehen.

4 **b) Halbsatz 2** schließt die Zufallshaftg aus, wenn der Schaden auch bei **rechtzeitiger Leistung** eingetreten wäre. Er gestattet damit die Berufg auf ein hypothet SchadensEreign. Gleichgült ist, ob dasselbe od ein and Ereign den Schaden beim Gläub herbeigeführt hätte. Der dch Untergang der Sache bereits entstandene SchadErsAnspr (§ 283) wird aber dch eine nachträgl im Bereich des Gläub auftretde hypothet Schadensursache nicht mehr beseitigt. And liegt es nur, wenn der Sache zZ ihres Untergangs bereits eine Schadensanlage innewohnte (Vorbem 99 v § 249). Die **Beweislast** dafür, dass der Schaden auch bei rechtzeit Leistg eingetreten wäre, trägt der Schu. Macht der Gläub geltd, er hätte die Sache bei rechtzeit Leistg vor Eintritt der Zweitursache verbraucht od weiterveräußert, muß der Schu dieses Vorbringen widerlegen.

288 *Verzugszinsen.** **I Eine Geldschuld ist während des Verzugs zu verzinsen. Der Verzugszinssatz beträgt für das Jahr fünf Prozentpunkte über dem Basiszinssatz.**

II Bei Rechtsgeschäften, an denen ein Verbraucher nicht beteiligt ist, beträgt der Zinssatz für Entgeltforderungen acht Prozentpunkte über dem Basiszinssatz.

III Der Gläubiger kann aus einem anderen Rechtsgrund höhere Zinsen verlangen.

IV Die Geltendmachung eines weiteren Schadens ist nicht ausgeschlossen.

1 **1) Allgemeines. – a) Fassung.** Das SMG hat den dch das Ges zur Beschleunigg fäll Zahlgen v 30. 3. 00 (BGBl I S 330) neugefaßten § 288 im Kern unverändert gelassen. Der neu eingefügte II dient der Umsetzg der RL 2000/35/EG zur Bekämpfg von ZahlgsVerzug im GeschVerk (ABlEG Nr L 200 v 8. 8. 00). III entspr dem bish I 2, IV dem bisher II. Der dch das SMG nicht veränderte Zinssatz des I gilt nach EG 229 § I 3 für alle GeldFdgen, die seit dem 1. 5. 00 fäll geworden sind. Für die am 1. 5. 00 bereits fäll Fdgen bleibt es bei 4%. Der höhere Zinssatz des II gilt nach EG 229 § 5 nur für EntgeltsFdgen aus SchuldVerh, die nach dem 1. 1. 02 entstanden sind. Für vorher entstandene SchuldVerh bleibt es, auch wenn die Fdg erst nach dem Stichtag fällig wird, bei dem Zinssatz gem I od, wenn die Fdg vor dem 1. 1. 00 fäll geworden ist, bei 4%.

2 **b) Zweck. – aa) Zinsen von 5 Prozentpunkten über Basiszins, I.** Der fr, seit langem mit Recht als viel zu niedrig krit Verzugszins von 4% hat vielfach dazu geführt, dass Schu statt des teuren Bankkredits lieber einen billigeren „GläubKredit" in Anspr genommen haben. Dieser mißbräuchl Praxis will I ein Ende setzen u zugl die Zinsermittlg vereinfachen (BT-Drs 14/1246 S. 10 ff). Die Vorschr stellt über den Basiszins eine Verbindg zum Marktzins her und macht die Zinshöhe variabel (Rn 7). Sie geht davon aus, dass der neue Verzugszins dem Schaden entspr, den der Gläub typw erleidet u dass eine Verzinsg in dieser Höhe auch
3 deshalb gerechtfertigt ist, weil sie die dem Schu typw entstehden Vorteile abschöpft. – **bb) Zinsen von 8 Prozentpunkten über Basiszins, II.** II beruht auf der RL zur Bekämpfg von ZahlgsVerzug im GeschVerk. Ihr liegen ähnl Überleggen wie die zu I zu Grde (Heinrichs BB **01**, 157 mwNw). Die RL verweist auf die großen Verw- u Finanzlasten die den Untern, insbes kleinen u mittleren („KMU"), dch übermäß lange ZahlgsFr u verspäteten Eingang von Zahlgen entstehen. Sie hält die dch den Zahlgsverzug herbeigeführte mangelnde Liquidität für eine Urs von Insolvenzen u den Verlust von ArbPlätzen. Das hohe Niveau des Verzugszinses soll generalpräventiv der Abschreckg dienen (ErwäggsGrd 16). Zweifelh ist, ob die angestrebte Verbesserg der Zahlgsmoral u der GläubLiquidität dch die RL, insbes dch die Erhöhg der Verzugszinsen, wirkl erreicht werden kann. Die Zw ändern aber nichts daran, dass die RL u II geltdes Recht sind. – **cc) Zinsen von 2½ Prozentpunkten über Basiszins.** Dieser Zinssatz gilt nach § 497 I 2 bei VerbrDarl für grdpfandrechtl gesicherte Fdgen (s bei § 497).

4 **c) Mindestschaden.** Wie bisher steht der Verzugszins dem Gläub als obj Mindestschaden zu; ob dem Gläub tatsächl ein Schaden entstanden ist od nicht, ist gleichgült (BGH **74**, 231, BAG DB **01**, 2196, BFH NJW **82**, 792). § 288 läßt nicht den GgBew zu, dass dem Gläub kein od ein geringerer Schaden entstanden ist. Auf eine solche, im DiskE vorgeschlagene Regelg hat das SMG mit Recht verzichtet. Sie hätte sich zu Lasten des Verbr ausgewirkt (BT-Drs 14/6040 S 148). Wenn der Verbr Schu ist, wird sein Versuch, einen geringeren Schaden nachzuweisen, idR scheitern. Der Untern kann fast immer eine Bescheinigg seiner Bank vorlegen, nach der er höhere Zinsen als die in I vorgesehenen zu zahlen hat. Ist umgekehrt der Verbr Gläub, könnte er den Zinssatz des I kaum je verlangen, da ihm typw dch die verspätete Zahlg kein Zinsschaden entsteht. In II konnte der GgBew schon wg der Vorgaben der RL 2000/35/EG nicht zugelassen werden (Heinrichs BB **01**, 163). Nur beim VerbrDarlVertr gestattet § 497 I 3 dem Schu, einen niedrigeren Schad nachzuweisen.

5 **d) Beginn** der Zinspfl am Tag nach Eintritt des Verzugs, s § 187 Rn 1 aE, **Ende** mit Ablauf des Tages an dem gezahlt worden ist (Pleyer/Huber, LStörgsR DB **89**, 1859).

6 **2) Anspruch aus I. – a) Geldschulden.** Die ZinsPfl besteht bei Geldschulden jeder Art (§ 245 Rn 12), auch bei unverzinsl Fdgen (RG **92**, 284, BGH NJW **53**, 337), VorschußAnspr aus § 637 III od VOB (B) § 13 Nr 5 (BGH **77**, 62, NJW **83**, 2191), ohne dass die Zinsen in die Abrechng des Vorschusses einzubeziehen sind (BGH **94**, 333), bei SchmerzGAnspr, BerAnspr (RG **154**, 265), UnterhFdgen (Hbg, Mü u Hamm FamRZ **84**, 87, 310, 478), KostenerstattgsAnspr von BetrRMitgl (BAG BB **89**, 1618), nicht aber beim Anspr auf Zustimmg zur MietErhöhg (LG Duisbg NJW-RR **99**, 12). Bei GehaltsAnspr ist der gesamte Bruttobetrag zu verzinsen (BGH NJW-RR **97**, 537, BAG GrS NJW **01**, 3570), bei Kaufpr- od WkLohnFdgen auch die im Rechngsbetrag enthaltene MWSt (BGH NJW-RR **91**, 484). Der Gläub eines Anspr auf DarlGewährg braucht sich nicht die Zinsen anrechnen zu lassen, die er bei rechtzeit Zahlg des Darl zu leisten gehabt hätte (RG **92**,

* **Amtlicher Hinweis:** Diese Vorschrift dient zum Teil auch der Umsetzung der Richtlinie 2000/35/EG des Europäischen Parlaments und des Rates vom 29. Juni 2000 zur Bekämpfung von Zahlungsverzug im Geschäftsverkehr (ABl. EG Nr. L 200 S. 35).

284). Bei schuldhafter Nichtbeschaffg eines langfrist zinslosen Darl steht dem Schu in entspr Anwendg von § 288 als Mindestschaden der Zinssatz des I 1 zu (BGH **74**, 231). I gilt nicht für die Schenkg (§ 522) u wg der Sonderregelg in WG 48 nicht für Wechselunkosten u Provision (BGH NJW **77**, 1396). Zur Anwendg von I im öffR s § 286 Rn 8.

b) Zinshöhe. Der Basiszins, der an die Stelle des Diskontsatzes der DBB getreten ist, beträgt 2,57%, der Verzugszins nach I daher **7,57%**. Er wird jeweils zum 1. 1. u 1. 7. den Verändergen des Hauptrefinanziergssatzes der EZB angepaßt (Einzelh s § 247). Obwohl I 1 – and als fr VerbrKrG 11 I – nicht auf den *jeweiligen* Basiszins verweist, ist die Zinshöhe nach dem Zweck der Neuregelg auch im § 288 variabel (Rn 2). Sie paßt sich *ipso jure* an jede Änderg des Basiszinses an. Der auf Zahlg künft Zinsen gerichtete KlAntr hat zu lauten: „nebst Zinsen in Höhe von 5% Punkten über dem jeweiligen Basiszinssatz seit dem . . ." (Reichenbach MDR **01**, 13). 7

3) Anspruch aus II. – a) Entgeltforderungen. Der Begr stammt aus der RL 2000/35/EG u ist genau so auszulegen wie in § 286 III (s dort Rn 27). DarlFdgen sind keine EntgeltFdgen u daher nach I zu verzinsen. Auf DarlZinsen sind I u II wg des Zinseszinsverbots (§ 289) nicht anwendb. Banken können ihren Verzugsschaden aber, auch soweit es um Zinsen geht, gem Rn 13 abstrakt berechnen (BGH NJW **93**, 1260). Bei Anspr aus Delikt, Ber od GoA gilt mit der in § 286 Rn 27 erörterten Einschränkg der Zinssatz des I. 8

b) Rechtsgeschäft zwischen Unternehmern. II gilt nur für RGesch, an denen ein Verbr (§ 13) nicht beteiligt ist. Gläub u Schu müssen Untern (§ 14) sein. Der ArbN steht, soweit es um die Anwendg von II geht, einem Verbr gleich (Boemke BB **02**, 96). Im Verh zw ArbN u ArbG gilt daher für die Zinshöhe Rn 7. Haften ein Untern u ein Verbr als GesSchu (gemeins Leasing eines Pkw, der vom Untern geschäftl u von seiner Ehefr privat genutzt wird), gilt für den Anspr gg den Untern II u für den gg den Verbr I (§ 425). 9

c) Zinshöhe. Der in § 247 festgelegte Basiszinssatz liegt um 1 Prozentpunkt unter dem Hauptrefinanziergssatz der EZB, der für die RL 2000/35/EG „Bezugszinssatz" ist. Um dieses Minus beim Bezugszins auszugleichen, ist der Basiszins nach II um 8 Prozentpunkte u damit um einen Prozentpunkt mehr als nach der RL zu erhöhen. Er beträgt zZ 10,57%. Vgl iü Rn 7. 10

4) Höhere Zinsen aus einem anderen Rechtsgrund, III. Soweit das Ges in and Vorschr Zinssätze bestimmt, stimmen diese mit I 1 überein (§§ 676 b I 2, HGB 352) od sind niedriger (§§ 246, 497 I 2, WG 48 I Nr 2, 49 Nr 2, ScheckG 45 Nr 2, 46 Nr 2). Höhere Zinsen können sich aber aus Vertr ergeben. Nach seiner Entstehgsgeschichte u seinem Wortlaut bedeutet III (fr I 2), dass der vertragl vereinbarte DarlZins auch iF des Verzugs maßgebd bleibt (Hamm ZIP **90**, 641, Rieble ZIP **88**, 1028, Nassall WM **89**, 705, Huber, LStörgsR § 31 II 1). Für DarlVertr gilt aber der vom BGH entwickelte RGrds, dass die Verpfl zur Zahlg des VertrZinses mit der Fälligstellg des Darl endet (BGH **104**, 341, NJW **92**, 109), VertrZins also nur für den Zeitraum geschuldet wird, für den eine rechtl geschützte Zinserwartg besteht (BGH NJW **00**, 1408). III ist daher weitgehd leerlaufd. 11

5) Höherer Schaden. Der Gläub kann gem IV eine höhere ZinsFdg geltd machen, soweit die Voraussetzgen des § 286 vorliegen; auch wenn die Part den Verzugszins vertragl auf 14% festlegen, ist IV iZw nicht abbedungen (Ffm DNotZ **89**, 256). Der Zinsschaden kann entweder im Verlust von Anlagezinsen od in der Aufwendg von Kreditzinsen bestehen. 12

a) Verlust von Anlagezinsen. Banken können ihren Schaden abstrakt berechnen, u zwar, wenn sie versch GeschArten betreiben, nach ihrem dchschnittl Bruttosollzinssatz (BGH **62**, 103, **104**, 347, § 246 Rn 11). Alle and Gläub müssen den Zinsverlust konkret darlegen u beweisen. Auch bei größeren Geldbeträgen kann nicht mehr iW des AnschBew angenommen werden, dass der Gläub dch Anlage in Wertpapieren od als Festgeld eine höhere Rendite als den Verzugszins erzielt hätte (so 59. Aufl); denn der neue Verzugszins ist deutl höher als die typw dch Anlage des Geldes zu erzielde Rendite. – **b) Aufwendung von Kreditzinsen.** Wird Ers von Kreditkosten verlangt, genügt zunächst die allg Behauptg, der Gläub habe einen mit x% verzinsl Bankkredit in Anspr genommen (BGH DB **77**, 582). Bestreitet der Schu, ist eine konkrete Darlegg erforderl (BGH aaO u NJW-RR **91**, 1406). Nicht notw ist, dass der Gläub gerade wg der KlFdg Kredit aufgenommen hat, s BGH NJW **84**, 371 (Kaufmann), BGH **LM** Nr 7 (öff Hand), Karlsr VersR **92**, 173 (Rentner). Beim Kaufmann besteht auch eine tatsächl Vermutg, dass er eingehde Zahlgen zur Rückführg des Kredits verwendet (BGH NJW-RR **91**, 793). Dagg muß der PrivatGläub substantiiert dartun, dass eine Verringerg des Kreditvolumens mögl u beabsichtigt war (LG Kblz NJW-RR **91**, 171). Zum Bew dch Vorlage einer Zinsbescheinigg s Doms NJW **99**, 2649. Auch soweit es um zukünft Zinsen geht, besteht ein Zahlgs- u nicht nur ein FreihaltgsAnspr (§ 250 Rn 2). Der ErsAnspr besteht auch bei einer Kreditgewährg dch ein verbundenes Unternehmen (BGH NJW **75**, 867). Der Grds, dass die öff Hand einschließl Post u Bahn Zinsen in Höhe des Zinssatzes ihrer letzten Anleihe fordern kann (BGH NJW-RR **89**, 672, **LM** Nr 7, krit Schön NJW **93**, 962), spielt keine Rolle mehr, da der neue Verzugszins typw höher ist als dieser Anleihezins. Der Einwand, die Anspr, für die eine Verzinsg gem II in Frage komme, seien insges höher als der aufgenommene Kredit, ist wg der für die alternative Kausalität geltden Grds unerhebl (Hbg MDR **74**, 930, Vorbem 86 v § 249). Zu ersetzen sind auch Überziehgszinsen (Karlsr VersR **92**, 174). Da für Zinsen keine MWSt zu entrichten ist, besteht insoweit keine ErsPfl (EuGH NJW **83**, 505, BFH NJW **95**, 1240, BGH **90**, 209).

13 (beside „a) Verlust von Anlagezinsen") · 14 (beside „b) Aufwendung von Kreditzinsen")

291 *Prozesszinsen.* **Eine Geldschuld hat der Schuldner von dem Eintritt der Rechtshängigkeit an zu verzinsen, auch wenn er nicht im Verzug ist; wird die Schuld erst später fällig, so ist sie von der Fälligkeit an zu verzinsen. Die Vorschriften des § 288 Abs. 1 Satz 2, Abs. 2, Abs. 3 und des § 289 Satz 1 finden entsprechende Anwendung.**

Das SMG hat die Vorschr inhaltl nicht verändert. In § 291 S 2 ist wg der nF des § 288 ledigl die Bezugn auf „§ 288 I" dch die Bezugn auf „§ 288 I 2, II u III" ersetzt worden. Es kann jetzt nicht mehr ernsth bezweifelt werden, dass der Zinssatz des § 288 auch für ProzZinsen gilt.

Titel 2. Verzug des Gläubigers

296 *Entbehrlichkeit des Angebots* **Ist für die von dem Gläubiger vorzunehmende Handlung eine Zeit nach dem Kalender bestimmt, so bedarf es des Angebots nur, wenn der Gläubiger die Handlung rechtzeitig vornimmt. Das Gleiche gilt, wenn der Handlung ein Ereignis vorauszugehen hat und eine angemessene Zeit für die Handlung in der Weise bestimmt ist, dass sie sich von dem Ereignis an nach dem Kalender berechnen lässt.**

Geändert worden ist allein S 2. Er galt bisher nur, wenn der Hdlg des Gläub eine *Künd* vorauszugehen hat u die Zeit für die Hdlg in der Weise best ist, dass sie sich von der Künd ab nach dem Kalender berechnen läßt. Jetzt ist S 2 anwendb, wenn der Hdlg ein *Ereign* vorauszugehen hat u eine angem Zeit für die Hdlg in der Weise best ist, dass sie sich von dem Ereign an nach dem Kalender berechnen läßt. § 296 übernimmt damit für den GläubVerzug die entspr Änderg der Voraussetzgen des SchuVerzgs. Vgl die Einfügg des II Nr 2 in § 286 (bisher § 284). Die Änderg in § 296 ist ebso auszulegen wie der neue § 286 II Nr 2. Vgl § 286 Rn 23.

Abschnitt 2.* Gestaltung rechtsgeschäftlicher Schuldverhältnisse durch Allgemeine Geschäftsbedingungen

Überblick

Schrifttum: – a) Zum AGB-Gesetz: Erman/Hefermehl/Werner 10. Aufl 2000. – Löwe/Graf v Westphalen/Trinkner 2. Aufl Bd II (§§ 10–30) 1983, III (Einzelklauseln) 1985, im übrigen noch 1. Aufl 1977. – MüKo/Basedow AGBG 4. Aufl 2001. – Ulmer/Brandner/Hensen 9. Aufl 2000. – Soergel/Stein 12. Aufl 1991. – Staudinger/Coester/Coester-Waltjen/Schlosser 13. Bearbeitg 1998. – Wolf/Horn/Lindacher 4. Aufl 1999. – Graf v Westphalen, VertrR u Klauselwerke, Stand April 2001. – **b) Zu den §§ 305–310:** Graf v Westphalen NJW **02**, 12. – AnwK/Hennrichs, 2002.

1 **1) Eingliederung des AGB-Gesetzes in das BGB. – a)** Das **Gesetz zur Modernisierung des Schuldrechts** hat die mat-rechtl Vorschr des AGBG als §§ 305–310 in das BGB übernommen. Es trägt damit der Tats Rechng, dass das AGB-Recht seit langem für die Praxis der RA u Richter eine der wichtigsten RMaterien ist. Nicht überzeugd ist die Einordng in das Allg SchuldR. Der richtige Standort wäre der Allg Teil gewesen, da das AGB-Recht auch für Vertr des SachenR gilt u seine Vorschr an Regelgen u Schutzprinzipien des Allg Teil anknüpfen (Wolf/Pfeiffer ZRP **01**, 303). Unbefriedigd ist auch, dass das SMG die Zahl der Paragraphen reduziert u vor allem in §§ 305, 307 u 310 Vorschr zusfaßt, die besser getrennt geblieben wären. Die **verfahrensrechtlichen** Vorschr des AGBG hatte das Ges vom 27. 6. 00 (BGBl I S 897) mit Regelgen angereichert, die mit AGB-Recht nicht das geringste zu tun haben; sie hat das SMG in ein „Gesetz über Unterlassgsklagen bei VerbrR- u and Verstößen (Unterlassgsklagengesetz, UKlaG, hinten unter NebenG)" übernommen u damit einen Beitrag zur Verbesserg der Systematik geleistet.

2 **b) Änderungen.** Das SMG hat die mat-rechtl Vorschr des AGBG sachl nur unwesentl verändert: **(1)** Bei der Obliegenh, dem and Teil die Möglichk zur Kenntnnahme der AGB zu verschaffen (§ 305 II Nr 2, bisher AGBG 2 I Nr 2), muß der Verwder erkennb körperl Behindergen des Kunden angem berücksichtigen. **(2)** Bei der Einbez von AGB werden Bausparkassen nicht mehr u die Anbieter von Post- u Telekommunikationsleistgen nur noch in engen Grenzen privilegiert (§ 305 a, bisher AGBG § 23 II 1 a u 1 b u III). **(3)** Nach § 307 (bisher AGBG 9) ist eine unangem Benachteiligg iZw auch dann anzunehmen, wenn die Bestimmg nicht klar u verständl ist. Das Ges trägt damit einer Entscheidg des EuGH Rechng, in der dieser die nicht ausr Umsetzg des Transparenzgebots dch die Niederlande beanstandet hat (EuGH NJW **01**, 2244). Wichtiger ist eine **mittelbare Änderung.** Das in § 307 stillschw od in § 307 II 1 auch ausdr als Maßst u Beurteilgskriterium der InhKontr in Bezug genommene disposit Recht hat sich dch die Neuregelg des Verj-, Leistgsstörgs-, Kauf- u WkVertrR grdlegend verändert. Die Rspr muß für die InhKontr in diesen RGebieten neue BeurteilgsGrds entwickeln. Ein nicht unerhebl Teil der zum alten Recht ergangenen Rspr ist dch die Neuregelg überholt. **(4)** In § 309 (bisher AGBG 11) verbietet Nr 7 a bei Verletzg von Leben, Körper u Gesundh ausdr einen HaftgsAusschluß für einf Fahrlässigk. Die fr Nr 8–11 werden an die Begriffe des neuen LeistgsstörgsR (PflVerletzg, SchadErs statt der Leistg usw) angepaßt u in einer wenig übersichtl neuen Nr 8 zusgefaßt. Die fr Nr 12 ff rücken daher in der Numerierg jeweils um 3 nach vorne. Nr 8 b ff verbietet Abkürzgen der 5 jähr VerjFr der §§ 438 I Nr 2 u 634 a Nr 2, privilegiert aber weiter Vertr, in die die VOB/B insges einbezogen worden sind; er bestimmt zugl als Mindestdauer der Verj für SachmängelAnspr eine Fr von 1 Jahr. **(5)** Die Bereichsausnahme für ArbR (§ 310 IV, bisher AGBG 23 I) wird eingeschränkt. **(6)** Die für viele AGB-Verwder **wichtigste Neuerung** sind die Vorschr über den **Verbrauchsgüterkauf** (§§ 474 ff) u damit eine Änderg außerh des AGB-Rechts. Wg der zwingden Ausgestaltg der Haftg für Sachmängel (§ 475) u der Beweislastumkehr für Sachmängel, die innerh von 6 Mo nach Gefahrübergang aufgetreten sind (§ 476), mußten alle nicht streng auf den kaufmänn Bereich beschränkten Verkäufer-AGB zum 1. 1. 02 grdlegd überarbeitet werden (vgl dazu § 307 Rn 114). **(7)** Dagg bringt die Überschr des Abschn „Gestaltg **rechtsgeschäftlicher** SchuldVerh" keine sachl Änderg. Wie bisher kann der Verwder dch AGB in den Grenzen der §§ 307 ff im Verh zum and Teil auch Anspr aus konkurrierenden gesetzl SchuldVerh, insbes aus Delikt, regeln (§ 305 Rn 5).

3 **c) Zeitlicher Anwendungsbereich.** Die §§ 305 ff gelten nach EGBG 229 § 5 grdsl nur für Vertr, die nach dem 31. 12. 01 abgeschlossen worden sind. Auf fr zustandegekommene Vertr wird die Neuregelg

*Amtlicher Hinweis:** Dieser Abschnitt dient auch der Richtlinie 93/13/EWG des Rates vom 5. April 1993 über missbräuchliche Klauseln in Verbraucherverträgen (ABl. EG Nr. L 95 S. 29).

anwendb, wenn ein dch Künd od Zeitablauf beendeter Vertr fortgesetzt wird (Ffm NJW **87**, 1650), wenn der sachl od zeitl Anwendgsbereich des Vertr dch eine ÄndVereinbg des Vertr erweitert wird (BGH NJW **85**, 971) od wenn abgeänderte AGB in den Vertr einbezogen werden. Dagg wird die Neuregelg nicht schon dadch anwendb, dass ein Vertr infolge NichtAusübg des KündR um eine Periode fortgesetzt od das Entgelt aufgrd einer entspr VertrKlausel an die veränderten Verhältn angepaßt wird (Ffm NJW **87**, 1650). Da die Neuregelg u das bisher geltde Recht idR deckgsgleich sind, kann die Frage, welches Recht anzuwenden ist, in ZwFällen aber meist offen bleiben.

2) Entstehung und Bedeutung der AGB. Dem BGB lag bis zum Inkrafttr des AGBG unausgesprochen 4
die Vorstellg zugrde, dass der VertrInh von den Part gemeins in rgeschäftl Privatautonomie best werde u dass ergänzd das ausgewogene GesRecht gelte. Diese Vorstellg hat mit der „RichtigkGewähr" des Vertr (Schmidt-Rimpler) keine Schwierigk. Sie entsprach aber schon bei Inkrafttr des BGB nicht mehr der Wirklichk. Die Massenproduktion u der Massenkonsum von standardisierten Waren u Dienstleistgen führten zur Aufstellg u gleichförm Anwendg von AGB. Diese verdrängten als „selbstgeschaffenes Recht der Wirtsch" (Großmann-Doerth) weitgehd das disposit GesRecht. Der VertrInh wird typw nicht mehr von den VertrPart gemeins u dem Ges festgelegt, sond im wesentl allein vom AGB-Verwder bestimmt. Dieser verfolgt dabei vor allem folgde Ziele: – **a) Rationalisierung.** Die Verwendg von AGB vereinfacht den GeschAblauf. Die AGB 5
berücksichtigen die Besonderh der angebotenen Leistg u klären Zweifelsfragen, die bei Anwendg des Ges-Recht auftreten können. Der Zeitbedarf, der beim Aushandeln aller Einzelfragen des Vertr entstehen würde, wird erhebl gesenkt, die „Transaktionskosten" werden deutl vermindert. – **b) Lückenausfüllung.** Im BGB nicht geregelte, für den R- u WirtschVerk wicht VertrTypen (Leasing, Factoring, Franchising, Automatenauf-stellVertr, BauträgerVertr) w dch AGB entwickelt u ausgestaltet. – **c) Rechtsfortbildung.** Unzweckmäß Regelgen des BGB werden in AGB dch Neuregelgen fortentwickelt, so etwa bis zum Inkrafttr des SMG das altertüml GewlR des BGB-KaufR dch Einf eines NachbessergsAnspr. – **d) Risikoabwälzung.** Sie wird der 6
wichtigste Zweck der Verwendg von AGB. Prakt alle AGB sind von dem Bestreben geprägt, die Rechte der Untern zu stärken u die des Kunden zu schmälern. Trotz dieser unausgewogenen Risikoverteilg hat der Verwder idR keine Schwierigk, seine AGB zum VertrInh zu machen. Der Kunde akzeptiert die AGB, meist ohne von ihrem Inh Kenntn zu nehmen. Er erkennt ihre Tragweite u Bedeutg nicht od scheut angesichts der geringen Wahrscheinlichk, dass die krit Klauseln prakt Bedeutg erlangen, den Aufwand, der dch das Aushandeln von Ändergen entstehen würde (Lektüre der AGB, Vergl mit and AGB, Einholg von Rechtsrat, Formulierg von GgVorschlägen). Vgl dazu plastisch MüKo/Basedow AGBG Einl Rn 5. Der **Wettbewerb** ist nicht in der Lage, für angem AGB zu sorgen, „Marktversagen". Der Kunde orientiert sich am Preis u der Qualität des Angebots, nicht aber an der für ihn undchschaub od uninteressanten „Qualität" der AGB.

3) Inhalt und Schutzzweck der §§ 305 ff. – a) Inhalt. Eine sozialstaatl Ordng (GG 20 u 28) muß auch 7
für Vertr, die unter Verwendg von AGB geschlossen werden, ein ausr Maß an VertrGerechtigk sicherstellen. Nachdem der GesGeber die Erfüllg dieses SchutzAuftr zunächst der Rspr überlassen hatte, hat er dch das am 1. 4. 77 in Kraft getretene AGBG die zum Schutz gg mißbräuchl AGB notw Maßnahmen getroffen. Seine jetzt in das BGB übernommenen RGrds haben das allg Vertr- u SchuldR grdlegd umgestaltet. Ihr Schwerpunkt sind die Vorschr über die **Inhaltskontrolle.** Sie bestehen aus einer Generalklausel (§ 307) und einem Katalog verbotener AGB (§§ 308, 309). Diese Regelgen und ihre Anwendg und Fortbildg dch die Rspr haben die InhKontr zu einem der wichtigsten RInstitute des VertrR gemacht. Der Schutz vor mißbräuchl AGB wird dch die Vorschr über die EinbezKontrolle (§ 305 II u III), den Vorrang der IndVereinbg (§ 305 b) u die Vorschr über überraschde u mehrdeut Klauseln (§ 305 c) abgerundet. – **b) Schutzzweck. – aa)** Die jetzt in 8
die §§ 305 ff eingeordneten Vorschr des AGB-Rechts sollen verhindern, dass der AGB-Verwder, der die **Vertragsgestaltungsfreiheit allein in Anspruch nimmt**, den and Teil unter Abbedingg des disposit Rechts unangem benachteiligt (BGH **51**, 53, **70**, 310, **126**, 332). In seiner am 1. 4. 77 in Kraft getretenen Erstfassg war das AGBG kein VerbrSchutzG im techn Sinne. Es schützte nicht den Verbr im Verhältn zum Untern, sond den Verwdgsgegner im Verhältn zum Verwder. Wie § 310 I zeigt, werden weiterhin neben Verbr auch Untern gg die Verwdg von mißbräuchl AGB geschützt. Umgekehrt kann Verwder auch ein Verbr sein. Der entscheidde Grd für die Einführg der InhKontr war u ist, dass bei der Verwdg von AGB eine VertrPart das Recht zur Bestimmg des VertrInh unter Ausschluß des and Teils für sich allein in Anspr nimmt (Ul/Br/He AGBG Einl Rn 28). Das AGBG ist zugl ein wirtschrechtl Ges, das Nachteile abwenden soll, die dem WirtschVerk dch den nicht funktionierden KonditionenWettbew drohen (Rn 6). – **bb) Verbraucherschutz.** 9
Er ist seit Umsetzg der EG-RL 93/13 dch das ÄndG 1996 neben dem bisherigen Zweck (Rn 8) zum zweiten tragden Schutzprinzip des AGB-Rechts geworden (MüKo/Basedow AGBG Einl Rn 4). In VerbrVertr unterliegen nach § 310 III, der AGBG 24 a ersetzt, auch Dritt- u EinzelVertrKlauseln einer InhKontr. § 310 III will in Übereinstimmg mit der EG-RL den Verbr in seiner „rollenspezifischen Unterlegenh" (Hommelhoff) schützen u ein „hohes Schutzniveau" des VerbrSchutzes (EGV 95 III, 153) gewährleisten.

4) Anwendungsbereiche. Dch die Umsetzg der EG-RL 93/13 sind drei in ihrer Schutzintensität unter- 10
schiedl Anwendgsbereiche des AGB-Rechts entstanden: – **a) Verbraucherverträge.** Bei Vertr zw Untern u Verbr, dem Hauptanwendgsgebiet des AGB-Rechts, erstreckt sich der Schutz nach § 310 III auch auf Dritt- u EinzelVertrKlauseln. Die §§ 305 ff sind insoweit das TransformationsGes zur EG-RL 93/13 u müssen richtlinienkonform ausgelegt werden (Einzelh bei § 310 III). Keine Pfl zur richtlinienkonformen Auslegg besteht dagg in den Anwendgsbereichen gem Rn 11 u 12 (Einl 36 a vor BGB 1). – **b) Verwendung von AGB** 11
gegenüber Unternehmern. Untern schützen die §§ 305 ff nur mit Einschränkgen. Bezieht sich der Vertr auf die gewerbl od selbständ berufl Tätigk des Untern finden §§ 305 II u III, 308 u 309 keine Anwendg (Einzelh bei § 310 I). – **c) Allgemeiner Anwendungsbereich.** Wenn AGB verwandt werden, ist idR der den Schutz 12
für Verbr erweiternde § 310 III od der den Schutz für Untern abschwächde § 310 I anwendb. Für den allgem Anwendgsbereich, in dem die §§ 305 ff ohne Modifikationen dch Sonderregelgen anzuwenden sind, bleiben nur die Fälle, in denen ein Verbr AGB ggü einem and Verbr verwendet. Die Verwendg von AGB ggü Freiberuflern, die fr zum allg Anwendgsbereich des AGB-Rechts gehörte, fällt seit 1998 unter Rn 11, da die den Schutz des AGB-Rechts abschwächde Sonderregelg nicht mehr auf den Kaufm, sond den Untern abstellt.

Anhang, AGB-Recht-Synopse

Alte Einordnung	Neue Einordnung	Neue Einordnung	Alte Einordnung
AGBG	BGB	BGB	AGBG
§ 1 I u II	§ 305 I	§ 305	§ 1 u 2
§ 2 I u II	§ 305 II	§ 305 a	§ 23 II 1, 1 a, 1 b u III
§ 3	§ 305 c I	§ 305 b	§ 4
§ 4	§ 305 b	§ 305 c	§ 3 u 5
§ 5	§ 305 c II	§ 306	§ 6
§ 6	§ 306	§ 306 a	§ 7
§ 7	§ 306 a	§ 307	§ 8 u 9
§ 8	§ 307 III	§ 308	§ 10
§ 9	§ 307 I u II	§ 309	§ 11
§ 10	§ 308	§ 310	§ 23 I u II Nr 2, 4 u 24 a
§ 11	§ 309		
§ 23 II 1, 1 a, 1 b u III	§ 305 a		
§ 23 I u II Nr 2, 4 u 24 a	§ 310		
	UKlaG	UKlaG	
§ 13 I	§ 1	§ 1	§ 13 I
§ 13 II	§ 3	§ 2	§ 22
§ 14	§ 6	§ 3	§ 13 II
§ 15 I	§ 5	§ 4	§ 22 a
§ 15 II	§ 8 I	§ 5	§ 15 I
§ 16	§ 8 II		
§ 17	§ 9	§ 6	§ 14
§ 18	§ 7	§ 7	§ 18
§ 19	§ 10	§ 8	§ 15 I u II u 16
§ 20	entfallen	§ 9	§ 17
§ 21	§ 11	§ 10	§ 19
§ 22	§ 2	§ 11	§ 21
§ 22 a	§ 4	§ 12	neu*
§ 29	§ 14	§ 13	neu **
		§ 14	§ 29
	EGBGB	EGBGB	
Art 27 a	Art 244	Art 244	Art 27 a

* Einiggsstelle nach UWG 27 a.
** AuskAnspr gg Post-, Telekommunikations-, Tele- od Mediendienste auf Mitteilg des Namens u der zustellgsfäh Anschrift.

305 ***Einbeziehung Allgemeiner Geschäftsbedingungen in den Vertrag.*** **I Allgemeine Geschäftsbedingungen sind alle für eine Vielzahl von Verträgen vorformulierten Vertragsbedingungen, die eine Vertragspartei (Verwender) der anderen Vertragspartei bei Abschluss eines Vertrags stellt. Gleichgültig ist, ob die Bestimmungen einen äußerlich gesonderten Bestandteil des Vertrags bilden oder in die Vertragsurkunde selbst aufgenommen werden, welchen Umfang sie haben, in welcher Schriftart sie verfasst sind und welche Form der Vertrag hat. Allgemeine Geschäftsbedingungen liegen nicht vor, soweit die Vertragsbedingungen zwischen den Vertragsparteien im Einzelnen ausgehandelt sind.**

II Allgemeine Geschäftsbedingungen werden nur dann Bestandteil eines Vertrags, wenn der Verwender bei Vertragsschluss

1. die andere Vertragspartei ausdrücklich oder, wenn ein ausdrücklicher Hinweis wegen der Art des Vertragsschlusses nur unter unverhältnismäßigen Schwierigkeiten möglich ist, durch deutlich sichtbaren Aushang am Orte des Vertragsschlusses auf sie hinweist und
2. der anderen Vertragspartei die Möglichkeit verschafft, in zumutbarer Weise, die auch eine für den Verwender erkennbare körperliche Behinderung der anderen Vertragspartei angemessen berücksichtigt, von ihrem Inhalt Kenntnis zu nehmen,

und wenn die andere Vertragspartei mit ihrer Geltung einverstanden ist.

III Die Vertragsparteien können für eine bestimmte Art von Rechtsgeschäften die Geltung bestimmter Allgemeiner Geschäftsbedingungen unter Beachtung der in Absatz 2 bezeichneten Erfordernisse im Voraus vereinbaren.

1) Allgemeines: Das SMG übernimmt in § 305 die Vorschr der AGBG 1 u 2, AGBG 1 unverändert, 1
AGBG 2 mit einer marginalen Korrektur (Rn 40). Die Einbeziehg von AGB in den Vertr, die die amtl Überschr allein erwähnt, regeln II u III. I bestimmt den Begriff der AGB und legt damit den grdsl Anwendgsbereich des Ges fest. Dieser wird dch § 310 III erweitert: Die wesentl SchutzVorschr der §§ 305 ff gelten in VerbrVertr auch für Klauseln, die nur einmal verwandt werden sollen u solche, die auf Vorschlag eines Dr VertrInh geworden sind u daher keine AGB im RSinne sind. Eingeschränkt wird der Anwendgsbereich dch §§ 305 a u 310 I, II, u IV (s dort).

2) Begriff der AGB, I. – a) Rechtsnatur. Die Geltg der AGB beruht auf vertragl Einbeziehg (II). Ihre 2
Verwendg ist Teil der PrivAutonomie des Verwders (Canaris FS Steindorff, 1990, S 548, aA E. Schmidt JZ **87**, 994). Obwohl AGB die gesellschaftl Funktion von Ges übernehmen sollen u auch übernehmen, sind sie **keine Rechtsnormen**, schon deshalb nicht, weil dem AGB-Verwder keine RSetzgsbefugn zusteht (BGH **9**, 3, **17**, 2, Ul/Br/He AGBG Einl 22 ff). Es widerspricht auch der Konzeption der §§ 305 ff, AGB als fertig bereitliegde ROrdng zu qualifizieren (so aber BGH **127**, 281, **129**, 327, 349 für die ADSp u AGNB, dagg treffd Löwe ZIP **95**, 1273). Umgekehrt gilt, dass RNormen keine AGB sind. Ist die Benutzg von Unternehmgen der **öffentlichen Hand** od von priv Unternehmen dch Gesetz, VO od Satzg geregelt, liegen begriffl keine AGB vor. Auch die SchutzVorschr der §§ 307 ff finden keine Anwendg (Vorbem 3 v § 307). Uneingeschr anwendb ist das Ges dagg auf behördl genehmigte AGB (BGH **86**, 291), insb auf nach fr Recht genehmigte AVB (BGH **83**, 172, Vorbem 20 v § 307), auch solche von öffr Versicherern (BGH NJW **90**, 2686). Der Anwendg der §§ 305 ff steht nicht entgg, dass die AGB auf der Empfehlg eines Ministeriums (KG VIZ **98**, 408) od der Empfehlg einer internationalen Organisation beruhen u in einer Vielzahl von Ländern einheitl angewandt w (BGH **86**, 288).

b) Es muß sich um **Vertragsbedingungen** handeln, dh um Regelgen, die den VertrInh gestalten sollen. 3
Bloße Bitten sind daher grdsl keine AGB (BGH **124**, 45, im Ergebn korrigiert dch BGH **133**, 184); and ist es aber, wenn der Text beim Dchschnittskunden den Eindruck hervorruft, der Verwder wolle vertragl Rechte und Pflten begründen (BGH **133**, 184). Nicht erforderl ist, dass die Klausel wirkl VertrInh w; § 305 I erfaßt auch Regelgen, die unwirks sind od deren Einbez typw an § 305 II scheitert (s BGH **99**, 381). – **aa) Art und** 4
Rechtsnatur des Vertrages sind gleichgült. Hauptanwendgsbereich der AGB sind ggs SchuldVertr. Erfaßt werden aber auch: vorvertragl Beziehgen zw Verwder u Kunden (BGH NJW **96**, 2574); TeilnBdggen für Gewinnspiele (Karlsr NJW-RR **88**, 303); der Inh von AuftrBestätiggen (BGH **99**, 381) od AbfindgsErkl (BGH NJW **85**, 970); GenußscheinBdggen (BGH **119**, 312); Regelwerk des Neuen Markts (LG Ffm NJW-RR **02**, 124, Wolf WM **01**, 1785); SatzgsBest von ZusatzVersorggen (Hamm NJW-RR **95**, 1527); Vertr des **Sachenrechts** (BayObLG **79**, 439); die Bestimmg des Sichgzwecks einer GrdSch (BGH **99**, 205); Regelgen verfahrens- od vollstreckgsrechtl Inh, wie die Unterwerfg unter die ZwVollstr (BGH NJW **02**, 138). Keine AGB sind dagg Gesundheitsanfragen (Brem VersR **96**, 317). Auch geschplanmäß Erkl des Versicherers sind keine VertrBdggen (BGH **105**, 151) u daher auch keine AGB (BGH **128**, 54, krit Schünemann JuS **95**, 1062), jedoch kann es bei einer ausdr Verweisg auf eine veröffentlichte drittschützde Erkl and liegen (BGH aaO). Auch auf TeilgsErkl gem WEG 8 u Gemeinsch-Ordngen (WEG 10) sind die §§ 305 ff nicht anwendb, Grdl der InhKontr ist § 242 (WEG 10 Rn 2). Das gilt ebenso für sportl Regelwerke, auch soweit sie das Verhältn zu NichtMitgl bestimmen (BGH **128**, 101). Auch auf Vertr des Erb-, Fam- u GesellschR sowie auf TarifVertr, Betr- u DienstVereinbgen finden die §§ 305 ff keine Anwendg (§ 310 IV). – **bb) Inhalt der Vertragsbe-** 5
dingungen können Regelgen jegl Art sein. Unter I fallen auch Bestimmgen über die HauptleistgsPfl (Düss

WM **84**, 83), so etwa HonorarVereinbgen mit Ärzten (BGH **115**, 394). Erfaßt werden auch Regelgen über gesetzl SchuldVerh, insbes über **deliktische Ansprüche** (s BGH **100**, 157/84, NJW **86**, 2757, **95**, 1489), u über prozessuale Fragen (BGH NJW **02,** 138) sowie Klauseln über den **Vertragsschluß** (BGH **104**, 99, LG Mü NJW-RR **92**, 244, Ul/Br/He AGBG 1 Rn 13) u die vorformulierte Erkl des Kunden, dass er der Geltg der AGB zustimme (aA BGH NJW **82**, 1388). Da der Vertr GeltgsGrd der AGB ist, kann sein Zustandekommen zwar nicht wirks dch AGB geregelt w (KG NJW **81**, 2822); auch Regelgen, die typw unwirks sind,
6 erfüllen aber den AGB-Begriff (Rn 3). – **cc) Einseitige Rechtsgeschäfte des Kunden,** die auf einer Vorformulierg des Verwders beruhen, fallen gleichf unter I (BGH **98**, 28), u zwar auch dann, wenn sie nicht unmittelb den Vertr betreffen, sond nur im ZusHang mit den vertragl Beziehgen stehen (BGH NJW **99**, 1864). Das zeigen §§ 308 Nr 1 u 309 Nr 12 b, die vom Verwder vorformulierte KundenErkl betreffen od miterfassen, u rechtfertigt sich aus dem Schutzzweck der §§ 305 ff: Der Verwder, der eine einseitige Erkl des Kunden vorformuliert, greift in dessen rgeschäftl GestaltgsFreih noch stärker ein als bei der Vorformulierg der VertrBdggen. Die §§ 305 ff gelten daher für Vollm u Ermächtiggen (BGH aaO), EintrBewilliggen (BayObLG NJW **80**, 2818), Überweisgsformulare (BGH **98**, 28), Entbindgen von der SchweigePfl (Hollmann NJW **78**, 2332, **79**, 1923), Einwilliggen in Operationen (Gounalakis NJW **90**, 753), Einverständn mit Telefonwerbg (BGH NJW **99**, 1864, **00**, 2677, aA Lettl NJW **01**, 42) od zur Weitergabe von Daten (§ 307 Rn 98), Erkl über die ärztl Aufkl (Gounalakis aaO, Jungbecker MedR **90**, 173), Quittgen u Bestätiggen (§ 309 Rn 95), immer vorausgesetzt, es handelt sich um vom Verwder vorformulierte Erkl des Verwdgsgegners. Auch Ermächtiggen
7 zur Vornahme einer tats Hdlg (Sektion) fallen unter I (BGH NJW **90**, 2314). – **dd) Einseitige Rechtsgeschäfte des Verwenders** fallen nicht unter § 305 I, da der Verwder hier nicht fremde, sond ausschließl eig rgeschäftl Gestaltgsmacht in Anspr nimmt (Ul/Br/He AGBG 1 Rn 18, Staud/Schlosser AGBG 1 Rn 8, Werber MDR **92**, 729, Fricke VersR **93**, 402). And ist es im Anwendgsbereich des § 310 (dort Rn 11). Die Festlegg des VollmUmfangs soll nach BGH (NJW **99**, 1683, § 307 Rn 163) auch dann eine VertrBdgg iSd § 305 I sein, wenn der Verwder eine gesetzl ausgestaltete Vollm, etwa die des VersAgenten, einschränkt. Das ist mit dem Schutzzweck der §§ 305 ff unvereinb (Übbl 8 v § 305). Grdl für eine etwaige InhKontr kann neben § 310 III nur § 242 sein. Die Erkl des Gter einer GbR, er wolle nur die GbR verpflichten, ist aber kein einseit RGesch des Verwders, sond ein Angebot zur *Vereinbg* einer Haftgsbeschränkg. Sie fällt daher unter § 305 I (BGH NJW **99**, 3483 u ist wg Verstoßes gg § 307 II 1 unwirks (Stgt BB **01**, 2607).

8 **c) Vorformuliert** sind die VertrBdggen, wenn sie für eine mehrfache Verwendg schriftl aufgezeichnet od in sonst Weise (Programm eines Schreibautomaten, Tonband) fixiert sind. Eine schriftl Aufzeichng ist nicht erforderl (BGH NJW **01**, 2635). Ausr ist die Niederlegg in einer RL für den internen Gebr (LG Dortm NJW-RR **01**, 1205) u ebso ein „Speichern im Kopf des Verwders". Die mit Wiederholgsabsicht hand- od maschinenschriftl in den Formulartext eingefügte Regelg ist eine AGB (BGH **115**, 391/394, NJW **88**, 410), auch wenn die Einfügg gelegentl unterbleibt (BGH NJW **99**, 2180, Ffm NJW-RR **01**, 55) od im Einzelfall unter Aufrechterhaltg sachl Identität sprachl unterschiedl gefaßt wird (Düss NZG **98**, 353, Dresd BB **99**, 228, Schuhmann JR **00**, 441).

9 **d) Vielzahl von Verträgen.** Die VertrBdggen müssen für eine Vielzahl von Vertr aufgestellt worden sein; der für einen best Vertr ausgearbeitete Text fällt nicht unter § 305 I (BGH NJW-RR **02**, 13), wohl aber unter § 310 III (s dort). Nicht erforderl ist eine „unbest" Vielzahl von Verwendgsfällen. AGB sind auch die für eine best Zahl von Kauf- od Mietobjekten entworfenen VertrBdggen. Die untere Grenze liegt bei 3–5 Verwendgen (BGH NJW, **98**, 2286, **02**, 138), das Ges gilt aber bereits im 1. Verwendgsfall (Ul/Br/He AGBG 1 Rn 24). Das für den Abschluß eines GeneralbauVertr entwickelte Formular fällt nicht unter I, auch dann nicht, wenn es aufgrd eines nachträgl Entschlusses für ein weiteres Obj verwandt u mehreren Bietern übersandt w (BGH NJW **97**, 135). Benutzt eine VertrPart die von einem and vorformulierten Bdggen (zB VOB, MietVertrFormular), ergibt sich deren abstrakt-genereller Charakter bereits aus der Zweckbestimmg des Aufstellers; es ist nicht erforderl, dass die Part selbst eine mehrf Verwendg plant (BGH NJW **91**, 843). Verwder ist auch, wer ohne Wiederholgsabsicht ein gebräuchl VertrMuster ganz od teilw benutzt (Heinrichs NJW **77**, 1506). Gleichgült ist, ob die Verwendg im geschäftl od nichtgeschäftl Bereich erfolgt. Verändert der Verwder die AGB im Einzelfall zu seinen Gunsten, ist das AGBG nach seinem Schutzzweck entspr anwendb (Michalski/Römermann ZIP **93**, 1434).

10 **e) „Stellen" der Vertragsbedingungen. – aa)** Dieses Merkmal ist erf, wenn eine Part die Einbez der vorformulierten Bdggen in den Vertr verlangt, also ein **konkretes Einbeziehungsangebot** macht (BGH **130**, 57, Düss BB **97**, 754). Ein wirtschaftl od intellektuelles Übergewicht braucht nicht zu bestehen; Verwder kann auch der wirtschaftl Schwächere sein (Ul/Br/He AGBG 1 Rn 8; aA LG Köln NJW-RR **87**, 1001). Das „Stellen" entfällt nicht schon dann, wenn der Kunde zw verschiedenen Regelgsalternativen wählen kann (Rn 12) oder der Formulartext die Aufforderg zu Ändergen od Streichgen enthält (BGH NJW **87**, 2011). –
11 **bb)** Eine **Vertragspartei** muß die Bdggen gestellt haben. Werden sie von einem Dr (Notar) vorgeschlagen, ist I nicht erfüllt, bei VerbrVertr kann aber § 310 III anwendb sein (dort Rn 12). And liegt es, wenn der **Notar** im Auftr einer Part ein VertrFormular, etwa einen BauträgerVertr od ein Formular für den Verkauf von EigtWo, entwickelt hat (BGH **118**, 229, 238; NJW **85**, 2477, Köln NJW-RR **88**, 1459) od wenn er eine Klausel übernimmt, die eine Part ständ verwendet (Köln VersR **00**, 730). Auch wenn der für eine mehrfache Verwendg vorgesehene Vertr vom Hausnotar entworfen worden ist, ist das Handeln des Notars dem AuftrG zuzurechnen (MüKo/Basedow AGBG 1 Rn 23, Ul/Br/He AGBG 1 Rn 32 a). Für eine solche Zurechng spricht bei einem notariellen Vertr, der *offensichtl* nur die Interessen einer Part berücksichtigt, eine tatsächl Vermutg (BGH **118**, 239). Dagg wird die dch eine Klausel begünstigte Part nicht dadch zum Verwder, dass sie sich die Klausel währd der VertrAbwicklg „zunutzemacht" (BGH **130**, 50, 57, NJW **84**, 2094, and noch BGH **74**, 204, 211). Das TatbestdsMerkmal „Stellen" setzt nach dem Schutzzweck der §§ 305 ff (Übbl vor § 305 Rn 8) voraus, dass der Verwder selbst od dch seine HilfsPers unter Ausschluß des and Teils einseit rgeschäftl Gestaltgsmacht in Anspr nimmt; es kann nicht dch inhaltl Kriterien ersetzt w (BGH **130**, 57, Hamm NJW-RR **99**, 999). Formelh GewLAusschlüsse, die auf Vorschlag des Notars in den Vertr über neu errichtete Häuser od EigtWo aufgenommen worden sind, unterliegen aber nach der Rspr des BGH auf der Grdl des § 242 einer InhKontr (Vorbem 5 v § 307). Beim **Bauherrenmodell** werden die VertrBdggen iZw vom Bauträger (Initiator) gestellt (BGH NJW

92, 2162). Er kann bei einer Verflechtg mit dem TrHänder auch dann Verwder sein, wenn dieser die VertrMuster (ohne Beteiligg der Bauherren) entworfen hat (BGH **126**, 332). Die von einem Untern ständ verwandten AGB sind diesem auch dann zuzurechnen, wenn sie ein VertrPartner im „vorauseilendem Gehorsam" in sein Vertr-Angebot aufgenommen hat (BGH NJW **97**, 2043). Bei **Versteigerungen** können die AGB des Versteigerers dem Einlieferer idR nicht als Verwder zugerechnet werden (Hamm NJW **01**, 1142, § 156 Rn 2).

f) Regelungsalternativen, Leerräume. Auch wenn der Kunde zw mehreren vorformulierten Regelgen 12 wählen kann, handelt es sich um AGB (BGH NJW **92**, 503, **96**, 1676), etwa bei der Wahl zw einer fünf- od zehnjähr Laufzeit (BGH NJW **96**, 1676, NJW-RR **97**, 1000) od zw der Einbeziehg eines best Risikos in die Vers od dessen Ausschluß (Hbg VersR **98**, 92, aA Mü VersR **98**, 93). Klauseln mit ausfüllgsbedürftigen Leerräumen sind AGB, wenn es um unselbst Ergänzgen, wie etwa die Einfügg von Namen od der Bezeichng des VertrObjekts geht (BGH **99**, 205, **118**, 238, NJW **98**, 2815). Wenn die Einfügg den Regelgsgehalt mitbestimmt (Bsp: Festlegg der Laufzeit), ist dagg zu unterscheiden. Kann der Kunde die freie Stelle nach seiner freien Entscheidg ausfüllen, ohne dass vom Verwder vorformulierte Entscheidgsvorschläge hinzugefügt sind, ist dieser Formularteil idR keine AGB (BGH NJW **98**, 1066). And ist es, wenn die Mitarbeiter des Verwders die Lücke in einer Vielzahl von Fällen in einem best Sinne ausfüllen (BGH NJW **98**, 2815, **99**, 2180) od darauf hinwirken, dass der and Teil den Text ohne individuelles Aushandeln entspr ergänzt (BGH NJW **98**, 1066). Bei einer Kombination von mehreren zur Wahl stehden vorformulierten Regelgsalternativen mit einem Leerraum, der individuell ausgefüllt werden kann, handelt es sich um AGB, wenn die vorformulierten Alternativen im VorderGrd stehen u die and Wahlmöglichk überlagern (BGH NJW **96**, 1676, NJW-RR **97**, 1000, aA Leverenz NJW **97**, 421).

g) Verlangen beide Vertragsparteien unabhäng voneinand die Einbez ders AGB (Bsp: VOB), sind die 13 §§ 305 ff unanwendb (Ul/Br/He AGBG 1 Rn 29, Wo/Ho/Li AGBG 1 Rn 29; aA Staud/Schlosser 1 AGBG Rn 28). Ihr Wortlaut trifft nicht zu, weil sie RBeziehgen zw einem Verwder u einer and VertrPart betreffen, nicht aber RBeziehgen zw zwei Verwdern. Ihr Zweck trifft nicht zu, weil keine der Part in die VertrGestaltgs-Freih der and eingreift. Der Untern, der ständig best AGB verwendet, muß sich diese auch dann als Verwder zurechnen lassen, wenn der and Teil die AGB mit Rücksicht auf diese Praxis von vornherein in sein Angebot aufnimmt (BGH NJW **97**, 2043).

h) Klarstellungen bringt der (sachl überflüss) **I S 2;** er soll Zw über den Anwendgsbereich der §§ 305 ff 14 ausräumen. – **aa) Formularverträge.** Unerhebl ist, ob die Bdggen einen gesonderten Bestandt des Vertr bilden od in den VertrText eingearbeitet sind. Soweit FormularVertr die Merkmale von I 1 erf, stehen sie AGB in jeder Hins gleich. – **bb)** Der **Umfang** des Klauselwerks ist gleichgült. Auch einz Klauseln (Frei- 15 zeichng, EigtVorb), etwa ein Stempelaufdruck (LG Stgt AGBE I Nr 13), eine GerStKlausel im Briefkopf (BGH **101**, 273) od die Übern einer Mithaftg (BGH **104**, 236), sind unter den Voraussetzgen von I 1 AGB. Mögl ist auch, dass in einem individuell gestalteten Vertr eine einz Klausel AGB ist (BGH **75**, 21). – **cc)** Auch 16 die verwandte **Schriftart** (Druck, Maschine, Handschrift) ist unerhebl. VertrBdggen, die für jeden VertrSchl dch Schreibautomat, Schreibmaschine od von Hand neu geschrieben w, sind AGB, sofern sie inhaltl unverändert verwandt w (Rn 8). – **dd)** Die **Form** des Vertr ist gleichf ohne Bedeutg. Das Ges gilt auch für **notariell** 17 **beurkundete** Vertr, soweit diese AGB enthalten (FormularVertr) od in Bezug nehmen (BGH **74**, 209, NJW **84**, 172, zur Abgrenzg s Rn 11). Es trägt damit der Erfahrg Rechng, dass auch der Inh von not beurk Vertr vielf allein von der marktstärkeren Part best wird u ausschließl auf deren Interessen Rücks nimmt. Die §§ 307 ff iVm BNotO 14 II, BeurkG 4 begründen eine notarielle InhKontr von FormularVertr. Der Notar muß seine Amtstätigk versagen, wenn ein FormularVertr unwirks Klauseln enthält (Heinrichs NJW **77**, 1507, **95**, 158); bei Zw hat er die Beteiligten umfassd zu belehren (BeurkG 17).

i) Individualvereinbarung (I 3). Sow die VertrBdggen zw den Part im einz ausgehandelt sind, sind die 18 §§ 305 ff unanwendb. Kollektives Aushandeln auf Verbandsebene rechtf die Anwendg von I 3 nicht (s BGH NJW **82**, 1821 zur ADSp u BGH **86**, 141 zur VOB), ist aber im Rahmen der AngemhPrüfg zu berücksichtigen (307 Rn 11). – **aa) Unbeachtlich** ist, dass der and Teil über Bedeutg u Tragweite der vorformulier- 19 ten Klauseln **belehrt** worden ist (BGH **74**, 209, NJW **84**, 171, **92**, 2759, allgM). Unerhebl ist auch eine vom Kunden bes unterschriebene Erkl, der VertrInh sei in allen Einzelh ausgehandelt; sie kann wirkl Aushandeln nicht ersetzen (BGH NJW **77**, 432, 624) u ist gem § 309 Nr 12 b unwirks (BGH **99**, 378). Für eine IndVereinbg genügt es auch nicht, dass der Formulartext zu Ändergen od Streichgen auffordert (BGH **98**, 28, NJW **87**, 2011), dass der Kunde zw versch vorformulierten Bdggen wählen kann od dass einige Lücken im Formular (Pr, Laufzeit) individuell auszufüllen sind (Rn 12). – **bb) Verhandlungsbereitschaft.** Der Verwder 20 muß zu Vhdlgen über den VertrInh bereit sein. Seine VhdlgsBereitsch muß dem Kunden ggü unzweideut erklärt w u ernsth sein (BGH NJW **77**, 624). Letzteres kann vielf nach seinem Verhalten bei fr VertrSchl beurteilt w. Wer angebl immer vhdlgsbereit ist, tatsächl aber nie etwas ändert, kann sich idR nicht auf I 3 berufen. – **cc) Wirkliches Aushandeln.** I 3 ist nur anwendb, wenn es zu einem wirkl Aushandeln 21 gekommen ist. Aushandeln bedeutet mehr als bloßes Verhandeln (BGH NJW **91**, 1679). Der Verwder muß den *gesetzesfremden Kerngehalt* seiner AGB inhaltl ernsth zur Disposition stellen u dem and Teil GestaltgsFreih zur Wahrg eig Interessen einräumen; der Kunde muß die reale Möglichk erhalten, den Inh der VertrBdggen zu beeinflussen (BGH **85**, 308, **104**, 236, NJW **92**, 1107, 2760, **00**, 1110). Ein ausdr Einverständn nach einem Hinw auf die belastde Klausel genügt nicht (Schlesw MDR **01**, 262). Zu berücksichtigen sind alle Umst des Einzelfalls, vor allem die intellektuellen Fähigk u die berufl Position der Vhdlgspartner sowie das Bestehen od Fehlen eines wirtschaftl Machtgefälles. Bei einem Untern als Verwdgsgegner sind die sich aus I 3 ergebden Anfordergen weniger streng als bei einem Verbr. Vgl auch Berger NJW **01**, 2153, der bei der Auslegg des I 3 an der im AGB-Recht überholten Unterscheidg Kaufmann/Nichtkaufmann festhalten will. Bei einer Vertr-StrafenKlausel ist nicht erforderl, dass der Verwder die Regelg *von Grd auf* zur Disposition stellt; es genügt, wenn er den *gesetzesfremden* Gehalt der Klausel, etwa die Verschuldensunabhängigk der Strafe, zum Ggst des Aushandels macht (BGH NJW **98**, 3488). Eine Klausel über eine erfolgsunabhängige Maklerprovision w idR noch nicht dadch zur IndVereinbg, dass der Makler die Höhe der Provision zur Disposition gestellt hat (BGH NJW **91**, 1679). Im Verk zw Untern kann ein Aushandeln uU auch dann zu bejahen sein, wenn der Verwder

eine best Klausel zur *condicio sine qua non* erklärt (BGH NJW **92**, 2285, aA Schuhmann JZ **98**, 127). Sind AGB bei einem fr VertrSchl individuell vereinb worden, aber inhaltl unverändert geblieben, so reicht das bei einer erneuten Verwdg nicht für eine Bejahg von I 3 aus (BGH NJW **79**, 367). IdR schlägt sich das Aushandeln in
22 Änd des vorformulierten Textes nieder. Auch wenn der **Text unverändert** bleibt, kann aber ausnweise I 3 anwendb sein, wenn der and Teil nach gründl Erörterg von der Sachgerechtigk der Regelg überzeugt w (s BGH **84**, 111, NJW **91**, 1679, **92**, 2285, **98**, 2600, **00**, 1110, Staud/Schlosser AGBG 1 Rn 36 ff). Bsp: gg
23 § 309 Nr 8 b verstoßder HaftgsAusschl bei Verkauf aus InsMasse (str). – **dd)** Ein Aushandeln **einzelner Vertragsbedingungen** ändert grdsl nichts daran, dass die übr AGB bleiben (BGH **97**, 215, *arg* „soweit"). Der formularmäß Ausschl des KündR aus § 649 wird daher dch das Aushandeln einer vertragl Laufzeit nicht zur IndVereinbg (BGH WM **82**, 872). Eine von der TrHand ständ verwandte Verzugsschadensregelg bleibt auch dann eine AGB, wenn der Kernbereich des Vertr im einzelnen ausgehandelt worden ist (BGH ZIP **96**, 1997). Das Aushandeln kann sich auch auf den Teil einer Klausel beschränken (BGH NJW **83**, 1603, **98**, 3488). Insbes bei Vertr zw Untern kann aber das Aushandeln auf sachl zusgehörde Regelgen od den ganzen Vertr ausstrahlen u eine erweiterte Anwendg des I 3 rechtf (Michel/Hilpert DB **00**, 2513). Mögl auch, dass AGB dch Vhdlgen nach VertrSchl **nachträglich** zu IndVereinbgen w (s Hamm NJW **81**, 1049, BauR **94**, 375).

24 **j) Beweislast:** Wer sich auf den Schutz der §§ 305 ff beruft, muß im Streitfall beweisen, dass die zum VertrBestandt gemachten Klauseln AGB iSv I sind (BGH **118**, 238). Das ist *prima facie* anzunehmen, wenn ein gedrucktes od sonst vervielfältigtes Klauselwerk od Muster des and Teils verwandt worden ist (BGH aaO, Ffm NJW-RR **90**, 282, Düss WM **01**, 2294/97). Die Vermutg bezieht sich auf alle vorformulierten Klauseln (BGH NJW **00**, 1110). Macht der Verwder geltd, seine AGB seien im konkr Fall nicht bloß einbez, sond ausgehandelt worden (I 3), trifft ihn die BewLast (BGH **83**, 58, NJW **98**, 2600). Das gilt auch bei einem notariell beurk Vertr (Heinrichs NJW **77**, 1509). Wg des Schutzzwecks des Ges sind an diesen Bew strenge Anfordergen zu stellen. Er kann keinesf dch schriftl Bestätiggen des Kunden erbracht w, die Bdggen seien im einz ausgehandelt w (BGH NJW **77**, 624). Sind in dem vorformulierten Text nachträgl Änd eingefügt worden, so ist das jedoch ein Indiz dafür, dass insow eine IndVereinbg vorliegt (BGH NJW **92**, 2285, Brdbg VIZ **97**, 377).

25 **3) Einbeziehungsvereinbarung, II. – a) Bedeutung.** Zur Einbez von AGB in den Vertr bedarf es einer vertragl Abrede. Deren Eigenart besteht darin, dass die AGB nicht inhaltl ausgehandelt w, sond lediglich ihre Geltg vereinb w. Die EinbezVereinbg ist kein bes RGesch, sond Teil des jeweil Vertr, der sich iF der Verwdg von AGB aus dem individuell ausgehandelten VertrKern u den global einbez AGB zussetzt. Die fr Rspr bejahte eine Einbez bereits dann, wenn der Kunde vom Vorhandensein der AGB wußte od bei Anwendg gehöriger Sorgf hätte wissen müssen u wenn für ihn erkennb war, dass der Untern den Vertr nur unter Einbez seiner AGB abschl wollte (BGH **3**, 203, **18**, 99, sog **Wissenmüssen-Formel**). In Abkehr von dieser Rspr soll § 305 II sicherstellen, dass die Einbez von AGB vom VertrWillen beider Part getragen w. Da sich die Vereinbg nur auf die Geltg der AGB bezieht, fehlt ihr die klassische VertrFunktion der „RichtigkGewähr" u der „Legitimation dch Verf" (Schmidt ZIP **87**, 1506). Gleichwohl fällt sie ebso wie die vertragl RWahl im IPR (EG 27) unter die VertrKategorie. Fehlt eines der EinbezErfordern, gilt der Vertr ohne die AGB (§ 306). –
26 **b)** II ist **zwingendes Recht,** jedoch kann der Kunde auf die Einhaltg von II Nr 2 verzichten (Rn 37). II ist zugl eine SonderVorschr zu §§ 133, 157; nur wenn seine Förmlichk eingehalten w, liegt eine wirks Einbez vor (BGH NJW-RR **87**, 113).

27 **c) Anwendungsbereich.** II gilt auch für ÄndergsVereinbgen (Rn 47) u die Einbeziehg von AGB in einseit RGesch u gesetzl SchuldVerh. Er ist auch anzuwenden, wenn bei der Begebg eines **Wertpapiers** AGB einbezogen w sollen (s Ffm WM **93**, 2089, Bdggen von InhSchuldVerschreibgen). Bei der Weiterbegebg von Inh- u Orderpapieren bedarf es keiner Einbez, da sich der bei der erstmaligen Begebg festgelegte Inh nicht ändert (Ul/Br/He AGBG 2 Rn 14, Joussen WM **95**, 1860). Unanwendb ist II bei Verwdg von AGB ggü Untern u jur Pers des öffR (§ 310 I u unten Rn 50). Sonderregelgen bestehen auch für AVB (Rn 46) u für
28 best behördl gen od erlassene Bdggen (§ 305 a). – **d)** Die **Beweislast** für die Erf der EinbezVoraussetzgen trifft denjen, der sich auf die AGB beruft, idR also den Verwder (Staud/Schlosser AGBG 2 Rn 16).

29 **4) Voraussetzungen der Einbeziehung. – a) Ausdrücklicher Hinweis, II Nr 1**. Der Verwder muß ausdr darauf hinweisen, dass der Vertr unter Verwdg seiner AGB geschl werden soll. – **aa)** Der **Hinweis** kann schriftl od mdl erfolgen (BGH NJW **83**, 817). Er ist auch dann erforderl, wenn das VertrAngebot vom Verwendgsgegner ausgeht (BGH NJW **88**, 2108). IdR ist er in dem von Verwder vorformulierten AntrFormular enthalten, muß aber wg der geforderten Ausdrücklichk so angeordnet u gestaltet sein, dass er von einem Dchschnittskunden auch bei flücht Betrachtg nicht übersehen werden kann (BGH NJW-RR **87**, 113). Nicht ausr ist ein versteckter od mißverständl Hinw (Düss VersR **82**, 872, Nürnbg BB **90**, 1999) od der bloße Abdruck der AGB auf der VertrRückseite od in einem Katalog (LG Münst VersR **80**, 100, LG Bln MDR **80**, 404, aA Mü NJW-RR **99**, 1358/61). Der Hinw muß klar erkennen lassen, welche Klauseln VertrInh w sollen (Nürnbg WM **90**, 1371). Die Bezugn auf „umseit" AGB erfaßt nicht die von den AGB räuml abgesetzte Vorbem (BGH NJW **87**, 2432) od den Teil der AGB, der auf einem bes, nicht mitausgehändigten Blatt abgedruckt ist (Ffm NJW **89**, 1096). Auch bei einem fernmündl VertrSchl ist ein ausdr Hinw zwingd erforderl. Er ist auch dann unentbehrl, wenn die Verwendg von AGB verkehrs- od branchenübl ist. Ein
30 Hinweis in Deutsch genügt auch ggü Ausländern, wenn die Vhdlgssprache Deutsch ist (Rn 42). – **bb) Bei Vertragsschluß** muß der Hinw gegeben w, dh im ZusHang mit den Erkl, die zum Abschl des konkreten Vertr geführt haben. Hinw bei fr Gesch genügen auch bei einer laufden GeschVerbindg nicht (BGH NJW-RR **87**, 113). Der Hinw auf einen vor dem Zustandekommen des Vertr zu ziehden Parkschein kann ausr sein (LG Köln VersR **83**, 69, LG Ffm NJW-RR **88**, 955), auch die Übergabe der AGB mit der Rechng an der Kasse (Hamm NJW-RR **98**, 199). Nicht genügd ist dagg der Abdruck auf einer **Eintrittskarte,** einem Fahrschein, Flugticket od ähnl, weil sie erst nach dem VertrSchl ausgehändigt w (Ul/Br/He AGBG 2 Rn 34, Wo/Ho/Li AGBG 2 Rn 16, str); im übrigen läßt sich in diesen Fällen idR auch nicht das erforderl Einverständn des Kunden feststellen (BGH NJW **84**, 802). Auch der Hinw in der AuftrBestätigg ist uU zu spät (Rn 43), erst recht der Hinw in einem Lieferschein, einer Empfangsbestätigg od einer Quittg.

cc) Aushang. Ist ein ausdr Hinw wg der Art des VertrSchl nur unter unverhältnismäß Schwierigk mögl, genügt ausnw ein deutl sichtb Aushang. Hauptanwendgsfall sind die konkludent geschl MassenVertr, bei denen ein Hinw schon wg des Fehlens eines persönl Kontakts unmögl ist. Beispiele sind die Benutzg automat Schließfächer u Kleiderablagen, die Parkhausbenutzg (LG Ffm NJW-RR **88**, 955), der Erwerb von Waren od Eintrittskarten aus Automaten sowie Befördergs- u ähnl Vertr, die konkludent dch Inanspruchn der Leistg zustandekommen. Die Ausn gilt auch für sonst Gesch des MassenVerk, bei denen ein ausdr Hinw an sich mögl wäre, aber eine unverhältnismäß u im Grd überflüss Erschwerg der Massenabfertigg darstellen würde (BGH NJW **85**, 850, str), so etwa bei Vertr mit Kinos, Theatern, Sportveranstaltern, Lottoannahmestellen, Kfz-Waschanlagen (Hbg DAR **84**, 260) u Chemischreiniggen (Schmidt VersR **78**, 594), aber auch bei Versteigergen (BGH NJW **85**, 850). Auch in Selbstbediengsläden u Kaufhäusern genügt ein Aushang, vorausgesetzt, er ist deutl sichtb angebracht, u es handelt sich um einen einfachen, leicht verständl Text (s v Westphalen NJW **94**, 367). Der Aushang muß so angeordnet w, dass er nicht übersehen w kann; dem Kunden ist nicht zuzumuten, die Wände nach ausgehängten AGB abzusuchen. Bei einem Schließfach genügt ein Hinweis an zentraler Stelle, ein Schild an jedem Fach ist nicht erforderl (LG Essen VersR **95**, 1198). Der Aushang muß sich am **Ort des Vertragsschlusses** befinden; der Ort einer ErfHdlg (Hotelzimmer) reicht nicht (Staud/Schlosser AGBG 2 Rn 22). Er kann sich darauf beschr, auf die AGB hinzuweisen, ohne ihren Inh mitzuteilen, sofern dem II Nr 2 anderweit genügt ist (Ul/Br/He AGBG 2 Rn 42; Wo/Ho/Li AGBG 2 Rn 21, str). Ausr daher Schild: „Für alle Vertr gelten unsere AGB. Diese liegen für Sie an der Kasse zur Einsicht bereit". – **dd)** Auf **Formularverträge** will der BGH II Nr 1 (u Nr 2) nicht anwenden (BGH NJW **95**, 190). Dem ist mit einer Einschränkg zuzustimmen: Nach Nr 2 ist mangelnde Transparenz ein Einbeziehgshindern (Rn 41). Das Transparenzgebot muß aber im § 305 II ebso wie im § 307 in gleicher Weise für AGB im techn Sinn u für FormularVertr gelten. 31 32

b) Möglichkeit der Kenntnisnahme, II Nr 2. Der Verwder muß dem Kunden die Möglichk verschaffen, in zumutb Weise vom Inh der AGB Kenntn zu nehmen. Wenn and Vorschr dem Verwder eine über II Nr 2 hinausgehde InformationsPfl auferlegen (Bsp: BGB-InfoV §§ 1, 2 u 3 s Anh zu § 312 c, § 482, § 312 e), ist die Erf dieser Pfl nicht Voraussetzg für eine wirks Einbeziehg (Führich NJW **94**, 2451), kann aber eine Haftg wg c. i. c. begründen. – **aa) Anforderungen.** Auch bei gebräuchl od veröffentlichten AGB muß der Verwder II Nr 2 einhalten, so etwa, wenn die VOB/B in einen Vertr mit einer PrivPers einbezogen werden soll (BGH **109**, 195, NJW **94**, 2547). Handelt es sich um einen VertrPart, der berufl häuf mit dem VertrMuster zu tun hat (Bsp: Bauhandwerker u VOB), od tritt für die Part ein mit den Bdggen Vertrauter auf (Bsp: Architekt u VOB), darf der Verwder aber davon ausgehen, dass dieser sich selbst ow die notw Kenntn verschaffen kann (BGH **86**, 138, **105**, 292, Naumbg NJW-RR **00**, 391). Das gilt aber nicht, wenn der Architekt des Verwders zugl für den Kunden tät ist (Hamm NJW-RR **93**, 27). Nicht ausr ist der Hinw, die AGB könnten im Buchhandel erworben werden. Bei einem VertrSchl unter Anwesden muß der Verwder die AGB vorlegen od die Vorlage anbieten (s LG Ansbach NJW-RR **90**, 564). Bei einem entspr ausdr Hinw (Rn 31 aE) genügt aber auch, dass die AGB zur Einsicht aushängen od ausliegen. Bei bes umfangreichen AGB kann der Kunde mit Rücks auf das ZumutbarkErfordern Aushändigg verlangen (Hbg VersR **89**, 202). Bei einem VertrSchl unter **Abwesenden** kann II Nr 2 idR nur dch Übersendg der AGB genügt w. Die Aufforderg, sie im GeschLokal des Verwders einzusehen, genügt nicht (Düss BauR **96**, 712), ebsowenig das Angebot, die AGB kostenlos zu übersenden (BGH NJW-RR **99**, 1246). Nicht ausr ist auch die Aushändigg eines Auszuges aus den AGB (BGH NJW- RR **91**, 727). Für Vorverkaufs- u AnnStellen bedeutet II Nr 2, dass sie die AGB sämtl Untern vorrät haben müssen, deren Wk- od Dienstleistg sie vermitteln. Wird bei den VertrVhdlgen statt der geltden eine fr Fassg vorgelegt, wird diese VertrInh (Nürnbg NJW-RR **93**, 1245). Der Verwder muß sich aber uU nach den Grds der c. i. c. so behandeln lassen, als wäre die nF VertrInh geworden (BGH NJW **82**, 926). – **bb)** Bei **Weiterverweisungen** auf and Klauselwerke müssen die Obliegenh des II Nr 2 auch hins dieser erf w (BGH **86**, 135/138, Ffm NJW **84**, 1626). Der Wirksamk der Weiterverweisg steht nicht entgg, dass einz der in Bezug genommenen Bdggen unwirks sind (BGH **111**, 393). 33 34 35 36

cc) Distanzgeschäfte. – (1) Problemat ist die Einhaltg von II Nr 2 beim **fernmündlichen Vertragsschluß.** Der Verwder ist idR außerstande, dem Kunden vor dem fernmdl VertrSchl die Möglichk zu verschaffen, vom Inh der AGB Kenntn zu nehmen. Das Vorlesen der AGB währd des Telefonats ist keine praktikable Lösg. Das Angebot des Verwders, die AGB zu übersenden, genügt den Anfordergen von II Nr 2 nicht, da es die Möglichk der Kenntnisnahme erst nach VertrSchl eröffnet. Unproblemat sind daher allein die Fälle, in denen die AGB dem Kunden währd der VorVhdlgen od bei einem fr Gesch übermittelt worden sind. Auch sonst müssen die Part aber in der Lage sein, fernmdl einen Vertr unter sofort Einbez von AGB abzuschließen. Der Kunde kann dch IndVereinbg (nicht dch formularmäß Erkl) auf die Einhaltg von I Nr 2 verzichten (Mü AGBE II § 9 Nr 23, Ul/Br/He AGBG 2 Rn 49, MüKo/Basedow AGBG 2 Rn 17, str, aA AG Krefeld NJW-RR **97**, 245). Der Kunde braucht die Möglichk, vom Inh der AGB Kenntn zu nehmen, nicht auszunutzen. Die insow bestehde EntschFreih muß die Befugn mitumfassen, den Verwder von der Obliegenh des II Nr 2 freizustellen. Es wäre widersinnig, die Obliegenh zur KenntnVerschaffg auch ggü einem Kunden zu bejahen, der erklärtermaßen keine Kenntn nehmen will. **(2)** Bei Angeboten via **Internet** od mittels **Bildschirmtext** genügt die bloße Einblendg der AGB nur, wenn sie dem Kunden eine krit Prüfg der Bdggen ermöglicht (LG Freibg NJW-RR **92**, 1018, Köln NJW-RR **98**, 1277: Text von 7 Seiten mit 15 Nr noch zumutb). Der Hinw, die AGB könnten auf einer and Btx-Seite unentgeltl abgerufen w, ist ausr, wenn es sich um einen kurzen Text handelt u für die richt Bedieng eine verständl Information gegeben w (LG Bielefeld NJW-RR **92**, 955). Auch umfangreiche AGB können wirks einbezogen w, wenn der Kunde die Möglichk hat, sie dch Herunterladen kostenlos zu kopieren (Mehrings BB **98**, 2373, Löhning NJW **97**, 1688, MüKo/Basedow AGBG 2 Rn 19). II Nr 2 begründet keine Pfl, die AGB dem Kunden in Textform (§ 126 b) zur Vfg zu stellen. Sie kann sich aus and Vorschr, zB aus der BGB-InfoV, ergeben, ihre Erf ist aber keine Voraussetzg für eine wirks Einbeziehg (Rn 33). 37 38

dd) Der Kunde muß in **zumutbarer Weise** vom Inh der AGB Kenntn nehmen können. Dazu gehört auch, dass die AGB für einen Dchschnittskunden mühelos lesb sind (BGH NJW **83**, 2773, NJW-RR **86**, 1311, Saarbr NJW-RR **88**, 858, Thamm/Detzer BB **89**, 1133), ferner ein Mindestmaß an Übersichtlk u ein 39

im Verhältn zur Bedeutg des Gesch vertretb Umfang. Die auf eine and VertrGestaltg zugeschnittenen AGB können wg II Nr 2 nicht VertrInh werden (BGH ZIP **81**, 1220); die Feststellg, welche Klausel gilt u welche
40 nicht, setzt ein rechtl *know how* voraus, das der Dchschnittskunde nicht besitzt. – **ee)** Bei einem erkennb körperl **behinderten Kunden** muß der Verwder auf dessen Behinderg Rücks nehmen. Diese in AGBG 2 noch nicht enthaltene Regelg soll sicherstellen, dass einem erkennb Sehbehinderten, der die ausliegden od -hängden AGB nicht lesen kann, der Inh der AGB in geeigneter Weise zugängl gemacht wird, etwa dch Übergabe in elektron od akkustischer Form od Braille-Schrift, (BT-Drs 14/6040 S 150). Sie bedeutet aber nicht, dass der Verwder seine AGB je nach Kunden u Sehkraft in unterschiedl Schriftgröße bereithalten muß (BT-Drs aaO). Nicht unter die Regelg fallen Analphabeten, da deren Behinderg nicht körperl u idR auch
41 nicht erkennb ist aA AnwK/Hennrichs Rn 10). – **ff) Verständlichkeit der AGB.** Aus II Nr 2 ergibt sich, dass AGB für den Kunden verständl sein müssen (Wo/Ho/Li AGBG 2 Rn 27). Die Vorschr enthält damit ein **Transparenzgebot** (Schlesw NJW **95**, 2858), das nach § 307 zugl Maßstab der InhKontr ist (§ 307 Rn 16). Die Einbez einer Klausel, die in ihrem Kernbereich unklar od für einen Dchschnittskunden unverständl ist, scheitert bereits an II Nr 2; für § 305 c II bleibt nur Raum, wenn die im Grds verständl Klausel sich in Einzelpunkten als mehrdeutig erweist. Bsp unwirks Klauseln: Klausel, der Mieter habe „die Nebenkosten" zu tragen (Düss MDR **91**, 964), Regelg der Verj dch einen Verweis auf BRAO 51 (Düss NJW-RR **97**, 1150); Bestimmg, dass die VOB u das BGB anzuwenden seien u „bei unterschiedl Auffassgen das dem Bauherrn günstigere gelte" (BGH NJW **86**, 924), Klausel, dass für „nicht ausdr geregelte Fragen" die VOB gelte (Stgt NJW-RR **88**, 787), Klausel, dass sich die Verj nach VOB u BGB richte (Celle NJW-RR **97**, 82). Verzugszinsklauseln, die auf den Basiszinssatz verweisen, sind aber mit dem Transparenzgebot vereinb, *arg* § 288 (s Casper NJW **97**, 240); ebso die mietvertragl Regelg, dass BetrKosten nach Maßg der II. BV 27 umgelegt werden (BayObLG NJW **84**, 1761, Ffm NJW-RR **00**, 1464, Düss ZMR **00**, 603, *arg* § 556 I). Werden die VertrVhdlgen in dtsch Sprache geführt, ist der Verwder bei einem in der BRep geschl, dtsch Recht unter-
42 stehden Vertr idR nicht verpfl, für **Ausländer** Übersetzgen der AGB bereit zu halten (BGH **87**, 115, Staud/Schlosser AGBG 2 Rn 28a: keine Obliegenh, sich der Sprache des Verbr zu bedienen, AG Langenfeld NJW-RR **98**, 1524). Bei Vertr von erhebl wirtschaftl Tragweite kann aber eine Verpfl zu erläuternden Hinw bestehen (§ 310 Rn 25). Liegen zweisprach, inhaltl voneinand abweichde AGB-Fassgen vor, werden im kaufm Verk iZw die in der Vhdlgssprache abgefaßten AGB VertrInh (BGH NJW **96**, 1819).

43 **c)** Das **Einverständnis** des Kunden mit der Geltg der AGB ist eine notw EinbezVoraussetzg. Es kann, soweit für die Vertr keine FormVorschr bestehen, auch schlüss erklärt w; es ist idR zu bejahen, wenn es nach vorheriger Erf von II Nr 1 u 2 zum VertrSchl kommt. Das gilt auch für die in den AGB eines Einkaufszentrums vorgesehenen Maßn der Taschenkontrolle, sofern hierauf in einem nicht zu übersehden Aushang deutl hingewiesen w (Ffm NJW-RR **93**, 790). Nimmt der Verwder erstmals in der **Auftragsbestätigung** (§ 148 Rn 12) auf beigefügte AGB Bezug, bedeutet das Schweigen des Kunden idR keine Zust (BGH **18**, 212, **61**, 287, NJW **88**, 2106, Köln NJW-RR **94**, 1430). Das gilt auch für den erstmals in der AuftrBestätigg erwähnten verlängerten EigtVorbeh (Köln BB **94**, 741, s aber zum einf EigtVorbeh Rn 56). Ebso liegt es, wenn die AGB erst auf der Rechng (usw) mitgeteilt werden (Rn 47). Die Entggn der Leistg drückt im nichtkaufm Verk idR kein wirkl rgeschäftl Einverständn mit den erst in der AuftrBestätigg od nach VertrSchl mitgeteilten AGB aus; sie kann im Anwendgsbereich des § 305 II grdsl nicht als Einverständn gewertet w. Die Fälle, in denen die Rspr ein Einverständn bejaht hat, betr den Verk zw Untern (Rn 53). Sind am Kinderspielplatz (Köln VersR **70**, 577), Trimm-Dich-Pfad (Karlsr VersR **75**, 381) od in einer Reithalle (BGH NJW-RR **88**, 657) Schilder mit HaftgsAusschlKlauseln angebracht, so bedeutet Schweigen idR Ablehng.

44 **d) Wirksamer Vertrag**. Voraussetzg für die Einbez ist, dass zw dem Verwder u Kunden ein wirks Vertr zustande kommt (Staud/Schlosser AGBG 2 Rn 39). Auch bei einem Dissens über die Einbez der AGB ist der Vertr grdsl nicht wirks; and aber, wenn die Part den Vertr trotz des Dissenses einverständl dchführen (§ 154 Rn 3). Die AGB können den VertrSchl nicht abw vom Ges regeln, da der Vertr der GeltgsGrd der AGB ist (KG NJW **81**, 2822). Scheitert der VertrSchl, richten sich die RBeziehgen der Part nach den gesetzl Vorschr; mögl ist es aber auch, die Geltg der AGB schon für die Phase der VertrAnbahng zu vereinbaren (Celle NJW-RR **86**, 833: LottoGesellsch).

45 **5) Sonderformen der Einbeziehung. – a) Rahmenvereinbarungen, III.** Im voraus getroffene EinbezAbreden müssen den Anfordergen von II (Rn 29 ff) genügen. Sie sind nur wirks, wenn die Art der betroffenen RGesch best bezeichnet ist. Die wiederholte Einbez im Rahmen einer ständ GeschVerbindg genügt nicht. Erforderl ist ein über die Einbez im Einzelfall hinausgehder Wille (BGH NJW-RR **87**, 112). Vereinbgen gem III werden vor allem von **Banken** geschlossen. Unzul sind aber Vereinbgen, dass AGB in
46 ihrer jeweiligen Fassg gelten sollen (allgM). – **b)** Für den **Versicherungsvertrag** enthält VVG 5 a eine dogmat schwer einzuordnde SonderVorschr (vgl Lorenz VersR **97**, 773, Dörner/Hoffmann NJW **96**, 153, Schirmer VersR **96**, 1045, Reiff VersR **97**, 267). Liegen die EinbeziehgsVoraussetzgen nicht vor, weil dem VersN bei AntrStellg weder die VertrBdggen noch die VerbrInformation (VAG 10 a) vorgelegt worden sind, werden die AVB (nachträgl) VertrInh, wenn der VersN nicht binnen 2 Wo nach Übersendg der Unterlagen widerspricht. Bis zur Gen dch NichtWiderspr besteht wohl kein RumpfVertr (so Dörner/Hoffmann, LG Essen VersR **97**, 993), sond ein schwebd unwirks Vertr od eine verträhnl Sonderbeziehg (so Lorenz u Schirmer).

47 **c) Änderungsvereinbarung.** Obwohl vom Ges nicht bes erwähnt, ist auch die nachträgl Einbez von AGB dch ÄndVereinbg mögl. Für sie gilt II sinngem (BGH NJW **83**, 817, **84**, 1112), jedoch kann das Einverständn des Kunden idR nur bei entspr ausdr Erkl angenommen w (KG NJW-RR **94**, 1265). Werden dem Kunden nach VertrSchl AGB zugängl gemacht (dch Aufdruck auf Rechngen, Warenbegleitpapieren, Lieferscheinen usw), so kann aus seinem Schweigen nicht auf Abschl einer ÄndergsVereinbg geschl w (RG **133**, 338, Zweibr OLGZ **68**, 389, LG Karlsr BB **96**, 1581), ebsowenig aus Entggn der ihm ohnehin gebührden Leistg. Auch wenn der Kunde die nachträgl übersandten AGB unterzeichnet, liegt darin nicht in jedem Fall eine stillschw EinbezVereinbg (KG MDR **81**, 933, LG Gießen NJW-RR **96**, 630). Hat der Verwder bei einem fernmdl VertrSchl (Rn 37) auf seine AGB hingewiesen u diese anschließd unverzügl

übersandt, bedeutet ein Schweigen des Kunden dagg idR Zust zur Einbez der AGB. Eine wirks Einbez kann sich auch daraus ergeben, dass sich beide anwaltl vertretene Part im RStreit auf die Geltg der VOB berufen (s Düss NJW-RR **96**, 1422, and BGH NJW **99**, 3261, der abw v Einf 17 v § 116 für die EinbezVereinbg ein ErklBewußtsein verlangt). Wird der Vertrag unter Aufrechterhaltg seiner Identität **geändert** od erweitert, bedarf es keiner neuen EinbezVereinbg.

d) Neufassungen von AGB werden VertrInh, wenn sie unter Wahrg von II in den Vertr einbezogen w. **48** Der Verwder muß dem Kunden die nF unter drucktechn Hervorhebg der Ändergen übermitteln. Setzt der Kunde danach das VertrVerhältn ohne Widerspr fort, erklärt er konkludent sein Einverständn (Ul/Br/He AGBG 2 Rn 64, MüKo/Basedow AGBG 2 Rn 31). Die AGB können die Einbez von nF dch Verwendg einer ErklFiktion (§ 308 Nr 5) erleichtern. Bei einer angem WidersprFr, einem unmißverständl Hinw auf die Bedeutg des Schweigens u Beifügg der neugefaßten AGB werden die nF nach Ablauf der WidersprFr VertrInh. Widerspricht der Kunde, steht dem Verwder kein KündR aus wicht Grd zu (Köln NJW **96**, 1065). Klauseln, die den Verwder zur **Änderung der AGB** ohne Einverständn des Kunden berecht, sind nur wirks, wenn sie das Recht zur Anpassg der Bdggen auf das nachträgl Entstehen von Äquivalenzstörgen u Regelgslükken beschränken u inhaltl so bestimmt sind, dass sie dem Transparenzgebot genügen (s BGH **136**, 394, NJW **99**, 1865). Hat der Verwder seine AGB zG des Kunden geändert, muß er Altkunden bei Vhdlgen über VertrVerlängergen hierauf hinweisen; geschieht das nicht, muß er sich uU qua c. i. c. so behandeln lassen als wäre die nF VertrInh (BGH NJW **82**, 926). Die Sonderregelg der TKV 28 (fr 9) (vgl dazu BGH NJW **98**, 3188, Grote BB **98**, 1117) hat § 305 a als *lex posterior* außer Kraft gesetzt (§ 305 a Rn 5).

e) Insichgeschäft. Kommt der Vertr aGrd einer entspr Vollm des Kunden dch ein InsichGesch des **49** Verwders zustande, ist die Einbeziehg von AGB nach dem Schutzzweck des II nur wirks, wenn der Verwder die Obliegenh des II vor dem VertrSchl ggü dem VollmG erfüllt hat (BGH DB **84**, 2294 läßt offen).

6) Verträge mit Unternehmern. Auf VertrSchl mit Untern (BGB 14) finden § 305 II u III keine **50** Anwendg (§ 310 I). Auch im Verk zw Untern gelten AGB aber nur dann, wenn sie dch rechtsgeschäftl Einbeziehg VertrBestandt geworden sind (BGH **117**, 190/194, Dresd NJW-RR **99**, 846). Die sog Wissenmüssenformel aus der Zeit vor 1977 (Rn 25) wendet die Rspr mit Recht nicht mehr an. Entscheidd ist, ob sich die vertragl Einigg der Part auch auf die Einbez der AGB erstreckt. Das ist, soweit erforderl, dch Auslegg (§§ 133, 157, HGB 346) festzustellen. – **a)** Eine **ausdrückliche** Einbez ist auch dann wirks, wenn die AGB **51** dem für den VertrSchl maßgebl Schreiben nicht beigefügt waren, u der Kunde den Inh der AGB nicht kennt (BGH **1**, 86, **33**, 219, NJW **76**, 1887, vgl aber Rn 54). **Rahmenvereinbarungen** können abw von III auch auf die jeweil AGB-Fassg abstellen; der Verwder muß den and Teil aber unverzügl über nF seiner AGB informieren.

b) Die Einbez dch **schlüssiges Verhalten** setzt voraus, dass der Verwder erkennb auf seine AGB verweist u **52** der VertrPartner ihrer Geltg nicht widerspricht (BGH **117**, 194). Auch der Widerspr kann konkludent erklärt w, etwa dch eine Bezugn auf eigene AGB (Rn 55). Die Verweisg muß das Klauselwerk klar u unzweideut bezeichnen, damit der and Teil in der Lage ist, sich vom Inh der AGB Kenntn zu verschaffen (BGH **102**, 304). Sie muß grdsl währd der Verhandlg über den konkr Vertr erfolgen. Der Hinw bei fr Gesch od auf fr Rechngen genügt nicht. Das gilt auch dann, wenn die beim fr Gesch in Bezug genommenen AGB formularmäß auch für künft Vertr Geltg beanspruchen (BGH **117**, 190/92). Nicht ausr ist auch der Hinw auf Schriftstücken, die nach VertrSchl eingehen (Rn 47), jedoch kann es bei AuftrBestätiggen and liegen (Rn 53). Bei ständ GeschVerbindg, die eine gewisse Häufigk von Vertr voraussetzt (BGH DB **73**, 1393, Hbg NJW **80**, 1233), können AGB, auch ausländ (Köln VersR **94**, 1496), dch wiederholte, auch für den flücht Leser ow erkennb Hinw in Rechngen od ähnl zum VertrBestandt w (BGH **42**, 55, NJW-RR **91**, 571, Fischer BB **95**, 2491, aA Karlsr NJW-RR **93**, 568), nicht aber dch Hinw auf der Rücks der Rechng (Hbg ZIP **84**, 1241, Köln VersR **98**, 464), auch nicht dch Hinw in Lieferscheinen, da diese den für die Vertretg des GeschPart zust Pers idR nicht bekannt w (BGH NJW **78**, 2243).

c) Bestätigungsschreiben sind wg ihrer rechtserzeugden Wirkg (§ 148 Rn 19) ein ausr EinbezTatbestd **53** (Staud/Schlosser AGBG 2 Rn 76). Verweisen sie auf AGB, so werden diese mangels Widerspr auch dann VertrInh, wenn sie nicht Ggst der VertrVhdlgen (BGH NJW **78**, 2244) od nicht beigefügt waren (BGH **7**, 190, **18**, 216). Auch hier gilt aber der Grds, dass erhebl Abw vom mdl Vereinbarten nicht gedeckt sind (§ 148 Rn 16). Das ergibt sich auch aus dem Vorrang der IndVereinbg (§ 305 b). Abdruck auf der Rücks od bloße Beifügg der AGB ist nicht ausr (Düss NJW **65**, 762). Nimmt der Verwder erstmals in der **Auftragsbestätigung** auf seine AGB Bezug, können diese im kaufm Verk, wenn der and Teil keine Abwehrklausel verwendet (Rn 55), dch widersprlose Entggn der Leistg VertrInh w (BGH **61**, 287, NJW **95**, 1672, NJW-RR **00**, 1154, Rn 43).

d) Möglichkeit der Kenntnisnahme. Auch im Verk zw Untern gilt der Grds, dass der Verwder dem and **54** Teil ermöglichen muß, vom Inh der AGB in zumutb Weise Kenntn zu nehmen (BGH **102**, 304). Zwar brauchen die AGB dem für den VertrSchl maßgebl Schreiben nicht beigefügt zu w (BGH NJW **76**, 1886, **82**, 1750); der Hinw, dass die AGB auf Wunsch übersandt w, genügt (Düss VersR **96**, 1394). Der and Teil hat aber, sow es sich nicht um gebräuchl, leicht zugängl Klauselwerke handelt, einen Anspr auf Überlassg od Einsicht in die AGB. Übersendet der Verwder die AGB trotz Aufforderg nicht, kann er sich gem § 242 (Verwirkg dch pflw Verhalten) nicht mehr auf die AGB berufen (Hamm DB **83**, 2619). Die AGB müssen für den Dchschnittskunden verständl sein (Rn 39). Kaum lesb u drucktechn verwirrd angeordnete AGB w nicht VertrBestandt (BGH WM **78**, 978, 979, Hamm NJW-RR **88**, 944). Bei KaufVertr, auf die das UN-KaufR (CISG) anwendb ist, setzt die Einbez voraus, dass der Verwder dem and Teil die AGB übersendet od zugängl macht (BGH NJW **02**, 370).

e) Kollision von AGB. Verweisen beide Part auf ihre widersprechden AGB, hielt die fr Rspr idR die **55** letzte Verweisg für entscheidd, da der and Teil diese dch Erbringg der Leistg od Empfangn der GgLeistg stillschw gebilligt habe (BGH **LM** § 150 Nr 3 u 6, sog Theorie des letzten Wortes). Diese Ans überzeugt nicht, da den Part auch bei Dchführg des Vertr nicht unterstellt w kann, dass sie mit den AGB des and Teils einverstanden sind. Das gilt insbes dann, wenn beide Teile Abwehrklauseln verwenden (BGH NJW **85**, 1839,

91, 1606). Eine Abwehrklausel schließt nicht nur widersprechde, sond auch ergänzde Klauseln des and Teils aus (BGH NJW-RR **01**, 484). IdR ist anzunehmen, dass die AGB beider Teile nur insow VertrBestandt w, als sie übereinstimmen (sog Prinzip der Kongruenzgeltg), iü liegt an sich Dissens (§§ 154, 155) vor; dieser hindert aber nach dem RGedanken des § 306 die Wirksamk des Vertr nicht, sofern die Part einverständl mit der Dchführg des Vertr beginnen (Staud/Schlosser AGBG 2 Rn 82, Ul/Br/He AGBG 2 Rn 98 ff, ebso die neuere Rspr BGH **61**, 282, NJW **85**, 1839, **91**, 1606, Karlsr VersR **90**, 1283; and angebl, wenn das CISG
56 anwendb ist, Koch NJW **00**, 910). Bes gilt für den einfachen **Eigentumsvorbehalt:** Da der EigtÜbergang dch einseit Erkl ausgeschl w kann u bei der Auslegg der Erkl des Verkäufers der GesInh seiner AGB berücksichtigt w muß, setzt sich der EigtVorbeh grdsl auch dann dch, wenn die Verkäufer-AGB wg Kollision mit den AGB des Käufers nicht Bestandt des schuldrechtl Vertr w (BGH **104**, 137, MüKo/Basedow AGBG 2 Rn 55). Der erweiterte u verlängerte EigtVorbeh wird dagg bei einer Abwehrklausel in den Käufer-AGB nicht VertrInh (BGH NJW **85**, 1839, NJW-RR **86**, 984, **91**, 357), es sei denn, dass die Käufer-AGB ihn erkennb akzeptieren (Düss NJW-RR **97**, 946, Köster JuS **00**, 23). Er kann auch gem Rn 53 VertrInh w. Scheitert die Einbeziehg, ist auch die Ermächtigg zur Weiterveräußerg unwirks (BGH NJW-RR **86**, 1379, v Lambsdorff ZIP **87**, 1370).

57 **f) Branchenüblichkeit.** Im Verk zw Untern können AGB ohne bes Hinw VertrInh w, sofern die Verwendg von AGB branchenübl ist. Das wird anerkannt für AGB der Banken (BGH NJW **71**, 2127, WM **73**, 636, Hamm WM **84**, 1602), KonnossementsBdggen (Rabe TranspR **85**, 87), kommunale HafenBetr (BGH **LM** AGB Nr 21 a), FlughafenUntern (Karlsr VersR **71**, 159) u die ADSp (BGH **96**, 138, NJW **85**, 2412, NJW-RR **96**, 1313). Dieser Rspr ist wg der starken VerkGeltg der in Frage stehden AGB zuzustimmen. Sie gilt aber nicht für and branchenübl Regelgen wie etwa die Bdggen der Textilveredelgsindustrie (BGH NJW-RR **92**, 626) od der Hbger LagergsBdggen (Hbg EWiR **97**, 895). Eine Sonderstellg haben die zu
58 **Handelsbrauch** erstarkten AGB. Sie w im kaufm Verk gem HGB 346 VertrInh, ohne dass es einer Einbez bedarf. Als Handelsbrauch anerkannt sind die ADS (Ul/Br/He AGBG 2 Rn 91) u die Tegernseer Gebräuche im Holzhandel (BGH NJW-RR **87**, 94, Kblz BB **88**, 1138), wohl auch die ERA (LG Ffm WM **96**, 153), nicht aber die ADSp (Ul/Br/He aaO). Mögl ist auch, dass eine **einzelne Klausel** in einer Branche einen Handelsbrauch darstellt, etwa eine Schiedsabrede (BGH NJW **93**, 1798). In Branchen, in denen die Lieferg unter EigtVorbeh die Regel ist, gilt das auch für den einf EigtVorbeh (Ul/Br/He AGBG 2 Rn 105, sehr str, aA BGH NJW **85**, 1840), so in der Textilbranche (LG Marbg NJW-RR **93**, 1505), aber wohl noch nicht in der Lebensmittelbranche (Hamm NJW-RR **93**, 1445).

59 **g)** Bei **Verträgen mit Auslandsberührung** ist zunächst zu prüfen, ob der Vertr dtschem Recht untersteht (EG 27 ff). Ist das der Fall, gelten für die Einbez grdsl die allg Regeln; erforderl ist ein für den ausl VertrPartner verständl Hinw auf die AGB (Kronke NJW **77**, 992). Er muß in der Vhdlgssprache od in einer Weltsprache erfolgen (s Hbg NJW **80**, 1233, Hamm NJW **83**, 524); ist das CISG anzuwenden, gilt dessen Art 14 (s dazu Piltz NJW **96**, 2770). GerStandsVereinbgen müssen, soweit einschläg, den Voraussetzgen des EuGVÜ 17 (EuGH NJW **77**, 494, EuZW **99**, 441, BGH NJW **94**, 2699, **96**, 1819) entspr, SchiedsGerVereinbg ggf Art 2 II UN-Übereinkommen (Mü NJW-RR **96**, 1532).

305 a

Einbeziehung in besonderen Fällen. **Auch ohne Einhaltung der in § 305 Abs. 2 Nr. 1 und 2 bezeichneten Erfordernisse werden einbezogen, wenn die andere Vertragspartei mit ihrer Geltung einverstanden ist,**

1. die mit Genehmigung der zuständigen Verkehrsbehörde oder auf Grund von internationalen Übereinkommen erlassenen Tarife und Ausführungsbestimmungen der Eisenbahnen und die nach Maßgabe des Personenbeförderungsgesetzes genehmigten Beförderungsbedingungen der Straßenbahnen, Obusse und Kraftfahrzeuge im Linienverkehr in den Beförderungsvertrag,

2. die im Amtsblatt der Regulierungsbehörde für Telekommunikation und Post veröffentlichten und in den Geschäftsstellen des Verwenders bereitgehaltenen Allgemeinen Geschäftsbedingungen

a) in Beförderungsverträge, die außerhalb von Geschäftsräumen durch den Einwurf von Postsendungen in Briefkästen abgeschlossen werden,

b) in Verträge über Telekommunikations-, Informations- und andere Dienstleistungen, die unmittelbar durch Einsatz von Fernkommunikationsmitteln und während der Erbringung einer Telekommunikationsdienstleistung in einem Mal erbracht werden, wenn die Allgemeinen Geschäftsbedingungen der anderen Vertragspartei nur unter unverhältnismäßigen Schwierigkeiten vor dem Vertragsschluss zugänglich gemacht werden können.

1 **1) Allgemeines.** § 305 a ersetzt AGBG 23 II Nr 1, 1 a u 1 b u 23 III. Er sieht vor, dass AGB in best Fällen auch dann VertrInh werden, wenn die Erfordern des § 305 II Nr 1 u Nr 2 nicht erfüllt worden sind. Die nF will das Konsensualprinzip stärken u schränkt daher den Anwendgsbereich der Vorschr ggü dem AGBG deutl ein. Die Ausn für AGB der Bausparkassen (AGBG 23 III) fällt weg u die Ausn für Anbieter von Telekommunikationsleistgen u für die Post (AGBG 23 II 1 a u 1 b) werden wesentl reduziert (Rn 3).

2 **2) Nr 1:** Die angeführten Tarife u BefördergsBdggen sind keine RNormen, werden aber gem AllgEisenbahnG 12 VI, PersBefG 39 II öff bekannt gemacht. Für sie kann daher auf eine förml Einbez verzichtet w (s BGH NJW **81**, 569). Auch nach § 157 bedeutet die Inansprucnn von BefördergsLeistgen Einverständn mit den maßgebden Bdggen. Hins der nur noch für den PersVerk geltden EVO u der VO vom 27. 2. 1970 ist eine Einbez schon deshalb nicht erforderl, weil sie RNormen sind (§ 305 Rn 2). EVO 17 (kein SchadErs für Zugverspätgen) unterliegt als Ges im mat Sinne keiner InhKontrolle (AG Ffm NJW-RR **01**, 132, Filthaut NZV **01**, 238).

3 **3) Nr 2:** Die Anbieter von Post- u Telekommunikationsleistgen sind abw von AGBG 23 II Nr 1 a u 1 b nur noch dann von § 305 II befreit, wenn dessen Erfordern aus prakt Grden nicht eingehalten werden können

(Einwurf in Briefkasten, Call-by-Call-Verf). Die amtl Begründg (BT-Drucks 14/6040 S 152) sieht in der Tats, dass Anbieter von Post- u Telekommunikationsleistgen ein MassenGesch betreiben, wg der Gleichbehandlg mit and Anbietern keinen Grd, *allg* auf die Einhaltg des § 305 II zu verzichten. Auch die Tats, dass die AGB nach behördl Prüfg im Amtsblatt der ReguliergsBeh für Telekommunikation u Post veröffentlicht u in den GeschStellen des Verwders bereit gehalten werden, ist nach der amtl Begründg kein Grd, *allg* eine Ausn von § 305 II zuzulassen, da den Kunden das Amtsblatt idR nicht zur Vfg stehe u ihm ein Aufsuchen der GeschStelle nicht zuzumuten sei. Das ist schlüssig; gleichwohl ist zweifelh, ob es wirkl ein Gewinn an VerbrSchutz ist, wenn der Kunde bei Aufgabe eines Pakets auf der Post od währd der telefon Aufgabe eines Telegramms auf die maßgebden AGB hingewiesen u darüber informiert werden muß, wie er vom Inh der AGB Kenntn erlangen kann.

a) Nr 2 a. Die Ausn von § 305 II gilt nur, wenn der Vertr außerh von GeschRäumen dch Einwurf der Postsendg in den Briefkasten zustande kommt. Wird der Brief am Schalter übergeben, müssen die Erfordern des § 305 II eingehalten werden. An Briefkästen innerh der Postdienststelle müssen Aushänge (§ 305 Rn 31) angebracht werden. **4**

b) Nr 2 b. Die Ausn von § 305 II gilt nur, wenn die Dienstleistg in der Herstellg der Telefonverbindg besteht od wenn sie, wie bei der TelefonAusk od bei den 0190-Verbindgen, währd des Telefonats erbracht wird (BT-Drucks 14/6040 S 153). Vertr über Dienstleistgen, die erst nach Beendigg des Telefonats zu erbringen sind (Übermittlg eines Telegramms), werden von Nr 2 b nicht erfaßt. Bei Änderg ihrer AGB müssen Anbieter von Telekommunikationsleistgen wie alle Verwder gem § 305 Rn 48 verfahren. Die Sonderregelg der TKV 28 (vgl zu ihr BGH NJW **98**, 3188) gilt nicht mehr (amtl Begründg aaO). **5**

305 b *Vorrang der Individualabrede.* **Individuelle Vertragsabreden haben Vorrang vor Allgemeinen Geschäftsbedingungen.**

1) Allgemeines. Die Vorschr übernimmt sachl und sprachl unverändert AGBG 4. Der Vorrang der IndividualAbrede ist Ausdr des **funktionellen Rangverhältnisses** zw IndVereinbg u AGB (Zoller JZ **91**, 850, str). AGB sollen als vorformulierte generelle Regeln (als Ers des abbedungenen dispositiven R) die von den Part getroffene IndAbrede ausfüllen u ergänzen. Sie dürfen aber die im EinzFall ausgehandelten Vereinbgen nicht zunichte machen od aushöhlen. Der Vorrang gilt auch zG des Verwders (BGH NJW **95**, 1494/96, Zoller JZ **91**, 853); seine Verletzg ist ein UnwirksamkGrd (Zoller aaO). **1**

2) Begriff der Individualabrede. Individuelle VertrAbreden sind sicher alle Vereinbgen, die iSd § 305 I 3 (dort Rn 18 ff) im einzel ausgehandelt worden sind. Nach seinem Schutzzweck erfaßt § 305 b aber auch Abreden, die nicht den strengen Anfordergen von § 305 Rn 21 genügen (ähnl Staud/Schlosser AGBG 4 Rn 10). IndAbreden können sich aus handschriftl od maschinenschriftl Einfüggen (BGH NJW **87**, 2011) od einem BestätiggsSchr ergeben (BGH NJW-RR **95**, 179); sie können auch stillschw getroffen w (BGH NJW **86**, 1807, NJW-RR **96**, 674). **2**

3) Abweichung der AGB von der Individualabrede. – a) Klauseln, die in **direktem Widerspruch** zur IndVereinbg stehen, sind unwirks. Bei Eröffng eines Und-Kontos kann sich die Bank nicht formularmäß die Befugn zur Zahlg an einen Gläub vorbehalten (Köln NJW-RR **90**, 1007). Bestellt Kunde ausdr eine ganz best Ware, wird die zG des Verwders vorgesehene formularmäß Ersetzgsbefugn nicht VertrInh (BGH NJW **70**, 992 u § 308 Nr 4). Behandeln die Part zwei Konten als Einh, ist eine formularmäß Trenngsklausel unbeachtl (BGH **LM** HGB 355 Nr 3 Bl 2 R). Soll AuftrG zum DirektVerk des Grdst berecht bleiben, ist AlleinAuftrKlausel in MaklerAGB ggstlos (BGH **49**, 87). Wird der Zeitcharterer individualvertragl als Verfrachter bestimmt, ist die Benenng des Reeders als Verfrachter in den KonnossementsBdggen unwirks (BGH NJW-RR **90**, 613). **3**

b) Auch ein **mittelbarer Widerspruch** zw Klausel u IndAbrede begründet Unwirksamk (Karlsr VersR **84**, 830, Ul/Br/He AGBG 4 Rn 12). Vertragl Zusichergen von best Eigensch können daher nicht dch formularmäß GewlAusschlKlauseln zunichte gemacht w (BGH **50**, 206), die Vereinbg einer best Lieferzeit nicht dch eine Klausel, wonach Liefertermine unverbindl seien (BGH WM **84**, 1317, Stgt ZIP **81**, 976), eine PrVereinbg nicht dch eine Klausel, wonach zusätzl MWSt zu entrichten ist (Ul/Br/He AGBG 4 Rn 20), eine Festpreisabrede nicht dch eine in AGB enthaltene Lohngleitklausel (Celle NJW **66**, 507) od dch einen in den AGB in Bezug genommenen Kostenanschlag (Nürnbg MDR **77**, 137). Eine spezielle Haftgsregelg im IndVertr hat Vorrang vor der HaftgsBeschrkg gem ADSp (BGH VersR **77**, 516); die Abrede über Behandlg in der 3. Pflegeklasse zum übl Pflegesatz geht formularmäß Klausel über LiquidationsR des Klinikchefs vor (LG Saarbr NJW **77**, 1496). Gibt Kunde den Scheck ausdr nur zum Einzug u zur Gutschr, kann die Bank aGrd ihrer AGB nicht Eigt an dem Scheck beanspruchen (aA BGH **69**, 29). Hat die Bank einen Kredit dch Übereigng eines Kfz sichern lassen, kann sie nicht aufgrund einer formularmäß Klausel ein PfandR am Kontoguthaben ihres Kunden beanspruchen (aA Mü WM **82**, 550). Unzul ist es auch, wenn den von den Part abgegebenen WillErkl dch AGB eine Bedeutg beigelegt w, die sich in Widerspr zu dem geäußerten Willen setzt. Wer als Vertreter eines and auftritt, also nicht sich, sond den Vertretenen verpfl will, kann daher nicht dch AGB mit einer persönl Haftg belastet w; § 309 Nr 11 hat nur klarstelldeBedeutg. Formularmäß Klauseln können der tatsächl erteilten BankAusk nicht den Charakter einer solchen nehmen (BGH **49**, 171). **4**

c) Schriftformklauseln gibt es in unterschiedl Ausgestaltg (Teske, Schriftformklauseln in AGB, 1990). Soweit sie für Nebenabreden u VertrÄndergen konstitutiv die Einhaltg der Schriftform fordern, verstoßen sie gg § 305 b; formularmäß Klauseln können die höherrang individuelle Abrede nicht außer Kraft setzen (BGH NJW **86**, 3132, NJW-RR **95**, 179, Karlsr NJW **81**, 406, str, aA BGH NJW **80**, 235, **95**, 1488). Entspr gilt für Bestätiggsklauseln, die die Wirksamk mdl Abreden von einer schriftl Bestätigg abhäng machen (Teske S 407 ff). Mit § 305 b vereinb sind dagg personenbezogene Bestätiggsvorbehalte u VollständigkKlauseln; sie können aber gg § 307 (dort Rn 147) verstoßen. Die mit 305 b unvereinb Klauseltypen (Schriftformklausel ieS u allg Bestätiggsklausel) sind zugl auch gem § 307 unwirks. **5**

305 c ***Überraschende und mehrdeutige Klauseln.*** **[I] Bestimmungen in Allgemeinen Geschäftsbedingungen, die nach den Umständen, insbesondere nach dem äußeren Erscheinungsbild des Vertrags, so ungewöhnlich sind, dass der Vertragspartner des Verwenders mit ihnen nicht zu rechnen braucht, werden nicht Vertragsbestandteil.**

[II] Zweifel bei der Auslegung Allgemeiner Geschäftsbedingungen gehen zu Lasten des Verwenders.

1 **1) Allgemeines.** § 305 c übernimmt sachl u sprachl unverändert AGBG 3 u 5. Er faßt zwei Vorschr zus, die sich im Normzweck u RegelgsGgst grdlegd unterscheiden: I regelt eine negative EinbezVoraussetzg **(Rn 2), II fügt den für die Auslegg** von AGB geltden Grds (Rn 14) als Sondervorschr für AGB die Unklaheitenregel hinzu (Rn 17).

2 **2) Überraschende Klauseln I. – a) Normzweck.** Die EinbezAbrede (§ 305 II), dch die die vom Verwder gestellten AGB ohne Aushandeln global VertrBestandt w, kann auf der RFolgenseite einer IndVereinbg nicht gleichgestellt w. Der Kunde muß darauf vertrauen dürfen, dass sich die AGB im Rahmen dessen halten, was bei Würdigg aller Umst bei Vertr dieser Art zu erwarten ist. Gehen AGB über diese Grenzen hinaus, werden sie als überraschde Klauseln von der Einbez nicht erfaßt u nicht VertrInh. I enthält damit eine negative EinbezVoraussetzg. Er gilt auch bei Verwendg von AGB ggü Untern (Staud/Schlosser AGBG 3 Rn 4) u für AGB, die gem § 307 III der InhKontr entzogen sind (BGH NJW **90**, 577).

3 **b) Voraussetzungen. – aa) Ungewöhnliche Klausel.** Es muß sich um eine obj ungewöhnl Klausel handeln. Ob das der Fall ist, ist nach den GesUmst zu beurteilen (BAG NJW **00**, 3299). Die Ungewöhnlichk kann sich aus der Unvereinbark mit dem Leitbild des Vertr (BGH **121**, 113), der Höhe des Entgelts (Hbg VersR **79**, 134), einem Widerspr zum Verlauf der VertrVhdlgen (BGH NJW **92**, 1236) od zur Werbg des Verwders (BGH **61**, 275), einer erhebl Abweichg vom disposit Recht (BGH NJW **92**, 1236) od von den übl VertrBdggen, aber auch aus der Unvereinbark mit dem äußeren Erscheingsbild des Vertr (BGH **101**, 33) ergeben. Es genügt nicht, dass die Klausel unbillig ist (Karlsr VersR **80**, 432); umgekehrt ist nicht aus-
4 geschlossen, dass eine Klausel, die mit § 307 (noch) vereinb ist, gg § 305 c verstößt. – **bb) Überraschungsmoment.** Zu dem empirischen Tatbestdsmerkmal „ungewöhnl" muß als zweite *normative* Voraussetzg hinzukommen, dass der and Teil mit der Klausel „nicht zu rechnen braucht" (Staud/Schlosser AGBG 3 Rn 13). Zw den Erwartgen des Verwdgsgegners u dem KlauselInh muß eine Diskrepanz bestehen (BGH **84**, 113, **130**, 19/25); der Klausel muß ein Überrumpelgs- od Übertölpelgseffekt innewohnen (BGH **100**, 85, NJW **90**, 577). Dabei ist ähnl wie bei der Auslegg (Rn 14) ein dch subj Umst überlagerter genereller Maßstab anzuwenden. Ob die Klausel überraschd ist, beurteilt sich idR nach den ErkenntnMöglichk des typw zu erwartden Dchschnittskunden (BGH **101**, 33, NJW **85**, 851, **95**, 2638). I ist daher unanwendb, wenn eine ow zu verstehde Klausel drucktechn so angeordnet ist, dass eine KenntnNahme dch den Kunden zu erwarten ist (BGH **47**, 210, NJW **81**, 118). Das Ergebn der obj Beurteilg kann aber in beide Richtgen dch konkrete Umst modifiziert w. Eine generell nicht überraschde Klausel kann unter I fallen, wenn sie nach dem Verlauf der VertrVerhdlgen keinesfalls zu erwarten war (BGH NJW **87**, 2011). Umgekehrt entfällt eine Anwendg von I, wenn der Verwdgsgegner die Klausel kennt od mit ihr rechnen muß (Ul/Br/He AGBG 3 Rn 23). Kenntn kann aber angesichts des geringen rechtl „know how" typ Kunden nicht ow deshalb angenommen w, weil er die AGB dchgesehen hat (BGH NJW **78**, 1520). Fettdruck od eine bes unterschriebene FormularErkl sind vielfach nicht ausreichd, um ein *starkes* Überraschgsmoment auszuschließen; erforderl ist in diesen Fällen grdsl ein individueller Hinw (BGH **131**, 55, ZIP **01**, 1408). Bei not Vertr kommt eine Berufg auf § 305 c I wg BeurkG 13, 17 idR nicht in Frage (BGH **114**, 340); and ist es aber, wenn in der not Niederschrift auf eine nicht verlesene Urk Bezug genommen w (BGH **75**, 21, NJW **89**, 2131 od eine spezielle Erläuterg erforderl ist u diese fehlt (BGH NJW-RR **01**, 1420).

5 **cc) Einzelfälle** (ja = überraschd; nein = nicht). Wg der Überschneidgen mit der InhKontr s auch § 307 Rn 68 ff. – **(1) Allgemeines.** Zusicherg des Verwdgsgegners, er sei Kaufm, ja (BGH **84**, 113). AufwendgsErs bei Scheitern der VertrVhdlgen auch ohne Verschulden des Verwdgsgegners, ja (Celle VersR **84**, 69). GerStand ohne Bezug zum Hauptsitz u zur Niederlassg des Verwders, ja (LG Konstanz BB **83**, 1372). Ausl GerStand, wenn materiell dtsches Recht anzuwenden ist, ja (Düss NJW-RR **88**, 1261). Anwendg ausl Rechts auf ein RVerhältn mit engster Verbindg zum dtschen Recht, ja (s Düss ZIP **94**, 289). Abtretgsverbote, nein (BGH NJW **81**, 117). Schriftformklauseln, nein (§ 307 Rn 146). AusschlFr unter falscher od mißverständl Überschrift, ja (BAG NJW **96**, 2117). SchuldmitÜbern dch Erteilg einer Einziehgsermächtigg, ja (LG MöGladb NJW-RR **98**, 1359). Verpfl zur Zahlg einer Maklerprovision in einer Vereinbg mit der Überschr
6 „Kauf- u VerkaufsVerpfl", ja (Hamm NJW-RR **97**, 370). – **(2) Kaufverträge.** Befugn des Verwders, neben dem PauschalPr Aufschließgskosten zu berechnen, ja (BGH NJW **84**, 171, Stgt NJW-RR **98**, 1715). Verzinsg des KaufPr seit einem vor dem VertrSchl liegden Ztpkt, ja (BGH NJW **86**, 1805). Klausel in einem Time-Sharing-Vertr, dass nicht der Erwerber, sond ein TrHänder in das GB eingetragen w, ja (BGH **130**, 150, NJW-RR **96**, 1034). WiederkaufsR der Gem zum fr Kaufpr bei Nichtbebauung, nein (Kblz MDR **95**, 1110), aber wohl ja, wenn es auch noch nach 20 Jahren ausgeübt w kann (Hamm NJW **96**, 2104, aA Albrecht DNotZ **96**, 546). Fixklausel in EinkaufsBdggen, ja (BGH **110**, 96). GehaltsAbtrKlausel in KreditkaufVertr, ja (Hamm BB **83**, 1305). Verpfl für Leergut neben dem „Pfand" Miete zu bezahlen, ja (LG Köln MDR **87**, 627). VorleistgsPfl des Ersteigerers in der Auktion, nein (BGH NJW **85**, 851). Einf u verlängerter EigtVorbeh, nein (Ul/Br/He AGBG 3 Rn 33). SelbstbeliefergsVorbeh beim Handelskauf, nein (BGH **92**, 397). Aushöhlg der Herstellergarantie dch erhebl Einschränkgen, ja (Hamm MDR **84**, 53; Schünemann NJW **88**, 1946, s jetzt
7 auch § 443). – **(3) Mietverträge, Leasingverträge.** GehaltsAbtrklauseln, ja (LG Lübeck NJW **85**, 2985). Abfindg in Höhe einer MoMiete bei vorzeit Beendigg des Vertr auf Wunsch des Mieters, ja (Karlsr NJW-RR **00**, 1538). Zimmertemperatur von 18 Grad als vertrgem Erf bei WoMiete, ja (LG Heidelbg WuM **82**, 2). Verpfl des gewerbl Mieters zur Zahlg einer monatl Werbeabgabe, uU ja (Düss MDR **93**, 1078). Bestimmg, dass die Mietfläche ab Wandmitte gerechnet wird, jedenfalls dann nein, wenn der Mieter die Zahl u Anordng

der Wände selbst bestimmen kann u die Fläche im MietVertr als „Bruttomietfläche" bezeichnet w (BGH NJW-RR **01**, 439). Regelg, dass jede „technolog Anpassg" der gemieteten EDV-Anlage die Mietzeit um 72 Mo verlängert, ja (Köln NJW **94**, 1483). Mithaftg des Fahrers bei Anmietg eines Kfz für die Firma, ja (Naumbg NJW-RR **97**, 49). Recht des LeasG, den auf Teilamortisation angelegten Vertr bei vorzeit Beendigg auf Vollamortisationsbasis abzurechnen, ja (Karlsr NJW-RR **86**, 1112; Oldbg NJW-RR **87**, 1003). Weiterhaftg des ErstLeasN iF einer VertrÜbern, ja (v Westphalen NJW **97**, 2907). Kleingedruckte Klausel auf Rückseite, nach der der LeasG statt der Fdgen, die er sich auf der Vorderseite vorbehalten hat, and wählen darf, ja (Nürnbg NJW-RR **00**, 278). – **(4) Dienstverträge, Krankenhäuser.** Verpfl des Handelsvertreters 8
zum Kostenersatz für die Überlassg von Adressen, ja (Saarbr NJW-RR **97**, 99). Recht zur Berechng des Höchsthonorars ohne Rücks auf die Schwierigk der Angelegenh, ja (Düss VersR **84**, 370). Überwälzg des Kostenrisikos, wenn der SozVersTräger nicht eintritt, ja (Brem NJW **91**, 2354). Formularmäß Spaltg des KrankenhausVertr dahin, dass der Krankenhausträger nicht Schu der ärztl Leistgen ist u insoweit nicht haftet, ja (BGH **121**, 107/13). And, wenn über die Leistgen des Krankenhauses u des Arztes getrennte Vertr geschlossen werden u der bes unterschriebene Haftgsausschl klar u unmißverständl ist (Kblz NJW **98**, 1359). Einwilligg, dass Operation statt dch den Chefarzt dch einen Assistenzarzt dchgeführt w kann, ja (Karlsr NJW **87**, 1489, Düss NJW **95**, 2421). – **(5) Werkverträge.** VergütgsPfl für Kostenanschläge, ja (BGH NJW **82**, 9
765, § 632 III). Wiederholgsklausel bei befristetem AnzeigenAuftr, ja (BGH NJW **89**, 2255, vgl aber auch den and liegden Fall LG Mü NJW-RR **94**, 307). Ausschl der GewLR bei geringfügigen Abw bei DruckAuftr, nein (s Hamm NJW-RR **96**, 1530). Verlängerg der 2jähr VOB-Verj auf 5 Jahre, nein (BGH NJW-RR **87**, 852). – **(6) Kreditverträge.** Übernahme einer Bearbeitgsgebühr od von Schätzkosten bei Nichtzustande- 10
kommen des Vertr, ja (Köln ZIP **80**, 981; LG Stgt NJW-RR **92**, 380). Belastg mit Kapitalbeschaffgskosten bei Zusage einer 100%igen Auszahlg (BGH NJW-RR **01**, 1420). NichtabnahmeEntsch grdsl nein (BGH NJW **98**, 683), aber ja, wenn die GesFinanzierg scheitert, weil ein konzernmäß verbundenes Kreditinstitut die in Aussicht gestellte Restfinanzierg nicht übernimmt (BGH aaO). Ggseit Bevollmächtigg mehrerer KreditN zur Aufn weiterer Kredite, ja (BGH NJW **91**, 924). Befugn zur KreditAufn in KontenVollm, nein (Oldbg NJW-RR **96**, 1201). BierbezugsPfl auch bei NichtAbn des Darl, ja (BGH NJW **78**, 1519). – **(7) Bürgschaften,** 11
Sicherungverträge. Haftg des Bü für alle ggwärt u künft Fdgen des KreditG, ohne diese näher zu bezeichnen, ja (BGH **126**, 176, NJW **00**, 658, s näher § 765 Rn 20). Eine entspr Erweitergsklausel ist auch bei einem Schuldbeitritt (BGH **131**, 55) u einer Verpfändg unwirks (LG Bonn NJW-RR **97**, 184). Erstreckg der Bürgsch iF der Nichtigk der Hauptverbindlichk auf den Anspr aus § 812, nein (BGH NJW **92**, 1235). Haftg des Bürgen für Zinsen u Kosten, nein (BGH WM **84**, 199; LG Stgt WM **93**, 1181), and aber bei HöchstbetragsBürgsch (Nürnbg NJW **91**, 235). Klausel für AusfallBürgsch, nach der ein Ausfall als festgestellt gilt, wenn ein dem Bü angezeigter Rückstand 6 Mo nach der Anzeige noch offen ist, ja (BGH NJW **98**, 2138). Zur Anwendg von I auf **Grundschulden** s § 1191 Rn 51. Unterwerfg unter die ZwVollstr, nein (BGH NJW **87**, 906). Begründg einer persönl Haftg des Eigtümers, der nicht zugl persönl Schu ist, ja (s BGH **114**, 13). Erstreckg der SichgÜbereigng von Eigt einer ärztl Gemeinschpraxis auf Anspr, die sich ausschließl gg einen einz Arzt richten, ja (Oldbg WM **93**, 2162). Ersetzg der SichgAbrede dch eine umfassendere ZweckErkl nach 7jähr Laufzeit des Kredits, nein (BGH NJW **01**, 1416). – **(8) Maklerverträge.** ProvZusage für FolgeGesch, 12
ja (BGH **60**, 234). ProvRegelg in ObjektNachw, ja (Hamm NJW-RR **88**, 687). Mindestprovision von 9000 DM, ja (KG MDR **94**, 985). – **(9) Versicherungsverträge.** Regelg, wonach die HausratVers nicht 13
eintritt, wenn der Dieb dch Einbruch in die von den Eltern bewohnte EinliegerWo in die versicherte Wo gelangt, ja (Saarbr NJW-RR **94**, 539). Wegfall des Krankentagegeldes nach 3monat ArbLosigk, ja (LG Brem NJW **85**, 868). Minderg der VersSumme wg fr Zahlgen, ja (BGH NJW **85**, 971). In AbfindgsErkl aufgenommener Verzicht zGDr, ja (BGH NJW **85**, 970). Beschränkgen des VersSchutzes in der ReisegepäckVers für die Nachtzeit, nein (Mü NJW **83**, 53). Ausschluß des VersSchutzes für best RGebiete in den AVB der RSchutzVers, nein (Hamm NJW-RR **94**, 1506).

c) Die **Beweislast** obliegt dem, der sich auf § 305 c I beruft, idR also dem Kunden. Behauptet der Verwder, 14
er habe auf eine Klausel bes hingewiesen, so ist er hierfür beweispfl (BGH **83**, 60, **109**, 203, NJW **92**, 1823).

3) Auslegung. – a) Objektive Auslegung? AGB sind trotz ihres abstrakt-generellen Charakters keine 15
RNormen, sondern VertrBdggen (allgM). Für ihre Auslegg gelten daher grdsl die allg Regeln der §§ 133, 157 (Wo/Ho/Li AGBG 5 Rn 6, Staud/Schlosser AGBG 5 Rn 18, str, die hM geht vom Grds obj Auslegg aus, Ul/Br/He AGBG 5 Rn 13). Legen die Part der Klausel übereinstimmd eine von ihrem obj Sinn abweichde Bedeutg bei, ist diese maßgebd (BGH **113**, 259, NJW **95**, 1496); durfte der Verwendgsgegner die Regelg aufgrd bes Umst des Einzelfalles abweichd von ihrem obj ErklWert verstehen, ist sein Verständn maßgebd. Die Besonderh bei einem VertrSchluß unter Einbeziehg von AGB besteht aber darin, dass typw einzelfallbezogene, ausleggsrelevante Umst fehlen (Wo/Ho/Li AGBG 5 Rn 6). Trifft das zu, gilt der Grds **objektiver Auslegung;** er ist ggü der Auslegg unter Berücksichtigg individueller VertrSchlußUmst dogmat 16
nachrang, aber prakt die Regel: Die AGB sind ausgehd von den VerständnMöglichk eines rechtl nicht vorgebildeten Dchschnittskunden einheitl so auszulegen, wie sie von verständ u redl VertrPart unter Abwägg der Interessen der normalerw beteil Kreise verstanden w (BGH **7**, 368, **77**, 118, **79**, 119, NJW **92**, 2629, **01**, 2165, hM, stRspr). Ausleggsmittel, die sich dem typw an Gesch dieser Art beteil Dchschnittskunden verschließen, dürfen (and als bei der Auslegg von RNormen) nicht herangezogen w (BGH **60**, 177, NJW-RR **96**, 857), auch dann nicht, wenn sie sich zG des Kunden auswirken würden (BGH VersR **00**, 1091: Entstehgsgeschichte). Bei der Auslegg von AVB ist entscheidd, wie sie ein dchschnittlicher VersN ohne versichergsrechtl Spezialkenntn bei verständ Würdigg, aufmerks Dchsicht u Berücksichtigg des erkennb SinnZushanges verstehen muß (BGH **123**, 83, NJW-RR **99**, 1473). Es kommt nicht auf das Ergebn im EinzelFall sond darauf an, dass das AusleggsErgebn als allg Lösg des stets wiederkehrden InteressenGgs angem ist (BGH **60**, 377/380, NJW **99**, 1711/1714). In AGB verwendete **Rechtsbegriffe** sind idR entspr ihrer jur Fachbedeutg zu verstehen (BGH **5**, 367, Stgt VersR **83**, 745, aA Roth WM **91**, 2130); das gilt auch, wenn in einen FormularVertr eine Vorschr aus einer EU-Freistellgsregelg übernommen w (Ulmer/Schäfer ZIP **94**, 756); iü kommt es auf den allg Sprachgebrauch an, bei FachBegr außerh des allg Sprachgebrauchs auf die fachwissenschaftl Bedeutg (MüKo/Basedow AGBG 5 Rn 8).

17 **b)** Eine **ergänzende Auslegung** ist auch bei AGB mögl (BGH **54**, 115, **92**, 363, **103**, 234, **119**, 325), zG des Verwders aber wg seiner Formuliergsverantwortg nur ausnw. Ist eine Lücke dch NichtEinbez od Unwirksamk von AGB entstanden, gilt § 306, der nur in AusnFällen Raum für eine ergänzde Auslegg läßt (§ 306 Rn 8). Unzul ist eine ergänzde Auslegg, die unbill Klauseln soweit entschärft, dass sie der InhKontr gerade noch standhalten (BGH **62**, 89, **72**, 208). Grdsl unvereinb mit II ist auch eine **analoge** Anwendg von AGB-Klauseln, etwa der VOB/B, zG des Verwders (BGH NJW-RR **98**, 235).

18 **4) Unklarheitenregel, II. – a) Bedeutung.** II, der AGBG 5 ersetzt, kodifiziert eine von der Rspr entwickelte, die §§ 133, 157 ergänzde Ausleggsregel für AGB. Sie beruht auf dem Gedanken, dass es Sache des Verwders ist, sich klar u unmißverständl auszudrücken. Die Vorschr gilt auch für kollektiv ausgehandelte u behördl empfohlene od genehmigte AGB (Wo/Ho/Li AGBG 5 Rn 26). Sie ist auch im Verk zw Untern anwendb (BGH NJW-RR **88**, 114) u kann auf VertrBdggen, die vom wirtschaftl u intellektuell Überlegenen entworfen worden sind, analog angewendet w (§ 133 Rn 23). Für ihre Anwendg **genügt nicht**, dass Streit über die Auslegg besteht. Voraussetzg ist, dass nach Ausschöpfg der in Betracht kommden Ausleggsmethoden ein nicht behebb Zw bleibt u mindestens zwei Ausleggen rechtl vertretb sind (BGH **112**, 68, NJW **92**, 1098, **97**, 3434, dazu krit Schlechtriem, FS Heinrichs, 1998, 503). Wenn die Klausel bei obj Auslegg einen eindeut Inh aufweist, ist für eine Anwendg von II kein Raum (BGH NJW **93**, 658). Die fr geübte Praxis, die UnklarhRegel als ein Mittel verdeckter InhKontr einzusetzen, ist nicht mehr zu rechtf. So kann etwa die Klausel „gekauft wie besichtigt u unter Ausschl jeder Gewährleistg" nicht als unklar, sond allenf gem §§ 307 ff beanstandet w (BGH **74**, 385). Ist die Klausel nicht nur in den Randzonen, sond in ihrem Kernbereich unklar, ist sie sowohl nach 307 (dort Rn 16 ff) als auch gem § 305 II Nr 2 unwirks (dort Rn 41).

19 **b) Auslegung zu Lasten des Verwenders.** Die dem Verwendgsgegner günstigere Auslegg kann in doppelter Weise ermittelt werden. – **aa)** Im **Verbandsprozeß** (UKlaG 1) ist II umgekehrt anzuwenden. Soweit mehrere Ausleggsalternativen verbleiben, ist von der Auslegg auszugehen, die zur Unwirksamk der Klausel führt. Maßgebd ist also die scheinb **kundenfeindlichste** Auslegg, denn sie ist in Wahrh die ihm günstigere (s BGH **95**, 353, **104**, 88, **108**, 56, **119**, 172, NJW **99**, 276, stRspr). Völlig fernliegde Ausleggsmöglichk, von denen Störgen des RVerk ernstl nicht zu besorgen sind, bleiben aber außer Betracht u begründen nicht die Unwirksamk der Klausel (BGH NJW **93**, 1135, **94**, 1799, Vorbem 9 v § 307). Ein HaftgsAusschluß für Fehler dch mangelh Bedieng erfaßt auch in Anwendg des II nicht Anspr wg Mängel der BediengsAnleitg, unricht Beratg od vertragl Zusicherg (BGH NJW **94**, 657); die Klausel „zahlb sofort netto ohne Abzug" schließt GgAnspr u ZbR des Kunden nicht aus (Celle NJW-RR **93**, 1334). Eine feste Laufzeitregelg darf nicht dahin ausgelegt w, dass neben der ordentl Künd auch die aus wicht Grd ausgeschl sein soll (BGH NJW **93**, 1133); sie kann aber bei einem Ehe- u PartnerschVermittlgsVertr den Eindruck erwecken, sie
20 wolle das KündR aus § 627 ausschließen u daher unwirks sein (BGH NJW **99**, 276). – **bb) Individualprozeß.** Soweit die Unwirksamk der Klausel die RStellg des Kunden verbessern würde, ist die UnklarhRegel auch im IndProz zunächst umgekehrt anzuwenden, dh es ist zu prüfen, ob die Klausel bei scheinb kundenfeindlichster Auslegg wg Verstoßes gg ein Klauselverbot unwirks ist (Schlesw ZIP **95**, 762, Mü NJW-RR **98**, 393, in der Tendenz auch BGH NJW **92**, 1099, **94**, 1799). Entgg der fr hM besteht kein Anlaß, das Abstellen auf die kundenfeindlichste Auslegg auf den VerbandsProz zu beschränken. Der Gebrauch dieses Ansatzes auch im IndProz entspr dem Schutzzweck des II u vermeidet unterschiedl Ausleggsergebn im Verbands- u IndProz. Erst wenn sich die Klausel im ersten Ausleggsschritt als wirks erweist, ist die UnklarhRegel „direkt" anzuwenden, dh es gilt in den Grenzen von Rn 17 die **kundenfreundlichste** Auslegung (Wo/Ho/Li AGBG 5 Rn 33, MüKo/Basedow AGBG 5 Rn 18).

21 **c) Einzelfälle:** Klausel „Verkäufer sichert zu, dass das Kfz, *soweit ihm bekannt*, eine GesFahrleistg von x km ausweist", ist als vertragl Zusicherg (Garantieübernahme) aufzufassen (BGH NJW **98**, 2207 für den Verkauf dch einen Händler, aA bei einem Kauf von privat Köln NJW **99**, 2601, Zweibr NJW **99**, 585, LG Heilbronn NJW-RR **99**, 775). Die dem Kunden günstigere Ausleggsalternative ist auch in folgden Fällen maßgebd: Hinw auf ein nicht bestehdes gesetzl WiderrufsR (BGH NJW **82**, 2314); Unklarh, ob sich die Vorauszahlgs-Bürgsch eines Kreditinstituts auf AufwendgsErsAnspr des Käufers erstreckt (BGH NJW **99**, 1105); Unklarh, ob die Stellg einer Sicherh VertrPfl od aufschiebde Bdgg ist (BGH NJW-RR **97**, 304); unklare Regelg von „Nebenkosten" in einem MietVertr (Düss NJW-RR **91**, 1354); unklare Leistgsbeschreibg in AVB (BGH NJW **86**, 431); widersprüchl Angaben über den Umfang des VersSchutzes (BGH NJW-RR **95**, 1303); Unklarh über den VerschMaßstab (BGH NJW **95**, 56); Anknüpfg einer Haftgsfreizeichng an einen nicht bestehden VersSchutz (Hamm NJW-RR **97**, 1215); Unklarh, ob Schwangersch ein „Grd fehlder Gesundh" ist (Brem NJW-RR **95**, 1179); Zw über den Umfang einer Mietgarantie beim Bauherrnmodell (Celle NJW-RR **88**, 119); Zw, ob Ausschl des ZbR auch and Rechte (Minderg) erfaßt (Düss NJW-RR **99**, 953). Wird im LeasVertr beim kalkulierten Restwert eine Gesamtfahrleistg aufgeführt, besteht eine Anspr auf RestwertAusgl iZw nur bei Überschreitg dieses Werts (BGH NJW **01**, 2165).

22 **5) Revisibilität.** Die Auslegg von AGB ist in der RevInstanz voll nachprüfb, sofern der Anwendgsbereich der AGB über den Bezirk eines OLG hinausreicht (BGH **22**, 112, **47**, 220, **98**, 258, stRspr). Das gilt ebso, wenn in and OLG-Bezirken Klauseln verwendet werden, die mit der zu überprüfden inhaltl übereinstimmen (BGH NJW **74**, 1136, **85**, 1220), nicht aber für ausl AGB (BGH **49**, 362, **112**, 210, NJW **93**, 1334).

306 *Rechtsfolgen bei Nichteinbeziehung und Unwirksamkeit.* **I Sind Allgemeine Geschäftsbedingungen ganz oder teilweise nicht Vertragsbestandteil geworden oder unwirksam, so bleibt der Vertrag im Übrigen wirksam.**

II Soweit die Bestimmungen nicht Vertragsbestandteil geworden oder unwirksam sind, richtet sich der Inhalt des Vertrags nach den gesetzlichen Vorschriften.

III Der Vertrag ist unwirksam, wenn das Festhalten an ihm auch unter Berücksichtigung der nach Absatz 2 vorgesehenen Änderung eine unzumutbare Härte für eine Vertragspartei darstellen würde.

1) Allgemeines. Das SMG ordnet AGBG 6 sachl u sprachl unverändert als § 306 in das BGB ein. Die 1 Nichtigk des Teils eines RGesch hat nach § 139 iZw GesNichtigk des RGesch zur Folge. Diese Regel paßt für AGB nicht. Sie berücksichtigt das Schutzbedürfn des Kunden nicht, der idR an Aufrechterhaltg des Vertr interessiert ist, nach § 139 aber bereits bei Unwirksamk einer einz Klausel die Rückgängigmachg des Vertr befürchten müßte. § 306 bestimmt daher als *lex specialis* zu § 139, dass der Vertr grdsl wirks bleibt, auch wenn AGB ganz od teilw nicht VertrBestandt werden od unwirks sind.

2) Wirksamkeit des Vertrages. § 306 erfaßt zwei Fallgruppen: – **a) Nichteinbeziehung** der AGB. 2 Dabei ist gleichgült, ob die EinbezVereinbg nicht zustande kommt (§ 305 II), an § 305 c I scheitert od unwirks ist. I ist daher auch bei formnicht EinbezVereinbg anwendb. Ist eine AGB-Klausel wg des Vorrangs der IndVereinbg (§ 305 b) ohne Wirkg, ist § 306 dagg unanwendb. Es gilt die IndVereinbg mit dem sie ergänzden disposit Recht. – **b) Unwirksamkeit** der AGB. Sie ergibt sich idR aus §§ 307 ff u betrifft grdsl 3 die Klausel im ganzen, nicht nur den gg das Klauselverbot verstoßden Teil (Vorbem 8 v § 307). § 306 gilt aber auch dann, wenn die Nichtigk auf § 134 od and Vorschr beruht (BGH **129**, 306) od sich aus einer Anf ergibt (Vorbem 19 vor § 307). Der Vertr bleibt vorbehaltl III auch dann wirks, wenn sich die Unwirksamk (Nicht-Einbez) auf alle Klauseln erstreckt. – **c) Offener Dissens.** Besteht über die Einbez der AGB offener Dissens, 4 ist der Vertr dagg unwirks, auch wenn sich die Part über den individuellen VertrKern vollst geeinigt haben (Wo/Ho/Li AGBG 6 Rn 8, MüKo/Basedow AGBG 6 Rn 7). I ist in einem solchen Fall vielleicht seinem Wortlaut nach, nicht aber dem Sinn nach erf. Der Dissens steht aber den sonst NichtEinbezFällen gleich, wenn die Part den Vertr gleichwohl dchführen (§ 154 Rn 3). – **d) Entgelt, Leistungsbeschreibung.** § 306 5 gilt auch, wenn die nichteinbez AGB Regelgen über die HauptleistgsPflten enthalten (Staud/Schlosser AGBG 6 Rn 2, str). Die Lücke kann vielf gem §§ 157, 315, 316 dch Abstellen auf das übl od angem Entgelt (den entspr Leistgsumfang) geschl w (Hamm BB **86**, 1465, Düss NJW-RR **87**, 49). Ist das nicht mögl, tritt GesNichtigk nach III ein (Rn 10).

3) Ergänzung des Vertragsinhalts, II. II gilt nur für den IndProzeß. Im Verf gem UKlaG 1 ist unerhebl, 6 welche Regelg an die Stelle der unwirks AGB tritt. – **a) Dispositives Recht.** Sind AGB nicht VertrBestandt geworden od unwirks, richtet sich der Inh des Vertr nach den gesetzl Vorschr. Das bedeutet idR, dass anstelle der unwirks Klauseln das disposit Recht tritt, vielf in der Weise, dass die Klausel ersatzlos entfällt (s BGH NJW **85**, 852, **96**, 1408). Bei einem Kredit mit einer unwirks (intransparenten) Zinsregelg, tritt an deren Stelle der gesetzl Zinssatz (Celle NJW-RR **95**, 1133). Zu den gesetzl Vorschr iSd II gehören auch die von Rspr u Lehre herausgebildeten ungeschriebenen RGrds (s BGH NJW **96**, 2093, 2788). Die unwirks ermessensabhäng Freigaberegelg wird daher in SichgVertr dch die sich aus dem fiduziarischen Charakter der Abrede ergebden ermessensunabhäng FreigabeAnspr ersetzt (BGH GrZS **137**, 212). – **b) Ergänzende** 7 **Vertragsauslegung.** Fehlen für eine VertrErgänzg geeignete Vorschr u ist die ersatzlose Streichg der Klausel keine interessengerechte Lösg, ist die Lücke dch ergänzde VertrAuslegg zu schließen (BGH **90**, 69/75; **117**, 92/98; **137**, 153/157, NJW **00**, 1110, stRspr). An die Stelle der Klausel tritt die Regelg, die die Part bei sachgerechter Abwägg der beiderseit Interessen gewählt hätten, wenn ihnen die Unwirksamk der AGB bewußt gewesen wäre (BGH aaO). Es ist nicht Sinn u Zweck des § 306 u des Verbots geltgserhaltder Reduktion (Vorbem 8 v § 307), dem Kunden dch den ersatzlosen Wegfall von Klauseln Vorteile zu verschaffen, die das VertrGefüge völlig einseit zu seinen Gunsten verschieben (BGH **137**, 153/157). Die formularmäß auf alle bestehden u künft Verbindlichk des HauptSchu ausgedehnte, gg §§ 307, 305 c I verstoßde **Bürgschaft** bleibt daher hinsichtl der Fdgen wirks, die Anlaß zur Übernahme der Haftg waren (BGH aaO, § 765 Rn 20). Entspr gilt, wenn die formularmäß Ausdehng der GrdSchZweckErkl überraschd iSd § 305 c I ist (BGH **131**, 55/60, § 1191 Rn 51 im HptBd, Vorbem 10 v § 307). **Einzelfälle** zur ergänzden VertrAuslegg: Unwirks 8 KündAusschluß in einem Unterrichts- od InternatsVertr (BGH **120**, 122, NJW **85**, 2585); unwirks GarantieErkl (BGH NJW **88**, 1728); unwirks Vergütgsregelg (Düss NJW-RR **87**, 49); unwirks PrAnpassgsklausel in MietVertr über Fernmeldeanlagen (BGH NJW **90**, 116); unwirks Regelg der Abschlußzahlg in einem LeasingVertr (BGH **82**, 131); unwirks od nicht einbezogene AVB (BGH **117**, 99, Hamm NJW-RR **95**, 412, Dörner/Hoffmann NJW **96**, 155); Ausschluß der DarlRückFdg bei Existenzgefährdg (BGH NJW **97**, 257). Dch ergänzde VertrAuslegg war auch die dch die NichtigErkl der Tagespreisklausel im KfzNeuwagenGesch entstandene Regelgslücke zu schließen, u zwar iS eines ErhöhgsR des Verwders u eines RücktrR des Kunden (BGH **90**, 78, NJW **85**, 621). Ist die eine FestPrVereinbg ergänzde Erhöhgsklausel unwirks, verbleibt es aber grdsl beim FestPr (BGH **94**, 342). Auch wenn die Freizeichngsklausel für einen Gefahrentrainingskurs unwirks ist, gilt das disposit Recht (BGH **96**, 26, Karlsr DB **89**, 2065). Begründen AGB eine zu lange Laufzeit, wird die VertrDauer (and als iF des § 139 Rn 13) nicht auf das noch angem Maß reduziert; es gilt vielmehr disposit Recht (BGH NJW **00**, 1110).

4) Abweichende Vereinbarungen. Eine Klausel, nach der iF der Unwirksamk nicht das disposit Recht, 9 sond eine Regelg maßgebd sein soll, deren wirtschaftl Erfolg dem der unwirks sow wie mögl entspr, ist wg Verstoßes gg II nichtig (Celle WM **94**, 893, KG NJW **98**, 829, Ul/Br/He AGBG 6 Rn 39); sie ist auch mit dem Transparenzgebot unvereinb (s BGH NJW-RR **96**, 786). Gleichf unwirks sind ErsatzAGB, die bei Unwirksamk der ErstRegelg hilfsw gelten sollen (Mü NJW-RR **88**, 796, aA Michalski/Römermann NJW **94**, 886, offen BGH NJW **90**, 718). **Anpassungsklauseln**, nach denen der Verwder unwirks Regelgen dch nF ersetzen darf, sind, wenn überhaupt, nur wirks, wenn sie Voraussetzgen u Inh der Ändergsbefugn klar bestimmen (s BGH NJW **99**, 1865).

5) Gesamtnichtigkeit (III) tritt ein, wenn das Festhalten an dem gem II geänderten Vertr für eine der 10 VertrPart eine unzumutb Härte darstellen würde. III ist auch im Hinblick auf Art 6 II EG-RL 93/13 eng auszulegen (Heinrichs NJW **96**, 2195). Abzustellen ist nicht auf den Ztpkt des VertrSchl sond auf den der Geltdmachg von Anspr aus dem Vertr (BGH **130**, 115, NJW **96**, 2094). Unabhäng von III tritt GesNichtigk ein, wenn nach Wegfall der AGB, etwa der Leistgsbeschreibg, ein weder dch disposit Recht noch dch ergänzde VertrAuslegg sinnvoll aufzufüllder VertrRest verbleibt (BGH **130**, 153/55 f). – **a)** Auf Seiten des 11 **Verwenders** führt die Unwirksamk (NichtEinbez) der AGB dchweg zu einer Verschlechterg seiner RStellg. Das ist aber sein Risiko u rechtf grdsl nicht die Anwendg von III (Ffm NJW-RR **95**, 283). Auch wenn die

Einbeziehg von AVB scheitert, tritt iZw keine GesNichtigk ein (BGH NJW **82**, 824). Für den Verwder kann eine unbill Härte wenn überhaupt nur dann angenommen w, wenn dch den Wegfall der AGB das VertrGleich-
12 gewicht grdlegd gestört wird (BGH NJW-RR **96**, 1009). – **b)** Für den **Kunden** bedeutet die Nichtanwendbark der AGB prakt immer eine Verbesserg seiner RPosition. Eine unbill Härte kann sich aber daraus ergeben, dass der nach Wegfall der AGB maßgebde VertrInh aus der Sicht des Kunden unklar ist u Ungewißh u Streit über die beiderseit Rechte u Pflten droht (KG MDR **98**, 760). Das kann zutr, wenn bei einem gesetzl nicht geregelten VertrTyp alle od die Mehrzahl der AGB entfallen (BGH NJW **83**, 160, **85**, 53: Automatenaufstell-
13 Vertr; Köln NJW **94**, 59, KG MDR **98**, 760: Time-Sharing-Vertr). – **c) Schadensersatz.** Ist der Vertr gem § 306 III nichtig, steht dem Kunden idR ein SchadErsAnspr wg c. i. c. zu (Vorbem 13 vor § 307).

306 a *Umgehungsverbot.* **Die Vorschriften dieses Abschnitts finden auch Anwendung, wenn sie durch anderweitige Gestaltungen umgangen werden.**

1 **1) Allgemeines.** § 306 a übernimmt sachlich u sprachl unverändert AGBG 7. Obwohl SchutzVorschr zG des wirtschaftl Schwächeren vielf Umgehgsversuchen ausgesetzt sind, gibt es im bürgerl Recht keinen geschriebenen allg Grds, der derart Versuchen entggwirkt (vgl aber § 134 Rn 28 f). Der GesGeber hat daher in § 306 a ausdr ein Umgehgsverbot aufgenommen. Entspr Regelgen enthalten §§ 312 f S 2, 475 I S 3, 487 S 2, 506 S 2.

2 **2) Anwendungsbereich.** Wg der weiten Fassg der §§ 305 ff, insbes der §§ 305 I u 307, u ihres Schutzzweckes kann UmgehgsVersuchen idR schon dch Auslegg begegnet w. Diese hat den Vorrang vor einer Anwendg des § 306 a. Eine Umgehg ist zu bejahen, wenn eine vom Ges verbotene Regelg bei gleicher Interessenlage dch eine and rechtl Gestaltg erreicht w soll, die obj nur den Sinn haben kann, dem gesetzl Verbot zu entgehen (Stgt AGBE II Nr 1). Es genügt das Vorliegen der obj Voraussetzgen, eine UmgehgsAbs ist nicht erforderlich (Ul/Br/He AGBG 7 Rn 5). Gleichgült ist, ob der UmgehgsVersuch das Ges im ganzen betrifft od ein einz Verbot. Eine Umgehg kann vorliegen, wenn ein GroßBetr seine Abnehmer veranlaßt, ihm die von ihm selbst entworfenen AGB „zu stellen". Sie ist auch dch Benutzg von Gestaltgsmöglichk des Vereins- od GesellschR (§ 310 IV) denkb (Warenabsatz auf gesellschr Grdlage). Die Umgehg einz Vorschr kommt insb bei den Klauselverboten der §§ 308, 309 in Betracht, so etwa bei § 309 Nr 2 a (BGH NJW **85**, 852, ZIP **86**, 831). Dagg hat § 306 a bei den §§ 305–307 kaum einen eig Anwendgsbereich (vgl BGH NJW **91**, 39).

Inhaltskontrolle (§§ 307–309)

Vorbemerkungen

1 **1) Allgemeines.** Für AGB u vorformulierte Klauseln in VerbrVertr sind strengere InhSchranken erforderl als die allg Grenzen der VertrFreih (§§ 134, 138), weil der Verwder für die vorformulierten Regelgen unter Ausschluß des Verwdgsgegners allein die Freih inhaltl Gestaltg in Anspr nimmt (Einf 7 ff v § 305). Die §§ 307 ff, die AGBG 9–11 ersetzen, unterwerfen AGB u Klauseln in VerbrVertr daher einer **Inhaltskontrolle**. Die SchutzRegelg besteht aus einer GeneralKlausel (§ 307) u einem Katalog verbotener Klauseln (§§ 308, 309). Für die **Prüfungsreihenfolge** gilt, dass zunächst die Verbote des § 309 (keine Wertgsmöglichk) heranzuziehen sind, dann die des § 308 (mit Wertgsmöglichk), dann § 307 II u erst zuletzt § 307 I. Die InhKontr setzt begriffl voraus, dass die AGB VertrInh geworden sind. Die §§ 305 II ff sind daher vor den §§ 307 ff zu prüfen, der Richter kann aber die mit §§ 305 ff zushängden Fragen offen lassen u die Klausel gem §§ 307 ff für unwirks erklären (Rn 18).

2 **2) Anwendungsbereich. – a) AGB, Verbraucherverträge.** Der InhKontr unterliegen AGB (§ 305) u vorformulierte Klauseln in VerbrVertr, auch wenn sie keine AGB iSd § 305 I sind (§ 310 III). **Ausnahmen** ergeben sich aus §§ 307 III u 310 IV (vgl dort). Werden AGB ggü Untern od ggü jur Pers des öffR verwandt,
3 ist nach § 310 I allein die Generalklausel des § 307 Grdl der InhKontr (§ 307 Rn 39 ff). – **b) Rechtsnormen.** Unanwendb sind die §§ 307 ff, soweit vertragl od verträhnl SchuldVerh dch RNormen (Ges, VO, Satzg) geregelt sind. RSätze, auch rangniedere, sind begriffl keine AGB (§ 305 Rn 2). Eine InhKontr ist daher nicht statth ggü den als VO erlassenen AVersorgB (BGH **100**, 1, 8), der EVO (Filthaut NZV **01**, 239, aA Staudinger NJW **99**, 3665) u den ABefördB für den LinienVerk vom 27. 2. 1970, BGBl I S 230 (VO gem PersBe-
4 fördG 58 I Nr 3, Loh BB **70**, 1017). Vgl auch § 310 II. – **c)** Bei Einrichtgen der **öffentlichen Hand** ist zu unterscheiden: Ist ihre Benutzg öffr ausgestaltet, wie vielfach die Benutzg öff Bibliotheken (OVG Brem NJW **98**, 3583), sind die §§ 307 ff grdsl unanwendb. Da die für das RVerh maßgebden Bdggen dem Grds der Erforderlichk und Verhältnismäßigk genügen müssen (BGH **61**, 13), können aber Schutzregelgen der §§ 307 ff als allg RGrds herangezogen w, so insbes § 309 Nr 7 u das Verbot geltgserhaltder Reduktion (Heintzen NVwZ **92**, 857). Kommt das BenutzgsVerhältn nicht dch VerwAkt, sond dch einen öffr Vertr zustande (Einf 35 vor § 305), gelten über VwVfG 62 die §§ 307 ff entspr (Stober DÖV **77**, 398, aA OVG Münster NJW **89**, 1880, BGH NJW **95**, 2289 läßt offen). Handelt es sich um privrechtl ausgestaltete BenutzgsVerh, sind die §§ 307 ff grdsl anwendb. And ist es, wenn das BenutzgsVerh dch VO od Satzg geregelt ist, jedoch kann auch hier bei der Prüfg der Erforderlichk u Verhältnismäßigk auf die §§ 307 ff zurückgegriffen w. Für die InhKontr städtebaulicher Vertr enthält BauGB 11 eine Sonderregelg (Grziwotz NJW **97**, 237, Busse DNotZ **98**, 486).

5 **d) Notarielle Verträge.** Die in ihnen enthaltenen Freizeichngsklauseln unterliegen nach der Rspr des BGH (VII. ZS) einer InhKontr auf der Grdl des **§ 242** (BGH **101**, 350, 355; **108**, 164, 168; NJW **84**, 2094, **88**, 135). Diese von der Lit heftig kritisierte Judikatur (s zuletzt Habersack AcP **189**, 416 mwNw) hat wg ihres engen Anwendgsbereichs u der Berücksichtigg in der not Praxis kaum noch prakt Bedeutg. – **aa)** Die InhKontr betrifft ausschließl Vertr über den Erwerb **neu errichteter** Häuser od EigtWo (BGH **101**, 350; NJW **84**, 2094). Dabei ist der Begriff „neu" ebso abzugrenzen wie in § 309 Nr 8 b. Gleichgestellt sind Vertr über den Erwerb einer EigtWo, die dch Umwandlg aus einem Altbau entstanden ist (BGH **108**, 164; NJW **88**, 1972). Kontrollfrei sind Vertr über den Erwerb von Altbauten ohne HerstellgsVerpfl (BGH **98**, 100, 107;

108, 156, 163). – **bb)** Der InhKontr unterliegen ausschließl Klauseln, die die **Gewährleistung** für Sachmängel ganz od teilw ausschließen (BGH **101**, 350, **108**, 164), vielleicht auch Regelgen von ähnl einschneidder Bedeutg (Schlosser DNotZ **90**, 367), nicht aber Klauseln über Fälligkeitszinsen (BGH NJW **91**, 843) od eine VertrStrafe iF des Verzuges (aA KG NJW-RR **89**, 1363). – **cc)** Voraussetzg ist, dass die GewL **formelhaft** ausgeschlossen worden ist (BGH **101**, 350, **108**, 164). Die Klausel ist wirks, wenn der Notar dem Erwerber in einer für diesen verständl Sprache die RFolgen des GewLAusschlusses deutl vor Augen geführt u ihm die Gefahr bewußt gemacht hat, dass ihm bei etwaigen Mängeln keinerlei Anspr gg den Veräußerer zustehen (BGH **108**, 364, 370). Die BewL für die Belehrg trägt, wer sich auf die Klausel beruft; der Notar kann die Belehrg aber in der Urk beweiskräft dokumentieren (BGH aaO). – **dd)** Die Grds gelten auch, wenn der Veräußerer ein **Verbraucher** ist (s BGH **74**, 204). Sie sind daher dch § 310 III wohl nicht überholt. 6

3) Rechtsfolgen bei Verletzung der §§ 307 ff. – a) Nichtigkeit. Verstößt eine Klausel gg § 307 od eines der Verbote der §§ 308, 309, ist die Klausel unwirks, der Vertr iü dagg grdsl wirks (§ 306). Unwirksamk iSd §§ 307 ff ist Nichtigk (Übbl 27 v § 104); sie ist vAw zu beachten (so auch EuGH NJW **00**, 2571). Zu ihrer Heilg bedarf es entspr § 141 einer Bestätigg dch eine IndVereinbg (BGH NJW **85**, 58). DasVerspr, den Anspr aus der unwirks Klausel zu erfüllen, genügt nicht (BGH WM **82**, 113). Begünstigt die unwirks Klausel im Einzelfall den Kunden (Pauschalierg der ersparten Aufwendgen des Architekten auf 40%), kann sich der Verwder angebl nicht auf die Unwirksamk der Regelg berufen (BGH NJW-RR **98**, 594). Auch das **Grundbuchamt** muß die Nichtigk beachten (Celle Rpfleger **79**, 261, LG Stgt JZ **77**, 760, Schmid BB **79**, 1639, Staud/Coester AGBG Einl zu §§ 8 ff Rn 16; aA Hamm OLGZ **80**, 92, offen gelassen v BGH NJW **80**, 1625, Karlsr Rpfleger **87**, 412). Eine PrüfgsPfl besteht aber nur im Rahmen der allg VerfGrds der GBO, dh nur dann, wenn sich anhand der eingereichten Unterlagen der Verdacht aufdrängt, die in einer EintrBewilligg in bezug genommenen AGB könnten unwirks sein (Schmid u Staud aaO), u wenn der Verstoß zur teilw GrdbUnrichtigk od zur inhaltl Unzulässigk der Eintragg führt (Köln NJW-RR **89**, 780). 7

b) Gesamtnichtigkeit, Verbot einer geltungserhaltenden Reduktion. Verstößt der Inh einer AGB teilw gg die §§ 307 ff, so ist die Klausel grdsl im ganzen unwirks. Das gilt für den Individual- u den VerbandsProz in gleicher Weise; eine geltgserhaltde Reduktion ist unzul (BGH **86**, 297, **114**, 342, **120**, 122, NJW **93**, 1135, **00**, 1110/1113, stRspr, aA Hager JZ **96**, 175 MüKo/Basedow AGBG § 6 Rn 13), u zwar auch im kaufm Verk (BGH **92**, 315, NJW **93**, 1787). Die GesUnwirksamk der Klausel ergibt sich aus dem Schutzzweck der §§ 307 ff. Diese werten die Verwendg von verbotsw Klauseln als eine obj zur Täuschg geeignete Störg des RVerk, vor allem deshalb, weil es der rechtsunkund Verwdgsgegner idR nicht auf einen Proz ankommen läßt, sond eine VertrAbwicklg nach Maßg der AGB einschließl der unwirks Klauseln hinnimmt. Ein solches Verhalten darf die ROrdng nicht dadch risikolos machen u fördern, dass sie eine verbotsw Klausel dch Reduktion auf das gerade noch zul od angem Maß teilw aufrechterhält. Die neuere Rspr schränkt das Verbot geltgserhalteder Reduktion aber dch bes AusleggsGrds (Rn 9) u den Gedanken des Vertrauesnschutzes (Rn 10) ein. Wenn AGB für unterschiedl VertrTypen od ggü verschiedenen Kundenkreisen verwandt w, muß ohnehin differenziert werden. Hier kann sich die Unwirksamk auf die Verwendg der AGB in best Vertr od ggü best Kunden, zB Verbr, beschränken (BGH **110**, 244, § 307 Rn 8). 8

c) Nichtberücksichtigung von fernliegenden Auslegungsalternativen. Eine Klausel, die nur in untyp, vom Verwder nicht bedachten od nicht für regelgsbedürft gehaltenen AusnFällen gg die §§ 307 ff verstößt, ist wirks. Grdl der Aufrechterhaltg ist nicht eine Einschränkg des Verbots geltgserhaltder Reduktion, da schon die am Sinn u Zweck orientierte Auslegg ergibt, dass diese Sondersituationen von der Klausel nicht erfaßt w (BGH NJW **93**, 658, Ul/Br/He AGBG 6 Rn 15). Handelsübl Klauseln mit einem allg anerkannten eingeschränkten Anwendgsbereich sind daher wg des nur scheinb zu weit reichden Wortlauts nicht unwirks. Bsp sind etwa der SelbstbeliefergsVorbeh in HandelskaufVertr (BGH **92**, 398) u die Landschadensklausel im SeefrachtR (BGH NJW-RR **97**, 1255). Ein GewLAusschluß ist wirks, auch wenn die Aufrechterhaltg der Haftg für zugesicherte Eigensch nicht bes erwähnt w (BGH NJW **93**, 658). Eine feste Laufzeitregelg braucht das KündR aus wicht Grd nicht ausdr aufrechtzuerhalten, wohl aber das aus § 627 (§ 305 c Rn 18). Bei einer Klausel, die, bezogen auf den Regelfall, nicht gg § 307 verstößt, ist eine Klarstellg zweckmäß, dass sie nicht gilt, wenn ausnw der Verwder die Störg zu vertreten hat; eine solche ausdr Einschränkg ist aber nicht in jedem Fall WirksamkVoraussetzg (BGH NJW **83**, 1492, Celle BB **84**, 808: Schadenspauschale; and aber BGH NJW **83**, 1321: RücktrKlausel). 9

d) Teilaufrechterhaltung der Klausel aus Gründen des Vertrauensschutzes. Klauseln, die die Haftg des Bü od SichgG auf alle ggwärt u künft Verbindlichk des HauptSchu ausdehnen, verstoßen gg §§ 305 c I u 307 (BGH **137**, 153, § 765 Rn 21, § 1191 Rn 51). Das SichgR wird aber hinsichtl der Verbindlichk aufrechterhalten, die Anlaß zur Übern der Haftg waren, auch wenn eine sprachl Abtrenng dieses Regelgsteils nicht mögl ist (BGH aaO, § 306 Rn 7). Dieser Ansatz der Rspr sollte zu einem allgem RGrds erweitert werden: Wird eine im Ztpkt der Verwendg dem Stand der Rspr entspr Klausel im Zuge weiterer Perfektionierg der InhKontr für unwirks erklärt, muß der angem Teil der Regelg aus Grden des Vertrauensschutzes auch dann aufrechterhalten w, wenn die Klausel sprachl nicht teilb ist (ähnl Staud/Schlosser AGBG § 6 Rn 17 a f). Aus Grden des Vertrauenschutzes ist es auch vertretb, Regelgen der ADSp u der AGNB, die teilw gg das AGBG verstoßen, iü aufrechtzuerhalten (BGH **127**, 281, **129**, 327, 349), wenn auch die Begründg des BGH, die ADSp u AGNB seien „fertig bereitliegde ROrdngen", nicht zu überzeugen vermag (Löwe ZIP **95**, 1273, Koller EWiR **95**, 835). 10

e) Teilbare Klauseln. Enthält die Klausel neben der unwirks auch inhaltl unbedenkl, aus sich heraus verständl sprachl u inhaltl teilb Bestimmgen, bleiben diese auch dann wirks, wenn sie den gleichen Sachkomplex betreffen (BGH **107**, 190, **108**, 12, NJW **98**, 2284, **99**, 1108, **01**, 292/94, stRspr). Voraussetzg für die Zerlegg ist, dass die unwirks Bestimmg einf weggestrichen w kann, sog „blue-pencil-test" (BayObLG **97**, 159, LG Brem NJW-RR **89**, 1080). **Einzelfälle:** Teilb sind die Festlegg von FrLänge u FrBeginn (BGH NJW **88**, 2106, Düss NJW-RR **94**, 1298); die Vollm zur Abgabe u Entggn von WillErkl (BGH NJW **97**, 3437); die Festlegg der VertrLaufzeit u eine Regelg über eine vorzeit VertrLösg gg Zahlg einer Abstandssumme (BGH NJW **93**, 1135); Regelg der Abnahme u Ausschluß der fiktiven Abnahme (BGH NJW **97**,

Margin numbers: 11 (beside "e) Teilbare Klauseln"), 12 (beside "159, LG Brem").

394); Klauseln über Schönh- u Kleinreparaturen (BayObLG NJW-RR **97**, 1371); Gefahrtraggsregelgen für den Fall der Beschädigg u des Untergangs (BGH NJW **98**, 2284); VertrStrafRegelg für FrÜberschreitgen bei der Fertigstellg des gesamten Wk u für FrÜberschreitgen bei einz Leistgen (BGH NJW-RR **01**, 738). Trennb Regelgen liegen auch vor, wenn die Nichteinhaltg von versch AusführgsFr mit VertrStrafe bedroht ist (BGH NJW **99**, 1108). Dagg kann eine zu lange Fr nicht abgekürzt w (BGH NJW **84**, 2817, **00**, 1110); eine aufeinand abgestimmte FrRegelg ist bei Unangemh einer Fr im ganzen unwirks (BayObLG NJW-RR **87**, 1299), ebso die Nachnahmeklausel, wenn sie neben dem AufrAusschluß zugl eine Kostenüberwälzg enthält (BGH NJW **98**, 3119). Ist die Abkürzg der Gewährleistg auf die 2-Jahres-Fr der VOB/B unwirks, besteht auch die Möglichk zur Verlängerg der Verj dch schriftl Mängelanzeige nur innerhalb der 2-Jahres-Fr (Hamm NJW-RR **93**, 718). Die unwirks Klausel, die den Mieter zur Entferng von Dübeleinsätzen verpflichtet, kann nicht für solche Dübel aufrechterhalten w, die der Mieter in Überschreitg des vertragsmäß Gebrauchs angebracht hat (BGH NJW **93**, 1062). Die unwirks Klausel, dass ein SicherhEinbehalt nur dch eine Bürgsch auf erstes Anfordern abgelöst werden kann, kann nicht mit der Maßg aufrecht erhalten werden, dass zur Ablösg eine einf Bürgsch genügt (BGH NJW **01**, 1857). Dagg kann ein unwirks „unwiderrufl" ÜberweisgsAuftr als widerrufl bestehen bleiben (BGH NJW **84**, 2817). Die KündRegelg ist nicht desh unwirks, weil die Folgenregelg unangem ist (BGH NJW **88**, 200), der Ausschl der Aufr nicht desh, weil der Ausschl des ZbR gg § 309 Nr 2 verstößt (BGH ZIP **89**, 784), der Haftgsausschluß für einfache Fahrlässigk nicht desh, weil der für grobe wg § 309 Nr 7 b unwirks ist (Sonnenschein NJW **80**, 1720). Verstößt die für beide Part getroffene Regelg nur im Verhältn zum Verwendgsgegner gg die §§ 307 ff (Bsp: VertrStrafe), bleibt sie im übrigen gült (Düss NJW-RR **00**, 279; Ul/Br/He AGBG § 6 Rn 16).

13 **f) Salvatorische Klauseln,** die der Verwder seinen AGB hinzufügt („SchadErsAnspr sind ausgeschl, soweit dies *gesetzl zulässig* ist"), verstoßen gg das VerständlichkGebot des § 305 II (dort Rn 41) u ändern an der Totalnichtigk der verbotsw Klausel nichts (BGH **93**, 48, NJW **91**, 2632, **93**, 1062, **96**, 1408). Eine salvatorische Klausel ist aber unbedenkl, wenn sie vorsorgl einer Regelg hinzugefügt wird, die im Ztpkt der Verwendg dem Stand der Judikatur entspr (Rn 10). Der beim Verkauf gebrauchter Sachen außerh des VerbrGüterkaufs grdsl zul völl GewLAusschluß ist auch dann wirks, wenn er dch einen einschränkden Zusatz („soweit der Verkäufer nicht gesetzl zwingd haftet od etwas and vereinbart ist") ergänzt w (BGH NJW **93**, 658).

14 **g) Weitere Rechtsfolgen.** Die Verwendg von unwirks Klauseln begründet gem UKlaG 1 einen **Unterlassungsanspruch.** Sie verstößt zugl gg die bei VertrVerhandlgen bestehde Pfl zur ggs Rücksichtn u verpflichtet daher nach den Grds der c. i. c. zum **Schadensersatz** (BGH NJW **84**, 2816, **94**, 2754, Hamm VersR **01**, 1422, § 311 Rn 33). Der SchadErsAnspr tritt (abgesehen vom Fall des § 306 III) neben den ErfAnspr. Er kann auf Ers von RBeratgskosten od auf RückFdg der aGrd von unwirks Klauseln erbrachten Leistgen gerichtet sein (dann Konkurrenz mit Anspr aus § 812).

15 **4) Verhältnis zu anderen Vorschriften. – a) § 134.** Wie die eigenständ Regelg der UnwirksamkFolgen in § 306 zeigt, enthalten die §§ 307 ff keine ges Verbote iSv § 134. Verstößt eine Klausel zugl gg § 134, bestehen beide UnwirksamkGrde nebeneinand (s BGH **87**, 197), prakt w aber der Prüfg nach § 134 der
16 Vorrang einzuräumen sein. – **b) § 138.** Die WirksamkSchranke des § 138 liegt erhebl höher als die des § 307 (BGH ZIP **96**, 961). Sittenwidrigk erfordert eine grobe Interessenverletzg von erhebl Stärke (BGH aaO, Wo/Ho/Li AGBG § 9 Rn 16) u idR subj Vorwerfbark (§ 138 Rn 8). Dagg setzt § 307 obj (nur) eine gg Treu u Glauben verstoßde unangem Benachteiligg voraus u hat kein subj Tatbestdsmerkmal. § 307 ist im Rahmen seines Schutzzwecks ggü § 138 *lex specialis.* Eine Anwendg des § 138 kommt idR nur in Betr, wenn die IndVereinbg sittenw ist, ferner dann, wenn die AGB nicht wg Benachteiligg des Kunden, sond aus sonst Grden (Benachteiligg Dr, § 307 Rn 7, Förderg der Unzucht usw) anstöß ist (MüKo/Basedow AGBG Rn 10). Bei einem MißVerh von Leistg u GgLeistg kann aber die Verwendg von unangem AGB den
17 Ausschlag für eine Bejahg des § 138 I geben (BGH **80**, 171, NJW **83**, 160). – **c) § 242.** Auch ggü § 242 sind die §§ 307 ff die spezielleren Vorschr. Sie legen ggü § 242 abschließd fest, unter welchen Voraussetzgen AGB unwirks sind. Für die Frage, ob die Berufg auf eine gült Klausel wg der EinzelfallUmst gg Treu u Glauben verstößt **(„Ausübungskontrolle"),** ist dagg § 242 die maßgebde Norm (BGH **105**, 88, NJW-RR **86**, 272, ZIP **00**, 78), insbes dann, wenn der Verwder sich auf die Unwirksamk einer Klausel beruft, die sich im Einzelfall zG des Kunden auswirkt (Bernuth BB **99**, 1284 zu BGH NJW-RR **98**, 594). Außerdem bleibt § 242 in den RGebieten Grdl der richterl InhKontr von formularmäß Klauseln, für die das AGBG gem
18 § 310 IV nicht gilt. – **d) §§ 305 II, 305 b, 305 c I.** Die InhKontr setzt voraus, dass die AGB VertrBestandt gew sind. Scheitert die Einbez bereits an §§ 305 II, 305 b, 305 c I, sind die §§ 307 ff unanwendb. Der Ri
19 kann jedoch die Frage der Einbez offen lassen u die Klausel gem §§ 307 ff für unwirks erklären. – **e) Auslegung.** Vor Prüfg der Unwirksamk gem §§ 307 ff muß der Inh der Klausel dch Auslegg (§ 157) ermittelt w. Ergibt diese, dass eine Klausel entgg dem ersten Anschein keine unangem Benachteiligg enthält, sind die §§ 307 ff unanwendb (Rn 9). Doch dürfen Klauseln, die nach ihrem Wortlaut u Zweck unzul sind, nicht dch
20 Auslegg so weit gemildert w, dass sie gerade noch tragb sind (§ 305 c Rn 16). – **f) Anfechtung.** Bei argl Täuschg über den Inh der AGB w das AnfR (§ 123) dch die Sonderregeln der §§ 307 ff nicht berührt (s Laas JZ **97**, 67). Anf kann auf die EinbezVereinbg beschr w (vgl zur TeilAnf § 142 Rn 1) u läßt dann gem § 306 den Vertr iü bestehen. Hat sich der *Kunde* über die Einbez od den Inh der AGB geirrt, kann er gem § 119 anfechten (Loewenheim AcP **180**, 433, aA E. Schmidt JuS **87**, 932), muß jedoch iF des Irrt über den Inh der AGB nachweisen, dass er insow best Vorstellgen hatte (§ 119 Rn 9). Das AnfR des *Verwders* wg versehentl Nichteinbeziehg seiner AGB w dagg dch den Zweck der §§ 305 II u 306 ausgeschl (aA Loewenheim aaO).

21 **5) Kontrolle durch Verwaltungsbehörden. – a) Behördliche Genehmigung.** Einige AGB bedürfen einer Gen dch eine VerwBeh, so etwa AGB der Bausparkassen, KapitalanlageGesellsch, HypBanken u Schiffspfandbriefbanken, Bdggen gemeinnütz WoBauUntern (BGH NJW **83**, 1324, WoGemeinnützigkG 7), u Bdggen des FluglinienVerk (LuftVG). Prüfgsmaßstab für diese GenVerf sind auch die §§ 307 ff (BVerwG NJW **98**, 3216). Die Erteilg od Nichterteilg der Gen ist aber privatrechtl unerhebl. Auch nicht genehmigte AGB können wirks in einen Vertr einbezogen w; umgekehrt können die ZivilGer Klauseln in genehmigten AGB als unwirks beanstanden (allgM). **AVB** unterliegen seit Aufhebg der GenPfl gem VAG 81 einer MißbrAufs,

die sich auch auf Verstöße gg das AGBG erstreckt (BVerwG NJW **98**, 3216, Hoffmann, VerbrSchutz im dtschen PrivVersR, 1998, S 247). – **b) Kartellrecht.** Konditionenkartelle (GWB 2) u -empfehlgen (GWB 22
22 III Nr 2) unterliegen keiner GenPfl, sind aber der KartellBeh zu melden, die iF des Mißbr einschreiten kann (GWB 12, 22 VI). Kontrollmaßstab sind die §§ 307 ff in der Auslegg dch die höchstrichterl Rspr. Läßt die KartellBeh die AGB unbeanstandet, so ist das für die richterl InhKontr nicht einmal ein Indiz für die Vereinbark der AGB mit den §§ 307 ff (Hamm ZIP **80**, 1102).

307 ***Inhaltskontrolle.*** **I Bestimmungen in Allgemeinen Geschäftsbedingungen sind unwirksam, wenn sie den Vertragspartner des Verwenders entgegen den Geboten von Treu und Glauben unangemessen benachteiligen. Eine unangemessene Benachteiligung kann sich auch daraus ergeben, dass die Bestimmung nicht klar und verständlich ist.**

II Eine unangemessene Benachteiligung ist im Zweifel anzunehmen, wenn eine Bestimmung

1. mit wesentlichen Grundgedanken der gesetzlichen Regelung, von der abgewichen wird, nicht zu vereinbaren ist oder

2. wesentliche Rechte oder Pflichten, die sich aus der Natur des Vertrags ergeben, so einschränkt, dass die Erreichung des Vertragszwecks gefährdet ist.

III Die Absätze 1 und 2 sowie die §§ 308 und 309 gelten nur für Bestimmungen in Allgemeinen Geschäftsbedingungen, durch die von Rechtsvorschriften abweichende oder diese ergänzende Regelungen vereinbart werden. Andere Bestimmungen können nach Absatz 1 Satz 2 in Verbindung mit Absatz 1 Satz 1 unwirksam sein.

1) Allgemeines. Vgl zunächst Vorbem. – **a) Fassung.** Das SMG hat AGBG 8 u 9 im Kern unverändert 1
als § 307 in das BGB übernommen. Die ZusFassg der beiden Normen zu einer MammutVorschr ist wenig glückl; es überzeugt auch nicht, dass das SMG die den Anwendgsbereich der InhKontr abgrenzde Regelg als Abs III eingeordnet hat. Mit Rücks auf eine Entsch des EuGH (NJW **01**, 438) wird das Transparenzgebot in I 2 ausdr als Maßstab der InhKontr anerkannt, im wesentl aber nur der bestehde RZustand bestätigt (Rn 16). Eine **wichtige Veränderung** ergibt sich nicht aus dem Normtext. Das in § 307 stillschw u in § 307 II 1 auch ausdr als Maßst u Beurteilgskriterium der InhKontr in Bezug genommene disposit Recht hat sich dch die Neuregelg des Verj-, Leistgsstörgs-, Kauf- u WkVertrR grdlegend verändert. Die Rspr muß für die InhKontr in diesen RGebieten neue BeurteilgsGrds entwickeln (Rn 26). Ein nicht unerhebl Teil der Entsch, die in diesen RGebieten zur InhKontr von AGB ergangen sind, sind dch die gesetzl Neuregelg überholt. Eine für viele AGB-Verwder **noch wichtigere Neuerung** sind die Vorschr über den **Verbrauchsgüterkauf** (§§ 474 ff) u damit eine Änderg außerh des AGB-Rechts. Wg der zwingden Ausgestaltg der Haftg für Sachmängel (§ 475) u der Beweislastumkehr für Sachmängel, die innerh von 6 Mo nach Gefahrübergang auftreten (§ 476), mußten alle nicht streng auf den kaufm Bereich beschränkten Verkäufer-AGB zum 1. 1. 02 grdlegd überarbeitet werden (Rn 114).

b) Bedeutung. Die Generalklausel des § 307 I legt den grundlegden Wertmaßstab für die richterl 2
InhKontr von AGB fest. § 307 II versucht, die Generalklausel zu **konkretisieren,** indem er typ rechtl Kriterien angibt, die idR die Unwirksamk der Klausel begründen. Er bringt aber im Ergebn keinen großen Gewinn an inhaltl Bestimmth, da seine beiden Tatbestde wenig klare Konturen haben (Rn 25 u 31). Auch die Klauselverbote der §§ 308 u 309 sind Konkretisiergen des § 307, wobei einz Verbote an § 307 II, and unmittelb an § 307 I anknüpfen. Sie haben einen höheren BestimmthGrad u sind ggü § 307 verselbständigt. Rtechn ist § 307 **Auffangtatbestand,** der erst nach den §§ 308 u 309 zu prüfen ist (Vorbem 1 v § 307). Stellt man auf Wertgsgesichtspunkte u die Bedeutg für die Praxis ab, ist § 307 dagg das **Kernstück** des AGB-Rechts. Das Schwergewicht der Entscheidgspraxis liegt bei dieser Vorschr; von den zum AGB-Recht veröffentlichten Entsch behandeln mehr als 2/3 Probleme des § 307. Fällt eine Klausel in den **Anwendungs-**

bereich der §§ 308, 309, u ist sie nach diesen Vorschr nicht zu beanstanden, kann sie aus bes, von den Verboten der §§ 308, 309 nicht erfaßten Grden nach § 307 unwirks sein; die InhKontr nach der Generalklausel darf aber nicht zu einer Umgehg der in §§ 308, 309 zum Ausdr kommden Regelgsabsicht des Ges führen (BGH NJW **97**, 739). Vgl zu § 309 Nr 1 BGH **82**, 23, NJW **80**, 2518, zu § 309 Nr 7 Ul/Br/He AGBG 9 Rn 150, zu § 309 Nr 9 BGH **120**, 114 u NJW **97**, 739.

3 **c) Maßgebender Beurteilungszeitpunkt.** Bei der Beurteilg, ob eine Klausel gg § 307 verstößt, ist, ebso wie bei Prüfg der Sittenwidrigk (§ 138 Rn 9), auf die Verhältn im Ztpkt des VertrSchlusses abzustellen (Medicus NJW **95**, 2580). Das ist im Art 4 I der EG-RL 93/13 für VerbrVertr ausdr festgelegt, gilt aber allg. Eine nachträgl Änderg tatsl Umst kann die Anwendg des § 242 od § 313 rechtf (Einwand des RMißbr, Störg der GeschGrdl), sie kann aber nicht dazu führen, die Klausel gem § 307 für unwirks zu erklären. Auch ein Bewertgswandel kann eine nach den zZ des VertrSchlusses geltden Maßstäben wirks Klausel nicht nachträgl unwirks machen (Medicus aaO, BGH **132**, 12 läßt offen). Handelt es sich nicht um eine grdlegde Änderg der Bewertgskriterien, sond nur um seine weitere Perfektionierg der Kontrolle, gelten die neuen Grds dagg auch für fr abgeschlossene Vertr (s BGH NJW **83**, 2692, NJW **98**, 3708, BVerfG NJW **84**, 2345). Die unwirks Klausel fällt aber nicht ersatzlos weg, sond wird, soweit sie mit § 307 vereinb ist, aufrechterhalten (Vorb 10 v § 307).

4 **d) Gegenstand und Maßstab der Inhaltskontrolle.** Ggst der InhKontr ist der ggf dch Auslegg zu ermittelnde obj Inh der Klausel. Eine unangem Klausel kann nicht deshalb aufrechterhalten w, weil der Verwder von ihr nur in dem Umfang Gebrauch machen will, der rechtl unbedenkl wäre (BGH **82**, 182, NJW **83**, 161). Auszugehen ist von einer überindividuellen – generalisierden Betrachtg (BGH **22**, 80, **105**, 31, **110**, 244, NJW **96**, 2156, Wo/Ho/Li AGBG 9 Rn 51). Der **generelle** Prüfgsmaßstab gilt nach allgM für den VerbandsProz, ist aber auch im IndProz anzuwenden. Da der rechtfertigde Grd der InhKontr ihr (das disposit Recht verdrängder) abstrakt-genereller Charakter ist, muß auch ihr Maßstab grdsl überindividuell ausgerichtet sein. Abzuwägen sind die Interessen des Verwders ggü den der typw beteiligten Kunden. Werden AGB ggü versch Kundenkreisen verwandt, kann die rechtl Bewertg unterschiedl ausfallen. So kann etwa eine Klausel, die im Verk mit Untern unbedenkl ist, bei einem Vertr mit einem Verbr gg § 307 verstoßen (Rn 8). Bei **Verbrauherverträgen** sind aGrd von § 310 III auch konkret individuelle Umst bei der InhKontr mitzuberücksichtigen (§ 310 Rn 18).

5 **e) Verfahrensrecht.** Ob eine Klausel gg § 307 verstößt, ist eine **revisible** RFrage, keine Tatfrage (BGH NJW **97**, 3022). Die **Beweislast** spielt in der Praxis der InhKontr eine untergeordnete Rolle, da idR allein rechtl Wertgen, nicht aber tatsächl Umst str sind (BGH NJW **85**, 2587). Ist sie ausnw doch relevant, gelten die allg Grds: Wer geltd macht, eine Klausel sei gem § 307 I unwirks, trägt dafür die BewLast (BGH NJW **96**, 388). In den Fällen des § 307 II wird dagg die unangem Benachteiligg vermutet („iZw"). Wer sich auf diese Vermutg beruft, muß deren Voraussetzgen beweisen; alsdann ist es Sache des and (idR des Verwders), die Vermutg zu entkräften (Ul/Br/He AGBG 9 Rn 162).

6 **2) Verbot unangemessener Benachteiligung (I). – a) Fassung des Verbotstatbestandes.** § 307 u die EG-RL 93/13 haben für den Maßstab der InhKontr eine in der Formulierg, aber kaum in der Sache abweichde Generalklausel gewählt. Währd § 307 auf die gg Treu u Glauben verstoßde unangem Benachteiligg des VertrPartners abstellt, ist eine VertrKlausel nach Art 3 RL dann mißbräuchl, wenn sie entgg dem Gebot von Treu u Glauben zum Nachteil des Verbr ein erhebl u ungerechtfertigtes Mißverhältn der vertragl Rechte u Pflten verursacht. Diese Regelg muß als **europarechtliche Grundlage** des § 307 bei seiner Anwendg auf VerbrVertr mitberücksichtigt werden (§ 310 Rn 21). Bei and als VerbrVertr sind dagg allein die Kriterien des
7 § 307 maßgebd (Einl 36 a v § 1). – **b) Geschützte Interessen.** § 307 bezweckt den Schutz des VertrPartners des Verwders, zugl aber auch den etwaigen RNachfolger (BGH NJW **90**, 2686, aA Dörner NJW **91**, 409). Dagg ist eine InhKontr zG des Verwders unzul (BGH NJW **87**, 837, **98**, 2280). Auch die Benachteiligg Dr erfüllt die Voraussetzgen des § 307 nicht (BGH NJW **82**, 180, Naumbg NJW-RR **98**, 1585, hM, aA Habersack VertrFreih u Drittinteressen, 1992), es sei denn, dass sie mittelb auch den Kunden trifft (Verhinderg weiterer KreditAufn, Ausschl des Schutzes von Nahestehden). Der unangem Begünstigte kann dagg auch ein vom Verwder versch Dr sein (BGH **104**, 93, NJW **84**, 2816).

8 **c) Ermittlung der unangemessene Benachteiligung.** Auszugehen ist von den Vorschr des disposit Rechts, die ohne die Klausel gelten würden (BGH NJW **94**, 1070), jetzt also von dem dch das SMG reformierten Recht (Rn 1). Die Anwendg von § 307 setzt voraus, dass die Abweichg vom disposit Recht Nachteile von **einigem Gewicht** begründet (Hamm NJW **81**, 1050). Eine nach § 307 relevante Benachteiligg wird aber nicht dadch ausgeschl, dass die zu beanstandde Gebührenregelg den einzelnen Kunden nicht sehr erhebl belastet (BGH NJW **94**, 318). Dabei ist im VerbandsProz auch zu berücksichtigen, dass dieser nicht dem Schutz des einzelnen Kunden, sond des RVerk dient (BGH aaO). **Unangemessen** ist die Benachteiligg, wenn der Verwder dch einseit VertrGestaltg missbräuchl eig Interessen auf Kosten seines VertrPartners dchzusetzen versucht, ohne von vornherein auch dessen Belange hinr zu berücksichtigen u ihm einen angem Ausgl zuzugestehen (BGH **90**, 280/84 **120**, 108/18, NJW **00**, 1110). Zur Beurteilg bedarf es einer umfassden Würdigg, in die die Interessen beider Part, die Anschauungen der beteil VerkKreise u die sich aus der Gesamth der ROrdng ergebden Bewertgskriterien einzubeziehen sind. Auszugehen ist von Ggst, Zweck u Eigenart des Vertr (BGH NJW **86**, 2102, NJW **87**, 2576). Die zu überprüfde Klausel ist vor dem HinterGrd des gesamten Vertr auszulegen u zu bewerten (BGH **106**, 263, **136**, 27/30). Zu berücksichtigen sind auch Rationalisiergsinteressen des Verwders u sein Interesse an einer Vereinfachg von ArbAbläufen (BGH NJW **81**, 118, **96**, 988), wenn diese auch ggü höherrang Interessen des Kunden zurücktreten müssen (BGH NJW **93**, 2444). Ein zu berücksichtigder Umst kann auch darin liegen, dass der Verwder kollektive GesInteressen wahrzunehmen hat (Wo/Ho/Li AGBG 9 Rn 110, aA MüKo/Basedow AGBG 9 Rn 27), etwa als Versicherer, Bausparkasse od VersorggsUntern (BGH **64**, 355). Unterschiedl Fallgestaltgen (gebrauchte/nicht gebrauchte Sachen; renovierte/nicht renovierte Wo) u unterschiedl Kundenkreis (Verbr/Untern) können bei gleichem Klauseltext zu unterschiedl Ergebn führen (BGH aaO). Die Unwirksamk kann sich auf **bestimmte Geschäftstypen** od die Verwendg der AGB ggü Verbr **beschränken** (BGH **110**, 244, Ul/Br/He AGBG § 9 Rn 82).

d) Der **gesamte Vertragsinhalt** einschließl der IndVereinbg ist bei der AngemhPrüfg zu berücksichtigen (BGH **106**, 263, **116**, 4, NJW **93**, 532). Die Benachteiligg dch eine für sich allein gesehen noch hinnehmb Klausel kann dch eine and derart verstärkt w, dass beide unwirks sind (BGH NJW **83**, 160, **95**, 254). Umgekehrt können die dch eine Klausel begründeten Nachteile dch Vorteile and VertrBestimmgen ausgeglichen werden. Dabei ist jedoch zu unterscheiden: – **aa)** Eine **Kompensation** von Vor- u Nachteilen ist grdsl nur zul, wenn es sich um sachl **zusammengehörende** Regelgen handelt, die zueinander in einem WechselVerhältn stehen (Staud/Coester AGBG 9 Rn 91, in der Sache ebso BGH **82**, 240, **101**, 366, NJW **91**, 1888). Diese Wechselbeziehg ist gegeben bei einer umfassden SortimentsPfl einerseits u einem RemissionsR ands (BGH aaO), bei einem PrErhöhgsR einerseits u einem RücktrR ands (BGH **90**, 78), bei Vereinbg der Kostenmiete u der Regelg der SchönhReparaturen (BayObLG NJW-RR **87**, 1300). Dagg kann die Unangemh einer Freizeichngsklausel nicht etwa dch eine kurze AusschlFr für den VergütgsAnspr des Verwders gerechtf werden. – **bb)** Für **kollektiv ausgehandelte,** von den beteiligten Kreisen als ausgewogen anerkannte AGB, wie die VOB u die ADSp (BGH **86**, 141, **127**, 281), gelten bes Grds. Hier ist, wenn die kollektiv ausgehandelten AGB als Ganzes ohne ins Gewicht fallende Ändergen einbezogen worden sind (Rn 159), auf eine Gesamtbilanz der beiderseit Interessen abzustellen; die Nachteile einer Einzelklausel können dch die Vorteile and nicht kongruenter VertrBestimmgen kompensiert w (BGH **86**, 141, Staud/Coester 9 AGBG Rn 91). Dieses Privileg gilt aber nur für die Prüfg gem § 307, nicht für die Verbote der §§ 308 f. Es setzt Aushandeln u allg Anerkenng voraus; eine bloße Beteiligg der MarktGgSeite genügt nicht (BGH **100**, 314 zu den KfzReparaturBdggen, BGH **113**, 57 zu den BVB). – **cc)** Bei **Verbraucherverträgen** sind nach § 310 III Nr 3 auch die „den VertrSchl begleitden Umst" zu berücksichtigen (§ 310 Rn 18). Im Anwendgsbereich von § 310 III gilt auch wohl der Grds, dass formularmäß Regelgen die Vertrpart grdsl **gleichbehandeln** müssen (§ 310 Rn 28). 9 10 11 12

e) Verkehrssitte, Standesrichtlinien. Obwohl § 307 die VerkSitte nicht ausdr erwähnt, ist auch sie im Rahmen der InteressenAbwägg zu berücksichtigen (BGH **92**, 368, **108**, 6, NJW **87**, 2576). Eine mißbräuchl VerkÜbg schließt aber die Unangemh nicht aus (BGH **91**, 319, **106**, 267, Hamm NJW-RR **90**, 570). Soweit StandesRL SchutzVorschr zG von Mandanten enthalten, sind sie idR als rechtl Minimum des Schutzes zu werten. Haftgsbeschränkgen, die im Widerspr zu den einschlägigen StandesRL stehen, sind gem § 307 I unwirks (Hbg NJW **68**, 303, v Hoyningen-Huene AGBG 9 Rn 197). – **f) Preisargument.** Die geringe Höhe des Entgelts ist grdsl keine Rechtfertigg für unangem AGB (BGH **22**, 98, **77**, 131, **120**, 226, Mü NJW-RR **93**, 737). Das Preisargument verdient schon deshalb keine Anerkenng, weil der angem Preis nicht feststellb u der angebl PreisVort idR nicht zu quantifizieren ist. Außerdem stehen die dem *einzelnen* Kunden drohden Nachteile dchweg außer Verhältn zu dem geringfüg PreisVort. Auf dem Gebiet der Elektrizitätsversorgg darf das Preisargument aber bei der Beurteilg der Angemessenh von Freizeichngen berücksichtigt w (BGH NJW **98**, 1640/44). Bes liegt es in den Fällen der **Tarifwahl,** in denen der Kunde zw billigem Preis bei reduzierter Haftg u einem höheren Preis bei voller Haftg od vollem VersSchutz wählen kann. Eine derart VertrGestaltg ist mit § 307 vereinb, wenn die Alternative mit voller Haftg wirks angeboten w u nicht übermäß verteuert ist (BGH **77**, 134, Staud/Coester AGBG 9 Rn 97). – **Bei der Prüfg von Haftgsregelgen ist von wesentl Bedeutg, ob das Risiko besser vom Verwder oder vom Kunden unter VersSchutz gebracht werden kann (BGH 103**, 326, **114**, 246, Sieg BB **93**, 149). Kann der Verwder das Risiko dch Abschluß einer HaftPflVers abdecken u besteht beim Kunden üblicherw kein VersSchutz, ist die Freizeichng idR unangem (Rn 47). Umgekehrt kann eine Freizeichng von Vermögensschäden, die typw beim Kunden unter VersSchutz stehen, nicht zu beanstanden sein (Rn 47). 13 14 15

h) Transparenzgebot (TranspGeb). Eine unangem Benachteiligg kann sich auch aus der Unklarh od Undurchschaubark der Regelg ergeben. Das stellt I 2 im Hinbl auf EuGH NJW **01**, 2244 ausdr klar. Sachl bringt I 2 nichts Neues. Dass das TranspGeb Maßstab der InhKontr ist, entspr einer langjähr stRspr (BGH **104**, 92, **106**, 47, 264, **108**, 57, **115**, 185, NJW **00**, 651, BVerwG NJW **98**, 3708, BAG NJW **94**, 213). Es ist zugl bei der Anwendg des § 305 II (dort Rn 41) u des § 305 c I zu berücksichtigen. – **aa) Anforderungen.** Das TranspGeb verpfl den Verwder, Rechte u Pflten seines VertrPartners in den AGB möglichst klar u dchschaub darzustellen (BGH **106**, 49, NJW **00**, 651, **01**, 2014/16). Dabei gebieten Treu u Glauben auch, dass die Klausel wirtschaftl Nachteile u Belastgen so weit erkennen läßt, wie dies nach den Umst gefordert werden kann (BGH NJW **99**, 2279, **01**, 2014/16, Rosenow/Schaffelhuber ZIP **01**, 2211). Weitergehde Kenntn u VerständnMöglichk des konkreten VertrPart ändern nach der bish Rspr an der Verletzg des TranspGeb u der Unwirksamk der Klausel nichts (BGH **106**, 49, **116**, 4, NJW **95**, 2286). Das bedarf aber, zumindest für IndProz über VerbrVertr, einer Korrektur. Zu den nach § 310 III Nr 3 bei der InhKontr zu berücksichtigden **Begleitumständen** gehören auch die Kenntn u Fähigk des konkreten VertrPart (§ 310 Rn 20). Ist eine Klausel für den typ Kunden intransparent, für die konkrete VertrPart, etwa einen Juristen od Untern, der außerh seines geschäftl TätigkeitsKreises handelt, aber verständl, kann ihre Unwirksamk im IndProz nicht mehr aus einer Verletzg des TranspGeb hergeleitet w. 16 17

bb) Grenzen. Die TranspAnfordergen dürfen **nicht überspannt** w (BGH **112**, 119, NJW **93**, 2054). Die Verpfl, den KlauselInh klar u verständl zu formulieren, besteht nur iR des *Möglichen* (BGH NJW **98**, 3114/16). Das TranspGeb will den Verwder nicht zwingen, jede AGB gleichsam mit einem Kommentar zu versehen (BGH **112**, 119). Aus ihm ergibt sich auch keine Verpfl, die sich aus dem Ges od ungeschriebenen RGrds ergebden Rechte u Pflten ausdr zu regeln od den VertrPart insoweit zu belehren (BGH NJW **96**, 2093). Der Verwder darf aus der GesSprache grdsl unbest RBegriffe übernehmen, so etwa den Begriff „wicht Grd" od „Fehlschlagen der Nachbesserg" (BGH NJW **94**, 1004) – jetzt Fehlschlagen der NachErf. Dagg hat der BGH gg die Verwendg des ZumutbarkKriteriums in ÄndergsVorbeh (§ 308 Nr 4) Bedenken (BGH **86**, 295). Verweisen AGB wg der Regelg von Einzelh auf eine Anlage, so ist das TranspGeb nicht verletzt, sofern die GesRegelg verständl ist (BGH NJW **96**, 2374). Das TranspGeb verpflichtet auch nicht zur Offenlegg der Kalkulation, die einem im Vertr angegebenen Wert zugrde liegt (BGH NJW **97**, 3166). 18

cc) Aufmerksamer und sorgfältiger Vertragspartner. Bei der Beurteilg, ob eine Regelg dem TranspGeb genügt, ist – and als im WettbewR – nicht auf den flücht Betrachter, sond auf den aufmerks u sorgf TeilN 19 am WirtschVerk abzustellen (AnwK/Hennrichts Rn 8, Einf 13 v § 145). Das TranspGeb ist daher nicht verletzt, wenn bei einem Kaufvertr über eine Buchreihe die Bezugsdauer dch Multiplikation ermittelt w kann (BGH NJW **93**, 2054), wenn der DarlN abweichd von § 608 eine Zinsen u Tilgg enthaltde gleichbleibde Jahresleistg in vierteljährl Teilbeträgen zu entrichten hat (BGH NJW **93**, 3261), wenn das Verständn eines Time-Sharing-Vertr über ein Obj in Spanien wg der Besonderh ausl Rechts etwas mehr Mühe bereitet (BGH ZIP **99**, 103), od wenn Einschränkgen der Verpfl zur Vornahme von SchönhReparaturen erst nach näherer Befassg mit nachfolgden Regelgen deutl w (BGH NJW **98**, 3114/16). Die Formulierg „nach Maßg der Liefermöglichk" in einer Selbstbeliefergsklausel verstößt nicht gg § 307 (BGH **124**, 361) u sogar eine unnötige Wirrnis im Klauseltext ist unschädl, wenn sich der KlauselInh mit der gebotenen Aufmerksamk erschließen läßt (BGH NJW-RR **95**, 749). Es ist auch mit dem TranspGeb vereinb, dass der Kartenausgeber in seinen AGB wg der Höhe der von den Kunden geschuldeten Entgelte auf ein PrVerzeichn verweist (BGH NJW **98**, 383).

20 **dd) Rechtsfolgen**. Ein Verstoß gg das TranspGeb rechtfertigt nur dann eine Anwendg des § 307 I, wenn er die Gefahr einer inhaltl Benachteiligg des and Teils begründet; die bloße Unklarh genügt nicht (Staud/Coester AGBG 9 Rn 124, Ul/Br/He AGBG 9 Rn 89, Heinrichs FS Trinkner, 1995, 157/62, hM, aA BGH **140**, 25/31, NJW **96**, 455). Das ergibt sich jetzt auch aus dem Verweis in § 307 III 2, der neben I 2 ausdr auch I 1 in Bezug nimmt u dadch verdeutlicht, dass nur eine kombinierte Anwendg beider Vorschr die Klausel unwirks machen kann. Mit der Verletzg des TranspGeb geht aber in allen in Betracht kommden Fallgruppen idR die Gefahr einer sachl Benachteiligg einher (BGH **136**, 394/01, Staud/Coester aaO Rn 125 ff, Heinrichs FS Trinkner aaO): Bei Verletzg des VerständlichkGebots (Rn 22) wird der and Teil gehindert, VhdlgsMöglichk od Marktchancen wahrzunehmen. Verletzgen des BestimmthGebots (Rn 23) begründen die Gefahr, dass der Verwder die ihm scheinb eingeräumte Gestaltgsmacht unangem einsetzt. Täuschde Klauseln (Rn 24) eröffnen dem Verwder idR die Möglichk, berecht Anspr des and Teils abzuwehren od ihm unberecht Pflten abzuverlangen. Fälle, in denen eine gg das TranspGeb verstoßde Klausel wirks ist, werden daher seltene Ausn bleiben

21 **ee) Einzelfälle.** Beim TranspGeb lassen sich verschiedene **Einzelausprägungen** unterscheiden, vor allem das VerständlichkGebot, das BestimmthGebot u das Täuschgsverbot (Heinrichs FS Trinkner 1995, 166). Die nachfolgde Aufzählg von Einzelfällen ist wg der Vielzahl einschläg Entsch notw unvollständ. Vgl auch § 305
22 Rn 41 u zum VersR Basedow VersR **99**, 1045. **(1)** Verletzg des **Verständlichkeitsgebots:** Haftgsausschl für den dch eine SchadensVers gedeckten Schaden (BGH NJW **96**, 1407), Haftgsausschl „soweit gesetzl zul" (BGH aaO). Ausschl des VersSchutzes für „vorvertragl Gesundheitsstörgen" (Düss VersR **00**, 1093), des Schutzes der AuslReiseKrankenVers für Erkrankgen des ausl VersN in dem Gebiet des Staates, dessen Staats-Angehörigk er besitzt (BGH NJW **01**, 1132). Unverständl Abrechngsklausel in einem LeasVertr (BGH **97**, 73, NJW **96**, 455). Unverständl Regelg über die Nichtübertragbark einer Mietbürgsch (BGH **115**, 185). Unklare Regelg der Bindgsdauer (Stgt NJW-RR **92**, 888). Unterscheidg von Willens- u WissensErkl (BVerwG NJW **98**, 3219). Ausschl des VersSchutzes der ArblosenVers für „personenbedingte" Künd (BGH NJW **99**, 2279). Undchschaub Regelg über den Umfang der HeizPfl (BGH NJW **91**, 1753), die Höhe des ärztl Honorars (LG Bln NJW **91**, 1555) od die Neuordng der RSchutzVers (Mü NJW-RR **96**, 434). Unklares Nebeneinand von „Bes Bdggen" u „SonderBdggen" (Ffm NJW-RR **95**, 283). Unklare Skontoregelg (BGH **131**, 392). Lohn-AbtrKlausel, die den Umfang der Abtr u die Voraussetzgen der Verwertgsbefugn nicht verständl festlegt (BGH **108**, 105). Verpfl zur Zahlg eines betragsmäß nicht festgelegten Zusatzentgelts für den Jahreswagen, wenn der ArbN binnen eines Jahres nach Lieferg fristlos entlassen w (BAG NJW **94**, 213, krit Nicolae ZIP **95**, 362).
23 Unklare Regelg der nachschüss TilggsVerrechng (Rn 109). **(2)** Verletzg des **Bestimmtheitsgebots:** Festlegg einer Gebühr für „NachlBearbeitg", ohne die von der Bank zu erbringden Leistgen näher zu konkretisieren (LG Dortm NJW-RR **01**, 1205). PrErhöhgsklauseln ohne Konkretisierg der Voraussetzgen u des zul Umfangs der PrErhöhg (BGH NJW **80**, 2518, **86**, 3135, § 309 Rn 8). LeistgsbestimmgsR, die Anlass, Grds u Grenzen der Ausübg nicht festlegen (BGH NJW **00**, 651), Befugn des Versicherers, Prämien, Tarife u Bdggen der VersVertr abzuändern (BGH **136**, 394, NJW **99**, 1865). GebietsÄndVorbeh in VertrHändlerVertr (BGH **89**, 210, **93**, 52). Fehlde tatbestandl Konkretisierg bei LeistgsBestR (BGH **82**, 26, NJW **94**, 1063, Rn 106).
24 **(3)** Verletzg des **Täuschungsverbots:** Es genügt eine obj Eigng zur Irreführg. Eine Täuschgsabsicht ist nicht erforderl. Unwirks sind: Klausel, die den Eindruck erweckt, ein RücktrR bestehe erst 4 Mo nach Eintritt der Störg (BGH NJW **01**, 292/96). Klauseln in der AVB der LebensVers über die Beitragsfreistellg, die Künd, den Rückkaufswert u die Abschlusskosten, wenn sie dem VersN die entstehden wirtschaftl Nachteile nicht deutl vor Augen führen (BGH NJW **01**, 2014). Klausel, die vortäuscht, der Kunde verliere iF einer Nichtbenachrichtigg des Reiseveranstalters auch dann alle Rechte, wenn die Benachrichtigg nicht mögl od nicht zumutb ist (BGH **119**, 170). Klausel, die eine umfassde Haftg des Verwendgsgegners vortäuscht (BGH **119**, 168). Regelg in einem BarterVertr, die den Eindruck erweckt, das Guthaben werde spätestens 12 Mo nach Ausscheiden ausgezahlt, währd sich tatsächl bei regelmäß Ablauf kaum jemals ein zur Befriedigg des Ausgeschiedenen ausr Guthaben ansammeln kann (BGH NJW **99**, 635). Time-Sharing-Vertr, der vorspiegelt, der Erwerber erlange eine gesicherte dingl RStellg, währd in Wahrh nur schuldrechtl Anspr begründet w (Jena OLG-NL **95**, 127). Klausel, nach der die in einer Urk verkörperten Rechte an einem best Tag verfallen, verletzen nicht das TranspGeb, da sie unzweideut (unter Verstoß gg das Äquivalenzprinzip u daher unwirks) auch die Erstattg des Restwerts ausschließen (BGH NJW **01**, 2635).

25 **3) Wesentliche Grundgedanken der gesetzlichen Regelung, II Nr 1. – a) Bedeutung.** Die beiden Tatbestde des II sollen I inhaltl konkretisieren. Sie stellen **gesetzliche Regelbeispiele** einer unangem Benachteiligg dar. Die dch II begründete Vermutg der Unwirksamk ist aber widerlegl („iZw"). Sie entfällt, wenn eine GesWürdigg aller Umst ergibt, dass die Klausel den Kunden nicht unangem benachteiligt. II Nr 1 knüpft an den von der Rspr entwickelten Grds an, dass den Vorschr des disposit Rechts bei der InhKontr von AGB eine **Ordnungs- und Leitbildfunktion** zukommt (BGH **41**, 154, **54**, 110, **89**, 211). Grdl für die rechtl
26 Prüfg ist aber nicht mehr diese Rspr, sond der Tatbestd des II Nr 1. – **b)** Die in II 1 in Bezug genommene **gesetzliche Regelung** hat sich dch die **Schuldrechtsreform** verändert. Das gilt insbes für das VerjR (§ 202 Rn 7), das LStörgsR (Vorbem 1 ff v § 275) u das KaufR. Im KaufR haben die SonderVorschr über den

VerbrGKauf (§§ 475 ff) aber keine Leitbildfunktion für Vertr zw Untern od Privaten (Westermann JZ **01**, 535, AnwK/Hennrichs Rn 13). Auch Vorschr, die, wie etwa das WahlR des Käufers über die Art der NachErf (§ 439 I) u die Ikea-Klausel (§ 434 II 2), in das allg KaufR eingeordnet worden sind, ihre Grdl aber in der VerbrGK-RL haben, können im unternehmerischen Bereich dch AGB abgeändert werden. Die in den reformierten RGebieten zur InhKontr ergangenen Urt müssen darauf überprüft werden, ob ihr Ergebn auch nach neuem Recht noch zutrifft (Rn 1). II Nr 1 erfaßt alle Ges im mat Sinn, also auch GewohnhR u VO. Unter die Vorschr fallen auch die von Rspr u Lehre dch Analogie u RFortbildg herausgebildeten RGrds (BGH **89**, 211, **100**, 163, **121**, 18) u Regelgen des EG-Rechts (Wo/Ho/Li AGBG 6 Rn 66). Nicht einbezogen ist dagg das zwingde Recht (Staud/Coester AGBG 6 Rn 170, aA BGH **87**, 17, NJW **83**, 1322). Seine Verbindlichk ggü AGB u IndVereinbg ergibt sich bereits aus § 134. II Nr 1 hat ausschließl die Funktion, auch Normen des disposit Rechts einer Änderg dch AGB zu entziehen. – **c) Wesentlicher Grundgedanke** 27
der gesetzl Regelg. Die Rspr unterscheidet zw frei abänderb ZweckmäßigkRegeln einerseits u formularmäß nicht abdingb GerechtigkGeboten ands (BGH **41**, 154, **54**, 110, **89**, 211, **115**, 42). Die Lit kritisiert diese Unterscheidg, verwendet aber eine in der Sache prakt übereinstimmde Abgrenzg. Entscheidd ist danach, ob die abbedungene Norm des disposit Rechts einem wesentl **Schutzbedürfnis** des VertrPart dient (Ul/Br/He AGBG 6 Rn 133, Wo/Ho/Li AGBG 6 Rn 72).

d) Unvereinbarkeit. Nicht jede, sond nur die mit den wesentl GrdGedanken nicht zu vereinbarde 28
Abweichg erfüllt die Voraussetzgen des II Nr 1. Erforderl ist daher, dass in die rechtl geschützten Interessen des VertrPartners in nicht unerhebl Maß eingegriffen w. Bei gesetzl **ausdrücklich zugelassenen Änderungen**, etwa in den neuen §§ 676 ff, ergibt sich aus der Fassg des Ges, dass der formale Umst der Abweichg allein noch nicht eine unangem Benachteiligg indiziert (BT-Drs 14/1301 S 45). Diese muß vielmehr am Maßst des I festgestellt w. Die im RegEntw des ÜberweisgsG vorgesehene Ergänzg des II Nr 1 ist daher vom BTag mit Recht als überflüss nicht übernommen worden (Löwe ZIP **99**, 830).

e) Einzelfälle. Bei **Maklerverträgen** sind gem II Nr 1 alle Klauseln unwirks, die einen erfolgsunabhäng 29
ProvAnspr begründen sollen (BGH **88**, 370, **99**, 382, Mü NJW-RR **97**, 1146), so Hinzuziehgsklauseln (BGH **88**, 371, NJW **85**, 2478), AlleinAuftrKlauseln (BGH **60**, 377, NJW **91**, 1679), VorkenntnKlauseln (BGH NJW **71**, 1135, DB **76**, 1711), Gleichstellg des Erwerbs in der ZwVerst mit dem Abschluß eines KaufVertr (BGH **119**, 32), Fälligk der Prov bei Abschluß des (uU noch schwebd unwirks) KaufVertr (Hamm NJW-RR **96**, 1526), ProvPfl für FolgeGesch (BGH **60**, 243); Klauseln über den Ers von Aufwendgen sind nur zul, soweit sie auf den bei dem konkreten Gesch entstandenen Aufwand abstellen (BGH **99**, 383, Stg NJW-RR **96**, 822). Von den Vorschr u RGrds, die die Rspr zum alten Recht (Rn 26) als wesentl GrdGedanken 30
anerkannt hat, werden folgde auch nach der Reform des SchuldR weiter dch II 1 geschützt: **Allgemeiner Teil:** Vorschr über Willensmängel (BGH NJW **83**, 1671), Zugangsbedürftigk der AnnErkl (Hamm NJW-RR **86**, 928). **Allgemeines Schuldrecht:** § 242 (BGH **83**, 307), Grds über den Wegfall der GeschGrdl, jetzt § 313 (BGH NJW **93**, 2738), Grds der VortAusgl (BGH **54**, 109, Karlsr NJW-RR **88**, 372), § 254 (BGH NJW **87**, 2821, Hbg NJW-RR **89**, 882), haftgsrechtl Verschuldensprinzip (BGH **115**, 42), § 285 (BGH NJW **89**, 1674), Äquivalenzprinzip (BGH NJW **01**, 2635/37), Abhängigk von Leistg u GgLeistg (BGH **82**, 127, **96**, 109, NJW **91**, 1749), auch im Verhältn von DarlFdg u Zins (Brem NJW **91**, 1837, Wilk DB **91**, 1207, str), Kernbereich des § 321 (BGH NJW **85**, 1221), NachFrSetzg in § 326, jetzt §§ 281 u 323 (BGH NJW **87**, 2506), Anrechng der VertrStrafe auf den SchadErsAnspr (BGH **63**, 256, NJW **85**, 56). **Besonderes Schuldrecht.** § 476 a, jetzt 439 II (BGH NJW **96**, 390), § 536, jetzt § 535 I 2 (BGH **108**, 6), § 554, jetzt 543 II 1 Nr 3 (BGH NJW **87**, 2506), KündR aus wicht Grd (BGH NJW **91**, 1829) u aus § 627 (BGH **106**, 627, Kblz NJW **90**, 3153, BB **93**, 2183), § 649 (BGH **92**, 249, ZIP **99**, 1600), AnzeigePfl gem § 777 I (Köln NJW **85**, 2723), § 818 (BGH **102**, 47). Dagg hat die Rspr einen Verstoß gg II Nr 1 **verneint:** Überwälzg der SchönhReparaturen auf den Mieter (BGH **92**, 368), Abbedingg der Rechte aus §§ 776 u 770 (BGH **95**, 357); Abbedingen des § 568, jetzt 545 (Hamm NJW **83**, 826). Weitere Einzelfälle s Rn 68 ff.

4) Wesentliche Rechte und Pflichten, II Nr 2. Verhältnis zu I s Rn 25. – **a) Bedeutung.** Währd nach 31
II Nr 1 die Grdgedanken des disposit Rechts Prüfgsmaßstab sind, stellt II Nr 2 auf die *Natur* des Vertr ab. Er erfaßt damit die Vertr, für die eine gesetzl Regelg im disposit Recht fehlt. Darin erschöpft sich seine Bedeutg aber nicht. II Nr 2 knüpft an die Rspr an, die formularmäß Aushöhlg von KardinalPfl für unzul erklärt hat (BGH **50**, 206, **72**, 208, NJW **73**, 1878). Er erstreckt sich wie diese auch auf die im disposit Recht normierten Vertr (Wo/Ho/Li AGBG 6 Rn 82 f). Er ist insow eine Konkretisierg von II Nr 1. Klauseln, die wesentl Rechte od Pflten in einem den VertrZweck gefährdden Umfang einschränken, verstoßen bei gesetzl normierten Vertr zugl auch gg wesentl GrdGedanken des disposit Rechts. Diesen Sonderfall hat das Ges in II Nr 2 aus prakt Grden tatbestandl verselbständigt. – **b) Natur des Vertrages.** Sie wird dch den Zweck u Inhalt des 32
Vertr bestimmt, bei normierten Vertr zugl dch die wesentl gesetzl Schutznormen. Bei nicht normierten Vertr ist von dem dch die VerkAuffassg geprägten Leitbild des Vertr auszugehen. Die verkehrsübl VertrGestaltg ist aber nur insow maßgebd, als sie mit den GrdWerten der ROrdng übereinstimmt. Soweit einschläg Normen fehlen, muß der Ri auf die vertragstyp GerechtigkErwartgen des redl GeschVerk abstellen u für den VertrTyp ein normatives Leitbild herausarbeiten (Staud/Coester AGBG 9 Rn 204).

c) Geschützte Rechte und Pflichten. Der Begriff wesentl Rechte u Pflten knüpft an den der Kardi- 33
nalPflten (Rn 31) an. Er ist aber weiter u umfaßt auch GestaltgsR. Wesentl Rechte u Pfl sind bei ggs Vertr vor allem die, die zueinand im GgseitigkVerhältn stehen. Erfaßt w aber auch NebenPflten, die für den Schutz des Kunden von grdlegder Bedeutg sind (BGH NJW **85**, 915, Wo/Ho/Li AGBG 9 Rn 89). II Nr 2 betrifft vor allem die Pflten, deren Erf die ordngsmäß Dchführg des Vertr überhaupt erst ermöglicht, auf deren Erf der VertrPart daher vertraut u auch vertrauen darf (BGH **103**, 324, NJW **85**, 3017, NJW-RR **86**, 272, **93**, 561). –
d) Gefährdung des Vertragszwecks. Sie ist neben der Einschränkg auf wesentl Rechte u Pflten ein weiteres 34
TatbestdMerkmal (BGH **103**, 324, NJW **93**, 335). Eine Zweckvereitelg ist nicht erforderl. Außerh des eigentl VertrZweckes liegde Interessen (Obhut über eingebrachte Sachen beim KrankenhausVertr) werden vom Schutz des II Nr 2 nicht erfaßt (BGH NJW **90**, 764). – **e) Einzelfälle. – aa) Freizeichnungsklauseln** 35
(Rn 42 ff). Aus II Nr 2 ergibt sich der Grds, dass bei der Verletzg von **Kardinalpflichten** („wesentl

VertrPflten") die Haftg für (einf) Fahrlk idR nicht ausgeschl werden darf (BGH **89**, 367, **93**, 48, NJW **93**, 335, NJW-RR **93**, 561, stRspr). Unvereinb mit II Nr 2 sind insbes Klauseln, die vertragstyp vorhersehb Schäden von der Haftg ausnehmen (BGH NJW **93**, 335, **01**, 292/302, NJW-RR **01**, 342). Ursprüngl hat die Rspr das Freizeichngsverbot auf die grdlegde Organisation der betriebl Arbeitsabläufe u die Schaffg der wesentl Voraussetzgen für eine ordngsmäß VertrErf beschränkt (BGH **49**, 363, **71**, 228 uö). Später hat sie den Schutz des II Nr 2 auch auf NebenPflten (BGH NJW **85**, 914) u auf AusführgsVerschulden (BGH **89**, 368) erstreckt, zeigt aber gelegentl in der Anwendg des II Nr 2 auch eine Tendenz zur Restriktion (BGH **103**, 316, **108**, 351, NJW **90**, 764, **98**, 1640/42). Die Grenzen des II Nr 2 sind dadch fast **unkalkulierbar** geworden. Im Ergebn ist es so, dass Freizeichngsklauseln für einf Fahrlk auch im Verk zw Untern idR unwirks sind (v Westphalen DB **97**, 1805).

36 **(1)** Die Rspr hat als **unwirksam** angesehen: HaftgsAusschl für Konstruktionsfehler (BGH NJW **71**, 1797); für unsachgem Einfüllen von Heizöl (BGH NJW **71**, 1036); für die grdlegden SorgfPflten eines HafenBetr (BGH NJW-RR **98**, 1426, Köln VersR **99**, 914); für sicherheitstechn Mängel einer Entsorggsanlage (BGH NJW-RR **96**, 783); für grdlegde Mängel der betriebl Organisation (BGH NJW **73**, 2154); für Organisationsverschulden eines Kaufhauses bei der Beaufsichtigg von in Obhut genommenen Kindern (Hbg MDR **98**, 470); für grdlegde Mängel bei der Verlegg von Versorggsleitgen (BGH **71**, 228); für die Fahr- u Ladgstüchtigk im SchiffsR (BGH **49**, 363, **71**, 179, WM **95**, 1059); für die Verpfl des Käufers zur Verschaffg einer mangelfreien Sache (BGH NJW **01**, 292/302), für die HptPfl des WkUntern (Saarbr NJW-RR **95**, 118); für die Pfl des FrachtFü, den Werttransport (Geldbomben) schadensfrei dchzuführen (Mü NJW-RR **94**, 742); für die Organisations- u BewachgsPfl des Parkplatzbetreibers (Köln NJW-RR **94**, 25); für die Eigng des Lagerraums (BGH VersR **79**, 902) u die sachgem Behandlg von Kühlgut (BGH **89**, 363); für die ordngsgem VertrErf bei einem VeredelgsVertr (BGH NJW **85**, 3017); für sorgfält Handeln des Tierarztes (Stgt VersR **92**, 979); für die Pfl der Bank zur ordngsmäß Ausführg des ÜberweisgsAuftr (LG Essen NJW-RR **86**, 139) u zur ordngsmäß Verbuchg (BGH NJW **91**, 2563); für Plangsfehler, wenn der Verwder als Fachfirma Vertrauen in Anspr genommen hat (BGH NJW-RR **86**, 272); für die sachgerechte Beratg dch ein Forschgslabor für Bau- u Werkstoffkunde (BGH NJW **93**, 335); für die Pfl des Verkäufers zur fristgerechten Lieferg (BGH NJW **94**, 1063, Köln NJW-RR **98**, 1275); für die Pfl, die Güter nur an den legitimierten Inh des Konnossements (Lagerscheins) auszuliefern (BGH VersR **74**, 590, Rabe TranspR **87**, 126); für Verzögergen beim Scheckinkasso (BGH NJW-RR **88**, 561); für grdlegde InformationsPflten der Auskunfteien (Ffm BB **84**, 1451), Banken (Oldbg WM **87**, 837) od Reiseveranstalter (BGH NJW **85**, 1165); für Ausk u BeratgsPflten der Anlagevermittler u Banken (BGH NJW-RR **00**, 998, NJW **00**, 3275/76); für die Vermittlgstätigk des Reisebüros (Mü NJW-RR **87**, 494), für die Tätigk des Sachverständigen (Hübner NJW **88**, 443).

37 **(2)** Als **wirksam** hat die Rspr angesehen: Haftgsausschluß für leichte Fahrlk bei der Echtheitsprüfg von Dokumenten (BGH **108**, 351) u bei Verletzg der ObhutsPfl über die vom Patienten ins Krankenhaus eingebrachten Sachen (BGH NJW **90**, 764); eine der AVBEltV entspr Haftgsbeschränkg der Energieversorger ggü Sonderabnehmern (BGH **138**, 118); im kaufm Verkehr den Haftgsausschluß der Werften für grobes
38 Verschulden einf ErfGeh (BGH **103**, 316). Zu Haftgsbegrenzgen Rn 49 ff. – **bb) Weitere Fälle.** Gg II Nr 2 verstößt außerdem: bei ÜberweisgsAuftr der Vorrang der KontenNr vor dem Empfängernamen (Ffm NJW **83**, 1682); die sog Fakultativklausel (BGH NJW **86**, 2429); Auferlegg einer über § 254 hinausgehden SchadMindergPfl (Ffm NJW-RR **86**, 1172); Aushöhlg einer Mieteroption (Hbg NJW **91**, 1489). Weitere Einzelfälle s Rn 68 ff.

39 **5) Verwendung von AGB gegenüber Unternehmern. – a) Allgemeines.** § 307 gilt auch für die Verwendg von AGB ggü Untern, jur Pers des öffR u öffr Sondervermögen. Er ist in diesem Bereich **alleinige Grundlage** der InhKontr, da die Klauselverbote der §§ 308 u 309 nach § 310 I insow unanwendb sind. Sie können aber über § 307 im Verk zw Untern zu beachten sein; dabei ist auf die geltden Gewohnh u Gebräuche
40 angem Rücks zu nehmen (§ 310 I S 2). – **b) Maßstäbe der Inhaltskontrolle.** Auch im Verk zw Untern ist bei der InhKontr nicht auf die Schutzbedürftigk im Einzelfall, sond auf eine überindividuelle – generalisierde Betrachtg abzustellen. Zu berücksichtigen ist, dass der geschäftserfahrene Untern nicht in gleichem Maß schutzbedürft ist wie der Verbr. Besonderh können sich auch daraus ergeben, dass der Untern Gesch der betreffden Art häufiger abschließt. Er ist daher mit den Risiken des Gesch vielf besser vertraut u zu einer entspr Vorsorge in der Lage. Mit dem Ges unvereinb ist aber die Ans (so Ohlendorf-v Hertel, Kontrolle von AGB im kaufm GeschVerk, 1988), dass im Verk zw Untern nur „erhebl" u „offensichtl" Verstöße zu beanstanden seien. Unterschiedl Interessenlagen u GeschErfahrg können zu Untergruppiergen führen, deren jeweil Besonderh angem zu berücksichtigen sind (zB Hersteller, Groß- u Einzelhändler). Bei der Beurteilg etwa von Pauschaliergsklausel od AufrVerboten kann auch das gemeins Interesse an einer raschen Abwicklg des Vertr von Bedeutg sein. Für Handelsbräuche gilt Rn 13 entspr. Sie sind bei der InhKontr zu berücksichtigen, es sei denn, dass sie ausnw gg Treu u Glauben verstoßen, (BGH **91**, 319). Eine InhKontr ist ausgeschl, wenn eine Regelg nicht als AGB, sond gem HGB 346 als Handelsbrauch den VertrInh bestimmt (BGH NJW-RR **87**, 94). Werden AGB ggü Untern u Verbr in identischer Fassg verwandt, kann ihre
41 Verwendg ggü Untern unbedenkl sein, die ggü Verbr aber gg § 307 verstoßen (Rn 8 aE). – **c) Berücksichtigung der §§ 308 und 309.** Die Klauselverbote des § 308 sind idR auf den Verk zw Untern übertragb, weil in ihren Wertgsspielräumen die kaufm Besonderh berücksichtigt w können (MüKo/Basedow AGBG 9 Rn 49, Ul/Br/He AGBG 9 Rn 14, str). Dagg ist bei den Verboten des § 309 eine derart pauschale Lösg nicht mögl; der Verstoß gg § 309 ist aber auch im Verk zw Untern ein Indiz für die Unwirksamk der Klausel (BGH **90**, 278, **103**, 328, NJW **84**, 1750, **96**, 389, str). Zu berücksichtigen ist, dass § 307 II auch im Verk zw Untern gilt. **Verbote des § 309**, die Konkretisiergen des § 307 II Nr 1 u 2 sind, sind daher grdsl auch im Verk zw Untern zu beachten (s BGH **90**, 278). Wg der bes Gegebenh des Verk zw Untern sind aber die Interessen der Beteiligten eigenständ zu beurteilen (s BGH **103**, 326 f). Aus den Verhältn des Verk zw Untern kann sich ergeben, dass RGedanken od Rechte, die bei VerbrGesch wesentl sind, im Verk zw Untern einen and Stellenwert haben. Überdies kann der Verwder dartun, dass im Ergebn keine unangem Benachteiligg des and Teils vorliegt. Handelt es sich um Einzelhändler, die ggü ihren Abnehmern den Verboten des § 309

unterliegen, sind die Voraussetzgen des § 307 eher zu bejahen als bei VertrPartnern, die die ihnen formularmäß angelasteten Risiken ebso formularmäß auf ihre Abnehmer abwälzen können. Vgl im übrigen bei §§ 308 u 309. Dort wird jeweils auch (kurz) zur Anwendg im Verk zw Untern Stellg genommen.

6) Freizeichnungsklauseln. – a) Bei Freizeichngsklausel, die in fast allen AGB einen Regelgsschwerpunkt bilden, sind zu unterscheiden: – **aa) Haftungsausschluß:** Er betrifft den AnsprGrd u hindert die Entstehg des Anspr. Beispiele sind die Abbedingg best Anspr od der Ausschl der Haftg für best Pflten, Schuldarten od Pers. Wird nicht die ErsPfl des Verwders, sond dch Beschränkg des PflUmfangs bereits eine Voraussetzg des Anspr abbedungen, handelt es sich um einen sog verhüllten HaftgsAusschl; für ihn gelten die gleichen WirksamkSchranken wie für eine normale AusschlKlausel (BGH NJW **83**, 1322). – **bb) Haftungsbegrenzung:** Sie beschränkt den Umfang der Haftg u läßt die Entstehg des Anspr dem Grunde nach unberührt. Bsp sind summenmäß Haftgsbeschränkgen, Haftgsbegrenzgen auf Pers- od Sachschäden, Abbedingen der Haftg für entgangenen Gewinn, nicht vorhersehb Schäden od Mangelfolgeschäden. Zur Haftgsbegrenzg gehören auch Klauseln, dch die der Verwder seine Haftg subsidiär ausgestaltet od zeitl beschränkt. – **cc) Gegenstand** der Freizeichng können SchadErsAnspr jeglicher Art sein. Die AnsprGrdl (PflVerletzg, Verzug, Unmöglichk) ist gleichgült. Anspr aus c. i. c. sind idR bereits entstanden, wenn die AGB VertrInh w. Die Freizeichng für c. i. c. enthält daher idR einen Verzicht auf einen entstandenen Anspr u ist schon aus diesem Grd unwirks (Kblz NJW-RR **93**, 1080). **Deliktische Ansprüche** des Verwdgsgegners können ausgeschl oder beschränkt w, soweit für den konkurrierden vertragl Anspr gleichf eine Freizeichng zul ist (BGH NJW **79**, 2148, VersR **85**, 595). Das gilt aber nicht für die in § 651 h I zugelassene Freizeichng für Anspr aus dem ReiseVertr (dort Rn 1). Freizeichngsfest sind delikt Anspr Dr, etwa von Angeh, ArbN, Mietern od Abnehmern. Sie können nur abbedungen werden, soweit sie auf der **Schutzwirkung** des Vertr zw Verwder u Verwdgsgegner beruhen (BGH **56**, 272; § 328 Rn 20). Zur **Auslegung** von Freizeichngsklauseln u ihrer **Wirkung zugunsten Dritter** s § 276 Rn 37.

42 43 44

b) Haftungsausschlußverbote. § 309 Nr 7 verbietet eine Freizeichng für Körperschäden u grobes Verschulden (dort Rn 38). Die Haftg für einf Fahrlk kann gem § 307 in folgden Fällen nicht ausgeschl werden (AGB-Klauselwerke/v Westphalen: Freizeichngsklauseln): – **aa)** wenn eine **Kardinalpflicht** verletzt ist (Rn 35 ff); – **bb)** wenn der Verwder in bes Weise **Vertrauen** für sich in Anspr genommen hat (BGH NJW-RR **86**, 272) od kraft seines Berufes eine **qualifizierte Vertrauensstellung** einnimmt. Bsp sind Ärzte u der TrHänder beim Bauherrnmodell (Celle NJW **86**, 260); für RAnw, StBerater u WirtschPrüfer gelten berufsrechtl Sonderregelgen (Rn 67); – **cc)** soweit der Verwder gesetzl od standesrechtl eine **Haftpflichtversicherung** abschließen muß od eine solche übl ist (Hbg DAR **84**, 260, KG NJW-RR **91**, 699, Kfz-Waschanlage, Staud/Coester AGBG 9 Rn 341). And kann es trotz Üblichk der HaftPflVers liegen, wenn das Risiko typw beim and Teil unter VersSchutz steht (s BGH **33**, 220, **103**, 326, Schiff; Karlsr VersR **71**, 159, Flugzeug; and aber BGH NJW-RR **98**, 1426, Transportgut); – **dd)** wenn der Haftgsausschl aus **sonstigen Gründen** eine unangem Benachteiligg des Verwdgsgegners darstellt. Das kann anzunehmen sein, wenn der VertrGgst dem Verwder anvertraut ist u der Verwdgsgegner keine eig Vorsorgemöglichk hat (Hbg DAR **84**, 260, Kfz-Waschanlage) od wenn es sich um ein allein vom Verwder zu beherrschdes Risiko handelt (BGH NJW **85**, 915, Tankschecksystem). Besteht für WertGgst eine sichere u zumutb Aufbewahrgsmöglk, kann der Krankenhausträger die Haftg für den Verlust nicht hinterlegter Ggst ausschließen (BGH NJW **90**, 763).

45 46 47 48

c) Verbot von Haftungsbegrenzungen. Im Anwendgsbereich des § 309 Nr 7 sind neben Haftgsausschlüssen auch Haftgsbegrenzgen jegl Art unwirks (dort Rn 42). Unbedenkl sind Haftgsbegrenzgen, soweit der Verwder seine Haftg sogar ausschließen könnte od das Ges sie **ausdrücklich zuläßt,** wie in BRAO 51 a I Nr 4, StBerG 67 a, WPO 54 a u PartGG 8 III (Rn 67). Bei den sich aus § 307 ergebden Freizeichngsverboten (Rn 46 ff) sind Haftgsbegrenzg unwirks, soweit sie vertragstyp, vorhersehb Schäden von der Haftg ausnehmen (BGH NJW **93**, 335, **01**, 292/302, NJW-RR **01**, 342). Im übrigen lassen sich nur beschränkt allg Regeln festlegen: – **aa) Nicht vorhersehbare** Schäden können bei vermögensrechtl Gesch von der Haftg ausgenommen w (AGB-Klauselwerke/v Westphalen: Freizeichngsklauseln Rn 74, *arg* CISG 74). – **bb) Summenmäßige Haftungsbegrenzungen** sind zul, wenn sie in einem angem Verhältn zum vertragstyp Schadensrisiko stehen (BGH NJW **93**, 335). Das ist nicht der Fall, wenn in einem Vertr über wertmäß nicht begrenzte SicherhTransporte die Haftgssumme auf 100 000 DM beschränkt ist (Mü NJW-RR **94**, 742). Bei Vermögensschäden dch Versorggsstörgen sind Haftgsbegrenzgen wg der Leitbildfunktion des AVBEltV 6 aber ausnw auch dann hinnehmb, wenn sie das typ Schadensrisiko nicht abdecken (BGH NJW **98**, 1640, 1644). Unwirks sind Regelgen, die als Haftgshöchstsumme ein Mehrfaches des vom Verwendgsgegner zu zahlden Entgelts vorsehen (BGH **77**, 130, Chemischreiniger; **89**, 368, Kaltlagerg). Derartige Regelgen können aber ausnw wirks sein, wenn der Verwder auf die Notwendigk einer Versicherg hinweist u diese zu angem Bdggen anbietet (BGH **77**, 133). – **cc)** Auf die Leistgen der **Betriebshaftpflichtversicherung** kann die Haftg nur begrenzt werden, wenn folgde Voraussetzgen erfüllt sind: (1) Die Deckgssumme muß das vertragstyp Schadensrisiko abdecken. (2) Soweit der Versicherer leistgsfrei ist (Selbstbehalt, Serienschaden, Jahresmaximierg, Risikoausschlüsse usw), muß der Verwder mit eig ErsLeistgen eintreten. (3) Die Regelg muß dem TransparenzErfordern (Rn 16) genügen. Vgl Fuchs BB **92**, 1224, Staud/Coester AGBG 6 Rn 349, str.

49 50 51 52

d) Formulierung. Umfassde Freizeichngsklauseln, die auch die Haftg für grobes Verschulden u Körperschäden ausschließen (§ 309 Nr 7), sind wg des Verbots geltgserhaltder Reduktion im ganzen unwirks (BGH **86**, 297, NJW **99**, 1031, Vorbem 8 v § 307). Entspr gilt, wenn die Freizeichngsklausel die sich aus § 307 ergebden WirksamkSchranken (Rn 45 ff) nicht berücksichtigt (BGH **93**, 48, NJW **91**, 2563, **93**, 335, NJW-RR **98**, 1426).

53

7) Schranken der Inhaltskontrolle, III. – a) Allgemeines. – aa) Bedeutung. AGB, die den LeistgsInh od das zu zahlde Entgelt festlegen, müssen von einer Anwendg der InhKontrollr ausgenommen w, da die §§ 307 ff eine gerichtl Überwachg von Leistgsangeboten u Preisen nicht ermöglichen wollen u (aus verfassgsrechtl Grden) wohl auch nicht dürfen. Die richterl Kontr von AGB muß außerdem dort ihre Grenze finden, wo AGB ledigl den Inh der einschläg gesetzl Vorschr wiederholen. III, der AGBG 8 ersetzt, beschr die InhKontr daher auf Klauseln, die von RVorschr abweichen od diese ergänzde Regelgen enthalten. Bei

54

Klauseln, die der InhKontr entzogen sind, bleibt jedoch der Schutz der §§ 305 II, 305 b u 305c I. –
55 **bb)** Verstöße gg das **Transparenzgebot** begründen unter den Voraussetzgen der Rn 16 ff auch bei Klauseln Unwirksamk, die das Preis/Leistgsverhältn betreffen. Das stellt III 2 dch seinen Verweis auf I 1 u 2 jetzt ausdrückl klar (Rn 20). III soll nach seinem Zweck nur die AngemhKontrolle, nicht aber eine Verständlichk- u Transparenzprüfg ausschließen (Celle NJW-RR **95**, 1133, Hamm NJW-RR **00**, 763, Köln ZIP **00**, 1836,
56 MüKo/Basedow AGBG 9 Rn 20, Wo/Ho/Li AGBG § 9 AGBG Rn 143). – **cc)** Die **EG-RL 93/13** enthält in Art 4 II eine ParallelVorschr zu III. Es ist überwiegd wahrscheinl, dass diese Vorschr den Bereich der kontrollfäh Klauseln ggü der dtschen GerPraxis *nicht* ausweitet. Dch Vorlage an den EuGH sollte aber vorsorgl geklärt w, ob die Pfl zur richtlinienkonformen Auslegg bei VerbrVertr zur Änderg der bisher Rspr zwingt (Ulmer BB **98**, 1864, Brandner MDR **99**, 6 gg BGH NJW-RR **98**, 1661, zur Entgeltsklausel für die Ausstellung eines neuen Sparkassenbuch, vgl auch niederländ Hoge Raad EuZP **99**, 732).

57 **b) Leistungsbeschreibungen,** die Art, Güte u Umfang der Hauptleistg unmittelb festlegen, sind einer InhKontr entzogen (BGH **100**, 173, NJW **93**, 2369, **01**, 2014). – **aa) Beispiele** sind Baubeschreibgen, Kataloge, Prospekte, ZuteilgsBdggen der Bausparkasse, Festlegg des Umfangs der WartgsLeistg (Mü BB **90**, Beil 10 S 9), Recht des Krankenhausträgers, eine vom Patienten gewünschte Wahlleistg abzulehnen (BGH NJW **90**, 761), VOB/C, DIN- u and techn Normen, and aber, soweit sie AbrechngsVorschr enthalten (Vogel/Vogel BauR **00**, 345). **Garantieregelungen,** dch die der Verwder Pflten übernimmt, die über das disposit Recht hinausgehen, unterliegen grdsl nicht der InhKontr (Nürnbg NJW **97**, 2186); sie sind aber kontrollfäh, wenn sie den Eindruck erwecken, unabhäng von der Garantie bestehde vertragl Rechte des Kunden würden eingeschränkt (BGH **104**, 82) od soweit sie Beschränkgen des Garantieumfangs vorsehen, die mit den berecht Erwartgen des Verbr unvereinb sind (BGH NJW-RR **91**, 1013, vgl jetzt § 443). Klauseln, die das HauptleistgsVerspr einschränken, verändern, ausgestalten od aushöhlen, unterliegen der InhKontr (BGH **100**, 173, NJW **01**, 2014, 2635), so zB die Regelg, nach der beim Online-Banking für zeitweil Unterbrechgen des Zugangs zum Online-Service nicht gehaftet wird (BGH NJW **01**, 751). Kontrollfäh sind auch **Laufzeitregelungen** (BGH **127**, 41, NJW **97**, 1849), sowie SichgZweckErkl bei Bürgsch (BGH **130**, 31, **132**, 9 gg die fr Rspr) u bei SchuldMitÜbern (BGH NJW **96**, 249), nicht aber bei GrdSch (BGH NJW **97**,
58 2677, Schmitz-Valckenberg DNotZ **98**, 581). – **bb) AVB. Risikobeschreibungen** sind nicht kontrollfäh, soweit sie den Typ des VersVertr konstituieren u den Kernbereich des versicherten Risikos festlegen (Hbg VersR **98**, 627, Kieninger VersR **98**, 1071, aA Schünemann VersR **00**, 144). Sie unterliegen dagg der InhKontr, wenn sie das DeckgsVerspr einschränken, verändern, ausgestalten od modifizieren (BGH **120**, 223, **127**, 35/41, NJW **99**, 2279, **01**, 2014). Das trifft zu in der KrankenVers für die WissenschKlausel (BGH **123**, 83), in der ReisekrankenVers für den Deckgsausschluß für „akut behandlgsbedürftige“ Krankh (BGH NJW **93**, 1134), für Schwangersch u Erkrankgen im „Heimatland“ des Ausl (BGH NJW **01**, 1132), in der privaten ArbLosenVers für die Abgrenzg des Begriffs „unfreiwillige ArbLosigk“ (BGH NJW **99**, 2279) u in der TransportVers für die DTV-Maschinenklausel (BGH **120**, 223). Zu den in der LebensVers kontrollfäh Klauseln vgl BGH NJW **01**, 2014.

59 **c) Preisvereinbarungen** unterliegen nicht der InhKontr, soweit sie Art und Umfang der Vergütg **unmittelb**ar regeln (BGH **106**, 46, **116**, 119, NJW **99**, 864). Auch die von der TrHand wg Fehlens eines funktionsfäh Marktes in PrivatisiergsVertr aufgenommenen Nachbewertgsklauseln sind als PrHauptabrede einer InhKontr entzogen (BGH NJW **01**, 2399, aA Kiethe VIZ **01**, 345). Besteht eine gesetzl Vergütgsregelg (zB HOAI, GOÄ, BRAO), sind ausnw auch Abreden kontrollfäh, die unmittelb die Höhe der Vergütg festlegen (BGH **81**, 232, **115**, 395, NJW **98**, 1786/89, 3567).

60 **d) Preisnebenabreden.** Der InhKontr unterworfen sind Abreden, vom BGH häuf, aber nicht immer PrNebenabreden genannt, die sich zwar **mittelbar** auf den Preis auswirken, an deren Stelle aber bei Fehlen einer wirks vertragl Regelg disposit GesR treten kann (BGH **106**, 46, **124**, 256). Kontrollfähig sind daher: FälligkKlauseln (BGH **81**, 242), Vorleistgsklauseln (Düss NJW-RR **95**, 1015), Wertstellgsklauseln (BGB **106**, 263), Tilggsverrechngsklauseln (BGH **106**, 46), Klauseln über Zusatzboni (BGH NJW **94**, 1064) od Rabatte (Kblz DB **88**, 1692), Überwälzg von Reparaturkosten auf den Mieter (BGH **108**, 4), PrBerechngsklauseln, wonach Zahlgen nach Maßg eines fiktiven Verbrauchs zu leisten sind (BGH **93**, 358), PrÄndergsklauseln (BGH **93**, 255, NJW **94**, 1062, *arg* § 309 Nr 1), Klauseln über die Bestimmg des Entgelts dch eine VertrPart od Dr (BGH **81**, 236, **82**, 26, Stgt NJW **80**, 1584), Klauseln über Nutzgszinsen in einem UnternKaufVertr (BGH NJW-RR **00**, 1075), über VerzZinsen (*arg* § 309 Nr 5) u über die Verzinsg von RückzahlgsAnspr (BGH NJW **93**, 1129 läßt offen).

61 **e) Entgelte für Neben- oder Zusatzleistungen. – aa)** Klauseln über Entgelte für Neben- od Zusatzleistgen unterliegen **grundsätzlich keiner Inhaltskontrolle**. Dies gilt etwa für Entgeltsfestsetzgen für die Anfahrt (BGH **116**, 119), die Gestellg eines Gerätewagens (BGH NJW-RR **93**, 431), bei einem Bauvorhaben für den Verbrauch von Strom u Wasser (BGH NJW **99**, 3260) od den Abschluß einer Bauwesenversicherg (BGH ZIP **00**, 1730), den Abschluß eines VertriebsVertr (BGH NJW-RR **93**, 375), die Inanspruchn der Geldautomaten der Banken (BGH NJW **96**, 2032), den AuslEinsatz einer Kreditkarte (BGH **137**, 27), das Ausstellen eines neuen Sparbuchs (BGH NJW-RR **98**, 1661), die Klärg von Kontenbeweggen (LG Flensbg WM **98**, 1721), die Festsetzg einer Wildschadenspauschale im Vertr über die Erteilg einer JagdErlaubn (BGH NJW-RR **99**, 125, **01**, 343, Zweibr NJW-RR **00**, 137), sog „Endschaftsbestimmgen“ in einem Konzessions-Vertr, die für die Übertragg des Versorggsnetzes ein Entgelt festlegen (BGH NJW **00**, 577), die Einbeziehg des Aufn- u Entlassgstags in einen Pflegekostentarif (BGH NJW **99**, 864).

62 **bb)** Wird für eine Leistg eine EntgeltsPfl begründet, **die nach allgemeinen Rechtsgrundsätzen unentgeltlich** zu erbringen ist, unterliegt die Klausel einer InhKontr (BGH **124**, 254, **141**, 380, krit zu diesem Ansatz Canaris AcP **200**, 273/327, Meder NJW **96**, 1849, Joost ZIP **96**, 1685, Stoffels JZ **01**, 843). Kontrollfäh sind daher: Entgeltsregelgen für die Erteilg von Löschgsbewilligen (BGH **114**, 333, Köln BB **01**, 2078, Abw von § 369), für Ein- u Auszahlgen am Bankschalter (BGH **124**, 254, Abw von § 362), Postenpreisklauseln für Girokonten, die auch für Ein- u Auszahlgen am Bankschalter gelten (BGH **133**, 10), PrRegelgen für die Bearbeitg von FreistellgsAuftr u von Pfändgs- u ÜberweisgsBeschl, da die Bank hier keine Dienstleistg

für den Kunden erbringt, sond im eig Interesse zur Erf einer gesetzl Verpfl tät wird (BGH **136**, 261, **138**, 380, **141**, 380). Auch die Begründg einer EntgeltsPfl für Nachforschgen der Bank, die zu hohe Entgelte vereinnahmt hat, unterliegt der InhKontr (Schlesw NJW-RR **01**, 1270, Abweichg von § 249). Wird die Einlösg von Schecks, die Ausführg von Überweisgen, DauerAuftr od LastschriftAuftr abgelehnt, handelt die Bank im eig Interesse; eine solche Tätigk kann nach Ansicht des BGH nach den Grds des GeschBesorggsR nicht Grdl einer Entgeltsfestsetzg sein (BGH NJW **98**, 308, 456). Auch für die Benachrichtigg des Kunden kann nach Ansicht des BGH kein Entgelt festgesetzt werden, da sie in Erf einer gesetzl Pfl erfolge u Aufwendgen für die Erf gesetzl Pflten nicht auf den Kunden abgewälzt werden dürften (BGH NJW **01**, 1419). Der immer wieder vorgetragene Hinw, diese Rspr verlagere Kosten vom Verursacher auf die Mehrh der sorgf handelnden Bankkunden, beeindruckt den BGH nicht.

f) Mit normativen Regelungen übereinstimmende AGB („deklaratorische Klauseln") unterliegen 63
nach III nicht der InhKontr (BGH NJW 91, 1754), so TarifÄndKlauseln, die mit der gesetzl Regelg übereinstimmen (BGH NZV **01**, 207). Die InhKontr wäre leerlaufd, weil an die Stelle der unwirks Klausel gem § 306 die inhaltsgleichen gesetzl Vorschr treten würden. – **aa) Rechtsvorschriften** iSd III sind alle Ges im mat 64
Sinne, also auch VO, Satzgen, TarifVertr u BetrVereinbgen (*arg* § 310 IV). Erfaßt werden auch ungeschriebene RGrds u RichterR (BGH **121**, 18). Auch eine ministerielle ArbAnweisg, die die Funktion einer VO hat, kann iSd § 307 III einer RVorschr gleichstehen (BGH VIZ **99**, 237, Anweisg zu DM-BilanzG 16 II). Zul ist die InhKontr, wenn die korrespondierde gesetzl Vorschr unwirks ist (BGH NJW **88**, 2951). – **bb) Ein** 65
Abweichen liegt vor, wenn der Regelgsgehalt der AGB mit dem Inh der einschläg RVorschr nicht übereinstimmt (Zoller BB **87**, 421). Werden dch AGB die für einen and VertrTyp od eine and Fallgestaltg geltden gesetzl Vorschr für anwendb erklärt, so besteht keine Regelgsidentität. Bsp: Sachmängelhaftg nach KaufR bei WkVertr (BGH **65**, 359), Anwendg des § 367 auf pro rata mitgetilgte Kreditgebühren (BGH **91**, 57). Klauseln in EinkaufsBdggen, die den EigtVorbeh ausschließen, betreffen eine Frage, die das Ges der privatautonomen Gestaltg überläßt, für sie gelten daher die §§ 307 ff (BGH **78**, 307). – **cc) Rechtsergänzende AGB.** AGB 66
die im Vollzug eines ergänzgsbedürft Ges den gesetzl vorgegebenen Rahmen ausfüllen, unterliegen der InhKontr (BGH NJW **01**, 2012, 2014: LebensVers). Das gilt ebso für AGB, die von einer gesetzl Ermächtigg zur Abweichg von einer gesetzl GrdRegel Gebr machen (BGH **100**, 179, **106**, 45, vgl aber oben Rn 28). Bsp: VVG 6, 40 II 3, 89 II, aber auch §§ 276 III, 278 S 2, HypBkG 20 II. Die InhKontr ist ausnw ausgeschl, wenn 67
die zGrde liegde gesetzl Vorschr nach ihrem Sinn u Zweck als **Erlaubnisnorm** gewertet w muß (Wo/Ho/Li AGBG 8 Rn 27). Das trifft zu auf die Haftgsregelgen in BRAO 51 a, StBerG 67 a u WPO 54 a, die auch mit der EG-Richtlinie 93/13 vereinbar sind (Reiff AnwBl **97**, 3, Stobbe AnwBl **97**, 16, in der Tendenz wohl auch BGH NJW **98**, 1864/66), aber wohl nicht für HGB 449 II 2 Nr 1 (Ramming VersR **99**, 1177/1184).

8) Einzelne Klauselwerke, einzelne Klausel- und Vertragstypen. Die nachfolgde ZusStellg faßt ohne 68
Anspr auf Vollständigk Rspr u Literatur zur InhKontr für best AGB, best Klausel- u VertrTypen zusammen, berücksichtigt aber nicht die in §§ 308, 309 enthaltenen Klauselverbote. Vgl auch v Westphalen, AGB-Klauselwerke, Stand April 2001 u die Jahresberichte in der NJW, zuletzt NJW **01**, Beil zu Heft 43. – **a)** Der in 69
einer **Abfindungsvereinbarung** enthaltene formularmäß Verzicht eines HIV infizierten Bluters auf Anspr gg Dr verstößt nicht gg § 307 (LG Heidelbg u Konstanz VersR **95**, 575 ff). – Ein formularmäß **abstraktes Schuldanerkenntnis** verstößt nicht gg § 309 Nr 12 (s dort). Es ist, wenn, wie bei der Gewährg von Bankkrediten, ein berecht Interesse vorliegt, auch mit § 307 vereinb (BGH **99**, 282). – **Abtretungsklauseln** s Rn 126 LohnAbtr. – **Abtretungsverbote** in AGB sind wg des berecht Interesses des Verwders an der Vereinfachg der VertrAbwicklg grdsl wirks (s § 399 Rn 10). Auch die Begründg einer Pfl zur Anzeige der Abtr ist mit § 307 vereinb (Hamm VersR **97**, 729). – **Abwehrklauseln** („Für den Vertr gelten ausschließl 70
unsere AGB; and Bdggen werden nicht VertrInh, auch wenn wir ihnen nicht ausdr widersprechen"). Sie sind zul u verhindern im kaufm Verk die Einbez der gegnerischen AGB (BGH NJW **85**, 1839, **91**, 1606, NJW-RR **01**, 484); sie setzen sich aber nicht gg den einf EigtVorbeh des and Teils dch (§ 305 Rn 56). – **ADSp.** Sie 71
sind in Anpassg an das neue TransportR (HGB 407 ff) für Vertr ab 1. 7. 98 neugefaßt worden u gelten nur für Vertr mit Untern. Vgl zur nF, die den Ergebn der Rspr Rechng trägt u allenfalls marginalen Bedenken ausgesetzt ist Wo/Ho/Li AGBG A 54 ff u Heuer TranspR **98**, 333. Zur ADSp 1978 s 58. Aufl. **Anpas-** 72
sungsklauseln: Vgl § 305 Rn 48 – **Anzahlungsklauseln:** Der Verwder kann aufgrd der auch für ihn geltden AbschlußFreih den VertrSchluß von einer Anzahlg abhäng machen; eine InhKontr findet insow nicht statt (Teichmann JZ **85**, 321). Wenn die Anzahlg aufgrd des Vertr zu leisten ist, ist die Klausel dagg nur im Rahmen des § 307 wirks (s § 309 Rn 13).

Anzeigenverträge. Unwirks sind: Klausel, dass der Verlag die aGrd von Chiffreanzeigen eingegangene 73
Angebote öffnen u Werbg von der Weiterleitg ausschließen darf (BGH NJW **92**, 1451). Auftr, die für 1 Jahr vereinb worden sind, können nicht formularmäß bei nicht rechtzeit Künd verlängert w (BGH NJW **89**, 2255). Zu mehr als 10 weiteren unwirks Klauseln vgl AG Köpenick NJW **96**, 1005. – **Arbeitskampfklauseln.** Leistgsstörgen dch einen rechtmäß ArbKampf hat der Schu grdsl nicht zu vertreten (§ 278 Rn 8). Entspr Freizeichngsklauseln bestätigen daher nur die ohnehin bestehde RLage. Soweit eine Haftg in Frage kommt (rechtsw ArbKampf; Übern-, Vorsorge- od Abwendgsverschulden), kann sich der Verwder freizeichnen, sofern er die Schranken des § 309 Nr 7 b beachtet (AGB-Klauselwerke/v Westphalen VertrR Rn 15). Den Grds des § 326, dass mit der LeistgsPfl des Verwders zugl die EntgeltsPfl des and Teils entfällt, kann der Verwder nicht abbedingen (Schmidt NJW **79**, 15, 19, Zeitgsabonnement). Als vorübergehde Leistgsstörg rechtfertigt der ArbKampf idR kein RücktrR des Verwders, § 308 Nr 3 (BGH NJW **85**, 857).

Architektenverträge. Der EAV 93 (BAnz 94 Nr 152) enthält ebso wie seine Vorgänger eine Reihe von 74
Vorschr, die gg die §§ 307 ff verstoßen (Mundorf DWW **99**, 5), so vor allem die auch für die Verletzg von KardinalPflten geltde Haftgsbeschränkg auf grobes Verschulden, die Reduzierg des Pfltenprogramms des Arch, die Regelg des VerjBeginns u die 40%-Klausel für den Fall der vorzeit Künd (Wo/Ho/Li AGBG § 23 Rn 309 ff; Ul/Br/He AGBG § 11 Anh Rn 110 ff). Die BArchKammer hat daher die Anmeldg des EAV 93 als Konditionenempfehlg zurückgenommen. Vom AuftrG vorformulierte AGB, die zum Nachteil des Arch von der HOAI abweichen, sind unwirks (BGH **81**, 232). – **Ärzte.** Unwirks: Überschreitg des Honorarrahmens der GOÄ od GOZ (BGH **115**, 395), insbes, wenn nur ein abw Rahmen bestimmt u dem Arzt die

Festsetzg des Honorars überlassen wird (BGH NJW **98**, 1786/89), and wenn möglw der Kunde den Multiplikator selbst bestimmt hat (LG Düss NJW-RR **99**, 1046). Wirks ist die formularmäß Verpfl zur Zahlg eines Honorars für einen fest vereinbarten, vom Patienten aber nicht eingehaltenen Termin (AG Brem NJW-RR **96**, 819). Vgl auch Rn 121 „KrankenhausVertr". – **Aufrechnungsverbote** s § 309 Nr 3.

75 **Automatenaufstellverträge:** Wirks sind: längere Laufzeit, uU bis zu 10 Jahren (BGH NJW **83**, 161, **85**, 55), ohne DarlGewährg aber nur bis zu 3 Jahren (AGB-Klauselwerke/v Westphalen Rn 9); Ausschließlichk-Bindg (Ul/Br/He AGBG § 11 Anh Rn 141); AustauschR (BGH NJW **85**, 55). Unwirks: NachfKlausel, nach der der Gastwirt für den Eintritt eines RNachfolgers in den Vertr zu sorgen hat, falls sie auch für den Fall einer unverschuldeten BetrAufg gilt (BGH NJW **83**, 160, **85**, 54) od die Mithaftg des fr BetrInhabers vorsieht (BGH NJW **85**, 54); die Befugn, die Rechte u Pflten aus dem Vertr ohne Zustimmg des Wirts auf einen Dr zu übertragen (BGH NJW **85**, 54, 56); Erweitergsklauseln (BGH NJW **82**, 1693, **83**, 160); KündFr von 2 Jahren (BGH aaO); Fiktion, dass die Aufstellg eines neuen Geräts auf Wunsch des Wirts hins der Laufzeit als Neuabschluß gilt (BGH NJW **85**, 55); Rentabilitäts- u Abräumklauseln (BGH aaO); Überwälzg der Instandsetzgskosten auf den Wirt (BGH NJW **83**, 162); Abwälzg der KaskoVersPfl auf den Gastwirt (Brschw VersR **90**, 426); Einnahmegarantie des Wirts (Hbg NJW **83**, 1502); Schadenspauschale von 70% des Bruttoerlöses (BGH NJW **83**, 159); überhöhte od schuldunabhäng VertrStrafe (BGH NJW-RR **90**, 1077, Celle NJW-RR
76 **88**, 947). – **Autowaschanlagen:** Ein Vorsatz u grobe Fahrlässigk mitumfassder HaftgsAusschl ist gem § 309 Nr 7b im ganzen unwirks (Düss BB **80**, 388, § 309 Rn 44). Aber auch bei leichter Fahrlk ist ein völliger Haftgsausschl gem § 307 II Nr 2 unzul (Staud/Coester AGBG 9 Rn 320), ebso ein auf Lackschäden, Scheibenwischer od ähnl Einrichtgen beschränkte Freizeichng (Hbg DAR **84**, 422, KG NJW-RR **91**, 699, LG Bayreuth NJW **82**, 1766, LG Essen NJW-RR **87**, 949, LG Mü DAR **87**, 386, Padeck VersR **89**, 552, str, aA Karlsr NJW-RR **86**, 153, differenzierd Bambg NJW **84**, 929). Unwirks ist auch der Haftgsausschluß bei unterl Schadensmeldg (KG u AGB-Klauselwerke/v Westphalen Rn 7).

77 **b)** Die AGB der **Banken** sind zuletzt zum 1. 1. 00 neugefaßt worden (Text WM **00**, 95). Die nF berücksichtigt die Änd des ÜberweisgsG, hält aber iü an der ab 1. 1. 93 geltden, im Einvernehmen mit den Sparkassen erlassenen kundenfreundl u übersichtl Fassg fest. Vgl Horn (Hrsg), ABG-Banken, 1993. Gößmann/Wagner/Wieduwilt/Weber, AGB-Banken, 1993. Wo/Ho/Li AGBG § 23 Rn 620–792. AGB-Klauselwerke/v Westphalen: Banken- u Sparkassen-AGB. Nach beiden AGB haften die Kreditinstitute – vorbehaltl der für einz GeschBereiche geltden SonderBdggen – auch für einf Fahrlässigk (Banken Nr 3, Sparkassen Nr 17). Die Banken-AGB begegnen auch iü kaum Bedenken. Die Klausel über Entgelte u Zinsen berücksichtigt die von der Rspr entwickelten RGrds (BGH **118**, 126, Düss NJW **91**, 2429), u auch die KündRegelg in Banken-AGB 19 ist wirks (Köln ZIP **00**, 2159). Die Sparkassen-AGB, deutl weniger kundenfreundl als die der Banken, enthalten dagg weiterhin unwirks od zumindest bedenkl Klauseln, so die Substitutionsklausel, Nr 17 II, die Abwälzg der Nachteile aus einer nicht erkennb GeschUnfähigk des Vertreters des Kunden, Nr 4 II u die KündRegelg des Nr 17 II (v Westphalen aaO). Wirks ist dagg Nr 5, nach der die Bank nach dem Tod des Kunden auf die Vorlage eines Erbscheins verzichten u unter best Voraussetzgen (Vorlage des Test u der Niederschrift über die EröffngsVerhdlg) Vfgen eines Erbprätendenten als gült behandeln darf (Celle NJW **98**, 82).

78 Aus der Rspr zu **Sonderbedingungen** (ja = unwirks, nein = wirks): – **aa) Giroverkehr.** Wertstellg einen Tag nach Einzahlg, ja (BGH **106**, 264), einen ArbTag nach Überweisg, ja (BGH **135**, 316), u zwar auch im kaufm Verkehr (BGH NJW **97**, 3168), drei od fünf ArbTage nach Buchg bei DM- od Fremdwährgsschecks auf and Banken, nein (BGH aaO). Ausschluß des WiderrufsR bei Überweisgen, ja (BGH NJW **84**, 2816). Fakultativklauseln bei Überweisgen, ja (BGH **98**, 29). Vorrang der KontenNr vor dem Empfängernamen, ja im beleggebundenen ÜberweisgsVerk (BGH **108**, 391, NJW **91**, 2308), nein im beleglosen (FinG BaWü
79 WM **93**, 1282). – **bb) Kreditverträge.** NichtAbnEntsch, nein (BGH NJW **85**, 1832, **90**, 981), jedoch erst nach Abmahng (Köln ZIP **99**, 355) u nur in den Grenzen von § 309 Nr 5 (s dort). Freies KündR der Banken, ja (Köln ZIP **00**, 2159), aber uU nein bei Kontokorrentkredit (Köln WM **99**, 100). Verpfl, das Gehaltskonto bei der kreditgebden Bank zu führen, ja (Hbg WM **96**, 105). Belastg mit Bearbeitgsgebühren od Schätzkosten bei Nichtzustandekommen eines Vertr, ja (Celle VersR **84**, 68, LG Stgt DB **91**, 1323). Klausel, dass die Zahlg an einen TrHänder auf Gefahr des DarlN erfolgt u iF des Verlusts seine RückzahlgsPfl begründet, ja (BGH NJW **98**, 3200). Vgl auch zu GrdPfdR Rn 108 u zu ZinsÄndklauseln § 309 Rn 10. –
80 **cc) ec-Bedingungen.** Die Banken haben ihre ec-Bdggen wg der Einführg der Geldkarte zum 1. 10. 96 neugefaßt (s AGB-Klauselwerke/Pfeiffer: ec-Bdggen, Gößmann WM **98**, 1264). Nach der neuen Haftgsregelg hat der Kunde, der einen Mißbr leicht fahrl ermöglicht, höchstens 10% des Schadens zu tragen, nur bei grober Fahrlk haftet er voll. Die Regelg, auch die Verpfl zur Geheimhaltg der PIN u zur unverzügl Anzeige des Kartenverlustes, hält der InhKontr stand (LG Köln NJW-RR **01**, 1340). Grobe Fahrlk liegt nicht vor, wenn der Kunde seine ec-Karte u die zugehörige PIN in unterschiedl Räumen seiner Wo verwahrt (BGH NJW **00**, 286, Ffm NJW-RR **01**, 1341). In zwei Fällen soll der Kunde entsprechd dem Gedanken der Risikobeherrschg schuldunabhäng zum SchadErs verpflichtet sein, bei nicht garantierten Schecks im kaufm Bereich (Wand ZIP **96**, 214) u bei mißbräuchl Verwendg der Geldkarte (Pfeiffer NJW **97**, 1039). Da der BGH die in den ScheckBdggen 1989 vorgesehene schuldunabhäng Haftg auch für den kaufm Verk verworfen hat (BGH **135**, 116, VersR **98**, 368), sind beide Regelgen wohl kaum zu halten, wenn auch bei Geldkarten ihr „Guthaben-Charakter" möglw eine Überwälzg des Verlustrisikos rechtfertigen könnte (s Pfeiffer aaO, aA Schön AcP **198**, 428). Nach den ec-Bdggen der Sparkassen (Text ZIP **95**, 252) muß der Kunde den Schaden aus der mißbräuchl Verwendg von Karte u Vordrucken allein tragen, wenn beide gemeins in einem Kfz aufbewahrt wurden, iü bleibt es bei dem Grds, dass die Sparkasse bei einem Verlust von Karte u Vordrucken Schäden bis zu einem Betrag von 6000 DM übernimmt (Harbeke ZIP **95**, 250). Die im Vergl mit den AGB der Sparkassen kundenfreundlicheren Haftgsregelgen der Postbank sind wirks (LG Köln WM **01**, 853). Wirks ist auch die Klausel, dass die Inkassobank die VorbehGutschrift rückgäng machen darf, wenn sie den Betrag nicht erhält (BGH **135**, 307). Unwirks sind dagg: Haftgsausschluß für Verzögergen beim Scheckeinzug (BGH NJW-RR **88**, 561). Abbedingen der Pfl zur Beachtg einer Schecksperre (BGH **104**, 380). Einschränkgen der
81 Verpfl, die Echtheit des Schecks zu überprüfen (LG Ffm NJW-RR **97**, 941). – **dd) Onlinebanking.** Die Klausel, dass die Bank für Unterbrechngen u Beschränkgen des Zugangs zum Onlineservice auch bei grobem

Verschulden nicht haftet, ist unwirks (BGH ZIP **01**, 152), ebso die AGB, dass die Bank dem Kunden den Zugang zum Online-Service jederzeit sperren darf (Köln ZIP 00, 2017). – **ee) Vergütungsregelungen** (vgl 82
Rn 62). Für die Erteilg einer Löschgsbewilligg darf die Bank kein Entgelt fordern (BGH **114**, 333), auch nicht für Ein- u Auszahlgen am Bankschalter, da der Bankkunde bei Ein- u die Bank bei Auszahlgen eine Geldschuld dch Barzahlg erfüllt u für die Erf einer Schuld weder der Gläub noch der Schu die Zahlg eines zusätzl Entgelts verlangen kann (BGH **124**, 254). Postenpreisklauseln, die auch Einzahlgen am Bankschalter erfassen, sind wirks, wenn dem Kunden zur pauschalierten Freistellg der Barzahlgen 5 Freiposten je Mo gewährt w (BGH **133**, 10). Für Abhebgen per Automat kann die Bank ein Entgelt festsetzen (BGH NJW **96**, 2032), ebso für Währgsumrechngen (BGH **137**, 27), die Erteilg von BankAusk an Dr (Nürnbg NJW-RR **97**, 302), die Ausstellg neuer Sparbücher (BGH NJW-RR **98**, 1661) od neuer Kreditkarten; nach Celle (BB **00**, 2384) muß aber ausdr klargestellt werden, dass die EntgelPfl nicht besteht, wenn die Bank den Verlust verschuldet hat. Unwirks sind dagg: Entgeltsfestsetzgen für die Bearbeitg von FreistellgsAntr (BGH **136**, 261, BVerfG NJW **00**, 3635), von Pfändgen (BGH **141**, 380, NJW **00**, 651, aA Brehm/Kleinheisterkamp JZ **00**, 59), von Verpfändgsanzeigen (Nürnbg NJW-RR **97**, 302), für die Bearbeitg von Beanstandgen (LG Köln WM **01**, 505), für Auskünfte über unrechtmäß vereinnahmte Entgelte (Schlesw NJW-RR **01**, 1270, Krüger ZIP **00**, 1196) u für die Nichtausführg von Überweisgen, DauerAuftr u Lastschriften mangels Deckg (BGH **137**, 43, krit Rohe NJW **98**, 1284, Canaris AcP **200**, 273). Auch für die *Benachrichtigg* über die Nichteinlösg darf die Bank nach Ansicht des BGH kein Entgelt festsetzen, soweit eine *RPfl* zur Information des Kunden besteht (BGH NJW **01**, 1419, aA Düss BB **00**, 2065, LG Düss ZIP **99**, 1796, AG Buxtehude, Haßfurt, Aue, Lennestadt, Erfurt u Mü WM **99**, 270 ff, 640 f, 2256, **00**, 355). Eine solche Pfl bejaht der BGH (aaO) ausdr nur für das EinzugsErmächtiggsVerf; er wird sie aber, soweit erforderl, auch für alle and Fälle mangelnder Deckg konstruieren. – **ff) Sonstiges.** Unwirks: die in den AGB von Direktbanken vorgesehene Freistellg von 83
allen Verpfl zur Beratg (LG Köln ZIP **97**, 1328), Erweiterg der Substitutionsregel des § 664 (LG Köln WM **00**, 720), formularmäß Gestattg der Datenweitergabe u der Telefonwerbg dch Kooperationspartner der Bank (BGH NJW **99**, 1864, vgl auch BGH NJW **00**, 2677).

Baubetreuer ist, wer gewerbsmäß Bauvorhaben im fremden Namen u für fremde Rechng wirtschaftl 84
vorbereitet od dchführt (BGH NJW **81**, 757, § 675 Rn 15). Auch wenn ein FestPr vereinbart worden ist, ist die dem Betreuer ohne eine summenmäß Begrenzg erteilte Vollm wirks (BGH **67**, 336, **76**, 94, Mü NJW **84**, 63). Unwirks sind dagg: Abweichgen von der MaBV (BGH NJW **01**, 818); Beschrkg der Haftg auf nachweisl schuldh verursachte Schäden (BGH NJW-RR **90**, 856); mit § 309 Nr 8 b ff unvereinb Abkürzgen der VerjFr (s dort). Weitere **unwirksame** Klauseln: ÄndergsVorbeh, die über den Rahmen des § 308 Nr 4 hinausgehen; 85
höhere Pauschalen für den Anspr aus § 649 als 5%, soweit die Künd vor dem Beginn der Betreuungstätigk erfolgt (Ul/Br/He AGBG § 11 Anh Rn 192); Verpflichtg zur Zahlg einer Finanziergsprovision u eines Entgelts für eine Mietgarantie, obwohl die Finanzierg und die Garantie nicht in Anspr genommen w (BGH NJW **84**, 2163); Haftgsausschluß des Betreuers (TrHänders) für einf Fahrlässigk (Vollhardt BB **82**, 2142); VergütgsAnspr des Betreuers für eine vorbereitde Tätigk (aA LG Stgt AGBE II Nr 29, s aber BGH NJW **82**, 765 zum Kostenvoranschlag). – **Bauherrenmodell** s AGB-Klauselwerke/Schäfer, Bauherrenmodell. Eine Klausel, wonach der TrHänder nur subsidiär haftet, ist unwirks (BGH NJW-RR **91**, 1120). – **Bausparkas-** 86
sen: Die Regelg, dass Habenzinsen erst vom 1. des folgden od übernächsten Mo zu zahlen sind, ist wirks (BGH NJW **91**, 2560). Zur nachschüss TilggsVerrechng s Rn 109. Zu weiteren Klauseln s BGH u Brüggemeier/Friele ZZB **92**, 141.

Bauträger ist, wer ein Bauvorhaben im eig Namen für eig od fremde Rechng vorbereitet od dchführt 87
(BGH NJW **81**, 757, § 675 Rn 14). Die GewLRegelg muß den Anfordergen des § 309 Nr 8 b entspr (s dort). Die Übernahme des § 13 VOB/B einschließl der 2jährigen VerjFr ist unzul (§ 309 Rn 72). Unwirks sind weiter: Abweichgen von der VO über Abschlagzahlgen bei BauträgerVertr (Anhang zu § 632); Vollm, wonach der Bauträger im Namen des Baukunden Auftr vergeben darf (Nürnbg NJW **82**, 2326, and beim Baubetreuer, Rn 84); Erhöhg des vereinbarten FestPr dch versteckte Überwälzg von „Aufschließgskosten" (BGH NJW **84**, 171); Ausschluß des LeistgsVR bei Nicht- od SchlechtErf (BGH NJW **02**, 140); Überwälzg der Kosten einer gem MaBV zu erbringden Sicherh auf den Erwerber (LG Brem NJW-RR **94**, 476).

Bauverträge: Vgl auch Rn 159 (VOB/B), Rn 167 (WerkVertr) u BGH NJW-RR **97**, 1513 (Auflistg von 88
31 unwirks Klauseln). **Unwirksam:** RechngsPrüfgsFr von 3 Mo (Mü NJW-RR **90**, 1358) od ZahlgsFr von 1 Mo für den Besteller (Mü NJW-RR **89**, 276). Zinssatz von 4% für Überzahlgen (BGH **102**, 47), and bei einem RückzahlgsAnspr mit vertragl Grdl (BGH NJW **93**, 1128, krit Greiffenhagen NJW **94**, 711). Ausschluß des VergütgsAnspr, wenn der StundenNachw nicht binnen 1 Wo vorgelegt w (Düss NJW-RR **97**, 1069). Ausschluß aller Rechte wg eines Preis- od KalkulationsIrrt (BGH NJW **83**, 1671). Unangem Hinausschieben des Ztpkts der Abnahme od Zahlg (BGH **107**, 75, **131**, 92, NJW **97**, 394, KG MDR **99**, 863). Aufmaß nicht nach tatsl Leistg, sond einem abstrakten Maß (Karlsr NJW-RR **89**, 52). Fälligk von 5% der Vergütg od mehr erst 60 Mo nach Abn (Hamm NJW-RR **88**, 726, Mü NJW-RR **96**, 534). Ein nur dch Bürgsch auf erstes Anfordern ablösb SichgEinbehalt von 5% für 5 Jahre (BGH **136**, 27, NJW **00**, 1863, **01**, 1857), and angebl bei Beschränkg auf 1 Jahr (Hbg NJW-RR **97**, 1040); WegnahmeR bei Zahlgsverzug für eingebaute u in das Eigt des Bestellers übergegangene Sachen (Brdbg MDR **98**, 401). VertrStrafe für die Nichteinhaltg von Fertigstellgsterminen, auch wenn der Untern die Verzögerg nicht zu vertreten hat (Hamm NJW-RR **97**, 1042); Ausschlußwirkg der Schlußrechng, ohne dass die VOB im ganzen übernommen wird (BGH **107**, 208). Verpfl, zunächst nur einen der mehr als 40 Bauherrn als TeilSchu in Anspr zu nehmen (BGH **92**, 15; MusterProzKlausel). FreistellgVerpfl hins aller gg den AuftrG geltd gemachter Anspr (Ffm AGBE V Nr 39). Überbürdg der Verantwortg für die vom AuftrG gefertigten Pläne (Mü NJW-RR **86**, 382). Schuldunabhäng Haftg der Handw für Baustellenschäden (Düss AGBE III Nr 16 S 215). Vorhaltg des Gerüsts bis zum Abschluß der Arbeiten and Untern (Mü NJW-RR **86**, 382, **87**, 662). Festsetzg eines verbrauchsunabhäng Entgelts für Baustrom, Bauwasser u die Beseitigg von Bauschutt (Hamm NJW-RR **97**, 1042, Stgt NJW-RR **98**, 312). Anteil Belastg mit Kosten der Baureinigg u der Beseitigg von Bauschutt auch für and Gewerke (BGH NJW **00**, 3348). Recht des AuftrG, den Preis nach Wegfall von Positionen des Leistgsverzeichn nach billigem Ermessen neu festzusetzen (Ffm NJW-RR **98**, 311). Überbürdg von ReiniggsPflten hins and Gewerke (Mü NJW-RR **87**, 661). **Wirksam:** Verpfl zur Vorlage einer VertrErfBürgsch (BGH NJW-RR **00**,

1331), u zwar auch einer Bürgsch auf erstes Anfordern (Jena NJW-RR **01**, 1103: and Interessenlage als bei der GewLBürgsch). Kombination der VerjFr des BGB mit der Unterbrechgsregelg der VOB (BGH **107**, 75). Ausschluß des PreisanpassgsR nach VOB/B 2 II Nr 3 (BGH NJW **93**, 2738).

89 In einem **Subunternehmervertrag** (Schlünder NJW **95**, 1058, Kraus NJW **97**, 223) sind Klauseln unwirks, die für nachträgl Abreden die Schriftform vorschreiben, die Fälligk des WkLohns auf 2 Mo nach Prüfg der Schlußrechng hinausschieben u den SubUntern schuldunabhäng zur Termineinhaltg verpflichten (Karlsr NJW-RR **93**, 1435). Dagg kann der VerjBeginn für GewLAnspr gg den SubUntern bis zum Beginn der Verj gg den HauptUntern hinausgeschoben w (s Schlünder aaO S 1060).

90 **Bewachungsverträge:** Klauseln, die die Haftg des Bewachers ohne Differenzierg nach dem Verschuldensgrad u den in Betracht kommden PersKreis ausschließen od summenmäß begrenzen, sind auch im kaufm Verk unwirks (BGH NJW **99**, 1031). BewachV 7, der zum Abschluß einer HaftPflVersicherg verpflichtet, räumt dem Verwder keine über die §§ 307 ff hinausgehde Möglichk der Freizeichng ein (BGH aaO). Eine Regelg, nach der der Anspr erlischt, wenn er nicht unverzügl schriftl angezeigt w, ist unwirks (BGH aaO), u zwar auch im kaufm Verk (BGH NJW-RR **00**, 648). Die Überlassg eines Parkplatzes in einer Hotelgarage kann als MietVertr ohne BewachgsPfl ausgestaltet w (LG Köln VersR **83**, 69).

91 **Bierlieferungsverträge:** Wird die Laufzeit, wie idR, dch IndVereinbg festgelegt, liegt die zul Höchstdauer bei 15 Jahren (§ 138 Rn 81). Bei formularmäß Festleggen ist wg § 310 I nicht § 309 Nr 9, sond § 307 PrüfgsMaßstab. Dabei kommt der VO Nr 1984/83 der EG-Kommission vom 22. 6. 83 (ABl L 173/5 ff) Leitbildfunktion zu. Die in der VO festgesetzten Laufzeiten von 10 Jahren (Art 8 I d) bzw 5 Jahren (Art 8 I c) dürfen daher formularmäß nicht überschritten w (Staud/Coester AGBG 9 Rn 439, BGH NJW **01**, 2331 läßt offen). Wirks sind: AusschließlichkBindg u die Sicherg dieser Bindg dch eine VertrStrafe (BGH WM **80**, 1309); Tagespreisklauseln (Hbg AGBE IV Nr 92 S 432); höheres Entgelt bei Unterschreitg des angenommenen Jahresbezugs (BGH NJW **90**, 569); Nachfolgeklauseln (BGH NJW **01**, 2331); unwirks: Weiterbestehen der AbnVerpflichtg, obwohl die Brauerei das zur Vfg gestellte Inventar wg Zahlgsverzugs zurückgenommen hat (BGH NJW **85**, 2693); Begründg einer AbnVerpflichtg, auch wenn das Darl nicht in Anspr genommen wird (BGH NJW **78**, 1519); Befugn, sämtl Rechte u Pflten auf eine and Brauerei zu übertragen (BGH NJW **98**, 2286); Mithaftg des fr DarlN iF der BetrNachf (Schlesw MDR **99**, 1311). – In AGB für
92 **Breitbandkabelanschlüsse** ist die Festlegg einer Laufzeit von 12 Jahren wirks (BGH NJW **93**, 1133, Köln NJW-RR **97**, 751). Unwirks sind dagg PrErhöhgsklauseln ohne eine konkrete Beschränkg nach Grd u Höhe, Recht zum jederzeit Betreten des Grdst, Verpflichtg das Kabel nach VertrEnde weitere 5 Jahre zu dulden (Kblz NJW-RR **94**, 689, zugl auch zu weiteren Klauseln).

93 **Bürgschaft:** Die formularmäß Ausdehng der BüHaftg über die Fdg hinaus, die Anlaß der Verbürgg war, ist unwirks (BGH **130**, 19, **132**, 6, NJW **00**, 658, s näher § 765 Rn 20); zur Teilaufrechterhaltg der Klausel s § 306 Rn 7. **Wirksam:** Haftg für den Anspr aus § 812 bei Nichtigk des Darl (BGH NJW **92**, 1235); Abbedingg der Rechte aus § 770 (BGH **95**, 350, NJW **95**, 1888, vgl aber zu § 776 BGH NJW **00**, 1566). Regelg, dass mehrere Höchstbetragsbürgsch nebeneinand gelten (Düss NJW-RR **89**, 1397). Hinausschiebg des FdgÜbergangs bis zur vollen Befriedigg des Gläub, sofern sich die Bürgsch auf die GesVerbindlichk des
94 Schu bezieht (BGH **92**, 382, NJW **87**, 375). **Unwirksam:** Aufhebg od Einschränkg der Akzessorietät der Bürgsch (BGH **95**, 350/56, NJW **93**, 1918, **01**, 1857); genereller Verzicht auf die Rechte aus § 776 (BGH NJW **00**, 1566, **00**, 2580, ZIP **01**, 2168) and noch BGH **78**, 137 u **95**, 350); Ermächtigg, die für die Hauptschuld maßgebde Tilggsregelg mit Wirkg ggü dem Bü zu ändern (BGH NJW **00**, 2580); Ausgestaltg als Bürgsch auf erstes Anfordern (BGH NJW-RR **90**, 1266, NJW **98**, 2598); Abbedingg der Rechte des Bü aus §§ 768, 770, sofern die Einr od die GgFdg des HauptSchu unbestritten od rechtskr festgestellt ist (BGH NJW **81**, 762); Abbedingen der AnzeigePfl des § 777 I (Köln NJW **85**, 2723, Tiedtke DB **90**, 411, aA Hamm NJW **90**, 54); Verpfl des Bü zur SicherhLeistg (BGH **92**, 299) od Begründg von SichgR gg den Bü vor Fälligk seiner Schuld (BGH NJW **91**, 100); Verzicht des Bü auf die dem HauptSchu zustehde Einr der Verj (Walther NJW **94**, 2377); Umgestaltg der Bürgsch in eine Garantie (LG Köln NJW **83**, 892); Mithaftgsübern dch MinderhGter der GmbH (Brdbg ZIP **01**, 2126); Undchschaub Regelg über die Unübertragbark der Bürgsch (BGH **115**, 185); Klausel für AusfallBürgsch, nach der ein Ausfall 6 Mo nach Anzeige des Rückstands als festgestellt gilt (BGH NJW **98**, 2138).

95 **c) Chemischreiniger.** Unwirks ist die Haftgsbegrenzg auf das Fünfzehnfache des Entgelts, da eine sachgerechte Relation zur Schadenshöhe fehlt (Köln ZIP **81**, 1104, NJW-RR **98**, 997, aA KG VersR **78**, 1170). Sie ist aber dann wirks, wenn der Reiniger auf die Notwendigk einer Versicherg hinweist u diese zu angem Bdggen anbietet (BGH **77**, 133). Unwirks ist auch die Klausel, dass der Verwder nach Ablauf eines Jahres wie ein Eigtümer über die nicht abgeholte Sache verfügen darf (Köln aaO).

96 **d) Darlehen.** Unwirks: Ein jederzeit KündR des DarlG ohne wicht Grd (LAG Hamm ZIP **93**, 1254). Vgl auch Rn 79 (KreditVertr) u 126 (LohnAbtr). – **Datenschutz** (s Bergmann/Möhrle/Herb DatenschutzR § 4 Rn 35 ff): Die fr Fassg der Schufa-Klausel war unwirks (BGH **95**, 362); dagg ist die nF unbedenkl (Dannemann/Stange ZIP **86**, 488, Weber WM **86**, 845). Unwirks ist die uneingeschränkte Einwilligg zur Datenspeicherg u Weitergabe in einem LeasingVertr (Karlsr MDR **96**, 1230), MobilfunkVertr (Düss NJW-RR **97**, 374, Schlesw NJW-RR **98**, 54), Kreditkarten- od BankVertr (BGH NJW **99**, 1864); ebso die Einwilligg zur Veröffentlichg eines Bildes u der Personaldaten bei einem Gewinnspiel (Karlsr NJW-RR **88**, 302). – **Dienstverträge.** Die Regelg in einem BeraterVertr, die den AuftrG iF der Künd vor Ablauf der vertragl Mindestdauer analog §§ 649, 615 zur Vergütg der nicht mehr erbrachten Dienste verpfl, ist wirks (BGH NJW **94**, 1069). Unwirks ist eine Regelg, nach der der DienstN sein Honorar nur erhält, wenn der von ihm betreute Kunde zahlt (BGH NJW-RR **96**, 1009).

97 **e) EDV-Verträge:** Unwirks: Verpfl, Software nur auf Hardware des Verwders zu benutzen (Ffm NJW **91**, 2160); CPU-Klausel (Ffm NJW-RR **95**, 182, AGB-Klauselwerke/Hoeren HardwareVertr Rn 18, str); Weiterveräußergsverbot für Software (Nürnbg NJW **89**, 2634, Brem BB **98**, Beil 4 S 4, vgl auch BGH BB **00**, 585); Verpfl des Kunden zum AufwendgsErs, wenn der von ihm gerügte Mangel nicht besteht (Düss NJW-RR **00**, 790); Regelg in einem EDV-MietVertr, dass jede „technolog Anpassg" die Mietzeit um 72 Mo verlängert (Köln NJW **94**, 1483).

Ehe- und Partnerschaftsvermittlung: Die Ausgestaltg als DienstVertr mit erfolgsunabhäng VergütgsPfl ist wirks (BGH **87**, 313). Bedenkl ist aber die Beschränkg der Leistg auf die einmalige Herstellg eines Adressendepots (LG Hildesheim FamRZ **89**, 387). Das KündR des Kunden aus §§ 627, 626 kann nicht abbedungen w (BGH **106**, 341, NJW **99**, 276), ebsowenig das bei einem EhemaklerVertr bestehde WiderrufsR (Karlsr OLGZ **79**, 68). Laufzeitregelgen (§ 309 Nr 9), die das KündR aus § 627 nicht ausdr aufrechterhalten, sind unwirks (BGH NJW **99**, 276). Für die Rückabwicklg gilt § 308 Nr 7. Zurückzuerstatten ist neben den vorausgezahlten MoBeiträgen auch ein Teil des Grd- od AufnBeitrags, da der Verwder die Vorlauf- u Allgemeinkosten nur *pro rata temporis* ansetzen darf (BGH NJW **91**, 2763, Nürnbg NJW-RR **97**, 1556). Formularmäß Einwilliggen zur Datenweitergabe an and Institute sind unwirks (Düss NJW-RR **95**, 369), ebso die zur Datenübermittlg an Interessenten, wenn sie auch vertraul höchstpersönl Informationen betrifft (Düss aaO). Zul ist eine zG des Vermittlers wirkde Laufzeitbegrenzg auf 6 Mo, auch wenn der Vertr auf den Abruf von 20 PartnerschVorschlägen angelegt ist (LG Hbg NJW-RR **93**, 759); ebso die allg übl Vorleistgsklausel (BGH **87**, 318) u die Klausel, dass der Ehemakler erst nach Zahlg des Entgelts tätig zu werden braucht (BGH NJW **86**, 928). Wird die Ausarbeitg eines Partnerschaftsvorschlages scheinb zum Ggst eines WkVertr gemacht, handelt es sich dagg um eine gem § 307 unzul VertrGestaltg (Hbg NJW **86**, 325, str s § 656 Rn 8). **98**

Eigentumsvorbehalt: Der einfache EV (§ 449 Rn 12) ist als das angem SichgMittel des WarenkreditG grdsl unbedenkl (allgM). Er setzt sich idR auch ggü Abwehrklauseln des Käufers dch (§ 305 Rn 56) Der Verkäufer hat nicht das Recht, die Sache vor Erkl des Rücktr herauszuverlangen (§ 449 II). Eine solche Befugn kann auch nicht dch eine entspr AGB-Klausel begründet w (§ 307 II Nr 1, and fr Schlesw NJW-RR **88**, 1460). Der erweiterte EV („KontokorrentVorbeh“) u der KonzernVorbeh sind auch im kaufm Verk nichtig (§ 449 III). Der **verlängerte** EV (§ 449 Rn 18) wird ausschließl im kaufm Verk verwendet u ist dort **100** grdsl zul (BGH **94**, 111). Er muß aber dem Erfordern der Bestimmbark genügen (§ 398 Rn 17). Zum Problem der Übersicherg bei revolvierden Sicherh s Rn 149. Die Verpfl zur Weiterleitg des EigtVorbeh ist bei einem Verkauf an einen Weiterverkäufer jedenfalls dann unwirks, wenn er mit einem KontokorrentVorbeh kombiniert w (BGH NJW **91**, 2286). Zum Konflikt mit der Globalzession s § 398 Rn 24. **99**

Einbeziehungsklauseln: Klauseln, dch die der Verwder auf seine AGB hinweist, entsprechen dem **101** § 305 II Nr 1 u sind daher zul (KG ZIP **82**, 188). Sie können im VerbandsklageVerf nicht mit der Begründg angegriffen w, der Hinw erfolge erst nach VertrSchl (BGH NJW **83**, 2026). Der Zusatz, die AGB würden auf Wunsch übersandt, erweckt den unricht Anschein, der Verwder erfülle hierdch seine Obliegenh aus § 305 II Nr 2, u ist daher unzul (LG Ffm NJW-RR **92**, 443). Die formularmäß Erkl des Kunden, er anerkenne die AGB, ist unbedenkl, *arg* § 305 II (BGH NJW **82**, 1388). Sie verstößt aber gg § 309 Nr 12 b, wenn der Kunde zugl (zu Unrecht) bescheinigt, er habe von den AGB Kenntn genommen (Hbg DB **84**, 2504) od die Möglichk zur zumutb Kenntnisn gehabt (BGH NJW **90**, 765). – **Einkaufsbedingungen** (AGB-Klauselwerke/v Westphalen, VertrR S 65). **Unwirksam:** Klausel, dass für alle BeschaffenhAngaben eine schuldunabhäng Haftg übernommen wird (Schmidt NJW **91**, 147). GarantieVerspr des Kunden zG des Verwders (BGH NJW **88**, 2537). RücktrR des Käufers bei Nichtgefallen (BGH NJW **97**, 2043). Fixklausel für alle LieferVerpfl (BGH **110**, 96). Abbedingg der HGB 377, 378 für offene Mängel (BGH NJW **91**, 2634, str für QualitätssichergsVereinbgen, Rn 136). Meistbegünstiggsklausel, die dem Käufer sämtl günstigeren Konditionen and Abnehmer einräumt (BGH **80**, 43). SelbstnachbessergsR des Käufers (Schmid DB **87**, 2623); Unterbrechg der Verj mit jeder Nachbesserg (Ul/Br/He AGBG § 11 Anh 298). Verlängerg der VerjFr des § 438 I Nr 3 auf 3 Jahre (s BGH **110**, 92 Entscheidg zu § 477 aF). Verpfl zur Übertragg von SchutzR u zur Übereigng des zur Herstellg verwandten Werkzeugs (Wellenhofer-Klein BB **99**, 1121). Vgl auch Karlsr (WRP **00**, 565): 24 Klauseln der EinkaufsBdggen der Bauhausgruppe unwirks. **Wirksam:** AbtrVerbote (§ 399 Rn 10); Ausschl des EigtVorbeh in den AGB eines Supermarkts (BGH NJW **81**, 281). – **Erbbaurecht:** Kaufzwangklauseln können gg 307 I **103** verstoßen (ErbbRVO 2 Rn 4). – **Erfüllungsortklauseln** sind im nichtkaufm Verk für die Bestimmg des GerStands ohne Bedeutg (ZPO 29 II). Materiellrechtl verstoßen sie gg § 269 u sind daher unwirks (Kblz NJW-RR **89**, 1460). Da iF des Rücktr wg eines Sachmangels ErfOrt der Ort ist, an dem sich die Sache vertrgem befindet (§ 269 Rn 16), können dem Käufer nicht formularmäß die Kosten der Rücksendg auferlegt w (Stgt MDR **99**, 469). Im kaufm Verk kann der Käufer das Transport-Risiko (§ 447) nicht auf den Verkäufer überwälzen, wenn er diesen verpflichtet, den Transport mit einem best Spediteur dchzuführen (Ffm NJW-RR **95**, 439); iü gilt Rn 107 entspr. **102**

f) Fahrschulen. Text BAnz **93**, 2683. Der Vertr mit der Fahrschule ist ein DirektunterrichtsVertr. Es gilt **104** daher Rn 153. – **Fitness-Verträge** (Dittrich VuR **99**, 25). Unwirks sind: Formularmäß Erkl über den **105** GesundhZustand des Kunden (BGH NJW-RR **89**, 817, Stgt NJW-RR **88**, 1082). Haftgsbeschränkgen auf Vors u grobe Fahrlässigk (Stgt aaO, Hamm NJW-RR **92**, 242, Mü NJW-RR **95**, 1467). Haftgsausschluß für mitgebrachte Sachen (Düss NJW-RR **92**, 55). Recht des Betreibers zur Leistgsänderg od Verlegg des Unterrichtsraums (Hamm NJW-RR **92**, 445, Ffm MDR **00**, 819). Verpflichtg zur Weiterentrichtg des Entgelts, obwohl der Kunde die Einricht nicht nutzen kann (BGH NJW **97**, 193/95). Ausschluß des KündR aus wicht Grd (Mü NJW-RR **95**, 1467, Ffm MDR **00**, 819). UU Laufzeit-, Künd- u VertrVerlängergsregelgen (§ 309 Rn 76 ff) u Regelgen über Mahngebühren (§ 309 Rn 26). Gesamtfällig des Entgelts kann bei Verzug mit 2 MoBeiträgen begründet w (Celle NJW-RR **95**, 370), nicht aber bei Verzug mit einem Beitrag (Mü NJW-RR **95**, 1467). – **Flugbeförderungsbedingungen.** Unwirks sind: Vollständ Ausschluß der Haftg für **106** Verspätgsschäden, § 309 Nr 7 b (BGH NJW **83**, 1324); Recht zur einseit Änderg des Flugplans, § 308 Nr 4 (BGH aaO); zur Absage von Flügen, § 308 Nr 3 (BGH aaO); Haftgsausschluß für Schäden dch eine vom Luftfrachtführer zur Vfg gestellte Unterkunft, § 309 Nr 7 b (BGH aaO); Beweislastklausel zum Nachteil des Fluggastes, § 309 Nr 12 (BGH aaO); Verpfl zur Zahlg des vollen Flugpreises bei Rücktr nach „Anmeldeschluß“, § 308 Nr 7 (BGH NJW **85**, 633). Wirks: Recht der Fluggesellsch, die Beförderg von verspätet eintreffden Fluggästen abzulehnen (Düss NJW-RR **93**, 823). – **Franchiseverträge:** Einf 22 ff v § 581; AGB-Klauselwerke/v Westphalen, Franchising. **Freizeichnungsklauseln:** Rn 42 ff.

g) Garantiebedingungen sind unwirks, soweit sie Beschränkgen des Garantieumfangs vorsehen, die mit **107** den berecht Erwartgen des Verbr unvereinb sind (s BGH NJW-RR **91**, 1013 u jetzt § 443). – **Genußscheinbedingungen** s BGH **119**, 312. – **Gerichtsstandklauseln** verstoßen im nichtkaufm Verk gg ZPO 38, 689 II u sind daher unwirks (Düss NJW-RR **95**, 440, vgl auch EuGH ZIP **00**, 1165 zur RL 93/13/EG); dagg sind sie im Verk zw Kaufleuten grdsl zul (Hbg VersR **86**, 808, 1023, Karlsr NJW **96**, 2041, Ffm NJW-RR **99**, 604, wohl auch BGH NJW **96**, 3013). Die Klausel ist im kaufm Verk auch wirks, wenn sie zugl ggü Verbr verwandt w (Ffm MDR **98**, 664, Vollkommer MDR **97**, 231, Fischer MDR **00**, 682, aA LG Karlsr NJW-RR **97**, 56). GerStandsKlauseln verstoßen aber gg § 307, wenn für Verwder u Gegner ein gemeins GerStand besteht (Köln ZIP **89**, 1068), wenn ein GerStand best wird, der weder mit dem VertrInh noch mit dem GeschSitz des Verwders in ZusHang steht (LG Konstanz BB **83**, 1372). Die vom Firmensitz abw GerStands-Klausel ist wg des generellen Prüfgsmaßstabs (Rn 4) auch unwirks, wenn sie den konkreten kaufm VertrPart nicht unangem benachteiligt (aA Hbg NJW-RR **99**, 1506). Unvereinb mit § 307 ist die Regelg, dass das AG am Sitz des Verwders auch für landgerichtl Streitwerte zuständ ist (Heinrichs NJW **97**, 1415, aA LG Frankenthal NJW **97**, 203). Die Zustdgk eines ausl Ger kann nach dem RGedanken des fr AGBG 10 Nr 8 nur bei einem anerkennenswerten Interesse des Verwders begründet w (Landfermann BB/AWD **77**, 448). – **Gläubigerverzug:** Unwirks: Übergang der PrGefahr auf den Käufer „mit Ablauf des vereinbarten Liefertermins“, § 307 II Nr 1 iVm §§ 294, 299 (BGH NJW **85**, 323).

108 **Grundpfandrechte:** Wirks: KündR iF eines Eigtümerwechsels (BGH **76**, 372, BayObLG DNotZ **81**, 128), Unterwerfg unter die ZwVollstr (BGH NJW **87**, 906); Verpfl zur Abgabe einer UnterwerfgsErkl (BGH NJW **91**, 2560); Begründg einer persönl Haftg, die aber iZw nicht zu einer Verdoppelg der Haftgssumme führt (Hamm NJW-RR **91**, 819); Erstreckg des SichgZwecks auf künft Fdgen (BGH **100**, 84, NJW **91**, 3142, vgl aber § 1191 Rn 51). AbtrVerbot für RückgewährAnspr, zumindest wenn die GrdSch von einem Dr bestellt worden ist (BGH NJW **90**, 1601). Unwirks: Klausel, wonach die GrdSchuld eines Dr zur Sichg weiterer Kredite in Anspr genommen werden kann (§ 1191 Rn 51); Begründg einer persönl Haftg des Dr (BGH **114**, 13, Oldbg NJW-RR **90**, 1523); Ausschluß des ÜbertraggsAnspr bei Nichtentstehg der persönl Fdg (BGH **106**, 375); Zugangsfiktion für KündErkl, § 308 Nr 6 (BayObLG NJW **80**, 2818); Entgelt von 30 DM für die Erteilg einer Löschgsbewilligg (BGH **114**, 333); Recht des Verwders, Zahlgen abw von § 366 zu verrechnen (BGH NJW **99**, 2043); uU Verzugszinsklauseln (§ 309 Nr 7) u Unterwerfg unter die ZwVollstr
109 (§ 309 Rn 96). Die nachträgl **Tilgungsverrechnung,** insbes bei AnnuitätenDarl, verstößt gg das Äquivalenzprinzip (Brem NJW **91**, 1837). Sie enthält aber keine unangem Benachteiligg, wenn der Kunde auf ihre zinssteigernde Wirkg unzweideut hingewiesen worden ist (BGH **106**, 47, **116**, 2, stRspr), etwa dch rechtzeit Information über die Effektivverzinsg (BGH NJW **92**, 1098); andf ist sie wg Verletzg des TranspGeb unwirks (BGH **106**, 47, Rn 16). Unwirks Klauseln: BGH **112**, 117, **116**, 3, NJW **92**, 1098, 1108, **97**, 1068. Mit dem TranspGeb vereinb ist trotz der Abweichg von § 608 die Regelg, dass der DarlN eine Zinsen u Tilgg umfassde gleichbleibde Jahresleistg in vierteljährl Teilbeträgen zu zahlen hat (BGH NJW **93**, 3261). Bei Bausparkassen hält der BGH eine nachschüss Tilggsverrechng für zul (BGH NJW **91**, 2561, aA AG Münster NJW **99**, 2050). Die etwaige Neuberechng der Zinsen hat unter taggenauer Berücksichtigg des Tilggsanteils aller Raten nach der banküblich linearen (unterjährige Zinseszinsen nicht berücksichtigden) Methode zu erfolgen (BGH NJW **95**, 2286).

110 **h) Haftungsausschlüsse und -begrenzungen:** Rn 42 ff. **Haftungserweiterungen:** Der Grds, dass der Schu nur haftet, wenn er den Schaden zu vertreten hat, ist ein wesentl Grundgedanke des bürgerl Rechts. Die formularmäß Begründg einer schuldunabhängigen Haftg ist daher gem § 307 II Nr 1 unwirks (BGH **114**, 242, **119**, 168). Das gilt insbes für Haftgsklauseln in Einkaufsbedingggen (Rn 102), in FormularmietVertr (Rn 128), in ReiseVertr (BGH **119**, 168), in AGB für den ScheckVerk (BGH NJW **97**, 1700, 2237) u für Kreditkarten (BGH **114**, 242). Unwirks ist auch die Abbedingg von gesetzl Haftgsmildergen, etwa des § 300. Im Verhältn zu Untern kann es ausnw aus bes Grden zuläss sein, eine auf dem Prinzip der **Risikobeherrschung** beruhde schuldunabhäng Haftg des Verwdgsgegners zu begründen (s BGH **72**, 178, **LM** § 138 (Bb) Nr 1), nicht aber ggü Verbr (BGH **114**, 242). Die Klausel in einer Altschuldenregelg, dass alle Vergünstiggen (Rangrücktritt, Teilerlaß) bei einem Verstoß gg übernommene Verpfl schuldunabhäng entfallen, ist mit § 307 II Nr 1 unvereinb (KG VIZ **98**, 408).

111 **Handelsvertreterverträge. Wirksam**: Entgelt für die Einräumg eines AlleinvertriebsR (BGH NJW-RR **93**, 376); VertrStrafe für mißbräuchl Nutzg von Kundenanschriften (BGH NJW **93**, 1787). Regelg, dass der Vertreter iF der Künd von der Weiterführg der Gesch entbunden w kann (BGH **129**, 186). **Unwirksam:** Laufzeitregelg, die eine Beendigg des Vertr gg den Willen des Prinzipals ausschließt (Mü NJW-RR **97**, 1057); Entgelt für Ausbildg od VertrAbschluß, wenn ihr keine GgLeistg des Verwders ggü steht (Hamm NJW-RR **90**, 567, LG MöGladb NJW-RR **91**, 1207); Verpfl zum KostenErs für die Überlassg von Adressen (Saarbr NJW-RR **97**, 99); intransparentes Verbot der Tätigk für ein and Untern, das nach dem gleichen „Verkaufssystem“ arbeitet (Mü NJW-RR **95**, 292); bindde Festlegg eines vom Vertreter zu erzielden Mindestumsatzes (AGB-Klauselwerke/v Westphalen Rn 19); Wegfall der ProvisionsPfl für währd der VertrZeit geschlossene Vertr, die 6 Mo nach VertrEnde noch nicht ausgeführt worden sind (BGH NJW **98**, 629); mit der Konzeption des HGB 89 b unvereinb Grds über die Bemessg des AusglAnspr (Mü DB **01**, 1666, LG Mü DB **00**, 2423, v Westphalen DB **00**, 2255); Einschränkg des ZbR des Vertreters (BGH **129**, 186).

112 **Heimverträge** (Gaiser NJW **99**, 2311). **Wirksam**: Verpfl zur Fortentrichtg des Entgelts bis zu einem Mo nach dem Tod des Bewohners (LG Hildesheim NJW-RR **92**, 1276); Regelg, dass der Bewohner iF eines Krankenhausaufenthalts 75% des Pflegesatzes weiterzuentrichten hat (Hamm NJW-RR **94**, 888); keine Reduktion des Entgelts bei Abwesenh bis zu 2 od 3 Tagen (Nürnbg NJW-RR **98**, 780, Düss NJW-RR **00**, 1508, aA BGH NJW **01**, 2971, unter Hinw auf Selbstzahler, die das WoEnde häuf außerhalb des Heims verbringen), volles Entgelt für den Tag des Ein- u Auszugs (s BGH NJW **99**, 864). **Unwirksam**: Verpfl zur Vorausentrichtg der Vergütg für die gesamte VertrZeit ohne ausr Sicherstellg der Anspr des Kunden (Zweibr NJW-RR **98**, 1753); Haftg des Bewohners für Schäden, die von Gästen verursacht worden sind, soweit die Grenzen des § 278 überschritten w (s BGH NJW **91**, 1750); Begründg eines schuldunabhäng KündR zG des Betreibers s BGH NJW **89**, 1674 (Zahlgsrückstand) u LG Düss NJW-RR **91**, 697 (Störg der Heimordng); Regelg, die dem Betreiber eine betreuerähnl Stellg einräumt (KG NJW **98**, 829, LG Düss aaO); Recht der Heimleitg zur Verlegg des Bewohners bei „betriebl Anlaß“ od „Bedarf“ (KG NJW **98**, 829, LG Düss NJW-RR **91**, 696). Zu PrErhöhgsklauseln s BGH NJW **95**, 2923.

i) Inkassoverträge: Unwirks: Verpflichtg zur Zahlg einer leistgsunabhäng Vorabvergütg (LG Bonn NJW-RR **98**, 1743). Vgl auch AGB/Klauselwerke/v Westphalen, InkassoBdggen. Zu **Internet-Provider-Verträgen** Spindler BB **99**, 2037. 113

k) Kaufverträge: EinkaufsBdggen s Rn 102. – **aa) Allgemeines.** Alle nicht streng auf den kaufm Bereich beschränkten Verkäufer-AGB mußten bis zum 1. 1. 02 an die Vorschr über den **Verbrauchsgüterkauf** (§§ 474 ff) angepaßt werden. Zu berücksichtigen war vor allem die zwingde Ausgestaltg der Haftg für Sachmängel (§ 475) u die Beweislastumkehr für Sachmängel, die innerh von 6 Mo nach Gefahrübergang auftreten (§ 476). Vgl dazu v Westphalen DB **01**, 799. Für nicht unter § 474 fallde Vertr kann die Mängelhaftg nur in den Grenzen von § 309 Nr 8 b eingeschränkt werden (s dort). Auch für eine Erweiterg der Verzugshaftg des Käufers setzt § 307 II Nr 1 enge Grenzen (Keim DNotZ **99**, 612). Zum Vorbeh der Selbstbelieferg s § 308 Rn 18. Der Käufer kann verpfl w, Transportschäden in einer TatbestdAufn feststellen zu lassen (BGH NJW-RR **87**, 742). Wird für die verkaufte Sache ganz od teilw eine Garantie übernommen, sind Regelgen, die die Garantie weitgehd aushöhlen, unwirks (BGH NJW-RR **91**, 1014 u jetzt § 443). Eine Verpfl, Taschenkontrollen zu dulden, kann nur bei einem konkreten Diebstahlsverdacht begründet werden (BGH NJW **96**, 2574). **Unwirksam:** Verpfl zum Kauf der Ware nach Aufreißen der Verpackg (Düss NJW-RR **01**, 1563). Formularmäß VorleistgsPfl des Käufers (BGH NJW **99**, 2180). Verpfl des Käufers zum AufwendgsErs, auch wenn der Verkäufer den Rücktr zu vertreten hat (Düss MDR **98**, 1405); zur Erstattg der Kosten, die dch eine unbegründete Mängelrüge entstanden sind (Düss NJW-RR **00**, 790); zur Tragg der Rücksendekosten iF eines berecht Rücktr (Stgt NJW-RR **00**, 1576). Teilliefergsklausel ohne Einschränkg dch ein ZumutbarkKriterium (Stgt NJW-RR **95**, 116). Klausel, die den Abschluß einer TransportVers beim Versendgskauf in das Belieben des Verkäufers stellt (Stgt aaO). 114

bb) Bei Bauplatzverkäufen im sog **Einheimischen-Modell** sind Regelgen über ein WiederkaufsR der Gem, eine BauPfl u zur Verhinderg von spekulativen Weiterverkäufen grdsl wirks (Mü NJW **98**, 1962, LG Karlsr DNotZ **98**, 483, LG Traunstein NJW-RR **99**, 891, Rastätter DNotZ **00**, 17). Sie können aber gg § 307 verstoßen, wenn sie dem Erwerber übermäß Beschränkgen auferlegen (Hamm NJW **96**, 2104, Rastätter aaO). BauGB 11 begründet für städtebaul Vertr mit § 307 übereinstimmde InhSchranken („angem“), ist aber wohl keine § 307 verdrängde SonderRegelg (str, s BayVerfGH DNotZ **99**, 639, VGH Mü NVwZ **99**, 1008, Raststätter aaO, Brobna JZ **00**, 321). 115

cc) In **Unternehmenskaufverträgen** ist die formularmäß Vereinbg von Zinsen (4% über Basiszinssatz) für die Zeit ab Nutzgsübergang wirks (BGH NJW-RR **00**, 1075). Die Klausel, dass nicht das **CISG,** sond das KaufR des BGB anzuwenden ist, ist wirks, aber nicht unproblemat (Koch NJW **00**, 910). Der **Auktionator** kann formularmäß bestimmen, dass der Einlieferer von Kunstwerken für etwaige Mängel nach KaufR haftet (Zweibr NJW **98**, 1409). 116

dd) Gebrauchtwagen. Die Konditionenempfehlg (BAnz **91** Nr 172) muß an die zwingden Vorschr über den VerbrGüterkauf (§§ 475, 476) angepaßt werden (s dort u oben Rn 114). Wirks sind: BindgsFr von 10 Tagen für das VertrAngebot des Käufers, § 308 Nr 1 (Eggert BB **80**, 1827); Pauschalierg des NichtErf-Schadens auf 15% (§ 309 Rn 25); EigtVorbeh, aber nicht mehr eine RücknKlausel (Rn 99). 117

ee) Neuwagen. Die 1991 als Konditionenempfehlg angemeldeten AGB (BAnz **91** Nr 138, inzw ersetzt dch BAnz **01**, Nr 85) enthalten nach Ansicht des BGH 16 (!!) unwirks Klauseln (BGH NJW **01**, 292, krit Thamm BB **01**, 589, zur geplanten Neuregelg s Creutzig DAR **01**, 390). Notwendig ist auch eine Anpassung der Bdggen an die zwingden Vorschr über den VerbrGüterkauf, §§ 475, 476 (s dort u oben Rn 114). Nach BGH (aaO) sind insbes unwirks: die Schriftformklausel; Beschränkg der Haftg des Verkäufers für NichtErf-Schäden auf 10% des KaufPr; RücktrR des Käufers erst 4 Mo nach Auftreten der Leistgsstörg; Recht zur Abnahmeverweigerg nur bei „erhebl“ Mängeln; Stand der Technik als alleiniger Maßstab für Fehlerfreih; Ausschluß der Sachmängelhaftg bei nicht form- u fristgerechter Mängelanzeige; intransparente Haftgsregelg für leichte Fahrlässigk des Verkäufers; Haftgsbeschränkg für die Verletzg von KardinalPflten. Unwirks ist auch die fr in Bdggen enthaltene Tagespreisklausel (BGH **82**, 24, § 309 Rn 8). Dagg sind wirks: Schriftformklausel für verbindl Liefertermine (BGH NJW **82**, 331); „unechte“ NachFr (§ 308 Rn 6)) von 6 Wo (BGH aaO); Dreijahresgarantie nur bei Wartg in einer autorisierten Werkstatt (Nürnbg NJW **97**, 2186); Pauschalierg des vom Verkäufer zu beanspruchden NichtErfSchadens auf 15% (§ 309 Rn 25); nicht aber ein RückkaufR in den ersten 12 Mo zu einem erhebl unter dem MarktPr liegden Entgelt (Köln NJW-RR **93**, 824). 118

ff) Möbel: Auch hier ist eine Anpassg der Bdggen an die zwingden Vorschr über den VerbrGüterkauf (§§ 475, 476) notwendig (s dort u oben Rn 114). Unwirks: Klausel, wonach Teilliefergen zul sind (Hamm NJW-RR **87**, 316, zugl zu 18 weiteren Klauseln), SelbstbeliefergsVorbeh ohne konkr DeckgsGesch (Kblz NJW-RR **93**, 1078), Haftgsbeschränkg auf Vors u grobe Fahrlässigk (Kblz aaO), SchadErsPfl des Kunden bei verspäteter Abnahme von 1% des Kaufpreises (Kblz aaO), WertmindergsEntsch von 100% bei Rückgabe von Bettwäsche, Matratzen, Gardinen u ähnl (Kblz aaO, zugl zu 12 weiteren Klauseln), Klausel, dass über den Auftr hinausgehde Arbeiten zu angem Preisen in Rechng gestellt w (Ffm BB **94**, 1170, zugl zu 4 weiteren Klauseln); Schriftformklausel (Köln NJW-RR **01**, 198, zugl zu 5 weiteren als wirks angesehenen Klauseln); Haftg des Käufers für die Zugänglichk der Wo bei Freihauslieferg (Kblz NJW-RR **97**, 436). Vgl ferner BGH NJW **85**, 320. 119

Kabelanschlußverträge: Unwirks: Laufzeit von 20 Jahren (BGH NJW **97**, 3022). – **Kostenvoranschlag:** Die formularmäß Begründg einer VergütgsPfl ist unwirks (BGH NJW **82**, 765, vgl jetzt § 632 III). Unbedenkl ist dagg die Kostenübernahme in einer bes unterzeichneten Erkl (KG ZIP **82**, 1333). Das dem Kunden bei Überschreitg des Anschlags zustehde KündR aus § 650 kann nicht abbedungen w, ebsowenig sein SchadErsAnspr jetzt aus § 280 (Ul/Br/He AGBG § 11 Anh 449). 120

Krankenhausverträge: Konditionenempfehlg BAnz **94** Nr 28. Zu fr Fassgen der Empfehlgen s Düss NJW-RR **88**, 884, BGH NJW **90**, 761. Wirks sind: Haftgsausschluß für einf Fahrlässigk hins der Obhut über eingebrachte Sachen des Patienten (BGH aaO). EigtÜbergang hins zurückgelassener u trotz Aufforderg binnen 12 Wo nicht abgeholter Sachen (BGH aaO). **Unwirksam** sind: Haftgsfreizeichngen für einf Fahrlässigk, soweit es um SorgfAnfordergen für Gesundh od Leben geht, § 309 Nr 7 a, aber auch für Schäden dch 121

Reinigg od Desinfektion (BGH NJW **90**, 765). NachzahlgsPfl wg einer erst nach Beendigg der Behandlg genehmigten rückwirkden Pflegesatzerhöhg(BGH **105**, 160). Hilfsw Kostenübernahme dch Kassenpatienten (Köln VersR **87**, 792). Formularmäß Kostenübern dch den „AntrSteller", der den Patienten eingeliefert h (LG Düss NJW **95**, 3062). KündR ohne wicht Grd u Bindg an eine unbekannte Hausordng (Stgt NJW-RR **88**, 891). Erklärg des Patienten, er sei umfassd u ordngsmäß aufgeklärt worden, § 309 Nr 12 (Wo/Ho/Li AGBG K 30). Verzicht auf das Recht zur Einsichtn in die Krankenunterlagen, § 307 II Nr 2; Einwilliggen in die Obduktion (LG Mainz VersR **88**, 725, Giesen JR **91**, 203, aA BGH NJW **90**, 2315). Vgl auch § 305 c Rn 8 u zu Klauseln über die Vertretg des Chefarztes § 308 Rn 23.

122 **Kreditkarten:** (ja = unwirks, nein = wirks). Vertr mit **Karteninhaber** (Kunden): Ausschl des WiderrufsR u des EinwendgsDchgriffs, nein (Schlesw WM **91**, 453, AG Ffm WM **94**, 1660, Taupitz NJW **96**, 218, Bitter BB **97**, 480, AGB-Klauselwerke/Pfeiffer Rn 67; aA möglw Karlsr NJW-RR **91**, 237), bei einem schweren u ow beweisb Mangel des ValutaVerh muß der Ausgeber den Widerruf aber beachten (Taupitz u Bitter aaO, krit Haack MDR **00**, 1419). Abwälzg des Risikos der Verfälschg von Belastgsbelegen dch Bedienstete des VertrUntern auf Kunden, ja (BGH **91**, 224). Schuldunabhäng Haftg des Kunden für den Mißbrauch der Karte, ja (BGH **114**, 242, vgl jetzt § 676 h). Sie ist bis zu einer niedrigen Höchstgrenze (100 DM) aber wirks, wenn die Haftgsbegrenzg auch für verschuldetes Abhandenkommen gilt (Taupitz, Bitter aaO). Haftg bei nicht rechtzeit Diebstahlsanzeige, nein (Hbg WM **86**, 353); sie muß aber auch bei verspäteter Anzeige mit deren Eingang beim Aussteller enden (Bambg NJW **93**, 2814). Zusatzentgelt für den AuslEinsatz der Karte od Barabhebgen, nein (BGH **137**, 27, LG Heilbronn NJW-RR **95**, 1987). Mithaftg des ArbN bei Verwendg der Firmenkarte, nein (Mü NJW-RR **88**, 1076, Ffm NJW-RR **89**, 1523, aA LG Brem ebda 1522). Mithaftg des ZusatzkartenInh für von ihm getätigte Belastgen, nein (Köln WM **93**, 369, LG Mü NJW-RR **92**, 1019, Taupitz aaO). Recht des Ausgebers zur Künd ohne wicht Grd, ja (BGH **125**, 343). Überziehgsgebühren, wenn der dem Kunden mitgeteilte Saldo nicht innerh der in den AGB festgelegten Fr ausgeglichen wird, ja (BGH aaO). ZinsPfl bei Überschreitg eines Zahlgstermins, die vor diesem Termin beginnen soll, ja (BGH
123 aaO). Vertr mit **Vertragsunternehmer:** EinstandsPfl des VertrUntern für den Bestand der Fdg, nein (BGH NJW **90**, 2880, aA BGH NJW **02**, 285, Anfrage gem GVG 132 III). RückFdgsR des Ausgebers bei Mängeln des ValutaVerhältn, grdsl nein (str, s Bitter ZBB **96**, 117). Keine EintrittsPfl des Ausgebers, wenn die Karte von einem Dr mißbräuchl verwandt worden ist u der Untern auf eine Vorlage der Karte verzichtet hat, nein (Ffm NJW **00**, 2114, Meder NJW **00**, 2076 u ZBB **00**, 89); ebso bei mißbräuchl Einsatz der Karte zur Zahlg im Fernabsatz (Ffm aaO u ZIP **01**, 1583, aA Ffm WM **01**, 984 wenn der VertrUntern allen vom Ausgeber festgelegten SorgfAnfordergen nachgekommen ist). Beschränkg der EintrittsPfl dch ein Limit u Pfl zur Deckgsnachfrage bei Überschreitg dieses Limits, nein (Ffm NJW-RR **91**, 1465).

124 **l) Lagergeschäft:** Unwirks sind auch nach der Neuregelg der Haftg dch HGB 475: Freizeichng für das Abhandenkommen od die Beschädigg von Lagergut, §§ 309 Nr 7 b u 8 b, 307 II Nr 2 (KG VersR **82**, 372, Hbg VersR **82**, 1104); Beweislastregelgen, wonach der Einlagerer die Beweislast für Umstände aus dem Bereich des Lagerhalters trägt, § 309 Nr 12 (KG aaO). – Verpfl zur Zahlg im **Lastschriftverfahren:** Wirks Verpfl zur Erteilg einer Einziehgsermächtigg (BGH NJW **96**, 988, Nürnbg NJW-RR **95**, 1144), unwirks die Verpfl zur Zahlg im AbbuchgsVerf (Kblz NJW-RR **94**, 689). – **Laufzeitregelungen:** § 309 Nr 9. **Leasing-**
125 **verträge:** Vgl Einf 37 ff vor § 535. – Ein **Leistungsbestimmungsrecht** kann sich der Verwder nur vorbehalten, wenn dafür ein berechtigtes Interesse besteht. Eine Befugn zur einseit Änderg wesentl VertrBdggen (Gebiet des VertrHändlers) kann nur dann formularmäß begründet w, wenn schwerwiegde Grde dies rechtfertigen (BGH **89**, 211). Erforderl ist weiter, dass die Voraussetzgen u der Umfang des LeistgsbestimmgsR hinreichd tatbestandl konkretisiert sind (BGH **82**, 26, **93**, 47, NJW **94**, 1063, **00**, 651). Vgl zu Preis/Zinsändergsklauseln § 309 Rn 8 ff. Im kaufm Verk können LeistgsbestimmgsR (ÄndergsVorbeh) ausnw auch ohne eine Konkretisierg zul sein, vorausgesetzt, dass die berecht Belange des and Teils ausr gewahrt sind. Das kann anzunehmen sein, wenn die Part im wesentl gleichgerichtete Interessen vertreten (BGH **93**, 259) od wenn die PrÄnderg auf den am Markt dchgesetzten Pr beschränkt w (BGH **92**, 203). Vgl zu Schiedsgutachten Rn 144. – **Leistungsverweigerungsrechte** s § 309 Nr 2.

126 **Lohn- u Gehaltsabtretungen** in den Bedinggen eines KreditkaufVertr verstoßen gg § 305 c I, zugl aber auch gg § 307 I, da idR der EigtVorbeh zur Sichg des Verkäufers ausr (Karlsr NJW **81**, 405, Hamm BB **83**, 1307). Entspr gilt für AbtrKlauseln in MietVertr (LG Lübeck NJW **85**, 2958), LeasVertr (Celle NJW-RR **94**, 562) u in Bürgsch (SozG Düss NJW-RR **89**, 756). In KreditVertr sind AbtrKlauseln grdsl zul; sie müssen aber dem BestimmthErfordern genügen (BGH **108**, 98/104). Die Rspr, dass fehlde Vorkehrgen gg eine Übersichg u unangem Verwertgsregelgen die Abtr *im ganzen* unwirks machen (BGH aaO u NJW **92**, 2626) sind dch BGH GrZS **137**, 212 wohl überholt (Rn 149). Die Abtr ist aber ungült, wenn sie zu Lasten eines Schuldmitübernehmers erfolgen soll (Ffm WM **87**, 131) od wenn der Kredit dch eine SichgÜbereigng od in sonst Weise ausr gesichert ist (Ffm NJW **86**, 2712). – **Lotto- u Toto-Teilnahmebedingungen:** AusschlFr von 3 Mo für die Geltdmachg von Anspr sind zul (Celle NJW-RR **86**, 833), beim Rennquintett (Pferdewette) eine Fr von 13 Wo (BGH NJW **91**, 1745). Vgl auch § 309 Nr 7 b letzter Halbs.

127 **m) Maklerverträge:** Unwirks: Alle Klauseln, die einen erfolgsunabhäng ProvAnspr begründen sollen (Rn 29); Klauseln über den Ers von Aufwendgen ohne Bezug zu dem im konkreten Fall entstandenen Aufwand (aaO); unkündb Maklerbindg für Vermietgen bei Kauf einer FerienWo (BGH NJW **86**, 1173). Zum
128 Leitbild s § 652. – **Mietverträge** (Kinne ZMR **00**, 7939). Ja = unwirks; nein = wirks. – **aa) Allgemeines.** Verpflichtg, die Miete im LastschriftVerf zu zahlen, s Rn 124. Ausschluß der schuldunabhäng Haftg aus § 536 a, nein (BGH NJW-RR **91**, 74, **93**, 519). Ausschluß der Haftg des Vermieters für einf Fahrlk, ja (Hbg NJW-RR **01**, 1230; aA Stgt NJW **84**, 2226) Begründg einer schuldunabhäng Haftg des Mieters, ja (BGH NJW **92**, 1762, LG Hbg NJW-RR **99**, 663), auch wenn sie auf Schäden begrenzt w, „die üblicherw versichert w können" (BGH aaO). Begründg einer über die Grenzen des § 278 hinausgehden Haftg des Mieters für Dr, ja (BGH NJW **91**, 1752), einer GesHaftg der Mieter bei Verstopfg der Kanalisation od bei sonst Schäden ungeklärter Ursache, ja (Hamm NJW **82**, 2005). Schriftform für die Erlaubn gem § 540, ja (BGH NJW **91**, 1751). Freie Widerruflichk der Erlaubn zur Untervermietg, ja (BGH NJW **87**, 1692). Abbedingen des § 545, nein (BGH aaO). Recht zur Büchereinsicht bei Umsatzmiete ohne konkreten Anlaß, ja (Emde WuM **96**,

740). SchuldMitÜbern des alten Mieters für den in den Vertr eintretden neuen, ja (Düss NJW-RR **94**, 1015). Zusicherg des Mieters, er habe keine eidesstattl Vers abgegeben, ja (KG MDR **99**, 923). – **bb) Wohnraum-** 129
miete. Abwälzg der **Schönheitsreparaturen** auf den Mieter, grdsl nein (BGH **92**, 367, **101**, 261, **105**, 77, NJW **98**, 3114, näher § 535 Rn 43, zu Fristenpläne s Häublein ZMR **00**, 139). Verpfl zur Dchführg von **Kleinreparaturen,** ja (BGH **118**, 194). Wirks ist aber die Überwälzg der Kosten, wenn sie auf die Teile der Mietsache beschränkt w, die häufig dem Zugriff des Mieters ausgesetzt sind, u wenn eine Jahreshöchstgrenze festgelegt ist (BGH **108**, 7, NJW **91**, 1752); diese darf eine Monatsmiete nicht übersteigen (Hbg NJW-RR **91**, 1168). Beteiligg an den Kosten größerer Reparaturen u Neuanschaffgen, ja (BGH aaO, Ffm NJW-RR **98**, 368). Freies BestimmgsR des Vermieters über den Umleggsmaßstab für Nebenkosten, ja (BGH NJW **93**, 1062, s jetzt § 556 a). EntgeltsPfl des Mieters für die Führg des Kautionskontos, ja (LG Mü NJW-RR **98**, 417). Zusätzl Belastg mit einer Verwalterpauschale, ja (LG Brschw NJW-RR **91**, 1230, WoM **96**, 283). Ausschluß der Vermieterhaftg für die verspätete Überlassg der Wo, ja (Mü NJW-RR **89**, 1499). Totales Verbot der **Tierhaltung,** ja (BGH NJW **93**, 1062, § 535 Rn 26), mit Ausn für Zierfische u Ziervögel, nein (AG Essen NJW-RR **96**, 139). Verbot der Haltg von Hunden u Katzen, angebl ja (AG Köln NJW-RR **95**, 1416). Rauchverbot, ja (aA Brötel JuS **93**, 681). Einschränkg der HeizPfl des Vermieters uU ja (BGH NJW **91**, 1753; Ffm NJW-RR **92**, 397). Überwälzg der Gehwegreinigg auf den Erdgeschoßmieter, nein (Ffm NJW **89**, 41; LG Marburg NJW-RR **90**, 1484). Umfassdes Zutrittsrecht des Vermieters, ja (Mü NJW-RR **89**, 1499). Gesamtwirkg der von einem Mieter ausgesprochenen Künd, ja (LG Bln MDR **83**, 757). VollmKlauseln s Rn 163. KündR des Vermieters allein wg der Garage bei einheitl Vertr über Wo u Garage, ja (AG Menden ZMR **99**, 263). Verpfl, bei Mietende Dübeleinsätze u Bohrlöcher zu beseitigen, ja (BGH NJW **93**, 1063). Verpfl, den Teppichboden bei Mietende dch Fachfirma reinigen zu lassen, ja (LG Stgt NJW-RR **89**, 1170). Aufwandspauschale bei vorzeitiger Aufhebg des Vertr auf Wunsch des Mieters, nein (Hbg NJW-RR **90**, 909).
– **cc) Geschäftsräume.** Überwälzg des Risikos des Fehlens einer behördl Gen auf den Mieter, ja (BGH 130
NJW **88**, 2664, NJW-RR **93**, 519, Köln VersR **95**, 840). Verpfl, alle behördl Auflagen auf eig Kosten zu erfüllen, ja (Celle MDR **99**, 1434). Überwälzg der InstandhaltgsPfl auf den Mieter, ja (Dresd NJW-RR **97**, 395, Naumbg NJW-RR **00**, 823). Verpfl des Mieters zum Abschl von VersVertr zur Sichg des MietObj, idR nein (Haase WiB **97**, 1074). RechtzeitigkKlausel, die auf den Eingang der Miete auf dem Vermieterkonto abstellt, nein (BGH NJW **98**, 2664). Ausschluß des Konkurrenzschutzes des Mieters, nein (Hbg NJW-RR **87**, 403; Düss BB **92**, 1889). BetrPfl des Mieters, nein (Düss NJW-RR **99**, 305, Hamann ZMR **01**, 581), aber bei Kombination mit Sortimentsbindg u Versagg von Kokurrenzschutz uU ja (Schlesw SchlHA **99**, 312). Überwälzg der ZweckentfremdgsAbgabe, nein (KG NJW **96**, 1224). KündRegelg bei Zahlgsverzug des Mieters, die vom Leitbild des § 543 erhebl abweicht, ja (BGH NJW **87**, 2506). Ausschluß des SonderKündR des § 540 I 2, ja (BGH **130**, 50). Regelg, die einen Teil 30 Jahre bindet, dem and aber ein 6-monatiges KündR einräumt, ja (Hbg NJW-RR **92**, 75). Bindg des Mieters für 9 Jahre, des Vermieters aber für 20 Jahre, nein (BGH NJW **01**, 3480, Mieter-AGB). Ausschluß der ipso-jure-Wirkg der Minderg u Verweis des Mieters auf § 812, nein (BGH **91**, 383, NJW-RR **93**, 519, Hamm NJW-RR **98**, 1020). – **dd) Kraftfahrzeuge.** 131
Ausschluß der Vermieterhaftg auch für grobes Verschulden u die Verletzg von Kardinalpflten, ja (Hbg NJW-RR **89**, 881). Verpfl des Mieters, den Vermieter von allen Anspr Dr freizustellen, ja (Ffm DB **82**, 948). Hinausschieben des Beginns der VerjFr des § 548, ja (BGH NJW **84**, 289, **86**, 1609, Karlsr NJW-RR **92**, 244). Verpfl, währd der Reparaturzeit die volle Miete weiter zu entrichten, wohl nein (Zweibr VersR **81**, 962). Formularmäß Bestätigg der gefahrenen Km, ja (Hbg NJW-RR **89**, 882). Ist gg Zahlg eines zusätzl Entgelts zG des Mieters eine Haftgsfreistellg vereinbart worden, muß diese dem **Leitbild der Kaskoversicherung** entsprechen (BGH **70**, 309, NJW **81**, 1211, Düss BB **97**, 702). Der Ausschluß der Haftgsfreistellg bei Überlassg der Pkw-Führg an einen Dr (BGH NJW **81**, 1211) od bei Nichtbeachtg der Dchfahrtshöhe einer Unterführg (Köln OLGZ **82**, 371) sind daher unwirks, ebso ein HaftgsVorbeh für einf Fahrlässigk des Fahrers (BGH NJW **82**, 987) u für das Fehlen einer einjähr Fahrpraxis des Fahrzeuglenkers (Hamm NJW-RR **92**, 1275). Wirks sind dagg die sog Führerscheinklausel (BGH NJW **84**, 290), Klauseln, die sich aus der StVO ergebden Pfl wiederholen (KG NJW-RR **00**, 1659) u die Klausel, dass der Verzicht auf eine polizeil Unfall-Aufn zum Wegfall der Haftgsfreistellg führt (BGH NJW **82**, 167, Stgt VersR **88**, 98). – **ee) Technische** 132
Anlagen. Überwälzg der gewöhnl Erhaltgskosten bei Miete einer Baumaschine, nein (Saarbr NJW-RR **97**, 248). Pauschalierg des NichtErfSchadens auf 50% der ausstehden Entgelte bei Vertr über Fernsprechnebenanlage, nein (§ 309 Rn 25). Laufzeit von 10 Jahren, nein (BGH NJW **85**, 2328, Karlsr NJW-RR **94**, 953, Celle MDR **00**, 19, aA Löwe NJW **95**, 1726, AG Brem NJW-RR **00**, 1585), von 12 Jahren beim Breitbandkabelanschluß, nein (BGH NJW **93**, 1133), aber 10 Jahre ja bei Vertrag über Anrufbeantworter im nichtkaufm Verk (LG Hildesheim NJW-RR **89**, 56, Löwe aaO, aA Strauß NJW **95**, 697). PrAnpassgsklausel, die eine Gewinnausweitg ermöglicht, ja (BGH NJW **90**, 116, ZIP **92**, 626, Köln VersR **95**, 796, § 309 Rn 8). –
ff) Verschiedene Mietobjekte (Werbeflächen, Messestände, Lagerraum, Schrankfächer, Wäsche usw). Län- 133
gere Laufzeit als 3 Jahre bei Werbeflächen u Laufzeitverlängerg um 3 Jahre bei NichtKünd, nein (LG Gießen NJW-RR **90**, 567, LG Potsdam Urt v 14. 1. 99, 7 S 284/98). Laufzeit von 30 Jahren bei Vertr über das Aufstellen von Werbetafeln, ja (s Celle NdsRpfl **90**, 10, aA Hamm NJW-RR **92**, 270); von 10 Jahren, nein (LG Ffm NJW-RR **01**, 1150); völliger Ausschluß des ordentl KündR, ja (LG Kassel NJW-RR **95**, 269). Recht des Vermieters auf Zuweisg eines and Messestandes, ja (Köln NJW-RR **90**, 1232). BetrPfl für den Mieter eines Marktstandes, nein (BGH NJW-RR **92**, 1033). HaftgsAusschl für einfache Fahrlässigk bei Schrankfachmiete u Lagerraum, nein (Kblz NJW-RR **97**, 331, MDR **99**, 1375). An das Kostendeckgsprinzip gebundenes Recht zur Mieterhöhg, nein (Köln NJW-RR **90**, 401). Vorauszahlgsklausel in Tennisplatz-MietVertr, nein (Düss NJW-RR **99**, 1437). Verpfl, die gemietete Wäsche nach Künd zum Zeitwert zu übernehmen u Festsetzg des Zeitwerts auf mindestens 50% des Wiederbeschaffgswerts, ja (Celle NJW-RR **98**, 998, Brdbg MDR **00**, 1003).

Mobilfunkbetreiber. Unwirks: RücktrR des Betreibers bei Zw an der Kreditwürdigk des Kunden (Düss 134
NJW-RR **97**, 374). Recht des Betreibers, die RufNr des Kunden aus techn od betriebl Grden zu ändern (Schlesw NJW-RR **98**, 54). Ausschluß von Einwendgen, wenn sie nicht binnen 1 Mo geltd gemacht worden sind (Schlesw aaO, aA Köln WiB **97**, 1316). Völlige Haftgsfreistellg des Betreibers im ZusHang mit Leistgen ausl Betreiber (Düss aaO). Abkürzg der Verj für SchadErsAnspr gg den Betreiber auf eine absolute Fr von 2 od

3 Jahren (Düss u Schlesw aaO). Zu Gebührenregelg für Deaktivierg, EinzelgesprächsNachw, Rücklastschriften u Sperrkosten, s Schlesw ZIP **01**, 1963, LG Mü NJW-RR **01**, 278, Lindacher ZIP **02**, 51.

135 **p) Parkplatz** s Rn 90 „BewachgsVertr". – **Pfandrechte:** Übbl 2 v § 1204. – **Postdienst-AGB.** Zur Einbez s § 305 a Nr 2. Die Überprüfg der AGB dch Rspr u Lit steht noch aus. Vgl aber BGH NJW **95**, 875, H. Schmid, PostbefördergsVertr u AGBG, 1995, u zu den Bdggen des Postzeitgsdienstes BGH NJW **96**, 2374.
136 – **Preisänderungsklauseln** s § 309 Rn 9 ff. – **Qualitätssicherungsvereinbarungen.** Die Abbedingg von HGB 377 ist – ebso wie in EinkaufsBdggen Rn 102 – grdsl unwirks (D. Schmidt NJW **91**, 150; Grunewald NJW **95**, 1778; sehr str, aA Steinmann BB **93**, 873), jedoch ist eine zeitl Streckg des Untersuchgszeitraums zul (Schmidt aaO). Unwirks ist auch – ebso wie in EinkaufsBdggen – die Qualifizierg aller BeschaffenhAngaben zu zugesicherten Eigensch, jetzt Garantien (Schmidt S 147, Steckler WiB **97**, 1067) u die Auferlegg einer übermäß DokumentationsPfl (AGB-Klauselwerke/VertrR-Qualitätssichg/v Westphalen Rn 24), wirks die Begründg eines angem begrenzten Überwachgs- u ZutrittsR des Verwders (Schmidt S 150; von Westphalen Rn 24 u 26).

137 **r) Rechtsanwälte:** Die Zulässigk von vertragl Haftgsbegrenzgen regelt BRAO 51 a. Haftgsbeschränkgen, die die Grenzen des BRAO 51 a einhalten, sind auch nach § 307 nicht zu beanstanden (Rn 67). Unwirks sind: Abkürzg der ohnehin recht kurzen 3-jährigen VerjFr des § 51 b BRAO auf 2 Jahre (Bunte NJW **81**, 2660); Abkürzg der AufbewahrgsFr des BRAO 50 auf 1 Jahr (LG Kblz BB **87**, 1490); AbtrKlausel in
138 VollmUrk (OVG Münst NJW **87**, 3029). – **Rechtsverfolgungskosten:** Die Belastg mit Kosten der RVerfolgg, für deren Ers weder das materielle Recht noch die Vorschr der ZPO eine RGrdlage bieten, ist gem § 307 II Nr 1 unwirks (BGH NJW **85**, 324, LG Verden NJW-RR **87**, 430). Unbedenkl ist aber die Abwälzg der Kosten einer DrittwiderspruchsKl, soweit diese zur Verteidigg des Sichg- od VorbehEigt des Verwders notw war (BGH NJW **93**, 657).
139 **Reiseverträge:** Reise- u HotelaufnBdggen: AGB-Klauselwerke/Kappus. Reisebüros: Tempel NJW **99**, 3657. Die Verbandsklage (UKlaG 1) ist auch zul, wenn die Klausel bereits wg Verstosses gg die §§ 651 a ff unwirks ist (BGH **87**, 197, **119**, 166). Der Veranstalter, auch der Anbieter von FerienWo, der die zu erbringden Leistgen als eig offeriert hat, kann sich nicht auf eine Vermittlerklausel berufen, §§ 651 a II, 307 II Nr 1 (BGH **119**, 166). Unwirks nach den §§ 307 ff sind: Preisändergsklauseln (§ 309 Rn 9 ff), für die aber auch die Schranken des § 651 a III u IV gelten, Vorbeh zum Rücktr od zur LeistgsÄnderg, soweit sie die Beschrkgen des § 308 Nr 3 und 4 nicht beachten (s dort); Beschränkg des Leistgsumfangs dch Verweis auf Landesüblichk (BGH **100**, 173); die Fiktion, dass eine Umbuchg als Rücktr verbunden mit einem neuen VertrAngebot aufzufassen ist, § 308 Nr 5 (BGH **119**, 169); Haftgsausschluß für die Verletzg der Pfl, den Reisden ungefragt über die Einreisebestimmgen des Ziellandes zu unterrichten (BGH NJW **85**, 1165; LG Ffm NJW-RR **87**, 175); HaftgsAusschluß des Anbieters von FerienWo für Verpfl des WoEigtümers (BGH **119**, 166); Haftgsbeschränkg auf den gezahlten Preis (BGH **119**, 167); HaftgsAusschluß für Mängel, die nicht unmittelb dem Obj anhaften (BGH **119**, 172); Begründg einer schuldunabhäng Haftg des Reisden (BGH **119**, 168); unrichtige Darstellg der Obliegenh des Reisden beim Auftreten von Mängeln u Nichterreichbark der örtl Reiseleitg (BGH **119**, 170, NJW **93**, 263); AbtrVerbot bei ausschließl AnsprBerechtigg des Anmelders (BGH **108**, 55); Regelg, dass Mängelanzeigen u Abhilfeverlangen bei Fehlen einer örtl Reiseleitg nur an die Zentrale zu richten sind (BGH aaO); Klausel, dass die für die FerienWo gestellte Kaution erst 2 Wo nach Abreise zu erstatten ist (BGH **109**, 37); in einer Rückzahlgsquittg enthaltener umfassder Verzicht auf ErsAnspr (LG Ffm NJW **83**, 234), Klauseln, die die Empfangszuständigk des Reisebüros für AnsprAnmeldgen, Rücktr-Erkl u ähnl ausschließen od beschränken (LG Ffm NJW-RR **87**, 745, Mü NJW-RR **87**, 493, aA LG Kleve NJW **99**, 1117), HaftgsAusschl od Beschränkgen, die die Schranken des § 651 h nicht einhalten (Düss NJW-
140 RR **87**, 888, Mü aaO, Köln NJW-RR **00**, 1509). Dagg sind grdsl **wirksam:** Begründg einer VorleistgsPfl des Reisden, jedoch nur in den Schranken des § 651 k nF; HaftgsBeschrkgen auf den dreifachen Reisepreis in den Grenzen des § 651 h, jedoch darf die Haftg für delikt Anspr nicht beschränkt w (BGH **100**, 182, Tempel NJW **96**, 1627); Entschädiggsregelgen für den Fall des Rücktr gem § 651 i II u III (dort Rn 4); Ausdehng derVerjFr des § 651 g II auf alle vertragl Anspr (LG Ffm NJW **82**, 1538, aA Mü NJW-RR **87**, 493).
141 **Reparaturverträge** (AGB-Klauselwerke/vWestphalen: ReparaturVertr). Unwirks sind: Vorleistgsklauseln, die vom Leitbild des § 632 a abweichen (dort Rn 3); ZahlgsPfl für eine erfolglose Fehlersuche, § 307 II Nr 1 iVm § 631 (Ul/Br/He AGBG § 11 Anh 602); Erweiterg des Auftr auf Arbeiten, die der Handw für notw hält (BGH **101**, 311, Köln NJW **86**, 2579); HaftgsRegelgen, soweit sie mit § 309 Nr 8 b unvereinb sind (s dort). Wirks sind dagg: Vereinbg einer Vergütg nach Zeit (Stgt NJW-RR **91**, 252); Haftgsbegrenzgen für einf Fahrlässigk, soweit sie in einem angem Verhältn zum vertragstyp Schadensrisiko stehen (Wo/Ho/Li AGBG R 139), AusschlußFr für die Beanstandg von Rechngen (Wo/Ho/Li AGBG R 129). Vgl auch bei „Kosten-
142 voranschlag", „PfandR", „WerkVertr" u „WartgsVertr". – **Rücktrittsrecht** des Verwdgsgegners iF der Schlecht- od NichtErf § 323 ff): Unwirks ist die Befristg auf 1 Wo u das Erfordern einer schriftl RücktrErkl (Köln DB **88**, 1488), ebso ein freies RücktrR des Verwders (BGH NJW **97**, 2044).

143 **s) Schiedsvereinbarungen** bedürfen bei Beteiligg eines Verbr der Form des ZPO 1031 V. Sie können wg der inhaltl Ausgestaltg od wg der Umst ihres Zustandekommens gg § 307 verstoßen (§ 310 Rn 45). Im Verk zw Untern sind Schiedsklauseln wg des gemeins Interesses an einer raschen Streiterledigg idR mit § 307 vereinb (Schwab/Walter 4. Aufl S 44, Lachmann/Lachmann BB **00**, 1633, aA Spieker ZIP **99**, 2138 für Kleingewerbetreibde). Sie sind aber unwirks, wenn sie Teil eines vorformulierten VertrWerkes sind, das in wesentl Pkten gg die §§ 307 ff verstößt (BGH **115**, 325, krit Schumann NJW **92**, 2065) od wenn sie dem Verwder bei der Besetzg des SchiedsGer ein Übergewicht einräumen (Düss NJW **96**, 400). Entspr gilt, wenn sie für den Verwder ein WahlR zw Schieds- u StaatsGer vorsehen u dieses auch noch ausgeübt w kann,
144 nachdem der and Teil das StaatsGer angerufen hat (BGH NJW **99**, 282). – **Schiedsgutachten** (§ 317 Rn 4) können dazu beitragen, bestehden Streit zu vereinfachen u seine Beilegg zu beschleunigen. Schiedsgutachtenklauseln verstoßen nicht gg § 309 Nr 12, aus § 307 ergeben sich aber folgde Anfordergen: **(1)** Die Unparteilichk des Schiedsgutachters muß sichergestellt sein, entweder dch Auswahl einer auch aus der Sicht des Verwdgsgegners vertrauenswürd Stelle od dch Einräumg eines AblehngsR (Naumbg VIZ **98**, 412, 415, ähnl

AGB-Klauselwerke/v Westphalen Rn 12). **(2)** Dem Verwdgsgegner muß ein Anspr auf rechtl Gehör zustehen (LG Ffm NJW-RR **88**, 1133, Wo/Ho/Li AGBG § 9 Anh Rn S 24, aA Ffm DB **87**, 2195). **(3)** Das Recht, das Schiedsgutachten wg offenb Unrichtigk anzufechten (§ 319 Rn 3 ff), darf nicht eingeschränkt w (BGH **101**, 317, Köln NJW **86**, 2580, Düss NJW-RR **00**, 279). **(4)** Die Nachteile, die dem Kunden aus einem möglw unricht Gutachten entstehen können, dürfen nicht unverhältnismäß sein (BGH **115**, 331). Bei Häusern ist die Feststellg od Nichtfeststellg von Mängeln mit so erhebl Risiken verbunden, dass eine Schiedsgutachtenklausel unwirks ist (BGH **115**, 331, Düss BauR **95**, 559). Die Klausel, wonach ein Gebrauchtwagen zum DAT-SchätzPr – x% in Zahlg genommen w, ist nur wirks, wenn der Kunde darüber aufgeklärt w, dass die DAT nicht den VerkWert, sond den HändlereinkaufsPr ermittelt (s BGH NJW **83**, 1854). – **Schlüsseldienst:** 145
Die Regelg, dass der Verwder bei Nichtabholg nach angem Fr leistgsfrei w, ist wirks (BGH NJW **92**, 1628), ebso eine BindgsFr von 5 Jahren, wenn es allein um den Ers verlorener Schlüssel geht (KG NJW-RR **94**, 1267).

Schriftformklauseln: Soweit sie für Nebenabreden u VertrÄndergen konstitutiv die Einhaltg der Schrift- 146
form fordern, verstoßen sie gg § 305 b (dort Rn 5), sind aber zugl auch gem § 307 unwirks (Karlsr NJW **81**, 406, Hamm NJW-RR **94**, 631, Ul/Br/He AGBG § 11 Anh 634, Teske Schriftformklauseln in AGB, 1990, str); das gilt auch für Klauseln, nach denen eine Vergütg für eine Zusatzleistg eine schriftl Vereinbg voraussetzt (Karlsr NJW-RR **93**, 1435). Dem entspr im wesentl die Rspr des BGH (NJW **82**, 1389, **85**, 321, **86**, 1809, **01**, 292), die aber fallbezogen Ausn zuläßt (BGH NJW **80**, 235, **82**, 333). Soweit die Klausel entgg § 125 Rn 14 für VertrÄndergen die Einhaltg der Schriftform vorschreibt, ist sie auch nach der Rspr des BGH auf jeden Fall unwirks (BGH NJW **91**, 1751, 2559, **95**, 1488, **01**, 292). **Bestätigungsklauseln,** die die 147
Wirksamk mdl Abreden von einer schriftl Bestätigg abhängig machen, sind gleichf wg unangem Benachteiligg des Verwdgsgegners unwirks (Ul/Br/He AGBG aaO, Teske aaO S 279 ff). Dagg sind **personenbezogene** Bestätiggsvorbehalte an sich zul, soweit sie Zusagen betreffen, die ohne Vertretgsmacht abgegeben worden sind. Sie erfassen idR aber auch Erkl, für die nach HGB (50 ff) od nach den Grds der Duldgs- od AnschVollm Vertretgsmacht besteht u sind dann wg des Verbots geltgserhaltder Reduktion im ganzen unwirks (s BGH NJW **82**, 1390, AGB-Klauselwerke/v Westphalen Rn 29). **Vollständigkeitsklauseln** sind wirks, soweit sie 148
ledigl die Vermutg der Vollständigk u Richtigk der Urk wiederholen (BGH **79**, 287, **93**, 60, NJW **00**, 207); sie verstoßen aber gg §§ 305 b, 307 u 309 Nr 12, soweit sie eine unwiderlegb Vermutg begründen sollen (Wo/Ho/Li AGBG § 9 S 50). – Das formularmäß **Schuldanerkenntnis** zG eines VerkBetr kann gg § 307 verstoßen (Karlsr NJW **91**, 112).

Sicherungsübertragungen: Es ist mit § 307 vereinb, dass die SichgÜbereigng (SichgAbtr) nicht auflösd 149
bedingt ausgestaltet w (BGH NJW **84**, 1184). Die fr Rspr, dass die Bestellg von **revolvierenden Sicherheiten** nur wirks sei, wenn die formularmäß Regelg dem SichgG iF einer nachträgl Übersichg einen FreigabeAnspr einräume u diesen angem ausgestalte, hat der BGH aufgegeben (BGH GrZS **137**, 212). Der SichgG hat bei revolvierden Sicherh iF nachträgl Übersichg einen ermessensunabhäng FreigabeAnspr. Das gilt auch dann, wenn der SichgVertr keine od nur eine ermessensabhäng FreigabeRegelg enthält. Formularmäß Regelgen, die den FreigabeAnspr des SichgG einschränken od ausschließen, sind unwirks, der Vertr iü bleibt aber wirks (BGH **137**, 212, **138**, 367 u NJW-RR **98**, 1123). Enthält der Vertr keine od eine unangem hohe Deckgsgrenze, so beträgt diese unter Berücksichtigg der Kosten der Verwaltg u Verwertg der Sicherh, bezogen auf den realisierb Wert des SichgGutes, 110% der gesicherten Fdgen. Allgem gült Maßstäbe für die Bewertg der SichgGgstde lassen sich im voraus weder bei der SichgÜbereigng noch bei der Globalzession festlegen. Die Grenze für das Entstehen eines FreigabeAnspr liegt nach dem RGedanken des § 237 S 1 idR bei 150% des Schätzwertes des SichgGutes. Die 150% enthalten auch die Kosten, die dch den Zuschlag von 10% auf die Deckgsgrenze erfaßt werden sollen. Die Kosten rechtfertigen daher keinen Zuschlag auf die 150% (BGH aaO). – **Sportcenter** s Fitness-Center. Der Betreiber einer Indoor-Outdoor-Kartinganlage, kann die von der 150
Rspr für gefährl Sportarten entwickelte Haftgsmilderg (§ 823 Rn 122) nicht formularmäß abbedingen (AG Rheine NJW-RR **00**, 1587). – **Steuerberater:** Haftgsregelgen, die StBerG 67 a entspr, sind nicht zu beanstanden (Rn 67). Das KündR aus § 627 kann nicht abbedungen w (Kblz NJW **90**, 3153). Auch Abkürzgen der ohnehin recht kurzen 3 jährigen VerjFr des StBerG 68 sind nicht zul.

t) Telekommunikationsdienstleistungen. Es gilt die aGrd des TKG 41 erlassene TKV, sie unterliegt als 151
Ges im mat Sinn nicht den Schranken der §§ 305 ff (Schulz NJW **99**, 765). Kontrollfäh sind aber die von den Anbietern zur TKV erlassenen ergänzden AGB. Wirks: Regelg, wonach AGB-Ändergen 1 Mo nach Mitteilg wirks wird, wenn der Kunde nicht widerspricht (Köln NJW-RR **01**, 639). Unwirks: Befugn, die Daten über Telefongespräche (ZielrufNr, Dauer des Gesprächs) sofort zu löschen (LG Flenbg NJW-RR **01**, 488). Beschränkg der Gültigkeitsdauer der Telefonkarte, wenn die Klausel die Erstattg des Restwerts ausschließt (BGH NJW **01**, 2635). Festsetzg eines Entgelts für die Deaktivierg, Einzelgesprächsnachweise, Rücklastschriften u Sperrkosten (LG Mü BB **00**, 2173). – **Treuhandanstalt** (Wächter/Stender NJW **00**, 395). Währd die 152
von den Erwerbern übernommenen ArbPlatzzusagen u InvestitionsVerpfl idR individuell ausgehandelt worden sind (Düss VIZ **97**, 437), sind die beim Verkauf von Untern u Grdst verwandten formularmäß Klauseln AGB (s BGH **141**, 39, NJW **99**, 2662). Nachbewertgsklauseln sind aber gem § 307 III einer InhKontr entzogen (BGH NJW **01**, 2399, aA Naumbg OLG-NL **01**, 73, Kiethe VIZ **01**, 345). Sie sind auch dann nicht nach § 307, sond allenfalls gem § 138 zu beanstanden, wenn die TrHand iF eines Minderwerts nicht zur Erstattg verpfl ist (aA Rstck OLG-NL **96**, 241) od wenn sie iF eines übermäß Mehrwerts weder eine Kappgsgrenze noch eine RücktrR des Käufers vorsehen (aA Brdbg VIZ **00**, 689, Jena OLGR **00**, 83). Fast 3 Jahre nach dem vereinbarten Stichtag kann aber eine Nachbewertg nicht mehr verlangt werden (Naumbg VIZ **01**, 58). Wg der von der TrHand (jetzt BvS) wahrzunehmden AllgInteressen verstoßen die von ihr verwandten GewLAusschluß- (LG Bln ZIP **94**, 1320) u Mehrerlösklauseln idR nicht gg § 307 (Dresd OLG-NL **00**, 73, Arenz/Boz Ali VIZ **97**, 395, aA Jena OLG-NL **99**, 271, LG Magdebg VIZ **00**, 187). Auch verschuldensunabhäng VertrStrafen für die NichtErf von Investitions- u ArbPlatzZusagen sind mit § 307 vereinb (s BGH NJW **99**, 2662, VIZ **99**, 746, Stgt VIZ **00**, 751, einschränkd Brdbg VIZ **00**, 692). Die Strafhöhe ist, auch wenn für beide PflVerletzgen Strafen zu entrichten sind, nicht unverhältnismäß, wenn sie an den Umfang der geschuldeten Leistg anknüpft u dch ihn begrenzt w (BGH **141**, 391, NJW **99**, 2662, ZIP

00, 799). Unangem Schadenspauschaliergen sind aber unwirks (BGH ZIP **96**, 1997), ebso übermäß hohe VertrStrafen (Brdbg VIZ **96**, 735, Düss VIZ **97**, 437) u gg die BRAGO verstoßde standardisierte Vergütgsregelgen für Liquidatoren (BGH **139**, 309). Auch Klauseln über FälligkZinsen sind unwirks (BGH NJW **98**, 991, Blank DNotZ **98**, 345), nicht aber die Verpfl zur Zahlg von Nutzgszinsen (BGH NJW-RR **00**, 1075).

153 **u) Unterrichtsverträge. – aa)** Für den **Fernunterricht** gilt das den Teilnehmer umfassd schützde FernUSG (Einf 22 ff v § 611), das weder dch IndVereinbg noch dch AGB zum Nachteil des Teilnehmers geändert
154 w kann. Die AGB-InhKontr hat daher nur geringe prakt Bedeutg. – **bb)** Beim **Direktunterricht** ist eine VorleistgsPfl des Schülers unwirks, § 307 II 1 iVm § 614 (Ffm OLGZ **93**, 247, Celle NJW-RR **95**, 1465, Wienands MDR **96**, 661). PrÄndergsKlauseln sind unwirks, wenn der Erhöhgsbetrag bereits bei VertrSchl in den Pr hätte einkalkuliert w können (Dörner NJW **79**, 248). Außerdem gelten die Grds von BGH NJW **85**, 856: Die Klausel muß die Voraussetzgen u das Ausmaß der PrÄnderg konkret bezeichnen u dem Schüler für den Fall der Erhöhg ein KündR einräumen. Währd der Schulferien ist der Schüler nicht zur Fortentrichtg des Entgelts verpflichtet (Ffm OLGZ **93**, 247, LG Nürnbg NJW-RR **01**, 1349). Das KündR aus wichtigem Grd (§ 626) kann nicht abbedungen w. Entspr gilt für das KündR aus § 627, dessen Voraussetzgen beim Direktunterrichtsvertrag aber nur ausnw erfüllt sind (BGH **90**, 281, Celle NJW **81**, 2762, Köln NJW **83**, 1002). Das ordentl KündR kann dch Bestimmg einer festen **Laufzeit** ausgeschlossen w. FernUSchG 5, der ein unabdingb KündR erstmals zum 1. Halbjahresschluß vorsieht, ist weder direkt noch entspr anwendb (BGH **90**, 284). Andseits steht § 309 Nr 9 a der Anwendg von § 307 auf kürzere als 2 jährige Laufzeiten nicht entgg (BGH **120**, 113, and aber BGH NJW **97**, 739 zu FitnessVertr). Bei Vollzeitunterricht wird die zul Höchstlaufzeit bei 1 Jahr liegen (AGB-Klauselwerke/v Westphalen Rn 27, in der Tendenz auch BGH **90**, 285), bei einer Ausbildg zum Tänzer, Musikdarsteller u Tanzlehrer ist eine Bindg von 21 Mo zu lang (BGH **120**, 108), bei einer Ausbildg zur Krankengymnastin eine Bindg von 2 Jahren od 21 Mo (KG NJW-RR **89**, 1075, MDR **94**, 348), bei einer Heilpraktikerausbildg eine Bindg von 20 od 24 Mo (Karlsr AGBE V Nr 82, Köln MDR **98**, 1212, LG Bln NJW-RR **86**, 989, **89**, 765, LG Hbg NJW-RR **91**, 373, LG Braunschw MDR **95**, 894, aA Mü NJW-RR **90**, 1016, LG Gießen MDR **00**, 512); dagg soll bei einer Ausbildg zum Psychotherapeuten eine Laufzeit von 20 Mo zul sein (AG Krefeld NJW-RR **95**, 55). Die etwa entstehde Regelgslücke ist dch ergänzde Auslegg zu schließen (§ 306 Rn 7), vielfach dahin, dass ein KündR zum Ende des Schuljahres od Semesters begründet w (BGH **120**, 122). Bei InternatsVertr muß jeweils zum Ende des Schulhalbjahres eine KündMöglichk bestehen (BGH NJW **85**, 2586, Celle NJW-RR **95**, 1465), bei SchulgsVertr zur PersönlichkEntwicklg bereits nach 4 Mo (Celle OLGZ **93**, 367). Klausel, die für die VertrBeendigg trotz Erreichen des erstrebten Abschl eine Künd verlangt, ist unwirks (LG Bonn NJW-RR **99**, 1361).

155 **v) Verjährung:** Seit dem 1. 1. 02 können VerjFr dch IndVereinbgen sowohl abgekürzt als auch verlängert w; Schranken ergeben sich für IndVereinbgen nur aus §§ 202, 475, 138. Die Regelg des § 225 aF, die eine Abkürzg, nicht aber eine Verlängerg der Verj zuließ, hat das SMG aufgehoben. Engere Schranken bestehen für die Abkürzg oder Verlängerg der Verj dch AGB u Klauseln in VerbrVertr. Sie sind gem § 307 II Nr 1 nur wirks, wenn sie mit den Leitbildern des neuen VerjR vereinb sind (§ 202 Rn 7 ff) u die Schranken des § 309 Nr 8 b ff (dort Rn 70) einhalten.

156 **Versicherungsbedingungen.** Auch die AVB von öffr Versicherern unterliegen der InhKontr (BGH **111**, 297). Risikobeschreibgen sind aber nur mit den sich aus § 307 III ergebden Beschrkgen kontrollfähig (Rn 58). Wenn § 307 anzuwenden ist, ist zur Konkretisierg der PrüfgsMaßstäbe in erster Linie auf das VVG abzustellen. Soweit das VVG keine Vorschr enthält, ist gem § 307 II Nr 2 auf den Zweck des VersVertr, notf auf § 242 zurückzugreifen (Bach/Geiger VersR **93**, 659, Schirmer DAR **93**, 321). Neue Einzelfälle: Bdggsanpassgsklausel in der RSchutzVers s BGH NJW **99**, 1865; Bdggen der ArblosenVers s BGH NJW **99**, 2279; AVB der kapitalbildden LebensVers s BGH NJW **01**, 2014; Schulmedizinklauseln s Ffm, Köln, Hbg VersR **01**, 848 ff; AuslKlauseln in der ReisekrankenVers s BGH NJW **01**, 1132, Ffm u Mü VersR **00**, 1097 f; TarifÄndKlauseln in der Kfz-HaftPflVers s BGH VersR **01**, 493; Verwandtenklausel in der KrankenVers s BGH NJW **01**, 3406; LebensVers s BGH NJW **01**, 2012, 2014, Littbarski NJW **01**, 3315, Schwintowski NVersZ **01**, 337. Bei der Satzg der VBL handelt es sich um AVB, die der InhKontr unterliegen (BGH NJW **99**, 3558). Die Ausgestaltg eines VersScheins der LebensVers als qualifiziertes Legitimationspapier verstößt nicht gg die §§ 307 ff (BGH NJW **00**, 2103). Vgl iü 57. Aufl, Präve VersBdggen u AGBG u die VVG-
157 Kommentare. – **Vertragshändler:** Unwirks: Ausschluß der Pfl zum Rückkauf des Ersatzteillagers iF einer Künd des Händlers u für Teile, die älter als 3 Jahre sind (BGH **128**, 67); and aber iF einer unberecht Künd des Händlers (Mü NJW-RR **98**, 1563); Festlegg eines zu geringen Rückkaufswerts (Mü BB **96**, 1685); RückkaufsVorbeh zG des Herstellers, wenn der Vorbeh auch bereits weiterverkaufte Kfz betrifft (BGH NJW **00**, 515); TeilKündR des Herstellers (BGH NJW **00**, 515); uU Recht des Herstellers zur Änderg der VertrBdggen (s § 308 Rn 24). Zu den MusterVertr von Ford u Opel s BGH **89**, 206, **93**, 29; zu denen von Peugeot BGH NJW-RR **88**, 1077; von Daihatsu BGH **124**, 351; von Ferrari BGH NJW **00**, 1191; zur Bemessg der ordentl KündFr s BGH NJW-RR **95**, 1260, LG Stgt NJW-RR **99**, 329. – **Verwertungsgesellschaft-Wort.** Ihre
158 Verteilgsregelgen sind AGB (Mü NJW-RR **99**, 1363). – **Verzichtsklauseln,** die vor allem in vorgedruckten Quittgen enthalten sein können, sind gem §§ 305 c I u 307 unwirks (LG Ffm NJW **83**, 234). Mindestvoraussetzg für einen zul Verzicht ist eine ausdr u gesonderte Erkl des Kunden. Der in einer AbfindgsErkl enthaltene Verzicht ist unwirks, soweit er Anspr gg Dr betrifft (BGH NJW **85**, 970, VersR **86**, 468).

159 Die **VOB/B** erfüllt alle Merkmale des AGB-Begriffs (allgM). Davon geht auch § 309 Nr 8 b ff letzter Halbs aus. Verwder kann sowohl der AuftrN als auch der AuftrG sein; verlangen beide die Einbeziehg der VOB/B ist § 305 unanwendb (§ 305 Rn 13, str). Die in der VOB/B vorgesehenen ErklFiktionen (§§ 12 Nr 5 u 15 Nr 3 S 5) u die Abkürzg der GewlFr auf 2 Jahre (§ 13 Nr 4) sind gem § 308 Nr 5 letzter Halbs u § 309 Nr 8 b ff letzter Halbs einer InhKontr entzogen, sofern die VOB/B **als Ganzes** ohne ins Gewicht fallde Einschränkgen einbezogen worden ist (§ 309 Rn 72, dort auch zu Bedenken gg diese Privilegierg der VOB/B). Die übrigen Vorschr der VOB/B halten richterl InhKontr stand. Sie verstoßen nicht gg die Klauselverbote
160 der §§ 308, 309 (krit Ul/Br/He AGBG § 11 Anh Rn 905). Bei der **Inhaltskontrolle nach § 307** ist zu berücksichtigen, dass die VOB eine kollektiv ausgehandelte u im ganzen ausgewogene Regelg ist. Das schließt es aus, einz ihrer Vorschr gem § 307 für unwirks zu erklären (BGH **86**, 135/141, NJW-RR **91**, 535, 727, Stgt

NJW-RR **00**, 546, stRspr). And ist es, wenn die VOB/B nicht als ganzes einbezogen w, sond ihre Ausgewogenh dch Zusatzabreden in ihrem Kernbereich verändert w (BGH **101**, 357, NJW **95**, 526, stRspr). Bei der dann notw **isolierten Inhaltskontrolle** sind unwirks: § 16 Nr 3 II 1 (BGH **101**, 357, **138**, 176). § 16 Nr 6 S 1 (BGH **111**, 397). § 2 Nr 8 I 1 (BGH **113**, 322). Auch bei einer isolierten InhKontr wirks sind dagg: VOB/B §§ 1 Nr 4 S 1, 2 Nr 5 S 1 u 18 Nr 4 (BGH **131**, 392 u bei einer interessengerecht Auslegg auch § 2 Nr 6 I S 2 (BGH **133**, 44) sowie im kaufm Verk § 10 Nr 2 II (BGH NJW **99**, 942). Ein Eingriff in den 161
Kernbereich der VOB ist nach der Rspr vor allem in folgden Fällen zu bejahen: Recht des AuftrG, den Leistgsumfang zu verringern od den Vertr zu kündigen unter gleichzeit Beschränkg des VergütgsAnspr des AuftrN auf die bereits erbrachten Leistgen (BGH NJW **88**, 55, NJW-RR **90**, 156). Ausgestaltg des EinhPr als FestPr (BGH NJW **99**, 942). Recht des HauptUntern, vom Vertr mit dem SubUntern zurückzutreten u dessen Anspr auf die bereits erbrachten Leistgen zu beschränken, wenn der AuftrG die Arbeiten einstellt (BGH NJW **95**, 526). Beschränkg des Anspr auf Abschlagzahlgen auf 70% od 90% der erbrachten Leistgen (BGH **111**, 394, **113**, 315, Köln NJW-RR **95**, 1401). Wesentl Verschlechterg des VOB/B 2 zum Nachteil des AuftrN (BGH NJW-RR **91**, 534). Abnahme von längst beendeten Arbeiten erst im Rahmen einer GesSchlußAbnahme, Aufrechterhaltg von GewLAnspr wg Mängel, die vor der Abnahme erkannt worden sind, trotz Fehlens eines Vorbeh (BGH NJW-RR **91**, 1238, NJW **95**, 527). Verlängerg der VerjFr für GewLAnspr auf 5 Jahre (Mü NJW-RR **95**, 1301). **Zusatzregelungen** zur VOB/B können unwirks sein, so 162
die Klausel, dass zusätzl Leistgen entgg VOB/B 2 Nr 6 nur bei schriftl Vereinbg zu vergüten sind (Düss BauR **89**, 335), die Klausel, dass der SicherhEinbehalt nicht auf Sperrkonto eingezahlt zu werden braucht (KG BauR **89**, 207) u die Regelg, dass die nicht in die Schlußrechng aufgenommenen Fdgsbeträge (sofort) erlöschen (BGH **107**, 208). Zu den sonstigen AGB im Bauwesen s Rn 88. – **VOL:** Der VOB/B 16 Nr 5 III 2 nachgebildete § 17 Nr 5 ist wirks (Querfeld BB **85**, 490, aA Wahl BB **84**, 644). Bedenkl sind dagg: § 7 Nr 2 u 3; § 10 u § 17 (s näher Johannson BB **81**, 210, Ul/Br/He AGBG § 11 Anh 915).

Vollmachtklauseln: Die Klausel in einem FormularMietVertr, nach der sich Mitmieter ggs zur Entggn 163
von Künd u and einseit WillErkl bevollmächtigen, ist wirks (BGH **136**, 314, aA Schwab JuS **01**, 951), nicht aber die ggs Bevollmächtigg zur Abgabe von WillErkl (Nürnbg NJW **88**, 1220, Ffm NJW-RR **92**, 396). Unwirks ist auch die Klausel in den AVB für RestschuldVers, dass der Rücktr auch ggü der Bank erklärt w darf (KG NJW-RR **92**, 860). Der Baubetreuer kann sich formularmäß eine unbegrenzte Vollm ausbedingen (BGH **67**, 336, Rn 84), nicht aber der im eig Namen tätige Bauträger (Nürnbg NJW **82**, 2326). Geht es dem Verwder ledigl darum, sich einen zusätzl Schu zu verschaffen, ist die VollmKlausel unwirks, so etwa die Vollm, dch die sich die AntrSt od KontenInh ggs zur weiteren KreditAufn bevollmächtigen (BGH **108**, 103, NJW **91**, 924, aA für das Girokonto Oldbg NJW-RR **96**, 1201). Entspr gilt, wenn die VollmKlausel in einem RatenkreditVertr § 425 II unterläuft (BGH **108**, 99). Unwirks ist auch die unbeschränkte ggs Bevollmächtigg in einem BausparVertr (KG NJW-RR **90**, 553). Die TeilgsErkl kann die Vertretg auf Eheg, den Verwalter u and Eigtümer beschränken (BGH DNotZ **88**, 24). Sie kann auch vorsehen, dass nicht erschienene WoEigtümer dch den Verw vertreten w (Ffm OLGZ **86**, 45). In GesellschVertr sind VollmKlauseln schon wg der BereichsAusn in § 310 IV einer InhKontr entzogen (aA Köln ZIP **01**, 1709). Auch **Beschränkungen** einer 164
vom **Unternehmer** erteilten **Vollmacht** sind grdsl kontrollfrei (§ 305 Rn 7). And aber im Anwdgsbereich des 310 III (dort Rn 11), nach der Rspr des BGH angebl auch dann, wenn der Verwder eine gesetzl ausgestaltete Vollm einschränkt (BGH NJW **99**, 1633). Die Vollm, die dem Angestellten des Verwders gem HGB 56 zusteht, kann nach dieser Rspr nicht formularmäß abbedungen w (BGH NJW **82**, 1390, Stgt BB **84**, 2218), ebsowenig die Duldgs- od AnschVollm, wohl aber die InkassoVollm, *arg* HGB 55 III (Hamm ZIP **82**, 590). Die EmpfangsVollm des VersAgenten für die bei Abschluß des Vertr abgegebenen Mitteilgen kann angebl nicht ausgeschl w (BGH **116**, 387). Wirks ist aber die Klausel, dass *spätere* Mitteilgen, die das LebensVersVerhältn betreffen, dem Versicherer schriftl zugehen müssen (BGH NJW **99**, 1633).

Vorfälligkeitsklauseln, wonach das RatenzahlgsR bei Zahlgsverzug des Kunden entfällt, haben keinen 165
VertrStrafCharakter; Grdl der InhKontr ist vielm § 307 (BGH **95**, 372). Sie sind nur wirks, wenn der Eintritt der Fälligk auf schwerwiegde VertrVerletzgen beschränkt w (BGH aaO, Düss BB **97**, 699). Aus der Fassg der Klausel muß sich ergeben, dass sie unanwendb ist, wenn der Schu den Rückstand nicht zu vertreten hat (BGH NJW **85**, 1705, 2330). Das gilt auch im kaufm Verk (BGH **96**, 191). Bei VerbrDarlVertr muß die Klausel § 498 entsprechen, bei and Vertr können auch Regelgen zul sein, die diesem strengen Standard nicht voll genügen (s BGH NJW **85**, 324). – **Vorleistungspflicht** s § 309 Rn 13.

w) Wartungsverträge: Die in DauerWartgsVertr enthaltenen PrÄndergsklauseln fallen nicht unter § 309 166
Nr 1, müssen aber den Anfordergen von BGH NJW **85**, 856 entspr: Die Klausel muß die Voraussetzgen u das Ausmaß der PrErhöhg konkret angeben u dem Kunden für den Fall der Erhöhg ein KündR einräumen (Celle AGBE V Nr 153). Beschränkgen des WartgsUmfangs können wirks sein (Mü BB **90**, Beil 10, S 9). Wirks ist auch die Klausel „Fahrtzeit = Arbeitszeit", da die im Interesse des Kunden für die Fahrt aufgewandte Zeit gleich hohe Kosten verursacht wie die Arbeitszeit (BGH NJW **92**, 688, Thamm DB **85**, 375, aA BGH **91**, 316). Unwirks sind dagg: Klausel „Angefangene Stunden werden als volle berechnet" (Wo/Ho/Li AGBG W 12, aA Ffm AGBE IV Nr 123 S 488); VorauszahlgsPfl für ein ganzes Jahr (Mü OLGZ **91**, 358); Verfall des geleisteten u nicht verbrauchten Vorschusses bei Nichtverlängerg des Abonnements (LG Ffm NJW-RR **99**, 284); Laufzeit von 10 Jahren bei einer veralteten Telekommunikationsanlage (BGH NJW-RR **97**, 942), dagg nicht bei einer neuwert (Stgt NJW-RR **94**, 952, LG Bln NJW-RR **99**, 1436). Das BestimmgsR, ob Neu- od Austauschteile eingebaut w, kann nicht formularmäß auf den Untern übertragen w (LG Ffm aaO). Die HaftgsRegelg muß § 309 Nr 7 b u 8 b entspr.

Werkverträge: Vgl „ArchitektenVertr" Rn 74; „BauVertr" Rn 88; „Kostenvoranschlag" Rn 120; „Repa- 167
raturVertr" 141 u „WartgsVertr" Rn 166. **Unwirksam** sind: Formularmäß Begründg einer VergütgsPfl für Kostenvoranschläge (BGH NJW **82**, 765, jetzt § 632 III) od für sonst Vorarbeiten (BKartA AGBE III Nr 98), es sei denn, dass der Kunde die VergütgsPfl in einer bes unterschriebenen Erkl ausdr übernimmt (KG aaO Nr 99); Klausel, dass Zusagen über die Fertigstellg von Reparaturarbeiten nur bei schriftl Bestätigg verbindl sind (BGH NJW **82**, 1389); Klausel, nach der die zur Bearbeitg übergebene Sache nur gg Abholausweis u nur binnen 3 Mo zurückgegeben wird (Nürnbg NJW-RR **00**, 436); Beschränkg des KündR aus § 649 auf das

Vorliegen eines wicht Grd (Düss NJW-RR **00**, 166). Abbedingen des VergütgsAnspr aus § 649 S 2 (BGH **92**, 249), zB dch die Regelg, dass der AuftrG einz Positionen des Angebots zurückziehen darf (Düss NJW-RR **92**, 216); zul ist aber eine ErsAuftrKlausel (Kblz NJW-RR **92**, 851). Unwirks ist der Ausschluß des Anspr aus § 642 (BGH NJW-RR **90**, 157); Abbedingen des Anspr aus § 648 ohne anderweit Sicherstellg des Untern (BGH **91**, 143); § 648 a hat insoweit keine Änderg gebracht (Karlsr NJW-RR **97**, 658); Änd des § 645 (Köln OLGZ **75**, 323); Haftgsbeschränkg auf Vors u grobe Fahrlässigk (Mü NJW-RR **90**, 1358); HaftgsAusschl für Mangelfolgeschäden bei Verletzg einer KardinalPfl (BGH NJW-RR **96**, 783, Rn 30); Hinausschieben des VerjBeginns bis zur „mängelfreien" Abnahme (Karlsr BB **83**, 727) od bis zur Abnahme dch einen Dr (Mü AGBE IV Nr 23 S 275); drückde Bdggen in SubUnternVertr (Mü NJW-RR **87**, 662); Nichtherausg von bes berechneten Lithographien (Köln NJW-RR **89**, 1274). Dagg sind **wirksam:** Klausel, wonach der Besteller die Kosten eines Spezialwerkzeugs zu tragen hat, dieses aber Eigtum des Unternehmers w (Köln NJW-RR **94**, 53). Klausel, dass der Rechngsbetrag sofort ohne Abzug zu zahlen ist, da sie weder die Aufr noch GewLAnspr ausschließt (Celle NJW-RR **93**, 1334). Zu HaftgsAusschl in WerftBdggen s BGH **103**, 316, NJW-RR **89**, 955.

168 **Wirtschaftsprüfer.** Haftgsbeschränkgen, die WirtschPrüfO 54 a nF entspr, unterliegen nicht der InhKontr (Rn 67). Unwirks sind: Serienschadensklausel in Nr 9 II AAB (v Westphalen DB **00**, 861); Nr 9 III AAB, der die 5-jährige VerjFr des § 51 a WPO dch eine AusschlFr von 6 Mo ab Kenntn vom Schaden wesentl verkürzt (s BGH **97**, 26); Nr 2 III AAB, soweit er die Pfl, Buchfälschgen u Unregelmäßigk aufzudecken, von einem ausdr Auftr abhäng macht (AGB-Klauselwerke/Schäfer WirtschPrüfer Rn 12); Nr 2 IV AAB, soweit er den Prüfer auch bei DauerVertr von der Pfl freistellt, auf nachträgl Ändergen der RLage hinzuweisen (Schäfer Rn 18). – **Wohnungseigentumsgemeinschaft** s WEG 10 Rn 2.

169 **z) Zeitungen und Zeitschriften:** Der Großhändler kann in seinen AGB bestimmen, dass der Händler das volle vom Verwder festgelegte Sortiment zu führen hat, jedoch muß dem Einzelhändler ein RemissionsR zustehen (BGH **82**, 240). Im AbonnementsVertr sind PrErhöhgsklauseln nur wirks, wenn sie Voraussetzgen u Ausmaß der Erhöhg konkret bestimmen u dem Kunden ein KündR einräumen (BGH NJW **80**, 2518, **86**, 3134). Unzul ist die Klausel, dass die Vergütg auch zu zahlen ist, wenn die Zeitg wg höherer Gewalt nicht geliefert w (Schmidt NJW **79**, 19). Bei Vertr mit Zeitschriftenzusteller kann die Mindestlaufzeit auf 1 Jahr festgelegt w (BGH NJW-RR **90**, 1075). – **Zinsänderungsklauseln** s § 309 Rn 10. – **Zulieferverträge.** Zur Konditionenempfehlg BAnz **99**, 20 S 806 s v Westphalen BB **00**, 1529. – **Zurückbehaltungsrecht:** Ausschluß s § 309 Rn 15; Erweiterg s § 309 Rn 63.

308 *Klauselverbote mit Wertungsmöglichkeit.* **In Allgemeinen Geschäftsbedingungen ist insbesondere unwirksam**

1. (Annahme- und Leistungsfrist)
eine Bestimmung, durch die sich der Verwender unangemessen lange oder nicht hinreichend bestimmte Fristen für die Annahme oder Ablehnung eines Angebots oder die Erbringung einer Leistung vorbehält; ausgenommen hiervon ist der Vorbehalt, erst nach Ablauf der Widerrufs- oder Rückgabefrist nach § 355 Abs. 1 und 2 und § 356 zu leisten;

2. (Nachfrist)
eine Bestimmung, durch die sich der Verwender für die von ihm zu bewirkende Leistung abweichend von Rechtsvorschriften eine unangemessen lange oder nicht hinreichend bestimmte Nachfrist vorbehält;

3. (Rücktrittsvorbehalt)
die Vereinbarung eines Rechts des Verwenders, sich ohne sachlich gerechtfertigten und im Vertrag angegebenen Grund von seiner Leistungspflicht zu lösen; dies gilt nicht für Dauerschuldverhältnisse;

4. (Änderungsvorbehalt)
die Vereinbarung eines Rechts des Verwenders, die versprochene Leistung zu ändern oder von ihr abzuweichen, wenn nicht die Vereinbarung der Änderung oder Abweichung unter Berücksichtigung der Interessen des Verwenders für den anderen Vertragsteil zumutbar ist;

5. (Fingierte Erklärungen)
eine Bestimmung, wonach eine Erklärung des Vertragspartners des Verwenders bei Vornahme oder Unterlassung einer bestimmten Handlung als von ihm abgegeben oder nicht abgegeben gilt, es sei denn, dass
a) dem Vertragspartner eine angemessene Frist zur Abgabe einer ausdrücklichen Erklärung eingeräumt ist und
b) der Verwender sich verpflichtet, den Vertragspartner bei Beginn der Frist auf die vorgesehene Bedeutung seines Verhaltens besonders hinzuweisen;

dies gilt nicht für Verträge, in die Teil B der Verdingungsordnung für Bauleistungen insgesamt einbezogen ist;

6. (Fiktion des Zugangs)
eine Bestimmung, die vorsieht, dass eine Erklärung des Verwenders von besonderer Bedeutung dem anderen Vertragsteil als zugegangen gilt;

7. (Abwicklung von Verträgen)
eine Bestimmung, nach der der Verwender für den Fall, dass eine Vertragspartei vom Vertrag zurücktritt oder den Vertrag kündigt,
a) eine unangemessen hohe Vergütung für die Nutzung oder den Gebrauch einer Sache oder eines Rechts oder für erbrachte Leistungen oder
b) einen unangemessen hohen Ersatz von Aufwendungen verlangen kann;

8. (Nichtverfügbarkeit der Leistung)

die nach Nummer 3 zulässige Vereinbarung eines Vorbehalts des Verwenders, sich von der Verpflichtung zur Erfüllung des Vertrags bei Nichtverfügbarkeit der Leistung zu lösen, wenn sich der Verwender nicht verpflichtet,
a) den Vertragspartner unverzüglich über die Nichtverfügbarkeit zu informieren und
b) Gegenleistungen des Vertragspartners unverzüglich zu erstatten.

Vorbemerkung: Vgl zunächst Vorbem v § 307 u § 307 Rn 1–7. – **a) Fassung.** Das SMG hat AGBG 10 sachl unverändert als § 308 in das BGB eingeordnet. Ledigl der Verweis in Nr 1 ist an die neue Numerierg der in Bezug genommenen BGB-Vorschr angepaßt worden. – **b) Bedeutung.** Für die Verbote des § 308 ist kennzeichnd, dass sie unbest RBegr verwenden, die Feststellg der Unwirksamk also eine richterl Wertg erfordert. Sie sind idR Konkretisiergen des § 307 I, einz Verbote knüpfen aber auch an die in § 307 II enthaltenen RGedanken an. Anwendg im Verk zw Untern: § 307 Rn 39 ff u bei den einz Verboten. 1

1) Annahme- und Leistungsfrist (Nr 1). – **a) Allgemeines.** Nr 1 soll gewährleisten, dass der Kunde dch die formularmäß Ausgestaltg der Fr zur Ann des VertrAngebots (1. Halbs) u der LeistgsFr (2. Halbs) nicht unangem benachteiligt w. Sie gilt für **Verträge aller Art,** Halbs 1 ggf auch für dingl Vertr. Dogmat stellen Klauseln über die Dauer der AnnFr keine VertrBdggen dar, da der Vertr vor Ann rechtl noch nicht existiert. Es handelt sich vielmehr um VertrAbschlKlauseln, die das Ges aber hinsichtl der InhKontr den eigentl VertrBdggen gleichstellt (§ 305 Rn 5). 2

b) Annahmefrist: Nr 1 gilt nur, wenn die AnnFr abweichd vom disposit § 148 vom Verwder als *AntrEmpfänger* gesetzt w. Die FrBestimmg dch den Verwder als *Antragden* wird von Nr 1 nicht erfaßt. Die Vorschr ist entspr anwendb, wenn das Zustandekommen des Vertr von einer aufschiebden Bdgg abhäng gemacht w (Karlsr NJW-RR **95**, 504), etwa von einer Bestätigg des Zulieferers des Verwders (Wo/Ho/Li AGBG 10 Rn 8). – **aa) Unangemessene Länge.** Welche Fr angem ist, ist nach Inh u wirtschaftl Bedeutg des Vertr unter Berücksichtigg der beiderseit Interessen u der VerkAnschauung zu entscheiden. Bei Alltags-Gesch ist die HöchstFr 14 Tage (Naumbg MDR **98**, 854), im Kfz-NeuGesch 4 Wo (BGH **109**, 362), im MöbelHandel 3 Wo (Köln NJW-RR **01**, 198), and aber wenn der Kaufggst bei der Verkäuferin bereitsteht u nichts mehr zu klären ist (BGH NJW **01**, 303, Ffm NJW-RR **98**, 566), bei DarlAntr 1 Mo (BGH NJW **88**, 2106), bei Lebensversichergen 6 Wo (Hamm NJW-RR **86**, 388). Bei LeasingVertr sind 2 Mo zu lang (Hamm NJW-RR **86**, 928), dagg sollen bei der Ausschreibg von BauLeistgen dch eine Gem 2 Mo u 6 Tage noch zul sein (BGH **116**, 149). Bei einem Rückkaufsangebot des Erwerbers im sog Einheimischen-Modell ist eine BindgsFr von 20 Jahren nicht unangem (Mü NJW **98**, 1962, § 307 Rn 115). – **bb) Bestimmtheitsgebot.** Ein Dchschnittskunde muß ohne Schwierigk u ohne rechtl Beratg feststellen können, wann die Bindg an sein Angebot endet (s BGH NJW **85**, 856 zur LeistgsFr). Das BestimmthErfordern bezieht sich auf den Beginn u die Dauer der Fr, außerdem aber auch auf etwaige VerlängergsTatbestde. Unzul sind Klauseln, die den FrBeginn von Ereign außerh der KenntnSphäre des Kunden abhäng machen, etwa vom Eingang der Erkl beim Verwder od von Hdlgen des Verwders (BGH NJW **88**, 2106, Hamm NJW-RR **92**, 1075, Naumbg MDR **98**, 854), Bsp s Rn 8. 3 4 5

c) Leistungsfrist. Die Vorschr soll verhindern, dass der Verwder die dem Kunden iF einer FrÜberschreitg zustehden Rechte, vor allem die aus §§ 281, 323 u 280 II iVm § 286, dch unangem lange LeistgsFr aushöhlt. Sie gilt für Leistgen jeder Art. Miterfaßt sind auch FrRegelgen hins der AbnPfl (§ 640) des Verwders (BGH **107**, 78, NJW **97**, 394) u die Fr, wonach der Versicherer die Zahlg wg eines gg den VersN anhäng ErmittlgsVerf aufschieben darf (Magnussen MDR **94**, 1160). LeistgsFr, die mit VVG 11 I übereinstimmen, unterliegen aber nach § 307 III nicht der InhKontr. Unter Nr 1 fallen auch Klauseln, die im Anschluß an einen unverbindl Liefertermin eine (der Fr der §§ 281, 323 vorgeschaltete) **„unechte" Nachfrist** vorsehen (BGH NJW **82**, 333, **83**, 1320) od die beim Eintritt bestimmter Ereign (höhere Gewalt, ArbKampf) die LeistgFr verlängern (Stgt NJW **81**, 1105). – **aa) Unangemessene Länge:** Entscheidd sind die Umst des Einzelfalls, insbes die Art der zu erbringden Leistg u die VerkAnschauung. Bei der Abwägg sind die Interessen beider Part zu berücksichtigen. Im Kfz- NeuGesch ist eine Fr von 6 Wo zul (BGH NJW **82**, 333, **01**, 292). Bei Möbeln sind 3 Wo unbedenkl (Bambg AGBE IV Nr 4), dagg sind 6 Wo zu lang (Hamm NJW-RR **87**, 315), erst recht 3 Mo (BGH NJW **83**, 1321). Bei Fertighäusern darf sich der Verwder nicht das Recht vorbehalten, den fest zugesagten Liefertermin nach freiem Belieben um 6 Wo zu verlängern (BGH **92**, 28). – **bb) Bestimmtheitsgebot:** Der Kunde muß (ebso wie bei Rn 5) in der Lage sein, das FrEnde selbst zu erkennen od zu errechnen (BGH NJW **85**, 856, **89**, 1603). Unzul sind daher Klauseln, die auf die für die Nachbesserg erforderl (LG Köln NJW-RR **93**, 437) od die branchenübl Fr abstellen (Köln BB **82**, 638) od die den FrBeginn von einem Ereign im Bereich des Verwders abhäng machen (BGH NJW **85**, 856), etwa von einer Bestätigg des Verwders (BGH aaO) od vom Eingang des Aufmaßes (Stgt NJW **81**, 1105). Unzul sind aber auch Klauseln, wonach die individuell festgelegte Lieferzeit unverbindl od nur bei Liefermöglichk des Verwders verbindl ist (Saarbr BB **79**, 1064, Kblz WM **83**, 1274), Regelgen, wonach sich der Verwder um die Einhaltg des Liefertermins nur „bemühen will" (Oldbg NJW-RR **92**, 1528), die Best, die eine hins ihres Endes ungewisse NachFr vorsieht (Hamm OLGZ **84**, 125) od ohne nähere Konkretisierg bei nicht zu vertretden Leistgshindern einen Leistgsaufschub zuläßt (Stgt NJW **81**, 1105, Karlsr BB **83**, 726). Wirks sind dagg „ca-Fristen". – **cc) Verträge**, für die **nach § 355** ein **Widerrufsrecht** od nach § 356 ein RückgabeR besteht, sind nicht mehr schwebd unwirks, sond zunächst wirks (§ 355 Rn 8). Der an Nr 1 angefügte Halbs stellt klar, dass das Abwarten der WiderrFr keinen unzul LeistgsVorbeh darstellt; er gestattet ausdr formularmäß Regelgen, nach denen der Untern erst nach Ablauf der WiderrFr zu leisten braucht. Das gilt aber nicht für Fernabsatz- u FernunterrichtsVertr, bei denen die WiderrFr erst mit Lieferg beginnt (§ 312 d, FernUSG 4 I 2). Bei diesen Vertr ist ein LeistgsVorbeh bis zum Ablauf der WiderrFr unwirks, weil er dazu führen kann, dass der Schwebezustand niemals endet. Die BReg meint (BT-Drs 14/2658 S 141), der Anwendg von Nr 1 letzter Halbs auf Fernabsatz- u FernunterrichtsVertr stehe ein zwingder RSatz entgg. Obwohl ein solcher RSatz nicht erkennb ist, ist der BReg im Ergebn zuzustimmen. Neben Nr 1 gilt die Generalklausel des § 307 u mit ihr ist eine Klausel unvereinb, nach der die Wirksamk eines Vertr dauernd in der Schwebe 6 7 8 9 gehalten werden kann. Allg gilt: Hat der Untern dem Verbr keine ordngsmäß WiderrBelehrg erteilt, kann er sich nicht auf seinen LeistgsVorbeh berufen (§ 242).

10 **d)** Im **Verkehr zwischen Unternehmern** müssen sich AGB über Ann- u LeistgsFr gleichf im Rahmen des Angem halten (§§ 307, 310). Übl Handelsklauseln, die dem Kunden eine sichere Berechng der Leistgszeit erschweren (zB Vorbehalt rechtzeit Selbstbelieferg), dürfen aber weiter verwandt w (Lutz, AGB-Kontr im HandelsVerk, 1991, S 53).

11 **2) Nachfrist (Nr 2). – a) Bedeutung.** Nr 2 gilt für die Fr der §§ 281, 323 u 637; sie ist auf die Fr der §§ 651 c III u 651 e II entspr anzuwenden. Nr 2 soll – ebso wie Nr 1 – verhindern, dass der Verwder dch unangem lange Fr den Schutz der angeführten Vorschr aushöhlt. Sie gilt nur, wenn die FrDauer abw vom disposit Recht nicht vom Verwdgsgegner als Gläub, sond vom Verwder als Schu festgelegt w. Erfaßt werden nur echte NachFr; die in AGB vielfach vorgeschalteten unechten NachFr fallen unter Nr 1 (Rn 6). –
12 **b) Unangemessene Länge:** Ausgangspkt der Prüfg ist die NachFr, die ohne die Klausel maßgebd wäre (§ 281 Rn 11). Diese darf im Zuge der Vereinheitlichg überschritten w; zul sind aber ledigl maßvolle Abw. Keinesfalls darf die für Sonderfälle (GroßAuftr, Zulieferg aus dem Ausl) gerade noch vertretb Fr generell festgelegt w (BGH NJW **85**, 323, 857). Die Höchstgrenze liegt bei übl VerbrGesch bei 2 Wo (Wo/Ho/Li 10 AGBG Rn 10, wohl auch BGH NJW **85**, 323); wenn eine unechte NachFr (Rn 6) vorgeschaltet war, ist sie noch kürzer. 4 Wo sind beim Kauf von Möbeln od einer Einbauküche zu lang (BGH NJW **85**, 323, LG Hildesheim NdsRpfl **93**, 154), ebso 6 Wo bei der Lieferg von Fenstern (BGH NJW **85**, 857), Fassadenverkleidgen (Stgt NJW-RR **88**, 788) od Rolläden (Schlesw AGBE III § 9 Nr 100 S 461); bei Lieferg einer Zaunanlage sollen 4 Wo dagg zul sein (Ffm DB **81**, 884), im KfzGesch sogar eine (unechte) NachFr von
13 6 Wo (BGH NJW **82**, 331, **01**, 292). – **c) Bestimmtheitsgebot:** Es gelten die gleichen Kriterien wie bei Nr 1. Der Kunde muß in der Lage sein, das FrEnde zu errechnen (Rn 5 u 8). – **d)** Nr 2 kann gem §§ 307 II Nr 1, 310 I auch im **Verkehr zwischen Unternehmern** angewandt w (Lutz, wie Rn 10, S 56, allgM).

14 **3) Rücktrittsvorbehalt (Nr 3). – a) Bedeutung.** Nr 3 soll gewährleisten, dass der RGrds *„pacta sunt servanda"* auch ggü dem Verwder dchgesetzt w. Die Vorschr gilt (vorbehaltl Rn 19) für **Verträge jeder Art.** Der dem BGB unbekannte Begriff „LösgsR" ist im umfassden Sinn zu verstehen. Unter ihn fallen Rücktr-, Künd-, Widerr- u AnfR. Nr 3 ist aber auch anwendb, wenn die Klausel als aufschiebde Bdgg ausgestaltet od sonst ein *ipso-facto*-Wegfall der LeistgsPfl des Verwders vorgesehen ist (Wo/Ho/Li AGBG 10 Rn 6). Auch LösgsR, die sich auf einen Teil des Vertr beschränken, werden erfaßt (Düss AGBE III § 9 Nr 16 S 208). Stellt der RücktrVorbeh auf die Nichtverfügbark der Leistg ab, gilt ergänzd Nr 8 (Rn 42). In Nr 3
15 sind 1 c u 1 f des Anhangs der EG-RL mitenthalten (§ 310 Rn 28 u 31). – **b) Bestimmtheitsgebot.** Der LösgsGrd muß in den AGB angegeben w, u zwar so konkret, dass der Dchschnittskunde beurteilen kann, wann der Verwder sich vom Vertr lösen darf (BGH NJW **83**, 1321). Die Formulierg „wenn die Umst es erfordern" genügt daher nicht (BGH NJW **83**, 1325, Kblz NJW-RR **89**, 1459), auch nicht ein Abstellen auf „BetrStörgen" (BGH NJW **83**, 1321), einen „zwingden Grd" (Köln NJW-RR **98**, 926), eine „zu geringe Beteiligg" (LG Bln AGBE II Nr 40 a) od auf „Erkrankgen" (Hamm BB **83**, 1306). Das BestimmthGebot darf aber nicht überspannt w. Die RBegriffe Unmöglichk, Verzug u PflVerletzg dürfen verwandt w, ebso höhere Gewalt, Streik u Naturkatastrophen (Kblz NJW-RR **89**, 1459).

16 **c) Sachlich gerechtfertigter Grund:** Der Rücktr muß dch ein überwiegdes, zumindest aber dch ein anerkennenswertes Interesse des Verwders gerechtf sein (BGH **99**, 193). Er darf sich nicht auf Umst erstrekken, die schon bei VertrSchl erkennb waren (BGH aaO). – **aa)** Ein vertrw **Verhalten des Kunden** kann RücktrGrd sein. Die Voraussetzgen des gesetzl RücktrR (§§ 323 ff) brauchen nicht vorzuliegen. Abweichgen zG des Verwders sind aber nur zul, soweit sie dch überwiegde Interessen des Verwders gerechtfertigt w u § 309 Nr 4 nicht entggsteht. Der Rücktr kann für den Fall vorbehalten w, dass der Kunde seine SorgfPflten hins der unter EigtVorbeh gelieferten Ware verletzt (BGH NJW **85**, 325). Der bloße Verdacht einer PflVerletzg reicht dagg nicht aus (Hamm BB **79**, 1425), ebsowenig eine falsche SelbstAusk, wenn sie
17 weniger bedeuts Pkte betrifft (BGH NJW **85**, 325, 2271). – **bb) Kreditwürdigkeit.** Falsche Angaben über die Kreditwürdigk des Kunden sind ein zul RücktrGrd (BGH NJW **85**, 325). Ein RücktrR kann aber auch für den Fall obj fehlder Kreditwürdigk vorgesehen w (Kblz ZIP **81**, 510, aA Hamm BB **83**, 1306), vorausgesetzt der LeistgsAnspr des Verwders ist gefährdet (s BGH NJW **91**, 104). Nicht zul ist das Abstellen auf eine ungünst Ausk od and bloße VerdachtsGrde. Dagg kann ein VollstrVersuch ein RücktrGrd sein, sofern der EntgeltsAnspr des Verwders erhebl gefährdet erscheint (BGH NJW **84**, 872, Düss WM **84**, 1134), ebso
18 die Abgabe der OffenbargsVers (s BGH NJW **01**, 292/98). – **cc)** Auch **Leistungshindernisse** im Bereich des Verwders können einen RücktrGrd darstellen. Unwirks sind aber Klauseln, die die Bindg des Verwders ganz od zu weitgehd einschränken, wie die Klausel „freibleibd" od „Liefergsmöglichk vorbehalten" (Stgt ZIP **81**, 875, str, s BGH **124**, 359). Vorratsklauseln sind nur zul, wenn individualvertragl eine beschränkte Gattgsschuld (§ 243 Rn 3) vereinbart worden ist (Wo/Ho/Li AGBG 10 Rn 23). Zul ist dagg der Vorbeh der **Selbstbelieferung;** das LösgsR muß aber im nichtkaufm Verk ausdr auf den Fall beschränkt w, dass der Verwder ein konkretes DeckgsGesch abgeschlossen hat u von dem Partner dieses Vertr im Stich gelassen w (BGH **92**, 397, NJW **83**, 1321, **85**, 857); Verkaufs- u EinkaufsVertr müssen kongruent sein (BGH DB **95**, 1557). Wirks sind höhere Gewaltklauseln, grdsl auch Regelgen, die auf nicht vorhersehb, dch zumutb Aufwendgen nicht zu überwindde LeistgsHindern abstellen. Die Klausel muß aber klarstellen, dass ein vom Verwder zu vertretdes Hindern nicht zum Rücktr berecht (BGH NJW **83**, 1321, Kblz WM **83**, 1272). Eine AGB, wonach der Verwder bei BetrStörgen ohne Rücksicht auf die Entstehgsursache zurücktreten kann, ist daher unwirks (BGH u Kblz aaO). Unzul sind auch Klauseln, die bei vorübergehden Leistgsstörgen ein RücktrR begründen (BGH NJW **85**, 857, Kblz NJW-RR **89**, 1459). Das gilt bei Vertr ohne Fix-Charakter vor allem für **Arbeitskampfklauseln** (BGH aaO).

19 **d) Dauerschuldverhältnisse.** Nr 3 gilt nicht für DauerschuldVerh. Unter den Begr (s § 314) fallen auch SukzessivliefergsVertr, soweit sie als BezugsVertr ausgestaltet sind (Einf 27 v § 305 im HptBd), nicht aber RatenliefergsVertr über eine von vornherein fest bestimmte Liefermenge (Ul/Br/He AGBG § 10 Rn 17, str).
20 – **e) Rechtsfolge.** Das Verbot geltgserhaltder Reduktion (Vorbem 8 v § 307) gilt auch hier. Klauseln, die

notw Einschrkgen nicht enthalten, sind im ganzen unwirks (s BGH NJW **85**, 857, 2271). Ist von mehreren in der Klausel angeführten Grden nur einer unzul, tritt aber ledigl Teilunwirksamk ein, sofern die Klausel sachl u sprachl teilb ist (BGH NJW **85**, 325). – **f)** Im **Verkehr zwischen Unternehmern** kann Nr 3 gem §§ 307 II 21
Nr 1, 310 III grdsl angewandt w (Köln NJW-RR **98**, 926). Der Begr „sachl gerechtfertigter Grd" ist aber unter Berücksichtigg der kaufm Gepflogenh weiter auszulegen als bei VerbrGesch. Auch das Erfordern der konkreten Angabe des LösgsGrdes ist großzügiger zu handhaben (s zum SelbstbeliefergsVorbeh BGH **92**, 398, **124**, 361).

4) Änderungsvorbehalt (Nr 4). – **a) Bedeutung.** Nr 4 ergänzt Nr 3. Er begrenzt die Möglichk des 22
Verwders, die versprochene Leistg zu ändern od von ihr abzuweichen. Nr 4 gilt für **Verträge jeder Art,** and als Nr 3 auch für DauerschuldVerh. Gleichgült ist die Art der geschuldeten Leistg. Auch Geldschulden u Nebenpflten werden erfaßt. Nr 4 ist auch anwendb, wenn der ÄndergsVorbeh Leistgsmodalitäten, wie Ort u Zeit der Leistg, betrifft (Hamm NJW-RR **92**, 445, Ffm NJW-RR **01**, 914, str) od wenn der DarlG sich die Befugn vorbehält, die Auszahlg eines Teilbetrages zurückzustellen (Ffm VersR **90**, 527). Vorbeh zur Änderg von AGB werden von Nr 4 nur erfaßt, soweit sie die beiderseit Leistgen betreffen (BGH NJW **99**, 1865), sie verstoßen aber idR gg § 307 (§ 305 Rn 48). Das Verbot der Nr 4 gilt auch für **verdeckte** ÄndergsVorbeh, die in IrrtKlauseln, GewlAusschl od in der Fiktion, die Abweichg gelte nicht als Mangel, enthalten sein können (Bambg AGBE IV Nr 4). – **b) Zumutbarkeit.** Die Klausel ist nur wirks, wenn die Änderg unter 23
Berücksichtigg der Interessen des Verwders für den Kunden zumutb ist. Diese Voraussetzg ist im Hinbl auf 1 k des Anhangs der EG-RL nur erfüllt, wenn für die Änderg ein trift Grd vorliegt (§ 310 Rn 38). Unzul sind ÄndergsVorbeh, die das ZumutbarkKriterium ersatzlos wegfallen lassen, wie der Vorbeh, den Fahrplan jederzeit zu ändern (BGH **86**, 294); der Vorbeh, dem Mieter eines Messestands einen and Platz zuzuweisen (Köln NJW-RR **90**, 1232); die Klausel, dass der Verwder Unterrichtsstunden „aus sonst Grden" absagen od verlegen kann (LG Mü NJW-RR **99**, 60); das Recht, TLeistgen zu erbringen (Stgt NJW-RR **95**, 116); die sog Fakultativklausel im GiroVerk (BGH **98**, 28); die Vertreterklausel in einem Vertr über eine Chefarztbehandlg, wenn der Vertretgsfall voraussehb ist (Hamm NJW **95**, 794, Düss Vers **96**, 637, LG Hbg NJW **01**, 3415, Kuhla NJW **00**, 844, Miebach/Patt NJW **00**, 3377); die Befugn zur Änd der FlugGesellsch im ReiseVertr (Schmid NJW **96**, 1641); aber auch die AGB, wonach der Verwder nicht ausdr in Auftr gegebene Arbeiten zusätzl ausführen u berechnen darf (BGH **101**, 311). Der Vorbeh kleinerer Ändergen ist unzul (Ffm DB **81**, 884), insbes dann, wenn die Abweichg auch bei zugesicherter Eigensch (jetzt: Garantien) zul sein soll (BGH NJW-RR **89**, 626). Dagg ist die Verwendg des ZumutbarkKriteriums unbedenkl (Lö/vW/Tr AGBG 9 Rn 31, aA BGH **86**, 295); ebso das Abstellen auf handelsübl Abweichgen (BGH NJW **87**, 1886, aA Ffm BB **88**, 1489). Unwirks sind AGB, die die ZumutbarkPrüfg dadch einengen, dass sie ausschließl auf die Nichtbeeinträchtigg des „Bauwerts" (Schlesw AGBE II Nr 45) od der „Gebrauchsfähigk" (Bambg aaO) abstellen. Klauseln, nach denen statt des bestellten das NachfModell geliefert w darf, sind unzul, da Modelländergen nicht in jedem Fall eine Verbesserg darstellen (Kblz ZIP **81**, 509). Die **Beweislast** für die Zumutbark der Änderg trägt nach der Fassg der Vorschr („wenn nicht") der Verwder. – **c)** Im **Verkehr zwischen Unternehmern** ist Nr 4 gem 24
§§ 307 II Nr 1, 310 I grdsl anzuwenden (MüKo/Basedow § 10 AGBG Rn 12). ÄndergsVorbeh sind zulässig, soweit es sich um handelsübl Mengen- od Qualitätstoleranzen handelt. Sie sind auch bei DauerrechtsVerh, wie zB VertrhändlerVertr, zur Anpassg an sich ändernde Verhältn notw, müssen sich aber auch dort iR des Angem halten (BGH **89**, 206, **93**, 47). Unwirks sind Regelgen, die dem Verwder das Recht geben, die Handelsspanne des VertrHändlers sowie Rabatte u Boni frei abzuändern (BGH **124**, 362).

5) Fingierte Erklärungen (Nr 5). – **a) Bedeutung.** Nr 5 beruht auf § 307 II Nr 1. Der Grds, dass 25
Schweigen idR keine WillErkl ist (Einf 7 v § 116), gehört zu den wesentl Prinzipien des PrivR u ist daher dch AGB nur in engen Grenzen änderb. Die Vorschr betrifft ausschließl fingierte Erkl des Kunden. Eigenes Schweigen darf der Verwder stets als Zust fingieren (Düss MDR **78**, 144). Nr 5 gilt auch nur für Erkl iR der VertrDchFührg (Kblz NJW **89**, 2951). Wie Schweigen im Stadium des VertrSchl zu werten ist, etwa das Schweigen auf ein Angebot od eine AuftrBestätigg des Verwders, ist dch AGB nicht regelb. Nr 5 erfaßt ausschließl Erkl von materiell-rechtl Bedeutg (Wo/Ho/Li AGBG 10 Rn 10). Gleichgült ist, ob die Erkl fingiert od unwiderlegl vermutet w. Da die Abnahme (§ 640) ein RGesch ist, fallen AbnFiktionen – im Ggs zu AnnFiktionen (§ 363) – unter Nr 5 (BGH NJW **84**, 726). Auf TatsFiktionen ist dagg nicht Nr 5, sond § 309 Nr 12 b anzuwenden. Das gilt, wie sich aus § 309 Nr 12 b ergibt, ebso für TatsBestätiggen. Von Nr 5 nicht erfaßt werden Regelgen, nach denen die RÄnderg nicht aGrd einer fingierten Erkl, sond and Tats eintritt. Der in VOB/B 16 Nr 3 II vorgesehene Ausschluß der NachFdg fällt daher nicht unter Nr 5 (BGH NJW **88**, 57), ebsowenig die Klausel in den AVB einer LebensVers, nach der die BerufsunfähigkZusatzVers mit Vollendg des 30. Lebensjahres des VersN entfällt, es sei denn, dass rechtzeit ihre Aufrechterhaltg beantragt w (BGH NJW-RR **01**, 1242). Auf Nr 10 AGB der Sparkassen aF ist Nr 5 nicht anwendb, da die Nichtbeanstandg der Tagesauszüge eine rein tatsächl Erkl ist (BGH **73**, 209).

b) Wirksamkeitsvoraussetzungen nach Nr 5: – **aa) Angemessene Erklärungsfrist.** Was angem ist, 26
richtet sich nach den Umst des Einzelfalles. Da das Schreiben dem Kunden ohne seine Veranlassg zugeht u die ErklWirkg allein den Interessen des Verwders dient, ist die Fr geräumig zu bemessen. Die untere Grenze liegt bei 1–2 Wo; bei Zinsanpassgen ist eine Fr von 2 Wo zu kurz (LG Dortm NJW-RR **86**, 1170). AGB, die eine sofortige od unverzügl Erkl verlangen, sind unwirks. Dagg ist eine Fr von 1 Mo für die Gen einer Kontokorrentabrechng ausr (LG Ffm VersR **98**, 1238). – **bb) Hinweispflicht.** Der Verwder muß sich in der Klausel verpfl, den Kunden auf die Bedeutg seines Verhaltens bes hinzuweisen. Der Hinw muß auch tatsächl erfolgen, wobei der Zugang grdsl vom Verwder zu beweisen ist (Rn 31, 33). Er muß in einer Form geschehen, die unter normalen Umst Kenntnisnahme verbürgt (BGH NJW **85**, 617/19). Erfolgt der Hinw ohne eine entspr Verpflichtg in den AGB, wird die Fiktion nicht wirks (Lö/vW/Tr AGBG Rn 17, BGH aaO läßt offen). Ausnw kann aber eine konkludente Zustimmg des Kunden anzunehmen sein.

c) Wirksamkeitsvoraussetzungen nach § 307. Eine Klausel, die den Anfordergen der Rn 26 genügt, 27
ist gem § 307 nur wirks, wenn an der Verwendg der ErklFiktion ein **berechtigtes Interesse** besteht (Düss NJW-RR **88**, 886), das sich vor allem aus den organisator Bedürfn des MassenVerk ergeben kann. Regelgen, die auf dem Weg der Nr 5 die Einbeziehg von AGB-Neufassgen ermöglichen sollen, sind zul (§ 305 Rn 48).

Eine Klausel, die Schweigen auf ein VertrAngebot als Ann fingiert, ist unwirks (AG Bergisch Gladbach NJW-RR **88**, 956 u Rn 26), wirks ist aber die Regelg, dass vom Patienten zurückgelassene Sachen nach erfolgloser Aufforderg zur Abholg in das Eigt des Krankenhausträgers übergehen (BGH NJW **90**, 764), ebso Klausel, nach der Schweigen auf einen RechngsAbschl als Gen gilt; genehmigt wird aber nur die Verrechng der kontokorrentfäh Anspr, dagg nicht etwa alle dem Abschl zugrde liegden Buchgen (BGH NJW **00**, 2667/68).

28 **d) VOB.** Auf die ErklFiktionen der VOB findet Nr 5 nach seinem letzten Halbs keine Anwendg. Das AGBG wollte damit die AbnFiktion des § 12 Nr 5 II VOB/B privilegieren. Die Freistellg gilt aber auch für die bei der Beratg des AGBG übersehenen Fiktionen der §§ 12 Nr 5 I (Abn) u 15 Nr 3 S 5 (Anerkenng von Stundenzettel) VOB/B (Lö/vW/Tr AGBG § 23 II Nr 5 Rn 4, str). Voraussetzg ist, dass die VOB/B als ganzes VertrBestandt ist. Ändergen od Einschränkgen der VOB-Regelgen können dazu führen, dass die die VOB/B privilegierde Regelg unanwendb ist (§ 309 Rn 72).

29 **e) Einzelfälle:** Unwirks: Fiktion, dass die vom Kunden beantragte Umbuchg als Rücktr u neues VertrAngebot aufzufassen ist (BGH **119**, 169). Fiktion eines Fdgs- od EinwendgsVerzichts (Schlesw NJW-RR **98**, 54). Fiktion einer VertrVerlängerg, wenn auf Wunsch des Wirts ein neuer Automat aufgestellt w (BGH NJW **85**, 55). Regelg, dass die Inanspruchnahme eines Neukaufzuschusses dch den VersN zur Einbeziehg der neuen Sache in den VersVertr führt (BGH NJW **95**, 2710, Prölss VersR **96**, 1435).

30 **f)** Im **Verkehr zwischen Unternehmern** bleiben die Grds über das Schweigen auf ein kaufm Bestätiggsschreiben (§ 148 Rn 8) unberührt, ebso die Regel, dass Schweigen als Zustimmg gewertet werden darf, wenn nach Treu u Glauben eine RPfl zum Widerspr bestand (Einf 10 v § 116). Auf formularmäß Fiktionsklauseln ist Nr 5 auch im HandelsVerk grdsl anzuwenden (BGH **101**, 365, Ausschluß von NachFdgen bei vorbehaltloser Annahme der Schlußzahlg, str). Die HinwObliegenh gemäß Nr 5 b kann aber uU entfallen, wenn die Fiktion an ein Verhalten des Kunden anknüpft u ein berecht Interesse an rascher Herbeiführg klarer Verhältn besteht.

31 **6) Fiktion des Zugangs (Nr 6). – a) Bedeutung.** Nach § 309 Nr 12 sind die Grds der BewLastVerteilg jeder formularmäß Änderg entzogen. Da die BewLast für den Zugang einer WillErkl beim Absender liegt (§ 130 Rn 21), würde aus § 309 Nr 12 an sich folgen, dass dch AGB für das Zugangserfordern keine BewErleichtergen geschaffen w können. Nr 6 mildert dieses strenge Verbot. Sie gestattet Zugangsfiktionen aber nur für Erkl ohne bes Bedeutg. Dieser in Nr 6 verdeckt enthaltene ErlaubnTatbestd spielt prakt kaum
32 eine Rolle. Wichtiger ist das in Nr 6 mitenthaltene Verbot (Rn 33). – **b) Anwendungsbereich.** Nr 6 betrifft ausschließl Zugangsfiktionen; für ErklFiktionen gilt Nr 5, für sonst TatsFiktionen § 309 Nr 12. Sie erfaßt aber auch den Verzicht auf den Zugang, uU auch die Begründg einer EmpfVollm (BGH NJW **89**, 2383), die Bestellg zum Empfangsboten (KG NJW-RR **92**, 861) u die Begründg einer widerlegl Vermutg (Kanzleiter DNotZ **88**, 498). Die Klausel darf iR des Angem auch den Ztpkt des Zugangs festlegen. Den Bew der Absendg hat aber auf jeden Fall der Verwder zu erbringen (Stübing NJW **78**, 1611). Die Absendevermutg
33 ist nicht als Minus ggü der Zugangsfiktion zul, sond verstößt gg § 309 Nr 12. – **c) Erklärungen von besonderer Bedeutung.** Das Verbot gilt für Erkl von bes Bedeutg. Unter diesen Begr fallen alle Erkl, die für den Empf mit nachteil RFolgen verbunden sind (Oldbg NJW **92**, 1840). Zugangsfiktionen sind daher unzul für Künd (BayObLG NJW **80**, 2818), Mahng (Stgt BB **79**, 909, Hbg VersR **81**, 125), Fr- u NachFrSetzgen, Gen (LG Kblz DNotZ **88**, 496, str), Hinw gem Nr 5 (str), Androhg des Pfandverkaufs (LG Stgt AGBE I Nr 56). Tagesauszüge der Banken sind Erkl ohne bes Bedeutg (s BGH **73**, 209); die mit einem Angebot auf Abschl eines FeststellgsVertr verbundenen Rechngsabschlüsse haben dagg bes Bedeutg (BGH NJW **85**, 2699, Oldbg NJW **92**, 1840). Der Anwendgsbereich für Zugangsfiktionen ist danach außerordentl begrenzt; die Freistellg betrifft im Ergebn ledigl Anzeigen u Mitteilg, die sich auf die RStellg des Empfängers nicht
34 nachteilig auswirken. – **d)** Für den **Verkehr zwischen Unternehmern** ist Nr 6 – ebso wie § 309 Nr 12 – gem §§ 307 I, 310 III zu übernehmen (Hbg WM **86**, 385).

35 **7) Abwicklung von Verträgen (Nr 7). – a) Bedeutung.** Nach § 309 Nr 5 ist die Pauschalierg von Anspr auf SchadErs u WertErs nur in bestimmten Grenzen zul. Nr 7 bringt eine entspr Regelg für die iF des Rücktr od der Künd bestehden Anspr. Gleichgült ist, wer die Künd od den Rücktr erklärt hat. Nr 7 gilt für die Anf u den Widerr entspr (Wo/Ho/Li AGBG 10 Rn 9). Sie ist auch dann anwendb, wenn die AGB für das LösgsR eine and Bezeichng (Annullierg, Stornierg) verwenden. Dagg gilt nicht Nr 7, sond § 307, wenn die Klausel einen AufwendgsErsAnspr ohne gesetzl Grdl vorsieht, etwa für den Fall einer einverständl VertrAuf-
36 hebg (Hbg NJW-RR **90**, 909). – **b) Abgrenzung.** Nr 7 ist auf alle EntgeltsAnspr anzuwenden, die dem Verwder nach gesetzl od vertragl Regelg bei vorzeit Beendigg des Vertr zustehen (LG Köln NJW-RR **87**, 1531). Ausgenommen sind SchadErsAnspr u VertrStrafen, für die § 309 Nr 5 u 6 gelten (Köln NJW-RR **86**, 1435). Die Vorschr betrifft: – **aa)** Vergütgen für die **Nutzung** od den Gebrauch einer Sache od eines Rechts (Köln NJW-RR **86**, 1435), etwa aus § 347 (Hamm NJW-RR **87**, 314); – **bb)** Vergütgen für erbrachte **Leistungen**; – **cc)** Ers von **Aufwendungen**. Unter Nr 7 fallen auch die Anspr aus § 628, aus § 649 (BGH NJW **83**, 1492, **85**, 632, Kblz NJW-RR **92**, 851) u aus § 645 (BGH NJW **85**, 633). Als ein unter § 309 Nr 5 fallder SchadErsAnspr wird dagg überwiegd der Anspr aus § 651 i II angesehen (§ 309 Rn 23). Zweifel, ob § 308 Nr 7 od § 309 Nr 5 anwendb ist, können idR offenbleiben, da die Anwendg beider Vorschr zu identischen Ergebn führt (Ul/Br/He AGBG § 10 Rn 5).

37 **c) Unangemessen** hohe Vergütgen u Entgelte sind unwirks. – **aa) Ausgangspunkt** der Prüfg ist der Betrag, der kr Ges geschuldet worden wäre (BGH NJW **91**, 2763). Der Verwder darf pauschalieren, muß sich aber an den Vorgaben der gesetzl AnsprGrdl orientieren. Bei der Beurteilg ist nicht auf die bes Umst des Einzelfalls, sond auf die typ Sachlage abzustellen (BGH NJW **83**, 1492). Auf die sich hieraus ergebde Unwirksamk kann sich der Verwder aber nicht berufen, wenn die Pauschale im Einzelfall für den Kunden
38 günstiger ist als eine dem Ges entspr Abrechng (BGH NJW-RR **98**, 594). – **bb)** Dem and VertrTeil muß **ausdrücklich** der **Nachweis gestattet** werden, dass der im konkreten Fall angem Betrag **wesentlich niedriger** ist als der pauschalierte Betrag (§ 309 Nr 5 b analog). In der Rspr zum AGBG war allg anerkannt, dass § 11 Nr 5 b iF des § 10 Nr 7 entspr anzuwenden ist (BGH NJW **85**, 632, 634, **94**, 1067, **97**, 260). Die Grde für diese Analogie bestehen unverändert fort. Analog heranzuziehen ist jetzt die strengere Neufassg des

§ 309 Nr 5. Die Klausel ist nicht nur unwirks, wenn sie den Eindruck einer endgült Festlegg erweckt, sond bereits dann, wenn sie den GgBeweis nicht ausdr zuläßt (§ 309 Rn 30). Dagg ist es kein UnwirksamkGrd, wenn die Klausel keine Ausn für den Fall vorsieht, dass der Verwder die Beendigg des VertrVerhältn zu vertreten hat (BGH NJW **83**, 1492, Vorbem 9 vor § 307). – **cc) Einzelfälle** (ja = unwirks; nein = wirks): 39
Aufrechterhaltg der vollen ZahlgsPfl bei vorzeit Beendigg eines Ehemäkler- od PartnerschVertr, ja (BGH **87**, 319, Nürnbg NJW-RR **97**, 1556,); ebso bei Rücktr von Flugreise (BGH NJW **85**, 633), vorzeit Künd eines KreditkartenVertr (Ffm NJW-RR **01**, 1269) od Künd eines FahrschulVertr (AG Freibg NJW-RR **97**, 1248); Nichtrückzahlg der bei Übernahme einer Agentur zu zahlden Vergütg iF vorzeit Künd, ja (Kblz NJW **87**, 74); 5% der AuftrSumme bei Künd eines BauVertr vor Baubeginn, nein (BGH **87**, 120, Hamm NJW-RR **92**, 22); 10% nein (Düss NJW-RR **95**, 1392, aA LG Bln BB **96**, 2062), 18% offen (BGH NJW **85**, 632, NJW-RR **95**, 749); Pauschale von 40% für die ersparten Aufwendgen des **Architekten** od Plangsbüros bei Anspr aus § 649, ja (BGH NJW **97**, 259, **99**, 418); Klausel, nach der anderweit Erwerb den Anspr aus § 649 nicht mindert, ja (BGH NJW-RR **98**, 1391); Bearbeitgsgebühr von 3% bei NichtAbn eines Darl, ja (Hamm NJW **83**, 1503); Aufwandspauschale von 1 MoMiete bei vorzeit Aufhebg des MietVertr, nein (Hbg NJW-RR **90**, 909); Auflösgspauschale von 3 MoBeiträgen bei WartgsVertr, nein (Celle BB **84**, 808); Bearbeitgsgebühr von 695 DM bei einem Time-Sharing-Vertr, ja (AG Schleiden NJW-RR **95**, 1322); sofort Zahlg aller weiteren Raten bei vorzeit Beendigg eines LeasingVertr u Anrechng des anderweit Erlöses aus der Wiederverwendg der Leasingsache nur zu 90%, ja (BGH **82**, 126, NJW **82**, 1747), Nutzgsentschädigg von 0,12 DM je gefahrenem Pkw-km, nein (BGH NJW **94**, 1067), Bemessg der Nutzgsentschädigg nach Staffelbeträgen (zB bis 300 km 1000 DM, ab 301 km 2500 DM), ja (BGH NJW **94**, 1068), Staffelg der Kosten für die Schätzg eines Beleihgsobjektes nach der Höhe des Kredites, ja (LG Dortm NJW-RR **94**, 305). Weitere Rspr § 309 Rn 23 ff. – **dd)** Für die **Beweislast** gilt § 309 Rn 29 entspr. Der Verwder muß im Streitfall die BemessgsGrdl 40
der Pauschale (übl Sätze, Kalkulation) darlegen u beweisen (aA BGH NJW **91**, 2763, 2764, aber ohne plausible Begründg für die Abweichg von BGH **67**, 312); alsdann steht dem Kunden der GgBew offen, dass der im konkreten Fall angem Betrag geringer war. – **d)** Im **Verkehr zwischen Unternehmern** ist Nr 7 ebso 41
wie die ParallelVorschr des § 309 Nr 5 gem §§ 307, 310 I anzuwenden (Wo/Ho/Li AGBG 10 Rn 24, § 11 Rn 27).

8) Nichtverfügbarkeit der Leistung (Nr 8). Nr 8, die 2000 in die Vorschr eingefügt worden ist, regelt 42
einen Sonderfall des LösgsR u ist systemat eine Ergänzg der Nr 3. Die formularmäß Begründg eines RücktrR für den Fall der Nichtverfügbark der Leistg ist nach Nr 8 nur wirks, wenn sich der Verwder in der Klausel ausdr verpfl, den VertrPartner unverzügl über die Nichtverfügbark zu informieren u die GgLeistg unverzügl zu erstatten. Unverzügl s § 121 I 1. Die Information u die Erstattg müssen auch tatsächl unverzügl erfolgen. Fehlt in der Klausel eine entspr Verpfl, ist der Rücktr auch dann unwirks, wenn der Verwder unverzügl informiert u erstattet

309 ***Klauselverbote ohne Wertungsmöglichkeit.*** **Auch soweit eine Abweichung von den gesetzlichen Vorschriften zulässig ist, ist in Allgemeinen Geschäftsbedingungen unwirksam**

1. (Kurzfristige Preiserhöhungen)
eine Bestimmung, welche die Erhöhung des Entgelts für Waren oder Leistungen vorsieht, die innerhalb von vier Monaten nach Vertragsschluss geliefert oder erbracht werden sollen; dies gilt nicht bei Waren oder Leistungen, die im Rahmen von Dauerschuldverhältnissen geliefert oder erbracht werden;

2. (Leistungsverweigerungsrechte)
eine Bestimmung, durch die
a) das Leistungsverweigerungsrecht, das dem Vertragspartner des Verwenders nach § 320 zusteht, ausgeschlossen oder eingeschränkt wird oder
b) ein dem Vertragspartner des Verwenders zustehendes Zurückbehaltungsrecht, soweit es auf demselben Vertragsverhältnis beruht, ausgeschlossen oder eingeschränkt, insbesondere von der Anerkennung von Mängeln durch den Verwender abhängig gemacht wird;

3. (Aufrechnungsverbot)
eine Bestimmung, durch die dem Vertragspartner des Verwenders die Befugnis genommen wird, mit einer unbestrittenen oder rechtskräftig festgestellten Forderung aufzurechnen;

4. (Mahnung, Fristsetzung)
eine Bestimmung, durch die der Verwender von der gesetzlichen Obliegenheit freigestellt wird, den anderen Vertragsteil zu mahnen oder ihm eine Frist für die Leistung oder Nacherfüllung zu setzen;

5. (Pauschalierung von Schadensersatzansprüchen)
die Vereinbarung eines pauschalierten Anspruchs des Verwenders auf Schadensersatz oder Ersatz einer Wertminderung, wenn
a) die Pauschale den in den geregelten Fällen nach dem gewöhnlichen Lauf der Dinge zu erwartenden Schaden oder die gewöhnlich eintretende Wertminderung übersteigt oder
b) dem anderen Vertragsteil nicht ausdrücklich der Nachweis gestattet wird, ein Schaden oder eine Wertminderung sei überhaupt nicht entstanden oder wesentlich niedriger als die Pauschale;

6. (Vertragsstrafe)
eine Bestimmung, durch die dem Verwender für den Fall der Nichtabnahme oder verspäteten Abnahme der Leistung, des Zahlungsverzugs oder für den Fall, dass der andere Vertragsteil sich vom Vertrag löst, Zahlung einer Vertragsstrafe versprochen wird;

7. (Haftungsausschluss bei Verletzung von Leben, Körper, Gesundheit und bei grobem Verschulden)

a) (Verletzung von Leben, Körper, Gesundheit)
ein Ausschluss oder eine Begrenzung der Haftung für Schäden aus der Verletzung des Lebens, des Körpers oder der Gesundheit, die auf einer fahrlässigen Pflichtverletzung des Verwenders oder einer vorsätzlichen oder fahrlässigen Pflichtverletzung eines gesetzlichen Vertreters oder Erfüllungsgehilfen des Verwenders beruhen;

b) (grobes Verschulden)
ein Ausschluss oder eine Begrenzung der Haftung für sonstige Schäden, die auf einer grob fahrlässigen Pflichtverletzung des Verwenders oder auf einer vorsätzlichen oder grob fahrlässigen Pflichtverletzung eines gesetzlichen Vertreters oder Erfüllungsgehilfen des Verwenders beruhen;

die Buchstaben a und b gelten nicht für Haftungsbeschränkungen in den nach Maßgabe des Personenbeförderungsgesetzes genehmigten Beförderungsbedingungen und Tarifvorschriften der Straßenbahnen, Obusse und Kraftfahrzeuge im Linienverkehr, soweit sie nicht zum Nachteil des Fahrgasts von der Verordnung über die Allgemeinen Beförderungsbedingungen für den Straßenbahn- und Obusverkehr sowie den Linienverkehr mit Kraftfahrzeugen vom 27. Februar 1970 abweichen, Buchstabe b gilt nicht für Haftungsbeschränkungen für staatlich genehmigte Lotterie- oder Ausspielverträge;

8. (Sonstige Haftungsausschlüsse bei Pflichtverletzung)

a) (Ausschluss des Rechts, sich vom Vertrag zu lösen)
eine Bestimmung, die bei einer vom Verwender zu vertretenden, nicht in einem Mangel der Kaufsache oder des Werks bestehenden Pflichtverletzung das Recht des anderen Vertragsteils, sich vom Vertrag zu lösen, ausschließt oder einschränkt; dies gilt nicht für die in der Nummer 7 bezeichneten Beförderungsbedingungen und Tarifvorschriften unter den dort genannten Voraussetzungen;

b) (Mängel)
eine Bestimmung, durch die bei Verträgen über Lieferungen neu hergestellter Sachen und über Werkleistungen

aa) (Ausschluss und Verweisung auf Dritte)
die Ansprüche gegen den Verwender wegen eines Mangels insgesamt oder bezüglich einzelner Teile ausgeschlossen, auf die Einräumung von Ansprüchen gegen Dritte beschränkt oder von der vorherigen gerichtlichen Inanspruchnahme Dritter abhängig gemacht werden;

bb) (Beschränkung auf Nacherfüllung)
die Ansprüche gegen den Verwender insgesamt oder bezüglich einzelner Teile auf ein Recht auf Nacherfüllung beschränkt werden, sofern dem anderen Vertragsteil nicht ausdrücklich das Recht vorbehalten wird, bei Fehlschlagen der Nacherfüllung zu mindern oder, wenn nicht eine Bauleistung Gegenstand der Mängelhaftung ist, nach seiner Wahl vom Vertrag zurückzutreten;

cc) (Aufwendungen bei Nacherfüllung)
die Verpflichtung des Verwenders ausgeschlossen oder beschränkt wird, die zum Zwecke der Nacherfüllung erforderlichen Aufwendungen, insbesondere Transport-, Wege-, Arbeits- und Materialkosten, zu tragen;

dd) (Vorenthalten der Nacherfüllung)
der Verwender die Nacherfüllung von der vorherigen Zahlung des vollständigen Entgelts oder eines unter Berücksichtigung des Mangels unverhältnismäßig hohen Teils des Entgelts abhängig macht;

ee) (Ausschlussfrist für Mängelanzeige)
der Verwender dem anderen Vertragsteil für die Anzeige nicht offensichtlicher Mängel eine Ausschlussfrist setzt, die kürzer ist als die nach dem Doppelbuchstaben ff zulässige Frist;

ff) (Erleichterung der Verjährung)
die Verjährung von Ansprüchen gegen den Verwender wegen eines Mangels in den Fällen des § 438 Abs. 1 Nr. 2 und des § 634a Abs. 1 Nr. 2 erleichtert oder in den sonstigen Fällen eine weniger als ein Jahr betragende Verjährungsfrist ab dem gesetzlichen Verjährungsbeginn erreicht wird; dies gilt nicht für Verträge, in die Teil B der Verdingungsordnung für Bauleistungen insgesamt einbezogen ist;

9. (Laufzeit bei Dauerschuldverhältnissen)
bei einem Vertragsverhältnis, das die regelmäßige Lieferung von Waren oder die regelmäßige Erbringung von Dienst- oder Werkleistungen durch den Verwender zum Gegenstand hat,

a) eine den anderen Vertragsteil länger als zwei Jahre bindende Laufzeit des Vertrags,
b) eine den anderen Vertragsteil bindende stillschweigende Verlängerung des Vertragsverhältnisses um jeweils mehr als ein Jahr oder
c) zu Lasten des anderen Vertragsteils eine längere Kündigungsfrist als drei Monate vor Ablauf der zunächst vorgesehenen oder stillschweigend verlängerten Vertragsdauer;

dies gilt nicht für Verträge über die Lieferung als zusammengehörig verkaufter Sachen, für Versicherungsverträge sowie für Verträge zwischen den Inhabern urheberrechtlicher Rechte und Ansprüche und Verwertungsgesellschaften im Sinne des Gesetzes über die Wahrnehmung von Urheberrechten und verwandten Schutzrechten;

10. (Wechsel des Vertragspartners)
eine Bestimmung, wonach bei Kauf-, Dienst- oder Werkverträgen ein Dritter anstelle des Verwenders in die sich aus dem Vertrag ergebenden Rechte und Pflichten eintritt oder eintreten kann, es sei denn, in der Bestimmung wird

a) der Dritte namentlich bezeichnet, oder
b) dem anderen Vertragsteil das Recht eingeräumt, sich vom Vertrag zu lösen;

11. (Haftung des Abschlussvertreters)
eine Bestimmung, durch die der Verwender einem Vertreter, der den Vertrag für den anderen Vertragsteil abschließt,
a) ohne hierauf gerichtete ausdrückliche und gesonderte Erklärung eine eigene Haftung oder Einstandspflicht oder
b) im Falle vollmachtsloser Vertretung eine über § 179 hinausgehende Haftung
auferlegt;

12. (Beweislast)
eine Bestimmung, durch die der Verwender die Beweislast zum Nachteil des anderen Vertragsteils ändert, insbesondere indem er
a) diesem die Beweislast für Umstände auferlegt, die im Verantwortungsbereich des Verwenders liegen oder
b) den anderen Vertragsteil bestimmte Tatsachen bestätigen lässt;
Buchstabe b gilt nicht für Empfangsbekenntnisse, die gesondert unterschrieben oder mit einer gesonderten qualifizierten elektronischen Signatur versehen sind;

13. (Form von Anzeigen und Erklärungen)
eine Bestimmung, durch die Anzeigen oder Erklärungen, die dem Verwender oder einem Dritten gegenüber abzugeben sind, an eine strengere Form als die Schriftform oder an besondere Zugangserfordernisse gebunden werden.

Vorbemerkung: Vgl zunächst Vorbem vor § 307 u § 307 Rn 1–7. – **a) Fassung.** Das SMG hat AGBG 11 1
als § 309 in das BGB eingeordnet, den Inh der Vorschr aber nur wenig verändert. Nr 5 b läßt Schadenspauschaliergen nur noch zu, wenn dem and Teil ausdr der Nachw gestattet wird, ein Schaden od eine Wertminderg sei überhaupt nicht entstanden od wesentl niedriger als die Pauschale. Nr 7 a verbietet jetzt bei Verletzg von Leben, Körper u Gesundh auch einen HaftgsAusschluß für einf Fahrlk. Die Verbote der Nr 8 –11 hat das SMG an das neue Leistgsstörgs-, Kauf- u WerkVertrR angepaßt u in einer wenig übersichtl neuen Nr 8 zusgefaßt. Die fr Nr 12 ff rücken dadch in der Numerierg jeweils um 3 nach vorn. Die bislang in AGBG 23 II Nr 3 u 4 vorgesehenen Einschränkgen der Klauselverbote hat das SMG in die Nr 7 u 8 eingeordnet. Die nF des Einleitgssatzes stellt klar, dass es einer Prüfg auf der Grdl des § 309 nur bedarf, wenn die AGB von Vorschr des disposit Rechts abweichen; *jus cogens* hat unabhäng vom § 309 nach allg RGrds den Vorrang. – **b) Bedeutung.** 2
Die in § 309 zusgefaßten Klauselverbote sollen sich von denen des § 308 dadch unterscheiden, dass sie keine unbest RBegriffe verwenden, die Klausel also unabhäng von einer richterl Wertg unwirks ist (vgl aber Nr 5 b „wesentl" u 10 d „unverhältnismäß"). Die Verbote stellen in ihrer Mehrzahl Konkretisiergen der in § 307 II enthaltenen RGedanken dar, dh sie betreffen Klauseln, die mit wesentl GrdGedanken der PrivROrdng nicht zu vereinbaren sind od auf eine Aushöhlg von KardinalPflten od -Rechten hinauslaufen. ZT geht es auch darum, vor überraschden Klauseln zu schützen (§ 305 c) od den Vorrang der IndVereinbg (§ 305 b) zu sichern (Nr 1, 10 u 11). Anwendg im Verk zw Untern: § 307 Rn 39 ff u bei den einz Klauselverboten.

1) Kurzfristige Preiserhöhungen, Nr 1. – a) Anwendungsbereich. Nr 1 erfaßt grdsl alle entgeltl 3
Verträge (s aber Rn 6). Das Wort „Ware" ist neben dem umfassden Begr „Leistg" entbehrl. Die Vorschr ist auch anwendb, wenn der Pr nicht betragsmäß festgelegt ist, sond die taxmäß od übl Vergütg geschuldet w (Ul/Br/He AGBG 11 Rn 4). Auf Tagespreisklauseln („VerkaufsPr ist der am Liefertag gült ListenPr") ist Nr 1 nach seinem Schutzzweck entspr anzuwenden (Rn 8). Für **Reiseverträge** gelten zusätzl die SchutzVorschr des § 651 a III u IV (s dort). – **b) Viermonatsfrist.** Die Vorschr setzt voraus, dass die Leistg innerhalb von 4
vier Mo nach VertragsSchl erbracht w soll. Die Vereinbg eines festen Liefertermins ist nicht erforderl. Nr 1 ist auch dann anwendb, wenn die Leistgszeit vertragl nicht bestimmt u die Leistg daher gem § 271 sofort fällig ist. Die Fr rechnet ab Zustandekommen des Vertr (Einl 4 v § 145), das Datum der Unterzeichng des VertrAngebots ist nicht entscheidd (Ffm DB **81**, 884). Die tatsächl spätere Leistg macht die Klausel nicht wirks; der Verwder kann sich aber für den Fall ein ErhöhgsR vorbehalten, dass die Leistg aus Grden, die der Kunde zu vertreten hat, erst nach Ablauf der 4-Mo-Fr erfolgen kann (Wo/Ho/Li AGBG 11 Rn 16). Wird die Erhöhgsklausel unterschiedslos für Vertr mit kürzerer u längerer Lieferzeit als 4 Monate verwandt, wird sie im VerbandsKlageVerf insges untersagt (BGH NJW **85**, 856). – **c)** Nr 1 verbietet **Erhöhungsklauseln jeder** 5
Art. Sie erfaßt auch ÄndergsVorbeh, die auf Kosten- od Lohnerhöhgen im Bereich des Verwders abstellen (BGH NJW **85**, 856). Auch eine PrAnpassg iF der Erhöhg der MwSt ist untersagt, da diese zum Entgelt iSd Nr 1 gehört (BGH **77**, 82, allgM). Eine Klausel, wonach der Pr „zuzügl MwSt" zu zahlen ist, ist gem § 306 a als Umgehg nichtig (BGH NJW **81**, 979). Verboten sind auch verdeckte Erhöhgsklauseln, so etwa IrrtKlauseln, soweit sie dem Verwder weitergehde Befugn als die gesetzl einräumen. Behält sich der Verwder ein RücktrR vor, gilt § 308 Nr 3.

d) Dauerschuldverhältnisse. Nr 1 gilt nicht für DauerschuldVerh (Begriff s § 314). DauerschuldVerh 6
iSd Nr 1 sind auch AbonnementsVertr (BGH NJW **80**, 2518), SukzessivliefergsVertr (BGH NJW-RR **86**, 212), sonstige BezugsVertr (BGH **93**, 258, Einf 27 v § 305 im HptBd) u Darl (Köln ZIP **99**, 21). Miet- u VersVertr werden vom Verbot der Nr 1 nur erfaßt, wenn sie auf eine Abwicklg in kurzer Zeit angelegt sind (Miete eines Hotelzimmers od eines Kfz, Vers für einen einz Transport, s Hansen VersR **88**, 1112).

e) Für den **Verkehr zwischen Unternehmern** kann das starre Verbot der Nr 1 nicht übernommen w 7
(Wolf ZIP **87**, 344). Umsatzsteuergleitklauseln sind im kaufm Bereich grdsl zul (Ul/Br/He AGBG 11 Rn 20).

f) Für **Preisanpassungsklauseln,** die nicht in den Anwendgsbereich des § 309 Nr 1 fallen, ist die 8
Generalklausel des § 307 Prüfgsmaßst. Der Anhang zur RL 93/13/EG bringt insoweit nichts Neues (§ 310 Rn 39 u 37). – **aa)** In **Verträgen mit Verbrauchern** sind an die Ausgewogenh u Klarh der Erhöhgsklausel strenge Anfordergen zu stellen. Klauseln, die dem Verwder eine PrErhöhg nach freiem Belieben gestatten, sind unwirks (BGH **82**, 24, NJW **83**, 1604, **85**, 856); die Möglichk, die PrÄnderg im Einzelfall gem § 315 III

überprüfen zu lassen, steht der Anwendg von § 307 nicht entgg (BGH NJW **80**, 2518). Die Klausel muß Grd u Umfang der Erhöhg konkret festlegen (BGH aaO, NJW **86**, 3135, Düss BB **97**, 699); ist das nicht mögl, muß dem and Teil bei einer PrErhöhg, die deutl stärker ist als der Anstieg der Lebenshaltgskosten, ein Recht zur VertrAuflösg zustehen (BGH **90**, 69, NJW **86**, 3135). Ein Muster, wie eine zul Erhöhgsklausel gestaltet w kann, enthält jetzt § 651 a III. Die im Kfz-Neuwagengeschäft bei längeren LieferFr fr übl **Tagespreisklausel** verstößt gg § 307 (BGH **82**, 24). Sie ist nur wirks, wenn die PrErhöhg sich in den Grenzen billigen Ermessens hält u der Kunde zum Rücktr berecht ist, falls der ListenPr deutl stärker steigt als die Lebenshaltgskosten (BGH **90**, 78, NJW **85**, 622, Düss ZMR **01**, 104). Den Kunden muß bei Sinken der Kosten spiegelbildl ein Recht auf PrHerabsetzg zustehen (Hamm NJW-RR **87**, 1141). **Unwirksam** ist die Erhöhgsklausel, wenn sie keine nachvollziehb Begrenzg enthält u eine Ausweitg des Gewinns zuläßt (BGH NJW **90**, 116, Köln NJW-RR **95**, 758), wenn der in einem BauVertr vereinbarte FestPr bei Überschreiten des Fertigstellgstermins auf den ListenPr erhöht w darf (BGH **94**, 338), wenn die Klausel auf die Erhöhg der Kostenansätze einer nicht offengelegten Kalkulation abstellt (Düss DB **82**, 537, Celle BB **84**, 808), wenn sie die PrErhöhg vom Belieben eines Dr (Herstellers) abhängig macht (Düss WM **84**, 1135), insb dann, wenn der Dr zur selben Firmengruppe gehört wie der Verwder (BGH NJW **86**, 3135), wenn der Erhöhgsbetrag bereits bei VertrSchl in den Pr hätte einkalkuliert w können (LG Ffm BB **84**, 942, Dörner NJW **79**, 248). Der Grds, dass die Ändergskriterien konkret bezeichnet u die Interessen des and Teils angem berücksichtigt w müssen, gilt auch für WartgsVertr (BGH NJW-RR **88**, 821) u für EnergieliefergsVertr (Ebel DB **82**, 2607, Kunth/Wollburg BB **85**, 230). In SukzessivliefergsVertr können Klauseln, die eine PrErhöhg im Rahmen der Kostensteigerg gestatten,
9 ausnw zul sein (BGH NJW-RR **86**, 211, einschränkd BGH NJW **86**, 3135). – **bb)** In **Verträgen mit Unternehmern** können PrErhöhgsklauseln auch dann zul sein, wenn die Erhöhgskriterien nicht angegeben sind u dem Kunden für den Fall einer erhebl PrSteigerg kein LösgsR eingeräumt ist, sofern seine Interessen in and Weise ausr gewahrt w (BGH **92**, 203, **93**, 256), etwa dadch, dass die Gemeinde als Betreiber einer Großmarkthalle bei Mieterhöhgen an das Kostendeckgsprinzip gebunden ist (Köln NJW-RR **90**, 401). Bei der nach § 307 erforderl umfassden Würdigg sind vor allem die Art des VertrVerh u die VertrDauer zu berücksichtigen (BGH aaO). Für die Zulässigk der Klausel kann sprechen, dass die Part im wesentl gleichgerichtete Interessen vertreten (BGH **93**, 259) od dass die PrErhöhg auf den am Markt dchgesetzten Pr
10 beschränkt w (BGH **92**, 203). – **cc) Zinsklauseln,** die eine Anpassg an kapitalmarktbedingte Ändergen der Refinanziergskonditionen ermöglichen, verstoßen nicht gg § 307, wenn sie bei Sinken des Zinsniveaus auch zur Herabsetzg verpfl (BGH **97**, 212, ZIP **00**, 962, Köln BB **98**, 1916). Die Klausel ist aber nur wirks, wenn sie Voraussetzgen u Ausmaß einer mögl ZinsÄnd dch eine *transparente* Bezugn auf die relevanten Parameter deutl macht (Habersack WM **01**, 753, Köln u Dortm ZIP **01**, 65, 66, aA BGH **97**, 212). Eine unwirks Klausel fällt ersatzlos weg; die entstehde Lücke wird nicht etwa dch § 315 geschlossen (Schimansky WM **01**, 1169/75, aA Habersack aaO). Zu den Anfordergen an eine zul ZinsKlausel s Bruchner BKR **01**, 16, Metz BKR **01**, 21, Derleder WM **01**, 2029. Darf die Bank die Zinsen für eine neue Festzinsperiode einseit festlegen, muß dem
11 Kunden ein KündR zustehen (BGH NJW **89**, 1797). – **dd) Leasingverträge, Versicherungen.** Für Erhöhgsklauseln in LeasingVertr gilt Rn 10 entspr (Ffm NJW **86**, 1355, Hamm NJW-RR **86**, 929). Beitragsanpassgsklauseln in VersVertr sind wirks, sofern die ÄndergsVoraussetzgen konkret festgelegt u inhaltl angem sind (BGH **119**, 59, Hamm NJW-RR **93**, 1501, Celle VersR **93**, 1343).

12 **2) Leistungsverweigerungsrechte, Nr 2.** Nr 2 geht davon aus, dass §§ 273, 320 RGrds von erhebl GerechtigkWert enthalten (ebso 1 o des Anhangs zur RL 93/13/EG, s § 310 Rn 42) u entzieht sie daher weitgehd einer Änderg dch AGB. – **a) Schutz des § 320.** Nach Nr 2 ist § 320 jeder Änderg od Einschrkg dch AGB entzogen. Eine unzul Beschrkg liegt auch vor, wenn das LeistgVR auf die voraussichtl Nachbessergskosten begrenzt od von einer schriftl Anzeige od einem Anerkenntn abhängig gemacht w. Unberührt bleiben die sich aus dem Ges ergebden Beschrkgen, so etwa der Grds, dass Fdg u GgFdg zueinand im GgseitigkVerh stehen müssen (§ 320 Rn 3) u die Einschränkg dch § 641 III. Es gilt auch weiter der Grds, dass das LeistgVR gem § 320 I 1 letzter Halbs tatbestandl nicht gegeben ist, wenn für den Kunden eine VorleistgsPfl besteht (BGH NJW **85**, 851, hM).

13 **b)** Wird dch AGB eine **Vorleistungspflicht** begründet, ist nicht § 309 Nr 2 a, sond § 307 Grdl der InhKontr (BGH **100**, 157/61, NJW **01**, 292/94, ZIP **01**, 2140, hM, s aber auch Nr 8 b dd). Vorleistgsklauseln sind zul, wenn für sie ein sachl berecht Grd gegeben ist u keine überwiegden Belange des Kunden entggstehen (BGH aaO). Das ist der Fall bei Eintrittskarten, Nachnahmesendgen, Briefmarkenauktionen (BGH NJW **85**, 851), EhemäklerVertr (BGH **87**, 318), uU bei Erschließgskosten (Hamm NJW-RR **92**, 22), nicht aber bei KaufVertr, etwa über Kaminbausätze (Stgt BB **87**, 2395), Möbel od Elektrogeräte (Dresd OLG-NL **98**, 193). Die Unangemh kann sich auch aus dem Umfang der VorleistgsPfl ergeben, so wenn bei einem WartgsVertr od einem Vertr über die Teilnahme an einem Informationsdienst ein Jahresentgelt im voraus zu entrichten ist (Mü OLGZ **91**, 356, LG Aachen NJW-RR **94**, 60) od bei einem SchneebeseitiggsVertr ein Halbjahresentgelt (KG NJW-RR **94**, 1266). Auch bei Vertr über die Benutzg einer Tennishalle (Düss MDR **99**, 735) u bei HeimVertr (§ 307 Rn 112) ist eine Verpfl zu übermäß Vorauszahlgen unwirks. Für den **ReiseVertr** gilt jetzt § 651 k (s dort).

14 **c) Werkverträge.** Der Untern hat nach § 632 a einen Anspr auf Abschlagszahlgen. Dieser Anspr kann zur Abmilderg der VorleistgsPfl des Untern ausgeweitet w (s BGH NJW **85**, 852), die Regelg darf aber nicht die VorleistgsPfl des Untern aufheben u praktisch eine VorleistgsPfl des Bestellers begründen. Unwirks sind daher die Verpfl zu übermäß hohen Abschlagszahlgen (Hamm NJW-RR **89**, 275, Schlesw BauR **94**, 513), bei einem Vertr über den Einbau von Fenstern die Regelg, dass 95% des Entgelts bei Anlieferg der Fenster zu zahlen sind (Köln NJW-RR **92**, 1048), eine Klausel, wonach der Besteller den WkLohn od Abschlagszahlgen ohne Rücks auf etwaige Mängel zu zahlen od dch eine Zahlgsgarantie od Hinterlegg sicherzustellen hat (BGH NJW **85**, 852, **92**, 2163, **93**, 3264, Blank DNotZ **97**, 298). Unwirks ist auch die Regelg, die iF einer Fehllieferg eine Schecksperre untersagt (BGH NJW **85**, 857). Hat der AuftrG eine Bankgarantie zu stellen, die den Untern ohne Rücks auf GgAnspr zu Abhebgen berecht, ist die Regelg gem §§ 307, 309 Nr 2 unwirks (BGH NJW-RR **86**, 959). Bei **Bauträgerverträgen** ist, wie die VO vom 23. 5. 01 (Anh zu § 632 a)

klarstellt, die MaBV Maßstab der InhKontr. Die in der MaBV vorgesehenen Abschlagszahlgen dürfen formularmäß vereinbart werden, Verpfl zu weitergehden Zahlgen werden auf das nach der MaBV zul Maß beschränkt (aA vor Erlaß der VO BGH NJW **01**, 818).

d) Schutz des § 273. § 273 kann, sow der GgAnspr auf demselben rechtl Verhältn beruht, dch AGB weder ausgeschl noch eingeschränkt w (Nr 2 b). Als unzul Einschrkg wird die Klausel ausdr angeführt, die das ZbR von der Anerkenng dch den Verwder abhäng macht. Der Käufer kann beim Rücktr vom Eigenheim-bewerberVertr trotz entggstehder AGB Zug um Zug gg Räumg die Erstattg seiner Eigenleistgen verlangen (BGH **63**, 238). Das ZbR steht nur zur Disposition, soweit es auf GgAnspr gestützt w, die zwar aus demselben LebensVerh, aber nicht aus demselben VertrVerh stammen (§ 273 Rn 9 f). 15

e) Im GeschVerk zw **Unternehmern** ist die formularmäß Abbedingg der §§ 273, 320 grdsl zul (BGH **115**, 327). Der Verwder kann aber aus der AusschlKlausel keine Rechte herleiten, wenn er für seine mangelh Leistg bereits den Teil des Entgelts erhalten hat, der dem Wert seiner Leistg entspr (s BGH **48**, 264, NJW **70**, 386), wenn er selbst im Verhältn zu seinem SubUntern einen Teil der Vergütg zurückhält (BGH NJW **78**, 634) od wenn der GgAnspr, auf den das LeistgsVR gestützt w, unbestritten, rkräft festgestellt od entscheidgsreif ist (BGH **92**, 316, **115**, 327, Düss NJW-RR **95**, 850). In MietVertr ist das Erfordern, die Zb einen Mo vor Fälligk anzukündigen, aber auch in diesem Fall wirks (Hbg NJW-RR **98**, 586). 16

3) Aufrechnungsverbot, Nr 3. – a) Inhalt des Verbots. Das formularmäß AufrVerbot ist unwirks, soweit es unbestr od rkräft festgestellte GgFdgen betrifft. Auch die Aufr mit bestr, aber entscheidgsreifen GgFdgen kann nicht ausgeschl werden (BGH WM **78**, 620, Düss NJW-RR **97**, 757, LG Hanau NJW-RR **99**, 1142). Ggü einer nicht substantiiert begründeten GgFdg kann sich der Verwder aber unter Verzicht auf eine spezifizierte Stellgnahme auf das AufrVerbot berufen (BGH NJW **86**, 1757). Nr 3 erfaßt auch Klauseln, die die Aufr zwar nicht ausdr, aber der Sache nach ausschließen, wie etwa Nachnahmeklauseln (BGH **139**, 191). Unwirks ist auch eine AGB, die die Zulässigk der Aufr auf vom Verwder anerkannte Fdgen beschr (BGH NJW **94**, 657). Eine Klausel, die die nach § 215 zuläss Aufr mit einer verjährten Fdg ausschließt, verstößt zwar nicht gg Nr 3, aber gg § 307 (Hamm NJW-RR **93**, 1082). – **b) Rechtsfolgen.** Ein Verstoß gg Nr 3 führt zur Gesamtnichtigk der Klausel (BGH **92**, 316, NJW-RR **86**, 1281). Läßt die Klausel die Aufr mit unbestr GgFdgen zu, kann sie aber iZw dahin ausgelegt w, dass auch die Aufr mit rkräft festgestellter GgFdg statthaft sein soll (BGH **107**, 189), das gilt ebso umgekehrt, wenn die Klausel nur die Aufr mit rkräft festgestellten GgAnspr gestattet (BGH NJW-RR **93**, 520). Wird die Aufr von einer vorher Anzeige (1 Mo vor Fälligk) abhäng gemacht, ist Nr 3 nicht anwendb (BGH NJW **95**, 255, Hamm MDR **97**, 926), bei einer unangem langen Fr ist aber § 307 verletzt. – **c) Insolvenz.** Das AufrVerbot tritt zurück, wenn es wg Ins, Vermögensverfalls od aus sonst Grden die Dchsetzg der GgFdg endgült vereiteln würde (BGH NJW **75**, 442, **84**, 357, § 387 Rn 17). Die Klausel kann idR in diesem Sinn einschränkd ausgelegt w (BGH aaO, aA offenbar BGH **92**, 314), so dass sie im übrigen wirks bleibt. – **d) Entsprechende Anwendung der Nr 2.** Sieht man von den Rn 17 behandelten Sonderfällen ab, führt die Regelg in Nr 2 u 3 bei konnexen GgFdgen zu abweg Ergebn. Bei GgAnspr, die nicht auf Geld gerichtet sind, steht dem Kunden ein dch AGB nicht entzieh LeistgVR zu (Rn 12 u 15). Bei GgAnspr auf Geld ist die LeistgV als Aufr zu werten (§ 273 Rn 14), deren formularmäß Ausschluß Nr 3 nur für prakt seltene Sonderfälle untersagt. Diese unterschiedl Behandlg von Geld- u SachleistgsFdgen des Verwdgsgegners kann – entgg der Begründg zum Entw des AGBG S 29 – nicht überzeugen u widerspricht auch der Wertg der Nr 1 b des Anhangs der EG-RL (§ 310 Rn 29). Die Aufr ist kein auf bloßen ZweckmäßigkErwäggen beruhdes RInstitut; sie hat vielm zugleich eine Sichg- u VollstrFunktion („PfandR an eig Schuld", § 387 Rn 1), der in Zeiten häufiger Insolvenzen bes Bedeutg zukommt. Nicht überzeugd ist auch der Hinw, dass der Schu wg seiner vom AufrVerbot betroffenen Fdg ja Widerklage erheben könne, da diese Möglichk beim Ausschl des LeistgVR gleichf besteht. Das AufrVerbot muß daher bei konnexen GgFdgen gem der Wertg in Nr 2 zumindest dann zurücktreten, wenn es sich um einen GgAnspr handelt, der aus einer zur LeistgV berecht SachleistgsFdg hervorgegangen ist (Düss NJW-RR **97**, 628, LG Mü NJW-RR **90**, 30, Ul/Br/He AGBG Rn 7, and BGH NJW-RR **89**, 481). Das trifft insbes für Anspr aus §§ 281, 437 Nr 3 iVm 281, 634 iVm 281 u 637 zu. – **e)** Auch im **Verkehr zwischen Unternehmern** ist Nr 3 als konkretisierte Ausformg von § 307 II Nr 1 anwendb (BGH **92**, 316, NJW **84**, 2405).

17, 18, 19, 20, 21

4) Mahnung, Fristsetzung, Nr 4. – a) Inhalt des Verbots. Dch Nr 4 wird der Grds, dass Verzug idR erst nach Mahng eintritt (§ 286), einer Änderg dch AGB entzogen. Außerdem werden die §§ 281, 323, 637, 651 c III u 651 e II klauselfest, die GläubR von der Setzg einer Fr od NachFr abhäng machen. Unberührt bleiben die gesetzl Ausn vom Erfordern der Mahng u FrSetzg. Sie können in den AGB wiederholt, dürfen aber nicht erweitert w (BGH NJW **95**, 1488). Das Verbot erfaßt auch Klauseln, die zwar Mahng u FrSetzg nicht ausdr für entbehrl erklären, deren RFolgen (SchadErsAnspr, RücktrR, Verzinsg) aber *ipso facto* eintreten lassen (BGH **102**, 45, NJW **83**, 1322, **85**, 324). Klauseln über Fälligk- od Nutzgszinsen fallen nicht unter Nr 4, können aber gg § 307 verstoßen (BGH NJW **98**, 991, NJW-RR **00**, 1075, Köln VersR **00**, 730). – **b)** Auch im **Verkehr zwischen Unternehmern** kann das Erfordern der Mahng grdsl nicht abbedungen w (Lö/vW/Tr AGBG Rn 23, str). Entspr gilt für das Erfordern der Fr- u NachFrSetzg (BGH **110**, 97, NJW **86**, 843). Klauseln, wonach der Schu bei Überschreitg des Zahlgsziels auch ohne Mahng banküblZinsen zu zahlen hat, sind aber wirks (BGH NJW-RR **91**, 997 zu ADSp, Karlsr NJW-RR **87**, 498).

22, 23

5) Pauschalierung von Schadensersatzansprüchen, Nr 5. – a) Allgemeines. Nr 5 betrifft Schadenspauschalen, Nr 6 VertrStrafen; zur Abgrenzg vgl § 276 Rn 26. Im Anhang der EG-RL ist Nr 1 e die entspr SchutzVorschr (§ 310 Rn 32). Nr 5 erklärt Pauschaliergsklauseln grdsl für zul, legt aber fest, dass die Klausel inhaltl best Anfordergen genügen muß. Für die **Abgrenzung** zur Parallelregelg des § 308 Nr 7 gilt: Unter Nr 5 fallen SchadErsAnspr aller Art (Ul/Br/He AGBG 11 Rn 10 f; Lö/vW/Tr AGBG 11 Rn 9 ff), insb die aus §§ 280 u 281, nicht aber der Anspr aus § 818 I (BGH **102**, 45). Auf die Rückabwicklg iF der Künd u des Rücktr ist § 308 Nr 7 anzuwenden. Soweit die Künd od der Rücktr eine SchadErsPfl begründet, gilt aber Nr 5. Anwendgsfälle der Nr 5 sind daher auch der Anspr des LeasingG auf SchadErs bei vorzeit Künd (Gerth/Panner BB **84**, 813) u der Anspr des Reiseveranstalters aus § 651 i (BGH NJW-RR **90**, 115, Ffm NJW **82**, 2199, LG Hbg NJW **98**, 3281). Wenn in EinkaufsBdggen der Umfang der dem Verwder zustehden Minderg

24, 25

(§§ 441, 638) pauschaliert wird, ist Nr 5 analog anwendb (Wo/Ho/Li AGBG 11 Rn 11, str). Der Verwder kann sich den Nachw eines höheren Schadens (einer höheren Wertminderg) vorbehalten (BGH NJW **82**, 2317, Köln NJW-RR **86**, 1435, NJW-RR **01**, 198), muß das aber unzweideut zum Ausdr bringen (Kblz NJW-RR **00**, 871).

26 **b) Höhe der Pauschale. – aa) Maßstab.** Die Pauschale darf den nach dem **gewöhnlichen Lauf der Dinge** zu erwartden Schaden (Wertminderg) nicht übersteigen. Dieser § 252 S 2 nachgebildete Grds erfordert eine generalisierde Betrachtg. Abzustellen ist auf den branchentyp Dchschnittsgewinn (BGH NJW **82**, 331). Die Pauschale ist iZw brutto zu verstehen, umfaßt also die MwSt (Brschw BB **79**, 856). Sie muß sich am Schadensbegriff des BGB ausrichten. Die Einbez von nicht ersetzb Positionen, wie etwa Vorsorge- u Bearbeitgskosten (Vorbem 43 vor § 249 u § 249 Rn 23), macht die Klausel unwirks. Eine überhöhte Pauschale bleibt auch dann im ganzen unwirks, wenn der Verwder sie im Einzelfall auf eine angem Höhe
27 reduzieren will (Ffm NJW **82**, 2564). – **bb) Einzelfälle** (ja = unwirks; nein = wirks), s auch § 308 Rn 39: 15% im Kfz-NeuGesch nein (BGH NJW **82**, 2316, Celle NJW-RR **96**, 50, Naumbg NJW-RR **00**, 720); 20% im Gebrauchtwagenhandel, ja (Köln NJW-RR **93**, 1405, LG Oldbg BB **98**, 1280: BGH NJW **70**, 32 ist überholt); 15% im GebrauchtwagenGesch des Neuwagenhändlers, ja (Köln aaO, LG Hbg NJW-RR **97**, 560, aA Köln OLGR **97**, 3); 25% bei Kauf fabrikneuer Möbel ja (BGH NJW **70**, 2017, **85**, 322); 30% im Möbelversandhandel ja (Ffm NJW **82**, 2564); 35% im Möbelhandel ja (LG Bln AGBE I Nr 27); monatl Lagergebühr von 2% des Kaufpreises bei Möbelkauf ja (Karlsr BB **81**, 1168); 30% bei Vertr über den Einbau neuer Fenster nein (Brschw BB **79**, 856); 40% bei WkVertr ja (Reich NJW **78**, 1570, s § 308 Rn 39 zum Architekten); einheitl Stornopauschale für den Rücktr bei unterschiedl Reisetypen, ja (LG Hbg NJW **98**, 3281); 50% der Restmiete bei Fernsprechnebenstellenanlage, nein (s BGH **67**, 317, NJW **85**, 2328, NJW-RR **88**, 1491, KG MDR **97**, 1019); 3% der AuftrSumme bei kartellrechtsw Preisabsprachen in der Baubranche, nein (BGH **131**, 356); Weiterzahlg des Mietzinses bei verspäteter Rückg des Kfz od bei Rückg in beschädigtem Zustand, ja, da Mietwagen typw höchstens 2/3 der Zeit vermietet sind (Saarbr NJW-RR **91**, 313); Neupreis od 80% des Neupreises für nicht zurückgegebenes Leergut, ja (Karlsr u Köln NJW-RR **88**, 371,
28 373, Brschw NJW-RR **96**, 566); **Mahngebühr** von 30 DM, ja (BGH NJW-RR **00**, 719), 5 DM, nein (Hbg DB **84**, 2504, Köln WM **87**, 1550, aA Ffm WM **85**, 938, Karlsr ZIP **85**, 607: 2,50 DM, Hamm NJW-RR **92**, 242), jedoch muß klargestellt w, dass für die Erstmahng keine ZahlgsPfl besteht (BGH NJW **85**, 324); 50 DM für Rückbuchg, ja (BGH NJW-RR **00**, 719); 2 od 3% für den Nichtabruf eines Darl nein (BGH NJW **85**, 1832, NJW-RR **89**, 947), das gilt insbes auch für HypoBanken (BGH NJW **90**, 981), je nach den Umst des Falles können auch 4 1/2 od 5% zul sein (BGH NJW-RR **86**, 468; Düss NJW-RR **91**, 442, krit Reifner NJW **95**, 90); VorfälligkEntschädigg von jährl 1% des fäll DarlBetrages, wenn die Bank mit einer Nettozinsmarge von 0,63% arbeitet od wenn keine Abzinsg vorgesehen ist, ja (BGH NJW **98**, 592, NJW-RR **99**, 842); 5% über Basiszins, für **Verzugszinsen,** nein vgl § 288 I; im Anwendgsbereich von 288 auch 8% über Basiszins; Zinsaufschlag von 1% iF des Verzuges nein (BGH NJW **83**, 1542); Pauschale von 2% iF der
29 Künd wg Verzuges, nein (BayObLG DB **81**, 1615). – **cc) Beweislast.** Der Verwder muß nachweisen, dass seine Pauschale dem typ Schadensumfang entspr (BGH **67**, 319, MüKo/Basedow AGBG 11 Rn 15).

30 **c) Ausdrückliche Zulassung des Gegenbeweises.** Nach der neugefaßten Nr 5 b ist die Klausel nur wirks, wenn sie dem Kunden ausdrückl den Nachw gestattet, ein Schaden (eine Wertminderg) sei überhaupt nicht entstanden od wesentl niedriger als die Pauschale. Die nach fr Recht erforderl Prüfg, ob die Klausel den GgBeweis „abschneidet" ist nicht mehr erforderl (vgl zu diesem wenig klaren Kriterium HptBd AGBG 11 Rn 26). Erforderl ist ein unzweideutiger, für den rechtsunkund Kunden ohne weiteres verständl Hinw, dass ihm der Nachw offensteht, es sei kein od ein geringerer Schaden entstanden. Viele der von der Rspr nach altem Recht als wirks angesehenen Klauseln (vgl zB BGH NJW **85**, 321, WM **86**, 1467, Zweibr VuR **99**, 269) sind mit Nr 5 b nF unvereinb. Der Verstoß gg Nr 5 b macht die Klausel im ganzen unwirks (BGH NJW
31 **85**, 632). **Beweispflichtig** für den geringeren Schaden ist der Kunde (Kblz NJW-RR **93**, 1080, Wo/Ho/Li AGBG 11 Rn 21). Das nach der Überschrift „ohne Wertgsmöglichk" systemw Merkmal **„wesentlich"** ist idR bei Abweichgen von etwa 10% erfüllt (MüKo/Basedow AGBG 11 Rn 74), bei niedrigen Pauschalen (zB für Mahnkosten) ist eine höhere prozentuale Abweichg erforderl, bei hohen kann eine geringere genügen. Der Nachw einer anderweit Verwertg des VertrGgst schließt den Anspr auf die Pauschale für entgangenen Gewinn nicht aus, wenn der Verwder den neuen Kunden ohnehin hätte beliefern können (BGH **126**, 309). Hat der Verkäufer dem Kunden einen Sondernachl auf den ListenPr eingeräumt, ist dieser von der Pauschale abzusetzen (Celle NJW-RR **96**, 50).

32 **d)** Auch im **Verkehr zwischen Unternehmern** ist Nr 5 gem §§ 307, 310 I grdsl anzuwenden (BGH **67**, 312, **113**, 61, NJW **94**, 1068). Eine der nF der Nr 5 b entspr ausdr Zulassg des GgBeweises ist aber nicht erforderl; es genügt, dass der GgBeweis nicht ausgeschlossen wird (s BGH NJW **84**, 2941, **94**, 1068).

33 **6) Vertragsstrafe, Nr 6. – a) Allgemeines.** Das Ges wertet VertrStrafklauseln mit Recht als eine idR unangem Benachteiligg (§ 307 I), da sie dem Kunden erhebl Nachteile aufbürdet (LeistgsPfl ohne Schadens-Nachw, Herabsetzg gem § 343 mit erhebl Kostenrisiko), ohne dch ein überwiegdes Interesse des Verwders gerechtfertigt zu sein. Er kann seine Belange dch die Festlegg von Schadenspauschalen (Nr 5) hinr wahren. Nr 6 sieht aber davon ab, VertrStrafKlauseln völl zu verbieten, sond enthält eine kasuistische Verbotsnorm, die (leider) weder an die Systematik der §§ 341 ff noch an die des LeistgsstörgsR anknüpft. Nr 6 gilt auch, wenn die AGB die VertrStrafe als Abstand, Reueprovision od ähnl bezeichnen. Auf selbständ Strafgedinge ist Nr 6 entspr anwendb (Wo/Ho/Li AGBG 11 Rn 6), ebso auf das Reugeld (Wo/Ho/Li AGBG 11 Rn 8, aA KG NJW-RR **89**, 1077) u Verfallklauseln (s BGH NJW-RR **93**, 464), jedoch stützt die Rspr die InhKontr bei VorfälligkKlauseln auf § 307 (dort Rn 165). Abgrenzg zur Schadenspauschale § 276 Rn 26. Gilt eine gg Nr 6 verstoßde Klausel für beide Teile, beschränkt sich die Nichtigk gem § 306 auf das StrafVerspr des Kunden (Wo/Ho/Li AGBG 11 Rn 21, aA Feiber NJW **80**, 1148).

34 **b) Fallgruppen unzulässiger Strafklauseln.** Nr 6 geht vom Normalfall aus, dass der Kunde eine **Geldleistung** u der Verwder eine Sachleistg zu erbringen hat. Für diese Fallgestaltg begründet sie für die meisten denkb VertrVerletzgen ein VertrStrafVerbot: – **aa) Nichtabnahme** od verspätete Abnahme. Nr 6 erfaßt alle

Fälle, in denen der Kunde die Leistg nicht od verspätet annimmt. Die Grde für die Nichtabnahme sind gleichgültig. – **bb) Zahlungsverzug,** dh Verzug mit einer Geldschuld. Das Verbot gilt erst recht, wenn die Strafe statt auf Verzug auf Nichtzahlg abstellt. Hat der Schu unabhäng von der Dauer der Überziehg einen best Betrag als Überziehgsgebühr zu zahlen, handelt es sich um eine unzul VertrStrafKlausel (BGH NJW **94**, 1532). Unwirks ist auch eine Regelg, nach der allg bei „Nichteinhaltg des Vertr" eine VertrStrafe zu zahlen ist (Hbg NJW-RR **88**, 651). Die VertrStrafe für **Schwarzfahrer** beruht auf gesetzl Vorschr (EVO 12, VO v 20. 2. 70, s Trittel BB **80**, 497) u wird daher von Nr 6 nicht erfaßt. Nr 6 ist aber auch deshalb unanwendb, weil Grd für die Strafe nicht der Zahlgsverzug, sond der Versuch ist, die Befördergsleistg zu erschleichen (Ul/Br/He AGBG 11 Rn 11, Weth JuS **98**, 800). Ist die Strafe für die Nichtrückg eines Ggst zu entrichten, ist Nr 6 gleichf unanwendb (LG Lünebg NJW **88**, 2476). – **cc) Lösung vom Vertrag.** Erfaßt werden alle Fälle, in denen sich der Kunde ausdr (dch Rücktr, Künd od Widerruf) od konkludent (etwa dch Abschluß eines neuen Vertr) vom Vertr lossagt. Nr 6 ist auch anwendb, wenn der SubUntern den HauptUntern aus dem VertrVerhältn herausdrängt u selbst die Betreuung des Kunden übernimmt (BGH NJW-RR **98**, 1595). – **dd)** Schuldet der Kunde eine **Sachleistung** (Bsp: EinkaufsBdggen, AGB von Bauherrn) sind StrafKlauseln nach Nr 6 nur verboten, wenn sie an die Lösg vom Vertr od die Nichtannahme des Entgelts (!) anknüpfen. Auch für den SachleistgsSchu müssen aber über § 307 die Wertgen der Nr 6 berücksichtigt w. StrafKlauseln sind daher unwirks, soweit der Verwder seine Interessen dch Schadenspauschalen hinreichd wahren kann; sie sind idR auch dann unangem, wenn dem Schu ledigl einf Fahrlässigk zur Last fällt (Ul/Br/He AGBG 11 Rn 15).

35 36 37

38 **c)** Auf den **Verkehr zwischen Unternehmern** kann die auf den Schutz des Verbr zugeschnittene Nr 6 nicht übertragen werden (hM). Strafklauseln sind aber gem § 307 unwirks, wenn sie den Schu unangem benachteiligen. **Unwirksam** sind: übermäß StrafVerspr für die Verzögerg von Bauleistgen (§ 343 Rn 4); übermäß StrafVerspr in Vertr der TrHand (§ 307 Rn 152) od in VertrHändlerVertr für den Fall der NichtErf nachvertragl Pflten (BGH NJW **97**, 3233); StrafVerspr für den Fall einer einverständl VertrAufhebg (BGH NJW **85**, 57); StrafVerspr für verbotene PrAbsprachen, wenn der GesBetrag der Strafen ein Vielfaches des Submissionsschadens erreicht od die Strafe auch bei Nichtvergabe eines Auftr gefordert w kann (BGH **105**, 30, Ffm NJW-RR **86**, 895); StrafVerspr für den Fall erfolgloser Vhdlgen über eine PrAbsprache (Ffm ZIP **91**, 1171); 20 000 DM für die Nichtrückgabe eines Dokuments (Brschw NJW-RR **96**, 1316); 10 000 od 30 000 DM für jeden Fall der ZuwiderHdlg bei VertrVerhältn mit geringer Gewinnerwartg (BGH ZIP **98**, 1159, Mü NZG **98**, 113); das zwanzigfache Entgelt für jede vertragsw Nutzg von Adressenmaterial (Mü NJW-RR **93**, 1334); 3000 DM für jede Verletzg eines AutomatenAufstellVertr (Celle NJW-RR **88**, 947); 5000 od 3000 DM für eine den Verwder nur geringfüg beeinträchtigde VertrVerletzg (BGH DB **90**, 1323, Celle NdsRpfl **89**, 214). **Wirksam** sind 250 DM für jede zurückgehaltene Kundenanschrift (BGH NJW **93**, 1786) u Differenz zw Händlereinstandspreis u PrEmpfehlg bei Veräußerg an nicht autorisierten Wiederverkäufer (Mü BB **97**, 2399).

39 **d)** Das **Verschuldenserfordernis** kann nur dann formularmäß abbedungen w, wenn bei dem betreffdn VertrTyp gewichtige Grde für eine schuldunabhängige Haftg vorliegen (BGH **72**, 178, NJW-RR **91**, 1013, NJW **97**, 135, Oldbg MDR **00**, 763). Diese Voraussetzg ist bei BauVertr nicht erfüllt (BGH NJW **98**, 3488, Düss NJW-RR **97**, 1378, 1380), ebsowenig bei PrBindgsVertr im Buchhandel (AG B'haven NJW-RR **86**, 276) u bei AutomatenaufstellVertr (LG Aachen NJW-RR **87**, 948), wohl aber beim Verkauf von Untern dch die TrHand für den Fall der Nichteinhaltg von ArbPlatzGarantien od Investitionszusagen (§ 307 Rn 152). **Nebenabreden** zu StrafKlauseln sind gem § 307 II 1 unwirks, soweit sie den §§ 339 ff widersprechen. § 340, wonach die verwirkte Strafe auf den SchadErsAnspr wg NichtErf anzurechnen ist, ist klauselfest (BGH **63**, 256, NJW **85**, 56), u zwar auch in HandelsvertreterVertr (BGH NJW **92**, 1096). Auch die „Einr des FortsetzgsZushangs" kann nicht dch AGB abbedungen w (BGH **121**, 19), es sei denn, dass eine solche Regelg ausnw dch ein schutzwürd Interesse des Verwders gerechtfertigt w (BGH NJW **93**, 1786). § 341 III, wonach die VertrStrafe bei Annahme der Erf vorbehalten werden muß, darf dch AGB gemildert w (BGH **72**, 224), ein völliger Ausschluß ist aber unwirks (BGH **85**, 310, Mü BB **84**, 1387).

40 **7) Haftungsausschluss bei Verletzung von Leben, Körper Gesundheit und bei grobem Verschulden, Nr 7.** Das SMG hat das Verbot des AGBG Nr 7 erweitert. Nach Nr 7 a ist der Haftgsausschluß bei Verletzg von Leben, Körper u Gesundh auch unwirks, wenn dem Verletzer nur einf Fahrlk zur Last fällt od er für den Schaden nach den Grds der Gefährdgshaftg verantwortl ist. – **a) Anwendungsbereich.** Nr 7 einschließl der neuen Nr 7 a gilt für **Verträge** jeder **Art.** Geschützt werden SchadErsAnspr wg PflVerletzg (§§ 280, 281, 536 a, § 13 Nr 7 VOB/B), auch soweit die PflVerletzg in der Lieferg einer mangelh Sache besteht (BT-Drs 14/6040 S 156). Miterfaßt werden auch Anspr von Dr, soweit sie in den Schutzbereich des Vertr einbezogen sind (Düss WM **82**, 575). Nr 7 gilt auch für Anspr aus c. i. c. (§ 311 II); idR scheitert der HaftgsAusschl für Anspr aus c. i. c. auch deshalb, weil sie bereits entstanden sind, wenn der Vertr unter Einbez der AGB zustande kommt (Ziegler BB **90**, 2345). Nr 7 ist auf **deliktische Ansprüche** analog anzuwenden (BGH **100**, 184, NJW **95**, 1489), Nr 7 a auch auf Anspr aus Gefährdungshaftg. Das Verbot betrifft aber nur den Anspr gg den Verwder; der Anspr gg den ErfGeh kann in den Grenzen des § 307 dch eine Haftgsfreistellg zGDr (§ 276 Rn 37) abbedungen w (MüKo/Basedow AGBG 11 Rn 11, aA BGH **96**, 25).

41

42 **b) Voraussetzungen der Nr 7 a.** Das Verbot der Nr 7 a entspr der Nr 1 a des Anh zur RL 93/13/EWG (§ 310 Rn 29); es wurde nach altem Recht bereits aus AGBG 9 hergeleitet (Stgt NJW-RR **88**, 1082, v Westphalen NJW **90**, 91). Die Begriffe Leben, Körper u Gesundh sind ebso auszulegen wie in § 823 (dort Rn 3 ff). Geschützt wird in analoger Anwendg von Nr 7 a auch der SchmerzGAnspr (Rn 39).

43 **c) Voraussetzungen der Nr 7 b.** Vorsatz s § 276 Rn 10 grobe Fahrlk s § 277 Rn 5. Der Vorsatz des Schu wird nicht bes erwähnt, weil insow § 276 III gilt. Die Begriffe „gesetzl Vertreter" u „ErfGeh" sind ebso zu verstehen wie im § 278 (s dort). Gleichgült ist, ob als ErfGeh ein ArbN des Verwders od ein selbstd Untern tätig geworden ist. Bei einer Kette von ErfGeh gilt das Verbot der Nr 7 b für die ganze Kette. Soweit sich der Verwder im Rahmen der §§ 675, 664 I S 2 das Recht der **Substitution** vorbehalten hat, ist Nr 7 b unanwendb (Wackerbarth ZIP **00**, 1187/1194). Die jetzt in den Banken-AGB 3 II enthaltene tatbestandl

sachgerecht eingeschränkte Substitutionsklausel ist wirks; dagg bestehen gg Sparkassen-AGB 19 II Bedenken, weil der Sparkasse bei der Frage, ob der Auftr dch einen ErfGeh od einen Substituten ausgeführt w soll, ein ErmSpielraum verbleibt (v Westphalen BB **93**, 9).

44 **d) Umfang des Verbots.** Verboten ist nicht nur der HaftgsAusschl, sond auch jede Haftgsbegrenzg. Unzul sind daher Beschränkgen der Höhe des Anspr od der Ausschluß bestimmter Schäden (BGH NJW **87**, 2820), etwa mittelb, indirekter od nicht vorhersehb, jedoch gilt für ReiseVertr die SonderVorschr des § 651 h (Ffm NJW **86**, 1621). Eine unzul Haftgsbegrenzg liegt auch vor, wenn die VerjFr abgekürzt (Düss NJW-RR **95**, 440) od die Haftg dch eine Subsidiaritätsklausel eingeschränkt wird (s BGH WM **89**, 1521, Canaris JZ **87**, 1003). Nr 7 gilt nach ihrem Schutzzweck grdsl auch dann, wenn die Klausel nicht die ErsPfl, sond die SorgfPfl des Verwders abbedingt od ein best Risiko allein dem Kunden auferlegt (BGH NJW **01**, 751). And ist es aber, wenn die scheinb abbedungene Pfl nach der RNatur des Vertr ohnehin nicht besteht (Hamm NJW-RR **89**, 668).

45 **e) Einschränkungen des Verbots.** Sie hat das SMG aus AGBG 23 II Nr 3 u 4 in einen ausschließl aus Nebensätzen bestehden 3. Abs der Nr 7 übernommen. – **aa) Beförderungsbedingungen.** Die VO vom 27. 2. 1970 (BGBl 230), die dch eine summenmäß Haftgsbegrenzg von Nr 7 a u b abweicht, unterliegt als VO gem PersBefördG 58 I Nr 3 nicht der InhKontr (Staud/Schlosser AGBG 23 Rn 26). Abs 3 ermöglicht aus Grden der Gleichbehandlg, dass privatrechtl gestaltete, nach Maßg des PersBefördergsG genehmigte Bdggen die Regelg der VO übernehmen. Er ist auf die AGB von LuftVerkUntern weder direkt noch entspr
46 anwendb (BGH NJW **83**, 1324). – **bb) Lotterien.** Bei staatl gen Lotterie- od AusspielVertr (§ 763) kann die Haftg für grobes Versch entgg Nr 7 b ausgeschl w; das gilt aber nur, soweit der HaftgsAusschl dem Schutz des Verwders u der Mitspieler vor betrügerischen Manipulationen dient. Der HaftgsAusschl gilt bei Lotto u Toto für die Zeit ab Einreichg des Spielscheins, auch wenn der Vertr nach den maßgebden AGB überwiegd erst später zustande kommt (Celle NJW-RR **86**, 833, Ul/Br/He AGBG Rn 42 a).

47 **f) Rechtsfolgen.** Der Verstoß gg Nr 7 macht die Freizeichngsklausel im ganzen unwirks (BGH **86**, 296, **96**, 25). Etwas and gilt nur dann, wenn der wirks u der unwirks Teil der Klausel inhaltl u sprachl von einand trennb sind (Vorbem 11 v § 307).

48 **g) Verkehr zwischen Unternehmern.** Die Verbote der Nr 7 sind gem §§ 307, 310 I grdsl auch im Verk zw Untern anzuwenden (Ffm NJW **83**, 1681, Mü BB **93**, 1753, Köln BB **93**, 2044, Hamm NJW-RR **96**, 969, Wo/Ho/Li AGBG 11 Rn 48, hM, str, aA Brem VersR **87**, **77**3 ua, alle zu Nr 7 b). Dabei geht es im Ergebn allein darum, ob sich der Verwder für grobes Verschulden einf ErfGeh freizeichnen kann. Ein Haftgsausschluß für grobes Verschulden des Verwders, seiner gesetzl Vertreter u leitden ErfGeh ist nach allgM mit § 307 unvereinb (vgl statt aller BGH **20**, 164, **70**, 364). Der BGH hat zur Anwendg von Nr 7 b auf den Verk zw Untern u damit zur Frage, ob sich der Untern für *grobes* Verschulden *einfacher* ErfGeh freizeichnen kann, noch nicht abschließd Stellg genommen (BGH **93**, 48, **95**, 182). Nach seiner Rspr kann sich der Verwder aber, soweit es um die Verletzg von **Kardinalpflichten** geht, nicht einmal von der Haftg für *einfaches* Verschulden seiner ErfGeh freizeichnen (BGH **89**, 367, NJW **85**, 915, § 307 Rn 33 ff). Zuzustimmen ist der hM, die die Anwendg der Nr 7 b auf den Verk zw Untern grdsl bejaht; notw sind aber **zwei Einschränkun-**
49 **gen**: – **aa) Haftungsbegrenzungen** auf den typw bei Gesch der fragl Art entstehden Schaden sind zul
50 (BGH NJW **93**, 335, Lö/vW/Tr AGBG 11 Rn 46). – **bb) Branchentypische Freizeichnungen,** die allseits gebilligt u anerkannt w, sind wirks. Bsp: ADSp (BGH NJW **86**, 1435, WM **88**, 1202); HaftgsAusschl der Werften für grobes Verschulden einf ErfGeh (BGH **103**, 320), nicht aber für leitde Angestellte (BGH NJW-RR **89**, 954); Haftgsbeschränkgen der Stromversorger (BGH NJW **98**, 1640).

51 **8) Sonstige Haftungsausschlüsse bei Pflichtverletzung, Nr 8. – a) Fassung.** Nr 8 hat eine offensichtl verfehlte Überschr. Es geht nicht nur um Haftgsausschlüsse, sond allg um Beschränkgen der Anspr u Rechte, die dem Kunden bei PflVerletzgen des Verwders zustehen. Die Vorschr geht von der PflVerletzg (§ 280 Rn 12) als dem Zentralbegriff des neuen LeistgsstörgsR aus. Sie knüpft in Nr 8 a an die Verbote des AGBG 11 Nr 8 u 9 (Verzug, Unmöglichk) u in 8 b an die des AGBG 11 Nr 10 (Gewährleistg) an, hält sie aber nur teilw aufrecht (Rn 52). Das Klauselverbot des AGBG 11 Nr 11 (Haftg für zugesicherte Eigenschaften) fällt weg, da das Kauf- u WkVertrR bei der Haftg des Verkäufers (Untern) nicht mehr auf EigenschZusichergen abstellen. Im Ergebn ändert sich insoweit aber nichts, da der Verkäufer (Untern) eine Garantie für bestimmte Eigensch der Sache (des Wk) übernehmen u die sich daraus ergebde Haftg wg des Vorrangs der IndVereinbg nicht ausschließen kann (§ 305 b Rn 4).

52 **b) Lösung vom Vertrag, Nr 8 a.** Das Recht des Kunden, sich wg einer vom Verwder zu vertretden PflVerletzg vom Vertr zu lösen, darf nicht ausgeschlossen od beschränkt werden. Das Verbot gilt für alle Vertr, es tritt aber, soweit es sich um Mängel der Kaufsache oder des Werks handelt, hinter Nr 8 b bb zurück. Geschützt wird das RücktrR aus §§ 323, 324, u 326 V. Nr 8 a gilt aber nur, wenn der Schu die PflVerletzg zu vertreten hat. Schließt der Verwder das Rücktr für eine nicht zu vertretde PflVerletzg aus, ist Nr 8 a unanwendb, die Regelg kann aber gg § 307 verstoßen. Beim LösgsR kann es sich je nach VertrTyp auch um ein KündR (§ 314) od ein WiderrufsR (§ 671) handeln. Auch Befristgen (BGH NJW-RR **89**, 625) od die Auferlegg von Abstandszahlgen kann gg Nr 8 a verstoßen. Das in AGBG 11 Nr 8 b enthaltene, in seinem Umfang unklare HaftgsausschlußVerbot hat das SMG mit Recht nicht übernommen; der Verwendgsgegner wird insoweit dch die in § 307 Rn 42 ff dargestellten od in Bezug genommenen RGrds ausreichd geschützt.

53 **c) Mängel, Nr 8 b. – aa) Anwendungsbereich.** Nr 8 b ersetzt AGBG 11 Nr 10. Er gilt, wie die Vorschr jetzt ausdr klarstellt, nur für Kauf- u WkVertr. Ihr Anwendgsbereich wird dch die Ändergen des Kauf- u WkVertrR ggü der Vorgängernorm erhebl eingeschränkt. Die Rechte, die dem Käufer wg eines Mangels zustehen, ergeben sich beim VerbrGüterkauf u damit bei der Masse der KaufVertr jetzt aus Vorschr zwingden Rechts (§§ 475, 474). Auch für Vertr über die Lieferg von herzustellden od zu erzeugden bewegl Sachen ist die Sachmängelhaftg zwingd ausgestaltet (§ 651). Der Anwendgsbereich der Nr 8 b beschränkt sich daher im wesentl auf **(1)** Vertr über unbewegl Sachen, wenn VertrGgst zugl eine neu hergestellte Sache ist, **(2)** Vertr über WkLeistgen, die nicht unter § 651 fallen, **(3)** Vertr zw Verbr. Die Vorschr erleidet damit ggü der Vorgängernorm einen erhebl **Bedeutungsverlust**. Die im folgden referierte Rspr zu AGBG 11 gilt nur noch

in dem neuen wesentl enger gewordenen Anwendgsbereich, häufig nur für Vertr zw Verbr. – **bb) Neu hergestellte Sachen.** Bei LieferVertr gilt Nr 8 b nur, wenn eine neu hergestellte Sache VertrGgst ist. **(1)** Handelt es sich um eine neu hergestellte **bewegliche Sache** u ist, wie idR, ein Untern Verkäufer, gelten §§ 474, 475. Nr 8 b ist nur in den seltenen Fällen anwendb, dass ein Verbr Verkäufer ist. „Neu hergestellt" sind auch pflanzl Produkte (Gemüse, Obst), angebl auch Tiere, wenn sie bald nach der Geburt verkauft werden (BGH NJW-RR **86**, 52, LG Aschaffenburg NJW **90**, 915). **(2)** Ist eine **unbewegliche Sache** mit einem Haus od einer EigtWo VertrGgst, finden §§ 475, 474 keine Anwendg. Es gilt Nr 8 b, wenn das **Haus** oder die **Eigentumswohnung** neu hergestellt ist. Diese Voraussetzg liegt bei einer Veräußerg an den Ersterwerber auch dann vor, wenn das Haus od die Wo *kurzfristig* leergestanden haben od vermietet waren (s BGH NJW **82**, 2243, **85**, 1551, Klumpp NJW **93**, 372). Der Schutz der Nr 8 b endet spätestens, wenn der Leerstand 5 Jahre gedauert hat od das Haus (die Wo) 2 Jahre anderweit benutzt worden ist (Klumpp aaO). Der Anwendg von Nr 8 b auf EigtWo steht nicht entgg, dass das GemschEigt schon von and Erwerbern benutzt worden ist (Brambring NJW **87**, 102). EigtWo, die dch umfassde Renovierg in einem Altbau geschaffen worden sind, können „neu" iSd Nr 8 b sein, wenn der Veräußerer HerstellgsPflten übernimmt, die einer Neuherstellg vergleichb sind (BGH **108**, 162, LG Landshut NJW **93**, 407). Das kann anzunehmen sein, wenn der Veräußerer das Obj als „Neubau hinter einer historischen Fassade" bezeichnet (BGH **100**, 397). Ist die Wo nicht neu, gilt Nr 8 b für die Renovierg („Vertr über WkLeistg"), falls diese ein abtrennb TeilGgst des Vertr ist (Hbg BauR **97**, 835, Kanzleiter DNotZ **87**, 668, aA Brambring NJW **87**, 103), nicht aber wenn bereits der RVorgänger des Verkäufers die Renovierg vorgenommen hat (Celle NJW-RR **96**, 1416).

54 55

d) Ausschluß und Verweisung auf Dritte, 8 b aa. – aa) Der völlige **Ausschluß** der Rechte aus § 437 od § 634 ist unwirks, auch ein bedingter Ausschl, etwa für den Fall der Beschädigg od des Eingriffs dch einen Dr (BGH NJW **80**, 831, Hamm NJW-RR **00**, 1224). Die **Beschränkung** der Sachmängelhaftg auf Rücktr unter Ausschluß der Minderg verstößt nicht gg das Verbot (Mü NJW **94**, 1661, in der Tendenz auch BGH NJW-RR **90**, 1141). Unwirks ist dagg die Beschränkg auf Minderg unter Ausschluß des Rücktr. – **bb) Ansprüche gegen Dritte.** Unwirks sind Klauseln, dch die der Verwder die eig Haftg ausschließt u den Kunden auf Anspr gg Dr verweist. Der Verwder kann seinem Kunden dch Abtr od Vertr zG Dr Anspr gg Dr verschaffen, etwa Rechte aus einer Herstellergarantie (§ 443); seine Eigenhaftg bleibt aber unberührt. – **cc) Subsidiaritätsklauseln.** Sie sind unwirks, wenn sie die Haftg des Verwders von der vorherigen gerichtl Inanspruchn Dr abhäng machen. Dagg kann der Kunde verpfl w, sich zunächst außergerichtl an den Dr zu halten; die Klausel ist aber unwirks, wenn sie den Eindruck hervorruft, idR hafte der Verwder erst nach einem RStreit gg den Dr (BGH NJW **95**, 1675, **98**, 904). Sie verstößt auch dann gg Nr 8 b aa, wenn sie das Wiederaufleben der Haftg des Verwders (scheinb) auf bes AusnTatbestd (Verj, Insolvenz, GeschAufg des Dr) beschränkt (BGH aaO, Düss NJW-RR **97**, 660). Läßt der Kunde den Anspr gg den Dr schuldh verjähren, verliert er zugl seinen Anspr gg den Verwder (BGH NJW-RR **91**, 342). Dieser kann hieraus aber nur Rechte herleiten, wenn er den Kunden bei der Dchsetzg der Anspr hinr unterstützt (BGH NJW-RR **89**, 467). Wenn der Dr trotz **Aufforderung** nicht in angem Fr leistet, kann der Kunde den Verwder in Anspr nehmen. Zu einer nochmaligen Aufforderg des Dr ist er nur verpfl, wenn der Verwder ihm Informationen übermittelt, die den Dr voraussichtl zu einer Änderg seines Verhaltens veranlassen. Eine Aufforderg ist entbehrl, wenn der Dr die Leistg ernsth u endgült verweigert hat, offensichtl nicht leistgsfäh od unter der vom Verwder angegebenen Anschrift nicht zu erreichen ist (Ul/Br/He AGBG 11 Rn 19). Die Verj des Anspr gg den Verwder beginnt erst, wenn die Gewährleistg dch den Dr ausscheidet (BGH NJW **81**, 2343). – **dd) Beschränkung auf einzelne Teile.** Die Verbote der Nr 8 b aa gelten auch, wenn sich die Freizeichng auf einzelne Teile beschränkt. Hierunter sind nicht nur reale Teile der Leistg zu verstehen; erfaßt werden auch Freizeichngsklauseln für bestimmte Arten od Ursachen von Mängeln (Karlsr ZIP **83**, 1091). Unzul ist daher die Beschrkg der Haftg auf Mängel, deren Beseitigg der Verwder von einem Dr verlangen kann (BGH **67**, 101), auf Mängel, die auf einem Verschulden des Verwders beruhen (Ul/Br/He AGBG Rn 14) od die im AbnProtokoll festgehalten worden sind. – **ee) Verkehr zwischen Unternehmern.** Das Verbot, die Haftg voll auszuschließen (Rn 52), ist auch im Verk zw Untern anzuwenden (s BGH **62**, 254, **65**, 363, NJW **91**, 2632, NJW-RR **93**, 561). Entspr gilt für das Verbot, die Eigenhaftg dch die Einräumg von Anspr gg Dr zu ersetzen. Dritthaftgsklauseln sind auch bei RGesch zw Untern nur wirks, wenn sie ausdr eine subsidiäre Eigenhaftg des Verwders vorsehen (Staud/Coester-Waltjen AGBG 11 Rn 39). Unbedenkl ist allerdings, eine gerichtl Inanspruchn des Dr zu verlangen (Ul/Br/He AGBG 11 Rn 27), etwa entstehde, beim Dr nicht beitreibbare Kosten hat der Verwder zu ersetzen (BGH **92**, 123).

56 57 58 59 60

e) Beschränkung auf Nacherfüllung, 8 b bb. – aa) Allgemeines. Die Vorschr ist leerlaufd, soweit der Käufer dch die zwingden Vorschr der §§ 475, 651 geschützt wird (Rn 53, 54). Bei Fehlschlagen der NachErf kann der Kunde statt nach Nr 8 b bb vorzugehen, auch den NachErfAnspr gerichtl dchsetzen od den Mangel gem § 637 selbst beseitigen (BGH NJW **91**, 1883, **92**, 3297). – **bb) Fehlgeschlagen** ist die NachErf, wenn sie unmögl ist (BGH NJW **94**, 1005), ernsth u endgült verweigert w (BGH **93**, 62), unzumutb verzögert w (BGH aaO) od vergebl versucht worden ist (BGH NJW **94**, 1005), aber auch dann, wenn sie dem Kunden wg der Häufg von Mängeln nicht zuzumuten ist (BGH **93**, 63, Köln NJW-RR **92**, 1147). Macht der Verwder die NachErf von der Unterzeichng eines ReparaturAuftr abhäng, so steht das einer Verweigerg gleich (Köln NJW-RR **86**, 151). Die Verzögerg ist unzumutb, wenn der Verwder trotz Aufforderg nicht in angem Fr nachgebessert hat. Was angem ist, ist im Einzelfall unter Abwägg der beiderseit Interessen zu entscheiden (LG Köln NJW-RR **93**, 437). Aufforderg ohne FrSetzg od mit zu kurzer Fr setzt angem Fr in Lauf. Nach § 440 S 2 gilt die **Nachbesserung** nach dem erfolglosen zweiten Versuch als fehlgeschlagen. Hat sich der Verwder als unzuverläss erwiesen, od ist der Kunde dringd auf die Benutzg der Sache angewiesen, ist nur ein Versuch zul. Bes Grde können ausnw einen dritten Versuch rechtf. Eine formularmäß Festlegg, dass der Kunde drei Nachbessergen zu gestatten hat, ist aber unwirks (BGH NJW **98**, 677). Die BewLast für das Fehlschlagen der Nachbesserg trägt der Kunde (BGH NJW-RR **90**, 888). – **cc) Ausdrücklicher Vorbehalt.** Die Klausel muß dem Kunden das Recht auf Rücktr u Minderg ausdr vorbehalten. Sie muß den Inh der Nr 8 b bb vollständ u richtig wiedergeben. Der Verwder braucht die denkb Fälle des Fehlschlagens der NachErf nicht im einz aufzulisten (BGH NJW **94**, 1005). Bringt er einen solchen Katalog, muß dieser aber vollständ sein (BGH

61 62 63

NJW **98**, 679). Trifft das nicht zu, od ist die verwandte generelle Formulierg zu eng, ist die Klausel im ganzen unwirks (BGH **93**, 62, NJW **94**, 1005, **96**, 2506, Bambg DAR **99**, 359). Auf die in AGBG 11 Nr 10b vorgesehene Pfl, dem Kunden seine Rechte in verständl Sprache zu umschreiben ((BGH NJW **82**, 333, 2380), hat das Ges mit Recht verzichtet. Nachdem das SMG die „Wandelung" aus dem BGB verabschiedet hat, bestehen keine Bedenken mehr, wenn der Verwder für den Vorbehalt die Begriffe des BGB benutzt. Bei Vertr über Bauleistgen läßt das Ges wg der dch einen Rücktr entstehden Schwierigk die Beschränkg auf Minderg zu. Bauleistgen (VOB/A § 1) sind Arbeiten, dch die ein Bauwerk (§ 634a Rn 10) geschaffen, erhalten od geändert w (BGH NJW **73**, 368). Die vom Bauträger zu erbringde Leistg ist keine Bauleistg
64 (BGH NJW **02**, 511, Köln NJW **86**, 330, Kblz NJW-RR **95**, 1104, Hamm NJW-RR **98**, 1031). – **ee)** Auch im **Verkehr zwischen Unternehmern** ist Nr 8b bb über §§ 310 I, 307 anwendb (BGH **93**, 62, NJW **93**, 2438, **94**, 1005, WM **95**, 1456).

65 **f) Aufwendungen bei Nacherfüllung, Nr 8 b cc. – aa) Inhalt des Verbots.** Die Kosten der NachErf hat beim KaufVertr der Verkäufer (§ 439 II) u beim WkVertr der Untern (§ 635 II) zu tragen. Nr 8 b cc verbietet iR seines Anwendgsbereichs (Rn 49) jegl Änderg dieser Vorschr. Wg der Einzelh s die Erläutergen zu §§ 439 II u 635 II. Wird mit dem Verwder für die Zeit ab Lieferg ein formularmäß WartgsVertr abgeschl,
66 muß das Entgelt so bemessen w, dass es Kosten der NachErf nicht mitumfaßt (Buse DB **79**, 1214). – **bb)** Auch im **Verkehr zwischen Unternehmern** ist 8 b cc gem §§ 310 I, 307 grdsl anwendb (BGH NJW **81**, 1510). Hat der Händler nachgebessert, steht ihm gg den Hersteller (Lieferanten) ein ErstattgsAnspr zu. Der Hersteller kann diesen Anspr auch dann nicht ausschließen, wenn er iF unbegründeter Reklamationen auf ErsAnspr verzichtet (BGH NJW **96**, 389). Der Anspr kann aber unter Ausschl von Gewinn pauschaliert w (Nickel NJW **81**, 1490, v Westphalen NJW **80**, 2227).

67 **g) Vorenthalten der Nacherfüllung, Nr 8 b dd. – aa) Anwendungsbereich.** Nr 8 b dd betrifft Klauseln, die das LeistgVR des Verwders erweitern; das umgekehrte Problem der Beschrkg des LeistgsVR des Kunden ist in § 309 Nr 2 geregelt. Die Vorschr gilt in den Grenzen der Rn 49 für Kauf- u WkVertr. Sie
68 schützt den Anspr des Kunden aus § 437 Nr 1 od 634 Nr 1 . – **bb) Inhalt des Verbots.** Die Klausel darf die NachErf nicht davon abhäng machen, dass das Entgelt vollst od zu einem unter Berücksichtigg des Mangels unverhältnismäß hohen Teil entrichtet w. Nr 8 b dd verwendet damit ein nach der Überschrift des § 309 („ohne Wertgsmöglichk") systemw Kriterium. Obergrenze für die Teilleistg, die die Klausel dem Kunden auferlegen darf, ist der Wert der mangelh Leistg. Sofern der SichgZweck dies erfordert, muß die Klausel dem Kunden eine weitergehde Einbehaltg gestatten (s § 641 III). Ist die Leistg für den Kunden wertlos, darf ihm
69 keinerlei ZahlgsPfl auferlegt w. – **cc) Rechtsfolge.** Anstelle der unwirks Klausel treten gem § 306 die §§ 273, 320. Hat der Verwder nachgebessert, kann er die Herausg der nunmehr vertragsgem Sache („Zug um
70 Zug") von der Entrichtg des vollen Entgelts abhäng machen. – **dd)** Auch im **Verkehr zwischen Unternehmern** ist Nr 8 b dd gem §§ 310 I, 307 anzuwenden (Staud/Coester-Waltjen AGBG 11 Rn 70).

71 **h) Ausschlußfrist für Mängelanzeige, 8 b ee.** AGB können für die Anzeige von Mängeln AusschlFr bestimmen. Dabei ist jedoch zw offensichtl u nicht offensichtl Mängeln zu **unterscheiden.** Für den ReiseVertr gilt die SonderVorschr des § 651 g I. – **aa)** AusschlFr für **offensichtliche** Mängel sind nach Nr 8 b ee nicht zu beanstanden. Sie sind auch mit §§ 475 u 651 vereinb. Offensichtl ist ein Mangel, wenn er so offen zutage liegt, dass er auch dem nicht fachkund Dchschnittskunden ohne bes Aufmerksamk auffällt (Staud/Coester-Waltjen AGBG 11 Rn 74). Bloße Erkennbark (HGB 377 II) od Sichtbark reicht nicht aus (Stgt BB **79**, 908). Ein nicht offensichtl Mangel wird nicht dadch offensichtl, dass ihn der Kunde erkannt hat (Köln NJW **86**, 2581, aA Marly NJW **88**, 1184). Klauseln, die für die RügePfl unterschiedslos auf das Erkennen od die Feststellg des Mangels abstellen, sind unwirks (BGH NJW **85**, 858, Köln aaO). Die RügeFr beginnt mit Lieferg (v Westphalen EWiR **97**, 865); eine entspr ausdr Regelg ist nicht erforderl (aA Zweibr ebda). Wirks ist nur eine Fr von angem Länge (§ 307). Erforderl ist idR eine der WiderrFr des § 465 entspr Dauer, also eine Fr von 2 Wo, bezogen auf die Absendg der Anzeige (s BGH **139**, 190/96 zum fr R: 1 Wo). Das
72 Erfordern einer unverzügl Rüge ist unzul (LG Köln NJW **86**, 69). – **bb)** Für **nicht offensichtliche** Mängel darf die RügeFr nicht kürzer sein als die gesetzl VerjFr (§§ 438, 634). Auch Verlängergen der Verj dch Hemmg u Erneuerg sind bei der Dauer der AusschlFr zu berücksichtigen. Die Rügeobliegenh hat daher neben der VerjRegelg kaum prakt Bedeutg; der Unterschied besteht ledigl darin, dass der Ablauf der AusschlFr vAw, die Verj aber nur auf Einr zu berücksichtigen ist. Klauseln, die unterschiedslos offensichtl u nicht offensichtl Mängel erfassen, dürfen keine kürzeren RügeFr als die gesetzl VerjFr vorsehen (Stgt AGBE I
73 Nr 106). – **cc)** Auf Vertr zw **Unternehmern** ist Nr 8 b ee nicht anzuwenden. Der PrüfgsMaßst ergibt sich insow aus § 307 II Nr 1 iVm HGB 377. Klausel, wonach auch verborgene Mängel bei Ablieferg od innerh von 3 Tagen zu rügen sind, sind unwirks (BGH NJW-RR **86**, 52, NJW **92**, 576).

74 **i) Verkürzung der Verjährungsfristen, Nr 8 b ff. – aa) Anwendungsbereich.** Beim VerbrGüterkauf (§§ 474, 475) u bei den unter § 651 fallden Vertr sind die VerjRegelgen der §§ 438, 634 a zwingdes Recht.
75 Nr 8 b ff ist insoweit leerlaufd; sie gilt nur für die in Rn 53 angeführten Vertr. – **bb) Inhalt des Verbots.** Nr 8 b ff enthält 2 Verbote. Sie untersagt für Bauleistgen die formularmäß Abkürzgen der 5-jähr VerjFr der §§ 438 I Nr 2 u 634 a Nr 1 (zur näheren Abgrenzg vgl bei §§ 438 I Nr 2 u 634 a I Nr 1). Für nicht unter §§ 438 I Nr 2 u 634 a Nr 1 fallde Anspr wg mangelh Leistg wird eine Abkürzg der Verj auf weniger als 1 Jahr verboten. Nr 8 b ff erfaßt auch mittelb Verschlechtergen wie die Vorverlegg des VerjBeginns (BGH NJW-RR **87**, 145) u die Nichtberücksichtigg von Hemmgs- od ErneuergsTatbestden (s BGH NJW **81**, 867, **92**, 1236).
76 – **cc)** Auf Vertr über **Bauleistungen,** in die **VOB/B** insgesamt einbezogen ist, findet Nr 8 b ff nach seinem letzten Halbs keine Anwendg. Die Regelg, die eine Abkürzg der Verj auf 2 Jahre zuläßt, ist mit der EG-RL 93/13 unvereinb (Quack BauR **97**, 24, Heinrichs NJW **97**, 1414 Kraus BauR **98**, 1126, Lenkeit BauR **02**, 222, Wo/Ho/Li AGBG § 23 Rn 248). Sie ist aber wohl weiter anzuwenden, da die RL im Verhältn zw den Marktbürgern keine DirektWirkg hat u eine richtlinienkonforme Auslegg nicht mögl ist. Zu SchadErsAnspr gg die BRep s § 839 Rn 19 b. Da die VOB/B als ganzes ohne ins Gewicht fallde Einschränkgen übernommen worden sein muß (näher § 307 Rn 159), ist die Vorschr auf BauträgerVertr nicht anzuwenden (BGH **96**, 129, NJW **87**, 2373, **02**, 511. Wo/Ho/Li AGBG § 23 Rn 301, Brambring NJW **87**, 97, Mehrings NJW **98**, 3457, Rn 63). Auch Architekten-, Statiker- u Ingenieurleistgen fallen nicht unter die Regelg (BGH **101**, 378, NJW

92, 2759). Zul ist die isolierte Vereinbg der GewL nach VOB/B einschließl der 2jähr Verj, wenn der Bauherr Verwder ist (BGH **99**, 160). – **dd)** Auch auf Vertr zw **Unternehmern** ist Nr 8b ff über § 310 grdsl 77 anzuwenden (BGH **90**, 277, **122**, 245, Ffm NJW-RR **94**, 530). Eine Klausel, die für den Fall der Be- od Verarbeitg alle GewLAnspr ausschließt, ist unwirks (BGH NJW **96**, 1538).

j) Den Grds, dass bei **gebrauchten Sachen** ein Ausschl der Mängelhaftg wirks ist, ist dch das SMG wesentl 78 eingeschränkt worden. Beim VerbrGüterkauf ist die Haftg für Mängel auch dann zwingdes Recht, wenn eine gebrauchte Sache VertrGgst ist (§ 475). Das gilt insbes auch für den Verkauf von GebrWagen, Kunstwerken u Antiquitäten. Die von der Rspr insoweit herausgebildeten Grds (BGH **74**, 389: GebrWagen; BGH NJW **80**, 1619: KunstGgst) sind überholt. Wird der KaufVertr über ein gebrauchtes Haus od eine EigtWo abgeschlossen, kann die Haftg für Sachmängel dagg formularmäß abbedungen werden (s BGH **98**, 108, **108**, 163, Celle NJW-RR **96**, 1416, stRspr). Entspr gilt für Vertr, die zw *Verbr* über einen GebrWagen od KunstGgst abgeschlossen werden.

9) Laufzeit bei Dauerschuldverhältnissen, Nr 9. – a) Anwendungsbereich. Nr 9 ist entgg ihrer 79 Überschrift auf typ DauerSchuldVerh (Begriff s § 314), wie Miete, Pacht, Leasing, Franchising u AutomatenaufstellVertr, nicht anzuwenden (s BGH NJW **85**, 2328, **93**, 1134). MietVertr über Werbeflächen fallen auch dann nicht unter Nr 9, wenn der Vermieter die Herstellg des Werbeschildes übernommen hat (LG Bln NJW-RR **98**, 733). Die Vorschr erfaßt nur Kauf-, Werk- und DienstVertr, sofern diese auf **regelmäßige Erbringung** von Leistgen gerichtet sind. Der zeitl Abstand zw den einzelnen Leistgen u der Leistgsumfang kann unterschiedl sein. Nicht erfaßt werden aber Vertr, in denen Leistgen nur nach dem Zufallsprinzip zu erbringen sind, wie etwa der Ersatz verlorener Schlüssel (KG NJW-RR **94**, 1267). – **aa) Lieferung von** 80 **Waren.** Waren sind alle bewegl körperl Sachen des HandelsVerk (RG **130**, 88). Grdst, Fdgen u Wertpapiere sind keine Waren (RG **74**, 161), ebsowenig techn Ideen (BGH **LM** Nr 36), wohl aber Software (Hoeren JZ **90**, 240). Auf die Lieferg von elektr Strom, Gas, Wasser u Fernwärme findet Nr 9 wg der Sonderregelg in § 310 II keine Anwendg. Die Waren müssen period zu liefern sein. Bsp sind Zeitgs- od Zeitschriftenabonnements, Mitgliedsch in Buch- od Schallplattenclubs, Vertr über die Lieferg von Werbematerial (BGH **84**, 113), an sich auch SukzessivliefergsVertr (Stgt NJW-RR **92**, 888) u BierliefergsVertr (Ffm NJW-RR **88**, 177), die aber idR mit Untern geschlossen werden, so dass Nr 9 nach § 310 I nicht gilt. – **bb) Dienstleistungen.** Bsp 81 sind vor allem UnterrichtsVertr (Köln NJW **83**, 1002, Ffm NJW-RR **87**, 439), BetreuungsVertr (LG Lünebg NJW-RR **01**, 1637), Vertr mit Ehevermittlgsinstituten, uU auch Vertr über Mietwäsche (LG Offenbg NJW-RR **99**, 495), zw WoEigtümer u Verw (KG NJW-RR **89**, 839), SchlankhKurse, SteuerberatgsVertr, TrainingsVertr (LG Hbg DB **87**, 1483), PflegeVertr, Vertr über die Gestellg eines Meßgeräts u die Abrechng von Heizkosten (AG Mainz NJW-RR **98**, 732), nicht aber der MakleralleinAuftr, da er nicht auf regelmäß zu erbringde Dienste gerichtet ist (BGH BB **81**, 756). Auf Sportstudio- u FitnessVertr ist Nr 12 analog anzuwenden (BGH NJW **97**, 739). – **cc) Werkleistungen.** Erfaßt werden insb WartgsVertr u Vertr über die 82 Fenster- od Gehwegreinigg. Unter Nr 9 fallen aber auch GeschBesorggsVertr, wie etwa der GiroVertr. – **dd) Ausgenommen von Nr 9** sind **(1)** Vertr über die Lieferg als zusgehör verkaufter Sachen. Der Begriff 83 entspricht § 505 I Nr 1 (fr VerbrKrG 2 Nr 1) u ist in Nr 9 ebso auszulegen wie im § 505 I Nr 1 (s dort). Er umfaßt auch Buchreihen, sofern diese nach obj Kriterien od dem PartWillen eine Einh bilden (BGH NJW **93**, 2053). **(2)** VersVertr. Die ausdr Freistellg dient ledigl der Klarstellg (BVerfG NJW **86**, 243). VersVertr fallen bereits tatbestandl nicht unter Nr 9. **(3)** Vertr mit urheberrechtl VerwertgsGesellsch. Für diesen dch Ges v 9. 5. 64 geregelten Vertr passen die strikten Verbote der Nr 9 nicht.

b) Inhalt des Verbots. – aa) Laufzeit des Vertrages, Nr 9 a. Unzul ist eine erstmalige Laufzeit von 84 mehr als 2 Jahren. Die Fr beginnt mit dem Abschluß des Vertr (BGH **122**, 63). Eine Probezeit, währd der der Kunde ein KündR hat, rechnet jedoch nicht mit (BGH **120**, 113). Bei einem zweistuf AusbildgsVertr sind die Fr beider Stufen zusammenzuzählen (LG Kassel NJW-RR **01**, 425). Nr 9 gilt auch dann, wenn der Kunde dch entspr Ankreuzen eine kürzere Laufzeit als 2 Jahre hätte wählen können (§ 305 Rn 12). Das Verbot erfaßt auch Klauseln, die den Anschein einer zu langen Bindg hervorrufen (Ffm NJW-RR **89**, 958). – **bb) Verlän-** 85 **gerung des Vertrages, Nr 9 b.** Die stillschw Verlängerg der Laufzeit um mehr als ein Jahr ist nicht nur verboten, wenn sie *ipso jure* eintritt, sond auch dann, wenn sie von einer entspr Erkl des Verwders abhängt. Die Ger sind nicht berecht, die Regelg der Nr 9 b unter Berufg auf § 307 zu korrigieren (BGH NJW **97**, 739). – **cc) Kündigungsfrist, (Nr 9 c.** Das Verbot einer längeren KündFr als 3 Mo gilt auch, wenn die 86 Klausel statt der Künd einen Widerspr gg die VertrVerlängerg fordert. Es entspr dem Anh zur EG-RL Nr 1 h (§ 310 Rn 35). Gleichgült ist, ob die Künd die erste od die stillschw verlängerte Laufzeit betrifft. Ein Verstoß gg Nr 9 c liegt auch dann vor, wenn zwar die Fr von 3 Mo beachtet, die Künd aber nur für 4 od noch weniger Termine im Jahr zugelassen w (AG Hbg NJW-RR **98**, 1593, aA AG Gütersloh MDR **84**, 404). Haben die Part eine Erstlaufzeit von 6 Mo vereinb, verstößt eine KündFr von 3 Mo gg § 307 (LG Hbg DB **87**, 1482). Das KündR aus **wichtigem Grund** (§ 314) kann dch AGB nicht ausgeschl w, § 307 II 1 (BGH NJW **86**, 3134, Hamm NJW-RR **92**, 243). Zul Laufzeitregelgen brauchen aber nicht ausdr darauf hinzuweisen, dass das KündR aus wichtigem Grd unberührt bleibt (BGH NJW **93**, 1135). Zur Form der Künd s Nr 13.

c) Generalklausel. Klauseln, die in den Anwendgsbereich von Nr 9 fallen, können nur aus bes, von 87 Nr 9 nicht erfaßten Grden nach § 307 unwirks sein (BGH **100**, 373, NJW **97**, 739). Solche bes Grde liegen bei Zeitgs- u Zeitschriftenabonnements u bei Buchclubs nicht vor (BGH **100**, 373, aA zT die InstanzGer); sie sind auch bei Sportstudio- u FitnessVertr nicht ersichtl (s BGH NJW **97**, 739, betrifft nur 9 b, bejaht aber im Ergebn die ausschließl Geltg aller drei Laufzeitregelgen der Nr 9). Auch auf Sportstudio- u FitnessVertr ist Nr 9 daher ohne Modifikationen dch § 307 anzuwenden (BGH aaO, Heinrichs EWiR **97**, 241, aA zT die InstanzGer). In der PartnerschVermittlg sind Laufzeitregelgen wg des unabdingb KündR aus § 627 (BGH **106**, 346) leerlaufd, sie können aber gem § 307 Rn 98 unwirks sein, weil sie dieses KündR scheinb ausschließen. Zu UnterrichtsVertr vgl § 307 Rn 153.

d) Rechtsfolgen. Die gg Nr 9 verstoßde Klausel ist im ganzen unwirks; an die Stelle der zu langen Fr tritt 88 nicht etwa die gerade noch zul HöchstFr (BGH **84**, 115, NJW **00**, 1110, Vorbem 8 v § 307). Bei DienstVertr ersetzen die §§ 620 II, 621 die unwirks Regelg. Beim Kauf- u WkVertr fehlen entspr Vorschr. Die Lücke muß daher iW ergänzder VertrAuslegg geschl w (§ 306 Rn 7). Dabei können die übl Fr, soweit sie sich im Rahmen des Angemen halten, einen Anhalt bieten; in geeigneten Fällen kann aber auch auf §§ 620 II, 621 rekurriert w.

89 **e)** Auch im **Verkehr zwischen Unternehmern** (§§ 310 I, 307) sind formularmäß Laufzeitregelgen nur im Rahmen des Angem zul, wobei auf die Gebräuche u Gewohnh des HandelsVerk Rücks zu nehmen ist. Die auf den Schutz des Verbr zugeschnittene Nr 9 kann für RGesch zw Untern nicht übernommen w (allgM). Welche BindgsFr mit § 307 I vereinb sind, hängt vor allem vom Umfang der Investitionen des Verwders u seinen Leistgen für den and Teil ab (BGH NJW **00**, 1110). Ein Orientiergspunkt sind auch die in der GruppenfreistellgsVO Nr 1984/83 der EG-Kommission v 22. 6. 83 (ABl L 173/5 ff) festgelegten Fr (BGH aaO läßt offen). Ein weiteres wicht Kriterium ist, wie stark die Bindg den VertrPartner belastet u seine wirtschaftl EntschFreih einschränkt. Die AlleinbezugsVerpfl eines Tankstellenhalters mit einer GesDauer von mehr als 10 Jahren verstößt gg § 307, auch wenn die Erstlaufzeit von 5 Jahren individuell ausgehandelt war (BGH aaO). Eine einheitl die versch VertrTypen übergreifde HöchstFr gibt es nicht, längere Fr als 10 Jahre verstoßen aber iZw gg § 307 (s auch BGH aaO). Vgl bei § 307 zu BierLiefergsVertr Rn 91, zu Kabel-anschlußVertr Rn 120, zu MietVertr über Werbeflächen Rn 133, zu Fernsprechnebenanlagen Rn 134, zu WartgsVertr Rn 166.

90 **10) Wechsel des Vertragspartners, Nr 10. – a) Anwendungsbereich.** Nr 10 soll verhindern, dass dem Kunden ein neuer unbekannter VertrPartner aufgezwungen w kann. Sie gilt für Kauf-, Dienst- u WkVertr jeder Art. Auf MietVertr ist Nr 10 dagg weder direkt noch entspr anwendb (*arg* § 566). Auch LeasingVertr fallen nicht unter das Verbot (Lö/vW/Tr AGBG Rn 8). Im Anwendgsbereich des § 310 III wird der Verbr aber bei Vertr jeder Art auf der Grdl von § 307 iVm dem Anh zur EG-RL Nr 1 p bei VertrÜbertragg
91 geschützt (§ 310 Rn 43). – **b) Inhalt des Verbots.** Nr 10 betrifft die Übertragg des Vertr im ganzen, also die Vertragsübern (§ 398 Rn 38). Sie ist auf die SchuldÜbern (§§ 414 ff) entspr anzuwenden (Staud/Coester-Waltjen AGBG 11 Rn 12), nicht aber auf die Abtr (§ 398), da diese keine Zust des Schu voraussetzt. Der Dr muß an die Stelle des Verwders treten. Die Hinzuziehg von ErfGeh wird von Nr 10 nicht erfaßt. Ändergen in der RPersönlichk des Verwders (Umwandlg) fallen nach Wortlaut („Dritter") u Zweck nicht unter das Verbot,
92 wenn die Identität gewahrt bleibt. – **c) Ausnahme**. Der Wechsel ist zul**,** wenn alternativ folgde Voraussetzgen erfüllt sind: – **aa)** Der Dr muß mit **Namen** u **Anschrift** in den AGB angegeben sein (BGH NJW **80**, 2518). – **bb)** Dem Kunden muß ein **Recht zur Lösung vom Vertrag** eingeräumt w, u zwar zur sofort Beendigg des Vertr (LG Köln NJW-RR **87**, 886). Dieses Künd- od RücktrR braucht nur in dem Fall zu bestehen, dass der Verwder von der Übertraggsmöglichk Gebrauch macht (Ul/Br/He AGBG 11 Rn 9). An
93 die Ausübg des Rechts dürfen keine Nachteile geknüpft sein. – **d)** Im Verk zw **Unternehmern** (§§ 310 I, 307) ist darauf abzustellen, ob der Wechsel des VertrPart berecht Interessen des and Teils beeinträchtigt. Das ist idR zu bejahen, vor allem dann, wenn es auf Zuverlässigk u Solvenz des Partners ankommt (BGH NJW **85**, 54; AutomatenaufstellVertr) od wenn mit dem PartWechsel eine Änderg der VertrDchführg verbunden ist (BGH **LM** § 242 Bc Nr 23; BierLiefergsVertr).

94 **11) Haftung des Abschlußvertreters, Nr 11. – a) Nr 11 a. – aa) Bedeutung.** Wer als Vertreter eines and eine WillErkl abgibt, will nicht sich, sond den Vertretenen verpfl. AGB, die eine Mithaftg des Vertreters vorsehen, sind daher idR schon wg Verstoßes gg §§ 305 b u 305 c I unwirks (LG Düss NJW **95**, 3063). Nr 11 a hat im wesentl nur klarstellde Bedeutg. Er gilt sowohl für den rgeschäftl als auch für den gesetzl Vertreter u erfaßt auch Regelgen, in denen der Vertreter die Mithaftg aufgrd einer Bürgsch übernehmen soll
95 (BGH NJW **01**, 3186). – **bb)** Eine **Mithaftung** des Vertreters kann wirks begründet w: – **(1)** Dch eine entspr ausdr u **gesonderte Erklärung,** Nr 11 a. Einer völl Trenng der Erkl vom HauptVertr bedarf es nicht (BGH **104**, 237, BGH NJW **01**, 3186). Auch eine drucktechn Hervorhebg od eine bes EinbezVereinbg ist nicht erforderl (BGH aaO). Die HaftgsErkl u die sich auf darauf beziehde Unterschr muß aber deutl vom Wortlaut des HauptVertr abgesetzt sein; für den Vertreter muß schon aus dem äußeren Aufbau der Urk der Doppel-charakter der Verpfl klar hervortreten (BGH NJW **01**, 3186, Brdbg ZIP **01**, 2126). Dass der Vertreter in der Urk namentl benannt wird u eine auf seine MithaftgsErkl bezogene gesonderte WiderrBelehrug unter-
96 schrieben hat, ändert an der Unwirksamk der MithaftgsErkl nichts (BGH aaO). – **(2)** Durch ein **Handeln im eigenen Namen.** Wenn der Vertreter zugl als „Mitkäufer" oder „Mitmieter" auftritt, ergibt sich seine Mithaftg aus allg RGrds. Nr 11 a ist in diesem Fall nicht anwendb (BGH **104**, 98). Eine formularmäß Klausel, dass der Vertreter zugl auch im eig Namen abschließe, kann aber an §§ 305 b u 305 c scheitern (BGH aaO). Wer einen Notfallpatienten (kein Angeh) in das Krankenhaus einliefert, will den Umst nach keine eig Verpflichtg eingehen (LG Düss NJW **95**, 3063).

97 **b) Erweiterung der Haftung aus § 179, Nr 11 b.** Nr 11 b spricht vom vollmachtlosen Vertreter, meint aber in Wahrh alle Vertreter ohne Vertretgsmacht. Er besagt etwas Selbstverständl: Eine weitergehde als die gesetzl Haftg (§ 179) kann nur dch eine IndVereinbg zw Verwder u dem Vertreter ohne Vertretgsmacht begründet w.

98 **c) Verkehr zwischen Unternehmern.** Als Ausprägg des § 305 b ist Nr 11 a gem § 310 I auch im Verk zw Untern anzuwenden (MüKo/Basedow AGBG 11 Rn 9). Entspr gilt wg § 307 II 1 für Nr 11 b.

99 **12) Beweislast, Nr 12. – a) Nr 12 u 12 a. – aa) Bedeutung.** Nr 12 geht davon aus, dass die Beweislast-regeln nicht auf bloßen ZweckmäßigkErwäggen beruhen, sond Ausdr von sachlogisch bedingten **Gerechtig-keitsgeboten** sind. Sie enthält daher ein allgemeines Verbot von BewLastÄndergen zum Nachteil des Kunden. Die SonderVorschr der Nr 12 a hat ggü diesem generellen Verbot keine eigenständ Bedeutg. Sie erweitert die BewLastVerteilg nach Verantwortgsbereichen (§ 280 Rn 34) nicht etwa zu einem allg RPrinzip, sond schützt diese nur in dem von Ges u Rspr anerkannten Umfang (Lö/vW/Tr AGBG 11 Rn 24). –
100 **bb) Umfang des Verbots.** Nr 12 verbietet jegliche Änderg der Beweislast zum Nachteil des Kunden, gleichgült ob es sich um gesetzl od richterrechtl BewLastRegeln handelt. Geschützt wird auch die Vermutg der Vollständigk u Richtigk von Urk (AG Hbg NJW **87**, 2022). Verboten sind auch Erschwergen der Beweisführg dch Beweismittelbeschränkg od Änderg der Grds über den Beweis des ersten Anscheins (BGH

NJW **88**, 258). Zul sind dagg formularmäß abstrakte Schuldanerkenntn, da das Ges die Verwendg dieses RInstituts nicht verbieten will (BGH **99**, 282, **114**, 12, Hahn ZIP **96**, 1233). Das gilt entspr für die **Unterwerfung** unter die **Zwangsvollstreckung.** Sie verstößt aber gg § 307, wenn der Notar ermächtigt ist, die VollstrKlausel ohne bes Nachw der Fälligk zu erteilen (BGH NJW **02**, 138). Bei einem BauträgerVertr verstößt die Regelg zugl gg § 134 iVm MaBV 3 (BGH **139**, 387, § 134 Rn 16). Nr 12 bedarf im übrigen einer teleolog Reduktion: Soweit der Verwder für best Umst jede Haftg ausschl kann (Bsp: Haftg für einf Fahrlk von ErfGeh), darf er auch das weniger Belastde tun u seine Haftg unter Umkehr der Beweislast aufrechterhalten (Staud/Coester-Waltjen AGBG 11 Rn 7). Sonderregelgen bestehen für SchadErs- u Wertmindergspauschalen (§ 309 Nr 5) u Zugangsfiktionen (§ 308 Nr 6), dagg nicht für AVB.

b) Tatsachenbestätigungen, Nr 12 b. – aa) Umfang des Verbots. TatsBestätiggen sind nach dem Schutzzweck der Nr 12 b nicht nur in dem prakt seltenen Fall unzul, dass sie die BewLast umkehren, sond auch dann, wenn sie die BewLast faktisch zum Nachteil des Kunden verschieben (BGH **99**, 379, Stgt NJW-RR **86**, 275, **87**, 143). Unwirks sind daher: die formularmäß Erkl, die VertrBdggen seien im einz ausgehandelt (BGH u Stgt aaO); der Verwendgsgegner habe die AGB gelesen u verstanden (BGH NJW **96**, 1819); er habe die Sache in einwandfreiem Zustand übernommen (Kblz NJW **95**, 3392); der Vertr sei ins Polnische übersetzt u nicht im Übergangswohnheim abgeschl worden (Kblz NJW-RR **94**, 58); er habe genaue Kenntn von der Baustelle (Ffm NJW-RR **86**, 246); er habe eine Dchschrift des Vertr, der AGB od eine Belehrg über sein WiderrufsR erhalten (BGH **100**, 381, NJW **88**, 2106, **91**, 1753); der Vertr sei aGrd vorhergehder Bestellg zustande gekommen (Zweibr NJW-RR **92**, 565, Dresd MDR **00**, 755); alle Maßangaben seien richt (BGH NJW **86**, 2574); er sei gesund u in guter körperl Verfassg (BGH NJW-RR **89**, 817), die GebührenOrdng sei übergeben worden (Düss NJW-RR **98**, 1348). Dagg unterliegt die formularmäß Bestätigg der Einbeziehgsvoraussetzgen nicht der InhKontr (BGH NJW **82**, 1388). Die Klausel, dass Nebenabreden nicht getroffen worden seien, kann als sog VollständigkKlausel wirks sein (§ 307 Rn 148). Nr 12 b erfaßt auch formularmäß TatsFiktionen (Ul/Br/He AGBG 11 Rn 17): Wenn widerlegl TatsBestätiggen unzul sind, muß das „erst recht" für unwiderlegl gelten. – **bb) Ausnahme für Empfangsbekenntnisse.** EmpfBekenntn (Quittgen, § 368) sind wirks, wenn der Kunde sie bes unterschrieben hat. Der Unterschr steht seit der Änderg dch das Ges v 27. 6. 00 die qualifizierte elektron Signatur gleich. Sie muß den Anfordergen des § 126 a entspr u wird bis auf weiteres nur im E-Commerce eine Rolle spielen. Eine bes Urk ist nicht erforderl. Das Empfangsbekenntn muß aber vom übrigen VertrText deutl abgesetzt sein (Hbg ZIP **86**, 1260). Die Unterschr (elektron Signatur) darf sich nur auf das Empfangsbekenntn beziehen u muß den Anfordergen von § 126 Rn 5 ff genügen (BGH **100**, 382, NJW **93**, 67, Köln VersR **00**, 169); das zus mit der WiderRBelehrg unterschriebene Empfangsbekenntn ist unwirks (BGH NJW **93**, 2868). Wird mehr bestätigt als der bloße Empfang, verstößt die Bestätigg gg Nr 12 b (Kblz NJW **95**, 3392 u die Bsp in Rn 97). – **c)** Verk zw **Unternehmern.** Das Verbot von BewLastKlauseln ist gem § 307 II Nr 1, 310 I grdsl auch auf Vertr zw Untern anzuwenden (Thamm BB **96**, 653). Das gilt vor allem für den dch Nr 12 a geschützten Grds (BGH **101**, 184, NJW **96**, 1538).

101 (b) · 102 (bb) · 103 (c)

13) Form von Anzeigen und Erklärungen, Nr 13. – a) Allgemeines. Nr 13 soll verhindern, dass dem Kunden bei Ausübg seiner Rechte dch übersteigerte Form- od Zugangserfordern RNachteile entstehen. Sie betrifft ausschließl Anzeigen u Erkl des Kunden, nicht dagg vertragl Abreden od Erkl des Verwders. Gleichgült ist, ob es sich um geschäftsähnl Hdlgen (Übbl 6 v § 104) od um ein einseit RGesch (Anf, Rücktr, Künd) handelt. Ein *argumentum e contrario* aus Nr 13 ergibt sich, dass das Schriftformerfordern für einseit Erkl des Kunden wie Rücktr od Künd (BGH NJW-RR **89**, 626), aber auch für Mitteilgen des VersN an den Versicherer (BGH NJW **99**, 1633) mit den §§ 307 ff vereinb ist. – **b) Formvorschriften.** Der Verwder darf keine strengere Form als die Schriftform (§§ 126, 127) vorschreiben, wohl aber die ggü § 126 mildere Textform (§ 126 b). Er ist nicht berecht, die Benutzg seiner Formulare zur WirksamkVoraussetzg für die Erkl zu machen (Mü NJW-RR **87**, 664, Schlesw NJW-RR **01**, 818) od eine telegrafische od fernschriftl Erkl zu verlangen. – **c) Zugangserfordernisse.** Unzul sind Klauseln, die bes, von der gesetzl Regelg (§ 130) abw ZugangsErfordern festlegen. Der Verwder kann daher weder die Übermittlg dch eingeschriebenen Brief (BGH NJW **85**, 2587) noch die Ablieferg gg Quittg vorschreiben (LG Mü AGBE I Nr 141 u 143). RegelgsGgst von Nr 13 ist aber nicht die Ausgestaltg von EmpfangsVollm; es verstößt daher nicht gg Nr 13, wenn der Versicherer die Vollm seiner Agenten für die Entggnahme schriftl Mitteilgen, die das VersVerhältn betreffen, ausschließt (BGH NJW **99**, 1633). – **d)** Auf RGesch zw **Unternehmern** ist Nr 13 nicht, auch nicht entspr anwendb (Alisch JZ **82**, 708, Ul/Br/He AGBG 11 Rn 12, hM).

104 (a) · 105 (b) · 106 (c) · 107 (d)

310 ***Anwendungsbereich.*** **[I] § 305 Abs. 2 und 3 und die §§ 308 und 309 finden keine Anwendung auf Allgemeine Geschäftsbedingungen, die gegenüber einem Unternehmer, einer juristischen Person des öffentlichen Rechts oder einem öffentlich-rechtlichen Sondervermögen verwendet werden. § 307 Abs. 1 und 2 findet in den Fällen des Satzes 1 auch insoweit Anwendung, als dies zur Unwirksamkeit von in den §§ 308 und 309 genannten Vertragsbestimmungen führt; auf die im Handelsverkehr geltenden Gewohnheiten und Gebräuche ist angemessen Rücksicht zu nehmen.**

[II] Die §§ 308 und 309 finden keine Anwendung auf Verträge der Elektrizitäts-, Gas-, Fernwärme- und Wasserversorgungsunternehmen über die Versorgung von Sonderabnehmern mit elektrischer Energie, Gas, Fernwärme und Wasser aus dem Versorgungsnetz, soweit die Versorgungsbedingungen nicht zum Nachteil der Abnehmer von Verordnungen über Allgemeine Bedingungen für die Versorgung von Tarifkunden mit elektrischer Energie, Gas, Fernwärme und Wasser abweichen. Satz 1 gilt entsprechend für Verträge über die Entsorgung von Abwasser.

[III] Bei Verträgen zwischen einem Unternehmer und einem Verbraucher (Verbraucherverträge) finden die Vorschriften dieses Abschnitts mit folgenden Maßgaben Anwendung:

1. Allgemeine Geschäftsbedingungen gelten als vom Unternehmer gestellt, es sei denn, dass sie durch den Verbraucher in den Vertrag eingeführt wurden;
2. § 305 c Abs. 2 und die §§ 306 und 307 bis 309 dieses Gesetzes sowie Artikel 29 a des Einführungsgesetzes zum Bürgerlichen Gesetzbuche finden auf vorformulierte Vertragsbedingungen auch dann Anwendung, wenn diese nur zur einmaligen Verwendung bestimmt sind und soweit der Verbraucher auf Grund der Vorformulierung auf ihren Inhalt keinen Einfluss nehmen konnte;
3. bei der Beurteilung der unangemessenen Benachteiligung nach § 307 Abs. 1 und 2 sind auch die den Vertragsschluss begleitenden Umstände zu berücksichtigen.

IV Dieser Abschnitt findet keine Anwendung bei Verträgen auf dem Gebiet des Erb-, Familien- und Gesellschaftsrechts sowie auf Tarifverträge, Betriebs- und Dienstvereinbarungen. Bei der Anwendung auf Arbeitsverträge sind die im Arbeitsrecht geltenden Besonderheiten angemessen zu berücksichtigen; § 305 Abs. 2 und 3 ist nicht anzuwenden. Tarifverträge, Betriebs- und Dienstvereinbarungen stehen Rechtsvorschriften im Sinne von § 307 Abs. 3 gleich.

1 **1) Allgemeines. – a) Fassung.** Das SMG ordnet AGBG 24, 23 II Nr 2, 24 a u 23 I als § 310 in das BGB ein. Dadch entsteht eine weitere unnötig umfangreiche u wenig transparente Vorschr. Sachl verändert wird
2 ledigl die BereichsAusn für das ArbR (§ 310 IV). **b) Bedeutung.** Entgg der amtl Überschr wird der grdsl Anwendgsbereich der §§ 305 ff nicht dch § 310, sond dch die Definition des AGB-Begriffs in § 305 I festgelegt. § 310 I, II u IV schränken den Anwendgsbereich ein, § 310 III erweitert ihn: Bei VerbrVertr finden die §§ 305 ff auch auf VertrBdggen Anwendg, die keine AGB sind.

3 **2) Verwendung von AGB ggü einem Unternehmer, I** (bisher AGBG 24). – **a) Anwendungsbereich.** I beschränkt den Schutz der §§ 305 ff für: – **aa) Unternehmer.** Es gilt die Definition des BGB § 14 (s dort). Ein Vertr, der der erstmalig Aufn unternehmer Tätigk dient, unterliegt noch der vollen InhKontr (Kblz NJW **97**, 74, str, aA Oldbg BB **01**, 2499). – **bb) Juristische Personen des öffentlichen Rechts.** Erfaßt werden GebietsKörpersch, Hochschulen, Rundfunkanstalten, SozVersTräger, ReligionsGesellsch, öffr Kammern, die BvS sowie Anstalten u Stiftgen des öffR (Vorbem 1 v § 89). – **cc) Sondervermögen des öffentlichen Rechts:** Sie spielen in der AGB-Praxis keine Rolle. Zur Bundesbahn u Bundespost s Vorbem 2 a v § 89.

4 **b) Beschränkung des AGB-Schutzes.** Werden AGB ggü Untern, jur Pers des öffR od öffr Sondervermögen verwendet, gelten die §§ 305 ff nur mit zwei Einschränkgen: – **aa)** Zur **Einbeziehung** von AGB in den Vertr genügt jede auch stillschw erklärte Willensübereinstimmg. Die Erfordern des § 305 II u III
5 brauchen nicht erf zu sein (§ 305 Rn 50 ff). – **bb)** Für die **Inhaltskontrolle** ist allein § 307 mit der Ergänzg in § 310 I 2 maßgebd; die Klauselverbote der §§ 308 u 309 gelten nicht (§ 307 Rn 39 ff), auch nicht EGBGB 29 a, der den aufgehobenen AGBG 12 ersetzt hat. Das Gebot, auf die im HandelsVerk geltden Gewohnh u Gebräuche angem Rücks zu nehmen, gilt nicht, wenn AGB ggü einem Untern (Landwirt, Freiberufler) verwendet w, der nicht Kaufmann iSd HGB ist.

6 **3) AGB der Versorgungswirtschaft, II** (bisher AGBG 23 II Nr 2). Die AVBEltV/AVBGasV, AVBFernwärmeV u AVBWasser/V (s Hermann/Recknagel/Schmidt-Salzer, Allg VersorggsBdggen Bd I u II) unterliegen als RNormen keiner InhKontr, können aber aGrd des richterl PrüfgsR auf Einhaltg der Ermächtigg u damit auf ihre Angemh überprüft w (Vorbem 3 v § 307). Ggü Sonderabnehmern gelten die VersorggsBdggen dagg nur kr Einbez, unterliegen also der InhKontr. Um Sonderabnehmer nicht besser zu stellen als Tarifabnehmer, best II, dass die VersorggsBdggen auch bei vertragl Einbez von den Verboten der §§ 308 u 309 freigestellt sind. Nach II 2 gilt diese Regelg auch für Vertr über die Entsorgg von Wasser. Da Sonderabnehmer fast immer Untern sind, finden §§ 308, 309 idR schon aufgrd von I keine Anwendg. Die prakt Bedeutg von II tendiert daher gg 0. Eine AVBEltV 6 entspr Haftgsregelg (Haftgsausschl für grobes Verschulden von leitden Angest bei VermSchäden dch Versorggsstörgen; Haftgsbegrenzgen auf 5000 DM bei grober Fahrlässigk eines Organs) verstößt nach Ansicht des BGH wg der Indiz- u Leitbildfunktion der AVBEltV nicht gg § 307 (BGH NJW **98**, 1640).

7 **4) Verbraucherverträge, III** (bisher AGBG 24 a). Schrifttum zu AGBG 24 a: Heinrichs NJW **96**, 2190; Eckert ZIP **96**, 1238; Braunfels DNotZ **97**, 356; Ulmer Karlsr Forum **97**, 9 (VersSchriften 3), FS Heinrichs, 1998, S 555, Borges, InhKontrolle von VerbrVertr, 2000.

A) Bedeutung. – a) Umsetzung der EG-RL. III, der AGBG § 24 a sachl unverändert übernimmt, setzt die EG-RL 93/13 über mißbräuchl Klauseln in VerbrVertr (Text NJW **93**, 1838) um. Die RL hat Inh u Schutzzweck des AGB-Rechts grdlegd verändert. In VerbrVertr unterliegen nunmehr auch DrittBdggen u EinzelVertrKlauseln einer InhKontr; bei ihr sind in VerbrVertr auch konkret-individuelle Umst zu berücksichtigen. Seitdem ist der VerbrSchutz ein tragdes Prinzip des jetzt in die §§ 305–310 eingeordneten AGB-Rechts (Einf 9 v § 305). Die RL hat zu zwei weiteren Ändergen geführt: Die kollisionsrechtl Vorschr (fr AGBG 12) ist dch EG 29 ersetzt worden. § 307, der die Regelg des AGBG 9 übernimmt, stellt in I 2 abw vom AGBG ausdr klar, dass das TranspGeb Maßstab der InhKontr ist (§ 307 Rn 16). **Weitere Änderungen** waren dch die RL nicht veranlaßt (vgl 60. Aufl AGBG 24 a Rn 2). Das dtsche AGB-Recht, insbes die §§ 305 II, 305 b u 305 c sowie zahlreiche Klauselverbote der §§ 307, 308 begründen einen weitergehden u differenzierteren Schutz als die RL. Die bestehden Schutzlücken,insbes die für VertrBdggen in VerbrVertr, sind inzw geschlossen. Die verbliebenen kleineren Divergenzen, oft bestehen sie nur scheinb, lassen sich dch
8 richtlinienkonforme Auslegg ausräumen (Rn 27). – **b) Verspätete Umsetzung.** Die BRep hat die RL in Verletzg des Art 10 statt zum 31. 12. 94 erst zum 25. 7. 96, also rund 1½ Jahre zu spät, umgesetzt. Da der wesentl Inh der RL schon mit Wirkg ab 1. 1. 95 dch richtlinienkonforme Auslegg des AGBG u des § 242 übernommen werden konnte (Ffm NJW-RR **00**, 1367; Heinrichs NJW **95**, 153, **96**, 2190; wohl auch BGH **130**, 58, Schlesw NJW **95**, 2858, Düss u Ffm NJW-RR **97**, 372. 1485), begründet die verspätete Umsetzg
9 aber keine SchadErsAnspr (s dazu § 839 Rn 19 b). – **c) Zeitlicher Anwendungsbereich.** III gilt nach EGBGB 229 § 5 I für Vertr, die nach dem 1. 1. 02 geschlossen worden sind. Auf die vom 24. 7. 96–31. 12. 01

geschlossenen Vertr ist der inhaltsgleiche AGBG 24 a (HauptBd) anzuwenden. Ebso zu behandeln sind die Vertr aus der Zeit nach dem 30. 12. 94, da die Regelgen des AGBG 24 a seit dem 1. 1. 95 dch richtlinienkonforme Auslegg übernommen w konnten (Rn 8).

B) Verbraucherverträge. – a) Unternehmer, Verbraucher. III gilt für Vertr zw einem Untern u einem 10
Verbr. Die Vorschr übernimmt mit einer geringfüg Modifikation (§ 13 Rn 3) die Abgrenzg der RL 1 I, 2
lit b u c. Untern: Es gilt § 14 (vgl dort). Verbr: Es gilt § 13 (vgl dort). – **b) Verträge, einseitige Rechtsge-** 11
schäfte. III ist auf alle Vertr zw Untern u Verbr anzuwenden; die in der RL vorgesehene Beschränkg auf Vertr über Güter u Dienstleistgen hat das dtsche Recht in Anwendg von RL 8 nicht übernommen. § 305 Rn 3 ff gilt entspr. Nach III unterliegen auch einseitige RGesch des Untern, etwa Beschränkgen der von ihm erteilten Vollm, der InhKontr, da sie auf das VertrVerhältn einwirken (Heinrichs NJW **96**, 2194, Jena ZIP **99**, 1554). Der für die abw Beurteilg bei § 305 (dort Rn 7) entscheidde Gesichtspkt, dass der Untern hier nur eig rgeschäftl Gestaltgsmacht in Anspr nimmt, spielt im Anwendgsbereich von III keine Rolle (Rn 41). Die Ausn des IV stehen, wie sich auch aus dem ErwäggsGrd 10 ergibt, mit der RL im Einklang, die BereichsAusn für GesellschR jedoch mit der Einschränkg gem Rn 48.

C) Verzicht auf das Tatbestandsmerkmal „Stellen", Drittbedingungen (Nr 1). – a) Voraus- 12
setzungen. Nach Nr 1 gelten für eine Vielzahl von Verwendgen vorformulierte VertrBdggen in VerbrVertr als vom Untern gestellt, es sei denn, dass sie vom Verbr in den Vertr eingeführt worden sind. Das TatbestdMerkmal „vorformuliert" ist ebso auszulegen wie in § 305 I (dort Rn 8 u 12). Dem Untern sind die in seinem Betr ständ verwandten vertragl Regelgen auch zuzurechnen, wenn sie jeweils handschriftl in eine Leerstelle des Vertr eingefügt w (BGH NJW **99**, 2180). Nr 1 ist grdsl auch dann anwendb, wenn die formularmäß Regelg nicht auf Verlangen des Untern, sond auf Vorschlag eines Dr, etwa eines Notars od Maklers, VertrInh geworden sind (BGH aaO, Staud/Schlosser AGBG 24 a Rn 39, Wo/Ho/Li AGBG 24 a Rn 27, MüKo/Basedow AGBG 24 a Rn 41). Das Ges folgt damit der richt Auffassung, dass die MitglStaaten nach Wortlaut u Schutzzweck der RL verpflichtet sind, in die InhKontr auch sog DrittBdggen einzubeziehen (näher Heinrichs NJW **95**, 157 mwN). Das „Vielzahl"-Kriterium des § 305 (dort Rn 9) ist erfüllt, wenn der Notar eine VertrBdgg seiner Mustersammlg entnimmt (Brambring FS Heinrichs 1998, 39/46, Staud/Schlosser AGBG 24 a Rn 41, aA Ulmer FS Heinrichs, 1998, 555/60). Dch die Ausdehng der InhKontr auf von ihm vorgeschlagene Klauseln wird die Stellg des Notars im Ergebnis nicht geschwächt, sond im Verhältn zu den Mandanten gestärkt. Der Notar wird in den Kreis der Institutionen einbezogen, die sicherzustellen haben, dass der RVerk von mißbräuchl formularmäß VertrBdggen freigehalten w (Heinrichs NJW **95**, 157). – **b) Schranken.** Die formularmäß Regelgen sind dem Untern nicht zuzurechnen, wenn der 13
Verbr sie in den Vertr eingeführt hat, so etwa, wenn dem VertrSchluß auf Vorschlag des Verbr ein MietVertrFormular od das ADAC-Formular für den Autokauf zugrde gelegt worden ist. Entspr gilt, wenn die VertrBdggen im Auftr des Verbr von einem RAnw od Notar vorformuliert worden sind (Bunte DB **96**, 1391). Die §§ 305 ff sind gem § 305 I 2 auch dann unanwendb, wenn die Part die VertrBdggen im einzelnen ausgehandelt haben. Dazu genügt aber die meist nur theoretische Möglichk einer Einflußn des Verbr nicht (mißverständl der Bericht des BT-RAusschusses zu AGBG 24 a BT-Drs 13/4699 S 5, s Heinrichs NJW **96**, 2192, Bunte DB **96**, 1391). Eine IndVereinbg liegt vor, wenn der Untern den gesetzesfremden Kerngehalt der Regelgen ernsth zur Disposition stellt u der Verbr die reale Möglichk hat, den Inh der VertrBdggen zu beeinflussen u zu verändern (§ 305 Rn 21 mNachw). Die Ausdehng der InhKontr auf DrittBdggen rechtfertigt es (entgg Braunfels DNotZ **97**, 356, 380) nicht, die Anfordergen an das Vorliegen einer IndAbrede abzusenken(s Wo/Ho/Li AGBG 24 a Rn 33). Die **Beweislast** dafür, dass es sich um eine vom Verbr eingeführte Klausel od um eine IndVereinbg handelt, trägt der Untern (s § 305 Rn 24). – **c) Rechtsfolgen.** Unter Nr 1 14
fallde Bdggen stehen AGB in jeder Beziehg gleich. Neben den mat-rechtl SchutzVorschr finden auch UKlaG 1 Anwendg (BGH NJW **99**, 2180). Der Anspr aus UKlaG 1 richtet sich gg den Untern als fiktiven Verwder.

D) Einmalbedingungen (Nr 2). Nach Nr 2 sind die wesentl SchutzVorschr des AGB-Rechts auf 15
vorformulierte VertrBdggen auch dann anzuwenden, wenn diese nur zur einmaligen Verwdg bestimmt sind. Die Vorschr erfüllt damit die sich aus RL 2 a u 3 I ergebde Pfl, den Schutz vor mißbräuchl Klauseln auf VertrBdggen auszudehnen, die keine AGB iSd § 305 I sind. – **a) Drittklauseln.** Für die Anwendg von Nr 2 16
ist gleichgült, ob die vorformulierte Klausel auf Vorschlag des Untern od eines Dr in den Vertr einbezogen worden ist (Staud/Schlosser AGBG 24 a Rn 47, Wo/Ho/Li AGBG 24 a Rn 35, MüKo/Basedow AGBG 24 a Rn 50, Bunte DB **96**, 1392, Braunfels DNotZ **97**, 356, aA Ulmer FS Heinrichs 1998 S 567). Das Merkmal „Stellen", ohnehin gemeinschaftsrechtl unzul (Heinrichs NJW **95**, 157), kommt im Text der Nr 2 nicht vor. Es gilt aber die AusnRegelg der Nr 1 entspr: Der Verbr wird nicht geschützt, wenn die für den Einzelfall vorformulierte Klausel auf seinen Vorschlag in den Vertr einbezogen worden ist. – **b) Individualabreden.** 17
Nr 2 ist unanwendb, soweit die Part eine IndVereinbg getroffen haben. Die Vorschr verweist insoweit nicht auf den AusnTatbestd des § 305 I 2, sond macht den Schutz des Verbr in Anlehng an die Formulierg der RL 3 II davon abhäng, dass er auf den Inh der VertrBdggen keinen Einfluß nehmen konnte. Das begründet aber in der Sache keinen Unterschied (Wo/Ho/Li AGBG 24 a Rn 36, Brandner AnwBl **94**, 339, Erm/Werner AGBG 24 a Rn 35, ähnl v Westphalen BB **96**, 2102, Wackerbarth AcP **200**, 45/85; aA Ul/Br/He AGBG 24 a Rn 47, Coester-Waltjen FS Medicus 1999, 63/69, Kaufhold DNotZ **98**, 263). Die Situation fehlden Aushandelns u das Fehlen einer realen Möglichk, den VertrInh zur Dchsetzg eig Interessen zu verändern, ergibt sich typw bereits aus der Vorformulierg. And als bei DrittBdggen (Nr 1) muß der Verbr nach der Fassg der Nr 2 bei EinzelVertrKlauseln aber **beweisen,** dass er nicht die Möglichk einer Einflußn hatte. Er kann sich aber, insb bei umfangreichen u komplizierten Texten, vielfach auf den Bew des ersten Ansch berufen. Auch hier ist zu berücksichtigen, dass der typ Verbr nicht das erforderl rechtl „know how" hat, um ihn benachteiligde VertrKlauseln zu durchschauen u zweckentspr Ändergen dchzusetzen (MüKo/Basedow AGBG 24 a Rn 52). Er ist, wenn ihm ein vorformulierter Text für einen EinzelVertr vorgelegt wird, in derselben Situation wie bei Einbeziehg eines Textes, der mehrfach verwandt werden soll (aA Albrecht DNotZ **97**, 276). –
c) Rechtsfolgen. In der Aufzählg der Vorschr, die auf EinzelVertrKlauseln anzuwenden sind, fehlen die 18
§§ 305 II u 305 c I. Das ist dch eine richtlinienkonforme Auslegg der Nr 2 zu korrigieren. Das TranspGeb

der RL (4 II u 5 S 1) gilt auch für EinzelVertrKlauseln. Grdl für das TranspGeb ist nach dtschem Recht neben § 307 auch § 305 II Nr 2 (dort Rn 41). Aus ihr ergibt sich, dass vorformulierte Klauseln nur dann VertrInh werden, wenn sie für den Verbr verständl sind; dieser Grds muß ebso wie § 307 I 2 auch für EinzelVertrKlauseln gelten. Der Schutz des Verbr vor unverständl od überraschden Klauseln darf nicht davon abhängen, ob der gg das TranspGeb verstoßde Text einmal od dreimal verwandt werden soll. Bei einem Konflikt zw einer vorformulierten Klausel u einer IndVereinbg hat letztere schon aGrd von § 157 den Vorrang; dass III nicht auf § 305 b verweist, ist daher unschädl (v Westphalen BB **96**, 2104).

19 **E) Inhaltskontrolle. – a) Berücksichtigung von Begleitumständen (Nr 3). – aa) Grundsatz: Genereller Prüfungsmaßstab.** Nr 3 bestimmt in Umsetzg von RL 4 I, dass bei der Beurteilg, ob eine Klausel den Verbr unangem benachteiligt, *auch* die den VertrSchl begleitden Umst zu berücksichtigen sind. Aus Wortlaut u amtl Begründg zu AGBG 24 a (BT-Dr 13/2713 S 7 f) ergibt sich, dass der GesGeber an der grdsl Konzeption der InhKontr nach dem AGBG festhält: Auszugehen ist von einer generellen überindividuellen Betrachtg (Borges, LitVerzeichn, S 28); abzuwägen sind die Interessen des Untern ggü denj, der typw beteiligten Verbr (§ 307 Rn 4). Bei VerbrVertr wird dieser Prüfgsmaßstab aber ergänzt dch die Berücksichtigg von **konkreten individuellen** Umst. Diese Kombinationslösg verstößt nicht gg GemeinschR (Heinrichs NJW **96**, 2193, Staud/Schlosser AGBG 24 a Rn 5, aA Schmidt-Salzer JZ **95**, 223). Die RL enthält in ihrem Anhang (Rn 26) einen Katalog von Klauseln, die unabhäng vom übrigen VertrInh u den den VertrSchl begleitden Umst für unwirks erklärt werden können; sie sieht im Art 7 II zugl ein Verf vor, in dem Klauseln ohne Bezug zu einem bestimmten Vertr u damit notw nach abstrakten-überindividuellen Kriterien einer InhKontr unterworfen werden. Die RL berücksichtigt damit beide Kontrollansätze u überläßt die dogmat u rprakt Feinabstimmg dem Recht der MitglStaaten (EGV 249 III). Bes gilt aber für **Einmalbedingungen** (Rn 14). Da sie nur für eine einmalige Verwendg best sind, sind sie bei der InhKontr nach den Umst des
20 Einzelfalles *konkret-individuell* zu überprüfen (Michalski DB **99**, 677). – **bb) Anwendungsbereich.** Nr 3 gilt nur für die InhKontr im IndProz; im VerbandsKlVerf muß es der Natur der Sache nach bei einem abstraktenüberindividuellen KontrollMaßstab bleiben (Heinrichs NJW **96**, 2194). Nr 3 gilt vor allem für die InhKontr nach § 307. Auch bei Anwendg der unbest RBegriffe des § 308 können BegleitUmst mitberücksichtigt
21 werden, nicht aber iRv § 309. – **cc) Zu berücksichtigende Umstände.** Die für RL 4 I u damit auch für Nr 3 maßgebden Motive ergeben sich aus dem zweiten Teil des 16. ErwäggsGrdes. Danach kann sich die UmstandsPrüfg in beide Richtgen auswirken. Sie kann Bedenken gg eine Klausel so verstärken, dass diese der InhKontr nicht standhält; sie kann Bedenken aber auch so abschwächen, dass eine Anwendg des § 307 entfällt (Ffm NJW-RR **01**, 780, Staud/Schlosser AGBG 24 a Rn 55, Wo/Ho/Li AGBG 24 a Rn 53, aA Michalski DB **99**, 677). Für die Unwirksamk kann sprechen: die Ausnutzg einer Überrumpelgssituation od geschäftl Unerfahrenh; dagg: das Fehlen der „rollenspezifischen Unterlegenh", etwa bei einem geschäftserfahrenen Kunden. Ist eine Regelg für den typ Verbr intransparent, für einen Kaufm od Juristen aber verständl, kann dieser die Unwirksamk der Klausel nicht mehr aus einer Verletzg des TranspGeb herleiten.

22 **b) § 307 und Art 3 RL**, die als Generalklauseln die **Maßstäbe der Inhaltskontrolle** festlegen, sind inhaltl weitgehd deckgsgleich. Dem Wortlaut nach („unangem Benachteiligg" gg „erhebl u ungerechtfertigtes Mißverhältn der vertragl Rechte u Pflten") ist § 307 wohl sogar die strengere Norm. Auslegg u Anwendg von Generalklauseln werden aber nicht nur dch ihren Wortlaut u Zweck, sond vor allem dch die Rspr des letztinstanzl Ger bestimmt. Und hier besteht zw § 307 u der RL ein grundlegder Unterschied: Höchste Ausleggsinstanz für § 307 ist der BGH, für die autonom auszulegde RL dagg der EuGH. Wg der Verpflichtg zur richtlinienkonformen Auslegg muß bei der InhKontr von VerbrVertr künft auch der Inh der RL mitberücksichtigt werden. Dabei ergeben sich schwierige und erst wenig diskutierte Fragen (Rn 24).

23 **F) Mitwirkung des EuGH bei der Auslegung der §§ 305 ff. – a) Richtlinienkonforme Auslegung.** Gibt es bei Anwendg der §§ 305 ff zwei Ausleggsalternativen kann wg der Verpfl zur richtlinienkonformen Auslegg die Einholg einer Vorabentscheidg des EuGH notw sein, EGV 234 (EuGH Slg I **90**, 4135, NJW **84**, 2021, **94**, 2473, Brechmann, Die richtlinienkonforme Auslegung, 1994). Eine VorlagePfl setzt voraus, dass über die Anwendg der §§ 305 ff auf einen VerbrVertr zu entscheiden ist. Ist der Verwder kein Untern od der Verwendgsgegner kein Verbr, kommt eine Anrufg des EuGH nicht in Betracht (Rn 36 a v § 1). Bei VerbrVertr besteht eine VorlagePfl, wenn die Entscheidg im konkreten Fall nicht mit RMitteln angegriffen werden kann u die Auslegg der RL entscheidgserhebl ist (EuGH NJW **64**, 2371, **83**, 2751). InstanzGer haben nach EGV 234 II das Recht, aber nicht die Pfl zur Einholg einer Vorabentscheidg. Der EuGH muß angerufen w, wenn das Ger eine zweifelh Ausleggsfrage zu Lasten des Verbr entscheiden will. Dagg ist bei einer Entscheidg zG des Verbr eine Kollision mit der RL u eine VorlagePfl idR ausgeschl, da RL 8 strengere VerbrSchutzStandards der MitglStaaten ausdr zuläßt. Eine Beteiligg des EuGH kommt vor allem bei Zw über den Anwendgsbereich des III (Rn 23) u bei Problemen der InhKontr (Rn 24) in Betracht. Dagg lassen sich die Divergenzen bei § 306 (dort Rn 10) u bei der BereichsAusn für GesellschR (unten Rn 50) ohne Anrufg des EuGH dch Auslegg
24 ausgleichen. – **b) Zweifel über den Anwendungsbereich von III.** Letztinstanzl Entsch, die den Anwendgsbereich von III einschränkd interpretieren wollen, sind erst zulässig, nachdem der EuGH bestätigt hat, dass die beabsichtigte Auslegg nicht gg die RL verstößt, so etwa, wenn das Ger sich bei Auslegg des Verbr- od UnternBegriffs für eine restriktive Ausleggsalternative entscheiden will. Entspr gilt, wenn es die Ansicht übernehmen will, III gelte nicht für die vom **Notar** vorgeschlagenen Klauseln (Rn 12 u 16) od der Schutz des III entfalle entgg Rn 17 bereits dann, wenn die Klausel dem jurist nicht vorgebildeten Verbr rechtzeit vor dem BeurkTermin zugeleitet worden ist (Heinrichs NJW **98**, 1454). Einer Klärg dch den EuGH bedarf wohl auch, ob die Schranken der InhKontr nach RL Art 4 II kongruent sind mit denen des § 307 III (Ulmer BB
25 **98**, 1865, § 307 Rn 54). – **c) Inhaltskontrolle.** Ein Ger, das eine Klausel als wirks ansehen will, die möglw gg ein Verbot des RL-Anhangs verstoßen könnte, muß eine Vorabentscheidg des EuGH einholen (Rn 23). Dagg besteht keine Verpfl zur Vorlage an den EuGH, der nur für die *Auslegg*, nicht für die Anwendg der RL zuständ ist, wenn die InhKontr allein auf der Grdl der Generalklausel dchzuführen ist u Ausstrahlgswirkgen des KlauselAnh od and europarechtl Normen keine Rolle spielen (Staud/Schlosser AGBG 24 a Rn 57, Heinrichs NJW **96**, 2196, **98**, 1454, Roth JZ **99**, 529/535, Borges NJW **01**, 2061, aA Ulmer Karlsr Forum

97, 39, Staud/Coester AGBG § 9 Rn 58, mißverständl EuGH NJW **00**, 2571). InhKontr erschöpft sich entgg der offenb von der GgAnsicht vertretenen Konzeption nicht in der Auslegg u Anwendg der Generalklausel, sond bezieht die Gesamth der ROrdng in die Prüfg ein. Auszugehen ist immer von der Frage, welche Regelg des nationalen Rechts ohne die zu überprüfde Klausel gelten würde (§ 307 Rn 8). Auch für die anschließde Prüfg, ob die Abweichg vom disposit Recht eine unangem Benachteiligg darstellt od ein erhebl u ungerechtf Mißverhältn begründet, ergeben sich die Bewertgskriterien idR nicht aus der Generalklausel, sond aus der Gesamth der ROrdng. Soweit es um Normen u Wertgskriterien des innerstaatlichen Rechts geht, hat der EuGH aber keine Prüfgs- u Entscheidgskompetenz (EuGH Slg **82**, 1063).

G) Das Transparenzgebot des Gemeinschaftsrechts. Das TranspGeb der RL (4 II u 5 I) ist mit dem des dtschen Rechts weitgehd deckgsgleich (Heinrichs FS Trinkner, 1995, 102 ff). Mit Rücks auf die Rspr des EuGH (NJW **01**, 2244) hat § 307 I 2 abw von AGBG 9 das TranspGeb vorsorgl ausdr zum Maßstab der InhKontr erklärt. Sachl Ändergen ergeben sich daraus nicht (§ 307 Rn 16). Der EuGH stellt im WettbewR auf den krit u sorgf Verbr ab (EuGH NJW **95**, 3243 – Mars, weitere Nachw Einf v § 145 Rn 13). Dieser Maßstab gilt ebenso für die Anfordergen an das TranspGeb (Anwendg der acte-clair-Doktrin, vgl EuGH NJW **83**, 1257). Da die dtsche Rspr an die Aufmerksamk u Sorgf des Verbr sicher keine höheren Anfordergen stellt (§ 307 Rn 19), bestehen auch insoweit keine Divergenzen zum GemeinschR. Ob im *Einzelfall* eine Klausel hinreichd transparent ist, fällt in den Bereich der Subsumtion u unterliegt daher nicht der Beurteilg des EuGH (EuGH Slg **82**, 1331, LG Bonn NJW **00**, 815/819). Bei VerbrVertr kann an dem Grds, dass bei in dtscher Sprache geführten Vhdlgen Erläutergen u Hinw in der **Muttersprache** des Verbr nicht erforderl sind (BGH **87**, 114), nicht uneingeschränkt festgehalten werden. Zwar kann nicht verlangt werden, dass jeder Untern von seinen VertrBdggen ein Dutzd Übersetzgen vorrät hat. Bei wichtigen Vertr von erhebl Tragweite kann sich aber aus dem Transparenzgebot eine InformationsPfl des Untern ergeben (Reich NJW **95**, 1860, Heinrichs NJW **96**, 2197). Die angem RFolge ist hier eine SchadErsPfl des Untern aus c. i. c. Vgl aber auch EuGH EuZW **99**, 464, wonach mitgliedstaatl Regelgen, die Mitteilgen in der Gebietssprache verlangen, ein dch das Informationsbedürfn des Verbr nicht gerechtfertigtes Handelshindern (EGV 28) darstellen können. 26

H) Anhang der Richtlinie (Klauseln gem Art 3 III RL): 27

1. *Klauseln, die darauf abzielen oder zur Folge haben, dass*

a) *die gesetzliche Haftung des Gewerbetreibenden ausgeschlossen oder eingeschränkt wird, wenn der Verbr aufgrund einer Handlung oder Unterlassung des Gewerbetreibenden sein Leben verliert oder einen Körperschaden erleidet;*

b) *die Ansprüche des Verbrs gegenüber dem Gewerbetreibenden oder einer anderen Partei, einschließlich der Möglichkeit, eine Verbindlichkeit gegenüber dem Gewerbetreibenden durch eine etwaige Forderung gegen ihn auszugleichen, ausgeschlossen oder ungebührlich eingeschränkt werden, wenn der Gewerbetreibende eine der vertraglichen Verpflichtungen ganz oder teilweise nicht erfüllt oder mangelhaft erfüllt;*

c) *Der Verbr eine verbindliche Verpflichtung eingeht, während der Gewerbetreibende die Erbringung der Leistungen an eine Bedingung knüpft, deren Eintritt nur von ihm abhängt;*

d) *es dem Gewerbetreibenden gestattet wird, vom Verbr gezahlte Beträge einzubehalten, wenn dieser darauf verzichtet, den Vertrag abzuschließen oder zu erfüllen, ohne dass für den Verbr ein Anspruch auf eine Entschädigung in entsprechender Höhe seitens des Gewerbetreibenden vorgesehen wird, wenn dieser selbst es unterläßt;*

e) *dem Verbr, der seinen Verpflichtungen nicht nachkommt, ein unverhältnismäßig hoher Entschädigungsbetrag auferlegt wird;*

f) *es dem Gewerbetreibenden gestattet wird, nach freiem Ermessen den Vertrag zu kündigen, wenn das gleiche Recht nicht auch dem Verbr eingeräumt wird, und es dem Gewerbetreibenden für den Fall, dass er selbst den Vertrag kündigt, gestattet wird, die Beträge einzubehalten, die für von ihm noch nicht erbrachte Leistungen gezahlt wurden;*

g) *es dem Gewerbetreibenden – außer bei Vorliegen schwerwiegender Gründe – gestattet ist, einen unbefristeten Vertrag ohne angeme Frist zu kündigen;*

h) *ein befristeter Vertrag automatisch verlängert wird, wenn der Verbr sich nicht gegenteilig geäußert hat und als Termin für diese Äußerung des Willens des Verbrs, den Vertrag nicht zu verlängern, ein vom Ablaufzeitpunkt des Vertrages ungebührlich weit entferntes Datum festgelegt wurde;*

i) *die Zustimmung des Verbrs zu Klauseln unwiderlegbar festgestellt wird, von denen er vor Vertragsabschluß nicht tatsächlich Kenntnis nehmen konnte;*

j) *der Gewerbetreibende die Vertragsklauseln einseitig ohne triftigen und im Vertrag aufgeführten Grund ändern kann;*

k) *der Gewerbetreibende die Merkmale des zu liefernden Erzeugnisses oder der zu erbringenden Dienstleistung einseitig ohne triftigen Grund ändern kann;*

l) *der Verkäufer einer Ware oder der Erbringer einer Dienstleistung den Preis zum Zeitpunkt der Lieferung festsetzen oder erhöhen kann, ohne dass der Verbr in beiden Fällen ein entsprechendes Recht hat, vom Vertrag zurückzutreten, wenn der Endpreis im Verhältnis zu dem Preis, der bei Vertragsabschluß vereinbart wurde, zu hoch ist;*

m) *dem Gewerbetreibenden das Recht eingeräumt ist zu bestimmen, ob die gelieferte Ware oder erbrachte Dienstleistung den Vertragsbestimmungen entspricht, oder ihm das ausschließliche Recht zugestanden wird, die Auslegung einer Vertragsklausel vorzunehmen;*

n) *die Verpflichtung des Gewerbetreibenden zur Einhaltung der von seinen Vertretern eingegangenen Verpflichtungen eingeschränkt wird oder diese Verpflichtung von der Einhaltung einer besonderen Formvorschrift abhängig gemacht wird;*

o) *der Verbr allen seinen Verpflichtungen nachkommen muß, obwohl der Gewerbetreibende seine Verpflichtungen nicht erfüllt;*

p) *die Möglichkeit vorgesehen wird, dass der Vertrag ohne Zustimmung des Verbrs vom Gewerbetreibenden abgetreten wird, wenn dies möglicherweise eine Verringerung der Sicherheiten für den Verbr bewirkt;*

q) *dem Verbr die Möglichkeit, Rechtsbehelfe bei Gericht einzulegen oder sonstige Beschwerdemittel zu ergreifen, genommen oder erschwert wird, und zwar insbesondere dadurch, dass er ausschließlich auf ein nicht unter die rechtlichen Bestimmungen fallendes Schiedsgerichtsverfahren verwiesen wird, die ihm zur Verfügung stehenden Beweismittel ungebührlich eingeschränkt werden oder ihm die Beweislast auferlegt wird, die nach dem geltenden Recht einer anderen Vertragspartei obläge.*

2. *Tragweite der Buchstaben g, j und l*

a) *Buchstabe g steht Klauseln nicht entgegen, durch die sich der Erbringer von Finanzdienstleistungen das Recht vorbehält, einen unbefristeten Vertrag einseitig und – bei Vorliegen eines triftigen Grundes – fristlos zu kündigen, sofern der Gewerbetreibende die Pflicht hat, die andere Vertragspartei oder die anderen Vertragsparteien alsbald davon zu unterrichten.*

b) *Buchstabe j steht Klauseln nicht entgegen, durch die sich der Erbringer von Finanzdienstleistungen das Recht vorbehält, den von dem Verbr oder an den Verbr zu zahlenden Zinssatz oder die Höhe anderer Kosten für Finanzdienstleistungen in begründeten Fällen ohne Vorankündigung zu ändern, sofern der Gewerbetreibende die Pflicht hat, die andere Vertragspartei oder die anderen Vertragsparteien unverzüglich davon zu unterrichten, und es dieser oder diesen freisteht, den Vertrag alsbald zu kündigen.*

Buchstabe j steht ferner Klauseln nicht entgegen, durch die sich der Gewerbetreibende das Recht vorbehält, einseitig die Bedingungen eines unbefristeten Vertrages zu ändern, sofern es ihm obliegt, den Verbr hiervon rechtzeitig in Kenntnis zu setzen, und es diesem freisteht, den Vertrag zu kündigen.

c) *Die Buchstaben g, j und l finden keine Anwendung auf*
- *Geschäfte mit Wertpapieren, Finanzpapieren und anderen Erzeugnissen oder Dienstleistungen, bei denen der Preis von den Veränderungen einer Notierung oder eines Börsenindex oder von Kursschwankungen auf dem Kapitalmarkt abhängt, auf die der Gewerbetreibende keinen Einfluß hat;*
- *Verträge zum Kauf oder Verkauf von Fremdwährungen, Reiseschecks oder internationalen Postanweisungen in Fremdwährung.*

d) *Buchstabe l steht Preisindexierungsklauseln nicht entgegen, wenn diese rechtmäßig sind und der Modus der Preisänderung darin ausdrücklich beschrieben wird.*

28 **Vorbemerkung:** Die lange str Frage, welche rechtl Qualität der RL-Anhang haben sollte, ist erst unmittelb vor dem Erlaß der RL entschieden worden. Dchgesetzt hat sich der dtsche Standpkt, dass der Anhang einen bloßen Hinw darstellen u die MitglStaaten nicht binden soll (Heinrichs NJW **93**, 1821). Die in diesem Sinn abgeschwächte Formulierg des Art 3 III RL schließt aber nur die Pfl der *GesGeber* der MitglStaaten aus, den Katalog des RLAnhangs zu übernehmen. Dagg müssen die Ger der MitglStaaten davon ausgehen, dass der RL-Anhang eine **bindende Konkretisierung** des Art 3 RL ist (Wo/Ho/Li AGBG RL-Anh Rn 1). Ein letztinstanzl Ger, das and entscheiden u eine möglw gg den Anhang verstoßde Klausel für wirks erklären will, muß die Sache dem EuGH vorlegen (Rn 24, Heinrichs FS Reich, 1997, 534). Von einer Konkretisierg der Generalklausel dch den Anhang geht offenb auch der EuGH (NJW **00**, 2571) aus, allerd, wie eigentl immer, unter Verzicht auf eine Begründg. Für das dtsche AGB-Recht hat der RL-Anhang nur geringe prakt Bedeutg. Die Mehrzahl der im Anhang aufgelisteten Klauselverbote sind in §§ 307 ff enthalten. Alle and können auf der Grdl des § 307 od § 308 übernommen werden, ohne dass es eines VorlageVerf nach EGV 234 bedarf (Heinrichs FS Reich, 1997, S 527). Einen ggü dem dtschen Recht grdlegd neuen Gesichtspkt enthalten nur
29 die **Nr 1 c, 1 d u 1 f**. Sie gehen davon aus, dass formularmäß Regelgen beide VertrTeile grdsl **gleichbehandeln** müssen. Für einen solchen Grds spricht auch der engl Text, der für „Mißverhältn" das Wort „imbalance" verwendet. Vielleicht setzt sich daher in der Rspr zu § 310 III der Grds dch, dass VertrStrafen, Schadenspauschalen, RücktrR od Haftgsbeschränkgen nur wirks sind, wenn sie beide Part gleich behandeln od wenn für eine Regelg nur zG des Untern ein trift Grd vorliegt.

30 **a) Haftung für Körperschäden (Nr 1 a).** Dieses Verbot hat § 309 Nr 7 a ausdr übernommen. – **b) Haftung für die Nicht- oder Schlechterfüllung vertraglicher Pflichten (Nr 1 b).** Nr 1 b betrifft Anspr des Verbr aus Leistgsstörgen u GewL. Das dtsche Recht schützt diese Anspr dch §§ 309 Nr 7 u 8 sowie § 307 II Nr 1 u 2. Bei Leistgsstörgen sind im Ergebn ledigl Klauseln wirks, die die Haftg für leichte Fahrlässigk bei der Verletzg unwesentl Pflten ausschließen. Das ist keine „ungebührl Einschränkg" u daher mit Nr 1 b vereinb (Wo/Ho/Li AGBG 24 a Rn 28). Das Recht des Verbr, mit den unter Nr 1 b fallden Anspr aufzurechnen, darf nach Nr 1 b nicht ausgeschlossen w (Heinrichs, wie Rn 27, S 547). Das bestärkt die seit 1977 im Palandt vertretene Auffassg, dass § 309 Nr 3 (fr AGBG 11 Nr 3) einer Korrektur bedarf (§ 309 Rn 19).

31 **c) Einseitige Bindung (Nr 1 c).** Klauseln, die unter Nr 1 c fallen, verstoßen gg § 308 Nr 3, der ein umfassenderes u strengeres Verbot enthält. Für das dtsche Recht ist Nr 1 c bedeutgslos.

32 **d) Einseitige Verfallklausel (Nr 1 d).** Regelgen, die dem Untern bei einem VertrBruch des Verbr gestatten, die geleisteten Zahlgen ohne Rücks auf deren Höhe einzubehalten, verstoßen gg § 308 Nr 7 u 309 Nr 5. Nr 1 d geht davon aus, dass vorformulierte VertrBdggen Untern u Verbr gleichzubehandeln haben (Rn 28); iü bringt er für das dtsche Recht nichts Neues.

33 **e) Unverhältnismäßige Entschädigungen (Nr 1 e).** Nr 1 e ist für das dtsche Recht bedeutgslos. SchadErsAnspr, die unverhältnismäß hoch sind, verstoßen gg § 309 Nr 5, entspr VertrStrafen sind mit § 309 Nr 6 u § 9 unvereinb (Wo/Ho/Li AGBG 24 a Rn 75).

34 **f) Einseitige Kündigungsvorteile (Nr 1 f).** Auch Nr 1 f geht vom Grds der Gleichbehandlg von Untern u Verbr aus, iü bringt er für das dtsch Recht nichts Neues. Klauseln, die für den Untern ein freies KündR begründen, verstoßen gg § 308 Nr 3 (dort Rn 14). Für Klauseln über die Einbehaltg von geleisteten Zahlgen gilt Rn 31 entspr.

35 **g) Kündigungsfristen (Nr 1 g).** Nr 1 g verbietet Klauseln, die für die ordentl Künd eines unbefristeten Vertr eine unangem kurze Fr vorsehen. Die §§ 308, 309 enthalten kein entspr Verbot. Die unter Nr 1 g fallden Klauseln sind aber, soweit nicht die Vorbeh der Nr 2 a u c eingreifen, gem § 307 unwirks.

36 **h) Vertragsverlängerungen (Nr 1 h).** Nr 1 h betrifft ebso wie § 309 Nr 9 c die Fr, die der Verbr einzuhalten hat, wenn er sich dch Künd od Widerspr gg eine VertrVerlängerg wenden will. Nach Nr 1 h darf diese Fr nicht „ungebührl" lang sein, nach § 309 Nr 9 c nicht länger als 3 Mo. Die Fr von 3 Mo ist eine sinnvolle, richtlinienkonforme Konkretisierg des in Nr 1 h enthaltenen unbest RBegriffs. Nr 1 h bringt daher für das AGBG nichts Neues (Wo/Ho/Li AGBG 24 a Rn 114).

37 **i) Zustimmungsfiktion (Nr 1 i).** Auch Nr 1 i ist für das dtsche Recht bedeutgslos. Dass die Zustimmg zu einer Klausel, von der der Verbr vor VertrSchl keine Kenntn nehmen konnte, nicht formularmäß fingiert werden kann, ergibt sich aus § 305 II, der den Verbr umfassder schützt als Nr 1 i.

j) Einseitige Vertragsänderungen (Nr 1 j). Für Leistgsändergen enthält Nr 1 k eine SonderVorschr, für PrErhöhgen Nr 1 l. Nr 1 j gilt mit den Einschränkgen dch Nr 2 b u c nur für Klauseln, die nicht unter Nr 1 k u l fallen. Nr 1 j bringt für das dtsche Recht nichts Neues. Dass ein Vertr nicht einseit ohne trift u im Vertr angeführten Grd geändert werden kann, ergibt sich aus § 307 II Nr 1. Zu PrErhöhgsKlauseln, die in unklarer Abgrenzg zu Nr 1 l zT unter Nr 1 j fallen (arg Nr 2 b), vgl Rn 39. 38

k) Einseitige Leistungsänderungen (Nr 1 k). Nr 1 k betrifft ebso wie § 308 Nr 4 Klauseln, in denen sich der Untern das Recht vorbehält, die Leistg einseit zu ändern. Der ÄndergsVorbeh ist nach Nr 1 k nur zul, wenn ein trift Grd besteht, nach § 308 Nr 4 hängt seine Wirksamk davon ab, dass die Änderg zumutbar ist. Die Wertg der Nr 1 k kann zusätzl in den § 308 Nr 4 übernommen werden: Eine Leistgsänderg ist dem Verbr nur zumutb, wenn für sie ein trift Grd besteht (Wo/Ho/Li AGBG 24 a Rn 145). 39

l) Einseitige Preiserhöhungen (Nr 1 l). Nr 1 l betrifft, wie sich aus der engl u franz Fassg der Vorschr ergibt, in unklarer Abgrenzg zu Nr 1 j (Rn 37) auch PrErhöhgen, die sich auf einen Ztpkt nach Lieferg beziehen. Der Schutz des Verbr besteht ledigl darin, dass ihm ein RücktrR zustehen muß. Nr 1 l u ihre Einschränkg dch Nr 2 a u c ist damit für das dtsche Recht ohne Bedeutg. Der nach §§ 309 Nr 1 u 307 AGBG insoweit bestehde Schutzstandard (§ 309 Rn 3–11) ist wesentl höher als der der Nr 1 l. 40

m) Befugnis über die Ordnungsmäßigkeit der Leistung und die Auslegung des Vertrages verbindlich zu entscheiden (Nr 1 m). Klauseln, die dem Untern eine der in Nr 1 m entspr Bestimmgs- od Ausleggskompetenz zuweisen, sind in der dtschen AGB-Praxis unbekannt. Sie wären auch ohne Rekurs auf Nr 1 m mit § 307 II Nr 1 offensichtl unvereinb. 41

n) Einschränkung der Vertretungsmacht (Nr 1 n). Der erste Teil der Vorschr, dass der Untern die von seinem Vertreter eingegangenen Verpfl nicht einschränken kann, versteht sich nach § 307 II Nr 1 iVm § 164 von selbst. Ihr zweiter Teil, dass die Verpfl nicht von der Einhaltg einer bes Form abhäng gemacht werden darf, zeigt, dass im Anwendgsbereich von § 310 III and als in dem von § 305 I auch Regelgen der InhKontr unterliegen, für die der Untern ausschließl eig rgeschäftl Gestaltgsmacht in Anspr nimmt (§ 305 Rn 7). Beschränkgen einer vom Untern erteilten Vollm, die den Verbr unangem benachteiligen, sind daher unwirks, so etwa iF von HGB 56 od VVG 43 ff. 42

o) Einseitige Pflichterfüllung (Nr 1 o). Unter Nr 1 o fallen Klauseln, die die Einr des nichterf Vertr od das ZbR des Verbr ausschließen. Das dtsche Recht schützt den Verbr insoweit bereits dch § 308 Nr 2. Auch wenn man mit Wo/Ho/Li AGBG (Rn 194) annimmt, dass Nr 1 o zugl das RücktrR schützen will, bringt die Vorschr für das dtsche Recht nichts Neues. Das RücktrR des Verbr wird dch §§ 308 Nr 8 u 307 II Nr 1 ausr gesichert. 43

p) Vertragsübernahme (Nr 1 p). Nr 1 p unterwirft Klauseln über eine VertrÜbertragg strengeren Einschränkgen als § 309 Nr 10. Währd § 309 Nr 10 nur für Kauf-, Dienst- od WkVertr gilt, erfaßt Nr 1 p Vertr jeder Art. Außerdem ist die Klausel nach Nr 1 p unwirks, wenn die VertrÜbern möglw eine Verringerg der Sicherh für den Verbr bewirkt. Die in Nr 1 p vorgesehene Erweiterg des Schutzes gg die VertrÜbern hat keine große prakt Bedeutg, sie kann aber auf der Grdl des § 307 übernommen w (Heinrichs, wie Rn 28, S 551). 44

q) Beschränkungen des Rechtsschutzes (Nr 1 q). Nr 1 q enthält drei Klauselverbote: – **aa)** Das Recht des Verbr, gerichtl RSchutz in Anspr zu nehmen, darf nicht eingeschränkt w. Klauseln, die hiergg verstoßen, kommen in der dtschen AGB-Praxis nicht vor. Sie wären auch offensichtl mit § 307 unvereinb. – 45
bb) Schiedsklauseln sind unwirks, wenn der Verbr „auf ein nicht unter die rechtl Bestimmgen falldes SchiedsGerVerf verwiesen w". Da alle SchiedsVerf unter ZPO 1025 ff fallen, ist dunkel, was darunter zu verstehen ist. Offenb will Nr 1 q wesentl, die RStellg des Verbr verschlechternde Abweichgen von den ZPO 1025 ff verbieten (Lachmann/Lachmann BB **00**, 1633). Derart Regelgen benachteiligen in der Tat den Verbr unangem u verstoßen gg § 307. – **cc)** Klauseln, die die **Beweislast** zum Nachteil des Verbr verändern od dch die dem Verbr zur Vfg stehden BewMittel ungebührl beschränkt w, sind unzul. Das entspr, auch soweit es um BewMittelBeschränkgen geht, § 309 Nr 12 (dort Rn 99), bringt also für das dtsche Recht nichts Neues. 46 47

4) Bereichsausnahmen, IV (bisher AGBG 23 I). § 310 IV übernimmt die BereichsAusn für das Erb-, Familien- u GesellschaftsR sachl unverändert, bringt aber für das ArbR eine Neuregelg – **a) Familien- und Erbrecht:** Sow hier ausnw FormularVertr benutzt w, besteht für eine Anwendg des Ges kein Bedürfn. Die Freistellg betrifft auch den ErbschKauf (§ 2371, vgl Wo/Ho/Li AGBG 24 a Rn 52, str) u Vertr über einen vorzeit ErbAusgl (§ 311 b V), die bei mehreren Betroffenen gelegentl standardisiert w. Vertr des FamR sind nur solche, die famrechtl RBeziehgen regeln (§§ 1372, 1408, 1585 c, 1587 o). Auf VertrFormulare für LebensPart ist IV nach dem Inkrafttr des LPartG analog anzuwenden, nicht aber auf schuldrechtl Vertr zw Eheg od Verwandten od Vertr zw Part einer nichtehel LebensGemsch, auf die aber häuf die BereichsAusn für GesellschR anwendb sein w (Ul/Br/He AGBG 23 Rn 17). – **b) Gesellschaftsrecht:** Es umfaßt das Recht der Handels-Gesellsch einschl der stillen Gesellsch (BGH **127**, 182), das GenossenschR, auch soweit es um korporationsrechtl Austausch- u BenutzgsVerh zw Genossensch u Mitgl geht (BGH **103**, 219), das Recht der GbR u das VereinsR (s BGH **128**, 93). Auf den Erwerb einer gesellschaftsrechtl Beteiligg ohne unternehmerische Befugn zur VermAnl sind die §§ 307 ff aber wg der EG-RL 93/13 anwendb (KG WM **99**, 325, Oldbg NZG **99**, 896, Heinrichs NJW **98**, 1462, MüKo/Basedow AGBG Rn 15; BGH NJW **01**, 1270 läßt offen). Nicht freigestellt sind auch Vereinbgen über die Ausübg von GterR (DepotstimmR), GenußrechtsBdggen (BGH **119**, 312), SatzgsBest u AVB, die das VersVerhältn zw dem VersVerein auf GgSeitigk u seinen Mitgl regeln (BGH **136**, 394) sowie SatzgsBest eines Verbandes, die RBeziehgen zu Dr regeln (BGH **LM** § 25 Nr 10, Heermann NZG **99**, 325/28). Auch soweit die Gesellsch den Gtern außerhalb des eigentl GesellschZwecks Dienstleistgen anbietet, sind die §§ 305 ff anwendb (BGH NJW-RR **92**, 379). Werden gesellschr Gestaltgen zur Umgehg der §§ 305 ff benutzt, ist § 306 a anzuwenden. Im VereinsR unterliegt die Satzg gem §§ 242, 315 einer richterl InhKontr (§ 25 Rn 9). Entspr gilt für formularmäß Regelgen bei PublikumsKG (BGH **64**, 238, **84**, 13, **102**, 177, **104**, 53) u PublikumsGmbH (LG Münst NJW-RR **96**, 676). Zur InhKontr von GesellschVertr vgl näher Coester-Waltjen AcP **190**, 8, Wo/Ho/Li AGBG Rn 82. – **c) Arbeitsrecht:** 48 49 50 51

Trotz des Schutzes dch zwingde gesetzl Vorschr u kollektive Vereinbgen besteht auch im ArbR ein Bedürfn für eine richterl Kontr der häufig einseit vom ArbG festgesetzten ArbBdggen; die Rspr hat daher iW der RFortbildg Grds über eine richterl InhKontr bei gestörter VertrParität herausgebildet (BAG **22**, 194, NJW **71**, 1149, Preis, VertrGestaltg im ArbR, 1993, S 180 ff). Dieser Rspr verschafft der ggü AGBG 23 I veränderte § 305 IV eine gesetzl Grdl: Im ArbR wird die Bereichsausnahme auf TarifVertr, Betr- u DienstVereinbgen beschränkt. Auf ArbVertr finden die §§ 305 ff dagg Anwendg (s näher Däubler NZA **01**, 1334). Es gelten aber drei Einschränkgen: **(1)** Die in **§ 305 II u III** enthaltenen EinbezVorschr sind nicht anzuwenden. Den insoweit notw Schutz des ArbN sichert das NachwG v 20. 7. 95 (§ 611 Rn 3). **(2)** Bei der InhKontr sind die **Besonderheiten** des ArbR zu berücksichtigen. Auch die Klauselverbote des § 309 sind im ArbR nur unter Berücksichtigg der arbeitsr Besonderh anzuwenden (GgÄußerg der BReg zur StellgN des BRats S 32). **(3)** TarifVertr, Betr- u DienstVereinbgen stehen RVorschr iSd **§ 307 III** gleich. Nehmen nicht tarifgebundene VertrPart auf einen TarifVertr Bezug od treffen sie eine mit dem TarifVertr übereinstimmde Regelg, unterliegt dieser Teil ihres EinzelArbVertr nicht der InhKontr. Arbeitnehmerähnl Pers (ArbGG 5 I S 1) sind ebso zu behandeln wie ArbN (vgl Preis aaO S 250 ff). Anzuwenden sind auf ArbVertr vor allem die Regel des § 305 c I, dass überraschde Klauseln nicht VertrInh werden (s BAG NJW **96**, 2117, **98**, 1732), die UnklarhRegel des § 305 c II (Preis aaO S 263), das Verbot von Beweislastklauseln des § 309 Nr 12 (Preis aaO S 462) u wohl auch das VertrStrafenverbot des § 309 Nr 6 (Däubler NZA **01**, 1336, aA BAG NJW **85**, 92, Preis aaO S 471). Auf Kauf-, Miet- od DarlVertr mit ArbN sind die §§ 305 ff unmittelb u nicht erst auf dem Weg über § 310 IV anzuwenden (BAG NJW **94**, 213).

Abschnitt 3. Schuldverhältnisse aus Verträgen

Überblick

1 **1) Die neue Gliederung.** Die Vorschr über SchuldVerh aus Vertr (§§ 311–359, bisher §§ 305 – 361) bilden jetzt den Abschnitt 3 des Rechts der SchuldVerh (bisher 2), da das SMG hinter den Abschnitt 1 (Inh der SchuldVerh) einen neuen Abschnitt 2 (Gestaltg rechtsgeschäftl SchuldVerh dch AGB) eingefügt u in ihn die materiell-rechtl Vorschr des AGB-Gesetzes aufgenommen hat. Der Abschnitt 3 besteht aus 5 Titeln, von denen 2 in Untertiteln gegliedert sind:

Titel 1 Begründg, Inh u Beendigg (§§ 311–319)
  Untertitel 1 Begründg (§§ 311–311 c)
  Untertitel 2 Besondere Vertriebsformen (§§ 312–312 f)
  Untertitel 3 Anpassg u Beendigg von Vertr (§§ 313, 314)
  Untertitel 4 Einseitige Leistgsbestimmgsrechte (§§ 315–319)
Titel 2 Gegenseitiger Vertrag (§§ 320–326)
Titel 3 Versprechen der Leistg an einen Dritten (§§ 328–335)
Titel 4 Draufgabe, VertrStrafe (§§ 336–345)
Titel 5 Rücktritt, Widerrufs- u Rückgaberecht bei VerbrVertr (§§ 346–359)
  Untertitel 1 Rücktritt (§§ 346–354)
  Untertitel 2 Widerrufs- u Rückgaberecht bei VerbrVertr (§§ 355–359).

2 **2) Inhaltliche Änderungen, Behandlung im Ergänzungsband.** Das SMG hat in die §§ 311–359 eine Reihe von neuen Vorschr eingefügt u and verändert. Diese neuen od geänderten Vorschr werden im folgden kommentiert. Es gibt im Abschnitt 3 aber auch zahlreiche Normen u RGrds, die das SMG unverändert gelassen hat. Für sie gilt weiter die Kommentierg im HauptBd, sie werden im ErgänzgsBd nicht berücksichtigt. Im einzelnen:

3 **a)** Im ganzen **kommentiert** sind: – **aa) Titel 1, Untertitel 2 und 3, §§ 312 -314 (**Besondere Vertriebsformen; Anpassg u Veränderg von Vertr**).** In die §§ 312–312 f hat das SMG die Vorschr des HausTWG u des FernAbsG übernommen. Die §§ 313 u 314 kodifizieren die von der Rspr zur Störg der GeschGrdl u zur Künd von DauerschuldVerh aus wicht Grd entwickelten RGrds. – **bb) Titel 5, Untertitel 1 und 2, §§ 346–359 (**Rücktr, Widerrufs- u RückgabeR bei VerbrVertr). Das SMG hat die RücktrVorschr im ganzen neu gefaßt u auch die erst 18 Mo alte Regelg des WiderrR bei VerbrVertr sachl u redaktionell verbessert.

4 **b)** Die Kommentierg **beschränkt** sich auf die geänderten Vorschr: – **aa) Titel 1, Untertitel 1, §§ 311–311 c (**Begründg**).** Die KernVorschr dieses Untertitels, die Regelg des § 311 I, nach der zur Begründg od Änderg eines SchuldVerh grdsl ein Vertr erforderl ist, stimmt wörtl mit § 305 I aF überein. Die Rn 1–10 zu § 305 aF im HauptBd gelten jetzt für § 311 I. Auch die Rn 1–41 v § 305 aF, die jetzt dem § 311 zuzuordnen sind, bedürfen keiner Ergänzg od Änderg. Kommentiert sind dagg die dch das SMG neu eingefügten od geänderten §§ 311 II u III (c. i. c.), 311 a (Leistgshindern bei VertrSchluß), 311 b (Vertr über Grdst, das Vermögen u den Nachl) u aus Grden des SachZushangs auch § 311 c (Erstreckg auf Zubehör).

5 **bb) Titel 2, §§ 320–326** (ggs Vertr**).** Am Begriff des ggs Vertr, seinen GrdStrukturen u an der Einr des nicht erfüllten Vertr hat das SMG nichts geändert. Die Einf 1–17 vor § 320 u die Rn 1–18 zu § 320 aus dem HauptBd gelten daher weiter; an die Stelle der Einf 18 u 19 v § 320 treten aber § 280 Rn 17–20 u § 281 Rn 40 ff. Kommentiert sind die dch das SMG abgeänderten §§ 321 (UnsicherhEinr), 323 (Rücktr wg nicht od nicht vertrgem erbrachter Leistg), 324 (Rücktr wg Verletzg einer Pfl nach § 241 II), 325 (SchadErs u Rücktr) u 326 (Befreig von der GgLeistg u Rücktr beim Ausschluß der LeistgsPfl), ferner aus Grden des SachZushangs § 322.

6 **c)** Für folgde vom SMG nicht geänderte Partien ist weiter die **Kommentierung im Hauptband** maßgebd: – **aa) Titel 1, Untertitel 4, §§ 315–319** (einseit Leistgsbestimmgsrechte), – **bb) Titel 3, §§ 328–335** (Versprechen der Leistg an einen Dr), – **cc) Titel 4, §§ 336–345** (Draufgabe u VertrStrafe). Sie werden im ErgänzgsBd nicht berücksichtigt.

Titel 1. Begründung, Inhalt und Beendigung

Untertitel 1. Begründung

311 ***Rechtsgeschäftliche und rechtsgeschäftsähnliche Schuldverhältnisse.*** **I Zur Begründung eines Schuldverhältnisses durch Rechtsgeschäft sowie zur Änderung des Inhalts eines Schuldverhältnisses ist ein Vertrag zwischen den Beteiligten erforderlich, soweit nicht das Gesetz ein anderes vorschreibt.**

II Ein Schuldverhältnis mit Pflichten nach § 241 Abs. 2 entsteht auch durch

1. die Aufnahme von Vertragsverhandlungen,

2. die Anbahnung eines Vertrags, bei welcher der eine Teil im Hinblick auf eine etwaige rechtsgeschäftliche Beziehung dem anderen Teil die Möglichkeit zur Einwirkung auf seine Rechte, Rechtsgüter und Interessen gewährt oder ihm diese anvertraut, oder ähnliche geschäftliche Kontakte.

III Ein Schuldverhältnis mit Pflichten nach § 241 Abs. 2 kann auch zu Personen entstehen, die nicht selbst Vertragspartei werden sollen. Ein solches Schuldverhältnis entsteht insbesondere, wenn der Dritte in besonderem Maße Vertrauen für sich in Anspruch nimmt und dadurch die Vertragsverhandlungen oder den Vertragsschluss erheblich beeinflusst.

1) Fassung. Das SMG hat § 305 aF sachl u redaktionell unverändert als § 311 I übernommen. Hinzugefügt hat es II u III, die für das bislang ungeschriebene RInstitut der c. i. c. eine RGrdl schaffen sollen. Die Norm hat damit jetzt zwei unterschiedl RegelgsGgst, die wenig miteinander zu tun haben. 1

2) Vertrag. I erklärt, ausgehd vom Grds der Privatautonomie, dass zur rgesch Begründg od Änderg eines SchuldVerh grdsl ein Vertr erforderl ist. Vgl dazu u zu den Arten der SchuldVertr, zu typ u atyp Vertr, zu VertrVerbindgen u gemischten Vertr sowie zu öffrechtl Vertr Einf 6–41 v § 305 aF im HauptBd; zu Ändergs-Vertr vgl § 305 aF Rn 2–10, gleichf im HauptBd. Vgl Übbl 4 v § 311. 2

3) Verschulden bei Vertragsverhandlungen (culpa in contrahendo). – **A) Kodifizierung eines ungeschriebenen Rechtsinstituts.** Eine Reihe von gesetzl Vorschr verpfl zum SchadErs wg Versch währd der VertrVhlgen, ohne dass ein wirks Vertr od der Tatbestd einer unerl Hdlg gegeben zu sein braucht (vgl §§ 122, 179, 307 aF, 309 aF, 663). Aus diesen EinzVorschr haben Rspr u Lehre im Anschluß an eine Veröffentlichg von Jhering (1861) iW der RFortbildg den Grds abgeleitet, dass bereits dch die Aufn von VertrVhlgen od einen diesem gleichzustellden geschäftl Kontakt ein vertragsähnl VertrauensVerh entsteht, das die Partner zur Sorgf von „Schu" verpfl (RG **95**, 58, BGH **6**, 333, **66**, 54). Der Grd für die Haftg wurde mit Ballerstedt (AcP **151**, 507) in „der Gewährg von in Anspr genommenem **Vertrauen**" gesehen (s BGH **60**, 226, NJW **81**, 1035: Haftg für „enttäuschtes" Vertrauen). Die Haftg für c. i. c. war seit langem gewohnheitsrechtl anerkannt (BGH NJW **79**, 1983). Sie hat jetzt in § 311 II u III eine **normative Grundlage.** II u III verzichten darauf, einen alle Einzelh regelnden subsumtionsfäh Tatbestd zu formulieren. Sie bringen sachl ggü dem bisher als Richter- od GewohnhR angewandten RGrds keine Ändergen: – **a) II** formuliert drei **Tatbestände,** in denen ein SchuldVerh mit Pflten nach § 241 II entsteht. Die Regelg entspr dem derzeit Stand der Lehre von der c. i. c. Einzelh s Rn 8–11. – **b) III** stellt klar, dass c. i. c. auch die **Haftung eines Dritten** begründen kann, der selbst nicht VertrPart werden soll. Er führt von den in der Rspr anerkannten Fällen einer DrittHaftg nur einen an, enthält aber keine abschließde Regelg. Einzelh s Rn 52. – **c)** Das **Pflichtenprogramm,** das die VertrAnbahng begründet, wird in II u III E nicht ausdifferenziert od in Fallgruppen konkretisiert. Dch die Bezugn auf § 241 II E wird nur der allg PfltenRahmen der c. i. c. – die Rücks auf die Rechte, RGüter u Interessen des and Teils – in Übereinstimmg mit dem geltden Recht umschrieben. Die Rspr kann u wird daher die von ihr entwickelten RGrds weiter anwenden u sich an bisher anerkannten Fallgruppen orientieren. Einzelh s Rn 25.

(Margin: 3 beside "ungeschriebenen Rechtsinstituts", 4 beside "a) II formuliert", 5 beside "b) III stellt klar", 6 beside "c) Das Pflichtenprogramm")

7 **B) Anwendungsbereich.** Die Grds der c. i. c. gelten für das gesamte **Privatrecht**. Sie finden auch auf öffr Körpersch Anwendg (Jäckle NJW **90**, 2521), u zwar auch dann, wenn für sie ein nicht abschlußberecht Vertreter verhandelt (BGH **6**, 333, **92**, 175) od die erforderl aufsichtsbehördl Gen fehlt (BGH **LM** § 276 (Fc) Nr 4). Bei Vhlgen über einen GrdstKauf zur Abwendg der Enteigng richtet sich die Haftg nach c. i. c. u nicht nach § 839 (BGH NJW **81**, 976). Die Gem kann bei privr VertrVhlgen aus c. i. c. haften, wenn sie den and Teil nicht auf öffr Bedenken gg das geplante Bauvorhaben hinweist (BGH **LM** § 276 (Fa) Nr 71) od die Absicht einer Umplang verschweigt (BGH WM **91**, 1733). Der SozVersTräger kann aus einem auf seine Veranlassg abgegebenen unricht SchuldAnerkenntn wg c. i. c. keine Rechte herleiten (Stgt NJW **82**, 2608). Die Grds der c. i. c. sind auch im **öffentlichen Recht** anwendb (BGH **71**, 392, **76**, 349, BVerwG DÖV **74**, 133), so etwa bei Vhlgen über einen ErschließgsVertr (BGH VersR **90**, 271), aber auch im BeamtenR (Battis ZBR **71**, 300). Für Anspr aus öffr c. i. c. ist, soweit ein SachZushang mit § 839 besteht, der ordentl RWeg gegeben (BGH **76**, 348, NJW **86**, 1109, str, aA OVG Weimar NJW **02**, 386).

8 **C) Voraussetzungen, II. – a) Aufnahme von Vertragsverhandlungen, II Nr 1.** Das „RVerh der VertrVhlgen" (Stoll) entsteht mit dem Beginn der Vhlgen. Es genügen einseit Maßn eines VertrTeils, die den and zu einem VertrSchl veranlassen sollen (BGH **LM** § 276 (Fa) Nr 3, Soergel/Wiedemann Rn 244 v § 275). Auch irreführde WerbeMaßn u vor allem unricht Prospekte können daher eine Haftg wg c. i. c. begründen.
9 (Rn 22). – **b) Anbahnung eines Vertrages, II Nr 2.** Ein SchuldVerh mit Pflten nach § 241 II entsteht bereits vor der Aufn von VertrVhlgen, wenn eine Part der and zur Vorbereitg eines VertrSchlusses die Möglichk zur Einwirkg auf ihre RGüter u Interessen gewährt od ihr diese anvertraut. II Nr 2 erfaßt vor allem die Fälle, in der ein potentieller Kunde das GeschLokal (Büro) eines Untern aufsucht. Der Schutz beginnt mit Erreichen des Eingangsbereichs der Verkaufsräume (s BGH NJW **62**, 32, VersR **68**, 993). Er setzt voraus, dass der Kunde die Räume zur Anbahng geschäftl Kontakte betritt (BGH **66**, 51/54, Köln VRS **87**, 164, str), u erstreckt sich in entspr Anwendg von § 328 auch auf BegleitPers (BGH aaO, § 328 Rn 15). Die Voraussetzgen von II Nr 2 sind auch erfüllt, wenn der Untern die vor VertrSchl in Obhut genommene Sache des Kunden beschädigt (BGH NJW **77**, 376), wenn der Kaufinteressent den Pkw währd der Probefahrt beschädigt (BGH NJW **72**, 1363, zur Haftgsminderg s § 254 Rn 72) od wenn der Kunde einen Ladendiebstahl begeht
10 (Soergel/Wiedemann Einf 175 v § 275, BGH **75**, 231 läßt offen). – **c) Ähnliche geschäftliche Kontakte.** II Nr 2 letzter Halbs stellt klar, dass auch Kontakte, die nicht auf den Abschl eines Vertr abzielen, eine Haftg wg c. i. c. begründen können. Im WettbewR begründet eine rechtmäß Abmahng (s BGH NJW **95**, 715) eine Sonderverbindg, innerhalb der für c. i. c. gehaftet wird (Selke WRP **99**, 286). Wird eine Sache von mehreren gemeins verkauft, ohne dass zw ihnen ein bes RVerh besteht, haften sie einand nach den Grds der c. i. c. (BGH NJW **80**, 2464). Auch in GefälligkVerh wird nach den Grds der c. i. c. gehaftet (Einl 10 v § 241). Nicht ausr
11 ist aber ein bloßer sozialer Kontakt (*arg* geschäftl). – **d) Beendet** wird das vorvertragl SchuldVerh mit dem Abbruch der Vhlgen (des geschäftl Kontakts) od mit dem Abschluß des Vertr. Grdl für die Pflten nach § 241 II ist nach VertrSchluß nicht mehr das RVerh der VertrAnbahng, sond der Vertr (§ 241 Rn 7). Bereits
12 entstandene SchadErsAnspr aus c. i. c. bleiben aber bestehen. – **e) Parteien** des SchuldVerh sind grdsl die Partner des in Aussicht genommenen Vertr. Berecht können in entspr Anwendg des § 328 uU auch Dr sein (BGH **66**, 51/54, § 328 Rn 15). Ausnw können Dr auch Verpflichtete sein (Rn 52). Die Verpfl aus c. i. c. erfordert GeschFgk, nicht aber die Berechtigg (BGH NJW **73**, 1791, Canaris NJW **64**, 1987).

13 **f) Pflichtverletzung.** Der Schu muß eine Pfl aus dem SchuldVerh der VertrAnbahng verletzt haben. § 311 II (u III) regeln nur, *wodurch u wann* zw den Part ein gesetzl SchuldVerh zustande kommt. Dass zum HaftgsTatbestd auch eine PflVerletzg gehört, ergibt sich aus § 280 I, der als GrdTatbestd des LStörgsR § 311 II u III ergänzt u die die Haftg begründde Norm ist (§ 280 Rn 8). AnsprGrdl ist § 280 I iVm § 311 II (od III). Aus dem vorvertragl SchuldVerh erwachsen keine primären LeistgsPflten, sond nur die in § 241 II angesprochenen Pfl zur Rücks auf die Rechte, RGüter u Interessen des and Teils (VerhaltensPfl). Sie können sich vor allem auf Aufkl, Ausk, Obhut od Fürsorge richten. Inh u Umfang des PfltenProgramms hängt jeweils davon ab, inwieweit dch den vorvertragl Kontakt ein VertrauensVerh entstanden ist. Einzelh s bei den Fallgruppen Rn 25.

14 **g) Vertretenmüssen.** Der Schu muß die PflVerletzg zu vertreten haben. Der HaftgsMaßst ergibt sich aus § 276. Bestehen für das angebahnte RVerh gesetzl Haftgsmildergen (zB §§ 521, 690), gelten diese auch für die Haftg aus c. i. c. (str, s Gerhardt JuS **70**, 597). Sie sind aber nicht anzuwenden, wenn SchutzPflten verletzt worden sind, die nicht im ZusHang mit dem VertrGgst stehen (BGH **93**, 27). Neben eig Verschulden hat der Schu gem § 278 auch das seiner **Erfüllungsgehilfen** zu vertreten (BGH **72**, 97, **104**, 397). Er muß für alle Pers einstehen, denen er sich bei der VertrAnbahng bedient; eine Wissenszurechng kann auch für HilfsPers erfolgen, die währd der Vhlg anwesd sind, ohne in diese einzugreifen (BGH NJW **90**, 1662). Nimmt der VhlgsGeh als Fachmann in bes Weise Vertrauen in Anspr, muß sich der Schu dessen Versch zurechnen lassen, auch wenn er selbst kein Fachmann ist (BGH **114**, 272). Schließt ein VhlgsGeh ohne od in Überschreitg seiner Vertretgsmacht einen Vertr, haftet der Vertretene aus c. i. c. auf das Vertrauensinteresse; die Vertreterordng hat insoweit keinen Vorrang, da sie nur das ErfInteresse betrifft (BGH **92**, 175, NJW **95**, 3390); ausgeschlossen sind aber Anspr auf das positive Interesse (BGH NJW-RR **92**, 1436). § 278 bezieht sich auch im Anwendgsbereich der c. i. c. auf den gesamten PfltenKreis des GeschHerrn (§ 278 Rn 13 ff), dh auf ein sorgfält Verhalten währd der Anbahng u des Abschl des Vertr. § 278 ist daher anzuwenden, wenn der Vertreter den and Teil argl täuscht (BGH NJW **74**, 1505); wenn er das vom and Teil zu unterschreibde Formular schuldh unricht ausfüllt (BGH NJW **72**, 822, Nürnb VersR **82**, 361); wenn er einen irreführden Prospekt verwendet (BGH **84**, 143). Die Bank muß sich beim AbzahlgsGesch das Verhalten des für sie tät Verkäufers anrechnen lassen (BGH **33**, 312, **47**, 230), der LeasingG das des Herstellers od Händlers (BGH **95**, 179, § 278 Rn 33). Der VhlgsGeh kann bei seinem rechtsw Verhalten den GeschHerrn als gutgl Werkzeug benutzen (BGH VersR **89**, 466: VersBetrug). Der Makler ist aber idR nicht VhlgsGeh, sond Dritter (Kblz NJW-RR **93**, 180). Der GeschHerr haftet auch nicht für Pers, die ohne sein Wissen u gg seinen Willen handeln (BGH
15 NJW **58**, 57, WM **69**, 524). – **h) Beweislast.** Es gilt § 280 I 2; vgl dazu § 280 Rn 34 ff. **Abdingbarkeit.** Die Haftg kann dch IndVereinbg bis zur Grenze der §§ 134, 138 abbedungen werden. Für AGB gelten die Grenzen der §§ 307 II Nr 2 u 309 Nr 7 (s dort).

D) Verhältnis zu anderen Vorschriften. – a) Anfechtung. §§ 119 u 123 schließen die Haftg für c. i. c. nicht aus. Trifft den Erklärden, der seine Erkl gem § 119 anficht, ein Verschulden, tritt neben die SchadErsPfl aus § 122 eine Haftg wg c. i. c. (Soergel/Wiedemann Einf 151 v § 275). Auch iF einer argl Täuschg od widerrechtl Drohg besteht neben dem AnfR ein Anspr wg c. i. c. (BGH NJW **79**, 1983, **LM** § 123 Nr 47 Bl 2). Das bei irreführden **Werbeangaben** nach § 13 a UWG bestehde RücktrR läßt die Rechte aus c. i. c. gleichf unberührt (Medicus JuS **88**, 6, 7, Köhler JZ **89**, 270). Aus § 123 ergibt sich nicht, dass der Eintritt nachteil RFolgen für den Täuschden auf den Fall der *Argl* beschränkt ist. Der **fahrlässig Getäuschte** kann wg c. i. c. iVm § 249 S 1 die Rückgängigmachg des Vertr verlangen (BGH NJW **62**, 1196, **93**, 2107, **98**, 302, stRspr, str, s Fleischer AcP **200**, 91/93). Voraussetzg ist jedoch, dass dem Getäuschten ein Vermögensschaden entstanden ist (BGH NJW **98**, 302, 899, aA Lorenz ZIP **98**, 1053, Wiedemann JZ **98**, 1176, Grigoleit NJW **98**, 808, Fleischer AcP **200**, 91: bereits der Eingriff in die persönl Entscheidgsfreih begründet den Anspr auf VertrAufhebg). Ein Schaden liegt vor, wenn die rechnerische GgüStellg der Vor- u Nachteile des Vertr ein Überwiegen der Nachteile ergibt (BGH aaO, Vorbem 19 v § 249). Der Anspr aus c. i. c. ist nicht an die Fr des § 124 gebunden (BGH NJW **62**, 1196, **84**, 2814, **97**, 254, § 124 Rn 1), unterliegt aber der Verj gem §§ 195, 199 (Rn 48). 16

b) Mängelhaftung. – aa) Kaufvertrag. Ein pflw Verhalten des Verkäufers, inbes eine unricht Information, die sich auf die Beschaffenh des KaufGgst bezieht, begründet keinen Anspr aus c. i. c., da das KaufR, wie insbes die §§ 437 u 438 zeigen, insoweit eine abschließde Regelg enthalten (ebso zu den §§ 459 aF ff: BGH **60**, 319, **88**, 314, **114**, 266, stRspr). Bei der Abgrenzg hat die Rspr bisher darauf abgestellt, ob es sich um eine *zusichergsfäh* Eigensch handelt; bestand ZusichergsFgk war c. i. c. auch ausgeschlossen, wenn im Einzelfall keine Zusicherg erfolgt war (BGH **114**, 266, NJW **92**, 2564). Nach der Reform des KaufR ist entscheidd, ob es sich um ein Merkmal der KaufSache handelt, das zum Ggst einer BeschaffenhVereinbg (§ 434) hätte gemacht werden können (dort Rn xxx). Die Sonderregelg der §§ 434–441 gilt allerdings erst ab Gefahrübergang (*arg* § 434). Vorher gilt das allg LStörgsR u damit auch die Haftg aus § 280 I iVm § 311 II. Die Rspr zum bisher Recht hat den Vorrang der Mängelhaftg in drei Fallgruppen zurücktreten lassen u eine Konkurrenz von Anspr aus Sachmängelhaftg u c. i. c. angenommen; diese Rspr bedarf einer Korrektur. 17
(1) Vorsatz. Hat der Verkäufer vorsätzl gehandelt, steht dem Käufer gem §§ 437 Nr 3, 281 I 3 ein Anspr auf „kleinen" od „großen" SchadErs zu. Ihm unabhäng von den Voraussetzgen dieser Vorschr einen Anspr auf Rückgängigmachg des Vertr zu geben, läßt sich schwerl rechtfertigen. Die konkurrierde Anwendg der c. i. c. kann auch kaum auf die Erwägg gestützt werden, sie verschaffe dem Käufer neben dem SchadErsAnspr statt der Leistg einen Anspr auf Ers des negativen Interesses. Das SMG hat den Vorschlag der SchuldRKommission (Abschlußbericht S 172), dem Gläub eines SchadErsAnspr statt der Leistg zugl wahlweise einen Anspr auf Ers des negativen Interesses einzuräumen, nicht übernommen. Überzeugde Grde, die Entscheidg des SMG beim Anspr aus §§ 437 Nr 3, 281 I 3 zu korrigieren, sind nicht ersichtl. Die zum bisher Recht vertretene Ansicht, bei Vorsatz konkurriere die Haftg für c. i. c. mit der für Sachmängel (BGH NJW **92**, 2565, **95**, 2160, KG NJW-RR **98**, 1132), sollte daher aufgegeben werden. **(2) Rechtsmängel.** Die Sonderregelg der §§ 434–441 gilt jetzt in gleicher Weise für Sach- u RMängel. Abweichd von der bisher Rspr (zuletzt BGH NJW **01**, 2875) führt diese Regelg auch bei RMängeln zu einem Ausschluß der Haftg für c. i. c. Die letztl entscheidde Erwägg des BGH, für RMängel gebe es keine systemat geschlossene SonderRegelg (aaO unter 2 b bb), trifft nicht mehr zu. **(3) Beratungspflichten.** Hat der Verkäufer BeratgsPflten übernommen, tritt die Haftg für c. i. c. (VertrVerletzg) wie bisher neben den etwaigen kaufvertragl Anspr (BGH **88**, 135, NJW **97**, 3228). BeratgsPflten kommen insbes bei Vertr über EDV-Anlagen in Betracht (BGH NJW **84**, 2938, Köln NJW **94**, 1355, Dresd NJW-RR **98**, 1352, Zahrnt NJW **01**, 3746); sie können aber auch in and Fällen zu bejahen sein (Thamm/Pilger BB **94**, 729), so bei Verkauf eines Haartonikums (BGH **64**, 46), eines Klebers (BGH **88**, 135), eines Pflanzenschutzmittels (BGH WM **77**, 1027), eines Fertighauses (LG Bln NJW-RR **97**, 852), eines Selbstbausatzes für eine Heizgsanlage (Nürnbg NJW-RR **01**, 1558), wenn bei einem auf Steuerersparnis angelegten Immobilienkauf ein „persönl Berechngsbeispiel" erstellt w (BGH NJW **99**, 638) od wenn der Verkäufer den Käufer veranlaßt, statt des bestellten Artikels einen and zu kaufen (Düss NJW-RR **96**, 498). – 18 19 20
bb) Mietvertrag, Werkvertrag. Die Mängelhaftg beim Miet- u WkVertr schließt nach den in Rn 17 ff dargestellten Grds gleichf die Haftg für c. i. c. aus, u zwar beim MietVertr ab Überlassg der Sache, beim WkVertr ab Gefahrübergang. Vgl zum MietVertr BGH NJW **80**, 777, zum WkVertr BGH DB **76**, 985, Vorbem 21 v § 633. Die Ausn für Vorsatz (BGH NJW **97**, 2813) sollte auch hier aufgegeben werden. 21

c) Prospekthaftung. Für den „grauen" Kapitalmarkt hat die Rspr neben der dch SpezialG geregelten ProspektHaftg eine auf dem Gedanken der Vertrauenshaftg beruhde Haftg für die Vollständigk u Richtigk von Prospekten entwickelt. Sie knüpft nicht an persönl, sond typisiertes Vertrauen an u unterscheidet sich dadch von der Haftg für c. i. c. Neben der eigentl besteht auch eine uneigentl Prospekthaftg. Sie ist ein Anwendgsfall der c. i. c.; wer beim Vertrieb von Kapitalanlagen persönl Vertrauen in Anspr genommen u sich pflw verhalten hat, ist nach § 280 I iVm § 311 II schaderspfl. Einzelh s § 280 Rn 54 ff. – **d) GWB 97 ff.** Werden Auftr nach GWB 97 ff vergeben, hat der nicht berücksichtigte Bieter bei der Verletzg von VergabeGrds nach GWB 126 einen Anspr auf Ers des Vertrauensschadens. Neben GWB 126 gelten die Grds der c. i. c.. Einzelh s Rn 31 ff. – **e)** Aus **dauernder Geschäftsverbindung,** dch die sich ein VertrauensVerh herausgebildet hat, kann sich eine Haftg nach VertrGrds ergeben (BGH **13**, 199, **49**, 168, § 280 Rn 8). Die Haftg ist ein Parallelfall, kein Unterfall der Haftg für c. i. c., AnsprGrdl ist allein § 280 I. Ein entspr Parallelfall ist die Haftg aus der **Nachwirkung** eines Vertr (§ 280 Rn 7). 22 23 24

E) Fallgruppen. – a) Körper- und Eigentumsschäden. Bereits währd der VertrAnbahng besteht die Pfl, sich so zu verhalten, dass Körper, Leben, Eigt u sonst RGüter des and Teils nicht verletzt w (§ 242 Rn 35). Die Verletzg dieser **Schutzpflicht**, die sich jetzt auch aus § 241 II ergibt, begründet neben konkurrierden delikt Anspr einen SchadErsAnspr aus c. i. c., s RG **78**, 239 (Linoleumrolle), BGH **66**, 54 (Gemüseblatt), BGH NJW **62**, 32 (Bananenschale), BGH BB **86**, 1185 (Fußbodenbelag). Zum Beginn des Schutzes, zur Einbeziehg von Dr u zu ähnl Fällen s Rn 9. 25

b) Abbruch der Vertragsverhandlungen. Die Part sind bis zum endgült VertrSchl in ihren Entschließgen grdsl frei, u zwar auch dann, wenn der and Teil in Erwartg des Vertr bereits Aufwendgen gemacht hat 26

(BGH NJW **67**, 2199, **75**, 43, **96**, 1885, NJW-RR **01**, 381, Dresd ZIP **01**, 604, stRspr). Eine ErsPfl besteht nur, wenn eine Part die Vhlgen ohne triftigen Grd abbricht, nachdem sie in zurechenb Weise **Vertrauen auf das Zustandekommen** des Vertr erweckt hat (BGH **71**, 395, **76**, 349, NJW **75**, 1774); sie beschränkt sich auf die nach der Entstehg des VertrauensTatbestd gemachten Aufwendgen (Dresd aaO). Da noch keine vertragl Bindg besteht, sind an das Vorliegen eines triftigen Grdes keine zu hohen Anfordergen zu stellen (Soergel/Wiedemann Einf 22 v § 275). Das günstigere Angebot eines and Interessenten kann ausr sein, ebso die Verschlechterg der Absatzchancen für RGW-Produkte (BGH DB **96**, 777). Sachfremde Erwäggen können dagg den Abbruch der Vhlgen nicht rechtfertigen (BGH **76**, 351, Fdg einer überhöhten Sicherh). Hins der
27 Schaffg des VertrauensTatbestdes ist zu unterscheiden: – **aa) Verschulden bei den Verhandlungen.** Wer Vertrauen auf das Zustandekommen des Vertr erweckt, obwohl dem VertrSchl ein dem and Teil unbekanntes u verschwiegenes Hindern entggsteht od entggstehen könnte, haftet wg c. i. c. (BGH **71**, 396, NJW **75**, 44). Beispiele sind: fehlde Vertretgsmacht des Verhandelnden (s BGH **6**, 333, BAG NJW **63**, 1843); GenBedürftigk des Vertr (BGH **LM** § 276 (Fc) Nr 4); Bedenken gg die Dchführbark (BGH **71**, 397); Bedenken wg einer EinstellgsVoraussetzg (BAG DB **74**, 2060); innerbetriebl Schwierigk (BGH NJW **84**, 867); fehlder od zweifelh AbschlWille (BGH **LM** § 313 Nr 80 Bl 5; NJW **75**, 44). Bei einem **formbedürftigen** Vertr besteht nach neuerer Rspr ein SchadErsAnspr aber nur bei einem schweren Verstoß gg die Pfl zum redl Verhalten; erforderl ist idR ein vorsätzl Verstoß (BGH NJW **96**, 1884, Kblz NJW-RR **97**, 974, Ffm MDR **98**, 957, krit Kaiser JZ
28 **97**, 448). – **bb) Vertrauenshaftung.** Aus c. i. c. ist auch derjenige haftb, der ohne Verschulden bei der VhlgsFührg Vertrauen auf das Zustandekommen des Vertr erweckt u anschließd ohne trift Grd den VertrSchl verweigert (BGH **71**, 395, NJW **75**, 1774, **LM** § 276 (Fa) Nr 28, grdlegd, Weber AcP **192**, 402). Das gilt jedoch nicht für Vertr, die kr Ges formbedürft sind (BGH NJW **75**, 44, DNotZ **83**, 623, Hamm NJW-RR **91**, 1043, Kblz MDR **97**, 811, alle zu § 313; Stgt DB **89**, 1817, Müller DB **97**, 1905 zu GmbHG 15). Erforderl ist außerdem ein qualifizierter Vertrauenstatbestd. Er ist gegeben, wenn der Abbrechde den VertrSchl als sicher hingestellt hat (BGH NJW **70**, 1840, NJW-RR **89**, 627, Düss ZMR **00**, 23); wenn er den and Teil zu Vorleistgen veranlaßt hat (BGH **92**, 176, NJW **61**, 169, **LM** (Fa) Nr 3); wenn die Part mit der Dchführg des Vertr begonnen haben (BGH **6**, 334, **LM** § 276 (Fa) Nr 11); wenn die Gen zu einer Abtr od VertrÜber-
29 tragg als sicher in Aussicht gestellt worden ist (BGH WM **68**, 531, **84**, 205). – **cc) Einschränkungen.** Die Bindg an den VertrauensTatbestd beschränkt sich auf eine angem Fr (BGH NJW **70**, 1840). Zu ersetzen sind ledigl Aufwendgen, die nach Lage des Falles vertretb waren, § 254 (BGH **LM** § 276 (Fc) Nr 4; WM **76**, 923). Macht der Verbr von seinem WiderrufsR nach § 312 od einer entspr Vorschr Gebrauch, so ist das keine c. i. c. (BGH **131**, 1).

30 **c)** Für **Verzögerungen** bei der VertrAnn od Ablehng wird idR nicht gehaftet (BGH NJW **66**, 1407). And kann es liegen, wenn der VhlgsPart dch beruhigde Erkl von einem anderweit VertrSchl abgehalten w (BGH NJW **84**, 867, Grunewald JZ **84**, 709). Auch der Versicherer darf die formularmäß festgelegte AnnFr grdsl voll ausnutzen (BGH NJW **66**, 1407, Kblz VersR **77**, 320, Hamm VersR **78**, 1014). Er muß aber aufklären, wenn sich der and Teil über die Länge der AnnFr u der Bearbeitgsdauer erkennb irrt (BGH VersR **75**, 1093, Rn 47). Verletzt der ArbG seine Pfl zum **Abschluß eines unbefristeten Arbeitsvertrages,** muß er sich behandeln lassen, wie wenn ein unbefristeter Vertr zustande gekommen wäre (BAG DB **95**, 2374).

31 **d) Öffentliche Ausschreibung. – aa) Vergabe nach GWB 97 ff.** Für die Vergabe von Auftr öffentl AuftrG, die den Schwellenwert überschreiten (VgV 2), gelten GWB 97 ff u die neugefaßte VgV v 9. 1. 01 – BGBl I 110 – (Kraus BauR **00**, 1545, Höfler/Bert NJW **00**, 3310, Berrisch/Nehl DB **01**, 184, Gröning WRP **01**, 1). Die in GWB 107 vorgesehene Anrufg der Vergabekammer ist nicht mehr zul, wenn das VergabeVerf dch wirks Erteilg des Auftr abgeschlossen ist (BGH NJW **01**, 1492). Bei Verletzg von VergabeGrds hat jeder Untern, der ohne den RVerstoß eine echte Chance gehabt hätte, den Auftr zu erhalten, nach GWB 126 einen Anspr auf Ers des negativen Interesses (Byok NJW **98**, 2778, Gröning ZIP **99**, 52, Jebens DB **99**, 1741). Für den Anspr auf Ers des positiven Interesses gelten dagg weiter die Grds der Rn 32. –
32 **bb) Haftung wegen c. i. c.** Öffentl Ausschreibgen begründen unabhäng von der Regelg im GWB ein verträhnl VertrauensVerh, das zur ggs Rücksnahme u Loyalität verpfl (BGH **49**, 79, **60**, 223, NJW **00**, 661). Der Ausschreibde kann zum SchadErs verpflichtet sein, wenn er unter Überschreitg seines Beurteilgsspielraums einen and Bewerber aus unsachl Grden bevorzugt (BGH NJW **85**, 1466, Düss NJW-RR **90**, 1046), wenn er bei einer Ausschreibg nach der VOB/A od VOL/A deren Vorschr nicht einhält u dadch das berecht Vertrauen des Bieters enttäuscht (BGH **120**, 281/284, **124**, 64, **139**, 273, NJW **98**, 3640), wenn er die Ausschreibg zu Unrecht aufhebt od nicht über Ändergen der Ausschreibg informiert (BGH **139**, 259, NJW **81**, 1673, **00**, 661, **01**, 3698), wenn er in der Ausschreibg nicht darauf hinweist, dass das Projekt finanziell nicht gesichert ist (Düss NJW **77**, 1064) od er einen Bewerber rechtsw vom Wettbew ausschließt (BGH NJW **83**, 442). Bei Mängeln od Aufhebg der Ausschreibg steht dem Bieter ein Anspr auf Ers des negativen Interesses zu, der das „annehmbarste“ Angebot abgegeben hat (BGH NJW **98**, 3636), aber auch dem, der bei ordngsmäß Aufkl auf eine Teiln verzichtet hätte (BGH NJW **81**, 1673). In Erweiterg dieser Rspr sollte analog GWB 126 allen Bietern ein Anspr auf das negative Interesse zugebilligt w, die ohne den RVerstoß eine echte Chance gehabt hätten, den Auftr zu erhalten. Ein SchadErsAnspr auf das positive Interesse besteht dagg nur, wenn der ausgeschriebene Auftr tatsächl erteilt worden ist (BGH NJW **98**, 3636) u der Bewerber nachweist, dass er bei ordngsmäß Abwicklg den Auftr erhalten hätte (BGH **120**, 284) od hätte erhalten müssen (Düss BauR **89**, 198, Feber BauR **89**, 553).

33 **e) Unwirksame Verträge oder Vertragsbedingungen.** Beruht die Unwirksamk auf einem WirksamkHindern, das aus der **Sphäre** einer Part stammt, kann diese wg Verursachg der Unwirksamk od wg mangelnder Aufkl über das WirksamkHindern aus c. i. c. schadersatzpfl sein. Fälle: Dissens wg schuldh unklarer AusdrWeise (RG **104**, 267, Weinsteinsäurefall). Fehlen einer devisenrechtl Gen (BGH **18**, 252). VertrSchl dch einen nicht vertretgsberecht Vhlgsführer (BGH **6**, 333, **92**, 175). VertrSchluß einer Gem ohne Hinw auf die GenBedürftigk des Vertr (BGH **142**, 51, Einf 5 a v § 164). Verwendg von sittenw od gg die §§ 307 ff verstoßde VertrBdggen (BGH **99**, 106, NJW **84**, 2816, **87**, 640, Köln NJW-RR **95**, 1333, KG MDR **98**, 760, Dresd OLG-NL **01**, 267, Hamm NJW-RR **02**, 129). Vgl auch §§ 122, 179. Ist der Vertr trotz des LeistgsHindern wirks, braucht der Schu aber wg § 275 nicht zu leisten, gilt die **Sonderregelung des**

§ 311 a, die § 311 II u III verdrängt (§ 311 a Rn 13). Handelt es sich um ein **allgemeines** WirksamkHindern, das nicht dem Verantwortgsbereich einer Part zuzuordnen ist, bestehen grdsl keine Anspr wg c. i. c. (s BGH **116**, 257, Hamm NJW-RR **94**, 245, Ffm NJW-RR **97**, 172). Die Wirksamk des Vertr sicherzustellen, ist ein Gebot des eig Interesses, aber keine RPfl ggü dem and Teil. And ist es nur, wenn eine Part der and aus Ges, Vertr od vorangegangenem Tun Betreuung od zumindest Aufkl schuldet.

f) Rückgängigmachung inhaltlich nachteiliger Verträge. – aa) Allgemeines. Bei wirks, aber inhaltl 34
nachteil Vertr können Anspr aus c. i. c. bestehen, wenn der Vertr dch eine pflw Einwirkg auf die Willensbildg des Geschädigten zustande gekommen ist. IdR geht es darum, dass der Schädiger dem Geschädigten unricht od unvollständ **Informationen** gegeben hat. Eine c. i. c. liegt aber auch vor, wenn **Schmiergelder** an einen VhlgsGeh des and Teils gezahlt worden sind u diese Zahlg verschwiegen wird (BGH NJW **01**, 1492). Unricht tats Informationen sind auch dann c. i. c., wenn keine OffenbargsPfl bestand (BGH NJW-RR **97**, 144). Das Verschw von Tats begründet dagg nur dann eine Haftg, wenn der and Teil nach Treu u Glauben unter Berücksichtigg der VerkAnschauung redlicherw **Aufklärung** erwarten durfte (s dazu grdsl § 123 Rn 5). Trotz § 123 kann auch der nur **fahrlässig Getäuschte** wg c. i. c. iVm § 249 S 1 die Rückgängigmachg des Vertr verlangen (Rn 16). Das Recht auf Rückabwicklg des Vertr kann sich auch daraus ergeben, dass der Vertr dch **Überrumpelung** zustande gekommen ist (Bambg NJW-RR **97**, 694).

bb) Kaufvertrag. Unricht Informationen über die **Beschaffenheit des Kaufgegenstandes** begründen 35
keinen Anspr aus c. i. c., da die §§ 434–441 insoweit eine abschließde Sonderregelg enthalten (Rn 17, dort auch zu Ausn). Nur bei unricht Informationen über **andere wertbildende Merkmale,** die nicht zum Ggst einer BeschaffenhVereinbg gemacht werden können, kommt eine Haftg wg c. i. c. in Betracht. Zur Abgrenzg s § 434 Rn 10. Bei den nachfolgd referierten Fällen aus der bisher Rspr kann eine Überprüfg nach den Kriterien des neuen § 434 dazu führen, dass Anspr aus c. i. c. ausgeschlosen sind, obwohl sie nach bisher
Recht gegeben waren (ja = Anspr aus c. i. c., nein = kein Anspr aus c. i. c.). **Unternehmen und Beteiligun-** 36
gen. Falsche Angaben über den Gewinn od Umsatz, ja (BGH NJW **77**, 1538, NJW-RR **89**, 307). Vorlage einer falschen Bilanz, ja (BGH NJW **91**, 1224), aber Frage des Einzelfalles (Hbg ZIP **94**, 945). Falsche Information über GesellschSchulden, ja (BGH NJW **80**, 2408). Verschweigen einer erhebl Steuerschuld, ja (Naumbg NJW-RR **95**, 799). Verschweigen der desolaten wirtschaftl Situation der Gesellsch, ja (BGH NJW **01**, 2163). Verschw eines unmittelb vor VertrSchl eingetretenen Umsatzrückgangs um 40%, ja (BGH NJW-RR **96**, 429). Verschw der charakterl Unzuverlässigk eines leitden Angestellten, uU ja (BGH NJW **91**, 1223). Verschw, dass ein Dr die weitere Produktion aGrd seines PatentR verbieten lassen kann, ja (Stengel/Scholderer NJW **94**, 161). Verschw, dass der Eheg ein KonkurrenzUntern eröffnen will, auch beim Verkauf mit einem
WettbewVerbot, nein (BGH NJW **87**, 909). – **Grundstücke.** Falsche Angaben über Einnahmen u Ausg des 37
Grdst, Verschw einer Sozialbindg, ja (BGH NJW **98**, 898). Falsche od unvollständ Angaben über Steuervorteile, ja (BGH **114**, 266, NJW-RR **88**, 348, Köln NJW-RR **94**, 144), wg des Vorrangs der §§ 434 ff aber nein, soweit es um objektgebundene Voraussetzgen des steuerl Vorteils geht (BGH NJW **99**, 683); über die GrdErwerbssteuerFreih, ja (Karlsr **80**, 226), mißverständl Information über die Bezahlg der Erschließgskosten, ja (BGH NJW-RR **94**, 77). Unricht Zusicherg, Zinsen u Tilgg würden dch Mieteinnahmen u Steuerersparn ausgeglichen, ja (BGH NJW **98**, 302), aber keine Pfl, ungefragt über die monatl Belastgen der verkauften EigtWo zu informieren (BGH NJW **01**, 2021). Verschw einer behördl Umbauauflage, ja (BGH NJW **89**, 1794), einer geplanten öffr Nutzgsbeschränkg, ja (BGH **LM** § 276 (Fb) Nr 10), eines Baustopps, der wg eines NachbarschStreits angeordnet worden ist, ja (Ffm MDR **98**, 41). Verschw, dass auf dem NachbarGrdst Unterkünfte für Asylbewerber errichtet w sollen, nein (Karlsr NJW **91**, 2494). Verschw eines jahrelangen schikanösen Verhaltens des Nachbarn, ja (BGH NJW **91**, 1673). Verschw der tiefgreifden Zerstrittenh der WoEigt bei Verkauf einer EigtWo, ja (Düss NJW **97**, 1079). Täuschg über Bauabsichten des Nachbarn, ja (BGH NJW **93**, 1324). NichtAufkl über Risiken bei der in Aussicht genommenen Vermietg, uU ja (BGH NJW-RR **88**, 3). NichtAufkl über die Unkündbark einer Hyp, wenn es dem Käufer erkennb auf deren Ablösg
ankommt, ja (BGH WM **71**, 1096). – **Maschinen, Kraftfahrzeuge, andere Gegenstände.** Falsche, die 38
geplante Aufstellg der Maschine verhindernde Maßangaben, ja (BGH NJW **62**, 1196). Verschw, dass die Maschine in den vom Verkäufer vermittelten Räumen wg entggstehder UnfallverhütgsVorschr nicht betrieben w darf, ja (BGH NJW **85**, 1771). Nichtaufklärg des geschäftl erfahrenen Käufers, dass die zu einem „Sondernettopreis" angebotene Maschine ein älteres Modell ist, nein (BGH **96**, 312). NichtAufkl über einen bevorstehden Modellwechsel od techn Verbessergen, grdsl nein (Feudner BB **89**, 788). NichtAufkl beim Kauf eines parallel-importierten Kfz, dass die VertrHändler die Dchführg von GewLArb verweigern, ja, jetzt aber wohl nein (EuGH EuZW **93**, 743, Brüsselbach JuS **95**, 21). Unricht Zusicherg, für den verkauften Pkw bestehe VersSchutz, ja (BGH NJW-RR **89**, 211). Unricht Information, die Umsatzsteuer für die verkaufte Segelyacht sei bereits im Ausl gezahlt worden, ja (BGH **111**, 80). Nichtaufklärg des unerfahrenen Erwerbers über die
Risiken des AutomatenaufstellGesch, ja (Hamm MDR **63**, 48, Ffm NJW **64**, 257). **Weitere Fälle.** Keine 39
Abgrenzgsprobleme zu den §§ 434 ff bestehen, wenn sich die Verletzg der AufklPfl auf Umst bezieht, die in **keinem Zusammenhang** mit der Beschaffenh der Kaufsache stehen. Beim Kreditkauf haftet der Käufer wg c. i. c., wenn er seine erhebl wirtschaftl Schwierigk verschweigt (BGH **87**, 31, NJW **83**, 677). Hat der Käufer, der seinen Pkw in Zahlg gibt, erkennb zu hohe Vorstellgen über den Anrechngspreis (DAT-Schätzpreis), muß der Verkäufer aufklären (Ffm MDR **82**, 847). Haben die Part vereinb, dass der Großhandelspreis berechnet w soll, ist die Vereinbg eines höheren Preises eine c. i. c. (BGH **80**, 84). Der Verkäufer haftet wg c. i. c., wenn er Diamanten „als Kapitalanlage" zu einem Preis verkauft, der um 100% über den Juweliereinkaufspreis liegt (LG Darmstadt NJW-RR **97**, 1277) od wenn er beim Verkauf von Sondermünzen unricht über die zu erwartde PrEntwicklg informiert (BGH NJW **00**, 1254). Bei einem Kalkulationsfehler besteht ein Anspr aus c. i. c. grdsl nur, wenn der and Teil den Fehler erkannt hat; Erkennenkönnen genügt nicht (BGH NJW **80**, 180, Hundertmark BB **82**, 16).

cc) Zu **Börsentermingeschäften, Warenterminoptionen** u ähnl RisikoGesch s § 764 Rn 8 ff. 40

dd) Werkverträge: Sow sich das Versch auf Sach-od RMängel bezieht, werden Anspr aus c. i. c. dch die 41
§§ 633 ff verdrängt (Rn 21). Der Architekt muß den erkennb nicht informierten AuftrG uU auf das Entstehen od die Höhe einer VergütgsPfl hinweisen (Stgt NJW **89**, 2402, für eine Beschränkg auf eng

begrenzte AusnFälle Köln NJW-RR **94**, 340). Er handelt pflw, wenn er die entstehden Kosten mit ca 119 TDM statt richtig mit 417 TDM angibt (Rstk OLG-NL **95**, 145). Wer sich fälschl als Architekt ausgibt, kann wg c. i. c. kein Honorar verlangen (Köln BauR **80**, 372). Der Baubetreuer muß den Kunden über Belastgen richtig u vollständ aufklären (BGH NJW **74**, 851). Der BauUntern darf eine den Preis erhöhde Provisionsabrede nicht verschweigen (BGH **114**, 90). Er haftet aber nicht für Rechenfehler, wenn der AuftrG das Angebot nach VOB/A 23 rechnerisch zu prüfen hat (BGH **60**, 225). Umgekehrt hat der BauUntern keinen ErsAnspr, wenn der AuftrG die für die PrErmittlg maßgebden Umst erkennb lückenh angegeben hat (BGH NJW **66**, 498, NJW-RR **88**, 785). Zur Haftg für fehlerh Ausschreibgen s Rn 32. Die Reparaturwerkstatt muß den AuftrG darüber informieren, dass sich die Reparatur nicht lohnt (Hamm NJW-RR **92**, 1329), aber auch darüber, dass sie den Auftr gg einen Aufschlag von 10% an fremden Untern vergibt (Köln OLGZ **74**, 383). Beim AnzeigenVertr muß der Untern darauf hinweisen, dass es im Einzugsgebiet des AuftrG nur etwa 40 Abonnenten gibt (LG Hann NJW-RR **99**, 53). Erweckt die Post den Eindruck, bei der vorgeschlagenen Versendgsart bestehe umfassder VersSchutz, darf sie sich nicht auf die in ihren AGB vorgesehenen Haftgsbeschränkgen berufen (AG Hbg NJW-RR **01**, 774).

42 **ee) Kreditverträge, Bürgschaften.** Der Kreditvermittler, der ein erfolgsunabhäng Entgelt verlangt, muß darauf hinweisen, dass ihm noch nie eine Kreditvermittlg gelungen ist (BGH ZIP **98**, 1753). Zu den SorgfPflten des KreditG vgl § 280 Rn 60 ff. Nach der Rspr obliegen dem Gläub ggü dem Bü (Schuldmitübernehmer) grdsl keine SorgfPflten. Er braucht die LeistgsFgk des Bü nicht zu prüfen u diesen nicht über die mit der Bürgsch verbundenen Risiken aufzuklären (BGH NJW **94**, 2148, **96**, 1206), u zwar auch dann nicht, wenn der Bü das mit der Bürgsch verbundene Risiko erkennb zu gering veranschlagt (BGH NJW **88**, 3206). Auch ggü dem ausl Bü soll grdsl keine AufklPfl bestehen (BGH NJW **97**, 3230). Nur wenn der Gläub einen Irrt über den Umfang des übernommenen Risikos veranlaßt hat, ist eine Haftg aus c. i. c. bejaht worden (BGH NJW-RR **87**, 1291, **91**, 170). Sie greift auch dann ein, wenn der Bü, der die Bestellg einer GrdSch abgelehnt hat, nicht darauf hingewiesen wird, dass auch die Bürgsch einen Zugriff auf das Grdst ermöglicht (BGH ZIP **99**, 1345). Verbürgt sich der Onkel für die Nichte, kann der Gläub davon ausgehen, dass der Bü die Verhältn der HauptSchu (OffenbargseidsVers) kennt (Kblz BB **97**, 648). Ob der Bü auf den noch nicht gesicherten Verdacht hinweisen muß, der HauptSchu könne ein Straftäter sein, ist Frage des Einzelfalles (Bambg WM **00**, 1583). Die dch die BürgschÜbern **einkommensloser Angehöriger** entstandenen Probleme hätten sich dch eine konsequente Anwendg der Grds der c. i. c. rascher u einfacher lösen lassen als dch einen Rekurs auf § 138 (dort Rn 37 ff). Es spricht alles dafür, dass die SorgfPflten der Banken ggü Bü (Schuldmitübernehmern) nicht hinter denen zurückbleiben dürfen, die die Rspr für das Verhältn zu Kapitalanlegern entwickelt hat (§ 280 Rn 48 ff u § 764 Rn 11 ff). Die in der Sache begründete Fdg, der KreditG müsse einkommenslose Angeh vor Übern der Bürgsch über die drohden Risiken (rasches Ansteigen der Schuld dch Kosten u Zinsen, Wertverlust der dingl Sicherh in der ZwVollstr, lebenslanger Schuldturm) eindringl u unmißverständl belehren (Groeschke BB **94**, 727, 1313, Grün NJW **94**, 2937, Hommelhoff VerbrSchutz im dtschen u europäischen PrivR, 1996, S 24, hier bis 60. Aufl) hat sich aber nicht dchgesetzt.

43 **ff) Gesellschaftsverträge:** Die Gründer u Initiatoren einer PublikumsKG haften für schuldh falsche Prospektangaben (§ 280 Rn 54 ff). Die Gründer einer nicht eingetragenen GmbH haften, wenn ihr GeschF neue Gter über wesentl Umst täuscht (BGH **15**, 205). AG-Gründer kann ggü den Mitgründern schadenspflicht sein, wenn er dch sein Verhalten die Gründg gefährdet (BGH MDR **61**, 832). Zu den bei der Anbahng von PersGesellsch bestehden InformationsPflten vgl Fleischer NZG **00**, 561.

44 **gg) Miete, Pacht, Franchising.** Hier werden ebso wie beim KaufVertr (Rn 17) Anspr aus c. i. c. ab Überlassg der Mietsache dch die Vorschr über die Mängelhaftg verdrängt (BGH NJW **80**, 777, Rn 21). Der Vermieter muß den Mieter über alle Umst aufklären, die für dessen Entschluß, den Vertr abzuschließen, erkennb von Bedeutg sind. Das gilt etwa für die Höhe von Nebenkosten (AG Rendsbg NJW-RR **88**, 398), eine für den Vertr od die geplanten baul Ändergen erforderl Zust des Eigtümers (BGH **LM** § 276 (Fa) Nr 22 u 14), bei der Vermietg einer Halle für eine geplante Konkurrenzveranstaltg (BGH VersR **71**, 155). Bei Miete eines Pkws nach einem VerkUnfall muß der gewerbl Vermieter darauf hinweisen, dass der angebotene **Unfalltarif** über den Sätzen liegt, die von den HaftPflVersicherern übernommen w (Karlsr VersR **93**, 229, Mü VRS **87**, 321, Stgt NZV **99**, 169, AG Ffm NJW-RR **99**, 708, AG Düss NJW-RR **01**, 133, aA Körber NZV **00**, 68, s auch § 249 Rn 14); er muß zugl über seine weiteren günstigeren Tarife informieren (Kblz NJW-RR **92**, 820). Veranlaßt der Vermieter, dass anstelle des nicht vertrauenswürd Fahrers ein and den MietVertr unterschreibt, muß er diesen umfassd über die ihn treffden Haftgsrisiken belehren (Saarbr NJW-RR **01**, 993). Beim Franchising muß der FranchiseG den FranchiseN richtig u vollständ über die Rentabilität des Systems informieren (Mü NJW **94**, 667, Böhner NJW **94**, 635, Braun NJW **95**, 504, Flohr WiB **96**, 1137).

45 **hh) Makler** darf die Unterzeichng eines AlleinAuftr nicht als bloße Formsache hinstellen (BGH NJW **69**, 1625). Er muß den bereits anderweit gebundenen VertrPartner über die rechtl Auswirkgen des AlleinAuftr aufklären (Celle NdsRpfl **63**, 277). Er darf keine unwirks AGB verwenden (Hamm NJW-RR **02**, 129) u nicht die Voraussetzgen für den Baubeginn bejahen, wenn weder Bebauungsplan noch BauGen vorliegen (Köln NJW **72**, 1813).

46 **ii) Dienst- und Arbeitsverträge:** Der Personalberater muß bei Abschluß eines BeratgsVertr auf seine Mitgliedsch in der Scientology-Sekte hinweisen (Stgt NJW **99**, 3641). Ein Institut, das EDV-Programmierer ausbildet, muß Interessenten eingehd über Anfordergen u Berufsaussichten informieren (Stgt MDR **71**, 216). Dagg hat eine Sprachschule ggü einem berufserfahrenen Vollj mit mittlerer Reife keine entspr AufklPfl (Nürnbg BB **72**, 61). ArbN braucht Fragen nach Vorstrafen, die das ArbVerh nicht berühren, nicht wahrhgem zu beantworten, er darf aber nicht verschweigen, wg Krankh arbunfäh zu sein (§ 123 Rn 6). ArbG muß wirtschaftl Bedrängn offenbaren, wenn diese den LohnAnspr gefährdet (BAG NJW **75**, 708) od zur vorzeit Beendigg eines AusbildgsVerh führen kann (BAG DB **77**, 1323). Beim Abschluß eines AufhebgsVertr braucht der ArbG nicht ungefragt zu offenbaren, dass ein Sozialplan vorbereitet w (BAG NJW **97**, 3043).

kk) Der **Versicherer** braucht den VersN grdsl nicht ungefragt über den genauen Umfang des VersSchutzes aufzuklären, falls nicht die Vorstellgen des VersN erkennb unricht sind (BGH NJW **63**, 1979, Ffm VersR **87**, 579). Er braucht nicht ow auf einz AusschlBest hinzuweisen (BGH aaO). Er haftet aber aus c. i. c., wenn er die AufklPften aus VAG 10a nicht erfüllt (Dörner NJW **96**, 157), wenn der Vertr entgg dem Wunsch des VersN nach umfassder Sichg wesentl Risiken nicht abdeckt (Hamm VersR **84**, 853, Nürnbg NJW-RR **94**, 1515), wenn schuldh der unricht Anschein erweckt worden ist, es bestehe *sofort* (BGH VersR **78**, 458) od für ein in Wahrh *nicht abgedecktes Risiko* (Hamm NJW-RR **01**, 239) VersSchutz, wenn der Agent, der das Ausfüllen des AntrFormulars übernommen hat, dies falsch od unvollständ ausfüllt (Hamm VersR **91**, 914), wenn er über die steuerl Behandlg der Prämie unricht Angaben macht (Hamm VersR **88**, 623), wenn er bei Abschluß einer RentenVers nicht darauf hinweist, dass bei einem Tod währd der Garantiezeit der Rest des Kapitals verfällt (Oldenbg VersR **98**, 220). Der Versicherer haftet auch dann aus c. i. c., wenn der VersN zum Abschluß einer Kranken- u PflegetagegeldVers bestimmt wird, obwohl die Bdggen seiner gesetzl Vers günstiger sind (Hamm VersR **00**, 441). Täuscht der VersN fahrl über gefahrerhebl Umst, gelten die VVG 16f, die Grds über c. i. c. sind unanwendb (BGH NJW **84**, 2815). 47

F) Rechtsfolgen. Der Geschädigte kann gem § 249 verlangen, so gestellt zu werden, wie er ohne das schädigde Verhalten des and Teils gestanden hätte (BGH NJW **81**, 1673). Trifft den Geschädigten ein MitVersch, gilt § 254; die Sonderregelgen der §§ 122 II u 179 III sind nicht anzuwenden (RG **151**, 360, BGH DB **67**, 1085, WM **87**, 136, BAG **14**, 211). Für die **Verjährung** gelten §§ 195, 199 (relative Fr von 3 Jahren, absolute Fr von 10 Jahren, bei PersSchäden von 30 Jahren). Die VerjFr für Anspr aus c. i. c. ist damit immer noch länger als die der §§ 438, 634a. Den fr bestehden krassen Unterschied (im Extremfall 30 Jahre zu 6 Mo) hat das SMG aber gemildert. Die Neigg, Anspr, die der Sache nach MängelAnspr sind, der c. i. c. zuzuordnen, wird dadch hoffentl reduziert. 48

a) Vertrauensschaden. Er ist idR zu ersetzen (BGH **114**, 87/94, NJW **01**, 2875, Vorbem 17 v § 249), ist aber and als iF der §§ 122 u 179 der Höhe nach nicht auf das ErfInteresse beschränkt (BGH **57**, 193, **69**, 56). Der Schaden kann in der Aufwendg von RA-Kosten bestehen. Ist inf des pflw Verhaltens des and Teils ein Vertr zustande gekommen, hat der Geschädigte Anspr auf Rückgängigmachg des Vertr (BGH NJW **62**, 1196, Rn 16), nicht aber auf Ers des Gewinns, den er sich aus der DchFührg des Vertr erhofft hatte (Mü OLGZ **83**, 463). Ein Schaden ist auch dann zu bejahen, wenn die GgLeistg zwar werthalt ist, aber eine ganz and als die vom Getäuschten gewollte (BGH **115**, 222, Nürnbg NJW-RR **94**, 1515). Hätte der Geschädigte ohne das schuldh Verhalten des Gegners einen Vertr mit einem and geschlossen, gehört zum negativen Interesse auch der aus diesem Vertr entgangene Gewinn (BGH NJW **88**, 2236). Obergrenze seines Anspr ist der entgangene Gewinn aus dem nicht erteilten Auftr (BGH NJW **83**, 444). – **b)** Das **Erfüllungsinteresse** ist zu ersetzen, 50
wenn der Vertrag ohne die c. i. c. mit dem Schädiger zu günstigeren Bdggen zustande gekommen wäre (BGH **108**, 200, NJW **98**, 2900). Haftet eine öffrechtl Körpersch für einen wg Verletzg der ZuständigkVorschr unwirks Vertr, schließt der Vorrang der VertretgsOrdng einen SchadErsAnspr auf das ErfInteresse aus (BGH NJW-RR **01**, 1524). Ist ein GrdstKaufVertr wg Versch des Verkäufers formnichtig, kann Käufer als SchadErs den Kaufpreis eines gleichwert Grdst verlangen (BGH NJW **65**, 813). Es besteht aber kein Anspr auf Naturalrestitution, dh auf VertrSchl u Lieferg des Grdst (BGH WM **68**, 1402); für Ers des Vertrauensschadens BGH DB **88**, 223; für einen SchadErsAnspr auf Geld aus § 826 Jena NJW-RR **99**, 1687. 49

c) Vertragsanpassung. Ist der Vertr inf der c. i. c. zu ungünstigen Bdggen zustande gekommen (Rn 34), hält der Geschädigte aber gleichwohl am Vertr fest, gibt ihm die Rspr einen Anspr auf VertrAnpassg. Er kann Herabsetzg seiner Leistg auf das angem Maß u Rückzahlg des Mehrbetrages fordern (BGH NJW **01**, 2875). Das gilt für den UnternKäufer, dem eine unricht Bilanz vorgelegt od falsche Umsatzzahlen genannt worden sind (BGH **69**, 56, NJW-RR **89**, 307), den GrdstKäufer, dem eine ihn benachteiligde Provisionsabrede, Geruchsbelästiggen, Lagenachteile od Bauabsichten des Nachbarn verschwiegen worden sind (BGH **114**, 94, NJW-RR **88**, 10, **89**, 151, NJW **93**, 1324) od in dem der Irrt hervorgerufen worden ist, die Erschließgskosten seien im wesentl bezahlt (BGH NJW-RR **94**, 77), den Käufer einer Motoryacht, dem fälschl erklärt worden ist, die EinfuhrUSt sei bezahlt (BGH **111**, 83), den Käufer einer Ladeneinrichtg, der wg einer unricht Standortanalyse zu aufwendig gekauft hat (BGH NJW **94**, 664), den „Käufer" von DarlVertr, dem zwei ungesicherte Vertr mitverkauft worden sind (BGH NJW **99**, 2032). Mehraufwendgen, die der Käufer inf des pflw Verhaltens gemacht hat, sind zu ersetzen (BGH NJW-RR **91**, 600). Die VertrAnpassg setzt aber voraus, dass das Gleichgewicht von Leistg u GgLeistg gestört ist od der Geschädigte Mehraufwendgen für den Erwerb des Obj machen muß (s BGH **111**, 83). Falsche Informationen über steuerl Abschreibgsmöglichk od HypZinsen begründen keinen Anspr auf VertrAnpassg (aA Kblz WM **93**, 1241). Hätte der Geschädigte bei pflgem Aufklärg einen DarlVertr u einen GrdstKaufVertr nicht abgeschlossen, müssen bei der Schadensermittlg auch die vermögensmäß Auswirkgen des GrdErwerbs mitberücksichtigt w (BGH NJW **91**, 1881). Der Geschädigte wird damit so behandelt, als wäre es ihm bei Kenntn der wahren Sachlage gelungen, den Vertr zu günstigeren Bdggen abzuschließen, obwohl feststeht od doch wahrscheinl ist, dass sich der andere Teil auf diese Bdggen nicht eingelassen hätte; im Ergebn wird für eine fahrläss falsche Information eine ErfHaftg begründet. Die Konstruktion eines solchen SchadErsAnspr, der auch iF einer delikt Haftg bestehen soll (BGH NJW-RR **92**, 255), ist mit dem SchadErsR des BGB nicht zu vereinbaren (Tiedtke WM **93**, 1231, S. Lorenz NJW **99**, 1001). Viel näher liegt auch eine analoge Anwendg des § 441 (Minderg). 51

G) Haftung Dritter, III. – a) Allgemeines. Die Haftg aus c. i. c. trifft grdsl allein die Part des angebahnten Vertr; Vertreter u VhlgsGeh können idR nur aus Delikt in Anspr genommen w (BGH **56**, 83, **88**, 68). Nach den von der Rspr entwickelten Grds ist der Vertreter od VhlgsGeh aber ausnw persönl aus c. i. c. haftb, wenn er am VertrSchl ein unmittelb eig wirtschaftl Interesse hat od wenn er ein bes persönl Vertrauen in Anspr genommen u hierdch die VertrVhlgen od den VertrSchluß erhebl beeinflußt hat (BGH **14**, 318, **88**, 68, NJW **90**, 1907, stRspr). An das Vorliegen dieser Voraussetzgen stellt die neuere Rspr des BGH strenge Anfordergen (s BGH NJW-RR **91**, 1242, 1313, **92**, 605). III knüpft bei seinem Kodifiziergsversuch an diese von der Rspr entwickelten Grds an. Zwar führt er von den Tatbestd, die eine DrHaftg begründen, nur einen an. Das ist aber unschädl, denn III ist nach seinem Wortlaut u seiner Entstehgsgeschichte keine abschließde Regelg. Es bleibt daher bei den bisher von der Rspr angewandten Grds. 52

53 **b) Eigenes wirtschaftliches Interesse.** Die Eigenhaftg tritt nur ein, wenn der Vertreter, wirtschaftl betrachtet, gleichsam in eig Sache tät wird; er muß als QuasiPart („procurator in rem suam"), als wirtschaftl Herr des Gesch od eigentl wirtschaftl Interessenträger anzusehen sein (BGH **56**, 84, NJW **86**, 587, NJW-RR **91**, 1242, **92**, 605). Das kann anzunehmen sein, wenn ein Eheg das Gesch des and wie ein eig führt (BGH **14**, 318, **LM** § 278 Nr 49), wenn der Gebrauchtwagenhändler den in Zahlg genommenen Pkw des Kunden in dessen Namen verkauft (Rn 58) od wenn er die Leistg des and Teils für sich verwenden will (BGH NJW **86**, 587). Ein bloß mittelbares Interesse, etwa die Aussicht auf eine Provision od ein Entgelt genügt nicht (BGH NJW **90**, 506, NJW-RR **91**, 1242, **92**, 605), ebsowenig das allg Interesse des GeschFü od des Gters am Erfolg der Gesellsch (Rn 57) od eine Mithaftg des Vertreters für die Schulden des Vertretenen (BGH NJW **94**,
54 2221). Aus c. i. c. **haften** daher grdsl **nicht:** der Angestellte (BGH **88**, 67, Hamm BB **99**, 1679), der Handlgsbevollmächtigte (BGH NJW-RR **88**, 328), der VersAgent (BGH NJW-RR **91**, 1242), der Bezirksleiter einer LottoGesellsch (Celle NJW-RR **86**, 833), der Vermittler (BGH NJW-RR **88**, 366), das Reisebüro (LG Ffm NJW-RR **99**, 1145), der Eheg (BGH NJW **87**, 2512), der Autor, dessen Werk gedruckt w soll (BGH NJW-RR **89**, 111), der StimmRVertreter (BGH **129**, 170).

55 **c) Besonderes persönliches Vertrauen.** Der Verhandelnde haftet, wenn er in bes Maße persönl Vertrauen in Anspr genommen u dadch die Vhlg beeinflußt hat (BGH **56**, 84, NJW **87**, 2512). Voraussetzg ist jedoch, dass er eine über das normale VhlgsVertrauen hinausgehde persönl Gewähr für die Seriosität u die Erf des Vertr übernommen hat (BGH **88**, 69, NJW-RR **91**, 1242, 1314, Celle NJW-RR **94**, 615). Das kann bei Vhlgen mit einem Verwandten (BGH **87**, 33) od dem Partner einer nichtehel LebensGemeinsch (BGH NJW-RR **91**, 290) zu bejahen sein, aber auch, wenn der Verhandelnde erklärt, er „verbürge" sich für die Seriosität des Gesch (Hamm WM **93**, 241). Für das erforderl qualifizierte Vertrauen sind dagg idR nicht ausreichd: Der Hinweis auf eine bes eig Sachkunde (BGH NJW **90**, 506, Köln VersR **98**, 606), private Kontakte od eine langjähr GeschBeziehg (BGH NJW-RR **92**, 605), das Auftreten als Wortführer (BGH ZIP **93**, 363), die Stellg als Anlageberater der Bank (Brschw ZIP **93**, 1458), das Auftreten als ausgewiesener Fachmann (BGH ZIP **93**, 1787). Ein die Eigenhaftg begründder od mitbegründder Umstand kann die berufl Stellg des Verhandelnden, seine Funktion od seine Stellg als **Sachwalter** sein. Die Voraussetzgen für eine Eigenhaftg können daher vorliegen beim UnternSanierer (BGH NJW **90**, 1907), Eigtümer, dessen Kohlevorräte ausgebeutet w sollen (BGH NJW-RR **86**, 1478), KfzHändler, der sich zur Sichg seines KaufPrAnspr unter Vorspiegelg falscher Tats maßgebd an den Vhlgen über den Weiterverkauf beteiligt (BGH NJW **97**, 1233, krit Schautes/Mallmann JuS **99**, 537), Generalkonsul, der für einen ausl Staat auftritt (Hbg MDR **67**, 491), Versichergsmakler (BGH **94**, 359, Düss NJW-RR **98**, 395), Kunstauktionator (Düss OLGZ **78**, 317), Urheber einer PatronatsErkl (Düss NJW-RR **89**, 1118), Vermittler von Warenterminoptionen (BGH **80**, 82, NJW **87**, 641) od von Time-Sharing-Vertr (Köln NJW-RR **95**, 1333, **97**, 308, aA Düss NJW-RR **98**, 196). Wie ein Sachwalter haftet wohl auch der Generalmanager eines sittenw Unternehmensspiels (Schneeballsystem), soweit er Geschädigte
56 zur Teilnahme bestimmt hat (AG Nürtingen NJW-RR **96**, 40). Dagg kommt eine **Eigenhaftung** idR **nicht** in Betracht bei dem in Rn 54 angeführten PersKreis (BGH **88**, 69, NJW-RR **88**, 328, **91**, 1242), beim InsVerw (BGH **100**, 352, NJW-RR **90**, 96), Sequester (BGH **105**, 234), Mitgl des GläubAusschusses (BGH **LM** (Fa) Nr 68), Betreuer (BGH NJW **95**, 1213) u bei dem von einer Part hinzugezogenen RAnw (BGH NJW **89**, 294) od Architekten (Kblz VersR **92**, 1099). **Sonderfälle** sind die Haftg des Gebrauchtwagenhändlers (Rn 58) u die Prospekthaftg der Gründer, Initiatoren Trhänder einer PublikumsKG od eines Bauherrenmodells u die Garanten ihres Prospekts (Rn 23).

57 **d) GmbH-Geschäftsführer, Gesellschafter.** Das allg Interesse des GeschFü od Gters am Erfolg seines Untern begründet keine Eigenhaftg (BGH **126**, 183, NJW **90**, 389, **95**, 1544, Köln BB **97**, 112, stRspr, überholt BGH **87**, 34). Tritt der GeschFü od Gter für die Gesellsch auf, nimmt er idR nur normales VhlgsVertrauen in Anspr (BGH **126**, 183); auch wenn er den VhlgsPartner dch positiv täuschdes Verhalten schädigt, haftet er daher idR nicht aus c. i. c. (BGH NJW-RR **91**, 1314). Eine Eigenhaftg kommt aber in Betracht, wenn seine Erkl als ein selbstd GarantieVerspr aufgefaßt werden kann (BGH NJW-RR **01**, 1611). Dagg reicht es nicht aus, dass er als Bürge od mit einer GrdSch für die Gesellsch haftet u dch den Vertr das Risiko einer persönl Inanspruchnahme verringern will (BGH **126**, 181, ZIP **95**, 31, Geißler ZIP **97**, 2186, gg die fr Rspr, zuletzt BGH NJW **88**, 2235). Sie wird auch nicht dadch begründet, dass die GgAnspr gg den Gläub an den GeschFü (Gter) zur Sichg abgetreten worden sind (BGH NJW **95**, 1544).

58 **e)** Der **Kraftfahrzeughändler,** der ein in Zahlg genommenes Kfz im Namen des Kunden verkauft, haftet als Sachwalter u „Quasi-Verkäufer" für c. i. c. persönl (BGH **63**, 382, **79**, 286, **87**, 304, NJW **80**, 2185, Müller BB **90**, 2136). UU haftet er auch unmittelb nach den Vorschr des VerbrKaufs (§§ 474 ff, insbes §§ 475, 476), wenn der VertrSchl im Namen des Kunden ein UmgehgsGesch ist (§ 475 Rn 6). Die SachwalterHaftg des Händlers tritt ggf neben die der Part (BGH **63**, 388, NJW **77**, 1914, Köln NJW-RR **90**, 1144). Sie ist ausgeschl, sow die Sachmängelhaftg wirks abbedungen ist; der HaftgsAusschl ist aber analog § 444 bei Argl nichtig (BGH **63**, 388, NJW **79**, 1707). Der Händler muß prüfen, ob die Marken- u Typenbezeichngen zutreffen (BGH NJW **83**, 217). Er ist auch dann zur Untersuchg verpfl, wenn UnfallFreih zugesichert w (Düss VersR **93**, 1027) od die Angaben des Verkäufers Anlaß zu Bedenken geben (Ffm NJW-RR **92**, 186). Der Erwerber darf unabhäng von den Umst des Einzelfalls grdsl davon ausgehen, dass der Händler den Pkw untersucht hat; ist das nicht geschehen, muß der Händler dies offenbaren (Hbg NJW-RR **92**, 1399, Köln NJW-RR **97**, 1214). Der Händler haftet für das Fehlen von zugesicherten Eigensch (BGH **87**, 305), für das Verschweigen wesentl Mängel (§ 123 Rn 7) u ins Blaue hinein abgegebene obj unricht Erkl (Köln NJW-RR **93**, 1138, § 123 Rn 11). Der SichgG, der beim Verkauf formell im Namen des SichgN handelt, haftet als QuasiVerkäufer gleichf persönl aus c. i. c. (Karlsr OLGZ **79**, 431).

311 a

Leistungshindernis bei Vertragsschluss. **[I] Der Wirksamkeit eines Vertrags steht es nicht entgegen, dass der Schuldner nach § 275 Abs. 1 bis 3 nicht zu leisten braucht und das Leistungshindernis schon bei Vertragsschluss vorliegt.**

II Der Gläubiger kann nach seiner Wahl Schadensersatz statt der Leistung oder Ersatz seiner Aufwendungen in dem in § 284 bestimmten Umfang verlangen. Dies gilt nicht, wenn der Schuldner das Leistungshindernis bei Vertragsschluss nicht kannte und seine Unkenntnis auch nicht zu vertreten hat. § 281 Abs. 1 Satz 2 und 3 und Abs. 5 findet entsprechende Anwendung.

1) Allgemeines. – a) Fassung. § 311 a ist eine Neuschöpfung des SMG. Er ersetzt die §§ 306–309 aF. – 1
b) Bedeutung. Die Regelg des § 306 aF, dass anfängl Unmöglichk der Leistg zur Nichtigk des Vertr führt, 2
war, wie Rabel schon 1907 (FS Bekker S 171 ff) nachgewiesen hat, eine gesetzgeber Fehlleistg. Sie wurde dch einschränkde Auslegg immer weiter eingeengt. Die Neuregelg, nach der der Vertr trotz anfängl Leistgshindern wirks ist, erfüllt eine alte ReformFdg u entspr Art 4:102 Principles of European Contract Law (ZEuP **00**, 675) u Art 3.3 UNIDROIT Prinzipien (ZEuP **97**, 890). Neu ist auch die SchadErsRegelg in II. Die Garantiehaftg des Schu für anfängl Unvermögen, die die hM aus § 306 aF herleitete, wird aufgegeben; der Haftg wird das unter GerechtigkGesichtspkten überlegene Verschuldensprinzip zugrde gelegt. Entscheidd ist, ob der Schu das Leistgshindern bei VertrSchluß kannte od seine Unkenntn zu vertreten hat. Es spielt keine Rolle mehr, ob die verkaufte Sache 10 Minuten vor VertrSchl (nach altem Recht: Garantiehaftg) od 10 Minuten nach diesem Ztpkt (nach altem Recht: keine Haftg) entwendet worden ist.

2) Anwendungsbereich. – a) Verträge. § 311 a gilt für alle Vertr, die eine LeistgsPfl begründen. Kauf-, 3
Wk- u MietVertr sind wirks, auch wenn der KaufGgst, das herzustelldе Wk od die Mietsache an einem nicht zu behebden Mangel leidet. Für die SchadErsPfl gilt bis zur Übergabe (Abnahme, Überlassg) § 311 a II (Vorbem 16 ff vor § 275). Danach ist § 311 a II auf Kauf- u WkVertr aGrd der Verweisg in §§ 437 Nr 3 u 634 Nr 4 anzuwenden, währd § 311 a II bei MietVertr dch § 536 a verdrängt wird. Für **Vermächtnisse** enthält der neugefaßte § 2171 eine Sonderregelg. Gesetzl SchuldVerh, die auf eine von Anfang an unmögl Leistg gerichtet sind, kennt das BGB nicht. – **b) Anfängliche Leistungshindernisse.** Es muß sich um ein Leistgs- 4
hindern handeln, das den Schu nach § 275 von seiner LeistgsPfl befreit. Gleichgült ist, welcher der drei Tatbestd des § 275 vorliegt (Einzelh s bei § 275). Vorübergehde Leistgshindern führen nur zur Anwendg des § 311 a I, wenn sie nach den Kriterien des § 275 Rn 10 ff einem dauernden Leistghindern gleichstehen. Das Leistgshindern muß schon **bei Vertragsschluß** vorgelegen haben. Bei einem rückdatierten Vertr ist der Ztpkt des tats Abschl entscheidd (Karlsr SJZ **49**, 412). Wird bei einem bedingten od befristeten Vertr die Leistg nach VertrSchl aber vor BdggsEintritt od Fälligk unmögl, ist nachträgl Unmöglichk gegeben. Ist für die Leistg die Gen eines Dritten erforderl, begründet deren Versagg gleichf nachträgl Unmöglichk. Die Unterscheidg zw anfängl u **nachträglicher** Unmöglichk, die bei § 275 keine Rolle mehr spielt (dort Rn 4), hat aber auch bei § 311 a kaum noch prakt Bedeutg. Der Vertr bleibt wirks, wenn der Schu gem § 275 nachträgl von seiner LeistgsPfl frei wird. Und auch die SchadErsPfl des Schu richtet sich bei anfängl u nachträgl Unmöglichk nach im wesentlichen gleichen Kriterien (Rn 6 ff).

c) Wirksamkeit des Vertrages, I. Die Kombination von § 311 a u § 275, nach der der Vertr wirks ist, der 5
Schu aber nicht zu leisten braucht, bedeutet, dass ein Vertr ohne eine wirks primäre LeistgsPfl entsteht, eine zugegebenermaßen ungewöhnl, aber allg anerkannte dogmat Kategorie (Canaris JZ **01**, 506). § 311 a stellt klar, dass anfängl Unmöglichk der Leistg abw vom bisher Recht nicht mehr die Nichtigk des Vertr begründet. Bestehen **andere Wirksamkeitsmängel** – etwa §§ 104, 125, 134 od 138 – ist der Vertr nichtig. Er wird auch dann nichtig, wenn eine der Part ihn wg Irrt (§ 119) od argl Täuschg (§ 123) anficht.

3) Schadensersatzpflicht, II. – a) Vorvertragliche Pflichtverletzung. Die SchadErsPfl nach II knüpft 6
an eine bei Begründg des VertrVerh begangene PflVerletzg an. Dagg erfaßt § 280 I, die GrdNorm des neuen LStörgsR, nur die Verletzg von Pflten aus bereits bestehdеn SchuldVerh. II ist daher eine selbstd, nicht mit § 280 I verknüpfte AnsprGrdl. – **b) Schadensersatz statt der Leistung.** Die SchadErsPfl folgt aus der 7
NichtErf des nach I wirks LeistgsVerspr; der Anspr richtet sich daher dogmat konsequent auf Ersatz des positiven Interesses (Canaris JZ **01**, 507). Für die Bemessg des SchadErsAnspr gelten die § 281 Rn 17 ff entspr. Bei ggs Vertr gilt die abgeschwächte Differentheorie (§ 281 Rn 20). Führt das LeistgsHindern dazu, dass die Leistg nur teilweise od nicht wie geschuldet erbracht werden kann, gelten nach II 2 § 281 I 2 u 3. Vgl dazu § 281 Rn 36 ff u 40 ff. Hat der Gläub, der SchadErs statt der ganzen Leistg verlangen kann, eine quantitativ od qualitativ unvollständ Leistg erhalten, muß er diese nach den Vorschr über den Rücktr zurückgeben (II 2 iVm § 281 V). – **c) Aufwendungsersatz nach § 284.** § 284 ist nur anzuwenden, wenn der Vertr nicht zur 8
Gewinnerzielg, sond zu einem ideelen od konsumptiven Zweck abgeschlossen worden ist; bei Vertr, die erwerbswirtschaftl Zwecken dienen, kann für frustrierte Aufwendgen nur auf der Grdl der Rentabilitätsvermutg iR des SchadErsAnspr statt der Leistg Ersatz verlangt werden (§ 284 Rn 4). Diese Beschränkg des Anwendgsbereichs gilt auch, wenn § 284 aGrd des II anzuwenden ist (str). Die Formulierg, dass dem Gläub ein *WahlR* zw dem Anspr auf SchadErs statt der Leistg u dem Anspr aus § 284 zustehen soll, ist ein Formuliergsversehen des GesGebers. Für Vertr, dch die Gewinn erzielt werden soll, begründet § 284 aber auch dann keinen über die Rentabilitätsvermutg hinausgehden Schutz, wenn man die Vorschr grdsl für anwendb hält. Greift die Rentabilitätsvermutg nicht ein, od ist sie widerlegt, besteht auch nach § 284 kein ErsAnspr, weil der erwerbswirtschaftl Zweck der Aufwendgen auch ohne die PflVerletzg nicht erreicht worden wäre. (§ 284 Rn 8). – **d) Vertretenmüssen.** Die Pfl zum Schadens- od Aufwendgsersatz besteht nur, 9
wenn der Schu das Leistgshindern kannte od seine Unkenntn zu vertreten hat. Für das „Vertretenmüssen" gelten die §§ 276 ff. Welche SorgfAnfordergen zu stellen sind, hängt von den Umst des Einzelfalls ab. Bei Sachen, die bes dem Risiko eines Diebstahls ausgesetzt sind, kann eine Pfl bestehen, sich unmittelb vor dem VertrSchluß noch einmal zu erkundigen. Hat der Schu in die VertrVorbereitg Gehilfen einbezogen, muß er sich deren Kenntn (fahrläss Unkenntn) gem § 278 zurechnen lassen. Hat der Schu eine Garantie gegeben od ein Beschaffgsrisiko übernommen, haftet er nach § 276 Rn 29 ff unabhäng von einem Verschulden. Für eine Garantieübernahme müssen aber konkrete Anhaltspkte vorliegen; die zu § 306 aF vertretene Ansicht, der Schu übernehme dch sein LeistgsVerspr stillschw die Garantie für sein Leistgsvermögen, hat das SMG (mit Recht) aufgegeben. – **e) Beweislast.** Der Gläub muß den VertrSchl u, wenn der Schu seine LeistgsFähigk 10
behauptet, das Leistgshindern beweisen. Der Schu muß beweisen, dass er das Leistgshindern nicht kannte u

11 nicht kennen konnte. Das entspr der BewLVerteilg bei § 280 (dort Rn 34 ff). – **f) Verjährung.** Es gilt die relative Fr von 2 u die absolute Fr von 10 od 30 Jahren (§§ 195, 199).

12 **4) Weitere Rechtsfolgen. – a) Anspruch auf die Gegenleistung.** Er fällt bei ggs Vertr gem § 326 weg (s dort). – **b) Herausgabe des Ersatzes.** Der Gläub hat unter den Voraussetzgen des § 285 Anspr auf Herausg des stellvertretden commodums. Das gilt auch dann, wenn dessen Wert höher ist als der der nicht
13 erbrachten Leistg. – **c) C. i. c.** Schließt der Schu den Vertr ab, obwohl er Zw an seiner LeistgsFähigk hat, haftet er nach II, der die Haftg wg c. i. c. verdrängt. Er hätte sich wg der bestehden Zw noch einmal vergewissern müssen, dass er die Leistg erbringen kann. Nach Feststellg des LeistgsHindern muß der Schu den Gläub unverzügl unterrichten. Geschieht das nicht, haftet er für dem Gläub entstehde Schäden wg c. i. c. auf
14 das negative Interesse. – **d) § 122.** Hat der Schu den Vertr wg Irrt (§ 119) angefochten, muß er dem Gläub nach § 122 den Vertrauensschaden ersetzen. Obwohl es im Anwendgsbereich des § 311 a dchweg darum geht, dass sich der Schu geirrt hat, liegen die Voraussetzgen für eine Anf aber idR nicht vor, da der Irrt des Schu fast immer als MotivIrrt zu qualifizieren ist. Canaris (JZ **01**, 507) will § 122 analog anwenden, wenn der Schu, der nicht nach II haftet, nach § 275 von seiner LeistgsPfl frei wird. Dagg bestehen Bedenken (Anwk/Dauner-Lieb Rn 17). Es ist widersprüchl, dem Schu iF eines MotivIrrt den Schutz des § 119 zu versagen, ihm aber ands die Pflten des § 122 aufzuerlegen. Die Formulierg des II spricht auch dafür, dass der Schu nur haften soll, wenn er das Scheitern des Vertr zu vertreten hat.

311 b *Verträge über Grundstücke, das Vermögen und den Nachlass.*

I Ein Vertrag, durch den sich der eine Teil verpflichtet, das Eigentum an einem Grundstück zu übertragen oder zu erwerben, bedarf der notariellen Beurkundung. Ein ohne Beachtung dieser Form geschlossener Vertrag wird seinem ganzen Inhalt nach gültig, wenn die Auflassung und die Eintragung in das Grundbuch erfolgen.

II Ein Vertrag, durch den sich der eine Teil verpflichtet, sein künftiges Vermögen oder einen Bruchteil seines künftigen Vermögens zu übertragen oder mit einem Nießbrauch zu belasten, ist nichtig.

III Ein Vertrag, durch den sich der eine Teil verpflichtet, sein gegenwärtiges Vermögen oder einen Bruchteil seines gegenwärtigen Vermögens zu übertragen oder mit einem Nießbrauch zu belasten, bedarf der notariellen Beurkundung.

IV Ein Vertrag über den Nachlass eines noch lebenden Dritten ist nichtig. Das gleiche gilt von einem Vertrag über den Pflichtteil oder ein Vermächtnis aus dem Nachlass eines noch lebenden Dritten.

V Absatz 4 gilt nicht für einen Vertrag, der unter künftigen gesetzlichen Erben über den gesetzlichen Erbteil oder den Pflichtteil eines von ihnen geschlossen wird. Ein solcher Vertrag bedarf der notariellen Beurkundung.

1) Allgemeines. Das SMG faßt in § 311 b die §§ 310–313 aF zusammen. § 311 b I entspr dem bisher § 313, § 311 b II dem bisher § 310, § 311 b III dem bisher § 311 u § 311 b IV u V dem bisher § 312. § 311 b hat die bisher Vorschr sachl u redaktionell unverändert übernommen. Inhaltl wird das bisher Recht nicht verändert (BT-Drs 14/6040 S 166). 1

2) **Verpflichtung zur Veräußerung oder zum Erwerb eines Grundstücks, I. – A) Zweck.** Der BeurkZwang soll die Part auf die Bedeutg des Gesch hinweisen u vor dem Eingehen übereilter Verpfl schützen (Warnfunktion); er soll zugl den Beweis der getroffenen Vereinbg sichern (Beweisfunktion), die Gültigk des RGesch gewährleisten (GültigkGewähr) u eine sachgem Beratg der Part (BeurkG 17) sicherstellen (Beratgsfunktion); vgl BGH **87**, 153, NJW **74**, 271. Der Schutz der Part ist aber nur gesetzl Motiv, nicht TatbestdMerkmal; § 313 gilt auch dann, wenn wg bes Umst des Einzelfalles die Part nicht schutzbedürft erscheinen (BGH **16**, 335, **53**, 194, NJW **94**, 3347). 2

B) Grundstück als Vertragsgegenstand. Der Vertr muß sich auf die Übereigng eines *Grdst* beziehen. – 3
a) Grundstück. Dem Grdst stehen gleich MitEigtAnteile (BayObLG DNotZ **99**, 212)), das WohnEigt (WEG 4 III), das ErbbR (ErbbRVO 11) u das SonderEigt an Gebäuden nach ZGB (EG 231 § 5). Die Einräumg od Veräußerg von Wohnbesitz sind formbedürft, da sie eine bedingte Verpfl zur Übertr od zum Erwerb von WohnEigt begründen (Brambring NJW **76**, 1439, Staud/Wufka Rn 22). Nicht formbedürft sind Vertr über GrdstZubehör (s aber Rn 33), ScheinBestandt (§ 95 Rn 1) od wesentl GrdstBestandt (RG Warn **25**, 56). – **b) Fremde, ausländische** Grdst. Gleichgült ist, ob der Vertr ein eig od ein fremdes Grdst betrifft 4
(RG **77**, 131, Mü NJW **84**, 243). Der AusspielVertr ist daher auch dann formbedürft, wenn das als Gewinn ausgesetzte Grdst noch nicht dem Veranstalter gehört (aA Nürnbg OLGZ **66**, 278). I gilt auch für den Vertr über ein ausl Grdst, sofern auf ihn dtsches Recht anwendb ist (BGH **52**, 239, **53**, 194, **73**, 394). Für den im Ausl über ein dtsches Grdst geschl Vertr genügt nach EG 11 I die Einhaltg der Ortsform (RG **121**, 156, BayObLG DNotZ **78**, 58, EG 11 Rn 12). – **c) Gesellschaftsanteile.** Die Verpfl, GesellschAnteile zu über- 5
tragen od zu erwerben, ist formfrei, auch wenn das GesellschVermögen im wesentl aus GrdBes besteht; denn der GrdstErwerb ist nicht VertrGgst, sond ledigl RFolge des AnteilsErwerbs (BGH **86**, 367). Nur iF der GesUmgehg ist I anwendb, so insbes, wenn die Anteilsübertragg bei wirtschaftl Betrachtg auf GrdstÜbereigng gerichtet ist (Ulmer/Löbbe DNotZ **98**, 711). – **d) Anwartschaftsrechte.** Für die Übertragg des An- 6
wartschR des AuflEmpfängers gilt § 925 (BGH **49**, 197). Es ist dem VollR sow angenähert, dass die Verpfl zur Übertragg od zum Erwerb des AnwR vom Normzweck des I miterfaßt w (BGH **83**, 400). Dagg fällt die **Abtretung** des Anspr auf Übereigng eines Grdst nicht unter I, weil sie ein VfgGesch ist, währd I nur für VerpflGesch gilt (BGH **89**, 46, BayObLG NJW **76**, 1895). Auch die Verpfl zur Abtr ist formfrei, da sie die Übertr u den Erwerb eines Anspr u nicht den eines Grdst betrifft (BGH **89**, 45, NJW **94**, 1346). I ist aber anzuwenden, wenn der Vertr für den Zessionar eine ErwerbsVerpfl hins des Grdst begründet (Rn 13). Die Abtr von Anspr auf Rückübertragg von Grdst, Gebäuden u Unternehmen nach dem **VermG** bedarf nebst dem zGrde liegden KausalGesch notarieller Beurk, VermG 3 I 2 (Weimar/Alfes DNotZ **92**, 624).

C) Übertragung oder Erwerb. Der Vertr muß zur *Übertragg* od zum *Erwerb* eines Grdst verpfl. – 7
a) Änderung der Eigentumszuordnung. Auf sie muß der Vertr gerichtet sein (MüKo/Kanzleiter § 313 Rn 17). Die Verpfl zur Belastg eines Grdst ist formfrei (Ausn: ErbbR, ErbbRVO 11, dingl VorkaufsR, Rn 11), ebso der Verz auf ein schuldrechtl WiederkaufsR (BGH DNotZ **88**, 560). Die Verpfl des Nacherben, dem Verkauf eines NachlGrdst zuzustimmen, steht der Begründg einer VeräußergsPfl gleich u ist daher formbedürft (BGH **LM** § 2120 Nr 2/3). Entspr gilt für die Verpfl, den BerichtiggsAnspr auf Wiedereintragg als Eigtümer nicht geltd zu machen (Kblz RzW **52**, 252). I gilt auch dann, wenn die EigtÄnderg nicht dch Aufl, sond dch **Zuschlag** in der ZwVerst erfolgen soll (BGH **85**, 250, NJW-RR **92**, 14). Der ErsteigergsAuftr ist daher wg der für den AuftrG u den Beauftragten begründeten ErwerbsPfl idR formbedürft (BGH aaO), ebso die Ausbietgsgarantie (BGH **110**, 321, Celle NJW-RR **91**, 867, einschränkd Münch DNotZ **91**, 533). –
b) Änderung der Eigentumsform. I erfaßt auch Vereinbgen über die Umwandlg von GesHands- in 8
BruchteilsEigt od AlleinEigt (RG **57**, 432, **129**, 123, Mü DNotZ **71**, 544). Das gilt ebso für die Übertragg des Grdst einer GesHandsGemsch auf eine and (BayObLG **80**, 305), etwa von einer ErbGemsch auf eine persgleiche OHG od GbR (KG DR **40**, 977) od von einer Gesellsch auf eine and persgleiche Gesellsch (RG **136**, 405, KG NJW-RR **87**, 1321), nicht aber für die Umwandlg einer OHG in eine GbR (RG **155**, 186).

c) Gesellschaftsvertrag (Wiesner NJW **84**, 95, Ulmer/Löbbe DNotZ **98**, 733). Er ist formbedürft, wenn 9
sich ein Gesellschter bei Gründg der Gesellsch od späterem Beitritt zur Einbringg eines Grdst verpfl (BGH BB **55**, 203, Kblz NJW-RR **92**, 614), es sei denn, dass das Grdst nur zur Nutzg od nur dem Werte nach eingebracht w soll (BGH WM **67**, 952, Hbg NJW-RR **96**, 803) od eine bloße InnenGesellsch gegründet w (BGH NJW **74**, 2279). Auch hier besteht aber Formzwang, wenn, etwa für den Fall der Auflösg, eine bedingte ÜbereigngsPfl vorgesehen ist (Hamm MDR **84**, 843). Die Gründg einer Gesellsch zum Zweck des GrdstErwerbs ist nicht formbedürft, wenn es sich um eine bloße Zweckangabe handelt (BGH NJW **96**, 1279, **98**, 376), and aber, wenn eine, auch bedingte, ErwerbsPfl begründet w (Schwanecke NJW **84**, 1588). Der Beitritt zu einer PublikumsKG ist formbedürft, wenn damit eine Pfl zum Erwerb einer EigtWo verbunden ist (BGH NJW **78**, 2505). Keiner Form bedarf es in allen Fällen, in denen der EigtÜbergang dch **Anwachsung** (§ 738 I 1) erfolgt, da hier keine rgeschäftl Übertr stattfindet. Formfrei sind daher: die Übertragg von MitglschR an einer GrdstGesellsch, der Eintritt in eine solche Gesellsch u entspr VerpflGesch (BGH **86**, 370, NJW **98**, 376, Rn 5); der Beitritt zu einem geschlossenen Immobilien-Fond (Reinelt NJW **92**, 2054, Schippel Notartag **93**, 27); die Aufg der Mitglsch an einer ErbenGemsch, der Grdst gehören, es sei denn, die Abfindg besteht in einem Grdst (BGH **138**, 8). Auch bei einer zweigliedrigen OHG u GbR kann das GVerm dch Anwachsg formfrei auf den allein verbleibden Gesellschafter übergehen (RG **65**, 240, **136**, 99, BGH **32**, 307/317, NJW **90**, 1171, Staud/Wufka § 313 Rn 119, str). – **d) Negative Verpflichtungen.** Die Verpfl, ein 10
Grdst nicht od nicht an eine best Pers zu veräußern, ist formfrei (BGH **31**, 19, **103**, 238). Entspr gilt für die Verpfl, ein Grdst nicht zu erwerben, etwa in einer ZwVersteigerg kein Gebot abzugeben (Hamm OLGZ **74**, 123, s aber Köln NJW **78**, 47 zu § 138). Ausnweise ist I anzuwenden, wenn die Verpfl die Erf einer formbedürft positiven Verpfl sichern soll (BGH DNotZ **66**, 364, Köln NJW **71**, 1942).

11 **D) Verpflichtung.** Formbedürft ist die *Verpflichtg* zur Übertragg od zum Erwerb eines Grdst. – **a) Bedingte Verpflichtungen, Vorverträge.** Nicht notw ist, dass der Vertr unmittelb auf die Übertr od den Erwerb gerichtet ist. Formbedürft sind auch bedingte Verpfl (BGH **57**, 394, Celle NJW **77**, 52, allgM). Kein Formzwang besteht jedoch bei reinen WillensBdggen (Einf 10 v § 158), da hier eine wirkl Bindg nicht begründet w (str) u auch nicht beim Letter of Intent (Wolf DNotZ **95**, 193). Dagg ist der VorVertr formbedürft (BGH **82**, 398, **97**, 147, NJW **70**, 1915), ebso die Einräumg eines VorkaufsR (RG **72**, 385, **148**, 108, Kblz NJW-RR **96**, 744), die Verpfl zur Bestellg eines dingl VorkaufsR (RG **110**, 333, BGH NJW-RR **91**, 206) u die Begründg eines WiedererwerbsR beim Sale-and-lease-back-Verf (LG Düss WM **89**, 1127). Bei dem gleichf formbedürft **Ankaufsrecht** ist zu unterscheiden (BGH **LM** § 433 Nr 16): – **aa)** Wird ein einseit bindender VorVertr (Einf 19 v § 145) abgeschlossen, ist auch der HauptVertr formbedürft. – **bb)** Wird für den Käufer dch einen aufschiebd bedingten Vertr ein OptionsR begründet (Einf 23 v § 145), ist die OptionsErkl formfrei (RG **169**, 70, BGH NJW **91**, 2698, NJW-RR **96**, 1167, aA Einsele DNotZ **96**, 835 ff). – **cc)** Wird das OptionsR dch ein langfrist VertrAngebot eingeräumt, ist auch die OptionsErkl (AnnErkl) formbedürft
12 (RG u BGH aaO). – **b) Begünstigung eines Dritten, Wahlschuld.** Formzwang besteht auch dann, wenn die Verpfl zG eines Dr begründet w (BGH **92**, 171, NJW **83**, 1545). Die Vereinbg einer Wahlschuld od einer facultas alternativa mit einem Grdst als mögl LeistgsGgst ist gleichf formbedürft (Köln VersR **93**, 321). Das gilt wg der aufschiebd bedingten ErwerbsVerpfl des Gläub auch bei einem WahlR des Schu. Die alternativ zu einer Ausbietgsgarantie übernommene Verpfl zur Leistg einer Geldsumme kann aber gem §§ 139, 265 wirks sein (BGH NJW-RR **93**, 14).

13 **c) Mittelbare Bindung.** Formbedürft sind alle Vereinbgen, die für den Fall der Nichtveräußerg od des Nichterwerbs ins Gewicht fallde wirtschaftl **Nachteile** vorsehen u so einen Zwang zur Veräußerg od zum Erwerb begründen (BGH **76**, 46, NJW **90**, 391). Das gilt für VertrStrafVerspr (BGH NJW **70**, 1916, VersR **84**, 946), für das Entgelt, das der Erwerbsinteressent für einen vorweg dchzuführden Umbau zusagt (Hamm DNotZ **92**, 423), u für Vergütgen, die sich der **Makler** für den Fall versprechen läßt, dass ein Grdst nicht veräußert od nicht erworben w (BGH NJW **71**, 93, 557, **80**, 1622, NJW-RR **92**, 818, stRspr). Beim Beitritt zu einem Bauherrnmodell begründen die im TrHandVertr übernommenen Verpfl idR einen Zwang zum Erwerb des Grdst (BGH NJW **92**, 3238), uU aber auch das an den Anlageberater zu entrichtde Entgelt (BGH NJW **90**, 391). Gleichgült ist, wie das Entgelt bezeichnet w („Abstandssumme", „Provision", „Aufwandsentschädigg"). Unbedenkl ist die Verpfl zum Ers nachgewiesener Aufwendgen. Pauschaliergen sind nur formfrei, wenn sie sich am wirkl Aufwand orientieren. 30%, 25% od 10% der übl Provision sind zuviel (BGH NJW **80**, 1622, Hbg NJW **83**, 1502, Dresd BB **97**, 2342) ebso Beträge von 76 665 DM, 41 040 DM od 10 000 DM, mag der Betrag auch im Verhältn zur Provision relativ niedrig sein (BGH NJW **87**, 54, BB **89**, 1015, Ffm NJW-RR **86**, 597). Wird ausdr eine KaufVerpfl übernommen, kommt es auf die Höhe des Entgelts nicht an (BGH NJW-RR **90**, 57). ReserviergsVereinbgen sind formbedürft, wenn sie wg der Höhe des **Bindungsentgelts** auf den Interessenten einen Druck zum Erwerb des Grdst ausüben (BGH **103**, 239); die krit Grenze liegt bei 10% der übl Maklerprovision (BGH aaO, s auch Hbg NJW-RR **92**, 20: 100 000 US$ bei einem Preis von 12 Mio US$ begründen Formbedürftigk). Bau- und ArchitektenVertr, die im Hinblick auf einen beabsichtigten GrdstErwerb geschl w, sind nicht formbedürft (Köln NJW-RR **90**, 1112). Der vom präsumtiven Erwerber an den Veräußerer erteilte entgeltl PlangsAuftr kann aber formbedürft sein (Düss NJW-RR **93**, 667), ebso der dem GrdstVermittler erteilte BauAuftr (Hamm MDR **93**, 537). Auch der **Fertighausvertrag** ist nicht schon deshalb formbedürft, weil der Besteller zum Erwerb irgendeines Grdst gezwungen ist (BGH **76**, 43, Kblz NJW-RR **94**, 295, krit Wolf DNotZ **94**, 773). I ist aber anwendb, wenn bei einem Fertighaus- od BauVertr ein rechtl ZusHang mit einem GrdstKaufVertr besteht (BGH **78**, 348, ZIP **85**, 292), etwa weil der BauVertr mit dem Kauf eines Grdst „stehen u fallen" soll (Schlesw NJW-RR **91**, 1175, Hamm NJW-RR **91**, 1369, **95**, 1045), weil er auf den Erwerb eines bestimmten Grdst abgestellt ist (Köln NJW-RR **96**, 1484) od weil er Zwang zum Erwerb eines bestimmten -Grdst begründet (BGH NJW
14 **94**, 721, Hbg DNotZ **83**, 626). – **d) Schuldübernahme.** Die Übern der Veräußergs- od ErwerbsPfl ist formbedürft, nicht dagg die Übern der KaufPrSchuld (BGH NJW **96**, 2503, Staud/Wufka § 313 Rn 74). Die **Bürgschaft** u die Garantie für eine Veräußergs- od ErwerbsPfl sind formfrei (RG **140**, 218, BGH NJW-RR **88**, 1197). Das gilt jedoch nicht, wenn sie Bestandt des VeräußergsVertr sein sollen (BGH NJW **62**, 586).

15 **E) Vertrag.** Die Verpfl muß dch *Vertr* begründet w. – **a)** I gilt für **alle Verträge,** die eine Verpfl zur Veräußerg od zum Erwerb eines Grdst begründen, nicht nur für Kauf- u TauschVertr. Der WkVertr, dch den sich der Untern zur Bebauung u Übereigng eines Grdst verpfl, ist auch dann formbedürft, wenn die Bebauung die Hauptleistg ist (BGH **LM** § 313 Nr 48). I gilt auch für **öffentlich-rechtliche** Vertr (VwVfG 62 u bereits fr BGH **58**, 386, BVerwG DVBl **85**, 299). Ausn ergeben sich aber aus SonderVorschr, so im BauGB 110 für die Einigg im EnteigngsVerf (BGH NJW **73**, 657). Formfrei ist auch die Einigg im Verf nach dem PrEnteigngsGes (BGH **88**, 173, Schlesw DNotZ **81**, 563) u die vor Einleitg eines EnteigngsVerf abgeschlossene Teileinigg über den BesÜbergang (BayObLG DVBl **82**, 360). Dagg bedarf die außerh des förml EnteigngsVerf getroffene Einigg über den EigtÜbergang der Form des I (BGH **88**, 171), ebso die Verpfl zur
16 FlächenAbtr im Vorgriff auf eine spätere Umlegg (VGH Mannh NJW-RR **95**, 721). – **b) Satzungen, einseitige Rechtsgeschäfte.** Die Zuweisg von Grdst gem der Satzg einer Genossensch ist nicht beurkundgsbedürft (BGH **15**, 182, **LM** Nr 59, Karlsr OLGZ **80**, 447). Dagg unterliegt die Satzg einer PublikumsKG, die eine Pfl zum Erwerb einer EigtWo vorsieht, dem Formzwang (BGH NJW **78**, 2505). Im SiedlgsR ist I anzuwenden (BGH **16**, 334), jedoch kann sich die Pfl zur Übertr einer Siedlerstelle aus dem GleichhGrds ergeben (s BGH **29**, 81, **31**, 37, **45**, 179). Auf einseit RGesch (StiftgsGesch, Auslobg) ist I entspr anwendb (Staud/Wufka 59, Wochner DNotZ **96**, 773, aA Schlesw ebda), nicht aber auf lwVfg (OGH **1**, 166).

17 **c) Gesetzliche Verpflichtungen.** I gilt nicht, wenn die Verpfl zur Veräußerg od zum Erwerb kr Ges od aus einem sonst selbstd RGrd entsteht, das RGesch der Part also nicht RGrdl der Veräußergs- od ErwerbsPfl ist. Formfrei war daher der Vertr über die Wandlg eines GrdstKaufs, da die Rückgewähr gesetzl Folge der Wandlg war (RG **137**, 296). Auch die Ausübg von **Gestaltungsrechten** (Rücktr, Anf) bedarf nicht der Form des I (Soergel/Wolf § 313 Rn 41, Wufka DNotZ **90**, 354). Formfrei ist auch die Erkl, dch die das **Vorkaufs-**

recht od WiederkaufsR ausgeübt w, §§ 497 I 2, 505 I 2, 577 III (s dort). And ist es, wenn das WiederkaufsR nach dem Inh des Vertr kein GestaltgsR, sond ein schuldrechtl Anspr auf Abschl eines RückKaufVertr ist (BGH ZIP **99**, 143). Hängt der Eintritt der Veräußergs- od ErwerbsVerpfl von der Erkl eines Beteil als Bedingg ab, ist die Erkl gleichf formfrei, da die Verpfl in dem geschlossenen Vertr ihre RGrdl hat (MüKo/Kanzleiter § 313 Rn 28). Entspr gilt, wenn der VertrInh von einer Part od einem Dr dch Ausübg eines **Bestimmungsrechts** (§§ 315 ff) konkretisiert werden soll (RG **165**, 164, OGH NJW **50**, 463, BGH Rpfleger **73**, 356, Wolf DNotZ **95**, 183, Staud-Wufka § 313 Rn 169). Die Ausübg des ÜbernR aus § 1477 II ist formfrei (Mü FamRZ **88**, 1277); der Vertr über die AuseinandS einer Gemeinsch dagg nur dann, wenn er der Regel des § 752 voll entspr (OGH NJW **49**, 64); in allen and Fällen ist er formbedürft (BGH DNotZ **73**, 472).

d) Auftrag und Geschäftsbesorgungsvertrag. Der Auftr od der GeschBesorggsVertr (§ 675), der auf die Beschaffg eines Grdst abzielt, ist idR formbedürft. Die 1. Alternative des I ist allerdings unanwendb, weil die Pfl zur Übereigng an den AuftrG nicht Inhalt, sond gesetzl Folge des Vertr ist, § 667 (BGH **85**, 248, NJW **81**, 1267, **96**, 1960, stRspr); das gilt auch dann, wenn es um die Verschaffg eines MitEigtAnteils geht (BGH **127**, 170). Der Vertr ist aber idR deshalb formbedürft, weil er eine **Erwerbspflicht** begründet, u zwar für den AuftrN (BGH **85**, 245, **127**, 175) u bedingt auch für den AuftrG (BGH **85**, 245, **127**, 175, NJW **96**, 1960). I gilt auch dann, wenn der Erwerb in der ZwVersteigerg erfolgen soll (BGH **85**, 245, NJW **96**, 1960). Wenn der AuftrN das Grdst parzellieren u an Dr übereignen soll, ist der Vertr aber nicht deshalb formbedürft, weil der AuftrG bei Scheitern des Projekts fakt zur Übernahme des Grdst gezwungen sein kann (BGH NJW **87**, 2071). **Baubetreuungsverträge** sind bereits nach der 1. Alternative formbedürft, wenn der Betreuer ein eig Grdst bebauen u liefern od wenn er das Grdst für eig Rechng erwerben soll (BGH **LM** § 313 Nr 40, 48). Soll der Betreuer das Grdst für Rechng des AuftrG erwerben, greift die 2. Alternative (bedingte ErwerbsPfl) ein (BGH NJW **85**, 730). 18

F) Vollmacht. Die Vollm zum Abschluß eines gem I formbedürft Vertr ist grdsl formfrei, § 167 II. And ist es nur in folgden Fällen: – **a) Teil eines formbedürftigen Gesamtvertrages.** Ist die Vollm Teil eines einheitl Veräußergs- od ErwerbsVertr, erstreckt sich die für den GesVertr geltde FormPfl (Rn 25 ff) auch auf sie (RG **94**, 150, **103**, 300, BGH NJW-RR **89**, 1099). Das gilt aber nicht, wenn die Vollm gerade die Vollziehg des Vertr sichern soll (BGH aaO, NJW **90**, 1722). – **b) Ausschluß des Widerrufs.** Die Erteilg einer unwiderrufl Vollm ist formbedürft, da sie bereits eine bindende Verpfl zur Veräußerg od zum Erwerb des Grdst begründet (BGH **LM** § 167 Nr 18, DNotZ **65**, 549, Karlsr NJW-RR **86**, 101, stRspr). Das gilt auch für eine zeitl begrenzte unwiderrufl Vollm (BGH WM **67**, 1039) u die Verpfl zur Erteilg einer solchen Vollm (BGH NJW-RR **88**, 351). Formbedürft ist der der Vollm zGrde liegde Vertr, da das WiderrufsR nur dch ihn, nicht aber dch eine einseit Erkl des VollmG ausgeschlossen w kann (BayObLG NJW-RR **96**, 848). Die Vollm, die dem TrHänder beim **Bauherrnmodell** erteilt w, ist idR nach Rn 19 od 20 formbedürft (BGH NJW **92**, 3238, **97**, 312). – **c)** Auch die **widerrufliche** Vollm ist formbedürft, wenn sie eine rechtl od tatsächl Bindg des VollmG zur GrdstVeräußerg od zum GrdstErwerb begründet (BGH **LM** § 167 Nr 18, DNotZ **65**, 549, NJW **79**, 2306, Korte DNotZ **84**, 84, stRspr). Die Vollm mit der Befugn zum Selbstkontrahieren ist aber nicht schon desh formbedürft, weil der VollmG beabsichtigt, die Vollm nicht zu widerrufen (BGH NJW **79**, 2306). Entscheidd ist vielmehr, ob nach den Umst des Falles, insb nach dem zGrde liegden RVerh, eine Bindg besteht (BGH aaO u BGH NJW **52**, 1210, DNotZ **66**, 92). Das ist vor allem dann der Fall, wenn der Bevollmächtigte den Weisgen des GeschGegners zu folgen hat (RG **108**, 126, Ffm Rpfleger **79**, 133). – **d)** Für die **Auflassungsvollmacht** gelten die dargestellten Grds entspr (BGH DNotZ **63**, 672, KG OLGZ **85**, 187). Obwohl sich die AuflVollm nicht auf das Verpfl-, sond auf das VfgsGesch bezieht, kann auch sie die äußere Einkleidg einer formunwirks begründeten Veräußergs- od ErwerbsVerpfl sein (Schlesw DNotZ **00**, 775, Korte DNotZ **84**, 88); sie ist wg der Möglichk zur Änderg der dingl RLage sogar bes gefährl. Auch die unwiderrufl Vollm ist aber formfrei, wenn sie zur Ausführg eines bereits formwirks geschlossenen Vertr erteilt w (Zweibr Rpfleger **82**, 216). – **e) Anwendung der §§ 177 ff.** Schließt der Bevollm in den Fällen Rn 19–21 ab, so handelt er als Vertreter ohne Vertretgsmacht. Der Vertretene kann das Gesch genehmigen (§ 177). Der VertrGegner kann sich nicht auf guten Glauben berufen, wenn sich der Formmangel aus der VollmUrk ergibt (RG **108**, 128); andf können die §§ 170 ff anwendb sein (BGH NJW **85**, 730). 19 20 21 22 23

G) Einzelne Rechtsgeschäftstypen: Abtretung Rn 6; **Ankaufsrecht** Rn 11; **Auftrag** Rn 18; **Ausbietungsgarantie** Rn 7; **Baubetreuungsvertrag** Rn 18; **Bauherrenmodell** Rn 20 u 33; **Bindungsentgelt** Rn 13; **Bürgschaft** Rn 14; **Einseitige Rechtsgeschäfte** Rn 17; **Fertighausvertrag** Rn 13; **Garantievertrag** Rn 14; **Gesellschaftsvertrag** Rn 9; **Gesellschaftsanteile** Rn 5; **Gemeinschaft** Rn 17; **Maklervertrag** Rn 13; **Nichtbieten** Rn 10; **Öffentlich-rechtlicher Vertrag** Rn 15; **Parzellierungsvertrag,** dch den sich der eine Teil verpflichtet, sein Grdst an Dr zu veräußern, ist formbedürft (RG **50**, 108, **68**, 261, Mü OLGZ **72**, 271); **Reservierungsvereinbarung** Rn 13; **Schuldübernahme** Rn 14 u 25. Beim gerichtl **Vergleich** wird die not Beurk dch die gerichtl Protokollierg ersetzt (§ 127 a). Der außergerichtl Vergl ist formbedürft, wenn in ihm eine Verpfl zur Übereigng od zum Erwerb eines Grdst übernommen od verschärft w (RG **94**, 152; **109**, 26, BGH **LM** Nr 5). **Vertragsstrafversprechen** Rn 13; **Vollmacht** Rn 19; **Vorvertrag** Rn 11; **Wahlschuld** Rn 12; **Werkvertrag** Rn 15. 24

H) Umfang des Formzwanges. – a) Grundsatz. Das BeurkErfordern erstreckt sich nicht nur auf die Veräußergs- u ErwerbsVerpfl, sond auf den Vertr im ganzen. Formbedürft sind alle Vereinbgen, aus denen sich nach dem Willen der Part das schuldrechtl VeräußergsGesch zussetzt (BGH **63**, 361, **74**, 348, NJW **74**, 271, **84**, 974, stRspr). Es genügt, dass der eine Teil die Abrede zum VertrBestandt machen will, wenn der and dies erkannt u hingenommen h (BGH **76**, 49, **78**, 349, NJW **82**, 434). Gleichgült ist, ob es sich um eine obj wesentl od unwesentl Abrede handelt (RG **97**, 220, BayObLG DNotZ **79**, 180). Hätten die Part auch ohne den nicht beurk Teil abgeschlossen, ist der Formverstoß aber gem § 139 unschädl (BGH NJW **81**, 222, NJW-RR **93**, 14). Auch die zw Angebot u Ann getroffenen Vereinbgen sind formbedürft (BGH **LM** § 313 Nr 27), ebso die Erkl des Käufers, der die AnnFr, wie im Angebot des Verkäufers vorgesehen, verlängern will (Hamm DNotZ **00**, 772). Der Formzwang betrifft aber nur Erkl, die eine Regelg enthalten, dh Rechtswirkgen 25 erzeugen (BGH **85**, 317). Dazu gehören auch die Vereinbgen, die Inh u Umfang der Leistg beschreiben u konkretisieren (BGH **74**, 351, Brambring DNotZ **80**, 282). Dagg sind bloße **Erläuterungen** nicht formbedürft (BGH NJW **79**, 1498). Übernimmt eine Part eine Verbindlichk aus einem and SchuldVerh od wird eine BauGen mitübertragen, muß deren Inh nicht mitbeurkundet w; die Bezeichng der Verpflichtg (Gen) ist hier nur ein **Identifizierungsmittel** (BGH **125**, 238, NJW **98**, 3197). Auch beim KaufVertr unter der Bdgg, dass die beabsichtigte Bebauung behördl genehmigt wird, bedarf die Planskizze keiner Beurk (BGH DNotZ **98**, 944). Eine ungenaue mehrdeut Formulierg wahrt die Form, wenn das Gewollte in ihr jedenfalls andeutgsweise zum Ausdr kommt (BGH NJW **96**, 2792, § 133 Rn 19).

26 **b) Einzelfragen.** – **aa)** Das zu veräußernde **Grundstück** muß im Vertr hinreichend best bezeichnet w. Beim Verkauf eines Grdst im ganzen genügt die Grdbuch- oder Katasterbezeichng, jedoch ist auch eine and Individualisierg mögl (BGH NJW **69**, 132). Ist WoEigt VertrGgst, so genügt die Angabe des betreffden WoGrdBuchs (BGH **125**, 235). Bei einem noch nicht vermessenen **Grundstücksteil** können die Grenzen dch eine Beschreibg im VertrText, dch Verweisg auf Merkmale in der Natur, wie Gräben, Bäume, Hecken, Zäune (BGH NJW **69**, 502) od Zeichen wie Pflöcke (Mü DNotZ **71**, 544) festgelegt w, vorausgesetzt sie sind wirkl vorhanden (BGH NJW **89**, 898). Zul ist auch die Verweisg auf einen *maßstabsgerechten* Lageplan (BGH NJW-RR **99**, 1030, von Campe DNotZ **00**, 109, krit Kanzleiter NJW **00**, 1919). Soweit dieser den Umfang der VeräußergsPfl nicht nur erläutert, sond inhaltl bestimmt, ist er gem BeurkG 9 I 3, 13 I 1 mitzubeurkunden. Textteile des Plans werden nur dch Verlesen UrkBestandt (BGH **138**, 160/62). Die Angabe der GrdstGröße genügt allein nicht (BGH NJW **69**, 132). Nicht ausr ist auch die Erkl, die Part seien über den Grenzverlauf einig (BGH NJW **79**, 1350); der Vertr ist aber formwirks, wenn die Festlegg der Grenze der nachträgl Bestimmg einer Part überlassen w (BGH NJW-RR **88**, 971). Wird die verkaufte Fläche dch einen beigefügten Plan u eine ca-Größe bestimmt, hat bei einem Widerspr iZw der Plan den Vorrang (BGH
27 DNotZ **81**, 235). – **bb)** Ergibt sich der Inh u Umfang der Pflten einer Part aus einer **Baubeschreibung,** einem Bauplan od einer **Teilungserklärung,** gilt das FormErfordern auch für diese (BGH **69**, 266, **74**, 348, NJW **79**, 1495, 1498, 1984, NJW-RR **01**, 953, allgM). Die Beurk kann gem BeurkG 9 I 3, 13 I 1 dch Verweisg auf beizufügde Anlagen erfolgen.

28 **cc) Gegenleistung.** Der Formzwang erstreckt sich auf alle Abreden über die GgLeistg, auch soweit diese an Dr zu erbringen sind (BGH **11**, 101). Formbedürft sind auch Abreden über Vorauszahlgen (BGH **85**, 318, NJW **84**, 974, **86**, 248, **94**, 720), die Verrechng von GgFdgen (BGH NJW **00**, 2100), über die Tragg von Steuern, Provisionen u Finanziergskosten (RG **112**, 68, Düss BB **71**, 846, Pieler DNotZ **83**, 23, 229), über die bes Ausweisg der MwSteuer (Stgt NJW-RR **93**, 1365), über Zusatzentgelte etwa für baldige Räumg (RG **114**, 233). Die fehlde Beurk einer VerrechngsAbrede ist aber unschädl, wenn der Käufer die Belegg des KaufPr beweist (BGH NJW **00**, 2100). Regelgen über Zahlgsmodalitäten bedürfen gleichf der Beurk (Düss DNotZ **73**, 602), es sei denn, dass sie ohne Begründg einer rechtl Bindg ledigl ZweckmäßigkGrden dienen sollen (Soergel/Wolf § 313 Rn 63). Die Erkl, über die GgLeistg bestehe Einigk, genügt nicht (BGH DNotZ **68**, 481), ebsowenig die Erkl, der Preis sei bezahlt; auch bereits bewirkte Leistgen müssen beurkundet w
29 (BGH NJW **69**, 1629, **86**, 248). – **dd) Leistungsbestimmungsrechte.** Der Vertr kann die Bestimmg des zu übereignden Grdst, der GgLeistg, von Leistgsmodalitäten od des Berecht gem §§ 315 ff einer Part oder einem Dr überlassen (BGH **71**, 280, NJW **86**, 845, **LM** Nr 33, DNotZ **87**, 744, stRspr). Voraussetzg ist jedoch, dass die Bestimmgsbefugn im Vertr genügd abgegrenzt w (BGH NJW **86**, 845, Brdbg NJW-RR **99**, 741). Der KaufVertr über eine EigtWo kann daher schon vor der beabsichtigten Vorratsteilg wirks geschlossen w (BGH NJW **86**, 845, KG OLGZ **84**, 423, BayObLG NJW-RR **92**, 1041, Reinelt NJW **86**, 827). Die Ausübg des formwirks begründeten BestimmgsR unterliegt nicht dem Formzwang (Rn 17).

30 **ee) Individualisierung der Vertragsparteien.** Sie gehört zum beurkbedürft VertrInh. Bei einem VertrAngebot ist daher die Festlegg der Pers des Empf Bestandt des Angebots (Karlsr NJW-RR **89**, 19). Mögl ist aber auch, die Bestimmg des VertrPart entspr Rn 29 einem Dr zu überlassen (MüKo/Kanzleiter § 313 Rn 52, aA Ludwig DNotZ **88**, 697); die Bestimmgsbefugn des Dr muß aber im Vertr hinreichd abgegrenzt w. Bei einem VertreterGesch genügt es, wenn sich der Vertretene u das VertretgsVerh andeutgsweise aus der
31 Urk ergeben (BGH ZIP **97**, 1045). – **ff) Nebenabreden.** Auch Abreden über aufschiebde u auflösde Bdggen (BGH ZIP **99**, 32) u Nebenabreden bedürfen der Form, wenn sie nach dem Willen der Part Bestandt des HauptVertr sein sollen (Rn 25). Formbedürft sind daher: Vertragl Zusichergen (BGH WM **73**, 612), SichgAbreden bei einem Verkauf zu Sichgzwecken (BGH NJW **83**, 565), Kostenübernahme für den Fall der Nichtannahme (Mü NJW-RR **91**, 86), Vereinbgen über Maklerkosten (Pieler DNotZ **83**, 23, 229) od die Zahlg einer Ernteentschädigg (BGH NJW **89**, 898). Formbedürft ist auch die Regelg der RücktrVoraussetzgen. Hat der Verkäufer ein RücktrR, falls der Käufer nicht einen best FormularVertr abschließt, muß das Formular daher mitbeurkundet w (LG Ellwangen BWNotZ **86**, 148). Dagg gilt I nicht für den gem ZPO 1031 III in bes Urk errichteten SchiedsVertr (BGH **69**, 264, Lachmann/Lachmann BB **00**, 1633/35).

32 **c) Gemischte und zusammengesetzte Verträge.** – **aa) Grundsatz.** Bei gemischten od zusgesetzten Vertr erstreckt sich der Formzwang auf den gesamten Vertr, sofern dieser rechtl eine Einh bildet (BGH **76**, 48). Das ist der Fall, wenn die Vereinbgen nach dem Willen der Part nicht für sich allein gelten, sond miteinand „stehen u fallen“ sollen (BGH **101**, 396, NJW **87**, 1069, **94**, 2885, **97**, 252). Es genügt ein entspr Wille des einen Teils, wenn der and ihn erkannt u hingenommen hat (BGH **76**, 49, **78**, 349). Ein tatsächl od wirtschaftl ZusHang (gleichzeit Abschl, Veranlassg des einen Vertr dch den and) ist nicht ausr. Erforderl ist grdsl eine ggs Abhängigk derart, dass die Vereinbgen nur zus gelten sollen (BGH **50**, 13, NJW **84**, 870, **86**, 1984). Genügd ist aber auch eine einseit Abhängigk des GrdstGesch von dem and Vertr (RG **97**, 222). Wird dagg der GrdstVertr unbedingt abgeschl u soll der NebenVertr nur iF der GrdstVeräußerg gelten, erstreckt sich I nicht auf den NebenVertr (BGH NJW **00**, 951, **01**, 226, Keim DNotZ **01**, 827). Die Abgrenzg ist vielf zweifelh. UrkTrenng od Mündlichk der Zusatzabrede läßt Selbständigk vermuten (BGH **76**, 49, NJW **87**, 1069), ZusFassg in einer Urk dagg Einheitlichk (BGH **89**, 43). Liegt ein einheitl Vertr vor, muß der rechtl Zushang bei getrennter Beurk in der zeitl später errichteten Urk verlautbart w (BGH **104**, 23, NJW **00**, 2017). Der Vertr über GrdstInventar ist auch dann formfrei, wenn die Preishöhe dch den gleichzeit GrdstKauf

beeinflußt w (BGH DNotZ **75**, 89). Er ist dagg formbedürft, wenn der Abschluß od der Inh des GrdstVertr von ihm abhängen (BGH NJW **61**, 1764).

bb) Einzelfälle. Der Vertr über den Verkauf u die Bebauung eines Grdst bilden eine Einh, wenn GrdstKauf u Bau als Einh angeboten w (s BGH **78**, 348, Koeble NJW **92**, 1143). Keine Einh besteht idR, wenn beim GrdstErwerb der spätere Abschluß eines BauVertr vereinb w (Hamm DNotZ **96**, 1048). Sie kann aber trotz UrkTrenng gegeben sein zw dem zunächst geschlossenen, auf ein best Grdst abgestellten BauVertr u dem GrdstKauf (BGH NJW **94**, 721, Hamm BauR **98**, 545); uU beim FertighausVertr (Rn 13); zw zwei dch eine Verrechngsabrede verbundenen KaufVertr (BGH NJW-RR **89**, 1493); beim Verkauf eines Untern (AG) u des BetrGrdst (BGH **LM** § 313 Nr 80), zw zwei GrdstKaufVertr, die trotz getrennter Beurk eine rechtl Einh bilden (KG NJW-RR **91**, 688), zw GrdstKaufVertr u TrHandAuftr zur Hausrenovierg (BGH NJW-RR **93**, 1421), zw Options- u MietVertr iR des sog Mietkaufmodells (BGH NJW **87**, 1069), zw Kauf- u vorgeschaltetem MietVertr (Mü NJW-RR **87**, 1042), zw PachtVertr u Begründg eines ErwerbsR für den Pächter (BGH NJW **88**, 2881, Basty DNotZ **96**, 631), zw KaufVertr u Schuldanerkenntn (BGH NJW **88**, 131); zw KaufVertr u einer SichgÜbereigng zG eines KäuferAnspr (BGH NJW **94**, 2885). Beim **Bauherrenmodell** sind neben dem KaufVertr über den MitEigtAnteil idR formbedürft: der TrHandVertr u der GesellschVertr unter den Miteigtümern (BGH **101**, 396, NJW **92**, 3238), uU der den Erwerb vorbereitde MaklerDienstVertr (BGH NJW-RR **90**, 341), die dem TrHänder erteilte Vollm (BGH NJW **97**, 312), nicht aber die Bau- u FinanziergsVertr (Hamm BB **85**, 1420; s zum ganzen auch Gruner/Wagner NJW **83**, 193). Beim DarlVertr begründet ein bloß wirtschaftl ZusHang mit dem GrdstVertr keine Formbedürftigk (BGH NJW **86**, 1984). Sie ist aber gegeben, wenn das Darlehn (Teil der) GgLeistg ist (BGH DNotZ **85**, 279) od wenn der GrdstVertr von der DarlGewährg abhängen soll (BGH NJW **86**, 1984). Beim DarlVertr zur WoBauFörderg erstreckt sich die Formnichtigk der dem DarlN auferlegten VeräußergsPfl uU nicht auf den GesVertr (BGH WM **79**, 868). 33

cc) Vereinbgen mit **Dritten** sind nur formbedürft, wenn die Abrede nach dem Willen der Beteiligten in den rechtl Zushang des GrdstVertr einbezogen w soll (BGH **11**, 101, NJW-RR **89**, 199, KG NJW-RR **91**, 688). Rn 32 gilt entspr. Soll vom Käufer eine Leistg an einen Dr erbracht w, ist die Abrede nur formbedürft, wenn dem Verkäufer das Recht zustehen soll, Leistg an den Dr zu verlangen (BGH **11**, 101, Brdbg NJW-RR **96**, 979). Ein Einbeziehgswille ist idR nicht anzunehmen, wenn die KaufVertrPart an der Abrede nicht beteiligt sind (BGH NJW-RR **91**, 1032) od wenn eine Part ohne Beteiligg der and Abreden mit einem Dr trifft (BGH NJW **83**, 2495). And ist es, wenn der Dr eine Schwarzgeldzahlg leisten soll (BGH NJW-RR **98**, 950). Ein Einbeziehgswille kann auch bei einer Bürgsch für die KaufPrSchuld gegeben sein, wenn der GrdstVertr mit der Bürgsch stehen u fallen soll (BGH NJW **62**, 586). Die Vereinbg mit dem vollmlosen Vertreter über die Gen des von ihm geschl Vertr ist idR formfrei (BGH **LM** Nr 10). 34

I) Erfüllung des Formerfordernisses. – a) Für die **notarielle Beurkundung** gilt § 128 u das BeurkG. Der gerichtl Vergl ersetzt die notarielle Beurk (§ 127 a). Bei **Verweisungen** auf and Urk, Zeichngen od Abbildgen ist zu unterscheiden: Wird der VertrInh dch die in Bezug genommenen Urk (Zeichng usw) mitbestimmt, gelten die FormErfordern der §§ 9, 13, 13 a BeurkG. Dienen die in Bezug genommenen Urk ledigl der Erläuterg, ist die Verweisg dagg an keinerlei Förmlichk gebunden (BGH NJW **79**, 1498, **89**, 165). Hat der Wille der Part in der Urk nur unvollkommen Ausdr gefunden, gelten die allg Grds über die **Auslegung** formbedürft Erkl (§ 133 Rn 19). Zur Beurk von Versteigergen s BGH NJW **98**, 2350. 35

b) Unrichtige Beurkundung. – aa) Haben die Part **bewußt** Unrichtiges beurkunden lassen (Bsp: zu niedrigen KaufPr), ist der beurk Vertr als ScheinGesch (§ 117) u der wirkl gewollte Vertr wg Formmangels (§ 125) nichtig (BGH **54**, 62, **89**, 43, Ffm NJW **91**, 1958, allgM). Der verdeckte Vertr kann aber gem § 313 S 2 wirks werden. Bei Ausübg des gesetzl VorkR des SiedlgsUntern ist gem RSiedlgsGes 4 III der beurk Pr maßgebd (s BGH **53**, 52). – **bb)** Haben die Part **unbewußt** Unrichtiges beurkunden lassen, obwohl sie über das in Wahrh Gewollte einig waren, ist der Vertr gült: falsa demonstratio non nocet (BGH **87**, 152, NJW-RR **88**, 971, Düss NJW-RR **95**, 784, stRspr seit RG **46**, 227). Als Bsp unschädl Falschbezeichng hat die Rspr anerkannt: falsche Kataster- od Grundbuchbezeichng (BGH NJW **69**, 2045); versehentl Weglassen eines Flurstücks (BGH **87**, 152); falsche Beschreibg der Grenzlinie (BGH WM **71**, 1085); Falschbezeichng der Zahl der zum WoEigt gehörden Räume (Hamm NJW-RR **93**, 785); versehentl Weglassen von Klauseln, die in einer in Bezug genommenen Urk enthalten sind (BGH **LM** § 313 Nr 30), unricht Angabe der Höhe der übernommenen Hyp (RG JR **27**, 1010), unricht Bezeichng des Verpflichteten (BGH WM **73**, 869). Ist der Verkauf eines ganzen Grdst beurkundet, währd in Wahrh nur eine noch nicht vermessene Teilfläche verkauft werden soll, ist der Vertr jedoch nichtig, da die Beurk auch bei Protokollierg des Gewollten mangelh wäre (BGH **74**, 117, NJW-RR **88**, 265). 36 37

c) Ist der Vertr **unvollständig** beurkundet, sind die nicht beurk Abreden nichtig. Die Gültigk des Vertr iü richtet sich nach § 139 (BGH NJW **81**, 222). Wußten die Part um die Formnichtigk eines Teils ihrer Abreden, so ist allein das Beurkundete gült (RG **122**, 140, BGH **45**, 379); das gilt jedoch nicht, wenn die Part anstelle des aufschiebd bedingten Vertr einen unbedingten haben beurkunden lassen (BGH ZIP **99**, 32). 38

J) Aufhebung und Änderung. – a) Beim **Aufhebungsvertrag** ist zu differenzieren: – **aa)** Ist der KaufVertr dch Aufl u Eintragg **vollzogen**, begründet seine Aufhebg eine Verpfl zur Übertragg u zum Rückerwerb des Grdst. Der Vertr ist daher formbedürft (BGH **83**, 397, Köln NJW-RR **95**, 1107, allgM). – **bb)** Ist der KaufVertr noch **nicht vollzogen** u besteht für den Käufer auch noch kein AnwR, begründet seine Aufhebg weder eine Übertraggs- noch eine ErwerbsPfl. Der Vertr ist daher formfrei (BGH **83**, 398, allgM). Entspr gilt für den Erlaß des AuflAnspr (RG **127**, 218) od den Verz auf ein WiederkaufsR (BGH **103**, 179). – **cc) Anwartschaftsrecht.** Hat der Erwerber nach Aufl dch Stellg des EintraggAntr od dch Eintr einer AuflVormerkg ein AnwR erworben, ist die Verpfl zur Aufhebg des AnwR formbedürft, da dieses dem VollR gleichsteht (BGH **83**, 398, NJW-RR **88**, 265, Pohlmann DNotZ **93**, 357, aA Müller/Michaels NJW **94**, 2742); das gilt aber nur dann, wenn der Vertr ausdr od stillschw vertragl Pflten zur Rückabwicklg begründet, nicht wenn die Rückabwicklg nach § 812 erfolgen soll (BGH **127**, 173, aA Eckardt JZ **96**, 934). Durch Eintragg einer AuflVormerkg vor Aufl entsteht kein AnwR (BGH **103**, 179). Wird zunächst od gleichzeit das 39 40

AnwR aufgegeben, etwa dch formlose Aufhebg der Aufl od dch Rücknahme des EintraggsAntr, entfällt das FormErfordern (BGH NJW **93**, 3325). Bei einer späteren Aufhebg des AnwR tritt Heilg ein (Rn 52).

41 **b) Änderung, Grundsatz.** Ändergen od Ergänzgen des GrdstVertr sind grdsl **formbedürftig** (BGH **66**, 271, NJW **73**, 37, **82**, 434, stRspr). Gleichgült ist, ob es sich um wesentl od unwesentl Ändergen handelt (s aber Rn 43). Der Formzwang gilt auch dann, wenn die Änderg in einem Vergl erfolgt (RG **109**, 26, BGH **LM** Nr 5). Formbedürft sind zB: Erlaß od Herabsetzg des KaufPr (BGH NJW **82**, 434), es sei denn, sie beruht auf einem berecht Mindergsverlangen (RG **137**, 296); Erhöhg des KaufPr, es sei denn, es handelt sich um eine gem § 242 gebotene Anpassg (RG HRR **28**, 1469); Änderg eines BauträgerVertr in einen Baubetreuungs Vertr mit Vollm zur Verpfl des Bauherrn (Hamm NJW-RR **94**, 1296); Vereinbg über die Anrechng od Aufr von Leistgen (BGH NJW **84**, 974); Vereinbg einer Leistg an ErfStatt (BGH **56**, 162); Vereinbg über die Übertragbark eines VorkR (RG **148**, 108); Änderg eines bedingten in ein unbedingtes Kaufangebot (BGH NJW **82**, 882); Verlängerg der Fr für ein Wiederkaufs- od AnkaufsR (BGH NJW **96**, 452); Vorverlegg od Hinausschiebg der Lieferzeit (BGH NJW **74**, 271, **LM** § 313 Nr 50); Stundgsabreden (BGH NJW **82**, 434, s aber Rn 43); Änderg des Zeitpkts der grundbuchrechtl Vollziehg der EigtUmschreibg (Düss NJW **98**, 2225); Erschwerg des Rücktr (BGH NJW **88**, 3263); NeuÜbern der ÜbereigngsPfl (RG **109**, 27, BGH DB **66**, 978). Die Nichtigk **beschränkt** sich auf die ÄndVereinbg, läßt also die Wirksamk des ursprüngl Vertr unberührt (RG **65**, 392, Soergel/Wolf § 313 Rn 86); and aber, wenn ein (noch) schwebd unwirks Vertr geändert w (BGH NJW **88**, 3263).

42 **c) Änderung, Formfreiheit.** Von dem Grds, dass ÄndergsVertr formbedürft sind, gelten drei **Ausnahmen: – aa)** Vertr, die die Veräußergs- od ErwerbsPfl weder unmittelb noch mittelb verschärfen od erweitern, sind formfrei (BGH **66**, 270, Soergel-Wolf § 313 Rn 81). Der Anwendgsbereich dieses AusnTatbestd ist aber
43 eng. Einziges RsprBsp ist die FrVerlängerg für ein vertragl RücktrR (BGH **66**, 270). – **bb) Behebung von Abwicklungsschwierigkeiten.** Vereinbgen, die ledigl der Beseitigg von Schwierigk dienen, die bei Abwicklg des Vertr aufgetreten sind, u die den Inh der ggs LeistgsPfl im Kern unberührt lassen, sind nicht formbedürft (BGH NJW **73**, 37, **74**, 271, NJW **01**, 1932). Das gilt sicher für nur deklarator Ändergen, bei der sich die festgestellte RFolge schon aus einer ergänzden VertrAuslegg ergibt. Formfreih besteht aber auch dann, wenn der Vereinbg konstitutive Bedeutg zukommt (Hagen DNotZ **84**, 277, str). Die Ausn ist jedoch restriktiv zu handhaben. Wenn die Part einen Teilerlaß des KaufPr od eine langfrist Stundg vereinbaren, besteht Formzwang (BGH NJW **82**, 434). Formfrei können dagg sein: Festlegg eines and Zahlgsweges (BGH NJW **98**, 1482/83); Übernahme von Verbindlichk (BGH ZIP **99**, 143); kurzfrist Stundgen (RG Warn **27** Nr 89), FrVerlängerg für ein Wiederkaufs- od RücktrR (BGH NJW **73**, 37, Brdbg NJW-RR **96**, 724), Vereinbgen über R- od Sachmängel (s BGH WM **72**, 557), Überwindg eines unvorhersehb Hindern dch Festlegg einer Fr für den Baubeginn u Einräumg eines RücktrR bei FrVersäumg (BGH NJW **01**, 1932). –
44 **cc)** Ändergen **nach Auflassung** sind nicht formbedürft, weil die Übereigngs- u ErwerbsPfl mit der Aufl erlischt u daher nicht mehr besteht (BGH NJW **85**, 266, **LM** Nr 49, Bambg MDR **99**, 151); and aber, wenn die Abrede geändert werden soll, die den Vollzug der Eintragg in das Belieben des Verkäufers stellt (Düss DNotZ **98**, 949). Formfrei sind Ändergen nach Aufl u Eintragg; formbedürft ist aber eine RückkaufsVereinbg (BGH **104**, 276).

45 **K) Rechtsfolge** des Formmangels ist **Nichtigkeit** des Vertr (§ 125). Sie ist vAw zu beachten, u zwar auch dann, wenn die Part den Vertr als gült behandelt wissen wollen (BGH **LM** § 125 Nr 29) od auf den Einwand der Formnichtigk „verzichten" (BGH NJW **69**, 1167). Die Nichtigk erstreckt sich auf den **gesamten** Vertr, jedoch ist § 139 Halbs 2 anzuwenden. Der Formmangel der Nebenabrede, dass auf den Preis eine schon geleistete Zahlg anzurechnen ist, braucht dann nicht zur Nichtigk des GesVertr zu führen, wenn der Käufer diese Zahlg ow zu belegen vermag (BGH NJW **94**, 720). Die mit dem formnicht Vertr verbundene Aufl ist idR gült (BGH NJW **79**, 1496, § 139 Rn 9). Das gilt auch für Schwarzkauffälle u für AuflVollm (RG **103**, 302, **137**, 339, BGH NJW **76**, 237, Mü NJW-RR **86**, 13). Ausn: Rn 19 f. Bei Formnichtigk kann gg den VertrPartner ein SchadErsAnspr wg c. i. c. bestehen (§ 311 Rn 50). Ausnw kann der Berücksichtigg des Formmangels **Treu und Glauben** entggstehen (§ 125 Rn 16 ff).

46 **L) Heilung (I 2). – a) Allgemeines.** Um ein formnicht RGesch gült zu machen, bedarf es grdsl einer formgerechten NeuVorn (§ 141 I). Von diesem Grds macht I S 2 eine Ausn. Der formnicht Vertr wird mit Aufl u Eintragg wirks, weil es mit dem Gedanken der RSicherh unvereinb wäre, trotz Erf der die Formbedürftigk begründden Pfl bis zu 10 Jahre (§§ 195, 199) BerAnspr bestehen zu lassen (s BGH NJW **78**, 1577 zum fr R). Die Heilg setzt voraus, dass der Formmangel der alleinige UngültigkGrd ist. **Andere Mängel,** wie Willensmängel, fehlde Vertretgsmacht, fehlde behördl Gen (RG **137**, 352), werden von der Heilg nicht erfaßt (BGH DNotZ **69**, 350). Dass die Part den Formmangel bei VertrSchl kannten, hindert die Heilg dagg nicht (BGH NJW **75**, 205). Die Heilg erstreckt sich auf den Vertr im ganzen. Sie erfaßt auch VertrÄndergen (Köln VersR **99**, 117) u Verpfl zur RückÜbereigng, ohne dass bereits eine RückAufl erforderl ist (BGH NJW **75**, 206, **LM** § 313 Nr 15).

47 **b) Auflassung. – aa)** Sie muß **rechtswirksam** sein (BGH **29**, 9). Die Aufl dch einen Bevollmächtigten heilt nur, wenn die AuflVollm gült ist (BGH DNotZ **66**, 96). Die Unwirksamk, insb die Formungültigk, des GrdstVertr erstreckt sich aber iZw nicht auf die AuflVollm (Rn 45). Ist das ausnw doch der Fall (Rn 22), tritt Heilg erst mit der formlos mögl Gen ein (§ 177). Bedarf die Aufl einer behördl Gen wird der Vertr nur wirks, wenn die Gen erteilt w (BGH DNotZ **69**, 350). Die Aufl muß in Erf des formunwirks Vertr vorgenommen w (BGH NJW **83**, 1545). Sie kann gleichzeit mit Abschl des Vertr erfolgen od ihm nachfolgen. Eine vorher erklärte Aufl genügt dagg nicht (BGH aaO). Heilg tritt auch beim gutgl Erwerb von einem NichtBerecht ein
48 (BGH **47**, 270). – **bb)** Die Aufl muß sich auf das **gesamte Vertragsobjekt** beziehen. Betrifft der Vertr mehrere Grdst, muß sich die Aufl auf alle erstrecken (RG **68**, 386), ist die Verknüpfg der Vertr nicht beurk, tritt Heilg aber erst nach Aufl (u Eintragg) aller Grdst ein (BGH NJW **00**, 2017). Eine Teil-Aufl kann den Vertr nach dem RGedanken des § 139 teilw wirks machen (BGH NJW **96**, 397). Beim TauschVertr müssen beide Grdst aufgelassen w (RG **56**, 386, s auch BGH **59**, 271). Bei einer **Veräußerungskette** heilt die Aufl an den Letzterwerber bei einem entspr ErfWillen auch die formlosen KaufVertr der ZwPers (RG **85**, 274,

132, 290). – **cc)** Die **Willensübereinstimmung** der Part muß bis zur Aufl fortbestehen (BGH **127**, 136, NJW **78**, 1577, **94**, 588). Sie muß sich auf den ganzen VertrInh erstrecken (BGH **54**, 64); sie wird vermutet, solange nicht eine Part erkennb einen abweichden Willen äußert (s BGH NJW-RR **93**, 522, **94**, 318). Wegfall der Übereinstimmg in der Zeit zw Aufl u Eintragg schadet auch dann nicht, wenn Aufl u VertrSchl in derselben Urk erfolgt sind (BGH WM **73**, 612). **49**

c) Eintragung. – **aa)** Sie muß tatsächl **vollzogen** sein u das VertrObjekt betreffen (RG **78**, 44). Die Eintragg auf einem falschen GrdBBlatt heilt auch iF einer falsa demonstratio nicht (BGH NJW **93**, 3197), obwohl diese für die Aufl unschädl ist (Rn 37). Die Eintragg einer AuflVormerkg genügt nicht (BGH **LM** Nr 19), die eines Widerspr ändert wg seiner and Zweckrichtg an der Heilg nichts (RG **109**, 334). – **bb)** Bis zur Eintragg kann der Veräußerer die Aufl **kondizieren** (RG **108**, 329, **109**, 354, stRspr), es sei denn, dass er die Formnichtigk kannte, § 814 (RG **133**, 276). RHängigk der Kondiktionsklage hindert die Heilg nicht. Der Veräußerer kann aber iW einstw Vfg ein **Erwerbsverbot** erwirken (§ 888 Rn 11). Die dennoch erfolgte Eintragg ist analog §§ 136, 135 relativ unwirks u heilt nicht (RG **117**, 291, **120**, 120, Hamm DNotZ **70**, 662). Heilg mit Wirkg ex tunc tritt jedoch bei Aufhebg des Verbots ein (Mü OLGZ **69**, 196). **50** **51**

d) Sonderfälle, entsprechende Anwendung. Der Wortlaut des I S 2 ist auf den typischen dch Aufl u Eintragg zu erfülldеn Vertr zugeschnitten. Auf Vertr, die nicht diesem Normaltyp entspr, ist Satz 2 mit Modifikationen anzuwenden: – **aa) Vorverträge** u ähnl Abreden werden bereits mit dem Abschluß des HauptVertr wirks (BGH **82**, 398). Voraussetzg ist, dass Vor- u HauptVertr inhaltl korrespondieren u der Inh des VorVertr nicht über den des HauptVertr hinausreicht (BGH NJW-RR **93**, 522). Die formunwirks Verpfl, an einen Dr zu verkaufen od ihm ein ErbbR zu übertragen, heilt daher, sobald der Vertr mit dem Dr formwirks abgeschlossen w (BGH **82**, 398, NJW **94**, 720). Der wg der ErwerbsVerpfl des AuftrN formunwirks Vertr heilt mit dem GrdstErwerb dch diesen, der Übertragg an den AuftrG bedarf es dazu nicht (BGH **127**, 175). Das formunwirks VertrStrVerspr heilt mit Abschl des HauptVertr (BGH NJW **87**, 1628), der unwirks ErsteigergsAuftr mit dem Erwerb in der ZwVollstr (BGH **85**, 245, NJW **96**, 1960), die ungült Verpfl zur Bestellg eines dingl VorkaufsR mit dessen Bestellg (Staud/Wufka Rn 298), die unwirks Verpfl zur Abgabe eines Angebots mit dessen formgült Abgabe (RG **169**, 190), der wg Bestehens eines AnwR unwirks AufhebgsVertr mit dem Erlöschen des AnwR (Düss DNotZ **90**, 370, Hamm DNotZ **91**, 149, Pohlmann DNotZ **93**, 359, Ernst ZIP **94**, 609). – **bb) Ausländische Grundstücke.** Ist § 313 auf Vertr über ausl Grdst anzuwenden, tritt Heilg mit dem EigtErwerb nach ausl Recht ein (BGH **73**, 397). Eintragg in das ausl EigtRegister ist nicht erforderl, sofern sie nur deklarator Bedeutg hat (BGH aaO, Düss NJW **81**, 529). Heilg tritt aber nur ein, wenn die Willensübereinstimmg (Rn 49) bis zur Vollendg des RErwerbs fortbesteht (Schlesw MDR **98**, 1473). – **cc) Übertragung eines Erbbaurechts.** Heilung tritt auch ein, wenn der Erwerber als Eigtümer eingetragen u das ErbbR gelöscht w (BGH **32**, 11). – **dd)** Auf **andere Formvorschriften** ist § 313 S 2 dagg nicht entspr anwendb (Pohlmann, Heilg formnicht VerpflGesch dch Erf, 1992, S 180), so nicht auf den ErbschKauf, § 2371 (BGH NJW **67**, 1128, DNotZ **71**, 38) u den ErbVerzicht, § 2348 (RG HRR **30**, 713). **52** **53** **54**

e) Wirkung der Heilung. – **aa)** I S 2 heilt nur die **Formnichtigkeit.** Andere Mängel werden nicht geheilt (Rn 46). Auch der Formmangel entfällt nicht, soweit eine vertragl Formabrede besteht (MüKo/Kanzleiter Rn 84). Die Heilg erstreckt sich auf den **gesamten Inhalt** des Vertr einschließlich aller mdl u schriftl Nebenabreden sowie aller formunwirks Ändergen u Ergänzgen, soweit die Willensübereinstimmg zZ der Aufl noch besteht (Rn 49). Auch die vereinb Verpflichtgen zur Rückübereigng werden wirks (BGH NJW **75**, 205, **LM** Nr 15), soweit sie nicht weiterreichen als der Ggst der Veräußerg. Die Verpfl des Eigtümers, das Grdst nach Beendigg des ErbbR an den ErbbBerecht aufzulassen, wird daher dch die Eintragg des ErbbR nicht geheilt (BGH **59**, 269). Die Heilg erstreckt sich auch auf ein entgg § 761 mdl abgegebenes zum Vertr gehördes LeibrentenVerspr (BGH NJW **78**, 1577) u auf formbedürft Abreden mit Dr (BGH NJW **74**, 136, **81**, 2293). Dagg richtet sich die Wirksamk von vollstreckb Urk ausschließl nach VerfR (BGH NJW **85**, 2423). – **bb) Keine Rückwirkung.** Der Vertr wird *ex nunc* gült. Eine vorher eingetragene AuflVormerkg bleibt wirkgslos (BGH **54**, 63, NJW **83**, 1545). Die VertrAnspr verjähren erst ab Eintragg u zwar auch bei fr Überg des Grdst (RG **75**, 114, **134**, 86). Auch für § 442 ist der Ztpkt der Heilg entscheidend (Hamm NJW **86**, 136). § 141 ist weder direkt noch analog anzuwenden. Es besteht aber die tatsächl Vermutg, dass die Part den Willen hatten, einand das zu gewähren, was sie haben würden, wenn der Vertr von Anfang an wirks gewesen wäre (BGH **32**, 13, **54**, 63, **82**, 398). Für die Vergangenh tritt jedoch kein Verzug ein (BGH DB **79**, 938), auch eine VertrStrafe wg verspäteter Erf ist iZw nicht verwirkt (Reinicke/Tiedtke NJW **82**, 1433, aA BGH NJW **82**, 759). **55** **56**

3) Vertrag über künftiges Vermögen, II. – **a) Zweck.** II soll die wirtschaftl BetätiggsFreih des einz vor übermäßigen Beschränkgen schützen. Er soll verhindern, dass jemand sich seiner Vermögensfähigk begibt u dadch zugl jede Motivation für eine Erwerbstätigk verliert (Mot II 186). Soweit die Vorschr Vertr über Bruchteile eines zukünft Vermögens verbietet, will sie prakt Schwierigk vermeiden (Mot II 187). – **b) Anwendungsbereich.** Die Vorschr gilt für schuldrechtl VerpflichtgsVertr (Einf 6 v § 305 aF). Sie ist auf einseit schuldrechtl Verpfl entspr anwendb. Dagg werden ErbVertr (§§ 2274 ff) u Vertr des FamGüterR (§§ 1415 ff) von ihr nicht erfaßt. Auch auf Vfgen findet II keine Anwendg. Eine Vfg über das ges künft Vermögen od einen Bruchteil davon ist ohnehin nicht mögl. Auf die Verschmelzg u Vermögensübertragg von jur Pers ist II nach UmwG §§ 4 I S 2, 176 nicht anzuwenden. **57** **58**

c) Voraussetzungen. – **aa) Verpflichtungsvertrag** (Rn 58). Die Art des Vertr ist gleichgült, ebso die Frage, ob die Part eine GgLeistg vereinb haben od nicht. II erfaßt neben Kauf u Schenkg auch GesellschVertr u LeibrentenVerspr. Er gilt auch für **juristische Personen** (RG **169**, 83), soweit keine gesetzl AusnVorschr (Rn 58) eingreifen. – **bb)** Das **künftige Vermögen** des Versprechden od ein Bruchteil davon muß VertrGgst sein. Der Vertr über künftiges fremdes Vermögen verstößt nicht gg II (RG **79**, 285 zu § 311 aF). Unter Vermögen iS von II u III sind nur die Aktiva zu verstehen (RG **69**, 285 u 420). Die Verpflichtg muß die Gesamth der Aktiva od eine Quote betreffen. Unanwendb ist I auf Vertr über einzelne VermögensGgst (BGH WM **76**, 744, Kaufhold ZEV **96**, 454) od über Sondervermögen (Rn 66). Die Verpfl zur Abtr aller künft **59** **60**

GeschFdgen wird daher nicht von I erfaßt (Staud/Wufka Rn 11, aA RG **67**, 168), erst recht nicht die Abtr
61 des künft pfändb ArbEinkommens (BGH **107**, 92, NJW **90**, 1035, **91**, 2018). – **cc) Nießbrauch, Sicherungsübereignung.** Das Verbot gilt auch für die Verpfl zur Übertragg od Bestellg eines Nießbr. Es erfaßt auch die Verpfl zur SichgÜbereigng, nicht aber die zur Verpfändg od zur Übertragg der Verw an einen TrHänder (RG **72**, 118 zu § 311 aF).

62 **d) Rechtsfolgen.** Der Vertr ist nichtig. Wenn das Vermögen erst im Ztpkt des Todes des Schu übergehen soll, ist aber eine Umdeutg in einen ErbVertr mögl (BGH **8**, 34). Die ErfGesch sind wirks, das Geleistete kann, soweit nicht § 814 entggsteht, gem § 812 zurückgefordert w. II ist als ein gesetzl Verbot aufzufassen, nicht als ein tatbestandl bes festgelegter Fall des § 138.

63 **4) Vertrag über gegenwärtiges Vermögen, III. – a) Zweck.** III soll vor dem übereilten Eingehen einer bes gefährl Verpfl schützen (Mot II 188, RG **94**, 314, BGH **25**, 5). Der im VorderGrd stehde Formzweck (§ 125 Rn 2) ist die Warnfunktion, zugl soll eine sachkund Beratg der Beteil sichergestellt w
64 (BeurkG 17). – **b) Anwendungsbereich.** III gilt (ebso wie II) für VerpflVertr, nicht aber für Vfgen. Auf einseit schuldrechtl Verpfl ist III entspr anwendb. Sondervorschriften bestehen für die Umwandlg dch Verschmelzg, VermögensÜbertragg od Spaltg (UmwG 6, 125, 176).

65 **c) Voraussetzungen.** Sie entsprechen, abgesehen davon, dass sich III auf gegenwärtiges Vermögen bezieht, denen des II. – **aa) Verpflichtungsvertrag.** Es muß sich um einen VerpflVertr handeln. Gleichgült ist die Art des Vertr, ebso die Frage, ob eine GgLeistg vereinb worden ist od nicht. III gilt auch für **juristische Personen** (RG **76**, 2, **137**, 348), jedoch bestehen für die Verschmelzg u die Umwandlg SonderVorschr
66 (Rn 64). – **bb)** Das **Vermögen** des Versprechden od ein Bruchteil davon muß Ggst der übernommenen Pfl sein. Unter Vermögen iSd III sind nur die Aktiva zu verstehen (RG **69**, 285 u 420). Die Vorschr gilt nicht, wenn die Verpfl die Übertragg fremden Vermögens betrifft (RG **79**, 282). Sind die Ggst im Vertr einzeln od dch Sammelbezeichngen angeführt, ist III auch dann unanwendb, wenn die angeführten Ggst prakt das ges Vermögen ausmachen (RG **69**, 420, BGH **25**, 4, ZIP **90**, 1544). Entscheidd ist, ob der Vertr nach dem Willen beider Part auf die Übertragg des ges Vermögens in „Bausch u Bogen" gerichtet ist (RG **69**, 420, **94**, 315, Staud/Wufka Rn 13). Das kann auch dann zu bejahen sein, wenn einzelne Ggst von verhältnismäß untergeordneter Bedeutg ausgenommen w (RG **137**, 349). Unanwendb ist III, wenn VertrGgst ein **Sondervermögen** ist, zB ein Unternehmen (RG Gruch **63**, 88, Warn **17** Nr 49), das Verm einer OHG (RG JW **10**,
67 242), ein Fideikommiß (RG **137**, 349) od AllodialVerm (BGH **25**, 4). – **cc) Pflicht zur Übertragung.** Der Vertr muß eine Pfl zur Übertragg od zur Bestellg eines Nießbr begründen; insow gilt Rn 61 entspr.

68 **d) Rechtsfolge** des Formmangels ist **Nichtigkeit** des Vertr (§ 125). Der Mangel wird dch Erf nicht geheilt (RG **76**, 3, BGH DNotZ **71**, 38). Der Schu kann die von ihm erbrachten Leistgen zurückfordern, sow nicht § 814 entggsteht. Bei einer unentgeltl Übertragg bedarf nicht nur das SchenkgsVerspr (§ 518 I), sond der ganze Vertr der Beurk. Der Vollzug der Schenkg heilt nur den Mangel der Form des § 518 I, nicht den des III (Staud/Wufka § 311 Rn 22). Das gilt entspr, wenn der Vertr sowohl gem I als auch gem III formbedürft ist. Geht die Verpfl auf Übertragg des ggwärt u des künft Vermögens, kann der Vertr hins des ggwärt Vermögens gem § 139 gült sein (RG Recht **12**, 3180). Eine **Umdeutung** eines gg III verstoßden Vertr in entspr EinzelVertr ist nicht ausgeschl (RG **76**, 3).

69 **5) Vertrag über Nachlaß eines lebenden Dritten, IV. – a) Das Verbot des IV, Zweck des Verbots.** Die Vorschr beruht auf sittl u wirtschaftl Erwäggen (Mot II 182, BGH **37**, 323). Abmachgen über den Nachl eines lebden Dritten sind nach der IV zGrde liegden Wertg sittl verwerfl, da sie mit dem Tod des Dr spekulieren. Vor allem soll IV aber gefährl Gesch unter Ausbeutg des Leichtsinns u eine VermVerschleuderg verhindern; darin liegt heute seine entscheidde ratio (BGH **104**, 281, NJW **95**, 448, DNotZ **97**, 122, Limmer
70 DNotZ **98**, 927). – **b) Anwendungsbereich.** IV gilt (ebso wie II u III) nur für **schuldrechtliche Verträge** (BGH **37**, 324, s aber Rn 72). And als II u III betrifft IV aber nicht nur Verpfl zur Übertr od NießbrBestellg, sond grdsl alle VerpflGesch mit Bezug auf den Nachl eines lebden Dr. Dem Nachl gleichgestellt sind Pflichtt u Vermächtn (IV S 2). Unter IV fallen die Verpfl zur ErbschAnn od Ausschlagg, zur Nichtgeltdmachg des Pflichtt od zur Unterlassg der TestAnf (Staud/Wufka § 312 Rn 4). Auch AbfindgsVereinbg zw Schlußerben eines Berliner Test sind gem IV nichtig (BGH **37**, 323), jedoch kommt uU eine Umdeutg in einen ErbverzichtsVertr in Betr (BGH NJW **74**, 43, krit Blomeyer FamRZ **74**, 421). Dagg sind Vertr über das AnwR des Nacherben wirks (§ 2100 Rn 11). Gleichgült ist, ob sich der Vertr auf den Nachl (Pflichtt usw) im ganzen od nur einen Bruchteil bezieht (BGH **26**, 324). Der Vertr braucht auch nicht auf eine unmittelb Beteiligg am Nachl abzuzielen; es genügt, dass sich der Umfang der Leistg nach dem NachlWert richtet (BGH aaO).
71 **Gültig** ist dagg der Vertr über einz NachlGgst (OGH NJW **49**, 623, BGH **LM** § 312 Nr 3, Kaufhold ZEV **96**, 455, stRspr), ebso die Verpfl, aus dem Nachl eine betragsmäß best Leistg (Rente) zu erbringen (BGH **26**, 325) u eine bis zum Erbfall aufschiebd bedingte Bürgsch; etwas and gilt nur dann, wenn die Verpfl den Wert des Nachl ausschöpft u dadch prakt alle NachlAktiven erfaßt (OGH NJW **49**, 623, BGH **LM** § 312 Nr 3, aA Tiedemann NJW **00**, 192, Kulke ZEV **00**, 298, Schanbacher WM **01**, 74). Maßgebd ist insow der Ztpkt des VertrSchl (BGH aaO). Die VollmErteilg dch einen künft Erben fällt nicht unter IV (MüKo/Thode § 312 Rn 6); unzul ist jedoch die Erteilg einer unwiderrufl Vollm, da sie zur Umgehg des IV mißbraucht w könnte. Die Zust des Dritten ändert an der Nichtigk nichts. Maßgebd ist, ob die VertrPart den Dritten als lebd gedacht haben; insow kommt es also nicht auf die obj Sachlage, sond auf die subj Vorstellgen der Part an (RG **93**, 297,
72 MüKo/Thode § 312 Rn 10, hM). – **c)** Auch **Verfügungen** über den Nachl eines lebden Dritten sind nichtig (BGH **37**, 324). Das ergibt sich bereits aus allg RGrds (BGH aaO), kann aber auch aus einer entspr Anwendg des IV hergeleitet w. Vertr des **Erblassers selbst** fallen nicht unter § 312. Für sie sind die Vorschr des ErbR maßgebd (ErbVertr §§ 1941, 2274 ff; ErbVerzichtVertr §§ 2346 ff).

73 **6) Erbschaftsverträge, V. – a) Zweck.** V soll eine **vorgezogene Auseinandersetzung** zw gesetzl Erben ermöglichen, gilt aber auch dann, wenn der Vertr einem and Zweck (Sichg) dient (Kaufhold ZEV **96**, 455). Alle VertrSchließden müssen künft gesetzl Erben sein. Nicht erforderl ist, dass es sich um die nächsten gesetzl Erben handelt; es genügt, dass sie zZ des VertrSchl zu den gem §§ 1924 ff möglicherw zur Erbf

berufenen Pers gehören (RG **98**, 332, BGH NJW **56**, 1151). – **b) Vertragsgegenstand.** Der Vertr, für den sich die Bezeichng „ErbschVertr" eingebürgert h (BGH NJW **95**, 448), muß sich auf den gesetzl Erbteil od den Pflichtt beziehen. Vertr über testamentar Erbteile u Vermächtn stehen gleich, allerd nur bis zur Höhe des gesetzl Erbteils (BGH **104**, 279). Der Vertr ist auch dann wirks, wenn die Part, die sich zur Vfg über ihren Erbteil verpflichtet hat, nicht kr Ges, sond aGrd lwVfg Erbe w (RG **98**, 333, BGH NJW **56**, 1151, MüKo/Thode § 312 Rn 13). Die FormVorschr des V 2 gilt auch für VertrKombinationen, bei denen der Erblasser dem Vertr ausdr zustimmt (BGH NJW **95**, 448). Wird der Verpflichtete nicht Erbe, sind die Grds über den Wegfall der GeschGrdl anwendb (Wiedemann NJW **68**, 773). Wertändergen (Zuerwerb od Veräußerg von Teilen des künft Nachl) begründen dagg grdsl keinen Anspr auf Anpassg (BFH NJW-RR **98**, 1379). Vgl auch Kues ZEV **01**, 13, der V auf vorweggenommene AusglVereinbgen zw künft Erben über lebenszeitige Zuwendgen anwenden will. – **c) Wirkung.** Die in V zugelassenen Vertr haben nur schuldrechtl Wirkg. Das 74
VollzugsGesch, etwa die Übertr des ErbAnteils (§ 2033), muß nach dem Erbfall dchgeführt w (BGH **104**, 280). Der PflichttAnspr kann dagg als künft Fdg auch schon vor dem Erbfall abgetreten w (s § 398 Rn 11). Ein nach IV nichtiger AbfindgsVertr kann uU in einen ErbVerzVertr od eine Verpfl zum Abschl eines ErbVerzVertr umgedeutet w (BGH NJW **74**, 44, BGH **37**, 328). Umgekehrt ist uU die Umdeutg eines nichtigen ErbVertr in einen Vertr nach V mögl (RG JR **27** Nr 1403). 75

311 c *Erstreckung auf Zubehör.*

Verpflichtet sich jemand zur Veräußerung oder Belastung einer Sache, so erstreckt sich diese Verpflichtung im Zweifel auch auf das Zubehör der Sache.

Das SMG hat den § 314 aF sachl u redaktionell unverändert als § 311 c eingeordnet. Die Vorschr enthält eine **Auslegungsregel,** nicht einen ergänzden RSatz. Der GgBew, dass die Verpflichtg das Zubeh nicht mitumfassen soll, ist daher mögl (s AG Esslingen NJW-RR **87**, 750). Die Vorschr gilt für **schuldrechtliche** Verpfl, gleichgült ob sie auf Vertr od einseit RGesch beruhen. Ein VeräußergsVertr ist neben Kauf u Tausch auch die Schenkg. Auf GebrauchsüberlassgsVertr (Miete, Pacht) ist § 311 c entspr anwendb (BGH **65**, 88, hM). Sache: § 90. **Zubehör:** §§ 97, 98. Eine Auflistg des Zubeh (Inventarliste) ist zweckmäß, zur Wahrg der Form aber nicht erforderl (BGH NJW **00**, 354). § 314 gilt auch dann, wenn der Verpflichtete nicht Eigtümer des Zubeh ist (Düss DNotZ **93**, 345). Maßgebder Ztpkt für die ZubehEigensch ist der des VertrSchlusses (so ausdr Entw I, in Entw II als selbstverständl weggelassen), doch kann sich aus den Umst ein and Ztpkt ergeben. Für das Vermächtn gilt § 2164, für die GrdstÜbereigng § 926. § 311 c ist als Ausdr eines allg Erfahrgssatzes analogiefäh (aA Kohler DNotZ **91**, 362); er ist entspr anzuwenden: bei Veräußerg eines Betr hinsichtl der zu ihm gehörden gewerbl SchutzR (RG **112**, 247, vgl jetzt MarkenG 27 II), einer EigtWo hinsichtl des Anteils am Instandhaltgsfond (Düss NJW-RR **94**, 1038). Nicht mögl ist eine analoge Anwendg auf RübenlieferR bei Verk einer landwirtschaftl Teilfläche (BGH **111**, 116, Oldbg NdsRpfl **95**, 160, Uhlig DNotZ **91**, 669) od den Anspr auf Freistellg von Erschließgskosten (BGH NJW **93**, 2232). 1

Untertitel 2. Besondere Vertriebsformen*

Vorbemerkung

1. Eingliederung des HausTWG und des FernAbsG in das BGB. Das SMG hat das HausTWG u das FernAbsG in das BGB übernommen u in den Abschnitt über SchuldVerh aus Vertr eingeordnet. Zugl hat es in dem neuen Untertitel (§§ 312–312 f) im § 312 e die Pflten des Untern im elektron GeschVerk normiert. HausTGesch u FernAbsVertr sind Vertr, die zw einem Untern (§ 14) u einem Verbr (§ 13) abgeschlossen werden. Sie stimmen auch darin überein, dass die Vertr außerh des LadenGesch (Verkaufs- od GeschRaums) des Untern angebahnt u (od) abgeschlossen werden u dass der Verbr wg der bes Umst der VertrAnbahng u (od) des VertrSchlusses schutzbedürft ist. Der währd des GesGebgsVerf unternommene Versuch, für beide Arten von Vertr einen subsumtionsfäh EinhTatbestd zu formulieren, ist aber gescheitert. Da der VertrSchluß völlig unterschiedl abläuft, die Grde für die SchutzBedürftigk des Verbr verschieden sind u auch die europarechtl Vorgaben nicht übereinstimmen, kam die in der Lit empfohlene EinhRegelg ohnhin nicht ernsth in Betracht. Auch dogmat bestehen zw HausTGesch u FernAbsVertr kaum Gemeinsamk. Die Probleme, die bislang in den **Einführungen** zu den beiden Ges behandelt worden sind, konnten daher nicht in dieser Vorbem behandelt werden, sond sind dem § 312 (HausTGesch) od § 312 b (FernAbsVertr) zugeordnet worden. 1

2) Änderungen. Das SMG hat die Vorschr des HausTWG u des FernAbsG bei der Eingliederg in das BGB nur unwesentl verändert. – **a) HausTWG.** Die HausTGesch regeln jetzt zwei Paragraphen, die §§ 312 (WiderrR bei HausTGesch, bisher HausTWG 1) u § 312 a (Verhältn zu and Vorschr, bisher HausTWG 5 II u III). Die weiteren Vorschr des HausTWG sind in and Normen aufgegangen od and eingeordnet worden: **(1) § 2** (Ende der WiderrFr) ist dch die für alle WiderrR geltde Neuregelg des § 355 III ersetzt worden. **(2)** Die Regelg des **§ 5 I u IV** (UmgehgsVerbot, Unabdingbarkeit) enthält jetzt der auch für FernAbsVertr geltde § 312 f. **(3)** Die Vorschr des § 6, nach der das HausTWG auf VersVertr keine Anwendg findet, ist in § 312 III übernommen worden. **(4)** Die GerStandVorschr des **§ 7** hat das SMG als § 29 c in die ZPO 2

* **Amtlicher Hinweis:** Dieser Untertitel dient der Umsetzung
1. der Richtlinie 85/577/EWG des Rates vom 20. Dezember 1985 betreffend den Verbraucherschutz im Falle von außerhalb von Geschäftsräumen geschlossenen Verträgen (ABl. EG Nr. L 372 S. 31),
2. der Richtlinie 97/7/EG des Europäischen Parlaments und des Rates vom 20. Mai 1997 über den Verbraucherschutz bei Vertragsabschlüssen im Fernabsatz (ABl. EG Nr. L 144 S. 19 und
3. der Artikel 10, 11 und 18 der Richtlinie 2000/31/EG des Europäischen Parlaments und des Rates vom 8. Juni 2000 über bestimmte rechtliche Aspekte der Dienste der Informationsgesellschaft, insbesondere des elektronischen Geschäftsverkehrs, im Binnenmarkt („Richtlinie über den elektronischen Geschäftsverkehr", ABl. EG Nr. L 178 S. 1).

3 eingeordnet. – **b) FernAbsG.** Die Regelg für FernAbsVertr hat das SMG sachl nur geringfüg geändert. Die einz InformationsPflten des Untern sind nicht mehr im Ges, sond in der BGB-InfoV geregelt (§ 312c Anhang). Die Vorschr über finanzierte Vertr (FernAbsG 4) ist in die umfassde Regelg des § 358 für verbundene Vertr aufgegangen. Neu ist der zur Umsetzg der E-Commerce-RL erlassene § 312e. Er ergänzt die §§ 312b–d u gilt auch für Vertr mit Untern.

3) Zeitlicher Anwendungsbereich. Die Neuregelg gilt nur für Vertr, die nach dem 1. 1. 02 abgeschlossen worden sind (EG 229 § 5).

4) IPR. Es gelten die allg Regeln der EG 27u 28 mit den sich aus EG 29, 29a u 34 ergebden Modifikationen (vgl dort).

312 *Widerrufsrecht bei Haustürgeschäften.* **[I] Bei einem Vertrag zwischen einem Unternehmer und einem Verbraucher, der eine entgeltliche Leistung zum Gegenstand hat und zu dessen Abschluss der Verbraucher**

1. durch mündliche Verhandlungen an seinem Arbeitsplatz oder im Bereich einer Privatwohnung,
2. anlässlich einer vom Unternehmer oder von einem Dritten zumindest auch im Interesse des Unternehmers durchgeführten Freizeitveranstaltung oder
3. im Anschluss an ein überraschendes Ansprechen in Verkehrsmitteln oder im Bereich öffentlich zugänglicher Verkehrsflächen

bestimmt worden ist (Haustürgeschäft), steht dem Verbraucher ein Widerrufsrecht gemäß § 355 zu. Dem Verbraucher kann anstelle des Widerrufsrechts ein Rückgaberecht nach § 356 eingeräumt werden, wenn zwischen dem Verbraucher und dem Unternehmer im Zusammenhang mit diesem oder einem späteren Geschäft auch eine ständige Verbindung aufrechterhalten werden soll.

[II] Die erforderliche Belehrung über das Widerrufs- oder Rückgaberecht muss auf die Rechtsfolgen des § 357 Abs. 1 und 3 hinweisen.

[III] Das Widerrufs- oder Rückgaberecht besteht unbeschadet anderer Vorschriften nicht bei Versicherungsverträgen oder wenn

1. im Falle von Absatz 1 Nr. 1 die mündlichen Verhandlungen, auf denen der Abschluss des Vertrags beruht, auf vorhergehende Bestellung des Verbrauchers geführt worden sind oder
2. die Leistung bei Abschluss der Verhandlungen sofort erbracht und bezahlt wird und das Entgelt 40 Euro nicht übersteigt oder
3. die Willenserklärung des Verbrauchers von einem Notar beurkundet worden ist.

Schrifttum zum HausTWG: Klauss/Ose VerbrKredGesch Komm 2. Aufl 1988. – MüKo/Ulmer 3. Aufl 1995. – Soergel/Wolf 12. Aufl 1988. – Fischer/Machunsky, HausTWG, Komm, 2. Aufl 1995. – Staudinger/Werner 13. Aufl 1997. – Erman/Saenger 10. Aufl 2000.

1 **1) Allgemeines. – a) Fassung.** Die Vorschr entspr dem bisher HausTWG 1. I hat das SMG dch Umformulierg des Einleitgssatzes redaktionell, aber nicht in der Sache geändert. Neu ist II (Rn 20). In III ist
2 die AusnVorschr für VersVertr (bisher HausTWG 6) mit eingeordnet worden. – **b) Europarechtliche Grundlage.** Die §§ 312u 312a dienen der Umsetzg der RL 85/577/EWG v 20. 12. 85 über HausTGesch (ABlEG Nr L 372/31 v 31. 12. 85). Zwar ist das HausTWG, an dessen Stelle die §§ 312u 312a getreten sind, vor dem Erlaß der RL in Kraft getreten. Das Vorziehen der Umsetzg ändert aber nichts daran, dass die dtschen Normen über HausTGesch richtlinienkonform auszulegen sind (BGH NJW **94**, 2759, BGH ZIP **96**, 375/78. Roth ZIP **96**, 1285). Die Pfl zur richtlinienkonformen Auslegg (Einf 36a v § 1) u die damit verbundene Pfl zur Vorlage an den EuGH (Einf 24c v § 1) besteht nur, wenn das Ger eine zweifelh Ausleggsfrage zu Lasten des Verbr entscheiden will. Dagg ist bei einer Entscheidg zG des Verbr eine Kollision mit der RL aus-
3 geschlossen, da RL 8 strengere VerbrSchutzstandards der MitglStaaten ausdr zuläßt. – **c) Zweck.** § 312 dient dem Schutz ggü den mit HausTGesch verbundenen Gefahren. Die Verbr sollen sich von Vertr lösen können, die inf Überrumpelg auf einem übereilten Entschl beruhen (vgl BGH NJW **92**, 1889 mwN), ihnen Leistgen verschaffen, für die oft kein echter Bedarf besteht, u deren Entgelt häufig ihre finanzielle LeistgsFähigk übersteigt. Vor allem sollen soz schwächere PersKreise geschützt werden, näml solche mit geringer GeschGewandth, die als Verbr bei der GeschAnbahng überraschd beeinflußt w, dabei ohne ausreichde Überlegg, gedrängt u beeinträcht in der EntschFreih Vertr abschließen, oft mit bedrückden finanziellen Folgen. Die Vorschr ist entspr ihrer Zweckbestimmg halbzwingd (§ 312f).

4 **2) Verbraucherverträge I. – a) Vertragsparteien.** § 312 gilt für Vertr zw einem Untern u einem Verbr. Untern, Verbr: Es gelten §§ 14u 13 (s dort). Soll der VertrGgst sowohl im priv als auch im berufl Bereich eingesetzt werden, ist entscheidd, welche Benutzg überwiegt (§ 13 Rn 3). Vertr nur zw Untern od nur zw Verbr fallen nicht unter § 312. – **b) Vertretung.** Handelt für den Verbr ein Vertreter, so kommt es für die Situation des I nur auf diesen an (BGH NJW **00**, 2268/70 mwN, str). Das gilt auch dann, wenn die Vollm, auf der die VertretgsMacht beruht, in einer HausTSituation erteilt wurde (BGH aaO). Umstr ist, ob die in einer HausTSituation erteilt Vollm widerrufl ist (vgl BGH aaO mwN). Der dch § 172 geschützte Untern hat bei einem VertrSchluß mit einem Vertreter grdsl keine Veranlassg anzunehmen, der Verbr sei nicht belehrt worden (BGH NJW **00**, 2270). § 1357 (Schlüsselgewalt) ist anwendb, so dass auch der and Eheg VertrPart w (Cebulla/Pützhoven FamRZ **96**, 1124). Läßt der Untern einen Vertreter od Vermittler für sich handeln, muß er sich dessen Verhalten zurechnen lassen (MüKo/Ulmer HausTWG 1 Rn 15). Geht die Einwirkg von einem unabhängigen Dr aus, gilt für die Abgrenzg § 123 Rn 13, 14 entspr.

5 **3) Vertragsschluß, I S 1.** Es gilt § 151 S 1. Gleichgült ist, ob das VertrAngebot od die Ann vom Verbr erkl wird. Die WillensErkl des Verbr muß mündl od schriftl ausdr od stillschw auf den VertrSchl gerichtet sein (vgl § 151 Rn 2). Der Verbr muß im entscheiddn BewegGrd dch die HausTSituation zur Abgabe der zum

Vertr führden WillErkl veranlaßt worden sein (wie § 123 Rn 24), wobei eine Mitverursachg genügt (BGH **131**, 385). Das ist bei Abschl eines neuen Vertr auch der Fall, wenn der Besuch nur wg gewünschter VertrÄnd stattgefunden hat (BGH NJW **99**, 575). Es genügt, wenn der Vertr sonst nicht od nicht so wie geschehen, zustandegekommen wäre (BGH **131**, 385). Ein enger zeitl Zushang zw VertrVhlg u Abgabe der zum VertrAbschl führden WillErkl ist nicht erforderl (BGH aaO u NJW **94**, 262). Maßgebd ist, ob die ÜberraschgsWirkg noch fortdauert (vgl Löwe BB **86**, 821/24) od der Kunde in seiner EntschließgsFreih beeinträchtigt ist (BGH NJW **94**, 262). Zw dem in der HausTSituation eingeholten Angebot u der späteren Ann darf nicht aufgespalten werden (Stgt WM **99**, 2310). Bei Ablehng des HausTGesch u telefon Abschl 6 Wo später fehlt idR die Kausalität (Köln WM **00**, 2139).

4) Vertrag über eine entgeltliche Leistung. Das ist idR (aber nicht notw) ein ggs Vertr (§ 320). Entgelt: 6
Die Bezeichng ist gleichgült, insb Preis, Honorar, Beitr, Gebühr (MüKo/Ulmer HausTWG 1 Rn 8). Der Rahmen ist bewußt weit gesteckt. – **a) Typische Fälle:** KaufVertr (§ 433), soweit kein VerbrKrGesch vorliegt (vgl § 312 a); Werk- u WerkliefergsVertr (§§ 631, 651); GeschBesorggsVertr (§ 675; Köln NJW-RR **89**, 1339), auch als gemischter Vertr (BGH NJW **95**, 324 [Schlüssel-Funddienst]); PartnerschVermittlg (Stgt NJW-RR **90**, 1136); FranchVertr (Einf 21 vor § 581); MaklerVertr (§ 652); ReiseVertr (§ 651 a); Miete (Kblz NJW **94**, 1418, LG Bln ZMR **02**, 52); Pacht u Leasing (Einf 37 ff vor § 535); BausparVertr; sog Bauherren- u Erwerbermodelle (Gallois BB **90**, 2062); Vertr über LeitgsR für Wasser-, Energie- u WärmeVersorgg; Beitritt zu einer Gesellsch (BGH NJW **96**, 3414), auch aus dem Grd der SteuerErsparn u wenn die Gesellsch fehlerh ist (Rstk WM **01**, 1413), auch mittelb üb einen Treuhänder zu einer Publikums-GbR (BGH NJW **01**, 2718, Edelmann DB **01**, 2434), ferner zu einer Genossensch (Krohn/Schäfer WM **00**, 112 mwN). Zweifelh ist, ob TauschVertr (§ 515) darunterfallen.

b) Bürgschaft (§ 765). Der BGH, IX. ZS (BGH **113**, 287, NJW **91**, 2905) hat sie anfängl nicht als einen 7
entgeltl Vertr angesehen. Dagg tendiert der BGH, XI. ZS dahin, die Bürgsch als entgeltl Vertr einzuordnen, jedenf dann, wenn der Verbr in der Erwartg bürgt, ihm od einem best Dr entstehe daraus ein Vorteil (BGH NJW **93**, 1595, ebso Köln NJW-RR **94**, 1538, Schanbacher NJW **91**, 3263, Wassermann JuS **92**, 908, Klingsporn WM **93**, 829). Der IX. ZS bleibt aber mit and Begründg bei seiner restriktiven Linie. Auf seine Vorlage hat der EuGH entschieden, dass die RL 85/577/EWG nur anwendb ist, wenn der HauptSchu ein Verbr ist u auch die Hauptschuld in einer Haustürsituation begründet worden ist; zusätzl muß auch der Bürge Verbr sein (EuGH NJW **98**, 1295, krit Pfeiffer ZIP **98**, 1129, Reinicke/Tiedtke DB **98**, 2001, Auer ZBB **99**, 161). Dem folgt der BGH, IX ZS (BGH NJW **98**, 2356); er verlangt – vielleicht abw von der in diesem Pkt unklaren Entsch des EuGH (Pfeiffer ZIP **98**, 1134) – auch für die Übernahme der Bürgsch neben der VerbrEigensch des Bürgen ausdr eine Haustürsituation. Für ein WiderrR des Bürgen auch dann, wenn die Begründg der Hauptschuld nicht in den Anwendgsbereich von § 312 fällt: Pfeiffer aaO; Reinicke/Tiedtke ZIP **98**, 893, Lorenz NJW **98**, 2937. – **c) Sicherungsgeschäfte.** Die Verpfl zur Bestellg einer SichergsGrdSch ist ein Vertr über eine entgeltl Leistg (BGH NJW **96**, 55, Hamm WM **99**, 73, krit Auer ZBB **99**, 161/65). Dagg ist die GrdSchuldBestellg selbst kein entgeltl Vertr (Kblz NJW-RR **99**, 1178).

d) Miet- und Pachtverträge über Immobilien u beweg! Sachen fallen darunter. Das gilt auch für Wohn- 8
gen (Brschw NZM **99**, 916; Herr WuM **99**, 607; Kblz NJW **94**, 1418; LG Zweibr NZM **99**, 306, hM). – **e) Vereinsmitgliedschaft** ist idR kein Vertr über eine entgeltl Leistg (hM; Karlsr NJW **91**, 433), and aber wenn zw dem Verein u seinen Mitgl Vertr über Leistgen geschlossen werden, die nicht schon aGrd der Mitgliedsch beansprucht werden können. – **f) Arbeitsrechtliche Aufhebungsverträge** fallen nicht unter § 312 (Joussen NZA **01**, 749, Löwisch NZA **01**, 466, Bauer/Kock DB **02**, 42, aA Däubler NZA **01**, 1332).

5) Situationsbedingte Voraussetzungen, I. Die Aufzählg der Nr 1–3 ist enumerativ; eine entspr 9
Anwendg ist ausgeschl. Die deutl Begrenzg ist vom GesGeber gewollt, um nur die typ Fälle zu erfassen, die der VerbrSchutz erfordert. Vertretg: Rn 4. Darleggs- u BewL trägt nach allg Grds der Verbr (Hamm NJW **94**, 2159).

a) Nr 1. Arbeitsplatz und Privatwohnung. Entscheidd ist der Ort; auf den Anlaß des Besuchs kommt 10
es nicht an (BGH NJW **99**, 385). – **aa) Verhandlung.** In beiden Fällen muß die mdl Vhlg (eine od mehrere) mit dem Verbr geführt w, dch den Untern, Geh od Dr. Die mdl Vhlg beginnt, sobald der Verbr mit dem Ziel des VertrSchlusses angesprochen wird (BGH **131**, 385). Sie muß die Ursache für den VertrSchl darstellen (vgl Rn 5). Nr 1 gilt daher nicht, wenn schon eine GeschVerbindg bestanden hat (Hamm NJW **94**, 2159). Daneben dürfen auch noch and Umst bestimmd sein (zB Werbegeschenke, Warenproben, Freiexemplare), so dass eine Mitursächlichk der mdl Vhlg genügt (BGH NJW **96**, 926). Gleichgült ist, wer für den Untern die Vhlg führt. Es können mehrere Pers zugleich od nacheinander sein (vgl Rn 4), nicht aber der Eheg od nahe Angeh des Verbr, der diesem in der Wohng auf Veranlassg des Untern die VertrErkl vorlegt (BGH NJW **93**, 1594, **96**, 191; aA Frings ZIP **96**, 1193), sofern er nicht allg werbd für den Untern tät ist (BGH NJW **96**, 3414). Dasselbe gilt für den Nachbarn, der auf Veranlassg des Untern handelt (aA KG NJW **96**, 1480). Für die Gestaltg der mdl Vhlg genügt, dass nur für den Untern gesprochen wird. Auf seiten des Verbr genügt, dass er aGrd dessen seine WillErkl abgibt. Der GesZweck erfordert keine Wechselrede. Werbg u telefon Vhlg fällt nicht unter Nr 1 (hM; BGH NJW **96**, 929 mwN; aA Klingsporn NJW **97**, 1546). Unerhebl ist, wo der Verbr seine WillErkl abgibt (BGH NJW **96**, 926). Er kann dies auch später in Abwesenh des Untern od dessen Vertreters tun (BGH NJW **96**, 3416). – **bb) Arbeitsplatz.** Es muß der des Verbr sein. Hier ist eine extensive 11
Auslegg dahin geboten, dass jeder Ort im BetrGebäude od -gelände dazugehört, weil dort überall die überraschde Einflußn mögl ist. Die Anwendg ist auf den ArbPlatz im GeschRaum selbstd, insb freiberufl Tätiger zu erstrecken (Düss BB **99**, 1784; Erm/Saenger 30; Pfeiffer/Dauck NJW **96**, 2077 mwN; Martis MDR **99**, 198; aA MüKo/Ulmer HausTWG 1 Rn 21; offengelassen v BGH NJW **94**, 2759). – **cc) Privat-** 12
wohnung. Einschließl Hausflur u Garten, auch von MehrFamHäusern u an der Haustür. Es muß irgendeine PrivWohng sein, nicht notw die des Verbr, weil gerade auch die sog PartyVerkäufe erfaßt werden sollen. Es kann auch die Wohng eines Dr sein, in die dieser den Vertreter des Untern bestellt hat (Hamm NJW-RR **91**, 121). Die PrivWohng des Untern od der für ihn handelnden Pers fällt nicht darunter, wenn sie vom Verbr zwecks VertrVhlgen aufgesucht wird (BGH NJW **00**, 3498, str), auch dann nicht, wenn der Verbr zuvor

währd einer Party angesprochen worden ist (Stgt MDR **01**, 1401). Die Eigensch als PrivWohng geht nicht dadch verloren, dass von ihr aus auch regelmäß Gesch abgeschl werden. Nicht anwendb auf priv Baustelle bei Bestellg v Baumaterial (vgl Zweibr NJW **95**, 140).

13 **b) Nr 2. Freizeitveranstaltung. – aa) Begriff.** Davon werden gewerbl oder gewerbl motivierte Veranstaltgen erfaßt, deren Gesamtbild von einem FreizeitErlebn ausgeht (hM), das der Belehrg od Unterhaltg der Teiln dient (Düss NJW-RR **93**, 1533) u bei dem Freizeitangebot u Verkaufsveranstaltg organisator so miteinander verbunden sind, dass der Verbr in freizeitl unbeschwerte Stimmg versetzt w (BGH NJW **92**, 1889) u nicht notw den Verkaufszweck der Veranstaltg erkennt (Düss NJW-RR **96**, 1269). Unter Nr 2 fallen vor allem VerkVeranstaltgen außerh der gewöhnl GeschLokale (Ffm NJW-RR **90**, 374). Sie brauchen aber nicht notw außerh der GeschRäume des Verkäufers stattzufinden (Celle OLGZ **91**, 485), die Veranstaltg ist auch in den GeschRäumen des Untern od eines Dr mögl (BGH NJW-RR **91**, 1524). Maßgebd ist der tats Ablauf. Die vorher Ankündigg, es handle sich um eine Verkaufsveranstaltg kann eine FreizeitVeranstaltg im Einzelfall ausschl (BGH NJW **90**, 3265; Ffm NJW-RR **96**, 1270). – **bb) Keine** Freizeitveranstaltgen sind VerbrVerk-Ausstellgen (KG NJW-RR **90**, 1338, Brdbg NJW-RR **01**, 1635 [Grüne Woche]; LG Brem NJW-RR **88**, 1325; LG Heilbr NJW-RR **89**, 1145; LG Brschw NJW-RR **92**, 1401 [Harz u Heide]; aA Dresd NJW-RR
14 **97**, 1345 [Mittelsachsenschau]; Stgt NJW-RR **88**, 1323; Huff VuR **88**, 306). – **cc) Beispiele** für Freizeitveranstaltg sind: Mehrtäg Reisen, Ausflugsfahrten zu Sportereignissen, zu Unterhaltg, Erholg u Bildg (Mü NJW-RR **91**, 122), Filmvorführgen (LG Hanau NJW **95**, 1100), sog Wanderlagerveranstaltgen (Hamm NJW-RR **89**, 117), auch wenn die tatsl gewährte Bewirtg nicht dch Werbg angekünd ist (BGH NJW **90**, 3265); Bewirtg im Café (Stgt NJW-RR **89**, 1144); kostenlose Weinprobe mit Abendessen (LG Brschw NJW-RR **89**, 1147); Herausstellen spektakulärer Gewinnchancen (LG Mönchengladb NJW-RR **96**, 504); GewinnAbholgsVeranstaltg (Karlsr NJW-RR **97**, 432); Tanzveranstaltgen, auch eine Modenschau, wenn und
15 Leistgen od and Waren als Kleidg angeboten w. – **dd) Veranstalter** kann auch ein Dr sein, der organisiert u dchführt. Es genügt dann, dass der Untern sich anschließt. Auch in seinem Interesse dchgeführt wird bereits,
16 wenn der Dr weiß, dass der Untern Werbg u VerkTätigk entfaltet (BGH NJW-RR **91**, 1524). – **ee) Anläßlich.** Es muß ein zeitl, räuml od sachl Bezug zur WillErkl des Verbr bestehen (vgl Rn 5), zB Fortwirken der StimmgsLage (Saarbr NJW **95**, 141 [Ferienhotel]). Bei engem Bezug besteht für diese Kausalität ein Anscheins-Bew (Wassermann JuS **90**, 549/51).

17 **c) Nr 3. Öffentliche Verkehrsmittel und -wege. – aa) Verkehrsmittel:** Schiffe, Flugzeuge, Busse u Bahnen. Auch sie müssen (als öff) allg zugängl sein, nicht nur für geschlossene Gruppen (dafür gilt Nr 2; aA Gilles NJW **86**, 1141). Nicht der Mitfahrer im PKW. – **bb) Verkehrswege.** Allg zugängl können neben Straßen u Plätzen auch öff Parks u Gärten, PrivWege, Bahnhöfe, Bahnsteige, Flughäfen, Autobahnraststätten und -plätze sein. Nicht: Priv Sport-, Park- u Campingplätze (Knauth WM **86**, 509 [516]). – **cc) Im Anschluß** ist rein zeitl zu sehen. Das Ansprechen muß vom Untern od der für ihn handelnden Pers ausgehen. Überraschd ist als subj unerwartet einzuordnen; daher nicht: das für das betr VerkMittel typ DLeistgs- u WarenAngeb (MüKo/Ulmer 27), ebsowenig Verkaufsausstellgen (KG NJW **90**, 1338/40), Märkte u Festplätze. Kausalität: wie Rn 16.

18 **6) Rechtsfolgen.** Es besteht ein WiderrR, das unter best Vorauss dch ein RückgR ersetzt werden kann. – **a) Widerrufsrecht, I 1.** RNatur, Wirkg, Frist, Belehrg, Ausübg u RFolgen des Widerr richten sich nach § 355 u den dort Anm. Die Belehrg muß nach **II** auch auf die RFolgen des § 357 I u III hinweisen, vor allem auf die Pfl zum WertErs für erbrachte Dienstleistgen u iF einer Verschlechterg (BT-Drs 14/7052 S 286). Die Regelg über das Erlöschen des WiderrR iF des Fehlens einer ordngsmäß Belehrg (bisher HausTWG 2) hat das SMG in den gg GemeinschR verstoßden § 355 III eingeordnet (s dort). Das WiderrR besteht iF des § 1357 auch für den and Eheg (Cebulla/Pützhoven FamRZ **96**, 1124) u iF des § 179 für den Vertreter ohne
19 Vertretgsmacht (BGH NJW-RR **91**, 1074). – **b) Rückgaberecht, I 2.** Es ist das des § 356 u kann an Stelle des kr Ges bestehden WiderrR dch Vertr zw Verbr u Untern vereinb werden. Vorauss, Belehrg, Ausübg u Wirkg richten sich nach § 356 u den dort Anm. Zusätzl Vorauss ist, dass dch das abgeschlossene od ein künft Gesch eine ständ geschäftl Vbdg aufrechterhalten werden soll u damit ein Zushang besteht. Damit wird den
20 Erfordern u Gepflogenh des Versandhandels entsprochen. – **c) Widerrufsbelehrung, II.** Inh u Anfordergen ergeben sich grdsl aus § 355 II. Ergänzd gilt § 312 II. Der Untern muß darüber belehren, dass der Verbr zur Rückgewähr u, wenn die Rückgewähr, wie bei Dienstleistgen, ausgeschlossen ist, zum Wertersatz verpfl ist (II iVm § 357 I). Zu belehren ist der Verbr auch über seine Pfl, für die dch die bestgem Ingebrauchn der Sache entstandene Verschlechterg Wertersatz zu leisten u über seine ErsPfl iF des Untergangs od der Verschlechterg der Sache (II iVm § 357 III). Einzelh s bei § 357.

21 **7) Ausschluß des Widerrufs- und Rückgaberechts, III.** Hier wird vom GesGeber das Schutzbedürfn verneint. Darleggs- u BewL trägt der Untern, insb für Nr 1 (Mü WM **91**, 523; Jena OLG-NL **94**, 78). Das wird nicht dadch veränd, dass dieser sich formularmäß bestät läßt, eine vorhergehde Bestellg habe vorgelegen (Zweibr NJW-RR **92**, 565). Der Zusatz „unbeschadet and Vorschr" soll klarstellen, dass sich ein Ausschluß des Widerr- od RückgabeR auch aus and Vorschr, zB § 312 a, ergeben kann (BTDrs 14/7052 S 287).

22 **a) Versicherungsverträge** sind solche iS des VVG 1, u zwar jeder Art (BGH NJW **95**, 324), nicht aber gemischte Vertr, bei denen der VersZweck nicht überwiegt, zB Schlüsselfund (BGH aaO; aA KG DB **93**, 2174). Die Ausn wird kompensiert dch VVG 8 V, der dem VersN im nichtkaufm Bereich ein ähnl ausgestaltetes WiderrR mit einer 14-TagesFr einräumt, wenn die Laufzeit des Vertr mehr als 1 J beträgt (hierzu Koch VersR **91**, 725; Teske NJW **91**, 2793; Claussen JR **91**, 360).

23 **b) Nr 1. Vorhergehende Bestellung.** Gilt nur für I Nr 1, nicht für Nr 2 (Kblz NJW-RR **91**, 1020) u Nr 3. – **aa)** Die **Bestellung** ist keine WillErkl, sond eine geschähnl Hdlg (MüKo/Ulmer HausTWG 1 Rn 38). Der Verbr muß den Untern ausdrückl schriftl, mdl od telefon (BGH NJW **01**, 509), sogar stillschweigd (wenn eindeut erkl) zur VertrVhlg mit einem konkreten VertrAngebot od zu einem Kostenvoranschlag (aA Stgt NJW **88**, 1986), nicht zur bloßen Warenpräsentation od zur Information (BGH **109**, 127 mwN) an den ArbPl od in eine Wohng (wie Rn 12) zu VertrVhlgen bestellt haben (BGH aaO). Das liegt insb vor, wenn der Verbr den Besuch zu VertrVhlgen wünscht (Jena OLG-NL **94**, 78). Darauf, ob der Verbr dies

auf Nachfrage od von sich aus erkl, kommt es nicht an (BGH aaO). Vorhergehde Bestellg wird verneint, wenn der Verbr auf eine ZeitgsAnz telefon nachfragt (LG Arnsberg NJW-RR **92**, 692) od auf eine Werbeantwortkarte mit versprochenem Werbegeschenk reagiert (Dresd NJW-RR **96**, 758). Bestellt der Verbr den Untern zur Abgabe eines Angebots, kommt es insbes bei Bauhandwerkern auf die Umst des Einzelfalles an, ob der Schutzzweck des I zutrifft (BGH **110**, 308). Das ist zu verneinen, wenn bereits vorher über den VertrGgst Vhlgen stattgefunden haben (BGH NJW **94**, 3351). – **bb) Zeitlich** muß die Bestellg vor Aufn der 24
Vhlg liegen u dem Verbr Zeit zur Vorbereitg lassen (Bambg BB **88**, 1072). Sie muß hinreichd ggstl best sein (LG Hbg NJW-RR **88**, 824), damit der Verbr nicht mit einem überraschd Angebot and Art konfrontiert wird (Knauth WM **86**, 509/15). – **cc) Herbeigeführt** (provoziert) werden darf die Bestellg nicht dch eine der 25
Situationen des I (Stgt NJW-RR **89**, 1144, Brdbg MDR **98**, 207; Knauth aaO 516 mwN;). Das ist insb gegeben: dch eine telefon KontaktAufn des Untern (hM; BGH **109**, 127 mwN), vor allem, wenn diese unverlangt ist (LG Rstk NJW-RR **94**, 1015), wenn sie zu and Zwecken erbeten wurde od auf einem vorangegangenen unbestellten Besuch beruht (Stgt NJW- RR **90**, 1014). Das gilt auch dann, wenn der Verbr seine TelefonNr auf einer Werbeantwortkarte angegeben hat (BGH aaO). Eine Bestellg ist auch nicht die Antwort (zB KatalogAnfdg) auf eine WerbewurfSendg od -postkarte (BGH aaO; Köln NJW **88**, 1985; AG u LG Dortm NJW-RR **88**, 314 u 316), wohl aber die nach vorher Information auf einem Messestand (Stgt MDR **98**, 956). – **dd) Bloßes Schweigen** auf einen angekünd Besuch genügt keinesf. Überzogen ist die Ans 26
(Stgt NJW-RR **89**, 956), es liege keine vorhergehde Bestellg vor, wenn auf einem Messestand für Einbaufenster dem Verbr erkl w, ein Preis könne erst nach Besichtigg der Wohng genannt w. Zu Besonderh bei BankGesch Knauth WM **87**, 517/26.

c) Nr 2. Vollzogene Kleingeschäfte. Die Grenze von genau 40 Euro einschließl ist absolut u dient der 27
RSicherh. Bei Abschl: Die vollständ Erf dch beide VertrPart muß wie bei einem BarGesch des tägl Lebens zeitl unmittelb dem VertrAbschl nachfolgen. Abzustellen ist auf das gesamte Entgelt, das in der Vhlg vereinb w (Wassermann JuS **90**, 549/54). Die Aufteilg eines an sich einheitl Gesch in mehrere Teile unter 40 Euro wäre jedenf eine Umgehg gem § 312 f (Soergel/Wolf HausTWG 1 Rn 38).

d) Nr 3. Notarielle Beurkundung. Sie muß dem BeurkG entspr (Stgt WM **99**, 2305). Ist auch 28
anzuwenden, wenn die Beurk nicht ges vorgeschrieben, sond nur vereinb ist (Habersack ZIP **01**, 353). Hier entfällt mit dem ÜberraschgsMoment der GesZweck, auch in Hinbl auf die BelehrgsPfl (§ 17 BeurkG). Das gilt auch, wenn der Vertr vorher in einer HausTSituation, insb in der PrivWohng ausgehandelt worden ist (MüKo/Ulmer HausTWG 1 Rn 48; aA Stgt BB **99**, 1453 abl Anm Edelmann; Frings BB **99**, 2366). Auf einen zeitl Zushang kommt es nicht an. Unter Nr 3 fällt auch eine Bevollmächtigg (BGH NJW **00**, 2268), idR auch die Aufnahme eines ImmobiliarKred (vgl Bruchner WM **99**, 825/35). Die Anwendg von Nr 3 ist abzulehnen bei sog Bauherrn- u Erwerbermodellen (Stüsser NJW **99**, 1586/89 mwN).

312 a ***Verhältnis zu anderen Vorschriften.*** **Unterfällt ein Haustürgeschäft zugleich den Regelungen über Verbraucherdarlehensverträge oder Finanzierungshilfen (§§ 491 bis 504) oder über Teilzeit-Wohnrechteverträge (§§ 481 bis 487) oder erfüllt ein Haustürgeschäft zugleich die Voraussetzungen eines Geschäfts nach § 11 oder § 15 h des Gesetzes über den Vertrieb ausländischer Investmentanteile und über die Besteuerung der Erträge aus ausländischen Investmentanteilen, nach § 23 des Gesetzes über Kapitalanlagegesellschaften oder nach § 4 des Gesetzes zum Schutz der Teilnehmer am Fernunterricht, so finden nur die Vorschriften über diese Geschäfte Anwendung.**

1) Fassung. § 312 a entspr inhaltl dem bisher HausTWG 5 II u III. Eine unveränderte wörtl Übernahme 1
kam nicht in Betracht, weil ein Teil der angesprochenen Vorschr in das BGB integriert worden ist.

2) Vorrang von Sonderregelungen Für VerbrDarlVertr, Finanziergshilfen, TzWrVertr, den Kauf von 2
ausl Investmentanteilen u Anteilen an KapAnlageGesellsch sowie für FernUnterrichtsVertr bestehen ähnl Regelgen über ein WiderrR des Verbr. Diese Ges verdrängen in ihrem Anwendgsbereich § 312. Anwendb bleibt § 312 trotz des scheinb entggstehden Wortlauts des § 312 a, soweit die SchutzVorschr für VerbrDarlVertr nach § 491 II (bish VerbrKrG 3 I) im ganzen nicht anzuwenden sind (teleolog Reduktion s MüKo/Ulmer HausTWG 5 Rn 15). Der in § 491 III Nr 1 (bisher VerbrKrG 3 II) für grdpfandrechtl gesicherte VerbrDarl vorgesehene Ausschluß des WiderrR verstößt, soweit der DarlVertr als HausTGesch abgeschl worden ist, gg GemschR (EuGH NJW **02**, 281, Hofmann ZIP **02**, 145, § 491 Rn 19). Der Ausschluß des WiderrR aus § 495, das unabhäng von den Umst des VertrSchl besteht, bleibt aber wirks. Dagg ist § 312 a im Wege richtlinienkonformer Auslegg zu korrigieren. § 312 ist trotz des scheinb entggstehden § 312 a auch auf VerbrDarlVertr anzuwenden, wenn der Vertr als HausTGesch abgeschl worden ist. Zw HausTGesch u FernAbsVertr kann es nicht zu einer Konkurrenz der SchutzVorschr kommen, da HausTGesch u FernAbsVertr sich tatbestandl ggs ausschließen (Fuchs ZIP **00**, 1273/87).

312 b ***Fernabsatzverträge.*** **I Fernabsatzverträge sind Verträge über die Lieferung von Waren oder über die Erbringung von Dienstleistungen, die zwischen einem Unternehmer und einem Verbraucher unter ausschließlicher Verwendung von Fernkommunikationsmitteln abgeschlossen werden, es sei denn, dass der Vertragsschluss nicht im Rahmen eines für den Fernabsatz organisierten Vertriebs- oder Dienstleistungssystems erfolgt.**

II Fernkommunikationsmittel sind Kommunikationsmittel, die zur Anbahnung oder zum Abschluss eines Vertrags zwischen einem Verbraucher und einem Unternehmer ohne gleichzeitige körperliche Anwesenheit der Vertragsparteien eingesetzt werden können, insbesondere Briefe, Kataloge, Telefonanrufe, Telekopien, E-Mails sowie Rundfunk, Tele- und Mediendienste.

III Die Vorschriften über Fernabsatzverträge finden keine Anwendung auf Verträge
1. über Fernunterricht (§ 1 des Fernunterrichtsschutzgesetzes),
2. über die Teilzeitnutzung von Wohngebäuden (§ 481),
3. über Finanzgeschäfte, insbesondere Bankgeschäfte, Finanz- und Wertpapierdienstleistungen und Versicherungen sowie deren Vermittlung, ausgenommen Darlehensvermittlungsverträge,
4. über die Veräußerung von Grundstücken und grundstücksgleichen Rechten, die Begründung, Veräußerung und Aufhebung von dinglichen Rechten an Grundstücken und grundstücksgleichen Rechten sowie über die Errichtung von Bauwerken,
5. über die Lieferung von Lebensmitteln, Getränken oder sonstigen Haushaltsgegenständen des täglichen Bedarfs, die am Wohnsitz, am Aufenthaltsort oder am Arbeitsplatz eines Verbrauchers von Unternehmern im Rahmen häufiger und regelmäßiger Fahrten geliefert werden,
6. über die Erbringung von Dienstleistungen in den Bereichen Unterbringung, Beförderung, Lieferung von Speisen und Getränken sowie Freizeitgestaltung, wenn sich der Unternehmer bei Vertragsschluss verpflichtet, die Dienstleistungen zu einem bestimmten Zeitpunkt oder innerhalb eines genau angegebenen Zeitraums zu erbringen,
7. die geschlossen werden
a) unter Verwendung von Warenautomaten oder automatisierten Geschäftsräumen oder
b) mit Betreibern von Telekommunikationsmitteln auf Grund der Benutzung von öffentlichen Fernsprechern, soweit sie deren Benutzung zum Gegenstand haben.

Schrifttum zum Fernabsatzgesetz: Kommentare: MüKo/Wendehorst Bd II 4. Aufl 2001, S 2117; Wilhelm/Hahn, FernAbsR, 2001. **Aufsätze:** Bülow/Artz NJW **00**, 2049; Fuchs ZIP **00**, 1273; Gaertner/Gierschmann DB **00**, 1601; Härtling/Schirmbacher MDR **00**, 917; Kamanabrou WM **00**, 1417; S. Lorenz JuS **00**, 833; Riem Jura **00**, 505; H. Roth JZ **00**, 1013; Tonner BB **00**, 1413; Wendehorst DStR **00**, 1311.

1 **1) Allgemeines. – a) Fassung.** § 312 b entspr mit marginalen Korrekturen dem bisher FernAbsG 1. Der Einleitgssatz der Vorschr ist redaktionell geändert, in III Nr 3 ist „die Vermittlg von DarlVertr" dch „DarlVermittlgsVertr" ersetzt worden u auf den im Palandt als überflüss kritisierten FernAbsG 1 IV hat das SMG mit
2 Recht verzichtet. – **b) Europarechtliche Grundlage.** § 312 b setzt die RL 97/7EG über den VerbrSchutz bei VertrSchlüssen im FernAbs (ABl EG Nr L 144 S 19 = NJW **98**, 212) um. Ebso wie bei § 312 (dort Rn 2) besteht daher eine Pfl zur richtlinienkonformen Auslegg. Obwohl die FernAbsRL bis zum 4. 6. 00 umgesetzt werden mußte, ist das FernAbsG erst am 30. 6. 00 in Kr getreten, weil der BR wg des strikten Verbots, die Kosten der Rücksendg auf den Verbr abzuwälzen, den Vermittlgsausschuß angerufen hatte. Verbr, die vom 5.–29. 6. 00 einen FernAbsVertr geschl haben, kann daher ein SchadErsAnspr gg die BRep zustehen, wenn ihnen dch das Fehlen des gesetzl WiderrR od dch nicht ausr Informationen Nachteile entstanden sind (§ 839
3 Rn 19 b). – **c) Zweck.** FernAbsVertr sind für den Verbr bes gefahrenträchtig. Seine Schutzbedürftigk ergibt sich aus der „Unsichtbarkeit des VertrPartners u des Produkts" (Martinek NJW **98**, 207). Sie wird dadch verstärkt, dass die übermittelten Informationen häuf nicht verkörpert sind u daher beim Verbr nicht zuverläss gespeichert werden können. Gg diese den Verbr drohden Gefahren setzen die §§ 312 b ff in Vollzug der FernAbsRL die klassischen Mittel des gemeinschaftsrechtl VerbrSchutzes ein: Dem Untern wird eine umfassde InformationsPfl auferlegt; sie wird dch die Verpfl ergänzt, dem Verbr die wesentl Informationen auf einem dauerh Datenträger zur Vfg zu stellen (§ 312 c). Daneben u vor allem begründet das Ges für den Verbr ein Widerr- od RückgabeR (§ 312 d).

4 **2) Abschluß von Fernabsatzverträgen.** Es gelten die Vorschr des AllgT. Die §§ 312 b ff enthalten insow keine Regelg. Die zum VertrSchluß erforderl WillErkl können auch per E-Mail od Mausklick abgegeben werden (Scherer/Butt DB **00**, 1009, Einf 1 v § 116). Die dch Internet, E-MailTelevision übermittelten Auffordergen zur Bestellg sind iZw als *invitatio ad offerendum* aufzufassen (Redeker NJW **84**, 2391; Waldenberg BB **96**, 2365, Köhler NJW **98**, 185); sie können aber ausnw auch bereits ein Angebot darstellen, so zB bei einer entspr Gestaltg der Angebotsseite des Veranstalters bei Internet-Verst (BGH ZIP **02**, 39, Hamm NJW **01**, 1142, AG Erfurt OLG-NL **01**, 243). IdR ist erst die Bestellg des Kunden dch E-Mail, Fax, Telefonanruf od Brief das Angebot. Für die Annahme dch den Untern stehen die gleichen Möglichk der Kommunikation zur Vfg; sie kann aber auch dch Warenzusendg erfolgen (§ 151). Für den Zugang der WillErkl gelten gleichf die allg Regeln (§ 130 Rn 7 a), ebso für die Einbez von AGB (§ 305 Rn 38).

5 **3)** Für **Zahlungen,** die aGrd von FernAbsVertr zu leisten sind, enthalten die §§ 312 b ff keine Regelg. Da der GesGeber die Konstruktion der schwebden Unwirksamk aufgegeben hat, entsteht grdsl mit dem VertrSchl für den Untern ein ZahlgsAnspr, dem der Verbr ggf die Einr des nichterf Vertr od eine Einr aus § 242 entgghalten kann (§ 355 a Rn 8). Die Zahlg dch elektron Geld (Netzgeld, cyber coins) ist fälschgssicher u gewährleistet, dass die PIN des Kunden geheim bleibt. Sie begründet im Ergebn einen GarantieAnspr des Händlers gg die Bank des Kunden (Kümpel NJW **99**, 313, Werner BB **99**, Beil 12, S 21, Spallius WM **01**, 231), ist aber wg der nicht ganz einf Voraussetzgen (eCash-Konto, eCash-Geldbörse) noch wenig gebräuchl. IdR wird trotz der für beide Beteiligten entstehden Risiken mit Kreditkarte (§ 364 Rn 7 u 10) gezahlt (Pichler NJW **98**, 3234). Dabei läuft der Kunde Gefahr, dass seine PIN bekannt wird u der Händler geht leer aus, wenn der Kunde unbefugt die Kreditkarte eines and benutzt hat (Ffm NJW **00**, 2114, Meder NJW **00**, 2076 u jetzt § 676 h). Dch Verwendg des bislang kaum verbreiteten SET (Secure Elektronic Transaktion) kann der Händler aber das Risiko eines KartenMißbr auf den Kartenausgeber verlagern (Pichler aaO).

6 **4) Fernabsatzverträge.** Der Begr ist in I 1 legal definiert. Unter ihn fallen alle Vertr über Waren u Dienstleistgen, die zw einem Untern u einem Verbr unter ausschließl Verwendg von Fernkommunikationsmitteln iR eines für den Fernabsatz organisierten Vertriebssystems geschl werden. Der Begr knüpft damit ausschließl an die Art u Weise des VertrSchlusses u nicht an den Inhalt des Vertr an. Er erfaßt nicht nur Vertr des E-Commerce, sond auch das traditionelle DistanzGesch, insbes den Versandhandel.

a) Beim VertrSchluß müssen **Fernkommunikationsmittel** (FKM) eingesetzt worden sein. Das sind nach II *alle* Kommunikationsmittel, die zur Anbahng od zum Abschluß eines Vertr ohne gleichzeit körperl Anwesenheit der VertrPart verwendet werden können. Neben den modernen Kommunikationstechniken, wie Telekopien, E-Mails, Rundfunk-, Tele- u Mediendienste fallen unter II auch die traditionellen FKM wie Briefe, Kataloge und Telefonate. Die im Versandhandel geschl Vertr sind FernAbsGesch, ebso iR der Rn 11 telefon abgeschl Vertr. 7

b) Der Vertr muß unter **ausschließlicher** Verwendg von FKM abgeschl worden sein. Das ist der Fall, wenn sowohl für den VertrAntr (§ 145) als auch die AnnErkl (§§ 146 ff) FKM eingesetzt worden sind. Dabei ist gleichgült, ob die Part gleichart od unterschiedl Kommunikationsmittel benutzen. Nimmt der Untern die ihm per Brief, Telekopie od E-Mail übermittelte Bestellg konkludent dch Zusendg der Ware an, verwendet er für die AnnErkl ein FKM. Auf den unter Einschaltg eines Vertreters od Boten abgeschl Vertr findet das FernAbsG grdsl keine Anwendg, es sei denn, dass diese ausschließl FKM eingesetzt haben (MüKo/Wendehorst FernAbsG 1 Rn 41). Bes liegt es, wenn währd der **Vertragsanbahng** persönl Kontakte zw den Part selbst od Vertretern stattgefunden haben. In die Beurteilg, ob ein FernAbsVertr vorliegt, ist auch die Phase der VertrAnbahng einzubeziehen (*arg* II, der die „Anbahng" des Vertr u den „Katalog" als eine typ *invitatio ad offerendum* erwähnt, ähnl § 312 c I). Die Anwendg des FernAbsG ist nach seinem Schutzzweck aber nur ausgeschl, wenn der Verbr sich währd der VorVhlgen über alle für den VertrSchl wesentl Umst informiert hat u der Vertr im unmittelb zeitl ZusHang mit diesem persönl Kontakt zustande gekommen ist, so wenn der Verbr, der bei den Vhlgen im Gesch alle erforderl Informationen erhalten hat, sich aber noch nicht entschließen wollte, die Ware kurz darauf bei einem Telefonat bestellt. Das FernAbsG ist aber auch dann unanwendb, wenn der Verbr die notw Informationen anläßl des persönl Kontakts bei fr gleichart VertrSchlüssen erhalten hat (MüKo/Wendehorst FernAbsG 1 Rn 49). Da grdsl die Vorn der vertragsrelevanten Hdlgen entscheidd ist, muß der Untern den fr persönl Kontakt u die Information des Verbr **beweisen.** 8

c) Zw einem **Unternehmer** u einem **Verbraucher** muß der Vertr geschl werden. Zum Untern- u VerbrBegr s §§ 14 u 13. Soll der VertrGgst sowohl im priv als auch im berufl Bereich eingesetzt werden, ist entscheidd, welche Benutzg überwiegt (§ 13 Rn 3). Vertr nur zw Untern od nur zw Verbr fallen nicht unter § 312 b. 9

d) Die **Lieferung von Waren** od die **Erbringung von Dienstleistungen** muß Ggst des Vertr sein. Waren sind alle bewegl körperl Sachen des HandelsVerk, auch elektr Strom, Gas, Wasser u Fernwärme (vgl die Nachw bei § 196 aF Rn 9). Der Begr der Dienstleistgen ist wie stets in europarechtl geprägten Normen weit auszulegen (BGH **123**, 380/385). Er umfaßt, soweit nicht III entggsteht (vgl Rn 12 ff), auch Werk- u WerkliefergsVertr (§§ 631, 651), GeschBesorggsVertr (§ 675), MaklerVertr (§ 652), PartnerschVermittlgen. Auch SichgGesch wie die **Bürgschaft** fallen unter den Begr (EuGH NJW **98**, 1295). Da BürgschErkl, auch wenn sie mit einer qualifizierten elektron Signatur gezeichnet sind, nach § 766 S 2 formunwirks sind, hat das aber nur für die in einem eigenhänd unterschriebenen Brief übernommene Bürgsch prakt Bedeutg. Der Untern muß sich zur Warenlieferg od Dienstleistg verpfl. Im umgekehrten Fall, dass der Verbr eine LieferPfl übernimmt (Verkauf von Büchern an einen Antiquar, von beschädigten Pkws an einen Aufkäufer), findet das Ges, das den Fern*absatz* regeln will, keine Anwendg. 10

e) Im Rahmen eines für den **Fernabsatz organisierten Vertriebs- od Dienstleistungssystems** muß der Vertr geschl worden sein. Der Anbieter, der seine Ware in seinem Laden vertreibt u nur gelegentl telefon Bestellgen annimmt u ausführt, wird vom Ges nicht erfaßt. Das Ges formuliert insoweit einen AusnTatbestd („es sei denn"), für den der Untern die **Beweislast** trägt. Er ist iZw eng auszulegen. Aufwend organisator Vorkehrgen sind nicht notw. Es genügt, wenn der Untern systemat mit dem Angebot telefon Bestellg u Zusendg der Ware wirbt (BT-Drs 14/2658 S 85), u er seinen Betr so organisiert, dass Vertr im FernAbs geschl u abgewickelt werden können. Ein Lebensmittelhändler, der auch eine Belieferg aGrd von Internet- od Telefonbestellg anbietet, fällt vorbehaltl III Nr 5 unter § 312 b (BT-Drs 14/3195 S 30). Mehr als Werbemaßn, die auf die Möglichk telefon Bestellg hinweisen, u ein Telefonanschluß sind nicht erforderl. Meldet sich ein Verbr beim Frisör, Arzt od RA an, um dessen Dienstleistgen in Anspr zu nehmen, ist § 312 b idR nicht anwendb, weil der Vertr erst zustande kommt, wenn die zu erbringde Leistg beim persönl Kontakt konkret bestimmt w (aA MüKo/Wendehorst FernAbsG 1 Rn 51, vgl auch Bertger NJW **01**, 1530). 11

5) Ausnahmen. III schränkt den sachl Anwendgsbereich des FernAbsG dch acht AusnTatbestde ein. – 12
a) Fernunterrichtsverträge, Nr 1, Verträge über Teilzeitwohnrechte, Nr 2. Das FernUSG u die §§ 481 ff stellen einen ausr, den RL 94/47/EG u 97/7/EG entspr VerbrSchutz sicher. Die AusnRegelg in Nr 1 u 2 verhindert eine unübersichtl Kumulation von Rechten u Pflten. DirektunterrichtsVertr fallen unter das Ges, wenn sie ohne persönl Kontakt dch Mittel der Fernkommunikation geschl werden. – **b) Finanzge-** 13
schäfte, Nr 3. Die Ausn betrifft VerbrDarlVertr (vgl aber Rn 21), das EinlageGesch (SparVertr, Festgeld-Vertr), and BankGesch u WertPDienstleistgen, **Versicherungsverträge** u deren Vermittlg (BT-Drs 14/2658 S 90). Die Aufzählg orientiert sich an der Liste im Anh II der FernAbsRL u ist nicht erschöpfd. Die BereichsAusn ist deshalb in das Ges aufgenommen worden, weil die EU für den Fernabsatz von Finanzdienstleistgen eine umfangreiche spezielle Regelg vorbereitet, die die MitglStaaten voraussichtl bis zum 30. 6. 02 umsetzen müssen. Nach geltdem deutschen Recht wird der Verbr bereits dch §§ 491 ff, VVG 8 u Ausl-InvestmentG 11 geschützt. – **c) Immobiliengeschäfte, Nr 4.** Das Ges geht davon aus, dass für die unter 14
Nr 4 fallden Vertr bereits allg Form- u SchutzVorschr (§§ 311 b, 873, 925) bestehen, die entweder einen VertrSchl iW des Fernabsatzes unmögl od einen zusätzl Schutz dch InformationsPflten u WiderrR überflüss machen. Für Vertr über die Errichtg von Bauwerken, die gleichf unter Nr 4 fallen, trifft das allerd nicht zu. Die Vorschr ist insoweit eng auszulegen. Auf Erneuergs- u Umbauarbeiten ist Nr 4 auch dann nicht anwendb, wenn sie iSd § 638 als Arbeiten am Bauwerk eingestuft werden (dort Rn 11). – **d) Verträge über Lebens-** 15
mittel und Haushaltsgegenstände des täglichen Bedarfs, Nr 5. Erfaßt sind alle Ggst, die im Haushalt ge- od verbraucht werden, dh prakt das ges Sortiment eines Supermarkts, einschließl Zeitschriften, Video-Kassetten u CD-Roms. Der Untern muß die Auslieferg selbst vornehmen od organisieren. Eine Zusendg dch die Post fällt nicht unter Nr 5. Die Auslieferg muß iR häufiger u regelmäß Fahrten erfolgen. Es genügt, wenn

er einem Verbr wöchentl seinen Bedarf an Lebensmitteln liefert (BT-Drs 14/3195 S 30). Auf Vertr über die Lieferg von Heizöl ist Nr 5 nicht anwendb, da die Belieferg mit Heizöl nicht häuf u auch nicht regelmäß
16 erfolgt. – **e) Verträge über Unterbringung, Beförderung oder Lieferung von Speisen, Nr 6.** Der Begr Dienstleistgen ist europarechtl u daher weit auszulegen (Rn 10). Der Untern muß sich verpfl, die Dienstleistg zu einem best Zeitpkt od innerhalb eines genau angegebenen Zeitraums zu erbringen. Unter Nr 6 fallen Pauschalreisevertr (BT-Drs 14/2658 S 92, Tonner BB **00**, 1416), die Bestellg von Hotelzimmern, die Miete
17 einer FerienWo, die Lieferg von Speisen und Getränken. – **f) Automatenverträge, Nr 7 a** (§ 145 Rn 7). Sie werden von beiden VertrPart idR sofort erfüllt. Die Auferlegg von InformationsPflten u die Einräumg von
18 WiderrR ist nicht sinnvoll. – **g) Benutzungsverträge an öffentlichen Fernsprechern, Nr 7 b.** Auch dieser Vertr ist ebso wie der AutomatenVertr auf einen sofort Leistgsaustausch gerichtet. Der Benutzer zahlt dch Einwerfen der Münze od dch Verwendg der Telefonkarte sein Entgelt, der Betreiber stellt die gewünschte Verbindg her u erbringt damit die von ihm geschuldete Leistg. Dieser Ablauf schließt die Auferlegg von InformationsPflten od die Einräumg von WiderrR aus. Nr 7 b gilt auch für öffentl Telefaxgeräte u E-Mail-Terminals (MüKo/Wendehorst Rn 90).

19 **6) Konkurrenzen.** Bei Konkurrenzen mit and verbrschützden Normen gilt das sog GünstigkPrinzip: Es ist
20 jeweils die für den Verbr günstigere Regelg anzuwenden. – **a) Haustürgeschäfte.** Die Anwendg des § 312 u des § 312 b schließen sich tatbestandl aus (§ 312 a Rn 2). § 312 setzt einen persönl Kontakt bei VertrAnbahng u/od VertrSchl voraus (BGH NJW **96**, 929); hat ein solcher Kontakt stattgefunden, ist § 312 b unanwendb
21 (Rn 8). – **b) Verbraucherdarlehnsverträge.** Hier gibt es Überschneidgen; es kommt aber in keinem Fall zu einer Konkurrenz der beiden WiderrR: Wird ein KreditVertr im FernAbs geschl, ist § 312 b wg der Bereichs-Ausn für FinanzGesch (III Nr 3) nicht anwendb. Wird ein FernAbsVertr, der nicht auf die Gewährg eines Kredits, sond auf die Lieferg von Waren od die Erbringg von Dienstleistgen gerichtet ist, vom Untern od einem Dr finanziert, erstreckt sich das WiderrR nach § 312 e unter den Voraussetzgen von § 358 auch auf den KreditVertr; ein WiderrR nach dem § 495 besteht nicht (s bei § 358). Schließen III od § 312 e II das WiderrR nach dem FernAbsG aus, bleibt bei finanzierten FernAbsVertr das WiderrR nach § 495 unberührt.

312 c *Unterrichtung des Verbrauchers bei Fernabsatzverträgen.*

I Der Unternehmer hat den Verbraucher rechtzeitig vor Abschluss eines Fernabsatzvertrags in einer dem eingesetzten Fernkommunikationsmittel entsprechenden Weise klar und verständlich zu informieren über

1. die Einzelheiten des Vertrags, für die dies in der Rechtsverordnung nach Artikel 240 des Einführungsgesetzes zum Bürgerlichen Gesetzbuche bestimmt ist, und
2. den geschäftlichen Zweck des Vertrags.

Bei Telefongesprächen muss der Unternehmer seine Identität und den geschäftlichen Zweck des Vertrags bereits zu Beginn des Gesprächs ausdrücklich offen legen.

II Der Unternehmer hat dem Verbraucher die in der Rechtsverordnung nach Artikel 240 des Einführungsgesetzes zum Bürgerlichen Gesetzbuche bestimmten Informationen in dem dort bestimmten Umfang und der dort bestimmten Art und Weise alsbald, spätestens bis zur vollständigen Erfüllung des Vertrags, bei Waren spätestens bei Lieferung an den Verbraucher, in Textform mitzuteilen.

III Absatz 2 gilt nicht für Dienstleistungen, die unmittelbar durch Einsatz von Fernkommunikationsmitteln erbracht werden, sofern diese Leistungen in einem Mal erfolgen und über den Betreiber der Fernkommunikationsmittel abgerechnet werden. Der Verbraucher muss sich in diesem Fall aber über die Anschrift der Niederlassung des Unternehmers informieren können, bei der er Beanstandungen vorbringen kann.

IV Weitergehende Einschränkungen bei der Verwendung von Fernkommunikationsmitteln und weitergehende Informationspflichten auf Grund anderer Vorschriften bleiben unberührt.

1 **1) Allgemeines. – a) Fassung.** § 312 c entspr dem bisher FernAbsG 2. Er verwendet aber eine and Regelgstechnik: Welche Informationen der Untern im einz zu erteilen hat, wird nicht mehr im Ges, sond in
2 der VO über InformationsPflten geregelt (vgl Anhang zu § 312 c). – **b) Sprache.** Für alle vom Untern geschuldeten Informationen gilt das **Transparenzgebot,** sie müssen nach I 1, der auch für II gilt, klar u verständl sein. Eine ausdr Regelg, in welcher **Sprache** die Informationen zu erteilen sind, enthält weder das Ges noch die RL, noch die VO. Ist Deutsch VhlgsSprache u untersteht der Vertr deutschem Recht, sind die Informationen in Deutsch zu erteilen (vgl die parallele Problematik bei § 305 dort Rn 42). Das gilt auch im E-Commerce, obwohl sich im Internet Englisch weitgehd als VerkSprache dchgesetzt hat; and ist es nur, wenn sich auch der Verbr bei den Vhlgen der englischen Sprache bedient.

3 **2) Vorvertragliche Informationspflicht, I. – a)** Die Informationen müssen **rechtzeitig** vor VertrSchl erteilt werden. Dieses Erfordern ist idR erfüllt, wenn die Informationen in Werbeprospekten, Katalogen od Web-Seiten im Internet enthalten sind, aGrd derer sich der Verbr zur Bestellg entschließt (BT-Drs 14/2658 S 105). Die gelegentl in der Lit vertretene Ansicht, zw der Erteilg der Information u dem VertrSchl müsse eine nicht zu kurz bemessene MindestFr, zB von 3 Tagen, liegen, findet weder in der RL noch im Ges eine Stütze. I ist aber verletzt, wenn der Untern die vom Verbr angeforderte Information so spät übermittelt, dass
4 diesem keine angem Fr für seine Entsch bleibt. – **b)** Den Anfordergen des **Tranzparenzgebots** (Rn 2) müssen die Informationen in einer dem eingesetzten Fernkommunikationsmittel entspr Weise genügen. Bei Telefonaten sind, wenn der Verbr einverstanden ist, mehr summar Angaben ausr (BT-Drs 14/3195 S 31, vgl zum Parallelproblem bei AGB § 305 dort Rn 38). Wenn der Verbr es verlangt, muß der Untern aber
5 spezifizierte Informationen nachliefern. – **c) Inhalt der Informationen, I Nr 1 u 2.** Der Untern muß den Verbr über den geschäftl Zweck des *Kontakts* informieren (Nr 2 spricht vom *Vertr,* meint aber den

Kontakt). Bei einem Telefonat muß bereits bei Beginn des Gesprächs eine entspr ausdr Klarstellg erfolgen. Sie ist entbehrl, wenn der Verbr zu einem geschäftl Zweck anruft (teleolog Reduktion). Die weiter zu erteilden Informationen sind in der BGB-InfoV § 1 aufgelistet (vgl Anhang zu § 312 c).

3) Vertragliche Phase, II. Die Informationen nach II müssen dem Verbr alsbald, spätestens aber bis zur 6
Lieferg der Ware od bis zur vollständ Erf des Vertr zur Vfg gestellt werden. Sie sollen den Verbr in die Lage versetzen, sich über den Inh des Vertr zu vergewissern u darüber zu entscheiden, ob er von seinem WiderrR
Gebrauch machen will od nicht. – **a) Form der Information.** Die Informationen müssen dem Verbr in 7
Textform mitgeteilt werden. Der Begr „Textform" der den bisher verwandten Begr „dauerhafter Datenträger" ersetzt, ist in § 126 b legal definiert (vgl dort). Die Erkl muß in einer Urk od in einer and zur dauerhaften Wiedergabe in Schriftzeichen geeigneten Weise abgegeben werden. HauptBsp sind dch Post od Fax übermittelte Texte, Disketten, CD-Roms u E-Mails. Der Weg, die Information ins Internet zu stellen u den Verbr aufzufordern, den Text aus dem Internet herunterzuladen u ihn auszudrucken od auf Festplatte od Diskette zu speichern, ist für den Untern problemat. Zwar genügt eine solche Unterrichtg grdsl den Erfordern von § 126 b (dort Rn 3); es genügt, wenn der Verbr die Information auf dem Weg zur Bestellg anklicken kann, dass er sie notw passieren muß, ist nicht erforderl (aA Ffm DB **01**, 1610). Die WiderrFr beginnt aber nur zu laufen, wenn der Untern, der insoweit die BewL trägt, den Zugang der Information u deren Vollständigk beweist (§ 355 Rn 20). Es ist daher ratsam, dass sich der Untern den Empfang vom Verbr
bestätigen läßt (MüKo/Wendehorst FernAbsG 2 Rn 84). – **b) Inhalt der Informationen.** Er ist in der VO 8
über InformationsPflten § 1 II u III festgelegt (Anhang). § 1 II verpfl den Untern, den wesentl Teil der schon vorvertragl geschuldeten Informationen in Textform mitzuteilen. § 1 III best, dass zusätzl weitere Informationen übermittelt werden müssen. Sind die in II aufgelisteten Informationen dem Verbr schon vorvertragl in Textform zur Vfg gestellt worden, ist eine nochmalige Übermittlg nicht erforderl; dagg müssen die in § 1 III benannten Informationen nach VertrSchl auch dann noch einmal übermittelt werden, wenn sie dem Verbr schon vorvertragl zugegangen sind (MüKo/Wendehorst FernAbsG 2 Rn 86).

4) Ausnahmen, III. Die InformationsPfl entfällt, wenn die geschuldete Dienstleistg unmittelb unter 9
Einsatz von Fernkommunikationsmitteln erbracht wird, nur einmal erfolgen soll u über den Betreiber der Fernkommunikationsmittel abgerechnet wird. Bei einem solchen Vertr, zB über einen telefon Ansagedienst, muß der Verbr aber über die Stelle informiert werden, bei der er Beschw vorbringen kann.

5) Rechtsfolgen. Die WiderrFr beginnt erst zu laufen, nachdem der Untern seinen vertragl Informa- 10
tionsPflten (II) nachgekommen ist (§ 312 d II S 1). Ein Verstoß gg I ändert dagg am FrBeginn nichts. Die Verletzg von I kann SchadErsAnspr wg c. i. c. (§ 311 II), die von II ErsAnspr wg VertrVerletzg (§ 280 I) begründen. Wg des WiderrR wird dem Verbr aber idR kein Schaden entstehen. Verstößt der Untern planmäß gg die dch § 312 c begründeten Pflten, kann er nach UKlG 2 iW der Verbandsklage auf Unterl in Anspr genommen werden. Verstöße können zugl einen UnterlAnspr nach dem UWG begründen (Härting DB **00**, 2312). Die Einbeziehg von AGB hängt allein davon ab, dass der Untern seine Obliegenh aus § 305 (dort Rn 38) erfüllt. Die Einhaltg der InformationsPflten aus dem FernAbsG ist zur Einbeziehg weder erforderl noch ausr.

6) Weitergehende Regelungen, IV. Weitergehde Einschränkgen bei der Verwendg von FKM ergeben 11
sich aus UWG 1 (Baumb/Hefermehl UWG 1 Rn 67 ff), aber auch aus SonderGes wie zB aus AMG 43 für apothekenpflicht Arzneimittel. Weitergehde InformationsPflten können sich aus TeledienstG 6 (Steins WM **02**, 53) u aus der PrAngabeVO ergeben.

Anhang zu § 312 c

Verordnung über Informationspflichten nach Bürgerlichem Recht (BGB-InfoV)

idF der Bekanntmachung vom 2. 1. 02 (BGBl I S 342)

1 ***Informationspflichten bei Fernabsatzverträgen.*** *I Der Unternehmer muss den Verbraucher gemäß § 312 c Abs. 1 Nr. 1 des Bürgerlichen Gesetzbuchs vor Abschluss eines Fernabsatzvertrags mindestens informieren über:*

1. *seine Identität,*
2. *seine Anschrift,*
3. *wesentliche Merkmale der Ware oder Dienstleistung, sowie darüber, wie der Vertrag zustande kommt,*
4. *die Mindestlaufzeit des Vertrags, wenn dieser eine dauernde oder regelmäßig wiederkehrende Leistung zum Inhalt hat,*
5. *einen Vorbehalt, eine in Qualität und Preis gleichwertige Leistung (Ware oder Dienstleistung) zu erbringen, und einen Vorbehalt, die versprochene Leistung im Fall ihrer Nichtverfügbarkeit nicht zu erbringen,*
6. *den Preis der Ware oder Dienstleistung einschließlich aller Steuern und sonstiger Preisbestandteile,*
7. *gegebenenfalls zusätzlich anfallende Liefer- und Versandkosten,*
8. *Einzelheiten hinsichtlich der Zahlung und der Lieferung oder Erfüllung,*
9. *das Bestehen eines Widerrufs- oder Rückgaberechts,*
10. *Kosten, die dem Verbraucher durch die Nutzung der Fernkommunikationsmittel entstehen, sofern sie über die üblichen Grundtarife, mit denen der Verbraucher rechnen muss, hinausgehen, und*
11. *die Gültigkeitsdauer befristeter Angebote, insbesondere hinsichtlich des Preises.*

II Der Unternehmer hat dem Verbraucher gemäß § 312 c Abs. 2 des Bürgerlichen Gesetzbuchs die in Absatz 1 Nr. 1 bis 9 bestimmten Informationen in Textform mitzuteilen.

III Der Unternehmer hat dem Verbraucher gemäß § 312 c Abs. 2 des Bürgerlichen Gesetzbuchs ferner folgende weitere Informationen in Textform und in einer hervorgehobenen und deutlich gestalteten Form mitzuteilen:

1. *Informationen über die Bedingungen, Einzelheiten der Ausübung und Rechtsfolgen des Widerrufs- oder Rückgaberechts sowie über den Ausschluss des Widerrufs- oder Rückgaberechts,*

2. die Anschrift der Niederlassung des Unternehmers, bei der der Verbraucher Beanstandungen vorbringen kann, sowie eine ladungsfähige Anschrift des Unternehmers und bei juristischen Personen, Personenvereinigungen oder -gruppen auch den Namen eines Vertretungsberechtigten,
3. Informationen über Kundendienst und geltende Gewährleistungs- und Garantiebedingungen und
4. die Kündigungsbedingungen bei Verträgen, die ein Dauerschuldverhältnis betreffen und für eine längere Zeit als ein Jahr oder für unbestimmte Zeit geschlossen werden.

1 **1) Allgemeines.** – **a)** Das **SMG** hat in seinem Art 4 die VO über InformationsPflten von Reiseveranstaltern zu der inzw im BGBl neu bekannt gemachten BGB-InfoV erweitert. Zugl hat es in EG 238 ff VO-Ermächtiggen geschaffen, die es dem BMJ ermöglichen, die Regelg der InformationsPflten dch RVO ohne Zustimmg des BRats (zT aber mit Zustimmg des Bundesministers für Wirtsch u Technologie) an die sich möglw ändernden Vorgaben des GemeinschR anzupassen. Im einz gilt folgde Regelg:

(1) § 1 InformationsPflten bei FernAbsVertr (bisher FernAbsG 2), VO-Ermächtigg EG 240, s Rn 2 ff.

(2) § 2 InformationsPflten bei u VertrInh von TzWrVertr (bisher TzWrG 2 u 3), VO-Ermächtigg EG 242, s Anhang zu § 482.

(3) § 3 InformationsPflten bei Vertr im elektron GeschVerk (neu), VO-Ermächtigg EG 241, s Anhang zu § 312 e.

(4) §§ 4–9 InformationsPflten von Reiseveranstaltern (bisher VO über InformationsPflten von Reiseveranstaltern), VO-Ermächtigg EG 238, s Anhang zu § 651 l.

(5) §§ 10, 11 InformationsPflten von Kreditinstituten (bisher § 675 a), VO-Ermächtigg EG 239, s Anhang zu § 675 a.

2 **2) Fernabsatzverträge.** Zu den InformationsPflten des Untern s § 312 c, insbes Rn 8. Die VO hat den Informationskatalog des fr FernAbsG 2 sachl unverändert übernommen. – **a) Vorvertragliche Informationen, I.** – **aa) Nr 1 u 2:** Der Untern muß seine Identität u seine Anschrift (Land, Ort, Postleitzahl, Straße) angeben. Auch zur Mitteilg seiner Telefon- u FaxNr sowie seiner Internet-Adresse ist er verpfl; das ergibt
3 sich, falls Nr 2 unanwendb sein sollte, aus § 242. – **bb) Nr 3** verlangt eine Beschreibg der wesentl Merkmale der zu erbringden Leistg. Der Untern muß den Verbr auch darüber informieren, wie der Vertr zustande kommt. Diese Pfl kann der Untern am einfachsten dadch erfüllen, dass er die Hdlg benennt, die nach seiner RAnsicht als AnnErkl den Vertr zustande bringt (AuftrBestätigg, elektron Bestätigg, Warenauslieferg). Kommt der Vertr nach dem Ges schon fr od erst später zustande, ist nicht die Information des Untern, sond die obj RLage maßgebd. Zu Internetversteigergen, die letztl der Grd für diese Regelg waren, vgl BT-Drs 14/3195
4 S 30. – **cc) Nr 4** u **5:** Die vom Untern mitgeteilte Mindestlaufzeit u Vorbeh werden nur dann VertrInh, wenn
5 sie den Anfordergen de § 307 ff (307, 309 Nr 9, 308 Nr 4 u 8) entspr (s dort). – **dd) Nr 6, 7** u **11** verlangen eine umfassde Information über den Pr, etwaige Nebenkosten u mögl Ändergen. Anzugeben ist der Endpreis
6 iSd PrAngabenVO 1 I 1 (Völker NJW **00**, 2787/89). – **ee) Nr 8:** Es genügt eine Information, wann u wie
7 die Zahlg erfolgen soll u wann u wie geliefert wird. – **ff) Nr 9:** Der Untern muß auch schon vorvertragl auf
8 das Widerr- od RückgabeR hinweisen. – **gg) Nr 10:** Hier geht es um Kosten, die nicht dch den Vertr, sond vorvertragl dch die Kommunikation über den VertrSchl entstehen u die nur im Internet anfallen können.

9 **b) AGB.** In den Informationen zu Nr 4, 5, 6, 7, 8 u 11 teilt der Untern dem Verbr zugl alle od einen Teil der AGB mit, die für den Vertr gelten sollen. Die Information ist, wenn sie sprachl entspr gefasst wird, gleichzeit der zur Einbeziehg von AGB erforderl Hinw (§ 305 II Nr 1) u verschafft dem Verbr die Möglichk, von den AGB in zumutb Weise Kenntn zu nehmen (§ 305 II Nr 2). Sie bereitet damit die Einbeziehg der AGB in den Vertr vor. Eine doppelte Information – eine nach § 312 c u eine nach § 305 – ist nicht erforderl. Die AGB werden aber nur VertrInh, wenn sie den Anfordergen der §§ 305 ff entspr.

10 **c) Vertragliche Phase, II und III.** II verpfl den Untern, dem Verbr die in I Nr 1–9 aufgelisteten Informationen in Textform (§ 312 c Rn 7) zu übermitteln. Ist das schon vorvertragl geschehen, besteht keine Verpfl zur Wiederholg der Information. Dagg müssen die bes wichtigen Informationen des III auch dann noch einmal übermittelt werden, wenn sie dem Verbr schon vorvertragl zugegangen sind (§ 312 c Rn 8). Zu
11 den **einzelnen Informationen** gem III. – **aa) Nr 1:** Die Information muß, bezogen auf den konkreten Vertr, umfassd über die Bdggen, die Ausübg, die RFolgen u die AusschlußGrde des Widerr- od RückgabeR unterrichten. Obwohl nicht ausdr vorgeschrieben, sollte auch Name u Anschrift des WiderrEmpfängers mitgeteilt werden (§ 355 II). Über das Verhältn der Information zur WiderrBelehrg s § 312 d Rn 5. –
12 **bb) Nr 2:** Sie ergänzt u modifiziert die nach I Nr 1 iVm II 1 geschuldete Information. Mitzuteilen ist die Stelle, bei der der Verbr Beschw vorbringen kann. Dabei braucht es sich nicht um eine Niederlassg im RSinn zu handeln. Unter die aus dem EuropaR übernommene Aufzählg „jur Pers, PersVereiniggen u PersGruppen" fallen auch die OHG u KG. Als Vertretgsberecht kann auch ein Prokurist od HandlgsBevollm benannt
13 werden. – **cc) Nr 3:** Soweit die gesetzl Sachmängelhaftg maßgebd ist (der von der VO verwandte Terminus „GewLR" ist überholt), muß der Verbr auch über deren Vorschr unter Einschl der VerjRegelgen unterrichtet
14 werden (str). Bei einem Widerspr zw der Information u der obj RLage gilt (natürl) letztere. – **dd) Nr 4:** Die
15 Unterrichtg über KündMöglichk muß einen Hinw auf das KündR aus wicht Grd enthalten. – **ee) Hervorhebung von Informationen.** Auf die in III 2 Nr 1–4 genannten Informationen muß der Verbr in hervorgehobener u deutl gestalteter Form hingewiesen werden. Insoweit gilt § 355 Rn 15 entspr, jedoch mit der Maßg, dass die bei einem Hinw auf *eine* Information mögl Hervorhebg bei einem Hinw auf *vier* Informationen nicht die gleiche Deutlichk erreichen kann.

312 d ***Widerrufs- und Rückgaberecht bei Fernabsatzverträgen.*** **I Dem Verbraucher steht bei einem Fernabsatzvertrag ein Widerrufsrecht nach § 355 zu. Anstelle des Widerrufsrechts kann dem Verbraucher bei Verträgen über die Lieferung von Waren ein Rückgaberecht nach § 356 eingeräumt werden**

II Die Widerrufsfrist beginnt abweichend von § 355 Abs. 2 Satz 1 nicht vor Erfüllung der Informationspflichten gemäß § 312 c Abs. 2, bei der Lieferung von Waren nicht vor dem Tage ihres

Eingangs beim Empfänger, bei der wiederkehrenden Lieferung gleichartiger Waren nicht vor dem Tage des Eingangs der ersten Teillieferung und bei Dienstleistungen nicht vor dem Tage des Vertragsschlusses; § 355 Abs. 2 Satz 2 findet keine Anwendung.

III Das Widerrufsrecht erlischt bei einer Dienstleistung auch, wenn der Unternehmer mit der Ausführung der Dienstleistung mit ausdrücklicher Zustimmung des Verbrauchers vor Ende der Widerrufsfrist begonnen hat oder der Verbraucher diese selbst veranlasst hat.

IV Das Widerrufsrecht besteht, soweit nicht ein anderes bestimmt ist, nicht bei Fernabsatzverträgen

1. **zur Lieferung von Waren, die nach Kundenspezifikation angefertigt werden oder eindeutig auf die persönlichen Bedürfnisse zugeschnitten sind oder die auf Grund ihrer Beschaffenheit nicht für eine Rücksendung geeignet sind oder schnell verderben können oder deren Verfalldatum überschritten würde,**
2. **zur Lieferung von Audio- oder Videoaufzeichnungen oder von Software, sofern die gelieferten Datenträger vom Verbraucher entsiegelt worden sind,**
3. **zur Lieferung von Zeitungen, Zeitschriften und Illustrierten,**
4. **zur Erbringung von Wett- und Lotterie-Dienstleistungen, oder**
5. **die in der Form von Versteigerungen (§ 156) geschlossen werden.**

1) Allgemeines. – a) Fassung. § 312 d entspr im wesentl dem bisher FernAbsG 3. Die Verweisgen sind 1
an die neugefaßten §§ 355 ff angepaßt. Wg der Vereinheitlichg der Fr über das Erlöschen des WiderrR iF unterbliebener Belehrg (§ 355 III) konnte auf die insoweit im fr FernAbsG 3 enthaltene Sonderegelg verzichtet werden. – **b) Bedeutung.** Das SMG hat das Widerr- u RückgabeR bei VerbrVertr in den §§ 355– 2
359 umfaßd geregelt. Die §§ 355 ff legen die grdsl dogmat Struktur des WiderrR u des RückgabeR fest, vereinheitlichen die WiderrFr, regeln die WiderrBelehrg, die Ausübg des WiderrR u die RFolgen des Widerr. § 312 d, die verbrschützde KernVorschr bei FernAbsVertr, knüpft an diese Regelg an. Er bestimmt, dass dem Verbr bei FernAbsVertr ein WiderrR nach § 355 zusteht. An Stelle dieses Rechts kann bei Vertr über die Lieferg von Waren, nicht bei Vertr über Dienstleistgen, ein RückgabeR nach § 356 eingeräumt werden (vgl § 356). § 312 d bringt zugl ergänzde u modifizierde Regelgen zu den §§ 355 ff, die den bes Gegebenh bei FernAbsVertr Rechng tragen.

2) Beginn der Widerrufsfrist, II. Der Lauf der 2-wöch WiderrFr beginnt nur, wenn drei Voraussetzgen 3
erfüllt sind: – **a) Information des Verbrauchers.** Der Untern muß dem Verbr in Textform (§ 126 b) eine § 312 c II entspr Information übermittelt haben. Sie muß alle Informationen enthalten, die dem Verbr nach der VO über InformationsPflten § 1 II u III (Anhang nach § 312 c) zu erteilen sind. – **b) Lieferung der** 4
Ware. Bei Vertr über die Lieferg von Waren (§§ 433, 651) beginnt die WiderrFr nicht vor dem Tag ihres Eingangs beim Empf. Der Begr Eingang ist ebso zu verstehen wie der Begr Ablieferg im § 438 II (dort Rn 15). Handelt es sich um wiederkehrde Liefergen ist zu unterscheiden: Bei gleichart Leistgen (Leerkassetten, Schreibpapier) genügt der Empfang der ersten TLieferg, bei ungleichart (Buchliefergen eines Buchclubs) muß die Leistg vollständ erbracht sein (BT-Drs 14/2658 S 119). Bei Vertr über **Dienstleistungen** hat die zweite Voraussetzg des II keine selbstd Bedeutg, da das Ges hier nicht auf die Erbringg der Leistg, sond auf den VertrSchl abstellt. Der grdsl zul Vorbehalt des Untern, erst nach Ablauf der WiderrFr zu leisten, ist bei FernAbsVertr über die Lieferg von Waren ausgeschl, weil er dazu führen würde, dass der Schwebezustand niemals endet (§ 308 Rn 9). – **c) Widerrufsbelehrung.** Obwohl der Verbr schon nach § 312 c II iVm der VO 5
über InformationsPflten § 1 III Nr 1 in hervorgehobener u deutl gestalteter Form umfassd über sein WiderrR zu informieren ist, muß der Untern ihm nach § 355 II in Textform (§ 126 b) eine WiderrBelehrg erteilen. Sie bedarf keiner Unterschrift (II letzter HalbS), muß aber iü allen Anfordergen des § 355 II genügen (s dort) u daher auch den Namen u die Anschrift des WiderrEmpf mitteilen, eine Information, die die Belehrg nach § 312 c II iVm der VO über InformationsPflten § 1 III Nr 1 nicht zu enthalten braucht. Die WiderrBelehrg u die Information nach § 312 c II können in einem Text zusgefaßt werden (MüKo/Wendehorst FernAbsG 2 Rn 126). Zur Vermeidg von Risiken kann es aber bis zu einer höchstrichterl Klärg zweckmäß sein, dem Verbr den Text zweimal zur Vfg zu stellen, einmal als WiderrBelehrg u ein weiteres Mal als Teil der Information nach § 312 c II. – **d) Fristberechnung.** Die WiderrFr von 2 Wo beginnt zu laufen, wenn auch das dritte u letzte 6
Ereign eingetreten ist, das nach Rn 3–5 Voraussetzg für den FrBeginn ist. Sie endet gem § 188 II an dem WoTag, der nach seiner Bezeichng dem Tag des FrBeginns entspr, kann sich aber gem § 193 verlängern.

3) Erlöschen des Widerrufsrechts bei Dienstleistungen, III. Bei Vertr über Dienstleistgen erlischt das 7
WiderrR, wenn der Untern mit Zustimmg des Verbr mit der Ausführg der Dienstleistgen begonnen od der Verbr die Ausführg selbst veranlasst hat. Zum Begr der Dienstleistgen s § 312 b Rn 10. Nicht erforderl ist, dass der Beginn der Dienstleistg nach außen hervorgetreten ist (Berger NJW **01**, 1535). Die Zustimmg des Verbr ist eine geschäftsähnl Hdlg. Sie kann auch konkludent erklärt werden; das WiderrR erlischt auch dann, wenn der Verbr von dieser RFolge nichts gewußt hat. Eine Klausel in den AGB des Untern, in der sich der Verbr antizipiert mit der Ausführg der Dienstleistg einverstanden erklärt, verstößt gg § 312 f u § 307. Nimmt der Verbr nach Abschl des Vertr die vom Untern im Internet angebotene Leistg (Software, Text) dch Herunterladen in Anspr, hat er den Beginn der Dienstleistg selbst veranlaßt.

4) Ausschluß des Widerrufsrechts, IV. Die AusschlTatbestde der Nr 1–4 hat das Ges fast wörtl aus 8
Art 6 III der FernAbsRL übernommen. Sie sind nach Micklitz (EuZW **99**, 875/87) ein Produkt intensiver Lobbytätigk u zT wenig präzise formuliert. Nach dem Einleitgssatz entfällt der Ausschluß des WiderrR, soweit ein and bestimmt ist. Bei Vertr, die unter Nr 1, 3 od 5 fallen, kann sich daher ein WiderrR aus § 495 (VerbrDarlVertr) od § 505 (RatenliefergsVertr) ergeben (vgl dort). Besteht Streit darüber, ob die Voraussetzgen eines AusschlTatbestd vorliegen, etwa darüber, ob eine Sache nach den Wünschen des Verbr angefertigt worden ist, trägt der Untern die **Beweislast.** – **a) Lieferung von Waren, Nr 1.** Nach „Kundenspezifikation 9
angefertigt" od „eindeut auf die persönl Bedürfn" des Verbr zugeschnitten ist die Sache, wenn sie wg der

Berücksichtigg der Wünsche des Verbr andweit nicht od nur mit einem unzumutb PrNachl abgesetzt werden kann. Eine so hergestellte od veränderte Sache bezeichnet die Vorschr iü zu Unrecht als Ware. Hat der Verbr versch Komponenten des Angebots zu einer seinen Vorstellgen entspr Sache zusfügen lassen, ist ein WiderrR idR ausgeschl. Ob die Ware zur Rücksendg ungeeignet ist od ein Verderb zu besorgen ist, ist Tatfrage. Dass die Ware dch die Ingebrauchn erhebl an Wert verliert, schließt das WiderrR nicht aus (Dresd NJW-RR **01**, 1710, *arg* § 357 III 1) Bei freiverkäufl Arzneimitteln ist eine Rücksendg idR wg der Gefahr des Verderbs ausgeschl, bei Heizöl uU wg der Vermischg mit Restmengen im Tank (BR-Drs 25/00 Nr 8). Die Überschreitg des Verfalldatums schließt das WiderrR nur aus, wenn es in Übereinstimmg mit anerkannten techn Normen festgesetzt worden ist, nicht aber, wenn der Untern es individuell bes kurz festlegt, um das WiderrR
10 zu unterlaufen. – **b) Lieferung von Software, Nr 2.** Der AusschlTatbestd greift nur ein, wenn die Software od die and Multimedia-Anwendgen auf einem versiegelten Datenträger geliefert worden sind u der Verbr sie entsiegelt hat (BT-Drs 14/2658 S 121). Werden sie im Internet zur Vfg gestellt, erlischt das WiderrR gem II,
11 wenn der Verbr sie dch Herunterladen in Anspr nimmt. – **c) Zeitungen, Zeitschriften, Illustrierte, Nr 3.**
12 Das möglw nach § 505 bestehde WiderrR bleibt unberührt (Rn 8). – **d) Wett- und Lotteriedienstleistungen, Nr 4.** Erfaßt sind nur die Vertr, die staatl genehmigt u gem § 763 rverbindl sind (vgl dort Rn 4). –
13 **e) Versteigerungen, Nr 5.** Der AusschlTatbestd erfaßt nur Verst im RSinne, dh Vertr die entspr § 156 dch das Gebot eines Teilnehmers u den Zuschlag des Versteigerers zustande kommen (§ 156 Rn 1). „Verst" im Internet, bei denen sich der Einlieferer trotz des Zuschlags die Entscheidg vorbehält, ob er das uU nicht kostendeckde Höchstgebot annimmt od nicht, fallen nicht unter Nr 5 (BT-Drs 14/3195 S 30). Für sie besteht ein WiderrR. Der Vorbeh, das Höchstgebot trotz des Zuschlags abzulehnen, ist nur wirks, wenn er unzweideut zum Ausdr kommt. Die InformationsPflten des Untern, vor allem die nach der BGB-InfoV 1, gelten für alle Verst im Fernabsatz, gleichgült nach welchen rechtl Grds sie ablaufen.

312 e ***Pflichten im elektronischen Geschäftsverkehr.*** **I Bedient sich ein Unternehmer zum Zwecke des Abschlusses eines Vertrags über die Lieferung von Waren oder über die Erbringung von Dienstleistungen eines Tele- oder Mediendienstes (Vertrag im elektronischen Geschäftsverkehr), hat er dem Kunden**

1. **angemessene, wirksame und zugängliche technische Mittel zur Verfügung zu stellen, mit deren Hilfe der Kunde Eingabefehler vor Abgabe seiner Bestellung erkennen und berichtigen kann,**
2. **die in der Rechtsverordnung nach Artikel 241 des Einführungsgesetzes zum Bürgerlichen Gesetzbuche bestimmten Informationen rechtzeitig vor Abgabe von dessen Bestellung klar und verständlich mitzuteilen,**
3. **den Zugang von dessen Bestellung unverzüglich auf elektronischem Wege zu bestätigen und**
4. **die Möglichkeit zu verschaffen, die Vertragsbestimmungen einschließlich der Allgemeinen Geschäftsbedingungen bei Vertragsschluss abzurufen und in wiedergabefähiger Form zu speichern.**

Bestellung und Empfangsbestätigung im Sinne von Satz 1 Nr. 3 gelten als zugegangen, wenn die Parteien, für die sie bestimmt sind, sie unter gewöhnlichen Umständen abrufen können.

II Absatz 1 Satz 1 Nr. 1 bis 3 findet keine Anwendung, wenn der Vertrag ausschließlich durch individuelle Kommunikation geschlossen wird. Absatz 1 Satz 1 Nr. 1 bis 3 und Satz 2 findet keine Anwendung, wenn zwischen Vertragsparteien, die nicht Verbraucher sind, etwas anderes vereinbart wird.

III Weitergehende Informationspflichten auf Grund anderer Vorschriften bleiben unberührt. Steht dem Kunden ein Widerrufsrecht gemäß § 355 zu, beginnt die Widerrufsfrist abweichend von § 355 Abs. 2 Satz 1 nicht vor Erfüllung der in Absatz 1 Satz 1 geregelten Pflichten.

1 **1) Allgemeines. – a) Fassung.** Die Vorschr ist eine Neuschöpfg des SMG. Ihr Erlaß beruht allerd nicht
2 auf einer eig Entsch des dtschen GesGebers, sond setzt Vorgaben des GemeinschR um. – **b) Europarechtliche Grundlagen.** § 312 e setzt die Art 10 u 11 der RL 2000/31/EG über den elektron RVerk v. 17. 7. 00 = (E-CommerceRL) um (ABlEG Nr L 178 S 1 = NJW **00** Beil zu Heft 36 = EuZW **00**, 527). Außerdem ist zur Umsetzg der RL das Ges über rechtl RahmenBdggen für den elektron GeschVerk (EGG) v 14. 12. 01 (BGBl I S 3721) erlassen worden.

3 **2) Anwendungsbereich. – a) Vertrag im elektronischen Geschäftsverkehr.** § 312 e ist anwendb, wenn sich ein Untern zum Zweck des Abschlusses eines Vertr über die Lieferg von Waren od über die Erbringg von Dienstleistgen eines Tele- od Mediendienstes bedient. Der Begriff *Teledienste* wird im TeledienstG 2 abgegrenzt. Für § 321 e relevante Teledienste sind vor allem TeledienstG 2 II Nr 1 (Angebote im Bereich der Individualkommunikation, zB Telebanking) u Nr 5 (Angebote von Waren u Dienstleistgen in elektron abrufb Datenbanken mit interaktiven Zugriff u unmittelb Bestellmöglichk). Der Begriff *Mediendienste* wird in MedienstaatsVertr 2 definiert. Für § 312 e einschlägig ist MedienstaatsVertr 2 II Nr 1 (Telshopping). Tele- u Mediendienste, die nicht der Vorbereitg eines VertrSchlusses dienen, sond „Verteildienste" erbringen, fallen offensichtl nicht unter § 312 e (BT-Drs 14/6040 S 171). Einzelh s Engel-Flechsig/Maennel/Tettenborn IuKDG-Kommentar. Der sachl Anwendgsbereich des § 312 e ist wesentl enger als der des § 312 b. Währd der Begriff des **Fernabsatzvertrages** jede Form des VertrSchlusses unter physisch abwesenden Pers erfaßt, fallen unter § 312 e nur Vertr, die unter Einsatz von *elektron* Kommunikationsmitteln zustande kommen. Nicht erfaßt werden vor allem Vertr, die brieflich od telefonisch abgeschlossen werden. Lieferg von Waren u Erbringg von Dienstleistgen: § 312 b gilt entspr. Zum VertrSchluß unter Einsatz von elektron Kommunikationsmitteln s § 312 b Rn 4. Die dch Tele- u Mediendienste übermittelten Auffordergen zur Bestellg sind
4 iZw als *invitatio ad offerendum* aufzufassen – **b) Persönlicher Anwendungsbereich.** § 312 e gilt für Vertr zw einem Untern u einem Kunden. Ob der Kunde Verbr (§ 13) od Untern (§ 14) ist, ist gleichgült. –
5 **c) Verhältnis zu § 312 b.** Wird ein FernAbsVertr unter Einsatz von elektron Kommunikatinsmitteln mit einem Verbr geschlossen, gelten sowohl §§ 312 b ff als auch § 312 e. Wird ein FernAbsVertr unter Einsatz

von elektron Kommunikationsmitteln mit einem Untern geschlossen, gilt allein § 312 e. Wird ein FernAbsVertr ohne Einsatz von elektron Kommunikationsmitteln mit einem Verbr geschlossen, gelten allein §§ 312 b ff.

3) Pflichten des Unternehmers, I. – a) Korrektur von Eingabefehler, Nr 1. Der Untern muß angem, wirks u zugängl techn Mittel zum Erkennen u zur Berichtigg von Eingabefehlern bei Bestellgen zur Vfg stellen. Bestellg ist nicht nur das VertrAngebot u die VertrAnnahme, sond auch die *invitatio ad offerendum* (Schneider K&R **01**, 344). – **b) Informationspflichten, Nr 2.** Die Vorschr verwendet die gleiche Regelgstechnik wie § 312 c. Die vom Untern zu erteilden Informationen werden nicht im Ges, sond in der BGB-InfoV 3 festgelegt (vgl Anhang zu § 312 e). – **c) Zugang, Nr 3.** Der Untern hat den Zugang der Bestellg – auch einer *invitatio ad offerendum* (Rn 6) – unverzügl zu bestätigen. Auch wenn die Bestätigg unterbleibt, ist der Zugang nach Maßgabe des § 130 Rn 7 a wirks. Wenig Sinn macht die Regelg des I 2, nach der eine Bestellg u EmpfBestätigg als zugegangen *gilt,* wenn die Part, für die sie bestimmt sind, sie unter gewöhnl Umst abrufen können. Wenn die Voraussetzgen des I 2 erfüllt sind, *ist* die Erkl zugegangen, es bedarf also keiner Fiktion. Verwirrd ist auch die Beschränkg der Regelg auf einen Teil der von den Part abzugebden Erkl. – **d) Abruf der Vertragsbestimmungen, Nr 4.** Der Kunde muß die Möglichk haben, die VertrBdggen einschließl der AGB bei VertrSchl abzurufen u zu speichern. Dch Erf der Anfordergen von Nr 4 genügt der Untern ggü einem Verbr idR zugl seine Obliegenh aus § 305 II Nr 1 u 2. Ob die AGB VertrInh geworden sind, entscheidet aber allein § 305 II. 6 7 8

4) Ausnahmen, II. – a) Individuelle Kommunikation. Vertr, die dch den Austausch individueller elektron Kommunikation, etwa dch E-Mails des Untern u des Kunden, zustande kommen, weisen nicht die spezifischen Besonderh des Online-Einkaufs auf. II bestimmt daher in Übereinstimmg mit der E-Commerce-RL dass die Pflten aus I 1 Nr 1–3 bei einem individuellen elektron VertrSchluß nicht gelten. – **b) Abweichende Vereinbarungen.** Sie können nur mit einem Untern geschl werden. Nichtabdingb ist I Nr 4; das Abbedingen von I Nr 1–3 erfordert wg § 307 II Nr 1 eine IndVereinbg. 9 10

5) Rechtsfolgen. Der Vertr ist auch dann wirks, wenn der Untern die Pfllten aus § 312 e I nicht erfüllt (Grigoleit WM **01**, 597). Die PflVerletzg kann für den Kunden aber einen SchadErsAnspr wg c.i.c aus § 311 II iVm § 280 begründen, vorausgesetzt, die PflVerletzg des Anbieters war für den Abschluß od den ungünstigen Inh des Vertr ursächl. Verstößt der Untern planmäß gg die dch § 312 e begründeten Pflten, kann er nach UKlG 2 iW der Verbandsklage auf Unterl in Anspr genommen werden. Steht dem Kunden nach § 355 ein WiderrR zu, beginnt die WiderrFr abw von § 355 II 1 erst nach Erf der Pflten aus § 312 e, III 2. Bei einem FernAbsVertr, der unter Einsatz von elektron Kommunikationsmitteln geschlossen worden ist, hat der FrBeginn daher außer den drei in § 312 d Rn 3 ff behandelteten Voraussetzgen noch eine vierte. 11

6) Weitergehende Informationspflichten, III, 1. Sie können sich aus § 312 c, TeledienstG 6 u aus der PrAngabeVO ergeben. 12

Anhang zu § 312 e

Verordnung über Informationspflichten nach Bürgerlichem Recht (BGB-InfoV)

idF der Bekanntmachung vom 2. 1. 02 (BGBl I S 342)

3 ***Kundeninformationspflichten des Unternehmers bei Verträgen im elektronischen Geschäftsverkehr.*** *Bei Verträgen im elektronischen Geschäftsverkehr muss der Unternehmer den Kunden gemäß § 312 e Abs. 1 Satz 1 Nr. 2 des Bürgerlichen Gesetzbuchs informieren*

1. *über die einzelnen technischen Schritte, die zu einem Vertragsschluss führen,*
2. *darüber, ob der Vertragstext nach dem Vertragsschluss von dem Unternehmer gespeichert wird und ob er dem Kunden zugänglich ist,*
3. *darüber, wie er mit den gemäß § 312 e Abs. 1 Satz 1 Nr. 1 des Bürgerlichen Gesetzbuchs zur Verfügung gestellten technischen Mitteln Eingabefehler vor Abgabe der Bestellung erkennen und berichtigen kann,*
4. *über die für den Vertragsschluss zur Verfügung stehenden Sprachen und*
5. *über sämtliche einschlägigen Verhaltenskodizes, denen sich der Unternehmer unterwirft, sowie die Möglichkeit eines elektronischen Zugangs zu diesen Regelwerken.*

Zur VO vgl Anhang zu § 312 c. Das BMJ kann § 3 der VO aGrd der Ermächtigg in EG 241 im Einvernehmen mit dem Bundesminister für Wirtsch u Technologie unter Beachtg des GemeinschR ändern, inbes an sich ändernde Verh anpassen. Handelt es sich um einen Vertr, der zugl unter § 312 b fällt, schuldet der Untern auch bei einer Kleinstbestellg, etwa dem Kauf eines Buchs, insges 20 Informationen. Die für den VertrSchluß zur Vfg stehden Sprachen (Nr 4) können, vor allem bei reinen InlVertr, auf Deutsch beschränkt werden. Verhaltenskodizes (Nr 5) sind Verhaltensregelwerke, denen sich der Untern – zumeist zu Werbezwekken – unabhäng vom VertrSchl freiw unterwirft (BT-Drs 14/6040 S 171). Auch wenn es in der Branche des Anbieters keinen derart Kodex gibt, muß der Untern wohl ausdr Fehlanzeige melden. 1

312 f ***Abweichende Vereinbarungen.*** **Von den Vorschriften dieses Untertitels darf, soweit nicht ein anderes bestimmt ist, nicht zum Nachteil des Verbrauchers oder Kunden abgewichen werden. Die Vorschriften dieses Untertitels finden, soweit nicht ein anderes bestimmt ist, auch Anwendung, wenn sie durch anderweitige Gestaltungen umgangen werden.**

1) Unabdingbarkeit, Satz 1. Die Vorschr der §§ 312 ff sind halbzwingd. Vereinbgen, die zum Nachteil des Verbr von den Vorschr des Ges abweichen, sind unwirks, Abreden, die ihn begünstigen, sind wirks. Entspr Regelgen enthalten §§ 475 I, 487, 506, 651 m. Das Verbot gilt bis zur restlosen Abwicklg des Vertr. Es erfaßt 1 auch den in Kenntn des WiderrR erklärten einseit Verzicht auf dieses Recht (LG Fulda NJW-RR **87**, 1460, Bülow ZIP **98**, 945, str). Die Unwirksamk beschränkt sich auf die vom Ges abw Vereinbg (§ 139 Rn 18). Ein nach Beendigg des Vertr abgeschl Vergl, der in vertretb Würdigg der Sach- u RLage einen bestehden Streit iW ggs Nachgebens beilegt, ist aber wirks (ähnl MüKo/Wendehorst FernAbsG 5 Rn 7, str, vgl auch BAG NJW **77**, 1213, DB **85**, 1949 zur parallel liegden arbeitsrechtl Problematik).

2 **2) Umgehungsverbot, Satz 2.** Entspr Vorschr enthalten §§ 306 a, 475 I, 487, 506, 651 m. Vielfach kann Umgehgsversuchen schon dch erweiternde Auslegg od analoge Anwendg des Ges begegnet w. Eine Umgehg ist zu bejahen, wenn eine vom Ges verbotene Regelg bei gleicher Interessenlage dch eine and rechtl Gestaltg erreicht werden soll. Es genügt das Vorliegen der obj Voraussetzgen, eine Umgehgsabsicht ist nicht erforderl (Wassermann JuS **90**, 723). Auf seiten des Untern muß der Wille bestehen, bei dem betreffden RGesch dch eine anderweitige Gestaltg die Anwendg einer od aller verbrschützden Normen zu vermeiden. Der Rahmen ist bewußt weit gesteckt. Der UmgehgsTatbestd kann sich auch aus vom Untern herbeigeführten tatsl Umst ergeben. Der Vertr muß vom Schutzzweck des Ges erfaßt werden (Gramlich/Zerres ZIP **98**, 1299), u bei
3 HausTGesch muß Entgeltlichk gegeben sein. **Beispiele** für UmgehgsGesch zu § 312**:** Anbahng des Verkaufs von Betten im UrlHotel (LG Limbg NJW-RR **89**, 119); Verkauf in der Hotelhalle währd des HotelAufenth (Ffm NJW **94**, 1806); entgeltl Vertr getarnt als Beitritt zu Genossensch (BGH NJW **97**, 1076, Krohn/Schäfer WM **00**, 112) od Verein (Mü NJW **96**, 263; Wassermann JuS **90**, 723; verneint von Karlsr NJW **91**, 433), Kauf von Baumaterial auf der priv Baustelle (vgl Zweibr NJW **95**, 140); VertrAbschl am TreffPkt in einer Hotelhalle, von der sich die Part in die PrivWo des Kunden begeben wollten (Dresd NJW **95**, 1164). Kein UmgehgsGesch ist ein gemeins Essen von bereits miteinander bekannten GeschPart (BGH NJW-RR **97**, 177).

Untertitel 3. Anpassung und Beendigung von Verträgen

313 ***Störung der Geschäftsgrundlage.*** **I Haben sich Umstände, die zur Grundlage des Vertrags geworden sind, nach Vertragsschluss schwerwiegend verändert und hätten die Parteien den Vertrag nicht oder mit anderem Inhalt geschlossen, wenn sie diese Veränderung vorausgesehen hätten, so kann Anpassung des Vertrags verlangt werden, soweit einem Teil unter Berücksichtigung aller Umstände des Einzelfalls, insbesondere der vertraglichen oder gesetzlichen Risikoverteilung, das Festhalten am unveränderten Vertrag nicht zugemutet werden kann.**

II Einer Veränderung der Umstände steht es gleich, wenn wesentliche Vorstellungen, die zur Grundlage des Vertrags geworden sind, sich als falsch herausstellen.

III Ist eine Anpassung des Vertrags nicht möglich oder einem Teil nicht zumutbar, so kann der benachteiligte Teil vom Vertrag zurücktreten. An die Stelle des Rücktrittsrechts tritt für Dauerschuldverhältnisse das Recht zur Kündigung.

1 **1) Allgemeines. – a) Fassung.** Im § 313 kodifiziert das SMG die von Rspr u Lehre für Störgen der GeschGrdl entwickelten RGrds. Die Vorschr entspr sachl u redaktionell unverändert einem Vorschlag der
2 SchuldRKommission (Abschlußbericht S 146). § 313 aF ist Teil des § 311 b geworden. – **b) Bedeutung.** Die jetzt in § 313 normierten RGrds ermöglichen unter best, iZw eng zu interpretierden Voraussetzgen bei Störgen der GeschGrdl eine Anpassg des VertrInh an veränderte Verh u schränken iR ihres Anwendgsbereichs den Grds der VertrTreue (*pacta sunt servanda*) ein. Sie sind von der Rspr im Anschluß an Oertmann (GeschGrdl, 1923) entwickelt worden, nachdem 1. Weltkrieg, Revolution u Geldentwertg die Grdl einer Vielzahl von SchuldVerh erschüttert hatte (erstmals RG **103**, 328/32). An ihnen hat die Rspr auch nach Stabilisierg der wirtschaftl Verh festgehalten. Sie sind trotz Streits über Einzelfragen ein seit vielen Jahrzehnten in stRspr anerkanntes RInstitut. Das SMG ist mit Recht davon ausgegangen, dass diese RGrds wg ihrer überragden Bedeutg für Praxis u Theorie des SchuldR in einem modernisierten BGB ausdr verankert werden müssen. Inhaltl stimmt die Regelg mit den bisher von der Rspr angewandten Grds überein. Nur bei der Frage, ob Störgen der GeschGrdl vAw od erst auf Einr zu berücksichtigen sind, trifft § 313 eine vom bisher Meingsstand abweichde Regelg (Rn 29).

2) Begriffe. Die GeschGrdl wird nach § 313 dch die Umst gebildet, die zur Grdl des Vertr geworden sind. 3
Diese weite Formulierg erfaßt sowohl die Umst, die nach der Definition der Rspr unter die sog subj GeschGrdl fallen, als auch die, welche die obj GeschGrdl bilden. – **a) Subjektive Geschäftsgrundlage.** 4
GeschGrdl sind nach stRspr die bei Abschl des Vertr zutage getretenen, dem and Teil erkennb gewordenen u von ihm nicht beanstandeten Vorstellgen der einen Part od die gemeins Vorstellgen beider Part von dem Vorhandensein od dem künft Eintritt best Umst, sofern der GeschWille der Part auf diesen Vorstellgen aufbaut, auf Oertmann zurückgehde sog subj Formel (RG **103**, 328/32, BGH **25**, 392, **128**, 230/36, NJW **01**, 1204, BAG NJW **91**, 1563). Diese sog subj GeschGrdl ist einers vom einseit gebliebenen Motiv u ands vom VertrInhalt zu unterscheiden. – **aa) Einseitige Erwartungen einer Partei,** die für ihre Willensbildg 5
maßgebd waren, gehören nur dann zur GeschGrdl, wenn sie in den dem Vertr zGrde liegden gemschaftl GeschWillen beider Part aufgenommen worden sind (BGH NJW-RR **89**, 753). Dazu genügt nicht, dass die Part ihre Erwartgen bei den VertrVhlgen der and Part mitgeteilt hat (BGH NJW-RR **93**, 774). Entscheidd ist vielmehr, ob das Verhalten des and Teils nach Treu u Glauben als bloße Kenntnisn od als Einverständn u Aufn der Erwartg in die gemeins Grdl des GeschWillens zu werten ist. Dabei ist iZw eine Aufn in die GeschGrdl zu verneinen, so wenn eine Part währd der VertrVhlgen ihre steuerl Erwartgen mitteilt (BGH NJW **67**, 1082, NJW-RR **86**, 708, Rn 20), wenn sie die von ihr in Aussicht genommene Finanzierg darlegt (BGH NJW **83**, 1490), wenn der Käufer (Mieter) die beabsichtigte Verwendg der Kaufsache (Mietsache) erwähnt (Rn 44), wenn der Bü die Erwartg äußert, der BürgschFall w nicht eintreten (BGH **104**, 242, Rn 53). – **bb) Vertrags-** 6
inhalt. Die GeschGrdl gehört nicht zum VertrInh (BGH **90**, 74, NJW **83**, 2036). Enthält bereits der Vertr nach seinem ggf dch ergänzde Auslegg (§ 157 Rn 2 ff) zu ermittelnden Inh Regeln für Wegfall, Veränderg od Fehlen best Umst, scheidet eine Anpassg gem § 313 aus (BGH **81**, 143, **90**, 69/74, NJW-RR **90**, 601, **99**, 923, Saarbr NJW-RR **01**, 752); was nach dem VertrText VertrInh ist, kann nicht GeschGrdl sein (BGH ZIP **91**, 1600). Die Grenze zw ergänzder Auslegg u GeschGrdl ist aber fließd; sie kann im Einzelfall offen bleiben, wenn die Anpassg nach §§ 157 u 313, wie idR, zum gleichen Ergebn führt. Entzieht sich ein Ereign wg einer grdlegden Änderg der Verhältn einer Beurteilg nach dem PartWillen, kommt eine ergänzde Auslegg nicht in Betracht; die Anpassg hat daher nach § 313 zu erfolgen (BGH NJW **82**, 2237).

b) Objektive Geschäftsgrundlage. Die obj GeschGrdl, ein von Larenz (SchuldR I § 21 II) entwickelter 7
Begriff, bilden diej Umst u allg Verhältn, deren Vorhandensein od Fortdauer obj erforderl ist, damit der Vertr im Sinn der Intentionen beider VertrPart noch als eine sinnvolle Regelg bestehen kann. Umst, die zur obj GeschGrdl gehören, werden von den Part vielf, insbes bei wichtigen VertrSchl, ausdr erörtert u zur gemeins Grdl des GeschWillens gemacht; sie sind dann zugl Teil der subj GeschGrdl. Die Umst, die für den Vertr als eine sinnvolle Regelg von ausschlaggebder Bedeutg sind, sollen nach der Rspr aber auch dann zur (subj) GeschGrdl gehören, wenn sie von den Part währd der VertrVhlgen nicht bes angesprochen worden sind; „es genügt, wenn sie (die Part) best Umst als selbstverständl ansahen, ohne sich diese bewußt zu machen" (BGH **131**, 209/15; vgl auch **128**, 231/37, **61**, 153/61). Die Kodifikation der GeschGrdl in § 313 sollte zum Anlass genommen werden, diesen umständl Begründgsweg aufzugeben. § 313 erfaßt sowohl die subj als auch die obj GeschGrdl. Bei Äquivalenzstörgen, Zweckstörgen u and Störgen der obj GeschGrdl ist daher ein Rekurs auf die subj Formel der Rspr weder erforderl noch sinnvoll.

c) Große und kleine Geschäftsgrundlage. Unter „großer GeschGrdl" versteht man die dem Vertr idR 8
zGrde liegde Erwartg, dass sich die wirtschaftl, polit u sozialen RahmenBdggen nicht grundlegd verändern (Esser-E. Schmidt § 24 II). Störgen der großen GeschGrdl sind Krieg, kriegsähnl Entwicklgen, Währgsverfall u and grdlegde Verändergen der polit, wirtschaftl od sozialen Verh. Alle übrigen Störgen betreffen die kleine GeschGrdl. Die große GeschGrdl ist Teil der obj GeschGrdl. Soweit es um Störgen des Äquivalenzverhältn, um LeistgsErschwergen od um Störgen der vom Gläub geplanten Verwendg geht, gelten die allg Grds (Rn 32 ff, 37 ff, 43 ff). Dagg können die dch wirtschaftl od soziale Katastrophen verursachte allg Not u die dadch entstehden Probleme nicht mit Hilfe des § 313 gelöst werden. Die Regelg muß insow dem GesGeber überlassen bleiben, der dafür das – zZ allerd prakt bedeutgslose – Institut der VertrHilfe geschaffen hat (Rn 68). Vermögensverlust dch Krieg, Vertreibg, Demontage, Währgsverfall, entschädiggslose Enteigng od ähnl Ereign geben dem Schu nicht das Recht, sich auf den Wegfall der GeschGrdl zu berufen (OGH **1**, 394, BGH **7**, 360). Das gilt auch dann, wenn es sich um eine hyp gesicherte Fdg handelt u das Grdst zerstört od entschädiggslos enteignet w (BGH **7**, 360, MDR **58**, 86, 88).

d) Wegfall und Fehlen der Geschäftsgrundlage. Die GeschGrdl kann inf nachträgl Ereign wegfallen od 9
wesentl erschüttert w. Diese Störgsfälle, die in der Praxis im VorderGrd stehen, regelt I (Rn 14 ff). Die GeschGrdl kann aber auch von Anfang an fehlen, weil sich die Part hins einer wesentl Voraussetzg des Gesch in einem beiders Irrt befunden haben. Auf diese Störgsfälle findet II Anwendg (Rn 20 ff). Im Ergebn sind Wegfall u Fehlen der GeschGrdl gleich zu behandeln (so auch schon bisher BGH **25**, 393, NJW **76**, 566, **86**, 1349).

3) Anwendungsbereich. – a) Verträge. § 313 gilt für alle schuldrechtl Vertr, trotz § 779 auch für den 10
Vergl (BGH NJW **84**, 1746, Rn 169), für einseit verpflichtde Vertr wie Schenkg (BGH NJW **72**, 248, Rn 168), Darlehn (BGH **7**, 243, **15**, 34, Rn 157). Bürgsch (BGH NJW **88**, 2174, Rn 156), für abstr SchuldVerspr (BGH DB **77**, 301) u VorVertr (BGH **47**, 393). Auch nach vollständ Abwicklg des Vertr können ausnw noch Rechte aus § 313 geltd gemacht w (Rn 19). Soweit es sich um Änd nach UrtErl handelt, steht dessen RKraft der nach § 313 erforderl Anpassg nicht entgg (BGH **38**, 149). Ist der Vertr noch nicht zustande gekommen, gibt es dagg noch keine GeschGrdl (BGH NJW **56**, 1275, **LM** § 812 Nr 84). Als Ausprägg des Grds von Treu u Glauben gilt § 313 auch für nicht schuldrechtl Vertr, so für Vertr des Sachen-, Erb- u FamR, jedoch müssen die Besonderh dieser RGebiete beachtet w. Für öffr Vertr enthält VwVfG 60 eine mit § 313 weitgehd übereinstimmde Sonderregelg (Lorenz DVBl **97**, 865), soweit diese Lücken enthält, kann § 313 herangezogen w, so etwa bei Vereinbgen über Vorauszahlgen auf Erschließgskosten (Nierwetberg NVwZ **89**, 537). – **b)** Bei **Unterhaltsverträgen** hat die fr Rspr angenommen, dass ihnen stillschw die *clausula rebus sic* 11
stantibus (Rn 22) innewohne (BGH NJW **62**, 2147, **86**, 2055). Die neuere Rspr stellt dagg mit Recht auf die Grds über Störgen der GeschGrdl als Weiterentwicklg der Clausula-Lehre ab (BGH **128**, 329). Die Vereinbg

ist anzupassen, sobald sich die für die Bemessg des UnterhAnspr maßgebl Verhältn (Bedürfn des Berecht, Leistgsfähigk des Verpflichteten) wesentl verändert haben (BGH NJW **86**, 2055, **93**, 1974, **95**, 1892). Können dem PartWillen keine Maßstäbe für die gebotene Anpassg entnommen w, ist diese nach Maßgabe der einschläg gesetzl Vorschr dchzuführen (BGH FamRZ **86**, 785). Haben die Part der Vereinbg eine gefestigte höchstrichterl Rspr zGrde gelegt, kann deren Änderg zu einer Störg der GeschGrdl u einem Anspr auf Anpassg führen (BGH NJW **01**, 3618). Bei einem ProzVergl ist eine Anpassg auch für die Zeit vor Erhebg der Abändergsklage zul (BGH **85**, 73, DtZ **94**, 372). Wer bei UnterhVertr behauptet, dass Leistgen nicht den geänderten Verh angepaßt werden sollen, hat hierfür die BewLast (BGH VersR **66**, 38). Auch für Vereinbgen über eine Freistellg von der UnterhPfl gelten die Grds über den Wegfall der GeschGrdl (Köln NJW-RR **95**, 1474). Dagg kann bei einem UnterhVerzicht keine Anpassg an die sich ändernden Einkommens- u VermögensVerh der Part verlangt werden (BGH FamRZ **84**, 172, Hamm FamRZ **93**, 973). Er wird aber wirkgslos, soweit ihm aGrd späterer Ereign überwiegde schutzwürd Interessen gemschaftl Kinder entggstehen (BGH NJW **85**, 1833, **92**, 3164), wenn er zur Überwindg einer lange zurückliegden Ehekrise gegeben worden ist (BGH NJW **87**, 2739) od wenn das Vermögen, aus dem der Unterh bestritten werden soll, innerh kurzer Fr
12 ohne Verschulden des Verzichtden entwertet w (Mü FamRZ **85**, 1264). – **c)** Auf **einseitige Rechtsgeschäfte** sind die Grds über die GeschGrdl nicht anzuwenden (BGH NJW **93**, 850), so nicht auf Vfgen vTwg (BGH aaO, Düss ZEV **96**, 466 mAv Medicus) u auch nicht auf die ErbschAusschlagg (Rstk OLG NL **94**, 40).
13 – **d) Sonderregelungen.** In zahlreichen SonderVorschr werden Fälle der GeschGrdl geregelt od teilw in die Regelg einbezogen. Einschlägig sind vor allem: §§ 321, 489, 490, 519, 527, 528, 530, 593, 594 e, 650, 651 j, 723, 775, 779, 1301, 1612 a, 2077, 2079, BetrAVG 16, 17 (dazu BAG ZIP **98**, 1236), ArbEG 12 (dazu BGH **61**, 153), VVG 41 a (dazu BGH VersR **81**, 622), UrhG 36 (dazu BGH NJW **98**, 1716/1719), DM-BilanzG 32 II). Für **Mehrwertsteuererhöhungen** gilt UStG 29, der eine Anpassg nur für die Vertr zuläßt, die mehr als 4 Mo vor dem Stichtag geschl worden sind (s Engelbrecht BB **98**, 506). Die SonderVorschr schließen in ihrem Geltgsbereich die Anwendg der allg Grds aus; diese bleiben aber anwendb, soweit die Sonderregelgen tatbestandl od hinsichtl der geltd gemachten RFolgen nicht zutreffen (BGH **40**, 336, WM **77**, 735).

14 **4) Wegfall der Geschäftsgrundlage, I.** – **a)** Die zur **Grundlage des Vertrages** gewordenen Umst müssen sich nach Abschluß des Vertr verändert haben. Grdsl gleichgült ist, ob die Veränderg die subj
15 GeschGrdl (Rn 4) od die obj (Rn 7) betrifft. – **b)** Nur eine **schwerwiegende Veränderung** rechtfertigt eine Anpassg. Sie kann vorliegen, wenn die fest, aber nicht rechtl bindd zugesagte Vfg vTw nicht getroffen od wieder aufgeh w (BGH NJW **77**, 950), wenn ein rechtl od wirtschaftl zushängder Vertr nicht zustande kommt (BGH DNotZ **70**, 540, NJW **82**, 106, Einf 17 v § 305), wenn die einem Vertr als feststehd zGrde gelegte gesetzl Vorschr, Rspr od Standesrichtlinie sich ändert (BGH **58**, 362, **89**, 232, NJW **00**, 2497, Ffm NJW-RR **92**, 105, Mü NJW-RR **00**, 1243), wenn ein Vergl wg eines ausländ Verbots nicht dchgeführt w kann (BGH NJW **84**, 1747) od wenn die beim Aktienerwerb beiderseits als sicher erwartete Kapitalerhöhg nicht dchgeführt w (LG Bln NJW-RR **94**, 807). Bei **wettbewerbsrechtlichen** UnterlVertr können Ändergen der gesetzl Vorschr od der Rspr ein KündR aus wicht Grd begründen od zum Wegfall der GeschGrdl führen (Rn 67). Dagg ist § 313 nicht anwendb, wenn sich dch die Störg ein Risiko verwirklicht, das eine Part zu tragen hat (BGH **74**, 370/73, **101**, 152, NJW **92**, 2691, **98**, 2875, **00**, 1714/16). Wie die Risikosphären der Part ggeinand abzugrenzen sind, ergibt sich aus dem Vertr, dem VertrZweck u dem anzuwenddn disposit Recht (BGH aaO). Danach trägt der GeldleistgsGläub das Risiko der Geldentwertg (Rn 33), der Geldleistgs-Schu das Risiko der Geldbeschaffg u Finanzierg (Rn 37). Der SachleistgsGläub trägt das Entwertgs- u Verwendgsrisiko (Rn 36 u 43 f), der SachleistgsSchu das Risiko von Leistgserschwergen (Rn 38). Rechte wg Wegfall der GeschGrdl bestehen nur, wenn die der Risikozuweisg idR immanenten Grenzen überschritten
16 sind. Dabei ist zu unterscheiden: – **aa) Vertragliche Risikoübernahme.** Bei ausdr vertragl Risikoübern u bei SpekulationsGesch sind Rechte aus § 313 grdsl ausgeschl (BGH **LM** § 242 (Bb) Nr 47, RG **163**, 96, **166**, 49). And kann es liegen, wenn nur ein best, klar abgegrenztes Risiko übernommen worden ist (BGH **LM** § 242 (Bb) Nr 61). Eine stillschw RisikoÜbern liegt auch in der Vereinbg eines Festpreises (BGH **129**, 236/53). Auch erhebl Kostensteigergen führen daher grdsl nicht zur Anwendg des § 313 (Mü DB **83**, 2619). Das übernommene Risiko ist aber nicht unbegrenzt (Rn 40). – **bb) Normative Risikozuweisungen.** Sie betreffen das typ Risiko eines in typ Weise zustande gekommenen Vertr (s Jauernig-Vollkommer Rn 88). Sie gelten daher nicht, wenn sich aus dem Umst des konkr VertrSchl eine Risikobeteiligg des and Teils ergibt, etwa des SachleistgsSchu am Verwendgsrisiko (Rn 43) od des SachleistgsGläub am BeschaffgsRisiko (Rn 38). Sie treten auch dann zurück, wenn das typ VertrRisiko eindeut überschritten ist, so etwa wenn der ErbbZins
17 inf Sinkens der Kaufkraft nur noch 40% seines ursprüngl Wertes besitzt (Rn 34). – **cc) Verschulden, freie Willensentschließung.** Hat der Schu die Änd verschuldet, ist sie eingetreten, als er sich im Verzug befand od geht sie auf sein eig Tun zurück, bestehen keine Rechte wg Wegfalls der GeschGrdl (BGH NJW-RR **93**, 881,
18 NJW **95**, 2031, **LM** § 284 Nr 2). – **dd) Vorhersehbarkeit.** Vorhersehb Ändergen begründen idR keine Rechte aus § 313 (BGH WM **72**, 656, Ulmer AcP **174**, 185). And kann es zu beurteilen sein, wenn beide Part davon ausgegangen sind, dass die obj vorhersehb Entwicklg nicht eintreten werde (s BGH **112**, 261) od sie insow keine Vorsorge treffen konnten (BGH **2**, 188).

19 **c) Unzumutbarkeit.** Rechte wg Wegfalls der GeschGrdl bestehen, wie nach bisher Recht (BGH **2**, 188, **84**, 9, NJW **95**, 48), nur, wenn der von der Störg betroffenen Part die unveränderte VertrErf nicht mehr zugemutet werden kann. Unzumutbark kann nur angenommen werden, wenn nicht ernstl zweifelh ist, dass eine der Part od beide den Vertr bei Kenntn derVeränderg nicht od nur mit and Inh abgeschlossen hätten. Sie setzt idR voraus, dass das Festhalten am Vertr zu untragb, mit Recht u Gerechtigk nicht zu vereinbarden Ergebn führen würde (BGH **84**, 9, **121**, 392, **128**, 238, **133**, 321). Bei beiderseits bereits vollständ **erfüllten Verträgen** kommt eine Anwendg des § 313 idR nicht in Betracht (BGH **2**, 384, **58**, 363, **131**, 209, NJW **01**, 1204). Bei teilw abgewickelten Vertr ist die Anpassg grdsl auf die noch nicht erbrachten Leistgen zu beschränken (BGH **58**, 363, BAG NJW **87**, 918). Da die Zumutbark entscheidet, kann aber auch bei abgewickelten Vertr eine Anpassg in Frage kommen, so wenn die GeschGrdl von Anfang an gefehlt hat (BGH **25**, 393, NJW **01**, 1204) od wenn das Festhalten am bisherigen VertrInh trotz der beiderseit Erf nicht zumutb ist (BGH **74**, 373, **131**, 209/16).

5) Fehlen der Geschäftsgrundlage, II. – a) Voraussetzungen. II betrifft das ursprüngl Fehlen der subj GeschGrdl. Dabei geht es um die Fälle des gemeinschaftl Irrt über einen für die Willensbildg wesentl Umst u solche Fälle, in denen sich nur eine Part falsche Vorstellgen macht, die and Part diesen Irrt aber ohne eig Vorstellgen ohne Widerspr hingenommen hat. Erfaßt werden sollen auch die Fälle eines gemeinschaftl MotivIrrt (Abschlußbericht S 151, BGH NJW **02**, 292). Der RIrrt steht, wie bisher, dem TatsIrrt gleich (BGH **25**, 393). Im Ergebn ist Fehlen der GeschGrdl ebso zu behandeln wie ihr Wegfall (so auch schon bisher BGH **25**, 393, NJW **76**, 566, **86**, 1349). Rechte aus § 313 scheiden daher aus, wenn die Störg der Motivation ausschließl in die Risikosphäre einer Part fällt (Rn 15 ff) od wenn die VertrErf trotz des Irrt zumutb ist (Hamm NJW-RR **92**, 1416, Rn 19). Bei einem Vertr über eine **vorweggenommene Erbfolge,** der wg einer in Wahrh nicht bestehden dauernden Pflegebedürftigk abgeschl worden ist, kann II anwendb sein (Oldenbg NJW-RR **96**, 668). Zu einer Anpassg nach II können auch anfängl Bewertgsfehler (BGH **113**, 314) od der gemeins Irrt über **steuerliche Folgen** eines Gesch führen (BGH DB **76**, 234, KG BB **82**, 944, Kapp BB **79**, 1207). Voraussetzg ist, dass der GeschWille der Part auf einem gemeins Irrt über die steuerl Behandlg aufbaut (Rn 4) u die Aufdeckg des Irrt die wirtschaftl Daten wesentl verändert (Köln NJW-RR **93**, 784). Haben die Part irrtüml eine MwSteuerPfl angenommen od sind sie umgekehrt fälschl von MwStFreih ausgegangen, wendet die Rspr allerdings nicht § 313, sond die Grds der ergänzden VertrAuslegg an (§ 157 Rn 13). Für die Beurteilg in and Fällen kann von Bedeutg sein, ob u wie eingehd die Part die steuerl Folgen erörtert h (s BGH NJW **51**, 517, LG Dresd NJW-RR **97**, 242). Vielf handelt es sich um bloß einseit Erwartgen einer Part, die unerhebl sind (BGH NJW **67**, 1082, NJW-RR **86**, 708) od um Verändergen, die, wie Steuererhöhgen od der Wegfall von Steuervergünstiggen, ausschließl in den Risikobereich einer Part fallen (BGH DtZ **94**, 282, Karlsr VersR **97**, 1001). Nicht II, sond I ist aber anzuwenden, wenn sich der gemeinschaftl Irrt der Part auf den **Eintritt oder Nichteintritt eines zukünftigen Ereignisses** bezieht (Rn 15). 20

b) Einzelfälle. Grdl für eine Anpassg nach II können sein: gemeins KalkulationsIrrt (§ 119 Rn 18 ff), gemeins Irrt, das vereinbarte RA-Honorar sei geringer als das gesetzl (BGH NJW **95**, 1428), gemeins Vorstellg der Part, die Kosten der vereinbarten Arbeiten seien dch das von einem Dr zur Vfg gestellte Budget gedeckt (s BGH NJW-RR **00**, 1219), gemeins Irrt über den Umrechngskurs (RG **105**, 406, Köln NJW-RR **91**, 1266, vom RG mit ErklIrrt gelöst), über das UmstellgsVerh (BGH **25**, 393), über die Höhe von übernommenen Aufwendgen (BGH WM **76**, 1352), über den VerkWert eines übernommenen Grdst (BGH NJW **72**, 153), über den wirkl Grenzverlauf bei einem GrenzfeststellgsVertr (BGH **LM** (Bd) Nr 24), über die öffr Voraussetzgen für die Bebauung des verkauften TGrdst (BGH NJW **78**, 695), über die Bereitsch eines Dritten, die zur VertrAbwicklg erforderl Löschgsbewilligg zu erteilen (BGH NJW **93**, 1641), über den Anschaffgspreis der verkauften Sache (BGH WM **69**, 498), über die Angemessenh des anerkannten Honorars (BGH **46**, 273), über den im PachtObj (Gaststätte) zu erzielden Umsatz (BGH NJW **90**, 569), über den Wert der VermGgst, auf die sich der AuseinandSVertr bezieht (RG **131**, 94, **122**, 203), über die öff Förderg eines Bauvorhabens (BGH NJW-RR **90**, 602), über die Möglichk, ein Obj gemeins zu vermarkten (BGH NJW-RR **94**, 434), über die WoFläche der Wo bei einem Vertr zur Mietzinsanpassg (LG Hbg NZM **01**, 1221), über den Umfang des übernommenen Risikos bei der RestschuldVers (BGH NJW **90**, 2809), über die RFolgen einer VertrÄnderg (BGH **LM** HGB 339 Nr 2), über die Möglichk, den Vertr aGrd einer VertrKlausel anzupassen (BGH NJW-RR **91**, 1340), über die RNatur des geschlossenen Vertr – ArbVertr statt GesellschVertr – (BAG NJW **87**, 918), über die Widerruflk eines Test (BGH **62**, 24), über die bei einem ArbVertr bestehde KündMöglichk (LAG Bln MDR **00**, 1197), über die Wirksamk der dem Vertr zugrde liegden RNorm etwa der PrAngabenVO (Rn 67), über das Nichteingreifen des VorkaufsR eines Dr (BGH NJW **87**, 892). 21

6) Verhältnis zu anderen Regelungen. – a) Clausula rebus sic stantibus. Die Auffassg des älteren gemeinen R, dass jedem Vertr auch ohne bes Abrede die *clausula rebus sic stantibus* innewohne, hat das BGB, von einigen Einzelauspräggen abgesehen (zB §§ 321, 519, 528, 530), nicht übernommen. Der Gedanke der *clausula rebus sic stantibus* stellt im geltden R kein allg RPrinzip dar (RG **50**, 257 [grdsl], allgM). Die Rspr hat ihre Ansicht, dass UnterhVertr stillschw die *clausula rebus sic stantibus* innewohne, aufgegeben u stützt die notw Anpassg jetzt auf Grds der GeschGrdl (Rn 11). Bei Vereinbgen über SchadErsRenten sollte (entgg BGH **105**, 245) ebso verfahren werden. – **b) Auslegung.** Sie hat vor der Anwendg des § 313 den Vorrang. Enthält der 22
Vertr nach seinem dch Auslegg od ergänzde Auslegg (§ 157 Rn 2 ff) zu ermittelnden Inh Regelgen für Wegfall, Veränderg od Fehlen best Umst, scheidet eine Anpassg gem § 313 aus (BGH **81**, 143, **90**, 69/74, Rn 6). – **c) Haftung für Mängel.** Im Anwendgsbereich der Mängelhaftg (§§ 437 ff, 536 ff, 634 ff, 651 c ff) 23
ist § 313 unanwendb (BGH **60**, 321, **98**, 103, NJW **92**, 1385, NJW-RR **92**, 267). Das gilt auch dann, wenn die Voraussetzgen der Mängelhaftg im Einzelfall nicht vorliegen (Düss NJW **71**, 438, aA Mü DAR **72**, 329), wenn der MangelAnspr verjährt ist (RG **135**, 346) od die Haftg vertragl abbedungen ist (BGH **98**, 103). Ausgeschl ist auch der Einwand des Verkäufers (Bestellers), er könne wg unvorhergesehener Umst nicht mangelfrei liefern (BGH DB **71**, 1862). § 313 kann aber anwendb sein, wenn ein Reihenmittelhaus wg Nichtbebauung des NachbarGrdst Endhaus w (LG Dortmund NJW-RR **89**, 469). – **d) § 275.** Die Grds der 24
GeschGrdl sind ggü § 275 I subsidiär (BGH NJW-RR **95**, 854). Auf die fr sog wirtschaftl Unmöglichk ist nicht § 275 II, sond § 313 anzuwenden (Rn 39). Abgrenzgsprobleme zw Unmöglichk u GeschGrdl bestehen bei Zweckstörgen (Rn 42). – **e) Kündigung von Dauerschuldverhältnissen.** Das bei DauerschuldVerhältn 25
bestehde KündR aus wicht Grd (§ 314) verdrängt die Grds der GeschGrdl, soweit es um die Auflösg des Vertr geht (BGH ZIP **97**, 257/259). An die Unzumutbark der Fortsetzg des Vertr sind beim KündR, einem vertragsimmanenten LösgsR, weniger strenge Anfordergen zu stellen als beim Wegfall der GeschGrdl (BGH NJW **97**, 1703). Das KündR ist aber ausgeschl, wenn sich die Störg dch Anpassg des Vertr an die veränderten Umst ausgleichen läßt u beiden Part die Fortsetzg des Vertr zuzumuten ist (s BGH NJW **58**, 785). – 26
f) Nichteintritt des mit der Leistung bezweckten Erfolgs. Die Grenze zw GeschGrdl u der nach § 812 I S 2 Alt 2 erforderl tatsl Willensübereinstimmg über den Leistgszweck (§ 812 Rn 86), die auch stillschw zustande kommen kann (BGH **44**, 321), ist fließd. Der Anspr aus § 812 I S 2 Alt 2 ist ggü den Grds über die GeschGrdl subsidiär (BGH **84**, 1/10, NJW **75**, 776, **92**, 2690, str). Haben sich die Part eines ggs Vertr 27

über einen über den Primärzweck der Erf hinausgehden weiteren Erfolg geeinigt, u tritt dieser Erfolg nicht ein, sind idR die Grds über die GeschGrdl anwendb, die den Anspr aus § 812 I S 2 Alt 2 verdrängen (MüKo/Lieb § 812 Rn 165 ff, str). Der VertrAnpassg dch Einräumg eines Anspr auf Rückgewähr der Zuwendg steht mit Rücksicht auf die Wertg des § 812 I S 2 Alt 2 nicht entgegen, dass der Leistende möglw den Nichteintritt des erwarteten Erfolgs voraussehen konnte, aber gleichwohl nicht auf Begründg einer RPfl zur Herbeiführg des Erfolgs bestanden hat. Werden unbenannte Zuwendgen od and im Vertrauen auf den Bestand der Ehe erbrachte Leistgen nach Scheitern der Ehe zurückgefordert, .ist nicht § 812, sond § 242 (Wegfall der GeschGrdl) anzuwenden (Rn 45).

28 **7) Rechtsfolgen. – a) Anpassung.** Fehlen od Wegfall der GeschGrdl führen, wie nach bisher Recht (BGH **47**, 52, **83**, 254, **89**, 238, BAG DB **00**, 2171/74), grdsl nicht zur Auflösg des Vertr, sond zur Anpassg seines Inh an die veränderten Verh, I. Das maßgebl Kriterium für die Anpassg ist die **Zumutbarkeit** (MüKo/Roth Rn 644), die damit sowohl auf der Tatbestds- als auch auf der RFolgenseite bedeuts ist. Erforderl ist eine umfassde Interessenabwägg (BayObLG NJW-RR **89**, 1296), anzustreben ist ein optimaler Interessen-Ausgl. Als Anpassg kommen je nach Lage des Falles in Frage: Herabsetzg od Aufhebg einer Verbindlichk (BGH NJW **58**, 758, WM **71**, 276); Ers von Aufwendgen für eine zwecklos gewordene Leistg (BGH **LM** (Bb) Nr 20); Aufhebg der KäuferPflten u Begründg einer ErsPfl für einen Teil des dem Verkäufer entgehden Gewinns (Ffm MDR **74**, 401); Stundg (OGH **1**, 69); Gewährg von Teilzahlgen; Einräumg eines AusglAnspr (BGH NJW **58**, 906, **62**, 30); Anpassg der ZahlgsPfl an die rechtl Grdl (BGH **25**, 390); hälft Teilg des Risikos (BGH NJW **84**, 1746, BGH **109**, 229); Zuweisg einer and statt der bisher genutzten Wohng (Celle Nds Rpfl **65**, 221). Rechte wg Störg der GeschGrdl können auch vom **Rechtsnachfolger** u gg ihn geltd gemacht werden, so im Erbfall (BGH **40**, 336), aber auch iF der SonderRNachf (BGH WM **78**, 1355). Beim Vertr zGDr erfolgt die Anpassg zG des Dr (BGH NJW **72**, 152).

29 **b) Anspruch auf Anpassung.** Liegen die Voraussetzgen von I od II vor, kann die Anpassg *verlangt werden.* Das Ges gibt dem dch die Störg Benachteiligten einen Anspr auf Anpassg (BT-Drs-14/6040 S 176). Die Anpassg tritt – and als nach bisher Recht (BGH **54**, 155, NJW **72**, 152) – nicht mehr kr Ges ein. Die Part haben zunächst über die Anpassg zu verhandeln. § 313 folgt damit VwVfG 60 u einer neueren Ansicht in der Lit (Horn AcP **181**, 276, Eidenmüller ZIP **95**, 1063, krit Martinek AcP **198**, 330). Verweigert der and Teil hartnäckig seine Mitwirkg an der Anpassg, entsteht ein Rücktr- od KündR (BGH NJW **69**, 233). Führen die Vhlgen zu keiner Einigg, kann das Ger angerufen werden. Die Klage ist auf die nach dem veränderten VertrInh geschuldete Leistg zu richten, nicht auf Zustimmg zur Anpassg (BGH **91**, 33/6, BT-Drs 14/6040 aaO, Parallele zu Einf 22 v § 145 u zur Herstellgstheorie bei der fr Wandelg). Der Bürge haftet jedenfalls dann für die veränderte Schuld, wenn es sich bei der Anpassg um eine organische Weiterentwicklg handelt (Düss WM **01**, 2382).

30 **c) Vertragsauflösung.** Sie kommt nur in Frage, wenn die Fortsetzg des Vertr unzumutb ist. Sie geschieht nicht *ipso jure,* sond bedarf einer rechtsgestaltden Erkl (BGH **133**, 316, 328), also eines Rücktr (BGH DNotZ **96**, 639), bei DauerschuldVerh einer Künd (BGH **133**, 316, 328, NJW **00**, 1714/1716), bei HandelsGesellsch ggf einer Auflösgsklage (BGH **10**, 51, **101**, 150). Die Rückabwicklg des Vertr erfolgt grdsl nach §§ 346 ff (Einf 10 v § 346).

31 **d) Verfahrensrecht.** Die Störg der GeschGrdl ist nicht mehr vAw zu berücksichtigen (Rn 29). Wer sich auf Fehlen od Wegfall der GeschGrdl beruft, trägt insow die **Beweislast** (BGH **128**, 134, NJW **95**, 1892), u zwar auch dafür, dass dem VertrSchl bestimmte Vorstellgen zugrde gelegen (BGH GRUR **90**, 1006) u die Part mögl Ändergen nicht in den Kreis ihrer Erwäggen einbezogen haben (BGH WM **69**, 529). Ist der Wegfall der GeschGrdl unstr, muß der Berecht die Voraussetzgen für den Fortbestand seines Rechts beweisen (BGH WM **73**, 1176).

32 **8) Fallgruppen. – a) Äquivalenzstörung.** Bei ggs Vertr gehört der Gedanke der Gleichwertigk von Leistg u GgLeistg zur GeschGrdl (BGH NJW **58**, 906, **59**, 2203, **62**, 251), u zwar grdsl auch dann, wenn er währd der VertrVhlgen nicht bes zum Ausdr gekommen ist (Rn 7). Wird das ÄquivalenzVerh dch unvorhersehb Ereign schwerwiegd gestört, ist der Vertr an die veränderten Umst anzupassen, soweit die Störg das von der benachteiligten Part zu tragde Risiko (Rn 15) überschreitet (RG **147**, 289, BGH **77**, 198, NJW **62**, 30). Bei Äquivalenzstörgen geht es idR um die Störg der obj GeschGrdl. Sie können aber auch die subj GeschGrdl betreffen: Gehen die Part beim Kauf eines RückÜbertraggsAnspr irrtüml davon aus, dass der Käufer zusätzl zum KaufPr für das Obj einen Ausgl von 850 TDM an die BRep zahlen müsse, bedarf der KaufPr selbstverständl einer entspr Korrektur (BGH NJW **01**, 1204).

33 **b) Geldentwertung. – aa) Risiko des Gläubigers.** Sinken der Kaufkraft des Geldes begründet grdsl keine Rechte wg Wegfalls der GeschGrdl (BGH **86**, 168, NJW **59**, 2203, **81**, 1668, NJW-RR **93**, 272). § 313 bietet keine Handhabe, in langfr Vertr entgg dem für die ROrdng grdlegden Nominalwertprinzip (§ 245 Rn 15) eine stillschw Wertsichergsklausel hineinzuinterpretieren (BGH NJW **74**, 1186). Das Risiko normaler Kaufkraftentwertg trägt der Gläub. Das gilt auch für den zu Anfang des Jhdts festgesetzten Kaliabbauzins (BGH NJW **59**, 2203), den GrdstVerkauf auf Rentenbasis (Düss NJW **72**, 1137/1674), die Miete (BGH NJW **76**, 142) u den ErbbZins (BGH **86**, 168, NJW **76**, 846, **81**, 1668). Besteht bei einem AufführgsVertr das Entgelt in einem Anteil an den Bruttoeinnahmen, kann der ErhöhgsAnspr nicht ow darauf gestützt w, dass die Finanzierg nunmehr überwiegd dch Subventionen erfolgt (BGH NJW **91**, 1478). Bei einem zur Schadensabgeltg geschl WasserversorggsVertr kann eine PrErhöhg nicht auf das Steigen der Selbstkosten, sond höchstens auf das Ansteigen der ersparten Eigenaufwendgen des Geschädigten gestützt w (BGH **LM** § 242 (Bb) Nr 94). Grdsl auch dann keine Erhöhg, wenn die Part auf eine Anpassgsklausel nur verzichtet
34 haben, weil sie diese irrtüml für unzul hielten (BGH BB **76**, 1046). – **bb) Überschreiten des Risikobereichs.** Anpassg ist ausnw geboten, wenn das Gleichgewicht von Leistg u GgLeistg so stark gestört ist, dass die Grenze des übernommenen Risikos überschritten u das Interesse der benachteiligten Part auch nicht mehr annähernd gewahrt ist (BGH **77**, 198). Diese Voraussetzg ist beim ErbbZins erfüllt, wenn die Lebenshaltgskosten um 150% gestiegen sind, also eine Entwertg um 60% eingetreten ist (BGH **90**, 227, **111**, 214/216, **119**, 220/22); das gilt ebso bei einem langfrist MietVertr (Hbg OLGZ **90**, 65) u bis zum Inkrafttr des

BKleingG für PachtVertr über Kleingärten (BGH NJW-RR **99**, 237). Nicht ausr sind dagg Verändergen, die sich im Rahmen des Vorhersehb halten, wie etwa ein Anstieg der Lebenshaltgskosten um 120–135% in einem Zeitraum von rund 25 Jahren (BGH **86**, 168, NJW **81**, 1668). Der Anspr ergibt sich aus dem schuldrechtl Vertr, nicht aus der dingl RBeziehg (BGH **96**, 371); er besteht auch dann, wenn der Schu das ErbbR inzw veräußert hat (BGH **111**, 216). Zum Umfang der Anpassg s ErbbRVO 9 Rn 16. Ist dtsches Recht anwendb, kann dem Gläub einer ValutaFdg ein AusglAnspr zustehen, wenn die ausl Währg zw Entstehg u Erf der Fdg unerwartet abgewertet w (RG **141**, 216, **155**, 137, **163**, 334); es muß sich aber um eine Abwertg handeln, die über das Maß normaler Paritätsändergen erhebl hinausgeht. Abzulehnen RG **147**, 289 (AusglAnspr bereits bei Abwertg von 13%). – **cc) Verträge mit Versorgungscharakter.** Bei ihnen sind die Voraussetzgen für eine 35 Anpassg weniger streng. Bei RuhegeldVereinbgen rechtfertigt bereits eine Entwertg um 30% ein Anpassgsverlangen (BAG NJW **73**, 959 u jetzt BetrAVG 16), bei UnterhVertr liegt die Grenze bei etwa 10% (Düss Rpfleger **83**, 462). Keine derartigen „Faustregeln" gibt es für Vereinbgen über SchadErsRenten (BGH **105**, 247) u für AltenteilsVertr (Nürnbg RdL **71**, 322). Bei einem Kauf auf Rentenbasis gelten die Grds von Rn 34 (Düss NJW **72**, 1137); auch bei ApanageVertr sind strengere Maßstäbe anzuwenden (s Hamm NJW-RR **91**, 968).

c) Entwertung der Sachleistung. Sie gehört zum Risikobereich des SachleistgsGläub (Rn 14). Die 36 Rn 33 f gelten entspr. Der Käufer eines Architektenbüros muß die vereinb KaufPrRaten auch dann weiterentrichten, wenn er das Büro wg Unrentabilität aufgegeben hat (BGH **LM** § 242 (Bb) Nr 87). Bei außergewöhnl Einwirkgen außerh des typ VertrRisikos kann aber eine Anpassg in Frage kommen, so wenn die auf Rentenbasis verkaufte Fabrik im Krieg zerstört w (OGH **1**, 67) od wenn die verkaufte Apothekenkonzession dch Einführg der Niederlassgsfreih wertlos w (BGH **LM** § 242 (Bb) Nr 33, s aber ebda Nr 37).

d) Leistungserschwerungen. Treten nach Begründg des SchuldVerh Leistgserschwergen auf, so geht das 37 nach der vertragl Risikoverteilg (Rn 14) grdsl zu Lasten des Schu. Er trägt das Aufwandsrisiko (Willoweit JuS **88**, 833). – **aa) Geldschuldner.** Er kann sich nicht darauf berufen, dass sich für ihn unerwartet Finanziergsschwierigkeiten ergeben haben. § 313 ist daher unanwendb, wenn der Schu den Pkw nicht erhält, den er vereinbgsgem in Zahlg geben wollte (BGH NJW **58**, 1772) od wenn die von ihm geplante KreditAufn scheitert (BGH NJW **83**, 1490). And kann es bei engen persönl Beziehgen der Part liegen (BGH NJW-RR **86**, 946), aber auch dann, wenn der Gläub die Vermittlg des Kredits übernommen hatte – **bb) Sachlei-** 38 **stungsschuldner.** Der vereinbarte **Festpreis** bleibt auch bei unerwarteten Kostenerhöhgen, wittergsbedingten Schwierigk u ähnl Erschwergen bindd (BGH BB **64**, 1397, WM **69**, 1021, **79**, 582, Mü BauR **85**, 330). Bei einem FestPr für Heizöl begründen steigde Selbstkosten keinen Wegfall der GeschGrdl, insbes dann nicht, wenn der Händler sich vor der PrSteigerg rechtzeit hätte eindecken können (BGH **LM** (Bb) Nr 91). Die Zusage des Bauträgers, er werde Fernwärme zum Tarif der Stadtwerke liefern, bleibt auch dann bindd, wenn der Tarif für ihn nicht mehr kostendeckd ist (BGH NJW **77**, 2262). Der Schu kann sich auch nicht darauf berufen, dass er seine Produktionsplang geändert (Stgt NJW-RR **88**, 312) od sich aus freiem Entschluß für eine aufwendigere Herstellg entschieden hat (BGH NJW-RR **93**, 881). Bei einem lebenslängl unentgeltl NutzgsR an einer Wo bestehen keine Rechte aus § 313, wenn sich die Hauslasten erhöhen (Oldbg MDR **68**, 499). Eine Berufg auf Leistgserschwergen ist grdsl auch dann ausgeschlossen, wenn der Schu ein Beschaffgsrisiko übernommen hat. Es gelten aber die Grenzen des § 276 Rn 32. – **cc) Überschreiten des Risikobe-** 39 **reichs.** Anpassg kommt ausnw in Betracht, wenn dch Umst außerh des Einfluß- u Risikobereichs des Schu ein so krasses Mißverhältn zw Leistg u GgLeistg entsteht, dass ein Festhalten am Vertr nicht mehr zumutb ist (BGH BB **56**, 254, Larenz § 21 II); das sind prakt die Fälle, in denen die fr Rspr wirtschaftl Unmöglichk angenommen hat. Die Voraussetzgen des § 313 können daher vorliegen: bei übermäß Ansteigen der Herstellgskosten, auf das 15-fache (RG **101**, 81); um 60% (RG **102**, 273); bei Beschlagn der Vorräte (RG **94**, 47); bei Brand im FertiggsBetr (RG **57**, 118); bei nicht vorhersehb übermäß Beschaffgsschwierigk; wenn bei einem LagerVertr höhere Gewalt die Umsetzg der eingelagerten Güter in eine and Halle notw macht u dadch erhebl Kosten entstehen (s BGH NJW-RR **95**, 1117, Koller NJW **96**, 300); bei schwerwiegden Störgen dch Maßn staatl WirtschLenkg (Ulmer AcP **174**, 167) od dch ArbKampf (str, s Löwisch AcP **174**, 231 mit einem and Lösgsansatz). Auch wenn eine Anpassg nicht in Betracht kommt u der Vertr aufgelöst werden muß, ist § 313 III u nicht § 275 II anzuwenden (§ 275 Rn 29, str). Wg der ident WertMaßst ändert sich aber im Ergebn nichts, wenn die maßgebde Norm nicht § 313 III, sond § 275 II sein sollte.

e) Wertsteigerung bei Geld- und Sachleistungen, Leistungserleichterungen. Sie sind spiegelbildl 40 nach den in Rn 34–39 dargestellten Grds zu behandeln, begründen also nur ausnw Rechte wg Änderg der GeschGrdl. Bei GrdstVeräußergen bleibt die PrVereinbg grdsl auch dann bindd, wenn das Preisniveau zw Begründg u Fälligk des Anspr wesentl gestiegen ist (BGH WM **68**, 1248, **73**, 839). Dagg hat die Rspr Rechte wg Störg der GeschGrdl zugebilligt: bei außergewöhnl u unvorhersehb Ansteigen des Aktienkurses (BGH DB **63**, 448); bei einer außergewöhnl Wertsteigerg eines GmbH-Anteils, für den ein AnkaufsR bestand (BGH BB **70**, 1192).

f) Rechtsänderungen, Eingriffe von hoher Hand. Auch GesÄnd, Änd der Rspr (BGH **58**, 362, **70**, 41 298, NJW **83**, 1552) u Eingriffe von hoher Hand können das ÄquivalenzVerh stören. Hier gelten die in Rn 34–40 dargestellten Grds entspr. Bei Äquivalenzstörgen dch die Herabsetzg von Lastenausgl- oder HypGewinnabgaben hat die Rspr die Vorteile, die je nach der VertrGestaltg beim Verkäufer od Käufer auftraten, im Zw hälft geteilt (BGH NJW **58**, 906, 907, **62**, 30). Sow die BPflVO das LiquidationsR des Chefarztes eingeschränkt hat, muß sein Gehalt angem erhöht w (BAG NJW **80**, 1912); auch bei Kostenerstattgsregelgen kann eine Anpassg notw sein (BAG NJW **89**, 1563, **91**, 1563). Angesichts der ständ Änderg der **Steuergesetzgebung** sind steuerl Erwartgen dagg nur GeschGrdl, wenn das währd der VertrVhlgen hinr zum Ausdr gekommen ist (Rn 20). Der Wegfall der Steuerfreih für Sozialpfandbriefe begründet keine Rechte aus § 313 (Mü NJW-RR **99**, 557, Beyer DB **95**, 1062, aA Köln DB **95**, 421). Zum neuen EStG 50 a VII (Steuerabzug des AuftrG zu Lasten ausl AuftrN) u § 242 s Horsch/Oberhauser BB **99**, 1173. Haben Miterben vereinbart, dass einer von ihnen gg eine Abfindg ein BodenreformGrdst übernehmen soll, kann die GeschGrdl der ZahlgsPfl entfallen, wenn für ihn dch eine gesetzl Neuregelg (EG 233 §§ 11 ff) ein Anspr auf unentgeltl Zuteilg des Grdst begründet wird (Naumbg OLGNL **95**, 82). Dch die Aufhebg des TarifZwangs im GüterkraftVerk ist die GeschGrdl auch für längerfrist Vertr nicht weggefallen (BGH WM **00**, 1198).

42 **g) Störung des Verwendungszwecks. – aa) Abgrenzung.** Tritt der LeistgsErfolg ohne Zutun des Schu ein (Zweckerreichg) od kann der LeistgsErfolg wg Wegfalls des Leistgssubstrats nicht mehr erreicht w (Zweckfortfall), sind die UnmöglichkRegeln anwendb (§ 275 Rn 18). And ist es, wenn der Leistgserfolg noch herbeigeführt werden kann, der Gläub an ihm aber kein Interesse mehr hat, sog Zweckstörg (Bsp: die Verlobg, für die Ringe gekauft worden sind, findet nicht statt; die Gaststätte, für die Inventar gekauft worden ist, brennt ab). Unmöglichk liegt hier idR nicht vor; ausnw können aber Rechte wg Störg der GeschGrdl bestehen.

43 **bb) Risiko des Gläubigers.** Ist die Leistg mangelfrei, trägt grdsl der Gläub das Risiko der Verwertbark (BGH **74**, 374, NJW **00**, 1714/16, allgM). Der **Käufer** kann daher aus § 313 keine Rechte herleiten, wenn er seinen Betr aufgibt (Stgt NJW **54**, 233); wenn er wg Umsatzrückgangs für die gekaufte Ware keine Verwendg hat (BGH **17**, 327); wenn ihm die Gaststätte, für die er Bier bestellt hat, gekündigt w (BGH NJW **85**, 2694); wenn die Straße (Parkfläche), für deren Anlage das Grdst gekauft worden ist, nicht gebaut (benötigt) wird (BGH **71**, 293, NJW-RR **98**, 589); wenn er die vertragl übernommenen Beschäftiggs- u Investitionszusagen nicht einhalten kann (Wächter WM **94**, 1319); wenn die gekaufte ungeschützte Erfindg für ihn nicht verwertb ist (BGH **83**, 288). Der Schwiegervater kann nicht die Hochzeitskosten zurückverlangen, wenn die Ehe alsbald scheitert (Schlesw MDR **98**, 1033). Der **Mieter** bleibt an den Vertr gebunden, wenn die Finanzierg des von ihm geplanten Ausbaus scheitert (BGH DB **74**, 918); wenn der geplante Kiesabbau sich als unrentabel erweist (BGH NJW **82**, 2062); wenn er wg Umsatzrückgangs für den geleasten Lkw keine Verwendg mehr hat (Drden OLG-NL **96**, 194); wenn er, etwa bei Anmietg eines Ladens in einem Einkaufszentrum, statt der erwarteten Gewinne Verluste macht (BGH NJW **70**, 1313, **78**, 2390, **81**, 2405), and nur, wenn der Vermieter nach dem Inh des Vertr auch das Unternehmerrisiko für die EinzelGesch ganz od teilw übernommen hat (BGH NJW **00**, 1714, NJW-RR **00**, 1535). Kein Wegfall der GeschGrdl, wenn der Mieter das bestellte Hotelzimmer wg Ausfalls der Veranstaltg nicht benötigt (Brschw NJW **76**, 570/970, s aber BGH NJW **77**, 386); wenn die Mieträume für die geplante urologische GemeinschPraxis ungeeignet sind (Celle MDR **99**, 799); wenn das zur Unterbringg von Asylbewerbern gemietete Gebäude wg rückläufiger Fallzahlen nicht mehr benötigt w (Brdbg ZMR **99**, 97). Der **Darlehnsnehmer** kann sich nicht darauf berufen, dass er das Darl wg and Finanziergsmöglichk od Änd seiner Plang nicht (mehr) benötigt (s BGH NJW-RR **86**, 467, NJW **90**, 981, **91**, 1817). Bei DarlVertr mit langfr Zinsbindg billigt das SMG dem DarlN in § 490 II in Anlehng an die neuere Rspr des BGH (BGH **136**, 161) ein Recht auf vorzeit Auflösg des Vertr gg Zahlg einer VorfälligkEntschädigg zu, wenn der DarlN ein berecht Interesse an der vorzeit Beendigg des Vertr hat (s § 490 Rn 9 ff).

44 **cc) Überschreiten des Risikobereichs.** Die vom Gläub beabsichtigte Verwendg kann ausnw GeschGrdl sein. Dazu genügt nicht, dass die geplante Verwdg der and Part mitgeteilt od im Vertr erwähnt wird (BGH NJW-RR **92**, 182). Der and Teil muß sich die geplante Verwendg soweit zu eigen gemacht haben, dass sein Verlangen, den Vertr trotz der aufgetretenen Störg unverändert dchzuführen, gg das Verbot widersprüchl Verhaltens verstößt (Larenz § 21 II). Das ist anzunehmen, wenn die geplante Verwendg, wie beim Kröngszugfall, bei der Preisbemessg berücksichtigt worden ist (s BGH **LM** § 242 (Bb) Nr 83). Einen Wegfall der GeschGrdl hat die Rspr aber auch in folgden Fällen bejaht: bei Kauf von Fertighäusern, wenn die BauGen versagt wird (BGH JZ **66**, 409); bei Tod des Käufers, wenn Vertr ausschl auf seine Pers abgestellt war (Ffm MDR **74**, 401); bei Kauf von Gaststätteninventar, wenn der vom Verkäufer vermittelte PachtVertr ohne Versch des Käufers nicht dchgeführt wird (BGH **LM** 242 (Bb) Nr 54); bei Waren, für die nur ein best Abnehmer in Betr kommt, wenn WeiterVerk ohne Versch des Käufers unmögl w (BGH **LM** 242 (Bb) Nr 12, „Bohrhämmerfall"); bei Kauf eines Grdst zu VorzugsPr, wenn die geplante dem Verkäufer förderl Verwendg nicht dchgeführt werden kann (BGH NJW **75**, 776); bei einem Vertr über die Lieferg von Bier in den Iran, für das der Käufer wg der islam Revolution keine Abnehmer mehr hat (BGH NJW **84**, 1746); bei Saalmiete für Vorstellg, wenn Hauptdarstellerin erkrankt (Brem NJW **53**, 1393, nimmt Unmöglk an, richtig Kraft NJW **53**, 1751); Engagement von Musikern für eine Faschingsveranstaltg, die wg des Golfkrieges ausfällt (Karlsr NJW **92**, 3177); bei Miete eines Bootshauses, wenn Schiffahrt auf dem angrenzden See beschränkt wird (BGH WM **71**, 1303); bei Pacht von Bauland, wenn Pächter das Bauvorhaben aus von ihm nicht zu vertretden Grden nicht dchführen kann (BGH NJW **58**, 785); bei einem Vertr über die Unterbringg von Asylbewerbern, wenn die Zuständigk für die Unterbringg von der Stadt auf das Land übergeht (BGH NVwZ **99**, 329). Beim Kauf von **Bauerwartungsland** trägt grdsl der Käufer das Risiko der Bebaubark (BGH **74**, 374, DB **80**, 83, Rstk NJW-RR **95**, 1105), bei ErbbRVertr der ErbbRBerecht (BGH **101**, 152). And ist es, wenn sich aus dem GesInh des Vertr od den Erörtergen bei VertrSchl ergibt, dass insow der Verkäufer risikobelastet sein soll (BGH aaO u **LM** (Bb) Nr 83, WM **81**, 14, BVerwG DNotZ **80**, 413), od wenn der Verkäufer dch falsche Angabe des Teilgszwecks die Entstehg von Bestandsschutz (BauGB 20) verhindert (KG NJW-RR **98**, 663).

45 **h) Unbenannte Zuwendungen zwischen Ehegatten.** Zuwendgen zw Eheg kann eine InnenGesellsch od ein SchenkgsVertr zGrde liegen (§ 516 Rn 10). IdR handelt es sich aber um sog unbenannte Zuwendgen (Ausgl für die familiäre Mitarbeit u Hilfe), deren RGrd ein bes famrechtl Vertr ist (BGH **84**, 364, **87**, 146, **116**, 169, Kleinle FamRZ **97**, 1383, stRspr). Zur Abgrenzg vgl BGH NJW **99**, 2962/66, FamRZ **99**, 1421 mAv Wever, Grziwotz DNotZ **00**, 486, Seif FamRZ **00**, 1193. ZuwendgsGgst sind typw MitEigentumsAnteile od Sachen od die Finanzierg ihres Erwerbs, es können aber auch Dienstleistgen (BGH **84**, 364, NJW **94**, 2545) od die Anwartsch aus einer LebensVers sein (BGH NJW **92**, 2155). GeschGrdl für die Zuwendgen ist
46 idR der Bestand der Ehe. – **aa) Gesetzlicher Güterstand.** Leben die Eheg im gesetzl Güterstand, werden unbenannte Zuwendgen iF des Scheiterns der Ehe grdsl allein güterrechtl ausgeglichen (BGH **65**, 322, **84**, 364, **115**, 136, NJW **92**, 2155, Mü NJW-RR **02**, 3, stRspr). Rechte aus § 313 bestehen idR auch dann nicht, wenn der Zuwendgsempfänger mehr erhalten hat, als ihm nach dem Grds des ZugewinnAusgl zusteht (BGH **82**, 232) od wenn der Ausgl am fehlden Zugewinn des Zuwendgsempfängers scheitert (Reinicke/Tiedtke DNotZ **83**, 164). Nur wenn ganz bes Umst dies erfordern, sind Ausn mögl (BGH **115**, 138, NJW **97**, 2747), so wenn eine Leistg, die ein Eheg wg schwerster Verletzgen erhalten hat (Erblindg), teilw dem and zugewendet worden ist (Stgt NJW-RR **94**, 1490). Ein Eheg kann ausnw berecht sein, die Übertragg eines Ggst zu

AlleinEigtum zu beanspruchen, jedoch idR nur gg eine angem AusglZahlg (BGH **68**, 299, **82**, 229, WM **98**, 1088, Celle FamRZ **00**, 668). Ein den ZugewinnAusgl ergänzder AusglAnspr kann gegeben sein, wenn ein Eheg dem and währd der Verlobgszeit für die Bebauung von dessen Grdst erhebl Zuwendgen gemacht hat (BGH **115**, 261, Celle NJW-RR **01**, 1675) od wenn ein Eheg dem and in einer vom Versorggsgedanken geprägten Ehe ein Wertpapierdepot übertragen hat u die Ehe nach kurzer Zeit scheitert (BGH FamRZ **94**, 503). – **bb)** Bei **Gütertrennung,** auch wenn sie auf der Anwendg ausländ Rechts beruht (BGH **119**, 397), 47 ist zu unterscheiden. RückFdgsAnspr sind ausgeschlossen, wenn die Zuwendg eine angem Beteiligg an dem gemeins Erarbeiteten darstellt (BGH NJW **72**, 580, **89**, 1988, Düss NJW-RR **96**, 467), wenn sie erbrachte Leistgen ausgleichen soll (Brem FamRZ **00**, 671) od als GgLeistg für die Zustimmg zur Gütertrenng aufzufassen ist (Ffm FamRZ **81**, 778, Stgt NJW-RR **88**, 134). Bei Zuwendgen außerh dieses Rahmens kommen AusglAnspr in Betracht, vor allem bei Zuwendg eines Grdst, finanzielle Unterstützg od Mitarbeit im Betr od beim Hausbau (BGH **84**, 368, **127**, 51, NJW-RR **88**, 964, 965) u bei Zuwendgen für den Aufbau einer eig berufl Existenz (BGH NJW **74**, 2045). Ein Anspr besteht aber erst nach rkräft Scheidg (Düss NJW-RR **92**, 1477) u nur, wenn die Beibehaltg der bestehden Vermögensverteilg mit Treu u Glauben unvereinb u unzumutb ist (BGH FamRZ **87**, 45, **89**, 149, 600, Düss NJW-RR **96**, 644, Jaeger DNotZ **91**, 461). Wird die Ehe nicht dch Scheidg, sond dch Tod aufgelöst, sind AusglAnspr idR ausgeschl (BGH NJW-RR **90**, 835). – **cc) Schwiegereltern.** Auch für Zuwendgen, an denen die Schwiegereltern aktiv od passiv beteiligt sind, 48 kann der Bestand der Ehe GeschGrdl sein. RückFdgsAnspr kommen nach Scheitern der Ehe aber nur in Betracht, wenn die Beibehaltg der bestehden Vermögensverteilg mit Treu u Glauben unvereinb u unzumutbar ist (BGH **129**, 263, FamRZ **98**, 670, NJW **99**, 353, Oldenbg u Köln NJW **94**, 1539, 1540, Düss NJW-RR **96**, 517, Naumbg NJW-RR **01**, 1673) od wenn iF einer Schenkg § 530 zutrifft (LG Oldenbg NJW-RR **98**, 1). Führt der ZugewinnAusgl dazu, dass die Zuwendg überwiegd dem eig Abkömmling zugute kommt, besteht kein Anspr aus § 313 (BGH **129**, 263). Anspr gg den Schwiegervater wg des Ausbaus einer Wohng in seinem Haus kommen erst in Betracht, nachdem die Wohng geräumt ist (BGH NJW **85**, 314) od vom Eigtümer dch Vermietg genutzt w (BGH **111**, 128).

i) Wiederherstellung der deutschen Einheit. Die Wiederherstellg der dtschen Einh u die dadch 49 bedingten grdlegden wirtschaftl Verändergen im Beitrittsgebiet haben bei einer Vielzahl von Vertr das Gleichgewicht von Leistg u GgLeistg od den VertrZweck erhebl gestört. Zum Ausgl dieser Störgen hat der GesGeber eine Reihe von SonderGes erlassen. Ergänzd hat die Rspr die Grds über den Wegfall der GeschGrdl herangezogen, u zwar auch für AltVertr aus der Zeit vor dem 3. 10. 90, auf die nach EG 232 § 1 grdsl das Recht der DDR weiter anzuwenden ist (BGH **120**, 10/22; **121**, 378/391, **127**, 212/217, stRspr). Inzw sind seit der Wiederherstellg der dtschen Einh mehr als 10 Jahre vergangen. Die notw Anpassg der AltVertr an die neuen rechtl u wirtschaftl Verhältn ist idR vollzogen, überwiegd auf Grd von SonderG, manchmal auch auf Grdl des § 242. Auch die bei Erbteilsübertraggen u erbrechtl Abfindgen aufgetretenen Störgen spielen in der Praxis kaum noch eine Rolle. Um Platz für die Erläuterg neuer Vorschr zu gewinnen, wird daher wg der bei Wiederherstellg der dtschen Einh entstandenen GeschGrdlProbleme auf die ausführl Kommentierg in der 59. Aufl § 242 Rn 152 a–f verwiesen. Neue, seit dem Redaktionsschluß der 59. Aufl veröffentlichte Rspr: Ist in einem 1986 geschlossenen Erb- u PflTVerzichtsVertr Vermögen in den neuen BLändern nicht berücksichtigt worden, kann eine Anpassg geboten sein (Hamm ZEV **00**, 507).

9) Weitere Einzelfälle. Die Rspr zur GeschGrdl wird überwiegd bereits in der systemat Kommentierg 50 nachgewiesen; s daher zunächst Rn 1–49. – **a) Abfindungsvereinbarungen** über SchadErsAnspr sind gem § 313 anzupassen, wenn beide Part von irrigen Vorstellgen über den SchadUmfang ausgegangen sind (BGH NJW-RR **92**, 715). Fehleinschätzgen der künft Entwicklg gehören dagg grdsl zu den von den Part übernommenen Risiken (BGH NJW **84**, 115, **91**, 1535). Rechte aus § 313 entfallen vor allem dann, wenn sich die AbfindgsVereinbg auch auf unbekannte Schäden bezieht; hierauf kann sich der Schädiger aber nicht berufen, wenn sich wg unvorhersehb Folgen ein so krasses MißVerhältn zw Abfindgssumme u Schaden ergibt, dass das Festhalten am Vertr gg Treu u Glauben verstößt (BGH VersR **61**, 382, **66**, 243, **67**, 804, Köln NJW-RR **88**, 924). Abfindg von UnterhAnspr s Rn 11. – **Altenteilsleistungen** können bei erhebl Veränderg der 51 allg wirtschaftl od pers Verh der Beteiligten abgeändert w (BGH **25**, 298, Rn 35). Bei jeder Änderg ist auf die Leistgsfähigk des Hofes Rücksicht zu nehmen; doch kann sich der Übernehmer nicht auf einen von ihm verschuldeten Einkommensrückgang berufen (Celle RdL **58**, 183). Kann ein WohnR wg Pflegebedürftigk nicht mehr ausgeübt w, kann der Berecht zur Vermietg befugt sein (Köln FamRZ **91**, 1432, Celle NJW-RR **99**, 10, aA E. Schneider MDR **99**, 87), and aber, wenn der Berecht dem Eigtümer die Vermietg auf eig Rechng überlassen hat (Oldbg NJW-RR **94**, 1041). Bei schweren Störgen des persönl Verh od wenn eine Heimunterbringg notw ist, können Natural- u Dienstleistgen in Geldleistgen umgewandelt w (BGH DB **81**, 1615, Düss NJW-RR **88**, 326, NJW-RR **94**, 201, Köln FamRZ **97**, 937, vgl auch BGH NJW **02**, 440). Das gilt entspr für ähnl VersorggsAbreden (BGH aaO, Schwarz ZEV **97**, 309). Haben die Part für den Umzug in ein Altersheim keine Regelg getroffen, so zeigt das iZw, dass sie diesen Fall nicht bedacht u nicht in ihren Regelgsplan aufgenommen haben (aA Düss MDR **01**, 1287). Sonderregelgen gehen vor (BayObLGZ **89**, 481); vgl insb ReichsG über die anderweit Festsetzg von Geldbezügen aus Altenteilsverträgen vom 18. 8. 23, RGBl 815 (noch in Kraft BGH **25**, 296) u die in EGBGB 96 Rn 5 angeführten LandesG. Zu *Pr* AGBGB Art 15 § 9 vgl Hamm DNotZ **99**, 719. – **Arbeitsrecht.** Wissen beide Part bei VertrSchl nicht, dass ArbN 52 schwanger ist, kann sich ArbG nicht auf Fehlen der GeschGrdl berufen, da das Festhalten am Vertr nach den Wertgen des MuSchG zumutb ist (LAG Saarbr NJW **66**, 2137). Kein Wegfall der GeschGrdl für Vereinbg über KarenzEntsch, wenn für ArbN nachträgl WettbewMöglichk entfällt (BAG NJW **69**, 677), für Vereinbg über KündAbfindg, wenn ArbN vor dem vereinb Ausscheidenstermin stirbt (BAG DB **70**, 259), für Akkord-Vereinbg bei Einsatz arbsparder Maschinen (LAG Hamm DB **70**, 113), für Leistgszulage, wenn Leistg nachläßt (BAG DB **76**, 2404). Wird der ArbVertr dch äußere Ereign auf Dauer undchführb, kann er ohne Künd enden (BAG NJW **96**, 476). Haben die Part den Vertr irrtüml für einen GesellschVertr gehalten, kann der ArbG für die von ihm nachzuentrichtden SozVersBeiträge nachträgl keinen (hälft) Ers vom ArbN verlangen (BAG DB **88**, 1550). Die GeschGrdl einer Versorggszusage kann entfallen, wenn eine planw Überversorgg (107% statt 71% der letzten Bezüge) entsteht u der Versorggsaufwand um 61% steigt (BAG DB **98**, 779); die steigde

Lebenserwartg rechtf aber allein keine Anwendg des § 313 (Kemper DB **98**, 774). Die Grds über Fehlen u Wegfall der GeschGrdlage sind auch auf BetrVereinbgen anwendb (BAG DB **64**, 1342), ebso auf Sozialpläne (BAG DB **95**, 480, **97**, 100), nicht aber auf den normativen Teil des TarifVertr (BAG DB **77**, 679, **85**, 130).

53 **b) Bürgschaft:** Die Erwartg des Bü, der BürgschFall w nicht eintreten, da der HauptSchu leistgswillig u -fähig sei u bleiben w, ist nicht GeschGrdl, weil die Zahlgsfähigk des HauptSchu zur Risikosphäre des Bü gehört (BGH **104**, 242, NJW **83**, 1850, **88**, 2174, 3206, stRspr). Umst außerh des BürgschRisikos können nach allg Grds GeschGrdl sein (BGH NJW **66**, 449), so die Erwartg, der Gläub werde gg den HauptSchu keine StrafAnz erstatten (BGH WM **73**, 36), eine geplante Sanierg werde in Angriff genommen (BGH WM **73**, 752), ein ÜbernVertr werde dchgeführt (BGH DB **74**, 2244), das ArbVerh zw Bü u HauptSchu werde weiterbestehen (KG BB **85**, 2177), vorausgesetzt jedoch, die Erwartg ist wirkl Grdl des gemschaftl GeschWillens geworden (BGH NJW-RR **89**, 753, Rn 5). Die Erwartg, die zu sichernde Fdg werde nicht abgetreten u gehe nicht kr Ges auf einen Dr über, ist idR nicht GeschGrdl (BGH NJW **93**, 2935), ebsowenig die Erwartg, dass die weiter bestellten Sicherh fortbestehen (BGH NJW **94**, 2146). Verbürgt sich der Gesellsch-GeschFü für seine GmbH, entfällt mit der Aufg seiner gesellschaftsrechtl Stellg nicht die GeschGrdl für die Bürgsch (BGH ZIP **99**, 877). Bes Grds gelten für Bürgsch von einkommens- u vermögensl **Angehörigen** des Schu, dch die sich der KreditG vor Vermögensverschiebgen schützen od den Zugriff auf künft VermErwerb des Bü (Erbsch) sichern will. Nach dem 31.12. 98 mit dieser Zielsetzg geschlossene Vertr sind nur dann mit § 138 vereinb, wenn der begrenzte Haftgszweck ausdr vertragl geregelt ist (BGH NJW **99**, 58, § 138 Rn 38 d). AltBürgsch können auch ohne eine derartige ausdr Haftgsbegrenzg wirks sein (BGH aaO, str). Vor einem VermErwerb ist der Anspr gg den Bü aber nicht fällig (BGH **134**, 325) u seine Inanspruchn zugl mißbräuchl (BGH NJW **00**, 362). Der Anspr entfällt endgült, wenn die Gefahr einer VermVerschiebg wg Aufhebg der LebensGemeinsch nicht mehr besteht (BGH **128**, 235, **132**, 328).

54 **Darlehen.** Der DarlN trägt das Verwendgsrisiko (Rn 43). Er kann sich nicht darauf berufen, dass er das Darl nicht (mehr) benötigt, aber auch nicht darauf, dass er den mit der DarlValuta angeschafften Ggst unverschuldet verloren hat, ohne einen ErsAnspr zu erlangen (BGH **15**, 34, DB **72**, 620, Rn 8 aE). Ein Darl kann vorzeit kündb sein, wenn ein korrespondierdes RVerhältn vorzeit beendet w, so das Darl an den Schwiegersohn bei Scheidg der Ehe (BGH FamRZ **73**, 252, Düss NJW **89**, 908, aA Karlsr NJW **89**, 2137), das Darl an den GmbH-GeschFü bei Beendigg des AnstellgsVerhältn (BGH WM **69**, 335), das Darl an ArbN, wenn dieser Unterschlaggen begeht (Brschw OLGZ **65**, 139), aber nicht bei sonst Beendigg des ArbVertr (LAG BaWü BB **69**, 1268), das WoBauDarl nicht, wenn der ArbN das geförderte Haus seiner Geschiedenen
55 überträgt (Köln FamRZ **93**, 955). – **Erbrecht:** Ggü einem Erb- od Zuwendgsverzicht kann nach dem Erbfall nicht mehr geltd gemacht w, die GeschGrdl fehle od sei weggefallen (BGH NJW **99**, 789). Der dem ErbVerz zugrdeliegde AbfindgsVertr kann aber anpassgsbedürftig w, wenn der Hoferbe den Hof 6 Jahre nach dem Erbfall veräußert (BGH **134**, 152).

56 **c) Familienrecht:** Bei Zuwendgen zw Eheg kann der Bestand der Ehe GeschGrdl sein (Rn 45 ff). Dch die Trenng entfällt idR die GeschGrdl für die dem Eheg eingeräumte Befugn, über das Bankkonto des and zu verfügen (BGH NJW **88**, 1209, NJW-RR **89**, 834). Auch bei Leistgen zw Geschwistern in einem MitEigtümerVerh können bei einer wesentl Änderg der Verhältn AusglAnspr bestehen (BGH NJW **92**, 2283). Für den Verzicht auf **Versorgungsausgleich** nach der 1. Scheidg kann die GeschGrdl entfallen, wenn auch die 2. Ehe zw diesen Partnern scheitert (BGH NJW **94**, 579). Auf Einiggen über die **elterliche Sorge** finden die Grds über die GeschGrdl Anwendg (Köln FamRZ **64**, 524, Karlsr OLGZ **65**, 258, FamRZ **68**, 266). Es ist aber idR kein Wegfall der GeschGrdl, wenn die mit der Einigg gem § 1671 od einem UnterhVergl zugl vereinbarte Regelg des UmgangsR nicht dchgeführt wird (BayObLG **66**, 70, Stgt NJW **81**, 1743). Für die bei einer **heterologen Insemination** stillschw übernommene vertragl UnterhPfl kann die GeschGrdl entfallen, wenn Mu od Kind die Vatersch anfechten (BGH NJW **95**, 2032, 2033). AusglAnspr zw Partn einer **eheähnlichen Lebensgemeinschaft** s Einl 32 ff v § 1297.

57 **d) Gesellschaftsrecht:** Fällt bei einer OHG od KG die GeschGrdl für den Eintritt eines Gters weg, kommt eine Ausschl- od Aufhebgskl in Betracht (BGH **10**, 51, NJW **67**, 1082), uU ist aber auch die Aufrechterhaltg des Vertr unter Anpassg an die veränderten Umst mögl (BGH NJW **74**, 1657: Änderg der Nachfolgeregelg nach Scheidg). Sind die Gter bei der AuseinandS von einer unricht Bewertg ausgegangen, kann dem Benachteiligten ein AusglAnspr zustehen (RG **131**, 94). Besteht zw dem für die Ausübg eines ÜbernahmeR vereinbarten Pr u dem wirkl Wert des GAnteils wg veränderter Verhältn ein grobes Mißverhältn, ist der Pr anzupassen (BGH **126**, 241). Bei irrigen Vorstellgen über die Folgen einer VertrÄnderg kann eine Anpassg an das wirkl Gewollte geboten sein (BGH **LM** HGB 339 Nr 2), bei der irrtüml Beurteilg einer RFrage (Widerruflichk eines Test) die Anpassg an die wirkl RLage (BGH **62**, 24). Waren die Part einer SaniergsVereinbg darüber einig, dass zur Umsetzg des Saniergskonzepts zwei weitere Vertr notw seien u kommen diese Vertr nicht zustande, kann für den abgeschl Vertr die GeschGrdl entfallen (Hamm NJW-RR
58 **00**, 412). – **Hofübergabevertrag.** Beruht der Vertr auf der Erwartg, der Hof werde im FamBesitz bleiben, kann der Übergeber bei Weiterveräußerg an einen Fremden eine Erhöhg der GgLeistg fordern (BGH **40**, 334). Wegfall der GeschGrdl ist es auch, wenn ein Bruder dem and den Hof in der Erwartg übertragen hat, er werde eine and LebensGrdl finden u sich diese Erwartg wg völliger Veränderg der Verhältn nicht erfüllt (BGH
59 NJW **53**, 1585). – **Kaufvertrag:** Vorrang der Sachmängelhaftg Rn 24. Störg des Äquivalenzverhältn Rn 32. Verwendgsrisiko des Käufers Rn 43. Mängel der subj GeschGrdl, insb irrige Vorstellgen über die Preisbemessg oder steuerl Folgen Rn 20 f. Beim Verkauf zur Abwendg der Enteigng kann der Käufer bei Wegfall od Fehlen der Enteigngsvoraussetzgen uU Rückgewähr der Kaufsache verlangen, sei es nach § 157 od nach § 313 (BGH
60 **84**, 7, ZIP **97**, 1067, BayObLGZ **89**, 460, **92**, 37). – **Konzessionsvertrag** zw Gem u VersorggsUntern s BGH WM **74**, 161. – **Leasingvertrag.** Tritt der LeasG seine GewLAnspr an den LeasN ab, wird der KaufVertr GeschGrdl für den LeasVertr. Ist der KaufVertr unwirks (Nürnbg BB **96**, 659) od wird er gewandelt,
61 entfällt die ZahlgsPfl des LeasN (Einf 58 v § 535). – **Makler.** Besteht seine Prov in dem Teil des KaufPr, der einen MindestBetrag übersteigt, kommt bei einem unerwartet günst Verkauf eine Herabsetzg in Frage (Düss
62 MDR **68**, 494). – **Miete und Pacht:** Vorrang des GewLR Rn 24. Störg des Äquivalenzverhältn Rn 32.

Verwendgsrisiko des Mieters Rn 43. Mängel der subj GeschGrdl Rn 21. Nehmen die Part irrig an, der Vertrag mit dem Vorpächter bestehe nicht mehr, kann die GeschGrdl des neuen Vertr fehlen (BGH **LM** § 242 (Bb) Nr 20). Entfällt der Eigenbedarf, kann die GeschGrdl für einen RäumgsVergl wegfallen (Pankow NJW **94**, 1184).

Patent: Der Käufer einer ungeschützten Erfindg hat idR keine Rechte aus § 313, wenn die Patentanmeldg abgelehnt w (BGH **83**, 288). Entspr gilt, wenn sich eine Diensterfindg des ArbN als nicht schutzfäh erweist (BGH **102**, 35). Bei Vertr über den Erwerb od Auswertg eines Patents besteht dagg idR ein LösgsR, wenn das SchutzR ganz od teilw vernichtet w (BGH NJW **57**, 1317); auch die wirtschaftl Verwertbark des Rechts kann GeschGrdl sein (BGH **52**, 60, NJW **78**, 320). – Der **Sanierungsvergleich** ist trotz nachträgl Änderg seiner Konzeption nicht anzupassen, wenn die Umstrukturierg der Unternehmen endgült in den Entscheidgsbereich der Saniergsträger fällt (LG Ffm NJW-RR **93**, 1197). – **Schenkung.** §§ 528, 530, 1301 gehen als Sonder-Vorschr den Grds der GeschGrdl vor (BGH NJW **53**, 1585, Karlsr NJW **89**, 2136). Nicht unter diese Vorschr fallde Erwartgen u Vorstellgen können dagg GeschGrdl sein (BGH **112**, 261, NJW **72**, 248, **LM** § 133 (A) Nr 11, Dürr NJW **66**, 1660), so auch ein gemeins Irrt über die steuerl Folgen der Schenkg (Kapp BB **79**, 1207). Schenkgen zw Eheg u Zuwendgen der SchwiegerElt sind iZw vom Bestand der Ehe unabhäng (BGH NJW-RR **90**, 387, NJW **99**, 1623); meist handelt es sich aber nicht um Schenkgen, sond um sog unbenannte Zuwendgen (Rn 45 ff). – **Unterhaltsverträge** Rn 11. – **Vergleich.** Ergänzd zu der Sonderregelg des § 779 gelten die allg Grds der GeschGrdl (BGH NJW **84**, 1746, NJW-RR **94**, 434). Sie sind anzuwenden: wenn beide Part von falschen tatsl oder rechtl Voraussetzgen ausgegangen sind, der gemeins Irrt sich aber nicht auf streitausschließde Umst bezogen hat (BGH JZ **62**, 361, **LM** § 779 Nr 2, 24), so wenn die Leistg, die ein nicht am Vergl beteiligter GesSchu erbracht hat, zu niedrig angesetzt worden ist (Stgt NJW **94**, 3237), wenn die dem AbfindgsVergl zugrde gelegte vorläuf Bilanz ausweisl der endgült Bilanz wesentl VermWerte nicht berücksichtigt hat (BGH NJW-RR **95**, 413); wenn die dem Vergl als feststehd zugrde liegde Rspr geändert w (BGH **58**, 362); wenn die Part den Eintritt eines best zukünft Ereign irrtüml als sicher angesehen haben (BGH NJW-RR **86**, 946). Beim ProzVergl kann Fehlen u Wegfall der GeschGrdl nur in einem neuen RStreit geltd gemacht w (§ 779 Rn 31). – **Vertragsstrafe.** Die von einem Kaufm versprochene Strafe kann trotz HGB 348 bei unricht Vorstellgen der Part über den Wert des VertrGgst herabgesetzt w (BGH NJW **54**, 998). – Der Schu kann den dch ein VertrStrafVerspr gesicherten **wettbewerbsrechtlichen** UnterlVertr aus wicht Grd kündigen, wenn er die Verpfl ggü einem nach der nF des UWG 13 nicht mehr klagbefugten Verband eingegangen ist (BGH **133**, 316). Die KündFr, deren Länge nach § 242 zu bemessen ist, hat nicht vor der Veröffentlichg des BGH-Urt vom 26. 9. 96 begonnen (BGH **133**, 331). Für die Zeit vor der KündErkl können aus dem UnterlVertr ausnw dann keine Rechte hergeleitet werden, wenn der UnterlAnspr inf GesÄnderg entfallen ist (BGH NJW **00**, 3645) od die KlagBefugn offensichtl nicht mehr besteht (BGH **133**, 316/329). Das in der UnterwerfgsErkl liegde SchuldAnerkenntn kann nicht gem § 812 zurückgefordert werden (BGH NJW **98**, 2439). Entspr Grds gelten, wenn die VO, deren Einhaltg gesichert werden soll, für unwirks erklärt wird (Mü BB **84**, 629, Köhler WRP **90**, 460) od wenn die Rspr die beanstandete Werbg für zul erklärt (BGH NJW **83**, 2143, Düss WRP **95**, 223). VertrStrafAnspr, die vor der Änderg (BGH NJW-RR **96**, 364, Düss BB **97**, 600) od vor der Künd verwirkt worden sind, bleiben grdsl bestehen (BGH NJW **00**, 3645).

Randnummern: 63 (Patent), 64 (Sanierungsvergleich), 65 (Vergleich), 66 (Vertragsstrafe), 67 (wettbewerbsrechtlichen)

10) Vertragshilfe. Das vom GesGeber für Kriegs- u Notzeiten geschaffene Institut der VertrHilfe, das den Ri bei AltFdgen zu rechtsgestaltden Ändergen ermächtigte, ist dch Zeitablauf u wg der grdlegd veränderten wirtschaftl Verhältn seit langem überholt. Das Ges vom 27. 6. 00 (§ 361 a Rn 1) hat das VertrHilfeG 1948 ausdr aufgehoben. Auch die weiteren VertrHilfeVorschr (BVFG 82 ff, HeimkG 26 a, HäftlingshilfeG 9, FlüchtlingshilfeG 20 III) sind seit langem ohne prakt Bedeutg. 68

314 *Kündigung von Dauerschuldverhältnissen aus wichtigem Grund.*

I Dauerschuldverhältnisse kann jeder Vertragsteil aus wichtigem Grund ohne Einhaltung einer Kündigungsfrist kündigen. Ein wichtiger Grund liegt vor, wenn dem kündigenden Teil unter Berücksichtigung aller Umstände des Einzelfalls und unter Abwägung der beiderseitigen Interessen die Fortsetzung des Vertragsverhältnisses bis zur vereinbarten Beendigung oder bis zum Ablauf einer Kündigungsfrist nicht zugemutet werden kann.

II Besteht der wichtige Grund in der Verletzung einer Pflicht aus dem Vertrag, ist die Kündigung erst nach erfolglosem Ablauf einer zur Abhilfe bestimmten Frist oder nach erfolgloser Abmahnung zulässig. § 323 Abs. 2 findet entsprechende Anwendung.

III Der Berechtigte kann nur innerhalb einer angemessenen Frist kündigen, nachdem er vom Kündigungsgrund Kenntnis erlangt hat.

IV Die Berechtigung, Schadensersatz zu verlangen, wird durch die Kündigung nicht ausgeschlossen.

1) Allgemeines. – **a) Fassung.** Eingefügt dch das SMG. Die Vorschr übernimmt das von Rspr u Lehre für DauerschuldVerh entwickelte KündR aus wicht Grd. Sie entspr einem Vorschlag der SchuldRKommission (Abschlußbericht S 152). Der bisher § 314 ist § 311 c geworden. – **b) Begriff.** Das Dauerschuldverh unterscheidet sich von den auf eine einmalige Leistg gerichteten Schuldverh dadch, dass aus ihm währd seiner Laufzeit ständig neue Leistgs-, Neben- u SchutzPflten entstehen. Es wird dch seine zeitl Dimension u das Merkmal ständiger PflAnspanng gekennzeichnet (Esser-Schmidt § 15 II). Begriffl setzt es voraus, dass ein dauerndes Verhalten od wiederkehrde Leistgen geschuldet w u dass der GesUmfang der Leistg von der Dauer der RBeziehg abhängt (Larenz § 2 VI, Soergel/Teichmann § 241 Rn 6). Der Begriff des DauerschuldVerh ist im Anschluß an v Gierke (JherJB **64**, 355) von Rspr u Lehre herausgebildet worden u erst dch das AGBG (s jetzt § 308 Nr 3, § 309 Nr 1 u 9) in die GesSprache eingegangen. Von den gesetzl normierten Vertr sind Miete, Pacht, Leihe, Darl, DienstVertr, Verwahrg, Gesellsch u der VersVertr DauerschuldVerh. Hinzukommen

zahlreiche verkehrstyp Vertr, etwa das Factoring (BGH NJW **80**, 44), Franchising (BGH NJW **99**, 1177), ProjektsteuergsVertr (BGH NJW **00**, 202), der BelegarztVertr (BGH NJW **72**, 1128) u wettbewerbsrechtl UnterlVertr (§ 313 Rn 67). Auch Kauf, WerkVertr, Bürgsch u MaklerVertr können nach der Ausgestaltg im Einzelfall DauerSchuldverh darstellen (Rn 5). Umgekehrt kann der DienstVertr dch Beschränkg auf eine Einzelleistg seinen Charakter als DauerschuldVerh verlieren (BGH NJW **89**, 1479). Beim **Sukzessivlieferungsvertrag** ist zu unterscheiden: Der über eine best GesMenge geschlossene RatenliefergsVertr ist kein DauerschuldVerh, wohl aber der ohne Festlegg auf eine best Liefermenge geschlossene BezugsVertr (Einf 26 ff
3 v § 305 im HptBd). – **c) Abdingbarkeit.** § 314 ist in seinem Kern zwingdes Recht u kann dch AGB nicht eingeschränkt w (BGH ZIP **86**, 920). IndVereinbgen können das KündR beschränken, aber nicht völlig ausschließen (s BGH BB **73**, 819, § 626 Rn 2).

4 **2) Anwendungsbereich.** Das Kündr aus wicht Grd ist in zahlreichen SonderVorschr des BGB u and Ges für best DauerschuldVerh geregelt. Hinzuweisen ist vor allem auf §§ 490, 543, 569, 626, 723 u HGB 89 b. Diese Regelgen gelten unverändert weiter. Sie haben als *leges speciales* vor § 314 den Vorrang (BT-Drs 14/ 6040 S 177). Unter § 314 fallen nur DauerschuldVerh, die von den angeführten Sondernormen nicht erfaßt
5 werden. Die Vorschr **gilt** daher für: FranchiseVertr (BGH NJW **99**, 1177). AutomatenaufstellVertr (Hbg MDR **76**, 577). BierbezugsVertr (BGH **LM** § 242 (Bc) Nr 10 u 23). WärmeliefergsVertr (BGH **64**, 293). VOB-Vertr (BGH NJW-RR **96**, 1108). EigenhändlerVertr (BGH NJW **82**, 2432). PflegeVertr (Karlsr NJW-RR **97**, 708). MaklerAlleinAuftr (BGH NJW **69**, 1626). Darl (BGH NJW **86**, 1929, NJW-RR **01**, 1492). Bürgsch u Schuldmitübern, soweit sie sich auf künft entstehde Anspr beziehen (BGH NJW **85**, 3008, **86**, 252, 2308, Köln ZIP **90**, 449), vor allem bei einer erhebl Verschlechterg der VermLage des HauptSchu (BGH NJW-RR **93**, 943). ZweckVereinbgen für GrdSch (Gerth BB **90**, 80). Vertr über die Stellg einer Bürgsch (BGH NJW **89**, 1483). SchiedsVertr (BGH **41**, 108, **51**, 79, LG Kassel NJW **92**, 3107). LizenzVertr (BGH BB **97**, 1503). VerlagsVertr (BGH NJW **90**, 1989, Ffm NJW-RR **92**, 757). Gestattg der Veröffentlichg von Aktfotos (Mü NJW-RR **90**, 1000). VersVertr (BGH NJW **91**, 1829, Hamm NJW-RR **91**, 610). Versorggszusagen (BGH NJW **83**, 2254, 2256). GenußrechtsVertr (BGH **119**, 330). Wettbewerbsrechtl UnterlVertr (BGH **133**, 331, § 313 Rn 67). Auf ein VertrAngebot mit 15 jähriger Bindgsdauer ist § 314 entspr anwendb
6 (Düss NJW-RR **91**, 312). Weitere Beispiele in Rn 2. **Kein kündbares Dauerschuldverhältnis** ist der Vertr über die Bestellg eines dingl WohnR (BGH NJW-RR **99**, 376). Für Miet- u PachtVertr enthält die Neuregelg in §§ 543, 569 – and als nach fr Recht (BGH **50**, 315, NJW **88**, 206, **96**, 714) – eine wohl abschließde Regelg.

7 **3) Voraussetzungen. – a) Wichtiger Grund I.** Er ist – wie nach bisher Recht (BGH **41**, 108, NJW **93**, 1972, **99**, 1177) – gegeben, wenn Tats vorliegen, die unter Berücksichtigg aller Umst u unter Abwägg der beiderseit Interessen die Fortsetzg des Vertr für den Kündigden unzumutb machen. Ein Verschulden des and Teils ist weder erforderl noch ausr (BGH DB **72**, 2054). Eig Verschulden schließt das KündR nicht notw aus (BGH DB **69**, 1403, **72**, 2054), wohl aber dann, wenn der Kündigde die Störg des VertrauensVerh überwiegd verursacht hat (BGH **44**, 275, NJW **81**, 1265). Auch vor dem Beginn des Dauerschuldverh liegde, dem Kündigden unbekannte Umst können zur Künd berecht (BAG NJW **02**, 162). Bei der notw umfassden Würdigg sind die Besonderh des jeweiligen Vertrtyps zu berücksichtigen. Im Bereich der substitutiven KrankenVers, für die VVG 178 i die ordentl Künd des Versichers ausschließt, sind an die Voraussetzgen des außerordentl KündR deutl strengere Anfordergen zu stellen als bei and VersVertr (BT-Drs 14/6040 S 178).

8 **b)** KündGrd kann ein **pflichtwidriges Verhalten** des and Teils sein. Voraussetzg ist dann idR eine Abmahng, **II** (ebso das bisher Recht BGH NJW **81**, 1265, **92**, 497). Sie ist nach II 2 iVm § 323 II entbehrl, wenn der Schu die Leistg ernsth u endgült verweigert (§ 323 II Nr 1, dort Rn 18), wenn die iR eines DauerschuldVerh geschuldete Fixschuld nicht rechtzeit erbracht wird (§ 323 II Nr 2, dort Rn 19), od wenn das VertrauensVerh so schwerwiegd gestört ist, dass eine sofortige Beendigg des Vertr gerechtfertigt erscheint (§ 323 II Nr 3, dort Rn 22). Das kann zu bejahen sein, wenn der Schu dem and Teil nicht anzeigt, dass er sein Untern in eine GmbH & Co KG umgegründet hat (BGH **LM** (Bc) Nr 24, Hbg NJW-RR **89**, 996). Ein KündGrd kann auch ein die VertrauensGrdl zerstörder nicht näher aufklärb Verdacht sein (BGH NJW **90**, 42)

9 **c)** Auch eine **wesentliche Änderung** der Verhältn kann ein außerordentl KündR begründen. Eine Bankenfusion kann dem DarlN zur Künd berecht, wenn er trift Grde gg eine ZusArbeit mit einer der fusionierten Banken hat (Karlsr NJW-RR **01**, 1492). Für das KündR wg wesentl Ändergen gelten aber zwei Einschränkgen: Störgen aus dem eig Risikobereich begründen grdsl kein KündR (BGH NJW **91**, 1829, **96**, 714). Für die Abgrenzg der Risikosphären gelten § 313 Rn 15 ff u 34 ff entspr. Das KündR entfällt auch dann, wenn sich die Störg dch Anpassg des Vertr an die veränderten Verhältn beseitigen läßt u beiden Part die Fortsetzg des Vertr zuzumuten ist (§ 313 Rn 26).

10 **d) Angemessene Frist, III.** Das KündR muß innerh angem Fr ausgeübt werden. Bei der FrLänge kann § 626 II nicht entspr angewandt werden (BT-Drs 14/6040 S 179, BGH **133**, 331, NJW **82**, 641, **81**, 2823). Wg der Vielgestaltigk der DauerschuldVerh ist es ausgeschlossen, die Fr des III für alle Vertr einheitl zu bemessen. Beim VertrHändlerVertr muß die Künd idR binnen 2 Mo erklärt werden (BGH NJW **94**, 722), beim HandelsvertreterVertr sind 2 Mo idR schon zu lang (BGH aao), ebso beim Darl (Karlsr NJW-RR **01**, 1492). Bei wettbewrechtl UnterlVertr hat der BGH die innerh eines Mo erklärte Künd als rechtzeit angesehen (BGH **133**, 331). Der FrBeginn erfordert Kenntn, grobfahrl Unkenntn genügt nicht. Insoweit gelten § 626 Rn 22 ff entspr.

11 **4) Schadensersatz, Rücktritt, Beendigung. – a)** Der **Schadensersatzanspruch** wird dch die Künd nicht ausgeschlossen, IV. Er ergibt sich aus § 280 I, soweit es um bereits entstandenen Schaden geht. Will der Gläub SchadErs wg einer noch nicht od fehlerh erbrachten Leistg verlangen, muß er nach § 281 vorgehen. Der ErsAnspr ist in der Weise zu berechnen, dass die Summe der noch ausstehden Entgelte um einen Abzinsgsfaktor, ersparte Aufwendgen u die Erträge aus einer and Verwertg der VertrGgst vermindert w (BGH **82**, 129, **94**, 194, NJW **96**, 456). Bei einem LeasVertr ist auch die vom LeasN zu leistde Restzahlg, ands aber auch der Vorteil aus der vorzeit Rückg der LeasSache zu berücksichtigen (BGH NJW **95**, 1541). Die ErsPfl

beschränkt sich auf die Zeit bis zum nächsten ordentl KündTermin (BGH **82**, 130, **95**, 147), so auch iF der Miete (BGH **95**, 49, 60), des Leasings (BGH NJW **91**, 223), des HandelsvertreterVertr (BGH **122**, 12) u des Darl (BGH **104**, 343, NJW **90**, 2677, § 246 Rn 13). Verlangt umgekehrt der Mieter SchadErs wg NichtErf, ist er nicht verpfl, den Vertr dch Künd aus wicht Grd vorzeit zu beenden (BGH NJW-RR **95**, 716). Der SchadErsAnspr besteht auch dann, wenn sich der Berecht wg des zur Künd berechtigden Verhaltens des and Teils mit einer Aufhebg des Vertr einverstanden erklärt hat (BGH NJW **82**, 2432, BayObLG NJW **82**, 2003), er entfällt aber, wenn auch der and Teil zur Künd aus wicht Grd berecht war (BGH **44**, 277, NJW **81**, 1265).

b) An die Stelle des **Rücktrittsrechts** tritt beim vollzogenen DauerschuldVerh das KündR aus wichtigem 12
Grd (BGH NJW **81**, 1264, **86**, 125), so auch beim Miet- u PachtVertr (BGH **50**, 312, Hamm OLGZ **84**, 346) u beim DienstVertr (BAG NJW **67**, 2030).

c) Beendigung. Das befristete DauerSchuldverh endet dch FrAblauf, das unbefristete dch Künd. Fehlen 13
Vorschr über ein **ordentliches Kündigungsrecht,** u haben die Part die ordentl Künd nicht ausgeschl, sind die §§ 624, 723 entspr anwendb (BGH NJW **72**, 1129, NJW-RR **93**, 1460, Mü NJW-RR **96**, 561). Der Ausschluß des ordentl KündR dch AGB kann gg § 307 verstoßen (Stgt OLGZ **90**, 251), er ist aber dch IndVereinbg bis zur Grenze des § 138 zul (BGH **64**, 290).

Titel 2. Gegenseitiger Vertrag

Einführung

1) Das **Gesetz zur Modernisierung des Schuldrechts** hat den Begriff des ggs Vertr nicht geändert. Die 1
Neuordng des LStörgsR hat aber den Anwendgsbereich u Inh der §§ 320 ff grdlegd umgestaltet. – **a)** Die **Schadensersatzregelung** der §§ 325 u 326 aF, bislang das Kernstück des Titels, hat das SMG dch die für alle SchuldVerh geltden §§ 281, 283 ersetzt. Wenn der Gläub SchadErs statt der Leistg wg eines Anspr verlangt, der mit dem Anspr auf die GgLeistg synallagmat verknüpft ist (Rn 17), gelten für die Ermittlg des zu ersetzden Schadens aber weiterhin die von Rspr u Lehre entwickelten bes Grds (Surrogations- od Differenztheorie). Sie sind in § 281 Rn 18 ff dargestellt. – **b) Rücktritt.** Für den in §§ 323, 324 geregelten Rücktr genügt jetzt 2
eine obj PflVerletzg. Ein Verschulden ist nicht mehr erforderl. Voraussetzg für den Rücktr ist auch nicht mehr die Verletzg einer im GgseitigkVerh (Rn 17) stehden Pfl; auch die Verletzg einer nicht synallagmat Pfl begründet ein RücktrR, es sei denn, dass die PflVerletzg unerhebl ist (§ 323 V S 2). Die FehlEntsch des BGB-GesGebers, dass Rücktr u SchadErs einand ausschliessen, hat das SMG korrigiert (§ 325). Die nF der RücktrVorschr (§§ 346 ff) gilt unmittelb auch für das gesetzl RücktrR (§ 346 I). § 327 S 1 aF, der die §§ 346 ff für entspr anwendb erklärt, ist daher entfallen. Aufgehoben ist auch der völlig mißlungene § 327 S 2 aF, der, wenn man seinen Wortlaut ernst nimmt, statt des RücktrBerecht den RücktrGegner begünstigte, diesen allerdings nur in einem kaum vorstellb Fall. – **c) Weitere Änderungen.** Die UnsicherhEinr (§ 321) 3
kann jetzt auch auf Umst gestützt werden, die schon bei VertrSchluß vorlagen, soweit sie erst später erkennb geworden sind. Der Schu, der von einer im GgseitigkVerh stehden LeistgsPfl frei wird, verliert nach § 326 I seinen Anspr auf die GgLeistg. Die Vorschr übernimmt damit redaktionell verändert den RGedanken des § 323 aF. Hat der Gläub den RücktrGrd od die Unmöglichk weitaus überwiegend zu vertreten, entfällt sein RücktrR (§ 323 VI) u ebso die Befreiung von der Pfl zur Erbringg der GgLeistg (§ 326 II). Diese jetzt für alle LStörgen geltde Regelg knüpft an § 324 aF an.

2) Begriffe. Die SchuldVertr lassen sich wie folgt unterteilen: – **a)** Der **einseitig verpflichtende** Vertr 4
begründet nur für eine VertrPart eine LeistgsPfl, die and ist nicht zu einer Leistg verpfl; sie schuldet aber wie jeder Partner einer Sonderverbindg Rücksichtn u Loyalität (§ 241 II). Bsp sind das SchenkgsVerspr (§ 518) u idR die Bürgsch (§ 765).

b) Beim **unvollkommen zweiseitigen** Vertr trifft eine Part die den VertrTyp bestimmde LeistgsPfl. UU kann auch der and Teil zu einer Leistg verpfl sein; die beiderseit Verpfl stehen jedoch nicht im Verh von Leistg u GgLeistg. Bsp sind Leihe (§§ 598 ff), Auftr, §§ 662 ff (BGH **15**, 105) u die unentgeltl Verwahrg (§ 690).

c) Beim **gegenseitigen** (vollkommen zweiseit) Vertr stehen die beiderseit Verpfl in einem AbhängigkVer- 5
hältn zueinand. Jeder VertrPartner verspricht seine Leistg um der GgLeistg willen; die Leistg des einen ist Entgelt für die des and (BGH **15**, 105, **77**, 363). Ggs Vertr sind daher notw entgeltl Vertr u können nie abstrakt sein (Übbl 19 v § 104). Kennzeichnd für sie ist die **synallagmatische Verknüpfung** der beiderseit LeistgsPfl (Rn 12 ff), dh eine auf dem Grds *„do ut des"* beruhde ggs Zweckbindg. Ggs Vertr sind typw auf einen **Austausch** der beiderseit Leistgen gerichtet. Gleichgült ist, an wen die Leistg zu erbringen ist. Auch Vertr zGDr können ggs Vertr sein (RG **65**, 48, **150**, 133). Mögl ist auch ein mehrseit ggs Vertr über einen ringförmigen LeistgsAustausch (Pfister JZ **71**, 284, Larenz § 15 II). Die Begriffe ggs Vertr u AustauschVertr sind aber nur zT deckgsgleich: – **aa)** Auch der **Gesellschaftsvertrag** ist ein ggs Vertr, obwohl bei ihm keine 6
Leistgen ausgetauscht, sond zur Erreichg eines gemeins Zweckes vereinigt w (RG **76**, 279, **147**, 342, BGH NJW **51**, 308, str). Auf den GesellschVertr sind die §§ 320 ff aber nur mit erhebl Einschränkgen anwendb (§ 705 Rn 13). – **bb) Konditionelle oder kausale Verknüpfung.** Die für den AustauschVertr wesentl 7
Verknüpfg von Leistg u GgLeistg braucht nicht notw synallagmat iSd §§ 320 ff ausgestaltet zu sein. Mögl ist auch eine konditionelle od kausale Verbindg: Bei der konditionellen Verknüpfg wird die Erbringg der einen Leistg zur Bedingg (§ 158) für die Verpfl zur Erbringg der and gemacht (BGH NJW **82**, 436, Mü NJW **83**, 759). Der konditionellen Verknüpfg ähnl ist die beim MaklerVertr bestehde Abhängigk von Maklerleistg u VergütgsAnspr (Einf 6 v § 652). Die kausale Verknüpfg hat in § 812 I 2 Alt 2 ihre Grdl: die eine Part verfolgt den Zweck, die and zur Erbringg der an sich nicht geschuldeten Leistg zu veranlassen. Wird diese Erwartg enttäuscht, kann sie ihre Leistg kondizieren.

d) Äquivalenz. Die Part des ggs Vertr suchen den GgWert für ihre Leistg in der des and. Sie gehen typw 8
davon aus, dass die Leistg des and Teils der eigenen (mindestens) gleichwertig ist (RG **107**, 127, BGH **77**, 363,

NJW **62**, 251). Die Vorstellg der Part von der Äquivalenz der beiderseit Leistgen ist daher bei ggs Vertr idR GeschGrdl (§ 313 Rn 32 ff); wird das ÄquivalenzVerhältn dch unvorhersehb Ereign schwerwiegd gestört, ist der Vertr an die veränderten Verhältn anzupassen. Die subj Äquivalenz der beiderseit Leistgen ist aber kein notw Merkmal des ggs Vertr. Die Part können wg des Grds der VertrFreih auch Leistgen unterschiedl Werts ggeinand austauschen (Bsp: FreundschKauf u FreundschMiete). Bei einem bes groben Mißverhältn der beiderseit Leistgen kann aber uU § 138 anwendb sein.

9 **3) Einzelne Anwendungsfälle.** – **a) Hauptbeispiele** für ggs Vertr sind Kauf, Tausch, Miete, Pacht Dienst-, Wk-, Reise- sowie GeschBesorggsVertr, bei letzteren sind Überweisgs- (§§ 676 a ff), Zahlgs- (§§ 676 d f) u GiroVertr (§§ 676 f ff) eingeschlossen. Dch die nF der §§ 488 ff u §§ 607 ff hat das SMG klargestellt, dass auch das Darl u das SachDarl ggs Vertr sind. Diese Einordng war aber für das verzinsl Darl auch schon vorher allg anerkannt (Einf 2 v § 607 im HptBd). Darüber hinaus sind zahlreiche weitere typ od verkehrstyp Vertr ggs Vertr. Bsp sind der Vergl (BGH **116**, 330), der jedoch je nach Lage des Einzelfalls auch ein nicht ggs Vertr sein kann (RG **106**, 87, BAG DB **70**, 259), der VersVertr (Schünemann JZ **95**, 430), der SponsoringVertr (Weiand NJW **94**, 230), der AlleinvertriebsVertr (BGH NJW **86**, 126), die Vereinbg eines WettbewVerbots gg Zahlg einer KarenzEntsch (BAG DB **82**, 125, **86**, 178), der ein WettbewVerbot enthaltde Vertr über das Ausscheiden eines Gesellschters (BGH WM **83**, 170), der dem Erbverzicht zugrde liegde AbfindgsVertr zw Erblasser u weichden Erben (BGH NJW **97**, 653), der Vertr über die Auflösg eines PachtVertr gg Zahlg einer Abfindg (LG Ffm NJW **76**, 572), wobei aber jeweils zu prüfen ist, welche der
10 beiderseit Pflten im GgseitigkVerh stehen (Köhler JuS **76**, 785). – **b) Weitere Anwendungsfälle.** Da nach dem Grds der VertrFreih der **Parteiwille** über das Vorliegen eines GgseitigkVerh entscheidet, können auch die an sich unter Rn 4 fallden Vertr als ggs Vertr abgeschl werden, so die BürgschLeistg gg Entgelt (RG **66**, 426) u der MakerVertr (Einf 7 v § 652). Auch der idR außerh des rgeschäftl Tatbestd stehde mit der Leistg bezweckte Erfolg (§ 812 I S 2) kann zum Inh eines ggs Vertr gemacht w (RG **132**, 242, BGH MDR **52**, 33). **Kein** ggs Vertr ist dagg die Schenkg unter Aufl (RG **60**, 240, **112**, 212) u der Beitritt zu einem Verein (RG **100**, 2, § 38 Rn 4). Zw dem VorkaufsBerecht u dem Verkäufer besteht nach Ausübg des Rechts ein ggs
11 VertrVerhältn, nicht aber zw dem Berecht u dem Käufer (BGH **15**, 105). – **c) Gesetzliche Schuldverhältnisse.** Der Anwendgsbereich der §§ 320 ff beschränkt sich grdsl auf vertragl SchuldVerh. Einbezogen ist jedoch das RVerh zw dem vollmlosen Vertreter u dem and Teil, sofern dieser Erf wählt u ein ggs Vertr abgeschl werden sollte (§ 179 Rn 5). Dagg ist das RückgewährSchuldVerh, das dch Rücktr entsteht, kein ggs VertrVerh (§ 348 Rn 1). Auch auf die Rückabwicklg nichtiger Vertr sind die §§ 320 ff unanwendb (RG **94**, 310), jedoch führt die Saldotheorie prakt zur Berücksichtigg des zw Leistg u GgLeistg bestehden Synallagmas (§ 818 Rn 48).

12 **4) Erscheinungsformen des Synallagmas.** Die wechselseit Abhängigk der ggs Verpfl (Rn 5) ist ein wesentl GrdGedanke der gesetzl Regelg iSd § 307 II Nr 1 (BGH **82**, 127, **96**, 109). Sie wirkt sich in
13 dreifacher Beziehg aus: – **a) Genetisches Synallagma.** Die Entstehg der Verpfl des einen Teils ist von der des and abhängig. Zur Nichtigk des gesamten Vertr genügt die Gesetzwidrigk (§ 134) od Unsittlichk (§ 138)
14 einer Leistg. Eine Teilaufrechterhaltg des Vertr entspr § 139 kommt nicht in Betracht. – **b) Funktionelles Synallagma.** Die Abhängigk der ggs Verpfl wirkt sich auch bei der Dchsetzg der Anspr aus. Der Gläub einer im GgseitigkVerh stehden Fdg kann nicht Leistg schlechthin, sond nur Leistg Zug um Zug gg Erbringg der GgLeistg verlangen (§ 320). Der Anspr ist inhaltl beschränkt u richtet sich auf DchFührg des LeistgsAustauschs
15 (§ 320 Rn 1). – **c) Konditionelles Synallagma.** Treten bei einer ggs LeistgsPfl nachträgl Störgen auf, so wirkt sich dies auch auf die Verpfl zur GgLeistg aus (§ 326). Das Synallagma verhindert, dass eine Part leistgspflichtig bleibt, obwohl die GgLeistg ohne ihr Verschulden nicht mehr erbracht werden kann. Das Prinzip der konditionellen Verknüpfg kommt vor allem in § 326 zum Ausdr, ist aber auch zu berücksichtigen, wenn bei einem ggs Vertr wg Verletzg einer HauptPfl SchadErs statt der Leistg geschuldet wird (§ 281 Rn 18 ff).

16 **5) Gegenseitigkeitsverhältnis. – a) Bedeutung.** Die §§ 320 ff galten bisher nur für LeistgsPflten, zw denen eine synallagmat Abhängigk besteht. Auf die nicht im GgseitigkVerh stehden Verpfl waren die allg Regeln anwendb (RG **106**, 24). Diesen Ansatz hat das SMG grdlegd verändert. Auf SchadErsVerpfl sind jetzt auch bei ggs Vertr die allg Vorschr der §§ 280 ff anzuwenden. Abw vom bisher Recht kann der Gläub nach erfolgloser FrSetzg SchadErs statt der Leistg auch verlangen, wenn der Mieter (Pächter) die RückgabePfl nicht erfüllt (§ 281 Rn 4). Die für die Ermittlg des zu ersetzden Schadens bei ggs Vertr geltden bes Grds (Surrogations- od Differenztheorie) gelten weiter, sind aber, wie bisher, nur anzuwenden, wenn wg eines Anspr SchadErs statt der Leistg verlangt wird, auf den sich das GgseitigkVerh erstreckt (§ 325 Rn 3 ff). Beim RücktrR spielt die Unterscheidg von synallagmat u nicht synallagmat Anspr keine Rolle mehr. Der Gläub kann unter den Voraussetzgen der §§ 323 od 324 zurücktreten, auch wenn der Schu eine nicht synallagmat Pfl verletzt hat. Die im Grds weitergeltde Unterscheidg hat dadch erhebl an Bedeutg verloren. Sie gilt im wesentl nur noch für (1) die Grenzziehg zw §§ 320 u 273; (2) die Festlegg des Anwendgsbereichs der §§ 321 u 326 u (3) die Anwendg der in § 281 Rn 18 ff dargestellten bes Grds der SchadErmittlg.

17 **b) Abgrenzung.** Das GgseitigkVerh erstreckt sich auf alle HauptleistgPfl, dagg grdsl nicht auf Nebenleistgs- u SchutzPflten. Maßgebd für die Abgrenzg ist der dch Auslegg zu ermittelnde Wille der Part. Handelt es sich nach dem Umst des konkreten Falles um eine wesentl VertrLeistg, sind die §§ 320 ff anzuwenden (RG **101**, 431, BGH NJW **53**, 1347). Das GgseitigkVerh bleibt bestehen, wenn an die Stelle der LeistgsPfl sekundäre Anspr treten, etwa die aus §§ 281, 283, 285 od der auf NachErf (BGH **26**, 339, **73**, 144). Es erstreckt sich nicht auf die bei VertrBeendigg entstehden RückgPflten, wie zB die RückgPfl des Mieters (RG **108**, 138) od des Lagerhalters (Düss NJW-RR **96**, 480). Einzelfälle: § 320 Rn 4.

18 **6) Abdingbarkeit** Die §§ 320 ff können als disposit Recht dch IndVereinbgen in den Grenzen der §§ 134, 138 abgeändert od abbedungen w. Ändergen dch AGB od dch Klauseln in VerbrVertr sind dagg wg §§ 307 II 1, 308 Nr 2 u 3 u 309 Nr 2, 4 u 8 a nur ausnw mögl (s bei den einz Vorschr).

320 ***Einrede des nicht erfüllten Vertrags.*** **[I] Wer aus einem gegenseitigen Vertrag verpflichtet ist, kann die ihm obliegende Leistung bis zur Bewirkung der Gegenleistung verweigern, es sei denn, dass er vorzuleisten verpflichtet ist. Hat die Leistung an mehrere zu erfolgen, so kann dem einzelnen der ihm gebührende Teil bis zur Bewirkung der ganzen Gegenleistung verweigert werden. Die Vorschrift des § 273 Abs. 3 findet keine Anwendung.**

[II] Ist von der einen Seite teilweise geleistet worden, so kann die Gegenleistung insoweit nicht verweigert werden, als die Verweigerung nach den Umständen, insbesondere wegen verhältnismäßiger Geringfügigkeit des rückständigen Teils, gegen Treu und Glauben verstoßen würde.

1) Allgemeines. – a) Fassung. Das SMG hat § 320 nicht geändert. Wg des engen ZusHangs mit den neugefaßten Vorschr der §§ 321 ff wird § 320 u seine fortgeschriebene Kommentierg aber im ganzen in den ErgBd aufgenommen. – **b) Bedeutung.** § 320 gibt jeder Part das Recht, die ihr obliegde Leistg bis zur Bewirkg der GgLeistg zu verweigern, Einr des nicht erfüllten (nicht vollständ od nicht gehörig erfüllten) Vertr. Die Vorschr ist Ausdr des funktionellen Synallagmas (Einf 14). Der aus einem ggs Vertr Berecht kann nicht Leistg schlechthin, sond nur Zug um Zug gg Empfang der GgLeistg fordern. Die im GgseitigkVerh stehden Anspr sind **inhaltlich beschränkt** u richten sich auf Vollzug des Leistgsaustauschs (BGH **117**, 4, Larenz § 15 I, Roth, Einr des Bürgerl R, 1988, S 173, str). Die Mahng ist daher hins eines synallagmat Anspr nur wirks, wenn die GgLeistg ausdr od stillschw angeboten w (§ 286 Rn 12). Das gilt ebso für die FrSetzg gem § 281 (dort Rn 15) u gem § 323 (dort Rn 11). Die Ausgestaltg als Einr (Rn 13) beruht nach Mot II 204 auf prozessualen Überleggen: Der Berecht soll auf Leistg klagen können, ohne ausdrückl eig Erf od die Vereinbg einer VorleistgsPfl behaupten zu müssen. Die Einr ist ein besonders ausgestalteter Fall des allg ZbR (§ 273). Ihr **Zweck** ist ein doppelter: Sie soll den Anspr sichern u auf den Schu Druck ausüben, damit dieser seine Verpfl alsbald erfüllt (BGH NJW **81**, 2801, **82**, 2494). Die Einr kann daher (and als das ZbR) nicht dch SicherhLeistg abgewandt werden (§ 320 I 3). Sie gibt kein BefriediggsR, wird aber dch InsO 103 (nicht InsO 51) geschützt. – **c) Anwendungsbereich.** § 320 ist auf alle ggs Vertr (Einf 5–11) anwendb. Besonderh gelten 2
beim GesellschVertr (§ 705 Rn 8) u beim VersorggsVertr (AVB EltV usw 33 u 30). Beim Kauf- u WerkVertr ist die Anwendg des § 320 nicht auf die Zeit bis zum Gefahrübergang beschränkt. Auch der dem Gläub gem § 439 od § 635 zustehde Anspr auf NachErf begründet die Einr des nicht erfüllten Vertr (Rn 9); das gilt ebso für den dem Mieter bei Mängeln zustehden ErfAnspr. Gem § 348 findet § 320 auch auf den Rücktr Anwendg. Endet der ggs Vertr dch Zeitablauf od Künd, ist § 320 dagg unanwendb (RG **54**, 125, Einf 11). Auch auf die Rückabwicklg nichtiger u angefochtener ggs Vertr ist nicht § 320, sond § 273 anzuwenden (RG **94**, 310). – **d) Abdingbarkeit.** § 320 kann dch IndVereinbg abbedungen werden, insb dch Vereinbg 3
einer VorleistgsPfl (Rn 15). Dagg sind Einschränkgen dch AGB im nichtkaufm Verk unwirks (§ 309 Nr 2 a). Der Ausschl des ZbR gilt iZw nicht für § 320 (Düss MDR **98**, 588).

2) Voraussetzungen. – a) Gegenseitigkeitsverhältnis. Die Fdg, auf die das LeistgVR gestützt wird, 4
muß auf einem ggs Vertr (Einf 1) beruhen u mit der HptFdg in einem GgseitigkVerhältn stehen. Dieses erstreckt sich auf alle HauptleistgsPflten sowie auf alle sonst vertragl Pflten, die nach dem VertrZweck von wesentl Bedeutg sind (Einf 17). Beim SukzessivlieferGsVertr (Einf 26 v § 305 im HauptBd) besteht wg der Einh des SchuldVerh Ggseitigk auch hins etwaiger Fdgen aus and Teilleistgen (RG **68**, 22, **120**, 196, Saarbr NJW **96**, 3086). Beim ArbVertr fallen auch rückständ LohnFdgen (Heiderhoff JuS **98**, 1089, str) u die FürsorgePfl des ArbG unter das Synallagma (BAG NJW **64**, 883, 20, str). Solange der VertrPart Inhaber des erfüllgshalber gegebenen Wechsels (Schecks) ist, setzt sich § 320 auch ggü der WechselFdg dch (BGH **57**, 300, DB **83**, 762). Auch Abschlagszahlgen können Ggst der Einbehaltg sein (BGH NJW **91**, 566), ebso UnterlPfl; ZuwiderHdlgen sind aber nicht mehr dch § 320 gedeckt, wenn sie den UnterlAnspr endgült vereiteln (RG **152**, 73, BAG NJW **83**, 2896). Das LeistgVR besteht auch, wenn die Leistg vereinbggem nicht an den VertrPart, sond an einen **Dritten** zu erbringen ist (RG **65**, 48). Es wird nicht dadch ausgeschl, dass der Schu die GgFdg abgetreten hat (BGH **55**, 356, **85**, 348, NJW **95**, 187). Kein GgseitigkVerh besteht zw dem RäumgsAnspr des Vermieters u GgAnspr des Mieters (Einf 17).

b) Die GgFdg muß **vollwirksam** u **fällig** sein. Das LeistgVR ist daher idR ausgeschl, wenn der Schu 5
vorleistgspflicht ist (Rn 15). Auch ein bereits verjährter Anspr begründet nach § 215 ein LeistgVR, wenn die Verj bei Entstehg der HptFdg noch nicht vollendet war. Dagg begründet die dch Ablauf einer AusschlFr erloschene GgFdg kein LeistgVR (BAG NJW **68**, 813, BGH DB **74**, 586 unter Aufg v BGH **26**, 308). Dieses scheidet auch aus, wenn die Erf des GgAnspr unmögl geworden ist (RG Warn **17** Nr 135). Solange die Unmöglichk nicht feststeht, ist die Einr aus § 320 aber zul. Wandelt sich die GgFdg in einen Anspr auf NachErf, einen ErsAnspr od einen sonst **sekundären Anspruch** um, besteht das LeistgVR weiter (RG **149**, 328). Bsp sind Anspr aus §§ 439, 635, auf ErsHerausg (§ 285) od SchadErs. Bei SchadErsAnspr statt der Leistg scheidet ein LeistgVR aber idR aus, da die beiderseit Fdgen zu bloßen Rechngsposten in der Differenzrechng w (§ 281 Rn 18 f).

c) Eigene Vertragstreue. – aa) Sie ist nach bisher Rspr **ungeschriebene** Voraussetzg für das LeistgVR. 6
Der Schu kann sich nach dem Zweck der Einr, den eig Anspr dchzusetzen, nur dann auf § 320 berufen, wenn er am Vertr festhält (BGH **50**, 177, NJW **82**, 875, **89**, 3224). Will er sich endgült vom Vertr lösen, muß er die dafür in Frage kommden RBehelfe (§§ 281 f, 323 f) geltd machen. Eig VertrTreue war bislang auch Voraussetzg für den Anspr auf SchadErsAnspr statt der Leistg u das RücktrR. Wenn man bei §§ 281 u 323 jetzt nicht mehr auf VertrTreue als Voraussetzg, sond auf RMißbr als AusschlußGrd abstellt (§ 281 Rn 35), sollte dieser Ansatz, der im Ergebn nichts ändert, auch für § 320 übernommen werden. – **bb)** Es darf **kein Leistungsverzug des Schuldners** vorliegen. Der Schu kann die Einr aus § 320 nicht auf Tats stützen, die erst nach der eig VertrUntreue eingetreten sind (BGH NJW-RR **95**, 564). – **cc) Annahmeverzug** des Schu hins der ihm geschuldeten Leistg schließt das LeistgVR dagg nicht aus (BGH **90**, 358, NJW **92**, 557, Hamm NJW-RR **96**, 86, Seidel JZ **94**, 384); Voraussetzg ist jedoch, dass der Schu am Vertr festhalten will. Die Belange des and Teils werden dch dch die Möglichk der Hinterlegg (§§ 372, 383), die Vergünstigg der §§ 323 VI, 326 II u die Möglichk der ZwVollstr ohne Angebot der GgLeistg (§§ 322 III, 274 II) gewahrt.

7 **d) Nichterfüllung durch den anderen Teil. – aa) Ausstehen der Gegenleistung.** Die GgLeistg darf noch nicht bewirkt sein u auch nicht gleichzeitig bewirkt w. Die Grde für die NichtErf sind gleichgült; ein
8 Verschulden des and Teils ist nicht erforderl (RG **145**, 282, HRR **32**, 438). – **bb) Unvollständige Gegenleistung.** Unerhebl ist, in welchem Umfang die GgLeistg noch aussteht. Das Ges sieht eine Beschränkg des LeistgVR auf einen dem Wert der noch ausstehden Teilleistg entspr Betrag nicht vor. Der Schu kann seine Leistg grdsl voll zurückhalten, auch wenn die GgLeistg bereits teilw erbracht worden ist (BGH **54**, 249), Beschränkgen ergeben sich jedoch aus §§ 641 III u 320 II (Rn 10). Sind **mehrere Gläubiger** anteilig fordergsberecht (§ 420), braucht der Schu gem **I 2** erst zu leisten, wenn die ganze GgLeistg bewirkt w; es genügt nicht, dass der Gläub, der seine TeilFdg geltd macht, die ihm obliegde Teilleistg erbracht h. –
9 **cc) Nicht gehörige Gegenleistung.** Wird eine nicht vertragsgem Leistg angeboten, kann der Schu sie gem § 266 zurückweisen u die Einr aus § 320 wg vollständ NichtErf geltd machen. Der Schu ist aber auch dann zur LeistgV berecht, wenn er die mangelh Leistg angenommen hat, vorausgesetzt der Mangel ist behebb u der ErfAnspr besteht weiter (RG **56**, 153, BGH **55**, 356). Für einz VertrTypen gelten aber Besonderh. Beim **Dienstvertrag** begründet eine mangelh Dienstleistg kein MindergsR (Hbg TranspR **89**, 66). Der Dienstberechtigte hat daher bei mangelh Leistg auch kein LeistgVR aus § 320, da dies im Ergebn auf eine Minderg hinauslaufen würde (BAG **AP** § 611 (Haftg des ArbN) Nr 71, Ullrich NJW **84**, 585). Beim **Kauf**- u **Werkvertrag** begründet der Anspr auf NachErf (§§ 439, 635) die Einr aus § 320 (s BGH **26**, 337, **73**, 144, zum bish Recht). Auch beim **Mietvertrag** behält der Mieter neben den Rechten aus §§ 536 ff den ErfAnspr u damit die Einr aus § 320 (BGH **84**, 45, § 536 Rn 6), jedoch ist § 536 b entspr anwendb (BGH NJW **89**, 3224).

10 **e) II.** Das LeistgVR ist **ausgeschlossen,** soweit Treu u Glauben entggstehen. II hebt das für einen wicht Sonderfall (Unverhältnismäßigk) zur Klarstellg besonders hervor. Die LeistgV kann treuw sein, wenn die Art des Ggst die Zb verbietet (Bsp § 273 Rn 15) od wenn die Zb den Anspr des Gläub endgült vereiteln würde (BGH BB **74**, 671, BAG NJW **83**, 2896). Ist die Leistg bereits teilw erbracht, besteht trotz II grdsl das Recht, die volle GgLeistg zurückzuhalten (BGH **54**, 249, NJW **97**, 939). And ist es nur, wenn die volle Zb, insb wg der Geringfügigk des noch ausstehden Leistgsteils gg Treu u Glauben verstoßen würde. Das Ges gibt dem Ger insow einen Ermessensspielraum (BGH **56**, 316). Zu berücksichtigen sind alle Umst, so die sich aus der fehlden Teilleistg für den Gläub ergebden Nachteile u Risiken (BGH NJW **97**, 939), bei Teilklagen die
11 Sicherg dch den nicht eingeklagten FdgTeil (BGH **56**, 316). Bei **Mängeln von Werkleistungen** gilt die § 320 verdrängde Sonderregelg des § 641 III, nach der der Besteller mindestens das Dreifache der Nachbessergskosten zurückhalten darf (s dort). Auch der Käufer, der als NachErf gem § 439 I die Beseitigg des Mangels verlangt, kann idR das Dreifache des Beseitiggsaufwandes einbehalten. Das gilt ebso bei Mängeln der Mietsache (LG Hbg MDR **84**, 494, Joachim DB **86**, 2653). EnergieversorggsUntern haben trotz II bei Zahlgsverzug der Kunden grdsl das Recht, die **Stromversorgung** nach vorheriger Androhg einzustellen, § 33 II AVBEltV (LG Dortm NJW **81**, 764, BVerfG NJW **82**, 1511, § 273 Rn 18). Etwas and gilt bei vorübergehenden Zahlgsschwierigk, wenn hinr Aussicht besteht, dass die Anspr in übersehb Zeit befriedigt w (§ 33 II AVBEltV). Leistet der Kunde deshalb nicht vollst, weil er **Kernkraftgegner** ist u das VersorggsUntern auch aus Kernenergie gewonnenen Strom liefert, steht weder § 320 II noch der Grds der Verhältnismäßigk der Einstellg der Stromversorgg entgg (§ 242 Rn 9).

12 **3) Rechtsfolgen. – a) Ausschluß des Schuldnerverzuges.** Das bloße obj Bestehen des LeistgVR hindert den Eintritt des SchuVerzuges (BGH **84**, 44, § 286 Rn 12); einer Geltdmachg der Einr bedarf es dazu – and als iF des ZbR nach § 273 – nicht. Solange das LeistgVR besteht, können weder Prozeß- noch FälligkZinsen gefordert werden, da der Anspr iSd §§ 291, 641 noch nicht fällig ist (BGH **55**, 198, **61**, 46). Der Schu kommt, wenn er nicht vorleistgspflicht ist, nur in Verzug, wenn der Gläub bei der Mahng die GgLeistg anbietet; es genügt nicht, dass der Gläub zur Erbringg der eig Leistg bereit u imstande ist (§ 286 Rn 15, str). Auch die **Fristsetzung** gem § 281 (dort Rn 12) od § 323 (dort Rn 11) ist nur wirks, wenn der
13 Gläub die von ihm geschuldete Leistg ausdr od konkludent anbietet. – **b) Einrede.** Konstruktiv hat das Ges das LeistgVR als aufschiebde Einr ausgebildet (BGH NJW **99**, 53). Sie hemmt die Verj nicht u kann wg ihres Zwecks, den and Teil zur VertrErf anzuhalten, nicht dch SicherhLeistg abgewandt w (§ 320 I 3). Sie erlischt mit dem Eintritt des Leistgserfolgs, nicht schon mit der Vornahme der LeistgsHdlg (Staud/Otto Rn 41). Die in Unkenntn der Einr erbrachte Leistg kann nicht zurückgefordert w, da § 813 nur für dauernde Einr gilt
14 (BGH NJW **63**, 1869). **Prozessuale Wirkungen** s § 322. – **c) Beweislast.** Wer die Einr aus § 320 erhebt, muß beweisen, dass die geltd gemachte Fdg auf einem ggs Vertr beruht u dass ihm eine unter das GgSeitigk-Verhältn fallde GgFdg zusteht. Demggü obliegt dem Gläub der Bew, dass er schon erfüllt hat od dass der Schu vorleistgspflicht ist. Ausn gelten analog §§ 345, 358 bei GgAnspr auf Unterl. Eine weitere Ausn ergibt sich aus § 363, sofern der Schu die GgLeistg des and Teils als Erf angenommen hat (§ 363 Rn 2).

15 **4) Vorleistungspflicht. – a) Allgemeines.** Der LeistgsAustausch Zug-um-Zug, der dem Modell des Barkaufs entspricht, stößt in der prakt Dchführg vielf auf Schwierigk (s zum ReiseVertr BGH **100**, 164, zur Mängelbeseitigg BGH **90**, 357). Es ist daher aus prakt Grden häufig notw, einer Part eine VorleistgsPfl
16 aufzuerlegen. – **b) Entstehung.** Das Ges selbst sieht eine VorleistgsPfl für den Mieter (§ 556 b), den Landverpächter (§ 587 I), den Dienstverpflichteten (§ 614), den WkUntern (§ 641) u den Verwahrer (§ 699) vor. Der Untern ist aber nur hinsichtl der Herstellg des Wk u der NachErf bis zur Abnahme vorleistgspflicht; nach der Abnahme ist die Beseitigg von Mängeln u die Zahlg des restl WkLohns Zug um Zug abzuwickeln (BGH **61**, 45, **90**, 357, Rn 8 u 9). Die VorleistgsPfl kann auch ausdr od stillschw vereinbart w. Für entspr formularmäß Klauseln gelten aber die Beschränkgen des § 309 Nr 8 b dd. **Einzelfälle:** Der Käufer ist vorleistgspflicht bei Vereinbg „Kasse (bereits) gg Faktura“ (RG JW **23**, 685, BGH **23**, 131), „Zahlg (Kasse) gg Dokumente“ (BGH **41**, 221, **55**, 342), „cash against document“ (BGH NJW **87**, 2435), „cash on delivery“ (BGH NJW **85**, 550), Stellg eines Akkreditivs (RG **102**, 155), Kauf unter Nachnahme (keine Untersuchgsmöglichk vor Zahlg). Dagg ist der Verkäufer bei Vereinbg eines Zahlgsziels vorleistgspflicht. Entspr gilt beim Versendgskauf (BGH **74**, 142), and aber jetzt beim VerbrGüterkauf (*arg* § 474 II). Der ArbN, dem ein Anspr auf eine KarenzEntsch zusteht, ist mit seiner AuskPfl hins der anzurechnden Einkünfte vorleistgspflicht (BAG NJW **78**, 2215).

c) Rechtsfolgen. Für den Vorleistgspflichtigen entfällt das LeistgVR des § 320. Er kann den and Teil nur in Verzug setzen, wenn er bereits geleistet hat od seine Leistg zumindest anbietet (BGH NJW **63**, 1149, **66**, 200, § 286 Rn 15). Soweit auch die Leistg des and Teils inzw fällig geworden ist, wird die VorleistgsPfl zur Pfl zur Zug-um-Zug-Leistg (BGH NJW **86**, 1164, NJW-RR **89**, 1357). Aus der gesetzl od vertragl Regelg, die die VorleistgsPfl begründet, kann sich aber ergeben, dass die GgLeistg notw erst nach Erbringg der Vorleistg fällig wird, die Umwandlg in eine Pfl zur Zug-um-Zug-Leistg also ausgeschl sein soll, sog **beständige** VorleistgsPfl (MüKo/Emmerich Rn 26). Zur Behandlg im Proz s § 322 Rn 4. – **d) Schranken** der Vorleistgspfl ergeben sich aus § 321 (s dort), vor allem aber aus § 242. Die VorleistgsPfl entfällt, wenn der and Teil ernsthaft erklärt hat, er könne od wolle nicht erfüllen (BGH **88**, 247, NJW **97**, 939). Entspr gilt, wenn der Gläub die ihm obliegde Mitwirkg unterläßt (BGH **50**, 178, Hartmann BB **97**, 327) od wenn er bei einem SukzessivliefergsVertr eine fr Vorleistg noch nicht bezahlt hat (Düss NJW-RR **93**, 1206). And liegt es, wenn der Gegner die Leistg zu Recht verweigert u nur hilfsw unberecht Einwendgen erhebt (BGH DB **95**, 370). Entfällt die VorleistgsPfl, kann der Pflichtige auf Leistg klagen, ohne dass ihm der Einwand mangelnder Fälligkeit od die Einr aus § 320 entgggehalten werden kann (BGH **50**, 177, NJW **90**, 3009). Er ist auch befugt, die Rechte aus §§ 281 od 323 geltd zu machen (BGH NJW **94**, 2026, NJW-RR **96**, 753). Wenn der VorleistgsBerecht nach nur vorübergehder Abwendg vom Vertr seine eig Pflten vorbehaltlos wieder anerkennt, entfallen aber die Beschränkgen seiner RStellg (BGH **88**, 96).

17 18

321 *Unsicherheitseinrede.* [I] **Wer aus einem gegenseitigen Vertrag vorzuleisten verpflichtet ist, kann die ihm obliegende Leistung verweigern, wenn nach Abschluss des Vertrags erkennbar wird, dass ein Anspruch auf die Gegenleistung durch mangelnde Leistungsfähigkeit des anderen Teils gefährdet wird. Das Leistungsverweigerungsrecht entfällt, wenn die Gegenleistung bewirkt oder Sicherheit für sie geleistet wird.**

[II] **Der Vorleistungspflichtige kann eine angemessene Frist bestimmen, in welcher der andere Teil Zug um Zug gegen die Leistung nach seiner Wahl die Gegenleistung zu bewirken oder Sicherheit zu leisten hat. Nach erfolglosem Ablauf der Frist kann der Vorleistungspflichtige vom Vertrag zurücktreten. § 323 findet entsprechende Anwendung.**

1) Allgemeines. – a) Fassung. Das SMG hat § 321 neugefaßt. Die UnsicherhEinr kann jetzt auch auf eine schon bei VertrSchluß bestehde AnsprGefährdg gestützt werden, wenn diese für den Vorleistgspflicht erst nach VertrSchluß erkennb geworden ist. Die Gefährdg braucht auch nicht mehr auf schlechten VermVerh zu beruhen; sie kann sich auch aus and drohden Leistsgshindern ergeben. Neu ist auch die ausdr Regelg in II, nach der der Gläub vom Vertr zurücktreten kann, wenn der Schu trotz FrSetzg weder die Leistg Zug um Zug bewirkt, noch eine SicherhLeistg erbringt. – **b) Bedeutung.** § 321 ist eine nach Voraussetzg u Wirkg eng beschränkte Ausprägg der *clausula rebus sic stantibus* od nach heutiger Dogmatik der Störg der GeschGrdl (§ 313 Rn 22). Er gibt dem aus einem ggs Vertr Vorleistgspflicht ein LeistgVR, wenn eine Gefährdg seines Anspr auf die GgLeistg wg mangelnder LeistgsFgk des and Teils erkennb wird. Ähnl Regelgen enthalten §§ 775 I Nr 1, 1133 u 490; es handelt sich aber um Sondervorschr, denen kein allg RPrinzip entnommen werden kann. § 321 läßt die sich aus and RGrds ergebden Schranken der VorleistgsPfl unberührt (Bsp: §§ 242, 280, 311 II). Die Vorschr ist **abdingbar.** Einschränkgen dch AGB sind aber unwirks (§§ 307 II Nr 1, 309 Nr 2 a), Erweitergen können gg § 307 (BGH **112**, 283, NJW **85**, 1220, Oldbg NJW-RR **91**, 633), vor allem aber gg § 308 Nr 3 verstoßen (s dort).

1 2

2) Voraussetzungen. – a) Vorleistungspflicht. § 321 gilt nur für ggs Vertr (Einf 4 ff vor § 320), bei denen eine Part eine VorleistgsPfl trifft (§ 320 Rn 18), gleichgült, ob sich diese aus dem Ges od aus Vertr ergibt. Potentielle Anspr wg WkMängel begründen iF einer Ins des WkUntern keine Einr aus § 321, schon deshalb nicht, weil der Besteller hinsichtl der WkLohnFdg nicht vor- sond nachleistgspflicht ist (Hamm NJW-RR **97**, 1242). – **b) Gefährdung des Anspruchs.** Die Gefährdg des Anspr auf die GgLeistg dch mangelnde LeistgsFgk des and Teils muß erst nach VertrSchluß erkennb geworden sein. Dass die Gefährdg obj bereits vorher bestand, schließt die Anwendg des § 321 – and als nach bisher Recht (BGH NJW **64**, 99) – nicht aus. Erfaßt sind anfängl Risiken aber nur, wenn sie der Vorleistgspflicht bei der gebotenen Überprüfg der LeistgsFgk des and Teils nicht erkennen konnte (BT-Drs 14/6040 S 179). – **aa) Verschlechterung der Vermögensverhältnisse** des and Teils. Auf ihnen beruht idR die Gefährdg des Anspr. Maßgebd ist eine wirtschaftl Beurteilg. Bsp sind etwa: EinzelVollstr gg den and Teil (BGH NJW **64**, 100), Ablehng eines wichtigen Kredits (BGH aaO), Hingabe ungedeckter Schecks (BGH WM **61**, 1372), Wechselprotest u Ausfall einer Vormerkg (Celle DB **70**, 581), Einstellg der Ratenzahlg beim LeasingVertr (Ffm NJW **77**, 200), Eröffng des InsVerf (Kornmeier BB **83**, 1312). Eine allg Verschlechterg der WirtschLage, etwa dch Inflation od Krieg, reicht nicht aus (RG Warn **16** Nr 5). Trotz Verschlechterg der VermVerh ist § 321 nicht anwendb, wenn eine ausr Sicherh vorhanden ist (RG **53**, 246), wenn der InsVerw gem InsO 103 Erf verlangt u die Befriedigg der Masseschulden nicht gefährdet erscheint (Düss MDR **70**, 1009) od wenn der and Teil Dienstleistgen od eine Unterl schuldet u mit einer Umwandlg des Anspr in eine GeldFdg nicht ernstl zu rechnen ist. – **bb) Andere Leistungshindernisse.** Eine AnsprGefährdg kann sich unabhäng von den VermVerh des and Teils auch aus sonst drohden Leistgshindern ergeben, so etwa aus Export- od Importverboten, Kriegsereign, ZusBruch von Zulieferern od krankhbedingten Ausfällen. Auch solche Umst rechtfertigen seit der nF des § 321 dch das SMG die UnsicherhEinr (BT-Drs 14/6040 S 179). – **c) Maßgebender Beurteilungszeitpunkt** ist die Fälligk der VorleistgsPfl. Bei nachträgl Wegfall der AnsprGefährdg entfällt auch die Einr (Staud/Otto Rn 28). Das gilt auch dann, wenn der Vorleistgspflicht vom Wegfall der Gefährdg nichts weiß (str). Er wird jedoch dch § 286 IV geschützt, solange er von der Änderg keine Kenntn hat. Eine ErkundiggsPfl trifft ihn nicht (RG Gruch **52**, 412). § 321 ist grdsl auch anwendb, wenn der Vorleistgspflicht bereits im Verzug ist, als die AnsprGefährdg für ihn erkennb wird (MüKo/Emmerich Rn 19), and aber, wenn der Verzug die Gefährdg mitverursacht hat.

3 4 5 6 7

8 **3) Rechtsfolgen. – a) Leistungsverweigerungsrecht, I.** Der Vorleistgspflicht erwirbt ein LeistgVR (Einr), bis die Leistg bewirkt od Sicherh für sie geleistet ist (I 2). Gem § 232 II ist auch SicherhLeistg dch einen taugl Bürgen zul. Der Vorleistgspflicht kann die bereits auf dem Transport befindl Ware zurückrufen, sog StoppgsR (s Staud/Otto Rn 34, CISG 71 II). Sein Verzug wird nicht *ipso facto,* sond nur geheilt, wenn er nunmehr seine Leistg gg Bewirkg der GgLeistg anbietet (BGH NJW **68**, 103). Ist auch der Anspr des Vorleistgspflicht auf die GgLeistg inzw fällig geworden (sog unbeständ VorleistgsPflten), kann er auf Leistg Zug-um-Zug klagen od gem §§ 281 u 323 vorgehen (§ 320 Rn 17). And liegt es bei dem sog beständ VorleistgsPflten. Hier kann der Vorleistgspflicht mangels eines fäll Anspr weder Leistgsklage erheben, noch die Rechte aus §§ 281 u 323 geltd machen (RG **53**, 62, Oldbg NJW-RR **91**, 633, Staud/Otto Rn 36, aA Kornmeier BB **83**, 1312); ihm steht aber ein TeilvergütgsAnspr zu, wenn er bereits eine Teilleistg erbracht hat
9 (BGH NJW **85**, 2696). – **b) Rücktrittsrecht, II.** Der Vorleistgspflicht kann eine angem Fr bestimmen, in welcher der and Teil nach seiner Wahl die Leistg zu bewirken od Sicherh zu leisten hat. Nach erfolglosem Ablauf der Fr kann der Vorleistgspflichtige entspr § 323 vom Vertr zurücktreten. Das RücktrR besteht – and als das bisher aus § 242 hergeleitete RücktrR (BGH **11**, 85, **112**, 287) – auch, wenn der Vorleistgspflicht bereits vollst geleistet hat. Hat der and Teil die Leistg Zug um Zug u eine SicherhLeistg ernsth u endgült verweigert, kann der Vorleistgspflicht auch ohne FrSetzg zurücktreten (§ 323 II Nr 1).

322 *Verurteilung zur Leistung Zug-um-Zug.* **I Erhebt aus einem gegenseitigen Vertrag der eine Teil Klage auf die ihm geschuldete Leistung, so hat die Geltendmachung des dem anderen Teile zustehenden Rechtes, die Leistung bis zur Bewirkung der Gegenleistung zu verweigern, nur die Wirkung, dass der andere Teil zur Erfüllung Zug um Zug zu verurteilen ist.**

II Hat der klagende Teil vorzuleisten, so kann er, wenn der andere Teil im Verzug der Annahme ist, auf Leistung nach Empfang der Gegenleistung klagen.

III Auf die Zwangsvollstreckung findet die Vorschrift des § 274 Abs. 2 Anwendung.

1 **1) Allgemeines. – a) Fassung.** Das SMG hat § 322 weder sachl noch redaktionell geändert. Wg SachZushangs wird § 322 u seine fortgeschriebene Kommentierg aber im ganzen in den ErgBd aufgenommen. – **b) Bedeutung.** Die Vorschr regelt die verfahrens- u vollstreckgsrechtl Folgen der Einr aus § 320 (I u III). Sie ist dem § 274 nachgebildet u stimmt mit dessen Inh jedenf im prakt Ergebn vollständ überein (Rn 2). § 322 II enthält außerdem eine Sonderregelg für die Klage des Vorleistgspflicht (Rn 4).

2 **2) Einrede des nicht erfüllten Vertrages. – a) Erhebung der Einrede.** Die Einr wird trotz der ggs Verknüpfg von Leistg u GgLeistg im Proz nicht vAw berücksichtigt, sond muß vom Schu geltd gemacht w (BGH NJW **99**, 53, § 320 Rn 1). Ein formeller Antrag des Bekl zur Verurteilg Zug um Zug ist nicht erforderl (BGH aaO, § 274 Rn 1). Es genügt, wenn sich aus der Gesamth seines Vorbringens ergibt, dass er sein LeistgVR geltd machen will. Hat er die Einr außergerichtl erhoben, ist sie auch dann zu beachten, wenn der
3 Kläger hierauf in seinem Vortrag hinweist (§ 274 Rn 1). – **b) Verurteilung Zug-um-Zug.** Die Geltdmachg des LeistgVR führt zur Verurteilg Zug-um-Zug. Vgl näher § 274 Rn 2 f. Die Ausführgen zur verfahrensrechtl Behandlg des ZbR gelten auch für das LeistgVR aus § 320; zur BewLast s aber § 320 Rn 14. Hinsichtl der **Zwangsvollstreckung** verweist § 322 III auf § 274 II. § 274 Rn 4 gilt daher entspr.

4 **3) II. Vorleistungspflicht** (§ 320 Rn 15). – **a)** Klagt der **Vorleistungsberechtigte,** gelten keine Besonderh. Der Vorleistgspflichtige ist ohne Einschränkg zur Leistg zu verurteilen. – **b)** Klagt der **Vorleistungspflichtige,** ohne die Vorleistg bereits bewirkt od angeboten zu haben, ist die Klage mangels Fälligk des Anspr abzuweisen (BGH **61**, 44, BAG NJW **78**, 2215). Ist der Berecht im AnnVerzug (§ 298), gibt II dem Pflichtigen das Recht, „auf Leistg nach Empfang der GgLeistg" zu klagen. Mit dieser Einschränkg ist der Klage auch dann stattzugeben, wenn der Vorleistgspflichtige einen unbedingten KlAntr stellt, weil der Antr gem II ggü dem unbedingten kein *aliud,* sond ein *minus* ist (BGH **88**, 94, **117**, 3). AnnVerzug kann sich auch daraus ergeben, dass der Gläub eine ihm obliegde MitwirkgsHdlg nicht vornimmt (Hartmann BB **97**, 327). Die ZwVollstr aus einem Urt auf „Leistg nach Empfang der GgLeistg" wird ebso bewirkt wie die eines Zug-um-Zug-Urt, da III sich auch auf II bezieht (Karlsr MDR **75**, 938, Köln JurBüro **89**, 873). Handelt es sich um eine sog unbeständ VorleistgsPfl u ist auch der Anspr auf die GgLeistg fällig geworden, kann der Vorleistgspflichtige auch ohne die Beschränkg des II auf Leistg klagen (§ 320 Rn 17).

323* ***Rücktritt wegen nicht oder nicht vertragsgemäß erbrachter Leistung.*** **I Erbringt bei einem gegenseitigen Vertrag der Schuldner eine fällige Leistung nicht oder nicht vertragsgemäß, so kann der Gläubiger, wenn er dem Schuldner erfolglos eine angemessene Frist zur Leistung oder Nacherfüllung bestimmt hat, vom Vertrag zurücktreten.**

II Die Fristsetzung ist entbehrlich, wenn

1. **der Schuldner die Leistung ernsthaft und endgültig verweigert,**
2. **der Schuldner die Leistung zu einem im Vertrag bestimmten Termin oder innerhalb einer bestimmten Frist nicht bewirkt und der Gläubiger im Vertrag den Fortbestand seines Leistungsinteresses an die Rechtzeitigkeit der Leistung gebunden hat oder**
3. **besondere Umstände vorliegen, die unter Abwägung der beiderseitigen Interessen den sofortigen Rücktritt rechtfertigen.**

III Kommt nach der Art der Pflichtverletzung eine Fristsetzung nicht in Betracht, so tritt an deren Stelle eine Abmahnung.

* **Amtlicher Hinweis:** Diese Vorschrift dient auch der Umsetzung der Richtlinie 1999/44/EG des Europäischen Parlaments und des Rates vom 25. Mai 1999 zu bestimmten Aspekten des Verbrauchsgüterkaufs und der Garantien für Verbrauchsgüter (ABl. EG Nr. L 171 S. 12).

IV Der Gläubiger kann bereits vor dem Eintritt der Fälligkeit der Leistung zurücktreten, wenn offensichtlich ist, dass die Voraussetzungen des Rücktritts eintreten werden.

V Hat der Schuldner eine Teilleistung bewirkt, so kann der Gläubiger vom ganzen Vertrag nur zurücktreten, wenn er an der Teilleistung kein Interesse hat. Hat der Schuldner die Leistung nicht vertragsgemäß bewirkt, so kann der Gläubiger vom Vertrag nicht zurücktreten, wenn die Pflichtverletzung unerheblich ist.

VI Der Rücktritt ist ausgeschlossen, wenn der Gläubiger für den Umstand, der ihn zum Rücktritt berechtigen würde, allein oder weit überwiegend verantwortlich ist oder wenn der vom Schuldner nicht zu vertretende Umstand zu einer Zeit eintritt, zu welcher der Gläubiger im Verzug der Annahme ist.

1) Allgemeines. – a) Fassung. § 323 ist eine Neuschöpfung des SMG. Die Vorschr des § 323 aF (nicht 1 zu vertretdes Unmöglichwerden) hat das SMG, beschränkt auf ihrem wesentl Regelsgehalt, als § 326 I eingeordnet. **– b) Bedeutung.** § 323 ersetzt das RücktrR des § 326 aF, bringt aber ggü dem fr Recht vor allem drei Ändergen: Der Gläub ist auch dann zum Rücktr berecht, wenn der Schu die PflVerletzg nicht zu vertreten hat. Der Rücktr erfordert auch nicht mehr, dass der Schu eine im GgseitigkVerh (Einf 17 v § 320) stehde Pfl verletzt hat. Auch die Verletzg einer nicht synallagmat Pfl begründet ein RücktrR, es sei denn, dass die PflVerletzg unerhebl ist (§ 323 V 2). Voraussetzg für den Rücktr ist grdsl nur noch der erfolglose Ablauf einer dem Schu gesetzten angem Fr; eine Ablehngsandrohg ist nicht mehr erforderl. § 323 ergänzt, soweit es um den Rücktr geht, den § 281, in dem die schadersatzrechtl Regelg des § 326 aF aufgegangen ist. Die obj Voraussetzgen für das RücktrR u den SchadErsAnspr statt der Leistg sind in beiden Vorschr weitgehd übereinstimmd, zT sogar wortgleich, festgelegt. – **c) Abdingbarkeit.** § 323 ist disposit. Die Voraussetzgen eines 2 vertragl RücktrR richten sich nicht nach § 323, sond nach dem Vertr (BGH NJW **82**, 1036, **85**, 268). Die Part können insb auf das Erfordern der FrSetzg verzichten (BGH aaO). Ob § 323 neben einer vertragl RücktrRegelg anwendb ist, ist Ausleggsfrage (Hamm BB **89**, 1438). Ändergen dch AGB unterliegen den Beschränkgen der §§ 307 ff. Ist ein pflw Verhalten des Verwendgsgegners RücktrGrd, muß die Ausgestaltg des RücktrR gem § 307 II Nr 1 dem Leitbild des § 323 entspr. Nach § 309 Nr 4 kann das Erfordern, dem Kunden eine Fr zu setzen, nicht abbedungen werden; nach § 308 Nr 3 ist die formularmäß Begründg eines RücktrR nur wirks, wenn der RücktrGrd im Vertr angegeben wird u sachl gerechtfertigt ist.

2) Anwendungsbereich. – a) Grundsatz. § 323 gilt grdsl für alle ggs Vertr (Einf 4 ff v § 320), auch für 3 VorVertr (BGH **LM** § 145 Nr 8). Auf die Bürgsch, den Auftr u and nicht ggs Vertr ist § 323 nicht anwendb (BT-Drs 14/6040 S 183), erst recht nicht auf gesetzl SchuldVerh; der vollmlose Vertr kann aber als Quasi-Part gem § 323 vorgehen, wenn der and Teil Erf gewählt hat (§ 179 Rn 5). Auf Kauf- u WkVertr ist § 323 bis zum Gefahrübergang auch anzuwenden, wenn der Käufer od Besteller MängelAnspr geltd macht. Nach Gefahrübergang gilt § 323 aGrd der Verweisgen in §§ 437 Nr 2, 440 od §§ 634 Nr 3, 635 erst, wenn die NachErf fehlgeschlagen ist. – **b) Ausnahmen.** Bei vollzogenen DauerschuldVerh tritt an die Stelle des 4 RücktrR das KündR aus wicht Grd (BGH NJW **81**, 1264, **86**, 125), so auch beim Miet- u PachtVertr (BGH **50**, 312, Hamm OLGZ **84**, 346), beim DienstVertr (BAG NJW **67**, 2030), beim Darl u bei allen and in § 314 Rn 4 angeführten Vertr. Ist der Vertr noch nicht vollzogen, – die Mietsache noch nicht überlassen, das Darl nicht gewährt –, gilt dagg § 323 (§ 536 Rn 8). SonderVorschr enthalten § 315 III 2 Halbs 2 für den Verzug mit dem LeistgsbestimmgsR (§ 315 Rn 13), VVG 39 für die Folgeprämie, ZPO 1035 III 3 für die Schiedsrichterernenng. Beim ErbbRVertr ist der Rücktr nach dem Vollzug im GrdBuch ausgeschlossen (BGH NJW **69**, 112), beim WoEigt geht WEG 18 in seinem Anwendgsbereich nach dem Vollzug im GrdBuch § 323 vor (BGH **59**, 104/06). Auf den **Leibrentenvertrag** ist § 323 unanwendb, wenn nur die Bestellg des StammR geschuldet war; and aber, wenn die laufden Zahlgen Ggst eines ggs Vertr sind (BGH NJW-RR **91**, 1035).

3) Verhältnis zu anderen Vorschriften. – a) §§ 324, 326. Die §§ 323 ff, deren Fassg auf den Vorschlag 5 einer Untergruppe der Kommission LStörg (Einl 3 zum ErgBd) zurückgeht, regeln das RücktrR des Gläub wg Nicht- od SchlechtLeistg – unterteilt nach Störgsursachen – in drei Normen. Die Formulierg des § 323 erfaßt aber alle Tatbestd der Nicht- od SchlechtErf („nicht od nicht vertragsgem"). Erst nach Lektüre von §§ 324 u 326 wird deutl, dass der Anwendgsbereich des § 281 enger sein soll als sein Wortlaut. – **aa) § 324** ist 6 anwendb, wenn der Schu nicht eine LeistgsPfl sond eine VerhaltensPfl (§ 241 II) verletzt hat. Der Gläub kann nur dann vom Vertr zurücktreten, wenn ihm ein Festhalten am Vertr nicht mehr zuzumuten ist. Trotz and Formulierg sind die Voraussetzgen des § 324 mit denen des § 323 weitgehd deckgsgleich. Einzelh s § 324. – 7 **bb) § 326** Der Schu, der nach § 275 kr Ges od auf Einr von seiner LeistgsPfl frei wird, verliert nach § 326 I seinen Anspr auf die GgLeistg. Außerdem steht dem Gläub nach § 326 V ohne FrSetzg ein RücktrR zu. Das würde sich, wenn das SMG auf den § 326 V verzichtet hätte, ohnehin aus I iVm II Nr 3 ergeben. – **cc) § 323** 8 ist die GrdNorm. Der Gläub, der idR nicht weiß, aus welchem Grd der Schu nicht od nicht vertragsgem geleistet hat, darf auch dann gem § 323 vorgehen, wenn möglw die Voraussetzgen des § 275 vorliegen. Ist die Fr abgelaufen, interessiert nicht mehr, ob sich der Schu auf § 275 berufen kann od nicht. Der Gläub hat auf jeden Fall ein RücktrR, ob es sich aus § 323 od § 326 V ergibt, kann offen bleiben.

b) Verhältnis zum § 286. § 323 regelt die Voraussetzgen des RücktrR ähnl wie § 281 die des SchadErs- 9 Anspr statt der Leistg (and als § 326 aF) eigenständ u unabhäng von den Voraussetzgen des Verzugs (BT-Drs 14/6040 S 184). Die nach § 323 grdsl erforderl FrSetzg genügt aber zugl den Anfordergen einer Mahng (§ 286 Rn 16). Alle ungeschriebenen obj Voraussetzgen des Verzugs sind zugl solche des § 323. Der Fall, dass der Gläub vom Vertr zurücktreten kann, die obj Voraussetzgen des Verzugs aber nicht vorliegen, kann daher nicht auftreten. Dagg ist der umgekehrte Fall denkb: Der Schu, der nicht am kalendermäß bestimmten Ztpkt leistet, der die 30-Tages-Fr des § 286 III verstreichen läßt od eine zum sofort Verzug führde Leistgsaufforderg erhält (§ 286 Rn 17), kommt in Verzug, obwohl die Voraussetzgen des § 323 noch nicht vorliegen.

4) Voraussetzungen. – a) Vertragsverletzung. Der Schu muß eine Pfl aus einem ggs Vertr dch Nicht- 10 od SchlechtErf verletzt haben. Nicht erforderl ist, dass die verletzte Pfl im Synallagma steht (BT-Drs 14/6040

S 183). § 323 ist daher – and als § 326 aF – auch anwendb, wenn der Käufer die verkaufte Sache nicht abnimmt (s RG **53**, 161, **57**, 108) od der Untern den Mustertext für die Finanziergsbestätigg nicht vorlegt (Karlsr NJW-RR **93**, 1368). Die Einschränkg, dass der Gläub bei unerhebl PflVerletzgen nicht zum Rücktr berecht ist, gilt nach V 2 nur für die SchlechtErf. V 2 ist aber auf den Fall der NichtErf entspr anwendb (Rn 32).

11 **b) Vollwirksamkeit des Anspruchs.** Der Anspr muß wirks u fällig sein. Das Bestehen einer dauernden oder aufschiebden **Einrede** (§§ 214, 379) schließt das RücktrR aus, u zwar auch dann, wenn der Schu sie (zunächst) nicht erhebt (s zum Verzug RG **126**, 285, BGH **48**, 250, **104**, 11). § 323 erfordert ebso wie § 286 einen dchsetzb Anspr, der schon dch das Bestehen der Einr ausgeschl ist. Das gilt auch für die Einr des nicht erfüllten Vertr, nicht aber für das ZbR (§ 273). Die Ausführgen in § 286 Rn 12 f gelten entspr. – Zur Fälligk s § 271.

12 **c) Fristsetzung.** Der Gläub muß dem Schu erfolglos eine angem Fr zur Leistg od NachErf bestimmt haben. Eine Ablehngsandrohg ist nicht mehr erforderl. Die Erkl ist wie die Mahng (§ 286 Rn 16) eine nicht formgebundene einseit Erkl. Sie kann mit der Mahng verbunden werden u ist – and als die nach bisher Recht notw NachfrSetzg u Ablehngsandrohg – kein RGesch, sond eine geschähnl Hdlg. Die FrSetzg des beschr GeschFähigen ist gült, da sie ledigl rechtl Vorteile bringt (§ 107), die des GeschUnfähigen ist dagg nichtig (§ 105).

13 **aa) Aufforderung zur Leistung.** Die FrSetzg muß eine **bestimmte** u eindeut Aufforderg zur Leistg enthalten. Sie braucht nicht auf den mögl Rücktr hinzuweisen, muß aber mehr sein als ein höfl Drängen auf VertrErf. Sie muß dem Schu erkennb machen, dass es mit FrAblauf „ernst" wird od werden kann. Die Aufforderg an den Schu, sich über seine LeistgsBereitsch zu erklären, genügt nicht. Angesichts der gläubfreundl Neuregelg besteht auch kein Anlass, sie – entspr der Rspr zum bisher Recht – in AusnFällen doch als ausr anzusehen. Für die **Zuvielforderung** gelten die Ausführgen in § 286 Rn 20 entspr. Eine ZuvielFdg erhebl Umfangs kann aber unabhäng von den für § 286 geltden Kriterien nach Treu u Glauben das RücktrR ausschließen (s BGH **LM** § 346 Nr 6 Bl 4, Celle MDR **94**, 137).

14 **bb) Angemessene Frist.** Die Fr zur Leistg od NachErf muß angem sein; sie soll dem Schu eine letzte Gelegenh zur VertrErf eröffnen u braucht daher nicht so bemessen zu werden, dass der Schu die noch gar nicht begonnene Leistg erst anfangen u fertigstellen kann (BGH NJW **85**, 323, 857, Düss NJW-RR **92**, 951). Der Schu soll vielmehr in die Lage versetzt werden, die bereits in Angriff genommene Leistg zu vollenden (BGH NJW **82**, 1280). Einzelfälle s § 308 Rn 4. Eine Fr von 2 Tagen kann bei ganz bes Eilbedürftigk ausr sein (Köln NJW-RR **93**, 949). Die Aufforderg sollte einen Endtermin angeben od die FrDauer nach Tagen od Wo bemessen. Eine ausr FrSetzg ist aber wohl auch die Aufforderg zur umgehden od unverzügl Leistg. Sie setzt die angem Fr in Lauf (RG **75**, 354/57). Gleiches gilt, wenn der Gläub eine zu **kurze** Fr setzt (BGH NJW **85**, 2640). Eine solche FrSetzg ist aber wirkgslos, wenn sie mißbräuchl erfolgt, insbes wenn der Gläub zu erkennen gibt, dass er die Leistg nach FrAblauf auch dann nicht annehmen werde, wenn sie innerh der obj angem Fr erbracht w (RG **91**, 207).

15 **cc) Mitwirkung des Gläubigers.** Ist sie zur Vornahme der Leistg notw, setzt das RücktrR – ebso wie der Verzug (§ 286 Rn 15) – voraus, dass der Gläub die erforderl Hdlg vornimmt od ihre Vornahme anbietet (BGH NJW **96**, 1745). Der Gläub einer synallagmat Fdg, der noch nicht geleistet hat, muß bei der FrSetzg, ebso wie iF der Mahng, die von ihm geschuldete **Gegenleistung anbieten,** u zwar in einer den AnnVerzug begründden Weise (BGH **116**, 249, Ernst AcP **199**, 486/491); die bloße Bereitsch zur Erbringg der Leistg reicht nicht (BGH aaO, § 320 Rn 12). Das Angebot der GgLeistg kann iF des § 295 in der FrSetzg konkludent mitenthalten sein (BGH MDR **91**, 1039). Hat der Gläub die GgLeistg hinterlegt, genügt eine Verweisg auf den hinterlegten Betrag (BGH **LM** § 320 Nr 8).

16 **d) Versäumung der Frist.** Die Fr ist gewahrt, wenn der Schu die LeistgsHdlg innerh der Fr vornimmt; dass der LeistgsErfolg erst nach FrEnde eintritt, ist unschädl (BGH **12**, 269). Beim Versendgskauf genügt daher rechtzeit Absendg (BGH aaO), bei Geldschulden rechtzeit Erteilg des Überweisgsauftrags (§ 270 Rn 7). § 281 Rn 13 gilt entspr.

17 **e) Abmahnung, III.** Der Rücktr kann auch auf die Verletzg einer UnterlPfl gestützt werden. Handelt der Schu einer UnterlPfl zuwider u ist die ZuwiderHdlg nicht nachholb, ist eine FrSetzg unpraktikabel. In diesen Fällen tritt daher nach III an die Stelle der FrSetzg die Abmahng, dh die ernsth Aufforderg an den Schu, weitere ZuwiderHdlgen zu unterlassen. Sie ist nur wirks, wenn der Schu bereits eine ZuwiderHdlg begangen hat u der Gläub diese im Streitfall nachweist.

18 **f) Entbehrlichkeit der Fristsetzung, II. – aa) Erfüllungsverweigerung, II Nr 1.** Wenn der Schu die Erf ernsth u endgült verweigert, ist die FrSetzg entbehrl. Diesen schon bisher allg anerkannten Grds (BGH **2**, 312, **49**, 60) hat das SMG in II (§§ 281 II u 286 II Nr 3) ausdr kodifiziert. Dch die ErfVerweigerg werden neben der FrSetzg auch die zur Leistg erforderl MitwirkgsHdlgen des Gläub (Rn 15) entbehrl (BGH NJW-RR **90**, 444). An ihr Vorliegen sind **strenge Anforderungen** zu stellen (BGH **104**, 6/13). Die Weigerg des Schu muß als sein letztes Wort aufzufassen sein. Einzelfälle s § 281 Rn 14.

19 **bb) Fixgeschäft, II Nr 2. (1) Bedeutung.** Die Vorschr, die an die Stelle des § 361 tritt, regelt das einfache FixGesch. Sie formuliert nicht mehr eine iZw geltde AusleggsRegel, sond begründet bei Terminüberschreitg für den Gläub ein gesetzl RücktrR. SonderVorschr enthalten HGB 376 (Fixhandelskauf), BörsenG 50 ff (BörsenterminGesch) u InsO 104. Vom einf FixGesch zu unterscheiden ist das a**bsolute** FixGesch. Bei ihm begründet Nichteinhaltg der Leistgszeit dauernde Unmöglichk. Es liegt vor,wenn die Einhaltg der Leistgszeit nach dem Zweck des Vertr u der gegebenen Interessenlage für den Gläub derart wesentl ist, dass eine verspätete Leistg keine Erf mehr darstellt; nicht § 323, sond §§ 275 u 326 I sind anwendb
20 (§ 271 Rn 16). **(2) Voraussetzungen: (aa) Fixabrede.** Für II Nr 2 genügt nicht, dass die Leistgszeit genau best ist (s BGH DB **01**, 1553). Der Gläub muß im Vertr den Fortbestand seines Leistgsinteresses an die Rechtzeitigk der Leistg gebunden haben. Die Einhaltg der Leistgszeit muß nach dem PartWillen derart wesentl sein, „dass mit der zeitgerechten Leistg das Gesch **stehen u fallen** soll" (RG **51**, 347, BGH **110**, 96, NJW-RR **89**, 1373). Auf einen solchen Willen können Klauseln wie „fix", „genau", „präzis", „prompt", „spätestens" iVm einer best Leistgszeit hindeuten (BGH DB **83**, 385, Mü DB **75**, 1789), ebso die Abrede

„Lieferg zum Verkauf für Weihnachten" (Kassel OLG **43**, 38). FixGesch ist idR der FlugbefördergsVertr (Düss NJW-RR **97**, 930, Ffm NJW-RR **97**, 1136, AG Bad Hombg NJW-RR **01**, 989), das Devisen-TerminGesch (RG **108**, 158), das AktienoptionsGesch (BGH **92**, 321), uU das überseeische AbladeGesch (RG **88**, 73, BGH NJW **91**, 1293). Dagg sind die cif-Klausel u die Klausel „ohne NachFr" allein nicht ausr (BGH NJW **59**, 933), auch nicht die Abrede „Liefertermin Ernte" (Hamm NJW-RR **95**, 350) od die Vereinbg eines Liefertermins für die Installation von Hard- u Software (Düss NJW-RR **96**, 40). **(bb) Nichterfüllung** innerh 21
der in der Fixabrede best Zeit. Eine FrSetzg ist unnötig, auf ein Verschulden kommt es nicht an. Das Anbieten der eig Leistg ist, vom Fall der VorleistgsPfl abgesehen (BGH § 361 **LM** Nr 1), nicht erforderl (RG **108**, 159). Leistgsbereitsch des Gläub genügt (RG HRR **26**, 1116).

cc) Besondere Umstände, II Nr 3. Die FrSetzg ist auch dann entbehrl, wenn bes Umst vorliegen, die 22
unter Abwägg der beiderseit Interessen den sofort Rücktr rechtfertigen. Diese Voraussetzgen können gegeben sein, wenn der Schu bei einem „Just-in-time-Vertr" nicht termingerecht leistet (BT-Drs 14/6040 S 140). Sie können auch in den Fällen bejaht werden, in denen nach bisher Recht ein Interessenwegfall (§ 326 II aF) angenommen worden ist, so wenn die Kunden des Gläub wg der Lieferverzögerg die Abnahme verweigern (BGH NJW-RR **98**, 1489/91) od wenn die bestellten Saisonartikel wg Zeitablaufs unverkäufl geworden sind (BGH § 326 **LM** (Ed) Nr 3). Weitere Einzelfälle s § 286 Rn 25.

5) Rücktritt vor Fälligkeit, IV. Die CISG 72 nachgebildete Vorschr gibt dem Gläub das Recht, schon 23
vor Fälligk seines Anspr zurückzutreten, wenn offensichtl ist, dass die Voraussetzgen des Rücktr eintreten werden. Erfaßt werden vor allem Fälle, in denen der Schu vor Fälligk die Erf des Anspr ernsth u endgültig verweigert. Der Gläub ist aber auch dann zum vorzeit Rücktr berecht, wenn sich aus den Umst ergibt, dass der Schu die Leistg bis zum Ende der nach Fälligk zu bestimmden NachFr nicht erbringen kann, zB wenn er 2 Wo vor Fälligk mit der Arbeit an dem geschuldeten Wk noch nicht begonnen hat, für dessen Fertigstellg er nach seinen eig Angaben 3 Mo benötigt. Für die Anwendg von IV genügt Glaubhaftmachg nicht; es muß mit an Sicherh grenzder Wahrscheinlichk feststehen, dass die Voraussetzgen des Rücktr eintreten werden.

6) Teilleistung, V 1. Der Schu hat auch „nicht vertragsgemäß" (I 1) geleistet, wenn er ledigl eine TLeistg 24
erbracht hat. I geht aber, wie V zeigt, davon aus, dass unter die Formulierg „nicht vertragsgemäß" geleistet, nur die mangelh Leistg fallen soll. Die (quantitative) TLeistg wird in V 1 geregelt. Sie begründet für den Gläub unter den Voraussetzgen der Rn 7 ff ein RücktrR. Fragl ist allein, ob der Gläub vom ganzen Vertr od nur hinsichtl des noch ausstehden Leistgsteils zurücktreten kann. Diese Frage tritt nur auf, wenn der Gläub die TLeistg angenommen hat. Hat er sie gem § 266 zurückgewiesen, liegt ein Fall der vollst NichtLeistg vor; das RücktrR erstreckt sich auf den ganzen Vertr. Entspr gilt, wenn die Leistg nach obj Kriterien od nach dem PartWillen unteilb ist (§ 275 Rn 7). Dagg ist bei Anwendg von V 1 zu unterscheiden:

a) Interesse des Gläubigers. Hat die TLeistg für den Gläub Interesse, zerfällt der Vertr in zwei selbstd 25
Teile (BGH **36**, 318). Der Gläub hat für die bewirkte TLeistg einen entspr Teil der GgLeistg zu erbringen. Ist die GgLeistg nicht teilb, gilt das gleiche wie iF einer nicht teilb Hauptleistg; der Rücktr erstreckt sich auf den ganzen Vertr (BGH NJW **00**, 1332). Andf beschränkt sich der Rücktr auf die ausstehde TLeistg.

b) Kein Interesse des Gläubigers. Diese Voraussetzg ist gegeben, wenn der Gläub an dem eingeschränk- 26
ten LeistgsAustausch nicht interessiert ist, etwa weil es für ihn günstiger ist, im ganzen neu abzuschließen (BGH NJW **90**, 2550), wenn bei Bestellg einer EDV-Anlage die auf die Zwecke des Bestellers zugeschnittene Software ausbleibt (BGH NJW **90**, 3011). Weitere Einzelfälle § 281 Rn 38.

7) Nicht vertragsgemäße Leistung V 2. Bei Schlechtleistg hat der Gläub grdsl das Recht, vom Vertr 27
zurückzutreten. And ist es nur, wenn die PflVerletzg unerhebl ist. Eine entspr Regelg enthält § 281 I S 3 für den SchadErsAnspr statt der Leistg. Die für die Abgrenzg geltden Kriterien sind, da das Abgrenzgsproblem idR nur bei ggs Vertr auftritt, in § 325 Rn 21 dargestellt. Vgl aber auch Rn 32.

8) Ausschluß des Rücktrittsrechts, VI. Währd beim SchadErsAnspr statt der Leistg (§ 281) die 28
Mitverantwortlichk gem § 254 über eine Kürzg des Anspr angem berücksichtigt werden kann, ist eine solche flexible Lösg beim Rücktr nicht mögl. Hier gibt es nur die Möglichk, das RücktrR insges auszuschließen u den Gläub so an dem Vertr u grdsl auch an der Verpfl zur Erbringg der GgLeistg festzuhalten. Diese Folge sieht VI, der an den RGedanken des § 324 aF anknüpft u in § 326 II eine ParallelVorschr hat, in zwei Fallgruppen vor: – **a) Verantwortlichkeit des Gläubigers, VI, 1. Alternative.** Sie muß nach der 29
amtl Begründg so sehr überwiegen, dass § 254 iF eines SchadErsVerlangens den Anspr des Gläub ausschließen würde (BT-Drs 14/6040 S 187). Dafür ist eine Verantwortgsquote des Gläub von 90%, mindestens aber von 80% erforderl (§ 254 Rn 52). So kann es liegen, wenn die verspätete od mangelh Leistg des Schu vor allem darauf zurückzuführen ist, dass der Gläub die von ihm geschuldeten Informationen viel zu spät od unricht erteilt hat. Trotz der mißverständl Formulierg in der amtl Begründg ist das RücktrR, sei es nach V, sei es nach § 242, aber auch dann ausgeschlossen, wenn dem Gläub **mangelnde Vertragstreue** vorzuwerfen ist (vgl zum fr Recht § 326 aF Rn 10 ff im HptBd). Fälle: Der nachleistgspflicht Gläub ist zur GgLeistg nicht bereit (BGH **50**, 176) od nicht in der Lage (BGH NJW **74**, 36), der Gläub hat sich vom Vertr losgesagt (BGH ZIP **99**, 367), od sich vorsätzl außer Stande gesetzt, die Leistg entggzunehmen (Düss MDR **01**, 206). Dagg ist die PflVerletzg des Gläub unschädl, wenn sie mit der Pfl des Schu in keinem inneren ZusHang steht (BGH NJW-RR **94**, 372), wenn der Schu sich unabhängig vom Verhalten des Gläub vom Vertr losgesagt hat (BGH NJW **77**, 581, Ffm JZ **79**, 529) od der Gläub zu einem vertragstreuen Verhalten zurückgekehrt ist (BGH **LM** § 326 (A) Nr 12, § 325 Nr 6, WM **72**, 1056). Sein verbales Bekenntn zur DchFührg des Vertr reicht aber nicht aus, wenn tatsächl keine ErfMöglichk mehr besteht (BGH NJW **74**, 36, WM **78**, 732).

b) Annahmeverzug. VI, 2. Alternative übernimmt den Gedanken des § 324 II aF (vgl auch § 326 II). 30
Obwohl ein zum Rücktr berechtigder Umst eingetreten ist, hält er den Gläub unter zwei Voraussetzgen am Vertr u damit an seiner Verpfl zur Erbringg der GgLeistg fest: – **aa)** Der Gläub muß sich im **Annahmeverzug** befunden haben, als der zum Rücktr berecht Umstand eintrat. Vgl zum AnnVerzug §§ 293 ff. – **bb)** Der 31
Schu muß die PflVerletzg **nicht zu vertreten** haben. Währd das Vertretenmüssen in § 323 grdsl keine Rolle

spielt, muß der Schu, der sich auf VI 2. Alternative beruft, den EntlastgsBew führen (s § 280 Rn 40). Da er währd des AnnVerzugs gem § 300 I nur Vors u grobe Fahrlk zu vertreten hat, entfällt das RücktrR auch dann, wenn er leicht fahrl gehandelt hat.

32 **c) Unerhebliche Pflichtverletzung, V 2.** Die Vorschr, dass der Gläub iF der *Schlecht*Erf nicht wg einer unerhebl PflVerletzg zurücktreten kann, gilt entspr iF der *Nicht*Erf einer unerhebl Pfl. Schlecht- u NichtErf können insoweit unter Wertgsgesichtspkten nicht unterschiedl behandelt werden (richtig der Vorschlag der SchuldRKommission AbschlBer S 162, § 323 III Nr. 1 KE). Die NichtErf von unerhebl NebenPflten begründet daher nur einen ErfAnspr, aber kein RücktrR, so zB die vom Fotografen übernommene Verpfl, das Hochzeitsbild mindestens 2 Wo in seinem Schaufenster auszustellen.

33 **9) Rechtsfolgen.** Der Gläub ist zum Rücktr berecht. Auf das RücktrR finden die §§ 346 ff Anwendg. Der Rücktr ist unwiderrufl. Er schließt aber and als nach bisher Recht den SchadErsAnspr nicht mehr aus (§ 325). Solange der Gläub den Rücktr nicht erklärt hat, bestehen der ErfAnspr u das RücktrR nebeneinand. Der Schu kann den Schwebezustand nicht dch FrSetzg beenden, da § 350 nur für das vertragl RücktrR gilt. Er kann aber dch Erbringg od Angebot der Leistg für klare Verh sorgen. Verzögert der Gläub den Rücktr ungebührl, kann er sein RücktrR verwirken (§ 242 Rn 107). Als GestaltgsR unterliegt das RücktrR nicht der **Verjährung** (§ 194 Rn 3). Ist der Anspr verjährt, dessen Verletzg das RücktrR begründet, kann der Schu den Rücktr aber mit der Einr des § 218 abwehren. Die dch den Rücktr entstehden Anspr unterliegen der RegelVerj (§§ 195, 199).

324 *Rücktritt wegen Verletzung einer Pflicht nach § 241 Abs. 2.* **Verletzt der Schuldner bei einem gegenseitigen Vertrag eine Pflicht nach § 241 Abs. 2, so kann der Gläubiger zurücktreten, wenn ihm ein Festhalten am Vertrag nicht mehr zuzumuten ist.**

1 **1) Allgemeines. – a) Fassung.** § 324 ist eine Neuregelg des SMG. § 324 aF (vom Gläub zu vertretde
2 Unmöglichk) ist im § 326 II aufgegangen. – **b) Bedeutung.** Störgen des ggs Vertr ergeben sich idR daraus, dass der Schu seinen *Leistgs*Pflten nicht od nicht wie geschuldet nachkommt. Sie können aber auch dadch entstehen, dass der Schu seine Pfl verletzt, Rücks auf die Rechte, RGüter u Interessen des Gläub zu nehmen (§ 241 II). Fällt dem Schu eine solche PflVerletzg zur Last, ist er dem Gläub gem § 280 zum SchadErs verpfl (§ 280 Rn 12 u 28). Sind die Voraussetzgen des § 282 erfüllt, steht dem Gläub auch ein SchadErsAnspr statt der Leistg zu. § 324 gibt dem Gläub zusätzl das Recht, vom Vertr zurückzutreten. Seine Voraussetzgen stimmen weitgehd mit denen des § 282 überein; das RücktrR besteht aber, and als der SchadErsAnspr auch, wenn der Schu die PflVerletzg nicht zu vertreten hat. Da der Schu, der eine Pfl aus § 241 II verletzt, „nicht vertragsgem“ leistet, besteht für § 324 neben § 323 kaum ein Bedürfn. Die Existenz des § 324, der nur selten
3 anwendb sein wird, wird aber die RAnwendg nicht erschweren. Er ist überflüss, aber unschädl. – **c) Anwendungsbereich.** § 324 gilt für alle ggs Vertr, wird aber bei den für die Verletzg von VerhaltensPflten bes anfälligen DauerschuldVerh dch § 314 verdrängt (§ 323 Rn 4).

4 **2) Voraussetzungen. – a) Verletzung einer Verhaltenspflicht.** Der Schu muß die Pfl verletzt haben, auf die Rechte, RGüter u Interessen des Gläub Rücks zu nehmen (§ 241 II). Bsp sind die Verletzg des Eigt, der Gesundh od der Ehre des VertrPartners od seiner Angeh. Einzelh s § 282 Rn 3.

5 **b) Unzumutbarkeit.** Das Festhalten am Vertr muß dem Gläub nicht mehr zuzumuten sein. Unzumutbark setzt idR voraus, dass der Schu abgemahnt worden ist (s BGH DB **68**, 1575, NJW **78**, 260); nur bei bes schwerwiegden Verstößen kann entspr dem RGedanken des § 323 I Nr 3 auf sie verzichtet werden.

6 **3) Rechtsfolgen.** Der Gläub ist berecht, vom Vertr zurückzutreten. § 323 Rn 32 gilt entspr. Nimmt der Gläub nach der PflVerletzg weitere Leistgen entgg, verliert er idR gem § 242 sein RücktrR (dort Rn 55 *venire contra factum proprium*).

325 *Schadensersatz und Rücktritt.* **Das Recht, bei einem gegenseitigen Vertrag Schadensersatz zu verlangen, wird durch den Rücktritt nicht ausgeschlossen.**

1 **1) Allgemeines. – a) Fassung.** § 325 ist eine Neuregelg des SMG. Er ersetzt den Grds des bisher Rechts, dass der Rücktr wg seiner Gestaltgswirkg die Geltdmachg eines SchadErsAnspr statt der Leistg ausschließt, ausdr dch eine ggteilige Regelg. § 325 aF (vom Schu zu vertretdes Unmöglichwerden) ist in § 283 (SchadErs
2 statt der Leistg) u § 326 V (Rücktr) aufgegangen. – **b) Bedeutung.** Nach bisher Recht blieben dem Gläub iF des Rücktr nur die vom rechtl Bestand des Vertr unabhäng Anspr wg c. i. c. od wg Verletzg von vertragl SchutzPfl, soweit sie sich auf Schäden außerh des ErfInteresses beziehen. Dagg konnte ein Anspr auf SchadErs statt der Leistg (wg NichtErf) nicht mit dem Rücktr kombiniert werden. Der Rücktr war daher im Vergl zum SchadErsAnspr idR der ungünstigere RBehelf. Der Anwalt, der seinem Mandanten den Rücktr empfahl, lief Gefahr, sich regreßpflicht zu machen (BGH NJW **95**, 451). Jetzt kann auch der Gläub, der ohne EigtVorbeh geliefert hat, die Sache nach Rücktr gem § 346 zurückfordern u iü SchadErs statt der Leistg verlangen. Nach bisher Recht war diese Kombination nur ausnw mögl, wenn der Gläub Eigtümer der gelieferten Sache geblieben war od eine ähnl dingl RStellg hatte (§ 325 aF Rn 13 im HptBd).

3 **2) Schadensersatz statt der Leistung bei gegenseitigen Verträgen.** Grdl für den SchadErsAnspr statt der Leistg sind auch bei ggs Vertr die §§ 281–283 iVm § 280. Wg des zw den beiderseit Verpfl bestehden konditionellen Synallagmas (Einf 15 v § 320) gelten aber für die SchadErmittlg bes Grds. Diese sind in § 281 Rn 18 ff dargestellt.

326[*] ***Befreiung von der Gegenleistung und Rücktritt beim Ausschluss der Leistungspflicht.*** **I Braucht der Schuldner nach § 275 Abs. 1 bis 3 nicht zu leisten, entfällt der Anspruch auf die Gegenleistung; bei einer Teilleistung findet § 441 Abs. 3 entsprechende Anwendung. Satz 1 gilt nicht, wenn der Schuldner im Falle der nicht vertragsgemäßen Leistung die Nacherfüllung nach § 275 Abs. 1 bis 3 nicht zu erbringen braucht.**

II Ist der Gläubiger für den Umstand, auf Grund dessen der Schuldner nach § 275 Abs. 1 bis 3 nicht zu leisten braucht, allein oder weit überwiegend verantwortlich oder tritt dieser vom Schuldner nicht zu vertretende Umstand zu einer Zeit ein, zu welcher der Gläubiger im Verzug der Annahme ist, so behält der Schuldner den Anspruch auf die Gegenleistung. Er muss sich jedoch dasjenige anrechnen lassen, was er infolge der Befreiung von der Leistung erspart oder durch anderweitige Verwendung seiner Arbeitskraft erwirbt oder zu erwerben böswillig unterlässt.

III Verlangt der Gläubiger nach § 285 Herausgabe des für den geschuldeten Gegenstand erlangten Ersatzes oder Abtretung des Ersatzanspruchs, so bleibt er zur Gegenleistung verpflichtet. Diese mindert sich jedoch nach Maßgabe des § 441 Abs. 3 insoweit, als der Wert des Ersatzes oder des Ersatzanspruchs hinter dem Wert der geschuldeten Leistung zurückbleibt.

IV Soweit die nach dieser Vorschrift nicht geschuldete Gegenleistung bewirkt ist, kann das Geleistete nach den §§ 346 bis 348 zurückgefordert werden.

V Braucht der Schuldner nach § 275 Abs. 1 bis 3 nicht zu leisten, kann der Gläubiger zurücktreten; auf den Rücktritt findet § 323 mit der Maßgabe entsprechende Anwendung, dass die Fristsetzung entbehrlich ist.

1) Allgemeines. Die Vorschr ist eine Neuschöpfg des SMG. Sie knüpft in I an § 323 aF an u übernimmt in II § 324 aF. § 326 aF (Verzug, FrSetzg mit Ablehngsandrohg) ist in § 281 (SchadErs statt der Leistg) u § 323 (RücktrR) aufgegangen. 1

2) Wegfall der Gegenleistungspflicht, I. – a) Bedeutung. I ist Ausdr des konditionellen Synallagmas (Einf 15 v § 320). Wird der Schu nach § 275 I bis III von einer synallagmat LeistgsPfl (Einf 17 v § 320) frei, verliert er den Anspr auf die GgLeistg. Der Schu der wg Unmöglichk nicht zu erbringden Leistg trägt damit die **Vergütungsgefahr** (GgLeistgs- od Preisgefahr). Diese schließt das Investitionsrisiko ein. Aufwendgen, die der Schu zur Vorbereitg der unmögl gewordenen Leistg gemacht hat, kann er grdsl nicht ersetzt verlangen (Ausn s § 275 Rn 19). Die Leistgsgefahr trägt dagg der Gläub (§ 275 Rn 33). Die Tragg der VergütgsGefahr beginnt mit dem VertrSchluß u **endet** idR mit vollständ Erf. Ausn s Rn 3 u 10. 2

b) Anwendungsbereich. I gilt grdsl für alle ggs Vertr. Er wird aber dch Sonderregelgen eingeschränkt od modifiziert. – **aa)** Beim **Kauf- und Werkvertrag** ordnen die §§ 446, 447, 644 u 645 bereits einen Gefahrübergang vor vollst Erf an. Ands wird der Gefahrübergang auf den Käufer (Besteller) iF einer mangelh Leistg eingeschränkt. Der Käufer (Besteller) kann trotz Untergangs der Sache (des Wk) vom Vertr zurücktreten u braucht, wenn er die in eig Angelegenh anzuwendde Sorgf beobachtet hat, keinen WertErs zu leisten (§§ 437 Nr 2, 634 Nr 3, 346 III Nr 3). Dch den Rücktr wird daher der Verkäufer (Untern) wieder mit der bereits auf den Gläub übergegangenen Vergütgsgefahr belastet. Wird der Verkäufer (Untern) gem § 275 I bis III von seiner Pfl zur NachErf frei, verliert er nach I 2 nicht *ipso facto* seinen Anspr auf die GgLeistg. Der Käufer od Besteller muß vielmehr gem §§ 437, 634 entscheiden, welches Recht er anstelle des NachErfAnspr geltd machen will. – **bb)** Für **Mietverträge** gilt I, wenn die Mietsache gestohlen w (Köln NJW **93**, 1273, Düss NJW **97**, 2528) od ihre Wiederherstellg dch den Vermieter die Opfergrenze (§ 275 II) überschreiten würde (BGH NJW-RR **91**, 204). Beruht die Unmöglichk auf einem Sachmangel, ist I nach Überlassg der Mietsache dagg grdsl unanwendb (§ 536 Rn 8). – **cc)** Auf **Dienst-** u **Arbeitsverträge** findet I grdsl Anwendg (BGH **10**, 190), Ausn ergeben sich aus §§ 615, 616 u der von der Rspr entwickelten Sphärentheorie (§ 615 Rn 21). 3 4

c) Teilunmöglichkeit, I 1 Halbsatz 2. TUnmöglichk steht auch bei teilb Leistgen nach dem VertrZweck vielf vollständ Unmöglichk gleich (§ 275 Rn 7). Trifft das zu, entfällt der Anspr auf die GgLeistg im ganzen. Die in I 1 Halbs 2 vorgesehene Anwendg des § 441 III (Minderg) gilt nur, wenn die mögl gebliebene TLeistg für den Gläub noch Interesse hat (Scherner JZ **71**, 533). Sie ist anwendb, wenn der GmbH- GeschFü schuldh der Arbeit fernbleibt (BGH NJW-RR **88**, 420). Das Recht auf die GgLeistg mindert sich im Verh des Wertes der vollständ Leistg zum Wert der noch mögl TLeistg. Maßgebd sind die WertVerhältn im Ztpkt des VertrSchl. Zur Berechng s RG **92**, 14, Zweibr OLGZ **70**, 310. Schlechtleistg steht der TUnmöglichk nicht gleich u begründet daher kein MindergsR (Jaspersen VersR **92**, 1433, § 320 Rn 9). 5

d) Abdingbarkeit. I ist dch IndVereinbg abdingb. Dagg sind Ändergen dch AGB wg § 307 II Nr 1 grdsl ausgeschlossen (BGH NJW **82**, 181). Zul sind aber die im Handel übl Klauseln über einen vorzeit Gefahrübergang, wie cif, fob, „ab Wk" usw. 6

e) Rechtsfolgen. Es erlischt der Anspr auf die GgLeistg, nicht das SchuldVerh im ganzen (Mü NJW-RR **96**, 48). Für Aufwendgen, die der Schu zur Vorbereitg der unmögl gewordenen Leistg gemacht hat, kann er keinen Ers verlangen; ein Anspr auf eine Teilvergütg kann sich aber aus einer entspr Anwendg des § 645 ergeben (§ 275 Rn 19). Hat der Gläu bereits geleistet, kann er das Geleistete nach IV zurückverlangen. (Rn 16). 7

3) Bestehenbleiben der Gegenleistungspflicht, II. Der Schu, der nach § 275 von einer synallagmat LeistgsPfl (Einf 17 v § 320) frei wird, behält den Anspr auf die GgLeistg, wenn der Gläub das Leistgshindern weit überwiegd zu vertreten hat od das Leistgshindern zu einem Ztpkt eintritt, in dem der Gläub im AnnVerzug war. 8

[*] **Amtlicher Hinweis:** Diese Vorschrift dient auch der Umsetzung der Richtlinie 1999/44/EG des Europäischen Parlaments und des Rates vom 25. Mai 1999 zu bestimmten Aspekten des Verbrauchsgüterkaufs und der Garantien für Verbrauchsgüter (ABl. EG Nr. L 171 S. 12).

9 **a) Verantwortlichkeit des Gläubigers.** Sie kann sich aus einem Verstoß gg vertragl Haupt- od Neben-Pflichten ergeben. II ist aber, ebso wie die Vorgängernorm (§ 324 aF), auch anwendb, wenn der Gläub nach der vertragl Risikoverteilg die Gefahr für ein best Leistgshindern übernommen hat (BGH NJW **80**, 700, **98**, 2284/86, MDR **02**, 20). Bei ReiseVertr kann eine RisikoÜbern für den Fall zu bejahen sein, dass die Reise wg einer Erkrankg eines Angeh nicht angetreten wird (LG Ffm NJW-RR **87**, 494). Die Verantwortlichk muß nach der amtl Begründg so sehr überwiegen, dass § 254 iF eines SchadErsVerlangens den Anspr des Gläub ausschließen würde (BT-Drs 14/6040 S 187). Dafür ist idR eine Verantwortgsquote von 90%, mindestens aber 80% erforderl (§ 254 Rn 52). II kann anwendb sein, wenn die verkaufte Sache wg Zahlgsverzugs des Käufers zwangsversteigert w (RG **66**, 348), wenn sich der Gläub unberecht vom Vertr lossagt (BGH NJW **87**, 1693), wenn die DchFührg des Vertr am finanziellen Unvermögen des Gläub scheitert (BGH § 324 **LM** Nr 5, Köln NJW-RR **91**, 1023) od wenn der Vertr undchführb wird, weil der Gläub seinen nur von einem Landwirt dchsetzb Anspr an einen Nichtlandwirt veräußert hat (BGH **38**, 187/92). Weitere Fälle: Vom ArbG verschuldete ArbUnfähigk des ArbN (SchiedsGer NJW **95**, 904); ArbAusfall inf eines vom ArbG verschuldeten Brands (BAG NJW **69**, 766); Untergang der Mietsache inf eines Verschuldens des Mieters (BGH **66**, 349).

10 **b) Annahmeverzug. – aa) Bedeutung.** Wird die Leistg unmögl, nachdem der Gläub in AnnVerzug (§§ 293 ff) geraten ist, behält der Schu den Anspr auf die GgLeistg. Mit dem Eintritt des AnnVerzugs geht die Vergütgsgefahr vorzeit auf den Gläub über. Hat der Schu mehrfach verkauft u befinden sich alle Käufer im AnnVerzug, haften sie als GesSchu (Braun JuS **88**, 217). Da der Schu währd des AnnVerzugs gem § 300 I nur Vors u grobe Fahrlässigk zu vertreten hat, erstreckt sich der Gefahrübergang auch auf die vom Schu leicht
11 fahrläss verursachte Unmöglichk. – **bb) Anwendungsbereich.** II gilt für alle synallagmat LeistgsPflten (Einf 17 v § 320), auch für Gattgsschulden. Voraussetzg ist jedoch eine Konkretisierg der Leistg, auch wenn diese, wie in den Fällen der §§ 295, 296, für den AnnVerzug nicht erforderl war (§ 300 Rn 4). Erstreckt sich die Unmöglichk auf die ganze Gattg, ist II dagg anwendb, ohne dass es auf eine Aussonderg ankommt (RG **103**, 15). Für den Dienst- u den WkVertr enthalten §§ 615, 642, 644 **Sonderregeln.** Bei AnnVerzug des Mieters (Nichtbezug der Wohng) ergibt sich die Pfl zur Zahlg der Miete aus § 537 u nicht aus II (Rädler NJW **93**,
12 689, aA BGH NJW-RR **91**, 267). – **cc) Voraussetzungen.** Der Schu muß die PflVerletzg **nicht zu vertreten** haben. Währd das Vertretenmüssen in § 323 grdsl keine Rolle spielt, muß der Schu, der sich auf II 2. Alternative beruft, den EntlastgsBew führen (s § 280 Rn 40). Da er währd des AnnVerzugs gem § 300 I nur Vors u grobe Fahrlk zu vertreten hat, bleibt sein Anspr auf die GgLeistg auch dann bestehen, wenn er leicht fahrl gehandelt hat.

13 **c) Rechtsfolgen.** Der Schu behält das Recht auf die GgLeistg, er kann nicht zusätzl eine Nutzgsentschädigg beanspruchen (BGH NJW-RR **90**, 651). Er muß sich gem I 2 die dch den Wegfall der eig LeistgsPfl entstehenden Vorteile anrechnen lassen (ähnl §§ 537 I S 2, 615 S 2, 649 S 2). Anzurechnen ist auch der etwaige Rest des LeistgsGgst od ein Erlös aus seiner Verwertg. Böswilliges Unterl erfordert keine SchädiggsAbs; es genügt, dass der Schu eine zumutb Erwerbsmöglichk kennt u vorsätzl ausläßt (§ 615 Rn 20). Die Anrechng erfordert keine bes Erkl u ist keine Aufr (§ 387 Rn 2). Sie scheidet aus, wenn der Schu die Erwerbsmöglichk auch bei Dchführg des Vertr hätte wahrnehmen können.

14 **d) Beweislast.** Der Schu muß beweisen, dass die Unmöglichk auf einem Ereign beruht, das aus dem Organisations- od HerrschBereich des Gläub stammt. Sodann obliegt analog § 280 I S 2 dem Gläub der Nachw, dass er die Unmöglichk nicht zu vertreten hat (Soergel/Wiedemann Rn 34, Müller NJW **93**, 1678, aA BGH **116**, 288, alle zu § 324 aF). Steht fest, dass die Mietsache dch den Mietgebrauch zerstört worden ist, muß sich der Mieter entlasten (BGH **126**, 129, § 538 Rn 4). Beruft sich der Schu auf AnnVerzug des Gläub, muß er beweisen, dass die Unmöglichk währd des AnnVerzugs eingetreten ist. Sodann muß der Gläub nachweisen, dass der Schu die Unmöglichk dch Vors od grobe Fahrlässigk (§ 300 I) herbeigeführt hat (BGH WM **75**, 920, aA Müller aaO). Auch für die AnrechngsVoraussetzgen (I 2) trägt der Gläub die BewLast (BGH NJW **91**, 167).

15 **4) Herausgabe des Ersatzes, III.** Der Gläub kann gem § 285 das Surrogat der unmögl gewordenen Leistg verlangen, auch wenn dieses wertvoller ist als der ursprüngl LeistgsGgst. Macht er von diesem Recht Gebrauch, bleibt er zur GgLeistg verpfl, bei geringerem Wert des Surrogats entspr dem WertVerhältn zw der unmögl gewordenen Leistg u dem Surrogat, III S 2 iVm § 441 III.

16 **5) Bereits erbrachte Gegenleistungen, IV.** Hat der Gläub geleistet, obwohl er nach I leistgsfrei war, kann er das Geleistete nach den RücktrVorschr (bisher nach BerR) zurückverlangen.

17 **6) Rücktritt, V.** Der Gläub kann, wenn der Schu gem § 275 leistgsfrei ist, auch vom Vertr zuücktreten. Eine FrSetzg ist nicht erforderl. Der Gläub, der idR nicht weiß, aus welchem Grd der Schu nicht od nicht vertragsgem geleistet hat, sollte aber auch dann gem § 323 eine Fr setzen, wenn möglw die Voraussetzgen des § 275 vorliegen (§ 323 Rn 8). Wenn das RücktrR des § 323 ausgeschlossen ist (§ 323 Rn 28 ff), entfällt auch der Rücktr gem V.

Titel 5. Rücktritt; Widerrufs- und Rückgaberecht bei Verbraucherverträgen

Untertitel 1. Rücktritt*

Einführung

1) Das **Gesetz zur Modernisierung des Schuldrechts** hat die §§ 346ff grdlegd umgestaltet. Die 1
§§ 346ff aF gehörten zu den schwächsten Partien der Kodifikation; sie waren „gesetzestechn so mißglückt u in zentralen Fragen auch rechtspolit so fragwürd u umstr, dass ein für Theorie u Praxis kaum noch zu dchdringdes Dickicht von Streitfragen u Thesen entstanden" war (v Caemmerer FS Larenz, 1973 S 625). Das SMG versucht die Mängel des bisher Rechts vor allem dch folgende Neuergen zu beseitigen: – **a) Anwen-** 2
dungsbereich Die §§ 346ff sind sowohl auf das vertragl als auch auf das gesetzl RücktrR unmittelb anzuwenden. Die in § 327 aF für das gesetzl RücktrR angeordnete „entspr Anwendg" u die mißlungene, in ihrer Tragweite unklare Anordng, dass in best Fällen BerR anzuwenden sei, sind entfallen. – **b) Rückab-** 3
wicklung dem Werte nach. Die Regelg, dass das RücktrR bei verschuldeter Unmöglichk der Rückgabe (§ 351 aF) u ähnl Tatbestd (§§ 352, 353 aF) ausgeschlossen ist, hat das SMG aufgehoben, ebso den rechtspolit verfehlten § 350 aF, wonach der zufäll Untergang der zurückzugewährden Sache das RücktrR nicht ausschloß, die auf den Käufer (Besteller) übergegangene Gefahr also an den Verkäufer (Unternehmer) zurückfiel. Die Vorschr der §§ 350–353 aF werden in § 346 II u III dch ein Modell der Rückabwicklg dem Werte nach ersetzt. Das SMG übernimmt damit die für das verbrschützde WiderrR seit langem geltde Regelg. –
c) Schadensersatz, Nutzungen, Verwendungen. Aufgehoben ist auch die Regelg des § 347 aF, nach der 4
die für den Rücktr nicht passden, wenig transparenten Vorschr des Eigtümer-Besitzer-Verh auf die SchadErsPfl, die Herausg von Nutzgen u den Ers von Aufwendgen anzuwenden waren. Für Nutzgen u Verwendgen enthalten §§ 346 u 347 eigenständ Regelgen. Für den Anspr auf SchadErs verweist § 346 IV auf § 280 als die schadersrechtl GrdNorm des LStörgsR.

2) Begriff. Rücktr ist Rückgängigmachg eines wirks zustande gekommenen Vertr dch einseit Erkl einer 5
Part aGrd einer entspr vertragl od gesetzl Befugn. Das RücktrR ist ein **Gestaltungsrecht** u daher unverjährb. Der Rücktr wg nicht od nicht vertrgem erbrachter Leistg ist aber nach § 218 unwirks, wenn der Anspr auf die Leistg od der NachErfAnspr verjährt ist u der Schu sich hierauf beruft. Damit wird das RücktrR in der Masse der Anwendgsfälle zwar nicht im dogmat Ansatz, wohl aber im Ergebn wie ein der **Verjährung** unterliegdes Recht behandelt. Für die Ausübg des vertragl RücktrR kann eine AusschlußFr gesetzt w (§ 350), außerdem unterliegt das RücktrR der Verwirkg (§ 349 Rn 1). Das RücktrR ist nicht höchstpersönl Natur, sond mit and VertrR übertragb (BGH NJW **73**, 1793, § 413 Rn 7).

3) Wirkung. Der Rücktr wirkt nur schuldrechtl, nicht dingl (RG **108**, 27). Anspr gg Dr begründet er 6
nur, wenn das ErfGesch auflösd bedingt vorgenommen worden ist u der Dr bösgläub (§ 161 III) war. Dch den Rücktr wird der Vertr in ein **Abwicklungsverhältnis** umgestaltet (BGH **88**, 48, NJW **98**, 3268), gleichgült, ob das RücktrR auf Vertr od Ges beruht (BGH NJW **90**, 2068). Die fr hM, die im Rücktr einen ErlöschensTatbestd u im AbwicklgsVerhältn ein modifiziertes BerVerhältn sah (RG **50**, 266, **75**, 201), ist überholt. Dch den Rücktr erlöschen die beiderseit ErfAnspr u die mit den ErfAnspr zushängden sekundären Anspr. Der Rücktr hebt den Vertr aber nicht als Ganzes auf, sond verändert seinen Inh. Das dch ihn entstehde AbwicklgsVerhältn ist kein gesetzl SchuldVerhältn, sond das dch einseit RGesch umgestaltete ursprüngl VertrVerhältn (BGH **86**, 319, NJW **90**, 2068, **98**, 3268). Nach § 325 wird das Recht, **Schadensersatz** zu verlangen, dch den Rücktr nicht ausgeschlossen. Der RücktrBerecht kann daher abw vom bisher Recht trotz Rücktr SchadErs statt der Leistg (§ 281) verlangen. Auch SchadErsAnspr aus VertrVerletzg (§ 280 I), c. i. c. (§ 311 II u III) u Delikt bleiben bestehen. Entspr gilt für den SchadErsAnspr wg Verzugs (s BGH **88**, 46). Der Anspr aus § 280 II iVm § 286 bleibt angesichts der GrdEntsch des § 325 auch bei einem vertragl RücktrR bestehen (Gaier WM **02**, 4, and zum bisher R BGH NJW **98**, 3268). Da der RGrd der Leistg nicht entfällt, sind die §§ 812ff unanwendb. Konkurrierde Anspr aus § 812 I 2 bestehen nicht. Ob **Sicherheiten** dch den Rücktr frei werden, hängt von der jeweiligen Sichgabrede ab (BGH **66**, 165/71, MüKo/Janßen Rn 55). Da der Erf- u der RückgewährAnspr trotz der gemeins Grdl einen versch Inh haben, wird es vielf dem PartWillen entspr, dass die Sicherh nicht für den RückgewährAnspr haftet (BGH **51**, 73: Wechsel des AbzKäufers).

4) Anwendungsbereich. – a) Schuldrechtliche Verträge. Die §§ 346ff gelten nur für schuldrechtl 7
(verpflichtde) Vertr, nicht für dingl. Eine ähnl Wirkg läßt sich bei dingl Vertr aber dadch erreichen, dass der Rücktr vom GrdGesch zur auflösden Bdgg gemacht wird (KG NJW-RR **97**, 1259). Dch eine solche Regelg erlangt der Rücktr auch Wirkg ggü bösgläub Dr (Rn 6). Sie ist aber ausgeschl, soweit § 925 II od ErbbauRVO 11 I 2 anwendb sind. – **b) Vertragliche Rücktrittsrechte.** Die §§ 346ff sind anzuwenden, wenn das 8
RücktrR auf einer vertragl Vereinbg („RücktrVorbeh") beruht. Der RücktrVorbeh kann je nach dem verfolgten Zweck unterschiedl ausgestaltet sein. Er kann der ErfSichg dienen (§ 352) u daher sachl u zeitl beschränkt w. Er kann aber auch allg gefaßt w, um einer noch nicht endgült entschlossenen Part eine Lossagg vom Vertr zu ermöglichen. Einzelfälle s § 346 Rn 2. – **c) Gesetzliche Rücktrittsrechte.** Die Hauptbedeutg 9
der §§ 346ff liegt darin, dass sie auf das gesetzl RücktrR anzuwenden sind u zwar abw vom fr Recht nicht entspr, sond unmittelb (Rn 2). Das gilt vor allem für den Rücktr gem §§ 323, 324, 326 V. Ein gesetzl RücktrR steht dem Käufer od Besteller aber auch wg eines Sach- od RMangels zu, wenn die NachErf gescheitert ist (§§ 437 Nr 2, 440 u 634 Nr 3, 636 iVm § 323); den altertüml *Anspr* auf Wandelg hat das SMG

* **Amtlicher Hinweis:** Dieser Untertitel dient auch der Umsetzung der Richtlinie 1999/44/EG des Europäischen Parlaments und des Rates vom 25. Mai 1999 zu bestimmten Aspekten des Verbrauchsgüterkaufs und der Garantien für Verbrauchsgüter (ABl. EG Nr. L 171 S. 12).

10 dch das *GestaltgsR* Rücktr ersetzt. – **d) Verweisungen.** Auf das Widerr- u RückgabeR bei VerbrVertr sind die §§ 346 ff aGrd der Verweisg in § 357 entspr anzuwenden. Das verbrschützde Widerr- u RückgabeR ist ein bes ausgestaltetes RücktrR (§ 357 Rn 2). In einer Reihe von weiteren Vorschr des LStörgsR wird gleichf auf die §§ 346 ff verwiesen, so in § 281 V (großer SchadErs), § 326 IV (Befreiung von der Verpfl zur GgLeistg), § 439 IV (NachErf dch Lieferg einer mangelfreien Sache), §§ 441 IV, 638 IV (Rückgewähr überzahlter Beträge iF der Minderg). Soweit das Ges RücktrR vorsieht, ohne auf die §§ 346 ff zu verweisen, hängt deren Anwendg von dem jeweil RegelgsZushang u Normzweck ab. Auf das RücktrR gem UmstG 20 hat die Rspr die §§ 346 ff nicht angewandt (BGH **6**, 230); auf RücktrR wg Störg der **Geschäftsgrundlage** finden die §§ 346 ff grdsl Anwendg; die RFolgen der VertrAuflösg können aber im Einzelfall abw von den §§ 346 ff festgelegt werden, wenn dies zur Erreichg eines angem Ausgl der beiderseit Interessen geboten erscheint
11 (Abschlußbericht S 184). – **e) Sonderregelungen** bestehen beim RücktrR wg falscher Werbeangaben (UWG 13 a), beim ReiseVertr (§ 651 i), beim Verlöbn (§§ 1298 ff), beim ErbVertr (§§ 2293 ff) u beim VersVertr (VVG 16 ff). Bei MietVertr kann sich der Mieter nach Überlassg des WoRaums auf ein RücktrR nicht mehr berufen (§ 572).

12 **5) Ähnliche Gestaltungsrechte.** Zu den GestaltgsGesch allg s Übbl 17 v § 104. – **a)** Die **Kündigung** (§ 542 Rn 12 ff, Vorbem 28 ff v § 620) beendet das SchuldVerh für die Zukunft. Die bereits erbrachten Leistgen sind nicht zurückzugewähren (RG **90**, 330, BGH **73**, 354), die §§ 346 ff gelten nicht. Wird der ReiseVertr gem § 651 e gekündigt, ist § 346 aber entspr anzuwenden (BGH **85**, 59). Bei DauerschuldVerh ersetzt die Künd das gesetzl RücktrR (§ 314 Rn 12). In and Fällen (so nach § 488 III beim Darl) dient sie dazu, die Fälligk der Fdg herbeizuführen u dadch den LeistgsZtpkt festzulegen (BGH VersR **88**, 1013). Eine Rückn der Künd ist nach Zugang der KündErkl nur dch Vertr mit dem KündEmpfänger mögl. Bei Aufhebg der Künd vor FrAblauf handelt es sich nicht um einen neuen Vertr, sond um die Fortsetzg des bisher (BGH NJW **98**, 2664). Eine TeilKünd ist bei einem einheitl VertrVerhältn grdsl nur iF einer gesetzl Gestattg (§ 573 b) od bei einer entspr vertragl Abrede zul (BGH NJW **93**, 1320, BAG DB **83**, 1368); sie kann aber ausnw aus wicht Grd statth sein (BGH **96**, 280). Beim Darl rechtfertigt iZw bereits die Absicht, die Schuld zu
13 reduzieren, eine TeilKünd (BGH NJW **99**, 2269). – **b) Widerruf.** Besteht ein verbrschützdes WiderrufsR (§§ 312, 312 d, 485, 495, FernUSG 4), ist der Vertr nicht mehr schwebd unwirks, sond wirks (§ 357). Das verbrschützde WiderrR ist ein bes ausgestaltetes RücktrR (§ 357 Rn 3). Dagg bedeutet der Widerruf iF der §§ 109, 130, dass die RFolgen einer noch nicht endgült wirks WillErkl *ex tunc* beseitigt werden. §§ 346 ff sind nicht anwendb. Der Widerruf der Schenkg gem §§ 530 f führt zur Rückabwicklg nach §§ 812 ff; das gilt ebso für den Widerspruch gem VVG 5 a, soweit er zur Unwirksamk des Vertr führt (Dörner NJW **96**, 157). Der
14 Widerruf des Auftr (§ 671) ist der Sache nach eine Künd. – **c)** Die **auflösende Bedingung** (§ 158) führt zur Unwirksamk des RGesch, ohne dass es einer entspr WillensErkl der Part bedarf. Die §§ 346 ff gelten nicht; die Rückabwicklg erfolgt nach §§ 812 ff. Der **Widerrufsvorbehalt im Vergleich** stellt idR eine aufschiebde Bdgg dar; er kann aber auch als RücktrR aufzufassen sein (BGH **46**, 279, NJW **84**, 312). Der Widerr kann
15 iZw wahlweise ggü dem Ger od dem Gegner erklärt w (Düss OLGZ **87**, 111). – **d)** Die **Anfechtung** (§§ 119 ff) betrifft Mängel, die dem RGesch von vornherein anhaften; sie macht das RGesch von Anfang an
16 nichtig (§ 142). Die Rückabwicklg richtet sich nach §§ 812 ff, nicht nach §§ 346 ff (RG **101**, 390). – **e)** Der **Umtauschvorbehalt** ist idR kein RücktrVorbeh, sond eine Ersetzgsbefugn des Käufers (Rn 2 v § 454).

346 *Wirkungen des Rücktritts.* **I Hat sich eine Vertragspartei vertraglich den Rücktritt vorbehalten oder steht ihr ein gesetzliches Rücktrittsrecht zu, so sind im Falle des Rücktritts die empfangenen Leistungen zurückzugewähren und die gezogenen Nutzungen herauszugeben.**

II Statt der Rückgewähr hat der Schuldner Wertersatz zu leisten, soweit

1. die Rückgewähr oder die Herausgabe nach der Natur des Erlangten ausgeschlossen ist,
2. er den empfangenen Gegenstand verbraucht, veräußert, belastet, verarbeitet oder umgestaltet hat,
3. der empfangene Gegenstand sich verschlechtert hat oder untergegangen ist; jedoch bleibt die durch die bestimmungsgemäße Ingebrauchnahme entstandene Verschlechterung außer Betracht.

Ist im Vertrag eine Gegenleistung bestimmt, ist sie bei der Berechnung des Wertersatzes zugrunde zu legen.

III Die Pflicht zum Wertersatz entfällt,

1. wenn sich der zum Rücktritt berechtigende Mangel erst während der Verarbeitung oder Umgestaltung des Gegenstandes gezeigt hat,
2. soweit der Gläubiger die Verschlechterung oder den Untergang zu vertreten hat oder der Schaden bei ihm gleichfalls eingetreten wäre,
3. wenn im Falle eines gesetzlichen Rücktrittsrechts die Verschlechterung oder der Untergang beim Berechtigten eingetreten ist, obwohl dieser diejenige Sorgfalt beobachtet hat, die er in eigenen Angelegenheiten anzuwenden pflegt.

Eine verbleibende Bereicherung ist herauszugeben.

IV Der Gläubiger kann wegen Verletzung einer Pflicht aus Absatz 1 nach Maßgabe der §§ 280 bis 283 Schadensersatz verlangen.

1 **1) Allgemeines.** Vgl Einf 1 ff. Die wesentl Neuerg der §§ 346 ff ist, dass der RücktrBerecht auch dann zurücktreten kann, wenn er den Untergang od eine wesentl Verschlechterg der zurückzugewährden Sache zu vertreten hat. Das gilt auch dann, wenn der Berecht die zurückzugewährde Sache vorsätzl zerstört hat (BT-Drs 14/6040 S 195). In kraß liegden Fällen kann dem Rücktr aber der Einwand des RMißbr entggstehen (Düss NJW **89**, 3163, aA Gaier WM **02**, 3). Im übrigen muß der Berecht, auch wenn ihn kein Verschulden trifft, grdsl nach II WertErs leisten u kann sich nicht auf den Wegfall der Bereicherg berufen. Neben der

WertErsPfl kann nach IV eine SchadErsPfl bestehen. Da der zu leistde Ers uU höher ist als die zurückzugewährde Vergütg, kann es ein Gebot des eig Interesses sein, vom RücktrR keinen Gebrauch zu machen.

2) Voraussetzungen. – a) Vertragliches Rücktrittsrecht. Es erfordert eine schuldrechtl Vereinbg 2
(„RücktrVorbeh"). Sie kann ausdr aber auch stillschw zustande kommen (Ffm NJW-RR **86**, 1229), iZw gelten die allg AusleggsGrds (§§ 133, 157). RücktrR kr Handelsbrauchs sind im Rahmen des HGB 346 zu berücksichtigen (BGH NJW **77**, 386, Ffm NJW-RR **86**, 911). Ein RücktrVorbeh in **AGB** ist im nichtkaufm Verkehr nur wirks, wenn er auf einen sachl gerechtf Grd abstellt u dieser in den AGB angegeben w (§ 308 Nr 3, s dort). Ist ein pflw Verhalten des and Teils RücktrGrd, muß die Ausgestaltg des RücktrR dch AGB dem Leitbild des § 323 entspr (§ 323 Rn 2). **Einzelfälle** (ja = RücktrVorbeh): Klausel „freibleibend" ja (RG **105**, 370); „höhere Gewalt"-Klausel ja (RG **87**, 92); RückverkaufsR in EigenhändlerVertr ja (BGH NJW **72**, 1191); 100%iges RückgabeR ja (Mü BB **01**, 1119), Vertr unter Verwendg eines Formulars, das fälschl auf ein gesetzl WiderrufsR hinweist, ja (BGH NJW **82**, 2313); RücknGarantie, ja (LG Hbg NJW-RR **91**, 823). –
b) Gesetzliches Rücktrittsrecht. § 346 findet auch auf gesetzl RücktrR unmittelb Anwendg, u zwar auch 3
dann, wenn der Rücktr nach Fehlschlagen der NachErf gem §§ 437 Nr 2, 440 u 634 Nr 3, 636 iVm § 323 auf einen Sach- od RMangel gestützt wird (Einf 9 v § 346). Ist ein vertragl RücktrR einem gesetzl nachgebildet (Nichtleistg trotz FrSetzg, Sach- od RMangel), gilt zG des RücktrBerecht die Vergünstigg des III Nr 3 (Rn 13), sofern neben den Voraussetzgen des vertragl RücktrR auch die des gesetzl vorliegen.

3) Wirkungen, I. – a) Gestaltungswirkung. Der Rücktr gestaltet das VertrVerhältn in ein Abwicklgs- 4
SchuldVerhältn um (Einf 6). Er erstreckt sich auf den Vertr im ganzen (BGH NJW **76**, 1931), hat aber keine Auswirkg auf Dr. Der Rücktr befreit beide Part von ihrer LeistgsPfl. Zu vorher entstandenen SchadErsAnspr u Sicherh vgl Einf 6. Das SMG hat es ebso wie der BGB-GesGeber mit Recht als nicht erforderl angesehen, diese **Befreiungswirkung** des Rücktr im GesText ausdr zu erwähnen. – **b) Rückgewährpflichten.** Die 5
Leistgen sind dem VertrPartner zurückzugewähren, bei gekoppelten Vertr ausnw auch an od über Dr (Hbg NJW **58**, 1781). Zum **Erfüllungsort** für die RückgewährPflten s § 269 Rn 16. Eine Pfl zur Rückn (Beseitigg) der Leistg besteht beim gesetzl RücktrR zumindest dann, wenn der RücktrBerecht ein schutzwürd Interesse an der Rückn hat (BGH **87**, 109 zum fr Recht). Sachen u Rechte sind in Natur zurückzugewähren. Bei Geldleistgen wird die Rückgewähr des Geldwertes, nicht die Rückgabe der individuellen Geldzeichen geschuldet. Der abgezogene Skonto mindert die RückgewährPfl (AG Freibg MDR **88**, 494). Ist nach der Art der Leistg eine Rückgewähr nicht mögl, ist nach II Nr 1 WertErs zu leisten. – **c) Nutzungen.** Die 6
tatsl gezogenen Nutzgen sind herauszugeben; für nicht gezogene kann eine ErsPfl nach § 347 bestehen. Nutzgen sind Früchte (§ 99), GebrVorteile (§ 100) u die dch die Geldleistg des and Teils ersparten Schuldzinsen (BGH **138**, 160), nicht aber die dch den Verbrauch der Sache entstandenen Vorteile (BGH **14**, 7); Verbrauch begründet aber nach II Nr 2 eine Verpfl zum WertErs. Bei Nutzgen ist idR eine Herausg nach der Natur des Erlangten ausgeschlossen. Es gilt dann II Nr 1.

4) Verpflichtung zum Wertersatz, II. Die Vorschr übernimmt in Nr 1 § 346 S 2 aF u ersetzt in Nr 2 u 7
3 iVm III die nach allg Ansicht mißlungene Regelg der §§ 350–353 aF (Einf 3). Sie erfaßt alle Fälle, in denen der Schu zur Rückgewähr der empfangenen Leistg od der gezogenen Nutzgen außerstande ist. Hat der Schu die Unmöglichk der Rückgewähr zu vertreten, tritt neben den Anspr aus II ein SchadErsAnspr aus IV. –
a) Natur des Erlangten, II, Nr 1. Nr 1 gilt nicht nur für die vertragl Hauptleistg, sond (abw vom fr Recht) 8
auch für gezogene Nutzgen. Sie ist anzuwenden auf Gebrauchsvorteile, Dienstleistgen, unkörperl Leistgen (Theater, Konzert), Unterlassgen u WkLeistgen, soweit sie ihrer Natur nach nicht zurückgewährt werden können. Hat sich der GrdstVerkäufer ohne zusätzl Vergütg zum Abriß von Baulichk verpfl, steht ihm iF des Rücktr für den Abriß kein Anspr auf WertErs zu (BGH NJW **98**, 1079 zu § 346 S 2 aF). – **b) Verbrauch, Veräußerung usw, II, Nr 2.** Die WertErsPfl besteht, wenn u soweit der obj Tatbestd der Vorschr erfüllt ist; sie setzt kein Verschulden des Schu voraus. Verbrauch: BGH **14**, 7. Veräußerung: Auch wenn die Veräußerg im techn Sinn, dh die RÜbertragg, noch aussteht, ist Nr 2 anwendb, wenn bereits der schuldrechtl Vertr die Rückgewähr verhindert. Ist der Schu in der Lage, die Sache wiederzubeschaffen, ist er zur Rückgewähr u nicht zum WertErs verpfl (Gaier WM **02**, 9). Belastung: Nr 2 begründet eine WertErsPfl nicht nur bei Belastg mit einem dingl Recht, sond auch, wenn über die zurückzugewährde Sache ein ggü dem Berecht wirks Miet- od PachtVertr abgeschlossen worden ist. Auch hier hat die Pfl zur Beseitigg der Belastg vor der zum WertErs den Vorrang. Verarbeitg u Umgestalt: § 950.

c) Verschlechterung, Untergang, II Nr 3. Verschlechterg ist jede nachteilige Veränderg der Substanz 9
od der Funktionstauglichk der zurückzugewährden Sache. Untergang ist die vollständ Vernichtg der Sachsubstanz (Staud/Kaiser § 351 Rn 7, 8). Der Begriff umfaßt zugl, wie der entspr Terminus in §§ 350, 351 aF, alle weiteren Fälle der Unmöglichk der Herausg (zB den Diebstahl), soweit sie nicht von den Sonderregelgen der Nr 1 u 2 erfaßt werden. Die WertErsPfl entsteht – vorbehaltl III –, wenn u soweit der obj Tatbestd der Nr 3 vorliegt. Sie setzt – ebso wie Nr 2 – kein Verschulden des Schu voraus. Auch wenn die Verschlechterg auf Zufall od höherer Gewalt beruht, muß der Schu grdsl WertErs leisten. Das ist sachgerecht, weil die Gefahr des zufäll Untergangs im Vollzug des Vertr auf ihn übergegangen ist (§ 326 Rn 2). Nicht zu ersetzen ist aber die dch die **bestimmungsgemäße Ingebrauchnahme** entstandene Verschlechterg. Diese an HausTWG 3 III u 361a II S 6 Halbs 2 aF anknüpfde Vorschr kann den WertErsAnspr des Berecht (zB bei Kfz u Kleidgsstücken) beträchtl mindern (§ 357 Rn 9). Die Wertminderg, die nach Ingebrauchnahme dch die weitere Benutzg der Sache entsteht, begründet dagg einen ErsAnspr. Nicht zu berücksichtigen ist ledigl der Teil der Wertminderg, der auf den Akt der Ingebrauchnahme zurückzuführen ist. Steht dem Verkäufer ein SchadErsAnspr statt der Leistg zu, etwa weil der Käufer trotz FrSetzg den KaufPr nicht od nicht vollst gezahlt hat, muß der Käufer aber gem §§ 280 I, 325 auch die dch die Ingebrauchnahme entstandene Wertminderg ersetzen (§ 281 Rn 22).

d) Ermittlung des Wertersatzes. Der Anspr geht grdsl auf Zahlg von Geld. Ist im Vertr eine GgLeistg 10
bestimmt, ist sie der Wertermittlg zugrde zu legen, II 2. War die Leistg mangelh, ist der mangelbedingte Minderwert abzuziehen (s Köln VersR **93**, 109, Düss NJW-RR **99**, 278, Köln NJW-RR **99**, 774). Beim gesetzl RücktrR ist das vertragl Entgelt auch um den Gewinnanteil zu kürzen, dieser steht dem RücktrGegner

unter Wertgsgesichtspkten nur zu, wenn er ordngsgemäß erf hat (vgl zum WiderrR § 357 Rn 14). Fehlt eine Entgeltsabrede, ist der obj Wert der erbrachten Leistg zu ersetzen, iF eines gesetzl RücktrR wiederum gekürzt um den Gewinnanteil. Abzustellen ist auf die Verh im Ztpkt des LeistgsAustauschs (hM). Die Höhe kann nach ZPO 287 geschätzt werden. Sie kann für **Nutzungen** im Wege der *zeitanteiligen linearen Wertminderg* ermittelt werden: Der – evtl wg Mängel zu mindernde – Kaufpreis wird dch die voraussichtl GesNutzgsDauer (neue Sache) od Restnutzgsdauer (gebrauchte Sache) geteilt u der sich hieraus ergebde Tages-, Wo- od MoSatz mit der tatsl Nutzgszeit beim RückgewährSchu multipliziert (BGH **115**, 54, NJW **96**, 250, Saarbr NJW-RR **90**, 493). Bei Kfz ist bei der Berechng auf gefahrene km abzustellen. Für Pkw kann die Nutzgsentschädigg gem ZPO 287 für 1000 km auf 0,4% bis 1% des AnschaffgsPr geschätzt w (Mü NJW **87**, 3012, Hamm NJW-RR **94**, 375, Brschw NJW-RR **98**, 1586, Kblz NJW-RR **99**, 702, LG Dortm NJW **01**, 3196), bei Nutzfahrzeugen auf 0,5% dieses Betrages (Stgt DAR **98**, 393).

11 **5) Ausschluß des Wertersatzes, III. – a) Veränderungen vor Kenntnis vom Mangel, III, Nr 1.** Nach III Nr 1, der die Regelg des § 467 S 2 HS 2 aF übernimmt, besteht keine WertErsPfl, wenn sich der zum Rücktr berechtigde Mangel erst währd der Verarbeitg od Umgestaltg gezeigt hat. Verarbeitg idS ist auch die im Zuge einer handelsübl Untersuchg dchgeführte Veränderg (MüKo/Westermann § 467 aF Rn 7). Der Anspr ist nur insoweit ausgeschlossen, als die Umgestaltg *lege artis* dchgeführt worden ist. Wird der Mangel nach einem TeilVerbr festgestellt (Schnecke im Essen), besteht in analoger Anwendg von Nr 1 kein Anspr auf WertErs (s Jauch JuS **90**, 706 zum fr Recht). Zur Zurechng der Kenntnis von ErfGeh s BGH NJW **81**, 222. –
12 **b) Verschlechterungen, die der Gläubiger zu vertreten hat oder die bei ihm gleichfalls eingetreten wären, III Nr 2.** Der II zugrde liegde Gedanke, dass der RückgewährSchu wg des Gefahrübergangs auf ihn bei Unmöglichk der Rückgewähr WertErs zu leisten hat, gleichgültig worauf die Unmöglichk beruht, wird dch Nr 2 sachgerecht begrenzt. Der Schu braucht keinen WertErs zu leisten, wenn der Gläub die Verschlechterg od den Untergang zu „vertreten" hat. Erfaßt wird vor allem der Fall, dass der Untergang od die Verschlechterg auf dem zum Rücktr berechtigden Mangel beruht. Gleichgült ist, ob den Gläub hinsichtl des Mangels ein Verschulden trifft. Die redaktionell insoweit nicht optimal gefaßte Nr 2 verwendet den Terminus „vertreten" in Anlehng an § 462 aF im untechn Sinne (s Kaiser JZ **01**, 1057/60). Der Anspr auf WertErs ist auch dann ausgeschlossen, wenn der Untergang od die Verschlechterg bei ihm gleichfalls eingetreten wäre. Bsp: Die verkaufte Garage wird bei einem Unwetter zerstört od dch Graffiti verschmiert. Dagg wird der Schu nicht schon deshalb von seiner Pfl zum WertErs frei, weil die Sache dch höhere Gewalt zerstört worden ist. –
13 **c) Privilegierung des gesetzlich zum Rücktritt Berechtigten, III Nr 3.** Die *de lege ferenda* heftig kritisierte Vorschr (Kaiser JZ **01**, 1057/62, Gaier WM **02**, 11, Hager in Ernst/Z 429 ff) knüpft an HausTWG 3 II u VerbrKrG 7 IV aF an. Der kr Ges zum Rücktr Berecht kann (ähnl wie der nicht belehrte Verbr) zunächst davon ausgehen, dass der übertragene Ggst endgült Bestandt seines Vermögens geworden ist. Er darf daher mit der übertragenen Sache wie mit einer eig verfahren Dem trägt Nr 3 dadch Rechng, dass es seine Haftg auf eigenübl Sorgf beschränkt. Hat der Berecht von seinem gesetzl RücktrR Kenntn erlangt, muß er abwägen, ob Rücktr wirkl der richtige RBehelf ist od ob die Geltdmachg eines der ihm alternativ zustehden Rechte (Minderg, SchadErs, Beharren auf NachErf) den Vorzug verdient. Typw kann er nicht auf den weiteren Gebrauch der Sache verzichten. Seine finanzielle Lage läßt es idR nicht zu, sich vor Rückabwicklg des Vertr Ersatz für die mangelh Sache (WoHaus, Pkw, Geschirrspüler, Mähdrescher, Betonmischer usw) zu verschaffen. Das Ges hält es daher für sachgerecht, seiner Haftg weiterhin den SorgfMaßstab des § 277 zugrde zu legen, der iü Schlendrian nicht zuläßt. Beschränkt sich der Berecht nach Kenntn von seinem RücktrR darauf, die Sache bis zur Rückabwicklg Zug um Zug zu verwahren, spricht für die Haftgsmilderg auch der RGedanke des § 690 (unentgeltl Verwahrg); iü kann der and Teil dadch eine strengere Haftg herbeiführen, dass er den RücktrBerecht in Verzug setzt (§ 287). Nr 3 gilt für Verschlechtergen u den Untergang. Dagg ist Nr 3, wie die „Auflistgstechnik" (Kaiser) in II u III zeigt, auf den Verbrauch u die Weiterveräußerg nicht anzuwenden (str). Haben die Part ein vertragl RücktrR vereinbart, das einem gesetzl RücktrR nachgebildet ist (§ 323, Sach- od RMangel), gilt für den Berecht die Vergünstigg der Nr 3, sofern neben den Voraussetzgen
14 des vertragl RücktrR auch die des gesetzl vorliegen. – **d) Herausgabe der Bereicherung, III, Satz 2.** Der Ausschluß des Anspr auf WertErs ändert nichts daran, dass der RückgewährSchu den LeistgsGgst, soweit noch vorhanden, in dem Zustand, in dem er sich befindet, sowie die gezogenen Nutzgen nach I herauszugeben hat. III S 2 begründet eine ergänzde HerausgPfl für Vorteile, die nicht von der RückgewährPfl des I erfaßt werden. Bsp: Hat der Schu einen Teil des mangelh LeistgsGgst verbraucht (Farbe mit einer geringeren Schutzdauer als versprochen), schuldet er einen Ausgl, soweit er bereichert ist.

15 **6) Schadensersatzansprüche IV.** Neben den schuldunabhäng WertErsAnspr (II) können konkurrierde SchadErsAnspr bestehen. Der Schu ist gem I verpfl, den LeistgsGgst iF des Rücktr in dem Zustand zurückzugewähren, in dem er sich bei ordngsmäß Nutzg befindet. Ist der Schu hierzu nicht in der Lage, fällt ihm eine (obj) PflVerletzg zur Last. Das gilt auch, wenn der Untergang od die Verschlechterg dch eine Hdlg vor Abgabe der RücktrErkl verursacht worden ist. Die Verletzg von Pflten, die im VertrVerh angelegt sind, wird auch dann von § 280 I erfaßt, wenn die endgültige Entstehg der Pfl vom Eintritt von Bdggen od RBdggen abhängt (§ 280 Rn 12). Ist dem Schu die Rückgewähr unmögl, liegen daher die obj Voraussetzgen für einen SchadErsAnspr gem § 280 III iVm § 283 vor, kann er nur in verschlechtertem Zustand zurückgewähren, ist der obj HaftgsTatbestd des § 280 I erfüllt. Ob der Schu haftet, hängt davon ab, ob er die Unmöglichk od die Verschlechterg zu vertreten hat od nicht.

16 **a) Haftung bei vertraglichem Rücktrittsrecht, IV.** Beim vertragl RücktrR muß die VertrPart von Anfang an damit rechnen, dass möglw eine Pfl zur Rückgewähr des empfangenen LeistgsGgst entstehen kann. Sie muß daher mit dem LeistgsGgst sorgfält umgehen. Geschieht das nicht, ist sie dem and Teil zum SchadErs verpfl, gleichgült, ob es sich um einen SorgfVerstoß vor od nach Erkl des Rücktr handelt. Versch liegt vor, wenn die Part den Ggst sorgfaltsw od übermäß gebraucht od wenn sie den Ggst in zurechenb Weise einer über das normale Maß hinausgehden Gefahr aussetzt. Das Versch der Pers, deren sie sich zur Erhaltg od Verwahrg der Sache bedient, steht gem § 278 eig Versch gleich. Ein Versch ist auch dann zu bejahen, wenn der Berecht die Sache ohne Rückerwerbsmöglichk veräußert (RG **56**, 261), wenn er sie als mangelh wegwirft

(Huber ZIP **93**, 896) od er es zur ZwVollstr der Sache kommen läßt (RG **59**, 93). Herausg einer gestohlenen Sache an den Eigtümer ist dagg kein Versch (BGH **5**, 340, vgl zu diesem Urt aber Wolf NJW **53**, 166, AcP **153**, 130, Boehmer JZ **53**, 392 u Müller-Laube AcP **183**, 243), ebsowenig eine im Ergebn nachteil Einflußn des Schu auf die Bauplang für das verkaufte Grdst (BGH ZIP **01**, 161). Eine strengere Haftg des Rückgewähr-Schu kann sich aus §§ 286, 287 ergeben, eine mildere aus § 304. Hat der Schu die Sache verschlechtert, ist IV iVm § 280 AnsprGrdl. Ist die Herausg unmögl geworden, ergibt sich der ErsAnspr aus IV iVm §§ 280 III u 283. Verzögert der RückgewährSchu die Rückgabe, kann der Gläub gem § 281 vorgehen u gem IV iVm §§ 280 II, 286 Ers des Verspätgsschadens verlangen.

b) Haftung bei gesetzlichem Rücktrittsrecht, IV. – aa) Rücktrittsgegner. Er muß ab Empfang der 17
Leistg für alle Verändergen einstehen, die zur Verschlechterg der Sache od zur Unmöglichk der Herausgabe führen können. Das gilt sicher dann, wenn der Rücktr für ihn voraussehb war. Aber auch wenn das ausnw nicht der Fall sein sollte, haftet er, weil er den Rücktr zu vertreten hat (so zum fr Recht BGH NJW-RR **93**, 627). Bei einer abw Beurteilg ergibt sich eine Haftg für die Verschlechterg od den Untergang der Sache idR aus §§ 281, 325 (§ 281 Rn 22). Hat der Schu die Sache verschlechtert, ist IV iVm § 280 AnsprGrdl. Ist die Herausg unmögl geworden, ergibt sich der ErsAnspr aus IV iVm §§ 280 III u 283. Verzögert der RückgewährSchu die Rückgabe, kann der Schu gem § 281 vorgehen u gem IV iVm §§ 280 II, 286 Ers des Verspätgsschadens verlangen. – **bb) Rücktrittsberechtigter.** Bei ihm kommt eine Haftg für nicht sorgfält 18
Umgang mit dem LeistgsGgst erst in Betracht, wenn er weiß od wissen muß, dass die RücktrVoraussetzgen vorliegen (BT-Drs 14/6040 S 190). Er haftet aber zunächst nur für die Sorgf, die er in eig Angelegenh anzuwenden pflegt. Die in III Nr 3 vorgesehene Haftgsmilderg gilt auch für den SchadErsAnspr aus IV. Sie soll – so jedenf die Intentionen der SchuldRK – gewährleisten, dass der Berecht währd der Abwägg, welchen der im zustehden RBehelfe er geltd machen will (Rn 13), nur unter den Voraussetzgen des § 277 haftet. Erst wenn er den Rücktr erklärt hat, soll er den Schutz des III Nr 3 verlieren. Der Stellgnahme des RAusschusses des BTages (BT-Drs 14/7052 S 193) ist aber möglw zu entnehmen, dass das Haftgsprivileg des III Nr 3 bereits entfallen soll, wenn der Berecht von der RücktrLage Kenntn erlangt hat. Für eine entspr Auslegg od teleolog Reduktion haben sich – teils auf Kenntn, teils auf Kennenmüssen abstelld – ausgesprochen: Gaier WM **02**, 11, AnwK/Hager Rn 50 u bes eindrucksvoll Canaris SchuldRModernisierg XLV ff. Die Klärg dch die Rspr bleibt abzuwarten. Große prakt Bedeutg hat die Frage nicht. Hat sich der Berecht fahrl verhalten, kann er sich nur auf § 277 berufen, wenn er beweist, dass er allg nicht sorgfältiger verfährt als im konkreten Fall (§ 277 Rn 3). Ein SorgfVerstoß kann bereits darin liegen, dass der Berecht ohne trift Grd die Benutzg der Sache beginnt od fortsetzt, so zB bei einem Kleidgsstück od einem techn Gerät. Ist die Sache dch einen vom Berecht verschuldeten Unfall im StraßenVerk beschädigt od zerstört worden, gilt auch wohl der Grds, dass der Haftgsmaßstab des § 277 nach seinem Sinn u Zweck auf die Teiln am StraßenVerk unanwendb ist (BGH **46**, 313, **53**, 352, **63**, 57, bislang allerdings beschränkt auf die *gemeins* Teiln am StraßenVerk). Auch hier gilt: Eine strengere Haftg kann sich aus §§ 286, 287 ergeben, eine mildere aus § 304. Zu den einz AnsprGrdl vgl Rn 17 aE. – **c) Schadensersatz wegen Nicht- oder Schlechterfüllung des Vertrags.** Führen die Anspr des 19
RücktrBerecht aus II u IV nicht zum vollen Ersatz der ihm entstandenen Nachteile, kann er den restlichen Schaden uU gem §§ 325, 281 ersetzt verlangen. Abweichd vom bish Recht, kann der Gläub Rücktr u SchadErs statt der Leistg miteinander kombinieren. Er kann die gelieferte Sache herausverlangen u iü SchadErs statt der Leistg, dh das volle positive Interesse, fordern. Er muß sich dann allerdings den Wert der zurückerlangten Sache auf den Anspr anrechnen lassen (BGH **87**, 156/59, **126**, 124/36). Dieser Abzugsposten vermindert sich aber od entfällt, wenn die Sache nur in beschädigtem Zustand od überhaupt nicht herausgegeben werden kann (§ 281 Rn 22).

7) Herausgabe des Ersatzes. Unabhäng von der Haftg auf SchadErs kann der Gläub gem § 285 das 20
Surrogat des Ggst verlangen, dessen Rückgewähr unmögl geworden ist (BGH NJW **83**, 929, BayObLG **94**, 12/21). Das gilt auch dann, wenn das Surrogat wertvoller ist als der zurückzugewährde Ggst. Macht er von diesem Recht Gebrauch, ist der Wert des Surrogats auf den WertErs- od SchadErsAnspr anzurechnen.

8) Beweislast. Wer vom Vertr zurücktritt, muß beweisen, dass ihm ein vertragl od gesetzl RücktrR 21
zusteht. Die Part, die gem II WertErs verlangt, muß die Voraussetzgen ihres Anspr nach Grd u Höhe nachweisen. Beruft sich der Schu gem III auf einen AusschlußTatbestd, ist er insoweit beweispflicht. Verlangt der Gläub nach IV SchadErs, muß er beweisen, dass sich der Schu obj pflw verhalten hat. Dagg ist es nach § 280 I S 2 Sache des Schu nachzuweisen, dass er die PflVerletzg nicht zu vertreten hat.

347 *Nutzungen und Verwendungen nach Rücktritt.*

I Zieht der Schuldner Nutzungen entgegen den Regeln einer ordnungsmäßigen Wirtschaft nicht, obwohl ihm das möglich gewesen wäre, so ist er dem Gläubiger zum Wertersatz verpflichtet. Im Falle eines gesetzlichen Rücktrittsrechts hat der Berechtigte hinsichtlich der Nutzungen nur für diejenige Sorgfalt einzustehen, die er in eigenen Angelegenheiten anzuwenden pflegt.

II Gibt der Schuldner den Gegenstand zurück, leistet er Wertersatz oder ist seine Wertersatzpflicht gemäß § 346 Abs. 3 Nr. 1 oder 2 ausgeschlossen, so sind ihm notwendige Verwendungen zu ersetzen. Andere Aufwendungen sind zu ersetzen, soweit der Gläubiger durch diese bereichert wird.

1) Allgemeines. – a) Fassung. Das SMG hat die Vorschr neugefaßt. Sie verweist nicht mehr auf das 1
Eigtümer-Besitzer-Verh, sond enthält für nicht gezogene Nutzgen u Verwendgen eine eigenständ Regelg. SchadErs u Herausgabe der gezogenen Nutzgen, fr gleichf RegelgsGgst des § 347, regelt jetzt § 346. – **b) Anwendungsbereich.** § 347 gilt für das vertragl u das gesetzl RücktrR. Er ist sowohl auf den RücktrBe- 2
recht als auch auf den RücktrGegner anzuwenden u zwar vom Empfang der Leistg an bis zur endgült Rückabwicklg des Vertr.

2) Nutzungen, I. I regelt nur die ErsPfl für nicht gezogene Nutzgen; für gezogene gilt § 346 (Rn 6 u 10). 3
Es muß obj ein Verstoß gg die Regeln einer ordngsmäß Wirtsch vorliegen. Der Anspr besteht auch dann,

wenn der and Teil die Sache nicht hätte nutzen können (BGH **39**, 186). Zu ersetzen ist der obj Wert. Zum Privileg des gesetzl zum Rücktr Berecht s § 346 Rn 13.

4 **3) Verwendungen, II.** Zu ersetzen sind notw Verwendgen (§ 994). Eine ErsPfl besteht auch bei gewöhnl Erhaltgskosten. Der RGedanke des § 994 I 2 trifft nicht zu, da der RückgewährSchu die Nutzgen herausgeben od vergüten muß. Ein bes Ers entfällt aber, wenn die Verwendgen bereits bei der Ermittlg der NutzgsEntsch als Mindergsposten berücksichtigt worden sind. Die ErsPfl ist nach dem Einleitgssatz auch dann ausgeschlossen, wenn der RückGewährSchu die Sache nicht herausgeben kann u aGrd des Privilegs des § 346 III Nr 3 keinen WertErs schuldet. Es wäre unbillig, den RücktrGegner mit notw Verwendgen zu belasten, obwohl er aus Grden außerh seines Risikobereichs weder die Sache zurück noch ihren Wert ersetzt erhält. And Aufwendgen sind abw vom fr Recht zu ersetzen, soweit der and Teil dch diese bereichert wird. Die ErsPfl beschränkt sich auf die Bereicherg, wird aber zugl dch die tatsl Höhe der Aufwendgen begrenzt (s BGH **75**, 288/95). II ist eine abschließde Regelg. Aufwendgen, die zu keiner Bereicherg geführt haben, darf der RückgewährSchu auch dann nicht in Abzug bringen, wenn er nach § 346 II WertErs schuldet.

348 **Erfüllung Zug-um-Zug. Die sich aus dem Rücktritt ergebenden Verpflichtungen der Parteien sind Zug um Zug zu erfüllen. Die Vorschriften der §§ 320, 322 finden entsprechende Anwendung.**

1 Das SMG hat die Vorschr nicht geändert. Das dch Rücktr entstandene AbwicklgsVerhältn (Einf 6 v § 346) ist **kein gegenseitiges Vertragsverhältnis** (BGH BB **02**, 13), jedoch führt § 346 II prakt zur Berücksichtigg des zw Leistg u GgLeistg bestehden Synallagmas. Entspr anwendb sind ledigl die §§ 320, 322, die auch für den Fall des Rücktr nicht dch AGB abbedungen w können, § 309 Nr 2 (BGH **63**, 238, NJW **80**, 1632).

349 ***Erklärung des Rücktritts.*** **Der Rücktritt erfolgt durch Erklärung gegenüber dem anderen Teile.**

1 **1) Allgemeines.** Das SMG hat die Vorschr nicht geändert. Das RücktrR ist ein **Gestaltungsrecht** (Einf 5 v § 346). Es wird dch eine einseit empfangsbedürft WillErkl ausgeübt. Sie bedarf keiner Form, kann daher auch konkludent erfolgen. Die Rückn der gelieferten Sache kann eine RücktrErkl darstellen, kann aber auch der Realisierg eines SchadErsAnspr dienen (BGH NJW **88**, 2877). Die Angabe des RücktrGrdes ist nicht erforderl (BGH **99**, 192), ebsowenig ein Angebot zur Rückgewähr der empfangenen Leistg (RG **49**, 40). Als GestaltgsGesch ist der Rücktr grdsl unwiderrufl u bdggsfeindl (Übbl 17 vor § 104). Eine Bdgg ist unbedenkl, wenn für den RücktrGegner keine unzumutb Ungewißh über die RLage entsteht (BGH **97**, 264). Der Rücktr ist grdsl nicht fristgebunden (BGH NJW-RR **89**, 625, s aber § 355). Bei ungebührl Verzögerg kann der Berecht aber das RücktrR **verwirken** (BGH **25**, 52). Mögl ist auch die Verwirkg der dch den Rücktr entstandenen Anspr (BGH NJW **60**, 2331). Der Rücktr ist wg Verstoßes gg das Verbot widersprüchl Verhaltens unzul, wenn der Zurücktretde die an ihn erbrachte Leistg ganz od teilw behalten will (BGH NJW **72**, 155).

2 **2) Kein Widerruf des Rücktritts.** Nach fr Recht konnte der Rücktr dazu führen, dass der Berecht nichts erhielt, das seinerseits Empfangene aber zurückgewähren mußte. Bsp: Rücktr des Verkäufers wg Zahlgsverzugs, die verkaufte Sache ist ohne Verschulden des Käufers abhanden gekommen. In diesem Fall ließ die hM mit unterschiedl Begründg die Rückgängigmachg des Rücktr zu (Larenz § 26 I b: Fehlen der GeschGrdl,; Saarbr DRZ **49**, 280: § 812 I S 2; Esser/Schmidt § 19 II 3, Staud/Kaiser Rn 35: IrrtAnf). Nach neuem Recht hat der Berecht im BspFall gem § 346 II Nr 3 einen Anspr auf WertErs (§ 346 Rn 9) u nach §§ 281, 325 einen Anspr auf SchadErs. Es gibt daher keine überzeugden SachGrde mehr, dem Berecht wg Untergangs der Sache das Recht zuzubilligen, die RücktrErkl rückgäng zu machen (Gaier WM **02**, 2).

350 ***Erlöschen des Rücktrittsrechts nach Fristsetzung.*** **Ist für die Ausübung des vertraglichen Rücktrittsrechts eine Frist nicht vereinbart, so kann dem Berechtigten von dem anderen Teile für die Ausübung eine angemessene Frist bestimmt werden. Das Rücktrittsrecht erlischt, wenn nicht der Rücktritt vor dem Ablaufe der Frist erklärt wird.**

1 **1) Allgemeines. – a) Fassung.** Das SMG hat die §§ 350- 354 aF aufgehoben; die §§ 350–353 aF hat es dch § 346 II u III ersetzt (Einf 3 v § 346), § 354 aF ist neben § 281 entbehrl. Der neue § 350 entspr dem § 355 aF. – **b) Anwendungsbereich.** Das Recht des RücktrGegner, dem Berecht für die Ausübg des RücktrR eine Fr zu setzen, besteht nur noch beim vertragl RücktrR. Das entspr dem AbschlBer der SchuldRKommission, die aber zugl für das gesetzl RücktrR eine SonderVorschr vorgeschlagen hatte (AbschlBer S 191, 171). Da das SMG diese Sonderregelg nicht übernommen hat, ist die Beschränkg des § 350 auf das vertragl RücktrR problemat (Kaiser JZ **01**, 1057/69).

2 **2) Fristsetzung.** Sie gibt dem RücktrGegner die Möglichk, die Ungewißh über die Ausübg des RücktrR zu beenden. **Voraussetzungen:** Fehlen einer vertragl Fr u Eintritt des RücktrGrdes (BGH NJW-RR **89**, 626). Eine zu kurze Fr setzt die angem in Lauf. Eine formularmäß Beschränkg des gesetzl RücktrR auf 1 Wo verstieß fr gg das – nicht in § 309 übernommene – Verbot des AGBG 11 Nr 8 (BGH aaO) u jetzt gg § 307 I. **Rechtsfolge:** Das RücktrR erlischt mit fruchtlosem FrAblauf.

3 **3) Verzicht.** Ebso wie auf and GestaltgsR kann auch auf das RücktrR dch einseit Erkl verzichtet w (BGH **LM** § 326 (J) Nr 2). Der Verzicht kann auch konkludent erfolgen, etwa dch Ann der GgLeistg od Erbringg der eig Leistg in Kenntn der RücktrVoraussetzgen, ebso dch langes Zuwarten, wenn nach Treu u Glauben eine unverzügl Erkl zu erwarten war (RG **107**, 109). Vgl auch § 144 Rn 2 zum konkludenten Verzicht auf das AnfR. Nach Ausübg des RücktrR ist ein Verzicht ausgeschl; erforderl ist ein Neuabschluß unter Wahrg der etwa bestehden FormVorschr (RG **66**, 432). Zur Verwirkg s § 349 Rn 1.

351 ***Unteilbarkeit des Rücktrittsrechts.*** **Sind bei einem Vertrag auf der einen oder der anderen Seite mehrere beteiligt, so kann das Rücktrittsrecht nur von allen und gegen alle ausgeübt werden. Erlischt das Rücktrittsrecht für einen der Berechtigten, so erlischt es auch für die übrigen.**

1) Allgemeines. – a) Fassung. Das SMG hat den fr § 356 im Zuge der Neuordng des RücktrR unverändert als § 351 eingeordnet. Zur Aufhebg des § 351 aF s § 350 Rn 1. – **b) Bedeutung.** Bei einer Mehrh von Beteiligten kann das RücktrR nach § 351 nur einheitl ausgeübt w, gleichgült ob es sich um eine Mehrh von Berecht od Verpflichteten handelt. Auf die Art der Beteiligg (§§ 420, 427, 428, 709, 747, 2039, 2040) kommt es nicht an, doch gehen etwaige Sonderregeln der betreffden Gemeinsch vor (RG **151**, 312). Der RücktrGrd braucht nur in der Pers eines Beteiligten vorzuliegen (BGH NJW **76**, 1931). Gemeins Ausübg erfordert nicht, dass die Erkl gleichzeit abgegeben w. § 351 gilt auch bei VertrVerbindgen (BGH aaO). Gibt es mehrere RücktrGegner, muß er iZw ggü allen erklärt werden (BGH **97**, 264/66). ParallelVorschr: §§ 441 II, 461, 472. 1 2

2) Einzelheiten. – a) Abdingbarkeit. Die Vorschr ist disposit. Bei einem außergerichtl Vergl kann das RücktrR idR von jedem Berecht selbstd geltd gemacht w (RG **153**, 398, Mü NJW **56**, 1802), ebso uU auch bei einem gerichtl Vergl (BGH **46**, 279, VersR **62**, 155). – **b) Anfechtung, Kündigung.** Die Vorschr gilt nicht für die Anf (RG **56**, 424, **65**, 405) u die Künd (RG **90**, 330). – **c) Satz 2.** ErlöschensGrde sind FrAblauf (§ 350), Verzicht od Verwirkg (§ 349 Rn 1). Besteht das RücktrR ggü mehreren, erlischt es bereits dch Verzicht ggü einem (BGH NJW **89**, 2388). S 2 setzt voraus, dass jedem Beteiligten ein selbstd RücktrR zusteht; er gilt nicht, wenn, wie iF der ErbenGemeinsch, nur ein einheitl RücktrR besteht (RG **151**, 312). 3 4 5

352 ***Aufrechnung nach Nichterfüllung.*** **Der Rücktritt wegen Nichterfüllung einer Verbindlichkeit wird unwirksam, wenn der Schuldner sich von der Verbindlichkeit durch Aufrechnung befreien konnte und unverzüglich nach dem Rücktritt die Aufrechnung erklärt.**

1) Allgemeines. Das SMG hat § 357 aF als § 352 eingeordnet; die Vorschr gilt jetzt ausdr auch für das gesetzl RücktrR. Zur Aufhebg des § 351 aF s Einf 3 v § 346. 1

2) Einzelheiten. Die AufrLage muß schon im Ztpkt des Rücktr bestanden haben. Unverzügl: Vgl § 121 Rn 3. Der Vertr lebt mit dem vorher bestehden Inh wieder auf. Die Heilg kann nicht allein mit der Rückwirkg der Aufr (§ 389) erklärt werden, da die nicht erfüllte Fdg bei Abgabe der AufrErkl nicht mehr bestand. Sie beruht auf dem Gedanken, dass wg der bestehden AufrLage ein Rücktr nicht zu erwarten war. 2

353 **Rücktritt gegen Reugeld.** **Ist der Rücktritt gegen Zahlung eines Reugelds vorbehalten, so ist der Rücktritt unwirksam, wenn das Reugeld nicht vor oder bei der Erklärung entrichtet wird und der andere Teil aus diesem Grunde die Erklärung unverzüglich zurückweist. Die Erklärung ist jedoch wirksam, wenn das Reugeld unverzüglich nach der Zurückweisung entrichtet wird.**

1) Fassung. Das SMG hat den inhaltl u redaktionell nicht geänderten § 359 aF als § 353 eingeordnet. Zur Aufhebg des § 353 aF s § 350 Rn 1. 1

2) Bedeutung. Die ReugeldVereinbg gibt dem Begünstigten das Recht, sich gg Zahlg einer Abfindg vom Vertr zu lösen. Das Reugeld ist keine VertrStrafe u kann daher nicht gem § 343 herabgesetzt w (Vorbem 6 vor § 339). Der Rücktr ohne Zahlg des Reugeld wird nur unwirks, wenn der RücktrGegner die Erkl unverzügl (§ 121) zurückweist. Unterbleibt eine Zurückweisg, hat der RücktrGegner neben dem RückgewährAnspr auch Anspr auf das Reugeld (KG NJW-RR **89**, 1078, aA Mü NJW **69**, 1630). Entsteht für den Berecht ein gesetzl RücktrR, entfällt eine Reugeldzahlg (RG JW **13**, 918, BGH DB **84**, 2293). Die Beweislast für die Reugeldzahlg hat trotz des scheinb entggstehden Wortlauts der Zurücktretde (Staud/Kaiser Rn 17). 2

354 **Verwirkungsklausel.** **Ist ein Vertrag mit dem Vorbehalt geschlossen, dass der Schuldner seiner Rechte aus dem Vertrage verlustig sein soll, wenn er seine Verbindlichkeit nicht erfüllt, so ist der Gläubiger bei dem Eintritt dieses Falles zum Rücktritte von dem Vertrage berechtigt.**

1) Allgemeines. – a) Fassung. Das SMG hat den inhaltl u redaktionell nicht geänderten § 360 aF als § 354 eingeordnet. Zur Aufhebg des § 353 aF s § 350 Rn 1. – **b) Bedeutung.** § 360 betrifft die (prakt kaum vorkommde) Abrede, dass der Schu bei NichtErf seiner Verbindlichk alle Rechte aus dem Vertr verlieren soll (Verfall- od Verwirkgsklausel). Er bestimmt im Interesse des SchuSchutzes, dass eine solche Klausel entgg ihrem Wortlaut nur ein RücktrR begründet. Das Ges berücksichtigt dabei, dass die Aufrechterhaltg des Vertr u der ErfAnspr auch im Interesse des Gläub liegen kann. Auf Verwirkgsklauseln für den Fall nicht rechtzeit od nicht gehöriger Erf ist § 354 entspr anwendb (BGH WM **68**, 1300). – **c) Abdingbarkeit** § 354 ist disposit (BGH NJW **72**, 1894). Sieht die Klausel einen *ipso facto* eintretden RVerlust vor, sind die §§ 339 ff, insb § 343, anzuwenden, nicht aber § 354 (Vorbem 5 vor § 339). Schranken ergeben sich auch aus §§ 308 Nr 3 u 309 Nr 6. – **d) Abgrenzung.** Für Abreden über den Eintritt von einzelnen RNachteilen gilt § 354 nicht. Die Nachteile treten von selbst ein, die §§ 339 ff sind aber entspr anwendb (Vorbem 5 vor § 339). 1 2 3

2) Voraussetzungen. Die Vereinbg muß vorsehen, dass der Schu bei NichtErf alle seine Rechte verliert (Rn 3). Sie kann neben der NichtErf auch die nicht rechtzeit od nicht gehörige Erf umfassen. Aus § 242 kann sich ergeben, dass geringfüg PflVerstöße, zB unwesentl FrÜberschreitgen, nicht ausr (KG OLG **22**, 162 u RG **117**, 356 zu § 361). Wenn nichts and vereinb ist, setzt das RücktrR voraus, dass der Schu die 4

VertrVerletzg zu vertreten hat (RG **145**, 30, BGH **LM** § 273 Nr 6, NJW **81**, 1601). Die BewLast für die ordngsmäß Erf u für das NichtVersch trifft nach allg Grds den Schu.

5 **3) Rechtsfolgen.** Der Gläub kann zw Rücktr, Erf u SchadErs statt der Leistg wählen (Rn 1). Er verwirkt das RücktrR, wenn er es nicht innerh angem Fr geltd macht (RG Warn **13**, 223, § 349 Rn 1).

Untertitel 2.* Widerrufs- und Rückgaberecht bei Verbraucherverträgen

Einführung

Materialien und Literatur. (1) Gesetz über Fernabsatzverträge u and Fragen des VerbrR sowie zur Umstellg von Vorschr auf Euro v 27. 6. 00 (BGBl I S 897, Berichtigg S 1139): BT-Drs 14/2658 (RegEntw), 14/3195 (RA-Bericht), 14/3527 (BeschlEmpfehlg des VermittlgsAussch); RL 97/7/EG über den VerbrSchutz bei VertrSchl im FernAbs v 20. 5. 97 (ABl EG Nr L 144 S 19 = NJW **98**, 212). **Literatur:** Bülow/Artz NJW **00**, 2049, Bülow WM **00**, 2361, Fuchs ZIP **00**, 1273, Gaertner/Gierschmann DB **00**, 1601, Härtling/Schirmbacher MDR **00**, 917, Kamanabrou WM **00**, 1417, S. Lorenz JuS **00**, 833, Mankowski WM **01**, 793, 833, Tonner BB **00**, 1413. **(2) Gesetz zur Modernisierung des Schuldrechts** v 29. 6. 01 (BGBl I S 3138). Materialien u Literatur vgl Einl 1 v § 1. Speziell zu den §§ 355 ff.

1 **1) Entstehung.** Die Vorschr des Untertitels sind in zwei Schritten in das BGB eingefügt worden. – **a)** *Das* **Gesetz über Fernabsatzverträge** hat das Widerr- u RückgabeR bei VerbrVertr in §§ 361 a u b geregelt, das BGB für GrdBegriffe des VerbrR (§§ 13, 14) geöffnet u den VerbrSchutz dch Einfügg der §§ 241 a, 661 a u 676 h ausgebaut (vgl § 361 a aF Rn 1 im HptBd). Es brachte für das WiderrR zwei wesentl **Neuerungen: – aa) Wirksamkeit.** Vertr, für die ein verbrschützdes WiderrR besteht, sind bis zur Ausübg des WiderrR wirks. Die mit der FernAbsRL 97/7/EG unvereinb Konstruktion einer schwebden Unwirksamk wurde aufgegeben u das WiderrR als ein bes RücktrR ausgestaltet (§ 357 Rn 2). – **bb) Rechtsvereinheitlichung.** Die RL der EU haben beim Widerr hins der Länge der WiderrFr, des FrBeginns der Ausübg u des Erlöschens des WiderrR sowie der RFolgen des Widerr ein schwer dchschaub, fast schon chaotisches Dcheinander angerichtet. Der dtsche GesGeber hat die insoweit bestehden Mängel gemildert. Er hat die ohne überzeugde SachGrde unterschiedl langen WiderrFr zu einer Fr von 2 Wo vereinheitlicht (jetzt § 355 I 2). Er hat sich auch bei allen and für das WiderrR relevanten Fragen um eine Vereinheitlichg bemüht, kommt aber wg der Vorgaben des EG-Recht ohne SonderRegelgen für die einzelnen WiderrR nicht aus (vgl jetzt §§ 312 II, 312 d II, 485 II u III, 495 I).

2 **b)** Das **Gesetz zur Modernisierung des Schuldrechts** hat die erst am 30. 6. 00 in Kraft getretenen Regelgen erneut umgestaltet. Die verbrschützden WiderrR, deren RFolgen u Ausübg der Untertitel regelt, hat es in das BGB übernommen: vgl § 312 (HausTGesch), § 312 d (FernAbsVertr), § 485 (TzWrVertr) u § 495 (VerbrDarlVertr). Nur für FernUVertr gilt noch eine Sonderregelg außerh des BGB (FernUSG 4). Die §§ 355–357 übernehmen weitgehd die Regelg der §§ 361 a u b, bringen aber folgde **Neuerungen: – aa) Erlöschen des Widerrufsrechts** soll nach § 355 III bei nicht ordngsmäß Belehrg grdsl 6 Mo nach VertrSchluß eintreten. Die Vorschr, die den bestehden FrWirrwarr abbauen will, verstößt aber, soweit sie HausTGesch betrifft, gg GemschR (§ 355 Rn 19). – **bb) Wertersatz.** Der Verbr muß für die dch die bestimmgsgem Ingebrauchnahme eingetretene Wertminderg u für die dch Zufall eintretde Unmöglichk der Rückgabe WertErs leisten, wenn er insoweit ordngsmäß belehrt worden ist (§ 357 III 1 u 3). – **cc) Verbundene Verträge.** §§ 358 u 359 enthalten insoweit für alle Vertr, für die ein verbrschützdes WiderrR besteht, eine einheitl Regelg. Sie fassen die bisher auf das VerbrKrG, das FernAbsG u das TzWrG verstreuten Vorschr zus.

3 **2) Anwendungsbereich. – a) Sachlicher.** Die §§ 355 ff gelten nur, wenn ein Ges einem Verbr (§ 13) ein WiderrR nach § 355 eingeräumt hat. Das ist in §§ 312 (HausTGesch), 312 d (FernAbsVertr), 485 TzWrVertr), 495 (VerbrDarlVertr) u FernUSG 4 geschehen. Aufgrd der VertrFreih können die Part auch für nicht
4 unter § 355 fallde Vertr ein WiderrufsR nach dieser Vorschr vereinbaren. – **b) Zeitlicher.** Die §§ 355 ff gelten für Vertr, die nach dem **31. 12. 01** abgeschlossen worden sind, EG 229 § 5 (s dort). Bei den vor dem 1. 1. 02 zustande gekommenen Vertr ist zu unterscheiden. – **aa)** Handelt es sich um FernAbsVertr, TzWrVertr u FernunterrichtsVertr, die nach dem **30. 6. 00** abgeschlossen worden sind, ist § 361 a aF anzuwenden (FernAbsG 6, TzWrG 11 u FernUSG 27, die EG 229 § 2 I verdrängen). Für Vertr, die bis zum 30. 6. 00 abgeschlossen worden sind, gelten dagg die Vorschr des FernAbsG, des TzWrG u des FernUSG weiter. Sie sind, soweit das WiderrR mangels Belehrg noch besteht, schwebd unwirks. – **bb)** Handelt es sich um VerbrKrVertr od HausTGesch, ist der **1. 10. 00** der maßgebde Stichtag (VerbrKrG 19 u HausTWG 11): § 361 a ist anzuwenden, wenn der Vertr nach dem 1. 10. 00 zustande gekommen ist; für vorher abgeschlossene Vertr gelten die Vorschr des VerbrKrG u des HausTWG.

355 *Widerrufsrecht bei Verbraucherverträgen.* [I] **Wird einem Verbraucher durch Gesetz ein Widerrufsrecht nach dieser Vorschrift eingeräumt, so ist er an seine auf den Abschluss des Vertrags gerichtete Willenserklärung nicht mehr gebunden, wenn er sie fristgerecht widerrufen hat. Der Widerruf muss keine Begründung enthalten und ist in Textform oder durch Rück-**

* **Amtlicher Hinweis:** Dieser Untertitel dient der Umsetzung
1. Richtlinie 85/577/EWG des Rates vom 20. Dezember 1985 betreffend den Verbraucherschutz im Falle von außerhalb von Geschäftsräumen geschlossenen Verträgen (ABl. EG Nr. L 372 S. 31),
2. Richtlinie 94/47/EG des Europäischen Parlaments und des Rates vom 26. Oktober 1994 zum Schutz der Erwerber im Hinblick auf bestimmte Aspekte von Verträgen über den Erwerb von Teilzeitnutzungsrechten an Immobilien (ABl. EG Nr. L 280 S. 82) und
3. Richtlinie 97/7/EG des Europäischen Parlaments und des Rates vom 20. Mai 1997 über den Verbraucherschutz bei Vertragsabschlüssen im Fernabsatz (ABl. EG Nr. L 144 S. 19).

sendung der Sache innerhalb von zwei Wochen gegenüber dem Unternehmer zu erklären; zur Fristwahrung genügt die rechtzeitige Absendung.

II Die Frist beginnt mit dem Zeitpunkt, zu dem dem Verbraucher eine deutlich gestaltete Belehrung über sein Widerrufsrecht, die ihm entsprechend den Erfordernissen des eingesetzten Kommunikationsmittels seine Rechte deutlich macht, in Textform mitgeteilt worden ist, die auch Namen und Anschrift desjenigen, gegenüber dem der Widerruf zu erklären ist, und einen Hinweis auf den Fristbeginn und die Regelung des Absatzes 1 Satz 2 enthält. Sie ist vom Verbraucher bei anderen als notariell beurkundeten Verträgen gesondert zu unterschreiben oder mit einer qualifizierten elektronischen Signatur zu versehen. Ist der Vertrag schriftlich abzuschließen, so beginnt die Frist nicht zu laufen, bevor dem Verbraucher auch eine Vertragsurkunde, der schriftliche Antrag des Verbrauchers oder eine Abschrift der Vertragsurkunde oder des Antrags zur Verfügung gestellt werden. Ist der Fristbeginn streitig, so trifft die Beweislast den Unternehmer.

III Das Widerrufsrecht erlischt spätestens sechs Monate nach Vertragsschluss. Bei der Lieferung von Waren beginnt die Frist nicht vor dem Tag ihres Eingangs beim Empfänger.

1) Allgemeines. – a) Fassung. § 355 entspr dem § 361 a I aF. Sachl neu ist III, der für das Erlöschen des 1
WiderrR iF einer nicht ordngsmäß Belehrg grdsl einheitl eine 6-MoFr vorsieht. Dagg sind die Ändergen des I 2 u des II 1, die die Einhaltg der Textform vorschreiben, ledigl redaktioneller Natur, da § 126 b nur die bisher maßgebden Formen (Schriftlichk od and dauerh Datenträger) zusfaßt. – **b) Anwendungsbereich:** s Einf 3. – **c) Abdingbarkeit.** Die §§ 355 ff sind als verbrschützde Normen halbzwingd (MüKo/Ulmer 2
§ 361 a Rn 4). Sie können dch Vertr zG des Verbr abgeändert werden. Abw Vereinbgen zG des Untern sind dagg nur in zwei Fällen zul: – **aa)** Die **Kosten der Rücksendung** dürfen bei Bestellgen bis zu einem Betrag von 40 € gem § 357 II 3 dem Verbr auferlegt werden. – **bb) Rückgaberecht.** Das WiderrR kann unter den Voraussetzgen des § 356 I dch ein RückgabeR ersetzt w. In beiden Fällen kann die Änderg auch dch AGB erfolgen.

2) Widerrufsrecht, I Satz 1. – a) Bedeutung. Das WiderrR soll vor vertragl Bindgen schützen, die der 3
Verbr möglw übereilt, ohne gründl Abwägg des Für u Wider eingegangen ist. Grd für die Dchbrechg des Grds „pacta sund servanda" (Einf 8 a v § 145) ist manchmal die Situation, in der der Vertr zustande gekommen ist (HausTGesch, FernAbsVertr), manchmal aber auch der schwierig zu dchschauende VertrGgst (VerbrDarl-Vertr, TzWr-Vertr, FernunterrichtsVertr). Das WiderrR ist ein **Gestaltungsrecht** (Übbl 17 vor § 104); es ist seinem Inh nach die RMacht, einen zunächst wirks Vertr dch Widerr der WillErkl des Verbr in ein AbwicklgsVerhältn umzugestalten. Das Recht steht dem Verbr zu, iF des § 1357 auch dem mithaftden Eheg (Cebulla/Pützhoven FamRZ **96**, 1124) u iF des § 179 dem vollmlosen Vertreter (BGH NJW-RR **91**, 1079). Es ist vererbl u kann mit den Rechten u Pflten aus dem Vertr, nicht aber isoliert, übertragen werden (s § 413 Rn 7). – **b) Wirkung. – aa) Schwebezustand.** Die widerrufl WillErkl des Verbr u der abgeschl Vertr sind 4
zunächst gültig. Der Verbr hat gg den Untern einen **Erfüllungsanspruch**. Der Untern kann aber in seinen AGB best, dass er erst nach Ablauf der WiderrFr zu leisten braucht, § 308 Nr 1 (s dort auch zu Einschränkgen). Auch der Untern hat grdsl einen ErfAnspr, bei Vertr über TzWr mit der sich aus § 486 ergebden Einschränkg. Der Kunde darf aber wg der ihm gesetzl zustehden Überleggszeit bis zum Ende der WiderrFr die Leistg verweigern (aA MüKo/Ulmer § 361 a Rn 32). Ist ihm noch keine WiderrBelehrg erteilt worden, kann er das LeistgVR auch auf seinen Anspr auf Aushändigg einer Belehrg stützen (Rn 13). – **bb)** Die 5
Ausübung des Widerrufsrechts wandelt den Vertr in ein Abwicklgsverhältn um (§ 357). Nach **Erlöschen des Widerrufsrechts** werden die Erkl des Kunden u der Vertr endgültig wirks, and Mängel des Vertr bleiben selbstverständl unberührt.

3) Widerruf I, 2. – a) Inhalt. Der Widerr bedarf keiner Begründg. Er muß den Vertr so bezeichnen, dass 6
dieser identifiziert werden kann. Die Pers, die den Widerr erklärt, muß erkennb sein. Das Wort „widerrufen" braucht nicht verwandt zu werden (BGH NJW **93**, 128, **96**, 1964). Es genügt eine Äußerg, aus der sich ergibt, dass der Verbr den Vertr nicht mehr gelten lassen will. Nicht ausr ist die insow unklare Anzeige der VerteidiggsBereitsch gem ZPO 276 I 1 (aA Karlsr NJW-RR **98**, 1438). Als GestaltgsErkl ist der Widerr bdggsfeindl. Zul ist aber ein EventualWiderr für den Fall, dass die vom Verbr primär vorgetragene RVerteidigg, etwa der Vertr sei nichtig, erfolglos bleibt (Parallele zur EventualAnf, § 143 Rn 2). – **b) Erklärung.** Für 7
sie bestehen nach I 2 zwei Alternativen: – **aa) Erklärung in Textform,** § 126 b. Neben der schriftl Erkl ist auch der Widerr dch Fax od E-Mail zul, die Erkl muß aber den Anfordergen des § 126 b genügen (s dort). Das fr Recht gestattete sachl übereinstimmd einen Widerr dch schriftl Erkl od dch einen dauerh Datenträger. Die Erkl bedarf keiner Unterschr od elektron Signatur, muß aber den Erklärden zweifelsfrei erkennen lassen. Es genügt die Erkl zu gerichtl Protokoll (BGH **94**, 226) u in einem in der mdl Vhdlg dem Ger übergebenen Schriftsatz, wenn der Untern von dessen Inh Kenntn erhält (BGH **109**, 314). – **bb) Rücksendung** der Sache. 8
Ist VertrGgst eine bewegl Sache, kann der Verbr den Widerr auch dch Rücksendg erklären. Die Rückg steht einer Rücksendg gleich. Für den Untern muß aber erkennb sein, auf welchen Vertr sich der konkludente Widerr bezieht (Rn 6). – **c) Rechtzeitigkeit. – aa) Zeitliche Grenzen.** Der Verbr kann bereits nach 9
Abgabe seiner VertrErkl widerrufen, auch wenn der Vertr noch nicht zustande gekommen ist. Mit Ende der WiderrFr od der Fr gem III (Rn 19) erlischt das WiderrR. – **bb)** Zur **Fristwahrung** genügt die Absendg vor 10
FrAblauf **I 2**, letzter Halbs. Der Widerr wird aber als empfbedürft WillErkl gem § 130 I nur u erst wirks, wenn er dem Untern zugeht (allgM, ParallelVorschr § 121 I 2). Nur iF der Rücksendg wird der Widerr wg der Gefahrtragg des Untern auch wirks, wenn die Sache währd des Transports verloren geht.

4) Widerrufsfrist, I Satz 2. – a) Ihre **Dauer** beträgt zwei Wo. Die Regelg vereinheitlicht die unter- 11
schiedl FrRegelgen des EU-Recht (FernAbsVertr 7 *Werk*tage, HausTGesch 7 *Kalender*tage, Time-Sharing-Vertr 10 *Kalender*tage). Sie macht von der in allen VerbrSchutz-RL der EG enthaltenen Option Gebrauch, die eine Ausdehng des VerbrSchutzes gestattet (Nachw Bülow/Artz NJW **00**, 2050). Die WiderrFr kann dch Vertr verlängert, aber nicht abgekürzt w (Rn 2). Eine gesetzl FrVerlängerg auf einen Mo tritt nach § 485 III bei TzWr-Vertr ein, wenn dem Verbr nicht ein den Anfordergen des § 485 III entspr Prospekt ausgehändigt

12 worden ist. – **b) Regelmäßiger Fristablauf.** Die Fr beginnt nur, wenn der Untern dem Verbr eine **Belehrung** zur Vfg gestellt hat, die allen Anfordergen der Rn 13–16 entspr. Die Belehrg muß auch die sondergesetzl vorgeschriebenen weiteren Informationen enthalten (Rn 14 aE). Die ZurVfgStellg der Belehrg genügt aber nicht immer, um die Fr in Lauf zu setzen. § 312 d II (FernAbsVertr), § 485 IV (TzWr-Vertr) u FernUSG 4 I 2 machen den FrBeginn von **zusätzlichen Voraussetzungen** abhäng (s dort). **Fristberechnung:** §§ 187 I, 188 II, 193.

13 **5) Widerrufsbelehrung, II. – a) Rechtsanspruch.** Der Verbr hat einen RAnspr auf Erteilg einer ordngsmäß Belehrg; die fr hM (BGH **109**, 127), die Belehrg sei nur eine Obliegenh u keine RPfl, ist dch die veränderte Konzeption (schwebde Wirksamk statt schwebder Unwirksamk) überholt (Bülow VerbrKrG
14 7 Rn 75, aA MüKo/Ulmer § 361 a Rn 43). – **b) Inhalt, II Satz 1.** Notw ist eine deutl gestaltete Belehrg über: **(1)** Das Recht zum belieb u an keine Voraussetzgen gebundenen Widerr. **(2)** Die 2-Wo-Fr u den FrBeginn. Ausr ist die Benenng des Ereign, das die Fr in Lauf setzt (BGH **126**, 56). Das konkrete Datum des FrBeginns braucht nicht angegeben zu werden (Mögle NJW **00**, 103, aA Kblz NJW **94**, 2099), auch nicht die Grds der FrBerechng, irreführd ist aber wg § 187 I die Formulierg „FrBeginn ab heute" (BGH aaO). **(3)** Inh, Form u die mögl Alternativen der WiderrErkl. **(4)** FrWahrg bereits dch Absendg der WiderrErkl. **(5)** Name u Anschrift des WiderrEmpf. Anstelle der Hausanschrift kann das Postfach angegeben werden (Stgt NJW-RR **01**, 423). Es können auch mehrere ErklEmpf genannt werden; die Angabe ist stets bindd. **(6)** Die Belehrg muß klarstellen, auf welchen Vertr sie sich bezieht. Eine Belehrg für mehrere od künft Vertr ist unwirks. Der Untern ist nicht verpfl, dem Verbr ein Formular für den Widerr zur Vfg zu stellen, kann das aber tun. Die Angaben, die die Belehrg zwingd enthalten muß, werden für FernAbsVertr dch § 312 d II, für VerbrDarlVertr dch § 495 II 1 u für TzWr-Vertr dch § 485 **erweitert** (s dort). Die in § 357 III vorgesehene zusätzl Belehrg ist keine Voraussetzg für den Beginn der WiderrFr; sie ist aber für den
15 Untern ein dringdes Gebot des eig Interesses. – **c) Deutlichkeitsgebot.** Die Belehrg muß inhaltl u drucktechn deutl gestaltet sein. Sie muß sich dch Farbe, größere Lettern, Sperrschrift od Fettdruck in nicht zu übersehder Weise aus dem übrigen Text herausheben (BGH NJW-RR **90**, 368/370, NJW **96**, 1964). Bei einem iü gleichförm Schriftbild reichen nicht aus: Geringerer Randabstand u die Verwendg größerer Absätze (BGH NJW **98**, 1980), ein dchgezogener Strich bei kleineren Drucktypen (BGH NJW **96**, 1964), eine graue Unterlegg des Belehrgstextes (LG Gießen MDR **00**, 693), die drucktechn Heraushebg der Überschrift „WiderrBelehrg" (Stgt NJW **92**, 3245) od der Umst, dass zwei räuml getrennte Unterschriften zu leisten sind (Stgt NJW-RR **95**, 667). Die Belehrg darf keine verwirrden od ablenkden Zusätze enthalten (Stgt NJW **94**, 3310). Auch wenn sich in geringem Abstand ein and Text befindet, der aufgrd seiner
16 Gestaltg stärker ins Auge springt als die Belehrg, ist II 1 verletzt (Naumbg NJW-RR **94**, 377). – **d) Form.** Die Belehrg muß in Textform (§ 126 b) erteilt werden. Die Übermittlg dch Fax od E-Mail ist daher – ebso wie nach fr Recht, das die Verwendg eines dauerh Datenträger gestattete – zul, es gelten aber die Schranken
17 des § 126 b Rn 3. – **e) Unterschrift des Verbrauchers, II Satz 2.** Der Verbr muß die Belehrg **gesondert** unterschreiben. Die Belehrg darf auf demselben Schriftstück wie der Vertr untergebracht w (Stgt NJW-RR **90**, 1273), muß dann aber räuml getrennt bleiben, so dass sich die Unterschr allein auf sie bezieht (BGH NJW **96**, 1964). Auch nur kurze zusätzl Erkl vor der Unterschr, etwa über die Übergabe, machen die Belehrg unwirks (Stgt NJW-RR **95**, 114). Es genügt, dass der Verbr die Belehrg statt mit einer Unterschr mit einer **qualifizierten elektronischen Signatur** versieht. Das ist nur mögl, wenn die Belehrg dch ein elektron Medium (E-Mail) übermittelt worden ist od der Verbr von dem ihm schriftl übersandten Text eine elektron Abschrift gefertigt hat. Elektron Signaturen sind nach der Legaldefinition des SigG 2 Nr 1 Daten in elektron Form, die and elektron Daten beigefügt od logisch mit ihnen verknüpft sind u die zur Authentifizierg dienen. Die **qualifizierte** elektron Signatur muß zusätzl den Anfordergen des SigG 2 Nr 2 („fortgeschrittene elektron Signatur") u Nr 3 (qualifizierte elektron Signatur) genügen. Zu Einzelh s § 126 a Rn 3. Bei **notariellen** Vertr genügt es, wenn die Belehrg in die VertrUrk aufgenommen u diese vom Verbr insges einmal unterschrieben wird. Die Warnfunktion wird dch das Verlesen der Urk u die Belehrg des Notars
18 ersetzt. – **f)** Die **Mitteilung** an den Verbr bedeutet, dass ein Exemplar der Belehrg (nicht notw das von ihm unterzeichnete) bei ihm verbleiben muß (BGH NJW **98**, 540). Hat der Untern die Belehrg elektron übermittelt (E-Mail), ist eine Aufforderg des Untern an den Verbr, die Belehrg auszudrucken od elektronisch zu speichern, erforderl, aber auch ausr. Bei VerbrDarlVertr u TzWr-Vertr muß dem Verbr wg des SchriftformErfordern in §§ 492 u 484 zusätzl zu der Belehrg auch die **Vertragsurkunde** od eine Abschrift ausgehändigt werden, **II Satz 3.** Gleichgestellt ist die Aushändigg des Antr des Verbr, vorausgesetzt er enthält alle VertrBdggen.

19 **6) Erlöschen des Widerrufsrechts, III.** Das WiderrR soll nach III einheitl 6 Mo nach VertrSchl bzw bei Lieferg von Waren 6 Mo nach Eingang der Ware beim Empfänger erlöschen. Die Vorschr soll den insoweit bislang bestehden Fr-Wirrwarr beseitigen (FernAbsG 3 I 3, VerbrKrG 7 II, HausTWG 2, TzWrG 5 II 3 u FernUSG 4 II). Sie verstößt aber, soweit sie HausTGesch betrifft, gg GemschR (EuGH NJW **02**, 281). Welche RFolgen dieser Verstoß auslöst, ist zweifelh: Gültigk von III auch für HausTGesch, aber SchadErsPfl der BRep? AnwendgsVorrang des GemschR im Anschluß an die EuGH-Entsch in Sachen Marleasing (Slg **90**, I-4156)? RL-konforme Auslegg von III? Vgl dazu Hoffmann ZIP **02**, 145, Fischer ZfIR **02**, 19). Den Vorzug verdient die zuletzt genannte Lösg. Eine teleolog Reduktion (Einl 41 v § 1 im HptBd) sollte zur Beseitigg einer Verletzg von GemschR auch dann zugelassen werden, wenn sie nicht nur gg den Wortlaut, sond auch gg den Zweck der Norm verstößt. Soweit III noch anwendb ist, gilt er bei fehlder od nicht ordngsmäß WiderrBelehrg, aber auch bei Verletzg von sonst InformationsPflten, soweit diese den Beginn der WiderrFr hinausschieben (§ 312 d II: FernAbsVertr; § 485 IV: TzWr-Vertr; FernUSG 4 I 2). Bei SukzessivLieferġsVertr ist die letzte Lieferg maßgebd (Mankowski JZ **01**, 745/47).

20 **7) Beweislast, II Satz 4.** Der Untern trägt die BewLast für alle Tats, aus denen er die Nichteinhaltg der WiderrFr herleiten will, insbes für die Belehrg, ihre Ordngsmäßigk, ihren Zeitpkt, ihre Mitteilg u die Unterschr des Verbr. Der Verbr hat Inh, Absendg u Zugang des Widerr zu beweisen. Jede Part trifft die BewLast für den Inh der von ihr abgegebenen Erkl.

356 *Rückgaberecht bei Verbraucherverträgen.* **I Das Widerrufsrecht nach § 355 kann, soweit dies ausdrücklich durch Gesetz zugelassen ist, beim Vertragsschluss auf Grund eines Verkaufsprospekts im Vertrag durch ein uneingeschränktes Rückgaberecht ersetzt werden. Voraussetzung ist, dass**

1. im Verkaufsprospekt eine deutlich gestaltete Belehrung über das Rückgaberecht enthalten ist,
2. der Verbraucher den Verkaufsprospekt in Abwesenheit des Unternehmers eingehend zur Kenntnis nehmen konnte und
3. dem Verbraucher das Rückgaberecht in Textform eingeräumt wird.

II Das Rückgaberecht kann innerhalb der Widerrufsfrist, die jedoch nicht vor Erhalt der Sache beginnt, und nur durch Rücksendung der Sache oder, wenn die Sache nicht als Paket versandt werden kann, durch Rücknahmeverlangen ausgeübt werden. § 355 Abs. 1 Satz 2 findet entsprechende Anwendung.

1) Allgemeines. – a) Fassung. § 356 entspr § 361 b aF. In I Nr 3 ist der dauerh Datenträger dch die 1
Textform ersetzt worden, nach II beginnt die WiderrFr für alle WiderrR nicht vor Erhalt der Sache. –
b) Bedeutung. Der entscheidde Unterschied zum WiderrR besteht darin, dass das RückgR grdsl nur dch 2
Rücksendg der Ware ausgeübt werden kann. Diese Regelg ist dch den 14. ErwäggsGrd der RL 97/7/EG (Text NJW **98**, 212) gedeckt. Der Nachteil (Beschränkg auf das RücksendeVerf) wird aufgewogen dch die ggü der RL längeren Fr (2 Wo statt 7 Tage) u die Vorschr, dass die Rücksendg auf jeden Fall auf Kosten u Gefahr des Untern erfolgt (BT-Drs 14/2658 S 122). – **c) Abdingbarkeit, zeitlicher Anwendungsbereich:** § 355 Rn 2 u Einf 4 v § 355 gelten entspr.

2) Voraussetzungen. – a) Gesetzliche Zulassung. Zugelassen ist das RückgR als Ersatz des WiderrR 3
für HausTGesch im § 312 I 2 u für FernAbsVertr im § 312 d I 2, bei HausTGesch allerdings nur, wenn eine ständ Verbindg aufrecht erhalten werden soll. – **b) Verkaufsprospekt.** Der Vertr muß aGrd eines VerkProsp 4
geschl werden. Das sind Kataloge, Postwurfsendgen, Disketten, aber auch Internetkataloge (MüKo/Ulmer § 361 b Rn 9) u uU Inserate, soweit sie alle erforderl Angaben enthalten. – **aa) Rechtsnatur.** Der VerkProsp 5
ist eine *invitatio ad offerendum* (§ 145 Rn 2), ausnw, wenn ein entspr Bindgswille des Untern erkennb ist, ein VertrAngebot. – **bb) Belehrung, I 2 Nr 1.** Der Prosp muß eine deutl gestaltete Belehrg über das RückgR enthalten. § 355 Rn 14 ff gelten entspr. – **cc) Möglichkeit eingehender Kenntnisnahme, I 2 Nr 2.** Der 6
Verbr muß vor Abgabe seines VertrAngebots (uU der AnnErkl) ausr Zeit haben, vom Prosp in Abwesenh des Untern eingehd Kenntn zu nehmen. Eine Festlegg auf eine best Zeitspanne (24 Stunden werden vorgeschlagen) ist nicht mögl. Nicht erforderl ist, dass der Verbr vom Prosp tatsl Kenntn nimmt u ihn richt versteht. –
c) Einbeziehung in den Vertrag. Das RückgR muß wirks in den Vertr einbezogen werden. Da es um Vertr 7
unter Verwendg von AGB geht, gilt grdsl § 305 II. Das RückgR wird aber nur dann VertrInh, wenn die Einräumg des RückgR in Textform dokumentiert wird **(I 2 Nr 3)** u auch die Erfordern des I 2 Nr 1 u 2 eingehalten worden sind. Andf wird das RückgR nicht VertrBestandt, der Vertr bleibt aber iü wirks (§ 306). Textform s § 126 b.

3) Ausübung des Rückgaberechts. – a) Rücksendung. Bei Sachen, die dch Postpaket versandt werden 8
können, kann der Verbr sein RückgR nur dch Rücksendg ausüben. Äußert er nur ein RücknVerlangen, bleibt er an den Vertr gebunden. Die Kosten u die Gefahr der Rücksendg trägt der Untern (§ 357 II 2). –
b) Rücknahmeverlangen. Es ist nur zul bei Sachen, die nicht als Postpaket versandt werden können (mehr 9
als 20 kg) u bei sonst Leistgen, soweit für diese bei HausTGesch nach § 312 I 2 ein RückgR vereinbart worden ist. Das RücknVerlangen muß gem II 2 in Textform erklärt werden u bedarf keiner Begründg. § 355 Rn 6 ff gelten entspr. – **c) Frist.** Für die RückgabeFr gelten § 355 Rn 11 ff entspr; sie beginnt nicht vor 10
Erhalt der Sache (II 1) u bei and Leistgen (Rn 9) nicht vor Empf. Zur FrWahrg genügt rechtzeit Absendg, II 2 iVm § 355 I 2. Das RückgabeR erlischt entspr § 355 III spätestens 6 Mo nach VertrSchl bzw nach Lieferg der Ware. Das gilt aber nicht für HausTGesch (§ 355 Rn 19).

357 *Rechtsfolgen des Widerrufs und der Rückgabe.* **I Auf das Widerrufs- und das Rückgaberecht finden, soweit nicht ein anderes bestimmt ist, die Vorschriften über den gesetzlichen Rücktritt entsprechende Anwendung. Die in § 286 Abs. 3 bestimmte Frist beginnt mit der Widerrufs- oder Rückgabeerklärung des Verbrauchers.**

II Der Verbraucher ist bei Ausübung des Widerrufsrechts zur Rücksendung verpflichtet, wenn die Sache durch Paket versandt werden kann. Kosten und Gefahr der Rücksendung trägt bei Widerruf und Rückgabe der Unternehmer. Wenn ein Widerrufsrecht besteht, dürfen dem Verbraucher bei einer Bestellung bis zu einem Betrag von 40 Euro die regelmäßigen Kosten der Rücksendung vertraglich auferlegt werden, es sei denn, dass die gelieferte Ware nicht der bestellten entspricht.

III Der Verbraucher hat abweichend von § 346 Abs. 2 Satz 1 Nr. 3 Wertersatz für eine durch die bestimmungsgemäße Ingebrauchnahme der Sache entstandene Verschlechterung zu leisten, wenn er spätestens bei Vertragsschluss in Textform auf diese Rechtsfolge und eine Möglichkeit hingewiesen worden ist, sie zu vermeiden. Dies gilt nicht, wenn die Verschlechterung ausschließlich auf die Prüfung der Sache zurückzuführen ist. § 346 Abs. 3 Satz 1 Nr. 3 findet keine Anwendung, wenn der Verbraucher über sein Widerrufsrecht ordnungsgemäß belehrt worden ist oder hiervon anderweitig Kenntnis erlangt hat.

IV Weitergehende Ansprüche bestehen nicht.

1) Allgemeines. – a) Fassung. § 357 entspr § 361 a u § 361 b II 2 aF. Die Regelg der RFolgen des 1
Widerr u der Rückg werden an die nF der §§ 346 ff angepaßt. Zugl wird die Haftg des Verbr erhebl

verschärft. Er haftet – and als nach fr Recht – auch für den Wertverlust dch bestimmgsgem Ingebrauchn der Sache (III 1 u 2), bei einer Verschlechterg od einem Untergang der Sache muß er grdsl unabhäng von einem Verschulden Wertersatz leisten (III 3 iVm § 346 II 1 Nr 3 u III 1 Nr 3). Der WiderrBerecht haftet daher als
2 RückgewährSchu strenger als der gesetzl zum Rücktr Berecht (Rn 13) – **b) Bedeutung.** Dch den Widerr wandelt sich der zunächst wirks Vertr mit Wirkg *ex nunc* in ein Rückabwicklgsverhältn um. Die beiderseit Leistgen sind nach §§ 346 ff zurückzugewähren. Nach seinen Voraussetzgen u RFolgen ist das WiderrR ein bes ausgestaltetes gesetzl RücktrR (Fuchs ZIP **00**, 1273/82, S. Lorenz JuS **00**, 833/38, K. Schmidt JuS **00**, 1096). Für eine neue dogmat Kategorie „schwebde Wirksamkeit", von der der RegEntw zum § 361 a aF (BT-
3 Drs 14/2658 S 116/129) sprach, besteht kein Bedürfn (Überbl 32 a v § 104). – **c) Belehrung.** Der Untern muß den Verbr über die RFolgen der Ausübg des WiderrR belehren; s § 312 II (HausTGesch), § 312 c II iVm InfVO 1 III Nr 1 (FernAbsVertr), § 485 II (TzWr-Vertr). Die Haftg für den dch die bestimmgsgem Ingebrauchn eintretden Wertverlust setzt voraus, dass der Verbr insoweit einen Hinw gem III 1 erhalten hat.

4 **2) Rückgewähr der Leistungen.** – **a)** Auf das Widerr- u RückgR finden grdsl die für das **gesetzliche Rücktrittsrecht** geltden Vorschr Anwendg, I. Die Pfl zur Rückgewähr der empfangenen Leistgen u Herausg der gezogenen Nutzgen ergibt sich daher aus § 346 (s dort). Die beiderseit RückgewährPflten sind gem § 348 Zug-um-Zug zu erfüllen (s dort). Der Untern kommt mit der Pfl zur EntgeltsRückzahlg ohne Mahng 30
5 Tage nach Zugang der WiderrErkl in Verzug, I 2 iVm § 286 III. – **b)** Der Verbr hat die an ihn geleistete Sache an den Untern **zurückzusenden,** wenn die Sache dch Paket versandt werden kann, II. Der Untern trägt die Gefahr der Rücksendg, dh der Verbr wird auch bei Untergang od Verschlechterg der Sache von seiner RückgewährPfl frei. Auch die Kosten fallen dem Untern zur Last. Der Verbr hat keinen VorschußAnspr (aA Bülow/Artz NJW **00**, 2049/52), kann aber per Nachn zurücksenden. Es handelt sich um eine Schickschuld, die den ErfOrt (§ 269 Rn 15) nicht verändert. Ist die Rücksendg als Paket nicht mögl, genügt das RücknVerlangen des Verbr. Aus der Schick- wird eine Holschuld. Der Verbr kommt dch das RücknVerlangen
6 gem § 295 in AnnVerzug. Der Verbr haftet gem § 300 nur noch für Vorsatz u grobe Fahrlk. – **c)** Bei **Bestellungen bis zu einem Betrag von 40 €** (78,23 DM) können die regelmäß Kosten der Rücksendg vertragl dem Verbr auferlegt werden, II 3. Es genügt eine entspr Klausel in den AGB des Untern. Voraussetzg ist aber, dass ein WiderrR besteht; hat der Verbr gem § 356 ein RückgR, muß der Untern auf jeden Fall die Kosten der Rücksendg tragen. Der *Brutto*Pr muß unter 40 €; liegen. Eine Regelg, die eine einheitl Bestellg mehrerer Sachen zum Pr von mehr als 40 € in Vertr mit Entgelten unter 40 € aufspaltet, ist unwirks (§ 307 I). Abgewälzt werden können nur regelmäß Kosten. Mehrkosten dch Ändergen der gewerbl Niederlassg od dch Einschaltg aufwend Abholdienste gehen zu Lasten des Untern. Ist dem Verbr eine mangelh Sache od ein *aliud* geliefert worden, ist der Verbr weder zur Rücksendg noch zur Tragg der Kosten verpfl, II 3 letzter Halbs.

7 **d) Nutzungen, Verwendungen.** Der Verbr hat gezogene Nutzgen herauszugeben od, wenn dies, wie idR, nicht mögl ist, Wertersatz zu leisten, I iVm § 346 I u II (s unten Rn 14). Für nicht gezogene Nutzgen u Verwendgen gilt § 347 (s dort); das Privileg des § 347 I 2 ist auch auf den WiderrBerecht anzuwenden. Bei TzWr-Vertr besteht nach der SonderRegelg in § 485 V für Nutzgen u geleistete Dienste keine VergütgsPfl.

8 **3) Verpflichtung zum Wertersatz, III.** Auf die Verpfl des Verbr zum WertErs ist aGrd des I 1 grdsl die für das gesetzl RücktrR geltde Regelg des § 346 II u III anzuwenden. Das SMG hat die RStellg des WiderrBerecht aber dch zwei Neuergen des III verschlechtert. Entgg einer im Schrifttt vertretenen Ansicht (Hager in Ernst/Z S 427/47) verstößt III nicht gg die FernAbsRL. Die Regelg in 6 II RL, auf die die Kritiker abstellen, legt fest, dass dem Verbr iF eines Widerr keine weiteren *Kosten* auferlegt werden dürfen als die der unmittelb Rücksendg. In III geht es aber nicht um die inf des Widerr entstehden Kosten, sond um die Rückabwicklg von Vorteilen u Schäden, die dch die vorhergehde Nutzg entstanden sind. Insoweit überläßt die RL, wie auch der ErwäggsGrd 14 zeigt, die nähere Ausgestaltg dem Recht der MitglStaaten (BT-Drs 14/
9 6040 S 201). – **a) Bestimmungsgemäße Ingebrauchnahme** der Sache, III 1 u 2. Dch sie kann vor allem bei Pkw od Kleidg eine erhebl Wertminderg eintreten (bei Pkw bis zu 20%, s BT-Drs 14/6040 S 199). Währd der RücktrBerecht nach § 346 II Nr 3 für diese Verschlechterg keinen Ers zu leisten braucht, verpfl III den
10 WiderrBerecht grdsl zum WertErs. – **aa) Belehrung.** Sie ist Voraussetzg für die WertErsPfl. Der Verbr muß deutl u unmißverständl darüber informiert werden, dass er iF des Widerr die dch die Ingebrauchn entstandene Verschlechterg zu ersetzen hat. Das Ges legt für die Belehrg keine inhaltl Anfordergen fest. Aus ihrem Warnzweck ergibt sich aber, dass der Verbr auf den voraussichtl Umfang der allein dch die Ingebrauchn eintretde Wertminderg hingewiesen werden muß. Der Verbr muß auch darüber informiert werden, wie er die drohde Wertminderg vermeiden kann. Nach der amtl Begründg (BT-Drs 14/6040 S 200) genügt ggü dem Pkw-Käufer der Hinw, dass er den Pkw erst zulassen darf, wenn er sich nach einer Probefahrt auf Privatgelände entschlossen hat, von seinem WiderrR keinen Gebr zu machen; der Buchkäufer ist darauf hinzuweisen, dass er die Verpackg öffnen u das Buch dchblättern darf, dass aber eine weitergehde Nutzg eine WertErsPfl begründen kann. Die Belehrg muß spätestens bei VertrSchl in Textform (§ 126 b), also schriftl od auf einem
11 and dauerh Datenträger, erfolgen. – **bb) Prüfungsrecht,** III 2. Das Recht des Verbr, die Sache zu prüfen, hat vor I 1 den Vorrang. Verschlechtergen, die allein auf die Prüfg der Sache zurückzuführen sind, begründen
12 keine WertErsPfl. – **cc) Beweislast.** Der Untern muß die eingetretene Verschlechterg u die ordngsmäß Belehrg beweisen; der Verbr ist für die Voraussetzgen von III 2 beweispflicht.

13 **b) Verschlechterung und Untergang, III 3.** Für sie besteht nach I 1 iVm § 346 II 1 Nr 3 grdsl eine schuldunabhäng WertErsPfl. Trotz der grdsl Gleichstellg von gesetzl RücktrR u WiderrR findet von den in § 346 III 1 angeführten AusschlußGrden die Nr 3 auf den WiderrBerecht keine Anwendg. Er muß and als der gesetzl zum Rücktr Berecht auch dann WertErs leisten, wenn er die Verschlechterg od den Untergang dch einf Fahrlk verursacht hat od wenn sie dch Zufall eingetreten ist. Voraussetzg ist aber, dass der Verbr über sein WiderrR ordngsgemäß belehrt worden ist od hiervon anderweit Kenntn erlangt hat. Der Untern trägt für alle Voraussetzgen des Anspr auf WertErs die **Beweislast.**

14 **4) Ermittlung des Wertersatzes.** § 346 Rn 10 gilt entspr. Infolge des wirks Widerr hat der Untern keinen Anspr mehr auf den mit dem Vertr erstrebten Gewinn. Bei der Wertermittlg muß daher, gleichgült, ob

sie an die von den Part vereinbarte od die übl Vergütg anknüpft, das Entgelt um die Gewinnspanne gekürzt werden (s Düss WM **91**, 1998, Köln ZIP **95**, 21, MüKo/Ulmer § 361 a Rn 83). Wenn keine geeigneteren SchätzgsGrdl zur Vfg stehen, kann die Nutzgsvergütg nach den Grds des § 346 Rn 10 ermittelt werden.

5) Weitergehende Ansprüche, IV. Weitergehde Anspr des Untern gg den Verbr, etwa aus § 280, c. i. c., § 823 od § 812, schließt IV aus. And ist es allenf bei Anspr aus § 826 (teleolog Reduktion). Weitergehde Anspr des Verbr läßt IV unberührt. 15

358 ***Verbundene Verträge.*** **I Hat der Verbraucher seine auf den Abschluss eines Vertrags über die Lieferung einer Ware oder die Erbringung einer anderen Leistung durch einen Unternehmer gerichtete Willenserklärung wirksam widerrufen, so ist er auch an seine auf den Abschluss eines mit diesem Vertrag verbundenen Verbraucherdarlehensvertrags gerichtete Willenserklärung nicht mehr gebunden.**

II Hat der Verbraucher seine auf den Abschluss eines Verbraucherdarlehensvertrags gerichtete Willenserklärung wirksam widerrufen, so ist er auch an seine auf den Abschluss eines mit diesem Verbraucherdarlehensvertrag verbundenen Vertrags über die Lieferung einer Ware oder die Erbringung einer anderen Leistung gerichtete Willenserklärung nicht mehr gebunden. Kann der Verbraucher die auf den Abschluss des verbundenen Vertrags gerichtete Willenserklärung nach Maßgabe dieses Untertitels widerrufen, gilt allein Absatz 1 und sein Widerrufsrecht aus § 495 Abs. 1 ist ausgeschlossen. Erklärt der Verbraucher im Falle des Satzes 2 dennoch den Widerruf des Verbraucherdarlehensvertrags, gilt dies als Widerruf des verbundenen Vertrags gegenüber dem Unternehmer gemäß Absatz 1.

III Ein Vertrag über die Lieferung einer Ware oder die Erbringung einer anderen Leistung und ein Verbraucherdarlehensvertrag sind verbunden, wenn das Darlehen ganz oder teilweise der Finanzierung des anderen Vertrags dient und beide Verträge eine wirtschaftliche Einheit bilden. Eine wirtschaftliche Einheit ist insbesondere anzunehmen, wenn der Unternehmer selbst die Gegenleistung des Verbrauchers finanziert, oder im Falle der Finanzierung durch einen Dritten, wenn sich der Darlehensgeber bei der Vorbereitung oder dem Abschluss des Verbraucherdarlehensvertrags der Mitwirkung des Unternehmers bedient.

IV § 357 gilt für den verbundenen Vertrag entsprechend. Im Falle des Absatzes 1 sind jedoch Ansprüche auf Zahlung von Zinsen und Kosten aus der Rückabwicklung des Verbraucherdarlehensvertrags gegen den Verbraucher ausgeschlossen. Der Darlehensgeber tritt im Verhältnis zum Verbraucher hinsichtlich der Rechtsfolgen des Widerrufs oder der Rückgabe in die Rechte und Pflichten des Unternehmers aus dem verbundenen Vertrag ein, wenn das Darlehen dem Unternehmer bei Wirksamwerden des Widerrufs oder der Rückgabe bereits zugeflossen ist.

V Die erforderliche Belehrung über das Widerrufs- oder Rückgaberecht muss auf die Rechtsfolgen nach den Absätzen 1 und 2 Satz 1 und 2 hinweisen.

1) Allgemeines. – a) Fassung. Das SMG hat die Vorschr über verbundene Vertr, die bisher auf VerbrKrG 1
9, FernAbsG 4 u TzWrG 6 verstreut waren, in §§ 358 u 359 zusgefaßt. Inhaltl Ändergen strebt die Neuregelg nicht an (BT-Drs 14/6040 S 200). Neu ist aber, dass HausTGesch, wenn sie mit einem FinanziergsVertr verbunden sind, ausdr in die Regelg einbezogen werden. – **b) Bedeutung.** §§ 358 u 359 sollen den Verbr 2
vor Risiken schützen, die ihm dch die Aufspaltg eines wirtschaftl einheitl Vertr in ein BarGesch u einen damit verbundenen KreditVertr drohen. § 358 I erstreckt das für den LieferVertr geltde WiderrR daher auch auf den KreditVertr. § 358 II erstreckt umgekehrt das für den VerbrDarlVertr geltde WiderrR auch auf den LieferVertr. Der in § 359 geregelte Einwendgsdchgriff gestattet dem Verbr, Einwendgen, die sich aus dem Liefer- od dem FinanziergsVertr ergeben, auch den Anspr aus dem verbundenen Vertr entggzuhalten. Die in §§ 358 u 359 geregelten Rechte stehen dem Verbr nur zu, wenn die beiden Vertr iSd III eine Einh bilden (Rn 13). Typw handelt es sich in den von §§ 358, 359 erfaßten Fällen um ein **Dreipersonenverhältnis**: Verbr, Verkäufer/Wk(Dienst)LeistgsErbringer (Untern), KreditG. Die Vorschr sind aber auch anwendb, wenn der Leistgserbringer u der KreditG ident sind.

2) Widerruf des Liefervertrags, I. – a) Voraussetzungen. I ist anwendb, wenn für einen KaufVertr od 3
einen Vertr über die Erbringg einer and Leistg, insbes einer Wk- od DienstLeistg, ein WiderrR nach § 312 (HausTGesch), § 312 d (FernAbsVertr) od § 485 (TzWr-Vertr) besteht u dieser Vertr eine wirtschaftl Einh (Rn 13) mit einem VerbrDarlVertr (§ 491) bildet. Gleichgült ist, ob die Finanzierg in den LieferVertr integriert ist od getrennt vereinbart wird. Unerhebl ist auch, ob sie sich auf die ganze od einen Teil der Vergütg bezieht. Erfolgt die Finanzierg nicht dch einen VerbrDarlVertr, ist I unanwendb. – **b) Rechtsfolgen,** 4
IV. Dch den Widerr entfällt nicht nur die Bindg an den LieferVertr, sond auch die an den VerbrDarlVertr. Beide Vertr sind gem § 357 abzuwickeln; auf den LieferVertr ist § 357 direkt, auf den KreditVertr entspr anzuwenden. Anspr auf Zahlg von Zinsen u Kosten aus der Rückabwicklg des VerbrDarlVertr dürfen dem Verbr nach IV 2 nicht auferlegt werden. IV 3, der den DarlG im Verh zum Verbr zum alleinigen Partner des RückAbwicklgVerh macht, ist iF eines Widerr nach I nicht anwendb; er gilt nur, wenn der DarlVertr gem II widerrufen wird u der LieferVertr der verbundene Vertr ist (BT-Drs 14/6040 S 201). Der Ausgl zw Untern u KreditG richtet sich nach deren vertragl Abreden od nach §§ 812 ff. Hat der Untern die SchuldMitübern erkl (vgl Vorbem 3 vor § 414), haftet er dem KredG iF des Widerr auf die DarlRückzahlg mit marktübl Verzinsg (BGH NJW **93**, 1913). – **c) Erweiterte Belehrung, V.** Es gilt § 355 II (dort Rn 14 ff). Der Untern muß 5
nach V zusätzl in der vorgeschriebenen Weise (§ 355 II 1) darüber belehren, dass der Widerr des LieferVertr auch zur Rückabwicklg des KreditVertr führt.

3) Widerruf des Kreditvertrags, II. In II, der VerbrKrG 9 aF entspr, wird das WiderrR, das dem DarlN 6
gem § 495 bei VerbrDarlVertr zusteht, auf den verbundenen Vertr über die Lieferg einer Ware od die Erbringg

7 einer and Leistg erstreckt. – **a) Voraussetzungen.** – **aa) Wirksamer Widerruf des Kreditvertrages.** Der DarlN muß den KreditVertr wirks widerrufen haben. II ist daher unanwendb, wenn der DarlVertr unter eine der Ausn der §§ 491 II, III od 493 fällt. Die Rückzahlg des DarlBetrags ist – wie bisher (VerbrKrG 9 II 3) – nicht Voraussetzg für die Wirksamk des Widerr, § 495 II 2 (dort Rn 8). Es gibt für II keine über §§ 491 II, III u 493 hinausgehde BereichsAusn. II gilt daher, wenn III vorliegt, auch für VerbrDarlVertr zur Finanzierg des Erwerbs von: Wertpapieren (Claussen NJW **93**, 564), vgl aber § 491 III Nr 3; Immobilien, aber nur soweit nicht § 491 III Nr 2 entggsteht u die Voraussetzgen von III wirkl vorliegen (sehr str s Karlsr WM **01**, 245/50, Hamm WM **99**, 1056, Mü WM **01**, 1215, Bülow ZfIR **98**, 181); Anteile an geschl Immobilienfonds (Karlsr NJW-RR **99**, 124, v. Heymann NJW **99**, 1577/81, offen gelassen von BGH NJW **00**, 3559). Der Einsatz einer Universalkreditkarte führt nicht zur Anwendg von II, idR schon deshalb nicht, weil § 493 anwendb ist, iü auch deshalb nicht, weil sie als typ Zahlgsmittel nicht eine wirtschaftl Einh von Liefer- u KreditVertr begründet (Seibert DB **91**, 429/31, Erm/Rebmann § 9 VerbrKrG Rn 8). Dagg kann II auf die Verwendg einer Kundenkreditkarte anwendb sein (Seibert u Erm/Rebmann aa0). Zu den auf Finanziergsleasing anwendb Vorschr gehört nach § 500 grdsl auch § 358. Da der LeasN idR nur in vertragl Beziehg zum LeasG steht u der KaufVertr über das LeasObj vom LeasG geschlossen wird, liegt § 358 II aber typw tatbestandl nicht vor (MüKo/Habersack § 9 VerbrKrG Rn 145); and ist es nur, wenn der LeasG in den zunächst vom LeasN geschlossenen KaufVertr eintritt (MüKo aaO). Zum Einwendgsdchgriff s § 359. –
8 **bb) Verbundene Verträge** sind idR Kauf- od WkVertr. Ein mit dem VerbrDarlVertr verbundener Vertr kann unter den Voraussetzgen von III aber auch ein UnterrVertr (Fischer MDR **94**, 1063), ein Vertr über eine Ehe- od PartnerschVermittlg (Compensis/Reiserer BB **91**, 2457), ein ReiseVertr (MüKo/Habersack § 9 VerbrKrG Rn 139) od ein Vertr über eine sonst Leistg sein.

9 **b) Konkurrenz mit einem Widerrufsrecht für den Liefervertrag, II Satz 2 und 3.** Ist auch der LieferVertr nach § 312 (HausTGesch), § 312d (FernAbsVertr), § 485 (TzWr-Vertr) od FernUSG 4 (FernUVertr) widerrufl, ist das WiderrR nach § 495 ausgeschlossen. Der Verbr kann nur den LieferVertr mit den sich aus I ergebden RFolgen widerrufen. Ein Widerr des DarlVertr, gilt nach II 3 als Widerr des LieferVertr. Obwohl der Widerr ggü dem DarlG erklärt worden ist, ist er ggü dem Verkäufer (Lieferer) wirks. II 3 bedarf aber einer teleolog Reduktion. Will der Verbr am LieferVertr festhalten u sich nur vom KreditVertr lösen, kann er den Widerr auf den KreditVertr beschränken.

10 **c) Rechtsfolgen, IV. – aa) Rückabwicklung.** Dch den Widerr entfällt nicht nur die Bindg an den KreditVertr, sond auch die an den LieferVertr. Beide Vertr sind gem § 357 abzuwickeln; auf den KreditVertr ist § 357 direkt, auf den LieferVertr entspr anzuwenden. Anspr auf Zahlg von Zinsen u Kosten aus der
11 Rückabwickl des VerbrDarlVertr dürfen dem Verbr nach IV 2 nicht auferlegt werden. – **bb) Eintritt des Kreditgebers in den verbundenen Vertrag, IV Satz 3.** Er setzt voraus, dass dem Partner des finanzierten Vertr der Kredit bei Zugang der WiderrErkl bereits zugeflossen war. Gleichgült ist, ob der Kredit ausgezahlt, gutgeschrieben od dch Einlösg des Schecks gezahlt worden ist (BGH **131**, 66). Der KreditG tritt nicht neben, sond anstelle des Partners des finanzierten Vertr in das AbwicklgsVerhältn ein (BGH aaO). Er schuldet alle Leistgen, die sich aus § 357 iVm §§ 346, 347 ergeben. Er ist aber auch im Verh zum Verbr Inhaber aller Rechte aus den genannten Vorschr. Der **Rückgriff** des KreditG gg den Partner des finanzierten Vertr richtet
12 sich, wenn eine vertragl Abrede fehlt, nach BerR (BGH **133**, 254). – **d) Erweiterte Belehrung, V.** Es gilt § 355 II (dort Rn 14 ff). Der KreditG muß nach V zusätzl in der vorgeschriebenen Weise (§ 355 II 1) darüber belehren, dass der Widerr des DarlVertr auch zur Rückabwicklg des LieferVertr führt u dass allein der LieferVertr widerrufl ist, wenn auch für ihn ein WiderrR besteht.

13 **4) Verbundene Geschäfte, III.** Der Begriff ist von der Rspr des BGH entwickelt worden. Die Verbindg muß so eng sein, dass sich die beiden Vertr als Teilstücke einer rechtl od wenigstens wirtsch-tatsächl Einh eng
14 ergänzen. Erforderl sind zwei Voraussetzgen: – **a) Verknüpfung beider Verträge.** Der Kredit muß zu dem Zweck gewährt werden, dass das vom Verbr für die Ware od sonst Leistg geschuldete Entgelt beglichen wird. Gleichgült ist, ob der KreditG unmittelb an den Untern zahlt od ob er das Geld an den Verbr zur Weiterleitg an den Untern gutschreibt od ausbezahlt. Es genügt, wenn sich die Verknüpfung der beiden Vertr aus den Umst ergibt (LG Lpzg NZM **99**, 723). Die zeitl Reihenfolge der Vertr ist unerhebl (MüKo/Habersack
15 VerbrKrG 9 Rn 24). – **b) Wirtschaftliche Einheit** der Vertr. Aus der Sicht u Stellg des Verbr ist zu beurteilen, ob ihm Untern u KreditG gemeins wie *eine* VertrPart ggüstehen (Köln ZIP **95**, 21). Die Bejahg einer Einh liegt nahe, wenn der Verbr von der freien Vfg über die DarlValuta ausgeschlossen wird (BGH NJW **83**, 2250), wenn er im Vertr als „Käufer u DarlN" bezeichnet wird, wenn Untern u KreditG gemeins Formulare verwenden (BGH NJW **78**, 1427), wenn zw beiden teilw Namens- od FirmenGleichh besteht (LG Brschw NJW **94**, 2701) od wenn sich der LeasG vorbehält, den KaufVertr zu übernehmen (Rstk OLG-NL **96**, 145). Ein ZusWirken ist nicht notw; es genügt, wenn die Vertr aufeinander Bezug nehmen (Köln ZIP **95**, 21). Beim Finanziergsleasing fehlt eine wirtsch Einh, wenn der LeasN unabhäng vom LeasVertr den Lieferanten selbst wählt (vgl Canaris ZIP **93**, 401/11). Unwiderlegb vermutet wird eine Einh nach **Satz 2**, wenn der Untern selbst die Finanzierg übernimmt od der KreditG u der Untern bei Vorbereitg od Abschl des KreditVertr arbeitsteil zuswirken (MüKo/Habersack 27). Ein RahmenVertr zw Untern u KreditG ist nicht erforderl.
16 Es genügt, wenn beide fakt zusarbeiten. – **c) Rechtsfolgen.** Die wirtschaftl verbundenen Vertr bilden kein einheitl RGesch, sond bleiben rechtl selbständ, sog Trenngsprinzip. Rechtl verbunden sind sie nur nach Maßgabe von I u II u dch den Einwendgsdchgriff (§ 359). Wenn die verbundenen Vertr nicht wg Widerr, sond aus and Grden rückabgewickelt werden müssen, gilt § 359 Rn 5 ff.

359 ***Einwendungen bei verbundenen Verträgen.*** **Der Verbraucher kann die Rückzahlung des Darlehens verweigern, soweit Einwendungen aus dem verbundenen Vertrag ihn gegenüber dem Unternehmer, mit dem er den verbundenen Vertrag geschlossen hat, zur Verweigerung seiner Leistung berechtigen würden. Dies gilt nicht, wenn das finanzierte Entgelt 200 Euro nicht überschreitet, sowie bei Einwendungen, die auf einer zwischen diesem Unternehmer und**

dem Verbraucher nach Abschluss des Verbraucherdarlehensvertrags vereinbarten Vertragsänderung beruhen. Kann der Verbraucher Nacherfüllung verlangen, so kann er die Rückzahlung des Darlehens erst verweigern, wenn die Nacherfüllung fehlgeschlagen ist.

1) Allgemeines. – a) Fassung s § 358 Rn 1. – **b) Bedeutung.** Der Einwendgsdchgriff ist ein aus § 242 abgeleitetes allg RInstitut. Er ist in § 359, der VerbrKrG 9 III ersetzt, spezialgesetzl geregelt. § 359 ist aber keine abschließde Regelg. Die Zulässigk des Einwendgsdchgriffs kann sich in engen Grenzen auch aus § 242 ergeben (Einf 18 v § 305 im HptBd). 1

2) Voraussetzungen. – a) Geschützt ist der Verbr nur, wenn er einen VerbrDarlVertr (§ 491) geschlossen hat. § 359 ist unanwendb, wenn der DarlVertr unter eine der Ausn der §§ 491 II, III od 493 fällt. Voraussetzg ist weiter, dass der VerbrKreditVertr u der finanzierte Vertr eine Einh iSd § 358 III bilden. Kein Schutz besteht nach S 2 bei BagatellKred bis 200 €. S 2 gilt (and als § 491 II Nr 1) auch, wenn ein höherer KreditRahmen dch mehrere Kredite unter 200 € ausgenutzt w. Nicht geschützt sind Einwendgen, die sich aus einem nach Zustandekommen des KreditVertr geschlossenen ÄndVertr (§ 305 BGB) ergeben (S 2). – **b) Einwendungen:** alle rechtshindernden, -vernichtden u -hemmden. Sie müssen im RVerh zw den Part des finanzierten Vertr bereits entstanden u vom Verbr ggü dem Untern geltend gemacht worden sein (BGH NJW **00**, 3559, NJW-RR **00**, 1576). Ist der EntgeltsAnspr des Untern verjährt, kann der Verbr die Einr der Verj auch ggü dem KreditG erheben (BGH NJW **02**, 137); obwohl die VerjFr für den Entgelts- u den DarlAnspr nunmehr gleich lang sind (§§ 195, 199), hat dieser Grds wg der unterschiedl Fälligk u des unterschiedl VerjBeginns (EntgeltsAnspr sofort, Darl uU erst nach Künd) weiter prakt Bedeutg. Eine **Einschränkung** gilt nach S 3 für Kauf- u WkVertr, soweit der Verbr nach §§ 437 Nr 1 od 634 Nr 1 einen Anspr auf NachErf hat. Der Verbr darf Zahlg erst verweigern, wenn die NachErf fehlgeschlagen ist (§§ 440, 636). Die Verweigerg der NachErf u ihre Unzumutbark fallen nach §§ 440, 636 nicht unter den Begriff des Fehlschlagens. Soweit es um die Anwendg von S 3 geht, stehen sie aber dem Fehlschlagen gleich. Bis zum Scheitern der NachErf muß der Verbr alle nach dem KredVertr geschuldeten Leistgen erbringen. 2 3

3) Rechtsfolgen: Der Verbr hat ggü dem DarlG ein LeistgVR, aber kein RückFdgsR (Canaris ZIP **93**, 401 [409] mwN; aA LG Brschw NJW **94**, 2701). Das LeistgVR besteht im selben Umfang, in dem der Verbr Einwendgen aus dem finanzierten Vertr ggü dem Untern hat; iF einer Minderg muß der Kredit in Höhe des Mindergsbetrags (§ 441) u eines entspr Zinsanteils nicht zurückgezahlt w. Das LeistgVR muß als aufschiebde Einr ggü dem KreditG geltd gemacht w. Auch wenn im Verh zum Untern eine rechtshindernde Einwendg (Nichtigk des finanzierten Vertr) besteht, hat der Verbr ggü dem KreditG ledigl ein LeistgVR. 4

4) Rückabwicklung. Sie ist, wenn die Rückabwicklg nicht wg Widerr, sond aus and Grden erforderl wird, in §§ 358, 359 nicht geregelt. Maßgebd sind die für den finanzierten Vertr geltden Vorschr u die §§ 812 ff. Das führt, gleichgült aus welchem RGrd die Rückabwickl erfolgt, idR zu folgdem **a) Ergebnis:** (Vollkommer FS Henckel, 1995, S 893, MüKo/Habersack Rn 106 ff; Erm/Rebmann Rn 21 ff, beide zu VerbrKrG 9): **(1)** Der Untern erhält die gelieferte Sache zurück od den Wert der geleisteten Arb od Dienste vergütet, sowie den Wert der Nutzgen der überlassenen Sache ersetzt (§ 346 iVm §§ 437 Nr 2 od 634 Nr 3; § 812). **(2)** Der Verbr (Käufer od Besteller) erhält die geleistete Anzahlg u die an den KreditG gezahlten KreditRaten zurück (§ 346 iVm §§ 437 Nr 2 od 634 Nr 3; 812). **(3)** Der KreditG erhält den ausbezahlten NettoKredit vom Untern zurück (BGH NJW **96**, 3414). **(4)** Der Verbr erhält die in den Kreditraten enthaltenen Zins- u Kostenanteile zurück od wird insoweit freigestellt (Düss BB **96**, 1905, Vollkommer aaO, aA LG Hagen MDR **94**, 251). **(5)** Die Rückabwicklg kann dadch vereinfacht werden, dass der Untern hins der aus dem Darl entstandenen Anspr im Verh zum Verbr in die Gläub- u SchuStellg des KreditG eintritt (Vollkommer aaO). – **b) Rückforderungsdurchgriff.** Der Verbr hat, wenn der finanzierte Vertr nichtig od angefochten ist, wg der gezahlten Kreditraten einen RückFdgAnspr gem § 813 I S 1 gg den KreditG (MüKo/Habersack Rn 118, Erm/Rebmann Rn 21, beide zu VerbrKrG 9, hM). Kein RückFdgsDchgriff gg den KreditN dagg, wenn der Verbr vom finanzierten Vertr wg eines Mangels zurückgetreten ist (MüKo/Habersack aaO Rn 122, Lieb WM **91**, 1539, Reinking/Nießen ZIP **91** 635, aA Dresd NZM **00**, 207, Vollkommer FS Merz, 1992, S 595, Staudinger NZM **00**, 689. Der Ausgl zw Untern u KreditG richtet sich nach deren vertragl Abreden od nach §§ 812 ff. Vgl auch § 358 Rn 4 u10. 5 6 7

360 *(Betraf Fixgeschäfte. Aufgehoben und dch § 323 II Nr 2 ersetzt zum 1. 1. 2002 dch das Gesetz zur Modernisierung des Schuldrechts. Vgl im Bedarfsfall zum alten Recht 61. Aufl.)*

Abschnitt 4. Erlöschen der Schuldverhältnisse

3. Titel. Aufrechnung

395 ***Aufrechnug gegen Forderungen öffentlich-rechtlicher Körperschaften.*** **Gegen eine Forderung des Bundes oder eines Landes sowie gegen eine Forderung einer Gemeinde oder eines anderen Kommunalverbands ist die Aufrechnung nur zulässig, wenn die Leistung an dieselbe Kasse zu erfolgen hat, aus der die Forderung des Aufrechnenden zu berichtigen ist.**

Das BWpVerwG hat § 395 ledigl redaktionell geändert. Die Formulierg „Fdg des Reichs od eines Bundesstaats" sind dch die Worte: „Fdg des Bundes od eines Landes" ersetzt worden. 1

Abschnitt 7. Mehrheit von Schuldnern und Gläubigern

425 *Wirkung anderer Tatsachen.* **I Andere als die in den §§ 422 bis 424 bezeichneten Tatsachen wirken, sowiet sich nicht aus dem Schuldverhältnis ein anderes ergibt, nur für und gegen den Gesamtschuldner, in dessen Person sie eintreten.**

II Dies gilt insbesondere von der Kündigung, dem Verzug, dem Verschulden, von der Unmöglichkeit der Leistung in der Person eines Gesamtschuldners, von der Verjährung, deren Neubeginn, Hemmung und Ablaufhemmung, von der Vereinigung der Forderung mit der Schuld und von dem rechtskräftigen Urteil.

1 Das SMG hat II an den Sprachgebrauch des neuen VerjR angepaßt. Die Worte „Unterbrechg u Hemmg" sind dch die Worte „Neubeginn, Hemmg u Ablaufhemmg" ersetzt worden.

Abschnitt 8. Einzelne Schuldverhältnisse

I. Überblick

1 **1) Schuldverhältnisse** als RBeziehg von einer Pers zu einer and Pers, die den einen (Gläubiger) zum Fordern einer Leistg vom and (Schuldner) berecht (vgl Einl 1 vor § 241) gibt es in vielen unterschiedl Formen. Bestimmte typ SchuldVerh sind ges geregelt, der wesentl Teil in den 27 Titeln des Abschn 8 (Bes SchuldR), weitere insb im 3.–5. Buch des BGB u in and Gesetzen. Daneben gibt es typ SchuldVerh, die ges nicht bes geregelt sind u sogar atyp SchuldVerh, die keinem bestimmten VertrTyp zugeordnet werden können.

2 **2) Einteilung.** Die einzelnen SchuldVerh werden nach dem RGrund ihrer Entstehg eingeteilt in: **a) Rechtsgeschäftliche** SchuldVerh: hierzu ist nach dem § 311 I grdsl ein Vertr erforderl (zB Kauf, MietVertr, WerkVertr); nur wenn es das G vorschreibt genügt ein einseit RechtsGesch (zB Auslobg, Vermächtn). **b) Gesetzliche** SchuldVerh: Sie entstehen krG, indem bestimmte tatsächl Voraussetzgen erfüllt werden (zB unerl Handlg, ungerechtfert Bereicherg, GeschFührg ohne Auftr, Eigtümer-Besitzer-Verh). **c) Sonstige Entstehungsgründe** von SchuldVerh sind entweder umstr (das soztyp Verhalten od fakt, dh ohne WillErkl zustandekommde VertrVerh) od prakt bedeutgslos.

3 **3) Zuordnung** eines SchuldVerh zu einem bestimmten Typ geschieht bei ges SchuldVerh (Rn 2) ausschl dch Subsumtion der Tats, bei rechtsgeschäftl, indem der Inhalt der zugrdeliegden WillErklen ermittelt u festgestellt wird, zu welcher Leistg (§ 241 I) sich die beteiligten Pers verpfl haben. Entspr diese einem bestimmten VertrTyp (zB § 433, § 535 od § 631), so ist ihm das SchuldVerh zuzuordnen, auch wenn der Vertr and bezeichnet ist. Wenn der LeistgsInhalt sich nicht od nicht eindeut feststellen lässt, entscheidet grdsätzl die Bezeichng, die dem RGesch im Einzelfall von den vertrschließden Pers gegeben wurde.

4 **4) Rechtsanwendung.** Für jedes einzelne SchuldVerh gilt das allg SchuldR (Abschn 1–7) u der Allg Teil (Buch 1), soweit sie im Einzelfall anwendb sind. Es wird rechtl beurteilt nach den zwingden ges Vorschr, nach den rechtsgeschäftl getroffenen Bestimmgen u den dispositiven ges Vorschr, soweit diese nicht dch Gläubiger u Schuldner abbedungen sind. Soweit eine ges Regelg des bes SchuldR für das einzelne SchuldVerh der des allg SchuldR widerspricht, geht sie als spezielleres G vor (zB § 690 dem § 276).

II. Reform des Kaufrechts

Materialien und Schrifttum: Einl zum ErgBd vor Rn 1; zum KaufR: Westermann NJW **02**, 241; Canaris, SchuRModernisierg 2002 mit Materialien, Einf S XX ff, Boerner ZIP **01**, 2264.

5 **1) Überblick.** Dch das SMG ist das KaufR umgestaltet und dem neu konzipierten LeistgsStörgsR des Allg SchuldR angepasst, zugleich die VerbrGüKRL 99/44 vom 25. 5. 99 umgesetzt worden. In den neuen §§ 433–453 ist das allg KaufR enthalten, in den §§ 454–473 die besonderen Arten (Probekauf, Wiederkauf u Vorkauf), in den §§ 474–479 der VerbrGüterK u in § 480 der Tausch. Die SoVorschr für den Viehkauf (§§ 481–492 aF) sind entfallen, dieser unterliegt nunmehr dem allg KaufR.

6 **2) Gewährleistung.** Die wichtigsten Ändergen betreffen: **a) Hauptpflicht** des Verk ist, dem Käufer die Sache frei von Sach- u RMängeln zu übeignen u zu übgeben (§ 433 I). Sach- u RMängel sind hinsichtl der RFolgen (§§ 437–441) gleich zu behandeln. Diese Vorschr gelten ab GefÜbgang (§ 446). Vorher sind nur die Vorschr des allg LeistgsStörgsR (§§ 275 ff) anzuwenden, danach nur noch, soweit in den §§ 437 ff darauf
7 verwiesen oder keine SoRegelg getroffen ist. **b) Sachmangel.** Der neu gefasste Begriff stellt auf die Beschaffenh der Kaufsache ab (§ 434) in 7 verschiedenen Arten eines SachM: **(1)** Vereinbarte Beschaffenh (§ 434 I S 1); **(2)** Eigng zur vertr vorausges Verwendg (§ 434 I S 2 Nr 1); **(3)** Eigng zur gewöhnl Verwendg (§ 434 I S 2 Nr 2) einschließl der Beschaffenh gem öff. Äußergen (§ 434 I S 3); **(4)** Montagemängel (§ 434 II S 1); **(5)** mangelh MontageAnleitg (§ 434 II S 2); **(6)** Falschlieferg (aliud; § 434 III 1. Alt); **(7)** Mindermenge (§ 434 III 2. Alt). Das gilt auch für den Handelskauf, so dass § 378 HGB als übflüss aufgehoben wurde.
8 **c) Rechte des Käufers** (§ 437). Dafür muss zw Stück- u GattgsKauf grdsl nicht mehr untersch werden. Primär kann der Käufer nur NachErf (Nachbesserg od ErsLieferg) verlangen (§ 437 Nr 1), daraus folgt indirekt ein R des Verk zur zweiten Andieng. Nur wenn die NachErf fehlschlägt, unmögl, unzumutb od erfolglos ist, kann der Käufer die GestaltgsRe Rücktr od Minderg ausüben (§ 437 Nr 2), anstatt dessen od daneben, wenn ein Versch des Verk vorliegt, SchadErs verlangen (§ 437 Nr 3), od an dessen Stelle Ers vergebl
9 Aufwendgen (§ 284). **d) Verjährung** (§ 438). Statt der kürzeren 6-Mo-Fr bei Sachmängeln (§ 477 aF) gelten die längeren Fr des § 438, bei best RMängeln 30 Je; nach Maßg des § 438 Nr 1 bei Bauwerken, Baustoffen u Bauteilen 5 Je (§ 438 I Nr 2) u 2 Je für die sonst Anspr auf NachErf u SchadErs (§ 437 Nr 3), mit Ausn

derjen Anspr, bei denen ein Mangel arglist verschwiegen wurde; diese verjähren in der regelmäß VerjFr v 3 Jen. Der Beginn der VerjFr des § 438 I Nr 1–3 ist bei Grdst die Übergabe, bei bewegl Sachen die Ablieferg (§ 438 II). Da die GestaltgsRe Rücktr u Minderg nicht der Verj unterliegen, gilt § 218, so dass der Rücktr u die Minderg unwirks sind, wenn der Erf- u NachErfAnspr verj ist (§ 438 IV, V). **e) Garantie.** 10
Neben den Ren aus § 437 können Anspr bestehen aus einer v Verk od einem Dr, insb vom Hersteller od Lieferanten des Verk übnommenen Garantie (§ 443).

3) Verbrauchsgüterkauf (§§ 474–479) ist in § 474 definiert. Soweit die VerbrGKRL nicht schon im allg 11
KaufR (§§ 433–453) umgesetzt wurde, ist dies dch die §§ 474–479 geschehen, insb dch die Unabdingbk der Vorschr bis zur MängelAnz (§ 475 S 1) u das UmgehgsVerbot (§ 475 S 2), aber auch dch BewLUmkehr (§ 476) u eine SoRegelg bei Garantien, die den Verbr günstiger stellt (§ 477).

4) Rückgriff des Verk u der Lieferanten gg Vorlieferanten u Hersteller ist dch die §§ 478, 479 erleichtert, 12
nur anwendb, wenn der letzte KaufVertr ein VerbrGKauf (§ 474) ist. Das gilt für die ganze Lieferkette v Hersteller bis zum LetztVerk dch einen Untern (§ 14) an einen Verbr (§ 13). Für die Kauf- od WerkLiefergsVertr zw dem EndVerk, dem Lieferanten, Vorlieferanten u Hersteller ist die BewLUmkehr (§ 478 I S 2) u ein Anspr auf Ers der Aufwendgen (§ 478 II) vorgesehen. Die Verj der Anspr ist in § 479 mit AblaufHemmg u HöchstFr so geregelt, dass der RückgrAnspr nicht vor den Anspr des Verbr verjährt. Die Vorschr sind zw den Untern abdingb, insb auch dch AGB.

III. Synopse der Vorschriften zum Kauf- und Tauschrecht

Die gegenübergestellten Paragraphen entsprechen einander ungefähr im Inhalt oder in der Funktion.

Neues Recht	Altes Recht	Bemerkungen
§ 433	§ 433	Vertragstypische Pflichten beim Kaufvertrag
§ 434	§ 459	Sachmangel
§ 435	§ 434	Rechtsmangel
§ 436	§§ 435, 436	Öffentliche Lasten von Grundstücken
§ 437	§§ 440, 441, 462, 463, 480	Rechte des Käufers bei Mängeln
§ 438	§§ 477, 478	Verjährung der Mängelansprüche
§ 439	§ 480	Nacherfüllung
§ 440	§§ 462, 463, 467–471	Besondere Bestimmungen für Rücktritt und Schadensersatz
§ 441	§§ 462, 472	Minderung
§ 442	§§ 439, 460	Kenntnis des Käufers
§ 443	neu	Beschaffenheits- und Haltbarkeitsgarantie
§ 444	§§ 443, 476	Haftungsausschluss
§ 445	§ 461	Haftungsobergrenzen bei öffentlicher Versteigerung
§ 446	§§ 446, 451	Gefahr- und Lastenübergang
§ 447	§ 447	Gerfahrübergang beim Versendungskauf
§ 448	§ 448 I, § 449	Kosten der Übergabe und vergleichbarer Kosten
§ 449	§ 455	Eigentumsvorbehalt
§ 450	§§ 456, 457	Ausgeschlossene Käufer
§ 451	§ 458	Kauf durch ausgeschlossene Käufer
§ 452	§ 435 I, § 449 II	Schiffskauf
§ 453	§ 433 I S 2, §§ 434, 435, 437–444	Rechtskauf
§§ 454, 455	§§ 495, 496	Kauf auf Probe
§§ 456–462	§§ 497–503	Wiederkauf
§§ 463–479	§§ 504–514	Vorkauf
§§ 474–479	neu	Verbraucherkauf
§ 480	§ 515	Tausch

Altes Recht	Neues Recht	Bemerkungen
§ 433	§§ 433, 453 I	Vertragstypische Pflichten beim Kaufvertrag
§ 434	§§ 433 I 2, 435	Gewährleistung für Rechtsmängel
§ 435	§ 436 II	Buchbelastungen
§ 436	§ 436 I	Öffentliche Lasten bei Grundstücken
§ 437	§§ 453 I, 433 I S 2, 435	Gewährleistung beim Rechtskauf
§ 438	§§ 453 I, 433 I S 2	Haftung für Zahlungsfähigkeit
§ 439	§ 442	Kenntnis vom Rechtsmangel
§§ 440, 441	§ 437	Rechte des Käufers
§ 442	§ 363	Beweislast für Rechtsmangel
§ 443	§ 444	Gewährleistungsausschluss
§ 444	(Nebenpflicht) § 433 I	Auskunftspflicht, Urkundenherausgabe
§ 445	entfällt	Kaufähnliche Verträge
§ 446	§ 446	Gefahr-, Nutzungs- und Lastenübergang
§ 447	§ 447	Versendungskauf
§ 448	§ 448	Kosten der Übergabe
§ 449	§ 448	Grundbuch- und Beurkundungskosten
§ 450	entfällt	Verwendungsersatz
§ 451	§ 453 II	Gefahrübergang und Kosten beim Rechtskauf
§ 452	enfällt	Kaufpreisverzinsung
§ 453	enfällt	Marktpreis
§ 454	enfällt	Ausschluss des Rücktritts
§ 455	§ 449	Eigentumsvorbehalt
§ 456	§ 450	Ausgeschlossene Käufer
§ 457	§ 450	Weitere ausgeschlossene Käufer
§ 458	§ 451	Kauf durch ausgeschlossene Käufer
§ 459	§ 433 I 2, § 434	Sachmangelhaftung
§ 460	§ 442	Kenntnis des Käufers
§ 461	§ 445	Pfandverkauf
§ 462	§ 437 Nr 2, § 441	Wandelung, Minderung
§ 463	§ 437 Nr 3	Schadensersatz wegen Nichterfüllung
§ 464	entfällt	Vorbehalt bei Annahme
§ 465	§ 437 Nr 2, §§ 440, 441	Vollzug der Wandelung und Minderung
§ 466	entfällt	Frist für Wandelung
§ 467	jetzt Rücktritt (§ 437 Nr 2)	Durchführung der Wandelung
§ 468	§ 434 I S 1	Zusicherung der Grundsücksgröße
§ 469–471	jetzt Rücktritt (§ 437 Nr 2)	Vorschriften zur Wandelung
§ 472–475	§ 441	Vorschriften zur Minderung
§ 476	§ 444	Gewährleistungsausschluss
§ 476 a	§ 439 II	Aufwand der Nachbesserung
§ 477	§ 438	Verjährung
§ 478	§ 438 IV, V	Mängeleinrede
§ 479	§ 437 Nr 3, § 215	Aufrechnug
§ 480	§ 437 Nr 1 und 3, § 439	Gattungskauf
§ 481–492	ersatzlos aufgehoben	Viehkauf
§ 493	entfällt	Kaufähnliche Verträge
§ 494	§ 434 I, § 443	Kauf nach Probe
§§ 495, 496	§§ 454, 455	Kauf auf Probe
§§ 497–503	§§ 456–462	Wiederkauf
§§ 504–514	§§ 463–473	Vorkauf
§ 515	§ 480	Tausch

Titel 1. Kauf, Tausch*

Einführung

1) Allgemeines. a) Begriff. Kauf ist ein schuldrechtl ggs Vertr (§§ 320 ff). Er ist wg des geltden Abstraktionsprinzips stets vom ErfGesch zu trennen u zu untersch (vgl Rn 4). Der KaufVertr begründet für den Verk die Pfl, dem Käufer die gekaufte Sache zu verschaffen, dh sie zu übergeben u zu übereignen u zwar frei von Sach- u RMängeln (§ 433 I); für den Käufer die Pfl zur KaufprZahlg u Abn (§ 433 II). Diese vertrtyp Pfl sind in § 433 zusgefasst. Für den Kauf v Ren gilt das entspr (§ 453 I). Kauf ist das häuf u wicht UmsatzGesch mit dem Zweck des Austausches v Ggstden gg Geld. **b) Abschluss.** Es gelten die Regeln für den Vertr (§§ 145 ff). Im LadenGesch ist Kauf u Erf (Rn 4) ein einheitl Vorgang (Rn 8), der an der Kasse abgeschl ist (Hamm NJW-RR **98**, 199). Es haben sich im PrivRVerk, insb im kfm Bereich, zahlr Formen u typ Inhalte herausgebildet. Stets müssen beim Kauf bestimmte Pers (oder eine Mehrh v Pers) sich als Verk u Käufer ggü stehen. Notw ist die Einigg üb KaufGgst u Kaufpr als MindErfordern des VertrInhalts. **c) Vertragspartner** sind diejen, die persönl abschließen od in deren Namen der KaufVertr abgeschl wird. Grdsätzl kann darin (dch ausdrückl Vereinbg) den Part vorbehalten werden, dass ein Dr an ihrer Stelle in den Vertr (dch entspr WillErkl) eintritt, auch in einz Re u Pfl (zB im Wege der §§ 398, 414). 1 2 3

2) Abgrenzung des Kaufs als schuldrechtl Vertr (Rn 1): **a) Zu den Erfüllungsgeschäften** (KaufprZahlg u Übertr des KaufGgst). Der KaufVertr verschafft nur einen schuldrechtl Anspr auf die Sache od das R. Das ErfGesch (zB Übereigng der gekauften Sache od des Bargelds, Abtretg des verkauften Rs, Überweisung des Kaufpr) ist vom Kauf rechtl getrennt (hierzu Einl 16 vor § 854); das gilt auch dann, wenn Kauf u ErfGesch in einen einz tats Vorgang zusfallen (Handkauf; vgl Rn 8). **b) Zum öffentlichen Recht.** KaufR ist entspr anwendb auf Liefergen dch öff VersorggsEinrichtgen, insb v Gemeinden für Strom, Wärme, Gas, Wasser (BGH NJW **72**, 2300). 4 5

3) Arten des Kaufs. Es bestehen in der gesetzl Regelg zahlr Modalitäten je nach KaufGgst u VertrInhalt (insb Zahlgsw, Bedinggen) mit unterschiedl RFolgen. **a) Stück- und Gattungskauf.** Die Abgrenzg (§ 243 Rn 1, 2) ist für die RFolgen v SachM weitgehd unerhebl geworden (aber nicht ganz; § 439 Rn 15), da § 480 aF dch das SMG weggefallen ist. **b) Sach- und Rechtskauf:** Abgrenzg in § 433 Rn 5–11, § 453 Rn 3–10. **c) Bar- und Kreditkauf.** Beim Barkauf findet Vorauszahlg oder Zahlg des Kaufpr Zug um Zug gg Lieferg statt. Kreditkauf umfasst alle Formen v vertragl bestimmter Zahlg des Kaufpr nach Lieferg od Übertragg des KaufGgst, insb bei Zahlgsziel u RatenZahlg. Findet der KredKauf zw einem Untern (§ 14) u einem Verbr (§ 13) statt, sind die §§ 499–505 zu beachten. **d) Verpflichtungs- und Handkauf.** Nach dem gesetzl Regelfall sind der schuldrechtl VerpflVertr (Kauf) u das ErfGesch (vgl Rn 4) auch getrennte RGesch in versch, zeitl getrennten tats Vorgängen. Beim Handkauf fallen KaufVertr u ErfGesch in einen einz Vorgang zus (vgl Rn 2, 4). Für seine rechtl Behandlg ist die Auffassg vorzuziehen, dass VerpflGesch (§ 433) u ErfGesch (Rn 4) hinsichtl der RFolgen zu trennen sind. **e) Bürgerlich-rechtlicher Kauf und Handelskauf.** Für den ein- u beiderseit Handelskauf gelten SondVorschr (§§ 373–381 HGB). Einordnung dch den Begr des HandelsGesch (§§ 343–345 HGB). Grdsl gelten die weitgehd auf den VerbrKauf zugeschnittenen §§ 433–453 auch für den Handelskauf, speziell die §§ 478, 479 für die Lieferantenkette, die in einem VerbrGKauf endet. Für den GeschVerkehr v Untern besteht AnpassgsBedarf dch AGB (hierzu Schubel JZ **01**, 1113). **f) Vorkauf.** Es gibt das schuldrechtl VorkR (§§ 463–473) u das dingl (§§ 1094 ff; nur anGrdst). **g) Probekauf.** Der Kauf nach Probe (§ 494 aF) ist dch das SMG entfallen. Für den Kauf auf Probe gelten die §§ 454, 455. **h) Wiederkauf.** §§ 456–462. 6 7 8 9 10

4) Vertragstypen bei KaufVertr. **a) Fernabsatz.** Bei KaufVertr, die zw einem Verbr (§ 13) u einem Unternehmer (§ 14) unter ausschließl Verwendg von Fernkommunikationsmitteln abgeschl werden, gelten die SoRegeln der §§ 312 b–312 d mit Widerr- u RückgabeR. **b) Versteigerung.** Bei der privrechtl Versteigerg kommt mit dem Ersteher (Bieter) ein KaufVertr zustande (v. Hoyningen-Huene NJW **73**, 1473), u zwar dch den Zuschlag (§ 156). Ob Verk der Auktionator od dessen AuftrGeber ist, hängt davon ab, was der Versteigerer vorher erkl; entw handelt er im eigenen Namen (dann liegt Kommission vor, Rn 21) od als Vertreter (§ 164) im Namen seines AuftrGebers. Die Erf geschieht wie beim gewöhnl Kauf. Die privrechtl Versteigerg gibt es als freiw (Auktion; hierzu Schneider DB **81**, 199) u als öffentl Versteigerg aGrd bes gesetzl Vorschr (§ 156 Rn 2). Davon zu untersch ist die öff Versteigerg iW der ZwVollstr (§§ 814 ff ZPO). **c) Weiterverkauf** liegt vor, wenn der Käufer einer noch nicht übergebenen Sache mit einem Dr vereinb, dass dieser mit od ohne Aufgeld od mit Abschlag den Vertr mit dem Verk übernimmt; Abwicklg nach §§ 398 ff, §§ 414 ff bei 2 getrennten KaufVertr. **d) Konditionsgeschäft** (aufschiebd od auflösd bedingter Kauf) liegt insb vor: bei Kauf mit vereinb RückgR (§ 158 II; Klausel: „Auswahl bis ...", Karlsr BB **72**, 552) od bei einem Kauf, der aufschiebd bedingt ist mit vollz Weiterveräußerg (§ 158 I; BGH NJW **75**, 776). Diese Gesch, im Sortimentsbuchhandel übl, im Textileinzelhandel vorkommd, werden häuf als Kommission bezeichnet. Abgrenzg: BGH aaO. **e) Streckengeschäft** (Kettenhandel) liegt vor, wenn dieselbe Ware, auch schon vor der Konkretisierg (§ 243 II), vom Käufer weiterverk wird bis zum Letztkäufer, mögl üb mehrere ZwKäufer u ZwVerkäufer. Die KaufVertrPfl bestehen nur zw den jeweil VertrPartnern. Die Übereigng geschieht nach Konkretisierg dch stillschweigde Einigg (§ 929 S 1) mit Abschl des KaufVertr. Der Bes wird dem Letztkäufer dadch verschafft, dass der ErstVerk üb die jeweil Käufer angewiesen wird, seinen Bes auf den Letztkäufer zu übertr (BGH NJW **82**, 2371). **f) Sale-and Leaseback-Vertrag** ist der Kauf einer Sache, verbunden mit ihrer Vermietg an den Verk. Ein solcher Vertr ist idR als FinanziergsLeasVertr ausgestaltet (Einf 45 vor § 535) u ist ein zusgesetzter Vertr (HptBd Einf 16 vor § 305). 11 12 13 14 15 16

* Dieser Titel dient der Umsetzung der Richtlinie 1999/44/EG des Europäischen Parlaments und des Rates vom 25. Mai 1999 zu bestimmten Aspekten des Verbrauchsgüterkaufs und der Garantien für Verbrauchsgüter (ABl. EG Nr. L 171 S. 12).

17 **5) Unterscheidungsmerkmale zu anderen Vertragstypen. a) Tausch** (§ 480): An Stelle eines Kaufpr (§ 433 Rn 38) wird ein VermWert (Sache od R) als vertrgem GgLeistg erbracht. **b) Auftrag** (662). Der alltägl, insb der kfm SprachGebr sagt hierü nichts aus. Soll der AuftrN für den AuftrG Ggstde beschaffen, liegt Auftr vor, wenn Vertretg (Einf 1 vor § 164) od Vermittlg mit noch ungewissem Erfolg stattfindet. Demggü
18 setzt Kauf die unmittelb Verpfl aus § 433 I u II voraus. **c) Werklieferungsvertrag** (§ 651). Der Vertr über die Lieferg bewegl Sachen, die herzustellen od zu erzeugen sind, u für den bei vertretb Sachen KaufR gilt (§ 651 I S 1), setzt die Herstellgs- od ErzeuggsPfl des WerkUntern als VertrGgstd voraus (vgl § 651 Rn 1).
19 Der Kauf eines FertHauses einschl Aufstellg ist reiner WerkVertr. **d) Werkvertrag:** Einf 1 vor § 631. Kauf einer Sache mit Montage ist einheitl KaufVertr; vgl § 434 II S 1 (BGH NJW **98**, 3197 schon für § 433 aF). Kombination v Kauf (eines Grdst) mit WerkVertr (üb Errichtg eines Bauwerks) kann beim Erwerb vom
20 Bauträger vorliegen (vgl § 675 Rn 20). **e) Pachtvertrag:** Einf 2 vor § 581. **f) Vergleich** (§ 779). Enthält der Vertr Austausch v Sachen od Ren gg Geld, daneben weitere (auch stillschw) Abreden, liegt ein Vergl, kein Kauf vor (OGH NJW **50**, 103). Die RFolgen für diesen LeistgsAustausch richten sich aber weitgehd nach
21 KaufR (§ 779 Rn 1). **g) Kommission.** Der Kommissionär kauft u verk (ggü Dr) im eigenenNamen, aber für Rechng des Kommittenten (bei gewerbsmäß Komm: §§ 383 ff HGB). Merkmale eines KommGesch (Verh Kommittent zu Kommissionär) sind: Vereinbg eines bestmögl Pr od MindestPr, Prov, WeisgsR, Auswahl des VertrGgst dch den Lieferanten, VerkAbrechng (Köln MDR **73**, 230). Bei „Auswahl bis . . ." od R zur Weiterveräußerg od Rückg bis zu einem bestimmtem Ztpkt liegt ein KonditionsGesch vor (Rn 14). Vereinbg
22 eines FestPr spricht nicht zwingd gg ein KommGesch (BGH NJW-RR **91**, 994). **h) Lizenzvertrag.** Bei Übertr gewerbl SchutzRe (Patente, GebrMuster uä), liegt ein RKauf (§ 453) nur dann vor, wenn das R voll (od im wesentl Umfang) u endgült übergehen soll. Indiz hierfür ist, wenn das R an Dr mitübertr od zur Benutzg überl werden darf (umstr; vgl Soe/Huber 57). Beim LizenzVertr wird dem LizenzN nur die Verwertg
23 od Nutzg gestattet, nicht das R selbst übertr. **i) Transfer** eines Sportlers, insb Fussballspielers (als Spielerkauf bezeichnet), ist ein Vertr eigener Art, jedenf kein Kauf (hM; Wertenbruch NJW **93**, 179 [182] mwN). Die RsNatur ist umstr (vgl Reuter NJW **83**, 649 mwN). Begründg u DchFührg des Transfers unterliegen dem SatzgsR der zuständ SportVerb.

24 **6) Internationale Kaufverträge** (vgl Art 28 EG Rn 7, 8). Die Anwendbark des BGB sowie sonst deutschen Rs regelt sich nach dtsch IPR u kommt in Betr inf ausdrückl od stillschw Vereinbg, dass dtsch R anzuwenden sei (Grdsatz der Parteiautonomie; Art 27 EG). Diese DispositionsFreih gilt auch für das UN-Kauf-Übk v 1980. Fehlt eine Vereinbg, ist Art 28 EG (dort Rn 1–8) anzuwenden. Für Vertr zw Verbr (§ 13) u Untern (§ 14) gelten die Art 29, 29 a EG.

Untertitel 1. Allgemeine Vorschriften

433 *Vertragstypische Pflichten beim Kaufvertrag.* I **Durch den Kaufvertrag wird der Verkäufer einer Sache verpflichtet, dem Käufer die Sache zu übergeben und das Eigentum an der Sache zu verschaffen. Der Verkäufer hat dem Käufer die Sache frei von Sach- und Rechtsmängeln zu verschaffen.**

II **Der Käufer ist verpflichtet, dem Verkäufer den vereinbarten Kaufpreis zu zahlen und die gekaufte Sache abzunehmen.**

1 **1) Allgemeines. a) Neufassung** dch das SMG. Die Vorschr bestimmt das Wesen des KaufVertr, indem sie die HauptPfl des Verk (Abs I) u des Käufers (Abs II) festlegt. Ggü der aF des § 433 ist dessen Abs I S 2 entfallen, da den RKauf nunmehr § 453 regelt u die entspr Anwendg der Vorschr üb den Sachkauf anordnet (§ 453 I). Ein wesentl Untersch zum bisher geltden R liegt darin, dass ein Sachmangel die Vertragswidrigk bei einer HauptPfl bewirkt u nicht wie bisher bei Ert ledigl die GewährLeistg (§§ 459–478 aF) auslöst.
2 **b) Rechtsnatur** des KaufVertr. Es ist ein ggseit Vertr, so dass auf die HauptPfl (Abs I u II) die §§ 320–326
3 anzuwenden sind. **c) Abdingbarkeit** ist grdsl gegeben, soweit nicht die dem KaufVertr innewohnden HauptPfl ganz beseit werden. Beim VerbrGKauf beschränkt § 475 die Abdingbark.

4 **2) Anwendungsbereich.** Unmittelb anwendb ist § 433 auf den Kauf von Sachen (I S 1), entspr auf den Kauf eines Rs u sonst Ggstde (§ 453 I), zB SachGesamth, Untern, Strom, Wärme u unkörperl Vermögenswerte. Da § 433 auf den RKauf entspr anwendb ist (§ 453 I), gilt § 433 problemlos auch für den Kauf einer Sach- u RGesamth. Gleichermaßen anzuwenden ist § 433 für den Stück- wie den GattgsKauf, da die SoRegel für den GattgsKauf (§ 480 aF) aufgeh ist.

5 **3) Sachen** (I S 1). **a) Begriff:** körperl Ggstände (§ 90) in jedem Zustd, daher fest, flüss od gasförm. Gebrauchszweck u Wert der Sache ist bedeutgsl, daraus folgt, dass zB bei Druckwerken Sachkauf vorliegt (BGH NJW **78**, 997). Bargeld ist Sache (vgl § 92 Rn 2), so dass eine FremdWährg als Sorte ggf gekauft wird, währd das Wechseln von inländ Geldscheinen Tausch (§ 480) darstellt (zur Abgrenzg Fülbier NJW **90**, 2797).
6 Zum GeldBegr vgl § 245 Rn 2–4. **b) Künftige Sachen,** die noch nicht entstanden sind, können verk werden, selbst wenn sie noch wesentl BestdT (§ 93) einer and Sache sind (BGH NJW **00**, 504). Mögl VertrGestaltgen sind: **aa)** Aufschiebd bedingter Kauf. Bedingg (§ 158 I) ist die Entstehg der Sache. **bb)** Verk ist zur Herstellg verpfl: WerkVertr gem § 631 II. **cc)** KaufPr ist nicht geschuldet, wenn die Sache nicht entsteht: auflösde Bedingg (§ 158 II). **dd)** KaufPr bleibt geschuldet, auch wenn die Sache nicht entsteht: Das ist Kauf einer Gewinnchance, HoffngsKauf genannt, zB Los (Jau/Vollkommer 24). **ee)** Kauf vom Bauträger:
7 § 675 Rn 13 ff. **c) Sachgesamtheit** liegt vor, wenn mehrere Sachen als zusgehörd dch einheitl Vertr verk werden, zB eine Bibliothek. Fehlt ein Teil der Sachen, liegt teilw NichtErf (I S 1) vor, kein Sachm (I S 2; BGH NJW **92**, 3224).

8 **4) Andere Kaufgegenstände.** Rechte: § 453. Wertpapiere: § 453 Rn 24–28; Untern: § 453 Rn 7. GesellschAnteile: § 453 Rn 23. **a) Strom und Wärme.** Ihre Lieferg wird v der VerkehrsAuffassg u der hM behandelt wie der Verk v Waren (Sachen, die nach Zahl, Maß od Gewicht gehandelt werden); vgl § 453

Rn 6. **b) Computer.** Hardware ist Sachkauf u umfasst das zugehör Handbuch. Software: je nach VertrInhalt sind ausser Kauf auch and VertrTypen mögl. Bei Einordng als Kauf ist es gleichgült,ob eine Sache (vgl § 90 Rn 2) od ein Immaterialgut (Rn 10) vorliegt (vgl König NJW **93**, 3121 mwN). Die kaufrechtl Vorschr sind jedenf entspr anwendb (Gaul MDR **00**, 549). Das eigentl Problem ist die Abgrenzg zu WerkVertr, Miet- u PachtVerh (vgl Müller-Hengstenberg NJW **94**, 3129 mwN). Bei dauernder Überlassg v Standardsoftware liegt Kauf vor (BGH **102**, 195), auch zugefasste Programme (Brdbg NJW-RR **99**, 850). Wird auf best Zt od mit KündR überl, liegt Miete od Pacht nahe (Henssler MDR **93**, 489 mwN). Ist die Software individuell hergestellt, liegt WerkVertr vor (BGH NJW **87**, 1259), auch bei Umarbeitg v StandardProgr für den Kunden (vgl Junker NJW **93**, 824/7 mwN) sowie bei Integration v Individualsoftware (Hamm NJW-RR **92**, 953). Wird Hard- u Software verbunden verk, liegt einheitl Vertr vor (BGH **102**, 135), der eine schriftl Bediengs-Anleitg umfasst (Köln NJW-RR **93**, 343). **c) Sonstige Gegenstände:** zB Werbeidee, Domainadresse, Know-how, Erfindg, HerstellgsVerf, Informationen fallen unter § 453 I. 9 10

5) Übergabe ist VerkPfl (I S 1) im GgseitkVerh (Rn 2). Die verk, übergebene u übereign Sache muss ident sein (BGH NJW **95**, 957 bei TeilGrdst). **a) Bedeutung.** Die Pfl zur Überg besteht selbständ neben der EigtVerschaffgsPfl (Rn 16) u MängelFreih (I S 2; Rn 21). Solange eine dieser drei Pfl noch nicht erf ist, bleibt die Erf des ganzen Vertr offen u Unmöglk od Verzug für den ganzen Vertr ist mögl (BGH NJW-RR **99**, 346). **b) Begriff.** Überg ist Verschaffen des unmittelb Bes iS des § 854 I od II. ÜbergErs dch mittelb Bes (§§ 930, 868) od Abtretg des HerausgAnspr (§§ 931, 985) genügt nur, wenn es im KaufVertr od später gesondert vereinb wird (§ 311 I). Dasselbe gilt für kaufmänn TradPapiere, insb Ladeschein (§ 448 HGB) u Orderlagerschein (§ 475 g HGB), bei denen die Klausel Zahlg gg Dokument für eine Vereinbg genügt. Geschuldet werden vom Verk die v ihm vorzunehmden Handlgen, die zur Überg erforderl sind. Unterlässt der Käufer dasjen, was nur er zur Überg beitragen kann, insb die Abnahme (Rn 43), so kann AnnVerz (§ 293) eintreten. Vollzogen ist die Überg immer erst dann, wenn der Käufer oder BesDiener (§ 855) den Bes erlangt. **c) Dritte.** Wenn es vereinb ist, genügt Überg an od dch Dr. Hierfür reicht noch nicht die Überg an den Spediteur od Frachtführer zum Versand (§ 447), weil auf den vom Käufer erlangten Bes abgestellt wird. **d) Vorbehalte**: wie Rn 19, 20. **e) Abgrenzung.** Die Überg muss unterschieden werden von der Ablieferung. Das ist der Vorgang, dch den der Käufer in die Lage versetzt wird, die gekaufte Sache so in Bes (§ 854 I) zu nehmen, dass er sie untersuchen u auf ihre Beschaffenh prüfen kann. Für den Handelskauf gilt § 377 HGB. Der Begr deckt sich zT mit Rn 16, 17. Er ist für den VerjBeginn bei bewegl Sachen maßgebd (§ 438 II). 11 12 13 14 15

6) Eigentum verschaffen an der gekauften Sache (Abs I S 1) ist neben Überg (Rn 12) u MangelFreih (Abs I S 2; Rn 21) Haupt- u GgseitkPfl. Bedeutg wie Rn 12. Bei verk Ren ist nicht Eigt, sond dem Käufer das R als Inhaber zu verschaffen, grdsätzl dch Abtretg (§§ 398, 413). **a) Begriff.** Eigt wird dch Übereigng verschafft: bei bewegl Sachen §§ 929–931; bei Grdst §§ 873, 925. Bei Lade- u Lagergut wird die Überg bewirkt dch die Aushändigg des Ladescheins beim FrachtGesch (§ 448 HGB) u des Orderlagerscheins beim LagerGesch (§ 475 g HGB); daneben muss die Einigg (§ 929) erkl werden. Auch gutgläub Erwerb (§§ 932–935) verschafft das geschuldete Eigt. **b) Umfang.** Der Verk schuldet nicht den Überg des Eigt, sond nur die Handlgen, die seinerseits erforderl sind: die rechtsgesch Erkl abzugeben; die ggf notw Zust Dr beizubringen (zB § 185); die Gen einer Beh zu beschaffen (BGH NJW **69**, 837); die notw Erklen ggü dem GBA abzugeben; die EintraggsVorauss der GBO (zB § 39) herbeizuführen u EintraggsHindern zu beseit. Es ist grdsl unbelastetes Eigt zu verschaffen (vgl I S 2). BuchEigt (§ 891) genügt nicht (RG **132**, 145/8). **c) Vorbehalte.** Es ist zu unterscheiden: **aa) Eigentum.** Der EigtVorbeh (§ 449) ist verkehrsübl. Ist er vereinb, kann der Käufer vor vollständ KaufPrZahlg nicht das Volleigt, sond nur das AnwartschR (§ 449 Rn 9) fordern. Erf ist erst, wenn der Vorbeh erlischt u der Käufer das bislang aufschiebd bedingte Eigt voll erlangt (§ 158 I). **bb) Lieferung.** Ist sie vorbehalten, umfasst der Vorbeh auch die Überg (Rn 11). Der Vorbeh der Liefermöglk, insb der Selbstbelieferg (Salger WM **85**, 625) führt entw zu einer auflösden Bedingg (§ 158 II) od zum Vorbeh des Rücktr (§ 346). Grds muss sich der Verk in zumutb Umfang um die Lieferg bemühen. Bei einer SelbstbeliefergsKl muss der Verk ein kongruentes DeckgsGesch abgeschl haben, ggf auch unter dem gleichen Vorbeh (Mü NJW-RR **91**, 874) u v seinem VertrPart wider Erwarten nicht od nicht rechtzeit beliefert worden sein (BGH NJW **95**, 1959 mwN). Nur ausnahmsw ist der Verk v der Lieferg völl freigezeichnet (BGH **24**, 39). Die NichtBelieferg ist dem Käufer unverzügl anzuzeigen. Im kaufm Verk ist bei AGB die SelbstBeliefergsKl kein Verstoß gg § 307 I (hM; BGH NJW **93**, 1320 für § 9 AGBG). 16 17 18 19 20

7) Mangelfreie Sache (Abs I S 2). Die Lieferg einer mangelfreien Sache gehört zur vertrgemäßen ErfPfl, and als im früheren R, in dem die SachMHaftg gesondert als GewlAnspr geregelt war (vgl HptBd; §§ 459 ff). Sach- u RMängel sind nunmehr gleichgestellt; sie bewirken VertrWidrigk u NichtErf. Die Haftg für sie ist in gleicher Weise unabhäng vom Versch. Der SachM ist in § 434, der RechtsM in § 435 definiert. Die ab GefÜberg (§ 446) geltden RFolgen eines Mangels sind für beide Arten v Mängeln in den §§ 437–442 geregelt. 21

8) Nebenpflichten des Verkäufers. Sie folgen grds bei allen KaufVertr unmittelb aus dem Verkauf, auch wenn sie nicht ausdrückl übern sind. Sie stehen nicht im GgseitigkVerh (§§ 320–322). RFolgen bei Verletzg: SchadErs gem § 280 (dort Rn 22). Der Käufer kann die Erf weiterhin verlangen u ist nicht allein auf SchadErs angewiesen. **a) Aufklärung** in der Form v Rat, Belehrg, Warng od Offenbarg. Eine Pfl des Verk besteht grds nicht, weder bei VertrSchl noch bei Erf, aber sehr häuf als Ausnahme unter folgenden Vorauss: **(1)** Bei ausdr od stillschw (Ffm NJW-RR **90**, 282) Vereinbg. **(2)** Wenn eine VerkSitte (§ 157) od ein Handelsbrauch (§ 346 HGB) besteht. **(3)** Wenn v der Sache Gefahren ausgehen, die der Käufer nicht kennt (BGH LM Nr 49). **(4)** Naheliegen einer Aufklärg, weil sonst der VertrZweck vereitelt werden kann (BGH NJW-RR **88**, 394); zB bei einer EigtWo, die vermietet werden soll, die SozBindg (BGH NJW **98**, 898); eine bestimmte Beschaffenh der Sache, wenn sie für den KaufEntschl ursächl od maßgebd war (KG NJW-RR **98**, 1132); bei einem Grdst die HochwasserGef (BGH NJW-RR **92**, 334); eine Veränderg der Beschaffenh im Fall der Verarbeitg (BGH **107**, 331); bei konkreter GesundhGefährdg dch ein Körperpflegemittel (BGH NJW **75**, 824). **b) Auskunft.** Diese NebenPfl war bish in § 444 aF stationiert. Sie hat sich inhaltl nicht verändert u umfasst: **aa) Rechtliche Verhältnisse** des KaufGgstd (Sachen u Re): die Unterlagen u ihre Erläuterg; Beschaffenh der Sache u die damit verbundenen Gef: bei Grdst die Grenzen, Lasten u Re. Die Ausk muss nöt 22 23 24 25

sein, dh erforderl, um den KaufGgst zu nutzen u zu schützen. Die Pfl besteht unabhäng davon, dass der
26 Käufer sich die Kenntn selbst verschaffen kann, zB dch Einsicht in das GB. **bb) Urkunden.** Sie sind, soweit
sie zum Beweis des (priv od öff) Rs, insb des Eigt dienen, an den Käufer herauszugeben. Die BewUrk kann
sich auf Tats u Vorgänge beziehen (§§ 415 ff ZPO). Die Urk muss zZ des VertrSchl im Bes des Verk sein
(Hamm NJW-RR **00**, 868). Herausgegeben werden kann auch dch Abtretg (§ 398) des Anspr (§ 985). Bsp:
Kfz-Brief: Miet- u VersVertr; Baupläne eines HausGrdst; techn u wirtsch Planunterlagen eines Bauträgers
27 (umstr). **cc) Auszug** einer Urk genügt, wenn sie sich auf and Angelegenh erstreckt, die den KaufGgst nicht
28 betreffen. Der Auszug muss idR behördl od not beglaub sein (vgl § 444 S 2 aF). **c) Beratung** muss der Verk
nur vornehmen, wenn er eine bes Fachkunde hat, auf die beim Kauf vertraut worden ist (BGH NJW **97**,
29 3228). Das gilt insb bei einer EDV-Anl (Köln NJW **94**, 1355; Zahrnt NJW **95**, 1785 mwN). **d) Ersatzteile**
für Maschinen, Kfz u techn Geräte muss der Verk bereithalten, ohne bes Vereinbg für eine gewisse Zt nur iR
30 des § 242 (dort Rn 29; LG Köln NJW-RR **99**, 1285). **e) Mitwirkung** des Verk zur Verwendg der gekauften
Sache. Bsp: die Abgabe erforderl Erkl zur Kfz-Zulassg; Zust zur Verwertg eines Warenlagers nach beendetem
EigenhändlerVertr (BGH **54**, 338); bei Verk eines EinzelhandelsGesch Einwirkg auf den Verm zur Fortsetzg
31 des MietVertr. **f) Prüfung und Untersuchung** der verk Sache vor Überg ist grdsl nur eine Obliegenh des
Verk, keine Pfl (§ 280 Rn 19, 20). Ausnw ist der Verk hierzu verpfl, wenn ein bes Anlass besteht, zB drohde
Gef für den Käufer inf bes Beschaffenh od bes Vorrichtgen (vgl § 280 Rn 20); bejaht für die AbliefergsIn-
spektion eines fabrikneuen Kfz (BGH NJW **69**, 1708); verneint für Untersuchg dch den Kfz-Zwischen-
händler (BGH NJW **81**, 1269). Für das Versch ist der Herst der verk Sache nicht ErfGeh des Verk (§ 278
32 Rn 13). **g) Rechnung** über den Kaufpr. Sie muss im kaufm Verk wg der MWSt erteilt werden (allgM) u
muss die MWSt gesondert ausweisen, wenn für die FinBeh die UmsatzsteuerPfl zweifelh ist (BGH NJW **88**,
2042). Im nichtkaufm GeschVerk kann der Käufer wg des Nachw, die MWSt bezahlt zu haben, eine Rechng
33 verlangen. **h) Schutz** der verk Sache. Die Pfl besteht bis zum GefÜberg zur Pflege, Obhut, Verwahrg u
Lagerg im zumutb Umfang (BGH DB **72**, 34); aber grdsl keine Pfl zur SachVersicherg (BGH NJW **91**,
34 1677). **i) Unternehmen** (entspr freiberufl Praxis). Der Verk ist auch ohne Vereinbg verpfl: zur Einweisg in
die GeschFührg u Mitt des Kundenstamms, aber auch Unterl v Wettbew, wenn der Wert des Untern
35 berechnet worden ist. **j) Verpackung** für den erforderl Transp ist so vorzunehmen, dass bei übl Behandlg
Schad an der Kaufsache vermieden wird (BGH **87**, 91; Zimmer BB **88**, 2192). Das Eigt am Material verbleibt
36 iZw beim Verk; RückgPfl müsste vereinb werden (Erm/Grunewald 57). **k) Versendung** der gekauften Sache
an einen and Ort als an den Leistgs(Erf)Ort (§ 269) dch Überg an den, der den Transp dchführen soll, ist idR
eine NebenPfl (Jau/Vollkommer § 447 Rn 5). Den Transp schuldet der Verk nur dann, wenn es vereinb ist
(Bringschuld, § 269 Rn 1). Beim VersendgsKauf (§ 447) liegt eine Schickschuld vor (§ 269 Rn 1). Der
FrachtF ist nicht ErfGehilfe des Verk (§ 278 Rn 15). Dieser haftet jedoch für Auswahl u für die Wahl der
BefördergsArt bei Versch. Der Verk kann den Transp auch selbst od dch sein Personal dchführen, ohne dass er
37 dies desh dem Käufer schuldet. **l) Zahlungen.** Vom Verk ist im Fall des § 75 AO die vom Käufer gezahlte
MWSt an das FinAmt abzuführen (BGH NJW **94**, 908).

38 **9) Kaufpreiszahlung** ist Haupt- u GgseitigkPfl des Käufers (II). Sie ist grdsl Zug um Zug (§ 320) gg die
Übertr des KaufGgstdes zu erf. **a) Begriff.** Kaufpr ist das Entgelt für die Übertr des KaufGgstdes. Der Kaufpr
muss in Geld (auch ausländ Währg) bestehen; wenn nicht, liegt Tausch vor (§ 480). Der Kaufpr umfasst die
Umsatzsteuer (MWSt, BGH **103**, 287 mwN), nicht aber die Zinsen für den gestundeten od verspätet
39 bezahlten Kaufpr. Er kann auch als Rente, insb als Leibrente (§ 759) gestaltet werden. **b) Höhe.** Sie muss in
Geld bestimmt oder bestb sein. Die Part können vereinb, dass ein Dr, insb ein Sachverst den Preis best
(§ 317). Die Part können vereinb, eine best Höhe nicht zu überschreiten od einen MindestPr einzuhalten. Bei
Fehlen einer Vereinbg: § 157. Preisklauseln: Ob der Preis ohne od einschl MWSt vereinb ist: § 157 Rn 13.
Klauseln zur Höhe: **(1)** Börsenpreis: der zur ErfZt an der zum ErfOrt nächstgelegenen Börse amtl bekannt
gegebene Pr (Kurs). **(2)** Brutto für netto: KaufPr wird nach dem Gewicht der Ware zuzügl Verpackg
berechnet. **(3)** Kassenskonto ...%: § 157 Rn 15. **(4)** Netto Kasse: Zahlg ist ohne jeden Abzug zu leisten.
40 **c) Kaufpreisersatz.** In erster Linie muss Tausch (§ 480) ausgeschl sein (vgl Rn 38). Der zunächst in Geld
bestimmte Pr kann dch eine andersart Leistg ersetzt werden, insb an ErfStatt (§ 364 I) od Erf halber
(§ 364 II). Das liegt vor bei der InzahlgNahme von Ggstden, zB gebr Kfz od beim GrdstKauf dch Übern
v KredSchuld u GrdPfandR (Schlosser NJW-RR **97**, 1036). Das vermindert nicht den rechner Kaufpr, aber
41 es entsteht insow keine GeldFdg des Verk. **d) Fälligkeit** tritt grdsl mit Entstehg der Fdg ein (§ 271), folgl mit
VertrSchluss. Im GeschVerk wird meist spätere Fällk vereinb, aus bes Anlass auch frühere (Vorfällk) od Fällk
mit Erhalt der Rechng (§ 271 Rn 7). Es besteht jedenf keine ges VorleistgsPfl, aber LeistgsPfl Zug-um-Zug
42 (§§ 320–322); bei Mängeln vgl Rn 47 u § 437 Rn 49. **e) Fälligkeitsklauseln: (1)** Ziel: FälligkEintritt nach
Ablauf der dabei genannten Fr, iZw gerechnet ab Datum der Rechng. **(2)** Valuta 1. 12. Ziel 30 Tage: Fälligk
tritt am 31. 12. ein; kaufm FälligkZins (§ 353 HGB) bleibt vorbehalten. **(3)** Kasse gg Lieferschein: sof Zahlg
(unter Ausschl der Aufrechng) bei Lieferg mit VorleistgsPfl des Käufers (BGH NJW **65**, 1271). **(4)** Kasse gg
Faktura: sof Fälligk bei Zugang der Rechng unter Ausschl der Aufrechng (BGH **23**, 131). **(5)** Kasse gg
Dokumente (TradPap od DispositionsPap, zB Frachtbriefduplikat): Käufer hat die Dokumente bei Vorlage
dch KaufPrZahlg einzulösen, grdsätzl ohne vorher Besichtigg der Ware (vgl BGH WM **63**, 844; Ausn bei
entspr Handelsbrauch; BGH **41**, 216); bei Zusatz des Ztpkts (zB „... bei Ankunft des Schiffs") auch ohne
Rücks auf Beschaffenh der Ware (BGH WM **67**, 1215) u stets ohne Aufrechng (BGH **14**, 61). **(6)** Dokumente
gg Akkreditiv: Zahlg ist bei Vorlage der DispositionsPap (insb Frachtbriefduplikat) von der Bank zu leisten,
bei der der Käufer das vertrgem Akkreditiv gestellt hat. **(7)** Zahlg nach Belieben: Kaufpr ist für eine angem,
aus den Umstden des Einzelfalls zu bemessde Zeit gestundet. **(8)** Lieferung gg Nachnahme: Kaufpr ist bei
Anlieferg u Vorlage des NachnScheins dch die Post fäll.

43 **10) Abnahme** der verk Sache (Abs II) ist Pfl des Käufers, vom Abruf (Rn 50) zu untersch. Sie steht nur
ausnw im GgseitkVerh des § 320 (vgl Rn 2 u 44). **a) Begriff.** Abnahme ist der tats Vorgang, dch den der
Käufer od eine and Pers den Bes (§ 854) der gekauften, bereitgestellten Sache vom Verk übernimmt. Das
betrifft nur Sachen (§ 90) einschließl Grdst sowie Tiere (§ 90 a). Bei Grdst umfaßt die AbnPfl auch die
44 EntggNahme der Auflassg (BGH NJW-RR **89**, 651). **b) Rechtsnatur.** Die Abn ist TatHdlg (Realakt,

Überbl 9 vor § 104). Hingg liegt eine empfbedürft WillErkl (2 vor § 104) vor, wenn die Abn verweigert od zurückgewiesen wird (vgl Rieble JZ **97**, 485). Die AbnPfl ist idR u iZw NebenPfl (hM), weil sie keine GgLeistg für die verk Sache darstellt (Jau/Vollkommer 43 mwN). Sie ist ausnw GgseitkPfl (§§ 320 ff), wenn es vertragl vereinb ist (allgM); auch stillschweigd mögl, wenn die Umstde ergeben, dass der Verk das Interesse hat, die Sache wegzuschaffen (MK-Westermann 44 mwN); zB Verk zwecks Räumg; Verk leicht verderbl Ware; Kauf zum Abbruch. **c) Voraussetzungen** der AbnPfl: **(1)** Der Verk (od ein herausgabebereiter Dr) 45
muss zur BesÜbertragg imstande sein, dh die Sache besitzen (§ 854). **(2)** Die Sache muss dem Käufer angeboten werden. **(3)** Die Sache muss vertrgem sein, insb mangelfrei (Abs I S 2). **d) Nichterfüllung** der 46
AbnPfl dch Unterl od Zurückweisg führt zum SchuldnerVerz, wenn dessen Vorauss (§ 286) erf sind. Verantwortlichk des Käufers: § 287. Rücktr des Verk ist mögl, wenn die Vorauss des § 323 vorliegen. SchadErs kann aus § 281 verlangt werden. Statt dessen kann der Verk weiter Abn fordern. AnnVerz (§§ 293 ff) hinsichtl der HauptPfl des Verk (Abs I S 1) tritt davon unabhäng ein, idR gleichzeit mit dem SchuVerz. **e) Zurück-** 47
weisung der zur Abnahme angebotenen Sache wg VertrWidrigk ist v der bloßen NichtErf der AbnPfl (Rn 46) zu untersch (vgl Ernst NJW **97**, 896), ebso von der Mängelrüge (§ 377 HGB). Die RFolgen der ZurückWeisg hängen davon ab, ob sie berecht od unberecht ist (vgl Ernst aaO 903). Wg Aufhebg des § 464 aF gehen die Re des Käufers aus VertrWidrk der abgenommenen Sache dch deren rügel Ann nicht verloren. Das gilt nicht nur für den VerbrGKauf (§ 474). **f) Prozessuales.** Der Verk kann neben der KaufprKl (§ 260 48
ZPO), auch unabhäng v ihr auf Abn klagen, jedoch nicht Zug-um-Zug (§§ 320–322) gg die Pfl aus Abs I S 1. ZwVollstr: § 887 ZPO, da eine vertretb Hdlg vorzunehmen ist.

11) Nebenpflichten des Käufers stehen nicht im GgseitkVerh der §§ 320–322. Ihre Verletzg führt grdsl 49
zu den RFolgen des Allg SchuldR. Mögl sind: statt Erf ein Anspr auf SchadErs (§ 280 od § 281), auf Ers vergebl Aufwendgen (§ 284) od auf das Surrogat (§ 285). NebenPfl sind: **a) Abruf** der Sache zur Lieferg 50
besteht als Pfl des Käufers nur dann, wenn es ausdrückl od stillschweigd vereinb ist, insb beim Spezifikationskauf (§ 375 HGB) als HauptPfl (neben der Pfl zur KaufprZahlg). Der Abruf muss innerh bestimmter od angem Fr erfolgen u zwar dch Angabe des LieferZtpkts. Unterbleibt ein vertrgem Abruf, tritt Fälligk des Kaufpr ein (§ 271 I) u der Verk kann ohne Zug-um-Zug-Angebot (§ 320) auf Zahlg klagen. **b) Aufbewah-** 51
rung der gekauften u übgebenen Sache wird gesetzl geschuldet beim Handelskauf nach Rüge (§ 379 HGB), mind zur Obhut bei EigtVorbeh (§ 449). Bei gerügten Sachmängeln ist die Aufbewahrg der Sache eine Obliegenh in Hinblick auf die Beweisbark. Eine AufbewahrgsPfl kann iü auch aus § 242 abzuleiten sein. **c) Aufklärung.** Eine Pfl kann sich dch ausdrückl Vereinbg, nur ausnw aus den Umstden des Einzelfalles 52
ergeben (BGH NJW **92**, 1222); insb ist der Käufer nicht verpfl mitzuteilen, wofür er die Sache verwenden will (BGH aaO). Beim KredKauf (Einf 7) muss der Käufer offenbaren, wenn er weiss, dass er zur Zahlg nicht imstande sein werde. **d) Beurkundungskosten.** § 448 II umfasst beim GrdstKauf auch die Auflassg u die 53
Eintragg. **e) Kaufpreisverzinsung.** Weil § 452 aF aufgehoben ist, können Zinsen vom KaufprAnspr nur verlangt werden, wenn es vereinb ist od der Käufer in SchuVerz gerät (§ 288). Beim Handelskauf gilt § 353 HGB. **f) Kosten** der Abnahme u Versendg: § 448 I. **g) Lasten** der Sache (auch eines Grdst) trägt der Käufer 54/55
ab Überg od AnnVerzug (§ 446 S 2 u 3). Bei Ren (§ 453 I) gilt das ab Übertragg, idR ab Abtretg (§§ 398, 413). **h) Rücksendung** v Verpackg, Behältern, Flaschen uä ist NebenPfl nur, wenn vereinb (vgl § 607 Rn 5).

12) Beweislast: Für den VerbrGKauf ist die SoRegelg des § 476 (BewLUmkehr) zu beachten. **a) Ver-** 56
käufer für Abschl des Vertr, Einigg über den VertrInh, näml alle vom Verk behaupteten Teile u Pkte des Vertr, soweit sie der Käufer bestreitet. Das gilt auch für die Höhe des Kaufpr, somit auch für das Fehlen v Waren- u ZahlgsSkonti, die beim KaufAbschl eingeräumt worden sein sollen (BGH NJW **83**, 2944; bestr). Beim Handkauf (Einf 8) hat der Verk wg der Vermutg sof Barzahlg zu beweisen, dass eine Zahlg des Kaufpr (wenn sie der Käufer behauptet) unterblieben sei. **b) Käufer** für die KaufprZahlg (bei Nachnahme vgl AG Bln- 57
Tiergarten NJW **98**, 912); für Stundg des Kaufpr (umstr; vgl MK/Westermann 70) u eine von der Verkehrs-Übg abweichde Vereinbg.

434 *Sachmangel.*

I Die Sache ist frei von Sachmängeln, wenn sie bei Gefahrübergang die vereinbarte Beschaffenheit hat. Soweit die Beschaffenheit nicht vereinbart ist, ist die Sache frei von Sachmängeln,

1. wenn sie sich für die nach dem Vertrag vorausgesetzte Verwendung eignet, sonst
2. wenn sie sich für die gewöhnliche Verwendung eignet und eine Beschaffenheit aufweist, die bei Sachen der gleichen Art üblich ist und die der Käufer nach der Art der Sache erwarten kann.

Zu der Beschaffenheit nach Satz 2 Nr. 2 gehören auch Eigenschaften, die der Käufer nach den öffentlichen Äußerungen des Verkäufers, des Herstellers (§ 4 Abs. 1 und 2 des Produkthaftungsgesetzes) oder seines Gehilfen insbesondere in der Werbung oder bei der Kennzeichnung über bestimmte Eigenschaften der Sache erwarten kann, es sei denn, dass der Verkäufer die Äußerung nicht kannte und auch nicht kennen musste, dass sie im Zeitpunkt des Vertragsschlusses in gleichwertiger Weise berichtigt war oder dass sie die Kaufentscheidung nicht beeinflussen konnte.

II Ein Sachmangel ist auch dann gegeben, wenn die vereinbarte Montage durch den Verkäufer oder dessen Erfüllungsgehilfen unsachgemäß durchgeführt worden ist. Ein Sachmangel liegt bei einer zur Montage bestimmten Sache ferner vor, wenn die Montageanleitung mangelhaft ist, es sei denn, die Sache ist fehlerfrei montiert worden.

III Einem Sachmangel steht es gleich, wenn der Verkäufer eine andere Sache oder eine zu geringe Menge liefert.

1) Allgemeines: Boerner ZIP **01**, 2264. Der neue SachmangelBegr stellt nicht mehr auf Fehler (§ 459 I 1
aF) u Fehlen zugesicherter Eigschaften ab (§ 459 II aF), sond auf die vereinb (subj) Beschaffenh (I S 1) u nur, wenn eine solche Vereinbg fehlt, auf obj Umstde (I S 2 Nr 1 u 2), ferner auf Montagefehler u mangelh

MontageAnleitg (II) sowie Falsch- u MinderLieferg (III). Die Verpfl des Verk (§ 433 I S 2) ist dann vertrgem erfüllt, wenn die Sache frei v Mängeln ist. Die ges Definition ist deshalb darauf abgestellt, dass die Sache frei
2 v Sachm sein muss. **a) Begriff** des Sachm. Er ist nicht einheitl, weil er 7 versch Arten umfasst. Diese Fallgruppen entspr in ihrem ges Umfang mind zum großen Teil dem Inhalt des § 459 aF. Die zugesicherte Eigensch (§ 459 II aF) entspr weitgehd der vereinb Beschaffenh (I S 1), aber mit geringeren Anfordgen (bloße Vereinbg statt Zusicherg). Der Fehler (§ 459 I aF) entspr weitgehd der fehlden Eigng nach Maßg des I S 2 Nr 1 u 2. Einbezogen sind Mängel der Montage u deren Anleitg (II; früher NebenPfl) sowie Falsch-
3 u MinderLieferg (III). **b) Anwendungsbereich:** Sachen (§ 90), bewegl wie unbewegl; Tiere (§ 90 a) unter Einschluss des Viehkaufs, nachdem die §§ 481–492 als überflüss aufgeh sind u der Viehkauf dem allg KaufR unterstellt ist. § 434 gilt auch für den Kauf v SachGesamth (§ 433 Rn 7) u entspr bei Ren u sonst Ggstden
4 (§ 453 I). **c) Abdingbarkeit.** Die VertrPart können grdsl die Haftg des Verk für alle od best SachM ausschließen, beschränken od erweitern. Damit wird nicht ein vorhandener Sachm verneint, sond die VertrWidrigk ausgeschl. Der HaftgsAusschl kann nach Maßg des § 444 unwirks sein, beim VerbrGüterKauf des § 475
5 u bei Allg GeschBedinggen (§ 305) nach den §§ 305 c, 309 Nr 8 b. **d) Hauptleistungspflicht.** Dch § 433 I S 2 ist klargestellt, dass die gekaufte Sache frei von SachM sein muss, damit der Kauf vertrgem erf ist. Im Ggs zur NichtErf der Pfl zu Überg u EigtVerschaffg (§ 433 I S 1) begründet der Sachm ab GefÜbergang (§ 446) nicht unmittelb die Re aus §§ 280, 281, 284, 323, sond die RFolgen der §§ 437–442 als kaufrechtl SoRegelg.
6 **e) Anspruchskonkurrenz:** grdsl § 437 Rn 49 ff. Verschafft der Verk dem Käufer nicht das Eigt an der mangelh Sache, bestehen die daraus folgenden Anspr (Rn 5) aus Sachm u Fehlen des Eigt nebeneinander.

7 **2) Arten von Sachmängeln.** Es sind zu untersch: **(1) Vereinbarte Beschaffenheit** (I S 1). **(2) Eignung zur vorausgesetzten Verwendung** der Sache (I S 2 Nr 1). **(3) Eignung zur gewöhnlichen Verwendung** der Sache (I S 2 Nr 2, S 3). **(4) Unsachgemäße Montage** (II S 1). **(5) Mangelhafte Montageanleitung** (II S 2). **(6) Lieferung einer anderen Sache** (III 1.Alt). **(7) Mindermenge** (III 2.Alt).

8 **3) Maßgebender Zeitpunkt** (I S 1) für das Vorliegen des Sachm ist der GefÜberg, idR die Übergabe der Sache (§ 446 S 1) od vorher mit Eintr des AnnVerz (§ 446 S 3). Für den VersendgsKauf gilt § 447. Der Verk haftet auch für SachM, die nach KaufAbschl entstanden sind u bei GefÜberg noch bestehen, aber nicht für solche, die bei VertrSchl vorlagen, aber vor GefÜberg beseit wurden (AnwK/Büdenbender 8). Vor GefÜberg kann der Käufer bei einer mangelh Sache die Ann (§ 433 Rn 47) verweigern (§ 294 Rn 4), ohne in AnnVerz (§ 293) zu geraten. Er muss die mangelh Sache auch nicht gem § 433 II abnehmen (§ 433 Rn 47). Bis zum GefÜberg ist bei Mängeln der verk Sache das LeistgsStörgsR des Allg SchuldR anzuwenden (§ 437 Rn 50).

9 **4) Beschaffenheit** der Sache ist der neue zentrale Begr für Sachm. Der GGeber hat auf eine Definition bewusst verzichtet u ausdr offengelassen, ob der Begr im Einzelfall nur Eigensch umfasst, die der Kaufsache unmittelb anhaften, od auch Umstde, die ausserh der Sache selbst liegen. Mangelfrei ist die Sache, wenn sie
10 der SollBeschaffenh (Rn 14) entspr. **a) Begriff.** Beschaffenh ist mit dem tats Zustd der Sache gleichzusetzen. Das umfasst die der Sache anhaftden Eigensch (zB neu od gebraucht, Größe, Gewicht, Alter, HerstellgsMat,
11 Motorkraft, HöchstGeschwindigk, Energieverbrauch). **b) Umfang.** Die NeuFassg zielt nicht darauf, die Gewl für SachM einzuschränken. Es liegt nahe, wg der auf Kauf u Mängel der Sache ausgerichteten spez Regelg der §§ 437–442 auch die äußeren Umstde, denen die Sache zwangsläuf unterliegt, als Beschaffenh anzusehen u diese VertrWidrigk nicht den RFolgen der PflVerletzg nach allg SchuldR (§§ 280 ff, 320 ff) zuzuweisen. Das bedeutet, dass zur Beschaffenh auch diejen tats, wirtsch u rechtl Bezüge gehören, die ihren Grd im tats Zustd der Sache selbst haben u ihr auf eine gewisse Dauer anhaften (BGH stRspr zB NJW **92**, 2564 mwN für § 459 aF). Das gilt nicht für Umstde in der Pers des Käufers (BGH **114**, 263 für § 459 aF).
12 **c) Praktische Folgerung.** Die bisher Rspr zum EigenschBegr (vgl HptBd § 459 Rn 20) wird nahezu ganz für die Beschaffenh zutreffen u kann für den neuen SachmBegr benutzt werden. Inwieweit die Praxis das im einzelnen übernimmt, ist abzuwarten.

13 **5) Vereinbarte Beschaffenheit** (I S 1). Darauf kommt es für das Vorliegen eines Sachm alleine an, wenn eine bestimmte Beschaffenh von den VertrPart vereinb wurde; ohne Rücksicht auf den allg Qualitätsstandard u auch dann, wenn eine Eigng nach Maßg v Abs I S 2 (Rn 20–39) nicht gegeben ist (Westermann NJW **02**,
14 241). **a) Beschaffenheit.** Darunter fällt jede Eigensch u jeder der Sache anhaftde tats, wirtsch od rechtl Umstd,
15 der vom Begr der Beschaffenh (Rn 10) umfasst wird. **b) Vereinbart** ist die Beschaffenh, wenn der Inhalt des KaufVertr von vorneherein od nachträgl (§ 311 I) die Pfl des Verk bestimmt, die gekaufte Sache in dem Zustd
16 zu übereignen u zu übergeben, wie ihre Beschaffenh im Vertr festgelegt ist (SollBeschaffenh). **aa) Inhalt.** Eine vom VertrInhalt erfasste Beschreibg der Beschaffenh der Sache genügt, im Ggs zu der für § 459 II aF erforderl Zusicherg (vgl BGH NJW **95**, 518). Das kann sich auf eine od belieb viele Eigensch beziehen. Sie müssen bestimmt sein. Es genügt die einfache Vereinbg, die BestdT des VertrInh geworden ist, idR dch eine verbindl Beschreibg des Zustds. Das muss keine Zusicherg (wie bei § 459 II aF) sein, die ihrerseits eine Garantie (§ 443)
17 begrden kann. **bb) Konkludent und stillschweigend** kann die Vereinbg zustdegekommen sein (§ 148
18 Rn 2), auch aus VerkehrsÜbg u HdlsBrauch (BGH NJW **96**, 836 für Zusicherg). **c) Form.** Ist der KaufVertr formbedürft, muss auch die BeschaffenhVereinbg von der Form erfasst sein. Heilt der Formmangel (§ 311 b I
19 S 2), erstreckt sich das auch auf die BeschaffenhVereinbg. **d) Genehmigungen,** die für den KaufVertr gesetzl notw sind (zB § 1821 I Nr 4), müssen sich auch auf die BeschaffenhVereinbg beziehen.

20 **6) Eignung zur vorausgesetzten Verwendung** der Sache (I S 2 Nr 1). **a) Anwendbar** nur dann, wenn eine Beschaffenh der gekauften Sache nicht vereinb wurde (Rn 15). Das ist oft der Fall. Vor allem bei alltägl übl KaufVertr wird eine bestimmte Beschaffenh nicht vereinb, sond von den Part bei VertrSchl vorausgesetzt. Ihre Aufmerksamk u ihre Vorstellg ist nicht auf bestimmte Eigensch der Sache gerichtet, sond darauf, dass sie für die dch den Kauf erkennb Verwendg geeignet ist. Abs I S 2 Nr 1 ist daher der prakt wichtigste Auf-
21 fangTatbestd zu Abs I S 1. **b) Voraussetzungen** dieses Sachm. Sie sind weitgehd ident mit dem Begr des Fehlers (§ 459 I S 1 aF). **aa) Vertrag.** Darin muss ausdrückl od stillschweigd eine bestimmte Verwendg der Kaufsache vorausgesetzt (Rn 20) werden. Es muss bei Abschl für den Verk erkennb geworden sein, dass der Käufer gerade diese Sache für eine bestimmte Verwendg erwerben will. Das ergibt sich idR ohne bes Erkl aus

dem allg VerwendgsZweck der Sache. **bb) Verwendung.** Sie muss von den Part vorausgesetzt worden sein. 22
Das geschieht, indem der Käufer bei VertrSchl den Zweck des Kaufs der Sache dem Verk zur Kenntn bringt u der Verk dem ausdrückl od stillschweigd zustimmt. Bsp: BauGrdst; Türen u Fenster festgelegter Größe für den Einbau; Lebensmittel für den gefahrl Verzehr innerh der HaltbkFr; LKW mit angegebener Ladekapazität; Computer mit notw SpeicherFähk; Original für eine GemäldeSammlg. **cc) Eignung** der Sache. Es darf inf 23
ihrer tats Beschaffenh bei bestimmgsgem Verwendg die Eigng nicht beseit od vermindert sein. Das kann auf dem tats (physischen) Zustd der Sache beruhen, auch auf den in ihrem Zustd begründeten tats, wirtsch od rechtl Beziehgen zu Umstden, die außerh der Sache liegen (vgl Rn 9). Bsp: neu oder gebraucht; öff-rechtl od priv Baubeschränkgen eines Grdst; fehlde ZulassgsFähk eines Kfz; nicht passdes ErsTeil; abweichdes Format von Bauteilen. **c) Praktische Folgerung.** Wg der weitgehden Übereinstimmg mit dem FehlerBegr des 24
§ 459 I aF kann die hierzu ergangene Rspr (Fehler bejaht od verneint) verwendet werden, da der GGeber mit Abs I S 2 Nr 1 keine inhaltl Änderg ggü § 459 I S 1 aF angestrebt hat. Inwieweit das die Gerichte im Einzelfall praktizieren, ist abzuwarten.

7) Eignung zur gewöhnlichen Verwendung (I S 2 Nr 2; S 3). **a) Anwendbar** nur, wenn weder eine 25
BeschaffenhVereinbg (I S 1) noch eine vertr vorausgesetzte Verwendg (I S 2 Nr 1) vorliegt. Nr 2 ist als weiterer AuffangTatBestd gestaltet. **b) Zweck.** Damit soll dem Art 2 II c u d der VerbrGüKRL entsprochen werden. 26
Die dort verwendeten Begr Qualität u Leistgen werden mit dem Begr Beschaffenh zusammen erfasst. **c) Voraussetzungen.** Es ist zu untersch: **aa) Gewöhnliche Verwendung.** Sie ist obj aus der Art der Sache 27
abzuleiten u aus den Verkehrskreisen,denen der Käufer angehört, insb ob er erkennb Verbr (§ 13) ist od als Untern (§ 14) für einen gewerbl, insb für einen berufl Zweck kauft. Bsp: Kleidg für priv Zweck od Beruf; Wohnwagen für ÜbNachtg; Geländewagen für Jäger; EDV-Anlage für ein bestimmtes Untern; Werkzeugmaschine für Handwerker; Software für Arzt; Geschirrspülmaschine für Haush. **bb) Eignung** der gekauften 28
Sache: wie Rn 23. **cc) Beschaffenheit:** wie Rn 9. Die Sache muss die SollBeschaffenh aufweisen, was bedeutet, dass sie der gekauften Sache auf Dauer (für angem Zeit) anhaften muss. **dd) Vergleichsmaßstab** ist 29
die übl Beschaffenh bei Sachen gleicher Art, dh bei Sachen (auch and Hersteller) mit demselben Qualitätsstandard, zB HerstellgsMaterial, Autoklasse, Lebensmittelkategorie, Gerätefunktion. Das gilt auch für gebrauchte Sachen, insb Kfz, für die es zB auf km-LaufLeistg, Baujahr u SoAusstattg ankommt. **ee) Erwartung** des 30
Käufers. Hierbei ist auf den Durchschnittskäufer abzustellen, nicht auf im Einzelfall überzogene Anspr des jeweil Käufers, auch wenn sie vor dem KaufAbschl für den Verk erkennb waren. Ein solcher Käufer, der höhere Anfdgen stellt, muss die gewünschte od zu hoch geschraubte Beschaffenh mit dem Verk nach Abs I S 1 vereinb.
d) Öffentliche Äußerungen (I S 3) des Verk, des Herstellers od Geh erweitern die Soll-Beschaffenh der 31
Eigng zur gewöhnl Verwendg (Rn 28) um solche, die an sich nicht zu einer derart Beschaffenh gehören.
aa) Zweck. Der Verk soll auf diese Weise an die (zusätzl) Eigensch gebunden werden, die er, sein Lieferant od 32
ein Geh öff der verk Sache zugeordnet hat; der Käufer, der die Anpreisg ernst nehmen darf, kann die bestimmte Eigensch auch erwarten (Rn 30). **bb) Anwendbar:** nur im Fall des Abs I S 2 Nr 2 (Rn 25), weil allein darauf 33
bezogen ist. **cc) Voraussetzungen.** Das sind: **(1) Äußerungen** in jeder Form: mdl, schriftl, dch gedruckte od 34
elektron Medien. **(2) Öffentlich** muss die Äußerg abgegeben sein, dh auch dch unbeteil Dr wahrnehmb. Das ist bei Aufn in Druckschriften u im Internet immer gegeben, wohl auch bei Verteilg v MassenDrucks.
(3) Werbung: jede Form, zB ZeitgsAnz, Werbespot, mdl Erkl iR einer VerkVeranstaltg. **(4) Kennzeichnung** 35
der Sache, insb in Katalogen, dch Aufdruck od allg beigebener WarenBeschreibg. Darunter fällt nicht die GebrAnweisg. **(5) Ausgehen** muss die Äußerg (Rn 34) vom Verk, seinen Geh od v dem Hersteller der Sache 36
(legal definiert dch die Verweisg auf § 4 I, II ProdHaftG) ohne Rücks darauf, ob er den Verk direkt od üb and Pers (insb Zwischenhändler) beliefert. Auch deren Werbg wirkt auf den Inhalt des KaufVertr üb den Endabsatz, auch wenn der Verk sie sich nicht zu eigen gemacht hat (Boerner ZIP **01**, 2264/6). Gehilfen (nicht notw ErfGeh, Westermann NJW **02**, 241/5) sind nicht nur die MitArb des Verk od Herstellers, sond auch beauftragte Dr, zB die Werbeagentur. Der Geh kann auch, muss aber nicht, Vertreter sein. **(6) Erwartung** bestimmter 37
(konkret bezeichneter) Eigensch dch den Käufer. Die öff Äußerg muss so sein, dass sie geeignet ist, die Erwartg bei einem dchschnittl Käufer hervorzurufen. **dd) Ausnahmen.** (Bewl: Verk). Die öff Äußerg wirkt sich nicht 38
auf den Umfang der Beschaffenh aus bei: **(1) Unkenntnis** des Verk (ggf des ges Vertr) v der öff Äußerg ist insb mögl, wenn sie von einem Gehilfen od v Hersteller stammt. **(2) Nichtkennenmüssen** bedeutet, dass die Unkenntn nicht auf Fahrlk beruht, u zwar auf jeder (§ 276 II), nicht nur auf grobfahrläss. **(3) Berichtigung** 39
einer inhaltl falschen Äußerg zur Beschaffenh der Kaufsache, u zwar ggü dem Käufer vor VertrSchl. Gleichwert Weise: mit demselben WirkgsGrad, zB eine Rückrufaktion. Das müsste beim VerbrGKauf (§ 474) ebenf eine der Ausn darstellen (vgl Art 2 IV 3. Fall VerbrGüKRL). **(4) Fehlender Einfluss** der öff Äußerg für den Entschl, die betreffde Sache zu kaufen. Es ist auf den inneren Vorgang beim Käufer abzustellen. Nicht beeinflussen konnte: das ist nicht nach einer im konkr Fall fehlden Ursächlk (§ 119 Rn 31) zu messen, sond daran, dass ein Einfluss auf die KaufEntscheidg ausgeschl ist. Das ist schwieriger zu beweisen als fehlde Kausalität.

8) Montagemängel (II S 1). DieVorschr setzt zwar die VerbrGüKRL um, gilt aber für alle KaufVertr, 40
sofern die Montage der gekauften Sache vereinb wird. Die wirtsch Bedeutg ist erhebl, da vor allem bei techn GebrGütern, insb Maschinen die Montage nach Antransp oft von darin versierten Pers ausgeführt werden muss. Dch Abs II S 1 wird die vereinb Montage (früher idR NebenPfl) zur HauptPfl der vertrgem Erf (Rn 5) des einheitl KaufVertr (BGH NJW **98**, 3197). **a) Anwendbar:** nur wenn die Montage vom Verk vertragl 41
übern u dchgeführt wird, auch wenn die Montage so umfangreich ist, dass sie den Wert der gekauften, unmontierten Sache übertrifft. Abgrenzg zum WerkVertr: § 651 Rn 4. **b) Begriff** der Montage: alle zum 42
vertr vorausgesetzten Gebr der Kaufsache notw Handlgen, insb Zusammenbau v EinzelTen, Anschluss, Aufstellg, Einbau am vereinb Ort. **c) Voraussetzungen** für einen Sachm sind: **aa) Vereinbarung** (BestdT 43
des KaufVertr) dahingehd, dass der Verk die Montage vorzunehmen hat. **bb) Durchführung** der Montage. Sie muss v Verk, seinem Personal od einem Dr als ErfGeh (wie § 278 Rn 7) vorgen u beendet sein.
cc) Mängel. Dazu gehören alle Fehler der Montage selbst, aber auch die Fälle, in denen die gelieferte Sache 44
dch fehlerh Montage unbrauchb wird, zB dch einen falschen Anschl, der Teile eines techn Geräts beschäd.
d) Rechtsfolgen. Sie richten sich nach KaufR, nicht nach WerkVertrR, also nach den §§ 437–441.

45 **9) Mangelhafte Montageanleitung** (II S 2). Dient primär der Umsetzg des Art 2 V S 2 VerbrGüKRL,
gilt aber für alle KaufVertr. Damit sollen primär die immer häuf werdden KaufVertr erfasst werden, bei denen
zur KostenErsparn der Käufer die Montage (insb den ZusBau) selbst dchführt, zB Möbel u solche techn
46 Geräte, die zur Lagerg u zum Transp raumsparend verpackt sind. **a) Anwendbar** auch, wenn der Verk mit
der Anleitg des Herst od Vorlieferanten montiert, selbst wenn im KaufVertr die Montage dem Käufer
übertragen ist (Westermann NJW **02**, 441/4). Das kann stillschw vereinb sein, wenn die tats Umstde das
nahelegen, zB bei verpacktem Gerät. Abs II S 2 gilt auch im Verh Verk zu seinem Lieferanten, weil dieser
47 KaufVertr zwar nicht auf Montage, aber auf WeiterVerk mit MontageAnleitg gerichtet ist. **b) Begriff** der
Montage: wie Rn 42. **c) Voraussetzungen** für einen Sachm sind: **aa) Zur Montage bestimmt** ist die
Kaufsache, wenn für den bestimmgsgem Gebr der ZusBau der EinzelTe, eine Aufstellg, ein Einbau od ein
48 Anschluss notw ist. Das muss bei VertrAbschl der Käufer wissen od erkennen müssen. **bb) Montagean-
leitung.** Sie wird vom GGeber in allen Fällen erforderl Montage vorausgesetzt. Fehlt sie, gilt Abs I S 2 Nr 2
(vgl Haas NSchR Kap 5 Rn 122). IdR ist sie als Drucks gestaltet, kann aber auch mdl erfolgen. Sie muss in
der Sprache verfasst sein, die im KaufVertr vorausgesetzt wird. Auf Gebr- und BedienungsAnweisgen nicht
49 anwendb (vgl Boerner ZIP **01**, 2264; aA AnwK/Büdenbender 19). **cc) Mangelhaftigkeit** der Anleitg. Das
ist aus dem ErwartgsHorizont des Käufers abzuleiten. Dabei ist vom Verk auch zu berücks, in welcher Sprache
od mit welcher Kenntn v Zeichen beim Käufer das nöt Verständn zu erwarten ist. Ein Fehler kann sich aus
einer Unvollständigk ergeben od wenn eine Anweisg missverständl ist. Ungeeignet ist eine Anleitg jedenf
50 dann, wenn sie sich auf eine and Sache, zB einen and od früheren Geräte-Typ bezieht. **dd) Kausalität.** Die
vom Käufer vorgen unsachgem Montage muss auf die fehlerh, insb ungeeignete Anleitg zurückzuführen sein.
Montagefehler, die bei einer fehlerfreien u geeigneten Anleitg allein vom Käufer verurs wurden, fallen natürl
51 nicht unter die Gewl. **d) Fehlerfreie Montage** (gleichgültig dch wen) führt trotz fehlerh od ungeeigneter
Anleitg zur vertrgem Erf. Als AusnTatbestd („es sei denn") trägt der Verk die Bewl.

52 **10) Falschlieferung** (III 1. Alt). Lieferg eines aliud ist begriffl kein Sachm, sond ist ihm nur gleichgestellt u rechtl ebso zu behandeln. Ob beim Stückkauf im Fall der Lieferg einer and Sache zw IdentitätsM (mit primärem ErfAnspr, nicht § 437) u QualitätsM (§ 437) untersch werden muss (Canaris S XXIII), ist wg der Absicht des GesG mind zweifelh (vgl Haas NSchR Kap 5 Rn 124). Anders als bei dem aufgehobenen § 378 HGB kommt es nicht darauf an, ob die Abweichg genehmiggsfäh ist. Unerhebl Abweichgen fallen unter § 323 V S 2 u schließen nur den Rücktr aus, nicht die and Re des § 437. Ob eine FalschLieferg vorliegt, ist nach demVertrZweck zu beurt, der vereinb od dem Verk bekannt ist (BGH NJW **97**, 1914 mwN). Es muss eine andere Sache als die gekaufte (aliud) geliefert sein. Das ist beim Stückkauf (Einf 6 vor § 433) die fehlde Identität, entspr beim GattgsKauf (§ 243), auch wenn die GattgsSchuld beschränkt ist (§ 243 Rn 7). Dabei ist auf die gemeins Merkmale (zB KfzTyp, Warensorte, uU der Preis) abzustellen. Maßgebd ist vor allem die Vereinbg der Part üb den KaufGgstd. Ein Gattgskauf liegt insb vor, wenn vertretb Sachen (§ 91) verk sind.

53 **11) Mengenfehler** (III 2. Alt) erfasst nur die Mindermenge. Die jeweil verkaufte Menge richtet sich in erster Linie nach Stück u Gewicht. Wird eine zu große Menge geliefert, ist nach allg SchuldR abzuwickeln. Der Verk kann keinesf den Kaufpr für die zuviel gelieferte Ware verlangen, auch wenn der Käufer sie ledigl behält u den Verk auf die MehrLieferg nicht aufmerks macht. Voraussetzungen sind: Die Lieferung muss ausgeführt sein, sich auf die vollständ Erf des KaufVertr beziehen u v Verk nicht als TeilLeistg (§ 267) bezeichnet sein (Haas NSchR Kap 5 Rn 27). Problemat ist die Abgrenzg zur TLeistg mit den RFolgen des § 323 V (Canaris S XXII). Unter Lieferg ist die Handlg zu verstehen, die der Verk vorgen hat, um seine ÜbergPfl aus § 433 I S 1 zu erfüllen. Die Abweichung ist bei Mengenfehlern insb nach Stück und Gewicht zu beurt. Beim GattgsKauf fällt eine Abweichg von vereinb Größe u best Abmessgen der Sache (zB Türen u Fenster) idR unter Abs I S 1 od ausnw unter den Begr der and Sache (aliud, Rn 52).

54 **12) Rechtsfolgen** bei Falschlieferg (Rn 52) u Mengenfehlern (Rn 53). **a) Verhältnis zum Erfüllungs-
anspruch.** Wg der Gleichstellg (Rn 52) bestehen die Anspr wie bei Sachm (§§ 437–441). Sie gehen ab
GefÜberg als SpezialRegelg den Vorschr des allg LeistgsStörgsR (§§ 280 ff) vor. Diese gelten bis zum Gef-
55 Überg (§§ 446, 447). **b) Nacherfüllungsanspruch** (§ 437 Nr 1, § 439). Er richtet sich beim Stückkauf auf
Lieferg der verk Sache, beim Mengenfehler auf die Lieferg des fehlden Restes, beim GattgsKauf, wenn and
Sachen geliefert wurden, auf die richt Sachen im mangelfreien Zustd. NachErf kann insb beim Stückkauf
(Einf 6 vor § 433) wg Unmöglk ausgeschl sein (§ 439 Rn. 15). Dann bestehen die weiteren Re des Käufers,
56 näml Rücktr, Minderg u SchadErs (§ 437 Nr 2 u 3). **c) Unerhebliche Abweichungen** berecht den Käufer
grdsl in gleicher Weise, wie wenn sie erhebl wären. Untersch werden muss nur für den Rücktr üb §§ 437
Rn 29, 323 V S 2; er ist bei unerhebl PflVerletzg ausgeschl. Unerhebl ist mit geringfüg (Art 3 VI Verbr-
GüKRL) gleichzusetzen. Das ist nach Lage des Einzelfalls zu entsch.

57/59 **13) Beweislast.** Sie ist bewusst nicht geänd worden. Es verbleibt bei der prinzipiellen Regel des § 363 (hM; Erm/Grunewald § 459 Rn 33 mwN). Das bedeutet: Der Verk trägt die Bewl für seinen Anspr auf den Kaufpr, näml die vertrgem Freih v SachM bei GefÜberg (Lieferg). Danach muss der Käufer den aufgetretenen SachM beweisen u dass dieser bei GefÜberg vorlag. Verweigert der Käufer die Ann wg Mangelhaftk, so muss der Verk beweisen, dass die angebotene Sache frei v SachM war. Nach Ann (§ 363) ist der Käufer beweisbelastet (allgM), der Verk nur dann, wenn er eine and BeschaffenhVereinbg (Rn 13) behauptet.

60 **14) Grundstücke.** Die Bsp sind der Rspr zu § 459 aF entnommen. **a) Beschaffenheit. aa) Zu bejahen:**
61 Größe u Lage, Wohnfläche (BGH NJW **91**, 912; vgl § 633 Rn 10). **(1) Baubeschränkungen.** Bebaubark
ausgeschl od beschränkt, insb dch öff BauR (BGH stRspr **117**, 159 mwN), zB inf einer Baulast (Düss NJW-
RR **92**, 87), einer Stellplatzauflage (Karlsr NJW **92**, 1104), ausgeschl od beschr Benutzbk v Räumen (BGH
NJW **01**, 65), baurechtswidr Zustd ohne zuverläss Aussicht auf künft behördl Duldg (BGH NJW-RR **87**, 457
mwN); Bebaubk v NachbGrdst (BGH NJW **93**, 1323); fehlde BauGen für Gbde od -teile (Hamm NJW-RR
97, 47); mögl behördl Untersagg der Benutzg (BGH NJW **91**, 2138 u **87**, 2511); bestehder Denkmalschutz
62 (Saarbr NJW-RR **96**, 692 mwN). **(2) Bodenbeschaffenheit,** insb Bodenverunreinigg als Altlast (Karlsr
NJW **95**, 1985), hierfür der bloße Verdacht (Mü NJW **95**, 2566 u NJW-RR **99**, 455; Düss NJW **96**, 3284),

zB wilde Müllkippe (BGH NJW **91**, 2900); frühere Werksdeponie (BGH NJW **95**, 1549); Höhe des Grundwasserspiegels (BGH NJW **93**, 1643). **(3) Gebäudezustand:** Beseit Schwammbefall mit Verdacht des Wiederauftretens (BGH NJW-RR **87**, 1412); Funktion der Heizg (Hamm NJW-RR **00**, 651); Baujahr eines Hauses (Schlesw MDR **77**, 929); baurechtl Bewohnbk eines Hauses (BGH NJW **91**, 2556). **(4) Immissionen:** bei WohnGrdst andauernde erhebl GeruchsBelästigg (BGH NJW-RR **88**, 10); Lärm einer Flugschneise (Köln NJW-RR **95**, 531). **(5) Vermietung:** zuläss erzielb od erzielter Ertrag (BGH NJW **98**, 445), auch bei preisgebundenem WoRaum (BGH NJW **89**, 1795); Dauer eines bestehden MietVerh (BGH NJW-RR **90**, 970). **bb) Zu verneinen:** bei Gbden Fehlen der behördl SchlussAbn (Hamm NJW-RR **00**, 1184); frühere Benutzg als Bordell (Hamm NJW-RR **00**, 1183); fehlder Ausschl der gewerbl Nutzg and Wohngen (Hbg NJW-RR **89**, 1497); gezieltes Störverhalten and WoEigt (Düss NJW **97**, 1079); ständ Vermietbk u Belegg eines Fremdenheims (RG **148**, 286); Jahresbierumsatz einer Gaststätte (BGH NJW **90**, 1658); GrdErwerbssteuerFreih (Köln NJW **93**, 784); mit dem Erwerb verbundene Steuervorteile (BGH **114**, 263); Bestehen u Entstehen v Anlieger- u ErschließgsKosten (BGH NJW **93** 2796 mwN). **b) Vereinbarung** einer Beschaffenh: **aa) Zu bejahen:** Angabe eines best Mietertrags (BGH NJW **93**, 1385) od einer ca-Größe des Grdst (Düss NJW-RR **96**, 693 mwN); vom Verk versicherte Erteilg einer behördl Gen (BGH NJW **98**, 535); Angabe eines best Umfangs der Bebaubk (BGH NJW-RR **87**, 1158). **bb) Zu verneinen:** Bezeichng als BauGrdst für einwandfreie Bodenbeschaffenh (BGH NJW **88**, 1202); Angabe des MietErtrags, wenn der Käufer and Vorstellgen vom Wert des Grdst hat (BGH NJW **90**, 902); die Erkl des Verk, ihm seien versteckte Mängel nicht bekannt (BGH NJW-RR **92**, 333); Veränderg dch NaturEreign (Schlesw NJW **01**, 1073). **c) Eignung** zur vorausgesetzten od gewöhnl Verwendg (I S 2 Nr 1 u 2): ObjektBeschreibg im Makler-Expose als Werbg kann für die beschriebenen Eigsch vom Käufer erwartet werden gem Abs I S 3. Die Fälle verneinter Vereinbg (Rn 68) können im Einzelfall unter Abs I S 2 Nr 1 od 2 subsumiert werden (Celle MDR **97**, 926 verneint Zusicherg gem § 459 II aF).

(Margin numbers: 63 at "derauftretens", 64 at "Hauses (Schlesw", 65 at "(Köln NJW-RR 95", 66 at "970).", 67 at "u Entstehen", 68 at "Angabe eines best Umfangs", 69 at "c) Eignung")

15) Kraftfahrzeuge. Die Bsp sind der Rspr zu § 459 aF entnommen. Im Grds ist ein Kfz nur frei v SachM, wenn es keine techn Mängel aufweist, welche die Zulassg (TÜV) hindern sowie die GebrFähk aufheben od beeinträcht. Das gilt nur dann nicht, wenn beim Kauf Mängel offengelegt od vorausgesetzt werden. **a) Beschaffenheit** (zu bejahen). **aa) Neuwagen:** Marke mit Typ (BGH NJW **91**, 1880). Herkunft aus best Serie u Fehlen techn Verändergen (Düss NJW **71**, 1138); Ausstattg mit Beifahrer-Airbag (Kblz MDR **94**, 740); Rostflecken u LackSchad (BGH BB **67**, 1268); Dauer der Lagerg (Kblz NJW-RR **97**, 430); serienbedingte Dröhngeräusche eines KleinFahrz (Köln NJW-RR **91**, 1339); fabrikneu ohne od mit ÜbFührg (BGH NJW **00**, 2018); unveränd Fortbau des Modells u Fehlen standzeitbed Mängel (BGH aaO u NJW **80**, 1097 u 2127); Ausrüstg mit ABS (BGH NJW **95**, 518); **bb) Gebrauchtwagen:** Baujahr (BGH NJW **79**, 160 für § 119 II); unfallfrei (BGH NJW **82**, 435); tats LaufLeistg des Motors entspr dem Tacho-Stand (BGH NJW **75**, 1693; Düss NJW-RR **00**, 505); Originalrahmen bei Motorrad-Liebhaberkauf (Karlsr NJW-RR **93**, 1138); UnfallSchad (Düss NJW-RR **97**, 2590); Ausrüstg mit typgerechtem Motor (BGH NJW **83**, 1424); Austauschmotor (BGH BB **69**, 1412); Dauer der Herstellergarantie (BGH NJW **96**, 2025); Datum der ErstZulassg (BGH NJW **92**, 170); Hubraum u Motorstärke (BGH NJW **81**, 1268); der TÜV-HauptUnters entspr Zustd (Hamm NJW **99**, 3273); Zustd als werkstattgeprüft (BGH **87**, 302); fahrbereit als sof gefahrlose Benutzg (BGH NJW **93**, 1854); generalüberholt od überholt (Karlsr OLGZ **79**, 431); Zahl der Vorbesitzer (Köln VersR **74**, 584); techn einwandfreier Zustd (BGH NJW **78**, 2241); bei Oldtimer gebräuchl ZustdsNote (Ffm NJW **89**, 1095) u restauriert (Köln NJW-RR **98**, 128). **b) Keine Beschaffenheit. aa) Neuwagen:** KurzzeitÄnd des Motorgeräuschs (Düss NJW-RR **97**, 1211; Eintragg eines VorEigt im KfzBrief (Karlsr NJW **71**, 1809); Herkunft aus VorratsProd (BGH NJW **80**, 1097 mwN); Einstellg der Prod eines best Typs (aA Celle BB **70**, 9); **bb) Gebrauchtwagen:** normale VerschleißErscheingen (Kblz MDR **86**, 316), auch wenn sie nicht der FahrLeistg entspr (BGH NJW **84**, 1454); bei Unfallwagen die Umstde des Unfalls (BGH NJW **83**, 2242). **c) Vereinbarung** einer Beschaffenh (Abs I S 1), auch ohne ausdrückl Erkl des Verk. **aa) Neuwagen. (1) Zu bejahen:** Verkauf als solcher bedeutet fabrikneu (Rn 71; BGH NJW **00**, 2018) mit voller HerstGarantie (Düss NJW-RR **93**, 57) u techn neuester Stand (Zweibr NJW-RR **98**, 1211), außer ÜbFührg (Stgt MDR **00**, 1315) noch nicht gefahren u nicht länger als 1 Jahr gestanden (Ffm NJW-RR **98**, 1213 mwN), keine nicht völl unerhebl Schäd, wenn auch behoben (BGH NJW **80**, 2127). **(2) Zu verneinen:** noch nicht auf eine and Pers ohne Benutzg zugelassen (aA Dresd NJW **99**, 1036; Naumb NJW-RR **01**, 461); Herkunft aus LagerBestd (BGH NJW **00**, 2018). **bb) Gebrauchtwagen. (1) Zu bejahen.** Bezeichng dch Händler als TÜVneu bedeutet, die HauptUnters sei od werde noch vom Verk dchgeführt u der Zustd entspreche dem (BGH **103**, 275); ebso bei incl TÜV (Hamm NJW **99**, 505); Bezeichng dch Händler als fahrbereit (BGH NJW **93**, 1854) od techn einwandfrei (Saarbr MDR **98**, 1028), Marke u Typ, folgl typgerechter Motor des Herst (BGH NJW **83**, 217 u **85**, 967); Angabe der FahrLeistg im Vertr od auf Beschriebzettel (BGH NJW **75**, 1693; Düss NJW-RR **00**, 505); techn Daten auf dem VerkSchild (BGH NJW **81**, 1228). **(2) Zu verneinen.** Bezeichng als einwandfrei od in Ordng (Hamm NJW-RR **97**, 429); für Verk-Sicherh des Fahrz bei Angabe TÜVneu (Mü NJW-RR **98**, 845); bei einschränkder Erkl, zB soweit bekannt (Köln NJW **99**, 2601); die Erkl, Fahrz sei aus zweiter Hand, dass es nicht mehr als 2 VorBes habe (Düss NJW-RR **00**, 504); die Angabe eines best Schad führt nicht zur Vereinbg, and Schäd seien nicht vorhanden (umstr; offengelassen v BGH NJW-RR **87**, 436). **d) Eignung** zur vorausgesetzten od gewöhnl Verwendg (Abs I S 2 Nr 1 u 2). **aa) Zu bejahen** bei Verk zum ListenPr ist ein Neuwagen vorausgesetzt (LG Bln NJW **76**, 151); Angabe einer GesFahrLeistg in einer ZeitgsAnz (Abs I S 2 Nr 2, S 3; Köln NJW-RR **90**, 758); bei Geländewagen funktionsfäh Allradantrieb (Köln VersR **94**, 110). **bb) Zu verneinen:** Fehlen einer einz techn Neuerg der letzten Bauserie (KG NJW **69**, 2145, abl Anm v Weber NJW **70**, 430).

(Margin numbers: 70 at "15) Kraftfahrzeuge", 71 at "werden. a) Beschaffenheit", 72 at "1097 u 2127", 73 at "(Ffm NJW 89", 74 at "Celle BB 70", 75 at "83, 2242", 76 at "mwN), keine", 77 at "Herkunft aus LagerBestd", 78 at "1228). (2)", 79 at "offengelassen")

16) Computer (EDV); setzt im Einzelfall einen Sachkauf voraus (§ 433 Rn 8). **a) Beschaffenheit. aa) Zu bejahen: (1) Hardware.** Sie muss ein zulängl Mengengerüst für die zugleich gelieferte Software aufweisen (Mü NJW-RR **88**, 436); ungestörter Programmablauf (BGH **102**, 135), auch hinsichtl einzelner Funktionen (Köln NJW-RR **93**, 1140); unterbleiben regelmäß Programmabstürze (Köln NJW-RR **98**, 1353); bei Kassenanlage fortlaufder Ausfall v notw Karten (Köln NJW-RR **97**, 1414); Befall mit Computer-Viren uU (LG Regensb NJW-RR **98**, 1353); Speicherkapazität eines PC (Köln NJW **91**, 2156); Inkompata- 80

bilität v Festplatte u Controller (Köln NJW-RR **97**, 557); Originalprodukt eines best Herst (Oldb CR **89**,
81 107). **(2) Software.** Für FinanzBuchhaltgsProgr ÜbEinstimmg mit dem BiLRiLiG (Hamm NJW-RR **95**,
82 941); Programmsperre (Celle NJW-RR **93**, 432). **bb) Zu verneinen:** Geräuschpegel innerh der Toleranzwerte (Köln NJW **93**, 3143); Programmsperre, die Nutzg nicht beeinträcht (Celle CR **94**, 217); Fehlen einer schriftl BediengsAnleitg (BGH NJW **93**, 461: teilw NichtErf); Aufwand für WeiterVerarbeitg v Daten (Köln
83 NJW **92**, 1772); 3–4 Je zurückliegdes BauJ v EinzelTen (Düss NJW **93**, 3142). **b) Vereinbarung** einer Beschaffenh (Abs I S 1). **Zu bejahen:** hervorgehobene Angabe voller Quell-Code-Kompatibilität (Ffm NJW-RR **97**, 555). **Zu verneinen:** Bezeichng als überarbeitete X-Lösg für neuesten TechnStand (BGH NJW **96**, 1465); Ankündigg, es könne ohne Anleitg u Schulg gearb werden (Düss NJW-RR **99**, 563).

84 **17) Maschinen, Geräte, Schiffe. a) Beschaffenheit. aa) Zu bejahen:** das Alter od BauJ (BGH BB **81**, 12); AusstellgsStück statt fabrikneu (Hamm MDR **83**, 576); öff-rechtl Beschränkgen des Gebr (BGH **90**, 198); Erf u Abweichg v Schutz- u SicherhVorschr (BGH NJW **85**, 1769; Kollmer NJW **97**, 2015) sowie von DIN-Normen (Mü NJW-RR **92**, 1523); ErfassgsKapazität eines Prüfgeräts (BGH NJW **96**, 1962); Beweglk eines Mobilbaggers (BGH NJW-RR **95**, 364); Indikationsbreite eines mediz Geräts (BGH **16**, 54); gebraucht, kaum gebraucht, fast neu, neuwert (BGH NJW **59**, 1489); generalüberholt (BGH NJW **95**, 955); Rostnarben
85 am Jagdgewehr (Köln NJW-RR **98**, 1521). **bb) Zu verneinen:** Zustd der Verpackg (BGH WM **83**, 1155); baul Gegebenh des AufstellgsOrts (BGH NJW **85**, 2472); steuerl Vorteile (BGH **111**, 75); beschr Versicherbk
86 eines Tresors (BGH NJW **84**, 2289). **b) Vereinbarung** einer Beschaffenh (Abs I S 1). **aa) Zu bejahen:** Bezeichng als fabrikneu bedeutet neu hergestellt u ungebraucht, Lagerg u BauJ unerhebl (Ffm OLGZ **70**, 409). **bb) Zu verneinen:** Erkl des Verk, die Maschine könne an einem best Platz aufgestellt werden (BGH NJW **62**, 1196), bei einer neuen Maschine, dass sie keine Fehler habe (Köln NJW-RR **98**, 488).

87 **18) Lebensmittel. a) Beschaffenheit:** nicht ausräumb VerseuchgsVerdacht (BGH **52**, 51); Verpackgs-Mängel, wenn davon Verkaufbk od Verderb abhängen (Zimmer BB **88**, 2192); überschrittenes MindHaltbk-
88 Datum (Michalski/Riemenschneider BB **93**, 2097 mwN). **b) Andere Sache:** Glykolversetzter Wein statt Auslese (BGH NJW **89**, 219); Ware, die nicht der EG-AgrarO entspr, obwohl vereinb (BGH NJW **86**, 659).

89 **19) Möbel.** Beschaffenheit: Zu bejahen: erhebl Formaldehyd-Konzentration im Schlafzimmerschrank (Stgt NJW-RR **92**, 187). Zu verneinen: AusstellgsStück, das fabrikneu aussieht (Düss NJW-RR **91**, 1464); zukünft Lieferbk v ErweitergsT (Köln NJW-RR **93**, 823).

90 **20) Sonstige Sachen** (Bau)Stoffe, Öl, chem Mat. **a) Beschaffenheit:** Zu bejahen: Wasserfestigk bei Wasserbauklinkern BGH NJW-RR **96**, 951). Sterilität v Labormaterial (BGH NJW-RR **91**, 1401); Festigk v Klebematerial (BGH NJW **81**, 1269); ReinhGrad v Edelsteinen (Mü OLG **22**, 224). Zu verneinen:
91 BeschlagnGef bei Öl (BGH NJW **91**, 915); ZollFreih der Ware (BGH NJW **94**, 2230). **b) Vereinbarung** (Abs I S 1). **aa)** Zu bejahen: Mitt eines VersuchsErgebn iVm dem Rat, einen best Lack zu verwenden (BGH **59**, 158). **bb)** Zu verneinen: bei öff Versteigerg die aus dem Pfandbuch übern Beschreibg (BGH **96**, 214); Patentschutz einer ausländ Ware führt nicht zu vereinb Patentschutz der verk Ware im Inland (BGH NJW **73**, 1545); Weitergabe einer Information als solche eines Dr (Celle NJW-RR **01**, 136).

92 **21) Kunstwerke und Antiquitäten.** Lit: Braun WM **92**, 893 mwN. **a) Beschaffenheit. aa)** Zu bejahen: Echth (BGH NJW **80**, 1619 u **93**, 2103 mwN; Hamm NJW **87**, 1028); Herkunft aus einer best Manufaktur; StilmöbelNachfertigg aus späterer Zt (Ffm NJW **82**, 651); Original einer Standuhr (Hamm NJW **87**, 1028); fachgerechte Restaurierg (LG Gieß NJW-RR **96**, 429); Zuordng als Werk eines best Künstlers dch einen SachVerst (BGH NJW **72**, 1658; Flume JZ **91**, 633); Provenienz eines Orientteppichs (Kblz MDR **87**, 322). **bb)** Zu verneinen: unricht Expertise für ein priv verk Bild (Hamm NJW **95**, 2640); Wert eines Kunstwerks
93 (vgl Flume JZ **91**, 633). **b) Vereinbarung** (Abs I S 1): zu bejahen: Hinw auf Signatur iVm Kaufpr insb im Kunsthandel (v.Westerholt/Graupner NJW **78**, 794); Überg einer EchthBestätigg (BGH NJW **95**, 1673); od Expertise (Hamm NJW **95**, 2640); Beschreibg in Auktionskatalog zweifelh (BGH NJW **80**, 1690).

94 **22) Druckwerke und Sammelobjekte.** Beschaffenh zu bejahen für Gummierg einer postfrischen Briefmarke (LG Aach MDR **81**, 845); Katalogwert einer BriefmarkenSammlg (Stgt NJW **69**, 610); inhaltl Richtigk eines AnleitgsBuchs (BGH NJW **73**, 843). Zu verneinen: idR unerwünschte Tendenz eines Buches (BGH NJW **58**, 138).

95 **23) Unternehmen.** Als sonstiger Ggstd eines Kaufs iS des § 453 ist für SachM des Untern der § 434 entspr anzuwenden, jedenf soweit Sachen zum Untern gehören. Die Abgrenzg zum RMangel (§ 435) ist flüss u schwier, aber wg § 433 I S 2 iErg unerhebl. RMängel einzelner Ggstde können Sachm des Untern sein. Als Beschaffenh des Untern sind einzuordnen (vgl Gronstedt/Jörgens ZIP **02**, 52), beträchtl FehlBestde an Material u ArbMitteln (BGH NJW **79**, 33); Brauchbk u kaufm Verwertbk des entwickelten VerkProdukts (BGH WM **78**, 59); bei Steuerberaterpraxis nicht aufgearb Rückstde, für die eine Vergütg entfällt (Karlsr BB **74**, 1610); Nichtbestehen u Unübertragbk v MietVerh (BGH NJW **70**, 566); ErtragsFähk (BGH NJW **95**, 1547); Umsatz u Reinertrag (BGH NJW **77**, 1538; bestr); Bewertg in zurückliegden JAbschlüssen (Düss NJW-RR **93**, 377 mwN); Höhe der bestehden Verbindlk (BGH WM **79**, 944); wesentl Eigensch eines maßgebden MitArb (BGH NJW **91**, 1222).

96 **24) Tiere.** Dch das SMG sind die SoRegeln des Viehkaufs (§§ 481–492) als überholt u reformunfäh aufgehoben. Der Kauf von Tieren unterliegt dem allg KaufR, auch hinsichtl der VerjFrist. Der GesG geht davon aus, dass bei den modernen wissensch Methoden auch nachträgl zuverläss festgestellt werden kann, ob ein aufgetretener Mangel zZ des GefÜberg vorlag. Angesichts der BewlVerteilg (Rn 57–59) seien auch die langen VerjFr hinzunehmen. Beschaffenh (Abs I S 1 u 2) betrifft den GesundhZustd des Tieres hinsichtl jeder Art v akuter Krankh od Infektion, allg ausgedrückt: gesundheitl Mängel (vgl BGH NJW-RR **88**, 1010); die Abstammg; Eintragg im Zuchtbuch; best GebrMöglk u Fähigk (Turnierpferd, Traber, Rennpferd); Trächtk (Karlsr NJW-RR **87**, 1397). Angaben u Beschreibg im Auktionskatalog können als öff Äusserg unter Eigng (Abs I S 2 Nr 2, S 3) fallen. Für Abs I S 1 (vereinbart) kommt es auf den Einzelfall an.

435 *Rechtsmangel.* **Die Sache ist frei von Rechtsmängeln, wenn Dritte in Bezug auf die Sache keine oder nur die im Kaufvertrag übernommenen Rechte gegen den Käufer geltend machen können. Einem Rechtsmangel steht es gleich, wenn im Grundbuch ein Recht eingetragen ist, das nicht besteht.**

1) Allgemeines. Der RMangelBegr (§ 434 aF) ist im wesentl derselbe geblieben. And ist das bei den RFolgen. Währd früher ein RMangel die Folgen der NichtErf ausgelöst hat (§§ 440, 441 aF), steht er nunmehr als vertrwidr dem Sachm hinsichtl der RFolgen (§§ 437–441) gleich. Der Verk muss dem Käufer die Sache (oder üb § 453 das verk R) frei v Sach- u RMängeln verschaffen (§ 433 I S 2), aGrd des § 435 so, dass er üb den gekauften Ggstd frei verfügen kann. **a) Anwendungsbereich:** alle Arten von Kauf, sowohl von Sachen (§ 433 Rn 5) wie von Ren (§ 453), nicht bei Verk iW der ZwVollstr (§§ 817, 825 ZPO u nach ZVG). **b) Abdingbarkeit** ist grdsätzl gegeben (vgl § 444), auch völl Verzicht, aber nur soweit es sich nicht um einen VerbrGüterKauf handelt (§ 475 I). Wg Abs I S 1 kann die Verschaffg des Eigt nicht abbedungen werden. **c) Erweiterte Haftung** kann vereinb werden; insb kann der Verk dafür einstehen, dass an dem verk Ggstd von Dr keine Re geltd gemacht werden, ohne dass solche bestehen. In diesem Fall hat der Verk diese Re abzuwehren, um die VertrWidrk zu beseit. **d) Begriff** des RMangels. Ein solcher liegt vor, wenn von Dr aGrd eines priv (Rn 8–10) od öff Rs (Rn 11) das Eigt, der Bes od der unbeschr Gebr des KaufGgstds beeinträcht werden kann. Das ist obj zu verstehen u unabhäng vom vereinb VerwendgsZweck (Haas NSchR Kap 5 Rn 134). § 435 entspr im wesentl dem § 434 aF u legt dem RMangel den selben Begr zugrde. **e) Frei von Rechtsmängeln** ist die verk Sache (§ 433) od das verk R (§ 453) nur dann, wenn in Bezug darauf überh keine Re Dr (Rn 5) od nur die im KaufVertr (als dessen BestdT) übern Re bestehen. Übernommen wird in diesen Fällen nicht das R, sond die Schuld (dch §§ 414–416) od die Erf (auch Duldg) der vom Bestehen des Rs ausgehden Beeinträchtigg. Diese reicht bis zur mögl Herausg od Abtretg des KaufGgstds. § 435 gilt auch für Re, die dem Verk od dem Käufer zustehen (Soe/Huber 14, 15 für § 434 aF). 1 2 3 4 5 6

2) Maßgebender Zeitpunkt dafür, dass der KaufGgstd frei von RMängeln ist (Rn 6): nicht der Abschl des KaufVertr u nicht, wann das R, welches den Mangel begrdet, geltd gemacht wird od gemacht werden kann. Entscheidd ist allein das Bestehen dieses Rs beim Erwerb des verk Ggstds. Eine Verschlechterg der RLage inf GÄnd hat derKäufer hinzunehmen (Köln NJW-RR **92**, 1099). **a) Bei beweglichen Sachen:** der EigtÜberg gem §§ 929 ff, nicht die BesVerschaffg, beim EigtVorb (§ 449) daher der Eintritt der Bedingg (§ 158 I). **b) Bei Grundstücken:** die Vollendg des EigtErwerbs inf Auflassg (§ 925) u Eintragg (§ 873). 7

3) Absolute Rechte. Das sind ausschließl Re (wie § 823 Rn 11), die grdsl ggü jedem Dr wirken. **a) Dingliche Rechte** (2 vor § 854). Alle außer dem Eigt, das gem § 433 I S 1 dem Käufer u Verk zu verschaffen ist (vgl aber BGH NJW **97**, 362). Dazu gehören auch ausländ Re (BGH NJW **92**, 362). Bei Grdst fallen darunter die im GB eingetr Re (einschl der EintraggsVormerkg, RG **149**, 195); auch die in Abt II, zB beschr pers Dbk (BGH NJW **00**, 803), GrdDbk (BGH NJW-RR **93**, 396) u NutzgsBeschränkgen (Düss WuM **98**, 45); VorkaufsR (RG **133**, 76); Nacherbenvermerk (§ 2113 Rn 18). Kein RMangel ist eine nachbarrechtl Beschränkg, zB ein Überbau (BGH NJW **81**, 1362). **b) Sonstige Rechte:** Patente, Geschmacks- u GebrMuster, MarkenRe, and ImmaterialGüterR, das UrheberR, der UnterlassgsAnspr aus dem PersönlkR (BGH NJW **90**, 1106). Sie müssen einer Benutzg der Kaufsache entggstehen, insb dem Gebr u der Weiterveräußerg. 8 9

4) Obligatorische Rechte. Das sind solche, die zum Besitz der Sache berecht, ggü dem Käufer als Einwendg wirken u in seiner VfgBefugn üb die Sache od in ihrer Nutzg beeinträcht. Bsp: Miet- od PachtVerh wg § 566, auch wenn es später endet als vertr vorausgesetzt (BGH NJW **91**, 2700 mwN), auch eine bestehde VerlängergsOption (BGH NJW **98**, 534); ein dem WeiterVerk entggstehdes UnterlassgsGebot (BGH NJW **90**, 1106). 10

5) Öffentliche Rechte. Hier war nach der früheren RLage die Abgrenzg zw Sach- u RMangel oft schwier, aber wg der unterschiedl RFolgen (§§ 462, 440, 441 aF) erhebl. Das ist jetzt and, da die §§ 437 ff einheitl anzuwenden sind. Begriffl hat sich indessen wenig od gar nichts veränd. Im Einzelf kann die Entsch, ob ein Sachm od ein RMangel vorliegt, dahingestellt bleiben. **a) Rechtsmängel** sind die zG einer JPöffRs bestehden Befugn zu öff-rechtl Eingriffen, Bindgen u Beschränkgen (BGH NJW **83**, 275 mwN), ausgenommen solche, die auf Grden des öff Gemeinwohls beruhen, weil diese öff Re vom Verk nicht beseit werden können. In diesen Fällen kann aber ein Sachm vorliegen. Bsp für RMangel: SozBindg einer Wohng (BGH NJW **00**, 1256), Pfl zur Veräußerg an die Gem als StraßenGrd (BGH NJW **83**, 275); behördl Bauverbot bei einem ErbbauR (BGH NJW **86**, 1605 für aF); Baulast, die eine best Pfl in der Benutzg eines Gbdes begrdet (Hamm NJW-RR **89**, 524). **b) Keine Rechtsmängel** sind: bloße BauBeschränkgen (BGH NJW **92**, 1364); bei Baulasten umstr (vgl Ziegler BauR **88**, 18 Kfz-Stellplatz u Emde BauR **96**, 788); ZweckentfremdgsVerbot (Düss NJW-RR **96**, 1353); Beschlagn gem § 94 StPO (LG Bonn NJW **77**, 1822; aA Erm/Grunewald Rn 5). 11 12 13

6) Nicht bestehende Rechte im Grundbuch (S 2). Entspr dem § 435 I aF. **a) Zweck.** Gleichstellg mit einem RMangel, obwohl das eingetragene R nicht besteht u als solches nicht die RStellg des Käufers beeinträcht kann. Inf der Eintragg besteht aber die Möglk des gutgläub Erwerbs (§§ 892, 893), die Vermutg des § 891 I, die Gef eines RStreits u die einer Beeinträchtg beim WeiterVerk. **b) Anwendbar** ist S 2 beim Kauf eines Grdst od eines im GB eingetr Rs (üb § 453). Darunter fallen auch eingetr Vormerkgen (RG **149**, 195) u inhaltl unzuläss Eintraggen (RG **88**, 22/8). **c) Voraussetzungen.** Im AnwendgsBer (Rn 15) muss ein R das nicht besteht, im GB eingetragen sein. Das entspr der Unrichtigk des § 894. Das GB kann von der Eintragg an unricht od erst später dch Wegfall des Rs unricht geworden sein. Dem entspricht auch, wenn ein R zwar besteht, aber im RangVerh (§ 879) zu Lasten des Käufers falsch eingetragen ist. **d) Wirkung.** Die Gleichstellg mit einem RMangel führt zur Gewl gem §§ 437–441. Im Rahmen der NachErf (§ 437 Nr 1, § 439) muss der Verk auf seine Kosten (früher § 435 I aF) das R löschen lassen. Solange er Eigt ist, hat er den Anspr aus § 894. Danach kann ihn der Käufer als neuer Eigt ermächt, den Anspr geltd zu machen. Der Käufer kann sich auf seine Re aus den §§ 437–441 beschränken (BGH NJW-RR **86**, 310). 14 15 16 17

18 **7) Rechtsfolgen. a) Voraussetzung** ist allg, dass das R, das den RMangel begrdet, tats besteht. Das bloße Geltdmachen des behaupteten Rs dch einen Dr genügt für sich allein nicht (vgl Rn 4). **b) Rechte** des Käufers. Ist die Sache od das verk R (vgl § 453 I) nicht frei v RMängeln, so treten unmittelb die RFolgen der §§ 437–441 ein (NachErf, Rücktr, Minderg u SchadErs). **c) Ausgeschlossen** sind die Rechte, wenn die Vorauss des § 442 erf sind, dh Kenntn od grob fahrläss Unkenntn des Käufers in Bezug auf den RMangel. Außerdem kann die Haftg für den RMangel dch Vereinbg (Rn 3) ausgeschl sein.

19 **8) Beweislast.** § 442 aF, der sie dem Käufer für das Bestehen des RMangels auferlegt hat, ist aufgehoben. Sie ist nunmehr dem Verk gem den allg Regeln des § 363 überbürdet. Er muss bew, dass der verk Ggstd zum maßgebden ZtPkt (Rn 7) frei v RMängeln war. Das setzt allerd voraus, dass der Käufer einen bestimmten RMangel behauptet. Diese Regelg ist konform mit der Bewl für SachM (§ 434 Rn 57/59).

436 *Öffentliche Lasten von Grundstücken.* **I Soweit nicht anders vereinbart, ist der Verkäufer eines Grundstücks verpflichtet, Erschließungsbeiträge und sonstige Anliegerbeiträge für die Maßnahmen zu tragen, die bis zum Tage des Vertragsschlusses bautechnisch begonnen sind, unabhängig vom Zeitpunkt des Entstehens der Beitragsschuld.**

II Der Verkäufer eines Grundstücks haftet nicht für die Freiheit des Grundstücks von anderen öffentlichen Abgaben und von anderen öffentlichen Lasten, die zur Eintragung in das Grundbuch nicht geeignet sind.

1 **1) Allgemeines.** Abs I ist neu, Abs II nur redaktionell geänd ggü § 436 aF. **a) Zweck.** Beim GrdstKauf
soll hinsichtl der Abgaben u and öff Lasten zw den VertrPart nichts geänd u nur für Erschließgs- u Anlieger-
beträge soll eine Regelg getroffen werden. Hierbei haben sich in der Praxis immer wieder Probleme ergeben,
2 wenn die VertrPart nichts vereinb hatten. **b) Begriff.** Öff Lasten sind alle Leistgen, die der Eigt des Grdst als
solcher kraft öff Rs zu erbringen hat, insb Abgaben. Diese bestehen aus Steuern, Beiträgen u Gebühren.
3 **c) Anwendbar** ist § 436 nur beim Kauf v Grdst u grdstgleichen Ren, insb ErbbauR, WoEigt u DauerWo-
Ren, ferner nach LRecht, zB FischereiR (Art 69 EG). § 436 betrifft nur das Verh der VertrPart zueinander,
4 nicht die ZahlgsPfl an die berecht JPöffR. **d) Abdingbarkeit** ist dch den ersten Hs von Abs I ges angeordnet
u war schon bisher zu bejahen (BGH NJW **93**, 2796 mwN); zB kann der Verk die Haftg für alle öff Lasten od
für die Freih von best öff Lasten übnehmen. Ob bei vereinb lastenfreier EigtVerschaffg auch öff Lasten umfasst
5 sind, ist AusleggsFrage (§ 157). **e) Rechtsfolgen.** Die Vorschr bezeichnet keinen RMangel (§ 435), sond
begrdet eine Pfl gg die and VertrPartei auf Freistellg od Zahlg (vgl Rn 7).

6 **2) Erschließungs- und Anliegerbeiträge** (Abs I). Dazu gehören alle Beiträge, die nach den §§ 127–135
BauGB erhoben werden, insb die für das Grdst bestimmten Straßen, Wege u Plätze, Sammelstraßen, Park-
flächen u GrünAnl, SchutzAnl gg Umwelteinflüsse, ferner Ver- u EntsorggsAnl. Nicht dazu gehören zB Brük-
7 ken, Tunnels u Unterführgen. **a) Verkäuferpflicht** ist die Übern der Beitr, sowohl unmittelb der Gem ggü
wie dem Käufer, wenn von diesem der Betr als Eigtümer eingefordert worden ist (§ 134 I S 1 BauGB). In
8 diesem Fall ist Abs I AnsprGrdl. **b) Maßgebender Zeitpunkt** ist der Abschl des formgerechten (§ 311 b)
KaufVertr. Es kommt dann auf den Beginn der Maßn an. An welchem Tag das ist, wird oft schwer festzustellen
sein. Der GGeber geht davon aus, dass dies von den VertrPart leicht bestimmt werden könnte. Jedenf ist auf
den bautechn tats Beginn, nicht auf Plang od Auftragsvergabe abzustellen, zB der Erdaushub bei einer Straße,
9 das Aufstellen einer fert gelieferten Anl. **c) Beitragspflicht.** Sie entsteht u wird fäll gem den §§ 133, 135
BauGB. Dieser ZtPkt ist nur maßgebd für die BeitrSchuld des Eigt ggü der Gem, nicht für das Verh der
KaufVertrPart zueinander (vgl Rn 8).

10 **3) Andere öffentliche Abgaben und Lasten** (Abs II). Entspricht dem § 436 aF u stellt klar, dass kein
RMangel (§ 435) vorliegt, wenn eine JPöffR vom Käufer als Eigt des verk Grdst auf öff R beruhde Leistgen
11 verlangt (BGH NJW **83**, 275). **a) Begriff. aa)** Abs II betr nur solche Abgaben (Rn 2), für die Abs I nicht
gilt. Das sind insb die unter § 10 I Nr 3,7 ZVG fallden Beträge, einschließl Rückständen, zB die GrdSteuer,
ferner Räum- u StreuPfl, Müllabfuhrgebühren. **bb)** Nicht dazu gehören die öffrechtl VorkaufsRe, Baulasten
12 u BauBeschränkgen, die GrdErwerbssteuer. **b) Rechtsfolge.** Der Verk haftet iR seiner VerkPfl nicht dafür,
dass solche Abgaben u Lasten nicht bestehen. Sie sind auch kein Rechts- od Sachm (§§ 434, 435), sond
imVerh zum Verk vom Käufer zu übern. Maßgebder ZtPkt ist die Überg (vgl § 446). Die zu diesem ZtPkt
aufgelaufenen Rückstände trägt im Verh der KaufVertrPart der Verk (Erm/Grunewald 5 mwN).

437 *Rechte des Käufers bei Mängeln.* **Ist die Sache mangelhaft, kann der Käufer, wenn die Voraussetzungen der folgenden Vorschriften vorliegen und soweit nicht ein anderes bestimmt ist,**

1. nach § 439 Nacherfüllung verlangen,

2. nach den §§ 440, 323 und 326 Abs. 5 von dem Vertrag zurücktreten oder nach § 441 den Kaufpreis mindern und

3. nach den §§ 440, 280, 281, 283 und 311 a Schadensersatz oder nach § 284 Ersatz vergeblicher Aufwendungen verlangen.

1 **1) Allgemeines.** Dch die NeuRegelg tritt diese Vorschr bei SachM an die Stelle von §§ 462, 463, 480 aF,
bei RMangel an die der §§ 440, 441 aF. Die RFolgen bei Sach- u RMängeln sind nunmehr gleich, so dass im
2 Einzelfall dahingestellt bleiben kann, ob der Mangel unter § 434 oder § 435 fällt. **a) Zweck.** Dch die
NeuRegelg soll ein dem modernen RVerk entspr GewlSystem eingeführt werden, bei dem die mangelfreie
NachErf sowohl dem Interesse des Verk (zweite Andieng, Boerner ZIP **01**, 2264/9) wie dem des Käufers
(mangelfreie Lieferg) am besten entspr. Zudem verlangt Art 3 III VerbrGKRL, dass der Käufer zunächst
Nachbesserg od ErsLieferg soll fordern können. Das erscheint dem GGeber auch für and KaufVertr als

angemessene Lösg. **b) Anwendungsbereich:** § 437 gilt für alle KaufVertr u entspr für den Kauf v Ren (§ 453 I). **c) Abdingbarkeit** ist grds zu bejahen; insb kann der Anspr auf NachErf od Minderg begrenzt, SchadErs ausgeschl werden. Das gilt für den VerbrGüterKauf (§ 474) nur nach Maßg des § 475 I, sowie bei Verwendg v Allg GeschBedinggen nach Maßg des § 309 Nr 5 u 8. **d) Verhältnis zu anderen Rechten:** Rn 48–58. 3

2) Verhältnis der Rechte zueinander. Zwar bestehen die Re aus Nr 1–3 grds unabhäng voneinander, 4
jedoch muss wegen der Vorauss v Rücktr u Minderg (Nr 2) grds zuerst NachErf verlangt werden (Vorrang der NachErf). Erst wenn die mit gesetzter Fr verlangte NachErf erfolglos gefordert wurde, kann der Käufer zurücktreten (§ 440) od mindern (§ 441). Neben oder an Statt der NachErf (Nr 1), des Rücktr od der Minderg (Nr 2) kann der Käufer jeden Schad ersetzt verlangen (Nr 3), der dch den pflwidr Sach- od RMangel entstanden ist, wenn die Vorauss der §§ 440, 280, 281, 283 u 311 a erf sind. Ausserdem ist ein Anspr auf Ers vergebl Aufwendgen mögl (Nr 3, § 284). Für das Verh zu and Ren: Rn 49–59.

3) Nacherfüllung (Nr 1) ist in § 439 geregelt u umfasst die Lieferg einer mangelfr Sache (Nachlieferg, 5
ErsLieferg, Umtausch) u die Nachbesserg in eine mangelfr Sache (Reparatur), ggf nur die Montage (§ 434 II). Sie setzt allg einen behebb Mangel voraus, andfalls richten sich die Re des Käufers nach Nr 2 u 3.
a) Begriffe: aa) Nachbesserung liegt vor, wenn der Mangel (§§ 434, 435) der verk u gelieferten Sache dch 6
den Verk unentgeltl so beseit wird, dass die Sache vertrgem mangelfrei ist. Wenn zu diesem Zweck die Sache völl neu hergestellt werden muss, liegt Nachlieferg (Rn 7) vor. Gleichgült ist, wo die Nachbesserg vorgen wird. Sie ist auch bei u dch einen Dr mögl. **bb) Nachlieferung** (ErsLieferg) ist die v Verk vorgen od 7
veranlasste unentgeltl Lieferg einer and Sache, die der verk Sache gleich, aber mangelfr ist. Sie muss übeignet u übgeben werden (wie § 433 I S 1). **b) Voraussetzungen** des Anspr. Es muss vorliegen: **aa) Mangelhaftigkeit** der zur Erfüllg des KäuferAnspr (§ 433 I S 1) übgebenen, insb gelieferten Sache, gleichgült, ob ein 8
Sach- oder RechtsM (§§ 434, 435) vorliegt. Der Mangel kann auch unerhebl sein, fällt dann aber oft unter § 323 V S 2, führt sodann zur Minderg (§ 441), die auch geringfüg ausfallen kann (§ 441 I S 2). **bb) Haftung** des Verk für den Mangel. Das ergibt sich allein aus der VertrWidrigk (§ 433 I S 2) u ist unabhäng vom 9
Versch (§§ 276, 278). **cc) Verlangen** des Käufers. Er muss vom Verk die NachErf verlangen. Das ist eine 10
formfreie empfbedürft WillErkl (§ 130). Inhaltl muss sie auf Nachlieferg (Rn 7) od Nachbesserg (Rn 6) gerichtet sein. Der Käufer kann wählen (§ 439 I), muss es aber nicht. Er kann es auch von vorneherein dem Verk überl, die in § 439 III vorgesehene Abwägg zu treffen u zu entsch, ob er Ers liefern od nachbessern will. Der Käufer muss für die NachErf keine Fr setzen (Westermann NJW **02**, 241/8), darf, kann u sollte es aber (§ 439 Rn 7). **c) Einwendungen** des Verk: **aa) Bestreiten** des Sach- od RechtsM. Dann richtet sich die 11
Bewl nach § 434 Rn 57/59 u § 435 Rn 19. Je nach Ergebn ist die NachErf vorzunehmen od nicht.
bb) Verweigerung der gewählten Art der NachErf. Das richtet sich nach § 439 III u setzt Unmöglk 12
voraus, unverhältnmäß Kosten od Unzumutbk. Dann ist der Verk zur NachErf in der and Art verpfl. Das wird idR die NachLieferg sein. **cc) Vollständige Verweigerung** der NachErf. Das ist nur in dem AusnFall mögl, 13
dass beide Arten der NachErf unmögl od unzumutb (§ 275) sind od unverhältnmäß Kosten verurs (§ 439 III S 3). Hierfür trägt der Verk die Bewl („es sei denn").

4) Rechtsfolgen des Nacherfüllungsanspruchs. Auf NachErf konkretisiert sich bei Sach- u RechtsM 14
der ErfAnspr des § 433 I S 2 ab GefahrÜberg. Gg den KaufprAnspr hat der Käufer die Einr des § 320 (dort Rn 9). **a) Vornahme** der NachErf dch den Verk hat für den Käufer unentgeltl zu erfolgen. Das schreibt 15
Art 3 III VerbrGüKRL ausdrückl vor, gilt aber für jeden KaufVertr, wenn es nicht zuläss abbedungen ist (vgl Rn 3). Die Unentgeltlk bezieht sich auf die vom Verk zu erbringden Leistgen, die zur NachErf notw sind.
b) Aufwendungen für die NachErf sind vom Verk zu tragen (§ 439 II). Das gilt auch für die vom Käufer 16
aufgewandten Kosten der GeltdMachg des Anspr, zB Rücktransport. **c) Verweigerte Nacherfüllung** 17
(§ 439 III). Ist nur die gewählte Art unzumutb (Rn 12), so beschr sich der NachErfAnspr auf die vom Käufer nicht gewählte Art. Trifft das für beide Arten zu (Rn 13), so kann der Käufer statt dessen zurücktreten oder den Kaufpr mindern (Nr 2). **d) Schadensersatz** kann nach Nr 3 unter den dort geforderten Vorauss auch 18
neben unterbliebener NachErf verlangt werden. Das ist auf den dch den Sach- od RechtsM konkret verurs Schad zu beziehen. **e) Rückgewähr** der mangelh Kaufsache (einschl Nutzgen) im Fall der mangelfr Ers- 19
Lieferg nach Maßg des § 439 IV.

5) Rücktritt (Nr 2) entspr der Wandelg (§§ 462, 465, 467 aF), ist aber and als diese ausgestaltet, näml als 20
einseit Erkl statt Anspr auf Einverständn (§ 467 aF) u Vorrang der NachErf statt sof Anspr auf VertrAufhebg (§ 465 aF). **a) Begriff.** Rücktr ist die empfbed WillErkl (§ 349) des Käufers, dch die er den KaufVertr 21
rückgäng macht u in ein AbwicklgsVerh umgestaltet (vgl 1, 2 vor § 346). **b) Voraussetzungen** des Rücktr 22
vom KaufVertr sind (schuldunabhängig): **aa) Mangelhaftigkeit** des KaufGgstds (§§ 434, 435). Grds wie Rn 8, 9. Ist bei einer Mehrh v Sachen nur ein Teil mangelh, so ist für den Rücktr § 323 V S 1 anzuwenden. Anstelle des aufgehobenen § 469 aF ist TRücktr (§ 323 Rn 24) od bei Wegfall des Interesses Rücktr v ganzen Vertr mögl (§ 323 V S 1). **bb) Erheblichkeit.** Die PflWidrk darf nicht unerhebl sein, weil dann der Rücktr 23
ausgeschl ist (§ 323 V S 2). Die Erheblk ist bei einem Mangel grds gegeben. Unerhebl bezieht sich auf die Beschaffenh (§ 434 I), die Verwendg u die Eigng für den Gebr (§ 434 I S 2), auch auf den Wert. Bei Mehrh v Mängeln kommt es auf die GesAuswirkg an. Es ist ein objekt Maßstab anzulegen. Nicht erhebl ist zB bei Kfz ein Kraftstoff-MehrVerbr bis zu 10–15% (vgl BGH NJW **96**, 1337 mwN); ein Mangel, der innerh kurzer Zeit von selbst verschwindet od ohne bes Aufwand vom Käufer selbst behoben werden kann (KG NJW-RR **89**, 972 mwN); häuf beim UnternKauf (Gronstedt/Jörgens ZIP **02**, 52/62). **cc) Erfolglose Fristsetzung** 24
zur NachErf (Nr 1) gem § 323 I. Das ist grdsl notw, aber nicht wenn die Vorauss des § 323 II Nr 1–3 od des § 440 S 2 (unverhältnmäß, fehlgeschlagene od unzumutb NachErf) gegeben sind.

6) Rechtsfolgen bei Rücktritt. a) Grundsatz. Liegen die Vorauss (Rn 22–24) vor, so kann der Käufer 25
zurücktreten. Das erfordert die empfbed WillErkl des § 349. Mit deren Zugang (§ 130) wird der KaufVertr in das AbwicklgsVerh der §§ 346–348 umgewandelt Fehlt eine Vorauss, zB eine erforderl FrSetzg (Rn 10), ist der Rücktr unwirks (Canaris S XXVI). **b) Erlöschen** des RücktrRs vor dessen Ausübg (§ 349) kann 26

eintreten, wenn der Käufer auf den Rücktr wirks verzichtet. Hingg kann das RücktrR nicht nach § 350
27 erlöschen, weil es sich um ein gesetzl R handelt. **c) Wahlrecht** des Käufers. **aa) Nacherfüllung** (Nr 1). Das WahlR besteht von vorneherein in den Fällen, die eine FrSetzg zur NachErf nicht erfordern (Rn 24), weil dann der Käufer sofort zurücktr kann (vgl § 440 S 1). **bb) Minderung** (Nr 2). Sie steht statt Rücktr zur Wahl. Der Käufer muss wählen (§ 441 I). Mit wirks Rücktr entfällt das WahlR u das R auf die Minderg bindend (Boerner ZIP **01**, 2264/70). **cc) Schadensersatz** (Nr 3). Dieser Anspr wird dch den erkl Rücktr nicht ausgeschl (§ 325). Darin liegt ein wesentl Unterschied zum früheren Recht.

28 **7) Minderung** des Kaufpr (Nr 2). Gemindert wird dch einseit, empfbed WillErkl (§ 130) des Käufers (§ 441 I S 1) u steht an Statt des Rücktr zur Wahl (vgl Rn 27), auch beim Mengenfehler (§ 434 Rn 53). **a) Begriff.** Minderg ist die verhmäß Herabsetzg des Kaufpr um den Betr, der dem dch den Mangel geminderten Wert der gekauften Sache entspricht (§ 441 III). Das entspr dem herkömml Begr der verhältnmäß
29 Minderg (§§ 462, 472 aF). **b) Rechtsnatur.** Die Minderg ist nunmehr ein einseit GestaltgsR des Käufers. Mit Zugang (§ 130) der Erkl des Käufers (§ 441 I S 1) ist der Kaufpr um den angem Betr herabgesetzt (§ 441 III).
30 Im Proz ist § 287 ZPO anzuwenden. **c) Voraussetzungen.** Sie entspr denen des Rücktr (wie Rn 21–24). Die Minderg ist aber nicht wg Unerheblk od Geringfügk des Mangels ausgeschl (§ 441 I S 2, § 323 V S 2).

31 **8) Rechtsfolgen bei Minderung.** Der Kaufpr wird allein dch die Erkl (§ 441 I S 1) herabgesetzt (GestaltgsR). Ein Einverständn des Verk ist nicht nöt, auch nicht mit der Höhe. Wird das Einverständn vom Verk erkl, tritt vertragl Bindg zw den VertrPart ein. Die übrigen Teile des Vertr werden vom geminderten Kaufpr nicht berührt. Das R zur Minderg erlischt wie das RücktrR nicht unter den Vorauss des § 350 (vgl Rn 26), wohl aber dch Verzicht auf Rücktr, weil die Minderg das Bestehen des RücktrR voraussetzt (§ 441 I S 1). SchadErsAnspr sind dch die Minderg ausgeschl, soweit es sich um SchadEn statt der Leistg (§ 281 I) handelt. Überzahlg des Käufers begrdet die ErstattgsPfl nach Maßg des § 441 IV. Das ist VertrPfl, nicht ungerechtfert Bereicherg.

32 **9) Schadensersatzansprüche** (Nr 3). Abgesehen von § 440 (FrSetzg) u § 442 (Kenntn des Käufers) sind die SchadErsAnspr des Käufers wg Mangelhaftk nicht im KaufR geregelt, sond im Allg SchuldR bei der LeistgsStörg (§§ 280, 281, 283, 311 a). Die dort vorgesehene Haftg des Verk für SchadErs bedurfte nach Ansicht des GGebers für das KaufR keiner od nur geringer Abwandlg od Änd dch eine SoRegelg.
33 **a) Schadensbegriff.** Wg vertrwidr Sach- od RMängel kann Schad der folgden Art entstanden sein: **aa) Unbehebbarer Mangel.** Besteht die PflVerletzg darin, dass der KaufGgstd einen solchen Mangel aufweist, handelt es sich um vorvertragl Haftg, die nach § 311 a iVm § 275 zu behandeln ist, auch nach
34 GefÜberg inf der Verweisg auf § 311 a in § 437 Nr 3 (§ 280 Rn 17). **bb) Mangelschaden.** Das ist der Schad, der darin liegt, dass der KaufGgstd infolge des Mangels den Käufer im Vgl zu einem mangelfreiem KaufGgstd schlechter stellt, zB Minderwert, RepAufwand. Der Schad fällt unter §§ 281, 283 (§ 280 Rn 18,
35 19). **cc) Mangelfolgeschaden** ist der Schaden, den der Käufer an and RGütern als am KaufGgstd inf des
36 Mangels erleidet, insb an Körper, Eigt, Bes, ErsPfl ggü Dr (ie 280 Rn 18, 20). **dd) Verspätungsschaden** ist der Schad, der dadch entsteht, dass der Käufer den vertrgem mangelfreien KaufGgstd nicht rechtzeit erhält. Dieser Schad wird von § 280 II erfasst u setzt SchuVerzug (§ 286) voraus (vgl § 280 Rn 32). Der Schad umfasst auch den aus verspäteter (mangelfreier) Nach(Ers)Lieferg, zB einen zeitw Ausfall des Betriebs
37 (Dauner-Lieb/Dötsch DB **01**, 2533). **ee) Ersatz vergeblicher Aufwendungen** (§ 284) ist kein SchadErs, sond ein eigenständ Anspr, der nur anstelle v SchadErs verlangt werden kann; daher müssen alle Vorauss für
38 einen SchadErsAnspr aus §§ 280 od 281 (auch Verschulden) vorliegen (vgl ie § 284). **b) Haftung des Verkäufers** erfordert grdsl Verschulden (§§ 276, 278). Das wird in § 280 I vorausgesetzt u gilt wg der Verweisg in § 281 I S 1, § 284 (über § 281 I S 1) auf § 280 I S 2; infolge dessen tritt die SchadErsPfl nicht ein, wenn der Verk die PflVerl (Sach- od RMangel) nicht zu vertreten hat.

39 **10) Voraussetzungen** für die SchadErsAnspr des Käufers. Sie ergeben sich aus dem Allg SchuldR. **a) Mangelschaden** (Rn 34). Nach § 281 I kann SchadErs statt der Leistg (fr wg NichtErf) für die verschuldet mangelh Leistg verlangt werden. Das geschieht entw dch die Zahlg der Wertdifferenz od Austausch mit Ers des zusätzl entstandenen Schad (vgl § 280 Rn 18). Der Anspr erfordert, dass eine Fr zur NachErf gesetzt
40 wurde u erfolglos geblieben ist (§ 281 I S 1). **b) Mangelfolgeschaden** (Rn 35) kann aGrd des § 280 I S 1 verlangt werden. Auch für diese AnsprGrdlage ist Versch erforderl, weil das bei § 280 I Voraussetzg ist. **c) Verspätungsschaden** (Rn 36) kann nur üb § 280 II, § 286 verlangt werden u erfordert Versch
41 (§ 286 IV). **d) Vergebliche Aufwendungen** (Rn 37). Ersatz kann üb § 284 verlangt werden, nur anstelle v SchadErs. Das bedeutet, dass auch die Vorauss von § 280 od § 281 vorliegen müssen.

42 **11) Rechtsfolgen bei Schadensersatz. a) Kaufpreisanspruch** (§ 433 II). Er entfällt, wenn der Käufer berecht SchadErs statt der Leistg (§§ 280 III, 281, 283) verlangt. **b) Berechnung.** Der SchadErsAnspr ist
43 aGrd der allg Vorschr (§§ 249–255) zu bemessen, im Proz nach § 287 ZPO zu behandeln. **c) Verhältnis zu Rücktritt und Minderung** (vgl § 281 Rn 41). SchadErs wird dch den Rücktr v KaufVertr nicht ausgeschl (§ 325), so dass die Anspr daraus nebeneinander bestehen können. Dasselbe gilt auch für das Verh der Minderg (§ 441) zum SchadErs.

44 **12) Rechte des Verkäufers** iR der Mängelhaftg. **a) Beschränkung auf Nacherfüllung.** Ein R des Verk zur zweiten Andieng ist insof gegeben, als das R auf Rücktr od Minderg (Nr 2) u SchadErs (Nr 3) idR davon abhängt, dass der Käufer zunächst NachErf (Nr 1) verlangt u daher der Verk hierzu Gelegenh erhält. Das gilt
45 auch für den GarantieG (§ 443) u den arglist handelnden Verk. **b) Ausschluss des Rücktritts** dch Erlöschen ist nicht gem § 350 mögl, weil das RücktrR des § 437 Nr 2 gesetzl u nicht vertragl ist, wohl aber üb
46 § 323 VI, indem der Verk den AnnVerzug herbeiführen u so den Rücktr ausschließen kann. **c) Rückgewähr** der gelieferten mangelh Sache kann der Verk verlangen, wenn er bei NachErf eine mangelfreie Sache geliefert hat (§ 439 IV). Rückgewähr umfasst Eigt u Bes (vgl § 433 I S 1). Das Gleiche gilt, wenn der Käufer statt der
47 Leistg vom Verk SchadErs fordert (§ 281 IV). **d) Verweigerung** der NachErf, entweder in der vom Käufer gewählten Art (§ 439 III S 1) od ganz gem § 439 III S 3. Der NachErfAnspr richtet sich dann auf die and Art als die gewählte (§ 439 III S 3). Bei begründeter gänzl Verweigerg besteht das R des Käufers zum Rücktr od zur Minderg (Nr 2).

13) Verhältnis zu anderen Rechten des Käufers, die aGrd eines Sach- od RMangels bestehen können. 48
Dabei ist grdsl zu beachten, dass die §§ 434–442 in ihrem AnwendgsBer eine SoRegelg ggü dem LeistgsStörgsR des Allg SchuldR darstellen (8 vor § 275). Die §§ 437–441 verweisen ihrerseits in das allg LeistgsStörgsR zurück (insb § 437 Nr 3). Daraus ist zu ersehen, dass die MängelHaftg nicht mehr ein eigenständ RGebiet der GewährLeistg darstellt (vgl 17 vor § 275), sondern in das LeistgsStörgsR eingebunden wurde.
a) Allgemeines Leistungsstörungsrecht. Es ist bei KaufVertr anzuwenden für den ZtRaum bis zum 49
GefÜberg (§ 434 Rn 8), beim RKauf bis zur Übertragg des Rs (§ 453 Rn 29). Es gelten insb die Vorschr zur Unmöglk (§§ 275, 283, 285, 311 a), zum Verzug (§§ 286–288), zu den Folgen v PflVerletzgen (§§ 280–284) u die Regelg für ggseit Vertr (§§ 320–326). Diese Vorschr sind anzuwenden, wenn es zu keiner Überg der Sache od zu keiner Übertragg des Rs kommt (17 vor § 275), selbst wenn der verk Ggstd einen Sach- od RMangel aufweist u der Käufer desh die Annahme verweigert. Das entspr der hM auch für den RZustd vor dem SMG (zB BGH NJW **95**, 1737). **b) Unmöglichkeit** der Leistg des Verk bei einem nicht behebb Mangel 50
des KaufGgstds ist, wenn es zu keiner Überg der Sache od Übertragg des Rs kommt, allein nach den §§ 275, 283, 285, 311 a zu behandeln. Bsp: Kauf eines bestimmten Kfz (Stückkauf, Einf 6 vor § 433) mit der gem § 434 I S 1 vereinb Beschaffenh „unfallfrei"; es ist aber tats ein UnfallFahrz. Es wird nicht übgeben, weil die Ann wg des dem Käufer bekannt gewordenen SachM verweigert wird. Dann gelten die §§ 275, 283, 311 a unmittelb. Wäre das Kfz übgeben worden, bestünden die Re des Käufers aus § 437. Da NachErf (Nr 1) unmögl ist (§ 439 Rn 15), bleibt dem Käufer Rücktr od Minderg (Nr 2), daneben Anspr auf SchadErs (Nr 3) nach Maßg der §§ 280, 281, 283 u 311 a. Das Ergebn wird im wesentl gleich sein. **c) Verschulden bei** 51
Vertragsverhandlungen (c. i. c.). Bei der Vorbereitg u Anbahng v Vertr, insb bei Aufnahme v VertrVerhdlgen können Re u Pfl der VertrPart u Dritter entstehen. Sie wurden bisher von Rspr u Lehre unter dem RInstitut culpa in contrahendo behandelt. Nunmehr ist c. i. c. dch das SMG in § 241 II u § 311 II, III kodifiziert (Übbl 3–6 vor § 311). Daraus abgeleitete SchadErsAnspr bei Versch (§§ 276, 278) haben den § 280 I als GrdLage (§ 311 Rn 13), auch wenn der Vertr nicht zustdekommt. Die Anwendg v §§ 280 I, 311 II, III ist jedoch ausgeschl, wenn der KaufVertr zustdekommt u der GefÜberg (Rn 50) stattgefunden hat, so dass die §§ 434–442 gelten, weil sie eine abschließde SoRegelg darstellen soweit es sich um Merkmale der Sache handelt, die einer BeschaffenhVereinb (§ 434 I S 1) zugängl sind. Eine Anwendg v § 311 II, III scheidet auch aus, wenn der Verk vorsätzl handelt od ein RMangel (§ 435) vorliegt. Hingg bleibt § 311 II, III neben § 437 anwendb, wenn der Verk eine BeratgsPfl verletzt hat (§ 311 Rn 7). Zur Abgrenzg u prakt Anwendg: § 311 Rn 17–20. Bei Vertr, die für den Käufer inhaltl nachteil sind, tritt die Haftg aus § 311 II, III ggü der aus den §§ 434–441 in vielen Fällen zurück (§ 311 Rn 35–38). **d) Schuldhafte Pflichtverletzung** (§ 280), Dazu 52
gehören nunmehr diejen Fälle, die vor dem SMG als positive VertrVerletzg (HptBd, 6 vor § 459) behandelt wurden u RFolgen ausgelöst haben, die von der MängelGewl der §§ 459 ff nicht umfasst waren, obwohl ein SachM vorlag, der einen Schad, insb einen FolgeSchad verurs hat. Auf diese Fälle ist nunmehr § 280 I anzuwenden, entweder über § 437 Nr 3 iR der MängelHaftg des Verk od direkt, wenn der Schad auf einer PflVerletzg beruht, die nicht in den AnwendgsBer der §§ 434–442 fällt (vgl § 280 Rn 17), insb die Verletzg v NebenPfl des Verk (§ 433 Rn 22–37). Der Anspr aus § 280 I setzt einen wirks Vertr voraus. Für den vorvertragl Bereich gilt § 311 II, III iVm § 241 II (vgl Rn 52). **e) Anfechtung** der zum VertrAbschluss 53
führden WillErkl des Käufers mit NichtigkFolge (§ 142) u Ausschl der vertragl Re. **aa) Irrtum (1).** Die Anf aus § 119 I (Inh- u ErklIrrt) ist zuläss, zB wenn der Käufer darü geirrt hat, dass er (übhaupt) eine bestimmte Sache gekauft hatte. **(2)** Anf aus § 119 II (verkehrswesentl Eigsch) ist ausgeschl, soweit die §§ 434, 435, 437 anwendb sind, also ab GefÜberg (vgl Rn 50). Insow ist dch diese Vorschr auch die Anf dch den Verk ausgeschl, der üb die Beschaffenh der Sache geirrt u sie so vereinb hat, wie er irrtüml vorausgesetzt hatte (für §§ 459 ff aF hM; zB BGH NJW **88**, 2597). **(3)** Anf aus § 119 II dch den Käufer ist auch nicht zuläss, wenn sich der Irrt ausschließl auf solche verkwesentl Eigsch bezieht, die von den §§ 434, 435 nicht erfasst werden u einen Mangel nicht begrden können (and für §§ 459 ff aF, BGH NJW **79**, 160). **bb) Arglistige Täuschung** 54
(§ 123). Die Anf dch den Käufer ist dch die §§ 434 ff nicht ausgeschl. Es besteht kein SchutzBedürfn des Verk u kein Grd, den Käufer auf die Re aus § 437 zu beschr. Es steht ihm frei, zw den Anspr aus § 437, §§ 812 ff u § 823 II (StGB § 263) zu wählen. **f) Störung der Geschäftsgrundlage** (Fehlen od Wegfall) war iR des 55
§ 242 schon bisher ggü der MängelGewL (§§ 459 ff) grdsl nicht anwendb (HptBd, 12 vor § 459). Daran hat sich dch das SMG nichts geänd. Der neue § 313 verhält sich zu den §§ 434–441 so, dass die Störg der GeschGrdL ggü der SoRegelg auch bei RMängeln zurücktritt. Das gilt auch, wenn im Einzelfall eine MängelHaftg nicht besteht, weil ihre Vorauss nicht vorliegen od die Haftg wirks ausgeschl ist (§ 313 Rn 24).
g) Unerlaubte Handlung. Die Anspr aus den §§ 823, 826 werden dch die §§ 434 ff nicht ausgeschl (hM; 56
BGH **86**, 256). Bei einem Kauf unter EigtVorbeh (§ 449) ist ggf das AnwartschR verletzt (§ 449 Rn 9), wenn die Sache nach GefÜberg (§ 446) dch den Mangel restlos beschäd od insges verschlechtert wird (Ganter JuS **84**, 392 mwN). Die Verj des Anspr (10 Je) läuft unabhäng v § 438 nach § 199 III (BGH **66**, 315 für §§ 477, 852 aF). **h) Ungerechtfertigte Bereicherung.** Anspr hieraus wg Mängel der Sache sind im AnwendgsBer 57
der §§ 434–442 ausgeschl. Sie kommen nur in Betr, wenn der KaufVertr wirks angefochten ist (Rn 54).
i) Geschäftsführung ohne Auftrag dch den Käufer, insb dch Selbstvornahme einer Nachbesserg. Die 58
§§ 677 ff sind ausgeschl, soweit die §§ 434 ff anwendb sind. Insb greift für die Aufwendgen zur NachErf § 439 II ein.

438 *Verjährung der Mängelansprüche.* [I] **Die in § 437 Nr. 1 und 3 bezeichneten Ansprüche verjähren**

1. in 30 Jahren, wenn der Mangel

a) in einem dinglichen Recht eines Dritten, auf Grund dessen Herausgabe der Kaufsache verlangt werden kann, oder

b) in einem sonstigen Recht, das im Grundbuch eingetragen ist,

besteht,

2. in fünf Jahren

a) bei einem Bauwerk und

b) bei einer Sache, die entsprechend ihrer üblichen Verwendungsweise für ein Bauwerk verwendet worden ist und dessen Mangelhaftigkeit verursacht hat, und
3. im Übrigen in zwei Jahren.

II Die Verjährung beginnt bei Grundstücken mit der Übergabe, im Übrigen mit der Ablieferung der Sache.

III Abweichend von Absatz 1 Nr. 2 und 3 und Absatz 2 verjähren die Ansprüche in der regelmäßigen Verjährungsfrist, wenn der Verkäufer den Mangel arglistig verschwiegen hat. Im Falle des Absatzes 1 Nr. 2 tritt die Verjährung jedoch nicht vor Ablauf der dort bestimmten Frist ein.

IV Für das in § 437 bezeichnete Rücktrittsrecht gilt § 218. Der Käufer kann trotz einer Unwirksamkeit des Rücktritts nach § 218 Abs. 1 die Zahlung des Kaufpreises insoweit verweigern, als er auf Grund des Rücktritts dazu berechtigt sein würde. Macht er von diesem Recht Gebrauch, kann der Verkäufer vom Vertrag zurücktreten.

V Auf das in § 437 bezeichnete Minderungsrecht finden § 218 und Absatz 4 Satz 2 entsprechende Anwendung.

1 **1) Allgemeines.** Die Vorschr ist SoRegelg zu den allg VerjVorschr (§§ 194ff), die eine RegelFr v 3 Jen vorsehen (§ 195): **a) Zweck** ist die Verlängerg der VerjFr ggü der bisher Regelg (§ 477 aF) mit Anpassg an
2 die Vorgaben des Art 5 I, II VerbrGüKRL. **b) Anwendungsbereich** Abs I–III gelten nur für die Anspr aus § 437 Nr 1 (NachErf) u Nr 3 (Schad- u AufwendgsErs), Abs IV u V nur für § 437 Nr 2 (Rücktr u Minderg). § 438 ist nicht anwendb auf die Anspr aus einer Garantie (§ 443) u aus wirks erkl Rücktr od Minderg; für diese gilt die regelm VerjFr (vgl Rn 20 u § 443 Rn 23), ebso wenn es inf Verweigerg der Ann einer mangelh
3 Sache nicht zum GefÜberg kommt u daher das allg LeistgsStörgR gilt (§ 437 Rn 49). **c) Konkurrierende Ansprüche** (vgl § 437 Rn 48ff). Für diese gilt § 438 grdsl nicht. Dauer u Beginn der Verj richtet sich nach den für diese Anspr geltden Regeln. Das trifft insb zu für die Anspr aus unerl Hdlg (§§ 823ff), für die §§ 195, 199 gelten (Westermann NJW **02**, 241/50). Bei SchadErsAnspr aus Versch bei VertrSchl (c. i. c., §§ 280 I S 1, 311 II, III), die sich auf SachM beziehen (vgl § 437 Rn 52) gilt § 437 Nr 3 u damit § 438; jedoch nicht für Anspr aus Verletzg von NebenPfl, insb Beratg (§ 311 Rn 20), die somit der regelm VerjFr der §§ 195, 199
4 unterliegen. **d) Abdingbarkeit** dch Beschränkg, insb Verkürzg od früheren Beginn der Verj ist allg dch § 202 geregelt. Sie ist beschränkt beim VerbrGüterkauf dch § 475 II u bei Verwendg von AGB dch § 309 Nr 8b, ff.

5 **2) Verjährungsfrist.** Es ist davon auszugehen, dass die regelmäß VerjFr 3 Je beträgt (§ 195) u nach Maßg des § 199 beginnt, näml mit Schluß des Jahres, in dem der Anspr entstanden ist u in dem der Käufer Kenntn erlangt od die fehlde Kenntn auf grober Fahrlässk beruht. Soweit § 438 anwendb ist (Rn 3), gilt die SoRegelg. Sie tritt anstelle der regelmäß VerjFr (§ 195) u erkl sie nur nach Maßg v Abs III für anwendb. Für den Kauf ist
6 als SoRegelg bestimmt: **a) 30 Jahre** (I Nr 1). **aa) Rechte auf Herausgabe** (I Nr 1a). Es muss ein dingl R sein (§ 435 Rn 8) u einem Dr zustehen, insb das Eigt od ein and R, das zum Bes u damit zur Herausg berecht, zB der Nießbr (§ 1036 I). Herausg aus § 985 steht einem Dr zB zu, wenn er Eigentümer geblieben ist, weil der Verk das Eigent wg § 936 (Abhandenkommen der Sache) nicht gem § 433 I 1 verschaffen konnte.
7 **bb) Sonstiges Recht** (I Nr 1b), das im GB eingetragen ist. Es muss nicht zur Herausg berecht, aber einen RMangel (§ 435) begrden, zB GrdPfandR, GrdDienstbk, VorkR. Es kommen alle eintraggsfäh Re in Betr.
8 **b) 10 Jahre** (III) als VerjhöchstFr gilt nur im AnwendgsBer der 3jähr regelmäß Fr des § 195, also nur bei den Fällen des Abs III (Rn 12), statt der 2- od 5jähr Fr des Abs I Nr 2 u 3, insb wenn die kürzere Fr inf fehlder
9 Kenntn noch nicht zu laufen begonnen hat (§ 199 III Nr 1, IV). **c) 5 Jahre** (I Nr 2). **aa) Bauwerk** (I Nr 2a). Auch bei Kauf eines Bauwerks wird auf die 5-Jahre-Fr (wie § 634a) abgestellt. Bauwerk ist eine mit dem Erdboden fest verbundene unbewegl Sache, die dch Material u Arbeit hergestellt wurde (auch dch Erneuerg, An- u Umbau), insb Gbde, Brücken, Tunnel (vgl § 634a Rn 10). Sie sind wesentl BestdT des Grdst (§§ 93, 94). Das Bauwerk kann mit dem Grdst od als BestdT des ErbbauR Ggstd des KaufVertr sein.
10 **bb) Baustoffe und Bauteile** (I Nr 2b) iS dieser Vorschr sind alle Sachen, die üblweise zur Herstellg v Bauwerken (wie Rn 9) verwendet werden, zB Beton, Zement, Bauholz, Fenster, Dachplatten. Notw ist die tatsächl Verwendg der Sache für das Bauwerk dch den Käufer, zB Bauherr, BauUntern, Bauhandwerker. Der Mangel der verwendeten Sache muss die Ursache einer Mangelhaftk (§ 434 od § 633) des Bauwerks sein, nicht notw die einzige. Die Mangelhaftk der verk Sache, insb des Baumaterials setzt Nr 2b als selbstverständl
11 voraus, weil das für den Anspr (§ 437 Nr 1, 3) erforderl ist. **d) 2 Jahre** (I Nr 3). Das gilt für alle sonst Fälle, in denen NachErf (§ 437 Nr 1) Schad- od AufwendgsErs (§ 437 Nr 3) verlangt werden kann. Das betrifft die Masse der KaufVertr des tägl Lebens, insb der VerbrGüter. Nr 3 bezieht sich nur auf solche Schad- u AufwendgsErsAnspr, die auf einem Sach- od RMangel beruhen (§ 437 Nr 3), auch für MangelfolgeSchäd (krit Canaris S XXVIII), nicht auf and AnsprGrdlagen, auch wenn sie im Einzelfall die Mangelhaftk voraus-
12 setzen. **e) 3 Jahre** (III). In der regelmäß VerjFr (§ 195) verj die Anspr aus Nr 1 u 2, wenn der Verk den Mangel (§§ 434, 435) arglist verschwiegen hat. Argl: wie § 123 Rn 2, 7, 8. Verschweigen: wie § 123 Rn 5, 7, 8. Das muss sich auf den Mangel beziehen. Neben der 3-jähr Fr läuft die 10 JFr des § 199 III Nr 1, V (vgl Rn 8). Weil der VerjBeginn wg § 199 and ist, musste für die Fälle des Abs I Nr 2 in Abs III S 2 eine AblaufHemmg eingeführt werden, um die Re des Käufers nicht ungerechtfertigt zu beschränken.

13 **3) Verjährungsbeginn** (II). Setzt grdsätzl voraus, dass der Anspr entstanden ist (BGH NJW **99**, 2884 für § 477 aF). Das gilt auch für die regelmäß VerjFr (§ 199 I Nr 1). Doch beginnt die Verj nicht vor Wirksk des KaufVertr. Das gilt insb: für Erf der Form, zB des § 311b I; für den Eintritt der aufschiebden Bedingg (§ 158 I) u Erteilg behördl od rechtsgeschäftl Gen trotz Rückwirkg (allgM). Da § 438 nicht die regelmäß VerjFr (§ 199) darstellt, ist § 200 anzuwenden, der den Vorrang eines and VerjBeginn best, somit stillschweigd
14 auf § 438 II verweist. Daher beginnt für die von § 438 erfassten Anspr die Verj: **a) Bei Grundstücken** mit der Überg. Das ist die einverständl Übertr des unmittelb Bes (§ 854 I) vom Verk auf den Käufer (hM; BGH
15 NJW **96**, 586 für § 477 aF). Gilt auch für das Bauwerk (Rn 9). **b) Bei beweglichen Sachen.** Allg ist die Ablieferg maßgebd (auch für Baustoffe u Bauteile, Rn 10). Sie ist einseit Realakt (Übbl 9 vor § 104) u muss

nicht, kann sich aber mit der Überg (§ 433 I S 1) decken. Mit Überg ist idR jedenf auch abgeliefert, wenn die Sache dem Käufer so überl ist, dass er sie untersuchen kann (BGH **93**, 338/45), beim Versendungskauf (§ 447), wenn die Sache am BestimmgsOrt dem Käufer zur Verfügg gestellt wird (BGH aaO). Bei einer Holschuld (§ 269 Rn 1) ist abgeliefert, wenn die Sache beim Verk tats übergeben wird (BGH NJW **95**, 3381 für § 477 aF); dafür genügt nicht der AnnVerz des Käufers (BGH aaO). Bei der Bringschuld ist jedenf mit der tats Überg dch Ann des Käufers abgeliefert (Tiedtke JZ **96**, 548 für § 477 aF). Bei MontagePfl des Verk ist erst mit deren Vollzug abgeliefert (Erm/Grunewald § 477 Rn 11). Bei Kauf einer Mehrh v Sachen kommt es auf Ablieferg der letzten an (BGH NJW **94**, 1720 für § 477 aF). Das gilt insb beim Computer-Kauf (BGH aaO), für den folgde Besonderh gelten: Ob eine kurze EinarbeitgsPhase od ein Probelauf erforderl ist (Köln NJW-RR **93**, 1140) u bei einheitl Kauf von Hard- u Software für das ganze Programm nöt (Brem NJW-RR **92**, 951), erscheint zweifelh. BGH NJW **00**, 1514 teilt diese Ansicht nicht. Ist Einweisg vereinb, beginnt die VerjFr nicht, bevor vollständ eingewiesen ist (BGH NJW **95**, 1457). Bei Standard-Software genügt Überg mit BediengsAnleitg ohne Probelauf (LG Gießen NJW-RR **96**, 44). **c) Bei Rechten.** Die entspr Anwendg 16
(§ 453) legt nahe, den VerjBeginn auf den Ztpkt festzulegen, der einer Ablieferg entspr. Das müsste die Übertragg des Rs, grdsl die Abtretg (§§ 398, 413) sein. Wenn weitere Erfordern bestehen (zB Überg, § 453 III), ist der abschließde Vorgang maßgebd.

4) Rücktritt und Minderung (IV, V) können als GestaltgsRe nicht verjähren, weil § 194 nur Anspr betr. 17
Es muss daher, um die einheitl Abwicklg der Re aus § 437 zu ermögl, die Wirkg des § 218 herbeigeführt u in Abs IV, V klargestellt werden. Das bedeutet im Grds: Rücktr od Minderg sind unwirks, wenn der Anspr auf die Leistg (hier § 433 I) od auf NachErf (§ 439) verj ist und der Verk die VerjEinr erhebt (§ 218 I S 1). Das gilt auch, wenn der Verk nach § 275 I–III od § 439 III nicht zu leisten braucht (§ 218 I S 2) u die Anspr auf die Leistg od auf NachErf verjährt wären. **a) Unwirksamkeit** des erkl Rücktr od der Minderg (§ 441 III) ist 18
gegeben, wenn zZ des Zugangs (§ 130) der Anspr auf Erf (§ 433 I) od NachErf (§ 439) verj ist. Das folgt aus § 218 I S 1 u setzt auch voraus, dass der Verk sich auf die Verj beruft u die Einrede des § 214 I erhebt.
b) Kaufpreisverweigerung (IV S 2). Trotz Unwirksk des Rücktr od der Minderg (Rn 18) u folgl FortBestd 19
des KaufprAnspr (§ 433 II) kann der Käufer die Zahlg insow verweigern, als er sie inf des Rücktr (IV S 2) od der Minderg (Abs V) verweigern könnte. Hat der Käufer den Kaufpr voll od zT bezahlt, kann er ihn nicht zurückfordern (§ 214 II S 1). Hat er noch nicht od nur zT bezahlt, kann er die Zahlg verweigern, ganz oder im offenen Rest, allerdings mit der RFolge des Abs IV S 3 (Rn 21). **c) Verjährung** der Anspr aus wirks 20
erklärtem Rücktr (§§ 346, 347) od Minderg (§ 441 IV). Für diese gilt die regelmäß VerjFr (§ 195), weil die Anspr nicht auf § 437 beruhen.

5) Rücktrittsrecht des Verkäufers (IV S 3). Vorauss ist die begrdete VerjEinr gem Abs IV S 2 (Rn 19), 21
die den Käufer berecht, trotz Verj des Anspr aus § 437 den Kaufpr (ganz od im Rest) zu verweigern, obwohl er den gekauften Ggstd, wenn auch mangelh, erhalten hat. Der Verk kann dann seiners vom KaufVertr zurücktreten mit der Folge, dass das SchuldVerh nach den §§ 346 ff abzuwickeln ist, grds dch Rückgewähr der Leistgen. Das gilt aber nicht für das MindergsR des Käufers, da in Abs V nicht auf Abs IV S 3 verwiesen ist.

439 *Nacherfüllung.* **I Der Käufer kann als Nacherfüllung nach seiner Wahl die Beseitigung des Mangels oder die Lieferung einer mangelfreien Sache verlangen.**

II Der Verkäufer hat die zum Zwecke der Nacherfüllung erforderlichen Aufwendungen, insbesondere Transport-, Wege-, Arbeits- und Materialkosten zu tragen.

III Der Verkäufer kann die vom Käufer gewählte Art der Nacherfüllung unbeschadet des § 275 Abs. 2 und 3 verweigern, wenn sie nur mit unverhältnismäßigen Kosten möglich ist. Dabei sind insbesondere der Wert der Sache in mangelfreiem Zustand, die Bedeutung des Mangels und die Frage zu berücksichtigen, ob auf die andere Art der Nacherfüllung ohne erhebliche Nachteile für den Käufer zurückgegriffen werden könnte. Der Anspruch des Käufers beschränkt sich in diesem Fall auf die andere Art der Nacherfüllung; das Recht des Verkäufers, auch diese unter den Voraussetzungen des Satzes 1 zu verweigern, bleibt unberührt.

IV Liefert der Verkäufer zum Zwecke der Nacherfüllung eine mangelfreie Sache, so kann er vom Käufer Rückgewähr der mangelhaften Sache nach Maßgabe der §§ 346 bis 348 verlangen.

1) Allgemeines. Der NachErfAnspr ist bei Sach- u RMangel der dem Käufer primär zustehde Anspr 1
(§ 437 Nr 1). Er ist nicht identisch mit dem ursprüngl ErfAnspr, sond eine Modifikation (Canaris S XXIV). Bei richt Anwendg (vgl Rn 15) wird dadch der Untersch zw Stück- und GattgsKauf weitgehd ggstdslos (Bitter/Meidt ZIP **01**, 2114). **a) Zweck.** Dch § 439 wird die Vorgabe des Art 3 II VerbrGüKRL umgesetzt, wonach dem Käufer wg seines Interesses, eine mangelfr Sache zu erhalten, ein wahlweiser Anspr auf Nach(Ers)Lieferg (§ 437 Rn 7) od Nachbesserg (§ 437 Rn 6) zustehen muss. Das wird vom GGeber bewusst auf alle KaufVertr erstreckt. Zugleich soll dem Verk ein R zur zweiten Andieng eingeräumt werden. Das wird indirekt dadch erreicht, dass der Käufer idR zur NachErf eine Fr setzen muss (Rn 7), die erfolglos bleibt, bevor er zurücktreten, mindern od SchadErs verlangen kann. **b) Begriff.** NachErf ist die Erf der Pfl aus 2
§ 433 I S 2 dch Nachbesserg od Nach(Ers)Lieferg (wie § 437 Rn 6, 7). **c) Anwendungsbereich:** alle KaufVertr, auch die üb ein R (§ 453 I); Stück- u GattgsKauf (Rn 1); bei Sach- u RMängeln. **d) Abdingbarkeit.** Zwingd ist § 439 zG des Käufers beim VerbrGüterkauf (§ 474) nach Maßg des § 475. Bei KaufVertr, die 3
der Verk als Verwender von AGB abgeschl hat, sind Änd des § 439 nach Maßg des § 309 Nr 8 c unwirks. Ausserdem ist ein HaftgsAusschl beschränkt dch § 444 bei Verschweigen eines Mangels u bei Übern einer Garantie. Im übrigen kann der NachErfAnspr vertr ausgeschl od beschränkt werden, zB bei Vorliegen best tats Umstde. Er kann auch an eine von vorneherein festgelegte Fr gebunden werden. Nach Mitt des Mangels (vgl § 475 S 1) können sich auch bei einem VerbrGüterkauf die Part auf Rücktr, Minderg od SchadErs einigen, insb vergleichen (§ 779).

4 **2) Voraussetzungen** des NachErfAnspr (Abs I) sind Mangelhaftk (§ 437 Rn 8), Haftg des Verk (§ 437 Rn 9) u Verlangen des Käufers (§ 437 Rn 10), wobei dieser auch beim Stückkauf die Wahl zw Nach(Ers)Lieferg u Nachbesserg hat (Abs I). Dem Verk können als Einwendgen zustehen; das Bestreiten der tats Vorauss (§ 437 Rn 8), die Verweigerg der gewählten Art (§ 437 Rn 12) od die gänzl Verweigerg der NachErf (§ 437 Rn 13), auch aus § 275 II, III, mit der Folge, dass sich der NachErfAnspr auf die jeweils and Art (Nach(Ers)-Lieferg od Nachbesserg) beschränkt, und wenn beides verweigert werden kann (III S 3), der Käufer zurücktreten od mindern darf (§ 437 Nr 2, vgl dort Rn 27), daneben SchadErs (§ 437 Nr 3) verlangen.

5 **3) Wahlrecht** des Käufers (I). **a) Inhalt.** Der Käufer ist in der Wahl frei u kann belieb nach seinem Interesse entsch, ohne auf das des Verk Rücks nehmen zu müssen. Er kann die Wahl aber auch dem Verk überl, damit dieser von vorneherein die Belange des Abs III abwägen u üb die Art der NachErf entsch kann.
6 **b) Ausübung** des WahlR geschieht mit dem Verlangen der NachErf dch empfbed WillErkl (§ 130). Sie ist formfrei. Der Inhalt (Rn 5) muss für den Verk zweifelsfrei sein. Der Käufer muss auch den beanstandeten
7 Sach- od RMangel bezeichnen. Die Erkl ist wg ihrer GestaltgsWirkg bedinggsfeindl u unwiderrufl. **c) Frist.** Für das Verlangen der NachErf gibt es neben der Verj (§ 438) keine bestimmte Fr, innerh derer die NachErf verlangt werden muss. Der Käufer muss dem Verk auch keine Fr zur NachErf setzen. Der Käufer muss aber eine angemessene Fr setzen als Vorauss für Rücktr (§ 323 I), Minderg (§ 437 Nr 2) u SchadErs (§ 281 I S 1), wenn nicht eine Ausn vorliegt (§ 281 II, § 323 II, § 440). Desh ist der Käufer gehalten, eine NachErfFr zu setzen. Sie muss angem sein (§ 281 I, § 323 I). Die Länge richtet sich nach den tats Umstden des Einzelfalls u ist so zu bemessen, dass der Verk die NachErf rechtzeit vornehmen kann. Ist die Fr zu kurz, wird idR eine angem Fr in Lauf gesetzt (BGH NJW **85**, 2640 für § 326 aF). IdR werden Fr von 1 Wo bis zu 1 Mo angem sein. Der Käufer kann die Fr vor ihrem Ablauf dch einseit WillErkl ändern. Nach erfolglosem Ablauf stehen
8 ihm Rücktr, Minderg od SchadErs offen. **d) Erlöschen** desWahlR tritt mit der wirks Ausübg (Rn 6) ein, nicht erst mit FrAblauf. Eine and Art der NachErf kann der Käufer dann nur noch im Einvernehmen mit dem Verk herbeiführen.

9 **4) Unentgeltlichkeit der Nacherfüllung** (II). Im Ggsatz zu den and Anspr auf Rücktr, Minderg od SchadErs (§ 437 Nr 2 u 3) erfordert die NachErf unmittelb Leistgen des Verk, die Kosten verurs. Diese treffen den Verk wg der VertrWidrk (§ 433 I S 2), für die er haftet. Schon nach bisher geltdem R war für die Nachbesserg dch § 476 a aF die KostenPfl des Verk festgelegt. Abs II ist dem Art 3 IV VerbrGüKRL angepasst, gilt auch für alle and KaufVertr, kann für diese aber abbedungen werden (Rn 3), sow nicht AGB verwendet sind
10 (§ 309 Nr 3 b, cc). **a) Aufwendungen** (Begriff § 256 Rn 1). Sie müssen zum Zweck der NachErf (Abs I) angefallen sein u betreffen solche des Verk wie des Käufers (BGH NJW **96**, 389 mwN). Seine eigenen De u SachLeistgen muss der Verk im Verh zum Käufer kostenlos dchführen u muss seine Aufwendgen ggf bei Dr
11 selbst begleichen. Er darf sie dem Käufer nicht in Rechng stellen. **b) Umfang**: alle erforderl Aufwendgen; die Aufzählg ist beispielh („insb"). Das ist auf die mangelfr NachErf zu beziehen. Dazu gehört auch der Aufwand zum Auffinden der Ursache (BGH NJW **91**, 1604 für § 476 a aF), SV-Gutachten und RA-Kosten (BGH NJW-RR **99**, 813), Kfz-AbschleppVergütg (AG Dülmen NJW **87**, 385). Nicht zu den Aufwendgen gehören die
12 Schäd, die inf der NachErf an anderen RGütern eintreten. Sie fallen unter § 280 I S 1. **c) Erhöhte Aufwendungen** (früher § 476 a S 2 aF), die vom Käufer verurs sind, zB dch nicht bestimmgsgem Verbringen der gekauften Sache an einen and Ort entstehen, insb höhere TranspKosten, sind ebenf vom Verk zu tragen, können
13 ihn aber zur Verweigerg nach Abs III berecht. **d) Rechtsfolgen.** Der Verk trägt alle zur NachErf erforderl Aufwendgen. **aa) Eigene Aufwendungen** darf er dem Käufer nicht in Rechng stellen. Zum VorteilsAusgl u Mitverantwortg wie § 635 Rn 7. Falls er als Käufer gg seinen Lieferanten aus § 437 Nr 3, § 284 berecht ist, kann er ggf Ers von diesem verlangen. **bb) Aufwendungen des Käufers** muss der Verk nach Maßg des § 256 ersetzen. Das umfasst die Verzinsg des Betrags ab dem Ztpkt der Aufwendg (§ 256 S 1).

14 **5) Ausschluss** der verlangten NachErf (III). Das erfordert zunächst, dass der Käufer die Wahl gem Abs I
15 getroffen hat, indem dessen WillErkl dem Verk zugegangen ist (Rn 6). **a) Unmöglichkeit** (Ausschl der LeistgsPfl). Der Anspr auf NachErf ist aGrd des § 275 I ow ganz ausgeschl, wenn beide Arten der NachErf unmögl sind, zB unbehebb Mangel (Bitter/Meidt ZIP **01**, 2114), bes bei RMängeln (Westermann NJW **02**, 241/6). Das setzt voraus, dass die Unmöglk obj besteht und ist unabhäng v Versch. Bsp: ein bestimmtes als unfallfrei priv verk Unfall-Kfz; beim Stückkauf eine untergegangene Sache; ein Kunstwerk, das nicht v dem als Urh vereinb Künstler stammt; ein nicht mehr bestehdes u nicht neu zu begründendes R. Auch beim Stückkauf ist die NachErf dch ErsLieferg mögl, wenn es sich um Sachen handelt, die einer vertretb Sache wirtschaft entspr u das LeistgsInteresse des Käufers zufrieden stellen (Bitter/Meidt ZIP **01**, 2114), zB beim
16 Kauf eines gebr Vorführwagens ein and typengleicher Vorführwagen (Canaris S XXIV). **b) Verweigerung** der mögl NachErf geschieht dch formlose empfbed WillErkl. Sie ist als GestaltgsR bedinggsfeindl u nach Zugang unwiderrufl. Der Verk kann verweigern bei: **aa) Unverhältnismäßige Kosten** (III S 1) bei mögl NachErf der verlangten Art. Es sind die vorausssichtl Kosten zu schätzen. Das ist der ges Aufwand (Abs II). Die Unverhältnmäßk ist nach Abs III S 2 abzuwägen: **(1)** AusgangsPkt ist der Wert der Sache im mangelfreien Zustd, insb der VerkWert, der Wert für die vertr vorausgesetzte od gewöhnl Verwendg (§ 434 I S 2 Nr 1 u 2). Faustregel für die Praxis bei Bitter/Meidt ZIP **01**, 2214. **(2)** Die Bedeutg des Mangels; insb seine Auswirkg auf die GebrFähk für den Käufer (eingeschr od totaler Ausfall). **(3)** Nachteile des Käufers bei der and Art der NachErf. Solche bestehen idR nicht bei ErsLieferg einer neuen gleichwert u mangelfreien Sache. Bsp: Bei Fehlen eines geringfüg ErsT an einem techn Gerät ist die NachBesserg kein NachT ggü der verlangten ErsLieferg eines neuen Geräts. Sind Reise- od TranspKosten zur Reparatur beim Käufer für den
17 Verk höher als derWert des KaufGgstds, so kann der Verk die Nachbesserg verweigern. **bb) Unzumutbarer Aufwand** bei mögl NachErf. Das ist das LeistgsVerweigergsR des § 275 II. Hierbei ist zu berücks, wer die
18 Vorauss hierfür zu vertreten hat (§ 275 II S 2). **cc) Unzumutbare Art der Leistung** weil sie v Schuldner
19 persönl zu erbringen ist u eine InteressenAbwägg zu seinen Gunsten ausfällt (§ 275 III). **c) Ausschluss beider Arten** der NachErf (Abs III S 3 Hs 2) ist mögl, wenn Nachbesserg u Nachlieferg ausgeschl sind (Rn 15) od berecht verweigert werden (Rn 16–18). Dann kann der Verk die NachErf insges verweigern (Boerner ZIP **01**, 2264/69) od sie ist üb § 275 I ausgeschl.

6) Rechtsfolgen. Es ist zu unterscheiden: **a) Beschränkung** des NachErfAnspr. Ist nur die die gewählte 20
Art unmögl, unverhältnmäß teuer od unzumutb (Rn 15–18), richtet sich der NachErfAnspr des Käufers allein
u ausschließl auf die and Art: **b) Ausschluss** der NachErf. Ist auch die nicht gewählte Art unmögl, un- 21
verhältnmäß teuer od unzumutbar (Rn 15–18), so kann der Käufer NachErf nicht verlangen. Sein Anspr aus
§ 437 richtet sich nach seiner Wahl auf Rücktr od Minderg (§ 437 Nr 2) u (auch daneben, § 325) bei
gegebenen Vorauss (§§ 281, 283, 311 a) auf SchadErs. **c) Entbehrlichkeit** der FrSetzg zur NachErf nach 22
Maßg des § 440 für Rücktr u SchadErs.

7) Rückgewähr der mangelh Sache (Abs IV) ist als eigene AnsprGrdl ausgestaltet u richtet sich inhaltl 23
nach RücktrR (§§ 346–348). Eine WillErkl ist nicht nöt; denn § 349 gilt nicht. **a) Voraussetzungen** sind: 24
aa) Nacherfüllung muss Zweck der Lieferg der ErsSache gewesen sein. **bb) Lieferung** der ErsSache muss
stattgefunden haben. Das entspr der Überg u der EigtVerschaffg (ggf des AnwartschR bei EigtVorbeh, § 449).
cc) Mangelfrei (§§ 434, 435) muss die Sache sein, die der Verk als NachErf geliefert hat. **b) Rechtsfolgen.** 25
Der Anspr auf Rückgewähr entsteht, sobald die 3 Vorauss (Rn 24) erf sind. Er ist primär auf Rückg
u RückÜbereigng gerichtet sowie auf Herausg der Nutzgen einschl Abnutzg (§ 346 I), unter den Vorauss des
§ 346 II WertErs, der nach § 346 III S 1 entfallen kann mit der Folge, dass nur eine Bereicherg herauszugeben
ist. Schließl ist SchadErs mögl (§ 346 IV). Das gilt auch für den VerbrGKauf. Die VerbrGüKRL steht nicht
entgg, weil sie die AbwicklsFragen nicht behandelt. **c) Kosten** der Rückgewähr, insb des Transp fallen unter 26
Abs II u treffen den Verk. **d) Verjährung:** § 195, nicht § 438.

440 ***Besondere Bestimmungen für Rücktritt und Schadensersatz.*** **Außer in den Fällen des § 281 Abs. 2 und des § 323 Abs. 2 bedarf es der Fristsetzung auch dann nicht, wenn der Verkäufer beide Arten der Nacherfüllung gemäß § 439 Abs. 3 verweigert oder wenn die dem Käufer zustehende Art der Nacherfüllung fehlgeschlagen oder ihm unzumutbar ist. Eine Nachbesserung gilt nach dem erfolglosen zweiten Versuch als fehlgeschlagen, wenn sich nicht insbesondere aus der Art der Sache oder des Mangels oder den sonstigen Umständen etwas anderes ergibt.**

1) Allgemeines. Die Vorauss eines Rücktr u die eines SchadErsAnspr ergeben sich zunächst aus § 437 1
Nr 2 u 3. Diese verweisen auf das Allg SchuR, näml auf § 323, 326 V für Rücktr u auf die §§ 280, 281, 283
u § 311 a für SchadErs. **a) Zweck** des § 440 ist, die Entbehrlk der FrSetzg über § 281 II (für SchadErs) 2
u § 323 II (für Rücktr) hinaus auf die NachErf zu erstrecken u damit der kaufrechtl GewLeistg anzupassen,
bei der primär der NachErfAnspr besteht. Dch § 440 wird iErg dem Verk ein R zur zweimal NachBesserg
eingeräumt (hierzu Bitter/Meidt ZIP **01**, 2114). **b) Anwendungsbereich.** Jede Art von Kauf, wenn eine 3
NachErf (§ 439) ausgeschl od fehlgeschlagen ist. § 440 gilt nicht für Ers vergebl Aufwendgen (§ 284).
c) Abdingbarkeit ist beim VerbrGüterkauf (§ 474) zum NachT des Käufers ausgeschl (§ 475 S 1). Bei 4
Verwendg v AGB steht § 309 Nr 8 c einer Obliegenh zur FrSetzg statt deren Entbehrlk nicht entgg. Im übr
kann das Erfordern der FrSetzg zur NachErf als Vorauss für Rücktr u SchadErs vereinb werden.

2) Voraussetzungen einer Entbehrlk der FrSetzg: **a) Unverhältnismäßigkeit** beider Arten der NachErf 5
(§ 439 I). Dem steht gleich, dass die eine od die and Art unmögl ist (§ 439 Rn 15), weil die NachErf dann ebenf
ausscheidet. **b) Fehlgeschlagene Nacherfüllung** der dem Käufer zustehden Art. **aa) Zustehen** kann ihm 6
entweder die gewählte Art (§ 439 III S 1; dort Rn 5, 6) oder die and Art, wenn der NachErfAnspr sich darauf
beschr (§ 439 Rn 20). **bb) Fehlschlagen** (vgl § 309 Rn 62; Boerner ZIP **01**, 2264/70) kann die NachErf: 7
(1) Bei Nachbesserg (§ 437 Rn. 6): dch die Vermutg („gilt") des S 2 nach dem zweiten vom Verk unter-
nommenen vergebl Versuch einer Nachbesserg, die den bei der ersten Andieng vorhandenen Mangel nicht beseit
od einen neuen Mangel erzeugt. Die Vermutg ist eingeschr dch ein and, vom Verk zu beweisdes Ergebn aus den
gegebenen Umstden, insb Art der Sache u des Mangels. **(2)** Bei der Ersatzlieferg, wenn die Sache denselben od
einen and, neuen Mangel aufweist. **(3)** Dem Fehlschlagen gleich steht eine unzumutb Verzögerg sowie die ernsth
u endgült Verweigerg einer dem Käufer zustehden NachErf. **(4)** Die betreffde Art der NachErf muss dem Käufer
zustehen, so dass die RFolge des § 440 nicht eintritt, wenn der Verk die and Art der NachErf vergebl unternimmt,
zB Ersatz liefert, obwohl der Käufer nur Nachbesserg verlangen kann, sei es dch Wahl dieses Anspr (§ 439 I) od
dch Beschränkg auf diesen (§ 439 III). **c) Unzumutbarkeit** der NachErf, u zwar in Bezug auf den Käufer. Es ist 8
darauf abzustellen, ob dem Käufer die NachErf statt Rücktr, Minderg od SchadErs zuzumuten ist. Unzumutb
sein kann dem Käufer, die nachgelieferte od nachgebesserte Sache zu nehmen, wenn deren Wert, Verwertbk od
Gebr inf der dch den Zeitablauf geänd Umstde in erhebl Maße beeinträcht od ausgeschl ist. Bsp: Die NachErf
dauert zu lange (Bitter/Meidt ZIP **01**, 2114); die Sache kann für einen MesseVerk nicht mehr rechtzeit
bereitgestellt werden; eine Häufg v Mängeln. **d) Unmöglichkeit** der NachErf ist in § 440 nicht aufgeführt, weil 9
der Verk aGrd des § 275 I von der LeistgsPfl befreit ist u keim Anspr auf NachErf besteht, eine FrSetzg zur
NachErf daher ausscheidet (Haas NSchR Kap 5 Rn 156). Die RFolgen ergeben sich aus §§ 283, 311 a, 326.

3) Rechtsfolgen. § 440 ergänzt die Anwendgsfälle des § 323 II Nr 1–3 für den Rücktr u die des § 281 II 10
für den SchadErsAnspr. Liegen die Vorauss (Rn 5–8) vor, kann der Käufer sogleich (ohne erfolglos eine Frist
setzen zu müssen) zurücktreten (§ 323 I) u SchadErs fordern (§ 281 I), ohne dass bei Rücktr der SchadErs
ausgeschl ist (§ 325). Der Verk kann nicht mehr wirks nacherfüllen. Dem Käufer bleibt es unbenommen,
wenn er an einer NachErf interessiert ist, dem Verk eine Fr zu setzen. Das kann auch zu dem Zweck
geschehen, das R des Verk zur 2. Nachbesserg zeitl zu begrenzen (Bitter/Meidt ZIP **01**, 2114).

441 ***Minderung.*** **I Statt zurückzutreten, kann der Käufer den Kaufpreis durch Erklärung gegenüber dem Verkäufer mindern. Der Ausschlussgrund des § 323 Abs. 5 Satz 2 findet keine Anwendung.**

II Sind auf der Seite des Käufers oder auf der Seite des Verkäufers mehrere beteiligt, so kann die Minderung nur von allen oder gegen alle erklärt werden.

III Bei der Minderung ist der Kaufpreis in dem Verhältnis herabzusetzen, in welchem zur Zeit des Vertragsschlusses der Wert der Sache in mangelfreiem Zustand zu dem wirklichen Wert gestanden haben würde. Die Minderung ist, soweit erforderlich, durch Schätzung zu ermitteln.

IV Hat der Käufer mehr als den geminderten Kaufpreis gezahlt, so ist der Mehrbetrag vom Verkäufer zu erstatten. § 346 Abs. 1 und § 347 Abs. 1 finden entsprechende Anwendung.

1 **1) Allgemeines. a) Neuregelung** dch das SMG. **aa) Geändert** ist in mehrf Hins: **(1)** Auch bei einem
RMangel (§ 435) kann gemind werden. **(2)** Erfolglose FrSetzg zur NachErf wird grds vorausgesetzt. **(3)** Minderg ist GestaltgsR statt Anspr (§ 462 aF). **(4)** Auch bei einem nicht erhebl Mangel kann gemind werden.
(5) Bei mehreren VertrBeteil kann nur noch von allen gg alle einheitl gemind werden (Rn 11; and § 474 aF).
2 **bb) Geblieben** ist: **(1)** Berechng einer Minderg (III, § 472 I aF) in dem Grds, dass der Kaufpr relativ um den
verminderten Wert der Sache herabgesetzt wird. **(2)** Maßgebder ZtPkt ist der des VertrAbschl wie bish (III
S 1; § 472 I aF). **(3)** Bei Mehrh verk Sachen ist der GesPr maßgebd. § 472 II ist zwar ersatzlos aufgehoben;
das ändert wg der Berechng (III S 1) aber im Ergebn nichts. **(4)** Eine ggü dem gemind Kaufpr geleistete
Überzahlg ist nach RücktrR auszugleichen (IV, § 467 S 1 Hs 1 aF). **(5)** Die Minderg schließt den Rücktr aus
3 (Abs I S 1), so wie früher die Wandelg ab Vollz der Minderg ausgeschl war (§ 465 aF). **b) Begriff** der
Minderg. Sie ist bei FortBestd des KaufVertr die Herabsetzg des Kaufpr auf denjen Betrag, um den der Mangel
4 den Wert des KaufGgstds mind, den dieser zZt des VertrSchl aufweist. **c) Rechtsnatur.** Die Minderg ist
nunmehr ein GestaltgsR (33 vor § 104), dch dessen Ausübg der Kaufpr unmittelb herabgesetzt wird. Die
RFolge tritt unmittelb u bindd ein, nicht mehr wie früher (§ 465 aF) erst dch Einverständn des Verk,
5 Verurteilg od Einrede (vgl HptBd § 465 Rn 11 ff). **d) Abdingbarkeit.** § 441 ist zwingd zG des Käufers beim
VerbrGüterkauf inf der Verweisg in § 475. Bei Verwendg von AGB kann bei KaufVertr mit Verbr (§ 13) üb
neu hergestellte Sachen die Minderg bei Fehlschlagen der NachErf nicht wirks ausgeschl werden (§ 309
Nr 8 b, bb). Im übrigen (vgl § 310) kann die Minderg beschränkt, befristet, auch ganz ausgeschl werden, sow
ein HaftgsAusschl wirks vereinb werden kann (§ 444). Das ist insb bei einem priv KfzKauf übl u prakt bedeuts.
6 **e) Anwendungsbereich:** alle KaufVertr (auch üb Re, § 453), sow die Minderg nicht vertr wirks ausgeschl ist
(Rn 5). § 441 ist iR der MängelHaftg unanwendb, wenn der Wertverlust des KaufGgstds dch and Umstde
herbeigeführt worden ist als dch einen Sach- od RMangel od wenn die Re des Käufers dch Kenntn (§ 442)
ausgeschl sind (BGH NJW **90**, 2682 für §§ 460, 462 aF). Gilt auch beim Kauf mehrerer Sachen od Re zu
einem GesamtPr.

7 **2) Voraussetzungen** der Minderg (I) sind: **a) Kaufvertrag.** Er muss wirks sein u noch bestehen.
b) Rücktrittsrecht (I S 1). Es muss aGrd eines Sach- od RMangels (§§ 434, 435) aus § 437 Nr 2 entstanden
sein, weil I S 1 bestimmt „statt zurückzutreten". Daher muss grds eine erfolglos abgelaufene Fr zur NachErf
(§ 437 Nr 1) vorangehen, wenn die FrSetzg nicht wg § 323 II, § 440 entbehrl ist. Das RücktrR muss
entstanden sein u noch bestehen, insb darf es nicht erloschen sein (§ 437 Rn 26). Hingg hindert der Ausschl
des Rücktr wg Unerheblk der PflVerletzg (§ 323 V S 2) die Minderg nicht (I S 2); denn Minderg ist auch bei
8 geringfüg Mängeln zuläss (Boerner ZIP **01**, 2264/71). **c) Wahlrecht** zw Rücktr u Minderg. Es darf noch
nicht erloschen sein (§ 437 Rn 27).

9 **3) Ausübung** des GestaltgsRs (Rn 4) geschieht dch empfbed WillErkl des Käufers ggü dem Verk (I S 1).
Bei Vertretg gelten die allg Regeln (§§ 164 ff). **a) Form.** Die WillErkl unterliegt keiner gesetzl Form, Schriftf
10 kann aber im Einzelfall vereinb werden (vgl § 127). Sonst ist die Minderg auch mdl mögl. **b) Inhalt.** Als
GestaltgsR ist die Erkl bedinggsfeindl u ab Zugang (§ 130) unwiderrufl. Der vom Käufer verlangte Umfang
der KaufprHerabsetzg ist anzugeben. Das kann dch einen best Betrag (verbleibder od entfallder Teil des
Kaufpr), aber auch bestimmb (insb ein BruchT des Kaufpr) ausgedrückt werden. Diese Benenng kann in der
Erkl auf einen späteren Ztpkt aufgeschoben werden, zB wenn der Betrag erst noch ermittelt werden muss.

11 **4) Mehrheit** von VertrBeteiligten (II) auf Seiten der Verk wie der Käufer erfordert Erkl von allen ggü allen auf der jeweils and Seite. Es gilt also nunmehr, wie früher nur bei der Wandelg (vgl § 474 aF), das Einheitsprinzip entspr dem Rücktr (§§ 351, 356 aF). Die Minderg ist also unteilb. Wenn sich die mehreren Käufer nicht einig sind, kann die Mitwirkg nur aGrd des bestehden InnenVerh (insb Gesellsch od Gemeinsch) erzwungen werden. Wie u wann die Mehrh v VertrBeteil entstanden ist, bleibt unerhebl. Sie entsteht insb unmittelb dch Vertr, VertrÄnderg (§ 311 I), RNachfolge, TeilAbtretg. Gleichgült ist auch die rechtl Einordng der Verk- od KäuferMehrh (§§ 420–432). Die Ausübg muss nicht von u ggü allen Beteil gleichzeit geschehen. Wirks wird die Minderg aber erst mit Zugang an den letzten ErklEmpf. Häuf ist Vertretg gegeben.

12 **5) Berechnung** der Minderg (III). **a) Grundsatz.** Es ist vom vereinb Kaufpr auszugehen. Dieser ist um
den Betrag herabzusetzen, um den der Verkehrswert einer mangelfreien Sache im Vgl zu dem einer mangelh
Sache vermindert ist (Minderwert, Rn 15). Es ist darauf abzustellen, in welchem Verh der vereinb Kaufpr
herabzusetzen ist (§ 472 I aF). Diese Relation gilt iErg weiter. Bsp: Kaufpr 1000 €. Wert einer mangelfr
Sache: 1200 €. Wert der mangelh Sache 600 €. Gemind Kaufpr 500 €. Wäre bei Kaufpr 1000 € der Wert
13 der mangelfr Sache auch 1000 €, so wäre auf 600 € zu mindern. **b) Maßgebender Zeitpunkt** ist der
14 Abschl des KaufVertr (III S 2). Alle späteren WertVeränd bleiben ausser Betr. **c) Wert** des KaufGgstds ist der
obj Verkehrswert. Dieser wird häuf dem vereinb Kaufpr entspr, kann aber im Einzelfall aus bes Grden davon
abweichen, zB niedr, wenn dch einen günst Pr die Eröffng einer GeschBeziehg gefördert werden soll.
15 **d) Minderwert** ist der Unterschied zw dem Wert der mangelh Sache zu dem einer mangelfreien. Das kann
im Einzelfall der (fiktive) Reparaturaufwand sein, ist es aber häuf nicht, weil in vielen Fällen die Beseitigg
eines Mangels hohe Kosten erfordert u eine mangelh Sache im GeschVerkehr od Gebr einen nur wenig
geminderten Wert haben kann, zB ein GebrFahrzeug mit einem Motor höherer LaufLeistg, fehlder Airbag für
Beifahrer. Zu ermitteln ist der Wert, der dem Käufer bei der mangelh Sache verbleibt u der, den er obj mit
der Sache hätte, wenn sie mangelfrei wäre. Hierfür können bei Kfz die örtl MarktPr herangezogen werden.
16 **e) Wertlosigkeit** des mangelh KaufGgstds führt dch Minderg zum völl Wegfall des Kaufpr. Der Käufer muss
17 dann die Sache an den Verk herausgeben (Staud/Honsell § 472 Rn 8 mwN). **f) Mitverantwortung** (Mit-

verschulden) des Käufers hinsichtl Entstehg u Umfang des Mangels. Der GGeber geht von einer entspr
Anwendg des § 254 aus (vgl dort Rn 6), so dass eine ausdrückl Regelg unterblieben ist. Nach den Grds des
§ 254 kann der Umfang der Minderg eingeschränkt werden bis zum Wegfall (§ 254 Rn 52), je nachdem, wie
die Verantwortlk des Käufers einzustufen ist. **g) Schätzung** (III S 2) des MindergsBetr. Im RStreit wird die 18
Minderg schon bisher gem ZPO 287 II geschätzt. Das bedeutet einen geringeren Grad von Beweis der tats
wertbildden Umstde u eine ungefähre Bemessg des GeldBetr bei Berücksichtigg aller erhebl Umstde. Daran
ist inf III S 2 auch der Käufer vertr gebunden, wenn er den GeldBetr der Minderg dem Verk benennt
(Rn 11). Dem Käufer ist Willkür bei der Berechng verwehrt.

6) Rechtsfolgen. Der KaufVertr besteht fort mit allen Ren u Pfl; nur der Kaufpr ist mit Zugang (§ 130) 19
der MindergsErkl auf den Betr herabgesetzt, der dem Abs III entspr, dh einer angem Schätzg (Rn 18). Das
kann, muss aber nicht dem vom Käufer verlangten Betr entsprechen. Ist der Kaufpr ganz od üb den herabgesetzten Betr hinaus bezahlt, besteht der Anspr des Käufers aus Abs IV (Rn 20, 21). Ist nur ein geringer Teil des Kaufpr beglichen, ergreift die Minderg voll (nicht verhmäß) den noch offenen Teil der KaufprFdg. Das ergibt sich aus Abs IV, der für den einheitl Anspr darauf abstellt, wieviel gezahlt u wieviel gemindert ist. Ein SchadErsAnspr (§ 437 Nr 3) wird dch die Minderg nicht ausgeschl, umfasst aber nicht denjen MangelSchad, der dch die Herabsetzg des Kaufpr ausgeglichen wird. Mindg kann nicht mit SchadErs statt der Leistg (§ 281) kombiniert werden (§ 281 Rn. 23 aE).

7) Überzahlung (IV). Gibt die Grdl für einen vertr Anspr. Demggü treten Anspr aus § 812 ff zurück. 20
a) Voraussetzung ist, dass der Käufer mehr bezahlt hat als den wirks geminderten Kaufpr (IV S 1). Der
ZtPkt der Zahlg ist gleichgült. Abs IV ist insb auch erf, wenn bei stritt Umfang der Minderg der Käufer den
Kaufpr unter Vorbeh od zunächst voll zahlt, um einen RStreit zu vermeiden. **b) Wirkung** (IV S 2). Der 21
Anspr erfordert die entspr Anwendg der RücktrVorschr nur für den Inhalt u Umfang: Rückgewähr des empf
Geldes mit Nutzgen nach Maßg der §§ 346 I, 347 I.

8) Verjährung. Das R zur Minderg unterliegt als GestaltgsR (Rn 4) nicht der Verj. Die Minderg ist 22
unwirks, wenn sie erkl wird, nachdem die Anspr aus § 433 I S 2 u § 437 Nr 1 verj sind u die Einrede der Verj erhoben ist. Das ergibt sich aus § 438 V und § 218. Dch die Verweisg in § 438 V auf § 438 IV S 2 kann jedoch die noch nicht erfolgte KaufprZahlg verweigert werden, soweit das R zur Minderg bestünde. Für den Anspr aus Abs IV (Rn 20) gilt die regelmäß VerjFr des § 195.

442 *Kenntnis des Käufers.*

I Die Rechte des Käufers wegen eines Mangels sind ausgeschlossen, wenn er bei Vertragsschluss den Mangel kennt. Ist dem Käufer ein Mangel infolge grober Fahrlässigkeit unbekannt geblieben, kann der Käufer Rechte wegen dieses Mangels nur geltend machen, wenn der Verkäufer den Mangel arglistig verschwiegen oder eine Garantie für die Beschaffenheit der Sache übernommen hat.

II Ein im Grundbuch eingetragenes Recht hat der Verkäufer zu beseitigen, auch wenn es der Käufer kennt.

1) Allgemeines. Die Vorschr entspr inhaltl im wesentl den §§ 439, 460 aF. **a) Zweck.** Vordergründ wird 1
Art 2 V, 5 II S 1 VerbrGüKRL umgesetzt. Im allg fehlt bei Kenntn die Schutzwürdigk des Käufers (BGH
NJW **89**, 2050) u es soll das VertrRisiko der Part vermindert werden (Köhler JZ **89**, 761). **b) Grundsatz.** 2
Dem Käufer stehen die Re aus dem § 437 zu, wenn er den Mangel nicht kennt u die Unkenntn nicht auf
grober Fahrlässk beruht. Die Re aus § 437 entfallen, wenn die Vorauss des § 442 bejaht werden. **c) Anwendbar:** für jede Art des Kaufs; für Sach- u RMängel (§§ 434, 435), RKauf (§ 453 I) u auch beim GattgsKauf 3
(vgl BGH NJW **81**, 2460 für § 460 aF). **d) Abdingbarkeit** ist grds zu bejahen. § 442 ist aber zG des Käufers 4
zwingd beim VerbrGüterK (§ 475). Abbedungen werden kann nur im Vertr. Einseit Vorbeh des Käufers
genügt nicht. **e) Ausschluss anderer Vorschriften.** Soweit es sich um fehlde Kenntn von Sach- u RMängeln handelt, ist § 442 eine abschließde SoRegelg. Das gilt insb ggü § 254 (dort Rn 8; BGH NJW **78**, 2240). 5
f) Beweislast trägt der Verk für die Tats zur Kenntn u zur groben Fahrlässk, der Käufer für Verschweigen 6
u die Garantie (I S 2).

2) Kenntnis des Käufers (I S 1) od seines Vertreters (§ 166). **a) Kennen** setzt pos Wissen derjen Tats 7
voraus, die in ihrer Gesamth den Mangel begrden. Fehlt es dafür an einzelnen Tats, kann grobe Fahrläss (I S 2)
vorliegen. Das Wissen muss sich auch auf die rechtl Bedeutg u den Umfang des Mangels erstrecken. Ein
Verdacht, auch ein dringder, genügt nicht, ebsowen die fehlende Kenntn üb den Umfang des Mangels, zB Irrt
üb die Dauer eines PachtVertr (BGH NJW **91**, 2700 für § 439 aF). **b) Zeitpunkt.** Maßgebd ist der des 8
VertrSchl. Das ist das Zustdekommen des Vertr (§§ 145 ff), bei Grdst also die Beurk (§ 311 b I), bei Schriftf die letzte notw Unterschr (§ 126 Rn 12). Das gilt auch bei nachträgl Heilg (§ 311 b I S 2), so dass es auf die Kenntn zZ der Eintragg nicht ankommt (Köhler JZ **89**, 761/9); jedenf wenn der Käufer nicht weiß, dass der Vertr unwirks ist (BGH NJW **89**, 2050). Ist der KaufVertr aufschiebd bedingt (§ 158 I), so kommt es auf den Eintritt der Bedingg an, aber nur, wenn das nicht vom Willen des Käufers abhängt (Köhler aaO 765).
c) Wirkung. Die Re des Käufers aus § 437 sind ausgeschl. Das gilt auch, wenn der Verk den Mangel arglist 9
verschwiegen hat (BGH NJW **78**, 2240 für § 460 aF). Der Verk haftet jedoch, wenn er sich verpfl hat, bis
zum GefÜberg (§ 446) den erkannten Mangel zu beseit (St/Honsell § 460 Rn 6).

3) Grobfahrlässige Unkenntnis (I S 2) des Käufers od seines Vertreters (§ 166). **a) Nicht kennen** ist 10
eine nicht vollständ Kenntn derjen Tats, die in ihrer Gesamth den Mangel begrden (vgl Rn 7). Daneben kann
Kenntn and Mängel bestehen; dann ist wg dieser Mängel I S 1 (Rn 7) anzuwenden. **b) Grobe Fahrlässigkeit.** Begriff: § 277 Rn 2. Es ist auf die im Einzelfall erforderl Sorgfalt abzustellen, dh auf das Mindestmaß an 11
Information u Aufmerksamk (Köhler JZ **89**, 761/7 zu § 460 aF). Diese muss der Käufer in bes schwerem
Maß vernachläss haben. Das ist idR ausgeschl, wenn er sich auf die Angaben des Verk verlässt, ohne weitere
Information einzuholen. Bsp: Der Käufer eines Grdst muss nicht die Bau- u GrdAkten einsehen (BGH NJW-

RR **88**, 1291 für § 460 aF). Der Käufer muss nicht eine sachkund Pers zur Besichtigg zuziehen (Köln NJW
73, 903 für § 460 aF). Bei EDV-Progr ist idR ein Probelauf geboten (Schlesw MDR **82**, 228 für § 460 aF).
12 **c) Zeitpunkt.** Maßgebd ist der VertrSchl, weil I S 2 als Ausn den I S 1 voraussetzt. Die tats Umstde u die
13 fehlde Kenntn sind daher wie Rn 7, 8 zu behandeln u können vor dem VertrSchl liegen. **d) Untersuchung**
des KaufGgstd vor u bei VertrSchluss. Hierzu ist der Käufer grdsl nicht verpfl. Das Unterlassen kann aber
14 ausnw eine grobe Fahrlässk begrden: **aa) Besondere Sachkunde** des Käufers, wenn diese dem Verk fehlt.
15 Bsp: GebrWagenHändler erwirbt von einem nicht sachkund priv Verk ein Kfz. **bb) Verkehrssitte.** Bei
16 Ggstden, deren eingehde Besichtgg übl ist: Gebäude, Kunstwerke, Antiquitäten. **cc) Warnung** vor Mängeln
dch den Verk, Dr od bes Umstde (St/Honsell § 460 Rn 8). Bsp: HaltbarkDatum von verpackten Lebensmit-
17 teln (Köhler DB **85**, 215; aA Michalski/Riemenschneider BB **93**, 2097/101 für § 460 aF). **e) Wirkung.** Bei
grober Fahrlässk des Käufers tritt grdsl die gleiche Wirkg wie bei Kenntn ein (Rn 9). Der Verk haftet für den
betr Mangel nur, wenn die Vorauss der Rn 18, 19 vorliegen.

18 **4) Haftung des Verkäufers** (I S 2) trotz grober Fahrlässk des Käufers tritt ein dch: **a) Arglistiges Verschweigen** des Mangels. Das muss sich auf die Tats beziehen, aus denen sich der Sach- od RMangel ergibt, u setzt eine AufklärgsPfl voraus, die der Käufer aGrd der VerkehrsAnschaug nach Treu u Glauben erwarten durfte (§ 123 Rn 5). Einzelh bei KaufVertr: § 123 Rn 7, 8. Dem steht gleich das Vortäuschen der MangelFreih, wobei eine AufklärgsPfl nicht verletzt sein muss. Argl (§ 123 Rn 2) ist für das Verschweigen
19 zusätzl notw. **b) Garantie** (jeder Art, § 443 Rn 4). Sie muss v Verk wirks erkl sein. Es ist nach dem Wortlaut auf § 443 abzustellen. Das kann sich allg auf die MangelFreih, aber auch auf einzelne od mehrere bestimmte Eigensch beziehen, welche die Beschaffenh der Sache ausmachen (vgl § 434 Rn 10). Die Garantie muss VertrBestdT u v der WillensÜbereinst erfasst sein, insb im VertrAngebot enthalten od bei VertrSchl darin aufgen sein, auch nachträgl (§ 311 I). Maßgebd ist der Empfängerhorizont (BGH NJW **96**, 1337 mwN). Nicht ausreichd ist: die Beschreibg des KaufGgst (BGH NJW **95**, 518 für § 460 aF); das mit der Ausschreibg übereinstimmde Angebot (BGH NJW **81**, 222 für § 460 aF); die Angaben in einer GebrAnweisg (BGH NJW **81**, 1296). Form der Garantie: wie der KaufVertr, bei Grdst also § 311 b I.

20 **5) Rechte im Grundbuch** (II). Entspricht inhaltl dem § 439 II aF. **a) Zweck.** Dch die Beurk (§ 311 b I)
gelangt der Inhalt des GB zur Kenntn des Käufers. Ohne Abs II hätte das zur Folge, dass die Haftg des Verk
entfiele. Das soll vermieden werden. **b) Anwendbar** bei allen GrdstKaufVertr; betrifft auch bewegl Sachen
21 wenn sich das im GB eingetragenen R darauf erstreckt, zB bei § 1120. **c) Abdingbarkeit** dch Vereinbg im
22 KaufVertr ist zu bejahen u kommt häuf vor bei Übern der dingl Belastg. **d) Eingetragene Rechte.** Im Ggsatz
zu § 439 II aF sind von Abs II alle Re erfasst, die im GB eintraggsfäh sind (Überbl 8 vor § 873). Mind entspr
anwendb auf Vormerkgen (§ 883) für den Anspr auf Bestellg od Übertragg eines solchen Rs (allgM für
§ 439 II S 2 aF). Auch ausländ Re, zB bei einem RegisterPfandR an LuftFahrz (BGH NJW **92**, 362 für
23 § 439 II aF). **e) Rechtsfolgen.** Wenn nichts and vereinb ist (Rn 21), hat der Verk das eingetr R (od die
Vormerkg, Rn 22) zu beseit, ohne Rücks darauf, ob der Käufer das R bei VertrSchluss kannte od nicht. Der
Verk hat die Beseitigg über eine LöschgsBewillig (§ 19 GBO) od iW der GBBerichtigg (§ 894) herbeizufüh-
ren. Eintragg eines Widerspr (§ 899) genügt nicht.

443 *Beschaffenheits- und Haltbarkeitsgarantie.*

[I] Übernimmt der Verkäufer oder ein Dritter eine Garantie für die Beschaffenheit der Sache oder dafür, dass die Sache für eine bestimmte Dauer eine bestimmte Beschaffenheit behält (Haltbarkeitsgarantie), so stehen dem Käufer im Garantiefall unbeschadet der gesetzlichen Ansprüche die Rechte aus der Garantie zu den in der Garantieerklärung und der einschlägigen Werbung angegebenen Bedingungen gegenüber demjenigen zu, der die Garantie eingeräumt hat.

[II] Soweit eine Haltbarkeitsgarantie übernommen worden ist, wird vermutet, dass ein während ihrer Geltungsdauer auftretender Sachmangel die Rechte aus der Garantie begründet.

1 **1) Allgemeines.** Die Garantie war bisher gesetzl nicht geregelt u unterfiel als selbständ Vertr (vgl 16 vor
§ 765) od als inhaltl Abänderg eines KaufVertr dem § 305 aF. Eine Garantie soll die gesetzl MängelHaftg
2 (§ 433 I S 2) verstärken u ergänzen. Sie führt als Ausgl idR zu einem stärkeren VerkErfolg. **a) Zweck.** Wg
der großen prakt Bedeutg v Hersteller- u VerkGarantien ist eine gesetzl Regelg geboten. Außerdem fordert
3 Art 6 VerbrGüKRL eine Bindg des Verk, des Herst od eines Dr an die einschläg Werbg. **b) Begriff.** Im
Rahmen eines KaufVertr ist die Garantie eine Vereinbg, in der der Verk od ein Dr die Gewähr dafür übnimmt,
dass die verk Sache eine best Beschaffenh aufweist (BeschaffenhGarantie) od für eine best Dauer behält
(HaltbarkGarantie). Inhaltl kommt es dabei auf die Mangelfreih insges od auf einzelne bezeichnete Mängel an,
4 je nach dem, was die VertrPart od der Dr mit dem Käufer als Garantie vereinb. **c) Arten.** Man unterscheidet:
aa) Unselbständige Garantie ist die Erweiterg der gesetzl Haftg für Mängel (§ 437) dch eine GarantieFr, in
der zB auch für Mängel gehaftet wird, die nach GefÜberg auftreten. **bb) Selbständige Garantie** ist das
Einstehen der Garantiegebers für einen Erfolg, der über die Freih v SachM (§ 434) hinausgeht, insb dch die
verschuldensunabhäng (§ 276 I S 1) Übern eines möglweise eintretden künft Schad, der dch die SachMHaftg
5 (§ 437 Nr 3) nicht gedeckt wäre, zB ein unverschuldeter zufäll Schad. **d) Anwendungsbereich:** selbstd
u unselbstd Garantie; grds alle KaufVertr; nur Kauf v Sachen, auch Grdst; nur SachM zur Beschaffenh
(§ 434 I) u Haltbark. Bei Kauf eines Rs (§ 453 I) ist die entspr Anwendg dann mögl, wenn das verk R an
einer Sache besteht, zB eine Hyp an einem Grdst, für dessen bestimmte Beschaffenh der Verk garantiert.
6 **e) Abdingbarkeit.** § 443 ist bei VerbrGüterK zG des Verbr zwingd (§ 475) mit SoVorschr (§ 477). Im übr
kann die Garantie inhaltl frei vereinb werden mit den allg Grenzen der §§ 134, 138, 242. Das gilt insb auch
7 beim Kauf von Untern (§ 453 Rn 7). **f) Verhältnis zur Sachmängelhaftung.** Die GarantieHaftg besteht
neben u unabhäng von der aus § 437 (Abs I „unbeschadet“) u nicht nur dann, wenn sich die Garantie allein
gg einen Dr (Rn 8) richtet, insb gg den Herst, der nicht Verk ist.

8 **2) Garantiegeber** können (auch nebeneinander) sein: **a) Verkäufer.** Das ist der Regelfall. Die Garantie ist dann Teil des KaufVertr. Der Verk kann auch als Vertr (§ 164) des Herst (b) od eines Dr (c) handeln od (u)

diesem als weiterer GarG beitreten. **b) Hersteller** der Sache. Er muss nicht der Lieferant des Verk sein. Entscheidd ist allein, dass er die GarantieErkl (Rn 10) abgegeben hat. **c) Dritte,** die am Vertrieb der Sache beteil od interessiert sind, zB Großhändler, Importeure, VertriebsUntern, insb Tochter- od KonzernGesellsch des Herst, die ihrerseits den Verk beliefern.

3) Garantiefall. Die währd der Garantiedauer (Rn 13) auftretden SachM od das Entfallen der Haltbk begrden einen Anspr gg den GarantieG (BGH NJW **79**, 645). Art u Umfang des Anspr richten sich nach dem Inh der erkl Garantie (Rn 11) u sind unabhäng v Versch (§ 276 I S 1; dort Rn 29). 9

4) Übernahme der Garantie (I) ist Teil des betreffden KaufVertr. **a) Erklärung** des Verk. Sie fällt unter 10
§ 130 I. u kann schon vor VertrSchluss abgegeben werden, idR aber zur gleichen Zeit, ausnw später iW der VertrÄnd od -Ergänzg (§ 311 I). **b) Inhalt.** Das Wort Garantie muss nicht verwendet werden. Gleichbe- 11
deutde Begriffe sind mögl, zB „voll einstehen", „uneingeschränkte Gewährleistung", auch „zusichern" wird idR genügen (vgl § 276 Rn 29). Die Garantie kann auf die volle MängelFreih (§ 434) od auf einzelne BeschaffenhMerkmale bezogen werden, auch auf eine bestimmte Beschaffenh der Sache innerh eines Zeitraums (HaltbarkGarantie). Die Part können vereinb, dass ein entdeckter Mangel unverzügl angezeigt werden muss. Beim VerbrGüterkauf muss der Inhalt die zusätzl Erfordern des § 477 I aufweisen. **c) Form.** Beim 12
GrdstKauf muss die Form des § 311 b I auch die Garantie umfassen. § 443 schreibt sonst keine Form vor. Die Garantie kann auch stillschweigd vereinb werden. Es genügen Garantiescheine od -karten. Beim VerbrGüterkauf (§ 474) kann der Käufer für eine angebotene od vereinb Garantie Mitt in Textform verlangen (§ 477 II).

5) Garantiefrist ist der Zeitraum, für den der Verk die Garantie übnimmt. Die Dauer kann best sein nach 13
dem Kal (zB 31. 12. 2003), einem ZtRaum (zB 1 J) od nach dem Eintritt einer Tats (zB Km-Leistg bei Kfz, BetrStunden bei Maschinen). Die GarFr ist nicht notw BestdT einer Garantie, weil sich diese auch allein auf den ZtPkt des GefÜberg (§§ 446, 447) beziehen kann. Die GarantieFr kann kürzer od länger sein als die VerjFr (§ 438). Ist eine Fr nicht vereinb, gilt iZw die VerjFr. **a) Beginn** richtet sich nach der Vereinbg. Ist 14
eine solche nicht getroffen, läuft dieFr ab GefÜberg (§§ 446, 447). Die Fr beginnt unabhäng v der VerjFr (§ 438 II). Berechng: § 187. **b) Ablauf.** Das FrEnde wird nach den §§ 188, 189 berechnet. **c) Verjährungs-** 15
frist (Rn 23) ist die regelmäß (§ 195), nicht die des § 438 (vgl dort Rn 3). Sie läuft unabhäng von der GarantieFr u beginnt für die von der Garantie erfassten Mängel grdsätzl mit Entdeckg des Mangels (BGH NJW **79**, 645; Saarbr NJW-RR **97**, 1423 mwN). Sie bleibt gehemmt, bis der Mangel beseit ist (Saarbr aaO).

6) Voraussetzungen einer wirks Garantie (I). **a) Kaufvertrag.** Er muss gült zustdegekommen sein 16
u noch bestehen, insb nicht dch Rücktr (§ 437 Nr 2) beseit u abgewickelt sein. Das gilt auch dann, wenn nicht der Verk, sond der Herst od ein Dr (Rn 8) garantiert. **b) Garantieerklärung.** Sie muss vom Garantie- 17
geber wirks abgegeben worden sein (Rn 10) u muss nach ihrem Inhalt den vom Käufer beanspruchten Garantiefall decken, entw eindeut od gem §§ 133, 157 dch Auslegg zu ermitteln. Das können im Einzelfall alle od mehrere einzelne best SachM od BeschaffenhMerkmale sein, je nach dem wie die Garantie lautet. Sagt die GarantieErkl darü nichts aus, so wird iZw für alle SachM garantiemäß gehaftet, wenn es sich um eine VerkGarantie handelt, bei einer HerstGarantie nur für SachM, die auf der Herstellg der gekauften Sache beruhen. **c) Angegebene Bedingungen.** Sie sind die tats Vorauss, die für den Garantiefall (Rn 9) in der 18
GarantieErkl (Rn 10) od der einschläg Werbg festgelegt sind. Das ist keine Bedingg iS des § 158. Darunter fallen insb: **aa)** Bezeichng des SachM, aller, der mehreren od einz SachM (Rn 17), ferner die best Beschaffenh der Kaufsache, wofür im Einzelfall garantiert wird. **bb)** Angabe der Leistgen des Garantiegebers: ErsLieferg, Nachbesserg, Minderg, RücktrR, SchadErs, nur einz dieser Re od wahlw. **cc)** Erforderl Handlgen des Käufers, zB schriftl Anzeige, SchadMeldg. **dd)** Einhaltg der GarantieFr (Rn 13) für den Eintritt des Garantiefalls, insb bei der HaltbkGar. **d) Einschlägige Werbung.** Die Bedinggen (Rn 18) der (nicht formbedürft, 19
Rn 12) Garantie müssen nicht in der notw GarantieErkl (Rn 10) enthalten sein. Sie können sich auch aus der Werbg (insb Prospekt, ZeitgsAnz, Werbebrief, Fernsehspot) ergeben. Dafür ist aber notw, dass erkennb wird, der Verk, Herst od Dr werde im Fall des Kaufs für die angepriesene SachMFreih (§ 434) od eine best Beschaffenh garantiemäß einstehen. Nicht genügt eine bloße Beschreibg der Beschaffenh od eine Anpreisg, ebsowen eine allg QualitätsEinstufg, zB „hervorragd geeignet", „besser als". Einschläg ist die Werbg dann, wenn sie sich auf die gekaufte Sache bezieht. Das ist vom Empf(Käufer)horizont aus zu beurt. **e) Zeitpunkt.** 20
Maßgebd für den Eintritt des Garantiefalls (zB Vorliegen des SachM, bei der HaltbarkGarantie der Wegfall der garantierten Beschaffenh) ist zunächst der GefÜberg (§§ 446, 447) u von da die GarantieFr (Rn 13) bis zu ihrem Ablauf (Rn 14).

7) Rechtsfolgen. a) Grundsatz. Dem Käufer stehen unabhäng von den Ren aus § 437 („unbeschadet") 21
u vom Versch die in der Garantie festgelegten Anspr zu (Rn 17), gg den jeweil Garantiegeber (Verk, Herst od Dr), ggf auch gg mehrere, die dann GesamtSchu sein können, wenn der Anspr gleichen Inhalt hat. Mit den gesetzl Ren aus § 437 besteht AnsprKonkurrenz. **b) Umfang** und Art des Anspr ergibt sich regelmäß aus der 22
GarantieErkl (Rn 17). Bei der Verkäufergarantie kommen alle Re aus § 437 in Betr. Bei der Garantie des Herst od eines Dr, die nicht Part des KaufVertr sind, scheidet Rücktr vom KaufVertr u Minderg des Kaufpr aus, so dass der eingeräumte Anspr nur auf Erslieferg, Nachbesserg u SchadErs gerichtet sein kann. Davon zu untersch ist das InnenVerh zw dem Verk u seinem Lieferanten, der mit dem Herst nicht ident sein muss u auch häuf nicht ist. Das RVerh richtet sich nach allg u bes SchuldR, insb Kauf- od WerkVertr, beim LetztVerk als VerbrGut nach §§ 478, 479. Regelmäß wird darin auf § 437 abzustellen sein, wenn der Herst die Garantie nur ggü dem Endabnehmer eingeräumt hat. **c) Verjährung** der GarantieAnspr ist vom Beginn 23
der GarantieFr (Rn 13) u von der Verj der gesetzl Anspr aus dem Mangel (§ 438) zu untersch (Rn 15). Die Verj beginnt nicht vor Auftreten des Garantiefalls (Rn 9) u dem Eintritt der Fälligk (§ 199), spätestens mit Anzeige des GarFalls dch den Käufer. Die Verj unterliegt nicht den Fr des § 438 I Nr 1–3, sond der regelmäß VerjFr des § 195 und der AblaufHemmg nach den allg Vorschr (§§ 203 ff).

8) Beweislast (Abs II). **a) Käufer**. Er muss beweisen: **aa)** dass sein AnsprGegner (Verk, Herst od Dr) für die 24
verk Sache (Rn 5) eine GarantieErkl (Rn 10) abgegeben hat; **bb)** dass die angegebenen Bedinggen (Rn 18) erf sind, insb die HaltbkGarantie sich auf die geltd gemachte Beanstandg erstreckt; **cc)** dass die GarantieFr (Rn 13)

25 eingehalten u währd ihrer Dauer der Mangel od der Wegfall der Beschaffenh aufgetreten ist. **b) Verkäufer.** Er muss die gesetzl Vermutg widerlegen, der später aufgetretene Mangel beruhe auf dem Zustd der Sache zZ der Überg u sei desh von der HaltbkGarantie erfasst. Desh müsste der Verk, Herst od Dr zB beweisen, dass der SachM aufgetreten ist, weil der Käufer den gekauften Ggstd nicht sachgem gebraucht od behandelt habe, zB die MontageAnleitg (§ 434 II S 2) od die GebrAnweisg nicht beachtet od falsch angewendet, auch dass ein zufäll von aussen wirkdes Ereign den SachM herbeigeführt hat. Es ist im Einzelfall darauf abzustellen, ob die Urs in den VerantwortgsBer des Käufers fällt (BGH NJW **95**, 516 für § 477 aF).

444 *Haftungsausschluss.* **Auf eine Vereinbarung, durch welche die Rechte des Käufers wegen eines Mangels ausgeschlossen oder beschränkt werden, kann sich der Verkäufer nicht berufen, wenn er den Mangel arglistig verschwiegen oder eine Garantie für die Beschaffenheit der Sache übernommen hat.**

1 **1) Allgemeines.** Die Vorschr fasst § 443 aF u § 476 aF sowie § 11 Nr 11 AGBG zus. Dadch wird der vereinb HaftgsAusschl für R- u SachM vereinheitl. **a) Zweck.** Der Käufer soll vor einer unredl Freizeichng des Verk geschützt werden. Zugleich ist der Vorschr zu entnehmen, dass der Ausschl der MängelGewl des Verk
2 grds zul ist. **b) Anwendungsbereich:** Sach- u RKauf, soweit die Haftg für Mängel aGrd des § 437 überh beseit od wirks ausgeschl werden kann. Das ist beschränkt bei Verwendg von AGB (§ 309 Nr 8b), soweit anwendb (vgl § 310), beim VerbrGüterK (§ 474), jedenf zT (§ 475 I S 2). § 444 gilt für alle Mängel (§§ 434,
3 435), aber auch nur für diese. **c) Abdingbarkeit.** Der Verk kann die Haftg üb § 444 hinaus dadch ausschließen od beschr, dass er den Käufer üb die mangelbegründde Tats vollständ aufklärt u damit die Wirkg des § 442 herbeiführt. Soweit § 444 nicht entggsteht, ist HaftgsAusschl u -Beschränkg grds zuläss (vgl Gronstedt/
4 Jörgens ZIP **02**, 52; Dauner-Lieb/Thiessen ZIP **02**, 108 für UnternKauf). **d) Beweislast.** Der Verk trägt sie für die Tats zur Vereinbg des HaftgsAusschl (Rn 3), der Käufer dafür, dass dem Verk der Mangel od das Fehlen der garantierten Beschaffenh bei der Vereinbg bekannt war. Wenn der Käufer das beweist, trifft den Verk wiederum die Bewl, dass er dem Käufer den betr Mangel offenbart hat.

5 **2) Voraussetzungen** eines wirks HaftgsAusschl sind: **a) Vereinbarung** des HaftgsAusschl im KaufVertr als dessen BestandT, vor, bei od nach Abschl (§ 311 I). Sie muss im Einzelfall die für den KaufVertr notw Form aufweisen. Bei Formlosigk kann schlüss Verhalten genügen, bei einem Handelskauf (§§ 373ff HGB)
6 kann sie auf Handelsbrauch beruhen (vgl Rn 15). **b) Maßgebender Zeitpunkt** ist die Vereinbg des Haft-
7 gsAusschl. Das kann auch nach dem KaufVertrAbschl liegen (vgl Rn 5). **c) Bezeichnung** des Mangels od der garantierten Beschaffenh. **aa) Mangel.** Es kann jeder Sach- od RMangel betroffen sein, für den die Haftg ausgeschl, insb darauf beschränkt werden soll. Das erfordert eine konkr u bestimmte Angabe. **bb) Beschaffenheit** (wie § 434 Rn 9–12). Es gilt grdsl dasselbe wie für den Mangel. Hinzukommen muss, dass für die Beschaffenh gem § 443 wirks garantiert wird. Darunter fällt auch, wenn die Beschaffenh der Sache so dargestellt u garantiert wird, dass eine bestimmte Eigsch fehlt od nicht auftreten werde. Die Beschaffenh kann
8 also negativ umschrieben werden. **d) Zulässigkeit** des HaftgsAusschl. Sie ist eingeschr bei AGB dch § 309 Nr 8b) u beim VerbrGüterK (§ 475 I S 2). **e) Umfang** des HaftgsAusschl. Er kann sich auf alle od auf einzelne Mängel erstrecken, auf alle od auf einzelne GewlAnspr, bei diesen insb auf die Höhe, zB eines SchadErs. Er kann die gesetzl Anspr betreffen od vertragl eingeräumte. Der HaftgsAusschl kann auch von
9 bestimmten Tats abhäng gemacht werden. **f) Unkenntnis** des Verk vom Vorliegen des Mangels (Rn 11) od des Fehlens der betreffden Beschaffenh. Das ist zu beurt wie § 442 Rn 7.

10 **3) Unwirksamkeit** des HaftgsAusschl ist die eigtl RFolge des § 444. Früher war Nichtigk statuiert (§§ 443, 476 aF). Dch die Neufassg soll eindeut klargestellt werden, dass nur der HaftgsAusschl, nicht der
11 KaufVertr unwirks u § 139 nicht anzuwenden ist. **a) Verschweigen** des Mangels dch aktives Tun od Unterl eines Hinw auf den vorhandenen Mangel. Das muss arglist geschehen u setzt die Kenntn des Mangels voraus (wie § 442 Rn 18). Fahrl Unkenntn genügt nicht. Dem Verschweigen gleich steht das Vorspiegeln einer bestimmten Beschaffenh od einer nicht gegebenen Freih v Mängeln. Beim GebrWagenhandel sind an den Händler and u wesentl höhere Anfdgen zu stellen als an einen priv Verk, zB für typengerechten Motor (BGH NJW **83**, 1424 für § 463 aF) u unfallbed VorSchäd (Köln NJW-RR **97**, 1214 für § 463 aF). In allen Fällen muss eine AuskPfl des Verk bestehen (BGH NJW **79**, 1707 für § 463 aF). Sie ist jedenf bei Fragen des Käufers zu bejahen u erstreckt sich nicht darauf, bei einem offengelegten Schad darauf hinzuweisen, dass ein SachVerst diesen als TotalSchad eingestuft hat (Düss NJW-RR **91**, 1402 für § 463 aF). Verschweigen ist auch eine obj falsche Erkl zur MängelFreih ohne tats GrdLage (BGH NJW **81**, 1441 für § 463 aF: „nur kleine BlechSchäd").
12 **b) Garantierte Beschaffenheit.** Das muss die gekaufte Sache betreffen u wirkt nur iR der Gar (§ 443 Rn 6). Der Begr deckt sich mit § 434 Rn 9–12. Die Garantie liegt regelmäß in der Zusicherg einer bestimmten Eigsch. Die Beschaffenh muss nicht verkehrswesentl sein. Es kommt nur darauf an, dass sie der Verk garantiert hat, somit auf das Verh des Verk zum Käufer. Die Garantie muss wirks sein u daher den Erfordern des §§ 443, 477 entspr. Sie kann sich auf eine od mehrere Eigsch beziehen, welche die konkrete Beschaffenh ausmachen, auch eine HaftgsObergrenze enthalten (Haas NSchR Kap 5 Rn 289).

13 **4) Wirkungen.** Es ist zu unterscheiden: **a) Ausschluss der Haftung** für den Mangel od die garantierte Beschaffenh. Liegen die Vorauss der Rn 5–9 vor, kann der Verk einwenden, dass er für den Mangel nicht hafte
14 od den geltd gemachten Anspr nicht erfüllen muss. **b) Unwirksamer Ausschluss.** Ist der Mangel arglist verschwiegen worden (Rn 11) od die Beschaffenh garantiert (Rn 12), so ist nur der HaftgsAusschl unwirks, nicht der KaufVertr, u der Anspr des Käufers besteht. Das ist vom GesG so formuliert, dass der Verk sich auf die Einwendg, die Haftg sei ausgeschl, nicht berufen kann. Daraus folgt die Unwirksk des HaftgsAusschl (vgl Rn 10).

15 **5) Vertragsklauseln.** Sie sind ausleggsfäh u -bedürft (§§ 133, 157), iZw zG des Käufers. Im Einzelfall
16 kann dadch die gesamte Gewl ausgeschl sein. Typ Klauseln sind: **a) Wie besichtigt.** Es sind nur solche Mängel ausgeschl, die bei einer ordngsgem Besichtigg ohne Zuziehg eines SachVerst wahrnehmb waren, zB

bei einem 10 Je alten Kfz Schad- u Roststellen auch an der Unterseite (Köln NJW-RR **92**, 49 für § 476 aF).
b) Wie die Sache steht und liegt. Diese Kl bedeutet idR den totalen HaftgsAusschl, auch für verborgene 17
Mängel (St/Honsell § 476 Rn 6 aE). **c) Ausschluss jeder Gewährleistung** bedeutet den vollständ Ausschl 18
aller Anspr. Ist insb im GebrWagenhandel übl u wirks, nicht aber bei neu herzustellden Sachen od zu
errichtden Gbden (BGH stRspr zB NJW **74**, 1135 u **84**, 2094 für § 476 aF), wohl aber bei Altbauten (BGH
NJW **86**, 2824 für § 476 aF). **d) Ohne Garantie** bedeutet idR keinen HaftgsAusschl, sond höchstens die 19
Vereinbg einer bestimmten Beschaffenh der Kaufsache (§ 434 I S 1). **e) Arbitrage** berührt nicht die Mängel- 20
Gewl, sond nur die Verweisg auf ein SchiedsVerf od ein Schiedsgutachten (§ 317 Rn 4, 7).

445

Haftungsbegrenzung bei öffentlichen Versteigerungen. **Wird eine Sache auf Grund eines Pfandrechts in einer öffentlichen Versteigerung unter der Bezeichnung als Pfand verkauft, so stehen dem Käufer Rechte wegen eines Mangels nur zu, wenn der Verkäufer den Mangel arglistig verschwiegen oder eine Garantie für die Beschaffenheit der Sache übernommen hat.**

1) Allgemeines. Die Vorschr entspr mit inhaltl Änd dem § 461 aF u stellt eine Ausn ggü dem § 433 I S 2 1
dar, ist aber auch eine SoRegelg zu § 444 für einen PfandVerk in öff Versteigerg. **a) Zweck.** Dem Verk ist bei 2
einer öff Versteigerg die gewöhnl SachMHaftg nicht zumutb, da er beim PfandVerk die idR fremde Sache
nicht so kennt,wie es beimVerk sonst vorausgesetzt wird. Dafür zahlt der Käufer meist einen niedrigeren Pr als
beim frei vereinb Kauf. **b) Anwendbar** bei allen KaufVertr in öff Versteigerg, aber nur bei Sachen iS des 3
§ 433 I S 1 (dort Rn 5–7), nicht beim freihänd Verkauf dch den Versteigerer u beim VerbrGüKauf (§ 474 II).
c) Abdingbarkeit ist jedenf zG des Käufers mögl. Der Verk kann sich hingg weder v der Arglist noch von 4
der Garantie freizeichnen. Das ist schon wg § 444 ausgeschlossen.

2) Voraussetzungen sind: **a) Pfandverkauf.** Die Sache muss aGrd des § 1235 I als Pfand verk werden. 5
Dabei kommt es nur darauf an, dass der Verk dies so bezeichnet. Ob das PfandR bestanden hat od noch
besteht, ist unerhebl (Soe/Huber § 461 Rn 1 mwN; bestr). **b) Öffentliche Versteigerung** ist in § 383 III 6
legal definiert. Dieser Begr gilt auch für § 445; dem steht nicht entgg, dass § 445 nicht für den SelbsthilfeVerk
des § 383 III anwendb ist. Die öff Versteigerg muss nach den Vorschr der VO üb gewerbsmäß Versteigergen
idF v 1. 6. 1976 (BGBl 1345) dchgeführt werden; das erfordert die Möglk, die Sache zu besicht. **c) Kaufver-** 7
trag über die Pfandsache; kommt gem § 156 dch Zuschlag zustde. Der Versteigerer ist Vertr (§ 164) des
PfandGläub; dieser ist Verk.

3) Wirkung. Es ist davon auszugehen, dass aGrd des Vertr der Verk die Pfl aus § 433 I zu erf hat u ggf dem 8
Käufer die Re aus § 437 zustehen. Das wird dch § 445 abgeänd. **a) Haftungsausschluss** für Sach- u 9
RMängel (§§ 434, 435) besteht grdsl kraft Ges, also ohne die sonst nöt Vereinbg gem § 444 (dort Rn 5).
Davon gibt es nur die Ausn gem Rn 10. **b) Bestehende Haftung** des Verk für die dem Käufer wg des 10
Mangels zustehden Re (§ 437 u ggf § 443). Die erforderl Tats sind als Ausn zu Rn 9 v Käufer zu beweisen.
Das Vorliegen des Mangels od des Garantiefalls (§ 443 Rn 9) zZ des GefÜberg od zu dem sonst maßgebden
Ztpkt (§ 443 Rn 20) führt zur entspr Haftg des Verk nur bei arglist Verschweigen des Mangels (wie § 444
Rn 11) od bei Garantie (wie § 443 Rn 21). Dieses Ergebn entspr der bisher hM zu § 461 aF, der sich im
Wortlaut auf das arglist Verschweigen eines Fehlers (§ 459 I aF) u die zugesicherte Eigsch (§ 459 II aF)
bezieht.

446

Gefahr- und Lastenübergang. **Mit der Übergabe der verkauften Sache geht die Gefahr des zufälligen Untergangs und der zufälligen Verschlechterung auf den Käufer über. Von der Übergabe an gebühren dem Käufer die Nutzungen und trägt er die Lasten der Sache. Der Übergabe steht es gleich, wenn der Käufer im Verzug der Annahme ist.**

1) Allgemeines. S 1 u 2 entspr wörtl dem § 446 I aF; S 3 ist eine SoRegelg zu § 300 II. **a) Zweck.** Die 1
allg Regel ist, dass der Eigt (idR der Verk) der Sache die Gef des Unterg, sowie des Verlusts u der
Verschlechterg trägt. Abweichd wird beim Kauf von Sachen der Ztpkt vorverlegt auf die tats Überg der Sache
an den Käufer, weil sie der jeweil Besitzer zu schützen hat. Das entspr der Interessenlage beim Kauf. Dasselbe
gilt für Nutzgen und Lasten, die idR mit dem Bes der Sache zushängen, weil der Käufer mit Überg den Bes
erlangt. **b) Anwendungsbereich.** § 446 gilt nicht, soweit beim VersendgsKauf § 447 eingreift. Anwendb 2
nur beim Kauf von Sachen (§§ 90, 90 a), auch BruchT, Grdst u v solchen Ren, die zum Bes der Sache berecht
(§ 453 III). Auf einen EV (§ 449) kommt es nicht an. Gilt für Stück- u GattgsKauf, Sach- u RGesamth, insb
Untern (BGH NJW **98**, 2360). Für den ErbschKauf besteht die SoRegelg des § 2300. Wg § 434 III gilt
§ 446 auch bei Lieferg eines aliud. **c) Abdingbarkeit** ist grdsl zu bejahen u wird vom Formzwang erfasst, 3
insb von § 311 b I. Der GefÜberg kann verlegt, vorgezogen od verschoben (BGH NJW **82**, 1278), auch von
best tats Erfordern abhäng gemacht werden. **d) Beweislast.** Sie trägt für den Ztpkt des Überg derjen, der sich 4
darauf beruft, der Käufer dafür, dass der Unterg od die Verschlechterg nicht auf Zufall beruht, sond auf Versch
des Verk.

2) Begriffe. a) Gefahr ist die Möglk von Einwirkgen auf die Sache, die vom Bes, jedem Dr od aus einer 5
obj Sachlage (zB NaturEreign) ausgehen können. **b) Untergang** der Sache ist nicht nur ihre physische 6
Vernichtg od Zerstörg, sond auch die widerrechtl Entziehg dch einen Dr, eine Beschlagn, allg die Unmöglk,
dem Käufer Bes u Eigt zu verschaffen. **c) Verschlechterung** ist jede QualitätsMinderg, insb Beschädigg 7
u Verderb der Sache od eines Teils der Sache, auch ein entstandener SachM. **d) Zufall** bedeutet ohne Versch 8
(§§ 276, 278) der VertrPart. Das ist auf alle Ursachen von Unterg (Rn 6) u Verschlechterg (Rn 7) zu
beziehen.

3) Voraussetzungen des GefÜberg (S 1). **a) Wirksamer Kaufvertrag** ist in allen Fällen erforderl (BGH 9
NJW **98**, 2360 mwN). Das gilt auch für bedingte KaufVertr. Es ist zu unterscheiden: **aa) Auflösend bedingt** 10

(§ 158 II). Die Gef geht mit Übergabe über. Tritt die Bedingg ein, besteht kein Vertr mehr, kein KaufPrAnspr
(§ 433 II) u bei zufäll Unterg od Verschlechterg kein ErsAnspr. Fällt die Bedingg aus, gilt der Vertr als von
11 Anfang an unbedingt geschlossen. **bb) Aufschiebend bedingt** (§ 158 I). Bei Überg vor BedinggsEintritt ist
RückBeziehg (§ 159) als vereinb anzusehen. Bei Eintritt der Bedingg nach Überg u zufäll Unterg od
Verschlechterg muss der Kaufpr bezahlt werden. Fällt die Bedingg aus, besteht kein KaufVertr u kein Kaufpr-
12 Anspr (BGH NJW **75**, 776). **cc) Genehmigungsbedürftiger Kauf.** Bei rechtsgeschäftl Gen (§ 182) ist die
RLage wie bei einer aufschiebd Bedingg (Rn 11). Auch wenn der Vertr von einer behördl Gen abhäng
13 gemacht ist, liegt aufschiebde Bedingg vor. **b) Übergabe** der gekauften Sache. Entspr einer Erf der Pfl aus
§ 433 I 1 (dort Rn 11–15). **c) Zeitpunkt.** Es ist auf den Vollz der Überg abzustellen. Vorher kann die Gef
übergehen: bei AnnVerz (S 3; Rn 17); bei entspr Vereinbg (Rn 3) u beim VersendgsKauf (§ 447). Mittelb Bes
(§ 868) genügt nur dann, wenn vertrgem bloß ein solcher zu verschaffen ist, zB die Übereigng iW der
§§ 930, 931 vereinb wurde. Unerhebl ist der Ztpkt des EigtÜberg.

14 **4) Wirkung** des S 1. Bis zum Eintritt der Vorauss (Rn 9–13) trägt die Gef der Verk im Verh zum Käufer.
Von da an geht auf den Käufer über die: **a) Sachgefahr.** Das sind alle Schäd u Beeinträchtigg der Sache als
solcher, zB Brand, BlechSchad, Verlust von Teilen u Zubehör. Dazu gehören auch Störgen, die von der Sache
15 selbst, insb von einem Grdst ausgehen (BGH NJW **98**, 3273). **b) Vergütungsgefahr.** Das bezieht sich auf die
GgLeistg iS von § 326, also auf den Kaufpr (§ 433 II), beim Tausch (§ 480) auf die entspr Sache. Der Käufer
muss den vollen Kaufpr zahlen, auch wenn er die Sache nicht od nur beschäd erhält. Das gilt genau so, wenn
der Verk zZ des Verlustes od der Beschädigg noch Eigt war. Im Fall des Rücktr (aus and Grden) richten sich
die Re der VertrPart nach § 346 III.

16 **5) Nutzungen und Lasten** (S 2) gehen mit der Gef (bei Eintritt der Vorauss, Rn 9–13) von selbst auf den
Käufer üb. Das gilt im Verh Verk zu Käufer; ggf Ausgleich gem §§ 812 ff. Nutzgen: § 100. Lasten: § 103; öff
u priv. Beim VersendgsKauf (§ 447) ist für den Ztpkt nicht der § 446 maßgebd. Bei Rücktr ist für Nutzgen
§ 347 anzuwenden.

17 **6) Annahmeverzug** (S 3). Ergänzt S 1 u S 2. Damit wird klargestellt, dass bei AnnVerz (§§ 293 ff) die Gef
übgeht. Das betrifft nicht nur die VergütgsGef (wie bei § 326 II S 1) u die LeistgsGef (wie bei § 300 II), sond
auch die SachGef (Rn 14).

447 *Gefahrübergang beim Versendungskauf.* **I Versendet der Verkäufer auf Verlangen des Käufers die verkaufte Sache nach einem anderen Ort als dem Erfüllungsort, so geht die Gefahr auf den Käufer über, sobald der Verkäufer die Sache dem Spediteur, dem Frachtführer oder der sonst zur Ausführung der Versendung bestimmten Person oder Anstalt ausgeliefert hat.**

II Hat der Käufer eine besondere Anweisung über die Art der Versendung erteilt und weicht der Verkäufer ohne dringenden Grund von der Anweisung ab, so ist der Verkäufer dem Käufer für den daraus entstehenden Schaden verantwortlich.

1 **1) Allgemeines.** Die Vorschr entrspr wörtl dem § 447 aF, betrifft die BefördergsGef u ist eine AusnRegelg
zu § 446 für den VersendgsKauf mit erhebl rechtl Auswirkgen. Grdsätzl gelten die Anm zu § 446. Die
2 Versendg ist idR NebenPfl (§ 433 Rn 36; bestr). **a) Zweck.** Der Käufer, auf dessen Verlangen die gekaufte
Sache nach einem and Ort als dem Erf(Leistgs)Ort (§ 269) versandt wird, soll das dadch erhöhte Risiko einer
3 ordnggem Erf tragen, insb das für TranspSchäd u Verluste (BefördergsGef). **b) Beförderer** (auch Befördergs-
Pers genannt) sind der Spediteur, der Frachtführer, die Bahn od der PostD, sowie sonst Pers, die den Transp
4 dchführen. **c) Anwendungsbereich**. Nur bei Kauf bewegl Sachen: wg der VersendgsFähigk enger als § 446.
§ 447 gilt unabhäng davon, ob der Verk die Versendg selbst ausführt od dch Dr ausführen lässt (Faust DB **91**,
1556). Nicht gilt § 447, wenn die Sache an den ErfOrt versandt werden soll (Bringschuld); dann ist § 446
anzuwenden; ebso im Verh Verk zu DrAbnehmer (BGH NJW **68**, 1929). Wird eine bereits versandte (rollde)
5 Ware verk, so gilt § 447 nur beschr (BGH **50**, 32). **d) Abdingbarkeit** ist zu bejahen (allgM). **e) Versand-
handelskauf** fällt unter § 447 (aA LG Schwerin NJW-RR **00**, 868), wenn dch die übl AGB nichts anderes
vereinb ist (umstr; aA Jost/Fitzer/Mohn BB **97**, 1165: § 446; Schildt JR **95**, 89 mwN: § 495 aF). Oft liegt inf
der AGB Kauf auf Probe vor, so dass mit der Versendg kein GefÜberg stattfindet (§ 454 Rn 7).

6 **2) Versendungskauf. a) Begriff.** Versendgskauf ist ein KaufVertr, bei dem der Verk iR einer NebenPfl
für die Versendg der Ware an einen and Ort als den Erf(Leistgs)Ort (§ 269) zu sorgen hat (§ 433 Rn 36;
Schickschuld, § 269 Rn 1). Dies setzt idR voraus, dass die Versendg vom LeistgsOrt aus vorgen wird (hM);
dies kann jedoch and vereinb werden (Rn 5; BGH NJW **91**, 915). § 447 ändert nichs an der ÜbergPfl
(§ 433 I S 1). Der Verk kann nicht am Ort seiner Niederlassg erf; denn der Käufer ist da nicht anwesd. Der
Verk befreit sich jedoch von der Gef des zufäll Unterg od der Beschädigg der Kaufsache dadch, dass er sie dem
Beförderer (Rn 3) übergibt. Warenschulden im kaufm Verkehr sind idR Schickschulden, so dass Versendgs-
7 kauf vorliegt (BGH NJW **91**, 915 mwN). **b) Pflicht zur Versendung.** Ohne bes Vereinbg einer Über-
sendgsPfl (§ 433 Rn 36) wird eine solche idR nicht nach § 242 dem Verk aufzuerlegen sein, da er nur Zug
um Zug zu leisten hat (§§ 320, 322) u Überg an den Beförderer regelm eine Vorleistg des Verk ist. Hat der
Käufer aber Kaufpr u VersendgsKosten bezahlt, kann sich der Verk regelm nicht der Versendg entziehen, ohne
in SchuVerzug (§ 286) zu geraten. Vielf besteht der Handelsbrauch, dass der Verk bei allen Distanzkäufen, die
Versendg erfordern, vor Zahlg die Ware übersendet u eine Untersuchg dch den Käufer wg § 377 HGB
ermögl muss.

8 **3) Voraussetzungen** des Abs I. **a) Wirksamer Kaufvertrag:** wie § 446 Rn 9. Er muss im AnwendgsBer
(Rn 4) liegen. Ein noch nicht ausgeübtes RücktrR steht nicht entgg. Wird nach GefÜberg zurückgetreten,
9 gilt § 346 III. **b) Versendungsverlangen** des Käufers, idR im KaufVertr; formlose WillErkl, die auch nach
VertrAbschl abgegeben werden kann, aber dem Verk zugehen muss (§ 130). Das Verlangen muss eine
Versendg (Rn 11) betreffen. Die Versendg dch den Verk, ohne dass sie vom Käufer mind dch Einverständn

verlangt wurde, genügt nicht. **c) Versendung:** wie Rn 11. Sie muss tats geschehen sein. **d) Auslieferung** 10
(Rn 14) an den Beförderer (Rn 3).

4) Versendung. Sie muss nach einem and Ort als dem ErfOrt geschehen. **a) Erfüllungsort** ist mangels 11
abweichder Vereinbg der WoSitz od die Niederlassg des Schu (§ 269), also des Verk für seine Übereigngs- u ÜbergPfl. Daran ändert sich nichts, wenn dem Vertr zufolge BesÜberg u Übereigng außerh des WoSitzes (Niederlassg) des Verk vollzogen werden soll; denn der Verk hat am Erf(Leistgs)Ort diejen Hdlgen vorzunehmen, die den Eintritt des Erfolgs am AbliefergsOrt bewirken. Versendg nach außerhalb ist also mögl, ohne dass in der VersendgsPfl od in der Übern der Kosten dch den Verk (§ 269 III) eine Vereinbg üb den Erf(Leistgs)Ort liegt. **b) Umfang.** Auch eine Versendg innerh desselben Ortes (Stadt, Gem), sog Platzkauf, 12
fällt unter § 447. Zur Versendg gehört auch der Transp der Ware zur Bahn od Post. Führt der Verk den gesamten Transp dch, gilt § 447 nicht (sehr bestr; vgl MK/Westermann 14, 15). Es haftet der Verk für seine ErfGeh (§ 278 Rn 15), so dass der Käufer nur das Zufallsrisiko trägt. **c) Durchführung.** Versandt werden 13
muss grdsätzl vom Leistgs(Erf)Ort aus; andernf liegt kein Gesch des Käufers vor, sond eine HauptPfl des Verk aus § 433 I S 2, so dass dieser insow die TranspGef trägt (hM; aA Pallasch BB **96**, 1121 mwN: auch Versendg v einem dritten Ort aus, wenn das TranspRisiko nicht erhöht wird). Es gilt jedoch § 447, wenn sich der Käufer mit einer solchen Versendg (zB ab auswärt Lager od ab Einfuhrhafen) einverst erkl (BGH **113**, 106). Dabei muss diese Versendg im Interesse des Käufers liegen.

5) Auslieferung. Erst sie bewirkt den GefÜberg, auch die Konkretisierg zur Stückschuld (§ 243 Rn 5; 14
§ 269 Rn 2). Sie ist ein tats Vorgang u umfasst alles, was erforderl ist, um den dch eine Beförderg vermittelten Eingang der Ware beim Käufer zu bewirken. Ausliefer g erfordert die Überg der Sache zur Beförderg an die v Käufer angegebene Anschrift. Sie verschafft dem Käufer weder Bes noch Eigt; denn zum BesÜberg (für § 929) bedarf es der tats Ann der Sache dch den Käufer. Das ist nur dann and, wenn der Beförderer ausnahmsw Vertr (§ 164)des Käufers ist od SondAbreden der Part über die Einlagerg der Ware bei einem Spediteur getroffen worden sind (BGH NJW **60**, 1952). Die Überg eines kaufm TraditionsPap an den Beförderer genügt nicht, da die Ware (nicht das Traditionspapier) der KaufGgstd ist.

6) Gefahrübergang (I). Er tritt ein, wenn die Vorauss (Rn 8–10) erf sind. **a) Gefahr** iS des Abs I ist wie 15
in § 446 die Gef des zufäll Unterg od des Verlusts u der zufäll Verschlechterg, wenn diese vom Verk nicht zu vertreten sind. Bei Versch (§§ 276, 278) des Verk gilt § 447 daher nicht. Umfasst die SachGef (§ 446 Rn 5–7) u die VergütgsGef (§ 446 Rn 15), bezieht sich aber nur auf solche Verluste u Schäd, die auf den Transp zurückzuführen sind (BefördergsGef, TranspRisiko), also dadch verurs od mitverurs wurden, zB Fehler des TranspUntern (BGH NJW **65**, 1324). **b) Keine Gefahr** iS des Abs I: Beschlagn der Sache, die nicht dch den 16
Transp verurs wurde (RG **106**, 17); Rückruf dch den Lieferanten des Verk, weil dieser nicht bezahlt hat (RG **93**, 330); Verschlechterg der Sache währd des Transp inf eines bei Ausliefer g bestehden Sachm (§ 434; BGH **LM** Nr 3); Unterg od Beschädigg inf falscher Verpackg od Verladg (BGH NJW **68**, 1929).

7) Wirkung des GefÜberg. Sie entspr grdsl § 446 Rn 14. **a) Beförderungsgefahr.** Der Käufer muss 17
trotz Verlustes od Beschädigg den vollen Kaufpr bezahlen u hat keinen Anspr aus §§ 434, 437. Ihm verbleiben ab Ausliefer g (Rn 14) die Anspr gg den FrachtF. **b) Ersatzanspruch.** Ein solcher kann dem Käufer gg den 18
Verk aus § 285 (§ 281 aF) zustehen, wenn der Verk für Verlust od Beschädigg einen Ers od ErsAnspr erlangt, zB SchadErsAnspr gg Dr, VersSumme. Die Anspr gg die Beförderer (Rn 3) richten sich nach HGB: FrachtF (§§ 429–431), Spediteur (§§ 407 II, 388–390).

8) Abweichung von Anweisungen (II). **a) Bedeutung.** Es bleibt beim GefÜberg gem Abs I, auch 19
wenn der Verk von der Anweisg abweicht. Abs II gewährt jedoch dem Käufer einen SchadErsAnspr. **b) Voraussetzungen** des SchadErsAnspr: **aa)** Vorliegen eines VersendgsKaufs (Rn 6). **bb)** Anweisg des Käufers, 20
formlos erteilt, für eine best Art der Beförderg (Wahl der VersendgsArt, Verpackg, Verladg). Die Anweisg muss dem Verk bekannt sein. **cc)** Abweichg: tats u schuldh (Jau/Vollkommer 8) vorgenommene and Art der Beförderg. **dd)** Fehlen eines dringden Grdes; ein solcher liegt dann vor, wenn die Anweisg nach VertrSchl erfolgt ist u wg ungewöhnl Schwierigk, die damit verbunden sind, es unzumutb ist, sie zu befolgen. **c) Wirkung** ist die Haftg des Verk für denjen Schad, der gerade dch die abweichde Art der Beförderg 21
entstanden ist u nicht entstanden wäre, wenn der Verk die Anweisg eingehalten hätte (Kausalität). Im Proz gilt § 287 ZPO. Der Verk ist verpfl, den Käufer auf die Unzweckmäßigk von Anweisgen hinzuweisen, dh aufmerks zu machen (BGH **LM** Nr 2). Er hat grdsl eine Versendg zur Unzeit zu unterl.

9) Beweislast. Für die Vereinbg eines VersendgsKaufs hat sie derjen, der sich darauf beruft (Baumgärtel 1). 22
a) Käufer: für Bringschuld; für Vereinbg über die VersendgsArt; für VersendgsFehler des Verk u seiner ErfGeh; Abweichg von Anweisgen gem Rn 19–21; Kausalität des Schadens; Zweckmäßigk der Versendgs-Anweisg (Rn 21). **b) Verkäufer:** für Überg an Beförderer; für fehldes Versch; Vorliegen eines dringden Grdes (Rn 20); fehlde Kausalität bei Abweichg von der VersendgsArt (Rn 19) u Erteilg des Hinweises (Rn 21).

448 *Kosten der Übergabe und vergleichbare Kosten.* **I Der Verkäufer trägt die Kosten der Übergabe der Sache, der Käufer die Kosten der Abnahme und der Versendung der Sache nach einem anderen Ort als dem Erfüllungsort.**

II Der Käufer eines Grundstücks trägt die Kosten der Beurkundung des Kaufvertrags und der Auflassung, der Eintragung ins Grundbuch und der zu der Eintragung erforderlichen Erklärungen.

1) Allgemeines. Die Vorschr fasst § 448 I aF u § 449 aF zus, währd § 448 II aF nunmehr in § 453 II 1
untergebracht ist. **a) Zweck.** Die Kosten der Erf des KaufVertr werden entspr den Pfl aus § 433 auf die VertrPart verteilt. **b) Anwendungsbereich:** nur bei Kauf von Sachen (§§ 90, 90 a), einschl Grdst. Beim 2
RKauf ist Abs I anwendb, soweit § 453 III zutrifft. **c) Abdingbar** ist § 448 uneingeschr, auch beim Verbr-

GüterK (§ 474). Davon wird vor allem im HandelsVerkehr häuf Gebr gemacht. Übersicht für Handelsbräuche bei Baumbach/Hopt HGB § 346 Rn 39ff. International gelten die Incoterms, abgedr bei Baumbach/Hopt (6).

3 **2) Bewegliche Sachen** (I). **a) Verkäufer** trägt die Kosten der Überg, das sind die der Lagerg, des Messens u Wiegens zwecks Bereitstellg zur Überg, insb zur Lieferg; Transp zum Käufer am ErfOrt, wenn kein VersendgsVerlangen des Käufers vorliegt (§ 447 Rn 9); Verzollg, wenn sie zur Bereitstellg der Sache am ErfOrt nöt ist (MK/Westermann § 448 Rn 2); die zur Überg erforderl Verpackg; die Kosten für die Auslieferg
4 (§ 446 Rn 14) an den FrachtF od Spediteur. **b) Käufer.** Ihn treffen die Kosten der Abnahme (§ 433 II), daher alle Kosten, die zur Übern der Sache in seinen Bes anfallen, insb zum WeiterTransp u zur Untersuchg auf Mängel; beim VersendgsKauf (§ 447) alle für den Transp ab ErfOrt anfallden Vergütgen u Abgaben, wenn nicht eine Bringschuld des Verk vereinb ist (vgl § 269 Rn 1).

5 **3) Grundstücke** u grdstücksgleiche Re (II). Für die Kosten der Überg gilt Abs I. Abs II gilt nur im Verh
6 der KaufVertrPart, nicht im Verh zu Beh, Notaren od and Dr. **a) Voraussetzungen.** Dazu gehört ein wirks KaufVertr (wie § 446 Rn 9). Kommt er nicht wirks zustde, tritt auch die KostenPfl des Abs II nicht ein. Hingg ist Abs II anzuwenden, wenn der KaufVertr, nachdem die Kosten entstanden sind, iW des § 311 I
7 aufgehoben wird (Karlsr DNotZ **63**, 242). **b) Kosten.** Das sind die unmittelb dch die Veräußerg (EigtÜbertragg) des Grdst entstehenden Kosten (Auflassg u Eintragg), näml Gebühren u Auslagen gem der KostO; auch der AuflassgsVorm (Hamm NJW **65**, 303 für § 449 aF) u GrdErwerbssteuer (Brem DNotZ **75**, 95 mwN). Nicht: VermessgsKosten, die unter Abs I fallen; Aufwendgen der VertrPart, die notw sind, um die Vorauss der Übereigng zu schaffen, zB Löschen einer Hyp zwecks lastenfr Übereigng; eine GBBerichtigg.

449 *Eigentumsvorbehalt.*

I Hat sich der Verkäufer einer beweglichen Sache das Eigentum bis zur Zahlung des Kaufpreises vorbehalten, so ist im Zweifel anzunehmen, dass das Eigentum unter der aufschiebenden Bedingung vollständiger Zahlung des Kaufpreises übertragen wird (Eigentumsvorbehalt).

II Auf Grund des Eigentumsvorbehalts kann der Verkäufer die Sache nur herausverlangen, wenn er vom Vertrag zurückgetreten ist.

III Die Vereinbarung eines Eigentumsvorbehalts ist nichtig, soweit der Eigentumsübergang davon abhängig gemacht wird, dass der Käufer Forderungen eines Dritten, insbesondere eines mit dem Verkäufer verbundenen Unternehmens, erfüllt.

1 **1) Allgemeines.** § 449 entspr dem § 455 aF mit der Abweichg, dass ein RücktrR bei ZahlgsVerz des Käufers (§ 455 I aF) entfällt. **a) Zweck.** Der EV dient dem SichergsBedürfn des Verk, wenn er den Kaufpr nicht im voraus od Zug um Zug gg Überg der gekauften Sache erhält. Dieser Zweck wird erf, indem bei EV das Eigt nach aufschiebd bedingter Einigg (§§ 929, 158 I) mit der Zahlg des Kaufpr, ex nunc wirkd, ohne weitere WillErkl des Verk auf den Käufer übergeht. Dch diese Sicherg, die in der Praxis dch gutgl Erwerb Dr u Verlust, insb Beseitigg, Verbindg, Verarbeitg u Verbrauch der Sache stark gefährdet ist, wird die Neigg, auf Kred zu verk, u damit der Umsatz gefördert. Zugl wird dem Käufer vorzeit Gebr od Weiterverkauf ohne sofort volle Bezahlg des Substanzwerts ermögl. Zweck u Wesen des EV erschöpfen sich nicht im Schutz des Verk vor unberecht Vfgen des Käufers u Schutz vor dessen Gläub (so aber offenb BGH NJW **70**, 1733 für § 455 aF), sond erstrecken sich neben der Sicherg der KaufprFdg auch auf die Funktion, den dingl RückFdgsAnspr (Rn 10) zu erhalten. Der Zweck des EV beschr sich nicht auf die Sicherg derjen Re des Verk, die
2 diesem bei VertrAuflösg zustehen (vgl BGH **70**, 96). **b) Bedeutung.** Abs I ist eine AusleggsRegel. Der EV hat im WarenVerk umfassde Bedeutg. Bei Zwischenhandels-, Fabrikations- u TeilZGesch wird er regelm vereinb. Über Abs I hinausgreifd gibt es versch Formen (vgl Rn 16–19). Der EV ist im WarenVerk das weitaus häufigste u wichtigste KredSichergsMittel. **c) Arten.** Man untersch den einf EV (Rn 13) u die 5 Formen des
3 erweiterten EV (Rn 16–19). **d) Anwendungsbereich:** nur beim Kauf bewegl Sachen (§§ 90, 90a), auch bei unwesentl BestdT (vgl §§ 93–95), Zubehör (§ 97) u Inventar (§ 98); bei Kauf v mehreren Sachen, wenn ein GesPr vereinb ist (RG **144**, 62). Bei SachGesamth (zB Warenlager, Inventar, Untern) muss sich der EV auf die best, einz Sachen beziehen, weil der SpezialitätsGrds (Einl 4 vor § 854) zu beachten ist. Ein EV kann daher nicht auf ein HandelsGesch im ganzen bezogen werden (BGH NJW **68**, 392). Unanwendb ist § 449 auch auf
4 Grdst (§ 925 II), Re (§ 453) u wesentl BestdT von Sachen (§ 93). **e) Abdingbarkeit** ist in den Grenzen der §§ 134, 138 gegeben. Die VertrPart können insb weitere Vorauss für den Eintritt der Bedingg (§ 158 I) vereinb, zB die Erf weiterer Pflen des Käufers. Das gilt grdsl auch iR von AGB, da der EV ein angem SichergsMittel im WarenKredGesch darstellt u daher nicht wg § 307 unwirks ist (allgM für § 9 AGBG).
5 § 449 kann auch vom Käufer abbedungen werden. **f) Abwehrklauseln** kommen bei wirtschaftl überlegenen Käufern in deren AGB vor. Stehen die AGB des Verk entgg, besteht der EV, wenn der Käufer die Sache abnimmt u den EV entw kannte od von ihm zumutb Kenntn nehmen konnte (hM; BGH NJW **82**, 1749 u 1751). Kommt bei verlängertem EV (Rn 18) die VorausAbtretg wg der AbwehrKl nicht zustde, kann sich der Käufer nicht auf die Einwilligg des Verk zur WeiterVeräusserg berufen (BGH NJW-RR **86**, 1378 mwN).
6 **g) Verhältnis zur Sicherungsübereignung** (§ 930 Rn 13ff). Von ihr ist der EV unabhäng u zu unter-
7 scheiden. Zweck u Art der Sicherg (Eigt ohne unmittelb Bes) sind gleich od ähnl. **h) Zusätzliche Sicherung** des Verk gg gutgläub Erwerb dch Dr (§§ 932–935) ist bei Kfz übl u dadch mögl, dass der Verk den KfzBrief einbehält (BGH NJW **65**, 687). Bei and Sachen ist im Einzelfall Kennzeichng des EV denkb u mögl, um Gutgläubk des Dr auszuschließen. **i) Beweislast.** Allg für den EV trägt sie derjen, der sich hierauf für sein Eigt beruft (BGH NJW **75**, 1269). Für den Eintritt der Bedingg trägt sie der Käufer.

8 **2) Wirkung** des EV. **a) Schuldrechtlich.** Der Kauf ist idR unbedingt geschl. Wird der EV im KaufVertr vereinb, so ist der Verk nur zur bedingten Übereigng (§§ 929, 158 I) verpfl u darf den Eintritt der Bedingg nicht verhindern (§ 160), währd die ÜbergPfl (§ 433 I S 1) unberührt bleibt. Der KaufVertrag ist mit

bedingter Übereigng u Überg von Seiten des Verk noch nicht erf, sond erst mit dem späteren Erwerb des VollEigt dch den Käufer (hM). **b) Sachenrechtlich** (§ 929 Rn 26). Der Käufer erlangt dch die aufschiebd 9
bedingte Übereigng (§§ 929, 158 I) mit der Überg (od ihrem Ers, §§ 930, 931) zunächst ein (übertragb) AnwR (§ 929 Rn 27), erst mit Eintr der Bedingg (gem § 455 aF iZw die vollständ Bezahlg des Kaufpr) das volle Eigt. Bis dahin hat der Verk auflösd bedingt (§ 158 II) Eigt, sog VorbehEigt mit HerausgAnspr des § 985. Er ist bis dahin mittelb Besitzer (hM), der Käufer (als BesMittler) Fremdbesitzer (vgl § 929 Rn 27).

3) Vereinbarung des EV. **a) Vertragsgemäßer** EV. Er muss BestdT des KaufVertr sein, ggf in dessen 10
Form (vgl § 127). Im GeschVerk geschieht das idR dch AGB, FormularVertr, Aufdruck bei Briefbogen, BestätiggsSchreiben, dauerh Datenträger. Ist auch konkludent mögl, ggf dch Auslegg (§ 157), zB bei mdl erkl weiterer Bestellg nach vorangegangener Lieferg unter schriftl EV (Köln WM **96**, 214); bei einem im KaufVertr vereinb EV, wenn danach ohne abweichde Erkl geliefert wird. **b) Vertragswidriger** EV liegt vor, wenn 11
sich der Verk bei Erf des KaufVertr das Eigt vorbehält, obwohl darin eine Lieferg unter EV nicht wirks vereinb war. Damit verletzt der Verk seine Pfl aus § 433 I S 1. Der EV muss, um wirks zu sein, spätestens bei Überg erkl werden (vgl § 929 Rn 29), mögl ausdrückl, aber auch stillschweigd denkb (vgl BGH **64**, 395). Zeitl genügt die Erkl im Lieferschein, nicht mehr in der nachträgl übersandten Rechng. Nach unbedingter Übereigng ist die Erkl des EV (Zugang, § 130) unwirks u änd die EigtLage nicht. Bei rechtzeit Zugang bleibt der Verk Eigt u der Käufer erwirbt nur das aufschiebd bedingte AnwartschR (§ 929 Rn 37).

4) Einfacher Eigentumsvorbehalt erstreckt sich mit der Wirkg gem Rn 8, 9 ledigl auf die verkaufte, 12
unter EV übereignete Sache u erlischt dch: **a) Zahlung des Kaufpreises** (§ 433 II); hierzu Rn 9. **b) Eigen-** 13
tumserwerb durch Dritte über § 185 (Zustimmg des Eigt) od gutläub Erwerb (§§ 932 ff). Der Verk kann dch Vertr die Vfg über die Sache verbieten. Das ergreift nur dann, wenn es ausdrückl erwähnt ist, auch die Vfg über das AnwartschR, wirkt aber ledigl nach § 137 (BGH NJW **70**, 699). Ist Käufer eine Pers, die die Sache zum Weiterverkauf erwirbt u ist dies für den Verk erkennb, so ist auch ohne ausdr Erkl trotz EV im Verkauf die Einwilligg (§ 185 I) zur Weiterveräußerg iR eines ordngsgem GeschBetr enthalten (vgl auch zu § 185 II den § 929 Rn 33). Hierzu ist aber der Käufer grdsl nur ermächt, wenn er die Vorausabtretg nicht dch Vereinbg mit dem Abnehmer vereitelt (BGH stRspr NJW **88**, 1210). Der Verk kann sich dch verlängerten EV (Rn 18) sichern, die Einwilligg bis zur Veräußerg auch widerrufen (BGH NJW **69**, 1171). Die Einwilligg erstreckt sich idR nicht darauf, dass der Käufer an einen Dr veräußert u die Sache least (Einf 37 vor § 535), um sie dann unterzuvermieten (Sale-and-Lease-back-Vertr; BGH **104**, 129). **c) Einseitiger Verzicht** des 14
Verk. Er ist auch konkludent mögl, zB dch Herausg des KfzBriefes an den Käufer (BGH NJW **58**, 1231), idR nicht aber an das FinanziergsUntern (BGH **LM** Nr 15). **d) Realakte,** insb Verbindg (§§ 946, 947), Ver- 15
mischg (§ 948) u Verarbeitg (§ 950). RFolgen u Schutzmöglk für den Verk: Serick BB **73**, 1405. Außerdem erlischt der EV dch Untergang der Sache.

5) Weitergeleiteter EV liegt vor, wenn der Käufer sich dem Verk ggü verpfl, die unter EV gekaufte Sache 16
nur in der Weise weiterzuübereignen, dass der Verk VorbehEigtümer bleibt. Ist in der Praxis ungebräuchl u verstößt bei vertr vorausgesetztem WeiterVerk gg § 307 I S 1 (BGH NJW **91**, 2286 für § 9 AGBG). Es kann geschehen dch Übertr des AnwartschR (§ 929 Rn 45) od dch bedingte Übereigng an den Dr mit Einwilligg des VorbehEigtümers (§ 185 I). Veräußert der Käufer, ohne den EV offenzulegen (dann gutgläub Erwerb dch Dr mögl; §§ 932 ff), so ist er seinem Verk nach § 280 I schaderspfl. Zur Sicherg des ErstVerk ist für diesen Fall eine vorherige (damit verbundene) Vereinbg eines verlängerten EV (Rn 18) sinnvoll.

6) Nachgeschalteter EV liegt vor, wenn der Käufer, ohne den EV offenzulegen, die Sache unter 17
(eigenem) EV weiterverkauft; insb im ZwHandel übl. Das kann mit dem (ersten) Verk vereinb sein (pflgem nachgeschalteter EV) u wird dann regelm mit der Vorausabtretg (Rn 18) verbunden (eigentl AnwendgsBer des verlängerten EV als Sicherg des ersten Verk). Ist das nicht vereinb u veräußert der VorbehKäufer (mit Einwilligg des ersten Verk, Rn 16, § 185 I) unter eigenem EV weiter (freiw nachgeschalteter EV), so erwirbt der erste Verk die neue KaufprFdg nur, wenn deren VorausAbtretg (Rn 18) vereinb ist. Überträgt der erste VorbehKäufer abredewidr das Eigt bedingt od (ohne EV) voll, ist er dem ersten Verk schaderspfl (§ 280 I), insb dann, wenn der Käufer das Eigt über §§ 932 ff gutgläub erwirbt. Bei nachgeschaltetem (also doppeltem) EV entsteht, weil 2 versch Erwerber auftreten, eine Verdoppelg des AnwR (§ 929 Rn 33). Der Verk verliert das Eigt erst, wenn eine der beiden KaufprFdgen getilgt wird (BGH NJW **71**, 1038).

7) Verlängerter EV (vgl § 398 Rn 24) liegt vor, wenn Verk u Käufer vereinb, dass an Stelle des EV, wenn 18
dieser erlischt (insb dch Weiteräußerg, Verbindg, Verarbeitg, vgl Rn 15) die neue Sache (das ArbProd, § 950 Rn 3) od die daraus entstehde Fdg treten soll. Das setzt die Einwilligg zur Weiterveräußerg voraus (vgl § 185 I); sie erstreckt sich aber nicht auf die Veräußerg an einen Dr, der die Abtretg der von ihm geschuldeten Fdg von seiner Zust abhäng macht (BGH **27**, 306). Die Abtretg der künft Fdg (Vorausabtretg) ist eine Sichergsabtretg. Sie ist unwirks, wenn die Abtretg dch Vertr zw VorbehKäufer u Dr verboten war (hM; § 399 Rn 11; hierzu krit Wagner JZ **88**, 698, 701). Liegt der Abtretg ein beiderseit HandelsGesch zugrde, muss § 354 a HGB beachtet werden. Die nicht verbotene Abtretg ist wirks, auch wenn die Bestimmbark der einzelnen Fdgen weder zZ ihrer Abtretg noch zZ ihrer Entstehg in jedem Fall gewährleistet ist; es genügt, dass die Fdg individualisierb, dh von and unterscheidb ist (BGH **27**, 306). Der verlängerte EV ist an § 307 I gemessen grdsl unbedenkl, jedenf im kfm Verk (BGH NJW **87**, 487 mwN für § 9 AGBG). Bei Einstellg in ein Kontokorrent ist die Vorausabtretg wg Unabtretbk nur dann wirks, wenn sie sich auf den Endsaldo bezieht (BGH NJW **78**, 538). Wird bis zur Höhe des Wertes der VorbehWare od mit ähnl Klausel abgetreten, so ist der Kaufpr maßgebd, den der Verk mit dem (vorausabtretden) Käufer vereinb hat (BGH NJW **64**, 149). Darühinaus können Fdg aus D- od WerkLeistgen (§§ 611, 631), dch die der EV inf der §§ 946–950 erlischt od die mit dem KaufGgst zushängen (insb ReparaturkostenFdg), voraus abgetreten werden. Das bedarf aber einer ausdr Erkl. Sie liegt nicht in dem verlängerten EV, den die VertrPartner auf die verk Sache beziehen (BGH NJW **68**, 1516), u muss den Umfang der Abtretg erkennen lassen (BGH **26**, 178). Bei mehrf Abtretg gilt allg der Grdsatz zeitl Priorität; es ist nur die erst Abtretg wirks (BGH **32**, 361). Verh zum FactoringVertr: BGH **69**, 257; **72**, 15 u **75**, 391; Peters/Wichmann NJW **85**, 2932. Verh zur Globalzession: § 398 Rn 25.

19 **8) Kontokorrentvorbehalt** liegt vor, wenn der EV nicht schon dann erlischt, sobald der Käufer den Kaufpr der VorbehSache bezahlt, sond erst, wenn er alle od einen best Teil der Fdgen aus der GeschVbdg beglichen, insbes den Saldoausgleich herbeigeführt hat. Der Kontokorrentvorbeh ist vor allem aGrd von AGB weitgehd übl, grdsl zuläss (hRspr; BGH **42**, 58 u NJW **78**, 632), jedenf unter Kaufleuten. Der EV kann aber aGrd unzureichder Freigabeklausel wg § 307 I unwirks sein (BGH NJW **94**, 1154 für § 9 AGBG). Der EV erlischt mit jedem FdgAusgl u lebt nicht wieder auf (BGH aaO). Über den ausdr im Einzelfall vereinb Umfang darf der KontokorrentVorbeh nicht ausgedehnt werden.

20 **9) Nachträglicher** EV. **a) Einseitiger** EV ist der vertrwidr (Rn 11), bei od nach Übereigng u Überg einseit bewirkte EV, insb dch einen Lieferschein, der auf jeden Fall dem Käufer bei der Lieferg zugehen muss (vgl BGH NJW **79**, 213), um einer bedinggsl Übereigng entggzustehen (BGH NJW **79**, 2199 für § 455 aF). Der Verk behält (bei kollidierden AGB) das Eigt auch, wenn der Käufer, der den EV kannte, in seinen Einkaufsbedinggen eine Abwehrklausel (Rn 5) hatte (BGH NJW **82**, 1749), sogar dann, wenn die Abwehrklausel VertrInh geworden ist (BGH NJW **82**, 1751); dies beruht sachenrechtl auf dem fehlden Übereignswillen (vgl de Lousanoff NJW **82**, 1727). **b) Vereinbarter** EV. Der nach unbedingter Übereigng vereinb EV
21 beseit die vollzogene Übereigng nicht, insb nicht rückwirkd, kann aber in eine bedingte Rückübereigng (§ 929 Rn 29) umgedeutet werden (§ 140) u den KaufVertr entspr abändern (§ 311 I).

22 **10) Drittvorbehalt,** (III) insb KonzernVorbeh liegt vor, wenn der EV (jeder Art) auf die Fdgen Dr, insb die verbundener Untern des VorbehEigtümers erstreckt wird. Ein solcher EV ist verboten u unmittelb nichtig, auch wenn er vor dem Kauf vereinb worden ist. Nur der Vorbeh (auch der des dingl Gesch) ist nichtig, nicht der KaufVertr u die Einigg. Von Abs III nicht erfasst ist der KonzernVorbeh auf Käuferseite. Das ist der Fall, wenn der EV nicht erlöschen soll, solange Verbindlk v Dr bestehen, die mit dem Käufer verbunden sind (Bülow DB **99**, 2196).

23 **11) Bedingung** (aufschiebd, § 158 I) für den Erwerb des VollEigt ist Vorauss bei jeder Art von EV. **a) Inhalt** ist iZw die vollständ Zahlg des Kaufpr mit MWSt u den vom Käufer zu zahlden Kosten (§ 448); and NebenFdgen u VerzZ nur, wenn es vereinb ist. Der KaufprSchuld steht die erfhalber (§ 346 II) eingegangene Verbindlk (zB Wechsel, Scheck) gleich (BGH **96**, 182). Die KaufprFdg erlischt iZw auch dann, wenn der Käufer mit Akzeptantenwechsel zahlen lässt u der Verk noch dem Regress ausgesetzt ist (BGH **97**, 197 mwN). Der Inh der Bedingg kann bis zu ihrem Eintr vertragl (§ 311 I) geänd werden (BGH **42**, 58), danach jedoch nur dann erweitert werden, wenn der anwartschberecht Käufer zustimmt (BGH NJW **80**, 175).
24 **b) Eintritt** (§ 158 Rn 2); sobald die restlose Zahlg des Kaufpr (Rn 23) bewirkt ist, zB Gutschrift auf dem Konto; Zugang wirks Aufrechng (§§ 388, 130), Einlösg bei Wechsel u Scheck; in sonst Fällen mit Erlöschen der KaufprFdg. Bei Mehrh v KaufprAnspr gilt § 366. Teilzahlg ist hinsichtl des EV wirkgslos. Bei Kontokor-
25 rentVorbeh (Rn 19) tritt die Bedingg erst mit vollem Ausgleich ein. **c) Wirkung.** Solange die Bedingg nicht eingetreten ist, hat der Verk noch nicht erf, weil er hierfür das Eigt verschaffen muss. Er ist aber auch noch nicht verpfl, weil er vertragl erst mit voller KaufprZahlg Volleigt verschaffen muss (Rn 8). Es kann aber vereinb sein, dass ledigl das AnwartschR übertr od nur die Weiterveräußerg gestattet werden muss. Dann ist damit vom Verk erf.

26 **12) Herausgabeanspruch** (II). Dem Verk steht bei EV als Eigt der Anspr aus § 985 zu, demggü dem Käufer aus dem KaufVertr ein R zum Bes (§ 986). Dieses R kann der Verk dch Rücktr (§ 346) beseit. Der bloße ZahlgsVerz berecht hierzu nicht mehr (and § 455 I aF). Rücktr ist üb § 323 od § 324 mögl. Grde sind für § 323 ZahlgsVerz mit dem Kaufpr, für § 324 eine sonst PflVerletzg, zB unsachgem Behandlg des Kauf-Ggstds, pflwidr Weiterveräußerg.

27 **13) Rücktritt bei Verjährung.** Ist der KaufprAnspr verjährt, könnte der Verk vom KaufVertr nicht wirks zurücktreten, wenn der Käufer Verj einwendet (§ 218 I). Der Rücktr ist aber inf des § 216 II S 2 trotzdem mögl, weil der EV den KaufprAnspr sichern soll. Der Verk kann daher nach dem Rücktr vom KaufVertr die Sache nicht nur aus § 985 herausverlangen, sond auch aus § 346 I. Überh ist bei Rücktr das ganze RVerh zw Verk u Käufer gem den §§ 346 ff abzuwickeln.

450 *Ausgeschlossene Käufer bei bestimmten Verkäufen.*

I Bei einem Verkauf im Wege der Zwangsvollstreckung dürfen der mit der Vornahme oder Leitung des Verkaufs Beauftragte und die von ihm zugezogenen Gehilfen einschließlich des Protokollführers den zu verkaufenden Gegenstand weder für sich persönlich oder durch einen anderen noch als Vertreter eines anderen kaufen.

II Absatz 1 gilt auch bei einem Verkauf außerhalb der Zwangsvollstreckung, wenn der Auftrag zu dem Verkauf auf Grund einer gesetzlichen Vorschrift erteilt worden ist, die den Auftraggeber ermächtigt, den Gegenstand für Rechnung eines anderen verkaufen zu lassen, insbesondere in den Fällen des Pfandverkaufs und des in den §§ 383 und 385 zugelassenen Verkaufs, sowie bei einem Verkauf aus einer Insolvenzmasse.

1 **1) Allgemeines.** Die Vorschr fasst die §§ 456, 457 aF zus. **a) Zweck**. Es soll die Unparteilk der Vornahme
2 u Leitg des Verk gewährleistet u die Verwertg v Insiderwissen ausgeschl werden. **b) Anwendbar** bei Verk einschl Versteigerg v Sachen, Ren u sonstigen Ggstden. Für eine freiwill Versteigerg gilt § 450 nicht, es bestehen aber ähnl Erwerbsverbote bei gewerbsmäß Versteigergen (§ 34b VI GewO u VO v 1. 6. 1976, BGBl 1345) sowie bei Verst dch Notare (§ 20 III BNotO) in strengerem Maße gem § 16 I BNotO, § 3
3 BeurkG. **c) Unabdingbarkeit** ist wg des zwingden gesetzl Verbots zu bejahen.

4 **2) Verkauf in der Zwangsollstreckung** (I). **a) Voraussetzung** ist, dass der Ggstd (Rn 2) gg einen Kaufpr übertragen, insb übereignet u übergeben wird (§ 433 I S 1), in öff Versteigerg (§§ 814–817 a ZPO) od freihänd Verk (§ 825 ZPO), auch v Ren (§§ 844, 857 ZPO), ZwVerst v Grdst (ZVG) u grdstücksgleichen

Ren. **b) Personenkreis:** Gerichtsvollz (§ 814), Richter u RPfleger, welche die Versteigerg dchführen, der VerkBeauftragte (§ 825 ZPO), auch alle bei dem Verk mitarbeitden od mitwirkden HilfsPers, selbst solche mit untergeordneten Aufgaben. Das Verbot gilt für den Erwerb als Vertreter (auch mittelb) od dch einen Treuhänder (vgl Einf 6 vor § 164). 5

3) Andere betroffene Kaufverträge (II). **a) Voraussetzung** ist, dass der Verk dch eine der folgden gesetzl Vorschr für Rechng einer and Pers zugelassen ist: insb Pfand- u NotVerk, §§ 383, 385, 753, 966, 979, 983, 1003, 1219, 1221, 1228 ff, 2042; weiter die aus dem HGB: §§ 368, 371, 373, 376, 379, 388, 391, 437, 440, ferner § 159 InsO. **b) Personenkreis.** Das ist in erster Linie der Versteigerer, außerdem sind es seine HilfsPers (entspr Rn 5). Hingg darf der AuftrGeber, insb der PfandGläub bei dem ordngsgem eingeleiteten Verk (öff Versteigerg) mitbieten u den Zuschlag erhalten. 6 7

4) Wirkung. Wird bei dem Verk gg § 450 verstoßen, so tritt keine Nichtigk ein. Dem § 134 geht der § 451 vor, so dass zunächst schwebde Unwirksk besteht. Unberührt bleiben die Folgen der Verletzg einer Pfl aus dem RVerh, das zw dem jeweil VerkBeauftragten u dem AuftrGeber (insb PfandGläub) besteht, sowie Anspr aus § 823 II od § 839. Auch § 181 bleibt anwendb; jedoch darf der AuftrGeber v dem, der die Sache ersteigert hat, aGrd eines weiteren Kaufs erwerben. 8

451 *Kauf durch ausgeschlossenen Käufer.* **I Die Wirksamkeit eines dem § 450 zuwider erfolgten Kaufs und der Übertragung des gekauften Gegenstandes hängt von der Zustimmung der bei dem Verkauf als Schuldner, Eigentümer oder Gläubiger Beteiligten ab. Fordert der Käufer einen Beteiligten zur Erklärung über die Genehmigung auf, so findet § 177 Abs. 2 entsprechende Anwendung.**

II Wird infolge der Verweigerung der Genehmigung ein neuer Verkauf vorgenommen, so hat der frühere Käufer für die Kosten des neuen Verkaufs sowie für einen Mindererlös aufzukommen.

Allgemeines. Die Vorschr entspr dem § 458 aF. **Zweck.** Es soll die aus § 134 folgde Nichtigk vermieden werden, wenn der Erwertb dch den ausgeschl Käufer den Interessen der Beteil entspr. Es ist daher dch die GenFähigk ihrer Disposition unterworfen, den Vertr wirks werden zu lassen. **Anwendbar** bei allen Fällen des § 450. **Zustimmung** (I S 1) umfasst Einwilligg (§ 183) u Gen (§ 184). Es ist die Zust aller, vom Verkauf als Eigtümer, Gläub od Schu betroffenen Pers erforderl. Wirks wird der Verkauf erst, wenn die letzte der erforderl Zust erklärt ist, also demjen zugeht (§ 130), dem ggü die Zust abzugeben ist. **Aufforderung** (I S 2) zur Gen (§ 184), also nicht zur vorher Einwilligg (§ 183), muss v Käufer ausgehen u ist einseit, empfbed WillErkl (§ 130), da sie rechtgeschäftl Wirkgen auslöst. § 177 II ist mit allen Folgen entspr anwendb. § 178 gilt nicht. **Rechtsfolge** einer verweigerten Zust ist die Nichtigk des Verkaufs (§ 134). **Kosten und Mindererlös** (II) trägt der (ausgeschl) Käufer in jedem Fall. Dieser Anspr besteht unabhäng v einem SchadErsAnspr (vgl § 450 Rn 8). 1 2 3 4

452 *Schiffskauf.* **Die Vorschriften dieses Untertitels über den Kauf von Grundstücken finden auf den Kauf von eingetragenen Schiffen und Schiffsbauwerken entsprechende Anwendung.**

Allgemeines. Die Vorschr ersetzt die §§ 435 II, 449 II aF mit dem entspr Inhalt. **Zweck.** Das SchiffsReg entspr in der Bedeutg dem GB (vgl § 929 a Rn 3). Es liegt daher nahe, die Regeln für den GrdstKauf entspr anzuwenden. **Anwendbar** nur auf im SchiffsReg eingetragene See- u Binnenschiffe sowie Schiffsbauwerke (insb Docks). Nicht eingetragene Schiffe sind rechtl bewegl Sachen. Schiff u Schiffsbauwerk: § 929 a Rn 1. Der Kauf ist stets Sachkauf mit den RFolgen der §§ 433–451, soweit sie Grdst betreffen. **Eigentumsverschaffung** (§ 433 I S 1). Bei eingetr Seeschiffen genügt die Einigg (§ 2 SchiffsRG); die Eintragg im Reg wirkt nur berichtigd. Bei eingetr Binnenschiff ist Einigg u Eintragg nöt (§ 3 SchiffsRG). Nicht eingetragene Schiffe: § 929 a gilt für Seeschiffe; für Binnenschiffe gelten die §§ 929 ff. **Sach- und Rechtsmangel.** Es sind die §§ 434, 435 anzuwenden. **Öffentliche Lasten:** § 436. **Kosten:** § 448 gilt entspr. 1 2 3 4

453 *Rechtskauf.* **I Die Vorschriften über den Kauf von Sachen finden auf den Kauf von Rechten und sonstigen Gegenständen entsprechende Anwendung.**

II Der Verkäufer trägt die Kosten der Begründung und Übertragung des Rechts.

III Ist ein Recht verkauft, das zum Besitz einer Sache berechtigt, so ist der Verkäufer verpflichtet, dem Käufer die Sache frei von Sach- und Rechtsmängeln zu übergeben.

1) Allgemeines zur NeuRegelg. Der RKauf war bish in § 433 I S 2 aF u den §§ 434–445 aF geregelt, wobei der wiederholt verwendete Begriff Ggstd sowohl Sachen als auch Re umfasst (vgl § 90). Nunmehr gelten für den Sachkauf die §§ 433–452. Diese Vorschr finden für den RsKauf aGrd des § 453 entspr Anwendg u zwar grdsl alle, soweit sie nicht derart auf Sachen (körperl Ggstde) zugeschnitten sind, dass sie auf ein Recht nicht angewendet werden können (zB § 447) od dass die SoRegeln der Abs II, III vorgehen, zB Abs II dem § 448. Neben Ren in engerem Sinne nennt § 453 auch die sonstigen Ggstände eines Kaufs, der nicht als Sachkauf einzuordnen ist, zB Untern, Strom u Wärme, Know-how, Werbeidee (vgl Rn 5–10). Es gibt auch Mischformen, zB das Wertpapier, das primär Kauf eines Rs, aber daneben der Sache ist, wenn das R nur dch Vorlage der Urk ausgeübt werden kann u dch Überg übertragen wird. 1

2) Allgemeine Voraussetzungen des § 453 sind: **a) Kaufvertrag.** Das der Übertragg des Rs zugrdeliegde RGesch muss ein KaufVertr sein. Das ist nach Einf 1–3 vor § 433 zu beurt u v and RGesch nach 2

Einf 14–21 vor § 433 abzugrenzen. **b) Kaufgegenstand** muss ein R od eine Mehrh v Ren (zB FdgsMehrh) od ein sonst Ggstd (Rn 5) sein, auch eine Gesamth v Sachen u Ren (zB Untern).

3 **3) Rechte** (I). **a) Begriff.** R ist die Befugn, die sich für den Berechtigten unmittelb aus der geltden ROrdng ergibt (subj R). Es besteht originär od wird erworben u kann ein Anspr (§ 194 I), ein Herrschafts- od GestaltgsR sein. Ggstd eines Kaufs kann ein R nur sein, wenn es als solches wirks übertragen u so vom
4 Verk dem Käufer verschafft werden kann (vgl § 433 I S 1). **b) Einzelheiten.** Die Re können künft u bedingt, dingl u obligator, insb Fdgen (§ 398 S 1) sein, Anwartsch, Anteile an Sachen (insb MitEigt) u an Ren, Gesellsch, Gemsch, gewerbl SchutzR (insb Patent, Geschmacksmuster, Marke), subj öff Re (zB Konzession), Lizenzen (Fehrenbacher JR **01**, 309). Nicht: höchstpersönl Re, zB das NamensR mit Ausn der Firma; der bloße Besitz, weil er kein R ist (Übbl 1 vor § 854).

5 **4) Sonstige Gegenstände** (I) sind übertragb Sachen u Re, die einz od zusgefasst im Rs- u WirtschVerkehr
6 gg Entgelt dem Erwerber zur Verwendg od Verfügg verschafft werden. Darunter fallen insb: **a) Wasser, Gas, Strom und Wärme.** Die Lieferg ist von jeher als Kauf behandelt worden, gleichgült ob eine phys Konsistenz gegeben ist (Wasser) od nicht (Elektrizität). Die SachKRegeln wurden entspr angewendet (hM; BGH **59**,
7 303), auch wenn die Lieferg u Versorgg dch AVB öffrechtl geregelt ist. **b) Unternehmen** als ZusFassg der persönl u sachl Mittel (Sach- u RGesamth) einschließl der zugehör Werte u Güter, näml Kundsch, Ruf, GeschGeheimn, Firma, Warenzeichen, WettbewRe, know-how. Das alles ist iZw mit dem Untern verkauft. Der Kauf kann iW der EinzelRNachfolge (asset deal) od dch den Erwerb aller Ant, zB 100% der Aktien (share deal) verwirkl werden. Ein VorVertr ist genügend bestimmt, wenn das Untern dch die Firma bezeichnet wird (BGH NJW **90**, 1234). Zur zweckmäß Gestaltg der HaftgsKlauseln: Gronstedt/Jörgens ZIP **02**, 53. KaufGgstd kann auch eine freiberufl Praxis sein, zB Arzt (BGH NJW **89**, 763), RA (BGH NJW **95**, 2026; Michalski/Römermann NJW **96**, 1305), Steuerberater (BGH NJW **91**, 1223), RBeistd (BGH NJW-RR **89**, 306). Die Zust der Patienten od Mandanten ist notw, wenn die Patientenkartei (BGH **116**, 268) od die Akten (BGH
8 NJW **96**, 2087) übergeben werden (vgl Gienapp/v. Hugo BB **97**, 2229). **c) Software.** Soweit im Einzelfall nicht schon ganz od zT Kauf einer Sache (od WerkVertr) vorliegt (vgl § 433 Rn 9) unterfällt die Software üb
9 § 453 auf jeden Fall dem KaufR. **d) Immaterialgüter** (unkörperl Ggstde), die nicht Re darstellen (vgl Rn 3), können verk werden, soweit sie übertragb sind. Bsp: Werbeidee; HerstellgsVerf (know-how); un-
10 patentierte Erfindg, Domain-Adresse. **e) Wertpapiere.** Der Kauf ist primär RKauf (Rn 1 aE), zugleich SachK, weil zur Ausübg des Rs der Bes des Papiers erforderl ist. Je nach Art (Inhaber-, Namens- od Orderpapier, vgl § 952 Rn 1, 4–6) ist der Erwerb des Rs u des Eigt am Papier verschieden. Dementspr muss der Verk neben der RÜbertragg auch das Eigt am Papier verschaffen.

11 **5) Verschaffungspflicht** (§ 433 I S 1). Statt Eigt an der Sache ist das R od der sonst Ggstd zu verstehen. **a) Grundlagen.** Auch für § 453 gilt die Trenng von Verpflichtgs- u ErfGesch (Abstraktionsprinzip, Einf 4 vor § 433). Die Übertragg des Rs auf den Käufer richtet sich nach den jeweil Vorschr (insb §§ 398, 413). Bei einem sonst Ggstd, zB Untern sind das oft mehrere unterschiedl Vorgänge: für bewegl Sachen §§ 929 ff, Grdst § 925, Fdgen § 398; bei Strom die tats Abnahme der vom Verk zur Vfg gestellten Elektrizität, entspr bei Gas, Wärme u Wasser. Neben der Übertragg des verk Rs ist auch der Überg der Sache (wie § 433 Rn 11)
12 vorzunehmen, wenn das Recht zum Bes einer Sache berecht (Abs III), zB das ErbbauR. **b) Ausführung.** Oft wird der KaufVertr gleichzeit mit der Übertragg des Rs abgeschl. **aa) Form.** Zur Wirksamk muss die jeweils geltde Form eingehalten werden, so insb die Eintragg im GB bei § 873, not Beurk bei § 15 III GmbHG,
13 Schriftf bei § 1154. **bb) Bedingungen** (§ 158) sind zuläss, wenn sie nicht im Einzelfall verboten sind. Mögl ist, entspr § 449 den RÜberg an die Bedingg (§ 158 I) der restlosen Zahlg des Kaufpr zu knüpfen. **cc) Erfüllung** tritt auch ein, wenn der Käufer dch die Hdlgen des Verk das R vom NichtBer gutgl erwirbt, zB üb
14 § 892 od Art 16 WG. **dd) Übergabe** (III) wird zusätzl zur Übertragg des R nur geschuldet u ist dann zur Erf notw, wenn das verk R zum Bes (§ 854) berecht, insb das ErbbR (§ 1 ErbbRVO), der Nießbr (§§ 1036, 1059), das WoR (§ 1093). Bei Überg muss die Sache frei v Rs- u SachM sein, so dass die §§ 434–442 anwendb sind. Nicht gilt Abs III für Wertpapiere, die zwecks RÜbertragg übgeben werden (Rn 10).
15 **c) Nichterfüllung.** Primär kann der Käufer den Anspr aus § 433 I geltd machen. Überträgt der Verk das R nicht, stehen dem Käufer die Re aus den §§ 320 ff zu (insb Rücktr), daneben (§ 325) od statt Erf bei Versch gem den §§ 280, 281 SchadErs od AufwendgsErs (§ 284). Wenn es an der MangelFreih (§ 433 I S 2) fehlt, hat der Käufer die Re aus dem § 437.

16 **6) Nebenpflichten des Verkäufers** ergeben sich im Einzelfall aus den Umständen des KaufVertr. **a) Grundsatz.** Es gelten die Rn 22–36 des § 433, jedoch beim reinen RKauf (kein R zum Besitz, Abs III) ohne die zwangsläuf auf Sachen bezogenen NebenPfl. Für einen RKauf grdsl anwendb sind Aufklärg, Auskunft, Beratg u Rechng. Bei schuldh Verletzg der NebenPfl kann ein SchadErsAnspr aus § 280 entstehen. **b) Kosten** (II). Entspr dem § 448 II aF. Wenn nicht and vereinb, trägt der Verk alle Kosten, die notw sind, um das R zur Entstehg zu bringen u zu übertr, insb not Beurk.

17 **7) Rechtsmängel.** Da § 435 auf die RMängel einer Sache zugeschnitten ist, kommt für Re nur eine entspr Anwendg in Betr. Für die Re, die zum Besitz einer Sache berecht (Rn 14), gilt § 435 unmittelb, weil
18 die Sache mangelfrei übergeben werden muss (Abs III). **a) Begriff.** Ein RMangel liegt vor, wenn das verk R nicht besteht, nicht in dem Umfang besteht, wie im KaufVertr vorausgesetzt, od wenn and Re entggstehen. Je
19 nach Art des verk Rs können die verschiedensten tats Umstde einen RMangel begrden. **b) Nichtbestehendes Recht,** gleichbedeutd ein erloschenes R. Wird es verk, muss der Verk, um den Anspr aus § 433 I S 2 zu erf, das R schaffen od sich das R verschaffen, wenn es bei einem Dr entsteht. Ist das allg od dem Verk unmögl, so ist der ErfAnspr ausgeschl (§ 275 I), bei Unzumutbk kann der Verk die Erf verweigern (§ 275 II). Dem Käufer stehen die Anspr aus den §§ 280, 283–285, 311 a u 326 zu: Ers des Schad od der vergebl Aufwendgen, Rücktr od RückFdg. Eine entspr Anwendg der §§ 437–441 kommt wg fehlden Übertragg nicht in Betracht.
20 Die RFolgen richten sich daher nach allg LeistgsStörgsR. **c) Unübertragbares Recht** (insb bei Fdgen aGrd der §§ 399, 400; vgl dort). Diese Eigensch stellt einen Mangel des verk Rs dar, weil ein Kauf die Übertragbk (idR dch Abtretg, §§ 398, 413) zwingd voraussetzt (§ 433 I S 1 üb Abs I). Wg Unmöglk der Leistg greift

§ 275 I ein (vgl Rn 19), weil der Verk für die Übertragbk haftet (BGH NJW **70**, 556 für § 437 aF). Die verbotswidr vorgen Abtretg ist unwirks (§ 399 Rn 11). **d) Umfang** der Haftg des Verk. Sie erstreckt sich auf den Bestd des Rs (vgl Rn 19). Es muss entstanden u darf nicht wieder erloschen sein, gleich aus welchem RGrd (zB Anfechtg, Erf, Aufrechng). Es darf keine Einr entggstehen u das R muss auch als solches dchsetzb sein (zB BGH NJW **63**, 1971 zu § 437 aF für BeschlagN). Das R muss im Inhalt u Rang dem entspr, was im KaufVertr vereinb war. Falls darü nichts vereinb ist, muss es dem gewöhnl, insb dem gesetzl Inhalt entspr. Ohne bes Vereinbg haftet der Verk nicht dafür, dass das verk R für den vom Käufer beabsicht Zweck brauchb u verwendb ist. **e) Zahlungsfähigkeit.** Beim Kauf einer Fdg (§ 398) od and Re, die auf eine GeldFdg gerichtet sind, war dem § 438 aF zu entnehmen, dass der Verk ohne bes Abrede nicht haftet u, wenn der Verk die Haftg übernimmt, iZw auf den Ztpkt der Abtretg abzustellen war. Daraus hat sich trotz Aufhebg des § 438 aF im Ergebn nichts geänd. Die ZahlgsUnfähk des Schuldners wird nur dann als RMangel behandelt, wenn die Part des KaufVertr dies vereinb. Form: die des KaufVertr, daher idR formlos. Zahlgsunfäh: bedeutet dass der Schu bei Fällk nicht in der Lage ist, die Schuld zu begleichen. Grdsl ist ein VollstrVersuch nöt, wenn nicht die Insolvenz offenliegt, zB die Vorauss des § 807 ZPO. BewL: Käufer, wobei genügt, dass die ZahlgsUnfähk kurz nach der Abtretg bewiesen wird. Dann muss der Verk die ZahlgsFähk zZ der Abtretg beweisen

21 (Rn 21 beginnt bei „d) Umfang")

22 (Rn 22 beginnt bei „e) Zahlungsfähigkeit")

8) Einzelheiten: a) Gesellschaftsanteile. Ein RMangel liegt vor, wenn die Gesellsch nicht besteht, sich in Insolvenz od Liquidation befindet, falls dies nicht beim Kauf vereinb od vorausgesetzt wird. Mangelfrei wird nur dann übtragen, wenn der Anteil die vereinb Größe hat u die vereinb Eigensch, zB GewinnBeteiligg, Umfang des StimmRs (U. Huber ZfUG **72**, 395 für § 437 aF). Nicht gehaftet wird für den Verkehrswert des Anteils (wohl aber für den Nennwert) u Mängel des von der Gesellsch betriebenen Untern od der BestandT des GesellschVerm (BGH **65**, 246 für § 437 aF), ebsowen für die Überschuldg der Gesellsch (BGH NJW **80**, 2408 für § 437 aF). Das alles gilt, wenn eine MinderhBeteiligg verk wird. Werden alle Anteile, eine Mehrh-Beteiligg od eine Sperrminorität verk, können die Grdsätze eines UnternKauf (Rn 7) anwendb sein. **b) Wertpapiere** (Rn 10). Der darauf bezogene § 437 aF ist als überflüss aufgehoben, weil der WertPKauf als RKauf üb § 453 den allg Vorschr üb LeistgsStörgen beim Kauf ohne Besonderh unterliegt. Allg RMängel sind: Formverstöße, Unwirksk der verbrieften Verpflichtg, Kündigg des verbrieften Rs, Aufgebot gem § 947 II ZPO (vgl § 437 II aF). SachM sind an der Urk mögl, zB Abtrenng eines Teils. Folgt daraus ein RMangel, geht dieser vor. **aa) Umfang** der Haftg des Verk entspr der Rn 21, also insb für Bestand, Inhalt u Rang. Nicht: Kurs, Börsenfähigk, künft Dividende, ZahlgsFähk (Rn 22). **bb) Banknoten.** Kauf kommt nur in Betr bei ausländ Währg. Sind die Banknoten gefälscht, verfälscht od außer Kurs, liegt ein RMangel vor (umstr). Kauf außer Kurs gesetzter Noten als Sammelobjekt ist Sachkauf (§ 433). **cc) Inhaberpapiere.** Grdsl RKauf. Bei Aktienpaketen kann UnternKauf vorliegen (Rn 23 aE). **dd) Wechsel.** Es ist zw der Haftg aus dem Wechsel (Art 9, 15, 28 WG) u dem Kauf des Wechsels zwecks Übertragg der Re zu unterscheiden. Für den Kauf gilt § 453 I unmittelb. Einwendgen, die nicht dch Art 17 WG ausgeschl sind, stellen einen RMangel dar (§ 435), ebso die fehlde Echth der Unterschrift eines Wechselverpflichteten. Beim WechseldiskontGesch (idR Kauf) wird nicht für den unveränd Bestand der Währg gehaftet, so dass der Käufer das WährgsRisiko der Auf- od Abwertg trägt (RG **142**, 23 für § 437 aF). **ee) Scheck.** Kein Kauf liegt vor, wenn der Aussteller zwecks Erf einer Geldschuld einen Scheck begibt. Es ist aber auch Kauf einer ScheckFdg mit Haftg des Ausstellers (Art 12, 18 ScheckG) mögl, wobei als RMangel (§ 435) fehlde Echth der Unterschrift u Formungültk des Schecks in Betr kommen. **c) Forfaitierung** ist Kauf einer (auch künft) Fdg unter Regressverzicht mit dem Zweck, ein Gesch vorzufinanzieren; vor allem im Export- u LeasingGesch häuf. Der darin liegde RKauf ist nach den §§ 453, 433 abzuwickeln. Da Entstehg u Bestd der gekauften Fdg oft ungewiss ist, empfehlen sich eindeut Vereinbg der VertrPart (v. Westphalen WM **01**, 1837 für § 437 aF).

23 (Rn 23 beginnt bei „8) Einzelheiten") · 24 („b) Wertpapiere") · 25 („bb) Banknoten") · 26 („cc) Inhaberpapiere") · 27 („dd) Wechsel") · 28 („c) Forfaitierung")

29 **9) Maßgebender Zeitpunkt** für die Verschaffg des bestehden Rs frei v Mängeln ist die Übertragg des Rs, idR der Abschl des AbtretgsVertr (§§ 398, 413). Das folgt aus der entspr Anwendg des § 433 I S 2. Der Verk kann vertrgem die bei Abschl des KaufVertr bestehden Mängel bis zur Übertragg des Rs, wenn diese nachfolgt, noch beseit, ohne die Rfolgen des Mangels (§ 437 entspr) auszulösen. Ist ein künft R verk, kommt es auf den Ztpkt der Entstehg des Rs an. Ist ein nicht bestehdes R verk, das auch später nicht entsteht (vgl Rn 19), ist maßgebder Ztpkt der Abschl des KaufVertr (Einf 2 vor § 433). Vor Übtragg des Rs gilt das allg LeistgsStörgsR (vgl § 437 Rn 59 ff).

30 **10) Kenntnis des Käufers.** § 439 aF ist aufgehoben, weil die Kenntn des Käufers vom RMangel nunmehr üb § 453 in § 442 geregelt ist. Es gelten grdsl die Anm zu § 442, insb zur Abdingbk (§ 442 Rn 3), zum Vorrang ggü and Vorschr (§ 442 Rn 4), BewL (§ 442 Rn 5), zur Kenntn u grobfahrläss Unkenntn zum maßgebden Ztpkt (§ 442 Rn 6, 7, 9–11), Haftg des Verk (§ 442 Rn 13, 14) u deren Ausschl (§ 442 Rn 8), sowie die Besonderh bei Ren, die im GB eingetragen sind (§ 442 Rn 15–19). Zur Untersuchg können die auf den Sachkauf zugeschnittenen Regeln (§ 442 Rn 12) nur mit Vorsicht auf Re angewendet werden. Für den Käufer ist jedenf geboten, die Urk zu prüfen, die das R verbriefen od beweisen sollen. Bei Ren, die im GB eingetr sind, gilt § 442 II.

31 **11) Beweislast.** Sie war in § 442 aF dem Käufer überbürdet, der bis zur Ann als Erf den RMangel, wenn er v Verk bestr wurde, beweisen musste. Diese Ausn von § 363 ist dch die erslose Aufhebg v § 442 aF bewusst beseit. Es gilt die BewLVerteilg des § 363. **a) Verkäufer:** für das Bestehen des Rs, die MangelFreih bei VertrAbschl u Übertragg, bis zur Ann als Erf (§ 363); ferner für die Tats zur Kenntn des Käufers (vgl § 442 Rn 5) u zu dessen grobfahrläss Unkenntn. **b) Käufer** für die Tats zum arglist Verschweigen od zur Garantie (§ 442 I); ferner für die Tats, dass ein Dr Re gg das gekaufte R geltd macht; in diesem Fall ist im Prozess StreitVerk (§ 72 ZPO) geboten. Erkl der Käufer im Vertr, best RMängel zu kennen, trägt er die BewL dafür, dass er sie tats nicht gekannt hat (BGH NJW-RR **88**, 79 für § 439 aF).

32 (Rn 32 beginnt bei „a) Verkäufer") · 33 („b) Käufer")

Untertitel 2. Besondere Arten des Kaufs

Vorbemerkungen

1 **1) Gesetzlich geregelte Kaufarten.** Mehrere Formen des Kaufs erfordern eine besond gesetzl Regelg: Kauf auf Probe (§§ 454, 455), Wiederkauf (§§ 456–462) u Vorkauf (§§ 463–472). Sie waren vor dem SMG in den §§ 495–514 enthalten u sind inhaltl weitestgehend unveränd geblieben.

2) Kauf nach Probe (§ 494 aF) ist v Kauf auf Probe (§ 454) zu untersch. Eine Regelg ist dch das SMG als überflüss ersatzlos entfallen. Die Beschaffenh der Probe führt üb § 434 I S 1 od 2 zu den RFolgen, die früher dch § 459 II aF u jetzt üb §§ 434 I, 437 eintreten, da die Probe der vereinb od der vorausgesetzten, übl bzw erwarteten Beschaffenh der Kaufsache entspr. Inhaltl gleich geregelt bleibt demggü der Kauf auf Probe (§§ 454, 455 statt §§ 495, 496).

2 **3) Kauf mit Umtauschvorbehalt** ist ein unbedingter Kauf, bei dem der Käufer das R hat, den KaufGgstd umzutauschen. Der UmtauschVorbeh ist die vereinb einseit ErsetzgsBefugn des Käufers hinsichtl des dch das Umtauschbegehren (WillErkl, § 130) veränd KaufGgst (umstr; vgl MüKo/Westermann § 494 Rn 11). Im Zweifel kann zum selben Pr od gg AufPr umgetauscht werden. Das UmtauschR kann nur in vertr best Fr od, falls eine solche nicht vereinb ist, innerh angem Fr ausgeübt werden (BGH BB **63**, 1237). Gg Rückg des unversehrten Ggstds kann der Käufer Leistg eines and Ggstds verlangen, iZw einen aus dem Vorrat des Verk, zum gleichen Pr, gg AufPr od eine entspr Gutschr; zu geringerem Pr mit Rückzahlg nur bei entspr Vereinbg. BewL: Käufer für Vereinbg des UmtauschVorbeh u TRückzahlg, Verk für Vereinbg u Ablauf der Fr.

Kapitel 1. Kauf auf Probe

454 *Zustandekommen des Kaufvertrags.* **I Bei einem Kauf auf Probe oder auf Besichtigung steht die Billigung des gekauften Gegenstandes im Belieben des Käufers. Der Kauf ist im Zweifel unter der aufschiebenden Bedingung der Billigung geschlossen.**

II Der Verkäufer ist verpflichtet, dem Käufer die Untersuchung des Gegenstandes zu gestatten.

1 **1) Allgemeines.** Die Vorschr entspr dem § 495 aF; hierzu ist die zitierte Rspr ergangen. **a) Begriff.** Kauf auf Probe od auf Besichtigg ist ein KaufVertr (§ 433) unter der aufschiebden od auflösden Bedingg (§ 158), dass der Käufer den Kauf dch eine gesonderte WillErkl billigt od missbilligt. Das ist insb im Versandhandel
2 vielf gebräuchl (vgl Bambg NJW **87**, 1644), auch beim sog Testkauf (Köln NJW-RR **96**, 499). **b) Anwendbar** bei KaufVertr aller Art, insb auch beim VerbrGKauf (§ 474). **c) Beweislast** trägt der Verk für das Zustdekommen des Vertr, daher für die vertragl Einigg, für das Eintreffen der Kaufsache beim Käufer (Bambg NJW **87**, 1644 mwN) u die Billigg gem § 455.

3 **2) Abgrenzungen. a) Aufschiebend bedingter Kaufvertrag** (§ 158 I), bei dem der Eintritt der Bedingg nicht im Belieben des Käufers steht, zB Ausgang einer best Untersuchg (sog AnkaufsUntersuchg; Köln
4 NJW-RR **95**, 113): Die Billigg steht bei § 454 im Belieben des Käufers. **b) Umtauschvorbehalt** (Vorbem 3): Dieser ist unbedingt; der Käufer kann ledigl dch das Umtauschbegehren den KaufGgstd verändern.
5 **c) Erprobungskauf** od Kauf zur Probe: Der KaufVertr steht unter der auflösden Bedingg (§ 158 II), dass die Kaufsache sich zum vorgesehenen Zweck nicht eignet, zB Kauf einer Maschine „auf Feldprobe" (Schlesw NJW-RR **00**, 1696). Der Verk muss dem Käufer die Erprobg ermögl, der Käufer die Erkl, ob Eigng gegeben ist, so rechtzeit abgeben, als er dazu imstande ist; unterbleibt dies innerh angem Fr, wird der Kauf endgült
6 wirks (BGH WM **70**, 877). **d) Bindendes Vertragsangebot** des Verk u Übergabe der Sache zum Zweck der Prüfg od Probe (RG **104**, 276); hier ist noch kein Vertr geschl; dies hängt v der Ann ab (§ 151).
7 **e) Werkvertrag.** Herstellg eines Portraits ist Kauf auf Probe, wenn Bezahlg u Abnahme v Gefallen abhäng gemacht werden (LG Regbg NJW **89**, 399).

8 **3) Voraussetzungen. a) Kaufvertrag** mit den Erfordern der Einf 1–3 vor § 433 muss abgeschl sein (vgl Rn 2). **b) Bedingung.** Sie muss aufschiebd (Billigg, § 158 I) od auflösd (Missbilligg, § 158 II) sein. Dch Auslegg (§ 157) zu ermitteln. Abs I S 2 bestimmt als AusleggsRegel, dass iZw die aufschiebde Bedingg
9 vorliegt. Für auflösde Bedingg spricht, wenn der Käufer den KaufPr bereits bezahlt hat. **c) Billigung** oder Missbilligg müssen in der Weise VertrInh sein, dass sie im freien Belieben des Käufers stehen (allgM). Umstr ist ledigl, ob die (Miss)Billigg als PotestativBedingg (Einf 10 vor § 158) echte Bedingg iS des § 158 sein kann. Nach hM ist das zu bejahen. Die (Miss)Billigg ist eine rechtsgestaltde, dem Verk ggü abzugebde WillErkl (RG **137**, 299). Angabe v Grden ist nicht notw (RG **94**, 287). Die Erkl bezieht sich auf den Kauf u wird auch dann wirks, wenn der KaufGgstd nicht besicht wird. § 162 ist unanwendb.

10 **4) Wirkungen.** Sie sind abdingb mit Grenzen gem §§ 307–309 bei AGB (Schildt JR **95**, 89 zu AGBG). **a) Bindung** bresteht währd des SchwebeZustds bis zum BedinggsEintritt insof, als eine einseit Änderg der VertrBedinggen ausgeschl ist. Der Verk ist noch nicht gem § 433 I verpfl (Soe/Huber § 495 Rn 8 mwN;
11 bestr). **b) Gefahrübergang** tritt bei aufschiebder Bedingg (Billigg) anders als bei §§ 446, 447 erst mit der Billigg ein, sodass bis dahin die Gefahr beim Verk verbleibt. **c) Untersuchungsanspruch** (II) soll dem Käufer die Entschließg über Billigg (§ 455) des Kaufs ermöglichen. Anspr auf Gestattg der Untersuchg ist selbstd klagb u nach § 888 ZPO vollstreckb. Eine vom Verk angediente Probe muss vertrgem sein (Hamm BB **95**, 1925). Weigert sich der Verk, kann der Käufer üb § 280 bei Versch SchadErs fordern. Gg den Anspr auf Untersuchg kann der Verk nicht einwenden, dass der Kauf wg Mangelhaftigk doch nicht gebilligt würde (RG
12 **93**, 254). **d) Kosten** der Besichtigg u Aufbewahrg trägt der Käufer. Üb Kosten der Rücksendg entscheidet die VertrAuslegg, ev Handelsbrauch. Kein Anspr des Verk auf NutzgsVergütg, wenn der Käufer nicht billigt

(Schlesw NJW-RR **00**, 1656). **e) Schadensersatz** kann wg schuldh Verletzg der Rückg- u ObhutsPfl aus § 280 I verlangt werden. 13

455 *Billigungsfrist.* **Die Billigung eines auf Probe oder auf Besichtigung gekauften Gegenstandes kann nur innerhalb der vereinbarten Frist und in Ermangelung einer solchen nur bis zum Ablauf einer dem Käufer von dem Verkäufer bestimmten angemessenen Frist erklärt werden. War die Sache dem Käufer zum Zwecke der Probe oder der Besichtigung übergeben, so gilt sein Schweigen als Billigung.**

Neufassung dch das SMG entspr fast wörtl dem § 496 aF. **Frist** (S 1). Sie gilt für Billigg wie für Missbilligg (§ 454 Rn 5). Die FrVereinbg kann ausdrückl od stillschw geschehen u muss sich auf die (Miss)-Billigg beziehen. Sie kann vertr verlängert werden. Die WillErkl (§ 454 Rn 5) muss innerh der Fr zugehen (§ 130). Ist die Billigg verspätet, gilt § 150 I. Eine Bitte um FrVerlängerg ist nach § 150 II zu behandeln. Die FrSetzg muss sich auf die (Miss)Billigg beziehen. Eine nicht angem Fr setzt eine angem in Lauf. **Billigungsfiktion** (S 2). Sie führt die aufschiebde Bedingg (§ 454 Rn 4) herbei. Sie setzt die Überg der Kaufsache zum Zwecke der Probe (Besichtigg) zwingd voraus, ebso den Ablauf der Fr (S 1). Gilt auch entspr, wenn Probe od Muster (nicht die Kaufsache selbst) übgeben od übsandt war (RG **137**, 297). 1 2

Kapitel 2. Wiederkauf

456 *Zustandekommen des Wiederkaufs.* **I Hat sich der Verkäufer in dem Kaufvertrag das Recht des Wiederkaufs vorbehalten, so kommt der Wiederkauf mit der Erklärung des Verkäufers gegenüber dem Käufer, dass er das Wiederkaufsrecht ausübe, zustande. Die Erklärung bedarf nicht der für den Kaufvertrag bestimmten Form.**

II Der Preis, zu welchem verkauft worden ist, gilt im Zweifel auch für den Wiederkauf.

1) Allgemeines. Der Wortlaut entspr dem § 497 aF. Darauf bezieht sich die zitierte Rspr. **a) Zweck** der WiederKVereinbg. Es kann wirtsch dasselbe erreicht werden wie bei einer SichergsÜbereigng od einem BesPfdR; ferner kann eine Zweckbindg verwirkl werden. **b) Anwendbar** nur auf das nichtgewerbsmäß eingeräumte WdkR (BGH **110**, 183), weil gewerbsmäß eingeräumtes Rück- od WdkR als PfandleihGewerbe gilt (§§ 34, 38 GewO) u üb Art 94 EGBGB hierfür LandesR anzuwenden ist. **c) Begriff.** Das WdkR ist die Vereinbg in einem KaufVertr, dch die der Käufer aufschiebd bedingt verpfl wird, den KaufGgstd aGrd einer Erkl des Verk an diesen gg Zahlg des WdkPr zurückzuübereignen. Das Risiko des BesVerlusts trägt der Verk (Karlsr MDR **98**, 93). **d) Rechtsnatur.** Es wird ein aufschiebd bedingter (§ 158 I) KaufVertr geschl (BGH **29**, 107). Das bedingte R entsteht bereits mit Abschl der WdkVereinbg (BGH **38**, 369) u ist übertragb (Rn 11). Dem steht nicht entgg, dass nach aA eine Erkl des WdKäufers die Ausübg eines GestaltgsRs darstellt (BGH NJW **00**, 1332; Mayer-Maly FS f Wieacker S 424/433). Der Eintritt der Bedingg (Ausübg des WdkR) steht grdsl im Belieben des Verk (PotestativBedingg, Einf 10 vor § 158), kann aber v and Bedinggen abhäng gemacht werden (Rn 9 aE). 1 2 3 4

2) Abgrenzung. a) Wiederverkaufsrecht. Es steht dem Käufer das R zu, für den gekauften Ggstd den Verk zum Rückkauf zu verpfl (BGH NJW **84**, 2568). Das ist prakt bedeuts bei Beendigg eines EigenhändlerVertr od RücknGarantie des Vermittlers od Lieferanten eines LeasGgstds sowie bei BauBetreugsVertr (BGH NJW **94**, 1653). Eine schuldh ErfVerweigerg führt zum SchadErsAnspr (BGH aaO). Die entspr Anwendg der §§ 456 ff ist grdsl zu bejahen (BGH **110**, 183 mwN); für § 498 II S 2 aF verneint v BGH aaO u NJW **72**, 1191; für II S 1 verneint v BGH NJW **99**, 941 (krit Anm v Vollkommer/Heinemann JZ **00**, 50). Es kann vereinb werden, dass für den WiederVerk ein weiterer Vertr abzuschließen ist (BGH aaO); dann ist I nicht anwendb (BGH aaO) u es liegt ein Rückkauf vor (Rn 7). **b) Optionsvertrag** (Vorbem 17 vor § 463). Es liegt kein bedingter Kauf vor; ein Kauf kommt erst dch Ausübg der Option zustande. **c) Drittberechtigter.** WdkR zG eines Dr ist iR des § 311 I mögl. Es gelten außer §§ 328 ff die §§ 456 ff entspr. **d) Rückkauf.** In diesem Fall ist keine WdkAbrede getroffen (vgl Rn 9), sond ein Vertr geschl, dch den sich der Verk verpfl, eine verkaufte Sache unter best Vorauss zurückzuerwerben (BGH NJW-RR **91**, 526 u NJW **99**, 941). 5 6 7

3) Voraussetzungen desWdkR (I). **a) Kaufvertrag** (§ 433) üb einen best Ggstd (§§ 433 I S 1, 453 I). **b) Wiederkaufabrede** (Vorbeh des WdkR). Sie muss nicht notw bei Abschl des KaufVertr vereinb werden; auch nachträgl mögl (RG **126**, 311; BGH **LM** § 497 aF Nr 1). Das Wort WdkR muss nicht ausdrückl verwendet werden. Die Abrede kann insb in demVorbehalt des Rückkaufs (Rn 9) gesehen werden (BGH NJW-RR **91**, 526). Die für den KaufVertr vorgeschr Form muss erf sein, insb § 311 b I (allgM; BGH NJW **73**, 37 mwN). Auch weitere Bedinggen als die Ausübg sind zuläss, zB dass der Käufer das Grdst an einen Dr veräußert (BGH NJW **94**, 3299). Das gilt grdsl nicht für die Veräußerg v Anteilen, kann aber bei einer ErbenGemsch auch dch Veräußerg v Erbanteilen geschehen, wenn der WdKaufGgstd den wesentl Nachlass bildet. **c) Ausübung** dch einseit empfbed unwiderrufl WillErkl, die der Verk dem Käufer ggü abgibt u die den WdKauf zustandebringt, wenn die Fr eingehalten ist (§ 462). Sie bedarf nicht der Form des KaufVertr (I S 2; hM; BGH NJW **99**, 941; aA Wufka DNotZ **90**, 339 [353] wg § 313 aF), auch nicht der Form einer VerpflErkl v Gemeinden (BGH **29**, 107). Der WdkPr muss weder angegeben noch angeboten werden (BGH **LM** § 497 aF Nr 2). Die Ausübg ist bedinggsfeindl (allgM); eine RBedingg (Einf 5 vor § 158) ist aber zul (RG **97**, 269 [273]: EventualErkl für den Fall einer vorrang erkl unwirks Anf des WdkVertr). Die Ausübg kann uU auf einen Teil des KaufGgstds beschr werden (BGH WM **78**, 192). Stets ist die Ausübg v dem ÜbereigngsAnspr (Rn 11) zu untersch (BayObLG NJW-RR **86**, 1209). Sie bringt einen RückauflassgsAnspr zustde, der dch Vormkg gesichert werden kann (BGH NJW **94**, 3299). 9 10

11 **4) Wirkung. a) Vor Ausübung** besteht ein schuldrechtl bedingter Anspr auf Übereigng. Er kann bereits dch Vormkg gesichert werden (RG **125**, 247; BayObLG **61**, 63), ist übertragb (BGH NJW-RR **91**, 526), daher pfändb u verpfändb. Die Abtretg kann in den Vereinbgen ausgeschl werden (§ 399). Es können
12 NebenPfl bestehen, zB Aufklärg (BGH NJW **01**, 284). **b) Nach Ausübung.** Die Pfl des Käufers u WdVerk sowie des Verk u WdKäufers werden schuldrechtl wirks (hM; BGH NJW **00**, 1332 mwN). Bedarf die Ausübg behördl Gen, so wird auch ein wg fehlder Gen unwirks begrdetes WdkR nunmehr wirks (BGH NJW **51**, 517). Endet das WiederKVerh, insb dch Rücktr, lebt der KaufVertr wieder auf (BGH NJW **00**, 1332).

13 **5) Wiederkaufpreis** (II). Er ist wie der Kaufpr frei vereinb. Es kann auch der SchätzPr vereinb werden (vgl § 460). Ist eine Vereinbg unterblieben od ist sie unklar, gilt die AusleggsRegel des II. Das gilt auch für den Rückkauf (Rn 8; BGH NJW **00**, 1181). Ist ein and Pr bezahlt worden als vereinb, so liegt darin eine PrÄndg, sodass WdkPr der bezahlte Kaufpr ist. Grdlegde GeldwertVeränd sind zu berücks (allgM).

457 *Haftung des Wiederverkäufers.* **I Der Wiederverkäufer ist verpflichtet, dem Wiederkäufer den gekauften Gegenstand nebst Zubehör herauszugeben.**

II Hat der Wiederverkäufer vor der Ausübung des Wiederkaufsrechts eine Verschlechterung, den Untergang oder eine aus einem anderen Grund eingetretene Unmöglichkeit der Herausgabe des gekauften Gegenstandes verschuldet oder den Gegenstand wesentlich verändert, so ist er für den daraus entstehenden Schaden verantwortlich. Ist der Gegenstand ohne Verschulden des Wiederverkäufers verschlechtert oder ist er nur unwesentlich verändert, so kann der Wiederkäufer Minderung des Kaufpreises nicht verlangen.

1 **1) Allgemeines.** Die Vorschr entspr im Wortlaut dem § 498 aF. Darauf bezieht sich die zitierte Rspr. Sie enthält eine abschließde SoRegelg für den ZtRaum von der WdkAbrede (§ 456 Rn 9) bis zum Abschl der Ausübg (§ 456 Rn 10), womit der HerausgAnspr (I) entsteht.

2 **2) Herausgabepflicht** (I). Sie ist als eine der dch den Wdk ausgelösten Pfl zu verstehen. Die Pfl zur (Rück)Übereigng (vgl § 433 I S 1) besteht im Umfang der HerausgPfl (allgM). Sie umfasst das Zubehör (§§ 97, 98), auch wenn es erst nach der WdkAbrede (§ 456 Rn 9) angeschafft wurde. Es kommt dann auf die ZubehörEigensch zZ der Ausübg des WdkR an (hM). KaufGgstd u Zubeh sind im Zustd des HerausgZtpkts herauszugeben, Zug-um-Zug gg Zahlg des WdkPr. Nicht herauszugeben od zu ersetzen sind die gezogenen Nutzgen (allgM). Dementspr ist der Kaufpr nicht zu verzinsen.

3 **3) Schadensersatzanspruch** (II). Er ist für den ZtRaum zw WdkAbrede u Ausübg abschließd geregelt (RG **126**, 313). **a) Anwendbar:** nur auf das WdkR (§ 456 Rn 5), nicht für WiederverkR (§ 456 Rn 4,
4 BGH **110**, 183 u NJW **99**, 941); ebsowen für den Rückkauf (§ 456 Rn 8). **b) Voraussetzungen.** Eintritt einer Verschlechterg od Unterg (wie § 346 II S 1 Nr 3), Unmöglk (§ 275, zB wg Vermietg). Wesentl Veränderg: entspr einer Umgestaltg (§ 346 II S 1 Nr 2). Versch: §§ 276, 278 ist nur bei Verschlechterg,
5 Unterg u Unmöglk erforderl, nicht bei Veränderg. **c) Rechtsfolgen. aa) Vor Ausübung** des WdkR: Liegen die Vorauss vor (Rn 4), besteht SchadErsPfl nach allg Vorschr (§§ 249 ff). Verschlechterg ist an einem ordnggem Gebr zu messen. Bei zufäll Unterg gelten die §§ 283, 285. Bei zufäll Verschlechterg besteht keine ErsPfl; der Verk kann den Wdk unterl, uU die Ausübg als WillErkl gem § 119 II anfechten. Veränderg dch den WdVerk: Haftg nur bei wesentl Veränderg. In allen Fällen, in denen keine SchadErsPfl besteht, ist nicht nur Minderg des Kaufpr (II S 2), sond jede Haftg ausgeschl. Da Re des WdKäufers während der Schwebelage gg Vereitelg dch den WdVerk geschützt werden sollen, ist § 442 auch dann unanwendb, wenn der WdKäufer
6 Mängel bei Ausübg des WdkR kennt. **bb) Nach Ausübung** des WdkR haftet der WdVerk für danach eintretde Beschädigg, Unterg u Unmöglk der Herausg (insb wg Weiterveräußerg), wie bei jedem Kauf, ohne die Beschränkgen des II. Auch für Mängel, die vor Überg der Sache dch den WdKäufer an den WdVerk vorhanden waren, haftet letzterer nicht.

458 *Beseitigung von Rechten Dritter.* **Hat der Wiederverkäufer vor der Ausübung des Wiederkaufsrechts über den gekauften Gegenstand verfügt, so ist er verpflichtet, die dadurch begründeten Rechte Dritter zu beseitigen. Einer Verfügung des Wiederverkäufers steht eine Verfügung gleich, die im Wege der Zwangsvollstreckung oder der Arrestvollziehung oder durch den Insolvenzverwalter erfolgt.**

1 **Allgemeines.** Die Vorschr entspr wörtl dem § 499 aF. **Zweck.** Das WdkR wirkt nur schuldrechtl, nicht dingl. Wg der Bedingg besteht ein SchwebeZustd (§ 456 Rn 4), der den Käufer nicht hindert, üb den
2 KaufGgstd wirks zu verfügen. **Anwendbar** ist § 458 für alle Verfüggen (insb Belastgen) mit Ausn der Veräußerg; diese fällt unter § 457 II. Gleichgestellt sind alle zwangsw Verfüggen gem S 2, zB Pfändg, Arrest,
3 öff Versteigerg, ZwVersteigerg. **Rechtsfolgen.** Der WdKäufer hat gg den WdVerk ab Ausübg des WdkR den endgült Anspr auf Beseitigg v Ren Dr (wie § 435 Rn 18). Ist dies unmögl (§ 275 I), so bestehen bei Versch
4 (idR gegeben) die Anspr aus § 283. Nach Ausübg des WdkR gelten die §§ 320 ff, 433 ff direkt. **Ansprüche gegen Dritte** bestehen nur, wenn der bedingte Anspr (§ 456 Rn 4) dch Vormerkg gesichert ist. Dann kann der WdKäufer nach §§ 883 III, 888 vorgehen.

459 *Ersatz von Verwendungen.* **Der Wiederverkäufer kann für Verwendungen, die er auf den gekauften Gegenstand vor dem Wiederkauf gemacht hat, insoweit Ersatz verlangen, als der Wert des Gegenstandes durch die Verwendungen erhöht ist. Eine Einrichtung, mit der er die herauszugebende Sache versehen hat, kann er wegnehmen.**

Allgemeines. Die Vorschr entspr wörtl dem § 500 aF. **Zweck:** § 459 regelt die Risikogrenze des WdVerk für den Fall v Verwendgen. **Verwendungen** (S 1, Vorbem 5 vor § 994) können in der notw Erhaltg, einer wertsteigernden Verbesserg, der Beschaffg von Zubeh od von Einrichtgen bestehen. Verwendgen, die zur Erhaltg notw sind, müssen vom WdVerk geleistet werden u sind nicht zu ersetzen. Andere Verwendgen vor WdkAusübg sind zu ersetzen, soweit dadurch WertErhöhg eintritt. WertBerechng geschieht dch Vergl des obj Werts bei WdkRAbrede mit dem obj Wert bei Herausg (§ 457 I) an den WdKäufer. Gilt nicht bei § 460. 1
Einrichtungen (§ 258) können bei WertSteigerg VergütgsAnspr begrden. Statt dessen kann der WdVerk an Stelle des VergütgsAnspr die Einrichtg zurückbehalten. Auch eine Einrichtg, die nach WdkAusübg angebracht wurde, kann er wegnehmen. 2

460 *Wiederkauf zum Schätzungswert.* **Ist als Wiederkaufpreis der Schätzungswert vereinbart, den der gekaufte Gegenstand zur Zeit des Wiederkaufs hat, so ist der Wiederverkäufer für eine Verschlechterung, den Untergang oder die aus einem anderen Grund eingetretene Unmöglichkeit der Herausgabe des Gegenstandes nicht verantwortlich, der Wiederkäufer zum Ersatz von Verwendungen nicht verpflichtet.**

Allgemeines. Die Vorschr entspr im Wortlaut dem § 501 aF. **Wirkung:** Die ggseit Re aus §§ 457, 459 werden beschr. Es bleibt nur die Haftg für wesentl Veränderg aus § 457 (dort Rn 5) u das WegnR (§ 459 S 2) bestehen. 1
Unanwendbarkeit des § 460 wird bei Argl des WdVerk bejaht (hM). 2

461 *Mehrere Wiederkaufsberechtigte.* **Steht das Wiederkaufsrecht mehreren gemeinschaftlich zu, so kann es nur im Ganzen ausgeübt werden. Ist es für einen der Berechtigten erloschen oder übt einer von ihnen sein Recht nicht aus, so sind die übrigen berechtigt, das Wiederkaufsrecht im Ganzen auszuüben.**

Allgemeines. Die Vorschr entspr im Wortlaut dem § 502 aF. Hierauf bezieht sich die zitierte Rspr. **Zweck:** Schutz des Käufers vor zwangsweisem Eintritt in eine bestehde Gemsch v WdkBerecht. **Anwendbarkeit** auf eine Mehrh v WdVerkVerpflichteten ist umstr (vgl MK/Westermann § 502 Rn 3 mwN). 1
Gemeinschaft (S 1) am WdkR liegt stets vor, wenn mehrere Berecht vorhanden sind. Gilt für alle Arten gemeins Berechtigg, zB § 741 (BayObLG NJW-RR **86**, 1209) auch bei einer GesHandGemsch (hM; vgl BayObLG NJW-RR **93**, 472 mwN). Die Mehrh v Berecht muss nicht schon bei WdkAbrede vorhanden gewesen sein. Die Ausübg (§ 456 Rn 10) muss bei einer GesHandGemsch gemeinschaftl sein. 2
Übergang (S 2) findet statt, wenn einer von mehreren WdKäufern das Recht verliert (§ 462) od zu erkennen gibt, dass er es nicht ausüben werde. Dann können die übr Berecht (gemeins; S 1) die Erkl nach § 456 abgeben; sie müssen den ganzen Ggstd des WdkR übern. Re u Pfl aus Wdk erwachsen nur zw den ausübden WdKäufern u dem WdVerk. 3

462 *Ausschlussfrist.* **Das Wiederkaufsrecht kann bei Grundstücken nur bis zum Ablauf von 30, bei anderen Gegenständen nur bis zum Ablauf von drei Jahren nach der Vereinbarung des Vorbehalts ausgeübt werden. Ist für die Ausübung eine Frist bestimmt, so tritt diese an die Stelle der gesetzlichen Frist.**

Allgemeines. Die Vorsch entspr im Wortlaut dem § 503 aF. Hierauf bezieht sich die zitierte Rspr. **Wesen:** AusschlussFr (BGH **47**, 387), daher sind VerjVorschr über Hemmg auch nicht entspr anwendb. 1
Anwendungsbereich: nur WdkR; grdsl nicht bei AnkaufsR (vgl 14 vor § 463), KaufVorVertr (BGH aaO) u AnkaufsPfl (Düss NJW-RR **97**, 1174). 2
Berechnung der Fr: §§ 187 ff. Sie gilt nur für die Ausübg des WdkRs (§ 456 Rn 10), nicht für den ErfAnspr aus § 457 I. 3
Abweichende Vereinbarungen sind zul (S 2), insb eine and Fr u Ablauf der Fr dch Eintritt eines best Ereign, auch Beginn dch ein best künft Ereign (Hbg MDR **82**, 668), zB Tod einer natürl od Bestand einer jur Pers (Schlesw NJW-RR **99**, 283), jedoch ist ein unbefristetes WdkR unzuläss (Düss Rpfleger **86**, 255). Daher muss bei einer aufschiebden Bedingg ein fester Endtermin gegeben sein. Ändergen der Fr sind auch nachträgl mögl, unterliegen nur ausnw nicht der Form des § 311 b I (vgl BGH NJW **73**, 37 für § 313 aF). 4

Kapitel 3. Vorkauf

Vorbemerkungen

1) Allgemeines. Das SMG hat die §§ 504–514 aF inhaltl unveränd gelassen, aber neu nummeriert (§§ 463–473). Die zitierte Rspr ist zur aF ergangen. **a) Begriff.** Das VorkR ist die Befugn, einen Ggstd dch einen Kauf zu erwerben, wenn der VorkVerpfl diesen Ggstd an einen Dr verkauft. Mit der Ausübg des VorkR kommt dann der KaufVertr zw VorkBer u VorkVerpfl (Verk) mit dem gleichen Inhalt zustde wie der zw dem VorkVerpfl u dem Dr. Das schuldrechtl VorkR der §§ 463 ff ist ein GestaltgsR (hM). Verh zum dingl VorkR: Rn 5. 1
b) Anwendungsbereich umfasst alles, was Ggstd eines Kaufs sein kann (§ 433). Die §§ 463–474 gelten auch für die gesetzl VorkRe, sind grdsl entspr anwendb auf Vorpacht- u VormietVertr (Einf 4 vor § 535). 2
c) Abdingbarkeit ist zu bejahen, insb kann der Kaufpr limitiert od die Ausübg in der Weise erleichtert werden, dass sie bereits vor Abschl des Kaufs vorgen werden kann. 3
d) Gesetzliche Vorkaufsrechte: Während das VorkR der §§ 463 ff dch Vertr begrdet wird (§ 463 Rn 1) gibt es gesetzl VorkRe: für Miterben (§ 2034), für Mieter (§ 577), für Gemeinden (§§ 24–29 BauGB, § 3 BauGB-MaßnahmenG), für Nutzer im Beitrittsgebiet (§ 57 SchuldRAnpG), für ArbNErfinder (§ 27 ArbEG); ferner nach LandesR. Für diese gesetzl VorkRe gelten die §§ 463 ff grdsl (Rn 2). 4

5 **2) Unterschied zum dinglichen Vorkaufsrecht** (§§ 1094 ff). Die §§ 463 ff gelten für das dingl VorkR ergänzd (§ 1098), die §§ 1094 ff aber nicht für das schuldrechtl VorkR. Währd das dingl VorkR eine unmittelb Belastg des Grdst mit Wirkg gg jeden Dr darstellt, kann das schuldrechtl VorkR bei Grdst nur dch
6 eine Vormkg dingl gesichert werden (Rn 6). **a) Schuldrechtliches Vorkaufsrecht: aa)** Dingl Sicherg nur dch Vormkg mögl (BayObLG NJW **78**, 700). **bb)** Nur derjen wird verpfl, der das VorkR bestellt hat (VorkVerpfl). Es gilt nur für einen VorkFall. **cc)** Es kann auf einen best Kaufpr begrenzt werden. **dd)** Ausschl
7 des VorkR bei Verkauf in der ZwVollstr u dch den InsVerw (§ 471). **b) Dingliches Vorkaufsrecht: aa)** Dingl Sicherg dch unmittelb Belastg des Grdst u Eintr ins GB. **bb)** Verpflichtg für den jeweil Eigt. Bestellt werden kann für mehrere u alle VerkFälle (§ 1097). **cc)** Kann nicht für einen best Kaufpr bestellt werden (§ 1098 Rn 2). **dd)** Gilt auch bei ZwVerst u Verkauf dch den InsVerw (§ 1098 I 2; § 1097 Rn 1).

8 **3) Rechtsverhältnis zum Käufer** (DrKäufer). Die §§ 463 ff regeln nur das Verh zw VorkBer u VorkVerpfl, nicht ihr RVerh zum DrKäufer. **a) Verkäufer** (VorkVerpfl). Sein KaufVertr mit dem DrKäufer wird dch die Ausübg des VorkR grdsl nicht berührt; der KaufVertr u die VertrPfl bleiben bestehen (allgM; BGH NJW **00**, 1033 mwN). Gegen den Verk bestehen bei Ausübg des VorkR zwei ErfAnspr (die des DrKäufers u des VorkBer). Je nachdem, wem ggü der Verk erf, ist er dem and aus §§ 275 III, 283 zum SchadErs verpfl. Er muss selbst Vorsorge treffen, indem er den Verkauf an den Dr davon abhäng macht (Bedingg, § 158), dass das VorkR nicht ausgeübt wird od ihm der Rücktr vorbehalten bleibt (vgl § 465). Eine Vereinbg, wonach dem VorkBer Gelegenh zur Ausübg des VorkR zu gewähren sei, ist nicht als Bedingg od RücktrVorbeh auszulegen, sond als Vertr zGDr, dch den der DrKäufer zur Weiterveräußerg an den VorkBer verpfl sein kann (RG **163**,
9 155). **b) Vorkaufsberechtigter.** Es entstehen auch bei Ausübg grdsl keine RBeziehgen zum DrKäufer (RG **121**, 138), insb besteht kein ErstattgsAnspr des Dr für VertrKosten. Ausn: bei Vertr zGDr (Rn 8) u bei Vormkg (§§ 883, 888).

10 **4) Abgrenzung.** Es gibt mehrere Möglkeiten, einen Vertr so zu gestalten (§ 311 I), dass er in der Wirkg
11 demVorkR u WdkR ähnl ist. Die Terminologie ist uneinheitl. Die wicht Formen sind: **a) Vorvertrag.** Begr: Einf 19 vor § 145. Bei einem VorVertr für einen Kauf muss mind der KaufGgstd best od bestimmb sein
12 (§ 433 I S 1). **b) Vorhand.** Begr: Einf 24 vor § 145. In Bezug auf den KaufVertr ist zur Abgrenzg ggü dem AnkaufsR (Rn 14) ledigl die Pfl des Verk zu verstehen, dem VorhandBerecht die Angebote and VertrInteressenten mitzuteilen u ihm die Entscheidg vor den and zu überlassen, den Kauf abzuschließen. IZw ist mit Vorhand ledigl diese Verpfl gemeint. Sie kann sich auch auf künft Sachen od Re beziehen (RG **79**, 156).
13 Schuldh Verletzg der Pfl aus der Vorhand kann SchadErsAnspr begrden (§ 281). **c) Eintrittsrecht** ist das R eines Dr, in einen bestehden KaufVertr mit dem gleichen od veränderten Inhalt unter best Vorauss als Käufer einzutreten. Führt zu einer SonderRNachf mit den RFolgen einer FdgsAbtretg (§§ 398 ff) u einer Schuld-
14 Übern (§§ 414 ff). **d) Ankaufsrecht** (vgl Einf 23 zu § 145). Ein gesetzl AnkaufsR ist in den §§ 61–74 SachenRBerG geregelt. Ein AnkaufsR kann vertragl auf verschiedene Weise begrdet werden u ist im Einzelfall dch Auslegg zu ermitteln. Der Anspr aus dem AnkaufsR ist übertragb (§ 398); er unterliegt grdsl der dreijähr Verj des § 195 u kann dch Vormkg als künft Anspr auf EigtÜbertragg (§ 883 I 2) gesichert werden (§ 883 Rn 16). Der Inhalt, insb der KaufGgstd muss hinreichd best sein (vgl Düss NJW-RR **95**, 718). Es ist zu
15 untersch: **aa) Bindendes Verkaufsangebot** (§ 145), das innerh einer best Fr angen werden kann, so dass es allein vom AnkaufsBer abhängt, den KaufVertr zustdezubringen. Das AnkaufsR entsteht in diesem Fall ohne Vertr, allein dch das bindde Angebot, das aber so best sein muss (dh den notw VertrInhalt umfasst), dass einf Ann genügt (§ 145 Rn 1). Das AnkaufsR ist in diesem Fall ein GestaltgsR (§ 145 Rn 5). Sobald das Angebot abgegeben ist, kann der künft Anspr aus dem erst inf Ann entstehden KaufVertr dch Vormkg (§ 883) gesichert
16 werden. **bb) Aufschiebend bedingter Kaufvertrag** od KaufVorVertr (Rn 11). Die Bedingg kann in den freien Willen beider VertrPart gestellt werden (BGH NJW **67**, 153). Die erforderl WillErkl muss dem
17 VertrPart, nicht einem GrdstErwerber zugehen (§ 130). **cc) Optionsvertrag** (23 vor § 145). Dadch wird dem Berecht das Recht eingeräumt, dch WillErkl (§ 130) einen KaufVertr mit festgelegtem Inhalt zustdezubringen. Der OptionsVertr ist nicht mit dem KaufVertr od VorVertr ident (and als bei Rn 15 u 16). Beim OptionsVertr kommt der KaufVertr erst dch die Ausübg der Option zustande.

463 *Voraussetzungen der Ausübung.* **Wer in Ansehung eines Gegenstandes zum Vorkauf berechtigt ist, kann das Vorkaufsrecht ausüben, sobald der Verpflichtete mit einem Dritten einen Kaufvertrag über den Gegenstand geschlossen hat.**

1 **1) Allgemeines.** Die Vorschrrift entspricht im Wortlaut dem § 504 aF. Die zitierte Rspr bezieht sich darauf. **a) Entstehung** des VorkR beruht auf G (Vorbem 4) od auf Vertr (VorkVereinbg) zw VorkVerpfl
2 u VorkBerecht (üb deren RVerh zum DrKäufer vgl Vorbem 8). **b) Form.** Die vertragl Begründg setzt einen formgült VorkVertr voraus: zB not Beurk bei Grdst (§ 311 b) u bei GmbH-Anteileln (§ 15 IV GmbHG). Auch ein Vorvertr (Vorbem 11) über die Verpfl zur Bestellg eines VorkR bedarf der Form des KaufVertr (RG
3 **107**, 39). **c) Inhalt.** Für den Fall, dass das VorkR ausgeübt wird, kann ein and Inhalt für den dch Ausübg des VorkR entstehden Vertr vereinb werden (BGH Rpfleger **71**, 13). Das VorkR kann auch für einen Dr begrdet
4 werden (§ 328). Das VorkR ist iZw nicht übtragb u unvererbl (§ 473). **d) Verjährung** des VorkR ist ausgeschl, weil es kein Anspr ist (§ 194). **e) Beweislast** für die Vorauss (Rn 5–7) trägt der VorkBerecht (BGH NJW **90**, 1473).

5 **2) Vorkaufsfall.** Er hat folgde Vorauss: **a) Kaufvertrag** zw VorkVerpfl u DrKäufer. Er kann bedingt sein (§ 465 Rn 1; BGH NJW **98**, 2352). Das VorkR kann sich nur auf solche KaufVertr beziehen, die nach seinem Entstehen geschl werden, auf frühere auch dann nicht, wenn sie erst nach der Begrdg des VorkR behördl genehmigt (BGH **LM** § 1098 Nr 4) od dch einen neuen Vertr ledigl abgeänd werden (BGH WM **70**, 283). Das gilt auch dann, wenn es sich um gesetzl VorkRe handelt (BGH **32**, 383). Da ein KaufVertr vorliegen muss, gilt das VorkR grdsl nicht bei Einbringg in eine Gesellsch, bei Schenkg (BGH WM **57**, 1164), Tausch (BGH NJW **64**, 540; RG **88**, 361) od Ringtausch (BGH NJW **68**, 104); hingg wirkt das VorkR bei

UmgehgsGesch, die einem Kauf gleichkommen (BGH **115**, 335), auch bei kaufähnl RGesch (BGH NJW **98**, 2137). **b) Wirksamkeit** des KaufVertr (Rn 5). Er muss rechtsgült sein (BGH WM **60**, 552). Es dürfen keine 6
NichtigkGrde vorliegen (zB §§ 125, 134, 138). Eine Anfechtg muss trotz § 142, jedenf nach Ausübg des VorkR, diesem nicht entggstehen (vgl BGH NJW **87**, 890). Eine erforderl behördl Gen muss vorliegen (hM; BGH **14**, 1 u **23**, 324); jedoch kann das VorkR mitWirkg auf den GenZtPkt ausgeübt werden (BGH NJW **98**, 2352). Dch nachträgl Aufhebg des wirks DrKaufs wird jedoch der VorkFall nicht beseit (RG **118**, 8), insb auch nicht dch Rücktr des Käufers vor Ausübg des VorkR (BGH NJW **77**, 762). Ein vertragl RücktrR des DrKäufers steht nicht entgg (BGH **67**, 398); ebsowen ein RücktrVorbeh des VorkVerpfl (Jau/Vollkommer § 504 Rn 18). **c) Dritter** muss der Käufer des KaufVertr (Rn 5) sein. Daher ist kein VorkFall gegeben bei 7
ErbTKauf u MiterbenAuseinandersetzg (BGH WM **70**, 321), bei Veräußerg an einen MitEigt bei TeilgsVersteigerg (BGH **13**, 133); vgl aber § 473. In der VertrGestaltg ist der Verk mit dem Dr frei, darf aber keine Bestimmg vereinb, die auf Vereitelg desVorkR abzielt, andfalls ist dies ggü dem VorkBerecht unwirks (BGH WM **70**, 321; vgl § 162 I). Abänderg des KaufVertr ist mit Wirkg gg den VorkBerecht nur zul, solange das VorkR noch nicht ausgeübt ist (§ 464 II).

3) Ausschluss der Ausübungsbefugnis tritt ein dch: **a) Erlassvertrag** (§ 397). **aa)** Vor Eintritt des 8
VorkFalls (Rn 5) dch Vertr zw VorkBerecht u VorkVerpfl; damit entfällt die AusübgsBefugn beim VorkFall, auch ohne Aufhebg gem § 875 (BGH **LM** § 504 aF Nr 1). Der Vertr ist auch dch schlüss Verhalten mögl (BGH **LM** § 504 aF Nr 7). **bb)** Nach Eintritt des VorkFalls (Rn 5) ebfalls dch Vertr zw VorkVerpfl u dem zum Käufer gewordenen VorkBerecht. **b) Nichtausübung** innerh der Fr des § 469 II. **c) Treuwidrigkeit** 9
(§ 242 Rn 85) des VorkBerecht ist gegeben, wenn er dem DrKäufer zusagt, von seinem R keinen Gebr zu machen (BGH **37**, 147). **d) Gesetzlicher Ausschluss** in den Fällen der §§ 466 S 2, 471, 472. **e) Verein-** 10
barter Ausschluss dch die VertrPart (Rn 5), indem sie das VorkR davon abhäng machen, welches Ergebn ein v VorkVerpfl in Gang gesetztes MittVerf hat (vgl BGH NJW **93**, 324). **f) Konfusion** (Vereinigg, Übbl 4 11
vor § 362, § 1922 Rn 6). Das VorkR erlischt insb, wenn der VorkBerecht den VorkVerpfl beerbt, auch iF des § 153 (BGH NJW **00**, 1033 = JZ **00**, 679 mit krit Anm v Gebauer/Haubold). Mit guten Grden aA v. Olshausen NJW **00**, 2872.

4) Teilverkauf. Der VorkFall (Rn 5–7) besteht auch bei einem TeilVerk hinsichtl dieses Teils. Wird das VorkR nicht ausgeübt, besteht es für den Rest des Ggstds weiter.

464 *Ausübung des Vorkaufsrechts.*

I Die Ausübung des Vorkaufsrechts erfolgt durch Erklärung gegenüber dem Verpflichteten. Die Erklärung bedarf nicht der für den Kaufvertrag bestimmten Form.

II Mit der Ausübung des Vorkaufsrechts kommt der Kauf zwischen dem Berechtigten und dem Verpflichteten unter den Bestimmungen zustande, welche der Verpflichtete mit dem Dritten vereinbart hat.

1) Allgemeines. Die Vorschr entspr wörtl dem § 505 aF. Darauf bezieht sich die zitierte Rspr. **a) Aus-** 1
übung (I) erfolgt dch einseit empfbed WillErkl ggü dem Verpfl od dch Vertr mit ihm (§ 311 I). Die Erkl ist ihrem Inhalt nach nicht nur Ausübg eines vertragl od gesetzl Rs, sond begrdet auch Pfl des Erklärden (VorkBerecht). Sie bedarf daher, soweit die VerpflErkl genbedüft ist (zB nach GemO), der Gen (BGH **32**, 375). Die Erkl des VorkBerecht unterscheidet sich daher insow von der Erkl des WdKäufers; hierzu § 456 Rn 10. AusübgsFr: § 469 II. Die AusübgsErkl ist bedinggsfeindl;daher muss auch eine genbedüft AusübgsErkl innerh der AusschlFr des § 456 gen werden (BGH **32**, 375). Die AusübgsErkl ist ggü dem Verpfl auch dann abzugeben, wenn der DrKäufer nach § 469 I den VorkFall mitteilt. **b) Form.** Die Erkl ist formfrei I S 2 (hM 2
Ffm NJW-RR **99**, 16; Sarringhausen NJW **98**, 37 mwN), weil schon für die Begründg des rechtgeschäftl VorkR die Form gewahrt sein muss. Abs I S 2 wird auch auf gesetzl VorkRe angewendet (BGH NJW **00**, 2665 für § 570 b aF; dort Rn 6). **c) Unwirksam** ist die AusübgsErkl, wenn sie gg Treu u Glauben verstößt; 3
zB wenn der VorkBerecht offenb nicht in der Lage ist, seine Verpflichtg aus dem KaufVertr zu erfüllen, od deren Erf ablehnt (BGH NJW **62**, 1908); wenn er die Zahlg des Kaufpr von vorheriger gerichtl Prüfg abhäng macht, ob eine KaufprVereinbg die Ausübg des VorkR erschweren od vereiteln sollte (§ 465; BGH **LM** § 505 aF Nr 6). Unwirks ist die Ausübg auch, wenn der VorkBerecht schuldrechtl verpfl ist, das VorkR nicht auszuüben (§ 463 Rn 10, BGH **37**, 147 zum dingl VorkR).

2) Wirkung (II). **a) Zweck.** Der VorkBerecht soll sich nicht schlechtere Bedinggen gefallen lassen müssen 4
als der DrKäufer. Ebso soll der VorkVerpfl nicht schlechter gestellt werden. Abs II ist keine SchutzVorschr für den DrKäufer. **b) Vertrag.** Dch die Ausübg wird ein neuer selbstd KaufVertr zw den Part des Vorkaufs 5
begrdet. Der Ausübde tritt also nicht in den DrKauf ein (allgM; zB BGH **98**, 188); hat jedoch alle Leistgen zu erbringen, die der Erstkäufer nach dem KaufVertr als KäuferPfl, die im GgseitkVerh steht (vgl BGH NJW **95**, 3183), zu erf hätte, sow sich nicht aus dem G (§§ 466–468) od aus dem KaufVertr etwas anderes ergibt. Er hat auch einen VorfälligkZ zu zahlen, wenn er das VorkR ausgeübt hat (Rn 6; BGH NJW **95**, 1827). Eine Vereinbg zw Verk u Erstkäufer, dass dieser einen Teil der KaufprFdg dch Aufrechng tilgt, berührt das AusübgsR nicht. Die Ausübg des VorkR schafft keine vertr Beziehgen zw VorkBer u DrKäufer. **c) Vertrags-** 6
inhalt. Der Verk hat alle Leistgen zu erbringen, die der DrKäufer aus dem KaufVertr zu erf gehabt hätte (BGH stRspr **77**, 359; zur MaklerKl vgl Rn 7). Davon ausgen sind nur solche Vereinbgen, die mit dem Wesen des Kaufs nichts zu tun haben (BGH aaO), insb nur den Vorkauf vereiteln sollen (Stgt ZMR **98**, 771). Eine entggstehdende Erkl des Vorkäufers dahin, dass er zwar sein VorkR ausübe, jedoch bestimmte, hiermit verbundene Pfl ablehne, ist regelm bedeutgsl, wenn der VorkVerpfl auf die RWirksamk der AusübgsErkl vertraut (BGH **LM** § 505 aF Nr 5 zur Vormiete). Falls bei Vereinbg des VorkR bes Bedinggen für den Vertr zw Vorkäufer u VorkVerpfl festgelegt waren (zB fester VorkPreis, WdkR), so gelten zunächst diese, iü der VertrInh des DrKaufs. SonderVereinbgen sind zuläss, da § 464 die VertrFreih nicht einschr (RG **104**, 123), u zwar bis zur Ausübg des VorkR (RG **118**, 5; BGH NJW **69**, 1959). Ein zG Dr (§ 328) eingeräumtes

NutzgsR kann auch gg den wirken, der die Sache vom Vorkäufer erwirbt (vgl BGH NJW-RR **87**, 396).
7 **d) Pflichten.** Der Verkäufer u VorkVerpfl ist dem Vorkäufer auch gem § 433 I S 2, §§ 434, 435 verpfl (Köln NJW-RR **95**, 1167 zu §§ 459 ff aF). Er ist aber nicht gehalten, dem VorkBerecht die Ausübg des VorkR zu ermögl, insb hat der Vorkäufer keinen Anspr auf einen and VertrInh u längere Fr wg Schwierigk bei Beschaffg des Kaufpr (BGH WM **73**, 1403). Bestimmgen des ErstVertr, die wesensgem nicht zum KaufVertr gehören, verpfl jedoch den Vorkäufer nicht (BGH **77**, 359). Dazu gehört nicht die MaklerKl (BGH NJW **96**, 654 mwN; vgl § 652 Rn 28, 40). Die Vereinbg zw VorkVerpfl u DrKäufer, die Kosten des Vertr zw ihnen seien
8 v DrKäufer zu tragen, geht letztl zL des Vorkäufers (BGH **LM** § 505 aF Nr 2). **e) Verhältnis Verkäufer zu Drittkäufer.** Auf deren VertrVerh ist die Ausübg des VorkR ohne Einfluss. Der VorkVerpfl sollte daher als Verk den KaufVertr mit dem DrKäufer so gestalten, dass ihm daraus keine Nachteile erwachsen (RücktrR, auflösde Bedingg od Ausschl v Erf- u SchadErsAnspr); vgl § 465 Rn 1 u 8 vor § 463.

465 *Unwirksame Vereinbarungen.* **Eine Vereinbarung des Verpflichteten mit dem Dritten, durch welche der Kauf von der Nichtausübung des Vorkaufsrechts abhängig gemacht oder dem Verpflichteten für den Fall der Ausübung des Vorkaufsrechts der Rücktritt vorbehalten wird, ist dem Vorkaufsberechtigten gegenüber unwirksam.**

1 **1) Allgemeines.** Die Vorschr entspr wörtl dem § 506 aF. Darauf beziehen sich die Belegstellen. § 465 enthält einen allg RGedanken (BGH **110**, 230). **a) Grundsatz.** Der VorkVerpfl ist trotz des VorkR in der Gestaltg des Vertr mit dem Dr frei. Auch ein RücktrR od eine auflösde Bedingg für den Fall der Ausübg des VorkR (od als RBedingg dessen Bestehen, BGH NJW **87**, 890) ist dem DrKäufer ggü gült. Eine solche Vereinbg ist für den VorkVerpfl sogar zweckm, um sich vor SchadErsAnspr des DrKäufers (8 vor § 463) zu
2 schützen. **b) Zweck:** Schutz des VorkBerecht vor UmgehgsGesch (vgl Rn 3–5). **c) Wirkung.** Die Vertr-Treue verlangt, dass der VorkVerpfl sich einer solchen Vereinbg nicht bedienen darf, um das VorkR zu vereiteln; desh ist die Vereinbg im Verhältn zum VorkBerecht unwirks. Der Verpflichtete kann weder den VorkFall verneinen noch enthält der neue selbstd KaufVertr zw den Part des Vork (§ 464 Rn 4) eine solche Bedingg od ein RücktrR. BGH NJW **87**, 890 lässt zu, dass der Verk das Fehlen der GeschGrdl (§ 313) beim KaufVertr auch dem Vorkäufer entgghalten kann (zust Burkert NJW **87**, 3157; dagg Tiedtke NJW **87**, 874). Nach BGH aaO fehlt die GeschGrdl,wenn Verk u DrKäufer irrtüml davon ausgehen, der Vertr unterliege nicht dem VorkR.

3 **2) Verhinderungsgeschäfte.** § 465 ist entspr anzuwenden mit der RFolge der Unwirksk in folgden Fällen: **a) Aufgehobener Drittkauf.** Enthält dieser Klauseln, die das VorkR vereiteln sollen, kann sich der
4 VorkVerpfl darauf nicht ggü dem VorkBerecht berufen (RG **118**, 8). **b) Umgehungsgeschäfte** (vgl Soe/Stürner 6–9 vor § 1094): Vereinbg des VorkVerpfl mit einem Dr, wodch ein and, bes ausgestaltetes RVerh anstatt eines KaufVertr begrdet wird, zB Bestellg eines Nießbr (BGH **34**, 200); wenn über § 139 der KaufVertr dadch unwirks sein soll, dass für den VorkBerecht ein vollmachtl Vertr einen ErlassVertr (§ 463 Rn 10)
5 schließt (BGH **110**, 230). BewL für die Umgehg trägt der VorkBerecht (BGH aaO). **c) Vereitelungsgeschäft.** Hierfür reichen Absicht od Bewußts nicht aus. Es müssen verwerfl Motive, Anwendg unlauterer Mittel od Zwecke hinzukommen (BGH NJW **62**, 1908, **64**, 540 u WM **70**, 321).

466 *Nebenleistungen.* **Hat sich der Dritte in dem Vertrag zu einer Nebenleistung verpflichtet, die der Vorkaufsberechtigte zu bewirken außerstande ist, so hat der Vorkaufsberechtigte statt der Nebenleistung ihren Wert zu entrichten. Lässt sich die Nebenleistung nicht in Geld schätzen, so ist die Ausübung des Vorkaufsrechts ausgeschlossen; die Vereinbarung der Nebenleistung kommt jedoch nicht in Betracht, wenn der Vertrag mit dem Dritten auch ohne sie geschlossen sein würde.**

1 **Allgemeines.** Die Vorschr entspr wörtl dem § 507 aF. Darauf beziehen sich die Belegstellen. **Grundsatz.** Der Vorkäufer muss jede NebenLeistg erbringen, wenn er dazu imstande ist. Ist er dazu außerstande, greift § 466 ein. **Abdingbar** ist § 466 nur bei Vereinbg einer NebenLeistg, die nicht in Geld zu erbringen ist.
2 **Außerstande** ist der VorkBer, wenn die NebenLeistg nicht in Geld bewertet werden kann, zB Altenpflege dch nahe Verwandte (RG **121**, 140). **Wert:** maßgebd ist der zZ der Ausübg (§ 464 I). **Außer Betracht** (S 2 Hs 2) bleibt die NebenLeistg, wenn sie für den Abschl des Kaufs bedeutgslos war; dann entfällt sie ersatzlos für
3 den KaufVertr gem § 464 Rn 4. **Scheinabreden,** die den VorkBerecht abhalten sollen, den Vork auszuüben, sind wg § 117 nichtig (Hbg NJW-RR **92**, 1496).

467 *Gesamtpreis.* **Hat der Dritte den Gegenstand, auf den sich das Vorkaufsrecht bezieht, mit anderen Gegenständen zu einem Gesamtpreis gekauft, so hat der Vorkaufsberechtigte einen verhältnismäßigen Teil des Gesamtpreises zu entrichten. Der Verpflichtete kann verlangen, dass der Vorkauf auf alle Sachen erstreckt wird, die nicht ohne Nachteil für ihn getrennt werden können.**

1 **1) Allgemeines.** Die Vorschr entspr wörtl dem § 508 aF. Darauf bezieht sich die zititerte Rspr. **a) Zweck.** Das VorkR soll auch ausgeübt werden können, wenn sein Ggstd mit and, v VorkR nicht erfassten Ggstden zus verk wird. **b) Anwendbar** auch, wenn das VorkR nur einen als TFläche abtrennb Teil eines Grdst betrifft u das ganze Grdst verk wird (allgM; BayObLG NJW-RR **92**, 1039 mwN). Dies trifft nicht zu, wenn bei einem bestehden VorkR das Grdst verkauft wird, ohne dass es in EigtWo aufgeteilt wurde (BayObLG aaO).
2 **c) Abdingbarkeit** ist zu bejahen (RG **97**, 283). **d) Preisberechnung** (S 1). Maßgebder ZtPkt für den Wert ist die Ausübg (§ 464 I); zu Einzelh Karlsr NJW-RR **96**, 916. Bsp: GesWert aller verkauften Ggst (1000) verhält sich zum Wert der VorkSache (800) wie Kaufpr aller Ggstd (900) zum Preis der VorkSache (720).

2) Ausdehnung des Vorkaufs auf alle Sachen (S 2). **a) Voraussetzungen: aa)** Ausübg des VorkR (§ 464 I) für einen Ggstd, der mit and Ggstden zu einem GesPr verkauft wurde (S 1 Hs 1). **bb)** Eine Trenng der Sachen (§ 90) v dem Ggstd, für den das VorkR ausgeübt wurde, darf nur mit Nachteil für den Verk mögl sein. BewLast: Verk. **b) Wirkung: aa)** Der Verk hat gem S 2 eine Einr. Diese Einr versagt wg § 242 dann, wenn die wirtsch Einh der mehreren Ggstde schon bei Begrdg des VorkR bestand. **bb)** Der Vorkäufer kann nach Ausübg des Vork (464) die Ausübg im ganzen ablehnen od es für alle verkauften Ggstde gelten lassen (MK/Westermann § 508 aF Rn 5). 3 4

468 ***Stundung des Kaufpreises.*** **I Ist dem Dritten in dem Vertrag der Kaufpreis gestundet worden, so kann der Vorkaufsberechtigte die Stundung nur in Anspruch nehmen, wenn er für den gestundeten Betrag Sicherheit leistet.**

II Ist ein Grundstück Gegenstand des Vorkaufs, so bedarf es der Sicherheitsleistung insoweit nicht, als für den gestundeten Kaufpreis die Bestellung einer Hypothek an dem Grundstück vereinbart oder in Anrechnung auf den Kaufpreis eine Schuld, für die eine Hypothek an dem Grundstück besteht, übernommen worden ist. Entsprechendes gilt, wenn ein eingetragenes Schiff oder Schiffsbauwerk Gegenstand des Vorkaufs ist.

Die Vorschr entspr wörtl dem § 509 aF. Abs I: Stundg setzt persönl Vertrauen voraus. Der Vorkäufer kann insow nicht Gleichstellg mit dem DrKäufer verlangen; daher bewirkt Abs I eine Ausn vom Grds der Gleichh des Vorkaufs mit dem DrKauf. Abs II S 1: Wg HypÜbern in Anrechng auf den Kaufpr (§ 416) kann der Verk die Auflassg auch vor Gen der SchuldÜbnahme nicht verweigern. Abs II S 2: Schiff u Schiffsbauwerk: wie § 452; ist entspr anwendb auf Luftfahrzeuge (§ 98 LuftfzRG). 1

469 ***Mitteilungspflicht, Ausübungsfrist.*** **I Der Verpflichtete hat dem Vorkaufsberechtigten den Inhalt des mit dem Dritten geschlossenen Vertrags unverzüglich mitzuteilen. Die Mitteilung des Verpflichteten wird durch die Mitteilung des Dritten ersetzt.**

II Das Vorkaufsrecht kann bei Grundstücken nur bis zum Ablauf von zwei Monaten, bei anderen Gegenständen nur bis zum Ablauf einer Woche nach dem Empfang der Mitteilung ausgeübt werden. Ist für die Ausübung eine Frist bestimmt, so tritt diese an die Stelle der gesetzlichen Frist.

1) Allgemeines. Die Vorschr entspr wörtl dem § 510 aF; darauf beziehen sich die Belegstellen. 1
a) Zweck. Notw Information des VorkBer; dch die Frist soll RSicherh für die Beteil herbeigeführt werden.
b) Anwendbar: entspr auf and Fälle des VertrEintritts dch einen Dr (RG **126**, 126), insb bei Vormiet- 2
u VorpachtVertr (BGH NJW **71**, 422).

2) Mitteilung des DrKaufs (I) kann sowohl dch den VorkVerpfl (I S 2) wie dch den DrKäufer erfolgen. 3
Der Vorkäufer hat aber nur gg den VorkVerpfl Anspr auf Mitteilg. Dieser macht sich bei Unterl der Mitt schaderspflicht u verhindert den FrBeginn nach II. Die Mitt ist auch mdl zul (BGH **LM** Nr 3), muss sich nicht nur auf Tats, sond auf den Inhalt des DrKaufs beziehen u den Vorkäufer so vollständ unterrichten, dass ihm die Entscheidg über die Ausübg seinesVorkR innerh der gesetzten Fr mögl ist. Bei Verk einer GrdstT-Fläche genügt Vorlage der not Urk; nicht nöt ist die behördl TeilgsGen (BGH NJW **94**, 315). Mitzuteilen ist auch die GenBedüftigk des Vertr u, falls es zutrifft, dass der Vertr erf worden ist (BGH aaO; BGH **23**, 342), auch die VertrÄnd (BGH NJW **73**, 1365). Die Mitt ist nicht WirkskVorauss für die Ausübg des VorkR.

3) Fristen (II). Sie können vertragl verlängert od verkürzt werden. Vorauss für den FrBeginn ist der Empf 4
der vollst u richt Mitt gem Rn 3. Außerdem muss zu dieser Zeit bereits ein rechtswirks DrKauf vorliegen, einschl einer erforderl behördl Gen (BGH WM **66**, 891). Die Fr ist Ausschl-, nicht VerjFr, daher keine Hemmg. FrBerechng §§ 186 ff. Falls die AusübgsErkl genbedürft ist (zB wg § 177, BGB **32**, 375), muss auch sie innerh der Fr des II gen werden. Bei abgeänd VertrBedinggen beginnt die Fr neu (Karlsr NJW-RR **96**, 916).

470 ***Verkauf an gesetzlichen Erben.*** **Das Vorkaufsrecht erstreckt sich im Zweifel nicht auf einen Verkauf, der mit Rücksicht auf ein künftiges Erbrecht an einen gesetzlichen Erben erfolgt.**

Die Vorschr entspr wörtl dem § 511. Sie ist eine AusleggsRegel. Ges Erbe ist nicht der Test- od VertrErbe, 1
wohl aber der nachberufene gesetzl Erbe, insb der Enkel, wenn dessen Eltern noch leben. Käufer darf gemeins mit dem ges Erben auch dessen Eheg sein. Die ErbenStellg kann ein Motiv des Verk auch neben and BewegGrden sein (BGH NJW **87**, 890 für § 511).

471 ***Verkauf bei Zwangsvollstreckung oder Insolvenz.*** **Das Vorkaufsrecht ist ausgeschlossen, wenn der Verkauf im Wege der Zwangsvollstreckung oder aus einer Insolvenzmasse erfolgt.**

Allgemeines. Die Vorschr entspr dem § 512 aF; darauf beziehen sich die Belegstellen. **Zweck:** Das VorkR 1
darf als obligator R die ZwVollstr u den ZwVerk nicht beeinträcht; außerdem ist der VollstrSchu nicht Verk.
Anwendbar auf jedes VorkR (beim dingl aber eingeschr dch § 1098 I 2), auch das des Mieters aus § 577 2
(BGH NJW **99**, 2045 für § 2b WoBindG); gilt auch iF des § 2034 (BGH NJW **77**, 38). Entspr gilt § 471 für das vertr AnkaufsR (13 vor § 463; RG **154**, 355) u bei Verk dch den PfandGl (§ 1228). **Voraussetzungen:** 3
Verk dch InsVerw (§ 80 InsO) aus der InsMasse (§ 35 InsO), in der ZwVollstr gem §§ 814, 821, 825 ZPO

sowie nach §§ 15 ff ZVG, jeweils v den Ggstden des VorkR. Nicht bei Aufhebg der Gemsch (§ 753), auch wenn sie dch ZwVerst geschieht (§§ 180 ff ZVG); jedoch ist in diesen Fällen, obwohl § 471 nicht entggsteht, das VorkR wg § 463 dann ausgeschl, wenn ein MitEigter das Grdst ersteigert, weil er nicht Dr iS v § 463 ist (BGH **13**, 133), jedenf wenn das VorkR nur einen MitEigtAnteil belastet u den Zuschlag ein MitEigter erhält (BGH **48**, 1). Eine ZwVerst gem §§ 175–179 ZVG steht der nach §§ 180 ff ZVG gleich (Stöber NJW **88**,
4 3121). **Wirkung.** Das VorkR kann für diesen Fall nicht wirks vereinb werden; § 471 ist zwingd. Der VorkBerecht hat daher grdsl auch keinen SchadErsAnspr gg den VorkVerpfl.

472 *Mehrere Vorkaufsberechtigte.* **Steht das Vorkaufsrecht mehreren gemeinschaftlich zu, so kann es nur im Ganzen ausgeübt werden. Ist es für einen der Berechtigten erloschen oder übt einer von ihnen sein Recht nicht aus, so sind die übrigen berechtigt, das Vorkaufsrecht im Ganzen auszuüben.**

1 Die Vorschr entspr wörtl dem § 513 aF; darauf bezieht sich die zitierte Rspr. § 472 ist auf eine Mehrh von Verpfl entspr anwendb. Die Anm zu § 461 gelten sinngem. S 2 ist eng auszulegen, so dass ein VorkR nicht in BruchTGemsch (§ 741) bestellt werden kann (Ffm NJW-RR **99**, 17). § 472 gilt für die ErbenGemsch (BGH NJW **82**, 330). Bei einem zu je 1/2 eingeräumten VorkR ist der eine Berecht Dr iS des § 463, wenn an ihn allein verkauft wird (Hamm ZMR **89**, 374).

473 *Unübertragbarkeit.* **Das Vorkaufsrecht ist nicht übertragbar und geht nicht auf die Erben des Berechtigten über, sofern nicht ein anderes bestimmt ist. Ist das Recht auf eine bestimmte Zeit beschränkt, so ist es im Zweifel vererblich.**

1 **Allgemeines.** Die Vorsch entspr wörtl dem § 514 aF; darauf bezieht sich die zitierte Rspr. **Zweck.** Dch die Unübertragbk soll der VorkVerpfl vor einem ihm nicht genehmen Wechsel in der Pers des Berecht
2 geschützt werden. **Abdingbarkeit** ist zu bejahen. Das folgt aus S 1. **Gesetzlicher Übergang** ist bei Tod des VorkBerecht dch Erbfolge vorgesehen, aber nur iZw (S 2). **Rechtsnatur.** Das ÜbertrVerbot ist ein relatives Veräußergsverbot iS des § 135 (RG **163**, 155). Bei formbedürft Vork ist eine Änderg des Vertr iS der Übertragbk formbedürft. Der Verpflichtete kann aber dch formfreie Erkl der schwebd unwirks Übertr volle
3 Wirksamk verleihen (RG **148**, 105). Das gesetzl VorkR des Miterben ist vererbl (§ 2034 II). **Übertragung** liegt vor, wenn an Stelle des VorkBerecht eine and Pers tritt, gleich ob dch Einzel- od GesRechtsNachf. Wird ein Untern umgewandelt, so wechselt zwar begriffl die RPersönlichk, wirtschaftl wird jedoch die Identität
4 gewahrt; daher liegt keine Übertr iS des § 473 vor u dasVorkR bleibt bestehen. **Ausgeübtes Vorkaufsrecht.** Hierfür gilt § 473 nicht. Die dch Ausübg des VorkR erwachsenen Rechte sind frei übertragb (RG **163**, 154). Sie sind auch vererbl, wenn nicht der Sachverh ergibt, dass das VorkR nur zur eigenen Ausnutzg gewährt werden sollte. Daher verstößt es nicht gg § 473, wenn sich der Berecht einem Dr ggü zur Ausübg des VorkR u zur Übertragg der hieraus entstandenen Rechte verpfl (BGH WM **63**, 619). Befristg spricht für Vererblichk, nicht für Übertragbk.

Untertitel 3. Verbrauchsgüterkauf

Vorbemerkungen

1 **1) Gesetzgeberischer Anlass** für die Regelg des VerbrGKaufs war die EG-RL 99/44 (VerbrGüKRL), die spätestens zum 1. 1. 2002 umzusetzen war. Das wurde mit einer weitreichenden Modernisierg des SchuldR verbunden, wobei die Ergebnisse der SchuldRKomm aufgegriffen und in den Entwurf des SMG zum großen Teil eingebracht wurden (vgl ErgBd Einl 1–10). Sowohl das neue VerjR (§§ 194 ff, § 438) wie das neue LeistgsStörgR (§§ 275, 280 ff) als auch das neue allg KaufR (§§ 433–453) setzen die VerbrGüKRL um, so dass der Untertitel 3 (§§ 474–479) ledigl die notw SoRegelgen ggü den §§ 433–453 aufweist. Nur im Zushang mit diesen Vorschr ist der VerbrGKauf rechtl zu erfassen u zu verstehen (vgl § 474 Rn 1). Zur Auslegg ist die VerbrGüKRL heranzuziehen.

2 **2) Begriffe.** Sie ergeben sich weitgehd aus der VerbrGüKRL u sind für die §§ 474–479 anzuwenden. Der Begr des VerbrGKaufs ist in § 474 legal definiert. **a) Verbraucher** ist eine natürl Pers, die nicht iR einer (selbständ) berufl od gewerbl Tätigk handelnd von einem Untern eine bewegl Sache kauft (§§ 13, 474 I; Art 1 II a VerbrGüKRL). Bewegl Sachen: § 90, auch Tiere (§ 90 a), insb verbrauchb Sachen (§ 92). Der
3 VerbrBegr des § 474 deckt sich mit dem § 13. Es wird daher auf die Anm zu § 13 verwiesen. **b) Verbrauchsgüter** sind neue od gebrauchte bewegl Sachen (§§ 90, 90 a), die an einen Verbr (Rn 2) verk werden (Art 1 II b VerbrGüKRL). Ausgenommen sind solche Sachen, die iW der ZwVollstr (zB § 825 ZPO) od dch gerichtl Maßn verk werden, ferner Strom, Gas u Wasser, wenn sie nicht in einem begrenzten Volumen bestehen od
4 abgefüllt sind. **c) Verkäufer** ist ein Untern (natürl od jur Pers, rechtsfäh PersGesellsch, § 14), der iR selbständ berufl od gewerbl Tätk ein VerbrGut (Rn 3) an einen Verbr (Rn 2) verkauft (Art 1 II c VerbrGüKRL). Er kann zugleich Herst (Rn 5) sein, kann aber auch selbstd als Käufer das VerbrGut von einem Lieferanten
5 (Rn 6) bezogen haben. **d) Hersteller** ist jede natürl od jur Pers, die VerbrGüter erzeugt od als Importeur in das Gebiet der EG verbringt od sich als Herst bezeichnet, indem sie ihren Namen (Firma), ihre Marke od and Kennzeichen an den VerbrGütern anbringt (Art 1 II VerbrGüKRL). Der Herst iS der §§ 474 ff u des § 434 I S 3 muss nicht die Sache tats hergestellt haben; es genügt die Einfuhr u die Kennzeichng der Sache. Der Herst
6 kommt insb auch als Garantiegeber (§§ 443, 477) in Betr. **e) Lieferant** ist diejen Pers, die das vom Verk (Rn 5) an den Verbr verkaufte VerbrGut an den Verk geliefert hat, gleich ob selbst hergestellt od von einem
7 and bezogen. Dieser ist Vorlieferant, erhebl für den Rückgriff (§ 478). **f) Garantie** ist die vom Verk (Rn 4) od Herst (Rn 5) beim Kauf ohne Aufpreis eingegangene Verpfl, den Kaufpr zu erstatten, die verk Sache zu

ersetzen, nachzubessern od sonst Abhilfe zu schaffen, wenn das VerbrGut der GarantieErkl (§ 443 Rn 10) od den in der Werbg genannten Eigsch (§ 434 I S 3) nicht entspr. Für die Garantie gelten die §§ 443, 477.

3) Widerrufsrechte (§ 355) u RückgabeR (§ 356) sind beim VerbrGKauf nur mögl, wenn er im Fernabsatz (§ 312 d), als HaustürGesch (§ 312), als TeilZahlgsGesch (§ 501) od mit ZahlgsAufschub (§ 499) abgeschl ist. Wenn er mit einem VerbrDarlVertr (§ 491) verbunden ist, wirkt der Widerr (§ 495) gemäß §§ 358, 359. 8

474 *Begriff des Verbrauchsgüterkaufs.* **I Kauft ein Verbraucher von einem Unternehmer eine bewegliche Sache (Verbrauchsgüterkauf), gelten ergänzend die folgenden Vorschriften. Dies gilt nicht für gebrauchte Sachen, die in einer öffentlichen Versteigerung verkauft werden, an der der Verbraucher persönlich teilnehmen kann.**

II Die §§ 445 und 447 finden auf die in diesem Untertitel geregelten Kaufverträge keine Anwendung.

1) Allgemeines. Die VerbrGüKRL fordert zum 1. 1. 2002 eine Umsetzg in das deutsche SchuldR. Ein wesentl Teil der EG-Vorgaben ist in die Allg Vorschr (Untertitel 1, §§ 433–453) u in die LeistgsStörgs-Vorschr des Allg SchuldR eingearbeitet. Daher konnte sich der GGeber für den VerbrGKauf mit den §§ 474–479 als ergänzde (I) SoRegelg begnügen (Vorb 1). Soweit es den EG-MitglStaaten freigestellt wurde, bestimmte Regelgen einzuführen, ist davon nicht immer Gebr gemacht, zB ist eine Obliegenh des Verbr zur Anz einer VertrWidrk nicht begrdet worden. Die Anfordergen des Art 3 VerbrGüKRL werden erf dch die §§ 437–441 u deren Verweisgen in das Allg SchuldR (§§ 280, 281, 283, 311 a, 323, 326, 346, 347, 355, 356, sowie dch die Vorschr für FernAbsVertr zw Verbr u Untern, die einen VerbrGKauf betreffen (§§ 312 b–312 f), u bei Verwendg von AGB dch die §§ 305–310. Aus diesem Grd ist die Regelg des VerbrGKaufs unübersichtl, weil sie verstreut im Allg SchuldR, im allg KaufR u in den § 474–479 enthalten ist. 1

2) Anwendungsbereich. Die §§ 474–479 gelten für alle VerbrGKaufVertr zw Verbr u Untern, auch üb gebr Sachen. Eine Ausn bildet I S 2. Darunter fallen alle öff Versteigergen, für die § 156 gilt. Öff bedeutet frei zugängl, so dass jeder teilnehmen kann. Es kommt nicht darauf an, dass der Verbr tats teilgen hat. Die Vorauss des I S 2 decken sich insofern nicht voll mit § 445 (HaftgsBegrenzg), als dort ein PfandVerk vorliegen muss. Insbes für die freiw öff Versteigerg können die §§ 433–435, 437, 439–443 auch zu Ungunsten des Ersteigerers abbedungen werden (§ 475 I). 2

3) Voraussetzungen eines VerbrGKaufs: **a) Kaufvertrag.** Er muss als Vertr wirks abgeschl sein (§§ 145 ff) u den Inh des § 433 aufweisen. Ggstd des Kaufs muss eine bewegl Sache (§ 90) od ein Tier (§ 90 a) sein, auch eine künft Sache (§ 433 Rn 6), nicht Strom u Wärme (§ 433 Rn 8), Gas u Wasser nur in körperl Begrenzg (abgefüllt; Vorb 4; § 90 Rn 1). **b) Verbraucher** (Begriff Vorb 3) muss der Käufer sein, immer eine natürl Pers. Es wird grdsl auf § 13 u dessen breiten AnwendgsBer (dort Rn 5) verwiesen. Abs I setzt dch die Verwendg des Begr Verbr wg § 13 voraus, dass der Kauf zu priv Zweck abgeschl wurde (§ 13 Rn 3). Darunter fällt auch der unselbständ berufl Zweck als ArbN, zB BerufsKleidg, Kfz, das auch für die Fahrt zum ArbPl benutzt wird. Dieser priv Zweck ist unabhäng v Willen des kaufden Verbr u ist nach den äußeren Umstden, dem Ggstd u Inh des KaufVertr zu ermitteln. Bei einem gemischten Zweck (zB Kfz für selbständ HandelsVertr u priv Benutzg) kommt es darauf an, was überwiegt (vgl § 13 Rn 3 aE). BewL: Verbr; § 476 ist nicht entspr anwendb. **c) Unternehmer** muss der Verk (§ 433 I) sein. Für den Begr gilt grdsl § 14, näml eine natürl od jur Pers, eine rechtsfäh PersGesellsch, die bei Abschl des KaufVertr (Rn 3) in Ausübg gewerbl od selbständ berufl Tätigk handelt, insb auch Handwerker, Freiberufler, Landwirte, wenn sie ihrers an einen Verbr verk, zB der Tierarzt ein Medikament an den HaustierBes, nicht wenn es an einen MastBetrInh verk wird, weil dieser zu gewerbl Zweck kauft. Dass die Tätigk nebenberufl ausgeübt wird, steht nicht entgg. 3 4 5

4) Ergänzende Anwendung (I). Die Vorschr geht davon aus, dass die §§ 433–453 gelten, soweit sie den Kauf einer bewegl Sache betreffen, insow auch die bes Arten des Kaufs (§§ 454–473). Nachfolgde Regelgen gehen den allg Vorschr (§§ 433–453) vor: **a) Gefahrübergang** beim VersendgsKauf (§ 447) gilt nicht (II, Rn 12). **b) Haftungsbegrenzung** bei öff Verst (§ 445) ist ausgeschl (II, Rn 11). **c) Abweichende Vereinbarungen** zum NachT des Verbr sind unwirks (§ 475 I) wenn sie betreffen: HauptPfl (§ 433 I), Sach- u RMängel (§ 434, 435), die VerkRe wg Mängel (§§ 437, 439–443) mit Ausn des Ausschlusses der Beschränkg des SchadErsAnspr, bei Bestehenbleiben der AGB-Klauselverbote (§§ 307–309). **d) Verjährung** (§ 438): Verbot der Erleichterg dch § 475 II. **e) Beweislast.** Sie ist für das Vorliegen eines Mangels bei GefÜberg (§ 446) dem Untern (Verk) überbürdet (§ 476). **f) Garantie** (§ 443). Sie wird dch § 477 zum zusätzl Schutz des Verbr ausgestaltet. **g) Rückgriff.** Als Folge der erweiterten Haftg des Verk (Untern) beim VerbrGKauf wird dem Untern der Regress konform ermögl (§§ 478, 479). Das berührt nicht die Anspr des Verbr gg seinen Verk (Untern). 6 7 8 9

5) Ausschluss der Anwendung (II). Die §§ 445 u 447 sind im GeltgsBer der §§ 474 ff mit der Folge nicht anzuwenden, dass eine HaftgsBegrenzg bei öff Versteigergen (§ 445) entfällt u dass für den GefÜberg auch beim VersendgsKauf (§ 447) zwingd (§ 475 I) die allg Vorschr des § 446 gilt. **a) Haftungsbegrenzung** des § 445. Sie entfällt, so dass dem Verbr als Ersteigerer in allen Fällen des Sach- od RechtsM (§§ 434, 435) die Re aus den §§ 437 ff zustehen, nicht nur bei argl Verschweigen eines Mangels od bei einer BeschaffenhGarantie (§ 445). Dies wirkt sich bei den öff Versteigergen aus, die nicht unter I S 2 fallen u die desh den §§ 474–479 unterliegen. Das trifft insb bei ungebrauchten Sachen zu (vgl Rn 2). **b) Gefahrübergang** gem § 446 auch beim VersendgsKauf (§ 447). **aa) Zweck.** Das Versandrisiko des zufäll Unterg u der zufäll Verschlechterg soll dem Verk (Untern) überbürdet werden, weil dieser üb Art u Weg der Beförderg entscheidet, dabei den Beförderer (eigenes Personal, Spediteur od FrachtF) auswählt, außerdem die TranspVers abschließen u im Kaufpr kalkulieren kann. Damit erübrigen sich einige Streitfragen. **bb) Voraussetzungen.** Es muss kein Verlangen des Verbr, ihm die Ware zuzusenden, geäußert werden. Es genügt, dass die Versendg 10 11 12 13

(§ 447 Rn 11) tats geschieht u ihre Notwendigk sich aus den Umstden (insb Ort) des Kaufs ergibt. Dies kann nicht wirks abbedungen werden, weil II von § 475 I S 1 als Vorschr des Untertitels erfasst wird. **cc) Wirkung.** Auch beim VersendgsKauf geht die Gefahr erst über, wenn der Verbr den Bes der gekauften Sache erlangt (§ 446 S 1) oder sich in AnnVerz (§ 293 ff) begibt. Die Re u Pfl der VertrPart richten sich nach § 446.

475 ***Abweichende Vereinbarungen.*** **I Auf eine vor Mitteilung eines Mangels an den Unternehmer getroffene Vereinbarung, die zum Nachteil des Verbrauchers von den §§ 433 bis 435, 437, 439 bis 443, sowie von den Vorschriften dieses Untertitels abweicht, kann der Unternehmer sich nicht berufen. Die in Satz 1 bezeichneten Vorschriften finden auch Anwendung, wenn sie durch anderweitige Gestaltungen umgangen werden.**

II Die Verjährung der in § 437 bezeichneten Ansprüche kann vor Mitteilung eines Mangels an den Unternehmer nicht durch Rechtsgeschäft erleichtert werden, wenn die Vereinbarung zu einer Verjährungsfrist ab dem gesetzlichen Verjährungsbeginn von weniger als zwei Jahren, bei gebrauchten Sachen von weniger als einem Jahr führt.

III Die Absätze 1 und 2 gelten unbeschadet der §§ 307 bis 309 nicht für den Ausschluss oder die Beschränkung des Anspruchs auf Schadensersatz.

1 **1) Allgemeines.** Die Vorschr setzt den Art 7 I VerbrGKRL um. **a) Zweck.** Der VerbrGKauf ist mit der Tendenz geregelt, den Verbr als Käufer u Gläub des Anspr aus § 433 I angem zu schützen, vor allem in Bezug auf die modernen, aggressiven Vertriebsmethoden. Das ist nicht ohne zwingde Vorschr zu erreichen.
2 **b) Verweisung** geschieht auf die gesamten (nahezu alle) Vorschr zur Haftg des Verk (Untern) dafür, dass die Sache vertrgem frei von Mängeln ist. Nicht verwiesen ist auf den § 436, der nur Grdst betr, auf § 438, weil Vereinb zur Verj in Abs II spez geregelt sind u auf § 444, weil diese Vorschr nicht auf den VerbrGKauf zugeschn ist.

3 **2) Abweichende Vereinbarung** ist eine VertrÄnd iS des § 311 I. **a) Zeitpunkt** Unzuläss ist sie vor der Mitt eines Sach- od RMangels an den Untern. Die Mitt ist eine geschähnl Hdlg (Übbl vor § 104), wie bish eine MängelAnz (BGH **101**, 49 zu § 478 I aF). Sie ist empfbed (§ 130); daher besteht die Unzulässk bis zum Zugang (§ 130). Inhalt: Die Mitt (Unterrichtg, Art 7 I VerbrGKRL) muss die Tats bezeichnen, die den angezeigten Sach- od RMangel ausmachen, u erkennen lassen, dass der Verbr die VertrWidrk (§ 433 I S 2) geltd macht. Ein best Recht (§ 437) muss noch nicht geltd gemacht werden. Eine trotzdem vorgen VertrÄnd zum NachT (Rn 5) des Verbr ist in der Weise dem Verbr ggü unwirks, dass sich der Untern nicht darauf berufen kann. Damit ist klargestellt, dass § 139 ausgeschl ist, der KaufVertr iü voll wirks bleibt u zwar mit dem gesetzl Inh. Zuläss ist eine Vereinbg, die nach der Mitt eines Sach- od RMangels (§§ 434, 435) getroffen wird. Die Vereinbg, insb ein Vgl (§ 779), auch ein Proz- od AnwaltsVgl muss sich auf den mitgeteilten Mangel
4 beziehen. Für and, insb unentdeckte Mängel bleibt die Vereinbg vor Mitt unzuläss. **b) Nachteil** (I S 1). Er ist auf die RStellg des Verbr zu beziehen u kann unmittelb od mittelb sein. NachT ist jeder, auch teilw Ausschluss der Haftg (§ 444) od ihre Beschränkg, indem insb die Haftg od eine Garantie eingeschr od aufgehoben, Fristen zu Lasten des Verbr verkürzt, die Verj erleichtert, die Geltdmachg der Re aus § 437 erschwert wird.
5 **c) Wirkung.** Der Untern (Verk) kann sich auf eine unzuläss Vereinbg nicht berufen, weil sie unwirks ist. Die Formulierg des I S 1 aE ist (and als § 476 aF) gewählt, um klarzustellen, dass der KaufVertr wirks ist u § 139 ausscheidet (Rn 3).

6 **3) Umgehungen** (I S 2). Davon werden diejen Vereinbgen erfasst, die den Schutz des Verbr dch I S 1 mittelb (Art 7 I S 1 VerbrGüKRL) beseit. **a) Begriff** des Umgehens. Es ist eine rechtsgesch Vereinbg, welche die Wirkgen einer Vorschr auf einem and Weg beseit od herbeiführt. Dabei ist auf den Zweck des maßgebl Verbots abzustellen (§ 134 Rn 28). Das UmgehgsGesch ist nicht als ScheinGesch nichtig (§ 117), weil die
7 rechtl Wirkgen gewollt sind (§ 117 Rn 6). Eine UmgehgsAbs ist nicht erforderl. **b) Anderweitige Gestaltungen.** Entspr dem § 312f. Das ist nicht auf RGesch begrenzt. Es können auch geschähnl Hdlgen u tats
8 Vorgänge sein. **c) Wirkung.** Inf der Verweisg auf S 1 des Abs I kann sich der Untern nicht auf die andweit Gestaltg berufen. Das kommt der Unwirksamk gleich. Die unabdingb Vorschr (I S 1, 2) gelten mit dem gesetzl Inh. Die Umgehg bleibt wirkgslos.

9 **4) Verjährung** (II). Setzt Art 5 u 7 VerbrGüKRL um. Für die Verj gelten beim VerbrGKauf grdsl § 438 u subsidiär die allg Vorschr (§§ 194 ff). Abs II verbietet ledigl die vorweggen Erleichterg (insb Verkürzg) der
10 Verj unter einen MindestZtRaum. **a) Anwendbar** nur auf die Anspr aus § 437 Nr 1 u 3 mit der logischen Einschränkg, dass Rücktr u Minderg (§ 437 Nr 2) als GestaltgsRe nicht verj, aber vom vorangegangenem
11 NachErfAnspr (§ 437 Nr 1) abhängen. Erfasst werden auch die SchadErsAnspr (§ 437 Nr 3). **b) Zeitpunkt** der vereinb (§ 311 I) Erleichterg (insb Verkürzg) entspr dem I S 1. Auf die Rn 3, 4 wird verwiesen. **c) Länge der Frist.** Sie beträgt bei Baustoffen 5 Je (§ 438 I Nr 2 b), iü 2 Je (§ 438 I Nr 3). Beginn ist die Ablieferg (§ 438 II; dort Rn 12). Bei neuen Sachen darf auch bei zuläss Abweichg keine kürzereFr als 2 Je vereinb werden, nur bei gebrauchten Sachen kürzer, aber mind 1 J (zuläss inf Art 7 I S 2 VerbrGüKRL). Die Regelg gilt auch für Tiere, wobei die Abgrenzg zw neu u gebr bei Tieren mind problemat ist (vgl BGH NJW-RR **86**, 52). Gebr ist eine Sache jedenf, wenn sie in Benutzg genommen ist. Die Fr dürfen auch nicht dch
12 Vereinbg eines früheren, vor Ablieferg liegden (§ 438 II) VerjBeginn verkürzt werden. **d) Erleichterte Verjährung** ist neben ausdrückl verkürzter Fr auch der vorverlegte VerjBeginn, indem nicht auf die Ablieferg
13 der Sache (§ 438 II) abgestellt wird, sond auf ein früheres Ereign (zB VertrAbschl, RechngsDatum). **e) Wirkung.** Die verbotswidr vereinb VerjErleichterg ist unwirks. Es gilt die gesetzl Verj. Der KaufVertr wird dadch nicht über § 139 berührt.

14 **5) Schadensersatz** (III). Das Verbot nachteilbegründder anderer Vereinbg (Rn 4) gilt nicht für den SchadErsAnspr (§ 437 Nr 3), der grdsl ausgeschl u beschr werden kann. Als AuffangTatbestd dienen die §§ 307–309 bei der allg übl Verwendg von AGB. Auch soweit Abs III eine Abweichg gestattet, näml Ausschl

od Beschränkg v SchadErs zulässt, kann sie, falls in AGB vorgen, unwirks sein (zB § 309 Nr 8 a). Außerdem bleiben die Inhaltskontrolle (§ 307) u die Klauselverbote mit WertgsMöglk (§ 308) bestehen u führen ggf zur Unwirks trotz Abs III.

476 ***Beweislastumkehr.*** **Zeigt sich innerhalb von sechs Monaten seit Gefahrübergang ein Sachmangel, so wird vermutet, dass die Sache bereits bei Gefahrübergang mangelhaft war, es sei denn, diese Vermutung ist mit der Art der Sache oder des Mangels unvereinbar.**

1) Allgemeines. Die Vorschr setzt den Art 5 III VerbrGüKRL um, wonach vermutet wird, dass eine 1
VertrWidrk schon zZ der Lieferg bestand, wenn sie innerh v 6 Mo danach auftritt. § 476 regelt dies folgericht dch eine BewLUmkehr. **a) Zweck.** Im Ztpkt der Überg hat der Verk (Untern) die beste Sachkenntn in 2
Bezug auf das zu übergebde VerbrGut u ist gehalten zu prüfen, ob es vertrgem ist (§ 433 I S 2). Demggü hat der Verbr erhebl schlechtere Möglk des Bew. **b) Anwendbar:** nur bei SachM (§ 434), für die der maßgebl 3
Ztpkt der mit der Überg (§ 433 I S 2) eintretde GefÜberg ist (§ 446); gilt auch für gebr Sachen u beim Regress (§ 478 III). Keine entspr Anwendg auf and KaufVertr als üb VerbrGüter. **c) Unabdingbarkeit** des 4
§ 476 ergibt sich aus § 475 I S 1. Eine abweichde Vereinbg ist zuläss ab Mitt des SachM (wie § 475 Rn 4).

2) Voraussetzungen für die Vermutg (Rn 8) sind: **a) Sachmangel** (§ 434). Es muss ein bestimmt be- 5
zeichneter Mangel sein, auf den sich die Vermutg (Rn 8) beziehen soll. Die dafür erforderl Tats muss der Verbr vortragen u beweisen, wenn der Untern bestreitet, dass ein SachM aufgetreten sei. **b) Zeitraum.** Er ist 6
begrenzt auf 6 Mo seit GefÜberg (§ 446). Berechng: § 188 II; FrBeginn gem § 187 I. Bsp: GefÜberg am 1. 4. ergibt FrEnde am 1. 10., wenn nicht § 193 entggsteht. Der GefÜberg umfasst auch den Eintritt des AnnVerz (§§ 293 ff) aGrd des § 446 S 3. Den AnnVerz muss der Verk (Untern) vortragen u ggf beweisen, wenn er sich auf FrAblauf beruft. **c) Sich zeigen** ist gleichbedeutd mit erkennb werden. Damit ist ausge- 7
drückt, dass die SachM, die erfasst werden sollen, zZ des GefÜberg schon vorhanden, aber nicht erkennb od noch nicht aufgetreten waren, zB weil der SachM sich erst bei (auch längerem) Gebr auswirken konnte od weil die Ursachen, welche den SachM dch ZusWirken erzeugen, schon in der Beschaffenh des verk VerbrGuts zZ des GefÜberg lagen.

3) Wirkung. § 476 stellt eine ges Vermutg dahingehd auf, dass ein SachM, der sich innerh v 6 Mo seit 8
GefÜberg zeigt, auch schon zum maßgebden Ztpkt des § 433 I S 2 vorlag. **a) Beweislast.** Inf der ges Vermutg muss der Untern entgg der allg Regel des § 363 beweisen, dass die Sache bei GefÜberg den SachM, der sich danach gezeigt hat, noch nicht aufgewiesen hatte. Das kann insb der Fall sein, wenn der SachM dch unsachgem Gebr des Käufers od derjen Pers entstanden ist, denen der Verbr (Käufer) die Sache üblassen hat, aber auch dch zufäll Ereign, die sich auf die Sache ausgewirkt haben. Der Untern kann den Beweis auch dahin führen, dass die Sache bei GefÜberg mangelfr war ohne darlegen zu müssen, wodch u wie der SachM später aufgetreten ist. **b) Unvereinbarkeit** der Vermutg mit der Art der Sache od des Mangels. Die Vorauss dieser 9
AusnRegel („es sei denn“) muss der Untern beweisen. Sie können sich auf zweierlei Weise ergeben: **aa) Art** 10
der Sache. Das betrifft vor allem gebr Sachen (vgl Westermann NJW **02**, 241/4), bei denen die von vorneherein anzunehmde unterschiedl Abnutzg zu berücks ist, insb bei Kfz. **bb) Art des Mangels.** Das 11
kommt insb für den Tierkauf in Betr. Je nach Art der Krankh ist zw dem Ztpkt des Infektion, die einen SachM begrdet (§ 434 Rn 96) u dem des Ausbruchs der Krankh zu untersch. Je nach InkubationsZt kann u wird die Vermutg ausgeschl sein.

477 ***Sonderbestimmungen für Garantien.*** **I Eine Garantieerklärung (§ 443) muss einfach und verständlich abgefasst sein. Sie muss enthalten**

1. **den Hinweis auf die gesetzlichen Rechte des Verbrauchers sowie darauf, dass sie durch die Garantie nicht eingeschränkt werden und**
2. **den Inhalt der Garantie und alle wesentlichen Angaben, die für die Geltendmachung der Garantie erforderlich sind, insbesondere die Dauer und den räumlichen Geltungsbereich des Garantieschutzes sowie Namen und Anschrift des Garantiegebers.**

II Der Verbraucher kann verlangen, dass ihm die Garantieerklärung in Textform mitgeteilt wird.

III Die Wirksamkeit der Garantieverpflichtung wird nicht dadurch berührt, dass eine der vorstehenden Anforderungen nicht erfüllt wird.

1) Allgemeines. Die Vorschr setzt Art 6 II, III u V VerbrGüKRL um. Für die Garantie beim VerbrGKauf 1
gilt grdsl § 443, so dass auch hier im Garantiefall die gesetzl Re (insb aus § 437) neben dem Anspr aus der Garantie (§ 443 Rn 21) bestehen. § 477 stellt zusätzl Erfordern der GarantieErkl (§ 443 Rn 17) auf (I), gibt dem Verbr einen Anspr auf Textform (II) u stellt klar, dass die GarantiePflen auch bestehen, wenn der Untern die Anfdgen nicht erf (III). **a) Zweck.** Der geschäftl unerfahrene Verbr soll vor Irreführg dch unklare, 2
missverständl od unvollständ GarErkl geschützt u in die Lage versetzt werden, die Garantie dch eine Urk zu beweisen. **b) Unabdingbarkeit** folgt aus § 475 I S 1 im selben Umfang dch Verweisg auf den Untertitel. 3
c) Anwendbar auf alle GarErkl des Verk(Untern) u eines Dr als GarantieG iS des § 443 (dort Rn 8), insb Herst, Lieferant od Importeur. **d) Beweislast.** Der Verbr muss die GarErkl u den GarFall beweisen. Zu seinen 4
Gunsten ist aber die BewLUmkehr des § 476 anwendb. Die GarErkl wird idR dch die Urk in Textform (II; Rn 13) bewiesen. Fehlt sie, kann die formlos wirks GarErkl auch dch Zeugen od PartVernehmg bewiesen werden.

2) Abfassung (I S 1). Das sind keine Vorauss einer VerbrGar, weil diese auch wirks ist, wenn sie dem I 5
nicht entspr u nicht in Textform (II) erteilt ist. **a) Einfache Abfassung** (I S 1). Das betrifft die gesamte GarErkl mit dem GarFall (§ 443 Rn 9) u den GarRechten (§ 443 Rn 21). Einfach bezieht sich auf Fassg

u Umfang der verwendeten Worte u den Satzbau. Schlagworte (zB 1 J Haltbk, 5 Je bruchsicher, 3 Mo wartgsfrei) können genügen. Umfangreicher Text od verdeckte Beschreibgen u Schachtelsätze sind zu ver-
6 meiden. **b) Verständliche Abfassung** (I S 1). Betrifft in erster Linie die **aa) Sprache.** Sie muss dem Verbr verständl sein. Grdsl genügt die Landessprache des Ortes, an dem der Verbr kauft u die GarErkl entgegnimmt. Ausnw kann englisch genügen, wenn die Verwendg (zB bei Computern) übl ist. Dabei ist vom StandPkt des Verbr (Empfängerhorizont) auszugehen. Im Einzelfall kann die teilw Verwendg der dtsch od engl Sprache
7 ausreichen. **bb) Formulierung.** Ein verwirrder Satzbau muss vermieden, der richt ZusHang gewahrt werden. Bei längerem Text können Abs od Nummerierg geboten sein. **cc) Fachausdrücke** u Fachwörter dürfen nur dann verwendet werden, wenn zu erwarten ist, dass sie vom Adressatenkreis verstanden werden. Das hängt im Einzelfall von der Art des VerbrGuts u den Kenntn ab, üb die der Verbr verfügen muss, um das VerbrGut bestimmgsgem zu verwenden.

8 **3) Hinweise** (I S 2 Nr 1). Sie müssen einfach u verständl sein (Rn 5–7). Der Inhalt ist vorgeschrieben: **a) Gesetzliche Rechte** des Verbr. Sie müssen sich auf § 437 (NachErf, Rücktr od Minderg, SchadErs)
9 beziehen u klarstellen, dass diese Re bestehen, wenn die Sache bei GefÜberg nicht mangelfrei war. **b) Uneingeschränkter Bestand** der gesetzl Re (Rn 8) trotz Garantie des Untern, unabhäng davon, ob der GarFall eintritt u ob die Gar in Anspr gen wird od nicht. Das ist als MindInh des Hinw anzusehen. Der Verbr soll erkennnen, dass die Gar seine gesetzl Re nicht ersetzt, sond seine RStellg zusätzl verbessert.

10 **4) Inhalt** (I S 2 Nr 2). Er betrifft folgde Pkte: **a) Garantieerklärung** (§ 443 Rn 10) mit den Angaben, unter welchen Vorauss (wofür) mit welchem Inhalt (Ren des Verbr) garantiert wird, zB bei Bruch eines GeräteBestdT mit Austausch des ganzen Geräts, bei Ausfall der BetrFähk der elektron Steuerg mit kostenloser Rep. **b) Geltendmachung.** Es ist alles anzugeben, was Vorauss der GarLeistg ist, insb die Form (zB schriftl, Textform); dass die Beanstandg auf einem bestimmten, dch Tats zu beschreibden Mangel beruht, wann dieser Mangel aufgetreten ist; Datum des Kaufs u Name des Verk (Untern), Einhalten der GarFr, Angabe der geforderten GarLeistg (zB Austausch, Rep), vor allem Ausfüllen u Einsenden eines beim Kauf übergebenen
11 Formulars. **c) Garantieschutz: aa)** Dauer. Das ist der ZtRaum (GarFrist, § 443 Rn 13), nicht nur die Länge (zB 1 J), sond auch der FrBeginn (zB Überg der Sache, Inbetriebnahme). **bb)** Räuml kann die Gar belieb
12 v GarGeber begrenzt werden, zB bei Gebr im inländ StraßenVerk, in der Wohng des Verbr. **d) Garantiegeber.** Er muss mit vollem Namen (Firma) u zustellgsfäh Anschr genannt sein. Das ist nicht notw der Verk; es kann ein Dr sein, zB der Herst, Importeur, Vorlieferant (vgl § 443 Rn 8).

13 **5) Form** der GarErkl (II). Sie ist auch beim VerbrGKauf formfrei (§ 443 Rn 12), daher mdl u stillschw mögl. In der Praxis wird sie in aller Regel schriftl erteilt, u zwar gedruckt. Das kann im Einzelfall ein ausreichder Nachw sein. Darühinaus gibt II dem Verbr einen Anspr auf eine GarantieErkl in Textform. Das ist auf § 126b zugeschnitten u bedeutet, dass die Erkl entw in einer Urk (Schriftstück) ohne eigenhänd Unterschr (keine Schriftf, § 126), auch per Fax zuläss, od zur dauerh Wiedergabe in Schriftzeichen abgegeben werden u auch sonst den Anfdgen des § 126b (vgl dort) genügen muss. Der Verbr kann wählen, eine Urk dch Übersendg od Fax verlangen od elektron Erkl. Er kann das auch dem Verk überlassen, aber nicht beides verlangen. Passivlegitimiert ist der GarGeber, nicht notw der Verk, obwohl der Anspr nur auf dem KaufVertr beruhen kann. Will der v Verk (Untern) angegebene GarGeber den Anspr aus II nicht erf, haftet der Verk.

14 **6) Wirksamkeit der Garantieerklärung** (III). Sie bleibt bestehen, auch wenn der GarGeber die Anfdgen des I u II nicht od nur unvollständ erf. Die Gar muss auch beim VerbrGKauf nur die Vorauss des § 443 (dort Rn 17–21) erf, um wirks zu sein. Fehlt aber eine dieser Vorauss, so ist die Garantie unwirks. Das ist zB mögl bei einem Verstoß gg § 1 UWG. Verstößt der GarGeber gg I od II, haftet er unveränd aus der Gar u für die Folgen der NichtErf von I od II, bei Versch auf SchadErs (§ 280). Außerdem kann ein Verstoß gg I einen Anspr aus § 2 UnterlKlG begrden.

478 *Rückgriff des Unternehmers.*

I Wenn der Unternehmer die verkaufte neu hergestellte Sache als Folge ihrer Mangelhaftigkeit zurücknehmen musste oder der Verbraucher den Kaufpreis gemindert hat, bedarf es für die in § 437 bezeichneten Rechte des Unternehmers gegen den Unternehmer, der ihm die Sache verkauft hatte (Lieferant), wegen des vom Verbraucher geltend gemachten Mangels einer sonst erforderlichen Fristsetzung nicht.

II Der Unternehmer kann beim Verkauf einer neu hergestellten Sache von seinem Lieferanten Ersatz der Aufwendungen verlangen, die der Unternehmer im Verhältnis zum Verbraucher nach § 439 Abs. 2 zu tragen hatte, wenn der vom Verbraucher geltend gemachte Mangel bereits beim Übergang der Gefahr auf den Unternehmer vorhanden war.

III In den Fällen der Absätze 1 und 2 findet § 476 mit der Maßgabe Anwendung, dass die Frist mit dem Übergang der Gefahr auf den Verbraucher beginnt.

IV Auf eine vor Mitteilung eines Mangels an den Lieferanten getroffene Vereinbarung, die zum Nachteil des Unternehmers von den §§ 433 bis 435, 437, 439 bis 443 sowie von den Absätzen 1 bis 3 und von § 479 abweicht, kann sich der Lieferant nicht berufen, wenn dem Rückgriffsgläubiger kein gleichwertiger Ausgleich eingeräumt wird. Satz 1 gilt unbeschadet des § 307 nicht für den Ausschluss oder die Beschränkung des Anspruchs auf Schadensersatz. Die in Satz 1 bezeichneten Vorschriften finden auch Anwendung, wenn sie durch anderweitige Gestaltungen umgangen werden.

V Die Absätze 1 bis 4 finden auf die Ansprüche des Lieferanten und der übrigen Käufer in der Lieferkette gegen die jeweiligen Verkäufer entsprechende Anwendung, wenn die Schuldner Unternehmer sind.

VI § 377 des Handelsgesetzbuchs bleibt unberührt.

1) Allgemeines. Regelmäß besteht bei VerbrGar zw dem Untern, der an den Verbr verkauft, u dem Lieferanten ein KaufVertr (§ 433) od WerkLiefergsVertr (§ 651), häuf auch ein solcher zw dem Lieferanten und seinem Lieferanten (Vorlieferant). Die Lieferkette kann auch weiter reichen (zweiter u dritter Vorlieferant). Bei Mängeln richtet sich die Abwicklg dieser Vertr je nach den Vereinbgen den jeweil VertrPart. § 478 räumt dem LetztVerk keinen direkten Anspr gg den Hersteller außerh der Lieferkette (Rn 13) ein. **a) Zweck.** 1 2
Die Besonderh des VerbrKaufs erfordern eine SoRegelg, die in den §§ 478 u 479 getroffen wurde. Die Vorschr setzt Art 4 VerbrGüKRL um. Dem Untern muss als LetztVerk ein Rückgr eingeräumt werden, damit der Einzelhandel nicht das volle Risiko des VerbrGKaufs tragen muss, zumal ein SachM meistens in der Herstellg, bei der Lagerg od beim Antransp verurs wird. **b) Anwendbar** ist § 478 nur, wenn ein VerbrGKauf mit dem 3
LetztVerk vorliegt. Diese Beschränkg ist vom GGeber beabsicht (dagg krit Canaris S XXXII; für entspr Anwendg Westermann NJW **02**, 241/51). Die Anwendg setzt voraus, dass die Lieferkette ununterbrochen bestanden hat. Das kann nicht herbeigeführt werden dch eine vertr Vereinbg (§ 311 I) mit solchen Untern, die außerh der Lieferkette stehen. **c) Abdingbarkeit.** Da der Verbr nicht berührt wird, steht § 475 nicht entgg. 4
Abs IV geht davon aus, dass die Untern (v LetztVerk bis zum Herst), den RückgrAnspr grdsl abweichd regeln können, beschr allein dch Abs IV zG des jeweil RückgrGläub. Den VertrPart der Lieferkette bleibt daher die Möglk, die im Einzelfall abzuschätzden Risiken, die Marktlage u den vereinb Preis zu berücks, insbes dch AGB (hierzu Schubel JZ **01**, 1113). Der Rückgr kann ganz ausgeschl werden, wenn ein Ausgl vereinb wird (IV S 1).
d) Beweislast. Sie richtet sich nach allg Regeln. Der LetztVerk, die Lieferanten u die Vorlieferanten müssen 5
den Verkauf an einen Verbr u den SachM (§ 434) zZ des jeweil GefÜberg (§ 446) an sich beweisen, außerdem die Rückn der verk Sache dch den LetztVerk u dass dieser dazu gezwungen war („musste"), ggf auch die Minderg hinzunehmen. Innerh der Lieferantenkette hat grdsl der jeweil Verk den mangelfreien Zustd zZ des GefÜberg zu beweisen (§ 433 I S 2). Für den Ztpkt gilt die gesetzl Vermutg des § 476 mit BewL des Verk, wobei die 6-Mo-Fr mit dem GefÜberg auf den Verbr beginnt (III). **e) Übergangsregelung.** Liegt der letzte Vertr vor dem 1. 1. 02 gilt das alte R, auch für den Rückgr. Zur Verj vgl Heß NJW **02**, 253/9.

2) Entbehrliche Fristsetzung (I). Das bedeutet prakt, dass der jeweil Lieferant den Anspr nicht dch eine ErsLiefg abwehren kann (Canaris S XXXI). **a) Voraussetzungen** sind: **aa)** Verkauf einer neu hergestellten Sache. Diese Beschränkg ist bedenkl (Canaris aaO). **bb)** Der LetztVerk muss die mangelh Sache vom Verbr, dem er sie verk hatte, wg des Mangels (inf Rücktr, § 437 Nr 2) zurücknehmen od eine Minderg (§§ 437 Nr 2, 441) akzeptieren. Dem muss keine Verurteilg zugrdeliegen. Ein Verlangen des Verbr (Käufer) muss aus Sicht des LetztVerk begrdet, die ausfülldn Tats müssen beweisb erscheinen. **cc)** Die Re des LetztVerk gg seinen Lieferanten müssen auf den §§ 433 I S 2, 437 beruhen. Das wird in Abs I vorausgesetzt. **b) Wirkung.** 6 7
Für die Re des LetztVerk gg seinen Lieferanten aus § 437 entfällt jede FrSetzg, die sonst erforderl wäre, insb die aus § 323 I. Der LetztVerk kann von seinem KaufVertr mit dem Lieferanten sof zurücktreten, ohne eine Fr gem § 323 I zu setzen od erst NachErf verlangen zu müssen, weil der LetztVerk wg Rücktr od Minderg (§ 437 Nr 2) des Verbr seinerseits nicht mehr nacherfüllen kann. SchadErs (§ 437 Nr 3) ist nicht ausgeschl.

3) Aufwendungsersatz (II). **a) Voraussetzungen.** Sie dürfen nicht wörtl aus dem GesText abgeleitet werden. Der Untern kann nicht „beim Verkauf" Ers verlangen, sond erst dann, wenn er einem Verbr die neu hergestellte Sache verk hat u diesem erspflicht geworden ist, weil die Sache einen SachM aufwies, der schon beim GefÜberg vom Lieferanten auf den LetztVerk vorhanden war. Vorauss (keine FrSetzg, Rn 7) sind: **aa)** Verkauf einer neu hergestellten, nicht gebrauchten Sache dch den Untern (LetztVerk) an einen Verbr. **bb)** Aufwendgen, die der Verk aus § 439 II zum Zweck der NachErf (§ 437 Nr 1) wg eines Sachmangels erbracht hat; insb TranspKosten, die im Verh zum LetztVerk (Untern) aGrd dieser Vorschr der Lieferant zu tragen hat. **cc)** Vorhandensein des Mangels, der die Aufwendgen verurs hat, zZ des GefÜberg (§§ 446, 447) vom Lieferanten auf den Untern (LetztVerk), der an den Verbr verk hat. BewLUmkehr (§ 476) gilt zG des jeweil Untern, der gekauft hat (III, Rn 11). **b) Wirkung. aa) Anspruch.** Das ist nicht der aus § 437 Nr 3, 8 9
sond eine eigene AnsprGrdlage (Canaris S XXXI; Westermann NJW **02**, 441/52), gerichtet auf diejen Aufwendgen, die der Untern (LetztVerk) im Verh zu dem Verbr gem § 439 II zu tragen hatte. Dieser Anspr ist unabhäng v Versch (im Ggsatz zu § 437 Nr 3, § 284 dort Rn 5), umfasst aber nicht die Kosten, die der Untern aus Kulanz u freiwill übern hat. **bb) Vorlieferanten.** Die AnsprGrdlage des Abs II gilt für die jeweil 10
VertrPart der ganzen Lieferkette, wenn sie Untern (§ 14) sind (V). Das trifft idR zu. Dadch wird die Geltdmachg des RückgrAnspr ggü demjen Untern erleichtert (vgl Rn 7), der für den Mangel verantwortl ist.

4) Beweislastumkehr (III). **a) Anwendungsbereich.** Die Regelg des § 476, die unmittelb das Verh des 11
LetztVerk (Untern) zum Verbr (Käufer) betrifft, wird auf das Verh LetztVerk zu seinen Lieferanten erstreckt. Sie gilt üb V dch die Verweisg (I–IV) für die übrigen Käufer der Lieferkette und deren Anspr gg ihre Verk (Vorlieferanten), soweit die Lieferkette bis zum Herst reicht. **b) Voraussetzungen.** Es muss ein Fall vorliegen, auf den I od II anzuwenden ist, näml die Vorauss für die Entbehrlk der FrSetzg (Rn 7) u für den Aufwendgs-Ers (Rn 8). **c) Wirkung.** Es werden die Fälle erfasst, in denen nicht feststeht, wann die Sache mangelh 12
geworden ist. Die Vermutg des § 476 bewirkt, dass der Lieferant als Verk den Bew des mangelfreien Zustds zZ des GefÜberg an den LetztVerk führen muss. Dabei ist die 6-Mo-Fr des § 476 ab GefÜberg an den Verbr maßgebd (§ 476 Rn 6). Die Unvereinbark (§ 476 Rn 9) ist im Verh des Lieferanten zum LetztVerk zu beurt.

5) Lieferkette (V). Die Grdsätze des erleichterten Rückgr werden auf die Vertr der Vorlieferanten bis zum 13
Herst ausgedehnt, um das SachMRisiko nicht voll dem LetztVerk zu überbürden. Das ist aber nur anwendb, wenn der jeweil Verk od WerkUntern (§ 651), insb Herst, auch Untern iS des § 14 ist. In diesem Rahmen (neu hergestellte Sachen) sind priv Lieferanten sowieso kaum denkb.

6) Untersuchung und Rüge (VI). Die Anwendg des § 377 HGB setzt einen Handelskauf voraus. Ein 14
solcher liegt in der Lieferkette zw den VertrPart idR vor. An der kaufmänn Pfl, die gelieferte Sache (Ware) unverzügl zu unters u Mängel anzuzeigen, auch wenn es VerbrGut ist, ändert sich nichts. Diese Pfl des jeweil Käufers aus § 377 HGB gilt für den Weg der Sache zum LetztVerk (Verk an den Verbr), nicht für den Rückgr, wenn die als mangelh zurückgewiesene Sache dem Lieferanten, Vorlieferanten od Herst iW des Rücktr zurückerstattet wird. Die Anwendg des § 377 HGB ist sowieso nicht in Frage gestellt (VI), aber nicht frei von Diskrepanzen (Schubel JZ **01**, 1113).

15 **7) Abweichende Vereinbarungen** (IV). Es ist davon auszugehen, dass die RVerh des Rückgr zw den Untern dispositiv sind. Das grdsl Verbot (entgg § 311 I) betrifft die Vorschr der Abs I–V, die §§ 433–435,
16 437, 439–443, also nicht den § 377 HGB (VI), aber auch die Verj (§ 479). **a) Unzulässig** mit der RFolge der Unwirksk sind alle nachteil Abweichgen, welche die Anspr des jeweil Käufers aus § 437 entw ausschließen od beschränken, insb die 6-Mo-Fr des § 476 od die Verj verkürzen. Damit wird bei Verwendg von AGB der
17 § 307 ergänzt u erweitert. **b) Zulässig** ist eine für den jeweil Käufer (RückgrGl), insb den LetztVerk, nachteil Abweichg (Rn 15) bei gleichwert Ausgleich. Dieser kann zB als PrErmäßigg iR pauschaler Abrechng, weitreichder Stundg, vor allem aber dch Rabatte (natural od prozentual) gewährt werden. Maßstab ist die Abweichg v dispositivem R, das gelten würde, wenn nichts vereinb wäre (BGH NJW **94**, 1070 für § 9 AGBG). Die Bemessg ist im Proz gem § 287 ZPO zu beurt.

479 *Verjährung von Rückgriffsansprüchen.* **I Die in § 478 Abs. 2 bestimmten Aufwendungsersatzansprüche verjähren in zwei Jahren ab Ablieferung der Sache.**

II Die Verjährung der in den §§ 437 und 478 Abs. 2 bestimmten Ansprüche des Unternehmers gegen seinen Lieferanten wegen des Mangels einer an einen Verbraucher verkauften neu hergestellten Sache tritt frühestens zwei Monate nach dem Zeitpunkt ein, in dem der Unternehmer die Ansprüche des Verbrauchers erfüllt hat. Diese Ablaufhemmung endet spätestens fünf Jahre nach dem Zeitpunkt, in dem der Lieferant die Sache dem Unternehmer abgeliefert hat.

III Die vorstehenden Absätze finden auf die Ansprüche des Lieferanten und der übrigen Käufer in der Lieferkette gegen die jeweiligen Verkäufer entsprechende Anwendung, wenn die Schuldner Unternehmer sind.

1 **1) Allgemeines.** Die Vorschr regelt in I die Dauer u den Beginn der Verj des AufwendgsErsAnspr aus § 478 II (LetztVerk – Lieferant) u § 478 V (Lieferkette), in II die AblaufHemmg der Anspr aus §§ 437, 478 II aus allen Vertr der Lieferkette. **a) Zweck.** Es soll der AufwendgsErsAnspr der 2jähr VerjFr des § 438 angepasst u damit vereinheitl werden. Dch die AblaufHemmg wird vermieden, dass der RückgrAnspr verj, bevor der
2 jeweil RückgrGl von dem Mangel erfährt (Mansel NJW **02**, 89/95). **b) Anwendbar** nur für Anspr im Verh der LetztVerk, Lieferanten, Vorlieferanten u Herst für die jeweils zw ihnen bestehden Kauf- od WerkLiefergs-
3 Vertr; nur bei neu hergestellten Sachen. **c) Abdingbarkeit** ist grdsl zu bejahen, aber dch § 478 IV eingeschränkt. Das bedeutet, dass für eine kürzere VerjFr ein Ausgl einzuräumen ist (wie § 478 Rn 17).

4 **2) Verjährungsfrist bei Aufwendungsersatz** (I). Bezieht sich auf den Anspr aus § 478 II, nicht auf den aus §§ 437 Nr 3, 284, für deren Verj der § 438 gilt. Aus diesem Grd musste für den Anspr aus § 478 II die VerjFr auf zwei Je angeglichen werden, weil sonst die 3jähr Fr des § 195 (regelm VerjFr) gelten würde. Ebso angepasst an § 438 ist der FrBeginn, näml mit Ablieferg (§ 438 Rn 12), weil sonst wg § 199 (Jahresschluss nach Entstehg des Anspr u der Kenntn) ein and, bei SachM nicht passder Fristenlauf herbeigeführt würde. Ablieferg als Ztpkt des VerjBeginns ist die des Lieferanten an den LetztVerk u bei der Lieferkette die vom jeweil Verk an seinen VertrPart als Käufer. Unerhebl für die VerjFr (wohl aber bedeuts für die AblaufHemmg, Rn 5) ist der Ztpkt der Ablieferg an den Verbr, dessen Anspr sich ausschließl nach § 437 richten u nach § 438 verj.

5 **3) Ablaufhemmung** (II). Die Regelg ist notw, da es vorkommen kann, dass der Verbr seine Rechte aus § 437 gg den LetztVerk erst spät geltd macht. Desh kann die (frühere) Ablieferg dch den Lieferanten an den LetztVerk schon 2 Je zurückliegen u der Anspr des LetztVerk bereits verj sein, wenn der LetztVerk vom Verbr
6 in Anspr gen wird. Die Hemmg aus and Grden, insb bei RVerfolgg (§ 204) bleibt unberührt. **a) Ansprüche gegen den Lieferanten** (II S 1), die dem LetztVerk aus § 437 u § 478 II zustehen. Zu berechnen sind die 2 Mo ab Erf des Anspr des Verbr (aus § 437, auch aus § 443), gleichgült ob freiwill od aGrd einer Verurteilg, auch nur zT. Hat der Verbr geklagt, ist für den LetztVerk StreitVerkündg (§ 72 ZPO) an den Lieferanten
7 geboten. **b) Ende der Ablaufhemmung** (II S 2). Wenn sie überh wirks wird u nicht 2 Mo nach Erf gem Rn 6 endet, wird ihre Wirkg bis auf 5 Je hinausgeschoben, endet aber dann auf jeden Fall („spätestens“). Die 5-J-Fr wird gerechnet seit der Ablieferg (§ 438 Rn 12) an den LetztVerk (Untern).

8 **4) Lieferkette** (III). Die VerjFr (I) u die AblaufHemmg (II) sind auf die Vertr der Vorlieferanten bis zum Herst (soweit sie Untern sind, § 14) für deren Anspr aus §§ 437, 478 II entspr anzuwenden. Für die Zeiträume ist auf die Erf dch die jeweil Käufer u die Ablieferg an sie abzustellen.

Untertitel 4. Tausch

480 *Tausch.* **Auf den Tausch finden die Vorschriften über den Kauf entsprechende Anwendung.**

1 **1) Allgemeines.** Die Vorschr entspr im Wortlaut dem § 515 aF. Darauf bezieht sich die zitierte Rspr. **a) Begriff.** Tausch ist ein ggseit Vertr über den Umsatz eines individuellen Werts gg einen and individuellen Wert (Mot II 366) od gg eine GattgsSache. Wesentl ist das Fehlen eines Kaufpr (§ 433 II) in Geld. Zahlt derj, der den geringeren Ggstd leistet, den Wertunterschied in Geld, so wird dadch ein Tausch nicht ausgeschl, es sei denn, dass der GeldBetr die HauptLeistg ist. Der vertragl genannte GeldBetr kann eine bloße Rechngs-
2 Summe sein. **b) Ringtausch** liegt vor, wenn bei einem Tausch (mindestens) ein Dr eingeschaltet wird, zB wenn A das Grdst des B entgeltl erwirbt u zugl sein Grdst an C entgeltl veräußert, wobei B sein Grdst dem C für den Tausch zur Vfg stellt. Die §§ 320 ff sind mindestens entspr anwendb (Heermann JZ **99**, 183 mwN), die §§ 433 ff aGrd des § 480. Die Alternative zum Ringtausch ist eine Abfolge v mehreren KaufVertr.
3 **c) Tauschring** (BarterGesch) liegt vor, wenn eine Mehrh v Pers üb eine zentrale Vermittlg (Bartering-Organisator; vgl BGH NJW **99**, 635) einander vergütgspflicht Leistgen erbringt, die nach einem vereinb

System verrechnet werden; umfasst Waren-, Werk- u DLeistgsGesch. Zur rechtl Behdlg: Heermann JZ **99**, 183. Grdsl sind die RBeziehgen zweiseit aufzulösen.

2) Abgrenzungen von Tausch zu: **a) Doppelkauf.** Hierbei ist der Wortlaut nicht entscheidd; getrennte Urk stehen nicht entgg; Tausch liegt vor, wenn nach dem VertrInh die Leistg eines jeden Teils im Verschaffen des Ggstds besteht (BGH **49**, 7). **b) Wohnungstausch** ist nur BesWechsel, kein Tausch zw den Mietern, wenn neue MietVertr mit den Verm abgeschl werden. Das ist and zu beurt, wenn die Re aus dem MietVertr zG des and aufgegeben u übertr werden. 4 5

3) Inzahlungnahme eines Ggstds beim Kauf. **a) Unterscheidung.** Es ist mögl: **(1)** Kauf u Ann an ErfStatt (§§ 364 I, 365) mit ErsetzgBefugn des Käufers (BGH **46**, 338 u **89**, 126). **(2)** Doppelkauf (Rn 4) mit AufrechngsAbrede. **(3)** Einheitl gemischter Vertr aus Kauf u Tausch (Oldbg NJW-RR **95**, 689; LG Wuppt NJW-RR **97**, 1416). **b) Kraftfahrzeugkauf.** Beim Kauf eines neuen Kfz (typ Vertr, v RevGer frei nachprüfb, BGH **83**, 334) ist es wg der sonst zweimal anfallfden MWSt allg übl, 2 Vertr abzuschl, näml Kauf des neuen Kfz u Vertr üb das gebr Kfz, als AgenturVertr (§ 675; BGH NJW **78**, 1482) od KommissionsVertr (BGH NJW **80**, 2190) mit MindestPrGarantie u Stundg des Kaufpr bis zum Verk des GebrWagens sowie AufrechngsAbrede (BGH aaO). Wg des § 25a UStG wird häuf freie VertrPraxis geübt. Gebräuchl ist, bei einem Rücktr (§ 437 Nr 2) iErg so zu verfahren: War zZ des Rücktr der in Zahlg gegebene Wagen noch nicht weiterverk, kann nur dieser vom Käufer verlangt werden. War er bereits an einen Dr verk od hat der Kfz-Händler den Selbsteintritt als Kommissionär erkl, kann der Wert in Geld gefordert werden (vgl BGH **89**, 126). Bei InZahlgNahme iR einer VerschrottgsAktion kann nur der Verkehrswert des Kfz, nicht eine (höhere) VerschrottgsPrämie verlangt werden (Düss NJW-RR **98**, 1752). 6 7

4) Entsprechende Anwendung der §§ 433 ff. Die Verweisg ist zu pauschal (MK/Westermann § 515 aF Rn 6). Jedenf sind die VertrParteien bezügl des hingegebenen Ggstd Verk, bezügl des empfangenen Käufer. Anwendb sind alle Vorschr üb Sach- u RMängel wie beim Kauf, wobei HaftgsAusschl od -beschränkg (§ 444) mögl u häuf ist, aber beim GebrWagenTausch nicht stillschweigd anzun (Hamm NJW-RR **94**, 884). Ausübg des RücktrR (§ 437 Nr 2) macht den ganzen Tausch rückgäng. Bei Minderg (§ 441) ist der vertragl angenommene (vermutl) Preis nicht als Kaufpr zu behandeln; vielmehr ist zunächst der obj Wert der Sachen in mangelfreiem Zustd zu ermitteln. Die Minderg (§ 441) berechnet sich aus dem Verhältn des Werts der Sache, wenn sie fehlerfrei wäre (1000), zu dem der mangelh Sache (800), das gleich ist dem Verhältn des obj Werts der GgLeistg (900) zum entspr GgWert (720). Der UnterschiedsBetr zw obj Wert der GgLeistg u den 720 (180) ist der dem MindergsBerecht zu erstattde Betrag. 8

Titel 2. Teilzeit-Wohnrechteverträge*

Vorbemerkungen

1) Gesetzesgeschichte. Die EG-RL v 26. 10. 94 (94/47) war Anlass u Grdlage für das TzWrG, das am 1. 1. 97 iKr getreten ist (vgl HptBd TzWrG Einf 1). Damit sollte der in den 90er Jahren sprungh vergrößerte Markt der Time-SharingVertr innerh der EU möglichst einheitl geregelt, dabei Sicherh u Schutz der Verbr geschaffen werden, sowohl dch FormVorschr, InformationsPfl, WiderrR u AnzahlgsVerbot. Der AnwendgsBer wurde inhaltl weit ausgedehnt. Zeitl umfasst er alle Vertr, die seit 1. 1. 97 u bis 31. 12. 01 abgeschl wurden. Darauf ist weiter das TzWrG anzuwenden (EG 229 § 4 I), als DauerSchuldVerh ab 1. 1. 2003 das neue R (EG 229 § 5 I 2). Dch das SMG ist die Materie der TzWohnRe in das BGB (§§ 481–487) integriert, um sie auch förmlich dem System des BGB u des neuen SchuldRs unterzuordnen (vgl Einl 10 zum ErgBd). Zugleich wird aGrd des EG 242 der § 4 TzWrG in die InfVO (als deren § 2) verlegt (Anh zu § 482). 1

2) Anwendungsbereich. a) Zeitlich. Die §§ 481–487 sind auf TzWrVertr anzuwenden, die seit 1. 1. 02 abgeschl werden (vgl Rn 1). **b) Persönlich:** nur Vertr zw einem Untern (§ 14) u einem Verbr (§ 13), dem das TzWr verschafft wird od zu verschaffen ist. Auch nicht entspr anwendb auf Vertr zw einem Verbr, der sein TzWr ohne gewerbl od berufl Tätk einem and Verbr verschafft od sich hierzu verpfl. **c) Sachlich:** alle Vertr, die unter den Begr des § 481 I fallen. Merkmale: Nutzg zum Zweck der Erholg od des Wohnens in einem WohnGbde (ganz od zT), für eine begrenzte Zeit innerh des Jes, auf mind 3 Je, gg einen GesPr entw unmittelb zu verschaffen od die Pfl ein solches R zu verschaffen. **d) Räumlich.** Problemlos gelten die §§ 481–487 für inländ Vertr üb im Inland gelegene Gebäude. Die internationale Regelg ist in EG 29a enthalten mit einer SoAnknüpfg in dessen Abs III (s dort). 2 3 4

3) Inhalt. Es ist davon auszugehen, dass dem Erwerb eines TzWr der Kauf eines Rs zugrdeliegt u daher über § 453 die §§ 433 ff gelten. Der GesPr (§ 481 I S 1) ist der Kaufpr iS des § 433 II. Die §§ 481–487 sind als SoRegelg angelegt. **a) Prospektpflicht** (§ 482). Sie besteht schon vor VertrAbschl u folgt bereits aus dem öffentl Angebot des Untern. Das ist eine spez Ausgestaltg des § 311 II u III. **b) Sprache** für Vertr u Prospekt (§ 483). Dadch soll gewährleistet werden, dass der Verbr den Inh des Vertr u des Prospekts versteht. Auch eine beglaub Übersetzg bei not Beurk ist vorgesehen (§ 483 II). **c) Form** (§ 484). Die Schriftf (§ 126) ist als Mindestform vorgeschr u elektron Form (§ 126b) ausgeschl. Die VertrUrk ist dem Verbr auszuhänd (§ 484 II). **d) Widerrufsrecht** des Verbr (§ 485). Es steht diesem nach Maßg des § 355 zu. Damit ist der Widerr grdsl der allg Regelg für Verbr (§ 355) unterstellt, jedoch sind die SondRegelgen des § 485 II–V anzuwenden. **e) Anzahlungsverbot** (§ 486) besteht währd des Laufs der WiderrFr u ist damit ggü § 7 TzWrG verlängert. **f) Unabdingbarkeit** mit UmgehgsVerbot zum NachT des Verbr ist in § 487 statuiert u entspr dem § 9 TzWrG. **g) Finanzierte Verträge.** Die bisher in § 6 TzWrG geregelte Materie ist nunmehr v § 358 erfasst u für VerbrVertr allg geregelt. 5 6 7 8 9 10

* **Amtlicher Hinweis:** Dieser Titel dient der Umsetzung der Richtlinie 94/47/EG des Europäischen Parlaments und des Rates vom 26. Oktober 1994 zm Schutz der Erwerber im Hinblick auf bestimmte Aspekte von Verträgen über den Erwerb von Teilzeitnutzungsrechten an Immobilien (ABl. EG Nr. L 280 S. 82).

481 *Begriff des Teilzeit-Wohnrechtevertrags.* **I Teilzeit-Wohnrechteverträge sind Verträge, durch die ein Unternehmer einem Verbraucher gegen Zahlung eines Gesamtpreises das Recht verschafft oder zu verschaffen verspricht, für die Dauer von mindestens drei Jahren ein Wohngebäude jeweils für einen bestimmten oder zu bestimmenden Zeitraum des Jahres zu Erholungs- oder Wohnzwecken zu nutzen. Das Recht kann ein dingliches oder anderes Recht sein und insbesondere auch durch eine Mitgliedschaft in einem Verein oder einen Anteil an einer Gesellschaft eingeräumt werden.**

II Das Recht kann auch darin bestehen, die Nutzung eines Wohngebäudes jeweils aus einem Bestand von Wohngebäuden zu wählen.

III Einem Wohngebäude steht ein Teil eines Wohngebäudes gleich.

1 **1) Allgemeines.** Die Vorschr entspr fast wörtl dem § 1 II–IV TzWrG u definiert den Begr des TzWrVertr, umschreibt zugl den persönl u sachl AnwendgsBer (Vorbem 2–6). **a) Rechtsnatur** des Vertr. Es ist ein RKauf (§ 453), der dch die Übertragg des betr Rs u die Zahlg des Kaufpr erf wird. Die tats InAnsprNahme der
2 Räume ist Ausübg des Rs. **b) Arten.** Die einzelnen VertrTypen haben das gemeins Merkmal, WoGbde od deren Teile entgeltl auf die Dauer v mind 3 Jen jeweils für einen best od noch zu bestimmden ZtRaum eines Jahres zum Wohnen od Erholen zu nutzen. Das kann insb dch folgde gebräuchl VertrTypen erzielt werden: **aa) Dingliches Nutzungsrecht** in versch Formen (Tonner/Tonner WM **98**, 313 für § 1 TzWrG), insb MitEigt (§§ 1008 ff). **bb) Mietverträge** als schuldrechtl Anspr auf GebrÜberlassg (§ 535). **cc) Mitgliedschaft** in einem Verein od einer Gesellsch dch Erwerb eines Anteils (I S 2). **dd) Kapitalanteil** an einer Gesellsch in Form einer od mehrerer Aktien (Hapimag-System). **ee) Treuhandmodell.** Das ist ein Vertr zw
3 Untern u Verbr sowie einem Dr, der das dingl R (insb Eigentum) od die WoRe treuhänd hält. **c) Anwendbares Kaufrecht.** Dem Erwerb eines TzWohnR (vgl Rn 1) liegt idR ein RKauf zugrde, für den § 453 gilt. Die §§ 433–451 gelten daher entspr mit Haftg des Untern für Sach- u RMängel, weil § 453 III zutrifft. Die §§ 482–487 sind demggü die SoRegeln.

4 **2) Voraussetzungen** eines TzWrVertr. Sie müssen zum Ztpkt des VertrAbschl vorliegen. **a) Personen.** Die VertrPart müssen auf VerkSeite ein Untern (§ 14), auf Käuferseite ein Verbr (§ 13) sein. Ein Vertr, dch den ein Untern, insb eine jurP od Gesellsch ihrerseits erwirbt, um Dr das NutzgsR zu verschaffen, fällt nicht darunter, ebsowen ein Vertr üb die Weiter- u WiederVeräußerg unter PrivPers als Verbr (Martinek NJW **97**,
5 1394 für § 1 TzWrG). **b) Teilzeitnutzung.** Umfasst jedes period (nicht notw im selben ZtRaum) wiederkehrde NutzgsR, gleich welcher Art (vgl Rn 2) u gleich welcher Länge. Es darf nur nicht ganzjähr für den
6 Verbr vereinb sein. Eine untere Begrenzg (zB auf eine Woche) ist gesetzl nicht vorgesehen. **c) Wohngebäude.** Es kommt nur auf das Gbde an; gleichgült bleibt, ob u wie die Nutzg des Grdst vorgesehen ist. Das NutzgsR kann sich auf das ganze Gbde (insb Ferienhaus) beziehen od auf einen Teil (Abs III; zB Appartement, Zimmer). Auf and Immobilien ist der Titel 2 nicht anwendb (Martinek NJW **97**, 1393 für § 1 TzWrG).
7 **d) Wahlrecht** (II). Die WoRaumNutzg kann auch in der Weise bestellt werden, dass die Nutzg nicht nur für ein best WoGbde od einen Teil davon ausgeübt werden kann, sond gewählt werden darf, wenn ein Bestd an WoGbden gegeben ist. Das kann der Fall sein, wenn der Untern üb eine WoAnl mit mehreren Gbden verfügt
8 od üb mehrere WoAnl an versch Orten, auch in versch Ländern. **e) Erholungs- oder Wohnzweck** ist notw Vorauss. Dadch wird nicht ausgeschl, dass der Verbr an Dr das WoGbde od einen Teil (auch nur zeitw) zum
9 gleichen Zweck überlässt (auch entgeltl) u ohne dass das von vorneherein beabsicht od vereinb ist. **f) Zeitraum. aa)** Das WoR muss mind für die Dauer v 3 Jen vereinb sein, gleich ob dingl R, schuldrechtl Anspr od Mitgliedsch. Kürzere ZtRäume werden wg der nicht langfrist Bindg v Zweck des Ges nicht erfasst. KettenVertr können eine Umgehg darstellen (§ 487 S 2). **bb)** Länge u Termin der Nutzg können von vornehrerein
10 best od in beliebiger Weise bestimmb gemacht werden (Bütter NZM **98**, 945 für § 1 TzWrG). **g) Gesamtpreis.** Das ist der Pr, dch den die gesamte NutzgsDauer abgegolten wird. Es handelt sich um einen Kaufpr (§ 433 II; Rn 1). Er kann in Raten fäll gestellt werden. Wird er finanz, gilt § 358.

482 *Prospektpflicht bei Teilzeit-Wohnrechteverträgen.* **I Wer als Unternehmer den Abschluss von Teilzeit-Wohnrechteverträgen anbietet, hat jedem Verbraucher, der Interesse bekundet, einen Prospekt auszuhändigen.**

II Der in Absatz 1 bezeichnete Prospekt muss eine allgemeine Beschreibung des Wohngebäudes oder des Bestandes von Wohngebäuden sowie die in der Rechtsverordnung nach Artikel 242 des Einführungsgesetzes zum Bürgerlichen Gesetzbuche bestimmten Angaben enthalten.

III Der Unternehmer kann vor Vertragsschluss eine Änderung gegenüber den im Prospekt enthaltenen Angaben vornehmen, soweit dies auf Grund von Umständen erforderlich wird, auf die er keinen Einfluss nehmen konnte.

IV In jeder Werbung für den Abschluss von Teilzeit-Wohnrechteverträgen ist anzugeben, dass der Prospekt erhältlich ist und wo er angefordert werden kann.

1 **1) Allgemeines.** § 482 entspr im wesentl dem § 2 TzWrG. Die Vorschr begrdet eine vorvertragl InformationsPfl für den, der als Untern (§ 14; § 481 Rn 4) VertrAngebote üb TzWoRe unterbreitet, sofern er diese Angebote allg an Verbr (§ 13) richtet. Das ist eine spezielle Ausgestaltg vorvertragl Pfl iS des § 311 II, III. In jedem Fall der Verletzg besteht die Sanktion des § 485 III (auf 1 Mo verlängerte WiderrFr).

2 **2) Aushändigungspflicht** (I). **a) Voraussetzung.** Der anbietde Untern muss den Prospekt demjen aushänd, der sich für das angebotene TzWoR interessiert u daher als VertrPart (§ 481 Rn 4) in Betr kommt. Die Aushändigg (Rn 4) muss nicht notw erst auf Wunsch geschehen (Martinek NJW **97**, 1393 für § 2 TzWrG). Der Untern muss den Prospekt daher herstellen u bereithalten (Drasdo NZM **98**, 464 mwN für § 2 TzWrG). Die Pfl entsteht dch das bekundete (geäusserte) Interesse, ohne dass der Prospekt vom Verbr

ausdrückl verlangt werden muss, spätestens aber damit. Selbstverständl Vorauss ist, dass der Untern mit dem Verbr in VertrVhdlgen eintritt. Das steht ihm frei. Ohne Prospekt in der gebotenen od verlangten Sprache (§ 483 I S 3) darf der Untern allerd mit dem Interessenten nicht üb den Vertr verhandeln. **b) Sprache.** Es gilt 3
§ 483 I S 1 u 2 über dessen I S 3. Im Grds ist keine best Sprache vorgeschr, daher ist jede verständl Sprache geeignet. Dch die Verweisg auf § 483 I S 1 u 2 sind VertrSprache u Prospektsprache gleich. **c) Aushändigung** 4
bedeutet Überg zum Bes (§ 854). Sie muss eine angem Zt vor VertrAbschl erfolgen (umstr; vgl Drasdo NZM **98**, 464 mwN für § 2 TzWrG).

3) Prospektinhalt (II). Die allg Beschreibg (neben der „genauen Beschreibg" gem § 2 I Nr 4 InfPflVO; 5
vgl Anh zu § 482) muss enthalten: Größe der WoRäume u des Grdst, Zahl der Wohngen, Bauart u techn Einrichtg, Parkplätze, Lage u unmittelb Umgebg sowie VerkAnbindg. Außerdem muss der Prospekt alle Angaben gem § 2 InfPflVO (EG 242) aufweisen, insb bereits den Hinw auf das WiderrR des § 485.

4) Bindung des Untern an den Prospekt (III). Sie besteht grdsl, aber nicht vertrkonstitutiv, sond nur mit 6
wettbewrechtl Funktion bis zum VertrAbschl. Es ist keine best ZtSpanne vorgeschrieben (krit Martinek NJW **97**, 1393 [1395] für § 2 TzWrG). Der Untern darf im Vertr von den Prospektangaben (Rn 5) grdsl nicht abweichen. Er darf es nur, wenn nach Erstellg des Projekts Umstde eintreten, auf die er keinen Einfluss hatte, zB verweigerte behördl Gen, Änderg v Tarifen od Abgaben, unabwendb Bauhindernisse.

5) Hinweis auf den Prospekt (IV). Die Art der Werbg (zB Zeitg, Fernsehen, Funk, Drucks) ist gleich- 7
gült. Der bloße Hinw auf den Prospekt genügt („erhältlich"). Es muss die Adresse (Name, Firma, Anschr) angegeben werden. Zweifelh ist, ob die Tel- od Telefax-Nr ausreicht.

Anhang zu § 482

Verordnung über Informationspflichten nach bürgerlichem Recht (BGB-InvoV)

idF der Bekanntmachung vom 2. 1. 02 (BGBl I S 342)

2 ***Informationspflichten bei und Vertragsinhalt von Teilzeit-Wohnrechteverträgen.*** *I Außer den in § 482 Abs. 2 des Bürgerlichen Gesetzbuchs bezeichneten Angaben müssen ein Prospekt nach § 482 Abs. 1 des Bürgerlichen Gesetzbuchs und der Teilzeit-Wohnrechtevertrag folgende Angaben enthalten:*

1. *Namen und Wohnsitz des das Nutzungsrecht anbietenden Unternehmers und des Eigentümers des Wohngebäudes oder der Wohngebäude, bei Gesellschaften, Vereinen und juristischen Personen Firma, Sitz und Name des gesetzlichen Vertreters, sowie rechtliche Stellung des Unternehmers in Bezug auf das oder die Wohngebäude,*
2. *die genaue Beschreibung des Nutzungsrechts nebst Hinweis auf die erfüllten oder noch zu erfüllenden Voraussetzungen, die nach dem Recht des Staates, in dem das Wohngebäude belegen ist, für die Ausübung des Nutzungsrechts gegeben sein müssen,*
3. *dass der Verbraucher kein Eigentum und kein dingliches Wohn-/Nutzungsrecht erwirbt, sofern dies tatsächlich nicht der Fall ist,*
4. *eine genaue Beschreibung des Wohngebäudes und seiner Belegenheit, sofern sich das Nutzungsrecht auf ein bestimmtes Wohngebäude bezieht,*
5. *bei einem in Planung oder im Bau befindlichen Wohngebäude, sofern sich das Nutzungsrecht auf ein bestimmtes Wohngebäude bezieht,*
   a) *Stand der Bauarbeiten und der Arbeiten an den gemeinsamen Versorgungseinrichtungen wie zum Beispiel Gas-, Elektrizitäts-, Wasser- und Telefonanschluss,*
   b) *eine angemessene Schätzung des Termins für die Fertigstellung,*
   c) *Namen und Anschrift der zuständigen Baugenehmigungsbehörde und Aktenzeichen der Baugenehmigung; soweit nach Landesrecht eine Baugenehmigung nicht erforderlich ist, ist der Tag anzugeben, an dem nach landesrechtlichen Vorschriften mit dem Bau begonnen werden darf,*
   d) *ob und welche Sicherheiten für die Fertigstellung des Wohngebäudes und für die Rückzahlung vom Verbraucher geleisteter Zahlungen im Falle der Nichtfertigstellung bestehen,*
6. *Versorgungseinrichtungen wie zum Beispiel Gas-, Elektrizitäts-, Wasser- und Telefonanschluss und Dienstleistungen wie zum Beispiel Instandhaltung und Müllabfuhr, die dem Verbraucher zur Verfügung stehen oder stehen werden, und ihre Nutzungsbedingungen,*
7. *gemeinsame Einrichtungen wie Schwimmbad oder Sauna, zu denen der Verbraucher Zugang hat oder erhalten soll, und gegebenenfalls ihre Nutzungsbedingungen,*
8. *die Grundsätze, nach denen Instandhaltung, Instandsetzung, Verwaltung und Betriebsführung des Wohngebäudes oder der Wohngebäude erfolgen,*
9. *den Preis, der für das Nutzungsrecht zu entrichten ist; die Berechnungsgrundlagen und den geschätzten Betrag der laufenden Kosten, die vom Verbraucher für die in den Nummern 6 und 7 genannten Einrichtungen und Dienstleistungen sowie für die Nutzung des jeweiligen Wohngebäudes, insbesondere für Steuern und Abgaben, Verwaltungsaufwand, Instandhaltung, Instandsetzung und Rücklagen zu entrichten sind, und*
10. *ob der Verbraucher an einer Regelung für den Umtausch und/oder die Weiterveräußerung des Nutzungsrechts in seiner Gesamtheit oder für einen bestimmten Zeitraum teilnehmen kann und welche Kosten hierfür anfallen, falls der Unternehmer oder ein Dritter einen Umtausch und/oder die Weiterveräußerung vermitteln.*

II Der Prospekt muss außerdem folgende Angaben enthalten:

1. *einen Hinweis auf das Recht des Verbrauchers zum Widerruf gemäß §§ 485, 355 des Bürgerlichen Gesetzbuchs, Namen und Anschrift desjenigen, gegenüber dem der Widerruf zu erfolgen hat, einen Hinweis auf die Widerrufsfrist und die schriftliche Form der Widerrufserklärung sowie darauf, dass die Widerrufsfrist durch rechtzeitige Absendung der Widerrufserklärung gewahrt wird; gegebenenfalls muss der Prospekt auch die Kosten angeben, die der Verbraucher im Falle des Widerrufs in Übereinstimmung mit § 485 Abs. 5 Satz 2 des Bürgerlichen Gesetzbuches zu erstatten hat;*
2. *einen Hinweis, wie weitere Informationen zu erhalten sind.*

III Der Teilzeit-Wohnrechtevertrag muss zusätzlich zu den in Absatz 1 bezeichneten Angaben ferner angeben:
1. Namen und Wohnsitz des Verbrauchers,
2. die genaue Bezeichnung des Zeitraums des Jahres, innerhalb dessen das Nutzungsrecht jeweils ausgeübt werden kann, die Geltungsdauer des Nutzungsrechts nach Jahren und die weiteren für die Ausübung des Nutzungsrechts erforderlichen Einzelheiten,
3. die Erklärung, dass der Erwerb und die Ausübung des Nutzungsrechts mit keinen anderen als den im Vertrag angegebenen Kosten, Lasten oder Verpflichtungen verbunden sind,
4. Zeitpunkt und Ort der Unterzeichnung des Vertrags durch jede Vertragspartei.

1 **1) Allgemeines.** Dch Art 4 Nr 2 SMG ist der Inhalt v § 4 des aufgehobenen TzWrG als § 2 in die InformationsPflVO aufgen worden. § 2 schreibt für § 482 II den Inhalt des Prospekts u für § 484 I S 3 den notw VertrInh vor. **a) Inhalt.** Außer den notw Angaben des § 482 II, ist dasjen in den Prospekt od den TzWrVertr aufzunehmen, was in § 2 vorgeschrieben ist. Die PflAngaben für Prospekte (§ 482) u Vertr (§ 484) sind in Abs I gleichlautd enthalten. Sie müssen konkretisiert sein u dürfen nicht bloß den GWortlaut wiedergeben. Sie sind vollzähl in den Prospekt aufzunehmen (I u II), wenn u soweit sie sich mit den allg Prospektangaben (§ 482 II) decken. Auch soweit der Prospektinhalt selbst VertrInhalt geworden ist (§ 484 I S 3) müssen im Vertr die Angaben gem Abs I u III aufgen werden (§ 484 I S 5), nicht notw doppelt. Decken
2 sich die Prospekt- u VertrAngaben nicht, geht der Inhalt des Vertr vor. **b) Verstöße.** Im Vertr darf nicht ledigl auf den Prospekt Bezug gen werden. Es steht der Wirksk des Vertr nicht entgg, wenn die Reihenfolge nicht eingehalten ist. Fehlen v Angaben bewirkt späteren Beginn der WiderrFr (§ 485 IV).

3 **2) Gemeinsame Angaben** für Prospekt u Vertr (I). **Nr 1:** Mit rechtl Stellg ist zB Eigter, MitEigter, Pächter, Treuhänder gemeint. **Nr 2:** Von wem die Vorauss zu erf sind, ist gleichgült. Sind sie noch vom Verbr zu erf, muss dies ausdrückl vermerkt sein. **Nr 3:** Das trifft insb zu, wenn ein Treuhänder Untern ist od wenn nur ein schuldrechtl NutzgsR eingeräumt wird. Auch bloßes Miteigentum ist anzugeben. **Nr 4:** Entfällt beim WahlR aus einem Bestd (§ 481 II). Genaue Beschreibg: Größe, auch eines jeden Raums, Lage innerh des Gbdes, Ausstattg, unmittelb Umgebg. **Nr 5:** Entfällt bei einem zZ der ProspektAushändigg od des Vertr-Abschl fertiggestellten Gbdes, ferner im Fall des § 481 II. Es liegt kein Verstoß gg Buchst a) vor, wenn der Stand ggü den Angaben im Prospekt überholt ist. Buchst d) gilt nur, wenn noch nicht fertiggestellt ist. Es wäre anzugeben, wenn keine Sicherh bestehen. **Nr 6:** Zu den NutzgsBedinggen gehört insb das Entgelt, auch inwieweit es fest od verbrauchsabhäng ist. **Nr 7:** Wie Nr 6. **Nr 8:** Zu den Grdsätzen gehöhrt insb, wer die genannten Tätigk leitet u ausführt, auch welche Entgelte hierfür anfallen od im GesPr enthalten sind. **Nr 9:** Mit Hs 1 ist das ges Entgelt (Kaufpr, § 433 II, § 453 I) gemeint, das für das TzWoR zu entrichten ist. FinKosten fallen nicht darunter. Hs 2: Die BerechngsGrdlagen müssen nicht in jede Einzelh aufgeschlüsselt werden. Zweifelh ist, ob der Betr pauschal angegeben werden kann od für die aufgeführten Posten getrennt angegeben werden muss. **Nr 10:** Eine solche Regelg muss nicht bestehen od eingerichtet werden. Unabhäng davon kann der Verbr iR der ges Regelg sein WoR abtreten od dch Dr ausüben lassen.

4 **3) Zusätzliche Prospektangaben** (II). **a) Nr 1.** Die Pfl des Untern, den Verbr üb das WiderrR (§§ 485, 355) aufzuklären, besteht bereits für den Inhalt des Prospekts, also schon vor der Belehrg bei VertrAbschl. Der Inhalt deckt sich mit dem der Belehrg (§ 485 I, § 355 II). Mit Angabe der (voraussichtl) Kosten der not Beurk (§ 485 V S 2) ist der Untern idR überfordert, wenn nicht alle angebotenen Objekte den gleichen GesPr haben. Andseits genügt dem Wortlaut zufolge nicht der bloße Hinw auf Notarkosten. **b) Nr 2.** Es ist mind die Anschrift der Informationsquelle, auch Tel- u Telefax-Nr anzugeben.

5 **4) Zusätzlicher Vertragsinhalt** (III). **a) Nr 1.** Mit Wohns dürfte auch die Anschr gemeint sein. **b) Nr 2.** Die Bezeichng kann zweckmäß nach der Wochenzahl erfolgen, aber auch nach KalDatum od Mo, selbst nach dem sog FerienKal, wenn dieser beigelegt wird. Es kann die Zahl der Je (ab VertrSchl) od die JZahl v Beginn u Ende angegeben werden. Einzelh der Ausübg: zB Anmeldg bei örtl BetrLeitg, Zahlg v Kosten gem Abs I Nr 9. **c) Nr 3.** Daraus folgt, dass dem Verbr nur dann die VertrKosten (insb Notar u GBA) auferlegt werden dürfen, wenn dies im Vertr so (zusätzl) bestimmt ist. **d) Nr 4.** Diese Angaben sind zur Erf der Schriftf (§ 484 I S 1) nicht notw (§ 126 Rn 3).

483 ***Vertrags- und Prospektsprache bei Teilzeit-Wohnrechteverträgen.*** **I Der Vertrag ist in der Amtssprache oder, wenn es dort mehrere Amtssprachen gibt, in der vom Verbraucher gewählten Amtssprache des Mitgliedstaats der Europäischen Union oder des Vertragsstaats des Übereinkommens über den Europäischen Wirtschaftsraum abzufassen, in dem der Verbraucher seinen Wohnsitz hat. Ist der Verbraucher Angehöriger eines anderen Mitgliedstaats, so kann er statt der Sprache seines Wohnsitzstaats auch die oder eine der Amtssprachen des Staats, dem er angehört, wählen. Die Sätze 1 und 2 gelten auch für den Prospekt.**

II Ist der Vertrag vor einem deutschen Notar zu beurkunden, so gelten die §§ 5 und 16 des Beurkundungsgesetzes mit der Maßgabe, dass dem Verbraucher eine beglaubigte Übersetzung des Vertrags in der von ihm nach Absatz 1 gewählten Sprache auszuhändigen ist.

III Teilzeit-Wohnrechteverträge, die Absatz 1 Satz 1 und 2 oder Absatz 2 nicht entsprechen, sind nichtig.

1 **1) Allgemeines.** Die Vorschr fasst die Regelgen des § 2 I S 2–4 u § 3 I S 2–4 TzWrG zus. **a) Zweck.** Schutz des im Einzelfall sprachunkund Verbr vor unverständl Informationen u nicht erkennb VertrInh bei
2 Vorrang der jeweil EU-Amtssprachen. **b) Anwendbar** für den Prospekt (§ 482) üb I S 3 unmittelb auch für den genannten VertrInh. Vorausgesetzt wird, dass nach IPR die §§ 481–487 gem Art 29 a EG international anzuwenden sind. **c) Unabdingbar** ist die Vorschr nach Maßg des § 487 S 1; sie darf auch nicht umgangen werden (§ 487 S 2). Bei Verstoß tritt Nichtigk des ganzen Vertr ein (III), entspr dem § 125.

3 **2) Vertrags- und Prospektsprache** (I). Es ist davon auszugehen, dass im Grds jede verständl Sprache für Vertr u Prospekt geeignet ist. **a) Festgelegte Sprache.** Für Verbr, die ihren Wohns (§ 12) in einem MitglStaat

der EU od EWG haben, schreibt Abs I S 1 die Amtssprache desjen Staates vor, in dem der Verbr seinen Wohns hat, auch wenn der Vertrag in einem and MitglStaat abgeschl wird. Bsp: Bei einem in Spanien für ein dort gelegenes Gebäude abgeschl Vertr mit einem in der BRep wohnden Verbr ist die deutsche Sprache anzuwenden. **b) Wahlrecht** des Verbr. Es wird wg der RFolgen des Abs III dch eine empfbed WillErkl (§ 130) 4
ausgeübt. Es ist zu untersch: **aa) Mehrere Amtssprachen** eines MitglStaates. Der Verbr kann zw ihnen belieb wählen (I S 1). **bb) Amtssprache der Staatsangehörigkeit** (I S 2). Dieses WahlR setzt voraus, dass der Verbr in einem MitglStaat wohnt, aber nicht dessen Staatsangehörk, sond die eines and MitglStaats besitzt. Dann kann er als Vertr- od Prospektsprache diese Amtssprache od eine der Amtssprachen dieses Staates wählen. Bsp: Ein französ StaatsAngehör, der in der BRep wohnt u hier das TzWr erwerben will, kann französ als Vertr- u Prospektsprache wählen. **c) Wirkung.** Ist das WahlR wirks ausgeübt, kann der Verbr den Vertr u den Prospekt 5
in der gewählten Sprache verlangen. Es besteht aber kein Anspr auf Schriftstücke in mehr als einer Sprache.

3) Notarielle Beurkundung (II) des Vertr. Nimmt sie ein deutscher Notar vor, ist grdsl in deutscher 6
Sprache zu beurk (§ 5 BeurkG) sowie nach Maßg des § 16 BeurkG festzustellen, zu übersetzen u die beglaub Übsetzg auszuhänd (wie § 482 Rn 4). Das hat in der Sprache zu erfolgen, die nach Abs I anzuwenden ist, also ggf nach ausgeübtem WahlR. Da auf Abs I bezogen ist, gilt dies nur für Pers, die einem MitglStaat angehören od in einem dieser Staaten Wohns haben. Abs II gilt nicht, wenn nicht notariell beurk werden muss. Ein Verstoß gg Abs II bewirkt unmittelb Nichtigk des Vertr, auch wenn nur die Aushändigg unterbleibt (III).

484 ***Schriftform bei Teilzeit-Wohnrechteverträgen.*** **I Der Teilzeit-Wohnrechtevertrag bedarf der schriftlichen Form, soweit nicht in anderen Vorschriften eine strengere Form vorgeschrieben ist. Der Abschluss des Vertrags in elektronischer Form ist ausgeschlossen. Die in dem in § 482 bezeichneten, dem Verbraucher ausgehändigten Prospekt enthaltenen Angaben werden Inhalt des Vertrags, soweit die Parteien nicht ausdrücklich und unter Hinweis auf die Abweichung vom Prospekt eine abweichende Vereinbarung treffen. Solche Änderungen müssen dem Verbraucher vor Abschluss des Vertrags mitgeteilt werden. Unbeschadet der Geltung der Prospektangaben gemäß Satz 2 muss die Vertragsurkunde die in der in § 482 Abs. 2 bezeichneten Rechtsverordnung bestimmten Angaben enthalten.**

II Der Unternehmer hat dem Verbraucher eine Vertragsurkunde oder Abschrift der Vertragsurkunde auszuhändigen. Er hat ihm ferner, wenn die Vertragssprache und die Sprache des Staates, in dem das Wohngebäude belegen ist, verschieden sind, eine beglaubigte Übersetzung des Vertrages in der oder einer zu den Amtssprachen der Europäischen Union oder des Übereinkommens über den Europäischen Wirtschaftsraum zählenden Sprache des Staates auszuhändigen, in dem das Wohngebäude belegen ist. Die Pflicht zur Aushändigung einer beglaubigten Übersetzung entfällt, wenn sich das Nutzungsrecht auf einen Bestand von Wohngebäuden bezieht, die in verschiedenen Staaten belegen sind.

1) Allgemeines. Die Vorschr entspr im wesentl dem § 3 TzWrG, ohne die VertrSprache, die nun in 1
§ 483 I (statt § 3 I S 3–5 TzWrG) geregelt ist. **a) Zweck** ist die Schutz- u Warnfunktion sowie die RSicherh, vom VerbrSchutz aus gesehen. Die Schriftf ist als MindErfordern ausgestaltet (I S 1). **b) Anwendbar** auf alle 2
Vertr, die als TzWrVertr (§ 481) einzuordnen sind, ohne Rücks auf die Bezeichng im Einzelfall (zB Vereinsbeitritt). **c) Unabdingbarkeit** ergibt sich aus § 487 S 1, auch hinsichtl einer Umgehg (§ 487 S 2). Das gilt 3
auch für abweichde Vereinbgen gem Abs I S 3, die ihrers der vorgeschriebenen Form bedürfen.

2) Form des Vertrags (I S 1 u 2). Der Formzwang umfasst auch für einen VorVertr (§ 125 Rn 9). 4
a) Schriftform. Das ist die des § 126 u gilt nur, soweit für den Vertr keine strengere Form (Rn 5) vorgeschr ist. Sie umfasst den ges VertrInh (Rn 8). **b) Strengere Form.** Das ist vor allem die not Beurk. Sie ist insb 5
zum Erwerb v MitEigt notw (§ 311 b I), nicht aber beim DauerWoR (§ 31 I WEG), wofür § 311 b nicht gilt (§ 31 WEG Rn 6) u § 873 II nur für die Einigg. Folgl ist die Verpflichtg zum Erwerb eines DauerWoR in Schriftf wirks. **c) Elektronische Form** (I S 2) ist ausgeschl u ersetzt die Schriftf nicht (§ 126 III). Auch 6
Textform scheidet aus (§ 126 b), da sie die Schriftf nicht ersetzt u in § 484 nicht zugelassen ist. **d) Form-** 7
mängel. § 125 S 1 gilt unmittelb, so dass der Vertr nichtig ist. Heilg ist nur über § 311 b I S 2 mögl. Formgerechte Neuvornahme des RGesch steht offen.

3) Vertragsinhalt (I S 3 u 4). **a) Bestandteile** des Vertr sind: **aa) Pflichtangaben** des § 2 III Nr 1–4 8
InformationsPflVO (Anh zu § 482) betreffd die Pers des Verbr, ZtRäume u GeltgsDauer, Kosten u Lasten, Datum u Ort der Unterzeichng. **bb) Prospektangaben** (I S 3). Das sind die des § 482 Rn 5. Sie werden ow VertrInh. **cc) Abweichende Vereinbarungen** (I S 3). Wenn der VertrInh v den Prospektangaben abweicht, muss der Untern dies dem Verbr mitt u zwar vor dem VertrSchluss. Die Mitt ist eine formlose geschähnl Hdlg u ggf v Untern zu beweisen. Es müssen nicht vorher die Prospektangaben geänd worden sein. **b) Gesamt-** 9
inhalt. Die VertrUrk muss mit dem BestdT den ganzen VertrInh aufweisen, damit der Verbr ihn zushängd zur Kenntn nehmen kann. **c) Verstöße** gg den vorgeschriebenen Inh dch eine od mehrere fehlde Angaben führen nicht zur Nichtigk, sond haben die Sanktion des § 485 IV: FrBeginn erst bei Mitt der fehlden Angaben. §§ 125 S 1 u 139 sind nicht anzuwenden. Nichtigk ist mögl, wenn wesentl VertrBestdTe fehlen od formnichtig sind.

4) Aushändigung (II). **a) Vertragsurkunde** (S 1). Der Untern muss dem Verbr das Original od eine 10
Abschrift der VertrUrk aushänd, dch Überg od Zusendg (wie § 482 Rn 4). **b) Beglaubigte Übersetzung** 11
(S 2) der VertrUrk ist zusätzl auszuhänd nur unter der Vorauss, dass einerseits die (ggf gewählte) VertrSprache (§ 483 I) u andseits die Amtssprache des EU- od EWG-MitglStaates, in dem das WohnGbde belegen ist, verschieden sind. **c) Ausnahme** (S 3). Die Pfl des Untern, die ÜbSetzg auszuhänd, entfällt, wenn das 12
NutzgsR gem § 481 II gewählt werden kann u die betreffden WohnGbde in versch Staaten belegen sind. **d) Unterbleiben** der Aushändigg. Der Verbr kann die Erf des Anspr aus Abs II ggf dch Kl verlangen. § 125

S 1 ist nicht anwendb, da keine gesetzl FormVorschr verletzt ist. Die Auswirkg auf den Beginn der WiderrFr ergibt sich aus § 355 II S 3.

485 *Widerrufsrecht bei Teilzeit-Wohnrechteverträgen.*

I Dem Verbraucher steht bei einem Teilzeit-Wohnrechtevertrag ein Widerrufsrecht nach § 355 zu.

II Die erforderliche Belehrung über das Widerrufsrecht muss auch die Kosten angeben, die der Verbraucher im Falle des Widerrufs gemäß Absatz 5 Satz 2 zu erstatten hat.

III Ist dem Verbraucher der in § 482 bezeichnete Prospekt vor Vertragsschluss nicht oder nicht in der dort vorgeschriebenen Sprache ausgehändigt worden, so beträgt die Frist zur Ausübung des Widerrufsrechts abweichend von § 355 Abs. 1 Satz 2 einen Monat.

IV Fehlt im Vertrag eine der Angaben, die in der in § 482 Abs. 2 bezeichneten Rechtsverordnung bestimmt werden, so beginnt die Frist zur Ausübung des Widerrufsrechts erst, wenn dem Verbraucher diese Angabe schriftlich mitgeteilt wird.

V Eine Vergütung für geleistete Dienste sowie für die Überlassung der Nutzung von Wohngebäuden ist abweichend von § 357 Abs. 1 und 3 ausgeschlossen. Bedurfte der Vertrag der notariellen Beurkundung, so hat der Verbraucher dem Unternehmer die Kosten der Beurkundung zu erstatten, wenn dies im Vertrag ausdrücklich bestimmt ist. In den Fällen der Absätze 3 und 4 entfällt die Verpflichtung zur Erstattung von Kosten; der Verbraucher kann vom Unternehmer Ersatz der Kosten des Vertrags verlangen.

1 **1) Allgemeines.** § 485 entspr dem § 5 TzWrG mit vorwiegd redaktionellen Änd. Es wird grdsl auf das VerbrWiderrR des § 355 verwiesen. Die Abs II–V sind demggü SoRegeln. **a) Zweck** ist, dem Verbr zu ermögl, die komplizierte, schwer dchschaub, oft fremdart RsLage bei TzWrVertr, insb die Verpflichtgen,
2 ohne zeitl Druck, frei v VhdlgsZwang zu prüfen u zu übdenken, um dann den Vertr ggf rückgäng zu machen. **b) Anwendbar** auf alle unter § 481 fallden Vertr; auch notarielle (Martinek NJW **97**, 1393/7 zu § 5 TzWrG). **c) Unabdingbarkeit** ist gem § 487 S 1 gegeben, auch das UmgehgsVerbot (§ 487 S 2). **d) Vorrang.** Das WiderrR des § 485 verdrängt das WiderrR bei HausTGesch(§ 312a II). Ist der TzWrVertr mit
3 einem VerbrDarlVertr (§ 491) verbunden, gelten bei Widerr die §§ 358, 359. **e) Andere Rechtsfolgen.** Verstöße gg § 484 hindern den Verbr nicht, statt zu widerr sich auf Nichtigk des Vertr (Hildenbrand NJW **98**, 2940; Bütter ZMR **99**, 73 für § 5 TzWrG) sowie auf Mängel (§§ 434, 435, 453 I, III) zu berufen (Martinek NJW **97**, 1393 [1396] für § 5 TzWrG). Bei Verwendg v AGB sind auch die §§ 305–310 anwendb.

4 **2) Widerrufsrecht** des Verbr (I). Es ist das des § 355, das grdsl für alle VerbrVertr gilt. Es ist folgl eine Begründg nicht notw u Textform (§ 126b) vorgeschrieben (§ 355 I S 2). Der Widerr ist mögl, sobald der Vertr abgeschl ist. Die einheitl Fr beträgt 2 Wo (§ 355 I S 2). Sie ist auf 1 Mo verlängert, wenn gg die Vorschr des § 482 (Prospekt) verstoßen wurde (III; Rn 6). Der FrBeginn richtet sich grdsl nach § 355 II. Er ist bei TzWrVertr hinausgeschoben dch Abs IV bei Fehlen solcher Angaben, die § 2 InformationsPflVO (Anh § 482) verlangt. Erlöschen des WiderrR auch ohne FrAblauf tritt 6 Mo nach VertrAbschl ein (§ 355 III S 1).

5 **3) Inhalt der Belehrung** (II). Sie muss zunächst inhaltl dem § 355 II entspr, um den Lauf der WiderrFr in Gang zu bringen. Das wird in § 485 vorausgesetzt. Zusätzl muss die Belehrg enthalten, dass iF des Widerr, wenn der Vertr not beurk od es darin so vereinb wurde, der Verbr die Kosten der Beurk dem Untern zu erstatten hat (V S 2; Rn 12). Fehlt dieBelehrg, so beginnt die Fr des § 355 I S 2 nicht zu laufen. Der fehlden steht eine inhaltl falsche Belehrg gleich.

6 **4) Verlängerte Widerrufsfrist** (III). Die 2-Wo-Fr des § 355 I S 2 verlängert sich auf einen Mo, wenn der Untern gg § 482 verstößt. **a) Voraussetzung** ist das Unterbleiben der Aushändigg gem § 482 I. Der ausgehänd Prospekt muss den inhaltl Erfordern (§ 482 II) entspr u in der Sprache, die nach § 483 best ist, abgefasst
7 sein. Bei Fehlen v einzelnen Angaben im Prospekt gilt Abs IV (Rn 8). **b) Rechtsfolgen** bei Verstoß, insb Unterbleiben der Aushändigg des Prospekts od bei einer falschen Sprache. Die WiderrFr verlängert sich automat auf 1 Mo, gleich ob der regelmäß FrBeginn (§ 355 II S 1) od der hinausgeschobene FrBeginn aGrd des Abs IV (Rn 8) od des § 355 II S 3 anzuwenden ist.

8 **5) Hinausgeschobener Fristbeginn** IV). Dadch wird der § 355 II S 3 nicht berührt. Die Wirkg des Abs IV ist davon unabhäng u die Fr beginnt erst zu laufen, wenn die Vorauss beider Vorschr erf sind, für § 355 II S 3 die dort genannten Urk zur Vfg gestellt, für Abs IV die Prospektangaben schriftl mitgeteilt.
9 **a) Voraussetzung** des FrBeginns ist Mitt der vorgeschriebenen Prospektangaben. Solange also eine der Angaben fehlt, die § 2 InformationsPflVO (Anh zu § 482) verlangt, beginnt die Frist erst zu laufen, wenn die fehlde Angabe (bei mehreren fehlden Angaben auch die letzte) dem Verbr (od seinem Vertreter) schriftl
10 mitgeteilt wird. Textform (§ 126b) genügt; keine Schriftf. BewL: wie § 355 II S 4. **b) Rechtsfolge.** Die Fr beginnt mit Zugang (§ 130) der formgerechten Mitt zu laufen, wenn dies nicht aGrd and Vorschr gehindert ist.

11 **6) Vertragsabwicklung** bei wirks Widerr (V). Sie ergibt sich aus § 357 u § 358, ergänzd für TzWrVertr aus Abs V. **a) Ausschluss einer Vergütung** (S 1). Bei den üb § 357 I anwendb RücktrVorschr (§§ 346ff) können iR der Rückgewähr Vergütgen anfallen, die dem Untern zu ers sind. Einen solchen Anspr gg den Verbr schließt S 1 aus, soweit er Dienst des Untern od die Nutzg des (bereits) üblassenen VertrGgstds (zeitanteil Nutzg) anbelangt. Bsp für De: BearbeitgsPauschale (LG Mainz NZM **99**, 680 für § 5 TzWrG).
12 **b) Beurkundungskosten** (S 2) im Fall not Beurk (§ 484 Rn 5). Die Überbürdg auf den Verbr ist übl. Wird
13 sie dementspr vereinb, muss die KostenPfl in die Belehrg des § 355 aufgen werden (I, Rn 5). **c) Ausschluss der Kostenerstattung** (S 3 Hs 1). Der Anspr des Untern aus S 2 ist ausgeschl bei Prospektmängeln (III,
14 Rn 6) od wenn im Vertr eine in § 482 II vorgeschriebene Angabe fehlt (dort Rn 5). **d) Vertragskostenersatz** (S 3 Hs 2). Der Verbr hat unter denselben Vorauss des Hs 1 einen Anspr darauf, dass ihm der Untern die geleisteten Kosten des beurk Vertrags erstattet. VertrKosten: alle Kosten, die der VertrAbschl notw gemacht hat, insb die Beurk u die MaklerVergütg.

486 ***Anzahlungsverbot bei Teilzeit-Wohnrechteverträgen.*** **Der Unternehmer darf Zahlungen des Verbrauchers vor Ablauf der Widerrufsfrist nicht fordern oder annehmen. Für den Verbraucher günstigere Vorschriften bleiben unberührt.**

1) Allgemeines. Die Vorschr entspr dem § 7 TzWrG u änd nur insow, als der Zeitraum des AnzahlgsVerbots der WiderrFr des § 355 I S 2 angepasst ist. **a) Zweck.** Dch eine frühzeit Anzahlg vor Ablauf der regelmäß 2 wö WiderrFr könnte der Erwerber an der Ausübg des Widerr gehindert sein, weil er damit rechnen müsste, das gezahlte Geld nicht dch freiwill Leistg der Veräußerers, sond erst dch einen Proz zurückzuerlangen. **b) Anwendbar** auf alle unter § 481 fallden Vertr. **c) Unabdingbar** ist § 486 aGrd des § 487 S 1; auch das UmgehgsVerbot (§ 487 S 2) gilt. And Vorschr (S 2) welche im Zushang mit der Anzahlg für den Erwerber günstiger sein sollen, sind nicht ow erkennb; jedenf werden sie dch § 486 nicht ausgeschl. 1 2

2) Voraussetzungen des Verbots. **a) Zahlung** ist jede Leistg zur Tilgg einer Geldschuld (§§ 244, 245), nach Abrede der VertrPart auch schon vor Entstehg des Anspr (vgl § 362 Rn 10). Sie führt zur Erf. Zahlg bedeutet jede Erf (teilw od voll, LG Hanau NJW **98**, 2983 für § 7 TzWrG), insb Überg v Bargeld, BankÜberweisg, Scheckbuchg, Buchg im LastSchriftVerk, Übgabe eines ausgefüllten ÜbweisgsTrägers (Ffm NJW **99**, 296 für § 7 TzWrG). Dem Zweck (Rn 1) entspr nicht nur, wenn ein Teil, sond auch wenn schon der gesamte Betr bezahlt wurde (LG Hanau aaO) od eine v der vereinb Leistg gesonderte AufwandsEntschäd (Hildenbrand NJW **98**, 2940 für § 7 TzWrG). Unter Zahlg fällt auch die Überweisg auf ein TrHdKto, über das der Untern verfügt u jede Leistg an Dr, wenn der Verbr dadch die VfgsBefugn üb den geleisteten Betr verliert. Jedoch fällt die Überweisg auf ein Anderkonto (insb eines Notars od WirtschPrüfers), das bei einer Bank gem AGB-Anderkonten (vgl Baumb/Hopt Anh 9) errichtet ist, nicht unter den Begr der Zahlg, weil der Untern keine VfgsBefugn üb das Geld erlangt u der Verbr diese behält. Zahlg geschieht erst mit Übweisg v Anderkonto an den Untern u der Verbr ist in seiner Freih zum Widerr nicht beeinträcht. **b) Fordern** ist jedes Verhalten des Unterns, mit dem er den Verbr zu einer Zahlg (Rn 4) veranlassen will, zur teilw Tilgg des ErwerbsPr od zu einem Entgelt für VertrAbschl, Reservierg des Objekts (VertrGgstd), VertrKosten oä. **c) Annehmen.** Das ist jede Hdlg, die darauf abzielt, eine Zahlg entggzunehmen, insb einen Scheck od Bargeld, auch ÜbWeisgsTräger (Hildenbrand NJW **98**, 2940 für § 7 TzWrG), selbst wenn der Verbr die Zahlg unaufgefordert, von sich aus erbringen will. Wird v Verbr trotzdem geleistet (insb dch ÜbWeisg), auch an einen Dr, muss der Untern unverzügl zurückzahlen, solange das WiderrR noch wirks ausgeübt werden kann. 3 4 5

3) Wirkung des Verbots. a) Zeitraum. Das Anzahlgsverbot beginnt zu einem unbest Ztpkt (schon vor dem VertrSchl) u endet mit dem Ablauf der WiderrFr des § 355 I S 2. Ist diese verlängert (§ 485 III) od ihr Beginn hinausgeschoben (§ 485 IV od § 355 II S 3), dauert das AnzahlgsVerbot dementspr fort. **b) Verstöße** bewirken keine Nichtigk (§ 134 Rn 9). Der Untern haftet aber bei regelmäß anzunehmdem Versch aus § 311 II iVm § 281 od aus § 823 II (Ffm NJW **99**, 296 für § 7 TzWrG). 6 7

487 ***Abweichende Vereinbarungen.*** **Von den Vorschriften dieses Untertitels darf nicht zum Nachteil des Verbrauchers abgewichen werden. Die Vorschriften dieses Untertitels finden, soweit nicht ein anderes bestimmt ist, auch Anwendung, wenn sie durch anderweitige Gestaltungen umgangen werden.**

Fassung. § 487 entspr inhaltl dem § 9 TzWrG u ist dem § 312 f angepasst. **Unabdingbarkeit** (S 1). Sie betr die §§ 482–486. Abweichgen sind nur zG des Verbr zuläss, zB verlängerte WiderrFr. **Umgehungsverbot** (S 2). Zunächst kann einem UmgehgsVersuch dch Auslegg (§ 157) begegnet werden. Ob ein solcher vorliegt, ist aGrd einer v GesZweck ausgehden wirtsch Betrachtg zu entscheiden. Die Umgehg muss nur obj vorliegen; zB dch RückDatierg des Vertr (vgl Hildenbrand NJW **98**, 2940 für § 9 TzWrG). UmgehgsAbs ist nicht erforderl. 1 2

Titel 3. Darlehensvertrag; Finanzierungshilfen und Ratenlieferungsverträge zwischen einem Unternehmer und einem Verbraucher*

Einführung

1) Reform. Das DarlR in den §§ 607–610 aF umfasste Geld- u SachDarl. Es ging von der RealVertrTheorie aus, wonach grdsl der DarlVertr dch die Übertragg v Geld od vertretb Sachen auf den DarlN zustde kam u nur das VereinbgDarl als VerpflVertr angesehen wurde. Das entsprach schon lange nicht mehr dem übl GeschVerk. Seit 1. 1. 1991 galt als SoRegelg für VerbrDarl das VerbrKrG. Dieses wurde dch das SMG im Zuge der Modernisierg des DarlRs in das BGB integriert, das GeldDarl in die freigewordenen §§ 488 ff eingebracht u das SachDarl als eigener Titel in den §§ 607–609 belassen. Der Untertitel 1 umfasst die §§ 488–498 mit inhaltl großen Teils überladenen Vorschr, von denen die §§ 491–498 nur für VerbrDarl gelten. Als allg GeldDarlR sind nur die §§ 488–490 ausgestaltet. Untertitel 2 (§§ 499–504) regelt Finanziergshilfen zw Untern u Verbr, Untertitel 3 (§ 505) die RatenliefergsVertr zw Untern u Verbr, der Untertitel 4 (§§ 506 u 507) schließl die Unabdingbark u die Anwendg auf Existenzgründer, die entspr dem Verbr behandelt werden. 1

* **Amtlicher Hinweis:** Dieser Titel dient der Umsetzung der Richtlinie 87/102/EWG des Rates zur Angleichung der Rechts- und Verwaltungsvorschriften der Mitgliedstaaten über den Verbraucherkredit (ABl. EG Nr. L 42 S. 48), zuletzt geändert durch die Richtlinie 98/7/EG des Europäischen Parlaments und des Rates vom 16. Februar 1998 zur Änderung der Richtlinie 87/102/EWG zur Angleichung der Rechts- und Verwaltungsvorschriften der Mitgliedstaaten über den Verbraucherkredit (ABl. EG Nr. L 101 S. 17).

2 **2) Kreditverträge.** Das SMG vermeidet diesen Begriff im Ggsatz zum VerbrKrG (hierzu AnwK/Reiff Vorb 4 vor § 488). Das ändert nichts daran, dass es den KredVertr als Oberbegriff für diejen Vertr gibt, in denen ein KredG als Gläub einem KredN als Schu einen VermVorteil auf Zeit überlässt u der KredN ihn vereinbgem zu einem späteren Ztpkt ausgleichen muss. Titel 3 regelt folgde typ RVerh: **a) Darlehensvertrag** ist ein Vertr, dch den sich der DarlG verpfl, dem DarlN einen GeldBetr in vereinb Höhe zur Vfg zu stellen, der DarlN, den geschuldeten Zins zu zahlen u das Darl zurückzuerstatten (§ 488 I). Dabei ist zu differenzieren: **aa) Unternehmerdarlehen** (§§ 488–490): DarlVertr zw Untern (§ 14; insb Geldinstituten) als DarlG u Untern als DarlN; **bb) Privatdarlehen** (§§ 488–490): DarlVertr zw Pers, die nicht Untern sind, als DarlG u einem Verbr (§ 13) od Untern (§ 14) als DarlN. **cc) Verbraucherdarlehen** (§§ 491–498): DarlVert zw einem Untern als DarlG u einem Verbr als DarlN. VerbrDarl iS der §§ 491 ff sind nur Darl v Untern (§ 14) an
3 Verbr (§ 13). **b) Sachdarlehensvertrag** (§§ 607–609) ist ein Vertrag, dch den der DarlG sich verpfl, dem DarlN gg ein Entgelt eine (od mehrere) vertretb Sache(n) (§ 91) zu überlassen, die in gleicher Menge und
4 Güte zurückzuerstatten sind. **c) Finanzierungshilfen** (§§ 499–504). **aa) Entgeltlicher Zahlungsaufschub** (§ 499 I) liegt vor, wenn ein Untern mit einem Verbr bei einem entgeltl Vertr (insb Kauf-, Werk- od DienstVertr) eine zG des Verbr um mehr als 3 Mo hinausgeschobene Fälligk der GgLeistg einräumt u dafür
5 einen geldwerten Vorteil erhält (zB TZahlgsZuschlag). **bb) Sonstige entgeltliche Finanzierungshilfen** (§ 499 II). Das sind insb: **(1) Finanzierungsleasingverträge** (§§ 499 II, 500) zw einem Untern u einem Verbr sind LeasVertr (37 vor § 535), bei denen der LeasN dem LeasG ganz oder teilw die Amortisation des eingesetzten Kap schuldet (BGH NJW **96**, 2033 für § 3 VerbrKrG). **(2) Teilzahlungsgeschäfte** (§ 499 II, § 501) sind Vertr, welche die Lieferg einer best Sache od das Erbringen einer and Leistg (insb D- od WerkLeistg) gg TZahlg zum Inh haben. Das TZahlgsGesch ist v RatenliefergsVertr (Rn 6) zu untersch.

6 **3) Ratenlieferungsvertrag** (§ 505) ist ein Vertr zw einem Untern u einem Verbr, dch den die Lieferg mehrerer zusgehörder Sachen in TLeistgen, die regelmäß Lieferg von Sachen gleicher Art od der wiederkehrde Erwerb od Bezug v Sachen vereinb ist. Der RatenLiefergsVert ist kein KredVertr u daher in einem eigenen Untertitel 3 geregelt. Zum Schutz des Verbr gelten bestimmte Vorschr des Untertitels 2 entspr. Vor allem besteht ein WiderrR (§ 505 I S 1).

7 **4) Übergangsregelung.** Auf die SchuldVerh, die vor dem 1. 1. 2002 entstanden sind, ist das BGB in der bis dahin geltden Fassg u das VerbrKrG anzuwenden (Art 229 § 5 S 1 EG). Soweit es sich im Dauerschuld-Verh (§ 314) handelt (idR fast alle RVerh dieses Titels), gilt das bis zum 1. 1. 2003 (Art 229 § 5 S 2 EG). Von da an gilt das BGB idF des SMG. Die nF gilt seit 1. 1. 2002 für alle dem Titel 3 unterliegdn RVerh, die seitdem entstanden sind. Für die Zinsen gilt Art 229 § 7 EG ab 1. 1. 2002 auch für die vor diesem Ztpkt entstandenen RVerh.

5) Synopse der Vorschriften zum Darlehensvertrag und zu den Finanzierungshilfen

Die gegenübergestellten Paragraphen entsprechen einander ungefähr im Inhalt oder in der Funktion.

Neues Recht	Altes Recht BGB	Bemerkungen
§ 488	§§ 607, 608, 609 I	Vertragstypische Pflichten beim Darlehensvertrag
§ 489	§ 609 a	Kündigungsrecht des Darlehensnehmers
§ 490	§ 610	Kündigungsrecht des Darlehnensgebers
	Verbraucheerkreditgesetz	
§ 491	§ 1 I, § 3	Verbraucherdarlehensvertrag
§ 492	§ 4 I	Schriftform, Vertragsinhalt
§ 493	§ 5	Überziehungskredit
§ 494	§ 6	Rechtsfolgen von Formmängeln
§ 495	§ 7	Widerrufsrecht
§ 496	§ 10	Einwendungsverzicht, Wechsel- und Scheckverbot
§ 497	§ 11	Verzugszinsen, Teilleistungen
§ 498	§ 12	Gesamtfälligstellung
§ 499	§ 1 II	Zahlungsaufschub; sonstige Finanzierungshilfen
§ 500	§ 3 I Nr 1	Finanzierungsleasingverträge
§ 501	§ 4 I S 5 Nr 2, S 6; § 6; § 7 I S 3; § 8 II	Teilzahlungsgeschäfte
§ 502	§ 4 I S 5 Nr 2, S 6; § 6; § 8 I	Erforderliche Angaben; Rechtsfolgen von Formmängeln bei Teilzahlungsgeschäften
§ 503	§ 7 I S 2, § 13	Rückgaberecht; Rücktritt bei Teilzahlungsgeschäften
§ 504	§ 14	Vorzeitige Zahlung bei Teilzahlungsgeschäften
§ 505	§ 2	Ratenlieferungsverträge
§ 506	§ 18	Unabdingbarkeit, Umgehungsverbot
§ 507	§ 3 I Nr 2	Existenzgünder
	BGB	
§ 607	§ 607	Vertragstypische Pflichten beim Sachdarlehensvertrag
§ 608	§ 609 I	Kündigung des Sachdarlehensvertrags
§ 609	nicht geregelt	Entgelt für Sachdarlehen

Altes Recht	Neues Recht	Bemerkungen
§ 607	§ 488 oder § 607	Darlehensvertrag
§ 608	§ 488 I, II	Darlehenszinsen
§ 609	§ 488 III oder § 608	Fälligkeit der Rückerstattung
§ 609 a	§ 489 oder § 608	Kündigung des Darlehensnehmers
§ 610	§ 490	Widerruf des Darlehensversprechens

Verbraucher-kreditgesetz	BGB in der Fassung des SMG	Bemerkungen
§ 1 I	§ 491 I	Verbraucherkreditvertrag
§ 1 II	§§ 491, 499–501	Finanzierungshilfen für Verbraucher
§ 1 III	§ 655 a	Kreditvermittlungsvertrag
§ 2	§ 505	Ratenlieferungsverträge
§ 3	§ 491 II, III; § 499 III	Unanwendbarkeit
§ 4	§ 492	Schriftform, Vertagsinhalt
§ 5	§ 493	Überziehungskredit
§ 6	§ 494	Rechtsfolgen von Formmängeln
§ 7	§ 495	Widerrufsrecht
§ 8	§ 502 II	Versandhandel
§ 9	§§ 358, 359	Verbundene Verträge
§ 10	§ 496	Einwendungsverzicht, Wechsel- und Scheckverbot
§ 11	§ 497	Verzugszinsen, Teilleistungen
§ 12	§ 498	Gesamtfälligstellung
§ 13	§§ 501, 503	Rücktritt des Kreditgebers
§ 14	§§ 501, 504	Vorzeitige Zahlung
§§ 15–17	§§ 655 a–e	Kreditvermittlung
§ 18	§ 506	Unabdingbarkeit

Untertitel 1. Darlehensvertrag

Vorbemerkung

1) Allgemeines. Der Untertitel ist nur auf den Regelfall des GeldDarl anwendb. Für das sehr seltene SachDarl gelten die §§ 607–609. Darl ist das wirtsch wichtigste KredGesch. **a) Rechtsnatur** des DarlVertr. Es ist ein VerpflGesch (nicht mehr ein RealVertr), aGrd dessen der DarlG dem DarlN einen GeldBetr zur Vfg zu stellen hat, der DarlN dafür Zins u RückErstattg schuldet. **aa) Gegenseitiger Vertrag** ist das entgeltl Darl. Im GgseitkVerh stehen einerseits das Verschaffen u Belassen des Geldes (Kapital), andseits die Abnahme der vereinb Geldsumme (BGH NJW **91**, 1817 für § 607 aF), die ZinsZahlg (§ 488 II) u Bestellg der vereinb Sicherh. Nicht im GgseitkVerh steht die vertrtyp Pfl des DarlN zur RückErstattg (§ 488 I S 2). **bb) Zweiseitig verpflichtender Vertrag** ist der unentgeltl (zinslose) DarlVertr. Bei Vereinbg der Zinslosk (§ 311 I) wird insow der § 488 I abgeändert. Der Vertr begrdet die Pfl zur Gewährg, näml das zur Vfgstellen des Geldes u die zur RückErstattg. Die vereinb Bestellg einer Sicherh macht den DarlVertr nicht zum ggseit Vertr. **b) Vorvertrag** (Einf 19 vor § 145) ist mögl u im GeschVerk, insb bei Banken sehr häuf, zweckmäß dann, wenn einzelne VertrBedinggen noch nicht festliegen. **c) Dauerschuldverhältnis** (Einf 17 vor § 241) ist der DarlVertr zwangsläuf, da es immer für einen bestimmten od unbest ZtRaum gewährt wird. Insofern besteht eine Gemeinsk mit GebrÜblassgsVertr (insb Miet- u PachtVertr, Leihe). 1 2 3 4 5

2) Abgrenzung zu and RGesch. **a) Kauf** eines Rs (§ 453 I). Im Rahmen der Vorfinanzierg eines Gesch wird häuf eine noch nicht fäll od noch nicht bezahlte KaufprFdg an einen GeldG (idR ein KredInst) übertr (§ 398) u dafür ein (idR niedrigerer) Betr unter Regressverzicht bezahlt (Forfaitierg). Bei dieser Konstellation liegt Kauf vor (§ 453 Rn 26); es besteht kein RückerstattgsAnspr (§ 488 I). Bei einer Wechseldiskontierg liegt grdsl ein RKauf vor (BGH **19**, 282/92), ein Darl dann, wenn das KredInst den Wechsel für Rechng seines Kunden diskontiert u ihm aus eigenen Mitteln den Betr gutschreibt, od den Wechsel zur Sicherh übnimmt (Depot-, Sichergs- od Kautionswechsel). **b) Gesellschaft.** Darl, die ein Gesellschafter der Gesellsch (insb EinmannGmbH, oHG, GbR, stille Gesellsch) gewährt, können bei Missbrauch als Einlage behandelt werden. Schwier ist die Einordng bei einer partiarischen Beteiligg (Rn 17). Gesellsch (§ 705) liegt vor, wenn das Geld für den gemeins Zweck auf gemeins Rechng geleistet wird, wobei die bloße Hingabe des Kapitals genügen kann. Es ist auch ein BeteiliggsKauf (GesAnteil) mögl (dann § 453 I). Darl ist zu bejahen, wenn ledigl das Geld geleistet wird, Risiko u Verlust ausgeschl, nur Kontroll- u MitspracheR eingeräumt sind; ebso wenn das Entgelt für die KapHingabe nicht allein v Gewinn od Verlust abhäng ist. **c) Leihe** (§ 598). Bei ihr ist die bestimmte entliehene Sache zurückzugeben; bezieht sich nie auf Geld. Abgrenzg zum SachDarl: 2 vor § 607. **d) Inhaberschuldverschreibung** (§ 793). Ihr Erwerb ist RKauf (§ 453 I). Ihre Übertragg dch den DarlG an den DarlN zwecks Verwertg auf eigene Rechng kann Erf der HauptPfl aus § 488 I sein (Valutierg des Darl). 6 7 8

e) Erfüllung (§ 362). Da das Darl nunmehr ausnahmsl VerpflVertr ist, können AbgrenzgsProbleme kaum noch auftreten. Ein Vorschuss ist jedenf iZw als vorzeit TeilErf einzuordnen.

9 **3) Arten.** Je nach dem Zweck u Inhalt des DarlVertr können folgde typ Arten untersch werden: **a) Personaldarlehen** sind allein gesichert dch die Pers des DarlN, daneben dch die eines Bürgen (§ 765) od
10 MitSchuldn (kumulative SchuldÜbern, 3 vor § 414). **b) Immobiliendarlehen** (Real- od BodenKred) sind dch GrdPfandR (Hyp, GrdSchuld od Rentenschuld) gesichert. Dafür gelten die SoRegelgen der §§ 1113–
11 1203 mit bes auf GeldDarl zugeschnittenen Vorschr, für VerbrDarl in § 491 III Nr 1. **c) Lombarddarlehen** sind DarlVertr, die dch PfandRe an bewegl Sachen (§§ 1204–1296) gesichert sind. Dem steht insoweit die
12 allg gebräuchl SichergsÜbEigng (§ 930 Rn 11–20) gleich. **d) Pachtkredit** ist eine Sonderform des LombardKred. Das Darl wird dem Pächter eines landw Grdst gewährt u am landw Inv gesichert. Es gilt das
13 PachtKredG (Einf 2 vor § 1204). **e) Verbraucherdarlehen** ist neben and Formen des VerbrKred (Einf 4, 5) die häufigste Art v Darl. Es ist in den §§ 491–498 (bis zum 31. 12. 01 im VerbrKrG) speziell ggü dem allg
14 DarlR (§§ 488–490) geregelt. Es gilt nur, wenn DarlG ein Untern (§ 14) ist (vgl Einf 2). **f) Baudarlehen** sind Darl, die gesichert dch Hyp od GrdSchuld, am zu bebauenden Grdst gewährt werden u deren Zweck vertrgem auf die Verwendg für Neu-, Aus- od Umbau eines Gbdes gerichtet ist (BGH NJW **88**, 263), u die dadch einen Mehrwert des Grdst schaffen (BGH NJW-RR **91**, 728). Dazu gehören nicht: ein Kred, der vereinbgem od auf Veranlassg des DarlG zur Tilgg eines GrdstKaufKred verwendet wird (BGH NJW-RR **89**, 788), sowie verlorene Zuschüsse als staatl Fördermittel (Dresd OLG-NL **99**, 121). Für BauDarl gilt das BauFdgG (vgl hierzu § 648 Rn 6 u § 823 Rn 145). Der BauDarlVertr begrdet ein ggs VertrauensVerh. Die ausbezahlten DarlBetr, insb Raten, dürfen nicht für and Zwecke als für den bestimmten Bau verwendet werden. Grd hierfür ist die Sicherg des gewährten ImmobilienDarl u der BauWerkUntern (§ 648). Das gilt nicht, soweit der DarlN aus and Geldmitteln BauGläub befried (Dresd OLG-NL **00**, 123 mwN). Die Abtretg des Anspr auf Auszahlg des Darl ist nur zuläss, wenn die Verwendg der Gelder für den Bau gewährleistet ist od alle Betroffenen (DarlG u BauUntern) zust. Gilt auch für den NachUntern (BGH NJW-RR **90**, 342). Entspr eingeschränkt ist wg § 851 ZPO die Pfändg. Die Abtretg der Hyp u die Veräußerg des Grdst währd des Baus ist nur zul, wenn der jeweil VertrPartner zust. Wg der ZweckBest kann gg den AuszahlgsAnspr auch
15 nicht aufgerechnet werden. **g) Bauspardarlehen** ist ein aGrd eines BausparVertr gewährtes Darl. Es wird grdsl wie ein BauDarl (Rn 14) behandelt. Es gelten die dchweg zuläss AGB der Bausparkassen. ZwKred zur
16 Vorfinanzierg unterliegen grdsl der gleichen ZweckBestimmg (vgl BGH WM **76**, 682). **h) Mieterdarlehen:** Rn 114 vor § 535. **i) Brauereidarlehen** ist ein Darl, das eine Brauerei einem Gastw iVm einer Bierbezugs-Verpfl gewährt. DarlVertr (§ 488) u BierbezugsVertr (§ 433 in SukzessivLieferg) sind rechtl teils nach DarlR, teils nach KaufR zu behandeln. Diese Vbdg führt grdsl nicht dazu, dass vorzeit Rückzahlg des Darl die BierbezugsVerpfl erlöschen lässt. Rückzahlg des Darl dch Verrechng mit einem best Anteil an Bezahlg der Bierlieferg ist übl u zuläss. Der Anspr auf das Darl steht mit der BierbezugsVerpfl im GgseitigkVerh (§§ 320 ff). Ein KündR kann grdsl frei vereinb werden. Bei übmäß Bindg kann § 138 erf sein (dort Rn 81). Übertragg der Pfl an den Erwerber (insb Käufer, neuen Pächter) der Gaststätte erfordert wg §§ 414, 415 Zust
17 des DarlG. **j) Beteiligungsdarlehen** (partiarisches Darl) ist zunächst v Gesellsch (§ 705) u Kauf (§ 453 I) abzugrenzen (Rn 6, 7). Wesentl Merkmal ist die Vereinbg eines Anteils am Gewinn eines Untern od aus einem Gesch, zu dessen Zweck (insb zur Finanzierg) das Darl gewährt wird. Daneben kann eine Zins-ZahlgsPfl vereinb werden. Es besteht Pfl zur RechngsLegg gem § 256 (vgl BGH **10**, 385). Eine Gewinn-Beteiligg erstreckt sich iZw nicht auf den v DarlN erzielten Pr bei Verk des Untern. **k) Arbeitgeberdar-**
18 **lehen:** § 611 Rn 92 u § 491 II Nr 2. **l) Öffentliche Darlehen** sind Darl, die aus öff Mitteln, insb aGrd von staatl KredProgrammen gewährt werden. Hierfür gilt die Zwei-Stufen-Theorie (hM; BVerwG **1**, 308; BGH **40**, 206; **52**, 155), auch dann, wenn das Darl nicht unter Einschaltg einer Bank, sond unmittelb dch die öff Hand gewährt wird. Die 1. Stufe (DarlBewilligg u -Bereitstellg) endet mit dem BewilliggsBescheid, dch den der öffrechtl Anspr auf Abschl eines priv DarlVertr begründet wird (Hamm WM **66**, 868 mwN). Die 2. Stufe beginnt mit Abschl des DarlVertr, auf den dann nur noch zivilrechtl eingewirkt werden kann (BGH **40**, 206 u WM **68**, 916; aA BVerwG stRspr zB **13**, 47; paralleler FortBestd der öffrechtl Beziehgen mit der Möglk unmittelb Einwirkg auf den DarlVertr). Wenn die DarlSchuld privrechtl erloschen ist, kann der DarlN auch öffrechtl daraus nicht mehr in Anspr gen werden (BVerwG **18**, 46). Für die Künd des Darl ist nicht Vorauss, dass die öffrechtl DarlBewilligg zurückgen wird (BGH **73**, 258); aber uU muss Gelegenh zur begünst Ablösg gewährt werden (BGH WM **77**, 1281).

19 **4) Bankkredite.** Betrifft alle Geldinstitute iS des KWG. Der BankVertr fällt unter § 675 (dort Rn 9–12). **a) Geldeinlagen** der Kunden sind grdsl nach § 700 (unregelmäß Verwahrg) zu behandeln, so dass die DarlVorschr gelten. Die AGB der Geldinstitute gehen vor. Echte Darl sind die aufgen Fest-, Künd- u Ter-
20 mingelder. **b) Bankdarlehen.** Ihm liegt regelmäß ein KredEröffngsVertr zugrde. Das ist der als eigentl DarlVertr anzusehde RahmenVertr. Dch ihn wird der Kred in best Höhe festgelegt (KredRahmen). Innerh dieses Rahmens sind davon einzelne, gewährte Darl rechtl getrennt. IdR ist Schriftf vereinb. Mdl od stillschw Abschl ist aber nicht ausgeschl. Bei VerbrDarl ist Schriftf vorgeschr (§ 492). Für den Inhalt des Vertr gelten iZw die AGB der Bank. Der Abruf des einz Darl steht dem DarlN zu (BGH **83**, 81). Auszahlg an Dr genügt der DarlGewährg nur, wenn es vereinb ist od mit Zust des DarlN geschieht (BGH NJW **85**, 730). BankDarl
21 werden insb in folgder Form gewährt: **aa) Kontokorrentkredit** ist die häufigste Art des BankDarl. Es wird über das Einlagen- (Kontokorrent- od Giro-)Konto des DarlN abgewickelt. Dieser kann das Geld innerh des KredRahmens abrufen, insb dch Auszahlg od Übweisg. KredEröffngsVertr u GiroVertr des Bankkunden sind
22 Vorauss. HGB 355–357 sind grdsl anzuwenden. **bb) Überziehungs- oder Dispositionskredit.** Im Rahmen eines Kontokorrents kann die Bank dem Kunden die Möglk einräumen, iW eines Darl das Konto zu überziehen (bei GehaltsEmpf vielf bis zu drei MoEinkommen gebräuchl). Dadch wird ein Darl gg erhöhte
23 Vergütg (Zins od bes Entgelt) gewährt. SoRegel für Verbr in § 493. **cc) Teilzahlungskredit** ist ein Darl, das vereinbgem in gleichbleibden, im voraus festgelegten, idR mtl Raten zurückzuzahlen ist. Zinsen u sog
24 KredGebühren sind darin eingerechnet. Ist der KredN Verbr, ist § 498 anzuwenden. **dd) Kontokorrentratenkredit** (Canaris WM-Beil **87** Nr 4) ist eine Vbdg von Kontokorrent- u RatenKred, bei dem innerh eines best Rahmens der DarlN jederzt ganz od teilw den Kred nehmen kann, Rückzahlgen jederzt mögl sind u eine

mtl MindestRückzahlgsRate vereinb ist. Ist der DarlN Verbr, gilt § 498. **ee) Forward-Darlehen** ist ein 25
KredVertr, in dem die Auszahlg erst zu einem späteren Ztpkt (meist 1–3 Je) vereinb u für die Zt bis dahin BereitstellgsZ od eine Prämie zu zahlen ist (hierzu Rösler WM **00**, 1930). Ist der DarlN Verbr, so ist § 492 I S 5 Nr 2 u 4 zu beachten. **c) Akzeptkredit** ist die von GeldDarl zu unterscheidde and Form eines dch 26
BankGesch gewährten Kred. Das Darl wird dch Haftg der Bank gewährt, indem die Bank einen Wechsel ihres Kunden akzeptiert (Art 25 WG) u der Kunde den Wechsel von einem Dr diskontieren lässt (vgl § 453 Rn 27). Das ist im Einzelfall GeschBesorggsVertr od Darl (BGH **19**, 282/8). Gewährt die Bank das Geld aus eigenen Mitteln (Eigendiskont), so kann Darl vorliegen. Besorgt sie den Diskont selbst, gilt § 675 u es sind die §§ 669, 670 anzuwenden.

488 ***Vertragstypische Pflichten beim Darlehensvertrag.*** **I Durch den Darlehensvertrag wird der Darlehensgeber verpflichtet, dem Darlehensnehmer einen Geldbetrag in der vereinbarten Höhe zur Verfügung zu stellen. Der Darlehensnehmer ist verpflichtet, einen geschuldeten Zins zu zahlen und bei Fälligkeit das zur Verfügung gestellte Darlehen zurückzuerstatten.**

II Die vereinbarten Zinsen sind, soweit nicht ein anderes bestimmt ist, nach dem Ablauf je eines Jahres und, wenn das Darlehen vor dem Ablauf eines Jahres zurückzuerstatten ist, bei der Rückerstattung zu entrichten.

III Ist für die Rückerstattung des Darlehens eine Zeit nicht bestimmt, so hängt die Fälligkeit davon ab, dass der Darlehensgeber oder der Darlehensnehmer kündigt. Die Kündigungsfrist beträgt drei Monate. Sind Zinsen nicht geschuldet, so ist der Darlehensnehmer auch ohne Kündigung zur Rückerstattung berechtigt.

1) Allgemeines zum DarlVertr. Begriff: Einf 2. Rechtsnatur: Vorbem 2, 3. Abgrenzg zu and RVerh: 1
Vorbem 6–10. Arten v Darl Vorbem 9–14. **a) Anwendbar** nur auf Darl, die in Geld gewährt werden. Für SachDarl gelten die §§ 607–609. Auf alle Arten v Darl (Vorbem 9–14), insb auch auf VerbrDarl ist § 488 anzuwenden. **b) Abdingbarkeit.** Die vertrtyp Pfl des Abs I sind zwingd; sonst liegt kein DarlVertr vor. Höhe 2
der Zinsen, ihre LaufZt u Fällk (II), Ztpkt u Höhe der RückErstattg (III) stehen der Disposition der VertrParteien offen. Wesentl Einschränkgen mit UmgehgsVerbot gelten bei einem VerbrDarl aGrd des § 506.
c) Abschluss des Vertr geschieht ausschließl dch übereinst WillErkl (§§ 145 ff), bei HandDarl (sof u tats 3
Hingabe des GeldBetr, auch Scheck) oft stillschweigd. **d) Form.** Vorgeschrieben ist die Schriftf nur, wenn 4
DarlN ein Verbr ist u DarlG ein Untern (§ 491 I, § 492 I). Das gilt auch für Existenzgründer (§ 507). Soweit § 492 I nicht anwendb ist, wird zur RSicherh u zur Beweisbk idR Schriftf vereinb (§ 127).

2) Pflicht des Darlehensgebers (I S 1). Sie steht bei einem entgeltl Darl im GgseitkVerh der §§ 320– 5
326). **a) Geldbetrag.** Die Währg ist gleichgült; iZw ist es die inländ. Mit dem Wort GeldBetr ist die wertmäß Verschaffg gemeint (Rn 7), nicht eine Anzahl best Geldscheine. **b) Vereinbarte Höhe.** Es muss nicht ein 6
best GeldBetr sein. Es kann ein Höchst- od MindestBetr nach Abruf od InAnsprNahme des Darl vereinb werden, auch ein für ein bestimmtes vorzunehmdes Gesch erforderl, aber noch nicht feststehder Betrag.
c) Zur Verfügung stellen. Das umfasst das Verschaffen u Belassen des Geldes für die LaufZt des DarlVertr. 7
aa) Verschafft wird dch Zahlg in jeder übl Art: bar dch Geldscheine, insb Auszahlg der Bank, Überweisg, Gutschrift auf dem Konto des DarlN. **bb) Zahlung an Dritte** (§ 362 II) bedeutet Erf, wenn es vereinb ist 8
(BGH WM **97**, 1658). Das trifft insb zu, wenn der DarlN an den Dr zur Zahlg verpfl ist (allgM; Oldbg WM **88**, 1813), ggf genügt Zust od Weisg des DarlG (BGH NJW **77**, 38 UnfallhilfeGes u NJW **78**, 2294 DarlVermittler). Der DarlVertr u das finanzierte Gesch des DarlN mit dem Dr sind grdsl voneinander unabhäng, können aber dch Vereinbg der VertrPart miteinander verbunden sein (BGH NJW **00**, 3065). Eine Verbindg besteht bei VerbrDarlVertr kraft Ges bei Finanzierg eines Kauf-, D- od WerkVertr, der widerr wurde (§ 358), mit EinwendgsDchgriff (§ 359). **cc) Erfüllungsersatz** ist nach § 364 zu behandeln. Es kommt 9
Wechsel od Scheck in Betracht, auch Übertragg v geldwerten Ren, insb v Fdgen dch Abtretg, WertPap u Sachen zur Verwertg gg Geld. Das alles muss zw den VertrPart von vorneherein od nachträgl vereinb sein (§ 311 I). Aufrechng (§ 387) dch den DarlG ist wg des DarlZwecks regelmäß ausgeschl (§ 157). Hingg ist die Aufrechng dch den DarlN zuläss u bringt, wenn sie wirks ist, den ErfAnspr zum Erlöschen (§ 389).
dd) Belassen des GeldBetr als Darl bedeutet, dass der DarlG Rückerstattg (I S 2) nur verlangen kann, wenn 10
Fälligk (Rn 14) eingetreten ist, dh die best LaufZt beendet od wirks gekünd ist (III; §§ 489, 490). **d) Fälligkeit** der Pfl zur DarlGewährg. Es gilt grdsl § 271, also iZw sofort nach VertrSchluss. Die Vereinbg der VertrPart weicht davon sehr häuf ab, zB ein best KalTag. Im GeschVerk wird idR darauf abgestellt, dass die vereinb Sicherh geleistet ist, od auf ein Ereign, zB ein Abruf des Darl dch den DarlN, die Fälligk einer Fdg gg den DarlN. 11

3) Pflicht des Darlehensnehmers (I S 2) ist (begriffsnotwend) die RückErstattg des zur Vfg gestellten 12
GeldBetr. Zum GgseitKVerh (§§ 320 ff) vgl Vorb 3. Desh wird die RückErstattg als NebenPfl eingeordnet (AnwK/Reiff 6). **a) Voraussetzungen** sind die Wirksamk des DarlVertr u die Erf der HauptPfl des DarlG, indem dieser den GeldBetr zur Vfg gestellt hat (Rn 7–10). Ist der DarlVertr nichtig, besteht nur ein Anspr aus den §§ 812 ff. **b) Inhalt.** Es ist grdsl in der selben Währg zurückzuzahlen, ohne Rücks auf den Devisenkurs, 13
Auf- oder Abwertg. Inflationsverlust geht zu Lasten des DarlG. WertSichergsKl sind zuläss u werden häuf vereinb (§ 245 Rn 18–23). **c) Fälligkeit.** Es ist zu untersch: **aa) Bestimmte Laufzeit.** Sie ist idR im 14
DarlVertr vereinb: **(1) Ausdrücklich.** KalTag od nach ZtRaum (Mo, Je); gerechnet nach einem best Tag od Ereign (zB Auszahlg des Darl, Beendigg eines ArbVerh, Eintragg im GB). In einer TilggsAbr kann dch Auslegg (§ 157) zugleich eine LaufZtVereinbg gesehen werden (vgl BGH WM **70**, 402). **(2) Stillschweigend** 15
kann sich die LaufZt aus dem Zweck des Darl ergeben. Bsp: Aufbau eines Untern bis zur GewinnErzielg; Überbrückg vorübgehder ZahlgsSchwierigk; bei Schwiegerkind der Bestand der Ehe zu deren besseren wirtschl Lage u ExistenzSicherg (BGH NJW **95**, 2282; Düss NJW **89**, 908). **(3) Einseitig bestimmt** werden (v DarlN od DarlG) kann der ZtPkt der Fälligk, wenn die LaufZt freigestellt ist. Dann gilt § 315 (§ 271

16 Rn 6). **bb) Unbestimmte Laufzeit.** Als DauerSchuVerh unterliegt der DarlVertr der Künd, jedoch wird der RückErstattgsAnspr nach Künd gem Abs III fäll (Rn 35). Ohne Künd ist der DarlN zur Rückzahlg nur dann berecht, wenn für das Darl keine Zinsen geschuldet werden (III S 3). Das ist keine vorzeit RückErstattg
17 (Rn 35) weil der DarlVertr beendet wird. **cc) Aufhebungsvertrag** (Rn 37) zw den Part des DarlVertr ist bei best wie unbest LaufZt jederzt mögl (§ 311 I). Das kann mit od ohne VorfälligkEntschäd (Rn 37) geschehen.

18 **4) Sonstige Pflichten** des DarlN sind Zinszahlg (I S 2, II) u, wenn es vereinb ist (§ 311 I), die Bestellg einer Sicherh. Diese Pfl stehen im GgseitkVerh (§§ 320–326). **a) Zinszahlung** (entgeltl Darl) ist der gesetzl Regelfall. **aa) Zinsbegriff:** § 246 Rn 1–3. Ist das Darl eindeut als unverzinsl vereinb, muss dies mind dch
19 Auslegg (§§ 133, 157) zu ermitteln sein. **bb) Höhe.** Ist ein bestimmter Zinssatz nicht vereinb, gilt der gesetzl (§ 246 u HGB 352). Der vereinb Zins kann sich insb auf den BasisZSatz (§ 247) beziehen. Die Grenze ist § 138 (dort Rn 25, 67). Der Zins kann auch in einer festen Summe bestimmt sein, beim BeteiliggsDarl (Vorbem 17 vor § 488) auch als Gewinnanteil bezeichnet. Ein Disagio (Rn 34) kann verdeckter Zins sein, näml die Spanne zw Nominal- u EffektivZ (§ 246 Rn 3). Ein ZinsCap (variabler Zins mit gleichzeit
20 Begrenzg) ist zuläss (Rösler WM **00**, 1930). **cc) Zinspflicht** entsteht iZw mit der Auszahlg (Rn 7). Eine and Vereinbg ist häuf (BGH NJW **85**, 730 für § 608 aF). Die ZPfl endet iZw mit der Beendigg des DarlVertr (Rn 28–30). Umstr ist, ob bei Unterbleiben der Rückzahlg SchadErs, VerzugsZ od VertrZ zu zahlen ist
21 (§ 246 Rn 10–12). **dd) Fälligkeit** der Zinsen (II). Primär gilt die Vereinbg der Part. Ist sie nicht getroffen, gilt der Grds jährl Fälligk od bei kürzerer LaufZt Fälligk bei Rückerstattg. Bei Verwendg v AGB ist Verstoß gg § 307 I S 1 mögl, aber nicht dadch, dass bei gleichbleibder JLeistg, die Zinsen u Tilgg enthält, die Zinsen vom VorJStand des Darl berechnet u unterjähr, insb in vierteljährl Raten für Zinsen u Tilgg fäll gestellt werden
22 (BGH NJW **93**, 3261 mwN). **ee) Verjährung:** 3 Je gem §§ 195, 199. **b) Sicherheit.** Es kommen alle von den §§ 232–239 erfassten Arten von Sicherh in Betr. Ist nicht eine bestimmte Sicherh vereinb, so hat der DarlN die Wahl (§ 232 Rn 1). Die Höhe richtet sich nach der Vereinbg; iZw entspr dem DarlBetr u ein angem Zuschlag für mind eine ZPeriode nach billigem Ermessen (§ 315 III). Ohne Vereinbg bestimmt der
23 DarlG die Höhe (§ 316). **c) Abnahme** der DarlValuta ist Pfl des DarlN nur bei einem verzinsl Darl. Sie steht nicht im GgseitkVerh, so dass die §§ 320 ff nicht anwendb sind. Bei Verschulden des DarlN können aber SchadErsAnspr aus § 280 entstehen. Mahng od FrSetzg ist oft entbehrl (vgl BGH NJW **90**, 432 für § 607 aF). Berechng des Schad: § 246 Rn 13.

24 **5) Mehrheit von Darlehensnehmern** liegt vor, wenn für ein einz Darl ein DarlVertr geschl wird, bei dem als DarlN mind 2 Pers beteil sind (nicht als HauptSchuldn u Bürge). Das kann auch nachträgl geschehen, insb dch Schuldbeitritt (2 vor § 414). Die DarlN sind iZw GesSchuldn (§ 421). Der DarlG erf seine Pfl (Rn 6), indem er den GeldBetr einem der DarlN zur Vfg stellt (Hamm WM **92**, 257 für § 607 aF). Problemat ist der Schuldbeitritt vermögensloser Pers, insb von Angehör des DarlN (§ 138 Rn 36).

25 **6) Abtretung** der Anspr (§ 398) ist grdsl zuläss, ausgeschl bei einem Anspr aus dem VorVertr (allgM; Vorbem 4). Die VertrPart können die Abtretbark dch Vertr (§ 311 I) ausschließen (§ 399). Auch wenn der DarlN seinen Anspr abtritt, bleibt er VertrPart u Schu des RückerstattgsAnspr. Bei BauDarl (Vorbem 14) ist die Abtretg grdsl ausgeschl.

26 **7) Pfändung** des Anspr aus DarlVertr erfolgt gem § 829 ZPO u ist zuläss, soweit der Anspr abgetreten werden kann (Rn 25; § 851 ZPO). Das ist bei Überziehgs- u DispositionsKred problemat. Die bloß geduldete Überziehg des Bankkontos schafft keinen pfändb Anspr (BGH **93**, 315; aA Grunsky JZ **85**, 490). Umstr ist, ob das auch für den DispositionsKred zutrifft (vgl Gaul KTS **89**, 3; offen gelassen v BGH aaO). Das dürfte nur zu bejahen sein, wenn der DispositionsKred vertragl eingeräumt ist. Zur Überweisg (§ 835 ZPO) ist der Abruf dch den DarlN nöt. Bei Bankkonten ist im Einzelfall dch bes Umstde die Abtretbk üb § 399 ausgeschl (Gaul aaO 12).

27 **8) Vereinbarungsdarlehen.** Darunter wurde die Umwandlg einer and Schuld in ein Darl verstanden (§ 607 II aF). Die alte Schuld (zB §§ 433 II, 667, 812) blieb bestehen u wurde inhaltl in einen RückerstattgsAnspr verändert, dadch dem DarlR unterstellt, wobei die vorhandene Sicherh weiter haftete. Die gesetzl Regelg erschien notw, weil das Darl damals als RealVertr angesehen wurde. Die bloße SchuldAbänderg war von der kausalen od abstrakten SchuldUmschaffg zu untersch (vgl HptBd § 607 Rn 18–21). Da der DarlVertr nunmehr eindeut VerpflVertr ist, wird die Umwandlg gem § 311 I behandelt u bedarf keiner spez Regelg.

28 **9) Beendigung des Darlehensvertrages.** Die BeendiggsGrde sind voneinander unabhäng. Es ist zu untersch: **a) Zeitablauf** bei bestimmter LaufZt (Rn 14). **b) Rückerstattung** des Darl ohne Künd nur bei zinslosen Darl (III S 3; Rn 36). **c) Rücktritt** der §§ 323, 324, wenn eine GgseitkPfl (Rn 5–12) verletzt wird, insb der GeldBetr nicht zur Vfg gestellt, eine vereinb Sicherh nicht geleistet wird. Rücktr ist grds nur vor der
29 Leistg des DarlBetr zuläss. Danach kommt nur Künd (Rn 31) in Betr. **d) Widerruf** der zum DarlVertr führden WillErkl des DarlN ist bei VerbrDarl mögl (§ 495). **e) Rückabwicklung** des DarlVertr gem § 358, wenn er mit einem widerrufenen VerbrVertr üb Kauf, D- od WerkLeistg verbunden ist u dieser Vertr vom Verbr gem § 355 widerr od der Widerr dch Ausübg des RückgRs (§ 356) ersetzt wurde. **f) Eintritt** einer auflösden Bedingg (§ 158 II). **g) Anfechtung** (§§ 119, 123, 142), sofern die Vorauss ihrer Wirksk gegeben
30 sind. **h) Aufhebungsvertrag** (Rn 37), auch iW des § 779, insb wenn unsicher ist, ob eine Künd (§§ 489, 490) wirks erkl wurde. **i) Kündigung** gem III S 1, §§ 489 od 490, aber auch § 313 u § 314 (wicht Grd).

31 **10) Kündigung** des DarlVertr (III S 1 u 2). Entspr dem § 609 aF. **a) Anwendbar** grdsl nur bei DarlVertr mit unbestimmter LaufZt (Rn 26), gleich ob fester od variabler ZSatz (Freitag WM **01**, 1370). **b) Abdingbarkeit** ist grdsl zu bejahen. Es kann die Zulässk der Künd bei best LaufZt (Rn 14) vereinb werden, auch der Ausschl der Künd für eine best Zt od für die ganze Dauer, zB auf LebensZt des DarlN, insb wenn ein HypDarl
32 mit einem LebensVersVertr verbunden ist. **c) Erklärung** der Künd. Sie steht beiden VertrPart zu, ist empfbedürft WillErkl (§ 130) u kann erst abgegeben werden, wenn das Darl valutiert ist (Mü WM **78**, 1394 für § 609). Die Künd ist ab Zugang unwiderrufl u als GestaltgsR bedinggsfeindl. Der Ztpkt, auf den gekünd wird

(KündTermin), muss nicht angegeben werden (BGH BB **65**, 104 für § 609 aF); es ist iZw der nächstzuläss Termin. Konkudent erkl ist die Künd dch Kl auf Rückerstattg od dch ZwVollstr (BGH WM **65**, 767 für § 609 aF), dch Aufrechng mit der RückErstattgsFdg gg eine Fdg des DarlN. Eine TeilKünd ist nicht ausgeschl, wenn beiderseits jederzt gekünd werden kann (BGH NJW **99**, 2269 für § 609 aF). **d) Frist** (III S 2). Die 3- 33
Mo-Fr gilt nur, wenn nichts and vereinb ist, zB fristlose Künd. Eine solche kann iW der Auslegg (§ 157) bejaht werden bei KleinDarl (nach § 609 II aF bis 200 € DarlBetr 1-Mo-Fr). Bei unverzinsl Darl kann die wg III S 3 unnöt Künd des DarlN fristlos erfolgen. Die Berechng der Fr richtet sich nach § 188 II.

11) Disagio (Damnum) ist der Betr, um den das zur Vfg gestellte Geld geringer ist als der NennBetr des 34
Darl u als der RückErstattgsAnspr. Wie das Disagio zu behandeln ist, richtet sich nach der Auslegg des Vertr (BGH **81**, 124 für § 609 aF). IdR ist es ein laufzeitabhäng Ausgl für einen niedrigeren NominalZ sowie Aufwand für KapBeschaffg u wird auch als TVorauszahlg der Zinsen angesehen (BGH NJW **96**, 3337 für § 609 aF). Es ist nicht Vergütg für Bearbeitg u Risiko. Der DarlN kann es anteil aus § 812 zurückfordern, wenn er wirks künd (BGH NJW **93**, 3257 für § 609 aF), nicht aber, wenn der DarlG wg schuldh VertrVerl künd (BGH aaO) od wenn der unkündb DarlVertr auf Wunsch des DarlN aufgehoben wird (BGH aaO). Zugrdezulegen ist idR nicht die GesLaufZt des Darl, sond die ZFestschreibg (BGH NJW **95**, 2778 für § 609 aF). Ist es and vereinb, so verbleibt das Disagio beim DarlG (vgl Köln NJW-RR **92**, 681 für § 609 aF). Davon ist bei öff geförderten Darl auszugehen (BGH NJW **92**, 2285; umstr; aA Koller DB **92**, 1125 mwN für § 609 aF).

12) Rückerstattung des DarlBetr ist HauptPfl des DarlN (I S 2). Zu Vorauss u Fälligk: vgl Rn 12, 14, 17. 35
a) Nicht verlangte Rückerstattung. Fordert sie der DarlG bei Beendigg des DarlVertr (Rn 28–30) nicht, so verlängert sich desh nicht der DarlVertr, aber es können die VertrZ für die Zt nach Fällk nur bis zur RückErstattg verlangt werden (§ 301 Rn 1). **b) Vorzeitige Rückerstattung** (ohne Künd od vor Ablauf der KündFr) ist bei 36
unverzinsl Darl vertrgem (III S 3), bei verzinsl Darl grdsl ausgeschl (AnwK/Reiff 10; Hammen DB **91**, 953 für § 609 aF). Sie ist nur dch wirks Künd, insb gem § 489 od § 490 einseit herbeizuführen. Jederzt mögl ist ein AufhebgsVertr (Rn 37). **c) Aufhebungsvertrag** ist inhaltl eine VertrÄnd u fällt unter § 311 I (§ 305 aF; hierzu 37
BGH **136**, 161), weil der Vertr auf die vorzeit Rückzahlg ausgerichtet wird. Darauf kann der DarlN im Einzelfall Anspr haben (BGH aaO; Früh NJW **98**, 2623). Die Aufhebg wird idR mit einer VorfällkEntschäd verbunden u davon abhäng gemacht. Die VorfällkEntschäd ist legal definiert in § 490 II S 3 als der Schad, der dem DarlG aus der vorzeit Künd entsteht. Dem ist die vorzeit Beendigg des DarlVertr gleichzustellen. Der DarlG darf aber daraus nicht Vorteile erlangen (BGH NJW **97**, 2878 für § 609 aF; hierzu Lang/Beyer WM **98**, 897 mwN). Berechng: § 246 Rn 13; diese ist im einzelnen v GesG bewusst der Rspr überl. Für den DarlG besteht keine Pfl, den DarlN auf die Möglk vorzeit RückErstattg aufmerks zu machen (Stgt WM **99**, 1007). Kein AufhebgsVertr ist der Eintritt eines Dr als ErsKredN. Es ist rechtsgeschäftl ein Fall v VertrÜbnahme (§ 398 Rn 38) u nur mit (dreiseit) Vertr od Zust (§ 182) des DarlG wirks (vgl hierzu Knops WM **00**, 1427).

13) Beweislast. a) Abschluss des DarlVertr. Die Bewl trägt derjen, der sich darauf beruft, auch für den 38
jeweils behaupteten Inh, insb die LaufZt. Ein Schuldschein mit monatl ZZahlg beweist noch nicht den Abschl als DarlVertr (BGH WM **76**, 974). **b) Zins.** Der DarlG muss, wenn der DarlVertr unstreit od bewiesen ist, 39
nicht die Verzinslk beweisen, hingg der DarlN die behauptete Unverzinslk. Zinshöhe: der DarlG, wenn er einen höheren ZSatz als den gesetzl behauptet (vgl Oldbg NJW-RR **95**, 1452), der DarlN einen niedrigeren. **c) Erfüllung.** Es gilt § 363, damit eine BewLUmkehr. Bestätigt der DarlN schriftl den Empf des DarlBetr 40
u die Pfl zur Rückerstattg, hat er die volle Bewl dafür, dass diese Pfl nicht entstanden sei (hM; BGH NJW **86**, 2511 für § 607 aF). **d) Kündigung.** Für die Erkl, den Ztpkt u die Tats zur Wirksamk trägt die BewL derjen, 41
der sich auf die Künd beruft.

489 ***Ordentliches Kündigungsrecht des Darlehensnehmers.*** **I Der Darlehensnehmer kann einen Darlehensvertrag, bei dem für einen bestimmten Zeitraum ein fester Zinssatz vereinbart ist, ganz oder teilweise kündigen,**

1. **wenn die Zinsbindung vor der für die Rückzahlung bestimmten Zeit endet und keine neue Vereinbarung über den Zinssatz getroffen ist, unter Einhaltung einer Kündigungsfrist von einem Monat frühestens für den Ablauf des Tages, an dem die Zinsbindung endet; ist eine Anpassung des Zinssatzes in bestimmten Zeiträumen bis zu einem Jahr vereinbart, so kann der Darlehensnehmer jeweils nur für den Ablauf des Tages, an dem die Zinsbindung endet, kündigen;**
2. **wenn das Darlehen einem Verbraucher gewährt und nicht durch ein Grund- oder Schiffspfandrecht gesichert ist, nach Ablauf von sechs Monaten nach dem vollständigen Empfang unter Einhaltung einer Kündigungsfrist von drei Monaten;**
3. **in jedem Fall nach Ablauf von zehn Jahren nach dem vollständigen Empfang unter Einhaltung einer Kündigungsfrist von sechs Monaten; wird nach dem Empfang des Darlehens eine neue Vereinbarung über die Zeit der Rückzahlung oder den Zinssatz getroffen, so tritt der Zeitpunkt dieser Vereinbarung an die Stelle des Zeitpunkts der Auszahlung.**

II Der Darlehensnehmer kann einen Darlehensvertrag mit veränderlichem Zinssatz jederzeit unter Einhaltung einer Kündigungsfrist von drei Monaten kündigen.

III Eine Kündigung des Darlehensnehmers nach Absatz 1 oder Absatz 2 gilt als nicht erfolgt, wenn er den geschuldeten Betrag nicht binnen zwei Wochen nach Wirksamwerden der Kündigung zurückzahlt.

IV Das Kündigungsrecht des Darlehensnehmers nach den Absätzen 1 und 2 kann nicht durch Vertrag ausgeschlossen oder erschwert werden. Dies gilt nicht bei Darlehen an den Bund, ein Sondervermögen des Bundes, ein Land, eine Gemeinde, einen Gemeindeverband, die Europäischen Gemeinschaften oder ausländische Gebietskörperschaften.

1 **1) Allgemeines.** Hopt/Mülbert WM SoBeil 3/90 für § 609 a. Die Vorschr entspr mit geringfüg redak-
tionellen Änd dem § 609 a aF. **a) Zweck:** InteressenAusgl u Schutz des DarlN. Es sollen marktgerechte Zen
2 ermögl u eine Umschuldg erleichtert werden. Das soll der Druck des KündR fördern. **b) Anwendungsbe-
reich.** Die Vorschr gilt für alle Arten v DarlVertr (Vorb 9 ff vor § 488), insb BankDarl (Vorb 20 vor § 488).
Abs I gilt nur für Darl mit festem ZSatz, Abs II für solche mit variablem (veränderl) ZSatz. Abs I Nr 2 gilt
3 nur, wenn ein Verbr (§ 13) DarlN ist. **c) Abdingbarkeit.** Abs I u II sind zG des DarlN zwingd nach Maßg
des Abs IV (Rn 19). Entggstehde Vereinbg sind nichtig (§ 134). **d) Kündigung** (I, II). Sie ist eine ordentl
Künd. Es gilt daher grdsl § 488 Rn 30, 31; jedoch sind die KündFr unterschiedl: 1 Mo in I Nr 1, 3 Mo in
I Nr 2 u II, 6 Mo in I Nr 3; auch der FrBeginn ist unterschiedl u es bestehen bestimmte KündTermine
4 (I Nr 1; Ende der ZBindg) u MindestLaufZt (I Nr 2: 6 Mo; I Nr 3: 10 Je). **e) Andere Kündigungen** sind
dch § 489 nicht ausgeschl. Das R zur außerord Künd aGrd des § 490 II od § 314 (aus wicht Grd) bleibt
unberührt, ebso wie bei Störg der GeschGrdlage der Anspr auf Anpassg des Vertr (§ 313 I) od bei Unzumutbk
der Anpassg das R zur Künd (§ 313 III S 2).

5 **2) Festverzinsliche Darlehensverträge** (I). Begriff: Darl, bei denen für einen bestimmten ZtRaum ein
fester ZSatz (idR dch Angabe in %) vereinb ist. Darunter fallen auch die zeitl begrenzte ZBindg (zB
abschnittsw Finanzierg) u die ZVariabilität nach vereinb begrenzten ZtRäumen (Hopt/Mülbert 5). Grdsl sind
6 Darl für die Dauer der ZBindg nicht ord kündbar. Vorauss des KündR aus § 489 sind: **a) Nr 1: Kürzere
Zinsbindung** als die DarlLaufZt. Es ist zu unterscheiden: **(1)** Hs 1: Das Ende der Bindg an einen festen ZSatz
muss vor dem RückzahlgsTermin (§ 488 Rn 14) des Darl enden. **(2)** Hs 2: Vereinb ZAnpassg (meist an einen
vereinb ReferenzZSatz) bis zu höchstens einem J od für mehrere jeweils im voraus bestimmte ZtRäume (roll-
7 over-Kredite). Sind die ZPerioden länger, so verbleibt es bei Hs 1. **b) Nr 2. Verbraucherdarlehen** (nicht
ident mit § 491, weil DarlG nicht ein Untern sein muss, (AnwK/Reiff 10); Darl an Verbr (§ 491 Rn 7; auch
SchuMehrh), ohne Sicherg dch Hyp, GrdSch od SchiffsPfdR. Eine solche Sicherg setzt voraus, dass diese Re
(vollwert gesichert) vereinb sind (Stgt WM **99**, 1007 mwN; bestr), ohne Rücks auf Einleitg u Stadium des
GB-Verf. Kurzzeit vorübgehder Wegfall der dingl Sicherg dch Freigabe des DarlG schafft kein KündR (Stgt
aaO). Auf Wert u Höhe der Sicherg kommt es nicht an (v. Heymann BB **87**, 415 [419]). Das Darl darf nicht
ganz od übwiegd (v Betrag her zu messen) für gewerbl od berufl Zwecke (Abgrenzg Hopt/Mülbert 10)
bestimmt gewesen sein (BewL für Vorliegen dieses Zwecks: DarlG, Häuser/Welter NJW **87**, 17 [20]). Ist der
DarlN Kfm, so gilt § 344 I HGB (Bülow NJW **90**, 2534). Auf die spätere tats Verwendg kommt es nicht an
8 (Hopt/Mülbert 9). Am besten wird zwecks Klarstllg der DarlZweck in die Urk aufgen. **c) Nr 3. Lang-
fristige Darlehen.** Gilt für alle Darl, insb auch für befristete (Hopt/Mülbert 15). Hs 1: Empf ist selbst-
verständl auch die vereinb Zahlg an einen Dr (§ 488 Rn 7–9). Vollständ: auch bei Disagio (§ 488 Rn 34), bei
TZahlgen die letzte Leistg; maßgebd ist Aushändigg od Gutschrift. FrBerechng: §§ 187 I, 188 II. Zum
FrBeginn bei Forward-Darl: Rösler WM **00**, 1030. Hs 2: Regelt die Fälle der ProlongationsVereinbg, von
deren Abschl (§ 151) an die 10-J-Fr neu zu laufen beginnt. Auszahlg ist ident mit Empf iS des Hs 1.

9 **3) Kündigungsrecht bei festverzinslichen Darlehen** (I). Dem DarlN steht ein R zur ordentl Künd erst
zum Ablauf der ZBindg zu. Bis dahin ist eine ordentl Künd aGrd des § 489 ausgeschl, kann aber schon zu
einem belieb früheren Ztpkt erkl werden (wie § 488 Rn 31), frühestens zum Ablauf des ZBindgsTermins
u grdsl belieb später. Wird die Künd wirks u fristgerecht erkl, so endet der DarlVertr u die Rückerstattg ist fäll
(§ 488 Rn 14). Stets ist die Vereinbg einer ZAnpassg unter Fortdauer des DarlVertr mögl, auch mit
10 BestimmgsR des DarlG gem § 315. **a) Nr 1. Kürzere Zinsbindung** (Rn 6). Es ist zu untersch: **aa) Kündi-
gungsfrist** bei ZinsBindg (Hs 1). Sie beträgt 1 Mo vor dem Ende der ZBindg. Berechng: § 188 II, III. Die
Künd muss nicht zu diesem Termin, sie kann auch für einen späteren erkl werden. Bsp: Die Künd zum 31. 3.
11 muss spätest am 28. od 29. 2. zugehen. **bb) Zinsanpassung** (Hs 2). Die KündFr ist auch hierfür 1 Mo (wie
bei Hs 1). Es kann aber bei jedem der Zeiträume auf den Tag gekünd werden, an dem die ZBindg für den
betr ZtAbschn endet. Auf einen Tag dazw darf nicht gekünd werden. Die MoFr gilt auch, wenn der DarlG
12 die Mitt üb den neuen ZSatz innerh dieses Mo dem DarlN zusendet. **b) Nr 2. Verbraucherdarlehen**
(Rn 7). Es ist die 6-Mo-VorlaufZt einzuhalten. Sie ist vom vollständ Empf des Darl an zu berechnen. Das ist
der Ztpkt, zu dem der DarlBetr zur Vfg gestellt wurde (§ 488 Rn 7). Erst nach dem Ablauf kann der Verbr
mit 3-Mo-Fr die Künd erkl (§ 488 Rn 31). Die Erkl kann am 1. Tag nach dem Ablauf für einen belieb Tag als
KündTermin abgegeben werden, so dass der DarlVertr frühestens nach 9 Mo endet. Berechng der Fr: § 187 I,
13 § 188 II, III. **c) Nr 3. Langfristige Darlehen.** KündErkl: § 488 Rn 31. FrBerechng: wie Rn 12. Der
FrBeginn ist grdsl der vollständ Empf (wie Rn 12). Die 10-J-Fr beginnt aber neu, wenn danach eine neue
(kürzere od längere) LaufZt od ein neuer (höherer od niedrigerer) Zins vereinb wurde. Es ist dann auf das
Zustdekommen der ÄndVereinbg (§ 311 I) abzustellen.

14 **4) Darlehensverträge mit veränderlichem Zinssatz** (II). **a) Voraussetzungen.** Gilt für alle DarlVertr,
bei denen die Änd des ZSatzes jederzt eintreten kann, gleichgült aus welchem Grd, zB Bindg an den
BasisZSatz (§ 247) mit od ohne Zuschlag, Bestimmg gem § 315 bei kapitalmarktbedingten Änd (BGH NJW
86, 1803), sonstige ZAnpassgsKlauseln (ausführl Derleder WM **01**, 2929 für Angabe der Indikatoren im
DarlVertr). Abs II gilt nicht, sond I Nr 1, wenn zunächst für eine bestimmte Zt ein fester ZSatz für eine
15 bestimmte LaufZt vereinb u danach eine Änd vorgesehen ist. **b) Kündigungsrecht** des DarlN besteht vom
Abschluss des DarlVertr an, so dass die MindLaufZt prakt 3 Mo dauert, auch von dem Ztpkt an, zu dem dch
ÄndVertr (§ 311 I) ein veränderl ZSatz statt des letzten (bestimmten) ZSatzes vereinb wird. Die Künd ist
jederzt mögl, dh ohne Bindg an bestimmte Termine. Es ist nur die 3-Mo-Fr einzuhalten. FrBeginn-
u FrBerechng: wie Rn 13. Bsp: Künd am 20. 1. wirkt zum Ablauf des 20. 4. Eine TeilKünd ist nicht mögl
(Hopt/Mülbert 17) u, wenn sie trotzdem erklärt wird, unwirks.

16 **5) Fiktion unterbliebener Kündigung** (III). **a) Zweck.** Ein Missbrauch des KündR zu dem Zweck,
dadch zu einem ggü dem VertrZ günstigeren VerzZ zu gelangen, soll verhindert werden, indem der VertrZ
weiter gilt, wenn das Darl nicht zurückerstattet wird. **b) Anwendbar** auf alle DarlVertr, die aGrd des Abs I
17 od II gekünd wurden. **c) Voraussetzungen** der Fiktion (Rn 18): **(1)** Wirks Künd gem Abs I od II. **(2)** Unter-
bleiben der Rückerstattg des Darl gem § 488 Rn 12–14. Es muss nicht od nicht vollständ bezahlt worden sein.

(3) Ablauf der 2-Wo-Fr. Berechng: §§ 187 I, 188 II. FrBeginn: Wirksamwerden der Künd (Rn 3) also nicht vor Zugang der WillErkl (§ 130). **d) Rechtsfolge** ist die Fiktion („gilt"), dass die wirks abgegebene Künd nicht 18
erfolgt sei. Der DarlVertr besteht also mit allen Ren u Pfl der VertrPart fort. And KündRe bleiben unberührt.

6) Unabdingbarkeit (IV) besteht grdsl für alle DarlN mit Ausn derjen, die unter S 2 fallen. **a) Verboten** 19
(S 1) ist jede Ausgestaltg des DarlVertr, dch die eine Künd gem I u II ausgeschl od erschwert wird. Dazu gehören: eine VertrStrafe (v. Rottenburg WM **87**, 1/6 für § 609 a), eine VorfälligkEntschäd (§ 490 II S 3), die sich auf den Zinsverlust des DarlG erstreckt (umstr, vgl Rufner NJW **95**, 86 u 2945; Weber NJW **95**, 2951 für § 609 a). Ein Disagio (§ 488 Rn 34) ist zuläss, darf aber nur so berechnet werden, dass der DarlG einen Ausgleich für den ZVerlust erhält (vgl Hopt/Mülbert 18). Vereinbgen, die sich auf and Termine beziehen, insb kürzere KündFr sind zuläss u ggf wirks. **b) Zulässig** (S 2) sind alle KündBeschränkgen, wenn 20
DarlN eine der aufgeführten Körpersch öff Rs ist. Anstalten u Stiftgen öff Rs fallen nicht darunter. S 2 bewirkt, dass die Künd des DarlVertr ganz ausgeschl od belieb beschr werden darf.

490 ***Außerordentliches Kündigungsrecht.*** **I Wenn in den Vermögensverhältnissen des Darlehensnehmers oder in der Werthaltigkeit einer für das Darlehen gestellten Sicherheit eine wesentliche Verschlechterung eintritt oder einzutreten droht, durch die die Rückerstattung des Darlehens, auch unter Verwertung der Sicherheit, gefährdet wird, kann der Darlehensgeber den Darlehensvertrag vor Auszahlung des Darlehens im Zweifel stets, nach Auszahlung nur in der Regel fristlos kündigen.**

II Der Darlehensnehmer kann einen Darlehensvertrag, bei dem für einen bestimmten Zeitraum ein fester Zinssatz vereinbart und das Darlehen durch ein Grund- oder Schiffspfandrecht gesichert ist, unter Einhaltung der Fristen des § 489 Abs. 1 Nr. 2 vorzeitig kündigen, wenn seine berechtigten Interessen dies gebieten. Ein solches Interesse liegt insbesondere vor, wenn der Darlehensnehmer ein Bedürfnis nach einer anderweitigen Verwertung der zur Sicherung des Darlehens beliehenen Sache hat. Der Darlehensnehmer hat dem Darlehensgeber denjenigen Schaden zu ersetzen, der diesem aus der vorzeitigen Kündigung entsteht (Vorfälligkeitsentschädigung).

III Die Vorschriften der §§ 313 und 314 bleiben unberührt.

1) Allgemeines. Die einseit u vorzeit Lösg einer VertrPartei aus dem DarlVertr war bisher dch Widerr des 1
DarlG in § 610 u dch ein aus § 626 abgeleitetes außerord KündR (wicht Grd) für beide VertrPart mögl (vgl 61. Aufl § 609 Rn 15–18). Außerdem konnte unter den v der Rspr erarbeiteteten Vorauss ein Anspr des DarlN auf vorzeit VertrAufhebg bestehen (hM; BGH **136**, 161 u NJW **97**, 2875 u 2978). Das SMG regelt diese Materie in § 490 nur für Darl, allg für SchuldVerh in § 313 (Störg der GeschGrdLage) u in § 314 (außerord Künd von DauerSchuVerh). **a) Zweck.** Unabhäng v R auf ord Künd soll den VertrPart die 2
kurzfrist Lösg vom Vertr in solchen Fällen ermögl werden, in denen die für DarlVertr typ Risiken auftreten u das Bedürfn besteht, Vermögensverluste u -einbußen zu ersparen. Zugleich sollen Schäd vermieden od ersetzt werden (vgl II S 3). **b) Anwendbar** ist Abs I grdsl für alle DarlVertr, auch wenn sie noch nicht 3
valutiert sind. Der Vertr muss aber bereits abgeschl sein. Abs II ist nur bei solchen DarlVertr anwendb, die einen festen ZSatz mindestens für einen best ZtRaum aufweisen u dch Grd- od SchiffsPfandR gesichert sind. Eine Beschränkg auf Verbr als DarlN besteht trotz der Verweisg in II S 1 auf § 489 I Nr 2 nicht. **c) Abding-** 4
barkeit ist nicht ausgeschl, allenf dch § 242 (RMissbr) u bei Verwendg v AGB dch § 307 (dort Rn 79, 96). **d) Andere Kündigungsrechte,** sowohl ord (§ 488 III, § 489 I u II) wie außerord (§ 313 III S 2, § 314), bestehen unabhäng v § 490 u können daneben od statt § 490 ausgeübt werden (III; Rn 17). Zum KündR aGrd der BankenAGB Freitag WM **01**, 2370. **e) Sonstige Rechte.** Soweit ein ggseit Vertr vorliegt (Vor- 5
bem 3 vor § 488) u Sicherh vereinb ist, kann der DarlG die Re aus §§ 320–322 geltd machen statt zu künd (AnwK/Reiff 18).

2) Kündigungsrecht des Darlehensgebers (I). Die Regelg tritt an die Stelle v § 610 aF. **a) Voraus-** 6
setzungen sind: **aa) Wirksamer Darlehensvertrag** (§ 488), gleich welcher Art, verzinsl od nicht, bereits valutiert od noch nicht. **bb) Gefährdete Rückerstattung.** Ist ggü § 321 (UnsicherhEinr) eine spezielle Regelg für den DarlVertr. Die Gefahr muss für die Zeit der Fälligk des RückerstattgsAnspr (§ 488 Rn 14 ff) u darin bestehen, dass er nicht od nur zT erf wird, sofern die bestellte Sicherh voraussichtl nicht ausreicht. Hierfür ist auf eine Prognose abzustellen. Bei GrdPfdR ist die voraussichtl WertEntwicklg des Grdst u der Rang zu berücksicht. **cc) Verschlechterung.** Sie muss objektiv vorliegen (Freitag WM **01**, 2370) für die 7
Gefährdg (Rn 6) kausal sein („durch"). Maßgebden Ztpkt ist der VertrSchluss. Dem DarlG unbekannte Tats können nur die Anfechtg (§§ 119, 123) begrden (AnwK/Reiff 3). Ob die VermLage schlechter geworden ist, wird dch einen Vgl zw der bei VertrAbschl u der bei KündZtpkt festgestellt. Die VermLage kann schon anfangs schlecht gewesen sein, wenn die Lage sich noch weiter verschlechtert (zB Verlust von Eigtum u Liquidität im Umfang von mehr als einem Viertel der vorherigen Substanz). Die Verschlechterg muss noch nicht eingetreten sein; es genügt, dass sie mit einiger Wahrscheinlk zu befürchten ist („droht"). Die Verschlechterg muss sich beziehen auf: **(1) Vermögensverhältnisse** des DarlN; dabei ist auf das gesamte der ZwVollstr unterliegde Verm abzustellen. Kein KündR, wenn die Sicherh ausreicht. **(2) Werthaltigkeit** der gestellten Sicherh. Die Sicherh kann auch v einem Dr bestellt sein, insb dch Bürgsch (§ 765), so dass es dann auf die VermVerh dieser Pers ankommt (Freitag WM **01**, 2370). Bei GrdPfdR ist der Wertverlust des Grdst maßgebd. **b) Kündigungsrecht.** Für die Erkl gilt grdsl § 488 Rn 32. Die Künd ist an keine Fr gebunden 8
und fristlos mögl. Es ist aber auch zuläss, sie auf einen späteren Ztpkt nach Zugang (§ 130) als KündTermin zu erkl. Das R zur Künd besteht iZw immer u ausnahmsl, wenn der DarlBetr noch nicht ausgezahlt ist (I, vorletzter Hs), dh zur Vfg gestellt (§ 488 Rn 7–10). Ist das Darl schon zur Vfg gestellt, kann nur idR gekünd werden (I, letzter Hs). Das bedeutet, dass Ausnahmen mögl sind (hierzu krit Freitag WM **01**, 2370). Es kann sich im Einzelfall herausstellen, dass es der Interessenlage der Part besser entspr, das Darl bis auf weiteres dem DarlN zu belassen, weil sich seine Vermögenslage sonst zur Insolvenz verschlechtert. Das setzt allerd voraus, dass dem DarlG das erhöhte Risiko zuzumuten ist, weil sonst § 314 zuträfe.

9 **3) Kündigungsrecht des Darlehensnehmers** (II). Die Regelg nimmt Ergebn der Rspr des BGH auf (vgl Rn 1), ohne sie darauf beschr zu wollen (Freitag WM **01**, 2370). Zweck ist, die wirtsch HdlgsFreih des
10 DarlN zu erhalten. **a) Voraussetzungen** sind: **aa) Wirksamer Darlehensvertrag** (§ 488), gleich welcher Art, nicht nur von Verbr (§ 13) als DarlN. **bb) Fester Zinssatz** für einen bestimmten ZtRaum, der im DarlVertr festgelegt ist. Er kann auch für die ganze Dauer eines Darl auf bestimmte Zt (§ 488 Rn 16)
11 festgeschrieben sein. **cc) Sicherung** des RückErstattgsAnspr (§ 488 I S 2) dch ein GrdPfdR (Hyp, GrdSchuld, Rentenschuld) od eine SchiffsHyp. Das Grdst od Schiff muss nicht dem DarlN gehören; es kann
12 auch ein Dr der SichergsG sein (vgl Rn 12). **dd) Berechtigte Interessen** des DarlN müssen die vorzeit Künd gebieten. Das ist nicht der Fall, wenn dem DarlN and interessengerechte Möglk offen sind. Die Interessen des DarlG od des Dr, der die Sicherg gegeben hat, bleiben dabei außer Betr. Wäre eine InteressenAbwägg erforderl, hätte es im Wortlaut des G ausgedrückt werden müssen. Auf den BewegGrd u die Urs eines berecht Interesses kommt es nicht an. Der Regelfall ist (II S 2) das Bedürfn zur anderweit Verwertg des Grdst od Schiffs, insb dch Verk (auch Versteigerg) aus geschäftl od priv Grd (Umzug, Geldbedarf, Scheidg), auch die Gelegenh zu einem bes günst Kaufpr (BGH NJW **97**, 2877 für § 609 aF). And Interessen als der Regelfall des II S 2 sind geeignet, wenn sie im Einzelfall berecht sind. Dazu kann insb die Möglk gehören, von einem Dr für die Sicherh einen dringd benöt höheren Kred od einen wesentl billigeren Zins zu
13 erhalten. Nicht wird genügen, dass der DarlN unerwartete Liquidität erlangt. **b) Kündigungsrecht.** Erkl: wie § 488 Rn 32. Die Künd kann erst erkl werden, wenn die Vorauss (Rn 10–12) erf sind. And als bei Abs I (Rn 18) kann nicht fristlos gekünd werden. Es ist die Fr des § 489 I Nr 2 einzuhalten (dort Rn 12). Das bedeutet eine KündFr v 3 Mo, wobei die Fr erst beginnen kann, wenn das Darl seit 6 Mo vollständ ausbezahlt ist (vgl § 489 I Nr 2). Von der Vereinbg od Zahlg der dann geschuldeten VorfällkEntschäd (II S 3) ist die Wirksamk der Künd unabhäng (Freitag WM **01**, 2370; Wittig/Wittig WM **02**, 145/9). RFolge der Künd ist die Beendigg des DarlVertr u die Fälligk der Rückerstattg (§ 488 Rn 12, 14), ferner der Anspr des DarlG auf
14 die VorfälligkEntschäd (Rn 14). **c) Vorfälligkeitsentschädigung** (II S 3). Sie ist im Zushang mit der einvernehml vorzeit Aufhebg v DarlVertr gebräuchl (vgl HptBd § 609 Rn 10) u nunmehr legal definiert für die Künd gem II S 1. Derselbe Begr gilt für die VorfällkEntschäd bei einvernehml Beendigg des DarlVertr (§ 488 Rn 30), insb auch anzuwenden, wenn die Vorauss des Abs II nicht gegeben, zw den VertrPart streit
15 od unsicher sind. **aa) Begriff.** VorfällkEntschäd ist derjen Schad, der dem DarlG aus der zur Beendigg des DarlVertr führden Künd entsteht. Das erfordert im Einzelfall einen VorteilsAusgl (Vorbem 119 ff vor § 249) u
16 Abzug bei einer Mitverursachg (§ 254). **bb) Berechnung.** Sie ist v GesG bewusst der Rspr überl worden. Grdsl ist davon auszugehen, dass der DarlG daraus weder Vorteile erlangen noch NachTe erleiden darf (BGH NJW **97**, 2875). Es handelt sich eindeut um SchadErst, so dass iR der §§ 249 ff insb auch § 252 anzuwenden ist. Zu ersetzen ist jedenf der ZinsSchad, näml der ZMargenSchad (entgangener Nettogewinn) u der darühinausgehde ZVerschlechtergsSchad (ZMindergsVerlust), gemessen an der WiederAnl des Kap (BGH aaO). Hinzu kommt die Differenz zw den erhöhten u ersparten VerwaltgsAufwendgen (BGH aaO). Im Prozess ist gem § 287 ZPO zu schätzen.

17 **4) Anpassungsverlangen und Kündigung aus wichtigem Grund** (III). Diese beiden Möglk zur Änd od Künd des DarlVertr bleiben von § 490 unberührt bestehen; jedoch hat § 490 als SoRegelg Vorrang (§ 314 Rn 4; Freitag WM **01**, 2370). Ein DarlN, der danach wirks künd, schuldet keine VorfällkEntschäd (§ 490 II;
18 Karlsr NJW-RR **01**, 1492 für § 626). **a) Störung der Geschäftsgrundlage** (§ 313). Im Rahmen des § 242 waren solche Fälle schon bisher für DarlVertr aktuell geworden (vgl HptBd § 242 Rn 145). Soweit die Anwendg bejaht u vorzeit Beendigg gg VorfällkEntschäd zugelassen wurde, ist das nunmehr in § 490 II S 1, 2 spez geregelt. Die Vorauss des § 313 sind zu verneinen, wenn der DarlN das Darl wg and günstigerer Finanzierg od Änd seiner Plang nicht mehr benöt (BGH NJW **90**, 981 u **91**, 1817); ebso wenn er entspr
19 Liquidität erlangt hat. Die Anpassg des VertrInh reicht bis zur Künd (§ 313 III S 2). **b) Kündigung aus wichtigem Grund** (§ 314) ist eine außerord Künd ohne KündFr u daher auch fristlos mögl. Das R kann beiden VertrPart zustehen. Zu den allg Vorauss des § 314 wird auf die Anm dort verwiesen. **aa) Typische Beispiele** eines wicht Grds bei DarlVertr sind: wiederholter Verz bei Z- u TilggsRaten; schuldh Zerüttg eines bei VertrAbschl vorhandenen VertrauensVerh; dringder EigBed bei zinslosem Darl (Stgt NJW **87**, 782); bei Fusion zweier Banken Ungewissh üb Eintritt der RNachf (Karlsr NJW-RR **01**, 1492); falsche Darstellg
20 wesentl Tats zw VertrAbschl u Auszahlg (Karlsr BB **72**, 287). **bb) Kein wichtiger Grund:** Verweigerg einer fäll RatenZahlg wg erwägenswerter rechtl Zweifel (BGH NJW **81**, 1666); die vollzogene od beabsicht Veräusserg des dch das Darl finanz Objekts (Ffm NJW-RR **96**, 814), wobei aber Abs I erf sein kann; bei Darl für einen Untern die bloße Unwirtschaftlk seines Betr (vgl BGH NJW **86**, 1928).

Vorbemerkung zu den §§ 491–498 (Verbraucherdarlehensvertrag)

1 **1) Gesetzesgeschichte.** Zur Umsetzg der EG-RiL v 22. 6. 1986 betr den VerbrKred ist das VerbrKrG erlassen worden u am 1. 1. 1991 in Kraft getreten. Es ist dann, nachdem die EGRiL v 20. 5. 1997 betr den Fernabsatz umgesetzt werden musste, idF v 29. 6. 2000 neu bekanntgemacht worden. Dch das SMG wurde die Materie des VerbrKrG in das BGB integriert, ohne dass der Inhalt wesentl veränd worden ist, allerd im systemat ZusHang neu aufgebaut. Die VerbrDarlVertr sind in den §§ 491–498 geregelt, die verschiedenen Formen der FinanziergsHilfen in den §§ 499–504 (Untertitel 2), die RatenLiefergsVertr in § 505 (Untertitel 3). Der KredVermittlgsVertr nunmehr DarlVermittlgsVertr, ist als Untertitel 2 (§§ 655 a–655 e) in den Titel 10 (MaklerVertr) gekommen. Der Begr VerbrDarlVertr (§ 491) ist enger als der des VerbrKred (§ 1 II VerbrKrG), der herkömml auch die and KredArten als GeldDarlVertr umfasst, näml alle FinanziergsHilfen, insb ZahlgsAufschub, Leasing u TZahlg.

2 **2) Übergangsregelung.** Sie ist im EG Art 229 § 5 enthalten. Ist der VerbrDarlVertr vor dem 1. 1. 2002 abgeschl worden, so ist das bis dahin geltde VerbrKrG anzuwenden u das BGB in der aF. Das gilt auch für den VerbrKred als DauerSchuVerh, jedoch mit der Maßg, dass ab 1. 1. 2003 auch auf die alten Vertr das BGB in

der neuen Fassg angewendet werden muss. Soweit es dabei auf bestimmte ZtRäume ankommt, wird die Zeit vor dem 1. 1. 2003 eingerechnet. Für die Vorauss einer Künd kommt es allein darauf an, dass sie zum Ztpkt der KündErkl vorgelegen haben. Für Zinsen ist EG 229 § 7 anzuwenden.

3) Vorschriften über Verbraucherdarlehensverträge. Es gelten die allg Vorschr für DarlVertr (§§ 488–490), ergänzt od abgeänd dch die §§ 491–498, ferner dch § 506 (Unabdingbk u UmgehgsVerbot) u § 507 (entspr Anwendg auf DarlVertr mit Existenzgründern). 3

491 *Verbraucherdarlehensvertrag.* **I Für entgeltliche Darlehensverträge zwischen einem Unternehmer als Darlehensgeber und einem Verbraucher als Darlehensnehmer (Verbraucherdarlehensvertrag) gelten vorbehaltlich der Absätze 2 und 3 ergänzend die folgenden Vorschriften.**

II Die folgenden Vorschriften finden keine Anwendung auf Verbraucherdarlehensverträge,

1. bei denen das auszuzahlende Darlehen (Nettodarlehensbetrag) 200 Euro nicht übersteigt,
2. die ein Arbeitgeber mit seinem Arbeitnehmer zu Zinsen abschließt, die unter den marktüblichen Sätzen liegen,
3. die im Rahmen der Förderung des Wohnungswesens und des Städtebaus auf Grund öffentlich-rechtlicher Bewilligungsbescheide oder auf Grund von Zuwendungen aus öffentlichen Haushalten unmittelbar zwischen der die Fördermittel vergebenden öffentlich-rechtlichen Anstalt und dem Darlehensnehmer zu Zinssätzen abgeschlossen werden, die unter den marktüblichen Sätzen liegen.

III Keine Anwendung finden ferner

1. die §§ 358, 359, § 492 Abs. 1 Satz 5 Nr. 2, § 495, § 497 Abs. 2 und 3 und § 498 auf Verbraucherdarlehensverträge, bei denen die Gewährung des Darlehens von der Sicherung durch ein Grundpfandrecht abhängig gemacht wird und zu Bedingungen erfolgt, die für grundpfandrechtlich abgesicherte Darlehensverträge und deren Zwischenfinanzierung üblich sind; der Sicherung durch ein Grundpfandrecht steht es gleich, wenn von einer solchen Sicherung gemäß § 7 Abs. 3 bis 5 des Gesetzes über Bausparkassen abgesehen wird;
2. § 358 Abs. 2, 4 und 5 und die §§ 492 bis 495 auf Verbraucherdarlehensverträge, die in ein nach den Vorschriften der Zivilprozessordnung errichtetes gerichtliches Protokoll aufgenommen oder notariell beurkundet sind, wenn das Protokoll oder die notarielle Urkunde den Jahreszins, die bei Abschluss des Vertrags in Rechnung gestellten Kosten des Darlehens sowie die Voraussetzungen enthält, unter denen der Jahreszins oder die Kosten geändert werden können;
3. § 358 Abs. 2, 4 und 5 und § 359 auf Verbraucherdarlehensverträge, die der Finanzierung des Erwerbs von Wertpapieren, Devisen, Derivaten oder Edelmetallen dienen.

1) Allgemeines. Von der Zielsetzg her ist § 491 eine ZusFassg von § 1 I u § 3 VerbrKrG. **a) Zweck.** Die unabdingb SchutzVorschr (§ 506) zG des Verbr (§ 13), der als DarlN einem Untern (§ 14) ggüsteht, sollen nur denjen Verbr zugutekommen, die sich bei Abschl des DarlVertr in schutzbedürft Lage befinden. Das wird erzielt dch die Ausgrenzg bestimmter Gesch (II) u Nichtanwendg bestimmter Vorschr bei ImmobKred, öff insb not beurk Vertr u bei Finanzierg des Erwerbs v WertPap, Devisen, Derivaten u Edelmetall (III Nr 1–3). 1
b) Begriff. VerbrDarlVertr (in I legal definiert) ist jeder DarlVertr (§ 488 I), bei dem DarlG ein Untern (Rn 6) u DarlN ein Verbr (Rn 7) ist. Für diesen Begr ist es gleichgült, zu welchem Zweck, in welcher Höhe u zu welchen Bedinggen der DarlVertr abgeschl ist. Auch die in Abs II u III bezeichneten Verträge sind VerbrDarlVertr iS des Abs I, nur finden die angegebenen Vorschr keine Anwendg. **c) Unabdingbarkeit** ist in 2
§ 506, der auch den § 491 umfasst, ausdrückl zG des DarlN bestimmt u dahin zu verstehen, dass der DarlVertr zw Verbr u Untern als DarlG den §§ 491 ff nicht entzogen u nicht als gewöhnl DarlVertr (§ 488) behandelt werden darf. **d) Beweislast.** Der DarlN trägt sie für die Tats, die seine VerbrEigsch begrden. Ist er offenkund 3
nicht Untern, ist iZw die VerbrEigsch gegeben (vgl Bülow NJW **98**, 3454 für VerbrKrG). Der DarlG hat die BewL für die Tats, aus denen sich die Unanwendbk der §§ 491 ff (II) u der in Abs III genannten Vorschr ergibt. 4

2) Verbraucherdarlehensvertrag (I) setzt voraus: **a) Darlehensvertrag** (§ 488 I) entspr der Einf 2 vor § 488. **b) Entgeltlich** muss das Darl sein. Das wird v GesG in Abs I ausdrückl vorausgesetzt, sei das Entgelt Zinsen od einmal Vergütg od irgendeine and GgLeistg, zB eine Gebühr od ähnl verschleiernde Bezeichng, ferner eine Einrechng in die RückzahlgsSumme. Das Entgelt kann ganz geringfüg sein (Köln ZIP **94**, 776 für § 1 VerbrKrG); aber nicht ein unerhebl KleinstBetr (Karlsr NJW-RR **00**, 1442). **c) Unternehmer** (§ 14) 5
muss der DarlG sein. Das ist idR eine Bank, Sparkasse od ein sonst KredInstitut iS des § 1 KWG. Es kann aber auch ein Untern (§ 14) sein, dessen GeschTätk nicht auf BankGesch gerichtet ist, der aber das Darl iR der gewerbl od berufl Tätk gewährt indem er einem Verbr Geld leiht. Kennzeichnd für einen Untern ist, dass er im Wettbew mit and Untern Leistgen gg Entgelt anbietet (§ 14 Rn 2). **d) Verbraucher** (§ 13) muss der 6
DarlN sein. Das ist immer eine natürl Pers. Es kann auch ein Gesellsch (§ 705) sein, wenn sie nur aus natürl Pers besteht (BGH NJW **02**, 368 für § 1 VerbrKrG) u der Zweck des Darl einem Bedürfn dient, das nicht auf einem von ihnen betriebenen Gewerbe od ihrer selbständ berufl Tätk beruht (§ 13 Rn 2). Das kann die Verwaltg priv Verm sein, wenn sie keinen geschmäß Betrieb erfordert (BGH aaO). Privat ist alles, was nicht dem Zweck einer gewerbl od selbstd berufl Tätigk dient. Daraus folgt, dass eine natürl Pers, die Untern ist, in den priv Geschäften als Verbr handelt. Der jeweil Zweck des Darl ist aus dem VertrInh u den tats Umstden, ggf dch Auslegg (§ 157) zu ermitteln. Maßgebder ZpPkt ist der Abschluss des Vertr (Hamm WM **01**, 2339 für § 1 VerbrKrG). Der priv Nebenzweck eines Untern genügt nicht (Naumbg NJW-RR **98**, 1351). Bei Mischfällen (teils priv, teils unternehmer) u Unteilbk ist auf den übwiegden Zweck abzustellen (§ 13 Rn 3 mwN). 7

8 **3) Beteiligung Dritter. a) Vertretung** (§§ 164 ff). Es kommt allein auf die Verbr- od UnternEigsch der vertretenen Pers an. Ist diese Verbr, muss der Vertr nicht auch Verbr sein (Masuch ZIP **01**, 143 für § 1
9 VerbrKrG). Zur Form der Vollmacht: § 492 IV, dort Rn 19–22. **b) Rechtsnachfolge** kann bei GesRNachf, insb dch Erbfolge (§ 1922) bei beiden VertrPart eintreten. EinzelRNachf wird beim DarlG dch Abtretg (§ 398), beim DarlN dch SchuldÜbern (§§ 414, 415) herbeigeführt, ferner dch VertrÜbern (Rn 10). Der DarlVertr bleibt grdsl VerbrDarlVertr, auch wenn der neue DarlN nicht Verbr ist (Ulmer/Masuch JZ **97**, 654 für VerbrKrG). Das gilt auch, wenn der neue DarlG nicht Untern ist, weil sonst eine Umgehg (§ 506 S 2) vorläge. Der Vertr bleibt VerbrDarlVertr, wenn der DarlN den AuszahlgsAnspr (§ 488 I S 1) abtritt, auch wenn der Zessionar nicht Verbr ist; denn VertrPartei bleibt der DarlN. Das gilt auch, wenn die Zins- u RückZahlgsSchuld von einem NichtVerbr übern wird. Das WiderrR (§ 495) bleibt in allen diesen Fällen beim DarlN. Bei GesamtRNachf treten Erben, auch wenn sie nicht Untern od Verbr sind, an die Stelle der
10 VertrPart des VerbrDarlVertr. **c) Vertragsübernahme.** Zum Begr: § 398 Rn38. Der dreiseit Vertr bewirkt RNachf (Rn 10). Der DarlVertr bleibt od wird VerbrDarlVertr, wenn die neue VertrPart als DarlG (auch) Untern ist od der DarlN (auch) Verbr (BGH NJW **99**, 2664 für VerbrKrG). Folgl ist die Form des § 492 nöt (BGH aaO für § 4 VerbrKrG). Die Zulässk der VertrÜbern folgt daraus, dass die Anspr u die Schuld abtretb u übnehmb sind (Bülow WM **95**, 2089). Mit Übern des Vertr dch einen Verbr als DarlN muss auch das WiderrR übgehen, wg § 506 mit neuer Fr. Hingg geht das WiderrR nicht üb, wenn der neue DarlN nicht
11 Verbr ist (BGH NJW **96**, 2094 für VerbrKrG). **d) Schuldbeitritt** (2 vor § 414) zu einem DarlVertr führt dazu, dass für die aus dem bestehdem DarlVertr folgden Verbindlk ein weiterer DarlN als GesSchuldn hinzutritt. Ist der Beitretde Verbr (Rn 7), so gelten aus dem gleichen SchutzBedürfn die Vorschr des VerbrDarlVertr (§§ 491–498, 506), auch wenn der erste DarlN nicht Verbr war. Das folgt aus der stRspr des BGH seit **133**, 31 (vgl NJW **00**, 3496), wonach der Schuldbeitritt zwar selbst kein KredVertr iS v § 1 II VerbrKrG ist, ihm aber gleichgestellt werden muss. Maßgebd ist allein, dass der Beitretde zZ seiner MitHaftgsErkl (BGH aaO) Verbr ist. Das trifft insb zu, wenn bei dem geschäftl DarlVertr einer GmbH deren GeschF beitritt; er ist dann Verbr u für ihn gelten die Vorschr des VerbrDarlVertr (BGH NJW **00**, 3133 für das VerbrKrG). Das gilt nicht für den geschführden Gesellsch einer oHG, KG od GbR (Oldbg WM **00**, 1035).
12 **e) Bürgschaft** (§ 765) als SichergsMittel für die gg den VerbrDarlN bestehden Anspr ist selbst kein DarlVertr. Auf die Bürgsch ist auch eine analoge Anwendg der §§ 491 ff ausgeschl. Das entspricht der hM zum VerbrKrG (BGH **138**, 321 mwN) jedenf insow, als ein DarlVertr für gewerbl od selbständ berufl Tätigk die Haupt-Verbindlk betrifft. Die hM hat die Anwendg des VerbrKrG wg Fehlens der Entgeltlk verneint. Daran hat sich nichts geänd, weil auch § 491 nur entgeltl DarlVertr betrifft. Häuf wird Sicherh dch die Bürgsch v FamAngehör gestellt, die dadch idR wirtschaftl übfordert sind. In diesen Fällen greift zum Schutz des Bürgen § 138 ein (dort Rn 37–38 f).

13 **4) Ausschluss der Anwendbarkeit** (II). Mit den folgden Vorschr sind die §§ 492–498 gemeint. Inhaltl entspr Abs II zT dem § 3 VerbrKrG. Die SoRegelg für Existenzgründer (§ 3 I Nr 2 VerbrKrG) enthält § 507. Der gesgeber Grd für diese Ausn ist, dass die VerbrInteressen in diesen Fällen nicht wesentl gefährdet sind.
14 **a) Kleindarlehensverträge** (II Nr 1). Es kommt allein auf den NettoDarlBetr an. Das ist (legal definiert) der Betrag, der aGrd des DarlVertr ausgezahlt wird (zur Vfg gestellt, § 488 Rn 7), auf einmal od in TBetr. Ein Disagio (§ 488 Rn 34) u einbehaltene Betr sind ggf abzuziehen. Die Aufteilg eines größeren Darl in TBetr
15 bis 200 € fällt unter § 506 (Umgehg). **b) Arbeitgeberdarlehensverträge** (II Nr 2). Begriff: § 611 Rn 92. Das ArbVerh muss zZ des VertrAbschl bestehen. Eine spätere Beendigg führt nicht zur Anwendg der §§ 492 ff. Für die Höhe der marktübl Zinsen ist auf den Ztpkt abzustellen, an dem das Darl zur Vfg gestellt
16 wurde. Der vereinb ZSatz muss darunter liegen. **c) Förderdarlehen** (Nr 3). Es handelt sich um Darl, die aGrd der WoBauGe u des WoFG aus öff Mitteln bewill u dch priv DarlVertr v öffrechtl Anstalten (zB Landesbanken) an Verbr vergeben werden. Nr 3 hat nur klarstelldе Wirkg, weil der DarlG nicht Untern (§ 14) ist. Marktübl Zen: wie Rn 15.

17 **5) Begrenzte Anwendbarkeit** (III). Sie entspr weitgehd dem § 3 II Nr 2 VerbrKrG. Es ist davon auszugehen, dass die hierunter fallden DarlVertr ihrem Wesen nach VerbrDarlVertr sind, für welche grdsätzl die §§ 492–498 gelten. Die Anwendg der nicht aufgeführten Vorschr bleibt unberührt. Die Belegstellen beziehen
18 sich auf § 3 II Nr 2 VerbrKrG. **a) Immobiliardarlehensverträge** (III Nr 1). Ist der Vertr ein HausTGesch, so darf das WiderrR des § 312 nicht ausgeschl werden (EuGH NJW **02**, 281 für § 1 HausTWG, § 7 VerbrKrG). Insow tritt § 312 a zurück u § 491 III Nr 1 steht dem Widerr nicht entgg (vgl § 312 a Rn 2; Hoffmann ZIP **02**, 145). **aa) Voraussetzungen.** GrdPfdR: Hyp, GrdSch u RentenSch, auch wenn sie nicht voll werthalt gesichert sind (BGH NJW **00**, 2352 mwN u **01**, 509; Mü WM **00**, 130; Stgt WM **00**, 136; Bruchner WM **99**, 825 u ZfIR **00**, 677; aA Frisch VuR **99**, 432). Zur Anwendg auf ForwardDarl Rösler WM **00**, 1930. Für entspr Anwendg auf Anteile an geschl Immobilienfonds: Früh ZIP **99**, 701. Abhängk ist jedenf zu bejahen, wenn das GrdPfdR die einzige vereinb Sicherh ist. Zum Maß der Abhängk: Bülow WM **01**, 2225. Zur Abgrenzg von ImmobErwModellen: Masuch ZIP **01**, 343. Die Üblichk der VertrBedinggen hat im Streitfall der DarlG zu bew. Für die Abhängk der Sicherg genügt die bloße Bestellg des GrdPfdR (BGH NJW
19 **00**, 2352; aA Bülow VerbrKrG § 3 Rn 80 mwN). **bb) Wirkung.** Unanwendb sind nur Vorschr, die für ImmDarlVertr nicht passen: verbundene Vertr (§§ 358, 359), Angabe des GesBetr für Zinsen, Tilgg u Kosten (§ 492 I S 5 Nr 2), kein WiderrR (§ 495; vgl aber Rn 18), Behandlg der VerzZ u TZahlgen (§ 497 II u III),
20 GesamtFällk u Künd bei Verzug mit TZahlgen (§ 498). **b) Beurkundete Darlehensverträge** (III Nr 2). **aa) Voraussetzungen.** Der DarlVertr muss nach der ZPO beurk sein, insb gem § 794 I Nr 1 u 5 (ProzVgl u vollstreckb Urk). Not Beurk: §§ 8 ff BeurkG. JahresZ ist der vereinb Zinssatz pro J; nicht der effektive JZins iS des § 492 I S 5 Nr 5. DarlKosten: nur solche, die bei VertrAbschl zu zahlen sind (wie § 492 I S 5 Nr 4), ggf auch eine RestSchuVers (§ 492 I S 5 Nr 6); sonstige von der LaufZt unabhäng Aufwendgen. **bb) Wirkung.** Unanwendb sind die Vorschr üb das Entfallen der Bindg an einen mit dem Darl verbundenen Vertr bei Widerr (§ 358 II, IV u V), Form- u InhaltsVorschr (§ 492, 494), ÜberziehgsKred (§ 493) u das WiderrR
21 (§ 495). **c) Erwerb von Effekten und Edelmetallen** (III Nr 3). **aa) Voraussetzungen.** Der Zweck des Darl muss gerichtet sein auf den Kauf von WertP (wie § 453 Rn 10), Devisen (Geld in ausländ Währg, vgl

§ 244), Derivate (v WertP abgeleitete u nicht verbriefte Re, zB Optionen), Edelmetalle (Gold, Platin, Silber, Palladium). **bb) Wirkung.** Die Auswirkg eines Widerr des DarlVertr (§ 495) erstreckt sich nicht auf das finanzierte (damit verbundene) Gesch, da § 358 II, IV u V sowie § 359 nicht anwendb sind. Auch bei Widerr des DarlVertr (§ 495) bleibt der DarlN an sein SpekulationsGesch gebunden.

492 *Schriftform, Vertragsinhalt.* **I Verbraucherdarlehensverträge sind, soweit nicht eine strengere Form vorgeschrieben ist, schriftlich abzuschließen. Der Abschluss des Vertrags in elektronischer Form ist ausgeschlossen. Der Schriftform ist genügt, wenn Antrag und Annahme durch die Vertragsparteien jeweils getrennt schriftlich erklärt werden. Die Erklärung des Darlehensgebers bedarf keiner Unterzeichnung, wenn sie mit Hilfe einer automatischen Einrichtung erstellt wird. Die vom Darlehensnehmer zu unterzeichnende Vertragserklärung muss angeben:**

1. den Nettodarlehensbetrag, gegebenenfalls die Höchstgrenze des Darlehens,

2. den Gesamtbetrag aller vom Darlehensnehmer zur Tilgung des Darlehens sowie zur Zahlung der Zinsen und sonstigen Kosten zu entrichtenden Teilzahlungen, wenn der Gesamtbetrag bei Abschluss des Verbraucherdarlehensvertrags für die gesamte Laufzeit der Höhe nach feststeht. Ferner ist bei Darlehen mit veränderlichen Bedingungen, die in Teilzahlungen getilgt werden, ein Gesamtbetrag auf der Grundlage der bei Abschluss des Vertrags maßgeblichen Darlehensbedingungen anzugeben. Kein Gesamtbetrag ist anzugeben bei Darlehen, bei denen die Inanspruchnahme bis zu einer Höchstgrenze freigestellt ist,

3. die Art und Weise der Rückzahlung des Darlehens oder, wenn eine Vereinbarung hierüber nicht vorgesehen ist, die Regelung der Vertragsbeendigung,

4. den Zinssatz und alle sonstigen Kosten des Darlehens, die, soweit ihre Höhe bekannt ist, im Einzelnen zu bezeichnen, im Übrigen dem Grunde nach anzugeben sind, einschließlich etwaiger vom Darlehensnehmer zu tragender Vermittlungskosten,

5. den effektiven Jahreszins oder, wenn eine Änderung des Zinssatzes oder anderer preisbestimmender Faktoren vorbehalten ist, den anfänglichen effektiven Jahreszins; zusammen mit dem anfänglichen effektiven Jahreszins ist auch anzugeben, unter welchen Voraussetzungen preisbestimmende Faktoren geändert werden können und auf welchen Zeitraum Belastungen, die sich aus einer nicht vollständigen Auszahlung oder aus einem Zuschlag zu dem Darlehen ergeben, bei der Berechnung des effektiven Jahreszinses verrechnet werden,

6. die Kosten einer Restschuld- oder sonstigen Versicherung, die im Zusammenhang mit dem Verbraucherdarlehensvertrag abgeschlossen wird,

7. zu bestellende Sicherheiten.

II Effektiver Jahreszins ist die in einem Prozentsatz des Nettodarlehensbetrags anzugebende Gesamtbelastung pro Jahr. Die Berechnung des effektiven und des anfänglichen effektiven Jahreszinses richtet sich nach § 6 der Verordnung zur Regelung der Preisangaben.

III Der Darlehensgeber hat dem Darlehensnehmer eine Abschrift der Vertragserklärungen zur Verfügung zu stellen.

IV Die Absätze 1 und 2 gelten auch für die Vollmacht, die ein Darlehensnehmer zum Abschluss eines Verbraucherdarlehensvertrags erteilt. Satz 1 gilt nicht für die Prozessvollmacht und eine Vollmacht, die notariell beurkundet ist.

1) Allgemeines. Die Vorschr regelt mit Ergänzgen in Abs I S 1–4 die Form des VerbrDarlVertr (bish § 4 I 1
S 1–4 VerbrKrG) u in Abs I S 5 Nr 1–7 den VertrInh gleichlautd mit § 4 I S 5 VerbrKrG. **a) Zweck.** Die Schriftf u der festzulegde Inhalt des Vertr hat neben der Aufklärg des DarlN eine Beweis- u Warnfunktion.
b) Unabdingbar mit UmgehgsVerbot (§ 506). **c) Anwendbar** grdsl bei allen VerbrDarlVertr, nicht aber 2
wenn sie gerichtl od not beurk werden (§ 491 III Nr 2) u bei ÜbZiehgsKred (§ 493 I S 1). I S 5 Nr 2 gilt
nicht bei ImmobDarl (§ 491 III Nr 1). **d) Vertretung** (§§ 164 ff) auf Seiten des DarlN erfordert eine Vollm 3
in Form u Inh gem dem Abs I. Das ergibt sich aus Abs IV S 1 (Rn 19, 20). Der Vertreter muss nicht Verbr
sein, weil es auf den Vertretenen ankommt (§ 491 Rn 8). **e) Beteiligung Dritter** (§ 491 Rn 10–12). § 492 4
ist, bei RNachfolge, VertrÜbern u Schuldbeitritt anzuwenden, wenn ein Verbr in die Stellg des DarlN gelangt. Für den VertrInh ist auf den jeweil Stand des DauerSchuVerh abzustellen. **f) Ehegatten.** Ihre 5
MitVerpflichtg ist nach § 1357 I zu beurt. Nur kleinere Darl können darunter fallen. Jedenf schließt der VerbrSchutz die Anwendg v § 1357 nicht aus (dort Rn 11). Die 200 € des § 491 II Nr 1 sind keine absolute Grenze. Nur bei Darl, die ein Viertel des jeweil MoBedarf nicht übsteigen, wird der Ehegatte ow mitverpfl.
Für größere Darl ist § 492 uneingeschr anzuwenden. **g) Rechtsfolgen bei Verstößen** sind in § 494 geregelt, 6
wobei dessen Abs I dem § 125 vorgeht. Heilg der Mängel ist mögl (§ 494 II S 1), aber mit einem nach Maßg des § 494 II S 2–5, III veränd Inhalt.

2) Form des Verbraucherdarlehensvertrags (I S 1–4). **a) Schriftform** ist grdsl vorgeschr. Ausn be- 7
stehen nur bei strengerer Form, insb öff Beurk (§§ 128, 127 a), zB wenn der DarlVertr Teil eines GrdstKauf-Vertr ist (§ 311 b I). Schriftf gem § 126; daher ist eigenhänd Unterzeichng notw (§ 126 I; dort Rn 6), aber nur für den DarlN. Der Zugang ledigl per Telefax genügt der Schriftf nicht (BGH NJW **97**, 3169 für § 4 VerbrKrG). Die Erkl des DarlG (Angebot od Ann des Vertr) kann ohne eigenhänd Unterschr wirks werden, wenn sie dch eine automat Einrichtg abgegeben wird (I S 4). Abweichd v § 126 II S 1 ist die Schriftf erleichtert, indem die Unterzeichng des Vertr nicht auf derselben Urk erfolgen muss, sond auf getrennten Urk zuläss ist (I S 3). Wesentl ist, dass die v DarlN unterzeichnete Urk den vorgeschr Inhalt aufweist (I S 5).
b) Elektronische Form (§ 126 a) ist ausgeschl (I S 2). Das gilt für die Erkl beider VertrPart. **c) Textform** 8
(§ 126 b) scheidet aus, da sie in § 492 weder vorgeschrieben noch zugelassen ist.

3) Inhalt der Vertragsurkunde (I S 5 Nr 1–7). Nicht angegeben werden muss der Zweck des DarlVertr. 9
a) Darlehensbeträge Nr 1. Zu unterscheiden ist **aa) Nettodarlehensbetrag.** Das ist der Betr, der dem

DarlN zur Vfg zu stellen ist. Der Begriff ist legal definiert in § 491 II Nr 1 (dort Rn 14). **bb) Höchstgrenze.** Sie ist dann anzugeben, wenn die VertrPart einen KredRahmen vereinb haben u die endgült Bestimmg des NettoDarlBetr noch ansteht. Eine Höchstgrenze kann auch über einen bereits feststehden
10 NettoDarlBetr hinaus vereinb sein. Dann sind beide Betr anzugeben. **b) Gesamtbetrag Nr 2.** Gilt nicht bei ImmobDarl (§ 491 III Nr 1). Er ist aGrd derjen Leistgen zu berechnen, die bei vertrgem Erf insges zu erbringen sind. Es ist zu untersch: **aa) Feststehender** GesBetr (S 1) gilt für alle Darl mit festliegden VertrBedinggen, insb gleichbleibdem ZSatz u fester LaufZt, wenn also insb die EinzelBetr bereits bei VertrSchl feststehen. Anzugeben ist die Summe der TilggsRaten, Zinsen u Kosten (Rn 12). **bb) Fiktiver** GesBetr (S 2) ist bei KredGesch anzugeben, bei denen die DarlSchuld vertrgem dch TZahlgen zurückgeführt werden soll, wenn die VertrBedinggen sich veränd können, zB in TeilBetr valutiert wird, der ZSatz variabel od die LaufZt ungewiss ist. Hier ist der GesBetr aGrd der Anfangskonditionen zu errechnen, auch bei AbschnFinanzierg (hierzu Peters WM **94**, 1405 für § 4 VerbrKrG). Auf die Möglk, dass sich die anfängl Belastg, die Höhe der Raten od die Zahl u Dauer der Raten ändern kann, muss ausdrückl hingewiesen werden, ohne dass die Betr anzugeben sind. **cc) Entbehrlicher** GesBetr (S 3). Das gilt für Rahmen- u KontokorrentKred; weitere Fälle bei Drescher WM **93**, 1445. Hier ist die Angabe eines GesBetr nicht mögl. Höchstgrenze: wie Rn 9.
11 **c) Rückzahlung Nr 3.** Sie ist mit dem ident, was in § 488 „zurückzuerstatten" genannt ist (dort Rn 12 ff). Art u Weise: GesBetr od TeilBetr (Raten) in bestimmter Höhe zu den jeweil FällkTerminen sowie die Anzahl der Raten. Nur wenn hierzu nichts vereinb ist (zB bei KontokorrentKred) u daher die ges Regelg gilt, muss die Möglk der VertrBeendigg beschrieben werden: bei befristeter LaufZt (§ 488 Rn 14) der KalTag od ein nach Ereign bestimmb Term; die Möglken der Künd, insb §§ 489, 490, 314, einvernehml VertrAufhebg
12 (§ 488 Rn 37). **d) Zinssatz und Kosten Nr 4.** Der ZSatz ist auf das Jahr zu beziehen. Bei veränderl Z sind die ZtRäume u der Bezug (zB BasisZSatz, § 247) anzugeben. Kosten: alle sonstigen Aufwendgen, die der Verbr vereinbgem bei planmäß Abwicklg (BGH NJW **98**, 602) für den Kred zu tragen hat, insb (verdeckte, Mü WM **01**, 1215) VermittlgsProv (Brdbg WM **00**, 2103 mwN), BearbeitgsGebühren, Spesen, Provisionen, die Forward-Prämie u die Cap-Prämie (Rösler WM **00**, 1930), nicht eine VorfällkEntsch (BGH NJW **98**, 602). Kann die Höhe des einzelnen Betr bei VertrAbschl nicht in Geld angegeben werden, weil der Betr noch nicht feststeht, so ist der Grd anzugeben (Stichwort genügt). Die VermittlgsProv aGrd der §§ 655 a–d (aus dem Vertr mit dem vermittelnden Untern) schuldet der DarlN auch ohne Vereinbg mit dem DarlG.
13 **e) Effektiver Jahreszins Nr 5.** Begriff: in Abs II (Rn 16) legal definiert. Zweck der Regelg: Dem Verbr soll der PrVgl ermögl werden. Ist ein Vorbehalt bei Änderg v ZSatz od and preisrelevanten Faktoren vereinb, muss in jedem Fall der anfängl effektive JZins angegeben werden, zusätzl die Vorauss, unter denen die Änderg der preisbestimmden Faktoren mögl ist. Außerdem ist der ZtRaum anzugeben, auf den ein Disagio (§ 488 Rn 34) od Zuschlag zum DarlBetr (Agio) für den DarlN belastd verrechnet werden kann. Nicht anwendb ist Nr 5, wenn vorbehalten ist, einen anfängl variablen Zins währd der LaufZt des Darl in einen festen ZSatz
14 umzuwandeln (Hbg NJW-RR **94**, 1011 für § 4 VerbrKrG). **f) Versicherungskosten Nr 6.** Dazu gehört insb eine RestschuldVers. Diese Kosten gehen in den effektiven JZ nicht ein u müssen daher angegeben werden, mind berechenb sein, wenn sie bei VertrSchl noch nicht beziffert werden können. Es ist auf den Zushang mit dem Darl abzustellen (vgl Hemmerle/v. Rottenburg WM **93**, 181). Die Prämien für eine KapLebVers, die neben einem GrdPfdR zur Tilgg des Darl abgeschl wird, fallen nicht darunter (Bohner WM
15 **01**, 2227). **g) Sicherheiten Nr 7.** Der DarlN muss aGrd des DarlVertr verpfl sein, die Sicherh zu bestellen. Es kommen in Betr insb GrdPfdR, SichergsÜbereigng u GehaltsAbtretg. Nr 7 gilt nur, falls Sicherh vereinb u bestellt werden. Dies muss nicht in der eigentl Urk geschehen. Es genügt die bestimmte Bezeichng od der pauschale Hinw auf ihr Bestehenbleiben, wenn die Sicherh bereits bestellt sind.

16 **4) Begriff des effektiven Jahreszinses** (II). Er ergibt sich aus der Legaldefinition des Abs II. **a) Angabe** ist in Abs I Nr 5 (Rn 13) vorgeschrieben. Sie muss in einem ProzSatz des NettoDarlBetr (I Nr 1; § 491 II Nr 1) bezeichnet sein, der aus der jährl Gesamtbelastg zu errechnen ist. GesBelastg ist die Summe aus Zinsen
17 u allen sonst Kosten (I Nr 4; Rn 12), soweit sie jährl anfallen, ggf VersPrämien. **b) Berechnung** des effektiven u des anfängl effektiven JZins geschieht nach § 6 PreisangabenVO idF der BekMachg v 28. 7. 00 (BGBl 1244). Ist er zu niedr errechnet, tritt die RFolge des § 494 III ein.

18 **5) Abschrift** der VertrErkl (III). Die Pfl bezieht sich auf die zum DarlVertr v beiden Part abgegebenen WillErkl. Sie können selbstverständl in einem Schriftstück zusgefasst sein. Dieses muss alle BestdT des I S 5 Nr 1–7 enthalten. Die Übersendg od persönl Aushändigg ist nicht WirkskVorauss des DarlVertr (vgl § 494 I). Unterbleibt sie, beginnt die WiderrFr erst zu laufen, wenn die Abschrift zur Vfg gestellt ist (§ 355 II S 3). Die BewL trägt der DarlG.

19 **6) Vollmacht** (IV). Die Regelg ändert die in § 167 II angeordnete FormFreih ab, um zu verhindern, dass der Schutz des § 492 für denjen DarlN leerläuft, der sich beim Abschluss des DarlVertr vertreten lässt. Damit ist die zu § 4 VerbrKrG entstandene Streitfrage entschieden, ob die Vollm den MindestInh des § 4 I S 5 Nr 1 VerbrKrG aufweisen muss. Das wurde v der hM (BGH NJW **01**, 1931 u 3479 mwN) auch für die unwiderrufl
20 Vollm verneint. **a) Grundsatz** (IV S 1). Schriftf u VertrInh (I) gelten auch für die Vollm. Die VollmUrk muss die Bevollmächtigg (§ 167 I) sowie den VertrInh (I S 5 Nr 1–7) aufweisen u v DarlN unterzeichnet sein (§ 126). Auch die Berechng des effektiven JahresZ (II) muss vorgen sein. Das führt prakt dazu, dass der DarlN den Inh des DarlVertr dem Vertreter schriftl aushänd muss. Dem DarlN muss bei VollmErteilg der Inh des Vertr vorliegen, damit er davon Kennt nehmen kann u wissen muss, wozu er sich dch den v Vertreter vorzunehmden VertrSchluss verpfl. Wird Abs IV S 1 verletzt, treten die RFolgen des § 494 ein, näml Nichtigk der Vollm üb die entspr Anwendg des Abs I S 1 u § 494 I. Bei VertrSchl dch den vollmlosen
21 Vertreter gelten die §§ 177 ff. Heilg ist gem § 494 II mögl. **b) Ausnahmen** (IV S 2) gelten für die ProzVollm (§§ 80–89 ZPO), die formlos erteilt werden kann (vgl § 80 ZPO) u für eine not beurk VollmErteilg (vgl § 128 Rn 1), insb für eine GeneralVollm geboten. Die ProzVollm ist auf ihren gesetzl Umfang beschränkt, so dass sie nur im RStreit (§ 81 ZPO) u in NebenVerf (§ 82 ZPO) wirks ausgeübt werden kann. Sie gilt dann für den im RStreit abgeschl DarlVertr, auch bei einem ProzVgl (§ 794 I Nr 1 ZPO), wenn § 492 wg Fehlens
22 der Vorauss des § 491 III Nr 2 anzuwenden ist. **c) Alte Vollmachten**, die vor dem 1. 1. 02 wirks erteilt

wurden u die dem Abs IV nicht genügen, werden im Nachhinein nicht unwirks u sollen üb den 1. 1. 02 hinaus weiter gelten. Da die Bevollmächtigg nach bisherigen R wirks erteilt ist, kann auch nach dem 31. 12. 01 der Vertreter für den Verbr wirks handeln (Peters/Gröpper WM **01**, 2199/03; AnwK/Reiff 17; zweifelnd Wittig/Wittig WM **02**, 145/52).

493 *Überziehungskredit.* I **Die Bestimmungen des § 492 gelten nicht für Verbraucherdarlehensverträge, bei denen ein Kreditinstitut einem Darlehensnehmer das Recht einräumt, sein laufendes Konto in bestimmter Höhe zu überziehen, wenn außer den Zinsen für das in Anspruch genommene Darlehen keine weiteren Kosten in Rechnung gestellt werden und die Zinsen nicht in kürzeren Perioden als drei Monaten belastet werden. Das Kreditinstitut hat den Darlehensnehmer vor der Inanspruchnahme eines solchen Darlehens zu unterrichten über**

1. die Höchstgrenze des Darlehens,
2. den zum Zeitpunkt der Unterrichtung geltenden Jahreszins,
3. die Bedingungen, unter denen der Zinssatz geändert werden kann,
4. die Regelung der Vertragsbeendigung.

Die Vertragsbedingungen nach Satz 2 Nr. 1 bis 4 sind dem Darlehensnehmer spätestens nach der ersten Inanspruchnahme des Darlehens zu bestätigen. Ferner ist der Darlehensnehmer während der Inanspruchnahme des Darlehens über jede Änderung des Jahreszinses zu unterrichten. Die Bestätigung nach Satz 3 und die Unterrichtung nach Satz 4 haben in Textform zu erfolgen; es genügt, wenn sie auf einem Kontoauszug erfolgen.

II **Duldet das Kreditinstitut die Überziehung eines laufenden Kontos und wird das Konto länger als drei Monate überzogen, so hat das Kreditinstitut den Darlehensnehmer über den Jahreszins, die Kosten sowie die diesbezüglichen Änderungen zu unterrichten; dies kann in Form eines Ausdrucks auf einem Kontoauszug erfolgen.**

1) Allgemeines. Die Vorschr entspr mit geringfüg Änd dem § 5 VerbrKrG. Sie stellt für die Form u den 1
Inh des DarlVertr eine Ausn zu § 492 dar, indem die Schriftf entfällt, wenn dch das KredInstitut als DarlG bestimmte Vorauss erf werden. **a) Zweck.** Der KontokorrentKred dch KontoÜbziehg ist eine gebräuchl, für den WirtschVerk wicht Art des DarlVertr, der dch FormVorschr, die im Einzelfall nur mit unverhältnmäß Aufwand zu erf sind, nicht behindert werden soll. Das liegt auch im Interesse des Verbr. **b) Begriff.** 2
ÜbziehgsKred iS des § 493 ist ein VerbrDarlVertr (§ 491), bei dem der DarlG ein KredInstitut ist, das dem DarlN Kred gewährt, indem es ihm gestattet, sein laufdes Konto so zu belasten, dass er dem KredInstitut daraus Beträge schuldet u außer Zinsen keine sonst Kosten zu bezahlen hat. Das setzt idR einen bestimmten HöchstBetr voraus. **c) Anwendbar** ist § 493 nur, wenn DarlG ein KredInstitut ist (§ 1 KWG) u DarlN ein 3
Verbr (§ 491 Rn 7), der ein laufdes Konto (Giro od Kontokorrent) bei dem DarlG unterhält. **d) Abdingbarkeit** ist wg § 506 nur zG des DarlN zu bejahen. Von der Form u dem VertrInh (§ 492) darf nur abgewichen werden, wenn die Vorauss des § 493 erf sind u diese nicht umgangen werden (§ 506 S 2). **e) Wirkung.** Liegt 4
ein ÜbziehgsKred vor (Rn 2), so bedarf es nicht der Schriftf u Angabe des VertrInh gem § 492. Es bestehen die Pfl aus dem DarlVertr, näml Belassen des DarlBetr, ZinsZahlg u RückerstattgsPfl bei Fälligk dch Gutschriften auf dem Konto od ein vereinb and Ausgl, der die RückErstattg (§ 488 I S 1) bewirkt. Zusätzl entsteht die Bestätigg- u UnterrPfl des Abs I S 2–4 (Rn 10). **f) Form.** § 492 gilt nicht (vgl Rn 4). Es sind 5
nur die Unterrichtgs- u BestätiggsPfl (Rn 12, 15) einzuhalten. **g) Beweislast** für Vereinbg (Rn 7), Unterrichtg (Rn 10), Bestätigg (Rn 13) u den Umfang der Übziehg trägt der DarlG.

2) Vereinbarter Überziehungskredit (I). **a) Voraussetzungen** (S 1): **aa) Persönlich:** entspr der An- 6
wendbk (Rn 3). **bb) Laufendes Konto**. Damit ist jedes Kontokorrentkonto (Rn 3) gemeint, das der Abwicklg des ZahlgsVerk dient u nicht einem bestimmten AuszahlgsZweck (LG Bln WM **99**, 2156 für § 5 VerbrKrG). Unerhebl ist, dass der Verbr seinen ZahlgsVerk auch od später üb ein and Konto leitet. **cc) Darle-** 7
hensvertrag (§ 488). Er muss darauf gerichtet sein, dass der DarlN (Verbr als Bankkunde) Anspr darauf hat, von seinem Konto bis zu einer festgelegten (vereinb od vom DarlG bestimmten u dem DarlN bekannten) Höhe des Sollsaldos (bestimmter od bestimmb Betr, zB 2 MoGehälter) zu übweisen od abzuheben ohne die Vereinbg, den Kred in einer bestimmten Weise zurückzuführen (KredRahmen). Bankübl KredRahmen sind 3 NettoMoGehälter (Köln WM **99**, 1003). **dd) Entgelt** für den ÜbziehgsKred dürfen nur die vereinb Zinsen 8
sein (alle laufztabhäng Entgelte, gleichgült wie benannt), keine sonst Kosten, außer den KontoFührgsGebühren. **ee) Belastungsperiode.** Die Zinsen dürfen zwar nach ZZahlen pro Tag berechnet, aber dem Konto 9
nicht früher als alle drei Mo belastet werden. Damit kommt der vereinb JZ dem EffektivZ (§ 492 II) sehr nahe. **b) Unterrichtungspflicht** (I S 2 u 4). Sie tritt an die Stelle der FormVorschr (§ 492). **aa) Inhalt** bei 10
Inansprn. **Nr 1:** GeldBetr od bestimmb Höhe (zB MoGehalt). **Nr 2:** § 492 I S 5 Nr 4 (nomineller JZ). **Nr 3**: Die ÄndBedinggen sind so genau anzugeben wie die Vorauss bei § 492 I S 5 Nr 5; auch dch AGB mögl, insb dch ZAnpassgsKl. **Nr 4:** wie § 492 I S 5 Nr 3. Die Beendigg kann sich auf die gesamte GeschVerbindg od nur auf den KredRahmen (Rn 7) beziehen. **bb) Änderungen** (I S 4). Mitzuteilen ist jede Änd des JZ, aber 11
nur, wenn dies währd der Inansprucbn geschieht. **cc) Zeitpunkt** (I S 2): Vor Inansprucbn bedeutet vor der ersten Übziehg. Währd der Inansprucbn: ist prakt nur so zu realisieren, dass die Unterrichtg aller KontenInh mit ÜbZiehgsLimit erfolgt. Es kann auch nachträgl unterrichtet werden. **dd) Form:** bis zur ÜbZiehg nicht 12
vorgeschr, daher insb dch AGB u Aushang in den zugängl GeschRäumen zuläss. Ab ÜbZiehg ist schriftl Mitt in Textform (§ 126 b) vorgeschrieben. Ein Ausdruck auf dem Kontoauszug genügt (I S 5 Hs 2). Zwischenzeitl Habensaldo begrdet keine neue UnterrPfl. **c) Bestätigung** (I S 3) der VertrBedinggen (I S 2 Nr 1–4) u zwar 13
aller. Das ist keine WillErkl u kann schon bei Abschl des DarlVertr mit Vereinbg des künft ÜbZiehgsKred erfolgen u darf nicht später als bei der ersten InAnsprN geschehen, jedenf auch eine angem kurze Zt nach Kenntn der ÜbZiehg.

14 **3) Geduldete Überziehung** (II). **a) Anwendbar** sowohl bei ÜbZiehg des vereinb KredRahmens (Rn 7)
als auch bei völl eigenmächt ÜbZiehg des laufden Kontos. Bsp: ungedeckter EC-Scheck, Barauszahlg im Soll.
b) Dauer der ÜbZiehg. Sie muss ununterbrochen 3 Mo dauern u v KredInst bewusst od unbewusst hinge-
15 nommen worden sein. Wie hoch der DarlN übzogen hat, ist grdsl gleichgült. **c) Unterrichtungspflicht.** Sie
ist ggü Abs II stark eingeschränkt. **aa) Inhalt.** Die Mitt (wie Rn 10) muss den JZins u die Kosten (§ 492 I
S 5 Nr 4; dort Rn 12) sowie die Änd (Rn 11) dieser Positionen umfassen, auch wenn sich Zins u Kosten
ermäßigen. Der DarlG muss nur den neuen Betr angeben. **bb) Zeitpunkt** der Mitt: nach Eintritt der
ÜbZiehg od nach Ändg des JZins od der Kosten im gewöhnl GeschGang, idR nicht mehr als 3 Werktage.
cc) Form. Die Textform (§ 126 b) wäre nur aus Abs I S 5 Hs 1 abzuleiten, wenn man die Unterrichtg gem
Abs II Hs 1 mit der gem Abs I S 2 u 4 gleich behandelt. Das ist nicht unbedenkl, weil dann Abs II Hs 2
16 übflüss wäre. Prakt bedeutgslos, da auch hier der Kontoauszug genügt. **d) Rechtsfolgen.** Es ist zu untersch:
aa) Wille zur Darlehensgewährung kann zu einem stillschweigden DarlVertr führen, wenn das KredInst als
DarlG den Willen äußert, dem DarlN den Kred im bankübl Umfang (bis 10% üb die 3-Mo-Gehaltsgrenze)
einzuräumen (Köln WM **99**, 1003 zu § 5 VerbrKrG); wobei für die Unterr nicht Abs I, sond auch II gilt.
17 **bb) Eigenmächtige Überziehung,** die nicht geduldet wird. Der Verbr verletzt seine Pfl aus dem GiroVertr
u ist bei Versch (§ 276) schaderspfl aus § 280 I. Bish wurde der SchadErsAnspr aus pVV abgeleitet (MK/
Ulmer § 5 VerbrKrG Rn 33).

494 *Rechtsfolgen von Formmängeln.*

I Der Verbraucherdarlehensvertrag und die auf Abschluss eines solchen Vertrags vom Verbraucher erteilte Vollmacht sind nichtig, wenn die Schriftform insgesamt nicht eingehalten ist oder wenn eine der in § 492 Abs. 1 Satz 5 Nr. 1 bis 6 vorgeschriebenen Angaben fehlt.

II Ungeachtet eines Mangels nach Absatz 1 wird der Verbraucherdarlehensvertrag gültig, soweit der Darlehensnehmer das Darlehen empfängt oder in Anspruch nimmt. Jedoch ermäßigt sich der dem Verbraucherdarlehensvertrag zugrunde gelegte Zinssatz (§ 492 Abs. 1 Satz 5 Nr. 4) auf den gesetzlichen Zinssatz, wenn seine Angabe, die Angabe des effektiven oder anfänglichen effektiven Jahreszinses (§ 492 Abs. 1 Satz 5 Nr. 5) oder die Angabe des Gesamtbetrags (§ 492 Abs. 1 Satz 5 Nr. 2) fehlt. Nicht angegebene Kosten werden vom Darlehensnehmer nicht geschuldet. Vereinbarte Teilzahlungen sind unter Berücksichtigung der verminderten Zinsen oder Kosten neu zu berechnen. Ist nicht angegeben, unter welchen Voraussetzungen preisbestimmende Faktoren geändert werden können, so entfällt die Möglichkeit, diese zum Nachteil des Darlehensnehmers zu ändern. Sicherheiten können bei fehlenden Angaben hierüber nicht gefordert werden; dies gilt nicht, wenn der Nettodarlehensbetrag 50 000 Euro übersteigt.

III Ist der effektive oder der anfängliche effektive Jahreszins zu niedrig angegeben, so vermindert sich der dem Verbraucherdarlehensvertrag zugrunde gelegte Zinssatz um den Prozentsatz, um den der effektive oder anfängliche effektive Jahreszins zu niedrig angegeben ist.

1 **1) Allgemeines.** Die Vorschr entspr mit redaktionellen Änd dem § 6 VerbrKrG, jedoch ohne Geltg für
TZahlgsGesch, die in den §§ 501–504 geregelt sind. **a) Zweck** ist eine den VerbrSchutz berücksichtigde
Abwandlg des § 125 S 1 (totale Nichtigk). Es soll für den Verbr mögl sein, zu günstigeren Bedinggen am Vertr
2 festzuhalten, insb dann, wenn er das Darl, das er benöt, bereits empf hat. **b) Unabdingbarkeit** zG des DarlN
ergibt sich aus § 506, dessenungeachtet aus dem grdsl zwingden Charakter v ges FormVorschr (vgl § 125
Rn 16). **c) Anwendbar** nur auf VerbrDarlVertr (§ 491) soweit § 492 gilt u für die vom DarlN erteilte Vollm
3 (§ 492 IV). Nicht anwendb auf öff beurk Vertr (§ 491 III Nr 2). **d) Wirkung.** § 494 ist eine dem § 125 S 1
u dem § 139 vorgehde SoRegelg. Nichtigk des DarlVertr ist die zwingde RFolge, wenn die Schriftf (§ 492 I
S 1) insges nicht eingehalten ist. Die Nichtigk tritt auch dann ein, wenn in der VertrUrk einer der notw
BestdT von § 492 I S 5 Nr 1–6 (dort Rn 12–17) fehlt, dh nicht in die VertrUrk aufgen worden ist. Nur die
NichtAufn der zu bestellden Sicherh (§ 492 I S 5 Nr 7) ist unschädl, hat aber die RFolge des Abs II S 6
(Rn 11). Solange keine Heilg eingetreten ist (II S 1), können die Part aus dem Vertr keine Anspr stellen.
4 **e) Nebenabreden** dch Vereinbg der Part des DarlVertr, die zum notw Inh (§ 492 I S 5 Nr 1–7) gehören,
unterliegen auch der Schriftf. Ist sie insow nicht eingehalten, besteht TNichtigk, die nach § 139 zu beurt ist
5 (Bülow VerbrKrG § 6 Rn 12). Unwesentl Nebenabreden sind formlos wirks. **f) Andere Nichtigkeitsgründe,** zB §§ 134, 138, 142, 177 bleiben unberührt. Abs II gilt nicht.

6 **2) Heilung des Formmangels** (II) findet nur für diejen Vertr statt, die unter Abs I fallen. Da der Empf
(Auszahlg) des Darl vorausgesetzt wird, ist Abs II auf den Schuldbeitritt (§ 491 Rn 11) nicht anwendb (BGH
NJW **97**, 654 für § 6 VerbrKrG). Die Heilg tritt nur in Bezug auf den DarlN ein (Karlsr WM **99**, 222), nicht
7 auf eine formnichtige Vollm (AnwK/Reiff 14). **a) Voraussetzungen.** Das Darl muss dem DarlN zur Vfg
gestellt sein (§ 488 I S 1). Das kann auf zweierlei Weise geschehen: **aa) Empfang** des Darl. Das erfordert eine
LeistgsHdlg des DarlG (Auszahlg, auftrgem Übweisg, Gutschr auf dem Konto des DarlN). Bei einem
Formmangel der Vollm (§ 492 IV) muss der vertretene DarlN beim Empf (ErfGesch, § 488 I S 1) mitwirken
(Mü NJW **99**, 2196). **bb) Inanspruchnahme** erfordert eine Disposition des Verbr als DarlN, mind das an
den DarlG gerichtete Verlangen, das Geld zur Vfg zu stellen, dem der DarlG entspr, indem er auszahlt, übweist
8 od einen Scheck einlöst. Darunter fällt nicht die ÜbZiehg des Kontos, wofür allein § 493 gilt. **b) Wirkung.**
Der DarlVertr wird voll wirks („gültig") mit dem vereinb Inh od abweichd nach Maßg der Abs II S 2–5 u III.
aa) Zinsen (II S 2). Die VertrZ ermäßigen sich auf den gesetzl ZSatz (§ 246), wenn eine der folgden
Angaben (übhaupt) fehlt: **(1)** Der vertrgem ZSatz (§ 492 I S 5 Nr 4); **(2)** der effektive JZins (§ 492 I S 5
Nr 5 1. Alt); **(3)** der anfängl effektive JZins (§ 492 I S 5 Nr 5 2. Alt); **(4)** der GesBetr der zu entrichtden
TZahlgen (§ 492 I S 5 Nr 2). Sind aGrd des ermäßigten ZSatzes zuviel Zinsen bezahlt worden, ist bei der
9 Rückerstattg das Disagio zu berücks (BGH NJW **00**, 2816 für § 6 VerbrKrG). **bb) Kosten** (II S 3). Fehlt die
Angabe (§ 492 I S 5 Nr 4), so trägt sie der DarlG. Der DarlN schuldet sie keinesf. **cc) Teilzahlungen** (II S 4)
gem § 492 I S 5 Nr 2 sind wg Verminderg der Zinsen u wg Wegfalls der Kosten neu zu berechnen. Das gilt

rückwirkd. **dd) Preisbestimmende Faktoren** (II S 5). Sind die ÄndergsVorauss (§ 492 I S 5 Nr 5) nicht gegeben, so kann nicht zum NachT des DarlN geänd werden. Eine Änd zu günstigeren Ergebn bleibt unberührt. **ee) Sicherheiten** (II S 6). Fehlt die Angabe (§ 492 I S 5 Nr 7), so muss das Darl ohne Sicherh gewährt werden. Ausn nur bei GroßDarl (üb 50 000 €). Maßg ist der NettoDarlBetr (§ 492 I S 5 Nr 1; vgl § 491 II Nr 1). Das gilt auch für ImmobDarl (§ 491 III Nr 1), weil bei diesen § 494 anwendb ist. 10 11

4) Falsche Angaben (III) bewirken keine Nichtigk. Sie werden grdsl VertrInh, wenn die getroffene Vereinbg nicht aus and Grden unwirks ist. Insb kann Anf (§§ 119, 123) mögl sein, auch ein Anspr auf SchadErs aus c. i. c. bei Versch (§ 280 Rn 8, 30; § 311 Rn 13). Bei zu niedr angegebenen effekt u anfängl effekt JZins tritt statt dessen die Wirkg des Abs IV ein: Der JZins wird verhältnmäß herabgesetzt, aber nicht unter den gesetzl ZSatz (§ 246). Ganz geringfüg Abweichgen v der tats Belastg (zB 0,05%) sind tolerabel (LG Stgt NJW **93**, 208 für § 6 VerbrKrG). Bei variablem ZSatz ist auf der Basis des verminderten NominalZ anzupassen. Die Neuberechng hat der DarlG vorzunehmen. 12

495 *Widerrufsrecht.* **I Dem Darlehensnehmer steht bei einem Verbraucherdarlehensvertrag ein Widerrufsrecht nach § 355 zu.**

II Hat der Darlehensnehmer das Darlehen empfangen, gilt der Widerruf als nicht erfolgt, wenn er das Darlehen nicht binnen zwei Wochen entweder nach Erklärung des Widerrufs oder nach Auszahlung des Darlehens zurückzahlt. Dies gilt nicht im Falle des § 358 Abs. 2. Die erforderliche Belehrung über das Widerrufsrecht muss auf die Rechtsfolge nach Satz 1 hinweisen.

III Die Absätze 1 und 2 finden keine Anwendung auf die in § 493 Abs. 1 Satz 1 genannten Verbraucherdarlehensverträge, wenn der Darlehensnehmer nach dem Vertrag das Darlehen jederzeit ohne Einhaltung einer Kündigungsfrist und ohne zusätzliche Kosten zurückzahlen kann.

1) Allgemeines. § 495 ersetzt funktionell den § 7 VerbrKrG, gekürzt u geänd, weil die Regelg des WiderrR nunmehr in § 355 zusgefasst ist. **a) Zweck.** Der Verbr soll wg der wirtschaftl Bedeutg u Tragweite eines Darl vor übeilter Bindg geschützt werden u die Möglk erhalten, innerh einer angem BedenkZt den DarlVertr zu beseit. **b) Unabdingbarkeit** ist im AnwendgsBer zG des DarlN angeordnet (§ 506 S 1); Umgehg beseit die Anwendbk nicht (§ 506 S 2). **c) Anwendungsbereich:** grdsl der des § 491. Aus dessen Abs III Nr 1 u 2 folgt, dass § 495 bei ImmobDarlVertr (bei HausTGesch vgl § 312 a Rn 2) u öff beurk DarlVertr nicht anzuwenden ist. Für ÜbZiehgsKred (§ 493) gilt die Regelg des Abs III (Rn 11). Für DarlVertr, die mit einem gem § 355 widerrufl Gesch (insb TzWrVertr, § 481, HaustürGesch, § 312) verbunden sind, gelten bei Widerr die §§ 358, 359. Die WiderrRe bezügl des zur Finanzierg verwendeten DarlVertr u aus dem finanzierten Gesch bestehen nebeneinander. 1 2

2) Widerrufsrecht (I). § 495 räumt in Abs I dem DarlN als Verbr das WiderrR ein, das § 355 I S 1 allg voraussetzt. Die Vorauss des Widerr, dessen Erkl, die dafür geltde Form u Frist, dessen Beginn, die erforderl Belehrg u deren notw Inh, nebst Aushändigg der VertrUrk sowie das Erlöschen des WiderrR sind in § 355 geregelt u kommentiert, die RFolgen des Widerr in § 356. Darauf wird verwiesen. 3

3) Fingiertes Unterbleiben des (wirks erkl) Widerr (II) ist anzunehmen („gilt") unter folgden Vorauss. **a) Empfang des Darlehens** dch den DarlN (wie § 494 Rn 7). Das trifft auch bei TAuszahlg u Erf dch Leistg an einen Dr (§ 362 II) zu. **b) Rückzahlung**. Das entspr der Rückerstattg (§ 488 I S 1) des NettoKrBetr (§ 492 I S 5 Nr 1). Bei Abzug eines Disagios ist nur der empfangene Betr zurückzuzahlen. Das bloße Stehenlassen auf dem Konto genügt nicht. **c) Zeitpunkt.** Das Darl muss vor Zugang des Widerr ausbezahlt sein; denn Abs II gilt nicht, wenn der Widerr noch vor der Auszahlg zugegangen ist, weil dann der DarlVertr bereits dch Widerr unwirks wurde (Bülow VerbrKrG § 7 Rn 162). **d) Rechtzeitigkeit** der DarlRückzahlg (Rn 6). Die 2-Wo-Fr (§§ 187 I, 188 II) läuft wahlw. Erkl des Widerr (Rn 3) ist Abgabe der WillErkl, nicht Zugang (§ 130 Rn 4). Auszahlg: Aushändigg v Geld od Gutschr auf dem Konto. Kommt es auf die Rechtzeitk der Rückzahlg an, muss auf § 270 Rn 6 abgestellt werden. **e) Verbundene Verträge.** Abs II gilt nicht, wenn der DarlVertr mit einem and VerbrGesch verbunden ist (§ 358) u wg Widerr des DarlVertr der Verbr nicht mehr an das and Gesch gebunden (§ 358 II S 1) u sein WiderrR aus § 495 I ausgeschl ist, weil das WiderrR aus dem finanzierten VerbrGesch vorgeht (§ 358 II S 2). **f) Wirkung.** Der Widerr des DarlVertr ist schwebd unwirks, so lange bis das Darl zurückbezahlt ist od die 2-Wo-Fr (Rn 7) ohne Rückzahlg abläuft. Wird rechtzeit bezahlt, so ist der DarlVertr wirks widerrufen (§ 355) u ist nach § 357 abzuwickeln. Unterbleibt die Rückzahlg, besteht der DarlVertr mit allen Ren u Pflen fort. **g) Belehrung** (II S 3). Im Rahmen der in § 355 II vorgeschriebenen Belehrg muss der DarlG auf die RFolgen des Abs II S 1 hinweisen. Bezügl Inh u Form gilt § 355 II. Bei einem Verstoß beginnt die WiderrFr nicht zu laufen (§ 355 II S 3). 4 5 6 7 8 9 10

4) Unanwendbarkeit (III). Das WiderrR (I u II) besteht nicht bei vereinb ÜbZiehgsKred (§ 493 I S 1), wenn diese zu den dort genannten Konditionen abgeschl sind u das R eingeräumt ist, den DarlVertr jederzt fristlos zu künd, ohne dass dem DarlN dadch zusätzl Kosten (wie § 492 I S 5 Nr 4) entstehen. Dieses R muss BestdT des VertrInh sein. Das trifft insb zu, wenn der Sollsaldo jederzt v DarlN zurückgeführt werden kann. Damit besteht ständ ein beliebig auszuübdes R, den Vertr zu beenden. Für entspr Anwendg auf geduldete ÜbZiehgsKred: AnwK/Reiff 11. 11

496 *Einwendungsverzicht, Wechsel- und Scheckverbot.* **I Eine Vereinbarung, durch die der Darlehensnehmer auf das Recht verzichtet, Einwendungen, die ihm gegenüber dem Darlehensgeber zustehen, gemäß § 404 einem Abtretungsgläubiger entgegenzusetzen oder eine ihm gegen den Darlehensgeber zustehende Forderung gemäß § 406 auch dem Abtretungsgläubiger gegenüber aufzurechnen, ist unwirksam.**

II Der Darlehensnehmer darf nicht verpflichtet werden, für die Ansprüche des Darlehensgebers aus dem Verbraucherdarlehensvertrag eine Wechselverbindlichkeit einzugehen. Der Darlehensgeber darf vom Darlehensnehmer zur Sicherung seiner Ansprüche aus dem Verbraucherdarlehensvertrag einen Scheck nicht entgegennehmen. Der Darlehensnehmer kann vom Darlehensgeber jederzeit die Herausgabe eines Wechsels oder Schecks, der entgegen Satz 1 oder 2 begeben worden ist, verlangen. Der Darlehensgeber haftet für jeden Schaden, der dem Darlehensnehmer aus einer solchen Wechsel- oder Scheckbegebung entsteht.

1 **1) Allgemeines.** Die Vorschr entspr, abgesehen von der Bezeichng der VertrPart (DarlG u DarlN statt KredG u Verbr), wörtl dem § 10 VerbrKrG. **a) Zweck.** Der DarlN soll dch Abs I davor geschützt werden, dass er inf der häuf Abtretg solcher Fdgen an einen Zessionar zahlen muss, bevor er seine Einwendgen gg den DarlG dchsetzen, insb mit seinen GgFdgen aufrechnen kann. Dach Abs II soll vermieden werden, dass der DarlN aus Wechsel od Scheck im UrkProz in Anspr genommen wird, ohne dass er wg § 598 ZPO die Einwendgen aus dem GrdGesch (DarlVertr) mit der Begrdg entggsetzen kann, diese Einwendgen seien ihm ggü Dr abgeschnitten (Art 17 WG); desh könne er seine RückgrAnspr nur noch erschwert dchsetzen (Müller
2 WM **91**, 1781 für § 10 VerbrKrG). **b) Unabdingbarkeit** ergibt sich aus § 506; ebso die Anwendg des § 496 bei UmgehgsGesch. **c) Anwendbar** auf alle VerbrDarlVertr (§ 491), auch auf ImmobDarl (§ 491 III Nr 1), öff beurk DarlVertr (§ 491 III Nr 2) u auf die DarlVertr für die Finanzierg von SpekulationsGesch (§ 491 III Nr 3), ferner auf den Schuldbeitritt eines Verbr (vgl § 491 Rn 11).

3 **2) Verzicht auf Aufrechnung und sonstige Einwendungen** (I). **a) Voraussetzungen.** Die Vereinbg des Verzichts (vgl § 397 Rn 1) auf die Einwendgen des § 404 (dort Rn 3 u 7) u auf das GestaltgsR der Aufrechng (§ 406) muss im DarlVertr enthalten sein od auch gesondert vereinb (§ 311 I). Ein einseit Verz ist
4 schon aus and Grden unwirks, weil § 397 einen Vertr erfordert. **b) Wirkung** des Abs I. Der vereinb Verz ist unwirks mit der Folge, dass der DarlN ggü dem Zessionar jede gg den DarlG bestehde Einwendg erheben u mit einer Fdg gg den DarlG aufrechnen kann (§ 387).

5 **3) Wechsel- und Scheckverbot** (II). **a) Verpflichtungsverbot** betrifft jede Art v Verpfl, insb als Aussteller u Akzeptant. Anspr des DarlG: alle, die sich aus dem DarlVertr (§ 491) gg den DarlN ergeben, insb Rückzahlg, Raten. Verstoßfolge: Rn 8). **b) Schecks** (S 2) dürfen grdsl weiterhin begeben werden; der DarlN soll damit seine ZahlgsPfl erf können. Nur zur Sicherg (vgl § 492 I S 5 Nr 7) dürfen Schecks nicht verwendet
6 werden. Verstoßfolge: wie Rn 8). **c) Herausgabeanspruch** (S 3). Wird gg S 1 od 2 verstoßen, so sind nur das VerpflGesch u die Sichergsabrede nichtig (§ 134); die Wechsel- u ScheckVerbindlichk ist wirks. Daher war es notw, gg den KredG einen HerausgAnspr auf Wechsel od Schecks zu schaffen, damit der DarlN dem
7 Umlauf der WertP u dem EinwendgsAusschl entggwirken kann. **d) Schadensersatzanspruch** (S 4). Vorauss: Wechsel od Scheck müssen verbotswidr (S 1 od 2) begeben worden sein. Der Anspr ist v Versch unabhängig
8 (AnwK/Reiff 7). Zum Schad gelten die allg Vorschr (§§ 249 ff). **e) Auswirkung auf den Darlehensvertrag** bei Verstoß gg Abs II. Hierauf ist § 139 anzuwenden, so dass der DarlVertr idR wirks bleibt (Müller WM **91**, 1781/7 für § 10 VerbrKrG).

497 *Behandlung der Verzugszinsen, Anrechnung von Teilleistungen.*

I Soweit der Darlehensnehmer mit Zahlungen, die er auf Grund des Verbraucherdarlehensvertrags schuldet, in Verzug kommt, hat er den geschuldeten Betrag gemäß § 288 Abs. 1 zu verzinsen, es sei denn, es handelt sich um einen grundpfandrechtlich gesicherten Verbraucherdarlehensvertrag gemäß § 491 Abs. 3 Nr. 1. Bei diesen Verträgen beträgt der Verzugszinssatz für das Jahr zweieinhalb Prozentpunkte über dem Basiszinssatz. Im Einzelfall kann der Darlehensgeber einen höheren oder der Darlehensnehmer einen niedrigeren Schaden nachweisen.

II Die nach Eintritt des Verzugs anfallenden Zinsen sind auf einem gesonderten Konto zu verbuchen und dürfen nicht in ein Kontokorrent mit dem geschuldeten Betrag oder anderen Forderungen des Darlehensgebers eingestellt werden. Hinsichtlich dieser Zinsen gilt § 289 Satz 2 mit der Maßgabe, dass der Darlehensgeber Schadensersatz nur bis zur Höhe des gesetzlichen Zinssatzes (§ 246) verlangen kann.

III Zahlungen des Darlehensnehmers, die zur Tilgung der gesamten fälligen Schuld nicht ausreichen, werden abweichend von § 367 Abs. 1 zunächst auf die Kosten der Rechtsverfolgung, dann auf den übrigen geschuldeten Betrag (Absatz 1) und zuletzt auf die Zinsen (Absatz 2) angerechnet. Der Darlehensgeber darf Teilzahlungen nicht zurückweisen. Die Verjährung der Ansprüche auf Darlehensrückerstattung und Zinsen ist vom Eintritt des Verzugs nach Absatz 1 an bis zu ihrer Feststellung in einer in § 197 Abs. 1 Nr. 3 bis 5 bezeichneten Art gehemmt, jedoch nicht länger als zehn Jahre von ihrer Entstehung an. Auf die Ansprüche auf Zinsen findet § 197 Abs. 2 keine Anwendung. Die Sätze 1 bis 4 finden keine Anwendung, soweit Zahlungen auf Vollstreckungstitel geleistet werden, deren Hauptforderung auf Zinsen lautet.

1 **1) Allgemeines.** Die Vorschr entspr im wesentl dem § 11 VerbrKrG mit inhaltl u redaktionellen Abändergen. **a) Zweck.** Es soll vermieden werden, dass VerbrHaushalte in eine von selbst steigde, immer tiefere Verschuldg geraten. Andseits soll den Interessen der KredInst dadch Rechng getragen werden, dass für den tats entstandenen VerzSchad Ausgl gewährt wird. Außerdem sollen die dem DarlN mögl TeilTilgg u der
2 SchadNachw erleichtert werden (Ungewitter JZ **94**, 701/7 mwN für § 11 VerbrKrG). **b) Anwendbar:** auf alle wirks VerbrDarlVertr (hM; MK/Habersack 6 für § 11 VerbrKrG). Für entspr Anwendg des 497 auf unwirks DarlVertr: MK/Habersack 7. Auch keine entspr Anwendg auf RealKred gem § 491 III Nr 1 (BGH NJW-RR **99**, 1274 für § 11 VerbrKrG). Abs I gilt für alle Zahlgen, die der Verbr aus dem DarlVertr schuldet. Abs II nur für Zinsen, die nach dem u dch den VerzEintritt (§ 286) entstanden (angefallen) sind. Unanwendb ist Abs I auf VerzSchäd eines KredInst, die nicht auf einem DarlVertr beruhen (Dresd BB **98**,

2229 für § 11 VerbrKrG). **c) Unabdingbarkeit** zG des DarlN u Unwirksk einer Umgehg ergibt sich aus § 506. 3

2) Verzugszinsen (I). Sie sind zu untersch v den vereinb VertrZen, die aGrd des DarlVertr nach der 4
vereinb Höhe u Fälligk geschuldet u nicht gem § 497 behandelt werden. **a) Voraussetzung** ist, dass der DarlN mit Zahlgen in Verzug kommt (§ 286), die er aGrd des DarlVertr schuldet, insb Zinsen, TilggsRaten u Kosten, auch die gesamte Rückerstattg. Die Anspr aus Abs I bestehen für den ganzen ZtRaum, in dem der Verz andauert. **b) Zinshöhe.** Es ist zu untersch: **aa) Sicherung durch Grundpfandrecht** (§ 491 III Nr 1; 5
Hyp, Grdschuld, Rentenschuld). Der ZSatz ist niedriger als der normale VerzZSatz des § 288 I, näml nur 2½% üb dem BasisZSatz (§ 247). Das ergibt sich aus I S 2. **bb) Alle sonstigenVerbraucherdarlehensverträge** (I S 1), die nicht dch GrdPfdR gesichert sind. Es gilt § 288 I, der normale VerbrVerzZSatz v 5% üb dem BasisZSatz (§ 247). **c) Schaden** (I S 3). DerVerzZ wird v GesG als obj MindestSchad angesehen (§ 288 6
Rn 4). Daher ist in § 288 IV dem Gläub (DarlG) freigestellt, einen höheren Schad dch eine höhere ZFdg geltd zumachen (§ 288 Rn 12), insb wg des Verlusts v AnlageZ od wg Aufwendg v KredZ. Ggü § 288 IV ist Abs I S 3 eine SoRegelg insof, als der höhere Schad konkret („im Einzelfall") bewiesen werden muss u Schätzg (§ 287 ZPO) ausgeschl ist. Das gilt auch für den DarlN, der einen niedrigeren ZSchad geltd machen will, so dass dem VerbrDarlN der Bew auch nicht erleichtert ist (Ungewitter JZ **94**, 701/7 für § 11 VerbrKrG). Wird der Schad dch den VerzZ in Höhe des § 288 I (also pauschaliert) verlangt, kann daneben nicht zusätzl VerzögergsSchad üb § 280 II verlangt werden (Zweibr WM **01**, 24 für § 286 aF u § 11 VerbrKrG).

3) Behandlung der Verzugszinsen (II). Dadch soll das ZinsesZVerbot (§ 289 S 1) berücksicht, zugleich 7
der zuläss SchadErs (§ 289 S 2) reguliert werden. **a) Buchung** (II S 1). **aa) Gesondertes Konto.** Die ab Eintritt des Verz (§ 286) angefallenen Zinsen sind als Fdg des DarlG auf einem gesonderten Konto mit den errechneten Betr dem DarlN zu belasten. Ist ein solches Unterkonto (als ZKonto) nicht vorhanden, muss es der DarlG einrichten, unter od (einseit) ohne Mitwirkg des DarlN. Es dürfen auch ZFdgen aus and DarlVertr auf diesem Konto gebucht werden. **bb) Buchungsverbot** besteht für die VerzZ hinsichtl des DarlKontos. Sie 8
dürfen nicht auf das Konto gebucht werden, auf dem and Fdgen des DarlG, insb der RückerstattgsAnspr (§ 488 I) eingestellt sind. Dieses Verbot gilt auch für periodisch (vgl § 355 HGB) errechnete GeldBetr aus VerzZ. **b) Zinsschaden** (II S 2). Da das KredInst als DarlG dch die nicht termingerecht erfüllten ZAnspr 9
einen Schad erleidet, besteht ein Anspr auf Ers des VerzögergsSchad (§ 280 I, II; § 286), der dch den VerzZ nicht ausgeschl wird (§ 288 IV, § 289 S 2). Für diesen SchadErsAnspr legt Abs I S 2 den gesetzl ZSatz (§ 246) als HöchstBetr fest. Bis zu dieser Höhe kann im Proz gem § 287 ZPO geschätzt werden (kein Bew wie für I S 3; Rn 6 aE).

4) Teilleistungen (III S 1 u 2). Gilt nicht für selbständ (isolierte) ZTitel (III S 5 u 6; Rn 14). Die 10
Funktion des III ist eine wg § 506 zwingde Abänd des § 367. **a) Voraussetzung** (III S 1) ist eine Zahlg des DarlN, die für die fäll Schuld (TilggsRate, Zins, RückErstattg) nicht ausreicht u daher eine TLeistg darstellt. Die fäll Schuld kann ein Titel üb einen Teil der Hauptschuld mit VerzSchad sein (MK/Habersack VerbrKrG § 11 Rn 37). **b) Wirkung.** Die TZahlg wird, and als nach § 367, in dieser Reihen- 11
folge als Erf (§ 362 I) angerechnet: **(1)** Kosten der RVerfolgg (wie § 367 Rn 4). **(2)** Geschuldeter Betr. Das ist der gesamte gem § 488 I geschuldete DarlBetr od der Teil, der zZt der Zahlg fäll ist. **(3)** Zinsen des Abs I. Das ist der bis zur Zahlg angefallene Betr. Diese Regelg stellt wg § 289 den DarlN günstiger als § 367 I. **c) Recht zur Teilleistung** (III S 2). Abweichd v § 266 darf der DarlN auch TBetr leisten. 12
Der DarlG darf die angebotenenen od erbrachten TZahlgen nicht unter Berufg auf § 266 ablehnen od zurückweisen.

5) Verjährung (III S 3–5). Wg der v § 367 abweichden Reihenfolge der Tilgg (III S 1) kann die Tilgg 13
der Anspr des DarlG auf einen langen ZtRaum hinaus geschoben sein u es kann Verj eintreten, weil für die ZAnspr, auch wenn sie tituliert sind, gem § 197 II die 3-Je-Fr des § 195 tritt. Das berücksichtigt die SoRegelg der S 3–5. Sie gilt nur bei Zinsen, für die Abs III S 1 anzuwenden ist, näml die VerzZ (Bülow § 11 Rn 69). **a) Hemmung** (S 3). Sie betr die Zinsen u die RückErstattgsAnspr (§ 488 I). Es gilt grdsl die regelmäß VerjFr (§ 195; 3 Je), bei rechtskräft, auch im InsVerf festgestellten u öff beurk Anspr 30 Je (§ 197 I Nr 3–5) ab Entstehg (§ 200). Die Fr ist gehemmt, sobald der Verz eingetreten ist (§ 286), so dass der ZtRaum danach nicht in die VerjFr eingerechnet wird (§ 209). Die Hemmg dauert bis zur rechtskräft Feststellg der Anspr od Beurk gem § 794 I Nr 1 u 5 ZPO (von da an 30 Je, § 197 I). Die VerjFr beginnt mit dem Schluss des Jes, in dem der Anspr entstanden ist u dem DarlG zur Kenntn gelangt (§ 199 I). Die Hemmg dauert längstens 10 Je ab Entstehg (ohne Rücks auf die Kenntn). **b) Verjährung der Zinsen** in Vollstreckungstiteln (S 4). Dadch wird die in § 197 II angeordnete regelmäß VerjFr (§ 195; 3 Je) für die VerzugsZt ausgeschl, weil auch die Tilgg hinausgeschoben wird. Es gilt daher die 30-jähr Fr des § 197 I Nr 3–5. **c) Isolierte Zinstitel** (S 5). 14
Das sind solche, die ausschließl auf ZSchuld iS des Abs I beruhen u die ZFdg Haupts ist. Bei diesen gilt Abs III S 1–4 nicht, so dass die allg TilggsVerrechngsRegel anzuwenden ist (§ 367 I) u die Verj nicht gem S 3 gehemmt. Umstr ist die entspr Anwendg auf gemischte, aus Hauptsache u Zinsen bestehende Titel (vgl Braun WM **91**, 1325 für § 11 VerbrKrG). Für ein Verbot isolierter ZTitel, solange noch die Hauptsache offen ist: Bülow WM **92**, 1009 für § 11 VerbrKrG.

498 *Gesamtfälligstellung bei Teilzahlungsdarlehen.* **I Wegen Zahlungsverzugs des Darlehensnehmers kann der Darlehensgeber den Verbraucherdarlehensvertrag bei einem Darlehen, das in Teilzahlungen zu tilgen ist, nur kündigen, wenn**

1. der Darlehensnehmer mit mindestens zwei aufeinanderfolgenden Teilzahlungen ganz oder teilweise und mindestens zehn Prozent, bei einer Laufzeit des Verbraucherdarlehensvertrags über drei Jahre mit fünf Prozent des Nennbetrags des Darlehens oder des Teilzahlungspreises in Verzug ist und

2. der Darlehensgeber dem Darlehensnehmer erfolglos eine zweiwöchige Frist zur Zahlung des rückständigen Betrags mit der Erklärung gesetzt hat, dass er bei Nichtzahlung innerhalb der Frist die gesamte Restschuld verlange.

Der Darlehensgeber soll dem Darlehensnehmer spätestens mit der Fristsetzung ein Gespräch über die Möglichkeiten einer einverständlichen Regelung anbieten.

II Kündigt der Darlehensgeber den Verbraucherdarlehensvertrag, so vermindert sich die Restschuld um die Zinsen und sonstigen laufzeitabhängigen Kosten des Darlehens, die bei staffelmäßiger Berechnung auf die Zeit nach Wirksamwerden der Kündigung entfallen.

1 **1) Allgemeines.** Die Vorschr entspr für DarlVertr mit TilggsVereinbg in TZahlgen dem § 12 VerbrKrG. Soweit diese Vorschr TZahlgsGesch betraf, ist § 498 üb § 501 (dort Rn 2) anwendb. **a) Zweck.** Der Verbr-Schutz des DarlN wird verwirklicht dch eine KündBeschränkg (I S 1 Nr 2 u 2), dch Förderg einer einvernehml Regelg (I S 2) sowie dch eine Begrenzg des SchadErs mittels einer RestschuldVerminderg (II).
2 **b) Unabdingbarkeit** zG des DarlN ergibt sich aus § 506. **c) Anwendungsbereich:** alle VerbrDarlVertr, bei denen der RückerstattgsAnspr (§ 488 I) in TZahlgen zu erf ist. Es müssen wg Abs I S 1 Nr 1 mind 3 Raten (TZahlgen) vereinb sein. § 498 gilt auch für einen Schuldbeitritt (§ 491 Rn 11; Karlsr NJW-RR **98**, 1438 für § 12 VerbrKrG), aber nicht für ImmobDarlVertr (§ 491 III Nr 1). Die Anwendg des § 498 ist zugeschnitten auf DarlVertr, die dch Bürgsch od SichergsEigt gesichert sind. Die entspr Anwendg auf FinanziergsLeas (ausdrückl u grdsl in § 499 I angeordnet) war schon bisher geboten (BGH NJW **01**, 1349 für § 3 II Nr 1 u § 12 VerbrKrG). § 498 gilt nur u ausschließl bei Verz mit der Zahlg v TBetr (Karlsr WM **00**, 1995 für § 12 VerbrKrG). § 498 ist entspr anwendb, wenn ein VerbrDarlVertr mit einer KapLebVers verbunden ist u statt
3 Tilgg VersPrämien zu zahlen sind (Bülow VerbrKrG § 12 Rn 15). **d) Andere Kündigungsgründe.** § 498 I S 1 schränkt eine zuläss Künd des DarlG nur ein (I S 1 Nr 1) u stellt ein zusätzl Erfordern auf (I S 1 Nr 2). Die außerord KündRe aus§ 490 I u § 314 bleiben davon unberührt.

4 **2) Kündigung** (I). VerbrDarlVertr haben idR eine bestimmte LaufZt (§ 488 Rn 14). Sie können daher nur außerord gekünd werden od wenn ein KündR des DarlG vereinb ist, insb im Falle des ZahlgsVerz bei
5 TilggsRaten. In diesen Fällen können die Vorauss des § 498 eintreten. **a) Voraussetzungen** des Abs I sind kumulativ: **aa) Verzug** (I S 1 Nr 1). Er tritt ein, wenn § 286 vorliegt, u ist für jede TZahlg (Rate) gesondert festzustellen: **(1) Ratenrückstand** von mind 2 aufeinanderfolgden TZahlgsTerm. Es genügt, wenn die Rate nur teilw nicht bezahlt ist. Ob der DarlN dch TilggsBestimmg gem § 366 absichtl nur jede 2. Rate tilgen darf, um das Aufeinanderfolgen zu vermeiden, ist umstr (vgl Bülow VerbrKrG § 12 Rn 22). Spätestens bei der dritten Wiederholg ist RMißbr (§ 242 Rn 40) anzunehmen. **(2) Nennbetragsanteil.** Die Summe (GesBetr) aller Raten, mit denen sich der DarlN zZ der Künd in Verz befindet (§ 286), muss grdsl mind 10% des NennBetr (§ 488 Rn 6) erreichen. Bei einer LaufZt (§ 488 Rn 14) von bis zu 3 Jen mind 5%. Der GesBetr ist aus allen offenen Raten, nicht nur aus den aufeinanderfolgden zu errechnen. Es muss Verz (§ 286), nicht ein bloßer Rückstand vorliegen. Soweit § 498 bei FinanziergsHilfen (Untertitel 2) anzuwenden ist (vgl Rn 2) sind die Bruttoraten (einschl Zinsen u Kosten) zugrdezulegen (BGH NJW **01**, 1349 mwN für VerbrKrG § 12; bestr). Der im Wortlaut der Nr 1 angeführte TZahlgsPr bezieht sich wohl
6 nur auf die Verweisg in § 499 I u § 501. **bb) Fristsetzung mit Androhung** der GesFälligk (I S 1 Nr 2). Das ist eine formlose empfbed WillErkl (§ 130; Bülow VerbrKrG § 12 Rn 28). Die 2-Wo-Fr kann wg § 506 nicht verkürzt, aber verlängert werden. FrSetzg: grdsl wie § 323 I (dort Rn 12–16). Anzugeben ist der gesamte geschuldete (offene) Betr. Die Androhg muss darauf bezogen sein, dass die ges noch offene (u bisher noch nicht fällige) Restschuld verlangt wird, wenn der DarlN nicht innerh der Fr den vollen offenen Betr zahlt. Mängel der Erkl (bzgl Fr od Inh) führen zum Ausschl der Künd u zu ihrer Unwirksk.
7 **b) Wirkung.** Zahlt der DarlN rechtzeit, so läuft der DarlVertr weiter. Z- od SchadErsAnspr bleiben unberührt. Erst wenn die Fr versäumt ist, steht es dem DarlG frei zu künd (BGH NJW **96**, 2033; LG Bonn NJW-RR **98**, 779 mwN für § 12 VerbrKrG); jedoch nur innerh angemessener Zt. Die verspätete
8 Zahlg steht dem nicht entgg. **c) Gesprächsangebot** (I S 2). Ist keine WirksamkVorauss für FrSetzg od Künd (allgM; BGH NJW **01**, 1249 für § 12 VerbrKrG). Das Angebot kann schon mit der Mahng erfolgen. Als einverständl Möglk der VertrÄndg (§ 311 I) kommen vor allem Stundg od Änd der Ratenhöhe in
9 Betr. **d) Mehrere Darlehensnehmer.** Ist nur einer v ihnen Verbr, so ist für die einheitl Künd § 498 anzuwenden, wenn bei ihm die Vorauss (Rn 5, 6) vorliegen (BGH NJW **00**, 3133 für LeasVertr gem VerbrKrG § 12).

10 **3) Restschuldverminderung** (II). Sobald die Künd wirks ist, wird die Restschuld fäll, jedoch im verminderten Umfang. **a) Voraussetzung** ist eine Künd des DarlG, die unter Abs I fällt (Rn 2, 4–7). Sie muss voll dem AnwendgsBer des § 498 unterliegen. Für and Künd (Rn 3) ist § 498 auch nicht entspr
11 anwendb. **b) Wirkung.** Es ist zu untersch: **aa) Restschuld** ist der zZ des Wirksamwerdens der Künd dem DarlG aGrd des DarlVertr zu zahlde Betr ohne die künft, vorausberechneten Zinsen; denn die laufzeitabhäng Kosten u die VertrZ, die auf die Zt nach GesFällStellg entfallen, dürfen in die Neuberechng nicht aufgen werden. Eine gestaffelte Abrechng der Zinsen ist vorzunehmen. Eine vereinfachte ZStaffelmethode genügt nicht (LG Stgt NJW **93**, 208 für § 12 VerbrKrG). Das Disagio gehört zu den laufzeitabhäng Kosten. Einmalige, laufzeitunabhäng Leistgen bleiben unberücks. Wirkswerden der Künd: der Tag, an dem aGrd der Künd die Rückzahlg fäll wird (§ 488 Rn 14). Die Verminderg tritt krG ein. Die Berechng beim FinLeas (§ 499) ist umstr (hierzu Peters WM **92**, 1797 [1805] für § 12 VerbrKrG). **bb) Finanzierter Vertrag** (insb KaufVertr). Er wird von der Künd nicht berührt. Dem DarlN, der das Darl zurückbezahlt od noch zurückbezahlen muss (§ 488 I), darf die aGrd des finanz Gesch erlangte GgLeistg nicht desh entzogen werden, weil die Künd des DarlVertr erfolgt ist. IdR hat der DarlN zB als Käufer mit dem Geld aus dem DarlVertr den Kaufpr bezahlt.

Untertitel 2. Finanzierungshilfen zwischen einem Unternehmer und einem Verbraucher

Vorbemerkungen

1) Neuregelung. Der AnwendgsBer des VerbrKrG umfasste mit dem Begriff KredVertr (§ 1 II) nicht nur DarlVertr, sond auch den ZahlgsAufschub u die sonst FinanziergsHilfen. In der neuen Systematik ist der VerbrDarlVertr (§ 491) dem GeldDarlVertr (§ 488) unterstellt, der seiners v SachDarl (§§ 607–609 nF) getrennt ist. Die Besonderh v Vertr, in denen ein Untern (§ 14) einem Verbr (§ 13) ZahlgsAufschub od eine sonstige FinaziergsHilfe gewährt, erfordern eine im Verh zum VerbrDarlVertr (§ 491) gesonderte Regelg (§§ 499–505). Anderers passen für diese Vertr weitgehd die Vorschr des VerbrDarlVertr, so dass deren entspr Anwendg schon wg der EG-VerbrKrRL v 22. 6. 1986 (idF der RL v 20. 5. 1997 [97/7]) geboten ist. Gesetzestechn kommt es zu MehrfachVerweisgn. Dadch werden Übsicht u Verständn erschwert. 1

2) Grundbegriffe für die §§ 499–505: **a) Personen** als Part des betr Vertr müssen auf Seiten des KredG ein Untern (§ 14; wie § 491 Rn 6) u KredN einVerbr (§ 13; wie § 491 Rn 7) sein. Mehrh v VertrPart ist mögl. 2
b) Zahlungsaufschub liegt vor, wenn die vereinb Fälligk der v Verbr geschuldeten Zahlg abweichd v dispositiven R gg Entgelt (Rn 6) hinausgeschoben wird, um dem Verbr die Zahlg des vereinb Preises zu erleichtern. Darunter fällt auch eine einmalige Zahlg, mit od ohne Anzahlg. Die bloße FälligkVereinbg (§ 271 Rn 4) genügt hierfür nicht (Dresd ZIP **00**, 830 für § 1 VerbrKG). Die häuf Form des ZahlgsAufschubs ist das TZahlgsGesch (Rn 4). Der ZahlgsAufschub muss mehr als 3 Mo im Vgl zur gesetzl Fälligk (§ 271) betragen (§ 499 I). 3
c) Teilzahlungsgeschäft ist in § 499 II legal definiert als Vertr, der die Lieferg einer bestimmten Sache (idR Kauf) od das Erbringen einer bestimmten and Leistg (idR Werk, § 631 od Dienst, § 611) gg TZahlg (Raten) zum Ggstd hat. 4
d) Sonstige Finanzierungshilfen sind Vertr, dch die es dem Verbr ermöglicht wird, das Entgelt für den Erwerb v Sachen u Ren od den Empf v DLeistgen leichter, insb früher aufzubringen od die Leistg (zB den Bes der Sache) eher zu erhalten. Dies wird vor allem dch das Finanziergs-Leas (§ 499) u den MietKauf (Einf 30 vor § 535) verwirklicht. 5
e) Entgeltlichkeit ist bei allen Vertr, die den §§ 499–505 unterfallen notw Vorauss. Sie bezieht sich nicht auf den finanzierten Vertr, sond auf die FinanziergsHilfe; diese muss entgeltl sein. Es genügt jede Art v GgLeist, auch nur eine geringfüg (Köln ZIP **94**, 776 für § 1 VerbrKrG), insb Zinsen, einmalige Vergütg, TZahlgsZuschlag (auch eingerechnet in den RückerstattgsAnspr). Auf die oft verdeckende Bezeichng (zB BearbeitgsGebühr) kommt es nicht entscheidd an, wohl aber darauf, dass der TZahlgsPr höher ist als der BarZahlgsPr. Nur KleinstBetr sind unerhebl (Karlsr NJW-RR **00**, 1442). Im Einzelfall kann auch die Übern v Kosten ein Entgelt darstellen (Martis MDR **98**, 1189/94 mwN). 6

499 ***Zahlungsaufschub, sonstige Finanzierungshilfe.*** **I Die Vorschriften der §§ 358, 359 und 492 Abs. 1 bis 3 und der §§ 494 bis 498 finden vorbehaltlich der Absätze 2 und 3 entsprechende Anwendung auf Verträge, durch die ein Unternehmer einem Verbraucher einen entgeltlichen Zahlungsaufschub von mehr als drei Monaten oder eine sonstige entgeltliche Finanzierungshilfe gewährt.**

II Für Finanzierungsleasingverträge und Verträge, die die Lieferung einer bestimmten Sache oder die Erbringung einer bestimmten anderen Leistung gegen Teilzahlungen zum Gegenstand haben (Teilzahlungsgeschäfte), gelten vorbehaltlich des Absatzes 3 die in den §§ 500 bis 504 geregelten Besonderheiten.

III Die Vorschriften dieses Untertitels finden in dem in § 491 Abs. 2 und 3 bestimmten Umfang keine Anwendung. Bei einem Teilzahlungsgeschäft tritt an die Stelle des in § 491 Abs. 2 Nr. 1 genannten Nettodarlehensbetrags der Barzahlungspreis.

1) Allgemeines. Die Vorschr entspr in der Funktion teilw dem § 1 I, II VerbrKrG u bewirkt für die FinanziergsHilfen die grdsl Anwendbk der §§ 491–498 (VerbrDarlVertr). Deren Inh entspr weitgehd den §§ 2–14 VerbrKrG, dch die bereits bisher auch die FinanziergsHilfen geregelt wurden. **a) Zweck.** Dch die Verweisg in Abs I soll der für DarlVertr geltde VerbrSchutz auf alle FinanziergsHilfen erstreckt werden. Zugleich wird dch Abs II für FinanziergsLeasVertr u TZahlgsGesch die Anwendg spezieller auf diese KredVertr zugeschnittenen SchutzVorsch (§§ 500–504) bestimmt. 1
b) Unabdingbarkeit zG des Verbr ergibt sich aus § 506. **c) Anwendbar** ist Abs I auf ZahlgsAufschub (Vorb 3) u alle sonstigen FinanziergsHilfen (Vorb 5), einschließl der TZahlgsGesch (Vorb 4), jeweils Entgeltlk (Vorb 6) vorausgesetzt. Abs II ist nur anwendb auf TZahlgsGesch (Vorb 4) u FinanziergsLeas (Vorb 5). Abs III betrifft nur die Ausn, die § 491 II bei Darl bestimmt, nämlich KleinKred bis einschließl 200 €, ArbGDarl sowie FörderDarl, außerdem die gem § 491 III: dch GrdPfdR gesicherten, öff beurk u für Effektenspekulation gewährten FinanziergsHilfen. 2

2) Anwendung der Verbraucherdarlehensvorschriften (I). Für die (entspr) Anwendg der jew Vorschr entspr dem DarlBetr u dem RückerstattgsAnspr der Umfang des vom Untern finanzierten Betr. 3
a) Voraussetzungen sind: **aa) Zahlungsaufschub** (Vorb 3), der entgeltl (wie Vorb 6) sein muss u länger als 3 Mo. Der ZtRaum ist von der gesetzl Fälligk des BarZahlgsPr an zu rechnen (iZw sofort, § 271) bis zum vereinb FällkTerm. Bei KredKarten liegt kein ZahlgsAufschub vor, sond ein Darl (Bülow VerbrKrG § 3 Rn 47). **bb) Sonstige Finanzierungshilfe** (Vorb 5). Sie muss entgeltl sein (Vorb 6). Dazu gehören trotz der So-Regelg des Abs II auch die FinanziergsLeasVertr u TZahlgsGesch, für die also grdsl die in Abs I aufgeführten Vorschr (Rn 5) gelten, jedoch wiederum eingeschr u abgeändert (§ 500 u §§ 501–504). Das ist gesetzestechn unglückl gelöst. 4
b) Wirkung ist, dass die meisten Vorschr zum VerbrDarlVertr (§ 491) anzuwenden sind, im einzelnen: **aa) Verbundene Geschäfte** werden bei Widerr nach den §§ 358, 359 behandelt. **bb) Schriftform und Vertragsinhalt** gem § 492 I–III. **cc) Formmängel** mit mögl Heilg (§§ 494). **dd) Widerrufsrecht:** § 495 mit Anwendg des § 355, Fiktion des § 495 II u Unanwendbk bei sof KündMöglk des § 495 III. **ee) Verbote** für EinwendgsVerzicht, Wechsel u Scheck (§ 496). **ff) Verzugszinsen und Teilei-** 5

stungen mit Behandlg gem § 497. **gg) Gesamtfälligstellung** bei Teilzahlg gem § 498, also mit Restschuld-Verminderg.

6 **3) Eingeschränkte Anwendung** (II) betrifft **a) Finanzierungsleasingverträge** (Einf 39 vor § 535) sind gesetzgeberisch dch § 3 II Nr 1 VerbrKrG eingeführt (Canaris ZIP **93**, 401) u v OperatingLeas (Einf 40 v § 535) zu untersch. Wesentl ist, dass beim FinLeas der LeasN (Verbr, § 13) dem LeasG (Untern, § 14) die Amortisation schuldet (BGH NJW **96**, 2033 mwN). Dazu gehört auch ein Kfz-LeasVertr mit km-Abrechng, wenn der LeasN bei der Rückg einen Kfz-Minderwert ausgleichen muss (BGH aaO u NJW **98**, 1637 mwN; Engel MDR **00**, 797; aA v.Westphalen NZM **98**, 607). Was von den Vorschr des Abs I (Rn 5) für FinLeas-
7 Vertr gilt u was nicht, ist dem § 500 zu entnehmen. **b) Teilzahlungsgeschäfte** (Vorb 4). Der Begriff ist in Abs II legal definiert. Es ist ein Kauf-, Werk (Liefergs)- od DVertr, bei dem ein Untern (§ 14) u ein Verbr (§ 13) als Käufer, Besteller od DBerecht VertrPart sind, wobei die Vergütg (insb Kaufpr, Werklohn) in TeilBetr (Raten) fäll gestellt ist. Begriffl muss außer einer ersten Zahlg (Anzahlg) mind ein TeilBetr später zu zahlen sein. Erfasst wird in analoger Anwendg der Fall, dass die gesamte Vergütg gestundet u für einen späteren Term auf einmal fäll gestellt wird (Reinicke/Tiedtke ZIP **97**, 217; Bülow VerbrKrG § 4 Rn 115). Kein TZahlgs-Gesch ist ein finanzierter Kauf (DarlVertr u KaufVertr als verbundenes Gesch iS des § 358). Was für TZahlgsGesch v den in Abs I aufgeführten Vorschr nicht gilt u was gilt, näml die §§ 502–504, ist dem § 501 zu entnehmen.

8 **4) Keine Anwendung** (III S 1) finden die §§ 499–504: **a) Uneingeschränkt** bei FinanziergsHilfen, die im KredBetr 200 € nicht übsteigen, die vom ArbG dem ArbN gewährt werden u bei FörderKred (sowieso
9 nicht denkb) gem § 491 II Nr 1–3. **b) Teilweise** in dem dch § 491 III Nr 1–3 bestimmten TeilUmfang bei Kred, die dch GrdPfdR gesichert, öff beurk sind od einer Effektenspekulation dienen; bei diesen sind dann nur die §§ 358, 359 (verbundene Gesch) ausgeschl.

10 **5) Nettodarlehensbetrag** (III S 2; § 491 II Nr 1). An seine Stelle tritt bei TZahlgsGesch (§ 501) der BarZahlgsPr (§ 502 I S 1 Nr 1; dort Rn 5). Das kann nur eine klarstelld Funktion haben u hätte in den § 501 gehört.

500 *Finanzierungsleasingverträge.* **Auf Finanzierungsleasingverträge zwischen einem Unternehmer und einem Verbraucher finden lediglich die Vorschriften der §§ 358, 359, 492 Abs. 1 Satz 1 bis 4, § 492 Abs. 2 und 3 und § 495 Abs. 1 sowie der §§ 496 bis 498 entsprechende Anwendung.**

1 **Allgemeines.** In seiner Funktion entspr § 500 dem § 3 I Nr 1 VerbrKrG, der die Anwendg bestimmter Vorschr des VerbrKrG ausgenommen hat. **Zweck.** Da nunmehr in § 499 I die entspr Anwendg der Vorschr für den VerbrDarlVertr angeordnet ist (positive Verweisg auf §§ 358, 359, 492 I–III, 494–498), musste gem
2 dem Vorbeh in § 499 II davon dasjenige ausgen werden, was auf FinLeasVertr nicht passt. **Begriff** des FinLeasVertr: § 499 Rn 6. **Wirkung.** Die entspr Anwendg der Vorschr (§ 499 Rn 6) wird eingeschr. Es verbleibt: Regelg bei verbundenen Vertr (§§ 358, 359), Schriftf (§ 492 I S 1–4), Übmittlg der VertrUrk (§ 492 III), WiderrR (§ 495 I) ohne die Unterbleibensfiktion (§ 495 II), Verbot v EinwendgsVerz, Wechsel u Scheck (§ 496), Behandlg der VerzZinsen u TZahlgen (§ 497) sowie die GesFällStellg (§ 498). Nicht nachvollziehb ist die entspr Anwendg v § 492 II (Definition des effektiven JahresZ), da § 492 I S 5 nicht anwendb sein soll. **Vertretung.** Die Vollmacht ist formfrei (§ 167), da weder § 499 I noch § 500 die Geltg
3 des § 492 IV anordnet. **Vertragsanpassung** ist gem § 313 im Einzelfall mögl. **Kündigung** aus wicht Grd gem § 314 ist nicht ausgeschl, da das FinLeas ein DauerschuldVerh ist.

501 *Teilzahlungsgeschäfte.* **Auf Teilzahlungsgeschäfte zwischen einem Unternehmer und einem Verbraucher finden lediglich die Vorschriften der §§ 358, 359, 492 Abs. 1 Satz 1 bis 4, § 492 Abs. 2 und 3, § 495 Abs. 1 sowie der §§ 496 bis 498 entsprechende Anwendung. Im Übrigen gelten die folgenden Vorschriften.**

1 **Allgemeines.** Die SoRegelg für TZahlgsGesch im VerbrKrG (§§ 4 I S 5 Nr 2, S 6; § 6 I, III u IV; § 7 I S 2, § 8 II, §§ 13, 14) ist ohne inhaltl Änd in den §§ 501–504 zusgefasst. **Zweck.** Der VerbrSchutz wird dem v and FinanziergsHilfen unterschiedl Zuschnitt des TZahlgsGesch angepasst, gesetzestechn wie beim FinLeas-
2 Vertr (§ 500) dch Einschränkg der generellen Verweisg (§ 499 I) auf Vorschr des VerbrDarlVertr. **Begriff** des TZahlgsGesch: wie § 499 Rn 7. Es ist kein DauerschuldVerh iS des § 314 u v RatenLiefergsVertr (§ 505) zu untersch. **Inhalt**. Es sind die selben Vorschr aufgeführt wie in § 500, so dass sich die gleiche Wirkg wie für § 500 Rn 2 ergibt. Außerdem sind § 502 (VertrInh, RFolgen bei Formmängeln), § 503 (RückgR, Rücktr)
3 u § 504 (vorzeit Zahlg) anzuwenden. **Vertretung:** wie § 500 Rn 2. **Vertragsanpassung** gem § 313 ist im Einzelfall nicht ausgeschl. **Kündigung** ist nicht mögl. § 314 ist ausgeschlossen, weil kein DauerschuldVerh vorliegt.

502 *Erforderliche Angaben, Rechtsfolgen von Formmängeln bei Teilzahlungsgeschäften.* **[I] Die vom Verbraucher zu unterzeichnende Vertragserklärung muss bei Teilzahlungsgeschäften angeben**

1. **den Barzahlungspreis,**
2. **den Teilzahlungspreis (Gesamtbetrag von Anzahlung und allen vom Verbraucher zu entrichtenden Teilzahlungen einschließlich Zinsen und sonstiger Kosten),**
3. **Betrag, Zahl und Fälligkeit der einzelnen Teilzahlungen,**
4. **den effektiven Jahreszins,**

5. die Kosten einer Versicherung, die im Zusammenhang mit dem Teilzahlungsgeschäft abgeschlossen wird,

6. die Vereinbarung eines Eigentumsvorbehalts oder einer anderen zu bestellenden Sicherheit.

Der Angabe eines Barzahlungspreises und eines effektiven Jahreszinses bedarf es nicht, wenn der Unternehmer nur gegen Teilzahlungen Sachen liefert oder Leistungen erbringt.

II Die Erfordernisse des Absatzes 1, des § 492 Abs. 1 Satz 1 bis 4 und des § 492 Abs. 3 gelten nicht für Teilzahlungsgeschäfte im Fernabsatz, wenn die in Absatz 1 Satz 1 Nr. 1 bis 5 bezeichneten Angaben mit Ausnahme des Betrags der einzelnen Teilzahlungen dem Verbraucher so rechtzeitig in Textform mitgeteilt sind, dass er die Angaben vor dem Abschluss des Vertrags eingehend zur Kenntnis nehmen kann.

III Das Teilzahlungsgeschäft ist nichtig, wenn die Schriftform des § 492 Abs. 1 Satz 1 bis 4 nicht eingehalten ist oder wenn eine der im Absatz 1 Satz 1 Nr. 1 bis 5 vorgeschriebenen Angaben fehlt. Ungeachtet eines Mangels nach Satz 1 wird das Teilzahlungsgeschäft gültig, wenn dem Verbraucher die Sache übergeben oder die Leistung erbracht wird. Jedoch ist der Barzahlungspreis höchstens mit dem gesetzlichen Zinssatz zu verzinsen, wenn die Angabe des Teilzahlungspreises oder des effektiven Jahreszinses fehlt. Ist ein Barzahlungspreis nicht genannt, so gilt im Zweifel der Marktpreis als Barzahlungspreis. Die Bestellung von Sicherheiten kann bei fehlenden Angaben hierüber nicht gefordert werden. Ist der effektive oder der anfängliche effektive Jahreszins zu niedrig angegeben, so vermindert sich der Teilzahlungspreis um den Prozentsatz, um den der effektive oder anfängliche effektive Jahreszins zu niedrig angegeben ist.

1 **1) Allgemeines.** Abs I entspr dem § 4 S 5 Nr 2 u S 6 VerbrKrG; Abs II dem § 8 I VerbrKrG u Abs III dem § 6 I, III u IV VerbrKrG ohne beabsicht Änd. **a) Zweck.** Die Schriftf des Vertr u der vorgeschriebene Inhalt sollen neben RSicherh u Beweisbark dch Urk (§ 416 ZPO) den Verbr umfassd informieren u hinsichtl des Umfangs seiner Verpflichtgen warnen. Zugleich soll dch die Erleichtergen bei VertrInh u Form der Versandhandel (Fernabsatz) nicht üb das notw Maß an VerbrSchutz hinaus erschwert werden. **b) Unabdingbarkeit** zG des Verbr ergibt sich aus § 506; ebso Unwirksamk einer Umgehg. **c) Anwendbar:** nur auf 2 TZahlgsGesch (§ 501 Rn 2). Bei Vertretg kommt es auf die VerbrEigsch (§ 13) des Vertretenen an (§ 491 Rn 8). Vollmacht: wie § 500 Rn 3. § 502 gilt auch, wenn ein Dr, der Verbr (§ 13) ist, den Schuldbeitritt erkl (§ 491 Rn 11) od die VertrÜbnahme (§ 491 Rn 10). Wg § 499 III findet § 502 insb keine Anwendg bei KleinKred (bis einschl 200 €; § 491 II Nr 1), bei TZahlgsGesch zw ArbG u ArbN (§ 491 II Nr 2) u öff beurk Vertr (§ 491 III Nr 2). **d) Ehegatten.** Ohne ausdrückl Erkl des handelnden Eheg, dass er das Gesch als 3 VertrPart gemeins abschließt, ist § 1357 I anzuwenden (wie § 492 Rn 5). **e) Falsche Angaben** des Untern führen nur beim effektiven JZins (I S 1 Nr 4) zur Ändg des VertrInh (III S 6), begrden aber bei Versch einen SchadErsAnspr aus § 280 (vgl dort Rn 19 ff). Bei Argl ist Anf (§ 123) mögl (§ 437 Rn 54).

4 **2) Vertragsinhalt** (I S 1). Die aus der entspr Anwendg von § 492 I S 1–4 üb § 499 I, § 501 abzuleitde Schriftf des Vertr umfasst die zum VertrAbschl führde Erkl des Verbr (Angebot od Ann, vgl § 151). Sie muss enthalten (mit Ausn gem I S 2 u II, Rn 9, 10) u von der Unterschr des Verbr gedeckt sein: **a) Barzahlungs-** 5 **preis. Nr 1.** Er entspricht dem NettoDarlBetr des § 491 II Nr 1 (§ 499 III S 2). Dieser ist legal definiert in § 491 II Nr 1 (dort Rn 14). Dementspr ist BarZahlgsPr der übl Pr bei BarZahlgsGesch (ListenPr) einschließl MWSt. Er ist als Summe anzugeben. Rabatt u Skonto sind nicht abzuziehen. Der BarZahlgsPr muss nicht angegeben werden nach Maßg v Abs I S 2 (Rn 9) u im Fernabsatz (II; Rn 10). **b) Teilzahlungspreis. Nr 2.** 6 Er ist legal definiert: GesamtBetr (Summe) von Anzahlg, allen vereinb TZahlgen, Zinsen (bei termingerechter Zahlg) u Kosten, zuzügl MWSt aus den einzelnen anfalldn Betr. Der GesBetr muss errechnet, nicht nur berechenb sein (Hamm NJW-RR **89**, 370 für § 1a AbzG). Er muss dem Betr entspr, den der Verbr bei ordngsgem Erf des Vertr tats bezahlen muss. Anzahlg ist der erste, vor od bei Überg fäll, auf den Kaufpr anzurechnende GeldBetr, bar od verrechnet (zB bei Inzahlgn gem § 480 Rn 6). Zinsen sind nach planmäß LaufZt zu berechnen. Kosten: wie § 492 Rn 12; nicht dazu gehören Verpackg, Porto od Fracht. **c) Teilzah-** 7 **lungsplan. Nr 3.** Betrag: Er ist in Geld anzugeben, nicht als BruchT des TeilZahlgsPr. Zahl: iZw ohne eine vereinb Anzahlg, zB Rest in 6-MoRaten. Fälligk: Sie muss sich auf den Kal od einen nach ihm bestimmb Tag beziehen, zB am 5. eines jeden dem VertrAbschl folgden KalMo. **d) Effektiver Jahreszins. Nr 4.** Begriff: 8 legal definiert in § 492 II (dort Rn 16, 17). Die Angabe ist entbehrl gem Abs I S 2 (Rn 9) u gem Abs II (Rn 10). **e) Versicherungskosten. Nr 5:** wie § 492 Rn 14; auch TranspVers. **f) Sicherheiten. Nr 6.** EigtVorbeh: § 449 mit Angabe der Art des vereinb EV (vgl § 449 Rn 17 ff). And Sicherh: wie § 492 Rn 15.

9 **3) Ausschließlicher Teilzahlungsverkauf** (I S 2). Das setzt voraus, dass der Untern nur TZahlgsGesch abschließt, u zwar üblicherweise. Es steht nicht entgg, dass er im Einzelfall gg BarZahlg leistet, wenn er auch da den TZahlgsPr verlangt od bei and Waren od Leistgen bar abrechnet od Skonto gewährt (Bülow VerbrKrG § 4 Rn 121). Es entfällt nur die Angabe gem Abs I Nr 1 u 4. Die and Erfordern bleiben bestehen.

10 **4) Fernabsatz** (II). Die Ausn für die TZahlgsGesch im Fernabsatz (Versandhandel) waren bisher in § 8 VerbrKrG geregelt. Für Vertr im FernAbs gelten nunmehr die §§ 312b–312f mit Widerr- u RückgR (§ 312d) u bes geregelten Pfl des Untern (§§ 312c, 312e u §§ 1, 3 InformationsPflVO. Bei den im FernAbs getät TZahlgsGesch gelten grdsl die §§ 499–504. Für die Anwendg v Abs I u die SchriftfVorschr des § 492 I S 1–4, III gilt eine im elektron GeschVerk gebotene Erleichterg. **a) Voraussetzungen. aa) Mitteilung** in 11 Textform (§ 126b) der Angaben zu Abs I S 1 Nr 1–5 (mit Ausn des Betrags der einz TZahlgen der Nr 3). **bb) Rechtzeitig** bedeutet angem Zt vor dem VertrAbschl zur eingehden KenntnNahme, also mind einige Tage BedenkZt. **b) Wirkung.** Die Schriftf (§ 492) u die Angabe des VertrInhalts gem Abs I auf der VertrUrk 12 entfällt. Die übr Vorschr des § 501 gelten. Die WiderrRe u RückgRe aus § 312d u §§ 495 I, 503 bestehen mit mögl unterschiedl FrBeginn nebeneinander.

13 **5) Mängel der Form und des Inhalts** (III). Es ist zu untersch: **a) Nichtigkeit** (S 1) des Vertr insges. Sie folgt unmittelb aus Abs I S 1. Das ist eine SoRegelg zu § 125 S 1 u § 139, wenn die Schriftf des § 492 I S 1–

4 insges nicht eingehalten ist od auch nur eine der Angaben des Abs I S 1 Nr 1–5 fehlt (nicht Nr 6), soweit die Angaben nicht dch Abs I S 2 (Rn 9) od Abs II (Rn 10) entbehrl sind. Heilg ist nur dch Abs III S 2
14 (Rn 14) mögl, nicht dch formgerechte Neuvornahme (neuer Vertr). **b) Heilung** (III S 2) des formnichtigen Vertr (Rn 13). Sie tritt unabhäng v der Kenntn od Unkennt des Formmangels ein. **aa) Voraussetzung** ist alternativ: **(1) Lieferung einer Sache.** Sie muss übgeben sein. Überg: grdsl wie § 433 I S 1, soweit eine einverständl Mitwirkg des Verbr als Käufer vorausgesetzt wird, weil der Kaufentschl nach außen bestätigt werden muss. Dies ist wg der RFolge des VertrSchlusses erforderl. Die Überg ist erst vollzogen, wenn der Käufer seinen BesWillen (auch schlüss) äußert. Es steht ihm frei, die Übern zu verweigern. Nicht genügt: BesMittlungsVerh (§ 930) od Abtretg des HerausgAnspr gem § 931 (umstr; vgl MK/Ulmer 34 für § 8 VerbrKrG). Bei teilb Sachen, mehreren Sachen od SachGesh muss für die Wirksk des Vertr restlos übgeben
15 sein. **(2) Erbrachte Leistung.** Ist eine Werk- od DLeistg geschuldet, muss sie erbracht sein, dh der Untern od DVerpfl muss erfüllt haben (§ 362). Es wird (wie für Rn 14) eine Mitwirkg des Verbr bei Überg wie bei Erfüllg vorausgesetzt. **bb) Wirkung.** Das TZahlgsGesch wird wirks („gültig"), jedoch unter bestimmten
16 Vorauss (III S 3–6) mit and Inhalt (Rn 16–19). **c) Verzinsung** (III S 3) des BarZahlgsPr (§ 499 Rn 10; hier Rn 5) erfolgt vertrgem nur in Höhe des ges ZSatzes (§ 246), wenn die Angabe des TeilZahlgsPr (Rn 6) od des effektiven JZinses (Rn 8) fehlt. Ist die Angabe falsch, so ist III S 6 anzuwenden. Ist eine Anzahlg geleistet,
17 wird sie bei der Verzinsg v BarZahlgsPr abgezogen. Die LaufZt der TZahlgen änd sich nicht. **d) Barzahlungspreis** (III S 4). Es gilt primär der Angegebene (I S 1 Nr 1). Fehlt die Angabe, so ist der Pr zu ermitteln, zB der RichtPr des Herst, Abzug des TZahlgsZuschlags v TZahlgsPr. Ist der Pr nicht festzustellen, so ist der
18 MarktPr maßgebd. **e) Sicherheiten** (III S 5), die nicht angegeben sind (entgg I S 1 Nr 6), kann der Untern nicht verlangen. Das gilt insb für den EigtVorbeh (§ 449). Liefert er die Sache trotzdem nur unter EV, so ist
19 dieser vertrwidrig (§ 449 Rn 11). **f) Jahreszins** (III S 6). Ist er zwar gem Abs I S 1 Nr 4 angegeben, aber zu niedr (gleich ob aus Absicht od versehentl), so vermindert sich der TZahlgsPr (Abs I S 1 Nr 2) um den Prozentsatz, um den der effektive JZins zu niedr angegeben ist. Diese Verminderg geht aber nicht unter den BarZahlgsPr (Rn 17) u den gesetzl ZSatz (§ 246). Die TZahlgen sind dementspr zu vermindern. Wohl dch ein Redaktionsversehen ist hier bei Übernahme der Vorauss des § 6 IV VerbrKrG der „anfängl effekt JZ", stehen geblieben, obwohl dieser bei § 492 I S 5 Nr 5 nur für VerbrDarlVertr anzugeben ist, nicht aber hier bei I S 1 Nr 4. Zu niedrig: gemessen an der tats ZinsBelastg. Abweichgen sind bis 0,05% tolerabel (LG Stgt NJW **93**, 208 für § 6 VerbrKrG).

503 ***Rückgaberecht, Rücktritt bei Teilzahlungsgeschäften.*** **I Anstelle des dem Verbraucher gemäß § 495 Abs. 1 zustehenden Widerrufsrechts kann dem Verbraucher ein Rückgaberecht nach § 356 eingeräumt werden.**

II Der Unternehmer kann von einem Teilzahlungsgeschäft wegen Zahlungsverzugs des Verbrauchers nur unter den in § 498 Abs. 1 bezeichneten Voraussetzungen zurücktreten. Der Verbraucher hat dem Unternehmer auch die infolge des Vertrags gemachten Aufwendungen zu ersetzen. Bei der Bemessung der Vergütung von Nutzungen einer zurückzugewährenden Sache ist auf die inzwischen eingetretene Wertminderung Rücksicht zu nehmen. Nimmt der Unternehmer die auf Grund des Teilzahlungsgeschäfts gelieferte Sache wieder an sich, gilt dies als Ausübung des Rücktrittsrechts, es sei denn, der Unternehmer einigt sich mit dem Verbraucher, diesem den gewöhnlichen Verkaufswert der Sache im Zeitpunkt der Wegnahme zu vergüten. Satz 4 gilt entsprechend, wenn ein Vertrag über die Lieferung einer Sache mit einem Verbraucherdarlehensvertrag verbunden ist (§ 358 Abs. 2) und wenn der Darlehensgeber die Sache an sich nimmt; im Falle des Rücktritts bestimmt sich das Rechtsverhältnis zwischen dem Darlehensgeber und dem Verbraucher nach den Sätzen 2 und 3.

1 **1) Allgemeines.** Die Vorschr ersetzt in Abs I den § 7 I S 2 VerbrKrG u fasst in Abs II den Inhalt v § 13 VerbrKrG zus, jeweils mit redaktionellen Ändergen. Die Verweisg in Abs II S 5 auf § 358 II (richt wäre III) ist vermutl ein Redaktionsversehen (vgl Rn 17). Zum Verständn der Regelg ist zu beachten: Für TZahlgsGesch beruht das WiderrR des Untern auf § 495 I (üb § 501 entspr anzuwenden). Das RückgR bedarf wg § 356 I S 1 einer ausdrückl Zulassg dch G; das geschieht in Abs I. **a) Zweck.** Die Rückg der gelieferten Sache mit der Wirkg, dass das ZTahlgsGesch beseit wird, entspricht der allg Übg im Versandhandel u schützt den Verbr in gleicher Weise wie das WiderrR. Zugleich wird dadch die Abwickl des Vertr vereinfacht. Dch Abs II wird der Rücktr des Untern an strengere Vorauss geknüpft u das AbwicklgsVerh so geregelt, dass der
2 Verbr keine unbill NachT erleidet. **b) Unabdingbarkeit** zG des Verbr ergibt sich aus § 506; zugleich die Unwirksk einer Umgehg. **c) Anwendbar** ist Abs I bei allen TZahlgsGesch (§ 501), welche die Vorauss eines RückgR gem § 356 aufweisen. Schon begriffl ist für eine Rückg nur eine gelieferte Sache geeignet, somit aGrd eines Kauf- od WerkLiefergsVertr (§§ 433, 651). Abs II gilt für den Rücktr des Untern wg ZahlgsVerz (§ 286) des Verbr (§ 498 I). Das betrifft sowohl den Rücktr als Verk od WerkUntern v TZahlgsGesch wie den als DarlG bei gem § 358 verbundenen Vertr (II S 5; vgl Rn 15).

3 **2) Rückgaberecht des Verbrauchers** (I) als Käufer (§ 433) od Besteller (§§ 631, 651). Es kann v Untern anstelle des WiderrR (§ 495 I, § 501) eingeräumt werden. Dabei kann das WiderrR ersetzt (u damit ausgeschl) werden od (weil für den Verbr günstiger, § 506 S 1) wahlw daneben bestehen bleiben, je nach
4 VertrInh. **a) Voraussetzungen** des RückgRs sind: **aa) Wirksame Einbeziehung** in den Vertr, der üb das TZahlgsGesch geschl wird (§ 356 Rn 7). Das ist inhaltl u in den Vorauss nach § 356 (dort Rn 3–6) zu beurt, insb nach dessen Abs I S 2 Nr 1–3 (VerkProspekt mit Belehrg, KenntnNahme, Textform). **bb) Gegenstand des Teilzahlungsgeschäfts** muss eine bewegl Sache (§ 90) sein, weil dasRückgR nur dch RückSendg od
5 RückNVerlangen ausgeübt werden kann (§ 356 II S 1; dort Rn 8–10). **b) Wirkung.** Mit wirks Ausübg des RückgR (§ 356 Rn 8–10) treten die RFolgen des § 357 ein, näml die entspr Anwendg der Vorschr üb den Rücktr. Ist mit dem TZahlgsGesch ein VerbrDarlVertr (§ 491) verbunden (§ 358 Rn 13–16), so gelten die §§ 358, 359 u II S 5 (Rn 17).

3) Rücktrittsrecht des Unternehmers (II S 1–3). Der GesG geht davon aus, dass dem Untern bei einem VerbrDarl ein KündR (§ 498 Rn 4; üb § 501 anwendb) zusteht, bei ZahlgsVerz (§ 286) des Verbr auch ein RücktrR (§ 323), das dann aber an die gleichen strengeren Vorauss des § 498 zu binden ist. 6
a) Voraussetzung (S 1) ist, dass derVerbr mit TZahlgen in SchuVerz (§ 286) geraten ist u zwar in dem Umfang, den § 498 I für eine Künd vorschreibt (dort Rn 5–7). Das gilt auch für das GesprächsAngeb (§ 498 Rn 8). Wird es unterlassen, ist desh der Rücktr nicht unwirks (§ 498 Rn 8). 7 **b) Aufwendungsersatz** (S 2). Dieser Anspr ist dem Untern üb die Re der §§ 346 ff hinaus eingeräumt. 8 **aa) Aufwendungen** sind freiwill Auslagen u Aufopferg v VermWerten (vgl § 256 Rn 1). Sie müssen dch das TZahlgsGesch verurs worden („infolge“) u dürfen nicht übflüss od unangebracht sein. Erstattgsfäh sind: Verpackg, Fracht, Porto, Mahnkosten; Provision nur dann, wenn sie nicht zu den allg GeschUnkosten gehört u v Untern nicht zurückverlangt werden kann (MK/Habersack 21 für § 13 VerbrKrG); VersPrämien, die spez für dieses Gesch gezahlt werden. Grdsl nicht zu erstatten sind: MWSt, die der Untern zurückerhält; FinanziergsKosten; Kosten einer Ausk u die eines WeiterVerk. **bb) Ersatz.** Der Anspr ist auf Geld gerichtet (§ 256 Rn 2), nicht 9 auf NaturalHerstellg, weil § 249 nicht gilt. Besteht die Aufwendg nicht in Geld, ist der Betr zu zahlen, der zZ der Zahlg (im Proz zZ der letzten mdl Vhdlg) erforderl ist, um die Aufwendg auszugleichen. **c) Nutzungsvergütung** (S 3). 10 Setzt § 346 I, II S 1 Nr 1 voraus u schreibt die Berücksichtigg des Wertverlusts der Sache vor. Von der Überg der Sache bis zur Rückg ist die Vergütg für den tats Gebr zu leisten. **aa) Überlassungswert** ist der Wert der Nutzgen (§ 100), also insb der GebrVorteile, ohne Rücks darauf, ob sie tats gezogen wurden, die Sache gebraucht wurde oder nicht. Maßgebd ist der obj Verkehrswert (hM). Es ist der Wert der GebrÜblassg zu ermitteln od zu schätzen. Dabei sind KapEinsatz, anteil GeschUnkosten, RisikoAusgl u angem UnternGewinn zugrdezulegen, aber grdsl keine FinanziergsKosten (hM; vgl MK/Habersack 23 zu VerbrKrG § 13). **bb) Wertminderung.** Zu berücks ist die inzw tats eingetretene (nicht die kalkulierte), u zwar die zw Überg (Lieferg) u Rückg. 11 Zu ermitteln ist sie aus der gewöhnl, vertr vorausgesetzten Abnutzg u dem Verlust der Neuheit. Ob auch der Wertverlust dch Veralterg, insb inf ModellÄnderg, berücksicht werden muss, ist umstr (MK/Habersack 31 mwN zu VerbrKrG § 13). Nicht berücksicht werden: allg PrRückgang u VeräußergsVerlust bei WeiterVerk; verschuldete Beschädiggen, die unter SchadErs (§ 823 I) fallen.

4) Fingierter Rücktritt (II S 4). Dadch soll der Verbr bei Rücktr des Untern davor geschützt werden, 12 den Bes der Sache zu verlieren u weiter das Entgelt zu schulden. **a) Voraussetzung** ist, dass der KredG die Sache an sich genommen hat u das Bestehen eines RücktrR (Rn 6). Ansichnehmen bedeutet, dass der Untern dem Verbr die Nutzg der Sache entzieht u diese in ihrem wirtsch Wert sich zuführt. Im einzelnen dch: **aa) Besitzverschaffung** gem § 854 ist der Regelfall. Mittelb Bes (§ 868) genügt, wenn der Verbr auf 13 Verlangen des Untern die Sache an einen Dr herausgibt, der dem Untern den Bes vermittelt. **bb) Wertverschaffung** genügt nur dann, wenn sie allein dch den Untern erfolgt, insb dch Weiterveräußerg an einen Dr (BGH NJW **89**, 163 für § 5 AbzG), auch auf Rechng des Verbr zur Begleichg der KaufPrSchuld, wenn der Untern die VerkBedinggen bestimmt (Celle NJW-RR **87**, 821 für § 5 AbzG). **cc) Herausgabeklagen** 14 begrden nicht die Fiktion (bestr; aA MK/Habersack 51 für § 13 VerbrKrG), stellen aber eine schlüss RücktrErkl gem § 349 dar. **dd) Pfändung** der Sache gem §§ 808, 809 ZPO bewirkt noch nicht die Fiktion (hM), wohl aber die Wegn (MK/Habersack 56 für § 13 VerbrKrG), spätestens die Verwertg (§§ 814, 825 ZPO) im Auftr des Untern (Karlsr NJW-RR **98**, 1437 für § 13 VerbrKrG). **b) Wirkung.** Die Fiktion bewirkt nur die 15 RücktrErkl. Darühinaus muss auch noch ein RücktrR bestehen (hM; Oldbg NJW-RR **96**, 564 mwN; Köln WM **98**, 331 für § 13 VerbrKrG). **c) Ausschluss der Fiktion** ist als Ausn (BewL: Verbr) nur mögl dch die 16 Einigg (gem § 311 I) zw Untern u Verbr, dass der gewöhnl VerkWert (wie § 813 I S 1 ZPO, Stgt NJW-RR **96**, 563 mwN) zZt der Wegn (BesVerlust des Verbr) vergütet wird (bezahlt od verrechnet). Diese Einigg kann jederzt, auch schon im TZahlgsVertr erfolgen. Sie muss nicht auf einen bestimmten Betr lauten. RFolge: Der Kauf-(WerkLiefergs-)Vertr bleibt aufrechterhalten. Die KaufPrFdg wird mit den bislang bezahlten Raten u dem (zu schätzden) gewöhnl VerkWert verrechnet. Dieser Ausschl der Fiktion ist auch bei verbundenem Vertr mögl (Rn 17).

5) Verbundene Verträge (II S 5). Die Verweisg auf Abs II des § 358 müsste richt auf Abs III lauten (vgl 17 Rn 1). Ist das TZahlgsGesch mit einem VerbrDarlVertr (§ 491) verbunden iS des § 358, so wird der Rücktr des DarlG wie der des Untern (S 4 Rn 12) fingiert, wenn der DarlG die Sache an sich nimmt (insbes aGrd einer SichergsÜbereigng). Auf das RVerh zw DarlG u Verbr sind für AufwendgsErs (II S 2; Rn 8) u NutzgsVergütg (II S 3; Rn 10) die selben Vorschr wie für den Verbr u den Untern anzuwenden.

504 ***Vorzeitige Zahlung bei Teilzahlungsgeschäften.*** **Erfüllt der Verbraucher vorzeitig seine Verbindlichkeiten aus dem Teilzahlungsgeschäft, so vermindert sich der Teilzahlungspreis um die Zinsen und sonstigen laufzeitabhängigen Kosten, die bei gestaffelter Berechnung auf die Zeit nach der vorzeitigen Erfüllung entfallen. Ist ein Barzahlungspreis gemäß § 502 Abs. 1 Satz 2 nicht anzugeben, so ist der gesetzliche Zinssatz (§ 246) zugrunde zu legen. Zinsen und sonstige laufzeitabhängige Kosten kann der Unternehmer jedoch für die ersten neun Monate der ursprünglich vorgesehenen Laufzeit auch dann verlangen, wenn der Verbraucher seine Verbindlichkeiten vor Ablauf dieses Zeitraums erfüllt.**

Allgemeines. Die Vorschr entspr, ohne inhaltl Ändg u nur redaktionell angepasst, dem § 14 VerbrKrG. 1 **Zweck.** Dem Verbr soll dch das R zur vorzeit Erf seiner ZahlgsPfl ermögl werden, jederzeit seine Verpfl aus dem TZahlgsKred zurückzuführen, insb die Verteuerg dch die Zinsen u laufzeitabhäng Kosten zu vermeiden. **Unabdingbarkeit.** Das R des Verbr auf vorzeit Tilgg wird dch § 504 zwingd ausgestaltet (§ 506, AnwK/Reiff 2). Dieses R darf auch nicht in seiner Ausübg beschr werden u § 271 insow abgeänd. **Anwendbar** nur 2 bei TZahlgsGesch (§ 501). Ist dieses mit einem VerbrDarlVertr gem § 358 verbunden, gilt § 504 nicht für diesen Vertr; es verbleibt bei dem KündR des § 489 I Nr 2. Die Anwendg v S 2 ist beschr auf Vertr mit solchen Untern, die ausschließl auf TZahlg verkaufen (§ 502 I S 2) u deshalb keinen BarZahlgsPr angeben

3 müssen. **Voraussetzungen** (S 1) sind die vorzeit Erf im Vgl zur vereinb (§ 271 II) Fälligk der TZahlgen u die tats eingetretene vollständ Erf der noch offenen ZahlgsPfl des Verbr, auch dch Dr. Eine teilw Erf genügt nicht
4 (MK/Habersack VerbrKrG § 14 Rn 8). **Wirkung** (S 1). Der TZahlgsPr (§ 502 I S 1 Nr 2) vermindert sich (begrenzt dch S 3; Rn 6) unmittelb krG um: **(1)** Zinsen, die im TZahlgsPr enthalten sind u die nach der vorzeit Zahlg anfallen würden. Staffelmäß zu berechnen bedeutet nach den vereinb ZahlgsAbschnitten, also nicht pauschaliert. **(2)** Kosten: wie § 492 S 5 Nr 4 (dort Rn 12). Es sind nur diejen zu berücks, die v der LaufZt der Zahlgen abhängen. Dazu gehören auch die Kosten der Versicherg (§ 492 I S 5 Nr 6; dort Rn 14).
5 **Zinssatz** (S 2). Grdsl ist für die Abzinsg der vereinb ZSatz zugrdezulegen. Nur wenn § 502 I S 2 (ausschließl TZahlgsVerk, § 502 Rn 9) anzuwenden ist, gilt der gesetzl ZSatz (§ 246), weil in diesen Fällen der im
6 TZahlgsPr enthaltene Zins im Einzelfall schwer festzustellen ist. **Mindestdauer** (S 3). Die Regelg führt zu einer GleichBehdlg des mit dem TZahlgsGesch verbundenen Kred mit dem VerbrDarl, das gem § 489 I Nr 2 frühestens zum Ende des 9. Mo gekünd werden kann, wenn es innerh v 2 Wo zurückgezahlt wird (§ 489 III). Die gleiche Wirkg wird erzielt, indem für die ersten 9 Mo auch bei vorzeit Rückzahlg die vereinb Zinsen u die laufzeitabhäng Kosten v Untern verlangt werden können; dh es steht ihm frei. FrBeginn ist der Ztpkt, an dem die Fdg gg den Verbr ohne TZahlg fäll wäre, bei Überg (§ 433 I) od Abnahme (§ 640). Einer Verkürzg der 9-Mo-Grenze steht § 506 S 1 nicht entgg.

Untertitel 3. Ratenlieferungsverträge zwischen einem Unternehmer und einem Verbraucher

505 ***Ratenlieferungsverträge.*** **I Dem Verbraucher steht vorbehaltlich des Satzes 2 bei Verträgen mit einem Unternehmer, in denen die Willenserklärung des Verbrauchers auf den Abschluss eines Vertrags gerichtet ist, der**

1. die Lieferung mehrerer als zusammengehörend verkaufter Sachen in Teilleistungen zum Gegenstand hat und bei dem das Entgelt für die Gesamtheit der Sachen in Teilzahlungen zu entrichten ist oder
2. die regelmäßige Lieferung von Sachen gleicher Art zum Gegenstand hat oder
3. die Verpflichtung zum wiederkehrenden Erwerb oder Bezug von Sachen zum Gegenstand hat,

ein Widerrufsrecht gemäß § 355 zu. Dies gilt nicht in dem in § 491 Abs. 2 und 3 bestimmten Umfang. Dem in § 491 Abs. 2 Nr. 1 genannten Nettodarlehensbetrag entspricht die Summe aller vom Verbraucher bis zum frühestmöglichen Kündigungszeitpunkt zu entrichtenden Teilzahlungen.

II Der Ratenlieferungsvertrag nach Absatz 1 bedarf der schriftlichen Form. Satz 1 gilt nicht, wenn dem Verbraucher die Möglichkeit verschafft wird, die Vertragsbestimmungen einschließlich der Allgemeinen Geschäftsbedingungen bei Vertragsschluss abzurufen und in wiedergabefähiger Form zu speichern. Der Unternehmer hat dem Verbraucher den Vertragsinhalt in Textform mitzuteilen.

1 **1) Allgemeines.** Die Vorschr entspr dem Inhalt von § 2 VerbrKrG mit den Verweisgen auf § 4 u § 7 VerbrKrG ohne wesentl Änderg (AnwendgsBer, WiderrR u Form). **a) Zweck.** Dem Verbr, der sich dch die langdauernde BezugsBindg belastet, soll eine ÜbleggsFr gegeben werden, wenn er sich nach besserer Einsicht
2 v Vertr lösen will. Außerdem soll er dch die Form des Abs II informiert u gewarnt werden. **b) Begriff** des RatenLiefergsVertr ergibt sich aus Abs I S 1. Das stellt aber keine Legaldefinition dar, sond setzt ledigl den AnwendgsBer des § 505 (Vertr zw Untern u Verbr) fest, im GgSatz zu RatenLiefergsVertr zw 2 Untern, bei
3 denen ein abweichder VertrInh insb dch AGB mögl ist. **c) Rechtsnatur.** Es liegt ein Kauf-, Werk- od WerkLiefergsVertr zugrde, der v Untern in TLeistgen (Raten) zu erf ist. Der RatenLiefergsVertr ist kein KredVertr, weil keine VorLeistg des Untern u kein Aufschub der Vergütg stattfindet. Daher ist der RatenLiefergsVertr im Ges dch einen eigenen Untertitel v den FinanziergsHilfen getrennt, kann aber im Einzelfall damit verbunden sein, insb mit einem VerbrDarlVertr (§ 491). In solchen Fällen gelten die §§ 358, 359.
4 **d) Unabdingbarkeit** zG des Verbr u UmgehgsVerbot besteht aGrd v § 506. **e) Anwendungsbereich.** Er ist auf die in Abs I aufgeführten Vertr zw Untern (§ 14) u Verbr (§ 13) beschränkt u nicht entspr zu übtragen auf ähnl gestaltete Vertr, denen bei Umgehg der § 506 S 2 entggstünde. Eine analoge Anwendg ist jedoch nicht ausgeschl (AnwK/Reiff 5). Es ist aber die Einschränkg in Abs I S 2 zu beachten. Danach ist § 505 nicht anwendb insb bei einer TZahlgsSumme von bis zu 200 € beim frühest mögl KündTerm (§ 491 II Nr 1; vgl
5 hier Rn 10) u bei RatenLiefergsVertr zw ArbG u ArbN (§ 491 II Nr 2). **f) Dauerschuldverhältnisse** (§ 314 Rn 2) sind nur die unter I S 1 Nr 2 u 3 fallden Vertr, nicht der TLiefergsVertr (I S 1 Nr 1) üb bestimmte Sachen od eine bestimmte Menge (vgl § 314 Rn 2).

6 **2) Voraussetzungen** (I S 1). Sie sind auf die WillErkl des Verbr (VertrAngebot od -Ann) bezogen u zu beurt. **a) Teilleistungen. Nr 1.** Erfordert einen KaufVertr (nicht WerkVertr) üb eine Mehrh v Sachen, die als zusgehörd verkauft, aber sukzessive in TLeistgen geliefert werden; dementspr in TBetr vor, bei od nach Lieferg zu bezahlen sind. Das fällt unter den Begr des SukzessivLiefergsVertr (vgl 26 vor § 311). Bsp für Nr 1: eine Sachgesamth, deren einzelne BestdT nacheinander geliefert werden; Buchreihen (BGH NJW **76**, 1354 für § 1 c AbzG); mehrbänd Sammelwerk (insb Lexikon); Bausätze für die Herstellg einer zusgesetzten Sache (vgl BGH **78**, 975); aus Buch u Kassetten zusgesetzter Sprachkurs (BGH NJW **90**, 1011 für § 2 VerbrKrG).
7 **b) Gleichartige Sachen. Nr 2.** Umfasst den Kauf- od WerkLiefergsVertr üb eine regelmäß (dh in best ZtAbschn od innerh bestimmter ZtRäume) zu erbringde Lieferg v Sachen in festliegder Menge od Mindestmenge, zB Kaffee, Kindernährmittel, Zeitgs- od Zeitschriftenabonnement (BGH NJW **87**, 124 für § 1 c AbzG). Das gilt nicht bei einem einmonat Probeabonnement (BGH NJW **90**, 1046 für § 2 VerbrKrG). Analoge Anwendg auf Pay-TV-Vertr wird bejaht v LG Hbg ZIP **00**, 974. Bei einmal Zahlg im Voraus gilt Nr 2 auch, weil nach dem Wortlaut TZahlgen nicht vorausgesetzt sind. Das im Voraus bezahlte JAbonnement einer Zeitschr fällt nicht darunter (BGH NJW-RR **90**, 562 für § 2 VerbrKrG), wohl aber die Bestellg auf sog

Orderkarte (BGH NJW **90**, 3144 für § 2 VerbrKrG). Nach dem GWortlaut ist auf die BezugsVerbindlk abzustellen. Die Möglk jederzt zu künd steht nicht entgg (BGH aaO). **c) Wiederkehrende Verpflichtung.** 8
Nr 3. Betrifft nicht die Fälle der zusgehörden (Nr 1) u gleichart Sachen (Nr 2), sond ist, um alle Arten von RatenLiefergsVertr zu umfassen, auf RahmenVertr zugeschnitten, bei denen nicht eine von vornherein festliegde Lieferg bestimmter Sachen vereinb wird od eine Bestellg zur Lieferg mit AblehngsR (Ffm NJW-RR **90**, 1080 für § 1 c AbzG), sond bei denen bestimmte Erwerbs- u BestellPfl bestehen (Martinek ZIP **86**, 1440); zB BuchGemsch. Die Anwendg auf FranchiseVertr (Einf 21 vor § 581) u Existenzgründer (§ 507) ist zu bejahen soweit es den Warenbezug betrifft (BGH **128**, 156; Hamm NJW **92**, 3179 mwN für § 2 VerbrKrG), entspr bei BierLiefergsVertr. Nicht unter Nr 3 fallen leitgsgebundene VersorggsVertr für Strom, Gas u Wasser (hM).

3) Beteiligung Dritter am RatenLiefergsVertr. **a) Vertreter.** Es kommt allein auf die Untern- u Verbr- 9
Eigsch der vertretenen VertrPart an. Die Vollm ist formfrei (§ 167 I). § 492 IV S 1 ist auch nicht entspr anwendb. **b) Ehegatten.** Ihre Mitverpflichtg aus den RatenLiefergsVertr ist nach § 1357 zu beurt, je nachdem, ob das Gesch den gemeins LebBedarf deckt. Unabhäng davon können die Eheg sich gemeinsch verpfl od einen Schuldbeitritt (Anm d) erkl. In diesen Fällen gilt die Form des Abs II. **c) Rechtsnachfolge und Vertragsübernahme:** wie § 491 Rn 10, 11 entspr. **d) Schuldbeitritt** (2 vor § 414) eines Verbr: Es gilt § 505 insges mit WiderrR (I) u Form (II). § 491 Rn 11 gilt sinngem. **e) Bürgschaft** (§ 765); auch die eines Verbr fällt nicht unter § 505, weil der Ggstd des Gesch ein anderer ist; iErg wie § 491 Rn 12.

4) Unanwendbarkeit (I S 2, 3) des § 505. Das WiderrR (I S 1) u die FormVorschr (II) gelten im gleichen 10
Umfang nicht, wie es bei VerbrDarlVertr § 491 II u III bestimmt. Das bedeutet insb, dass § 505 nur gilt für Gesch des Abs I S 1 Nr 1–3, die ein VerpflichtgsVolumen von 200 € bei frühest mögl Künd übsteigen (I S 2 iVm § 491 II Nr 1). Da es bei RatenLiefergsVertr keine NettoDarlSumme gibt, bestimmt I S 3, dass für die 200 € die Summe aller TZahlgsBetr maßgebd ist, die bis zu dem Ztpkt anfallen, an dem der RatenLiefergs-Vertr endet, wenn der Verbr so früh kündigt, wie es ihm mögl ist. Damit wird auf die MindestVerpfl des Verbr abgestellt. TZahlgen: wie § 502 I S 1 Nr 3. Bsp: Anzahlg als 1. TZahlg 50 €, monatl TZahlg 50 €, KündFr 3 Mo, früheste Künd nach 2 Mo LaufZt ergibt Bindg auf 3 Mo, somit 200 € GesBetr der TZahlgen einschließl Anzahlg.

5) Form (II). **a) Grundsatz** (S 1). Es ist die Schriftf des § 126 vorgeschrieben. Sie gilt für den ges 11
VertrInh. Dieser muss keinen bestimmten Inhalt aufweisen; insb ist § 502 auch nicht entspr anwendb. AGB sind mit den Einschränkgen der §§ 307–309 zuläss. Wg der FormErleichterg des II S 2 (Rn 12) wird II S 1 prakt der Ausnahmefall. **b) Formerleichterung** (S 2). Dem Wortlaut zufolge gilt S 1 für den gesamten Vertr 12
einschl der Erkl des Verbr nicht, wenn die Vorauss des S 2 erf sind. Diese sind dem § 312e I S 1 Nr 4 nachgebildet (vgl dort Rn 8). Damit wird jedenf die BewFunktion der sonst notw Schriftf erfüllt. **c) Mitteilung** 13
(S 3) des VertrInhalts. Es ist Textform (§ 126b) zugelassen u vorgeschrieben. Die Mitt muss die VertrErkl beider Part enthalten. S 3 bezieht sich auch auf S 1, wenn der Vertr in Schriftf geschl wurde. **d) Verstöße.** Wird weder II S 1 noch II S 2 erfüllt, ist der Vertr nichtig (§ 125). Keine HeilgsMöglk, da 14
§ 502 III nicht entspr anwendb ist. Ein Verstoß gg die MittPfl (Rn 13) berührt die Wirksk des Vertr nicht, sond begrdet nur einen klagb Anspr auf Mitt u SchadErs bei Versch aus § 280 I.

6) Widerrufsrecht (I S 1). Im ges AnwendgsBer des § 505 hat der Verbr das WiderrR des § 355. Ein 15
RückgG (§ 356) einzuräumen, hat der GesG mind übersehen (hierzu krit AnwK/Reiff 18/19). **a) Ausübung** richtet sich nach § 355, ohne Besonderh. **b) Wirkung.** Wird der Widerr wirks ausgeübt, insb formgerecht (Textform od RückSendg der Sache, § 355 I S 2) u fristgem (2 Wo, mit FrBeginn gem § 355 II), so ist der teilw erf (insow dchgeführte) Vertr mit den RFolgen des § 357 rückabzuwickeln. Das trifft bei den Fällen des Abs I S 1 Nr 1 u 2 für die ges erbrachten Leistgen zu, währd bei Abs I S 1 Nr 3 nur der künft fäll werdde Erwerb od Bezug entfällt (MK/Ulmer VerbrKrG § 2 Rn 40 mwN). Für die Zeit ab Widerr erlöschen die Verpfl der VertrPart aus dem RatenLiefergsVertr. **c) Andere Widerrufsrechte.** Ist der 16
RatenLiefergsVertr mit einem VerbrDarlVertr verbunden (§ 358), bestehen die WiderrRe nebeneinander. RFolgen §§ 358, 359. Ist das RatenLiefergsGesch zugleich HaustürGesch (§ 312), gilt § 505 I neben § 312, da RatenLiefergsVertr in § 312a nicht aufgeführt sind. Soweit § 505 nicht anwendb ist (I S 2; Rn 10), kann nur das WiderrR des § 312 bestehen (§ 312a Rn 2). Bei FernAbsVertr kann in begrenztem Umfang eine Konkurrenz mit § 312b vorliegen (dort Rn 21); es gilt das GünstigkPrinzip (§ 312b Rn 19).

7) Beendigungsgründe des RatenLiefergsVertr sind außer Widerr (Rn 16): **a) Zeitablauf,** wenn der 17
Vertr eine bestimmte LaufZt hat (wie § 488 Rn 14). **b) Auflösende Bedingung** (§ 158 II). Einer solchen steht § 506 nicht entgg, da sie den Verbr aus der Bindg entlässt. **c) Rücktritt** aus § 437 Nr 2 wg Sach- od RMangel (§§ 434, 435), wenn die Vorauss des § 323 V vorliegen. **d) Kündigung.** Das R den Vertr zu künd 18
kann vereinb sein, nach Fr, Termin u Form der Erkl. Soweit ein DauerschuldVerh vorliegt (Rn 5), kann außerdem aus wicht Grd gekünd werden (§ 314); ord Künd, wenn sie nicht ausgeschlossen ist (vgl § 314 Rn 13), bleibt in Analogie zu § 489 I Nr 2 mögl. **e) Störung der Geschäftsgrundlage** (§ 313) kann zur 19
Anpassg u Beendigg des Vertr führen (vgl dort). **f) Widerruf** eines gem § 358 verbundenen VerbrDarlVertr hebt die Bindg an den RatenLiefergsVertr auf mit den Folgen der §§ 358 II, 359. **g) Aufhebungsvertrag** (vgl Hauptband § 305 Rn 7) ist jederzeit mögl, insb iW des Vgl (§ 779).

Untertitel 4. Unabdingbarkeit, Anwendung auf Existenzgründer

506 ***Abweichende Vereinbarungen.*** **Von den Vorschriften der §§ 491 bis 505 darf nicht zum Nachteil des Verbrauchers abgewichen werden. Diese Vorschriften finden auch Anwendung, wenn sie durch anderweitige Gestaltungen umgangen werden.**

Allgemeines. DieVorschr entspr dem § 18 VerbrKrG. **Zweck** ist, die SchutzVorsch zG des Verbr in allen 1
Bereichen des Kred u des RatenLiefergsVertr wirks zu erhalten. **Anzuwenden** auf alle genannten Vorschr. Das ist das gesamte VerbrSchutzR für Darl (§§ 491–498), FinanziergsHilfen (§§ 499–504) u RatenLiefergs-

2 Vertr (§ 505), auch für Existenzgründer (§ 507). **Zulässige Abweichung** von den sonst zwingden Vorschr dch Vereinbg der Part ist nur vorgesehen, wenn sie sich nicht zum NachT des Verbr od ExistGründers auswirkt; sie darf daher günstiger, auch gleich günst od gleich ungünst sein. Bsp: Eine längere WiderrFr; ein späterer Beginn v Fr, die für den Verbr gelten; ein (sonst nicht zuläss) teilw Widerr; zusätzl Vorauss für die
3 Fällk v Fdgen des Untern, insb für den Eintr des Verzugs (§ 286). **Einseitige Rechtsgeschäfte** werden v Wortlaut des § 506 nicht erfasst, wohl aber der ErlassVertr (§ 397) zG des Untern. Darunter fällt nicht ein Verzicht auf ein GestaltgsR u auf eine Einr (§ 397 Rn 1); jedoch verbietet der Zweck des § 506, die Wirksk eines Verzichts auf das WiderrR anzunehmen (hM; Bülow VerbrKrG § 18 Rn 11). Für Zulässk des nachfolgden Verzichts in Kenntn des WiderrR in der Absicht, das Gesch wirks zu machen: Fuchs AcP **197**, 113/55; Krämer ZIP **97**, 93; aA Bülow ZIP **98**, 945. **Wirkung** (S 1). Die unzuläss Abweichg ist nichtig (§ 134)
4 mit der Folge, dass die betr gesetzl Regelg gilt. **Umgehung** (S 2) ist objekt zu bestimmen. RFolge ist, dass die §§ 491–505 anzuwenden sind, nicht die für das UmgehgsGesch geltden Vorschr. Absicht ist nicht erforderl. Es kommt insb die Aufspaltg eines wirtsch einheitl Vertr in mehrere EinzelVertr in Betracht, zB in KleinKred unter 200 € (§ 491 II Nr 1), auch bei ZahlgsAufschub, sonst FinanziergsHilfen u TZahlgsgesch (§ 499 III S 1) sowie RatenLiefergsVertr (§ 505 I S 2); bei KettenVertr mit jeweil LaufZt unter 3 Mo (§ 499 I); ein Darl für priv Zwecke des Gesellschafters der Ein-Mann-GmbH, bei dem VertrPart die Gesellsch, nicht der Verbr ist.

507 ***Anwendung auf Existenzgründer.*** **Die §§ 491 bis 506 gelten auch für natürliche Personen, die sich ein Darlehen, einen Zahlungsaufschub oder eine sonstige Finanzierungshilfe für die Aufnahme einer gewerblichen oder selbständigen beruflichen Tätigkeit gewähren lassen oder zu diesem Zweck einen Ratenlieferungsvertrag schließen, es sei denn, der Nettodarlehensbetrag oder Barzahlungspreis übersteigt 50 000 Euro.**

1 **1) Allgemeines.** Die Vorschr erstreckt üb § 3 I VerbrKrG hinaus die Anwendg des ges VerbrSchutzes iR der §§ 491–506 auf die Gesch, die der ExistenzGründg natürl Pers dienen. **a) Zweck.** Soweit es sich nicht um GroßKred u umfangreichere RatenLieferg (§ 505) handelt, soll priv Pers zur Aufnahme einer selbständ berufl Tätigk der VerbrSchutz gewährt werden, weil das SchutzBedürfn idR gleich ist, obwohl es sich um ein
2 berufl Gesch handelt. **b) Persönlicher Anwendungsbereich:** nur natürl Pers, dh solche, die Verbr sein können (§ 13 Rn 2). § 507 gilt daher nicht, wenn ledigl die Einmann-GmbH das Gesch vornimmt, wohl aber, wenn ihr Gesellsch für das ExistenzGründgsGesch den Schuldbeitritt (3 vor § 414) erkl (§ 13 Rn 3
3 mwN). **c) Beweislast.** Es ist v der grdsl Geltg der §§ 491–506 auszugehen, wenn eine natürl Pers den Vertr mit dem Untern schließt. Dieser hat daher im Streitfall zu bew, dass der Kred 50 000 € übersteigt (AusnTatbestd) od dass er der Fortsetzg od Erweiterg einer bereits aufgenommenen berufl od gewerbl Tätigk dient. Der Existenzgründer muss beweisen, dass der Kred der Aufnahme (Rn 5) dient. Ein Untern (§ 14), der sich als DarlN, KredN od iR des § 505 verpfl hat, muss bew, dass er den Vertr als Verbr iS der §§ 491–506 geschl hat.

4 **2) Voraussetzungen** sind: **a) Wirksamer Vertrag.** Er muss unter §§ 491, 499 od 505 fallen. Anstelle des Verbr muss eine natürl Pers als Existenzgründer stehen. Auch dch Kauf v GesellschAnteilen (§ 453 Rn 23)
5 kann § 507 erf sein, wenn die unternehmer Funktion übernommen u damit begonnen wird. **b) Aufnahme** einer gewerbl od selbständ berufl Tätigk: Das betr Gesch muss dem Zweck der Aufnahme (dem Beginn) dienen. Die Aufn umfasst einen im Einzelfall zu bestimmenden ZfRaum (GründgsPhase). Aufgenommen wird insb dch LadenEröffng od planmäß Angebot der Leistgen (zB Verkauf od DLeistg). Das Gesch (der Vertr, Rn 4) muss nicht vor dem Beginn der Tätigk abgeschl sein, er muss nur mit der Aufnahme im Zushang stehen, zB Ergänzg der Erstausstattg einer Werkstatt in angemessen kurzer Zt nach Eröffng. Es darf nicht eine bloße Erweiterg od Änd sein (Martis MDR **89**, 1189). Unerhebl ist die Eintragg im HReg od eine KonzessionsErteilg (AnwK/Reiff 4). Eine früher ausgeübte gewerbl od berufl Tätigk steht nicht entgg, auch nicht in derselben Branche (Köln NJW-RR **95**, 816; Celle NJW-RR **96**, 120 für § 18 VerbrKrG), ebsowen die bisher Ausübg einer gewerbl od freiberufl Tätigk, die mit der Aufn der neuen nicht in Zushang steht
6 (BGH NJW-RR **00**, 1221 für § 18 VerbrKrG). **c) Tätigkeit:** Jedes Gewerbe, insb Handwerk u jede freiberufl Tätigk (zB Arzt, RA, Steuerberater) als Inhaber od MitInh. GesellschGrdg dch einen MitUntern,
7 für den auch § 507 zutrifft, steht nicht entgg. **d) Kredit- oder Geschäftsvolumen.** Der NettoDarlBetr (§ 491 II Nr 1) od der BarZahlgsPr (§ 502 I Nr 1) darf 50 000 Euro nicht übsteigen. Das ist also der MaximalBetr. Bei RatenLieferg ist der TZahlgsGesBetr maßgebd (§ 505 I S 3). Wird ein größerer Betr für ein einheitl Gesch bewilligt, aber in kleinere Raten aufgeteilt, so liegt Umgehg vor (§ 506 S 2) u § 507 ist anzuwenden (Brdbg WM **99**, 2208 mwN für § 18 VerbrKrG). Ohne Zushang gewährte Darl od Finanziergs-
8 Hilfen and Untern werden nicht zusgerechnet. **e) Maßgebender Zeitpunkt** ist grdsl jeweils der Beginn der selbständ Tätigk, im Einzelfall die Vornahme von VorbereitgsHdlgen. Beim FranchiseVertr (Einf 21 vor § 581) kommt es auf den Ztpkt des VertrAbschl an, nicht auf Erf od Aufnahme des GeschBetr (BGH **128**, 156 für § 18 VerbrKrG).

9 **3) Wirkung.** Soweit im Einzelfall die §§ 491–506 entspr anwendb sind, steht der Existenzgründer dem Verbr gleich. Insb stehen ihm die WiderrRe (§§ 495, 499 I, 505 I) wie einem Verbr zu. Die vorgeschriebenen VertrInhalte u die FormVorschr (§§ 492, 499 I, 505 III) gelten. Es treten auch die gleichen RFolgen ein, zB die ZinsVerminderg (§ 502 III S 6). Bei Beteiligg Dr gelten die selben Grdsätze (vgl § 505 Rn 12, 13).

Titel 4. Schenkung

Einführung

Allgemeines. Die Änderg durch das SMG beschr sich auf eine FolgeÄnderg in § 523 II 2. Die Anpassg des Begriffs SchadErs wg NichtErf (Vorbem 8 vor § 281), wie sie in § 536 a I, § 536 c II 2 Nr 2 erfolgt ist, fehlt in § 523 II 1, § 524 II 2. – **Übergangsregelung** Art 229 § 5 EG. 1

523 *Haftung für Rechtsmängel.* **I Verschweigt der Schenker arglistig einen Mangel im Recht, so ist er verpflichtet, dem Beschenkten den daraus entstehenden Schaden zu ersetzen.**

II Hatte der Schenker die Leistung eines Gegenstandes versprochen, den er erst erwerben sollte, so kann der Beschenkte wegen eines Mangels im Recht Schadensersatz wegen Nichterfüllung verlangen, wenn der Mangel dem Schenker bei dem Erwerb der Sache bekannt gewesen oder infolge grober Fahrlässigkeit unbekannt geblieben ist. Die für die Haftung des Verkäufers geltenden Vorschriften des § 433 Abs. 1 und der §§ 435, 436, 444, 452, 453 finden entsprechende Anwendung.

Allgemeines. Durch Art 1 I Nr 33 SMG wurde Abs II S 2 an die neuen Vorschr über die RMängelhaftg des Verk angepaßt. Auf deren Erläut wird verwiesen. – **Übergangsregelung** Art 229 § 5 EG. 1

Titel 5. Mietvertrag, Pachtvertrag

Einführung

1) Allgemeines. Die Änderg durch das SMG beschr sich auf FolgeÄndergen des neuen Verj- u allg SchuldR. Soweit dieses zur Anwendg kommt, wirkt es sich auch auf Miet- u PachtVertr sowie auf ähnl Vertr wie zB Leas- u FranchiseVertr aus. Dies gilt insb für das LStörgR, soweit die miet- u pachtrechtl Vorschr keine Best enthalten (s § 536 Rn 2). Eine PflVerletzg einer VertrPart, die nicht von den spez Best erfaßt wird, richtet sich nach allg LStörgR. So ist zB der SchadErsAnspr des Verm gg den Mieter wg nicht durchgeführter SchönhRep (§ 326 aF, HptBd § 535 Rn 50) nun nach § 280 III, § 281 zu beurteilen, wofür nur noch eine FrSetzg, aber nicht mehr eine AblehngsAndrohg erfdl ist (Vorbem 14 vor § 275, Vorbem 1 vor § 281, HptBd Einl 44, 45 vor § 241). 1

2) Übergangsregelung. – **a) Allgemeines Schuldrecht**, insb das neue LStörgR gilt für Miet- u PachtVertr u and Vertr, auf die §§ 535–597 entspr anwendb sind, wenn sie nach dem 31. 12. 01 entstanden sind. Für die vor dem 1. 1. 02 entstandenen DauerschuldVerh enthält Art 229 § 5 S 2 EG eine ÜbergRegelg: Auf sie ist das neue SchuldR ebenf anzuwenden, aber erst ab 1. 1. 03, damit die VertrPart ihre Vertr an das neue R anpassen können. – **b) Verjährungsrecht.** Sein Überg ist in Art 229 § 6 EG geregelt (sa § 548 Rn 2). 2

3) Wohnungsüberlassung § 2 I, VI GewSchG. – **a) Anspruch** des Bewohners, der an Körper, Gesundh od Freih verletzt od damit od mit dem Tod bedroht wird (§ 1 I 1, II 1 Nr 1 GewSchG), auf Überlassg der Wo zur allein Benutzg besteht gg den and Bewohner der Wo, der Täter ist, wenn zum Ztpkt der Tat ein auf Dauer angelegter gemeins Haush (HptBd § 549 Rn 12, § 563 Rn 15, 16) vorlag. Er ist deliktsrechtl u für den verletzten oder bedrohten Bewohner unabhäng davon, ob dieser Mieter ist. – **b) Dauer.** Sie ist gem § 2 II GewSchG zu befristen, wenn der verletzte od bedrohte Bewohner u der Täter Mieter sind od nur der Täter Mieter ist, der verletzte od bedrohte Bewohner dagg nicht. – **c) Rechtsfolgen.** Der Anspr berührt nur das RVerh zw den Bewohnern (§ 2 IV, V GewSchG), nicht aber das RVerh zu dem Verm. Einzelh § 2 GewSchG Rn 8 ff. – **d) Prozessuales.** Zust ist das FamG (§ 23 a Nr 7, § 23 b I 2 Nr 8 a GVG). Einzelh GewSchG Einl 5 ff. 3

Untertitel 1. Allgemeine Vorschriften für Mietverhältnisse

536 *Mietminderung bei Sach- und Rechtsmängeln.* **I Hat die Mietsache zur Zeit der Überlassung an den Mieter einen Mangel, der ihre Tauglichkeit zum vertragsgemäßen Gebrauch aufhebt, oder entsteht während der Mietzeit ein solcher Mangel, so ist der Mieter für die Zeit, in der die Tauglichkeit aufgehoben ist, von der Entrichtung der Miete befreit. Für die Zeit, während der die Tauglichkeit gemindert ist, hat er nur eine angemessen herabgesetzte Miete zu entrichten. Eine unerhebliche Minderung der Tauglichkeit bleibt außer Betracht.**

II Absatz 1 Satz 1 und 2 gilt auch, wenn eine zugesicherte Eigenschaft fehlt oder später wegfällt.

III Wird dem Mieter der vertragsgemäße Gebrauch der Mietsache durch das Recht eines Dritten ganz oder zum Teil entzogen, so gelten die Absätze 1 und 2 entsprechend.

IV Bei einem Mietverhältnis über Wohnraum ist eine zum Nachteil des Mieters abweichende Vereinbarung unwirksam.

1) Allgemeines. Die Änderg dch Art 1 I Nr 33 a SMG besteht nur darin, dass in Abs I S 1 der Begriff Fehler, der im neuen LStörgR nicht mehr verwendet wird, dch den Begriff Mangel ersetzt wurde. Iü wurde das GewlR nicht geändert, also nicht an die neu gestaltete Gewl im Kauf- u WerkVertrR angepaßt. Insb hat der GesGeber an der GarantieHaftg des Verm für anfängl Mängel unabhäng vom Versch u der bes Haftg des Verm für zuges Eigensch (§§ 536, 536 a), dem GewlAusschl bei Ann der Mietsache in Kenntn des Mangels 1 ohne Vorbeh (§ 536b) u der SoRegelg der außerord fristlosen Künd (§§ 543, 569) festgehalten. – **Übergangsregelung** Einf 2.

2 **2) Verhältnis zum allgemeinen Leistungsstörungsrecht** hat sich vereinfacht. – **a) Anfängliche objektive Unmöglichkeit** ist kein NichtigkGrd (§ 306 aF) mehr (§ 311 a). Die Frage, ob die Haftg gem §§ 536, 536 a, die einen wirks MietVertr voraussetzen, nach Überlassg der Mietsache eingreifen kann, obwohl der MietVertr gem § 306 aF unwirks ist, weil die Mietsache nicht herstellb ist od an einem nicht behebb Mangel leidet, stellt sich nicht mehr. Dies bedeutet: Eine anfängl Unmöglichk berührt die Wirksamk des MietVertr nicht (§ 311 a). Entsch Ztpkt dafür, welche Vorschr anzuwenden sind, ist die Überlassg der Mietsache. Vor Überlassg gilt grdsätzl das allg LStörgR, ab Überlassg gelten §§ 536 ff (Vorbem 18, 21 vor § 275, § 280 Rn 6,
3 15, 21, § 281 Rn 43, § 311 a Rn 3). – **b) Anfängliche subjektive Unmöglichkeit** (Unvermögen, § 275 Rn 23) des Verm aus – **aa) tatsächlichem Grund.** Es gilt wie bish allg LStörgR (§ 311 a). – **bb) rechtlichem Grund (Rechtsmangel).** Ob § 536 III iVm § 536 a als bes Regelg weiterh die allg Vorschr auch schon vor Überlassg der Mietsache verdrängt (BGH NJW **96**, 714 zum bish R) od diese Anwendg nun wg § 311 a nicht mehr notw ist, kann letztl dahinstehen. Für die Haftg des Verm ergibt sich daraus im Erg kein Unter-
4 schied (§ 536 a Rn 2). – **c) Vorvertragliche Pflichtverletzung** (c. i. c.), nun in § 311 II iVm § 280 I geregelt, verhält sich wie bish (HptBd § 536 Rn 14) zur Mängelhaftg (§ 311 Rn 21, dort auch zur vorsätzl PflVerletzg). – **d) Störung der Geschäftgrundlage** ist in § 313 pos geregelt. Am Verh zur Mängelhaftg (HptBd § 536 Rn 13) hat sich nichts geändert (sa § 313 Rn 24). – **e) Kündigung aus wichtigem Grund** richtet sich nach §§ 543, 569, die bes Vorschr zu § 314 sind (§ 314 Rn 4, HptBd § 543 Rn 1).

536 a *Schadens- und Aufwendungsersatzanspruch des Mieters wegen eines Mangels.*

I Ist ein Mangel im Sinne des § 536 bei Vertragsschluss vorhanden oder entsteht ein solcher Mangel später wegen eines Umstands, den der Vermieter zu vertreten hat, oder kommt der Vermieter mit der Beseitigung eines Mangels in Verzug, so kann der Mieter unbeschadet der Rechte aus § 536 Schadensersatz verlangen.

II Der Mieter kann den Mangel selbst beseitigen und Ersatz der erforderlichen Aufwendungen verlangen, wenn

1. der Vermieter mit der Beseitigung des Mangels in Verzug ist oder
2. die umgehende Beseitigung des Mangels zur Erhaltung oder Wiederherstellung des Bestands der Mietsache notwendig ist.

1 **1) Allgemeines.** Mit der Bezeichng „SchadErs" in Abs I ohne die gestrichenen Worte „wg NichtErf" wurde die Vorschr dch Art 1 I Nr 33 b SMG an die Terminologie des allg LStörgR angepaßt (Vorbem 8 vor § 281). – **Übergangsregelung** Einf 2.

2 **2) Verhältnis zum allgemeinen Leistungsstörungsrecht.** § 536 a gilt grdsätzl erst ab Überlassg der Mietsache. Bei RMangel wurde er bish auch schon vor diesem Ztpkt angewendet, was weiterhin mögl ist. Die Anwendg des § 311 a II unter Berücks der EinstandsPfl des Verm gem § 536 a würde zum selben Erg (§ 536 Rn 3) führen.

536 c *Während der Mietzeit auftretende Mängel; Mängelanzeige durch den Mieter.*

I Zeigt sich im Laufe der Mietzeit ein Mangel der Mietsache oder wird eine Maßnahme zum Schutz der Mietsache gegen eine nicht vorhergesehene Gefahr erforderlich, so hat der Mieter dies dem Vermieter unverzüglich anzuzeigen. Das Gleiche gilt, wenn ein Dritter sich ein Recht an der Sache anmaßt.

II Unterlässt der Mieter die Anzeige, so ist er dem Vermieter zum Ersatz des daraus entstehenden Schadens verpflichtet. Soweit der Vermieter infolge der Unterlassung der Anzeige nicht Abhilfe schaffen konnte, ist der Mieter nicht berechtigt,

1. die in § 536 bestimmten Rechte geltend zu machen,
2. nach § 536 a Abs. 1 Schadensersatz zu verlangen oder
3. ohne Bestimmung einer angemessenen Frist zur Abhilfe nach § 543 Abs. 3 Satz 1 zu kündigen.

1 **Allgemeines.** Für die Bezeichng „SchadErs" in Abs II S 2 Nr 2 ohne die gestrichenen Worte „wg NichtErf" dch Art 1 I Nr 33 b SMG gilt § 536 Rn 1 entspr. – **Übergangsregelung** Einf 2.

543 *Außerordentliche fristlose Kündigung aus wichtigem Grund.*

I Jede Vertragspartei kann das Mietverhältnis aus wichtigem Grund außerordentlich fristlos kündigen. Ein wichtiger Grund liegt vor, wenn dem Kündigenden unter Berücksichtigung aller Umstände des Einzelfalls, insbesondere eines Verschuldens der Vertragsparteien, und unter Abwägung der beiderseitigen Interessen die Fortsetzung des Mietverhältnisses bis zum Ablauf der Kündigungsfrist oder bis zur sonstigen Beendigung des Mietverhältnisses nicht zugemutet werden kann.

II Ein wichtiger Grund liegt insbesondere vor, wenn

1. dem Mieter der vertragsgemäße Gebrauch der Mietsache ganz oder zum Teil nicht rechtzeitig gewährt oder wieder entzogen wird,
2. der Mieter die Rechte des Vermieters dadurch in erheblichem Maße verletzt, dass er die Mietsache durch Vernachlässigung der ihm obliegenden Sorgfalt erheblich gefährdet oder sie unbefugt einem Dritten überlässt oder

3. der Mieter

a) für zwei aufeinander folgende Termine mit der Entrichtung der Miete oder eines nicht unerheblichen Teils der Miete in Verzug ist oder

b) in einem Zeitraum, der sich über mehr als zwei Termine erstreckt, mit der Entrichtung der Miete in Höhe eines Betrages in Verzug ist, der die Miete für zwei Monate erreicht.

Im Falle des Satzes 1 Nr. 3 ist die Kündigung ausgeschlossen, wenn der Vermieter vorher befriedigt wird. Sie wird unwirksam, wenn sich der Mieter von seiner Schuld durch Aufrechnung befreien konnte und unverzüglich nach der Kündigung die Aufrechnung erklärt.

III Besteht der wichtige Grund in der Verletzung einer Pflicht aus dem Mietvertrag, so ist die Kündigung erst nach erfolglosem Ablauf einer zur Abhilfe bestimmten angemessenen Frist oder nach erfolgloser Abmahnung zulässig. Dies gilt nicht, wenn

1. eine Frist oder Abmahnung offensichtlich keinen Erfolg verspricht,

2. die sofortige Kündigung aus besonderen Gründen unter Abwägung der beiderseitigen Interessen gerechtfertigt ist oder

3. der Mieter mit der Entrichtung der Miete im Sinne des Absatzes 2 Nr. 3 in Verzug ist.

IV Auf das dem Mieter nach Absatz 2 Nr. 1 zustehende Kündigungsrecht sind die §§ 536 b und 536 d entsprechend anzuwenden. Ist streitig, ob der Vermieter den Gebrauch der Mietsache rechtzeitig gewährt oder die Abhilfe vor Ablauf der hierzu bestimmten Frist bewirkt hat, so trifft ihn die Beweislast.

Allgemeines. In Abs IV S 1 wurde dch Art 1 I Nr 33 c SMG die Verweisg auf §§ 469–471 aF (HptBd § 543 Rn 43) gestrichen, weil die Vorschr entfallen sind. Sie soll auch entbehrl sein, weil für § 314 ebenf keine derart Regelg vorgesehen ist (BT-Drs 14/7052 S 203, 14/6857 S 67, 35). Dies trifft so nicht zu. Die entspr Anwendg der §§ 469–471 aF ermöglichte eine TeilKünd, die ansonsten unzuläss ist (HptBd § 542 Rn 16), bei mehreren Mietsachen unter Anpassg der Miete. Im KaufR ist die teilw Wandelg ersetzt worden dch den TeilRücktr gem § 323 V 1 (dazu BT-Drs 14/6857 S 29, 62). Diese Vorschr wird daher, um unangem Erg zu vermeiden, iR des § 543 II 1 Nr 1 entspr anzuwenden sein. – **Übergangsregelung** Einf 2. 1

548 *Verjährung der Ersatzansprüche und des Wegnahmerechts.* **I Die Ersatzansprüche des Vermieters wegen Veränderungen oder Verschlechterungen der Mietsache verjähren in sechs Monaten. Die Verjährung beginnt mit dem Zeitpunkt, in dem er die Mietsache zurückerhält. Mit der Verjährung des Anspruchs des Vermieters auf Rückgabe der Mietsache verjähren auch seine Ersatzansprüche.**

II Ansprüche des Mieters auf Ersatz von Aufwendungen oder auf Gestattung der Wegnahme einer Einrichtung verjähren in sechs Monaten nach der Beendigung des Mietverhältnisses.

1) Allgemeines. Dch Art 1 I Nr 33 d SMG wurde der dch das MietRRG eingefügte Abs III aufgeh, der die Unterbrechg der Verj dch ein nach dem 31. 8. 01 (Art 229 § 3 VII EG) beantragtes selbstd BewVerf anordnete (HptBd § 548 Rn 1, 2). An seine Stelle ist § 204 I Nr. 7 getreten, der eine Hemmg der Verj (§ 209) eintreten läßt. Die Hemmg wirkt wie bish (§§ 548 III, 477 III aF) erweitert (§ 213). Sie endet gem § 204 II 1, 2 (dort Rn 39). 1

2) Übergangsregelung Art 229 § 6 EG. Dch einen in der Zeit vom 1. 9.–31. 12. 01 gestellten Antr auf selbstd BewVerf ist Unterbrechg der Verj, die nun als Neubeginn bezeichnet wird, eingetreten. Sie richtet sich nach bish R (Art 229 § 6 I 2, 3 EG). Ist die Unterbrechg mit Ablauf des 31. 12. 01 noch nicht beendigt, so gilt sie zu diesem Ztpkt als beendigt u die Verj ist ab 1. 1. 02 gehemmt (Art 229 § 6 II EG). Für einen nach dem 31. 12. 01 zugestellten Antr auf selbstd BewVerf gilt das neue VerjR (Art 229 § 6 I EG). 2

Untertitel 2. Mietverhältnisse über Wohnraum

Kapitel 4. Wechsel der Vertragsparteien

563 *Eintrittsrecht bei Tod des Mieters.* **I Der Ehegatte, der mit dem Mieter einen gemeinsamen Haushalt führt, tritt mit dem Tod des Mieters in das Mietverhältnis ein. Dasselbe gilt für den Lebenspartner.**

II Leben in dem gemeinsamen Haushalt Kinder des Mieters, treten diese mit dem Tod des Mieters in das Mietverhältnis ein, wenn nicht der Ehegatte eintritt. Der Eintritt des Lebenspartners bleibt vom Eintritt der Kinder des Mieters unberührt. Andere Familienangehörige, die mit dem Mieter einen gemeinsamen Haushalt führen, treten mit dem Tod des Mieters in das Mietverhältnis ein, wenn nicht der Ehegatte oder der Lebenspartner eintritt. Dasselbe gilt für Personen, die mit dem Mieter einen auf Dauer angelegten gemeinsamen Haushalt führen.

III Erklären eingetretene Personen im Sinne des Absatzes 1 oder 2 innerhalb eines Monats, nachdem sie vom Tod des Mieters Kenntnis erlangt haben, dem Vermieter, dass sie das Mietverhältnis nicht fortsetzen wollen, gilt der Eintritt als nicht erfolgt. Für geschäftsunfähige oder in der Geschäftsfähigkeit beschränkte Personen gilt § 210 entsprechend. Sind mehrere Personen in das Mietverhältnis eingetreten, so kann jeder die Erklärung für sich abgeben.

IV Der Vermieter kann das Mietverhältnis innerhalb eines Monats, nachdem er von dem endgültigen Eintritt in das Mietverhältnis Kenntnis erlangt hat, außerordentlich mit der gesetzlichen Frist kündigen, wenn in der Person des Eingetretenen ein wichtiger Grund vorliegt.

V Eine abweichende Vereinbarung zum Nachteil des Mieters oder solcher Personen, die nach Absatz 1 oder 2 eintrittsberechtigt sind, ist unwirksam.

1 **Allgemeines.** Dch Art 1 I Nr 33 c SMG wurde in Abs III S 2 die Verweisg auf § 206 dch § 210 ersetzt als Folge der Änderg des VerjR. Die entspr Anwendg des § 210 bedeutet, dass der Ablauf der MoFr des
2 Abs III S 1 gg eine in das MietVerh eingetretene, nicht voll geschfäh Pers gehemmt ist. – **Übergangsregelung** Art 229 § 6 EG ist hier ohne Bedeutg, weil keine RÄnderg eingetreten ist. Die Erweiterg des § 210 auf die VerjFr, die für eine nicht voll geschfäh Pers läuft, spielt hier keine Rolle.

Titel 6. Leihe

Einführung

1 **Allgemeines:** Die Änderg durch das SMG beschr sich auf eine FolgeÄnderg des neuen VerjR in § 604 V. Die Anpassg des Begriffs Fehler in § 600, wie sie in § 536 I 1 erfolgt ist, steht noch aus. – **Übergangsregelung** Art 229 § 5 EG wie bei Miet- u PachtVertr (dort Einf 2).

604 *Rückgabepflicht.* I **Der Entleiher ist verpflichtet, die geliehene Sache nach dem Ablaufe der für die Leihe bestimmten Zeit zurückzugeben.**

II **Ist eine Zeit nicht bestimmt, so ist die Sache zurückzugeben, nachdem der Entleiher den sich aus dem Zwecke der Leihe ergebenden Gebrauch gemacht hat. Der Verleiher kann die Sache schon vorher zurückfordern, wenn so viel Zeit verstrichen ist, daß der Entleiher den Gebrauch hätte machen können.**

III **Ist die Dauer der Leihe weder bestimmt noch aus dem Zwecke zu entnehmen, so kann der Verleiher die Sache jederzeit zurückfordern.**

IV **Überläßt der Entleiher den Gebrauch der Sache einem Dritten, so kann der Verleiher sie nach der Beendigung der Leihe auch von dem Dritten zurückfordern.**

V **Die Verjährung des Anspruchs auf Rückgabe der Sache beginnt mit der Beendigung der Leihe.**

1 **1) Allgemeines.** Dch Art 1 I Nr 34 SMG wurde mit Abs V eine SoRegelg über den VerjBeginn für den vertragl RückgAnspr angefügt. Der VerjBeginn spielte bish, obwohl er bei einem verhaltenen Anspr (§ 271 Rn 1) wie § 604 bereits mit Hingabe der Sache eintritt (HptBd § 198 Rn 1), keine Rolle wg der VerjFr von 30 J gem § 195 aF. Nach Abkürzg dieser Fr auf 3 J (§ 195) könnte der Verl einer auf unbest Zeit verliehenen Sache nach Ablauf von 3 J den Anspr aus § 604 nicht mehr durchsetzen. Desh best Abs V, dass die Verj des vertragl RückgewährAnspr erst mit dem HerausgVerlangen beginnt.

2 **2) Übergangsregelung** Art 229 § 6 EG. Sie ist nicht frei von Widerspr. Gem dem Grds des Art 229 § 6 I 1 EG gelten §§ 604 V, 195 für Beginn u Dauer der Verj bei am 1. 1. 02 bestehden u noch nicht verj Anspr. Nach der Ausn des Art 229 § 6 I 2 EG richtet sich aber der VerjBeginn vor dem 1. 1. 02 nach altem R; für am 31. 12. 01 bestehde LeihVerh hat damit die Verj also doch schon mit Hingabe der Sache begonnen. Die Dauer der VerjFr wird dann idR gem Art 229 § 6 IV 1 EG nur noch 3 J ab 1. 1. 02 betragen, der Anspr daher mit Ablauf des 31. 12. 04 verj sein, was eigentl dch § 604 V verhindert werden soll.

Titel 7. Sachdarlehensvertrag

Einführung

1 **1) Reform.** Dch das SMG ist das DarlR, bisher einheitl dch die §§ 607–610 geregelt, in den GeldDarlVertr (Titel 3 Untertitel 1; §§ 488–498) u den SachDarlVertr (Titel 7; §§ 607–609) getrennt worden. Der GeschVerkehr hatte sich so entwickelt, dass für das GeldDarl die Regelg der §§ 607–610 aF nicht mehr ausgereicht hat u die Integration des VerbrSchutzes in das BGB bes Vorschr für den VerbrDarlVertr erforderte, die mit den Besonderh des SachDarl nichts gemeins haben. SachDarlVertr kommen im RVerkehr nur selten vor u fuhren kaum noch zu einem RStreit. Dennoch hat der GesetzG nicht darauf verzichtet, die Re u Pfl des SachDarlVertr im BGB festzulegen. Eine Verweisg auf die §§ 488–490 erschien nicht angezeigt.

2 **2) Abgrenzung** zu and Vertr. **a) Gelddarlehen** (§ 488 I). Die Anwendg der §§ 607–610 ist ausdrückl ausgeschl (§ 607 II). Mit Geld ist auch ausländ Währg gemeint (§ 488 Rn 5). Ein SachDarl wäre aber gegeben, wenn Goldmünzen (zB Krügerrand) zur Verwertg überl werden u zurückzuerstatten sind. **b) Leihe** (§ 598). Es sind nicht and, gleiche Sachen, die zurückzuerstatten sind, sond es ist eine bestimmte entliehene Sache zurückzugeben (§ 604 I). **c) Miete** (§ 535). Es muss, wie bei der Leihe, die ident Sache zurückgegeben werden. **d) Kauf** in den Formen v Wiederkauf, Wiederverkauf u Rückkauf (§ 456 Rn 3, 5 u 7) bezieht sich (wie Leihe u Miete) auf die bestimmte verkaufte Sache.

607 *Vertragstypische Pflichten beim Sachdarlehensvertrag.* I **Durch den Sachdarlehensvertrag wird der Darlehensgeber verpflichtet, dem Darlehensnehmer eine vereinbarte vertretbare Sache zu überlassen. Der Darlehensnehmer ist zur Zahlung eines Darlehensentgelts und bei Fälligkeit zur Rückerstattung von Sachen gleicher Art, Güte und Menge verpflichtet.**

II **Die Vorschriften dieses Titels finden keine Anwendung auf die Überlassung von Geld.**

1 **1) Allgemeines.** Ggü der aF ist die Vorschr inhaltl, soweit es die Beschränkg auf SachDarl erfordert, verändert. **a) Rechtsnatur.** Wie der GeldDarlVertr (§ 488 Rn 2) ist der SachDarlVertr nicht mehr Realkontrakt wie in § 607 aF (vgl HptBd Einf 2), sond ein VerpflichtgsGesch. Das ist dch Abs I eindeut bestimmt. Es

handelt sich um einen ggseit Vertr (§§ 320–326), bei dem die Überlassg (Rn 7) mit dem DarlEntgelt (Rn 8) im GgseitkVerh steht. **b) Abdingbarkeit** ist uneingeschränkt gegeben, solange nicht die vertrtyp Pfl des Abs I beseit werden. Bei der prakt wichtigsten Art des SachDarlVertr, dem WertPDarl, wird der VertrInh weitgehd dch die AGB der KredInst geregelt. **c) Anwendbar** auf alle DarlVertr, die vertretb Sachen zum Ggstd haben (wie § 91 Rn 1–3), insb auch WertP; der Wortlaut des Abs I S l gebraucht (entgg der aF) den Singular (wohl ein Redaktionsversehen, AnwK/Reiff 2). Selbstverständl kann ein (einheitl) Vertr eine belieb Mehrzahl von Sachen umfassen, auch mehrere versch Arten von vertretb Sachen. **d) Dauerschuldverhältnis** ist der SachDarlVertr wie der GeldDarlVertr (Vorb 5 vor § 488; vgl dort). Daraus folgt, dass auch § 314 anwendb ist.

2
3
4

2) Hauptpflicht des Darlehensgebers (I S 1). **a) Sachen.** Das sind (bewegl) körperl Ggstde (§ 90), die unter den Begriff „vertretbar" (§ 91) einzuordnen sind (vgl Rn 3). Sachen iS des Abs I sind auch WertP, insb Aktien (§ 91 Rn 3), selbst wenn sie sich idR in der GirosammelVerwahrg (§ 5 DepotG) befinden u nicht dch Überg (BesWechsel) üblassen werden, sond dch einen AbtretgsVorgang (§§ 398, 412). Der GesetzG hat jedenf den WertPDarlVertr bewusst den §§ 607–609 unterstellt (BT-Drucks 14/685.7 S. 611). Ob bei der Verwendg v Mehrwegleergut (zB Flaschen, Paletten, Container) ein SachDarl vorliegt, hängt v der Vereinbg im Einzelfall ab (Soe/Häuser 46 vor § 607). Es kann auch Leihe, Miete od Rückkauf (vgl Einf 2) vereinb sein. Mängel der Sachen werden entspr den §§ 434, 435 behandelt. **b) Überlassen** bezieht sich nicht nur auf den Bes (§ 854), sond ist auch auf das Eigt gerichtet, weil dem Zweck des DarlVertr zufolge der DarlN die Sachen zur wirtschaftl Verwendg ihrer Substanz, insb zur Veräußerg erhalten soll. Zur Erf hat daher der DarlG iZw zu übeignen (§§ 929–931); jedoch kann auch nur die bloße BesÜbtragg vereinb werden (Rn 2), soweit dem DarlN frei steht, die selben Sachen zurückzugeben u der DarlG iü einer Veräußerg zustimmt (§ 182). **c) Dauer** der Überlassg (Rn 7) richtet sich primär nach dem Vertr, wenn der Ztpkt der Rückerstattg (Rn 10) bestimmt ist; wenn nicht u iZw richtet sich die Dauer nach § 608 (Kündigg).

5
6
7

3) Hauptpflichten des Darlehensnehmers (I S 2). **a) Darlehensentgelt** ist die GgLeistg (§§ 320 ff) zur Überlassg (Rn 6). Da der GesetzG „Zahlung" voraussetzt, ist iZw v einer Leistg in Geld auszugehen; jedoch ist iR der DispositionsFreih ein Entgelt in Form einer Sach- od DLeistg mögl; dann liegt ein gemischter Vertr vor (HptBd Einf 21 vor § 305). Der Umfang des Entgelts ist (idR vertragl festgelegt): ein bestimmter GeldBetr als Summe od in TeilBetr nach ZtAbschn, auch als ProzSatz eines bestimmten od bestimmb GeldBetr. Fehlt eine entspr Vereinbg, so sind die §§ 315 ff anzuwenden. Die Fällk tritt bei fehlder Vereinbg iZw spätestens ein, wenn die RückErstattg (Rn 9) fäll ist (§ 609). **b) Rückerstattung.** Die Pfl steht nicht im GgseitkVerh der §§ 320 ff u umfasst die gleiche Art u Menge (ggf Gewicht) der üblassenen Sachen in gleicher Güte (I S 2). **aa) Inhalt.** Der DarlN muss dem DarlG Eigt u Bes verschaffen. Dies entspr den Pflen des § 433 I S 1. Da in gleicher Güte zu erstatten ist, müssen die Sachen frei v Sach- u RMängeln (§ 433 I S 2) sein. Daraus folgt, dass die §§ 434–442, auch § 377 HGB, entspr anwendb sind. Dieses Ergebn ist bisher über den ersatzlos aufgehobenen § 493 (kaufähnl Vertr) erzielt worden. **bb) Fälligkeit** tritt mit Ende der bestimmten LaufZt ein (§ 608 Rn 2) oder gem § 608 I mit wirks Künd zum KündTerm (§ 608 Rn 3). **cc) Nichterfüllung** der RückerstattgsPfl führt bei Versch zur SchadErsPfl (§ 280 I). Bei Leergut greift häuf die Vereinbg eines WiederBeschaffgsPr ein. In AGB wird eine solche VertrKl für unwirks angesehen wg § 309 Nr 5, wenn der NeuPr zugrdegelegt wird (Karlsr NJW-RR **88**, 370 für § 11 AGBG).

8
9
10

608 *Kündigung.*

[I] Ist für die Rückerstattung der überlassenen Sache eine Zeit nicht bestimmt, hängt die Fälligkeit davon ab, dass der Darlehensgeber oder der Darlehensnehmer kündigt.

[II] Ein auf unbestimmte Zeit abgeschlossener Sachdarlehensvertrag kann, soweit nicht ein anderes vereinbart ist, jederzeit vom Darlehensgeber oder Darlehensnehmer ganz oder teilweise gekündigt werden.

Neufassung. Die Vorschr entspr inhaltl mit veränd Begriffen in Abs I dem § 609 aF. Abs II ist neu u spez auf den SachDarlVertr zugeschnitten. **Zweck.** Bei SachDarl kommt es idR darauf an, dass die Sachen kurzzeit rückerstattet werden können. **Abdingbarkeit** wird vom Wortlaut vorausgesetzt u ist voll der Disposition der VertrPart überlassen. **Bestimmte Laufzeit.** Sie entspr der Dauer der Überlassg (§ 607 Rn 8) bis zur Fälligk des RückErstattgsAnspr (§ 607 Rn 10). Bestimmt wird die LaufZt (wie bei § 488 Rn 14, 15) dch die Vereinbg der VertrPart. Eine Änd ist jederzt mögl (§ 311 I), auch eine Aufhebg des Vertr (wie § 488 Rn 37). **Unbestimmte Laufzeit.** Die Fälligk des RückErstattgsAnspr kann jederzeit dch Kund des DarlVertr herbeigeführt werden (I); von jeder der VertrPart (hierzu krit Anwk/Reiff 1). **Kündigung** (II). Erkl: § 488 Rn 32. Sie ist bei unbest LaufZt an keine Fr gebunden; der KündTermin ist frei. Wenn nicht ein bestimmter Ztpkt benannt wird, wirkt die Kund (mit Zugang, § 130) iZw sofort. Das KündR ist ordentl. Außerord Künd ist bei bestimmter LaufZt (Rn 2) nach § 314 mögl. TeilKünd ist, wenn im Vertr nicht ausgeschl, ausdrückl zugelassen, sie kann im Einzelfall RMißbrauch darstellen, wenn die RückErstattg eines Teils unverhältnmäß Aufwand erfordert od schädl Folgen hat (vgl § 242 Rn 54).

1
2
3

609 *Entgelt.*

Ein Entgelt hat der Darlehensnehmer spätestens bei Rückerstattung der überlassenen Sache zu bezahlen.

Neufassung. In der Funktion entspr die Vorschr dem § 608 aF, wobei den DarlZinsen das Entgelt gleichsteht. **Begriff:** wie § 607 Rn 9. **Unentgeltlichkeit** des SachDarl ist wie bei GeldDarlVertr (Vorbem 4 vor § 488) mögl, erfordert aber eine Vereinbg (ggf § 157), da der ges Regelfall Entgeltlk ist. Es liegt dann kein ggseit Vertr vor, sond ein zweiseit verpflichtder Vertr. Hinsichtl der LaufZt u Künd besteht kein rechtl Untersch. Bei best LaufZt kann die außerord Kund (§ 314) erleichtert sein. **Fälligkeit:** Es gilt § 271. Eine and Fälligk kann von den VertrPart jederzt vereinb werden, auch für später als die Fälligk des RückErstattgsAnspr (§ 607 Rn 11), die maßgebd ist, wenn nichts vereinb wurde. **Höhe** des Entgelts. Haben die Part nicht Unentgeltlk vereinb (Rn 1) u die Höhe des Entgelts nicht bestimmt, so ist § 316 anzuwenden (dort Rn 2).

1
2
3

Titel 8. Dienstvertrag

615 ***Vergütung bei Annahmeverzug und bei Betriebsrisiko.*** **Kommt der Dienstberechtigte mit der Annahme der Dienste in Verzug, so kann der Verpflichtete für die infolge des Verzugs nicht geleisteten Dienste die vereinbarte Vergütung verlangen, ohne zur Nachleistung verpflichtet zu sein. Er muß sich jedoch den Wert desjenigen anrechnen lassen, was er infolge des Unterbleibens der Dienstleistung erspart oder durch anderweitige Verwendung seiner Dienste erwirbt oder zu erwerben böswillig unterläßt. Die Sätze 1 und 2 gelten entsprechend in den Fällen, in denen der Arbeitgeber das Risiko des Arbeitsausfalls trägt.**

1 **1) Allgemeines.** S 3 ist dch das SMG angefügt u führt den Begriff des BetrRisikos in das BGB ein. Ob der S 3 in Hinblick auf § 326 I nF notw war, erscheint zweifelh. Es dient immerhin der Klarstellg. **a) Zweck.** Dem ArbN soll der EntgeltAnspr erhalten bleiben, wenn er von der ArbLeistg wg Unmöglk aus § 275 I frei
2 wird u die Urs im BetrRisiko des ArbG liegt. **b) Abdingbarkeit** ist nicht ausgeschl, weil § 615 grdsl dispositiv ist (ErfK/Preis 8); Eindeutigk der Vereinbg ist aber erforderl. Geschieht dies dch AGB (seit 1. 1. 02
3 auf ArbVerh anwendb, § 310 IV S 2), kann § 307 II Nr 1 der Wirksamk entggstehen. **c) Anwendbar** ist S 3 nur bei ArbVerh (5 vor § 611). Für DVerh verbleibt es bei der Anwendg v S 1 u 2 sowie § 326.

4 **2) Voraussetzungen** für S 3 sind: **a) Annahmeverzug** des ArbG gem S 1 (HptBd § 615 Rn 7–14). Der ArbN muss also seine DLeist ggf anbieten, wenn das nicht übflüss ist nach Maßg der Rn 13 zu § 615 (HptBd).
5 **b) Betriebsrisiko** bedeutet: Dass der ArbG die Dienste des ArbN nicht annimmt, muss dch ein Ereign verurs sein, bei dem der ArbG das Risiko für den Ausfall der Arb trägt, auch wenn er die Ursache nicht zu vertreten hat (§§ 276, 278). Zum BetrRisiko gehört allg das Untern- u Lohnrisiko. Es bedeutet, dass der ArbG zur
6 Zahlg des ArbEntgelts verpfl bleibt. **aa) Zu bejahen:** Bei Ausfall von Betr- u Hilfsstoffen (Strom, Heizg, ArbMaterial, Maschinen), Brand der ArbStätte (BAG NJW **72**, 342); Explosion; Unmöglk der Arb inf der Witterg (BAG NZA **91**, 67), behördl BetrVerbot (Richardi NJW **87**, 1231/5), AuftrMangel u AbsatzSchwie-
7 rigk. **bb) Zu verneinen** beim ArbKampfRisiko (HptBd § 615 Rn 22–24) u für die Risiken, die mit dem Weg von der Wohng des ArbN zum ArbPlatz verbunden sind, auch bei einem Verkehrsverbot (Ehmann NJW **87**, 401).

8 **3) Wirkung** des S 3 ist als RFolgenVerweisg (AnwK/Dauner-Lieb 3) die entspr Anwendg v S 1 (Zahlg der vollen ArbVergütg) u S 2 (Anrechng des tats u böswill unterlassenen Erwerbs). Auf die Rn 17–20 zu § 615 (HptBd) wird verwiesen. S 3 ist eine dem § 326 vorgehde SoRegelg mit der Folge, dass die GgLeistg (ArbVergütg) nicht aGrd des § 326 I entfällt u die Voraussetzgen des § 326 II S 1 für den Fortbestd des VergütgsAnspr nicht vorliegen müssen. Es genügt, dass der ArbAusfall auf einen tats Umstd beruht, der v BetrRisiko umfasst wird (Däubler NZA **01**, 1329/32).

619 a ***Beweislast bei Haftung des Arbeitnehmers.*** **Abweichend von § 280 Abs. 1 hat der Arbeitnehmer dem Arbeitgeber Ersatz für den aus der Verletzung einer Pflicht aus dem Arbeitsverhältnis entstehenden Schaden nur zu leisten, wenn er die Pflichtverletzung zu vertreten hat.**

1 **1) Allgemeines.** Die Vorschr ist völl neu u dch die Umgestaltg des LeistgsStörgsRs notw geworden, um die Grdsätze der Rspr zur BewL (Unanwendbk des § 282 aF im ArbR) nicht zu veränd. **a) Zweck.** Auf Grd des § 280 I S 2 hätte bei Verletzg einer Pfl aus dem ArbVerh derArbN zu bew, dass ihn kein Versch trifft, um die SchadErsPfl aus § 280 I S 1 abzuwenden. Für die PflVerletzg des ArbN passt diese Regelg nicht, da der ArbG den Tats, auf die es dabei ankommt, für den Bew näher ist u aGrd seines WeisgRs (§ 611 Rn 45) das
2 Organisationsrisiko trägt. **b) Unabdingbarkeit** (vgl Rn 5) ist auch wg der Position hinter dem zwingden § 619 jedenf dahin anzunehmen, dass dem ArbN ein angem Ausgl (zB Mankogeld, § 611 Rn 158) zugebilligt werden muss, wenn die BewL zu seinen Ungunsten veränd werden soll (Däubler NZA **01**, 1329/33).
3 **c) Anwendbar** ist § 619 a auf alle PflVerletzgen des ArbN aus dem ArbVerh (§ 611 Rn 24–44), nicht nur auf die Fälle unmittelb Schädigg des ArbG iR der ArbNHaftg (§ 611 Rn 156–158). Die Anwendg auf arbnähnl Pers (9 vor § 611) ist problemat (vgl Oetker BB **02**, 43). Für PflVerletzgen des ArbG gilt § 619 a nicht; es ist § 280 I anzuwenden.

4 **2) Voraussetzungen** der BewLUmkehr. **a) Pflichtverletzung** des ArbN, sowohl einer HauptPfl (§ 611 Rn 33 ff), insb dch Nicht-, Schlecht- öd MinderLeistg, als auch einer NebenPfl (§ 611 Rn 44) öd der
5 TreuePfl (§ 611 Rn 39 ff). **b) Schädigung** des ArbG: Ist jeder Schaden, der unter § 280 I S 1 fällt u der dch die PflVerletzg (Rn 5) verursacht worden ist; nur im Rahmen betriebl Tätk (Oetker BB **02**, 43). **c) Keine abweichende Vereinbarung** im ArbVertr od einer nachträgl Abänderg (§ 311 I). Eine solche ist zuläss, wenn dem ArbN für die Last zum Nachweis fehlden Verschuldens (§ 280 I S 2), ein angemessener Ausgleich (Rn 2; zB Mankogeld, erhöhtes Gehalt) gewährt wird (BAG NJW **99**, 1049/52). Ist der Ausgl nicht angemessen, so ist die Abrede unwirks.

6 **3) Wirkung. a) Grundsatz.** Es wird die BewL des § 280 I S 2 umgekehrt u dem ArbG überbürdet. Das ist ohne Einfluss auf das Maß des Versch (§ 276) für das im Einzelfall der ArbN haftet, bei Vorsatz u leichter bis grober Fahrlässk (§ 611 Rn 157). Daran wollte der GesetzG nichts ändern (AnwK/Dauner-Lieb 1).
7 **b) Umfang.** Der ArbG hat im Proz diejen Tats vorzutragen u im Streitfall zu beweisen, aus denen sich das Versch (§ 276) ergeben soll. Demggü muss sich der ArbN substantiiert äußern u iS einer gestuften DarleggsLast (BAG NJW **99**, 1049/52) diejenTats vortragen, die sein Versch ausschließen können, zB dass sein Fehlverhalten auf einer Erkrankg od der Einwirkg eines Dr beruht. Im Einzelfall kann als Indiz für Versch genügen, dass der ArbN über einen bestimmten ArbBereich die alleinige Kontrolle hatte (BAG aaO).

Titel 9. Werkvertrag und ähnliche Verträge

Untertitel 1. Werkvertrag

Einführung

1) Begriff und Wesen. Einführd Büdenbender JuS **01**, 625. WkVertr ist entgeltl, ggs Vertr (s Einf v § 320). Der Untern (Herst) verpflichtet sich, darin liegt die vertragstyp Leistg, zur Herstellg des versprochenen individuellen Wks, dh zur Herbeiführg eines best ArbErgebn (Erfolges) für den Best (Kunden, AuftrG) im Austausch gg die Leistg einer Vergütg (§ 631). Ggst der LeistgsPfl des Untern ist also eine entgeltl Wertschöpfg dadch, dass er dch seine ArbLeistg für den Best das vereinb Wk schafft (BGH NJW **83**, 1489) od einen erfolgsbezogenen Beitr zu seiner Verwirklichg leistet (BGH WM **02**, 127). Dies kann ein körperl ArbProdukt sein, zB Herstellg einer Sache, auch aus Stoffen des Best, bzw ihre Veränderg, od ein unkörperl ArbErgebn, zB Erstattg eines Gutachtens (BGH BB **95**, 170), DchFührg einer Operation, Erstellg eines Datenverarbeitgs-Programms. Unter der Herbeiführg eines best Erfolges als Wesensmerkmal der wkvertragl Verpfl ist regelm nur das unmittelb dch die Tätigk des Untern herbeizuführde Ergebn, nicht auch der nach dem wirtsch Zweck erhoffte endgült Erfolg zu verstehen, zB ordngsgem Herstellg des BauWks, nicht seine Vermietbark; fachgerechte Operation, nicht Heilg; Lieferg des Drehbuchstoffes, nicht dessen Eigng zur Verfilmg. Kennzeichnd für den WkVertr ist die wirtsch Selbständigk des Herst. Dieser mag im EinzFall an gewisse Weisgen gebunden sein (§ 645). Er übt seine Tätigk aber in eig Verantwortg u unter Einsatz eig ArbMittel od Fachkenntn aus, er trägt das UnternRisiko für das Gelingen des geschuldeten ArbErgebn (§§ 633, 640). Die Vereinbg eines Erfolgshonorars allein ist nicht entscheidd (BGH MDR **95**, 573). Auch die sozversrechtl Kriterien zur „Scheinselbständigk" (SGB IV § 7 IV) sind nicht ausschlaggebd (Einf 11 v § 611). 1

2) Rechtsquellen, Anwendungsbereich, anwendbares Recht. – a) Schuldrechtsreform. S zunächst allg Einl v § 1 (Materialien u Lit). *Literatur* speziell zum WkVertr: de lege ferenda Kaiser ZfBR **01**, 147; Roth JZ **01**, 543; v Westphalen DB **01**, 799/803; Haas BB **01**, 1313; Raiser NZBau **01**, 598; de lege lata BauR **02**, 145 ff (SoHeft 1 a); Meub DB **02**, 131; Schudnagies NJW **02**, 396; Teichmann ZfBR **02**, 13; Amann/Brambring/Hertel, Die SchuldRReform in der VertrPraxis, 2002, Abschn C. *Überblick:* Das SMG hat iHinbl auf die VerbrGüKRL (Einl 1 v § 1) dch eine Neufassg des § 651 Vertr über die Lieferg herzustellder oder zu erzeugder bewegl Sachen insges dem (neuen) KaufR unterstellt (Einzelh dort Rn 1). Die Vorschr zur Gewährleistg (§§ 633–637 aF) sind an die Neukonzeption des LeistgsStörgsR (Vorbem 9 ff v § 275) angepaßt worden, dabei wurde im ZusHang mit der Neuregelg des VerjR (Übbl 1 ff v § 194) auch die Verj der MängelR (§§ 638, 639 aF) neu geregelt (Einzelh Vorbem 1 v § 633 mit Synopse). Schließl hat das SMG die Vergütg des Kostenanschlags ausdr geregelt (§ 632 Rn 10) u einige im Wesentl redaktionelle Anpassgen vorgenommen (§ 640 II, dort Rn 1; § 646, s dort). 2

b) §§ 631 ff gelten grdsätzl für alle WkVertr. Sie passen aber wg der wirtsch sehr unterschiedl Zielsetzgen nicht für alle Vertr dieses Typs (zB hins Abn u Mängelhaftg). Desh enthalten das BGB (ReiseVertr: §§ 651 a ff; GeschBesVertr: § 675) u zahlr and G **Sondervorschriften.** Dann gelten §§ 631 ff nur subsidiär (Larenz SchuldR II/1 § 53 I). Oft greifen auch AGB ein. Einzelh s bei den versch VertrTypen (Rn 16 ff). – **Zeitlich gilt** die Neufassg des WkVertrR nur für nach dem 31. 12. 01 abgeschl Vertr (EG 229 § 5 ; Einzelh s dort). Die VerjRegeln (§ 634 a) können allerd auch Anspr aus bereits bestehden WkVertr erfassen (EG 229 § 6; Einzelh s dort). – **Internationales Privatrecht** EG 27 Rn 3 ff, 28 Rn 14, EG 29 (BGH NJW **94**, 262). 3

c) Die **Verdingungsordnungen** für Bauleistgen (VOB), für Leistgen (VOL) u für freiberufl Leistgen (VOF; dazu Brandi-Dohrn NJW **98**, 857) betreffen die Vergabe und DchFührg von Auftr der öff Hand. Sie sind im BAnz veröffentlicht, aber keine RNormen. – **Teil A** regelt jeweils die Vergabe von Auftr dch die öff Hand. Die Vorschr haben für Auftr oberhalb der sog EG-Schwellenwerte RSatzQualität (BGH **139**, 259/266); für diese Auftr gelten iü in Umsetzg versch EG-Richtl bes Vorschr (sa GWB 97 ff, VergabeVO vom 9. 1. 01 BGBl I 110), GWB 97 VII räumt dem einz Bewerber ein gerichtl nachprüfb Anspr auf Einhaltg der Vorschr ein (RsprÜbers Jäger NZBau **01**, 290, 366, 427; Byok NJW **01**, 2295). SchadErsAnspr aus dem iR des VergabeVerf entstehden VertrauensVerh § 311 Rn 31 f. Der Bieter ist an sein Angeb bis zum Zuschlag gebunden. KalkulationsIrrt § 119 Rn 18 ff. – **Teil B** enthält jeweils in Form Allg VertrBdggen einen auf die Besonderh der zu erbringden Leistg abgestellten einigerm ausgewogenen Ausgl der BeteilInteressen (BGH **86**, 135 für VOB/B). So ist die für den BauVertr maßgebde **VOB/B** (Neufassg v 30. 5. 00, BAnz Nr 126 a; bish keine Anpassg an das SMG) weder RNorm noch Niederschlag einer VerkSitte od eines Handelsbrauchs, sondern TypenVertr od AGB, wird also VertrBestandt nur dch Vereinbg der VertrParteien (§ 305 II, III); bloßer Hinw auf ihre Geltg genügt nur ggü im Baubereich bewanderten VertrPartnern (für Untern sa § 310 I 1), PrivPers ist Gelegenh zur Kenntnisn des vollen VOB-Textes zu geben (§ 305 Rn 34; sa Celle BauR **00**, 579). Maßg ist, wenn nicht and vereinb, die im Ztpkt des Vertragschl gült Fassg der VOB/B, Wechsel der Fassgen währd der Vhlgen Kblz NJW-RR **99**, 748. Auch nachträgl Vereinbg ist mögl (BGH NJW **99**, 3261; § 305 Rn 47). Inhaltskontrolle: § 307 Rn 159; zur isolierten Vereinbg der VOB-GewlRegelg Vorbem 18 v § 633. Revisibilität § 133 Rn 31. Hinw auf die VOB/B finden sich in den Anm zu den einz Vorschr. Neuere Lit: Ganten/Jagenburg/Motzke 1997; Heiermann/Riedl/Rusam 9. Aufl 2001. Sa Rn 16 zum BauVertr. – **Teil C** (der VOB) enthält allg technische Best für die Ausführg von Bauleistgen u wird VertrBestandt, falls Teil B dem Vertr zGrd liegt (§ 1 Nr 1 S 2 VOB/B); er ist für die Frage der fachgerechten Herstellg u damit für Mangelfrage bedeuts, weil die Nichtbeachtg seiner nach DIN-Nrn geordneten Regeln idR den Schluß auf nicht vertragsgem od den anerkannten Regeln der Baukunst nicht entspr Herstellg zuläßt. 4

(Rn 5 beginnt bei „– **Teil B** enthält …")

3) Abgrenzung zu anderen Vertragstypen. Richtschnur sind die Kriterien gem Rn 1, ferner der wirtsch Zweck der vereinb Leistg u der Wille der VertrPart, wie er in der Ausgestaltg ihrer Rechte u Pfl zum Ausdr kommt (BGH **LM** § 611 Nr 3). Die gewählte Bezeichng ist nicht entsch (s BGH **101**, 350). Zu Vertr, 6

deren HauptleistgsPfl versch VertrTypen zuzuordnen sind (gemischte Vertr), s Einf 16 ff v § 305 im HptBand, Übbl 3 v § 433. – **a)** Der **Kaufvertrag** ist auf Übereigng des fert Ggst gerichtet. Im Ggs zum WkVertr ist die Herstellg des Ggst nicht VertrInhalt, es fehlt die Werkschöpfg für den Best (BGH **87**, 112). § 651 unterstellt die Verpfl zur Herstellg/Erzeugg u Lieferg bewegl Sachen (iGrds den bish *Werklieferungsvertrag)* generell dem KaufR (Einzelh zur Abgrenzg dort) u trifft damit für diesen Bereich eine ausdr Regelg. Beim Kauf eines Grdst iZshg mit einem darauf zu erstellden Wk (EigtumsWohng, Haus oä) gelten idR die Grds für gemischte Vertr,
7 wobei insb die Anwendbark der Mängelhaftg von Bedeutg ist (Einzelh Vorbem 3 f v § 633). – **b)** Beim **Miet- oder Leihvertrag** ist die Sache nicht herzustellen, sond zum Gebr zu überlassen. Überlassg von Geräten mit BediengsPers ist (auch) WkVertr nur, wenn der Überlassde die Oberaufsicht bei den zu verrichtden Arb hat (BGH NJW-RR **96**, 1203, Celle NJW-RR **97**, 469, Mü MDR **97**, 1007 jew für Kran, dazu auch Saller/ Winter VersR **97**, 1191; BGH VersR **70**, 934 für unentgeltl Überlassg eines Kfz zu TransportZw) od einen best Erfolg schuldet (Schlesw SchlHA **55**, 58: Ausdreschen von Getreide); sonst MietVertr mit DVerschaffg (s
8 Einf 18, 32 v § 535). – **c) Dienstvertrag.** Er hat wie der WkVertr eine entgeltl ArbLeistg zum Inhalt. Desh ist bei freiberufl Tätigk die Abgrenzg im Einzelfall schwier. Nach der Dogmatik des BGB liegt das entscheidde u meist auch prakt brauchb AbgrenzgsKriterium darin, dass beim DVertr das bloße Wirken, die ArbLeistg als solche (zB Beratg dch RA, Tätigk als GeschF), beim WkVertr dagg die Herbeiführg eines vereinb, ggständl faßb ArbErgebn iS der Rn 1 geschuldet wird. Betrifft daher der Vertr einen fest umrissenen LeistgsGgst, nicht eine allg, laufde Tätigk, liegt WkVertr vor (BGH NJW **00**, 1107). And Kriterien wie Art der VergütgsBerechng, Dauer der Tätigk, Spezies- od GattgsArb, sind unsicher; insb kann auch beim DVertr der DVerpfl selbstd sein, bes Fachkenntn benötigen (RA, Arzt) u einz Auftr übernehmen (freier MitArb, s Einf 10 v
9 § 611). Zur sog „Scheinselbständigk" Einf 11 v § 611. – **d) Dienstverschaffungsvertrag** (Einf 25 v § 611) u **Arbeitnehmerüberlassungsvertrag** (Einf 38–40 v § 611) sind im Ggs zum WkVertr nicht auf die vom Untern nach eig Vorstellgen organisierte Herbeiführg eines Erfolges gerichtet, sond auf die Überlassg geeigneter ArbKräfte, die der VertrPartner des Untern nach seinen eig betriebl Erfordern einsetzt u denen ggü
10 er ein WeisgsR hat (BAG DB **79**, 851 u **89**, 131). Sa Rn 7. – **e) Reisevertrag.** Ihn bezeichnet das G selbst in
11 der Überschr des 7. Titels als wkvertragsähnl. Näher Einf v §§ 651 a. – **f) Maklervertrag.** Er verpflichtet and
12 als der WkVertr nicht zur Herbeiführg des Erfolgs; s Einf 7 v § 652. – **g) Auftrag.** Er unterscheidet sich vom
13 WkVertr dch die Unentgeltlichk. – **h) Geschäftsbesorgungsvertrag.** Er ist je nach dem Ggst der Tätigk D-
14 od WkVertr, folgt aber weitgehd den Regeln des AuftrR. Näher § 675 Rn 1 ff. – **i) Garantievertrag** (Einf 16 v § 765). Er ist mit dem WkVertr insofern verwandt, als der Garant für einen best Erfolg einzustehen hat. Er unterscheidet sich vom WkVertr dadch, dass der Garant keine Tätigk zu entfalten, kein Wk herzustellen
15 hat. Garantie für Mängelfreih des Wk § 634 Rn 23 ff. – **j) Verlagsvertrag.** Er ist ein im VerlG geregelter eigenständ Vertr, gekennzeichnet dch die zusätzl Verpfl des Verlegers zur Vervielfältigg u Verbreitg des Wks. WkVertr ist der BestellVertr nach VerlG 47.

16 **5) Sonderformen, Grenzfälle. – a) Bauvertrag** (RsprÜbers Jagenburg/Reichelt NJW **00**, 2629 [VOB], NJW **00**, 3243, **01**, 191 [BGB-Vertr]; Schmeel MDR **00**, 361; Schmidt WM-SonderBeil 4/99). Er ist WkVertr, gerichtet auf die Herstellg eines körperl ArbErgebn, u regelt die RBeziehg zw Bauherrn u BauUntern. Dabei kann es sich um die Herstellg eines Rohbaus, eines fert Neubaus, einzelner Teile davon od um die Erbringg von EinzLeistgen (Installation, MalerArb), um Anbauten od um RenoviergsArb dch BauUntern od Handw handeln. Er ist WkVertr auch dann, wenn der BauUntern alle Stoffe liefert od die Vergütg in bes Weise vereinb ist (§ 632 Rn 4). Abgrenzg vom BauBetrVertr § 675 Rn 14 f, von der Herstellg u Lieferg bewegl Sachen § 651 Rn 4, vom Hauskauf hier Rn 6, 23 u Vorbem 3 v § 633. – Typisch für die Errichtg eines BauWk ist das ZusWirken des einzelnen BauUntern mit dem Bauherrn, Arch od Statiker u and am Bau beteil Untern u Handw. Da die vertragl Pfl, die GefTragg u Verantwortlichk der versch Beteil konkretisiert u ggeinander abgegrenzt werden müssen, wird meist die Geltg bes VertrBdggen vereinb (Inhaltskontrolle § 307 Rn 88), insb der **VOB/B** (zu ihr Rn 5). Der Vertragschl bedarf not Form, wenn er mit dem GrdstErwerbsVertr eine rechtl Einh (§ 139) bildet (§ 311 b Rn 33). ErfOrt für die beiderseit Verpfl § 269 Rn 13 f. Sichg des BauUntern für seinen VergütgsAnspr §§ 648, 648 a. BewLFragen im BauR Baumgärtel ZfBR **89**, 231.

17 **b) Architektenvertrag** (RsprÜbers Jagenburg/Kesselring NJW **01**, 3302, Neuenfeld NZBau **02**, 13, 80). Er ist, wie sich auch aus § 634 a I Nr 2 ergibt, idR WkVertr (BGH **82**, 100), auch wenn dem Arch nicht VorEntw, Entw u Bauvorlagen, sond nur die sonst ArchLeistgen (BGH **62**, 204), die Bauüberwachg (BGH **82**, 100) od die Erstellg eines SaniergsGA zur Beseitigg von Baumängeln (BGH JR **88**, 197) übertr sind; nur ausnahmsw DVertr (Einf 17 v § 611); soweit Vhlgen mit Dr zu führen sind, ist dies GeschBes (§ 675; BGH **41**, 318). Als HauptPfl geschuldet ist idR die Entstehg eines mangelfreien BauWk (BGH **45**, 373); Einzelh zu den VertrPfl § 631 Rn 19 ff. Mängel des Wk § 633 Rn 11. Vergütg § 632 Rn 14, Fälligk § 641 Rn 16. Verhältn zu and Arch, Sonderfachleuten u BauUntern § 631 Rn 9–11, § 634 Rn 19 ff. Verletzg v VerkSichgsPfl § 823 Rn 65. KoppelgsVerbot § 631 Rn 2 f. Vollm zum Handeln für Bauherrn § 167 Rn 8. Aquisitionstätigk u Vertragschl § 632 Rn 11.

18 **c) Weitere Beispiele** (alphabetisch, sa § 675 Rn 9 ff). – **Abbruchvertrag** einschl Enttrümmerg ist WkVertr, ggf gemischter Wk- u KaufVertr (Celle VersR **53**, 309). – **Abfallverwertung** u -entsorgg geschieht idR aGrd WkVertr (Wieberneit BB **97**, 2333; Oldbg NJW-RR **99**, 1575: Viehdung; Schlesw NJW-RR **00**, 896: Abn von Abfall im dualen System von DSD, Abfallsortierg dch Verwerter). – **Anzeigenvertrag** (Rath/ Glawatz Das R der Anzeige, 2. Aufl; Löffler/Ricker Hdb des PresseR 4. Aufl Kap 47) ist WkVertr, ebso Vertr über die Aufn in Katalog für Modelagenturen (Pinnebg NJW-RR **99**, 1574). Geschuldet ist die Veröff der bestellten Anz nach Wortlaut, Schriftbild u sonst Ausgestaltg. Vereinbg zu AuflHöhe, VeröffOrt, -Ztpkt u -Medium können je nach den Umst Vorauss des Vertragschl sein (ja Mainz NJW-RR **98**, 631, Lüb NJW-RR **99**, 1655; nein LG Köln NJW-RR **99**, 563). MitwirkgsPfl des Best bei der Satzkorrektur. Ob Abn erfdl ist, ist umstr (für § 646: Hann NJW-RR **89**, 1525, AG Königstein NJW-RR **99**, 1355; aA AG Dresd NJW-RR **99**, 562). Ob eine Anz fehlerh ist, richtet sich nach den Vereinbgen; Abw vom bei AuftrErteilg vorgelegten Muster od der in der Zeitg übl Aufmachg kann genügen (Düss NJW-RR **92**, 822: auch bei Gen des Korrekturabzugs), ebso zu geringe Auflagenhöhe (sa AG Bruchsal NJW-RR **01**, 274) od Verbreitg (AG Ffm NJW-RR **01**, 913). Pfl zur NachErf dch Berichtigg od fehlerfreie Wiederholg, wenn AnzZweck noch

erreichb ist (§ 635 Rn 4, 8). Unwirksamk bei sexualbezogenem Inhalt der Anz § 134 Rn 20, § 138 Rn 52. Vertr mit Werbemittler Rn 31. – **Arztvertrag** ist idR DVertr, Einf 18 v § 611. WkVertr, wenn sich ein Röntgenfacharzt verpflichtet, für einen and Arzt RöntgenAufn anzufertigen u sie ihm zur Auswertg zu überlassen (Düss MDR **85**, 1028). UU auch bei Operation, wenn der Arzt für den Erfolg einstehen soll. Sa Zahnarzt. – **Auskunfteivertrag** ist WkVertr, wenn auf Beschaffg best Informationen, DVertr, wenn auf anhaltde Beratg gerichtet, § 675 Rn 29. – **Auswertung** von Bühnenstücken od Filmen Einf 9 v § 581. Herstellg u Auswertg eines Werbefilms ist gemischter Vertr (BGH MDR **66**, 496). – **Bankvertrag** § 675 19
Rn 9. – **Baubetreuungs-, Bauträgervertrag** § 675 Rn 13 ff, FinanziergsVermittlg Einf 7 v § 652. – **Bauaufsicht** iS einer Kontrolle der Herstellg u Normübereinstimmg einer Yacht ist, wie bei Gbden (Rn 17), WkVertr (BGH NJW-RR **98**, 1027). – **Beförderungsvertrag** (Pers u Güter) ist WkVertr; auch Luftbeförderg (BGH **62**, 71) u Postbeförderg (PostG 4 Nr 1); sa CharterVertr. SonderVorschr: Fracht, Spedition HGB 407, 453, 556, 664 ff, BinnSchG 26, EVO, GüKG, ADSp, ferner PostG 18 ff (dazu Gramlich NJW **98**, 866), PersBefG, HaftPflG, LuftVG mit Warschauer Abk, VO (EWG) 295/91 (dazu LG Ffm NJW-RR **98**, 1589: Überbuchgsschaden) u VO [EG] Nr 2027/97 v 9. 10. 97 ABl L 258; zum internat R EGBGB 28 Rn 6, 14. Zustandekommen auch dch konkludentes Handeln, zB Einsteigen in Straßenbahn (Einf 26 v § 145). Im Einzelfall kann TransportVertr DVertr sein, zB wenn bei Überführg eines Kfz auf eig Achse die Tätigk des Kraftfahrers wesentl VertrInh ist (BGH BB **63**, 432). Überlassg eines Kfz mit Bedieng s Rn 7. Auftr zur Grenzabfertigg von Gütern ist GeschBesVertr (Köln VersR **98**, 1533). – **Beratervertrag** hat oft DVertr-Charakter (Dresd NJW-RR **00**, 652), uU mit maklervertragl Elementen (Memmg NJW-RR **00**, 870: PersBeratg zur Stellenbesetzg), kann aber auch WkVertr sein (Düss NJW-RR **97**, 1005 für UnternBeratg); s § 675 Rn 29. – **Bergungsvertrag** (HGB 740 ff) ist iZw DVertr, da der Berger idR für den Erfolg nicht einstehen will. – **Bestattungsvertrag** (eingehd Widmann, Der BestattgsVertr 3. Aufl 2000) ist gemischter, überwiegd WkVertr (sa AG Hbg NJW-RR **01**, 1132: Künd nach § 649). – **Bewachungsvertrag** (öffrechtl geregelt in GewO 34 a u BewachgsVO) ist idR D-, nicht WkVertr (BGH NJW-RR **00**, 648; Dubischar NJW **89**, 3241). – Beim **Chartervertrag** kommt es auf den Inhalt an (sa Rn 7). *Schiff:* MietVertr, wenn es sich um 20
einf Überlassg auf Zeit handelt (bareboat-charter). Charter mit Employment-Klausel (Überlassg des Schiffs mit Besatzg) ist Raumfracht; der Charterer ist nicht Ausrüster (BGH **22**, 197). *Flugzeug:* Kann WkVertr sein, zB SammelBefördergsVertr, „Gruppenflüge", od MietVertr, zB „dry lease" (Anmietg ohne Besatzg) od CharterVertr ieS (Schwenk BB **70**, 282). Der LuftBefördergsVertr (Rn 19) kann zum Inhalt haben, dass der Charterer die Beförderg im eig Namen übernimmt u sich des Vercharterers (FlugUntern) als ErfGeh bedient, od dass der Charterer den BefördergsVertr zw Fluggast u Vercharterer vermittelt od als dessen Vertreter abschließt (BGH NJW **74**, 1046). Zur Abgrenzg der verschied VertrTypen sa die beim ReiseVertr dargestellten Grds (Einf 3, 4 v § 651 a). – **Consulting** s BeraterVertr. – **Deckvertrag** (Decken eines Tieres) ist 21
WkVertr. – **Dreschvertrag** s Rn 7. – **EDV, Software, Wartung** (sa § 433 Rn 9; näher Zahrnt NJW **96**, 22
1798; Junker/Beneke ComputerR 2. Aufl 2000; RsprÜbers Junker NJW **99**, 1294, **00**, 1304). Herstellg eines den ind Bedürfn des Anwenders entspr Programms ist idR WkVertr (BGH **102**, 135, NJW **90**, 3008; v Westphalen CR **00**, 73), auch bei Verwendg eines Standardprogramms unter Anpassg an die betriebl Besonderh (Hamm NJW-RR **00**, 1224, Köln NJW-RR **92**, 1328); § 651 ist nicht anwendb (dort Rn 5); das gilt auch, wenn zusätzl die Lieferg der Geräte geschuldet ist, die Einarbeitg des Personals u Erfassg der betriebl Daten (Mü CR **88**, 38, Düss NJW-RR **98**, 345), od wenn die Hardware mietw überlassen wird (BGH WM **86**, 1255). NutzgsVereinbg über open-source-Software Sester CR **00**, 797. Verpfl zu *Reparatur oder Wartung* (Wohlgemuth Computerwartg 1999) ist häuf WkVertr (Karlsr CR **87**, 232, Düss CR **88**, 31), gerichtet auf Erhaltg od Wiederherstellg des möglichst wenig störanfäll Zust (differenzierd Volle CR **96**, 139; zu einz VertrTypen Hartmann/Thier CR **98**, 581), uU auch auf Einspielg von Software-Updates (Hamm CR **98**, 202) od Anpassg an Ändergen des Betriebssystems (Brdbg JR **00**, 289). Das gilt auch für Wartg über längere Zeit hinweg, ev auf Abruf u gg feste period Vergütg (offen gelassen Karlsr CR **87**, 232; aA Löwe CR **87**, 219); Künd dch Untern nur bei Vorbehalt im Vertr od aus wicht Grd (§ 643 Rn 1), sa Köln VersR **00**, 335, LG Köln NJW-RR **99**, 1285, Zahrnt CR **00**, 205, Jaeger CR **99**, 209; krit Moritz CR **99**, 541). Mängel § 633 Rn 12; Abn § 640 Rn 7. – **Entsorgungsvertrag** s Abfallverwertg. – **Fertighausvertrag** mit Verpfl 23
zur Errichtg ist WkVertr, Einzelh § 651 Rn 5. – **Friseur:** Vertr über Dauerwelle ist WkVertr. – **Forschungs/Entwicklungsvertrag** für ein HerstellgsVerf ist idR DVertr (Hann NJW-RR **99**, 1655). – Vertr über lfde **Gebäudereinigung,** die in Abwesenh des AuftrG u nicht pers zu erbringen ist, ist WkVertr (Hbg 24
MDR **72**, 866). – **Gerüstbau:** Aufbau ist nach WkVertrR, Überlassg nach MietR zu behandeln (Einf 25 v § 305 im HptBand), wobei der SchwerPkt beim WkVertr liegen kann (Köln BauR **00**, 1874 [Lotz ebda 1806]). – **Gutachten:** Auftr zur Erstellg eines GA dch PrivPers (BGHZ **67**, 1, **127**, 378/384: WertGA; **72**, 257: BauGrdGA; NJW **65**, 106: RechtsGA; WM **02**, 127: Erfassg von Baumängeln) od dch SchiedsGer iR eines SchiedsVerf ist WkVertr; ebso der Auftr zur Erteilg einer FertigstellgsBescheinigg (Seewald ZfBR **00**, 219/224, sa § 641 a Rn 10). SchiedsGA § 675 Rn 20 a. SorgfPfl des Gutachters BGH NJW **98**, 1059; Haftg bei Unrichtigk aus § 280 (BGH NJW **01**, 514 zum früh R); Haftg ggü Dr § 328 Rn 34. – **Hufbeschlag** ist 25
WkVertr (BGH NJW **68**, 1932). – **Ingenieur** s Sonderfachleute. – **Internet** s Telekommunikation. – **Krankenhaus** Einf 19 v § 611. – **Kunstwerke, Aufführung** (Konzert, Theater, Schaustellg) od *Herstellung:* Vertr zw dem Inh der urheberrechtl AufführgsR u dem Untern der Aufführg ist urheberrechtl NutzgsVertr mit Elementen aus Pacht-, Gesellsch-, Wk- u VerlagsVertr (BGH **13**, 115). Vertr zw Untern der Aufführg (Konzertagentur) u Künstler od Ensemble ist WkVertr, wenn eine best künstlerische Wertschöpfg (Aufführg) geschuldet wird (Karlsr VersR **91**, 193; zB Gastspiel). Vertr mit Künstlern, die auf Mitwirkg an der Aufführg od WkErstellg gerichtet sind, sind je nach den Umst D- od ArbVertr (MüKo/Müller-Glöge § 611 Rn 103; KG MDR **99**, 538: WkVertr bei Regie). Vertr zw Untern u Besucher, auch Abonnent, ist WkVertr mit mietrechtl Einschlag hins des Zuschauerplatzes (AG Aachen NJW **97**, 2058, AG Herne NJW **98**, 3651 [Roth JuS **99**, 220]; sa Einf 23 v § 305 im HptBand). Vertr über Herstellg eines ggständl KunstWk (Bild, Skulptur) § 651 Rn 5. – **Lieferung mit Montageverpflichtung:** wg § 434 II iGrds Kauf (dort Rn 40 ff); WkVertr 26
allenf, wenn die MontageVerpfl den Schwerpkt der Leistg bildet (sa § 651 Rn 4; zum früh R Stgt BB **71**, 239, Karlsr NJW-RR **92**, 1014). – **Löschen** einer Schiffsladg ist WkVertr. – **Mobilfunk**, **Online-Dienste** s Telekommunikation. – **Partnerschaftsservice** § 656 Rn 6–9. – Für **Postdienstleistungen** gilt, soweit

Beförderg, idR WkVertrR; s Rn 19 u § 839 Rn 141–143. – **Projektsteuerungsvertrag** (Eschenbruch, Recht der Projektsteuerg, 1999; Stemmer/Wieser BauR **97**, 935): WkVertr, wenn die erfolgsorientierten Aufgaben des Beauftr den Vertr prägen (BGH NJW **99**, 3118: Bauüberwachg des GeneralUntern), sonst DVertr (Düss NJW **99**, 3129); Künd aus wicht Grd BGH NJW **00**, 202; Verh zur ArchVergütg Nürnbg NJW-RR **01**, 663 [Eschenbruch NZBau **01**, 308]. – **Promotionsvertrag:** DVertr, wenn auf Beratg u Betreuung bei Erstellg der DoktorArb gerichtet (Köln MDR **99**, 792). – **Rechtsanwalt** Einf 21 v § 611. – **Reisebüro** Einf 3, 4 v § 651 a. – **Reparatur** mit Lieferg benötigter ErsTeile ist WkVertr (Karlsr NJW-RR **92**, 1014; sa
27 § 651 Rn 2). – **Sachverständiger** s Gutachen. – **Schiedsrichtervertrag** § 675 Rn 20. – **Schleppvertrag:** idR WkVertr (BGH NJW **58**, 1629). Er kann dch PartVereinbg auch dem DVertrR unterstellt w od, wenn dem Schlepper ein unbemanntes, nicht manövrierfäh Schiff übergeben wird, FrachtVertr sein (BGH NJW **56**, 1065). – **Schornsteinfeger:** WkVertr (BGH VersR **54**, 404), außer den hoheitl Aufgaben der Bezirksschornsteinfeger, § 839 Rn 94. – **Software** s EDV. – Vertr des Bauherrn od des Arch im eig Namen mit **Sonderfachleuten** (dh Pers, die iR der Errichtg eines BauWk zur Erbringg spezieller Plangs- u ÜberwachgsLeistgen eingesetzt w) ist idR WkVertr. Die geschuldete Leistg richtet sich nach der Festlegg im EinzFall; gestalterische Anfdgen verbleiben idR Sache des Arch (Ffm BauR **00**, 598). Mängel § 633 Rn 11, Verj § 634 a Rn 14. Konkurrenz der Haftg v Arch, Sonderfachleuten u BauUntern § 634 Rn 19 ff. Der **Statiker** (WkVertr: BGH **48**, 257, **58**, 85) muß die Grdl, auf der seine Berechngen aufbauen, prüfen (Düss NJW-RR **97**, 915: vorh Bausubstanz) u ist für seine Berechngen grdsätzl allein verantwortl (BGH VersR **67**, 1150). Keine Pfl, die Plang des Arch auf ihre allg GebrTauglichk zu prüfen, aber HinwPfl auf offensichtl Fehler u sich aufdrängde Bedenken (Köln NJW-RR **86**, 183). Beim **Ingenieur** ist die Projektierg einz Teile einer BauAnl wie Sanitär-, Heizgs-, ElektroArb WkVertr (Mü NJW **74**, 2238, LG Köln BauR **91**, 649). Seine Pfl entsprechen, auch bei fehlerh Ermittlg der Kosten, weitgehd denen des Arch (BGH WM **88**, 1675). – **Sportveranstaltung:** Vertr
28 zw Veranstalter u Besucher ist WkVertr. Teiln ist ErfGeh des Veranstalters. – **Steuerberater.** Regelm GeschBesVertr mit DVertrCharakter (BGH **54**, 106 u VersR **80**, 264); so insb bei Dauerberatg, Wahrnehmg aller steuerl Belange. Ist eine konkr EinzLeistg VertrInhalt, handelt es sich um WkVertr (Rn 8), zB Ausk u Beratg zu einer best Frage (Köln OLGZ **80**, 346), Erstattg eines Gutachtens, Anfertigg u Prüfg des Jahres-Abschl gem HGB 242 (BGH NJW **00**, 1107), isolierte Anfertigg einer JahresSteuerErkl (KG NJW **77**, 110), Überprüfg der Anlegerzahlgen u Mittelverwendg bei KapAnlageGesellsch (BGH NJW **01**, 360). Haftg für PflVerl § 280 Rn 86 f, für Ausk § 675 Rn 45, Schutzwirkg zGDr § 328 Rn 30, 34. – **Strom- oder**
29 **Wärmelieferung** ist KaufVertr, § 433 Rn 8. – **Telekommunikationsdienste:** nähere Regelg im TelediensteG, in TKG u TKV. TelefondienstVertr (Freischaltg einer Leitg zum Austausch von Sprache, BGH NJW **02**, 361) sind idR DVertr (für MobilfunkVertr AG Düss NJW-RR **01**, 275, Schöpflin BB **97**, 106; Brdbg NJW-RR **00**, 1080; aA AG Offbg NJW-RR **96**, 1014). Sa Einf 31 v § 535. Nutzg von Online-Diensten kann im EinzFall WkVertr sein (Koch BB **96**, 2049), zB bei Download (Müller-Hengstenberg NJW **00**, 3545), ist aber idR DVertr, uU mit mietvertragl Elementen; Einordng der versch Provider-, Website- uä Vertr Härting CR **01**, 37, sa Einf 12 v § 305 im HptBand. Online-AuktionsVertr § 675 Rn 25. – **Tierzuchtvertrag** ist WkVertr (BGH NJW **91**, 166). – **TÜV-Abnahme.** Verpflichtet sich der Verk eines gebrauchten Pkw, sie selbst noch herbeizuführen, handelt es sich insow um wkvertragl LeistgsVerpfl (BGH NJW **72**, 46, Hamm NJW **80**, 2200). – **Verlagsvertrag** s Rn 15. – Vertr mit **Vermessungsingenieur** zur Einmessg u Absteckg eines Hauses auf BauGrdst ist WkVertr (BGH **58**, 225), soweit die Tätig nicht öffrechtl Natur ist
30 (Düss NJW-RR **96**, 269). – **Viehmastvertrag** ist idR WkVertr (BGH MDR **72**, 232). – **Wartung** (Inspektion) eines Kfz ist WkVertr; das Kfz ist für die nächste Zeit gebr- u fahrbereit zu machen (Ffm DAR **73**, 296: Kontrolle des Frostschutzmittels; LG Mü I DAR **99**, 127: Empfehlg zum Austausch von Verschleißteilen). Gerätewartg kann je nach Ausgestaltg WkVertr (Düss NJW-RR **88**, 441: Kopierautomat; Bln NJW-RR **99**, 1436: LichtrufAnl) od DVertr (BGH NJW-RR **97**, 942: TelefonAnl) sein; Künd aus wicht Grd bei verspäteter
31 Wartg Gießen MDR **00**, 632; sa Rn 22. – **Werbung:** Bei Auftr zur Werbg ist AbgrenzgsKriterium zw Wk- u DVertr, ob ein best ArbErfolg, ein individualisierb Wk, meist Werbemittel, Entwurf eines Designs für Firmenlogo (Düss NJW-RR **91**, 120), od ob eine ArbLeistg, eine vielfält Tätigk geschuldet wird (BGH WM **72**, 947). Monatl Pauschalhonorar ist ein Indiz für geschäftl Tätigk als solche, also DVertr (häuf mit GeschBesCharakter, § 675), zB Vertr mit Werbeagentur, gerichtet auf Plang u Durchf von Werbeaktivitäten (Mü NJW-RR **96**, 626). Bindg der Vergütg an best ArbErgebn ist Indiz für WkVertr (uU ebenf mit GeschBesCharakter), zB Aushängg von Plakaten in od an öff VerkMitteln od an best Werbeflächen (BGH NJW **84**, 2406), Verteilg von AnzBlättern in einem best Gebiet (Ffm NJW-RR **88**, 945), Anzeigenvermittlg (Düss MDR **72**, 688), Lichtreklame (KG LZ **17**, 692), Vorführg von Werbefilmen od Diapositiven im Kino (LG Mü I NJW **65**, 1533). RPacht- u MietVertr bei Aufstellg von Plakatsäulen od Anschlag daran (BGH **LM** § 36 MSchG Nr 1).
32 MietVertr bei Benutzg von Gebäudeflächen dch Anschlag od Beschriftg. Anzeigen s Rn 18. – **Wirtschaftsprüfer.** Einordng des Vertr wie Steuerberater; Haftg § 280 Rn 89, § 675 Rn 47. – Vertr mit **Zahnarzt** auf Heilbehandlg oder Verschönerg des Gebisses (Zweibr VersR **83**, 1064) ist idR DVertr, auch bei Anfertigg u Einsetzen einer Zahnkrone (Düss VersR **85**, 456) u bei zahnprothetischer Behandlg (Kblz NJW-RR **94**, 52, Köln MedR **94**, 198), auch wenn die Behandlg nur kosmet Zw dient (Zweibr NJW **83**, 2094). Soweit es sich um deren techn Anfertigg handelt, gilt, auch im Verh zw Zahnarzt u Zahnlabor (Kblz NJW-RR **95**, 567), Mängelhaftg nach WkVertr, nicht § 651 (dort Rn 4; sa zum früh R BGH **63**, 306, Jakobs NJW **75**, 1437).

631 *Vertragstypische Pflichten beim Werkvertrag.*

I Durch den Werkvertrag wird der Unternehmer zur Herstellung des versprochenen Werkes, der Besteller zur Entrichtung der vereinbarten Vergütung verpflichtet.

II Gegenstand des Werkvertrags kann sowohl die Herstellung oder Veränderung einer Sache als auch ein anderer durch Arbeit oder Dienstleistung herbeizuführender Erfolg sein.

1 **1) Werkvertrag. – a) Begriff** des WkVertr, Sondermaterien, Bsp u Abgrenzg zu verwandten Vertr s Einf. – **b) Abschluß.** Es gelten die allg Regeln über Vertr (§§ 104 ff, Einf v § 145, §§ 148 Rn 1 ff, 154 Rn 1–3). *Parteien* können alle natürl u jur Pers sowie rfäh PersGesellsch sein. §§ 631 ff bezeichnen zwar denj, der sich

zur Herstellg des Wk verpflichtet, als Untern; das bedeutet, abw von § 14 I, aber nicht, dass er gewerbl od selbst berufl handeln muß. Abschl zG Dritter ist mögl (§ 328), zB zG des Eigtümers der zu bearbeitden Sache (Peters JR **96**, 133). SchutzPfl gem § 241 II s Rn 15, 26. –*Vollmacht* des Arch § 167 Rn 8; des Baubetreuers beim Bauherrenmodell § 675 Rn 16. – Not *Form* § 311 b Rn 33. – *Widerrufsrecht* des Best bei VerbrVertr gem § 312 (HaustürGesch, dort Rn 6; zu VertrErgänzgen Hamm NJW-RR **99**, 201); gem § 312 b (Fernabsatz, dort Rn 10); gem §§ 495, 499 II, 501 (VerbrKredGesch, Vorbem 4 f v § 499). Jedoch sind insb bei BauVertr § 312 b III Nr 4, § 491 II Nr 2 iVm § 499 III zu beachten. – **Vergabe** öff Auftr Einf 4.

c) Unwirksamkeit. – aa) § 134. – Koppelungsverbot, Art 10 § 3 MRVerbG. Danach kann sich der 2
Erwerber eines Grdst im ZusHang mit dem (beabsichtigten) Erwerb weder ausdr noch dch schlüss Verhalten (BGH DB **79**, 935) verpflichten, bei Entwurf (BGH NJW **82**, 2189), Plang u Ausführg eines BauWk auf dem Grdst die Leistgen eines best Ing od Arch in Anspr zu nehmen. Die Vorschr ist weit gefaßt u richtet sich gg jede den Wettbew von Ing u Arch beeinträchtigde Bindg, sofern diese mit dem Erwerb eines Grdst zushängt. Das ist bei jeder Verpfl des Erwerbers zur Inanspruchn von Ing- od ArchLeistgen od zur Zahlg einer Abstandssumme für die NichtInanspruchn solcher Leistgen der Fall, ohne die er rechtl od tats das Grdst nicht hätte bekommen können (BGH BauR **98**, 579, NJW **00**, 2354). Der Begünst muß nicht Arch sein; es genügt, dass er sachl ArchLeistgen zu erbringen hat (Hamm BB **82**, 764). Gleichgült ist, von wem die Initiative zur Koppelg ausgeht (BGH BauR **98**, 579: Makler); ob der Erwerber die Bindg mit dem GrdstVerk od dem Arch selbst eingeht (Düss RsprBau Art 10 § 3 MRVerbG Nr 6); ob die Vertr gleichzeit od nacheinander geschl werden (KG BauR **86**, 598). Auch ein ZusWirken von Veräußerer u Arch ist nicht erfdl (BGH **64**, 173). – *Unwirksam* ist die BindgsVereinbg u der auf ihrer Grdl geschl ArchVertr (§ 134), auch der mit dem Nachw eines BauGrdst gekoppelte ArchVorvertr. Der ArchVertr kann nachträgl bestätigt w (§ 141). Die Verpfl zum GrdstErwerb bleibt grdsätzl wirks (§ 139 Rn 18), kann aber im EinzFall gem § 139 unwirks sein (BGH **71**, 33). Wertersatz für Leistgen des Arch Rn 6. BewL für den ZusHang zw ArchLeistg u GrdstErwerb: derj, der die Unwirksamk behauptet (BGH NJW **00**, 2354). – **Beispiele:** *Anwendbar,* wenn der Veräußerer den Verk 3
des Grdst, sogar dch bloßes Abwarten, davon abhäng macht, dass der Erwerber einem best Arch den Auftr zusagt; wenn die Gemeinde als Eigtümer eines Baugebiets iR eines ArchWettbew den Preisträgern best Grdst zuordnet, hieran interessierte Bauwill an den „zuständ“ Arch verweist u der Bauwill zur Klärg der Bebauungsmöglichk diesen mit der Anfertigg eines Entw beauftragt (BGH NJW **82**, 2189); wenn der Käufer sich ggü dem Veräußerer, auch wenn dies der Arch selbst ist (BGH **70**, 55), verpflichtet, einen vorh ArchVertr od eine ArchLeistg (zB vorh Pläne, BGH **71**, 33) zu übernehmen (BGH NJW-RR **92**, 1372), od wenn der Arch das Grdst vorweg veräußert u das BauWk zu einem FestPr auf eig Rechng u eig Risiko errichtet (BGH WM **91**, 22); wenn der Erwerber das Grdst nur unter Auflagen bekommen kann, die ihn dch den von ihnen ausgehden tats Zwang an einen best Arch binden sollen (BGH WM **82**, 158). In der Verpfl des Erwerbers zur Zahlg eines Abstandsgeldes an den bereits vorher vom Verk beauftragten Arch kann eine nichtige Umgehg des BindgsVerbots liegen (BGH **70**, 262), auch wenn die Zahlg die bereits entstandene ArchVergütg abgelten soll (BGH WM **82**, 1325), sofern die Aufwendgen dem Verk nicht nur als Kalkulationsposten für den geforderten Preis dienen (BGH NJW **00**, 2354; sa Ffm VersR **97**, 455). *Entsprechend gilt* MRVerbG 10 § 3 für eine Vereinbg, in der sich der Erwerber eines Grdst im ZusHang mit dem Erwerb verpflichtet, für die Errichtg eines BauWk darauf zusätzl BauBetrLeistgen (§ 675 Rn 15) eines best Arch od Ing od dessen Dienste als Generalübernehmer in Anspr zu nehmen (BGH **70**, 55). Unwirks ist auch ein IngVertr, wenn zur Umgehg des KopplgsVerbots die Pers des GrdstErwerbers und des AuftrG formal getrennt w (Düss RsprBau Art 10 § 3 MRVerbG Nr 15). – *Nicht anwendbar* ist MRVerbG 10 § 3, wenn die Vbdg der Gesch sich aus der Art der geschuldeten GesLeistg ergibt, also nicht berufstandsbezogen ist, zB bei Vertr des Erwerbers mit einem Bauträger- od BetreuungsUntern, das sich gewerbsm mit Erschließg von Bauland, Veräußerg des Grdst u Baubetreug befaßt (BGH **63**, 302, NJW **93**, 2240), od bei als GeneralUntern od Generalübernehmer tät Arch od Ing, die schlüsselfert Bauten auf einem dem Erwerber vorweg übertr Grdst errichten (BGH **89**, 240, WM **88**, 1797). Nicht, wenn ein Eigtümer iW der Vorratsteilg WohngsEigt begründet u der Erwerber sich verpflichtet, zur Errichtg des Gbdes diejen Plang zu verwenden, die der Bildg des WohngsEigt zGrd gelegt war, u denjen Ing od Arch mit der Ausführg zu beauftragen, der die Plang gefertigt hat (BGH NJW **86**, 1811). Nicht, wenn ein BauBetrUntern das Grdst mit ArchBindg erwirbt, u es dem Erwerber gerade darauf ankam, ein Grdst mit vorh Plang zu erwerben (KG BauR **86**, 598). – **Weitere gesetzliche Verbote:** Grdsätzl bei beiderseit Verstoß 4
gg das G zur Bekämpfg verbotener *Schwarzarbeit* (BGH **85**, 39), bei einseit Verstoß des Untern nur, wenn Best dies weiß od erkannten Verstoß bewußt ausnutzt (BGH **89**, 369); näher, auch zur Mangelhaftg § 134 Rn 22. Abschl des Vertr mit einem gewerbl Handw ist nicht allein desh nichtig, weil dieser nicht in die HandwRolle eingetragen ist (§ 134 Rn 18). Verstoß gg das *RBerG* führt idR zur Unwirksamk (Dresd NZBau **00**, 250: Arch; § 134 Rn 21 f). *OR-Geschäft* (Vereinbg einer Vergütg ohne MWSt) genügt nicht (BGH NJW-RR **01**, 380; sa § 134 Rn 23, § 138 Rn 44). – **bb) Sittenwidrig, § 138**, kann der Vertr sein zB bei SchmiergeldVer- 5
einbg (§ 138 Rn 63) od überhöhter Vergütg (KG NJW-RR **95**, 1422, Montabaur NJW-RR **98**, 632: Werbeanzeige; Langenfeld NJW-RR **99**, 1354: Notdienst). – **cc) Ersatzansprüche** des Untern für Leistgen 6
aGrd unwirks Vertr ergeben sich nach der Rspr aus GoA, soweit die Leistg nicht, wie bei SchwarzArb (BGH **111**, 308), gg ein gesetzl Verb verstößt (BGH NJW **93**, 3196; § 677 Rn 11), iü aus §§ 812 ff, soweit der Best Aufwendgen erspart hat (§ 812 Rn 28, § 818 Rn 19; BGH WM **82**, 97 für Arch bei KoppelgsVerbot; Eidenmüller JZ **96**, 889 für Bauleistgen) u § 817 nicht entggsteht (dort Rn 20 für SchwarzArb).

d) Der **Inhalt** des Vertr im einz, insb die Bestimmg des geschuldeten Wk (Rn 12) u der geschuldeten 7
Vergütg (Erl zu § 632), ist Sache der PartVereinbg (auch in AGB). WkBeauftragg ist häuf Vertrauenssache, es besteht dann in bes Maße ein TreueVerh zw Best u Untern. Zu den einz Pfl des Untern Rn 12 ff, des Best Rn 24 ff. – **Änderungen** des VertrInhalts, zB **Zusatzleistungen,** müssen vereinbart w. Das Wollen einer Leistg u deren schlichte EntggNahme genügt nicht ow (BGH NJW **97**, 1982). BewL § 632 Rn 18, ArchVollm § 167 Rn 8. ErsAnspr für nicht vereinb Zusatzleistgen können sich, soweit die Vergütg nicht ausnahmsw vertragl geschuldet wird, weil die Leistg für den vereinb Erfolg erfdl ist (§ 633 Rn 6: Funktionstauglichk, § 635 Rn 7: Mängelbeseitigg), aus GoA od §§ 812 ff ergeben (wie Rn 6; Köln NJW-RR **99**, 526; sa Vorbem 16 v § 633, § 634 Rn 19).

8 **e) Beendigung** grdsätzl nach den allg Vorschr (Übbl 3 v § 362), wenn auch zT über die SoRegelg zur Mängelhaftg (§ 634). Ergänzd gewährt das Gesetz den Parteien bes R zur Beendigg mit jew unterschiedl Folgen: – Der *Besteller* hat das allg KündR gem § 649 S 1 u ein KündR bei Überschreitg des Kostenanschlags (§ 650 Rn 2); ferner die VertrLösgsR nach den allg Vorschr, das RücktrR bei Mängeln nur iR des § 634, vgl dazu § 649 Rn 10, auch zum Verh der LösgsR zueinand. – Der *Unternehmer* hat bei Verzug des Best mit Mitwirkgs Hdlgen ein KündR gem § 643, ebso bei unterbliebener SicherhLeistg des Best (§ 648 a V). Zu VertrLösgsR nach den allg Vorschr u dem Verh der R zueinand § 643 Rn 1. – SonderVorschr bei **Insolvenz:** InsO 103 (WahlR des InsVerw, ob erfüllt w soll, bei Abl AbrechngsVerh, BGH NJW **97**, 3434 zu KO 17; sa BGH NJW **01**, 3704, Schmitz ZIP **01**, 765), 116 (GeschBesVertr), 50 I, 51 Nr 3 (Wirkgen des UnternPfdR, ZbR).

9 **2) Mehrheit von Unternehmern.** An der Herstellg eines GesWk können mehrere Untern entw aGrd eines einheitl VertrVerh mit dem Best beteiligt sein, sei es in der Form, dass ein Untern VertrPartner des Best ist u die and selbstd einschaltet (a), sei es dass sich die Untern gemeins als VertrPartner verpflichten (b); od der Best kann jew für Teilleistgen selbstd Vertr mit verschied Untern abschließen (c). In der Praxis finden sich insb bei umfangr GesWk vielf Mischformen. – **a)** Der **Generalunternehmer** u der **Generalübernehmer** (HauptUntern) verpflichten sich in einem WkVertr mit dem Best zur Erstellg des GesWk. Sie sind befugt, im eig Namen u auf eig Rechng die erfdl WkLeistgen an **Subunternehmer** (auch NachUntern genannt; eingehd Nicklisch NJW **85**, 2361, Schlünder NJW **95**, 1057, Kraus NJW **97**, 223) zu vergeben. Währd dies beim GeneralUntern nur für einen Teil der Leistgen gilt, erbringt der GeneralÜbern selbst keine WkLeistgen u unterhält meist auch keinen dafür eingerichteten Betr, er läßt alle WkLeistgen dch SubUntern ausführen (BGH NJW **78**, 1054). In einem *Vertragsverhältnis zum Besteller* (mit der Folge der Mängelhaftg) stehen nur der GeneralUntern od -Übern als HauptUntern; nicht dagg die SubUntern, deren sich diese HauptUntern als ErfGeh dch Weitervergabe von Auftr im eig Namen bedienen (BGH NJW **81**, 1779), u zwar auch dann nicht, wenn der SubUntern auf Wunsch des HauptUntern aus steuerl Grd unmittelb mit dem Best abrechnet (BGH WM **74**, 197); and nur, wenn ihn der Best gesondert mit Zusatzleistgen (Kblz BauR **96**, 868) od der Fertigstellg des Wk nach Ins des HauptUntern (Schlesw NJW-RR **98**, 1551) beauftragt; GoA ggü dem Best bei Mängelbeseitigg Vorbem 16 v § 633. Im *Innenverhältnis Haupt-/Subunternehmer* besteht ein WkVertr, bei dem der HauptUntern Besteller ist. Für diesen Vertr gelten zT bes Regeln (zB Durchgriffsfälligk für WkLohn § 641 Rn 7, Abn dch ErstBest § 640 Rn 5). Der ErstBest ist idR nicht ErfGeh ggü dem SubUntern (Stgt BauR **97**, 850, Düss BauR **01**, 264), jedoch ist dem HauptUntern mangelh Mitwirkg des ErstBest zuzurechnen (§ 645 Rn 8; Ffm BauR **99**, 49). Abgrenzg zum ArbNÜberlassgsVertr Einf 38–40 v § 611.

10 **b)** Verpflichten sich **mehrere Unternehmer gemeinschaftlich** dem Best ggü zur Herstellg eines konstruktiv einheitl Wk, liegt idR eine *Arbeitsgemeinschaft,* meist in Form einer GbR (§ 705 Rn 37) vor (BGH NJW **52**, 217). Für den Vertragschl mit dem Best erfordert dies die Abg eines gemschaftl Angeb (zB als BieterGemsch), ferner ist eine Vereinbg über die internen RBeziehgen erfdl (BGH WM **74**, 754). Die Haftg der Untern ggü dem Best richtet sich dann nach den Grds der für die LeistgsErbringg gewählten Form des ZusSchlusses (für GbR s § 714 Rn 10 ff), iZw haften sie als GesSchu (Staud/Peters Rn 23). Auch für das InnenVerh der Untern ist die Form des ZusSchlusses maßg.

11 **c)** Beteiligt der Best an der Herstellg eines GesWk **mehrere Unternehmer nebeneinander** aGrd gesonderter Vertr mit voneinander abgegrenzten Arb für unterscheidb, meist zeitl einander nachgeordnete Abschn des GesWk, so beurteilt sich die Verpfl des einz Untern ggü dem Best nach dem jew Vertr. Zueinander stehen die Untern mangels and Vereinbg auch dann nicht in vertragl Beziehg, wenn erst das GesWk nach vollst Fertigstellg abgen werden soll (BGH NJW **70**, 38). Der einz Untern ist iGrds weder ErfGeh and Untern im Verh zum Best noch ErfGeh des Best in dessen Verh zu and Untern (Hamm NJW-RR **98**, 163); desh sind Fehler eines Untern (zB eines BauHandw) dem Best im Verh zum and Untern (zB später tät werdden BauHandw) nicht zuzurechnen, soweit der Best insow keine bes Verpfl übern hat (BGH **143**, 32, aA Düss NJW-RR **99**, 1543; für Vertr mit Schutzwirkg zG des and Untern Kaiser BauR **00**, 177). And gilt, soweit ein Untern für den Best dessen Pfl, nicht nur Obliegenh (§ 278 Rn 24) erfüllt, wie zB der Arch die Koordinierg der Arb (§ 642 Rn 1). Bereitstellg erfdl VorArb § 642 Rn 1, 4. Sa Rn 17, 27 u für die Mängelhaftg § 634 Rn 18 ff.

12 **3) Pflichten des Unternehmers. – a) Hauptpflicht** ist die rechtzeit *mangelfreie Herstellung des Werks* (§§ 631 I, 633); zur geschuldeten Beschaffenh des Wk § 633 Rn 5 ff. Mitwirkg des Best § 642 Rn 1 ff. LeistgsOrt s § 269 Rn 8 ff, insb Rn 15. Für die *Fälligkeit* der WkLeistg maßg sind vertragl vereinb Termine od Fr (Bsp BGH NJW **00**, 1403: Überg mit Zahlg der letzten Rate nach Beseitigg festgestellter Mängel), sonst die nach den Umst angem Fr (§ 271, dort Rn 9; Düss NJW-RR **98**, 1749); iZw hat der Untern mit der Herstellg alsbald zu beginnen u sie in angem Fr zügig zu Ende zu führen (BGH NJW-RR **01**, 806). Dabei kommt es auf den Ztpkt für die Ablieferg des GesWk an, wenn nicht and vereinb ist (BGH NJW-RR **97**, 1376). So kann je nach der Art des Wk u den getroffenen Vereinbgen die Herstellg in selbstd TeilAbschn (BGH **1**, 234), zB bei ind Computer-Software (Köhler CR **88**, 623), od erst nach Eintreten best Umst (Freigabe dch Best oä, Mü NJW-RR **00**, 204: Filmschnitt; sa Rn 20: ArchPlang) geschuldet sein. Nach Vereinbg bzw Art des Wk ist auch zu entscheiden, ob der Untern *persönlich* zu leisten hat (zB Kunstwerk, Operation). Bei *künstlerischen Leistungen* hat der Untern eine gewisse GestaltgsFreih, die seiner künstlerischen Eigenart entspr u ihm erlaubt, in seinem Wk seiner ind Schöpferkraft u seinem Schöpferwillen Ausdruck zu verleihen (BGH **19**, 382). Sie geht bei einem Portrait aber nicht so weit, dass die Dargestellten nicht mehr erkenn- u identifizierb sind (Karlsr Just **74**, 123). Der Untern hat dafür einzustehen, dass er die *anerkannten Regeln* seiner Kunst, seines Faches, seines Handwerks beherrscht u sich über techn Neuentwicklgen in seinem ArbBereich informiert (BGH WM **78**, 1411). Je nach Art des Wk ist der Untern auch zur Bes- u EigtÜbertr verpflichtet, soweit nicht ohnehin KaufR gilt (§ 651). VorleistgsPfl § 641.

13 **b) Weitere Pflichten** können vertragl vereinb w. Kr Gesetzes können sie sich aus dem VertrZweck u § 242 ergeben. Sie können leistgsbezogen sein, wenn sie das LeistgsInteresse des Best berühren, insb dch Prüfg, Aufklärg, Beratg u Information, od nicht leistgsbezogen, weil sie nur den Schutz des Best, seines Eigt u Vermögens, uU auch den Schutz dritter Pers (sa § 328 Rn 31) betreffen (§ 241 II). Häuf entsprechen sie denj

des Verkäufers (zB RechngStellg, Verpackg uä; dazu § 433 Rn 22 ff). Weitere Bsp § 280 Rn 24 ff, § 311 Rn 41; Einf 16 ff v § 631 zu einz VertrTypen. – **Aufklärungs-, Prüfungs- und Beratungspflichten** des 14
Untern bestehen nur hins des in Auftr gegebenen Wk u damit zushängder Umst (Düss NJW-RR **99**, 1210: AutoRep), ausnahmsw auch hins sonst erkennb SicherhMängel (Zweibr NJW-RR **00**, 1554); denn die vertragl übern Verpfl stecken auch den Rahmen für den Umfang der Obhuts- u BeratgsPfl ab (BGH NJW **00**, 2102). Beziehen sich die Pfl auf die mangelfreie Herstellg des Wk, sind sie leistgsbezogen u, da der Untern im Verh zum Best idR die allein Verantwortg für das Gelingen des Wk trägt (BGH WM **93**, 652), uU Teil der HauptPfl (Bsp BGH NJW **00**, 280; sa § 633 Rn 4), iü Nebenpfl. Inhalt u Umfang richten sich insow einers nach dem BeratgsBedarf des Best, anderes dem Fachwissen des Untern, von dessen VorhSein in erfdl Umfang der Best ausgehen kann (BGH NJW-RR **96**, 789/791). Vor Abg des Angeb hat sich der Untern zu erkundigen, wenn Angaben im LeistgsVerzeichn lückenh od unklar sind (BGH NJW-RR **87**, 1306); auf Fehler im Angeb, die sich auf nicht mehr vom Untern, sond von einem and Untern od vom AuftrG selbst ausgeführte Arb beziehen, hat er uU hinzuweisen (BGH MDR **83**, 392). Zur Herstellg darf der Untern nur Sachen mit der erfdl Eigng verwenden; sind nach der Art des Wk vom Best gestellte Sachen zu be- od verarbeiten, hat er sich über deren Eigng zu vergewissern und bei Zw den Best zu unterrichten, soweit nicht and vereinb od ausnahmsw aus bes Umst deren Eigng gewährleistet ist (BGH NJW **00**, 280). VorArb and Untern hat er, wenn nach den Umst des Falles zumutb (BGH NJW **87**, 643), auf ihre Brauchbark für seine Zwecke zu überprüfen (BGH **95**, 128, Brem NZBau **01**, 684) u den Best darauf hinzuweisen, wenn sie ow erkennb nicht ordngsgem ausgeführt sind (BGH NJW-RR **01**, 1102: Fliesenleger). Allg hat der Untern den Best auf alle Umst hinzuweisen (bzw darüber aufzuklären), die der Best nicht kennt, deren Kenntn aber für seine Willensbildg u Entschlüsse bedeuts ist (BGH ZfBR **00**, 98, Nürnbg NJW-RR **93**, 694). Insb hat er auf Risiken u Gef des Wk u für sein Gelingen hinzuweisen (BGH NJW-RR **87**, 664) u bei techn Anlagen den insow unerfahrenen Best über eine für dessen Bedürfn zweckmäß Gestaltg aufzuklären (BGH BB **87**, 1843). Bei RepAuftr hat er über die gegebenen Möglichk zutr zu informieren (BGH NJW **00**, 2812: Datenwiederherstellg). HinwPfl zB auf Bedenken gg die Brauchbark bei Anwendg unerprobter Technik (BGH DB **93**, 26, 1281) od neuer Materialien (Köln BauR **90**, 103); auf ProvAbsprachen mit dem BauBetr (BGH BB **91**, 933); auf wirtsch Unsinnigk eines erteilten Auftr (Hamm NJW-RR **92**, 1329) od fehlde Wirkg eine Anzeige (Einf 18 v § 631) nach Aufl u Verbreitg der Zeitschr (Hann MDR **98**, 1278); auf mangelnde Eigng der in Auftr gegebene WkLeistg für die vorgesehene Nutzg (Düss NJW-RR **98**, 810: ganzjähr genutzter Wintergarten) od als Grdl für FolgeArb (Köln NJW-RR **94**, 1045; sa BGH RsprBau Z 2222 Bl 20); Aufklärg bei unsachgem Anw des Best (Köln NJW-RR **94**, 1045) od GestaltgsWünschen, die die Tauglichk des Wk beeinträchtigen (BGH WM **96**, 1918/1921); Hinw auf erfdl NachArb (LG Stgt NJW-RR **98**, 960: Nachziehen von Radmuttern). UU auch nach Abn des Wk Erteilg von sachkund Rat als vertragl Nachwirkg (BGH BB **71**, 415). Unvorhergesehene Kostensteigerg s § 650. – Die **Obhuts- und Fürsorgepflichten** des Untern 15
gehen dahin, bei DchFührg des Vertr Schäden vom Best abzuwenden. Sie beinhalten zB entspr § 618 (BGH **33**, 247) die Fürs für die körperl Unversehrth des Best u seiner Leute (BGH NJW **89**, 2115). Diesen od and in den Schutzbereich einbezog Pers können gem den Grds des Vertr m Schutzwirkg zGDr eig Anspr zustehen (§ 328 Rn 13, 31). Mit dem Eigt des Best, das in seinen Gewahrs gelangt od seiner Einwirkg unmittelb ausgesetzt ist, hat der Untern pflegl umzugehen u es vor Schad zu bewahren (BGH NJW **83**, 113; Köln BauR **99**, 768: Vorleistgen and Untern), auch schon vor VertrAbschl u selbst wenn es nicht zum Abschl kommt (§ 311 II). Der Umfang dieser Pfl richtet sich nach den Umst des EinzFalls, auch den dem Best bekannten Möglichk des Untern (BGH NJW-RR **97**, 342). *Beispiele:* Den Umst angemessen *sichere Verwahrung* des einer Werkstatt überlassenen Pkw, zB auf Werkstatthof Abziehen des Zündschlüssels (Köln DB **73**, 615), nachts außerdem Abziehen des Torschlüssels (Nürnbg VersR **79**, 361), Verriegeln der Fenster u Türen des in der verschlossenen Werkstatt abgestellten Kfz (Düss NJW **75**, 1034). *Versicherung* dem Untern überlassener Ggst nur bei Vereinbg, bei WertGgst (zB bei Ann von Schmuck zur Rep od Umarbeitg) jedoch Pfl zum Hinw auf die NichtVers; andernf iF des Raubes SchadErs wg c. i. c. (Ffm NJW-RR **86**, 107). Sichg eig Geräte, um Schad dch sie für das Eigt des Best zu verhüten; Beachtg der erfdl Sorgfalt bei Ausführg *gefährliche Arbeiten,* wobei BrandVerhütgsVorschr nicht nach Gutdünken dch and Vorkehrgen ersetzb sind (BGH VersR **76**, 166); keine Überlassg ungeeigneter ReiniggsMittel nach Fliesenverlegg (Schlesw MDR **83**, 315); Hinw auf GefahrenUmst, wenn Untern aGrd Weisg des AuftrG die Arb einstellt (Karlsr VersR **79**, 61). Keine Notabdeckg eines Hauses bei Auftr nur zur Dachabdeckg (Düss BauR **01**, 1760). – **Sonstige Pflichten:** Ausk u 16
RechngsLegg nur, wenn vereinb od wenn iR des WkVertr eine GeschBes zu erledigen ist (BGH **41**, 318). Herausg im Auftr des Best gefertigter Werkzeuge (Düss NJW-RR **97**, 757). Ausstellg vom Best benötigter Bescheiniggen (Köln NZBau **00**, 78). Pfl zu wirtsch BetrFührg, wenn die Höhe der Vergütg vom Aufwand des Untern abhängt (§ 632 Rn 5 f). **Sicherheiten** (Anzahlgs/Erf/GewlBürgsch, Einf 13 v § 765, oä) hat der Untern, auch im VOB-Vertr, nur bei bes Vereinbg zu stellen (ausf Thode ZfBR **02**, 4); diese Verpfl verstößt grdsätzl nicht gg § 307 (BGH NJW-RR **00**, 1331), and uU bei Bürgsch auf 1. Anfordern (Mainz WuB IV C. § 9 AGBG 7.00; sa § 307 Rn 88, Schmidt BauR **02**, 21, Sienz BauR **00**, 1249, Dresd BB **01**, 1496) u iZus mit einem SicherhEinbehalt (§ 641 Rn 9).

c) Verletzung der Pfl führt zu den Folgen des allg SchuldR (insb SchadErs gem §§ 280 ff, ggf iVm 17
§ 311 II; uU auch Rücktr gem §§ 323, 324, 326), wobei zw leistgsbezogenen (es gelten §§ 281, 323) u nicht leistgsbezogenen Pfl (es gelten §§ 282, 324)zu untersch ist; soweit die Verl leistgsbezogener Pfl zu Mängeln geführt hat (sa § 633 Rn 4), gilt nach GefÜberg § 634 (Vorbem 6 ff v § 633). Künd des Best aus wicht Grd § 649 Rn 10. VertrStrafe bei entspr Vereinbg, § 339 ff, Zulässigk § 343 Rn 4. – **Erfüllungsgehilfen** des Untern sind nur die mit der Herstellg selbst befaßten, dh in den PflKreis des Untern unmittelb einbezogenen Pers. Wer darunter fällt, bestimmt sich nach dem Inhalt des Vertr u der VerkSitte. So ist der Lieferant von Rohstoffen (and für speziellen FertBeton Karlsr NJW-RR **97**, 1240) od einzubauden Fert- od Einz- od ErsTeilen grdsätzl nicht ErfGeh des Untern, denn der Untern ist ggü dem Best idR nur zur Beschaffg, nicht zur Herstellg dieser Ggst verpflichtet (BGH NJW **78**, 1157, Waas VersR **99**, 1202; krit Wolf ZIP **98**, 1657). Jedoch trifft den Untern für von einem and übern Leistgen uU eine PrüfgsPfl (Nürnbg BauR **99**, 1464: von Bauträger ungeprüft übern Fehlplang). Mehrere Unternehmer Rn 9–11. Sa § 634 a Rn 20, § 278 Rn 10, 14,

28, 31, 39. Der Untern kann, auch stillschw, den ErfGeh zur Heranziehg weiterer ErfGeh ermächtigen (BGH NJW **53**, 217). – **Haftungsausschluß** od -beschrkg für Haupt- u NebenPfl ist in den Grenzen des § 138 (RG **103**, 83) u der §§ 307 ff mögl; zur Mängelhaftg s § 639.

18 **d) Beispiele. – aa) Bauunternehmer.** Allg Pfl zur Kooperation bei der VertrAbwicklg dch Mitwirkg u Information (Düss NZBau **00**, 427; Einzelh Meurer MDR **01**, 848); zur Überprüfg von Anw des Arch, soweit dieser nicht über die handwerkl Spezialkenntn verfügt (BGH NJW **56**, 787); zum Hinw auf erkannten PlangsFehler des Arch, der mit Sicherh zu einem Mangel des BauWk führt (BGH NJW **73**, 518), u zwar ggü dem Bauherrn (Düss NJW-RR **97**, 274), wenn sich der Arch den Einwänden verschließt (BGH BauR **97**, 301); Sachkunde des Bauherrn od seines Vertreters läßt die Pfl nicht ow entfallen (BGH NJW-RR **01**, 520). Pfl zur Schaffg der organisator Vorauss zur Beurteilg der Mangelfreih des Wk § 634 a Rn 20.

19 **bb) Architekt** (Einf 17 v § 631). Seine Pfl richten sich nach dem abgeschl Vertr. Aus diesem, nicht aus der HOAI ergibt sich, was er iSv § 631 I schuldet, ggf dch Auslegg (BGH **133**, 399, NJW **99**, 427); in der Praxis w allerd häuf die LeistgsPhasen gem HOAI 15 als BestimmgsHilfe herangezogen (Bsp Düss NJW-RR **00**, 900; sa Motzke BauR **99**, 1251). IdR ist es das dch die Plang (LeistgsPhasen 1–5: GrdlErmittlg, Vor-, Entwurfs-, Genehmiggs-, AusführgsPlang) im Bauplan verkörperte geist Wk (BGH **31**, 224; zum UrhR Göpfert BauR **99**, 312), die techn u geschäftl Oberleitg u die örtl BauAufs (BGH **41**, 318; LeistgsPhasen 6–9: Vorbereitg u Mitwirkg bei Vergabe der Auftr, ObjÜberwachg, ObjBetreuung u Dokumentation), letztl die Entstehg eines mangelfreien BauWk (BGH **45**, 373). Für die Vereinbg einer solchen Vollarchitektur (Düss NJW-RR **95**, 1425) besteht allerd keine Vermutg (BGH NJW **80**, 122, KG BauR **01**, 1929). Auf die Höhe seiner eig Kosten hat der Arch nur auf Anfrage od iF offensichtl Fehlvorstellgen hinzuweisen (Hamm BauR **99**, 1479, sa Pauly
20 BauR **00**, 808). – IR der **Planung** muß der Arch möglichst bald die Durchführbark des Vorhabens klären (Hamm BauR **96**, 578), ggf unter Berücksichtigg der Vorgaben des AuftrG (Düss NJW-RR **99**, 1696: Kostengrenze). Bei Zweifeln muß er, mangels anderw Vorgaben des AuftrG (Kblz NZBau **00**, 254), (weitere) PlangsArb zurückstellen, sol Erteilg der BauGen (Hamm NJW-RR **95**, 1230), Erwerb des zu bebauden Grdst (Mü NJW-RR **96**, 341), Statik (Düss NJW-RR **97**, 915) u Finanzierg nicht gesichert sind, u ggf den AuftrG auf Bedenken hinweisen (Hamm NJW-RR **97**, 1310: erfdl BodenGA). Andernf kann sein VergütgsAnspr bei Unverwertbark der Arb gem § 280 entfallen (Düss VersR **73**, 1150). Geschuldet ist eine mangelfreie, funktionstaugl Plang (BGH NJW **01**, 1276), nicht die optimale Lösg (Karlsr BauR **01**, 1933. Sie muß insb, sofern nicht ausnahmsw and vereinb (BGH NJW-RR **99**, 1105): von vornherein zu einer dauerh u nicht mehr rücknehmb Baugenehmigg führen (BGH NJW **99**, 2112, NJW-RR **01**, 383; Düss BauR **00**, 1515: HinwPfl des Arch auf evt Bedenken), bei vereinf GenVerf sind auch dort nicht zu prüfde zwingde öffr Vorgaben zu beachten (BGH NJW **02**, 129); die örtl Gegebenh, insb die BodenVerh beachten (BGH NJW **01**, 1276: Grundwasserschutz; Oldbg VersR **81**, 541: Gründg des BauWk); den (auch noch währd des PlangsProz geäußerten) Vorgaben (BGH **138**, 87) od realisierb Wünschen (BGH NJW-RR **98**, 668) des AuftrG, den anerk Regeln der Baukunst (KG NJW-RR **01**, 1385: bei Bedenken ggf HinwPfl) u dem verfolgten Zweck entsprechen (Düss NJW-RR **96**, 16). Vorgesehene Materialien sind auf Brauchbark zu prüfen (BGH BB **76**, 17). Bei nicht ausr eig Sachkunde hat der Arch Sonderfachleute einzuschalten od den AuftrG zu informieren u auf ihre Einschaltg hinzuwirken (BGH NJW **01**, 1276; sa Einf 27 v § 631). Kann eine bei der Plang nicht berücks Maßn des AuftrG zur Gefährdg des BauVorh führen, hat er darauf hinzuweisen (BGH NJW **81**, 2243). Geschuldet sind idR alle Unterlagen, die der BauUntern für die DchFührg des Vorh benötigt (Köln BauR **99**, 189), wobei bes schadträcht Details dem Untern unmißverständl zu verdeutlichen sind (BGH NJW **00**, 2991). Für eine *Überschreitung veranschlagter Baukosten* kann der Arch haften: (1) Allg nur bei schuldh PflVerl gem § 280. Er muß Massen u Kosten sorgfält ermitteln. Er muß nicht allg so kostengünst wie mögl bauen, jedoch übermäß Aufwand vermeiden (BGH **138**, 87). Insow steht ihm eine gewisse Toleranz zu, auch bei vom Bauherrn einseit gesetzter Kostengrenze; maßgebd sind die Umst des EinzFalls (BGH NJW **94**, 856). Er hat die Einhaltg der Kostengrenze zu kontrollieren, auf erhebl Steigergen hat er hinzuweisen (BGH NJW-RR **97**, 1377). (2) bei verbindl Vereinbg eines Kostenrahmens (BGH NJW-RR **97**, 850; Miegel BauR **97**, 923), u zwar ggf aus §§ 633 ff (Stgt BauR **00**, 1893); (3) bei Vorliegen einer Kostengarantie (§ 634 Rn 26). Auch sonst muß der Arch wirtsch Gesichtspunkte des AuftrG beachten, soweit Anlaß dazu besteht. So kann es nach den Umst seine Pfl sein, die im öff Recht bestehden wirtsch Vorgaben zu berücksichtigen wie Erreichg steuerl
21 Vergünstiggen (BGH **60**, 1) od öff Fördermittel (BGH NJW **96**, 1889). – IR der **Bauaufsicht** hat der Arch dafür zu sorgen, dass das BauWk plangerecht u mangelfrei errichtet wird (BGH NJW-RR **00**, 1468), darin besteht der geschuldete WkErfolg (BGH **141**, 63). Dabei hat er sich ggf an den Besonderh der Baumaßn zu orientieren (BGH NJW **00**, 2500: Altbausanierg). Er haftet für Fehler u Unklarh in den Vertr mit den BauHandw, falls er diese vorzubereiten hat (BGH NJW **83**, 871); ferner für mangelh Beratg hins Beseitigg gefahrdrohden Zust (BGH BB **71**, 415). Das Ausmaß der ÜberwachgsPfl richtet sich nach dem EinzFall, Bedeutg u Schwierigk des jew BauAbschn, Zuverlässigk des BauUntern u seiner Leute (BGH NJW **78**, 322). Der Arch muß sich dch häuf Kontrollen vergewissern, dass fert Arb ordngsgem ausgeführt sind (Oldbg NJW-RR **00**, 21: Estrich für Parkett) u seine Anw sachgerecht erledigt w; bei wicht od bes krit Baumaßn mit erhöhtem Mängelrisiko od Maßn, bei denen währd der Ausführg AnhaltsPkte für Mängel aufgetreten sind, muß er seine AufsPfl bes aufmerks u intensiv wahrnehmen (BGH **125**, 111), insb wenn sie nach Vorgaben eines Dritten ausgeführt w u unabhäng davon, ob der Bauherr die Arb selbst vergeben hat (BGH NJW **01**, 965). Auf erkennb PlangsFehler hat er hinzuweisen (näher Lenzen BauR **00**, 816). Die ObjÜberwachg beinhaltet die Pfl zur Prüfg von Abschlagsrechngen (BGH NJW-RR **98**, 1548) einschl der MängelFreih abgerechneter Leistgen (Celle BauR **00**, 1897). Nach Verweisg von der Baustelle muß der Arch uU die Frage
22 der BauAufs mit dem Best klären (BGH ZfBR **85**, 120). – **Mängel** des BauWks sind Mängel des ArchWk, soweit sie dch obj mangelh Erf der ArchAufg (Plang, Oberleitg, Bauüberwachg) verursacht sind (§ 633 Rn 11). Pfl des Arch zur obj Klärg der Urs der WkMängel, selbst wenn dazu eig Plangs- od AufsFehler gehören (BGH **71**, 144) u, auch wenn er nicht umfassd beauftragt ist, zum Hinw auf mögl Anspr gg sich selbst (Übbl 21 v § 194); zur Beratg u Unterstützg des Bauherrn bei der Behebg von Mängeln u beim Vorgehen gg den BauUntern (BGH **92**, 251, NJW **02**, 288), auch hins VertrStrafe (BGH **74**, 235: Hinw auf die Wirkg vorbehaltl Abn, wenn er die VertrStrafVereinbg kennt od kennen muß). Verj § 634 a Rn 14.

cc) EDV: Hinw, dass die Vorgaben (Celle CR **91**, 610) od die vorh techn Ausstattg (Hamm NJW-RR **00**, 1224: Telefonanschluß) für eine zu erstellde ComputerAnl unzureichd sind; Pfl, die Bedürfn des Best zu ermitteln u bei der Formulierg der Aufgabenstellg mitzuwirken (Köln NJW-RR **93**, 1528, NJW **96**, 1067); ob bei Programmerstellg nachträgl Pflege u Wartg geschuldet ist, ist ggf AusleggsFrage (Jaeger CR **99**, 209). 23

4) Pflichten des Bestellers. Zu unterscheiden ist zw den (leistgsbezogenen) HauptPfl, (leistgs- od nicht leistgsbezogenen) NebenPfl u bloßen Obliegenh. – **a) Hauptpflichten.** Abn des Wk (§ 640). Zahlg der Vergütg (§ 631 I, 632 a; dazu Erl zu § 632). HandwSichg (§ 648). UU auch Mitwirkg an der Herstellg des Wk (§ 642 Rn 3). 24

b) Nebenpflichten. Maßst ist § 242; sa § 280 Rn 24 ff, 47 ff zu einz VertrTypen. Mehrere Untern Rn 11. – **Mitzuwirken** hat der Best (grdsätzl Obliegenh) soweit erfdl, um dem Untern die Herstellg des Wk zu ermöglichen (§§ 642, 643; s § 642 Rn 1 ff, auch zum Abruf der WkLeistg). Weiß er um Gef für die Herstellg des Wk, hat er, wenn sie nur schwer erkennb sind, hierauf hinzuweisen (MüKo/Soergel Rn 180) u, soweit ihm dies unschwer mögl ist, dazu beizutragen, dass sich die Gef nicht realisiert (BGH NJW **00**, 280). Eine bloße Obliegenh begründet die SicherhLeistg nach § 648 a (dort Rn 5). – Auch den Best treffen **Aufklärungs-, Schutz- und Obhutspflichten,** sie sind meist nicht leistgsbezogen (§ 241 II). Er muß zwar Eigng, Befähigg u Ausstattg des Untern ohne bes Anlaß nicht überprüfen (BGH NJW **93**, 1191). Auch eine ÜberwachgsPfl ggü dem Untern hat er grdsätzl nicht (BGH NJW **73**, 518 für BauVertr); desh ist der Arch insow auch nicht sein ErfGeh (BGH NJW **72**, 447 u WM **74**, 200). Er muß aber den Untern über für diesen erkennb bedeuts u für dessen RGüter gefährl Umst aufklären, die dieser nicht erkennt od unzutreffd würdigt (§ 280 Rn 30; Stgt NJW-RR **97**, 1241: schwer erkennb Kalkulationsrisiken, KalkulationsIrrt § 119 Rn 18; BGH BauR **01**, 1412: AuftrVergabe dch Arch ohne Vollm). Sorge für die Sichg des Untern, seiner Leute u SubUntern, falls beim Best gearbeitet od dessen Gerät benutzt wird, analog § 618 (BGH **5**, 62, **26**, 365/372, Düss NJW-RR **95**, 403); bei Verl sind §§ 842–846 anwendb (§ 618 III); Schutzwirkg zGDr § 328 Rn 31 a. Nicht abdingb ggü abhäng ArbN des Untern (§ 619, BGH **26**, 365/372), wohl aber ggü dem Untern od dessen SubUntern (BGH **56**, 269). Der Untern übernimmt idR nicht schon dch den VertrAbschl die Gef, verletzt zu w (BGH NJW **68**, 1932: Hufschmied). Fürs auch für die Gerätsch des Untern, soweit erfdl u zumutb (Celle VersR **77**, 671, Düss NJW-RR **97**, 181: Eisenbahnwaggon). Unberecht MängelbeseitiggsVerlangen können eine PflVerl darstellen (Malotki BauR **98**, 682), führen aber allenf bei Willkür zu SchadErsAnspr (Düss NJW-RR **99**, 746). 25 26

c) Verletzung der Pfl führt zu den RFolgen des allg SchuldR, insb SchadErs aus §§ 280 ff, uU iVm § 311 II, ggf auch Rücktr, wobei zw leistgsbezogenen Pfl (§§ 281, 323) u nicht leistgsbezogenen Pfl (§§ 282, 324) zu unterscheiden ist. UU Künd des Untern aus wicht Grd (§ 643 Rn 1). Mögl ist auch Vereinbg einer VertrStrafe od pauschalierter SchadErs (Nürnbg MDR **72**, 418). Die Folgen der Verl von *Obliegenheiten* (Einl 16 v § 241 im HptBd) ergeben sich aus dem ZusHang; sie können zB LeistgVR u KündR begründen (§§ 643, 648 a), uU auch EntschAnspr (§ 642), aber keinen SchadErsAnspr gem § 280; sa § 645. – **Erfüllungsgehilfen** des Best s Rn 9, 11, § 642 Rn 4; sa § 278 Rn 10, 14, 28 (Arch), 31 (BauVertr), 39 (WkVertr allg). 27

5) VOB/B. Sie enthält detaillierte Best über VertrInhalt, -Bestandt, -Ausführg u die beiderseit R u Pfl. Auch iü sind die Part währd der VertrDurchf zur Kooperation, insb Mitwirkg u Information verpflichtet (BGH NJW **00**, 207). – **§ 1:** *Art und Umfang der Leistung* sowie VertrUnterlagen; Verpfl zu best ZusatzLeistgen in Nr 4. – **§ 2:** Vergütg; s § 632 Rn 19. – **§ 3:** Einz **Vertragspflichten** (AusführgsUnterlagen, Einmessg uä); **§ 4:** weit R u Pfl bei Ausführg des Auftr (Baustellenordng, Überwachgs- u AnordngsBefugn des Best, Beschaffg von Genehmiggen oä, Mangelbeseitigg währd der Ausf [§ 633 Rn 14], Anzeige von Funden, Feststellg des Zustands von Teilleistgen); wicht **Nebenpflichten** des Untern s *§ 3 Nr 3* (Überprüfg der übergebenen Unterlagen), *§ 4 Nr 1* Abs IV (Hinw auf Bedenken gg unberecht u unzweckmäß Anordngen des Best), *§ 4 Nr 3* (Hinw auf Bedenken gg die Art der Ausführg, die Güte der vom Best gelieferten Stoffe od gg Leistgen and Untern), *§ 4 Nr 5* (SchutzPfl des Untern während der Ausführg); *§ 15 Nr 3* (vorher Anzeige der Ausführg von StundenlohnArb); *Übertragung* von Arb an and Untern *§ 4 Nr 8*. – **§ 5** enthält Bestimmgen über **Ausführungsfristen,** Verlängerg bei Behindergen s § 6; *Nr 4* gibt dem Best das R auf FrSetzg mit KündAndrohg, wenn der Untern den Beginn der Ausführg verzögert od mit der Vollendg in Verz gerät; die weiteren R nach der Künd ergeben sich aus § 8 Nr 3 (§ 649 Rn 14). **§ 6** verpflichtet zum Schutz des Best (BGH **143**, 32) den Untern bei nicht offenkund *Behinderungen* seiner Tätigk zur Anzeige ggü dem Best, wobei auch der SchuVerzug ein "hindernder Umst, iS dieser Vorschr ist (BGH **48**, 78). Er enthält für hierdch eintretde Verzögergen eine Spezialregelg der R beider VertrSeiten. Insb gibt *Nr 6* einen SchadErsAnspr, wenn der and Teil die Behinderg zu vertreten hat, zB auf Ers vom Best zu zahlder VertrStrafen (BGH NJW-RR **00**, 684) od FinanziergsKosten (BGH NJW-RR **00**, 1186), des Gewinnentgangs aber nur bei Vors u grober Fahrlk. Der EntschAnspr gem § 642 wird dadch nicht verdrängt (dort Rn 5). – **§ 10:** *Nr 1* Haftg der VertrPartner untereinand; *Nr 2* Ausgl im InnenVerh bei Haftg ggü Dr, gilt auch für Verhältn HauptUntern – SubUntern (BGH **140**, 241). – **§ 11:** Regelgen iF der Vereinbg einer *Vertragsstrafe;* sa § 343 Rn 4. – **§§ 14, 15:** Pfl des Untern zur Abrechng uä. – **§ 17:** *Sicherheitsleistung* des Untern. *Nr 1:* nur bei Vereinbg; Sicherh gilt für vertragsgem Ausf u Gewl. *Nr 3:* WahlR des Untern hins der Art der Sicherh. *Nr 5:* bei Sicherh in Geld Einzahlg auf SperrKto. *Nr 8:* Rückg der Sicherh. – **§ 18:** Bes Regeln für die Austragg von *Streitigkeiten.* 28

632 *Vergütung.* I **Eine Vergütung gilt als stillschweigend vereinbart, wenn die Herstellung des Werkes den Umständen nach nur gegen eine Vergütung zu erwarten ist.**

II **Ist die Höhe der Vergütung nicht bestimmt, so ist bei dem Bestehen einer Taxe die taxmäßige Vergütung, in Ermangelung einer Taxe die übliche Vergütung als vereinbart anzusehen.**

III **Ein Kostenanschlag ist im Zweifel nicht zu vergüten.**

1 **1) Allgemeines.** *Neuere Lit:* Cuypers, Die Vergütg des BauUntern, 2000. IR der *Schuldrechtsreform* (Einf 2 v § 631) wurde Abs III dch Art 1 I Nr 37 SMG angefügt (dazu BT-Drs 14/6040 S 259). – **Zweck** des § 632 ist es, zur Abgrenzg von GefälligkVerh u Auftr sowie zur Vermeidg von Dissensfolgen Lücken im Vertr zu schließen (ebso §§ 611 I, II, 653). Zunächst ist zu prüfen, ob ein Vertr zustandegek ist (BGH **136**, 33); denn die Vermutg gem I erstreckt sich nicht auf die Erteilg des Auftr als solche (BGH NJW **99**, 3554). Ist dies der Fall, fehlt aber eine Vereinbg über das Ob der Vergütg, wird unter den Vorauss von I die stillschw Einigg über die Entgeltlichk vermutet (Rn 9 ff). Entscheidd ist danach nicht der VergütgsWille des Best, sond die obj Beurteilg. Ist eine VergütgsPfl ausdr od stillschw (auch gem I) vereinb, fehlt aber die Vereinbg über die Höhe, stellt II hierfür eine AusleggsRegel zur Vfg (Rn 13 ff).

2 **2) Vergütungsanspruch.** Er ergibt sich aus § 631 I. – *Entstehung* mit Abschl des WkVertr (BGH NZBau **02**, 33), *Fälligkeit* gem §§ 632 a, 641 (BGH **89**, 189). Zahlg dch Dritte ist mögl (§ 267, BGH NJW **01**, 360). – *Art und Höhe der Vergütung* richten sich grdsätzl nach der freien Vereinbg der VertrParteien; für best Tätigk gelten allerd gesetzl Festleggen (Rn 14), hilfsw greift II ein. MWSt § 157 Rn 13. Skonto § 157 Rn 16. Umstellg auf **Euro** § 245 Rn 5 ff. *Kostenanschlag* § 650, Vergütg Rn 10. – *Abtretung* des Anspr, nicht aber einz Posten einer Schlußrechng (BGH NJW **99**, 417), ist ganz od teilw mögl (§ 398); Abtr zur Vermeidg der Aufr mit MängelAnspr kann gg § 138 verstoßen (Düss NJW-RR **01**, 1025). Abw Vereinbgen sind grdsätzl nicht sittenwidr u, soweit nicht HGB 354 a eingreift, auch in AGB wirks (BGH **51**, 113 für BauVertr; § 399 Rn 8 ff), jedenf wenn sie einen ZustVorbehalt des Best vorsehen (BGH NJW-RR **00**, 1220); sie wirken auch bei Insolvenz des Untern (BGH **56**, 228, NJW **97**, 3434). – *Erfüllung* gem §§ 362 ff; bei BauLeistgen (wohl auch BauträgerLeistgen, Böhme/Reich DNotZ **01**, 924) für Untern iSv UStG 2 ist, sofern keine Freistellgs-Bescheinigg vorgelegt wird (uU LeistgVR des Best), die AbzugsPfl zG des Fiskus gem EStG 48 ff zu beachten (dazu Basty MittBayNot **01**, 535). – *Verjährung* nach den allg Regeln (§§ 195, 199, sa § 634 a Rn 6). –
3 Vergütg von Leistgen aGrd unwirks od fehlden Vertr § 631 Rn 6. – Ob Arch u Statiker an ihre **Schlußrechnung** (nicht Abschlagsrechng) gebunden u mit NachFdgen ausgeschl sind, hängt von der Abwägg der beiderseit Interessen ab (§ 242 Rn 56 b; sa Pauly MDR **99**, 649). Der BauUntern ist an seine Schlußrechng allenf iR eines BGB-Vertr gebunden (so Ffm NJW-RR **93**, 340); VOB-Vertr § 641 Rn 16. – **Teilvergütung** nach Künd § 649 Rn 4 f. Übernimmt der Best nachträgl eine an sich dem Untern übertr Teilleistg, kann dies hins der Vergütg als TeilKünd (§ 649 S 2) zu behandeln sein (Düss NJW-RR **95**, 1170 für EinhPrVertr).

4 **3) Vereinbarte Vergütung.** Sie besteht regelm in einer Geldleistg; and Formen der GgLeistg (Verpfl zur Übereigng einer Sache, Abtr eines R, Beteiligg am Gewinn aus der Verwertg des Wk) stehen aber der Ann eines WkVertr nicht entgg. Sie deckt zur Herstellg des Wk üblicherw anfallden Nebenleistgen (Fahrtkosten, SichgsMaßn etc) mit ab, soweit nicht and vereinb ist (Staud/Peters Rn 58). Zu Einzelh sa § 433 Rn 38 ff, 49 ff. – *Kalkulationsirrtum* gibt dem Untern nur ausnahmsw Anspr aus c. i. c. od gem § 313 auf VergütgsAnpassg (Einzelh § 119 Rn 18 ff). – IdR wird eine der folgden VergütgsArten vereinb:

5 **a) Einheitspreis.** Ist er vereinb (im BauVertr häuf), ist anhand der in den Positionen des LeistgsVerzeichn angegebenen Mengen u Massen zu den vertragl EinhPr abzurechnen (BGH NJW **96**, 1282). Dazu ist ein Aufmaß erfdl (Düss NJW-RR **92**, 1373). Verpfl, an Erstellg des Aufmaßes mitzuwirken: VOB/B 14 Nr 2, sonst uU aus Tr u Gl (§ 242 Rn 29; Köln NJW **73**, 2111 für Untern). Wirkg gemeins Aufmaßes § 781 Rn 8.
6 Das Risiko einer Erhöhg der Massen bei der Ausführg ggü dem Angeb trägt in diesem Fall der Best. – Ist Vergütg **nach Zeitaufwand** vereinb (sa § 641 a I 4), kann der Untern Bezahlg nach Aufwand an ArbZeit (Stunden oä) u Material, idR aber nicht von ArbMitteln (Maschinen etc) od Anfahrtzeiten (Düss BauR **00**, 1334) verlangen. Er ist zu einer wirtsch BetrFührg verpfl, PflVerl kann zu GgAnspr gem § 280 führen; BewL insow beim Best (BGH NJW **00**, 1107). Bei Überschreitg eines vorgesehenen Budgets uU Anpassg gem § 313 (BGH NJW-RR **00**, 1219).

7 **b) Pauschalpreis.** Für die zu erbringde Leistg, die im Vertr dch Detailbeschreibg od dch das LeistgsZiel festgelegt ist, wird eine pauschale Vergütg vereinbart. Ändergen, die sich iR dieser Leistg währd der Ausführg ergeben, haben keinen Einfluß auf die Vergütg, das Risiko einer MassenÄnderg trägt der Untern (eingehd Vygen BauR **79**, 375). Allerd ist bei wesentl (Ffm NJW-RR **86**, 572, Mü NJW-RR **87**, 598: ab 20%) Ändergen nach oben od unten der PauschalPr auch ohne vertragl Absprache an die tats ausgeführten Leistgen anzupassen (BGH NJW **74**, 1864). Ist Anpassg ab einer best Grenze der Ändergen vereinb, sind für die Bildg der neuen PauschalVergütg sämtl die urspr kalkulierten Werte übersteigden Massen anzusetzen, nicht nur die die Grenze übersteigden (Köln NJW-RR **95**, 274). Bei Reduzierg der geschuldeten Leistgen aGrd Vereinbg sind die RFolgen ggf dch Auslegg anhand der ReduziergsGrd zu bestimmen (BGH NJW **99**, 2661; für Anrechng des Ersparten bei Selbstausführg dch Best Ffm NJW-RR **86**, 572). Ist vereinb, dass der Best befugt ist, Leistgen eig ArbKräfte von der vereinb Vergütg abzuziehen, so hat er im VergütgsProz für derart Leistgen die Darleggs- u BewL (BGH WM **88**, 1135). Im PauschalVertr nicht vorgesehene, später verlangte zusätzl Leistgen oder LeistgÄndergen sind zusätzl zu vergüten (BGH WM **84**, 774); was darunter fällt, ist ggf Frage der VertrAuslegg (Bsp Köln NJW-RR **97**, 150; zu sog VollständigkKlauseln Roquette NZBau **01**, 57), wobei DIN-Vorschr zu berücksichtigen sind (Bsp Düss NJW-RR **97**, 1378). Bei vereinb Gleitklausel hat Untern den Eintritt der tats Vorauss spezifiziert darzulegen u zu beweisen (Düss DB **82**, 537).

8 **c) Festpreis** (Einzelh Heiermann BB **75**, 991). Was eine solche Klausel bedeutet, ist ggf dch Auslegg zu ermitteln, da mangels Vorbeh an sich jeder Preis fest gilt; mögl zB selbstd Garantie (BGH BauR **74**, 347; sa § 634 Rn 26, § 650 Rn 1) od Ausschl der Weitergabe von MaterialPr- od Massenerhöhgen. Gilt der FestPr bis zu einem best Termin, hat der Untern gem § 642 Anspr auf Entsch für dch Verzögerg inf unterl Mitwirkg des Best eingetr Kostensteigergen (Düss RsprBau § 642 Nr 2).

9 **4) Die Vergütungsvereinbarung fehlt, I** (sa Rn 1), wenn weder pos noch negat eine VergütgsRegelg getroffen ist (BGH ZfBR **95**, 16). Zu den allg Kriterien, ob Vergütg zu erwarten ist, § 612 Rn 4. Die Fiktion des I (MüKo/Soergel Rn 1; aA: AusleggsRegel, AnwK/Raab Rn 8) erstreckt sich nicht auch auf die kostenl
10 Lieferg der erfdl Materialien von erhebl Wert (Köln NJW-RR **94**, 1239: NachbarschHilfe). – Für **Arbeiten vor Vertragschluß** (Entw, Modell etc) ist bei *Unterbleiben des angestrebten Vertragsschlusses* eine Vergütg zu

leisten, wenn sie als EinzLeistg gg Entgelt in Auftr gegeben worden sind, od wenn (1) sich die Part, ggf auch stillschw, ausnahmsw gem §§ 157, 242 über ihre für den Untern verpflichtde Erbringg geeinigt haben (BGH NJW **79**, 2202; sa Rn 1) u (2) bereits für die VorArb gem I eine Vergütg zu erwarten war. Entsch ist hierfür, ob der Untern die VorArb, wie idR, überwiegd im eig Interesse zur Aquisition des Auftr erbringt (dann keine Vergütg, Hamm NJW-RR **96**, 83, Kblz MDR **98**, 343, insb wenn der Untern von sich aus tät wird), od vorwiegd im Interesse des Best, zB weil sie einen im Verh zum späteren Auftr unverhältnism Aufwand verursacht (Nürnbg NJW-RR **93**, 760: Software-Entwicklg). Das gilt auch für VorArb, die iR einer Aufforderg zur Abg eines Angeb anfallen. Für den **Kostenanschlag, III,** enthält das Gesetz nunm ausdr eine entspr Regelg, die diesen Grds entspricht. Danach kann der Untern eine Vergütg nur verlangen, wenn er nachweist, dass er mit der Erstellg des Angeb/Anschlags gg Vergütg beauftr wurde, bei Branchenüblichk auch in AGB (AnwK/Raab Rn 11; strenger Teichmann ZfBR **02**, 11/19). Handelt es sich um die Ausfüllg eines AngebBlanketts, ist kann schon nach den Umst nicht von einem entspr PartWillen ausgegangen w. Auch wenn es sich um spezialisiertes Angeb handelt, das bes Aufwand erfordert (Entw, Pläne, Zeichngen, Berechngen), hat es der Untern in der Hand, eine VergütgsVereinbg herbeizuführen od kein Angeb abzugeben; daher sind grdsätzl auch solche VorArb nicht zu vergüten (BGH NJW **79**, 2202, Düss BauR **91**, 613), insb wenn sie auch der Honorarermittlg (Köln NJW-RR **98**, 309) od Darstellg der eig LeistgsFähigk dienen (Ffm NJW-RR **86**, 931: Etatpräsentation einer Werbeagentur). Dagg kann idR von einem Auftr ausgegangen w, wenn in der Entwicklg des Entw die entsch (kreative) Leistg liegt, auch wenn der Best diese nicht verwertet, zB bei Ausfallmuster (Karlsr DB **71**, 2009), Herstellg eines Layouts od Designs als EntschHilfen (Düss NJW-RR **91**, 120: Firmenlogo, Zweibr NJW-RR **95**, 1265: SelbstdarstellgsBroschüre, Ffm NJW-RR **97**, 120: Titelbild). Kostenerstattg bei Bewerb um öff Auftr s VOB/A 20 (dazu Höfler BauR **00**, 337); bei Web-Design oä Alpert CR **01**, 213. – Wird der *Vertrag abgeschlossen,* w die VorArb idR dch die vereinb Vergütg abgedeckt; aus I kann sich insow nach den dargestellten Grds allenf ausnahmsw eine VergütgsPfl ergeben. – Wer Dienste eines 11
Architekten (and bei BauUntern, Kblz NJW-RR **98**, 813) in Anspr nimmt, insb für Vorplang (Düss NJW-RR **98**, 1317) od Mitwirkg bei der Finanzierg (BGH NJW **69**, 1855), muß idR mit VergütgsPfl rechnen (Kblz NJW-RR **96**, 1045), insb wenn er den VorEntw verwertet (Saarbr NJW-RR **99**, 1035), Anpassgen verlangt (Stendal NJW-RR **00**, 230) od die Leistg dch die Vergütg des späteren (nicht zustande gek) HauptAuftr entgolten werden sollte (BGH **136**, 33: Bauvoranfrage); and, wenn kostenl Erbringg zugesagt ist (Celle BauR **00**, 1069: auch nicht c. i. c., sa § 311 Rn 26), od uU, wenn der Arch von sich aus vorstellig w (Düss NJW-RR **00**, 19: GroßAuftr); entsch sind die Umst des EinzFalls (Dresd, Hamm NZBau **01**, 505, 508).
– **Kein Vergütungsanspruch,** soweit er nur inf Verletzg einer vertragl NebenPfl entstehen würde (Köln DB 12
74, 377: unterbliebene Aufklärg über Versteuerg wg Vergabe des Auftr als FremdArb), oder wenn es sich um eine geschuldete Garantieleistg handelt bzw der Untern zusichert, er werde die Rep als Garantieleistg erbringen (BGH NJW **82**, 2235), auch wenn der Kunde einen RepAuftr erteilt hat (Düss MDR **95**, 152). Zur gem HOAI 5 IV 1 formunwirks Vereinbg Rn 14.

5) Die Vergütungshöhe ist nicht bestimmt, II, wenn der Vertr weder einen best VergütgsBetrag angibt 13
noch die (vollst) Maßstäbe (zB den Stundenlohn als Rahmen, BGH NJW **00**, 1107) bestimmt, nach denen sich die Höhe berechnen läßt (BGH NJW **80**, 122; sa Rn 5). Wollen die Part zu unterschiedl Beträgen abschließen, greift die AusleggsRegel des II nur ein, wenn nach §§ 154, 155 ein Vertragschl zu bejahen ist (Staud/Peters Rn 46; ungenau Ffm NJW-RR **00**, 58 [Dehner NJW **00**, 1986/1989] zu § 653). Für die Bestimmg der VergütgsHöhe (ggf auch nur eines einz Maßstabs, zB Abrechng nach DIN-Normen, Saarbr BauR **00**, 1332) gilt iR von II folgde Reihenfolge: – **a) Taxe** ist ein behördl festgesetzter Preis (s § 612 14
Rn 7). Bsp sind die versch *Gebührenordnungen,* zB für StB, Ärzte, RAe etc. Die **HOAI** gibt einen Rahmen vor, wenn das geschuldete Wk nach seinem GesBild dch die in ihr beschriebenen LeistgsBilder geprägt wird, unabhäng von der schuldrechtl Einordng des Vertr (BGH NJW **98**, 1228, NJW-RR **00**, 1333; BGH **136**, 1: auch für Nicht-Arch od Ing; Köln NJW-RR **00**, 611: nicht bei Komplettleistgen wie BauträgerVertr). Er ist iR des § 4 (dazu BGH NJW-RR **97**, 1448) hins der Berechng, nicht des Ob der Vergütg verbindl (BGH NJW-RR **96**, 728); jedoch kann bei niedrigerer HonorarVereinbg dem AuftrG der Einwand aus § 242 zustehen (BGH **136**, 1), in der vereinbarungsgem Abrechng nach Abschl der Arb kann ein Erlaß liegen (Hamm NJW-RR **98**, 811). Ist bei AuftrErteilg nichts and schriftl (§ 126; BGH NJW-RR **94**, 280) vereinb, gelten die MindSätze (§ 4 IV); daher mangels schriftl Vereinbg kein Honorar nach § 5 IV 1 (Hamm NJW-RR **93**, 1175) od § 15 III aF (Schlesw NJW-RR **97**, 723). Die Anfordergen, die HOAI 31 II an die VergütgsVereinbg stellt, sind unwirks (BGH **134**, 239). AuskAnspr des Arch hins der BemessgsGrdl (HerstellgsKosten) § 261 Rn 15. – **b) Üblich** ist die Vergütg, die zZ des Vertragschl für nach Art, Güte u Umfang 15
gleiche Leistgen nach allg Auffassg der beteil Kreise am Ort der WkLeistg gewährt zu w pflegt; sie setzt voraus, dass derart Leistgen in zahlr EinzFällen erbracht werden (BGH NJW **01**, 151). Sie braucht den konkr Beteil nicht bekannt zu sein. Bsp: Ffm NJW-RR **97**, 120: Design, sa § 612 Rn 8, 9. – **c) Angemessene Vergü-** 16
tung. Läßt sich die übl Vergütg nicht od nur innerh einer übl Spanne feststellen (zB mangels allg VerkGeltg, BGH NJW-RR **00**, 1560/1562), so kann die – auch ergänzde – VertrAuslegg ergeben, dass nach dem PartWillen der Ri die angem Vergütg festlegen soll, der dann innerh der übl Spanne vom Mittelwert auszugehen u bes Umst des Einzelfalls nach oben od unten zu berücks hat (BGH **94**, 98 für Maklervergütg). –
d) Bestimmung durch den Unternehmer nach §§ 315, 316 kommt erst in Betracht, wenn die Höhe der 17
Vergütg weder vereinb noch nach vorstehden Maßstäben feststellb ist (BGH **94**, 98 für Maklervergütg). Bsp: RAVergütg nach BRAGO 12; Vergütg eines Kfz-Sachverst (AG Hattingen VersR **00**, 1426).

6) Beweislast. Verlangt der Untern die vereinb Vergütg, muß er die Vereinbg beweisen, ggf, soweit sich 18
die Vergütg nach best Regeln berechnet, die ansprbegründden Elemente (BGH NZBau **01**, 690: HOAI). Verlangt er Vergütg auf der Grdl von I, hat er zu beweisen, dass die vom Best behauptete bestimmte Vergütg nicht vereinb ist (BGH NJW-RR **96**, 952; Brem BB **69**, 109 für Makler; KG NJW-RR **99**, 242 für Arch). Gilt auch ggü schlüss behaupteter (Hamm NJW-RR **96**, 86) PauschalPrVereinbg nach BGB u VOB (BGH **80**, 257). An diese NegativBewFührg dürfen keine zu strengen Anfordergen gestellt w; der Best hat die Vereinbg nach Ort, Zeit, Höhe substantiiert darzulegen, der Untern hat dann die Unrichtigk dieser Darlegg zu beweisen (BGH NJW-RR **96**, 952). Für die tats Vorauss der Vermutg gem I, dh die Umst, die die Leistg

des Untern nur gg Vergütg erwarten lassen, trägt dieBewL der Untern (BGH **136**, 33 für Arch, NJW **81**, 1444 für Makler), für die Unentgeltlichk als Ausn von der Regel des I der Best (BGH NJW **87**, 2742). Wird die Höhe der Vergütg dch Handelsbrauch best, hat Best abw Vereinbg zu beweisen (BGH BB **57**, 799). Änd- od ZusatzVereinbgen nach VertrAbschl hat derj zu beweisen, der sich darauf beruft, zB nachträgl Vereinbg eines FestPr (Hamm NJW **86**, 199) od PauschalPr (Ffm NJW-RR **97**, 276) od einer niedr Vergütg ggü der übl Vergütg (BGH NJW **82**, 1523 für Makler). Hängt die Höhe der Vergütg von Art u Umfang der erbrachten Leistgen ab, hat der Untern diesen darzulegen u zu beweisen (Hamm BauR **97**, 656: EinhPrVertr; BGH NJW **00**, 1107: angefallene Stunden bei Stundenlohn, sa Mü NJW-RR **00**, 1690), dh iErg eine nachvollziehb Abrechng zu erstellen (Jagenburg NJW **99**, 2218/2219); Bedeutg eines Prüfvermerks § 781 Rn 8, gggezeichneter Stundenlohnzettel Ffm NJW-RR **00**, 1470; AbrechngsBestätigg § 641 a I 4. Verlangt er Vergütg für Mehrleistgen, muß er beweisen, dass diese nicht zum urspr LeistgsUmfang gehören (BGH NJW-RR **96**, 952, NJW **99**, 2270; Düss NJW-RR **99**, 1466 für PauschalPr). BewL für Fälligk § 641 Rn 14.

19 **7) VOB/B: § 2 Nr 1:** Abgeltg der ges vertragl geschuldeten Leistgen dch die vereinb Vergütg. **Nr 2:** Berechng der Vergütg nach den vertragl EinhPreisen u den tats ausgeführten Leistgen als Regelfall. **Nr 3:** Einfluß von Über- u Unterschreitgen der Mengenansätze auf EinhPreis bzw TeilpauschalPr. **Nr 4:** Herabsetzg iF von Eigenleistgen des Best. **Nr 5:** Anspr auf VergütgsAnpassg bei Leistgs- od Planändergen od Anordn des Best. **Nr 6:** Vergütg für Mehrleistgen außerh des Vertr; Vorauss ist deren Ankündigg dch den Untern (dazu Pauly MDR **98**, 505), außer wenn für den Schutz des Best nicht erfdl (BGH WM **02**, 130). **Nr 7:** PauschalPrVereinbg (zu PrÄndergen Pauly MDR **99**, 1104), Anspr des Untern auf Anpassg des PauschalPr, wenn die erbrachte Leistg von der vorgesehenen unzumutb (keine starre Prozentgrenze, BGH NJW-RR **96**, 401) abweicht. Gilt nicht für vereinb zusätzl od geänd Leistgen, sie sind gesond zu vergüten (BGH NJW **00**, 3277; Kapellmann NZBau **01**, 690, sa Rn 7). **Nr 8:** IGrds keine Vergütg auftragsl od iR eigenmächt VertrAbweichgen des Untern erbrachter Leistgen (I; dazu Kemper/Schaarschmidt BauR **00**, 1651). And bei nachträgl (auch konkludentem, BGH WM **02**, 135) Anerk dch Best od Notwendigk der Leistg (II). ErsAnspr aus GoA (§ 631 Rn 6) bleiben unberührt (III). **Nr 9:** Vergütg zusätzl verlangter Unterlagen u Berechngen. **Nr 10:** Vergütg von StundenlohnArb nur bei ausdr Vereinbg. Zu **§§ 14, 15** (Abrechng u RechngStellg, insb Pfl zu prüfb Abrechng), **§ 16** (Fälligk, Zahlg, Zinsen, NachFdgen uä) s § 641 Rn 16.

632 a *Abschlagszahlungen.* **Der Unternehmer kann von dem Besteller für in sich abgeschlossene Teile des Werkes Abschlagszahlungen für die erbrachten vertragsmäßigen Leistungen verlangen. Dies gilt auch für erforderliche Stoffe oder Bauteile, die eigens angefertigt oder angeliefert sind. Der Anspruch besteht nur, wenn dem Besteller Eigentum an den Teilen des Werkes, an den Stoffen oder Bauteilen übertragen oder Sicherheit hierfür geleistet wird.**

1 **1) Allgemeines.** Eingefügt dch das *G zur Beschleunigg fäll Zahlgen* v 30. 3. 00 (BGBl I 330; dazu BT-Drs 14/1246 S 1). Lit: Kiesel NJW **00**, 1673; Kniffka ZfBR **00**, 227; Motzke NZBau **00**, 489; Stapenhorst DB **00**, 909; Hofmann/Koppmann [§ 648 Rn 1] Abschn A; speziell zu § 632 a Böhme BauR **01**, 525, Karczewski/Vogel BauR **01**, 859. – **a) Zweck.** Die Vorschr soll den vorleistgspfl Untern entlasten und die mit der Vorfinanzierg verbundenen wirtsch Nachteile ausgleichen (sa BGH NJW **85**, 1840). Hierzu übernimmt sie mit Einschrkgen VOB/B 16 Nr 1 (Einf 5 v § 631) in das gesetzl Leitbild des WkVertr.

2 **b) Anwendungsbereich.** *Zeitlich* ist die Vorschr nur auf ab 1. 5. 00 abgeschl Vertr anzuwenden (EG 229 § 1 II 1). Bei früher abgeschl Vertr kann der Untern uU bei Verschlechterg der VermögensVerh des Best gem § 242 Teilvergütg verlangen (§ 321 Rn 5), Abschlagszahlgen iü grdsätzl nur bei Vereinbg, allenf in bes AusnFällen gem § 242. *Sachlich* erfaßt die Vorschr alle WkVertr, nicht nur BauVertr, einschl nachträgl VertrÄndergen (insb ZusatzAuftr; zu ihnen nach früh R Hamm NJW-RR **93**, 313); BauträgerVertr s Rn 3.

3 **c) Abweichende Vereinbarungen** sind zul, u zwar sowohl zG des Untern (zB Abschlagszahlgen außerh der Vorauss des § 632 a, Karczewski/Vogel [Rn 1] 862; VOB/B s Rn 9) wie des Best (zB Ausschl von Abschlagszahlgen). Die Grenze bildet § 307, wobei § 632 a in engen Grenzen Leitbildfunktion zukommt (Baumann/Fabis RhNotK **01**, 101/105). Das gilt auch für den *Bauträgervertrag* in seinem wkvertragl Teil (Einzelh Voppe BauR **01**, 1165); für ihn gilt außerd öffr MaBV 3, mit Ausn in MaBV 7 (näher § 675 Rn 14). Die dort vorgesehenen Abschlagszahlgen sind gem der auf der Grdl von AGBG 27 a (nunm **Art 244 EGBGB)** erlassenen **Verordnung** des BMJ vom 23. 5. 01 (s Anhang) unbeschadet der Einschrkgen in § 632 a zul, u zwar auch in vor Inkrafttr der VO abgeschl Vertr (§ 2 der VO, wicht wg der dch BGH NJW **01**, 818 zweifelh gewordenen RLage; Schmidt-Räntsch NZBau **01**, 356; Bedenken, insb im Hinbl auf EG-Vorschr u die Rückwirkg bei Thode ZfIR **01**, 345, Wagner BauR **01**, 1313; zum früh R Karlsr BB **01**, 1325 u zur Diskussion vor VO-Erlaß Baumann/Fabis RNotZ **01**, 101, Kanzleiter DNotZ **01**, 165, Quadbeck MDR **00**, 1111, Pause NZBau **01**, 181; sa Sorge/Vollrath DNotZ **01**, 261, Basty DNotZ **01**, 421). Die VO stellt klar, dass für den BauträgerVertr die Regelg in MaBV 3 u 7, nicht § 632 a gesetzl Leitbild ist, so dass entspr Vereinbgen nicht gg § 307 verstoßen (krit Thode aaO). *HOAI* s Rn 9.

4 **2) Abschlagszahlungen** sind Zahlgen auf bereits erbrachte Teilleistgen, zB Zahlgen entspr Baufortschritt. Sie sind, obwohl § 632 a ihre Fälligk von bestimmten EinzLeistgen abhäng macht, keine (abschließde) Vergütg für Teile des Wk (insoweit gilt § 641 I 2), sond Anzahlgen auf die Vergütg für das GesWk (BGH NJW **99**, 2113). Der Untern hat sie (erst) iR der Schlußrechng auszugleichen; der Best hat dann auf vertragl Grdl einen Anspr auf Rückzahlg evt noch vorhandene Überschüsse (BGH **140**, 365/374 zu vertragl vereinb Zahlgen), der bei Künd des Vertr mit dieser fäll wird (Dresd NJW-RR **00**, 974); DarleggsLast des Best in diesem Fall BGH **140**, 365/374, Ffm BauR **01**, 1748 (Künd; sa KG NJW-RR **98**, 451). Wg ihres vorläuf Charakters sind Abschlagszahlgen ohne Einfluß auf Mängelhaftg des Untern, sie können nicht als (Teil)Abn gewertet w (§ 640 Rn 5). – **Vorauszahlungen** betreffen, and als Abschlagszahlgen, Leistgen des Best vor Erbringg der entspr GgLeistg des Untern, führen also entgg den allg Grds des WkVertr zu einer Vorleistg des Best (Zulässigk entspr Vereinbgen in AGB § 309 Rn 13 f). Sie w schon nach ihrem Wesen von § 632 a nicht erfaßt, sind aber ebenf

Anzahlgen auf das GesWk. Bei Bezug auf dieselbe WkLeistg sind sie auf den Anspr gem § 632 a anzurechnen, iR der Schlußrechng sind sie wie Abschlagszahlgen auszugleichen.

3) Anspruch auf Abschlagszahlungen. Er ist verselbständigter Teil des VergütgsAnspr gem § 632, hat vorläuf Charakter u geht daher im VergütgsAnspr auf, sobald dieser geltd gemacht w kann (Rn 7). Er richtet sich in erster Linie nach der Vereinbg der VertrPart (Rn 3); fehlt sie, gilt § 632 a. – **a) Voraussetzungen:** (1) Erbrachte **Leistung** des Untern, die besteht: Entweder aus einem **Teil des Werks (Satz 1).** Es muß sich um eine in sich abgeschl Teilleistg handeln (ähnl VOB/B 12 Nr 2, 16 Nr 4; für weite Auslegg Motzke [Rn 1] 490, ferner Baumann/Fabis RhNotK **01**, 101, Voppe BauR **01**, 1165 [zu TeilAbschn nach MaBV 3 I, sa Rn 3]). Sie muß also für den Best in sich werthalt sein (BT-Drs 14/1246 S 6), zB weil er sie eigenständ nutzen kann (Bsp: bei Softwareentwicklg selbstd verwertb Teilprogramm; fert DachdeckerArb an einem von mehreren Gebäuden) od, weil die Restleistgen im GeschVerkehr nicht selten als selbstd Teilleistgen vergeben w, auf ihr aufbauend das GesWk fertigstellen kann (zB fertiger Rohbau), u sie muß nach dem Vertr selbstd bewertb sein (zB bei gesond ausgewiesener Vergütg). Od aus für das Wk erfdl **Stoffen oder Bauteilen (Satz 2),** die eigens (dh objektspezif) angefertigt (zB Tor, Treppengeländer, Schaltanlage) od für das Wk geliefert (zB Dachziegel, Bodenfliesen od -platten auf die Baustelle) sind. Nach dem Wortlaut müssen diese Stoffe etc keine in sich abgeschl Leistg darstellen (ebso iErg Motzke [Rn 1] 492; zweifelnd Kniffka [Rn 1] 229). – (2) **Vertragsmäßig** muß die Leistg sein, dh sie muß nach dem Vertr geschuldet u im wesentl mangelfrei erbracht sein (wie § 640 I 2, dort Rn 9, u VOB/B 16 Nr 1, BGH **73**, 140; ebso Kniffka [Rn 1] 229; aA Motzke [Rn 1] 492: bei Mängeln nur ZbR des Best; zu streng BT-Drs aaO, da zB vollst mangelfreie BauWk kaum vorstellb sind). Ferner muß die Abs bestehen, das Wk zu Ende zu führen (BT-Drs aaO). Die Vorauss gilt, obwohl in S 2 nicht ausdr erwähnt, auch für Stoffe u Bauteile. – (3) **Satz 3: Eigentum des Bestellers** an dem TeilWk od den Stoffen bzw Bauteilen. S 3 setzt nach seinem Wortlaut Übertragg des Eigt (§§ 929 ff) voraus, jedoch wird man auch den EigtErwerb gem §§ 946 ff iR der bestimmungsgem Herstellg des Wk (zB dch Einbau) genügen lassen müssen (Kniffka [Rn 1] 229; aA Kiesel [Rn 1] 1675). And als iFv VOB/B 16 Nr 1 wird dieser Fall nicht stets von S 1 erfaßt. Bei fehldem EigtErwerb (insb weil Best [noch] nicht Eigtümer des BauGrdst ist; Bsp: SubUnternVertr) **Sicherheitsleistung** des Untern iH der Abschlagszahlg bzw des Anteils, der auf die nicht im Eigt des Best befindl Stoffe etc entfällt, iR des § 232 nach Wahl des Untern, idR dch Bankbürgsch (§ 232 II). Ob die Sichg von SekundärAnspr od des EigtVerschaffgsAnspr dch Vormkg u Lastenfreistellg ausreicht, ist zweifelh (bejahd Baumann/Fabis RhNotK **01**, 101, aA Pause NZBau **01**, 181, jew zur MaBV; dazu Rn 3). Die Sicherh ist zurückzugeben, soweit der Best später Eigt erwirbt, sonst erst mit Fälligk des WkLohns. 5

b) Höhe. Maßgebd ist die für die jew vertragsgem Leistg gem S 1, 2 vereinb Vergütg einschl MWSt, bei Fehlen einer Vereinbg (zB PauschalPr) ein ihrem Wert im Verhältn zum GesWert des Wk entspr Antl der GesVergütg. 6

c) Verhältnis zum Schlußzahlungsanspruch, Einwendungen. Der Anspr ist ausgeschl, sobald der Untern seine GesVergütg abschließd berechnen u geltd machen kann (Hamm NJW-RR **99**, 528), hilfsw GeltdMachg für den Fall des Fehlens dieser Vorauss ist zul (BGH NJW **00**, 2818). Das folgt aus dem Wesen der Abschlagszahlg als Anzahlg (Rn 4), das die GeltdMachg neben dem eigentl VergütgsAnspr ausschließt. Bsp: nach vollst LeistgsErbringg u Fälligk des VergütgsAnspr; nach vorzeit Künd (BGH NJW-RR **87**, 724, Düss NJW-RR **92**, 1373); bei endgült ErfVerweigerg des Untern (Düss NJW-RR **00**, 230); bei Fertigstellg des Wk dch Dritte (Nürnbg NZBau **00**, 509). Ist der Anspr bereits rhäng, kann der Untern trotz unterschiedl StreitGgst (BGH NJW **99**, 713) gem ZPO 264 auf die SchlußzahlgsKl übergehen (BGH NJW **85**, 1840; Otto BauR **00**, 350). Der Anspr verjährt selbstd gem der RegelVerj (§§ 195, 199), die erbrachten Leistgen können jedoch in die Schlußrechng eingestellt w (BGH NJW **99**, 713 für HOAI, str; Otto aaO). Aufr mit GgFdgen ist nach den allg Grds zul, ebso ZbR. Bei Mängeln der Leistg gem S 1, 2 besteht kein Anspr auf Abschlagszahlg (Rn 5), ein Rückgriff auf das LeistgVR gem § 320, § 641 III ist daher nicht erfdl (s aber § 641 Rn 11). 7

d) Geltendmachung. Sind die Vorauss gem Rn 5 gegeben, wird der Anspr auf Abschlagszahlg mit dem entspr Verlangen sofort fäll (and nach VOB/B, Rn 9); Abn od RechngStellg (and insow Kiesel [Rn 1] 1675) ist nicht erfdl (Kniffka [Rn 1] 229), wohl aber Bezeichng der Leistg (Rn 5) im Verlangen (Motzke [Rn 1] 493). Der Untern kann Zahlg verlangen u ggf klagen. Verzinsg nach den allg Grds, § 641 IV gilt nicht (dort Rn 15). Unberecht ZahlgsVerweigerg des Best gibt dem Untern ein LeistgVR (§ 320, Peters NZBau **00**, 169) u kann für ihn wicht Grd zur VertrKünd sein (BGH NJW **00**, 1114). **Beweislast** für alle Vorauss (Rn 5, auch Mangelfreih) beim Untern (Düss NJW-RR **00**, 312 hins erbrachter Leistgen), für die Einwendgen (Rn 7) beim Best. 8

4) Sonderregelungen. Zu MaBV 3 II u EGBGB 244 s Rn 3. **HOAI:** Anspr auf Abschlagszahlgen für nachgewiesene Leistgen in angem Abständen (§ 8 II; sa Celle NJW-RR **00**, 899, Voppe BauR **01**, 1165/1174), fäll mit prüffäh Rechng (Stgt NJW-RR **98**, 1392). – **VOB/B § 16 Nr 1** gewährt dem Untern, auch bei Pauschalvergütg (BGH NJW **91**, 564), abw von S 1 generell Anspr auf Abschlagszahlgen entspr den tats erbrachten Leistgen aGrd prüffäh Aufstellgen, fäll 18 Werktage nach deren Einreichg, ebso bei Bauteilen od Stoffen (insow wie S 2); Verh zu § 632 a Voppe BauR **01**, 1165/1175. Erlöschen wie Rn 7. KündR des Untern bei ZahlgsVerweigerg § 643 Rn 3. **Nr 2** enthält Regeln für den Fall vereinb Vorauszahlgen. 9

Anhang

Verordnung über Abschlagszahlungen bei Bauträgerverträgen (Auszug)

vom 23. 5. 01 (BGBl 981), in Kraft seit 29.5.01

§ 1. Zulässige Abschlagszahlungsvereinbarungen. *In Werkverträgen, die die Errichtung eines Hauses oder eines vergleichbaren Bauwerks auf einem Grundstück zum Gegenstand haben und zugleich die Verpflichtung des Unternehmers enthalten, dem Besteller das Eigentum an dem Grundstück zu übertragen oder ein Erbbaurecht zu bestellen oder zu* *übertragen, kann der Besteller zur Leistung von Abschlagszahlungen entsprechend § 3 Abs. 2 der Makler- und Bauträgerverordnung unter den Voraussetzungen ihres § 3 Abs. 1 verpflichtet werden. Unter den Voraussetzungen des § 7 der Makler- und Bauträgerverordnung kann der Besteller auch abweichend von ihrem § 3 Abs. 1 und 2 zur Leistung von Abschlagszahlungen verpflichtet werden. Die Stellung weitergehender Sicherheiten für die Abschlagszahlungen braucht nicht vorgesehen zu werden.*

§ 2. Betroffene Verträge. *Diese Verordnung ist auch auf zwischen dem 1. Mai 2000 und dem 29. Mai 2001 abgeschlossene Verträge anzuwenden. Dies gilt nicht, soweit zwischen den Vertragsparteien ein rechtskräftiges Urteil ergangen oder ein verbindlich gewordener Vergleich abgeschlossen worden ist.*

Mangelhafte Leistung des Unternehmers (§§ 633 ff)

Vorbemerkung

1 **1) Schuldrechtsreform, wesentliche Änderungen der Mängelhaftung (Übersicht).** *Materialien:* Allg Einl v § 1. Speziell zur WkMängelhaftg BT-Drs 14/6040 S 260 ff (Gesetzentw); 14/6857 S 36, 67 (BR, BReg); 14/7052 S 204 f (RA). *Literatur* s Einf 2 v § 631. – Dch *Art 1 I Nr 38 u 39 SMG* wurde das R der Mängelhaftg beim WkVertr grundlegd neu gestaltet. Die Vorschr wurden der Neukonzeption des LeistgsStörgsR (Einl 8, 9 v § 1) angepaßt. – §§ 633 ff stellen für die R des Best aus dem WkVertr bei Vorliegen eines Mangels zwar weiterhin eine *abschließende Sonderregelung* dar. Das gilt auch für SchadErsAnspr, die auf einen Mangel zurückzuführen sind unabhäng davon, ob es sich um Schäd am Wk od (nahe od ferne) MangelfolgeSchäd an and RGütern handelt. And als das alte GewlR ist das neue MängelhaftgsR aber in das allg LeistgsStörgsR eingebettet, ein eigständ GewlR gibt es nicht mehr (Vorbem 17 v § 275). Die Herstellg einer mangelh Sache wird als (teilw) Nichterfüllg der Pfl des Untern verstanden, die grdsätzl die RFolgen nach dem allg LeistgsStörgsR auslöst (sa § 281 I 1: nicht wie geschuldet erbrachte Leistg; § 323 I: nicht vertragsgem erbrachte Leistg). Das zeigt sich bei der Rückgängigmachg des Vertr (bish Wandelg, künft Rücktr) u beim SchadErs, wo auf die allg Vorschr zurückverwiesen wird. Allerd werden diese Regeln im Hinbl auf die Besonderh des WkVertr hins der Vorauss u RFolgen teilw modifiziert. Insb hat der Best wie bish außer einem RücktrR (bish Wandelg) u SchadErsAnspr das R zur Minderg u Selbstvornahme. IR von § 634 setzt die GeltdMachg all dieser MängelR jedoch iGrds das Ausbleiben od Fehlschlagen der NachErf dch den Untern (ggf innerh der gesetzten Fr) voraus (§ 634 Rn 2). Ferner unterliegen MängelAnspr einer bes Verjährg (§ 634 a), so dass künft zw diesen Anspr u Anspr des Best wg sonst PflVerl des Untern unterschieden w muß (sa § 195 Rn 2 ff). – Die neue VerjRegelg wurde mit der Neuregelg des allg VerjR u der Verj der kaufrechtl MängelR abgestimmt. Die Mangelhaftg bei *Kauf (§§ 434 ff) u Werkvertrag* ist weitgehd aneinander *angeglichen.* Dies war ausdr Ziel des GesetzgebgsVerf (BT-Drs 14/6040 S 260; sa § 633 Rn 2). Unterschiede zeigen sich aber weiterhin insb beim R zur Selbstvornahme (§ 637 E) u bei der Verj, insb beim VerjBeginn (§ 634 a), ferner ist der Ztpkt für den Übergang zur Mängelhaftg and bestimmt (KaufR idR die Übergabe, WkVertr die Abn; s Rn 6). – Eine *Übersicht* der Ändergen zeigt folgde Synopse.

Synopse der Vorschriften zur Gewährleistung (alt)/Mängelhaftung (neu)

Altes Recht	Neues Recht	Bemerkungen
§ 633 Abs 1 (Fehlerbegriff) Abs 2 (Nachbesserung) Abs 3 (Selbstvornahme)	§ 633 § 634 Nr 1, § 635 § 634 Nr 2, § 637	subjektiver Fehlerbegriff Verzug nicht mehr Voraussetzg
§ 634 Abs 1 (Wandelg) Abs 1 (Minderg) Abs 2 (Fristsetzung) Abs 3 (WandelgsAusschl) Abs 4 (Vollzug)	§ 634 Nr 3, § 323, § 326 V (Rücktr) § 634 Nr 3, § 638 § 323 II, § 326 V, 636 § 323 Abs 5 S 2 –	Rücktritt statt Wandelg; Rücktr jetzt neben SchadErs; Rücktritt und Minderg sind jetzt GestaltgsR
§ 635 (Schadensersatz)	§ 634 Nr 4, §§ 280, 281, 283, 311 a	anstelle SchadErs auch AufwendgsErs, § 284
§ 636 (verspätete Herstellg)	–	Die Vorschr ist im allg LStörgsR aufgegangen
§ 637 (Haftungsausschluß)	§ 639	Erweiterung auf Garantie
§ 638 (Verjährung)	§ 634 a	and VerjährgsFr, teilw and VerjährgsBeginn; Sonderregelg für Rücktr u Minderg
§ 639 Abs 1, § 477 II § 477 III § 478 § 479 § 639 Abs 2	§ 204 I Nr 7 § 213 § 634 a IV 2, V § 215 § 203	teilw Abweichungen bei den Einzelh der Verjährg (Hemmg etc) sowie bei Mängeleinrede (insb Anzeige in der VerjFr nicht mehr erfdl)

2) Anwendungsbereich – a) Sachlich gelten §§ 633 ff für alle **Werkverträge** (Abgrenzg, Bsp Einf 6 ff v § 631), soweit die Mangelhaftg nicht spezialgesetzl bes geregelt ist (Einf 3 v § 631). Das gilt iGrds auch für GeschBesVertr mit WkVertrCharakter (§ 675 Rn 7). Betrifft der Vertr die Lieferg herzustellder od zu erzeugder bewegl Sachen, richtet sich die Mängelhaftg ausschl nach KaufR (§ 651; Abgrenzg s dort). Bei **gemischten Verträgen** sind §§ 633 ff iGrds auf solche Leistgen anwendb, die WkCharakter haben (Einf 25 v § 305 im HauptBd). – Das gilt insb beim Vertr auf **Erwerb eines Grundstücks mit einem darauf vom Veräußerer zu erbringenden Werk.** Verpflichtet sich der Veräußerer zur Errichtg eines *Bauwerks* (Haus, EigtWohng), richten sich die Rechte des Erwerbers wg Mängeln des Grdst nach KaufR, wg Mängeln des BauWk nach WkVertrR (BGH NJW **73**, 1235). Hieran sollte trotz der Angleichg der Mängelhaftg wg der weiterhin bestehden Untersch (Rn 1) festgehalten w. Dies gilt nicht nur, wenn das BauWk erst errichtet w soll, sond allg, wenn sich ausdr od auch nur aus den Umst wie Inhalt, Zweck u wirtsch Bedeutg der WkLeistg od der Interessenlage eine Verpfl des Veräußerers zu mangelfr Herstellg des BauWk ergibt. Also auch, wenn das BauWk bei Abschl des ErwerbsVertr erst teilw errichtet war (BGH **63**, 96), wobei es keinen Unterschied macht, in welchem Umfang das Gbde od die EigtWohng noch nicht fertiggestellt war (BGH **65**, 359 u **74**, 205). Bei Erwerb von *Altbauten* gelten §§ 633 ff, soweit der Veräußerer mit NeubauArb vergleichb HerstellgsPfl übernimmt, zB wenn ein Altbau in WohngsEigt umgewandelt u umfassd saniert w soll (BGH **100**, 391), od wenn der Veräußerer in einem früh gewerbl genutzten GbdeTeil nach entspr Umbauten eine EigtWohng erstellen soll (BGH **108**, 164; sa v Samson BauR **96**, 58); für wkvertragl Mängelhaftg auch bei geringfügigeren HerstellgsPfl, aber differenzierd nach der in die Sanierg einbezogenen Bausubstanz Pause NZBau **00**, 234/236 (sa § 651 Rn 4 f). Ist allerd das *Werk bereits vollständig fertiggestellt,* zB weil der Veräußerer es als Musterhaus od für sich selbst errichtet, uU sogar bewohnt hat, sollte künft das nach dem VertrInhalt näher liegde KaufR angewandt w (Brambring DNotZ **01**, 904, Teichmann ZfBR **02**, 11/19; and die bish Rspr, BGH **68**, 372, NJW **87**, 2373). Angesichts der Angleichg der Mängelhaftg, insb der VerjFr, besteht kein Grd mehr für die bish Handhabg. Ausschl der Mängelhaftg bei BauWk s § 639, insb Rn 8 ff. – Auch bei *anderen Werkleistungen* iZshg mit einer Veräußerg kann die wkvertragl Mängelhaftg eingreifen. So wenn der Veräußerer eines ausgekiesten Grdst die Verfüllg übernimmt (BGH NJW-RR **95**, 1200: bei der Frage der Mangelhaftigk sind lagegebundene Gegebenh des Grdst nicht zu berücks). Bei *Nebenleistungen* iZshg mit einem Kauf (zB kleineren Ändergen bei Konfektionskleidg; Montage, BGH NJW **98**, 3197, Köln VersR **00**, 501; Rep an gebrauchter Sache, Hamm NJW-RR **01**, 1309) verbleibt es bei der kaufrechtl Mängelhaftg (sa § 434 III).

2 (Rn 2 beside first line) 3 (Rn 3 beside "§ 305 im HauptBd") 4 (Rn 4 beside "Auch bei")

b) Zeitlich gelten § 633 ff nF iGrds nur für ab dem 1. 1. 2001 abgeschl Vertr (EG 229 § 5 S 1; Einzelh dort); eine sehr wicht Abw gilt für die Verjährg von GewlAnspr aus am 1. 1. 01 bestehden Vertr (EG 229 § 6; § 634 a Rn 4). Ferner w auch vor dem 1. 1. 02 begründete DauerSchuldVerh (zB WartgsVertr) ab 1. 1. 03 vom neuen R erfaßt (EG 229 § 5 S 2). 5

3) Verhältnis der Mängelrechte zu den allgemeinen Rechten des Bestellers. – a) Verhältnis zum allgemeinen Leistungsstörungsrecht. – aa) Allgemeines. Das bish R sah, and als das KaufR, keine exakte zeitl Zäsur zw den RBehelfen des allg LStörgsR (insb §§ 323 ff aF) u den RBehelfen des GewlR der §§ 633 ff aF vor. Der NachbessergsAnspr des § 633 II 1 aF wurde als modifizierter ErfAnspr angesehen, für den Besonderh insb hins Verjährg u Ers von NachbessergsSchäd galten (Soergel/Teichmann Rn 1). Das neue R regelt die dem Best bei Mängeln zustehden R in § 634. Es sieht zwar die Herstellg eines mangelh Wk (weiterhin) als (teilw) NichtErf an u verweist insow in großem Umfang auf das allg LStörgsR (Rn 1). Wesentl MängelR (SchadErs, Rücktr, AufwendgsErs) entspr hins Vorauss u Inhalt nunm iGrds dem allg LStörgsR. Gleichwohl bilden §§ 633 ff eine SoRegelg, zw allg LStörgsR u Mängelhaftg bestehen bedeuts Untersch (Rn 1). Die Abgrenzg ist daher von erhebl Bedeutg. Insb muß hins der Anwendg der §§ 633 ff ggü dem allg LStörgsR eine zeitl Zäsur gesetzt w. Sie ist, da alle R aus § 634 iGrds auf dem NachErfAnspr aufbauen, wie bish bei dessen Abgrenzg vom ErfAnspr (dazu 61. Aufl Vorbem 3 f v § 633) iGrds beim Gefahrübergang anzusiedeln, dh idR bei der Abnahme (sa Vorbem 17 v § 275, § 280 Rn 17, § 323 Rn 3). Jedoch ist in gewissem Umfang eine GeltdMachg der MängelR auch vor od ohne Abn zuzulassen (sa Sienz BauR **02**, 181/184). Die folgden Grds gelten auch für den Fall der Herstellg eines and als des vereinb Wk (§ 633 II 2). – **Bis zur Abnahme** (§ 640; sa BGH NJW **99**, 2046), der hier wie im folgden die fingierte Abn, insb der erfolgl Ablauf einer gesetzten Fr gem § 640 I 3, gleich steht (§ 640 Rn 10), hat der Best einen auf Verschaffg (Herstellg) des versprochenen (§ 631), mangelfreien (§ 633 I) Wk gerichteten ErfAnspr. Seine R, auch hins LStörgen, richten sich insow iGrds nach den allg Vorschr. – Bei nicht nur unwesentl Mängeln kann der Best die Abn des ihm als Erf angebotenen Wk verweigern (§ 640 Rn 8) u Herstellg eines einwandfreien Wk verlangen (BGH NJW-RR **92**, 1078); seine R richten sich dann weiterhin nach dem allg LStörgsR. Er ist also nicht auf die Abn u anschließde GeltdMachg der MängelR gem § 634 angewiesen (BGH NJW-RR **88**, 310 zum fr R). Der Untern kann seine Verpfl nach seiner Wahl dch Neuherstellg od dch Beseitigg der Mängel am hergestellten Wk erfüllen. Soweit dch Beseitigg der Mängel die Herstellg eines mangelfr Wk nicht mögl ist, hat der Best bis zur Abn, auch noch nach FrSetzg gem §§ 281, 323, den urspr ErfAnspr auf Neuherstellg, außer wenn auch diese unmögl ist (§ 275 I) od der Untern sie berecht verweigern kann (§ 275 II, III; § 635 III analog). Die Einschrkg hins § 635 III folgt daraus, dass der NeuherstellgsAnspr als ErfAnspr die gleiche RNatur hat wie der NachErfAnspr (§ 634 Rn 3) u desh unter den selben Vorauss entfallen muß wie dieser. Der Best kann auf den ErfAnspr u die daraus folgden weitergehden R verzichten u sich auf die R aus § 634 beschränken (BGH NJW **99**, 2046 zum fr R: strenge Anfdgen). –*Vor Abnahme anwendbar* sind §§ 634 ff, wenn das Wk hergestellt ist bzw der Untern seine Leistg erbracht hat u sich der ErfAnspr auf ein konkr Wk beschränkt, insb die Gef ohne Abn auf den Best übergegangen ist; so bei AnnVerzug des Best (§ 644 I 2; Bsp: Wk wird mit nur unwesentl Mängeln angeboten, so dass AbnPfl besteht); od bei vorzeit Beendigg des Vertr, soweit MangelbeseitiggsAnspr hinsichtl des TeilWk gegeben sind (§ 649 Rn 3). Sa § 645 Rn 5 ff. Dem Best sind die MängelR vor Abn auch zuzuerkennen, wenn der Untern seine Leistg nicht vertragsgerecht erbracht hat u offensichtl ist, dass er die Mängel nicht mehr wird beseitigen können. Dies entspricht für den Rücktr der Verweisg in § 634 Nr 3 auf § 323 IV, ferner der Rspr zu §§ 633 ff aF (BGH NJW **00**, 133: im BauWk verkörperter Mangel des ArchWk; NJW **01**, 3329: Minderfläche). – **Ab Abnahme** 8 beschränkt sich der ErfAnspr auf das hergestellte u dch die Abn als Erf angenommene konkr Wk u dessen Mängel. Der Best hat nur noch die R aus § 634. Ein Anspr auf Neuherstellg kann sich iR des NachErfEnspr allenf ausnahmsw ergeben (§ 634 Rn 4).

9 **bb) Schadensersatz, §§ 280 ff, 311 a, Aufwendungsersatz, § 284.** Die Vorschr gelten bis zum Eingreifen der §§ 633 ff (Rn 6 ff) unmittelb; danach nur über § 634, soweit die PflVerl zu einem Mangel geführt hat (§ 634 Rn 6 ff), bei and PflVerl weiterhin unmittelb.

10 **cc) Rücktritt, §§ 323 ff.** Die Vorschr gelten bis zum Eingreifen der §§ 633 ff (Rn 6 ff) unmittelb; danach nur über § 634, soweit sich das RücktrR aus Umst iZshg mit einem Mangel ergibt, bei and Umst weiterhin unmittelb.

11 **dd) Einrede des nichterfüllten Vertrages, § 320.** Ihr Verhältn zu §§ 633 ff ist nunm iGrds in § 641 III geregelt (dort Rn 10 ff, auch zur Anwendbark vor Abn).

12 **ee) Verzug, § 286.** *Verzögerung der Herstellung* ist, auch bei Verzögerg von Teilleistgen, kein Mangel (§ 633 Rn 8). Sie gibt dem Best die allg R nach §§ 280, 286 (SchadErs) bzw § 323 (Rücktr), § 636 aF ist aufgeh. Allerd ist die Verzögerg, die dch die NachErf entsteht, dch § 634 Nr 4 erfaßt (§ 634 Rn 8). Einer *Verzögerung der Nacherfüllung* kann der Best dch FrSetzg begegnen u nach erfolgl Ablauf die MängelR geltd machen (§ 634 Rn 2); die allg LStörgsR gelten nur noch iR von § 634. VerzögergsSchäd in diesem ZusHang sind MangelfolgeSchäd, fallen unter §§ 633 ff u sind unter den Vorauss des § 280 zu ersetzen (§ 634 Rn 8).

13 **ff) Verschulden bei Vertragsverhandlungen, § 311 II.** Unzutreffde Informationen des Untern, die sich auf Merkmale des herzustelldn Wks beziehen, die Ggst einer BeschaffenhVereinbg (§ 633 Rn 6) sein können, begründen wg des abschl RegelgsCharakters der §§ 633 ff wie bish keinen SchadErsAnspr nach §§ 311 II, 280, auch nicht bei Vorsatz (insow and die bish Rspr). Der Best ist auf evt MängelR angewiesen. And gilt bei unricht Auskunft od Beratg, auch wenn sie sich auf der BeschaffenhVereinbg zugängl Merkmale beziehen (BGH ZIP **84**, 962/965 zum fr R). Einzelh § 311 Rn 17 ff, § 437 Rn 51.

14 **gg) Störung der Geschäftsgrundlage, § 313.** Wg des abschl Charakters der §§ 633 ff ist die Vorschr unanwendb, soweit die Umst, welche die Störg begründen, einen Mangel begründen können. Einzelh § 313 Rn 24, § 437 Rn 55.

15 **b) Anfechtung, §§ 119 ff.** Es gelten die bereits bish maßgebden Grds. Danach ist § 119 II (EigenschIrrt) wg des abschl Charakters der §§ 633 ff unanwendb, soweit der Best wg des Merkmals, auf das sich der Irrt bezieht, MängelR geltd machen kann. Dagg sind §§ 119 I, 123 anwendb. Einzelh § 437 Rn 53 f.

16 **c) Geschäftsführung ohne Auftrag, ungerechtfertigter Bereicherung.** Anspr hieraus sind, soweit sie im ZusHang mit Mängeln stehen, dch die SonderVorschr der §§ 633 ff ausgeschl (BGH **92**, 123, NJW **68**, 43; BGH NJW **63**, 806: Ersparn bei den HerstellgsKosten wg schlechterer Ausführg des Wk; BGH WM **78**, 953: Kosten der Mangelbeseitigg ohne die Vorauss der §§ 633 ff, aA Rieble DB **99**, 1759). Gilt auch iF § 13 Nr 5 VOB/B (BGH NJW **66**, 39 u WM **78**, 953). Ebso kein Anspr aus GoA gg den Best bei Beseitigg eines Mangels, die einem and Untern obliegt (Hamm NJW-RR **98**, 163: MitUntern; Oldbg MDR **00**, 1373: SubUntern).

17 **d) Unerlaubter Handlung.** Anspr aus §§ 823 ff werden dch §§ 633 ff grdsätzl nicht ausgeschl (BGH NJW **86**, 922 u **98**, 2282; sa Einf 4 v § 823). Die fehlerh Ausführg des Wk ist jedenf insow zugleich EigtVerl (§ 823 I), als sich der Mangel auf die schon vorh, bis dahin unversehrten Teile des zu behandelnden Ggst ausgewirkt u diese dadch beschädigt hat (BGH **96**, 221), zB späterer MotorSchad, auch beim Nachf im Eigt, wg nicht dchgeführten Ölwechsels od unterlassenen Zahnriemenwechsels (BGH **98**, 45, Brüggemeier BB **95**, 2489). Auch VOB/B 13 Nr 7 II schließt SchadErsAnspr wg Beschädigg von Sachen des Best, die nicht in das vom Untern herzustellde Wk einbezogen sind, nicht aus (BGH NJW **73**, 1752). Die mangelh Errichtg eines BauWk als solche ohne Veränderg bereits vorh Substanz ist hingg keine Beeinträchtigg des Eigt des Best (BGH **39**, 366, **96**, 221; weitere Nachw BGH DB **79**, 1078; aA Freund u Barthelmess NJW **75**, 281 u NJW **77**, 438 mwN, Grunewald JZ **87**, 1098: EigtVerl, wenn dch den Mangel der Wert od die Nutzbark des BauWk beeinträchtigt wird). Sie kann aber delikt ErsAnspr eines Dr auslösen (BGH NJW **87**, 1013, NJW-RR **90**, 726: FeuchtigkSchad beim Mieter wg Mängeln am Wk des Arch od BauUntern). In § 823 II ist § 323 StGB kein SchutzG, dessen Schutzzweck auch auf das Verm des Best gerichtet wäre (BGH NJW **65**, 534). Verjährg § 634 a Rn 6. – Abgrenzg zur **Produzentenhaftung** s ProdHaftG 3 Rn 1.

18 **4) VOB/B.** Sie gilt derzeit noch in der auf das bish GewlR zugeschnittenen Fassg u enthält zahlr Sonderregelgen hins der MängelR. Auf sie ist jeweils in den letzten Rn der folgden Paragraphen hingewiesen. Die isolierte Vereinbg nur der Vorschr der VOB/B zur Mängelhaftg ohne deren übr Vorschr ist in Formular- (BGH **96**, 129) u EinzVertr (BGH NJW **87**, 2373) unwirks, außer wenn sie auf eine vom AuftrG gestellte VertrBdgg zurückgeht (BGH **99**, 160). Sie darf jedenf nicht zu einer Verkürzg der VerjFr des § 634 a bei Neuerstellg eines Gbdes führen (BGH **100**, 391; § 634 a Rn 26). Gleiches gilt, wenn die VOB zwar ganz vereinb, die Ausgewogenh aber dch vorrang zusätzl od bes VertrBdggen beeinträchtigt wird (§ 307 Rn 159, § 309 Rn 76). Vereinbg der VOB im GeneralUnternVertr gilt nur für die geschuldeten Bau-, nicht auch für daneben übernommene Arch- u IngLeistgen (BGH NJW **88**, 142); BauträgerVertr § 675 Rn 14.

633 *Sach- und Rechtsmangel.*

I Der Unternehmer hat dem Besteller das Werk frei von Sach- und Rechtsmängeln zu verschaffen.

II Das Werk ist frei von Sachmängeln, wenn es die vereinbarte Beschaffenheit hat. Soweit die Beschaffenheit nicht vereinbart ist, ist das Werk frei von Sachmängeln,

1. wenn es sich für die nach dem Vertrag vorausgesetzte, sonst

2. für die gewöhnliche Verwendung eignet und eine Beschaffenheit aufweist, die bei Werken der gleichen Art üblich ist und die der Besteller nach der Art des Werks erwarten kann.

Einem Sachmangel steht es gleich, wenn der Unternehmer ein anderes als das bestellte Werk oder das Werk in zu geringer Menge herstellt.

III Das Werk ist frei von Rechtsmängeln, wenn Dritte in Bezug auf das Werk keine oder nur die im Vertrag übernommenen Rechte gegen den Besteller geltend machen können.

1) Allgemeines. Die Vorschr wurde dch *Art 1 I Nr 38 SMG* vollst neu gefaßt (dazu BT-Drs 14/6040 S 260, 14/7052 S 204). Abs I entspricht mit inhaltl Ändergen dem bish § 633 I. *Zeitliche Geltung* der Neuregelg u allg zum neuen MängelhaftgsR Vorbem 1 ff v § 633. – **a) Grundzüge der Neuregelung.** § 633 nF versteht den Mangel als Abweichg vom vertragl dem Untern auferlegten PflProgramm (I). Die mangelh Herstellg des Wk ist ein Unterfall der NichtErf (Vorbem 1 v § 633). Konsequent w daher Sach- u RMangel gleich behandelt. Beim Sachmangel wird nicht mehr zw Fehler u zuges Eigensch unterschieden. Die Zusicherg einer Eigensch ist Teil der BeschaffenhVereinbg (Rn 6) u löst, sofern darin nicht ausnahmsw eine Garantie liegt (§ 634 Rn 26), bei Nichteinhaltg die gewöhnl Mangelfolgen aus. Der Mangel setzt nicht mehr stets eine Wert- od TauglichkMinderg voraus. Die Herstellg eines and Wk od einer zu geringen Menge sind nunm dem Sachmangel ausdr gleichgestellt. IErg ergeben sich ggü dem bish Mangelbegriff, bei dem die Feststellg des fehlerh Wk im MittelPkt stand, kaum Abw. Bereits bish hat die Praxis hins der Sollbeschaffenh zunächst auf die vertragl Vereinbg, hilfsw auf die von den Part vorausgesetzte, andf die übliche Funktionstüchtigk des Wk abgestellt (61. Aufl Rn 2a). Die bish Rspr kann daher im wesentl auch weiterhin herangezogen w. 1

b) Übereinstimmung mit dem Kaufrecht. Der MangelBegr des § 633 II, III deckt sich iGrds mit dem des KaufR (vgl § 434 I 1, 2, III für den Sachmangel; § 435 S 1 für den RMangel). Allerd ist in II 1 abw von § 434 I 1 der für die Mangelfreih maßg Ztpkt nicht festgelegt (dazu Rn 3). Die geringfüg sprachl Abw des II 2 von § 434 I 2 ist ohne Bedeutg, gewollt ist inhaltl Übereinstimmg (BT-Drs 14/7052 S 204). § 434 I 3 (Sollbeschaffenh aGrd öff Äußergen) ist wg der größeren Individualbezogenh des WkVertr nicht übern worden, Werbeaussagen können aber uU zu einer stillschw BeschaffenhVereinbg führen, wenn sie dem Untern erkennb für den Best von wesentl Bedeutg sind. Die Regelgen in § 434 II, § 435 S 2 haben für den WkVertr keine Bedeutg u fehlen desh in § 633. 2

2) Pflicht zur mangelfreien Herstellung (I). Die Vorschr präzisiert § 631 („Herstellg des versprochenen Wk"). Sie spricht zwar, abw von § 631 I, zur Angleichg an § 433 I 2 von „Verschaffg" des Wk, eine inhaltl Abw ist damit aber nicht verbunden (Sienz BauR **02**, 181/183). Die mangelfreie Herstellg (sa Rn 1) ist HauptPfl des Untern. *Maßgebender Zeitpunkt* ist auch im WkVertrR iGrds derj des GefÜbergangs (§ 644), dh idR der Abn (§ 640 Rn 2, 11; wicht wg der Abgrenzg des Mangels von später auftretden Verschleißerscheingen), sofern nicht Sonderfälle gegeben sind (dazu § 645 Rn 2), zB eine Abn nicht erfdl ist; jedoch können die MängelR uU schon vor Abn geltd gemacht w (Vorbem 6 ff v § 633). Dieser Ztpkt gilt sowohl hins der Istbeschaffenh des Wk wie auch hins der für die Sollbeschaffenh maßg Regeln (zB DIN-Normen), allerd können insow auch wiss od technischen Erkenntn nach der Abn herangezogen w (BGH NJW **94**, 1659). Es spielt außer bei früh GefÜberg keine Rolle, wenn der Mangel erst in der Zeit zw Herstellg u Abn des Wk entstanden ist (BGH VersR **74**, 261). Wird der Untern abschnittw jeweils getrennt beauftragt, ist die Frage der Mangelhaftigk für jede Stufe gesondert zu beurteilen (BGH **136**, 342: Arch). Mehrere Untern § 631 Rn 9 ff, § 634 Rn 18 ff. – Für vertragswidr Unvollkommenh des Wk hat der Untern unter den Vorauss der §§ 634 ff grdsätzl unabhäng davon einzustehen, worin ihre Ursache liegt, ob sie bei Ausführg der Arb erkennb waren od ihn daran ein Versch trifft. §§ 634 ff schränken die Mängelhaftg allerd ein od schließen sie hins einz MängelR aus bei Unvollkommenh, die ihre Ursache im **Verantwortungsbereich** des Bestellers haben (Kosten der NachErf, auch bei Selbstvornahme § 635 Rn 7; Rücktr § 636 Rn 6; SchadErs/AufwendgsErs s § 254; Minderg § 638 Rn 4; sa MüKo/Soergel Rn 56 zum früh R). Das ist der Fall, soweit sie auf Anweisgen des Best od von ihm gelieferte Stoffe (§ 645 I 1; dort Rn 7) od, insb beim BauVertr, auf VorArb and selbstd tät (§ 631 Rn 11) Untern zurückgeht (MüKo/Soergel Rn 57); jeweils aber nur, wenn der Untern seinen Prüfgs- u WarnPfl (§ 631 Rn 14) nachgekommen ist (Siegburg ZfBR **01**, 291). 3 4

3) Sachmangel (II). Sa Erl zu § 434. Darunter fällt jede *Abweichung der Istbeschaffenheit des Werks von seiner Sollbeschaffenheit.* Unter Beschaffenh des Wk fallen die dem Wk anhaftden Eigensch einschl der äußeren Umst, denen das Wk zwangsläuf unterliegt (§ 434 Rn 10 f), alle Faktoren, die sich auf die Verwendg des Wk (II 2!) einschl dessen Wert auswirken können. Darunter fallen insb auch die bish zusichergsfäh Eigensch (AnwK/Raab Rn 11). Entgg der (dem KaufR entlehnten) Wortwahl („Sachm") gilt § 633 II nicht nur für Wk, die in einer Sache verkörpert sind, sond auch für unkörperl Wk (Einf 1 v § 631), zB mangelh PlangsLeistgen (sa Rn 11), erhebl Verspätg eines Fluges (AG Ffm NJW-RR **96**, 238), unlautere Werbg bei WerbeVertr (Wedemayer WRP **79**, 619; sa Einf 31 v § 631). Die *Istbeschaffenheit* bestimmt sich nach dem tats Zustand des Wk im maßg Ztpkt (Rn 3). Die *Sollbeschaffenheit* richtet sich danach, was die VertrPart vereinb od bei Abschl des Vertr gemeins (auch stillschw) vorausgesetzt haben. Maßg sind also in 1. Linie die vertragl BeschaffenhVereinbgen (Rn 6). Nur soweit solche nicht vorliegen, ist in 2. Linie auf die Gebrauchstauglichk des Wk zur vorausgesetzten Verwendg, hilfsw in 3. Linie gewöhnl Verwendg des Wk einschl der übl Beschaffenh abzustellen (Rn 7). Die Sollbeschaffenh kann sich daher hins einz BeschaffenhMerkmale aus den Vereinbgen, hins anderer aus der vorausgesetzten od gewöhnl Verwendg ergeben. GestaltgsFreih bei künstlerischen Wk § 631 Rn 12, zu Geschmacksfragen Köln OLGZ **83**, 200. 5

a) Beschaffenheitsvereinbarung (II 1). Vereinb ist die Beschaffenh, wenn sie im Vertr, sei es auch nur stillschw, festgelegt ist (§ 434 Rn 13 ff). Es genügt jede verbindl Beschreibg, die allerd bei formbedürft Vertr (zB nach § 311 b) ebenf der Form bedarf. Das geschuldete Wk kann nach der Art seiner Ausführg, aber auch nach der erwarteten Leistg beschrieben sein. Bsp: dch ein LeistgsVerzeichn (näher Cuypers BauR **97**, 27; zum VOB-Vertr BGH NJW **99**, 2432), wobei bei Auftr aGrd öff Ausschreibg von deren Wortlaut auszugehen ist (BGH **134**, 245); dch eine vom Untern gefertigte Plang (BGH NJW **01**, 1642). Ist die Beschaffenh dch Funktion *und* AusführgsArt beschrieben, richtet sich die geschuldete Qualität danach, was mit der vereinb AusfArt üblicherw erreicht w kann (BGH **139**, 16); ist dadch die Funktionstauglichk des Wk nicht erreichb, ist diese gleichwohl geschuldet, allerd sind dann erfdl ZusatzArb zu vergüten bzw iR der Mangelbeseitigg als Sowieso-Kosten (§ 635 Rn 7) zu berücks (BGH **139**, 244, NJW-RR **00**, 465; näher Teichmann/Schröder JZ 6

99, 799). Zuges Eigensch sind Teil der BeschaffenhVereinbg (Rn 1), uU liegt darin auch eine GarantieÜbern (§ 634 Rn 23 ff). Zu Werbeaussagen Rn 2. – Nach bish R geht die Rspr davon aus, dass sich der Untern, sofern nicht and vereinb, idR stillschw zur Beachtg der *anerkannten Regeln seines Fachs* (sa § 641 a III 4: allgem anerk Regeln der Technik) verpflichtet, wie sie ua in Regeln des Handwerks (Düss NJW-RR **99**, 1657: Buchdruck), DIN-Normen (zur VOB/C Rn 14), europ Normen, UnfallverhütgsVorschr, VDE-Best niedergelegt sein können (BGH **139**, 16; BGH BB **85**, 1561: SicherhBestimmgen wie GSG u ProdSG, Düss NJW-RR **96**, 146: GebrTauglichkNachw; einschränkd zB Hamm NJW-RR **96**, 213: Altbausanierg). Das Wk muß dann jedenf iErg u iR der übl Verwendg (Rn 7) diesen Regeln entspr, andf liegt auch ohne SchadEintritt (Düss NJW-RR **96**, 146) ein Mangel vor. Der Untern muß ggf eine ihm günst abw Vereinbg beweisen (Mü NJW-RR **92**, 1523, Hamm NJW-RR **95**, 17), zB dass der Best trotz Hinw auf die mangelnde Erprobg (§ 631 Rn 14) den Einsatz neuer Techniken od Materialien akzeptiert hat (Brdbg ZfBR **01**, 112). Maßg sind die Regeln im Ztpkt der Abn, wobei bei Anlaß zu Zweifeln zu prüfen ist, ob veröffentl Best dem aktuellen Stand der Technik entsprechen (BGH **139**, 16: Schallschutz) od allg akzeptiert sind (Hamm NJW-RR **98**, 668). – Minderg des Werts od der Tauglichk (§ 633 I aF) sind nicht mehr Vorauss eines Mangels. Daher würde jede auch iErg *unbedeutende Abweichung* von der LeistgsBeschreibg od den anerk Regeln einen Mangel darstellen (allerd unter Ausschl von Rücktr u großem SchadErs, § 636 Rn 6, 13), nähme man in Fortführg der bish Rspr eine entspr BeschaffenhVereinbg an. Dies legt insow Zurückhaltg bei Ann einer BeschaffenhVereinbg nahe, zB stillschw Vereinbg nur hins wesentl techn Regeln bzw derj, auf die der Best ausdr od offenkund Wert gelegt hat. Gleiches gilt für Angaben im LeistgsVerzeichn.

7 **b) Verwendungseignung (II 2).** Soweit (wie häuf) eine Vereinbg zur Beschaffenh fehlt, kommt es gem II 2 auf die Funktionstüchtigk (Gebrauchsfähigk) des Wk an (vgl bereits bish BGH NJW **97**, 1772). Hierbei ist zunächst die Funktion zu bestimmen, dann die Frage der Eigng des Wk für diese zu prüfen. Ein Mangel liegt nicht nur vor, wenn die (nicht dch vertragl Vereinbg gedeckte) Beschaffenh des Wk den vorausgesetzten od gewöhnl Ertrags- od GebrWert einschränkt (sog *technischer Minderwert,* s BGH ZfBR **95**, 129; techn Regeln s Rn 6), sond auch, wenn sich eine solche Beschaffenh auf die Verkäuflichk des Wk auswirkt (sog *merkantile Minderwert;* BGH **55**, 198, NJW **86**, 428), da diese regelm zur gewöhnl Verwendg gehört. – Gem **Nr 1** ist in 1. Linie ein für die **vertraglich vorausgesetzte Verwendung,** dh die vom Best beabsichtigte u dem Untern bekannte (ggf HinwPfl des Best, Düss NJW-RR **99**, 1731) Verwendg geignetes, dh funktionstaugl u zweckentspr Wk (so schon BGH **139**, 244). Bsp: Bei einer AutoRep mangels bes Umst ein Fahrz in verkehrstücht Zustand. Einzelh § 434 Rn 20 ff. Pfl des Best zu Festleggen § 642 Rn 1. – **Nr 2** stellt hilfsw auf die Funktionstauglichk für die **gewöhnliche Verwendung,** dh die nach der Art des Wk übl Verwendg ab. Die geschuldete Beschaffenh richtet sich iF der Nr 2 danach, was bei Wken der gleichen Art übl ist u vom Best nach der Art des Wk erwartet w kann, dh nach dem dch die Verkehrssitte ausgedrückten hypothet Parteiwillen. Einzelh § 434 Rn 25 ff.

8 **c) Anderes Werk, zu geringe Menge (II 3).** Die Vorschr dehnt den AnwendsBer u damit die RFolgen-Regelg der §§ 633 ff auf die Fälle aus, in denen entw das hergestellte Wk nicht nur hins der Ausführg, sond schon hins seiner Art nicht dem geschuldeten entspricht (Falschleistg), od der Untern nicht die geschuldete Menge des vereinb Wk herstellt (Mengenfehler). Sie entspricht § 434 III. Für den WkVertr dürfte sie nur selten bedeuts sein (uU bei Verwendg and als der vereinb Materialien), da die Neuherstellg (auch nicht vertretb) bewegl Sachen, bei der solche Fallgestaltgen üblicherw auftreten, nunm in vollem Umf dem KaufR untersteht (§ 651 Rn 2). *Falschleistung* liegt vor, wenn ausgehd vom VertrZweck die hergestellte Sache nach ihrer Art u Bestimmg nicht der vertragl vereinb Sache entspr (§ 434 Rn 52). *Mengenfehler* setzt voraus, dass die Leistg als vollst Erf erbracht sein soll. Die Teilleistg (Bsp: Auftr zum Anstrich mehrerer Häuser; die Leistg wird nur hins einz Häuser ausgeführt) fällt nicht darunter, sie unterliegt bes Regeln (§§ 281 I 2, 323 V; § 281 Rn 36, aA offenb Sienz BauR **02**, 181/183). Zu Einzelh, auch hins der RFolgen, § 434 Rn 52 f.

9 **4) Rechtsmängel.** Sie können vorkommen bei den vom Untern zu beschaffden Zutaten, ferner bei Wk, deren Gebr Urh-, Patent- od sonst gewerbl SchutzR Dritter verletzen kann u daher UnterlAnspr ausgesetzt ist (zB Software, Werbemaßn oä; sa AnwK/Raab Rn 24). Sie sind nunm ausdr den Sachmängeln gleichgestellt (daher insow nunm auch Minderg mögl). Der Untern hat eine MängelbeseitiggsPfl gem I, sofern der Best das R nicht übern hat, u haftet wie für Sachmängel. Die Vorschr entspricht § 435 S 1 (Einzelh s dort).

10 **5) Beispiele** (sa § 434 Rn 60 ff): – **a) Bauwerke** u ähnl Wk. Ein *technischer Minderwert* liegt etwa in zu hoher Schadstoffbelastg aGrd Ausdünstgen des Wk (Oldbg NJW-RR **99**, 241), wobei 0,1 ppm Formaldehyd in FertHaus nicht genügen (Bambg NJW-RR **00**, 97 [Haß NZBau **01**, 122]); beschr Benutzbark eines Raumes wg zu geringer Höhe (BGH ZfBR **89**, 58); Ungeeigneth der WkLeistg als Grdl für Folgeleistgen and Untern (Köln NJW-RR **94**, 1045); geringfüg von der vertragl Vorgabe abw Bodenunebenh bei Beeinträchtigg der GebrTauglichk (BGH NJW-RR **99**, 381); Wasserdurchlässigk von Kellerwänden (Schlesw BauR **00**, 1060, Celle BauR **00**, 1073). *Merkantile Minderwert* kann sich zB aus Müllcontainer neben WohngsTerrasse ergeben (Düss NJW-RR **01**, 523). Ist eine best *Wohnfläche* vereinb, begründet die Minderfläche einen Mangel (Schlesw MDR **00**, 1071, Kblz NZBau **00**, 562, jew für zuges Eigensch). Fehlt eine ausdr Vereinbg, kann er sich aus der Funktionsminderg ergeben, wobei die BerechngsArt (dazu Kaiser BWNotZ **01**, 143) ggf AusleggsFrage ist (BGH **146**, 250/254: Dachschräge; sa § 157 Rn 17); zB bei mehr als 10% geringere Wohnfläche als im VerkProspekt angegeben (BGH NJW **97**, 2874; and uU bei 7,69% u ca-Zusatz, Nürnbg NJW-RR **01**, 82); sa Pause NZBau **01**, 603/612. *Öffentlichrechtliche Beschränkungen* können einen Mangel begründen. So, wenn das das Wk aGrd seiner Beschaffenh die Gef öffrechtl Inanspruchn begründet (Karlsr VersR **98**, 1127: Auswaschen von Schiffsfarbe). Wenn für ein als Laden/Cafe bezeichn TeilEigt zu wenig Plätze für rentablen Betr zugelassen sind (BGH NJW **01**, 3476). Übernimmt der Untern die Verpfl zum Nachw der baurechtl Unbedenklichk, ist das Wk bis zum Nachw als fehlerh anzusehen (BGH NJW **81**, 112: Dübelkonstruktion). Dagg fällt die Bebaubark des Grdst bei einem einfachen BauVertr grdsätzl in die Risikosphäre des Best (Düss NJW-RR **00**, 310: Grenzgarage). Ist *schlüsselfertige Errichtung* eines BauWk vereinb, schuldet der Untern ein funktionstaugl Wk; er muß ggf die erfdl Informationen einholen (BGH NJW **01**, 2167: Entwässerg; Düss NJW-RR **96**, 533: fehlde Nutzschicht auf Hallenfußboden).

b) Architekt, Sonderfachleute: Ihre Leistgen müssen funktionstaugl sein u grdsätzl den allg anerk Regeln entsprechen. Beim Arch sind sie mangelh zB bei fehlder GenFähigk aus techn, bauordngs- od bauplangsrechtl Grd (Mü NJW-RR **92**, 788); unterlassenen LärmschutzMaßn bei BauPlang (BGH DB **75**, 1263). Baumängel, die auf mangelh Erf der (auch Hinw- u Überwachgs)Pfl (§ 631 Rn 20 ff) beruhen, sind Fehler des ArchWk (BGH **42**, 16 u NJW **94**, 2825). Das ist der Fall, wenn die geplante Ausführg notw zu einem Mangel des BauWk führen muß (BGH **48**, 310 u NJW **71**, 92), auch wenn der Arch dem BauUntern die Nachprüfg seiner AusführgsZeichngen übertr hat (BGH WM **71**, 101). Ebso, wenn die Mängel iR der Bauleitg dch unzureichde Kontrolle der Plang eines and Arch (Düss NJW-RR **98**, 741) od dch fehlerh Erf der BauAufs verursacht sind (BGH WM **71**, 680, VersR **74**, 261, Mü NJW-RR **88**, 336: BetonArb; Celle NJW-RR **95**, 1486: fehlerh Deckenaufhängg). Der Arch schuldet meist nicht die (nicht mehr mögl) konkr NachErf, sond SchadErs (§ 634 Rn 8, § 635 Rn 8). Diese Grds gelten auch für vergleichb Leistgen des Baubetreuers (Mü BauR **99**, 399), Statikers (Stgt MDR **69**, 49: Statikfehler als BauWkMangel) od Ing (sa Einf 27 v § 631). 11

c) EDV (sa § 434 Rn 80 ff, Einf 22 v § 631): Den gewünschten Erfolg, dh den vorausgesetzten Gebr u die dazu erfdl SoftwareLeistgen hat der Best festzulegen (§ 642 Rn 1). Fehlen nähere Angaben, ist eine Lösg entspr dem Stand der Technik bei mittlerem AusführgsStandard geschuldet (Düss NJW-RR **98**, 345). Systembdgte Gegebenh od Eigenarten schaden nicht (Köln NJW-RR **95**, 1460). Dagg sind tauglichkmindernde Softwarefehler ein Mangel (BGH **102**, 135), auch wenn sie dch vom Untern erkannte, aber nicht monierte unzureichde Angaben des Best verursacht sind (sa Rn 4); denn der Untern hat aGrd seines Know-how an der Formulierg der Aufgabenstellg mitzuwirken, Vorschläge zur Problemlösg zu machen (Köln NJW-RR **99**, 51) u von ihm benötigte zusätzl Angaben anzufordern (Köln NJW **96**, 1067; sa § 631 Rn 14). Je nach VertrInhalt können Mängel sein: fehlerh (auch kaum verständl) od fehlde Dokumentation/Programmbeschreibg (Saarbr NJW-RR **97**, 558, Beckmann CR **98**, 519; sa § 640 Rn 7), geschuldet ist bei Herstellg von Individualsoftware idR als HauptPfl Überlassg einer für die Arb mit dem Programm taugl Benutzerdokumentation nach Herstellg des Wk (BGH NJW **01**, 1718), ob auch des Quellprogramms einschl der HerstDokumentation ist ggf AusleggsFrage (BGH NJW **87**, 1259, sa Oldbg CR **95**, 662, Köln CR **99**, 11); Funktionsunfähigk der DatenSichg bei Implementierg eines Programms (BGH **133**, 155); ungenügde Druckgeschwindigk od Speicherkapazität einer EDV-Anl (KG CR **90**, 768, CR **91**, 154); mangelnde Eigng zur Bearbeitg 4-stelliger Jahreszahlen („Jahr-2000-Problem“; Lpzg NJW **99**, 2975, sa Klett/Redelfs BB **99** Beil 10, Spindler DB **99**, 1991); vom Untern verursachter Virenbefall (Schneider/Günther CR **97**, 389) od ungenügde WartgsArb (Mü CR **89**, 283; sa Einf 22 v § 631, Kühnel/Ulbrich BB **98**, 2585, Nietzer/Stadie MDR **99**, 396). Bei Mängeln von Standard-Software wird nach Angleichg der MängelhaftgsVorschr nunm die Anwendg des KaufR gerechtf sein (aA noch BGH NJW **90**, 320, Steckler WiB **95**, 729; sa BGH DB **93**, 1871, Kort DB **94**, 1505, Müller-Hengstenberg NJW **94**, 3128). Der Untern hat, außer bei Pilotprojekten, wohl auch für technisch unvermeidb Mängel zu haften, wenn sie den vertragl vorausgesetzten Gebr mindern (ähnl Müller-Hengstenberg CR **89**, 900; sa Heussen CR **88**, 986/991, Bömer CR **89**, 361), unter Einräumg einer längeren Testphase bei komplexen Systemen (Düss CR **92**, 724). 12

d) Sonstiges. Fehlde Schlüssigk eines GA kann ein Mangel sein (Ffm OLGR **99**, 371). 13

6) VOB/B Gem **§ 1 I 2** gelten die Regeln der **VOB/C** als VertrBestandt, sie konkretisieren die LeistgsPfl des Untern in techn Hins (Rn 6, sa Einf 5 v § 631). **§ 4 Nr 2** verpflichtet den Untern zur Einhaltg der anerk Regeln der Technik (dazu Stammbach BauR **98**, 482). **Während der Ausführung** kann Best nach **§ 4 Nr 7** S 1 die Ersetzg mangelh dch mangelfreie Leistgen verlangen. S 2 gewährt unter best Vorauss SchadErs (§ 634 Rn 28). Gem S 3 iVm § 8 Nr 3 kann der Best nach Ablauf einer NachFr zur Mängelbeseitigg mit KündAndrohg dem Untern den Auftr entziehen, Folgen wie § 8 Nr 3; ErsVornahme der Mängelbeseitigg nur nach AuftrEntziehg (BGH NJW-RR **98**, 235) od wenn der Untern die FertStellg endgült verweigert (BGH NJW **00**, 2997, aA Klein BauR **00**, 1863). **Nach der Abnahme** gilt **§ 13.** *Nr 1* statuiert die ErfPfl des Untern wie § 633 I aF, verlangt daher für einen Mangel iGrds Minderg des Wertes od der Tauglichk für den gewöhnl od vertragl vorausgesetzten Gebr. Ausn: Einhaltg der anerkannten Regeln der Technik, sonst ist das Wk auch ohne Minderg der GebrFähigk mangelh (Köln NJW-RR **94**, 1431). *Nr 2* enthält Regeln für den Fall der Leistg nach Probe. Nach *Nr 3* wird der **Unternehmer von der Gewährleistung frei** für Mängel, die zurückzuführen sind auf die LeistgsBeschreibg, Anordngen des Best, von diesem gelieferte od vorgeschr Stoffe od Bauteile, die Beschaffenh der Vorleistg eines and Untern, außer iF unterlassenen Hinw auf Bedenken gem § 4 Nr 3 (vgl § 631 Rn 28). Sind Mängel sowohl darauf wie auf fehlerh Arb des Untern zurückzuführen, ist die Gewl entspr §§ 242, 254 begrenzt (Saarbr OLGZ **71**, 164; sa § 635 Rn 7). 14

634 *Rechte des Bestellers bei Mängeln.* **Ist das Werk mangelhaft, kann der Besteller, wenn die Voraussetzungen der folgenden Vorschriften vorliegen und soweit nicht ein anderes bestimmt ist,**

1. nach § 635 Nacherfüllung verlangen,
2. nach § 637 den Mangel selbst beseitigen und Ersatz der erforderlichen Aufwendungen verlangen,
3. nach den §§ 636, 323, und 326 Abs. 5 von dem Vertrag zurücktreten oder nach § 638 die Vergütung mindern und
4. nach den §§ 636, 280, 281, 283 und 311 a Schadensersatz oder nach § 284 Ersatz vergeblicher Aufwendungen verlangen.

1) Allgemeines. Die dch *Art 1 I Nr 38 SMG* eingefügte Vorschr (dazu BT-Drs 14/6040 S 261, 14/7052 S 204) hat im bish R keine Entsprechg. Sie regelt eigenständ die R, die dem Best bei Mängeln des Wk (§ 633) zustehen. Die Vorschr geht, entspr der Konzeption des neuen R, davon aus, dass die Verschaffg eines mangelfr Wk eine Pfl des Untern darstellt (Vorbem 1 v § 633). Wird diese Pfl verletzt, soll iGrds das allg LeistgsStörgsR gelten, das allerd gem den Besonderh des WkVertr ergänzt u modifiziert wird. Ein im eigentl 1

Sinn selbstd GewlR gibt es nicht mehr. Die Vorschr verweist desh hins der Vorauss u des Inhalts der einz R des Best zT auf die Vorschr des allg LeistgsStörgsR (Nr 3 – Rücktr; Nr 4 – SchadErs, AufwErs), die aber dch bes Best des WkVertrR (§ 636) ergänzt w. ZT begründet sie zus mit and Best des WkVertrR zusätzl R des Best (Nr 1 – Nacherfüllg, § 635; Nr 2 – Selbstvornahme, § 637; Nr 3 – Minderg, § 638). Alle MängelR des Best werden einer bes VerjährgsRegelg unterworfen (§ 634 a). – Führt der Best den Mangel gezielt herbei, ist die GeltdMachg **unzulässige Rechtsausübung** (BGH **127**, 378: WertGA; sa § 635 Rn 13), soweit die Mängelhaftg nicht ohnehin ausgeschl ist (§ 633 Rn 4). – **Anwendungsbereich, Verhältnis zum allgemeinen Leistungsstörungsrecht** Vorbem 2 ff v § 633. *Zeitliche Geltung* der Neuregelg dort Rn 5. Allg zum neuen MängelhaftgsR dort Rn 1.

2 **2) Die einzelnen Mängelrechte und ihr Verhältnis zueinander.** Es handelt sich teils um Anspr (NachErf, AufwendgsErs u Vorschuss hierfür, SchadErs u AufwendgsErs gem § 284), teils um GestaltgsR (Rücktr, Minderg), teils um Befugn (Selbstvornahme). Diese R stehen ab Eingreifen der Mängelhaftg (Vorbem 6 ff v § 633) iGrds in einem *Stufenverhältnis:* Der Best hat zunächst nur den NachErfAnspr gem § 635. Weitergehde R hat er idR nur, nachdem er dem Untern eine angemessene Fr zur NachErf gesetzt (ihm eine „2. ErfüllgsChance" gegeben) hat u diese ergebnisl verstrichen ist. Dann kann er nach seiner Wahl (elektive Konkurrenz, § 262 Rn 6) den Mangel selbst beseitigen (Nr 2) od den WkLohn mindern (Nr 3) sowie iGrds vom Vertr zurücktreten (Nr 3) od SchadErs statt der Leistg (Nr 4) bzw Ers vergebl Aufwendgen (Nr 4) verlangen. Ist daher ungewiß, ob die bes Vorauss für eine GeltdMachg dieser R ohne FrSetzg vorliegen, wird der Best zweckmäß zunächst zur FrSetzg greifen. Die Fr kann auch ohne Abn gesetzt w, wenn die Mängelhaftg ausnahmsw vorher eingreift (Vorbem 7 v § 633). – Der Untern kann seiners verlangen, dass ihm der Best vor GeltdMachg and MängelR Gelegenh zur NachErf gibt. Es gelten die Grds zur *Mitwirkung* des Best (§ 642 Rn 1 f; sa § 323 Rn 15, § 636 Rn 4; and [Recht des Untern] Sienz BauR **02**, 181/188, zum KaufR Boerner ZIP **01**, 2264/2269 mwN). Nach Ablauf der ihm ordngsgem gesetzten NachErfFrist besteht eine solche Obliegenh des Best iGrds nicht mehr, ebsowen wenn die FrSetzg zur Ausübg der sonst MängelR entbehrl ist (§ 636 Rn 5, 10, § 637 Rn 4), zB gem § 636. Denn dann liegt es in der Hand des Best, welches MangelR er geltd machen will. Der Best kann dem Untern zwar weiterhin die NachErf gestatten, eine Obliegenh hierzu besteht aber allenf noch (weitere Ausn uU nach § 242), wenn er weiterhin auf NachErf besteht. Der Best ist jedoch gehalten (§ 242), sich in angem Zeit nach FrAblauf zu entscheiden, welche MängelR er geltd machen will.

3 **a) Nacherfüllungsanspruch (Nr 1, § 635).** Er ist, wie jetzt auch in der Wortwahl zum Ausdr kommt, ein (modifizierter) ErfAnspr (Teichmann ZfBR **02**, 13; BGH NJW **76**, 143 u **99**, 1105 zum früh R; sa § 633 II 3). Währd der urspr ErfAnspr allg auf Herstellg des fehlerfreien Wk geht, beschränkt er sich mit Abn auf das als Erf angenommene Wk (Vorbem 8 v § 633). Das WahlR zw Mängelbeseitigg u Neuherstellg steht nunm ausschl dem Untern zu (§ 635 III). Ledigl iErg besteht uU ein Anspr auf Neuherstellg, wenn der Mangel auf and Weise nicht zu beseitigen ist u der Untern die Mangelbeseitigg nicht verweigern kann (BT-Drs 14/6040 S 265; sa BGH **96**, 111). Der NachErfAnspr gibt dem Best ein ZbR gg den VergütgsAnspr des Untern (§ 641 III). Er entfällt unter den Vorauss der §§ 275, 635 III. Er erlischt mit Ausübg des Rücktr- od MindR (Rn 5). Ebso mit dem Verlangen auf SchadErs statt Leistg (§ 281 III; Rn 7). Der Best kann neben der NachErf Ers für von dieser nicht erfaßte Schäd verlangen (§ 280), unter den Vorauss des § 286 auch solche wg Verzugs (Rn 8). Verhältn zum SelbstvornahmeR Rn 4. Weitere Einzelh s § 635.

4 **b) Selbstvornahme (Nr 2, § 637).** Dch sie kann der Best nach FrSetzg (Ausn § 637 II) u erfolgl FrAblauf den Mangel auf Kosten des Untern beseitigen, er kann hierfür Kostenvorschuß verlangen. Dieses R tritt zunächst neben den NachErfAnspr. Der Best muß es auch nach Ablauf der gesetzten Fr nicht ausüben. Er kann aber nicht gleichzeit NachErf u Kostenvorschuß verlangen. Der Untern kann nicht mehr verlangen, dass ihm die NachErf (Beseitigg des Mangels) gestattet wird (§ 637 Rn 5). Der Best kann neben der Selbstvornahme Ers für von dieser nicht erfaßte Schäd verlangen (§ 280), unter den Vorauss des § 286 auch solche wg Verzugs (Rn 8); and, wenn die FrSetzg unterblieben ist, bei Schäd, die dch NachErf des Untern hätten beseitigt w können (vgl BGH NJW-RR **88**, 208). Gelingt die Mängelbeseitigg nicht od nicht vollst, kann der Best weiterhin auf Minderg, Rücktr od SchadErs statt der Leistg übergehen, wenn deren Vorauss vorliegen; hat er das Mißlingen zu vertreten, sind § 280 I 2, § 323 VI Hs 1 zu beachten. Einzelh § 637.

5 **c) Rücktritt und Minderung (Nr 3, §§ 636, 638)** erfolgen, and als nach bish R Wandelg u Minderg, dch Ausübg eines GestaltgsR. Diese *Gestaltungsrechte* entstehen grdsätzl erst nach Ablauf einer zur NachErf gesetzten angem Fr (zu den Ausn § 636 Rn 5). Bis zur Ausübg des GestaltgsR hat der Best das volle WahlR zw GeltdMachg des NachErfAnspr, dem auf seiner Grdl bestehden SelbstvornahmeR, dem Anspr auf SchadErs, auch solchem statt der Leistg, dem RücktrR u dem MindR; das gilt auch nach Ablauf einer gesetzten Fr (and bish § 634 I 3 aF). Die Erhebg der MängelEinr (§ 634 a Rn 23) im VergütgsProz ist noch keine Ausübg des GestaltgsR u berührt daher das WahlR nicht (sa BGH NJW **91**, 2630 zum bish R). Die *Ausübung des Rücktrittsrechts* (§ 349) wandelt das SchuldVerh in ein Abrechngs- u AbwicklgsVerhältn um; (Nach)ErfAnspr, SelbstvornahmeR (einschl der FolgeR) u MindergsR erlöschen. Der Best kann weiterhin SchadErs verlangen (§ 325), insb auch SchadErs statt Leistg (§§ 281, 283, 311 a) geltd machen (§ 325 Rn 2) od den VerzugsSchad (Rn 8). Gleiches gilt für den AufwendgsErs (§ 284). Einzelh zum RücktrR § 636 Rn 2 ff. Die *Ausübung des Minderungsrechts* wandelt das SchuldVerh ebenf um. (Nach)ErfAnspr, SelbstvornahmeR u RücktrR erlöschen; auch SchadErs statt Leistg bzw AufwendgsErs (§ 284) kann der Best nicht mehr verlangen, da sein ErfAnspr erloschen ist u eine dem § 325 vergleichb Vorschr fehlt (§ 325 Rn 23; einschr Teichmann ZfBR **02**, 13/17, aA AnwK/Raab Rn 13). Dies alles aber nur hins der Mängel, die mit der Minderg geltd gemacht w. Sonst SchadErsAnspr (Rn 8, 9) bleiben unberührt. Einzelh zum MindergsR § 638.

6 **d) Schadensersatzansprüche (Nr 4, § 636).** Sa § 437 Rn 32 ff. Der Untern verletzt dadch, dass er dem Best ein mangelh Wk verschafft, iGrds seine VertrPfl (Rn 1). Er ist gem § 280 I 1 zum SchadErs verpflichtet, außer wenn er die PflVerl nicht zu vertreten hat (§ 280 I 2). §§ 633 ff gelten iGrds erst nach Abn des Wk (Einzelh Vorbem 6 ff v § 633) für Anspr auf Ers von Schäd, die ihre Ursache in dem Mangel haben, ohne dass

es auf die bish Unterscheidg zw MangelSchäd u MangelfolgeSchäd bzw zw § 635 aF u pVV ankäme (§ 280 Rn 18). Jedoch sind, sow der SchadErs an die Stelle des ErfAnspr tritt (SchadErs statt der Leistg), die bes Regelgen der §§ 281, 283 zu beachten (§ 280 III). Für anfängl LeistgsHindern enthält § 311 a einen bes Regelg, die ebenf auf SchadErs statt Leistg gerichtet ist. Näher zur Systematik Vorbem 10 ff v § 275. Es sind folgde Fallgruppen zu unterscheiden, wobei die Abgrenzg iE erhebl Probleme aufwerfen kann (Dauner-Lieb/Dötsch DB **01**, 2535/2536):

aa) Schadensersatz statt der Leistung aufgrund eines Mangels (§§ 281, 283, 311 a). Er tritt an die Stelle des ErfAnspr u erfaßt die sog Mangelschäden, dh in der Sache selbst liegde Schäden, die iF gelungener NachErf nicht entstanden wären (RepKosten, Minderwert; Abgrenzg iE Rn 8). Der NachErfAnspr erlischt mit der GeltdMachg des SchadErs (§ 281 IV), sofern der SchadErsAnspr nicht ohnehin das Fehlen der LeistgsPfl voraussetzt (so iF von §§ 283, 311 a). Spätestens ab diesem Ztpkt entfällt damit auch das SelbstvornahmeR. Auch ein MindR ist nicht mehr gegeben (sa Rn 5); ggf ist der Minderwert der Leistg iR des SchadErs zu berücks. Dagg bleibt das RücktrR des Best bestehen (wie umgekehrt der SchadErsAnspr iF des Rücktr, Rn 5). Einzelh zum SchadErsAnspr statt Leistg § 636. 7

bb) Ersatz sonstiger durch einen Mangel verursachter Schäden (§ 280 I). Es handelt sich insb um die (bish nahen u entfernten) MangelfolgeSchäd an and RGütern des Best (§ 280 Rn 18), ferner um alle Schäd, die dch die NachErf nicht erfaßt w (§ 635 Rn 4, 6) u auch dch (gelungene) NachErf des Untern nicht beseit w können (eingehd § 280 Rn 18, 20; Grd: FrSetzg ist in diesen Fällen sinnl; sa AnwK/Raab § 636 Rn 36, 39). Hierher gehören zB: NutzgsAusfall; Gewinnentgang; Gutachterkosten (BGH NJW **02**, 141); nicht mehr behebb Schäd iZshg mit einem BauWk infolge mangelh ArchLeistg; der dch die Dauer der NachErf über die FertigstellgsFr hinaus verursachte VerzögergsSchad (s aber auch § 281 Rn 17, AnwK/Raab § 636 Rn 30); uU auch die Beseitigg des mangelh Wk. Der Best kann diese Schäd ohne Einschrkgen neben den sonst R gem § 634 (NachErf, Selbstvornahme, Rücktr, Minderg) geltd machen. Verj gem § 634 a unabhäng davon, ob es sich um einen nahen od entfernten MangelfolgeSchad handelt (dort Rn 5, auch zu evt Einschrkgen). Vorauss u Inhalt des ErsAnspr s Erl zu § 280. VerzögergsSchäd können nur unter den Vorauss der §§ 280 II, 286 geltd gemacht w, soweit sie nicht in den Anspr gem § 281 einbezogen w (§ 281 Rn 17). 8

cc) Schäden, die nicht mit einem Mangel zusammenhängen. Beruhen sie auf einer PflVerl des Untern, die dieser zu vertreten hat, bestehen ebenf SchadErsAnspr aus § 280 (sa § 631 Rn 17). Sie können unabhäng von den R nach §§ 633 ff geltd gemacht w u unterliegt nicht den für diese geltden Regeln, auch wenn eine Verl leistgsbezogener NebenPfl vorliegt; insb gilt für ihn die RegelVerj gem §§ 195, 199 (§ 280 Rn 22, § 634 a Rn 6). Vorauss u Inhalt des ErsAnspr s Erl zu § 280. Bsp (sa § 280 Rn 23): schuldh Verl einer NebenPfl (§ 631 Rn 13 ff), die nicht zu einem Mangel führt (§ 633 Rn 4), häuf einer nicht leistgsbezogenen Pfl; so bei VermögensSchäd aGrd mangelh Aufklärg (BGH DB **89**, 1406) od Verurs von Schäd bei Dritten, die der Best ersetzen muß (BGH NJW **89**, 1922); bei VerzögergsSchäd (§§ 280 II, 286), soweit sie nicht auf Mängel zurückzuführen sind. 9

e) Aufwendungsersatzanspruch (Nr 4, § 636). Da er an die Stelle des Anspr auf SchadErs statt Leistg tritt (§ 284), gelten hins der Vorauss dieselben Grds wie bei diesem (Rn 7, § 636 Rn 9 ff). Bsp für frustrierte Aufwendgen: bereits angefallene Kosten des Bauherrn, wenn BauWk aus vom Untern zu vertretden Grd nicht errichtet w kann. 10

f) Prozessual handelt es sich bei der GeltdMachg der versch MängelR um versch StreitGgst (Dresd NJW-RR **00**, 1337). Auch der Übergang vom VorschußAnspr (§ 637 III) auf einen SchadErsAnspr ist KlÄnderg (BGH NJW-RR **98**, 1006, aA Brdbg NJW-RR **01**, 386, jew zum fr R). Der Best kann aber primär SchadErs verlangen, hilfsw für den Fall, dass dessen Vorauss (zB § 281 II) nicht vorliegen, NachErf (BGH NJW **76**, 143). 11

g) Beweislast. Macht der Best *Mängelansprüche* (AufwendgsErs, Vorschuß, SchadErs) geltd, trifft ihn die BewL hins aller Vorauss, auch des Mangels (§ 633, BGH NJW **02**, 223; dh Sollbeschaffenh u die Abweichg davon, Saarbr NZBau **01**, 329). And gilt, wenn der Mangel, zB dch NachbessergsVersuche, anerkannt ist (BGH NJW-RR **98**, 1268), od die Sichg der BewGrdl zu den Pfl des Untern gehört (BGH **133**, 155: DatenSichgsProgramm). An die Darlegg des Umfangs sind beim Vorschuß geringere Anfdgen zu stellen (BGH NJW-RR **01**, 739). – Wendet der Best MängelR einredew im *Vergütungsprozeß* ein, hat er den Mangel (§ 633), vor Abn ggf auch die Unvollständigk des Wk darzutun; im Bau- u ArchProz genügt hierfür die hinreichd genaue Bezeichng der Mangelsymptome (§ 635 Rn 3, BGH **136**, 342, NJW-RR **00**, 309). Zu beweisen hat vor Abn od iF der Abnahmeverweigerg grdsätzl der Untern die Mangelfreih des Wk (BGH NJW-RR **99**, 347); nach Abn wg § 363 der Best den Mangel, soweit er nicht vorbehalten ist (§ 640 II, BGH NJW-RR **97**, 339; str, s Marbach/Wolter BauR **98**, 36). – Abw Vereinbgen sind zul (Grenze § 309 Nr 12). 12

3) Berechtigter, Mehrheit von Bestellern. Zur Ausübg aller R aus § 634 ist nach dem Wortlaut der Vorschr der Best bzw sein RNachf berechtigt. – **a)** Schließt eine **Personenmehrheit** gemsch einen WkVertr ab, sind für die GeltdMachg von MängelR die für das jew GemschVerh im AußenVerh maßgebden Grds heranzuziehen (zB VertretgsMacht bei der GbR). Bei MitEigt gilt für den NachbessergsAnspr § 744 II (Düss NZBau **00**, 381). Die GestaltgsR können nur von allen Best gemeins ausgeübt w (Rücktr § 351 S 1; Minderg § 638 II, dort Rn 3), ggf aGrd VertretgsMacht für die Gemsch od Vollm. 13

b) Wohnungseigentum. Hier ergeben sich Besonderh, insb wenn an dem GesWk (Wohnanlage) auf der Bestellerseite die WohngsEigtümer, wie häuf bei Errichtg u Ersterwerb, auf der Grdl einz getrennt mit dem Untern abgeschl Vertr beteiligt sind. – **aa) Sondereigentum.** Mängel, die nur dieses betreffen, kann jeder WohngsEigtümer selbstd geltd machen. – **bb) Gemeinschaftseigentum.** Bei Mängeln hieran hat zwar der einz WohngsEigtümer aus dem jeweil Vertr mit dem Baubeteiligten einen ind Anspruch auf mangelfreie WkLeistg auch bezogen auf das ges GemschEigt (BGH **114**, 383); hins der Berechtigg zur GeltdMachg der MängelAnspr ist aber zu unterscheiden (zusfassd Pause NJW **93**, 553 zum früh R): – Die Anspr iR der **Mängelbeseitigung** (NachErf, Ers der Selbstvornahmekosten u Vorschuß dafür, §§ 635, 637; sa BGH **68**, 372/377) sowie auf Zahlg aGrd einer GewlBürgsch (BGH NJW **92**, 1881) kann schon vor seiner Eintr im GB (Ffm NJW-RR **93**, 339) der einz WohngsEigtümer (= Ersterwerber; Zweiterwerber nur bei Abtr der Anspr 14 15 od, zu vermutder, Ermächtigg, BGH NJW **97**, 2173), auch bei Mängeln außerh des räuml Bereichs seines SonderEigt, mit dem Verlangen der Leistg an sich geltdmachen (BGH NJW **88**, 1718); ebso das ZbR gem § 641 III (BGH NJW **84**, 725). Grd: der restl ErfAnspr (Rn 3) gründet im Vertr des Veräußerers (= Untern) mit dem einz WohngsEigtümer. Das BeseitiggsVerlangen stimmt mit den Interessen der EigtümerGemsch überein u beeinträchtigt die schutzwerten Interessen des Veräußerers nicht unzumutb, weil alle (Mit)Eigtümer primär nur diesen MängelbeseitiggsAnspr haben (BGH **74**, 259, NJW **85**, 1551). Das gilt auch, wenn der Veräußerer die ihm gg and Untern zustehden MängelR der EigtümerGemsch übertr hat (BGH DB **80**, 204 zum früh R). Die Eigtümer können aber dch MehrhBeschl den Anspr zu einer gemschaftl Angelegenh machen (BayObLG NJW-RR **00**, 379) u ihn so einheitl u gemschaftl verfolgen od den Verw ermächtigen, ihn im eig Namen geltd zu machen (BGH **81**, 35). – Auf **Rückgängigmachung** seines Vertr gerichtete Anspr (Rücktr, SchadErs statt Leistg) kann jeder Erwerber (WohngsEigtümer) selbstd geltd machen. Sie betreffen das gemschaftl Eigt nicht, ggf tritt an die Stelle des Erwerbers wieder der Veräußerer (BGH **74**, 259).

16 – Die verbleibden MängelR **Minderung** u kleiner (dh nicht auf Rückgängigmachg gerichteter) **Schadensersatz** sind gemschbezogen. Das WahlR zwischen ihnen steht grdsätzl nur der EigtümerGemsch zu (BGH NJW **98**, 2967). Hat sie hierüber (mit Mehrh, WEG 21 I, V Nr 2) entschieden, kann sie den Verw od einen MitEigtümer ermächtigen, das gewählte R im eig Namen auszuüben bzw zur Leistg an den Verw bzw an alle MitEigtümer (BGH NJW **92**, 1881) od den MitEigtümer selbst (erweiterte Ermächtigg, BGH NJW-RR **00**, 304) geltd zu machen, auch bei Ineinandergreifen von Mängeln an Gemsch- u SonderEigt (BGH BauR **86**, 447). Hat sich die Gemsch für Minderg entschieden, kann sie es dem einz Eigtümer überlassen, ob u in welchem Umfang er dieses R ausübt bzw einen evt RückzahlgsAnspr (§ 638 IV) entspr seinem Anteil am GemschEigt selbst durchsetzt (sa BGH NJW **83**, 453 zum früh R). Der überstimmte Eigtümer kann nicht mehr Mangelbeseitigg verlangen (Düss NJW-RR **93**, 89). Hat sich die Gemsch für SchadErs entschieden, kann der einz Eigtümer Ers der ges (nicht nur anteil) zur Mängelbeseitigg erfdl Kosten verlangen, wenn die (mangelh) Leistg hins des ges BauObj geschuldet war, unabhäng davon, ob sich der Mangel nur auf das SonderEigt od auf das GemschEigt auswirkt (BGH **141**, 63: Bauaufsicht des Arch); er kann Zahlg an die Gemsch verlangen auch wenn die Anspr der übr WohngsEigtümer verj sind, Zahlg an sich selbst nur aGrd erweiterter Ermächtigg (BGH **114**, 383). Ausn (selbstd GeltdMachg dch einz Eigtümer) gelten, wenn die Interessen der Gemsch an der DchSetzg des gemschbezogenen Anspr u des Untern an einer übersichtl HaftgsLage nicht berührt sind (BGH **110**, 258: Minderg od Ers des Minderwerts bei nicht behebb Mangel, der sich nur auf das SonderEigt auswirkt; NJW **02**, 140: endgült Verweigerg der Nachbesserg; Dresd BauR **01**, 1276: SchadErs für GAKosten).

17 **c) Übertragung der Rechte.** Der NachErfAnspr u seine Surrogate gem § 637 (Rn 4; BGH **96**, 146) wie auch die SchadErsAnspr (Rn 6 ff) sind grdsätzl abtretb (sa § 399 Rn 4), auch wenn das Wk nicht mitveräußert wird; VerjährgsUnterbrechg dch Zedenten wirkt auch für den Zessionar (§ 404; Köln BauR **99**, 259). Auch die GestaltgsR (Rücktr, Minderg) können an einen Dritten, insb den Erwerber eines Grdst od einer EigtWohng, übertragen w (§ 413 Rn 7) od ihm zur Ausübg überlassen w. Hat der Bauträger seine MängelAnspr gg die von ihm beauftragten BauUntern an den GrdstErwerber abgetreten, so kann er die Anspr mit Ermächtigg des Erwerbers auch ohne Rückabtretg im eig Namen aGrd ProzFührgsBefugn gg den BauUntern einklagen (BGH **70**, 389). ZbR des Best wg NachErfAnspr bei Abtretg der MängelR § 641 Rn 10. Vertragl AufrVerbote § 309 Rn 17.

18 **4) Verpflichteter, Mehrheit von Unternehmern.** S zunächst § 631 Rn 9–11. Auszugehen ist von dem Grds, dass sich die MängelR immer nur gg den VertrPartner richten, in dessen LeistgsBer der Mangel fällt. – **a)** Ist nur **ein Werkvertrag über das Gesamtwerk** geschl (§ 631 Rn 9, 10), ist dem Best der HauptUntern die ArbGemsch verantwortl, nicht der Subuntern. Bei PersMehrh auf UnternSeite können die GestaltgsR nur ggü allen ausgeübt w (für Minderg § 638 II, dort Rn 3; für Rücktr § 351 S 1). Bei PersGesellsch richtet sich der Anspr auch unmittelb gg den haftden Gter (BGH **73**, 217: oHG, NachErfAnspr). Zur HaftgsBeschrkg bei Abtr der Anspr gg den Subuntern (sog *Subsidiaritätsklauseln*) § 639 Rn 10.

19 **b)** Werden **mehrere Unternehmer nebeneinander** aGrd selbstd WkVertr tät (§ 631 Rn 11), kommt, auch wenn die mögl Mangelursache in den Arb- od GefBereich mehrerer fällt, grdsätzl weder eine entspr Anwendg des § 830 I 2 noch mangels ZweckGemsch eine gesschuldner Haftg in Betracht (Düss NJW-RR **98**, 527; iErg ähnl v Craushaar Jahrbuch BauR **99**, 115); der Best muß dem in Anspr gen Untern nachweisen, dass dessen Leistg mangelh u ggf für den Schad (mit)ursächl ist (BGH BauR **75**, 130), was sich auch aus der Pfl zur Prüfg der Leistg des and Untern ergeben kann (§ 631 Rn 14, § 633 Rn 4); and uU, wenn eine einheitl Leistg zu erbringen u die Nachbesserg gemeins vorzunehmen ist (Hamm NJW-RR **96**, 273; Rn 20). Wird der Mangel dch absprachewidr Verh eines Untern verursacht, fällt er diesem zur Last (Ffm NJW-RR **95**, 1488). Bessert ein Untern wg des Mangels nach, dessen Beseitigg (auch) ein and schuldet, hat er Anspr aus GoA gg diesen (Hamm NJW-RR **91**, 730 u **92**, 849), nicht gg den Best (Vorbem 16 v § 633). – Für das Verh
20 der MängelR gg **Architekten, Sonderfachleute und Bauunternehmer** gilt: – **aa) Außenverhältnis zum Besteller** (AuftrG). Kein GesSchuldVerh hins der vertragl übern Leistgen, da diese nicht ident (BGH GrZS **43**, 230) sind. GesSchuldVerh jedoch im Hinbl auf ihre planmäß rechtl ZweckGemsch, näml soweit sie wg des selben WkMangels SchadErs in Geld schulden u eine Aufteilg nach VerursBeitr nicht mögl ist (BGH ZfBR **95**, 83). Ebso, wenn Arch u BauUntern jew dem Best wg desselben Mangels zu Beseitigg od SchadErs verpflichtet sind u die Leistg des einen dem and zugute kommen kann (BGH **51**, 275; NJW-RR **01**, 380: mangelh BauAufs). So sind plander u bauleitder Arch (Köln NJW-RR **97**, 597) od Arch u Statiker GesSchu, soweit sie wg des näml BauWkMangels auf SchadErs in Geld haften (BGH VersR **71**, 667). Ist ein Sonderfachmann (Einf 27 v § 631) beauftragt, haftet der Arch nur für seinen eig LeistgsBereich (Kblz NJW-RR **97**, 595), so, wenn er ihn im eig Namen zur Erf eig Pfl beauftragt hat (BGH NJW **97**, 2173); sonst für ihm obliegde (unzureichde) Vorgaben, für Überprüfg iR der von ihm zu erwartden Kenntn, ggf auch für fehlerh Auswahl (Köln NJW-RR **98**, 1476). Das gilt zB im Verh Arch/Statiker (BGH **LM** § 645 Nr 21) u umgekehrt (Köln NJW-RR **86**, 183). Der Arch ist, auch bei Oberleitg u örtl BauAufs, nicht verpflichtet, den vom Bauherrn beauftragten Statiker hins dessen eigentl Leistgen zu beaufsichtigen. Bemerkt er aber Fehler, muß er eine Nachprüfg veranlassen (BGH VersR **64**, 1045, **67**, 260). Auch muß er prüfen, ob der Statiker von den

tats gegebenen Verh ausgegangen ist (BGH VersR **71**, 667), u überwachen, dass die Vorgaben der vom Statiker gefertigten Unterlagen eingehalten w; er darf nicht dulden, dass dieser ohne Gen der BauAufsBeh von seinem Plan abweicht. Mitverantwortg des Best § 635 Rn 7. – **bb) Innenverhältnis.** Der Ausgl zw Arch, Statiker u 21
BauUntern richtet sich nach §§ 426, 254, soweit sie im AußenVerh dem Bauherrn als GesSchu haften (BGH GrZS **43**, 230; eingehd Wussow NJW **74**, 9, Kaiser ZfBR **85**, 101). Bei PlangsFehlern kann Arch im InnenVerh zum BauUntern voll ausgleichspfl sein, bei fehlerh Bauausführg kann BauUntern, der das Wk mangelh erstellt hat, dem Arch überwiegd ausgleichspfl sein (BGH **58**, 216), sein AusglAnspr kann ganz entfallen (Hamm NJW-RR **86**, 1400). Ausgleich zw Arch u Statiker bei Duldg einer fehlerh Abweichg des Statikers vom Plan des Arch unter Berücksichtigg der beiderseit schuldh Verurs (Karls MDR **71**, 45). Soweit ein BauBeteil den Bauherrn befriedigt u damit zugleich die Verpfl eines and BauBeteil erfüllt hat, kommt ein Ausgl auch nach § 812 in Betr (BGH **70**, 389).

5) Abweichende Vereinbarungen. – a) Allgemeines. Solche Vereinbgen sind grdsätzl sowohl zG des 22
Untern wie zG des Best zuläss. Die allg Grenzen liegen für IndividualVereinbgen in § 138, für Ändergen dch AGB in §§ 305 ff (sa § 307 Rn 88, 167). Für Einschrkg u Ausschl von MängelR gilt außerd § 639 (s dort).

b) Garantie (Gewähr). Das Gesetz erwähnt sie nunm in § 639. Die Bedeutg einer Übern dch den Untern 23
ist im Einzelfall dch Auslegg zu ermitteln. Eine ausdr Regelg best Formen der (selbstd) Garantie enthält § 443 (Beschaffenh- u HaltbarkGarantie); auf die dort dargestellten Grds kann auch bei Garantien iZshg mit einem WkVertr weitgehd zurückgegriffen w, wenn dies dem Inhalt der GarantieVereinbg entspricht. Dies wird bei Übern einer Garantie des entspr Typs idR der Fall sein. Die Garantie kann dch Vertr zGDr, zB zw SubUntern u HauptUntern, an den Endabnehmer weitergegeben w (BGH **75**, 75). Grenzen der Übern in AGB v Westphalen NJW **02**, 12/18. – **aa)** Es kann sich um eine reine **Beschaffenheitsvereinbarung** gem 633 24
II 1 handeln, was allerd bei Verwendg des Wortes Garantie selten sein wird. Dann gelten uneingeschr §§ 633 ff. – **bb) Unselbständige Garantie.** Der Untern kann sich darü hinaus verpflichten, für einen best 25
Erfolg *im Rahmen des Werkvertrags* einzustehen (BGH NJW **69**, 787). Diese Verpfl kann insb dahin gehen, dass das Wk die vereinb Beschaffenh unbdgt hat (BeschaffenhGarantie), das Wk insow also unbdgt frei von Mängeln ist; dann gelten idR (selbstd GarantieVerpfl ist aber denkb, vgl § 443) §§ 633 ff mit der Verschärfg, dass der Untern für das Fehlen der Beschaffenh od für das nachträgl Eintreten des Mangels auch dann gem §§ 280, 281, 311 a einzustehen hat, wenn dies nicht auf einem von ihm zu vertretden Umst beruht (§ 276 I 1, dort Rn 29; zur Möglichk einer HaftgsBeschrkg § 639 Rn 5). Führt der Best den Garantiefall schuldh herbei, ist dies idR nicht dch die Garantie gedeckt, jedoch kann die Garantie die Übern der Verantwortg für Vorgaben oä aus dem Bereich des Best umfassen (Folge: abw von § 633 Rn 4 insow kein Ausschl der MängelR); BewL hierfür trägt der Untern (BGH NJW **95**, 516). Verj gem § 634 a, da es sich um MangelR handelt. – **cc) Selbständige Garantie.** Die Garantie kann darühinaus dahin gehen, dass der Untern (od ein 26
Dritter) wie bei GarantieVertr allg (Einf 16 v § 765) die Gewähr für einen weiteren, *über die vertragsgemäße Herstellung hinausgehenden Erfolg* (u damit der Gef eines ggf eintretden Schad) übernimmt, etwa dafür, dass das Wk für eine best Dauer (GarantieFr) die vereinb Beschaffenh behält (HaltbarkGarantie, vgl § 443 I); für die BelastgsFähigk des verwendeten Materials; für den Ausschl einer GesundhGefahr für Pers (BGH ZfBR **00**, 98); für den Mieterträg des gebauten Hauses (BGH WM **73**, 411). Das hat mit den MängelR nach WkVertrR nichts mehr zu tun, vielm werden eig GarantieAnspr begründet (§ 443 Rn 21). §§ 633 ff gelten dafür nicht, insb auch nicht § 634 a. Die Rspr ist mit der Auslegg der Garantie in diesem Sinne zurückhaltd (Kblz NJW **86**, 2511), weil sie selten dem erkennb Willen des Untern entspr. Ggf ist die Haftg des Untern nicht dadch ausgeschl, dass der Schad auch ohne Dazwischentreten der GarantieÜbern eingetreten wäre, denn ursächl ZusHang zw Schad u UnternTätigk ist nicht erfdl. Veränderg der WirtschLage befreit Untern nicht von der Haftg, jedoch gilt § 313 (sa RG **107**, 140 zum fr R). – Garantierte Kostenanschläge § 650 Rn 1.

c) Verzicht auf bestehde MängelR ist zul. Er liegt idR noch nicht im Einverständn mit einer best Art der 27
NachErf (BGH NJW-RR **97**, 148), wohl aber uU bei Streit über die NachErfPfl in der Erteilg eines entgeltl Auftr zur Beseitigg des Mangels (Düss NJW-RR **00**, 165). Verzicht auf ErfAnspr Vorbem 7 v § 633.

6) VOB/B. – *Nacherfüllung* s § 635 Rn 15; *Selbstvornahme* § 637 Rn 12; *Minderung* § 638 Rn 8. – **Rück-** 28
tritt wg Mängeln ist bei der VOB unterstehden BauVertr ausgeschl (so die bish hM für die Wandelg, Ingenstau/Korbion § 13 Rn 657 mwN, für den Rücktr kann nichts and gelten; offengelassen BGH **42**, 232). – **Schadensersatz: § 4 Nr 7 S 2** gibt dem Best einen Anspr auf Ers der dch vom Untern zu vertretde mangelh Leistgen od VertrWidrigk währd der BauAusführg eintretden (auch entfernteren Mangelfolge-) Schäd, insb der VerzögergsSchäd, wenn der Vertr aufrecht erhalten wird (BGH NJW-RR **00**, 1260). Die Beschrkgen hins des Umfangs der ErsPfl gem § 6 Nr 6 (§ 631 Rn 28) gelten nicht, sond § 249 (BGH **48**, 78; einschränkd BGH **50**, 160). Im übr ist die Regelg des § 634 in **§ 13 Nr 7** abgewandelt. Der SchadErsAnspr des Best setzt einen wesentl (Erschwerg ggü § 280), vom Untern zu vertretden Mangel voraus, der die GebrFähigk erhebl (Erschwerg ggü §§ 280 ff) beeinträchtigt. Zur GebrFähigk gehört auch Beleihbark u Verkäuflichk (BGH NJW **71**, 615), merkantiler Minderwert (BGH **55**, 198). Zu ersetzen ist der Schad an dem BauWk, darü hinausgehder Schad nur bei Vorliegen der weiteren Vorauss des § 13 Nr 7 II. SchadErs-Anspr aus unerl Hdlg wg Beschädigg von Sachen des Best, die nicht in das vom Untern zu erstellde Wk einbezogen sind, bestehen daneben (BGH BB **73**, 1094).

634 a *Verjährung der Mängelansprüche.*

[I] Die in § 634 Nr. 1, 2 und 4 bezeichneten Ansprüche verjähren

1. **vorbehaltlich der Nummer 2 in zwei Jahren bei einem Werk, dessen Erfolg in der Herstellung, Wartung oder Veränderung einer Sache oder in der Erbringung von Planungs- oder Überwachungsleistungen hierfür besteht,**
2. **in fünf Jahren bei einem Bauwerk und einem Werk, dessen Erfolg in der Erbringung von Planungs- oder Überwachungsleistungen hierfür besteht, und**
3. **im Übrigen in der regelmäßigen Verjährungsfrist.**

II Die Verjährung beginnt in den Fällen des Absatzes 1 Nr. 1 und 2 mit der Abnahme.

III Abweichend von Absatz 1 Nr. 1 und 2 und Absatz 2 verjähren die Ansprüche in der regelmäßigen Verjährungsfrist, wenn der Unternehmer den Mangel arglistig verschwiegen hat. Im Falle des Absatzes 1 Nr. 2 tritt die Verjährung jedoch nicht vor Ablauf der dort bestimmten Frist ein.

IV Für das in § 634 bezeichnete Rücktrittsrecht gilt § 218. Der Besteller kann trotz einer Unwirksamkeit des Rücktritts nach § 218 Abs. 1 die Zahlung der Vergütung insoweit verweigern, als er auf Grund des Rücktritts dazu berechtigt sein würde. Macht er von diesem Recht Gebrauch, kann der Unternehmer vom Vertrag zurücktreten.

V Auf das in § 634 bezeichnete Minderungsrecht finden § 218 und Absatz 4 Satz 2 entsprechende Anwendung.

1 **1) Allgemeines. – a) Neuregelung durch SMG.** Die dch *Art 1 I Nr 38 SMG* neu gefaßte Vorschr (s BT-Drs 14/6040 S 263; 14/6857 S 36, 67; 14/7052 S 204) regelt die bish in § 638 enthaltene Verjährg der MängelR neu. Der bish § 639 ist zT in den allg VerjVorschr aufgegangen (Rn 9), zT (Mängeleinrede) in veränderter Form nach § 634a IV 2 übernommen (Rn 23). *Abweichungen zum bisherigen Recht* ergeben sich insb im AnwendgsBer (erfaßt sind auch Anspr aus pVV bei MangelfolgeSchäd), in den VerjFr (bish 6 Mo/1 J/5 J, jetzt 2 J/3 J/5 J), dem VerjBeginn (bish stets Abn, jetzt zT Kenntn bzw Kennenmüssen) u im Hinbl auf die Ausgestaltg von Rücktr u Minderg als GestaltgsR. Allg zum neuen MängelhaftgsR Vorbem 1 ff v § 633. –
2 **b) Zweck** der in Anbetracht des VerjBeginns dch Abn verhältnism kurzen Verjährg ist die Vermeidg von Streitigk der VertrPart über MängelAnspr zu einem Ztpkt, zu dem die Ursache für Beeinträchtiggen des Wk
3 (Mangel od sonst Einwirkg) nicht mehr od nur noch unter Schwierigk feststellb ist. – **c) Konzeption und Aufbau.** Die Vorschr enthält für die von ihr erfaßten R (Rn 5 f) eine abschließde SoRegelg zu den vollst neu gefaßten allg VerjVorschr (§§ 194 ff), greift aber teilw auf diese zurück. Sie stimmt in der Konzeption, nicht aber in den Einzelh (Fristen, VerjBeginn) mit der kaufrechtl Verj (§ 438) überein. Abs I–III regeln die Verj der MängelAnspr des Best. Rücktr u Minderg können als GestaltgsR nicht verjähren (§ 194). Um hins der GeltdMachg der MängelR den zeitl Gleichlauf sicherzustellen, verweisen IV u V hins dieser R auf § 218. Damit ist eine Ausübg der R ausgeschl, sobald der NachErfAnspr verjährt ist u sich der Untern hierauf beruft.
4 – *Abweichende Vereinbarungen* Rn 26, *Sondervorschriften* Rn 28 f. – **d) Zeitlich gilt** die Neuregelg iGrds auch für die GewlAnspr aus vor dem 1. 1. 02 abgeschl Vertr (also nach altem R, EG 229 § 5!), soweit Verj noch nicht eingetr ist; jedoch richten sich FrBeginn u Hemmg, mit Einschrkgen auch die Unterbr (nunm Neubeginn) der Verj, soweit sie vor dem 1. 1. 02 eingetreten sind, nach bish R (EG 229 § 6, Einzelh, auch zur Behdlg der uU unterschiedl langen VerjFr, s dort; sa Weyers BauR **01**, 1807).

5 **2) Erfaßte Rechte.** § 634 a erfaßt **alle Mängelrechte des Bestellers gemäß § 634.** Hierunter rechnen alle MängelAnspr aus einem *Werkvertrag* (sa § 651), soweit keine SoRegelgen eingreifen (Rn 28), also auf NachErf gem § 634 Nr 1; auf AufwendgsErs u Vorschuss bei Selbstvornahme gem § 634 Nr 2, § 637 I, III; auf SchadErs gem § 634 Nr 4, §§ 280, 281, 283 bzw § 311 a, einschließl aller MangelfolgeSchäd (and das bish R für Anspr aus pVV, HptBd Vorbem 22 f v § 633) mit der Folge einer im Hinbl auf den obj VerjBeginn, II, drast Verkürzg der Verj (krit zur Neuregelg Zimmermann ua JZ **01**, 684/690, Leenen DStR **02**, 34/39; einschrkd, soweit gleichzeit eine SchutzPflVerl vorliegt, Canaris SchuldRModernisierg 2002 S XXVIII); auf Ers vergebl Aufwendgen gem § 284. Einbezogen ist auch der SchadErsAnspr wg NichtErf von NachErfPfl inf InsEröffng (BGH **95**, 375 für KO). An GestaltgsR werden nur das RücktrR u das MindergsR gem § 634
6 Nr 3, §§ 636, 638 erfaßt. – **Nicht erfaßt** sind: – *Ansprüche des Unternehmers,* insb der VergütgsAnspr; sie verjähren nach den allg Regeln (§§ 195, 199; näher Lenkeit BauR **02**, 196/199). Das gilt auch für Anspr, die sich aus der Ausübg der R gem § 634 ergeben, zB auf Rückgewähr des mangelh Wk gem §§ 635 IV, 281 V, 323, 346. Ebso werden GestaltgsR des Untern, zB nach IV 3, nicht erfaßt. – *Nicht mit Mängeln zusammenhängende Ansprüche* des Best (§ 634 Rn 9), zB SchadErs wg Verl von ObhutsPfl gem § 241 II od wg Verzugs. Ferner nicht Anspr, die sich erst aGrd der Ausübg von Rücktr u Minderg ergeben, da nur die GestaltgsR selbst, nicht ihre Folgen dem § 634 a unterliegen (BGH NJW **58**, 418 zum früh R; sa § 218 Rn 7). – Anspr u R nach *allgemeinem Leistungsstörungsrecht* vor Eintritt der Mängelhaftg (Vorbem 6 f v § 633). – Für *konkurrierende Rechte* des Best, die ihre Grdl nicht in §§ 633 ff haben, gelten die hierfür bestehden SoVorschr, sonst die allg VerjVorschr (zT abw Mansel NJW **02**, 89/95); so für Anspr aGrd eines Vergl über die Mängelhaftg; Anspr aus selbstd GarantieÜbern (§ 634 Rn 25; sa § 443 Rn 23); SchadErsAnspr aus §§ 823 ff (wicht bei MangelfolgeSchäd wg des and VerjBeginns, Rn 5), GefährdgsHaftg nach SoVorschr wie dem ProdHaftG oä, die wg eines Mangels neben solchen aus § 634 bestehen (BGH **55**, 392 u NJW **98**, 2282 zum früh R, Zimmermann ua JZ **01**, 684/691; sa Einf 4 v § 823). VOB s Rn 29.

7 **3) Allgemeines zu den Fallgruppen.** Hinsichtl Frist u VerjBeginn unterscheidet die Vorschr 3 nach der Art des Wk verschiedene Gruppen. Vorrang hat die Regelg für BauWk und zugehör Leistgen (I Nr 2). Liegen ihre Vorauss nicht vor, ist die Regelg für Sachen allg u zugehör Leistgen (I Nr 1) zu prüfen. Greift auch sie nicht ein, gilt die regelm VerjFr (I Nr 3). Diese gilt ferner mit Modifikationen auch bei argl Verschweigen eines Mangels (III). Für die Abgrenzg ist weniger die sachenrechtl Zuordng, vielm in erster Linie maßgebd, ob mit der Erstellg des jew Wk typischerw das Risiko verbunden ist (für BauWk s Rn 10), das den Grd für die gesetzl Differenzierg bildet (BGH NJW **99**, 2434). Treffen in einem einheitl Vertr Arb mit unterschiedl VerjFr zus, gilt iGrds die längere Fr (Düss NJW-RR **00**, 1336: BauWk u GartenArb; Oldbg NJW-RR **00**, 545: BauWk u Löschteich). Die Fr kann vertragl verändert w (Rn 26).

8 **4) Arbeiten an einer Sache (I Nr 1). – a) Anwendungsbereich.** Der Begr der **Sache** entspr § 90, er umfaßt daher Grdst u bewegl Sachen. Arb an einem Tier (zB Operation) können zwar iGrds hierher gehören (§ 90 a), w aber idR nicht der Herstellg, Wartg u Veränderg dienen. Nicht hierher gehören, mangels Sacheigensch, Arb am lebden Menschen (Rn 12). Bei Arb an einem *Grundstück* scheiden alle WkLeistgen aus, die einem BauWk iSv Nr 2 zuzuordnen sind (Rn 10). Die and erfolgsbezogenen Leistgen führen idR zu einer Veränderg des Grdst od dienen dessen Wartg (zB Gartenpflege) u fallen daher unter Nr 1; hierzu rechnen insb

die bish Arb an einem Grdst (§ 638 aF). Besteht die Leistg in der Herstellg *beweglicher Sachen,* gilt insow idR KaufR (§ 651), so dass schon aus diesem Grd Nr 1 nicht eingreift (and uU bei zusätzl PlangsLeistgen uä, su). In allen and Fällen erfolgsbezog Arb an bewegl Sachen ist Nr 1 anzuwenden, insb die Rep od Wartg von Kfz, Maschinen, EDV-Geräten oä. – **Planungs- und Überwachungsleistungen** s Rn 10. Da diese Leistgen nicht unter § 651 fallen, ist bei Plang u Herstellg der (bewegl) Sache aGrd einheitl Auftr für die Abgrenzg sowohl zu § 651 wie zu den Fällen der Nr 3 der Schwerpkt der GesLeistg entsch (Abgrenzg § 651 Rn 4f; sa Leenen DStR **02**, 34/40). – **b) Frist** 2 J. **Fristbeginn (II)** mit Abn (wie § 640 Rn 2), ferner mit (auch 9
schlüss erklärter) endgült Verweigerg der Abn (BGH NJW-RR **98**, 1027), auch wenn diese berecht ist (BGH NJW **00**, 133). Dies gilt auch, wenn der Anspr, zB infolge erfdl FrSetzg, erst später entsteht (§ 199 Rn 15). Dagg beginnt bei subsidiärer Mängelhaftg (Bsp § 639 Rn 10) die Verj erst mit Eintr der Bdgg für die eig Haftg, dh sobald Ausfall des primär Haftden feststeht (§ 199 Rn 3), auch wenn im Vertr and vereinb (BGH NJW **87**, 2743). Liegen die Vorauss für den FrBeginn nicht vor, gilt die RegelVerj (§§ 195,199; BGH NJW **00**, 133 zum fr R: Arch). **Fristberechnung** gem §§ 187 I, 188 II Hs 1. **Hemmung, Ablaufhemmung und Neubeginn** nach den allg Vorschr (§§ 203 ff). Die bish SoRegelgen (§ 639 iVm § 477 II, III aF) sind in diesen Vorschr aufgegangen (vgl § 203 [Hemmg bei Verhdlgen]; § 204 I Nr 7 [selbstd BewVerf], dazu Weyers BauR **01**, 1807; §§ 213, 215 [Aufr u ZbR nach Verj]). Währd der Zeit der Mängelprüfg (bish § 639 II aF) kommt eine (ggf stillschw) HemmgsVereinbg (Rn 26) in Betr (Mansel NJW **02**, 89/98), soweit nicht § 203 eingreift (sa Sienz BauR **02**, 181/192), wofür die bloße Untersuchg auf Mängel nicht genügt (Lenkeit BauR **02**, 196/219). Von Bedeutg ist die Hemmg währd einer Begutachtg od dem Verf nach § 641 a (§ 204 I Nr 8).

5) Arbeiten an einem Bauwerk (I Nr 2). – a) Anwendungsbereich. Der Begr **Bauwerk** entspricht 10
dem bish R. Er ist weiter als Gbde, er umfaßt Hoch- u Tiefbau. Die Arb muß nicht gebäude-, aber grdstbezogen sein (daher nicht ausr Arb an einer Yacht, BGH NJW-RR **98**, 1027). BauWk ist demnach eine unbewegl dch Verwendg v Arb u Material iVm dem Erdboden hergestellte Sache (BGH **57**, 60). Erfaßt wird die Neuerrichtg, u zwar iGrds alle in diesem ZusHang dchgeführten Arb (Rn 8, 15, 18); ebso sonst Erweiterungen der Gebäudesubstanz (Auf-, AnbauArb). Einbau-, Umbau- u Erneuerungs(Rep)Arb sind Arb an einem BauWk nur unter best Vorauss (Rn 17). Der Abriß eines Gbdes fällt nicht darunter (Brem MDR **96**, 45). Der Grd für die längere Fr liegt darin, dass Mängel an BauWken oft später u schwerer erkennb u für die Substanz bes nachteil sind. Die 5-J-Frist gilt auch, wenn der Vertr auf Erwerb eines Grdst mit einem vom Verk darauf zu errichtden Haus gerichtet ist (Vorbem 3 v § 633). – **Planungs- und Überwachungsleistungen** sind alle Leistgen, die der Plang des BauWk im weitesten Sinn bzw der Überwachg seiner Erstellg dienen. Hierunter fallen die übl ArchLeistgen (Plang, ObjÜberw, § 631 Rn 20f), ferner die für die Plang erfdl stat Berechngen (Tragwerkplang oä), Untersuchgen etc. Nr 2 dürfte auch eingreifen, wenn das BauWk nicht errichtet wird; Beginn u Länge der VerjFr sollten sich nicht nach Ereign richten, die uU erst nach Abn feststellb sind (Bsp: Plang wird abgen, das BauWk kommt wg Ins des Bauherrn über Vorbereitgen nicht hinaus; aA offenb Lenkeit BauR **02**, 196/208: Nr 3). – **b) Frist** 5 J. **Fristbeginn** mit Abn (II), wie Rn 9, 11
dort auch zu Berechng, Hemmg etc.

6) Sonstige Werkleistungen (I Nr 3). – a) Anwendungsbereich. Darunter fallen alle nicht dch Nr 1 12
u 2 erfaßten Leistgen. Grd: Mängel oft schwerer erkennb; Gleichbehandlg mit Haftg aus DienstVertr, da die Abgrenzg oft zweifelh ist. Erfaßt w insb unkörperl Wk (Einf 1 v § 631), soweit sie nicht Plangs- od ÜberwachgsLeistgen an Sachen betreffen, zB GA, Beratg u Ausk, Befördergen (sa zur vergleichb Abgrenzg in § 651 dort Rn 5). Ferner Leistgen am menschl Körper, soweit WkVertrR gilt (Rn 8; Frisur, Operation, Gebißsanierg, Tätowierg oä). SoRegelgen, insb für RAe, StB Rn 28. – **b) Frist, Fristbeginn.** Verj 3 J 13
(§ 195) ab Ende des J der AnsprEntstehg u Kenntn od grob fahrl Unkenntn des Mangels (§ 199 I), spät 10 J ab Entstehg (§ 199 III Nr 1, IV). Entstehg wie Vorbem 6ff v § 633, dh NachErfAnspr (einschl der daraus abgeleiteten SelbstvornAnspr) idR mit Abn, ebso SchadErsAnspr (näher § 199 Rn 15); SoRegelg für SchadErsAnspr wg Verl des Leb, Körpers, der Gesundh od Freih (§ 199 II: 30 J ab PflVerl). FrBerechng, Hemmg u Neubeginn wie Rn 9.

7) Beispiele zu Abs I (alphabet): – **Architekten und Sonderfachleuten** (Einf 17, 27 v § 631). Hierzu 14
Schwartmann NZBau **00**, 60 (zum früh R). Ihre Leistgen sind idR Plangs- od ÜberwachgsLeistgen u dann je nachdem, wo sie sich verkörpern (BGH NJW **99**, 2434), wie Arb an einer Sache (Nr 1) od ein BauWk (Nr 2) zu behandeln. Anspr gg Arch verjähren daher, falls es sich nicht ausnahmsw um einen DVertr handelt (Einf 17 v § 631), in 2 J (Nr 1; BGH **121**, 94: Fehler bei Erstellg von Plänen eines im Boden verlegten LeitgsNetzes im Hinbl auf künft UnterhaltgsMaßn) od in 5 J (Nr 2; BGH **37**, 344: Bauplan). SekundärAnspr aus § 280 bei unterl Hinw auf Mängel Übbl 21 v § 194, gilt idR nicht auch für Statiker (BGH NJW **02**, 288). FrBeginn wie Rn 9, dort auch zu fehlder Abn; abzustellen ist auf das vom Arch geschuldete Wk, daher genügt Abn des BauWk nicht ow, der Arch muß vielm alle vertragl geschuldeten Leistgen, ggf einschl der ObjBetreuung währd der GewlZeit abnahmereif erbracht haben (BGH **125**, 111, NJW-RR **00**, 1468); Ztpkt der Abn der Leistgen § 640 Rn 3, 6. Die Fr beginnt auch mit Künd dch Arch od Bauherrn (BGH NJW **71**, 1840). Auch für Anspr des Bauherrn bzw des Arch gg **Statiker** wg eines Fehlers, der zu einem Mangel des BauWk geführt hat, gilt die 5-J-Fr, da es sich um eine PlangsLeistg handelt (zum früh R BGH **48**, 257, **58**, 85). Ebso für Anspr des Bauherrn od Arch gg den Ersteller eines geologischen BaugrundGA (zum früh R BGH **72**, 257), gg den **Ingenieur,** der die Projektierg von Sanitär-, Heizgs- u ElektroArb erstellt hat (Mü NJW **74**, 2238), gg den beratden Ing, der in einem Gutachten einen SaniergsVorschlag macht (BGH JZ **87**, 682), sowie gg den **Vermessungsingenieur** wg falscher Einmessg u Absteckg des Hauses auf dem Grdst (BGH **58**, 225). – **Gebäude:** Ihre Herstellg fällt unter Nr 2. Herstellg einz wesentl Teile genügt (BGH **19**, 15
319), zB Einbau eines Kachelofens (Kblz NJW-RR **95**, 655), von Zentralheizgen, Aufzügen. Der Untern braucht den Einbau nicht selbst vorzunehmen. Liefergen von *Fertigbauteilen* sind Arb an einem BauWk nur, wenn der Untern statische Berechngen anstellt u individuellen VerleggsPlan mitliefert (BGH NJW **68**, 1087).
– **Grundstücksarbeiten:** BauWk sind (daher Nr 2) die Splittdecke auf Tankstellengelände (BGH MDR **64**, 16
742); die Hofpflasterg aus Betonformsteinen auf Schotterbett (BGH NJW-RR **92**, 849) od Kiestragschicht (BGH NJW-RR **93**, 592) od aus Verbundsteinen (Köln NJW-RR **93**, 593), nicht die bloße Schotterung eines

Waldwegs (Köln ZfBR **00**, 554); die Ausschachtg der Baugrube (BGH **68**, 208); eine als Ladengeschäft genutzte Containerkombination (BGH **117**, 121). Nicht dagg (daher Nr 1) die Garten- od LandschGestaltg einschl der Plang hierfür; die Aufstellg eines einfachen Gartenbrunnens (Düss NJW-RR **99**, 1182). –
17 **Reparatur-, Erneuerungs- und Umbauarbeiten** an einem bereits errichteten BauWk fallen unter Nr 2 nur, wenn sie für Konstruktion, Bestand, Erhaltg od Benutzbark des Gbdes von wesentl Bedeutg sind u wenn die eingebauten Teile mit dem Gbde fest verbunden w. So DachRep (BGH **19**, 319); Isolierg der Kelleraußenwände u Verlegg von Drainagerohren (BGH NJW **84**, 168); Spezialfußbodenbelag (BGH **53**, 43); nachträgl Verlegg eines Teppichbodens mittels Klebers in einer Wohng (BGH NJW **91**, 2486), and bei lose verlegten Teppichfliesen (Hamm BauR **96**, 399); Einbau einer (auch nicht tragden) Decke (Köln NJW-RR **89**, 209), einer serienm hergestellten Einbauküche unter Anpassg an die Wünsche des Best (BGH NJW-RR **90**, 787, KG NJW-RR **96**, 1010), einer AlarmAnl in ein Kaufhaus (Hamm NJW **76**, 1269; offen gelassen bei Wohnhaus von BGH WM **91**, 1804, verneind insow Ffm NJW **88**, 2546); uU fester Einbau einer Beschallgs-Anl mit Dolmetscherkabine in einen Hotelballsaal (Schlesw NJW-RR **88**, 1106); Umbau eines Hühnerstalls, Einbau serienm hergestellter Legebatterien (BGH NJW **77**, 2361); Umbau einer Scheune in einen Schweinestall, auch unter Verwendg von Fertigteilen (Hamm NJW-RR **89**, 1048); Erneuerg der Elektroinstallation einer Werkstätte (BGH NJW **78**, 1522); umfangreiche MalerArb, die iR eines grdlegden UmbauVorh der vollst Renovierg eines Hauses dienen (BGH NJW **93**, 3195); je nach Ausführg Errichtg einer HoftorAnl (Kblz NJW-RR **89**, 336). Dagg stellen *Arbeiten ohne für den Bestand wesentliche Bedeutung* an einem bereits errichteten Gbde kein BauWk dar, auch wenn das Wk eng mit dem Gbde verbunden wird u auf Dauer verbunden bleiben soll (BGH NJW **70**, 942, WM **91**, 1804); es ist nicht ersichtl, dass der Gesetzgeber insow eine Änd herbeiführen wollte. So übl Rep- u InstandhaltgsArb od Ausbessern einz Schäden (Hamm NJW-RR **99**, 462), zB Erneuerg eines Hausanstrichs (Köln NJW-RR **89**, 1181); nachträgl Herstellg eines Dachgartens auf der Dachterrasse eines fert Wohnhauses (Mü NJW-RR **90**, 917); Umbau einer BeleuchtgsAnl in Hühnerställen unter weitgehder Verwendg bisheriger Teile (BGH NJW **77**, 2361); Plang von Unterhaltgs-Maßn für ein im Boden verlegtes GasleitgsNetz (BGH **121**, 94); Wiederherstellg des StrKörpers nach Einbau einer VersorggsLeitg (BGH WM **94**, 1577); uU nachträgl Einbau einer AlarmAnl in ein Wohnhaus (BGH WM **91**, 1804) od Büro (Düss NJW-RR **99**, 1212). Anbringg von Lichtreklame od Reklameschildern an einem GeschHaus (Hamm NJW-RR **90**, 789, Mü BauR **92**, 631; aA Hamm NJW-RR **95**, 213), Herstellg od Rep einer mit dem Gbde nicht fest verbundenen Markise (Hamm NJW-RR **92**, 1272; Köln VersR **90**, 436 bei bewegl aufstellb Wintergarten) od der Wärmepumpe einer HeizgsAnl (Köln NJW-RR **95**, 337). –
18 **Subunternehmer.** Bearbeitet er im Auftr des HauptUntern vor dem Einbau einen Ggst für ein best Gbde, so handelt es sich, auch wenn die Arb nicht auf der Baustelle ausgeführt wird, auch im Verh Haupt/SubUntern um Arb bei einem BauWk (BGH **72**, 206); ebso bei Beauftragg eines SubUntern jedenf dann, wenn dieser die ZweckBest seiner Leistg kennt (BGH BB **90**, 1374). Das kann aber nur gelten, soweit nicht gem § 651
19 KaufR eingreift (Rn 8). – **Technische Anlagen** können selbst BauWk sein, wenn sie mit der Erdboden fest verbunden sind, zB Rohrbrunnen (BGH **57**, 60), Gleis- od SteuergsAnl einer Bahn (BGH NJW **97**, 1982), Gasrohrnetz (BGH **121**, 94), uU in die Erde eingelassenes Schwimmbecken aus Fertigteilen (BGH NJW **83**, 567); nicht ein in das Erdreich nur eingebetteter, an Ölzufuhrleitg angeschl Heizöltank (BGH NJW **86**, 1927; and bei fester Einmauerg, Hamm NJW-RR **96**, 919). Sonst rechnet ihr Einbau in ein Gbde zu den Arb an einem BauWk nur, wenn sie der Errichtg dieses Gbdes dienen, zB PapierentsorggsAnl in einem VerwGbde (BGH NJW **87**, 837), KlimaAnl in einer Druckerei (BGH NJW **74**, 136), verneind für zusätzl Blockheizkraftwk Hamm BauR **98**, 343; bloße Unterbringg im Gbde genügt nicht (BGH NJW-RR **98**, 89).

20 **8) Arglistiges Verschweigen des Mangels. – a) Voraussetzungen.** *Arglistig verschweigt* der Untern (sa § 123 Rn 5–9), wenn er sich dessen bewußt ist, dass ein bestimmter Umst, hier ein ihm als solcher bekannter Mangel, für die Entschl des Best erhebl ist, dh diesen uU von der Abn abhalten würde, u er den Umst nicht offenbart, obwohl er nach Tr u Gl hierzu verpflichtet ist (BGH **117**, 318, Brschw BauR **00**, 109; Bsp Köln BauR **01**, 1271: vollst fehlde eig Fachkunde). SchädiggsAbs, Streben nach eig Vorteil od dass der Untern die Folgen der vertragswidr Ausführg bewußt in Kauf nimmt, ist nicht erfdl (BGH NJW **86**, 980). *Maßgebender Zeitpunkt:* spätestens bei Abn, ersatzw bei Vollendg des Wk (BGH **62**, 63). *Zurechnen lassen* muß sich der Untern argl Verschweigen dch seine Leute, soweit sie seine ErfGeh bei der OffenbargsPfl sind, § 278 Rn 19. Das ist jedenf, wer bei der Abn des Wk mitwirkt, zB der Bauleiter (Karlsr BauR **79**, 335); ein untergeordneter Prüfer (Kolonnenführer) dann, wenn der Mangel schwier u nur kurzfrist in seinem Arb-Abschn feststellb ist (BGH **62**, 63); dagg nicht ein ledigl an der Herstellg beteil Arb (BGH LM § 463 Nr 13) od SubUntern (Celle NZBau **00**, 145). Außerd hat der HauptUntern, der die WkLeistg einem SubUntern zur eigenverantwortl Ausführg überläßt, ohne diese selbst zu überwachen u zu prüfen, dem Best ggü das argl Verschweigen eines Mangels dch den SubUntern gem § 278 zu vertreten (BGH **66**, 43). *Arglistigem Verschweigen steht gleich,* wenn der Untern, der ein BauWk arbeitsteil herstellen läßt, nicht die organisatorischen Vorauss schafft, um sachgerecht beurteilen zu können, ob das Wk mängelfrei ist, u wenn der Mangel bei richt Organisation entdeckt worden wäre (Leenen DStR **02**, 34/39; BGH **117**, 318, Düss NJW-RR **98**, 1315 zum
21 früh R; abl Koller JZ **98**, 75/83, zust Holzberger/Puhle BauR **99**, 106); BewL Rn 27. – **b) Frist, Fristbeginn.** Es gelten §§ 195, 199 (wie Rn 13). Daher ergibt sich für die Fälle des I Nr 3 keine Änderg. IF von I Nr 1 tritt die Verj später ein. IF von I Nr 2 könnte sich die Verj verkürzen; daher bestimmt **III 2**, das die jew längere Fr maßg ist (Ablaufhemmg, Mansel NJW **02**, 89/96).

22 **9) Rücktritt (IV).** S zunächst Rn 3. – **a) Unwirksamkeit nach Ablauf der Verjährungsfrist, IV 1.** Da der Rücktr als GestaltgsR von § 634 a I–III nicht erfaßt wird, kann der Best auch nach Eintritt der Verjährg des NachErfAnspr weiterhin zurücktreten. Gem § 218 I 1 ist der Rücktr jedoch unwirks, wenn sich der Untern auf die Verj beruft (§ 214 I; sa § 438 Rn 17). Der Untern kann also nachträgl die Unwirksamk des Rücktr herbeiführen, indem er Verj einwendet. Das gilt unabhäng davon, ob ein NachErfAnspr bestand od gem § 275 I–III, § 635 III ausgeschl war (§ 218 I 2). Einzelh § 218 Rn 3 ff. Die Ausn gem §§ 218 I 3,
23 216 II 2 (EigtVorbehalt) hat für den Rücktr wg Mängeln keine Bedeutg. – **b) Mängeleinrede des Bestellers, IV 2.** Ist der Rücktr gem IV 1 unwirks, besteht der WkLohnAnspr des Untern fort. IV 2 gibt dem Best jedoch das R, weiterhin die Zahlg zu verweigern, soweit er aGrd des Rücktr dazu berecht sein würde (sog

MängelEinr; sa § 438 Rn 19); and als nach § 478 aF ist eine rechtzeit Anzeige des Mangels nicht mehr erfdl. Insow rechtfertigt der WkLohnAnspr nicht mehr die Aufrechterhaltg einer dem Untern gewährten Sicherh (§§ 647, 648, 648 a). Umgekehrt wird aber auch der Best eine GewlBürgsch nicht mehr behalten dürfen, da der gesicherte Anspr nicht mehr dchsetzb ist (sa § 768 Rn 6). Bereits geleistete Zahlgen (Vorschüsse, Abschlagszahlgen oä) kann der Best nicht zurückfordern (§§ 218 II, 214 II). Diese MängelEinr hat der Best auch schon vor Eintr der Verj, auch wenn er mangels Bestehens des NachErfAnspr (zB wg Unzumutbark gem § 635 III) kein LeistgsVerweigergsR gem § 641 III geltd machen kann. – **c) Rücktrittsrecht des Unter- 24
nehmers, IV 3.** Verweigert der Best die Zahlg des (Rest)WkLohns, kann der Untern seiners vom Vertr zurücktreten, um seine eig Leistg zurückzuerhalten. Ohne Rücktr kann er diese Leistg nicht zurückfordern, auch wenn der Best keine (Rest)Vergütg (mehr) leisten muß. Folge: Rückabwicklg gem §§ 346 ff. Einzelh wie § 438 Rn 20.

10) Minderung (V). Es gelten die Grds wie beim Rücktr. Die *Mängeleinrede* kann nur in Höhe des 25
MindergsBetr erhoben w. Desh bedarf es eines RücktrR für den Untern nicht, auf IV 3 ist nicht verwiesen.

11) Abweichende Vereinbarungen zu Beginn (Bsp BGH NJW-RR **00**, 164; sa § 640 Rn 12), Hemmg 26
u Dauer der VerjFr sind iR des § 202 zul, dh sowohl Verkürzg wie Verlängerg (Mansel NJW **02**, 89/96, Lenkeit BauR **02**, 196/221, Leenen DStR **02**, 34/41). So häuf iF einer unselbstd **Garantie** (§ 634 Rn 25), deren Übern für eine best Fr allerd versch Bedeutg haben kann (sa § 443 Rn 3 ff u BGH **75**, 75). – In **AGB** des Untern ist eine auch nur mittelb Verkürzg gem § 309 Nr 8 b ff unwirks, soweit sie sich auf die Fr gem I Nr 2 bezieht (Ausn Vereinbg der VOB/B insges, s Rn 29) od die Fr auf weniger als 1 J verkürzt wird; gilt auch ggü Untern (BGH **90**, 273; sa BGH NJW **99**, 2434). Eine weitere Grenze ergibt sich aus hins der SchadErsAnspr auch § 309 Nr 7 Buchst a u b (Mansel NJW **02**, 89/97). Eine Verlängerg ist bei BauWk nur zul, wenn sie dch ein bes Interesse des Best gerechtf ist (BGH **132**, 383). Anstelle unwirks Vereinbgen gilt die gesetzl Regelg (BGH NJW **88**, 1259). Einzelh § 307 Rn 155, § 309 Rn 74 ff.

2) Beweislast: Untern für die Vorauss der Verj. Best für vereinb Verlängerg; ferner, da Ausn, für argl 27
Verschweigen (BGH WM **75**, 525), wobei Nachw rechtzeit Kennt des Untern od seiner Leute von dem Mangel bzw Nachw eines OrganisationsVersch des Untern (Rn 20) genügt; von letzterem kann bei bes gravierden od offensichtl Mängeln u Mängeln, die dch nachfolgde Arb alsbald verdeckt w, ausgegangen w (Ffm MDR **99**, 90, Hamm NJW-RR **99**, 171; näher Jansen OLGR **99** K5).

13) Sonderregelungen gehen § 634 a vor. – **a)** Für handelsr **Beförderungsverträge** vgl HGB 439, 28
CMR 32 (1 Jahr), ADSp 64 (8 Mo); **berufsspezifische Regelungen** gelten auch für SchadErsAnspr aus WkVertr, zB bei RA (Einf 21 v § 611) BRAO 51 b (BGH NJW **96**, 661), Steuerberatern (Einf 28 v § 631) StBerG 68 (3 Jahre), uU SekundärAnspr bei unterl Hinw auf RegreßAnspr (Übbl 21 v § 194). – **b)** In der 29
VOB/B (zur isolierten Vereinbg der MängelhaftgsRegeln Vorbem 18 v § 633) beträgt die VerjFr nach **§ 13 Nr 4** für BauWk u Holzerkrankgen 2 J (sa Rn 26); für Arb an einem Grdst, best Teile von FeuergsAnl u wartgsbedürft Anl, bei denen die Wartg nicht dem Untern übertr worden ist, 1 J; Beginn mit GesAbn, für in sich abgeschl Teile der Leistg mit der TeilAbn gem § 12 Nr 2. Nr 4 gilt auch, wenn der Best verbotswidr die Leistg einem and Untern übertr u dieser mangelh geleistet hat (BGH **59**, 323), dagg nicht bei argl Verschweigen eines Mangels (dann RegelVerj, BGH WM **70**, 964, Jena BauR **01**, 1124 zum früh R). Gem **§ 13 Nr 5 I** beginnt für den BeseitiggsAnspr bei frgerechter Rüge mit Zugang des BeseitiggsVerlangens die Fr gem Nr 4 neu, auch wenn vertragl eine längere GewlFr vereinb war (BGH **66**, 142, WM **77**, 823); ebso beginnt mangels abw Vereinbg nach Abn der MängelbeseitiggsLeistg für diese die VerjFr neu, auch dann, wenn sie abw von § 13 Nr 4 vertragl länger vereinb ist (BGH **58**, 7), u zwar die vertragl vereinb (BGH **87**, 381), sonst die RegelFr in Nr 4. Nr 4 gilt auch für die **Schadensersatzansprüche nach § 13 Nr 7**, soweit es sich um WkMängel handelt, auch für Mängel, die gem § 4 Nr 7 bereits bei Bauausführg erkannt worden waren (BGH **54**, 352), ebso für MangelfolgeSchäd gem § 13 Nr 7 II (BGH NJW **72**, 1280). Dagg verjähren SchadErsAnspr vor Abn (§ 4 Nr 7 S 2) in der allg VerjFr (BGH MDR **72**, 410). Ebso gilt für SchadErsAnspr aus § 280, die mit WkMängeln nichts zu tun haben, die RegelVerjFr (Rn 6), denn die VOB befaßt sich in § 13 nur mit WkMängeln, nicht mit der allg VertrHaftg des Untern. So im Ergebn für Schäd, die nicht MangelfolgeSchäd sind, auch BGH VersR **66**, 1154. Für ErsAnspr, die auch aus §§ 823 ff begründet sind, gilt insow die RegelVerjFr gem §§ 195, 199 (BGH **61**, 203 zu § 852 aF; sa Rn 6).

635 *Nacherfüllung.*

I Verlangt der Besteller Nacherfüllung, so kann der Unternehmer nach seiner Wahl den Mangel beseitigen oder ein neues Werk herstellen.

II Der Unternehmer hat die zum Zwecke der Nacherfüllung erforderlichen Aufwendungen, insbesondere Transport-, Wege-, Arbeits- und Materialkosten zu tragen.

III Der Unternehmer kann die Nacherfüllung unbeschadet des § 275 Abs. 2 und 3 verweigern, wenn sie nur mit unverhältnismäßigen Kosten möglich ist.

IV Stellt der Unternehmer ein neues Werk her, so kann er vom Besteller Rückgewähr des mangelhaften Werkes nach Maßgabe der §§ 346 bis 348 verlangen.

1) Allgemeines. Die Vorschr ist dch *Art 1 I Nr 38 SMG* vollst neu gefaßt worden (dazu BT-Drs 14/6040 1
S 264, 14/7052 S 205). Abs III entspricht mit inhaltl Ändergen dem bish § 633 II 3, sie übr Abs sind als gesetzl Regelg neu. – Abweichde Vereinbgen § 634 Rn 22, § 639. Zeitl Geltg der Neuregelg, allg zum neuen MängelhaftgsR Vorbem 1 ff v § 633.

2) Nacherfüllungsanspruch. Er ergibt sich aus § 634 Nr 1 u der Verpfl des Untern zur Verschaffg eines 2
mangelfr Wk (§ 633 I). Allg dazu § 634 Rn 4 ff, auch zum Verh zum ErfAnspr u zu den and MängelR. Verh zu den allg schuldr R Vorbem 6 ff v § 633. Er kann ausnahmsw schon vor Abn des Wk nicht als Erf-, sond als NachErfAnspr gegeben sein (Vorbem 7 v § 633), insb bei vorzeit Beendigg des WkVertr (insb gem § 643, § 649), die den Anspr auf Beseitigg von Mängeln an dem bereits erstellten TeilWk unberührt läßt (§ 649

Rn 3, 11; BGH NJW **88**, 140, Hamm NJW-RR **95**, 724). AnsprBerechtigg, Abtretg § 634 Rn 13 ff. Der Anspr richtet sich gg den VertrPartner des Best (§ 634 Rn 18 ff). Proz DchSetzg Quadbeck MDR **00**, 570 (zum fr R). Dem NachErfAnspr entspricht die Obliegenh des Best, dem Untern die NachErf zu ermöglichen (§ 634 Rn 2). – **Voraussetzungen:** (1) wirks Vertr im AnwendgsBereich der §§ 633 ff (Vorbem 2 ff v § 633) (2) Mangel des Wk (§ 633 Rn 3 ff). – **Einwendungen:** (1) Ausschl des Anspr (Rn 8 f). (2) VerweigergsR des Untern (Rn 10 ff). – **Erlöschen** dch Ausübg and MängelR § 634 Rn 4 ff.

3 **3) Nacherfüllungsverlangen, § 634 Nr 1.** Es muß so konkr gefaßt sein, dass der Mangel nach Art u Ort mit Hilfe von Zeugen u Sachverst feststellb ist (BGH WM **80**, 951), u erkennen lassen, dass Abhilfe erwartet wird (BGH WM **78**, 953); eine Fr für das Verlangen besteht nicht (sa § 439 Rn 7). Es genügt, wenn der Best die Mangelerscheingen („Symptome") an best Stellen hinreichd genau bezeichnet (BGH NJW-RR **01**, 380; **00**, 309: ausr „Nichteinhaltg der Schallschutzwerte"); zu deren Ursache, zum Ausschl and Ursachen u zur Verantwortlichk des Untern braucht er sich nicht zu äußern (BGH **136**, 342 u ZfBR **99**, 255). Damit w alle Mängel geltd gemacht, auf die das angezeigte ErscheingsBild zurückgeht, u zwar in vollem Umfang an allen Stellen ihrer Ausbreitg (BGH BB **88**, 2415, NJW-RR **97**, 1376). Der Umfang der NachErfPfl muß nicht bezeichnet w, er ergibt sich erst aGrd der Prüfg (BGH NJW **87**, 381). Dies gilt auch für ein einheitl geschuldetes Wk, an dem das Eigt inzw geteilt worden ist (BGH RsprBau § 633 Nr 63: einheitl hergestelltes Dach über mehrere Häuser, Wasser in einem davon). Zur Verurteilg des Untern auf Mängelbeseitigg ist die genaue Bezeichng des Mangels notw u genügd (BGH **61**, 42). Mängel des GemschEigt § 634 Rn 15.

4 **4) Inhalt des Anspruchs (I).** Nacherfüllung ist die endgült Herstellg eines vertragsgem mangelfr Wk. Sie kann dch *Nachbesserung* erfolgen, dh Beseitigg der vorhandenen Mängel, od dch *Neuherstellung,* dh Herstellg eines neuen vertragsgem Wk. Da der Untern insow die Wahl hat (I), ist der Anspr aus der Sicht des Best zunächst auf Behebg des Mangels an dem vom Untern hergestellten Wk gerichtet (BGH **96**, 221). Er kann aber bis zur Neuherstellg reichen, wenn Mängel nur auf diese Weise zu beseitigen sind (§ 634 Rn 3). Auch Art u Weise der Nachbesserg bestimmt grdsätzl der Untern (arg Abs I; BGH NJW-RR **88**, 208); desh läßt ein ungeeigneter NachbessergsVorschlag des Best den NachErfAnspr nicht entfallen (BGH NJW-RR **98**, 233). Der Best kann eine best Art nur verlangen, wenn der Mangel nur so beseitigt w kann (BGH NJW-RR **97**, 1106). Die Verpfl des Untern beschränkt sich auf Beseitigg der Mängel des fehlerh hergestellten eig Wk (BGH **104**, 262: Mängel an den den Gartenhof eines Hauses umgebden Wänden vom Untern errichteter NachbHäuser), kann aber darauf gerichtet sein, auf Dritte iS einer Mangelbeseitigg einzuwirken (BGH NJW-
5 RR **01**, 309: Versetzg eines Verteilerschranks dch E-Werk bei fehlerh Lageplang dch Untern). – Bei **mangelhafter Nacherfüllung** kann der Best die R gem §§ 636–638 unmittelb geltd machen, wenn die NachErf fehlgeschlagen ist od weitere NachErfBemühgen dem Best nicht zumutb sind, andernf nur nach FrSetzg (§ 636 aE, § 637 II 2). Außerd kann schuldh Verl der NachErfPfl zu SchadErsAnspr des Best gem § 280 I, II, § 286 führen.

6 **5) Kosten (II). – a) Grundsatz** (sa § 439 Rn 9 ff). Die Vorschr stellt klar, dass der Anspr den gesamten Aufwand umfaßt, den die Beseitigg des Mangels voraussetzt (BGH NJW **63**, 805). Ausgen sind Kosten, die eine erkennb fehlerh Vorleistg eines and Untern betreffen (Mü NJW-RR **88**, 20; sa § 633 Rn 4). Der Untern trägt daher die mit der Nachbesserg am urspr AbnOrt (BGH **113**, 251) verbundenen Kosten einschl aller Nebenkosten, zB Transport-, Wege-, Arbeits-, Materialkosten (BGH NJW **79**, 2095). Reisekosten an einen and als den AbnOrt nur, wenn die Sache ihrer Natur nach zum Ortswechsel best war, wozu Veräußerg nicht genügt (BGH **113**, 251). Umfaßt w auch die mit der Mängelbeseitigg verbundenen Vorbereitgs- u NebenArb (zB zur Auffindg des Mangels erfdl GA- u RAKosten, BGH **113**, 251), sowie zur Wiederherstellg des früh Zust erfdl Arb (BGH **96**, 221), zB die Behebg von dch die Nachbesserg verurs Schäd am sonst Eigt des Best (BGH NJW **63**, 805). Es handelt sich insow um Erf, nicht um SchadErs, die Vorauss der §§ 280 ff brauchen nicht gegeben zu sein (BGH NJW-RR **99**, 813 zum früh R). Ebso hat der BauUntern dem Bauherrn die ArchVergütg zu ersetzen, die dieser für die Bauleitg währd der MängelbeseitiggsArb zu zahlen hat. Dagg erfaßt die NachErfPfl nicht unabhäng von der Mängelbeseitigg entstandene MangelfolgeSchäd an and als den vom Untern hergestellten Gewerken; insow ggf nur SchadErsAnspr (BGH **96**, 221). Auch Gewinnentgang vor u währd der Mängelbeseitigg ist nur als Schaden zu ersetzen (BGH **72**, 31).

7 **b) Einschränkungen** bestehen in 2 Fällen (sa Leitzke NZBau **01**, 672): Nach den Grds des VorteilsAusgl hat der Best Kosten für Leistgen zu tragen, die der Untern nach den vertragl Vereinbgen (zB in einem LeistgsVerz) nicht schuldet, dann aber, weil zur ordngsgem Ausführg erfdl, zusätzl doch erbringen muß (**„Sowieso-Kosten"**; BGH **90**, 344), u zwar nach dem PrStand im Ztpkt der AuftrVergabe (Nürnbg BauR **01**, 961); ebso Mehrkosten für eine zur Mängelbeseitigg erfdl, aber teurere Ausführg als vereinb, die dem Best zusätzl Vorteile bringt (BGH **91**, 206; NJW **02**, 141: Wärmedämmg, uU auch längere Nutzg). Das gilt auch iF pauschaler FestVergütg (Düss NJW-RR **92**, 23); aber nicht, wenn der Untern vertragl einen best Erfolg zu einem best Pr versprochen hat u die von der vorgesehenen abw Ausführg nur zur Erreichg dieses Erfolges erfdl ist (BGH BauR **87**, 207; s aber auch § 633 Rn 6). Hat der Best, auch dch seinen ErfGeh (Bsp: BGH NJW **02**, 141: PlangsFehler des Arch), den **Mangel mitverursacht** (sa § 633 Rn 4), ist er nach den Grds des § 254 an den Kosten der Nachbesserg zu beteiligen (BGH **90**, 344 u NJW **99**, 416). – In beiden Fällen kann der Untern die Mängelbeseitigg davon abhäng machen, dass der Best für den auf ihn entfalldn Teil der NachbessergsKosten Sicherh leistet; Vorauszahlg od ZahlgsZusage kann er nicht verlangen (BGH **90**, 344). Im Proz ist der Best zur WkLohnzahlg Zug um Zug gg Mängelbeseitigg, diese wiederum Zug um Zug gegen Zuschußzahlg zu verurteilen (BGH **90**, 354: *„doppelte Zug-um-Zug-Verurteilung"*; sa § 641 Rn 13). IR des AufwendgsErs- u VorschußAnspr gem § 637 I, III ist der auf den Best falldе KostenAntl mindernd zu berücks (Düss VersR **85**, 246: Plangs- u Koordinationsfehler [§ 642 Rn 1, 4] des Arch). Anspr auf Erstattg der vom Best zu übernehmden Kosten hat der Untern, wenn er Mängel aGrd Vereinbg mit dem Best beseitigt hat, die Part aber die Kostentragg nicht geklärt haben (BGH NJW **99**, 416).

8 **6) Ausschluß des Anspruchs. – a)** Bei **Unmöglichkeit** der Mangelbeseitigg (§ 275 I; dort Rn 31). Sie kann *objektiv* sein, weil der Mangel dch techn u rechtl mögl Maßn nicht behoben w kann od weil die zur

Beseitigg geeigneten Maßn die GrdSubstanz od Konzeption des Wk nicht unwesentl verändern würden (BGH NJW **01**, 1642). So insb wenn nach der Natur des Wk od seiner bestimmungsgem Verwendg Nachbesserg od Neuherstellg ausscheiden. Bsp: zeitgebundenes Wk (Taxifahrt zum Flughafen) od zeitgebundene Verwendbark (Anzeige für Konzert; Celle BauR **00**, 1082: Wohnflächenberechng für Verkauf); Plangs- od Aufsichtsfehler des Arch od Ing, die nicht (mehr) behebb sind, zB wg BauErrichtg (BGH **43**, 227/232, Düss NJW-RR **96**, 305), dann auch kein Vorschuß gem III (BGH NJW **01**, 435), aber SchadErs (§ 634 Rn 8); uU Veräußerg von Teilen des Wk (BGH NJW-RR **96**, 883). Nicht aber rechtl Unmöglichk der Nutzg, die dch Dispens zu beseitigen ist (Hamm MDR **78**, 226). Sie kann auch *subjektiv* sein, wenn der Untern zur Nachbesserg (zB wg ProdÄnderg) nicht (mehr) in der Lage ist. *Folge* der Unmöglichk ist das Entfallen des primären ErfAnspr u damit erst recht des NachErfAnspr u des SelbstvornahmeR. Es handelt sich um eine vAw zu beachtde Einwendg. Dem Best bleiben insb die R aus § 311 a (urspr Unmöglichk), §§ 280, 283 (nachträgl Unmöglichk), ferner 326 V u § 638; Einzelh wie Rn 13. – **b) Bei vorbehaltloser Abnahme** 9
in Kenntn des Mangels (§ 640 II, dort Rn 13). HGB 377 ff haben infolge der Unterstellg des WkLiefergsVertr für bewegl Sachen unter das KaufR für den WkVertr keine Bedeutg mehr.

7) Verweigerungsrecht des Unternehmers. – a) Unverhältnismäßiger Aufwand (§ 275 II). S dort 10
Rn 26 ff, auch zur Abgrenzg von der subj Unmöglichk (Rn 8). Nach den Materialien (BT-Drs 14/6040 S 265) decken sich die Vorauss iGrds mit der bish Rspr zu § 633 II 3 aF. Das VerweigergsR ist danach gegeben, wenn der Aufwand des Untern zur Mängelbeseitigg, berechnet nach dem Ztpkt, in dem die vertragsgem Leistg geschuldet war (BGH NJW **95**, 1836), in keinem vernünft Verhältn zu dem mit der Beseitigg der Mängel erzielb Erfolg stünde (BGH **59**, 365), also zu dem Vorteil, den der Best dadch erlangt (BGH **96**, 111/123). Dabei sind alle Umst des EinzFalls zu berücksichtigen (BGH NJW-RR **97**, 1106). Das gilt insb für das LeistgsInteresse des Best (§ 275 II 1), zB die Art der Beeinträchtigg (Celle BauR **98**, 401: SchönhFehler; Hamm BauR **01**, 1262: Schallschutz). Eine spürb Beeinträchtigg der Funktionsfähigk des Wks wird den Einwand meist ausschließen (BGH NJW **96**, 3269). Ferner für ein Vertretenmüssen des Untern (§ 275 II 2), zB Schwere des VertrVerstoßes u der Grad des Versch (sa BGH NJW **95**, 1836; Düss BauR **01**, 1922). Dem VerweigersR kommt, da III bereits die obj Unverhältnismäßigk von WkWert u NachErfKosten genügen läßt (Rn 12), wohl nur bei im Verh zum GesWert des Wk kleineren Mängeln Bedeutg zu, die für den Best ohne erhebl Nachteil sind.

b) Unzumutbarkeit persönlicher Leistungserbringung (§ 275 III). S § 275 Rn 30. 11

c) Unverhältnismäßige Kosten (III). Die Vorschr ist im Ansatz § 439 III 1 vergleichb (sa dort Rn 16, 12
Bitter/Meidt ZIP **01**, 2114/2120 unter 3.2). Nach ihr kommt es für die Berechtigg der Verweigerg allein auf die Unverhältnismäßigk der NachErfKosten in Bezug auf zum einen den obj Wertverlust des Wk dch den Mangel, zum and den obj GesWert des Wk an. Der in den bes Verhältn begründete subj Wert des Wk für den Best, dh dessen Interesse an der NachErf, sowie ein Verschulden den Untern bei der Entstehg des Mangels bleiben and als iF des § 275 II (Rn 10) bei der Abwägg außer Ansatz. Ebso aber ands auch LeistgsHindern, die nach den Vorstellgen der Part in die Risikospäre des Untern fallen, zB weil er von vornherein mit ihnen rechnen mußte (Voit BauR **02**, 145/158). Da sich der obj WkWert idR im vereinb WkLohn niederschlagen wird, ist auch dieser in die Abwägg einzubeziehen (and zu § 633 II 3 aF, Düss NJW-RR **97**, 1450). Für den obj Wertverlust wird insb die Beeinträchtigg der FunktionsFgk des Wk bedeuts sein (sa BGH NJW **96**, 3269).

d) Folgen. Der Untern hat in allen 3 Fällen ledigl eine *Einrede,* dh er kann, muß aber nicht die NachErf 13
verweigern (§ 275 Rn 26, 32). Dass er das LeistgsHindern zu vertreten hat, schließt die Einr nicht aus (s aber Rn 7, 10). Der Best kann die Unverhältnismäßigk (Rn 10, 12) dch das Angeb einer Zuzahlg beseitigen. Außerdem kann im EinzFall die Berufg auf die Einr treuwidr sein (Hbg MDR **74**, 489; sa § 634 Rn 1), zB wenn der Untern bewußt ein mangelh Wk abliefert im Vertrauen darauf, unter Berufg auf III die Kosten einer ordngsgem Herstellg zu mindern (sa Düss BauR **01**, 1922). *Verweigert* der Untern (forml, empfbedürft u unwiderrufl WillErkl, § 439 Rn 16), wird er von seiner NachErfVerpfl frei (§ 275 Rn 26); der Best braucht die Nachbesserg dann nicht mehr zu gestatten (§ 634 Rn 2). Der Anspr auf WkLohn bleibt bestehen (§ 326 I 2). Ein LeistgsVerweigergsR des Best gem § 641 III scheidet nunm aus, da er Mangelbeseitigg nicht mehr verlangen kann, ebso das SelbstvornahmeR (§ 637 I aE). Der Best hat, ohne dass es einer FrSetzg bedarf, folgde R u insow auch die MängelEinr (§ 634 a Rn 23): Bei *erheblichen Mängeln* kann er zurücktreten (§ 326 V) od mindern (§ 638 I 1); wenn der Untern die fehlde NachErf zu vertreten hat, kann er auch SchadErs/AufwendgsErs statt der Leistg verlangen (§§ 281 I, 280 I, 284, 636). Bei *unerheblichen Mängeln* scheiden Rücktr (§ 323 V 2) u SchadErs statt Leistg (§ 281 I 3) aus. Der Best kann aber mindern (§ 638 I 2) u bei Vertretenmüssen des Untern einf SchadErs verlangen (§ 280 I).

8) Rückgewähr des mangelhaften Werks (IV). Sa § 439 Rn 23 ff. Wählt der Untern die Neuherstellg 14
des ges Wk, darf der Best das ihm bereits überlassene mangelh Wk nicht behalten, sond muß es an den Untern zurückgeben: Es entsteht ein vertragl RückgewährSchuldVerh, der Untern ist nicht auf (dch § 818 III begrenzten) Anspr aus § 812 angewiesen. Soweit der Best wie häuf nicht zurückgeben kann (Bsp: RepArb an einem Haus), hat er unter den Vorauss des § 346 II, III WertErs zu leisten. Dieser entfällt allerd, wenn das ErstWk gerade dch die Neuherstellg beseitigt wurde (Bsp: Maler überstreicht mangelh Erstanstrich des Hauses), weil der Untern dies zu vertreten hat (§ 346 III Nr 2).

9) VOB/B § 13 Nr 5 I gibt einen **Nachbesserungsanspruch** wie § 635 auf schriftl Verlangen. Aus- 15
geschl ist der Anspr nach **Nr 6**, wenn die Mängelbeseitigg unmögl od unzumutb ist (wie Rn 8–11). In diesem Falle MindergsR des Best (§ 638 Rn 8). Sa § 634 Rn 28, § 637 Rn 12.

636 ***Besondere Bestimmungen für Rücktritt und Schadensersatz.*** **Außer in den Fällen der §§ 281 Abs. 2 und 323 Abs. 2 bedarf es der Fristsetzung auch dann nicht, wenn der Unternehmer die Nacherfüllung gemäß § 635 Abs. 3 verweigert oder wenn die Nacherfüllung fehlgeschlagen oder dem Besteller unzumutbar ist.**

1 **1) Allgemeines.** Die dch *Art 1 I Nr 38 SMG* vollst neu gefaßte Vorschr (vgl dazu BT-Drs 14/6040) greift in gewissem Umf den bish § 634 II auf, der allerd in einem and ZusHang stand. Sie entspricht weitgehd der kaufrechtl Bestimmg des § 440 S 1. Zeitl Geltg der Neuregelg, allg zum neuen MängelhaftgsR Vorbem 1 ff v § 633. – **Zweck.** § 634 Nr 3, 4 verweist für Rücktr u SchadErs wg eines Mangels hins Vorauss u Folgen auf allg Vorschr des LStörgsR. Danach kann der Untern iGrds nach § 323 I nur zurücktreten, nach § 281 I 1 SchadErs statt Leistg nur verlangen, nachdem er dem Best zur Beseitigg des Mangels erfolgl eine angem Fr gesetzt hat. Diese FrSetzg ist schon nach den allg Vorschr unter best Umständen entbehrl. § 636 erstreckt diese Ausn auf weitere Fallgestaltgen.

2 **2) Rücktritt.** § 634 verweist hins des Rücktr aGrd eines Mangels für Vorauss u Folgen iGrds auf § 323 u § 326 V (§ 634 Rn 5). Dabei läßt § 326 V für die dort genannten Fälle ledigl die FrSetzg gem § 323 I entfallen, iÜ verweist die Vorschr auf § 323. Daher sind Vorauss u Folgen in beiden Fällen mit Ausn der FrSetzg identisch. Verh des RücktrR zu den and MangelR § 634 Rn 2 ff; zu den allg schuldr R Vorbem 6 v
3 § 633. Abw Vereinbgen § 634 Rn 22, § 639. – **a) Voraussetzungen:** (1) wirks Vertr im AnwendgsBereich der §§ 633 ff (Vorbem 2 ff v § 633). (2) Mangel des Wk (§ 633 Rn 3 ff). (3) Die WkLeistg muß fäll sein (§ 323 I; dazu § 631 Rn 12). Ausn § 323 IV (Offensichtlichk des Eintritts der RücktrVorauss). (4) (a) FrSetzg zur NachErf u erfolgl FrAblauf (§ 323 I; Rn 4) *oder* (b) Entbehrlichk der FrSetzg (Rn 5).

4 **b) Fristsetzung, erfolgloser Fristablauf.** Der Best muß dem Untern eine angem Fr zur NachErf bestimmen (wie § 323 Rn 12 ff, dort auch zur Frage einer zu kurzen Fr); AblehngsAndrohg ist nicht mehr erfdl. Die FrSetzg muß erfolgl geblieben sein, dh der Untern darf den Mangel nicht innerh der Fr beseitigt haben. Erfolgl war die FrSetzg auch dann nicht, wenn der Untern die Mangelbeseitigg in AnnVerzug begründder Weise angeboten hat (Düss NJW-RR **98**, 1030; sa § 634 Rn 2).

5 **c) Entbehrlichkeit der Fristsetzung.** Die im Gesetz genannten Fälle überschneiden sich zT (zB § 281 II, § 323 II Nr 2, 3 mit § 636). Es genügt, wenn die Vorauss eines der (folgden) Fälle vorliegt: (1) ernsth u endgült ErfVerweigerg des Untern (§ 323 II Nr 1, dort Rn 18); gilt auch, wenn sich der Untern zu Unrecht endgült auf ein LeistgVR gem §§ 275, 635 III beruft (sa AnwK/Raab Rn 11). (2) Wegfall des LeistgsInteresses des Best wg Verzögerg der Leistg (§ 323 II Nr 2, dort Rn 19). (3) Vorliegen bes Umst, die bei Interessenabwägg den sofort Rücktr rechtfertigen (§ 323 II Nr 3, dort Rn 22). Sa Rn 16. (4) Entfallen des NachErfAnspr gem § 275 I–III (§ 326 V). IF der Unmöglichk der Mangelbeseitigg (§ 275 I) genügt das Vorliegen der obj Vorauss (§ 635 Rn 8). Soweit dem Untern LeistgVR hins der Mangelbeseitigg zustehen (§ 275 II, III; wie § 635 Rn 10 f), muß er die Einr tats erhoben haben (§ 635 Rn 13). (5) Verweigerg der NachErf wg unverhältnism Kosten (§ 636, § 635 III, s Rn 14); (6) Fehlschlagen der NachErf (§ 636, s Rn 15); (7) Unzumutbark der NachErf für den Best (§ 636, s Rn 16).

6 **d) Ausgeschlossen** ist der Rücktr: (1) Wenn der *Mangel nicht erheblich* ist (§ 323 V 2, dort Rn 32). Für die Bestimmg der Erheblichk können die zu § 634 III aF u zu § 640 I 2 (unwesentl Mangel) geltden Grds herangezogen w (dort Rn 9; sa § 437 Rn 23; jew auch zur Mehrh von Mängeln). Die Frage, was erhebl ist, ist vertragl Regelg zugängl. Verstoß gg BeschaffenhVereinbg indiziert desh Erheblichk. Bei Unerheblichk bleiben dem Best die and MängelR, auch SchadErs gem § 280 mit Ausn des „großen" SchadErs statt Leistg (Rn 13). (2) Wenn der Best für den Mangel, der ihn zum Rücktr berecht, allein od weit *überwiegend verantwortlich* ist (§ 323 VI Fall 1; dort Rn 29). Das kann insb der Fall sein, wenn der Mangel auf vom Best gelieferte Stoffe od auf Anweisgen des Best zurückzuführen ist (§ 645 Rn 7). Hat insow Versch des Untern mitgewirkt (zB unterlassene Überprüfg des Stoffes auf seine Eigng, weitere Bsp § 645 Rn 7 aE), ist eine Abwägg der VerursachgsAnteile erfdl. (3) Wenn der Mangel währd des *Annahmeverzugs des Bestellers* eintritt u vom Untern nicht zu vertreten ist (§ 323 VI Fall 2; dort Rn 30 f). (4) Bei *Teilleistung* (sa § 633 II 2 u dort Rn 8), wenn diese für den Best ihr Interesse behält (§ 323 V 1; dort Rn 26). (5) Bei *vorbehaltloser Abnahme* in Kenntn des Mangels (§ 640 II; dort Rn 13). Tritt Kenntn des Mangels nach Abn ein, kann die Ausübg des RücktrR gg § 242 verstoßen, zB bei sachl nicht motivierter Fortsetzg des Gebr des Wk in Kenntn des Mangels (sa BGH WM **91**, 367). – Verschlechterg od Untergang des Wk, auch wenn vom Best zu vertreten, schließen den Rücktr nicht aus (and nach § 351 aF).

7 **e) Folgen.** Der Best hat ein GestaltgsR; Einzelh zur AusübgsBerechtigg § 634 Rn 13 ff. Übt er dieses R dch Erkl des Rücktr aus (§ 349), wird das VertrVerh umgestaltet, daher kein Widerr (§ 323 Rn 33). Die Folgen richten sich nach den allg Vorschr (§§ 346 ff), dh Rückgewähr der jew empf Leistgen. Anspr des Best auf Beseitigg des mangelh Wk nur iR eines SchadErsAnspr. Soweit der Best wie häuf das Wk nicht zurückgeben kann (Bsp: RepArb an einem Haus), hat er zwar an sich gem § 346 II WertErs zu leisten; iF von § 346 III 1 haftet er jedoch nur nach BereichergsGrds, insb wenn Verschlechterg od Untergang des TeilWk (für Ausdehng auf den Fall der Wertlosigk der Teilleistg Voit BauR **02**, 146/155) auf dem Mangel beruhen (§ 346 Rn 12). Wirkg des Rücktr auf die and MängelR § 634 Rn 5. Beruft sich der Untern zR auf Verj, ist der Rücktr unwirks (§ 634 a Rn 22); Auswirkgen der Verj auf die Anspr im RückgewährSchuldVerh § 634 a Rn 6.

8 **3) Schadensersatz statt der Leistung.** § 634 erklärt hins des SchadErs aGrd eines Mangels §§ 280, 281, 283 u 311 a für anwendb (§ 634 Rn 6 ff). *§ 280* gewährt für den Fall, daß der Mangel als PflVerl nach Vertragschl anzusehen ist, einen allg ErsAnspr, für den, abgesehen von der Verj (§ 634 a), keine wkvertragl Besonderh gelten. Soweit der Best allerd SchadErs statt der Leistg (bish SchadErs wg NichtErf, Vorbem 14 v § 275) fordert (zu den and Fällen, auch zur Abgrenzg § 634 Rn 8 ff), ist der Anspr von zusätzl Vorauss abhäng (§ 280 III). Das ist iR des § 281 iGrds eine erfolgl FrSetzg zur NachErf (§ 281 I), die iF von § 281 II u § 636 entbehrl ist. IF des § 283 ist der Untern nicht zur Beseitigg des Mangels verpfl (§ 275 I–III), eine FrSetzg daher zweckl. Abgesehen hiervon handelt es sich jedoch um den Anspr aus § 280. Ist der Mangel auf ein anfängl LeistgsHindern zurückzuführen, ergibt sich der Anspr aus *§ 311 a,* nicht aus §§ 280, 283. Abgesehen vom AnwendgsBer decken sich auch die and Vorauss des Anspr nicht vollst mit denen der §§ 280, 283, wohl aber die Folgen. Verh der Anspr zu den and MängelR § 634 Rn 2 ff; zu den allg schuldr R Vorbem 6 ff v § 633. AnsprBerechtigg, Abtretg § 634 Rn 13 ff. BewL § 280 Rn 34 ff, § 281 Rn 52. Abw Vereinbgen § 634 Rn 22, § 639.

a) Anspruch aus §§ 280, 281, 283. – aa) Voraussetzungen. (1) Wirks Vertr im AnwendgsBereich der §§ 633 ff (Vorbem 2 ff v § 633). (2) Mangel des Wk (§ 633 Rn 3 ff), der nicht nur auf ein LeistgsHindern bei Vertragschl zurückzuführen ist (sonst § 311 a). Vertretenmüssen s Rn 12. (3) Ursachenzusammenhang zw Mangel u Schaden (§ 280 I 1). (4) (a) FrSetzg zur NachErf u erfolgl FrAblauf (§ 281 I 1; wie beim Rücktr, Rn 4) *oder* (b) Entbehrlichk der FrSetzg (Rn 10). – **bb) Entbehrlichkeit der Fristsetzung** in folgden Fällen (sa Rn 5): (1) ernsth u endgült ErfVerweigerg des Untern (§ 281 II Fall 1, dort Rn 14). (2) Vorliegen bes Umst, die bei Interessenabwägg die sofort GeltdMachg des ErsAnspr rechtfertigen (§ 281 II Fall 2, dort Rn 15). (3) Entfallen des NachErfAnspr gem § 275 I–III (§ 283). (4) Verweigerg der NachErf wg unverhältnism Kosten (§ 636, § 635 III, s Rn 14). (5) Fehlschlagen der NachErf (§ 636, s Rn 15). (6) Unzumutbark der NachErf für den Best (§ 636, s Rn 16). 9 10

b) Anspruch aus § 311 a. Er setzt voraus: (1) Wirks Vertr im AnwendgsBereich der §§ 633 ff (Vorbem 2 ff v § 633). (2) Mangel des Wk (§ 633 Rn 3 ff), der auf ein LeistgsHindern bei Vertragschl zurückzuführen ist (sonst § 280). Er muß erhebl sein (§ 281 I 3, § 311 a II 3); dazu Rn 6. (3) Ursachenzusammenhang zw Mangel u Schaden. 11

c) Ausgeschlossen ist der Anspr: – IF des *§ 280,* wenn der Untern den *Mangel nicht zu vertreten* hat (§ 280 I 2). Es handelt sich um eine Einwendg (§ 280 Rn 34). Maßst sind §§ 276–278. Hat der Untern das Wk aus von ihm zu beschaffden Ggstd herzustellen, übernimmt er damit jedenf iGrds auch das BeschaffgsRisiko (§ 276 I 1, dort Rn 31; sa Vorbem 12 v § 275, v Westphalen DB **01**, 799/803; einschr AnwK/Raab Rn 28). Gleiches wird idR für die Bereitstellg der für die Herstellg geeigneten ArbKräfte u Geräte gelten. Verspricht der Untern einen best Erfolg (zB eine best Leistg des Wk), liegt darin idR eine RisikoÜbern gem § 276 I 1 (sa Voit BauR **02**, 145/149), erst recht bei einer ausdr Garantieübern (§ 634 Rn 23 ff). – IF des *§ 311 a,* wenn der Untern das LeistgsHindern nicht kannte u diese Unkenntn auch nicht zu vertreten hat (wie oben, § 311 a Rn 9). – In beiden Fällen bei *Teilleistungen,* soweit diese für den Best ihr Interesse behalten (§ 281 I 2, dort Rn 36, § 311 a II 3). Sa § 633 Rn 8. – Vorbehaltl Abn in Kenntn des Mangels schließt die SchadErs-Anspr nicht aus, da § 634 Nr 4 in *§ 640 II nicht* genannt ist. – Verjährg der Anspr gem § 634 a. Vertragl Ausschl § 639, Verzicht § 634 Rn 27. 12

d) Folgen. Der Best kann den Schad ersetzt verlangen, der ihm dch die mangelh Leistg entstanden ist (sa § 634 Rn 7 f zur Abgrenzg zw § 281 u § 280). Er ist so zu stellen, als ob der Untern ein mangelfr Wk hergestellt hätte (positives Interesse; Einzelh § 281 Rn 17 ff, § 325 Rn 3 ff). Der Best kann stets den dch den Mangel selbst verurs Schad verlangen (sog kleiner SchadErs, § 281 I 1), einschl des dch die mit der Mangelbeseitigg verbundenen Verzögerg entstandenen Schad (§ 634 Rn 7 f). SchadErs statt der ganzen Leistg (sog großer SchadErs) steht ihm nur bei einem *erheblichen Mangel* zu (§ 281 I 3, § 283 S 2; § 325 Rn 23 f, 29, Einzelh s dort u § 281 Rn 48). Für die Erheblichk können die Grds zur Wesentlichk des Mangels herangezogen w (wie Rn 6). Berücks des MitVersch § 254. Anstelle des SchadErs kann er bei Vertr mit ideellem od konsumptivem Zweck auch gem § 284 Ers vergebl Aufwendgen verlangen (§ 634 Nr 4; § 284 Rn 4). Mit GeltdMachg des Schad/AufwendgsErs erlischt der NachErfAnspr u das darauf aufbauende SelbstvornahmeR, ebso das MindergsR (§ 634 Rn 7). Bei Berechng nach der Differenzmethode entfällt umgekehrt der WkLohnAnspr (§ 281 Rn 20). Der Untern kann das Wk nach den Grds der §§ 346–348 zurückfordern (§ 281 V, § 283 S 2, § 311 a II 3), ggf Wertersatz verlangen (Rn 7). 13

4) Entbehrlichkeit der Fristsetzung gemäß § 636. – a) Verweigerung der Nacherfüllung gemäß § 635 III. Der Untern muß zu R von seinem VerweigergsR gem § 635 III (dort Rn 12) Gebr gemacht haben; das obj Vorliegen der Vorauss hierfür genügt nicht. 14

b) Fehlgeschlagene Nacherfüllung, dh der Mangel konnte auch bei (ggf wiederholter) Nachbesserg nicht beseitigt w (s schon bish BGH NJW-RR **98**, 1268; sa § 440 Rn 7, § 309 Rn 62). Die Regel des § 440 S 2 (iGrds 2 NachbessergsVersuche) kann zwar wegen der vielfält Gestaltgen beim WkVertr nicht ow übernommen w, bietet jedoch für den Regelfall einen gewissen Anhalt. Das Fehlschlagen kann auch währd des Laufs einer gesetzten NachFr offenb w u gestattet dann dem Best die Ausübg der R bereits vor FrAblauf. 15

c) Unzumutbare Nacherfüllung für den Best (sa § 440 Rn 8). Maßg ist, and als in § 323 II Nr 3, nur das Interesse des Best. Sie liegt insb vor, wenn aGrd obj Umst sein Vertrauen auf ordngsgem DchFührg der Mängelbeseitigg erschüttert ist (BGH **46**, 242, auch zu VOB/B § 13 Nr 5). Ferner wenn das wenn auch vertragsgem Wk infolge des bei NachErf eintretden Zeitablaufs für ihn kein Interesse mehr hat, zB weil er das Wk sof zur eig Verwendg benötigt (BGH NJW-RR **93**, 560 zu § 634 II aF; AnwK/Raab Rn 16); wenn der Untern das Vorhandensein des Mangels nachdrückl bestreitet; wenn die Nachbesserg dem Best im Verh zum Erg der Mangelbeseitigg unzumutb Unannehmlichk bereitet. 16

5) VOB/B s § 634 Rn 28. 17

637 *Selbstvornahme.* **[I] Der Besteller kann wegen eines Mangels des Werkes nach erfolglosem Ablauf einer von ihm zur Nacherfüllung bestimmten angemessenen Frist den Mangel selbst beseitigen und Ersatz der erforderlichen Aufwendungen verlangen, wenn nicht der Unternehmer die Nacherfüllung zu Recht verweigert.**

[II] § 323 Abs. 2 findet entsprechende Anwendung. Der Bestimmung einer Frist bedarf es auch dann nicht, wenn die Nacherfüllung fehlgeschlagen oder dem Besteller unzumutbar ist.

[III] Der Besteller kann von dem Unternehmer für die zur Beseitigung des Mangels erforderlichen Aufwendungen Vorschuss verlangen.

1) Allgemeines. Die Vorschr (vollst neu gefaßt dch *Art 1 I Nr 38 SMG,* dazu BT-Drs 14/6040 S 266, 14/6857 S 37) entspricht im wesentl dem bish § 633 II, III; jedoch setzt die Selbstvornahme nicht mehr Verzug des Untern mit der Mängelbeseitigg, dh auch kein Vertretenmüssen des Untern voraus. Das SelbstvornahmeR (I) baut auf dem NachErfAnspr des Best (§ 635 Rn 2) auf. Es setzt dessen Bestehen voraus (arg 1

I Hs 2), der Anspr auf Vorschuß (III) wiederum das Bestehen des SelbstvornahmeR. Verhältn zum NachErf-Anspr iÜ § 634 Rn 3 f, zu den and MängelR dort Rn 5 ff; zu den allg schuldr R Vorbem 6 ff v § 633. Die R können wie der NachErfAnspr auch ohne Abn des Wk gegeben sein (Vorbem 7 v § 633). Die R bestehen ggü dem VertrPartner des Best (§ 634 Rn 18); AnsprBerechtigg insb bei WohngsEigt, Abtretg § 634 Rn 13 ff. Abw Vereinbgen § 634 Rn 22, § 639. Zeitl Geltg der Neuregelg, allg zum neuen MängelhaftgsR Vorbem 1 ff v § 633.

2 **2) Selbstvornahme (I Hs 1). – a) Voraussetzungen.** (1) NachErfAnspr des Best (§ 635 Rn 2), dh auch keine LeistgsFreih des Untern aGrd eines LeistgVR (I Hs 2; Einzelh wie § 635 Rn 10–13: obj Bestehn des LeistgsVR *und* Verweigerg der NachErf dch den Untern). (2) FrSetzg zur NachErf u erfolgl FrAblauf (Rn 3) *oder* Entbehrlichk der FrSetzg (Rn 4). Insow decken sich die Vorauss mit denj für Rücktr, SchadErs statt Leistg u Minderg.

3 **b) Fristsetzung, erfolgloser Fristablauf.** Wie § 636 Rn 4. Der FrAblauf war nicht erfolgl, wenn der Untern die Mangelbeseitigg in AnnVerzug begründder Weise angeboten hat.

4 **c) Entbehrlichkeit der Fristsetzung, II.** Sie ist in folgden Fällen gegeben (Einzelh wie § 636 Rn 5): (1) ernsth u endgült ErfVerweigerg des Untern (II 1, § 323 II Nr 1); (2) Wegfall des LeistgsInteresses des Best wg Verzögerg der Leistg (II 1, § 323 II Nr 2); (3) Vorliegen bes Umst, die bei Interessenabwägg die sofort Selbstvornahme rechtfertigen (II 1, § 323 II Nr 3); (4) Fehlschlagen der NachErf (II 2; wie § 636, dort Rn 15); (5) Unzumutbark der NachErf für den Best (II 2; wie § 636, dort Rn 16), u zwar, weil der Best ja den Mangel beseitigen will, gerade dch den Untern (AnwK/Raab Rn 7). Das Vorliegen der Vorauss des § 635 III genügt nicht (sa Rn 2).

5 **d) Folgen.** Best darf (nicht muß) die Mängel selbst beseitigen od dch Dritte beseitigen lassen (Selbstvornahme) u hat dann Anspr auf AufwendgsErs. Der Untern ist nicht mehr zur NachErf berecht (§ 634 Rn 2); die abw früh Rspr paßt nicht mehr, da das neue R die Vorauss der Selbstvornahme denen der and MängelR (außer NachErf) angeglichen hat. Der Best kann aber nach FrAblauf die verspätete NachErf gestatten (sa Köln NJW-RR **01**, 1386 zum früh R); liegt in der Verspätg eine vom Untern zu vertretde PflVerl, kann dieser zum Ers der dem Best bereits angefallenen Kosten verpfl sein (§ 280 I). – Läßt Best ohne die Vorauss von III die geschuldete Mängelbeseitigg anderw vornehmen, so hat er keinen Anspr auf Ers der Aufwendgen, auch nicht aus GoA, ungerechtf Ber od § 823 (Vorbem 16 f v § 633).

6 **3) Aufwendungsersatzanspruch, (I Hs 1 aE). – a) Voraussetzung** ist, dass der Best berecht (Rn 2) eine SelbstvornahmeMaßn dchgeführt hat. Entfällt das SelbstvornahmeR, bleibt der ErsAnspr hins bereits getätigter Aufwendgen bestehen, neue Aufwendgen sind nicht mehr zu ersetzen. Es ist nicht erfdl, daß die Maßn erfolgr war (BGH NJW-RR **89**, 86/88). Der Untern ist ersatzpfl auch, wenn die (mögl) Mangel-
7 beseitigg mißlingt, hat aber ggf bestehde ErsAnspr gg Dritte (zB beauftr Untern) abzutreten. – **b) Inhalt.** Ers der tats Aufwendgen iR der Selbstvornahme, soweit sie obj erfdl waren. *Aufwendungen* sind freiwill Vermögensopfer, die der Best zur Beseitigg des Mangels erbringt (sa § 256 Rn 1, § 670 Rn 2 mBsp). Dazu gehören, and als beim Auftr, auch eig ArbLeistgen des Best (auch solche seiner FamAngeh); ihr Wert ist nach ZPO 287 zu schätzen, Anhaltspunkt ist der Lohn, der einem in berufl abhäng Stellg Tätigen zu zahlen wäre (BGH **59**, 328, auch für VOB/B 13 Nr 5). *Erforderlich* sind Aufwendgen, die ein wirtsch denkder Bauherr aGrd sachkund Beratg für eine vertretb, dh geeignete u Erfolg versprechde (Ffm NJW-RR **97**, 340) Maßn der Mängelbeseitigg erbringen konnte u mußte (BGH NJW-RR **91**, 789). Dazu gehören auch die Kosten, die zum Auffinden der SchadUrsache notw sind (BGH **113**, 251), uU auch nutzlose Aufwendgen (Rn 6). Je nach den Umst sind dem Untern auch teurere NachbessergsKosten zuzumuten (Ffm NJW-RR **88**, 918; Grd: er konnte vorher selbst die Mängel beseitigen). Bei Beauftragg eines DrittUntern spricht der erste Anschein für Erforderlichk der abgerechneten Kosten (Dresd NZBau **00**, 333/336). Pfl des Best aus *§ 254*, die NachbessergsKosten in angem Grenzen zu halten; demgem trägt der Untern die Darleggs- u BewL dafür, dass der Best iR der EigNachbesserg übermäß Leistgen hat ausführen lassen (BGH NJW-RR **92**, 1300). Mitverursachg des Mangels dch Best § 635 Rn 7. „Sowieso"-Kosten (§ 635 Rn 7) kann der Untern abziehen, auch wenn sie erst nach RKraft eines FeststellgsUrt über seine Pfl zum Ers der MängelbeseitiggsKosten iR der Nachbesserg bekannt w (BGH BauR **88**, 468). – **c) Einwendungen.** Verj gem § 634 a (dort Rn 5).

8 **4) Vorschuss (III). – a) Voraussetzung** ist das R des Best zur Selbstvornahme (Rn 2) u entspr der dem Vorschuss immanenten Zweckrichtg der Abdeckg späterer Selbstvornahmeaufwendgen die Absicht des Best zur Mangelbeseitigg. Diese ist zwar zu unterstellen; jedoch kein Anspr auf Vorschuß, wenn feststeht, dass Best den Mangel nicht beseitigen kann (BGH **68**, 372) od AnhaltsPkte dafür vorliegen, dass er ihn nicht binnen angem Fr beseitigen will, vielm in Wirklichk Minderg od SchadErs anstrebt (Celle BauR **01**, 1753; Staud/Peters § 633 Rn 211), ein bereits geleisteter Vorschuß ist dann zurückzuzahlen (Kblz OLGR **00**, 157). Der HauptUntern darf den vom SubUntern erhaltenen Vorschuß zu einer vergleichsw, die NachbessergsKosten nicht übersteigden Regelg mit dem Bauherren verwenden, da dadch der NachErfAnspr des Bauherrn beseitigt wird. Kein Anspr auf Vorschuss, soweit der Best auf and Weise den für die Mängelbeseitigg erfdl GeldBetr erlangen kann, zB dch ZbR (Oldbg BauR **94**, 371) od Aufr gg VergütgsAnspr (BGH NJW **00**, 1403, Karlsr OLGZ **83**, 464); od wenn eine ausreichde (Hamm NJW-RR **96**, 1046) Sicherh bereits geleistet od einbehalten ist (BGH **47**, 272). Der Anspr ist ggf wiederholt gegeben (Mü NJW-RR **94**, 785, einschränkd Kblz OLGR **00**, 158), auch nach Entziehg des Auftr gem VOB/B 4 Nr 7, 8 Nr 3 (BGH NJW-RR **89**, 849).

9 **b) Inhalt.** Der Anspr geht auf einen GeldBetr. Dieser muß die mutmaßl (BGH BauR **99**, 631) Kosten (nicht den merkantilen Minderwert, BGH NJW-RR **97**, 339) für erfdl (Rn 7) SelbstvornahmeMaßn einschl der sog Regiekosten (Köln ZfBR **00**, 105/112) abdecken. Berücksichtigg der Mitverursachg des Mangels dch Best Rn 7. Auf die Vorschussschuld sind ggf Verz- u ProzZinsen zu zahlen (bestr), Verz tritt nur unter den Vorauss des § 286, nicht schon mit Ablauf einer gesetzten Fr zur Mängelbeseitigg ein (BGH **77**, 60). – *Aufrechnen* gg WkLohnAnspr kann der Best mit dem Anspr auf Vorschuss (BGH **54**, 244, NJW-RR **89**, 406), kein AufrAusschl in AGB (§ 309 Rn 20).

c) Abrechnung. Der Best ist entspr dem Wesen des Vorschusses zur späteren Abrechng mit dem Untern verpflichtet. Auf den Vorschuß bezahlte Zinsen bleiben bei der Abrechng nach Mängelbeseitigg außer Betracht, soweit nicht der bezahlte Vorschuß die tats MängelbeseitiggsKosten übersteigt (BGH NJW **85**, 2325). Kein Anspr auf Abrechng, wenn dem Best SchadErsAnspr in Höhe des zur Mängelbeseitigg notw Betr in gleicher Höhe zusteht (BGH **99**, 81, WM **89**, 648). 10

d) Einwendungen. Verj des VorschußAnspr nach § 634 a (dort Rn 5; BGH DB **87**, 2092 zum früh R). Erlöschen des Anspr mit Entfallen des NachErfAnspr od des SelbstvornahmeR; ggf Anspr des Untern auf Rückzahlg des Vorschusses. 11

5) VOB/B. § 13 Nr 5 Abs II gibt dem Best ein **Selbstbeseitigungsrecht,** wie § 637 iGrds erst nach Setzg einer angem Fr zur Mängelbeseitigg, Verzug ist nicht erfdl. AufwendgsErs, Vorschuß u Aufrechng wie Rn 6 ff. Hiervon zu unterscheiden ist das R zur Beseitigg von Mängeln, die sich bereits währd der Ausführg zeigen (§ 4 Nr 7), das außer bei ErfVerweigerg erst nach AuftrEntziehg gem § 8 Nr 3 besteht (BGH BauR **01**, 1897/1900). 12

638 *Minderung.* **I Statt zurückzutreten, kann der Besteller die Vergütung durch Erklärung gegenüber dem Unternehmer mindern. Der Ausschlussgrund des § 323 Abs. 5 Satz 2 findet keine Anwendung.**

II Sind auf der Seite des Bestellers oder auf der Seite des Unternehmers mehrere beteiligt, so kann die Minderung nur von allen oder gegen alle erklärt werden.

III Bei der Minderung ist die Vergütung in dem Verhältnis herabzusetzen, in welchem zur Zeit des Vertragsschlusses der Wert des Werkes in mangelfreiem Zustand zu dem wirklichen Wert gestanden haben würde. Die Minderung ist, soweit erforderlich, durch Schätzung zu ermitteln.

IV Hat der Besteller mehr als die geminderte Vergütung gezahlt, so ist der Mehrbetrag vom Unternehmer zu erstatten. § 346 Abs. 1 und § 347 Abs. 1 finden entsprechende Anwendung.

1) Allgemeines. Die Vorschr wurde dch *Art 1 I Nr 38 SMG* vollst neu gefaßt (dazu BT-Drs 14/6040 S 266, 14/7052 S 205). Sie übernimmt mit Ändergen den bish § 634 I, II u IV u enthält nunm eine eigständ Regelg der Minderg, die zwar der kaufrechtl Bestimmg des § 441 entspricht, aber nicht mehr auf diese verweist. *Begrifflich* ist Minderg die Herabsetzg der Vergütg des Untern um einen der Wertminderg dch den Mangel entspr Betrag (III). And als nach § 634 aF besteht hierauf kein Anspr, vielm hat der Best ein GestaltgsR, das iF seiner Ausübg das VertrVerh teilw umgestaltet. Außerd w nunm auch RMängel erfaßt (§ 633 I). Zeitl Geltg der Neuregelg, allg zum neuen MängelhaftgsR Vorbem 1 ff v § 633. Verhältn zu den and MängelR § 634 Rn 3 ff; zu den allg schuldr R Vorbem 6 ff v § 633. Abw Vereinbgen § 634 Rn 22, § 639. 1

2) Voraussetzungen der Minderung (I). Der Best kann die Minderg erklären „statt zurückzutreten" (I 1). Es müssen daher die Vorauss des Rücktr (§ 636 Rn 3–5) gegeben sein. Jedoch genügt and als beim Rücktr jeder Mangel, auch ein unerhebl, § 323 V 2 ist nicht anzuwenden (I 2). Der Rücktr darf nicht gem § 636 Rn 6 ausgeschl sein (s aber zur Mitverantwortg des Best Rn 4). Das R entfällt, wenn der Best sein RücktrR ausübt od SchadErs statt Leistg verlangt (§ 634 Rn 5, 7). Verjährg § 634 a Rn 25. Verzicht § 634 Rn 27. 2

3) Minderungserklärung (I 1, II). Es handelt sich um eine empfbedürft einseit rgestaltde, daher bdggsfeindl u unwiderrufl WillErkl des Best ggü dem Untern, in der der Umfang der verlangten Minderg u der Mangel, dessentw gemindert wird (wie § 635 Rn 3), anzugeben sind (Grd: auf diese Mängel beschr Wirkg, Rn 7). Die Erkl kann hins mehrerer Mängel einheitl abgegeben w. Übertr des MindergsR § 634 Rn 17. Bei Mehrh von Pers auf der Best- od UnternSeite kann die Erkl nur einheitl abgegeben w (II). Einzelh wie § 441 Rn 9–11. II betrifft nicht den Fall, dass mehrere Pers getrennte Vertr über ein GesWk abschließen (zB beim WohngsEigt); dazu § 634 Rn 13 ff, 18 ff. 3

4) Berechnung (III). Wie § 441 Rn 12 ff. Die geminderte Vergütg (x) ergibt sich aus der Formel mangelfreier Verkehrswert : mangelh Verkehrswert = voller WkLohn : x. Der VerkWert kann sich, muß sich aber nicht in der vereinb Vergütg ausdrücken. Auch der Minderwert kommt uU in dem GeldBetr zum Ausdr, der für die Beseitigg der bei Abn vorh Mängel aufzuwenden ist (BGH NJW **96**, 3001 zum früh R), jedoch wird nicht selten and gelten, insb bei auffäll MißVerh zum GesWert (BT-Drs 14/6040 S 267) od erhebl PrÄndergen ggü dem Ztpkt des Vertragschl. Bei völl Wertlosigk des Wk kann der WkLohn vollst entfallen (BGH **42**, 232); dann kann der Untern Herausg des Wk wie beim Rücktr verlangen. Maßg ist (num eindeut) der Wert im Ztpkt des Vertragschl. Desh ist streng zw der tats Wertminderg (im Ztpkt der MindergsErkl) u dem MindergsBetr zu unterscheiden (MüKo/Soergel § 634 Rn 29, 31). Ggf ist zu schätzen (III 2, ZPO 287). Ist der Best für den Mangel mitverantwortl, ist dies in entspr Anwendg von § 254 zu berücks (§ 441 Rn 17). 4
– Bei **Bauwerken** stellte bish die wohl hM für die Berechng auf den Ztpkt der Abn ab (BGH **58**, 181 für VOB). Nach der Neufassg ist dies, außer bei abw Vereinbg, nicht mehr mögl. Bei geringerer Wohnfläche des Hauses od der Wohng als vereinb kann auf den anhand der vereinb Fläche zu berechnden qm-Preis abgestellt w (Celle NJW-RR **99**, 816). Bei unvollst EinzLeistgen des *Architekten* kann das Honorar nur gemindert w, wenn diese PflWidrigk zu einem Mangel des Arch- od BauWk (§ 633 Rn 10 f) geführt hat (BGH **45**, 372). – 5
Die Minderg betrifft die **ganze Vergütung.** Der MindergsBetr ist desh, and als iF der Aufrechng, nicht von einem eingeklagten TeilBetr, sond von dem letztrang Teil der VergütgsFdg abzurechnen (BGH NJW **71**, 1800). Ist die Fdg teilw abgetreten, kann Best jedoch die Minderg ggü der TeilFdg im Verh ihrer Höhe einwenden (BGH **46**, 242). 6

5) Rechtsfolgen. Die Vergütg ist, bei Fortbestand des Vertr iÜ, mit Zugang der MindergsErkl beim Untern um den gem Rn 4 gerechtfert Betr (Teichmann ZfBR **02**, 13/17) herabgesetzt (§ 441 Rn 19), aber 7 nur hins des geltd gemachten Mangels. Der Best kann wg eines and, zB später auftretden Mangels erneut mindern. Auswirkgen auf and MängelR, insb Verh zum SchadErs § 634 Rn 2ff. Bei **Überzahlung, IV,** besteht ein vertragl RückerstattgsAnspr; Einzelh § 441 Rn 20f.

8 **6) VOB/B.** Nach **§ 13 Nr 6** kann der Best Minderg verlangen (bei Vertr nach dem 1. 1. 02 als „mindern" zu lesen), wenn der Untern die Mängelbeseitigg wg Unmöglichk, Unzumutbark od unverhältnism Kosten verweigert (wie § 635 Rn 8, 10, 12), außerdem wenn die Beseitigg dem Best unzumutb ist (wie § 636 Rn 16). Umfang der Minderg wie Rn 4.

639 *Haftungsausschluss.* **Auf eine Vereinbarung, durch welche die Rechte des Bestellers wegen eines Mangels ausgeschlossen oder beschränkt werden, kann sich der Unternehmer nicht berufen, wenn er den Mangel arglistig verschwiegen oder eine Garantie für die Beschaffenheit des Werkes übernommen hat.**

1 **1) Allgemeines.** Die dch *Art 1 I Nr 39 SMG* neu gefaßte Vorschr (s insb BT-Drs 14/7052 S 205) übernimmt mit gewissen Ändergen den bish § 637. Sie entspricht in Formulierg u Konzeption § 444 im KaufR (sa die Erl dort). Sie ist nach ihrer Funktion nicht abdingb. Zeitl Geltg der Änderg Vorbem 5 v § 633, dort auch allg zum neuen MängelhaftgsR. Zum bish § 639 s § 634a Rn 1.

2 **2) Vertragliche Einschränkungen der Mängelrechte,** dh Verändergen der in § 634 genannten R nach Inhalt od Ausübg zL des Best, sind grdsätzl zuläss, wie sich aus § 639 ergibt (sa § 634 Rn 22). Die Grenze bilden § 639 (Rn 4), § 138, iR ihres AnwendgsBer §§ 305ff (Rn 7) sowie in IndividualVertr allenf auch § 242 (Rn 8). ZustKommen, Form, BewL wie § 444 Rn 5ff. Ausschl der MängelR ist von Vereinbgen über eine (mindere) Beschaffenh des Wk zu unterscheiden, die, sofern der Untern seine AufklPfl nicht verletzt hat,
3 bereits das Vorliegen eines Mangels ausschließen (§ 633 Rn 5). – Der **Umfang** der Einschrkg ergibt sich aus der Vereinbg, die jedoch häuf der Auslegg bedarf. Der allg gehaltene „GewlAusschl" in einem BestätSchr erstreckt sich zB nicht auf eine vorangegangene BeschaffenhGarantie (BGH **93**, 338 für EigenschZusicherg). Formularklauseln sind *eng auszulegen* (sa § 305c II). Insb erfassen AusschlKlauseln grdsätzl nicht die Deliktshaftg; soll and gelten, muß sich dies ausdr od jedenf hinreichd deutl aus der Vereinbg ergeben (BGH WM **79**, 435). Bsp: Im ArchVertr erfaßt die Beschrkg auf unmittelb Schad am BauWk nicht auch Schäd wg PflWidrigk, die nicht zu einem Mangel geführt haben (BGH BB **77**, 516); ebso nicht die Haftg aus § 823 wg Schäd an im Gebäude lagernder Sachen des Bauherrn (BGH BB **75**, 855).

4 **3) Unwirksamkeit gemäß § 639. – a) Arglistiges Verschweigen** von Mängeln führt, wie in §§ 444, 536d, zur Nichtigk der AusschlVereinbg hins der verschwiegenen, nicht auch hins and Mängel (RG **62**, 122). § 639 gilt für alle einschläg Vereinbgen unabhäng vom Ztpkt ihres ZustKommens, also auch für nach Abn erkl Verzicht auf MängelR (Staud/Peters § 637 Rn 7). Argl Verschw: s § 634a Rn 20, § 123 Rn 5ff u 11, § 444 Rn 11. Es genügt, wenn die Argl (insb Mangelkenntn) zu irgdeinem Ztpkt währd der Herst des Wk bis
5 zur Abn vorliegt (Erm/Seiler § 637 Rn 5). – **b) Garantieübernahme.** § 639 meint, da er sich auf die MängelR gem § 634 bezieht, die unselbstd (Beschaffenh)Garantie iR des WkVertr (zu ihr § 634 Rn 25). Inhaltl wird dadch insb die bish EigenschZusicherg erfaßt, bei der ein formularmäß HaftgsAusschl nicht zul war (AGBG 11 Nr 11, BGH NJW-RR **96**, 783). § 639 verbietet nach seinem Wortlaut auch indvertragl die Beschrkg der Haftg aus einer solchen Vereinbg (krit v Westphalen ZIP **01**, 2114). Jedoch dürfte es dem Untern nicht verwehrt sein, von vornherein den Umfang seiner EinstandsPfl angem zu bestimmen, wenn er eine solche über den gesetzl Rahmen hinaus übernimmt (sa Haas BB **01**, 1313/1319; Dauner-Lieb/Thiessen ZIP **02**, 108 zu § 444); die Erkl wird daher hins der Folgen der EinstandsPfl ggf auszulegen sein. Bei einer
6 selbstd Garantie ist ein Ausschl der Haftg für den garantierten Erfolg schon begriffl nicht mögl. – **c) Wirkung.** Unwirks ist ledigl die Berufg auf die Vereinbg hins der verschwiegenen bzw von der Garantie erfaßten Mängel, nicht diej auf and Mängel u insb nicht der ges WkVertr. Dies soll dch die Neufassg („nicht berufen" statt bish „nichtig") klargestellt w (BT-Drs 14/6040 S 240 zu § 444).

7 **4) Formularklauseln.** Auslegg Rn 3. **§§ 305ff** können sich je nach dem betroffenen pers AnwendgsBer (Übbl 10ff v § 305) unterschiedl auswirken. Sie gelten gem § 310 III nunm meist auch für not Vertr (zu den Auswirkgen Schlünder/Scholz ZfBR **97**, 55). Von Bedeutg sind insb **§ 309** Nr 8 (HaftgsAusschl bei PflVerl, insb Buchst b bb hins Mängeln) u Nr 12 (BewL); s dort Rn 51ff, 99ff. Gem **§ 307** (sa dort Rn 167) kann sich der Klauselverwender auch ggü einem Untern, zu dessen Gunsten § 309 nicht gilt (§ 310 I), nicht von solchen Pfl freizeichnen, deren Erf die ordngsgem Durchf des Vertr erst ermöglicht u auf deren Erf der and Teil vertraut u vertrauen darf (BGH NJW-RR **93**, 560). Dem Best muß mind ein unbdgter, vom Versch unabhäng u alle Nebenkosten deckender NachErfAnspr (BGH NJW **81**, 1510) u ein RücktrR od SchadErsAnspr iF verzögerter, unterlassener, unmögl oder mißlungener NachErf verbleiben (BGH NJW-RR **93**, 560). Die Haftg für MangelfolgeSchäd kann jedenf dann nicht ausgeschl w, wenn der Untern in hohem Maße das Vertrauen des Best in seine Fachkenntn in Anspr gen hat (BGH BB **85**, 884). Folgen der Unwirksamk einz Klauseln § 306.

8 **5) Grundstückskauf mit Bauverpflichtung, § 242.** Der Vertr über den Erwerb eines Grdst mit darauf zu errichtdem BauWk kann hins der MängelR für das BauWk in AGB nicht wirks den Regeln des KaufR unterstellt w (BGH NJW **81**, 2344 zum früh R; sa Vorbem 3 v § 633). Die Rspr hielt außerdem bei den nicht den §§ 305ff unterliegden IndividualVertr zum Erwerb neu errichteter od noch zu errichtder Häuser od EigtWohngen den formelh Ausschl od eine dem gleichkommde Beschrkg der Haftg für Sachmängel wg Verstoßes gg § 242 für unwirks, wenn sie nicht mit einer ausführl Belehrg u eingehde Erörterg der einschneidden RFolgen dch den Notar verbunden ist (BGH **101**, 350, NJW **89**, 2748). Sie dürfte iHinbl auf die Ausdehng der Anwendg der §§ 305ff auf not Vertr (§ 310 III) weitgehd überholt sein (sa Einf 15 v § 145). Einzelh Rn 9ff.

6) Einzelne Klauseln. – Bei **Beschränkung auf Nacherfüllung** gilt bei FormularVertr § 309 Nr 8 b bb, über § 307 auch ggü Untern; daher kein vollst Ausschl von Rücktr (außer bei BauLeistgen; nicht BauträgerLeistgen, BGH WM **02**, 129) u Mind bei Fehlschlagen (§ 309 Rn 61 ff). In nicht §§ 305 ff unterliegden Vertr ist sie grdsätzl zul. IF verzögerter Mängelbehebg ergibt sich dann ein SchadErsAnspr aus §§ 280, 286, iF mißlungener Nachbesserg ein solcher aus §§ 634 Nr 4, 281, im Hinbl auf § 636 ohne FrSetzg (sa BGH NJW **71**, 1793 zum früh R); auch Selbstvornahme ist ohne FrSetzg mögl (§ 637 II). Der im ZusHang mit der Beschrkg auf Nachbesserg vereinb Ausschl des Ers unmittelb u mittelb Schäden umfaßt diese Anspr idR nicht (BGH NJW **76**, 234). Ihr ausdr Ausschl soll nach BGH **48**, 264 wirks sein, wenn dafür ein RücktrR gegeben ist, allerd nur, wenn dem Best das GebrMachen von dem RücktrR nach den Umst zumutb ist (BGH BB **80**, 13); unwirks daher bei unübersehb Schwierigk bei der Rückabwicklg. – Bei **Ausschluß, Verweisung auf** 9
10 **Dritte** gilt § 309 Nr 8 b aa u bb, über § 307 weitgehd auch ggü Untern; daher kein vollst Ausschl von Rücktr (außer bei Bauleistgen, Rn 9) u Minderg, wohl auch nicht des SchadErs statt Leistg (v Westphalen NJW **02**, 18/24) od Beschrkg auf Anspr gg Dr (näher § 309 Rn 56 ff). Veräußert der Untern ein Grdst mit neu errichtetem od noch zu errichtdem Gbde (EigtWohng), so ist auch bei IndivualVertr mit Verbrauchern eine Vereinbg unwirks, dch die der Untern seine eig Mängelhaftg ausschließt, auch wenn er seine Mängel-Anspr gg and BauBeteil abtritt (bdgte, *subsidiäre Mangelhaftung;* § 309 Nr 8 b aa). Auch wenn der Untern seine Mangelhaftg ggü dem erwerbden Verbr ohne Abtr seiner eig MängelR gg baubeteil Dr, insb BauHandw, auf den Umfang beschränkt, in dem er von den Dr Ers od Erf von MängelAnspr verlangen kann, ist dies unwirks (vgl BGH NJW-RR **87**, 1035); das gilt erst recht bei FormularVertr. – **Kündigung, Zurückbehaltungs-** 11
recht. Die Vereinbg, dass Vertr nur aus wicht Grd fristl gekünd werden kann, schließt Rücktr, nicht Minderg aus (BGH DB **72**, 431 zur Wandelg). Das ZbR wg WkMangels (sa § 634 a Rn 23, § 641 Rn 10 ff) kann indvertragl wirks ausgeschl w. Jedoch kann sich der Untern darauf nicht berufen, wenn der GgAnspr des Best unbestr od bewiesen ist u das ZbR der Höhe nach in einem angem Verh zum Gewicht des Mangels steht, dessen Beseitigg mögl, zumutb u gefordert ist (BGH WM **78**, 790).

7) VOB/B: SonderVorschr in **§ 13 Nr 3** (s § 633 Rn 14). 12

640 ***Abnahme.*** **I Der Besteller ist verpflichtet, das vertragsmäßig hergestellte Werk abzunehmen, sofern nicht nach der Beschaffenheit des Werkes die Abnahme ausgeschlossen ist. Wegen unwesentlicher Mängel kann die Abnahme nicht verweigert werden. Der Abnahme steht es gleich, wenn der Besteller das Werk nicht innerhalb einer ihm vom Unternehmer bestimmten angemessenen Frist abnimmt, obwohl er dazu verpflichtet ist.**

II Nimmt der Besteller ein mangelhaftes Werk gemäß Absatz 1 Satz 1 ab, obschon er den Mangel kennt, so stehen ihm die in § 634 Nr. 1 bis 3 bezeichneten Rechte nur zu, wenn er sich seine Rechte wegen des Mangels bei der Abnahme vorbehält.

1) Allgemeines. Abs I S 2 u 3 neu eingefügt, Abs II geänd dch G v 30. 3. 00 (§ 632 a Rn 1, dort auch zur Lit). Die Neuregelgen sind auch auf vor dem 1. 5. 00 abgeschl Vertr anwendb (EG 229 § 1 II 1, 3, auch zum Beginn der nach I 3 bestimmte Fr). IR der *Reform des Schuldrechts* (Einf 2 v § 631) wurde die Verweisg in *Abs II* (bish auf §§ 633, 634 aF) ohne sachl Änderg an die Neuregelg der Mängelhaftg (Vorbem 1 v § 633) angepaßt *(Art 1 Nr 40 SMG,* dazu BT-Drs 14/6040 S 267, 14/7052 S 205); zeitl Geltung der Änderg nur für ab 1. 1. 02 abgeschl Vertr (EG 229 § 5). – **Arten der Abnahme.** Das G unterscheidet seit 1. 5. 00 (Rn 1) bei Wk, die abnahmefäh (Rn 4) sind, zw der Abn dch Erkl des Best (I 1, sog rgeschäftl Abn) u den ihr gleichgestellten fingierten Abn gem I 3 und § 641 a. Ist eine Abn ausgeschl (Rn 4), gilt § 646; an die Stelle der AbnErkl tritt die bloße Vollendg des Wk. 1
2

2) Rechtsgeschäftliche Abnahme, I 1. – a) Grundsatz. „Abnehmen des vertragsmäß hergestellten Wk" bedeutet iGrds die **körperliche Hinnahme** iR der BesÜbertr, verbunden mit der **Anerkennung** (Billigg) des Wk als in der Haupts vertragsgem Leistg (BGH **48**, 257/262, NJW **93**, 1972). Auch bei geist Leistgen, zB des Arch (BGH **37**, 341/345), Statikers (BGH **48**, 257/263), Gutachters (BGH NJW-RR **92**, 1078), ist eine Hinnahme mögl, sofern sie als Verkörperg (Pläne, GA) geschuldet sind u übergeben w können (sa Rn 7). Ist die körperl Hinnahme nach der Beschaffenh des Wk ausgeschl, zB Arb an Ggst (Grdst, Haus, Gerätsch) im Besitz des Best, besteht die Abn nur in der vorstehd erwähnten Anerkenng nach Vollendg des Wk, dh nach Erbringg aller wesentl vertragl geschuldeten Leistgen (BGH **125**, 111). Die *Rechtsnatur* der AbnErkl ist str, jedenf gelten für sie die Vorschr für RGesch entspr (Thode ZfBR **99**, 116). Ztpkt des Eintritts der AbnWirkgen Rn 11. – Die Abn **ausgeschlossen,** wenn das Wk nicht abnahmefäh ist; dann besteht keine AbnPfl (Rn 8), es gilt § 646. Das ist der Fall, wenn auch eine bloße Anerkenng als vertragsgem Leistg wg der Beschaffenh des Wk nach der Verkehrssitte unübl, weil sinnl ist (so Erm/Seiler Rn 10; str). Bsp: Theateraufführg, Konzert, Beförderg (Düss NJW-RR **94**, 1122; BGH NJW-RR **89**, 160: Fracht bei AnnVerweigerg); ZeitgsAnzeige s Einf 18 v § 631. – Der **Besteller** hat abzunehmen. Abn dch einen Dritten, zB Kunden des Best, genügt nur, wenn der Best die Erkl des Dr aGrd Ermächtigg (BGH NJW-RR **00**, 164) od aus and Grden gg sich gelten lassen muß (BGH NJW-RR **93**, 1461); Bsp: im Verhältn HauptUntern – SubUntern Abn dch AuftrG (Köln NJW-RR **97**, 756); uU im Verhältn LeasingG (= Best) – Untern die ÜbernErkl dch den LeasingN (Köln VersR **00**, 501). Ob der Arch zur rgeschäftl (nicht nur techn) Abn bevollm ist, hängt vom Umfang seiner Vollm im EinzFall ab (§ 167 Rn 8; Pfl des Arch iR der Abn § 631 Rn 21 f). Bei *Wohnungseigentum* ist jeder Erwerber einer Einheit Best hins seines SonderEigt sowie seines Antl am GemschEigt (BGH NJW **85**, 1551); die Abn der Wohng dch ihn bedeutet idR auch die Abn des GemschEigtAntls (Hamm NJW-RR **96**, 1301). Die Eigtümer können einheitl Abn des GemschEigt dch einen Dr (zB Verwalter) vereinb (BayObLG NJW-RR **00**, 15: bestandskr MehrhBeschl) mit der Folge, dass der hieran gebundene Eigtümer dessen Abn gg sich gelten lassen muß; ebso bei entspr Vereinbg zw Eigtümer u Untern (Jagenburg NJW **92**, 282/291). 3
4
5

6 **b) Stillschweigende Abnahme.** Sie ist eine bes Form der rgesch Abn. And als bei der fingierten Abn (Rn 10) erklärt der Best die Abn, aber nicht ausdr, sond stillschw. Die erfdl Anerkenng (Rn 3) liegt in einem zur Kenntnisn dch den Untern geeigneten Verhalten des Best, aus dem der Untern nach Tr u Gl u mRücks auf die VerkSitte (§§ 133, 157) schließen darf, der Best billige die Leistg als im wesentl vertragsgem (BGH NJW **74**, 95). Allerd setzt ein solcher Schluß obj idR (s aber Düss BauR **01**, 423) eine *vertragsgemäße Leistung* voraus. Das bis 1. 5. 00 geltde R (Rn 1) fordert hierfür Vollendg des Wk, dh etwa noch ausstehde Leistgen müssen so unbedeutd sein, dass das Wk bei natürl Betrachtg als Erf der vertragl geschuldeten Leistg angesehen w kann (BGH NJW **93**, 1063). Nach neuem R genügt auch hier die allg AbnReife (Rn 8); denn wenn der Best zur Abn verpflichtet ist, ist bei entspr Verhalten des Best auch der Schluß des Untern auf die Abn gerechtfertigt. – Das *Verhalten des Bestellers* kann die Zahlg des WkLohns sein, die Unterzeichng einer AusführgsBestätigg nach Besichtigg des Wk (Düss BauR **98**, 126) od der WeiterVerk des fert Wk (BGH NJW-RR **96**, 883). Auch dem Untern ggü zum Ausdr gek Ingebrauchn des im wesentl funktionstücht Wk (BGH NJW **74**, 95); die erste feststellb Nutzg des Wk genügt hierfür nicht, erfdl ist eine gewisse von den Umst des EinzFalls abhäng NutzgsDauer (BGH NJW **85**, 731) im normalen Gebrauch (Kblz NJW-RR **97**, 782), zB nach Abholg eines reparierten Kfz einige Tage od 50 km Fahrleistg (Düss NJW **95**, 142), Einzug in Haus (BGH NJW-RR **99**, 1246) od Wohng u mehrwöch Nutzg ohne Rüge (Hamm BauR **01**, 1914; sa Celle MDR **98**, 1476). Bei nichtkörperl Wk ist eine angem PrüfgsZeit erfdl (BGH WM **92**, 1579: SachverstGA). – *Ausgeschlossen* ist stillschw Anerkenng, wenn sich aus dem sonst Verhalten des Best ergibt, dass er das Wk nicht als vertragsgem anerkennt (BGH **132**, 96: NachFrSetzg mit AblehngsAndrohg u Untersagg der Nachbesserg, NJW-RR **96**, 883: endgült Zurückweisg als mangelh, **146**, 250/262: Rüge zur AbnVerweigerg berechtigder Mängel). Die vertragl Vereinbg förml Abn steht hingg nicht entgg, wenn unzweideut feststellb ist, dass die Part hierauf dch schlüss Verhalten verzichtet haben (BGH **146**, 250/262: strenge Anfdgen); unerhebl ist, ob sie die Vereinbg über die förml Abn vergessen hatten (BGH WM **77**, 825).

7 **c) Beispiele:** Bei Herstellg einer Anl als ganzes ist Vollendg u (stillschw) Abn erst anzunehmen, wenn die wesentl Unterlagen ausgehändigt sind (BGH NJW-RR **93**, 1461: vereinb Dokumentation), für Anerkenng genügt, dass die Anl nach Einweisg des Personals eine gewisse Zeit im Betr des Best mangelfrei gearbeitet hat (Düss DB **89**, 520). Bei Herstellg von **Software** od ihrer Anpassg (Köln NJW-RR **92**, 1327) muß (wenn LeistgsBestandteil) idR das Benutzerhandbuch übergeben sein (BGH NJW **93**, 1063; Ausn Köln NJW-RR **98**, 343); für stillschw Anerkenng ist erfdl, dass der Best, evt trotz Kenntn kleinerer Mängel (and bei wesentl Funktionsmängeln, Köln VersR **99**, 1553), die Software eine gewisse Zeit lang produktiv einsetzt (Mü NJW **91**, 2158; sa Hamm NJW **90**, 1609, NJW **89**, 1041 zu andlautder Vereinbg in AGB). Planerische **Architektenleistungen,** Statiker-, VermessgsIngLeistgen od das geolog BaugrundGA eines Sachverst sind idR der Abn zugängl (Rn 3, BGH NJW **00**, 133), die Abn liegt in der Billigg des jew geist Wk (weitergehd Thode ZfBR **99**, 116/117: AbnReife genügt). Bsp: Bauherr nimmt ArchEntw als vertragsgem Leistg (BGH NJW **99**, 2113) entgg (BGH BB **92**, 950), zahlt die Rechng (BGH **72**, 257) od verwertet die Arb. Die Abn des ges BauWk ggü dem BauUntern ist weder ausr noch erfdl (BGH DB **74**, 40), sie ist nur Indiz für die Abn des ArchWk. Sie genügt insb nicht, wenn zur ArchLeistg wie oft zusätzl Arb wie Objektüberwachg auf abnreife Herstellg (BGH RsprBau **§ 635** Nr 92), Prüfg u Feststellg der Rechngen, Mitwirkg bei Mängelbeseitigg (BGH VersR **78**, 565) gehören (§ 631 Rn 21). Ist dem Arch zB die Überprüfg des BauVorh auf Mängel innerh der für die HandwLeistgen geltden GewlFr übertr, ist seine Leistg erst nach Ablauf dieser Fr vollst erbracht, auch wenn sich diese über Jahre hinzieht (Köln NJW-RR **92**, 1173). Für vereinb TeilAbn genügt eine Abschlagszahlg nicht (BGH **125**, 111). TeilAbn einer EigtWohnAnl BGH WM **83**, 1104.

8 **3) Abnahmepflicht, I 1. – a) Grundsätze.** Sie ist im Hinbl auf die einschneiddn Wirkgen der Abn (Rn 11) eine HauptPfl des Best. Sie setzt **Abnahmefähigkeit** des Wk (dh kein Ausschl der Abn, I 1 Hs 2 u Rn 4) voraus. Ferner **Abnahmereife,** dh grdsätzl ein vollst u, von unwesentl Mängeln abgesehen (Rn 9), mangelfreies Wk (ggf auch dch Selbstvornahme, § 637 I) im Ztpkt des AbnTermins (BGH NJW **92**, 2481); andernf kann der Best die Abn verweigern (sa Vorbem 7 v § 633), Folgen s I 3 u zur Fälligk der Vergütg § 641 Rn 4. Bei Verzug mit der Abn gelten § 644 I 2 u die allg Vorschr, außerd hat der Untern die Möglichk, die AbnFiktionen (Rn 10) herbeizuführen. Ob bei Streit Kl auf Abn mit anschließder ZwVollstr gem ZPO 888 erhoben w kann (so bish BGH **132**, 96), ist wg der Möglichk der fingierten Abn gem I 3 zweifelh. Jedenf kann der Untern auf Feststellg wirks Abn klagen, ggf iVm der VergütgsKl. Mehrh von Best/Untern Rn 5 u § 631 Rn 9–11. – Anspr auf *Teilabnahme* (dazu Thode ZfBR **99**, 116/117; sa § 641 I 2) hat der Untern nur bei entspr Vereinbg (BGH **125**, 111, zB nach VOB/B, Rn 14). Abn bei *vorzeitiger Vertragsbeendigung* § 645 Rn 11, § 649 Rn 3.

9 **b) Unwesentliche Mängel, I 2,** berühren die AbnPfl nicht mehr; and nach dem bis 1. 5. 00 geltden R (Rn 1), nach dem der Best die Abn auch bei kleinen Mängeln verweigern konnte, sofern er nicht ausnahmsw rmißbräuchl handelte (BGH NJW **96**, 1280). Dem Best verbleiben die MängelR aus § 634 mit Ausn v Rücktr u des großen SchadErs statt Leistg (§ 636 Rn 6, 13) sowie das LeistgVR gem § 641 III. Die Vorschr ist VOB/B 12 Nr 3 nachgebildet, die dazu ergangene Rspr zur Wesentlichk eines Mangels kann übernommen w (Motzke NZBau **00**, 489/494). *Unwesentlich* ist ein Mangel, wenn es dem Best zumutb ist, die Leistg als im wesentl vertragsgem Erfüllg anzunehmen u sich mit den MängelR gem § 634 zu begnügen. Dies ist anhand von Art u Umfang des Mangels sowie seiner konkr Auswirkgen nach den Umst des EinzFalls unter Abwägg der beiderseit Interessen zu beurteilen (BGH NJW **81**, 1448 u **92**, 2481), insb dem Interesse des Best an einem insow mangelfreien Wk u aS des Untern dem Aufwand für die Mängelbeseitigg u einem evt Verschulden. Ist die GebrTauglichk des Wk für den Best beeinträchtigt, liegt idR ein wesentl Mangel vor. Mehrere Mängel können je für sich gen unwesentl, zus aber wesentl sein.

10 **4) Fingierte Abnahme.** Das Gesetz stellt numm bei abnahmefäh Wk (Rn 4; sonst § 646) der rgesch Abn gem I 1 zwei and Fallkonstellationen gleich, dh die gesetzl Wirkgen der Abn (Rn 11; sa BT-Drs 14/2752 S 12) treten bei Vorliegen der jeweil Vorauss kr Gesetzes ein. – **a) Unterlassene Abnahme trotz Fristsetzung, I 3.** Vorauss: (1) AbnPfl des Best (wie Rn 8 f). (2) Setzg einer angem Frist zur Abn dch den Untern ggü dem Best. Schriftform nicht erfdl. Angem ist eine Fr (sa § 323 Rn 14), binnen derer der Best das Wk

nach seiner konkr Beschaffenh unter gewöhnl Verhältn abnehmen kann; für BauWk wird 12 Tage ausreichen (wie VOB/B 12 Nr 5, Rn 14). Die FrSetzg ist nicht desh entbehrl, weil der Best die Abn verweigert hat, § 640 enthält keine den §§ 281 II, 323 II entspr Vorschr (str); s aber zur Fälligk § 641 Rn 4. (3) Ergebnisl Fristablauf. Darauf, ob der Best die FrVersäumg zu vertreten hat, kommt es nicht an. War die Fr zu kurz bemessen, gilt idR die angemessene (wie § 281 Rn 10). – **b) Fertigstellungsbescheinigung,** s § 641 a I 1 u Erläut dort.

5) Wirkungen der Abnahme. Grdsätzl endet das ErfStadium (Thode ZfBR **99**, 116). Der allg ErfAnspr erlischt, er konkretisiert u beschränkt sich auf die Mangelbeseitigg (Vorbem 8 v § 633). IdR Beginn der VerjFr (§ 634 a II). Gefahrübergang (§§ 644, 645). Fälligk der Vergütg (§ 641). Änderg der BewL zL des Best (§ 634 Rn 12). UU Rügeverzicht (II) u Verlust einer VertrStrafe (§ 341 III). – Diese Wirkgen treten grdsätzl auch mit der AbnFiktion (Rn 10) ein. And, soweit sich aus deren Vorauss and ergibt; zB hins der BewL (Peters NZBau **00**, 169/171); hins des Vorbehalts nach II (sa § 641 I 3) u auch hins der VertrStrafe, da nur in der rgeschäftl Abn eine Äußerg des AnnWillens des Best (§ 341 III; sa § 363 Rn 2) gesehen w kann (aA Kniffka ZfBR **00**, 227/230, 233). – **Zeitpunkt** des Eintritts: Mit Zugang der AbnErkl (Rn 3 ff), iF des § 646 mit Vollendg des Wk. Bei AbnFiktion mit Vorliegen der gesetzl Vorauss; Ausn § 641 a V 2 für FertStBescheinigg (dort Rn 15). 11

6) Abweichende Vereinbarungen. Vereinbgen über Ztpkt u Form der Abn sowie zur AbnReife sind in den Grenzen der §§ 307 ff (s insb § 307 Rn 88, 167) zul (BGH **131**, 392) u haben Vorrang auch ggü I 2, 3, selbst wenn sie vor dem 1. 5. 00 getroffen w sind (Kiesel NJW **00**, 1673/1678, 1681). Die Beteil können auf die Durchf der vereinb förml Abn stillschw verzichten (Rn 6); Bestehen auf ihrer Durchf kann gg Tr u Gl verstoßen (BGH NJW **90**, 43), zB wenn der Best innerh der im Vertr vorgesehenen Fr keinen Termin hierfür bestimmt (Hamm BauR **97**, 647). Vollständ Abbedingg von I 2 dürfte gg § 307 verstoßen (Kniffka ZfBR **00**, 227/231). 12

7) Vorbehaltlose Abnahme trotz Mangelkenntnis, II, führt zum Verlust bestimmter MängelR. *Voraussetzungen:* Abn gem I 1, auch stillschw (Rn 6); AbnFiktionen (Rn 10) genügen nicht (sa § 641 a I 3). Kenntn wie § 442 Rn 7; sie muß sich auf den konkr Mangel erstrecken, Kenntn einer Wert- od TauglichkMinderg des Wk ist nicht mehr erfdl. Kennenmüssen genügt nicht. *Rechtsfolgen:* Verlust der R gem § 634 Nr 1–3 u der Einr gem § 641 III (dort Rn 11). Erhalten bleiben die SchadErsAnspr in Geld, ggf einschl der MangelbeseitiggsKosten (BGH **77**, 134, **127**, 378/384 zum früh R), auch bei BauWk (VOB/B 12, 13). Fortges Gebr kann aber Verzicht sein, wenn nicht im Interesse des Untern od nach § 254 II geboten; Verwirkg s § 636 Rn 6. *Beweislast:* Der Untern hat Abn u Kenntn, der Best den Vorbeh bei Abn zu beweisen. 13

8) VOB/B § 12 regelt die Abn im einz. **Nr 1: Frist** zur Abn ab Verlangen des Untern nach FertStellg: 12 Werktage. **Nr 2:** Pfl des Best zur gesonderten Abn von in sich abgeschl **Teilen der Leistung** (Begr wie § 632 a Rn 5); techn „Abn" später nicht mehr prüfb Teilleistgen (dazu BGH **50**, 260) s nunmehr § 4 Nr 10. **Nr 3: Abnahmeverweigerung** nur wg wesentl Mängel (ebso nunm § 640 I 2, Rn 9). **Nr 4: Durchführung** der Abn; förml auf Verlangen eines VertrTeils, auch unter Hinzuziehg von Sachverst; schriftl Niederlegg des AbnBefundes; Aufn von Vorbeh wg bekannter Mängel, VertrStrafen u Einwendgen des Untern; uU förml Abn in Abwesenh des Untern. **Nr 5, Abnahmefiktionen:** Mit Ablauf von 12 Werktagen nach schriftl Mitt der FertStellg, falls keine förml Abn verlangt wurde (I); BewL insoweit beim Untern, nur für AbnVerlangen beim Best (Stgt NJW-RR **86**, 898). Wenn der Best das Wk in Benutzg genommen hat, nach Ablauf von 6 Werktagen ab Beginn der Benutzg. Diese Fristen gelten auch für die Vorbeh wg bekannter Mängel u VertrStrafen. Daneben ist konkludente Abn mögl, zB dch Erstellg einer GgRechng seitens des Bauherrn (Mü RsprBau Nr 4 zu § 16 Nr 3); ebso fiktive Abn gem Rn 10 (Motzke NZBau **00**, 489/495). **Nr 6: Gefahrübergang** mit der Abn wie § 640. **Vorbehaltlose Abnahme** hat auch bei BauVertr nach VOB die Wirkgen des § 640 II (Köln NJW-RR **93**, 211; s aber Rn 13). 14

641 *Fälligkeit der Vergütung.* **I Die Vergütung ist bei der Abnahme des Werkes zu entrichten. Ist das Werk in Teilen abzunehmen und die Vergütung für die einzelnen Teile bestimmt, so ist die Vergütung für jeden Teil bei dessen Abnahme zu entrichten.**

II Die Vergütung des Unternehmers für ein Werk, dessen Herstellung der Besteller einem Dritten versprochen hat, wird spätestens fällig, wenn und soweit der Besteller von dem Dritten für das versprochene Werk wegen dessen Herstellung seine Vergütung oder Teile davon erhalten hat. Hat der Besteller dem Dritten wegen möglicher Mängel des Werkes Sicherheit geleistet, gilt dies nur, wenn der Unternehmer dem Besteller Sicherheit in entsprechender Höhe leistet.

III Kann der Besteller die Beseitigung eines Mangels verlangen, so kann er nach der Abnahme die Zahlung eines angemessenen Teils der Vergütung verweigern, mindestens in Höhe des Dreifachen der für die Beseitigung des Mangels erforderlichen Kosten.

IV Eine in Geld festgesetzte Vergütung hat der Besteller von der Abnahme des Werkes an zu verzinsen, sofern nicht die Vergütung gestundet ist.

1) Allgemeines. Abs II und III eingefügt dch G v 30. 3. 00 (dazu § 632 a Rn 1, auch zur Lit). II gilt nur für ab 1. 5. 2000 abgeschl Vertr (EG 229 § 1 II 1). III entspricht weitgehd der bish RLage u ist desh auch auf vorher abgeschl Vertr anwendb (EG aaO II 2). 1

2) Fälligkeit der Vergütung. Nach dem G ist der Untern mit der Herstellg des Wk vorleistgspfl. Sein VergütgsAnspr wird mangels abw Vereinbg (Rn 9) grdsätzl erst fäll mit Abn des Wk (Rn 3). Unabhäng von der Abn tritt Fälligk nur ausnahmsw ein, so wenn eine (rgeschäftl) Abn nicht (mehr) in Betr kommt (Rn 5) sowie unter den Vorauss des Abs II (Rn 7). Fehlt die Fälligk, ist die VergütgsKl als zZ unbegründet abzuweisen 2

(BGH **127**, 254, BauR **00**, 1191: nicht prüffäh Rechng; s aber Rn 4). Entstehg, Höhe der Vergütg § 632 Rn 2. Abschlagszahlgen § 632 a.

3 **a) Fälligkeit bei Abnahme, I 1.** Gemeint ist zunächst die rgeschäftl Abn (§ 640 Rn 3 ff). Eine die Höhe der VergütgsFdg fixierde Schlußrechng ist nach BGB für die Fälligk iS der VerjVorschr nicht erfdl (BGH **79**, 176; § 199 Rn 5), erst recht nicht deren Prüffähigk (Ffm NJW-RR **00**, 755); auch für die ZahlgsPfl bedarf es der Rechng nur bei Vereinbg (Rn 9; Celle NJW **86**, 327 u MDR **98**, 1476, Staud/Peters Rn 38, str; sa § 271 Rn 7). **Gleich gestellt** kr Gesetzes sind der rgesch Abn die **Abnahmefiktionen** gem § 640 I 3 od § 641 a,
4 die jew AbnReife voraussetzen (§ 640 Rn 10), sowie bei bestimmten Wk die Vollendg (Rn 5). – **Verweigerung der Abnahme** führt jedenf dann nicht zur Fälligk, wenn sie berecht ist; die Vergütg ist dann auch nicht teilw fäll (Karlsr MDR **67**, 669). Verweigert der Best die Abn unberecht, dh ist er zu ihr verpfl (§ 640 Rn 8), kann nach dem bis 1. 5. 00 geltden R (Rn 1; zu ihm Thode ZfBR **99**, 116/118) der Untern sofort auf Zahlg der Vergütg klagen; so wenn keine Mängel bestehen od die AbnVerweigerg mißbräuchl ist (BGH NJW **96**, 1280: nach Art, Umfang und Auswirkgen völl unbedeutd Mängel, Best geht auf BeseitiggsAngeb nicht ein; sa Rn 5). Nach neuem R hat der Untern die Möglichk, die Fälligk dch FrSetzg herbeizuführen (§ 640 I 3). Ob er vor einer VergütgsKl diese Möglichk nutzen muß, ist zweifelh (Peters NZBau **00**, 169/171). Dafür spricht der Zweck der Neuregelg (ausdr Klarstellg der RLage für die Part, BT-Drs 14/1246 S 7). Als überflüss Förmlichk entbehrl ist die FrSetzg jedenf dann, wenn der Best die Abn ausdr verweigert hat; denn das G will eine Verbesserg der RStellg des Untern, keine Verschlechterg bewirken.

5 **b) Fälligkeit ohne Abnahme.** Kommt eine (rgesch) Abn nicht (mehr) in Betr, kann der VergütgsAnspr ohne sie geltd gemacht w. – Ist die Abn nach der **Beschaffenheit des Werks** ausgeschl (§ 640 Rn 4), wird die Vergütg, wenn sie der Höhe nach feststeht, mit dessen Vollendg fäll, § 646 (BGH NJW-RR **89**, 160). – Bei **Entfallen des Erfüllungsanspruchs** (einschließl des NachErfAnspr, § 634 Rn 3, § 635) des Best vor Fertigstellg des Wk scheidet die Abn ebenf aus; es hat eine Abrechng über die Leistgen des Untern, ggf unter Berücksichtigg der RPositionen des Best stattzufinden, ein verbleibder Anspr des Untern ist fäll. So ist bei vorzeit VertrBeendigg für die Fälligk des Anspr des Untern aus §§ 631, 645, 649, 650 eine Abn erbrachter Teilleistgen nicht erfdl (§ 645 Rn 11, § 649 Rn 3; für den Fall der Künd Köln NJW-RR **99**, 853). Ebso ist iF des Ausschl od der Verweigerg der NachErf (§ 635 Rn 8 ff) od nach Erlöschen des NachErfAnspr dch GeltdMachg von MängelR (§ 634 Rn 3; BGH NJW **79**, 549, Düss BauR **99**, 494 jew zum früh R) ein (ggf verbleibder) Anspr des Untern fäll (BGH **142**, 278). – Der BGH bejaht die Fälligk des VergütgsAnspr ohne Abn außerd bei grdloser u endgült **Verweigerung der erforderlichen Mitwirkung** des Best an der Herstellg des Wk (BGH NJW-RR **86**, 211) od an der Mängelbeseitigg od der Erf des Vertr (BGH NJW **90**, 3008, Köln NJW-RR **96**, 624; sehr str, näher Hartmann BB **97**, 326 mit Hinw auf § 322 II, III), ebso wenn der Best das Wk endgült als mangelh zurückweist (BGH NJW-RR **96**, 883); der Untern ist dann nicht auf seine R aus §§ 642, 643, 645 beschränkt (BGH **50**, 175). Nach Duisbg BauR **01**, 1924 soll auch die Verweigerg der SicherhLeistg gem § 648 a ausreichen (wg der eindeut Regelg der Folgen dort zweifelh).

6 **c)** Für die **Teilabnahme** (sa § 640 Rn 8) enthält **I 2** iF vereinb Teilvergütg eine Ausn von der Regel des S 1. Wer sich auf sie beruft, hat ihre Vorauss zu beweisen.

7 **d) Durchgriffsfälligkeit, II.** Die Vorschr soll demj, der die WkLeistg tats erbracht hat, seine Vergütg sichern, wenn derj, der das Wk letztlich erhält, für diese Leistg gezahlt hat. Damit soll widersprüchl Verhalten des HauptUntern zL des SubUntern ausgeschl werden, zB die GeltdMachg eines LeistgVR (Rn 10) wg vom Dritten nicht gerügter Mängel (BT-Drs 14/1246 S 7). Die Fälligk der Vergütg des SubUntern wird also von der Vorauss der Abn (nicht hingg den and FälligkVorauss, insb RechngsStellg, Rn 3, 9) gelöst (Kniffka ZfBR **00**, 232; aA Stapenhorst DB **00**, 909). – **Voraussetzungen:** (1) *Gestufte Vertragsverhältnisse bei Leistungsidentität,* dh ein WkVertr zw Untern u Best, wobei sich der Best seiners (idR ebenf dch WkVertr) ggü einem Dritten zur Herstellg eben dieses Wk verpflichtet haben muß. Bsp: SubUntern im Verhältn zum HauptUntern (§ 631 Rn 9); im Verhältn zum Bauträger (§ 675 Rn 14); dagg idR nicht im Verhältn zum BauBetr, da dieser namens des Bauherrn abschließt (§ 675 Rn 15). Abschlagszahlgen werden nicht erfaßt (Kniffka ZfBR **00**, 227/231; aA Peters NZBau **00**, 169/172), zumal § 632 a insow eine selbstd Regelg auch für den SubUnternVertr bietet. (2) *Vergütungsleistung des Dritten,* in vollem Umfang od teilw (zB Abschlagszahlgen, Teilzahlg auf die Schlußvergütg), an den Best für das Wk. Die vom Dr geleistete Vergütg muß also dem Wk des Untern zuordenb sein. (3) *Sicherheitsleistung,* **II 2**, des Untern an den Best, wenn u soweit der Best seiners dem Dr Sicherh für Mängel geleistet hat, also wohl iH der vom Best geleisteten Sicherh (sa Kniffka ZfBR **00**, 227/
8 232). – **Wirkung:** Fälligk der Vergütg, wenn u soweit der Dr seiners dem Best die (ident) Leistg vergütet hat. Fäll wird also immer nur der Teil der Vergütg des Untern, der dem an den Best geleisteten Teil entspricht (sa Stapenhorst DB **00**, 909/911). Behält zB der Dr wg Mängeln einen Teil der Vergütg ein, darf auch der Best ggü dem Untern sein LeistgVR (§ 641 III) wg dieser Mängel geltd machen, selbst wenn das von dem Dr bish Geleistete die vom Best an den Untern insges zu leistde Vergütg übersteigt, weil im Verhältn Dr – Best eine höh Vergütg vereinb ist als im Verhältn Best – Untern. Dagg kann der Best nach dem Zweck der Vorschr kein LeistgVR geltd machen, wenn auch der Dr dies nicht tut (aA Stapenhorst DB **00**, 909/910); er kann aber mit eig Anspr (zB gem § 637 I, III) aufrechnen (Kniffka ZfBR **00**, 227/231). Zur DchSetzg seines Anspr hat der Untern einen AuskAnspr gg den Best hins der an diesen geleisteten Vergütgen (§ 261 Rn 8 ff; Kiesel NJW **00**, 1673/1678).

9 **e) Abweichende Vereinbarungen** sind grdsätzl zuläss, jedoch ggf an §§ 305 ff zu messen (Bsp § 307 Rn 88; BGH NZBau **02**, 25: sofort ZwVollstr aus BauträgerVertr ohne FälligkNachw). Auch II ist mangels gesetzl Anordng nicht zwingd (aA Peters NZBau **00**, 169/172); Abbedingg in FormularVertr verstößt jedoch gg § 307 (Kniffka ZfBR **00**, 227/232). Abreden wie „nach Abn" od „nach Vollendg" haben idR die gleiche Bedeutg wie „bei Abn" in I. Sind (meist Teil-)Leistgen des Best vor Abn vereinb, handelt es sich um Abschlags- od Vorauszahlgen; s § 632 a mit Erl. Die Fälligk kann aber auch hins von Teilen od der ges Vergütg hinausgeschoben od vom Vorliegen zusätzl Vorauss abhäng gemacht werden. – **Beispiele:** FälligkKlauseln § 433 Rn 42. Vorliegen einer **(prüffähigen) Rechnung** (so nach VOB/B, Rn 16; HOAI 8 I, dazu BGH **139**, 111, NJW **00**, 808, Koeble BauR **00**, 785; zur Verj § 199 Rn 6), wobei dieses Erfordern auch den Fall

vorzeit VertrBeendigg od endgült LeistgsVerweigerg des Best (Rn 5) erfaßt (BGH NJW-RR **00**, 386 für HOAI 8; NJW **00**, 3716 für VOB/B); PrüfFgk ist kein Selbstzweck, sond soll dem Best die Beurteilg der Richtigk der einz Ansätze ermöglichen (BGH NJW-RR **99**, 1541); die Anfdgen ergeben sich aus seinem Informations- u Kontrollinteresse u richten sich nach den Umst des EinzFalls (BGH NJW **98**, 3123) unter Berücksichtigg der Sachkunde des Best (BGH NJW **00**, 206 u 2587) u seiner HilfsPers (BGH NJW **01**, 521); keine Berufg auf ihr Fehlen, wenn der Best die Richtigk des Erg nicht bestreitet (BGH **136**, 342), iGrds auch kein pauschales Bestreiten ihrer Richtigk (BGH WM **02**, 132); sa Rn 2. Zahlg erst nach Beseitigg festgestellter Mängel (zB „Zahlg nach tadelloser Inbetriebsetzg"; sa BGH BauR **00**, 881); sie wird häuf für einen best VergütgsRest vereinb, sog **Sicherheitseinbehalt.** Ihm liegt eine (ggf stillschw) SichgsAbrede zGrd. Ist dem Untern gestattet (dh WahlR des Untern, iS eines vertragl GestaltgsR, BGH NJW-RR **01**, 307), den Einbehalt dch GewlBürgsch eines Dritten (Einf 13 v § 765; and für VertrErfBürgsch, Stgt NJW-RR **00**, 546) abzulösen, wird mit deren Stellg die Restvergütg fäll u ist mit Ann der Bürgsch auszuzahlen, soweit der Best den Einbehalt nicht iR der SichgsAbrede berecht (dh nach Eintr des SichgsFalles) verwertet od verwertet hat (so nunm BGH NJW **01**, 3629). Der Best kann GgRechte (Aufr, ZbR) nur aus Anspr iR des SichgsZwecks (ohne bes Vereinbg nur die Befriedigg von MängelAnspr) u nach Eintritt des SichgsFalles (bei fehlder Vereinbg AusleggsFr, idR das Entstehen einer GeldFdg) geltd machen (BGH NJW **01**, 3629). Tritt der SichgsFall erst nach Stellg der Bürgsch ein, besteht die AuszahlgsPfl fort (Ausn RMißbr des Untern, zB BürgschAngebot bewußt kurz vor Eintritt). Ist er vorher eingetreten, kann der Best wahlw den SicherhEinbehalt verwerten od ihn auszahlen u die Bürgsch annehmen; erklärt er sich nicht unverzügl, verbleibt es bei der AuszahlgsPfl. Nimmt er die Bürgsch unberecht ohne Auszahlg in Anspr, verletzt er die SichgsAbrede u ist zum SchadErs gem § 280 verpfl (sa BGH NJW-RR **00**, 1259). Ausf Thode ZfBR **02**, 4/9, auch zur bish Rspr. Vereinbgen zum SicherhEinbehalt sind an § 307 zu messen und insges unwirks (BGH WM **02**, 133), wenn dadch die Fälligk eines erhebl Teils des WkLohns für verhältnism lange Zeit hinausgeschoben wird, ohne dem Untern einen angem Ausgl zu eröffnen (BGH **136**, 27), od wenn sie unklar sind (BGH NJW **00**, 1863); Bsp § 307 Rn 88, sa Beyer/Zuber MDR **99**, 1298, Thode ZfBR **02**, 4. Der Best hat die Bürgsch ggf aGrd der SichgsAbrede (Einf 4 v § 765), jedenf aber gem § 812 I 1 (Celle NZBau **01**, 93) zurückzugeben, ein ZbR steht ihm nicht zu (sa BGH **136**, 195, NJW **01**, 1857). An Vereinbgen zum SicherhEinbehalt ist bei Ins des Untern auch der InsVerw gebunden (BGH NJW **99**, 1261). Im **Subunternehmervertrag** (§ 631 Rn 9) kann die Fälligk jedenf für den Fall der Ins des HauptAuftrG nicht von dessen Zahlg an den HauptUntern abhäng gemacht w (Düss NJW-RR **99**, 1323).

3) Leistungsverweigerungsrecht wegen Mängeln, III. Eine mangelh WkLeistg läßt den VergütgsAnspr 10
des Untern nicht entfallen (sa § 326 I 2). Gem § 320 steht dem Best aber, auch bei Fälligk der Vergütg, ein LeistgVR zu. Die Rspr hat hierzu, insb auch zur Höhe nach Abn, bes Grds entwickelt (s 59. Aufl § 320 Rn 9, 11, Vorbem 18 v § 633). Zur Klarstellg, dass die dch G v 30. 3. 00 (Rn 1) neu gestalteten Fälligk-Regeln für die Vergütg hieran nichts geändert haben, wurden dch III diese Grds mit Wirkg auch für vor dem 1. 5. 00 geschl WkVertr im wesentl unverändert gesetzl geregelt (BT-Drs 14/1246). III ist daher weiterhin eine Auswirkg des § 320, die zu dieser Vorschr entwickelten Grds sind, soweit III nicht and bestimmt, heranzuziehen. Abw Vereinbgen sind indvertragl ow zuläss (§ 639 Rn 11), in AGB nur iR von § 307 (sa Rn 9). – **a) Berechtigt** ist der Best. Das gilt auch, wenn er (zB als Bauträger) einem Dritten (zB dem Erwerber des BauWk) die MängelR übertr hat (BGH **55**, 354, WM **78**, 951); macht er das LeistgVR geltd, darf auch der betr Erwerber einen entspr Teil der dem Bauträger geschuldeten Vergütg zurückhalten (BGH **70**, 193).

b) Voraussetzungen: (1) **Mangel** des Wk (§ 633 Rn 5 ff). (2) **Mangelbeseitigungsanspruch** (= Nach- 11
ErfAnspr) des Best (wie § 635 Rn 2 ff). Ist er nicht (mehr) gegeben od dchsetzb, entfällt auch das LeistgVR; dem Best bleibt die idR auf einen geringeren Betr bezogene MängelEinr (§ 634 a Rn 23). So bei Ausschluß des Anspr, auch dch vorbehaltl Abn gem § 640 II, od berecht Weigerg des Untern (§ 635 Rn 8 ff); bei Erlöschen (§ 634 Rn 2 ff); bei Verj gem § 634 a. AnnVerz des Best hins der Mängelbeseitigg (Hamm NJW-RR **96**, 86; sa § 320 Rn 6) od ein vereinb SichgsEinbehalt schließen das LeistgVR nicht aus, können sich aber auf dessen Umfang auswirken (Rn 12). Verhältn zur SicherhLeistg des Best gem § 648 a dort Rn 9. (3) **Nach Abnahme** od Eintritt einer AbnFiktion (§ 640 Rn 10) besteht das LeistgVR. *Vor Abnahme* führt die Einwendg von Mängeln zur KlAbweisg, weil der VergütgsAnspr wg der VorleistgsPfl des Untern nicht fäll ist (Rn 2), der Einr des nicht erf Vertr bedarf es nicht. And bei Fälligk einer Abschlagszahlg (§ 632 a); hier gelten für Mängel der Teilleistg die Grds wie nach Abn (BGH **73**, 140 für VOB/B 16 Nr 1), u zwar oRücks auf einen vereinb SichgsEinbehalt (BGH NJW **81**, 2801). (4) **Ausgeschlossen** ist das LeistgVR nach dem Zweck der Vorschr iF der Durchgriffsfälligk gem II.

c) Umfang. Nach der bish, auf § 320 II basierden Rspr durfte der Best idR das 3-fache der zu schätzden 12
NachbessergsKosten zurückbehalten (sog Druckzuschlag, vgl BGH NJW **81**, 1449, 2801, **84**, 727, NJW **92**, 1633; BGH **26**, 337: Vierfache). III gewährt ihm nunm "mind, das 3-fache der für die Beseitigg erfdl Kosten (sa § 637 Rn 7; krit Horsch/Eichberger BauR **01**, 1024). Ein geringerer Betr dürfte nach der Intention des Gesetzgebers (dazu Stapenhorst DB **00**, 909/911) allenf gem § 242 in AusnFällen in Betr kommen, zB wenn sich der Best mit der NachErf im AnnVerzug befindet (so die bish Rspr: nur die NachbessergsKosten, Hamm NJW-RR **96**, 86; sa Kniffka ZfBR **00**, 227/232). Im EinzFall kann ein höh Betr gerechtf sein (Bsp Oldbg NJW-RR **96**, 817: das 21-fache bei mehreren fehlgeschlagenen NachbessergsVersuchen). Die erfdl Kosten sind wie bish zu schätzen. Ein vereinb Garantieeinbehalt (Rn 9) ist in die Abwägg einzubeziehen (BGH NJW **82**, 2494, DNotZ **84**, 478).

d) Wirkung. Grdsätzl wie § 320 Rn 12 ff. Keine Abwendg dch SicherhLeistg (§ 320 I 3). Kein Verzug 13
des Best, soweit das LeistgVR besteht (§ 286 Rn 12), desh insb keine Verzugszinsen hins der Vergütg. Im VergütgsProz führt die berecht Erhebg der Einr gem § 322 I zur Verurteilg zur Zahlg Zug um Zug gg Behebg der best zu bezeichnden Mängel (BGH **26**, 337). Dass sich die Prüfg der Frage, ob die Mängel ordngsgem beseitigt sind, damit in das ZwVollstrVerf verlagert (Celle NJW-RR **00**, 828), ist zwar unpraktikabel (ggf Nachprüfg dch Sachverst, Celle MDR **01**, 686!), liegt aber daran, dass der VergütgsAnspr mit der Abn auch

des mangelh Wk fäll wird u damit die VorleistgsPfl des Untern hins der Herstellg des Wk endet (ebso BGH **61**, 42, auch für VOB). Macht der Untern nur einen Teil des WkLohns geltd, kann an sich nur Zahlg des letzten WkLohnTeils verweigert w, jedoch besteht für das Ger ein ErmSpielraum (BGH **56**, 312; sa § 320 Rn 10). RLage bei Anspr des Untern auf Zuschuß zu den MangelbeseitiggsKosten § 635 Rn 7.

14 **4) Beweislast** iR der VergütgsKl des Untern (sa § 632 Rn 18): Der Untern für die Abn bzw das Vorliegen der Vorauss einer AbnFiktion, dh iF des § 640 I 3 für die AbnReife (Freih von Mängeln, die der Best behauptet, bzw deren Unwesentlichk) u die FrSetzg; zu § 641 a dort Rn 17. Für das LeistgVR gilt grdsätzl § 320 Rn 14, dh nach Abn hat der Best die Mangelhaftigk des Wk zu beweisen. Die BewL für ein über den gesetzl Umfang (iGrds 3-facher Betr) hinausgehdes LeistgVR trägt der Best (and zum früh R BGH NJW-RR **97**, 18).

15 **5) Zinspflicht, IV.** Sie gilt auch iF der Teilvergütg nach I 2. Nicht hingg, wenn mangels Rechng die Vergütg noch nicht mit Abn fäll ist (Rn 3), u nicht für Abschlagszahlgen. Zinssatz wie § 246 bzw HGB 352. Stundg s § 271 Rn 12 ff. Steht dem VergütgsAnspr ein ZbR od LeistgVR des Best entgg, gibt es weder Fälligk- noch ProzZinsen (Düss NJW **71**, 2310). Soweit die VerzugsVorauss vorliegen, insb gem § 286 III, kann anstelle von IV der Verzugszins (§ 288) verlangt w.

16 **6) Sonderregelungen. HOAI:** Fälligk, auch ohne Vereinbg zur Anwendg der HOAI (BGH **81**, 229, str), nach vertragsgem LeistgsErbringg (AbnReife, § 640 Rn 8) u prüffäh Schlußrechng (§ 8 I, dazu Rn 9; sa § 632 Rn 3); Abn selbst ist nicht erfdl (BGH NJW-RR **86**, 1279). Nicht nachbessergsfäh Mängel (§ 635 Rn 8) beeinträchtigen die Fälligk nicht (Ffm BauR **00**, 435; wie Rn 5). – **VOB/B:** Gem **§ 16 Nr 3** ist die **Schlußzahlung** alsbald nach Prüfg u Feststellg der (prüffäh, § 14 Nr 1; dazu Rn 9) Schlußrechng, spätestens 2 Mo nach deren Zugang fäll (BGH BB **90**, 2072); bei Verzögerg Anspr auf Abschlagszahlg hins des unstr Betr, aber (auch hins einz unstr Positionen) nur, soweit dieser die bish Abschlagszahlgen übersteigt (BGH NJW **97**, 1444), keine Verwirkg von Einwendgen allein dch die Verzögerg (BGH NJW **01**, 1649; Zanner BauR **01**, 1186). Weitere FälligkVorauss ist auch hier die Abn, dagg grdsätzl nicht ein gemeins Aufmaß (BGH NJW-RR **99**, 1180; str); Ausn: vorzeit Beendigg des Vertr, prüffäh (Rn 9) Schlußrechng ist auch in diesem Falle erfdl (BGH NJW **87**, 382), auch bei PauschalPrVereinbg (BGH **105**, 290), ebso bei endgült LeistgsVerweigerg des AuftrG (BGH NJW **00**, 3716). Die Schlußrechng kann nach vergebl FrSetzg auch dch den Best erstellt w (§ 14 Nr 4, BGH WM **02**, 131). In sie aufzunehmen sind alle VergütgsAnspr aus dem konkr abzurechnden (BGH NJW-RR **00**, 1469) Vertr mit Ausn von Fdgen, die auch bei vertrgerechtem Verhalten nicht eingestellt w können (BGH **145**, 245: § 8 Nr 3 III). Sie muß nicht ausdr als solche bezeichnet sein, wenn sie alle erbrachten Leistgen enthält (BGH NJW **77**, 1701); zum Sonderfall mehrerer Teilrechngen bei vorzeit Beendigg des Vertr Köln NJW-RR **92**, 1375. Von der Schlußrechng nicht erfaßte (BGH NJW-RR **98**, 954) *Nachforderungen* des Untern sind grdsätzl ausgeschl (BGH **102**, 392), wenn dieser die Schlußzahlg vorbehaltl angen hat sowie schriftl sowohl über die Schlußzahlg unterrichtet wie auf die AusschlWirkg klar u eindeut (BGH **140**, 248) hingewiesen worden ist (Nr 3 II); ebso bei ausdr Ablehng weiterer Zahlgen mit entspr Hinw (Nr 3 III). Der Vorbeh der NachFdg ist binnen 24 Werktagen ab Zugang der Mitt zu erklären (Nr 3 V). BewL beim Untern (BGH NJW **72**, 2267); das auf die MehrFdg Geleistete kann der AuftrG nicht zurückfordern (BGH **62**, 15). Die *Verjährung* des SchlußzahlgsAnspr beginnt mit Ende des Jahres, in der Anspr gem § 16 Nr 3 fäll wird (§ 199 I), auch wenn die Schlußrechng verspätet eingereicht wird (BGH NJW **71**, 1455, BauR **77**, 354; sa § 199 Rn 6). Anrufg der vorgesetzten Stelle (VOB/B 18 Nr 2) beeinflußt die Verj nicht (Köln MDR **00**, 1009). **Nr 4** Zahlg abgen **Teilleistungen** oRücks auf Vollendg der übr Leistgen. **Nr 5** Regelg für **Skontoabzüge** u **Zinsen;** Abs III gilt abschließd für alle Zinsen aus BauFdgen, § 641 IV gilt daneben nicht (BGH NJW **64**, 1223). **Nr 6** regelt die Vorauss für das R des Best zu **Zahlungen an Gläubiger** des Untern (dazu BGH **142**, 72 [Konk des Untern], NJW **99**, 1331). Die Grds zum **Leistungsverweigerungsrecht** (Rn 10 ff) gelten auch beim VOB-Vertr (BGH **55**, 354), BeseitiggsVerlangen gem VOB/B 13 Nr 5 genügt für den Erhalt dieses R (BGH **53**, 122). KündR des Untern bei ZahlgsVerz des Best § 643 Rn 3. Fälligk u **Sicherheitsleistung** s Rn 9.

641 a *Fertigstellungsbescheinigung.* **I Der Abnahme steht es gleich, wenn dem Unternehmer von einem Gutachter eine Bescheinigung darüber erteilt wird, dass**

1. das versprochene Werk, im Falle des § 641 Abs. 1 Satz 2 auch ein Teil desselben, hergestellt ist und

2. das Werk frei von Mängeln ist, die der Besteller gegenüber dem Gutachter behauptet hat oder die für den Gutachter bei einer Besichtigung feststellbar sind,

(Fertigstellungsbescheinigung). Das gilt nicht, wenn das Verfahren nach den Absätzen 2 bis 4 nicht eingehalten worden ist oder wenn die Voraussetzungen des § 640 Abs. 1 Satz 1 und 2 nicht gegeben waren; im Streitfall hat dies der Besteller zu beweisen. § 640 Abs. 2 ist nicht anzuwenden. Es wird vermutet, dass ein Aufmaß oder eine Stundenlohnabrechnung, die der Unternehmer seiner Rechnung zugrunde legt, zutreffen, wenn der Gutachter dies in der Fertigstellungsbescheinigung bestätigt.

II Gutachter kann sein

1. ein Sachverständiger, auf den sich Unternehmer und Besteller verständigt haben, oder

2. ein auf Antrag des Unternehmens durch eine Industrie- und Handelskammer, eine Handwerkskammer, eine Architektenkammer oder eine Ingenieurkammer bestimmter öffentlich bestellter und vereidigter Sachverständiger.

Der Gutachter wird vom Unternehmer beauftragt. Er ist diesem und dem Besteller des zu begutachtenden Werkes gegenüber verpflichtet, die Bescheinigung unparteiisch und nach bestem Wissen und Gewissen zu erteilen.

III Der Gutachter muß mindestens einen Besichtigungstermin abhalten; eine Einladung hierzu unter Angabe des Anlasses muss dem Besteller mindestens zwei Wochen vorher zugehen. Ob das Werk frei von Mängeln ist, beurteilt der Gutachter nach einem schriftlichen Vertrag, den ihm der Unternehmer vorzulegen hat. Änderungen dieses Vertrages sind dabei nur zu berücksichtigen, wenn sie schriftlich vereinbart sind oder von den Vertragsteilen übereinstimmend gegenüber dem Gutachter vorgebracht werden. Wenn der Vertrag entsprechende Angaben nicht enthält, sind die allgemein anerkannten Regeln der Technik zugrunde zu legen. Vom Besteller geltend gemachte Mängel bleiben bei der Erteilung der Bescheinigung unberücksichtigt, wenn sie nach Abschluss der Besichtigung vorgebracht werden.

IV Der Besteller ist verpflichtet, eine Untersuchung des Werkes oder von Teilen desselben durch den Gutachter zu gestatten. Verweigert er die Untersuchung, wird vermutet, dass das zu untersuchende Werk vertragsgemäß hergestellt worden ist; die Bescheinigung nach Absatz 1 ist zu erteilen.

V Dem Besteller ist vom Gutachter eine Abschrift der Bescheinigung zu erteilen. In Ansehung von Fristen, Zinsen und Gefahrübergang treten die Wirkungen der Bescheinigung erst mit ihrem Zugang beim Besteller ein.

1) Allgemeines. Eingefügt dch G v 30. 3. 00 (dazu § 632 a Rn 1). Lit: Kniffka ZfBR **00**, 227; Seewald ZfBR **00**, 219, Jaeger/Palm BB **00**, 1102. – **Zweck.** Dem Untern soll durch die Fertigstellungsbescheinigung (FertStBesch) eine rasche Titulierg seines VergütgsAnspr ermöglicht w, gleichzeit soll den Part iF von Mängeln eine Grdl für deren Beurteilg an die Hand gegeben w. Der Unterschied zur FrSetzg gem § 640 I 2 liegt (bei gleicher Wirkg, § 640 Rn 10 f) darin, (1) dass der Untern, auch wenn das Wk zu Beginn des ErteilgsVerf nicht mangelfrei ist, im Verlauf des Verf Gelegenh zur NachErf hat u damit die Bescheinigg gleichwohl erhalten kann; (2) dass die Mangelfreih nur beschr überprüft (Rn 5) u hins evt weiterer Mängel die BewL auf den Best verlagert wird; (3) dass der Untern wg dieser BewLVerlagerg den von ihm im VergütgsProz für die Fälligk an sich geforderten Nachw der Mangelfreih (§ 641 Rn 14) dch die Vorlage der FertStBesch ersetzen u dadch rasch einen ohne SicherhLeistg vollstreckb (ZPO 708 Nr 4) Titel im UrkProz (ZPO 592 ff) erreichen kann, allerd um den Preis der SchadErsPfl gem ZPO 600 II bei falschem VorbehUrt. Außerd gestattet I 4 iF von EinheitsPrVertr (§ 632 Rn 5) den (für den UrkProz wicht) UrkNachw erbrachter Leistgen. – **Anwendungsbereich:** *Zeitlich* nur für ab 1. 5. 00 abgeschl Vertr (EG 229 § 1 II 1). *Sachlich* bei allen WkVertr, auch ArchVertr (Seewald [Rn 1] 221), nicht bei LiefergsVertr gem § 651 (and für echte WkLiefergsVertr gem § 651 aF). Schriftlichk des Vertr s Rn 6. Verhältn zum selbstd BewVerf Peters NZBau **00**, 169/173. – **Abdingbar** ist die Vorschr (Kniffka [Rn 1] 236); für Unwirksamk vollst Abbedingg in AGB Hofmann/Koppmann [§ 648 Rn 1] S 89). 1 2

2) Fertigstellungsbescheinigung. – a) Wesen. Es handelt sich um eine PrivUrk (ZPO 416), die, zus mit dem für die Bescheinigg geforderten schriftl WkVertr (Rn 6), dem Untern die Möglichk der VergütgsKl im UrkProz eröffnet (Rn 1; zweifelnd Kirberger BauR **01**, 492/502). Sie ist kein SchiedsGA (Seewald [Rn 1] 221]). **Inhalt** der Bescheinigg ist mind die Bestätigg der AbnReife iS der Vollendg des Wk u des Fehlens von Mängeln (FertigstellgsBestätigg, I 1; Einzelh Jaeger/Palm [Rn 1] 1104). Außerd kann der Gutachter eine vom Untern vorgelegte Abrechng hins Aufmaß u angesetzter ArbStunden bestätigen (AbrechngsBestätigg, I 4). 3

b) Sachliche Erteilungsvoraussetzungen, I. Für die FertStBestätigg ist dies iGrds, wie sich aus dem Zweck der FertStBesch sowie I 1 iVm IV 2 ergibt, die **vertragsmäßige Herstellung des Werks,** bei TeilAbn (§ 640 I 2) des entspr Teils des Wk. AbrechngsBestätigg s Rn 8. 4

aa) Prüfen muß der Gutachter die Vollendg des Wk (I 1 Nr 1) u grdsätzl auch dessen Freih von Sach- u RMängeln (I 1 Nr 2). Nach dem Gesetzeswortlaut hindern auch unwesentl Mängel, die im ErteilgsVerf festgestellt w, die Erteilg der FertStBesch (aA Stapenhorst DB **00**, 909/913, Motzke NZBau **00**, 489/500, die mit guten Grd auf die allg AbnReife [§ 640 Rn 8] abstellen; iR der SchRReform wurde eine Klarstellg abgelehnt, BT-Drs 14/6857 S 68). Daraus folgt, dass das geschuldete Wk (das kann bei VertrKünd gem § 649 auch ein TeilWk sein) auch vollst hergestellt sein muß (Kniffka [Rn 1] 233; aA Jaeger/Palm [Rn 1] 1103: unwesentl RestArb schaden nicht). Hins der Mängel, die iü bei Tätigk mehrerer Untern (§ 631 Rn 11) aus dem LeistgsBer des jew Untern stammen müssen (sa Motzke NZBau **00**, 489/499), hat der Gutachter allerd nur eine beschränkte ÜberprüfgsPfl. Er hat zu berücksichtigen (I 1 Nr 2): (1) *sichtbare Mängel,* dh Mängel, die bei der Besichtigg (III 1) mit Hilfe der bei SichtAbn vergleichb Wk übl Prüfgen erkennb sind. Eingehdere Prüfgen (Messgen, Funktionsprüfgen oä) sind allenf bei Leistgen erfdl, die erfahrgsgem eine GefQuelle darstellen od bes mangelanfäll sind (Seewald [Rn 1] 223). Zeigen sich bei der SichtPrüfg Anzeichen für Mängel, hat ihnen der Gutachter nachzugehen (Motzke NZBau **00**, 489/496). (2) *behauptete Mängel,* dh solche, die der Best ggü dem Gutachter (nicht nur ggü dem Untern) spät bis zum Abschl der Besichtigg, **III 5,** dh bis zum Ende des letzten BesichtiggsTermins vorträgt. Ihnen hat der Gutachter auch dann dch eingehdere Prüfg mit den übl Methoden nachzugehen, wenn sie nicht ow erkennb sind. Kann er ihr Vorhandensein nicht ausschließen, kann er keine uneingeschr FertStBesch erteilen (Peters NZBau **00**, 169/173). – **Maßstab** für die Prüfg ist, wie iF des § 633 allg (dort Rn 5 ff), grdsätzl die geschuldeten Beschaffenh (Sollbeschaffenh) des Wk. Das G verlangt vom Gutachter nicht deren nähere Ermittlg, sond verweist ihn auf ow feststellb u idR unstreit ErkenntnMittel (krit Stapenhorst DB **00**, 909/912). Auszugehen hat er von dem zw den Part geschl WkVertr, wobei nur ein **schriftlicher Vertrag, III 2,** zu berücks ist. Schriftl VertrAbschl ist daher Vorauss für die Erteilg einer FertStBesch (so noch klar § 641 IV RegE, BT-Drs 14/1246 S 2). Zusätzl od abweichde mündl Vereinbgen sind, wie sich aus III 3 ergibt, ergänzd zu beachten, wenn sie von den Part übereinstimmd ggü dem Gutachter vorgebracht w. **Vertragsänderungen, III 3,** sind ebenf nur bei schriftl Vereinbg od übereinstimmdem Vorbringen zu berücks. Ist der Vertr nach dem übereinstimmden Vorbringen geänd worden, ist aber der Inhalt der Ändergen hins des LeistgsUmfangs streit, dürfte die Erteilg einer FertStBesch ausscheiden, da dann ein geeigneter Maßst fehlt. Hins der WkBeschaffenh sind hilfsw die allg anerkannten **Regeln der Technik** zGrd zu legen, **III 4** (wie § 633 Rn 6). 5 6

7 **bb) Vermutet, IV 2**, wird die VertrMäßigk des Wk, wenn der Best dem Gutachter die gem IV 1 zu duldde Untersuchg des Wk (Rn 13) pflwidr nicht gestattet. Die FertStBesch ist zu erteilen, der Best kann aber hins der AbnWirkg den Bew fehlder AbnReife führen (I 2, Rn 15). Lehnt der Best nur einz UntersuchgsHdlgen ab, gilt die Vermutg nur für die Aspekte der VertrMäßigk, deren Überprüfg dch die Weigerg vereitelt wird.

8 **cc) Abrechnungsbestätigung, I 4.** Sie setzt die Vorlage einer prüfb Abrechng dch den Untern voraus. PrüfgsMaßst wie Rn 6 (für strengere Prüfg Seewald [Rn 1] 224). Hins der Stundenlohnabrechng dürfte es auf die Angemessenh der angesetzten Stunden ankommen, nicht auf deren Anfall, da der Gutachter diesen nicht prüfen kann (Kniffka [Rn 1] 234). Eine VermutgsWirkg bei verweigerter Besichtigg besteht, and als bei der FertStBestätigg, nicht.

9 **c) Gutachter, II. – aa) Person, II 1.** Eine wirks FertStBesch kann nur ein Sachverst erteilen, der (nach Wahl des Untern) die Vorauss des II 1 Nr 1 od 2 erfüllt. *Verständigung auf einen Sachverständigen (Nr 1)* bedeutet erkl Einigg von Best u Untern über die Pers; ob Einigg vor od iR der AuftrVergabe genügt, ist zweifelh (Kniffka [Rn 1] 235). Abg übereinstimmder Erkl ggü dem Gutachter genügt. *Bestimmter Sachverständiger (Nr 2):* Er muß öff bestellt u vereidigt sein (GewO 36). Hierfür sind die HandwKammern gem HandwO 91 I Nr 8 zust, iü richtet sich die Zuständigk grdsätzl nach LandesR, für Bay zB IHK (AGIHKG 7) u Regiergen (BaySachverständigenG 1); Einzelh Landmann/Rohmer/Bleutge GewO 36 Rn 50 ff. Außerd muß der Gutachter für den konkr Fall auf Antr des Unternehmers (neuer Gesetzeswortlaut ist ungenau) dch die zust Stelle zur Durchf des BescheiniggsVerf bestimmt worden sein; der bloße Auftr eines Untern an einen öff bestellten u vereidigten Sachverst genügt also nicht. Zust für die **Bestimmung** ist jede IHK (IHKG 1) od HandwKammer (HandwO 90), außerd eine nach LandesR (zB BayArchG 15 ff) gebildete ArchKammer od IngKammer. Das G setzt nicht voraus, daß die bestimmde Stelle aGrd der für sie geltden Bestimmgen nach Art od Belegenh des Wk zuständ ist od gar zur öff Bestellg u Vereidigg von Sachverst berufen ist; der Untern kann sich an jede der im G genannten Stellen wenden (BT-Drs 14/1246 S 9). Jedoch wird man der angerufenen Stelle das R einräumen müssen, die Bestimmg abzulehnen, wenn sie keinen geeigneten Gutachter benennen kann, zB weil das zu begutachtde Wk nach seiner Art nicht in ihren ZustBereich fällt. Bestimmt w kann nur ein Sachverst, der für das Sachgebiet bestellt ist, in welches das zu begutachtde Wk fällt. Ein R des Best, den so bestimmten Gutachter wg Befangenh abzulehnen, sieht das G nicht vor (Kniffka [Rn 1] 235; aA Stapenhorst DB **00**, 909/913); jedoch ist der Sachverst bei Eigeninteresse od Befangenh zur Abl des Auftr verpflichtet (Bsp: BaySachverständigenG 9). Außerd wird die angerufene Stelle zweckmäßigerw vor der Bestimmg den
10 Best anhören. – **bb) Auftrag, II 2.** Er ist dch den Untern zu erteilen u beinhaltet die Arb zur Erstellg der FertStBestätigg, zur Erstellg einer AbrechngsBestätigg wohl nur bei entspr Beauftragg (aA Seewald [Rn 1] 224), die in der Übersendg von AbrechngsUnterlagen liegen kann. WkVertr (Einf 24 v § 631); daher Mängelhaftg ggü dem Untern nach §§ 633 ff, Haftg für unricht GA allerd nur bei offenb Unrichtigk (wie § 319 Rn 4; Seewald [Rn 1] 225; aA Stapenhorst DB **00**, 909/913). Die Vergütg des Gutachters trägt der Untern, jedoch kann der Best nach allg Vorschr zur Erstattg verpflichtet sein, zB nach VerzugsGrds bei unberecht Mängelbehauptg (§§ 280 II, 286). Verpfl des Gutachters zur unparteiischen Erteilg der FertStBesch ggü beiden Part, **II 3**, auch soweit der Sachverst nicht öff bestellt ist (sa GewO 36 I 2). Der Gutachter haftet daher bei PflVerl auch ggü dem Best nach den allg Grds (§ 328 Rn 34; Maßst wie ggü Untern, Seewald [Rn 1] 225, weitere HaftgsBeschrkg nur bei vertragl Vereinbg).

11 **d) Erteilungsverfahren, II–IV. – aa) Ablauf.** *Einleitung* des Verf nur dch den Untern dch Erteilg des Auftr an den Gutachter (Rn 10) nach vorangehder Einigg über dessen Pers od Bestimmg dch die Kammer (Rn 9). Die VerfEinleitg wirkt verjährgshemmd (§ 204 I Nr 8). Überg des schriftl WkVertr, ggf einschl Ändergen (Rn 6), dch den Untern an den Gutachter, III 2, 3. Wünscht der Untern eine Bestätigg von Aufmaß u ArbZeit (I 4), hat er außerd eine entspr Abrechng vorzulegen. Einladg zu einem **Besichtigungstermin, III 1,** dch den Gutachter, zum Nachw der Einhaltg der 2-wöch EinladgsFr (III 1 Hs 2) iZw dch Einschr mit Rückschein oä. Spät mit der Einladg sollten die schriftl Unterlagen zweckmäßigerw dem Best zugeleitet u dieser zur Äußerg, ggf zur Benenng evt Mängel aufgefordert w (sa III 5). Durchf der Besichtigg, wobei die Anwesenh beider Part gestattet u erwünscht ist (arg III 1; andernf wäre Einladg sinnl). Daher ist auf TerminsverleggsWünsche auch des Best in angemessenem Umfang einzugehen (BT-Drs 14/1246 S 10). Werden bei der Besichtigg Mängel festgestellt, die die Erteilg der Bescheinigg hindern (Rn 5 f), ist dem Untern im Hinbl auf den Zweck des ErteilgsVerf *Gelegenheit zur Nacherfüllung* zu geben (Rn 1), ggf ist danach ein weiterer BesichtiggsTermin dchzuführen (III 1: „mind ein BesichtiggsTermin"). Liegen die sachl Vorauss vor (Rn 4 ff), stellt der Gutachter die FertStBesch aus.

12 **bb) Erteilung** der Bescheinigg bedeutet deren Überg an den Untern. Der Gutachter übersendet eine **Abschrift an den Besteller, V 1;** WirksamkVorauss ist dies nicht, da V 1 in I 2 nicht genannt ist (Rn 15).

13 **cc) Gestattung der Untersuchung, IV 1.** Verweigerg der Untersuchg dch den Best führt zur Vermutg der Mängelfreih (Rn 7). Dies spricht dafür, entgg dem Wortlaut der Vorschr („verpflichtet") wie bei MitwirkgsHdlgen des Best iR der Herstellg (§ 642 Rn 2) nur eine Obliegenh des Best anzunehmen, keine echte Verpfl. Sie geht zunächst dahin, dem Gutachter Gelegenh zur Besichtigg des Wk (III 1) zu geben, dh ihm den Augenschein zu ermöglichen u ihm zu diesem Zweck den Zugang zum Wk gewähren, bei bewegl Sachen idR dch Überg des Wk, bei BauWk dch Zutritt zu Grdst u Gbde. Sind aGrd der Besichtigg od der Mängelrügen des Best weitere Untersuchgen erfdl, ist der Best auch zur Duldg von Hdlgen am Wk selbst (Entnahme von Stichproben, Funktionsprüfgen oä) verpflichtet. Unzumutb Eingriffe dürfen allerd nicht gefordert w.

14 **dd) Verfahrensfehler** führen dazu, dass die Wirkgen der Bescheinigg nicht eintreten (Rn 15), aber nur, soweit sie die RSphäre des Best berühren. Bsp: nicht ordngsgem Bestimmg des Gutachters (Rn 9); fehlder Auftr dch Untern (Rn 10); keine Durchf eines BesichtiggsTermins od nicht frgerechte Einladg des Best hierzu (Rn 11); unzutr PrüfgsMaßst (Rn 6), soweit sich ein Fehler zL des Best auswirkt; Gutachter hat nicht alle vom Best zuläss geltd gemachten Mängel berücks (Rn 5).

3) Wirkungen. – a) Abnahmefiktion, I 1, 2. Sie betrifft die FertigstellgsBestätigg (Rn 3) u **setzt voraus:** (1) Vorliegen einer FertStBesch mit dem Inhalt gem I 1 (Rn 3). (2) Erteilg dch einen geeigneten Gutachter (Rn 9, 12) (3) Einhaltung der VerfRegeln gem Abs II–IV (I 2, Rn 14); darunter fällt auch die Pfl zur Unparteilichk (II 3). (4) AbnReife (I 2, § 640 Rn 8 f). Unwesentl Mängel (§ 640 Rn 9) schaden nicht, da sie die AbnReife nicht berühren (§ 640 I 2); der Best wird insow auf das LeistgVR gem § 641 III verwiesen. Hat der Gutachter zu Unrecht das Vorhandensein wesentl Mängel verneint, ist Best auf den GgBew fehlder AbnReife angewiesen. – **Folge:** Wirkgen wie rgeschäftl Abn (§ 640 Rn 10 f; Seewald [Rn 1] 224). Ausn: gem **I 3** kein GewlAusschl gem § 640 II. Die Wirkgen treten grdsätzl mit Erteilung (Rn 12) ein (I 1). Nur hins Fristen (insb Verj, § 634 a II), Zinsen u GefÜbergang (§ 645 Rn 2, 5) ist gem **V 2** der Ztpkt des Zugangs der Bescheinigg beim Best maßgebd. Bei Bescheinigg für einen Teil des Wk wird die Vergütg nur hins des darauf entfallden Anteils fäll. 15

b) Richtigkeitsvermutung, I 4. Sie betrifft die AbrechngsBestätigg (Rn 8) u **setzt voraus:** (1) Vorliegen einer FertStBesch mit dem Inhalt gem I 4. (2) Erteilg dch einen geeigneten Gutachter (wie Rn 15) (3) Einhaltung der Regeln der Abs II–IV (I 2, wie Rn 15). 16

c) Beweislast: Der Untern für die Bestimmg des Gutachters u das Vorliegen der FertStBesch mit dem gebotenen Inhalt. Der Best für VerfFehler des Gutachters u die mat Unrichtigk der Bescheinigg (I 2 Hs 2; sa BT-Drs 14/2752 S 12), zB das Vorliegen wesentl Mängel (Rn 15). 17

4) VOB/B. § 641 a ist zwar grdsätzl auf nach dem 1. 5. 00 geschl Vertr anwendb, jedoch kann der Best die gem § 12 Nr 4 vorgesehene förml Abn verlangen (Jaeger/Palm [Rn 1] 1105; sa Schneider MDR **01**, 192). 18

642 *Mitwirkung des Bestellers.* I **Ist bei der Herstellung des Werkes eine Handlung des Bestellers erforderlich, so kann der Unternehmer, wenn der Besteller durch das Unterlassen der Handlung in Verzug der Annahme kommt, eine angemessene Entschädigung verlangen.**

II **Die Höhe der Entschädigung bestimmt sich einerseits nach der Dauer des Verzugs und der Höhe der vereinbarten Vergütung, andererseits nach demjenigen, was der Unternehmer infolge des Verzugs an Aufwendungen erspart oder durch anderweitige Verwendung seiner Arbeitskraft erwerben kann.**

1) Mitwirkung des Best kann nach Art u Beschaffenh des herzustellden Wk erfdl sein, zB: Beschreibg des Wk (Dähne BauR **99**, 289); Bereitstellen von Raum; pers Erscheinen für Operation, Anprobe, Porträt. Insb ist der Best eines *Bauwerks* bei dessen Ausf allg zur erfdl Mitwirkg u Information verpfl (KooperationsPfl, Düss NZBau **00**, 427, Einzelh Meurer MDR **01**, 848). Er muß dem Untern (der Haupt- dem SubUntern) zuverläss Pläne u Unterlagen zur Vfg stellen (BGH NJW **87**, 644), das BauGrdst (bzw bei spät Arb die Vorarb wie Rohbau etc) für die Leistg des Untern aufnahmebereit zur Vfg stellen (BGH **143**, 32/41; Düss NJW-RR **00**, 466: Gestattg des Betretens, Baustellenverweis), die zur reibungsl Ausführg des Baus notw Entsch treffen u Hinw geben (BGH DB **77**, 624). Der Best von *EDV* (Anl od Software) muß dem Untern die erfdl Vorgaben u Daten liefern, insb ein PflHeft erstellen (BGH NJW **01**, 1718/1720; zu seiner Bedeutg Ihde CR **99**, 409), jedenf die erwarteten Leistgen so eindeut wie mögl nach obj Kriterien mitteilen (Köln NJW-RR **93**, 1529: LeistgsProfil, NJW **96**, 1067: Aufgabenstellg), u das erfdl Material bereitstellen (BGH CR **89**, 102). – Die 2
Mitwirkg ist iGrds keine SchuVerpfl des Best, sond **Obliegenheit** (BGH **11**, 80, **50**, 175). Ihre Unterl schließt SchuVerzug des Untern aus (BGH NJW **96**, 1745) u führt, wenn der Untern seine LeistgsBereitsch erklärt u den Best zur Mitwirkg aufgefordert hat (Stgt BauR **73**, 385), zu AnnVerz nach §§ 293 ff mit den Folgen eines EntschAnspr (Rn 5) u eines KündR (§ 643) des Untern. Sa § 631 Rn 25, 27. – Eine **Verpflichtung** ist die 3
Mitwirkg des Best jedenf insoweit, als dch ihre Verweigerg nicht der VertrZweck gefährdet w darf (BGB **11**, 80). Zur grdlosen u endgült Ablehng der VertrErf dch den Best sa § 641 Rn 5. Außerd können die Mitwirkg od einz MitwirkgsHdlgen vertragl ausdr od konkludent zur HauptPfl (§ 631 Rn 24; Bsp: IndustrieAnlVertr mit Pilotcharakter für den Untern) od NebenPfl (§ 631 Rn 25; zB Großprojekt, bei dem ZusArb zw Best u Untern bes Bedeutg zukommt) ausgestaltet sein (Nicklisch BB **79**, 533). In diesen Fällen kann die Unterl der Mitwirkg die RFolgen des allg LStörgsR (SchadErs, §§ 280 ff; Rücktr, 323 ff) auslösen (sa § 280 Rn 29, § 631 Rn 27). Diese sind dch §§ 642 ff nicht ausgeschl (Rn 5, § 643 Rn 1). Das gilt insb bei BauVertr (Nachw Rn 1, 2). Der vereinb **Abruf** der WkLeistg ist eine selbstd einklagb vertragl NebenPfl (§ 631 Rn 25) des Best, bei Verzug Ers des VerzögergsSchad gem §§ 280, 286 (BGH BauR **76**, 207); §§ 642, 643 sind allenf analog anwendb (BGH NJW **72**, 99). – Hat der Best **mehrere Unternehmer** nebeneinand beauftragt (§ 631 4
Rn 11), hat er iGrds eine *Koordinierungspflicht* (Köln BauR **90**, 729, Hamm NJW-RR **99**, 319). Bei BauWk ist insow, insb auch hins der Plang (Hamm NZBau **01**, 691), grdsätzl nur der Arch ErfGeh des Bauherrn im Verh zu and Untern (BGH **95**, 128) u damit auch ErfGeh des HauptUntern im Verh zum SubUntern (BGH NJW **87**, 644), ebso uU der Statiker (Ffm BauR **87**, 322). Der Bauherr darf aber bei Beauftragg v Arch u Sonderfachleuten (Einf 27 v § 631) idR darauf vertrauen, dass sie in der gebotenen Weise zusarbeiten; sie sind dann nicht seine ErfGeh im Verh zu and Arch u Sonderfachleuten (BGH WM **71**, 682: Statiker im Verh zum Arch, NJW-RR **89**, 86: bauüberwachder Arch im Verh zum planden Arch, Köln RsprBau § 635 Nr 55: Arch u Sonderfachmann für BodenVerh). *Mangelfreie Vorleistung* des VorUntern schuldet der Bauherr iGrds nicht, daher ist der VorUntern insow auch nicht ErfGehilfe des Bauherrn; vielm besteht hins deren Eigng iGrds ein PrüfgsPfl des NachUntern (§ 631 Rn 14). And kann vereinb sein od sich aus den Umst ergeben (Hbg NJW-RR **00**, 1617: größeres Bauvorhaben, dem insow nicht beauftr Arch ist einwandfreie Statik geschuldet; sa Stamm BauR **02**, 1). Bei dch VorUntern verurs *Verzögerungen* kommt der Bauherr hingg idR ledigl seiner Obliegenh, das Grdst in für die LeistgsErbringg geeigneter Weise zur Vfg zu stellen (Rn 1), nicht nach; Folge: uU AnnVerzug (Rn 2) u Entschädigg gem Rn 5 (BGH **143**, 32 [v Gehlen ZfBR **00**, 291]; abw bish BGH **95**, 128; sa Kleine-Möller NZBau **00**, 401). Sa § 631 Rn 27, § 278 Rn 28, 31.

5 **2) Entschädigungsanspruch.** *Voraussetzungen* sind eine unterlassene Mitwirkg gem Rn 1, 4 u dadch verurs AnnVerzug des Best (Rn 3 f). Der Untern hat diese, die Dauer des Verz (Düss NJW-RR **96**, 1507) u die vereinb Vergütg darzutun u, wie in § 649 Rn 7, zu den Einspargen vorzutragen. *Inhaltlich* geht der Anspr über den AufwendgsErs nach § 304 hinaus u soll den Untern dafür entschädigen, dass er ArbKraft u Kapital (zB Geräte) bereithält u seine zeitl Disposition durchkreuzt wird; er umfaßt daher auch VerwMehraufwand, nicht aber entgangenen Gewinn u Wagnis (BGH **143**, 32/40; aA Celle NJW-RR **00**, 234), soweit dch den Verz verursacht. Die *Rechte nach allg Vorschr* schränkt der Anspr nicht ein, er besteht (s BGH **143**, 32/40) insb neben dem VergütgsAnspr, wenn das Wk noch hergestellt wird; bei Künd des Best für die VerzZeit vor Künd auch neben den Anspr auf Teilvergütg für das bisher Geleistete (§ 645 I 2), auf weitergehden SchadErs (§ 645 II) od auf Vergütg gem § 649; bei SchadErsAnspr aus § 280 neben diesem, zB Anspr aus VOB/B 6 Nr 6 (Brschw BauR **01**, 1739; sa Rn 3). *Verjährung* nach den allg Regeln (§§ 195, 199; zum früh R s Kapellmann BauR **85**, 123, Jochem BauR **76**, 392).

6 **3) VOB/A §§ 9 ff** regeln die LeistgsBeschreibg. **VOB/B § 4** regelt eingehd die Ausführg des Baus u grenzt die beiderseit Zustdgk ab. **§ 4 Nr 1 III, IV** gibt dem Best das R zu Anordngen u verpflichtet den Untern, auf Bedenken gg deren Berechtigg od Zweckmäßigk hinzuweisen. EntschAnspr u KündR des Untern bei unterlassener Mitwirkg s § 643 Rn 3. Behindergen des Untern s § 631 Rn 28.

643 *Kündigung bei unterlassener Mitwirkung.* **Der Unternehmer ist im Falle des § 642 berechtigt, dem Besteller zur Nachholung der Handlung eine angemessene Frist mit der Erklärung zu bestimmen, daß er den Vertrag kündige, wenn die Handlung nicht bis zum Ablauf der Frist vorgenommen werde. Der Vertrag gilt als aufgehoben, wenn nicht die Nachholung bis zum Ablauf der Frist erfolgt.**

1 **1) Allgemeines.** Das G gewährt dem Untern nicht, wie § 626, allg das R zur fristl Künd des Vertr aus wicht Grd. Jedoch gibt ihm § 643 ergänzd zur Entsch gem § 642 iF unterl Mitwirkg des Best das (abdingb) R, dch FrSetzg u KündAndrohg die VertrBeendigg zu erreichen (Rn 2). – *Sonstige Auflösungsrechte* des Untern nach allg LStörgsR bestehen, falls ihre Vorauss vorliegen, neben § 643 (sa § 642 Rn 3): AuflösgsR gem § 313 (Störg der GeschGrdl) bei Unzumutbark (dort Rn 30; BGH NJW **69**, 233). RücktrR gem § 323 ff bei PflVerl des Best (sa § 631 Rn 27). KündR gem § 314 bei Unzumutbark der Fortsetzg, sofern es sich bei dem Vertr um ein DauerschuldVerh handelt (Bsp: längerfrist WartgsVertr, sa Einf 22, 30 v § 631). Daneben wurde dem Untern bei auf längerfrist ZusArb angelegten WkVertr (insb BauVertr) bish auch bei den VertrZweck gefährdden PflVerl des Best u Unzumutbark der VertrForts ein R zur *Kündigung aus wichtigem Grund* zugestanden (Erm/Seiler Rn 6); dies gilt auch weiterhin. Liegt die PflVerl in der Verweigerg der Mitwirkg, ist grdsätzl FrSetzg gem § 643 erfdl (BGH BB **63**, 160). Der Untern kann nach Künd Vergütg der erbrachten Leistgen verlangen (wie § 649 Rn 4; sa BGH NJW **00**, 1257; zum Arch Düss BauR **01**, 434), außerd SchadErs aus § 280 (vgl § 325; zum früh R BGH **11**, 80). Bsp: Unberecht Lossagg der GgSeite vom Vertr (BGH NJW **96**, 3271); Best zieht ArbN des Untern währd der ArbZeit zu SchwarzArb heran (Köln NJW **93**, 73); unberecht ZahlgsVerweigerg s § 632 a Rn 8.

2 **2) Aufhebung gemäß § 643.** *Voraussetzungen:* (1) AnnVerzug des Best gem § 642 (dort Rn 2, 4). (2) Erkl gem Satz 1. Diese Erkl muß eine angem Fr (wie § 323 Rn 14) setzen u erkennen lassen, dass bei Untätigbleiben des Best die Aufhebg des Vertr für die Zukunft nur noch vom Ablauf der Fr abhängt. Die FrSetzg erübrigt sich, wenn die Mitwirkg nach Eintritt des AnnVerz unmögl wird. Die Erkl ist bis zum FrAblauf rücknehmb. – *Wirkungen:* Mit ergebnisl FrAblauf ist der Vertr ohne weitere Erkl aufgelöst (S 2). Teilvergütg des Untern, § 645 I 2 (dort Rn 11); daneben kann der Untern die Entschädigg nach § 642 für die Verzugszeit bis zur Künd beanspruchen.

3 **3) VOB/B. § 9 Nr 1, 2** gibt dem Untern ein KündR, wenn der Best eine ihm obliegde Hdlg (§ 642) unterläßt u dadch den Untern außerstande setzt, die Leistg auszuführen, od wenn der Best eine fäll Zahlg (auch Abschlagszahlg, Celle NJW-RR **00**, 234 [Schmitz BauR **00**, 1126]) nicht leistet od sonst in SchuVerz gerät, aber erst nach Ablauf einer mit KündAndrohg gesetzten angem Fr. **Nr 3** sieht wie § 645 I 2 einen VergütgsAnspr des Untern für die bisher Leistgen vor u verweist wg des zusätzl EntschAnspr auf § 642.

644 *Gefahrtragung.* **I Der Unternehmer trägt die Gefahr bis zur Abnahme des Werkes. Kommt der Besteller in Verzug der Annahme, so geht die Gefahr auf ihn über. Für den zufälligen Untergang und eine zufällige Verschlechterung des von dem Besteller gelieferten Stoffes ist der Unternehmer nicht verantwortlich.**

II Versendet der Unternehmer das Werk auf Verlangen des Bestellers nach einem anderen Ort als dem Erfüllungsort, so finden die für den Kauf geltenden Vorschriften des § 447 entsprechende Anwendung.

645 *Verantwortlichkeit des Bestellers.* **I Ist das Werk vor der Abnahme infolge eines Mangels des von dem Besteller gelieferten Stoffes oder infolge einer von dem Besteller für die Ausführung erteilten Anweisung untergegangen, verschlechtert oder unausführbar geworden, ohne dass ein Umstand mitgewirkt hat, den der Unternehmer zu vertreten hat, so kann der Unternehmer einen der geleisteten Arbeit entsprechenden Teil der Vergütung und Ersatz der in der Vergütung nicht inbegriffenen Auslagen verlangen. Das Gleiche gilt, wenn der Vertrag in Gemäßheit des § 643 aufgehoben wird.**

II Eine weitergehende Haftung des Bestellers wegen Verschuldens bleibt unberührt.

1) Allgemeines, Abgrenzung. Eine LeistgsStörg kann dadch eintreten, dass der für die Herstellg des Wk vorgesehene Stoff od dass das begonnene, teilw od ganz fertgestellte Wk untergeht, verschlechtert, od sonst unausführb wird. In einem solchen Fall ist zu unterscheiden zw der *Leistungsgefahr,* dh ob der Untern zur (Neu)Herstellg verpflichtet bleibt, u der *Vergütungsgefahr,* dh ob der Untern weiterhin seine Vergütg verlangen kann. Nur auf letztgenannte sind §§ 644, 645 anwendb. Die Verwirklichg der in § 645 I 1 genannten Risiken kann auch zu einem **Mangel** führen; dann gelten vorrang §§ 633 ff (näher § 633 Rn 4). Zusfassd Kohler NJW **93**, 417. 1

2) Leistungsgefahr. Tritt eine Störg gem Rn 1 auf (Bsp: begonnenes Porträt verbrennt beim Maler; Beschädigg des Wk dch den Untern od Dritte), gelten die allg Vorschr. Danach ist der Untern iGrds weiterhin zur Herstellg des vollständ mängelfreien Wk verpfl (§§ 631 I, 633 I). Dies ist Folge der Erfolgsbezogenh des WkVertr. And gilt bei Unmöglichk der LeistgsErbringg od Unvermögen des Untern hierzu (§ 275 I), ferner falls der Untern die Leistg nach § 275 II, III od § 635 III verweigern kann (Vorbem 7 v § 633). *Gefahrübergang:* Mit Abn des Wk (§ 640), ersatzw Vollendg (§ 646); mit AnnVerz des Best (§§ 293 ff, wobei die Änd des § 296 S 2 zu beachten ist); mit Übersendg des Wk auf Verlangen des Best. Tritt die Störg nach diesem Ztpkt ein, entfällt die LeistgsPfl des Untern. 2

3) Vergütungsgefahr. Es gelten grdsätzl die §§ 320 ff (vgl insb § 326), denen aber die §§ 644, 645 vorgehen (BGH **136**, 303 zum früh R für § 645 I). Sie regeln die Frage, inwiew der Untern für die bish 3
vergebl geleistete Arb Vergütg fordern kann. – **a) Der Unternehmer** trägt die VergütgsGef grdsätzl bis zur 4
Abn (§ 640 Rn 3 ff, 11), dh er hat keinen VergütgsAnspr für bisher Arb u Aufwendgen, wenn die Ausführg des Wks unmögl wird od der Stoff od das Wk verschlechtert wird od untergeht, **§ 644 I 1.** Das ist Folge des UnternRisikos u der Erfolgsbezogenh des WkVertr (Einf 1 v § 631). Die Regelg entspricht § 326 I 1. Bei zufäll Verschlechterg od Untergang des Stoffes des Best beim Untern (Bsp: zugeschnittener Stoff wird beim Schneider gestohlen), besteht also kein VergütgsAnspr für die geleistete Arb. Ands ist der Untern aber, soweit er keine Obhuts- u SorgfaltsPfl verletzt hat, nicht zu SchadErs od Neubeschaffg des Stoffes verpfl **(§ 644 I 3);** ihn trifft aber weitgehd der EntlastgsBew (§ 280 Rn 34 ff). Der Untern hat idR (sa Rn 7 ff) auch dann keinen VergütgsAnspr, wenn das Wk vor Abn dch einen Dr zerstört od verschlechtert wird (Stuttmann BauR **01**, 1487); uU hat er gg den Dr SchadErsAnspr aus § 823. Hat der Untern kein Eigt am Wk od das Eigt an verarbeiteten Materialien dch Verbindg verloren, kommt uU ein Anspr wg Besitzverletzg in Betracht (§ 823 Rn 13). Außerd kann der Best den Schaden des Untern liquidieren („GefEntlastg", Vorbem 117 v § 249). Der Untern kann von ihm gem § 285 od aus vertragl NebenPfl Abtr des ErsAnspr verlangen (Düss NJW-RR **96**, 591); die erneute WkLeistg kann er von der Abtr abhäng machen, od er kann gg volle Vergütg (§ 631) erneut leisten und dann Abtr fordern (BGH NJW **70**, 38/41). Beruhen Verschlechterg od Untergang auf einer vom Untern zu vertretden PflVerl (s insb § 631 Rn 15, dort auch zur VersPfl), haftet dieser dem Best auf SchadErs gem § 280. Hat bei teilw Untergang der WkTeil für den Best einen Wert, so muß er dafür die teilw Vergütg zahlen (wie § 326 I 1 Hs 2, 441 III).

b) Der **Besteller** trägt die VergütgsGef in folgenden Fällen: – **aa) Ab Abnahme** (§ 640 Rn 3 ff). Beruhen Verschlechterg od Untergang auf einem Mangel des Wk, gelten §§ 633 ff. 5

bb) Vor der Abnahme (§ 640 Rn 3 ff), wenn sich der Best in **Annahmeverzug** (§§ 293 ff) befindet, **§ 644 I 2;** Ausn: § 287 S 2 u nach § 300 I zu vertretdes Versch des Untern. Ferner bei **Versendung,** soweit das Wk bei Ausliefeg zum Transport vertragsgem war, **§ 644 II;** s § 447 mit Anm. 6

cc) In den Fällen des § 645 I. Die Vorschr beruht auf der obj Verantwortlichk des Best für den Eintritt eines Schad, der sich aus einer von ihm herbeigeführten Risikolage ergibt (vgl auch § 326 II). Sie gilt nicht nur für den Fall, dass die Herstellg nachholb ist, sond auch wenn das LeistgsHindern die (Neu)Herstellg unmögl macht (BGH **60**, 14), zB die begonnene Rep einer Maschine erweist sich wg Materialbrüchigk als undchführb. – **I 1** regelt unmittelb nur die Fälle, dass das LeistgsHindern auf einem **Mangel** (wie in § 434) des vom Best gelieferten Stoffes od auf AusführgsAnw des Best beruht. Der Begr **„Stoff"** umfaßt alle Ggst, aus denen od mit deren Hilfe das Wk herzustellen ist, zB den Baugrund, auf dem ein BauWk errichtet w soll (Pauly MDR **98**, 1453; Englert NZBau **00**, 113: Mängel von BaugrubenArb; Preussner BauR **01**, 697: vergebl ArchPlang bei Änd bauplangsrechtl Zulässigk). Um eine **Anweisung** handelt es sich, wenn der Best für eine von ihm gewünschte Modalität der Ausführg das Risiko übernimmt, auch indem er trotz Bedenken des Untern auf seinem Wunsch beharrt. Iü sind idR Angaben des Best vor u bei VertrAbschl keine AusführgsAnw, die das Risiko auf ihn verlagern (BGH NJW **80**, 2189). Auch für im EinzFall auftretde Fehler (Ausreißer) an auf Anordng des Best verwendeten, generell geeigneten Baustoffen bleibt der Untern verantwortl (BGH **132**, 189). – Ist die Verschlechterg od der Untergang des Wk vom **Unternehmer zu vertreten** (§§ 276 ff), bleibt die VergütgsGef beim Untern (I 1 Hs 1). Ein Versch kann zB in der Verl von NebenPfl liegen (§ 631 Rn 14), etwa darin, dass der Untern die vom Best gelieferten Stoffe nicht auf ihre Eigng überprüft od den Best nicht auf Bedenken gg dessen Anweisgen od die Eigng der von diesem überlassenen Stoffe (Kblz NJW-RR **96**, 919) bzw Informationen (Celle CR **91**, 610) hinweist. – **I 2** stellt eine Folgeregelg zu § 643 dar, der ebenf aus dem VerantwortgsBer des Best stammende Hindern behandelt. S dort. 7

dd) § 645 I ist **analog** anzuwenden auf Risikolagen, die den in der Vorschr geregelten Fällen vergleichb sind (BGH **137**, 35). So, wenn die Unmöglichk der Herstellg auf zufäll **Untergang** des Stoffes beruht (Bsp: Einsturz der zu restaurierden Kirche), bevor er in die Sphäre des Untern übergegangen ist (vgl Larenz SchuldR II/1 § 53 III a); geht der Stoff in der Sphäre des Untern unter, zB nach Lieferg an diesen, gelten § 644 I 1 u 3. Ferner iF zufäll **Zweckerreichung** (Bsp: Abzuschleppdes Auto wird noch vor Eintreffen des AbschleppUntern vom Fahrer weggefahren; sa § 275 Rn 18 ff). Analoge Anwendg auch iF, in denen die Leistg des Untern aus Umst untergeht od unmögl wird, die in der **Person** des Best liegen od auf **Handlungen des Bestellers** zurückgehen, auch wenn diesen kein Versch trifft (BGH **136**, 303, **137**, 35; s nunm auch § 326 II). Bsp: Für die Leistg erfdl Impfg des Best kann wg dessen körperl Zust nicht dchgeführt werden (BGH **60**, 14); Best hat das Wk in einen Zust od eine Lage verbracht, die zu einer für den Untergang des Wk ursächl Gef geführt hat, zB Niederbrennen einer noch nicht übergebenen Scheune dch Heu des Best (BGH **40**, 71); Überflutg des BauWk, weil der Best den von ihm übern Hochwasserschutz vorzeit beseitigt hat 8

(BGH **137**, 35); Brand des hierfür anfäll BauWk dch vom Best in Auftr gegebene SchweißArb eines Dr (Köln OLGZ **75**, 323). Auch in **anderen Fällen** kann ausnahmsw eine entspr Anwendg gerechtfertigt sein, zB bei Unmöglichk der Fertigstellg des Wk wg der politischen Verh am HerstellgsOrt im Ausl, wenn der Best von seinem ausl VertrPartner für vom Untern erbrachte Leistgen Zahlgen erhalten hat (BGH **83**, 197); od wenn der Best (GeneralUntern) dem BauUntern aus in der Pers des Bauherrn liegden Grd das BauGrdst nicht zur Vfg stellen kann (Mü NJW-RR **92**, 348; sa Duffek BauR **99**, 979). Dagg fällt die (auch nicht vorhersehb) fehlde Eigng des vom Untern gewählten Verf grdsätzl in dessen RisikoBer (Ganten BauR **00**, 643, auch allg
9 zum „Systemrisiko"). – Die **Sphärentheorie** läßt dem Best vor Abn alle LeistgsHindern aus seinem GefBereich zur Last fallen, auch wenn ein den in § 645 I geregelten Fällen vergleichb Fall nicht vorliegt. Eine so weitgehde Risikoverlagerg auf den Best ist, zumal iHinbl auf die nunm gesetzl Regelg der GeschGrdl (§ 313), mit der grdsätzl Risikoverteilg des WkVertr unvereinb (Hamm BauR **80**, 576, Mü ZfBR **92**, 33) u nicht erfdl, weil sich der Untern von best Risiken freizeichnen kann. Iü erhält auch der Best für zufäll Untergang seines Stoffes in der Sphäre des Untern keinen Ers. Daher **keine Anwendung,** also kein VergütgsAnspr des Untern zB, wenn der teilw hergestellte Bau ohne bes Risikolage dch Auslösg eines Brandes dch and Bauhandwerker untergeht (BGH **78**, 352). Zu den Möglichk des Untern in diesem Fall Rn 4.

10 **ee)** Beruhen Verschlechterg od Untergang auf einem **Verschulden des Bestellers, § 645 II,** bleiben weitergehde ErsAnspr (§§ 280 ff) unberührt.

11 **4)** Die **Höhe der Vergütung** richtet sich iF des § 644 nach § 632, also volle Vergütg. IF des § 645 I u seiner entspr Anwendg (Rn 8) ist die anteil Vergütg zu leisten. Sie ist nach den Grds für erbrachte Leistgen bei gekünd WkVertr (§ 649 Rn 4) zu berechnen (BGH NJW **99**, 2036). Außerd sind die nicht in der anteil Vergütg enth, dch das Wk (nicht nur das SchadEreign) verurs Auslagen (Aufwendgen jeder Art ggü Dr für das konkr Wk; zB beschaffte Materialien, Transporte, GenGebühren) voll zu erstatten (BGH **137**, 35). Verhältn zu der Entschädigg gem § 642 dort Rn 5. Abn erbrachter Teilleistgen ist für die Fälligk nicht erfdl (§ 641 Rn 5; BGH WM **82**, 586, Düss BauR **78**, 404).

12 **5) Sonderregelungen. – a)** HGB 417, 630 (sa BinnSchG 26), VerlG 33. – **b) VOB/B § 7** regelt die Verteilg nur der **Vergütungsgefahr** abw von § 644 teilw für den Untern günstiger; § 645 I 1 bleibt unberührt (BGH **136**, 303, **137**, 35). Bei Beschädigg od Zerstörg der Bauleistg vor Abn dch vom Untern nicht zu vertretde unabwendb Umst Anspr auf Vergütg für die ausgeführten Teile der Leistg (BGH **61**, 144); iü besteht keine ggs ErsPfl. **§ 12 Nr 6** wiederholt die Regel des § 644, dass mit der Abn die VergütgsGef auf den Best übergeht, falls sie nicht schon vorher gem § 7 übergegangen war. Sa § 631 Rn 28 (Behindergen der Arb); § 633 Rn 14 (§ 13 Nr 3: Stoffe u Anordngen des Best).

646 *Vollendung statt Abnahme.* **Ist nach der Beschaffenheit des Werkes die Abnahme ausgeschlossen, so tritt in den Fällen des § 634 a Abs. 2 und der §§ 641, 644 und 645 an die Stelle der Abnahme die Vollendung des Werkes.**

1 **Ausschluß der Abnahme** ist wie in § 640 I Hs 2 zu verstehen (dort Rn 4 mit Bsp). – Die **Vollendung** des Wk, also seine vollst FertStellg tritt an die Stelle der Abn. MangelFreih gehört nicht dazu. Die Wirkg der Vollendg entspr weitgehd derj der Abn, wie die Verweisg auf §§ 634 a II, 641, 644, 645 zeigt. Allerd ist § 640 II nicht erwähnt u auch nicht anwendb, weil iF der Vollendg die Billigg dch den Best fehlt. Desh auch kein Übergang der BewL für Mängel auf den Best (sa § 640 Rn 11). Mögl ist ein Verzicht auf die MängelR (§ 634 Rn 27), uU auch dch schlüss Verhalten Dch die *Reform des Schuldrechts* wurde die Verweisg zum VerjBeginn (bish § 638 aF, jetzt § 634 a II) ohne sachl Änderg angepaßt *(Art 1 Nr 41 SMG,* sa BT-Drs 14/6040); zeitliche Geltung der Änderg nur für ab 1. 1. 02 abgeschl Vertr (EG 229 § 5).

647 *Unternehmerpfandrecht.* **Der Unternehmer hat für seine Forderungen aus dem Vertrag ein Pfandrecht an den von ihm hergestellten oder ausgebesserten beweglichen Sachen des Bestellers, wenn sie bei der Herstellung oder zum Zwecke der Ausbesserung in seinen Besitz gelangt sind.**

1 **1) Allgemeines.** §§ 647–648 a dienen der Sichg des Untern hins seiner GeldFdgen aGrd des WkVertr. Sie gelten nicht für den LiefergsVertr gem § 651. Die Sichg ist ein Ausgl dafür, dass der Untern das Risiko für das Gelingen des Wk trägt (Einf 1 v § 631) u desh mit der Herstellg vorleistgspfl ist (§ 641 Rn 2). *Abweichende Vereinbarungen* sind zul, für AGB ist § 307 zu beachten (näher Staud/Peters Rn 21 f; sa § 648 Rn 1). Neben dem gesetzl können die Part dch IndVereinbg od AGB ein vertragl PfdR des Untern begründen (BGH BB **77**, 1417).

2 **2) Unternehmerpfandrecht. – a)** Es besteht **für alle vertraglichen Forderungen** aus dem konkr WkVertr (sa Rn 5). Das sind in 1. Linie VergütgsAnspr aus §§ 631, 649, aber auch EntschAnspr aus § 642, AufwendgsErsAnspr aus § 645 I, SchadErsAnspr aus § 645 II od nach allg LStörgsR (§§ 280 ff). Nicht hingg außervertragl Anspr (§§ 812, 823 ff).

3 **b) An beweglichen Sachen** des Best besteht das PfdR, an denen der Untern zum Zwecke der Herstellg od Bearbeitg mind mittelb (Kartzke ZfBR **93**, 205) Bes erlangt hat. Der Untern, der ein Kfz repariert, hat ein gesetzl PfdR auch am übergebenen KfzBrief (Köln MDR **77**, 51; sa § 952 Rn 7). – Ein **gutgläubiger Erwerb** des PfdR an Sachen, die Dr gehören u die der Best dem Untern übergeben hat, ist nicht mögl (BGH **87**, 274; str; zu wN u Begr § 1257 Rn 2). Das PfdR entsteht auch dann nicht, wenn der Eigtümer dem RepAuftr des Best zustimmt (BGH **34**, 122, Köln NJW **68**, 304; str, näher § 1257 Rn 2). Ein vertragl dch einen NichtBerecht, zB SichgsGeber, bestelltes PfdR kann nach § 185 od § 1207 wirks sein (BGH **68**, 323; zweifelnd Müller VersR **81**, 499), erstreckt sich aber nur auf die Fdg aus der jew Rep, nicht auf früher
4 entstandene Fdgen (BGH NJW **83**, 2140). – Übergibt der Best dem Untern eine unter EigtVorbeh (§ 449)

gekaufte Sache, so entsteht das UnternPfdR am **Eigentumsanwartschaftsrecht** des Best (vgl § 929 Rn 39; BGH NJW **65**, 1475 für VermieterPfdR). Es erlischt allerd mit Erlöschen des AnwR bei Rücktr des VorbehVerk.

c) Für **Verwertung, Erlöschen** u die sonst Behandlg des entstand PfdR gelten die Regeln über das VertrPfdR (§ 1257). Daher erlischt das PfdR durch Rückgabe der Sache (§ 1253) und lebt nicht wieder auf, wenn der Untern aGrd eines weiteren RepAuftr erneut in den Bes der Sache kommt (BGH **87**, 274). Näher § 1257 Rn 5, 7. 5

3) Zurückbehaltungsrecht und Verwendungsersatzanspruch des Untern haben Bedeutg, wenn die ihm übergebene Sache nicht dem Best gehört, da dann kein gesetzl PfdR entstanden ist (Rn 3 f). – **a) Gegenüber dem Besteller** hat der Untern den VergütgsAnspr aus § 631, fäll bei Abn (§ 641). Bezahlt der Best da nicht, hat Untern ZbR gem § 273. 6

b) Gegenüber dem Eigentümer. – aa) Solange der Best ggü dem Eigtümer **zum Besitz berechtigt** ist, braucht auch der Untern die Sache nicht herauszugeben (§ 986 I 1), hat ands mangels einer Vindikationslage aber auch keinen VerwendgsErsAnspr nach § 994 (BGH **27**, 317; aA für einen bes gelagerten Sachverhalt Zweibr JZ **86**, 341). – **bb) Unrechtmäßiger Besitzer** wird der Untern, sobald das BesR des Best ggü dem Eigtümer endet, zB bei Rücktr des VorbehVerk. Der Untern hat dann gg den Eigtümer den Anspr aus § 994 u damit das ZbR aus § 1000, auch für diej Verwendgen, die er auf die Sache in einer Zeit gemacht hat, in der er noch zum Bes berecht war (BGH **34**, 122/132, Köln NJW **68**, 304; sa Vorbem 4–6 v § 994). Erlöschen: § 1002 (vgl BGH **87**, 274). 7

648 ***Sicherungshypothek des Bauunternehmers.*** **I Der Unternehmer eines Bauwerks oder eines einzelnen Teiles eines Bauwerks kann für seine Forderungen aus dem Vertrag die Einräumung einer Sicherungshypothek an dem Baugrundstück des Bestellers verlangen. Ist das Werk noch nicht vollendet, so kann er die Einräumung der Sicherungshypothek für einen der geleisteten Arbeit entsprechenden Teil der Vergütung und für die in der Vergütung nicht inbegriffenen Auslagen verlangen.**

II Der Inhaber einer Schiffswerft kann für seine Forderungen aus dem Bau oder der Ausbesserung eines Schiffes die Einräumung einer Schiffshypothek an dem Schiffsbauwerk oder dem Schiff des Bestellers verlangen; Absatz 1 Satz 2 gilt sinngemäß. § 647 findet keine Anwendung.

1) Anspruch auf Sicherungshypothek. *Literatur* zur BauHandwSichg: Hofmann/Koppmann, Die neue BauHandwSichg 3. Aufl 2000; Weise, Sicherh im BauR 1999. – S zunächst § 647 Rn 1. § 648 rechtfertigt sich aus der VorleistgsPfl des Best u dem dch die Bauleistg entstehenden Mehrwert des Grdst (BGH **68**, 180). Der Anspr des Untern ist aber nicht streng an einen solchen Mehrwert gebunden (BGH **144**, 138/142). Das G gewährt keine Hyp kr Gesetzes, sond nur den schuldrechtl Anspr auf ihre Bestellg, u zwar erst nach Baubeginn u im Umfang der geleisteten Arb, eine im Hinbl auf vorrang GrdPfdR oft nutzl Sicherh für den Untern. Der Anspr ist dch IndVereinbg **abdingbar,** Ausschl in AGB ohne Einräumg einer and Sicherh ist wg mißbräuchl Verfolgg einseit Interessen unwirks (BGH **91**, 139, Karlsr NJW-RR **97**, 658). Er geht mit Abtretg der zu sichernden Fdg (Rn 4) über (§ 401 Rn 4), selbstd abtretb ist er nicht. **Kein Anspruch** auf Einräumg einer SichgsHyp, soweit der Untern Sicherh gem § 648 a I, II erlangt (§ 648 IV) od der Best zur Abwendg der ZwVollstr unter Vorbeh bezahlt hat (Hbg NJW-RR **86**, 1467); ferner nicht gg insolvenzunfäh jP des öff R (Hogenschurz NJW **99**, 2576). Sa Rn 4. 1

2) Berechtigte. – Bauwerkunternehmer. BauWk s § 634 a Rn 10, 14 ff; ob Gerüstbau darunter fällt, ist zweifelh (bejahd Köln BauR **00**, 1874 [Lotz aaO 1806]). Für das Merkmal Untern ist nicht entscheidd die technische od wirtsch Beteiligg an der BauAusführg, sond die rechtl Beziehg zum Best (BGH **LM** Nr 1). Darunter fallen also alle Pers, die dch WkVertr (§ 651 genügt nicht) dem Best ggü zur Herstellg des od Arb am Bau od eines Teils davon verpflichtet sind, nicht dagg SubUntern od bloße Lieferanten. Vorauss für den Anspr ist die mind teilw Vollendg (vgl I 2) des konkret geschuldeten Wk, das häuf nicht mit dem ganzen BauWk ident ist (zB bei Einbau der Installationen). – BauWkUntern ist auch der iR eines WkVertr (Einf 17 v § 631) tät **Architekt** (BGH **51**, 190). Vorauss ist auch hier, dass die WkLeistg des Arch in eine so enge Beziehg zu dem Grdst getreten ist, dass sich hierdch dessen Wert vergrößert hat (Düss NJW-RR **00**, 166). Desh kein Anspr auf SichgsHyp, soweit der Arch Vergütg für Neben-DLeistgen verlangen kann, zB für nicht ausgeführten zweiten Entw, FinanzBeratg, Geldbeschaffg (Mü NJW **73**, 289), od der Bau (noch) nicht begonnen worden ist (Düss NJW-RR **00**, 166, Dresd NJW-RR **96**, 920; aA Durchlaub BB **82**, 1392); and uU bei unberecht Künd des Best (Hamm NJW-RR **00**, 971). – Gleiches gilt für den **Statiker,** wenn er unmittelb mit dem Best u GrdstEigtümer einen WkVertr hat (ebso Ffm OLGZ **79**, 437). – Gleiches gilt für den **Baubetreuer** (§ 675 Rn 15), soweit er wkvertragl Leistgen erbringt u nicht ledigl aGrd GeschBesVertr eine kaufm-finanzielle Tätigk auszuüben hat (Stgt BB **62**, 543, Ffm BauR **88**, 343). Der Bauträger baut idR nicht auf dem Grdst des Best (§ 675 Rn 14). – Im **Erbfall** sind als Berecht die Erben im GB einzutragen, nicht der NachlVerw (Hamm DB **88**, 1693). 2

3) Pfandgegenstand ist das **Baugrundstück des Bestellers,** u zwar das ganze Grdst im RSinn (Übbl 1 v § 873), wie es zu Beginn der AuftrArb im GB ausgewiesen ist, nicht nur der zu bebauende Teil (Hamm BauR **00**, 1527); nicht dagg and, vom BauWk nicht betr Grdst des Best, u nicht fremde Grdst. Errichtet der Untern ein einheitl BauWk auf mehreren Grdst desselben Best, stellt jedes Grdst SichgsMasse für die ges WkLohnFdg dar, der Untern kann für diese auch Einräumg einer GesHyp verlangen; ebso, wenn er zwar versch BauWk errichtet, aber aGrd eines Vertr einen einheitl WkErfolg schuldet (BGH **144**, 138 [Brehm/Kleinheisterkamp JZ **01**, 43]); Grenze allenf § 242. Errichtet er auf jedem Grdst jeweils ein BauWk aGrd versch Vertr, kann er nur wg der jew WkLohnFdg eine SichgsHyp an dem jeweils betr Grdst verlangen. Die erfdl **Identität zwischen Besteller und Grundstückseigentümer** ist formaljur zu beurteilen. Der Untern kann Einräumg einer SichgsHyp nur verlangen, wenn Best u GrdstEigtümer im Ztpkt der GeltdMachg des Anspr (Hamm 3

BauR **99**, 407) rechtl dieselbe Pers sind; Übereinstimmg nach wirtsch Betrachtgsweise genügt idR nicht (Raabe BauR **97**, 757), ebso nicht, dass der GrdstEigtümer der WkLohnVerpfl des Best beigetreten ist (Dresd NJW-RR **00**, 1412, str). Allerd muß sich der GrdstEigtümer, ungeachtet der SichgsMöglichk nach § 648 a (KG NJW-RR **99**, 1247; einschränkd Celle NJW-RR **00**, 387), im Einzelfall uU nach Tr u Gl wie ein Best behandeln lassen, soweit der Untern wg seines WkLohns Befriedigg aus dem Grdst sucht (BGH **102**, 95). So, wenn der zahlgsunfäh Mieter als Best für RepArb nur vorgeschoben ist (Düss NJW-RR **93**, 851); od der GrdstEigtümer die tats Vorteile aus der WkLeistg des Untern zieht (Ffm BauR **01**, 129: Ehegatte) u die beherrschde Position innehat (BGH aaO, Celle BauR **01**, 834: GmbH-GeschF; ähnl Naumbg NJW-RR **00**, 311; einschr Schlesw BauR **00**, 1377). Schließt der BauBetr (§ 675 Rn 15) die Vertr im eig Namen, ist aber nicht GrdstEigtümer, hat der Untern keinen Anspr auf Sichg. Ist das BauWk zT auch auf fremdem Grd errichtet, so ist die Hyp auf dem Grdst des Best in voller Höhe einzuräumen, falls die Vergütg für das BauWk einheitl zu berechnen ist (Ffm NJW-RR **94**, 1432). Mit der Veräußerg des Grdst erlischt der SichgsAnspr, wenn keine Vormkg eingetr war (Düss BauR **77**, 361). Mit Abtretg, Verpfändg, Pfändg der UnternFdg geht der Anspr auf Einräumg bzw die bestellte Hyp über, § 401. PfdGgst kann auch ein **Erbbaurecht** des Best sein. Eine Vereinbg zw Eigtümer u ErbbBerecht (Best) nach ErbbRVO 5 II steht der Eintr einer Vormkg aGrd einstw Vfg nicht entgg (Köln NJW **68**, 505). Bildet der Eigtümer später **Wohnungseigentum,** so kann der BauUntern hins der im Eigt des Best verbliebenen EigtWohngen eine GesHyp in voller Höhe seiner Fdg verlangen, nicht nur Hyp in Höhe des Betr, der dem auf die einz Wohng entfallden LeistgsAntl entspricht (Ffm BauR **95**, 737, Hamm NJW-RR **99**, 383). Ebso kann der Untern Eintr einer GesHyp verlangen, wenn der Best nach Entstehg des SichgsAnspr das Grdst in mehrere selbstd, in seinem Eigt verbleibde Grdst od MitEigtAntle aufteilt (Düss BauR **83**, 376, Ffm OLGZ **85**, 193).

4 **4) Sicherbar** sind alle aus dem Vertr herrührden Fdgen des Untern gg den Best (s § 647 Rn 2), auch die Kosten der Erwirkg der Hyp od der Vormkg (MüKo/Soergel Rn 15), SchadErsAnspr aus dem Vertr (BGH NJW **88**, 255) u RestvergütsAnspr gem § 649 S 2 (Staud/Peters Rn 25 f; aA Jena NJW-RR **99**, 384). Die Fdg muß noch nicht fäll sein (Grd: SichgsZweck des § 648), so dass ein vereinb SichgsEinbehalt nicht abzuziehen ist (BGH NJW-RR **00**, 387). Jedoch richtet sich der Umfang des sicherb Anspr gem **I 2** nach dem jew Baufortschritt (BGH **68**, 180). Daher hat der Untern bei Mängeln des Wk, auch wenn er nur subsidiär für sie einzustehen hat (Celle BauR **86**, 588), vor wie nach Abn des Wk (dann BewL beim Best, Bew ggf dch PrivGA) keinen SichgsAnspr, soweit u sol der Best diese Mängel geltd machen kann (BGH **68**, 180, Hamm NJW-RR **00**, 971, Brem NJW-RR **99**, 963). Auslagen: wie § 644 Rn 11. Nicht sicherb sind erloschene Fdgen u Fdgen, denen eine dauernde Einr entggsteht. – **Gesichert** dch die Hyp bzw Vormkg sind nur Fdgen, auf die sich die bei Eintr in Bezug gen EintrBewilligg bzw Entsch bezieht (BGH NJW **74**, 1761), nicht auch and ggf ebenf sicherb Fdgen aus dem WkVertr (BGH NJW **01**, 3701: Abschlags- ggü Schlußzahlg).

5 **5) Durchführung.** Bestellg der Hyp dch dingl Einigg od rkräft Urt (ZPO 894) u Eintr (§ 873). Vertragl Ausschl steht bei Argl od VermVerschlechterg nicht entgg. – Gesetzl SichgsHyp (§§ 1184, 1185), daher streng akzessor beschränkt auf die tats Höhe der gesicherten Fdg (Rn 4). ZPO 866 III gilt nicht, weil es sich nicht um ZwVollstr wg GeldFdg, sond um Anspr auf Abg einer WillErkl handelt (ThP § 866 Rn 4), auch nicht ZPO 867 II (Ffm NJW-RR **95**, 1359). Wg der GeldFdg ist bei Gefährdg ArrestAntr mögl. Löschg der Hyp Zug um Zug gg Zahlg. – Sichg des Anspr auf Bestellg der Hyp dch **Vormerkung** aGrd einstw Vfg (Bsp: Hamm BauR **99**, 407; s aber Düss NJW-RR **00**, 825) od Bewilligg (§ 885 I; Siegburg BauR **90**, 290), aber nur zG des wahren Inh der zu sichernden Fdg (Dresd NJW-RR **00**, 96); im erstgenannten Fall müssen zur Eintr sowohl die EintrVorauss der GBO wie die VollzErfordern der ZPO vorliegen (Düss Rpfleger **78**, 216). Umschreibg der Vormkg in Hyp nur aGrd Bewilligg od eines sie ersetzden Urt; HauptsKl iS des ZPO 926 ist die Kl auf Einräumg dieser Hyp, nicht die auf Zahlg des WkLohns (Düss NJW-RR **86**, 322, BayObLG ZIP **00**, 1264). Der Untern kann die Höhe der Fdg im VfgsVerf dch Vorlage einer prüffäh Schlußrechng einschl Vertr- u AbrechngsUnterlagen sowie eidesst Vers ihrer Richtigk glaubh machen; Entkräftg dch GgRechng des Best unter eidesst Vers ihrer Richtigk ist Frage der konkr BewWürdigg (Köln JMBl NRW **75**, 264). Mängel des Wk s Rn 4. Bei Erlaß der Vfg hat der Bauherr die Kosten des VfgsVerf zu tragen, ohne dass er die EintrBewilligg vorher abgelehnt haben od damit in Verz gek sein müßte (Köln NJW-RR **97**, 1242; aA Hamm NJW **76**, 1459), außer wenn er vorher die Eintr einer SichgsHyp angeboten hat (Stgt BauR **95**, 116). Die Vormerkg verliert mit Eröffng des GesVollstrVerf ihre Wirksamk (GesO 7 III, BGH NJW **99**, 3122).

6 **6) Sondervorschriften.** Das **BauFdgG** (häuf auch mit GSB abgekürzt) enthält öffrechtl Verpfl des Empf von Baugeld (Verwendg nur zur Befriedigg der am Bau beteiligten Untern, § 1, u Führg eines Baubuchs, § 2); näher, auch zum SchutzGCharakter Vorbem 14 v § 488, § 823 Rn 145; Hofmann/Koppmann [Rn 1] Abschn D. §§ 9 ff (dingl Sichg) sind mangels DurchfVorschr bedeutungsl. – Die **VOB/B** regelt nicht die Sicherh zG des Untern. Sicherh zG des Best s § 631 Rn 16, 28.

648 a *Bauhandwerkersicherung.*

I Der Unternehmer eines Bauwerks, einer Außenanlage oder eines Teils davon kann vom Besteller Sicherheit für die von ihm zu erbringenden Vorleistungen einschließlich dazugehöriger Nebenforderungen in der Weise verlangen, dass er dem Besteller zur Leistung der Sicherheit eine angemessene Frist mit der Erklärung bestimmt, daß er nach dem Ablauf der Frist seine Leistung verweigere. Sicherheit kann bis zur Höhe des voraussichtlichen Vergütungsanspruchs, wie er sich aus dem Vertrag oder einem nachträglichen Zusatzauftrag ergibt, sowie wegen Nebenforderungen verlangt werden; die Nebenforderungen sind mit 10 vom Hundert des zu sichernden Vergütungsanspruchs anzusetzen. Sie ist auch dann als ausreichend anzusehen, wenn sich der Sicherungsgeber das Recht vorbehält, sein Versprechen im Falle einer wesentlichen Verschlechterung der Vermögensverhältnisse des Bestellers mit Wirkung für Vergütungsansprüche aus Bauleistungen zu widerrufen, die der Unternehmer bei Zugang der Widerrufserklärung noch nicht erbracht hat.

II Die Sicherheit kann auch durch eine Garantie oder ein sonstiges Zahlungsversprechen eines im Geltungsbereich dieses Gesetzes zum Geschäftsbetrieb befugten Kreditinstituts oder Kreditversicherers geleistet werden. Das Kreditinstitut oder der Kreditversicherer darf Zahlungen an den Unternehmer nur leisten, soweit der Besteller den Vergütungsanspruch des Unternehmers anerkennt oder durch vorläufig vollstreckbares Urteil zur Zahlung der Vergütung verurteilt worden ist und die Voraussetzungen vorliegen, unter denen die Zwangsvollstreckung begonnen werden darf.

III Der Unternehmer hat dem Besteller die üblichen Kosten der Sicherheitsleistung bis zu einem Höchstsatz von 2 vom Hundert für das Jahr zu erstatten. Dies gilt nicht, soweit eine Sicherheit wegen Einwendungen des Bestellers gegen den Vergütungsanspruch des Unternehmers aufrechterhalten werden muss und die Einwendungen sich als unbegründet erweisen.

IV Soweit der Unternehmer für seinen Vergütungsanspruch eine Sicherheit nach den Absätzen 1 oder 2 erlangt hat, ist der Anspruch auf Einräumung einer Sicherungshypothek nach § 648 Abs. 1 ausgeschlossen.

V Leistet der Besteller die Sicherheit nicht fristgemäß, so bestimmen sich die Rechte des Unternehmers nach den §§ 643 und 645 Abs. 1. Gilt der Vertrag danach als aufgehoben, kann der Unternehmer auch Ersatz des Schadens verlangen, den er dadurch erleidet, dass er auf die Gültigkeit des Vertrags vertraut hat. Dasselbe gilt, wenn der Besteller in zeitlichem Zusammenhang mit dem Sicherheitsverlangen gemäß Absatz 1 kündigt, es sei denn, die Kündigung ist nicht erfolgt, um der Stellung der Sicherheit zu entgehen. Es wird vermutet, dass der Schaden 5 Prozent der Vergütung beträgt.

VI Die Vorschriften der Absätze 1 bis 5 finden keine Anwendung, wenn der Besteller

1. **eine juristische Person des öffentlichen Rechts oder ein öffentlich-rechtliches Sondervermögen ist oder**
2. **eine natürliche Person ist und die Bauarbeiten zur Herstellung oder Instandsetzung eines Einfamilienhauses mit oder ohne Einliegerwohnung ausführen lässt; dies gilt nicht bei Betreuung des Bauvorhabens durch einen zur Verfügung über die Finanzierungsmittel des Bestellers ermächtigten Baubetreuer.**

VII Eine von den Vorschriften der Absätze 1 bis 5 abweichende Vereinbarung ist unwirksam.

1) Allgemeines. Neuere *Literatur:* § 648 Rn 1; ferner Klaft, Die BauHandwSichg nach § 648 a BGB; Schulze-Hagen BauR **00**, 28. I 1 und I 2 geänd, V 3 u 4 neu eingefügt dch G v 30. 3. 00 (dazu § 632 a Rn 1; sa Rn 2). – **a) Zweck.** S § 647 Rn 1. BauHandwSichgsHyp geben dem Untern aus den in § 648 Rn 1 genannten Grd u wg der erfdl Identität von Best u GrdstEigtümer (§ 648 Rn 3) nur unzureichde Sicherh. § 648 a soll ihm zusätzl den (sichernden) Zugriff auf die zum Bauen best Finanzmittel des Best eröffnen, auch desj, der nicht GrdstEigtümer ist. Der vorleistgspfl BauHandw erhält ein LeistgVR, wenn der Best dem SichgsVerlangen nicht innerh angem Fr nachkommt. 1

b) Anwendungsbereich. *Zeitlich* gelten für vor dem 1. 5. 00 abgeschl Vertr die Änderg in I 1 u 2 sowie V 4 nicht, hingg gilt V 3 (EG 229 § 1 II). *Sachlich* gilt § 648 a nur für WkVertr, nicht für LieferVertr (§ 651); sa Rn 4. Zum BauträgerVertr Wagner WM **01**, 718/723. Im *persönlichen* AnwendgsBer bestehen aS des Best wicht **Ausnahmen, VI:** § 648 a gilt nicht für jP des öffR u öffrechtl SonderVerm (Nr 1), weil bei ihnen kein Insolvenzrisiko besteht. Ferner nicht für natürl Pers, die die BauArb einschl der Außenanlagen zur Herstellg od Instandsetzg eines EinfamHauses (nicht mehrere, Bonn NJW-RR **98**, 530) mit oder ohne Einliegerwohng ausführen lassen, falls nicht ein BauBetr zur Vfg über die Finanzmittel des Best ermächtigt ist (Nr 2). Solche BauVorh sind idR solide finanziert, die lebenslängl Haftg des Best ist genügd sicher (BT-Drucks 12/1836 S 11 u 12/4526 S 11). 2

c) Verhältnis zu anderen Sicherungsformen. Soweit der Untern Sicherh gem I, II erlangt hat, entfällt gem **IV** der Anspr auf Einräumg einer SichgsHyp, **§ 648.** Ledigl für einen noch ungesicherten Restvergütgs-Anspr bleibt sie mögl. Da der Untern keinen Anspr auf ÜberSichg hat, entfällt sein Anspr auf SicherhLeistg, wenn für die zu sichernden Fdgen bereits eine SichgsHyp bestellt ist, die den Anfordergen des I 1 entspricht, dh wenn sie mündelsicher ist (§§ 238 I, 1807 I Nr 1). Sa Rn 4. 3

d) Unabdingbar, VII, ist § 648 a; Verzicht iR des Vertragschl ist unwirks (BGH **146**, 24/28; zum Vertragschl s Schmitz BauR **01**, 818). Entspricht die Sicherh nicht den Anfdgen gem Rn 12 f, hat dies auf ihre Wirksamk keinen Einfluß (Oldbg MDR **99**, 89). **Vereinbarte Sicherheiten** werden dch § 648 a nicht berührt, soweit sie nicht auf Verlangen gem I 1 gegeben w (Leinemann/Sterner BauR **00**, 1414). Sie sind ow zuläss, zB iF des Abs VI (Celle NJW-RR **00**, 388); die Befugn gem § 648 a können aber dch sie iGrds nicht eingeschr werden (BGH **146**, 24/27; sa Rn 3). VOB/B § 648 Rn 6. 4

2) Sicherheitsverlangen, Recht auf Sicherheitsleistung, I 1. Eine best Form des Verlangens ist nicht vorgesehen. – **a) Wesen.** § 648 a gewährt nach seinem Wortlaut („in der Weise") dem WkUntern, sol der Best die verlangte Sicherh nicht ordngsgem leistet, nur bestimmte Befugn (Rn 16 ff), insb ein **Leistungsverweigerungsrecht** hins der von ihm zu erbringden Vorleistgen. Desh begründet er keinen dchsetzb Anspr des Untern auf SicherhLeistg (BGH **146**, 24/28), sond nur eine Obliegenh des Best (aA Hofmann/Koppmann BauR **94**, 305: MitwirkgsPfl). 5

b) Voraussetzungen, Inhalt. (1) VorleistgsPfl (Rn 9 ff) des Untern (Rn 7); nach einer dch den Gesetzeswortlaut allerd nicht gedeckten Auffassg (Brechtelsbauer BauR **99**, 1371) auch dessen eig VertrTreue. (2) Verlangen der SicherhLeistg in best Höhe mit angem FrSetzg u gleichzeit Erkl des Untern, dass er nach ergebnisl FrAblauf seine Leistg verweigere; das Verlangen kann bis zur VertrBeendigg (Leinemann/Sterner BauR **00**, 1414) auch noch nach Abn gestellt w (Rn 9). Für die FrSetzg gelten sinngem § 281 Rn 9–11. Die zur Beschaffg der Sicherh angem Fr hängt vom EinzFall ab, die amtl Begründg (BT-Drucks 12/1836 S 9) meint idR 7–10 Tage. In der Erkl muß außerd klar u unzweideut zum Ausdr kommen, dass der Untern bei 6

Nichtleistg der Sicherh binnen der Fr seine Leistg verweigern werde; Wiederholg des Gesetzeswortlauts ist nicht erfdl, aber ratsam. Bei zu hohem SichgsVerlangen hat der Best innerh der Fr Sicherh in angem Höhe anzubieten (BGH **146**, 24/35).

7 **c) Berechtigt,** die SicherhLeistg zu verlangen, ist der **Unternehmer** eines **Bauwerks** (§ 648 Rn 2, § 634 a Rn 10, 13 ff; für weite Auslegg Schulze-Hagen BauR **00**, 28) od eines Teils davon. Ferner einer **Außenanlage**, dh grdstbezogener Arb wie Erd-, Pflanz-, Rasen-, SaatArb, landschgärtnerische Entwässergs- u vegetationstechn Arb dch Untern des Garten-, Landsch- u Sportplatzbaues (BT-Drucks 12/4526 S 10), weil auch sie zur Wertsteigerg des Grdst beitragen. And als in § 648 ist berecht auch der SubUntern (§ 631 Rn 9), weil der Best mit dem GrdstEigtümer nicht identisch sein muß (sa Rn 8); nicht aber der bloße Baustofflieferant.

8 **d) Adressat** des Verlangens ist der **Besteller** als WkVertrPartner. Das ist im Verh zum SubUntern der HauptUntern (§ 631 Rn 9) oRücks auf das Eigt am BauGrdst. Best u SichgsG müssen nicht persgleich sein (arg I 3, Rn 13).

9 **3) Sicherbare Ansprüche. – a) Gegenstand der Sicherung, I 1,** ist der VergütgsAnspr (nicht SchadErsAnspr) des Untern für die von ihm zu erbringden Vorleistgen, einschl zugehör NebenFdgen (zu ihnen Rn 11). *Vorleistungen* sind alle vertragl noch geschuldeten WkLeistgen, auch aGrd ZusatzAuftr (I 2), aber auch bereits erbrachte, nach dem Vertr vergütgspfl u noch nicht bezahlte Leistgen (BGH **146**, 24/31, hM). Auch die Mängelbeseitigg nach Abn, da insow wg des LeistgVR gem § 641 III fakt VorleistgsPfl besteht (Naumbg NJW-RR **01**, 1165; aA Hamm NJW-RR **01**, 806, Leinemann/Sterner BauR **00**, 1414); hier entfällt bei SichgsVerlangen des Untern dieses LeistgVR des Best bis zur SicherhLeistg (Erfurt NJW **99**, 3786, Thierau NZBau **00**, 14, Bschorr/Putterer BauR **01**, 1497 [auch zur Künd]; einschränkd Stgt BauR **01**, 421, KG NJW-RR **00**, 687: nur iH der NachbessergsKosten, nicht des Druckzuschlags, § 641 Rn 10 ff).

10 **b) Höhe, I 2.** Der Untern kann SicherhLeistg „bis zur Höhe des voraussichtl VergütgsAnspr“ verlangen, dh auch teilw u erst im Verlauf der Arb, wenn er dies, auch mRücks auf die Kosten der SicherhLeistg, für angebracht hält. Bei PauschalPrVereinbg ergibt sich die Höhe direkt aus dem Vertr. Bei Vereinbg von EinhPr (§ 632 Rn 5) ist sie anhand des LeistgsVerz u einer ev AngebSumme zu schätzen (Karlsr NJW **97**, 263), ebso bei Vergütg nach Stundenlohn (§ 632 Rn 6). *Mängel,* die noch beseitigt werden können, mindern die Höhe nicht, wohl aber wirks Minderg od Aufr mit liquiden GgAnspr (BGH **146**, 24/32, Einzelh str). Tats geleistete Voraus- u *Abschlagszahlungen* (§ 632 a Rn 4) sind abzuziehen, da insow keine Vorleistg mehr vorliegt (BGH **146**, 24/32); eine bereits geleistete Sicherh ist insow freizugeben. Dagg kommt es nicht auf das tats, zB dch Vereinbg eines ZahlgsPlans od den Anspr auf Abschlagszahlg gem § 632 a geminderte VorleistgsRisiko an (BGH **146**, 24/29, str; aA Zanner BauR **00**, 485 für VOB-Vertr; differenzierd bei vereinb Vorauszahlgen Klaft [Rn 1] S 103).

11 **c) Nebenforderungen** sind Zinsen oä. Für sie kann der Untern bei ab 1. 5. 00 geschl Vertr (Rn 2) SicherhLeistg verlangen, aber nur, soweit sie dem Grd nach tats bestehen (BT-Drs 14/1246 S 10). Hat er dies nachgewiesen, wird ihre Höhe mit 10% des zu sichernden VergütgsAnspr (Rn 9 f) pauschaliert. Zur Berechng der Höhe der Sicherh wird diese Pauschale dem VergütgsAnspr hinzugerechnet.

12 **4) Sicherungsleistung, II. – Art** s §§ 232 ff. Außerdem die in **II 1** genannten SichgsMittel; Vorauss ist, dass sich aus der Sicherh ein unmittelb ZahlgsAnspr gg den SichgsG ergibt (BGH **146**, 24/34; so bei allen Haftgs„Krediten“ iSv KWG 21 I Nr 4, insb Bürgsch), u dass die Sicherh hins erbrachter Leistgen insolvenzfest ist (sa Rn 13). Zur Abtretg einer SichgsGrdSch Leineweber BauR **00**, 159. WahlR hins der SichgsArt beim
13 Best (§ 262). – **Inhalt.** Befristg nur, wenn Risiken für den Untern ausgeschl sind (Zimdars DB **97**, 614; sa Buscher BauR **01**, 159). Ist ein Dritter, nicht der Best selbst, SichgsG (zB ein KrInst), darf dieser sich in Anlehng an § 610 aF (s jetzt § 490 I) ggü dem Untern den Widerruf seines Verspr (zB der Bürgsch) vorbehalten **(Widerrufsvorbehalt, I 3)** für den Fall, dass sich die VermögensVerh des Best nach Abschl des BauVertr wesentl verschlechtern (wie § 321 Rn 5). Der Widerruf bezieht sich nur auf die SicherhLeistg für den VergütgsAnspr des Untern für solche Bauleistgen, die er im Ztpkt des Zugangs der WiderrufsErkl noch nicht erbracht hat (sa BGH **146**, 24/35). Die BewL für diesen Ztpkt liegt beim SichgsG, für die bis dahin erbrachten Leistgen beim Untern. Dieser hat dann ein sofort LeistgVR hins der noch ausstehden Bauleistgen
14 gem § 321. – **Zahlung** dürfen Kreditinstitut/versicherer nur unter den Vorauss gem **II 2** leisten. Dies schützt den Best davor, dass der SichgsG trotz bestehder Mängel od nicht erbrachter Leistgen bezahlt u der Best dadch praktisch sein ZbR verliert. Außerdem soll der SichgsG vor AuseinandS mit dem Untern bewahrt w. Aus S 2 folgt, dass das KrInst keine SicherhLeistg in Form der Zahlg auf 1. Anfordern (Einf 14, 25 v § 765) übernehmen wird (sa Düss MDR **00**, 328; and Zimdars DB **97**, 614, der S 2 für abdingb hält). Bei Verurteilg des Best zur Zahlg gg SicherhLeistg liegen die Vorauss der ZwVollstr vor, wenn der Untern die Sicherh geleistet, bei Verurteilg Zug um Zug (Mängelbeseitigg), wenn er die GgLeistg bewirkt hat. Erweisen sich die Einwendgen des Best als unbegr, hat er Kostennachteile gem III 2.

15 **5) Kostenerstattung, III.** Die Kosten der SicherhLeistg trägt im Verhältn zum SichgsG der Best. Er hat seinerseits einen trotz Abs VII abdingb (Leinemann/Klaft NJW **95**, 2521, str) Anspr auf ihre Erstattg, soweit sie übl sind, bis maximal 2% pa (III 1) gg den Untern, weil die Sicherh in dessen Interesse zu leisten ist. **Nicht zu erstatten** sind gem III 2 Kosten, die dadch entstehen, dass wg unbegr Einwendgen des Best gg den VergütgsAnspr des Untern gg eine Zahlg des SichgsG die SicherhLeistg länger aufrecht erhalten werden muß (sa Rn 14 aE).

16 **6) Folgen unzureichender Sicherheitsleistung, V.** Sie setzen voraus, dass in der gesetzten angem Fr (Rn 6) keine nach Art, Inhalt u Höhe hinreichde Sicherh (Rn 10–13) geleistet wird (V 1). Sa Rn 5. – **a)** Ein **Leistungsverweigerungsrecht** hat der Untern in jedem Fall (Rn 5), dh er braucht die Arb nicht zu beginnen bzw fortzusetzen, auch keine Mängel zu beseitigen (Rn 9). Bei teilw SicherhLeistg gilt § 320 II.

17 **b)** Eine **Nachfrist** zur SicherhLeistg, verbunden **mit Kündigungsandrohung** kann der Untern setzen, **V 1** iVm § 643 S 1 (dort Rn 2); verpflichtet hierzu ist er nicht (arg: Formulierg von V 1 u § 643 S 1;

Hofmann/Koppmann Nr 30; aA Sturmberg BauR **95**, 169). Nach ergebnisl FrAblauf gilt der Vertr ohne zusätzl Künd (auch bei VOB-Vertr, Hammacher BauR **97**, 429) als aufgehoben, § 643 S 2. Der Untern hat 18 dann **Ansprüche** auf (1) *anteilige Vergütung* entspr den bis zur VertrAufhebg erbrachten Leistgen (§ 645 Rn 11); (2) *Ersatz der Auslagen,* soweit sie nicht in der Teilvergütg bereits enthalten sind; (3) *Ersatz des Vertrauensschadens,* **V 2;** zum Begr Vorbem 17 v § 249. Darunter fällt zB der Gewinn, der dem Untern entgeht, weil er im Hinbl auf diesen BauVertr die Übern eines and BauAuftr abgelehnt hat. Die Höhe dieses Schad wird für ab dem 1. 5. 00 geschl Vertr (Rn 2) vermutet, **V 4,** mit 5% der AuftrSumme (zweifelnd Kniffka ZfBR **00**, 227/237), um dem Untern die Darlegg des Schad zu erleichtern (BT-Drs 14/1246 S 10). Der Untern kann daher einen höh, der Best einen niedrigeren Schad nachweisen. Nach Gött (BauR **01**, 1114) kann der Best nicht seiners mit SchadErsAnspr wg der Mängel aufrechnen.

c) Ohne Nachfristsetzung gem § 643 bleibt der Vertr bestehen. Der Best ist wg der nicht geleisteten 19 Sicherh in AnnVerz (§ 642) u kann seiners nach § 649 kündigen. Sieht man die SicherhLeistg entgg Rn 5 als MitwirkgsPfl, kann ihre Verweigerg zu SchadErsAnspr aus § 280 führen (§ 631 Rn 27).

d) Kündigung des Bestellers, V 3, nach SicherhVerlangen. Kündigt der Best gem § 649, bleibt dem 20 Untern iErg sein VergütgsAnspr (einschl Gewinn) erhalten, so dass ihm an sich ein VertrauensSchad, wie ihn V 2 voraussetzt, nicht entsteht (§ 649 Rn 1). Nach Auffassg des Gesetzgebers kann jedoch die gem § 649 dchzuführde Abrechng (dort Rn 5, 7) Schwierigk bereiten. Zweck des auch für vor dem 1. 5. 00 geschl Vertr geltden (Rn 2) V 2 ist es, dem Untern diese Abrechng zu erleichtern (BT-Drs 14/2752 S 14). Man wird V 3 daher dahin verstehen müssen, dass die Vorschr dem Untern bei Künd des Best alternativ zur Abrechng gem § 649 die Möglichk der Abrechng gem V 1 u 2 („dasselbe") eröffnet, dh einschl der SchadPauschalierg gem V 4 (insow allerd nur bei ab 1. 5. 00 geschl Vertr). Vorauss ist, dass der Best wg des SicherhVerlangens kündigt. Das wird bei zeitl ZusHang von Verlangen u Künd vermutet, der Best kann die Vermutg widerlegen.

649 ***Kündigungsrecht des Bestellers.*** **Der Besteller kann bis zur Vollendung des Werkes jederzeit den Vertrag kündigen. Kündigt der Besteller, so ist der Unternehmer berechtigt, die vereinbarte Vergütung zu verlangen; er muß sich jedoch dasjenige anrechnen lassen, was er infolge der Aufhebung des Vertrags an Aufwendungen erspart oder durch anderweitige Verwendung seiner Arbeitskraft erwirbt oder zu erwerben böswillig unterlässt.**

1) Kündigung des Bestellers, S 1. Künd dch Untern § 643 Rn 1. – **a) Kündigungsrecht.** Es besteht 1 ab Vertragschl (Brdbg NJW-RR **98**, 1746 für aufschiebd bdgten Vertr) jederzeit ohne FrSetzg u ohne Angabe von Grd bis zur Vollendg des Wk (§ 646), auch wenn nur noch die Beseitigg behebb Mängel aussteht (dann aber uU volle Vergütg, Dresd NJW-RR **98**, 882). Die Künd schädigt den Untern nicht, da es ihm idR nicht um die Herstellg des Wk, sond um die Vergütg geht (Einf 1 v § 631) u ihm S 2 einen Ausgl für die Folgen der Künd bietet (BGH NJW **97**, 259); SchadErs neben der Künd Rn 9. Bei fortlfden WkLeistgen ist eine angem KündFr einzuhalten (§ 621 analog, Hbg MDR **72**, 866). § 649 ist auf BauträgerVertr nicht anwendb (§ 675 Rn 14), ebso nicht auf DienstVertr, die Anwendg kann aber vereinb w (BGH **LM** § 611 Nr 3). – **b) Erklä-** 2 **rung.** Sie kann konkludent erfolgen, indem der Best dch sein Verh den Wunsch nach VertrBeendigg eindeut zum Ausdr bringt, zB die ausstehden Leistgen selbst ausführt (BGH WM **72**, 1025). Umdeutg eines Rücktr od einer Künd aus wicht Grd (Rn 10) in Künd nach S 1 u umgekehrt ist wg der verschiedenen RFolgen nur mögl, wenn dies ausnahmsw dem erkennb zum Ausdr gek Willen des Best entspricht (BGH NZBau **01**, 621; sa Schmidt NJW **95**, 1313). – **c) Wirkung.** Künd hebt den Vertr für die Zukunft auf, läßt ihn (u damit den 3 VergütgsAnspr, Rn 4) aber als RGrd für in der Vergangenh erbrachte Leistgen bestehen (BGH NJW **82**, 2553; Einf 8 v § 346 im HptBd). Sind diese Leistgen mangelh, wobei die kündbedingte Unvollständigk des Wk kein Mangel ist (BGH NJW **93**, 1972), hat der Best die allg MängelR, auch den NachErfAnspr gem § 635 (BGH NJW **88**, 140, NJW-RR **01**, 383). Abn der Leistgen ist nicht erfdl (vgl BGH NJW **93**, 1972: auch bei Künd aus wicht Grd; sehr str, sa Thode ZfBR **99**, 116/120, Kniffka ZfBR **98**, 113). Anspr des Best auf Erstattg überhöhter Anzahlgen § 632 a Rn 4.

2) Vergütungsanspruch, Satz 2 (zusfassd Löwe ZfBR **98**, 121, Glöckner BauR **98**, 669). Er ist von 4 vornherein (keine Einr, BGH NJW-RR **92**, 1077) nur auf die Differenz zw der vereinb Vergütg u den inf der VertrAufhebg ersparten Aufwendgen bzw dch anderw Einsatz der ArbKraft erzielten u der böswill nicht erzielten Erlöse gerichtet (BGH **140**, 263). Abn erbrachter Teilleistgen ist nicht FälligkVorauss (Rn 3), wohl aber ggf (§ 641 Rn 9) prüffäh Schlußrechng (BGH **140**, 365: VOB-Vertr; BGH **143**, 79: ArchVertr; zu inhaltl Anfdgen sa BGH NJW **00**, 205). Kein LeistgVR des Arch hins bereits erstellter PlangsLeistgen (Hamm BauR **00**, 295; krit Lauer BauR **00**, 812). – Erbrachte u nicht erbrachte Leistgen sind abzugrenzen u getrennt abzurechnen; Abschlagszahlgen sind abzuziehen (BGH NJW **96**, 1751). **Erbrachte Leistungen** sind gem § 632 abzurechnen (BGH NJW-RR **00**, 309): dh beim EinhPrVertr wie § 632 Rn 5 (BGH **131**, 362); beim PauschalPrVertr, auch wenn kein LeistgsVerzeichn vorliegt (BGH NJW-RR **98**, 234), nach dem Verh des Wertes der bewirkten Leistg zum Wert der geschuldeten GesLeistg (BGH NJW **96**, 3270, **01**, 521), für Teilleistgen vereinb Abschlagszahlgen sind nicht ow maßgebd (BGH NJW **00**, 1257); Bewertg beim ArchVertr Eich NZBau **01**, 546. Anspr bei Mängeln s Rn 3. **Nicht erbrachte Leistungen** sind ebso anzusetzen, jedoch sind hier ersparte Aufwendgen u anderw Erwerb (Rn 5 f) anzurechnen (BGH NJW **97**, 733). Der auf die nicht erbrachten Leistgen entfallde Teil der Vergütg ist nicht umsatzsteuerpfl (BGH **101**, 130, NJW **99**, 3261, str; ausf Klenk BauR **00**, 638).

3) Ersparte Aufwendungen sind solche, die der Untern bei Ausführg des Vertr hätte machen müssen, wg 5 der Künd aber nicht mehr machen muß, wie sie sich für den konkr Vertr nach den VertrUnterlagen unter Berücksichtigg der Kalkulation ergeben (BGH **131**, 362; zusfassd Schmeel MDR **97**, 109). Hierzu gehören: projektbezogene Herstellgs- u variable Gemeinkosten, auch ein Risikozuschlag, wenn sich das Risiko nicht verwirklicht (BGH NJW-RR **98**, 451), nicht dagg der Gewinn u nicht projektbezogene Gemeinkosten (BGH **143**, 79); Personal- u SubUnternKosten nur, soweit sie inf der Künd nicht mehr aufgewandt w müssen,

wobei Künd ggü dem Personal grdsätzl nicht verlangt w kann (BGH **143**, 79; s aber Rn 6); bereits angeschafftes, nicht mehr verwendetes Material nur, wenn es der Untern in absehb, zumutb Zeit anderw verwenden kann (BGH NJW **96**, 1282), auf seine Übereigng hat der Best keinen Anspr. Dagg hat der Untern das Wk, soweit es hergestellt ist, dem Best zu überlassen. Einem HandelsVertr für die Vermittlg des WkVertr
6 geschuldete Prov wird idR nicht erspart (BGH NJW **84**, 1455). – Als **anderweitige Verwendung der Arbeitskraft** können auch später anfallde Arb angesehen werden, wenn inf der Künd bereits vorhandene Auftr vorgezogen w (BGH **131**, 362; sa BGH **143**, 79). Für die böswill Unterl genügt, dass der Best einen zumutb ErsAuftr nachweist u der Untern diesen gleichwohl ausschlägt (BGH BauR **92**, 379). S 2 Halbs 2 ist entspr anwendb, wenn der Untern das Ergebn seiner Arb anderw ausnutzt, zB Verkauf des teilw fertigge-
7 stellten Wk (BGH NJW **69**, 237). – Der **Unternehmer,** auch der Arch (eingehd BGH **143**, 79), hat vertragsbezogen **vorzutragen** u zu beziffern, was er sich anrechnen läßt, u zwar je nach EinzFall so ausführl, dass dem Best eine Überprüfg u Wahrg seiner R mögl ist (BGH **140**, 263); beim EinhPrVertr daher grdsätzl nach den Positionen des LeistgsVerzeichn (BGH **131**, 362; and uU bei Künd vor Beginn der Ausführg, BGH NJW-RR **99**, 1464), beim PauschalPrVertr nach der bei Bestreiten der Ersparn offenzulegden Kalkulation (BGH **140**, 365/370, NJW **96**, 3270). Angabe eines Prozentsatzes ohne näh Spezifizierg genügt nicht (BGH **143**, 79: ArchVertr, Celle NJW-RR **98**, 1170). Abgetretene VergütgsTeile sind vorweg abzusetzen.

8 **4) Beweislast.** Für den VergütgsAnspr hat der Untern die Abrechng der erbrachten u nicht erbrachten Leistgen vorzutragen (wie Rn 4), hins der Vergütg für nicht erbrachte Leistgen insb auch was er sich gem S 2 Halbs 2 anrechnen läßt, ggf einschl der KalkulationsGrdl (Rn 7), ferner die Mangelfreih (BGH **136**, 33 u NJW **97**, 259); der Umfang der erfdl Darleggen hängt von den Umst bei VertrAbschl u -DchFührg sowie dem Informationsbedürfn des Best für seine Verteidigg ab (BGH NJW **99**, 2036). Die BewL verbleibt aber beim Best (BGH NJW-RR **01**, 385); ihn trifft auch die Darleggs- u BewL für höhere Ersparn (BGH **131**, 362 u WM **77**, 1307), ferner für die Unzumutbark der Verwertg von Material etc (Rn 5; BGH **136**, 33). BewL für ErstattgsAnspr des Best bei höh Anzahlgen § 632 a Rn 4.

9 **5) Verhältnis zu anderen Rechten. – a) Grundsatz.** Bis zur Künd haben beiden VertrSeiten die allg R (zB §§ 119, 280, 323 ff; Köln MDR **96**, 903), der Untern auch diej aus §§ 642 ff; s §§ 642 Rn 5, 643 Rn 1, §§ 644, 645. Den im ZusHang mit der Künd entstehenden *Schaden* hat der Untern nur zu ersetzen, wenn der Best auch zur Künd aus wicht Grd (Rn 10) berecht gewesen wäre (BGH NJW-RR **99**, 560); zur Ausn iF der Künd nach Verlangen einer SicherhLeistg § 648 a V 3 (dort Rn 20).

10 **b) Andere Vertragslösungsrechte** des Bestellers ergeben sich aus § 650 (Überschreitg des Voranschlags), insb aber aus dem allg LStörgsR u bestehen ggf neben § 649: AuflösgsR gem § 313 (Störg der GeschGrdl) bei Unzumutbark (dort Rn 30). RücktrR gem § 323 ff bei PflVerl des Untern (sa § 631 Rn 17), bei Mängeln ggf über § 634, zum Verzug des Untern s Vorbem 12 v § 633. § 314 gibt dem Best, sofern es sich bei dem Vertr um ein DauerschuldVerh handelt (Bsp: längerfrist WartgsVertr, Hamm NJW-RR **98**, 380; sa Einf 22, 30 v § 631), ein R zur **Kündigung aus wichtigem Grund** mit von § 649 abw RFolgen (§ 314 Rn 5). Dieses KündR besteht, entspr der bish Rspr u dem RGedanken des § 314, auch weiterhin für WkVertr, die einen dem DauerschuldVerh ähnl Charakter haben (ebso Voit BauR **02**, 145/161, Sienz BauR **02**, 181/194). Eine entspr vertragl Vereinbg (so zB in VOB/B 8, s Rn 14) ist zul, aber nicht Vorauss. Die Erkl, dch die sich der Best vom Vertr löst, bedarf, falls die Vorauss mehrerer LösgsR gegeben sind, ggf der Auslegg (BGH NJW **01**, 2024); Umdeutg s Rn 2. – **aa) Voraussetzungen.** Der WkVertr muß auf längerfrist ZusArb angelegt sein (Larenz SchuldR II/1 § 53 III b; näher Schmidt NJW **95**, 1313), wie insb der BauVertr (BGH NJW-RR **96**, 1108). Die VertrForts muß dem Best unzumutb sein (wie § 314 I 2; bei PflVerl des Untern ggf Abmahng erfdl, § 314 II). Maßgebd ist, ob im Ztpkt der Künd obj ein wicht Grd vorliegt, nicht ob der Best diesen schon kannte. Bsp: gröbl Gefährdg des VertrZwecks (BGH **45**, 372), etwa dch grobe Mängel der bisher erbrachten Teilleistgen (BGH NJW **93**, 1972), dch groben Vertrauensbruch, zB wenn Arch von den Handw, die er im Namen des AuftrG beauftragt, „Prov“ annimmt (BGH NJW **77**, 1915); unberecht endgült u ernsth ErfVerweigerg (BGH NJW-RR **89**, 1248); feststehde, vom Untern zu vertretde Nichteinhaltung wicht VertrFristen (BGH **144**, 242); nachhalt Verstoß gg VertrPfl trotz Abmahng (BGH NJW-RR **96**, 1108), zB unberecht LeistgsVerweigerg (Düss NJW-RR **96**, 1170); nicht aber, wenn in Zukunft vertrtreues Verhalten des Untern zu erwarten ist (BGH NJW-RR **99**, 19). Beim VOB-Vertr kann unberecht Künd des Untern ohne Versuch einer einvernehml Lösg Künd des Best aus wicht Grd rechtf (BGH **143**, 89). BewL für das Vorliegen eines wicht Grd beim Best (BGH WM **90**, 1756; s aber zu Mängeln BGH NJW **93**, 1972). – Die Künd muß ggü dem Untern *erklärt* w, u zwar binnen angem Fr nach Kenntn des KündGrd (§ 314 III); Umdeutg der Erkl s Rn 2.
11 **bb) Rechtsfolgen.** IGrds wie Rn 3, insb w beide VertrPartner von ihrer Pfl zu weiteren Leistgen frei (BGH NJW **93**, 1972). Der VergütgsAnspr des Untern richtet sich jedoch nach den allg Grds (wie § 645 Rn 11), nicht nach § 649 S 2 (BGH NZBau **01**, 621); er beschränkt sich auf die vom Untern bis zur Künd erbrachten Leistgen. Bei Mängeln (Rn 3) hat der Best ein ZbR (Hamm NJW-RR **95**, 657); sind die Leistgen nicht nachbessergsfäh u für den Best nicht brauchb od ihre Verwertg ihm unzumutb, entfällt der Vergütgs-Anspr (BGH **136**, 33, NJW **99**, 3554). Der Wert der Leistgen ist wie Rn 4 zu berechnen. Gleiches gilt bei Vorliegen eines sonst für den Best günstigeren AuflösgsGrdes (Köln MDR **96**, 903 für § 323). Diese Grds gelten auch iF einvernehml VertrAufhebg, wenn keine anderw Vereinbg über die Vergütg getroffen wurde (BGH NJW **76**, 518 für ArchVertr).

12 **6) Abweichende Vereinbarungen** sind grdsätzl zul. – **a)** Das **Kündigungsrecht** kann entgg S 1 auf wicht Grd beschränkt w, auch stillschw, zB wenn der Untern nach dem VertrZweck ein R auf DchFührg hat (Celle MDR **61**, 318; § 642 Rn 3); nicht aber in AGB bei längerfrist Vertr (BGH NJW **99**, 3261; Düss NJW-RR **00**,
13 166: ArchVertr, str; sa § 309 Nr 9). – **b)** Der **Vergütungsanspruch** kann indvertragl pauschaliert w. In AGB kann weder entgg S 2 Anspr auf volle Vergütg oRücks auf die tats erbrachten Leistgen gewährt w (BGH NJW **73**, 1190), noch umgekehrt jede über den anteil WkLohn hinausgehde Entsch des Untern ausgeschl w (BGH **92**, 244); zuläss ist eine pauschale Abgeltg der bis zur Künd erbrachten Leistgen u Aufwendgen, die sich iR von § 308 Nr 7 hält (Bsp dort Rn 39; BGH **87**, 112/120 für BauVertr, sa BGH **143**, 79 für ArchVertr) u den

GgBeweis tats geringerer Leistgen u Aufwendgen (§ 309 Nr 5 b) nicht ausschließt (BGH NJW **99**, 419 für AGBG 9). Eine solche Klausel begrenzt für den Regelfall auch den Anspr des Verwenders (BGH NJW **00**, 3498), dieser kann sich auf ihre Unwirksamk nicht berufen (BGH NJW-RR **98**, 594).

7) § 8 VOB/B regelt das KündR des Best (Künd des Untern § 643 Rn 3). **Nr 1:** freies KündR wie § 649. **Nr 2:** KündR bei ZahlgsEinstellg od Ins des Untern (Timmermanns BauR **01**, 321). **Nr 3:** Künd („AuftrEntziehg“) nach FrSetzg bei Verzug des Untern mit der Ausf selbst od der Mängelbeseitigg währd der Ausf; Best kann die Restleistg einschl nicht vergütgspfl Mehraufwands (BGH NJW **00**, 1116) dch Dr auf Kosten des Untern ausführen lassen u hierzu gg angem Vergütg auf der Baustelle vorhandene Einrichtgen u Stoffe des Untern in Anspr nehmen. **Nr 4:** AuftrEntziehg bei unzul WettbewAbsprachen des Untern. **Nr 5:** Stets Schriftform der Künd. **Nr 6:** Abrechng ausgeführter Leistgen iF der Künd; in die Schlußrechng ist auch der VergütgsAnspr für Stoffe etc gem Nr 4 aufzunehmen ist (Dresd NJW-RR **00**, 232). **Nr 7:** VertrStrafe nur bis zur Künd. 14

650 ***Kostenanschlag.*** **I Ist dem Vertrag ein Kostenanschlag zugrunde gelegt worden, ohne dass der Unternehmer die Gewähr für die Richtigkeit des Anschlags übernommen hat, und ergibt sich, dass das Werk nicht ohne eine wesentliche Überschreitung des Anschlags ausführbar ist, so steht dem Unternehmer, wenn der Besteller den Vertrag aus diesem Grund kündigt, nur der im § 645 Abs. 1 bestimmte Anspruch zu.**

II Ist eine solche Überschreitung des Anschlags zu erwarten, so hat der Unternehmer dem Besteller unverzüglich Anzeige zu machen.

1) Der **Kostenanschlag** (Schenk NZBau **01**, 470) kann versch Bedeutg haben. Das G geht davon aus, dass er ledigl eine unverbindl fachmännische Berechng der voraussichtl Kosten iR der VertrAnbahng (daher iGrds keine Vergütg für die Erstellg, § 632 Rn 10) u damit, falls er dem Vertr zGrd gelegt wird, für beide Seiten bloß GeschGrdl, nicht VertrBestandt ist (Ffm NJW-RR **89**, 209). Es gibt dem Best desh, wenn sich diese Grdl als unricht erweist, ein ggü § 649 privilegiertes KündR. Ers des im ZusHang mit der Künd entstehden Schad wie § 649 Rn 9. – Kündigt der Best nicht, hat er grdsätzl die anfallde Vergütg zu zahlen. Ihm steht aber uU gem § 280 **Schadensersatz** zu (Ffm NJW-RR **89**, 209), u zwar: (1) wg Verl vorvertragl Pfl gem §§ 311 II bei schuldh fehlerh Kostenermittlg (zB mangelh Erkundiggen des Untern zu Einzelh des Wk, Köln NJW-RR **98**, 548); od (2) wg Verl vertragl Pfl bei vermeidb Verursachg von Mehrkosten (MüKo/Soergel Rn 14) od schuldh Verl der AnzeigePfl (Rn 3). Ein Schad fehlt, soweit die Mehrkosten zu einem Wertzuwachs des Wk geführt haben (BGH NJW **70**, 2018). – **Garantiert** der Untern die Preisansätze des Voranschlags, so wird dieser VertrBestandt (sa § 632 Rn 8), der Untern kann dann höchstens die Anschlagsumme verlangen, § 650 gilt in diesem Fall nicht (BGH NJW-RR **87**, 337). KalkulationsIrrt bei vereinb Höhe der Vergütg § 119 Rn 18 ff. 1

2) Kündigungsrecht (I) des Best. Es ist die Folge einer wesentl Überschreitg des Voranschlags u der darin liegden Veränderg der GeschGrdl. SoRegelg ggü § 313; ferner zu § 649 zG des Best, weil sich der VergütgsAnspr des Untern nur nach § 645 I berechnet. Grd: Die Überschreitg des Kostenanschlags für das eig Wk stammt aus dem Risikobereich des Untern. Desh nicht entspr anwendb gg den Arch, wenn ledigl die zur Grdl des ArchVertr gemachte Bausumme überschritten wird (BGH **59**, 339). Maßg ist, ob der veranschlagte EndPr, nicht ob einz Positionen überschritten sind (Honig BB **75**, 447). Wann die *Überschreitung wesentlich* ist, läßt sich nicht mit einer allg gült Prozentzahl sagen, es kommt auf den EinzFall an (Rohlfing/Thiele MDR **98**, 632). Als Richtschnur sollten je nach Lage des Falles 15 bis 20, in bes AusnFällen bis maximal 25% gelten (für ca 10% Pahlmann DRiZ **78**, 367). Köhler NJW **83**, 1633 hält eine Überschreitg dann für wesentl, wenn sie einen redl Best zur Änderg seiner Dispositionen, insb zur Künd veranlassen kann u gibt dafür Kriterien an. 27,7% liegen nicht mehr innerh der Toleranzgrenze (and BGH VersR **57**, 298 in einem Sonderfall, wie BGH NJW-RR **87**, 337 einschränkt). Das KündR besteht nur bis zur Abn (§ 640 Rn 2). 2

3) Anzeigepflicht (II). Sie soll den Best vor Übervorteilg schützen u die Ausübg seines KündR sichern. Unterl der Anz ist PflVerl des Untern (Rn 1). Zu ersetzen ist das negat Interesse, dh der Best ist so zu stellen, wie er bei rechtzeit Anz stehen würde; hätte er gekündigt (zu unterstellen, GgBew mögl, MüKo/Soergel Rn 13; str), hat der Untern, weil er mit RGrd geleistet hat, nur die Anspr aus I (§ 645 I) bezogen auf den fiktiven Ztpkt der Künd, u zwar oRücks auf bereichergsrechtl Grds auch hins eingebauten Materials (Ffm OLGZ **84**, 198). Behält der Best das fert Wk, hat er es iH des Anschlags zzgl dessen zul Überschreitg zu vergüten (Rohlfing/Thiele MDR **98**, 632, weitergehd Celle BauR **01**, 1493). Etwaige weitere Schäd wg der unterl Anz sind ihm zu ersetzen. Diese Folgen entfallen, wenn der Best die Überschreitg des Voranschlags kannte, od wenn sie auf seinen Weisgen od Wünschen beruht; § 254 ist anwendb. – Auch ohne Voranschlag kann der Untern zu einem Hinw auf außergewöhnl, vom Best nicht vorhersehb Kostensteigergen verpflichtet sein (§ 631 Rn 14; Köln NJW-RR **98**, 1429). 3

651 ***Anwendung des Kaufrechts.**** **Auf einen Vertrag, der die Lieferung herzustellender oder zu erzeugender beweglicher Sachen zum Gegenstand hat, finden die Vorschriften über den Kauf Anwendung. § 442 Abs. 1 Satz 1 findet bei diesen Verträgen auch Anwendung, wenn der Mangel auf den vom Besteller gelieferten Stoff zurückzuführen ist. Soweit es sich bei den herzustellenden oder zu erzeugenden beweglichen Sachen um nicht vertretbare Sachen handelt, sind auch die §§ 642, 643, 645, 649 und 650 mit der Maßgabe anzuwenden, dass an die Stelle der Abnahme der nach den §§ 446 und 447 maßgebliche Zeitpunkt tritt.**

***Amtlicher Hinweis:** Diese Vorschrif dient der Umsetzung der Richtlinie 1999/44/EG des Europäischen Parlaments und des Rates vom 25. Mai 1999 zu bestimmten Aspekten des Verbrauchsgüterkaufs und der Garantien für Verbrauchsgüter (ABl. EG Nr. L 171 S. 12).

1 **1) Allgemeines.** Die Vorschr wurde dch *Art 1 I Nr 42 SMG* vollst neu gefaßt (dazu BT-Drs 14/6040 S 267, 14/6857 S 38, 68, 14/7052 S 205); Lit s Einf 2 v § 631. Nach ihrer **Konzeption** unterscheidet die Neuregelg, and als § 651 aF, hins der anwendb Vorschr nicht mehr je nach Herkunft des Materials u der Art der herzustelldden Sache (vertretb/nicht vertretb). Vielm unterstellt sie Vertr zur Lieferg bewegl Sachen, die erst herzustellen od zu erzeugen sind, insges dem KaufR (S 1) unabhäng davon, ob der Vertr nach der Art der eingegangenen Verpfl (Herstellg einer best Sache u damit Verpfl zu einem ArbErfolg) grdsätzl dem WkVertr zuzuordnen wäre (Einf 1, 6 v § 631). Ergänzd erstreckt S 2 den AnwendgsBer des § 442 I 1 (Ausschl der Mängelhaftg bei Kenntn des Käufers vom Mangel) auf die Fälle der Verursachg des Mangels dch einen vom Best (= Käufer) für die Herstellg zugelieferten Stoffs. Bei LiefergsVertr über nicht vertretb Sachen erklärt S 3 außerd in best Umfang einige wkvertragl Vorschr für zusätzl neben dem KaufVertrR anwendb. Nur soweit es auf die Anwendg dieser SoRegelgen ankommt, ist für die von S 1 erfaßten Fälle die Abgrenzg vom reinen Kauf (Rn 3) noch bedeuts. – **Zweck** der Neuregelg ist es, das geltde R bei VerbrVertr über die Lieferg neu hergest bewegl Sachen den Vorgaben der VerbrGüKRL (Einl 1 v § 1; sa Vorbem 1 ff v § 474) anzupassen. Aus Grd der Vereinfachg u Übersichtlichk w auch alle and Vertr (nicht nur VerbrVertr) über die Lieferg herzustellder od zu erzeugder bewegl Sachen in die Regelg einbezogen. Die prakt **Auswirkungen** der Änderg w dadch eingeschränkt, dass die Mängelhaftg des KaufVertr der des WkVertr hins Vorauss u RFolgen (insb NachErfPfl u Verj) nunm weitgehend angeglichen ist (Vorbem 1 v § 633, auch zu verbleibden Untersch) u gem S 2, 3 best wkvertragl Vorschr anwendb bleiben. Die Abgrenzg vom WkVertr (Rn 4) bleibt darüberhinaus bedeuts, soweit es um die Anwendg nur dem WkVertr eigener Regelgen geht (Bsp: Abschlagszahlgen gem § 632 a; GefÜberg, Fälligk der Vergütg erst dch Abn, Sicherg des Untern gem §§ 647 ff). – **Abweichende Vereinbarungen** über die anzuwendden Vorschr sind, da § 651 auf das KaufR verweist, nur iR des KaufR zuläss (dazu § 433 Rn 3). – **Zeitliche gilt** die Änderg nur für ab 1. 1. 02 abgeschl Vertr (EG 229 § 5).

2 **2) Anwendungsbereich, Abgrenzung. – a) Grundsätze.** *Bewegliche Sachen,* gleichgült ob vertretb od nicht vertretb, w erfaßt. Das sind alle Sachen, dh iGrds körperl Ggst (wie § 433 Rn 5 ff; sa § 90 Rn 1 ff), die nicht als Grdst od grdstgleich zu qualifizieren sind, auch wenn sie erst nach Trenng vom Grdst bewegl w u geliefert w sollen (Bsp: Kartoffelernte; sa § 433 Rn 6). Ebso Tiere (§ 90 a). Zur Herstellg einer Sache (Fenster oä) zur Einfügg in eine solche des Best (zB BauWk) dch den Untern s Rn 4. Auf die *Herstellung und Lieferung* bzw Erzeugg (dh tier u pflanzl Produktion) u Lieferg dieser Sachen muß die vertragl Verpfl gerichtet sein. Dabei kommt es nicht darauf an, ob die Herstellg (s Einf 1 v § 631) aus vom Best zur Vfg gestellten Stoffen erfolgt od nicht (vgl S 2). Lieferg sind die Hdlgen, die der Herst vornimmt, um seiner Verpfl zu genügen, die Sache dem Best zu verschaffen (§ 434 Rn 53; and BGH DB **69**, 346 zum früh R). Je nach VertrInhalt kann es ausreichen, dass er sie zur Abholg dch den Best bereitstellt, erfdl ist jedoch EigtÜbertr. Fehlt letztere ganz (zB wg EigtErwerbs nach §§ 946, 950), ist § 651 nicht einschläg (Voit BauR **02**, 145). §§ 631 ff gelten ferner für Arb an bewegl Sachen, die nicht Herstellg od Erzeugg sind (zB Reparaturen, Erhaltgs- u WartgsArb, auch
3 wenn hierbei benötigte Ersatzteile geliefert od hergestellt w; sa Einf 22, 26, 30 v § 631). – Vom reinen **Kaufvertrag** unterscheiden sich die Vertr gem § 651 dch die dem WkVertr entspr Pfl zur Herstellg eines körperl ArbErfolges für den Best (sa Einf 1, 6 v § 631). Der Verkäufer schuldet hingg nur die Beschaffg der fert Sache, sei es auch mit kleineren Ändergen (zB Konfektionskleidg) od Nebenleistgen (zB Montage, § 434 II, sa Rn 4), u deren Übereigng. Zum gemischten Vertr s Einf 19 ff v § 305 im HptBd, Vorbem 3 f v
4 § 633. – Ein **Werkvertrag** fällt, auch soweit damit die Herstellg bewegl Sachen verbunden sind, nicht unter § 651, wenn der Untern seine Leistg an einer bereits bestehden Sache des Best (Grdst, Gbde, aber auch bewegl Sache wie Maschine oä) erbringt u die Schöpfg des GesErfolges iZshg mit dieser Sache den SchwerPkt der Verpfl des Untern bildet. Hierfür genügt zwar nicht, dass den Untern auch MontageVerpfl treffen (sa § 434 II, dort Rn 40 ff; Einf 16 v § 631), wenn nach dem VertrInhalt die mit dem Warenumsatz verbundene Übertr v Eigt u Bes im VorderGrd steht (sa BGH WM **77**, 79 zum früh R). Besteht der geschuldete Erfolg aber nicht nur od nicht in 1. Linie in der Herstellg der bewegl Sache u deren Übertr zu Eigt, sond wesentl in einem über diese Sache hinausgehden Erfolg, der dem Vertr das Gepräge gibt, etwa einer geist Leistg (zB Plang einer Maschine), der Einpassg in ein GesWk (zB Herstellg u Einbau einer Treppe in ein Gbde) od der Herstellg der FunktionsFgk (Rep einer Maschine des Best; chirurg Eingriff mit Herstellg der Prothese), sind §§ 631 ff anzuwenden (so zum früh R BGH NJW **98**, 3197, Köln VersR **00**, 501, Hamm NJW-RR **01**, 1309; sa Westermann NJW **02**, 241/244, AnwK/Raab Rn 11, Voit BauR **02**, 145). Bei Leistgen für ein BauWk wird es iÜ wg § 946 häuf bereits an der für die Lieferg kennzeichnden Übereigng fehlen. Aber auch bei der Herstellg neuer komplexer Maschinen kann die GesLeistg (Plang, Anpassg an die Bedürfn des Best, Einbau) im VorderGrd stehen, so dass die Anwendg des WkVertrR gerechtfertigt sein dürfte (sa § 634 a I Nr 1, der gerade für bewegl Sachen gedacht ist). Für die Abgrenzg können auch die Grds zu § 634 a (dort Rn 6 ff) bzw zu § 950 (Voit BauR **02**, 145) herangezogen w.

5 **b) Beispiele.** *Kaufvertragsrecht* gilt zB bei Herstellg u Lieferg einer Einbauküche einschl Montage, bei der Anfertigg einer Maschine, jew soweit nicht die Einpassg in ein GesWk (zB ein Gbde, einen ProdProz) od eine geist Leistg hauptsächl VertrGgst ist. *Werkvertragsrecht* gilt für Arb an Ggst, die nicht bewegl Sachen sind, insb an Grdst od Pers, selbst wenn damit auch die Herstellg einer bewegl Sache verbunden ist. So die Erstellg od Rep eines BauWk (BGH **87**, 112: Erstellg eines Fertighauses); auch mit der Herstellg von Einzelteilen verbundene Arb in diesem ZusHang, soweit gleichzeit der Einbau übern wird (Fenster, Treppen etc; Entsch zum früh R: Düss BauR **82**, 164: Lieferg u Montage von Fertigteilgaragen, Düss NJW-RR **99**, 814: Plang u Lieferg eines Kachelofens); and, wenn nur Fertigteile für den Bau hergestellt u geliefert w (Ffm BauR **00**, 423; Düss BauR **02**, 100: Bausatz für Haus mit Plang u Beratg), uU auch, wenn das zu errichtde Gebäude nur ScheinBestandt (§ 95) eines fremden, dem Best nicht gehör Grdst w soll (BGH NJW **76**, 1539 zum früh R; krit Sienz BauR **02**, 181/190). Ebso gelten §§ 631 ff für die Herstellg u Einfügg einer Prothese iR einer Operation (soweit auf diese WkVertrR anwendb ist). WkVertrR gilt für die Herstellg od Produktion unkörperl Wk (ArchPlang, Erstellg von Gutachten, Theateraufführg oä), bzw von and Wk, die nicht als Sache anzusehen sind (zB für den Best programmierte Software, sa § 433 Rn 9), auch wenn das Wk zwar in einer bewegl Sache verkörpert ist, sein Schwerpkt aber in der dort wiedergegebenen geistigen Leistg liegt (zB schriftl Gutachten; Werbedesign, Einf 31 v § 631). Dies sollte auch für verkörperte künstlerische Leistgen

gelten (Portrait, Skulptur oä; Vorwerk BauR **02**, 165 Fn 8); and wenn Massenproduktion u damit Warenumsatz im Vordergrd steht (zB Porzellanfiguren in Serie).

3) Rechtsfolgen. Sind die Vorauss des S 1 gegegen, so gilt: – **a) Anwendung des Kaufrechts, S 1**, in 6
seiner jew maßgebden Typisierg (zB VerbrKauf, Handelskauf etc, sa Einf 6 ff v § 433), u zwar ohne Einschränkg. S 2, 3 ordnen ledigl ergänzd die zusätzl Anwendg best Vorschr des WkVertr an. Ist eine Vergütg nicht vereinb, gelten 315, 316, nicht § 632. – **b) S 2** dehnt für die Vertr gem S 1 den gem § 442 I 1 bei 7
Kenntn des Käufers vom Mangel angeordneten Ausschl der (kaufrechtl) Mängelhaftg auf die Fälle aus, in denen der Mangel der hergestellten bewegl Sache seine Ursache in einem vom Best gelieferten Stoff (§ 645 Rn 7) hat (sa Sienz BauR **02**, 181/191). – **c) S 3** erklärt bei Herstellg bzw Erzeugg nicht vertretb Sachen 8
§§ 642 f (MitwirkgsPfl des Best), § 645 (Gefahrtragg), § 649 (KündR des Best) u § 650 (Kostenanschlag) für *neben dem Kaufrecht anwendbar.* Allerd tritt, soweit diese Vorschr auf die Abn abstellen (§ 645 I), an deren Stelle wg der Einordng in das KaufR der gem §§ 446, 447 maßgebl Ztpkt, also Übergabe, Ausliefergetc. – **Nicht vertretbare Sachen** (sa § 91) sind solche, die dch die Art ihrer Herstellg den BestWünschen angepaßt sind u desh individuelle Merkmale besitzen, nicht austauschb (Hamm BB **86**, 555) u für den Untern schwer od gar nicht anderw absetzb sind, zB Reiseprospekte (BGH NJW **66**, 2307), spezielle Farbstoffe (Düss NJW-RR **97**, 186) od Bauteile (Brdbg NJW-RR **00**, 95: Fenstersimse), Werkzeug zur Herstellg von Formteilen (Düss NJW-RR **97**, 757), Maßanzug, Lieferg u Einbau einer (auch serienmäß) Einbauküche nach den bes Wünschen des Best (BGH BB **90**, 1093, Ffm NJW-RR **01**, 55), ebso eines Schlafzimmers (Hamm NJW-RR **92**, 889).

Untertitel 2. Reisevertrag*

651a *Vertragstypische Pflichten beim Reisevertrag.* **I Durch den Reisevertrag wird der Reiseveranstalter verpflichtet, dem Reisenden eine Gesamtheit von Reiseleistungen (Reise) zu erbringen. Der Reisende ist verpflichtet, dem Reiseveranstalter den vereinbarten Reisepreis zu zahlen.**

II Die Erklärung, nur Verträge mit den Personen zu vermitteln, welche die einzelnen Reiseleistungen ausführen sollen (Leistungsträger), bleibt unberücksichtigt, wenn nach den sonstigen Umständen der Anschein begründet wird, dass der Erklärende vertraglich vorgesehene Reiseleistungen in eigener Verantwortung erbringt.

III Der Reiseveranstalter hat dem Reisenden bei oder unverzüglich nach Vertragsschluss eine Urkunde über den Reisevertrag (Reisebestätigung) zur Verfügung zu stellen. Die Reisebestätigung und ein Prospekt, den der Reiseveranstalter zur Verfügung stellt, müssen die in der Rechtsverordnung nach Artikel 238 des Einführungsgesetzes zum Bürgerlichen Gesetzbuche bestimmten Angaben enthalten.

IV Der Reiseveranstalter kann den Reisepreis nur erhöhen, wenn dies mit genauen Angaben zur Berechnung des neuen Preises im Vertrag vorgesehen ist und damit einer Erhöhung der Beförderungskosten, der Abgaben für bestimmte Leistungen, wie Hafen- oder Flughafengebühren, oder einer Änderung der für die betreffende Reise geltenden Wechselkurse Rechnung getragen wird. Eine Preiserhöhung, die ab dem 20. Tage, vor dem vereinbarten Abreisetermin verlangt wird, ist unwirksam. § 309 Nr. 1 bleibt unberührt.

V Der Reiseveranstalter hat eine Änderung des Reisepreises nach Absatz 3, eine zulässige Änderung einer wesentlichen Reiseleistung oder eine zulässige Absage der Reise dem Reisenden unverzüglich nach Kenntnis von dem Änderungs- oder Absagegrund zu erklären. Im Falle einer Erhöhung des Reisepreises um mehr als fünf vom Hundert oder einer erheblichen Änderung einer wesentlichen Reiseleistung kann der Reisende vom Vertrag zurücktreten. Er kann statt dessen, ebenso wie bei einer Absage der Reise durch den Reiseveranstalter, die Teilnahme an einer mindestens gleichwertigen anderen Reise verlangen, wenn der Reiseveranstalter in der Lage ist, eine solche Reise ohne Mehrpreis für den Reisenden aus seinem Angebot anzubieten. Der Reisende hat diese Rechte unverzüglich nach der Erklärung durch den Reiseveranstalter diesem gegenüber geltend zu machen.**

1) Änderungen durch die Reform des Schuldrechts. Dch *Art 1 I Nr 43 SMG* (dazu BT-Drs 14/6040 1
S 268, 14/7052 S 206) wurde **Abs 3 neu** eingefügt. Die bish Abs 3 u 4 wurden zu Abs 4 u 5. In Abs 3 Satz 3 aF, jetzt **Abs 4 Satz 3,** wurde die Verweisg auf § 11 Nr 1 AGBG (jetzt § 309 Nr 1) redaktionell an die Übernahme des AGBG in die §§ 305 ff angepaßt. *Zeitlich gilt* die Neuregelg nur für ab dem 1. 1. 02 abgeschl Vertr (EG 229 § 5).

2) Informationspflichten des Veranstalters, III. – a) Reisebestätigung, III 1. Die Vorschr entspricht 2
§ 6 I InfVO (Anh nach § 651 m), der bereits als § 3 I der bish InfVO galt. Das *Erfordernis der Bestätigung* bedeutet nicht gesetzl Schriftform. Die Funktion der Bestätigg besteht vielm in der zuverläss Information des Reisden, außerd ist sie BewUrk für den Inhalt des ReiseVertr. Bestätigg bedeutet daher ledigl die für den Veranstalter verbindl Mitt in verkörperter Form. Der Vertr kann bereits vorher mdl od dch Telekommunikation abgeschl sein. Er kann aber auch erst mit Zugang der Reisebestätigg zustande kommen, insb bei entspr Vereinbg. III 1 enthält eine gesetzl Verpfl u sieht eine Ausn nicht vor. Auch EG 238 enthält keine Ermächtigg zu Abweichgen. Daher ist zweifelh, ob die iR der VO vorgesehenen Ausn für Last-minute-Buchgen (InfVO 6 V) u GelegenhVeranstalter (InfVO 11) die Bestätigg als solche entbehrl machen können. *Zeitpunkt der*

* **Amtlicher Hinweis:** Dieser Untertitel dient der Umsetzung der Richtlinie 90/314/EWG des Europäischen Parlaments und des Rates vom 13. Juni 1990 über Pauschalreisen (ABl. EG Nr. L 158 S. 59).
** **Amtlicher Hinweis:** Jetzt Absatz 4.

3 *Erteilung:* Unverzügl (§ 121 I 1, dort Rn 3). – **b) Inhalt, III 2.** Das Gesetz verweist insow auf die InfVO. Für die *Bestätigung* enthält InfVO 6 II die einschläg Regelg. Jedenf sind ReisePr u ZahlgsModalitäten anzugeben (InfVO 6 IV 2), iü kann der Veranstalter auf einen von ihm herausgegebenen u dem Reisden zur Vfg gestellten Prospekt verweisen, dessen Angaben den Anfordergen in InfVO 6 II entsprechen (InfVO 6 IV 1). Zum Inhalt des *Prospekts* s InfVO 4.

651d *Minderung.* **I Ist die Reise im Sinne des § 651 c Abs. 1 mangelhaft, so mindert sich für die Dauer des Mangels der Reisepreis nach Maßgabe des § 638 Abs. 3. § 638 Abs. 4 findet entsprechende Anwendung.**

II Die Minderung tritt nicht ein, soweit es der Reisende schuldhaft unterlässt, den Mangel anzuzeigen.

1 In **Abs 1 Satz 1** ist dch *Art 1 I Nr 44 SMG* (dazu BT-Drs 14/7052 S 206) die Verweisg auf § 472 aF dch die Verweisg auf die neue wkvertragl (u daher dem ReiseVertr näherstehde, Einf 1 v § 651 a) Regelg zur Berechng der Minderg in § 638 III ersetzt worden. § 638 III S 1 entspricht inhaltlich dem früh § 472 I; S 2 erlaubt, entspr der bereits bish geltden RLage (MüKo/Tonner Rn 7), die Schätzg der Höhe der Minderg (ZPO 287). Dabei wird wie bish (HptBand Rn 5) idR ein prozentualer Abschlag vom GesReisePr die angem Lösg sein. Einzelh § 638 Rn 4 ff. Der bish § 472 II (Minderg einer einz von mehreren zus erworbenen ReiseLeistgen, zB Rundreise mit anschl Badeaufenthalt) ist zwar entfallen. In der Sache ergibt sich dadch aber keine Änd, da bei der Reise der GesWert der Leistgen regelm dem GesPr entspricht u bereits nach der allg Regel eben dieser entspr zu mindern ist. Daher besteht für die Minderg iR des ReiseVertr iErg die bish
2 RLage (dazu Hptbd Rn 5) fort. – **Abs 1 Satz 2** ist neu angefügt worden. § 638 IV gibt dem Best bei Minderg einen vertragl RückzahlgsAnspr hins einer nach Minderg etwa bestehden Überzahlg (Einzelh § 638 Rn 7, § 441 Rn 20). Dies soll auch iR des ReiseVertr gelten, da dort der Reisde den ReisePr idR im Voraus leistet. – **Zeitlich gelten** die Ändergen nur für ab 1. 1. 02 abgeschl Vertr (EG 229 § 5).

651e *Kündigung wegen Mangels.* **I Wird die Reise infolge eines Mangels der in § 651 c bezeichneten Art erheblich beeinträchtigt, so kann der Reisende den Vertrag kündigen. Dasselbe gilt, wenn ihm die Reise infolge eines solchen Mangels aus wichtigem, dem Reiseveranstalter erkennbaren Grund nicht zuzumuten ist.**

II Die Kündigung ist erst zulässig, wenn der Reiseveranstalter eine ihm vom Reisenden bestimmte angemessene Frist hat verstreichen lassen, ohne Abhilfe zu leisten. Der Bestimmung einer Frist bedarf es nicht, wenn die Abhilfe unmöglich ist oder vom Reiseveranstalter verweigert wird oder wenn die sofortige Kündigung des Vertrags durch ein besonderes Interesse des Reisenden gerechtfertigt wird.

III Wird der Vertrag gekündigt, so verliert der Reiseveranstalter den Anspruch auf den vereinbarten Reisepreis. Er kann jedoch für die bereits erbrachten oder zur Beendigung der Reise noch zu erbringenden Reiseleistungen eine nach § 638 Abs. 3 zu bemessende Entschädigung verlangen. Dies gilt nicht, soweit diese Leistungen infolge der Aufhebung des Vertrags für den Reisenden kein Interesse haben.

IV Der Reiseveranstalter ist verpflichtet, die infolge der Aufhebung des Vertrags notwendigen Maßnahmen zu treffen, insbesondere, falls der Vertrag die Rückbeförderung umfasste, den Reisenden zurückzubefördern. Die Mehrkosten fallen dem Reiseveranstalter zur Last.

1 **Abs 3 Satz 2** regelt die Höhe der Entschädigg des Veranstalters für bis zum Ztpkt der Künd mangelfrei erbrachte u nach der Künd zur Beendigg der Reise noch zu erbringde (zB Rücktransport) Leistgen. Sie war bish wg der Verweisg auf die dch das SMG gestrichene Vorschr des § 471 aF nach den Regeln für die Minderg des GesKaufPr bei Wandelg hins einzelner Sachen zu berechnen, die ohnehin schlecht paßten (Soergel/Eckert Rn 15). Dch *Art 1 I Nr 45 SMG* (dazu BT-Drs 14/6040 S 268, 14/7052 S 206) ist die Verweisg auf § 471 aF dch die **Verweisung auf § 638 III** ersetzt worden. Für die Berechng gelten daher nunm die Grds für die Minderg, dh der Veranstalter kann als Entschädigg den Anteil am GesReisePr verlangen, der demj der mangelfreien u für die Beendigg noch zu erbringden Leistgen an den vertragl insges vorgesehenen Reiseleistgen entspricht (sa § 638 Rn 4). Dabei darf bei zeitanteil mangelfreiem Aufenthalt am UrlOrt (zB 1 Woche Aufenth von 2 Wochen) auch die BefördergsLeistg nur anteil berechnet w (Soergel/Eckert Rn 16). – **Zeitlich gelten** die Ändergen nur für ab 1. 1. 02 abgeschl Vertr (EG 229 § 5).

651g *Ausschlussfrist, Verjährung.* **I Ansprüche nach den §§ 651 c bis 651 f hat der Reisende innerhalb eines Monats nach der vertraglich vorgesehenen Beendigung der Reise gegenüber dem Reiseveranstalter geltend zu machen. § 174 ist nicht anzuwenden. Nach Ablauf der Frist kann der Reisende Ansprüche nur geltend machen, wenn er ohne Verschulden an der Einhaltung der Frist verhindert worden ist.**

II Ansprüche des Reisenden nach den §§ 651 c bis 651 f verjähren in zwei Jahren. Die Verjährung beginnt mit dem Tage, an dem die Reise dem Vertrag nach enden sollte.

1 Dch Art 1 I Nr 46 SMG (dazu BT-Drs 14/6040 S 268) wurde in **Abs 2 Satz 1** die **Verjährungsfrist verlängert** von 6 Mo auf (entspr der NeuRegelg in Kauf- u WkVertr) nunm 2 J. Der Veranstalter ist vor unerwarteten nachträgl MängelAnspr dch die AusschlFr gem § 651 g I hinr geschützt. Außerdem kann die VerjFr zL des Reisden dch Vereinbg auf 1 J verkürzt w (§ 651 m Satz 2 nF). **Abs 2 Satz 3 aF** ist **entfallen.** Er sah für die Verj der GewlAnspr des Reisden eine Hemmg ab GeltdMachg der Anspr bis zur Zurückweisg

dch den Veranstalter vor. Die neue allg HemmgsRegelg in § 203 ersetzt diesen HemmgsGrd entgg der GesetzesBegr nur unvollk, da sie Verhdlgen vorauss, die mit der bloßen GeltdMachg nicht notw verbunden sein müssen (sa die Erl zu § 203). Vgl zur vergleichb Problematik beim WkVertr § 634 a Rn 9. – **Zeitlich gelten** die Ändergen iGrds auch für vor dem 1. 1. 02 abgeschl Vertr (EG 229 § 6; Einzelh s dort).

651 m ***Abweichende Vereinbarungen.*** **Von den Vorschriften der §§ 651 a bis 651 l kann vorbehaltlich des Satzes 2 nicht zum Nachteil des Reisenden abgewichen werden. Die in § 651 g Abs. 2 bestimmte Verjährung kann erleichtert werden, vor Mitteilung eines Mangels an den Reiseveranstalter jedoch nicht, wenn die Vereinbarung zu einer Verjährungsfrist ab dem in § 651 g Abs. 2 Satz 2 bestimmten Verjährungsbeginn von weniger als einem Jahr führt.**

Dch *Art 1 I Nr 47 SMG* (dazu BT-Drs 14/6040 S 269 zu § 651 l, 14/7052 S 206) wurde die Vorschr neu gefaßt. Dabei wurde zwar (wohl versehentl) keine amtl Überschr aufgenommen, diese ergibt sich aber aus der Anlage zu Art 1 II SMG. – Die wesentl Änderg besteht in der **Anfügung des Satzes 2.** Die Vorschr ermöglicht es zur Angleichg an die Regelg der Verj von MängelR in Kauf- u WkVertr (vgl § 309 Nr 8 Buchst b ff), dch Vereinbg die VerjFr des § 651 g II abzukürzen. Damit wird ein gewisser Ausgl für die erhebl Verlängerg dieser Fr von bish 6 Mo auf 2 J (§ 651 g Rn 1) geschaffen. Vor Mitt eines Mangels an den Veranstalter kann nur eine Abkürzg bis auf mind 1 J vereinb w; bis zu dieser Grenze aber auch in AGB (BT-Drs aaO), wobei § 309 Nr 7 u 8 Buchst a zu beachten sind. Nach Mitt eines Mangels gelten die allg Regeln (s § 202 Rn 3 ff), dh Verkürzg auf weniger als 1 J ist zul. *Mitteilung eines Mangels:* Es genügt jede Information des Veranstalters dch den Reisden über irgendeinen Mangel der Reise zum Zweck der Mängelrüge. GeltdMachg eines MangelR iSv § 651 g I ist nicht erfdl; auch ein Abhilfeverlangen (§ 651 c II) reicht aus, wenn es an den Veranstalter gerichtet ist. Mitt an LeistgsTräger genügt nur, wenn dieser für den Veranstalter empfbevollm ist. Die verkürzte VerjFr gilt dann für alle Mängel, nicht nur den mitgeteilten. – Die **Einfügung in Satz 1** dient der redaktionellen Anpassg an den neuen S 2. – **Zeitliche Geltung** der Änderg wie § 651 g. 1

Anhang zu §§ 651 a–m

Verordnung über die Informationspflichten nach bürgerlichem Recht (BGB-InfoV)

idF der Bekanntmachung vom 2. 1. 2002 (BGBl I S 342)

(Auszug)

Vorbemerkung

Die bish VO über die InformationsPfl von Reiseveranstaltern vom 14. 11. 94 (BGBl 3436), in Kr seit 23. 11. 94, zuletzt geändert dch G vom 23. 7. 01 (BGBl I 1658), wurde dch *Art 4 Nr 5 SMG* (dazu BT-Drs 14/6040 S 277, 14/7052 S 209) zu einer VO über InformationsPfl nach bürgerl R erweitert. Sie enthält nunm in mehreren Abschn alle InformationsPfl, die dch VOen auf der Grdl von EG 238 ff begründet w (ausf Anh zu § 312 c § 1 Rn 1). Abschnitt 3 (§§ 4–9) entspricht ohne inhaltl Ändergen den §§ 1–6 der bish VO über InformationsPfl von Reiseveranstaltern. Vgl hierzu die Kommentierg im HptBd (Anh nach §§ 651 m). – **Zeitlich gilt** die Neuregelg nur für ab dem 1. 1. 02 abgeschl Vertr. 1

Abschnitt 3

Informationspflichten von Reiseveranstaltern

4 ***Prospektangaben.*** *I Stellt der Reiseveranstalter über die von ihm veranstalteten Reisen einen Prospekt zur Verfügung, so muß dieser deutlich lesbare, klare und genaue Angaben enthalten über den Reisepreis, die Höhe einer zu leistenden Anzahlung, die Fälligkeit des Restbetrages und außerdem, soweit für die Reise von Bedeutung, über folgende Merkmale der Reise:*

a) Bestimmungsort;
b) Transportmittel (Merkmale und Klasse);
c) Unterbringung (Art, Lage, Kategorie oder Komfort und Hauptmerkmale sowie – soweit vorhanden – ihre Zulassung und touristische Einstufung);
d) Mahlzeiten;
e) Reiseroute;
f) Paß- und Visumerfordernisse für Angehörige des Mitgliedstaates, in dem die Reise angeboten wird, sowie über gesundheitspolizeiliche Formalitäten, die für die Reise und den Aufenthalt erforderlich sind;
g) eine für die Durchführung der Reise erforderliche Mindestteilnehmerzahl sowie die Angabe, bis zu welchem Zeitpunkt vor dem vertraglich vereinbarten Reisebeginn dem Reisenden die Erklärung spätestens zugegangen sein muß, daß die Teilnehmerzahl nicht erreicht und die Reise nicht durchgeführt wird.

Die in dem Prospekt enthaltenen Angaben sind für den Reiseveranstalter bindend. Er kann jedoch vor Vertragsschluß eine Änderung erklären, soweit er dies in dem Prospekt vorbehalten hat. Der Reiseveranstalter und der Reisende können vom Prospekt abweichende Leistungen vereinbaren.

II Absatz 1 gilt entsprechend, soweit Angaben über die veranstalteten Reisen in einem von dem Reiseveranstalter zur Verfügung gestellten Bild- und Tonträger enthalten sind.

5 ***Unterrichtung vor Vertragsschluß.*** *Der Reiseveranstalter ist verpflichtet, den Reisenden, bevor dieser seine auf den Vertragsschluß gerichtete Willenserklärung (Buchung) abgibt, zu unterrichten über*

1. Paß- und Visumerfordernisse, insbesondere über die Fristen zur Erlangung dieser Dokumente. Diese Verpflichtung bezieht sich auf die Erfordernisse für Angehörige des Mitgliedstaates, in dem die Reise angeboten wird,

2. gesundheitspolizeiliche Formalitäten,

soweit diese Angaben nicht bereits in einem von dem Reiseveranstalter herausgegebenen und dem Reisenden zur Verfügung gestellten Prospekt enthalten und inzwischen keine Änderungen eingetreten sind.

6 ***Reisebestätigung, Allgemeine Reisebedingungen.*** *I Der Reiseveranstalter hat dem Reisenden bei oder unverzüglich nach Vertragsschluß eine Urkunde über den Reisevertrag (Reisebestätigung) auszuhändigen.*

II Die Reisebestätigung muß, sofern nach der Art der Reise von Bedeutung, außer den in § 1 Abs. 1 genannten Angaben über Reisepreis und Zahlungsmodalitäten sowie über die Merkmale der Reise nach § 1 Abs. 1 Buchstabe b, c, d, e und g folgende Angaben enthalten:

a) endgültiger Bestimmungsort oder, wenn die Reise mehrere Aufenthalte umfaßt, die einzelnen Bestimmungsorte sowie die einzelnen Zeiträume und deren Termine;

b) Tag, voraussichtliche Zeit und Ort der Abreise und Rückkehr;

c) Besuche, Ausflüge und sonstige im Reisepreis inbegriffene Leistungen;

d) Hinweise auf etwa vorbehaltene Preisänderungen sowie deren Bestimmungsfaktoren (§ 651 a Abs. 3 des Bürgerlichen Gesetzbuchs) und auf nicht im Reisepreis enthaltene Abgaben;

e) vereinbarte Sonderwünsche des Reisenden;

f) Name und Anschrift des Reiseveranstalters;

g) über die Obliegenheit des Reisenden, dem Reiseveranstalter einen aufgetretenen Mangel anzuzeigen, sowie darüber, daß vor der Kündigung des Reisevertrages (§ 651 e des Bürgerlichen Gesetzbuchs) dem Reiseveranstalter eine angemessene Frist zur Abhilfeleistung zu setzen ist, wenn nicht die Abhilfe unmöglich ist oder vom Reiseveranstalter verweigert wird oder wenn die sofortige Kündigung des Vertrages durch ein besonderes Interesse des Reisenden gerechtfertigt wird;

h) über die nach § 651 g des Bürgerlichen Gesetzbuchs einzuhaltenden Fristen, unter namentlicher Angabe der Stelle, gegenüber der Ansprüche geltend zu machen sind;

i) über den möglichen Abschluß einer Reiserücktrittskostenversicherung oder einer Versicherung zur Deckung der Rückführungskosten bei Unfall oder Krankheit unter Angabe von Namen und Anschrift des Versicherers.

III Legt der Reiseveranstalter dem Vertrag Allgemeine Geschäftsbedingungen zugrunde, müssen diese dem Reisenden vor Vertragsschluß vollständig übermittelt werden.

IV Der Reiseveranstalter kann seine Verpflichtungen nach den Absätzen 2 und 3 auch dadurch erfüllen, daß er auf die in einem von ihm herausgegebenen und dem Reisenden zur Verfügung gestellten Prospekt enthaltenen Angaben verweist, die den Anforderungen nach den Absätzen 2 und 3 entsprechen. In jedem Fall hat die Reisebestätigung den Reisepreis und die Zahlungsmodalitäten anzugeben.

V Die Absätze 1 bis 4 gelten nicht, wenn die Buchungserklärung des Reisenden weniger als 7 Werktage vor Reisebeginn abgegeben wird. Der Reisende ist jedoch spätestens bei Antritt der Reise über die in Absatz 2 Buchstabe g bezeichnete Obliegenheit und die in Absatz 2 Buchstabe h bezeichneten Angaben zu unterrichten.

7 ***Verträge über Gastschulaufenthalte (§ 651 l des Bürgerlichen Gesetzbuchs).*** *Über die in § 3 bestimmten Angaben hinaus hat der Reiseveranstalter dem Reisenden, dem Gastschüler und, wenn der Reisende nicht der gesetzliche Vertreter des Gastschülers ist, auch diesem folgende Informationen zu erteilen:*

1. Namen und Anschrift der Gastfamilie, in welcher der Gastschüler untergebracht ist, einschließlich von Veränderungen,

2. Namen und Erreichbarkeit eines Ansprechpartners im Aufnahmeland, bei dem auch Abhilfe verlangt werden kann, einschließlich von Veränderungen und

3. Abhilfeverlangen des Gastschülers und die vom Reiseveranstalter ergriffenen Maßnahmen.

8 ***Unterrichtung vor Beginn der Reise.*** *I Der Reiseveranstalter hat den Reisenden rechtzeitig vor Beginn der Reise zu unterrichten*

a) über Abfahrts- und Ankunftszeiten, Orte von Zwischenstationen und die dort zu erreichenden Anschlußverbindungen;

b) wenn der Reisende bei der Beförderung einen bestimmten Platz einzunehmen hat, über diesen Platz;

c) über Name, Anschrift und Telefonnummer der örtlichen Vertretung des Reiseveranstalters oder – wenn nicht vorhanden – der örtlichen Stellen, die dem Reisenden bei Schwierigkeiten Hilfe leisten können; wenn auch solche Stellen nicht bestehen, sind dem Reisenden eine Notrufnummer und sonstige Angaben mitzuteilen, mit deren Hilfe er mit dem Veranstalter Verbindung aufnehmen kann.

Bei Auslandsreisen Minderjähriger ist die bei der Buchung angegebene Person darüber zu unterrichten, wie eine unmittelbare Verbindung zu dem Kind oder dem an dessen Aufenthaltsort Verantwortlichen hergestellt werden kann.

II Eine besondere Mitteilung nach Absatz 1 ist nicht erforderlich, soweit die jeweilige Angabe bereits in einem dem Reisenden zur Verfügung gestellten Prospekt oder der Reisebestätigung enthalten ist und inzwischen keine Änderungen eingetreten sind.

9 ***Gelegenheitsreiseveranstalter.*** *Diese Verordnung gilt nicht für Reiseveranstalter, die nur gelegentlich und außerhalb ihrer gewerblichen Tätigkeit Pauschalreisen veranstalten.*

Titel 10. Mäklervertrag

Einführung

1) Änderungen des Maklerrechts durch die Reform des Schuldrechts. Dch *Art 1 I Nr 48–50 SMG* ist der Titel in drei Untertitel (Allg Vorschr, §§ 652–655; DarlVermittlgsVertr, §§ 655 a–e; Ehevermittlg, § 656) aufgeteilt worden. §§ 652–655, 656 sind iÜ unverändert geblieben. Die Vorschr über den DarlVermittlgsVertr (§§ 655 a–e) sind neu eingefügt worden. 1

2) Darlehensvermittlung (§§ 655 a–655 e). – a) Allgemeines. *Literatur:* S die Lit zum bish VerbrKrG (Einf zum VerbrKrG imHptbd). Der neue Untertitel über die DarlVermittlg *(Art 1 I Nr 49 SMG;* s BT-Drucks 14/6040 S 269, 14/7052 S 206) enthält in Anlehng an die Vorschr des bish § 1 III VerbrKrG eine Definition des DarlVermittlgsVertr (§ 655 a), iÜ ohne wesentl sachl Ändergen die bish §§ 15–18 VerbrKrG (nunm §§ 655 b–e). Das VerbrKrG selbst ist dch Art 6 Nr 3 SMG aufgeh worden (Einzelh Vorbem 1 v § 491). Zur Auslegg der Vorschr kann die bish Lit u Rspr zum VerbrKrG herangezogen w. Die EG-RL v 22. 6. 1986 betr den VerbrKr (Vorbem 1 v § 491) enthält für die DarlVermittlg keine rechtl Vorgaben. 2

b) Anwendungsbereich. Den *persönlichen und sachlichen Anwendungsbereich* legt § 655 a zus mit § 655 e I 2, II fest. *Zeitlich gelten* §§ 655 a–e nur für ab dem 1. 1. 02 abgeschl Vertr (EG 229 § 5 S 1). Die Ausn für Dauerschuldverh (aaO S 2) ist ohne prakt Bedeutg. **IPR:** Neben EG 27, 28 sind auch 29, 29 a, 34 zu beachten. 3

Untertitel 2. Darlehensvermittlungsvertrag zwischen einem Unternehmer und einem Verbraucher

655 a *Darlehensvermittlungsvertrag.* **Für einen Vertrag, nach dem es ein Unternehmer unternimmt, einem Verbraucher gegen Entgelt einen Verbraucherdarlehensvertrag zu vermitteln oder ihm die Gelegenheit zum Abschluss eines Verbraucherdarlehensvertrags nachzuweisen, gelten vorbehaltlich des Satzes 2 die folgenden Vorschriften. Dies gilt nicht in dem in § 491 Abs. 2 bestimmten Umfang.**

1) Allgemeines. S 1 entspricht inhaltl dem früh § 1 III VerbrKrG (sa Einf 2). *Zweck:* Festlegg, zus mit § 655 e I 2, II, des pers (Rn 5) u sachl (Rn 2ff) AnwendgsBer der §§ 655 b–e. Erfdl ist ein auf die Vermittlg od den Nachw eines VerbrDarlVertr gerichteter entgeltl MVertr zw dem Vermittler (M) u dem DarlN (AuftrG). *Anzuwenden* sind auf den DarlVermittlgsVertr grdsätzl die auf MVertr anwendb Vorschr (Einf 2 v § 652), insb §§ 652–655, soweit §§ 655 a ff nicht and bestimmen. Für Vermittler u AuftrG gelten desh iGrds die Pfl gem § 652 Rn 13 ff, 19, auch AufklPfl ggü dem Verbr. 1

2) Sachlicher Anwendungsbereich. Ein **Maklervertrag** muß vorliegen (MüKo/Habersack VerbrKrG 1 Rn 4); Abgrenzg wie Einf 4 ff v § 652. Keine Anwendg auf die Vollm zum Abschl eines solchen Vertr. *Vermitteln* ist die bewußte Herbeiführg der AbschlBereitsch des DarlG, *Nachweis* das Aufzeigen einer hinr best Möglichk zum Abschl eines DarlVertr (wie § 652 Rn 11, 24 ff). UmgehgsGesch s § 655 e I 2. – **Auf Abschluß eines Verbraucherdarlehensvertrags** (wie § 491 I, dort Rn 5 ff) als HauptVertr (§ 652 Rn 28) muß die nach dem MVertr zu erbringde Tätigk des M gerichtet sein. Der jeweil Zweck des Darl ist dem VertrInhalt (ggf dch Auslegg) zu entnehmen; er muß nicht ausdrückl in die Urk aufgen sein (§ 491 Rn 7). Die Vermittlg von and Finanziergshilfen (§§ 499–501) genügt nach dem eindeut GWortlaut nicht (sa AnwK/Reiff Rn 4). **Satz 2** stellt klar, dass die in § 491 II genannten DarlVertr (Darl bis 200 Euro; ArbNDarl zu geringeren als marktübl Zinsen; best öff WohngsFördergsDarl) nicht als HauptVertr genügen. – **Entgeltlich** muß die Tätigk des M sein, dh der AuftrG (= DarlN) muß zur Leistg verpfl sein; Entgelt nur dch den DarlG, selbst wenn es wirtsch auf den DarlN abgewälzt wird (zB sog Packing), reicht nicht. Es genügt, wenn das Entgelt bereits für das Tätigw des M zu zahlen ist („unternimmt"; reine MDienstVertr, Einf 6 v § 652, sind allerd unzuläss, § 655 c S 1). Es genügt jede Art v GgLeistg, mag sie, von BagatellBetr abgesehen (LG Karlsr NJW-RR **00**, 1442: 0,92 DM), auch geringfüg sein (Köln ZIP **94**, 776). Gleichgült ist, ob das Entgelt als einmalige Vergütg od eingerechnet in Zinsen, TeilZahlgsAufschlag od RückZahlgsRaten bezahlt w muß. Die Bezeichng (zB als Gebühr od ähnl verschleiernd) ist unerhebl. 2 3 4

3) Persönlicher Anwendungsbereich. – Vermittler: Er muß Untern (§ 14 BGB; s dort) sein u in seiner Eigensch als solcher handeln. In Betracht kommen Handels- u ZivilM (Einf 3 v § 652), auch bei Bestehen einer ständ GeschVerbindg mit dem DarlG ohne TätigkVerpfl (sog EinreicherVertr, MüKo/Ulmer VerbrKrG 1 Rn 96). Der Handelsvertreter (HGB 84) des DarlG scheidet aus, da der DarlG dann wg unechter Verflechtg (§ 652 Rn 29) nicht Dritter sein kann (Erm/Rebmann VerbrKrG 1 Rn 34). Nicht dagg der Händler, dessen KaufVertr mit dem DarlN kreditiert wird, außer iF einer Verflechtg mit dem DarlG. Zum Treuhänder des DarlN s Karlsr WM **00**, 1996/2001. VermittlgsVerbote § 652 Rn 8. – **Auftraggeber:** Er muß der DarlN u als solcher Verbraucher (§ 13 BGB; s dort) sein. Ist AuftrG der DarlG od ein Dritter (vgl § 652 Rn 28), fehlt es an der in § 655 a vorausgesetzten Schutzbedürftigk (MK/Ulmer VerbrKrG 1 Rn 94). § 655 e II erweitert den AnwendgsBer auf Existenzgründer (dort Rn 3). 5 6

4) Beweislast: Handelt es sich um die Vermittlg eines Darl zw einem Untern u einem Verbraucher, trägt sie für Tats, welche zur Unanwendbk der §§ 655 a ff führen, grdsätzl der Vermittler. Die Vorschr sind iZw anwendb (Bülow NJW **98**, 3454 für VerbrKrG). Das gilt auch, wenn der ExistenzGrdgsZweck nicht bewiesen ist. 7

655 b *Schriftform.* [I] **Der Darlehensvermittlungsvertrag bedarf der schriftlichen Form. In dem Vertrag ist vorbehaltlich sonstiger Informationspflichten insbesondere die Vergütung des Darlehensvermittlers in einem Prozentsatz des Darlehens anzugeben; hat der Darlehensvermittler auch mit dem Unternehmer eine Vergütung vereinbart, so ist auch diese anzugeben. Der Vertrag darf nicht mit dem Antrag auf Hingabe des Darlehens verbunden werden. Der Darlehensvermittler hat dem Verbraucher den Vertragsinhalt in Textform mitzuteilen.**

[II] **Ein Darlehensvermittlungsvertrag, der den Anforderungen des Absatzes 1 Satz 1 bis 3 nicht genügt, ist nichtig.**

1 **Allgemeines.** Die Vorschr entspricht, unter Berücks der neuen Formen (§§ 126 a f), § 15 VerbrKrG (sa Einf 2). *Anwendungsbereich* § 655 a; sa Einf 3. *Zweck:* Warn- u Transparenzfunktion (§ 125 Rn 2 f). Die dch die DarlVermittlg bewirkte Verteuerg (bis zu 7% übl), ggf auch die Stellg als DoppelM, soll dem Verbr deutl
2 gemacht w. *Zwingend* zG des Verbr (§ 655 e I 1). – **Schriftform, I 1,** § 126. Elektron Form (§ 126 a), not Form (§ 128; sa § 127 a) genügen, nicht aber Textform (§ 126 b). Die Vollm zum Vertragschl ist nicht
3 formbedürft (arg § 492 IV). – **Inhalt, I 2.** Die VertrUrk muß wg der Schriftform den ges VertrInhalt ausweisen (§ 126 Rn 3); das gilt auch für nachträgl Änd (MüKo/Habersack VerbrKrG 15 Rn 7). Daher keine Blankounterzeichng dch Verbr zul. Gem *Halbsatz 1* muß die Vergütg, die der Vermittler vom Verbr erhält, in Prozent der DarlSumme (idR GesBetr gem § 492 I 5) angegeben w; ist sie als GeldBetr vereinb, zusätzl zu diesem. Die Prozentangabe darf nicht in Gebühren, Kosten od Provision aufgesplittert w. Gem *Halbsatz 2* ist auch eine Vergütg, die mit dem DarlG vereinb ist u sich auf den vermittelten Vertr bezieht, anzugeben, nicht notw in Prozent (aA AnwK/Reiff Rn 4). Desh ist ein sog offenes od verdecktes Packing (VergütgsVereinbg zw DarlG u Vermittler) grdsätzl offenzulegen (MüKo/Habersack aaO Rn 13). Dagg müssen sonstige, vom DarlG allg gewährte Vergütgen od solche, die dem sog Schaltersatz eingerechnet sind u ihn nicht erhöhen, nicht angegeben w (Scholz DB **91**, 215/219). *Sonstige Informationspflichten* zB nach § 312 c (FernAbsVertr). –
4 **Verbindungsverbot, I 3.** Die VertrUrk od elektron Erkl gem I 1, 2 darf nicht mit der Urk, die den VertrAntr des Verbr (= VertrErkl gem § 492 I 5) enthält, verbunden w, um auch äußerl erkennb zu machen,
5 dass DarlVertr u VermittlgsVertr rechtl getrennt sind. – **Mitteilung des Vertragsinhalts, I 4**, an den Verbr obliegt dem Vermittler. And als nach VerbrKrG 15 u § 492 III ist Aushändigung einer UrkAbschr nicht erfdl, es genügt Übermittlg des VertrInhalts in *Textform* (§ 126 b). Zweck: Sicherstellg der Information des Verbr. Einklagb NebenPfl des Vermittlers, bei Verl uU SchadErs (§ 280) od ZbR; keine WirksamkVorauss (II). –
6 **Verstoß, II**, gg I 1–3 (Rn 2–4; nicht auch gg das Gebot der Mitt in Textform, I 4) führt zur Nichtigk des ges VermittlgsVertr. Ausgeschl sind wg des Schutzzwecks der Vorschr auch Anspr aus § 812, HGB 354 (sa § 652 Rn 10). Gilt auch bei erfolgr DarlVermittlg, dann idR keine Unwirksamk des DarlVertr (§ 139; LG Stgt WM **00**, 1492) od des VermittlgsVertr mit dem DarlG. Weichen vereinb Betrag (Rn 3) u Prozentangabe voneinand ab, schuldet der Verbr bei zu niedr Prozentsatz diesen, bei zu hohem den vereinb Betr (RGedanke des § 494 II 3; MüKo/Habersack VerbrKrG 15 Rn 9).

655 c *Vergütung.* **Der Verbraucher ist zur Zahlung der Vergütung nur verpflichtet, wenn infolge der Vermittlung oder des Nachweises des Darlehensvermittlers das Darlehen an den Verbraucher geleistet wird und ein Widerruf des Verbrauchers nach § 355 nicht mehr möglich ist. Soweit der Verbraucherdarlehensvertrag mit Wissen des Darlehensvermittlers der vorzeitigen Ablösung eines anderen Darlehens (Umschuldung) dient, entsteht ein Anspruch auf die Vergütung nur, wenn sich der effektive Jahreszins oder der anfängliche effektive Jahreszins nicht erhöht; bei der Berechnung des effektiven oder des anfänglichen effektiven Jahreszinses für das abzulösende Darlehen bleiben etwaige Vermittlungskosten außer Betracht.**

1 **1) Zweck.** Die Vorschr entspricht inhaltl dem früh § 16 VerbrKrG (sa Einf 2). Sie wiederholt zT die allg Vorauss für die Entstehg des ProvAnspr des M (§ 652 Rn 22) im AnwendgsBer der §§ 655 a ff (Einf 3): wirks MVertr, Vermittlgs- od NachwTätigk des M, Abschl des DarlVertr aGrd dieser Tätigk. Sie verschärft diese aber zum Schutz des Verbr (DarlN) u macht sie zG des Verbr zwingd (Rn 6). *Satz 1* verschärft den Grds des Erfolgshonorars (§ 652 I). Grd: Die bloße DarlZusage, die idR den Abschl des HauptVertr darstellt, ist meist an Bdggen geknüpft, die DarlGewährg daher noch ungewiß; der DarlN soll desh erst Prov zahlen, nachdem der von ihm angestrebte FinanziergsErfolg endgült eingetreten ist. Auch soll die freie WiderrMöglichk hins des Darl (§§ 355, 495) nicht dch die ProvVerpfl beeinträchtigt w. *Satz 2* soll das sog UmschuldgsKarussell zurückdrängen, indem es die ProvPfl des Verbr ausschließt, wenn die Umschuldg für ihn wirtsch sinnl ist u in 1. Linie dem ProvInteresse des Vermittlers dient. Bei unter *Verstoß* gg § 655 b ausbezahlter Prov hat der Verbr Anspr aus § 812 gg den Vermittler (sa § 812 Rn 54 für Auszahlg dch DarlG).

2 **2) Provisionspflicht nur nach Leistung (S 1).** *Zusätzliche Voraussetzungen* (Rn 1) für die Entstehg des ProvAnspr sind, ergänzd zum wirks Abschl des vom Verbr gewünschten VerbrDarlVertr (§ 652 Rn 28 ff; s insb §§ 492, 494): (1) *Leistung des Darlehens.* Sie setzt Empf des DarlBetr od Inanspruchn des Darl (Auszahlg gem Weisg an Dr, nicht den Vermittler mit Ausn der Prov; Aufr dch DarlG etc) dch den Verbr voraus (wie § 494 II 1, dort Rn 7 ff). (2) Rechtl *Unmöglichkeit des Widerrufs* gem §§ 495, 355, dh mit Ablauf der WiderrFr (§ 355 I, II) bei ordnungsgem Belehrg od mit Erlöschen des WiderrR (§ 355 III); s die Erl dort. Fehlde Rückzahlg des Darl trotz Widerr (§ 495 II) führt nicht zur ProvPfl (AnwK/Reiff Rn 4). Solange die WiderrFr nicht abgelaufen ist, muß der Verbr die Prov nicht zahlen.

3 **3) Provisionspflicht bei Umschuldung (S 2). – a) Anwendungsbereich.** *Umschuldung* ist die vorzeit (dh vor Fälligk der Rückzahlg; also nicht nach wirks DarlKünd) Ablösg (nicht nur Verlängerg) eines vorh Darl (nicht notw VerbrDarl) dch ein davon unabhäng neues VerbrDarl, gleichgült ob desselben od eines and DarlG. Gilt auch, wenn die DarlSumme aufgestockt wird („soweit"). Außerd ist *Kenntnis* der DarlVermittlers („mit Wissen") davon erfdl, dass das zu vermittelnde Darl zur Umschuldg verwendet w soll. Diese Kenntn

muß er nicht vom Verbr erlangt haben. – **b) Zusätzliche Voraussetzung** (S 2 Hs 1; neben Rn 1 u 2) des ProvAnspr, bezogen auf die Umschuldg (bei DarlAufstockg also nicht bzgl des aufgestockten Teils): Der (anfängl; für den akt Zins bei variablen Konditionen AnwK/Reiff Rn 7) effektive JZins (§ 492 I 5 Nr 5, dort Rn 13) des vermittelten NeuDarl darf nicht höher sein als der des AltDarl. Die Prov soll also nur dann verdient sein, wenn das vermittelte Darl keine ungünstigeren Konditionen aufweist; auf die betragsmäß GesBelastg kommt es nicht an. Sollen mehrere Kred abgelöst w, ist der effektive JZins jeweils gesondert zu vergleichen; ggf entsteht der ProvAnspr nur hinsichtl einzelner AltKred. – **c) Berechnung** (S 2 Hs 2) des effektiven JZinses des AltDarl, bei variablen Konditionen für den Ztpkt der Ablösg: keine Berücks damals vom DarlN u/od DarlG gezahlter VermittlgsProv (dh auch des Packing). Grd: Der Vermittler soll so gestellt w als ob er bei Umschuldg eines nicht vermittelten Kred mitwirkt, um sein Interesse an mehrf Umschuldg auszuschließen. 4 5

b) Abweichende Vereinbarungen zL des Verbr sind unwirks (§ 655 d S 1, § 655 e I 1), auch als IndVereinbg. So Vereinbgen über Vorauszahlg der Prov (Hamm WM **95**, 1353); abw von Einf 6, 17 v § 652 erfolgsunabhäng Vergütgen gleichgült wie bezeichnet (Gebühr, Entschädigg oä; s aber § 655 d S 2); VorkenntnKlauseln (§ 652 Rn 67). Nach Köln ZIP **93**, 1541 auch die Vereinbg einer Prov für den Fall, daß Auszahlg des wirks vereinb Darl aus Grd in der Pers des Verbr nicht zustdekommt (Abw von § 652 Rn 39; str). 6

655 d *Nebenentgelte.* **Der Darlehensvermittler darf für Leistungen, die mit der Vermittlung des Verbraucherdarlehensvertrags oder dem Nachweis der Gelegenheit zum Abschluss eines Verbraucherdarlehensvertrags zusammenhängen, außer der Vergütung nach § 655 c Satz 1 ein Entgelt nicht vereinbaren. Jedoch kann vereinbart werden, dass dem Darlehensvermittler entstandene, erforderliche Auslagen zu erstatten sind.**

1) Verbot von Nebenentgelten (S 1). Die Vorschr entspricht inhaltl § 17 VerbrKrG (sa Einf 2). *Zweck* ist die Absicherg des Grds der ErfolgsProv (§ 655 c S 1). *Anwendungsbereich* Einf 3, § 655 a Rn 2 f. Entgelt sind alle GgLeistgen des Verbr, die mit der MTätigk zushängen, die Bezeichng ist gleichgült. Bsp: Bearbeitgs-Pauschalen, Reserviergs- u AuskGebühren, Risikoprämien oä. Verboten sind, mit Ausn v S 2, alle Entgelte, die auch ohne Vorliegen der Vorauss gem § 655 c geschuldet sein sollen. *Rechtsfolge* einer verbotswidr Vereinbg ist deren TeilNichtigk gem §§ 134, der RestVertr bleibt wirks (§ 139 Rn 18; sa § 306 I). 1

2) Auslagenerstattung (S 2) kann vereinb w (Sonderregelg zu S 1 u § 652 II), auch in AGB. Schriftform gem § 655 b I 1 erfdl (dort Rn 2 f). Auslagen sind Aufwendgen (§ 256 Rn 1), die der Vermittler für Rechng des AuftrG (dh iGrds nach Vertragschl) getätigt hat; Bsp: Portokosten, Kosten einer für den Verbr erholten Ausk, Anzeigekosten; WertGA eines SV (Köln ZIP **93**, 1541). Nicht hingg: allg GeschUnkosten; ArbAufwand; Kosten für Fahrten zum Kunden (Karlsr VuR **98**, 83), jedenf wenn der VermittlgsVertr noch nicht geschl ist (Stgt BB **99**, 2265). Die Auslagen müssen erfdl gewesen (obj Maßst bei ex-post-Betrachtg) u tats entstanden (kein Vorschuß) sein; BewL insow beim Vermittler (Karlsr NJW-RR **96**, 1451). Keine Pauschalierg, insb nicht im voraus (Karlsr NJW-RR **96**, 1451). Verzinsg gem § 256. 2

655 e *Abweichende Vereinbarungen, Anwendung auf Existenzgründer.* **I Von den Vorschriften dieses Untertitels darf nicht zum Nachteil des Verbrauchers abgewichen werden. Die Vorschriften dieses Untertitels finden auch Anwendung, wenn sie durch anderweitige Gestaltungen umgangen werden.**

II Dieser Untertitel gilt auch für Darlehensvermittlungsverträge zwischen einem Unternehmer und einem Existenzgründer im Sinne von § 507.

1) Abs I entspricht inhaltl dem früh § 18 VerbrKrG (sa Einf 2). – **Abweichende Vereinbarungen, I 1,** zu Ungunsten des Verbr sind unwirks, zG des Verbr zuläss. Ob Abweichg zL des Verbr vorliegt, beurteilt sich nach rechtl GesichtsPkten im Hinbl auf die Einzelnorm, keine GesAbwägg. S iÜ, insb zur Zulässigk des einseit Verzichts, die Erl zu § 506. Bsp § 655 c Rn 6. –**Umgehungsverbot, I 2.** Es greift insb ein, wenn zwar kein VerbrDarl, aber ein als Umgehg der §§ 491 ff zu wertder Vertr vermittelt wird. Einzelh hierzu s § 506 Rn 4. UmgehgsAbs ist nicht erfdl; sa allg zu UmgehgsGesch § 134 Rn 28. 1 2

2) Existenzgründer, II. Die Vorschr entspricht inhaltl den früh § 1 I 2, § 3 I Nr 2 VerbrKrG. Sie gilt für natürl Pers, die sich ein Darl bis 50 000 Euro für die Aufn einer gewerbl od selbstd berufl Tätigk gewähren lassen (§ 507). Sie stehen für die Anwendg der §§ 655 a–e einem Verbr gleich. Dies entspr der Regelg zum VerbrDarl in § 507; Einzelh s dort. 3

Titel 12. Auftrag und Geschäftsbesorgungsvertrag

Untertitel 2. Geschäftsbesorgungsvertrag*

Kapitel 1. Allgemeines

675 a ***Informationspflichten.*** **I Wer zur Besorgung von Geschäften öffentlich bestellt ist oder sich dazu öffentlich erboten hat, stellt für regelmäßig anfallende standardisierte Geschäftsvorgänge (Standardgeschäfte) schriftlich, in geeigneten Fällen auch elektronisch, unentgeltlich Informationen über Entgelte und Auslagen der Geschäftsbesorgung zur Verfügung, soweit nicht eine Preisfestsetzung nach § 315 erfolgt oder die Entgelte und Auslagen gesetzlich verbindlich geregelt sind. Kreditinstitute (§ 1 Abs. 1 des Gesetzes über das Kreditwesen) haben zusätzlich Informationen über Ausführungsfristen, Wertstellungszeitpunkte, Referenzkurse von Überweisungen und weitere in der Verordnung nach Artikel 239 des Einführungsgesetzes zum Bürgerlichen Gesetzbuche bestimmte Einzelheiten in der dort vorgesehenen Form zur Verfügung zu stellen; dies gilt nicht für Überweisungen der in § 676 c Abs. 3 bezeichneten Art.**

II Im Sinne dieses Titels stehen Kreditinstituten gleich:

1. die Deutsche Bundesbank,
2. andere Unternehmen, die gewerbsmäßig Überweisungen ausführen, und
3. inländische Zweigstellen von Kreditinstituten und anderen Unternehmen mit Sitz im Ausland, die gewerbsmäßig Überweisungen ausführen.

1 Dch *Art 1 I Nr 52 SMG* (dazu BT-Drs 14/6040 S 269, 274) ist **Abs 2 aF aufgehoben** worden. Die darin enthaltene VO-Ermächtigg für das BMJ wurde ohne inhaltl Änderg in Art 239 EG übernommen. Entspr wurde die **Verweisung in Abs 1 Satz 2 angepaßt,** Abs 3 wurde Abs 2.

Anhang zu § 675 a

Verordnung über Informationspflichten nach bürgerlichem Recht (BGB-InfoV)

idF der Bekanntmachung vom 2. 1. 02 (BGBl I S 342)

(Auszug)

Vorbemerkung

1 Dch *Art 4 Nr 5 SMG* wurde die bish VO über KundeninformationsPfl v 30. 7. 99 (BGBl I 1730), die seit seit 14. 8. 99 galt, als Abschn 4 in die neue, aus der bish VO über die InformationsPfl von Reiseveranstaltern hervorgegangene VO über InformationsPfl nach Bürgerl R eingefügt (ausf Anh zu § 312 c § 1 Rn 1). §§ 10 u 11 der neuen VO entsprechen §§ 1, 2 der VO v 30. 7. 99. Inhaltl Ändergen sind nicht vorgenommen worden.

Abschnitt 4

Informationspflichten von Kreditinstituten

10 ***Kundeninformationspflichten von Kreditinstituten.*** *I Kreditinstitute haben ihren tatsächlichen und möglichen Kunden die Informationen über die Konditionen für Überweisungen in Textform und in leicht verständlicher Form mitzuteilen. Diese Informationen müssen mindestens Folgendes umfassen:*

A. vor Ausführung einer Überweisung

1. *Beginn und Länge der Zeitspanne, die erforderlich ist, bis bei der Ausführung eines mit dem Kreditinstitut geschlossenen Überweisungsvertrags der Überweisungsbetrag dem Konto des Kreditinstituts des Begünstigten gutgeschrieben wird,*
2. *die Zeitspanne, die bei Eingang einer Überweisung erforderlich ist, bis der dem Konto des Kreditinstituts gutgeschriebene Betrag dem Konto des Begünstigten gutgeschrieben wird,*
3. *die Berechnungsweise und die Sätze aller vom Kunden an das Kreditinstitut zu zahlenden Entgelte und Auslagen;*
4. *gegebenenfalls das von dem Kreditinstitut zugrunde gelegte Wertstellungsdatum,*
5. *die den Kunden zur Verfügung stehenden Beschwerde- und Abhilfeverfahren sowie die Einzelheiten ihrer Inanspruchnahme,*
6. *die bei der Umrechnung angewandten Referenzkurse.*

B. nach Ausführung der Überweisung

1. *eine Bezugsangabe, anhand derer der Überweisende die Überweisung bestimmen kann,*

***Amtlicher Hinweis:** Dieser Untertitel dient der Umsetzung
1. der Richtlinie 97/5/EG des Europäischen Parlaments und des Rates vom 27. Januar 1997 über grenzüberschreitende Überweisungen (ABl. EG Nr. 43 S. 25) und
2. Artikel 3 bis 5 der Richtlinie 98/26/EG des Europäischen Parlaments und des Rates über die Wirksamkeit von Abrechnungen in Zahlungs- und Wertpapierliefer- und -abrechnungssystemen vom 19. Mai 1998 (ABl. EG Nr. L 166 S. 45).

2. den Überweisungsbetrag,
3. den Betrag sämtlicher vom Überweisenden zu zahlenden Entgelte und Auslagen,
4. gegebenenfalls das von dem Kreditinstitut zugrunde gelegte Wertstellungsdatum.

II Hat der Überweisende mit dem überweisenden Kreditinstitut vereinbart, dass die Kosten für die Überweisung ganz oder teilweise vom Begünstigten zu tragen sind, so ist dieser von seinem Kreditinstitut hiervon in Kenntnis zu setzen.

III Ist eine Umrechnung in eine andere Währung erfolgt, so unterrichtet das Kreditinstitut, das diese Umrechnung vorgenommen hat, seinen Kunden über den von ihm angewandten Wechselkurs.

11 ***Betroffene Überweisungen.*** *Die Informationspflichten nach § 10 gelten nur, soweit die §§ 675 a bis 676 g des Bürgerlichen Gesetzbuchs auf Überweisungen Anwendung finden.*

Titel 14. Verwahrung

695 ***Rückforderungsrecht des Hinterlegers.*** **Der Hinterleger kann die hinterlegte Sache jederzeit zurückfordern, auch wenn für die Aufbewahrung eine Zeit bestimmt ist. Die Verjährung des Anspruchs auf Rückgabe der Sache beginnt mit der Rückforderung.**

Dch *Art 1 I Nr 52 SMG* (dazu BT-Drs 14/6040 S 269) wurde **Satz 2 angefügt.** Es handelt sich um eine Folgeänderg aus der Neugestaltg des VerjährgsR. Der RückFdgsAnspr entsteht bereits mit Hinterlegg der Sache, dies ist dem Hinterleger bekannt. Nach den allg Regeln würde die (kurze) VerjährgsFr von 3 J (§ 195) daher mit Ende des Jahres der Hinterlegg beginnen (§ 199 I), nach 3 J könnte der Verwahrer die Herausg der Sache verweigern. Daher läßt S 2 die Verj erst mit RückFdg (= Rückgabeverlangen, § 695 Rn 1 im HptBd) beginnen (nicht erst mit Ende des Jahres der RückFdg, wie dies der Regel des § 199 I entspräche). 1

696 ***Rücknahmeanspruch des Verwahrers.*** **Der Verwahrer kann, wenn eine Zeit für die Aufbewahrung nicht bestimmt ist, jederzeit die Rücknahme der hinterlegten Sache verlangen. Ist eine Zeit bestimmt, so kann er die vorzeitige Rücknahme nur verlangen, wenn ein wichtiger Grund vorliegt. Die Verjährung des Anspruchs beginnt mit dem Verlangen auf Rücknahme.**

Dch *Art 1 I Nr 53 SMG* (dazu BT-Drs 14/6040 S 269) wurde **Satz 3 angefügt**. Die Regelg entspricht § 695 S 2 mit der Maßg, dass an die Stelle des RückFdgsAnspr der RücknAnspr, an die Stelle der RückFdg das Verlangen auf Rückn tritt. IÜ gilt das zu § 695 S 2 ausgeführte (dort Rn 1). 1

700 ***Unregelmäßiger Verwahrungsvertrag.*** **I Werden vertretbare Sachen in der Art hinterlegt, dass das Eigentum auf den Verwahrer übergehen und dieser verpflichtet sein soll, Sachen von gleicher Art, Güte und Menge zurückzugewähren, so finden bei Geld die Vorschriften über den Darlehensvertrag, bei anderen Sachen die Vorschriften über den Sachdarlehensvertrag Anwendung. Gestattet der Hinterleger dem Verwahrer, hinterlegte vertretbare Sachen zu verbrauchen, so finden bei Geld die Vorschriften über den Darlehensvertrag, bei anderen Sachen die Vorschriften über den Sachdarlehensvertrag von dem Zeitpunkt an Anwendung, in welchem der Verwahrer sich die Sachen aneignet. In beiden Fällen bestimmen sich jedoch Zeit und Ort der Rückgabe im Zweifel nach den Vorschriften über den Verwahrungsvertrag.**

II Bei der Hinterlegung von Wertpapieren ist eine Vereinbarung der im Absatz 1 bezeichneten Art nur gültig, wenn sie ausdrücklich getroffen wird.

Dch *Art 1 I Nr 54 SMG* (dazu BT-Drs 14/6040 S 269) wurden **Abs 1 S 1 u 2 geändert**. Es handelt sich um eine redaktionelle Folgeänderg aus der Neugestaltg des DarlehensR (Unterteilg in GeldDarl, §§ 488 ff, und SachDarl, §§ 607 ff). Sachl Ändergen sind hiermit nicht verbunden. 1

Titel 20. Bürgschaft

771 ***Einrede der Vorausklage.*** **Der Bürge kann die Befriedigung des Gläubigers verweigern, solange nicht der Gläubiger eine Zwangsvollstreckung gegen den Hauptschuldner ohne Erfolg versucht hat (Einrede der Vorausklage). Erhebt der Bürge die Einrede der Vorausklage, ist die Verjährung des Anspruchs des Gläubigers gegen den Bürgen gehemmt, bis der Gläubiger eine Zwangsvollstreckung gegen den Hauptschuldner ohne Erfolg versucht hat.**

Dch *Art 1 I Nr 55 SMG* (dazu BT-Drs 14/7052 S 206) wurde **Satz 2 angefügt**. Es handelt sich um eine Folgeänderg aus der Neugestaltg des VerjährgsR. *Zweck:* Die Verj des BürgschAnspr (§ 765 Rn 26) beginnt gem § 199 I idR mit dem Ende des Jahres, in dem der Anspr entsteht, dh geltd gemacht w kann (§ 199 Rn 3; AnwK/Mansel Rn 3). Steht dem Bü die Einrede der Vorausklage zu (§ 771), muß der Gl ggf zunächst einen Proz gg den HauptSchu führen u versuchen, aus dem Titel zu vollstrecken. Hierzu kann uU die nunm auf 3 J begrenzte allg VerjFr (§ 195) nicht ausreichen. Der neue S 2 sieht daher einen eig HemmgsTatbest vor. *Beginn der Hemmung:* Zugang der Erkl des Bü, dch die er die Einr gem § 771 erhebt, beim Gl. *Ende der* 1

Hemmung: mit Abschl des ersten erfolgl VollstrVersuchs des Gl beim HauptSchu (wie HptBd Rn 1). *Wirkung:* wie § 209.

778 ***Kreditauftrag.*** **Wer einen anderen beauftragt, im eigenen Namen und auf eigene Rechnung einem Dritten ein Darlehen oder eine Finanzierungshilfe zu gewähren, haftet dem Beauftragten für die aus dem Darlehen oder der Finanzierungshilfe entstehende Verbindlichkeit des Dritten als Bürge.**

1 Dch *Art 1 I Nr 56 SMG* (dazu BT-Drs 14/6040 S 270) wurde die Vorschr an terminolog an das **neue Darlehensrecht angepaßt**. Das auf Geld bezogene Wort Kredit, das sowohl das GeldDarl wie auch and Formen der FinanziergsHilfe umfaßt (sa Vorbem 19 ff v § 488), konnte, da dch das SMG der DarlBegr auf GeldDarl reduziert (§ 488 I) u der Begr der FinanziergsHilfe gesetzl anerkannt ist (vgl § 499), dch diese dem Gesetz vertrauten Begr ersetzt w. Eine inhaltl Änderg ist damit nicht verbunden.

Titel 23. Anweisung

786 *(aufgehoben durch Art 1 I Nr 57 SMG)*

Die Vorschr bestimmte bish für die Verjährg des Anspr des AnwEmpf gegen den Angewiesenen aus der Annahme eine Fr von 3 J. Da diese der neuen RegelVerjFr (§ 195) entspr, ist die Vorschr entbehrl. Geändert hat sich allerd der Beginn der VerjFr, weil zusätzl Kenntn des AnwEmpf gem § 199 I Nr 2 erfdl ist.

Titel 24. Schuldverschreibung auf den Inhaber

802 ***Zahlungssperre.*** **Der Beginn und der Lauf der Vorlegungsfrist sowie der Verjährung werden durch die Zahlungssperre zugunsten des Antragstellers gehemmt. Die Hemmung beginnt mit der Stellung des Antrags auf Zahlungssperre; sie endigt mit der Erledigung des Aufgebotsverfahrens und, falls die Zahlungssperre vor der Einleitung des Verfahrens verfügt worden ist, auch dann, wenn seit der Beseitigung des der Einleitung entgegenstehenden Hindernisses sechs Monate verstrichen sind und nicht vorher die Einleitung beantragt worden ist. Auf diese Frist finden die Vorschriften der §§ 206, 210, 211 entsprechende Anwendung.**

1 Dch *Art 1 I Nr 58 SMG* (dazu BT-Drs 14/6040 S 270) wurde **Satz 3 geändert.** Es handelt sich um eine redaktionelle Folgeänderg aus der Neugestaltg des VerjährgsR. Dort sind an die Stelle der bish §§ 203, 206, 207 die §§ 206, 210, 211 getreten, auf die nunm verwiesen wird.

Titel 26. Ungerechtfertigte Bereicherung

813 ***Erfüllung trotz Einrede.*** **I Das zum Zwecke der Erfüllung einer Verbindlichkeit Geleistete kann auch dann zurückgefordert werden, wenn dem Anspruch eine Einrede entgegenstand, durch welche die Geltendmachung des Anspruchs dauernd ausgeschlossen wurde. Die Vorschrift des § 214 Abs. 2 bleibt unberührt.**

II Wird eine betagte Verbindlichkeit vorzeitig erfüllt, so ist die Rückforderung ausgeschlossen; die Erstattung von Zwischenzinsen kann nicht verlangt werden.

1 Dch *Art 1 I Nr 59 SMG* (dazu BT-Drs 14/6040 S 270) wurde **Abs 1 S 2 geändert**. Es handelt sich um eine redaktionelle Folgeänderg aus der Neugestaltg des VerjährgsR. Dort ist an die Stelle des bish § 222 II die Vorschr des § 214 II getreten, auf die nunm verwiesen wird.

Titel 27. Unerlaubte Handlungen

852 ***Herausgabeanspruch nach Eintritt der Verjährung.*** **Hat der Ersatzpflichtige durch eine unerlaubte Handlung auf Kosten des Verletzten etwas erlangt, so ist er auch nach Eintritt der Verjährung des Anspruchs auf Ersatz des aus einer unerlaubten Handlung entstandenen Schadens zur Herausgabe nach den Vorschriften über die Herausgabe einer ungerechtfertigten Bereicherung verpflichtet. Dieser Anspruch verjährt in zehn Jahren von seiner Entstehung an, ohne Rücksicht auf die Entstehung in 30 Jahren von der Begehung der Verletzungshandlung oder dem sonstigen, den Schaden auslösenden Ereignis an.**

1 **1) Verjährung** der Anspr aus uH. Das SMG hat die früh Abs I u II, die diese Regelg enthielten, aufgehoben. Maßg sind nunmehr die dch das SMG neu gefassten VerjVorschr in §§ 194 ff, insbes 195, 199.

2 **2) Bereicherungsanspruch.** Das SMG hat den früh Abs III des § 852 in Satz 1 in redaktionell veränderter Fassg beibehalten. Die RNatur des SchadErsAnspr bleibt unverändert, es handelt sich um eine bloße

RFolgenVerweisg (auch Einf 17–19 vor § 812). Die §§ 812 ff sind also nicht für die Vorauss der HerausgPfl, sondern ledigl für deren Umfang maßg (BGH **71**, 86), der SchadErsAnspr aus uH bleibt von der delikt Verj ausgenommen im Umfang der Verpfl des Schädigers zur Herausg seiner ungerechtfert Ber. Der Empf einer Leistg haftet jedenf auch bei nur mittelb Erwerb, wenn er an der uH beteil war (BGH NJW **65**, 1914). Herauszugeben ist ein VermZuwachs auch dann, wenn er dem Schädiger über einen VertrPartner auf Kosten des Verl zugeflossen ist (BGH **71**, 86). Auch ggü dem Ber Anspr schließt § 393 die Aufr aus (BGH NJW **77**, 529). – Der dch das SMG neu eingefügte **Satz 2** enthält für die Verj des Anspr auf Herausg einer ungerechtf 3
Ber eine eigständ Spezialregelg, die inhaltl derjen in § 199 III S 1 Nr 1 u 2 angeglichen ist.

Buch 3. Sachenrecht

Bearbeiter: Dr. Peter Bassenge, Vorsitzender Richter am Landgericht a. D.

Einführung

1 **1) Änderung sachenrechtlicher Vorschriften.** Das SMG ändert sachenrechtl Vorschriften nur insow, als die Neuregelg des VerjR dies erfordert (Art 1 Nr 61, 62, 64, 67). Im Übrigen enthält es eine Verbesserung des Wortlauts (Art 1 Nr 63) und eine Anpassg an die Neugliederg des Schuldrechts (Art 1 Nr 66), ohne das dies zu materiellrechtl Ändergen führt.

2 **2) Aufhebung der vierten Abschnitts.** Art 1 Nr 65 SMG hebt den vierten Abschnitt des Dritten Buchs auf. Dort war urspr in §§ 1012 bis 1017 das ErbbR geregelt. Diese Vorschr sind bereits am 22. 1. 1919 mit Verkündg der ErbbRVO außer Kraft getreten (ErbbRVO 35). Für vor dem 22. 1. 1919 bestellte ErbbRe gelten §§ 1012 bis 1017 fort (ErbbRVO 38); daran ändert die Aufhebg des vierten Abschnitts, der nur noch aus der Abschnittsbezeichng bestand, nichts.

3 **3) Sonstige Auswirkungen.** Die Neugestaltg des Verj dch das SMG gilt auch für die Verj sachenrechtl Vorschr, soweit nicht SonderVorschr (zB § 902) bestehen; daher verjährt zB der SchadErsAnspr aus §§ 989, 990 nicht mehr in 30 Jahren (§ 195 aF) sond in 3 Jahren (§ 195 nF). Die Neugestaltg des allg SchuldR dch das SMG gilt auch für sachenrechtl Anspr; so gilt zB das neue LStörgsR iRv ges SchuldVerh (Einl 9 vor § 854) u § 286 für den Eintritt des SchuldnVerzuges bei sachenrechtl Anspr

Abschnitt 3. Eigentum

Titel 3. Erwerb und Verlust des Eigentums an beweglichen Sachen

Untertitel 2. Ersitzung

939 *Hemmung der Ersitzung.* **I Die Ersitzung ist gehemmt, wenn der Herausgabeanspruch gegen den Eigenbesitzer oder im Falle eines mittelbaren Eigenbesitzes gegen den Besitzer, der sein Recht zum Besitz von dem Eigenbesitzer ableitet, in einer nach den §§ 203 und 204 zur Hemmung der Verjährung geeigneten Weise geltend gemacht wird. Die Hemmung tritt jedoch nur zugunsten desjenigen ein, welcher sie herbeiführt.**

II Die Ersitzung ist ferner gehemmt, solange die Verjährung des Herausgabeanspruchs nach den §§ 205 bis 207 oder ihr Ablauf nach den §§ 210 und 211 gehemmt ist.

1) Allgemeines. Neufassg dch Art 1 Nr 61 SMG. Materialien: Vgl. Einl 1 vor Allg Teil.

1 **2) Neuregelung. I** berücksichtigt zum einen, den dch das SMG neu eingeführten HemmgsTatbestd der außergerichtl Verhandlg (§ 203 idF Art 1 Nr 3 SMG) über den HerausgAnspr, die bish keinen Einfluss auf die Ersitzg hatte (vgl § 939 aF Rn 1), u zum and, dass das SMG der RVerfolgg nicht mehr Unterbrechgs- sond Hemmgswirkg für die Verj beilegt, so dass der hierher übernommene § 941 aF angepasst werden musste. – **II** übernimmt ohne sachl Änderg den Regelgsgehalt des § 939 aF unter Berücksichtigg der neuen §§-Folge.

2 **3) Hemmung nach I. – a)** Nach **I 1** werden in die ErsitzgsZeit des § 937 I nicht eingerechnet: Die Zeit, in der die Verj des HerausgAnspr aus § 985 dch Verhdlgen über ihn mit dem unmittelb Eigenbesitzer od dem unmittelb besitzden BesMittler des Eigenbesitzers (§ 203) od dch RVerfolgg gg einen dieser Besitzer (§ 204) gehemmt ist. Den in I 1 genannten Besitzern stehen ein ZwBesitzer iSv § 940 II (Staud/Wiegand § 941 Rn 2; aA Wstm/Gursky § 51 II 4) u ein BesDiener nicht gleich. Nach Ende der Hemmg der Verj des HerausgAnspr
3 läuft eine bei ihrem Anfang begonnene Ersitzgszeit weiter (kein Neubeginn). – **b)** Nach **I 2** wirkt die Hemmg nur zG desjenigen, der sie herbeigeführt hat. Daher bewirkt die Verhdlg/RVerfolgg eines Nichteigtümers keine Hemmg (Staud/Wiegand § 941 Rn 5); die Klage eines MitEigtümers auf Herausg an alle (§ 1011) hemmt aber zG aller MitEigtümer (MüKo/Quack § 941 Rn 9; aA Staud/Wiegand § 941 Rn 6).

4 **4) Hemmung nach II.** In die ErsitzgsZeit des § 937 I werden die Zeiten nicht eingerechnet, in denen der HerausgAnspr aus § 985 gg die in I 1 genannten Besitzer nach §§ 205–207 gehemmt ist. So lange der Ablauf der Verj für diesen HerausgAnspr nach §§ 210, 211 gehemmt ist, kann eine Ersitzg nicht vollendet werden.

941 *Unterbrechung durch Vollstreckungshandlung.* **Die Ersitzung wird durch Vornahme oder Beantragung einer gerichtlichen oder behördlichen Vollstreckungshandlung unterbrochen. § 212 Abs. 2 und 3 gilt entsprechend.**

1) Allgemeines. Neufassg dch Art 1 Nr 62 SMG. Materialien: Vgl Einl 1 vor Allg Teil.

1 **2) Neuregelung.** Soweit nach § 941 S 1 aF die gerichtl Geltdmachg des HerausgAnspr aus § 985 zu einer Unterbrechg der ErsitzgsFr des § 937 I führte, ist dieser UnterbrechgsTatbestd dch den HemmgsTatbestd nach § 939 I ersetzt worden. Soweit nach §§ 941 S 1, 209 II Nr 5 aF VollstreckgsHdlgen zu einer Unterbrechg der ErsitzgsFr des § 937 I führte, bleibt dieser UnterbrechgsTatbestd erhalten u wird redaktionell an das neue VerjR angepasst.

3) Unterbrechung der Ersitzung (S 1). Unterbrechg bedeutet, dass die ErsitzgFr des § 937 I mit der UnterberechgsHdlg erneut beginnt (§ 942). Sowohl der ZwVollstrAntr des Gläub als auch der hierauf ergehde Akt des VollstrOrgans unterbrechen (BGH NJW **85**, 1711). Vollstreckt werden muss der HerausgAnspr, dessen gerichtl Geltdmachg die Ersitzg nach § 939 gehemmt hat. Zu den einz VollstrHdlgen/-Antr vgl die Erl zu § 212 I Nr 2. 2

4) Nichteintritt der Unterbrechung (S 2). Die Unterbrechg gilt entspr § 212 II, III als nicht eingetreten bei Aufhebg der VollstrHdlg od Abweisg/Rückn des VollstrAntr (wie §§ 941 S 2, 216 aF). 3

943 ***Ersitzung bei Rechtsnachfolge.*** **Gelangt die Sache durch Rechtsnachfolge in den Eigenbesitz eines Dritten, so kommt die während des Besitzes des Rechtsvorgängers verstrichene Ersitzungszeit dem Dritten zugute.**

1) Allgemeines. Neufassg dch Art 1 Nr 63 SMG. Materialien: Vgl Einl 1 vor Allg Teil.

2) Neufassung. Das Wort „zustatten" in § 943 aF, das dem Wortlaut des § 221 aF entsprach, ist in Übereinstimmg mit § 198 dch „zugute" ersetzt worden. Daraus folgt keine sachl Änderg der Vorschr.

Titel 4. Ansprüche aus dem Eigentum

1002 ***Erlöschen des Verwendungsanspruchs*** **I Gibt der Besitzer die Sache dem Eigentümer heraus, so erlischt der Anspruch auf den Ersatz der Verwendungen mit dem Ablauf eines Monats, bei einem Grundstück mit dem Ablaufe von sechs Monaten nach der Herausgabe, wenn nicht vorher die gerichtliche Geltendmachung erfolgt oder der Eigentümer die Verwendungen genehmigt.**

II Auf diese Fristen finden die für die Verjährung geltenden Vorschriften der §§ 206, 210, 211 entsprechende Anwendung.

1) Allgemeines. Neufassg von II dch Art 1 Nr 64 SMG. Materialien: Vgl Einl 1 vor Allg Teil.

2) Neufassung. An die Stelle der in § 1002 II aF genannten Verweisg auf §§ 203, 206, 207 ist die Verweisg auf §§ 206, 210, 211 getreten. Daraus folgt keine sachl Änderg der Vorschr.

Abschnitt 5. Vorkaufsrecht

1098 ***Wirkung des Vorkaufsrechts.*** **I Das Rechtsverhältnis zwischen dem Berechtigten und dem Verpflichteten bestimmt sich nach den Vorschriften der §§ 463 bis 473. Das Vorkaufsrecht kann auch dann ausgeübt werden, wenn das Grundstück von dem Insolvenzverwalter aus freier Hand verkauft wird.**

II Dritten gegenüber hat das Vorkaufsrecht die Wirkung einer Vormerkung zur Sicherung des durch die Ausübung des Rechts entstehenden Anspruchs auf Übertragung des Eigentums.

III Steht ein nach § 1094 Abs. 1 begründetes Vorkaufsrecht einer juristischen Person oder einer rechtsfähigen Personengesellschaft zu, so gelten, wenn seine Übertragbarkeit nicht vereinbart ist, für die Übertragung des Rechts die Vorschriften der §§ 1059 a bis 1059 d entsprechend.

1) Allgemeines. Neufassg von I 1 dch Art 1 Nr 66 SMG. Materialien: Vgl Einl 1 vor Allg Teil.

2) Neufassung. Anpassg an die Verschiebg der Vorschr über die in Bezug gen Vorschr über das VorkR. Daraus folgt keine sachl Änderg der Vorschr.

Abschnitt 7. Hypothek, Grundschuld, Rentenschuld

Titel 1. Hypothek

1170 ***Ausschluss unbekannter Gläubiger.*** **I Ist der Gläubiger unbekannt, so kann er im Wege des Aufgebotsverfahrens mit seinem Recht ausgeschlossen werden, wenn seit der letzten sich auf die Hypothek beziehenden Eintragung in das Grundbuch zehn Jahre verstrichen sind und das Recht des Gläubigers nicht innerhalb dieser Frist von dem Eigentümer in einer nach § 212 Abs. 1 Nr. 1 zum Neubeginn der Verjährung geeigneten Weise anerkannt worden ist. Besteht für die Forderung eine nach dem Kalender bestimmte Zahlungszeit, so beginnt die Frist nicht vor dem Ablauf des Zahlungstags.**

II Mit der Erlassung des Ausschlußurteils erwirbt der Eigentümer die Hypothek. Der dem Gläubiger erteilte Hypothekenbrief wird kraftlos.

1) Allgemeines. Neufassg von I 1 dch Art 1 Nr 67 SMG. Materialien: Vgl Einl 1 vor Allg Teil.

2) Neufassung. Anpassg an die Neugestaltg des VerjR. An die Stelle der bish VerjUnterbrechg dch Anerkenntn nach § 208 aF tritt der Neubeginn der Verj dch Anerkenntn nach § 212 I Nr 1.

Buch 4. Familienrecht

Bearbeiter des § 1317: Dr. Gerd Brudermüller, Richter am Oberlandesgericht Karlsruhe; der Einführung sowie der §§ 1600 b, 1615 l, 1903: Prof. Dr. Uwe Diederichsen, Universität Göttingen

Einführung

Schrifttum: Zu Materialien u Lit zur Reform vgl die Einl zum ErgänzungsBd.

1 **1)** Die gesetzl Ändergen dch das **SMG** beschrken sich im 4. Buch des BGB – abgesehen von der Einf neuer gesetzl Überschriften – auf wenige Bestimmgen, näml auf die §§ 1317, 1600 b, 1615 l, 1762 u 1903 sowie auf die Umstellg der Titelzählg im 2. Abschn (die bish 7. u 9. Titel werden zum 6. u 7. Titel), auf die Streichg der Überschr „VI. Familienrat" u im 1. Titel des 3. Abschn die Ersetzg der Überschr „VII. Beendigg der Vormsch" dch Einfügg eines entsprechden „Untertitel 6. Ende der Vormsch" (vgl SMG Art 1 Nr 68–73). In der Sache beschr sich das SMG bei den Ändergen der Vorschr des FamR im wesentl auf redaktionelle FolgeÄndergen aus der Neugestaltg des VerjR, näml auf die Umstellg der VerjVorschr der §§ 203, 206 aF auf die geänd Zählg als §§ 206, 210 nF. Inhaltl Ändergen sind mit dieser Umstellg abgesehen von der Erweiterg der Ablaufhemmg auf nicht voll geschfäh Schu nicht verbunden (vgl § 206 Rn 1, § 210 Rn 1 im vorliegdn Bd). Die folgde Darstellg begnügt sich desh mit der Neufassg der diese Bestimmgen betreffden Erläutergen, wobei zur leichteren Orientierg des Lesers die Zählg der Rn aus dem HauptBd der 61. Aufl des Palandts übern wird; wg der übr Kommentierg der betroffenen famrechtl Vorschr kann, da VerständnSchwierigk nicht entstehen können, auf den HauptBd der 61. Aufl verwiesen werden. Eine Ausn gilt ledigl für § 1615 l. Da diese Vorschr dch das SMG weitere Ändergen erfahren hat, werden die Erläutergen zu dieser Vorschr im folgden insges neu gefaßt.

2 **2) Gesetz zur Einführung des EURO** in Rechtspflegegesetzen usw vom 13. 12. 2001 (BGBl I 3574). Das unabhäng vom SMG erlassene Ges, das gem Art 36 am 1. 1. 2002 in Kr getreten ist, enth in Art 27–29 folgde Ändergen im Bereich des FamR:

3 **a) Anpassung von Unterhaltsrenten (§ 1612 a I).** Nach bish R konnte der RegelBetrUnterh in der Weise dynamisiert werden, daß das Ki die Wahl hatte zw dem Vomhundertsatz „eines oder des jeweiligen Regelbetrags" der RegelBetrVO (vgl 61. Aufl § 1612 a Rn 6). Die 1. Alt kam nur in Betr, wenn sich das Ki im Ztpkt der AntrStellg bereits in der 3. Altersstufe befand (vgl 61. Aufl § 1612 a Rn 6). Da sich die Dynamisierg sprachl dann aber auch ow mit der in der 2. Alt enth Wortfassg ausdrücken läßt u somit für die 1. Alt keine prakt relevanten Anwendgsfälle bleiben, hat der GesGeber zu Recht auf die 1. Alt verzichtet (Art 27 Nr 1). Der Antr auf Dynamisierg ist daher in Zukunft stets dahin zu richten, daß der Unterh als Vomhundertsatz des jew RegelBetr nach der RegBetrVO verlangt wird. Eine and Gestaltg des UnterhTitels, zB in einem UnterhVergl, wird dch die Einschränkg der AntrMöglkten nicht ausgeschl (BT-Drucks 14/7349 S 23).

4 **b) Regelbefreiung von der vormundschaftsgerichtlichen Genehmigung (§ 1817 I 2).** Das VormschG kann den Vormd von der Einholg einer Gen entbinden, soweit der Umfang der VermVerwaltg dies rechtfertigt. Die bish GesFassg sah eine Regelbefreiung für Verm bis zu 10 000 DM (ohne Berücks v GrdBesitz) vor. Der GesGeber hat jetzt in Art 28 Nr 2 die im FernAbsG versäumte Umstellg auf den EURO nachgeholt u best nunmehr, daß ein geringer Umfang der VermVerwaltg idR dann vorliegt, wenn der Wert des Verm 6000 € nicht übersteigt (vgl BT-Drucks 14/7349 S 20 f sowie iü 61. Aufl § 1817 Rn 2).

5 **c) Anpassung der Übergangsregelung des KindUG (Art 5 § 3 II KindUG).** Vgl zunächst im HauptBd 61. Aufl Einf 71 v § 1601 bzw 58. Aufl Rn 42 ebdt. Art 28 nimmt in der Verweisg auf die VerfVorschr der ZPO für die Anpassg von UnterhTiteln, die vor dem 1. 7. 1998 errichtet worden sind, ZPO 645 I aus mit der Folge, daß in der Zukunft die Anpassg solcher Alttitel nicht mehr im VereinfVerf (dazu Einf 62 v § 1601 der 61. Aufl) erfolgen kann. Damit soll klargestellt werden, dass die ZulässigkGrenze bzgl des 1½-fachen des RegelBetr nicht für die AbÄnd von Alttiteln gilt (vgl BT-Drucks 14/7349 S 24). Mit der Umstellg auf den EURO hat diese Änderg nichts zu tun.

6 **d) Vergütung des Berufsvormunds (§ 1 III 3 BVormVG).** Die im Zshg mit § 1836 a abgedr Vorschr des BVormVG 1 III 3 ist dch Art 29 dahin geänd worden, daß der für die aus Grden des Vertrauensschutzes erhöhte Vergütg von BerufsVormdern/-Betr vorgesehene HöchstBetr von 60 DM (entsprechd dem bereits für die 3. Stufe vorgesehenen StdSatz) in Zukunft 31 € beträgt. Vgl BT-Drucks 14/7349 S 24 sowie iü § 1836 a Rn 7 der 61. Aufl im HauptBd.

7 **3) Gesetz zur Neuordnung des Schuldbuchrechts** des Bundes u der RGrdlagen der BuSchuldenVerwaltg **(BundeswertpapierverwaltungsG)** vom 11. 12. 2001 (BGBl I 3519), in Kr getreten am 1. 1. 2002. Das G paßt in § 15 (18) Nr 4–9 in 6 Vorschr den Wortlt verschiedener Best des R der elterl Sorge u des VormdschR an die AusdrWeise des BWpVerwG an. Besondere, dh über die mit der Einf der neuen BuWertpapierVerw hinausgehende, Ändgen sind damit im Bereich des FamR nicht verbunden. Entspr ist in den §§ 1667 II 2, 1815 I 2 u II, 1816 u 1820 I u II jew im Singular od Plural das Wort „Buchforderung" dch das Wort „Schuldbuchforderung" ersetzt worden. Zusätzl wurde in den §§ 1807 I Nr 2 u 3, 1815 I 2 u II u 1816 die staatsrechtl seit langem fällige Umstellg von „Reich" u „Bundesstaat" auf „Bund" u „Land" im vormdschaftsrechtl VermVerwR nachvollzogen sowie es in den §§ 1807 I Nr 2 u 1853 in Zukft nunmehr statt „Reichsschuldbuch" bzw. „Staatsschuldbuch" „Bundesschuldbuch" u „Landesschuldbuch" bzw „Schuldbuch eines Landes" heißt.

Abschnitt 1. Bürgerliche Ehe

Titel 3. Aufhebung der Ehe

1317 *Antragsfrist.* **I Der Antrag kann in den Fällen des § 1314 Abs. 2 Nr. 2 bis 4 nur binnen eines Jahres gestellt werden. Die Frist beginnt mit der Entdeckung des Irrtums oder der Täuschung oder mit dem Aufhören der Zwangslage; für den gesetzlichen Vertreter eines geschäftsunfähigen Ehegatten beginnt die Frist jedoch nicht vor dem Zeitpunkt, in welchem ihm die den Fristbeginn begründenden Umstände bekannt werden, für einen minderjährigen Ehegatten nicht vor dem Eintritt der Volljährigkeit. Auf den Lauf der Frist sind die §§ 206, 210 Abs. 1 Satz 1 entsprechend anzuwenden.**

II Hat der gesetzliche Vertreter eines geschäftsunfähigen Ehegatten den Antrag nicht rechtzeitig gestellt, so kann der Ehegatte selbst innerhalb von sechs Monaten nach dem Wegfall der Geschäftsunfähigkeit den Antrag stellen.

III Ist die Ehe bereits aufgelöst, so kann der Antrag nicht mehr gestellt werden.

Allgemeines. Die Kommentierg im HptBd 61. Aufl Rn 1–10 erfährt dch das SMG in Rn 7 folgde Modifikation:

I 3 wurde dch SMG Art 1 Nr 67 dahin geändert, daß auf den Lauf der Fr die §§ 206, 210 I 1 nF (= früher §§ 203, 206 I) anzuwenden sind. Es handelt sich um eine redaktionelle Anpassg ohne wesentl inhaltl Änderg. Zur Neufassg s die Kommentierg der §§ 206, 210 im vorliegden Bd. 1

Abschnitt 2. Verwandtschaft

Titel 2. Abstammung

1600 b *Anfechtungsfristen.* **I Die Vaterschaft kann binnen zwei Jahren gerichtlich angefochten werden. Die Frist beginnt mit dem Zeitpunkt, in dem der Berechtigte von den Umständen erfährt, die gegen die Vaterschaft sprechen.**

II Die Frist beginnt nicht vor der Geburt des Kindes und nicht, bevor die Anerkennung wirksam geworden ist. In den Fällen des § 1593 Satz 4 beginnt die Frist nicht vor der Rechtskraft der Entscheidung, durch die festgestellt wird, dass der neue Ehemann der Mutter nicht der Vater des Kindes ist.

III Hat der gesetzliche Vertreter eines minderjährigen Kindes die Vaterschaft nicht rechtzeitig angefochten, so kann das Kind nach dem Eintritt der Volljährigkeit selbst anfechten. In diesem Falle beginnt die Frist nicht vor Eintritt der Volljährigkeit und nicht vor dem Zeitpunkt, in dem das Kind von den Umständen erfährt, die gegen die Vaterschaft sprechen.

IV Hat der gesetzliche Vertreter eines Geschäftsunfähigen die Vaterschaft nicht rechtzeitig angefochten, so kann der Anfechtungsberechtigte nach dem Wegfall der Geschäftsunfähigkeit selbst anfechten. Absatz 3 Satz 2 gilt entsprechend.

V Erlangt das Kind Kenntnis von Umständen, auf Grund derer die Folgen der Vaterschaft für es unzumutbar werden, so beginnt für das Kind mit diesem Zeitpunkt die Frist des Absatzes 1 Satz 1 erneut.

VI Der Fristablauf ist gehemmt, solange der Anfechtungsberechtigte widerrechtlich durch Drohung an der Anfechtung gehindert wird. Im Übrigen sind die für die Verjährung geltenden Vorschriften der §§ 206, 210 entsprechend anzuwenden.

Allgemeines. Vgl insow die Kommentierg im HauptBd des Palandts, 61. Aufl. Das SMG hat in Art 1 Nr 68 in der Vorschr des § 1600 b ledigl die Zählg der von der Vorschr in Bezug genommenen Bestimmgen des VerjR geändert. 1–18

bb) Hemmung der Frist bei höherer Gewalt und nicht voll Geschäftsfähigen. VI 2 wurde durch das SMG Art 1 Nr 68 dahin geändert, daß die Angabe der §§ 203, 206 aF dch die Angabe der §§ 206, 210 nF ersetzt worden ist. Der in der früh GesFassg gesond formulierte Tatbestd des Stillstands der Rpflege wird als bl Unterfall der höheren Gewalt im Ges nicht mehr eigens hervorgehoben (§ 206 Rn 4 im vorliegden Bd). Vgl zur Übertr der VerjVorschr auf die AnfFr sowie zur Erläuterg der hier herangezogenen Bestimmungen des VerjR Überbl 14 vor § 194 sowie die Kommentierg der §§ 206, 210 im vorl Bd. Zu Fehlern von Ger od Beh: § 1600 b Rn 12 im HauptBd. Verliert der AnfBerecht währd des Laufs der AnfFr die GeschFgk od einen ges Vertr, so läuft entspr § 210 nF von der Behebg des Mangels an eine zusätzl Fr v 6 Mo (vgl § 210 Rn 1 u 2 im vorl Bd). And bei einem bl Wechsel in der Pers des ges Vertr, wenn der neue Vertr bei Übern des Amts Kenntn von den Tats iS von I 2 hat (KG FamRZ **74**, 380). Iü ist das Ki wirks vertreten und beginnt somit die Fr erst dann zu laufen, wenn die elt Sorge auf einen EltT allein übertr ist (vgl Kblz DAV **83**, 735). Die Einreichg des PKH-Gesuchs am letzten Tag der AnfFr bewirkt deren Hemmg (KG FamRZ **78**, 927). Nicht ausr für die VerjHemmg dagg: Strafhaft; Verschulden des ProzBevollm (BGH **31**, 342) bzw des mit der Beratg des AnfBerecht betrauten RA (BGH **81**, 353). 19

Vgl auch insow den HauptBd der 61. Aufl dieses Kommentars. 20–26

Titel 3. Unterhaltspflicht

Untertitel 2. Besondere Vorschriften für das Kind und seine nicht miteinander verheirateten Eltern

1615 l ***Unterhaltsanspruch von Mutter und Vater aus Anlaß der Geburt.*** **I Der Vater hat der Mutter für die Dauer von sechs Wochen vor und acht Wochen nach der Geburt des Kindes Unterhalt zu gewähren. Dies gilt auch hinsichtlich der Kosten, die infolge der Schwangerschaft oder der Entbindung außerhalb dieses Zeitraums entstehen.**

II Soweit die Mutter einer Erwerbstätigkeit nicht nachgeht, weil sie infolge der Schwangerschaft oder einer durch die Schwangerschaft oder die Entbindung verursachten Krankheit dazu außerstande ist, ist der Vater verpflichtet, ihr über die in Absatz 1 Satz 1 bezeichnete Zeit hinaus Unterhalt zu gewähren. Das Gleiche gilt, soweit von der Mutter wegen der Pflege oder Erziehung des Kindes eine Erwerbstätigkeit nicht erwartet werden kann. Die Unterhaltspflicht beginnt frühestens vier Monate vor der Geburt; sie endet drei Jahre nach der Geburt, sofern es nicht insbesondere unter Berücksichtigung der Belange des Kindes grob unbillig wäre, einen Unterhaltsanspruch nach Ablauf dieser Frist zu versagen.

III Die Vorschriften über die Unterhaltspflicht zwischen Verwandten sind entsprechend anzuwenden. Die Verpflichtung des Vaters geht der Verpflichtung der Verwandten der Mutter vor. Die Ehefrau und minderjährige unverheiratete Kinder des Vaters gehen bei Anwendung des § 1609 der Mutter vor; die Mutter geht den übrigen Verwandten des Vaters vor. § 1613 Abs. 2 gilt entsprechend. Der Anspruch erlischt nicht mit dem Tode des Vaters.

IV Wenn der Vater das Kind betreut, steht ihm der Anspruch nach Absatz 2 Satz 2 gegen die Mutter zu. In diesem Falle gilt Absatz 3 entsprechend.

Schrifttum: Puls FamRZ **98**, 129; Wellenhofer-Klein FuR **99**, 448; Büttner FamRZ **00**, 781; Ehinger FPR **01**, 25.

1 **1) Allgemeines.** Die Fassg der Vorschr geht auf das SMG zurück, das durch Art 1 Nr 69 den IV aF aufgehoben, den bish V zu IV gemacht u entsprechd die Verweisg in dessen S 2 angepaßt hat. Mit der Aufhebg von IV aF wird der bes UnterhAnspr der Mu eines nehel Ki verjrechtl den UnterhAnspr einer verh od gesch Frau gg den Ehem bzw fr Ehem gleichgestellt, so daß es keinen Unterschied mehr macht, ob bspw eine kurz nach der Geburt gesch Frau wg der Pflege od Erz des ehel Ki einer ErwTätigk nicht nachgehen u daher den fr Ehem auf Unterh in Anspr nehmen kann od ob ein entspr Anspr der Mu eines nehel Ki nach § 1615 l II besteht. Eine verjrechtl Privilegierg der nehel Mu ist aGrd der inzw eingetretenen gesellschaftl Verändergen nicht mehr erfdl (BR-Drucks 338/01 S 643 f). – Die Regelg von § 1615 l soll ermögl, daß das Ki von einem EltT pers betreut wird, u läßt desh neben den Kosten von Schwangersch u Entbindg den Unterh für die Mu währd der 14 entbindgsnahen Wo in den finanziellen VerantwortgsBereich des nehel Va fallen u wertet darüber hinaus auch eine erfdl KiBt danach im Verhältn der Elt zueinand als ausreichden Grd für die Inanspruchn des nicht betreuden EltT (Erm/Holzhauer 2).

2 **2) Ansprüche der Mutter aus Anlaß der Geburt, I.** Diese Anspr stehen iGgs zu denen aus II 2 naturgem nur der Mu zu (vgl IV 1).

3 **a) Unterhalt, I 1.** Zur Geburt des Ki vgl § 1 Rn 2. Die Vorschr gilt auch bei Tot- und Fehlgeburten (§ 1615 n). Der Anspr setzt ferner entsprechd der Überschrift vor § 1615 a voraus, dass die Elt des Ki nicht miteinand verh sind od waren. Sind sie das, gelten die §§ 1360, 1361; für gesch Elt gilt § 1570. Für das außerh der ZtSpanne von § 1593 S 1 nachehel gezeugte Ki gesch Eheg gilt nicht § 1570, so dass der Mu UnterhAnspr gg ihren früh Ehemann nur nach § 1615 l zustehen. Nur diese Vorschr gilt auch für Geburten innerh von nehel LebGemsch (Einl 19 vor § 1297). Die Geltdmachg des Anspr setzt nicht voraus, dass die Nichtehelk des Ki rkräft festgestellt ist od aGrd Anerk feststeht (vgl Zweibr NJW **98**, 318); es reicht aus, wenn der als Erzeuger des Ki in Betr kommde Mann die Vatersch nicht bestreitet (vgl Düss FamRZ **95**, 690; aA Hamm FamRZ **89**, 619). Neben der LeistgsFgk des Va (§ 1603), der zur Erfüllg des Anspr allerd nicht sein Studium aufzugeben braucht (Ffm FamRZ **82**, 732), ist weitere Vorauss die Bedürftigk der Mu iSv § 1602 (BGH NJW **98**, 1309). – Kausalität zw Geburt u Bedürftigk ist nicht erfdl. Zur Konkurrenz bei Bt and Ki vgl Rn 11 u 22. Der Anspr besteht unabhäng davon, ob die Mu vor der Geburt des Ki erwtät war. Da sie dem BeschäftiggsVerbot von MuSchG 3 II, 6 I unterliegt, besteht insow keine ErwObliegenh. Soweit ihr gem MuSchG 11 vom ArbGeber das ArbEntgelt weiter gewährt wird od sie gem RVO 200 I MutterschGeld erh, ist sie in diesem Umfang nicht bedürft, so daß I vor allem dem Schutz von nicht abhäng Beschäftigten od nicht Versichergs-
4 Pflicht (also Selbstdgen) od nicht erwtät Müttern dient (Staud/Eichenhofer[12] 5). – **Dauer:** Unterh wird 6 Wo vor u 8 Wo nach der Geburt geschuldet. Entscheidd ist der voraussichtl Geburtstermin (entsprechde GA-Kosten gehen zL der Mu), so dass sich bei früh od späterer Geburt die UnterhDauer entspr verkürzt od verlängert (Erm/Holzhauer 7). Die 8-Wo-Fr bestimmt sich nach den §§ 187 I, 188 II. Ggf schließt sich ein Anspr auf außerordentl Unterh gem II 1 an (Rn 9).

5 **b) Schwangerschafts- und Entbindungskosten, I 2.** And als für den Anspr nach I 1 ist hier Kausalität erfdl; anderers gibt es keine Beschränkg der Anspr auf den 14-Wo-ZtRaum (vgl Rn 3 u 4). Eine ÜbernPfl besteht vor allem für die unmittelb Schwangersch- u EntbindgsKosten, also für Aufwendgen für Arzt, Hebamme, Klinik, Pflegepersonal, Medikamente usw, daneben aber auch für alle notw Schwangersch- u EntbindgsFolgekosten, also: ärztl Vor- u Nachuntersuchgen, SchwangerschGymnastik u -garderobe (AG Krfld FamRZ **85**, 1181). – Die Angemessenh der Aufwendgen richtet sich nach der LebStellg der Mu (vgl Rn 15). Ersetzt werden nur die wirkl entstandenen Kosten. Der Anspr ermäß sich desh um die Leistgen, welche die

Mu von and Stellen erh hat (LG Bremen FamRZ **93**, 107), also um Zahlgen aGrd der Sozial- od einer PrivatVers, ebso bei Hilfen im öff Dienst od aGrd von TarifVertr (Brüggemann FamRZ **71**, 144), soweit nicht 6
eine Überleitg stattfindet (Rn 7). – Nach I 2 nicht erstattgsfäh sind die Kosten für eine KrankenhUnterbringg des Ki nach der Geburt; sie sind vielm dessen eig Unterh zuzurechnen (LG Aachen FamRZ **86**, 1040). Zur 7
Baby-Erstausstattg: § 1613 Rn 19. – **Rechtsnatur:** Es handelt sich iGgs zu dem eigenständ normierten Anspr von § 1615 k aF um einen UnterhAnspr, der folgl von Bedürftigk u LeistgsFgk abhäng ist (BT-Drucks 13/7338 S 32). Der Anspr ist übertragb, erbl u bedingt pfändb (ThP § 850 b Rn 8). Bei Vorleistg dch das SozAmt wird der Anspr übergeleitet (BVerwG NJW **90**, 401). Bei Leistg dch Verwandte gilt ggf § 1607 II analog (aA Gernhuber/Coester-Waltjen[4] § 59 III 2). Außerh vertragl Zusagen besteht kein Anspr des KrankenhTrägers gg den Erzeuger auf Übern der EntbindgsKo (LG Kln NJW **91**, 2354). Es besteht auch kein RegreßAnspr von ArbGeber oder Versicherer.

3) Ansprüche auf fortgesetzten Unterhalt, II. Ein UnterhAnspr über die 8 Wo nach der Geburt hinaus 8
(vgl Rn 5) kann der Mu nach II 1 od II 2 zustehen. Im einen Fall liegen die bes Grde in der Pers der Mu, im and in der Pers des Ki. GrdVorauss für den Anspr sind auch hier LeistgsFgk u Bedürftigk (AG Mannh FamRZ **98**, 117).

a) Schwangerschaft oder Krankheit, II 1. Es reicht aus, wenn die Schwangersch, die Entbindg od eine 9
dadch verursachte Krankh für die NichtAufn einer ErwTätigk zumind mitursächl ist. Doch scheidet der Anspr aus, wenn die ErwTätigk bereits aus and Grden unterlassen wird, etwa wg einer schwangerschunabhäng Erkrankg od wg einer bereits davor bestehden Erwerbslosigk. And dagg, wenn die ErwTätigk wg anderweit KiBt unterblieben ist. War die Mu vor der Geburt erwerbslos, muß sie beweisen, dass sie sich angem um eine Arb bemüht hat u dass es gerade die Schwangersch war, die der Nichterlangg der ErwTätigk im Wege gestanden hat (Kblz NJW-RR **00**, 1531). II 1 gilt auch, wenn die Mu wg der Schwangersch eine Schul- od Berufsausbildg abgebrochen hat u mangels BerufsausbildgsAbschl nach der Geburt des Ki nicht erwtät werden kann (LG Essen FamRZ **71**, 539).

b) Betreuungsunterhalt, II 2 (Lit: Wever FF **00**, 16). Ein Ki, dessen Elt nicht miteinand verh sind, soll in 10
den ersten 3 LebJ verstärkt in den Genuß der pers Bt dch die Mu bzw dch den Va (vgl V) kommen (BT-Drucks 13/1850 S 24). Damit darf der das Ki betreuende EltT grdsl nicht mehr auf die FremdBt des Ki verwiesen werden (KG NJW-RR **00** 809). Auch die nicht verh Mu od ggf auch der Va können sich somit grdsl frei für die Bt des Ki entscheiden, auch wenn Dr zur Bt zVfg stehen (Bremen FamRZ **00**, 36; Büttner FamRZ **00**, 781; Diehl DAV **00**, 839). Das Schwangeren- u FamHilfeÄndG vom 21. 8. 95 (BGBl 1050) hat dies jedoch ledigl unter Angleichg der AnsprVorauss an § 1570 verwirkl (vgl dort Rn 3 ff). Desh behalten anderweit BtMöglkten dchaus eine gewisse Bedeutg, zB wenn die Elt des Ki zusleben u der Partn das Ki betreuen kann (Bremen FamRZ **84**, 84). Besteht die LebGemsch nicht mehr, kann es darauf ankommen, ob die Bt des Ki dch den früh LebPartn für die Mu zumutb ist (vgl AG u LG Würzbg FF **97**, 54 mA Schnitzler). Letzteres ist zB mind dann der Fall, wenn den Elt die elt Sorge gemeins zusteht. Zur Bedeutg unterschiedl Zuwendgskompetenz der Elt vgl AG u LG Karlsr FamRZ **89**, 315. – **Kausalität.** Die KiBt braucht nicht die 11
alleinige Ursache für die NichtErwTätigk zu sein. Ist die Mu wg der Bt von Ki aus ihrer früh Ehe an einer ErwTätigk gehindert, haften der gesch Eheg u der Va des neuen Ki für den BtUnterh der Mu anteil (BGH NJW **98**, 1309). Das gilt auch, wenn die Mu erst nach Entstehen der UnterhPfl den KiVa heiratet (Schlesw FamRZ **00**, 637). Vgl iü Rn 22.

c) Dauer der Unterhaltszahlung, II 3. Die Vorverlegg der UnterhPfl auf 4 Mo vor der Geburt kommt 12
nur für II 1 in Betr. Die grdsl Befristg des Unterh auf 3 J nach der Geburt gilt dagg für den schwangersch- u krankhbdgten Unterh wie für den BtUnterh (II 1 u 2). Sie wird zT als verfassgswidr angesehen, weil sie hinter der Regelg von § 1570 zurückbleibt (Peschel-Gutzeit/Jenckel FuR **96**, 136; Schwab FamRZ **97**, 525; Müller DAV **00**, 829). Zu Altfällen vgl 61. Aufl Rn 12. – Bei **grober Unbilligkeit**, die sich trotz der mißverständl 13
GesFassg auch allein aus der Pers des Ki ergeben kann, wird die UnterhBefristg nochmals dchbrochen u der nicht betreuende EltT im Extremfall zu dauerden UnterhLeistgen verpfl, bspw wenn das Ki behind u deswg auf eine längere Bt angewiesen ist (BT-Drucks 13/4899 S 89 f; zu weiteren Fällen vgl Puls FamRZ **98**, 872). Die das BtBedürfn begründden bes Belange des Ki können auch später als 3 J nach der Geburt auftreten (Erm/Holzhauer 17). Iü verliert die Mu ihren UnterhAnspr nicht, wenn sie iS der natürl LebPlang der Elt neben der KiBt ihr Studium fortsetzt (Ffm FamRZ **00**, 1522).

4) Anwendung des allgemeinen Unterhaltsrechts, III. Die Vorschr gilt auch dann, wenn der Va das 14
gemeins Ki versorgt u nach V Anspr auf BtUnterh gg die Mu geltd macht. – **a)** Da es sich bei den Anspr aus I u II um UnterhAnspr handelt, finden darauf die Vorschr zum VerwandtenUnterh Anwendg, **III 1.** Insb sind damit Bedürftigk u LeistgsFgk hier echte AnsprVorauss. Der Anspr entfällt also bei Lohnfortzahlg an die Mu od wenn sie hinreichde Einkfte aus Verm od in zumutb Weise verwertb Verm hat (LG Würzbg FF **01**, 98 mA Weber). Zur Nichtanrechng von ErzGeld vgl Einf 51 v § 1601. Eig Einkfte sind analog § 1577 anzurechnen (Diehl DAV **00**, 839 f). – Angem Selbstbeh ggü Anspr aus § 1615 l: mind 1950 DM (Einf 20 v § 1601). –
b) Für das **Unterhaltsmaß** gilt selbst bei früh nehel LebGemsch zw den Elt nicht § 1578 u entscheidd ist auch 15
nicht das Eink des UnterhVerpfl, sond über § 1610 ist die LebStellg des jeweils anspr-stellden EltT maßgebl. Ein Anspr auf Teilhabe an der LebStellg des unterhpflicht and EltT besteht nicht (Kblz NJW **00**, 669). Es kommt entscheidd auf die konkr LebStellg des unterhberecht EltT an (Kln FamRZ **01**, 1322). Der jew UnterhBed muß konkr dargelegt werden (Zweibr FamRZ **01**, 444 L). Es wird kein VorsorgeUnterh geschuldet (Puls FamRZ **98**, 873). War die Mu vor der Geburt des Ki erwtät, so bestimmt der Verdienstausfall, also ihr früh Eink, ihren jetzigen UnterhBed (Bremen u Kblz FamRZ **00**, 636 u 637; Naumbg FamRZ **01**, 1321). Mangels vorausgegangener ErwTätigk kann der notw EigBed als Maßst herangezogen werden (Hamm FF **00**, 137; DIV – GA DAV **99**, 447; Einf 20 v § 1601). Betreut die Mu Ki aus einer früh Ehe u verlangt sie wg eines außerehel weiteren Ki Unterh von dem Erzeuger, so sind ausnahmsw für den Anspr aus § 1615 l die ehel LebVerhältn maßgebl (BGH NJW **98**, 1309). – Bei einer freiberufl od selbstd tät Mu fallen die Kosten für eine 16
Praxisvertretung od für eine Vertretg im Betrieb weder unter I 1 noch unter I 2; UnterhZahlgen haben nicht die Funktion, Maßn zur Erhaltg der ErwSituation zu finanzieren (Staud/Engler 38). Die GgMeing ist wider-

sprüchl, soweit sie ebenf nicht sämtl dch die Vertretg entstehden Kosten, sond diese nur iH des eig LebBed der
17 Mu ersetzen will (vgl LG Hbg FamRZ **83**, 301 mA Büdenbender). – Über die Verweisg von III 1 gelten für die
18 Abtretbark: § 400; für AuskAnspr: § 1605; für die Zahlgsweise: § 1612 I. – **c) Unterhalt für die Vergangenheit und Sonderbedarf** kann nach Feststellg der Vatersch ggf ohne Inverzugsetzg erfolgen, **III 4**, § 1613 I; aber gem § 1613 II 1 Nr 1 Halbs 2 Geltdmachg innerh von 1 J erfdl (AG Krfld FamRZ **85**, 1181). Die Mu kann ihre Anspr aus I u II auch nachträgl geltd machen, wenn sie vor Anerk od gerichtl Feststellg der Vatersch
19 entstanden sind (§ 1613 II Nr 2 a). – **d)** Bei **Tod** des Va haften dessen Erben, **III 5**, § 1967, auch wenn der Va
20 vor der Geburt des Ki verstorben ist (§ 1615 n). – **e) Verjährung:** Das SMG hat die verjährgsrechtl Sonderregelg in IV aF, wonach die Anspr aus § 1615 l in 4 J verjährten u die Verj mit dem Schluß des auf die Entbindg folgden J begann, zG der Vereinheitlichg des VerjR aufgegeben. Nunm gilt für sämtl Anspr aus § 1615 l die regelm VerjFr von 3 J (§ 195). Die grdsl Verlängerg der Verj für famrechtl Anspr (§ 197 I Nr 2) gilt nicht für UnterhAnspr (§ 197 II) u damit auch nicht für § 1615 l (vgl § 197 Rn 5). Die Verj beginnt unabhäng von der Möglk der früh Geltdmachg der Anspr (vgl Rn 3) nicht vor Anerk od Feststellg der Vatersch: §§ 1594 I, 1600 d IV (vgl 61. Aufl § 202 Rn 10). Zur Hemmg der Verj: §§ 203 ff; zur nachträgl Geltdmachg: o Rn 18.

21 **5) Konkurrenzen.** Das Ges geht regelgstechn von der Mu des Ki als AnsprBerecht aus. Soweit gem V 1 umgek auch dem Va der Anspr aus II 2 gg die Mu zusteht, gilt das im folgden Gesagte auch zu seinen
22 Gunsten. – **a) Mehrere Unterhaltsverpflichtete. – aa) Anteilige Haftung.** Ist die Mu wg der Bt von Ki aus einer früh Ehe gem § 1570 ihrem gesch Mann ggü unterhberecht u außerd wg eines nachehel Ki ggü dessen Va aus § 1615 l, so haften die Väter anteil (BGH NJW **98**, 1309: o Rn 11). Dies gilt unabhäng davon, dass beim Anspr aus § 1570 das Ki ggf den ehel LebVerhältn als prägd zuzurechnen ist (KG FamRZ **01**, 29). Für die HaftgsAnteile sind die Anzahl, das Alter u die BtBedürftigk der einz Ki maßg. Die BewL für die
23 HaftgsAnteile liegt bei der Mu (vgl Zweibr FuR **00** 438). – **bb) Vorrang der Haftung des Vaters vor den Verwandten der Mutter, III 2.** Schulden zB Elt ihrer Tochter Unterh, weil diese eig nehel Ki versorgt (vgl § 1602 Rn 15), so haftet der Va der Ki der Mu vorrangig vor deren Elt. Diese sind somit nur bei LeistgsUnfgk des Va zum Unterh verpfl. Dagg besteht eine Ersatzhaftg der Elt des nehel Va überh nicht (Nürnbg FamRZ **01**, 1322). Für die LeistgsUnfgk des Va ist die Mu bewpflicht (KG FamRZ **98**, 556). Die vorrangige Haftg des mit der Mu nicht verh Va besteht analog III 2 auch ggü dem gesch Ehem der Mu, wenn dieser aus and Grden als aus § 1570 Unterh schuldet (Kblz FamRZ **81**, 92; Erm/Holzhauer 28), aber nicht über den ZtRaum von
24 I u die Einschrkgen von II hinaus (Düss FamRZ **95**, 690). – **b) Mehrere Unterhaltsberechtigte, III 3.** Die nehel Mu rangiert hinter der Ehefr des KiVa, auch nach Scheidg der Ehe (vgl § 1609 Rn 7), sowie hinter den mj Ki des Va. Dagg hat sie bei Festsetzg des PfändgsFreiBetr nach ZPPO 850 d II gleichen Rang (Ffm NJW-RR **00**, 220) u materiellrechtl Vorrang vor den Anspr der übr Verwandten des Va, insb ggü dessen vollj od verh Ki (Celle FamRZ **90**, 1146) od ggü seinen Elt.

25 **6) Unterhaltsanpruch des Vaters gegen die Mutter, IV.** Die Verweisg in **Satz 1** erstreckt sich ihrer Natur nach nicht auf die Anspr aus I (o Rn 2) sowie aus II 1 (o Rn 9), sond ledigl auf den Anspr gem II 2 auf BtUnterh (Rn 10). Doch erfaßt dieser auch beim Va den ZtRaum unmittelb nach der Geburt, II 3. Vorauss ist, daß der Va das Ki betreut, wofür die tats Handhabg maßgebl ist, nicht die SorgeRegelg (Büdenbender FamRZ **98**, 134). – Es gilt nach **Satz 2** ferner III entsprechd. Das betr vor allem die Anwendg des allg UnterhR (Rn 14) sowie den UnterhRang (Rn 21). Einstweiliger RSchutz als Konsequenz von IV 2 nach § 1615 o II u nicht nur gem ZPO 940 (aA Büdenbender FamRZ **98**, 138).

26 **7) Verfahren:** Beratg u Unterstützg der Mu dch das JugA (Einf 17 v § 1626); aber keine Beistandsch (vgl § 1712 I: Beistand „des Ki"). Doch kann das JA entsprechde ZahlgsVerpfl beurk u vollstreckb Ausfertiggen erteilen (SGB VIII 59 I Nr 4, 60). Zustdgk bei einstw AOen: ZPO 644. Einstw Vfg: § 1615 o II. Pfändbark: ZPO 850 b–d.

Änderung der Numerierung der Titel im Verwandtschaftsrecht

Im Abschn 2. des Buches 4 hat das SMG dch Art 1 Nr 70 die Zählg des 7. und 9. Titels dahin abgeänd, dass sie nunm Titel 6 und 7 sind, so dass die Beistandsch (§§ 1712 ff) nunm unter **Titel 6** und die Ann als Ki (§§ 1741 ff) unter **Titel 7** fallen. Die gesetzl Vorschr über die Legitimation nehel Ki (§§ 1719 ff aF) waren bereits dch das KindRG v 16. 12. 97 (BGBl I 2942) aufgeh worden; die dch das BeistandschG als 8. Titel aufrechterh Mitzählg wurde nunm dch die vom SMG vorgen Neunumerierg beseit.

Titel 7. Annahme als Kind

Untertitel 1. Annahme Minderjähriger

1762 *Antragsberechtigung; Antragsfrist, Form.* **I Antragsberechtigt ist nur derjenige, ohne dessen Antrag oder Einwilligung das Kind angenommen worden ist. Für ein Kind, das geschäftsunfähig oder noch nicht 14 Jahre alt ist, und für den Annehmenden, der geschäftsunfähig ist, können die gesetzlichen Vertreter den Antrag stellen. Im Übrigen kann der Antrag nicht durch einen Vertreter gestellt werden. Ist der Antragsberechtigte in der Geschäftsfähigkeit beschränkt, so ist die Zustimmung des gesetzlichen Vertreters nicht erforderlich.**

II Der Antrag kann nur innerhalb eines Jahres gestellt werden, wenn seit der Annahme noch keine drei Jahre verstrichen sind. Die Frist beginnt

a) in den Fällen des § 1760 Abs. 2 Buchstabe a mit dem Zeitpunkt, in dem der Erklärende zumindest die beschränkte Geschäftsfähigkeit erlangt hat oder in dem dem gesetzlichen Vertreter des geschäftsunfähigen Annehmenden oder des noch nicht 14 Jahre alten oder geschäftsunfähigen Kindes die Erklärung bekannt wird;

b) in den Fällen des § 1760 Abs. 2 Buchstabe b, c mit dem Zeitpunkt, in dem der Erklärende den Irrtum oder die Täuschung entdeckt;
c) in dem Falle des § 1760 Abs. 2 Buchstabe d mit dem Zeitpunkt, in dem die Zwangslage aufhört;
d) in dem Falle des § 1760 Abs. 2 Buchstabe e nach Ablauf der in § 1747 Abs. 2 Satz 1 bestimmten Frist;
e) in den Fällen des § 1760 Abs. 5 mit dem Zeitpunkt, in dem dem Elternteil bekannt wird, dass die Annahme ohne seine Einwilligung erfolgt ist.

Die für die Verjährung geltenden Vorschriften der §§ 206, 210 sind entsprechend anzuwenden.

III Der Antrag bedarf der notariellen Beurkundung.

Allgemeines. Zum sachl Verständn der Vorschr vgl die Erläutergen im Palandt, 61. Aufl. Die Änderg dch das SMG besteht ausschließl in der Umstellg der bish zitierten VerjVorschr auf die neue ParagraphenZählg (§§ 206, 210 nF statt §§ 203, 206 aF). Eine inhaltl Änderg ist damit nicht verbunden. Dagg droht ein sachl Fehler dch die Einf der Zählg der Einzelsätze in den jew Absätzen der gesetzl Vorschr. Die Umstellg der VerjVorschr betr ausschließl § 1762 II 2 e u nicht etwa auch die übr Buchstaben von § 1762 II 2 u schon gar nicht die AusschlFr von 3 J in II 1. Desh ist es verkehrt, die UmstellgsVorschr als Satz 3 von § 1762 II zu bezeichnen, wie dies in versch TextAusg des SMG geschieht. 1

Nach der Verweisg auf das VerjR in § 1762 II 2 e ist die Fr zur Stellg des Antr auf Aufhebg der Adoption gehemmt, sol der antragsberecht EltT – ohne dessen Einwilligg die KiAnn erfolgte, weil man ihn als zur Abg der Erkl dauernd außerstande erachtete od weil sein Aufenth dauernd unbek war (vgl § 1760 V) – inf höherer Gewalt od weil er geschunfäh war u ein gesetzl Vertr (Betr od Pfleger) für ihn nicht bestellt war (vgl §§ 206, 210 nF) an der rechtzeit Stellg des Antr gehindert war. Zur Anwendg der Vorschr über die Verj von Anspr auf Gestaltgs- u AntragsR vgl Überbl 14 vor § 194 sowie zu den tatbestandl Vorauss der VerjHemmg selbst die Erläutergen zu den §§ 206, 210 im vorliegden Bd. 2

Abschnitt 3. Vormundschaft, rechtliche Betreuung, Pflegschaft

Titel 1. Vormundschaft

Im Titel 1 des Abschn 3 hat das SMG in Art 1 Nr 72 die Überschrift „VI. Familienrat" gestrichen, nachd das entsprechde RInstitut selbst (§§ 1858 ff aF) bereits mit Wirkg vom 1. 1. 1980 dch das SorgeRG v 18. 7. 79 (BGBl I 1061) abgeschafft worden war. Ferner ist bei „Beendigung der Vormundschaft" (§§ 1882 ff) unter Beseitigg der Numerierung nach römischen Ziffern die neue Unterteilg nach Untertiteln, hier unter Berücks des Wegfalls des FamRats, als Untertitel 6 berücks worden.

Titel 2. Rechtliche Betreuung

1903 *Einwilligungsvorbehalt.* **I Soweit dies zur Abwendung einer erheblichen Gefahr für die Person oder das Vermögen des Betreuten erforderlich ist, ordnet das Vormundschaftsgericht an, dass der Betreute zu einer Willenserklärung, die den Aufgabenkreis des Betreuers betrifft, dessen Einwilligung bedarf (Einwilligungsvorbehalt). Die §§ 108 bis 113, 131 Abs. 2 und § 210 gelten entsprechend.**

II Ein Einwilligungsvorbehalt kann sich nicht erstrecken auf Willenserklärungen, die auf Eingehung einer Ehe oder Begründung einer Lebenspartnerschaft gerichtet sind, auf Verfügungen von Todes wegen und auf Willenserklärungen, zu denen ein beschränkt Geschäftsfähiger nach den Vorschriften des Buches vier und fünf nicht der Zustimmung seines gesetzlichen Vertreters bedarf.

III Ist ein Einwilligungsvorbehalt angeordnet, so bedarf der Betreute dennoch nicht der Einwilligung seines Betreuers, wenn die Willenserklärung dem Betreuten lediglich einen rechtlichen Vorteil bringt. Soweit das Gericht nichts anderes anordnet, gilt dies auch, wenn die Willenserklärung eine geringfügige Angelegenheit des täglichen Lebens betrifft.

IV § 1901 Abs. 5 gilt entsprechend.

Die Änderg dch Art 1 Nr 73 SMG bezieht sich ausschließl auf § 1903 I 2 u besteht allein in der Ersetzg der Angabe von § 206 aF dch die Angabe § 210 nF. Eine sachl Änderg üb das in Einl 1 vor § 1317 Gesagte hinaus ist damit nicht verbunden. Die Verweisgen auf die Vorschr über die fehlende volle GeschFgk sollen dem unter Bt Stehden, für den ein EV angeordn ist, den gesetzl Schutz von Mj gewährleisten. Die Verweisg auf § 210 dient dazu, in Fällen, in denen der Betreute ohne gesetzl Vertr dasteht, etwa weil der Betr gestorben ist u noch kein neuer Betr best wurde, dem Betreuten dch den Lauf von Fr eintretde RNachteile zu ersparen (vgl Palandt 61. Aufl, § 1903 Rn 16). Nach der Neufassg von § 210 gilt das nunmehr auch zum Schutze von Gläub eines unter Bt stehenden (§ 210 Rn 1 im vorliegden Bd). Zur Änderung der Verweisung in § 1903 Abs 4 vgl Einleitung zum GewSchG Rn 8 (in diesem Band). 1

Buch 5. Erbrecht

Bearbeiter: Wolfgang Edenhofer, Präsident des Amtsgerichts München

Einführung

1 **Änderungen** des ErbRs dch das SMG betreffen insges 9 Vorschr. Davon sind die Ändergen der §§ 1944, 1954, 1997, 2082 u 2283 nur Folgeändergen des neuen VerjährgsR ohne sachl Neuergen. Fast ganz neu gefasst wurde § 2271 infolge Wegfalls von § 308, auf den die früh Fassg verwiesen hat. Die §§ 2182, 2183 und 2376 wurden dch geringfügige redaktionelle Ändergen dem neuen KaufR angepasst. Da sie sachlich aber wie schon bish auf KaufR verweisen, wirken sich dessen strukturelle Neuregelg auch hier aus, so daß diese Vorschr neu kommentiert sind. – **Übergangsvorschrift:** EG 229 § 5. S auch Einl 2 vor § 1922.

2 **Verjährungsrecht:** Die Verj erbrechtl Anspr regelt nunmehr § 197 I Nr 2; II, ihren Beginn § 200. Die Ausn in § 2332 für PlichttAnspr u in § 2287 II sind geblieben. Zur Ablaufhemmg in NachlFällen s nun § 211. Die grdsl Ändergen des VerjR wirken sich auch auf erbrechtl Ansprüche aus.

Abschnitt 2. Rechtliche Stellung des Erben

Titel 1. Annahme und Ausschlagung der Erbschaft, Fürsorge des Nachlassgerichts

1944 *Ausschlagungsfrist.* **I Die Ausschlagung kann nur binnen sechs Wochen erfolgen.**

II Die Frist beginnt mit dem Zeitpunkt, in welchem der Erbe von dem Anfall und dem Grunde der Berufung Kenntnis erlangt. Ist der Erbe durch Verfügung von Todes wegen berufen, so beginnt die Frist nicht vor der Verkündung der Verfügung. Auf den Lauf der Frist finden die für die Verjährung geltenden Vorschriften der §§ 206, 210 entsprechende Anwendung.

III Die Frist beträgt sechs Monate, wenn der Erblasser seinen letzten Wohnsitz nur im Ausland gehabt hat oder wenn sich der Erbe bei dem Beginne der Frist im Ausland aufhält.

1 Geändert wurde dch das SMG ledigl **II** 3, indem dort bezügl der Verjährgshemmg die neuen §§ 206, 210 an die Stelle der bish §§ 203, 206 aF traten. Es handelt sich um eine redaktionelle Folgeänderg des neuen VerjährgsR Eine nennenswerte inhaltl Änderg ist damit nicht verbunden. Stillstand der RPflege (§ 203 I aF) ist jetzt ein Unterfall der höheren Gewalt (§ 206).

1954 *Anfechtungsfrist.* **I Ist die Annahme oder die Ausschlagung anfechtbar, so kann die Anfechtung nur binnen sechs Wochen erfolgen.**

II Die Frist beginnt im Falle der Anfechtbarkeit wegen Drohung mit dem Zeitpunkt, in welchem die Zwangslage aufhört, in den übrigen Fällen mit dem Zeitpunkt, in welchem der Anfechtungsberechtigte von dem Anfechtungsgrund Kenntnis erlangt. Auf den Lauf der Frist finden die für die Verjährung geltenden Vorschriften der §§ 206, 210, 211 entsprechende Anwendung.

III Die Frist beträgt sechs Monate, wenn der Erblasser seinen letzten Wohnsitz nur im Ausland gehabt hat oder wenn sich der Erbe bei dem Beginn der Frist im Ausland aufhält.

IV Die Anfechtung ist ausgeschlossen, wenn seit der Annahme oder der Ausschlagung 30 Jahre verstrichen sind.

1 Geändert wurde dch das SMG ledigl **II** 2, indem dort bezügl der Verjährgshemmg die neuen §§ 206, 210, 211 an die Stelle der bish §§ 203, 206, 207 aF traten. Es handelt sich um eine redaktionelle Folgeänderg des neuen VerjährgsR. Eine nennenswerte inhaltl Änderg ist damit nicht verbunden. Stillstand der RPflege (§ 203 I aF) ist jetzt ein Unterfall der höheren Gewalt (§ 206).

Titel 2. Haftung des Erben für die Nachlassverbindlichkeiten

Untertitel 4. Inventarerrichtung, unbeschränkte Haftung des Erben

1997 *Hemmung des Fristablaufs.* **I Auf den Lauf der Inventarfrist und der im § 1996 Abs. 2 bestimmten Frist von zwei Wochen finden die für die Verjährung geltenden Vorschriften der §§ 206, 210 entsprechende Anwendung.**

1 Geändert wurde dch das SMG ledigl, daß bezügl der Verjährgshemmg die neuen §§ 206, 210 an die Stelle der bish §§ 203 I, 206 aF traten. Es handelt sich um eine redaktionelle Folgeänderg des neuen VerjährgsR Eine nennenswerte inhaltl Änderg ist damit nicht verbunden. Stillstand der RPflege (§ 203 I aF) ist jetzt ein Unterfall der höheren Gewalt (§ 206).

Abschnitt 3. Testament

Titel 1. Allgemeine Vorschriften

2082 *Anfechtungsfrist.* **I Die Anfechtung kann nur binnen Jahresfrist erfolgen.**

II Die Frist beginnt mit dem Zeitpunkt, in welchem der Anfechtungsberechtigte von dem Anfechtungsgrund Kenntnis erlangt. Auf den Lauf der Frist finden die für die Verjährung geltenden Vorschriften der §§ 206, 210, 211 entsprechende Anwendung.

III Die Anfechtung ist ausgeschlossen, wenn seit dem Erbfall 30 Jahre verstrichen sind.

Geändert wurde dch das SMG ledigl **II** 2, indem dort bezügl der Verjährgshemmg die neuen §§ 206, 210, 1
211 an die Stelle der bish §§ 203, 206, 207 aF traten. Es handelt sich um eine redaktionelle Folgeänderg des neuen VerjährgsR. Eine nennenswerte inhaltl Änderg ist damit nicht verbunden. Stillstand der RPflege (§ 203 I aF) ist jetzt ein Unterfall der höheren Gewalt (§ 206).

Titel 4. Vermächtnis

2171 *Unmöglichkeit, gesetzliches Verbot.* **I Ein Vermächtnis, das auf eine zur Zeit des Erbfalls für jedermann unmögliche Leistung gerichtet ist oder gegen ein zu dieser Zeit bestehendes gesetzliches Verbot verstößt, ist unwirksam.**

II Die Unmöglichkeit der Leistung steht der Gültigkeit des Vermächtnisses nicht entgegen, wenn die Unmöglichkeit behoben werden kann und das Vermächtnis für den Fall zugewendet ist, dass die Leistung möglich wird.

III Wird ein Vermächtnis, das auf eine unmögliche Leistung gerichtet ist, unter einer anderen aufschiebenden Bedingung oder unter Bestimmung eines Anfangstermins zugewendet, so ist das Vermächtnis gültig, wenn die Unmöglichkeit vor dem Eintritt der Bedingung oder des Termins behoben wird.

1) Unmöglichkeit. – a) Objektive (I). Ein Vermächtn ist bei dauernder obj Unmöglk der Leistg 1
unwirks. Das SMG hat diese Voraussetzg dadch verdeutlicht, daß in **I** die Worte „für jedermann“ eingefügt wurden; es hat damit die Vorschr auch der Neuregelg des § 275 I angepasst. Zeitlich wird dafür auf den Erbfall abgestellt. Bsp: Untergang zw Anordng u Erbfall. Besteht allerd ein Anspr auf Wertersatz, kann dieser vermacht sein (§ 2169 III). Ein **bedingtes** od **befristetes** Verm ist allerd gült, wenn die zZ des Erbfalls bestehde Unmöglichk noch vor Eintritt der Beding od des Termins behoben wird **(III);** zum Anfall s dann § 2177. Es genügt der obj Tatbestand des Möglichwerdens; ein entspr ErblWille ist nicht erforderl. Der dch das SMG neu eingefügte **III** schafft insow keine neue RLage, sond regelt nur, was bish in § 308 II aF bestimmt war, auf den der bish I S 2 verwiesen hat, die beide aufgehoben wurden (zum bish R s BGH NJW **83**, 937). Wird die Unmöglk erst später behoben, kann das Verm gem **II** gült sein. S ferner auch die Fälle der §§ 2169; 2170. Üb aufschiebde od auflösde unmögl Bedinggen s § 2074 Rn 3. – **b) Behebbare (II).** Ausnahmsw von 2
Anfang an wirks (u nicht nur nachträgl geheilt) ist das Verm trotz zZ des Erbfalls bestehder Unmöglk, wenn diese behebb (s § 275 Rn 10 ff) u das Verm für den Fall der Möglichk der Leistg zugewendet ist. Auch der dch das SMG neu eingefügte **II** regelt nur, was bish in dem aufgehobenen § 308 I aF bestimmt war, auf den I S 2 aF verwiesen hat. Das G betrachtet das Möglichwerden der Leistg als aufschiebde Bedingg (vgl **III** „andere“ Bedingg); die §§ 158 ff sind dah anzuwenden.

2) Verstoß gegen gesetzliches Verbot (I), das zZ des Erbfalls bestehen muß, nicht bei Errichtg der Vfg, 3
macht Verm schon nach § 134 nichtig (zB gg Einfuhrverbot; gg Devisenbestimmgen). – Ebso nichtig ist ein Verm bei Verstoß gg die **guten Sitten** nach § 138 (vgl § 1937 Rn 20; auch Soergel/Wolf Rn 6–8). Die Frage der Sittenwidrigk ist nicht nach den Verhältn zZ des Erbfalls, sondern der Errichtg zu beurteilen (BGH **20**, 71; § 138 Rn 9; str; aA Soergel/Wolf Rn 8). Bei Änderg des sittl Maßstabs zw Errichtg u gerichtl Entscheidg ist jedoch die Beurteilg im Ztpkt des Richterspruchs maßgebl (§ 138 Rn 10). Keine Sittenwidrigk ergibt sich aus einer Unentgeltlichk u ungleicher Bedenkg der Kinder (BGH NJW **64**, 2299). – Bedarf ein Verm seinem
Inhalt nach einer behördl **Genehmigung,** zB nach GrdstVG; BauGB, ist es schwebend unwirks. Dieser 4
RZustand besteht bis zur Entscheidg über die Genehmigg od den Wegfall des Genehmiggserfordernis (BGH **37**, 233). Zum Verm landwirtsch Grdst an Nichtlandwirt s Stgt BWNotZ **64**, 335. Vgl § 2174 Rn 3.

2182 *Gewährleistung für Rechtsmängel.* **I Ist eine nur der Gattung nach bestimmte Sache vermacht, so hat der Beschwerte die gleichen Verpflichtungen wie ein Verkäufer nach den Vorschriften des § 433 Abs. 1 Satz 1, der §§ 436, 452 und 453. Er hat die Sache dem Vermächtnisnehmer frei von Rechtsmängeln im Sinne des § 435 zu verschaffen. § 444 findet entsprechende Anwendung.**

II Dasselbe gilt im Zweifel, wenn ein bestimmter nicht zur Erbschaft gehörender Gegenstand vermacht ist, unbeschadet der sich aus dem § 2170 ergebenden Beschränkung der Haftung.

III Ist ein Grundstück Gegenstand des Vermächtnisses, so haftet der Beschwerte im Zweifel nicht für die Freiheit des Grundstücks von Grunddienstbarkeiten, beschränkten persönlichen Dienstbarkeiten und Reallasten.

1 **1) Rechtsmängelhaftung.** Für einen RMangel, den § 435 jetzt definiert, haftet der Beschwerte nur beim GattgsVerm (§ 2155) und beim VerschaffgsVerm (§ 2170). Dagg nicht beim StückVerm eines bestimmten, im Nachl vorhandenen Ggstands (s §§ 2165–2168). – Bei einem WahlVerm (§ 2154) richtet sich die Haftg nach der RNatur des gewählten Ggstandes (Staud/Otte Rn 9). – Ist ein **Grundstück** vermacht, sind im GBuch eingetragene, aber nicht bestehde Rechte RMangel (§ 435 S 2). Für die in **III** genannten Freiheiten wird aber entgg § 433 nicht gehaftet. **III** schränkt auch § 436 II weiter ein. – **Guter Glaube** wird auch beim Erwerb dch Verm geschützt. Dem Bedachten, der aGrd § 932 Eigtum erlangt hat, steht kein GewährleistgsAnspr zu. Dies gilt auch dann, wenn er nach § 816 I 2 dem BereichergsAnspr des Berechtigten ausgesetzt ist (RGRK Rn 11).

2 **2) Gewährleistung.** Die Haftg des Beschwerten für RMängel ist wie die eines Verkäufers (**I** 1) u richtet sich nun nach § 433 I 2 (bish § 434 aF), nachdem **I** dch das SMG neu gefasst u damit der Umgestaltg des KaufR angepasst wurde. Dabei traten der neue § 433 I üb die ErfüllgsPfl des Verkäufers u die neuen §§ 436, 452 u 453 an die Stelle der bish §§ 433 I aF, 435 bis 437 aF, 440 II bis IV aF u 441 bis 444 aF. Bei arglist Verschweigen od Garantie für Beschffenh ist HaftgsAusschluss entspr § 444 (bish § 443 aF) nicht mögl (**I** 3).

3 **3) Ist ein fremder Gegenstand** vermacht, enthält **II** im Ggsatz zu **I** eine Ausleggsregel für das VerschaffgsVerm. Der Beschwerte kann sich hier dch Wertersatz stets befreien (§ 2170 II). – Soll ein **Recht verschafft** werden, dessen Bestehen der Erbl voraussetzte, das aber nicht od nicht mehr bestand, so ist es Ausleggsfrage, ob § 2170 II Platz greift. Kann ein dahingehender Wille nicht ermittelt werden, wird das Verm als unwirks anzusehen sein, weil auf eine unmögl Leistg gerichtet (§ 2171; RGRK Rn 6).

2183 *Gewährleistung für Sachmängel.* **Ist eine nur der Gattung nach bestimmte Sache vermacht, so kann der Vermächtnisnehmer, wenn die geleistete Sache mangelhaft ist, verlangen, dass ihm anstelle der mangelhaften Sache eine mangelfreie geliefert wird. Hat der Beschwerte einen Sachmangel arglistig verschwiegen, so kann der Vermächtnisnehmer statt der Lieferung einer mangelfreien Sache Schadensersatz wegen Nichterfüllung verlangen. Auf diese Ansprüche finden die für die Gewährleistung wegen Mängeln einer verkauften Sache geltenden Vorschriften entsprechende Anwendung.**

1 **1) Sachmängelhaftung.** Für einen Sachmangel, den § 434 jetzt definiert, haftet der Beschwerte nur beim **Gattungsvermächtnis** (§ 2155). – Beim StückVerm, gleich ob die Sache als bestimmter, im Nachl vorhandener Ggstand (§§ 2165-2168) vermacht od erst zu verschaffen (§ 2170) war, wird dagg die Sache nur so geschuldet wie sie ist; od ist zu liefern wie sie auch sei. Für Sachmängel haftet dah der Beschwerte nicht.

2 **2) Gewährleistungsansprüche. – a) Nacherfüllung.** Die Gewährleistg für Sachmängel besteht beim GattgsVerm idR nur im Anspr des Bedachten auf Lieferg einer mangelfreien Sache (S 1), für den KaufR entspr gilt (S 3). Dieses regelt den NachliefergsAnspr nun in § 439. Dementspr hat der Bedachte ein WahlR zw Nachersatzlieferg u Nachbesserg (§ 439 I mit Rn 3 ff). Damit verbundene Aufwendgen treffen entspr
3 § 439 II den Beschwerten. – **b) Schadensersatz** statt Nachlieferg kann der Bedachte nur bei arglist Verschweigen des Sachmangels verlangen (S 2); das bish Wort „Fehler“ in S 2 wurde dch das SMG dch „Sachmangel“ ersetzt u damit redaktionell dem neuen KaufR (§ 434) angepasst, das für den Anspr entspr gilt (S 3) u damit üb § 437 Nr 3 die neu strukturierten Regeln des allg SchuldR in §§ 280, 281 (§ 280 Rn 9 u Rn 17; zu deren Verhältn § 281 Rn 3). Der in § 2183 versehentl nicht dem SMG angepasste Begriff „SchadErs wg Nichterfüllg“ bedeutet gemäß dessen Sprachgebrauch „SchadErs statt der Leistg“ (Vorb 8 vor § 281).

Abschnitt 4. Erbvertrag

2283 *Anfechtungsfrist.* **I Die Anfechtung durch den Erblasser kann nur binnen Jahresfrist erfolgen.**

II Die Frist beginnt im Falle der Anfechtbarkeit wegen Drohung mit dem Zeitpunkt, in welchem die Zwangslage aufhört, in den übrigen Fällen mit dem Zeitpunkt, in welchem der Erblasser von dem Anfechtungsgrund Kenntnis erlangt. Auf den Lauf der Frist finden die für die Verjährung geltenden Vorschriften der §§ 206, 210 entsprechende Anwendung.

III Hat im Falle des § 2282 Abs. 2 der gesetzliche Vertreter den Erbvertrag nicht rechtzeitig angefochten, so kann nach dem Wegfall der Geschäftsunfähigkeit der Erblasser selbst den Erbvertrag in gleicher Weise anfechten, wie wenn er ohne gesetzlichen Vertreter gewesen wäre.

1 Geändert wurde dch das SMG ledigl **II** 2, indem dort bezügl der Verjährgshemmg die neuen §§ 206, 210 an die Stelle der bish §§ 203 I, 206 aF traten. Es handelt sich um eine redaktionelle Folgeänderg des neuen VerjährgsR. Eine nennenswerte inhaltl Änderg ist damit nicht verbunden. Stillstand der RPflege (§ 203 I aF) ist jetzt ein Unterfall der höheren Gewalt (§ 206).

Abschnitt 9. Erbschaftskauf

2376 *Haftung des Verkäufers.* **I Die Verpflichtung des Verkäufers zur Gewährleistung wegen eines Mangels im Recht beschränkt sich auf die Haftung dafür, dass ihm das Erbrecht zusteht, dass es nicht durch das Recht eines Nacherben oder durch die Ernennung eines Testamentsvollstreckers beschränkt ist, dass nicht Vermächtnisse, Auflagen, Pflichtteilslasten, Ausgleichungspflichten oder Teilungsanordnungen bestehen und dass nicht unbeschränkte Haftung gegenüber den Nachlaßgläubigern oder einzelnen von ihnen eingetreten ist.**

II Sachmängel einer zur Erbschaft gehörenden Sache hat der Verkäufer nicht zu vertreten.

Die Gewährleistung des Verkäufers ist beim ErbschKauf ggü der allg Regelg des § 433 I 2 eingeschränkt: 1
Für **Sachmängel,** die nun in § 434 definiert sind, schließt **II** jede Haftg aus, wobei dch das SMG das bish Wort „Fehler" dch „Sachmängel" ersetzt u damit redaktionell dem neuen KaufR angepasst wurde. Eine Ausn ist wie beim vertragl Ausschluß (§ 444) bei Arglist des Verkäufers (§ 442 I 2) od bei Übernahme einer Garantie für die Beschaffenh (§ 443) zu machen. – Auch für **Rechtsmängel,** die nun in § 435 definiert sind, 2
ist in **I** die Haftg auf die aufgezählten Fälle beschränkt, zu denen aber als weitere Belastgen erbrechtl Ursprungs der Anspr auf ZugewAusgl (§ 1371 II, III) u in Erbfällen vor dem 1. 4. 98 ErbersatzAnspr (§ 1934 a aF; EG 227 I Nr 1) hinzukommen (MüKo/Musielak Rn 5). Beim Erbteilskauf haftet Verk auch dafür, dass keine AusgleichgsPflichten (§§ 2050 ff) od Teilgsanordngen (§ 2048) bestehen. Die Rechte des Käufers bestimmen sich nach §§ 433 I 2, 437–441 (s § 435 Rn 1). Kenntn des Käufers bei KaufAbschluß schließt Haftg aus (§ 442 I). Abweichende Vereinbgen sind mögl (s Übbl 3 v § 2371); § 444 gilt dabei.

Einführungsgesetz
zum Bürgerlichen Gesetzbuch

Vom 18. August 1896

(RGBl S 604/BGBl III 400–1) in der ab 1. Oktober 1994 geltenden Neufassung vom 21. September 1994 (BGBl I S 2494, bei 1997 I, S 1061), zuletzt geändert durch das Gesetz zur Verbesserung des zivilgerichtlichen Schutzes bis Gewalttaten und Nachstellungen sowie zur Erleichterung der Überlassung der Ehewohnung bei Trennung vom 11. Dezember 2001 (BGBl I § 3513)

– Auszug –

Bearbeiter:

Dr. Bassenge:	*Art 233 § 2 a*
Dr. Heinrichs:	*Art 229 §§ 5–7, 240, 241, 245*
Dr. Heldrich:	*Art 17 a, 17 b, 22, 29 a*
H. Sprau:	*Art 239, 243, 244*
Dr. Putzo:	*Art 242*

Erster Teil. Allgemeine Vorschriften

2. Kapitel. Internationales Privatrecht

3. Abschnitt. Familienrecht

EG 17 a ***Ehewohnung und Hausrat.*** **Die Nutzungsbefugnis für die im Inland belegene Ehewohnung und den im Inland befindlichen Hausrat sowie damit zusammenhängende Betretungs-, Näherungs- und Kontaktverbote unterliegen den deutschen Sachvorschriften.**

1) Die Vorschr ist dch Art 10 des GewSchG v 11. 12. 01, BGBl 3513, in das EG eingefügt worden; sie verdrängt den bish Art 17a, der erst dch das Ges zur Beendigg der Diskriminierg gleichgeschlechtl Gemschen v 16. 2. 01, BGBl 266, geschaffen wurde u nunm Art 17 b geworden ist. Art. 17 a nF ist am 1. 1. 02 in Kraft getreten. 1

2) Die kollr Beurteilg der Zuweisg v Hausrat u Ehewohng bei Getrenntleben od nach Scheidg v Eheg war bish sehr umstr. In der Rspr wurde sie überwiegd als pers Ehewirkg iSv Art 14, vgl dort Rn 18, bzw als Scheidgsfolge iSv Art 17, vgl dort Rn 17, qualifiziert; auch and Anknüpfgen, zB Recht des Lageorts, lex fori od UnterhStatut, wurden aber vertreten. Die Neuregelg in Art 17 a hat die damit verbundene RUnsicherh beseitigt. **a)** Für die Nutzgsbefugn an **im Inland** belegenen Ehewohngen u HausratsGgstden gilt danach einheitl **deutsches** Sachrecht; das gleiche gilt für damit zushängde SchutzAOen, die den räuml-ggstdl Bereich betreffen, insbes Betretgs-, Nähergs- u Kontaktverbote. Diese Regelg bringt eine bedeutde Vereinfachg in der RPraxis; sie erspart die zeitraubde Ermittlg ausl Rechts, die gerade bei eilbedürftigen AOen in famger Verf missl ist. Dch Art 17 b II S 1 nF wird ihre Anwendbk auch auf die Zuweisg v Hausrat u Ehewohng sowie damit zushängde SchutzAOen in eingetr gleichgeschlechtl LPartnerschen erstreckt. **b)** Für **im Ausland** belegene Wohngen u Hausratsggstde trifft Art 17 b **keine** Regelg. Insoweit bleibt es bei den bish Grdsen, insbes bei dem v Art 14 bzw Art 17 u Art 17 b berufenen Recht. In der dtschen Praxis dürfte diese Fallgestaltg aber nur eine geringe Rolle spielen. 2

EG 17 b ***Eingetragene Lebenspartnerschaft.*** **I Die Begründung, die allgemeinen und die güterrechtlichen Wirkungen sowie die Auflösung einer eingetragenen Lebenspartnerschaft unterliegen den Sachvorschriften des Register führenden Staates. Auf die unterhaltsrechtlichen und die erbrechtlichen Folgen der Lebenspartnerschaft ist das nach den allgemeinen Vorschriften maßgebende Recht anzuwenden; begründet die Lebenspartnerschaft danach keine gesetzliche Unterhaltsberechtigung oder kein gesetzliches Erbrecht, so findet insoweit Satz 1 entsprechende Anwendung.**

II Artikel 10 Abs. 2 und Artikel 17 a gelten entsprechend. Unterliegen die allgemeinen Wirkungen der Lebenspartnerschaft dem Recht eines anderen Staates, so ist auf im Inland befindliche bewegliche Sachen § 8 Abs. 1 des Lebenspartnerschaftsgesetzes und auf im Inland vorgenommene Rechtsgeschäfte § 8 Abs. 2 des Lebenspartnerschaftsgesetzes in Verbindung mit § 1357 des Bürgerlichen Gesetzbuchs anzuwenden, soweit diese Vorschriften für gutgläubige Dritte günstiger sind als das fremde Recht.

III Bestehen zwischen denselben Personen eingetragene Lebenspartnerschaften in verschiedenen Staaten, so ist die zuletzt begründete Lebenspartnerschaft vom Zeitpunkt ihrer Begründung an für die in Absatz 1 umschriebenen Wirkungen und Folgen maßgebend.

IV Die Wirkungen einer im Ausland eingetragenen Lebenspartnerschaft gehen nicht weiter als nach den Vorschriften des Bürgerlichen Gesetzbuchs und des Lebenspartnerschaftsgesetzes vorgesehen.

1 Dch Art 10 des GewSchG v 11. 12. 01, BGBl 3513, ist der bish Art 17 a, der erst dch G v 16. 2. 01, BGBl 266, in das EG eingefügt wurde, zu Art 17 b geworden. Die Erläutergen zu Art 17 a aF gelten dafür grdsl unverändert. Eine **Ausnahme** gilt für die Zuweisg von im Inl belegenen Wohngen u Hausratsggstden v LPart, für die nach dem **neu** gefassten Art 17 b II S 1 die Regelg des Art 17 a nF entspr gilt, vgl dort Rn 2. Die Erläutergen in Rn 7–9 zu Art 17 a aF sind insow zu ergänzen.

EG 22 *Annahme als Kind.* **I Die Annahme als Kind unterliegt dem Recht des Staates, dem der Annehmende bei der Annahme angehört. Die Annahme durch einen oder beide Ehegatten unterliegt dem Recht, das nach Artikel 14 Abs. 1 für die allgemeinen Wirkungen der Ehe maßgebend ist.**

II Die Folgen der Annahme in Bezug auf das Verwandtschaftsverhältnis zwischen dem Kind und dem Annehmenden sowie den Personen, zu denen das Kind in einem familienrechtlichen Verhältnis steht, unterliegen dem nach Absatz 1 anzuwendenden Recht.

III In Ansehung der Rechtsnachfolge von Todes wegen nach dem Annehmenden, dessen Ehegatten oder Verwandten steht der Angenommene ungeachtet des nach den Absätzen 1 und 2 anzuwendenden Rechts einem nach den deutschen Sachvorschriften angenommenen Kind gleich, wenn der Erblasser dies in der Form einer Verfügung von Todes wegen angeordnet hat und die Rechtsnachfolge deutschem Recht unterliegt. Satz 1 gilt entsprechend, wenn die Annahme auf einer ausländischen Entscheidung beruht. Die Sätze 1 und 2 finden keine Anwendung, wenn der Angenommene im Zeitpunkt der Annahme das achtzehnte Lebensjahr vollendet hatte.

1 **1)** Dch G v 23. 10. 01, BGBl II 1034, wurde das Haager Übk v 29. 5. 93 über den Schutz von Kindern u die ZusArb auf dem Gebiet der int Adoption ratifiziert, vgl dazu Bornhofen StAZ **02**, 1; sein Inkrafttr für Deutschl steht bevor. AusführgsVorschr enthält das AdÜbAG v 5. 11. 01, BGBl I 2950. Im Anwendgsbereich des Haager Übk v 29. 5. 93, BGBl 2001 II 1035, beurteilen sich **Anerkennung** u **Rechtswirkungen ausländischer** Adoptionen primär nach dessen Vorschr, vgl Art 23–27. Eine **allgemeine** verfrechtl Neuregelg für die **Anerkennung** einer im **Ausland** vorgen Dekret- od VertrAdoption enth das AdWirkG v 5. 11. 01, BGBl 2953. Dessen Anwendbk ist aber auf die Adoption von Mj beschränkt, § 1. Auch muß es sich um einen RAkt handeln, dessen Wirkgen mit denj einer Adoption iS dtsch RVorstellgen vergleichb sind; das Vorliegen einer Volladoption ist jedoch nicht erforderl. Die Best des Haager Übk v 29. 5. 93 über Anerkenng u RWirkgen v Adoptionen in einem VertrStaat sind dch das ZustG v 23. 10. 01, BGBl II 1034, Bestandt des BundesR geworden u werden dch das AdWirkG grdsl nicht berührt. **a)** Das AdWirkG ermöglicht nunm **auf Antrag,** dh fakultativ, eine **Feststellung** dch das VormschGer, ob eine ausl Adoption **anzuerkennen** (iF einer Dekretadoption) od **wirksam** ist (iF einer VertrAdoption) sowie ob es sich um eine **Volladoption** handelt, dch die das Elt-Kind-Verh zu den bish Elt erloschen ist, § 2 I; in dem FeststellgsBeschl ist iF einer Volladoption auch festzustellen, daß das AnnVerh einem nach dtsch Recht begründeten AnnVerh gleichsteht bzw, iF einer schwachen Adoption, daß es bezügl elterl Sorge u UnterhPfl des Annehmden einem nach dtsch Recht begründeten AnnVerh gleichsteht, § 2 II Nr 1 u 2. Mit dieser Regelg wird bestätigt, daß die RWirkgen einer im Ausl nach ausl Recht vorgen Adoption grdsl nach dem betr ausl Recht zu beurteilen sind, vgl Art 22 Rn 14. Das FeststellgsVerf nach § 2 kommt auch im Anwendgsbereich des Haager Übk v 29. 5. 93 in Betr, BT-Drucks 14/6011 S 46. Nach dessen Vorschr ist ggf auch das Vorliegen der Vorauss für eine entspr Feststellg zu beurteilen; iü gelten dafür die einschlägigen Best des autonomen dtsch Rechts, vgl dazu Art 22 Rn 10–14. Sind die Vorauss für die Anerkenng bzw Wirksk einer ausl Adoption gegeben, so entfaltet die Adoption v Anfang an ihre RWirkgen auch im Inl, ohne daß es dafür einer gerichtl Feststellg bedarf; diese ist also nicht konstitutiv. **b)** Das Ges ermöglicht nunm auch die **Umwandlung** einer im Ausl vorgen u im Inl anzuerkennden bzw wirks Adoption in eine Adoption, die dem Kind die RStellg eines nach **deutschem** Recht angen Kindes verleiht, § 3. Vorauss dafür ist (1) das Vorliegen der Erfordern für die Feststellg der Anerkenng bzw Wirksk der ausl Adoption dch das dtsche VormschG nach § 2 I, (2) ferner daß das Elt-Kind-Verh zu den bish Elt dch die ausl Adoption entweder nicht erloschen ist, es sich dabei also nicht um eine Volladoption handelt, § 3 I, od die Wirkgen der ausl Adoption von denj des dtsch AdoptionsR abweichen, § 3 II, und (3) daß die Umwandlg dem Kindeswohl dient, die erforderl Zust erteilt sind, vgl dazu Art 22 Rn 5 u Art 23 Rn 3–5, sowie keine überwiegde Interessen des Eheg od der Kinder des Annehmden od des Angenommenen entggstehen. Mit dieser Regelg ist das Bedürfn nach einer **Wiederholung** im Inl wirks ausl Adoptionen, vgl dazu Art 22 Rn 15, **entfallen**. Sind die Vorauss einer Feststellg der Anerkenng bzw der Wirksk einer ausl Adoption gegeben, so kommt nur deren Umwandlg nach § 3 in Betr. Liegen diese Vorauss nicht vor, so steht einer erneuten Vorn im Inl nichts entgg; dies gilt auch, wenn das Vorliegen dieser Vorauss nicht nachgewiesen werden kann.

2 **2)** Das AdWirkG enth auch eine Regelg für den **Inhalt** eines AnnBeschl dch ein **deutsches** VormschGer, der in Anwendg **ausländischen** Rechts ergeht, vgl dazu Art 22 Rn 5 aE; in einem solchen Beschl sind vAw die Feststellgen zu treffen, ob das Elt-Kind-Verh des Kindes zu den bish Elt dch die Ann erloschen ist u ob es einem nach dtschem Recht begründeten AnnVerh entweder in vollem Umfang od nur hins elterl Sorge u UnterhPfl gleichsteht, § 2 III.

5. Abschnitt. Schuldrecht

1. Unterabschnitt. Vertragliche Schuldverhältnisse

EG 29 a ***Verbraucherschutz für besondere Gebiete.*** **[I]Unterliegt ein Vertrag auf Grund einer Rechtswahl nicht dem Recht eines Mitgliedstaats der Europäischen Union oder eines anderen Vertragsstaats des Abkommens über den Europäischen Wirtschaftsraum, weist der Vertrag jedoch einen engen Zusammenhang mit dem Gebiet eines dieser Staaten auf, so sind die im Gebiet dieses Staats geltenden Bestimmungen zur Umsetzung der Verbraucherschutzrichtlinien gleichwohl anzuwenden.**

[II]Ein enger Zusammenhang ist insbesondere anzunehmen, wenn

1. der Vertrag auf Grund eines öffentlichen Angebots, einer öffentlichen Werbung oder einer ähnlichen geschäftlichen Tätigkeit zustande kommt, die in einem Mitgliedstaat der Europäischen Union oder einem anderen Vertragsstaat des Abkommens über den Europäischen Wirtschaftsraum entfaltet wird, und

2. der andere Teil bei Abgabe seiner auf den Vertragsschluss gerichteten Erklärung seinen gewöhnlichen Aufenthalt in einem Mitgliedstaat der Europäischen Union oder einem anderen Vertragsstaat des Abkommens über den Europäischen Wirtschaftsraum hat.

[III]Die Vorschriften des Bürgerlichen Gesetzbuchs über Teilzeit-Wohnrechteverträge sind auf einen Vertrag, der nicht dem Recht eines Mitgliedstaats der Europäischen Union oder eines anderen Vertragsstaats des Abkommens über den Europäischen Wirtschaftsraum unterliegt, auch anzuwenden, wenn das Wohngebäude im Hoheitsgebiet eines dieser Staaten liegt.

[IV]Verbraucherschutzrichtlinien im Sinne dieser Vorschrift sind in ihrer jeweils geltenden Fassung:

1. die Richtlinie 93/13/EWG des Rates vom 5. April 1993 über missbräuchliche Klauseln in Verbraucherverträgen (ABl. EG Nr. L 95 S. 29);

2. die Richtlinie 94/47/EG des Europäischen Parlaments und des Rates vom 26. Oktober 1994 zum Schutz der Erwerber im Hinblick auf bestimmte Aspekte von Verträgen über den Erwerb von Teilzeitnutzungsrechten an Immobilien (ABl. EG Nr. L 280 S. 83);

3. die Richtlinie 97/7/EG des Europäischen Parlaments und des Rates vom 20. Mai 1997 über den Verbraucherschutz bei Vertragsabschlüssen im Fernabsatz (ABl. EG Nr. L 144 S. 19);

4. die Richtlinie 1999/44/EG des Europäischen Parlaments und des Rates vom 25. Mai 1999 zu bestimmten Aspekten des Verbrauchsgüterkaufs und der Garantien für Verbrauchsgüter (ABl. EG Nr. L 171 S.12).

1) **Allgemeines.** Die Vorschr ist dch das SMG v 26. 11. 01, BGBl 3138, geändert worden. In **Absatz 3** 1 werden nunm an Stelle des TzWrG die Vorschr des BGB über Teilzeit-WohnrVertr, dh §§ 481–487, angesprochen. Dabei handelt es sich um eine redaktionelle Anpassg, die dch die Integration des TzWrG in das BGB notwendig wurde. Die Erläutergen in Rn 4–6 bleiben davon iü unberührt.

2) In **Absatz 4** ist die EG-Richtl über den VerbrGüterKauf v 25. 5. 99 als Nr 4 neu eingefügt worden. 2 Damit wird der Umsetzg dieser Richtl dch das SMG v 26. 11. 01 Rechng getragen. a) Für Vertr mit einem engen Zshg mit dem Gebiet eines MitglStaats der EU od eines and VertrStaats des Abk über den Europ WirtschRaum gelten damit als Mindeststandard alle diej Vorschr des BGB, die dch das SMG **zur Umsetzung** der genannten Richtl geändert bzw eingefügt wurden. Dabei handelt es sich im Bereich des KaufR vor allem um die SonderRegelg des **Verbrauchsgüterkaufs** in §§ 474–479, ferner um den ErfüllgsAnspr des Käufers auf Lieferg einer von Sachmängeln freien Sache in § 433 I 2, um den Begriff des Sachmangels insbes nach § 434 I 2 u II, um die Regelg der GewährleistgsRe des Käufers ohne SchadErs in § 437 Nr 1 u 2, um dessen Anspr auf Ersatzlieferg u Nachbesserg nach § 439 u die Regelg der Minderg in § 441, um die Regelg der Verj der GewährleistgsRe des Käufers in § 438, um den Verlust der Rechte des Käufers bei Kenntn eines Sachmangels nach § 442 I, sowie um die Regelg einer BeschaffenhGarantie u des HaftgsAusschl in §§ 443 u 444. Die Garantie dieses Mindeststandards beschränkt sich aber auf KaufVertr über bewegl Sachen zw Unternehmern als Verk u Verbr als Käufern; **nicht** erfaßt werden also KaufVertr über Grdste, KaufVertr zw Unternehmern, KaufVertr zw Verbr od KaufVertr zw Verbr als Verk u Unternehmern als Käufern. Aus dem WerkVertrR wird dch Art 29 a I iVm IV Nr 4 die Anwendg v § 651 vorgeschrieben, soweit es sich um Vertr mit Verbr als Besteller handelt. **b)** Vorauss u Folgen der Gewährleistg des Mindeststandards dch die genannten Vorschr beurteilen sich iü nach den Rn 2, 3, 5 u 7.

Fünfter Teil. Übergangsvorschriften aus Anlaß jüngerer Änderungen des Bürgerlichen Gesetzbuchs und dieses Einleitungsgesetzes

Einleitung

1 Das **Gesetz zur Modernisierung des Schuldrechts** hat in das EGBGB folgde Vorschriften eingefügt:
– Art 229 § 5, Allgemeine ÜberleitgsVorschr zum Ges zur Modernisierg des SchuldR,
– Art 229 § 6, ÜberleitungsVorschr zum VerjR nach dem Ges zur Modernisierg des SchuldR,
– Art 229 § 7, ÜberleitgsVorschr zu ZinsVorschr nach dem Ges zur Modernisierg des SchuldR,
– Art 239, InformationsPflten für KreditInstitute,
– Art 240, InformationsPflten für FernAbsVertr,
– Art 241, InformationsPflten für Vertr im elektron GeschVerk,
– Art 242, Informations- u ProspektPflten bei TzWr-Vertr,
– Art 243, Ver- u Entsorggsbedingggen,
– Art 244, Abschlagzahlgen bei Hausbau,
– Art 245, Belehrg über Widerr- u RückgabeR.

EG 229 § 5 *Allgemeine Überleitungsvorschrift zum Gesetz zur Modernisierung des Schuldrechts vom 26. November 2001.* **Auf Schuldverhältnisse, die vor dem 1. Januar 2002 entstanden sind, sind das Bürgerliche Gesetzbuch, das AGB-Gesetz, das Handelsgesetzbuch, das Verbraucherkreditgesetz, das Fernabsatzgesetz, das Fernunterrichtsschutzgesetz, das Gesetz über den Widerruf von Haustürgeschäften und ähnlichen Geschäften, das Teilzeit-Wohnrechtegesetz, die Verordnung über Kundeninformationspflichten, die Verordnung über Informationspflichten von Reiseveranstaltern und die Verordnung betreffend die Hauptmängel und Gewährfristen beim Viehhandel, soweit nicht ein anderes bestimmt ist, in der bis zu diesem Tag geltenden Fassung anzuwenden. Satz 1 gilt für Dauerschuldverhältnisse mit der Maßgabe, dass anstelle der in Satz 1 bezeichneten Gesetze vom 1. Januar 2003 an nur das Bürgerliche Gesetzbuch, das Handelsgesetzbuch, das Fernunterrichtsschutzgesetz und die Verordnung über Informationspflichten nach bürgerlichem Recht in der dann geltenden Fassung anzuwenden sind.**

1 **1) Allgemeines.** Die Vorschr entspr der Regelg, die EG 170 für das Inkrafttr des BGB u EG 232 § 1 für die Einführg des Rechts der BRep in den neuen BLändern getroffen hat. Neu ist die SonderRegelg für DauerschuldVerhältn (Rn 7).

2 **2) Abdingbarkeit.** Die Vorschr ist dispositiv. Die Part können (auch stillschw) vereinbaren, dass auf ein vor dem 1. 1. 02 entstandenes SchuldVerh neues Recht u auf ein später entstandenes altes Recht anzuwenden ist. Das gilt aber nur mit zwei wesentl Einschränkgen: – **a) Zwingende Vorschriften** des neuen Rechts (zB § 475 – VerbrGüterKauf –; § 492 – VerbrDarlVertr, insbes IV Vollm –) können nicht dch eine Vereinbg alten Rechts umgangen werden. – **b) AGB** u dementspr auch Regelgen in VerbrVertr (§ 310 III), die von Art 229 § 5 abweichen, sind gem § 307 II Nr 1 unwirks. Die ÜberleitgsVorschr des Art 229 § 5 hat „Leitbildfunktion". Abweichgen erfordern eine IndVereinbg.

3 **3)** Die **Anwendung alten Rechts** setzt voraus, dass sich der gesamte EntstehgsTatbestd des SchuldVerh unter seiner Geltg verwirklicht hat (RG **76**, 394/97, BAG DtZ **96**, 188).

a) Das ist bei **Verträgen** der Fall, wenn Angebot u Ann vor dem 1. 1. 02 wirks geworden sind. Wird ein vor dem 1. 1. 02 abgegebenes (u daher stillschw auf das alte Recht abstelldes) Angebot nach diesem Ztpkt angenommen, entspr es iZw dem PartWillen, dass für den Vertr altes Recht gelten soll (Heß NJW **02**, 255, aA Brambring DNotZ **01**, 590, Ott MDR **02**, 1). Für den Erlaß u das Inkrafttr des SMG, von dem die Öffentlichk kaum Notiz genommen hat, kann die ggteilige hM zu EG 232 § 1 (dort Rn 2) nicht übernommen werden. Für ein bedingtes od betagtes RGesch bleibt das bisher Recht auch dann maßgebd, wenn die Bdgg od Befristg erst nach dem 31. 12. 01 wirks wird (s BGH ZIP **97**, 340). Entspr gilt, wenn ein vor dem Stichtag geschlossener Vertr nach dem 31. 12. 01 gerichtl od behördl genehmigt wird u die Gen rückwirkde Kraft hat (Hertel DNotZ **01**, 744). Wird ein Vertr nach dem Stichtag geändert, gilt für ihn grdsl weiter altes Recht (s BGH **129**, 371). Wesentl zeitl od sachl Ändergen können es aber rechtf, den geänderten Vertr als NeuVertr anzusehen od einen stillschw auf die Geltg neuen Rechts gerichteten PartWillen anzunehmen (s BGH NJW **98**, 602, Rn 2). Für Vertr, die nach dem Stichtag aGrd eines VorVertr abgeschlossen werden, gilt vorbehaltl einer abw Vereinbg neues Recht, da sich nicht der ganze EntstehgsTatbestd unter der
4 Geltg alten Rechts ereignet hat. – **b) Gesetzliche Schuldverhältnisse.** Bei GoA kommt es auf die Vornahme der Hdlg u bei ungerechtf Ber auf den Ztpkt an, in dem der Schu den Vorteil ohne RGrd erlangt hat (BGH NJW **96**, 990 zu EG 232 § 1). Ob bei c. i. c. auf die Vornahme der pflw Hdlg od auf die Begründg des SchuldVerh der VertrAnbahng (§ 311 Rn 8) abzustellen ist, kann offen bleiben, da das SMG hinsichtl der c. i. c. sachl keine Änderg bringt. Beim Recht der unerl Hdlgen gibt es ausschließl bei der Verj Neuergen; für diese gilt die Sonderregelg in EG 229 § 6.

5 **c) Reichweite.** Das alte Recht gilt für das **Schuldverhältnis im ganzen,** dh seine Begründg, seine Dchführg u seine Beendigg. Es bestimmt die beiderseit Rechte u Pflten, gilt aber auch für alle etwa auftretden LStörgen. Die Neuregelg in den §§ 275 ff, die Neufassg der Verzugsvoraussetzgen, des Rücktr, der Zinshöhe usw können nur angewendet werden, wenn das SchuldVerh nach dem 1. 1. 02 entstanden ist. Die verfehlte Regelg des § 284 aF (dort Rn 24 ff, HptBd), nach der der Schu einer GeldFdg erst 30 Tage nach Zugang

einer Zahlgsaufforderg in Verzug gerät, gilt für die vor dem 31. 12. 01 begründeten SchuldVerh weiter. Zu dem auf AltVertr weiter anzuwenddden Recht gehören auch die **Übergangsvorschriften** des fr Rechts, vor allem AGBG 28 II, VerbrKrG 19, FernAbsG 6, HausTWG 9 u TzWrG 11. Sie sind Teil der in S 1 in Bezug genommenen Regelg. Die Anwendg alten Rechts kann daher dazu führen, dass fr Fassgen der einschläg Vorschr herangezogen werden müssen. Für die **Verjährung** enthält § 6 eine Sonderregelg; sie bestimmt, dass auf die nach altem Recht entstandenen Anspr ab dem 1. 1. 02 grdsl neues VerjR anzuwenden ist.

d) Ist **neues Recht** anzuwenden, gilt umgekehrt (spiegelbildl) das neue Recht für das SchuldVerh im ganzen. Ein VerbrDarlVertr, der nach dem 31. 12. 01 dch einen Vertreter abgeschlossen wird, ist nur wirks, wenn dessen Vollm den Anfordergen des § 492 IV genügt. Dass sie nach der Rspr des BGH (BGH NJW **01**, 1931, 2963, 3479) nach altem Recht wirksam war, ändert daran nichts. Der Regreß nach § 478 ist nur mögl, wenn u soweit neben dem VerbrGüterKauf auch die weiteren Vertr in der Lieferkette nach dem 31. 12. 01 geschlossen worden sind (Heß NJW **02**, 258). 6

4) Dauerschuldverhältnisse. Auch auf die vor dem 1. 1. 02 entstandenen DauerschuldVerh ist nach Satz 2 zunächst das bisher Recht weiter anzuwenden. Um den Part eine Anpassg zu erleichtern, unterstehen sie erst ab 1. 1. 2003 den Vorschr des SMG. Begriff der DauerschuldVerh: s § 314 Rn 2 u 4; für einen bes (weiteren) intertemporalen Begriff der DauerschuldVerh Heß NJW **02**, 256; Entstehg des SchuldVerh s Rn 3. Für Miet-, Leasing-, Franchising-, Gesellsch- od DarlVertr (usw), die vor dem 1. 1. 02 geschl worden sind, gilt neues Recht daher erst ab 1. 1. 03. Ist ein DauerschuldVerh als RahmenVertr ausgestaltet u erfolgen die Einzelliefergen aGrd von Abrufen (BezugsVertr s Einf 28 v § 305 im HptBd), ist auf die EinzelVertr grdsl neues Recht anzuwenden (Ziegler/Rieder ZIP **01**, 1793). Um das unerfreul Nebeneinand von altem u neuem Recht (RahmenVertr/EinzelVertr) zu vermeiden, sollten die Part den Vertr aber im ganzen neuem Recht unterstellen (Rn 2). Auf die nach dem 31. 12. 01 begründeten DauerschuldVerh sind die Vorschr des SMG sofort anwendb. 7

EG 229 § 6 *Überleitungsvorschrift zum Verjährungsrecht nach dem Gesetz zur Modernisierung des Schuldrechts vom 26. November 2001.*

[I] Die Vorschriften des Bürgerlichen Gesetzbuchs über die Verjährung in der seit dem 1. Januar 2002 geltenden Fassung finden auf die an diesem Tag bestehenden und noch nicht verjährten Ansprüche Anwendung. Der Beginn, die Hemmung, die Ablaufhemmung und der Neubeginn der Verjährung bestimmen sich jedoch für den Zeitraum vor dem 1. Januar 2002 nach dem Bürgerlichen Gesetzbuch in der bis zu diesem Tag geltenden Fassung. Wenn nach Ablauf des 31. Dezember 2001 ein Umstand eintritt, bei dessen Vorliegen nach dem Bürgerlichen Gesetzbuch in der vor dem 1. Januar 2002 geltenden Fassung eine vor dem 1. Januar 2002 eintretende Unterbrechung der Verjährung als nicht erfolgt oder als erfolgt gilt, so ist auch insoweit das Bürgerliche Gesetzbuch in der vor dem 1. Januar 2002 geltenden Fassung anzuwenden.

[II] Soweit die Vorschriften des Bürgerlichen Gesetzbuchs in der seit dem 1. Januar 2002 geltenden Fassung anstelle der Unterbrechung der Verjährung deren Hemmung vorsehen, so gilt eine Unterbrechung der Verjährung, die nach den anzuwendenden Vorschriften des Bürgerlichen Gesetzbuchs in der vor dem 1. Januar 2002 geltenden Fassung vor dem 1. Januar 2002 eintritt und mit Ablauf des 31. Dezember 2001 noch nicht beendigt ist, als mit dem Ablauf des 31. Dezember 2001 beendigt, und die neue Verjährung ist mit Beginn des 1. Januar 2002 gehemmt.

[III] Ist die Verjährungsfrist nach dem Bürgerlichen Gesetzbuch in der seit dem 1. Januar 2002 geltenden Fassung länger als nach dem Bürgerlichen Gesetzbuch in der bis zu diesem Tag geltenden Fassung, so ist die Verjährung mit dem Ablauf der im Bürgerlichen Gesetzbuch in der bis zu diesem Tag geltenden Fassung bestimmten Frist vollendet.

[IV] Ist die Verjährungsfrist nach dem Bürgerlichen Gesetzbuch in der seit dem 1. Januar 2002 geltenden Fassung kürzer als nach dem Bürgerlichen Gesetzbuch in der bis zu diesem Tag geltenden Fassung, so wird die kürzere Frist von dem 1. Januar 2002 an berechnet. Läuft jedoch die im Bürgerlichen Gesetzbuch in der bis zu diesem Tag geltenden Fassung bestimmte längere Frist früher als die im Bürgerlichen Gesetzbuch in der seit diesem Tag geltenden Fassung bestimmten Frist ab, so ist die Verjährung mit dem Ablauf der im Bürgerlichen Gesetzbuch in der bis zu diesem Tag geltenden Fassung bestimmten Frist vollendet.

[V] Die vorstehenden Absätze sind entsprechend auf Fristen anzuwenden, die für die Geltendmachung, den Erwerb oder den Verlust eines Rechts maßgebend sind.

[VI] Die vorstehenden Absätze gelten für die Fristen nach dem Handelsgesetzbuch und dem Umwandlungsgesetz entsprechend.

1) Allgemeines. Die Vorschr knüpft an die Regelg an, die EG 169 für das Inkrafttr des BGB u EG 231 § 6 für die Einführg des Rechts der BRep in den neuen BLändern getroffen hat. Art 229 § 6 differenziert aber stärker. Neu sind vor allem die Sonderregelgen für Tatbestd, die nach altem Recht Unterbrechg, jetzt aber nur noch Hemmg begründen (II) u für länger werdde VerjFr (III). Ggü EG 169 neu ist auch der nach dem Vorbild des EG 231 § 6 III für AusschlußFr geltde V. 1

2) Anwendungsbereich. Die Vorschr betrifft die am **1. 1. 02 bestehenden, aber noch nicht verjährten** Anspr. Auf sie findet das neue VerjR mit den in Rn 4–8 dargestellten Modifikationen Anwendg. Nicht erforderl ist, dass der Anspr am 1. 1. 02 bereits *entstanden* (§ 199 Rn 3), also fällig, war. § 6 ist direkt od analog auch auf Anspr anzuwenden, die nach dem Stichtag aus einem nach altem Recht zu beurteilden SchuldVerh entstehen (s BGH **129**, 282, Dresd OLG-NL **00**, 179 zu EG 231 § 6). Erbringt der Käufer, WkUntern od Dienstleister in Erf eines 2001 geschlossenen Vertr nach dem 31. 12. 01 eine mangelh Leistg, gilt daher § 6. 2

3 **3) Abgrenzung.** Auf die vor dem **1. 1. 02 bereits verjährten** Anspr ist ausschließl das BGB in der bis zum 31. 12. 01 geltden Fassg anzuwenden. Keine der verjährgsrechtl Neuregelgen beansprucht Rückwirkg. Bei den **nach dem 31. 12. 2001 entstehenden** Anspr ist zu unterscheiden: Ergeben sie sich aus einem SchuldVerh, auf das nach § 5 altes Recht anzuwenden ist, gilt § 6 (Rn 2). Ergeben sie sich aus einem SchuldVerh neuen Rechts, findet ausschließl neues Recht Anwendg.

4 **4) Dauer und Beginn der Verjährung, I.** Die VerjDauer richtet sich nach I 1 (scheinb) ausschließl nach neuem Recht. Die Regelg wird aber dch die SonderVorschr in III u IV modifiziert (Rn 5 f). Für den VerjBeginn gilt dagg das **Stichtagsprinzip** des I 2: Er ist bis zum 31. 12. 01 nach altem Recht zu beurteilen; hat die Verj bis zu diesem Ztpkt nach altem Recht noch nicht begonnen, gilt das neue Recht mit seinem grdsl subj System u seiner umfassden Ultimo-Regelg (§ 199). Verursacht der Dienstleiter am 15.12. 01 dch eine PflVerletzg einen Schaden, beginnt die Verj gem §§ 198 aF, 187 I am 16. 12. 01; unterläuft ihm die PflVerletzg am 15. 1. 02 (Rn 2) beginnt die Verj gem § 199 nicht vor dem 31. 12. 02 u nur, wenn die subj Voraussetzgen des § 199 I Nr 2 vorliegen.

5 **a) Längere Verjährungsfristen, III.** Wenn das neue Recht die VerjFr verlängert, bleibt bei Anspr, auf die § 6 anzuwenden ist, die kürzere Fr des alten Rechts maßgebd, III. Diese ggü EG 169 neue Regelg dient dem Schutz des Schu. Sie soll vor allem verhindern, dass die Verlängerg der VerjFr für kaufvertragl MängelAnspr (§ 438 I) auf die Zeit vor dem 1. 1. 02 zurückwirkt. GewLAnspr des Käufers, an den am 5. 7. 01 geliefert worden ist, verjähren gem § 477 aF am 5. 1. 02 u nicht erst gem § 438 I Nr 3 am 5. 7. 03. Bei der kurzen VerjFr des § 477 aF bleibt es auch, wenn nach dem 1. 1. 02 aGrd eines vorher geschlossenen Vertr eine mangelh Leistg erbracht wird (Rn 2). Anspr aus Vertr, die vor dem Stichtag geschlossen worden sind u nach altem Recht unter § 196 I aF fallen, verjähren in 2 Jahren u nicht in der längeren Fr des neuen Rechts.

6 **b) Kürzere Verjährungsfristen, IV.** Soweit das neue Recht VerjFr abkürzt, könnte die Anwendg des nach I 1 für die VerjDauer grdsl maßgebden neuen Rechts dazu führen, dass die kürzere neue Fr am 1. 1. 02 bereits abgelaufen ist. Um den Gläub hiervor zu schützen, legt IV 1 fest, dass die neue Fr erst am 1. 1. 02 zu laufen beginnt. Die VerjFr des alten Rechts bleibt aber maßgebd, falls sie vor der Fr des neuen Rechts endet, IV 2. In den FrVergl sind beim neuen Recht beide Fr, die RegelFr mit ihrer subj Anknüpfg (§§ 195, 199 I) u die HöchstFr (§ 199 II, III u IV) einzubeziehen (Heß NJW **02**, 258, AnwK/Mansel Rn 27). Die HöchstFr beginnt am 1. 1. 02. Bei der RegelFr ist zu unterscheiden: Liegen die subj Voraussetzgen des § 199 I Nr 2 am 1. 1. 02 vor, beginnt die Fr am 1. 1. 02; bei späterer Kenntn (grob fahrl Unkenntn) verschiebt sich der FrBeginn entspr der Ultimo-Regel auf das Jahresende.

Beispiele: (1) G hat gg S einen am 1. 8. 87 entstandenen SchadErsAnspr wg pVV (VermSchaden). Seit dem 1. 8. 1995 weiß G vom Schaden u der PflVerletzg des S. Nach altem Recht (§§ 195, 198 aF) wäre Verj erst am 1. 8. 2017 eingetreten. Gem IV gilt die kürzere Fr des neuen Rechts; der Anspr verjährt am 31. 12. 04 (Ablauf der relativen Fr des § 195). Liegt der subj Tatbestd des § 199 I Nr 2 erst ab Mitte 06 vor, endet die relative Fr am 31. 12. 09. Unabhäng von Kenntn u grob fahrl Unkenntn des G tritt Verj spätestens am 31. 12. 11 ein (Ablauf der absoluten Fr des § 199 III Nr 1).

(2). G hat gg den S seit dem 1. 8. 72 einen delikt SchadErsAnspr (VermSchaden). G erfährt erst Mitte 01, dass S der Täter war. Der Anspr verjährt in Anwendg alten Rechts (§ 852) am 1. 8. 02, da die Anwendg der Fr des neuen Rechts zu einer Verlängerg der Verj führen würde (Ablauf der relativen Fr am 31. 12. 04; Ablauf der absoluten Fr am 31. 12. 11).

7 **5) Hemmung und Neubeginn. – a) Grundregel, I Satz 2.** Nach I 2 gilt das Stichtagsprinzip; für die Zeit bis zum 31. 12. 01 gilt altes, danach neues Recht. Ist vor u nach dem 1. 1. 02 über einen nicht unter § 852 II aF fallden Anspr verhandelt worden, ist § 204 erst ab 1. 1. 02 anwendb. Währd der Vhlgen bis zum 31. 12. 01 lief die Verj (vorbehaltl einer Quasi-Hemmg gem § 242, s Einf 10 ff v § 194 im HptBd) weiter. Auch die neuen HemmgsTatbestde der §§ 208 u 479 II u die Erweitergen der §§ 204 u 208 gelten erst ab 1. 1. 02. Die vor dem Stichtag eingetretene Unterbrechg führt zum Neubeginn der VerjFr des alten Rechts,
8 die aber gem Rn 3 ff überzuleiten ist. – **b) Überleitung von Unterbrechungs- zu Hemmungstatbeständen, II.** Für am 1. 1. 02 anhäng Verf, die nach altem Recht (§ 209 aF) zur Unterbrechg führten, enthält II eine SonderVorschr: Aus der Unterbrechg wird am 1. 1. 02 eine Hemmg; sie endet gem § 204 II 6 Mo nach Beendigg od Stillstand des Verf. Gerät ein Verf, das zum Jahreswechsel 2000/01 am letzten Tag der 2 jähr VerjFr rhäng geworden ist, 2002 in Stillstand, tritt Verj daher nach 6 Mo (u nicht erst nach 2 Jahren) ein. Ist eine Klage (Mahnbescheid) vor dem 1. 1. 02 eingereicht u nach dem Stichtag, aber „demnächst" (§ 204 Rn 7) zugestellt worden, wird die Verj wg der Rückwirkg der Zustellg nach altem Recht unterbrochen; aus
9 der Unterbrechg wird aber gem II sofort eine Hemmg. – **c) Fortgeltung der Regelungen, nach denen eine Unterbrechung als erfolgt od nicht erfolgt gilt, I 3.** I 3 betrifft vor allem § 212 aF in seinem dch Analogien erweiterten Anwendgsbereich (§ 212 aF Rn 4 im HptBd). Er stellt klar, dass die im alten Recht vorgesehenen Fiktionen, eine Unterbrechg sei nicht eingetreten od eingetreten, weiter anzuwenden sind. Wird die im Dezember 01 zugestellte Klage im März 02 zurückgenommen od dch ProzUrt abgewiesen, gilt die (inzw zur Hemmg gewordene) Unterbrechg gemäß § 212 I aF als nicht erfolgt. Wird eine vor dem 1. 1. 02 zurückgenommene (dch ProzUrt abgewiesene) Klage innerh der Fr des § 212 II aF erneut erhoben, gilt die Klage als dch die erste Klage unterbrochen; aus der Unterbrechg wird aber gem II sofort eine Hemmg. Wird eine vor dem 1. 1. 02 erhobene Klage nach diesem Ztpkt zurückgenommen od dch ProzUrt abgewiesen, gilt aber nicht mehr § 212 aF sond der im Ergebn weitgehd übereinstimmde § 204 II.

10 **6) Ausschlußfristen, V.** Das für das VerjR maßgebde ÜbergangsR findet auf AusschlußFr entspr Anwendg. Bedeutg hat die Vorschr im wesentl nur für die Abkürzg der HöchstFr des § 121 II (Anf wg Irrt) u § 124 III (Anf wg argl Täuschg) von 30 auf 10 Jahre. Die AnfFr wg einer am 1. 8. 92 begangenen argl Täuschg endet spätestens am 31. 12. 2011 (10 Jahre ab 1. 1. 02) u nicht erst am 1. 8. 2022.

11 **7) Handelsgesetzbuch und Umwandlungsgesetz, VI.** Das SMG ändert in Art 5 Nr 16 u 17 auch VerjVorschr des HGB (zB §§ 26 I, 27 II 2, 139 III 2, 159 IV 612 I, 759 III 2 usw) u des UmwG (zB 45 I, 133 III, 157 I, 224 II usw). Für diese Ändergen gelten nach VI die ÜberleitgsVorschr der I–V entspr.

EG 229 § 7 *Überleitungsvorschrift zu Zinsvorschriften nach dem Gesetz zur Modernisierung des Schuldrechts vom 26. November 2001.*

I Soweit sie als Bezugsgröße für Zinsen und andere Leistungen in Rechtsvorschriften des Bundes auf dem Gebiet des Bürgerlichen Rechts und des Verfahrensrechts der Gerichte, in nach diesem Gesetz vorbehaltenen Landesrecht und in Vollstreckungstiteln und Verträgen auf Grund solcher Vorschriften verwendet werden, treten mit Wirkung vom 1. Januar 2002

1. an die Stelle des Basiszinssatzes nach dem Diskontsatz-Überleitungs-Gesetz vom 9. Juni 1998 (BGBl. I S. 1242) der Basiszinssatz des Bürgerlichen Gesetzbuchs,
2. an die Stelle des Diskontsatzes der Deutschen Bundesbank der Basiszinssatz (§ 247 des Bürgerlichen Gesetzbuchs),
3. an die Stelle des Zinssatzes für Kassenkredite des Bundes der um 1,5 Prozentpunkte erhöhte Basiszinssatz des Bürgerlichen Gesetzbuchs,
4. an die Stelle des Lombardsatzes der Deutschen Bundesbank der Zinssatz der Spitzenrefinanzierungsfazilität der Europäischen Zentralbank (SRF-Zinssatz),
5. an die Stelle der „Frankfurt Interbank Offered Rate"-Sätze für die Beschaffung von Ein- bis Zwölfmonatsgeld von ersten Adressen auf dem deutschen Markt auf ihrer seit dem 2. Juli 1990 geltenden Grundlage (FIBOR-neu-Sätze) die „EURO Interbank Offered Rate"-Sätze für die Beschaffung von Ein- bis Zwölfmonatsgeld von ersten Adressen in den Teilnehmerstaaten der Europäischen Währungsunion (EURIBOR-Sätze) für die entsprechende Laufzeit,
6. an die Stelle des „Frankfurt Interbank Offered Rate"-Satzes für die Beschaffung von Tagesgeld („Overnight") von ersten Adressen auf dem deutschen Markt („FIBOR-Overnight"-Satz) der „EURO Overnight Index Average"-Satz für die Beschaffung von Tagesgeld („Overnight") von ersten Adressen in den Teilnehmerstaaten der Europäischen Währungsunion (EONIA-Satz) und
7. bei Verwendung der „Frankfurt Interbank Offered Rate"-Sätze für die Geldbeschaffung von ersten Adressen auf dem deutschen Markt auf ihrer seit dem 12. August 1985 geltenden Grundlage (FIBOR-alt-Sätze)
a) an die Stelle des FIBOR-alt-Satzes für Dreimonatsgeld der EURIBOR-Satz für Dreimonatsgeld, multipliziert mit der Anzahl der Tage der jeweiligen Dreimonatsperiode und dividiert durch 90,
b) an die Stelle des FIBOR-alt-Satzes für Sechsmonatsgeld der EURIBOR-Satz für Sechsmonatsgeld, multipliziert mit der Anzahl der Tage der jeweiligen Sechsmonatsperiode und dividiert durch 180 und
c) wenn eine Anpassung der Bestimmungen über die Berechnung unterjähriger Zinsen nach § 5 Satz 1 Nr. 3 des Gesetzes zur Umstellung von Schuldverschreibungen auf Euro vom 9. Juni 1998 (BGBl. I S. 1242, 1250) erfolgt, an die Stelle aller FIBOR-alt-Sätze die EURIBOR-Sätze für die entsprechende Laufzeit.

Satz 1 Nr. 5 bis 7 ist auf Zinsperioden nicht anzuwenden, die auf einen vor Ablauf des 31. Dezember 1998 festgestellten FIBOR-Satz Bezug nehmen; insoweit verbleibt es bei den zu Beginn der Zinsperiode vereinbarten FIBOR-Sätzen. Soweit Zinsen für einen Zeitraum vor dem 1. Januar 1999 geltend gemacht werden, bezeichnet eine Bezugnahme auf den Basiszinssatz den Diskontsatz der Deutschen Bundesbank in der in diesem Zeitraum maßgebenden Höhe. Die in den vorstehenden Sätzen geregelte Ersetzung von Zinssätzen begründet keinen Anspruch auf vorzeitige Kündigung, einseitige Aufhebung oder Abänderung von Verträgen und Abänderung von Vollstreckungstiteln. Das Recht der Parteien, den Vertrag einvernehmlich zu ändern, bleibt unberührt.

II Für die Zeit vor dem 1. Januar 2002 sind das Diskontsatz-Überleitungs-Gesetz vom 9. Juni 1998 (BGBl. I S. 1242) und die auf seiner Grundlage erlassenen Rechtsverordnungen in der bis zu diesem Tag geltenden Fassung anzuwenden.

III Eine Veränderung des Basiszinssatzes gemäß § 247 Abs. 1 Satz 2 des Bürgerlichen Gesetzbuchs erfolgt erstmals zum 1. Januar 2002.

IV Die Bundesregierung wird ermächtigt, durch Rechtsverordnung mit Zustimmung des Bundesrates

1. die Bezugsgröße für den Basiszinssatz gemäß § 247 des Bürgerlichen Gesetzbuchs und
2. den SRF-Zinssatz als Ersatz für den Lombardsatz der Deutschen Bundesbank

durch einen anderen Zinssatz der Europäischen Zentralbank zu ersetzen, der dem Basiszinssatz, den durch diesen ersetzten Zinssätzen und dem Lombardsatz in ihrer Funktion als Bezugsgrößen für Zinssätze eher entspricht.

1) I, II. Den **Basiszinssatz,** seine Bezugsgröße u den Anpassgsrhythmus hat das SMG für den Bereich des Bürgerl Rechts u des VerfR der Ger im neugefaßten § 247 geregelt. Das Diskontsatz-Überleitgs-Gesetz (DÜG), die Basiszinssatz-Bezugsgrößen-VO, die FIBOR-ÜberleitgsVO u die Lombardsatz-ÜberleitgsVO, hat das SMG zwar abw vom RegEntw nicht aufgehoben; sie gelten aber nur noch, soweit sie in Regelgen außerh des Anwendgsbereichs des § 7 in Bezug genommen w (BT-Drs 14/7052 S 213). Für den Bereich des Bürgerl Rechts u des VerfR werden die Vorschr des DÜG u der genannten VO dch § 7 I ersetzt. II enthält die insoweit erforderl ÜberleitgsVorschr. 1

2) III. Der im § 247 auf 3,62% festgesetzt Basiszinssatz ist eine logische Sekunde nach Inkrafttreten des SMG aGrd von III auf 2,57% herabgesetzt worden. Nach dem Anpassgsrhythmus des § 247 ist die nächste Änderg zum 1. 7. 02 mögl. 2

3) IV. Eine entspr Ermächtigg enthielt bereits das DÜG. Da § 247 als Bezugsgröße den HRF-Satz der EZB u nicht mehr den LRG-Satz verwendet, ist aber ein Bedürfn für eine Änderg nicht ersichtl. 3

Sechster Teil. Inkrafttreten und Übergangsrecht aus Anlaß der Einführung des Bürgerlichen Gesetzbuchs und dieses Einführungsgesetzes in dem in Artikel 3 des Einigungsvertrages genannten Gebiet

Artikel 233. Drittes Buch. Sachenrecht

Erster Abschnitt. Allgemeine Vorschriften

EG 233 § 2 a ***Moratorium.*** Abs. IX ist durch Art. 2 GrundRBerG v. 31. 10. 2001 (BGBl. I 2716) geändert worden. Diese Änderg ist wortgleich mit dem schon im HptBd berücksichtigten Entw zu diesem Gesetz.

Siebter Teil. Durchführung des Bürgerlichen Gesetzbuchs, Verordnungsermächtigungen

EG 239 ***Informationspflichten für Kreditinstitute.*** **Das Bundesministerium der Justiz wird ermächtigt, durch Rechtsverordnung ohne Zustimmung des Bundesrates über § 675 a Abs. 1 des Bürgerlichen Gesetzbuchs hinausgehende Angaben festzulegen, über die Unternehmen ihre Kunden zu unterrichten haben, soweit dies zur Erfüllung der Pflichten aus der Richtlinie 97/5/EG des Europäischen Parlaments und des Rates vom 27. Januar 1997 über grenzüberschreitende Überweisungen (ABl. EG Nr. L 43 S. 25) oder anderen Vorschriften des Gemeinschaftsrechts, die den Regelungsbereich des § 675 a Abs. 1 des Bürgerlichen Gesetzbuchs betreffen, erforderlich ist oder wird. Hierbei kann auch die Form der Bekanntgabe der Angaben festgelegt werden.**

Allgemeines. Die Vorschr wurde eingefügt dch *Art 2 Nr 3 SMG* (dazu BT-Drs 14/6040 S 274). Sie entspricht § 675 a II BGB aF (sa dort). – **Satz 1** gestattet dem BMJ, ohne Zustimmung des BR (s GG 80 II) die Information über Angaben vorzuschreiben, die den RegelgsBereich des § 675 a I betreffen, dh die dort genannten Untern u Gesch (dort Rn 2–4). Die Information muß dch die genannten od and Vorschr des GemschR, dh des Rechts der EG, geboten sein. – **Satz 2** gestattet es, für diese zusätzl Angaben auch die Form der Bekanntgabe (§ 675 a Rn 6 im HptBd) zu regeln. Von der Ermächtigg ist dch Abschn 4 (= §§ 10, 11) der VO über InformationsPfl nach Bürgerl R (Art 4 SMG, InfVO; abgedr als Anh zu § 675 a BGB, s dort) Gebr gemacht worden.

EG 240 ***Informationspflichten für Fernabsatzverträge.*** **Das Bundesministerium der Justiz wird ermächtigt, im Einvernehmen mit dem Bundesministerium für Wirtschaft und Technologie durch Rechtsverordnung ohne Zustimmung des Bundesrates unter Beachtung der vorgeschriebenen Angaben nach der Richtlinie 97/7/EG des Europäischen Parlaments und des Rates vom 20. Mai 1997 über den Verbraucherschutz bei Vertragsabschlüssen im Fernabsatz (ABl. EG Nr. L 144 S. 19) festzulegen:**

1. **über welche Einzelheiten des Vertrags, insbesondere zur Person des Unternehmers, zur angebotenen Leistung und zu den Allgemeinen Geschäftsbedingungen, Verbraucher vor Abschluss eines Fernabsatzvertrags zu informieren sind,**
2. **welche Informationen nach Nummer 1 Verbrauchern zu welchem Zeitpunkt in Textform mitzuteilen sind und**
3. **welche weiteren Informationen, insbesondere zu Widerrufs- und Kündigungsrechten, zum Kundendienst und zu Garantiebedingungen, Verbrauchern nach Vertragsschluss in Textform mitzuteilen und in welcher Weise sie hervorzuheben sind.**

1 Die in der Vorschr vorgesehene Regelg besteht bereits. Art IV SMG hat die VO über InformationsPflten von Reiseveranstaltern zu einer BGB-InfoV erweitert. § 1 dieser VO, abgedruckt u kommentiert im Anhang zu § 312 c, betrifft die InformationsPflten bei FernAbsVertr. Art 240 ermöglicht dem BMJ, die Regelg im Einvernehmen mit dem BM für Wirtsch u Technologie an sich ändernde Verh od Vorgaben des GemschR anzupassen. Dazu stellt Art 7 SMG klar, dass die dch Art 4, also dch Ges, neugefaßte VO dch VO geändert werden kann.

EG 241 ***Informationspflichten für Verträge im elektronischen Geschäftsverkehr.*** **Das Bundesministerium der Justiz wird ermächtigt, im Einvernehmen mit dem Bundesministerium für Wirtschaft und Technologie durch Rechtsverordnung ohne Zustimmung des Bundesrates unter Beachtung der vorgeschriebenen Angaben nach der Richtlinie 2000/31/EG des Europäischen Parlaments und des Rates vom 8. Juni 2000 über bestimmte rechtliche Aspekte der Dienste der Informationsgesellschaft, insbesondere des elektronischen Geschäftsverkehrs, im Binnenmarkt („Richtlinie über den elektronischen Geschäftsverkehr“, ABl. EG Nr. L 178 S. 1) festzulegen, welche Informationen dem Kunden über technische Einzelheiten des Vertragsschlusses**

im elektronischen Geschäftsverkehr, insbesondere zur Korrektur von Eingabefehlern, über den Zugang zu Vertragstext und Verhaltenskodizes sowie über die Vertragssprache vor Abgabe seiner Bestellung zu erteilen sind.

Die in der Vorschr vorgesehene Regelg besteht bereits. Art IV SMG hat die VO über InformationsPflten von Reiseveranstaltern zu einer BGB-InfoV erweitert. § 3 dieser VO, abgedruckt u kommentiert im Anhang zu § 312 e, betrifft die InformationsPflten für Vertr im elektron GeschVerk. Art 241 ermöglicht dem BMJ, die Regelg im Einvernehmen mit dem BM für Wirtsch u Technologie an sich ändernde Verh od Vorgaben des GemschR anzupassen. Dazu stellt Art 7 SMG klar, dass die dch Art 4, also dch Ges, neugefaßte VO dch VO geändert werden kann. 1

EG 242 *Informations- und Prospektpflichten bei Teilzeit-Wohnrechteverträgen.*

Das Bundesministerium der Justiz wird ermächtigt, durch Rechtsverordnung ohne Zustimmung des Bundesrates unter Beachtung der Richtlinie 94/47/EG des Europäischen Parlaments und des Rates vom 26. Oktober 1994 zum Schutz der Erwerber im Hinblick auf bestimmte Aspekte von Verträgen über den Erwerb von Teilzeitnutzungsrechten an Immobilien (ABl. EG Nr. L 280 S. 83) festzulegen,

1. **welche Angaben dem Verbraucher bei Teilzeit-Wohnrechteverträgen gemacht werden müssen, damit er den Inhalt des Teilzeitwohnrechts und die Einzelheiten auch der Verwaltung des Gebäudes, in dem es begründet werden soll, erfassen kann,**
2. **welche Angaben dem Verbraucher in dem Prospekt über Teilzeit-Wohnrechteverträge zusätzlich gemacht werden müssen, um ihn über seine Rechtsstellung beim Abschluss solcher Verträge aufzuklären, und**
3. **welche Angaben in einem Teilzeit-Wohnrechtevertrag zusätzlich aufgenommen werden müssen, um eindeutig zu regeln, welchen Umfang das Recht hat, das der Verbraucher erwerben soll.**

Anwendung findet die Vorschr nur auf Teilzeit-WohnRVertr (§§ 481–487), die seit 1. 1. 02 abgeschl worden sind (Art 229 § 5 EG). **Inhalt.** Es wird die VO-Ermächtigg des BMinisteriums der Justiz festgelegt u zugleich die Bindg an die EG-RL 94/47 (vgl 1 vor § 481). **Erlassen** ist die VO mit Art 4 SMG dch Ändg der VO über InformationsPfl v Reiseveranstaltern v 14. 11. 94, jetzt VO über InformationsPfl nach bürgerl R idF des SMG. Das TeilZtWoR betrifft der § 2, abgedruckt u kommentiert als Anh zu § 482.

EG 243 *Ver- und Entsorgungsbedingungen.*

Das Bundesministerium für Wirtschaft und Technologie kann im Einvernehmen mit dem Bundesministerium der Justiz durch Rechtsverordnung mit Zustimmung des Bundesrates die Allgemeinen Bedingungen für die Versorgung mit Wasser und Fernwärme sowie die Entsorgung von Abwasser einschließlich von Rahmenregelungen über die Entgelte ausgewogen gestalten und hierbei unter angemessener Berücksichtigung der beiderseitigen Interessen

1. **die Bestimmungen der Verträge einheitlich festsetzen,**
2. **Regelungen über den Vertragsschluss, den Gegenstand und die Beendigung der Verträge treffen sowie**
3. **die Rechte und Pflichten der Vertragsparteien festlegen.**

Satz 1 gilt entsprechend für Bedingungen öffentlich-rechtlich gestalteter Ver- und Entsorgungsverhältnisse mit Ausnahme der Regelung des Verwaltungsverfahrens.

Die dch *Art 2 Nr 3 SMG* eingefügte Vorschr (dazu BT-Drs 14/6040 S 274) entspricht wörtl dem bish § 27 des aufgeh AGBG. Auf der Grdl des AGBG 27 sind die AVBFernwärmeV v 20. 6. 80 (BGBl I 742) u AVBWasserV v 20. 6. 80 (BGBl I 750) ergangen, die fortgelten. Sie unterliegen, da VO, nur der Prüfg auf Angemessenh u Ausgewogenh, nicht den Regeln der §§ 305 ff BGB (BGH **100**, 8) u gelten nicht für Vertr mit SoAbnehmern u Industriekunden (insow §§ 305 ff BGB anwendb, BGH **138**, 118). 1

EG 244 *Abschlagszahlungen beim Hausbau.*

Das Bundesministerium der Justiz wird ermächtigt, im Einvernehmen mit dem Bundesministerium für Wirtschaft und Technologie durch Rechtsverordnung ohne Zustimmung des Bundesrates auch unter Abweichung von § 632 a des Bürgerlichen Gesetzbuchs zu regeln, welche Abschlagszahlungen bei Werkverträgen verlangt werden können, die die Errichtung eines Hauses oder eines vergleichbaren Bauwerks zum Gegenstand haben, insbesondere wie viele Abschläge vereinbart werden können, welche erbrachten Gewerke hierbei mit welchen Prozentsätzen der Gesamtbausumme angesetzt werden können, welcher Abschlag für eine in dem Vertrag enthaltene Verpflichtung zur Verschaffung des Eigentums angesetzt werden kann und welche Sicherheit dem Besteller hierfür zu leisten ist.

Allgemeines. Die Vorschr wurde eingefügt dch *Art 2 Nr 3 SMG* (dazu BT-Drs 14/6040 S 274). Sie entspricht von sprachl Abw abgesehen dem früh § 27 a AGBG, der dch G v 30. 3. 00 (BGBl I 330) eingefügt worden war. Sie ermächtigt zur näheren Ausgestaltg des Anspr des Untern auf Abschlagzahlgen gem § 632 a BGB. Das BMJ hat von der Ermächtigg gem AGBG 27 a dch die VO über Abschlagszahlgen bei BauträgerVertr Gebrauch gemacht (abgedruckt im Anh zu § 632 a). Die VO gilt trotz der Aufhebg des AGBG 27 a fort. Ihre Wirksamk ist aber aus and Grd umstr (dazu § 632 a Rn 3). 1

EG 245 ***Belehrung über Widerrufs- und Rückgaberecht.*** **Das Bundesministerium der Justiz wird ermächtigt, durch Rechtsverordnung, die der Zustimmung des Bundesrates nicht bedarf,**

1. Inhalt und Gestaltung der dem Verbraucher gemäß § 355 Abs. 2 Satz 1, § 356 Abs. 1 Satz 1 Nr. 1 und den diese ergänzenden Vorschriften des Bürgerlichen Gesetzbuchs mitzuteilenden Belehrung über das Widerrufs- und Rückgaberecht festzulegen und
2. zu bestimmen, wie diese Belehrung mit den auf Grund der Artikel 240 bis 242 zu erteilenden Informationen zu verbinden ist.

1 Die für das verbrschützde WiderrR u das RückgabeR geltde 2-Wo-Fr (§ 355 I 2) wird nur in Lauf gesetzt, wenn der Untern den Verbr in dem gesetzl vorgeschriebenen Umfang (§§ 355 II, 356 I, 358 V, 485 II, 495 II S 3 usw) belehrt u informiert hat. Weitere Informationen hat der Untern aGrd der Art 240–242 zu erteilen. Die dem Untern auferlegte Informationslast ist ständ gewachsen u angesichts ihres Umfangs u der geringen Transparenz der zGrde liegden gesetzl Regelgen auch von einem gutwilligen u sorgf Untern nur schwer zu bewältigen. Es kommt immer wieder zu RStreitigk darüber, ob der Verbr ausr belehrt u informiert worden ist. Zur Vereinfachg der GeschPraxis, zur Verbesserg der RSicherh u Entlastg der Ger sieht Art 245 den Erlaß einer VO vor, die Inh u Gestaltg der Belehrg verbindl festlegt. Es bleibt abzuwarten, ob die VO diese vom GesGeber an ihren Erlaß geknüpften Erwartgen (BT-Drs 14/7052 S 208) erfüllen kann.

Gesetz über Unterlassungsklagen bei Verbraucherrechts- und anderen Verstößen (Unterlassungsklagengesetz – UKlaG)

Vom 26. November 2001 (BGBl I S 3138, 3173)

Bearbeiter: Dr. Peter Bassenge, Vorsitzender Richter am Landgericht a. D.

Einleitung

1) Zweck und Rechtsnatur der Klagen. Der mat-rechtl (1 Rn 3, 10) Unterl- u WiderrufsAnspr des **§ 1** soll gewährleisten, dass der RVerk von unwirks AGB freigehalten wird, u verhindern, dass sich RUnkundige von einer Geltdmachg u Dchsetzg ihrer Rechte abhalten lassen, wenn ihnen eine nach BGB 307–309 unwirks Klausel entgggehalten wird (BGH NJW **94**, 2693); er schützt damit den allg RVerk u nicht den einz Verbr. Obwohl AGB keine RNormen sind (BGB 305 Rn 2), hat das im UKlaG geregelte Verf Übereinstimmgen mit der abstr Normenkontrolle (E. Schmidt NJW **89**, 1192). Auch im Verf nach dem UKlaG geht es darum, eine abstrakt-generelle Regelg losgelöst von einem Einzelfall auf ihre Vereinbark mit einer (ranghöheren) Norm zu überprüfen. Die Entsch lautet aber nicht auf Feststellg der Unwirksamk der AGB, sond auf Unterlassg der Verwendg od Widerr der Empfehlg. Der mat-rechtl (§ 2 Rn 3) UnterlAnspr des **§ 2** soll gewährleisten, dass die Einhaltg von VerbrSchutzVorschr gg Untern dchgesetzt werden kann; er dient dem kollektiven Schutz der VerbrInteressen u nicht der Dchsetzg von individuellen VerbrAnspr. 1

2) Rechtsentwicklung. – a) AGBG 13 ff u der dch v G 19. 7. 1996 (BGBl I 1013) eingefügte AGBG 24 a setzten die RL 93/13/EG über missbräuchl Klauseln in VerbrVertr dch; der Begriff des Verbr in RL 2 b bezieht sich nur auf natürl Pers (EuGH NJW **02**, 205). Grd für die Änderg der AGBG 13, 15 dch G v 27. 6. 2000 (BGBl I 897) war die Umsetzg der RL 98/27/EG, zugl aber auch das Bestreben, die VerfVorschr des AGBG stärker an die ParallelVorschr des UWG anzupassen. Um die RahmenBdggen des Binnenmarktes zu verbessern, waren seit der nF des AGBG 13 III Nr 1 auch VerbrVerbände aus den MitglStaaten der EU vor deutschen Ger klagberecht. Da das VerbandsKlVerf nicht zu den mat-rechtl Regelgen über die Unwirksamk von AGB gehört, hat das SMG (Art 3) es von den BGB 305 ff getrennt u einen Unterl-/WiderrufsAnspr sowie Vorschr über seine verfrechtl Dchsetzg in **UKlaG 1, 3–11** geschaffen. Wg der Vergleichbark (zT wörtl Übereinstimmg) mit AGBG 13 ff bleiben Rspr u Schrifttum zu diesen Vorschr bedeuts. Das AGBG, das in AGBG 13 I (wie jetzt UKlaG 1) von der Verwendg und Empfehlg unwirks AGB handelte, sprach AGBG 17 Nr 2 u 3 nur von Verwendg. Soweit nach allgM diese Vorschr wg eines offensichtl Versehens des GesGebers auch iF der Empfehlg angewendet wurden, kann daraus, dass auch das UKlaG wiederum nur von Verwendg spricht (§ 9 Nr 2 und 3), nicht geschlossen werden, der GesGeber habe die Anwendg auf die Empfehlg nicht gewollt; die Materialien enthalten keinen Hinweis darauf, dass in Kenntn der Auslegg des AGBG bewusst weiterhin nur von Verwendg gesprochen wird, um eine Anwendg der Vorschr auf diese zu beschrken. – 2
b) AGBG 22, der dch G v 27. 6. 2000 (BGBl I 897) in das AGBG eingefügt wurde, schuf einen Schutz gg verbrschutzwidr Praktiken, der nicht davon abhäng war, dass die VerletzgsHdlg zugl unlauterer Wettbew war. Damit wurde Art 1 RL 98/27/EG u Art 11 II RL 97/7/EG genügt. Die Einordng der Regelg in das AGBG war verfehlt. Das SMG hat sie von den VerbrSchutzVorschr getrennt u einen UnterlAnspr sowie Vorschr über seine verfrechtl Dchsetzg in **UKlaG 2–7, 12** geschaffen. Mit der Erweiterg des Katalogs der VerbrSchutz-Vorschr ggü AGBG 22 II dch Aufn der Vorschr über VerbrGüterKäufe in § 4 II Nr 1 u Aufn der in § 4 II Nr 2 genannten Vorschr wurde der VerbrGüterKaufRichtl RL 1999/44/EG bzw der E-Commerce-Richtl RL 2000/31/EG entsprochen. Wg der Vergleichbark (zT wörtl Übereinstimmg) mit AGBG 22, 22 a bleiben Rspr u Schrifttum zu dieser Vorschr bedeuts. 3

3) Inkrafttreten. Das UKlaG trat am 1. 1. 2002 in Kraft (SMG Art 9 I S 3). Überleitungsvorschr in § 16. 4

4) Gesetzesmaterialien. GEntw der Fraktionen von SPD u BÜNDNIS 90/DIE Grünen BT-Drucks 14/6040 S 37, 274. Stellgn des BRats BT-Drucks 14/6857 Anl 2 S 39 u GgÄußerg der BReg BT-Drucks 14/6857 Anl 3 S 69. BeschlEmpfehlg u Bericht des BT-RAusschusses BT-Drucks 14/7052 S 80, 208. 5

Abschnitt 1. Ansprüche bei Verbraucherrechts- und anderen Verstößen

UKlaG 1 *Unterlassungs- und Widerrufsanspruch bei Allgemeinen Geschäftsbedingungen.* **Wer in Allgemeinen Geschäftsbedingungen Bestimmungen, die nach den §§ 307 bis 309 des Bürgerlichen Gesetzbuchs unwirksam sind, verwendet oder für den rechtsgeschäftlichen Verkehr empfiehlt, kann auf Unterlassung und im Fall des Empfehlens auch auf Widerruf in Anspruch genommen werden.**

1) Allgemeines. Die Anspr aus § 1 gleichen denen aus AGBG 13 I u richten sich gg die von der Verwendg od Empfehlg unwirks Klauseln ausgehde **Störung des Rechtsverkehrs** (vgl 1 vor § 1); dabei unerhebl, ob im EinzFall die Klausel nach BGB 305 b wirkgslos (BGH NJW **83**, 1320). Auf vor dem 1. 4. 77 geschlossene Vertr kann § 1 auch dann nicht angewandt werden, wenn sich der Verwder heute auf eine unwirks Klausel beruft (BGH NJW **97**, 1068). Formularmäß Klauseln in Vertr des Erb-, Fam- u GesellschR sowie in TV, Betr- u DVereinbgen können nicht Ggst einer Kl gem § 1 sein, weil BGB 305 ff auf sie nicht anwendb (BGB 310 IV 1); ebso nicht Klauseln in arbeitsrechtl Vertr, weil das UKlaG im ArbR unanwendb 1

(§ 15). Alle übr AGB können dagg mit der Klage aus § 1 angegriffen werden; auch formularmäß Regelgen der EinbezVoraussetzgen (BGB 305 Rn 5) u handschriftl Einfügen in Leerstellen, soweit sie den AGB-Begriff erfüllen (BGH NJW **99**, 2180). BGB 310 I–III, IV 2 schließt die Klage nicht aus, beeinflusst aber uU den Prüfgsmaßstab; dabei findet die eingeschrkte Kontrolle nach BGB 310 I auch statt, wenn der Vertr mit AGB der erstmal Aufn der UnternTätigk des VertrPartn des Verwders dient (Oldbg BB **01**, 2499; str). – Eine Hdlg
2 kann einen UnterlAnspr nach § 1 u nach **UWG 13** begründen (MüKo/Micklitz AGBG 13 Rn 162; Ul/Br/He § 9 Rn 47, § 13 Rn 2). Die Anspr bestehen matrechtl nebeneinand, prozrechtl handelt es sich um einen StreitGgst (str). Ist von der Konzentrationsermächtigung des § 6 II keinen Gebr gemacht, kann die Klage vor der ZivKammer auf beide AnsprGrdl gestützt, mit einer Klage vor der KfH kann allein den Anspr aus dem UWG 13 geltd gemacht werden, denn für den Anspr aus § begründet § 6 I eine ausschließl Zuständigkeit.

3 **2) Unterlassungsanspruch bei Verwendung.** Kein rein proz RBehelf, sond ein den AnsprBerecht (§ 3) im öff Interesse zugewiesener mat-rechtl Anspr iS BGB 194 I (BGH NJW-RR **90**, 886). Wird ein Anspr bzgl einer AGB-Bestimmg auf **mehrere Unwirksamkeitsgründe** gestützt, handelt es sich gleichwohl um einen einheitl StreitGgst u Anspr (BGH NJW **93**, 2053), so dass die Klage voll begründet ist (keine TeilAbweisg), wenn nur einer (bzw einige) der geltd gemachten UnwirksamkGrde vorliegt (BGH aaO).

4 **a) Voraussetzungen. – aa) Unwirksame Bestimmungen in AGB.** Nach dem GesWortlaut besteht der UnterlAnspr nur, wenn die Unwirksamk auf **BGB 307–309** beruht. Dazu gehört ein Verstoß gg das Transparenzgebot (BGB 307 I 2) auch dann, wenn die intransparente Klausel das Preis/LeistgsVerh betrifft (§ 307 Rn 55; LG Köln WM **01**, 1946) od im EinzFall dch nicht zu AGB-Bestandt gemachte Zusatzinformationen dchschaub ist (BGH NJW **97**, 1068; aA Lindacher NJW **97**, 2741). Der GesZweck, Störgen des RVerk dch die Verwdg unwirks Klauseln entggzuwirken u die Kunden vor missbräuchl AGB zu schützen, rechtf aber eine erweiternde Auslegg: Die Klage kann auch auf Unwirksamk wg Verstoßes gg ein **gesetzliches Verbot oder zwingendes Recht** gestützt werden (BGH NJW **83**, 1320 [1322]; MüKo/Micklitz AGBG 13 Rn 46; Ul/Br/He § 13 Rn 5; aA Erm/Werner AGBG 13 Rn 25), zumal wenn die verletzte Norm (wie idR) die gleiche Schutzrichtg hat wie die BGB 307 ff hat; nach Dresd NJW-RR **01**, 1710 auch unzul Ausschl eines WiderrufsR nach § 312 d I (aA Ul//Br/He § 13 Rn 6: Anspr aus § 2). Ein Verstoß gg **BGB 305 c I** kann mit der Klage aus § 1 geltd gemacht werden, wenn er sich unabhäng von den Umst des Einzelfalls aus einer abstrakt generellen Betrachtg ergibt (Hamm NJW-RR **86**, 927 [930], aA BGH NJW-RR **87**, 45); idR liegt zugl auch eine Verletzg des BGB 307 vor (BGH NJW **84**, 2468). Bei der Prüfg ist **BGB 305 c II** „umgekehrt" anzuwenden; iZw ist von der zur Unwirksamk führden kundenfeindlichsten Auslegg auszugehen (Stgt OLGR **97**, 1; BGB 305 c Rn 18), teilw unwirks Klauseln stehen völl unwirks gleich (Vorbem 8 vor BGB 307). Eine unzureichde optische Gestaltg der AGB (blasser Druck) kann nicht mit der Klage nach § 1
5 beanstandet werden (Brdbg NJW-RR **01**, 488). – **bb) Verwendung** von nach Rn 4 unwirks AGB; BewLast für Verwendg hat der Gläub (BGH NJW **91**, 36). Nicht erforderl ist, dass die AGB bereits in einen Vertr einbez worden sind. Es genügt, dass sie im rgesch Verk benutzt worden sind (BGH NJW **87**, 2867). Ausr ist daher das Inverkehrbringen mit einem Angebot od einer Aufforderg zur Abgabe eines Angebots zB dch GerStandsKl auf GeschBrief (BGH aaO), dch Schild („Aufreißen der Verpackg verpfl zum Kauf") an der Kasse (Düss NJW-RR **01**, 1563), dch Abdruck auf Rechngen (LG Mü BB **79**, 1789) od dch RVerteidigg mit nicht wirks zum VertrInh gemachten AGB (BGH NJW **81**, 1511). Zul ist bei VerbrVertr auch eine Klage gg sog Drittklauseln (BGB 310 Rn 15), nicht aber gg EinzVertrKlauseln, die gem BGB 310 III Nr 2 der
6 InhKontrolle unterliegen. Wg erst drohder Verwendg vgl Rn 6 aE. – **cc) Wiederholungsgefahr** für Verwendg. Sie ist ungeschriebene materielle AnsprVoraussetzg (BGH NJW **81**, 2412; vgl BGB 1004 Rn 32). Sie ist gegeben, wenn eine Wiederholg ernsth u greifb zu besorgen ist. Für den die BewLast tragden Gläub streitet idR eine tatsächl Vermutg, an deren Entkräftg dch den Verwder hohe Anfdgen zu stellen sind (BGH NJW-RR **01**, 485). Weder die Änderg der beanstandeten Klausel noch die Zusage, die Klausel nicht mehr zu verwenden, sind ausr (BGH aaO), insb dann nicht, wenn der Verwder noch im Proz die Wirksamk der Klausel verteidigt (BGH aaO) od eine UnterlErkl mit AufbrauchFr abgibt (BGH NJW **82**, 2311). Wirks Maßn gg eine künft Verwendg reichen nicht, wenn die Partn bereits abgeschl Vertr nicht von der Unwirksamk unterrichtet werden u keine dch VertrStrafVerspr gesicherte UnterlVerpfl erklärt wird (Celle OLGR **94**, 113). Ausgeräumt ist die Wiederholgsgefahr dagg, wenn der Verwder eine ernsth u unbdgte UnterlErkl bzgl aller mögl Anwendgsfälle abgibt u die UnterlPfl dch ein VertrStrafVerspr sichert (Düss DB **81**, 1663; Bunte DB **80**, 481). Wird in der Abmahng eine übersetzte VertrStrafe gefordert, muss der Verwder einen angem Betr anbieten (vgl § 5 Rn 4). Ob die ggü einem and AnsprBerecht abgegebene UnterlErkl die Wiederholgsgefahr allg beseitigt, hängt davon ab, ob der Gläub bereit u geeignet erscheint, die UnterlVerpfl notfalls auch zwangsweise dchzusetzen (vgl BGH NJW **83**, 1060; WRP **87**, 557). Da das Verbot auch für bereits in Vertr einbezogene AGB gilt, genügt der Druck neuer u die Vernichtg der alten AGB nicht (BGH NJW-RR **01**, 485). Dagg kann endgült GeschAufg die Wiederholgsgefahr beseitigen (Zweibt NJW-RR **94**, 1363). Auch besteht keine Wiederholgsgefahr, wenn schon vor Androhg eine UnterlKlage dch geeignete Maßn sichergestellt wurde, dass die AGB nicht mehr verwendet werden u Partn von aGrd der AGB bereits abgewickelten Vertr eine Nachbesserg der Abwicklg angeboten wurde (Hamm OLGR **98**, 269). Trotz des GesWortlauts („verwendet") genügt die **ernsthaft drohende erstmalige Verwendung** (Saarbr AGBE V § 9 Nr 36).
7 BewLast hat der Gläub; für sie spricht keine tats Vermutg. – **dd) Rechtsschutzbedürfnis** ist nicht Ansprsond ProzVoraussetzg (vgl § 5 Rn 8).

8 **b) Anspruchinhalt.** Der Verwder hat (ohne AufbrauchFr; BGH NJW **80**, 2518) alle Hdlgen zu unterlassen, die als Verwendg der unwirks Klausel aufzufassen sind (Rn 5) wie insb ihre Einbeziehg in neue Vertr u die Berufg auf sie bei der Abwicklg bereits geschlossener Vertr (BGH NJW **94**, 2693); die Klage kann sich daher auch alleine gg die Verwendg bei der Abwicklg richten (BGH aaO). Geschuldet wird auch die Beendigg fortdauernder Verwendg (zB Einzug eines Aushangs), nicht aber die Unterrichtg der VertrPartner über die Unwirksamk (Ul/Br/He § 13 Rn 28) od Vernichtg noch vorhandener Exemplare (Ul/Br/He aaO; aA MüKo/Micklitz AGBG 13 Rn 74). Bei inhaltl **unteilbarer Klausel** kann nur Unterl der Verwendg in der vom Verwder benutzten Fassg verlangt werden (BGH NJW **95**, 1488). Bei **ergänzungsbedürftiger Klausel** ist zu unterscheiden: Sind die in Betracht kommden Ausfüllmöglichk nicht vorgegeben, geht der Anspr auf

einschrkgslose Unterl, auch wenn nur eine der denkb Ergänzgen zur Unwirksamk führt (BGH NJW **93**, 1651). Enthält die Klausel Vorgaben für die Ausfüllg u begründen nur einige die Unwirksamk, besteht nur ein entspr beschrkter UnterlAnspr (BGH NJW **92**, 503).

c) Schuldner (passivlegitimiert) ist der Verwder, dh derjenige, in dessen Namen der dch AGB vorformulierte Vertr geschl ist od werden soll (Zweibr NJW-RR **94**, 1363; Ffm OLGR **94**, 61). Bei einer GmbH iGr muss sich die Klage daher gg diese u nicht gg den GeschF richten (Stgt NJW-RR **96**, 1209). Verwder ist auch, wer die AGB zwar nicht in den Vertr einbezieht, aber weiß, dass ein Beauftragter sie ohne seinen Willen zur VertrAnbahng benutzt (Kblz OLGR **97**, 281). Verwder kann auch der Vertreter einer VertrPart sein, sofern er dem von ihm abgeschl Vertr von ihm selbst entworfene AGB im eigenen Interesse zu Grde legt (BGH NJW **81**, 2351). Liegen dem Vertr nicht selbst entworfene AGB zu Grde, so ist der Vertreter Verwder, wenn die Einbeziehg in seinem Interesse erfolgt (zB Erleichtg der ihm obliegden VertrDchführg) od seine RStellg zum Vertretenen (zB Voraussetzgen für SchadErsAnspr gg ihn) berührt (Ffm NJW-RR **86**, 245). Bloßes Interesse an AbschlProvision macht einen Vertreter/Vermittler nicht zum Verwder (Celle OLGR **94**, 177). Wer, ohne VertrPart zu sein, in die VertrAbwicklg eingeschaltet ist u dch sie begünstigt wird, ist dagg kein Verwder (BGH NJW **91**, 36). Bei mehreren Verwdern (ebso bei Verwendg u Empfehlg) kann der Anspr gg alle od einz geltd gemacht werden (LG Ffm DB **79**, 2075). – **Gläubiger** (aktivlegitimiert): § 3. 9

3) Unterlassungs- und Widerrufsanspruch bei Empfehlung. Kein rein proz RBehelf, sond ein den AnsprBerecht (§ 3) im öff Interesse zugewiesener mat-rechtl Anspr iS BGB 194 I (BGH NJW-RR **90**, 886). 10

a) Voraussetzungen. – **aa) Unwirksame Bestimmungen** in AGB wie Rn 4. – **bb) Empfehlung** von nach Rn 4 unwirks AGB; BewLast für Empfehlg hat der Gläub (BGH NJW **91**, 36). Sie muss sich an mehr als einen mögl Verwder richten (BGH aaO; Ffm OLGR **94**, 61). Meingsäußergen im rwissenschaftl Schriftt sind keine „Empfehlgen für den rgesch Verk" (Wo/Ho/Li § 13 Rn 63). Bsp ergeben sich aus Rn 15. – **cc)** Für **Unterlassungsanspruch:** Wiederholgsgefahr od ernsth drohde erstmalige Empfehlg (wie Rn 6). – **dd)** Für **Widerrufsanspruch:** Es muss ein fortdauernder Störgszustand entstanden sein, zu dessen Beseitigg der Widerruf notw u geeignet ist. Dies ist bei schriftl Empfehlgen idR bis zur Rückn zu bejahen. Er kann entfallen, wenn der empfehlde Verband von seiner Empfehlg unzweideut abgerückt ist, wenn das Formularbuch inzw in berichtigter Aufl erschienen ist, wenn die Unwirksamk der Klausel dch and Veröffentlichgen in der Branche bereits allg bekannt ist od wenn der Empfehler aGrd der Kl eines and Verbands bereits widerrufen hat. – **ee) Rechtschutzbedürfnis** ist nicht Anspr-sond ProzVoraussetzg (vgl § 5 Rn 8). 11 12

b) Anspruchsinhalt. – **aa) Unterlassungsanspruch.** Der Empfehler hat alle Hdlgen zu unterlassen, die als Empfehlg der unwirks Klausel aufzufassen sind (Rn 11). Geschuldet wird auch die Beendigg fortdauernder Empfehlg (zB Einzug eines Aushangs). Rn 8 gilt entspr. – **bb) Widerrufsanspruch.** Widerruf der Empfehlg ggü dem gleichen PersKreis u in der gleichen Art wie die Empfehlg erfolgte. Ist dies nicht mögl (zB ggü unbekannten Käufern von Formularen/Formularbüchern) auf and geeignete Art (§ 9 Rn 5; zB Veröffentlichg in Zeitg; Ladenaushang). Der WiderrufsGrd muss nicht angegeben werden. 13 14

c) Schuldner (passivlegitimiert) ist der Empfehler; dh wer die AGB nicht selbst verwendet sond ihre Verwendg dch Dr fördert. In Betracht kommen vor allem Verbände aller Art, auch Körpersch des öffR. Empfehler ist auch der Verkäufer von AGB-Formularen, der Herausgeber einer die AGB als ein Bsp mögl VertrGestaltg vorstellden Zeitschr (LG Düss AGBE I Nr 36), der Verfasser/Herausgeber von Formularen od Formularbüchern (Ffm NJW-RR **96**, 245; Ul/Br/He § 13 Rn 19) im Ggs zum Verleger (Erm/Werner AGBG 13 Rn 23; Ul/Br/He § 13 Rn 20; aA MüKo/Micklitz AGBG 13 Rn 80) u Drucker bei unbek Verfasser. Empfehler ist der Arch, der den von einem Bauherrn stammden VertrText and Bahherrn als VertrMuster für Vertr mit ihren WkUntern zur Vfg stellt (Karlsr BB **83**, 725). Nicht aber RA, der einen Mandanten dch den Entwurf von AGB beraten hat (Ul/Br/He § 13 Rn 22; vgl Ffm aaO; aA MüKo/Micklitz AGBG 13 Rn 78), sofern sie nicht weiteren Mandanten empfohlen werden sollen (AnwK/Walker 8). Bei mehreren Empfehlern (ebso bei Empfehlg u Verwendg) kann der Anspr gg alle od einz geltd gemacht werden (LG Ffm DB **79**, 2075).– **Gläubiger** (aktivlegitimiert): § 3. 15

3)Verjährung. Da abw von AGBG 13 IV keine eigenständ VerjRegelg, gelten für den Unterl- u WiderrufsAnspr BGB 194 ff u damit die VerjFr des BGB 195. Dabei sind die Vorverhandlgen u der spätere VertrSchl als Einh anzusehen. Kommt es zum VertrSchl, beginnt die Verj daher mit der Einbez der AGB in den Vertr. Bei der Empfehlg kommt es auf den Zugang bei den Empfängern an. Werden die unwirks AGB erneut verwendet (empfohlen), entsteht ein neuer Anspr; die VerjFr beginnt erneut zu laufen. Die Verj des früh Anspr schließt die Geltdmachg des neuen nicht aus. – **Verwirkung.** Die Anspr aus § 1 unterliegt wg des öffentl Interesses an ihrer Dchsetzg nicht der Verwirkg (BGH NJW **95**, 1488). 16 17

4) Verfahrensrecht. – **a) Erkenntnisverfahren:** §§ 5–9. – **b) Zwangsvollstreckung** nach ZPO 704 ff. UnterlAnspr nach ZPO 890, WiderrufsAnspr nach ZPO 888. 18

UKlaG 2 *Unterlassungsanspruch bei verbraucherschutzgesetzwidrigen Praktiken.*

I Wer in anderer Weise als durch Verwendung oder Empfehlung von Allgemeinen Geschäftsbedingungen Vorschriften zuwiderhandelt, die dem Schutz der Verbraucher dienen (Verbraucherschutzgesetze), kann im Interesse des Verbraucherschutzes auf Unterlassung in Anspruch genommen werden. Werden die Zuwiderhandlungen in einem geschäftlichen Betrieb von einem Angestellten oder einem Beauftragten begangen, so ist der Unterlassunganspruch auch gegen den Inhaber des Betriebs begründet.

II Verbraucherschutzgesetze im Sinne dieser Vorschrift sind insbesondere

1. die Vorschriften des Bürgerlichen Gesetzbuchs, die für Verbrauchsgüterkäufe, Haustürgeschäfte, Fernabsatzverträge, Teilzeitwohnrechteverträge, Reiseverträge, Verbraucherdarlehnsverträge sowie für Finanzierungshilfen, Ratenlieferungsverträge und Darlehnsvermittlungsverträge zwischen einem Unternehmen und einem Verbraucher gelten,

2. die Vorschriften zur Umsetzung der Artikel 5, 10 und 11 der Richtlinie 2000/31/EG des Europäischen Parlaments und des Rates vom 8. Juni 2000 über bestimmte rechtliche Aspekte der Dienste der Informationsgesellschaft, insbesondere des elektronischen Geschäftsverkehrs, im Binnenmarkt („Richtlinie über den elektronischen Geschäftsverkehr", ABl. EG Nr. L 178 S. 1),
3. das Fernunterrichtsschutzgesetz,
4. die Vorschriften des Bundes- und Landesrechts zur Umsetzung der Artikel 10 bis 21 der Richtlinie 89/552/EWG des Rates vom 3. Oktober 1989 zur Koordinierung bestimmter Rechts- und Verwaltungsvorschriften der Mitgliedstaaten über die Ausübung der Fernsehtätigkeit (ABl. EG Nr. L 298 S. 23), geändert durch die Richtlinie 97/36/EG des Europäischen Parlaments und des Rates vom 30. Juni 1997 zur Änderung der Richtlinie 89/552/EWG des Rates zur Koordinierung bestimmter Rechts- und Verwaltungsvorschriften der Mitgliedstaaten über die Ausübung der Fernsehtätigkeit (ABl. EG Nr. L 202 S. 60),
5. die entsprechenden Vorschriften des Arzneimittelgesetzes sowie Artikel 1 §§ 3 bis 13 des Gesetzes über die Werbung auf dem Gebiete des Heilwesens,
6. § 23 des Gesetzes über Kapitalanlagegesellschaften und die §§ 11 und 15 h des Auslandinvestmentgesetzes.

III Der Anspruch auf Unterlassung kann nicht geltend gemacht werden, wenn die Geltendmachung unter Berücksichtigung der gesamten Umstände missbräuchlich ist, insbesondere wenn sie vorwiegend dazu dient, gegen den Zuwiderhandelnden einen Anspruch auf Ersatz von Aufwendungen oder Kosten der Rechtsverfolgung entstehen zu lassen.

1 **1) Allgemeines.** Der Anspr aus § 2 gleicht dem in Vollzug des Art 11 II RL 97/7/EG (FernabsatzRichtl) u 98/27/EG (UnterlKlRichtl) geschaffenen Anspr aus AGBG 22 u begründet einen UnterlAnspr gg Hdlgen,
2 die gg VerbrSchutzG verstoßen. – **b) Abgrenzung: – aa) § 1.** Bei Verwendg od Empfehlg unwirks AGB gilt ausschließl § 1; ein UnterlAnspr aus § 2 besteht nicht (zB wenn eine nach den VerbrSchutzG unzuläss Umgehgsgestaltg als Verstoß gg ein ges Verbot die AGB unwirks macht; vgl E. Schmidt NJW **02**, 25 [27]). – **bb) UWG 13.** Eine Hdlg kann einen UnterlAnspr nach § 2 u nach UWG 13 begründen, zB wenn ein Untern eine vorgesehene Belehrg des Verbr über sein WiderrufsR unterlässt (BGH NJW **90**, 181); § 1 Rn 2 gilt.

3 **2) Unterlassungsanspruch (I 1).** Kein rein proz RBehelf, sond ein den AnsprBerecht (§ 3) im öff Interesse zugewiesener mat-rechtl Anspr iS BGB 194 I (vgl § 1 Rn 3).

4 **a) Voraussetzungen. – aa) Zuwiderhandlung** gg ein VerbrSchutzG. Ein wettbewerbswidr Verhalten ist nicht erforderl. Die ZuwiderHdlg ist idR ein Tun; insb Abschl od Dchführg/Abwicklg eines Vertr mit verbrschutzwidr Inhalt (zB ohne Angaben nach BGB 492 I 5) bzw unter Verstoß gg VerbrSchutzVorschr (zB Verbuchg von Sollzinsen entgg BGB 497 II); unerhebl ist, ob der Vertr deswg nichtig od eine rgesch Hdlg deswg unwirks ist (kollekiver Schutz der VerbrInteressen; vgl 1 vor § 1). Sie kann aber auch, wenn eine RPfl zum Handeln besteht, ein Unterl sein (zB NichtErf einer InformationsPfl vor [zB BGB 482, 484 I 4] od nach
5 [zB BGB 493 II] VertrAbschl). – **b)** Verletzg eines **Verbraucherschutzgesetzes**. VerbrSchutzG sind Normen, die dem Schutz des Verbr dienen. Das ist der Fall, wenn der VerbrSchutz der eigentl Zweck des Ges ist wie insb InformationsPfl, BelehrgsPfl über WiderrufsR, Verbot abw Regelgen. Das Ges kann aber auch and Zwecken dienen; hat der VerbrSchutz jedoch nur untergeordnete Bedeutg od ist er nur eine zufäll Nebenwirkg, so ist I nicht anwendb (BT-Drs 14/2658 S 146). Das gilt etwa für BGB 123, 434 u idR für Vorschr, die die Berufsausübg regeln. II enthält eine Aufzählg von wicht VerbrSchutzG, ist aber nicht abschließd (Rn 11). Ein Handeln zZw des Wettbew ist nicht erforderl, schließt aber die Anwendg von § 2 nicht aus (aA MüKo/
6 Micklitz AGBG § 22 Rn 14). – **c)** Im **Interesse des Verbraucherschutzes** muss die Geltdmachg u Dchsetzg des Anspr geboten sein; dies ist Anspr- u nicht ProzVoraussetzg (MüKo/Micklitz AGBG 22 Rn 17; Ul/Br/He § 22 Rn 9; aA Greger NJW **00**, 2457 [2460]). Der Verstoß muss Kollektivinteressen der Verbr u nicht nur das EinzInteresse eines Verbr berühren. Das ist der Fall, wenn die ZuwiderHdlg in ihrer Bedeutg u ihrem Gewicht (zB wg der Schwere des Verstoßes) über den Einzelfall hinausreicht (zB wg der Schwere u/od
7 Häufigk) u eine generelle Klärg geboten erscheinen lässt (BT-Drucks 14/2658 S 53). – **d) Wiederholungsgefahr** für Zuwiderhdlg od ernsth drohde erstmal Zuwiderhdlg; § 1 Rn 6 gilt entspr.

8 **b) Anspruchsinhalt.** Der Zuwiderhandelnde (iFv I 2 auch der BetrInh) hat alle Hdlgen zu unterlassen, die als Zuwiderhdlg gg ein VerbrSchG aufzufassen sind (Rn 4, 5); im UrtTenor ist die Zuwiderhandlg zu konkretisieren. Auch wenn die Zuwiderhandlg in einer Unterl besteht (zB NichtErf einer InformationsPfl), geht der Anspr nicht auf ein Tätigwerden sond auf ein Unterl (zB des VertrAbschl ohne die Information); entspr hat auch der UrtTenor zu lauten, um Eindeutigk für die ZwVollstr nach ZPO 890 zu schaffen. Geschuldet wird auch die Beendigg fortdauernder Zuwiderhdlg u der nicht selbst handelnde BetrInh schuldet Einwirkgen auf seine Angest/Beauftr, die eine Unterl dch diese bewirken; beides wird von der Verpfl zur Unterl der verbrschutzwidr Hdlg umfasst.

9 **c) Schuldner** (passivlegitimiert) sind: – **aa)** Als **unmittelbarer Störer** der BetrInhaber, wenn er selbst die Zuwiderhdlg begangen hat, u Angest/Beauftr (vgl Rn 10), der die ZuwiderHdlgen begangen hat. Das gilt
10 ebso für die verantwortl OrganPers. BGB 31 hebt seine Haftg des BetrInh nicht auf. – **bb)** Als **mittelbarer Störer** der BetrInh unabhäng von seinem Wissen/Willen/Verschulden (vgl aber Rn 22) u ohne Entlastgsmöglichk für alle ZuwiderHdlgen, die in seinem GeschBetr von Angest/Beauftr begangen werden (für diese gilt Rn 9; **I 2**: „auch"). Unter GeschBetr ist die gesamte BetrOrganisation zu verstehen: Einkauf, Absatz, Werbg, VertrAbwicklg; eine Hdlg ist in ihm begangen, wenn sie dem Betr irgendwie zugute kommt. Auch die Begr Angest/Beauftr sind weit auszulegen (Baumbach/Hefermehl UWG 13 Rn 64). Auch Aushilfskräfte, Agenten u uU FranchiseN (BGH NJW **95**, 2355) fallen unter ihn. Auf die Wirksamk der geschlossenen Arb-/DVertr kommt es nicht an. – **Gläubiger** (aktivlegitimiert): § 3.

11 **3) Verbraucherschutzgesetze (II).** Währd die RL 98/27/EG in ihrem Anh einen abschließden Katalog der dch Unterl Klage zu sichernden VerbrSchutzVorschr enthält, bringt II nur RegelfallBsp („insbes") u

erstreckt den UnterlAnspr auf ZuwiderHdlgen gg alle VerbrSchutzG. Auch eine Verletzg von BGB 241 a, 661 a, 676 h, des PrKluPrAG, des TDG 6 (Mü BB **01**, 2500 : Nr 1 u 2), von Vorschr des LebensmittelR u von KennzeichngsVorschr kann einen UnterlAnspr begünden. Weitere Bsp bei MüKo/Micklitz AGBG § 22 Rn 33 ff.

a) Zu **Nr 1** vgl die Kommentierg von BGB 474 ff (VerbrGüterkauf; verbrschutzwidr zB insb Verstoß gg 477); 312 (HaustürGesch; verbrschutzwidr insb Verstoß gg 312 II); 312 b ff (FernAbsVertr; über VerbrSchutz-Vorschr vgl zu Nr 2); 481 ff (TzWohnRVertr; verbrschutzwidr insb Verstoß gg 482, 485 II, 486); 651 a ff (ReiseVertr; verbrschutzwidr insb Verstoß gg 651 a III, V, 651 k, 651 m); 491 ff (VerbrDarlVertr; verbrschutzwidr zB Verstoß gg 497 II, III, 506); 499 ff (FinanzHilfen; verbrschutzwidr zB Verstoß gg 502, 506); 505 (RatenliefergsVertr; verbrschutzwidr zB Verstoß gg 505 II 3); 655 a ff (DarlVermittlgsVertr; verbrschutzwidr zB Verstoß gg 655 d). Diese Vorschr sehen ohnehin einen Vertr zw Untern (BGB 14) u Verbr (BGB 13) vor; in den Fällen des BGB 507 ist der Existenzgründer nicht als Verbr anzusehen. 12

b) Zu **Nr 2.** Art 5 RL 2000/31/EG betr allg InformationsPfl eines Anbieters eines Dienstes der InfomationsGesellsch iSv Art 1 Nr 2 RL 98/34/EG idF RL 98/48/EG ggü den Nutzern des Dienstes insb über die Identifikation u die Erreichbark des Anbieters, Art 10 RL 2000/31/EG betr bes InformationsPfl des Diensteanbieters ggü einem Nutzer vor Vorbereitg einer Bestellg u Art 11 RL 2000/31/EG betr Grds für das Zustandekommen einer elektronischen Bestellg. Diese Vorschr sind bzw werden umgesetzt durch BGB 312 c, 312 e u die nach EG 240, 241 zu erlassden VO sowie TDG 6 idF Art 1 EGG v 14. 12. 2001 (BGBl I 3721). Das G v 13. 7. 2001 (BGBl I 1609) hat Art 9 RL 2000/31/EG, der aber nicht unter Nr 2 fällt, umgesetzt. 13

c) Zu **Nr 3.** Das FernUSG setzt die RL 97/7/EG (ABl.EG Nr L 144 S 19) um u enthält nur VerbrSchutz-Vorschr. 14

d) Zu **Nr 4.** Die Art 10–20 (Art 21 ist dch Art 1 Nr 25 RL 97/36/EG gestrichen) RL 89/552/EWG idF Art 1 Nr 12–24 RL 97/36/EG betr Fernsehwerbg/gesponserte Fernsehprogramme/Teleshopping u sind umgesetzt dch den RundfunkstaatsVertr (RStV) idF der Bek v 27. 7. 2001 (BayGVBl S 502) §§ 7, 8. Verbrschützd sind insb die Verbote, dch Werbg/Teleshopping Verhaltensweisen zu fördern, die Gesundh od Sicherh der Verbraucher gefährden (RStV 7 I 1) od in gesponserten Sendgen zum Kauf von Erzeugn des Sponsors anzuregen (RStV 8 III) sowie die Verbote der Beeinflussg des Programms dch die Werbg/Teleshopping (RStV 7 II) u der Schleichwerbg (RStV 7 VI 1); ferner die Gebote, Werbg/Teleshopping als solche erkennb zu machen u vom Programm deutl zu trennen (RStV 7 III) u auf Sponsoren hinzuweisen (RStV 8 I). 15

e) Zu **Nr 5.** Das AMG enthält neben rein techn Vorschr wicht verbrschützde Normen; zB das Verbot des Inverkehrbringens von Arzneimitteln zu Dopingzwecken im Sport (§ 6 a) od mit irreführder Werbg bzw abgelaufenem Verfalldatum (§ 8), das Verbot des Inverkehrbringens von Fertigarzneimitteln ohne die erforderl Kennzeichng (§ 10) oder Packgsbeilage (§ 11), Verbot des Versandhandels (§ 43; vgl auch KG NJW-RR **02**, 113). – Das Ges über die Werbg auf dem Gebiete des Heilwesens idF der Bek v 19. 4. 1994 (BGBl I 3068) enthält in §§ 3–13 nur VerbrSchutzVorschr. 16

f) Zu **Nr 6.** Die genannten Vorschr enthalten verbrschützde WiderrR. 17

4) Missbrauch (III); stimmt wörtl mit UWG 13 V überein. – **a) Voraussetzungen.** Für alle AnsprBerecht (§ 3) gilt die tats Vermutg, dass die Geltdmachg des Unterl-/WiderrufsAnspr kein Missbr ist u der § 2 Zuwiderhandelnde trägt die BewLast für die tats Voraussetzgen des Missbr (MüKo/Micklitz AGBG 22 Rn 43). IdR scheitert eine missbräuchl Geltdmachg schon an den Anfordergen von § 3 I Nr 2 (erhebl Zahl von Mitgl aus der einschläg Branche, persönl, sachl u finanzielle Ausstattg des Verbands, wesentl Beeinträchtigg). Missbr kann vorliegen, wenn der AnsprBerecht gg Dr vorgeht, gleichart Verstöße der eig Mitgl aber nicht beanstandet (and wohl BGH NJW-RR **97**, 931), wenn mehrere AnsprBerecht wg desselben Verstoßes gg den Zuwiderhandelnden eine Vielzahl von Verf einleiten, um ihn dch die Belastg mit Kosten/Gebühren zu schädigen (nicht aber, wenn gg mehrere selbstd Untern eines Konzerns gleichzeit Verf eingeleitet werden; MüKo/Micklitz AGBG 22 Rn 44) od wenn neben einem einstwVfgsVerf gleichzeit ein HauptsacheVerf eingeleitet wird, ohne abzuwarten, ob die einstwVfg erlassen u in einer AbschlErkl akzeptiert wird (vgl BGH WRP **00**, 1269). – **b) Wirkung.** Der vAw zu prüfde Missbr lässt nicht die KlageBefugn entfallen, sond macht ihre Ausübg unzuläss. Die Klage ist als unzuläss abzuweisen (Baumbach/Hefermehl UWG 13 Rn 46, 47); aus Grden der ProzÖkonomie kann die Klage aber ohne Prüfg der Voraussetzgen des III als unbegründet abgewiesen werden, wenn kein UnterlAnspr besteht (vgl BGH WRP **99**, 421, 1159). 18 19

5) Verjährung, Verwirkung. § 1 Rn 16, 17 gelten entspr. VerjHemmg dch Anrufg der Einiggsstelle nach § 12, UWG 27 a IX. 20

6) Verfahrenrecht. – **a) Erkenntnisverfahren.** §§ 5, 6, 11; §§ 7–10 gelten nicht. KlageAbtr u UrtFormel müssen die Zuwiderhdlg konkretisieren. Es genügt nicht ein Verbot, gg best VerbrSchutzVorschr zu verstoßen u das untersagte Verhalten nur beispielh zu umschreiben (BGH NJW **01**, 3710). Zuläss ist aber ein Verbot, das neben einer konkret begangenen Zuwiderhdlg auch eine solche erfasst, die im Kern der verbotenen entspricht (BGH aaO). In Fällen des I 2 genügt die Verurteilg zur Unterl; nicht erforderl (aber unschädl) ist die Veruteilg, die Zuwiderhdlg durch eigene Hdlgen u Hdlgen Angest/Beauftr zu unterlassen. – **bb) Zwangsvollstreckung** nach ZPO 704 ff. UnterlAnspr nach ZPO 890; hier gilt I 2 nicht, so dass ein eigenes Verschuld der VollstrSchuldn erforderl, wenn Angest/Beauftr gg das UnterlUrt verstoßen haben. 21 22

UKlaG 3 *Anspruchsberechtigte Stellen.*

[I]Die in den §§ 1 und 2 bezeichneten Ansprüche auf Unterlassung und auf Widerruf stehen zu:

1. qualifizierten Einrichtungen, die nachweisen, dass sie in die Liste qualifizierter Einrichtungen nach § 4 oder in dem Verzeichnis der Kommission der Europäischen Gemeinschaften nach Artikel 4 der Richtlinie 98/27/EG des Europäischen Parlaments und des Rates vom 19. Mai 1998 über Unterlassungsklagen zum Schutz der Verbraucherinteressen (ABl. EG Nr. L 166 S. 51) eingetragen sind,

2. rechtsfähigen Verbänden zur Förderung gewerblicher Interessen, soweit ihnen eine erhebliche Zahl von Gewerbebetreibenden angehört, die Waren oder gewerbliche Leistungen gleicher oder verwandter Art auf demselben Markt vertreiben, soweit sie insbesondere nach ihrer personellen, sachlichen und finanziellen Ausstattung imstande sind, ihre satzungsgemäßen Aufgaben der Verfolgung gewerblicher Interessen tatsächlich wahrzunehmen, und, bei Klagen und § 2, soweit der Anspruch eine Handlung betrifft, die geeignet ist, den Wettbewerb auf diesem Markt wesentlich zu beeinträchtigen, und

3. den Industrie- und Handelskammern oder den Handwerkskammern.

Der Anspruch kann nur an Stellen im Sinne des Satzes 1 abgetreten werden.

[II]Die in Absatz 1 Nr. 1 bezeichneten Einrichtungen können Ansprüche auf Unterlassung und auf Widerruf nach § 1 nicht geltend machen, wenn Allgemeine Geschäftsbedingungen gegenüber einem Unternehmer (§ 14 des Bürgerlichen Gesetzbuchs) verwendet oder wenn Allgemeine Geschäftsbedingungen zur ausschließlichen Verwendung zwischen Unternehmern empfohlen werden.

1 **1) Allgemeines. – a) Aktivlegitimation.** Der AGBG 13 II 1 gleichde I weist die Anspr auf Unterl u Widerrruf den dort genannten Institutionen zu, nicht dagg Kunden od Mitbewerbern. Für Mitbewerber kann sich jedoch uU aus UWG 1 ein UnterlAnspr ergeben (Stgt BB **87**, 2394); der Kunde kann unter den Voraussetzgen des ZPO 256 auf Feststellg der Unwirksamk einer Klausel klagen. Die Formulierg „Anspr stehen zu/kann abgetr werden" stellt klar, dass I 1 mat-rechtl Anspr iSv BGB 194 I zuweist (allgM). –
2 **b) Prozessführungsbefugnis.** Nach stRspr regelt UWG 13 II („Anspr auf Unterl [kann] geltd gemacht werden von ...") sowohl die Aktivlegitimation als auch die ProzFührgsBefugn (BGH NJW-RR **91**, 1138), so dass vAw zu prüfen ist, ob ein Verband die Voraussetzgen des UWG 13 II Nr 2 erfüllt (BGH NJW-RR **01**, 33), u die Klage iF der Verneing wg Fehlens einer ProzVoraussetzg als unzul abzuweisen ist; aus Grden der ProzÖkonomie kann die Klage aber ohne Prüfg der Voraussetzgen des UWG 13 II als unbegründet abgewiesen werden, wenn kein UnterlAnspr besteht (BGH NJW-RR **00**, 634). Dies wurde auch für AGBG 13 II aF (dessen Wortlaut UWG 13 II entsprach) angen (Erm/Werner AGBG 13 Rn 3,10; Wo/Ho/Li § 13 Rn 21). Zweifelh erscheint, ob bei der Formulierg „Anspr stehen zu" (wie schon in AGBGB 13 II 1 nF) I 1 weiter dahin ausgelegt werden kann, dass er neben der Aktivlegitimation zugleich auch die ProzFührgsBefugn regelt (bejahd AnwK/Walker 1; verneind Greger NJW **00**, 2457). Dies wird zu bejahen sein, zumal auch II weiter von „Anspr ... nicht geltd machen" spricht. Zwar wird die – idR in der Aktivlegitimation mitenthaltene – ProzFührgsBefugn grdsl nur dann vAw geprüft, wenn sie von der Aktivlegitimation abgespalten ist (Rosenberg/Schwab/Gottwald § 46 I 3). Der GesGeber, der an prozrechtl Theorie nicht gebunden ist, verfolgt in § 13 aber einen abw Ansatz. Qualifizierte Einrichtungen iSv I 1 Nr 1 sind nach dieser Vorschr nur aktivlegitimiert, wenn in einem vom UntersuchgsGrds beherrschten Verf festgestellt worden ist, dass sie den gesetzl Erfordern genügen, u sie nach dieser Überprüfg in eine Liste/Verzeichn eingetr worden sind. Da das Ges Verbände iSv I 1 Nr 2 nicht besser behandeln will, ist aus dieser Regelg allg zu entnehmen, dass die ProzFührgsBefugn dieser Verbände der PartDisposition entzogen u im öff Interesse als bes ProzVoraussetzg vAw geprüft werden soll.

3 **2) Anspruchsberechtigte Stellen (I 1).** Wg ders Hdlg können mehreren Stellen Unterl-/Widerrufs-Anspr zustehen (Lindacher ZZP **103**, 407). Diese sind rechtl selbstd u von einand unabhäng. Die Stellen können nebeneinand klagen; dem steht weder die Einr der RHängigk noch (nach Abschl des ErstProz) die der RKraft entgg (vgl BGH GRUR **60**, 379). Eine rkräft Verurteilg kann aber die Wiederholgsgefahr od das RSchutzinteresse für eine weitere Klage ausschließen (BGH NJW **83**, 1060).

4 **a) Qualifizierte Einrichtungen (Nr 1);** VerbrVerbände (vgl § 4 II). – **aa)** Die **Eintragung** in die Liste (das Verzeichn) ist konstitutiv. Die inhaltl Prüfg, ob ein Verband die gesetzl Anfordergen des § 4 II erfüllt, findet nicht im Verf vor dem ProzGer, sond im VerwVerf vor Eintragg in die Liste (das Verzeichn) statt. Das ProzGer lässt sich dch Vorlage einer Bescheinigg (§ 4 III 2) bzw des ABl.EG (dort wird das Verzeichn nach Rn 5 veröffentlicht) nur die Tats der Eintragg nachweisen. Auch wenn sich begründete Zw an dem Vorliegen der gesetzl Voraussetzgen ergeben, entfällt die Bindgswirkg der Eintragg nicht; das ProzGer kann das BVerwAmt aber zur Überprüfg die Eintragg auffordern u die Vhdlg bis zu dessen Entsch aussetzen (§ 4 IV). –
5 **bb)** VerbrVerbände aus den **Mitgliedstaaten der EU**, die in das Verzeichn der EU eingetragen sind, sind vor deutschen Ger klageberecht (s RL 98/27/EG Art 4). Entspr gilt für den brit Director General of Fair Trading u den schwed Konsumentombudsman. Bei Klagen, die auf eine im Ausl erfolgte Verwendg/Empfehlg von AGB (§ 1) bzw Zuwiderhdlg gg VerbrSchutzVorschr (§ 2) gestützt wird, sind die entspr Norm des ausl Rechts AnsprGrdlage (EG 40 Rn 11). Zur internat Zuständigk vgl § 6 Rn 4.

6 **b) Verbände zur Förderung gewerblicher Interessen (Nr 2)**; vgl auch UWG 13 II Nr 2. – **aa) Rechtsfähiger Verband.** Bei privrechtl Organisation als Verein ist die Eintragg im VereinsReg erforderl (BGB 21); die dch Eintragg erlangte RFgk ist vom ProzGer nicht zu überprüfen (vg KG FamRZ **01**, 366). Die RFgk kann auch auf staatl Verleihg (zB ErzeugerGemsch nach MarktstrukturG 3, Celle NJW-RR **99**, 1439) od sonst öffrechtl GrdLage (zB RA-/Ärzte-/ArchKammer [BGH NJW **81**, 2351], Innungen [Düss
7 AGBE III § 9 Nr 16]) beruhen.– **bb) Förderung gewerblicher Interessen.** Gewerbl iSv Nr 2 sind auch landw Interessen (BGH WM **99**, 425; Celle NJW-RR **99**, 1439). Eine entspr ausdr satzgsmäß Festlegg ist nicht erforderl; es genügt, wenn die Satzg erkennen lässt, dass der Verband auch die Aufg hat, gewerbl Zwecke zu fördern (BGH GRUR **65**, 485). Der Verbandszweck darf nicht nur Vorwand sein, die Interessen der für den Verein tätigen Mitarbeiter/Anwälte dch Einziehg von Gebühren/VertrStrafen zu fördern (BGH GRUR **88**, 918). Diese Tätigk muss auch tatsächl ausgeübt werden (BGH NJW-RR **01**, 36); dafür spricht aber bei
8 einem ordngsmäß gegründeten u aktiv tät Verein eine tats Vermutg (BGH aaO). – **cc) Erhebliche Zahl von Mitgliedern,** die auf demselben Markt wie der Verwender/Empfehler/Zuwiderhandelnde Waren od gewerbl Leistgen gleicher od verwandter Art vertreiben. Das TatbestdMerkmal „erhebl Zahl" lässt sich nicht abstrakt u allg quantifizieren. Auszugehen ist sachl (Waren od gewerbl Leistgen) u räuml (Reichweite der GeschTätigk)

von dem Markt, auf dem die VerbandsMitgl u der Verletzer miteinand konkurrieren (BGH NJW **96**, 3278; KG NJW-RR **02**, 113). Erforderl u ausr ist, dass der Verband Untern als Mitgl hat, die nach Anzahl, u/od Größe, Marktbedeutg od wirtschaftl Gewicht für den einschläg Markt als repräsentativ angesehen werden können, so dass ein missbräuchl Vorgehen des Verbandes ausgeschl werden kann (BGH NJW **96**, 3276 u 3280). Bestreitet der Beklagte diese Voraussetzg, muss der Verband die Namen seiner Mitgl angeben (BGH NJW **96**, 391). – **dd) Personelle, sachliche und finanzielle Ausstattung.** Sie muss es dem Verband 9
ermöglichen, seine satzgsgem Aufg zu erfüllen. Einf Verstöße, deren rechtl Beurteilg keine bes Schwierigk aufweist, muss er ohne anwaltl Rat od juristisch ausgebildete Mitarbeiter erkennen u dch Abmahng beanstanden können (BGH NJW **84**, 2525); daher fehlt die pers Ausstattg nicht schon desh, weil in der GeschLeitg u unter den Mitarbeitern kein Jurist ist (BGH NJW-RR **01**, 36). Ein Verband, der keine GeschStelle, keinen GeschFü u keinen Angest hat u dessen Gesch vom Vorsitzden in wenigen WoStunden u iü von einem RA-Büro erledigt werden, ist nicht klagberecht (BGH NJW **94**, 2548). Eine ausr finanzielle Ausstattg fehlt, wenn die laufden Kosten nicht dch eig Mittel (MitglBeiträgen, Spenden) sond ausschließl dch Gebühren u VertrStrafen gedeckt werden (BGH NJW-RR **88**, 1444; **90**, 102). Es spricht aber nicht notw gg eine hinr finanzielle Ausstattg, wenn der Verband Abmahnpauschalen u VertrStrafen dazu verwendet, einen Teil seiner Fixkosten zu decken (BGH NJW **00**, 73). – **ee) Wesentliche Wettbewerbsbeeinträchtigung bei Klagen** 10
nach § 2. Die Zuwiderhdlg muss geeignet sein, den Wettbew auf dem „relevanten Markt" (Koch/Artz WM **01**, 1016) wesentl zu beeinträchtigen. Die Regelg soll gewährleisten, dass geringfüg Verstöße („Bagatellen") keinen UnterlAnspr begründen (BGH NJW **95**, 724) Zu berücksichtigen sind Art u Schwere des Verstoßes, die Größe des mögl WettbewVorsprungs u die Interessen der Allgemeinh einschließl der Verbr (BGH NJW **97**, 1702). – **ff) Verletzung der Verbandsinteressen.** Das ist der Fall, wenn die zu unterlassde Hdlg in 11
seinen satzgsmäß Interessenbereich eingreift. Das ist weit auszulegen u entfällt nur dann, wenn die Hdlg zu den Aufg des Verbandes keinerlei Beziehg hat (BGH GRUR **71**, 585). Erstreckt sich der TätigkBereich eines Verbandes satzgsgem nur auf ein Bundesland, ist er gg Verwendg von AGB in diesem Bundesland auch dann ansprberecht, wenn der Verwender in einem and Bundesland seinen Sitz hat (BGH NJW **83**, 1320). Dass der Verband mit seiner Klage im wesentl nur die Interessen eines Mitbewerbers od Kunden wahrnimmt, ist unschädl.

c) Industrie- und Handelskammern (Ges vom 18. 12. 56, BGBl I 920) u **Handwerkskammern** 12
(HandwO 90 ff); wg and Kammern vgl Rn 6. Die VerletzgsHdlg (Verwendg od Empfehlg unwirks Klauseln) muss zu dem AufgBereich der Körpersch in Beziehg stehen, wobei (entspr Rn 11) eine weite Auslegg geboten ist. Zul sind insb Kl gg Mitgl, gg Mitbewerber von Mitgl u gg Untern, die ggü Mitgl AGB verwenden.

3) Abtretungsbeschränkung (I 2). Ein Verstoß gg sie macht die Abtr (nicht nur dem Schuldn ggü) 13
unwirks. Eine Abtr ist kaum bedeuts, da der AbtrEmpfänger idR selbst ansprberecht ist (Ul/Br/He § 13 Rn 43; E. Schmidt NJW **02**, 25).

4) Ausschluss der Prozessführungsbefugnis (II). VerbrVerbände (I Nr 1) können Anspr nach § 1 nicht 14
einklagen, wenn AGB ausschließl ggü Untern (BGB 14) verwendet od ausschließl zur Verwendg ggü Untern (BGB 14) empfohlen werden; die Klage ist unzuläss (Ul/Br/He § 13 Rn 44). Handelt es sich um AGB, die sowohl ggü Untern (BGB 14) als auch ggü Verbr (BGB 13) verwandt werden, ist der VerbrVerband nach III darauf beschrkt, die Anspr aus § 1 nur für den VerbrBereich geltend zu machen; diese Beschrkg muss auch im KlagAntr Ausdr finden (§ 8 Rn 4). Der Ausschl bewirkt auch, dass der Anspr aus § 1 nicht entsteht (Ul/Br/He aaO; vgl Rn 2).

UKlaG 4 *Qualifizierte Einrichtungen.*

I Das Bundesverwaltungsamt führt eine Liste qualifizierter Einrichtungen. Diese Liste wird mit dem Stand zum 1. Januar eines jeden Jahres im Bundesanzeiger bekannt gemacht und der Kommission der Europäischen Gemeinschaften unter Hinweis auf Artikel 4 Abs. 2 der Richtlinie 98/27/EG des Europäischen Parlaments und des Rates vom 19. Mai 1998 über Unterlassungsklagen zum Schutz der Verbraucherinteressen (ABl. EG Nr. L 166 S. 51) zugeleitet.

II In die Liste werden auf Antrag rechtsfähige Verbände eingetragen, zu deren satzungsmäßigen Aufgaben es gehört, die Interessen der Verbraucher durch Aufklärung und Beratung nicht gewerbsmäßig und nicht nur vorübergehend wahrzunehmen, wenn sie in diesem Aufgabenbereich tätige Verbände oder mindestens 75 natürliche Personen als Mitglieder haben, seit mindestens einem Jahr bestehen und auf Grund ihrer bisherigen Tätigkeit Gewähr für eine sachgerechte Aufgabenerfüllung bieten. Es wird unwiderleglich vermutet, dass Verbraucherzentralen und andere Verbraucherverbände, die mit öffentlichen Mitteln gefördert werden, diese Voraussetzungen erfüllen. Die Eintragung in die Liste erfolgt unter Angabe von Namen, Anschrift, Registergericht, Registernummer und satzungsmäßigem Zweck. Sie ist mit Wirkung für die Zukunft aufzuheben, wenn

1. der Verband dies beantragt oder
2. die Voraussetzungen für die Eintragung nicht vorlagen oder weggefallen sind.

Ist auf Grund tatsächlicher Anhaltspunkte damit zu rechnen, dass die Eintragung nach Satz 4 zurückzunehmen oder zu widerrufen ist, so soll das Bundesverwaltungsamt das Ruhen der Eintragung für einen bestimmten Zeitraum von längstens drei Monaten anordnen. Widerspruch und Anfechtungsklage haben im Falle des Satzes 5 keine aufschiebende Wirkung.

III Entscheidungen über Eintragungen erfolgen durch einen Bescheid, der dem Antragsteller zuzustellen ist. Das Bundesverwaltungsamt erteilt den Verbänden auf Antrag eine Bescheinigung über ihre Eintragung in die Liste. Es bescheinigt auf Antrag Dritten, die daran ein rechtliches Interesse haben, dass die Eintragung eines Verbands aus der Liste aufgehoben worden ist.

IV Ergeben sich in einem Rechtssteit begründete Zweifel an dem Vorliegen der Voraussetzungen nach Absatz 2 bei einer eingetragenen Einrichtung, so kann das Gericht das Bundesverwaltungsamt zur Überprüfung der Eintragung auffordern und die Verhandlung bis zu dessen Entscheidung aussetzen.

V Das Bundesverwaltungsamt steht bei der Wahrnehmung der in dieser Vorschrift geregelten Aufgabe unter der Fachaufsicht des Bundesministeriums der Justiz.

VI Das Bundesministerium der Justiz wird ermächtigt, durch Rechtsverordnung, die der Zustimmung des Bundesrates nicht bedarf, die Einzelheiten des Eintragungsverfahrens, insbesondere die zur Prüfung der Eintragungsvoraussetzungen erforderlichen Ermittlungen, sowie die Einzelheiten der Führung der Liste zu regeln.

1 **1) Allgemeines.** Die Vorschr entspricht § 22a AGBG. – **a) Verzeichnis der EU.** Nach Art 4 der RL 98/27/EG wird bei der Kommission der EG ein Verzeichn von qualifizierten Einrichtgen geführt. Diese sind nicht nur in ihrem Heimatstaat, sond aGrd der RL auch in and MitglStaaten der EU AnsprBerecht iSv § 3 I 1 Nr 1. Welche Einrichtgen den Status einer qualifizierten Einrichtg haben sollen, bestimmt das Recht der MitglStaaten. Diese erfassen die nach ihrem Recht als qualifizierte Einrichtgen anerkannten Stellen u melden
2 sie der Kommission. – **b) Liste des Bundesverwaltungsamts.** Vom BVerwA wird eine Liste der Einrichtgen geführt, die das deutsche Recht als qualifizierte Einrichtgen u damit als AnsprBerecht iSv § 3 I 1 Nr 1 anerkennt; ÜberleitgsVorschr für in Liste nach AGBG 22a eingetr Verbände in § 16 IV. Zum 1. 1. eines jeden Jahres macht das BVerwA die Liste im BAnz bekannt u leitet sie der Kommission der EG zur Aufn in das
3 Verzeichn nach Art 4 der RL 98/27/EG zu. – **c) Wirkung der Eintragung.** Die Eintragg in das Verzeichn (Rn 1) bzw die Liste (Rn 2; nicht die Bek im BAnz [vgl KG BB **01**, 641]) ist konstitutiv. Wer dort nicht eingetr ist (selbst wenn die Vermutg des II 2 für ihn spricht), ist nicht ansprberecht iSv § 3 I, u wer dort eingetr ist, ist es. Das ProzGer hat nicht zu prüfen, ob die Voraussetzgen der Eintragg erfüllt sind (vgl aber Rn 11), wohl aber, ob die Führg des einz Verf vom Satzgszweck gedeckt ist.

4 **2) Voraussetzungen für die Eintragung in die Liste des Bundesverwaltungsamts (II 1).** Bei VerbrZentralen u VerbrVerbänden, die mit öff Mitteln gefördert werden, wird **unwiderleglich vermutet**, dass sie die Eintraggsvoraussetzgen erfüllen (**II 2**). Öff Mittel sind vom Staat, einer Gem od einer and öffr Körpersch gewährte Zuschüsse. Wird die Förderg dch öffentl Mittel eingestellt, entfällt die Vermutg. Die Regelg verlagert die Entsch, ob einem Verband der Status einer qualifizierten Einrichtg zusteht, im Ergebn auf eine möglw wenig sachkund Stelle, die einen uU nur geringen öff Zuschuss gewährt; sie ist daher nicht
5 unproblemat. – **a) Rechtsfähiger Verband.** Bei privrechtl Organisation als Verein ist die Eintragg im VereinsReg erforderl (BGB 21); die dch Eintragg erlangte RFgk ist vom BVerwA/VerwGer nicht zu über-
6 prüfen (vg KG FamRZ **01**, 366). – **b) Wahrung der Verbraucherinteressen.** Aufklärg u Beratg muss satzgsmäß Aufg sein. Sie braucht nicht einzige Aufg zu sein; ands darf es sich aber auch nicht um eine untergeord NebenAufg handeln (BGH NJW **86**, 1613). Hausfrauenverbände, Gewerksch u ähnl, die neben ihren eigentl Aufg auch VerbrInteressen mitvertreten, fallen nicht unter II (Ul/Br/He § 22a Rn 5), wohl aber der ADAC (BGH NJW-RR **88**, 1443). Der Verband kann sich auf die Vertretg best Interessen, etwa von Mietern od KreditN, beschr (BGH NJW **93**, 1061) od in der Satzg räuml Beschränkgen vorsehen (BGH NJW **83**, 1320). Die satzgsgem Aufg muss der Verband tats (BGH NJW **86**, 1613) dauerh u sachgerecht wahrnehmen. Die Wahrnehmg darf nicht gewerbsmäß erfolgen, dh sie darf nicht auf Erzielg dauernder Einnahmen dch Aufklärg/Beratg (einschl Geltdmachg der Anspr aus §§ 1, 2) gerichtet sein, sond der Verband
7 muss sich grds aus eig Mitteln (MitglBeitr, Spenden, Fördermittel) finanzieren. – **c) Mitglieder** müssen mindestens 2 VerbrVerbände od 75 natürl Pers sein. Der Dach- u die MitglVerbände können auf versch Gebieten des VerbrSchutzes tät sein (BGH NJW **86**, 1613).

8 **3) Eintragungsverfahren.** – **a) Antrag (II 1)** des Verbandes, gestellt von seinen vertretgsberecht Organen (zB BGB 26). Fehlen des Antr macht die Eintragg nicht wirkgslos (vgl Knack/Clausen, VwVfG[7] § 22 Rn 26). – **b) Ermittlung** der EintrVoraussetzgen vAw (VwVfG 24) nach Maßg der nach **VI** zu erlassden VO. – **c) Entscheidung (III 1)** über den EintrAntr (Anordng/Ablehng der Eintr) dch Bescheid (VerwAkt iSv VwVfG 35 ff), der dem AntrSt zuzustellen ist (vgl VwVfG 41 V). Gegen eine Ablehng findet Widerspr nach VwGO 68 statt u bei dessen Erfolglosigk Klage nach VwGO 42. – **d) Eintragung (II 3)** mit Name, Anschrift (nicht Sitz), RegGer, RegNr u satzgmäß Zweck; nicht eingetr werden die VorstdMitgl. Vgl weiter die nach **VI** zu erlassde VO. – **e) Bescheinigung (III 2)** seiner Eintragg auf Antr an den Verband; sie hat keine konstitutive Bedeutg (vgl KG BB **01**, 641).

9 **4) Aufhebung der Eintragung (II 4).** – **a) Voraussetzungen.** Ohne Sachprüfg, wenn der Verband sie beantragt (Nr 1), u vAw, wenn die Voraussetzgen für die Eintragg anfängl nicht vorlagen od nachträgl weggefallen sind (Nr 2); iFv Nr 2 handelt es sich um einen dch RVorschr zugel Widerruf eines VerwAkts (VwVfG 49 II Nr 1). Nichtvorliegen/Wegfall einer Vermutg nach II 2 alleine genügt nicht. – **b) Ermittlungen** iFv Nr 2 vAw (VwVfG 24) nach Maßg der nach **VI** zu erlassden VO. – **c) Ruhensanordnung (II 5, 6)** führt noch nicht zum Wegfall der Berechtigg aus § 3 I 1 Nr 1. Ergeht sie währd eines KlageVerf nach
10 §§ 5 ff, so ist dieses entspr IV auszusetzen. – **d) Entscheidung** entspr III 1 dch Bescheid (VerwAkt iSv VwVfG 35 ff), der dem Verband zuzustellen ist (vgl VwVfG 41 V). Anfechtb im VerwRWeg (VwGO 42, 68) mit aufschiebder Wirkg (*arg* II 6). – **e) Löschung** der Eintr in der Liste (gehört zur Führg iSv VI). Sie ist wie bei and Reg (zB HandelsReg; Bassenge/Herbst/Roth, FGG § 125 Rn 30) Vollzug des AufhebgsBescheids. – **f) Bescheinigung (III 3)** der Aufhebg auf Antr an Dr, die rechtl Interesse (insb weil Anspr nach §§ 1, 2 gg
11 sie angedroht od erhoben worden sind) haben. – **g) Wirkung.** Sie besteht im Wegfall der Berechtigg aus § 3 I 1 Nr 1 mit Wirkg *ex nunc* (II 4). Tritt dies währd eines KlageVerf nach §§ 5 ff ein, so führt dies zur KlageAbweisg, sofern die Part nicht die Hauptsache für erledigt erklären. Maßg ist das Wirksamwerden des AufhebgsBescheides, nicht die Löschg (II spricht abw von AGBG 22a I 4 nicht mehr von „streichen"). Die Wirkg kann aGrd der aufschiebdn Wirkg von Widerspr/AnfKlage (Rn 10) wieder entfallen, so dass ein KlageVerf nach §§ 5 ff zunächst entspr IV ausgesetzt werden sollte.

5) Aussetzung eines Zivilprozesses (IV). Da die Eintragg in die Liste des BVerwA konstitutive Wirkg hat (§ 3 Rn 4), ist das ProzGer bei Zweifeln an der Rechtmäßigk der Eintragg u auch bei Kenntn ihrer Unrechtmäßigk nicht befugt, die Unterl/WiderrufsKl deswg abzuweisen. Ers dafür bietet die Aussetzg bis zur Entscheidg des BVerwG über die Aufhebg der Eintragg, die aber nur bei begründeten Zweifeln (strenge Anfdgen, um eine effektive Dchsetzg der Anspr aus §§ 1, 2 nicht zu gefährden) zuläss ist; solche Zweifel können iFv II 2 nicht bestehen. Die Entscheidg über die Aussetzg ist nach ZPO 252 mit sofBeschw anfechtb (aA MüKo/Micklitz § 22a Rn 44). Über entspr Anwendg von IV vgl Rn 9 (Ruhensanordng), 10. – Die Aussetzgsmöglichk besteht nicht, wenn die Einrichtg nur im Verzeichn der EU eingetr ist. 12

Abschnitt 2. Verfahrensvorschriften

Unterabschnitt 1. Allgemeine Vorschriften

UKlaG 5 ***Anwendung der Zivilprozessordnung und anderer Vorschriften.*** **Auf das Verfahren sind die Vorschriften der Zivilprozessordnung und die §§ 23a, 23b und 25 des Gesetzes gegen den unlauteren Wettbewerb anzuwenden, soweit sich aus diesem Gesetz nicht etwas anderes ergibt.**

1) Allgemeines. Die Vorschr gleicht § 15 I AGBG. Die Bezugn auf die ZPO dient nur der Klarstellg. 1
§§ 1, 2 begründen privrechtl ausgestaltete Anspr u es versteht sich von selbst, dass auf ihre gerichtl Geltdmachg die ZPO (u das GVG) anwendb sind u zwar auch die Dispositions- u die Verhdlgsmaxime (Lindacher ZZP **103**, 406; Ul/Br/He § 15 Rn 1; AnwK/Walker 3); daher sind Anerkenntn-/Verzichts-/VersäumnUrt sowie Kage-/RmittelRückn, Erkl der Erledigg der Hauptsache u ProzVergl mögl (zT aA E. Schmidt NJW **89**, 1192: **02**, 25: Dispositionsmaxime nur, wenn damit nicht unwirks AGB als weiterhin nutzb festgeschrieben werden, u Verhdlgsmaxime nur bzgl Verwendg/Empfehlg).

2) Abmahnung. Sie ist für den Kläger ein Gebot des eig Interesses (vgl Rn 7), nicht aber ProzVoraussetzg für die für Unterl-/WiderrufsKl od AnsprVoraussetzg für den Unterl-/WiderrufsAnspr. 2

a) Inhalt. – aa) Bezeichnung der Rechtsverletzung. Sie erfordert die genaue Bezeichng der als unwirks angesehenen AGB bzw als verbrschutzwidr angesehenen Hdlgen mit einer Begründg, die die Prüfg Unterl-/Widerrufsbegehrens ermöglicht (MüKo/Micklitz AGBG 15 Rn 16; Ul/Br/He § 13 Rn 51). – 3
bb) Verpflichtungsverlangen. Verlangen nach Unterl bzw Widerruf iSv §§ 1, 2 u unbdgte/uneingeschrkte Verpfl dazu iVm mit einem VertrStrafeVerspr bei Verstoß gg die Verpfl. Bei zu weitgehder Abmahng gelten die zur verzugsbegründden Mahng nach BGB entwickelten Grds entspr (aA Mü AGBE I Nr 3: Abmahng unwirks). Ist die in der UnterlErkl vorgesehene VertrStrafe übersetzt, muss der Abgemahnte einen angem Betrag anbieten (MüKo/Micklitz AGBG 15 Rn 16; aA LG Ffm AGBE I Nr 8: Abmahng unwirks). – 4
cc) Fristsetzung mit Klageandrohung. Zur Abgabe der VerpflErkl muss eine angem Frist (idR 10–14 Tage) gesetzt werden; eine zu kurze Frist setzt eine angem in Lauf. Statt KlageAndrohg genügt die Androhng einer einstwVfg od nur allg gerichtl Maßn. 5

b) Kostenerstattung. Die dch eine begründete Abmahng entstehden Kosten kann der Abmahnde nach den Grds der GoA vom Abgemahnten ersetzt verlangen (Nürnbg OLGZ **80**, 217; MüKo/Micklitz AGBG 15 Rn 18; Bunte DB **80**, 481; aA Staud/Schlosser AGBG 13 Rn 47; Ul/Br/He § 13 Rn 62); AnwKosten aber nur, wenn wg der Schwierigk der Sache die Beauftragg eines Anw erforderl war (Wo/Ho/Li § 13 Rn 110; BGH NJW **84**, 2525 zu UWG; Düss NJW-RR **02**, 122 zu MarkenG). Für die ErstattgsKlage gilt § 6 (Ul/Br/He § 14 Rn 9). – Bei **erfolgreicher Klage nach §§ 1, 2** fallen die Abmahnkosten nicht unter ZPO 91 ff u unterliegen daher nicht der Kostenfestsetzg (Rstk Rpfleger **96**, 526; Hamm MDR **97**, 205; aA Nürnbg WRP **92**, 588; MüKo/Micklitz AGBG 15 Rn 18), sond sind ggf einzuklagen (zur Zuständigk vgl § 6 Rn 1). 6

c) Unterbleibt eine ordnungsgemäße Abmahnung, kann der Bekl im Proz die Kostenlast idR nach ZPO 93 dch ein sofort Anerkenntn abwenden (Stgt AGBE V § 13 Nr 5). Dies gilt aber nicht, wenn der Kläger die ordngsgem Absendg nachweist, den Zugang aber nicht nachweisen kann (hM zum UWG; vgl Baumbach/Hefermehl UWG Einl 536). Ohne vorher Abmahng besteht Veranlassg zur Klage, wenn der Kläger berecht Grd zu der Ann hatte, er werde seinen Anspr ohne gerichtl Hilfe nicht dchsetzen können u wenn ihm die dch die Abmahng eintretde Verzögerg nicht zugemutet werden kann (MüKo/Micklitz AGBG 15 Rn 17), so etwa bei einem schweren vorsätzl Verstoß (Hamm BB **76**, 1191; WRP **83**, 452, 651; KG WRP **82**, 29). 7

3) Rechtsschutzinteresse. Die UnterlKlage ist keine Klage auf künft Leistg (§ 259), sond richtet sich auf eine ggwärt geschuldete Leistg (BGB 1004 Rn 31). Das RSchutzinteresse bedarf daher idR keiner bes Darlegg (BGH NJW-RR **90**, 887), insb nicht für einstw Vfg. Es fehlt, wenn sich das Ziel auf einem einfacheren od billigeren Weg erreichen lässt (Vollstreckg aus einem bereits vorliegden Titel). IdR besteht kein RSchutzInteresse, wenn sich der Verwder/Empfehler einer gg ihn erlassenen einstw Vfg vorbehaltlos unterworfen hat (BGH DB **64**, 259); dazu dient in der wettbewrechtl Praxis die sog AbschlErkl, in der der AntrGegner auf die Rechte aus ZPO 924, 926 u 927 verzichtet (vgl Baumbach/Hefermehl UWG 25 Rn 100). 8

4) Einstweilige Verfügung. Zuständigkeit: ZPO 937 (uU auch 942), § 6. – **a) Rechtsverhältnis.** Der UnterlAnspr aus §§ 1, 2 kann Ggst einer LeistgsVfg nach ZPO 940 sein (Düss NJW **89**, 1487; Ffm NJW **89**, 1487); nicht der WiderrufsAnspr aus § 1, da der Widerruf zur endgült Erf führen würde (MüKo/Micklitz AGBG 15 Rn 39). Der AntrSt/VfgsKläger muss die tats Voraussetzgen der §§ 1, 2 glaubh machen (ZPO 936, 920 II). – **b) Verfügungsgrund.** Dringlichk ist Voraussetzg für den Erlass einer einstw Vfg. Der AntrSt/ 9 10
VfgsKläger braucht sie aber nicht darzulegen u glaubh zu machen, denn sie wird nach dem anwendb **UWG 25** widerlegl vermutet. Die widerlegl Vermutg kann entfallen, wenn der AntrSt/VfgsKläger in Kenntn der gg

§§ 1, 2 verstoßden Hdlg längere Zeit (idR etwa 3 Monate) grdlos untätig geblieben ist (MüKo/Micklitz AGBG 15 Rn 39; aA Ul/Br/He § 15 Rn 16); triftige Grde können zB bei notw Ermittlgen od VerglVhdlgen
11 vorliegen. – **c) Antrag und Entscheidung.** Die zu unterlassde Hdlg ist konkret anzugeben. Bei § 1 gelten §§ 8 I (wg II vgl § 8 Rn 6), 9 Nr 1–3 entspr. Die die Entscheidg geht auf uneingeschrkte Unterl der Verwendg/Empfehlg (MüKo/Micklitz AGBG 15 Rn 39; Ul/Br/He § 15 Rn 17; aA Staud/Schlosser AGBG 13 Rn 9) bzw Zuwiderhdlg; wie wirkt nicht gem § 11 (dort Rn 4). Über Anwendbark von § 7 vgl dort Rn 1 u von § 10 vgl dort Rn 3. – **d) Streitwert.** Es gilt § 5 mit UWG 23 a und 23 b.

12 **5) Feststellungsklage. – a) Anspruchsberechtigten Stellen** (§ 3) fehlt das Feststellgsinteresse iSv ZPO 265 für Klagen auf Feststellg der Unwirksamk von AGB bzw der Zuwiderhdlg gg VerbrSchutzVorschr, da sie
13 auf Leistg (Unterl, Widerruf) klagen können. – **b) Potentielle Schuldner** (der Anspr aus §§ 1, 2) können, FeststellgsKl erheben, wenn eine ansprberecht Stelle (§ 3) ggü der Öffentlichk od dch Abmahng AGB-Klauseln als unwirks od Hdlgen als gg VerbrSchutzVorschr verstoßd (vgl § 11 iVm UWG 27 a X 4) beanstandet haben. Ein Feststellgsinteresse iSv ZPO 256 ist gegeben, wenn dch die Berühmg eine seinen GeschBetr störde Unsicherh über die Wirksamk der AGB-Klausel bzw Hdlg entstanden ist (MüKo/Micklitz AGBG 15 Rn 13). Das RVerh, dessen Nichtbestehen festzustellen ist, ist der Anspr aus §§ 1, 2. Der Antr kann aber abgekürzt auf Feststellg der Wirksamk der Klausel bzw Zulässigk der Hdlg gerichtet werden (Ul/Br/He § 15 Rn 27). Die Feststellgsklage ist Spiegelbild der Klage gem §§ 1, 2, so dass §§ 5, 6, 8, 9 Nr 1 u 2, 10 entspr anwendb sind (MüKo/Micklitz AGBG 15 Rn 13; Ul/Br/He § 15 Rn 28; vgl auch die dortigen Erl); über § 7 vgl dort Rn 1. Die Unzulässigk einer Klage auf Feststellg des Nichtbestehens eines Anspr aus § 2 kann sich aus § 11 iVm UWG 27 a X 4 ergeben.

14 **6) Streitwert** für Klagen nach §§ 1, 2 u FeststellgsKl (Rn 13) sowie einstw Vfg (Rn 11). – **a)** Er ist nach billigem Ermessen festzusetzen (ZPO 3); Höchstwert ist 250 000 EUR (GKG 12 I 2). Wertbestimmd ist das Interesse der Allgemeinh an der Beseitigg der gesetzw AGB-Bestimmg (BGH NJW-RR **91**, 179; **98**, 1465) bzw an der Unterl der Zuwiderhdlg gg VerbrSchutzVorschr. In der Praxis hat sich bei Klagen gg den Verwder von AGB ein Regelstreitwert von 1500- 2500 EUR (3000–5000 DM) je Klausel eingependelt (BGH NJW-RR **01**, 352; Ffm NJW-RR 94, 60; Oldbg OLGR 99, 96 [regionale Auswirkg, mittelständ Untern]; aA Celle OLGR **95**, 101), bei Klagen gg den Empfehler kommt der doppelte Wert in Betracht (Ul/Br/He § 15 Rn 33). Bei Klauseln von untergeordneter Bedeutg u geringer Anwendgshäufigk scheidet eine höhere Bewertg aus (BGH NJW-RR **98**, 1465), währd sie bei einer Klausel mit grdlegder Bedeutg für ganze Wirt-
15 schZweige angebracht ist (Ffm NJW-RR **94**, 60). – **b) Vergünstigung nach UWG 23 a.** Danach ist vAw wertmindernd zu berücksichtigen, wenn die Sache nach Art u Umfang einfach gelagert ist od eine Belastg einer der Part mit den ProzKosten nach dem vollen Streitwert angesichts ihrer Vermögens- u EinkVerhältn nicht tragb erscheint. Eine Wertminderg nach der 1. Alternative kommt vor allem in Betracht, wenn aGrd einer gefestigten Rspr über die Gültigk od Ungültigk einer Klausel zu entscheiden ist, ohne dass neue Tat- od RFragen zu klären sind. Eine Wertminderg nach der 2. Alternative ist auch zul, wenn der Verletzer bedürft ist. Sie wirkt auch ggü der nicht bedürft Part u bleibt auch dann wirks, wenn die bedürft Part den RStreit gewonnen u gem ZPO 91 einen liquiden KostenErstattgsAnspr hat. Ein Verband muss finanziell so ausgestattet sein, dass er Proz über revisionsfäh Werte aushalten kann; eine Herabsetzg kommt idR nur in Betracht, wenn
16 der nach ZPO 3 maßgebde Wert deutl über der Revisionsgrenze liegt (BGH WRP **98**, 741). – **c) Vergünstigung nach UWG 23 b.** Danach kann das Ger auf Antr einer Part anordnen, dass sich ihre Verpfl zur Tragg der Ger- u RA-Kosten nach einem Teil des Streitwerts bemisst, wenn eine Belastg mit den vollen Kosten ihre wirtschaftl Lage erhebl gefährden würde (Einzelh dazu bei Baumbach/Hefermehl UWG 23 b Rn 3 ff). Der Antr muss grdsl vor der Vhdlg zur Hauptsache gestellt werden (UWG 23 b II 2); wird der vom Ger angen/festgesetze Streitwert später heraufgesetzt (UWG 23 b II 3) od erstmal angen/festgesetzt, so ist der Antr vor der nächstfolgden Verhdlg zur Hauptsache zu stellen. Er setzt nicht voraus, dass die RVerfolgg (RVerteidigg) hinreichde Aussicht auf Erfolg hat, sie darf aber nicht missbräuchl od erkennb aussichtlos sein (Baumbach/Hefermehl UWG 23 b Rn 1 b, 7). Für Verbände gilt bei UWG 23 b grdsl die gleiche Schranke wie bei UWG 23 a. Liegen die Voraussetzgen für eine Minderg nach UWG 23 a u nach UWG 23 b vor, ist zunächst nach UWG 23 a u dann in einem zweiten Schritt nach UWG 23 b herabzusetzen. Der Teilwert nach UWG 23 b gilt nur zG der begünst Part. Unterliegt sie ganz od teilweise, richtet sich auch der KostenerstattgsAnspr des Gegners nur nach dem Teilwert. Gewinnt sie, kann ihr RA seine Gebühren nach dem vollen Wert vom Gegner ersetzt verlangen.

UKlaG 6 *Zuständigkeit.*

I Für Klagen nach diesem Gesetz ist das Landgericht ausschließlich zuständig, in dessen Bezirk der Beklagte seine gewerbliche Niederlassung oder in Ermangelung einer solchen seinen Wohnsitz hat. Hat der Beklagte im Inland weder eine gewerbliche Niederlassung noch einen Wohnsitz, so ist das Gericht des inländischen Aufenthaltsorts zuständig, in Ermangelung eines solchen das Gericht, in dessen Bezirk die nach den §§ 307 bis 309 des Bürgerlichen Gesetzbuchs unwirksamen Bestimmungen in Allgemeinen Geschäftsbedingungen verwendet wurden oder gegen Verbraucherschutzgesetze verstoßen wurde.

II Die Landesregierungen werden ermächtigt, zur sachdienlichen Förderung oder schnelleren Erledigung der Verfahren durch Rechtsverordnung einem Landgericht für die Bezirke mehrerer Landgerichte Rechtsstreitigkeiten nach diesem Gesetz zuzuweisen. Die Landesregierungen können die Ermächtigung durch Rechtsverordnung auf die Landesjustizverwaltungen übertragen.

III Wird gegen eine Entscheidung des Gerichts Berufung eingelegt, so können sich die Parteien vor dem Berufungsgericht auch von Rechtsanwälten vertreten lassen, die bei dem Oberlandesgericht zugelassen sind, vor das die Berufung ohne die Regelung nach Absatz 2 gehören würde. Die Mehrkosten, die einer Partei dadurch erwachsen, dass sie sich nach Satz 1 von einem durch einen nicht beim Prozessgericht zugelassenen Rechtsanwalt vertreten lässt, sind nicht zu erstatten.

IV Die vorstehenden Absätze gelten nicht für Klagen, die einen Anspruch der in § 13 bezeichneten Art zum Gegenstand haben,

1) Allgemeines. SonderVorsch für die sachl u örtl Zustdgk, die in I u II AGBG 14 I u II gleicht u in III AGBG 14 III entspricht. – **a) Anwendungsbereich.** Die ZustdgkRegelg gilt für Unterl- u WiderrKl gem §§ 1, 2u erfasst auch einstw Vfgen (§ 5 Rn 9), FeststellgsKlagen (§ 5 Rn 13) sowie RStreitigk über Abmahnkosten (§ 5 Rn 6) u VertrStrafen aus VerpflErkl nach § 5 Rn 4 (LG Mü I NJW-RR **91**, 1143). Für RStreitigk über Anspr nach § 13 (**IV**) sowie zw Kunden u Verwder gelten die allg ZustdgkRegeln. – **b) Ausschließliche Zuständigkeit.** Sowohl die sachl als auch die örtl Zustdgk ist eine ausschl. GerStandVereinbgen sind daher unwirks (ZPO 40 II). Die Unzustdgk ist vAw zu beachten. Im höheren RZug gelten aber ZPO 513 II, 545 II. 1 2

2) Sachliche Zuständigkeit. Die LG sind ohne Rücks auf den Wert des StreitGgst zust. Da eine GVG 95 I Nr 5, UWG 27 I entspr Vorschr fehlt, sind die Zivilkammern zust u nicht die KfH. Das gilt auch dann, wenn es um die Verwendg von AGB im kaufm Verk geht (Staud/Schlosser AGBG 14 Rn 8), gem BGB 310 I S 2 also die im HandelsVerk geltden Gewohnh u Gebräuche angem zu berücksichtigen sind. 3

3) Örtliche Zuständigkeit. Zust ist das Ger der gewerbl Niederlassg des Bekl; hilfsw kommt es für den GerStand auf den Wohns des Bekl, seinen Aufenth od die Verwendg der AGB bzw den Verstoß gg VerbrSchutzG an. Aus der örtl Zustdgk ergibt sich zugl die **internationale Zuständigkeit** der dtsch Ger (BGH NJW **92**, 3158). Im Verh zu den VertrStaaten des EuGVÜ sind dessen Vorschr zu beachten (BGH **109**, 32). Danach ist das Abstellen auf die gewerbl Niederlassg (Art 5 Nr 5) u auf den Wohns (Art 2 I) unbedenkl. Auch das Abstellen auf den Verwendgsort (Rn 7) ist nach dem EuGVÜ zul, da die Verwdg inhaltl unwirks AGB iSd Art 5 Nr 3 einer unerl Hdlg gleichsteht (Staud/Schlosser AGBG 14 Rn 3; vgl auch KG NJW-RR **02**, 113). Ggü Pers, die in einem and VertrStaat ihren Wohns haben, ist der GerStand des Aufenth gem EuGVÜ Art 2 I unanwendb. EuGVÜ 16 findet auf die AGB-Kontroll-Klage keine Anwendg (BGH NJW **90**, 317). – **a) Gewerbliche Niederlassung.** Erforderl ist ein auf die Erzielg dauernder Einn gerichteter GeschBetr. Hierunter fallen auch landwirtsch Betr, gewerbsmäß Vermieter, privwirtschaftl betriebene Lehreinrichtgen, Sanatorien, nicht dagg Angeh freier Berufe; in Zweifelsfällen kann die Rspr zum GewerbeBetr iSv BGB 196 aF (61. Aufl § 196 Rn 12 f) Anhaltspkte geben, obwohl sie von einer and Problemstellg ausgeht. Nöt ist eine Niederlassg. Der Begriff ist ebso auszulegen wie in ZPO 21 (Stgt AGBE I Nr 1). Das Gesch muss an dem Ort, zumindest für einen Teilbereich, seinen Mittelpkt haben; es kann daher auch eine Zweigniederlassg genügen (Ul/Br/He § 14 Rn 4; aA Erm/Werner AGBG 14 Rn 3). Es muss dort über entspr äußere Einrichtgen verfügen u die Beziehg zu dem Ort muss auf eine gewisse Dauer angelegt sein (bei ZPO 21 str). Wer den RSchein hervorruft, er habe an einem Ort eine gewerbl Niederlassg, ist hieran gebunden (BGH NJW **87**, 3081). Es muss eine im wesentl selbstd, zu eigenem VertrSchl berecht Leitg haben (BGH aaO). Bestehen mehrere Niederlassgen, kommt es darauf an, von welcher die Verwendg/Empfehlg der AGB bzw der Verstoß gg VerbrSchutzG ausgegangen ist. Trifft diese Voraussetzg auf mehrere Niederlassgen zu, hat der Kläger das WahlR gem ZPO 35. – **b) Wohnsitz.** Er ist den BGB 7–11 zu entnehmen. – **c) Aufenthalt** (ZPO 16): Auch ein vorübergehder od unfreiwilliger Aufenth genügt. Entscheidd ist der Ztpkt der KlagErhebg (ZPO 253 I, 261 II Nr 2). Ein späterer Wechsel schadet nicht. – **d) Verwendung (Empfehlung) von AGB, Verstoß gegen Verbraucherschutzgesetze.** Sie sind nur dann maßgebd, wenn eine örtl Zuständigk nach Rn 5, 6 nicht besteht. Verwendet worden sind AGB überall dort, wo sie bei der Anbahng von geschäftl Kontakt, bei VertrVerhandlgen, VertrAbschl od der Dchführung des Vertr in Bezug genommen, vorgelegt od sonst zum Ggst des rgeschäftl Verk gemacht worden sind. Unter mehreren Verwendgsorten hat der Kläger die Wahl (ZPO 35). Bei Klagen gg den Empfehler kommt es auf den Ort der Empfehlg an (im Ges versehentl nicht ausdr erwähnt); darunter ist sowohl der Ort der Abgabe als auch des Zugangs der Empfehlg zu verstehen. Ein Verstoß gg VerbrSchutzG ist an jedem Ort begangen, an dem eines der wesentl TatbestdMerkm verwirklicht wurde (wie bei ZPO 32, UWG 24 II 1); unter mehreren Tatorten hat der Kläger die Wahl (ZPO 35). 4 5 6 7

4) Konzentration bei einem Landgericht (II). Die Zustdgk für Klagen nach §§ 1, 2u die ihnen gleichstehden Verf (Rn 1; daher nicht für Klagen nach § 13) kann dch VO der LRegierg (LJustizVerw) bei einem LG für den Bezirk mehrerer LG konzentriert werden. Von der Vorschr haben die Länder *Bay* (GVBl 77, 197: LG Mü I/Nürnbg/Bambg), *Hess* (GVBl 77, 122: LG Ffm), *MecklVP* (GVBl 94, 514: LG Rstk), *NRW* (GVBl 77, 133: LG Düss/Dortm/Köln) u *Sachs* (GVBl 94, 1313: LG Lpzg) Gebrauch gemacht. Die Zustdgk kann auf ein LG eines and OLGBezirks ausgedehnt werden, nicht aber auf das Gebiet eines and Landes. 8

5) Postulationfähigkeit, Mehrkostenerstattung (III). – a) Erste Instanz. Vor dem LG müssen sich die Part durch einen bei einem AG od LG (also nicht notw beim ProzGer) zugel RA vertreten lassen (ZPO 78 I); über europäische RAe vgl G 9. 3. 2000 (BGBl I S 182) u ThP/Putzo § 78 Rn 26. Für die Erstattg der Kosten eines nicht beim ProzGer zugel RA gilt ZPO 91 II 1. – **b) Berufungsinstanz.** Vor dem OLG müssen sich die Parteien durch einen bei diesem OLG zugel RA vertreten lassen (ZPO 78 I; über europäische RA vgl Rn 9); iFv einer Regelg nach II können sie sich auch dch einen RA vertreten lassen, der bei dem OLG zugel ist, das ohne eine Reglg nach II dem nach I zuständ LG vorgeordnet ist **(III 1)**, was nur prakt wird, wenn die Zustdgk eines LG auf den Bezirk eines ihm nicht vorgeordneten OLG ausgedehnt worden ist. Die Mehrkosten inf Vertretg dch einen nur nach III 1 postulationsfäh RA sind nicht zu erstatten (III 2), ZPO 91 II 1 ist nicht anwendb. 9 10

UKlaG 7

Veröffentlichungsbefugnis. **Wird der Klage stattgegeben, so kann dem Kläger auf Antrag die Befugnis zugesprochen werden, die Urteilsformel mit der Bezeichnung des verurteilten Beklagten auf dessen Kosten im Bundesanzeiger, im Übrigen auf eigene Kosten bekannt zu machen. Das Gericht kann die Befugnis zeitlich begrenzen.**

1 **1) Allgemeines.** Das Ger kann den Kläger ermächtigen, die UrtFormel eines (auch nur teilw) stattgebden Urt über einen Anspr aus § 1 (nicht auch § 2) u die PartBezeichng des Bekl öffentl bekanntzumachen. Die Vorschr gilt nicht im einstw VfgVerf (Staud/Schlosser AGBG 18 Rn 2; Ul/Br/He § 18 Rn 3; aA Erm/Werner AGBG 18 Rn 1; AnwK/Walker 4), nicht für abweisde Urt u nicht für stattgebde/abweisde Urt auf Feststellgsklagen des Verwders/Empfehlers (§ 5 Rn 13). Die Entsch ist im Urt zu treffen, nicht in einem bes Beschl. Sie erfolgt nach pflmäß Ermessen („kann") in den Grenzen von ZPO 308 I 1; das Ger hat abzuwägen, ob die Veröffentlichg der oft wenig aussagekräft UrtFormel (BGH **124**, 254 [262]) zur Beseitigg der eingetretenen Störg erforderl ist (BGH NJW **92**, 1450; daran kann es fehlen, wenn eine ausreichde Publizität der Entscheidg ohnehin gewährleistet ist [BGH BB **97**, 1862]), wie sie erfolgen soll u ob es sachgerecht ist, die Ermächtigg zeitl zu begrenzen (S 2). Der Antr muss spätestens in der letzten mündl Verhdlg gestellt sein; bei Übergehen des Antr gilt ZPO 321.

2 **2) Bekanntmachung. – a) Im Bundesanzeiger.** Die Kosten gehen zu Lasten des Beklagten u sind nach ZPO 788 beitreibb. Da der BAnz von KlauselVerwder kaum u von idR Kunden nicht gelesen wird, ist diese
3 Art der Bekanntmachg nur von geringem Nutzen u kommt daher in der Praxis kaum vor. – **b) An anderer Stelle** (insb in Tageszeitg). Sie kann sachgerecht sein, um das Publikum zu unterrichten u irrige Vorstellgen zu beseitigen. Sie wird dadch entwertet, dass die oft wenig aussagekräft UrtFormel (BGH **124**, 254 [462]) veröffentlicht werden muss u der Kläger die Kosten tragen muss.

4 **3) Vorläufige Vollstreckbarkeit.** Die Bek im BAnz (Rn 2) setzt nicht voraus, dass das Urt rkräft ist; es genügt vorläuf Vollstreckbark (ganz hM). Das gilt für die Bek an and Stelle (Rn 3) auf Kosten des Klägers entspr, obwohl diese an sich keine Vollstreckg iSd ZPO 704 ff ist (MüKo/Micklitz AGBG 18 Rn 3). Wird das Urt aufgeh od abgeändert, hat der Beklagte gem ZPO 717 II Anspr auf eine berichtigde Bek (Erm/Werner AGBG 18 Rn 7; Ul/BrHe § 18 Rn 11; AnwK/Walker 6; aA Staud/Schlosser AGBG 18 Rn 1).

5 **4) Streitwert.** Die VeröffentlichgsBefugn ist ein NebenAnspr mit eigenem Streitwert (Hbg MDR 77, 142; ThP/Putzo § 3 Rn 158); unabhäng von den VeröffentlichgsKosten wg der geringen Bedeutg etwa 1/10 des Streitwerts der Hauptsache. Bei Abweisg des Antr daher ZPO 92 (idR II anwendb) zu beachten.

Unterabschnitt 2. Besondere Vorschriften für Klagen nach § 1

UKlaG 8 ***Klageantrag und Anhörung.*** **I Der Klageantrag muss bei Klagen nach § 1 auch enthalten:**

1. den Wortlaut der beanstandeten Bestimmungen in Allgemeinen Geschäftsbedingungen,
2. die Bezeichnung der Art der Rechtsgeschäfte, für die die Bestimmungen beanstandet werden.

II Das Gericht hat vor der Entscheidung über eine Klage nach § 1 zu hören:

1. die zuständige Aufsichtsbehörde für das Versicherungswesen, wenn Gegenstand der Klage Bestimmungen in Allgemeinen Versicherungsbedingungen sind, oder
2. das Bundesaufsichtsamt für das Kreditwesen, wenn Gegenstand der Klage Bestimmungen in Allgemeinen Geschäftsbedingungen sind, die das Bundesaufsichtsamt für das Kreditwesen nach Maßgabe des Gesetzes über Bausparkassen, des Gesetzes über Kapitalanlagegesellschaften, des Hypothekenbankgesetzes oder des Gesetzes über Schiffspfandbriefbanken zu genehmigen hat.

1 **1) Allgemeines.** I gleicht AGBG 15 II u II gleicht AGBG 16. Zum Antr für Klagen nach § 2 vgl § 2 Rn 21.

2 **2) Klagantrag (I).** Ergänzg zu ZPO 253 II Nr 2, wonach die Klage einen best Antr enthalten muss. Die Vorschr gilt sowohl für die Unterl- als auch für die WiderrKlage (§ 1), einstw Vfg (§ 5 Rn 11) u FeststellgsKlagen (§ 5 Rn 13). Entspr der Antr nicht den Erfordern von I, muss das Ger auf eine sachdienl Fassg hinwirken (ZPO 139); werden die Mängel gleichwohl nicht behoben, ist die Klage als unzul abzuweisen. –
3 **a) Wortlaut der beanstandeten Klausel (Nr 1).** Ist eine teilw unwirks Klausel unteilb, muss der Antr die ganze Klausel in der vom Verwder benutzten Fassg enthalten (BGH NJW **95**, 1488); ist die Klausel teilb, muss der Antr zur Vermeidg einer Teilabweisg auf den unwirks Teil beschrkt werden (Heinrichs EWiR **95**, 523).
4 Bei einer ergänzgsbedürft Klausel gilt § 1 Rn 8. – **b) Umfang des erstrebten Verwendungsverbots oder Widerrufsgebots (Nr 2).** Der Antr muss angeben, ob das VerwendgsVerbot/WiderrGebot nur für Vertr mit Verbr u/od auch mit Untern (§ 3 II) gelten soll. Er muss ferner die Art der RGesch bezeichnen, für die das Verwendgsverbot (WiderrGebot) ergehen soll. Damit wird dem Gedanken Rechng getragen, dass dieselbe Klausel bei einer best VertrArt unwirks, bei einer and aber wirks sein kann. Wie die Substantiierg zu erfolgen hat, hängt von den Umst des EinzFalles ab. Sie kann zB auf den rechtl VertrTyp („RatenliefergsVertr"), auf best Produkte/Leistgen (BGH NJW **89**, 2247 [2250]: „MietVertr über Wohnraum") od Fallgruppen (BGH NJW **93**, 1133: „KabelanschlVetr als HaustürGesch") abstellen.

5 **3) Anhörungen (II). – a) Allgemeines.** Aus der Vorschr ergibt sich, dass auch die mit behördl Gen erlassenen AGB der InhKontrolle unterliegen. Sie soll sicherstellen, dass die AufsBeh in dem gerichtl Verf ihren Standpkt darlegen kann. II ist eine abschließde Regelg (MüKo/Micklitz AGBG 16 Rn 4) u erfasst nur folgde AGB: AVB, obwohl das Ges vom 21. 7. 94 (BGBl I 1624) das GenErfordern für AVB aufgeh hat. AGB der Bausparkassen (BSpKG 5 III, 8, 9), der KapitalanlageGesellsch (KAGG 15), der HypBanken (HypBkG), der Schiffspfandbriefbanken (SchiffsbankenG idF vom 8. 5. 1963 – BGBl 301 – § 15), die nach den angeführten Ges der Gen des BAufsAmtes für das Kreditwesen bedürfen. II gilt auf bei einstwVfgen (vgl aber
6 Rn 6) u bei FeststellgsKlagen (§ 5 Rn 13) – **b) Pflichten des Gerichts.** Das Ger muss der Beh vAw alle wesentl Schriftsätze übermitteln u sie über den ersten Termin, auf Wunsch auch über spätere, informieren. Erforderl ist eine Anhörg nur, wenn eine SachEntsch beabsichtigt ist; sie kann bei unzul Klagen u PKH-Antr entfallen (MüKo/Micklitz AGBG 16 Rn 6). Einstw Vfgen können iFv ZPO 937 II Fall 1 ohne vorherige Anhörg ergehen (die Beh ist aber nachträgl zu unterrichten), die Anhörg erfolgt dann im WidersprVerf (die Beh hat aber kein WidersprR; vgl Rn 7). Im nächsten RZug ist die Beh erneut zu hören (Ul/Br/He § 16

Rn 4; aA Staud/Schlosser AGBG 16 Rn 6), jedenf bei neuen Tats od Argumenten. NichtAnhörg der Beh ist ein VerfMangel, der dch Rügeverzicht der Part nicht geheilt wird.– **c) Stellung der Behörde.** Sie hat das Recht, sich schriftl u dch Vortrag in der mdl Verhandlg zur Sache zu äußern. Sie hat aber kein AntrR, kann dem Verf nicht als Nebenintervenient beitreten (MüKo/Micklitz AGBG 16 Rn 8) u keine RMittel einlegen. Keine Entschädigg nach ZSEG. 7

UKlaG 9 *Besonderheiten der Urteilsformel.* **Erachtet das Gericht die Klage nach § 1 für begründet, so enthält die Urteilsformel auch:**

1. die beanstandeten Bestimmungen der Allgemeinen Geschäftsbedingungen im Wortlaut,
2. die Bezeichnung der Art der Rechtsgeschäfte, für welche die den Unterlassungsanspruch begründenden Bestimmungen der Allgemeinen Geschäftsbedingungen nicht verwendet werden dürfen,
3. das Gebot, die Verwendung inhaltsgleicher Bestimmungen in Allgemeinen Geschäftsbedingungen zu unterlassen,
4. für den Fall der Verurteilung zum Widerruf das Gebot, das Urteil in gleicher Weise bekannt zu geben, wie die Empfehlung verbreitet wurde.

1) Allgemeines. Die Vorschr, die AGBG 17 gleicht, enthält keine abschließde Regelg („auch"); ergänzd gelten ZPO 308 II, 313 I Nr 4, 708 ff. Stets muss die UrtFormel die Verurteilg zur Unterl der Verwendg/ Empfehlg (bzw zum Widerruf der Empfehlg) der gem Nr 1 bezeichneten AGB enthalten. Für einstw Vfgen (§ 5 Rn 11) gelten Nr 1 – 3 u für FeststellgsUrt (§ 5 Rn 13) Nr 1 u 2 entspr (MüKo/Micklitz AGBG 17 Rn 2). Auch die Formulierg gerichtl Vergl sollte sich an § 17 anlehnen. – Für Klagen nach § 2 vgl § 2 Rn 21. 1

2) Beonderheiten der Urteilsformel. – a) Wortlaut der unwirksamen Klausel (Nr 1). Ist eine teilw unwirks Klausel unteilb, muss die UrtFormel die ganze Klausel in der vom Verwder/Empfehler benutzten Fassg enthalten (BGH NJW **95**, 1488); ist die Klausel teilb, darf die UrtFormel nur den unwirks Teil enhalten u eine nicht auf ihn beschrkte Klage ist iÜ abzuweisen (Heinrichs EWiR **95**, 523). Bei einer ergänzgsbedürft Klausel gilt § 1 Rn 8. Kein Zusatz, in welcher Fassg die Klausel wirks wäre (Ul/Br/He § 17 Rn 3). – **b) Art der Rechtsgeschäfte (Nr 2)**, für die das Verwendgsverbot/WiderrGebot ergeht; gilt auch bei Empfehlgsverbot (im Ges versehentl nicht erwähnt; vgl 2 vor § 1). Die Ausführgen zum KlAntr (§ 8 Rn 4) gelten entspr. Eine AufbrauchFr, wie sie im WettbewR übl ist, darf dem Verwder nicht zugebilligt werden (BGH NJW **83**, 1322 [1326]). – **c) Unterlassungsgebot für die Verwendung inhaltsgleicher Klauseln (Nr 3)**; auch für deren Empfehlg bei einem darauf gerichteten UnterlUrt (im Ges versehentl nicht erwähnt; vgl 2 vor § 1). Die Androhg von Ordngsmitteln nur auf Antr des Klägers (ZPO 890 II). Das Gebot muss sich auf die nach Nr 2 bezeichneten RGesch beziehen. Es ist vAw in die UrtFormel aufzunehmen u soll gewährleisten, dass die ZwVollstr (ZPO 890) auch bei Verwendg umformulierter, aber sachl übereinstimmder Klauseln mögl ist. Das Gebot dient aber nur der Klarstellg, denn der Verletzer kann sich allg dch eine Änderg der Verletzgsform nicht einem VerbotsUrt entziehen, sofern die VerletzgsHdlg in ihrem Kern unverändert bleibt (BGH NJW **01**, 3710; Hamm NJW-RR **91**, 182). Ein Verstoß gg das Verwendgsgebot ist es auch, wenn sich der Verwder bei Abwicklg eines fr geschl Vertr auf die verbotene Klausel beruft. War Intransparenz der UnwirksamkGrd, kann der Verwder aber geltd machen, dass er diese bei nach abzuwickelnden fr Vertr dch mündl od schriftl Informationen ausgeräumt hat (BGH **116**, 5; BGB 307 Rn 17). – **d) Bekanntmachungsgebot für den Widerruf einer Empfehlung (Nr 4).** Es ist vAw zu erlassen u muss die Art der Bekanntmachg konkret festlegen; zB Abdruck des UrtTenors in der Verbandsmitteilgen des Empfehlers (BGH NJW **87**, 1931 [1938]). Wie die Empfehlg verbreitet worden ist u daher die Bek zu erfolgen hat, hat das Gericht gem ZPO 139 aufzuklären; ist eine Bek in gleicher Weise (zB bei Empfehlg in Zeitschriften, RdSchreiben) nicht mögl (zB bei Empfehlg in verkauften Formularen od Formularbüchern), so bleibt nur eine gleichwert Bek wie zB Veröffentlichg in Zeitschrift (MüKo/Micklitz AGBG 17 Rn 6), währd bei noch nicht verkauften Exemplaren vielfach das UnterlGebot greift (vgl aber Ul/Br/He § 17 Rn 9). Die BekKosten trägt der Verurteilte. Die ZwVollstr erfolgt nach Lage des Falles nach ZPO 887 od 888. Unberührt bleibt die BekBefugn des Klägers nach § 7.

(Rn-Ziffern am rechten Rand: 2 bei „Ist eine teilw“, 3 bei „– b) Art“, 4 bei „auch für“, 5 bei „d) Bekanntmachungsgebot für den“)

UKlaG 10 *Einwendung wegen abweichender Entscheidung.* **Der Verwender, dem die Verwendung einer Bestimmung untersagt worden ist, kann im Wege der Klage nach § 767 der Zivilprozessordnung einwenden, dass nachträglich eine Entscheidung des Bundesgerichtshofs oder des Gemeinsamen Senats der Obersten Gerichtshöfe des Bundes ergangen ist, welche die Verwendung dieser Bestimmung für dieselbe Art von Rechtsgeschäften nicht untersagt, und dass die Zwangsvollstreckung aus dem Urteil gegen ihn in unzumutbarer Weise seinen Geschäftsbetrieb beeinträchtigen würde.**

1) Allgemeines. Von dem allg anerkannten RGrds, dass eine spätere Änderg der Rspr keine Klage aus ZPO 323, 580, 767 rechtf, macht der AGBG 19 gleichde § 10 eine Ausn. Die Vorschr ergänzt § 11, wonach dem UnterlUrt uU auch im RStreit zw Kunden u Verwder Bindgswirkg zukommt. Wg ihres AusnCharakters u des ihr zGrde liegden eingeschr Normzwecks ist § 10 iZw eng auszulegen. Ob es sich um ein WiederAufnVerf eig Art, eine bes VollstrGgKl oder eine FeststellgsKl handelt, ist str (Ul/Br/He § 19 Rn 3,4; MüKo/ Micklitz Rn 8), für die Praxis aber ohne Interesse. Wie der Verweis auf ZPO 767 zeigt, sind auf die Klage, soweit § 10 keine Sonderregeln enthält, die für VollstrGgKl geltden Grds anzuwenden; §§ 5–7 gelten nicht. 1

2) Voraussetzungen der Klage. – a) Klageberechtigt ist allein der nach §§ 1, 9 verurteilte Verwder. Ein entspr KlageR für den (von § 11 nicht betroffenen) Empfehler besteht nicht (Erm/Werner AGBG 19 Rn 4; Ul/Br/He § 19 Rn 5; aA MüKo/Micklitz AGBG 19 Rn 13; Staud/Schlosser AGBG 19 Rn 5). – 2

3 **b)** Ein **Unterlassungsurteil** (§§ 1, 9) muss gg den Verwder vorliegen. VersäumnUrt u AnerkUrt genügen. Gem ZPO 794 I Nr 1, 795, 767 sind auch gerichtl Vergl, soweit sie Verwendgsverbote gem § 1 enthalten, einzubezogen (MüKo/Micklitz AGBG 19 Rn 17; aA Ul/Br/He § 19 Rn 16; AnwK/Walker 4), obwohl ihnen die Bindgswirkg des § 11 nicht zukommt. Bei einstw Vfg gilt § 19 nicht (Erm/Werner AGBG 19 Rn 5; AnwK/Walker 4; aA Ul/Br/He § 19 Rn 16), die Einwendg können nur nach ZPO 936, 924 (BeschlVfg) bzw 927 (UrtVfg) geltd gemacht werden, wohl aber bei FeststellgsUrt (§ 5 Rn 13) gg den Verwnder (Ul/Br/He § 19 Rn 7). Hat der Verwder außergerichtl eine UnterlVerpfl übernommen, steht ihm unter den Voraussetzgen des § 10 ein KündR aus wicht Grd zu (Einf 18 v BGB 241). Für Urt aus RStreitigk
4 zw Kunden u Verwder gilt § 10 nicht. – **c) Nachträglich abweichende Entscheidung des BGH (GmS-OGB). – aa)** Sie muss die Verwendg einer entspr Klausel „**nicht untersagt**" haben; gilt entspr für Empfehlg (Erm/Werner AGBG 19 Rn 9). Es muss sich also um eine erfolglose Klage in einem Verf nach § 1 handeln. Bei abw höchstrichterl Entsch in einem IndividualProz (Staud/Schlosser AGBG 19 Rn 12; AnwK/Walker 5; aA Ul/Br/He § 19 Rn 8) u bei erfolgreicher FeststellgsKl nach § 5 Rn 12 (Ul/Br/He § 19 Rn 7) kann § 10 aber entspr angewandt werden. Die Entsch muss eine EndEntsch in der Hauptsache sein, in der die materiellen Voraussetzgen des § 1 abschließd geprüft worden sind; Beschl im PKH-Verf od gem ZPO 91 a reicht nicht. – **bb) Gegenstand** der Entsch muss eine Klausel sein, die dieselbe Art von RGesch betrifft u mit der verbotenen identisch ist. Wörtl Übereinstimmg ist nicht erforderl. Entscheidd ist, ob beide Klauseln in ihrem für die WirksamkPrüfg wesentl Kern übereinstimmen; ebso ist auch die vom Ges geforderte Übereinstimmg des Anwendgsbereichs („dieselbe Art von RGesch") zu verstehen. – **cc)** Die Entsch muss **nachträglich** ergangen sein. Maßgebd ist insow ZPO 767 II. Danach muss die höchstrichterl Entsch nach Schluss der mdl Verhandlg im ErstProz verkündet worden sein, bei Beendigg des ErstProz dch VU nach Ablauf der EinsprFr.
5 Auf den Ztpkt der KenntnErlangg kommt es nicht an (AnwK/Walker 7; str). – **d) Unzumutbare Beeinträchtigung.** Die Vollstr des Verbots muss den GeschBetr des Verwders unzumutb beeinträchtigen. Das ist idR anzunehmen, wenn Mitbewerber die Klausel benutzen u sich daraus für den Verwder Nachteile im Wettbew ergeben. Hat der Verwder keinen GeschBetr (BGB 305 Rn 9), kommt es darauf an, ob er in seiner WirtschFührg unzumutb beeinträchtigt wird. Die BewLast hat der Verwender.

UKlaG 11 ***Wirkungen des Urteils.*** **Handelt der verurteilte Verwender einem auf § 1 beruhenden Unterlassungsgebot zuwider, so ist die Bestimmung in den Allgemeinen Geschäftsbedingungen als unwirksam anzusehen, soweit sich der betroffene Vertragsteil auf die Wirkung des Unterlassungsurteils beruft. Er kann sich jedoch auf die Wirkung des Unterlassungsurteils nicht berufen, wenn der verurteilte Verwender gegen das Urteil die Klage nach § 10 erheben könnte.**

1 **1) Allgemeines.** In RStreitigk, für die die PartMaxime gilt, erwachsen Urt nur für die ProzPart u ihre RNachfolger in RKraft. Wenn ein Verwder eine verbotene Klausel weiter benutzt, kann der Verband den Verwder gem ZPO 890 zur Befolgg des UnterlGebots aus dem Urt nach §§ 1, 9 anhalten. Dagg kann der Kunde im Proz mit dem Verwder (IndividualProz) aus dem Urt über das UnterlGebot nach allg prozrechtl Grds keine Rechte herleiten. Dieses Ergebn ist mit den Erfordern eines wirks Schutzes vor missbräuchl AGB unvereinb. § 11, der AGBG 21 gleicht, räumt dem Kunden daher die Befugn ein, sich auf das UnterlUrt zu berufen. Ist umgekehrt im Proz über einen UnterlAnspr aus § 1 die Klage mit der Begr abgewiesen worden, die Klausel sei wirks, so bindet diese Entsch das Ger des IndividualProz nicht; da der Kunde am Verf nicht beteiligt war, wäre eine Bindg zu seinen Lasten mit GG 103 unvereinb.

2 **2) Rechtsnatur.** Die in § 11 geregelte UrtWirkg ist ein bes ausgestalteter Fall der RKraftErstreckg (Erm/Werner AGBG 21 Rn 2; MüKo/Micklitz AGBG 21 Rn 6): – **a) Einrede.** Die RKraftErstreckg ist nicht vAw zu beachten, sond nur, wenn sich der Kunde darauf beruft. Es handelt sich somit um eine Einrede. Sie
3 fällt unter ZPO 282 I, II (nicht aber III). – **b) Erstreckung der Rechtskraft.** Die Einrede knüpft nicht an das UnterlGebot an, sond an ein tragdes Element des Urt, näml die in den Grden getroffene Feststellg, die Klausel sei unwirks. Diese Feststellg wird aber, wie § 11 zeigt, abw von den sonst geltden Grds von der RKraft des UnterlUrt miterfasst (MüKo/Micklitz aaO). Dch die Erhebg der Einrede wird die RKraft des UnterlUrt auf den IndividualProz erstreckt. Bei einer RNachf auf Seiten des Verwders ist ZPO 325 entspr anwendb.

4 **3) Voraussetzungen der Einrede. – a)** Ein **Unterlassungsurteil** (§§ 1, 9) muss vorliegen; verurteilt muss ein Verwder; die Verurteilg eines Empfehlers reicht nicht, wenn er die AGB selbst verwendet. Entspr anwendb auf Urt, das Klage des Verwders auf Feststellg der Wirksamk (§ 5 Rn 13) abweist (Ul/Br/He § 21 Rn 4; Wo/Ho/Li § 21 Rn 9; aA MüKo/Micklitz AGBG 21 Rn 7). Ein Versäumn- od AnerkUrt reicht, eine einstw Vfg od ein Vergl nicht (AnwK/Walker 3). Auch wenn die einstw Vfg dch Urt bestätigt worden ist, bleibt § 11 unanwendb, denn die in einem summar Verf erlassene Entsch kann in einem auf volle Sachprüfg angelegten RStreit keine Bindgswirkg haben (Düss NJW **78**, 2512). Bei Vergl lässt sich eine dem § 11 entspr
5 Wirkg dch eine Ausgestaltg als Vertr zGDr (BGB 328) erreichen. – **b)** Das Urt muss **rechtskräftig** sein (allgM), vorläuf Vollstreckbark reicht nicht. Zwar wird das im Ges nicht ausdr gesagt, ergibt sich aber daraus,
6 dass es sich dogmat um einen Fall der RKraftErstreckg handelt (Rn 2, 3). – **c) Zuwiderhandlung.** Der Verwder muss dem Urt zuwider gehandelt haben, dh er muss gleiche od inhaltsgleiche Klauseln verwandt haben (§ 9 Rn 4). Es genügt, wenn er sich bei Abwicklg eines früher abgeschl Vertr auf eine verbotene Klausel beruft (BGH NJW **81**, 1511; aA Erm/Werner AGBG 21 Rn 2); dem kann nicht der Gedanke des
7 Vertrauensschutzes entggstehen (LG Bln DB **88**, 2044; aA LG Ffm BB **88**, 1557). – **d) Ausschluss der Einrede (S 2).** Die Einr bleibt erfolglos, wenn die Voraussetzgen für eine Klage gem § 10 erfüllt sind. KlErhebg ist nicht erforderl (iFv der Erhebg kann der IndividualProz nach ZPO 148 ausgesetzt werden). Das Bestehen des KlageR kann als GgEinr (Erm/Werner AGBG 21 Rn 10; Wo/Ho/Li § 21 Rn 14; aA MüKo/Micklitz AGBG 21 Rn 15; Ul/Br/He § 21 Rn 13) geltd gemacht werden, ist also nicht vAw zu berücksichtigen; die BewLast (insb für die Tats zu § 10 Rn 5) hat der Verwnder.

4) Wirkung der Einrede. Im IndividualProz muss das Ger ohne eig Sachprüfg von der Unwirksamk der Klausel ausgehen. Der Verwender kann aber geltd machen, dass die Unwirksamk aGrd der Umstände des EinzFalls (zB einer Information bei VertrAbschl; vgl BGH NJW **94**, 2693 zu 3) entfällt od dass die Klausel Inhalt einer IndividualVereinbg ist (Ul/Br/He § 21 Rn 9). 8

Unterabschnitt 3. Besondere Vorschriften für Klagen nach § 2

UKlaG 12 *Einigungsstelle* **Für Klagen nach § 2 gelten § 27 a des Gesetzes gegen den unlauteren Wettbewerb und die darin enthaltene Verordnungsermächtigung entsprechend.**

1) Allgemeines. Die Vorschr gleicht AGBG 22 VI, soweit darin die entspr Geltg von UWG 27 a I–XI geregelt war. Für Klagen nach § 2 gelten iÜ §§ 5, 6, 7; nicht aber §§ 8–11. 1

2) Regelungsinhalt des UWG 27 a. Wg Einzelh wird auf die Erläuterg bei Baumbach/Hefermehl (WettbewerbsR, 22. Aufl) verwiesen. – **a) Einigungsstellen** zur Beilegg von RStreitigk nach § 2. Für die Einrichtg gilt UWG 27 a I entspr; die danach bereits eingerichteten Stellen sind Stellen iSv § 11. – **b) Besetzung** entspr UWG 27 a II; bei II 1 gilt nur die 2. Alternative, da der Anspr nach § 2 nicht einem Verbraucher zusteht u er daher kein AnrufgsR hat. – **c) Anrufungsrecht** entspr UWG 27 a III. Eine Zust des Gegners nach III 2 ist nicht erforderl, da die Zuwiderhdlg immer den GeschVerk mit einem letzten Verbraucher betreffen. – **d) Örtliche Zuständigkeit** entspr UWG 27 a IV, 24. – **e) Verfahren** entspr UWG 27 a IV–VIII. Die Zuständigk der KfH nach V 3 wird von § 6 nicht berührt. Keine Ablehng der EinigungsVhdlg nach VIII wg offensichtl Unbegründeth des Anspr aus § 2 iFv UWG 27 a X 1 (X 3). – **f) Verjährungshemmung** dch Anrufg der Einiggsstelle entspr UWG 27 a IX (vgl § 2 Rn 14). – **g) Verfahren des Prozessgerichts** über den Anspr nach § 2 entspr UWG 27 a X 1, 2, 4. – **h) Verordnungsermächtigung** entspr UWG 27 a XI. 2

UKlaG 13 *Anspruch auf Mitteilung des Namens und der zustellungsfähigen Anschrift.* **I Wer geschäftsmäßig Post-, Telekommunikations-, Tele- oder Mediendienste erbringt oder an der Erbringung solcher Dienste mitwirkt, hat den nach § Abs. 1 Nr. 1 und 3 anspruchsberechtigten Stellen und Wettbewerbesverbänden auf deren Verlangen den Namen und die zustellungsfähige Anschrift eines am Post-, Telekommunikations-, Tele- oder Mediendiensteverkehr Beteiligten mitzuteilen, wenn die Stelle oder der Wettbewerbsverband schriftlich versichert, dass diese Angaben**

1. zur Durchsetzung eines Anspruchs nach § 1 oder § 2 benötigt werden und
2. anderweitig nicht zu beschaffen sind.

II Der Anspruch besteht nur, soweit die Auskunft ausschließlich anhand der bei dem Auskunftspflichtigen vorhandenen Bestandsdaten erteilt werden kann. Die Auskunft darf nicht deshalb verweigert werden, weil der Beteiligte, dessen Angaben mitgeteilt werden sollen, in die Übermittlung nicht einwilligt.

III Die Wettbewerbsverbände haben einer anderen nach § 3 Abs. 1 Nr. 2 anspruchsberechtigten Stelle auf deren Verlangen die nach Absatz 1 erhaltenen Angaben herauszugeben, wenn sie eine Versicherung in der in Absatz 1 bestimmten Form und mit dem dort bestimmten Inhalt vorlegt.

IV Der Auskunftspflichtige kann von dem Anspruchsberechtigten einen angemessenen Ausgleich für die Erteilung der Auskunft verlangen. Der Beteiligte hat, wenn der gegen ihn geltend gemachte Anspruch nach § 1 oder § 2 begründet ist, dem Anspruchsberechtigten den gezahlten Ausgleich zu erstatten.

V Wettbewerbsverbände sind

1. die Zentrale zur Bekämpfung unlauteren Wettbewerbs und
2. Verbände der in § 3 Abs. 1 Nr. 2 bezeichneten Art, die branchenübergreifend und überregional tätig sind.

Die in Satz 1 Nr. 2 bezeichneten Verbände werden durch Rechtsverordnung des Bundesministeriums der Justiz, die der Zustimmung des Bundesrates nicht bedarf, für Zwecke dieser Vorschrift festgelegt.

1) Allgemeines. Die Vorschr, der keine Vorschrift des AGBG od UWG entspricht, soll verhindern, dass die Unterl- u WiderrufsAnspr aus §§ 1, 2 nicht dchgesetz werden können, weil der Verwnder/Empfehler unwirks AGB bzw der VerbrSchutzG zuwider Handelnde unter einer Anschrift handelt, unter der er nicht verklagt werden kann, weil sie nicht den Anforderungen von ZPO 253 II Nr 1 (zur Bezeichng der Parteien gehört die Angabe der ladgsfäh Anschrift; BGH NJW **88**, 2114) genügt u die Klage daher nicht gem ZPO 253 I zugestellt werden kann; zB wenn nur eine Postfach-/Internetadresse od eine Fax-/Service-TelefonNr bekannt gegeben wird. Die Stellg der Vorschr in Unterabschn 3 des Abschn 2 ist verfehlt, da es sich um eine mat-rechtl Vorschr handelt u auch nicht nur die Dchsetzg des Anspr aus § 2 betroffen ist. 1

2) Anspruch gegen Diensteerbringer (I, II). I begründet einen priv- u mat-rechtl AuskAnspr. Der Anspr besteht unabhäng davon, ob derj, auf den sie sich bezieht, in die Ausk einwilligt (II 2); er braucht weder vorher noch nachher informiert zu werden. Obwohl der Anspr zweckgebunden ist (Dchsetzg eines Anspr nach §§ 1, 2) u nicht benötigt wird, wenn sich der AuskBerecht die zustellgsfäh Anschrift anderweit (zB HandelsReg, Branchenadressbuch) beschaffen kann, ist das Bestehen des Anspr alleine davon abhäng, dass die schriftl Versicherg nach Nr 1 u 2 abgegeben wird. Die schriftl Versicherg ist nicht Proz- sond AnsprVoraus- 2

setzg. Ihre inhaltl Richtigk ist weder vom AuskPflichtigen noch vom ProzGer nachzuprüfen; in Fällen offensichtl Unrichtigk steht dem Anspr aber BGB 242 entgg. Der AuskPflichtige macht sich ggü seinem Kunden nicht schaderspfl, wenn er die Ausk aGrd einer von ihm nicht überprüften flaschen Versicherg erteilt; SchadErsAnspr kann der Kunde gg den AuskBerecht haben, wenn dieser die Anschrift zweckwidr benutzt (zB
3 aus UWG 1, BGB 823 [dort Rn 19]). – **a) Auskunftspflichtiger** ist das Untern, das einem Schuldn der Anspr aus §§ 1, 2 eine Anschrift od Nr zur Vfg stellt, hinter der er sich verbirgt (Postdiensteerbringg: PostG 4 Nr 4; Telelommunikationsdiensteerbringg: TKG 3 Nr 5; Telediensteerbringg: TDG 2; Mediendiensteerbringg: Mediendienste-StaatsVertr idF der Bek v 27. 7. 2001 – BayGVBl S 539 – § 2 I). Bei einer Postfachadresse ist das die Deutsche Post AG; bei einer TelefonNr ist es der Netzbetreiber; bei einer Internetadresse ist es die DENIC Verwaltgs- u BetrGesellsch eG in Ffm als Verwaltgsstelle deutscher Internetadressen durch Betreiben des *Primary Nameservers* wenn sie auf „de" lautet (*Top-Level-Domain*), u der provider (*Second-Level-Domain*), wenn sie unterh dieses Domainlevels betrieben wird (in der Praxis erfolgt die Domain-Registrierg fast nur über Internet-Service-Provider, die Genossen der DENIC sind); das Adressensystem des WWW Domain Name System (DNS) wird von der Internet Corporation for Assigned Names and Numbers (ICANN) verwaltet (für Klagen gg diese besteht aber keine örtl Zuständigk im Inland). Geschäftsmäß handelt, wer eine wirtsch Zwecke verfolgde Tätigk ausübt, in der eine Teiln am Erwerbsleben (Gewinnerzielg/-absicht aber nicht erforderl) zum Ausdr kommt (vgl Baumbach/Hefermehl UWG Einl Rn 208). Mitwirkende sind bei arbeitsteil betriebenen Diensten nur beteiligte Untern (zB die DENIC für eine provider-Anschrift u der
4 provider für die von ihm verwaltete Adresse), nicht ArbN des Diensteerbringers. – **b) Auskunftsberechtigter** ist nur eine Stelle iSv § 3 I Nr 1 und 3 sowie ein WettbewVerband iSv V; wg der Stellen nach § 3 I Nr 2 vgl III (Rn 7) u V (Rn 10). Da der Anspr Klagen nach §§ 1, 2 vorbereiten soll, gilt für die Abtr § 3 I 2 entspr
5 (nur an einen and AuskBerecht). – **c) Inhalt.** Anzugeben ist der vollständ Name (Vor- u Familienname, Firma) des am Diensteverkehr beteil Kunden. Ferner seine Anschrift in einer Weise, die eine Zustellg nach den Vorschr ZPO über die Zustellgen vAw ermöglicht; ist der Kunde eine jurPers, so sind daher auch die ges
6 Vertreter anzugeben. – **d) Einschränkung.** Der AuskAnspr besteht nur, soweit die Ausk ausschl anhand der bei dem AuskPflichtigen vorhandenen Bestandsdaten (vgl TDDSG v 22. 7. 1997 – BGBl I 1871 – § 5) erteilt werden kann (II 1); bei bloßer Mitwirkg an der Diensteerbringg nur auf die bei dem Mitwirkden selbst vorhandenen Daten, so dass bei deren Unvollständigk der Anspr auch gg einen and Mitwirkden wg der dort vorhandenen Daten geltd gemacht werden muss. Der AuskPflichtige braucht die zu machden Angaben nicht zu ermitteln od zu erheben, insb nicht anhand von Verbindgsdaten (sie betreffen Netze, die keine Teilnehmeranschlüsse aufweisen u Teilnehmernetze miteinand verbinden); vgl GG 10 I, TKG 85 I. Die BewLast dafür, dass die Ausk nicht ausschl aus seinen Bestandsdaten erteilt werden kann, hat der AuskPflichtige, denn der AuskBerecht kann das nicht wissen od ermitteln.

7 **3) Anspruch gegen Wettbewerbsverbände (III).** Ansprberecht Stellen iSv § 3 I Nr 2 haben keinen AuskAnspr nach I gg Diensteerbringer, sond nur einen Anspr nach III gg WettbewVerbände iSv V auf Herausg dessen, was diese aGrd ihre AuskAnspr nach I vom Diensteerbringer erlangt haben, wenn sie die Versicherung iSv von I (zu dieser vgl Rn 2) vorlegen. "Herausg der erhaltenen Angaben, bedeutet Weitergabe des Inhalts der erhaltenen Ausk (nicht zB ggständl Herausg des AuskSchreibens). Hat der WettbewVerband seinen Anspr aus I nicht geltd gemacht, so ist er aus III dazu nicht verpfl, um die Geltdmachg des Anspr aus III zu ermöglichen. Der WettbewVerband muss prüfen, ob der Ausk begehrde Verband ansprberecht Stelle iSv § 3 I Nr 2 ist; im Proz trägt letzterer dafür die BewLast.

8 **4) Zahlungsanspruch. – a) Ausgleichsanspruch (IV 1).** IFv I hat der AuskPflichtige gg den AuskBerecht einen Anspr auf Ausgl für die dch die Ausk verursachten Ermittlgsaufwand. Die Höhe des Ausgl wird dch den konkreten Ermittlgsaufwand des EinzFalls begrenzt, muss ihn aber nicht erreichen, da die AuskErteilg auch dem Interesse der Gemsch aller Untern einschl des AuskPflichtigen an der Einhaltg gleicher WettbewBdggen dient (BT-Drucks 14/6857 S 71); bei nur geringfüg Aufwand kann der Anspr auch entfallen. Wg seines AusglAnspr hat der AuskPflichtige bzgl der zu erteilden Ausk ein ZbR (BGB 273, 274). IV 1 beschrkt den Anspr nicht auf einen AuskAnspr nach I, so dass er auch iFv III besteht; hier entsteht aber kein
9 Ermittlgsaufwand, da nur eine erhaltene Ausk weitergegeben wird. – **b) Erstattungsanspruch (IV 2)** des Schuldn der AuskAnspr gg den Schuldn des Anspr aus §§ 1, 2, wenn dieser mit Erfolg gerichtl od außergerichtl geltd gemacht wird. Bei Verurteilg des AuskSchuldn zur AusglZahlg besteht der Anspr in dieser Höhe (TatbestdWirkg des Urt); bei freiwill Zahlg kann der ErstattgsSchuldn die Entstehg des Aufwands u die Angemessenh des Ausgl bestreiten.

10 **5) Wettbewerbsverbände (V).** WettbewVerbände iSv I, III sind nur die in V 1 Nr 1 genannte Zentrale u die in V 1 Nr 2 genannten Verbände. Da der Diensteerbringer nicht beurteilen kann, ob ein Verband iSv § 3 I Nr 2 die einschrkden Voraussetzgen von V 1 Nr 2 erfüllt, erlangt ein solcher Verband die Eigensch als WettbewVerband iSv V erst dch die Festlegg in der VO nach V 2. Verbände iSv § 3 I Nr 2, die nicht nach V 2 festgelegt sind, haben nur den mittelb AuskAnspr nach III.

11 **6) Verfahrensrecht. – a) Allgemeines.** Für das Verf gelten die Vorschriften der ZPO u des GVG. Ob sich das auch aus § 5 ergibt, kann offen bleiben, denn die dort genannten Vorschr des UWG sind, da sie UnterlAnspr betreffen, ohnehin nicht einschläg. Da der Streitwert eines AuskAnspr aber einen Bruchteil des Wertes des Anspr, dessen Geltdmachg er vorbereiten soll, beträgt (vgl ThP/Putzo § 3 Rn 21) ist insow UWG
12 23a, 23b zu beachten (vgl dazu § 5 Rn 15, 16). – **b) Zuständigkeit.** Für die gerichtl Geltdmachg der AuskAnspr nach I u III sowie der ZahlgsAnspr nach IV gilt § 6 nicht (§ 6 IV). Wird im GerStand des § 6 ein Anspr nach §§ 1, 2 geltd gemacht, so besteht aber für einen zugleich geltd gemachten ErstattgsAnspr nach IV 2 ein GerStand des Sachzusammenhangs (vgl zu diesem ThP/Putzo 8 vor § 12).

Abschnitt 3. Behandlung von Kundenbeschwerden

UKlaG 14 ***Kundenbeschwerden.*** **[I]Bei Streitigkeiten aus der Anwendung der §§ 675 a bis 676 g und § 676 h Satz 1 des Bürgerlichen Gesetzbuchs können die Beteiligten unbeschadet ihres Rechts, die Gerichte anzurufen, eine Schlichtungsstelle anrufen, die bei der Deutschen Bundesbank einzurichten ist. Die Deutsche Bundesbank kann mehrere Schlichtungsstellen einrichten. Sie bestimmt, bei welcher ihrer Dienststellen die Schlichtungsstellen eingerichtet werden.**

[II]Das Bundesministerium der Justiz regelt durch Rechtsverordnung die näheren Einzelheiten des Verfahrens der nach Absatz 1 einzurichtenden Stellen nach folgenden Grundsätzen:

1. Durch die Unabhängigkeit der Einrichtung muss unparteiisches Handeln sichergestellt sein.
2. Die Verfahrensregeln müssen für Interessierte zugänglich sein.
3. Die Beteiligten müssen Tatsachen und Bewertungen vorbringen können, und sie müssen rechtliches Gehör erhalten.
4. Das Verfahren muss auf die Verwirklichung des Rechtes ausgerichtet sein.

Die Rechtsverordnung regelt in Anlehnung an § 51 des Gesetzes über das Kreditwesen auch die Pflicht der Kreditinstitute, sich an den Kosten des Verfahrens zu beteiligen.

[III]Das Bundesministerium der Justiz wird ermächtigt, im Einvernehmen mit den Bundesministerien der Finanzen und für Wirtschaft und Technologie durch Rechtsverordnung mit Zustimmung des Bundesrates die Streitschlichtungsaufgabe nach Absatz 1 auf eine oder mehrere geeignete private Stellen zu übertragen, wenn die Aufgabe dort zweckmäßiger erledigt werden kann.

1) Allgemeines. Die Vorschr entspr AGBG 29 u erfüllt die Verpfl aus Art 10 ÜberweisgsRL (ABl.EG **97** Nr L 43 S 25), geht aber über die Vorgaben der RL hinaus. Sie betrifft nicht nur grenzüberschreitde Überweisg, sond alle Streitigk aus der Anwendg der §§ 675 a–676 g, 676 h S 1 u damit auch Streitigk über inländ Überweisg, Informationen sowie Entgelte u Auslagen der GeschBesorgg (§ 675 a), ÜbertraggsVertr (§ 676), ZahlgsVertr (§ 676 d), Bareinzahlgen auf GiroVertr (§ 676 f) u AufwendgsErs bei Missbr von Zahlgskarten (§ 676 h S 1). Für inländ Überweisg u Überweisg in Staaten, die weder zur EU noch zum Europäischen WirtschRaum gehören, galt AGBG 29 ebso wie die mat-rechtl Neuregelg erst ab 1. 1. 2002 (EG 228). – ÜbergangsVorschr für nach AGBG 29 eingerichtete Stellen in § 16 III. 1

2) Verfahren (II). Es gilt die SchlichtVerfVO idF der Bek v 7. 8. 2000 (BGBl I S 1279). Die VO genügt den Anfordergen von II u der Empfehlg der EG vom 30. 3. 98 über Einrichtgen, die für die außergerichtl Beilegg von VerbrStreitigk zuständ sind (ABl.EG Nr L 155 S 31). § 1 verpflichtet die BBank, die Dienststellen, bei denen sie Schlichtgsstellen einrichtet, nebst Anschrift im BAnz bekanntzugeben. Schlichter kann nur ein Bediensteter der Bundesbank sein (vgl aber Rn 3). § 2 regelt die Auswahl der Schlichter u die Beteiligg der KreditInst u VerbrVerbände an der Bestellg u sichert die Unabhängigk der Schlichter. Nach § 3 wird die Schlichtg in best Fällen (RHängigk, Erledigg dch Vergl, Versagg von PKH, Verj usw) abgelehnt. § 4 regelt das SchlichtgsVerf, § 5 den Schlichtgsvorschlag. Eine mdl Vhdlg u eine über UrkEinsicht hinausgehde BewAufnahme sind nicht vorgesehen. Die Part haben sich binnen eines Monats dazu zu erklären, ob sie den nicht bindden Vorschlag annehmen wollen od nicht; iF einer Annahme kommt der Vergl – abweichd von BGB 145 ff – bereits dch die beiderseit Erkl ggü der Schlichtgsstelle zustande. Nach § 6 ist das Verf kostenfrei, Kosten der Part u ihrer RA sind nur zu erstatten, soweit der Vorschlag (Vergl) dies vorsieht. § 6 II regelt die Beteiligg der KreditInst an den Kosten der BBank. 2

3) Übertragung auf andere Stellen (III). SchlichtVerfVO 7 überträgt die SchlichtgsAufg für KreditInst, die dem BVerband der dtschen Banken eV od dem BVerband öffentl Banken Dtschl eV angehören, auf diese Verbände u für Sparkassen auf die bei den Sparkassen- u Giroverbänden eingerichteten Schlichtgsstellen. Die Verbände sind verpflichtet, eine Liste der an ihrem SchlichtgsVerf jeweils teilnehmden KreditInst zu führen u in geeigneter Weise allg zugängl zu machen. Text der VerfOrdng des BVerbandes öffentl Banken s NJW **01**, 2613. 3

Abschnitt 4. Anwendungsbereich

UKlaG 15 ***Ausnahme für das Arbeitsrecht.*** **Dieses Gesetz findet auf das Arbeitsrecht keine Anwendung.**

1) Allgemeines. Das AGBG fand nach AGBG 23 I keine Anwendg bei Vertr auf dem Gebiet des ArbR. Die Rspr hatte jedoch iW der RFortbildg Grds einer richterl BilligkKontrolle bei gestörter VertrParität herausgearbeitet u dabei im EinzFall über BGB 242, 315 hinaus auch Grds des AGBG herangezogen wie zB AGBG 3 (BAG NJW **96**, 2117), 5 (BAG DB **82**, 1728; **85**, 2055). Nach BGB 310 IV 1 finden BGB 305 ff auf TarifVertr, Betr- u DVereinbgen keine Anwendg, währd sie auf ArbVertr nach Maßg von BGB 310 IV 2 anzuwenden sind. Trotz dieser Anwendbark findet das UKlaG auf das ArbR insgesamt u damit auch auf ArbVertr, denen nach BGB 307–309 unwirks AGB-Bestimmgen zugrde liegen, keine Anwendg (dh kein Unterl-/WiderrufsAnspr aus § 1); ein Verstoß gg VerbrSchutzG, der einen UnterlAnspr aus § 2 begründen könnte, ist ohnehin kaum denkb. 1

2) Nicht zum Arbeitsrecht gehören: – **a)** DVertr mit Pers, die **keine Arbeitnehmer** sind; zB mit leitden Angest, mit OrganMitgl jurPers, mit Eheg/Kindern auf familienr Grdlage (Ul/Br/He § 23 Rn 5). – 2

b) Ggü dem ArbVertr rechtl **selbständige Austauschverträge** zw ArbG u ArbN; zB Kauf-/Miet-/DarlVertr (BAG NJW **94**, 213).

3 **3) Arbeitnehmerähnliche Personen;** zB Heimarbeiter, selbstd Handelsvertreter, freie Mitarbeiter. Ob auf D-/WkVertr mit ihnen BGB 305 ff anwendb sind, ist str (bejahd zB Nürnbg NJW-RR **86**, 782; verneind zB MüKo/Basedow § 23 Rn 6). Bei Anwendbark ist die Anwendg der UKlaG mit der ZuständigkVorschr des § 6 nicht im Hinblick auf ArbGG 5 I 2 zu verneinen, denn dieser betrifft nur IndividualAnspr (Staud/Schlosser AGBG 23 Rn 2; Friedrich MDR **79**, 190; aA Wo/Ho/Li § 23 Rn 37; Ul/Br/He § 23 Rn 7).

Abschnitt 5. Überleitungsvorschriften

UKlaG 16 ***Überleitungsvorschrift zur Aufhebung des AGB-Gesetzes*** **[I]Soweit am 1. Januar 2002 Verfahren nach dem AGB-Gesetz in der Fassung der Bekanntmachung vom 29. Juni 2000 (BGBl. I S. 946) anhängig sind, werden diese nach den Vorschriften dieses Gesetzes abgeschlossen.**

[II]Das beim Bundeskartellamt geführte Entscheidungsregister nach § 20 des AGB-Gesetzes steht bis zum Ablauf des 31. Dezember 2004 unter den bis zm Ablauf der 31. Dezember 2001 geltenden Voraussetzungen zur Einsicht offen. Die in dem Register eingetragenen Entscheidungen werden 20 Jahre nach ihrer Eintragung in das Register, spätestens mit dem Ablauf des 31. Dezember 2004 gelöscht.

[III]Schlichtungsstellen im Sinne von § 14 Abs. 1 sind auch die auf Grund des bisherigen § 29 Abs. 1 des AGB-Gesetzes eingerichteten Stellen.

[IV]Die nach § 22 a des AGB-Gesetzes eingerichtete Liste qualifizierter Einrichtungen wird nach § 4 fortgeführt. Mit Ablauf des 31. Dezember 2001 eingetragene Verbände brauchen die Jahresfrist des § 4 Ab. 2 Satz 1 nicht einzuhalten.

1 **1) Überleitung anhängiger Verfahren (I). – a) Verfahrensrecht.** Alle am 1. 1. 2002 noch nicht rkräft erledigten Verfahren nach AGBG 13, 22 werden nach den VerfVorschr des UKlaG (§§ 5–11) fortgeführt, da
2 sie mit denen des AGBG inhaltsgleich sind. – **b) Materielles Recht.** Die nach §§ 1, 2 geschuldeten Hdlgen sind inhaltsgleich mit denen nach AGBG 13, 22. Für die Voraussetzgen dieser Anspr gilt die allg Überleitgs-Vorschr EG 229 § 5; zB muss sich die Unwirksamk einer nur vor dem 1. 1. 2002 verwendeten AGB aus AGBG 9–11 ergeben. Für am 1. 1. 2002 noch nicht nach AGBG 13 IV verjährte Anspr gilt die Überleitgs-Vorschr EG 229 § 6, denn zu den dort genannten Anspr gehören auch solche in and Ges als dem BGB u die sich ledigl hins der Verj ganz od teilw nach dem BGB richten (BT-Drucks 14/6040 S 273).

3 **2) Entscheidungsregister des Bundeskartellamts (II).** Eine AGBG 20 entspr Vorschr enthält das UKlaG nicht; die MitteilgsPfl der Ger aus AGBG 20 entfällt mit Ablauf des 31. 12. 2001 auch bei vorher anhäng gewordenen Klagen. Obwohl S 1 von Einsicht spricht, ist der AuskAnspr aus AGBG 20 IV befristet, denn sonst könnten mit einem LöschgsVermerk versehene Eintraggen zur Kenntn des Einsehden gelangen. Mit Ablauf des 31. 12. 2004 sind alle Eintraggen, soweit sie nicht schon früher nach S 2 Hs 1 zu löschen waren, zu löschen.

4 **3) Schlichtungsstellen (III),** die bis zum 31. 12. 2001 aGrd AGBG 29 I eingerichtet worden sind, werden ab 1. 1. 2001 als Schlichtgsstellen nach § 14 I in der bish Besetzg fortgeführt.

5 **4) Qualifizierte Einrichtungen (IV).** Die Liste nach AGBG 22 a wird als Liste nach § 4 fortgeführt. Bestand ein vor dem 1. 1. 2002 eingetr Verband nicht mindestens 1 Jahr, so darf die Eintr deswg nicht nach § 4 II 4 Nr 2 aufgehoben werden; sie darf aber aufgehoben werden, wenn ein vor dem 1. 1. 2001 eingetr Verband das erst dch § 4 II 1 eingeführte GewährErfordern nicht erfüllt.

Gesetz zur Verbesserung des zivilgerichtlichen Schutzes bei Gewalttaten und Nachstellungen sowie zur Erleichterung der Überlassung der Ehewohnung bei Trennung

Vom 11. Dezember 2001

(BGBl. I S. 3513)

– Auszug –

Bearbeiter: Dr. Gerd Brudermüller, Richter am Oberlandesgericht Karlsruhe

Lit: Schwab FamRZ **99**, 1317; Schweikert FPR **97**, 111 u **00**, 168; Schirrmacher ZRP **99**, 486; Brudermüller FF **00**, 156; Erbarth NJW **00**, 1379 u FuR **01**, 197; Finger ZRP **00**, 274; Diederich NJ **00**, 225; van Els ZfJ **01**, 83; Meder FuR **01**, 193; Peschel-Gutzeit FPR **01**, 243; Schumacher FamRZ **01**, 953. – S auch Berliner Initiative gg Gew gg Frauen (Musteranträge) FamRZ **99**, 1337.

Einleitung

1) Schutzzweck. Das am 8. 11. 01 vom BT verabschiedete und Anfang 2002 (Art 13) in Kraft getretene 1
GewSchG gehört wie das Ges zur Ächtg der Gew in der Erz vom 2. 11. 00 (BGBl I 1479) zu den Maßn iR des Aktionsplans der BReg zur Bekämpfg von Gew gg Frauen u Kinder vom 1. 12. 99 (BT-Drucks 14/2812). Es enth die ergänzenden Regelgen zur Durchsetzg bürgerlichr SchutzAnspr nach dem R der unerl Hdlgen in Bezug auf Gewalttaten u best unzumutb Belästiggen. Das GewSchG dient der Stärkg der rechtl Stellg vor allem von Frauen als den typischen Opfern von Gew, indem der zivilrechtl Schutz bei Gewalttaten u Nachstellgen verbessert wurde. Grundanliegen ist, eine schnelle Entsch zum Schutz der (erwachsenen) Opfer dch vollstreckb gerichtl AOen zu ermöglichen. Der seit langem zur Reform gedrängte (s nur Schweikert FPR **97**, 111; vgl Schwab FamRZ **99**, 1317) GesGeber hat dabei auf Erfahrgen zurückgegriffen, die in and Ländern, vor allem in Österreich mit dem am 1. 5. 97 in Kraft getretenen BGes üb Ändergen des allg bürgerl Gesetzbuchs, der ExekutionsOrdng u des SicherheitspolizeiGes (BGes zum Schutz vor Gew in der Fam vom 31. 12. 96, BGBl [Österr] 1996, Ges-Nr 759; dazu Stormann JAmt **01**, 452) mit ähnl Regelgen gemacht worden sind (vgl Ehinger FPR **99**, 262; Schirrmacher ZRP **99**, 486; Schweikert FPR **00**, 168). Zum Referentenentwurf vom 13. 3. 00 s Brudermüller FF **00**, 156 u die Stellungn des FamRechtsausschusses des DAV, FF **00**, 162. Zum RegEntwurf (BT-Drucks 14/5429 vom 5. 3. 01 m Stellgn des BRats S 38 ff) s Schumacher FamRZ **01**, 953. Zu der vorausgegangenen rechtstats Untersuchg zu § 1361 b BGB s Vaskovicz/Buba, Zuw einer EheWo bei GetrLeb, 2001 (zu deren Erg auch BT-Drucks 14/5429 S 14 f). – Das eigentl „Ges zur Verbesserg des zivilgerichtl Schutzes bei Gewalttaten u Nachstellgen" (Art 1 GewSchG) soll die Gewaltprävention im Allg fördern u ist daher nicht speziell familienr ausgerichtet, wenn auch die Bekämpfg der Gew im soz Nahbereich, insb in der Fam, im Vordergrd steht. Zur Zweckerfüllg sieht das GewSchG ieS insb 2 Instrumente vor: gerichtl Maßn zur Abwendg drohender vors Verl des Körpers, der Gesundh, der Freih u von Teilbereichen des PersönlichkR (§ 1) sowie einen Anspr auf Überlassg einer bish gemeins benutzten Wo zur Alleinnutzg (§ 2). Das Ges ist in seinem MaßnTeil als verfahrensr Regelg zur Duchsetzg der materiellr UnterlAnspr konzipiert (BT-Drucks 14/5429 S 17); RGrdlage bilden danach die BGB-Vorschr. Es gilt grdsl für jede Person u gibt dem Ger eine EingrBefugn unabhängig von der Art der Bez zw Täter u Opfer, ist also nicht auf den häusl Bereich beschrkt. Der Grds, dass der Part, der Gew anwendet, die gemeins Wo zu verlassen hat, gilt sowohl bei Eheg (§ 1361 b BGB idF des Art 2 GewSchG) als auch bei nicht miteinander verh, in häusl Gemsch lebenden Pers (Art 1 § 2 GewSchG). Die WoÜberlassg ist nur eines der Mittel zur GewPrävention, das mit den and Maßn je nach Anlaß verbunden werden kann. Dem Täter kann zur Gewährg effektiver Abwehr- bzw SchutzMaßn bei (drohenden) Angriffen des Part auf Leib u Leben, körperl u seel Unversehrth ein Betretungs-, Kontakt- u BelästiggsVerbot auferlegt werden. In diesem Zusammenhang können (nach Maßg des jew LandesR) auch polizeirechtl u polizeil Schutzmaßn ergriffen werden (vgl § 1 Rn 8).

2) Inhalt. Das aus insg 13 Art bestehende GewSchG vom 11. 12. 2001 (BGBl I 3513) enth zwei Haupt- 2
komplexe, näml das eigentl GewSchG (Art 1) sowie das „Ges zur Erleichterg der Überlassg der EheWo bei Trenng" mit der Neuregelg des § 1361 b BGB (Art 2) – das LPartG wurde entspr angepaßt (Art 11) –, außerdem Ändergen der HVO (Art 12) u des EGBGB (Art 10) sowie Neuerungen im VerfR (Art 3 bis 5), im Kosten- u GebührenR (Art 6 bis 9) u im VollstrR (Art 4).

a) Das GewSchG (Art 1) beinhaltet den allg zivilr Schutz vor GewTaten u Nachstellgen. Es regelt in **§ 1** 3
die Befugnis der ZivilGer, bei der vors u widerrechtl Verl des Körpers, der Gesundh od der Freih einer Pers die zur Abwendg weiterer Verl erfdl **Schutzanordnungen** zu treffen (zB Kontakt- u NähergsVerbote), u zwar auch in den Fällen widerrechtl Drohg mit RechtsgutVerl sowie Nachstellgen. **§ 2** normiert bei gemeins dauerh Haush des Opfers mit dem Täter einen allg **Überlassungsanspruch**: Das Opfer kann bei vors u widerr Verl von Körper, Gesundh u Freih im häusl Bereich die alleinige Nutzg einer bish gemeins genutzten Wo beanspruchen, zumal dann, wenn das Wohl der im Haushalt lebenden Kinder gefährdet ist. Die Befristg der Überlassg hängt von den RVerh an der Wo ab. ZivGerichte können auf ausdr ges Grdl in EilVerf wirks SchutzAOen treffen. Bei Belästigg in Fällen des sog „Stalking" (§ 1 Rn 8), zB bei Telefonterror u ähnl

Nachstellgen (auch ohne Bestehen einer Partnersch), kann das ZivGericht untersagen, sich der Wo der betroffenen Pers zu nähern, sie anzurufen od sie in and Weise zu belästigen. **§ 3** enth Regelgen zu den KonkurrenzVerh sowie zu den Maßn nach dem GewSchG ggü den im Kindsch-, Vormsch- u PflegschR vorgesehenen EingriffsMöglichk. Die vollstreckb gerichtl AOen sind im Interesse eines effektiven Opferschutzes strafbewehrt **(§ 4)**. Auch die UntersaggsAO kann mit Geldstrafe od mit FreihStrafe bis zu 1 Jahr geahndet werden. – Mit diesen Regelgen überschreitet das GewSchG die im BGB normierten Grenzen des Familien-, aber auch des DeliktsR, indem nicht nur wirks Schutz gg häusl Gew gewährleistet, sond auch jeglicher Wiederholg von Gew, gleich wo u dch wen, dch gerichtl Maßn vorgebeugt werden soll. Konnte bisher ein UnterlassgsAnspr gg pers Gew nur auf § 1004 BGB analog gestützt werden, so soll nun das GewSchG einen effektiveren Schutz vor der Wiederholg bereits erlebter od auch nur angedrohter Gew bieten.

4 **b) Änderungen des § 1361 b BGB (Art 2 Nr 1).** Die Schwelle für die Überlassg der EheWo bei GetrLeben der Eheg wurde gesenkt, indem die EingriffsVorauss nicht mehr an eine „schwere Härte", sondern an eine „unbillige Härte" geknüpft wird (§ 1361 b I nF). Außerdem wurden Beweiserleichterungen geschaffen (§ 1361 b IV nF). S dort Rn 9 u 25. – Zu Art 2 Nr 2 (Änderg des § 1903 BGB) s Rn 8 aE.

5 **3) Verfahren. a)** Die sachl **Zuständigkeit** des FamG in Angelegenh des (auch vorbeugenden) Opferschutzes nach §§ 1, 2 GewSchG ist **erweitert**, wenn die verl od bedrohte Pers mit dem Täter einen auf Dauer angelegten gemeins Haush führt od innerh von 6 Mo vor AntrStellg einen solchen Haush geführt hat (§§ 23 a Nr 7, 23 b I 2 Nr 8 a GVG). In GewSchVerf richtet sich die jew **Verfahrensordnung** nach der gerichtl Zustdgk (vgl § 621 I Nr 13 ZPO, § 64 b FGG). Ist danach das FamG zust, gelten die VerfVorschr des FGG (§ 621 a I S 1 ZPO, Art 4 GewSchG). Für alle and Verf nach dem GewSchG, dh für Verl u Drohgen **außerhalb des häuslichen Bereichs**, verbleibt es bei der bish Zustgk des allg **Zivilgerichts**. In diesen Verf finden die VerfRegeln der ZPO Anwendg. – Bei Anhängigk eines WoZuwVerf (§ 1361 b BGB) ist für einen Antr, der die Durchführg der HauptsacheEntsch als **„Annex"** sichern soll – gem § 15 HVO (zB Räumg, Austausch der Türschlösser) od, ggf kumulativ, gem § 1 GewSchG (zB Wiederbetretensverbot, „Bannmeile") – das FamG zust (§§ 18 a, 11 HVO). Bei einem entspr isolierten Antr nach zivilr Vorschr (§§ 823, 861, 1004 BGB) ist dagg das ZivGer zust. – Diese **unterschiedlichen Zuständigkeiten** (vgl Brudermüller FF **00**, 156/8) führen als Konsequenz zu einer (nicht unproblemat) **Rechtswegspaltung**.

6 **b) Einstweiliger Rechtsschutz.** In **Gewaltschutzverfahren** vor dem FamG (FGG-Verf) kann dch den neu eingefügten **§ 64 b FGG** (Art 5 GewSchG) summar EilRSchutz iW der **einstweilige Anordnung** erfolgen. Die §§ 620 a bis 620 g ZPO sind enstpr anwendb (§ 64 b III 2 FGG; s § 2 GewSchG Rn 19). Zust ist – obw ein ausdr RiVorbehalt fehlt, aber auch § 3 Nr 2 a RPflG insow keine Regelg enth – der Richter, weil sonst eine Diskrepanz zu Hausrats- u LPartnerschSachen (§ 17 LPartG) entstünde (Bassenge/Herbst/Roth § 3 RPflG Rn 15 u § 14 Rn 1 aE). Darüb hinaus wird den Bedürfnissen des Opfers im AO-Verf insb dch eigenständ Regelgen für die Zustellg u Vollziehg Rechng getragen. Die Ergänzg von § 620 ZPO dch die neue Nr 9 ermöglicht den Erlaß einstw AOen iR einer Ehesache auf Antr auch bzgl der Maßn nach dem GewSchG. – Für ZPO-Verf wurde **§ 940 a ZPO ergänzt** (Art 4 Nr 11 GewSchG): Die Räumg einer Wo od ein WoBetretgsVerbot dch einstw Vfg kann bei and als auf Dauer angelegten gemeins Haushalten schon bei einer konkr Gef für Leib od Leb angeordnet werden u nicht, wie bish, erst bei verbotener Eigenm.

7 **c) Anhörungs- und Mitteilungspflichten.** In best Fällen ist die Einbeziehung des **Jugendamtes** im WoZuwVerf vorgesehen: Beabsichtigt das FamG den Antr auf WoÜberlassg zurückzuweisen, soll das JA vorher **angehört** werden, wenn in dem betroffenen Haush mj Kinder leben (**§ 49 a II FGG** nF, Art 5 GewSchG; s § 2 Rn 15). Die in Verf auf WoZuw gem § 1361 b BGB u gem § 64 b II 4 FGG auf WoÜberlassg nach § 2 GewSchG geltende neue Vorschr des **§ 13 IV HVO** (Art 12 Nr 1 GewSchG) bestimmt, dass die Entsch dem JA **mitzuteilen** ist, wenn ein Ki im Haushalt lebt. Dadurch soll dem JA ermöglicht werden, seine Beratgs- u UnterstützgsFkt (§ 18 III SGB VIII) bei ev bestehden Umgangsrechten wahrzunehmen. In allen Gewaltfällen ist die Unterrichtg des JA geboten, wenn Kinder im Haush der Bet leben (§ 64 I FGG iVm § 621 I Nr 7 ZPO, §§ 11 I, 18 a HVO).

8 **4) Sonstige Neuregelungen im Rahmen des GewSchG. a) Einheitliche Regelung des einstweiligen Rechtsschutzes in FG-Verfahren.** Das GewSchG geht üb den zivilrechtl Schutz bei Gewalttaten auch (s o Rn 3 aE) insow hinaus, als für Verf nach dem FGG in „and FamSachen" (§ 621 I Nr 1, 2, 3 u 7 ZPO) gem dem neu eingefügten **§ 621 g ZPO** eine einheitl Regelg für den Bereich des einstw RSchutzes geschaffen wurde, wenn ein entspr Antr anhängig od ein Antr auf PKH-Bewilligg für ein solches Verf eingereicht ist. Danach können einstw AOen auch außerh eines EheVerf in den FGG-Verf des Sorge- u UmgangsR sowie der HVO auf ges Grdl ergehen. Die §§ 620 a bis 620 g ZPO gelten entspr. Das Nebeneinander der vorl AOen nach in der Rspr entwickelten Grds u entspr ges Regelgen in Teilbereichen des FamR (§§ 620 ff ZPO u § 13 IV HVO aF) entfällt. – **b) Die Beschwerdebefugnis** ist gem **§ 620 c Satz 1 ZPO nF** auf alle Entsch, nun auch ablehnende, in Verf auf WoZuw **erweitert** u besteht auch in Verf nach §§ 1, 2 GewSchG (§ 620 Nr 9 ZPO). – **c) § 1903 IV BGB.** Der GesGeb hat das GewSchG zu einer (mit dessen Inhalt nicht im Zshg stehden) Änderg zum Anlaß genommen: Im BetreuungsR wird dch Art 2 Nr 2 die in § 1903 IV BGB enthaltene Verweisg auf § 1901 IV BGB korrigiert u die iR des BetÄndG übersehene FolgeÄnderg dch die Verweisg auf § 1901 V BGB ersetzt. Entspr ist in der Kommentierg der 61. Aufl jetzt die Verweisg in § 1903 Rn 20 fortan nicht mehr auf § 1901 Rn 9, sond auf § 1901 Rn 11 u 12 zu beziehen.

9 **5) Vollstreckungsrecht**. Entsch des FamG in GewSchVerf werden (wie gem § 16 III HVO) nach ZPO-Vorschr vollstreckt (§ 64 b IV FGG, Art 5 GewSchG). Die neu geregelten AOen in FamSachen gem §§ 620 Nr 9 u 621 g S 1 ZPO sind Titel iSd ZPO. Zur Erleichterg der Vollstr einer einstw AO betr Regelgen nach der HVO (§ 620 Nr 7, 9 u § 621 g ZPO) ist innerh ihrer GeltgsDauer **Mehrfachvollzug** mögl (§ 885 I ZPO). Für § 885 ZPO genügt die erste Zustellg; ein Verbrauch des Tit tritt nicht ein (ThP § 885 Rn 26). Zur wirks Vollstr titulierter SchutzAOen nach § 1 GewSchG ist, unbeschadet der Möglichk der Vollstr nach § 890 ZPO, **unmittelbarer Zwang** dch den GVZ, notfalls unter Hinzuziehg der Polizei, anwendb (§ 892 a

ZPO, Art 4 Nr 10 GewSchG). Abw v § 16 I FGG wird die EndEntsch üb die Hauptsache erst mit formeller RKraft wirks (§ 64b II 1 FGG), sofern die sof **Wirksamkeit** nicht angeordnet wird (§ 64b II 2 FGG). Nach § 64b IV FGG, § 750 I 1 ZPO muß eine erst mit RKraft wirks werdende Entsch spätestens bei VollstrBeginn dem AntrGegner zugestellt werden. Schon vor Zustellg der für sofort wirksam erklärten Entsch an den AntrGegner ist die Vollstr zul, wenn das Ger dies auf Antr od vAw angeordnet hat (§ 64b II 2 FGG); nicht ausr ist die bl AO der sof Wirksamk. In dringenden Fällen ist die AO der **Vollziehung vor Zustellung** der einstwAO mögl (§ 64b III 6 Halbs 2 FGG). S auch § 1 Rn 8 aE.

Artikel 1
Gesetz zum zivilrechtlichen Schutz vor Gewalttaten und Nachstellungen (Gewaltschutzgesetz – GewSchG)

§ 1. Gerichtliche Maßnahmen zum Schutz vor Gewalt und Nachstellungen. *[I] Hat eine Person vorsätzlich den Körper, die Gesundheit oder die Freiheit einer anderen Person widerrechtlich verletzt, hat das Gericht auf Antrag der verletzten Person die zur Abwendung weiterer Verletzungen erforderlichen Maßnahmen zu treffen. Die Anordnungen sollen befristet werden; die Frist kann verlängert werden. Das Gericht kann insbesondere anordnen, dass der Täter es unterlässt,*

1. *die Wohnung der verletzten Person zu betreten,*
2. *sich in einem bestimmten Umkreis der Wohnung der verletzten Person aufzuhalten,*
3. *zu bestimmende andere Orte aufzusuchen, an denen sich die verletzte Person regelmäßig aufhält,*
4. *Verbindung zur verletzten Person, auch unter Verwendung von Fernkommunikationsmitteln, aufzunehmen,*
5. *Zusammentreffen mit der verletzten Person herbeizuführen,*

soweit dies nicht zur Wahrnehmung berechtigter Interessen erforderlich ist.

[II] Absatz 1 gilt entsprechend, wenn

1. *eine Person einer anderen mit einer Verletzung des Lebens, des Körpers, der Gesundheit oder der Freiheit widerrechtlich gedroht hat oder*
2. *eine Person widerrechtlich und vorsätzlich*
   a) in die Wohnung einer anderen Person oder deren befriedetes Besitztum eindringt oder
   b) eine andere Person dadurch unzumutbar belästigt, dass sie ihr gegen den ausdrücklich erklärten Willen wiederholt nachstellt oder sie unter Verwendung von Fernkommunikationsmitteln verfolgt.

Im Falle des Satzes 1 Nr. 2 Buchstabe b liegt eine unzumutbare Belästigung nicht vor, wenn die Handlung der Wahrnehmung berechtigter Interessen dient.

[III] In den Fällen des Absatzes 1 Satz 1 oder des Absatzes 2 kann das Gericht die Maßnahmen nach Absatz 1 auch dann anordnen, wenn eine Person die Tat in einem die freie Willensbestimmung ausschließenden Zustand krankhafter Störung der Geistestätigkeit begangen hat, in den sie sich durch geistige Getränke oder ähnliche Mittel vorübergehend versetzt hat.

1) Allgemeines. a) Geltungsbereich. Für gerichtl SchutzAOen nach § 1 ist eine pers **Nähebeziehung** 1
zw Opfer u Täter **nicht Voraussetzung**. Der Schutz erstreckt sich üb den häusl Bereich hinaus. – **b)** Das 2
Ger wird nur auf **Antrag** der betroffenen Pers tätig. Die Verf nach §§ 1, 2 GewSchG sind als StreitVerf AntrVerf. Der Antr braucht im Fall v § 1 die Maßn nicht zu konkretisieren. Für die **Ermittlungen** gilt § 12 FGG. – **c)** Nach § 1 kann nicht nur künftige Unterl, sond auch die Beseitigg **noch andauernder Störun-** 3
gen beantragt werden (str).

2) Schutzanordnungen bei ausgeübter Gewalt (I). a) Allgemeines (I 1). aa) Inhalt. I regelt entspr 4
der verfahrensr Konzeption der Vorschr (Einf 1) die Zul von gerichtl SchutzAOen u schafft eine ausdr Grdl für bish von der Rspr auf der materiellr Grdl von §§ 823, 1004 BGB analog getroffenen SchutzAOen des ZivGer, wenn die antragstellende Pers vors u widerrechtl vom AntrGegner an Körper, Gesundh od Freih verl worden ist (zum Begr Gewalt iSv körperl u psychischer Gew s § 1361b BGB Rn 10). Für gerichtl AOen zum Schutz der anderen von § 823 I, II BGB erfaßten RGüter (zB allg PersönlichkR) gelten die Grds der analogen Anwendg des UnterlAnspr aus § 1004 BGB. Das GewSchG regelt nur 2 Teilbereiche des allg PersönlichkR, näml die Drohg mit GewTaten (II Nr 1) u best unzumutb Belästiggen (II Nr 2). Sonstige unzumutb Belästiggen, die nicht im Katalog der RGüter des § 1 enth sind u sich als Verl des allg PersönlichkR (als sonstiges R iSv § 823 I BGB) darstellen, können nach allg DeliktsR mit SchadErs- u UnterlAnspr geahndet werden. – **bb) Voraussetzungen.** Vorauss ist zunächst ein materiellr Anspr auf Unterl der in § 1 5
genannten RGüter. Das richtet sich nach den allg Vorschr des R der unerl Hdlg. Die Vorauss für ein Einschreiten des Ger nach dem GewSchG entsprechen denen nach § 823 I BGB. Das gilt für die Beschreibg der **geschützten Rechtsgüter** (Körper, Gesundh od Freih, s § 823 BGB Rn 3–6), wobei der Begr Gesundh auch die medizin feststellb psychischen GesundhSchäden, die jedenf bei einer erhebl Beeinträchtigg Unterl-Anspr auslösen können, umfaßt (BT-Drucks 14/5429 S 28), sowie für die **Verletzungshandlung** u deren **Widerrechtlichkeit** (s § 823 BGB Rn 2 u 32 ff). Erfdl ist **Vorsatz**, dh Wissen u Wollen der Verl des geschützten RGuts. Dolus eventualis genügt. Vorübergehd ausgeschl ZurechngsFgk (zB infolge Alkoholgenusses) läßt den Vors unberührt. Bei UnzurechngsFgk wg der Einnahme berauschender Mittel gilt III. Fälle der Körper- u GesundhVerl aGrd fahrl Verhaltens sind nach den allg Regeln zu behandeln (krit Geißel JAmt **01**, 446/8), ebso Fälle vorübergehder SchuldUnfgk aus and Gründen als der Einnahme von Rauschmitteln, zB aGrd Krankh. – **cc) Beweiserleicherung.** Das nach dem GewSchG zum Eingreifen Anlaß gebende 6
Verhalten des Tät indiziert die WiederholgsGef. In Fällen, in denen GewTaten bereits geschehen sind, wird vermutet, dass weitere Taten zu erwarten sind. Dem Täter obliegt die Widerlegg dieser tats Vermutg. Gelingt ihm dies nicht, ist davon auszugehen, dass weitere GewTaten drohen. Das Ger hat dann auf Antr der verl Pers unter Beachtg des VerhältnismäßigkGrds die zur Abwendg weiterer GewTaten erfdl Maßn zu treffen. Vgl § 2 Rn 17.

7 **b) Befristung (I 2).** SchutzAOen nach I 2 sind unter Beachtg des Grds der VerhältnisMäßigk zu befristen, mit der Option der, auch mehrmaligen, FrVerlängerg (Halbs 2), wenn auch nach Ablauf der urspr best Fr weitere Verletzgen der RGüter des Opfers zu befürchten sind. Für die FrBemessg sind die Umstände des Einzelfalls maßg. Bei entspr Schwere der Gewalttat od wiederholten, üb einen längeren Zeitraum sich erstrekkenden GewTaten können längerfristige SchutzMaßn getroffen werden.

8 **c) Konkretisierung (I 3)** der SchutzAOen. Die Vorschr enth keinen abschließden Katalog für Eingriffe in RPositionen des Täters. Genannt sind „insb“ Einschrkgen seiner Kommunikations- u BewegsFreih. Das Ger kann einer Pers zum Schutz des (potentiellen) Opfers nach den Besonderh des Einzelfalls gezielte Anweisgen erteilen. So können als Bsp folgde **Verbote** ergehen (einzeln od mehrere zusammengefaßt): **1.** Die Wo des Opfers zu betreten (idR iZshg mit einer ÜberlassgsAO nach § 2). Dieses **Betretungsverbot** erweitert die Möglichk des sog „Platzverweises“, den die Polizei iR der GefAbwehr nach LandesR verhängen kann (vgl Petermann JAmt **01**, 460 zu dem Modellprojekt in BaWü; vgl auch VGe Karlsr u Stgt JAmt **01**, 484 u 485). – **2.** Sich in einem näher best Umkreis der Wo der zu schützenden Pers aufzuhalten, wobei sich die Eingrenzg des vom **Näherungsverbot** erfaßten Umkreises nach den örtl Verh (zB dichte od weitläuf Bebauung) richtet. Der verl Pers soll mit Hilfe einer „Bannmeile“ die Möglichk gegeben werden, sich gefahrlos in der Nähe ihrer Wo aufhalten zu können. – **3.** Andere näher zu bestimmende Orte aufzusuchen, an denen sich das Opfer regelmäß (zB Arbeitsplatz, KiGarten, Schule) aufhält, auch in seiner Freizeit. Das **erweiterte Näherungsverbot** kann sich damit auch auf von der betroffenen Pers häufig frequentierte, auch öffentl zugängl Orte erstrekken. Zur AO eines NähergsVerbots iW der einstw AO AG Karlsr JAmt **01**, 487. – **4.** Pers od mittels „Fernkommunikationsmedien“ (Fon, Handy, Fax, Internet, e-mail uä) Kontakt mit dem Opfer aufzunehmen. Das **Kontakt- und Belästigungsverbot** soll dazu dienen, dem mit dem Schlagwort „stalking“ (übersetzt aus der engl Jägersprache: „heranpirschen“, nachstellen) gekennzeichneten Verhalten des Täters, näml die hartnäkkige Belästigg einer Pers dch eine and, wirksam zu begegnen (vgl auch Pechstaedt, Stalking. Strafbark nach engl u dt R, 1999). – **5.** Zusammentreffen mit der verl Pers herbeizuführen, aber auch bei zufälligen ZusTreffen einen best **Abstand** zum Opfer zu halten. – Ist ein Kontakt mit dem Opfer zur **Wahrnehmung berechtigter Interessen** unumgängl (II 2 letzter Halbs „soweit“), zB bei der Ausübg des Umgangs mit gemeins Ki, kann etwa eine zur Vermittlg bereite Pers als Dr eingeschaltet werden. – Die **Vollstreckung** der VerbotsAOen erfolgt nach § 890 ZPO, der unvertretb Hdlgen nach § 888 I ZPO, die Einweisg in den MitBes (Zutritt zur EheWo) nach § 885 I ZPO.

9 **3) Schutzanordnungen bei angedrohter Gewalt (II).** SchutzAOen nach § 1 I kommen nicht nur bei einer bereits eingetretenen („vollendeten“) Verl des RGuts in Betr (I), sond nach II **Nr 1** auch bei widerrechtl (ernstl) **Drohungen** mit Verl des Leb, der Gesundh od der Freih sowie nach **Nr 2** in best Fällen schwerwiegender u unzumutb **Belästigungen** in der Privatsphäre, insb **a) bei Verletzung des Hausrechts**, dh in der PrivatWo, nicht in GeschRäumen, und **b) bei wiederholten dauerhaften Nachstellungen** (s Rn 8), insb dch wiederholte Überwachg u Beobachtg einer Pers, die ständ demonstrative Anwesenh des Täters in der unmittlb Umgebg der Pers, aufdringl Kontaktversuche, Telefonterror u sonstige Verfolgg mittels Telekommunikation. In den Fällen der Nr 2 ist gesetzl Vorauss, dass die belästigte Pers ggü dem Täter ausdr die Unterlassg der Belästiggen verlangt hat (was sie ggf nachzuweisen hat). Bei der letzteren Fallgruppe (Nr 2 b) entfällt der Tatbestd unzumutb Belästigg, wenn die Hdlg der Wahrnehmg berecht Interessen dient (S 2; s Rn 8).

10 **4) Eingeschränkte Verantwortlichkeit des Täters (III).** SchutzAOen können in den Fällen der I 1, II 1 unter den dortigen Vorauss (im Interesse des Opferschutzes abw von § 827 BGB) auch ergehen, wenn eine Pers die entspr Tat zwar vors begangen hat, aber wg vorübergehender UnzurechngsFgk, die auf dem übermäßigen Konsum von Alkohol od and berauschender Mittel beruht (andenfalls ist das GewSchG nicht anwendb, s Rn 5; vgl § 2 Rn 3 aE), deliktsr nur eingeschrkt verantwortl ist. Wie bei den UnterlassgsAnsprüchen analog §§ 823, 1004 BGB ist die Frage des Verschuldens unerhebl.

§ 2. Überlassung einer gemeinsam genutzten Wohnung. *I Hat die verletzte Person zum Zeitpunkt einer Tat nach § 1 Abs. 1 Satz 1, auch in Verbindung mit Abs. 3, mit dem Täter einen auf Dauer angelegten gemeinsamen Haushalt geführt, so kann sie von diesem verlangen, ihr die gemeinsam genutzte Wohnung zur alleinigen Benutzung zu überlassen.*

II Die Dauer der Überlassung der Wohnung ist zu befristen, wenn der verletzten Person mit dem Täter das Eigentum, das Erbbaurecht oder der Nießbrauch an dem Grundstück, auf dem sich die Wohnung befindet, zusteht oder die verletzte Person mit dem Täter die Wohnung gemietet hat. Steht dem Täter allein oder gemeinsam mit einem Dritten das Eigentum, das Erbbaurecht oder der Nießbrauch an dem Grundstück zu, auf dem sich die Wohnung befindet, oder hat er die Wohnung allein oder gemeinsam mit einem Dritten gemietet, so hat das Gericht die Wohnungsüberlassung an die verletzte Person auf die Dauer von höchstens sechs Monaten zu befristen. Konnte die verletzte Person innerhalb der vom Gericht nach Satz 2 bestimmten Frist anderen angemessenen Wohnraum zu zumutbaren Bedingungen nicht beschaffen, so kann das Gericht die Frist um höchstens weitere sechs Monate verlängern, es sei denn, überwiegende Belange des Täters oder des Dritten stehen entgegen. Die Sätze 1 bis 3 gelten entsprechend für das Wohnungseigentum, das Dauerwohnrecht und das dingliche Wohnrecht.

III Der Anspruch nach Absatz 1 ist ausgeschlossen,

1. *wenn weitere Verletzungen nicht zu besorgen sind, es sei denn, dass der verletzten Person das weitere Zusammenleben mit dem Täter wegen der Schwere der Tat nicht zuzumuten ist oder*
2. *wenn die verletzte Person nicht innerhalb von drei Monaten nach der Tat die Überlassung der Wohnung schriftlich vom Täter verlangt oder*
3. *soweit der Überlassung der Wohnung an die verletzte Person besonders schwerwiegende Belange des Täters entgegenstehen.*

IV Ist der verletzten Person die Wohnung zur Benutzung überlassen worden, so hat der Täter alles zu unterlassen, was geeignet ist, die Ausübung dieses Nutzungsrechts zu erschweren oder zu vereiteln.

V Der Täter kann von der verletzten Person eine Vergütung für die Nutzung verlangen, soweit dies der Billigkeit entspricht.

VI Hat die bedrohte Person zum Zeitpunkt einer Drohung nach § 1 Abs. 2 Satz 1 Nr. 1, auch in Verbindung mit Abs. 3, einen auf Dauer angelegten gemeinsamen Haushalt mit dem Täter geführt, kann sie die Überlassung der gemeinsam genutzten Wohnung verlangen, wenn dies erforderlich ist, um eine unbillige Härte zu vermeiden. Eine unbillige Härte kann auch dann gegeben sein, wenn das Wohl von im Haushalt lebenden Kindern beeinträchtigt ist. Im Übrigen gelten die Absätze 2 bis 5 entsprechend.

1) Allgemeines. a) Inhalt. § 2 enth eine allg AnsprGrdl mit deliktsr Charakter für die WoÜberlassg bei GewTaten in best häusl Gemsch. Der Anspr knüpft an die Verwirklichg des Tatbestds einer unerl Hdlg iSv § 1 I an. Der Anspr auf WoÜberlassg in den Fällen widerr Drohgen nach § 1 II 1 Nr 1 ist in § 2 VI gesondert geregelt. Die Fälle des § 1 II S 1 Nr 2 sind nicht erfaßt, da die Bet idR keinen gemeins Haush führen. § 2 regelt auch die Fälle, in denen die verl Pers allein od mit einem Dr an der Wo berechtigt ist. Die der gemeins WoNutzg dch Opfer u Täter zugrundeliegden RVerh sind für den Anspr ohne Bedeutg. Wer zB Mieter od Eigt der Wo ist, hat nur Einfluß auf die Dauer der alleinigen NutzgsBefugn (Rn 4 ff). – **b) Geltungsbereich.** 2
Die Vorschr gilt für alle Pers, die in häusl Gemsch leben, unabhäng davon, ob zw den Bet eine RBez besteht od nicht. Sie führt zu einer weiteren Einbeziehg nicht dch einen Formalakt begründeter (nicht registrierter) Gemschaften beliebiger Art in ges Regelgen (Schwab FamRZ **02**, 1/3). Sie gilt aber auch für Eheg, wenn u sol sie einen auf Dauer angelegten Haushalt führen; dagg mangels HaushGemsch nicht für getrenntlebende Eheg (zum Verh zu § 1361 b BGB s dort Rn 1). Bei nicht auf Dauer angelegten gemeins Haushalten können sich Anspr auf WoÜberlassg bei GewTaten u Drohgen aus den allg schuldr Grds ergeben. – Der Begr des **„auf Dauer angelegten gemeinsamen Haushalts"** ist aus dem MietRReformG vom 19. 7. 01 übernommen (s § 563 II 4 BGB; dazu dort Rn 15). Die BegrBestimmg (vgl BR-Drucks 439/00 S 92; entspr BT-Drucks 14/5429 S 30) entspricht der Umschreibung des BVerfG für die eheähnl Gemsch als einer LebGemsch, die auf Dauer angelegt ist, keine weiteren Bindgen gleicher Art zuläßt u sich dch innere Bindgen auszeichnet, die ggs Füreinandereinstehen begründen u üb eine reine Wohn- u WirtschGemsch hinausgehen. Der WoÜberlassgs-Anspr ist danach nicht von einer familiären Verbindg abhäng, aber von „inneren Bindgen" der Part, wobei Leitbild des Ges („Täter" – „Verl") eine Zweier-Bez ist. Nach der EntwurfsBegr (aaO) können diese Kriterien grdsl nicht nur verschiedengeschlechtl Part erfüllen, sond – insow abw von der Rspr des BVerfG – ebso gleichgeschlechtl Part („LPart", auch ohne Registrierg) sowie alte Menschen, die „als Alternative zum Alters- od Pflegeheim" dauerh zusleben (wenn die Senioren, so die Begr, „ihr ggs Füreinandereinstehen zB dch ggs Vollmachten dokumentieren"), also auch eine PersonenMehrh. Das entspricht der Intention des GesGebers, im Interesse einer SignalWirkg versch Lebensformen zu integrieren u jeder häusl Gemsch im „soz Nahbereich" Schutz zu gewähren. Um die Vorschr nicht uferlos auszuweiten, ist zu beachten, dass § 2 GewSchG der ParallelVorschr des § 1361 b BGB, die eine LebGemsch zw in RBeziehgen zueinander stehenden Pers betrifft, nachgebildet ist. Die Übertragg auf PersonenGemsch, zw denen keine irgendwie gearteten RStrukturen bestehen, ist nur insoweit gerechtfertigt, als es sich um sog VerantwortgsGemeinsch handelt, für die gilt, dass sie auf „inneren Bindgen" beruhen. In den Schutz einbezogen sind danach, ein gemeins Haush vorausgesetzt, insb Part (mit u ohne Kinder) u etwa Geschwister, aber auch durch die Generationenbeziehg verbundene Pers; dagg nicht lose Gemsch von Pers, die primär nur den gemeins Wunsch haben, ihre Wohnbedürfnisse billiger u/od angenehmer zu befriedigen, u zwar selbst dann nicht, wenn sie einen gemeins Haush führen.

2) Überlassungsanspruch (I). § 2 unterscheidet hins des WegweisgsR („Go-order") **zwei Fallgruppen:** 3
Im Fall der **Tatbegehung** iSv § 1 I (ggf iVm III) ist der ÜberlassgsAnspr an keine weiteren Vorauss geknüpft, insb braucht kein Härtefall vorzuliegen (insow and § 1361 b BGB). Bes schwerwiegde Belange des Täters sind nur iRv III Nr 3 zu berücks. Bei widerrechtl **Drohung** mit einer RechtsgutVerl iSd § 1 II 1 Nr 1 (ggf iVm III) ist **weitere Voraussetzung**, dass die WoÜberlassg zur Vermeidg einer unbilligen Härte erfdl ist. Sie kann insb vorliegen, wenn das Wohl von im Haushalt lebenden Kindern beeinträchtigt ist. – Eine Anspr auf WoÜberlassg ist nicht schon desh ausgeschl, weil der mit dem Opfer in einem gemeins Haushalt lebende Täter die Tat (§ 1 I 1) in einem vorübergehden Zustand der UnzurechngsFgk begangen hat (S 1 iVm § 1 III). Die Schwere der Tat, die näheren Tatumstände, das Verhalten des Opfers können nur iR der unbill Härte berücks werden.

3) Überlassungsdauer (II). Rechtsverhältnisse an der Wohnung. a) Mitberechtigung (S 1). Ist die 4
verl Pers zus mit dem Täter an der Wo gemeins berechtigt, zB als MitEigtümer od MitMieter od aGrd eines sonstigen RVerh (ErbbauR, Nießbr, kr ausdr Erwähng auch WoEigt, DauerWohnR u dingl WohnR, § 2 II 1, 4; vgl § 14 I 3 LPartG), ist die NutzgsDauer nach dem Grds der Verhältnismäßigk zu **befristen**. Eine HöchstFr ist im Ges nicht vorgesehen. Den Umständen des Einzelfalls (zB Dauer des MietVertr, KündFr) kann unter Berücks der RVerh der WoNutzg dch den Verl u den Täter flexibel Rechng getragen werden. Die Fr ist nach den Umständen des Einzelfalles so zu bemessen, dass währd ihrer Dauer eine endgült Regelg ergehen kann. Das richtet sich nach den Verh auf dem örtl WoMarkt.

b) Alleinberechtigung des Täters (S 2). Ist der Täter allein od mit einem Dr an der Wo berechtigt (§ 2 5
II 2, 4), ist die Dauer der WoÜberlassg an das Opfer auf **höchstens 6 Monate** zu befristen, wobei für die FrBemessg die Verh auf dem örtl WohngsMarkt zu berücks sind, um der verl Pers ausr Zeit für die Beschaffg einer angem ErsWo einzuräumen. Konnte das Opfer keine and angem Wo zu zumutb Bedinggen finden, kann das FamG nach seinem Erm ausnahmsw eine **Fristverlängerung** auf weite 6 Mo, insges höchstens 1 Jahr, gewähren, sofern die Belange des Täters od eines berecht Dr nicht überwiegen (S 3). Die Sanktion erfordert eine InteressenAbwägg unter Berücks auch der Belange des and Bet, auch etwa bestehde RVerh zw den Bet. Eine Überschreitg dieser HöchstFr ist selbst bei Gefährdg des Wohls von im Haushalt lebenden Kindern nach den Vorschr der HVO nicht mögl (and noch die EntwurfsFassg).

c) Alleinberechtigung des Opfers. Ist das Opfer allein od mit einem Dr an der Wo berechtigt u lebt es 6
mit dem Täter in ne LebGemsch, ist die Überlassg nicht zu befristen. S Rn 10 aE.

7 **4) Ausschluß (III).** Der Anspr auf WoÜberlassg ist nur unter engen, im Ges abschließd aufgezählten Vorauss ausgeschlossen, näml bei **1. fehlender Wiederholungsgefahr**, dh wenn entspr den allg Grds des R der UnterlAnspr keine weiteren Verletzgen zu befürchten sind, außer dem Opfer kann das weitere ZusLeb wg der Schwere der Tat (zB bei schwerer KörperVerl, Vergewaltigg, versuchtem TötgsDelikt) nicht zugemutet werden; **2. Fristablauf**, dh der Anspr nicht binnen 3 Mo nach der GewTat ggü dem Täter schriftl (and § 1361 b IV BGB) geltd gemacht wird, um einers innerh eines angem Zeitraums Klarh üb die NutzgsBefugn hins der Wo zu schaffen u ands dem Opfer ausr Zeit für die Neuorganisation seiner LebGestaltg im Hinbl auf seine Wohnbedürfnisse zu geben. Der Zugang der WillErkl ist ggf nachzuweisen (zur BewL s Rn 17); **3. Anwendung der Härteklausel**, weil bes schwerwiegde Interessen des Täters an der WoBenutzg, zB wg Behinderg od schwerer Erkrankg u darauf beruhder bes Angewiesenh auf die Wo, entggstehen; ggf kommt eine Befristg (unabhäng von II) od ausnahmsw nach den räuml Verh (deren Großzügigk vorausgesetzt) eine WoAufteilg in Betr.

8 **5) Rechtsfolgen. a) Allgemeines.** Gerade bei der Lösg von PartnerschKonflikten ist der Verhältnismäßigk Grds bes zu beachten. Die AO der WoÜberlassg ist, wenn auch in Gewaltfällen in aller Regel unerläßlich,
9 nur „ultima ratio" (BT-Drucks 14/7279 S 15). – **b) Rechtsverhältnis zur Wohnung.** Bei gemeins Berechtigg an der Wo ist zu unterscheiden, ob die Part MitMieter od MitEigtümer sind. **aa) Mitmieter.** Haben sie den MietVertr gemeins abgeschlossen, kann eine endgült BenutzgsRegelg dadurch erfolgen, dass der Vermieter freiwillig nach VertrAufhebg einen neuen MietVertr allein mit dem in der Wo verbliebenen Mieter abschließt. Ein zwangsw Eingriff in die Rechte Dr (des Verm) ist nur bei Eheg nach der Scheidg zul (§ 5 HVO). Eine Künd ist nur dch beide Mieter gemeins mögl. Die Zust des in der Wo verbliebenen Mieters muß der verwiesene Mieter ggf dch Klage auf Abgabe einer WillErkl erzwingen. Verstößt der verbliebene Mieter gg seine Pfl zur MitWirkg an der Künd aus § 723 bzw § 749 BGB, kann ein SchadErsAnspr in Form eines FreistellgsAnspr bestehen, mit der Folge, dass aus der Weigerg die alleinige Pfl zur MietZahlg resultiert. – **bb)** Sind Opfer u Täter **Miteigentümer**, kann der verwiesene MitEigtümer die Aufhebg der Gemsch (§§ 749 I, 753 I BGB) iW
10 der TeilgsVerst verl. – **c) Dauer.** Der Anspr auf WoÜberlassg kann wie bei § 1361 b BGB grdsl nur zu einer **vorläufigen** NutzgsRegelg führen, es sei denn, dass das Opfer allein (od mit einem Dr) an der Wo berechtigt ist. In letzterem Fall ist die Regelg (die nur desh als gerichtl Maßn erfolgt, damit sich das Opfer nicht zur
11 Selbsthilfe genötigt sieht) endgültig. – **d) Kein Eingriff in bestehende Rechtsverhältnisse.** Eine Änderg der der Nutzg zugrde liegden RVerh ist wie bei § 1361 b BGB (dort Rn 2) unzulässig. Ein neues RVerh (zB MietVerh) zw dem NutzgsBerecht u der überlassgspfl Pers kann nicht begr werden.

12 **6) Unterlassensanordungen (IV).** Die Regelg entspricht der Neufassg des § 1361 b III 1 BGB. Ist der zur WoÜberlassg verpfl Täter **Alleinmieter**, kann ihm das FamG untersagen, das MietVerh zu einem Ztpkt zu kündigen, zu dem das Opfer noch nutzgsberechtigt ist. Zu diesem Zweck kann als flankierde Maßn ein **Kündigungsverbot** des MietVerh an der EheWo ausgesprochen werden (vgl JH/Brudermüller § 1361 b Rn 63). Um eine einvernehml (kollusive) Aufhebg des MietVertr auszuschließen, empfiehlt sich, dem Alleinmieter zusätzl zu verbieten, das MietVerh „in sonstiger Weise" zu beenden (Haußleiter/Schulz, VermAuseinandS bei Trenng u Scheidg, 3.Aufl, 4 Rn 106). Das KündVerbot kann schon iW der einstw AO gem § 64 III 1 FGG erlassen werden, aber auch nachträgl ergehen. Kündigt der Alleinmieter trotz entspr Verbots das MietVerh, so verstößt er gg ein gerichtl VfgsVerbot iSv §§ 135, 136 BGB. Das MietVerh ist zwar für den Alleinmieter im Verh zum Vermieter beendet, die Künd ist aber im Verh zum verbliebenen Eheg unwirks. Zur Vermeidg der daraus resultierden mietrechtl Probleme (vgl dazu BT-Drucks 14/5428 S 38 u 42) wäre es vorzuziehen, wenn der Verstoß gg das gerichtl KündVerbot zur abs Unwirksk führt. – Zur Frage eines **Veräußerungsverbots** vgl § 1361 b BGB Rn 17.

13 **7) Nutzungsvergütung (V).** Die Regelg entspricht § 1361 b III 2 BGB nF. Eine BilligkVergütg ist danach idR zu zahlen, wenn der Täter ein auf dem MietVertr od einer dingl Berechtigg beruhde (Mit)NutzgsBefugn hat (s § 1361 b Rn 19 ff), dagg nicht, wenn die WoKosten bereits bei der UnterhRegelg berücks worden sind.

14 **8) Unbillige Härte (VI). a) Allgemeines.** Bei widerrechtl Drohg mit einer Verl (§ 1 II 1 Nr 1) ist Vorauss für den Anspr auf WoÜberlassg, dass diese Maßn zur Vermeidg einer unbillige Härte erfdl ist (S 1). Zum Begr s § 1361 b BGB Rn 8 ff. Zur vorübergehden UnzurechngsFgk iSv § 1 III s dort Rn 10. –
15 **b) Vorrang des Kindeswohls.** In dem auf Vorschlag des RAusschusses eingefügten **Satz 2** ist ausdr klargestellt, dass insb auch die Beeinträchtigg des Wohls von im gemeins Haushalt lebenden Kindern eine unbillige Härte begr kann (vgl § 1361 b BGB Rn 11), da diese bes schutzbedürftig sind. Das Miterleben von gewalttätigen AuseinandS zw ihren Elt od einem EltTeil u dessen Part kann zur Traumatisierg führen. Zur
16 AnhörgsPfl des JA gem § 49 a II FGG nF s Einf 7. – **c)** Auf den Anspr auf WoÜberlassg finden in diesen Fällen des VI die Regelgen in II bis V entspr Anwendg **(S 3)**.

17 **9) Beweislast.** Wurde eine Pers gewalttätig od drohte sie mit Gew (§ 1), hat sie die BewL dafür, dass weitere Verletzgen nicht zu besorgen sind. Der Täter hat iFv § 2 III darzulegen u ggf zu bew, dass er keine weiteren VerlHdlgen begehen wird (vgl § 1 Rn 6). Hat das Opfer bereits eine Gewalttat erlitten, spricht eine tats Vermutg dafür, dass weitere Beeinträchtiggen zu befürchten sind (BGH NJW **87**, 2225 bei PersönlichkVerl). An eine Widerlegg werden hohe Anfordergen gestellt (BT-Drucks 14/5429 S 19 unter Hinweis auf BayObLG NJW-RR **87**, 463). Daher wurde davon abgesehen, das Drohen mit weiteren Verletzgen zur Vorauss für ein gerichtl Einschreiten zu machen. Widerlegt der Täter die tats Vermutg weiterer Verl, kann das Ger nicht auf der Grdl des GewSchG einschreiten. Vgl § 1361 b BGB Rn 16. Selbst wenn dem Täter der Nachw gelingt, dass keine weiteren Verletzgen od Drohgen zu erwarten sind, besteht ein Anspr auf WoÜberlassg, wenn dem Opfer das weitere ZusLeb mit dem Täter wg der Schwere der Tat unzumutb ist (§ 2 III Nr 2; vgl § 1361 b II 2 letzter Halbs BGB, s dort Rn 16 aE).

18 **10) Verfahren.** In Verf auf Überlassg gemeinsam genutzter Wo nach § 2 GewSchG gelten gem § 64 b II 4 FGG folgde Vorschr der HVO entspr: § 13 I (Zuw zur freiw Gerichtsbk; vgl §§ 621 I Nr 13, 621 a I 1

ZPO), § 13 III (Niederschrift bei gerichtl Vergl), § 13 IV (Mitt der Entsch), § 15 (DurchfAO, zB RäumgsFr), § 17 I, II (Änderg v Entsch u Vergl).

11) Einstweilige Anordnung (§ 64 b III FGG). Ist ein Verf nach §§ 1, 2 GewSchG als selbständige FamSache anhängig od ein entspr PKH-Antr eingereicht (u noch nicht abgelehnt), kann ein Antr auf Erlaß einer einstw AO gestellt werden. **Voraussetzung** ist ein RegelgsBedürfn (vgl Bassenge/Herbst/Roth § 64 b Rn 7 iVm § 24 FGG Rn 13; ThP § 620 ZPO Rn 9). Die hiezu erfdl Tats müssen glaubh sein, Glaubhmachg iSv § 15 II FGG nicht notw (§ 64 b II 2 FGG, § 620 a II 3 ZPO). Mdl Vhdlg u pers Anhörg nicht zwingend; Anhörg des JA nach § 49 a II FGG. **Wirksamwerden** der einstw AO: ohne vorherige mdl Vhdlg nach § 16 I od § 16 III FGG od mit Übergabe an die GeschStelle zur Bekanntmachg an die Bet (§ 64 b III 4 FGG); nach mdl Vhdlg (wg sof Beschw gem § 64 b III 2 FGG, § 629 c ZPO) nach § 16 I (Zustellg an AntrGegn) od § 16 III FGG (Verkündg). Wurde bei einer nicht verkündeten Entsch eine AO nach § 64 b III 3 FGG getroffen, wird bei einer Vollstr vor Zustellg ein Wirksamsein fingiert (Bassenge/Herbst/Roth § 64 b FGG Rn 10). Die **Vollstreckung** („Vollziehg" iSv § 64 b III 2, 6 FGG) aus der einstw AO erfolgt nach den ZPO-Vorschr (§ 64 b IV FGG). Die Vollstr ist schon vor Zustellg der einstw AO zul, wenn das Ger die Zulässigk auf Antr od vAw angeordnet hat (§ 64 b III 3 FGG). Eine ohne mdl Vhdlg erlassenen einstw AO ist unanfechtb (§ 64 b III 2 FGG, § 620 c S 2 ZPO): nur Antr nach § 64 b III 2 FGG iVm § 620 b II ZPO. Ist sie aGrd mdl Vhdlg ergangen: **Rechtsbehelf** der sof Beschw (§ 64 b III 2 FGG, § 620 c S 1 ZPO). Ablehng einer einstw AO (ohne od nach mdl Vhdlg) „üb einen Antr": sof Beschw (§ 64 b II 2 FGG, § 620 c S 1 ZPO). § 64 b III 2 FGG: Aufhebg/Änderg entspr §§ 620 b, 620 d ZPO; Aussetzg der Vollziehg entspr § 620 e ZPO; Außerkrafttreten entspr § 620 f ZPO; Kosten entspr § 620 g ZPO. GerGebühren: § 91 S 2 KostO; AnwGebühren: § 41 I 1 g BRAGO. 19

§ 3. Geltungsbereich, Konkurrenzen. *[I] Steht die verletzte oder bedrohte Person im Zeitpunkt einer Tat nach § 1 Abs. 1 oder Abs. 2 Satz 1 unter elterlicher Sorge, Vormundschaft oder unter Pflegschaft, so treten im Verhältnis zu den Eltern und zu sorgeberechtigten Personen an die Stelle von §§ 1 und 2 die für das Sorgerechts-, Vormundschafts- oder Pflegschaftsverhältnis maßgebenden Vorschriften.*

[II] Weitergehende Ansprüche der verletzten Person werden durch dieses Gesetz nicht berührt.

1) Anwendungsbereich. a) Allgemeines. Das GewSchG ist als Ges zum Schutz erwachsener Opfer vor gewalttätigen Erwachsenen konzipiert (krit Meysen JAmt **01**, 445; Prenzlow JAmt **01**, 456; s auch Einl 1). Es findet keine Anwendg, wenn eine unter elt Sorge, Vormdsch od unter Pflegsch stehde Pers von den Elt od von einer aGrd ihrer Eigensch als Vormd od Pfleger sorgeberecht Pers verletzt wird. Ki u Jugendl als Opfer od Zeugen häusl Gew unterfallen nicht dem GewSchG; sie haben auch kein eig AntrR (krit Geißel JAmt **01**, 446/450). Für den Elt-Ki-Bereich gelten ausschließl die familienr Vorschr üb die elt Sorge u den Umgang sowie das Ki- u JugendhilfeR des § 3 SGB VIII. Ob diese Spaltg des (präventiven) GewSchutzes erfolgversprechend ist, wird sich erweisen. 1
– **b) Gewalt im Generationenverhältnis. aa) Gewalt gegen Kinder.** Ist das Opfer nicht der Erwachsene, sond das mj Ki, können Maßn nur nach **§ 1666 BGB** unter den dortigen Vorauss ergriffen werden. Das FamG hat nach dieser familienr Vorschr die erfdl Maßn zu treffen, wenn das KiWohl dch eine Verl der in § 1 I GewSchG genannten RGüter gefährdet wird. Bei Vormd u Pfl kommen auch Maßn des VormG nach den Vorschr des Vormsch- u PflegschR als SonderRegelgen ggü dem GewSchG in Betr. In Fällen, in denen Elt u sorgeberecht Dr mj Kinder mißhandeln, gehen die Regelgen des KindschR als SonderVorschr den allg UnterlassgsAnspr im Elt-Ki-Verh u den Vorschr des GewSchG (nur im Verh des Ki zu den Elt u zu sorgeberecht Pers) vor. Um eine RSchutzlücke zu schließen, kann auch der gewalttätige EltT nach § 1666 BGB aus der Wo gewiesen werden. Auf der Grdl der §§ 1666, 1666 a BGB ist sowohl eine WoZuw zum Schutz des Ki vor Gew dch einen EltT od dch Dritte als auch die gerichtl AO einer Wegweisg des GewTäters mögl. Das sollte im Ges klargestellt werden. Bei Verl des Ki dch einen Dr besteht ein zweispuriger RSchutz, der insofern von Bedeutg sein kann, als § 1666 BGB ein gerichtl Eingreifen auch vAw ermöglicht. 2
– **bb)** Bei **Gewalt gegen Eltern** od and SorgeBerecht (Vormd, Pfleger) von dem unter ihrer Sorge stehden Ki kann dagg gem § 3 das GewSchG zur Anwendg kommen (vgl BT-Drucks 14/5428 S 32). Eine gerichtl Intervention erfolgt nur, wenn sorgerechtl Maßn der Elt (zB eine Unterbringg des Ki an einem and Ort in Ausübg des AufenthBestR) zur Vermeidg weiterer Verletzgen nicht geeignet u nicht ausr sind. Zur UnterstützgsPfl des JA s § 42 III SGB VIII. 3

2) Konkurrenzen (II). Das GewSchG schließt weitergehende Anspr wg Verl der in § 1 genannten RGüter, zB auf SchadErs od Schmerzensgeld, nicht aus, ebsowenig Anspr wg Verl weiterer RGüter, zB Eigt, allg PersönlichkR od sonstige dch § 823 I, II BGB geschützte Rechte (zu den Konkurrenzen vgl 4–9 vor § 823 BGB) u/od auf vorl AlleinNutzg der EheWo gem § 1361 b BGB bis zur Scheidg der Ehe. 4

§ 4. Strafvorschriften. *Wer einer bestimmten vollstreckbaren Anordnung nach § 1 Abs. 1 Satz 1 oder 3, jeweils auch in Verbindung mit Abs. 2 Satz 1, zuwiderhandelt, wird mit Freiheitsstrafe bis zu einem Jahr oder mit Geldstrafe bestraft. Die Strafbarkeit nach anderen Vorschriften bleibt unberührt.*

Allgemeines. Der Verstoß gg gerichtl SchutzAOen gem § 1 ist (ohne AntrErfordernis) strafbewehrt, um gerichtl AOen effektiver durchzusetzen. Das gilt auch für gerichtl Schikaneverbote gg unzumutb Belästiggen (§ 1 II 1 Nr 2); die bish StrafbarkLücke wurde geschlossen. Auch insow kann die Polizei eingreifen. Stellt das StrafGer bei der Überprüfg der AO (keine Bindg an die Entsch des ZivGer) deren Unrechtmäßigk fest, etwa weil der Täter die der AO zugrde liegde Tat nicht begangen hat, ist der Tatbestd nicht erf. 1
– **Konkurrenzen.** Die Strafbark des von § 4 erfaßten Verhaltens nach and strafr Vorschr bleibt unberührt (S 2). 2

Artikel 2 Nr 1
Änderung des Bürgerlichen Gesetzbuchs

Das Bürgerliche Gesetzbuch in der im Bundesgesetzblatt Teil III, Gliederungsnummer 400-2, veröffentlichten bereinigten Fassung, zuletzt geändert durch Artikel 2 des Gesetzes vom 10. Dezember 2001 (BGBl. I S. 3422), wird wie folgt geändert:

BGB 1361 b ***Ehewohnung bei Getrenntleben.*** **I Leben die Ehegatten voneinander getrennt oder will einer von ihnen getrennt leben, so kann ein Ehegatte verlangen, dass ihm der andere die Ehewohnung oder einen Teil zur alleinigen Benutzung überlässt, soweit dies auch unter Berücksichtigung der Belange des anderen Ehegatten notwendig ist, um eine unbillige Härte zu vermeiden. Eine unbillige Härte kann auch dann gegeben sein, wenn das Wohl von im Haushalt lebenden Kindern beeinträchtigt ist. Steht einem Ehegatten allein oder gemeinsam mit einem Dritten das Eigentum, das Erbbaurecht oder der Nießbrauch an dem Grundstück zu, auf dem sich die Ehewohnung befindet, so ist dies besonders zu berücksichtigen; Entsprechendes gilt für das Wohnungseigentum, das Dauerwohnrecht und das dingliche Wohnrecht.**

II Hat der Ehegatte, gegen den sich der Antrag richtet, den anderen Ehegatten widerrechtlich und vorsätzlich am Körper, der Gesundheit oder der Freiheit verletzt oder mit einer solchen Verletzung oder der Verletzung des Lebens widerrechtlich gedroht, ist in der Regel die gesamte Wohnung zur alleinigen Benutzung zu überlassen. Der Anspruch auf Wohnungsüberlassung ist nur dann ausgeschlossen, wenn keine weiteren Verletzungen und widerrechtlichen Drohungen zu besorgen sind, es sei denn, dass dem verletzten Ehegatten das weitere Zusammenleben mit dem anderen wegen der Schwere der Tat nicht zuzumuten ist.

III Wurde einem Ehegatten die Ehewohnung ganz oder zum Teil überlassen, so hat der andere alles zu unterlassen, was geeignet ist, die Ausübung dieses Nutzungsrechts zu erschweren oder zu vereiteln. Er kann von dem nutzungsberechtigten Ehegatten eine Vergütung für die Nutzung verlangen, soweit dies der Billigkeit entspricht.

IV Ist nach der Trennung der Ehegatten im Sinne des § 1567 Abs. 1 ein Ehegatte aus der Ehewohnung ausgezogen und hat er binnen sechs Monaten nach seinem Auszug eine ernstliche Rückkehrabsicht dem anderen Ehegatten gegenüber nicht bekundet, so wird unwiderleglich vermutet, dass er dem in der Ehewohnung verbliebenen Ehegatten das alleinige Nutzungsrecht überlassen hat.

Vorbemerkung: Da § 1361 b BGB dch das GewSchG wesentl Ändergen erfahren hat, werden die Erläutergen zu dieser Vorschr insges neu gefaßt. Die Verweisgen beziehen sich auf den HauptBd der 61. Aufl, soweit nicht anders angegeben. §§-Bezeichngen ohne Gesetzesangabe betreffen das BGB.

Rspr-Berichte zu § 1361 b idF des UÄndG: Brudermüller FamRZ **87**, 109; FamRZ **99**, 129 u 193.

1 **1) Allgemeines. a) Zweck.** Die iR des UÄndG zur Ermöglichg der WoZuw schon bei (auch nur beabsichtigtem) GetrLeb am 1. 4. 1986 eingefügte Vorschr (dazu Brudermüller NJW **84**, 2560; FamRZ **87**, 109) wurde nach langjähr ReformBemühgen (s nur Coester FamRZ **93**, 249; Schweikert u Rakete-Dombek FPR **97**, 111 u 114; JH/Brudermüller Rn 77 ff mwN) u rechtstats Untersuchgen (Vaskovics/Buba, Zuw einer EheWo bei GetrLeb, 2001) dch **Art 2 GewSchG geändert**. Die Schwelle für die Anwendg der Vorschr wurde herabgesenkt, verdeutlicht in dem Wechsel der Begriffe von „schwerer Härte" zu „unbilliger Härte". Die Vorschr enth eine Beweiserleichterg (Rn 16, 25). Ggü Art 1 § 2 GewSchG bleibt § 1361 b Spezial-Vorschr für getrennt lebende od trenngswillige Eheg in Fällen, in denen sich die Eheg darü streiten, wer von ihnen bei (vollzogener od beabsichtigter) Trenng die bish gemeins genutzte EheWo (od einen Teil) allein weiter nutzen darf.

2 **b) Regelungsbereich. aa) Nur vorläufige Regelung.** Wie bish kann weder eine endgült WoZuw noch eine Umgestaltg des MietVerh mit dem Verm erfolgen. Auch bei Einigk der Eheg ist keine Gestaltg des
3 MietVertr entspr § 5 II HVO mögl (Hamm FamRZ **00**, 1102; s § 5 HVO Rn 3). – **bb) I 3** kann daher nicht zum Zweck der Wiedererlangg des Bes mit dem alleinigen Ziel der WoVeräußerg od Vermietg wg erdrükkender FinanziergsLasten Anwendg finden (Köln FamRZ **97**, 943; Hamm FamRZ **98**, 1172; Karlsr FamRZ **99**, 1087; Haußleiter/Schulz, VermAuseinandS bei Trenng u Scheidg, 3. Aufl, 4 Rn 29; Kloster-Harz FPR **00**, 191/2; aA Hbg FamRZ **96**, 1298; AG Weilburg FamRZ **00**, 361; FA-FamR/Klein VIII Rn 70) od zur
4 Aufhebg mietvertragl Pfl des and EheG (Mü FamRZ **96**, 674). – **cc)** Trotz **fehlender Scheidungsabsicht** kann eine WoZuw nach § 1361 b in Betr kommen (aA Bambg FamRZ **92**, 1299).

5 **c) Geltung. Nur für Ehegatten** (s die entspr Regelg für LPart in § 14 LPartG idF des Art 2 GewSchG); nicht dagg für (verschiedengeschlechtl) LebGefährten in ne LebGemsch (vgl dazu Brudermüller FamRZ **94**, 207/213), insow gilt die allg Regelg in Art 1 GewSchG. – Räuml Geltg auch in der früh DDR (KG FamRZ **92**, 1430). – **IPR:** Art 17 a EGBGB nF.

6 **2)** Als **Ehewohnung** ist eine Räumlichk anzusehen, die währd der Ehe beiden Eheg gemeinsam als Unterkunft gedient hat od die dafür nach den Umst best war, uU auch eine Gartenlaube (BGH FamRZ **90**, 987/8), nicht dagg ausschl gewerbl od berufl (zB als Praxis) benutzte Räume, auch wenn diese im gleichen Haus neben der EheWo liegen. Zur Wo gehören die Nebenräume (Keller, Speicher, Garten, Garage usw). Vorauss ist, dass die Räumlk von den Eheg schon vor ihrer Trenng überw zu WoZwecken benutzt wurde. Unerhebl ist dagg der zeitl Umfang der Nutzg. Auch eine regelmäß zeitweise Nutzg, zB in den Ferien od am Wochenende, ist ausr, da nicht vorausgesetzt ist, dass die Wo den Mittelpkt des ehel ZusLeb gebildet hat (zutr

Ffm FamRZ **82**, 398; Soergel/Hohloch § 1361b Rn 3; Soergel/Heintzmann § 1 HVO Rn 12; Staud/Hübner § 1361 b Rn 5; Staud/Weinreich § 1 HVO Rn 22; MüKo/Müller-Gindullis § 1 HVO Rn 6; Haußleiter/Schulz 4 Rn 9; aA KG FamRZ **86**, 1010; Mü FamRZ **94**, 1331; Bambg FamRZ **01**, 1316/7; Erm/Heckelmann Rn 4; Erm/Dieckmann § 1 HVO Rn 8; offen BGH FamRZ **90**, 987; Naumbg FamRZ **94**, 389). Unerhebl ist auch, ob nur ein Eheg Eigtümer od Mieter ist, ob das NutzgsR an der Wo dch VerwAkt begr wurde (Stgt FamRZ **90**, 1354; Karlsr Just **90**, 399) od ob es sich um eine Wo handelt, die nach der Satzg einer Genossensch od eines Vereins nur für Mitgl best ist (Mü FamRZ **91**, 1452; vgl BVerfG FamRZ **91**, 1413). Ausnahmsw kann ein Wohnwagen od Wohnmobil (idR Hausrat, vgl § 1361a Rn 5) als EheWo anzusehen sein, wenn die Eheg (zB Schausteller) dort zusleben. – Allein dch den wg unerträgl Spanngen notw gew **Auszug** eines Eheg verliert die Wo nicht ihren Charakter als EheWo, so dass auch nach längerer Trenng grdsl ein WoZuwVerf beantragt werden kann (BayObLG FamRZ **86**, 1019; KG FamRZ **91**, 467; Köln FamRZ **94**, 632; Karlsr FamRZ **99**, 1087). Eine WoZuw kommt aber nicht mehr in Betr, wenn die Eheg sich üb die Weiterbenutzg der Wo dch einen der Eheg endgült geeinigt haben od wenn der ausgezogene Eheg bereits das MietVerh gekündigt hatte (KG NJW-RR **93**, 132). Die endgült WoAufgabe führt ijF zum Verlust der Eigensch als EheWo.

3) Voraussetzungen (I 1). a) Der Begr **Getrenntleben** entspricht § 1567 I. Subj ist erfdl, dass die häusl Gemsch zumind von einem der Eheg abgelehnt wird (str). **Trennungsabsicht** reicht aus, wobei auch der Eheg WoZuw an sich begehren kann, der seiners die Trenng nicht betreibt. 7

b) Unbillige Härte. aa) Zweck des Begriffswechsels ist vor allem, dch Herabsetzg der Eingriffsschwelle zG des mißhandelten EheG u/od der in HausGemsch lebden Kinder ein rasches Einschreiten des FamG zu ermöglichen. Bei der Einführg der Vorschr iJ 1986 hatte sich der GesGeber wg Bedenken, dass die Eheg „im Frühstadium einer Ehekrise in die Inanspruchn gerichtl Hilfe flüchten" könnten, zur Heraufsetzg der „Eingriffsschwelle" veranlaßt gesehen (BT-Drucks 10/2888 S 16). Um den AusnCharakter hervorzuheben, wonach eine WoZuw währd der TrenngsZeit „nur unter wesentl engeren Vorauss" als bei einer Regelg anläßl der Scheidg (§ 1 I HVO) zul sei, wurde im damaligen GesetzgebgsVerf der in Anlehng an § 3 HVO zunächst vorgesehene Begr „unbillige Härte" dch „schwere Härte" ersetzt (aaO S 16, 22; zu diesem Begr s HauptBd Rn 8). Der ggläufige Wechsel dch das GewSchG soll die zur Effektuierg des Schutzes vor häusl Gew modifizierte ZielRichtg des Ges verdeutlichen u zu diesem Zweck die Schwelle für die Anwendg der Norm ggü der „strengen" Rspr ausdr absenken (BT-Drucks 14/5429 S 21, 33). Der GesGeber bezweckt damit eine SignalWirkg u eine Vereinheitlichg der Praxis in Fällen der Gewalt dahin, dass bei GewTaten unter Eheg (einschl der widerrechtl Drohg mit GewTaten) grdsl ein Anspr auf Überlassg der gesamten Wo besteht. Dieser Anspr ist bei GewTaten nur dann ausgeschlossen, wenn keine weiteren GewTaten zu besorgen sind. 8

bb) Der **Begriff** ist gesetzl nicht definiert u daher ausleggsbedürftig. Auch in der geänderten Fassg enth die Vorschr mRücks auf die Vielgestaltigk der LebVerhältnisse (BT-Drucks 14/5429 S 21) keinen Katalog der „Härtefälle". Das Kriterium „unbillige Härte" weist üb den Bereich der häusl Gew hinaus. Dch ausdr Erwähng herausgehoben sind als Tatbestände, die eine unbillige Härte begründen können, die Anwendg von Gewalt (II) u die Beeinträchtigg des Kindeswohls (I 1). In der bish veröffentl Rspr ging es idR um von Männern ausgeübte Gewalt gg Frauen. Gewalttätigk von Frauen kamen in der gerichtl Praxis in Fällen vor, in denen die Männer alters- oder krankhbdgt den Frauen unterlegen waren u diese sich iW verbotener Eigenm Zutritt zur EheWo verschafft hatten, weshalb die ausgeschlossenen Männer auf gerichtl Hilfe angewiesen waren (Hamm FamRZ **93**, 1441 u **96**, 1411). 9

cc) Härtefälle sind vor allem dch **häusliche Gewalt** indiziert (zum Begr: Schweikert, Gew ist kein Schicksal, 2001, S 73). Schon die bish Rspr hatte eine „schwere Härte" vor allem bei schweren körperl Mißhandlg der FamMitgl angenommen (Düss FamRZ **88**, 1058; Karlsr FamRZ **91**, 1440; Köln FamRZ **96**, 1220; Hamm FamRZ **97**, 1301). Nach der Neuregelg gilt dies erst recht (Schwab FamRZ **99**, 1317/20f; Ehinger FPR **99**, 262; Schweikert FPR **00**, 168; Peschel-Gutzeit FPR **00**, 55u **01**, 243). Vor dem Hintergrund, dass dch die terminolog Änderg die hohe Schwelle bei GewAusübg in Ehe u Partnersch herabgesetzt werden soll (Rn 8), kann **jede Gewaltform** als Tatbestand in Betr kommen. Sie kann sich auch in grob unbeherrschtem u unberechenb Verhalten sowie Sachbeschädigg äußern (vgl Köln FamRZ **01**, 761 LS). Gew wird häufig unter Alkohol- od Drogeneinfluß ausgeübt (s nur Kblz FamRZ **87**, 406; Ffm FamRZ **93**, 1343; Schlesw FamRZ **91**, 1301; Karlsr FamRZ **91**, 1440; Celle FamRZ **92**, 676) u manifestiert sich in konkr AusfallErscheingen od sonstigen Störgen der ehel LebGemsch, zB dch aggressives Verhalten, Tätlichk, Beleidiggen, Zerstörgen, Randalieren (Düss FamRZ **88**, 1058) u Lärmen (bes zur Nachtzeit), aber auch in mangelnder Hygiene sowie dch Suizidversuche u deren ständige Ankündiggen (Haußleiter/Schulz FPR **98**, 33/35). Die Gew kann sich auch in indirekter Aggression gg eine Pers äußern (zB Hamm FamRZ **97**, 301: Terrorisierg der Fam aGrd psych Erkrankg). Auf die obj Ernsthaftigk der **Bedrohung** kommt es nicht mehr entsch an (so noch zur alten RLage Karlsr FamRZ **91**, 1440/1: MordDrohg zur Ängstigg des and Eheg), sond darauf, ob sich der betroffene Eheg subj so belastet fühlt, dass ihm obj die Forsetzg der häusl Gemsch nicht mehr zumutb ist. – **Darlegung.** Die von der antragstellenden Pers behaupteten Vorfälle sind nach Zeit, Ort, näheren Umständen u konkr Folgen detailliert zu schildern (zu den Anfordergen: Karlsr FamRZ **91**, 1440; Köln FamRZ **94**, 632; Brdbg FamRZ **96**, 743). Es besteht insow eine DokumentationsObliegenh (zB dch ärztl Attest). – **Keine Härtefälle:** bloße Abs der WoVeräußerg, da sich die SchutzFkt auf die bei GewTaten betroffenen RGüter (Körper, Gesundh u Freih) beschrkt u VermInteressen nicht geschützt sind (Rn 3); Unannehmlichk u Belästigg, wie sie iZshg mit einer in Auflösg befindl Ehe regelm auftreten (Hbg FamRZ **93**, 190). 10

dd) Kindeswohl (I 2). Die neu eingefügte Vorschr stellt als Pendant zu Art 1 § 2 VI 2 GewSchG (s dort Rn 15) klar, dass das KiWohl der im Haush lebenden Kinder vorrangig zu berücksichtigendes Kriterium ist, was sich auch schon für das bish R von selbst verstanden hatte (vgl nur Celle FamRZ **92**, 465; Bambg FamRZ **96**, 1293; Ffm FamRZ **96**, 289; HptBd Rn 11), bes bei gesundh Beeinträchtigg (Hamm FamRZ **93**, 1441; Jena FamRZ **97**, 559; Bambg NJWE-FER **00**, 138). Die Bedürfnisse der Kinder, auch StiefKi (KG FamRZ **91**, 467; Schlesw FamRZ **91**, 1301), an einer geordneten, ruhigen u möglichst entspannten FamSituation 11 haben eindeutig Vorrang. Eine schwere GesundhGefährdg der Kinder ist nicht Vorauss (zutr schon zum alten R: Karlsr OLGR **98**, 112; and Düss FamRZ **88**, 1058; Celle FamRZ **92**, 676/7). GewAnwendg zw Erwachsenen führt idR auch zu seel Schäden bei Kindern, die diese elterl Gew miterleben. Das kann auch schon bei andauernden Spanngen u Streitereien der Elt der Fall sein. Maßg ist daher, ob ein erträgl Miteinander im häusl Bereich noch mögl ist od ob die häusl Atmosphäre nachhaltig u vorraussichtl irreversibel gestört ist. Das Interesse der Kinder am Verbleib in ihrer vertrauten Umgebg wird idR dazu fühen, dass der Eheg, der besser für sie sorgen kann, in der Wo verbleibt (vgl Haußleiter/Schulz 4 Rn 19). Ist danach das KiWohl vorrangig zu berücks, kommt es nicht mehr entsch darauf an, welcher Eheg für die „unerträgl Wohnsituation" verantwortl ist (vgl Bambg FamRZ **95**, 560). Zur entspr Regelg in einer LPartnersch s § 14 LPartG, Art 11 GewSchG.

12 **ee)** Bei einer HausGemsch **ohne Kinder** kommt es insb darauf an, welcher Eheg dch sein Verhalten den unerträgl Zustand verursacht hat (vgl Bambg FamRZ **90**, 1353; Karlsr FamRZ **91**, 1440). – **Einseitiges Verschulden.** Die Motive der Trenng u die Gründe für das Scheitern der Ehe sind zwar grdsl nicht von Bedeutg, das gilt aber dann nicht, wenn das Fehlverhalten eines Eheg derart schwer ins Gewicht fällt, dass die NichtBerücks dieses Umst zu einem grob unbill Erg führen würde (vgl KG FamRZ **88**, 182; AG Weilburg FamRZ **92**, 191 bei ProzBetrug). Eine WoZuw an den für die unerträgl WoSituation ganz einseitig verantwortl Eheg wird daher kaum in Betr kommen (so schon BT-Drucks 10/2888 S 16 zu § 1361 b aF unter dem Gesichtspkt des RMißbr). Für die WoÜberlassg an den einen Eheg ist nicht Vorauss, dass der and die unerträgl Wohnsituation ausschl od überwiegd verursacht hat (Bambg FamRZ **90**, 1353; Jena FamRZ **97**, 559). – **Beiderseitiges Verschulden.** Haben beide Eheg die Störg der häusl Atmosphäre etwa gleichermaßen zu verantworten (od läßt sich die Einseitigk eines Versch nicht feststellen), ist von entsch Bedeutg, welchen Eheg der Verlust der Wo pers od berufl härter trifft u welcher Eheg wirtsch eher in der Lage ist, eine angem ErsWo zu finden. Bei beiders schwerer Härte kann die für den einen Eheg letztl entsch Belastg auch dazu führen, dass die dem weichden Eheg gewährte RäumgsFr (§ 15 HVO Rn 1) nicht üb einen längeren Ztraum ausgedehnt wird (Mü FamRZ **98**, 1170).

13 **ff) Dingliche Rechtspositionen** (zB Allein- od MitEigt mit Dr, Nießbr, ErbbauR, DauerwohnR, dingl WohnR) sind bes zu berücks (vgl § 2 I, II 1, 4 GewSchG). Satz 3 entspricht dem früh Satz 2 (s zur alten RLage: Hamm FamRZ **89**, 739; Köln FamRZ **94**, 632). Auf eine etw VeräußergsAbs kommt es nicht an (Rn 3).

14 **gg)** Die **Belange des anderen Ehegatten** sind nach Maßg der vorstehenden Bem zu berücks. In die **Gesamtabwägung** sind alle wesentl Umst des Einzelfalls einzubeziehen, die das Verh der Eheg zueinander, ihre ggwärt LebBdggen u ihre Bez zu der EheWo betreffen. Dazu gehören als Kriterien bes das Alter der Eheg u ihr GesundhZustand (KG FamRZ **91**, 467; Celle FamRZ **92**, 465; Jena FamRZ **97**, 559), insb dann, wenn ein Eheg auf die Wo wg ihrer bes Lage angewiesen ist (vgl Hamm FamRZ **93**, 1441), sowie ihre Eink- u VermVerhältnisse (Karlsr FamRZ **81**, 1087). Ausschlaggebd kann letztl der Umst sein, dass ein Eheg die Wo schon vor der Heirat bewohnt od Eigenleistgen zum Auf- od Ausbau der Wo erbracht hat (KG FamRZ **88**, 182). Auch das Verhalten des einen Eheg ggü dem and zur Dchsetzg seiner vermeintl Rechte kann Bedeutg gewinnen, bes bei Ausübg von Zwang od bei verbotener Eigenm (vgl Hamm aaO) od bei ständ u schwerwiegder Hinwegsetzg üb eine verbindl vereinb Regelg der WoAufteilg (Brschw NJW-RR **96**, 578).

15 **4) Gewaltschutzregelung (II).** Die an die allg GewSchutzRegelg anknüpfende Vorschr enth eine bes Regelg für GewTaten, dh vors u widerr Verl an Körper, Gesundh od Freih (§ 1 I GewSchG), u widerr Drohgen mit Gew, dh mit einer solchen Verl od Verl des Leb des and Eheg (§ 1 II GewSchG). In diesen Fällen ist idR die **gesamte** EheWo zur alleinigen Nutzg zu überlassen (Satz 1), dh nicht nur wie bish, wenn als weniger einschneidende Maßn eine WoAufteilg ausgeschl ist (so noch Ffm FamRZ **87**, 159; Düss FamRZ **88**, 1058; Mü FuR **99**, 230). Eine WoAufteilg kommt nur noch in seltenen AusnFällen in Betr, wenn die
16 WoVerh so großzügig bemessen sind, dass sich die Eheg aus dem Weg gehen können. – **Umkehr der Beweislast (II 2).** Währd nach bish Rspr (vgl nur Mü FuR **99**, 230/1) bei einmaliger Tätlichk eine schwere Härte nur bei WiederholgsGef angenommen wurde u der verl Eheg die BewL trug, ist nach der NeuRegelg der Anspr auf WoÜberl nur dann **ausgeschlossen**, wenn (entspr dem RGedanken von § 1004) **keine weitere Verletzungen** des Opfers u gg ihn gerichtete widerr Drohgen zu besorgen sind (vgl GewSchG § 1 Rn 6 u § 2 Rn 17). Eine **tatsächliche Vermutung** spricht dafür, dass nach der Begehg einer GewTat mit weiteren GewTaten zu rechnen ist (BT-Drucks 14/5429 S 19, 33 unter Hinw auf BGH NJW **87**, 2225). Dem Täter obliegt nun die Darl- u BewL, dass weitere Taten nicht zu befürchten sind. An die Widerlegg der tats Vermutg sind hohe Anfordergen zu stellen (BT-Drucks 14/5429 S 19 unter Hinw auf BayObLG NJW-RR **87**, 463). Selbst wenn der Täter nachweist, dass keine weiteren Verl od Drohgen zu erwarten sind, besteht ein Anspr auf WoÜberlassg, wenn dem Opfer das weitere Zusammenleben mit dem Täter wg der **Schwere der Tat** (insb schwere KörperVerl, Vergewaltigg, TotschlagVers) unzumutb ist (S 2).

17 **5) Schutz- und Unterlassungsanordnungen (III).** Nach Satz 1, der dem Erschwergs- u VereitelgsVerbot in § 2 IV GewSchG entspricht, gilt für den aus der Wo (od dem WoTeil) gewiesenen Eheg als flankierende Maßn ein **Wohlverhaltensgebot:** Er hat in rechtl u tats Hins alles zu unterlassen, was die Ausübg des alleinigen NutzgsR des and Eheg erschweren od vereiteln könnte. Entspr gerichtl AOen können gem § 15 HVO ergehen. Das Ger kann zB gg den AntrGegn, der Alleinmieter der Wo ist, ein **Kündigungsverbot** anordnen, um dch die RWirkgen gem §§ 135, 136 zu verhindern, dass der Eheg die AO der WoÜberlassg an den and Eheg unterläuft. Str ist, ob für ein entspr gerichtl **Veräußerungsverbot** gg den aus der Wo gewiesenen AlleinEigtümer-Eheg eine RGrdl besteht. Das ist entgg der Vorstellg des GesGebers (BT-Drucks 14/5429 S 21, 33) zu verneinen (zutr Gießler Rn 911 zu § 1361 b aF; ebso Haußleiter/Schulz 4 Rn 111). Sowohl nach § 1361 b als auch nach § 3 HVO ist ein Eingriff in die EigtVerh an der EheWo nicht zul. Die Regelg in § 1361 III 1 ist für eine VfgsBeschrkg üb Eigt nicht ausr. Der Eheg, dem die im AlleinEigt des and Eheg stehde Wo zugewiesen wurde, kann dadch ausr geschützt werden, dass das FamG ein zeitl befristetes NutzgsVerh, uU ein MietVerh, zw den Eheg begründet (im Eilfall iW der einstw AO gem § 621 g ZPO im selbständ WoZuwVerf od gem § 620 Nr 7 ZPO im ScheidgsVerf); im Fall der Veräußerg könnte sich der in der Wo verbliebene Eheg ggü dem Erwerber auf KündSchutz berufen.

6) Verbotene Eigenmacht. Ein Eheg, der vom and Eheg aus der EheWo währd der TrenngsZeit ausgesperrt wurde, kann die Wiedereinräumg des Bes an der EheWo zum Zweck des GetrLebens innerh der Wo analog § 1361 b (bei Vorl der übrigen Vorauss dieser Vorschr) verl, wobei der RegelgsGehalt des possessor BesSchutzes mit einzubeziehen ist (JH/Brudermüller Rn 49 f; zust Karlsr FamRZ **01**, 760; Haußleiter/Schulz 4 Rn 178; zur extensiven Auslegg bei possessor BesSchutz Menter FamRZ **97**, 76/9). Führt die zugrunde liegde verbotene Eigenm zur Anwendg der §§ 1361 a, b (u entspr Regelgen), ist die Zustdk des **FamG**, soweit es bereits für die Zeit des GetrLeb der Eheg NutzgsRegelgen treffen kann (andernf das ProzGer, s BGH FamRZ **94**, 98; Celle FamRZ **97**, 381), auch dann gegeben, wenn Besitzschutz gem §§ 861, 862 od Herausg gem § 985 (dazu Bambg FamRZ **97**, 378 unter Hinw auf BGH FamRZ **84**, 575) verlangt wird. Soweit ein RegelgsBedarf nach der HVO besteht, verdrängen die bes materiellr u verfr Regelgen im HausrVerf (§§ 1361 a, b) die allg Vorschr, u zwar auch, soweit possessor RSchutz (Düss FamRZ **94**, 390) od der VindikationsAnspr (Zweibr FamRZ **91**, 848) VerfGgst ist. Bei Streit um den iW verbotener Eigenm entzogenen Zutritt zur EheWo ist das FamG aus Gründen der Praktikabilität, VerfÖkonomie u Sachnähe zust (Menter FamRZ **97**, 76/79 f; Eckebrecht, VerfHdb FamSachen 2001, § 5 Rn 10; vgl § 1361 a Rn 19). 18

7) Nutzungsvergütung (III 2). a) Zweck. Entschädigg für den Verlust des bis zur rkräft Scheidg aus dem Wesen der Ehe (vgl § 1353 Rn 6) folgden Besitzrechts an der EheWo, sol nicht eine abw Entsch ergangen ist (BGH NJW **78**, 1579; Ffm FamRZ **92**, 677). Die Pfl des zur Nutzg der EheWo berecht Eheg zur Zahlg einer Vergütg aus BilligkGrden ist ähnl wie in § 1361 b II aF geregelt (vgl § 2 V GewSchG). 19

b) Voraussetzung ist, dass ein Anspr auf Zuw (noch) bestehen kann, der ZuwAntr also nicht bereits zurückgewiesen wurde (vgl Mü OLGR **96**, 279). Die VergütgsPfl kann dch Angebot auf Wiedereinräumg des Mitbesitzes abgewendet werden (KG FamRZ **01**, 368). Der VergütgsAnspr wird idR nur bei dingl Berechtigg an der Wo (Allein- od MitEigt) geltd gemacht, kann aber grdsl auch bei einem MietVerh in Betr kommen. Eine etwaige **Unterhaltsregelung** hat Vorrang. Fordert der in der Wo gebliebene Eheg TrenngsUnterh, wird bei der UnterhBemessg die WoÜberlassg idR als fiktives Eink berücks; dann scheidet eine NutzgsVergütg aus, weil der bei der UnterhBerechng angesetzte Wohnwert (vgl § 1361 Rn 22,33 ff, § 1577 Rn 9 ff, 1578 Rn 8) eine Regelg üb den NutzgsWert der EheWo beinhaltet (BGH FamRZ **94**, 1100; **97**, 484; Wendl/Gerhardt § 1 Rn 241 ff; Graba FamRZ **95**, 385; Wever Rn 127 ff u FPR **00**, 185/8; Oenning FPR **00**, 216/8). Sind die Eheg **Miteigentümer**, besteht ein KonkurrenzVerh zw den Anspr aus § 1361 b III 2 u § 745 II. Im Fall der **gerichtlich angeordneten Überlassung** der EheWo an einen Eheg ergibt sich ein Anspr auf NutzgsVergütg aus § 1361 b III 2 als SonderVorschr ggü der gemeinschaftsr Regelg (KG FamRZ **97**, 421; Bambg NJWE-FER **00**, 138; MüKo/Wacke Rn 2; Soergel/Lange Rn 8; Staud/Hübner § 1361 b Rn 35 u § 745 Rn 52 ff; Wever Rn 80; Huber FamRZ **00**, 129/131). – Im Fall des **freiwilligen Auszugs** war str, nach welcher Vorschr ein Eheg vom nutzgsberecht Eheg eine Vergütg fordern kann, weil gem § 1361 b II aF ein Eheg eine NutzgsVergütg nur verl konnte, wenn er zur WoÜberlassg aGrd gerichtl AO verpfl war; die Rspr unterschied zT danach, ob MitEigt bestand (dann § 745 II) od AlleinEigt (dann befürwortete die hM mangels unmittelb AnsprGrdl eine analoge Anwendg des § 1361 b II). Diese Streitfrage (dazu näher HauptBd Rn 25–28 mwN) kann dch die NeuFassg als geklärt angesehen werden: Entsch ist nach III 2 iVm III 1 allein, ob die EheWo tats „überlassen" wurde (aF: „Ist ein Eheg verpflichtet . . ."), sei es freiwillig od aGrd gerichtl AO. Der Anspr auf NutzgsVergütg ist danach unabhängig davon, ob ein Eheg zur WoRäumg verpfl ist (ebso Haußleiter/Schulz 4 Rn 56). Die Unterscheidg nach den EigtVerh ist insoweit unerhebl; bei gemeins Eigt ist III 2 lex specialis. 20

c) Billigkeit. Gehört die Wo dem weichden Eheg allein od zus mit Dr (zB den SchwiegerElt), wird die Festsetzg einer NutzgsVergütg idR der Billigk entsprechen (zu § 1361 b aF: BT-Drucks 10/2888 S 16; Bambg FamRZ **90**, 179; Mü FamRZ **90**, 530; Köln FamRZ **92**, 440; vgl auch Naumbg FamRZ **98**, 1529: analog § 5 II 2 HVO). Wurde dem in der Wo verbliebenen Eheg die AlleinNutzg gg seinen Willen **aufgedrängt** u übersteigt der rechnerisch anzusetzende Wohnwert den tats WohnBed des verbleibden Eheg, entspricht eine Herabsetzg der Vergütg idR der Billigk. Ist der in der Wo verbliebene Eheg zur Zahlg einer NutzgsVergütg nicht leistgsfäh, entfällt ein Anspr hierauf (BGH FamRZ **86**, 436/7; Hamm FamRZ **96**, 1476). Maßg sind, ungeachtet eines etwa aufgedrängten Wohnwerts, ijF die wirtsch u pers Verhältnisse sowie die Belastgen dch die Versorgg gemeins Ki. Danach ist eine NutzgsVergütg unbillig, wenn der in der Wo mit dem KleinKi verbliebene erwerbslose u unterhbedürftige Eheg vom and Eheg keinen Unterh erhält (Köln FamRZ **97**, 943). Berücks werden kann iR der BilligkPrüfg auch, ob die WoÜberlassg allein dch das unerträgl Verhalten des and veranlaßt ist (Köln FamRZ **93**, 562). Es kommt stets auf die GesamtUmst des Einzelfalls an (Schlesw FamRZ **88**, 722). Zur Überprüfg der Billigk kann ein FeststellgsInteresse bestehen (aA Düss FamRZ **88**, 410 mA Gottwald). 21

d) Höhe. Für die BilligkEntsch maßg ist nicht die VerkMiete, sond idR der Betr, den der betr Nutzer angesichts seiner pers u wirtsch Verh für die Miete ausgeben würde. Als Obergrenze ist idR die ortsübl Miete anzusetzen, bei MitEigt der anteilige (idR hälftige) Mietwert (BayObLG FamRZ **74**, 22). Fallen dem in der Wo verbliebenen Eheg die Hauslasten u verbrauchsunabhäng Nebenkosten zur Last, ist die NutzgsVergütg entspr zu kürzen (Düss FamRZ **99**, 1271; vgl auch BGH FamRZ **94**, 822 zu § 745 II; Wever Rn 109, 122 ff), wobei sich eine Modifizierg der Abzugsposten ggü den tats entrichteten Beträgen aus den wirtsch Verh u der bish LebFührg der Eheg, dem tats WohnBed u den dafür verfügb Mitteln ergeben kann (vgl Mü FamRZ **90**, 530; Celle FamRZ **92**, 465; Ffm FamRZ **92**, 677; Köln NJWE-FER **99**, 29). Vor Ablauf des ersten TrenngsJ wird idR, zumal bei „aufgedrängter" AlleinNutzg u schlechten wirtsch Verh, eine Kürzg des Mietwerts in Betr kommen (vgl BGH FamRZ **86**, 436/7; NJW **00**, 284; Hamm FamRZ **96**, 1476). 22

e) Eine NutzgsVergütg kann erst ab einer eindeutigen **Zahlungsaufforderung** verlangt werden (Köln FamRZ **92**, 440 u FuR **98**, 398; Brschw FamRZ **96**, 548/9; Mü FamRZ **99**, 1270; Köln FamRZ **99**, 1272); MüKo/Wacke Rn 11; aA Staud/Hübner/Voppel Rn 41; Erbarth FamRZ **98**, 1007), da sich der in der Wo verbliebene Eheg rechtzeitig auf die entstehde Belastg einstellen können muß (vgl den RGedanken in § 1613). Aus BilligkGründen kann dem die Wo nutzenden Eheg nach der ZahlgsAuffdg dch den and eine 23

Überlegungszeit zugebilligt werden, damit er sich klar werden kann, ob er künftig für die WoNutzg die verlangte Vergütg zahlen od sich um eine ErsatzWo kümmern will.

24 **f)** Für sonstige **Ausgleichszahlungen** (insb sog AbstandsZahlgen) des verbleibden Eheg bietet II keine AnsprGrdl (str; zutr Hbg FamRZ **88**, 80; Hamm FamRZ **89**, 7; ausf Brudermüller FamRZ **89**, 7 mwN zur Streitfrage).

25 **8) Beweislast (IV).** Die NeuRegelg soll der RSicherh dienen, indem die Überlassg des alleinigen NutzgsR an den verbliebenen Eheg **unwiderleglich vermutet** wird, wenn der Eheg, der zur Dchführg der Trenng (§ 1567 I) aus der EheWo ausgezogen ist u nicht binnen 6 Mo nach dem Auszug eine ernsthafte RückkehrAbs (dh: bl Interessenwahrnehmg nicht ausr) ggü dem and geäußert hat, auch nur mündl (das Schrifterfordernis des § 2 III Nr 2 GewSchG ist nicht übernommen). Die TrenngsFr (§§ 1565 ff) bleiben davon unberührt. Bedenkl ist die Unwiderlegbark der Vermutg insb desh, weil nach FrAblauf das R des ausgezogenen Eheg an MitBes (§ 1353) der Wo endgültig entfällt, selbst wenn er deren AlleinEigt ist; sind die TrenngsFr noch nicht verstrichen, kann er ands auch noch keinen ScheidgsAntr stellen.

26 **9) Verfahren.** Da nur vorl Regelg (Rn 2), keine Beteiligg Dr, auch nicht des Verm (hM; s nur Köln FamRZ **94**, 632; Kblz FF **00**, 28 unter Aufgabe früh Rspr; aA Hamm FamRZ **91**, 46 oBegr; Diederichsen FamRZ **86**, 1283/4), aber gem § 49 a II FGG **Anhörung des JA**, wenn Ki in der HausGemsch leben (vgl vor Art 1 GewSchG Rn 3). Zur Vollstreckbk vgl HVO 16 u 9 v Art 1 GewSchG. Zur Abänderbark vgl § 17 iVm 18 a HVO; danach kann im Fall einer nachträgl wesentl Änderg der Verh auch eine Abänderg der NutzgsVergütg verlangt werden. **Geschäftswert:** 6monatiger Mietwert (hM, s nur Zweibr FamRZ **01**, 1387; vgl Übbl FamRZ **99**, 199).

27 **10) Geltungsdauer.** Nur für die Dauer des GetrLeb. Die Regelg verliert ihre Wirksk bei WiederAufn der ehel LebG od rkräft Scheidg der Ehe. Nach Anhängigk einer Ehesache kann das Verf in den Verbund (§ 623 ZPO) einbezogen u als Folgesache geführt werden, wenn der bish Antr auf vorl NutzgsRegelg in einen Antr auf endgült Regelg „für den Fall der Scheidg“ geändert wird. Bei Zurückweisg od Rückn des ScheidgsAntr kann einer Part auf Antr vorbeh werden, eine bish als Folgesache anhängige WoZuwSache als isolierte FamSache (§ 18 a HVO) nach § 1361 b, freilich beschrkt auf eine vorl NutzgsRegelg, fortzusetzen (§ 629 III 2 ZPO).

Sachverzeichnis

Bearbeiter: Dr. Peter Bassenge, Vorsitzender Richter am Landgericht a.D.

Es bedeuten: **Fette Zahlen** ohne Zusatz die Paragraphen des BGB; mit Zusatz (EG, UKlaG) die Artikel bzw Paragraphen des betreffenden Gesetzes. **Magere Zahlen** bezeichnen die Randnummern der Erläuterungen.